RÉPERTOIRE
DES
CONNAISSANCES USUELLES.

LISTE DES AUTEURS QUI ONT CONTRIBUÉ A LA RÉDACTION DU 9ᵉ VOLUME DE CETTE ÉDITION.

MM.

Artaud, insp. gén. de l'Instruction pub.
Aubert de Vitry.
Audiffret (H.).
Ballanche, de l'Acad. française.
Bandeville (l'abbé).
Bardin (le général).
Barré (Édouard).
Barthélemy (l'abbé J.).
Bawr (Madᵉ de).
Billot.
Bodin (Madᵉ Camille).
Boitard.
Bordas-Demoulin.
Boreau (Victor).
Bouchitté (H.), ancien recteur de l'Académie d'Eure-et-Loir.
Bouillet, ancien proviseur.
Bourdon (Dʳ Isid.), de l'Acad. de médecine.
Boys de Loury (Dʳ).
Bradi (comtesse de).
Breton, de la *Gazette des tribunaux*.
Bricheteau (Dʳ).
Briffault (Eugène).
Brunet (Gustave), à Bordeaux.
Carné (comte Louis de).
Castelnau (Dʳ H. de).
Castil-Blaze.
Chabrol (Z. de).
Champagnac.
Charbonnier (Dʳ).
Chasles (Philarète), professeur au Collége de France.
Chauvet.
Cibrario (Louis), de l'Acad. des sciences de Turin.
Clermont (N.).
Colin.
Colombat, de l'Isère (Dʳ).
Coupin (A.).
Czaykowski (Michel).
Danjou (F.).
Darroux (Victor).
Delbare (Th.).
Delécluze (E.-J.).
Delestre (J.-B.).
Denne-Baron.
Desclozeaux (Ernest), anc. secrét. général du ministère de la justice.
Des Genevez.
Dubard, ancien procureur général.
Du Bois (Louis), ancien sous-préfet.
Duchesne (aîné), conservateur de la Bibliothèque impériale.
Duckett (W.-A.).
Dufey (de l'Yonne).

MM.

Dumas (J.-B.), de l'Académie des sciences.
Dunaime (Emile).
Du Rozoir (Charles).
Dusseaux (L.).
Favé (I.), officier d'ordonnance de l'Empereur.
Fayot (Frédéric).
Ferry, ancien examinateur à l'École polytechnique.
Flaugergues (Pauline).
Fondreton (Dʳ).
Forget (Dʳ).
Fossati (Dʳ).
Français de Nantes (Comte), ancien pair de France.
Fournier (Edouard).
Fresse-Montval (Alphonse).
Gallois (Napoléon).
Gaubert (Dʳ Paul).
Gantier de Claubry.
Genceray (A.).
Golbéry (P. de), ancien procureur général.
Goupil (Dʳ Auguste).
Guizot (Fr.), de l'Académie française.
Hatry (F.).
Héricourt (A. Dʳ).
Huguier (Dʳ).
Husson (Auguste).
Janin (Jules).
Joncières (X.).
Jubinal (Achille).
Kératry (de).
Lainé, anc. généalogiste des ordres du Roi.
Laugier (Adolphe).
Laurent (Dʳ L.), anc. chirurgien en chef de la marine.
Laurentie.
Lavigne (E.).
Leduc.
Lefébure (L.).
Lemoine (Edouard).
Lemonnier (Charles).
Leneveux (Elise).
Leroux de Lincy.
Leverrier, de l'Acad. des sciences.
Louvet (L.).
Mac-Carthy (Oscar).
Manno (Baron J.), de l'Acad. des sciences de Turin.
Mantz (Paul).
Marmier (X.).
Martin (Henri).
Martin (P.-J.).
Matter.

MM.

Manssion (Madᵉ de).
Merlieux (Ed.).
Merlin.
Millin, de l'Institut.
Moléon (V. de).
Monglave (Eug. G. de).
Munk (S.), de la Bibliothèque impériale.
Niboyet (Eugénie).
Nisard (Désiré), de l'Acad. française.
Nisard (Charles).
Nodier (Charles), de l'Acad. française.
Norvins (J. de).
Odolant-Desnos.
Ollivier (G.).
Ortigue (J. D').
Ourry.
Paffe (C.-M.), professeur de philosophie.
Page (Th.), capitaine de vaisseau.
Pailliard (Auguste).
Pautet (Jules).
Pecqueur (C.).
Pellissier.
Pelouze père.
Pongerville, de l'Académie française.
Reiffenberg (baron de).
Richer (E.).
Rienzi (G. L. D. de).
Rigault (H.).
Roland (Pauline).
Romey (Charles).
Saint-Amour (Jules).
Saint-Prosper.
Saint-Prosper jeune.
Sandras (Dʳ).
Saucerotte (Dʳ), à Lunéville.
Savagner (A.).
Say (J.-B.), de l'Institut.
Sédillot.
Sicard.
Teyssèdre.
Tiby (Paul).
Tissot, de l'Académie française.
Tollard aîné.
Trigout (Th.).
Vaïsse (Léon).
Vaudoncourt (le général G. de).
Vautabelle (Achille de), ancien ministre de l'instruction publique.
Velpeau, de l'Acad. des sciences.
Viennet, de l'Académie française.
Viollet-Leduc.
Virey (J.-J.).
Voïart (Elise).
Walckenaer (Baron), de l'Institut.
Wollis, de la *Gazette des tribunaux*.

DICTIONNAIRE

DE LA

CONVERSATION

ET DE LA LECTURE,

INVENTAIRE RAISONNÉ DES NOTIONS GÉNÉRALES LES PLUS INDISPENSABLES A TOUS,

PAR UNE SOCIÉTÉ DE SAVANTS ET DE GENS DE LETTRES,

SOUS LA DIRECTION DE M. W. DUCKETT.

Seconde édition,

ENTIÈREMENT REFONDUE,
CORRIGÉE, ET AUGMENTÉE DE PLUSIEURS MILLIERS D'ARTICLES TOUT D'ACTUALITÉ.

Celui qui voit tout abrége tout.
MONTESQUIEU.

TOME NEUVIÈME.

PARIS,
AUX COMPTOIRS DE LA DIRECTION, 9, RUE MAZARINE,
ET CHEZ MICHEL LÉVY FRÈRES, LIBRAIRES, 2 BIS, RUE VIVIENNE.

DICTIONNAIRE
DE
LA CONVERSATION
ET DE LA LECTURE.

ESPAGNOLE (Langue). Les habitants aborigènes de l'Espagne, au midi les Ibériens et au nord les Cantabres, parlaient peut-être une langue de la famille de celle des Celtes; en tout cas, ils se mélangèrent de bonne heure avec des peuplades celtes, et furent dès lors désignés sous le nom de *Celtibériens*. Leur principale demeure était dans la contrée qu'on appelle aujourd'hui l'Aragon, le bassin de l'Èbre. Mais ce qu'il y avait de national et de particulier dans leur langue disparut presque complétement au milieu des conquêtes et des immigrations romano-germaines. Ce fut seulement à l'extrémité nord-ouest de l'Espagne, aux abords des Pyrénées, que quelques tribus cantabres purent se maintenir et protéger jusqu'à un certain point leurs mœurs et leur langue contre tout mélange étranger. C'est d'eux que descendent les Basques, qui ont conservé en partie la langue de leurs pères, à laquelle ils donnent le nom d'*escuara*, mais que les étrangers désignent sous le nom de *langue basque*, de même qu'ils nomment *provinces basques* les trois provinces où on la parle encore aujourd'hui. Toutefois, là aussi, le basque a déchu jusqu'à ne plus être qu'un dialecte populaire; et voilà déjà bien longtemps que tout ce qui dans ces contrées appartient à la classe instruite et éclairée parle l'espagnol. Il en est résulté qu'une littérature proprement dite n'a jamais pu se développer dans cette langue. On ne connaît qu'un petit nombre de fragments de chants populaires datant des anciens temps, et la haute antiquité qu'on leur assigne nous parait fort suspecte. Toutefois, l'ancienne langue basque s'est conservée dans quelques noms de lieux; et aujourd'hui encore le peuple accompagne ses danses nationales de chants en *escuara*. Quelques tentatives ont été faites par des Basques, qui avaient d'ailleurs plus de patriotisme que de discernement critique, pour reconstruire grammaticalement leur langue nationale, pour l'inventorier lexicologiquement et étymologiquement, de même que pour recueillir des chants populaires basques. Consultez à cet égard le catalogue des mots basques dans les *Recherches sur les habitants primitifs de l'Espagne*, par M. A. de Humboldt (Berlin, 1821); la grammaire basque publiée par Zarramendi, sous le titre de : *El imposible Vencido* (Salamanque, 1729) et le Dictionnaire hispano-basque du même auteur (Saint-Sébastien, 1745); Astartoa, *Apologia del Bascuense* (Madrid, 1803); J.-J. de Iztueta, *Guipuzcoaco Dantza Gogoangarrien Condaira*, c'est-à-dire Histoire des anciennes Danses du Guipuzcoa, et Règles pour les bien exécuter et chanter en vers (Saint-Sébastien, 1824); *Enscaldun an-ciñaco ta ara ledabicico etorquien*, Collection de Chants basques nationaux (Saint-Sébastien, 1826).

Il n'y a comparativement qu'un nombre fort restreint de mots d'origine basque dans la langue espagnole actuelle. Comme toutes les langues néo-romanes, elle eut pour point de départ la *lingua romana rustica*. En effet, en dépit de leur défense opiniâtre, les Romains avaient tellement subjugué et *romanisé* les habitants de la Péninsule, que de tous les provinciaux les Espagnols furent ceux qui par leurs mœurs et par leur langage se rapprochèrent le plus des vainqueurs. Ils en vinrent même jusqu'à rivaliser avec eux dans ce qui était du domaine des lettres, et plusieurs des meilleurs empereurs qu'ait eus Rome étaient nés en Espagne. Mais indépendamment de la langue romaine écrite (*sermo urbanus*), il s'était également formé en Espagne une langue des rapports sociaux, une langue populaire, composée de provincialismes particuliers, devenue de plus en plus la seule en usage, la seule généralement comprise, quand, à la suite de la décadence de l'empire et de l'invasion des tribus germaines, les relations politiques et littéraires avec Rome allèrent se relâchant chaque jour davantage; d'où il résulta aussi en Espagne que la langue synthétique écrite devint peu à peu une langue purement savante, puis enfin une langue morte, dont quelques parties seulement se conservèrent dans le dialecte analytique et plus commode du peuple. Ce dialecte, les Visigoths qui succédèrent aux Romains dans la domination de l'Espagne, l'adoptèrent et se l'approprièrent si bien, surtout quand ils eurent abandonné l'arianisme pour le catholicisme latin, qu'ils oublièrent leur langue maternelle, dont ils ne conservèrent et ne naturalisèrent dans le *romanzo*-espagnol que les mots indispensables pour désigner les institutions politiques et militaires qui leur étaient propres, ou ceux qui manquaient à la langue romaine avec les idées qu'ils représentaient, par exemple, les mots servant à désigner les différents détails du mécanisme de la constitution féodale, ou de l'organisation judiciaire et militaire des Germains, les armes, etc. Le romanzo-espagnol, formé complétement d'éléments romains et enrichi seulement d'un petit nombre de mots germains, reçut de nouvelles additions des Arabes, contre lesquels les Hispano-Goths durent lutter pour la possession du sol pendant près de huit cents ans. Mais les Arabes ne contribuèrent à enrichir la langue que de termes relatifs à l'industrie, aux sciences, au commerce, etc; peut-être bien aussi en modifièrent-ils la prononciation, comme l'aspiration de certaines lettres, déjà commencée par les Goths, sans d'ailleurs changer essentiellement la construction organique et étymologique de la langue. En effet, quoique ces éléments hétérogènes arrivés directement ou indirectement du phénicien, de l'hébreu et du grec dans le *romanzo-espagnol*, semblent y devoir faire dominer, à la différence de l'italien, les origines étrangères beaucoup plus que les origines latines, cette influence étrangère ne s'étend pourtant qu'à la prononciation et à la valeur des mots. Quant à la formation et à l'inflexion de ces mêmes mots, elles sont restées toutes romanes dans cette langue si sonore, et plus rapprochées du latin que l'italien même. Les plus anciennes traces écrites de l'espagnol actuel se trouvent dans les *Origines* d'Isidore de Séville.

Le dialecte castilian paraît s'être élevé le premier à l'état de langue écrite, comme on peut le voir dans le *Poema del Cid*, qui date du milieu du douzième siècle, et dans le *Fuero Juzgo* (la meilleure édition est celle qu'en a donnée en 1815 l'Académie de Madrid), code des Visigoths traduit en langue vulgaire, etc. Les Castilians étant devenus le cœur et l'élite de la nation, et leur littérature ayant pris le développement le plus populaire, leur dialecte arriva aussi à être le plus répandu, et finit même par être la seule langue écrite de l'Espagne; d'où il résulte que le nom de ce dialecte équivalut à celui de langue espagnole, et que ses progrès ultérieurs coïncidèrent avec ceux de la littérature nationale des Espagnols.

Antonio de Lebrija (1492) donna le premier une grammaire et un dictionnaire de la langue espagnole, laquelle ne reconnaît aujourd'hui d'autre autorité que l'Académie espagnole, dont la grammaire et le dictionnaire, publiés seulement en 1770, ont obtenu depuis de nombreuses éditions. Le dictionnaire de l'Académie a été l'objet d'une foule de corrections et d'additions de la part de Salva, à qui on doit aussi la meilleure grammaire espagnole qui existe. En fait de grammaires où la langue soit traitée au point de vue historique, l'essai le plus satisfaisant qui ait été publié jusqu'à ce jour est la *Grammaire des langues romanes* de Diez (en allemand). Covarrubias (1674) et Cabrera (1837) ont publié des Essais de dictionnaire étymologique de la langue; Huerto, une Synonymie (Valence, 1811); et l'Académie espagnole a donné un traité particulier d'Orthographe qui fait autorité. La *Nomenclatura geografica de España*, de Firmin Caballero (1834), contient de précieuses remarques étymologiques.

La langue espagnole, qui joint la force et la noblesse à l'harmonie et à la richesse de voyelles de l'italien, à la netteté, la clarté, l'élasticité du français à une remarquable propriété d'expressions poétiques, qui possède la douceur et la grâce du portugais, sans en avoir les désagréables inflexions nazales et sifflottantes, s'est répandue dans plus de la moitié du nouveau monde à la suite de la conquête de l'Amérique du Sud par les Espagnols. Toutefois, indépendamment de cette langue espagnole, ou pour mieux dire *castillane*, il existe encore en Espagne deux dialectes principaux : le *galicien*, qui a beaucoup de rapports avec le portugais, et le *catalan* parlé aussi dans le royaume de Valence, lequel offre beaucoup de ressemblance avec le dialecte provençal. L'un et l'autre possèdent une littérature particulière.

ESPAGNOLE (Littérature). Dans sa *première période*, c'est-à-dire depuis les premières créations en *romanzo*-castillan jusqu'au règne de Jean II de Castille, la littérature espagnole fut surtout épique et didactique, et, plus que toute autre peut-être, elle confirme la vérité de cet axiome d'histoire littéraire, que partout la poésie populaire procéda la poésie élevée à l'état d'art, de même que partout aussi la poésie épique ou lyrico-épique précéda la poésie purement lyrique. En effet, bien que le plus ancien monument de la littérature espagnole parvenu jusqu'à nous, le *Poema del Cid*, qui date de la moitié du douzième siècle, appartienne déjà à la poésie épique parvenue à l'état d'art, et bien que, en ce qui est de la forme, ce soit une imitation encore un peu grossière de la *chanson de geste* française, on ne saurait méconnaître ce qu'elle a d'essentiellement populaire, et dans le choix du sujet et dans la glorification du héros représentant par excellence du caractère national, enfin jusque dans la forme, où, malgré l'imitation naïve de l'étranger, apparaît toujours la forme populaire et nationale des *romances*; ce qui eût été impossible s'il n'y avait pas eu déjà une poésie populaire très-développée. Nous ignorons quelles pouvaient en être les formes, de même que nous n'en possédons point de monuments fort anciens; car des siècles s'écoulèrent pendant lesquels elle n'exista que dans la bouche du peuple, toujours rajeunie de génération en génération; et on ne songea à en recueillir les monuments que lorsque la poésie, plus raffinée et passée à l'état d'art, jugea ces chants populaires dignes de son attention, c'est-à-dire au commencement du seizième siècle. Cependant, de ces productions postérieures, de ces *romances* devenues si célèbres, il est permis d'inférer que la plus ancienne poésie populaire espagnole avait un caractère lyrico-épique, et que sa forme primitive différait peu de ce qu'elle est aujourd'hui. On peut affirmer que ses plus anciennes productions étaient des chants lyrico-épiques de la nature des *romances*, dans lesquels le génie national cherchait à se manifester, tantôt dans la personnification du caractère national, dans des héros tenant autant de la légende que de l'histoire, par exemple dans Bernardo del Carpio, dans le Cid, dans Fernan Gonzalez, premier comte de Castille; tantôt dans l'exposition idéalisée et légendaire des événements les plus importants de l'histoire nationale, par exemple la ruine de l'empire des Goths par suite de la faiblesse du roi Roderich, les guerres contre les Maures pour la possession du sol et pour l'existence nationale elle-même, les luttes intestines des partis, etc. Quant à des épopées, telles que celles des Indiens, des Grecs, des Germains, ou même telles que les *chansons de geste* des Français, les Espagnols ne pouvaient point en avoir, parce qu'ils n'étaient point une nation primitive, parce qu'il n'y avait point de continuité dans leurs mythes primitifs, parce que lorsqu'ils se constituèrent en nation espagnole proprement dite (après la conquête de la Péninsule par les habitants des Asturies au détriment des Arabes), ils vécurent tout de suite dans l'actualité et la réalité historiques, et qu'il leur fut désormais impossible de jouir de ce calme qui seul permet de remonter épiquement le cours des siècles; enfin, parce que, divisés pendant longtemps en petits États et en nations différents, ils ne purent pas même, comme les Français, trouver un centre épique dans une monarchie universelle. Voilà ce qui fait que les Espagnols n'ont pas plus de contes populaires, proprement dits que d'épopées nationales, mais seulement des traditions et des légendes populaires, ou des chants populaires tenant tout à la fois de la légende et de l'histoire. C'est aussi sur cette base populaire que se développa leur poésie d'art ou raffinée, et seulement encore sous l'influence des idées qui avaient généralement cours en ce temps-là, c'est-à-dire sous l'influence des idées chevaleresques et religieuses. C'est ainsi qu'indépendamment de ce poème moitié légendaire moitié historique que nous avons déjà mentionné, *El Cid*, les plus anciennes productions de cette poésie sont les légendes de saints et de la Vierge Marie du prêtre Gonzalo de Berceo, les légendes de Marie l'Égyptienne et des Trois Rois Mages (treizième siècle), les poèmes chevaleresques d'Alexandre le Grand de Juan Lorenzo de Segura, des *Votos del Pavon* (Vœux des Paons), d'Apollonius de Tyr (encore du treizième siècle), et le poème de Conde Fernan Gonzalez, qui date du quatorzième siècle, et qui déjà affecte davantage la forme des chroniques. Sans doute dans tous ces poèmes l'influence de la poésie latine d'église du moyen âge et de la poésie chevaleresque française apparaît visible, et pour ce qui est du choix des sujets et pour ce qui est de la forme; mais du moins on n'y aperçoit point la moindre trace de l'influence arabe, et le coloris en est essentiellement national. Ces poèmes sont composés tantôt en strophes d'alexandrins monorimes, à l'instar des poèmes français, tantôt dans le rhythme fondamental et national des *redondilles*.

On peut encore attribuer au quatorzième siècle la composition de ces longues *romances*, de nature épique, dont Charlemagne et ses paladins sont le sujet, et qui, en ce qui est du fond et même de la forme, proviennent peut être bien des relations que les *joglares* espagnols avaient avec les *jongleurs* du midi de la France. Les romances de *joglares* diffèrent encore essentiellement de toutes les autres dans leur forme actuelle, et en tous cas constituent les monuments les plus anciens de la poésie populaire espagnole, les premiers du moins auxquels on ait pris garde.

Après les poëmes populaires plus ou moins épiques, naquit, sous l'influence surtout d'A l p h o n s e X de Castille ou *le Sage*, une poésie savante et didactique, une poésie parvenue enfin à l'état d'art. En effet, Alphonse, qui réunissait à sa cour des *trovadores* de Galice et de Provence, et jusqu'à des savants juifs et arabes, Alphonse, qui lui-même cultiva les sciences cabalistiques, l'astronomie, de même qu'il composa aussi quelques poésies de cour, ne fut pas seulement le protecteur des sciences, des savants et des poëtes, il exerça encore sur la civilisation de son peuple et sur le développement de la littérature nationale des Castillans une influence autrement puissante, par le zèle avec lequel il s'employa pour qu'on cultivât la langue du pays et pour qu'on l'appliquât aux sciences et à la poésie. Par ses ordres et avec sa coopération, les lois du pays furent rédigées dans la langue nationale, qui remplaça désormais la langue latine comme langue judiciaire. La plus célèbre de ces collections porte le titre de : *Las siete Partidas* (dernière édition; Paris, 1817); il faut mentionner ensuite le *Fuero real* (meilleure édition; Madrid 1781). L'Académie espagnole a publié ses autres œuvres de jurisprudence sous le titre de : *Opusculos legales del rey Alonso el Sabio*; (Madrid, 1836). Par ordre d'Alphonse et sous sa direction, on composa en langue espagnole, d'après des ouvrages latins, une chronique universelle et une histoire des croisades; le premier de ces ouvrages est resté manuscrit, le second a été imprimé sous le titre de *La gran Conquista de Ultramar* (Salamanque, 1503). Ce prince fit en outre rédiger en langue nationale une chronique générale d'Espagne jusqu'à la mort de son père; c'est la *Cronica general* (Valladolid, 1604), devenue si célèbre depuis. On peut donc considérer Alphonse X comme le véritable créateur de la prose espagnole, dans laquelle n'avaient encore eu lieu avant lui que d'insignifiants essais, tels que les deux lettres de condoléances d'Alexandre le Grand mourant à sa mère Olympias, jointes au poëme d'Alexandre; et il faut ajouter qu'il imprima en outre à la littérature nationale espagnole une direction plus didactique. On lui attribue en effet, avec beaucoup plus de vraisemblance que le *Libro de las Querellas* (dont il ne reste plus d'ailleurs que quelques fragments), un poëme didactique sur l'art de faire de l'or, le *Libro del Tesoro o del candado*, qui est tout cela d'important pour le développement de la poésie espagnole devenue un art, qu'il n'est plus écrit en strophes d'alexandrins, forme lourde et étrangère, mais partie en *coplas de arte major*, partie en vers de huit syllabes. Par la mesure plus petite de vers dont il y fait usage, de même que dans les chants galiciens (*Cantigas*), dont il est bien plus certainement encore l'auteur, on peut dire qu'il prépara les voies à la poésie lyrique espagnole. Son exemple influa aussi sur ses successeurs. C'est ainsi que son fils Sanche IV composa *El Bravo*, ouvrage de philosophie morale (resté manuscrit), qui contient en 49 chapitres des règles de vie à l'usage de son fils Ferdinand IV. C'est encore ainsi qu'on regarde le fils de ce dernier, Alphonse XI, *le Bon*, comme l'auteur d'une chronique rimée, en strophes de redondilles, et qu'on lui attribue également le mérite d'avoir fait composer en prose castillane plusieurs ouvrages, par exemple un registre de la noblesse, *Becerro*, un livre de chasses, *Libro de Monteria*, et diverses chroniques. De même, le recueil d'apologues en prose de l'infant don Juan Manuel (mort en 1347), avec les proverbes en vers qui y sont joints, recueil connu sous le titre de *El conde Lucanor* (publié par Argote de Molina ; Séville, 1575 ; Madrid, 1642), est surtout remarquable en ce qu'il y présente sous forme de récits une suite de Nouvelles, imitations de modèles orientaux et en partie puisées aux sources orientales, dans lesquelles on trouve les conseils donnés au comte Lucanor par son conseiller Patronio. On a malheureusement perdu la collection de poëmes composée par ce même infant (*Libro de los Cantares*).

Le poëte le plus important du quatorzième siècle fut très-certainement l'archiprêtre de Rita, Juan Ruiz, mort vers 1351, qui composa également toute une suite de Nouvelles en strophes d'alexandrins, et qui a fait entrer dans ce cadre ses poésies lyriques et didactiques, de même que des chants érotiques et religieux, des pastorales, des fables, etc. ; toutes œuvres d'une importance extrême pour l'histoire de la littérature espagnole, autant en raison de leur valeur poétique particulière, que parce que l'auteur s'y était expressément proposé comme but d'en faire un modèle de toutes les combinaisons métriques alors usitées en Espagne. Ces poëmes, de même que les précédents, dont il n'existe point d'éditions particulières, ont été compris par Ochoa dans sa nouvelle édition de la *Coleccion de poesias castellanas anteriores al siglo XV* de Sanchez (Paris, 1842). Le *Rimado de Palacio*, livre rimé sur la vie de cour, du célèbre chroniqueur Lopez de Ayala, est aussi un poëme didactique auquel se trouvent rattachées quelques digressions épiques. La direction qui domine à la fin de ce siècle apparaît encore dans les poésies de Rabi Santo, Juif qui écrivit en vers, à l'usage du roi de Castille Pierre le Cruel, des conseils et des règles de vie; dans le poëme de la Danse des Morts, *Danza general de la Muerte*; dans l'imitation espagnole de la *Rixa Animæ et Corporis* du latin (aucun de ces ouvrages n'a encore été imprimé), etc. Enfin les chroniques d'Ayala et de Juan Nuñez de Villason, la chronique en prose du Cid, le récit du voyage de Ruy Gonzalez de Clavijo, etc., témoignent des efforts qu'on tenta dès cette époque pour cultiver la prose espagnole. C'est aussi à la fin de cette première période que fut composé l'*Amadis*, le type de tant de romans espagnols de chevalerie.

La *seconde période* de la littérature espagnole, qui s'étend du règne de Jean II de Castille jusqu'à la constitution de la monarchie universelle espagnole, sous les rois catholiques, c'est-à-dire jusqu'à la fin du moyen âge, fait apparaître la direction *lyrique* en première ligne avec la direction didactique. La formation d'une poésie lyrique de cour d'après le modèle des troubadours, préparée déjà, il est vrai, par Alphonse X, mais que le prince ne put réaliser que dans le dialecte de la Galice, ne put avoir lieu en dialecte castillan qu'à la cour de Jean II. Les précédentes tentatives de versification lyrique y avaient rendu propre ce dialecte ; et il suffit alors d'un prince animé de sentiments chevaleresques et poétiques, comme Jean II, pour provoquer cette espèce de résurrection de la poésie des troubadours. Il en résulte que cette poésie lyrique castillane, qui eut une cour pour berceau, ressemble beaucoup à la poésie provençale, surtout à celle de l'époque la plus moderne, pour ce qui est du ton et du contenu. C'est une poésie de conversation, s'agitant dans le cercle étroit de la galanterie de cour et dans les limites du *bon ton* d'alors, dont la monotonie et la pauvreté d'idées sont le grand défaut. Elle a même déjà quelque chose de plus lourd, de plus rude, de la véritable poésie des troubadours, parce que déjà aussi le prosaïsme et l'ascendant de plus en plus marqué du bon sens sur l'imagination enlevaient une partie de leurs forces à la chevalerie et à la galanterie idéales, désormais réduites à revêtir des formes creuses et vides. Il est impossible toutefois de méconnaître le génie national même dans ces poésies de cour, où domine l'emploi d'antithèses tantôt finement spirituelles, tantôt ironiques, comme aussi dans la dialectique dont le sentiment fait usage et dans les formes populaires qu'elles persistent à conserver. Dans cette foule de poëtes de cour, qui tous se ressemblent, qui n'ont aucune individualité

dualité propre, et que la différence de leurs noms peut seule aider à distinguer les uns des autres dans les recueils qu'on a publiés de leurs œuvres sous le titre de *Cancioneros* (le plus ancien est celui de Baena; vient ensuite celui de Fernando del Castillo [Valladolid, 1511]); on remarque surtout les marquis de Villena et de Santillana, et Juan de Mena, dont on a aussi de plus grandes compositions allégoriques et didactiques, où déjà l'on voit une tendance à imiter les anciens modèles classiques et les modèles italiens, le Dante surtout. Nous mentionnerons encore les trois Manrique (Rodrigo, Gomez et Jorge), Macias, Garci Sanchez de Badajoz, Alonso de Carthagène, Diego de San Pedro, dont on a aussi deux romans d'amour, moitié en prose moitié rimés (*Carcel del Amor* et *Question de Amor*), qui sont restés célèbres, et enfin Fernan Perez de Guzman, qui s'est aussi fait un nom comme historien. Dans ses ouvrages historiques, comme dans ceux de Hernando de Pulgar, on aperçoit déjà le progrès du simple style de la chronique à celui de l'exposition pragmatique. Il existe en outre de Pulgar une collection de lettres, qui, avec celle de Ciudad-Real, peut donner une idée de ce qu'était alors le style épistolaire. On trouvera un choix de productions historiques de cette époque dans la *Coleccion de Cronicas* (Madrid, 1779-1787); et plusieurs ouvrages des trois écrivains que nous venons de nommer, ont été imprimés collectivement (1775).

A cette période appartiennent encore les commencements du drame espagnol, qui, lui aussi, eut les solennités religieuses et les réjouissances nationales pour berceau; et on y peut également comprendre les dialogues allégoriques et satiriques de Santillana et de Rodrigo de Cota l'ancien, qu'on tient pour l'auteur d'un dialogue pastoral intitulé *Mingo-Rebulgo* et contenant une peinture satirique de la cour de Henri IV de Castille, les Pastorales de Juan de la Encina, et surtout la *Celestina*, ce roman dramatique si célèbre de Fernando de Rojas, ouvrage considéré à bon droit aujourd'hui encore comme l'un des meilleurs de la littérature espagnole, autant à cause de son style, vraiment classique, que de l'habileté avec laquelle les mœurs y sont décrites et de la vérité des caractères (1re édit., Medina Campo, 1499; la meilleure est celle qui fait partie de la *Biblioteca de autores españoles* (Madrid, 1846). Il a été traduit dans toutes les langues (récemment encore en français, par Germond de Lavigne; Paris, 1844), de même qu'il provoqua une foule d'imitations.

La *troisième période*, qui s'étend de la première moitié du seizième siècle jusqu'à la moitié du dix-huitième, comprend le développement de la littérature espagnole dans toutes les directions et à son époque la plus brillante, puis sa décadence, alors qu'elle eut atteint son apogée dans l'âge d'or des Philippe et qu'elle s'efforça de remédier à la diminution de ses forces par l'enflure et l'exagération, enfin son complet épuisement. Elle suit par conséquent pas à pas les développements de l'état politique et social de la monarchie espagnole. Que si en effet la réunion des couronnes de Castille et d'Aragon sur la tête des rois catholiques, la conquête du royaume de Grenade, dernier débris de la puissance maure en Espagne, la découverte d'un nouveau monde et la domination sur une grande partie de l'Italie, sur les Pays-Bas, sur le Portugal, transformèrent les petits royaumes espagnols, dont la Castille était le cœur, en une monarchie universelle; en revanche, la langue et la littérature castillanes non-seulement se transformèrent aussi en langue et littérature espagnoles proprement dites, mais encore devinrent des plus influentes qu'il y eût alors au monde; l'exagération, puis la dissolution de la puissance politique, durent naturellement réagir sur la littérature. Ce qui se préparait dans la période précédente se développa complètement dans celle-ci, par l'union plus intime qui s'opéra alors entre l'Espagne et l'Italie; à savoir: l'adoption par la poésie espagnole des formes des anciens modèles classiques et des modèles italiens, poussée jusqu'à s'assimiler des rhythmes particuliers au génie italien, le vers de sept et celui de onze syllabes, et les formes tout italiennes des sonnets, des *ottave rime*, des *terzine*, des *canzone*. Toutefois, l'individualité du génie national ne disparut pas plus sous cette imitation des Italiens que ce n'avait été le cas lorsque avait précédemment eu lieu l'imitation des Provençaux, attendu que la poésie espagnole avait des bases essentiellement populaires. On peut même dire que l'école italienne, dont les coryphées furent Boscan, qui avait suivi le duc d'Albe en Italie, et qui dans la société surtout de l'envoyé vénitien Nayagero avait acquis une connaissance approfondie de la littérature italienne, Garcilaso de la Vega, Diego Hurtado de Mendoza, etc., en vint sous Castillejo à former un parti strictement attaché aux anciennes formes nationales, jusqu'à ce que de la fusion qui s'opéra entre l'imitation sévère des formes plus concises et plus élégantes des classiques et le respect superstitieux pour le génie populaire et le caractère national résulta le beau mouvement littéraire signalé par l'apparition des poésies de Hernando de Herrera, de Luis Ponce de Léon, de Hernando de Acuña (mort en 1580), l'un des premiers qui ait su marier heureusement le style national et le style italien, et Jorge de Montemayor. C'est ce dernier qui, avec son compatriote le Portugais Sa de Miranda, introduisit le roman pastoral moitié vers moitié prose. La si célèbre *Diana* de Montemayor fut dignement continuée par Gil Polo. Dans la foule de poètes qui se rattachent immédiatement à ceux que nous venons de nommer, on distingue Francisco de Rioja, Baltazar de Alcazar, sous Philippe II, poète extrêmement gracieux et spirituel; Vicente Espinel, les deux Figueroa, Pedro Soto de Rojas, Cristoval de Mesa, Agustin de Tejada et Luis Barahona de Soto.

Après cette espèce de conciliation, l'antagonisme entre l'imitation classique et le génie national se produisit encore une fois dans cette même période, quand l'imitation eut perdu l'attrait de la nouveauté, et lorsque le génie national, en rattachant plus étroitement la poésie d'art à la poésie populaire, eut gagné de la force. A ce moment, les deux directions furent poussées à l'extrême, et souvent même, chose bizarre, furent suivies par le même écrivain. Ainsi les frères Argensola ne se contentèrent pas d'imiter le classicisme tempéré dans l'italien pour l'élément moderne, mais visèrent aussi à imiter Horace. C'est ainsi qu'Estevan de Villegas composa ses *Eroticas* d'après le modèle d'Anacréon, en se servant même de formes métriques tout à fait empruntées aux anciens classiques; et que Juan de Jauregui traduisit non-seulement l'*Aminta* du Tasse et le *Pastor fido* de Guarini, mais encore la Pharsale de Lucain. D'un autre côté, Gongora et Quevedo s'efforcèrent d'introduire et de cultiver dans la poésie d'art le style particulier aux *romances*, tout en cherchant à dépasser encore les Italiens et à introduire, à l'instar des Marinistes, le prétendu style élégant, et ingénieux, qui dégénéra tout aussitôt en *cultorisme*. Toutefois, il est vrai de dire que l'attention toute particulière accordée dès lors à la poésie populaire par la poésie d'art, eut pour la première fois des résultats fort utiles. Sans doute, l'époque était depuis longtemps passée où la poésie populaire brillait du plus vif éclat dans les *romances* lyrico-épiques; car à la suite de l'antagonisme toujours plus prononcé qui, dans la période précédente avait surgi entre la poésie d'art et la poésie populaire, et en raison de la ligne de démarcation de plus en plus tranchée qui s'établit entre les classes instruites et le peuple, la poésie populaire se trouva dès lors toujours plus limitée aux basses classes de la société et sans importance politique, en même temps que ses chants, réduits à n'avoir pour sujets que des intérêts purement humains ou encore spéciaux et locaux, ne comprirent plus que les moindres genres lyriques (*letrillas*, *seguidillas*, etc.), consacrés à célébrer l'amour, la danse, etc. Mais lors de la résurrection du génie national, ceux qui cultivaient la poésie d'art en vinrent bientôt à trouver un intérêt historique et esthétique aux anciennes *romances* populaires. On les remit alors en lumière, on les recueillit; les érudits et les poëtes rivalisèrent pour les imiter, pour les cultiver, chacun à sa façon; en un mot, pour les élever jusqu'à leur sphère, ainsi qu'ils se l'imaginaient tous très-sincèrement. C'est de la sorte que furent entreprises depuis le milieu du seizième siècle jusqu'au milieu du dix-septième la plupart des collections de *romances*, lesquelles, à vrai dire, à côté d'anciennes et authentiques *romances* épiques populaires, contiennent une foule de *romances* apocryphes en forme de chroniques ou encore purement lyriques, œuvres de savants ou bien de poëtes d'art. Elles étaient donc moins propres qu'à l'origine de la littérature espagnole à doter l'Espagne d'une véritable poésie épique, et dans le grand nombre d'épopées ainsi fabriquées d'après les modèles classiques et italiens, il n'y a tout au plus que le *Bernardo de Balbuena*, le *Monserrate* de Virues, la *Betica* de Cueva, la *Cristiada* du Padre Hojeda, qui s'élèvent au-dessus de la médiocrité. L'*Araucana* d'Ercilla seule nous offre le véritable génie de l'épopée, parce que les bases en sont véritablement épiques. Le contraste existant entre ces divers efforts pour créer une véritable épopée et les circonstances au milieu desquelles on les tentait donna naissance aux chefs-d'œuvre de l'épopée comique, les poëmes héroï-comiques de Lope de Vega (*Gatomaquia*), de Villaviciosa (*Mosquea*) et de Quevedo. Mais ces éléments épiques des anciennes *romances*; unis à une lyrique élevée à l'état d'art, influèrent d'une manière heureuse sur le développement du drame national d'art, de la *comedia*.

La poésie dramatique, devenue aussi en Espagne, avec les développements multipliés et l'instruction de plus en plus grande des masses, un besoin de la nation et l'expression le plus vraie de sa vie intellectuelle, avait tout d'abord trouvé dans Naharro, Gil Vicente et Lope de Rueda des représentants pour les principales directions qu'elle suivit depuis. Au premier semble appartenir l'invention des œuvres idéales et d'imagination, des pièces à intrigues et complications (*comedias de ruido, comedias de copa y espada*). Dans les deux derniers on peut voir les précurseurs des peintures de caractères fidèles à la vérité et à la nature, genre auquel se rattachent les auteurs de pièces dites préludes et intermèdes (*loas, pasos, farsos, entremeses, sainetes et comedias de figuron*).

A côté de ces genres continuèrent indubitablement d'exister les pièces religieuses, qui, en Espagne comme partout ailleurs, furent le point de départ du drame, et qui par la suite arrivèrent à constituer deux genres différents; les *autos sacramentales*, c'est-à-dire pièces de la Passion, et les *autos al nacimiento*, pièces de Noël, à la manière des moralités allégoriques du moyen âge; et les *comedias divinas et de santos*, ou représentations dont les sujets étaient empruntés à l'Histoire Sainte et aux légendes de saints, assez semblables aux mystères et aux miracles. Dans ce domaine de l'art, les partisans du classicisme avaient essayé, au moyen soit de traductions soit d'imitations, de donner au drame espagnol les formes des modèles antiques, par exemple Boscan, Fernan Perez de Oliva, Juan de Malara, vers le milieu du seizième siècle, et plusieurs poëtes de l'école de Séville, tels que Geronimo Bermudez, mort vers 1589, qui composa, sous le nom d'Antonio de Silva, deux tragédies avec chœurs; mais, pas plus que les essais critiques postérieurs de Rey de Artieda, de Cascales, de Cristoval de Mesa, de Villegas, d'Argensola, etc., ils ne réussirent à entraver le riche et complet développement de la comédie nationale.

Cette brillante période du drame espagnol s'étend depuis le commencement du seizième siècle jusqu'à la fin du dix-septième siècle; et les nombreux poëtes dramatiques de ce temps-là se divisent en deux grands groupes, au centre de chacun desquels brillent Lope de Vega et Calderon. On peut donc considérer et comme précurseurs et comme successeurs du premier Cueva et Virues, qui tous deux se sont fait un nom comme poëtes épiques; Cervantes, qui toutefois dans ce genre est resté inférieur à Lope; Guillen de Castro, mort en 1631, dont le *Cid* servit de modèle à la pièce de Corneille; Luis Velez de Guevara, Juan Perez de Montalvan; Gabriel Tellez, connu sous le nom de Tirso de Molina; Juan Ruyz de Alarcon, etc. Tous ces poëtes, et surtout Lope de Vega, se distinguent par une grande richesse d'invention, par l'originalité de leurs conceptions, et par leur habileté à saisir la nature sur le fait et à la reproduire dans toute sa vérité. On peut les considérer comme les créateurs du drame espagnol; œuvre pour laquelle ils employèrent des éléments essentiellement nationaux, en même temps qu'ils étaient inspirés par un enthousiasme tout populaire et à cette exubérance d'imagination; aussi mon représente-t-il le dernier degré de perfection auquel le drame espagnol soit arrivé. Il agit à l'égard de Lope de Vega et de ses prédécesseurs, qu'il dépasse de plusieurs coudées, comme un habile jardinier à l'égard d'une terre généreuse, dont il profite sagement, ajoutant par l'art à ses qualités naturelles, les idéalisant et les portant au comble de la perfection. De ses successeurs les plus célèbres furent Francisco de Rojas, Agustin Moreto, Fragoso, qui vivait vers 1650, J.-B. Diamante, dont le *Cid* servit aussi beaucoup à Corneille, Antonio Hurtado de Mendoza, Juan de la Hoz, mort vers la fin du dix-septième siècle; Antonio de Solis, dont la réputation est plutôt fondée sur ses ouvrages historiques, et Agustin de Salazar y Torres, mort en 1675, qui dans ses œuvres lyriques et dramatiques incline déjà vers l'*estilo culto*, mais qui dans ses drames fait preuve de l'imagination la plus puissante et la plus féconde. Alors même que vers la fin de cette période la poésie espagnole se trouva réduite à un état d'épuisement complet, par suite de la dégénérescence que lui fit subir le culteranisme, la poésie dramatique ne laissa pas que de jeter encore de l'éclat dans quelques œuvres où respire le génie national, par exemple dans celles de Bances Candamo (mort en 1709), de Cañizares (mort vers 1750) et de Antonio de Zamora (mort en 1722), lesquels peuvent-être considérés comme les créateurs de la *comedia de figuron*. L'opéra de Mozart a rendu célèbre le *Don Juan* du dernier. Parmi les autres poëtes, dont le nombre immense ne prouve que la décadence de l'art, on peut tout au plus mentionner les romanciers Esquilliache et Arteaga (mort en 1633), Bernardin de Rebolledo (mort en 1676), et Inez de la Cruz, religieuse mexicaine, morte vers 1700.

La prose eut dans cette période le même sort que la poésie. Là aussi deux directions principales apparaissent bien visibles : la tendance à la concision et à l'élégance de la forme d'après les modèles antiques, et le développement du style national. La première de ces tendances se manifeste d'abord chez les historiens qui dès lors abandonnèrent en parfaite connaissance de cause l'ancien style des chroniques, et cherchèrent à s'approprier les formes et les proportions savantes des Grecs et des Romains. On la remarque déjà dans les ouvrages de l'historien de Charles-Quint, Antonio de Guevara (mort en 1548), de Pedro Mejia (mort en 1552), et de J.-B. Sepulveda (mort en 1574), et surtout dans l'*Historia de la Guerra contra los Moriscos* de Mendoza, dont l'ouvrage a été continué par le comte Portalegre (mort en 1601), lequel, il faut le dire, est resté inférieur à son modèle. Cette voie fut suivie par les auteurs d'Histoires universelles d'Espagne, Fl. de Ocampo et Ambrosio Morales (mort en 1594), par l'historiographe de la couronne d'Aragon Zurita et par son continuateur le poëte B.-L. de Argensola, déjà nommé, par Fr.-M. de Melo, connu également comme poëte, mais bien plus célèbre par son Histoire de l'insurrection de Catalogne, par Francisco de Moncada, par le marquis del Espinar, auteur d'une histoire de la guerre de

Pays-Bas de 1588 à 1599, dans laquelle il joua un rôle, et comme général et comme diplomate, par Antonio de Herrera et par Antonio de Solis; tandis que dans l'histoire de sa patrie, écrite en espagnol par Mariana, le style national, anobli par l'étude des modèles de l'antiquité, parvient à autant d'originalité que de perfection. La tendance à la didactique et à la réflexion, qui déjà se manifestait dans la période précédente, trouva alors dans une prose mieux formée une expression plus convenable. On en a la preuve dans les dissertations morales et philosophiques de Perez de Oliva et dans son continuateur, Francisco Cervantes de Salazar (mort en 1546), dans le prosateur Guevara, déjà mentionné parmi les historiens, dans Mejia, auteur des *Reloj de Principes*, du *Menosprecio de la corte*, de la *Silva de varia leccion* et du *Dialogos eruditos*, etc., de même que dans les écrits politiques de Saavedra y Faxardo, dans les correspondances entretenues avec tant de finesse diplomatique par le secrétaire intime de Philippe II, Antonio Perez (*Obras y relaciones*; Paris, 1598), dans les méditations philosophiques de Juan Huarte. Cependant il y a encore autrement de chaleur et d'originalité dans les ouvrages religieux et ascétiques si parfaitement conformes à l'esprit national *dos Luises*, du poëte Fr. Luis de León et le célèbre orateur sacré Fr. Luis de Granada; de Sœur Santa Teresa de Jesus, laquelle a trouvé un digne biographe en Fr. Diego y Yepes (mort en 1613), célèbre aussi comme écrivain ascétique; dans ceux de S. Juan de la Cruz (mort en 1592) et de Pedro Malon de Chaide (mort en 1613), poëtes et prosateurs non moins célèbres par leurs poésies religieuses. Le digne Las Casas défendit avec la chaleur d'enthousiasme qu'inspire l'amour de ses semblables, et avec l'élégance d'un style éminemment classique, l'humanité opprimée en Amérique.

La prose se développa encore d'une manière plus caractéristique dans les ouvrages d'imagination. C'est ainsi que les formes épico-prosaïques du roman et de la nouvelle, qui seules aujourd'hui répondent encore à une civilisation avancée, furent aussi cultivées avec soin en Espagne. A la vérité le roman de chevalerie, en raison de l'idée morte depuis longtemps qu'il représentait, en raison du contraste de plus en plus frappant qu'il offrait avec la réalité dans les nombreuses imitations de l'*Amadis*, les Palmerins, Primaléon, etc., était depuis longtemps devenu une caricature sans portée; et sans doute aussi la nouvelle était une nouvelle forme littéraire venue d'Italie en Espagne, qui fut d'abord imitée avec assez peu d'habileté par Juan Timoneda, vers 1570, et par Nuñez de Reinoso, vers 1550, etc. Mais le contraste existant dans le roman de chevalerie avec la réalité fut ironiquement parodié sans lors à la fois avec l'universalité et la profondeur du génie par l'immortel Cervantes dans le *Don Quijote*, regardé en même temps comme le modèle inimitable de la prose espagnole; et le même Cervantes, dans ses *Novelas ejemplares*, ainsi que dans ses *Trabajos de Persiles y Sigismunda*, sut si admirablement nationaliser la nouvelle et le roman d'amour, que ces genres devinrent tout à fait populaires, et qu'il eut beaucoup d'imitateurs, sans qu'un seul d'entre eux pût d'ailleurs l'égaler. Les satires de Cervantes semblent avoir été moins préjudiciables au roman pastoral, introduit par Montemayor, et qui appartient aussi en partie à la prose, qu'au roman de chevalerie; car Cervantes lui-même est l'auteur de *Galatea*, l'une des meilleures productions de ce genre, qui fut encore cultivé pendant longtemps par Lope de Vega, Montalvo et autres. Mais les plus éminents prosateurs espagnols s'appliquèrent dès lors à la peinture des mœurs nouvelles et des rapports sociaux du temps où ils vivaient. C'est ce qui fut fait tantôt dans de petites nouvelles, genre dans lequel Cervantes fournit des modèles suivis par Montalvan, Mariana de Caravajal (*Novelas*; Paris, 1846), etc., tantôt dans les célèbres romans consacrés à la peinture des mœurs et des pratiques des fripons, à l'instar du *Lazarillo de Tormes* de Mendoza, par exemple dans le *Guzman de Alfarache* de Mateo Aleman, dans le *Gran Tacaño* de Quevedo, et dans *Marcos Obregon* d'Espinel.

Les récits burlesques dont Quevedo donna le premier l'exemple dans ses *Sueños*, imités avec le plus grand succès par L.-P. de Guevara dans son *Diablo cojuelo*, puis en dernier lieu par Saavedra Faxardo avec une grande liberté dans sa *Republica literaria*, et qui ont passé ensuite dans presque toutes les littératures de l'Europe, forment une troisième série de peintures de la vie espagnole. Le roman historique débuta aussi à cette époque en Espagne dans la célèbre *Historia de las Guerras civiles de Granada* de Gines Perez de Hita (mort vers 1590) et dans l'*Historia de los Incas del Peru* de Juan Garcilaso de la Vega (mort en 1620). Mais vers la fin de cette époque la prose ne souffrit pas moins que la poésie de l'influence exercée par les *gongoristes*, et tomba de son classicisme dans les bizarreries de l'*estilo culto* (*voyez* CULTORISME). Le jésuite Baltasar Gracian est l'un des écrivains les plus distingués de cette école, quoique la recherche et la manière nuisent singulièrement à son talent.

La *quatrième période*, qui commence au milieu du dix-huitième siècle et se continue jusqu'à nos jours, est caractérisée par l'irruption en Espagne de la civilisation moderne, et surtout de la civilisation française, par ses luttes et ses triomphes partiels sur l'ancien élément national, déjà éteint sous beaucoup de rapports, enfin par la tendance à régénérer, conformément à l'esprit de notre siècle, ce qu'on peut encore conserver, et à le fondre avec les éléments européens modernes. La mort du dernier et du plus incapable des princes de la maison de Hapsbourg, de Charles II, fut, dans la littérature espagnole, le signal d'un temps d'arrêt ressemblant beaucoup à une léthargie. On retrouva bien la tranquillité nécessaire aux créations littéraires, quand la guerre de succession fut terminée et lorsque la domination de la maison de Bourbon se trouva consolidée; mais un esprit nouveau, l'esprit français moderne, avait franchi les Pyrénées en même temps que la nouvelle dynastie; et en raison de la dégénérescence et de l'épuisement de l'ancien goût national, il dut bientôt acquérir une grande influence et même être considéré comme un moyen de régénération. Il ne fallait qu'un novateur hardi et plein de tact pour le faire admettre partout; et il se trouva en Luzan, qui, après avoir d'abord combattu l'abâtardissement de l'esprit national, essaya ensuite d'introduire les principes classiques français. Mais alors encore se répéta la réaction du génie national contre l'élément étranger, réaction qui eut dans Garcia de la Huerta un défenseur plus théorique que pratique. La littérature espagnole à ce moment peut être comparée à l'autée de la Fable, qui lorsqu'il était renversé n'avait besoin que de toucher la terre pour trouver des forces nouvelles. Il ne tarda pas à se former une école, dite *de Salamanque*, du lieu où résidaient ses principaux adeptes, assez sensée pour ne pas rester aveugle relativement aux besoins et aux exigences des temps et pour reconnaître les défauts de l'élément antique, mais en même temps assez patriotique pour tenir compte, surtout en ce qui est de la langue et du style, non pas seulement des modèles étrangers, mais aussi des modèles nationaux de l'Age d'or de la littérature nationale. A la tête de ces réformateurs modérés et après Luzan se placent Nicolas Fernandez de Moratin, Cadalso, Tomas de Iriarte, Samoniego, fabuliste plein de grâce et de talent, mais qui tous furent surpassés par Melindez Valdes, poëte véritable, qui sut enthousiasmer de nouveau la nation et qui fut à bien près le chef de l'*école de Salamanque*. Des amis partageaient leurs idées, et, non moins heureusement doués sous le rapport de l'esprit, Iglesias, Noroña, Quintana, Cienfuegos, Arriaza et Gallego, prirent comme eux pour modèles, non pas les Français seuls, mais aussi les Italiens et les Anglais. Tout en subissant l'influence de l'esprit des temps modernes, ils demeurèrent d'ailleurs espagnols et pour les idées et pour le coloris. Le triomphe qui couronna la guerre d'indépendance contre l'usurpation française eut pour résultat de donner comme une vie nouvelle au sentiment national, aussi bien dans les matières politiques que dans les matières littéraires; et la participation à la direction des affaires publiques que firent prendre à la nation les bouleversements intérieurs auxquels elle fut en proie contribua, en dépit des luttes de partis et des guerres civiles, à imprimer un caractère plus indépendant et plus multiple à son dévelopement intellectuel, en même temps qu'elle redonna à la littérature une attitude plus indépendante et plus nationale. C'est ainsi que les années 1812, 1820 et 1834 signalent autant d'époques nouvelles dans la production. Les fruits de ce mouvement apparaissent dans les œuvres poétiques de Xerica, de Lista, de Martinez de la Rosa, de José Joaquin de Mora, d'Angel de Saavedra, de Breton de los Herreros; et le nombre des poëtes de l'époque la plus récente est déjà si considérable, qu'il nous suffira d'indiquer ici les noms des plus célèbres, tels que Tapia, Maury, Juan Bautista Alonso (Poesias; Madrid, 1834), Jacinto de Salas y Quiroga (Poesias, 1834), B. de Campoamor (Poesias, 1840), Espronceda, Serafin Calderon, Zorrila, Hartzenbusch, et parmi les femmes, Gertudis Gomez de Avellaneda (Poesias, 1824).

En ce qui touche particulièrement la poésie épique et lyrico-épique, l'époque où nous vivons, on le conçoit sans peine, ne devait pas plus qu'aucune de celles qui l'ont précédée, être favorable à la conception d'une véritable épopée. Les essais tentés en ce genre par les deux Moratin, par Escoiquiz, Reinoso, Maury, Saavedra, etc., manquent de véritable génie épique, comme la plupart des productions modernes en ce genre. Mais il est remarquable que les Espagnols aient enfin commencé à comprendre que c'était seulement dans la remise en lumière de la poésie de romances et de légendes qu'on pouvait aujourd'hui espérer de rencontrer les éléments épiques convenables à la nation et à l'époque. Ce fut Saavedra qui donna l'impulsion première à ce nouveau mouvement littéraire, dont lequel il a eu pour imitateurs Mora, Zorrilla, Gregorio Romero y Larrañaga (Cuentos historicos legendas antiguas y tradiciones populares [Madrid, 1841], et Historias caballerescas españolas [1843]), Manuel de Santa-Ana (Romances y legendas andaluzas [Madrid, 1845]), etc.

Le drame espagnol de cette période souffrit beaucoup des luttes de l'école classique française et du parti national. La scène espagnole offrit et offre encore en partie aujourd'hui une véritable olla podrida de contrastes. Ainsi les plus monstrueux produits d'une école vieillie et sans vigueur s'y maintinrent longtemps à côté des avortons venus avant terme des gallicistes. En effet, pendant longtemps encore le public espagnol préféra, indépendamment des chefs-d'œuvre de l'époque classique, dont quelques-uns se sont maintenus sur la scène jusqu'aujourd'hui, les pâles imitations qu'en donnèrent un Gerardo Lobo, un Scoti y Agoiz, un Valladares, etc., les pièces féeriques les plus sottes d'un Hidalgo, d'un Frumento, d'un Bustamente, etc., les farces triviales et les mauvais mélodrames d'un Comella et de tant d'autres, aux pièces classiquement ennuyeuses et sans couleur d'un Montiano y Luyando, d'un Trigueros, et même aux œuvres un peu meilleures, mais toujours fort insipides, de Moratin l'aîné, de Jovellanos, de Lopez de Ayala, d'Iriarte, etc. Ce fut Leandro Fernandez Moratin qui le premier, par ses comédies écrites avec beaucoup de talent dans le genre français le plus raffiné, et cependant toujours avec une grande timidité, réussit à donner pendant quelque temps droit de bourgeoisie sur la scène espagnole au goût et aux idées classiques, et même à les faire si bien dominer parmi les classes éclairées, qu'elles en vinrent à rougir de l'ancien goût national. Des poëtes d'autant de talent que Cienfuegos, Quintana, Gorostiza, Martinez de la Rosa, Saavedra, Breton de los Herreros, etc., portèrent eux-mêmes pendant quelque temps les chaînes du classicisme; et ce ne fut que dans les piquantes et spirituelles Sainetes de Ramon de la Cruz (meilleure édition, Madrid, 1847) qu'on consentit à entendre l'expression du véritable et ancien génie national. Quand les Français, à leur tour, eurent aussi brûlé ces chaînes, leur exemple trouva sur la scène espagnole des imitateurs, dont les plus sensés revinrent aux anciennes formes nationales en essayant de les accommoder aux exigences de l'esprit des temps modernes. Les moins prudents, et malheureusement ce fut le plus grand nombre, cédèrent au vertige de l'école romantique française; et toutes les stupides atrocités, tous les imbroglio mélodramatiques de la Porte-Saint Martin, furent transportés sur la scène de Madrid, au moyen soit de traductions, soit d'imitations encore plus hideuses. Quelques poëtes donnant des espérances, ou les ayant même déjà réalisées, s'élevèrent, il est vrai, au-dessus de ce *servum imitatorum pecus*, par exemple Breton, Martinez de la Rosa, Tapia et Saavedra, que nous avons déjà nommés, qui dès lors avaient fait preuve d'indépendance et d'originalité, et auxquels se rattachèrent des talents plus jeunes, tels que Gil y Zarate, Hartzenbusch, Mariano Jose de Larra, Antonio Garcia Gutierrez, Patricio de la Escosura, Zorilla Moral, Trueba, plus célèbre encore parmi les poëtes comiques anglais que parmi les poëtes comiques espagnols, Ventura de la Vega, Campoamor, Rubi, etc. On trouvera leurs plus récentes pièces dans la *Galeria dramatica. Teatro moderno*, qui déjà ne compte pas moins de cinquante volumes.

Au commencement de cette même période, la prose, singulièrement déchue, elle aussi, par suite d'un retour de la manie du cultorisme, réclamait une réforme à laquelle travailla d'abord le bénédictin Feyjoo, qui le premier revint à la simplicité des modèles classiques. On remarque ensuite le jésuite Isla, qui dans son roman satirique *Fray Campazas* ridiculisa la trivialité et l'enflure des orateurs sacrés de son temps; les historiens Ulloa, Muñoz, Capmany, Ferreros, Quintana, Navarrete, Clemencin, Torreno, Muñoz Maldonado (*Histoire de la Guerre d'Indépendance* [Madrid, 1833]); les hommes d'État Campomanes, Clavijo, et surtout le Cicéron espagnol, Jovellanos, et le célèbre orateur et politique Agustin Argüelles. D'ailleurs, la tribune élevée au milieu des assemblées nationales rétablies donna à la prose plus d'énergie et une dialectique plus puissante. Il n'est pas rare de voir les passions politiques inspirer de l'éloquence, et on en a la preuve dans les ouvrages de Miñano, de Marina, de Lara (*Figaro*), d'Acala Galiano, de Donoso Cortes, et dans les discours de Martinez de la Rosa et autres. Les travaux de philologie critique de Gallardo, de Salva, de Lista, d'Hermosilla, de Marchena, etc., n'y contribuèrent pas peu, de même que la foule de journaux politiques et littéraires qui commencèrent à paraître vers la même époque, tels que la *Revista española*, l'*Artista*, etc., où l'on trouvait de piquantes esquisses de mœurs et des tableaux satiriques de la vie de tous les jours, par Mesonero y Romanos, Larra, etc., ou bien des séries d'articles en forme d'ouvrage et dûs à la collaboration de plusieurs écrivains, par exemple : les *Tipos españoles* et *Los Españoles pintados por si mismos* (Madrid, 1843 et années suivantes).

Après avoir longtemps négligé la forme du roman, les Espagnols, émus des succès obtenus dans ce genre par les Anglais et les Français, ont commencé dans ces derniers temps à le cultiver avec prédilection. Ils débutèrent par des traductions et des imitations d'originaux français et anglais, et Trueba composa même plusieurs de ses romans en langue anglaise. Mais il y eut ensuite un tel débordement de romans originaux, qu'il est exact de dire qu'en Espagne aussi cette époque des temps modernes est devenue une forme favorite et a été traitée des façons les plus diverses. Il faut surtout citer, en fait de romans historiques et de romans de mœurs, ceux de Humara y Salamanca (*Los Amicus enemigos* [Madrid, 1834]), d'Escosura (*El conde de Candespina* et *Ni Rei ni Roque*), de Martinez de la Rosa (*Isabel de Solis*), d'Espronceda (*Sancho Saldaña*), de

Larra (*Macias*), de José de Villalta (*El Golpe en vago*), de Sérafin Calderon (*Moros y Cristianos*), et de Gertrude de Avellaneda (*Dos Mugeres*), etc. Enfin, les Espagnols se sont aussi mis à cultiver de nouveau le genre de la Nouvelle; puis ils sont revenus à l'imitation des chefs d'œuvre de l'âge d'or de leur littérature. C'est ainsi qu'on a vu successivement paraître une *Coleccion de Novelas españolas* (Madrid, 1838), où l'on trouve d'excellents morceaux; et les *Escenas contemporaneas de la revolucion española*, depuis 1842, sous le titre de *Jardin literario*. En un mot, telle est l'activité dont la jeune école a fait preuve dans toutes les directions, à l'effet d'opérer la fusion de l'élément européen avec l'ancien espagnol, qu'il y a lieu d'espérer voir la littérature espagnole occuper de nouveau une des premières places parmi celles de l'Europe. Consultez Puibusque, *Histoire comparée des littératures espagnole et française* (Paris, 1842).

La *littérature scientifique*, comme on doit bien le pressentir, n'a pas brillé en Espagne d'un aussi vif éclat que la littérature nationale; car la première a autrement besoin que l'autre de la protection d'un gouvernement éclairé et libéral. Il ne lui faut pas seulement des établissements d'instruction première, d'initiation, convenablement organisés, mais encore les ressources matérielles sans lesquelles elle est réduite à l'inaction. Toutes les fois que ces conditions se sont trouvées réunies en Espagne, on a vu les sciences y prendre le plus rapide essor, sous Charles III, et même depuis 1834. Les Espagnols ont maintes fois prouvé qu'ils avaient tout ce qu'il faut pour faire de grandes choses dans cette direction de l'intelligence. Déjà sous la domination romaine la Péninsule ne produisit pas seulement des poètes tels que Lucain, Martial et Silius Italicus, mais des philosophes et des historiens comme Sénèque, Quintilien, Columelle, Florus, Pomponius Mela, etc. Aussi, après la conquête des Visigoths, l'Espagne ne jouit pas plus tôt d'un peu de calme et de tranquillité, qu'elle put s'enorgueillir d'avoir produit un savant tel qu'Isidore de Séville. La longue domination des Arabes eut encore une influence autrement importante, et peut-être plus grande encore sur le développement scientifique que sur le développement littéraire de l'Espagne. Les Arabes en effet y fondèrent une foule d'académies et d'écoles; ils propagèrent au moyen de traductions la connaissance d'un grand nombre d'auteurs grecs, et furent à vrai dire les instituteurs du peuple espagnol en ce qui est des sciences médicales et mathématiques. Les travaux exécutés sous le règne d'Alphonse le Sage prouvent que les élèves avaient profité des leçons de leurs maîtres. Quand, sous les rois catholiques et leurs premiers successeurs, des rapports plus intimes s'établirent entre l'Espagne et l'Italie, l'enseignement de la philologie et des lettres y fit de notables progrès. Mais quoique l'Espagne possédât seize universités, dont trois de premier rang (Salamanque, fondée par Alphonse X; Valladolid et Alcala de Henarès, par le cardinal Ximenès), les sciences philosophiques ne purent jamais s'y développer librement, parce que le despotisme ecclésiastique et temporel n'y tolérait tout au plus qu'une logique et une dialectique scolastiques à l'usage de la théologie et de la jurisprudence. L'enseignement primaire y fut organisé d'une manière bien autrement défectueuse encore, et les académies fondées sous les Bourbons pour l'étude de la langue et de l'histoire, de même que les grandes bibliothèques de l'Escurial et de Madrid, servirent tout au plus de centre de réunion et d'action à un petit nombre de *savantasses*, tandis que le gouvernement se gardait de rien faire pour répandre le pain de l'intelligence, l'instruction, dans les classes inférieures de la nation.

La *philosophie* est demeurée jusqu'à nos jours au degré le plus infime d'une vaine scolastique. Enseignée exclusivement par des prêtres, elle est toujours la très-humble et très-soumise *servante* de la théologie, et n'est cultivée que pour apprendre à défendre au moyen de la logique et de la dialectique quelques subtilités dogmatiques. C'est ainsi que pendant longtemps la Dialectique et l'Encyclopédie d'Isidore de Séville firent autorité. Les tentatives isolées faites pour franchir les limites scolastiques par quelques penseurs originaux, tels que Vivès, Sepulveda et Osorio, ne trouvèrent point d'imitateurs. Ce ne fut pas moins inutilement que le moine de l'ordre de Citeaux, Caramuel, (mort en 1682) essaya, avec beaucoup de timidité d'ailleurs, quelques réformes dans la méthode en usage dans les écoles. On ne pouvait attendre des jésuites qu'un empirisme un peu raffiné. Quand les idées françaises, et notamment celle des encyclopédistes, pénétrèrent en Espagne au sein des classes privilégiées, cette direction nouvelle donnée à l'intelligence dans les hautes sphères de la noblesse et du clergé n'aboutit qu'à un matérialisme mélangé de supernaturalisme, et demeura inféconde pour la spéculation scientifique. C'est de nos jours seulement qu'on a vu apparaître en Espagne un philosophe dans la véritable acception de ce mot, Jaime Balmes, réunissant un remarquable talent d'exposition à une grande profondeur métaphysique; et encore était-ce un théologien.

Il va sans dire que la théologie scientifique, par suite du blocus rigoureux établi autour de la spéculation philosophique par l'inquisition, ne put jamais fleurir en Espagne. Elle se borna donc à un dogmatisme roide et étroit, mêlé d'ascétisme et de casuistique. Aussi est-ce en vain que la littérature théologique espagnole a produit des montagnes de volumes; la science n'y a absolument rien gagné. Isidore de Séville résuma pendant tout le moyen âge toute la sagesse et toute la science scolastiques. Au douzième siècle, le juif converti Petrus Alfonsi, et au treizième siècle, le frère prêcheur Raym. Martini s'occupèrent bien moins des progrès de la science que de ceux de la foi. Au quinzième et au seizième siècles, le cardinal Torquemada, grand-inquisiteur, et le cardinal Ximenès, régent, semblèrent à la vérité vouloir favoriser l'étude de la Bible; et Philippe II lui-même contribua par ses secours à assurer l'achèvement de la polyglotte entreprise à Anvers par l'Espagnol Arias Montanus (mort en 1627). Mais, comme celle qui fut publiée par ordre Ximenès à Alcala de Henarès (ville dont le nom latin est *Complutum*), cette polyglotte était une affaire de luxe, et le prix excessif de l'ouvrage garantissait déjà qu'il ne pourrait avoir qu'une circulation extrêmement restreinte. La tentative faite pour rendre la parole de Dieu plus accessible au véritable peuple, par un prêtre aussi rigidement attaché à l'orthodoxie que l'était Luis de Leon, son auteur l'expia dans les cachots de l'inquisition; et les efforts faits dans le même but par Furius (mort en 1592) ne furent pas moins inutiles. Melchior Cano, moine dominicain (mort en 1560) qui avait des lettres, réussit seul à traiter la dogmatique d'une manière plus ingénieuse. Il n'y a que dans les branches de la théologie pratique, où le sentiment religieux se donne libre carrière, dans l'ascétisme mystique et dans l'homilétique, que l'enthousiasme croyant des Espagnols a pu produire quelques livres remarquables, tels que ceux d'Antonio de Guevara, de Luis de Granada, de Juan de la Cruz (mort en 1591), et de sainte Thérèse de Jésus. C'est tout récemment seulement que les théologiens espagnols se sont hasardés à rendre la Bible accessible au peuple, et n'ont paru les excellentes traductions de ce livre des livres faites par Torres Amat, auteur d'une *Historia Ecclesiastica* (13 vol.; Madrid, 1806), par Félipe Scio de San-Miguel et par Gonzalès Carvajal; traductions qui ne furent pour leurs auteurs la source d'aucun désagrément, et qu'on compte même aujourd'hui au nombre des modèles de la langue. Quelques ecclésiastiques, à la vérité revenus la plupart d'exil à l'étranger, ont même publié sur l'histoire et le droit ecclésiastiques des dissertations où la tolérance religieuse et l'indépendance de l'Église espagnole sont défendues avec talent, comme dans les écrits de Villanueva, de Blanco White (*Leucudo Doblado*), de José Maria Lavin (*Del Cristianismo en sas relaciones con la libertad y la civilizacion* [Séville, 1834]), de Romo (*Independencia constante de la Iglesia hispana, y necesidad de un nuevo concordato* [1845]), *Ensayo sobre la influencia del Luteranismo y Galicanismo en la politica de la Corte de España* (Madrid, 1844).

La science du droit et la politique, par suite des entraves mises à l'esprit de discussion, devaient nécessairement rester, l'une à l'état de simple science de la jurisprudence, et l'autre à l'état de routine. L'Espagne n'a jamais manqué de recueils de lois. Les plus anciens, tels que le *Fuero Juzgo*, datent déjà de l'époque des Goths. Dans l'ordre historique, nous devons ensuite rappeler les travaux législatifs d'Alphonse X ; il en a déjà été fait mention à l'histoire de la langue et de la littérature. Jos. Finestres (mort en 1777), Gregorio Mayans (mort en 1777), et Juan Sala (*Digesto romano-español* [nouv. édit., 1844]), ont traité doctrinalement le droit romain, déjà adopté pour base de sa législation par Alphonse X. L'établissement du gouvernement représentatif en Espagne a eu pour résultat de provoquer quelques bons esprits à étudier les bases historiques du droit politique ; et c'est à cette direction d'idées que l'on doit la publication de la *Coleccion de Cortes de Leon y Castilla* (1836-43) par l'Académie de l'Histoire, de l'*Historia de los tres Derechos, romano, canonico y Castillano* (1831) de Garcia de la Madrid, du *Compendio historico de la jurisprudencia de la corona de Castilla* de Zuasnavar y Francia, des *Leyes fundamentales de la Monarquia esp. segun fueron antiguamente y segun convene que sean en la epoca actual* (Barcelone, 1842) de Magin Ferrer, etc., etc., etc.

Le droit national a été, dans ces dernières années, scientifiquement traité par Alvarez, Fernandez de la Rua et Ramon Sala ; le droit public et le droit des gens, par Donoso Cortes, Andréas Bello et Agustin Letamendi, le droit administratif, par Pedro Gomez de la Serna et Mariano Ortiz de Zuñiga ; le droit constitutionnel, par Tomas Soler, F. Corradi ; la philosophie du droit, par le célèbre député aux cortès Alcala Galiano (*Maximas y Principios de la Legislacion universal* [Madrid, 1834] et *De la revision de nuestras leyes* [1837]), ainsi que par Donoso Cortes. L'économie politique, qui déjà, au siècle dernier et au commencement de celui-ci, avait été l'objet des travaux de quelques publicistes dont le nom est devenu européen, tels que Campomanes, Jovellanos, Cabarrus, a été traitée de nos jours avec un remarquable succès par Canga Arguelles et L. Florez Estrada, noms auxquels il faut ajouter ceux de Valle Santoro (*Elementos de economia politica* [1842]), Ramon de la Sagra (*La Industria algodonera y los obreros en Cataluña* [1841]), et Manuel de Marliani (*De la influencia del sistema prohibitivo en la agricultura, industria, comercio y rentas publicas* [1842]).

Les Arabes et les juifs espagnols ont laissé une grande et éclatante réputation dans les sciences médicales. Les chrétiens en Espagne ne commencèrent à les cultiver que lorsqu'au moyen âge le clergé s'en fut occupé. Parmi les écrivains médicaux du siècle dernier, il faut citer Piquer, Vives, Luzuriaga, Hernandez, Ortiz et Miguel Lopez ; et parmi ceux de notre époque, Villalba, Sampedro, Llorca y Ferrandiz, Alfaro, Eduardo Chao, etc. Une mention toute particulière est due à l'*Historia bibliografica de la medicina esp.* (4 vol. 1843) de Fernandez Morejon.

Dans les *sciences naturelles* et *mathématiques*, les Espagnols occupent depuis longtemps une place distinguée. Si au dernier siècle les noms de Cavanilles (mort en 1804), auteur d'une Flore d'Espagne ; de Ruiz, auteur d'une Flore du Pérou ; de Rojas Clemente, du voyageur Azara, etc., sont parvenus à une juste célébrité, on peut de nos jours citer les botanistes Lagasca et Ruiz y Pavon comme ayant réussi à se faire un nom européen. Nous mentionnerons aussi Manuel Blanco, auteur d'une Flore des Philippines (Manille, 1837), et Miguel Colmeiro, auteur d'un Essai sur les progrès de la Botanique (Barcelone, 1834). La minéralogie a été traitée dans ces derniers temps avec beaucoup de succès par Alvarado de la Peña, J.-M. Paniagua, Novella (*Curso completo de geologia*), Garillo Laso (*Tratado de las minas antiguas de España*) et Cisneros y Lanuza (*Lecciones de mineralogia* [1844]). Dans les sciences mathématiques, qui toujours furent traitées avec succès en Espagne, on remarque aujourd'hui les noms de Mariano Vallejo, Navarrete, Alberto Lista, Jose Reguero Arguelles, etc., etc.

Les travaux récents de Ponz, de Toiño, d'Ancillon, de Clavijo y Viera, de Miñano (*Diccionario geografico de España* [11 volumes, 1826]) de Verdejo Paez, de Cean Bermudez, de Serafin Calderon, de Caballero (*Manual geografico-ad-ministrativo de la Monarquia Esp.* [Madrid, 1844]), témoignent de l'importance qu'ont prise de nos jours en Espagne la géographie et la statistique.

Mais de tous les genres de littérature scientifique, les *sciences historiques* sont incontestablement celles qui ont été cultivées avec le plus de succès dans la Péninsule, surtout l'histoire nationale et l'histoire des pays conquis par les Espagnols. Les premiers ouvrages de ce genre furent, il est vrai, écrits en latin, par exemple par Isidore de Séville, par Rodrigue de Tolède, etc. Mais à partir du règne d'Alphonse X, on trouve déjà une suite de chroniques en langue nationale, dont beaucoup, comme nous l'avons déjà dit, s'élèvent fort au-dessus du mérite ordinaire de ces sortes d'ouvrages. Parmi les écrivains modernes qui ont su le plus heureusement exploiter ces sources fécondes et précieuses, il faut citer Florez, Conde, Ascargota, Capmany, Baranda, Masdeu, Tapia, Miranda, Mascaro et Gonzalo Moron (*Curso de Historia de la Civilizacion de España* (Madrid, 1842). Ajoutons encore que l'histoire particulière des provinces et des villes, ou encore de certaines époques, a donné lieu récemment à un grand nombre de travaux estimables, et qui ne peuvent que contribuer à répandre de plus en plus la connaissance de l'histoire nationale dans les masses. Nous citerons entre autres l'*Historia de Felipe II* d'Evariste de San-Miguel, *La España de Los Borbones* de Gonsalez Carvajal, l'*Historia de la Regencia de Maria-Cristina* de Pacheco (Madrid, 1844). Les mémoires particuliers publiés par des hommes ayant figuré dans les affaires publiques sont nombreux : une mention particulière est due à ceux de Toreno, du marquis de Miraflores, de Juan Van Halen, etc.

La philologie, généralement trop négligée en Espagne, ne laisse pourtant pas que de nous offrir aussi quelques noms auxquels se rattache le souvenir de travaux recommandables, par exemple ceux de Francisco Sanchez, dit *el Brocense* (voyez SANCTIUS), dont la grammaire latine jouit pendant tout le dix-septième siècle d'une grande et juste réputation en Europe ; du jésuite La Cerda (mort en 1643) ; de Gonsalez de Salas (mort en 1644), etc. La philologie orientale peut, elle aussi, s'enorgueillir de noms comme ceux de Casiri, de Conde et de Pascual Gayangos. Les travaux bibliographiques de Salva, de Fuster, de Torres Amat et d'Ochoa assignent à leurs auteurs un rang distingué dans cette science.

ESPAGNOLE (École). *Voyez* ÉCOLES DE PEINTURE, tome VIII, p. 315.

ESPAGNOLES (Peinture, Sculpture et Architecture). Malgré des circonstances extérieures défavorables, malgré tout ce qu'eut de pénible et de douloureux l'enfantement de l'Espagne moderne au milieu de guerres qui durèrent plus de cinq cents ans ; en dépit aussi des entraves du despotisme, et même de son appauvrissement, toujours croissant depuis trois siècles, la généreuse nation espagnole s'est constamment montrée dans le domaine de l'art la digne rivale des Français, des Italiens et des Allemands. C'est elle qui, vers le milieu du dix-septième siècle, tenait le sceptre de la peinture en Europe, et ses monuments sont au nombre des plus magnifiques que le moyen âge ait produits. Tout son développement artistique offre à l'observateur le curieux spectacle d'une production méridionale moderne où l'influence de l'antique est presque imperceptible, c'est-à-dire précisément le contraire de l'Italie.

En ce qui touche l'ARCHITECTURE, on peut pourtant admettre que les édifices romains, ces constructions grandioses qui survécurent encore plusieurs siècles à la puissance de Rome, surtout celles qui datent de la fin de l'empire, durent servir pendant longtemps de modèles aux productions de cet art en Espagne. Ainsi, aujourd'hui encore, Évora possède un temple d'ordre corinthien parfaitement conservé, Tarragone un palais et des murs cyclopéens, Sagonte un théâtre et un cirque, Ségovie un bel aqueduc, Capara un arc de triomphe, Alcantara un temple, Merida divers temples, théâtres, amphithéâtres, etc. Il n'existe pour ainsi dire plus rien des immenses édifices élevés par les visigoths, tandis que tant et de si magnifiques débris de monuments sont là encore pour témoigner de l'éclat de l'ancienne domination arabe (711 - 1492). Ces monuments étaient sans doute moins fantastiques que ceux que l'islamisme a construits en Syrie et en Égypte : on n'y voit ni coupoles ni minarets ; mais le style n'en est que plus arrêté et plus ferme, et il semble qu'il se soit inspiré de la lucidité de pensées du génie occidental. Le plus vastes des anciens édifices de ce genre, datant en partie du huitième siècle, est la grande mosquée de Cordoue, avec ses dix-neuf nefs reposant sur d'innombrables colonnes disposées en fer à cheval. Malgré son extrême magnificence, l'ornementation en est encore sévère et même simple quand on la compare à celle d'édifices plus récents. Il existe à Girone de charmants bains mauresques, et on en voit aussi à Barcelone et à Valence. Il n'existe malheureusement plus rien du magnifique palais d'Azzahra, bâti vers l'an 950, aux environs de Cordoue, et qui était orné de 4312 colonnes. En revanche, le célèbre château des rois de Grenade, l'Alhambra, ouvrage de la seconde moitié de l'époque mauresque, est encore debout en partie. A l'extérieur il n'offre que des murailles unies et irrégulières, mais à l'intérieur la magnificence en est extrême. On y voit des cours et des jardins ornés de fontaines jaillissantes et de sveltes colonnades, de vastes salles et appartements avec des bassins, des baignoires, des balcons, etc. ; le tout enduit des plus riches ornements en mosaïque vitreuse de couleur, donnant aux murailles l'apparence de modèles de tapisseries, de même que les voûtes en sont ornées de mille capricieux dessins. La *Cour des Lions* et la *Salle des Ambassadeurs* en sont les parties les plus célèbres. A Séville on voit le grandiose palais d'Alcazar, et la partie inférieure de la tour Geralda, de construction mauresque. L'architecture romane, qui s'étendit insensiblement vers le sud avec les royaumes chrétiens, ne nous offre que fort peu d'édifices de quelque importance ; par exemple la cathédrale de Tarragone, consistant en une basilique voûtée ; quelques constructions à Barcelone, etc. L'Espagne, en revanche, n'en est que plus riche en constructions gothiques de toute beauté, encore bien que celles datent pour la plupart de la seconde moitié du quatorzième siècle, par conséquent de l'époque de la décadence du goût gothique, et qu'elles ne soient point exemptes de l'influence mauresque. La cathédrale de Tolède (commencée en 1227) en est l'une des plus anciennes et des plus magnifiques, et il y a déjà quelque chose de plus capricieux dans les cathédrales de Burgos (1299) et de Ségovie. Les cathédrales de Barcelone et de Séville, et la magnifique église de Los Reyes à Tolède (1494 - 1408), datent de la fin de cette période ; l'ornementation en est surchargée et confuse, mais l'effet total ne laisse pas que d'en être imposant et pittoresque. Il y a d'admirables cloîtres gothiques à Guadelupe et chez les Dominicains de Valladolid, de magnifiques bourses gothiques de commerce à Valence et à Palma, dans l'île de Majorque. En Portugal, l'église de Batalha, construite en 1383, est d'une pureté et d'une richesse de formes surprenantes, tandis que la chapelle du couvent de Belem, bâtie en 1499, paraît presque barbare en dépit de toute sa magnificence. L'Espagne n'a conservé qu'un très-petit nombre d'édifices de la partie du seizième siècle où l'imitation de l'antique était encore dans la bonne voie. L'Escurial, œuvre de Juan de Toléde et de Juan de Herrera, est un édifice d'une sombre et puissante gravité, mais qui n'a rien de beau ni d'agréable. Ces deux qualités manquent complètement aussi au château d'*Aranjuez*, construit par le même Juan de Herrera. A partir de ce moment l'Espagne subit le joug de l'architecture italienne ; seulement, ses monuments deviennent alors plus médiocres encore que les monuments italiens qui leur servent de modèles. Quelques architectes d'un talent véritable, tels que Filippo Ivara (1685 - 1735), ne purent point empêcher la décadence de l'art. Les monuments les plus récents pèchent aussi beaucoup sous le rapport de la décoration intérieure. Cependant il faut encore mentionner honorablement Mariano Lopez Aguado, Custodio Teodoro Moreno, l'architecte du théâtre de *la Plaza de Oriente*, Juan Miguel de Inclan Valdes, auteurs de quelque bons ouvrages sur son art, et Annibal Alvarez.

Dans le domaine de la SCULPTURE, l'Espagne, pauvre en modèles, n'a qu'un petit nombre d'artistes à citer ; et jusque dans ces derniers temps, ce sont le plus souvent des étrangers qu'on y voit exercer cet art. C'est seulement à partir du dix-huitième siècle, qu'il s'y produisit quelques sculpteurs de talent, tels que José Alvarez et Antonio Sola, dont les meilleurs ouvrages sont une statue de Cervantes et un groupe représentant *Daois et Velarde* deux patriotes morts en 1802 ; Medina et Ponzano, élèves d'Alvarez, Francisco Perez del Valle, Esteban de Agreda et Fr. Elias.

En revanche, l'Espagne est un pays classique pour la PEINTURE. Si à l'époque du moyen age cet art y brilla peu, si c'est seulement à partir du quatorzième siècle qu'on y trouve quelques noms à citer, enfin si pendant le quinzième siècle la peinture espagnole se rattacha à celle des Pays-Bas, et pendant le seizième siècle à celle de l'Italie, le dix-septième siècle, par contre, offre une éclatante plénitude de vie et d'originalité ; radieuse époque à laquelle succédèrent au dix-huitième siècle, comme partout ailleurs, le relâchement et la manière (*voyez* à l'article ÉCOLES DE PEINTURE le paragraphe consacré à l'*École espagnole*). Parmi les artistes Flamands établis en Espagne au quinzième siècle, on cite Rogel (peut-être Rogez de Bruges) et Jean Flamand (peut-être Hans Memling). Les Espagnols attribuent aussi à Albert Durer une grande influence sur les développements de leur peinture. Luis de Morales travailla dans le style septentrional, et ses vieux tableaux, malgré la dureté des formes, ne laissent pas que d'offrir déjà une expression agréable, souvent belle, et un coloris facile. Parmi les peintres du seizième siècle, Pablo de Aregio et Francisco Neapoli, se formèrent dans l'atelier de Léonard de Vinci, dont il leur arrive parfois de reproduire avec assez de bonheur la manière ; Alonso Berruguete, né en 1480, et l'excellent Pedro Campanna, né en 1503, furent élèves de Michel-Ange ; Luis de Vargas, né en 1502, s'appropria la grandeur et la grâce de l'école romaine chez Perin del Vaga ; Vicente Joanes, né en 1523, s'était rattaché aux peintres florentins de la seconde époque. Mais les peintres de l'école vénitienne furent ceux qui exercèrent le plus d'influence sur la peinture espagnole, le Titien notamment, dont quelques-uns des beaux ouvrages furent exécutés pour l'Espagne et dont l'atelier fut fréquenté par un grand nombre d'Espagnols, entre autres par Alonso Sanchez Coello, devenu plus tard peintre de Philippe II ; par Juan Fernandez Navarrete, dit *el Mudo*, né en 1526, et qu'on a même surnommé le Titien espagnol.

Telles sont les bases (dont le coloris des Vénitiens fut la plus essentielle) sur lesquelles se développèrent les grandes écoles du dix-septième siècle : celles de Madrid, qui se rattache surtout à la cour, et celle de Séville. Leur caractère commun est un naturalisme intelligent, qui parfois atteint les dernières limites de la beauté, auquel viennent en aide un dessin et une composition hardis, sans avoir rien de capricieux ni d'arbitraire, et un coloris péchant peut-être par les teintes obscures et même noires de ses ombres, mais remarquable par son éclat et sa transparence, en même temps que par sa grande douceur, tenant par conséquent le milieu entre le coloris de l'école vénitienne et le coloris de l'école napolitaine. La carnation en est pâle, comme celle du corps des Espagnols, mais chaude et pleine de vie; les draperies sont le plus souvent un peu légères; rarement l'ensemble témoigne d'un soin partout égal ; le plus ordinairement, au contraire, il offre certaines parties auxquelles l'artiste a évidemment bien plus travaillé qu'au reste de son œuvre. C'est à l'école de Séville qu'appartinrent Francisco Pacheco, né en 1571, Juan de la Roelas, né en 1558, les deux Herreras; les trois Castillos, dont le plus célèbre fut Juan, le maître de Murillo ; ensuite Francisco Zurbaran, né en 1598, mort en 1662, qui par sa gravité et son énergie fixa le premier le style de cette école ; enfin, Velasquez, qui plus tard, comme peintre de la cour, exerça la plus grande influence sur l'école de Madrid , le simple et noble Alonso Cano (1610-1687), Pedro de Moya, élève de Van-Dyck (1610-1666), et le plus grand de tous, Murillo, après la mort duquel (1682) l'école de Séville ne tarda point à perdre toute son importance.

L'école de Madrid produisit Luis Tristan, né en 1586, et les deux Carduchos, florentins de naissance ; puis les élèves de Velasquez, Juan de Paraja *el Esclavo*, et Mazo Martinez; Antonio Pereda (1590 - 1669), qui pour le coloris l'emporte sur Murillo lui-même ; Juan Careno de Miranda (né en 1614), Fr. Rizi , Juan Antonio Escalante (1630 - 1670), Claudio Coello, etc.

Une direction particulière, subissant davantage l'influence de l'Italie, se développa dans l'école de Valence, qui commence à Aregio, Neapoli et Joanes, et dont les maîtres les plus célèbres furent Francisco Bibalta (1551 - 1628) et ses élèves Pedro Orvente (né en 1550), et Jusepe Ribera, devenu plus tard le chef de l'école de Naples. Lorsque, vers la fin du dix-septième siècle, s'éteignit le principe de vie particulier à l'école espagnole, plusieurs autres circonstances défavorables se réunirent pour exercer la plus pernicieuse influence sur la direction ultérieure de l'art en Espagne; par exemple, l'extinction de la dynastie de Hapsbourg, l'appauvrissement incessant du pays, et l'appel fait à Luca Giordano, artiste doué d'une extrême rapidité d'exécution et dont l'exemple fut des plus funestes. Parmi les peintres postérieurs, Ant. Palomino de Velasco (1653-1728) a moins d'importance par ses propres ouvrages que par le Recueil de Notices qu'il a publié sur les anciens artistes espagnols (*El Museo pictorico, y escala optica* [3 vol. Madrid, 1715 - 1724). Antonio Villadomat (né en 1678) et Alonso de Tobar ne sont aussi que de pâles imitateurs des maîtres.

En vain le roi Charles III fonda des académies et appela en Espagne Raphaël Mengs; l'art alla toujours en se dégradant davantage, et sous Charles IV Goya et Lucientes, peintre humoriste d'un talent tout particulier, est le seul qu'on puisse citer. L'influence du classicisme de l'école française représentée par David, quelque frappant que soit le contraste que son pathos et sa froideur offrent avec l'ancienne école espagnole, ne laissa pas pourtant que d'infuser comme une vie nouvelle à l'art espagnol. C'est à cette école si guindée que se rattachent la plupart des artistes de la jeune école, parmi lesquels nous nous bornerons à citer Vicente Lopez y Portana, Jose et Federico Madrazo y Agudo, Juan Antonio et Carlos Luis Ribera, Nivelles y Helip, Esquivel, peintre de portraits et d'histoire qui s'est formé d'après les sévères préceptes de l'école de Séville ; Genaro Perez Vilamil, remarquable paysagiste, mort en 1854 ; Pedro Kuntz, qui excelle dans la perspective ; enfin, Valentin Carderera, tout à la fois peintre et critique de talent, Jose Gutierrez de la Vega, José Elbo, Tegeo, Agapito Lopez San-Roman, Alenza, Cavanna, Canderata, Benito Sanz, Ferran, Ortega, Van Halen (fils du général de ce nom), Buccelli, et mesdames Weis et Nicolau.

La lithographie a aussi fait de remarquables progrès en Espagne, et la *Coleccion litografica de cuadros del rey de España*, etc., publiée par J. Madrazo, est un de ces ouvrages qui font le plus grand honneur à un pays. Consultez Cean Bermudez, *Diccionario historico*, etc. (Madrid, 1808, 6 vol.)

ESPAGNOLET (L'). Voyez RIBERA.

ESPAGNOLETTE. On donne ce nom à une barre de fer ronde, attachée sur celui des deux battants d'une fenêtre destiné à arrêter l'autre, lorsqu'on veut la tenir fermée. Cette barre, dont les extrémités se terminent en crochet, porte à son milieu une main de même métal, et qui s'élève ou s'abaisse à volonté. La barre étant elle-même mobile, on la fait tourner au moyen de la main. Si c'est pour fermer la fenêtre, les deux battants en étant rapprochés, les crochets de l'espagnolette entrent dans des gâches placées l'une en haut, la seconde en bas, et la partie mobile de la main étant ensuite placée dans une sorte de crampon fixé sur l'autre battant , la fenêtre se trouve alors solidement fermée. Lorsqu'on veut l'ouvrir, il suffit de sortir la main du crochet qui la retient à sa surface par un treillage, ou simplement par des clous. Ceux qui réussissent le mieux en espalier sont les pêchers, les poiriers, les abricotiers et la vigne. Ainsi cultivés, ils sont à l'abri des gelées tardives, de la grêle ; exposés à une température plus élevée, ils produisent des récoltes plus sûres ; leurs fruits, plus gros, plus précoces et mieux colorés, acquièrent une maturité parfaite et une qualité qui varie peu d'une année à l'autre, malgré les variations des saisons : tels sont les avantages incontestables qu'ils ont sur les arbres cultivés en plein vent. La nécessité de ce genre de culture est d'ailleurs évidente dans les pays où sans elle les fruits parviennent difficilement à maturité, comme il arrive en Angleterre, et même dans le nord de la France.

La direction des espaliers est une grande affaire ; elle exige des soins assidus et éclairés : la plantation, l'espacement, la taille, l'ébourgeonnement, l'effeuillage, le palissage , l'ébourtonnement, la construction des murs, l'exposition, les précautions contre la gelée ou contre la grêle, sont autant de points qui doivent fixer l'attention du cultivateur.

Les trous faits quelques semaines à l'avance, s'il est possible, on y plante les jeunes greffes de manière que la tige soit distante du mur de 15 à 20 centimètres, que les racines soient bien étendues, les deux plus fortes sur une ligne parallèle au mur ; on rabat la terre, légère et bien écrasée, sans pressions réitérées du pied, comme le font à tort des jardiniers peu éclairés. Les plantations peuvent avoir lieu depuis la fin d'octobre jusqu'au mois de mars. La distance entre chaque sujet varie selon l'espèce : cinq ou six mètres suffisent au développement de chaque branche mère latérale du pêcher et de la plupart des autres arbres; quelques-uns s'étendent moins.

L'arbre planté, on le rabat sur quatre ou six yeux de sa greffe ; c'est là le tout pour la première année, quel que soit les façons. A la taille suivante, dont l'époque varie selon les espèces, on choisit, pour la forme en V, les deux pousses les plus belles, une de chaque côté de la tige, et, autant que possible, en parallélisme avec le mur; pour la taille en éventail, trois ou quatre dans la même direction. Le choix fait, on supprime tous les autres bourgeons, et ceux qui doivent servir de branches mères seront rabattus sur six, sur quatre ou sur deux yeux, selon leur degré de vigueur ou celui du sujet. Les branches seront tenues en place par des liens, et cela de manière à favoriser le développement latéral du sujet. Les tailles suivantes ont pour objet l'accroissement le plus régulier et le plus fécond de l'espalier; elles consistent dans la suppression entière des bourgeons qui ne conviennent pas, avec le soin constant d'é-

ESPALIER — ESPARTERO

tablir l'égalité, l'équilibre, dans sa formation. Aussi le cultivateur ne doit-il jamais oublier qu'il y a simultanéité d'action et correspondance entre les racines et les feuilles. L'ébourgeonnement et l'effeuillage se pratiquent l'un et l'autre aux époques où le mouvement de la sève se ralentit, et comme il a été indiqué à chacun de ces mots.

Le palissage se fait au moyen de liens qui donnent aux branches une direction plus ou moins ouverte, selon la forme générale choisie pour l'arbre. Ces liens ne doivent point embrasser la feuille ni les yeux; ils ne doivent point être placés de manière à en gêner l'évolution. S'ils mettaient les branches dans des positions forcées, s'ils ne conservaient pas à chacune, garnie de ses rameaux, une forme analogue à celle de l'arbre entier, si, dans la crainte de le laisser dégarnir, le palissage rapprochait les branches, les croisait au point d'empêcher la libre circulation de l'air, l'accès de la lumière et du soleil, cette opération serait défectueuse et nuisible au sujet.

L'éboutonnement est la supression des boutons qui, mal placés ou trop rapprochés des autres, donneraient lieu à l'ébourgeonnement; on enlève les boutons pendant l'hiver, et l'on est ainsi dispensé de l'opération précédente. Il est d'ailleurs facile de comprendre que l'éboutonnement a le grand avantage de ne point fatiguer l'arbre comme l'ébourgeonnement.

Tous les matériaux que l'on peut faire entrer dans la construction des murs d'espaliers ne sont pas également convenables : les pierres dures, blanches et lisses, font des murs d'un aspect agréable, mais par leur nature ils réfléchissent beaucoup de rayons solaires sans se pénétrer de chaleur; de cet effet physique il résulte des états de température qui varient considérablement pendant le jour et pendant la nuit, et nuisent à l'accroissement des fruits. Les murs en terre, les palissades en bois même, ou de matière autre, mais d'une couleur terne, d'une structure moins dense, se pénètrent davantage de chaleur et la rendent, au profit des plantes, aux heures où la température s'abaisse; ils sont donc préférables. Une élévation de trois, quatre, ou cinq mètres, est suffisante aux murs d'espaliers; mais elle doit être la même des deux côtés, car si, par suite de l'inégalité du sol, l'un des côtés se trouve au-dessous du niveau, les arbres en espalier placés sur cette paroi ne pourront réussir; ils seront arrêtés par l'humidité habituelle du sol qui les nourrit et par celle du mur auquel ils sont adossés.

Le cultivateur n'est pas toujours libre de donner à ses espaliers l'exposition qu'il désire; elle est déterminée par celle de son champ. Pour les fruits dont il veut hâter la maturité, pour les arbres qui craignent les dernières gelées, il choisira le midi, le levant et les positions qui s'en rapprochent le plus : une oblique du levant au midi est, je crois, la meilleure de toutes pour le pêcher : celle en plein midi a le grand inconvénient de donner aux arbres une chaleur trop brusque et trop vive. Malgré le choix d'une bonne exposition, dans les pays où les froids se prolongent au printemps, à Paris et dans les environs, les jardiniers seraient exposés à perdre souvent leur récolte entière par l'effet d'une simple gelée blanche, s'ils n'avaient le soin d'abriter leurs espaliers : aussi l'usage des paillassons légers est-il généralement répandu dans ces pays. La manière la plus simple et la plus profitable pour les disposer est de les attacher à des perches par leur extrémité supérieure : ils sont de suite toujours prêts et hissés en peu de temps; on les retient par des fourchettes qui emboîtent l'extrémité des perches transversales, et reposent le long du mur à arc-boutant. Ce procédé sert encore à les préserver des effets désastreux de la grêle ou d'une chaleur trop saisissante; une toile d'emballage remplit le même objet. En outre, des observations répétées ayant porté des cultivateurs éclairés à croire que l'avortement des fleurs fruitières doit souvent être attribué à l'interruption du cours de la sève dans la tige par les gelées du printemps, pour obvier à cet accident, ils ont enveloppé de paille ou de foin la tige des espaliers, depuis le collet de la racine jusqu'à la division sur les branches

mères. Le résultat de leurs expériences nous paraît de nature à convaincre de l'excellence de cette pratique, et nous la recommandons avec confiance.   P. GAUBERT.

ESPALION. *Voyez* AVEYRON.

ESPARTERO (Don BALDAMERO), ex-régent d'Espagne, comte de *Luchana*, duc de *la Victoria*, et grand d'Espagne de première classe, est né en 1792, dans la Manche, à Granatula, où son père, Antonio Espartero, exerçait le métier de charron. Il était le plus jeune de neuf enfants. Destiné à l'état ecclésiastique par suite de la faiblesse de sa constitution, il abandonna en 1808, lors de l'invasion des Français, le séminaire où il faisait ses études pour s'engager dans un corps presque uniquement composé d'étudiants et appelé le *bataillon sacré*. Plus tard il passa au corps des cadets, et vers la fin de 1811 il fut nommé sous-lieutenant dans le corps des ingénieurs, à Cadix; mais n'ayant pu soutenir d'une manière suffisante les examens exigés par les règlements, il fut en 1814 envoyé avec le même grade dans un régiment d'infanterie, en garnison à Valladolid. Blessé dans ses susceptibilités par l'ordonnance qui le soumettait à cette mutation, il était décidé à donner sa démission, lorsqu'un protecteur influent lui conseilla de se présenter au général don Pablo Morillo, qui venait d'être nommé commandant en chef de l'armée destinée à aller combattre les colonies insurgées de l'Amérique méridionale. Morillo consentit à ce qu'il prît part, avec le grade de capitaine, à l'expédition, dont le départ eut lieu au mois de janvier 1815, et pendant la traversée il l'appela aux fonctions de chef d'état-major. Mais Espartero ayant montré peu d'aptitude pour un tel poste, ne tarda pas à être nommé major dans un régiment d'infanterie au Pérou. Il y fit preuve, à diverses reprises, de résolution, de courage, et passa lieutenant-colonel en 1817, puis colonel en 1822. Quand la capitulation d'Ayacucho eut mis fin, en 1824, à la domination espagnole dans l'Amérique du Sud, il revint en Espagne avec Laserna, Valdès, Canterac, Rodil, Alaix, Lopez, Narvacz, Maroto, etc., qu'on désigna plus tard par le surnom générique d'*Ayacuchos*, et fut envoyé en garnison à Logrono, avec le grade de brigadier. Une fortune considérable, qu'il avait faite en Amérique par son rare bonheur au jeu, lui permit de vivre avec faste, et ses qualités personnelles lui firent obtenir la bonnes grâces de la fille d'un riche propriétaire de Logrono, appelé Santa-Cruz. Il l'épousa, en dépit de l'opposition du père, et fut bientôt après envoyé tenir garnison, avec son régiment, à l'île de Majorque.

En 1832 il se déclara ouvertement en faveur de la nouvelle loi de succession à la couronne, établie par Ferdinand VII; et quand, à la mort du roi, la guerre civile éclata, il offrit spontanément de marcher avec son régiment contre les provinces insurgées du nord. On le nomma alors commandant général de la Biscaye, et bientôt après maréchal de camp, puis lieutenant général; et quand, en mai 1836, Cordova se rendit à Madrid, il fut chargé par intérim du commandement en chef du corps d'opération. Au mois de septembre suivant, son apparition personnelle sauva la capitale qu'une bande carliste fut au moment d'enlever, et en récompense de ce service il fut nommé général en chef de l'armée du nord, vice-roi de Navarre, et capitaine général des provinces basques. Député aux cortès constituantes, il prêta serment à la constitution de 1837; mais, mécontent du ministère Calatrava, il précipita sa chute en provoquant la protestation des officiers de la garde à Aravanca. Quand, le 12 septembre 1837, l'armée de don Carlos arriva jusque sous les murs de Madrid, il eut encore une fois la gloire de sauver cette ville. Il repoussa le prétendant derrière l'Èbre, et réussit, au mois de décembre, à lui enlever les hauteurs de Luchana et à débloquer Bilbao, fait d'armes qui lui valut le titre de comte de Luchana. L'inaction dans laquelle il persista à partir de ce moment eut au moins cet avantage, qu'elle lui permit de rétablir la discipline dans l'armée.

Tandis qu'il gagnait de plus en plus la faveur de la reine régente, les sanglantes exécutions qu'il ordonnait à Pampelune contre Léon Iriarte, à Miranda et autres lieux, rendaient son nom la terreur de ces provinces et de l'ennemi. En 1838, il anéantit le corps expéditionnaire carliste aux ordres du général Negri. Cependant, la mésintelligence allait toujours en augmentant entre lui et le ministère Ofalia, sur lequel il rejetait toute la responsabilité de l'inaction à laquelle il était condamné; et la jalousie que lui inspiraient Narvaez et Cordova le porta à envoyer à la reine diverses adresses contre eux. La campagne heureuse qu'il fit en 1839 lui valut, comme distinction personnelle, les titres de grand d'Espagne de première classe et de duc de la Victoria. Il sut profiter avec beaucoup d'adresse des divisions du parti carliste pour ouvrir avec Maroto des négociations qui se terminèrent par la convention de Bergara, par suite de laquelle don Carlos se vit forcé de se retirer en France. Quand il commença en 1840 la campagne contre Cabrera, il demanda le brevet de général pour son secrétaire et aide de camp Linage, qui tout récemment avait grossièrement insulté le ministre de la guerre dans une lettre publique. Il était déjà trop puissant pour qu'on pût refuser de faire droit à ses exigences. Narvaez dut quitter le ministère, et Linage passa général. Pendant ce temps-là, la session des cortès s'était ouverte. Le cabinet, comptant sur une majorité dans cette assemblée, essaya de porter un coup mortel aux *exaltados*, dont Espartero était devenu l'homme, en présentant un projet de loi restrictif des libertés municipales (*voyez* AYUNTAMIENTO); et, de son côté, la reine régente s'était rendue à Barcelone, où, malgré les vives représentations d'Espartero, revenu victorieux de son expédition contre Cabrera, et qui avait été accueilli dans cette ville avec les manifestations du plus vif enthousiasme, elle donna sa sanction au projet de loi voté par les cortès. Mais ce fut seulement lorsque le mouvement insurrectionnel provoqué par cette loi eut pris un caractère bien décidé qu'Espartero se prononça en faveur. Il revint en toute hâte à Madrid, où il fit une entrée triomphale, et de là, comme président du conseil des ministres, se rendit avec ses collègues à Valence où, le 10 octobre 1840, la reine régente déclara renoncer à ses fonctions et annonça l'intention de se rendre en France. Devenu de fait l'arbitre des destinées de l'Espagne, Espartero fut élu, le 8 mai 1841, par les cortès, régent du royaume.

Il fit preuve au timon de l'État d'énergie et de fermeté, d'entente des affaires et de finesse diplomatique. Il sut réprimer les usurpations du côté de Rome, comprimer le parti républicain, soulevé sur divers points et notamment à Valence, étouffer l'insurrection de Pampelune, où O'Donnell avait arboré le drapeau de la reine régente, et déjouer les complots tramés pour enlever la jeune reine et séduire l'armée par les généraux Diego-Léon et Concha, dont le premier fut fusillé le 15 octobre 1841. En outre, il répandit la terreur dans les provinces basques, toujours agitées, en les faisant parcourir par des colonnes mobiles et en y levant des contributions. Le 15 novembre il soumit Barcelone, où le parti républicain s'était soulevé, et entra de nouveau en triomphe à Madrid le 30 du même mois. A partir de ce moment la diplomatie d'Espartero prit une autre direction. Il se tourna complètement du côté de l'Angleterre, conduite qui ne fit qu'aigrir encore davantage la France contre lui et qu'exciter cette puissance à tremper, d'accord avec la reine Marie-Christine, dans une foule de machinations dirigées contre son gouvernement. Malgré cela, il réussit, grâce au respect dont il faisait preuve pour la constitution de 1837, à maintenir le parti exalté ou progressiste dans les strictes limites de la légalité. Il parvint également, en bombardant Barcelone, à comprimer la nouvelle insurrection qui avait éclaté dans cette malheureuse cité vers la fin de 1842. Mais la coalition qui se forma alors entre les progressistes ou républicains et les *moderados* (partisans de Christine) finit par rendre sa chute inévitable.

Le 9 mai 1843 il fut forcé de sanctionner une amnistie générale présentée par le ministre Lopez, et dont les clauses livraient le pays en proie à toutes les intrigues des *moderados*. Le ministère ayant ensuite exigé de lui le renvoi de son secrétaire Linage, partisan décidé de la politique anglaise, et du général Zurbano, qui s'était rendu odieux par la sévérité qu'il avait déployée à Barcelone, il s'y refusa, destitua ses ministres le 20 mai, et, par un décret du 26, prononça la dissolution des cortès. A la suite de cette mesure, et le bruit s'étant répandu qu'un traité de commerce désavantageux pour l'Espagne venait d'être signé avec l'Angleterre, une insurrection éclata, et, fomentée avec soin par les nombreux ennemis d'Espartero, se propagea rapidement en Catalogne, en Andalousie, en Aragon et en Galice. Dès le 13 juin la junte révolutionnaire constituée à Barcelone proclama la majorité de la reine Isabelle et la déchéance d'Espartero; après quoi, un gouvernement provisoire, composé de Lopez, Caballero et Serrano, le déclara traître à la patrie et déchu de tous ses titres et dignités. A Valence, Narvaez, ennemi personnel d'Espartero, se mit à la tête de l'insurrection; il marcha alors sur Madrid, où la corruption lui eut bientôt livré les troupes restées à la disposition du pouvoir central. Ce brusque revirement survenu dans la position politique sembla frapper Espartero de paralysie et d'irrésolution. Dans la pointe qu'il tenta sur Barcelone, ses lenteurs lui firent perdre le moment favorable; et bientôt, quand Narvaez eut effectué, le 22 juillet 1843, son entrée à Madrid, il ne lui resta plus d'autre ressource que de s'embarquer, le 30 du même mois, à Cadix, d'où il ne rendit, en passant par Lisbonne, en Angleterre, où il débarqua à Falmouth le 19 août. Dans ce pays où il trouva alors un asile paisible, Espartero fut reçu avec tous les honneurs qui lui étaient dus en sa qualité de régent, tandis qu'en Espagne un décret, rendu le 16 août, l'avait déclaré déchu de tous ses titres, dignités et décorations. Toutefois ce décret fut annulé plus tard, et dans les premiers jours de 1848 Espartero revint en Espagne prendre sa place au sénat. Mais sa réconciliation avec ses adversaires n'était qu'apparente; en effet, dès le mois de février suivant, il se retirait à Logrono, où il continua de vivre dans un complet isolement jusqu'au moment où une sanglante révolution provoquée par un *pronunciamento* des généraux O'Donnell et Dulce est venue le rappeler à la direction des affaires de son pays (juillet 1854). *Voyez* ISABELLE et MARIE-CHRISTINE.

ESPÈCE, du latin *species*, qui vient de *spectare*, regarder, et qui, comme le grec εἶδος, d'où nous avons tiré le nom *idée*; signifie aussi *représentation* et *image* ou *type*. Une espèce est donc la forme arrêtée d'un être naturel qui se conserve, qui se reproduit constamment le même, soit parmi les animaux et les végétaux dont l'organisation est constituée des parties régulièrement déterminées, soit dans le règne minéral, si l'on veut accorder le nom d'*espèce* à des caractères chimiques tranchés plutôt qu'à des structures géométriques qui peuvent se rencontrer isomorphes, dans des minéraux très différents.

En effet, l'*espèce minérale*, considérée dans tout corps inorganique, ne peut être le produit de la *génération* ni constituer une *race*, comme parmi les êtres vivants et organisés : elle est le résultat d'une matière particulière, *sui generis*, présentant une molécule spéciale, comme celle du soufre, du fer, du carbone, de l'alumine, de la chaux (ou plutôt du rudical de ces oxydes métalliques). Tous ces mélanges ou agrégats divers établissent plutôt des variétés que des espèces. Ainsi, « chaque espèce minéralogique est composée, comme le dit Berzélius, des mêmes ingrédients, dans les mêmes proportions ». C'est donc l'identité de la composition chimique et non l'identité des formes ou de la structure, qui constitue l'*espèce inorganique*. Tout au contraire, l'*espèce organique* est fondée sur l'identité des formes et des structures internes et externes.

Les minéralogistes, par la nécessité où ils sont de classer la foule des compositions géologiques, donnent tantôt le titre de *genre*, tantôt celui de *famille*, au groupe des minéraux dans lesquels prédomine un principe, comme la silice, la magnésie, le cuivre, l'antimoine, etc.; ils réservent le titre d'*espèce* à des associations de ces éléments avec d'autres moins prédominants. Ainsi, par exemple, le cuivre sulfuré, carbonaté, arsénié, etc., sont pour les minéralogistes des espèces du genre ou de la famille *cuivre*, etc. Il en sera de même des combinaisons chimiques artificielles: les sulfates, nitrates, phosphates, etc., ou les combinaisons des acides minéraux, végétaux, animaux, avec diverses bases salifiables, constitueront des classes nombreuses de substances salines, dont les espèces seront infiniment diversifiées, comme les principes qui les composent.

Créateur dans le règne inorganique, le chimiste institue des espèces; il tente la nature, et la force à parler dans ses expériences. Des compositions nouvelles créent de nouveaux corps définis ou des espèces imprévues, comme les composés de brôme, de cyanogène, d'iode et autres, qui ne se rencontrent point dans la nature, et qui n'en forment pas moins des espèces plus ou moins stables, avec des propriétés bien caractéristiques. Les mélanges sans combinaison définie et proportionnelle ne constituent pas des espèces. Ainsi, les agrégats fortuits, les différentes *brèches* et marbres, les roches et *strates* de l'écorce terrestre, établissent bien des *sortes*, mais non pas des *espèces*, car elles ne sont pas des corps *combinés*, ni qui s'unissent entre eux avec des proportions définies par le *pondus naturæ*, par des lois de composition harmonique, par le *fœdus unitatis*.

Les animaux et les végétaux sont deux règnes formés par des séries d'êtres plus ou moins réguliers et analogues dans leurs structures, pour ainsi dire fraternelles, et dont les espèces se groupent en genres, en familles, en classes. L'*espèce organique* est un composé d'un certain nombre de parties constituées pour un ensemble et un but d'unité, lequel joue de concert; elle naît de parents semblables à elle, soit d'un œuf, soit d'un germe ou bouture; elle se développe, s'accroît, puis reproduit des êtres d'une même forme ou structure qu'elle, et enfin meurt. L'espèce organique ne peut être composée de moins de trois à quatre radicaux, tous combustibles: carbone, hydrogène, azote, avec l'oxygène, qui entretient également l'excitation vitale par la respiration chez les animaux, même les aquatiques, et par son concours nécessaire aussi aux plantes. Ces éléments simples, toujours mobiles dans leurs proportions, peuvent à l'aide de celles-ci, diversement arrangées, transformer la nature des solides et des fluides de chaque individu. Ses formes, ses tissus, se modifient suivant les conditions des âges, des sexes, des complexions, comme selon les climats ou températures et les circonstances extérieures des corps ambiants, les nourritures, etc.

L'être organique consiste donc dans un concours harmonique de principes essentiellement variables, et même gazéifiables, en rapport avec l'air et l'eau. Tous les individus qui se ressemblent identiquement, et qui peuvent reproduire entre eux la même forme, constituent l'*espèce pure*: s'ils ne diffèrent que de peu, ce sont ou des *races* passagères causées, entretenues par le climat, la nourriture et la continuité des autres influences, ou des *espèces voisines*, telles que le cheval et l'âne, le bœuf et le buffle, etc.; il en est de même parmi les végétaux. Par cette étroite analogie des formes, il s'établit entre elles une sorte de consanguinité possible, puisque les races ou espèces voisines contractent parfois des alliances, d'où naissent des individus métis, des hybrides plus ou moins capables de se propager eux-mêmes, soit avec l'une et l'autre espèce qui leur donna naissance, soit même entre eux. Par le premier cas les hybrides rentrent dans une des tiges primordiales. S'ils sont capables de se multiplier entre eux, ils constituent une race intermédiaire désormais, comme celle des mulâtres, des métis, ou bien de l'espèce chien, issue de divers mélanges possibles entre le chacal, le loup, le renard, etc., et le chien primitif. Mais, à part les variétés de type de chaque espèce, résultant de la chaleur qui colore davantage les individus, développe les odeurs, les saveurs, l'énergie organique, la rapidité de la croissance, les fonctions reproductives, tandis que la froideur produit un effet contraire; à part l'influence de l'humidité, qui gonfle et déploie les tissus, grossit les individus, tandis que la sécheresse opère la rétraction, le resserrement des organes, met plus en saillie les formes anguleuses, etc., voyons si les espèces sont réellement finies et constantes.

Parmi plus de soixante mille espèces de plantes, décrites ou connues des botanistes, et à peu près autant d'espèces d'insectes ou d'autres animaux (et le nombre de toutes les espèces du globe s'élève sans doute au delà du double), peut-on affirmer qu'il ne s'en forme aucune nouvelle? peut-on dire que la forme de celles existantes reste stable en elle-même, invariable dans leur essence, et qu'elle tende à rentrer nécessairement dans son type primordial, dont quelque cause de déviation les a détournées? Examinons ces questions fondamentales.

D'abord, plusieurs races que les naturalistes qualifient du titre d'*espèces* peuvent fort bien n'être que des variétés individuelles d'âge, de sexe, de climat, etc. On ne doit pas toujours certifier que telle sorte de champignons (par exemple les agarics), prise à certain degré de végétation et dans tel lieu obscur ou éclairé, n'est point d'espèce identique avec telle autre. Les botanistes les plus habiles diffèrent souvent d'avis à cet égard, comme pour une multitude de lichens, de mousses et autres agames ou cryptogames. Disons plus, il est une foule de plantes phanérogames tellement modifiées par le climat, par la station, soit sur une montagne, soit au fond d'une vallée, qu'elles semblent constituer des espèces diverses. De même, chez les animaux, particulièrement les lépidoptères et autres insectes, combien de mâles et de femelles de même espèce ont été pris, en entomologie, pour deux espèces distinctes? Les mues de plumage des oiseaux deviennent des causes fréquentes d'erreur des ornithologistes; on est même en doute aujourd'hui si le singe chimpanzé, le plus voisin de l'espèce humaine, ne devient pas, à l'état adulte, ce grand vilain pongo à longues mâchoires de mandrill. Les formes spécifiques ne sont donc bien exactement constatées que pour certaines grandes espèces déterminées.

Mais en admettant ces types constants pour l'homme, le cheval, le noyer, etc., à travers les siècles; en reconnaissant que ceux-ci n'ont pas changé depuis plusieurs milliers d'années, comme le prouvent les momies, les restes d'ibis sacré, de crocodile, de magot cynocéphale et autres divinités égyptiennes exhumées de leurs antiques catacombes, avec les fruits, les semences qui les accompagnent, il faut bien convenir de la spécialité des formes organiques. Non-seulement il y a telle co-existence de structure nécessaire qui fait que le mammifère carnivore doit avoir des dents en rapport avec la conformation des intestins, la disposition des griffes, l'activité de certains sens, l'énergie des instincts, etc., mais de même par les organes de mastication d'un herbivore on peut juger, en anatomie comparée, voir le reste d'un animal fossile, qu'il était un ruminant ou un rongeur, et deviner ainsi son ossature, ses habitudes et ses formes certaines, inévitables. En effet, changez à force de soins les caractères du chou, de la patate oléracée, ou autre, dans nos jardins, par l'horticulture; déformez à la longue, pour votre utilité, le chien, le mouton, la poule ou le pigeon, ces modifications ne passeront dans la suite des générations qu'autant que persistera l'action qui pèse sur eux; mais abandonnez une race mutilée à la simple nature, elle reprend ses droits: l'arbre redevient sauvageon, le chien bête féroce. Donc il y a des formes originelles, des types spontanés, un équilibre d'organisme naturel qui se rétablit.

Disons plus: cet équilibre individuel, qui constitue l'espèce pure dans sa simplicité native, la plénitude de sa vie et de sa santé, ne se déploie librement que dans son milieu approprié et son climat. Si vous tenez au sec l'oiseau aquatique, ou dans l'humidité tel animal, telle plante, formés pour des lieux secs; si vous jetez sous un ciel brûlant le renne ou l'ours polaire; si vous prétendez faire éclore sous les glaces sibériennes les fleurs et les brillants palmiers des zones tropicales, évidemment vous faites périr ces espèces créées pour des contrées si opposées. Certaines espèces cosmopolites sont seules capables de se plier aux conditions les plus diverses : tel est l'homme, et le chien qui le défend, ou quelques végétaux aquatiques; encore ces êtres ne s'acclimatent point partout sans quelques circonstances protectrices, comme le feu ou une chaleur de vêtements factice pour notre espèce. Donc l'espèce n'est qu'un équilibre organique persistant pour tel climat particulier, puisqu'il succombe sous d'autres. Il n'en est point ainsi des espèces minérales, qui, manquant de vie, subsistent indifféremment sous toutes les régions du globe. Ainsi, l'on a rencontré en Sibérie des mines de platine, d'or, des diamants même, qu'on croyait être seulement le don brillant du soleil sous les zones enflammées de la torride, à Golconde, au Pérou et au Brésil.

Mais si les espèces organiques ne vivent bien que là où elles sont placées par la nature, ou du moins si elles périssent sous d'autres parallèles terrestres ou sous des températures trop différentes, il y a donc pour elles une géographie et des races autochtones, ou nées sur telle région du globe exclusivement. C'est ce que démontrent les créations spéciales de Madagascar et de l'Australie (Nouvelle-Hollande), qui présentent des genres d'animaux singuliers et des végétaux qu'on n'a rencontrés nulle autre part sur toute la terre. Dès lors, on comprend que si des mammouths, des éléphants et des rhinocéros ont vécu dans les contrées polaires, où l'on découvre leurs innombrables ossements, à l'embouchure des fleuves de la mer Glaciale, et jusqu'à leurs chairs, encore conservées par la glace, il fallait que ces régions fussent peuplées d'abondants pâturages, pour la nourriture d'aussi énormes herbivores. Il était donc nécessaire que la température y fût habituellement plus chaude, puisque les horribles hivers qui encroûtent pendant six mois la Sibérie actuelle y empêchent la végétation, et forcent la plupart des animaux et des hommes à s'enfouir sous terre.

On insistera cependant, et l'on dira que durant ces âges antiques et primordiaux de notre planète se développaient des animaux gigantesques, des mastodontes, des paléothériums, des mégalosaurus, non moins monstrueux, sans doute, que les végétaux, fougères, palmiers, mousses, de dimensions extraordinaires, dont nous admirons les dépouilles. Nos continents sont jonchés de débris de coquillages innombrables, d'ammonites énormes : les êtres produits alors par une nature jeune et féconde déployaient leurs formes colossales bien autres que celles d'aujourd'hui. Nous serions à peine avortons dégénérés si toute la création moderne ne paraissait pas construite d'après un plan différent et sur d'autres modèles. Donc, si la nature a changé ses types et ses créations, ou si, par le cours immense des siècles, elle a progressivement transformé ses créatures, dans des générations successives, modifiées, amoindries, diversifiées, en celles d'aujourd'hui, qui peut lui imposer des limites, dans le cours immortel des âges à venir? Nous n'apercevons presque aucun changement pendant les quelques milliers d'années qu'il nous a été donné d'observer, et nous regardons comme immuables les espèces dont les longues métamorphoses échappent à notre courte existence.

D'ailleurs, si l'on observe une progression nécessaire dans le système général des organisations végétales et animales, si toutes tirent leur origine de structures ébauchées, infimes primitivement, comme des animalcules infusoires, remontant, dans le règne animal, jusqu'à l'homme, des conferves, byssus ou autres végétations d'abord imparfaitement élaborées, pour toute la série ascendante des plantes, jusqu'aux arbres magnifiques, il y a donc développement et perfectibilité dans les forces organisatrices de notre monde. On ne

peut, en outre, méconnaître que les espèces imparfaites ne succombent sous d'autres plus industrieuses ou mieux conformées : ainsi a disparu le dronte, oiseau de Nazare, épais et stupide; ainsi s'éteindront le lent et timide paresseux, l'unau et l'aï; ainsi sont immolés chaque jour les gros phoques, les immenses baleines, sous les coups du hardi navigateur. D'autres races ont pu, par un effort contraire, surgir sur le globe. Et pourquoi la nature serait-elle devenue tout à coup stérile? sa force est-elle énervée?

Sans doute, tant que le système actuel de notre monde planétaire se maintiendra dans son équilibre, nos éléments, toujours dans les mêmes rapports, entretiendront ce concert harmonique. Il n'y a pas de motifs, ni même de possibilité de changement spontané parmi les types de nos espèces actuelles. Mais puisque évidemment ces types étaient autres dans les époques antédiluviennes, et qu'ils résultaient sans doute d'un concours différent de nos éléments ambiants, il ne peut rien rester d'éternellement immuable dans les destinées infinies de l'avenir. Les révolutions du grand monde sont nécessairement des cycles ou des orbites à vastes périodes; le temps ni l'espace ne coûtent rien à la Divinité et à la nature, son ministre. Il ne peut donc réellement y avoir aucune espèce intransmutable, au milieu des changements éternels, mais des états plus ou moins lentement transitoires dont nous ne connaissons aucune borne, pas plus qu'à l'infinité qui nous enveloppe de toutes parts. Si la permanence des espèces actuelles tient à la stabilité présente de notre système planétaire qui la garantit, par là s'établissent les équilibres organiques en rapport avec les climats, les saisons, les milieux ambiants de l'air, de la terre et des eaux. Mais c'est ici qu'il faut bien admirer la merveilleuse prévoyance qui a fait approprier chaque espèce d'animal et de végétal, pour remplir telle ou telle fonction dans les divers départements de ce globe.

L'anatomie comparée démontre en effet, par la concaténation des espèces animales, dans la grande série des vertébrés surtout, une telle analogie des formes du squelette, des nerfs et muscles des membres, et de toutes les principales distributions des organes, des vaisseaux intérieurs et extérieurs, qu'elles sont toutes construites d'après un plan primordial, et qu'ils semblent émaner d'une pensée générale qui les modifie et les développe pour approprier les quadrupèdes à la terre, les oiseaux à l'air, les poissons à l'eau, les reptiles ou amphibies à un genre d'existence intermédiaire. De même, les batraciens, d'abord poissons à l'état de larves ou têtards, deviennent terrestres, grenouilles, crapauds, etc.; preuve que la nature approprie ses espèces à leurs destinations sur le globe, et à des conditions préétablies, comme elle laisse les tritons et protées, ou sirènes, sous l'état permanent de larves.

Mais, indépendamment des rapports des espèces voisines entre elles, la nature a disposé les sexes pour se chercher et s'unir, avec une telle précaution que chez les insectes, par exemple, les pièces intramusculaires de la copulation ne permettent point à une espèce voisine de former des liaisons adultères en quelque sorte. Autrement, ces espèces se confondraient, dans leurs lignées, par des mélanges infinis. Dans le sein même des ondes, où les espèces de poissons ne s'accouplent point, mais fécondent les œufs pondus des femelles par l'affusion de leur laite, quel incompréhensible chaos de tous ces œufs et de toutes ces semences mêlées, confondues, ne vicierait pas toutes les races, si la nature n'y avait mis obstacle? Mais cette sage prévoyance qui préside à toute création a fait que la semence du brochet ne féconde jamais l'œuf de la carpe, et que chacun des éléments n'est reçu, absorbé, que par son espèce appropriée. C'est ainsi que se démêle de la foule chacune des innombrables familles qui peuplent les entrailles de l'océan : crustacés, mollusques, vers, et les thalassiophytes ou fucoïdes, et autres plantes marines, avec les coraux ou lithophytes, etc. Chaque genre se propage par à travers mille tempêtes qui brassent

incessamment les flots et leurs habitants jusque dans les abîmes.
J.-J. Virey.

ESPÈCES (*Philosophie*, *Théologie*). L'ancienne philosophie scolastique appelait ainsi les images ou représentations des objets frappant la vue. D'après l'opinion des atomistes Démocrite, Épicure, et d'autres plus modernes, il se détachait des corps incessamment leurs images superficielles qui voltigeaient dans les airs pour pénétrer dans nos yeux et de là dans notre esprit. Mais alors ces *espèces visuelles*, une fois installées dans l'intelligence, pouvaient être reproduites par l'imagination ou dans les songes, lorsqu'on croit revoir les *mânes* des personnes mortes. Telles étaient, selon cette philosophie, les *espèces intentionnelles*. Ces mânes (*manentia*), ou émanations, comme celles qui s'exhalent des corps odorants, étaient réputées avoir de la réalité, et l'on s'étayait pour soutenir cette opinion, des reflets que l'on remarque colorés, rouges par exemple, jettent sur les corps environnants. Il n'est pas besoin de dire que toutes les découvertes modernes sur la lumière et ses rayons ont ruiné cette vieille philosophie.

Dans les liturgies anciennes et modernes du culte catholique, et même chez les sectes des nestoriens, des jacobites, des Syriens, des Coptites et Éthiopiens, ou dans les églises du rite mozarabique, on reconnaît sous les *espèces du pain et du vin* de l'Eucharistie la présence réelle de Jésus-Christ et la transsubstantiation. C'est la doctrine constante de ces Églises, que sous les apparences, toujours subsistantes, du pain et du vin la consécration opère la transformation de ces *espèces* en celle de Jésus-Christ. Au neuvième siècle, l'Église grecque fit schisme avec l'Église romaine au sujet de cette doctrine, n'y voulant voir qu'un changement (μετaβολη). Ensuite, Luther, qui admit la présence réelle dans l'*espèce du pain consacré*, soit par concomitance, soit par infusion ou impanation (*in, cum et sub*), nia la transsubstantiation. Calvin et les protestants ne voulurent reconnaître ni celle-ci ni la présence réelle dans les espèces du pain et du vin après leur consécration, mais seulement un symbole, un antilype. Le concile de Trente a fixé à ce sujet la doctrine que suit toute l'Église catholique romaine.
J.-J. Virey.

On désigne encore indifféremment, sous le nom d'*espèces*, *sortes* ou *qualités*, les variétés de fruits, pommes, poires, raisins, etc., comme aussi des productions industrielles, draps, etc., qui ne sont que des modifications ou qualifications des objets d'après leurs formes ou leurs propriétés.

On dit, en termes de mépris, une *espèce* d'homme, de femme, pour exprimer des qualités équivoques.

Une *espèce*, en termes de jurisprudence, désigne un mode d'action relatif à tel délit ou autre sujet de procédure, et l'on dit que *les circonstances changent l'espèce*.

En termes de monnaie, *espèces* est synonyme de *pièces métalliques* : payer en espèces sonnantes, c'est en argent comptant. Il y a des espèces d'or, d'argent, de cuivre, etc. (*voyez* Monnaies). C'est aussi le nom d'une monnaie d'argent ayant cours à Hambourg et dans le nord (*Voyez* Species).

En pharmacie, on donne le nom d'*espèces* à des collections de substances médicinales, hachées ou concassées en très-menus morceaux, dont on se sert pour faire des infusions ou des décoctions.

ESPÉRANCE, instinct humain qui porte la pensée de l'homme vers sa position dans l'avenir, soit pour lui faire supporter le mal qu'il souffre, soit pour le faire jouir sans crainte du bien qu'il possède. Pendant la douleur, l'espérance est mêlée de désirs qui en irritent la vivacité, et lui donnent, souvent un caractère d'impatience qui en altère les charmes; dans le cas contraire, elle ajoute la sérénité au bonheur. Par la volonté du Créateur, l'homme dut espérer; et la malédiction qu'il encourut se termina par une promesse de miséricorde, éloignée, mais certaine. Cette révélation de nos livres saints se retrouve dans les fausses religions de l'antiquité : l'*espérance* était enfermée dans la boîte de Pandore avec tous les maux qui devaient désoler la terre.

D'après le dogme chrétien, l'*espérance* est, non seulement une obligation imposée à l'homme par la volonté de Dieu, mais encore un don surnaturel, ayant pour objet l'éternité bienheureuse : c'est par elle que le coupable doit espérer, et espère justement une béatitude qui semble n'appartenir qu'à l'innocent : l'*espérance* est alors une des trois *vertus théologales*; elle suit la *foi*, qui la soutient, en lui montrant la Toute-Puissance; elle précède la *charité*, qui l'affermit, en lui montrant un rédempteur. Cette vertu infuse, fondée sur la bonté de Dieu et sur sa fidélité à remplir ses promesses, nous fait attendre avec confiance sa grâce dans cette vie et le bonheur éternel dans l'autre. L'*espérance divine* fait plus que d'adoucir les horreurs des cachots et de la torture, elle calme les remords, elle fait pénétrer dans les mystères d'une quiétude sans insipidité, d'un amour sans terme, une âme que des passions turbulentes et haineuses avaient dévorée jusque là.

Appliquée à la vie terrestre de l'homme, il est peu de ses actions que l'*espérance* n'inspire et n'accompagne : sans elle, l'existence serait impossible. L'*espérance* est la compagne de l'amour; il lui doit l'audace de s'assujettir par les lois irrévocables; même les joies maternelles s'accroissent par l'espérance. Quel que soit son objet, la gloire ne peut se passer d'espérance. Quand, au moment de conquérir l'Asie, Alexandre partagea ses trésors à l'armée qu'il commandait : « Que vous réservez-vous donc? lui demanda Perdiccas. L'*espérance*, répondit le jeune monarque. » Pindare l'appelle *la nourriture de la vieillesse*; Aristote, le *rêve d'un homme éveillé*. « Il arrive tant de changements aux choses humaines, dit Montaigne, qu'il est malaisé de juger à quel point nous sommes au bout de notre espérance. » Le Créateur, selon Voltaire,

A placé parmi nous deux êtres bienfaisants,
Soutiens dans les travaux, trésors dans l'indigence,
L'un est le doux sommeil et l'autre l'espérance.

L'*espérance* fait le savant persévérant, le voyageur intrépide, le commerçant actif, le pauvre laborieux, l'esclave soumis, le malade patient, le chrétien résigné. L'homme qu'abandonne l'espérance n'aspire plus qu'à sa propre destruction : une religion éminemment sociale est donc celle qui lui ordonne d'espérer. Linus a dit : *Nous devons espérer ce qui est bon*; et tous les poëtes ont célébré l'*espérance*; mais, comme Horace, les plus philosophes d'entre eux ont recommandé aux hommes de ne s'y livrer qu'avec modération, car l'*espérance* n'est plus que présomption et folie, si elle manque de bases raisonnables; et aux yeux des moralistes elle perd son nom de vertu dès qu'elle a pour objet la satisfaction des passions : c'est d'elle alors que naissent les déceptions cruelles, les angoisses, et enfin le désespoir.

Les anciens avaient fait une divinité de ce sentiment consolateur, et deux temples lui étaient consacrés à Rome. On la représentait sous les traits d'une jeune fille, couronnée de fleurs, tenant des épis et des pavots, appuyée sur une colonne, et les yeux fixés sur une ruche. Une charmante allégorie est celle qui nous la montre allaitant l'amour. Sur le revers des médailles qui portent l'effigie d'un empereur, on la voit quelquefois sous les traits d'une jeune fille marchant, tenant une fleur. On gravait autour de quelques figures : *Fortuna augusta*, *Salus augusta*, *Spes augusta*. Les emblèmes de l'*espérance* sont une ancre, une proue de vaisseau, un nid d'oiseau, un rameau de feuilles ou de fleurs à peine développées. Le vert, qui réjouit l'homme au printemps, est la couleur symbolique de l'*espérance*. Raphaël l'a représentée dans l'attitude de la prière, le regard tourné vers le ciel.
C^{sse} DE BRADI.

ESPERNON. *Voyez* Épernon.
ESPINASSE (Mlle de L'). *Voyez* Lespinasse.
ESPINAY-SAINT-LUC. *Voyez* Épinay-Saint-Luc.
ESPINEL (Vicente), poëte et romancier espagnol, naquit à la Ronda, dans le royaume de Grenade, en 1551.

Quoique descendant d'une famille noble, il fut pauvre dès le berceau; et même, en faisant son cours de théologie à Salamanque, il vécut des aumônes qu'il recevait aux portes des couvents. Puis il entra au service, et parcourut, comme simple soldat l'Espagne, la France, l'Italie, au milieu d'étranges aventures, qu'il devait raconter plus tard dans ses *Relationes de la vida y aventuras del Escudero Marcos de Obregon* (Madrid, 1618, dernière édition 1804). Il s'était déjà fait une réputation comme poëte et musicien à l'occasion du service funèbre célébré en 1580 à Milan en l'honneur de la reine, épouse de Philippe II. Rentré dans sa patrie, chargé déjà d'années et léger d'argent, quelques cantiques qu'il composa plurent à l'évêque de Malaga, dont les secours l'aidèrent à embrasser l'état ecclésiastique ; il obtint un bénéfice, puis la place de chapelain de l'hôpital de sa ville natale ; mais après la mort de son bienfaiteur, n'ayant pu obtenir de la cour l'avancement qu'il y était venu chercher, il se consacra exclusivement à la poésie, où il fit de jour en jour de nouveaux progrès. On avait trouvé en lui lieu ses talents, mondains et variés, peu compatibles avec les graves fonctions du sacerdoce. En effet, il avait la passion de la musique ; il pinçait de la guitare, et il écrivit sur le jeu de cet instrument, auquel il ajouta une cinquième corde. Il a traduit en vers espagnols l'*Art poétique* et les *Odes* d'Horace; et sa version, quoique prolixe et languissante, a été longtemps classique en Espagne, jusqu'à ce que Tomas Yriarte lui en eut donné une autre, dans le siècle dernier. Espinel a composé aussi un poëme, *La Casa de la Memoria*, où il a mis en scène les plus illustres poètes de son temps. On le regarde comme l'inventeur des *decimas* (stances de dix vers de huit syllabes), qui de son nom furent appelées *espinelas*, et adoptées depuis par les poëtes français. Ses poésies furent imprimées à Madrid en 1591, et l'on en trouve aussi dans diverses collections espagnoles. Son *Marcos de Obregon* serait presque inconnu en France, si notre Lesage n'y avait pas trouvé quelques traits dont il a su heureusement tirer parti pour son *Gil-Blas de Santillane*, son *Estevanille Gonzalez* et son *Bachelier de Salamanque*. Mais Lesage avait trop de goût pour traduire ou pour imiter les inconvenances, les grossièretés, les choses dégoûtantes qui fourmillent dans l'ouvrage espagnol.

La célébrité dont avait joui Espinel par ses écrits et son érudition dans les langues anciennes et modernes, loin de lui valoir des faveurs et des protections, ne lui attira que des envieux ou des ennemis, sans rendre son existence plus heureuse. Ses dernières années s'écoulèrent dans la solitude du monastère de *Santa Catalina de los Donados* à Madrid, où il mourut, en 1634, accablé de misère.

H. Audiffret.

ESPINGOLE. Ce mot est très-nouveau, puisqu'il ne se trouve même pas dans Richelet. Quelques auteurs ont supposé qu'il dérive de l'italien *spina*, épine, flèche, et de *gola*, bouche, embouchure, comme on dirait : gueule à épines. Le terme a signifié petite pièce d'artillerie ; maintenant il exprime un gros fusil. En 1780 environ, les sapeurs porte-hache des régiments de l'infanterie française recommencèrent à être armés d'espingoles, sorte de fusils courts, à embouchure large, qu'ils portaient habituellement sur le dos, au moyen d'une bretelle qui soutenait l'arme dans une direction oblique, la crosse en bas. Le mousqueton a remplacé cette espingole. Les mamelouks étaient armés d'espingoles. On appelle maintenant *tromblon* l'espingole. L'espingole et le tromblon sont peu estimés; ils ne gardent pas leur charge pour peu qu'on les incline la bouche en bas ; leur tir manque de justesse, leur portée est faible. Le tromblon peut tout au plus servir sur les bâtiments de bord : c'est là qu'il peut remplacer plus utilement, en cas d'abordage, les fusils de la garnison de bord.

Gal Bardin.

ESPION, celui qui fait métier d'observer les actions et d'écouter les discours d'autrui pour en faire un rapport. Parmi les domestiques des grands, il y en a bien toujours un au moins qui est un traître, un *espion*, chargé de surveiller les actions du maître. « Je ne veux point avoir sans cesse un *espion* de mes affaires, dont les yeux maudits assiégent toutes mes actions, dit un personnage de Molière. » *Espion*, suivant Ménage, vient d'*espoine*, fait de *spia*, qui dérive lui-même de l'allemand *spie*. « L'*espionnage*, dit Montesquieu, n'est jamais tolérable. S'il pouvait l'être, c'est qu'il serait exercé par d'honnêtes gens ; mais l'infamie nécessaire de la personne fait juger de l'infamie de la chose. » On reprochait à M. d'Argenson de n'employer pour *espions* de police que des fripons et des coquins : « Trouvez-moi, répondit-il, d'honnêtes gens qui veuillent faire ce métier. » Strada, historien du dix-septième siècle, les appelait les oreilles et les yeux de ceux qui gouvernent. C'est au père Joseph, ce capucin si fameux sous le règne du cardinal de Richelieu, qu'on doit l'établissement des premiers *espions* soudoyés par la police. Cette fondation remonte à l'année 1629.

ESPIONNAGE. *Voyez* Espion et Espions d'armée.

ESPIONS D'ARMÉE. Il faut les considérer comme amis ou comme ennemis : quelquefois ils sont l'un et l'autre : en ce cas on les appelle *espions doubles*. L'abbé Lenglet-Dufresnoi était à Bruxelles et en France espion aux gages de Villeroi et du prince Eugène. L'art de conduire les espions d'une armée, les précautions délicates et nombreuses que demandent les explorations qu'on attend d'eux, la défiance non apparente dans laquelle il faut vivre vis-à-vis de ces êtres cupides et abjects ont été l'objet des réflexions de quantité d'écrivains ; Frédéric II n'a pas dédaigné de tracer lui-même les règles qui les concernent. Au moyen âge, le connétable disposait des espions. Dans les siècles plus modernes, le maréchal de camp était chargé de cette partie, comme le dit le maréchal de Biron; ils ont dépendu ensuite du prévôt des maréchaux, du maréchal général des logis de l'armée, et, plus récemment, des chefs d'état-major. Au temps où les embuscades étaient un art étudié et une fréquente opération, les chefs qui en étaient chargés se faisaient accompagner d'espions qui les tenaient au courant de l'approche de l'ennemi et de sa force. Les renseignements donnés par les espions suppléaient les cartes topographiques, longtemps inconnues ou fort rares : ainsi, toute compagnie franche, habilement dirigée, était éclairée par ses espions.

Depuis la guerre de la révolution, on a appelé *bureau de la partie secrète* celui des bureaux du chef d'état-major général où étaient recueillis et résumés les rapports des espions ; un officier supérieur ou un général présidait à ce travail, et donnait le mouvement aux explorateurs. Dans les sièges défensifs, c'est par le chemin couvert que le gouverneur fait sortir et laisse rentrer ses espions, en prenant préalablement toutes les précautions nécessaires à cet égard ; mais ce trajet devient plus difficile si la place n'est pas à fossés secs. Les espions doivent être du pays et en bien posséder la langue, car s'ils la savent mal, leurs rapports peuvent être plus préjudiciables qu'utiles. Quelquefois c'est pour lancer chez l'ennemi des espions qu'on le harcèle. Recourir à leur service est une nécessité impérieuse, car faute de renseignements, on est réduit à de fatigantes et fréquentes reconnaissances ; le temps se perd, les opérations s'ébruitent, le résultat est manqué. On fait espionner les espions en les croisant à leur insu, pour savoir s'ils ne jouent pas un rôle double. On ne les charge que le moins possible de lettres et d'écrits : le commerce d'espionnage doit se borner à la conversation. Quantité d'auteurs conseillent de prendre les espions parmi les gens d'église, parce que souvent eux les ecclésiastiques sont propres et souvent portés à s'acquitter mieux que personne de ces fonctions. La collection des ordonnances militaires du dépôt de la guerre contient un brevet d'espion donné et signé par le roi lui-même, en 1652, à Saint-Germain ; il autorise le père François Berthoud, tout ecclésiastique qu'il soit, à se travestir sous tel costume que bon lui semblera, à Paris, Bordeaux, Blaye et autres lieux. Eugène en agissait de même, comme le prouva la surprise de Crémone, en 1702 ; il se servait même, comme sicaires, des moines, en les attirant au camp sous prétexte de confessions, comme il le fit, en 1701, à Mantoue. On emploie aussi les femmes à l'espionnage, parce qu'ainsi que les ecclésiastiques, elles éveillent peu de soupçons et courent moins de dangers.

Le métier d'espion est aussi utile que difficile : les rapports qu'ils font peuvent être d'une haute importance. Les périls auxquels ils s'exposent sont grands ; il faut donc qu'ils soient gens d'esprit et de résolution : c'est dire assez qu'un général ne saurait trop se les attacher, les former avec soin, les récompenser avec générosité. Dans la guerre de 1736, les Français ne se servaient point encore habilement d'espions ; mais ils en sentirent le besoin, et il fut créé dans l'armée un emploi de chef d'espions. Tous les espions ne sont pas des personnages vils ; il en est que le patriotisme anime, et qu'un dévoûment désintéressé et des sentiments nobles poussent à affronter le danger de cette profession. Un officier du génie qui se déguise ou qui va, en rampant, jusque sous la baïonnette d'une sentinelle, pour mesurer un rempart ou reconnaître une palissade, qu'est-il, sinon un explorateur du rang le plus honorable? La grande différence entre l'espion acheté et l'explorateur dévoué, c'est que l'un ignore le secret du général, et que l'autre y est initié, ou du moins s'en flatte. On signale aux grand'gardes les espions dont on suppose possible le passage, et que l'on sait être mis en campagne par l'ennemi. Les espions, considérés comme ennemis, ont de tout temps été mis à mort, en vertu des lois actuelles la même peine leur est réservée. Dans les guerres anciennes, et jusqu'à la fin du siècle dernier, on n'invoquait que des traditions quand il s'agissait de les mettre en jugement ou de les tuer ; il n'y avait pas de législation précise à leur égard. Les généraux livraient aux prévôts, ou envoyaient prévôtalement à la mort, les individus suspects d'espionnage. Ils étaient ordinairement branchés sans procès : c'était la justice du temps. Le code pénal de 1793 est intervenu, et le décret de la même année a disposé que les espions seraient mis en jugement par-devant des commissions militaires. Le code pénal de l'an v assimilait l'espionnage à l'embauchage, et voulait que les individus prévenus de ces crimes fussent livrés aux conseils permanents. Un décret de l'an XII rendait les espions justiciables de commissions militaires spéciales. Ils sont retombés sous la juridiction des conseils permanents. Surveiller, découvrir, saisir les espions de l'ennemi, a de tout temps été une des fonctions de la cavalerie légère. Gal BARDIN.

ESPLANADE, mot dérivé de l'italien *spianata*, terrain uni, découvert, libre. Au temps où écrivait Philippe de Clèves, le mot ne s'appliquait pas uniquement aux ouvrages de fortification : tout lieu aplani était, en général, une esplanade. Les fronts de bandière s'établissaient sur une esplanade. C'est en ce sens qu'on nomme encore *esplanade* la place qui règne devant l'hôtel des Invalides, à Paris. On a appelé *esplanade*, comme le fait Furetière, une plate-forme de batterie. On a donné ce même nom, comme le fait le lexicologue italien Grassi, à un espace sans arbres, sans fossés, sans maisons, et qui règne en dehors d'une place de guerre, à partir du pied du glacis jusqu'à une distance déterminée : c'est maintenant ce qu'on nomme, en termes du génie, le *rayon de la place*. Mais dans les usages modernes le terme d'esplanade a uniquement signifié le terrain nivelé ou légèrement incliné qui s'étend dans l'intérieur d'une place de guerre à partir du pied du glacis de la citadelle, jusqu'aux constructions des habitants de la ville. Cette esplanade sert, au besoin, de champ de manœuvres, comme le voulait une circulaire de 1808. Gal BARDIN.

ESPOIR. L'espoir, comme l'espérance, l'attente d'un bien qu'on désire et que l'on croit devoir arriver. Mais il y a entre ces deux mots une nuance à saisir : c'est qu'*espérance* ne se prend jamais en mauvaise part. *Espoir* n'a point de pluriel. C'est un trait qu'aux choses à venir. C'est donc avec raison que d'Olivet reproche à Racine de l'appliquer à des choses présentes, quand il dit :

.... Me cherchiez-vous, madame ?
Un *espoir* si charmant me serait-il permis ?

ESPONTON ou **SPONTON**, mots dérivés de l'italien *spuntone*, provenu lui-même du verbe *spuntare*, faire pointe ou poindre, comme l'herbe qui pousse. Probablement *spuntone* était l'augmentatif du mot, maintenant hors d'usage, *spunta*, petite pointe. Peut-être le nom de cette arme avait-il de l'analogie avec le vieux verbe français *esponter*, faire peur, porter l'épouvante. On a comparé les espontons aux genettes des Espagnols ; mais la genette rappelait davantage l'ancien pilum. Vers l'époque de la création des régiments d'infanterie française, l'esponton succède à la demi-pique, et devient l'arme des officiers d'infanterie et de dragons : c'était à peu près, avec le h a u s s e c o l, le seul effet d'uniforme que portassent ces officiers. Le colonel, l'état-major combattant et les capitaines rangés en ordre de bataille à la tête des troupes, portaient l'habit français ou l'habit de cour, avec l'esponton à la main. Les officiers des gardes françaises ne se donnaient pas la peine de porter eux-mêmes leur esponton, hormis dans la marche en bataille ; ils en chargeaient un sergent pendant les autres marches ; ne prenaient cette arme que pour saluer, pour parader, pour défiler après une revue. Les lieutenants et les sous-lieutenants de ce corps continuèrent à être armés de la pique ; mais en 1710 le fusil leur fut donné aux officiers du même grade dans l'armée de ligne. Pendant le cours du dix-septième siècle l'esponton fut la marque distinctive des commissaires des guerres ; ils le portaient comme témoignage du droit d'exercer la police et comme assimilés aux officiers d'infanterie.

L'ordonnance de 1690 donnait aux espontons de colonel et d'officier d'infanterie 2^m,45 ou 2^m,60 de long, y compris la lame qui était longue de 0^m,32, quelquefois effilée, quelquefois en bec de corbin. On voyait à Jean d'heur, chez le maréchal duc de Reggio, des espontons dont la hampe n'a que 1^m,93 de long, et dont le fer est accompagné d'une espèce de dent ou de croc, l'un en montant, l'autre en descendant ; une broche horizontale traverse la douille de la lame pour servir de point d'attache à un étui. L'ordonnance de 1710 retira l'esponton aux officiers subalternes, et leur fit prendre en échange le fusil. Depuis, l'esponton n'a plus servi qu'aux officiers supérieurs d'infanterie, à des officiers de compagnies bourgeoises, et aux garnisons de bord, quand elles montent à l'abordage. Dans les charges d'infanterie, les officiers devaient pointer en avant l'esponton, à quinze pas de l'ennemi : c'était le signal que les soldats faisaient *haut les armes*. L'esponton, ainsi que la hallebarde, ne fut entièrement aboli qu'au commencement de la guerre de 1756. Dans l'armée de Frédéric II, les officiers particuliers d'infanterie avaient l'esponton, sauf ceux de grenadiers, qui n'avaient que l'épée. Puységur fait connaître l'importance qu'on attachait dans le siècle dernier aux minuties militaires, et décrit les simagrées compliquées qui composaient le salut de l'esponton, salut qui se faisait en ôtant le chapeau. Les gravures de Giffard nous donnent une idée de l'officier qui salue. Des auteurs, tels que Rogniat et Carrion, ne sont pas éloignés de croire qu'on rendra un jour une arme de demi-longueur aux officiers d'infanterie, et ils le conseillent presque en regrettant l'abolition de cet usage. On a vu revivre, dans nos ordonnances modernes, le mot *esponton* : c'était l'arme donnée au second et au troisième porte-aigle. Gal BARDIN.

ESPRINGALE ou **ESPRINGALLE**. Ce fut d'abord, au moyen âge, une espèce de fronde, lançant des pierres de forte dimension ; puis une a r b a l è t e, composée d'un arc d'acier, monté sur un fût en bois, et qui servait à tirer des balles et de gros traits. Plus tard, ce nom passa à un petit canon, lançant des balles ou des chevrotines, assez semblable à l'*épingard* ou *épingarre*, mais de plus forte dimension, celui-ci ne comportant pas au delà d'une livre de balle.

ESPRIT. La difficulté est grande lorsqu'il s'agit de détacher un mot d'un système général d'idées, surtout lorsque ce mot a par lui-même un sens si indéterminé, dont les acceptions varient presque à l'infini, et qui n'implique aucune notion positive. S'il s'agit du sens le plus général, c'est-à-dire du sens par lequel le mot *esprit* doit produire l'idée opposée à celle qui est attachée au mot *matière*, il faut commencer par définir ce dernier mot. Or, cela se trouvera en son lieu. Toutefois, il est bon de remarquer ceci, avant tout, c'est que pour arriver à l'idée abstraite de la *matière*, vous serez nécessairement obligé de la dépouiller successivement de toutes les formes, de toutes les qualités par lesquelles vous la connaissez extérieurement. Du phénomène vous voulez passer au *noumène*, et le noumène vous échappe. Alors, vous finissez par rencontrer l'immatériel. Est-ce là l'*esprit* que vous cherchiez? Certainement non. Cet immatériel, qui est au fond de la matière, est ce qui produit les forces, les attractions, les affinités, les essences des choses : rien au-delà. Ainsi donc, il y aurait un immatériel qui ne serait pas l'*esprit*.

Ce que nous entendons par l'*esprit*, opposé à la *matière*, comprend tout ce qui est du domaine de l'intelligence, de l'imagination, de la morale. Vous le voyez, le mot *esprit*, c'est toute la psychologie. Encore n'est-ce que la psychologie appliquée à l'homme. Mais tout ce qui existe dans l'univers n'y existe qu'à la condition de lois produites par l'*esprit*, exécutées par l'*esprit*. La puissance créatrice est la puissance de l'*esprit*. La puissance conservatrice et transformatrice est la puissance de l'*esprit*. Nous voici arrivés à Dieu. Mais laissons Dieu dans son sanctuaire impénétrable, et ne nous occupons que de l'homme : c'est bien assez.

L'homme est composé d'un corps et d'une âme. Le corps a des organes par lesquels l'homme est en communication avec le monde extérieur et avec ses semblables, et par lesquels il se manifeste lui-même. D'autres merveilles vont nous éblouir, d'autres mystères vont confondre notre intelligence. L'homme est esprit et matière. Mais la matière dont est composé son corps est organisée, c'est-à-dire douée de certaines facultés, et se modifiant incessamment, et subissant de perpétuelles transformations, et l'esprit gouverne ce corps organisé, mais il ne le gouverne que pour porter sa domination sur le temps et l'espace, et au-delà du temps et de l'espace, sur le monde phénoménal, et au-delà du monde phénoménal. Nous aurions donc à raconter ici les fonctions de l'homme dans le domaine où nous le voyons établi ; nous aurions à nous enquérir de sa destination. Et alors, l'homme nous apparaîtrait se mesurant avec l'univers, en présence de Dieu. Et alors, nous essayerions de suivre cette brillante asymptote, composée de deux lignes toujours près de se toucher, et séparées dans l'infini, de la matière inerte pour nos yeux, pour nos sens, pour notre pensée, s'élevant à ses facultés chimiques, à la végétabilité, à la vitalité ; et l'esprit, commençant par l'immatériel, s'élevant à l'instinct, à l'intelligence qui comprend la création, à l'intelligence qui la produit. Êtes-vous bien sûr de ne pas être pris par le vertige qui saisissait Pascal? Et toutefois, il faut bien que l'esprit tente une voie si périlleuse, car c'est sa nature, c'est son attribution, c'est son devoir.

Mais je veux vous présenter un point de vue qui vous rassurera, qui vous apaisera, qui animera votre courage. Le monde que nous habitons est plein de grandes merveilles. L'homme parcourt son immense domaine. Il franchit les montagnes, il traverse les mers. Il lutte contre les éléments. Il jouit de la lumière. Il emploie à son usage les animaux, les fruits de la terre. Le présent, le passé, l'avenir lui appartiennent au même titre. Tous les climats lui sont bons. Il se joue des éléments. Il se sert de la vie comme d'un instrument. Mais voyez donc : ces grandes mers qu'il est si fier de traverser sont une goutte d'eau. Ces montagnes qui se perdent dans les nuages, et qu'il se plaît à fouler sous ses pieds, sont un grain de sable. Et tous ces temps fabuleux, ou historiques, sur lesquels règne sa pensée, ne sont qu'un instant. Et ces globes célestes dont il mesure la marche, dont il calcule le poids et la distance, se perdent eux-mêmes dans l'immensité. Et cette terre, théâtre de son activité,

peut s'éteindre comme un météore sans valeur réelle, et ces cieux, avec leurs mondes infinis, être roulés comme un manteau vieilli. Oui, tout cela peut arriver, arrivera sans doute ; mais qu'importe? L'esprit subsiste toujours. Il n'y a pour lui de limites ni dans le temps, ni dans l'espace, ni dans les mondes qui brillent et s'éteignent.

BALLANCHE, de l'Académie Française.

Esprit, comme substance incorporelle, se dit de Dieu. . Dieu est un esprit, l'esprit incréé. Le Saint Esprit, l'Esprit consolateur, l'Esprit vivifiant, tels sont les noms que donnent les catholiques à la troisième personne de la Trinité. On appelle encore esprits les anges, les démons, les revenants, les lutins plus ou moins familiers, etc.

Esprit signifie aussi vertu, puissance surnaturelle, qui remue l'âme, qui opère dans l'âme : Ce n'est pas l'esprit de Dieu qui agit en lui, c'est l'esprit du démon ; l'esprit du Seigneur inspirait les prophètes, et descendit sur les apôtres. Il se dit également des grâces et des dons de Dieu. L'esprit d'adoption des enfants de Dieu ; l'esprit de conseil, de force, de science, de piété ; l'esprit de prophétie ; l'esprit d'Élie se reposa sur Élisée.

Il se dit aussi de l'âme : L'esprit est plus noble que le corps. *Rendre l'esprit* c'est mourir ; *en esprit*, c'est par la pensée, en imagination : Dieu est en esprit au milieu des Fidèles ; saint Paul fut ravi en esprit.

Pris absolument, il signifie dans le langage de l'Écriture Sainte 'opposé de la chair : L'esprit est prompt et la chair est faible ; les fruits de la chair sont l'adultère, l'impureté, etc.; ceux de l'esprit, la charité, la tempérance, la joie, la paix, etc.

Esprit se dit aussi de l'ensemble des qualités intellectuelles . Esprit ferme, mâle, solide, éclairé, net, subtil, faible, confus, embrouillé, grossier, dissipé, distrait, orné, étendu, vaste, superficiel, crédule, superstitieux, droit, juste, de travers, méthodique, systématique, etc. ; grand esprit, petit esprit ; exercer, occuper, cultiver son esprit ; force d'esprit, netteté d'esprit, justesse d'esprit, présence d'esprit, élévation d'esprit, les dons de l'esprit. Il faut former de bonne heure l'esprit et le cœur d'un jeune homme ; et le garantir des mauvaises compagnies et des mauvais livres, qui lui gâteraient l'esprit. Être bien dans l'esprit de quelqu'un, c'est avoir son estime, sa bienveillance. S'emparer de son esprit, c'est lui inspirer une confiance extrême, qui permet de le diriger à son gré.

Esprit se dit quelquefois simplement de l'attention, de la présence d'esprit : Où avait-il donc l'esprit quand il m'a fait cette question? Avoir l'esprit aux talons, c'est par étourderie, par préoccupation, ne point penser à ce qu'on dit.

Esprit signifie souvent la facilité de la conception, la vivacité de l'imagination : Avoir beaucoup d'esprit, et point de jugement ; avoir l'esprit vif, pesant, lourd, paresseux ; c'est un homme d'esprit, de beaucoup d'esprit ; elle a de l'esprit comme un ange.

Esprit se prend quelquefois pour l'imagination seule : Esprit brillant, inventif, fécond, stérile, sec ; avoir un tour d'esprit agréable. Quelquefois, au contraire, pour la conception seule : Esprit ouvert, esprit bouché. Quelquefois enfin pour le jugement seul : Il a mille bonnes qualités, mais il n'a pas l'esprit de se conduire.

Esprit se dit encore des pensées fines, ingénieuses, piquantes : Dépenser beaucoup d'esprit pour rien, faire de l'esprit, courir après l'esprit. *L'esprit court les rues*, disait un homme d'assez peu d'esprit à Sophie Arnould. « C'est un bruit que les sots font courir, » lui fut-il répondu. Poussé à l'excès, l'esprit devient du pédantisme

L'esprit qu'on veut avoir gâte celui qu'on a.

Il se prend aussi pour humeur, caractère : Esprit insinuant, doux, souple, facile, modéré, fâcheux, pointilleux, mutin, volage, remuant, factieux, dangereux, inquiet, brouillon, avec qui l'on ne peut vivre.

Il se dit également de la disposition, de l'aptitude qu'on

a à quelque chose, ou du principe, du motif, de l'intention, des vues par lesquels on est dirigé dans sa conduite : Avoir l'esprit du jeu, de la chicane, des affaires, du commerce; esprit de conduite, d'analyse, de système, de paix, de charité, de vengeance, de faction, de parti, de vertige; l'*esprit du monde* est une humeur égale, des manières affables, des habitudes de souplesse et de ménagement ; l'*esprit national* est l'ensemble des opinions qui dominent dans un peuple ; on dit dans un sens analogue: l'*esprit du siècle*.

L'*esprit public* est l'opinion qui se forme dans une nation sur les objets qui intéressent sa gloire et sa prospérité, l'*esprit du temps* est celui qui se révèle dans les actes, dans les écrits, dans la physionomie spéciale de chaque époque; l'*esprit de corps* est l'attachement des membres d'une corporation aux opinions, aux droits, aux intérêts de la compagnie; l'*esprit de retour* est le désir qu'une personne éloignée de son pays conserve d'y retourner un jour. Avoir l'*esprit de son état, de son âge*, etc., c'est connaître ce qui convient à la situation, à l'âge où l'on est, et s'y conformer.

Esprit signifie en outre le sens d'un auteur, d'un texte : On a peine à saisir l'esprit de certains auteurs; *la lettre tue et l'esprit vivifie*. C'est aussi le caractère d'un écrivain : Il a voulu imiter cet auteur, mais il n'en a pas saisi l'esprit. *Esprit* se dit quelquefois de ce qui tend à donner une idée sommaire de l'intention dans laquelle une lettre a été écrite, un livre composé, etc. : Si ce n'est pas là le texte de sa lettre, c'en est du moins l'esprit.

Esprit s'entend aussi d'une personne considérée par rapport au caractère de son esprit : Un pauvre esprit.

On qualifie parfois encore d'*esprits* une réunion de personnes considérées par rapport aux dispositions, aux passions mêmes qui leur sont communes : Il régnait une grande fermentation dans les esprits; échauffer, remuer, agiter, égarer, calmer, éclairer les esprits; la peur a glacé les esprits. *Esprit*, reprendre ses esprits, c'est revenir d'un évanouissement; c'est aussi se remettre du trouble, de l'émotion, de l'embarras, etc., que l'on éprouve.

Esprit est aussi un terme de grammaire grecque: l'esprit rude (‛) est un signe qui marque l'aspiration; l'esprit doux (’) un signe qui en révèle l'absence. Les esprits se placent ainsi que les accents sur les voyelles. Quand il y a deux *ρ* de suite, le premier reçoit l'esprit doux, le second l'esprit rude, comme dans ἐπίῤῥοχ, influence. La lettre *h* tient ordinairement la place de l'esprit rude dans les mots français venus du grec.

Eug. G. DE MONGLAVE.

ESPRIT (*Chimie*). Avant l'établissement d'une nomenclature raisonnée, les chimistes donnaient le nom d'*esprits* à une foule de substances plus ou moins volatiles, dont il serait difficile de donner une définition générique exacte. L'alcool était l'*esprit ardent*; l'acide nitrique, l'*esprit de nitre*; l'acide chlorhydrique, l'*esprit de sel*; l'acide acétique, l'*esprit de Vénus*; etc. Acides, alcalis, essences, liquides inflammables, quoique doués de propriétés différentes, étaient considérés comme des esprits, sans doute parce que l'on voyait en eux les principes actifs des corps dont on les retirait; le résidu prenait le nom expressif de *caput mortuum*. Quelques-unes de ces dénominations, souvenirs de l'ancienne alchimie, sont encore usitées dans le langage vulgaire.

ESPRIT (*Littérature*). Cette expression, dans son acception la plus générale, a pour objet de faire connaître l'esprit et le but d'un livre. Ainsi un aristarque spirituel, exercé, peut, dans une analyse plus ou moins développée, arriver à ce but; mais ce n'est point sous ce point de vue philosophique que nous considérons ici ce mot. L'esprit des livres était devenu, surtout dans le siècle dernier, une branche de littérature très-multipliée et très-productive; elle avait succédé aux *ana*, car toujours les libraires et certains auteurs ont spéculé sur la paresse de cette classe très-nombreuse de lecteurs qui veulent avoir l'air de tout connaître sans se donner la peine de tout lire. C'est avec une sorte de mépris que Voltaire mentionne ce genre de littérature. Dans son article

Esprit, du *Dictionnaire philosophique*, après avoir parlé de l'*esprit de Dieu* selon le langage biblique, il ajoute : « Il y a loin, de là à nos brochures du quai des Augustins et du Pont-Neuf, intitulées *Esprit de Marivaux*, *Esprit de Desfontaines*, etc. » Toute la poétique du genre se trouve dans cette courte préface de l'*Esprit de La Mothe-le-Vayer*, publiée en 1763 par Montlinot, chanoine de Saint-Pierre de Lille. « Quand on a peu d'esprit, on donne celui des autres, a dit un critique moderne. Cette plaisanterie, bonne ou mauvaise, n'empêche pas qu'on offre aujourd'hui au public l'abrégé de La Mothe-le-Vayer sous le titre d'*Esprit*, titre commun à plusieurs ouvrages de cette nature. La Mothe-le-Vayer est plein d'excellentes choses, mais elles sont souvent mêlées à tant de longueurs, de répétitions et d'inutilités, que le lecteur le plus patient s'en trouve rebuté. Pour rendre plus commode la lecture de cet auteur, on s'est permis de retrancher quelquefois des phrases entières, quand elles n'offraient que des pensées communes; on a corrigé des expressions surannées, on a rapproché des idées éparses, dans différents traités, lorsqu'elles tendaient à prouver la même vérité... On a cependant, autant qu'on a pu, conservé les expressions de l'auteur : on ne les a jamais affaiblies ni altérées, sous prétexte de les corriger. Enfin, on croit qu'on trouvera dans cet ouvrage La Mothe-le-Vayer *tout entier*, si on en excepte son éloquence verbeuse, ses redites et ses inutilités. » Après avoir donné ces règles, Montlinot n'a pas trop mal réussi dans l'application : sa compilation se lit avec plaisir, et non sans utilité. Malheureusement, la plupart des compilateurs d'*esprit* n'ont été que des manœuvres sans conscience et sans talent, et c'est avec raison que le critique Grimm en a dit : « Ces messieurs qui s'occupent à nous donner l'*esprit* des grands hommes ne font pas l'éloge du leur : un homme qui entreprend de donner l'analyse ou l'esprit de Bayle, de Montaigne, de Bacon, etc., doit avoir presque autant de tête que ces grands hommes, et doit les avoir étudiés toute sa vie. »

Parmi les ouvrages publiés sous le nom d'*Esprit*, plusieurs méritent d'être distingués : nous citerons, entre vingt autres : l'*Esprit de M*me *Necker*, par le conventionnel Barrère de Vieusac; *de Rivarol*, par Fayolle et Chénédollé ; *de*, *Desfontaines* par Laporte; *de Saint-Evremond*, par de Leyre; *de Saint-Réal*, par de Neuville; l'*Esprit des Économistes*, par le prince Gallitzin. L'*Esprit de l'Esprit des Lois*, par Maleteste, une rapide et savante analyse; on peut en dire autant de l'*Esprit des Maximes politiques*, pour servir de suite à l'*Esprit des Lois*, par Pecquet, premier commis au bureau des affaires étrangères. Les compilateurs qui nous ont donné l'*Esprit de l'Encyclopédie* (par Bourlet de Vauxcelles), l'*Esprit des Journaux français et étrangers* (1794-1811, 495 vol. in-12, et 8 vol. de tables), ont fait des entreprises vraiment utiles à la littérature. Personne n'ignore dans quel but anti-religieux le baron d'Holbach et ses partisans ont composé l'*Esprit des Livres défendus*, l'*Esprit du Judaïsme*, l'*Esprit du Clergé*. L'abbé Sabathier de Castres publia, en 1771, contre le philosophe de Ferney un livre intitulé : *Histoire philosophique de l'esprit de M. de Voltaire* : c'était tout simplement l'histoire de ses querelles avec Desfontaines, J.-B. et J.-J. Rousseau, La Beaumelle, Maupertuis, Saint-Hyacinthe, etc. mais le titre *esprit* poussait à la vente, et Sabathier l'adopta. Un très-bon article du *Cours de Littérature de La Harpe* a pour sujet et pour titre l'*Esprit des livres saints*. On ne saurait énumérer tous les livres ascétiques publiés sous le nom d'*Esprit* : nous avons l'*Esprit de sainte Thérèse* (par Émery), *de saint François de Sales* (par Collot), *de Jésus-Christ* (par de la Brone), *de Gerson* (par Lenoble), etc. Nombre d'auteurs ont fait sur l'esprit de la sainte messe des livres que les fidèles lisent avec respect. Nous citerons, entre autres, l'*Esprit de l'Église pour suivre le prêtre à la messe* (par Jaunon); *dans la célébration des saints mystères* (par Robinet); *dans la récitation des Complies* (par Duranti). Nous ne savons quel auteur a donné l'*Esprit de la Franc-Maçonnerie dévoilé*, *relatif au danger qu'elle renferme*. Après cela, pour en finir, pouvons-nous mieux faire que de citer l'*Esprit des Sots*, par Cadet-Gassicourt, auteur qui n'a guère donné que des bluettes satiriques, dans lesquelles il se moquait du public, des auteurs et de lui-même : c'était au moins de l'*esprit*.

Charles Du Rozoir.

ESPRIT (Bel). *Voyez* Bel Esprit.

ESPRIT (Bureau d'). *Voyez* Bureau d'Esprit.

ESPRIT (Saint) ou ESPRIT-SAINT, troisième personne de la Sainte Trinité. Les m a c é d o n i e n s, au quatrième siècle, nièrent la divinité du *Saint-Esprit ;* les a r i e n s soutinrent qu'il n'est pas égal au Père ; les s o c i n i e n s prétendirent que c'est une métaphore pour désigner l'opération de Dieu. Mais l'Évangile parle du *Saint-Esprit* comme d'une personne distincte du Père et du Fils ; l'ange dit à Marie que le Saint-Esprit surviendra en elle ; conséquemment, que le fils qui naîtra d'elle sera le fils de Dieu (*Luc*, i, 55). Jésus-Christ dit aux apôtres qu'il leur enverra le *Saint-Esprit*, l'*Esprit consolateur*, qui procède du Père ; que cet Esprit leur enseignera toute vérité, demeurera en eux, etc. (*Jean*, xiv, 16 et 26 ; xv, 26). Il leur ordonne de baptiser toutes les nations au nom du Père, et du Fils, et du Saint-Esprit (*Matth.*, xxviii,|19). Le *Saint-Esprit* est donc une personne, un être, comme le Père et le Fils. Les sociniens affirment vainement que le *Saint-Esprit* n'est pas appelé Dieu dans l'Ecriture Sainte ; car nous lisons dans la 1re *épître aux Corinthiens*, xii, 14 : « Les dons du *Saint-Esprit* sont appelés des dons de Dieu. » Saint Pierre lui-même reproche à Ananie d'avoir menti au *Saint-Esprit*, c'est-à-dire à Dieu (*Act.*, v, 3). Les Pères se sont servis de ces passages pour prouver la divinité du *Saint-Esprit* aux ariens et aux macédoniens ; ils ont fait condamner ces derniers au concile général de Constantinople, en 381. En vain les sociniens et les déistes ont-ils prétendu que la divinité du *Saint-Esprit* n'était pas connue dans l'Église avant ce concile : nous trouvons dès 325 celui de N i c é e écrivant dans son symbole les mots remarquables : « Nous croyons en un seul Dieu, le Père tout-puissant..., et en Jésus-Christ son fils unique...; nous croyons aussi au *Saint-Esprit*. » Cet article de foi est même aussi ancien que le christianisme. Au deuxième siècle, l'Église de Smyrne (*Epist.* 14) écrivait à celle de Philadelphie que saint Polycarpe, prêt à souffrir le martyre, avait rendu gloire à Dieu le Père, à Jésus-Christ son fils, et au *Saint-Esprit*. Cette croyance est du reste celle de saint Justin, de l'auteur du dialogue intitulé *Philopatris*, de saint Irénée, d'Athénagore et de saint Théophile d'Antioche au deuxième siècle, de Clément d'Alexandrie, de Tertullien et d'Origène au troisième, et de saint Basile au quatrième. Elle est confirmée par diverses pratiques du culte religieux, par les trois immersions, et par la forme du baptême, par le *Kyrie* répété trois fois pour chacune des personnes, par le *trisagion*, ou Trois fois saint, chanté dans la liturgie, etc.

Le concile de Constantinople, dans son symbole, qui est le même que celui du concile de Nicée, avec quelques additions, dit seulement que le *Saint-Esprit procède du Père ;* il n'ajoute point *et du Fils*, parce que cela n'était pas mis en question à cette époque. Mais dès l'an 447 les Églises d'Espagne, ensuite celles des Gaules, et peu à peu tous les Églises latines, ajoutèrent au symbole ces deux mots, parce que c'est la doctrine formelle de l'Écriture. Cependant, ce fut de l'addition de ces mots que Photius, en 866, et Michel Cerularius, en 1043, tous deux patriarches de Constantinople, prirent occasion de séparer l'Église grecque de l'Église latine. Toutes les fois qu'il a été question de les réunir, les Grecs ont protesté, déclarant que les Latins n'avaient pas pu légitimement faire une addition au symbole dressé par un concile général, sans y être autorisés par la décision d'un autre concile général. De savants réformés ont aussi prétendu que les Latins avaient *corrompu* le symbole de Constantinople par une *interpolation manifeste*. Cette dispute était déjà ancienne ; il en fut question au concile de Gentilly en 767, et à celui d'Aix-la-Chapelle en 809. Elle a été renouvelée toutes les fois qu'il s'est agi de la réunion des églises grecque et romaine, au quatrième concile de L a t r a n, en 1215 ; au deuxième de Lyon, en 1274 ; enfin, à celui de Florence, en 1394. Dans ce dernier, les Grecs convinrent qu'ils avaient eu tort ; ils signèrent la même profession de foi que les Latins ; mais ce rapprochement ne répondit pas à l'espoir de l'Église : une nouvelle scission eut lieu bientôt, et elle dure encore. Les Nestoriens partagent l'erreur des Grecs sur la procession du *Saint-Esprit*.

D'après l'Église, le Fils vient du Père par *génération*, et le *Saint-Esprit* vient de l'un et de l'autre par *procession;* Il suit de là que l'une et l'autre de ces personnes divines sont éternelles, puisque le Fils et le *Saint-Esprit* sont coéternels au Père, et qu'elles sont nécessaires, et non contingentes, puisque la nécessité d'être est l'apanage de la Divinité. Elles ne produisent enfin rien hors du Père, puisque le Fils et le *Saint-Esprit* lui demeurent inséparablement unis, quoique réellement distincts. Elle n'ont par conséquent rien de commun dans la manière dont les philosophes concevaient les *émanations* des esprits ; elles sont non-seulement distinctes, mais réellement séparées du Père et subsistant hors de lui (*voyez* Trinité). L'Église célèbre la descente du *Saint-Esprit* sur les apôtres, le jour de la Pentecôte. L'Écriture dit souvent : Le *Saint-Esprit* nous a été donné, il habite en nous, nos corps sont le temple du *Saint-Esprit*.

Les théologiens entendent par *dons du Saint-Esprit* les qualités surnaturelles que Dieu donne par infusion à l'âme du chrétien dans la c o n f i r m a t i o n : ces dons sont au nombre de sept : la sagesse, l'entendement ou l'intelligence, la science, le conseil ou la prudence, la force ou le courage, la piété et la crainte de Dieu. Saint Paul, dans ses lettres, parle souvent de ces dons. L'Écriture entend encore par dons du *Saint-Esprit* les pouvoirs miraculeux que Dieu accordait aux premiers fidèles, comme de parler diverses langues, de prophétiser, de guérir les maladies, de découvrir les plus secrètes pensées du cœur, etc. Les apôtres reçurent la plénitude de ces dons, ainsi que les précédents. Dieu les dispensait même aux simples fidèles, quand ils étaient nécessaires au succès de la prédication. Saint Paul regarde la charité, ou l'amour de Dieu et du prochain, comme le premier de tous. Il peut selon lui tenir lieu des autres.

ESPRIT (Ordre du SAINT-). Cet ordre de chevalerie, le plus illustre de ceux qui ont existé en France, fut institué par H e n r i III en décembre 1578. On a prétendu, sans fondement, que ce prince en avait trouvé l'idée dans celui du Saint-Esprit-au-Droit-Désir, fondé en 1352, par Louis d'Anjou-Tarente, roi de Jérusalem et des Deux-Siciles, ordre éteint et oublié dès son berceau. Mais Henri III avait eu des motifs personnels pour créer le sien. Celui de Saint-Michel, appelé vulgairement l'*Ordre du Roi*, était tombé dans l'avilissement sous Charles IX. Henri III, cherchant les moyens de raffermir la fidélité chancelante de ses défenseurs et de créer des adhérents, n'en pouvait imaginer un plus conforme à ses vues et mieux en rapport avec les circonstances que l'institution d'un premier ordre de chevalerie basé sur l'observance de la religion catholique, apostolique, et romaine, et consacrant d'une manière durable deux coïncidences de sa vie, son élection au trône de Pologne en 1573, et son avénement à la couronne de France en 1574, qui avaient eu lieu le jour de la Pentecôte. L'analogie des statuts de ce nouvel ordre avec ceux de l'ordre de Saint-Michel annoncerait d'abord que l'intention de Henri III aurait été de le substituer à l'ancien Ordre du Roi ; mais, loin d'avoir eu cette pensée, il voulut que l'éclat de l'un rejaillit sur l'autre et lui prêtât un nouveau lustre, et pour parvenir plus sûrement à ce but, il exigea formellement, par l'article trente-cinquième des statuts, que tous les chevaliers du Saint-Esprit seraient préalablement reçus la veille chevaliers de Saint-Michel, d'où leur vint la dénomination de *chevaliers des ordres du Roi*.

Les prélats ne recevaient que le seul ordre du Saint-Esprit, et depuis l'établissement de ce dernier ordre celui de Saint-Michel ne fut plus accordé seul qu'aux premières notabilités dans les sciences, les arts, les lettres, le commerce et l'industrie. Le nombre des chevaliers du Saint-Esprit fut fixé à cent, savoir : quatre-vingt-sept chevaliers, neuf cardinaux ou prélats, y compris le grand-aumônier de France, et quatre grands-officiers, le chancelier dudit ordre, le prévôt-maître des cérémonies, le grand-trésorier et le secrétaire. Les cardinaux et les prélats ne prenaient que le titre de commandeur de l'ordre du Saint-Esprit, et ne portaient sur la croix que la figure du Saint-Esprit, tandis que les chevaliers et les quatre grands-officiers prenaient le titre de commandeur des ordres du Roi, et portaient la croix d'un côté à l'effigie du Saint-Esprit, de l'autre à celle de saint Michel. Les seuls chevaliers laïques entouraient l'écu de leurs armoiries des colliers des deux ordres. Le titre de commandeur, que portaient les ecclésiastiques, et celui de chevalier-commandeur, porté par les laïques, leur venaient de commanderies que Henri III voulait fonder en leur faveur sur des biens ecclésiastiques : le pape ayant refusé sa sanction à ce projet, d'après l'opposition du clergé, le bénéfice de chaque commanderie fut compensé par un revenu égal et annuel de mille écus sur le marc d'or. Le roi en touchait deux mille comme souverain grand-maître, et le grand-aumônier de France pareil revenu, moitié comme commandeur, moitié comme aumônier de l'ordre.

De 1704 à 1770, Louis XV doubla le revenu des vingt, puis des trente plus anciens chevaliers. Le dauphin, les fils et petits-fils de France, l'étaient de droit en naissant, mais ils ne recevaient qu'à l'époque de leur première communion. Les princes du sang étaient ordinairement reçus à la même époque, à moins que le roi n'ajournât leur admission. Quant aux princes étrangers établis en France, ils étaient admis à vingt-cinq ans, et les ducs et gentilshommes à trente-cinq; il n'y avait point d'âge fixe pour les souverains étrangers susceptibles par leur religion de recevoir cet ordre. Les statuts n'exigeaient des récipiendaires (le grand-aumônier , le grand-trésorier et le secrétaire exceptés) que cent ans, ou trois générations de noblesse paternelle. Les réceptions se faisaient avec un grand appareil; celle du roi, comme souverain grand-maître, avait lieu le lendemain du sacre. Le prélat qui l'avait sacré lui faisait jurer, en présence de tout l'ordre assemblé dans l'église, l'observance des statuts, après quoi il lui remettait le grand manteau et le collier. La veille des promotions les novices étaient reçus par le roi, dans son cabinet, avant la messe, chevaliers de l'ordre de Saint-Michel ; le lendemain avait lieu à l'église, à l'issue de la messe, leur réception dans l'ordre du Saint-Esprit. Vêtus d'un pourpoint et de trousses d'étoffes d'argent, caleçon, bas de soie et souliers blancs, le fourreau de l'épée de même et la garde d'argent, ayant au cou un rabat de point d'Angleterre, et sur les épaules un capot de velours raz noir, une toque de même couleur sur la tête, sommée d'un bouquet de plumes blanches et d'une masse de héron, ils se prosternaient devant le roi, assis sur son trône dans le sanctuaire, à côté de l'Évangile, prononçaient et signaient le serment qui engageait leur foi religieuse et politique, et recevaient des mains du monarque après qu'on leur avait ôté le capot, le grand manteau, ainsi que l'accolade et le collier de l'ordre, que le roi lui-même leur passait au cou. Les quatre grands-officiers portaient le grand manteau, mais non le collier ; les commandeurs ecclésiastiques n'avaient ni l'un ni l'autre. Ceux-ci devaient également fléchir les genoux devant le roi pour prêter le serment, fussent-ils princes, comme les cardinaux de Bourbon et de Guise; le seul cardinal de Richelieu osa déroger à cette marque de soumission prescrite par les statuts, et il reçut debout, des mains du faible Louis XIII, les insignes du Saint-Esprit. A leur réception, les cardinaux devaient paraître en chape rouge, les prélats en soutane violette, avec leur rochet, leur camail et un manteau violet, sur le côté gauche duquel était brodée la croix de l'ordre, comme sur le manteau des chevaliers : ceux-ci étaient les seuls qui eussent des parrains à cette cérémonie, et auxquels le roi donnât l'accolade et le collier.

Le grand manteau, retroussé du côté gauche et ouvert du côté droit, était de velours noir, doublé de satin orange et semé de flammes d'or; une broderie d'or, de 27 centimètres de hauteur, lui servait de bordure. Par-dessus était placé un mantelet de moire vert-naissant et argent, descendant assez bas sur la poitrine et les épaules. La broderie du manteau et du mantelet, de même que les chaînons du grand collier (qui était du poids de deux cents écus d'or environ), représentaient des fleurs de lis, des trophées d'armes et la lettre H couronnée ; de ces divers ornements, placés à des distances égales, naissaient des flammes. La croix de l'ordre était d'or, semblable à la croix de Malte, à huit pointes pommetées, émaillée de blanc sur les bords, et flamboyée d'émail vert au milieu ; elle était anglée de quatre fleurs de lis d'argent, et chargée d'un côté d'une colombe, et de l'autre de l'image de saint Michel, aussi d'argent. Les chevaliers portaient cette croix suspendue au grand collier dans les jours de cérémonie de l'ordre; dans les autres solennités elle était attachée à un large ruban bleu-céleste moiré, passé sur l'épaule de droite à gauche. Les prélats portaient ce ruban en manière de collier, et les officiers qui n'étaient pas commandeurs, en sautoir. Tous les chevaliers portaient encore une plaque brodée en argent sur le côté gauche de leur habit ou manteau; elle représentait exactement la croix du côté de la colombe. La devise de l'ordre, *Duce et auspice*, exprimait la protection du Saint-Esprit. Il fut toujours accordé aux plus anciennes familles de France, et particulièrement à celles qui remplissaient les premières charges de l'État. On sait que ni Fabert ni Catinat ne voulurent acheter par un mensonge généalogique l'honneur de porter cette décoration, qu'ils avaient acquise par tant de gloire : leur refus modeste pénétra Louis XIV d'une douleur égale à son admiration pour ces deux grands hommes.

Cet ordre, qui reflétait un si vif éclat sur le trône de France, fut enseveli sous ses ruines par la première révolution. La Restauration le vit renaître avec les anciens noms de la monarchie et son ancienne splendeur, et Louis XVIII, ainsi que Charles X, ne le refusèrent point aux grandes illustrations de l'Empire. La religion catholique ayant cessé d'être religion de l'État depuis la révolution de 1830, l'ordre du Saint-Esprit fut aboli de fait par cet événement.

LAISÉ.

ESPRIT (L'*abbé* Jacques). Le principal titre qui recommande Esprit à notre attention, c'est d'avoir été l'un des quarante premiers membres de l'Académie Française. Il naquit à Béziers, le 23 octobre 1611; son frère, prêtre de l'Oratoire, le fit venir à Paris, et le plaça au séminaire de sa congrégation, au mois de septembre de l'année 1629. Après y avoir étudié pendant quatre ou cinq ans les belles-lettres et la philosophie, il eut occasion de fréquenter l'hôtel de Rambouillet et plusieurs autres cercles littéraires, où il se distingua par sa politesse et ses connaissances. Il avait une heureuse physionomie, de la délicatesse dans l'esprit, une aimable vivacité, de l'enjouement, beaucoup de facilité à bien parler et à bien écrire. Le jeune abbé obtint quelques succès, et au lieu d'entrer dans les ordres, il se contenta de porter le petit-collet, ce qui lui facilitait l'entrée des maisons qu'il aimait à fréquenter. D'abord commensal du duc de La Rochefoucauld, l'auteur des *Maximes*, il entra bientôt dans la maison du chancelier Seguier, qui lui donna une pension de quinze cents livres sur ses propres revenus et lui en procura une autre de deux mille sur une abbaye. Par le crédit de ce puissant protecteur, Esprit fut nommé membre de l'Académie Française le 14 février 1639, et peu de temps après il fut pourvu d'un brevet de *conseiller du roi*; mais en 1644 il encourut la disgrâce du chancelier, et se vit contraint de retourner au séminaire de Saint-Magloire, où il resta quelque temps, sans toutefois prendre l'habit des prêtres oratoriens. Il fut assez heureux, à la même époque, pour faire la connaissance du prince de Conti, qui se retirait souvent à Saint-Magloire, à l'effet d'y faire ses dévotions, et qui, charmé de sa politesse et de son savoir, se l'attacha particulièrement, lui donna un logement dans son hôtel et une pension de trois mille livres. Mais une fois rentré dans le monde, Esprit y retrouva toutes les séductions auxquelles il ne s'était déjà montré que trop sensible : il devint épris d'une jeune personne que la générosité de son protecteur lui procura les moyens d'épouser. Il fallait, au dire du jeune homme, quarante mille livres pour que cet hymen s'accomplît; le prince les lui donna; de plus, Mme de Longueville y ajouta un cadeau de quinze mille livres. On assure que plus tard Esprit reporta au prince les quarante mille livres de sa dot en lui disant : « Cette somme est trop nécessaire au soulagement des veuves et des orphelins pour que je ne la rende pas à votre altesse. »

Esprit termina sa carrière dans la province de Languedoc, dont le gouvernement avait été confié à son protecteur. Après la mort de celui-ci, il fixa sa demeure à Béziers, et se consacra à l'éducation et l'établissement de ses trois filles. Il mourut dans cette ville, le 6 juillet 1678. Jacques Esprit n'a presque pas laissé d'ouvrages. Pellisson, dans son *Histoire de l'Académie*, ne lui en attribue qu'un seul : *Paraphrases de quelques Psaumes*. On a cependant cru qu'il était auteur d'un assez plat commentaire des *Maximes* de La Rochefoucauld, intitulé : *Fausseté des Vertus humaines*, 2 volumes, et d'une traduction du panégyrique de Trajan, publiée en 1677, in-12. Mais quelques critiques attribuent ces deux ouvrages à son frère, qui était véritablement abbé et appartenait à la congrégation de l'Oratoire.

Le Roux de Lincy.

ESPRIT ASTRAL. *Voyez* Astral.

ESPRIT DE CORPS. Le mot *corps* au figuré signifiant la société, l'union de plusieurs personnes qui vivent sous l'empire des mêmes lois, des mêmes coutumes, des mêmes règles, des mêmes préjugés, il en résulte qu'*esprit de corps* doit s'entendre des principes, des habitudes, de la manière d'agir de certains corps ou de certaines compagnies. On dit d'une compagnie, d'un corps d'individus exerçant la même profession, et agissant chacun dans les intérêts de tous. Ils ont de l'*esprit de corps*. Un avocat , un médecin, un militaire, un homme de lettres, un artiste, se laissent souvent diriger par l'*esprit de corps*. Chacun d'eux défend les habitudes, l'honneur, même les privilèges du corps auquel il appartient. L'avocat refusera de plaider devant un juge qui aura manqué d'égards envers un autre avocat. Le médecin prendra fait et cause pour un confrère qu'on accusera d'ignorance. Le militaire se rendra garant de la bravoure, des sentiments élevés qui animent tous ses frères d'armes. L'homme de lettres tendra la main au débutant devant qui s'élèvent les obstacles et les difficultés. L'artiste ouvrira sa bourse à l'artiste malheureux. Agir autrement, ce serait manquer d'*esprit de corps*, ce serait renoncer au bénéfice de l'association tacite qui existe entre tous ceux qui parcourent la même carrière; ce serait se condamner à vivre, au milieu de la grande communauté humaine, isolé, sans aide, sans appui, sans protection. L'*esprit de corps* entraîne quelquefois de fâcheuses conséquences : il peut faire naître entre certains corps des rivalités souvent funestes; mais ces rivalités, qu'engendre ordinairement l'amour-propre ou la vanité d'un petit nombre, n'ont qu'un temps; le bon sens et la sagesse de la majorité y mettent bientôt un terme, et, somme toute, l'*esprit de corps* tel que nous l'a fait l'abolition des communautés, des congrégations, des corps de métiers, c'est-à-dire l'*esprit de corps* bienveillant, honnête, animé de sentiments philanthropiques, exempt de vues personnelles, s'il est trop communément encore l'occasion de tristes inconvénients, de débats ridicules, de querelles puériles, enfante aussi le plus souvent de grands et de nobles résultats.

Édouard Lemoine.

ESPRIT DE NITRE. *Voyez* Eau forte et Nitrique Acide).

ESPRIT DE PARTI. L'esprit de parti est entre toutes les passions humaines, celle qui laisse le plus de liberté à la haine, le plus de sécurité pour mal faire. Ce sentiment a quelque chose d'absolu comme les lignes droites de cette géométrie politique selon laquelle on mesure les choses et l'on apprécie les hommes. Qu'un parent, un ami, un bienfaiteur, viennent-ils en déranger les lignes inflexibles , il faudra que cet ami, que ce parent, que ce bienfaiteur disparaisse, car pour l'homme de parti les amitiés ne comptent pas, et chez lui la tête parle si haut qu'elle fait promptement taire le cœur. Cet homme n'agit et ne pense que sous l'inspiration d'autrui ; il réfléchit toutes les passions qui fermentent autour de lui; son caractère et son individualité s'effacent sous la nature de convention qu'il revêt ou qu'on lui impose. L'homme de parti ne s'appartient jamais à lui-même : tout honnête ou tout intelligent qu'il puisse être, il ira, ne fût-ce que par humeur, jusqu'au crime, aussi bien que jusqu'à l'absurdité. Tel est dans ses relations privées affectueux et bienveillant, qui parle de faire des exemples et d'abattre des têtes; tel autre n'a jamais donné signe d'aliénation mentale, tout au contraire il entend ses affaires et connaît les hommes : le voilà cependant qui en lisant *Le Constitutionnel* de 1826 s'épouvante en songeant que les jésuites font l'exercice à feu dans les caves de Montrouge. On a cependant cru qu'il, en lisant *La Quotidienne* de 1833, crie à la calomnie à propos du procès-verbal des couches de Blaye. Ne provoquez pas cependant l'interdiction légale de ces deux hommes : je vous dis, en vérité, que vous ne l'obtiendriez pas, et qu'ils répondraient avec une rare intelligence aux questions qui leur seraient adressées sur les mathématiques, l'anatomie, le droit, ou l'économie domestique. Non, ils ne sont pas fous, ils se sont qu'hommes de parti.

Le propre de cet esprit-là, c'est de dégager chacun en particulier de la responsabilité de ses sottises et de ses mauvaises pensées pour en grossir le fonds commun. Sous ce rapport tous les hommes de parti se ressemblent, quels que soient leur école et leur drapeau : même crédulité, même confiance, même abnégation de leur personnalité. L'homme qui entre dans un parti fait des vœux de renoncement à soi-même aussi rigoureux que ceux qui sont imposés aux novices des ordres monastiques. On a de part et d'autre les idées les plus opposées sur les droits et sur les devoirs, sur la bonté des institutions politiques, sur la destination de l'homme et son avenir; vous entendez saluer par les uns comme jours de gloire ce qui n'est aux yeux des autres que jours d'opprobre : les hommages et les malédictions se croisent et s'entre-choquent. Ajoutez qu'à ces dissidences de doctrines la révolution française, comme toutes les révolutions qui veulent vivre, joint des dissidences d'intérêts en se faisant territoriale; que la propriété a passé des uns aux autres; puis, que les nouveaux propriétaires se sont crus inquiétés dans leur conquête jusqu'au moment où les spoliés, à leur tour, ont redouté de perdre ce qu'une tardive munificence leur avait rendu. C'est ainsi que la nation française s'est trouvée, à bien dire, divisée par couches de vainqueurs et de vaincus, de destitués et de *destitueurs*, de spoliateurs et de victimes. C'est le repoussement entre les personnes, plus profond encore que celui qui existe entre les doctrines. C'est ainsi que les simples rapports de société ont été interrompus entre les citoyens, et qu'on a presque toujours vécu à part les uns des autres, couvant ses haines et attendant d'autres jours.

L'esprit de Satan est venu en aide à l'esprit de parti, pour élever dans les diverses classes de la société comme une barrière insurmontable. Ce fait provoqua dans le caractère national une altération profonde, qui ne fut jamais plus manifeste qu'aux premiers temps de la Restauration, où l'esprit de parti se développa avec intensité. Il y a sans doute plus que de l'exagération dans les reproches si souvent adressés à cette époque de 1815, d'où sortirent les belles et pacifi-

quelques années de notre éducation constitutionnelle ; mais c'est justice de reconnaître que de toutes les époques historiques, ce fut peut-être l'une de celles dans lesquelles l'esprit de parti prévalut avec le plus d'étroitesse dans ses combinaisons, le plus d'intolérance dans ses rapprochements. Si la Restauration avait eu son La Bruyère, quels merveilleux portraits ne lui auraient pas fournis et les voltigeurs de Condé, et les soldats laboureurs, s'insultant les uns les autres, eux si dignes de se donner la main et de confondre leurs nobles enseignes? A lui de dire la crédulité des douairières, les rêves des vieux marquis, les paroles de sang et de mort trop souvent prononcées par des bouches fraîches et innocentes; à lui de montrer comment l'esprit de parti rétrécit les plus riches natures et dessèche les cœurs les plus expansifs.

La révolution de Juillet, la république de 1848 et le nouvel empire ont eu sans doute pour premier et pour plus déplorable effet de rejeter plus loin encore l'une de l'autre les classes dont la position respective a si soudainement changé. Cependant, comment ne pas reconnaître que dans les circonstances même qui semblaient devoir le ranimer et l'exalter au plus haut degré, l'esprit de parti baisse d'une manière sensible, comme une lampe épuisée? De part et d'autre, l'on perd sa foi et sa confiance, et l'on devient plus juste à mesure que l'on doute davantage de soi-même. Puis, viennent les intérêts qui rattachent au présent, alors même que les regrets ou les espérances en séparent. Aussi est-on plus disposé sinon à la bienveillance, du moins à cette indifférence qui, en contenant les nobles élans, amortit aussi les passions mauvaises. A cet égard l'opinion a fait la leçon à la presse, et celle-ci a dû se mettre au diapason de la première. Ajoutons que l'esprit de parti vit d'espérance, et que tout parti qui n'espère plus, est mort, et qu'en un temps d'incertitude et de scepticisme il n'y a d'espoir vraiment fondé pour personne. C'est ainsi que les doctrines s'en vont, et l'esprit de parti de compagnie avec elles. Louis de CARNÉ.

ESPRIT DE SEL. *Voyez* CHLORHYDRIQUE (Acide).

ESPRIT DE VIN. *Voyez* ALCOOL et ESPRITS.

ESPRIT FORT. On appelle ainsi ces esprits qui ne craignent pas de rejeter les opinions reçues. Cette qualification, que l'on applique surtout à tout homme dédaigneux des croyances religieuses, a toujours été employée comme une censure ironique. C'est la dérision opposée à un présomptueux mépris du sentiment commun. Quand on dit de quelqu'un : *C'est un esprit fort*, cela signifie : *c'est un esprit qui se croit fort, et que la vanité aveugle*. Telle est l'intention de La Bruyère, dans son chapitre sur les *esprits forts*, dont le milieu et la fin principalement sont inspirés par une haute raison, et où une philosophie éloquente s'élève jusqu'au sublime. Un profond sentiment de justice et d'humanité est empreint dans les pensées qui suivent : « Une certaine inégalité dans les conditions, qui entretient l'ordre et la subordination, est l'ouvrage de Dieu, ou suppose une loi divine; une trop grande disproportion, et telle qu'elle se remarque parmi les hommes, est leur ouvrage, ou la loi des plus forts. Les extrémités sont vicieuses et partent de l'homme : toute compensation est juste, et vient de Dieu. » Cela était approuvé sous Louis XIV. Qu'a dit de plus J.-J. Rousseau, tant persécuté dans le siècle suivant? « Quand on ne serait pendant sa vie l'apôtre d'un seul homme, ce ne serait pas être en vain sur la terre, et lui être un fardeau inutile. » Disons toutefois qu'il y a une force d'esprit approuvée pour éclairer la conscience, et un milieu à tenir entre l'orgueil qui nie comme préjugé vulgaire tout ce qui est saint, et la faiblesse d'esprit bien réelle, qui reçoit sans examen et sur la foi d'autrui, des préjugés dangereux. La vie de l'homme de bien est consacrée à la recherche de ce milieu pour lui et pour les autres.

AUBERT DE VITRY.

ESPRIT PUBLIC. Cet ensemble de sentiments, d'appréhensions, de passions, qu'on appelle l'*esprit public*, nous semble peu facile à définir, comme tout ce qui revêt toutes les formes. Le mot n'est guère en usage que dans le langage politique, et encore ne le trouve-t-on souvent employé qu'à partir de notre première révolution : en 1792, Marat accusait Roland d'empoisonner l'esprit public, d'avoir un bureau d'esprit public pour corrompre l'opinion. Depuis lors, tous les partis se sont tour à tour adressés à l'esprit public, et ont cherché à le mettre de leur côté, à le faire passer à l'état d'opinion. Tous les gouvernements ont la prétention de s'appuyer sur l'esprit public, et les efforts qu'ils sont obligés de faire pour remuer ce colosse prouvent toujours qu'ils se défient beaucoup de ses sympathies ou de sa mobilité. L'esprit public est en effet cette masse flottante qui est à celui qui sait l'entraîner, soit en la flattant, soit en l'effrayant ; la révolution de 1792 cherchait à agir sur le peuple par les clubs et par la presse ; et néanmoins Saint-Just s'écriait douloureusement à la tribune de la Convention : Nous n'avons pas d'esprit public en France! L'empire chercha à le galvaniser par des victoires, la Restauration par des processions et des cérémonies religieuses, Louis-Philippe par l'appel à la satisfaction des intérêts matériels.

Marat, comme nous l'avons dit plus haut, reprochait à Roland d'avoir créé un *bureau d'esprit public* au ministère de l'intérieur, c'est-à-dire d'y avoir groupé des journalistes qui venaient prendre de lui le mot d'ordre, qui rédigeaient leurs journaux d'après ses inspirations et celle des girondins, afin d'entraîner l'esprit public contre la Montagne. Sous Louis-Philippe il y eut, au même ministère, un bureau d'esprit public : on y rédigeait une correspondance politique toute louangeuse pour le gouvernement, et où tous les faits étaient représentés comme étant à son avantage, comme tournant à la confusion de ses adversaires; les préfets et les sous-préfets recevaient cette élaboration autographique quotidiennement, la communiquaient à leurs amis ; les journaux subventionnés par le ministère en province reproduisaient sur toute la ligne les articles de fond, les attaques contre l'opposition qu'elle leur apportait gratuitement, et l'on se flattait de *travailler* ainsi l'opinion d'amener, par ces moyens l'esprit public à des manifestations dynastiques. Cette institution fut assez vivement attaquée pour qu'elle disparût du grand jour; elle se réfugia dans les ténèbres des fonds secrets. Mais la spontanéité avec laquelle certains mots d'ordre politique se reproduisaient d'un bout à l'autre de la France laissait clairement entrevoir les instigateurs de ces mouvements factices d'esprit public. En novembre 1851, l'Assemblée nationale supprima l'allocation qu'un ministre faisait à une correspondance politique dont les extraits étaient chaque jour adressés aux préfets, aux sous-préfets, et aux journaux du pouvoir; les attaques que cette correspondance propageait contre l'assemblée furent le motif de cette suppression de crédit : beaucoup de gens virent dans ce vote, qui à ce moment n'était pas sans importance, une protestation contre ce que la majorité de la législative considérait comme un bureau d'esprit public occulte.

ESPRIT PYRO-ACÉTIQUE. *Voyez* ACÉTONE.

ESPRITS. Le sens primitif du mot esprit, et le plus conforme à son origine latine, est celui de souffle, principe apparent de la vie animale. Par analogie, l'esprit est le principe de l'intelligence. Imaginant que cet esprit, séparé des organes physiques, pouvait vivre et agir sans eux, on a donné ce nom à des êtres incorporels, dont toutes les religions ont admis et admettent l'existence. C'est la plus populaire des croyances, celle qui s'accorde le mieux avec les pensées de l'homme, naturellement portées vers les choses mystérieuses. Les théogonies, les livres sacrés des nations, différentes parlent des esprits. Les traditions chaldéennes, parses, égyptiennes, des Hébreux, de l'Inde, de la Grèce, ont à cet égard une acception presque universelle. Sous le nom générique d'*esprits*, on comprend les *anges* et les *démons*, dans le sens hellénique, et dans l'acception qu'en a donnée les chrétiens. Mais les livres hébreux font quelques distinctions qui n'ont pas encore été relevées : ainsi, les anges, Satan et l'esprit apparaissent chacun sous sa dénomination particulière. Abraham, Jacob, Tobie, sont visités, accompagnés des anges. Satan frappe Job, et, dans l'horreur d'une vision de nuit, un esprit passe devant sa face, et le poil de sa chair se hérisse. Il voit celui dont il ne connaissait point le visage; un spectre paraît devant ses yeux, et il entend une voix comme un petit souffle, etc. » (Ch. iv, v, 16). Cette différence se retrouve dans plusieurs autres passages. Quant aux païens, selon le langage catholique, Hésiode compte trente mille esprits qui surveillent les actions des hommes. Jamblique et Trismégiste disent que l'univers en est rempli. Proclus et Psellus, qui ont traité spécialement cette matière, nous exposent clairement, avec leurs propres idées, celles qui étaient le plus généralement répandues de leur temps. Terentius Varron divise le monde en deux parties, *le ciel* et *la terre*, puis il subdivise le ciel en *éther* et en *air*, et la terre en *terre proprement dite* (humus) et en *eau*. Ces quatre parties, dit-il, sont pleines d'*esprits*. Les uns, ceux qui habitent l'*éther*, peuvent être compris et vus; l'âme et non les yeux du corps peuvent voir les autres, qu'on appelle *lares, lamies, larves, lémures, génies*.

Ces croyances sont restées, les noms seuls ont cessé d'être les mêmes. Les philosophes cabalistes du moyen âge ont donné le nom d'*esprits élémentaires* à ceux qu'on a cru présider aux quatre substances regardées alors comme les uniques éléments de toutes choses. Les esprits élémentaires du feu étaient appelés *salamandres*, ceux de l'eau *ondines*, ceux de l'air *sylphes*, et ceux de la terre *gnomes*. Ils étaient en commerce avec les hommes, se plaisaient à les agacer, mais généralement ne leur faisaient que du bien. Ils ne devenaient nuisibles que lorsqu'on les irritait. Il y avait cette différence entre les esprits élémentaires et les *fantômes* ou *revenants*, que les premiers étaient des apparitions corporelles, douées d'une existence propre et indépendante, tandis que les seconds étaient les esprits d'êtres humains passés de vie à trépas.

Les *esprits follets* ou *familiers* sont à peu près les mêmes que les *lares* des Romains. On croit encore dans quelques provinces, surtout dans la Bretagne et la Vendée, que ces esprits pansent les chevaux, les entretiennent et les nourrissent. On n'oserait pas toucher à la crinière d'un cheval dont les crins seraient mêlés : c'est l'office de l'*esprit follet* ou du *lutin*. Pline le jeune semble croire à l'existence de ces esprits (*voir* la lettre 27° du livre XVI). De grandes impuretés secrètes ont dû donner naissance aux fables sur les *esprits incubes* et *succubes*. Quand le mal venait seulement de l'imagination exaltée, le remède était difficile à trouver ; mais celui de saint Bernard, qui donna son bâton à une jeune fille pour le mettre dans son lit, n'est pas le moins original.

Les *esprits célestes* sont les bienheureux les bons anges, les *esprits de ténèbres* sont les mauvais anges, les démons. Par *esprits* on entend aussi les âmes des morts qui reviennent sur terre, et les spectres, que, dit-on, autrefois les sorciers faisaient sortir des tombeaux, croyances encore bien antiques. Dans la Bible, la pythonisse d'Endor évoque l'ombre de Samuel. Homère fait apparaître Patrocle, tué par Hector, à son ami Achille. Suétone nous apprend que Néron employa inutilement des sacrifices magiques pour voir sa mère et lui parler. Qui de nous, vivant seul, ne s'est pas surpris à peupler sa solitude d'êtres mystérieux? Les brises parfumées, les murmures lointains, le souffle harmonieux des vents, les plaintes des arbres agités, les bruits étranges des nuits, n'ont-ils pas cent fois éveillé dans nos âmes l'idée de quelques esprits vaguant autour de nous? Lorsque la science doit parler seule, qu'on soit de l'avis d'Horace :

Somnia, terrores magicos, miracula, sagas,
Nocturnos lemures, portentaque thessala rides,

Mais il faut se rappeler cette pensée de Proclus dans le *Traité de l'Ame et des démons* : Au-dessus de la science est l'intelligence, et l'intelligence tient compte des sensations de l'âme.   Victor BOREAU.

Malgré le progrès des sciences, il y a eu dans ces derniers temps, sur presque tous les points du globe, un retour de croyance aux esprits, à propos des prétendues découvertes dues aux tables tournantes, frappantes et parlantes; et un gros in-8° de 500 pages a même paru, en 1853, adressé à l'Académie des Sciences morales, sous ce titre : *Des Esprits et de leurs manifestations fluidiques*, par M. le marquis de Mirville. C'était à se demander sérieusement si l'on était encore au dix-neuvième siècle, ou au moyen âge, si Descartes et Voltaire avaient écrit, s'il y avait en France des astronomes ou des astrologues, des physiciens ou des alchimistes, des philosophes ou des sorciers.

Et pourtant, l'auteur de ce livre est un homme du monde, un esprit cultivé, qui connaît les sciences, même les sciences occultes, la littérature profane et la littérature sacrée. Il a lu les Pères de l'Église, et se pique parfois de théologie. Il a rêvé avec les mystiques, médité sur les thaumaturges, et composé, avec une chaleur de style qui intéresse ceux mêmes qu'elle ne persuade pas, le volume en question, dans lequel, contrairement à bon nombre d'évêques, il démontre que pour être bon chrétien, il faut croire aux esprits. C'est là ce que M. le marquis de Mirville appelle « tenter la fusion du christianisme et de la science. »

Du reste, des personnes sérieuses et fort sensées ont depuis longtemps adopté son credo. Des populations entières se sont converties à la religion des *tables tournantes* et des *esprits*. Les Américains ne sont pas des rêveurs : ils ont voulu absolument savoir pourquoi les tables tournent, et ils ont découvert que ce sont des esprits qui les font tourner. Aujourd'hui ces esprits invisibles sont étudiés en Amérique, classés, organisés en castes, échelonnés en hiérarchie, comme de simples mortels ; et il est né de ce pieux travail une science nouvelle, ou plutôt une nouvelle religion, que ce peuple de banquiers, d'industriels et de commerçants a nommée fort sérieusement le *spiritualisme*. Cette religion a déjà une foule de dévots : la dernière statistique en compte cinq cent mille. Il y en a quarante mille à New-York seulement. Le *spiritualisme* a sept journaux ; il a des clubs, sous le nom de *cercles spirituels*; il a ses orateurs, qui prêchent la vérité nouvelle ; enfin, ce qui témoigne mieux encore de la foi des croyants, il a une caisse bien garnie pour les frais de la propagande. On voit que lorsque les gens positifs se mêlent d'être visionnaires, ils ne font pas les choses à demi.

Tous les faits extraordinaires d'autrefois s'expliquent ainsi naturellement aujourd'hui. Le mot de l'énigme, ce n'est ni l'extase du docteur Bertrand, ni l'érotomanie de M. Hecquet, ni l'hystérodémonopathie du docteur Calmeil, ni les névroses, ni les borborygmes. C'est un *divinum quid*, un agent surnaturel, en un mot, c'est un esprit. Urbain Grandier était l'intermédiaire de l'*esprit* et des religieuses de Loudun. Le *souffle* des Camisards, la terre du tombeau de Pâris étaient précisément ce que les passes ou le verre d'eau du magnétiseur, le véhicule de l'*esprit*. C'est l'*esprit* qui permettait à la Sonnet d'être incombustible sur les charbons ardents ; c'est l'*esprit* qui émoussait les piques et les broches sur les corps des convulsionnaires; c'est l'*esprit* qui donnait à leur peau une telle résistance qu'on y voyait à peine quelques ecchymoses, après une application de quatre mille coups de bâton ; c'est l'*esprit* qui communique les monomanies mystérieuses. C'était un *esprit*, ce Gilles Garnier, qui mangeait les petites filles et les petits garçons; Sévérac un *esprit*, Papavoine un *esprit*, etc., etc.

Les partisans des esprits ne sont pas d'accord cependant sur le magnétisme. Les uns témoignent le plus profond dédain pour cette science et pour l'électricité, c'est tout naturel. L'électricité ! un agent indéfinissable, insaisissable, indescriptible ! un fluide ! un je ne sais quoi ! Parlez-moi d'un esprit, à la bonne heure ! Un esprit, c'est une personne ; un esprit pense, parle, agit. L'électricité ne pense ni ne parle ; et si elle agit, c'est comme un instrument passif, comme une force aveugle, comme une machine. Un esprit a un discernement, un libre arbitre, un dessein; et surtout si c'est un mauvais esprit, si c'est le démon, quel intérêt! C'est l'adversaire de l'homme, et la lutte commence : l'homme est aux prises avec l'ennemi du genre humain! Voilà le grand progrès que nous avons fait sur le dix-huitième siècle. Le dix-huitième siècle croyait au magnétisme, c'est-à-dire à une chose : il s'enivrait d'abstraction. Nous, au contraire, nous animons les choses, nous personnifions les corps inertes. Aussi quel mouvement dans l'univers! tout s'éveille, tout s'agite, tout un peuple d'esprits pense, parle, agit autour de nous. C'est un bien autre monde que le monde connu jusqu'ici, endormi dans l'immobilité et la léthargie! Le *mens agitat molem* devient vrai, et le *spiritus flat ubi vult* prend un sens nouveau. Enfin, c'est un nouvel univers qui vient d'éclore sous le ciel. A merveille; mais en sommes-nous plus avancés et surtout plus chrétiens? Il me semble que nous devenons un peu plus païens et plus primitifs. L'habitude des peuples enfants, c'est de personnifier les choses. Les anciens, qui, comme dit très bien Pascal, étaient les jeunes gens de ce monde, ont eu pour religion une vraie religion de jeunesse, le polythéisme, qui lui aussi personnifiait les choses et divinisait les forces de la nature. Du moment que nous recommençons à animer les corps inertes, nous, les modernes, qui sommes vraiment, comme dit toujours Pascal, les vieillards de l'espèce humaine, nous redevenons anciens, c'est à-dire, pour parler son langage, que nous retombons en enfance.

Mais il y a d'autres partisans des esprits, qui, au lieu de dédaigner le magnétisme, font cause commune avec lui et rallient les phénomènes magnétiques sous les drapeaux du *spiritualisme*. Seulement jusque ici le magnétisme n'a pas été compris. On y a cherché un fluide, une électricité; il fallait y chercher un esprit. Mesmer, « quand il réchauffait un bain avec sa canne, et faisait tomber à genoux les demoiselles qui le poursuivaient », était l'agent d'un esprit, et un *medium*, comme disent les Américains. Tous les magnétiseurs sont des *mediums*. Si en 1784, et depuis, l'Académie des Sciences n'a rien compris au magnétisme, c'est qu'elle a couru après un fluide, et qu'il fallait évoquer un esprit. Franklin, Darcet, Bailly, Jussieu ont battu la campagne : c'étaient des savants. On n'avait besoin que de sorciers. Jamais un esprit qui se respecte ne comparaîtra devant une académie. Jamais académicien ne fera un bon *medium*.

Pour être un bon *medium*, il faut commencer par être bienveillant, et ne pas se montrer, comme les gens du monde, fanfaron d'incrédulité. On peut être instruit, savant même : ce n'est pas un inconvénient; mais il ne faut pas que la science rende sceptique de parti pris. Il y a aux Etats-Unis une foule de *mediums* très-distingués. On compte parmi eux des magistrats, des ministres, des banquiers. Il s'y glisse bien aussi quelques charlatans, qui font profession d'être *mediums* et dupent le public. Mais dans quel corps n'entre-t-il pas de membre indigne? Le corps des *mediums* compte quarante mille membres aux États-Unis; ils ne peuvent être raisonnablement quarante mille vertus. Il y a les *rapping mediums*, qui sous l'influence des esprits tombent dans des crises de nerfs et répondent aux questions qu'on adresse aux êtres invisibles par des mouvements spasmodiques. Il y a les *writing mediums* qui, armés d'une plume ou d'un crayon, écrivent mécaniquement sous la dictée des esprits, avec une vitesse et une précision incroyables, comme des télégraphes électriques. Il y a les *speaking mediums*, qui prononcent, soit éveillés, soit endormis, des paroles inspirées, comme la prêtresse de Delphes ou la sibylle de Cumes. Enfin, il y a presque autant d'espèces de *mediums* que de sortes d'esprits. On remarque même une relation directe entre la nature des uns et des autres. Les méchants esprits sont rapportés plus souvent en rapport avec les méchants *mediums*; les bons ne communiquent guère qu'avec d'honnêtes gens, de façon qu'on peut très-bien appliquer aux esprits le mot vulgaire : Dis-moi qui tu hantes, je te dirai qui tu es.

Quant aux esprits, les Américains en ont dressé une classification très-méthodique. Il y a des esprits théologiens, qui prêchent les vérités du *spiritualisme* : ils argumentent contre la Providence et la divinité de Jésus-Christ. Ils sont déistes, fatalistes et panthéistes tout à la fois. Ils prennent volontiers la figure d'Arius, de Luther et de Calvin. Quelques autres, mystiques de profession, se déguisent sous les traits de Swedenborg et de Saint-Martin. Après eux, viennent les esprits politiques, qui, par l'organe de *mediums* fort ignorants, ont fait, en plein salon, des premiers-Paris très-remarquables sur la question d'Orient. Puis, les esprits polyglottes, qui parlent les langues européennes et même les langues orientales comme un professeur du Collège de France; les esprits poètes, qui improvisent des vers; les esprits philosophes, qui inventent des systèmes; et même les esprits agioteurs, qui conseillent des opérations à la Bourse. Toutes les classes d'esprits ont un fonds de malveillance contre l'espèce humaine, cela est facile à voir : les esprits poètes improvisent de mauvais vers; les esprits philosophes inventent de faux systèmes; les esprits agioteurs conseillent des opérations ruineuses. Il en est d'autres qui d'abord ont un air de gentillesse et d'espièglerie innocente, comme le *Trilby* de Charles Nodier : ils grattent aux murs, ils frappent aux portes; ils attachent des crêpes noirs au seuil des maisons, détachent les verrous, démontent les serrures, renversent les meubles, éparpillent le linge, jettent par une fenêtre des bréviaires qui rentrent par l'autre, et font danser les pelles et les pincettes; ou bien ils fabriquent des espèces de mannequins-fantômes, et quand les maîtres de la maison rentrent chez eux, ils trouvent sept ou huit grandes figures blafardes, drapées avec des tapis de l'appartement et agenouillées dévotement devant une Bible ouverte; mais bientôt les espiègles se fâchent : les *frappeurs* frappent les gens jusqu'à leur casser la jambe, et les *gratteurs* grattent jusqu'au sang.

On a interrogé ces êtres singuliers; et quelques-uns, plus expansifs que les autres, ont communiqué à des adeptes choisis une espèce de *révélation*, qui forme la base des dogmes mêmes du *spiritualisme*. Ils se prétendent chrétiens, mais ils nient la divinité de Jésus-Christ, ils nient le péché originel, ils nient l'existence du démon (ce qui est assez habile), ils nient l'éternité des peines. Jusqu'ici on pourrait les prendre pour des rationalistes; mais quand il s'agit de remplacer les dogmes qu'ils détruisent, ils sont bien embarrassés. Ils imaginent nous ne savons quel mélange de pythagorisme, de mahométisme et de fouriérisme. Ils affirment que les hommes ne meurent pas, mais qu'ils passent successivement dans six sphères spirituelles, où ils jouissent du parfait bonheur. Ce parfait bonheur est d'une grossièreté quelque peu païenne. Ce ne sont, dans les sphères spirituelles, que bals, concerts, promenades, festins et grandes toilettes. Le *spiritualisme* convertit beaucoup d'Américaines. On s'y délasse du plaisir de travailler. Il existe dans ces mondes supérieurs une espèce d'université d'esprits, dont les membres font des cours publics aux nouveaux venus de la terre pour les délivrer des préjugés sublunaires qu'ils apportent avec eux et leur apprendre la langue du ciel. Tout le monde est heureux : les esprits, qui gouvernent les hommes, les hommes, qui, bons ou mauvais sur la terre, sont tous appelés et tous élus; les animaux eux-mêmes, qui sont immortels, revivent au ciel, entre leurs maîtres et leurs maîtresses, dans une communauté de bonheur. Il n'y a guère que Dieu dont il ne soit pas question.

Maintenant quelle est la nature de ces esprits, quel est leur séjour? L'antiquité les croyait *gazéiformes*. Certains Pères de l'Église les croyaient corporels jusqu'à un certain point; plusieurs autres leur concédaient l'immatérialité absolue. Aujourd'hui leurs partisans accordent à la fois l'antiquité, saint Ambroise, saint Athanase, saint Basile et saint Clément d'Alexandrie. Ils définissent les esprits : des intelligences servies par des fluides. Cette définition, imitée de celle de M. de Bonald, ne définit peut-être rien, mais elle est conciliante. Quant au séjour des esprits, on les rencontre à peu près partout, sous toutes les latitudes.

Du reste, ces vieilles idées se sont reproduites à plusieurs époques ; mais il faut bien se garder d'en conclure que ce sont des vérités. Les folies elles-mêmes se répètent. Ce sont les maladies de l'esprit humain, et, comme certaines maladies du corps, quelques-unes font le tour du monde et reviennent, à certains intervalles, visiter les mêmes peuples et les mêmes contrées. Ce serait une belle découverte que l'art de prédire à coup sûr le retour des idées fausses, comme l'astronomie prédit le retour des comètes. On se tiendrait sur ses gardes, et l'on se défierait des esprits. H. RIGAULT.

ESPRITS (*Commerce*). On 'nomme ainsi les eaux-de-vie dont le volume est réduit de moitié par la distillation, qui en élimine l'eau. En coupant ces esprits avec de l'eau, on reproduit l'eau-de-vie. Le commerce trouve de grands avantages à expédier l'eau-de-vie sous forme d'esprit. Cette transformation a pour résultats une grande diminution du nombre des fûts nécessaires et une économie notable sur le prix du transport. Cependant on n'y soumet que des qualités inférieures, car elle a l'inconvénient de faire perdre à l'eau-de-vie ce *bouquet* que l'on recherche dans les liqueurs de premier choix.

La richesse des esprits ou alcools est aujourd'hui constatée à l'aide de l'alcoolomètre de Gay-Lussac. On a abandonné les anciennes dénominations fractionnaires du midi, comme 3/6, 5/6, etc., qui servaient autrefois à désigner le titre des produits distillés. Ces fractions indiquaient qu'en ajoutant à un nombre de parties d'esprit exprimé par le numérateur, un nombre de parties d'eau exprimé par l'excès du dénominateur sur le numérateur, on avait un mélange potable, portant la *preuve de Hollande*, c'est-à-dire 19° du pèse-liqueur de Cartier. On n'a conservé que le nom du 3/6 (prononcez *trois-six*), qui, d'après ce qui précède, est un esprit auquel il faut mélanger un poids égal d'eau pour obtenir une eau-de-vie à 19°.

Comme l'alcool peut s'obtenir d'un grand nombre de matières, on distingue les esprits en *esprits de vin, esprits de fécule, esprits de pomme de terre, esprits de grains, esprits de mélasse, esprits de cidre*, et *de poiré*, etc.

ESPRONCEDA (José de), l'un des plus remarquables poètes de l'Espagne moderne, naquit en 1808, à Almendralejo, en Estramadure, et après la guerre de l'indépendance vint faire ses études à Madrid, où, sous la direction de Lista, ses dispositions poétiques se développèrent de bonne heure, mais en même temps aussi sa passion pour les aventures et les bouleversements de la politique. Dès l'âge de quatorze ans il composait des poésies politiques, et s'était fait affilier à l'une des sociétés secrètes de la démagogie, à celle des *Numantinos*. Il en fut puni par un exil dans un couvent de Guadalajara, dans la solitude duquel il s'occupa de la composition d'un grand poëme épique, *El Pelayo*, dont il n'existe que des fragments. Bien qu'il eût eu peu de temps après la permission de revenir à Madrid, son esprit, essentiellement mobile et passionné pour l'imprévu et pour les aventures, ne tarda pas à le lancer dans tous les hasards de la vie. Il se rendit à Lisbonne, où, manquant bientôt de tout, il dut à une intrigue amoureuse les moyens de subsistance et les ressources nécessaires pour gagner Londres, à l'effet d'essayer d'y vivre de ses talents poétiques. Plus tard, il vint s'établir à Paris, où, dans les journées de juillet 1830, il fut un des plus intrépides et des plus exaltés parmi ceux qu'on n'appela plus dès lors que *les héros des barricades ;* circonstance de sa vie qui eut pour résultat de lui faire prendre une part des plus actives à diverses entreprises révolutionnaires tentées à la même époque sur d'autres points. La direction poétique qui lui avait déjà fait choisir la lecture de Byron devint encore plus excentrique par suite des relations multiples qu'il eut alors avec les coryphées de l'école romantique française.

En 1833 Espronceda profita de l'amnistie pour rentrer dans sa patrie, et il obtint même un grade dans les gardes du corps. Un poëme politico-satirique, improvisé dans un banquet, et que ses camarades répandirent à l'envi, le fit renvoyer du service et exiler de nouveau de la capitale. Confiné dans la petite ville de Cuellar, il y composa un roman en six volumes, *Don Sancho Saldaña, o el castellano de Cuellar*, qui parut dans la *Coleccion de novelas historicas originales españolas* (Madrid, 1834), mais qui prouve qu'un genre exigeant de l'ordre, de la réflexion, un plan, n'était point son fait.

Après la publication de l'*Estatuto real*, Espronceda revint à Madrid, et tout aussitôt il devint l'un des principaux rédacteurs du journal *El Siglo* ; mais il s'acquitta de cette tâche avec si peu de prudence, que bientôt il lui fallut encore prendre la fuite. C'était là pour lui un motif de plus pour essayer de jouer un rôle dans les événements révolutionnaires de 1835 et 1836, et il n'y manqua pas non plus. Cependant, à peu de temps de là, il se vit encore contraint d'aller se cacher aux eaux de Santa Engracia. Quand, en septembre 1840, l'*ayuntamiento* de Madrid leva l'étendard de la révolte, Espronceda entra dans les rangs de la garde nationale en qualité de lieutenant. Pour avoir défendu un article du journal *El Uracan*, écrit dans le sens républicain, le gouvernement d'alors le récompensa en le nommant aux fonctions de secrétaire de légation à La Haie, et en décembre 1841 il se rendit à son poste. Mais le climat du Nord et le phlegme hollandais convenaient mal à sa nature volcanique ; il ne tarda pas à tomber malade, et voulut alors revoir le sol de la patrie, où il mourut, le 23 mai 1842.

Ses œuvres poétiques reflètent vivement le caractère et les préoccupations de son époque. On y remarque une grande habileté technique et une imagination brûlante, que malheureusement le poëte ne sait pas maîtriser, et qui, par suite, lui fait perdre le sentiment du vrai beau. Byron et Hugo, tels sont les modèles d'Espronceda, mais avec toute la fougue méridionale il exagère encore leurs défauts et se complaît dans ce qu'il y a de plus bizarre, ainsi qu'on peut le voir dans ses plus heureuses productions, par exemple dans son *El Pirata*, son *El Mendigo* (poëme complétement socialiste), son *El Verdugo* (le pendant du *Dernier Jour d'un Condamné*), son affreux *El Estudiante de Salamanca*, et surtout dans son célèbre fragment *El Diablo mundo* (Madrid, 1841). Une édition complète de ses œuvres a paru à Madrid en 1840. La réimpression qui en a été faite à Paris, en 1848, contient de plus *El Diablo mundo*.

ESQUIF se dit en général d'une petite barque, d'un petit canot, d'une nacelle, d'une gondole, d'une pirogue, etc. C'est un de ces termes dont nos anciens poetes, nos modernes faiseurs de romances surtout, ont fait un tel abus, qu'ils l'ont rendu presque ridicule.

Plus sérieusement, en termes de marine, l'*esquif* est le nom technique de la plus petite de toutes les embarcations affectées au service d'un navire. Il fait le service dans les rades et ports, soit à la voile, soit à l'aviron. On l'embarque lorsque le vaisseau met à la voile, et on le place dans l'intérieur de la grande chaloupe.

ESQUILACHE (Don FRANCISCO DE BORJA Y ARAGON, prince D'), comte *de Simari, Mayalde*, etc. , personnage non moins remarquable par l'élévation de son rang que par la distinction de son esprit et par ses talents poétiques, naquit vraisemblablement à Madrid, vers l'an 1581. Il était fils de don Juan de Borja, comte de Mayalde y Ficalho, et de sa seconde femme, donna Francisca de Aragon y Barreto ; il obtint le titre de *prince d'Esquilache* par suite de son mariage avec l'héritière de la principauté de Squillace, dans le royaume de Naples, qu'il épousa en 1602. La même année, il fut nommé par Philippe III chambellan et commandeur de l'ordre de Saint-Jacques. En 1614 ce prince l'appela à la vice-royauté du Pérou, fonctions qu'il remplit jusque vers la fin de l'année 1621. C'est pendant son administration que don Diego Roca de la Vega conquit les Maynas sur le Marañon, et y fonda une ville qu'en l'honneur d'Esquilache il nomma San-Francisco de Borja. Après la mort de Philippe III, Esquilache revint à la cour de Madrid, où il passa le reste de ses jours. Sa mort arriva le 6 octobre 1658.

Son goût et ses rares dispositions pour la poésie s'étaient manifestés dès sa première jeunesse, et il avait pris surtout Argensola le jeune pour modèle. Aussi ses poésies sont-elles remarquables par l'élégance, la simplicité de bon goût, la clarté et l'harmonie de la versification ; ce qui leur manque, c'est la profondeur, l'originalité et l'élan. Il fut l'un des derniers représentants du style classique de l'école espagnole du seizième siècle, et l'adversaire déclaré de celle de Gongora, qui dès lors commençait à dominer dans la littérature de son pays. Ses poésies lyriques, parmi lesquelles les Espagnols font aujourd'hui encore grand cas de ses pastorales, parurent pour la première fois en 1639, à Madrid ; une édition considérablement augmentée en fut encore publiée en 1663 à Anvers. Son poème épique : *Napoles recuperada por el rey don Alonso* (Saragosse, 1651, et Anvers, 1685), est une œuvre sans mérite.

ESQUIMAUX ou ESKIMAUX, c'est-à-dire, dans la langue des Algonquins, *mangeurs de poissons crûs*, nom donné à l'origine par les Abenakis à leurs voisins septentrionaux habitant les côtes du Labrador. Les Européens s'en sont servis à leur tour pour désigner différentes tribus analogues ; et dans le système ethnographique moderne, on l'applique à tous les habitants de l'Amérique arctique. On comprend dès lors aujourd'hui sous la dénomination générique d'*Esquimaux* les Groënlandais, les habitants des côtes de la baie de Baffin, des côtes septentrionales et orientales du Labrador, de la côte occidentale de la baie d'Hudson, de la presqu'île Melville, ainsi que de toute la côte septentrionale du continent américain jusqu'au Cap de Glace, enfin toute la population du nord et du nord-ouest de l'Amérique russe, jusqu'à la presqu'île d'Alaschka. Les Esquimaux de la terre ferme, ou toutefois ils habitent rarement dans l'intérieur au delà de 7 myriamètres des côtes, se divisent en Esquimaux orientaux et occidentaux, que sépare le 140° degré de longitude. Les Esquimaux habitant l'Amérique russe forment plusieurs tribus différentes, qu'on partage en deux classes, à savoir ceux qui, comme les Esquimaux orientaux et notamment les Groënlandais, se servent pour naviguer sur la mer de canots en cuir, et ceux qui, comme les Kouskokwinz, les Tschougatsch, les habitants de Kadjak et de la moitié orientale d'Alaschka, vivent dans des demeures fixes plus au sud et à une plus grande distance des côtes, dans des contrées boisées, et emploient pour naviguer sur les fleuves et rivières des troncs d'arbres creusés. Ce dernier groupe, qui se confond peut-être avec les tribus indiennes, est aussi désigné sous le nom d'Esquimaux méridionaux.

Quoique les Esquimaux soient répandus dans tout le nord de l'Amérique, depuis la côte orientale du Groënland jusque par de là le détroit de Behring, leurs différentes tribus (sans parler de la grande similitude qu'elles offrent entre elles en ce qui est des mœurs, des vêtements, des ustensiles, etc.) sont caractérisées par l'uniformité de leur conformation physique et la très-petite différence existant entre leurs langues. Ils appartiennent évidemment à une seule et même race, laquelle offre de nombreuses et frappantes dissemblances avec les autres peuplades appartenant à la race rouge. Aussi, voilà longtemps déjà qu'on range les Esquimaux dans la race mongole. Certains auteurs modernes, Morton, par exemple, les appellent Mongols-Américains. Toutefois, d'après les recherches faites par Gallatin et autres, à l'opinion desquels se range aussi Prichard, ils ne constitueraient qu'une famille particulière de la race rouge, que des influences climatériques et sociales auraient fait dégénérer. Les Esquimaux de toutes les tribus ont la tête arrondie et démesurément grande, la face large, plate et cependant pleine, avec des joues épaisses, des pommettes saillantes, un nez petit et profondément écrasé, des cheveux noirs, longs, roides et durs, des chairs molles et lâches. Des jambes grêles supportent un torse assez épais ; les mains et les pieds sont d'une remarquable exiguïté, les doigts courts. La peau, désagréablement froide, toujours couverte d'une épaisse croûte de crasse et d'huile de baleine, offre une teinte cuivrée d'un jaune noirâtre. A l'est, la taille des Esquimaux atteint rarement plus de cinq pieds ; à l'ouest, elle est assez généralement de cinq pieds et demi. L'espèce de franchise et de bienveillance qu'exprime leur physionomie, et qui constitue aussi le trait distinctif de leur caractère, produit au total une impression favorable sur le voyageur européen, en dépit de leur saleté et de leurs habitudes vicieuses. Il existe une violente inimitié entre les Esquimaux et les différentes tribus indiennes qui les avoisinent.

Depuis assez peu de temps les Esquimaux orientaux sont dans l'usage de venir chaque année aux environs du 140° degré de longitude occidentale échanger avec les Esquimaux occidentaux des ustensiles en fer et autres objets importés par les Russes, contre des peaux de phoque, de l'huile de baleine et des fourrures. Les phoques et les poissons forment à peu près la base unique de leur industrie et de leur richesse. Placés au dernier degré de l'échelle de la civilisation, ils vivent à l'état de complète égalité civile, sans obéir à la moindre forme de gouvernement politique. Il n'y a parmi eux de privilégés que pour le plus fort et le plus audacieux.

La plus grande partie des habitants du Groënland et du Labrador sont depuis un siècle environ extérieurement convertis au christianisme. C'est aussi par l'intermédiaire des missionnaires protestants, tels qu'Egède, que nous possédons aujourd'hui les renseignements les plus exacts sur les mœurs, les usages et la langue des tribus d'Esquimaux qui habitent le plus à l'est.

ESQUIMAUX (Grands). *Voyez* ALGONQUINS.

ESQUINANCIE (par corruption pour *synanchie*, en grec συνάγχη, dérivé de ἄγχω, serrer, suffoquer). Ce nom s'applique à la fois à l'*angine gutturale* et à l'*angine tonsillaire* ou *amygdalite*. Son synonyme vulgaire est *mal de gorge*. Cette affection, mal définie, est souvent aiguë et caractérisée par la gêne et les douleurs des organes de la respiration et de la déglutition. Nous ne parlerons ici que de l'amygdalite.

A l'état aigu, l'amygdalite est ordinairement précédée de malaise général, d'inappétence, quelquefois même de frissons et d'une fièvre plus ou moins vive. Bientôt la sécheresse de la gorge, la chaleur de cette partie, la gêne dans les mouvements de la déglutition, le besoin fréquent d'avaler, malgré la douleur qui s'exaspère par des efforts répétés, annoncent le développement de l'affection. La pression sur les côtés du cou est pénible ; toute cette partie est endolorie ; la voix se voile légèrement, puis il survient une toux rauque ; après des efforts répétés d'expuition, les malades rejettent des mucosités claires et visqueuses. Souvent la douleur se propage vers l'une ou l'autre oreille, et s'augmente par les mouvements de la mâchoire, ce qui annonce l'extension de la maladie à la trompe d'Eustache. Les amygdales sont rouges et tuméfiées. Il est rare que la luette et le voile du palais ne participent pas à ce gonflement et à cette rougeur. A la surface des amygdales, on observe des mucosités concrétées, opaques.

La marche de cette affection est ordinairement rapide. En quatre à cinq jours, les accidents ont acquis leur maximum d'intensité ; ils restent un ou deux jours stationnaires, puis ils décroissent. La maladie a une durée moyenne d'une semaine ; on l'a cependant vue aller jusqu'à vingt-et-un jours. Dans tous les cas, la résolution est la terminaison la plus fréquente. La fièvre tombe, la douleur diminue, la déglutition devient libre, et l'œil peut suivre le dégorgement des amygdales. Il n'est pas rare de voir survenir un abcès, qui s'ouvre d'ordinaire spontanément. La rupture de ces abcès, qui a lieu le plus constamment dans l'intérieur de la bouche, et à la suite d'un effort de toux ou de vomissement, donne lieu à l'expuition d'un pus très-fétide.

Assez fréquemment, la résolution étant incomplète, la maladie passe à l'état chronique ; les divers symptômes locaux persistent, et l'induration chronique ou hypertrophie des amygdales peut exiger leur excision.

L'amygdalite aiguë légère ne réclame que l'usage des boissons délayantes et mucilagineuses ; on la combat, lorsqu'elle est plus intense, par les émissions sanguines, les cataplasmes appliqués autour du cou et les gargarismes. Les praticiens ne sont pas d'accord sur l'utilité de ces deux derniers agents thérapeutiques. Ceux qui préconisent les gargarismes vantent surtout celui qui se compose de 4 grammes d'alun pour 200 grammes d'eau d'orge. On joint à ce traitement les bains de pieds sinapisés, la diète. Enfin, il est souvent utile de favoriser l'ouverture des abcès à l'aide du bistouri.

ESQUIRE, mot anglais qui se prononce *eskouaire*, mais qui ne s'écrit ordinairement qu'en abréviation, *Esq.*, est dérivé du mot anglo-normand *escuier*, en français *ecuyer*, en latin *scutifer*. Ce titre honorifique fut porté à l'origine, en Angleterre, par ceux qui, sans être pairs, baronets ou chevaliers, comme les fils aînés des chevaliers et leurs descendants, de même que les premiers-nés des fils cadets de pairs et leurs descendants, avaient droit d'armoiries. Il s'y rattachait une grande considération, parce qu'il s'appliquait à une notable portion de la noblesse anglaise ; et plus tard on en vint à le donner à tout noble étranger. Les bourgeois ne l'obtenaient qu'en vertu de lettres d'armoiries, depuis longtemps tombées en désuétude, et le transmettaient ensuite à leurs descendants. Aujourd'hui, toutes les fonctions publiques, depuis celles de juge de paix, et les titres de docteur dans une faculté et d'avocat, donnent droit à la qualification honorifique d'*esquire*. Mais il est d'usage de l'ajouter également, par politesse, sur l'adresse des lettres, au nom des négociants, et en général à celui de tout homme qui a reçu une certaine éducation ou qui est parvenu à se créer une certaine position sociale.

ESQUIROL (Jean-Étienne-Dominique), médecin célèbre pour ses travaux sur la folie, naquit le 4 février 1772, à Toulouse. Il mourut à Paris, le 12 décembre 1840. D'une organisation frêle et délicate, Esquirol était bienveillant et rêveur : on le destina au sacerdoce. Après des études au collége de l'Esquille, il faisait sa philosophie au séminaire de Saint-Sulpice, quand de premières scènes révolutionnaires l'en chassèrent : il avait dix-huit ans. Il se réfugia à Toulouse, près de son père, négociant estimé, qui avait obtenu, en 1787, les honneurs très-recherchés du capitoulat. De capitoul il était devenu simple officier municipal, mais en outre administrateur du grand hôpital de la Grave. Le jeune homme étudia la médecine, d'abord à cet hôpital de Toulouse, sous le docteur Gardeil et sous Larrey oncle ; il suivit les leçons de botanique de Picot de Lapérouse, et eut pour condisciple et pour ami le célèbre Larrey. Esquirol, quelque temps après, quitta Toulouse pour Narbonne, où s'était exilé le célèbre Barthez, qui aurait voulu se l'attacher comme secrétaire. De novembre 1794 jusqu'en 1798, époque de son départ pour Paris, il séjourna à Montpellier comme élève du gouvernement, et il y obtint quelques succès. Fort dénué à son arrivée dans la capitale, il se ressouvint d'un de ses condisciples de Saint-Sulpice, M. de Puisieulx, qui dans ce moment servait d'instituteur au comte Molé, que sa mère avait près d'elle à Vaugirard. Accueilli dans cette maison, le jeune Esquirol y trouva, avec de bons exemples, le vivre et le couvert ; il y resta deux ans, faisant tous les jours plus de quatre lieues pour suivre les leçons de Pinel, à la Salpêtrière.

Disciple favori de ce médecin célèbre, alors chef d'école, Esquirol ne quitta Vaugirard que pour entrer dans le grand hospice dont la spécialité décida de sa vocation. Après avoir aidé son maître Pinel pour la publication de sa *Médecine clinique*, Esquirol se livra exclusivement à l'étude des maladies mentales. Jamais existence ne fut plus remplie que la sienne. Même du vivant de Pinel, il fut consulté de toutes parts. En Europe comme en France, il ne comptait que des disciples et aucun rival. Pas un cas de folie ne se montrait dans le monde sans qu'Esquirol ne fût appelé. Esquirol avait beaucoup voyagé. Aucune maison de fous n'était fondée en Europe sans qu'on ne l'eût préalablement consulté. Je ne sais quel prince d'Italie l'invita à visiter une maison d'aliénés construite par ses ordres ; notre docteur en désapprouva l'ordonnance, et aussitôt le prince décida qu'un autre asile serait édifié d'après les vues du médecin français, et que le premier édifice servirait de caserne pour des troupes. La maison de santé qu'Esquirol a fondée à Ivry est un modèle achevé, que les administrateurs et les médecins visitent incessamment. Les lumières d'Esquirol étaient également mises à contribution, soit qu'il fût question de lois sur les aliénés ou de procès célèbres où se trouvait invoquée quelque excuse ou présomption de folie, soit qu'il s'agît d'interdiction, de l'insanité alléguée d'un testateur, ou de crimes. Ses jours et ses nuits suffisaient à peine pour les innombrables consultations qui lui arrivaient de toutes les contrées.

Esquirol n'a laissé qu'un ouvrage, en deux vol., intitulé : *Des Maladies mentales considérées sous le rapport médical, hygiénique et médico-légal* (Paris, 1838, avec un atlas de 27 planches gravées), traité qui commence ainsi : « Cette œuvre que j'offre au public est le résultat de quarante années d'études et d'observations. » Il avait en outre composé une thèse *sur les passions* et un *mémoire sur les illusions des fous*. Esquirol divisait les maladies mentales en quatre ordres principaux : 1° la *Manie*, 2° la *monomanie*, 3° la *lypémanie ou mélancolie*, et 4° *la démence*. Jusqu'à lui personne n'avait bien étudié les hallucinations de l'esprit et des sens, qui sont des erreurs sans motif ; ni comment les hallucinations se distinguent des illusions, qui sont des réalités dont les sens ou l'esprit, font des mensonges habituels. Sur cent aliénés, il en est au moins quatre-vingts qui sont hallucinés, ou poursuivis par des ennemis, ou entendant des voix menaçantes et chimériques, ou voyant des fantômes, et ce sont là les fous les plus malheureux, les plus dignes de pitié. C'est Esquirol qui nous a fait connaître que les fous furieux ont plus de chances de guérison que les fous tranquilles, plus au printemps qu'en été et en hiver, et qu'après six mois il restait en général peu d'espoir de guérison. C'est encore lui qui nous a appris que les fous en démence tranquille ne vivent en moyenne que trois à quatre ans, à cause de la paralysie qui les frappe.

Esquirol était spiritualiste et vivement croyant : aussi faisait-il peu de cas des causes matérielles que les sectateurs d'Épicure, de Gall ou de Broussais assignent à la folie. Il savait d'ailleurs que le cerveau des fous non paralytiques offre bien rarement des altérations sensibles, tandis qu'on rencontre souvent de profondes altérations cérébrales qui n'avaient nullement dérangé ni la rectitude de l'esprit, ni la netteté des idées, ni les manifestations du vouloir. Les dégradations de l'encéphale et des nerfs ont des suites visibles pour la vie, pour les sens, pour la sensibilité et les mouvements arbitraires ; mais elles n'en ont pas jusqu'à de certaines limites d'exactement appréciables pour l'intelligence. Voilà la vérité, et Esquirol y déférait pleinement. Cependant, il encourageait, au moins par son indulgence, ceux de ses disciples qui, n'admettant aucun trouble mental sans lésion anatomique, suivaient les errements des matérialistes, ses adversaires. L'un d'eux, qui vivait chez lui et le secondait, a composé sous ses yeux, dans sa bibliothèque et avec les faits recueillis dans sa maison, un ouvrage entièrement opposé à ses doctrines, et d'ailleurs remarquable ; Esquirol ne l'en aimait pas moins, et au besoin même il l'eût défendu. Heureux homme qu'Esquirol ! il ne connut jamais ni la jalousie, ni l'intolérance, ni cette ardente rivalité et cette passion du prosélytisme qui tourmente la vie. Marié, mais sans enfants, et ne sachant que faire d'une fortune qui l'accablait de ses dons, il donnait sans compter et sans écrire, et avait chez lui, pour les protéger de plus près, trois de ses meilleurs disciples, en même temps qu'il en faisait voyager dix autres avec des aliénés riches,

Comme Alibert pour les dermatoses, il avait fondé des prix de trois cents francs sur des sujets déterminés, ayant trait à l'aliénation mentale. Nommé médecin de Charenton après la mort du docteur Royer-Collard, frère du philosophe il a fait don à cet établissement national d'une année de son traitement, s'élevant à dix mille francs, somme destinée à la fondation d'une bibliothèque à l'usage non-seulement des médecins, mais des malades.

Lorsque la Faculté de Médecine fut reconstituée, en 1823, une chaire y fut offerte à Esquirol, trop occupé pour l'accepter. En retour, il lui fallut agréer le poste d'inspecteur général de l'université pour les facultés de médecine qu'avaient occupé avant lui Dupuytren et le docteur Royer-Collard. Jamais médecin, pas même l'illustre Willis, n'inspira plus de confiance aux aliénés confiés à ses soins. Il connaissait si parfaitement les voies faussées de leur esprit et les propensions inaltérables des instincts, qu'il savait donner à sa contenance, à sa physionomie, à son geste et à sa voix, un air naïf et comme puéril, un ton naturel et de bonne foi qui lui gagnaient aussitôt les cœurs blessés ; il captivait ces malheureux au point de les guérir : on n'aurait eu lui-même animé d'une idée fixe et recherchant les consolations dont lui seul avait le secret. Pour devenir un médecin moral au degré où j'ai vu l'illustre Esquirol, il faut être un des grands esprits et des nobles cœurs de son temps !
Dr Isidore BOURDON.

ESQUISSE, ESQUISSER. Ces deux mots viennent de l'italien *schizzare*, qui signifie *sourdre, naître avec rapidité*, parce qu'en effet une esquisse naît de l'artiste à l'instant où elle vient de naître, et que, toujours faite avec prestesse, elle semble vouloir rendre la pensée aussi vivement qu'elle apparaît. L'esquisse retrace donc aux yeux de tous l'idée telle qu'elle est née dans l'esprit de l'artiste, qui dans la crainte de voir s'évanouir sa pensée a tâché de la fixer. Pour y parvenir, il ne s'occupe pas à surmonter les difficultés que lui oppose la pratique de son art ; sa main agit, pour ainsi dire, théoriquement ; elle trace des lignes qui donnent à peu près les formes nécessaires pour y reconnaître les objets. L'imagination ne souffre qu'avec peine le plus léger retard. Cette rapidité d'exécution est ce que l'on remarque principalement dans les esquisses des artistes de génie ; on y reconnaît le mouvement de leur âme ; on pourrait en quelque sorte en calculer la force et la fécondité. L'artiste pour faire une esquisse se sert de tous les moyens les plus expéditifs, et celui qui se présente sous sa main n'obtient souvent la préférence que parce qu'un autre nécessiterait quelque retard. Si c'est un peintre, il se sert donc indifféremment du crayon ou de l'estompe, de la plume ou du pinceau. Quelquefois il mêle l'emploi de ces divers moyens lorsqu'il croit atteindre son but plus vite et d'une manière plus certaine. Le statuaire emploie ordinairement la terre glaise pour ses esquisses.

Il est rare qu'un peintre se soit borné à une seule idée pour une composition ; c'est donc une fort bonne étude que de comparer entre elles ses différentes esquisses, puis, en les rapprochant du tableau, de voir les perfections que le peintre de génie a su y apporter. Si quelquefois la première esquisse a l'avantage d'être plus chaude, plus brillante, elle est en même temps plus fougueuse, plus désordonnée. Celle qui suivra offrira les effets d'une imagination déjà modérée. Les autres marqueront la route que le jugement de l'artiste a suivie et celle par conséquent que l'élève est intéressé à découvrir.

Tout ce que nous venons de dire se rapporte à l'expression *faire une esquisse* ; mais le mot *esquisser* présente une acception assez différente, puisqu'il s'emploie pour désigner la première opération d'un dessinateur qui trace légèrement ses figures pour en indiquer la place, avec des traits quelquefois imperceptibles, qui doivent ensuite entièrement disparaître sous le fini du dessin.

Quoique le mot *esquisse* soit positivement du ressort des beaux-arts, il est cependant aussi employé dans la littérature : on dit l'*esquisse* d'un poëme, d'une pièce de théâtre, pour dire le plan dans lequel l'auteur a seulement indiqué la marche qu'il se propose de suivre, et désigner les principaux caractères des personnages qu'il est dans l'intention de placer dans son œuvre.
DUCHESNE aîné.

ESSAI, action par laquelle on éprouve, on examine une chose, pour en connaître les qualités, les effets, les résultats. Les médecins font sur les animaux l'essai de quelque remède nouvellement inventé, afin de l'employer plus sûrement sur l'espèce humaine. On fait aussi l'essai d'une pièce de canon, d'une machine à vapeur, d'un pont suspendu, d'une salle de spectacle. Dans le commerce, *essai* est quelquefois synonyme d'*échantillon*, lorsqu'il s'agit de vins, eaux-de-vie, huiles, etc. *Essai* se disait autrefois de l'épreuve que les jeunes gens des deux sexes faisaient de la vie religieuse, en habit séculier, avant de prendre la robe de novice. On dit encore *prendre, entrer à l'essai*, en parlant de quelqu'un qui entre dans une maison pour savoir si un travail lui conviendra. Les aéronautes, pour s'assurer si le temps, si le vent sont favorables, avant d'entreprendre une ascension, lancent ce qu'ils appellent un *ballon d'essai*. Les comédiens font l'essai de leurs talents sur les théâtres de province, ou de société, et lorsqu'ils ont débuté sur un des grands théâtres de Paris, ils sont admis à l'*essai*. Nous avons parlé ailleurs du *coup d'essai*.

On donne aussi le nom d'*essais* aux ouvrages dont l'auteur a traité légèrement et superficiellement tel ou tel sujet, sans l'approfondir, sans lui donner tous les développements dont il est susceptible. Nous avons l'*Essai sur l'Homme* et l'*Essai sur la Critique*, de Pope ; l'*Essai sur l'Entendement humain*, de Locke ; les *Essais* de Montaigne ; les *Essais de Morale*, de Nicole ; l'*Essai de Théodicée*, de Leibnitz ; l'*Essai sur l'histoire générale*, *l'esprit et les mœurs des nations*, par Voltaire, etc. H. AUDIFFRET.

ESSAIM (en latin *examen*, de *ex*, de, et *agmen*, troupe). Les abeilles, soit domestiques, soit sauvages, occupent ordinairement des cavités peu spacieuses ; et comme elles multiplient beaucoup, il arrive un temps où une partie de la nation est obligée d'aller chercher ailleurs une autre habitation. C'est à cette troupe d'émigrants que l'on donne le nom d'*essaim*.

Par extension, *essaim* se dit d'une grande multitude d'autres insectes : *des essaims de sauterelles* ravagent la contrée. Il se dit aussi figurément d'une foule, d'une multitude de personnes qui marchent, qui s'agitent.

ESSAIS, opérations chimiques au moyen desquelles on purifie un métal pour reconnaître sa nature, celle des minerais dont on l'extrait. L'ensemble des essais constitue la *docimasie*. On parvient à extraire d'un métal les matières étrangères qui sont combinées avec lui par deux moyens différents, qui sont la *voie sèche* et la *voie humide*, c'est-à-dire par le feu, dont l'action oxyde, volatilise quelques-uns des composants (*voyez* COUPELLATION) ; ou par des acides, qui ont la propriété de dissoudre certaines substances sans avoir d'action sur celles qui leur sont unies (*voyez* ANALYSE).

Les essais les plus importants sont ceux des matières d'or et d'argent. Pour essayer les matières argentifères par la voie sèche, on emploie soit la fusion avec un flux réductif ou avec des réactifs oxydants, soit la scorification, puis ensuite la coupellation. On saisit avec une brucelle le *bouton* résultant de cette dernière opération ; on le brase par dessous, et on le pèse à l'aide d'une balance sensible à un demi-milligramme. Il va sans dire qu'on doit retrancher du poids obtenu le poids du grain d'argent que le plomb et la litharge ajoutés dans la coupellation et les opérations préliminaires auraient produits seuls : il faut donc connaître d'avance la richesse de ces matières. Quelquefois, surtout lorsqu'il s'agit d'alliages argentifères, on passe dans une coupelle, à côté de celle dans laquelle on fait l'essai, une quantité de plomb précisément égale à celle qu'on a ajoutée à l'alliage, et l'on met dans le plateau de la balance, avec les poids, le petit grain d'argent que l'on obtient : on appelle ce petit grain le *témoin*.

Les imperfections du mode d'essai des alliages d'argent par la coupellation ont porté Gay-Lussac à lui substituer l'essai par la voie humide, méthode qui a l'avantage de donner des résultats d'une exactitude presque mathématique, sans être moins rapide que la coupellation. Elle détermine le titre des matières d'argent par la quantité d'une dissolution de sel marin titrée nécessaire pour précipiter exactement l'argent contenu dans un poids donné d'alliage. Dans ce procédé, l'alliage préalablement dissous dans l'acide nitrique, est mélangé avec une dissolution titrée de sel marin que l'on nomme *dissolution normale*, et qui précipite l'argent à l'état de chlorure, composé tout à fait insoluble dans l'eau et même dans les acides. La quantité du chlorure d'argent précipité est déterminée non par son poids, ce qui serait peu sûr et beaucoup trop long, mais par le poids ou par le volume de la dissolution normale nécessaire pour précipiter exactement l'argent dissous dans l'acide nitrique. On reconnaît facilement le terme de la précipitation complète de l'argent à la cessation de toute nébulosité, lorsqu'on verse graduellement la dissolution normale dans la dissolution nitrique d'argent. Un milligramme d'argent est rendu très-sensible dans 100 grammes de liquide, et on en distingue encore très-bien un demi et même un quart de milligramme, pourvu qu'avant l'addition du sel marin la liqueur soit parfaitement limpide. En supposant qu'on opère sur un gramme d'argent pur, la dissolution normale doit être telle qu'il en faillie 100 grammes pour précipiter exactement tout l'argent. Cette quantité étant regardée comme divisée en 1,000 parties égales appelées *millièmes*, il s'ensuit que le titre d'un alliage est donné par le nombre de millièmes de la dissolution normale qu'il faut employer pour précipiter l'argent contenu dans 1 gramme de cet alliage. Depuis 1829 la méthode de Gay-Lussac est adoptée dans les laboratoires du bureau de garantie et de la Monnaie de Paris.

L'essai des matières d'or par voie sèche se fait absolument de la même manière que celui des matières d'argent. Cependant, lorsqu'il s'agit d'un alliage de cuivre et d'or, ou de cuivre, d'or et de platine, on ne peut séparer les dernières traces de cuivre, à moins d'introduire dans l'alliage une quantité d'argent telle qu'il y en ait à peu près trois parties pour une partie d'or ou d'or et de platine. On détermine approximativement à cet effet les titres des alliages d'or et de cuivre par l'épreuve à la pierre de touche. Enfin, la séparation de l'or et de l'argent se fait par voie humide, et porte le nom de *départ*.

On peut, selon Gay-Lussac, faire aussi l'essai des alliages d'or, d'argent et de cuivre, avec une grande exactitude, au moyen de la dissolution titrée du sel marin.

ESSAYEUR. Dans le commerce des matières d'or et d'argent, on appelle ainsi des officiers de commerce pourvus d'un brevet de capacité, qui leur donne qualité pour établir le titre des lingots qui sont l'objet de transactions. On inscrit sur ces lingots avec un poinçon le nom de l'essayeur ou des essayeurs, car l'acheteur et le vendeur emploient le plus souvent chacun le leur. Si les essayeurs ne sont pas d'accord entre eux, on peut avoir recours à un essayeur de la garantie, qui est un officier de l'administration ; et enfin, dans le cas où les parties ne s'en rapporteraient pas à ce dernier, l'administration des monnaies consent à le juger en dernier ressort, en faisant l'essai dans ses laboratoires : toutefois elle n'intervient que pour contrôler les opérations des essayeurs de la garantie, qui sont des agents sous sa dépendance, et non celles des essayeurs du commerce, qui exercent une profession libre.

Tout ce qui est matière fabriquée, comme la monnaie, les objets d'orfèvrerie ou de bijouterie, doit toujours être soumis avant la mise en circulation à une garantie légale, et ne peut par conséquent être contrôlé que par les essayeurs de la garantie ; seuls agents de l'administration.

ESSÉENS. *Voyez* ESSÉNIENS.

ESSEK, ESSEG, ESZEK ou OSEK, ville royale libre de Hongrie, sur la rive droite de la Drave, est le chef-lieu du comitat de Veroecze et l'une des villes de l'Esclavonie les plus importantes par leur commerce et leur industrie. Il s'y fait notamment un commerce de transit très-considérable, en céréales, bois de construction, porcs, fers et planches de Styrie, vins de Syrmie et de Baranya, et lins de Bacs, depuis que la Drave peut être remontée en bateaux à vapeur jusqu'à Essek. La place forte du même nom, appelée du temps des Romains *Mursia*, est protégée par un fort construit sur la rive droite de la Drave.

Dans la dernière révolution, Essek fut d'abord défendu au nom du gouvernement national hongrois par le comte Casimir Batthyanyi ; mais après un siège qui dura plusieurs semaines, l'armée impériale parvint à s'en s'emparer

La population d'Essek dépasse 13,000 habitants ; elle est presque complètement d'origine raicze ou illyrienne. Sur la totalité on en compte 8,860 qui professent la religion catholique romaine, et 2,256 la religion catholique grecque. Le reste se compose de protestants et d'israélites.

ESSEN, ville industrieuse de la Prusse rhénane, arrondissement de Dusseldorf, située dans une fertile contrée, compte environ 6,000 habitants, dont les deux tiers professent la religion catholique. Elle possède quatre églises, dont une, celle du chapitre, mérite d'être vue, un gymnase et des fabriques assez importantes d'armes blanches, de vitriol, de ferronnerie, de toiles et de draps.

La prospérité toujours croissante de cette ville provient surtout de l'inépuisable richesse des mines de houille de première qualité qui sont situées dans ses environs. Les seizes fosses aujourd'hui ouvertes occupent environ 3,500 mineurs ; leurs produits sont surtout consommés par le chemin de fer de Cologne à Minden, mais trouvent en outre d'avantageux débouchés dans les grandes usines situées à peu de distance de là, et au nombre desquelles on remarque une fonderie de zinc, une verrerie, des ateliers de chaudronnerie, etc.

ESSEN (HANS HENRIK, comte D'), grand-maréchal de la diète suédoise, né en 1755, à Kaflæs, en Westrogothie, descendait d'une ancienne famille livonienne. A l'occasion d'un tournoi célébré à Stockholm, il produisit, par sa belle prestance et son habileté dans tous les exercices du corps, une impression si favorable sur l'esprit de Gustave III, qu'à partir de ce moment il devint le favori de ce prince ; mais jamais il ne se servit de son crédit pour nuire à autrui. Toujours aux côtés du roi, il assistait au bal masqué donné à l'Opéra où Ankarstroem tira sur Gustave III un coup de pistolet qui l'atteignit mortellement.

Sous les règnes suivants, le comte d'Essen jouit constamment du même crédit. Il accompagna le duc de Sudermanie et le jeune roi dans leur voyage à Saint-Pétersbourg, au retour duquel, en 1795, il fut nommé gouverneur de Stockholm ; puis, en 1800, on lui confia le commandement supérieur de la Poméranie. Général en chef de l'armée réunie dans cette province, il défendit en 1807, pendant deux mois, Stralsund contre le corps français aux ordres du maréchal Mortier. Lorsque Gustave IV, mécontent de ses généraux, eut pris en personne le commandement de son armée, le comte d'Essen se retira dans ses terres, et ce ne fut qu'après l'abdication de ce prince qu'il fut rappelé au conseil d'État. Le nouveau roi l'envoya la même année à Paris comme ministre plénipotentiaire ; et ce fut à ses efforts que la Suède dut de rentrer encore pour quelque temps en possession de la Poméranie. En 1810 il alla recevoir aux frontières Bernadotte, élu prince royal de Suède.

En 1813 il fut chargé du commandement du corps d'armée destiné à agir en Norvège sous les ordres de Bernadotte. Après la réunion des deux royaumes, on lui confia le poste de gouverneur général de la Norvège, avec le commandement supérieur des troupes ; et lorsqu'on les lui enleva l'année suivante, ce fut pour le nommer grand-maréchal de la diète de Suède, et en 1817 gouverneur général de Scanie. Il mourut le 28 juillet 1824.

ESSENCE (en latin *essentia*, formé du verbe *esse*), ce qui constitue, ce qui détermine la nature d'une chose, ce qui est absolument nécessaire pour la faire être ce qu'elle est. En philosophie, on appelle *essence* ce que l'on conçoit de prime abord en une chose, et on la distingue de son acte, qu'on appelle son *existence*. Selon Descartes, l'étendue est l'*essence* de la matière; selon Gassendi, c'est la solidité. Si l'étendue seule constitue l'essence de la matière, dit Bernier, rien ne distinguera les corps de l'espace, qui est aussi une étendue. Que l'essence des choses dépende du libre arbitre de Dieu, c'est une chimère cartésienne dont les Pères sont fort éloignés. L'infinité est de l'*essence* de Dieu, la raison de l'*essence* de l'homme. Les choses ne different que par leurs *essences*, et non par leurs accidents.

Dès que Dieu est infini, il est incompréhensible à un esprit borné; il paraît donc d'abord que c'est une témérité, de la part des théologiens, de parler de l'*essence de Dieu*. « Moins je conçois l'*essence de Dieu*, dit J.-J. Rousseau, plus je l'adore. Je m'humilie, et lui dis : Être des êtres, je suis parce que tu es; c'est m'élever à ma source que de méditer sans cesse. Le plus digne usage de ma raison est de s'anéantir devant toi ; c'est mon ravissement d'esprit, c'est le charme de ma faiblesse, de me sentir accabler de ta grandeur. » Ne nous effrayons cependant pas trop d'un terme avant de savoir ce qu'il signifie. Parmi les divers attributs que nous apercevons en Dieu, s'il y en a un duquel on peut déduire tous les autres par des conséquences évidentes, rien n'empêche de faire consister l'*essence de Dieu* dans cet attribut. Or, tel est celui que les théologiens nomment *aséité*, existence de soi-même, existence nécessaire, ou nécessité d'être. En effet, dès que Dieu est existant de soi-même et nécessairement, il existe de toute éternité, il n'a point de cause distincte de lui; il n'a donc pu être borné par aucune cause : conséquemment il est infini dans tous les sens, immense, indépendant, tout puissant, immuable. Toutes ces conséquences sont d'une évidence palpable, et aussi certaines que les axiomes de mathématiques. Il est démontré d'ailleurs qu'il y a un être existant de soi-même, et qui n'a jamais commencé, parce que si tout ce qui existe avait commencé, il faudrait que tout fût sorti du néant sans cause, ce qui est absurde. Ou il faut soutenir contre l'évidence que tout est nécessaire, éternel, immuable ou il faut avouer qu'il y a au moins un être nécessaire, qui a donné l'existence à tous les autres.

Essence se dit figurément des choses morales. Les paroles sacramentelles sont l'*essence* des sacrements.

ESSENCE CÉPHALIQUE. *Voy.* EAU DE BONFERME.
ESSENCE D'ORIENT. *Voyez* ABLETTE.
ESSENCES (de *esses* être), principe qui entrent dans la composition d'une substance et qui en déterminent particulièrement les propriétés. En chimie et en parfumerie, on appelle *essences* les huiles volatiles, odorantes, etc., qu'on extrait par distillation, au moyen de l'alcool, etc., de certaines matières végétales, telles que la menthe, le thym, la térébenthine, le citron, etc. Les anciens chimistes croyaient obtenir les essences dans une plus grande pureté en répétant les distillations ; de là l'expression de *quintessence*, ou produit de la cinquième opération.

En termes d'eaux et forêts, *essence* signifie *espèce*; on dit : Ce bois est planté en essence de chêne, pour faire entendre que les arbres qui le composent sont de cette espèce.

ESSÉNIENS ou ESSÉENS, auxquels Philon donne aussi le nom de *thérapeutes*, quoiqu'ils n'appartiennent pas à proprement parler à cette secte, association célèbre chez les Juifs, et dont l'existence historique est constatée dès le temps des Machabées, vers l'an 150 avant J.-C. C'était une des trois sectes qui s'étaient plus ou moins écartées de la pureté des dogmes de Moïse : les deux autres étaient les *sadducéens*, qui n'admettaient pas la vie future, et les *pharisiens*, qui croyaient à la fatalité, à la métempsychose, et qui tenaient d'ailleurs singulièrement à l'observance extérieure de la loi.

Les *esséniens*, que sous beaucoup de rapports on peut comparer aux pythagoriciens, et même aux stoïciens, admettaient le dogme d'une vie future : ils pensaient que les âmes des justes allaient dans les îles fortunées, et celles des méchants dans une espèce de Tartare. Au temps de J.-C., et jusqu'à la destruction de Jérusalem, ils étaient environ au nombre de quatre mille; ils habitaient quelques bourgades autour de Jérusalem et sur les bords de la mer Morte : il y en eut aussi qui s'établirent en Égypte aux environs d'Alexandrie. Mais après la prise de Jérusalem par Titus on n'entendit plus parler en Palestine de cette secte, qui se maintint toutefois en Égypte jusqu'au quatrième siècle.

La manière de vivre des esséniens était à la fois singulière et austère : communauté de biens, nourriture frugale, table commune, uniformité de costume, consistant en une robe blanche, vacation assidue à la prière, à la méditation, ablutions fréquentes pendant le jour : tels étaient les signes et pratiques extérieurs qui les distinguaient des autres Juifs. « Leur manière de vie, observe Fleury, avait un grand rapport à celle des prophètes. » La plupart renonçaient au mariage : « Ils craignaient, dit Bergier, l'infidélité et les dissensions des femmes. »

Les esséniens perpétuaient leur secte par des initiations : les postulants passaient par trois années d'épreuves. L'initié, en entrant dans l'association, faisait vœu d'obéir aux supérieurs et de ne rien révéler aux étrangers de ce qu'il aurait appris. L'estime dont jouissaient les esséniens était si grande que la plupart des Juifs leur confiaient l'éducation de leurs enfants. Ils méprisaient la logique et la métaphysique comme des sciences inutiles à la vertu : leur grande étude était la morale ; ils s'occupaient aussi de la lecture des livres anciens, et pratiquaient la médecine. Ils attribuaient tout au destin, rien au libre arbitre, méprisaient les tourments et la mort, et ne voulaient obéir qu'à leurs anciens. Dans leurs voyages, les esséniens ne faisaient aucune provision; ils étaient sûrs de trouver l'hospitalité chez les autres membres de leur secte; ils n'admettaient aucune distinction entre les hommes, et regardaient les esclaves mêmes comme leurs égaux.

Ces traits, et bien d'autres encore que l'on peut trouver dans Philon de Biblos et dans Josèphe, ont valu aux esséniens l'admiration des uns et les calomnies des autres. On a vu chez eux non-seulement les instituteurs de la vie monastique, mais le type des premiers chrétiens. On a même été jusqu'à prétendre que Jésus-Christ était de la secte des esséniens, qu'il avait été élevé parmi eux, et qu'il n'a fait dans l'Évangile que rectifier quelques points de leur doctrine. Mais cette supposition, admise par quelques incrédules, a été combattue par Voltaire lui-même, qui fait observer que ni dans les quatre Évangiles reçus, ni dans les apocryphes, ni dans les *Actes des Apôtres*, ni dans leurs lettres, on ne lit nulle part le nom d'*essénien*. Eusèbe de Césarée et quelques autres ont prétendu que les esséniens d'Égypte, appelés *thérapeutes*, étaient des chrétiens convertis par saint Marc. Scaliger, Valois et d'autres savants critiques se sont accordés avec les théologiens pour réfuter cette opinion.

Cette secte inoffensive, qui fuyait le tumulte des armes et des affaires, pour cultiver en paix la vertu, a été comparée à la secte des *quakers* : toutefois, il ne paraît pas qu'on ait pu accuser les esséniens de cet amour des richesses qui a déshonoré un trop grand nombre des disciples de Penn. Des reproches de plus d'un genre ont été faits aux esséniens. Persuadés que pour servir Dieu il suffisait de mener une vie austère et mortifiée, ils ne crurent pas nécessaire de lui rendre un culte dans le temple de Jérusalem, ils se contentaient d'y envoyer leurs offrandes, sans aller y sacrifier eux-mêmes. Cette doctrine, conforme à la philosophie humaine, a été blâmée par les théologiens, comme contraire à la loi de Moïse. D'autres ont prétendu que les vertus apparentes des esséniens étaient souillées par un orgueil insupportable qui les portait à ne vouloir reconnaître que Dieu seul pour maître, et les rendait prêts à tout souffrir plutôt que d'obéir aux hommes. Enfin, la vie monastique plus essénienne ne devait pas trouver grâce devant les protestants. Ils ont vu en eux des fanatiques, mêlant à la croyance juive la doctrine et les mœurs des pythagoriciens : ils les ont accusés d'avoir emprunté des Égyptiens le goût des mortifications, etc.

Charles Du Rozoir.

ESSENTIELLE (Maladie). On nomme *maladies essentielles* celles qui ne dépendent d'aucune autre, ce qui les distingue des affections purement symptomatiques. On a longtemps discuté pour savoir à laquelle de ces divisions appartiennent les fièvres. Les anciens médecins les regardaient comme essentielles. La doctrine contraire, soutenue d'abord par Pinel, mais surtout développée et propagée par Broussais, a fini par prévaloir, au moins pour un certain nombre de cas.

ESSEQUEBO ou ESSEQUIBO, district de l'Amérique du Sud entre l'embouchure de l'Orénoque ou Orinoco et celle de l'Essequibo, contrée aussi fertile que riche, forme avec *Demerara* un comté de la Guyane anglaise, dont elle constitue l'extrémité nord-ouest.

L'*Essequibo*, le plus grand des nombreux cours d'eau qui arrosent la Guyane, prend sa source dans la *Sierra Aracay*, qui sépare son bassin de celui du fleuve des Amazones. Ses eaux sont noirâtres, et cependant très-transparentes; des forêts épaisses et impénétrables garnissent ses rives et celles de ses affluents; et après un cours de 82 myriamètres, il va se jeter dans l'Océan Atlantique, par une embouchure large d'environ deux myriamètres, mais séparée en quatre bras distincts par trois îles plates. Les plus importants de ses affluents sont le Roupounouni, le Mazarouni et le Couyouni. Entre le *Quatata*, cours d'eau qui vient alimenter le premier de ces affluents, et le lac Amuou, dans le bassin du Rio-Branco, par 3°, 45 de latitude septentrionale, se trouve un portage, qui à l'époque de la saison des pluies réduit à un espace de 1,000 à 1,200 mètres le trajet qu'il faut faire par terre pour relier Demerara au fleuve des Amazones par un système de navigation intérieure. Il suffirait ensuite de construire dans le bassin des Amazones un canal de jonction entre le Madeira et le Paraguay, deux des affluents de ce fleuve immense, pour que Demerara se trouvât relié à Buenos-Ayres par un système complet de navigation intérieure.

ESSEX, l'un des comtés les plus riches de l'Angleterre, dans l'extrémité orientale de laquelle il est compris, se trouve séparé du comté de Kent au sud par la Tamise et son embouchure, des comtés de Middlesex et de Hertford à l'ouest par la Lea, des comtés de Cambridge et de Suffolk au nord par le Stour, et à l'est borné par la mer du Nord. Il est richement arrosé par le Roding et divers autres affluents de la Tamise, de même que par le Crouch, le Blackwater et la Colne, qui ont leur embouchure dans des baies de la mer du Nord profondément échancrées et offrant de bons ports. Le sol est plat, tantôt sablonneux sur les côtes, tantôt composé de marécages; et ce n'est qu'au centre qu'on y rencontre de continuelles ondulations. Il comprend une superficie d'environ 50 myriamètres carrés, dont environ 900,000 acres de pâturages et de terres à blé. La population, forte de 370,000 âmes, se livre à la culture du froment, du houblon, du colza et surtout des prairies, à l'élève du bétail, à la préparation du beurre et du fromage et à la fabrication de quelques étoffes de laine et de coton, à la construction des navires, au cabotage, à la pêche, surtout à celle des huîtres.

Le chef-lieu de comté est Colchester. L'une et l'autre de ces villes se trouvent d'ailleurs sur le chemin de fer de Londres à Norwich. On trouve des bains de mer à Harwich et à Southend, et une source d'eau minérale à Witham. Le fort de Tilbury sur la Tamise, est considéré comme la clef de Londres.

L'ancien royaume anglo-saxon d'Essex ou Saxe-Orientale (*Eastseax*, *Estrasaxonia*), fondé vers l'an 527, par Erkenwin, comprenait aussi les comtés de Hereford et de Middlesex, et avait pour capitale *Lundenwick*, c'est-à-dire Londres (*London*). Il fut réuni plus tard au royaume de Kent, puis, comme celui-ci, dépendit du royaume de Mercie, et fut soumis, vers 823, par Egbert, roi de Wessex.

ESSEX, ancien titre de noblesse qui du douzième au seizième siècle a successivement appartenu en Angleterre aux familles *Mandeville*, *Fitspiers* et *Bourchier*. Henri VIII en gratifia d'abord son favori Thomas Cromwell, puis, quand il l'eut fait décapiter, en 1540, *William* Parr, le frère de sa sixième et dernière femme, qui fut créé comte d'Essex, et ensuite marquis de Northampton, mais qui mourut en 1566, sans laisser de postérité.

Quelques années plus tard ce titre fut transféré à la famille Devereux, laquelle prétend descendre de Robert, fils de Walter (Gautier), seigneur d'*Évereux*, en Normandie, l'un des capitaines de Guillaume le Conquérant. C'est de lui que descendait sir *William* Devereux, sheriff du comté d'Hereford en 1371 et 1376, dont l'arrière-petit-fils, Walter Devereux, lord Ferrers de Chartley, l'un des partisans de Richard III, périt en 1485, à la bataille de Bosworth. Son fils *John* épousa la sœur et héritière de Henri Bourchier, comte d'Ewe (*Eu* en Normandie) et d'Essex. De ce mariage provint *Walter*, brave guerrier, qu'en 1550 Henri VIII créa vicomte de Hereford, et qui mourut le 27 septembre 1558. Son petit-fils *Walter*, l'un des cavaliers les plus accomplis de son temps, après avoir comprimé la révolte des comtes de Northumberland et de Westmoreland, fut créé, en 1572, comte d'Essex, en considération de sa descendance des Bourchier. Il alla ensuite commander en Irlande; mais, entravé dans ses plans par l'influence toute-puissante de Leicester, et rendu par lui suspect à la reine, il mourut de chagrin, et suivant d'autres, empoisonné, le 22 septembre 1576, à Dublin. Son fils et héritier fut Robert Devereux, second comte d'Essex, à qui nous consacrons un article spécial, le malheureux favori de la reine Élisabeth. *Robert*, son fils unique, né en 1592, fut rétabli par Jacques Ier en possession des titres et des biens de son père, et épousa la fameuse Frances Howard, fille du comte de Suffolk, qui plus tard divorça d'avec lui pour épouser Somerset, le favori du roi. Essex servit en 1620 dans l'armée de l'électeur palatin; en 1625 il commanda une expédition contre les Espagnols, et fut nommé lord grand-chambellan par Charles Ier; cependant, en 1642 il se rattacha au parti parlementaire, qui lui confia le commandement supérieur de son armée, qu'il conserva jusqu'en 1645, avec des alternatives de succès et de revers. Il mourut le 14 septembre 1646. Son second mariage étant demeuré stérile également, le titre de comte d'Essex s'éteignit avec lui; quant à la pairie d'Hereford, elle passa aux descendants d'*Edouard* Devereux, fils cadet du premier vicomte. C'est de lui que descend *Robert* Devereux, né le 3 mai 1809, qui en 1843 succéda à son père, Henri Fletning Devereux, comme quinzième vicomte Devereux.

Les comtes d'Essex actuels descendent de sir *Arthur* Capel, alderman de Londres et lord-maire en 1503, qui par ses grandes richesses excita la cupidité de Henri VIII et de ses favoris, et qui en conséquence fut incarcéré dans la Tour de Londres, où il mourut, en 1515. Son fils, sir *Giles* Capel, se comporta bravement aux sièges de Terouenne et de Tournay, ainsi qu'à la journée des Éperons, et fut l'arrière-grand-père d'Arthur Capel, créé en 1641 lord Capel de Hadham, qui dans les guerres civiles se montra royaliste dévoué, et périt sur l'échafaud, le 9 mars 1649, peu de temps après Charles Ier. Son fils Arthur, créé comte d'Essex en 1661, remplit de 1672 à 1677 les fonctions de lord-lieutenant d'Irlande, puis celles de premier lord de la trésorerie. Accusé de conspiration en même temps que lord Russell, il fut renfermé à la Tour, où, le 13 juillet 1683, on le trouva la gorge coupée. Il fut le bisaïeul d'*Arthur Algernon* Capel, né le 28 janvier 1803, marié depuis 1825 à lady Caroline Beauclerc, fille du duc de Saint-Albans, lequel succéda, le 23 août 1839, à son oncle Georges comme sixième comte d'Essex, et qui dans la chambre haute appartient au parti protectionniste.

ESSEX (Robert Devereux, comte d'), célèbre par sa liaison avec la reine Élisabeth, naquit le 10 novembre 1567. Sa mère, la belle Lætitia Knolles, peu de temps après la mort de son premier mari, convola en secondes noces avec Leicester, son ennemi. Lord Burleigh, chargé, par l'acte contenant les dernières volontés de son père, de la direction et de la surveillance de l'éducation du jeune comte, introduisit dès l'année 1584 ce brillant cavalier à la cour, où il se fit beaucoup d'amis et où il produisit ainsi une vive impression sur le cœur de la reine. Aussi son beau-père, devenu jaloux de ses succès, le contraignit-il, en 1585, à l'accompagner dans sa campagne contre les Hollandais. Mais la bataille de Zutphen, où il eut occasion de se distinguer d'une manière particulière, n'autorisa que davantage la reine à lui témoigner une faveur toute particulière : elle le créa général de cavalerie, et lui conféra en même temps l'ordre de la Jarretière. Quand Leicester mourut, en 1588, la reine sut bientôt se consoler d'une telle perte avec le beau-fils de celui-ci, et à partir de ce moment Essex devint son favori en titre. On voyait la reine accabler sans cesse ce jeune homme de grâces et de marques de tendresse de toute espèce, tandis que celui-ci semblait préférer à l'amour d'une femme déjà sur le retour les satisfactions données aux mâles sentiments de l'ambition. En 1589 il s'adjoignit, contre sa volonté expresse, à l'expédition entreprise par Norris et Drake pour rétablir don Antonio sur le trône de Portugal; mais cette désobéissance ne lui valut que de tendres reproches. En 1591 il fallut encore que la reine lui accordât le commandement en chef d'un corps d'armée qu'elle envoyait en France, au secours de Henri IV. Désireux d'entourer son nom d'une auréole de gloire militaire, Essex entreprit en 1596, et à ses propres frais, avec l'amiral Howard, un audacieux coup de main contre Cadix, coup de main dont la réussite valut à l'Angleterre d'immenses richesses et surtout les inappréciables valeurs contenues dans l'arsenal de cette ville. La nation applaudit bruyamment à cet exploit. La reine, elle aussi, n'épargna ni ses louanges ni ses récompenses ; mais elle vit avec douleur que son jeune et brillant favori préférait encore les applaudissements du public aux siens. Elle se sentit encore bien autrement blessée au cœur quand elle apprit son mariage secret avec la fille de Walsingham.

Au retour d'une campagne malheureuse contre l'Espagne, Essex ayant été reçu froidement par la reine et ayant en outre trouvé tous ses ennemis en possession de la faveur d'Élisabeth, tout l'orgueil de son caractère hautain et gâté par la fortune se révolta. Ses violences, ses propos, les railleries qu'il lançait contre les courtisans, étaient de nature à blesser toute femme, et à bien plus forte raison une reine. D'ailleurs Burleigh, son protecteur et son ami, était mort, et tous ses envieux et ses rivaux avaient le champ libre. Néanmoins Élisabeth ne sentait pas dans la force de complaitement étouffer dans son cœur sa passion pour son favori ; elle prenait souvent plaisir à contraire à lui pardonner et à l'accabler de nouvelles faveurs. A la suite d'une altercation violente qu'elle eut avec lui en plein conseil, elle le nomma, malgré son refus, gouverneur de l'Irlande, où des troubles venaient d'éclater. Essex quitta la cour furieux et en se répandant en imprécations. Pour être plus tôt débarrassé d'une mission qu'il considérait comme un exil, il se hâta, à la suite de quelques entreprises sans importance contre les révoltés, de conclure une suspension d'armes qu'à la cour on jugea constituer un acte de haute trahison. Pour tenir tête à ses ennemis, Essex accourut à Londres contrairement aux ordres formels qui le confinaient dans son gouvernement, et eut l'audace de pénétrer sans permission jusque dans le cabinet de la reine. Ses contemporains prétendent qu'il aurait immédiatement obtenu alors son pardon s'il avait fait preuve de plus de patience, et surtout s'il n'avait pas eu le malheur de surprendre la reine en toilette de nuit. La reine, dit-on, ne lui enleva ses dignités et n'ordonna contre lui une enquête judiciaire que par respect pour les convenances. Mais, toujours audacieux et violent, Essex mit à profit les lenteurs calculées de la procédure qui s'instruisait, pour nouer des relations avec la cour d'Écosse et provoquer à Londres une émeute, dirigée avant tout, il est vrai, contre ses ennemis les ministres. Il fut alors jeté en prison, et l'avocat de la couronne, Bacon, à qui en toute occasion il avait donné les preuves du plus grand intérêt, fut chargé d'instruire formellement son procès. Élisabeth hésita pourtant longtemps avant de sanctionner l'arrêt de mort rendu contre lui, dans l'espoir qu'il lui demanderait grâce. Enfin, le 25 février 1601, sa tête roula sur l'échafaud. Dans tout le cours de son procès, il s'était défendu avec le plus grand courage et avait fait preuve du plus noble orgueil. Les travaux historiques les plus récents ont démontré que l'anecdote suivant laquelle il aurait tenté de faire revenir la reine sur sa décision en lui faisant passer une bague qu'elle lui aurait donnée autrefois, en lui promettant que, quels que pussent être ses torts envers elle, elle les lui pardonnerait s'il le lui faisait voir, bague que la comtesse de Nottingham, son ennemie acharnée, aurait empêché de parvenir jusqu'à Élisabeth, ne repose sur aucun fondement. D'ailleurs, sa liaison intime avec la vindicative fille de Henri VIII est aujourd'hui un fait parfaitement acquis à l'histoire. La jeunesse, les brillantes qualités, la rapide fortune et la chute, aussi soudaine que tragique, du comte d'Essex ont servi de sujet à un grand nombre d'œuvres dramatiques.

ESSIEU. En mécanique, l'essieu d'une poulie, d'un tambour, d'un tour, c'est l'axe sur lequel tournent ces divers objets. En charronnage, c'est une pièce de bois en grume, seulement dégrossie, pour recevoir ultérieurement cette destination. On appelle en général *essieu* une pièce en bois ou en fer traversant à angle droit les roues d'une voiture, qui y sont retenues par un *esse*. Les *essieux* de l'artillerie de campagne sont tous en fer. Ces *essieux* se composent, dans leur longueur, d'une partie carrée, qu'on appelle le *corps d'essieu*, et de deux bouts arrondis, autour desquels tournent les roues, et qui portent le nom de *fusées de l'essieu*. Chaque fusée de l'essieu est percée à son extrémité d'un trou, dans lequel passe l'*esse* qui doit retenir la roue lorsque l'essieu la traverse. On appelle également *épaulement* le point de la naissance de la fusée de l'essieu.

Les affûts qui portent les bouches à feu à bord des bâtiments de guerre sont montés sur quatre roues basses et pleines, qui ont des *essieux* en bois arrondis dans les roues, et carrés sous toute la largeur de l'affût.
MERLIN.

Dans le système ordinaire des chemins de fer, l'essieu, fixé aux roues, tourne avec elles, ce qui exige des voies à grandes courbures; dans le système articulé d'Arnoux les roues tournent sur l'essieu, ce qui permet l'emploi de courbures plus petites. La construction des essieux de locomotives exige un soin particulier.

ESSLAIR (Ferdinand), l'un des plus célèbres comédiens qu'ait encore eus l'Allemagne, était né en 1772, à Essek, et appartenait à une famille de gentilshommes, celle des Khevenhuller. Ses débuts eurent lieu à Inspruck, et il joua successivement à Passau et à Prague. Il ne reçut que des émoluments beaucoup trop faibles pour qu'il pût subvenir à son existence et à celle de sa femme, qui n'était point comédienne, il se rendit à Augsbourg, où il eut encore à lutter contre la misère la plus poignante. Le théâtre d'Augsbourg étant venu à fermer, il passa au théâtre de Hanau ; puis, sa première femme étant morte, en 1806, il se remaria dans cette ville avec Élise Muller, avantageusement connue comme actrice, et en compagnie de laquelle il fit, en 1807, divers voyages artistiques à Stuttgard, Manheim et Francfort. Après avoir passé plusieurs années heureuses à Manheim, il accepta un engagement pour le théâtre de Carlsruhe. En 1814 il vint, comme régisseur de la scène, à Stuttgard, où la protection éclairée du roi Frédéric lui assura une existence exempte de tous soucis ; enfin il fut engagé en 1818 au théâtre de la cour, à Munich, dont il fit longtemps la gloire, et où il remplit en même temps les fonctions de régisseur. Dans l'intervalle, il avait divorcé d'avec sa seconde femme, et avait convolé en troisièmes noces avec Mlle Ettmayer, peu distinguée comme artiste. Plus tard, pensionné, mais toujours en proie au besoin, il parcourut successivement comme comédien nomade presque toutes les villes de l'Allemagne, recueillant partout d'incontestables témoignages d'admiration pour son beau talent. Il mourut le 10 novembre 1840, dans l'une de ses tournées dramatiques, à Inspruck.

On peut dire d'Esslair qu'il fut en Allemagne le dernier des héros de théâtre. Sa taille noble et élevée, son organe sonore et souple, qui se prêtait à toutes les nuances du sentiment; son œil vif, sa mimique expressive, son imagination, sa vive sensibilité, sa déclamation parfaite, la manière tout à fait originale, tenant bien moins de l'étude que du génie même de l'art, dont il créait ses rôles, le rendaient éminemment propre aux grands rôles de la tragédie; il en est cependant dans lesquels il ne répondait pas aux justes exigences de la critique. Elle lui reprochait aussi d'abaisser quelquefois les héros, Wallenstein, par exemple, dans une sphère beaucoup trop bourgeoise. En revanche, Tieck proclame que personne ne l'a égalé ni ne l'égalera dans le drame réel, surtout dans les rôles du théâtre d'Iffland, où il atteignait les dernières limites de l'art du comédien.

ESSLING. *Voyez* ESLING.

ESSLINGEN, ancienne ville libre impériale de Souabe, dépendant aujourd'hui du cercle du Neckar (royaume de Wurtemberg), est située sur les bords du Neckar, et compte environ 6,000 habitants, protestants pour la plupart, et dont la culture de la vigne est l'industrie principale. Dans ces derniers temps, on est parvenu à y *champagniser* les vins provenant des vignobles voisins. Parmi les édifices que possède Esslingen, il faut citer le vieux château, l'église de Saint-Denis et surtout l'église de Notre-Dame, remarquable particulièrement par son clocher, d'une construction aussi hardie que légère; enfin l'hôtel de ville, avec son horloge si curieuse.

C'est à Esslingen qu'en 1448 la ligue de Souade prit naissance; les tournois qu'on y célébra à diverses époques du moyen âge l'avaient rendue célèbre; enfin, la peste qui en 1567 et 1571 ravagea Tubingen y fit, à deux reprises, momentanément transférer l'université de cette ville.

ESSOUFFLEMENT. On désigne par ce mot des mouvements respiratoires courts, fréquents et petits : dans cet état, l'inspiration est peu profonde et promptement suivie d'une expiration rapide; la poitrine se dilate peu; les poumons, gorges de sang, ne peuvent admettre qu'une faible quantité d'air; la parole est entrecoupée, et dans ces cas extrêmes on ne peut articuler aucun mot. En même temps les narines se distendent et se contractent à mesure avec la poitrine. L'essoufflement est un trouble fâcheux quand il survient sans cause connue : il est le symptôme de diverses maladies des poumons, du cœur, etc. Quand l'essoufflement est le résultat d'une marche ou d'une course rapides surtout en montant, du jeu trop prolongé d'un instrument à vent, etc., il n'offre rien d'alarmant. Chez les femmes enceintes, il est le résultat d'une action mécanique, et il n'a rien non plus qui doive inquiéter ; chez les personnes qui ont un ventre gros par excès d'embonpoint, l'essoufflement est commun : c'est un accident assez fâcheux, et qui doit engager à en éteindre ou à en diminuer la cause. En pareille occurrence, des purgatifs répétés sont indiqués ; leur effet amoindrit le volume du ventre; c'est à un médecin à régler ce traitement. On peut aussi obtenir, et avec moins de danger, le même résultat par de fréquentes applications de sangsues sur l'épigastre ou au siège, et par un régime alimentaire peu nutritif.

Quoique l'essoufflement accidentel et passager ne soit pas redoutable, il faut éviter autant que possible de répéter les actions qui le produisent, parce qu'elles déterminent une surabondance de sang dans les poumons : par là on habitue ou on prédispose les organes à se congestionner et à s'irriter. Les crachements de sang n'ont souvent pas d'autre cause. Ces conseils sont particulièrement applicables aux enfants et aux jeunes gens; mais il est difficile de les leur faire suivre.   Dr CHARBONNIER.

EST ou **ORIENT.** C'est le premier des quatre points cardinaux, puisque le flambeau de notre globe se leva de ce côté et s'y lève immuablement depuis. Pour cette raison, les Hébreux, ceux qui touchaient au berceau du monde, appelèrent ce point du ciel *kadim* (devant), parce qu'ils se tournaient tout d'abord vers le globe resplendissant de l'astre du jour avant même qu'il eût un nom. *Est* vient de l'allemand *ost*, mot qui se perd dans le vieil idiome des Goths, et dont les plus savants philologues de la Germanie n'ont pu donner l'étymologie. L'antiquité de ce mot, sanctionnée par Charlemagne, est prouvée par la mythologie du Nord ; car elle dit, dans l'*Edda*, qu'Odin, le redoutable dieu des Scandinaves, ayant tué le géant Ymer, il lui plut de faire de son crâne la coupole du ciel, et qu'il y plaça en sentinelles quatre nains : l'*Est*, l'*Ouest*, le *Nord* et le *Sud* ; tels étaient leurs noms bizarres. Les Grecs appelèrent le point du ciel où le soleil se lève ηως, aurore, et les Latins, *oriens*, d'*oriri*, naître, qualification que nous leur avons empruntée. *Levante* est l'expression dont se servent le plus souvent les Italiens pour désigner l'*est* ; ils l'ont apportée dans notre idiome sous celle de *levant*, qui est la plus populaire parmi nous. *Est*, l'expression exclusive des marins, est indifféremment employée avec *orient* dans la langue des géographes, parce qu'il s'agit d'indiquer cette direction.

Pour trouver la plage orientale, il faut se tourner vers la plus belle étoile du ciel nord, la polaire : dans cette position, on a l'orient à droite et l'occident à gauche. On appelle cela s'*orienter*, expression qui est passée au figuré, et qui signifie dans les affaires de la vie *prendre ses mesures*. Toutes les planètes sans exception, tournant d'occident en orient, présentent nécessairement d'abord, par l'effet de leur rotation diurne autour de leur axe, un de leurs hémisphères au soleil : ce côté éclairé s'appelle l'*orient*, et l'autre hémisphère, alors plongé dans l'obscurité, *occident* ; enfin, par une définition plus exacte, l'orient est la partie du monde qui fait directement face au soleil levant, les jours des équinoxes.

Dans la rose des vents, plusieurs rhumbs portent des noms où entre le mot *est*.   DENNE-BARON.

ESTACADE. On donne ce nom à une barrière formée à l'entrée d'un bras de rivière, ou sous une arche de pont, pour en écarter les glaces ou les autres corps flottants charriés par le courant, et préserver ainsi de leur choc les bateaux que l'on y a abrités. L'*estacade* se compose d'une série de pilotis, de très-forte dimension, enfoncés dans le sable ou la vase au fond de l'eau, moisés et recouverts d'un chapeau. Il existe plusieurs *estacades* dans la partie de la Seine qui traverse la capitale, notamment celle qui joint l'île Saint-Louis aux terrains de l'ancienne île Louviers, et sur laquelle on a pratiqué un pont; celle du Pont-Royal, derrière laquelle sont abrités pendant l'hiver les établissements de bains Vigier; celle de Grenelle, près du village de ce nom. Ces diverses *estacades* sont improprement appelées *gares* à Paris. Ces deux mots n'ont pas la moindre analogie de signification.

Dans la marine, on construit des *estacades flottantes*, pour défendre l'entrée d'un port, d'une rivière, d'une anse, etc., contre des vaisseaux ennemis. Cette barrière s'établit au moyen de mâts de hunes, de drômes, de mâts fortement liés entre eux par des câbles, des chaînes même, les tendues en travers du passage que l'on veut défendre. On *embosse*, au besoin, des vaisseaux en dedans de ces *estacades*, dont les extrémités sont appuyées et soutenues par de fortes batteries de canons et de mortiers : une position de cette nature est considérée comme inexpugnable.   MERLIN.

ESTAFETTE. Autrefois on entendait par *estafette*, mot que l'on faisait dériver soit de l'espagnol *stafetta*, soit de l'italien *staffa*, étrier, un courrier courant avec des guides, ou des courriers portant un paquet d'un poste a l'autre seulement. Aujourd'hui l'estafette court seule à travers les routes, sans ces deux guides qui lui donnaient une si haute importance. L'estafette est plus et moins qu'un courrier : plus qu'un courrier, parce que celui-ci est chargé de diverses dépêches ; moins qu'un courrier, parce que l'estafette n'a d'autre mission que de porter officiellement une nouvelle, une seule nouvelle, mais une nouvelle de haute importance. Combien l'arrivée d'une estafette dans une petite ville ne fait-elle pas palpiter de cœurs et frémir d'ambitions !

ESTAFIER ou **ESTAFFIER**, mot qui dérive de l'italien, *staffa*, étrier, *staffiero*, homme d'écurie, et ne vient pas, comme le prétend Roquefort, du latin *stipator*, homme qui accompagne, garde du corps. Un estafier du moyen âge était un *bravo*, mot qui ne se prenait en bonne part ni en français ni en italien. C'était un valet à manteau, un laquais à pied, qui tenait l'étrier à son maître, portait son épée, et était armé lui-même ; de là le nom de *domestique d'épée*. Les chefs d'armée, les seigneurs, les châtelains, les gouverneurs de forteresses, avaient des estafiers dont ils se servaient pour remettre leurs missives, porter leurs cartels ou assassiner leurs ennemis. C'était un emploi demi-militaire ; un homme vigoureux et résolu s'attachait à un maréchal, à un capitaine, comme estafier, c'est-à-dire comme volontaire, comme ordonnance, dans l'espérance de faire militairement son chemin. Quand on donnait des carrousels, les estafiers y faisaient fonctions d'huissiers, de sentinelles, de sergents. On lit dans Brantôme : « Le marquis de Marignan avait été estafier du chastelan (châtelain) du chasteau de Muns (*Musso*) ; et son maistre l'envoya vers le duc de Milan, Sforce, pour porter quelques lettres, etc. » Bref, l'estafier Médio's égorge, par ordre de son général, un Visconti ; il se fait gouverneur de Musso, dont il s'empare par force ; il passe au service de l'empereur comme général ; il devient marquis de Marignan ; il gagne contre Strozzi la bataille de Marciano, en 1554. Il est le frère du pape Pie IV. Il s'amuse, au siége de Sienne, à assommer avec sa béquille de goutteux les paysans qui portent des vivres dans la place.

A des époques de troubles et de désordres, dans des villes percées de rues longues, étroites, obstruées, tortueuses, en des pays où la police n'était nulle et où l'on s'attaquait à toute heure, par esprit de brigandage ou de vengeance, il fallait bien se faire escorter de valets armés. Cet usage, d'abord particulier à la noblesse, passa bientôt à la bourgeoisie ; et en Angleterre, du temps du roi Jacques, un marchand de la Cité n'eût osé rien faire transporter de précieux sans être escorté par des estafiers armés. On en trouvait à loyer, où l'on se tenait à poste fixe, près de sa personne. Les estafiers d'Écosse portaient un petit bouclier comme témoignage de leur profession. Dans le cérémonial de l'enterrement des papes figurent encore des estafiers. Leur service participe de celui des corps privilégiés. Les cardinaux ont aussi des estafiers : ce sont des laquais en livrée, de haute stature, et en manteau.

Dans le langage moderne, estafier se prend en mauvaise part, comme le témoigne l'Académie ; il est devenu analogue, comme synonyme, du m a t a more du théâtre espagnol et du fier-à-bras des tréteaux français.   G⁽ᵗ⁾ BARDIN.

ESTAFILADE, mot à l'égard duquel on peut consulter les étymologies de Ménage, mais qui est réellement dérivé de l'italien *staffilata*, coup d'étrivière, coup de fouet, parce que *staffile* signifiait *étrivière à laquelle pend un étrier*. Les estafiers étaient chargés de faire ranger, au moyen expéditif des étrivières, les passants qui obstruaient le chemin du cavalier leur maître, le mot *estafilade* et le verbe *estafilader*, expressions soldatesques, empruntées de cette manière d'agir des estafiers, nous sont restées pour signifier l'entaille provenant d'un coup de sabre ou le coup donné par un estafier. Dans un langage plus relevé, on disait autrefois *taillade*, dans le sens que prend de nos jours *estafilade*.   G⁽ᵗ⁾ BARDIN.

ESTAING (CHARLES-HECTOR, comte d'), lieutenant général des armées navales françaises, commandant de la garde nationale de Versailles, naquit au château de Ravel en Auvergne, en 1729, d'une ancienne et noble famille, qui portait dans son écusson les armes de France, depuis qu'un de ses membres avait sauvé la vie à Philippe-Auguste à la bataille de Bouvines. Charles-Hector d'Estaing commença sa carrière militaire par le grade de colonel dans un régiment d'infanterie, et devint bientôt après brigadier des armées du roi. Il faisait, en cette qualité, partie du brillant état-major qui s'embarqua, en 1757, sur l'escadre du comte d'Aché, avec de Lally, nommé commandant général des établissements français dans les Indes Orientales. En mettant pied à terre, Lally le chargea d'investir Goudelour. Six jours après cette ville était au pouvoir des Français. Il participa ensuite à la prise du fort Saint-Denis, le *Berg-op-Zoom* de l'Inde. Bientôt, tout le sud de la côte de Coromandel était balayé d'Anglais. Blessé, renversé de cheval, fait prisonnier par les Anglais au siége de Madras, il en reçut la liberté sur parole en échange de la brillante valeur qu'il avait déployée contre eux. Pris une seconde fois, il fut envoyé en Angleterre et emprisonné à Portsmouth. Rendu à sa patrie après quelques années de captivité, il voua aux Anglais une haine implacable.

En 1763, quittant l'armée de terre, il fut fait lieutenant général des armées navales, et commanda, en 1778, la flotte française armée pour la cause des insurgés de l'Amérique du Nord. Il se dirigea sur l'île de la Grenade, dont il avait reçu ordre de s'emparer, et appareilla le 30 juin du fort Royal de la Martinique ; la flotte, composée de vingt-cinq vaisseaux de ligne et de frégates, n'avait à bord que quinze cents hommes de débarquement. Arrivés devant la Grenade le 2 juillet, à cinq heures du soir, ils débarquèrent sur-le-champ. Le lendemain, lord Macarthey se rendait à discrétion ; il était conduit en France. Le colonel en second du régiment de Gâtinais fut nommé gouverneur général de l'île et de ses dépendances. Mais à peine les Français y étaient-ils établis qu'ils avaient à défendre leur nouvelle conquête contre l'attaque d'une flotte anglaise. Le comte d'Estaing ne perdit pas un instant ; l'ennemi approchait à toutes voiles ; les forces étaient égales ; les Anglais avaient de plus l'avantage d'un ordre de combat mieux combiné ; ils n'en furent pas moins battus. Les Français eurent dans cette action 954 hommes mis hors de combat, dont 79 tués et 775 blessés. Les Anglais perdirent 1,800 hommes.

La conquête et le combat de la Grenade firent le plus grand honneur au comte d'Estaing et aux troupes qu'il commandait : cette double victoire eut une grande influence sur les événements de la guerre de l'indépendance américaine. Le général français, après avoir réparé ses avaries, alla mouiller à la Guadeloupe, où il ne resta que dix-huit heures. Dirigeant sa flotte vers la basse-terre de Saint-Christophe, où il trouva vos vaisseaux anglais embossés, il feignit de se préparer au combat, et reprit sa marche sur Saint-Domingue. Il compléta ses vivres au Cap ; de là il se rendit aux Florides, et revint en France après avoir épuisé ses forces au siége de Savanah. L'indépendance américaine fut reconnue, et la paix conclue en 1783.

La révolution de 1789 ramena le comte d'Estaing sur la scène politique ; il se prononça pour la cause populaire, et fut membre de l'assemblée des notables en 1787. Le 28 juillet 1789 les citoyens de Versailles résolurent de former une garde nationale : il en fut nommé commandant, provoqua l'arrivée du régiment de Flandre, sous prétexte d'alléger le service trop pénible des soldats citoyens, proposa, le 6 octobre de la même année, à la municipalité de Versailles d'aller lui-même prévenir le roi, qui était à la chasse, prit spontanément l'engagement de le ramener, et l'accompagna à Paris. Il était mal en cour, surtout auprès de la reine. Appelé en témoignage devant le tribunal révolutionnaire, au procès de cette princesse, il déclare qu'il la connaît depuis son arrivée en France, qu'il a même à se plaindre d'elle, mais qu'il n'en dira pas moins la vérité, et qu'il ne sait rien de relatif à l'acte d'accusation. Interpellé de s'expliquer sur ce qui s'est passé dans la journée du 6 octobre 1789, il ose rappeler un trait qui honore le courage de la reine déchue. « J'ai entendu, dit-il, des conseillers de cour dire à l'accusée que le peuple de Paris allait arriver pour la massacrer, et qu'il fallait qu'elle partît ; à quoi elle répondit avec un grand caractère : Si les Parisiens viennent pour m'assassiner, c'est aux pieds de mon mari qu'ils me trouveront ; je ne partirai pas. » Quelques mois après, d'Estaing lui-même comparaissait, comme accusé, le 28 avril 1794, devant le terrible tribunal, qui le condamnait à la peine capitale. On a dit de lui qu'il s'était fait patriote par prudence, mais qu'il était resté courtisan par habitude.

Dupey (de l'Yonne).

ESTAMINET. L'usage de se rassembler dans un même lieu pour boire de la bière et fumer en liberté est fort ancien chez nos voisins de Belgique et de Hollande. Il s'est aussi il y a longtemps introduit en France ; mais comme le plaisir de la pipe était sans doute plus recherché ici que la boisson du Nord, ces établissements prirent chez nous le nom de *tabagies*, mot significatif et qui a toujours emporté avec lui une idée défavorable. Lorsque le *cabaret* était le rendez-vous de la meilleure bourgeoisie, voire même de la noblesse la plus huppée, les classes inférieures, et surtout les classes dangereuses, fréquentaient la *tabagie*. Maintenant le *cabaret* est devenu un *café* pour les gens de bon ton, et la tabagie, après avoir essayé de renier son origine et de se transformer en *estaminet* (mot formé de l'anglais *steam*, vapeur, fumée, ou plutôt de l'allemand *stum*, qui signifie *chauffoir*, pièce chauffée), s'est appelée, *divan*, peut-être bien parce que le mot *estaminet* était devenu, en vérité, trop mal sonnant : car fréquenter les estaminets, avoir des habitudes, des mœurs d'estaminet, ce n'est pas précisément une recommandation dans le monde. Il est sans doute à Paris plusieurs établissements de genre qui rivalisent avec les cafés les plus élégants pour la qualité des objets de consommation et le luxe des salles, et qui sont fréquentés par de braves buveurs de bière et par ceux qui au parfum du moka veulent associer les jouissances du cigarre ou de la pipe ; mais il y règne toujours beaucoup trop de *sans-façon* pour que ce ne soit pas là une détestable école de ton et de manières.

La vogue de l'*estaminet*, ou plutôt du *divan*, n'a fait au reste que s'accroître sur tous les points de la France, principalement depuis que le goût du fantastique, la littérature maritime, la poésie au rhum, et les clubs de la *Burchenschaft*, ont donné l'idée à nos jeunes gens de fumer comme des loups de mer ou des étudiants de Leipzig... Aussi à Paris, dans le quartier latin, ces établissements jouissent-ils d'une faveur qu'ils ne doivent, il faut le dire, ni à la teinture de chicorée sauvage qu'on y débite pour du café, ni à leur eau-de-vie de Cognac, qui n'est, en réalité, qu'une odieuse liqueur, dont le nom commercial, *trois-six*, indique assez la falsification. Ce qui en fait le centre de réunion des étudiants, c'est l'attrait du sans-gêne qui y règne et le plaisir de boire et de fumer ensemble. La *poule* attire d'ailleurs dans ces établissements ces joueurs de profession, qui viennent commencer à dix heures du soir une journée dont les bénéfices s'élèvent à sept, huit ou dix francs et forment tous leurs moyens d'existence. Pour quiconque n'a pas au cou la cravate romantique, vingt-cinq ans au plus, des moustaches formidables ou coquettes, la science du *bloc fumant*, et l'habitude de jurer fort et souvent, c'est folie que d'aborder tels et tels estaminets du quartier de l'École-de-Médecine, estaminets moyen âge et primitifs, où l'on s'honore également du titre de *truand* et de *citoyen*, et où le suprême bonheur est de mystifier tout ce qui rentre dans la classe des bourgeois. A ces derniers le *café*, où l'on joue aussi au billard, où l'on peut lire aussi des journaux, où l'on jase aussi, mais où tous ces délassements ont une allure d'honnêteté par trop aristocratique.

ESTAMPAGE, ESTAMPEUR, ESTAMPER. *Voyez* Estampe, Étampeur.

ESTAMPE, de l'italien *stampa*, impression. Le mot *estampe* est employé ordinairement pour désigner l'empreinte, l'expression, que donne sur le papier, ou sur toute autre matière, une planche de métal gravée. Cependant, on se sert aussi du mot *estamper*, qui signifie *empreindre* quelque matière dure sur une matière plus flexible. Les serruriers, les horlogers, les orfèvres, disent *estamper* ou *étamper* un ornement, un vase, une figure, pour faire entendre qu'ils ont fait prendre à leur pièce la forme convenable, en l'empreignant sur le moule, le modèle, ou le poinçon d'acier auquel on donne le nom d'*estampe* ou d'*étamper* ; mais il est à remarquer que dans ce cas c'est l'objet qui sert à estamper qui porte le nom d'*estampe*, tandis que dans l'acception ordinaire c'est le produit de l'estampage, ou de l'impression, qui reçoit ce nom. On dit aussi *estamper* du cuir, lorsqu'on y imprime, à froid ou à chaud, des ornements, soit en relief, soit en creux. Serait-ce à cause de cela que l'on dit aussi *estamper* un nègre, pour exprimer qu'avec un fer chaud on empreint sur sa peau la marque de son maître, comme, en arrivant de la remonte, on empreint sur la peau d'un cheval le numéro du régiment auquel il appartient. Les cuirs estampés ont été d'un usage assez fréquent sous les règne de Henri IV et de Louis XIII pour orner les parois d'une chambre ; mais les tentures de soie d'abord, puis les papiers peints ensuite, ont fait perdre entièrement l'emploi des cuirs pour tentures.

Le mot *estampe* a été autrefois synonyme d'*image*, et ce dernier mot n'est plus employé maintenant que pour des estampes de très-peu de valeur. On dit d'une mauvaise estampe : Ce n'est qu'une *image*, c'est une *image à deux sous*. On dit : Une *belle estampe*, une *vieille estampe*, une *estampe ancienne*. Autrefois le *vendeur d'estampes* portait le nom d'*imagier* : il est sans doute plus en usage. Il existe maintenant des *marchands d'estampes* et des *marchands d'images* : ce sont deux commerces tout à fait distincts.

On emploie quelquefois, mais à tort, le mot *gravure* comme synonyme d'*estampe*, et on dit *une belle gravure*, *une gravure à l'eau-forte*, *une gravure au burin*. On devrait dire *une estampe*, prise ou tirée d'une belle gravure, d'une gravure à l'eau-forte, d'une gravure au burin. On dit aussi *une estampe avant la lettre* : il est plus convenable dans ce cas de dire une *épreuve avant la lettre*. Quelquefois on a tiré des estampes sur parchemin, sur vélin, sur satin, ou bien même sur une écorce, telle que celle de bouleau, qui, comme on sait, est fort blanche lorsque l'arbre est jeune. On tire aussi des *estampes* sur du plâtre. On sent bien qu'alors il ne peut y avoir aucune espèce de pression, on coule seulement du plâtre fin et liquide sur la planche gravée, après qu'elle a été encrée et essuyée comme pour une épreuve sur du papier.

C'est l'art de multiplier la gravure par l'impression qui donne aux estampes quelque avantage sur les tableaux : elles ont même celui d'une plus longue durée, puisqu'on peut facilement les préserver des injures du temps. Les tableaux placés dans les églises, dans les palais, dans les salons, y éprouvent des dégradations fréquentes, l'humidité et la sécheresse alternatives, par la poussière et la fumée, tandis qu'une estampe placée dans un portefeuille, ou sous un verre, est bien moins exposée à toutes les intempéries. C'est ainsi que plusieurs peintures de Raphael sont déjà détruites ou près de disparaître, tandis qu'on voit des estampes de Marc-Antoine, son contemporain, encore dans toute leur fraîcheur. C'est ainsi que les belles et magiques compositions de Rubens et de Paul Véronèse ne seraient connues que dans le lieu où elles sont placées, tandis que les estampes de Vorstermann et de Corneille Cort donnent la possibilité d'admirer le génie de ces grands peintres dans toutes les contrées de l'Europe à la fois. Le secours des estampes est donc de la plus grande nécessité pour acquérir une parfaite connaissance du style et de la manière de composer d'un peintre. Lorsque l'on veut porter un jugement assuré sur le talent d'un artiste, il est nécessaire de comparer plusieurs de ses tableaux, et c'est à peine souvent si une seule galerie en offre quatre et cinq du même maître; il est plus rare encore de trouver réunies plusieurs statues du même artiste; quant aux monuments d'architecture, ce n'est que dans quelques villes capitales qu'on peut se former un jugement sain sur cet art. Une collection d'estampes lève tous les obstacles; c'est en compulsant souvent les œuvres des grands maîtres que les jeunes artistes agrandissent leurs idées, et qu'ils parviennent à améliorer leurs premières pensée.

Depuis longtemps des amateurs d'estampes en ont réuni un grand nombre. Quelques-uns même se sont acquis de la réputation par le goût et le soin avec lesquels ils ont formé leur cabinet. La Bibliothèque impériale, le Musée du Louvre et beaucoup d'autres établissements publics possèdent des collections précieuses d'estampes.

Duchesne aîné.

ESTAMPILLA. C'était le nom d'un emploi assez subalterne en Espagne; celui qui le remplissait et l'instrument dont il se servait portaient le même nom d'*estampilla*. C'était un sceau d'acier sur lequel était gravée la signature du roi, tellement semblable qu'on ne pouvait la distinguer de la signature même. On l'imprimait avec une espèce d'encre d'imprimerie. C'était l'*estampilla* lui-même qui y mettait l'encre et qui imprimait, opération qui se faisait en un instant. Cet instrument fut imaginé pour soulager les rois d'Espagne, obligés de signer une infinité de choses, et qui sans cet expédient y auraient employé des demi-journées. Les émoluments attachés à cet emploi étaient peu considérables. L'*estampilla* ne pouvait jamais s'absenter du lieu où se trouvait le roi, et les ministres avec lesquels il agissait. L'*estampilla* de Philippe V était, au rapport de Saint-Simon, fort bien avec ce prince; il était généralement aimé, estimé et considéré, et voyait chez lui les plus grands seigneurs. On conçoit facilement que par la nature de sa fonction il dut jouir d'un grand crédit, et être la source de beaucoup de grâces et de faveurs.

Th. Delarue.

ESTAMPILLE. On appelle ainsi la marque qui sert soit à désigner la provenance d'un objet, soit à attester son authenticité; le poinçon ou le cachet avec lequel s'imprime cette marque porte également le nom d'*estampille*. Autrefois une empreinte tenait souvent lieu de signature pour un brevet. Un grand nombre de maisons de commerce impriment leur estampille sur la suscription des lettres qu'elles adressent à leurs correspondans; les officiers ministériels marquent depuis quelques années de leur estampille les actes qu'ils délivrent: Les fabricants ont des estampilles, qui consistent en plaques de métal contenant l'indication de la fabrique, et qu'ils placent sur leurs produits, sur leurs colis, pour constater l'authenticité de leur provenance. La contrefaçon de ces estampilles et celle des marques de fabrique constituent des délits punissables de la prison et de réparation pécuniaire. A Paris, les sacs de charbon sont estampillés afin qu'il n'y ait point de fraude sur leur contenu; les numéros des voitures publiques, les charrettes, fourgons etc., sont soumis à l'estampille de la police. D'après le dernier décret sur le colportage, tout ouvrage dont le colporteur sera autorisé devra porter l'estampille des préfets, et celle du ministère de l'intérieur, le colporteur dont les ouvrages ont déjà été estampillés dans un département, est tenu de les faire estampiller encore dans les autres. L'expérience a fait reconnaître les embarras de ce mode; et bien que le décret que nous rappelons existe encore aujourd'hui, l'on n'exige plus, comme garantie de l'autorisation de colportage accordée à ces livres, que l'estampille du ministère de l'intérieur.

ESTE, l'une des plus anciennes et des plus illustres maisons princières d'Italie, mais dans laquelle il est généralement d'usage de distinguer une ancienne maison d'Este et une autre plus récente. Celle-ci eut pour souche *Oberto II*, fils d'Oberto Ier, dont le petit-fils, Azo ou Azzo II, obtint de l'empereur Henri III Rovigo, Casal-Maggiore, Pontremoli et autres petits pays d'Italie, à titre de fiefs.

Par les fils de cet Azzo II, *Guelfe IV* et *Fulco Ier*, ou Foulque, la maison d'Este se divisa alors en deux lignes principales, la ligne allemande ou *Guelfe-Este*, et la ligne italienne ou *Fulco-Este*. La première fut fondée par Guelfo IV, lequel, en l'an 1071, après la déposition d'Othon de Nordheim, duc de Bavière, reçut de l'empereur Henri IV l'investiture de la Bavière et devint, par Henri le Superbe, duc de Bavière et de Saxe, et son fils, Henri le Lion, le tronc des maisons princières de Brunswick et de Hanovre. La seconde, c'est-à-dire la ligne italienne, et par suite les ducs de Modène et de Ferrare, reconnaissent pour souche Fulco Ier, mort en 1135.

Pendant les douzième, treizième et quatorzième siècles, l'histoire des marquis d'Este, en tant que chefs des Guelfes, se confond avec la destinée des autres familles souveraines et des petites républiques de la haute Italie. Ils acquirent d'abord Ferrare et la marche d'Ancône, puis, plus tard, Modène et Reggio. La maison d'Este se fit en même temps remarquer par la protection toute particulière que ses membres accordèrent toujours aux savants et aux artistes à l'époque la plus brillante de la littérature italienne.

Nicolas II d'Este, mort en 1338, avait déjà fait de sa résidence le sanctuaire des arts et des sciences; mais à cet égard *Nicolas III* d'Este, mort en 1441, occupe encore une place plus distinguée dans l'histoire. Celui-ci réorganisa l'université fondée par son père, en fonda une seconde à Parme, attira à sa cour les hommes les plus célèbres en tous genres, et transmit l'amour des lettres et des sciences en héritage à ses fils, *Lionel* et *Borso*.

Lionel d'Este, mort en 1450, prince remarquable par l'amabilité de son caractère, par la grâce de son esprit, par l'élégance de ses mœurs, favorisa dans ses États le commerce et l'industrie, protégea les arts et les sciences, et surtout l'étude de la littérature ancienne, qui venait alors de se réveiller dans les esprits. Il entretenait un commerce épistolaire avec tous les hommes célèbres de l'Italie, et passait pour un modèle d'éloquence, tant dans la langue italienne que dans la langue latine.

Borso d'Este, son frère et successeur, mort en 1471, ne mérita pas moins que lui de l'industrie, de l'agriculture, des arts et des sciences. L'empereur Frédéric III, lors d'un passage à Ferrare, fut tellement charmé de l'accueil que lui fit ce prince, qu'en 1452 il lui octroya le titre de duc de Modène et de Reggio. Borso obtint ensuite du pape Pie II la dignité de duc pour Ferrare, qu'il tenait du saint-siège à titre de fief.

Hercule Ier d'Este, mort en 1505, suivit de tous points l'exemple de ses prédécesseurs. En dépit des troubles et des calamités de son époque, il réussit, secondé par son ministre Bojardo, comte de Scandiano, à maintenir ses États en prospérité et à faire de sa cour le rendez-vous de tous les de ce temps-là.

Alfonse Ier d'Este, son fils et son successeur, mort en 1535, militaire et homme d'État distingué, a été célébré par tous les poètes de son temps, notamment par l'Arioste. Sa première femme fut la fameuse *Lucrèce* Borgia, et son frère ce cardinal *Hippolyte* d'Este qui par jalousie fit crever les yeux à son frère naturel *Jules*. Une conspiration tramée par Jules et par un autre frère, appelé Ferdinand, à l'effet de tirer vengeance d'Hippolyte, fut découverte, et les deux frères périrent dans les cachots.

En 1509, Alfonse accéda à la ligue de Cambrai, et lutta avec succès contre les Vénitiens; la même année il anéantit sur le Pô leur flotte, jusqu'alors si redoutée, et remporta sur terre une victoire qui eut un immense retentissement. En revanche, les démêlés qu'il eut avec les papes Jules II, Léon X et Clément VII, lesquels, en raison de sa fidélité à la ligue de Cambrai, le frappèrent d'interdit et déclarèrent vacant le fief qu'il tenait du saint-siège, eurent pour lui des suites les plus fâcheuses. Ce ne fut qu'après le sac de Rome en 1527, sous Charles-Quint, que ce prince fit restituer à Alfonse d'Este toutes ses anciennes possessions et confirma de nouveau le droit de souveraineté dont jouissait sa maison.

Hercule II d'Este, son successeur, mort en 1559, époux de Renée, fille du roi de France Louis XII et d'Anne de Bretagne, fit preuve du plus entier dévouement aux intérêts de Charles-Quint, parce que la puissance de ce prince était sans limites en Italie. Lui et surtout son frère, le cardinal *Hippolyte le jeune*, honorèrent de tout leur pouvoir les arts et les sciences, et ce dernier fit construire à Tivoli la magnifique *Villa d'Este*.

Alfonse II ne leur aurait été inférieur en rien, si un goût immodéré pour le luxe, dans lequel il voulait éclipser le grand-duc de Florence, si une ambition sans limites, qui notamment, l'excita à diverses reprises à faire de ruineuses tentatives pour obtenir la couronne de Pologne, enfin si l'inhumanité dont il fit preuve en détenant pendant sept ans prisonnier dans un cachot le poète Torquato Tasso, qui avait vécu à sa cour, n'étaient pas autant d'ineffaçables taches restées à sa réputation comme prince et comme homme. Quoique marié à trois reprises, il n'eut point d'enfants, et choisit pour successeur son cousin *César*, mort en 1628, fils d'un fils naturel d'Alfonse Ier. L'empereur accorda bien à celui-ci l'investiture des fiefs de Modène et de Reggio, qui relevaient de l'Empire ; mais le pape Clément VIII déclara le choix fait par Alfonse II nul et non-avenu et en conséquence confisqua Ferrare et diverses autres parties de territoire relevant du saint-siège, comme fiefs tombés en déshérence.

Alfonse III d'Este, fils de César, par l'extrême violence de son naturel fit d'abord redouter à ses sujets un règne arbitraire et tyrannique. Mais la mort de son épouse, Isabelle de Savoie, qu'il aimait passionnément, modifia tout à fait son caractère, et lui inspira le goût d'une vie calme, pieuse et contemplative. Après un règne de courte durée, il se retira, sous le nom de *Frère Jean-Baptiste de Modène*, dans un couvent du Tyrol, où il termina ses jours. Après lui vient une longue suite de princes sans importance et demeurés inconnus : *François Ier* d'Este, fils d'Alfonse III, mort en 1658 ; *Alfonse IV* d'Este, mort en 1662 ; *François II* d'Este, mort en 1694 ; *Rinaldo* (Renaud) d'Este, mort en 1737, dont le mariage avec Charlotte Félicité de Brunswick, fille du duc de Hanovre, réunit les deux branches de la maison d'Este, séparées depuis 1071 ; et enfin *François III* d'Este, à la cour duquel vécurent Muratori et Tiraboschi.

Hercule III d'Este, fils de François III, acquit il est vrai par mariage les principautés de Massa et de Carrara ; mais à l'approche de l'armée française, en 1796, il fut obligé de se réfugier à Venise ; et le traité de paix de Campo-Formio (1797) lui enleva ses États de Modène et de Reggio. Avec ce prince s'éteignit, en 1797, la descendance mâle de la maison d'Este. Sa fille unique, *Maria-Beatrix Ricardo*, épousa Ferdinand, troisième fils de l'empereur François d'Autriche, qui obtint le duché de Brisgau à titre d'indemnité, pour Modène, et mourut en 1806. Leur fils aîné, *François IV* d'Este, lors de la dissolution du royaume d'Italie, fut remis par les traités de 1814 et de 1815 en possession du duché de Modène, et, après la mort de sa mère, arrivée en 1829, lui succéda en outre à Massa et à Carrara. *François V* d'Este règne depuis le 21 janvier 1846.

ESTE. On peut voir à l'article qui précède comment ce nom d'Este appartient également à la maison de Brunswick. Il est devenu de nos jours le nom de famille des enfants issus du duc Auguste Frédéric de Sussex, né le 27 janvier 1773, et de lady Murray.

Le mariage du duc de Sussex, le sixième des fils du roi d'Angleterre Georges III, avec lady Augusta Murray (fille aînée du comte de Dunmore, seigneur écossais, née le 27 janvier 1768) fut célébré à Rome, le 4 avril 1793, sans l'autorisation préalable des parents des conjoints. Un prêtre anglican, qu'il fut plus tard impossible de retrouver, avait célébré la cérémonie nuptiale, mais n'en avait dressé aucun acte authentique. Lady Augusta, pour avoir la preuve légale d'un mariage réellement contracté, bien que civilement nul, fit procéder à Londres à une nouvelle célébration de son union. Le 5 décembre 1793, après les trois publications d'usage, fut célébré sans pompe, dans la paroisse de Saint-George, le mariage d'un M. Auguste-Frédéric avec Augusta Murray ; les deux conjoints paraissaient appartenir à la classe la plus obscure de la société ; la cérémonie nuptiale eut lieu sans aucune pompe, et les formalités ordinaires constatèrent le fait de la célébration. Le 13 janvier 1794, lady Augusta mit au monde un fils, qui reçut les noms d'*Auguste-Frédéric*, alors que le duc de Sussex se trouvait à Lisbonne. Une enquête faite par ordre du gouvernement éventa le mystère, et le mariage du duc de Sussex fut déclaré nul de plein droit en vertu de la loi introduite en 1772 pour régler l'état civil des membres de la famille royale.

Le duc de Sussex n'en persista pas moins à se considérer comme valablement marié, et en 1801 lady Augusta donna encore le jour à une fille, qui reçut les noms d'*Augusta Emma*. Ce ne fut que plus tard qu'un arrangement de famille eut pour résultat d'accorder aux deux enfants issus de cette union l'antique nom *d'Este*, appartenant à la maison de Brunswick-Hanovre, et à leur mère le titre de *comtesse d'Ameland*. Le fils entra de bonne heure dans l'armée. A la bataille livrée sous les murs de la Nouvelle-Orléans, il remplissait les fonctions d'aide de camp auprès du général Lambert, et parvint plus tard au grade de colonel, avec lequel il prit sa retraite. Peu de temps après son avénement au trône (1830), Guillaume IV lui conféra l'ordre des Guelfes de Hanovre. Quand le décès des différents princes fils de Georges III, tous morts sans laisser d'enfants, sembla rapprocher le duc de Sussex de la couronne, et du vivant même de ce prince, le colonel d'Este s'efforça de faire reconnaître la légitimité du mariage de sa mère, qui eût entraîné sa reconnaissance comme prince de la maison régnante d'Angleterre et d'Irlande, ou tout au moins de faire valoir ses titres à être reconnu comme prince de la maison de Hanovre. De nombreux factums parurent sur cette question, que la mort du duc de Sussex fit de nouveau agiter en 1843 ; mais les prétentions du colonel furent encore une fois de plus repoussées par une décision fondée sur la loi régulatrice de l'état civil des membres de la famille royale d'Angleterre. Il est mort depuis, le 28 décembre 1848, sans avoir jamais été marié. Sa sœur a épousé, en 1845, sir Thomas Wilde, créé plus tard lord Truro.

ESTER, mot dérivé du latin *stare*, et emprunté à la langue romane ; il n'est plus d'usage aujourd'hui comme terme de droit, et signifiait dans son sens primitif *être, exister*. *Ester en jugement*, c'est être en cause devant un tribunal, soit comme demandeur, soit comme défendeur. Tout le monde indistinctement n'est pas capable d'*ester en jugement* : les mineurs, les interdits, ne peuvent faire sans être assistés de leurs tuteurs ou curateurs ; la femme sans être en puissance de mari, fût-elle marchande publique, ou encore séparée de biens, ne peut sans l'autorisation préalable de son mari ou de la justice *ester en jugement*, même relativement à ses biens paraphernaux. *Ester à droit*, c'est comparaître et se présenter devant le juge où l'on est cité. Dans notre ancienne législation, un accusé condamné par contumace ne pouvait plus *ester à droit*, c'est-à-dire être écouté, sans obtenir de lui une autorisation spéciale, qu'on appelait *lettres pour ester à droit*.

ESTERHAZY DE GALANTHA, ancienne famille de magnats hongrois, dont plus tard le rameau principal obtint la dignité de prince de l'Empire, et qui possède aujourd'hui des domaines si considérables que son chef est regardé comme le plus riche propriétaire de la monarchie autrichienne. Des généalogistes complaisants ont prétendu la faire remonter jusqu'à un certain *Paul Estoras*, baptisé en l'an 969, et qu'on nous dit avoir été l'un des descendants d'Attila; mais les documents authentiques qui la concernent ne remontent pas au delà de 1238, époque où *Pierre* et *Élie*, fils de *Salomon d'Estoras* se partagèrent l'héritage paternel. Le premier eut pour son lot *Zerhaz*, et le second *Illyeshaza*. Ils devinrent la souche de deux lignes principales, dont la dernière s'est éteinte dans sa descendance mâle en 1838, en la personne du comte Étienne *Illeshazy*. Les descendants de Pierre prirent, en raison de leur propriété, le nom de *Zerhazy* qu'ils gardèrent jusqu'à ce que l'un d'eux, François Zerhazy (né en 1563, mort en 1595), vice-palatin du comitat de Presbourg, ayant été créé baron de Galantha, eut changé à cette occasion, en 1584, son nom en celui d'*Esterhazy*. Les descendants de ce François constituèrent les trois branches qui subsistent encore de nos jours, celles de *Cseszneck*, d'*Altsohl* ou de *Zolyom*, et de *Frakno* ou *Forchtenstein*. Cette dernière fut élevée au rang des comtes de l'Empire dès l'année 1626, tandis que les deux premières ne le furent qu'en 1683. La principale branche, c'est-à-dire celle de Forchtenstein ou de Frakno, s'est subdivisée à son tour en plusieurs rameaux différents désignés sous les noms de lignes *comtale* et *princière*. Elle fut fondée par *Paul IV* d'Esterhazy, troisième fils du palatin Nicolas d'Esterhazy, né en 1635, promu à la dignité de comte de l'Empire en 1687, mort en 1713, laissant vingt-cinq enfants.

Parmi les membres les plus remarquables de cette ligne, nous devons citer ici le prince *Nicolas* d'Esterhazy, né le 12 décembre 1765. Dans sa jeunesse, il parcourut la plus grande partie de l'Europe, et fit surtout de longs séjours en Angleterre, en France et en Italie. Après avoir embrassé d'abord la carrière militaire, il fut plus tard chargé de missions diplomatiques et d'ambassades. Il encouragea généreusement les arts et les sciences. On lui est redevable de la création de la magnifique galerie de tableaux qui orne le *Gartenpalast*, dans le faubourg de Mariahilf, à Vienne, et précédement habité par le prince de Kaunitz. Il y avait aussi réuni un choix précieux de gravures et de dessins originaux. Il avait transformé en véritable temple de la musique et de la botanique sa résidence d'été d'Eisenstadt, où il fit placer dans un superbe tombeau la dépouille mortelle de Haydn. Quand, en 1809, Napoléon eut un instant la pensée d'affaiblir l'Autriche en proclamant l'indépendance de la Hongrie, il fit offrir la couronne de ce pays au prince Nicolas d'Esterhazy; mais le conquérant s'était tout aussi complètement mépris sur les dispositions du prince que sur celles de la nation hongroise. Le prince Nicolas avait le bon sens de se soucier médiocrement de l'éclat d'une royauté, et refusa. En 1828, il acheta du grand-duc de Bade la délicieuse île de Mainau, située au milieu du lac de Constance. Il est mort le 25 novembre 1833 à Côme, en Italie, où il s'était retiré.

Son fils, le prince *Paul-Antoine* d'Esterhazy, né le 11 mars 1786, se consacra à la carrière diplomatique, et fut nommé en 1810 ministre plénipotentiaire d'Autriche à Dresde, ambassadeur à Londres en 1836, où il resta jusqu'en 1838, et où il se fit remarquer non moins par le faste vraiment royal de sa maison que par son habileté diplomatique. Revenu dans sa patrie en 1842, il s'y rattacha au mouvement national, et fut nommé palatin du comitat d'Œdenbourg en même temps que président de la société d'histoire naturelle (1847), et fit preuve en toute occasion du plus louable dévouement à la cause du progrès en littérature et en politique. Cette attitude qu'il avait prise depuis longtemps fut cause qu'en mars 1848 on l'appela à faire partie du ministère Battlyanyi, dans lequel il fut chargé, comme ministre des affaires étrangères, de défendre les intérêts de la Hongrie à la cour de Vienne. Mais lorsqu'une lutte parut désormais inévitable, et avant la dissolution du ministère Battlyanyi en août, il donna sa démission; et depuis lors il s'est complètement abstenu de prendre part aux affaires politiques.

Le prince Paul-Antoine d'Esterhazy est aujourd'hui possesseur de l'immense majorat appartenant à la ligne princière d'Esterhazy-Forchtenstein, lequel comprend 29 seigneuries, avec 21 châteaux, 60 bourgs à marché, 414 villages et 207 *prædies*, dont l'administration centrale est à Eisenstadt; sans compter la seigneurie de Pottenstein et de Schwartzbach, dans la basse Autriche, le comté d'Edelstetten, en Bavière, et la seigneurie de Gailingen, dans le grand-duché de Bade.

Son fils aîné, le prince *Nicolas-Paul-Charles* d'Esterhazy, né le 25 juin 1817, est marié depuis le 8 février 1842 à lady Sarah-Frederica-Caroline, fille de George Child-Villiers, comte de Jersey.

EST, EST, EST, (vin d'). *Voyez* MONTEFIASCONE.
ESTEUF. *Voyez* ÉTEUF.
ESTHER, héroïne juive, dont l'histoire est rapportée dans le livre de l'Ancien Testament qui porte son nom. Elle s'appelait d'abord *Hadassa*. Son père, Abihail, étant venu à mourir, elle avait été adoptée par son oncle Mardochée et habitait avec lui la ville de Suze, résidence du roi de Perse Ahasvérus (A s s u é r u s). Celui-ci, qu'on présume n'être autre qu'Artaxerxès Longue-Main, fut si frappé de sa beauté, qu'il l'éleva au rang d'épouse sous le nom d'*Esther*, qui veut dire *étoile*, et plus tard il lui sacrifia même son favori Haman (Aman). Irrité par les prétentions hautaines de Mardochée, Haman avait réussi à rendre tous les Juifs suspects au roi, et avait obtenu de lui plein pouvoir de les faire tous égorger. Mais avant que l'ordre fatal eût pu être mis à exécution, Esther parvint à faire changer le roi de détermination. Non-seulement Haman fut envoyé au supplice, mais tous les ennemis des Juifs furent enveloppés dans la même catastrophe.

En commémoration du péril auquel ils échappèrent en cette circonstance, ils célèbrent encore aujourd'hui, le 14 et le 15 du mois d'*adar*, une grande fête, appelée *Fête de Purim*, ou *des sorts*, parce que c'était par voie de décimations opérées d'après les désignations du sort qu'Haman avait décidé d'égorger les Juifs.

Le livre d'Esther, dans lequel bon nombre de théologiens ne veulent voir qu'une allégorie représentant l'Église militante, et vraisemblablement ne fut composé qu'après la ruine de l'empire des Perses, n'est point écrit dans l'esprit théocratique; car rien n'y est immédiatement ramené à Dieu, dont le nom ne s'y trouve même plus une seule fois mentionné. Un décret du concile de Latran (an 366) l'a rangé parmi les livres sacrés des chrétiens. Saint Jérôme a rejeté comme douteux les six derniers chapitres, que les protestants regardent comme apocryphes; mais le concile de Trente a admis le livre tout entier. A ne les considérer que sous le rapport critique, il est impossible de ne pas voir que ces derniers chapitres sont d'une autre main que les neuf premiers. Cependant, ils n'en sont pas moins précieux pour les détails de mœurs.

Quel est l'auteur du livre d'*Esther*? Les uns l'attribuent à Esdras, d'autres au grand-prêtre Joachim. Mais le plus grand nombre l'attribuent à Mardochée lui-même. On a pensé qu'Esther y eut quelque part. Nous n'avons pas de peine à admettre cette supposition; car toute son histoire atteste qu'elle était une souveraine de droit et de fait, richement pourvue d'esprit et de beauté, assez peu ressemblante au portrait doucereux qu'en fait Racine. L'Esther de Saint-Cyr, Mme de Maintenon, dut sans doute être flattée du parallèle; mais si Louis XIV lisait la Bible, il n'a pas dû être aussi satisfait de sa comparaison avec Assuérus. Deux tragédies du nom d'*Esther* avaient précédé celle de Racine: l'une d'Antoine Le Devin, 1570; l'autre de Pierre Du Ryer, 1646.

ESTHÉTIQUE, science du beau, notamment dans les arts en tant qu'elle l'expression la plus complète du beau. C'est surtout en Allemagne que cette partie rationnelle de la critique a trouvé de fervents et consciencieux interprètes. C'est même sur le sol germanique qu'elle a en quelque sorte pris naissance, car le nom d'*esthétique*, dérivé du grec αἴσθησις, sentiment, lui fut donné pour la première fois par Baumgarten. Lessing a produit dans ce genre de critique des morceaux précieux. Il analysa le théâtre français, alors généralement à la mode dans son pays, et, s'attachant surtout à la vérité des caractères et des sentiments, il prit pour ainsi dire à partie les personnages de ces fictions comme des êtres réels. On regarde sa critique plutôt comme un traité sur le cœur humain que comme une poétique. Les écrits de Lessing donnèrent une impulsion nouvelle aux esprits méditatifs de l'Allemagne. Plusieurs écoles d'*esthétique* se formèrent. La plus célèbre est celle que l'illustre Kant a fondée par son ouvrage intitulé *Critique du Jugement*. Dans ce livre, où il recherche la nature du beau et du sublime, le philosophe de Kœnigsberg soutient qu'il y a dans la poésie et dans les arts, dignes comme elle de peindre les sentiments par des images, deux genres de beauté, l'un qui peut se rapporter au temps et à cette vie, l'autre à l'éternel et à l'infini. « Il est, a dit un écrivain, une partie de la *Critique du jugement* qui, malgré la nouveauté des aperçus, a obtenu les suffrages des adversaires les plus décidés des doctrines kantiennes; c'est celle qui renferme la théorie du goût et l'analyse du sentiment que les arts se proposent de réveiller. » Malheureusement, dans les objets les plus clairs par eux-mêmes, Kant (et c'est aussi le défaut de son école) prend pour guide une métaphysique fort obscure. Aussi ses ouvrages, hérissés de difficultés, sont-ils peu connus en France ; mais chez ses compatriotes il avait affaire à des lecteurs patients et persévérants, qui ont su l'étudier et le comprendre. Il eut de nombreux et d'ingénieux disciples : le plus remarquable d'entre eux, en théorie comme en pratique, fut le célèbre Schiller, qui, outre ses chefs-d'œuvre dramatiques et historiques, a laissé un essai sur la grâce et la dignité, et des lettres sur l'*esthétique*. CHAMPAGNAC.

ESTHIOMÈNE (de ἐσθιόμενος, qui ronge, qui corrode, fait de ἐσθίω, ronger). *Voyez* DARTRE.

ESTHONIE, appelée par les Esthes *Wiroma* (pays-frontière), gouvernement de Russie placé, avec la Livonie et la Courlande, sous l'administration du gouverneur général qui réside à Riga, est la moins importante des trois provinces de la Baltique sous le rapport de la superficie comme sous celui de la population absolue et relative.

La province d'Esthonie (en allemand *Esthland*) occupe une superficie de 206 myriamètres carrés, dont la dixième partie environ représentée par le lac de Peïpus, l'île de Dagoe, et les îlots de Worms, Nououk, etc. La population absolue est de 320,000 habitants, ce qui donne à peu près 1,550 habitants par myriamètre carré. Appartenant depuis 1721 à la Russie, sous le titre de duché, elle forme au sud du golfe de Finlande, entre la Narwa, fleuve servant de sa limitation à l'Ingrie, à l'est, la Livonie au sud et la Baltique à l'ouest, un pays de côtes, presque entièrement plat, parsemé d'une foule de marais, de landes et de blocs de granit, arrosé par plus de deux cents lacs et de nombreux ruisseaux. Toutefois on y trouve aussi une grande quantité de terrains fertiles produisant beaucoup de grains, notamment du seigle et de l'orge, employés soit pour la consommation locale, soit pour la fabrication d'eaux-de-vie, pour lesquelles des débouchés avantageux existent dans l'intérieur de la Russie. Le sol produit aussi beaucoup de chanvre et de lin, et l'exploitation des épaisses forêts de sapins et de bouleaux qui le couvrent en une foule d'endroits n'offre pas moins d'avantages.

En ce qui est de la population même de cette province, il faut bien distinguer les *Esthes* d'avec les *Esthoniens*, car ces derniers, qui composent la noblesse et les populations des villes, mélange d'Allemands, de Suédois et de Russes, regarderaient comme une insulte d'être placés dans la même catégorie que les premiers, qui forment presque exclusivement la population des campagnes. Ceux-ci, les *Esthes*, qui appartiennent à la race finnoise, sont les habitants aborigènes du pays. Ils parlent une langue douce et harmonieuse, formant deux dialectes principaux, celui de Reval et celui de Dorpat, et riche en beaux chants populaires (consultez Neus, *Chants populaires d'Esthonie*, 2 vol. [en allemand]; Reval, 1850-1851). Ils ont d'ailleurs beaucoup de dispositions naturelles pour la poésie, une grande puissance d'imagination, beaucoup de bon sens naturel et une admirable force de mémoire. Ils sont doux, bienveillants et religieux, très-attachés au culte protestant; par contre, fort enclins à la colère, à la vengeance et à la contradiction; on peut aussi leur reprocher beaucoup de préjugés religieux. Mais tous leurs défauts peuvent être attribués au peu de sollicitude que leurs dominateurs ont de tout temps témoigné pour leur perfectionnement moral. Une grande partie de la Livonie est aussi habitée par des Esthes, notamment toute la contrée de Dorpat, de Fellin et de Pernau : aussi distingue-t-on en Livonie une Esthonie particulière, en opposition à la Livonie proprement dite, ou pays des *Lettes*. On évalue à 650,000 âmes le nombre total des Esthes.

Le gouvernement d'Esthonie est divisé sous le rapport administratif en quatre cercles : celui de Harrien ou de Reval, celui de Wierland ou de Wesenberg, celui de Jerwen ou de Weissenstein, et enfin celui de Wieck ou Hapsal. Plus d'un dixième du total de la population habite les villes.

Les cinq villes de cette province sont Reval, Weissenstein, dont la population est de 3,600 hab.; Wesenberg (2,000), Hapsal (1,000), et *Baltischport* ou *Baltischhafen* (500), à quoi il faut ajouter 45 paroisses plus ou moins considérables et deux gros bourgs, Leal et Kunda; le dernier, petit port de mer d'une certaine importance. Les deux autres ports de l'Esthonie sont Reval et Hapsal, dont la navigation, comme celle de tous les autres ports de cette partie de la Baltique en général, a singulièrement déchu depuis que Saint-Pétersbourg, grâce à l'accroissement incessant de la rade de Cronstadt, devient de plus en plus le grand centre du commerce de ces contrées. Les importations de l'Esthonie consistent principalement en étoffes de soie, de laine et de coton, en objets étrangers, en fruits secs et en sel. Les exportations se composent de chanvre, de lin, d'orge, de seigle et d'eau-de-vie de grain. La religion du pays est le culte luthérien; sous le rapport religieux, la province est divisée en huit prévôtés, placées sous l'autorité du consistoire d'Esthonie, siégeant à Reval. Cependant, dans ces derniers temps l'Église catholique grecque a fait parmi les populations des progrès de plus en plus rapides.

L'Esthonie a successivement dépendu des rois de Danemark, des souverains allemands de la Livonie, des rois de Suède et enfin des czars de Russie. Le fils de Waldemar Ier, Knout (Canut) VI, roi de Danemark (1182-1202), commença la conquête de ce pays, qu'acheva Waldemar II, surnommé le *Victorieux* (1202-1241), lequel prit le titre de *roi de tous les Slaves*. Waldemar III, en 1347, vendit l'Esthonie aux chevaliers Porte-Glaive de Livonie, ordre de chevalerie affilié à l'ordre Teutonique, dont cette province partagea dès lors toutes les destinées. En 1561, Érle XIV soumit l'Esthonie à la couronne de Suède, qui en conserva la possession jusqu'en 1710. Cette année-là, Pierre le Grand s'étant emparé de cette province, la possession lui en fut définitivement cédée par la paix de Nystadt.

ESTIENNE (Famille des). La famille, on pourrait dire la dynastie de ces célèbres imprimeurs, a régné pendant tout le seizième siècle, par la science et par l'industrie, avec plus d'éclat que bien des familles royales. Elle a produit et publié beaucoup plus que les Aldes et plus de 1,200 ouvrages sont sortis de ses presses.

ESTIENNE (HENRI), premier du nom et chef de cette famille, naquit à Paris, vers 1470. Admirateur de l'art typographique nouvellement inventé, il ne craignit pas, pour l'exercer, lui issu d'une très-ancienne maison originaire de Provence, de déroger à la noblesse de sa race, et bravant même l'exhérédation paternelle, il commença, en 1502, son établissement d'imprimeur libraire, rue du Clos-Bruneau, près des écoles de droit. Il adopta la devise *plus olei quam vini* (plus d'huile que de vin), et 128 ouvrages ont restés catalogués comme sortis de ses presses. Il mourut, en 1521, à Paris, laissant une veuve et trois fils, *François, Robert et Charles.*

ESTIENNE (FRANÇOIS Ier) continua la profession de son père, en société avec Simon de Colines, qui avait été l'associé de Henri Estienne et qui épousa sa veuve. Il ne se maria point, et mourut en 1558.

ESTIENNE (ROBERT Ier), second fils de Henri, naquit à Paris, en 1503, et se voua avec ardeur à l'étude de la littérature. Il possédait une connaissance approfondie des langues latine, grecque et hébraïque. Après la mort de son père, il travailla quelques années en commun avec Simon de Colines, et donna d'abord tous ses soins à une édition du Nouveau Testament, plus correcte et d'un format plus commode que toutes celles qui avaient paru auparavant. Son débit rapide inquiéta les docteurs de Sorbonne, qui auraient volontiers trouvé un prétexte pour s'opposer à la vente d'un livre qui s'écoulait avec rapidité, et où les partisans des nouvelles doctrines religieuses puisaient leurs principaux arguments. Robert lui-même était attaché à la réforme, et contribua à ses progrès par diverses publications. Il épousa Pétronille, fille de l'imprimeur Jodocus Badius Ascensius. Cette femme savait si bien le latin, qu'elle l'enseigna à ses enfants et à ses domestiques, en sorte que dans toute la maison il n'y avait personne qui ne parlât couramment cette langue. Vers l'an 1526, Robert établit rue Saint-Jean-de-Beauvais, à l'enseigne de *l'Olivier*, une imprimerie de laquelle il sortit une suite d'ouvrages très-estimables. Ses éditions des classiques grecs et latins furent enrichies de notes utiles et de préfaces intéressantes. De plus, il veillait à ce qu'elles fussent aussi correctes que possible, et dans ce but il affichait ses épreuves, et promettait des récompenses à ceux qui lui signaleraient des fautes. Il employa d'abord les mêmes types que son père et Simon de Colines; mais vers l'an 1532 il fit fondre des caractères plus élégants, avec lesquels il exécuta sa belle Bible latine.

Cette publication lui attira des persécutions, à l'abri desquelles il ne put se mettre que par la protection de François Ier, et par la promesse de ne plus rien imprimer sans l'approbation de la Sorbonne. A la même époque il donna la première édition de son *Thesaurus linguæ latinæ*, dictionnaire d'un grand mérite, qu'il perfectionna dans chaque édition postérieure, et qui a servi de base d'abord au *Trésor* de Gessner, puis aux *Lexiques* de Facciolati et de Forcellini. En 1539 il reçut le titre d'imprimeur du roi pour le latin et l'hébreu. A sa requête, François Ier fit fondre, par les beaux caractères que possède encore l'imprimerie impériale. De nouvelles attaques, provoquées au sujet de la Bible de 1545, furent une seconde fois écartées par le roi; mais, comme, après la mort de ce prince, elles recommencèrent avec plus de vivacité, Robert se vit enfin forcé de quitter la France. En 1552, il se retira à Genève, où il imprima, avec son beau-frère Conrad Badius, le Nouveau Testament en français; ensuite, il établit dans cette ville une typographie particulière, d'où sortirent encore plusieurs bons ouvrages, qui portent pour enseigne un *Olivier*, au-dessous duquel on lit ces mots : *Oliva Roberti Stephani*. Il se servit pour ces publications des beaux caractères de Garamond, dont il avait emporté avec lui les matrices, et ces matrices furent plus tard (en 1616) redemandées à la république de Genève par le gouvernement français. Robert fut reçu bourgeois de Genève en 1556, et mourut dans cette ville, en 1559. On estime surtout, parmi ses diverses éditions, les Bibles hébraïques, in-4° et in-16; la Bible latine, in-fol.; le Nouveau Testament in-fol., que l'on regarde comme le plus beau livre imprimé en grec; les *Historiæ ecclesiasticæ Scriptores*, *Eusebii Præparatio et demonstratio Evangelica*, le *Denys d'Halicarnasse*, le *Dion Cassius*, publié avec des additions importantes; le *Cicéron*, le *Térence*, le *Plaute*, etc.

ESTIENNE (CHARLES), troisième fils de Henri Ier, ayant été reçu docteur en médecine, voyagea en Allemagne, en Italie, et se fit imprimeur, à son retour à Paris, en 1551.

Comme typographe, il avait une merveilleuse habileté : parmi les 92 ouvrages de son catalogue, on cite particulièrement le *Dictionarium historicum ac poeticum, omnia gentium, hominum, locorum, etc., vocabula complectens*, Paris, 1553, in-4°, encyclopédie réimprimée à Genève en 1556, puis à Oxford en 1671, et à Londres en 1686. Comme savant, il n'avait de rivaux parmi les imprimeurs que dans sa famille Malheureusement, il était d'un caractère si jaloux, si irascible, que, s'étant aliéné tous ses confrères et ses neveux, il resta sans appui, sans secours, quand ses dettes le firent enfermer au Châtelet à Paris. Après deux années de détention, il y mourut, en 1564.

ESTIENNE (HENRI II), fils de Robert Ier, naquit à Paris, en 1528. Il était doué des plus heureuses dispositions, et s'adonna avec ardeur à l'étude de la langue grecque. Il eut pour maître le savant Pierre Danès, élève de Lascaris et de Budée, premier professeur de grec au Collége de France, qui ne consentit à donner des leçons particulières qu'au fils du roi et à Henri Estienne. Ce dernier s'instruisit aussi auprès de Tusan et de Turnèbe, et devint bientôt l'un des plus habiles hellénistes de son temps. Ses progrès dans la langue latine, que sa mère lui avait enseignée dès son bas âge, ne furent pas moins rapides, comme le prouvent les remarques qu'il publia sur Horace à l'âge de vingt ans. Il avait aussi étudié avec zèle les mathématiques et appris assez d'astrologie, science fort en vogue à cette époque, pour regretter le temps qu'il donna à cette étude chimérique. A peine âgé de dix-huit ans, il collationna un manuscrit de Denys d'Halicarnasse, dont son père publia la première édition en 1546. L'année suivante, il se rendit en Italie pour mettre à profit les trésors des bibliothèques de Florence, de Rome, de Naples, de Venise, et il en rapporta plusieurs copies précieuses des auteurs classiques. Il visita ensuite l'Angleterre et les Pays-Bas, et revint à Paris en 1552, au moment où son père se disposait à partir pour Genève. Il est probable qu'il l'y suivit; mais en 1554 il était de retour à Paris, où il sollicitait la permission d'établir une imprimerie, et appuyait sa requête sur le privilège accordé à son père par François Ier. La même année il visita de nouveau l'Italie, pour comparer les manuscrits de Xénophon et de Diogène Laerce, et au commencement de 1557, il entreprit à Paris, dans une imprimerie qui lui appartenait en propre, la publication de ces ouvrages, préparés avec tant de soin et par tant de travaux. Il n'aurait pu supporter par lui-même les frais de cette entreprise; mais Ulrich Fugger, riche particulier d'Augsbourg, vint à son aide, et lui fournit les fonds nécessaires avec la plus grande générosité : Henri, par reconnaissance, prit le titre d'imprimeur de Fugger. La mort de son père le plongea dans un profond chagrin, dont il fut affecté longtemps. Il suivit enfin le conseil de ses amis, se maria, et retrouva son ancienne activité. Cependant, comme il avait embrassé publiquement la réforme, il ne vit que trop souvent son repos troublé et ses travaux interrompus.

En 1566 il publia la traduction latine d'Hérodote, par Valla, corrigée dans un grand nombre de passages, et défendit dans sa préface le père de l'histoire contre les reproches de crédulité. Robert Estienne avait déjà recueilli des matériaux pour un dictionnaire grec; Henri continua ce grand travail, et publia, en 1572, le *Thesaurus linguæ græcæ*, qui est réellement un trésor de science et de critique, et qui suffirait seul pour assurer à son auteur une gloire durable. Néanmoins, le prix élevé auquel il fut obligé de vendre cet ouvrage, qui lui avait tant coûté de toutes manières, et l'abrégé qu'en fit Scapula, en retardèrent tellement le débit, que le malheureux auteur se vit bientôt dans de cruels embarras. Il fit un voyage en Allemagne pour se distraire de ses chagrins, et y chercher les ressources qui lui manquaient. Le roi Henri III lui accorda, il est vrai, pour son livre de la *Précellence du langage françois*, une gratification de 3,000 livres, et de plus une pension de 300 livres pour l'aider à la recherche des manuscrits;

mais il est probable que ces sommes ne furent pas entièrement ou régulièrement payées, car la position du célèbre typographe ne s'améliora pas. Il se retira de la cour pour s'occuper plus utilement, et vécut à Orléans, à Paris, à Francfort, à Genève et à Lyon. Dans un voyage qu'il fit à cette dernière ville, il tomba malade, et mourut à l'hôpital, en 1598, probablement aliéné. De son mariage avec la fille du savant Scrimger, noble écossais, il avait eu deux filles, dont l'une, Florence, épousa Casaubon, et un fils qui honora aussi la profession d'imprimeur.

Telle fut la triste fin de l'un des hommes les plus savants et les plus actifs qui aient jamais existé, d'un homme qui a rendu d'immenses services à la littérature ancienne. Si ses éditions sont moins belles que celles de son père, elles ne leur cèdent en rien sous le rapport du mérite et de la correction Le texte des auteurs classiques qu'il a publiés a longtemps servi de base aux éditions postérieures, et c'est à tort qu'on lui a reproché d'y avoir introduit quelquefois des corrections arbitraires : ces corrections étaient tirées des manuscrits; mais Henri Estienne a négligé d'en indiquer la source. Il composait les vers latins avec une extrême facilité; il avait de la vivacité dans l'esprit, aimait à faire usage de la plaisanterie et même de la raillerie; mais il était susceptible, ne supportait pas la contradiction, et se permettait des épigrammes mordantes contre ceux qui ne partageaient pas ses idées. Parmi ses nombreuses éditions, on distingue principalement ses *Poetæ græci principes heroici carminis* (1566, in-fol.); *Pindari et cæterorum octo lyricorum carmina* (1560, 1566, 1586, in-24); *Maxime de Tyr, Diodore, Xénophon, Thucydide, Hérodote, Sophocle, Eschyle, Diogène Laerce, plutarque, Apollonius de Rhodes, Callimaque, Platon, Hérodien, Appien, Horace, Virgile, Pline le jeune, Aulu-Gelle, Macrobe*, le recueil des historiens romains, etc. Il a traduit en latin plusieurs auteurs grecs, et composé en français quelques ouvrages de peu d'étendue, tels que l'*Introduction au Traité de la conformité des merveilles anciennes avec les modernes, ou Traité préparatif à l'apologie pour Hérodote* (1566); le *Traité de la conformité du langage français avec le grec*, sans date. Mais son plus beau titre à la reconnaissance de la postérité est sans contredit le *Thesaurus linguæ græcæ*, qui, à bien des égards n'a pas encore été surpassé, et dont notre siècle a déjà vu paraître deux nouvelles éditions. L'une a été publiée à Londres, augmentée de remarques et de suppléments fournis par plusieurs savants philologues; mais le prix en est au-dessus de la portée des gens de lettres, et elle n'a pas été exécutée avec toute la critique désirable dans le choix et la distribution des matériaux. En outre, l'absence de l'ordre alphabétique a nui considérablement à l'écoulement du livre, à son usualité. Pour le rendre aussi utile que possible, MM. Didot ont judicieusement pensé que cet ordre devait être rétabli dans l'édition qu'ils en ont publiée, pour laquelle ils ont mis à contribution les secours des savants de France, d'Allemagne, de Hollande, etc., et où ils ont fait entrer les additions les plus précieuses de l'édition anglaise.

ESTIENNE (Charles), frère de Robert Ier, fut d'abord précepteur chez l'ambassadeur Baïf, s'établit imprimeur en 1551, et mourut, criblé de dettes, en 1564. On lui doit des *Dictionnaires latin et grec*, un *Dictionarium historico-geographico-poeticum* (1566, posthume), et le *Prædium rusticum*, de Vanière (1554), traduit en français, sous le titre de *Maison rustique*, par Liébault, gendre de l'éditeur. Charles Estienne était médecin.

ESTIENNE (Robert II), second fils de Robert Ier, né à Paris, vers 1530, ne voulut pas embrasser les opinions de la réforme, et fut, en 1552, déshérité par son père, sur son refus de l'accompagner à Genève. Privé de l'appui paternel, il se créa, par son intelligence et son travail, d'honorables ressources; et quatre ans ne s'étaient pas écoulés, qu'il se trouvait à la tête d'une imprimerie à lui, d'où sortaient 148 ouvrages, avec ou sans la marque de l'*Olivier* des Estienne, et toujours dignes de ce symbole. En 1561 il eut le titre d'imprimeur du roi, et mourut en 1575.

ESTIENNE (François II), troisième fils de Robert Ier, suivit son père à Genève, ayant, comme lui, embrassé la réforme, et exerça dans cette ville l'imprimerie, de 1562 à 1582.

ESTIENNE (Robert III), fils aîné de Robert II, était fort jeune à la mort de son père, et n'eut qu'en 1606 l'imprimerie de sa mère, veuve en secondes noces de Mamert Patisson, toujours située rue Saint-Jean-de-Beauvais, à l'enseigne de l'*Olivier*. C'était un homme d'esprit, ayant un talent particulier pour les devises, alors fort à la mode. Il mourut en 1629.

ESTIENNE (Henri III), son frère, fut trésorier des bâtiments du roi et imprimeur, de 1639 à 1652. Deux de ses fils se firent connaître, l'un *Robert IV*, comme avocat au parlement; l'autre, *Henri IV*, sieur des Fossés, par ses *Éloges de Louis le Juste*.

ESTIENNE (Paul), fils de Henri II, naquit en 1566. Après de brillantes et solides études, son père, qui lui destinait son imprimerie, le fit voyager pour le mettre en rapport avec les savants étrangers. Il visita ainsi la Hollande, l'Allemagne, l'Angleterre, et fonda, en 1599, à Genève une typographie, d'où sortirent 26 éditions d'auteurs classiques, toutes importantes par leur correction et leurs notes. Il mourut, en 1627, dans cette ville, laissant deux fils, *Antoine* et *Joseph*, dont le second mourut imprimeur du roi à La Rochelle, en 1629.

ESTIENNE (Antoine), fils de Paul et petit-fils de Henri Estienne, naquit à Genève, en 1594, et vint s'établir à Paris, à dix-huit ans. Rentré dans le sein de l'Église catholique, il obtint, outre le titre d'imprimeur du roi et du clergé, la protection et les largesses du cardinal Duperron, publia de belles et utiles éditions, éprouva de grands revers de fortune, et, devenu infirme et aveugle, fut réduit à solliciter son admission à l'hôtel-Dieu de Paris, où il mourut en 1674, à l'âge de quatre-vingts ans.

ESTIMATION. En termes de pratique, on entend par ce mot l'évaluation, la prisée d'une chose mobilière ou d'un immeuble. Des experts nommés par les tribunaux déterminent cette valeur préalablement à toutes les ventes judiciaires sur licitation, ou à tous les partages. Les officiers ministériels, notaires, huissiers, greffiers, suivant les distinctions de la loi, ont prétendu avoir le monopole des estimations de meubles ou objets mobiliers dans les inventaires après décès; cette prétention n'est pas fondée, et tout simple particulier ou expert peut procéder à cette estimation, en prêtant toutefois entre les mains du juge de paix le serment prescrit par l'art. 935 du Code de Procédure.

ESTIME (*Morale*). Il ne s'agit pas ici de cette sorte de *considération* que l'on exprime au bas d'une lettre, ou dans le cours ordinaire de la vie, et dont on s'attache à fixer la mesure suivant les circonstances et les personnes avec lesquelles on est en relation : cette monnaie, dont l'empreinte est effacée, si jamais elle en eut, circule cependant, et chacun veut en recevoir la quantité à laquelle il croit avoir des titres. On a même prétendu en faire un des *droits* de l'homme en société : la qualité d'homme et de membre de la cité impose, dit-on, à tous ceux qui en sentent le prix l'obligation de l'exprimer par des égards mutuels; Il y a des convenances sociales qui en dérivent, etc. On ne le conteste point ; mais le mot *estime* a une autre acception, beaucoup plus grave : il désigne le sentiment inspiré par de bonnes qualités morales, appréciées par la raison. Entre les hommes *estimables*, une estime réciproque est la source des plus douces et des plus durables jouissances de l'amitié; l'attachement, l'affection pour une personne qu'on n'estime point est toujours pénible. L'homme dépourvu de bonnes qualités morales saura les reconnaître et les apprécier dans les autres, si sa raison est exercée; mais il ne peut en résulter aucune sympathie, aucun sentiment d'affection: il n'y a que les hommes estimables qui puissent être unis par une estime mutuelle.

Les vertus ne sont pas toujours dignes d'estime : si leurs actes ne sont pas approuvés par la raison, on regrettera que ces sources du bien coulent suivant des directions et en des lieux où leur influence ne peut être salutaire; en un mot, on n'estime que ce qui est *bon*, et en raison du degré de bonté que l'on y découvre; les facultés sentantes et l'intelligence prennent également part à cet acte de l'âme humaine; elle y est tout entière. FERRY.

ESTIME (*Marine*), méthode d'approximation par laquelle le navigateur mesure la longueur du chemin qu'il a fait, détermine la direction qu'il a suivie, et par conséquent le lieu où il se trouve. Réduit à l'usage de deux instruments, dont l'un est peu correct, et l'autre n'indique pas tout ce qu'il faudrait connaître, il faut que l'expérience et quelques observations viennent à son secours, et lui fournissent les moyens de rectifier les erreurs qui résulteraient inévitablement des données imparfaites que ses mesures lui fournissent. D'heure en heure, ou même plus souvent, il fait jeter le l o c h à la mer, et on obtient ainsi la connaissance de la vitesse du navire, pourvu que la mer n'ait aucun mouvement particulier; mais il est rare que les eaux soient réellement dans l'état d'immobilité que l'on suppose. D'ailleurs, le loch n'apprend rien sur la *dérive* du vaisseau, et la boussole ne l'indique pas non plus; cependant, il est indispensable de tenir compte de ce mouvement qui modifie la direction suivie : de là la nécessité de recourir à des observations indépendantes de la mer, et ce sont les astres qui donnent au navigateur instruit la connaissance exacte du point où il se trouve, c'est-à-dire la lo ng i t u d e et la latitude. Mais les marins expérimentés ont acquis une telle habitude de rectifier les données de l'*estime* qu'ils n'admettent les résultats des observations astronomiques qu'autant qu'elles sont à peu près d'accord avec leurs moyens ordinaires d'évaluation. Le capitaine Cook était dans l'usage de prendre une moyenne entre son estime et les données qui lui étaient fournies par les astronomes qui l'accompagnaient dans ses voyages de découvertes : et l'on sait jusqu'à quel point ce navigateur a poussé l'exactitude, la précision des mesures dans tout ce qu'il a fait pour achever la reconnaissance de notre globe. Remarquons aussi que dans le cours d'une longue navigation des erreurs en sens contraire peuvent se compenser, et que des méthodes incorrectes peuvent être employées sans de graves inconvénients. Plusieurs voyages autour du monde ont été faits sans autre guide que l'estime, et ils ont réussi dans tout le sens de ce mot. FERRY.

ESTISSAC (Famille d'). La terre d'Estissac en Périgord (Dordogne), après avoir appartenu, pendant plusieurs siècles, à une famille noble de ce nom, passa dans la maison de La Rochefoucauld, par le mariage de François, prince de Marsillac, serviteur dévoué de Henri IV, avec Claude, sœur et héritière de Charles d'Estissac, dernier rejeton mâle de sa race. Sous ses nouveaux propriétaires, la seigneurie d'Estissac obtint, comme celle de Liancourt, d'Anville et de Doudeauville, les honneurs de l'érection ducale.

Louis-François-Armand DE LA ROCHEFOUCAULD DE ROYE, duc D'ESTISSAC, né le 22 septembre 1695, fut connu d'abord sous le nom de *comte de Roucy*, comme chef de la branche puînée qui portait ce titre. Il épousa en 1737 sa cousine germaine Marie de La Rochefoucauld, dite Mlle de La Rocheguyon, fille cadette d'Alexandre, duc de La Rochefoucauld, qui mourut sans postérité mâle, et il reçut, en faveur de ce mariage, le titre de duc d'Estissac, rendu héréditaire par lettres patentes du mois d'août 1758. Honoré du collier des ordres du roi en 1749, il fut pourvu en 1757 de la charge de grand-maître de la garde-robe du monarque, sur la démission du duc de La Rochefoucauld, son beau-père, à qui Louis XVI en réserva la survivance. Le duc d'Estissac mourut le 28 mai 1783.

François DE LA ROCHEFOUCAULD D'ESTISSAC, petit-fils du précédent et fils aîné du chef du nom et des armes de sa maison, fut autorisé, en 1814, par le roi Louis XVIII, à reprendre le titre de duc héréditaire d'Estissac, que son aïeul avait porté. Il recueillit le duché de La Rochefoucauld et la pairie en 1827; mais alors au nom d'Estissac, dont le titre ducal devait passer à son fils aîné, le roi Charles X substitua, par lettres patentes du mois d'avril 1828, le nom de Liancourt, en conservant à ce nouveau brevet l'ancienneté, l'hérédité et toutes les prérogatives dont il jouissait sous son ancienne dénomination.

Alexandre-Jules DE LA ROCHEFOUCAULD, comte D'ESTISSAC, chef de la seconde branche de cette illustre maison, né à Mello, le 23 janvier 1796, releva en 1839 la qualification de duc d'Estissac. Ancien député; il devint pair de France le 7 novembre 1839; il était alors colonel d'état major, et aide de camp du roi.

ESTOC ou ESTOCQ, mot qui est probablement une corruption du mot allemand *stoss*, qui a le même sens. Gébelin et Ménage le font dériver de l'allemand *stock*, tronc, souche, bâton ferré, épieu; Le Duchat le tire de l'allemand *stechen*, percer, *stick*, coup d'estoc. D'autres veulent qu'il vienne de l'italien *stocco*, synonyme de *coutille* ou *d'épée* longue et étroite. Barbazan ne fait dater que du quinzième siècle l'expression *estoc*. Cependant, l'estoc était connu au moins comme une espèce d'arme de fantassin, sinon comme un coup d'arme, au temps de Louis IX, et dans les exercices où l'on courait le faquin. Sous le règne de Henri II, nos compagnies d'ordonnance portaient l'estoc. Les Espagnols se servaient d'estocs dans les combats singuliers. Brantôme nous dit qu'en Italie « le grand-écuyer de Charles-Quint portoit l'estocq du roi. » Le terme *estoc* n'est plus employé maintenant qu'adverbialement : *frapper d'estoc*, c'est pointer ou donner de la pointe d'une épée ou d'un espadon. Frapper d'estoc, *estocader*, ou *estoquer* était un ancien usage de la milice romaine, et Végèce rappelle aux troupes cette maxime, qu'il *ne faut pas frapper de taille* ou *porter des coups de taille*. Tite-Live attribue les défaites des Gaulois à la nature de leurs épées, qui n'étaient pas propres à frapper de pointe. Les coups de pointe ou d'estoc se donnent dans ou hors, sur ou sous les armes ; ils se portent aussi en flanconnade.

Gal BARDIN.

ESTOCADE ou STOCADE suivant l'*Encyclopédie*, mot dont l'étymologie est la même que celle d'*estoc*. Des écrivains prennent ces deux mots l'un pour l'autre, mais dans les descriptions des pièces qui font partie des cabinets d'armes, on nomme positivement *estocade*, et non *estoc*, une épée en spatule dont on ne se servait qu'à cheval et comme d'une lance. Quoique le fer en fût long, il n'y avait qu'une courte partie de cette lame qui pût faire blessure : cette partie offensive, cette spatule, de 22 à 27 centimètres, avait forme de braquemart : le reste de la lame n'était qu'une barre carrée. Près de sa naissance et en son milieu, la spatule était percée, de part en part, d'un trou, dans lequel s'introduisait à demeure une broche de fer, de 5 à 8 centimètres de long : cette broche, de la force d'un gros clou d'épingle, avait pour objet de retenir ou d'attacher le fourreau, parce que ce fourreau n'était pas plus long que la spatule : le reste de la lame demeurait nu et découvert. Ce fourreau était en matière solide et de forme inoffensive, parce qu'il servait de frette ou de morne à la lame, c'est-à-dire qu'il y restait quand on devait s'en escrimer dans un combat simulé, en employant l'arme frettée, mornée, innocente, courtoise. Les estocades n'avaient qu'une poignée à croisette, parce qu'une garde eût nui, dans le combat à cheval, puisqu'il fallait que de la même main dont il tenait la poignée le combattant saisît la longue broche ou branche saillante qui était fixée à demeure sur le pectoral droit de la cuirasse.

Le mot *estocade* a d'autres acceptions : il s'est pris pour *brette* à quatre carrés, de un mètre environ, à poignée terminée en pivot; il a signifié encore un genre de blessures, ou de bottes d'escrime, et un coup d'arme différent de la *coutillade*.

Gal BARDIN.

ESTOILE (Pierre Taisan de L'), naquit à Orléans, vers 1480, d'un père qui, premier magistrat de cette ville, désirait que son fils suivît la même carrière. Il se livra avec tant d'ardeur à l'étude de la jurisprudence, qu'en 1512 il obtenait une chaire de docteur-régent à l'université de sa ville natale. Son enseignement multiplia singulièrement le nombre de ses auditeurs, parmi lesquels figurait Calvin. L'Estoile fut beaucoup plus son ami que son partisan. Marie de l'Estoile, connue par ses liaisons avec Théodore de Bèze, qui, dans ses *Juvenilia*, l'a célébrée sous le nom de Candide, était nièce du savant professeur; elle mourut jeune. L'attachement de Théodore pour la nièce s'étendit à l'oncle, qu'il cite comme le plus subtil (*acutissimus*) jurisconsulte des docteurs de France. Pierre Taisan de l'Estoile, après avoir perdu sa femme, devint chanoine d'Orléans et archidiacre de Sully. Sous ces deux titres il parut, en 1528, au concile provincial de Paris, où il s'éleva avec tant d'énergie contre les opinions nouvelles, que François Ier crut devoir se l'attacher en le nommant conseiller au parlement et président aux enquêtes. Il mourut dans ces fonctions, le 21 octobre 1537, laissant plusieurs ouvrages de droit.

ESTOILE (Pierre de L'), petit-fils du précédent, fils d'un conseiller au parlement, parent ou allié des familles les plus distinguées dans la magistrature, grand-audiencier de la chancellerie, naquit à Paris, vers 1540. Ces audienciers, au nombre de quatre, exerçaient alternativement leurs fonctions par quartier ou trimestre. Quelques biographes les ont signalés comme de simples huissiers. C'est une grave erreur: les grands-audienciers de la chancellerie étaient de véritables magistrats, chargés du rapport des affaires portées à cette haute juridiction. Pierre de l'Estoile, bon Français, annaliste consciencieux, à portée, par sa position sociale, d'être bien informé de tous les grands événements de l'époque, avait écrit, jour par jour, ce qui se passait d'intéressant à la cour et à la ville. Il n'était point ligueur, ni ce qu'on appelait alors *politique* ou *royaliste* prononcé. Son journal se fait remarquer par une grande franchise et une rare indépendance d'opinion. C'est un pêle-mêle de faits très-variés. Les affaires de l'État s'y mêlent à celles de la famille de l'auteur, aux prix des denrées, aux maladies régnantes, aux événements sérieux ou gais de chaque jour : c'est un compte-rendu de tout ce qui fait l'objet des conversations. Il raconte ce qu'il apprend, sans engager sa responsabilité; et, quand il croit s'être trompé, il se rétracte franchement. Il ne s'est point posé comme historien; il n'avait fait son journal que pour aider ses souvenirs. Ce n'est donc pas une histoire, mais un recueil de précieux matériaux historiques. Son œuvre se divise en deux parties : 1° le *Journal de Henri III*, 2° le *Journal de Henri IV*. Le premier, commencé en 1574, finit en 1589 : Godefroi l'a publié en deux volumes in-8°, à Cologne, en 1719; le deuxième a été imprimé en 1632, en deux volumes in-8°. Ces deux ouvrages ont aussi paru sous le titre de *Mémoires curieux pour servir à l'histoire de France, depuis 1575 jusqu'en 1611*, époque de la mort de l'auteur. Godefroi, l'abbé Lenglet, Le Duchat et d'autres commentateurs y ont ajouté beaucoup de notes et de pièces : 1° la *Description de l'Ile des Hermaphrodites*, pamphlet hideux des courtisans contre Henri III et ses mignons; 2° *Le Divorce satirique* et la *Confession de Sanci* : Henri IV est fort maltraité dans cet ouvrage; on lui reproche surtout son abjuration; 3° le *Discours merveilleux de la vie, actions et déportements de Catherine de Médicis*, libelle passionné, acrimonieux, où la haine très-grande se montre dans toute sa virulente exaltation. Ce recueil est désigné, dans le monde littéraire et dans le commerce de la librairie, sous le titre unique de *Journal de l'Estoile*. Il convient de distinguer des pamphlets ajoutés à son œuvre d'autres pièces originales, qui se font remarquer par une discussion sage et éclairée et par des relations exactes, telles que la *Véritable fatalité de Saint-Cloud*, la *Relation du meurtre du duc et du cardinal de Guise*, par Miron, médecin de Henri III;

et les *Lettres de Henri IV aux duchesses de Beaufort et de Verneuil*. Pierre de l'Estoile mourut en 1611, dans un âge très-avancé.

ESTOILE (Claude de L'), seigneur du Saussai, né à Paris, en 1597, fils du précédent, était un des cinq poètes que le cardinal de Richelieu employait à la composition de ses œuvres dramatiques. Seul il a écrit quelques pièces médiocres, telles que *La Belle Esclave*, *L'Intrigue des Filous de Paris*, *Le Ballet des Fous*, etc. Quelques odes, également oubliées, lui ouvrirent les portes de l'Académie Française en 1632. Il dut surtout cet honneur au patronage du cardinal de Richelieu. Il travaillait beaucoup ses ouvrages, et affectait une caustique sévérité pour ceux d'autrui. Ses collègues le chargèrent de leur faire un rapport sur la versification du *Cid*. La faiblesse de sa santé et son goût pour le plaisir lui interdisaient tout labeur assidu. Il ne travaillait qu'à la lumière, même pendant le jour. Un mariage d'inclination acheva de déranger ses affaires, et il fut forcé de se retirer, avec sa famille, dans un petit domaine qui lui restait, et où il mourut, en 1651 ou 1652. Il lisait ses ouvrages à sa servante. En cela seul il ressemblait à Corneille et à Molière.

ESTOILE (Pierre Pousse-Mothe de L'), fils du précédent, chanoine régulier, abbé de Saint-Acheul d'Amiens, mort en 1718, a laissé plusieurs œuvres archéologiques et hagiologiques, oubliées depuis longtemps. Son principal mérite est d'avoir mis au jour les journaux de son grand-père, dont il légua le manuscrit, formant 5 volumes in-folio, à son abbaye. On ignore ce qu'il est devenu.

ESTOMAC. On désigne par ce nom le principal organe de la digestion : c'est un sac membraneux, formé par l'ampliation des intestins. Chez l'homme, ce viscère a la forme d'une cornemuse, mais chez les animaux il diffère sous ce rapport de configuration, comme sous celui de beaucoup d'autres. Ainsi, chez quelques espèces, telles que certaines tortues marines, l'estomac est armé de sortes de dents. Les ruminants sont caractérisés par la présence de quatre estomacs portant chacun un nom particulier, la *panse*, le *bonnet*, le *feuillet*, la *caillette*.

L'estomac de l'homme est intérieurement revêtu d'une membrane analogue à celle qui tapisse la bouche, laquelle est douée d'une vive sensibilité. On y remarque deux ouvertures, une appelée *cardia*, qui communique avec un conduit appelé *œsophage*, lequel s'étend jusqu'à l'arrière-bouche; l'autre se nomme *pylore*, communiquant avec le premier des intestins, appelé *duodenum*. Cet organe est recourbé sur lui-même et forme un arc dirigé de droite à gauche; il est placé au-dessous de la fourchette que forment les côtes et entre le nombril, endroit que l'on appelle vulgairement le *creux de l'estomac*, *épigastre* ou *région épigastrique* dans le langage des médecins. Les deux ouvertures que nous avons fait connaître sont plus hautes que le fond, et par cette disposition les substances alimentaires ne passent dans les intestins par leur poids, mais seulement quand elles ont été suffisamment élaborées. Il était nécessaire de déterminer ici avec précision l'emplacement de l'estomac, parce qu'on commet journellement une erreur à ce sujet en disant : « J'ai mal au cœur, » quand on éprouve des nausées ou quand on vomit; on devrait dire : « J'ai mal à l'estomac; » c'est dans la région qui a été indiquée qu'on ressent une sensation pénible : la place occupée par le cœur se reconnaît facilement aux battements de cet organe.

Les fonctions dont l'estomac est chargé dans le jeu de l'organisme en font un organe des plus importants, et qui a une influence très-grande sur la santé. Il est le siège de la faim et de la soif, il est en rapport avec le cerveau, où réside l'empire de la volonté, et auquel il commande en despote. Ainsi, dès que la sensation de la faim est excitée, l'estomac sollicite le cerveau de lui fournir des aliments, comme un maître sonne son valet pour mettre la table; et il est obéi, coûte que coûte. Il est bien rare que le cerveau puisse résister à cet appel : il faut un effort de volonté dont peu d'hommes sont capables. Le *moi* perd presque toujours ses droits, l'organe dont il procède venant à s'affecter au point que la raison se perd. On a cependant des exemples de ce triomphe du cerveau sur l'estomac.

On a prétendu qu'une partie du cerveau produisait la faim, parce qu'on l'a trouvée très-développée chez les personnes affamées et gourmandes même dans l'enfance : les phrénologistes en ont fait l'organe de l'*alimentativité*; ils le placent au-dessous des tempes. Quoi qu'il en soit, le cerveau, à son tour, exerce une influence très-grande sur l'estomac, influence dont il convient d'indiquer ici la portée. Les occupations intellectuelles, si elles sont trop abstraites, trop prolongées, produisent une irritation cérébrale que l'estomac partage promptement, et qui se traduit par un malaise ressenti dans l'épigastre. Le chagrin agit de même, et plus vivement; s'il est entretenu, il peut produire des effets analogues à ceux des poisons : beaucoup de gastrites, d'ulcérations, de cancers de l'estomac, n'ont souvent pas d'autres causes. C'est ainsi que l'âme ronge le corps. En raison de cette sympathie qui unit aussi étroitement le cerveau et l'estomac, les stimulations de ce dernier organe retentissent à leur tour sur le premier. L'ivresse fournit un exemple trop commun de cette action.

Ces informations suffisent pour indiquer sommairement l'importance de l'estomac dans l'ensemble des organes de la vie, et pour montrer comment l'insuffisance des aliments et des boissons, ou leur mauvaise qualité, doit produire, d'une part de graves désordres, et d'une autre comment l'excès contraire doit avoir également des résultats funestes. Ce n'est pas impunément qu'on satisfait à la gourmandise, à la gloutonnerie, ou à la passion des liqueurs alcooliques. Ainsi, par des motifs contraires, l'estomac est un ennemi pour le riche comme pour le pauvre. D' CHARBONNIER.

ESTOMAC (Crampe d'). *Voyez* CRAMPE.

ESTOMAC (Creux de l'). *Voyez* ÉPIGASTRE.

ESTOMPE. On donne ce nom à un morceau de peau roulée, fixée dans cette disposition, par son bord externe seulement, à l'aide d'un peu de colle, et utilisée de telle façon que sa forme cylindrique se termine par deux cônes dont le sommet est en dehors. Cet instrument sert à étudier le crayon sur le papier. On emploie plusieurs sortes de peaux à sa confection. L'estompe de buffle fond aisément entre elles les hachures de la préparation ; celle que l'on fabrique avec le cuir de l'agneau enlève la couleur ; la peau de castor la fixe assez solidement. On substitue avec avantage à cette matière le papier gris, abandonnant plus facilement le noir sur la feuille que l'on veut charger d'ombres. On proportionne la grosseur de ces objets d'exécution à la dimension du sujet et des figures à dessiner. On doit éviter cependant la trop grande ténuité de leur pointe : cet excès est nuisible à l'ensemble du travail, et produit de la sécheresse dans le faire. Aussi, les estompes aplaties vers leurs bouts peuvent être adroitement utilisées à reproduire des plans larges, et devenir préférables dans les fonds, que l'on rend plus vaporeux. Le crayon le meilleur pour être estompé est le plus tendre ; le dur laisse des sillons, qu'il est souvent impossible de faire disparaître. J.-B. DELESTRE.

ESTOUVELLES (D'). *Voyez* DESTOUVELLES.

ESTRADIOTS, soldats à cheval, qu'on tirait autrefois de la Grèce et de l'Albanie. Ce mot vient du grec στρατιώτης, qui signifie *soldat*. Les Vénitiens introduisirent les premiers cette milice dans leurs armées. Les Français les virent à l'œuvre lors de l'expédition de Charles VIII en Italie, et particulièrement à la bataille de Fornoue. C'était de bonne cavalerie légère : aussi Louis XII en prit-il 2,000 à son service, lorsqu'il marcha contre Gênes. Le duc de Joyeuse en commandait un escadron à la bataille de Coutras. D'après Philippe de Comines, ils étaient vêtus à la turque et avaient la salade pour coiffure ; on les appelait officiellement *chevau-légers albanais*. Leurs armes étaient une large épée, la masse à l'arçon, et un poing une zagaie de 3 mètres 25 à 4 mètres, ferrée aux deux bouts. Le Père Daniel a donné la figure de l'estradiot dans son *Histoire de la Milice française*. Monter à cheval avec des étrivières courtes, c'était *monter à la mauresque* ; monter avec des étrivières longues, c'était *monter à l'estradiote*.

ESTRAGON, espèce du genre *armoise*, de la famille des composées. On la nomme encore *serpentine*, à cause de la ressemblance de sa racine avec le corps d'un serpent ou d'un dragon replié plusieurs fois sur lui-même, ressemblance que rappelle également son nom scientifique, *artemisia dracunculus*. Cette plante vivace croît spontanément en Sibérie, d'où elle s'est répandue il y a longtemps partout. Ses feuilles, petites et allongées, ont une odeur agréable et légèrement piquante. Il est peu de nos potagers où l'estragon ne se trouve. Il contribue à la composition des salades, dont il relève le goût, en facilitant la digestion. L'estragon entre aussi dans plusieurs infusions, telles que le vinaigre d'estragon, dont l'emploi est très-fréquent. On le multiplie par la séparation de ses pieds, ou par les boutures de ses tiges ; mais ce dernier procédé est très-rarement mis en usage, parce que les tiges de l'estragon sont faibles et délicates. Cette plante est d'une constitution faible ; elle craint l'humidité, et est sujette à pourrir ou à fondre, surtout dans les terres fortes, grasses et compactes : il faut donc, autant que les circonstances le permettent, placer l'estragon dans une terre douce et légère, et lui donner des arrosements modérés. C. TOLLARD aîné.

ESTRAMAÇON ou **ESTRAMASSON**, mot dérivé de l'italien *stramazzone*, et qui dans ce cas semblerait analogue au verbe *stramazzare*, jeter par terre, atterrer, comme si l'on frappait avec une *mazza* ou massue. Cependant, on pourrait croire, d'après Ménage et Pierre Borel, qu'il proviendrait du latin barbare *scrammasaxus*, qu'on trouve dans Grégoire de Tours. Carré, dans sa *Panoplie*, accuse une étymologie différente : il prétend qu'on nommait *estramaçon*, ou *extrema acies*, l'extrémité du sabre, mesurée à 0^m,32 de distance de la pointe. Le terme *estramaçon* signifiait *lourde épée*, *épée à large tranchant*, ou, suivant Pasquier, *coup de taille*. De là le verbe *estramaçonner*, frapper de taille. Chilpéric, en 584, est assassiné à coups d'estramaçon (*scrammasaxus*). On se servait d'estramaçons dans les combats à la *mazza*, dans les duels à mort.
Gal BARDIN.

ESTRAMADURE (*Estremadura*). Il y a deux provinces de ce nom, l'une en Espagne, l'autre en Portugal. Avant la nouvelle division administrative et politique introduite en Espagne, l'*Estramadure* d'Espagne avait Badajoz pour capitale. Située entre le Portugal et la Nouvelle-Castille, elle est traversée dans sa partie septentrionale par le Tage, et dans sa partie méridionale par la Guadiana ; bornée au nord par le royaume de Léon et au sud par l'Andalousie, elle forme depuis 1833 les deux provinces de Badajoz et de Cacérès. Sa superficie totale est d'environ 476 myriamètres carrés, et sa population de près de 600,000 âmes. Bien qu'elle ne soit que la continuation de la haute terrasse de la Nouvelle-Castille, l'Estramadure ne se développe pourtant point comme celle-ci en une plaine uniforme. Elle est, au contraire, limitée, au nord, par la sierra de Gredos et la sierra de Gata ; l'une et l'autre vivement accidentées, et derniers prolongements des montagnes qui la séparent de la Castille ; au sud, par les espèces de plateaux ou de pâturages déserts, un peu moins élevés, qu'on désigne sous le nom de *sierra Constantiana*, continuation de la sierra Morena ; soulèvements du sol qui envoient en tous sens de nombreuses ramifications à l'intérieur de l'Estramadure. Aussi cette contrée forme-t-elle moins une plaine qu'une crête montagneuse et onduleuse, bien arrosée, généralement bien boisée là où il existe des montagnes, et offrant dans ses vallées, les plus verdoyants pâturages. Cependant, en dépit de la richesse de son sol et de sa fertilité, l'Estramadure est restée depuis l'expulsion des Maures dans un état de misère et de désolation extrême. C'est là une des conséquences des sacrifices que l'agriculture espagnole fait à l'élève des moutons, de la *Mesta*, ou droit de vaine pâture établi au profit des troupeaux errants, système qui fait regarder le sol comme la propriété commune des éleveurs de troupeaux. Indépendamment des moutons, on y élève aussi beaucoup de chèvres et beaucoup de porcs nourris à la glandée, qui servent à faire des jambons et des saucissons, à bon droit renommés. L'élève des chevaux, des ânes et des mulets, des vers à soie et des abeilles ne laisse pas non plus que d'y donner lieu à des profits d'une certaine importance. L'exploitation des mines, autrefois si productive, est de nos jours à peu près nulle. L'industrie y est d'ailleurs sans importance, et le commerce extérieur se borne au transit avec le Portugal. La population de l'Estramadure, pauvre et clair-semée, tenue en dehors du reste de l'Espagne par l'absence totale de routes viables, est peu civilisée, et n'est guère intéressante au point de vue moral. On recrute cependant d'excellents soldats dans son sein, et c'est de l'Estramadure que sont venus les plus célèbres *conquistadores*, et autres chefs militaires.

Après l'Alem-Tejo, l'*Estramadure* du Portugal est la plus grande province de ce royaume. Elle offre une superficie de 291 myriamètres carrés, et, y compris la population de Lisbonne, compte environ 800,000 habitants. Elle est généralement montagneuse. Au nord du Tage, jusque dans la province de Beira, se prolonge la continuation de la haute sierra da Estrella, avec ses sauvages rochers calcaires à pic, envoyant de nombreuses ramifications dans toute la contrée. A l'ouest de l'embouchure du même fleuve, se trouve la montagne granitique appelée *la sierra de Cintra*, haute de 3 à 600 mètres au-dessus du niveau de la mer, et du caractère le plus romantiquement sauvage, aboutissant au *Cabo de Roca*, lequel forme l'extrémité sud-ouest du continent européen. Au sud du Tage s'étendent des landes arides, interrompues quelquefois par des marais; on y trouve l'*Arrabida*, montagne calcaire à base de grès, qui atteint une élévation d'environ 340 mètres, et aboutit à la mer avec le *Cabo de Espichel*. Beaucoup de parties de cette province sont extrêmement fertiles, mais le reste est aride et inculte. Le Tage, qui ne devient navigable qu'à Abrantès, c'est-à-dire à environ 15 myriamètres de son embouchure, renferme un grand nombre d'îles. Les principales productions de l'Estramadure sont le vin, l'huile, les fruits du Midi, les grains, le liège. Les parties sablonneuses elles-mêmes sont couvertes de ciste, de romarins, de myrtes et autres plantes odoriférantes. L'élève du bétail n'y a pas pris d'importance. En fait de minéraux, on n'y rencontre que du marbre, de la houille et du sel fossile (surtout aux environs de Setubal); c'est là aussi qu'est située la seule saline qui existe en Portugal, la source de *Rio-Mayor*, près de Santarem. C'est surtout dans cette province que les tremblements de terre, assez fréquents en Portugal, ont exercé leurs ravages. Elle est divisée en trois districts : Leiria, Lisbonne et Santarem; en 25 *comarcas*, ou arrondissements judiciaires; en 84 *conselhos*, ou communes, et en 474 paroisses.

ESTRANGHELO. On nomme ainsi l'alphabet syriaque sous la forme la plus ancienne qu'on lui connaisse. Le Syrien maronite ASSEMANI, mort préfet de la bibliothèque du Vatican, en 1768, a cru trouver l'origine de ce nom dans le mot grec στρογγύλος, *arrondi*, épithète qui ne s'accorde assurément pas avec la nature, au contraire roide et anguleuse, de la plupart des vingt-deux caractères qui composent cet alphabet. La forme la plus commune aujourd'hui des lettres syriaques, celle du caractère *pechito*, adoptée à une époque comparativement récente, présente des traits bien autrement arrondis que ceux de l'autre, et qui lui mériteraient à bien plus juste titre le nom d'*estranghelo*, si l'étymologie donnée par Assemani avait quelque justesse. Les savants orientalistes Michaelis, Adler, Hoffmann, voient, au contraire, dans ce nom une contraction de deux mots arabes qui se prononcent *Sathar-andjit*, et signifient *écriture de l'Évangile*. Le système graphique connu sous le nom d'*estranghelo* fut primitivement employé chez les Syriens pour la transcription des saintes Écritures et de la liturgie. C'est aussi le caractère dans lequel ont été écrits presque tous les manuscrits antérieurs au huitième siècle. Depuis cette époque, il est exclusivement réservé pour les titres des livres. On en trouve un beau spécimen dans la Bible polyglotte imprimée à Londres, par Samuel Baxter, en 1831. Les formes de l'*estranghelo* rappellent celles du caractère chaldaïque ou hébreu carré, auquel elles ont évidemment été empruntées.
Léon VAÏSSE.

ESTRAPADE. Ce mot, dérivé de l'ancien verbe français *estraper*, briser, a ou a eu deux significations. En termes de manége, il se dit de l'action d'un cheval qui se dresse en l'air, en détachant de furieuses ruades pour démonter son cavalier. C'était aussi un supplice de mer, consistant à guinder le coupable à la hauteur d'une vergue, d'où, le laissant tomber dans la mer, on l'y plongeait autant de fois que le portait la sentence : c'est ce qu'on appelait aussi la *cale*. L'*estrapade de terre* était un supplice plus cruel, en usage dans le midi de l'Europe, et dont la forme variait suivant les localités. Quelquefois on liait les pieds et les mains du coupable derrière le dos; on le hissait, au moyen d'une poulie, et on le laissait tomber jusqu'à 80 centimètres à 1 mètre de terre, de manière que ses bras et ses jambes éprouvassent de grandes douleurs par le poids de son corps. Mais quand on se contentait d'attacher les mains du patient derrière le dos, pour le faire tomber sur ses pieds, alors les souffrances étaient horribles : le poids du corps faisant revenir les bras en avant, les épaules se trouvaient démises. C'est de cette dernière manière qu'on infligeait l'estrapade dans les États soumis à la domination du pape. On a vu longtemps à Avignon, sur la place Saint-Pierre, à côté du tribunal de ce nom, une poulie à 10 ou 15 mètres de terre, d'où l'on faisait descendre rapidement les victimes. Le supplice de l'estrapade fut introduit en France sous le règne de François 1er, et on l'infligea spécialement aux huguenots, que, par un raffinement de cruauté, on replongeait plusieurs fois dans les flammes, au lieu de les faire tomber par terre. La *ganche* était jadis une sorte d'estrapade réservée en Turquie aux assassins : on hissait les patients au moyen d'une poulie, et on les laissait tomber sur des crampons en fer, où ils restaient accrochés par le ventre, la poitrine, ou toute autre partie du corps. On voyait quelques-uns de ces misérables demeurer ainsi suspendus deux ou trois jours, en attendant la mort, demander à boire et à fumer.

Une petite place à Paris, près de Sainte-Geneviève, et une rue voisine, portent encore le nom de l'*Estrapade*, et ont remplacé le fossé qui renfermait la ville de ce côté, non loin de la porte Saint-Jacques, qui n'existe plus. De là est venu le nom d'*Estrapade* donné au fossé, à la rue et à la place. Y voyait-on des chevaux désarçonner leurs cavaliers? Y donnait-on autrefois la torture à des malheureux, notamment sous François 1er et sous Henri II? Cette dernière étymologie est la plus vraisemblable. Mais ce qu'il y a de certain, c'est que ce quartier était alors plus vivant qu'il ne l'est aujourd'hui. Devant la porte Saint-Jacques, à l'entrée du fossé de l'Estrapade, vers la fin du seizième siècle, un théâtre portatif fut établi par trois acteurs, ou plutôt trois farceurs, qui depuis entrèrent à celui du Marais, d'où ils passèrent à l'hôtel de Bourgogne : Robert Guérin, dit La Fleur ou Gros-Guillaume; Henri Legrand, dit Belleville ou Turlupin, et Hugues Guérin, dit Fléchelle ou Gautier-Garguille. Ils y faisaient rire le public, l'un, par son visage enfariné et son gros ventre d'ivrogne, cerclé de deux ceintures de cuir comme une barrique; le second, par sa longue barbe pointue et ses chansons bouffonnes; le troisième, par ses pointes et ses quolibets, qu'on appela *turlupinades*. Deux siècles plus tard, lorsque la révolution de 1789, détruisant tous les priviléges, enfanta une multitude de théâtres, il s'en éleva un sur la place de l'Estrapade, sous le titre de *théâtre des Muses*. L'Apollon de ce Parnasse était un sieur Panier, tourneur de son métier, et ci-devant associé à la direction des *Délassements comiques*. Il offrit au public des actrices qui ne ressemblaient à rien moins qu'aux

Muses, et des pièces qu'il payait quarante sous par acte. On y jouait des ouvrages patriotiques, qui produisaient sur les bonnes gens du quartier une grande illusion, surtout aux fêtes funèbres de Voltaire et de Mirabeau. Ce théâtre ferma au bout de quelques mois, et son entrepreneur se remit à tourner des chaises. Vers la fin de 1792, la salle rouvrit, non sous le patronage des Muses, mais sous le simple titre de *théâtre de l'Estrapade*, qui ne lui réussit pas mieux, car elle fut fermée définitivement dans les premiers mois de 1793, et il n'en reste plus aujourd'hui de vestiges.

H. AUDIFFRET.

ESTRÉES (Familles d'). Il a existé des familles du nom d'*Estrées* dans différentes provinces de France, en Touraine, au Maine, dans la Bresse, en Picardie et en Artois. Celle dont était issue Gabrielle d'Estrées (*Voyez* l'article suivant) avait pour berceau une seigneurie des environs d'Avesnes-le-Comte, au diocèse d'Arras. Sa filiation remontait à Pierre d'Estrées, vivant en 1437. *Jean* d'Estrées, arrière-petit-fils de Pierre, naquit en 1486. Il fut d'abord page de la reine Anne de Bretagne, combattit à Marignan et à Pavie, et devint, en 1545, capitaine d'une compagnie de cent cinquante archers, formée pour la garde de Henri II, alors dauphin. Ce prince, quelques années après son avénement au trône, nomma d'Estrées grand-maître de l'artillerie de France, charge dans laquelle il se distingua au siége de Calais. On dit que d'Estrées fut le premier gentilhomme de sa province qui embrassa la religion réformée. Il s'attacha au roi de Navarre et au prince de Condé, dont il avait épousé la parente, Catherine de Bourbon, mais sans s'écarter cependant de son devoir et de sa fidélité envers son souverain. Il mourut en 1572, laissant pour héritier Antoine d'Estrées, son fils, qui fut aussi grand-maître de l'artillerie en 1597, charge qui, sur sa démission, fut donnée à Sully, marquis de Rosny. *François Annibal* d'Estrées, qui avait pour sœur Gabrielle d'Estrées, et pour père Antoine, qui précéde, fut pourvu de l'évêché de Noyon en 1594, et prit le parti des armes après la mort de François-Louis d'Estrées, marquis de Cœuvres, son frère aîné. Il fut tué au siège de Laon, en 1594. Deux marins célèbres du règne de Louis XIV appartenaient aussi à cette famille (*Voyez* plus loin), qui a fourni encore différents maréchaux, généraux et évêques, et qui s'éteignit en 1771.

ESTRÉES (GABRIELLE D'), dame de Liancourt, duchesse de Beaufort, naquit en 1571, et mourut en 1599. Qui ne connaît les amours de Henri IV et de Gabrielle? Le hasard ayant conduit ce prince, sur la fin de 1590, au château de Cœuvres, où résidait Gabrielle et sa famille, il reçut de la jeune châtelaine un accueil si empressé, que le cœur, d'ailleurs fort inflammable, du pauvre roi fut conquis sans retour; mais de cette fois il ne fut pas vainqueur, soit que Gabrielle se sentît encore trop éprise du grand écuyer Bellegarde, son amant, soit que Henri IV ne fût pas en état de pousser à fin l'aventure : en effet, les *Mémoires de Bassompierre* nous apprennent que l'abbesse de Vernon, Catherine de Verdun, lui avait laissé un *souvenez-vous de moi* beaucoup trop durable. Quoi qu'il en soit, Gabrielle ne tint pas longtemps contre les libéralités d'un prince qui n'avait pas toujours des chemises, mais qui ne comptait jamais avec ses maîtresses. Henri IV, au reste, avait plus qu'aucun autre roi besoin de se montrer généreux en amour, car le prestige de ses héroïques qualités ne pouvait dans certains moments effacer la révoltante impression de sa malpropreté, toute soldatesque et toute gasconne, jointe à la puissance d'une haleine à renverser morts ses ennemis. La demoiselle d'Estrées se donna donc au roi, sans renoncer à son intrigue avec Bellegarde. Le bon Henri, destiné, dans ses amours comme en hymen, à la publicité de plus d'une malencontre, n'ignorait ni les privautés de sa maîtresse avec Bellegarde, ni celles de son épouse, Marguerite de Valois, avec l'univers entier. Qui ne connaît ce mot : « Il faut que tout le monde vive, » qu'il dit si plaisamment en jetant un gâteau au grand-écuyer caché sous le lit de son infidèle? Les *Mémoires de Sully* nous apprennent l'étonnement que témoigna ce prince lorsque Alibourt, son médecin, lui apprit que Gabrielle était enceinte : « Que voulez-vous dire, bonhomme? Comment serait-elle grosse? Je sais bien que je ne lui ai encore rien fait? » Peu de jours après, le 24 juillet 1594, mourut ce médecin, possesseur d'un secret si dangereux, Les ennemis de la favorite ne manquèrent pas d'attribuer cette mort subite au poison (*Journal de L'Estoile*).

Pour donner à Gabrielle une position dans le monde, Henri IV l'avait mariée à un gentilhomme picard, Liancourt-Damerval; mais, disent les *Mémoires de Sully*, « il sut bien empêcher la consommation du mariage, » qui fut bientôt dissous pour cause d'impuissance du mari, quoiqu'il eût quatorze enfants d'une première femme. Ce préliminaire était essentiel pour conduire la demoiselle d'Estrées sur le trône que le roi lui destinait, lorsque lui-même aurait fait dissoudre son mariage avec Marguerite de Valois. Dans ce dessein, il érigea pour la reine de ses pensées le comté de Beaufort en duché-pairie. Gabrielle ne négligea pas de se faire des créatures parmi les plus grands seigneurs du royaume. Elle contribua beaucoup à l'accommodement honorable qu'obtinrent du Béarnais Mayenne et le duc de Mercœur. Elle ne s'oublia pas elle-même, et pour prix de ses bons offices ce dernier promit d'unir sa fille, qui était la plus riche héritière du royaume, à César, *Monsieur*, duc de Vendôme, l'aîné des trois enfants qu'elle avait donnés à Henri IV. Un seul homme contre-balançait le crédit de la favorite : c'était Sully, trop dévoué à son maître pour l'être à ses maîtresses. C'étaient, entre elle et l'austère ministre, des scènes à n'en pas finir Le bon prince faisait chaque jour des efforts pour les rapatrier : une parole indiscrète de Gabrielle le mit à même un jour de se prononcer, et ce ne fut pas à l'avantage de celle-ci : « J'aime mieux, lui dit-elle, mourir que de vivre avec cette vergogne de voir soutenir un valet contre moi, qui porte le titre de *maîtresse*. — Je chasserais plutôt vingt maîtresses comme vous qu'un valet comme lui , » fut la réponse de Henri IV.

Toutefois, sans avoir le titre de reine, la favorite en recueillait déjà tous les honneurs ; elle ne devait pas même tarder à le posséder, car les négociations pour le divorce allaient bon train. C'est le moment qu'attendit la mort pour la frapper au milieu de tout l'éclat du bonheur et du luxe, au milieu du prestige des plus hautes espérances. Le roi, par une insignifiante concession aux remontrances de son confesseur René Benoit, avait éloigné de la cour Gabrielle pendant les fêtes de Pâques. Elle alla les passer chez Zamet, riche financier, qui était le ministre des plaisirs du prince et le complaisant de ses maîtresses. Ce fut là que le samedi saint, 10 avril 1599, elle expira, dans d'affreuses convulsions, qui la prirent subitement après avoir mangé une orange à la fin de son dîner. Sa bouche s'était tournée presque jusqu'au derrière de la tête, et, dit un biographe, « ce visage, orné de tant d'attraits, n'offrait plus qu'un masque hideux, sur lequel il était impossible de jeter les yeux sans horreur. » Cette mort fut-elle l'effet d'une apoplexie naturelle? provint-elle du poison? C'est un problème que l'histoire n'a pu résoudre. Henri IV donna d'amers regrets à sa maîtresse ; il porta son deuil comme pour une princesse du sang.

Il aurait qu'au total Gabrielle, ambitieuse et intéressée comme toutes les femmes qui ont occupé sa place, si l'on en excepte la douce et tendre La Vallière, fut une assez bonne créature : « Sans hauteur, sans arrogance, sans fierté, dit le même biographe, elle n'abusa jamais de sa faveur. Affable, polie, douce et bienfaisante, elle avait acquis l'estime et la considération des courtisans. » Un contemporain assez peu flatteur de son naturel, d'Aubigné, ne s'est pas exprimé avec moins d'estime sur le caractère de cette favorite. « On n'a guère vu de maîtresses de rois, dit-il , qui n'aient attiré sur elles la haine des grands, ou en leur faisant perdre ce qu'ils désiraient, ou en faisant défavoriser ceux qui ne les aidaient pas, ou en épousant les intérêts de leurs parents, leurs récompenses ou leurs vengeances. C'est une merveille que cette femme, dont l'extrême beauté ne tenait rien de lascif, ait pu vivre dans cette cour avec si peu d'ennemis. »

Sous un autre rapport, la chronique scandaleuse du temps n'a pas épargné Gabrielle. On rapporte qu'après avoir été, à l'âge de seize ans, prostituée par sa mère à Henri III, qui la paya 6,000 écus, et qui s'en lassa bientôt, elle fut livrée à Zamet, dont le coffre-fort trouvait peu de cruelles; puis elle passa au cardinal de Guise, qui vécut avec elle pendant un an; puis, au duc de Longueville, puis à deux ou trois autres gentilshommes, et enfin au duc de Bellegarde, qui finit par la partager avec Henri IV. Nous rapportons cette amoureuse litanie, sans prétendre la discuter ni la garantir; elle prouve du moins que la médisance n'est jamais en reste à l'égard des femmes qui bravent les mœurs avec autant de publicité. Cette favorite se livrait sans mesure aux dépenses du luxe le plus effréné. Le *Journal de L'Estoile* entre à ce sujet dans des détails curieux : on y voit que pour un ballet, qui fut donné à la cour au mois de novembre 1594, elle porta un mouchoir dont « elle avait arrêté le prix (avec un brodeur de Paris) *à dix-neuf cents écus* , qu'elle lui devait payer comptant. » Gabrielle a été le sujet d'une héroïde de Poinsinet et d'une mauvaise tragédie de Sauvigny. Dans les environs de Paris, on montre encore plusieurs maisons de plaisance qui lui ont appartenu.   Charles Du Rozoir.

ESTRÉES (Jean, comte, et Victor-Marie, duc d'). Ces deux hommes, le premier père du second, se transmirent l'un à l'autre, par droit de naissance, les grands titres et l'illustration. Jean était né en Picardie, en 1628; il servit d'abord dans l'armée de terre, sous Gassion, Bautran et Turenne, et à trente-et-un-ans le roi l'avait nommé lieutenant général de ses armées. Mais, fait prisonnier en 1655, il disparut du monde politique jusqu'en 1659, où la paix lui rendit la liberté. Il profita des années de calme pour voyager, et parcourut les ports de France, d'Angleterre et de Hollande, « conversant, de temps en temps, avec les pilotes, les officiers et les matelots, si bien , dit un biographe, qu'il apprit tout ce qui est nécessaire pour former un homme de mer. » Louis XIV l'improvisa vice-amiral, en 1670, après l'avoir fait duc et pair, et lui donna une flotte pour aller demander raison aux Anglais des ravages qu'ils exerçaient dans nos possessions d'Amérique et pour donner ensuite la chasse aux Barbaresques ; puis , en 1672, quand la France s'unit à l'Angleterre contre la Hollande, l'escadre de d'Estrées se rangea sous les ordres du duc d'York, et se battit à South-Bay contre Ruyter. L'année suivante encore, avec trente vaisseaux de ligne et vingt frégates, il s'unit aux quarante deux vaisseaux du prince Robert, et le 7 juin les armées combinées engagèrent un combat contre Ruyter et Tromp. Ce jour, son intelligence s'éveilla aux belles leçons d'évolution navale qu'il reçut de Ruyter. L'honneur et l'amour de la gloire emplissaient l'âme de la noblesse française de ces temps-là. D'Estrées rendit à son ennemi un généreux témoignage ; il écrivit à Seignelay : « Ruyter est un grand maître dans l'art de la marine, il m'a donné de belles leçons dans cette bataille : je payerais volontiers de ma vie la gloire qu'il s'est acquise. » Et sept jours après il espéra mettre à profit ces hauts enseignements : il se heurta contre Ruyter, mais il n'y eut que deux affaires partielles.

Si les officiers de marine d'alors n'avaient pas une large entente de l'art des batailles, ils étaient braves chevaliers, et l'honneur parlait haut à leur âme. Prenons-en pour exemple la tentative que fit Jean d'Estrées sur Tabago en 1671. Il n'avait que six vaisseaux ; l'amiral hollandais Binck en avait dix, et de plus il était embossé dans le cul-de-sac de Tabago, où nos vaisseaux ne pouvaient pénétrer que la sonde à la main, par un étroit chenal. D'Estrées entra malgré le feu des forts, et engagea l'ennemi bord à bord pendant huit heures; il fit sauter le vaisseau amiral, qu'il avait accroché, et fut brûlé lui-même. Il se passa d'horribles scènes, surtout à bord d'une malheureuse flûte où l'on avait entassé

femmes, enfants, nègres et vieillards, et qui prit feu. Quant à lui, il ne dut son salut qu'au dévouement d'un garde-marine. Ce fut une chaude affaire : sur onze vaisseaux qui brûlèrent, nous y laissâmes quatre des nôtres. Il revint vers la fin de l'année, et prit possession de l'île. Mais il était destiné à essuyer toutes les chances de la navigation : en retournant en France, son escadre alla faire tête sur les îles des Oiseaux ; le désordre se mit dans son équipage : les matelots défoncèrent les barriques de vin et d'eau-de-vie, se soûlèrent, perdirent la tête et se noyèrent. A son arrivée, il reçut le bâton de maréchal. Dans la suite de sa carrière, il rançonna les corsaires de Tripoli et de Tunis. Le roi lui donna le commandement des côtes de Bretagne, et il mourut en 1707.

La vie de *Victor-Marie*, son fils aîné, né à Paris, en 1660 ne fut que la contre-épreuve de la sienne; le grand roi commençait à baisser. Louis XIV le tira de l'armée de terre, où il servait sous le nom de *marquis de Cœuvres* , pour lui donner, sans raison, le commandement d'un des vaisseaux de l'amiral son père. Il débuta par une traversée pénible : le journal de cette expédition, qu'il adressa au ministre à son retour, indique qu'il avait une haute portée d'esprit : il mérite d'être consulté; de pareils monuments sont rares dans la marine. Tour à tour soldat et marin, il fut toujours brave, mais il parut mieux entendre la guerre sur terre. Nous ne donnerons pas la nomenclature des combats auxquels il assista : la postérité ne peut pas tenir compte aux hommes d'un simple acte de présence dans les grands événements. Si Louis XIV le fit chevalier de ses ordres et maréchal de France, ce fut en récompense des *bons traitements* que reçut de lui le roi d'Espagne Philippe V, lorsqu'il le transporta à Naples sur son escadre. Détournons les yeux du combat de Vélez-Malaga : la marine française était en décadence, et en 1706 les armées navales de Louis XIV n'étaient plus. Victor d'Estrées fut nommé ministre par le régent, et l'Académie Française l'adopta pour membre. Il avait une intelligence large et l'esprit cultivé. Pierre le Grand lui donna des marques d'une considération toute particulière. Ce fut sous sa direction que le Père Hoste publia un traité de tactique navale et de construction, qui indique les progrès rapides qu'avait faits l'art de la marine. Il mourut sans enfants, à l'âge de soixante-dix-sept ans.
   Théogène Page, capitaine de vaisseau.

ESTRÉMADURE. *Voyez* Estramadure.
ESTROPE. *Voyez* Erse *(Marine)*.
ESTURGEON, genre de poissons du premier ordre des chondroptérygiens ; il renferme un assez grand nombre d'espèces, dont la forme générale est la même que celle des squales, mais dont le corps est plus ou moins garni d'écussons osseux, implantés sur la peau, en rangées longitudinales. Les esturgeons, comme les squales, peuvent-être comptés parmi les plus grands poissons, puisqu'on en rencontre souvent qui ont plus de huit mètres de longueur ; mais ils sont moins forts, moins féroces; ils n'attaquent que les poissons de petite dimension, se nourrissent surtout de vers, de coquillages, et joignent à leur appétit peu violent des habitudes douces et des inclinations paisibles. Voici leurs caractères génériques, tels que les donne G. Cuvier, dans son *Règne animal* : « La tête est très-cuirassée à l'extérieur ; la bouche, placée sous le museau, est petite et dénuée de dents ; l'os palatin soudé aux maxillaires, en forme la mâchoire supérieure, et l'on trouve les intermaxillaires en vestige dans l'épaisseur des lèvres. Portée sur un pédicule et composée de trois articulations, cette bouche est plus protractile que celle des squales. Les yeux et les narines sont aux côtés de la tête. Sous le museau pendent des barbillons. Le labyrinthe est tout entier dans l'os du crâne ; mais il n'y a point de vestige d'oreille externe. Un trou placé derrière la tempe n'est qu'un évent qui conduit aux ouïes. La dorsale est en arrière des ventrales et à l'anale sous elle. La caudale entoure l'extrémité de l'épine et a en dessous un lobe saillant, plus court cependant que sa pointe principale. » Les

esturgeons sont extrêmement féconds; on les trouve dans toutes les mers, d'où ils remontent en abondance dans les grands fleuves et y donnent lieu aux pêches les plus profitables. Les espèces sont encore mal déterminées; quelques-unes d'entre elles attirent surtout l'attention du naturaliste, non-seulement par leurs formes, leurs dimensions et leur manière de vivre, mais encore par la nourriture saine, agréable et abondante que leur chair fournit à l'homme, ainsi que par les matières utiles dont elles enrichissent les arts.

L'*esturgeon ordinaire* (*accipenser sturio*, L.) habite dans l'Océan, dans la Méditerranée, dans la mer Rouge et dans la mer Caspienne; au lieu de passer toute sa vie au milieu de l'eau salée, comme les raies et les squales, dès que le printemps arrive, qu'une chaleur nouvelle se fait sentir, et que le besoin de pondre et de féconder ses œufs presse l'esturgeon, il s'engage dans presque tous les grands fleuves, dans le Volga, le Danube, le Pô, la Garonne, le Rhin, l'Elbe, etc. Là sans doute il trouve plus aisément l'aliment qu'il préfère, et se plaît à vaincre, par la force de ses nageoires et de sa queue, des courants rapides, des masses d'eau volumineuses. Lorsqu'il est encore dans la mer, ou près de l'embouchure des grandes rivières, il se nourrit de harengs, de maquereaux ou de gades, et lorsqu'il est engagé dans les fleuves, il attaque les saumons, qui les remontent dans le même temps; comme il paraît, au milieu de ces légions nombreuses, semblable à un géant, on l'a comparé à un chef, et on l'a nommé le *conducteur des saumons*. Si le fond des mers ou des rivières qu'il fréquente est très-limoneux, il préfère souvent les vers qui habitent la vase déposée au fond des eaux, et qu'il se procure avec d'autant plus de facilité que le bout de son museau est dur et pointu, et qu'il sait fort bien s'en servir pour fouiller dans le limon. Il agrandit et engraisse dans ces rivières fortes et rapides. Au rapport de Pline, le Pô de son temps en renfermait qui pesaient plus de 500 kilogrammes. Tout le monde a entendu parler de la bonté de la chair des esturgeons : elle ressemble beaucoup pour le goût et l'apparence à celle du veau. Comme dans quelque pays la pêche de ce poisson est très-abondante, on le conserve, soit en le séchant, soit en le salant, ou même en la marinant. La laite du mâle est la portion de cet animal que l'on préfère à toutes les autres. Les peuples modernes, quelque prix qu'ils attachent aux diverses parties de l'esturgeon, ou même de sa laite, ne montreront jamais un goût aussi vif pour ce mets que les anciens peuples d'Asie et d'Europe, et surtout que les Romains, qui en firent porter en triomphe sur des tables fastueusement décorées, par des ministres couronnés de fleurs et au son des instruments.

Le *petit esturgeon* ou *sterlet* (*accipenser ruthenus*, L.) ne parvient guère qu'à un mètre de longueur. La partie inférieure de son corps est blanche, tachetée de rose; son dos est noirâtre, et les boucliers qui forment des rangées longitudinales sont d'un beau jaune; les nageoires de la poitrine, du dos et de la queue sont grises; celles du ventre sont rouges. Ce poisson habite dans la mer Caspienne, ainsi que dans le Volga et la Baltique. Frédéric 1er, roi de Suède, l'a introduit avec succès dans le lac Mælarn et dans d'autres lacs de ce royaume. Le sterlet est facile à nourrir; il se contente de très-petits individus et même d'œufs de poissons dont les espèces sont communes. C'est vers la fin du printemps qu'il remonte les rivières, et comme le temps de la ponte et de la fécondation de ses œufs n'est pas très-long, on voit cet *accipenser* descendre ces mêmes rivières avant la fin de l'été. Sa chair passe pour délicieuse, et son c a v i a r est réservé pour la cour.

Le *scherg* des Allemands, *sevreja* des Russes (*acipenser stellatus*, Bloch), remonte au commencement du printemps le Danube et les autres fleuves qui se jettent dans la mer Noire. Il parvient à 1m, 30 de longueur; sa couleur est noirâtre; il est tacheté de blanc sur les côtés, et tout blanc sous le ventre. On compte plus de 300,000 œufs dans une seule femelle.

Le *grand esturgeon*, *hausen* ou *huso* (*acipenser huso* L.), fort rare dans nos rivières, se rencontre en légions nombreuses dans les fleuves qui se jettent dans la mer Noire et la mer Caspienne ; il est pour les habitants des rivages de ces deux mers l'objet d'un commerce d'autant plus considérable, que non-seulement sa chair est délicate et se conserve bien, mais qu'ils font un grand usage de sa chair huileuse, au lieu de beurre et d'huile, et que c'est le plus ordinairement avec les œufs de cet esturgeon que se compose le c a v i a r. Une substance moins précieuse, et qui nous est plus connue, se retire encore des esturgeons et surtout du *huso*; c'est l'ichthyocolle ou c o l l e de poisson. On découpe la peau des grands husos, de manière à pouvoir le substituer au cuir de plusieurs animaux ; et celle des jeunes, bien sèche et bien débarrassée de toutes les matières qui pourraient en augmenter l'épaisseur, tient lieu de vitre dans une partie de la Russie et de la Tartarie. Comme les husos vivent à des latitudes éloignées de la ligne, et qu'ils habitent des pays exposés à des froids rigoureux, ils cherchent pendant l'hiver à se soustraire à une température trop basse, en se renfermant plusieurs ensemble, dans de grandes cavités des rivages. Ils sont très-avides d'aliments, et, indépendamment des poissons dont ils se nourrissent, ils avalent quelquefois de jeunes phoques et des canards, qu'ils surprennent à la surface des eaux, et qu'ils ont l'adresse de saisir par les pattes avec la gueule, et d'entraîner au fond des rivières; souvent aussi, pour remplir la vaste cavité de leur estomac, ils sont obligés d'engloutir dans leur gueule de la vase, des tiges de joncs ou des morceaux de bois flottant à la surface des rivières. Le grand esturgeon, dont la taille est souvent de six à huit mètres, et le poids de six à sept cents kilogrammes, offre un bouclier plus émoussé que celui de l'esturgeon ordinaire. Il a aussi le museau et les barbillons plus courts. Enfin, sa peau est plus lisse.

N. CLERMONT.

ESZEK. *Voyez* ESSEK.

ÉTABLE. Quoique l'on donne souvent le nom d'*étable* à la bergerie et à la porcherie, ce nom s'applique plus spécialement à la partie de la ferme qui est particulièrement consacrée aux vaches. La largeur de l'enceinte doit être de quatre à cinq mètres quand on veut les placer sur deux rangs, et sa longueur doit être calculée, savoir : à raison de 1m,33 pour les bœufs, et 1m,66 pour les vaches. Pour 24 vaches placées sur deux rangs, il faut donc que l'étable ait 20 mètres de longueur. Il faut des râteliers et des mangeoires comme pour les chevaux, et pour éviter le transport des fourrages, il faut des ouvertures dans le grenier supérieur, afin de les faire descendre dans le râtelier. Mais comme il est souvent nécessaire de donner une nourriture liquide et féculente aux vaches, les mangeoires doivent être faites en chêne, souvent lavées, afin qu'aucune partie du liquide ne s'échappe, et il faut, comme pour les chevaux, une infirmerie pour les vaches malades ou en vêlement, et un taureau qui entretient la tranquillité dans son harem. Les vaches étant sujettes à être prises de chaleur, les portes et les ouvertures principales devraient être placées au nord. Je pense qu'il faut imputer l'avortement des vaches durant l'été à la chaleur des étables, qui ne leur laisse pas la force de vêler; ou les coups qu'elles ont reçus en se battant entre elles, ou en se blessant contre les portes trop étroites de l'étable, lorsqu'elles y rentrent avec trop de vivacité. Les vieilles vaches, que l'on veut engraisser et les bœufs doivent être renfermés dans un lieu tranquille et obscur, et dans des espèces des talles dans lesquelles ils n'ont qu'à allonger le museau pour se nourrir à toute heure. On doit leur servir quatre ou cinq repas par jour en nourriture variée.

Comte FRANÇAIS (de Nantes).

ÉTABLI. La plupart des ouvriers qui travaillent dans des ateliers ont ce qu'on appelle un *établi*, c'est-à-dire une table plus ou moins grande, plus ou moins solide, appropriée à l'espèce de travail qu'ils ont à faire. L'établi des menuisiers, par exemple, consiste en une grosse table en bois de chêne ou de hêtre, montée sur quatre pieds, en bois ou en fer, dont la force doit être proportionnée à celle de la table : ces pieds, lorsqu'ils sont en chêne, sont assemblés à doubles tenons dans la table même, et au bas, par le moyen de quatre fortes traverses. La table est percée, vers un de ses bouts, d'un trou dans lequel s'introduit une pièce de fer qu'on nomme *le valet*, et qui sert à fixer et retenir les planches ou les pièces de bois, à mesure que l'ouvrier doit les travailler; à un autre endroit se trouve fixée une sorte de griffe qui peut arrêter aussi les planches; près d'un pied de l'établi on voit une sorte d'étau en bois. L'établi des tailleurs n'est autre chose qu'une large table qui leur sert à placer le drap ou l'étoffe qu'ils veulent couper pour faire un habit ou tout autre vêtement, et lorsque l'étoffe est taillée, ils se placent sur cette table, s'y asseoient les jambes croisées, et y complètent tout ce qui tient à la couture de leur ouvrage. Il est des métiers, tels que celui de marbreur de papier, auxquels deux établis sont nécessaires. Le marbreur a besoin d'un premier établi pour marbrer le papier : il y pose son baquet, les pots à couleur et ses peignes. Sur le second, qui lui sert à lisser le papier et à broyer les couleurs, il place les marbres ou les pierres qui lui servent à ces deux usages. Les serruriers, les plombiers, les ciseleurs, les corroyeurs, ont aussi chacun leur établi, approprié à la nature de leur travail. L'établi des bijoutiers est une sorte de table avec autant d'échancrures qu'il y a d'ouvriers qui travaillent dans l'atelier. Chaque échancrure ou place porte vers le milieu une cheville plate sur laquelle l'ouvrier appuie son ouvrage, et en dessous est un sac de peau, destiné à recevoir les rognures et les limailles du métal qu'on travaille. Cet établi se place, autant qu'on le peut, de manière à ce que le jour éclaire également tous les ouvriers, ainsi que leur ouvrage. V. DE MOLÉON.

ÉTABLISSEMENT (du latin *stabilimentum*). Dans le principe, on désignait ainsi tout ce qui est institué par quelque ordonnance royale, par quelque règlement Le mot *établissement* s'appliqua aussi à la collection des lois, des règlements, et devint à peu près synonyme de code. Depuis, le sens primitif du mot s'est singulièrement étendu. Ainsi, aujourd'hui l'on entend par *établissement* l'action d'assurer, de fonder, d'instituer une œuvre quelconque, soit dans un but d'utilité publique, soit pour l'exploitation, pour l'exercice d'une industrie privée; on applique ce mot à l'œuvre même qui a été instituée, et, par une extension nouvelle, on le donne au lieu, à la maison où il est situé. Dans une autre acception, *établissement* est synonyme d'état, de profession; *s'établir*, c'est se procurer un état; on a fini par faire du mot *établissement* un synonyme de mariage, et c'est dans ce sens qu'on dit vulgairement qu'un père a bien *établi* sa fille.

Les *établissements publics* sont de diverses classes, qu'il importe de ne pas confondre. On les qualifie d'*établissements de bienfaisance, hospitaliers, religieux, militaires, d'instruction publique, de répression*, suivant leur but et leur usage. Les hôpitaux, les hospices, les lycées, les collèges communaux, les bibliothèques des villes, les musées, les prisons, les casernes, les séminaires, les manufactures impériales sont des établissements publics. Les communautés religieuses de femmes et les congrégations d'hommes rentrent dans la même catégorie. Les établissements publics de ce genre sont, pour l'exercice du droit d'acquérir ou d'aliéner, assimilés aux mineurs; ils demeurent continuellement sous la tutelle, sous la surveillance du pouvoir qui en a autorisé l'institution; ils ne peuvent accepter de donation entre vifs ou testamentaires qu'en vertu d'un décret ; ils ne peuvent aliéner, ni acquérir sans y être autorisés par l'autorité administrative. Des administrateurs nommés par le pouvoir exécutif pour les établissements publics civils et, dans les établissements publics religieux, les supérieurs régulièrement élus ou désignés, sont préposés à la garde de leurs intérêts; leurs pouvoirs sont des pouvoirs de simple administration, ils ne peuvent faire de baux dont la durée excéderait neuf années, à moins d'y être autorisés par les préfets ou par le chef de l'État lui-même, suivant les cas; ils ne peuvent transiger qu'avec cette dernière autorisation.

Certains établissements peuvent être considérés simultanément comme établissements publics et comme établissements privés : nous citerons entre autres la Banque de France, les chemins de fer, qui ont une existence comme établissements publics en vertu du monopole, du privilège que leur a concédé l'État, et qui sont pourtant, au point de vue de leurs actionnaires, de ceux qui en tirent bénéfice, de véritables établissements privés.

Il est encore une autre nature d'établissements publics que nous devons mentionner ici, ceux qui sont institués par des particuliers pour les plaisirs du public, moyennant une redevance quelconque, comme les théâtres, les jardins d'agrément, les lieux où tout le monde a le droit d'aller se livrer, moyennant payement, à une consommation quelconque, tels que hôtels, restaurants, auberges, cafés, cabarets. Tous ces établissements, ou lieux publics sont soumis à une législation exceptionnelle; la police y a un droit de surveillance qu'elle peut exercer nuit et jour. L'autorité peut, et un décret de 1851 a étendu les cas pour les cafés, auberges et débits de boisson, les faire fermer à son gré, comme elle peut refuser l'autorisation nécessaire pour les ouvrir.

Quant aux usines, fabriques, manufactures, auxquels leur importance fait donner l'appellation d'*établissements*, ce ne sont que des institutions privées qui restent dans le droit commun, à l'exception de ceux que la loi qualifie de dangereux ou incommodes (*voyez* l'article suivant).

En termes de marine, on appelle *établissement* d'un port l'heure à laquelle y arrive la pleine mer à l'époque de la pleine lune. L'Annuaire du Bureau des Longitudes publie régulièrement l'*établissement* des marées.

ÉTABLISSEMENTS DANGEREUX, INSALUBRES OU INCOMMODES. Les établissements nombreux qui dénaturent les débris que les populations agglomérées accumulent autour d'elles, et qui préparent en grand les produits nécessaires aux arts et à la consommation, entraînent avec eux des inconvénients plus ou moins graves, pour la propreté ou pour la salubrité publiques. Tantôt ils sont *dangereux*, parce qu'ils sont exposés à des explosions, comme les machines à vapeur, les fabriques où l'on prépare les poudres de chasse et de guerre, ou parce qu'ils exposent les propriétés voisines à des incendies, comme les établissements où des matières combustibles sont abondantes et le feu employé en grand; tantôt ils sont *insalubres*, par les émanations métalliques ou gazeuses qu'ils répandent, comme les fabriques dans lesquelles des matières organiques ou des métaux dangereux par eux-mêmes, ou par leurs oxydes, subissent des décompositions plus ou moins actives; tantôt, enfin, ils sont *incommodes*, en supposant qu'ils ne soient pas insalubres : tels sont particulièrement ceux où des matières animales se mettent en putréfaction. Il a donc été de tout temps nécessaire d'assujettir à des règlements particuliers les établissements de ce genre; mais jusqu'à l'empire, ce ne fut là que l'objet de mesures locales de police, dont l'application était très variable. L'Institut, consulté, adressa, le 26 frimaire an XIII, un premier, puis un second rapport au ministre de l'intérieur, et ce sont les conclusions de ce second rapport qui servirent de base au décret impérial du 15 octobre 1810, et depuis à l'ordonnance royale du 14 janvier 1815, qui sont les bases de la législation actuelle sur les établissements dangereux, insalubres ou incommodes.

On divise les établissements dangereux, insalubres ou incommodes en trois classes. La première classe comprend les établissements qui ne peuvent être formés dans le voisinage des maisons particulières, et pour lesquels il est nécessaire de se pourvoir d'une autorisation impériale, accordée en conseil d'État. La deuxième classe comprend ceux dont il importe de ne permettre la formation (leur éloignement des habitations n'étant pas rigoureusement nécessaire) qu'après avoir acquis la certitude que les opérations y seront exécutées de manière à ne pas nuire aux voisins. La troisième classe, enfin, comprend les ateliers qui peuvent rester sans inconvénient auprès des habitations, et qui doivent être soumis à la simple surveillance de la police locale, après avoir obtenu son autorisation. Pour les établissements de la première classe, la demande en autorisation doit être adressée au préfet du département et affichée pendant un mois; puis il est dressé par l'autorité locale un procès-verbal d'enquête *de commodo et incommodo*, et, qu'il y ait ou non des oppositions, il ne peut être statué définitivement sur la demande que par un décret. En cas de graves inconvénients, ces fabriques peuvent être supprimées par un décret rendu en conseil d'État; les préfets peuvent suspendre l'exercice des établissements susceptibles de faire partie de la première classe, et non compris dans les nomenclatures antérieures. Pour les établissements de la deuxième classe, les mêmes formalités sont nécessaires pour la demande et pour l'enquête *de commodo et incommodo*; le préfet statue par un arrêté, sauf le recours au conseil d'État du fabricant et de ses ayant-cause, s'ils ont à se plaindre de la décision du préfet; les oppositions des voisins contre l'autorisation donnée par le préfet sont portées au conseil de préfecture, sauf le recours au conseil d'État. Pour les établissements de la troisième classe, la demande en autorisation doit être adressée, à Paris, au préfet de police, et aux sous-préfets dans les autres villes. L'enquête *de commodo et incommodo* n'est qu'officieuse.   S. SANDRAS.

ÉTABLISSEMENTS DE SAINT LOUIS. On désigne sous ce titre le recueil des ordonnances et règlements publiés par saint Louis en 1269, suivant la plupart des chroniqueurs, et que d'autres représentent comme un travail fait après sa mort par les légistes pour faire concorder le droit français en décadence avec le droit romain renaissant. Ce recueil se divise en deux livres, dont le premier se compose de 168 chapitres, et le second de 424; on y trouve pêle-mêle des sanctions sur les lois civiles et sur la procédure civile, sur les lois pénales et sur la procédure criminelle. Ce qu'il y a de plus remarquable dans la partie des *Établissements* qui fixe ou modifie les lois civiles, c'est la différence de la législation, selon qu'elle se rapporte aux nobles ou aux roturiers. La minorité du gentilhomme finit à vingt-et-un ans, et elle se prolonge jusqu'à vingt-cinq pour le roturier; la tutelle du second appartient à son seigneur, la garde du premier est déférée à son proche parent; le douaire qu'un noble assigne à sa veuve ne peut s'étendre qu'au tiers de ses biens, le roturier peut lui assurer la moitié de ses biens; les donations sont soumises aux mêmes limites; enfin, les propriétés d'un noble passent à sa mort à l'aîné de sa famille, pour qu'il puisse continuer le service de son fief; celles du roturier sont divisées par égales portions entre ses enfants. On ne peut méconnaître la cause de cette opposition constante : la noblesse était attachée à sa législation féodale; elle la défendait contre les attaques des légistes, et elle avait le pouvoir de la défendre; mais ceux-ci, qui n'estimaient que la loi romaine, s'efforçaient du moins de la faire adopter partout le reste de la nation.

Les *Établissements de saint Louis* contiennent quelques modifications apportées au système alors en usage dans les tribunaux, la plupart nécessitées par la suppression du **combat judiciaire** : telles sont les règles d'après lesquelles les procureurs devaient être reçus en justice pour représenter les parties; celles sur les défauts et les appels, inconnus de la justice féodale. D'autres avaient pour but de fixer la compétence des tribunaux, que compliquaient, soit les prétentions des justices seigneuriales, soit celles des cours ecclésiastiques. En général, la procédure était celle que les *Décrétales* avaient donnée aux tribunaux de l'Église; mais elle encourageait au parjure, elle donnait l'avantage aux arguties et à la ruse, elle faisait des procès un dédale où les seuls initiés pouvaient se reconnaître.

On trouve dans les *Établissements* les premières bases d'un code pénal; il est remarquable par son excessive sévérité. L'assassinat, le meurtre, l'incendie, le rapt, la trahison, le vol sur les grands chemins ou dans les bois, le vol domestique, le vol d'un cheval ou d'une jument, la complicité dans tous ces crimes, la troisième récidive pour petit larcin, le bris de prison, l'accusation à faux d'un crime capital, la fabrication de fausse monnaie ou avait les yeux crevés. Le délit d'avoir frappé son seigneur avant d'avoir été frappé par lui emportait l'amputation de la main; la confiscation des meubles et les amendes étaient réservées à de moindres délits. La liberté sous caution ne s'accordait que dans les causes qui n'entraînaient *pas peine de sang*. Lorsque le crime, au contraire, était capital, l'accusateur et l'accusé devaient être conduits en égale prison, *si que l'un ne soit pas plus mal à l'aise que l'autre*. L'accusé était interrogé à l'aide de la torture, s'il y avait deux témoins contre lui; un seul témoignage n'entraînait pas la question. La procédure entière était écrite, mais on en communiquait tous les actes à l'accusé. Au moment du jugement, le juge devait se lever, et demander *hommes suffisants* ou *hommes jugeurs*, c'est-à-dire des conseillers ou assesseurs chargés de reconnaître le fait, et qui répondaient à peu près aux jurés.

Telles sont les principales dispositions du code pénal connu sous le nom d'*Établissements de saint Louis*. Elles peuvent servir à faire connaître l'époque qui les a produites.   Aug. SAVAGNER.

ÉTAGE. On entend par ce mot, en architecture, toutes les pièces d'un ou de plusieurs appartements qui sont situés de plain-pied, et au-dessus du rez-de-chaussée, ou, si l'on aime mieux, l'espace compris dans une maison entre deux planchers. Dans le langage de la jurisprudence, on désigne par *étage souterrain* les pièces voûtées et placées en contre-bas du sol, les caves, en un mot; par *étage de rez-de-chaussée*, celui qui est presque au niveau d'une rue, d'une cour, d'un jardin; par *étage en mansarde*, celui qui est pratiqué dans les combles. Dans une distribution bien entendue, on donnera au rez-de-chaussée, qui est censé former un soubassement, une hauteur médiocre, d'où résultera pour l'ensemble un caractère mâle et solide. Le premier étage, considéré partout comme formant l'appartement d'honneur, devra avoir 3^m,66 d'élévation; le second, 33 centimètres de moins; 2^m,66 suffiront pour le troisième. A Paris, l'usage général est d'ajouter entre le rez-de-chaussée et le premier un étage intermédiaire, appelé *entre-sol*; mais ces étages sont généralement malsains, et devraient être rejetés de toute bonne construction. Les règlements de la voirie interdisent d'ailleurs avec raison la superposition d'un trop grand nombre d'étages; et un entrepreneur qui s'aviserait aujourd'hui d'élever une maison de *dix étages*, comme celle qui est connue de chacun sous le nom de *passage Radziwill*, près le Palais-Royal, se verrait immédiatement condamné à raser une partie de son édification. On comprend, sans que nous ayons besoin de les indiquer, les justes motifs de sécurité publique et d'intérêt général qui viennent ces cas apporter une limite à l'exercice du droit de propriété.

Dans l'ancien droit féodal, on appelait *lige-étage* l'obligation des vassaux de résider dans la terre de leur seigneur pour garder son château en temps de guerre. Cet *étage* était personnel, et le vassal devait le faire huit jours après sommation. Pendant sa durée, il ne pouvait retourner dans ses foyers.

ÉTAGE – ÉTALON

En géologie, on entend par *étages* les couches successives de terrains formant la croûte du globe terrestre.

ÉTAGNE, nom de la femelle du bouquetin.

ÉTAI. C'est le nom que l'on donne ordinairement aux pièces de bois dont on se sert pour soutenir des planchers, des murs ou toute autre partie d'un édifice près de s'écrouler, ou qu'on a besoin de maintenir pendant tout le temps qu'on reconstruit leur point d'appui. Pour cette opération, qu'on appelle *étayement*, on emploie des pièces de bois de chêne ou de tout autre bois dur, qu'on équarrit en forme de poteaux montants, et qui forment supports. Ils sont presque toujours placés entre deux couches ou plates-formes; l'une, inférieure, se trouve située sur le sol même, engagée entre le pavé et le pied des étais, pour les empêcher de glisser; l'autre, supérieure, forme *chapeau*, et est intercalée entre le mur et la tête du poteau. De cette manière, l'effort de l'étai ne peut pas occasionner un trou dans la muraille.

Il y a une autre espèce d'étai appelé *contre-fiche*, destiné à s'opposer aux efforts latéraux, tels que la poussée d'une voûte, d'un mur, etc.: dans ce cas, l'étai est, dans sa partie supérieure, arrêté dans une couche à peu près verticale, tandis que la couche inférieure, qui reçoit le pied de la contre-fiche, doit être inclinée de façon à lui être à peu près perpendiculaire. S'il s'agit de résister à un effort latéral, le système d'étayement prend le nom d'*étrésillonnement*. C'est ainsi qu'on empêche les tableaux des fenêtres de se rapprocher: on y place des étrésillons qui s'opposent à tout mouvement. On peut les remplacer par une maçonnerie, qu'on démolit ensuite.   V. DE MOLÉON.

ÉTAIES (*Blason*). Voyez CHEVRON.

ÉTAIN (en latin *stannum*). L'étain est un des métaux les plus anciennement connus, car il donna son nom (en grec κασσίτερος) aux îles Cassitérides, dont parlent les géographes de l'antiquité, et nous le voyons figurer parmi les objets les plus importants du commerce des Phéniciens sur les côtes d'Espagne. Ce métal, d'un grand usage dans les arts, est solide, d'une couleur blanche ou plutôt tenant le milieu entre celle de l'argent et celle du plomb. Quand on le plie, il fait entendre un petit craquement, que l'on appelle *cri de l'étain*, et qui est dû au dérangement de la structure cristalline. Il acquiert par le frottement une odeur particulière. Il est très-malléable, très-ductile et assez tenace; il faut un poids de 24 kilogrammes pour rompre un fil d'étain de deux millimètres de diamètre. Il fond à 228° centigrades, est peu volatil, et cristallise en prismes rhomboïdaux. Lorsqu'on le fait fondre et tomber dans l'eau, on l'obtient dans un état de division particulier: c'est ce que l'on appelle de la *grenaille d'étain*. Le poids spécifique de l'étain est 7,2914. Sa formule est Sn = 735,294.

L'étain ne se rencontre pas pur dans la nature, quoique quelques parcelles en aient été trouvées sous cette forme près de Montpellier et dans le comté de Cornouailles; il est toujours combiné soit avec l'oxygène (*étain oxydé* ou *cassitérite*), soit avec le soufre (*étain pyriteux* ou *stannine*). Tous les autres composés de l'étain sont des produits de nos laboratoires. Les principaux composés binaires sont des oxydes, des sulfures, des chlorures, des bromures et des iodures; les oxydes servent de bases à des sels dont les principaux sont des azotates et des sulfates. Ces oxydes sont au nombre de trois, dont le plus oxygéné, le *peroxyde d'étain*, vulgairement *potée d'étain*, rougit le papier de tournesol, se combine avec les bases, et n'a nulle affinité pour les acides, ce qui lui a donné à juste titre le nom d'*acide stannique*. Dans les composés sulfurés, les degrés de sulfuration suivent la même progression que les degrés d'oxydation des oxydes, c'est-à-dire qu'il y a un *protosulfure*, un *sesquisulfure* et un *persulfure*; ce dernier est plus connu dans le commerce sous les noms d'*or mussif*, *or de Judée*. Les chlorures d'étain sont surtout d'une grande utilité dans les arts; l'un d'eux, le *protochlorure*, est appelé vulgairement *sel d'étain*.

L'étain pyriteux, qu'on n'exploite nulle part, existe, quoique peu abondamment, en Angleterre et au Mexique. On le nomme encore *pyrite d'étain* et *or mussif natif*. Il contient toujours du sulfure de cuivre, est très-friable, se pulvérise aisément et offre une cassure conchoïde, à petites évasures, plus souvent grenue et parfois imparfaitement lamelleuse, avec éclat métallique. Sa poussière est noire, et n'a pas encore été trouvée cristallisée. Il fond au feu du chalumeau, en répandant une odeur de soufre, et laisse une scorie noirâtre irréductible. Il colore en un jaune verdâtre le verre de borax. L'étain oxydé est ce qui constitue proprement la mine de ce métal. Il est dur et assez pesant, d'un vif éclat au dehors, gras et luisant au dedans; il étincelle sous le briquet, et donne par la trituration une poussière d'un gris cendré. Sa cassure, presque toujours à gros grains, est rarement lamelleuse et lisse. Sa couleur est d'un brun noirâtre, quoiqu'on en ait vu de blanc. Ce n'est que très difficilement qu'on parvient à déterminer les formes variées de ses cristaux. L'étain oxydé se trouve en Espagne, en Bohême, en Saxe, au Mexique, à la Chine, mais surtout dans les provinces méridionales de l'empire Birman (Martaban, Yé, Tavaï et Ténasserim), dans les montagnes de la presqu'île de Malakka et dans celles des îles de la Malaisie: celle de Banca, entre Soumadra et Bornéo, se distingue surtout sous ce rapport. Il appartient aux terrains primitifs et à ceux d'alluvion, qui proviennent de leur décomposition. On ne le trouve pas pur dans le commerce, mais allié à divers métaux. Celui d'Angleterre contient du cuivre et un peu d'arsenic; d'autres renferment du plomb ou du bismuth.

On grille le minerai d'étain pour en expulser le soufre et l'arsenic qu'il pourrait contenir, et l'on réduit l'oxyde d'étain avec du charbon. L'étain commun, même l'étain anglais, que l'on peut le plus pur, contient presque toujours des traces de cuivre, de plomb et quelquefois d'arsenic. Pour avoir l'étain chimiquement pur il faut traiter l'étain du commerce par l'acide nitrique, laver l'oxyde qui en résulte, et le réduire avec du charbon. L'étain parfaitement pur a un cri bien plus prononcé que l'étain du commerce.

L'étain entre dans la composition de plusieurs alliages, tels que le bronze des canons et des statues, et le métal des cloches. Deux parties de plomb et une d'étain fondues ensemble donnent la soudure des plombiers. Les cymbales, les timbres d'horloge, les miroirs de télescope, se font avec des alliages de cuivre et d'étain. Darcet a le premier remarqué que ces alliages deviennent malléables par la trempe. Enfin l'étain est la base de la fabrication du fer-blanc et de l'opération nommée *étamage*.

De ces nombreux usages résulte une grande consommation de l'étain. La production totale de ce métal est annuellement d'environ 75,630 quintaux métriques, ainsi répartis: Angleterre, 40,000; Inde, 33,762; Saxe, 1,245; Bohême, 623.

Les alchimistes représentaient l'étain par le symbole de la planète Jupiter.

ÉTALINGUER, ENTALINGUER ou TALINGUER, expression de marine désignant une manœuvre qui consiste à amarrer à une ancre un câble ou un cordage de moindre dimension. Le nœud, de forme particulière, que le câble fait dans l'anneau de l'ancre, et le volume qu'il occupe, se nomme *étalingure*, *entalingure* ou *talingure*. Tant qu'un navire est retenu en mer par la longueur de la traversée, les câbles, devenus inutiles, sont, pour leur conservation, ramassés et roulés en lieu sûr. C'est qu'aux approches du port qu'on les *étalingue*, *entalingue* ou *talingue*.

ÉTALON (de l'italien *stallone*), cheval entier servant à couvrir les juments. Le gouvernement entretient à grands frais dans les haras des étalons qu'il met à la disposition des éleveurs, moyennant une faible rétribution, afin de propager les belles races. Les Anglais, ces grands amateurs de chevaux, font descendre tous les étalons qui jouissent chez eux de quelque réputation des trois branches ou familles suivantes : 1° Celle d'*Herod*, ainsi nommée d'un cheval célèbre, *King-Herod*, né en 1758, et comptant parmi ses ancêtres des arabes et des barbes, entre autres ce *Byerley-Turq* qui, amené en Angleterre sous Jacques II par le duc de Berwick, fut employé comme étalon après avoir fait les guerres d'Irlande (1689) avec le capitaine Byerley. *Herod* régna sur l'hippodrome de 1763 à 1767; puis il donna le jour à 307 chevaux qui gagnèrent à leurs propriétaires plus de 5 millions dans les courses. 2° La branche d'*Eclipse*, qui doit son nom à un cheval illustre, né le 3 avril 1764 pendant une célèbre éclipse de soleil. Ce cheval descendait en ligne directe de *Darley-Arabian* par son père, et de *Godolphin* par sa mère. Il dispute à *Flying-Childers*, qui vécut bien avant lui, l'honneur d'être considéré comme le premier cheval de course du siècle dernier. *Eclipse*, selon les bons usages du temps, ne parut sur l'hippodrome qu'à l'âge de cinq ans. Il débuta le 3 mai 1769, à Epsom, où il fit 6,440 mètres en six minutes, quoique retenu par Whiting, son jockey, qui s'était aperçu dès le départ que pas un de ses concurrents ne pouvait lui disputer sérieusement le prix. La supériorité d'*Eclipse* était telle, que jamais on ne trouva à lui opposer de cheval qui pût courir de front avec lui pendant plus de 50 mètres. Il faisait le désespoir des propriétaires de chevaux de course, qui n'épargnèrent aucun moyen, pas même les menaces de mort, pour se débarrasser d'un si terrible adversaire. Force fut au capitaine O'Kelly, son propriétaire, de renoncer aux luttes de l'hippodrome, après dix-sept mois de triomphes inouïs, qui lui valurent plus de 600,000 fr. A partir de ce moment, *Eclipse* servit comme étalon : le prix de la monte était de 1,500 fr. Il donna le jour à 334 chevaux, qui gagnèrent à leurs propriétaires plus de quatre millions, sans compter les pièces d'argenterie. Le capitaine O'Kelly refusa de le vendre à lord Grosvenor pour 300,000 fr. Dans sa jeunesse surtout il était vicieux : on fut même obligé de recourir, pour le dresser, au fameux Sullivan. *Eclipse* offrait dans sa conformation, du reste belle, une particularité assez curieuse : il était remarquablement bas du devant. Dans son galop, très-allongé, il écartait tellement les jambes de derrière, qu'il y avait place entre elles pour faire rouler commodément une brouette. Il avait une grande puissance musculaire dans les avant-bras et dans les cuisses; ses épaules présentaient une étendue et une obliquité vraiment extraordinaires. Lorsqu'il mourut, à l'âge de vingt-cinq ans, à Epsom, on trouva que son cœur pesait 6 kilogrammes, et que ses os avaient la force et la densité de l'acier. 3° La branche de *Matchem*, qui porte le nom d'un petit-fils de *Godolphin-Barb*. *Matchem* était né en 1758 ; il mourut en 1781, après avoir donné le jour à 354 chevaux, et rapporté à son propriétaire, comme étalon seulement, plus de 400,000 fr. On remarquera que, comme plusieurs des chevaux célèbres dont nous venons de parler, *Matchem* atteignit un âge avancé (trente-trois ans).

ÉTALON, ÉTALONNER, ÉTALONNEUR (*Métrologie*). Les poids et mesures, dont la précision importe tant à la conservation de la propriété, ont été un des premiers objets dont se sont occupés les hommes réunis en société. Paucton, dans son *Introduction à la métrologie*, remarque que les étalons étaient généralement regardés comme sacrés chez les anciens, et qu'ils étaient en conséquence déposés dans les lieux saints, le sanctuaire des Juifs, les temples des païens et les églises des premiers chrétiens. Il établit en outre que, pour une plus constante régularité, les anciens étalons s'ajustaient sur les dimensions de quelque édifice durable. La base de la plus grande pyramide d'Égypte, qui formait la 500ᵉ partie d'un degré du méridien, servait à cet objet. Il ajoute que plusieurs contrées voisines de l'Europe et de l'Asie avaient emprunté leurs mesures des Égyptiens, et que des étalons uniformes furent établis dans tout l'empire romain, d'après l'archétype conservé au Capitole. Dans les temps modernes, c'est généralement au premier magistrat de chaque gouvernement que sont confiés les étalons. Celui-ci en envoie des copies à certains officiers, ou *étalonneurs*, qu'il autorise à les distribuer, en les ajustant sur les poids ou mesures modèles, ce qu'on nomme *étalonner*, et à veiller à ce qu'ils se conservent dans une parfaite uniformité. En France, les principaux étalons, le mètre, le kilogramme, le litre, sont déposés, avec les autres étalons divisionnaires, à l'hôtel des Archives, à Paris, et dans plusieurs autres endroits.

Étalon, dans le langage commercial, signifie donc un poids ou une mesure fixe, qui sert à en ajuster d'autres. Ils se divisent en étalons *arbitraires* et en étalons *invariables*, c'est-à-dire pris dans la nature. Les premiers sont les plus répandus ; à peine en trouve-t-on deux dans les systèmes anciens qui puissent être comparés. L'imperfection du travail, l'altération naturelle des substances dont ils sont confectionnés, tout contribue encore à augmenter la confusion. Ces inconvénients ont fait comprendre la nécessité de déterminer les étalons sur une base immuable, ou sur quelque propriété constante de la nature. Parmi les moyens proposés à cet effet, nous citerons la loi ou force de gravitation terrestre, les mouvements des corps célestes, ou la mesure de quelque arc ou portion du méridien (*voyez* MÉTRIQUE [Système]).
E. RICHER.

ÉTALON (*Sylviculture*). *Voyez* BOIS, Tome III, p. 363.

ÉTAMAGE, opération qui consiste à couvrir d'une couche d'étain des vases ou des plaques de fer ou de cuivre pour les préserver de la rouille ou de l'oxydation. Quand on veut étamer une pièce de cuivre, par exemple, on commence par la décaper, puis on la met sur le feu, et on la chauffe jusqu'à ce que la température soit égale, et même supérieure à celle de l'étain fondu. On jette de la résine dans l'intérieur du vase, dans le but de mettre la surface qui doit être étamée à l'abri du contact de l'air ; après quoi on étale l'étain fondu avec un tampon de filasse, comme un peintre en bâtiments étend les couleurs avec la brosse. Quelquefois on remplace la poix-résine par du sel ammoniac. Quand la pièce est bien chaude, on la frotte avec ce sel, qui a la propriété de décraser parfaitement le cuivre, et tout de suite après on verse l'étain fondu, et on l'étend en frottant avec de l'étoupe et du sel ammoniac.

L'*étamage polychrone* est ainsi nommé parce qu'il dure sept à huit fois plus longtemps que l'étamage ordinaire. Il est composé de six à sept parties d'étain sur une de fer. On fait fondre des rognures de fer blanc dans un creuset, puis on ajoute l'étain ; on brasse le bain, et l'on coule le tout dans les lingotières. Cet alliage, cassé à froid, présente un grain semblable à celui de l'acier. Pour appliquer l'étamage polychrone, on est obligé de chauffer la pièce presque au rouge ; on la saupoudre avec du sel ammoniac, et on même temps on la frotte avec le tout d'un lingot ; celui-ci fond, il ne reste plus qu'à l'étendre uniformément avec une poignée d'étoupes. L'étamage polychrone prend bien sur le cuivre, le laiton, et même le fer ; mais pour qu'il ait autant d'éclat que l'étamage ordinaire, on le recouvre d'une couche d'étain fin.

La fabrication du fer-blanc n'est qu'une application particulière des procédés de l'étamage.
TEYSSERRE.

ÉTAMINÉ (*Botanique*), de *stamen*, fil. C'est l'organe mâle des plantes, qui avec le pistil forme l'appareil le plus important des végétaux phanérogames, puisqu'il ne peut y avoir de fructification sans le concours de ces deux parties. Les étamines composent un ou plusieurs verticilles placés sur le torus, et elles alternent avec les pétales ou avec les lobes de la corolle lorsqu'il n'y a qu'un seul verticille. Si elles leur sont opposées, comme dans la famille des primulacées, des myrsinées, on suppose qu'un premier verticille est avorté, et parce que ce n'est pas rare d'en trouver des fragments sous forme de filets ou d'écailles alternes avec les pétales. Les étamines sont souvent en même nombre que les pétales, et quand il y a plusieurs verticilles, chacun d'eux est composé du même nombre de parties, en sorte que le total est un multiple de celui des pétales. Par exemple, les fleurs à cinq pétales auront fréquemment cinq et dix étamines, celles à trois pétales en auront trois, six, neuf.

Une étamine se compose de deux parties principales, le *filet* et l'*anthère*, qui renferme le pollen, agent essentiel de la fécondation.

Dans les fleurs doubles, les étamines se métamorphosent fort aisément en pétales, parce qu'elles ont avec ceux-ci la plus grande analogie de position et de substance. Souvent on voit des fleurs à cinq pétales et cinq étamines perdre ces dernières et les remplacer par un verticille de pétales alternes avec les premiers : les primulacées offrent assez communément des exemples semblables. Ces nouveaux pétales sont formés par les filets seulement, et dans ce cas l'anthère avorte. Mais quelquefois aussi les anthères se métamorphosent, et alors elles prennent la forme d'un cornet de la consistance et de la couleur des pétales, comme dans l'ancolie vulgaire.

C'est dans les étamines que l'on trouve les preuves les plus fréquentes de l'irritabilité végétale, irritabilité que quelques botanistes nient aujourd'hui, pour lui substituer non pas une chose, mais un mot, celui d'*excitabilité*. Si l'on pique avec une aiguille la base interne d'une étamine d'épine-vinette, elle se jette vivement contre le pistil. On observe un mouvement analogue dans quelques chardons, centaurées, opuntias, lorsqu'on irrite leurs anthères.

La nature a pris des soins admirables pour garantir les étamines des intempéries de l'atmosphère. Elle les a cachées, tantôt dans le fond d'une carène abritée par de larges ailes et un étendard qui présente le dos à l'orage, tantôt sous une cloche, un casque, etc. Mais c'est surtout pour les plantes aquatiques qu'elle a pris des précautions extrêmement singulières : la vallisnérie en offre un des exemples les plus remarquables. BOITARD.

ÉTAMINE (*Technologie*), petite étoffe fort mince, travaillée carrément comme la toile. On dit *étamine* de laine, de soie; *étamine* de Reims, du Mans; robe d'*étamine*, voile d'*étamine*. Le cardinal Jacques de Vitry, dans la Vie de sainte Marie d'Oignies, c. xiv, n° 37, semble indiquer que de son temps, et au commencement du quatorzième siècle, *étamine* signifiait une étoffe grossière et rude. Il dit que la sainte, au lieu d'une chemise de toile, portait un sac de cilice nommé, vulgairement appelé *étamine*. Peut-être ne qualifie-t-il ainsi l'*étamine* que par opposition au linge.

Étamine se dit également d'un tissu peu serré, fait de crin, de soie ou de fil, qui sert à passer la farine, quelques poudres et quelques liqueurs. Figurément et dans le style familier, passer par l'*étamine* signifie examiner sévèrement la conduite, les mœurs, la doctrine d'une personne, lui faire subir une épreuve rigoureuse. Il se dit aussi des choses examinées en détail et scrupuleusement. C'est ainsi qu'on lit dans Boileau :

Tout ce qui s'offre à moi passe par l'*étamine*.

ÉTAMPE, outil dont se servent les maréchaux, les serruriers, les chaudronniers, les cloutiers, les orfèvres, etc., et qui diffère de forme et varie dans son usage, suivant les métiers où on l'emploie. Tantôt c'est un moule, tantôt c'est un poinçon. Dans le premier cas, on force la matière que l'on veut *étamper* à se modeler sur l'étampe; dans le second, on force l'étampe à entrer dans la matière qui lui est soumise. C'est à l'aide d'une étampe que le cloutier forme la tête du clou d'épingle, ou que le serrurier rive des boutons. Le coutelier s'en sert pour graver à chaud sur ses lames sa marque et son nom; l'horloger, le maréchal, pour percer carrément une pièce en un fer.

L'étampe des chaudronniers et de l'orfèvre est une forte plaque d'acier trempé ou de bronze, sur laquelle sont gravées diverses figures, et sur laquelle on place une mince feuille de métal pour lui en faire prendre l'empreinte au moyen du poinçon, repoussé à l'aide du marteau ou du balancier. C'est aussi par ce procédé qu'on étampe les boutons, les plaques d'ornement, une foule d'objets de quincaillerie, le carton, etc.

ÉTAMPES, ville de France, chef-lieu d'arrondissement dans le département de Seine-et-Oise, station du chemin de fer d'Orléans, à 40 kilomètres sud de Versailles et 55 sud-est de Paris, sur l'Étampes, à son embouchure avec la Juine. Cette ville possède 8,083 habitants, un collége communal, un tribunal civil, une typographie, de nombreux moulins à farine, des tanneries importantes, des lavoirs de laine, des exploitations de grès considérables dans les environs, de forts marchés pour les céréales, les farines et les denrées. Étampes remonte à une antiquité assez reculée; Grégoire de Tours parle du *pagus Stampensis*, du bourg d'Étampes. Étampes avait le droit de battre monnaie ; on possède plusieurs pièces frappées dans cette ville sous la race Carlovingienne. Philippe-Auguste détruisit la commune d'Étampes, et dès ce moment la ville cessa de battre monnaie. Le roi Robert y avait fait construire un château fort, que Jean Sans-Peur et le duc de Guienne forcèrent en 1411 ; il n'en reste plus qu'une tour en ruine, qui à cette époque soutint un long siége, malgré la prise du château : c'est Henri IV qui fit détruire ce château. Robert Ier, Philippe Ier, Louis VI, Louis VII, Philippe-Auguste, saint Louis, séjournèrent tour à tour à Étampes, qui leur dut alors plusieurs monuments, aujourd'hui en partie ruinés. Étampes fut, en 1130, le siége du concile où saint Bernard fit reconnaître le pape Innocent II, et, en 1147, celui de la grande assemblée des prélats et des barons qui vit Louis VII partir pour la croisade, et investit Suger de la puissance gouvernementale. La seigneurie d'Étampes fut donnée par saint Louis à sa mère, la reine Blanche, en 1240; elle fut érigée en comté en 1327. En 1526, François Ier l'érigea en duché, et l'attribua à Jean de Brosse, le mari de sa maîtresse, Anne de Pisseleu (*voyez* l'article suivant). En 1553, Henri II reprit le duché d'Étampes, et le donna à Diane de Poitiers, sa maîtresse; après la mort de celle-ci, Charles IX le rendit à Jean de Brosse. En 1576, Jean Casimir, électeur palatin du Rhin, fut investi du duché d'Étampes. Henri III le donna en 1579 à la duchesse de Montpensier, moyennant 100,000 livres, et en 1582 à sa sœur, Marguerite de Valois, femme du roi de Navarre. Henri IV le donna, en 1598, à la duchesse d'Estrées. En 1712 il passa par extinction à la famille d'Orléans, qui le conserva jusqu'à la révolution.

Étampes donna, en 603, son nom à une sanglante bataille, où les soldats de Clotaire II furent taillés en pièces par ceux de Thierry, et où Mérovée, fils du roi, âgé de cinq ans, fut pris. Outre le siége qu'en firent les Anglais en 1411, les Bourguignons et les Armagnacs se disputèrent longtemps la possession de cette ville, dans les siècles qui suivirent. Étampes, qui tenait pour la ligue en 1589, fut prise et pillée par Henri III; en 1652, elle fut livrée aux princes à l'instigation desquels avait éclaté la guerre de la Fronde. Turenne vint y mettre le siége, qu'il fut obligé de lever à l'approche de renforts considérables envoyés aux assiégés. Les guerres de religion contribuèrent beaucoup à ruiner les monuments et les édifices d'Étampes.

ÉTAMPES (ANNE DE PISSELEU, duchesse D'), dite d'abord Melle d'*Heilly*, fille d'Antoine, seigneur de Meudon, naquit vers 1508. Demoiselle d'honneur de la duchesse d'Angoulême, mère de François Ier, à laquelle ce prince avait confié la régence pendant sa captivité, elle alla avec elle au-devant du monarque rentrant en France après la conclusion du traité de Madrid. Le roi la vit pour la première fois à Bayonne; elle avait dix-huit ans. Il fut si frappé de l'éclat de ses charmes, qu'il en devint éperdument amoureux, et lui sacrifia la comtesse de Châteaubriant. La nouvelle favorite n'avait pas, du reste, que sa beauté en partage : son esprit, solide et brillant, rendit son empire durable. Protectrice des lettres et des arts, elle fut bientôt, disent ses contemporains, *la plus belle des savantes et la plus savante des belles*. François Ier la donna en mariage à Jean de Brosse, dont le père avait suivi le parti du duc de Bourbon, et à qui il fit rendre ses biens confisqués. Il le créa, de plus, chevalier de l'Ordre, le nomma gouverneur de Bretagne, et lui fit présent du duché d'Étampes. Anne se servit, en outre, de son crédit pour enrichir sa famille : ses trois frères obtinrent des évêchés ; deux de ses sœurs, de riches abbayes ; et les autres s'allièrent aux plus grandes maisons du royaume.

Tant de bonheur fut troublé par la jalousie que conçut la duchesse contre Diane de Poitiers, maîtresse du dauphin, qui ne la haïssait pas moins cordialement. Leur rivalité partagea bientôt la cour et même la famille royale. Anne forma un parti en faveur du duc d'Orléans, jeune prince dont la valeur brillante continuait déjà celle de François Ier. Diane, qu'on appelait la *grande sénéchale*, se mit à la tête de celui du dauphin. Anne, craignant que le premier ne l'emportât sur le second, s'opposa, en dépit des intérêts de l'État, à ses progrès contre les armées de Charles-Quint. Lorsqu'en 1540 l'empereur, se confiant à la loyauté de François Ier, traversa la France pour passer dans les Pays-Bas, elle conseilla au roi de s'emparer de sa personne. Celui-ci dit à l'empereur, en lui présentant la duchesse : « Mon frère, voici une belle dame qui me conseille d'anéantir à Paris l'œuvre de Madrid ; » à quoi Charles-Quint répondit froidement : « Si le conseil est bon, il le faut suivre. »

Cependant, l'empereur, cherchant à gagner la favorite, y serait parvenu, suivant quelques auteurs, en lui faisant accepter un très-beau diamant, qu'il aurait laissé tomber, et qu'elle se serait empressée de ramasser pour le lui rendre. Ce fait n'est guère probable. Il est pourtant certain qu'à partir de ce jour la favorite eut avec Charles-Quint des relations funestes aux intérêts de la France. Obéissant toujours à sa haine pour Diane et au désir de rabaisser le dauphin, elle força par ses intrigues ce jeune prince à lever le siège de Perpignan ; et les ennemis, avertis par elle, jetèrent dans la place dix mille hommes qui la rendirent imprenable. Lorsqu'en 1544 Charles-Quint et Henri VIII attaquèrent de concert François Ier, la duchesse fut encore accusée d'avoir livré à l'empereur le secret des opérations de la campagne, d'avoir amené la prise d'Épernay, celle de Château-Thierry, et les succès des Impériaux, dont l'approche épouvanta Paris. Abusant de l'ascendant qu'elle avait sur l'esprit du roi, elle le détermina à signer le traité de Crespy, si honteux pour la France, et contre lequel le dauphin protesta hautement.

Enfin, ce que la favorite redoutait depuis longtemps arriva : François Ier mourut, le 31 mars 1547, et le dauphin lui succéda, sous le nom de Henri II. On peut dire que Diane monta avec lui sur le trône. Bientôt les créatures de la duchesse furent disgraciées ou exilées ; pour sa part, elle reçut simplement l'ordre de se retirer dans ses terres, et Diane la laissa jouir de tous ses biens. Anne, qui avait toujours protégé le protestantisme, en haine de Diane, qui le persécutait, l'embrassa dès lors ouvertement, et employa les revenus de ses grands domaines à lui faire des prosélytes et à secourir ses pauvres. Cette favorite, qui avait si indignement trahi la confiance de François Ier, qui l'avait aimée pendant plus de vingt ans, rendit son âme à Dieu si obscurément, qu'on sait à peine l'époque de sa mort : on croit qu'elle arriva vers l'an 1576.   Eug. G. de Monglave.

ÉTAMPEUR. Dans le monde, on dirait avec raison *estampeur*, de même que l'on dit *estampille* ; mais le langage technologique, qui emprunte moins ses noms à l'Académie qu'aux habitudes des ouvriers, a fait les mots *étamper*, *étampeur*, *étampe*. L'étampeur sait donner à une feuille métallique une masse de reliefs et de creux du dessin le plus pur. Pour cela, il faut graver d'abord une matrice d'acier en creux, et un coin ou *étampe* en relief également d'acier, pouvant librement entrer dans les creux de la matrice ; puis il place celle-ci sur le sommier d'un mouton ou d'un balancier, qu'il arme ensuite du coin appartenant à cette matrice ; alors il fait passer des feuilles chauffées au rouge, de tôle, de cuivre, de laiton, de plaqué, d'argent ou de maillechort, sous ce mouton ou ce balancier, et par un ou plusieurs coups il obtient sûr ces feuilles le dessin qu'il désire. Telle est aujourd'hui la perfection de l'étampage en France, que le fini et l'élégance de nos ornements étampés forcent les Anglais, les Russes et tous les étrangers à venir nous en acheter des masses considérables pour décorer à notre exemple leurs maisons et leurs palais.

J. Odolant-Desnos.

ÉTANG. Nous avons défini, en parlant des eaux, ce que c'est qu'un étang. Il nous reste à parler de sa construction et du produit qu'on en peut tirer. Un étang rapporte quelquefois plus que les terres arables, des bois, des prairies. On doit l'établir sur un terrain capable de retenir les eaux, après s'être assuré que la pente des terrains environnants en permettra l'écoulement dans la saison des crues. Il est indispensable de garnir le fond de l'étang d'un banc d'argile et de lui donner la pente suffisante pour permettre de vider entièrement la masse d'eau que l'on doit y retenir, par une chaussée que l'on fait en ceinture quand on veut circonscrire les eaux dans un espace donné, ou par une simple chaussée à l'extrémité du point le plus profond de l'étang. Cette chaussée, dont la base doit avoir au moins le triple de sa hauteur, pour pouvoir résister à la poussée des eaux, est formée de deux murs verticaux parallèles, bâtis à chaux hydraulique, entre lesquels on bat de l'argile, et que l'on soutient des deux côtés par des talus en pente très-douce, jouant le rôle d'éperons. Souvent, par économie, l'on fait cette digue en battant dans le sol des piquets dont on garnit ensuite l'intervalle d'argile ou de tourbe, que l'on rehausse en dehors avec des plaques de gazon. On ménage, à l'endroit le plus profond de cette chaussée, une écluse ou bonde, et derrière cette écluse un fossé ou *bief*, le tout pour permettre de retenir ou laisser sortir les eaux en raison des besoins. On ménage aussi dans un point de la chaussée un *déchargeoir*, ou échancrure pavée et cimentée, par où les eaux surabondantes puissent journellement s'écouler : ce déchargeoir, ainsi que l'écluse, doit être garni d'une grille en bois ou en fer pour empêcher le poisson de s'échapper. Il est bon de creuser un fossé autour de l'étang, comme supplément du déchargeoir, et d'en planter le côté extérieur de peupliers d'aulnes, ou de saules, pour préserver la chaussée des dégradations de la sécheresse, et, en même temps, pour offrir au poisson un ombrage salutaire.

L'étang terminé, on ferme la bonde, et on le laisse s'emplir des eaux de l'automne et de l'hiver ; puis au printemps de l'année prochaine, suivant qu'il doit produire du poisson d'un an, appelé *feuille* ou *fretin*, ou même *alevin*, nom que l'on donne plus particulièrement au poisson de seconde année, ou qu'il doit produire du *nourrain* ou *empoissonnage*, ou bien du *poisson de vente*. Le poisson de vente ne se compose généralement que de carpes, de tanches et de brochets, quoique l'on y voie encore quelquefois des brèmes, des perches, des anguilles et du gardon ; mais la brème a peu de valeur, les perches détruisent trop de *feuille*, les anguilles percent les chaussées, et le gardon, ainsi que tous les petits poissons blancs appelés *menuisaille*, *blanchaille* ou *roussaille*, n'est guère bon qu'à nourrir les perches et les brochets, et à préserver ainsi la *feuille* de carpes. Souvent dans le même étang on fait la *feuille*, l'empoissonnage et le poisson de vente ; l'empoissonnage varie suivant les pays. Cependant, pour avoir seulement de la *feuille* on calcule qu'il faut mettre dans l'étang spécialement destiné à la pose, un tiers de carpes femelles et deux tiers de mâles, du sixième au quart du nombre nécessaire à empoissonner l'étang en pêche réglée ; l'on ajoute des tanches dans la proportion du quart du nombre des carpes, et comme ces derniers pondent annuellement, en raison de la qualité du sol de l'étang, depuis 24 jusqu'à 200,000 œufs, dont une bonne partie n'arrive pas à bien, l'habitude seule indique le nombre exact de poisson de pose dont il faut meubler un étang destiné à fournir la feuille. Ensuite, on voit grossir dans un autre étang de 500 à un millier de cette *feuille* par hectare ou par cent du poisson qu'on doit placer dans l'étang destiné à donner du poisson de vente; on ajoute à cette *feuille* de carpes, 7 à 10 kilogrammes de *feuille* de tanches, et quelquefois même de 8 à 10 brochetons de la grosseur du doigt par cent de *feuille*. Alors, au bout de l'année on obtient des brochets de 10 et 15 hectogrammes, et du nourrain de 0ᵐ,10 à 0ᵐ,16 pouces entre tête et queue, ou du poids de 244, 367 grammes. On met ensuite environ un millier de ce nourrain par hectare dans l'étang à produire le poisson de vente, pour obtenir à la fin de l'année des carpes de 500 à 1000 grammes.

Dans les étangs servant tout à la fois à faire la *feuille*, l'empoissonnage et le poisson de vente, on met par hectare, avec un millier de têtes de *feuille*, six à huit carpes d'une livre, toujours dans la proportion d'un tiers de femelles et deux tiers de mâles, et, au bout d'un an, on obtient une grande quantité de feuille, et de l'empoissonnage de 183 à 244 grammes par tête, qui douze mois après arrive de 15 à 25 hectogrammes la paire.

On calcule que les frais d'établissement d'un étang d'un hectare sont de 2 à 4,000 fr., et que l'on retire d'un pareil étang de 28 à 50 fr. de bénéfice net, ou de 40 à 100 fr. de produit brut, sur lequel il faut prélever les frais d'empoissonnage, de garde et de pêche. Tous les ans ou au plus tous les deux ans il faut mettre l'étang à sec : on le laboure, et on lui fait produire une levée d'avoine : en effet, les étangs permanents fournissent à peine en produit brut 50 kilogrammes de poisson de 25 à 30 fr. par hectare, dont le produit net par année ne s'élève pas souvent à plus de 5 à 15 fr. De pareils étangs ne doivent donc, en réalité, être conservés que dans les vallées rocailleuses où l'on ne pourrait pas faire venir autre chose.

J. ODOLANT-DESNOS.

Le vol ou la tentative de vol de poisson dans les étangs est puni de un à cinq ans d'emprisonnement, et de 17 à 500 fr. d'amende. La loi range les poissons des étangs dans la catégorie des immeubles par destination.

ÉTAPE, ESTAPE, ou FEURRE, ou FOARE, suivant Gébelin. Le mot *étape* signifiait originairement *marché public*. La place de Grève était l'*étape* de Paris. Ce terme ne vient pas du latin *stipendium*, comme le prétend Pierre Borel, mais du latin barbare *staplus*, qu'on retrouve dans les lois ripuaires; il était emprunté de l'allemand *stapel*, amas, entrepôt de marchandises; il s'est francisé dans les vieux termes *estaple*, *estapple*, *staple*, *stappe*, qui, suivant Roquefort, signifiaient *foire ou marché*. Il s'est changé en *staple* dans la langue anglaise; ce dernier terme figure continuellement dans les lois promulguées par le parlement d'Angleterre : elles ont appelé *étapes* les marchés de laine des Pays-Bas, marchés qui ont été fort importants pour la Grande-Bretagne. Considérant cette expression, au point de vue militaire, nous trouvons au quatorzième siècle, le trésor étant presque toujours vide, les gens de guerre autorisés, par lettres royales, à *vivre sur le peuple*. Le moyen était inhumain, impolitique, insensé; mais on ne savait pas gouverner mieux : la France sortait à peine de la barbarie. Les rachats, l'ustensile, l'étape, ont été des fruits ou des correctifs de ce désordre. Une ordonnance de 1544 disposait que quand il serait levé des aventuriers, ils marcheraient par étape, ce qui signifie qu'ils ne pouvaient s'arrêter qu'à des couchées assignées, et non dans les lieux où il leur conviendrait mieux de passer la nuit.

On regarde, mais à tort, l'étape comme ayant été instituée par Henri II, en 1549. Alors, ce terme exprimait un lieu de gîte où les troupes de passage pouvaient, à leurs dépens, s'approvisionner de vivres dans des marchés publics; mais l'expression *étape* ne comportait pas encore l'idée d'un lieu de fourniture de subsistances délivrées aux corps en route, par forme d'allocations, et en vertu de mesures d'administration publique. Entre ces deux acceptions, fort différentes, du même mot, il y a eu ce qu'on a appelé l'*ustensile des gens de guerre*. Briquet, dans son *Code militaire*, nous apprend que Louis XIV, réalisant un projet conçu par Louis XIII, comme le témoigne une ordonnance de 1623, fit dresser une carte qui indiquait l'itinéraire des troupes et leurs lieux de gîte; mais cette carte n'offrait pas le tableau des lieux de fourniture de subsistances. Un règlement de 1629 essaya d'améliorer le système : ses dispositions sont maintes fois rappelées dans l'ordonnance de 1633, qui voulait que les vivres fussent payés par les troupes, au lieu d'être fournis par les communes. La direction de cette branche administrative était confiée aux *commissaires généraux des vivres*. Le rescrit de 1635 prouve que les principes relatifs à l'étape étaient encore si peu arrêtés, que pour chaque grand voyage de troupe on annexait à l'ordre de route un taux variable des prestations allouées pendant la marche : tels corps et tels grades étaient ou mieux ou moins favorablement traités. L'ordonnance de 1636 prescrivit des mesures plus fixes. Les règlements de 1641 et 1642 s'occupèrent de la police à suivre dans les distributions de l'étape et de l'amélioration de la ligne de l'itinéraire. L'arrêt de 1643 embrasse la direction des routes d'étape, et la dépense qu'entraînait cet objet. Les échevins et les communes des lieux de passage avaient mission de désigner et de faire tenir vacants les logements nécessaires aux troupes; le soldat d'infanterie devait vivre au moyen de sa solde de route : elle était de huit sous. Pour maintenir le bon ordre, on faisait, dit Bombelles, « lecture aux troupes des denrées, suivant le taux réglé par l'intendant; » mais elles se permettaient mille exactions, et, fidèles aux habitudes contractées dans le cours des guerres civiles, s'emparaient de tous les fruits, légumes, volailles, qui leur tombaient sous la main. Pour remédier à ces abus, Louis XIV promulgua l'ordonnance de 1650, et la lettre royale de 1651.

Ce monarque fit faire un grand pas à la discipline en substituant à l'*ustensile* les vivres en nature, et en transformant en lieux de fournitures administratives les lieux de gîte; mais ces fournitures s'effectuaient au compte des communes, et non de l'État. La taille en argent, nommée *estape*, y subvenait; il était prononcé peine de bannissement contre les autorités civiles qui auraient consenti à racheter à prix d'argent la fourniture de l'étape due à un corps de passage. Sauf cette particularité, et la forme différente des perceptions fiscales qui subvenaient à la dépense, le sens du mot *étape* devint à peu près ce qu'il a été dans notre langue jusqu'à la guerre de la révolution. Le prince Eugène témoigne dans ses Mémoires combien l'Allemagne déplorait l'absence d'un système d'étapes, système imposible dans un pays de principautés indépendantes. Jusqu'à la régence de Philippe d'Orléans, ce furent réellement les habitants qui durent contribuer de leur bourse à nourrir les troupes en route; des communes acquittaient aussi en argent l'*ustensile*. Il était pris, en chaque lieu de gîte, des arrangements pour la fourniture de l'étape. Si l'autorité la délivrait en argent, elle avait soin que le marché public fût convenablement approvisionné et alimenté, et les soldats s'y pourvoyaient à prix débattu. L'ordonnance de 1718, rendue par le conseil de la guerre, malgré Villars et par l'influence de Puységur, supprima les fournitures de vivres et augmenta la paye. Le désordre reparut; aussi les fournitures d'étape furent-elles rétablies par l'ordonnance de 1727.

L'étape, depuis qu'elle est devenue une institution nationale mise au compte de l'État, consiste en une distribution de vivres et de fourrages, faite individuellement à chacun des militaires d'un corps en route dans l'intérieur. Le droit à cette distribution consistait en ce qu'on appelait les *places d'étape*, c'est-à-dire le nombre des places allouées, des rations, variant suivant l'emploi ou le grade des officiers; ainsi, les allocations d'un capitaine d'infanterie française de ligne étaient de six places. Cette largesse rappelait le temps où un capitaine avait quatre ou cinq domestiques. Le gouvernement se jetait commodément dans de telles prodigalités, parce qu'elles étaient payées par les riverains des lieux de passage. S'assurer de la qualité des rations de l'étape, prévoir les quantités à faire fournir, les faire délivrer conformément aux extraits de revue, et passer même des revues nouvelles, telles étaient en grande partie les fonctions des commissaires des guerres.

Le mot *étape* s'est pris, par une application plus étendue, dans un autre sens : il a signifié aussi *lieu d'étape* et *demeure de l'étapier*. De là sont venues les expressions *carte d'étape*, *route d'étape*, et la locution *brûler l'étape*, c'est-à-dire franchir le lieu d'étape sans y prendre gîte, quoique tout lieu d'étape fût lieu de gîte. L'ancienne carte d'étape continua, toute imparfaite qu'elle fût, à être en usage jusqu'à l'époque où le territoire français fut divisé en départements : la circulaire de l'an II témoignait qu'il y avait eu nécessité d'établir de nouveau une carte de routes et distances, attendu que jusque là on n'avait eu d'autre guide que le livre de poste. Une seconde circulaire de l'an IV prouvait que la carte d'étape n'avait pu être encore terminée à cette époque, et que celle dont on s'occupait, indiquerait la direction des chemins et les lieux d'étape, pour que les feuilles de route fussent dressées en conséquence.

Le mot *étape* s'est conservé jusqu'à nos jours, quoique l'ancienne étape ait été abolie depuis la guerre de la révolution. L'administration publique ne reconnaît plus de distributions directes et individuelles aux militaires marchant en troupes; elle a supprimé la délivrance des boissons, mais elle a maintenu des distributions collectives, telles que celles du pain et des fourrages, accordées aux hommes formant détachement. La surveillance de cette partie regarde maintenant le corps de l'intendance. L'indemnité de route, ou supplément de solde des militaires en route, s'est substituée à l'étape, ou du moins représente celles des fournitures de l'étape autres que le pain. En l'an VI, les administrations départementales ont cessé d'intervenir dans le service des étapes. Ce genre de dépense financière, prévu et calculé, est devenu l'objet d'un des chapitres élémentaires du budget de l'armée. L'arrêté de l'an VIII ordonnait la confection d'une nouvelle carte d'étapes, et elle établissait les gîtes à 30 kilomètres ou 6 lieues, au moins, et à 40 kilomètres ou 8 lieues, au plus. Cet arrêté ne connaissait plus d'autres fournitures que le pain et le fourrage : il cessait d'être délivré de la viande.

Gal BARDIN.

ÉTAT. Ce mot dérive du latin *status*, situation des choses, formé du grec στασις, qui a la même signification. C'est dans ce sens que l'on dit une nation en *état* de guerre, une maison en mauvais *état*, un homme en *état* de démence, l'état de santé, l'état de maladie, etc. Le mot *état* s'emploie aussi pour désigner la profession qu'on exerce. Il est alors synonyme de métier ; on dit cependant dans le même sens l'*état ecclésiastique*.

En politique, le mot *État* doit s'appliquer à un pays tout entier, représenté par son gouvernement. L'alliance entre plusieurs États, c'est l'alliance entre plusieurs peuples signée par leurs gouvernements. *État* s'emploie aussi dans le sens de puissance gouvernementale : c'est ainsi que Louis XIV disait : « L'État, c'est moi! » mot vaniteux, qui a conduit tous ceux qui l'ont prononcé à leur perte. Il est des maximes passées dans les traditions gouvernementales qui se transmettent de génération en génération : c'est là ce qu'on appelle les *maximes d'État*. Sous la première révolution, les montagnards traitaient dédaigneusement d'*hommes d'État* ceux de leurs adversaires auxquels ils prêtaient des aspirations gouvernementales. On donne ce nom aujourd'hui à ceux qui dirigent ou qui seraient capables de diriger les affaires publiques. Sainte-Évremond définissait avec justesse ce qu'on appelle *raison d'État* une raison mystérieuse, inventée par la politique et qui se fait sans raison. Les prisonniers que l'ancien régime jetait à la Bastille ou dans les *prisons d'État*, c'est-à-dire sans bon plaisir, étaient appelés *prisonniers d'État*. Enfin, un de nos collaborateurs a caractérisé en son lieu les *coups d'État*.

Dans l'administration, on nomme *états* les rôles ou tableaux relatifs soit aux dépenses, soit au personnel.

ÉTAT (Conseil d'). *Voyez* CONSEIL D'ÉTAT.

ÉTAT (Ministère d'). Il existait sous le premier empire un secrétaire d'État, assistant de droit aux délibérations du conseil des ministres, et servant d'intermédiaire entre l'empereur, les grands corps constitués, et les ministres eux-mêmes, qu'il convoquait en conseil. Il avait en outre dans ses attributions les archives impériales. Sous la restauration il y eut des ministres d'État, mais pas de *ministère d'État* : ces ministres sans portefeuille étaient simplement, sous un titre pompeux, des membres du conseil du roi, fort peu consultés du reste. Mais cette qualité de ministre d'État était une sorte de retraite honorable pour un ancien ministre. Sous Louis-Philippe et sous la république de 1848, jusqu'au 2 décembre 1851, il n'y eut ni ministre ni ministère d'État. Le 22 janvier 1852, un décret du président de la république créa un *ministère d'État*; M. Casabianca fut appelé à ce ministère. Les attributions en furent ainsi déterminées : rapports du gouvernement avec le sénat, le corps législatif et le conseil d'État; correspondance du président de la république avec les différents ministères; contre-seing des décrets de nomination des ministres, du président du sénat et du corps législatif, des sénateurs et des décrets leur accordant des dotations, et enfin des décrets de nomination des membres du conseil d'État; contre-seing des décrets du président de la république rendus dans les attributions que lui conféraient les articles 24, 28, 31, 46, 54 de la constitution nouvelle, et de ceux dont les matières n'étaient spécialement attribuées à aucun département ministériel. La direction exclusive de la partie officielle du *Moniteur*, l'administration des palais nationaux et des manufactures nationales complétaient ses attributions. Peu de temps après, elles furent accrues de la direction des bibliothèques des palais nationaux. Le 11 septembre suivant, la direction des palais et manufactures, qui y avait été établie, ainsi que celle de la comptabilité, y furent supprimées et réunies au secrétariat général; une nouvelle organisation des bureaux y fut arrêtée, dans des motifs d'économie. Un décret du 14 février 1853 a distrait le service des beaux-arts du ministère de l'intérieur, et celui des archives impériales du ministère de l'agriculture et du commerce, et les a attribués au ministère d'État. M. A. Fould a remplacé, le 30 juillet 1852 M. Casabianca au ministère d'État, et porte le titre de *ministre de la maison de l'empereur*. La Légion d'Honneur ressort aussi directement de ce ministère, qui figurait au budget provisoire de 1855, pour une somme de 12,146,400 fr. Enfin au départ de M. Fialin de Persigny du ministère de l'intérieur, le 23 juin 1854, le service des bâtiments civils, le service des théâtres de Paris non subventionnés, des théâtres de département et de la censure dramatique, lui ont été portés au ministère d'État.

ÉTAT (Questions d'). On désigne sous ce nom les affaires dans lesquelles il s'agit de statuer judiciairement sur l'état civil des citoyens. Cet état civil a été parfaitement réglé depuis 1789; mais il n'y en a pas moins un grand nombre de questions d'état qui peuvent surgir devant les tribunaux.

Les demandes en nullité de mariage fondées sur des empêchements dirimants sont des questions d'état.

Il en est de même des réclamations d'état portées par des enfants qui auraient été victimes d'un fait que la loi qualifie de crime, la suppression d'état, leur naissance n'ayant pas été inscrite sur les registres de l'état civil. L'enfant majeur ou celui qui le représente dans sa minorité peut, en rapportant les preuves de l'accouchement de sa mère, et la constatation qu'il est bien l'enfant dont elle est accouchée, reconquérir sa possession d'état. La justice n'admet cette sorte de questions d'État qu'avec de grandes réserves, et elles sont, dans l'intérêt du repos et de la réputation des familles, entourées de difficultés judiciaires qu'on ne saurait désapprouver.

Les actions en désaveu de paternité sont aussi des questions d'état. Les contestations relatives au divorce, à la mort civile constituaient aussi naguère des questions d'État.

Les affaires présentant une question d'état ne peuvent être jugées que par les cours impériales en audience solennelle.

ÉTAT CIVIL — ÉTAT DE SIÉGE

L'action criminelle contre la suppression d'état ne peut être intentée qu'après le jugement de la question d'état.

ÉTAT (Suppression d'). *Voyez* SUPPRESSION D'ÉTAT.

ÉTAT CIVIL. Voici un mot d'origine récente, comme l'institution qu'il désigne. S'il est une chose importante pour une nation, c'est de pouvoir se rendre compte de tous les membres qu'elle compte dans son sein, au point de vue de leurs droits et de leurs obligations dans la famille, dans la cité, dans l'État. L'état civil, tel que l'a établi le Code Napoléon, c'est cette constatation régularisée.

Pour retrouver les germes de l'état civil tel que nous l'avons aujourd'hui, il faut remonter aux Athéniens : des officiers spéciaux inscrivaient à Athènes les noms des jeunes citoyens libres, dès l'âge de trois ou quatre ans, sur des registres de leur classe : les esclaves n'avaient point d'état civil. Un magistrat dressait l'acte de mariage dans la maison nuptiale même. A Rome, Servius Tullius voulut que la naissance et la mort des citoyens fussent inscrits sur des registres publics, dont les préteurs devinrent les dépositaires sous la république. Marc-Aurèle ordonna le dépôt de ces registres publics au siège de l'empire ; il réglementa sagement les dispositions de la constatation, qui était tombée en désuétude à la chute de la république. L'invasion des barbares fit disparaître les vestiges de l'état civil. La tradition pour les serfs, et pour les nobles quelques notes inscrites sur un missel tenaient lieu d'état civil. Cependant les prêtres prirent peu à peu l'usage d'inscrire sur les registres de leur paroisse les baptêmes, les mariages et les enterrements ; cette constatation conçue au point de vue religieux, était un grand pas de fait pour la constatation, indirecte il est vrai, de l'état des citoyens. François 1er institua, en 1539, des registres de baptême, dressés par les curés et vicaires, et déposés chez le greffier du bailliage ; il ne songea pas au mariage ; il ne s'inquiéta non plus de la constatation des décès que pour ceux qui possédaient des fiefs ou des bénéfices. Sous Louis XIV il est institué des *greffiers gardes et conservateurs* du registre de l'état civil, et des contrôleurs de ces greffiers : ces registres étaient toujours tenus par le clergé qui trouvait un moyen d'influence dans les familles dans cette concentration de l'état civil entre ses mains. Louis XV régla, par l'ordonnance du 9 avril 1736, notre ancienne législation sur la matière. Les curés et leurs vicaires conservaient la rédaction des registres de l'état civil, recevant les actes de naissance, de mariage et de décès ; la magistrature en avait le contrôle, et ils étaient déposés au siège de la juridiction. Mais les prêtres continuaient à tenir leurs registres au point de vue sacramentel de l'église, bien plus qu'à celui de l'état civil. Les juifs, les luthériens n'avaient pas d'état civil.

Quand la révolution de 1789 éclata, l'Assemblée législative jugea nécessaire d'enlever au clergé la tenue de ces registres. Une loi du 20 septembre 1792 constitua notre état civil complètement en dehors de l'Église : elle prescrivit d'ouvrir trois registres doubles pour y inscrire séparément les naissances, les mariages et les décès. Les conseils généraux des départements désignaient un ou plusieurs de leurs membres pour tenir les registres de l'état civil. Les maires n'avaient le droit de recevoir les actes de l'état civil qu'accidentellement, en cas d'empêchement de ces officiers publics. En l'an VIII une nouvelle loi, celle du 28 pluviôse, conféra aux maires et aux adjoints les fonctions d'officiers civils dans la circonscription de leur commune ; les conseillers généraux ne les exercèrent ainsi que peu de temps.

Pour les modes de constatation des naissances, mariages et décès, nous renverrons à ces mots.

Aucune rectification ne peut être faite d'office par les officiers de l'état civil sur les registres des naissances, mariages et décès ; les changements à y introduire ne peuvent être faits qu'en vertu de jugements des tribunaux, préposés à la surveillance de ces registres ; leur nullité ne peut être déclarée, pour faux ou pour tout autre motif, que par la justice. Le maire n'a pas d'autre mission que de transcrire ces jugements et d'en faire mention en marge de l'acte rectifié, de manière que chaque extrait des actes entachés d'erreur puisse porter les rectifications.

La première minute de chaque registre de l'état civil est portée tous les ans au greffe du tribunal d'arrondissement, ainsi que toutes les pièces produites à l'appui des actes. Ces registres sont cotés et paraphés par le président du tribunal civil. Des tables alphabétiques sont dressées à la fin de chaque registre, et fondues ensemble par chaque commune tous les dix ans.

A l'étranger, les agents diplomatiques accomplissent les fonctions d'officiers de l'état civil : ils ont également un double registre, dont ils en envoient chaque année une minute au ministre des affaires étrangères, et sur lequel ils constatent l'état civil des Français hors du territoire.

En mer, le capitaine ou patron des navires accomplit ces mêmes fonctions, pour les naissances et les décès : il en dresse les actes sur les rôles d'équipage, dont il dépose une expédition chez le préposé de l'inscription maritime ou chez le consul français, au premier port où il aborde. Le rôle d'équipage lui-même est déposé au port de débarquement entre les mains du préposé à l'inscription maritime, qui est tenu de faire expédition des actes de naissance et de décès à la mairie du domicile des père et mère ou du défunt.

Dans l'armée, un officier, placé sous la surveillance des majors et des intendants, remplit les fonctions d'officier de de l'état civil.

Grâce à ce mécanisme, les nombreuses erreurs, la négligence qui présidaient autrefois à la rédaction des actes constatant la position des citoyens, ne sont plus à redouter ; l'État et les familles trouvent dans l'institution de l'état civil, tel que la révolution l'a faite, la sauvegarde des intérêts qu'ils ont à faire valoir sur les personnes.

L'Angleterre a laissé jusqu'en 1836 le soin de tenir les actes de naissance, de mariage, de décès, aux ministres des cultes ; mais depuis cette époque elle a adopté des mesures telles, que l'on peut dire que l'institution moderne de l'état civil a pris à son tour droit de cité chez nos voisins d'outre Manche.

ÉTAT DE LIEUX. On nomme ainsi la détermination de l'état où se trouve une maison, un appartement, au moment où l'on en prend possession en qualité de locataire. Il est très-important pour le locataire de faire dresser un état de lieux, car s'il n'en existe pas il est présumé les avoir reçus en bon état de réparations locatives, et alors il doit les rendre tels : il est cependant admis à faire la preuve contraire. Les états de lieux bien faits peuvent éviter bien des chicanes. Avec cette pièce, plus de contestation possible ; les lieux sont rendus dans l'état où on les a pris, sauf ce qui a été dégradé, ce qui a péri par vétusté ou par force majeure. Les états de lieux doivent être faits doubles pour plus de régularité : lorsqu'ils embrassent les objets et ustensiles garnissant une usine, ils prennent le nom de *prisée*.

ÉTAT DE SERVICE. *Voyez* SERVICE.

ÉTAT DE SIÉGE. L'état de siége est celui d'une contrée menacée ou celui d'une place assiégée par l'ennemi : tel est le sens absolu de l'expression ; c'est aussi l'état exceptionnel sous lequel le gouvernement place momentanément une ville ou une contrée dans laquelle une insurrection a éclaté. Dans ce cas, l'émission d'un décret y autorise l'application de mesures extra-légales ; c'est ce qu'on a appelé la *mise en état de siége*. La loi de 1791 a la première embrassé ce sujet. Une loi de l'an V établissait l'état de siége dans l'intérieur de la république comme résultant de l'investissement des communes par des ennemis ou par des rebelles qui interceptaient les communications à une distance de 3,500 mètres. Le décret de 1811 résuma ce qui avait été jusque là aux rapport à l'état de siége. La mise en état de siége a été quelquefois un droit conféré par l'autorité suprême aux généraux en chef ; quelquefois elle a été un moyen oblique de soustraire au bienfait des lois communes et municipales une ville, un département même, en en retranchant momentanément certaines portions de territoire, et en y subordonnant les autorités civiles à l'empire d'un commandant de place ou d'un commandant supérieur. Dans les cent jours, Bonaparte, à qui la voix du peuple avait révélé plus d'un grief, fit une concession dans l'acte additionnel, en s'engageant à restreindre à l'avenir le droit de prononcer la mise en état de siége.

Dans une place en état de siége, tout est soumis à l'autorité militaire, à ses prescriptions; la justice civile s'efface elle-même pour faire place au régime des conseils de guerre, à moins que l'autorité militaire ne lui délègue ses pouvoirs.

Cette dictature temporaire de l'autorité militaire cesse avec l'état de siége. La France a vu maintes fois déjà l'état de siége proclamé à raison des événements de l'intérieur. Dans les journée de juillet 1830, Charles X déclara Paris en état de siége : le peuple fit justice de l'état de siége de la royauté expirante. Louis-Philippe appliqua en 1832 l'état de siége à plusieurs départements et à plusieurs arrondissements de l'ouest, lors de l'insurrection légitimiste qui y éclata : il mit également Paris en état de siége; après l'insurrection républicaine des 5 et 6 juin 1832 : les conseils de guerre s'attribuèrent alors le jugement des citoyens arrêtés pour fait d'insurrection; mais la cour de cassation, sur une vigoureuse plaidoirie de M. Odilon Barrot, consacra ce principe posé dans la charte, que les citoyens ne pouvaient pas être distraits de leurs juges naturels, et déclara que les conseils de guerre n'avaient pas le droit de les juger. Cet arrêt produisit une vive satisfaction dans l'opinion publique, et entraîna immédiatement la levée de l'état de siége de Paris. Le ministère, comptant sur la docilité des chambres, chercha à légitimer l'état de siége de façon à n'avoir plus à s'arrêter devant les arrêts de la cour de cassation : il présenta un projet de loi à la chambre des pairs; mais ce projet demeura enseveli dans les cartons. Louis-Philippe décréta une nouvelle fois l'état de siége de la capitale, le 24 février 1848; la révolution passa outre. Le 24 juin 1848, au milieu de la terrible insurrection qui ensanglantait Paris, M. Pascal Duprat vint proposer à l'Assemblée constituante de mettre Paris en état de siége : cette mesure, dont la pensée était éclose chez les amis du général Cavaignac, qui le portaient alors au pouvoir, excitait une si vive répulsion dans les esprits que l'Assemblée hésitait. « Au nom de la patrie, s'écrie M. Bastide, je vous conjure de mettre un terme à vos délibérations. Il faut voter. Si vous tardez, l'hôtel de ville peut être pris. » L'état de siége fut voté. Il dura jusqu'au 19 octobre 1848, malgré la demande de sa levée faite avec insistance par l'opposition démocratique. Cette fois l'état de siége couvrit de son ombre non plus seulement l'attribution du jugement des citoyens aux conseils de guerre, sanctionnée maintenant par la cour de cassation, mais encore, ce que Louis-Philippe n'avait ni rêvé ni osé : la suppression des journaux et la transportation sans jugement compris. Le 13 juin 1849 Paris fut de nouveau mis en état de siége par une loi proposée et votée dans la même séance, et qui fut présentée à la législature par M. Odilon Barrot, garde des sceaux ; l'état de siége de Paris fut étendu à toute la 1re division militaire ; il fut levé le 9 août suivant ; le 15 juin 1849 une nouvelle, loi votée d'urgence par l'Assemblée législative, mit en état de siége Lyon, où une insurrection sanglante venait d'éclater, et toute l'étendue de la 6e division militaire; l'état de siége fut, dans le courant de 1851, étendu aux départements du Cher, de la Nièvre et de l'Ardèche ; enfin, l'état de siége fut réappliqué à Paris et à la circonscription de la 1re division militaire, le 2 décembre 1851. Lors des événements de décembre, les départements de Saône-et-Loire, de l'Allier, du Gard, de l'Hérault, du Gers, des Basses-Alpes, du Var, du Lot, de Lot-et-Garonne, de l'Aveyron, de Vaucluse, du Jura et l'Algérie tout entière furent déclarés en état de siége. Cet état de siége d'une partie de la France, qui pour Lyon et la 6e division militaire durait depuis juin 1849, fut levé le 27 mars 1852.

L'Assemblée législative avait voté, en août 1849, une loi qui attribuait le droit de déclarer l'état de siége à l'Assemblée nationale seulement. Voici, d'après les dispositions non abrogées de cette loi, quels sont les effets de l'état de siége : les pouvoirs dont l'autorité civile est investie pour le maintien de l'ordre et la police passent à l'autorité militaire; elle conserve ceux de ces pouvoirs dont l'autorité militaire ne la dessaisit pas. Les tribunaux militaires peuvent être saisis de la connaissance des crimes et délits contre la sûreté de l'État, contre la constitution, contre l'ordre et la paix publique, quelle que soit la qualité des auteurs et de leurs complices. L'autorité militaire a le droit de faire des perquisitions de jour et de nuit dans le domicile des citoyens, d'éloigner les repris de justice et les individus qui n'ont pas leur domicile dans les lieux soumis à l'état de siége, d'ordonner la remise des armes et des munitions, de procéder à leur recherche et enlèvement, d'interdire les publications et les réunions qu'elle juge de nature à exciter et à entretenir le désordre. Après la levée de l'état de siége, les tribunaux militaires continuent de connaître des crimes et délits dont ils se sont attribué la poursuite pendant cette situation exceptionnelle.

ÉTAT-MAJOR. C'est tout ce qui constitue le personnel dirigeant d'une armée, d'une division active ou territoriale, d'une brigade, d'une place de guerre, d'un bataillon, d'un escadron, d'une compagnie, etc, etc. Cette expression est peu ancienne. Montecuculli ne se sert que de celle d'*état colonel*. La dénomination d'état-major ne pouvait pas exister lorsqu'un général avait pour second un maréchal de camp, ou quand un colonel commandait sans intermédiaire à des capitaines; mais quand les rouages du mécanisme militaire se sont multipliés ; quand le général, autrefois simplement nommé *capitaine*, s'est entouré d'aides ou s'est fait accompagner d'un personnel nombreux; quand la tête d'un corps, au lieu de consister en un seul chef, a été représentée par un colonel secondé par une quantité d'acolytes, le mot *état-major* est devenu nécessaire, et notre langue militaire l'a admis, quoique défectueux ; il manque de précision, et porte même à faux, puisqu'il y a, comme on l'a vu, différentes classes d'états-majors, tandis que l'épithète *major* donne l'idée d'une supériorité ou d'une sommité unique. Au mépris de cette règle, il y a encore le *grand* et *petit état-major*. La dernière de ces locutions s'applique seulement aux corps ; la première est ambiguë, parce qu'on l'adapte tantôt à l'armée en général, tantôt aux corps en particulier. Les instructions sur l'inspection n'ont en vue que ce dernier emploi, tandis que réellement c'est l'état-major de l'armée qui est le grand état-major. On appelle aussi *état-major* le lieu où se tiennent les bureaux de l'état-major. Dans l'armée française, l'état-major se prend, nous l'avons dit, sous plusieurs acceptions : considéré à part du chef d'une armée agissante, il sert d'intermédiaire, d'interprète, d'auxiliaire, entre les corps et le général d'armée ; il est le lien des corps d'armée quand ils se rassemblent. Dans les temps ordinaires, l'état-major est l'ensemble de tous les officiers, depuis le général en chef jusqu'au moindre officier d'état-major, ceux de l'état-major des corps non compris.

Jusqu'à la fin du règne de Louis XIV, les mœurs féodales et la brusquerie de l'arbitraire se seraient mal accommodées de règles écrites ; mais vers cette époque on accueille des idées plus saines; les sciences mathématiques font des progrès ; leur application s'étend, l'art militaire s'en ressent ; on reconnaît qu'une seule tête ne saurait embrasser tous les détails de la conduite d'une armée; on tombe d'accord que le général qui la commande doit être dispensé de soins minutieux, parce que l'homme le plus universel ne saurait y suffire ; on crée donc, successivement, certains grades militaires, certains emplois financiers, et ceux qui en sont revêtus sont associés sous un même titre. Mais cet état-major était loin d'être un corps spécial, permanent ; ce n'était qu'un ensemble temporaire d'officiers qu'on appelait officiers d'*état-major*, pour indiquer qu'ils n'étaient pas affectés positivement ou inséparablement à telle ou telle troupe, et qu'ils différaient par là des officiers de troupe. On n'avait point eu encore la pensée d'instituer, en outre de l'état-major, un *corps d'état-major* qui en fut une section privilégiée. Frédéric II et Napoléon ont entrepris et terminé glorieusement plus d'une guerre sans le secours d'un pareil corps; mais des idées nouvelles et d'origine allemande ont prévalu. Dans la guerre de 1741, le ministère de la guerre commence à sentir l'utilité d'un état-major mieux organisé et composé d'éléments plus complets. La guerre de 1756 en démontre plus fortement encore le besoin, à raison des adversaires habiles avec lesquels la France se mesure; mais rien de satisfaisant ne résulte des mesures adoptées, ou plutôt essayées jusque là. La victoire incomplète et sans résultats de Hastembeck prouve, au jugement de Napoléon, la mauvaise composition des états-majors français de ce temps. Avant la guerre de la révolution on avait à peine eu l'occasion de faire essai de préceptes que nos tacticiens proposaient ou dont ils donnaient l'idée. Depuis cette guerre l'état-major s'organise mieux; il devient un véritable corps, ou, comme on dit depuis quelques années, un *cadre organisé* Quelques grades, sans appartenir immédiatement à l'état-major, concouraient à l'ensemble de ses travaux : tels étaient certains brigadiers des armées, les chefs de bataillon de jour, les colonels de jour, les majors de brigade, etc. A la révolution de 1789 ces fonctions furent ou négligées ou autrement accomplies. Les dénominations jusque là en usage firent placé à celles des adjoints, des adjudants généraux et des chefs d'état-major.

L'arrêté de l'an IX réorganise l'état-major. Bonaparte, devenu empereur, y réintroduit un connétable, y institue un vice-connétable, y crée des majors généraux et des lieutenants généraux. Le grade de lieutenant général devient un échelon de plus dans la hiérarchie militaire. Plusieurs autres grades, y sont des superfétations et une imitation renouvelée de l'ancien luxe byzantin. En 1814 le ministère regarde comme un de ses premiers devoirs d'abolir les titres de généraux de division et de généraux de brigade, comme des grades *révolutionnaires*, et il replace des maréchaux de camp dans l'état-major. La législation des cent jours confirme le rétablissement maladroit et malheureux de ces grades, dont le sens est équivoque, dont la dénomination est même fausse, et que la révolution de 1848 a pu seule replonger dans la poussière du passé, d'où ils n'auraient jamais dû sortir. En 1818 les aides majors sont créés, ainsi qu'une *école d'état-major*; c'est à partir de là qu'il commence à être donné aux élèves d'état-major une éducation appropriée aux besoins de l'époque et à la manière actuelle de faire la guerre : cette école est une imitation des institutions et du collège militaire de la milice anglaise. L'année 1818 est marquée par la création du *corps royal de l'état-major*, section privilégiée et permanente d'un corps qui était également royal et permanent. Maintenant, ce qu'on appelle corps impérial d'état-major ne comprend que les chefs et sous-chefs d'état-major, les aides de camp, et les officiers du dépôt de la guerre et des bureaux de l'état-major. M. Didier, qui a essayé de définir ce que c'est que l'état-major, le regarde comme le composé de tout ce qui sert militairement sans appartenir à aucun corps particulier. S'il s'agit, selon lui, de l'état-major des places, il faut distinguer le fait du droit : aussi l'état-major des places est à la fois partie externe et pourtant intégrante de l'état-major général. Toutes ces subtilités logiques sont le chaos. L'ordonnance de 1831 a réuni l'état-major aux ingénieurs géographes : c'est un retour de l'enfance de l'art !

Dans quelques armées, l'*état-major du corps* s'est nommé, jusqu'au milieu du dernier siècle, *état-colonel* et *prévôté*. Un état-major de corps n'est pas toujours un état-major de régiment, puisqu'un bataillon régimentaire a un état-major spécial. Mais le mot sera examiné ici comme synonyme d'état-major de régiment d'infanterie, et comme donnant l'idée d'une agrégation à la fois tactique et administrative,

attachée à un corps de plusieurs compagnies, car les compagnies régimentaires n'ont pas d'état-major. Avant le ministère de Choiseul, un état-major comprenait un prévôt et son lieutenant, un greffier, des archers, quelquefois même un exécuteur; le seul officier supérieur qui en fit partie était le chef du corps. Depuis cette époque les états-majors de corps ont été sans cesse s'augmentant en officiers jusqu'à la guerre de la révolution : c'était un effet du vieux préjugé qui ne permettait à la noblesse française d'autre carrière que la profession des armes. Telle fut la cause de la surabondance des grades inutiles, de la création des colonels en second, des lieutenants-colonels, des majors en second, et enfin de la forme dispendieuse des états-majors français.

L'*état-major des places* a compris, suivant les temps, des adjudants, des aides majors, des aumôniers, des capitaines de portes, des connétables, des castelans, des chefs d'administration, des colonels, des commissaires des guerres, des éclusiers, des employés, des gouverneurs, des commandants d'armes, des commandants de place, des commandants supérieurs, des commandants temporaires, des lieutenants-colonels, des lieutenants de roi, des majors et autres officiers majors, des officiers de santé sédentaires, des portiers-consignes, des secrétaires archivistes, des vice-rois. En temps de paix, ou en résidence dans l'intérieur, c'est également à l'état-major des places qu'appartiennent ou qu'appartenaient de fait les membres de l'inspection aux revues et de l'intendance militaire; mais le corps de l'intendance est regardé comme une section de l'état-major général, quoiqu'il ne fasse partie active du grand état-major qu'en temps de guerre. L'opinion, souvent injuste, place dans une infériorité non méritée l'état-major des places comparé à l'état-major de l'armée : c'est un mal et un abus, dont les causes seraient trop longues à énumérer, et qui ont résulté surtout des mesures fausses adoptées par le gouvernement; le service de l'Etat en a souffert maintes fois. Gal BARDIN.

L'*état-major général* de l'armée de terre a été organisé en France par une loi du 7 août 1839.

Il se compose : 1° des maréchaux de France, dont le nombre est fixé à six au plus en temps de paix, et à douze au plus en temps de guerre; des généraux de division et de brigade. Les généraux de division et de brigade sont divisés en deux sections. La première comprend ceux qui sont en activité ou en disponibilité : le nombre des officiers généraux de cette section du cadre de l'état-major général de l'armée est fixé à quatre-vingts généraux de division et à cent généraux de brigade. La deuxième section de ce cadre, celle de la réserve, comprend tous les autres officiers généraux : les généraux de division y sont placés à soixante-cinq ans, et les généraux de brigade à soixante-deux; mais les officiers généraux ayant commandé une armée ou un corps d'armée de plusieurs divisions de différentes armes, ou ceux qui ont commandé les armes de l'artillerie et du génie dans une armée composée de plusieurs corps d'armée, sont maintenus de droit dans la première section; les généraux de division peuvent être maintenus, par exception, dans cette première section en vertu d'un décret spécial. Les officiers généraux placés dans la seconde section reçoivent les trois quarts de la solde d'activité.

Le cadre de réserve de l'état-major général de l'armée de terre avait été supprimé après février 1848, et les officiers généraux qu'il renfermait avaient été mis à la retraite; mais il fut rétabli par un décret du 20 décembre 1851, aux termes duquel les officiers généraux placés dans cette section aujourd'hui peuvent être employés activement, en temps de guerre, à des commandements dans l'intérieur. Les généraux sénateurs, quel que soit leur âge, peuvent également être appelés à l'activité, même en temps de paix, bien que compris dans la section de réserve.

L'état-major de l'armée *navale* a été organisé par une loi en date du 17 juin 1841, modifiée depuis par les lois des 17 février et 1er juin 1853. Cet état-major est divisé d'après les bases adoptées pour l'armée de terre, en deux sections; les dispositions qui régissent l'armée de terre sont applicables à l'armée de mer. Les vice-amiraux à soixante-cinq ans accomplis et les contre-amiraux à soixante-deux ans entrent dans le cadre de réserve, sauf les exceptions.

ÉTAT-MAJOR (Chef d'). *Voyez* CHEF D'ÉTAT-MAJOR.
ÉTAT-MAJOR (École d'). *Voy.* APPLICATION (Écoles d').
ÉTATS (Assemblées d'). *Voyez* ÉTATS (Pays d'), ÉTATS GÉNÉRAUX, ÉTATS PROVINCIAUX, etc.

ÉTATS (Pays d'). On appelait ainsi, dans l'ancienne monarchie, les provinces qui, en vertu des traités de réunion à la France, avaient conservé le droit de s'administrer elles-mêmes, de fixer le chiffre ainsi que le mode de répartition et de perception de leurs impôts. La plupart des *pays d'états* jouissaient en outre de tous les *droits de cité*, par exemple de ceux de se garder eux-mêmes par leurs milices bourgeoises, d'élire leurs magistrats et d'être régis par leurs coutumes locales. Plusieurs provinces qui étaient originairement *pays d'états* perdirent ensuite cette qualification et tout ou partie des droits qui y étaient attachés. On comptait parmi les *pays d'états* la Bourgogne (y compris la Bresse, le Bugey, le Valromey et le pays de Gex), la Bretagne, la Provence, le Béarn, la Basse-Navarre, l'Artois, le Dauphiné, le Languedoc, etc.

ÉTATS BARBARESQUES. *Voyez* BARBARIE.

ÉTATS DE L'ÉGLISE, ÉTATS ROMAINS, ÉTATS PONTIFICAUX, ÉTATS DU PAPE. *Voy.* ÉGLISE (États de l').

ÉTATS DE L'EMPIRE. On appelait ainsi autrefois en Allemagne les princes qui relevaient immédiatement de l'Empire, et qui avaient droit de siéger et de voter aux diètes. Ils étaient ou *spirituels*, et à cette catégorie appartenaient les électeurs ecclésiastiques, les archevêques et évêques, les prélats, abbés et abbesses, le grand-maître de l'ordre Teutonique et le grand-maître de l'ordre de Saint-Jean de Jérusalem; ou *séculiers*, catégorie qui comprenait les électeurs séculiers, les ducs, les princes, les landgraves, les margraves, les burgraves, les comtes et les villes impériales. Après la paix de Westphalie, les *États d'Empire* furent aussi divisés en *catholiques* et *protestants* (*voyez* CORPUS CATHOLICORUM). Pour obtenir la qualité d'*État de l'Empire*, il fallait posséder une principauté relevant immédiatement de l'Empire, ou bien un comté ou une seigneurie placée dans les mêmes conditions, puis obtenir l'agrément de l'empereur et de l'Empire.

ÉTATS GÉNÉRAUX. En France, on a donné ce nom aux assemblées des députés des trois ordres, clergé, noblesse, et tiers état, librement élus, soit dans une réunion commune de tous les citoyens d'une même juridiction, soit par une réunion spéciale des électeurs de chaque ordre d'une même localité plus ou moins étendue.

Le président Savaron, dans sa *Chronologie des états généraux*, et d'autres historiens ou annalistes considèrent ces assemblées comme la continuation de celles du champ de mars et de mai, des anciens placites ou plaids, conciles et parlements sous les deux premières races; cependant il n'y a entre les assemblées des premiers âges de la monarchie et les états généraux aucune espèce d'analogie. Les états généraux ne datent en effet que de la première année du quatorzième siècle : ils furent la conséquence de l'émancipation des communes, opérée dans les deux siècles précédents. Les chartes d'affranchissement conférèrent aux communes le droit de régler leurs impôts, d'élire leurs magistrats, de se garder elles-mêmes; les habitants des villes et des campagnes ne furent plus alors taillables à merci. Les redevances de ceux qui dépendaient du domaine du roi étant devenues insuffisantes pour fournir aux dépenses de sa cour et aux frais de son gouvernement, le consentement des communes était indispensable pour obtenir d'elles des secours ou subsides. Un autre motif non moins grave détermina le roi Philippe le Bel à convoquer pour la première fois les états généraux de France en 1301. La funeste bataille de Courtrai laissait le roi sans armée, et les dépenses de guerre avaient épuisé les dernières ressources de son épargne. En outre, Boniface VIII prétendait que le roi de France devait au saint-siége foi et hommage pour sa couronne. C'est dans ces circonstances que Philippe le Bel, sur les conseils d'Enguerrand de Marigny, résolut de convoquer la nation tout entière en états généraux, pour s'appuyer sur elle contre l'ennemi et contre les prétentions pontificales. La première réunion des états généraux des trois ordres convoquée par ce monarque eut lieu le 3 avril 1301, dans la cathédrale de Paris.

Quelques publicistes ont soutenu « que l'ancienne forme de convocation des états du royaume était d'en adresser les commissions aux anciens pairs, qui assemblaient les trois ordres de leurs provinces et amenaient avec eux les députés aux états généraux ». Cette assertion est inexacte; les pairs qui assistèrent aux assemblées des états y furent appelés comme gentilshommes et comme députés élus par leur ordre : et ils ne siégèrent jamais en corps aux états généraux. Ils accompagnaient le roi aux séances d'ouverture et de clôture, entraient et sortaient avec le reste de son cortége. Les lettres de convocation étaient presque toujours adressées par ordre direct du roi aux baillis ou sénéchaux, avec cette souscription : « A notre amé et féal le bailli de....., le sénéchal de..... on son lieutenant; « avec l'ordre « de faire assembler la principale ville de leur ressort les trois ordres d'icelui, savoir le clergé, la noblesse, et le tiers état, pour nommer des députés et les envoyer aux états généraux. » Ces lettres n'étaient point assujetties à l'enregistrement des cours souveraines. L'époque et le lieu indiqués par les lettres de convocation furent souvent changés par des décisions ultérieures. Ainsi, en 1560, l'assemblée indiquée à Meaux se tint à Orléans; en 1561, celle indiquée à Melun pour le 1er mai eut lieu à Pontoise le 1er août; en 1576, celle indiquée à Blois au 15 novembre ne s'ouvrit que le 6 décembre suivant; en 1588, l'assemblée indiquée à Blois pour le 15 août fut ajournée au 16 septembre, et n'eut lieu que le 17 octobre; l'assemblée indiquée à Sens au 10 septembre 1614 se tint à Paris le 14 octobre. Les lettres de convocation recevaient la plus grande publicité. Elles étaient lues au prône de toutes les églises, dans toutes les juridictions, proclamées à son de trompe sur toutes les places publiques, dans tous les marchés. Le nombre des députés à élire était ordinairement d'un de chaque ordre par bailliage; mais cette indication n'était que facultative : la lettre du 30 mars 1320 fixe à quatre le nombre des députés des *bonnes villes*.

Tous les citoyens, sans nulle exception, étaient invités à faire connaître les abus et les moyens d'y remédier, et pour mettre ceux qui n'avaient pas le droit d'assister à l'assemblée à même de manifester leur opinion et l'expression de leur volonté, on plaçait, soit à la porte du lieu des séances, soit dans tel autre lieu accessible à tout le monde, un coffre ou tronc fermé à trois serrures, et chacune des clefs était confiée à trois commissaires spéciaux. Le tronc était ouvert publiquement, et à chaque séance on lisait les plaintes ou mémoires qui y avaient été déposés. Ces documents étaient ensuite remis à la commission chargée de la rédaction des cahiers du bailliage. A Paris, on plaçait à cet effet un grand coffre en bois dans la salle dite *du grand bureau*, dont l'entrée était publique.

Tous les contribuables, quelque modique que fût leur taxe, étaient appelés à voter; on ne distinguait point de cens d'électeurs et d'éligibles. Le mode d'élection variait suivant les usages de chaque localité : les unes admettaient l'élection directe, les autres nommaient des électeurs qui choisissaient à leur tour les députés aux états généraux; les citoyens ayant droit de voter étaient appelés dans l'ordre de leur profession. Les fonctions électorales étaient pour nos pères plus qu'un droit, c'était un devoir de rigueur. Nul citoyen ne pouvait le négliger sans se rendre coupable d'un délit politique : ceux qui ne s'étaient pas présentés au premier appel étaient assignés à se rendre à jour fixe à l'assemblée, et punis en cas de non-comparution. Les suffrages étaient donnés ordinairement à haute voix et individuellement ; on n'a de l'usage du scrutin qu'un seul exemple et par exception dans une assemblée tenue à Vitry-le-Français.

Après lecture faite des cahiers, les députés élus en recevaient une expédition, et juraient de s'y conformer et de réclamer l'exécution de tous les articles. Telles étaient les élections du tiers état. Celles de la noblesse et du clergé donnaient lieu à de fréquentes contestations de préséance ; et le haut clergé prétendait avoir un plus grand nombre de voix que le clergé de paroisses.

Les assemblées d'états généraux furent très-fréquentes dans les quatorzième et quinzième siècles. A la longue l'usage s'introduisit de s'y faire représenter par procureur, puis de se réunir plusieurs ensemble pour défrayer un représentant commun ; on finit même par n'y en pas envoyer du tout. Charles VII se plaignit de cet abus. Les assemblées devinrent plus rares sous Louis XI ; et sous les règnes suivants on ne convoqua plus qu'un seul député par ordre ; mais cette fixation n'était pas toujours prescrite. Dans les *pays d'états* les députés étaient souvent élus par l'assemblée des états particuliers de la province ; les cahiers étaient rédigés par cette même assemblée.

Pour la tenue des états généraux, les formes variaient à chaque assemblée. Le roi en faisait ordinairement l'ouverture ; souvent il assistait à plusieurs séances ; les propositions de la couronne étaient présentées et soutenues par un de ses ministres. Tantôt les trois ordres délibéraient dans une salle commune, tantôt dans des salles séparées ; le plus souvent ils se divisaient par provinces, par gouvernements, ou en comités ou bureaux. Tous les *cahiers* étaient réunis en un seul ; mais avant tout on délibérait sur les propositions royales, qui se résumaient presque toujours en demandes d'hommes et d'argent. Un orateur parlait au nom de chaque ordre, et le plus souvent un seul pour tous. Le roi promettait d'examiner les *cahiers* de doléance et de faire bonne justice à tous ; mais les subsides une fois obtenus, il n'était plus question des demandes formulées dans les cahiers.

Il résulte de documents nombreux sur les états généraux que jusqu'en 1614 les députés étaient indemnisés par leurs commettants, et c'est pour cette raison sans doute que les grandes cités en envoyaient un plus grand nombre. Un rôle spécial fixe l'indemnité payable par le trésor royal aux députés de l'assemblée de 1614, qui ne fut qu'une assemblée de notables : au cardinal de La Valette, aux maréchaux de La Force et de Bassompierre, 60 livres par jour ; aux archevêques et évêques, 50 livres ; aux officiers généraux, aux magistrats des cours souveraines, procureurs généraux et autres, 30 livres ; au trésorier général de France, secrétaire de l'assemblée, au secrétaire de Monsieur, 24 livres ; au grand-maître des cérémonies, 50 livres ; etc.

Jusqu'en 1789 la France ne fut jamais complétement représentée aux états généraux ; souvent des provinces entières n'y envoyaient point de députés, et pendant longtemps on n'y vit figurer que les députés des *bonnes villes*. Les deux premiers ordres ne s'occupaient que du maintien de leurs priviléges, et ne songeaient qu'à les augmenter ; au tiers état tout le fardeau des impôts, de l'entretien de la cour, des traitements des fonctionnaires, des redevances seigneuriales, et ses représentants ne pouvaient exprimer ses justes plaintes qu'à genoux ; ils étaient relégués dans un coin de la salle des délibérations, tandis que les deux premiers ordres se tenaient debout autour du trône.

Quand la France formait deux divisions territoriales appelées *langue d'oc* et *langue d'oïl*, chacune d'elles avait des assemblées distinctes et nommées également états généraux ; l'une accordait ce que l'autre avait refusé. Ces assemblées, qu'elles se composassent de députés de toute la France ou d'une partie de ses provinces, devraient être périodiques, et se réunir de plein droit chaque année, puisque les subsides, objet principal et souvent unique de leur convocation, n'étaient votés que pour un an, et qu'il ne pouvait y avoir d'impôt légal sans le consentement des états généraux. Aussi l'autorité royale ne s'adressait à cet égard qu'au tiers état, les deux autres ordres n'ayant nul intérêt dans la question. Plus tard, l'autorité royale s'affranchit de cette formalité en substituant au vote prescrit par notre droit public l'e n r e g i s t r e m e n t parlementaire. Les états généraux furent dès lors considérés comme inutiles, et il n'y eut plus que des assemblées de n o t a b l e s, c'est-à-dire composées d'hommes choisis par les ministres ; ces assemblées ne furent même convoquées qu'à de rares intervalles. Plus de cent-soixante ans s'écoulèrent entre celles de 1626 et 1627 ; et celles de 1787 et 1788, qui amenèrent la convocation des états généraux de 1789.

Signalons maintenant les faits les plus remarquables de l'histoire des états généraux.

Abandonné par les deux premiers ordres, Philippe le Bel n'avait trouvé d'appui et de dévouement que dans le tiers état. Ce prince convoqua une seconde assemblée des états généraux, qui se réunit au Louvre le 13 juin 1303. Il s'agissait d'une question alors très-importante : le pape pouvait-il disposer du trône de la France et lui imposer un prince étranger ? Cette question, d'une solution si simple et si facile, fournit à l'orateur des états le texte d'une diatribe personnelle contre le pape, et se résuma dans un appel au futur concile. Le clergé quitta l'assemblée, alléguant qu'il ne pouvait assister à une délibération contre le pape. Les états de 1301 avaient résolu la question ; la proposition de ceux de 1303 ne fut que ridicule et indigne d'une grande assemblée législative. Philippe le Bel convoqua à Tours une nouvelle assemblée, en 1312 ; il ne voyait pour rétablir ses finances épuisées d'autre ressource que la confiscation des biens immenses des *t e m p l i e r s* ; et sans soupçonner le but du roi, ces états en votèrent la suppression : on sait ce qui s'ensuivit. La confiscation des biens de cet ordre fameux, celle des biens des juifs, et même l'altération des monnaies n'ayant pu suffire aux dépenses royales, Philippe le Bel convoqua encore des états généraux. Les assemblées de 1313 et 1314 furent aussi incomplètes que les précédentes, du moins pour le tiers état : l'ordonnance de convocation n'appelait que les députés de quarante villes.

Deux assemblées réunies en 1327 et 1328 furent appelées à décider une question vraiment nationale : l'ordre de successibilité au trône. Aux états généraux seuls appartenait le droit de statuer sur une question aussi grave. Toute la France eût dû y être représentée, tandis que ce ne fut cette fois encore qu'un conciliabule de partis. Il s'agissait de décider si Jeanne, reine de Navarre et fille unique de Louis le Hutin, devait hériter de la couronne de France, comme elle avait hérité de celle de Navarre, ou si cette couronne devait appartenir à P h i l i p p e l e L o n g, son oncle, comte de Poitou. Les avis des barons étaient partagés. Philippe, sans permettre qu'on mît en question les droits qu'il tenait de la loi salique, se rendit brusquement à Reims où il se fit sacrer avec toutes les formalités d'usage ; de retour à Paris, il convoqua une assemblée composée exclusivement des prélats et des seigneurs de son parti, de quelques principaux bourgeois de Paris et de professeurs de l'université, et à laquelle les historiens ont donné la qualification d'état généraux. Tous jurèrent de lui obéir ainsi qu'à son fils, encore au berceau, suivant les anciennes chroniques, était nommeuse ; mais elle n'en était pas moins incomplète et irrégulière. Les chroniques et le continuateur de Guillaume de Nangis ne citent comme en ayant fait partie que des prélats et des nobles, et pas un seul député des villes. La couronne fut déférée à Philippe de Valois, attendu que la mère d'Édouard, n'ayant aucun droit, n'en pouvait transmettre aucun à son fils.

Les assemblées de 1350, 1351, 1352, 1353, 1354, 1355, 1356 et 1357, sous le règne désastreux du roi Jean, occupent une grande page de notre histoire. Aucune de ces assemblées ne fut complète. Celle de 1355 et 1356 avait manifesté une énergie jusque alors inconnue : elle avait mis les ministres et les principaux seigneurs en accusation, demandé et obtenu leur destitution ; elle avait chargé des commissaires de son choix et pris dans son sein de diriger dans les provinces la répartition de l'impôt entre tous les impôts votés, et nommé une commission centrale et permanente à Paris pour en surveiller l'emploi. Cette commission est l'origine de la cour des aides. Le roi Jean souscrivit la fameuse charte qui porte son nom. Ces grandes mesures d'ordre public et de droit politique ne restèrent point sans résultat ; le principe d'une juste répartition de l'impôt entre tous les Français, quelle que fût leur condition, fut solennellement consacré par cette charte ; malheureusement les deux premiers ordres parvinrent à en rendre l'application illusoire. En 1358 le dauphin avait convoqué à Compiègne les *états de la langue d'oïl*; Paris n'y envoya point de députés ; le clergé de trente-quatre diocèses et dix-huit bailliages refusèrent de s'y faire représenter. Les états de *la langue d'oc* délibéraient en même temps. Ils étaient encore partagés en deux sections, l'une siégeant à Toulouse, l'autre à Beziers. Les états de la langue d'oïl furent seuls assemblés en 1359 : cette assemblée ne représentait qu'une partie de la France ; elle fut peu nombreuse, mais elle se montra digne de la représenter. Le traité proposé par les Anglais pour la délivrance du roi Jean fut mûrement examiné ; l'assemblée le rejeta : elle préféra laisser le roi Jean dans une captivité qui ne nuisait qu'à lui, que de céder aux Anglais une partie de la France, et de leur payer en outre une rançon de quatre millions d'écus d'or, qui leur aurait servi à conquérir le reste du royaume. L'assemblée de 1363 fut remarquable par quelques règlements qui défendaient aux seigneurs de piller les marchands et les voyageurs, de se faire la guerre entre eux, *au moins jusqu'à ce que la paix eût été faite avec les Anglais*. Les états de 1369 furent consultés sur l'affaire du fameux prince Noir (Édouard III). Ils votèrent un impôt de quatre livres par feu dans les villes, trente sous dans les campagnes, une taxe sur les vins, enfin la gabelle du sel, de un sou par livre, pour l'entretien de la maison de la reine.

Une institution telle que celle des états généraux était incompatible avec le régime féodal ; les assemblées générales et provinciales, celles de la langue d'oc comme celles de la langue d'oïl, étaient composées de trois ordres opposés de vœux et d'intérêts, souvent ennemis. Ainsi, dans les états généraux assemblés en 1382, le petit nombre de députés du tiers état qui s'y trouvaient refusèrent d'engager leurs commettants à payer de nouveaux impôts ; les députés de Sens y avaient consenti, et furent désavoués par leurs commettants. Appelés, sous le règne précédent, à décider deux questions sur l'ordre de successibilité au trône, les états ne furent point consultés quand Isabeau de Bavière livra la couronne et le trône de France à Henri V, roi d'Angleterre. Celui-ci pour légitimer s'il se pouvait, son usurpation convoqua une assemblée qu'il appela états généraux, mais aussi irrégulière que la précédente. Aucun prince de la maison de France ne répondit à l'appel de l'usurpateur : Philippe le Bon, duc de Bourgogne, s'y présenta seul pour demander vengeance du meurtre de son père : il souffrit sans se plaindre que les princes anglais prissent séance au-dessus de lui. Henri V exigea de nouveaux subsides ; il imposa silence à ceux qui voulurent lui faire des représentations. Cependant, cette assemblée n'était en grande majorité composée que de ses partisans.

Les états convoqués à Orléans en 1439 furent consultés par Charles VII pour savoir s'il fallait continuer la guerre contre les Anglais ou acheter à tout prix la paix, après une lutte désastreuse et non interrompue depuis trente-neuf ans. Les avis furent partagés. L'assemblée fut congédiée avec invitation de se réunir quelque temps après à Bourges. Des députés des villes s'y rendirent ; mais le roi n'arrivant pas, ils se séparèrent sans avoir rien fait. Trois ans après Charles VI déclara « qu'il avait le droit d'asseoir les impôts, qu'il n'était nul besoin d'assembler les trois états pour hausser les tailles, *que la dépense de tant de députés était une surcharge pour les peuples* »(Monstrelet).

L'importante question des apanages fut agitée aux états de Tours en 1468. Charles, frère de Louis XI, avait le gouvernement de Normandie, et demandait la souveraineté de cette province pour apanage. Malgré les efforts des princes et seigneurs de la ligue du bien public, le tiers état fit décider que la Normandie resterait irrévocablement unie à la couronne, et qu'à l'avenir l'apanage des princes ne consisterait qu'en un domaine de 12,000 livres de rente, avec le titre de duché ou de comté, tel que cet apanage avait été réglé par une ordonnance de Charles le Sage. Ces états de 1468 ne furent en réalité qu'une assemblée de notables, dont les membres avaient été nommés par le roi. Trois ans après, Louis XI convoqua également à Tours une *assemblée de notables*, que quelques écrivains ont confondue avec la précédente, mais à laquelle il faut se garder d'attribuer le caractère d'*états généraux*, puisque les députés du peuple n'en firent point partie.

Les états de 1483 et 1484, sous la minorité de Charles VIII, sont fort remarquables par leur composition ; il s'agissait de décider de la régence entre la dame de Beaujeu, fille de Louis XI, et le duc d'Orléans. Jusque alors on n'avait convoqué que les députés des villes murées. Anne de Beaujeu convoqua ceux des bailliages et des sénéchaussées, et admit pour la première fois les députés des campagnes. Les députés en furent nommés par les trois ordres réunis dans les bailliages et sénéchaussées. Les états, en conséquence de ce nouveau mode d'élection, délibérèrent en une seule assemblée et par tête, au lieu de voter par ordre en assemblée séparée, comme ils l'avaient pratiqué jusque alors. La session de 1484 fut un grave événement. On y remarque pour la première fois des formes d'assemblée législative, des règles de délibération, une discussion suivie et motivée, une organisation régulière. L'assemblée se partagea en six bureaux, qu'on appela *nations*. Chaque bureau avait sa salle particulière, et tous se réunissaient souvent en assemblée générale. Le mois de janvier fut entièrement employé à dresser la liste des abus. Les princes n'assistaient point à ces réunions, et ne s'occupaient qu'à se faire des partisans ; pour se concilier l'opinion de la majorité, ils affectèrent un grand désintéressement et firent proposer la suppression des pensions et gratifications accordées par la cour, et en même temps, ce qui était le but de tous leurs efforts, le renvoi de tous les membres du conseil. Les états virent le piège, et n'y tombèrent pas. Ils se prononcèrent pour la sage fille de Louis XI contre ses ambitieux compétiteurs, et en la maintenant au pouvoir ils lui accordèrent des subsides ; mais ils décidèrent que le nom de *taille*, devenu odieux au peuple, serait supprimé, et qu'il ne serait plus dorénavant levé de taxe *qui n'eût été consentie par les états*. Ce fut dans la discussion relative à la régence, que le député de Bourgogne Philippe Pot proclama hautement le principe de la souveraineté nationale ; il faut associer à cet orateur Jean Masselin, official de Rouen, qui soutint avec une remarquable énergie la lutte ouverte relativement aux impôts, défendant la cause des gens des campagnes, tant opprimés, et desquels il est dit d'une façon expressive et touchante dans le cahier de doléances, que *si ce n'était Dieu qui conseille les pauvres et leur donne patience, ils chercheraient au désespoir!* Les délibérations des états de 1484 furent fort étendues. Une troisième convocation des états généraux eut lieu à Tours en 1506, sous le règne de Louis XII, pour prononcer au sujet d'un traité antérieur conclu avec Ferdinand le Catholique, et d'après lequel la princesse Claude de France devait épouser le prince qui devint depuis Charles-Quint. Les états se prononcèrent contre ce mariage, et le roi fut invité à unir la princesse au comte d'Angoulême, depuis François 1er.

L'assemblée de Cognac, en 1526, sous le règne de François 1er, ne fut qu'une assemblée de notables; mais elle mérita la reconnaissance de la France entière, en refusant de ratifier le traité de Madrid, consenti par le roi dans les angoisses d'une longue et douloureuse captivité; il avait cédé pour prix de sa liberté une de nos plus belles provinces, la Bourgogne. L'orateur de la noblesse, au nom des trois ordres de cette province, déclara, en présence de François 1er et du vice-roi de Naples, délégué par l'empereur Charles-Quint, que le roi n'avait pas le droit d'aliéner une partie du territoire; que la Bourgogne s'était spontanément réunie au royaume; qu'il ne dépendait pas du roi de la livrer à un prince étranger; que les Bourguignons étaient Français, et qu'ils ne cesseraient pas de l'être; que la province tout entière se dévouerait pour sa délivrance; qu'elle était prête à tout sacrifier pour l'arracher à sa prison, mais que si le roi persistait à tenir l'engagement surpris à sa loyauté, la Bourgogne se déclarerait indépendante. Toute l'assemblée partagea l'opinion de l'orateur de la députation de Bourgogne. François 1er resta libre, et de nouvelles conditions stipulées pour sa rançon et celle de ses fils, retenus comme otages, furent acceptées et reçurent leur exécution.

Une seule assemblée eut lieu sous Henri II, après la fatale bataille de Saint-Quentin. Une disette générale avait mis le comble aux calamités publiques : les députés des trois ordres furent convoqués. L'assemblée s'ouvrit au Palais de Justice à Paris, dans la salle Saint-Louis, qui pour cette solennité fut décorée avec une magnificence extraordinaire. Le roi en fit l'ouverture le 6 janvier 1557. Le parlement de Paris fut appelé en corps à cette assemblée, comme représentant l'ordre de la magistrature. Le registre de cette assemblée la qualifie d'*états généraux*, et cependant rien ne constate que ses membres aient été élus par les provinces. Le roi demanda les secours nécessaires pour subvenir aux besoins de l'État, et promit de s'occuper des affaires intérieures aussitôt que la paix serait conclue. L'intention du roi était d'emprunter trois millions d'or sur le clergé et sur les personnes les plus riches, à raison de mille écus par tête. Sur l'avis des députés, on résolut de substituer à cet emprunt une imposition, répartie dans de moindres proportions. Cet avis fut adopté, et reçut son exécution.

En 1560, un conseil extraordinaire et nombreux, réuni à Fontainebleau, décida la convocation des états généraux pour le 10 décembre de la même année, à Meaux; une décision ultérieure désigna Orléans. François II mourut empoisonné avant la réunion des états. Beaucoup de députés crurent leur mandat fini. Une décision du conseil leva leurs scrupules, et l'assemblée commença ses importants travaux; l'objet principal de leur convocation était de décider qui de la reine mère ou du roi de Navarre, Antoine de Bourbon, aurait la régence pendant la minorité de Charles IX. Il n'y eut point de décision formelle, et la reine mère prit la régence, que son faible compétiteur n'osa lui contester. Michel L'Hospital appela les délibérations de l'assemblée sur toutes les branches de l'administration publique. On doit à son zèle, à ses lumières et au dévouement éclairé des états d'Orléans les célèbres ordonnances dont la plus remarquable, celle qui est relative au commerce et intitulée *De la marchandise*, est devenue le droit commun du monde commerçant. La formule d'exécution qui termine chacune de ces ordonnances porte qu'elles ont été délibérées par l'assemblée des états.

Les états de Blois en 1576 et ceux de Paris en 1588, l'assemblée convoquée à Paris en 1593 par le duc de Mayenne, et qualifiée par lui d'états généraux, à *l'effet d'élire un roi*, se rattachent essentiellement aux principaux événements de la ligue et à la biographie des personnages célèbres ou fameux qui ont figuré comme chefs ou comme agents dans les guerres civiles provoquées dans l'État par l'ambition des Guises pendant plus d'un demi-siècle.

L'assemblée des notables tenue à Rouen en 1596, et dont les délibérations se prolongèrent pendant l'hiver de 1597, fit quelques règlements sages; des mesures sévères furent prises et exécutées contre les financiers qui avaient spéculé sur les malheurs publics. Le clergé accorda un don gratuit considérable, et les citoyens dévoués avancèrent au roi Henri IV de fortes sommes, qui le mirent en état de continuer la guerre. Le premier article du traité entre la reine mère régente et le prince de Condé, à Sainte-Menehould, prescrivait la convocation des états généraux : la reine mère convoqua qu'une assemblée des notables : l'ouverture, fixée au 10 septembre, en eut lieu le 26 octobre 1614. Le nombre des députés était considérable. On n'y comptait pour le *clergé*, que cinq cardinaux, sept archevêques, quarante-sept évêques et deux chefs d'ordre monastique; pour la *noblesse*, que cent trente-deux membres, et pour le tiers état, cent quatre-vingt-quatre Ainsi, le tiers état, qui devait être en nombre égal à celui des deux autres ordres réunis, se trouvait en minorité. Les trois ordres se réunirent, et votèrent séparément. La vérification des pouvoirs fut très-orageuse. Dans la première assemblée générale, le chancelier (de Sillery) porta la parole au nom du roi, Marquemont, archevêque de Lyon, au nom du clergé, Miron au nom du tiers état. Des disputes incessantes s'élevèrent dans chaque ordre pour les préséances. Les deux premiers ordres rivalisèrent d'insolence à l'égard du tiers état. Le baron de Senescey, président de la noblesse, se plaignit au roi de ce que le tiers état avait comparé le royaume à une famille composée de frères, dont l'ordre ecclésiastique était l'aîné, la noblesse, les puînés, et eux les cadets. La cour obligea le tiers état à faire à la noblesse une réparation. La mésintelligence n'en fut que plus vive. L'évêque de Beauvais fit l'éloge du concile de Trente, et demanda que la France adoptât ses décrets. Le président Morin répondit qu'il n'était nullement nécessaire de publier les actes de ce concile; « que messieurs du clergé pouvaient toujours s'y conformer, en renonçant à la pluralité des bénéfices et à d'autres abus qu'il condamne ». Les trois ordres ne furent d'accord que contre les financiers, et demandèrent l'établissement d'une chambre de justice pour juger les malversations commises dans les finances de l'État. Le 23 février 1615 les cahiers des états furent présentés; l'évêque de Luçon, Richelieu, depuis cardinal et premier ministre, présenta ceux du clergé, et demanda, au nom de son ordre, la réduction des dépenses et des pensions, la suppression de la vénalité des charges, la restitution des biens de l'Église possédés par les huguenots, l'admission des ecclésiastiques dans les grandes charges de l'État et dans le conseil du roi; que les bénéfices ne fussent plus donnés à des laïques, même à titre de récompenses; qu'on ne créât plus en leur faveur de pensions sur les abbayes; enfin, la publication du concile de Trente. La noblesse demanda à être conservée et maintenue dans ses honneurs, droits, franchises et immunités; qu'aux nobles seuls appartînt le droit d'avoir des armoiries, l'abolition des anoblissements faits depuis le règne de Henri II; qu'il fût permis à ceux qui auraient à se plaindre des violences des gouverneurs de porter leur requête devant les juges ordinaires : la noblesse adhérait en outre à tous les articles du clergé. Le *tiers état* demanda, de son côté, la convocation des états généraux tous les dix ans; la suppression des offices inutiles l'abolition de la paulette; le rétablissement de la police et du commerce; l'économie des finances; l'extinction des pensions accordées sans nécessité; la diminution des impôts; etc. Le même jour, 23 février, le roi tit la clôture des états, auxquels, comme d'habitude, la cour promit beaucoup de réformes qu'elle n'exécuta pas.

Une dernière assemblée, mais de notables seulement, fut convoquée, et se réunit en 1626 et 1627. Ses délibérations furent calmes, et ses propositions fort sages. En 1651 Louis XIV ordonna la convocation des états généraux ; les lettres de convocation furent envoyées aux baillis et aux sénéchaux, les élections ordonnées ; mais cette assemblée n'eut point lieu. Cette convocation avait été demandée par les puissances alors en guerre avec Louis XIV. On remarquait dans leur manifeste ces mots : « Le pouvoir despotique est la source des guerres interminables de la France, et tant que le roi sera le maître absolu de la volonté de ses sujets, il sera insatiable de conquêtes et de victoires ; mille revers ne l'étonneront pas. » Louis XIV fit répandre dans toute l'Europe un mémoire fort détaillé : « Les Français, y est-il dit, ont oublié qu'il y a eu des états généraux dans leur monarchie, et il y aurait à nous de l'imprudence à les en faire souvenir. » Les Anglais et les Hollandais n'avaient voulu qu'effrayer Louis XIV ; ils n'insistèrent point.

DUVCY (de l'Yonne).

Sous la régence du duc d'Orléans, Fénelon parla de réunion des états généraux, et cette question fut agitée dans le conseil. Dubois la fit repousser, par des raisons très-habilement déduites. Sous Louis XV, un courtisan ayant dit devant le roi qu'il serait peut-être nécessaire de convoquer les états généraux : « Monsieur, s'écria le monarque, ne répétez jamais ces paroles : je ne suis pas sanguinaire, mais si j'avais un frère, et qu'il fût capable d'ouvrir un tel avis, je le sacrifierais dans les vingt-quatre heures à la durée de la monarchie et à la durée du royaume. » Le nom seul d'états généraux suffisait autrefois à épouvanter les princes ; les états généraux apparaissaient en effet au peuple comme le terme des abus sous lesquels il gémissait, comme l'aurore, d'un allégement à ses charges. Mais les états se réunissaient toujours avec des éléments de division, qui paralysaient leurs bonnes intentions ; et quand ils se séparaient, après beaucoup de paroles violentes, de luttes ardentes et passionnées, ils ne laissaient après eux que les échos d'une plainte que la cour étouffait bientôt pour de longues années. De la stérilité de leurs efforts bien plus que de la mobilité du caractère français venait ce fait, que les masses, que les trois ordres eux-mêmes appelaient de tous leurs vœux les états généraux quand il n'y en avait pas eu depuis longtemps, et qu'ils ne s'en souciaient que très-médiocrement quand ils les voyaient à l'œuvre. Cependant, il faut le constater, les états généraux d'autrefois n'étaient pas ce que l'on espérait qu'ils seraient lorsqu'on les réclamait, s'ils n'apportaient pas un soulagement immédiat aux saignantes misères du peuple, ils faisaient assez pour légitimer cette crainte qu'ils inspiraient à la monarchie, et qui chez Louis XV s'accroissait de la pensée de ce qu'ils pouvaient faire, de tout ce qu'ils auraient à faire. « Essayez de retrancher les états généraux de notre histoire, dit M. Sylvestre de Sacy, ils y laisseront bien du vide. Leur trace n'est pas sans gloire. Convoqués au milieu des orages et dans les jours de défaillance de la royauté, s'ils n'ont pas réussi à fonder de fortes institutions, ils ont empêché l'esprit de servitude de s'établir au cœur de la nation. Le monarchie elle-même lui a dû peut-être cet esprit de modération, ce respect de l'opinion publique qui a fait sa force et son honneur, ce fonds de libéralisme qui n'a jamais permis en France que le pouvoir absolu dégénérât en despotisme. La nation s'est soutenue où elle s'appartenait à elle-même. Dans toutes les grandes crises, on est revenu aux états généraux ; et quand on ne les convoquait pas, on savait cependant qu'ils pouvaient être convoqués, et que derrière le roi il y avait un peuple. Leur influence se retrouve de siècle en siècle dans les progrès de notre législation civile et de notre administration. C'est avec leur concours que nos rois ont combattu les prétentions exorbitantes de la cour de Rome et les envahissements du clergé, que Charles VII a établi les armées permanentes, que l'Hôpital a rendu ses belles ordonnances. Leur protestation, renouvelée d'âge en âge, a interrompu le cours de la prescription contre la liberté ! Quand on relit les vieux cahiers de leurs doléances, on est tout surpris d'y retrouver nos vœux les plus modernes et ce que nous appelions il n'y a pas bien longtemps encore les conquêtes de notre civilisation. »

Il y avait plus d'un siècle et demi que le mot d'états généraux n'avait point été prononcé, lorsque le désordre mis dans les finances par les prodigalités de la cour, le déficit toujours croissant, firent concevoir, sous Louis XVI, la pensée de chercher des ressources dans la création de nouveaux impôts ; mais ces impôts ne pouvaient être établis que par les états généraux, que réclama une assemblée des notables à la suite d'un jeu de mot au bout duquel était la convocation de leur réunion. Elle s'attendait sans doute à des attaques, à des récriminations, dans le sein de ces États ; mais elle pensait que, conformément aux traditions et aux précédents des siècles passés, ces états finiraient par des votes d'impôts, et elle n'en demandait pas davantage. Mais cette réunion des délégués de la nation n'avait plus lieu dans les conditions où elle s'était tant de fois accomplie. Chacun avait la conscience de son droit, chacun avait le sentiment de son devoir. Aussi la rédaction des cahiers des trois ordres occupa-t-elle les esprits d'un bout de la France à l'autre. Une question bien grave vint agiter encore plus vivement les esprits : conformément aux traditions, les élections avaient lieu par ordre ; l'ordre du tiers état ne comptait pas plus de membres que chacun des autres ordres ; ceux-ci cependant ne représentaient que deux castes, quand le tiers état représentait la nation tout entière. Les partisans des idées de liberté élevèrent donc bien haut la voix pour que les députés du tiers-état fussent en nombre égal aux députés des deux autres ordres. L'assemblée de notables, qui dut s'occuper de la question *du doublement du tiers*, se prononça contre cette proposition ; mais le mouvement de l'opinion publique était tel que Louis XVI ne crut pas pouvoir refuser de l'accorder. Telles furent les conditions dans lesquelles surgirent les états généraux de 1789, qui devaient initier la France à la vie parlementaire. Nos lecteurs en trouveront l'historique complet à l'article CONSTITUANTE (Assemblée).

ÉTATS GÉNÉRAUX DES PROVINCES-UNIES. *Voyez* HOLLANDE.

ÉTATS PROVINCIAUX, assemblées des trois ordres des pays d'états, qui, après la convocation du roi, se réunissaient à des époques périodiques pour régler leur administration intérieure et voter le d o n g r a t u i t ou subside demandé par les commissaires du roi pour subvenir aux frais généraux de l'administration du royaume. Ces assemblées différaient entre elles, quant aux époques de leur réunion, à la durée, au nombre de leurs délibérations, à leur composition, et par les modifications, les changements, qui dans certaines provinces en anéantirent presque les attributions originaires.

Les derniers états de Provence furent assemblés en 1631. Ils en remplaça alors par des assemblées générales, convoquées chaque année par le roi. Leurs attributions étaient aussi bornées que celles de nos conseils généraux actuels ; elles étaient présidées de droit par l'archevêque d'Aix : l'intendant de la province y remplissait les fonctions de commissaire du roi. Le gouverneur ou le commandant en faisait l'ouverture, et se retirait après sa harangue. A l'issue de chaque séance, les commissaires du roi, les députés et les principaux membres de l'ordre de la noblesse allaient rendre compte de ses résultats au gouverneur ou commandant. Les assemblées se tenaient ordinairement à Lambesc. L'ordre du clergé se composait des archevêques, des évêques, des abbés crossés, du prévôt de Pignan, des prévôts des cathédrales, et de quelques ecclésiastiques qui avaient des bénéfices consistoriaux ; celui de la noblesse, de tous les gentilshommes de race et des roturiers possesseurs de fiefs *en toute justice* et affouage. Un ancien règlement excluait ceux qui ne possédaient que des arrière-fiefs. Cette exclusion, qui d'ailleurs n'avait jamais été rigoureusement observée, donna lieu à d'orageux débats, lors des assemblées pour l'élection des députés aux états généraux de 1789. Ce fut par suite de ces débats que Mirabeau, cadet de famille, n'ayant ni fief ni arrière-fief, ouvrit une boutique, et se présenta à l'assemblée du tiers état. L'ordre du tiers était représenté dans les anciennes assemblées de Provence par les députés de 37 communautés et de 20 vigueries.

Les états du Dauphiné, supprimés en 1628, avaient été remplacés par six élections; mais en 1787 et 1788 l'opposition parlementaire à Grenoble devint une véritable insurrection. Une assemblée générale de tous les ordres se réunit spontanément à Vizille, malgré les défenses formelles de la cour, qui, cédant enfin, autorisa la convocation d'une nouvelle assemblée plus régulière, laquelle se réunit à Romans.

Lorsque le Languedoc formait, sous le gouvernement des comtes de Toulouse, une principauté particulière et indépendante, chaque seigneurie de cette province avait ses états et votait ses impositions. Depuis la réunion, les états s'assemblèrent d'abord par sénéchaussée, ensuite par diocèse. Cet usage commença sous le règne de Charles VII, et se maintint jusqu'en 1533. Un règlement de François Ier ordonna que les états s'assembleraient dans les trois sénéchaussées. Ils étaient présidés par l'archevêque de Narbonne, et à son défaut par le plus ancien archevêque ou évêque. Un édit de 1749 fixa la tenue des états pour chaque année au mois d'octobre et leur durée à un mois. Le chiffre et la répartition des impôts étaient réglés dans les huit jours suivants. Aucun impôt ne pouvait être établi sans lettres patentes du roi et sans délibération des états. L'ordre du clergé députait trois archevêques et vingt évêques (les prélats pouvaient se faire remplacer par leurs vicaires généraux); l'ordre de la noblesse, un comte, un vicomte et vingt et un barons; l'ordre du tiers état déléguait les maires, consuls et députés des villes chefs-lieux de diocèse et des villes diocésaines qui avaient droit d'entrée aux états. Le tiers état disposait d'autant de voix que les deux autres ordres réunis. La province avait en outre sept fonctionnaires qui étaient députés de droit. Les lettres de convocation étaient adressées au gouverneur ou au lieutenant général commandant la province; il les transmettait aux dignitaires et magistrats qui, par leur rang ou leurs charges, avaient droit à la députation. Les commissaires du roi faisaient l'ouverture par l'exposé des demandes et propositions de Sa Majesté, et se retiraient ensuite. L'assemblée générale délibérait sur toutes les affaires qui intéressaient la province, réglait le *don gratuit* demandé par les commissaires du roi et le contingent de contribution de chaque diocèse; une assemblée particulière de chaque diocèse réglait la répartition entre les contribuables de son ressort. Le Vivarais, le Velay et le Gévaudan se qualifiaient états particuliers, et leurs délibérations s'étendaient à tout ce qui concernait leur administration intérieure.

Les états de Béarn et de Navarre avaient été institués par Henri d'Albret, fils de Jean, pour la basse Navarre, sur la même base que ceux établis par la haute Navarre avant l'envahissement de cette dernière province. La députation du clergé se composait des évêques de Bayonne et de Dax, de leurs vicaires généraux, du prêtre mayeur ou curé de Saint-Jean-Pied-de-Port, des prieurs de Saint-Palais, d'Harambels et d'Utziat; celle de la noblesse, de tous les possesseurs de terres ou maisons nobles ayant entrée aux états; celle du tiers état, de vingt-huit députés des villes et communautés qui avaient droit d'être représentées dans cette assemblée : elle se réunissait à Saint-Jean-Pied-de-Port ou à Saint-Palais. La noblesse n'avait point d'ordre de préséance : chaque député se plaçait selon qu'il arrivait à l'assemblée. Le clergé et la noblesse étaient réunis dans la même salle; le député de Saint-Jean-Pied-de-Port présidait l'ordre du tiers état. Le bureau se composait d'un syndic, d'un secrétaire et d'un huissier des états : ils étaient nommés par l'assemblée. Le vote était formulé par ordre : mais en matière de finances le tiers état l'emportait sur les deux autres. Le syndic faisait les rapports, dirigeait les délibérations et recueillait les opinions. Le secrétaire enregistrait les décisions. L'assemblée réunie envoyait une députation au gouverneur ou au lieutenant de roi, pour l'inviter à lui faire connaître les propositions royales. Après la harangue de ce commissaire à l'assemblée, il se retirait, et envoyait ensuite la lettre de cachet pour la tenue des états. Une commission spéciale était chargée de la rédaction du cahier, qui était ensuite remis au commissaire du roi. Celui-ci l'examinait en présence des députés, et l'assemblée délibérait sur ses observations; et s'il y avait des articles sur lesquels ils ne s'étaient pas accordés, les états en référaient au roi, et souvent même le commissaire suivait la même marche. Le vote du *don gratuit* terminait la session. Ce vote était transmis au commissaire du roi, qui prononçait la harangue de clôture, après avoir entendu celle de l'orateur du clergé, au nom des trois ordres. Les états terminés, le trésorier rendait ses comptes à une commission spéciale.

Les états de Bigorre s'assemblaient tous les ans pendant huit jours. Le sénéchal en faisait l'ouverture; les trois ordres, réunis dans une même salle, étaient présidés par l'évêque de Tarbes. La députation du clergé se composait du même évêque, de quatre abbés, de deux prieurs et d'un commandeur de l'ordre de Malte; celle de la noblesse, de onze barons ou possesseurs des baronnies qui conféraient ce droit, que les possesseurs fussent nobles ou roturiers; celle du tiers état, des consuls de Tarbes, de Vic, de Bagnères, de Lourde, etc., et des députés des sept vallées.

Les états de Bretagne et les états de Bourgogne occupent une place notable dans l'histoire de ces deux provinces.

Les exemples qu'on vient de citer suffiront pour faire connaître l'organisation des anciens états provinciaux. Les députés n'étaient pas élus. Ils l'avaient sans doute été dans l'origine, mais le droit à la députation avait été depuis attribué à des charges spéciales et à certaines dignités ecclésiastiques ou seigneuries laïques. Lors de la dernière révolution parlementaire (1787 à 1789), les états de plusieurs provinces s'étaient confédérés. L'ancien gouvernement royal avait projeté d'appliquer un mode d'administration locale à toutes les provinces de France, sous le titre *d'assemblées provinciales*. Il avait réservé aux pays d'états la faculté de conserver leur ancienne administration ou d'adopter la nouvelle. Le gouvernement avait cru devoir faire un premier essai, et avait choisi à cet effet la petite province du Berry. Il en résulta qu'après deux ans d'expérience cette province, sans nouvelle contribution, avait sur ses recettes un excédant de plus de 200,000 livres disponibles. Lorsque la révolution de 1789 éclata, ce qui n'était pour le pays qu'un projet, qu'un vœu, une réalité; et un système unique, uniforme, d'administration municipale, établi pour toute la France, remplaça à jamais les états provinciaux.   DUFEY (de l'Yonne).

ÉTATS-UNIS DE L'AMÉRIQUE DU NORD. Cet État fédératif, qu'on désigne aussi quelquefois sous le nom d'*Union Américaine*, ou tout simplement d'*Union*, est borné au nord par les possessions britanniques de l'Amérique du Nord, à l'est par l'Océan Atlantique, au sud par le golfe du Mexique, au sud-ouest par le Mexique, à l'ouest par l'Océan Pacifique et au nord-ouest par les possessions russes de l'Amérique du Nord. Il s'étend entre le 25° et le 49° degré de latitude septentrionale, et entre le 69° 10' et le 126° 42' de longitude occidentale. Aux termes du traité intervenu le 2 février 1848 entre le Mexique et les États-Unis, à la suite des victoires de ceux-ci, la ligne de frontières séparant ces deux républiques commence dans le golfe du Mexique, à 12 kilomètres de distance de la terre, à l'opposé de l'embouchure du Rio-Grande, remonte cette rivière jusqu'à la limite méridionale du Nouveau-Mexique; se dirige ensuite vers l'ouest, en longeant toute la limite sud du Nouveau-Mexique; puis, vers le Nord, suit la frontière ouest du Nouveau-Mexique jusqu'à ce qu'elle coupe la Gila; enfin, en aval et au milieu de cette rivière, se prolonge jusqu'à son embouchure dans le Rio-Colorado, et de là à travers le Rio-Colorado, en suivant la division des deux Californies, jus-

5.

qu'à l'Océan Pacifique. Le territoire fédéral comprend dès lors sinon la plus grande, du moins la plus importante partie de l'Amérique du Nord.

Des deux principaux systèmes de montagnes de l'Amérique du Nord, les monts Alleghanys et les Cordillères de l'Amérique du Nord, le premier, à l'exception de ses derniers prolongements au nord-ouest, appartient tout entier aux États-Unis, tandis que le second forme sur une étendue de 130 myriamètres environ la frontière du Mexique. Ces deux groupes de montagnes divisent naturellement le territoire des États-Unis en trois grandes régions : la région orientale, composée des terrasses successives par lesquelles les monts Alleghanys s'abaissent insensiblement vers l'Océan Atlantique; la région centrale, composée du grand bassin que le système du Mississipi forme entre ces deux groupes de montagnes; enfin, la région occidentale, formée par les plateaux situés à l'ouest des Cordillères et constituant le bassin du Colombia ou Orégon.

Le système d'irrigation intérieure des États-Unis est des plus riches, et forme quatre groupes principaux. Celui des fleuves qui vont se jeter dans l'Atlantique, et qui ont pour la plupart leur source dans les monts Alleghanys, renferme entre autres cours d'eau importants, le Connecticut, qui a son embouchure dans le détroit de Long-Island; l'Hudson, qui se jette dans la baie de New-York; la Delaware, qui se jette dans la baie du même nom; le Susquehannah, le Potomac et le James, qui ont leur embouchure dans la baie de Chesapeak; le Roanoke, qui se jette dans le détroit d'Albermale; la Savanna, l'Altamaha et le Saint-John, qui vont directement aboutir à l'Océan Atlantique. Le bassin du Mississipi, outre le fleuve de ce nom et ses innombrables affluents, comprend le Rio-Grande, le Nueces, le San-Antonio, le Colorado, le Brazos, et à l'est du Mississipi la Rivière aux Perles, le Mobile et l'Apalachicola. Les cours d'eau les plus importants du plateau situé à l'ouest de la Cordillère des Montagnes Rocheuses se réunissent tous dans le Colombia ou Orégon. Enfin, les États-Unis participent encore sur leur frontière septentrionale au système du Saint-Laurent et des cinq grands lacs d'eau douce qui alimentent ce fleuve, dont l'un, le lac Michigan, est compris en entier dans leur territoire, tandis que les autres servent en partie de frontières entre eux et les possessions anglaises.

Le système des communications artificielles par eau créé par la laborieuse race américaine, au moyen d'une foule de canaux présentant ensemble un développement de plus de 700 myriamètres, est formé de la même manière sur le système naturel. Il unit toute la moitié orientale des États-Unis, et plus particulièrement le territoire situé entre les grands lacs et le Saint-Laurent, au Mississipi et aux fleuves qui se déchargent dans l'Atlantique. Les plus vastes canaux dont ils se composent sont : le canal de l'Ohio, entre Cleveland sur le lac Érié et Portsmouth sur l'Ohio; le canal Miami, entre Cincinnati sur l'Ohio et l'extrémité orientale du lac Érié; le canal de Jonction, entre le Roanoke et un affluent du James; le canal de l'Hudson et de la Delaware, qui relie le Hudson à la Delaware; le canal Morris entre New-York sur l'Hudson et Easton sur la Delaware; le canal de la Chesapeak et de la Delaware, établissant une communication directe par eau entre Baltimore et Philadelphie; les canaux de Farmington, de Hampshire et de Hampden, commençant à Newhaven sur le détroit de Long-Island et conduisant, au moyen de différents cours d'eau auxquels ils se trouvent successivement reliés, à Northampton dans le Connecticut, et de là gagnant le Saint-Laurent; le canal d'Érié, allant de Buffalo sur l'Érié à Albany sur l'Hudson; le canal d'Oswego, construit latéralement au canal d'Érié, et conduisant de celui-ci au lac Ontario; le canal de Pensylvanie, entre Pittsbourg sur l'Ohio et Columbia sur le Susquehannah; enfin, le canal de la Chesapeak et de l'Ohio, établissant une communication entre l'Ohio au-dessus de Pittsbourg et le Potomac à Georgetown.

Il résulte de ce vaste système d'irrigation, tant naturelle qu'artificielle, que le territoire des États-Unis est l'un des plus fertiles du monde, et qu'il convient admirablement aux différents genres d'industrie agricole. À l'exception d'un petit nombre de marais et de steppes sablonneuses, il est partout couvert d'immenses forêts vierges, ou bien de savanes dont les gras pâturages conviennent admirablement à l'élève du bétail; et on n'y rencontre nulle part de déserts proprement dits.

En raison même de son immense étendue, le sol des États-Unis doit nécessairement offrir une grande variété de climats; à cet égard, les monts Alleghanys forment un point de partage des plus remarquables. Sur leur versant oriental, la température en effet est généralement beaucoup plus froide que sur leur versant occidental. Là l'oranger gèle déjà quelques fois sous le 35° degré de latitude nord; tandis qu'ici, dans le bassin du Mississipi et dans les régions situées à l'ouest des Montagnes Rocheuses, la température est si douce, qu'on y rencontre encore le colibri par 42° de latitude septentrionale, et que le perroquet y vit encore, même en hiver, par 36°. La côte occidentale baignée par le grand Océan jouit d'un climat particulièrement doux. Mais elle est exposée à de violentes tempêtes, et l'abondance de même que la fréquence des pluies la rendent fort humide. La rigueur excessive du climat dans les États du nord-est, et plus particulièrement sur la côte occidentale, le long des rives de l'Océan Atlantique, est un phénomène qui ne frappe pas moins l'observateur; là en effet à des hivers des plus rudes succèdent des étés d'une chaleur accablante, de même que l'atmosphère est sujette aux variations de température les plus brusques, offrant souvent dans une même journée la transition rapide des chaleurs de l'été aux froids de l'hiver, et réciproquement. Les vents froids du nord-est dans cette partie des États-Unis commencent dès la mi-septembre, reviennent à la mi-octobre, apportant le froid et la gelée jusque dans les Carolines et la Géorgie. Mais d'ordinaire la température s'adoucit encore vers la fin de novembre, époque de la chute des feuilles; et après un bel automne arrive, vers Noël, un hiver accompagné d'abondantes chutes de neige, où le froid atteint son plus haut degré d'intensité en février et ne cesse qu'en avril; puis à un court printemps succèdent dès le mois de mai les chaleurs de l'été. Ces phénomènes, pour ainsi dire s'observer dans les États situés à l'extrémité septentrionale de la côte orientale, deviennent toujours moins sensibles à mesure qu'on descend davantage vers le sud. Le climat est déjà plus doux en Virginie; ce n'est pourtant qu'au sud du 35° degré de latitude nord que commence un climat chaud et tempéré, sous lequel on ignore ce que c'est que la neige; région des arbres toujours verts, qui s'étend jusqu'aux frontières méridionales des États-Unis, sur les bords du golfe du Mexique, où le climat commence à devenir tropical, où une chaleur toute tropicale règne, du moins en été, dans les basses terres, et où l'on rencontre déjà un grand nombre de plantes tropicales.

Dans les parties les plus élevées du pays, notamment dans les montagnes, l'air est partout pur et sain, même dans les régions les plus méridionales, mais plus particulièrement dans les sept États du nord, dans l'intérieur de la Pensylvanie et de la Virginie. En revanche, toutes les terres basses et toutes les contrées marécageuses sont malsaines, ce qui est plus particulièrement le cas dans le delta marécageux qui forme l'embouchure du Mississipi, et sur les côtes plates du golfe du Mexique, ce foyer constant de la fièvre jaune, qui chaque année en été y exerce de grands ravages, de même que sur les côtes plates et marécageuses de la Floride et de la Géorgie, et qui parfois les étend encore plus au nord sur les côtes de l'Océan Atlantique. D'ailleurs, les bas fonds de tout le bassin du Mississipi, notamment les rives marécageuses de ce fleuve, de même que toute la côte jusqu'à New-York, ne sont au total rien moins que sains; et diverses fièvres y existent à l'état endémique.

Dans toutes les régions des États-Unis, les pluies sont violentes et subites; les brouillards y sont aussi très-fréquents, surtout dans les régions boisées. Au printemps et en automne, des vents violents règnent dans la partie septentrionale des côtes orientales et occidentales. On ne rencontre, en revanche, de traces de tremblements de terre et de volcans que sur la côte occidentale.

La population des États-Unis est d'une extrême variété d'origines. On y remarque trois races principales : la race américaine, la race caucasienne et la race éthiopienne. A la première appartiennent les descendants des habitants aborigènes, désignés ordinairement sous le nom d'*Indiens*; aux deux autres, les descendants des Européens et des nègres immigrés et les métis provenant de leur mélange. Les Indiens, autrefois propriétaires du sol dans tous les États-Unis, ont été refoulés de plus en plus à l'ouest par les émigrés européens, et à peu près anéantis dans les États de l'est, autant par les guerres que par les maladies engendrées par le contact de la race américaine avec la race européenne. C'est seulement dans les territoires occidentaux, des deux côtés des Montagnes Rocheuses, qu'ils se sont conservés jusqu'à ce jour à l'état de nature, vivant en tribus puissantes et nombreuses; mais le temps approche rapidement où il leur sera également impossible d'y résister à l'action envahissante de la civilisation. Il serait difficile d'indiquer leur nombre d'une manière précise, attendu que les plus puissantes et les plus nombreuses de ces tribus vivent dans des territoires incultes, et en dehors de l'action du gouvernement fédéral. Le calcul le plus probable est celui qui fixe à 340,000 têtes le chiffre total des Indiens habitant le sol de l'Union, dont 25,000 environ résident à l'intérieur même de l'Union, 85,000 ont été dans ces derniers temps transplantés sur la rive occidentale du Mississipi, et 230,000 environ occupent depuis un temps immémorial à l'ouest les mêmes contrées qu'aujourd'hui.

Les Indiens fixés en deçà des Cordillères forment dix-huit peuplades ayant chacune leur langue, laquelle à son tour est subdivisée en un grand nombre de dialectes, dont plus de cent sont aujourd'hui connus. La plus importante de toutes ces peuplades est celle des *Lenapes*, forte d'environ 15,000 têtes et disséminée dans la partie septentrionale des États-Unis, depuis la côte de l'Atlantique jusqu'au Mississipi, et chez laquelle on a reconnu l'existence de vingt-cinq langues et dialectes différents. Les *Ottowas* et les *Tschippæas*, qui vivent surtout dans l'État de Michigan, dans la presqu'île située entre le lac Supérieur et le lac Michigan, et sur les rives des affluents supérieurs du Mississipi, sont les peuplades *Lenapes* les plus nombreuses, et comptent environ 7,000 têtes, dont une partie ont déjà embrassé le christianisme et pratiquent l'agriculture. La confédération iroquoise, composée de cinq nations, les *Mohawks*, les *Onnidas*, les *Onondagous*, les *Cayougas* et les *Senecas*, à laquelle on ajouta plus tard celle des *Tuscaroras* (d'où on l'appelle aussi *confédération des six nations*), était autrefois très-puissante. Mais en 1679 les Iroquois, qui se distinguaient par leur bravoure et par leurs capacités intellectuelles, furent subjugués et à peu près exterminés par les Anglo-Américains. Il n'en reste plus que quelques faibles débris, 5,000 individus au plus, que l'abus des liqueurs alcooliques a réduits à l'abjection la plus profonde ; ils sont disséminés dans l'État de New-York et de Michigan, où l'on a aussi réussi à transformer en agriculteurs quelques familles d'Onéidas et de Tuscaroras. Les *Chéroquees* sont ceux qui se sont le plus rapprochés des mœurs et des idées européennes. Ils habitent, au nombre d'environ 15,000 têtes, le Tenessee supérieur, les États de Georgie, d'Alabama et surtout d'Arkansas, où ils se livrent à l'exercice des professions manuelles et à l'agriculture. Tous sont devenus chrétiens ; ils ont inventé une écriture à leur usage, possèdent des écoles, et se sont donné eux-mêmes une constitution civile libre. Les *Tchoktas*, qu'on rencontre principalement dans l'état de Mississipi, ont suivi l'exemple des *Chéroquees*, et comme eux ont des écoles et pratiquent des métiers. Les autres peuplades indiennes vivant sur la côte orientale du Mississipi sont les *Muskhogas*, les *Utchies* et les *Natchez*, formant ensemble la confédération *Creek* et vivant, au nombre d'environ 25,000 têtes, dans les États de Georgie et d'Alabama. Quoique déjà parvenus, eux aussi, à un certain état de civilisation, par suite duquel ils cultivent le sol et fabriquent diverses étoffes, on ne les en a pas moins contraints il y a quelque temps, moitié par force et moitié à l'aide de conventions frauduleuses, d'abandonner les territoires qui leur avaient été assignés à l'ouest du Mississipi et de s'enfoncer encore davantage dans les forêts de l'ouest. Les *Séminoles* de la Floride, tribu de la même race, qui pendant longtemps résista avec la plus admirable bravoure à la prétention des États-Unis de la contraindre à s'expatrier, ou furent massacrés avec la plus sauvage cruauté ou durent céder à la force.

Les blancs émigrés d'Europe, ou les habitants des États-Unis descendant des émigrés européens, sont loin, par leur origine, par leurs mœurs, leurs langues et leurs habitudes, de constituer une seule et même nation, tous les peuples de l'Europe, à l'exception des Slaves, ayant contribué à la formation de la population des États-Unis. La très-grande majorité, à peu près les quatre cinquièmes, sont originaires des îles britanniques, notamment des parties de l'Angleterre et de l'Écosse où domine l'élément germain : et ce sont les immigrés de race anglo-saxonne, ainsi que leurs descendants, qui ont donné à la population des États-Unis son type fondamental, car la nationalité anglo-américaine est incontestablement celle qui domine, tant au point de vue politique et moral qu'à celui de la langue, la langue anglaise étant celle des relations sociales, des affaires et de la politique, celle dans laquelle sont rédigés tous les actes publics et dont on se sert pour toutes les délibérations des assemblées particulières des différents États, comme pour celles du congrès et du gouvernement central. Les Anglo-Américains forment presque exclusivement la population des six États du nord, appelés aussi *Nouvelle-Angleterre* ; et non-seulement ils sont encore très-nombreux, pour ne pas dire prépondérants dans les États du centre limités par l'Atlantique, mais ils entrent en outre pour une part très-importante dans la population des États de l'ouest. Les Irlandais qu'on rencontre dans la plupart des États de l'Union, surtout dans ceux du centre et du nord, où en général ils vivent comme journaliers ou du produit des professions les plus humbles, sont d'une importance bien moindre que les Anglo-Américains proprement dits. Après les Anglo-Américains, c'est la population d'origine allemande la plus nombreuse. Répandue à peu près dans tous les États de l'Union, mais cependant plus concentrée et même jusqu'à un certain point dominante dans la Pensylvanie, dans l'Ohio, l'Indiana, le Missouri et le Michigan, où elle forme près de la moitié de la population totale, on estime qu'elle s'élève en tout à près de cinq millions d'individus. On peut dire d'ailleurs que, toutes proportions gardées, les Allemands sont encore très-nombreux dans les États de New-York, de New-Jersey, de Maryland, de Virginie, de Maine, de Kentucky, de Tenessee, d'Illinois, de Jowa et de Wisconsin, où ils forment souvent plus du tiers de la population. La population allemande serait bien autrement nombreuse si elle conservait mieux le sentiment de sa nationalité, et si le plus grand nombre des individus qui la composent ne renonçaient pas peu à peu à leur langue, et ne perdaient pas bientôt de la sorte avec leurs mœurs nationales l'empreinte de leur type originel. Il faut reconnaître toutefois que cette dénationalisation de l'élément allemand était autrefois bien plus rapide qu'aujourd'hui, attendu que par suite des émigrations en masses qui ont eu lieu de nos jours, et qui ont amené d'Allemagne aux États-Unis un bien plus grand nombre d'hommes éclairés et animés de sentiments patriotiques, il s'est développé au sein de l'émigration allemande une remarquable tendance à fortifier et à conserver le sentiment de la nationalité par l'étude approfondie de la langue et au moyen de la transplantation sur le sol américain de la littérature et de la civilisation allemandes, de même encore que par une énergie nouvelle donnée à la vie politique et par des rapports sociaux plus multipliés. Après les Allemands, on ne peut plus guère citer parmi les éléments de la population que les Français, qui aujourd'hui encore se trouvent en très-grand nombre dans les États du Sud et du Sud-Ouest, la Louisiane, le Mississipi, l'Illinois et le Missouri, jadis dépendances de la France. Les autres peuples de l'Europe n'ont fourni que de minimes contingents, par exemple : les Hollandais, desquels descendent les plus anciens colons de New-York, devenus depuis longtemps complètement anglais ; les Suédois, les Norvégiens, les Italiens et les Espagnols. Ces derniers ne se rencontrent plus, comme débris de l'ancienne et nombreuse population espagnole, que dans les États du sud, où naguère encore, dans le Texas et la Floride, ils constituaient la partie prépondérante de la population. On n'évalue qu'à 15,000 le nombre total des Juifs qui existent dans toute l'étendue de la confédération.

Le second groupe principal de la population immigrée se compose des nègres et des hommes de couleur ou métis leurs descendants, qui autrefois furent à diverses reprises amenés d'Afrique sur le sol américain pour y être employés aux travaux de l'agriculture, mais qui de nos jours, la traite des nègres étant abolie depuis 1821 et punie à l'égal du crime de piraterie, ne se conservent plus aux États-Unis que par leur propagation propre, devenue pour un grand nombre de propriétaires d'esclaves une industrie particulière. La très-grande majorité de ces nègres se trouvent encore aujourd'hui en état d'esclavage ; et le recensement de 1840 constatait qu'il existait à ce moment dans l'Union 2,487,355 esclaves nègres ou mulâtres, tandis que le nombre des hommes libres de cette race, mulâtres pour la plupart, ne s'élevait qu'à 386,293 individus. Tous les noirs et hommes de couleur, libres ou esclaves, sont séparés de la race blanche au point de vue légal comme au point de vue social par l'esprit de caste le plus rigoureux ; et même dans les États de l'Union où l'esclavage n'est pas permis, il existe toujours contre eux chez les blancs un grossier préjugé fondé sur la différence des races, et qui dans son inhumanité contraste de la manière la plus pénible avec les principes de la constitution américaine. A l'exception des États de Vermont, de Massachusetts, de Maine, de New Hampshire, d'Indiana et d'Ohio, où l'esclavage a été légalement aboli, il existe des esclaves dans tous les autres États de l'Union ; mais on ne les rencontre pourtant en grand nombre que dans les États du sud riverains de l'Atlantique ou dans ceux que baigne le cours inférieur du Mississipi, où le mode de culture employé pour la mise en valeur et l'exploitation du sol exige le travail des esclaves, et où par conséquent l'esclavage est non-seulement licite, mais protégé et éternisé par les lois les plus inhumaines ; lois dirigées non pas seulement contre les esclaves, mais contre tous les individus qui cherchent à favoriser leur émancipation, et allant jusqu'à défendre de donner la moindre instruction aux esclaves. C'est dans la Virginie, les deux Carolines et la Georgie que les esclaves sont le plus nombreux. En Virginie, où l'on en compte environ un demi-million, ils forment les 7/17 de la population totale, dans la Caroline du sud les 3/5, dans la Caroline du nord les 2/3, dans la Georgie les 2/5, dans le Maryland les 2/9, dans le Mississipi et dans la Louisiane la moitié, dans l'Alabama, les 13/34, dans le Tenessee le 1/5, dans le Kentucky le 1/4.

D'après le recensement de 1850, opération qui se renouvelle tous les dix ans aux États-Unis, la population actuelle des divers États de l'Union est de 23,251,207 habitants de toute origine, non compris les hordes indiennes fixées dans les territoires de l'ouest. On pourra, au reste, par les chiffres suivants, se faire une idée du rapide accroissement de cette population. En 1749 elle ne montait encore qu'à un million dans les provinces qui formaient alors l'Amérique anglaise du Nord. En 1783, à l'époque où finit la guerre de l'Indépendance, elle était de 2,500,000. Le premier recensement général, opéré en 1790, constata l'existence de 3,929,827 habitants ; celui de 1800, de 5,305,925 ; celui de 1810, de 7,329,903 ; celui de 1820, de 9,654,415 ; celui de 1830, de 12,866,920 ; et celui de 1840, de 17,069,453. Ce rapide accroissement tient en partie à la fécondité naturelle de la race germanique, qui domine aux États-Unis, fécondité qui, loin d'y rencontrer des obstacles matériels, s'y trouve au contraire éminemment favorisée par l'immense étendue de terres mise en culture, par la facilité de gagner sa vie et de fonder une famille qui en résulte pour chacun ; de telle sorte que chaque année le nombre des naissances l'emporte dans une proportion considérable sur celui des décès. Il s'explique aussi par le mouvement de l'émigration européenne, laquelle prend chaque année des proportions plus considérables, puisque dans ces derniers temps on l'a vue s'élever à plus de 200,000 individus par an, dont 2/5 d'origine allemande et 3/5 de race britannique, tandis que les autres nations européennes n'y fournissaient que d'insignifiants contingents. On évalue à 4 pour 100 par an en moyenne l'augmentation constante de la population, d'où il résulte qu'elle doit au moins doubler tous les vingt-cinq ans. Le nombre des naissances est à celui de la population totale comme 1 est à 20, tandis que celui des décès n'est que comme 1 est à 40. Aussi bien l'immense étendue du territoire qui reste encore à défricher promet pendant longtemps encore un accroissement continu de la population ; car, en tenant compte de l'étendue totale de l'Union, le chiffre actuel de la population ne donne guère encore que 180 habitants par myriamètre carré, et 400 à ne considérer que le territoire des États proprement dit. C'est dans les États du nord que la population est la plus compacte. Dans l'État de Rhode-Island elle est de 1,800 habitants par myriamètre carré et de plus de 1000 dans celui de New-York.

Le caractère national du peuple des États-Unis, sans parler ici des races opprimées, les nègres et les Indiens, doit nécessairement présenter un grand nombre de nuances, en raison de la diversité de son origine et des conditions matérielles et naturelles de son existence. En général, cependant, on peut dire que le caractère national anglais forme le fonds même du caractère national américain, que celui-ci n'est que le développement plus vivement accusé de celui-là, et où par conséquent ce qu'il y a de particulier et de caractéristique apparaît plus rude et plus anguleux. Tous ceux des habitants de l'Union qui s'y sont intellectuellement naturalisés, la grande masse de la population par conséquent, ont de commun entre eux d'abord un sentiment exagéré de leur importance personnelle, qui les porte ordinairement à se croire de beaucoup supérieurs aux autres nations, à penser surtout qu'il n'y a rien au monde de comparable à la moralité du peuple américain et à ses institutions sociales ; ensuite un remarquable besoin d'indépendance, de liberté individuelle à peu près illimitée, qui apparaît dans tous les détails de l'administration des différents États, de même que dans l'aversion instinctive des masses pour toutes les restrictions de police, uni à un sentiment d'intérêt des plus vifs pour tout ce qui concerne les affaires publiques ; enfin, une infatigable et incessante activité, qui finit par triompher de tous les obstacles que le sol et la nature peuvent opposer à la colonisation, de même qu'il se complaît dans les spéculations les plus vastes et les plus hardies, ainsi qu'une vie inquiète et pleine de péripéties. En regard de ces traits communs et généraux du caractère national, on peut toutefois établir dans la population des États-Unis, sous les autres rapports moraux, deux groupes principaux offrant l'exemple de profondes modifications subies par le caractère national, à savoir les États du nord et les États du sud ; différence ayant sa base dans des causes tout à la fois historiques et physiques, et qui, en raison même de ses formes vivement accusées, réagit sur tous les détails de la vie sociale. En effet, tandis que la nature à moitié tropicale des États du sud et la culture des produits coloniaux qu'elle favorise provoquaient l'emploi du travail des esclaves et par suite l'introduction de l'esclavage, la nature des États du nord exigeait une agriculture plus soignée, analogue à celle de l'Europe, et telle que des mains libres peuvent seules la pratiquer ; enfin, tandis qu'à l'origine les États du sud furent colonisés en partie par des émigrés appartenant à la race romane, plus sensuelle et plus avide de jouissances, et en partie par les descendants de familles aristocratiques anglaises appartenant à l'Église épiscopale, les États du nord au contraire, à l'origine surtout, furent colonisés par des puritains et autres sectaires anglais et écossais, qui abandonnaient leur patrie pour échapper à l'oppression religieuse, et qui se distinguaient par leurs opinions rigoristes, par leur moralité et par leur aversion pour toute espèce de plaisir. Ce caractère fondamental imprimé immédiatement par la nature et par l'histoire à ces deux groupes de population, leur est au total resté jusqu'à ce jour, quoique des immigrations postérieures, surtout des immigrations d'Allemands et d'Irlandais, n'aient pas laissé que de les modifier dans certains États. Telle est en effet la force du principe moral différent qui s'est développé dans chacun de ces deux groupes, qu'on a vu les nouveaux venus eux-mêmes finir par se assimiler complétement au bout d'un petit nombre de générations. C'est tout récemment seulement qu'il a surgi dans les États du bassin occidental du Mississipi, et sous l'empire d'autres conditions physiques et morales, une troisième variété du caractère national, laquelle ne pourra que plus tard avoir des formes précises et arrêtées. Dans les États du nord, où les six États du nord-ouest désignés sous le nom de *Nouvelle-Angleterre* nous offrent le type du puritanisme dans toute sa pureté, règnent des mœurs pures sans doute et affectant même quelquefois un rigorisme outré, mais alliées à une bigote religiosité poussée jusqu'au fanatisme, qui laisse sommeiller le sens intime et n'a d'autres bases que les démonstrations extérieures et capricieuses de l'individu ; une vie et des tendances tout égoïste, calculant froidement le bénéfice avant tout ; d'ailleurs, les habitudes modestes et d'infatigable activité, que ne détermine jamais le moindre motif idéal, et qui, en dépit de l'inconstance et de la surexcitation perpétuelle des esprits, laissent l'existence sans joies mais aussi, comme sans aucune jouissance noble et élevée. De là, en dépit du formalisme qui y domine toute la vie extérieure, en dépit de cette complète égalité de toutes les classes qui transforme les relations de la domesticité en celles de simple *assistance*, en dépit de la qualité et de l'abondance de toutes les jouissances matérielles en fait d'habitations, de vêtements et de moyens d'alimentation ; de là, disons-nous, quelque chose de grossier, de déplaisant et de peu solide dans toutes les relations sociales, et dont le *Yankee* nous offre le type le plus complet ; quelque chose qui se résume dans l'absence absolue de tous égards mutuels, dans les fraudes et les tromperies de chacun pour dominer et exploiter son prochain, dans la brutalité des jouissances, et surtout dans la passion dominante des classes ouvrières pour la plus crapuleuse ivrognerie : toutes choses qui, de même que les aspérités du caractère populaire des États du nord, se rencontrent encore bien plus vivement accusées au milieu de l'agitation des villes que dans la vie, ordinairement plus calme, du cultivateur, du *farmer*. Le caractère populaire des États du sud présente le plus frappant contraste avec celui du nord : il a quelque chose de chevaleresque, il est moins égoïste et moins inconstant, moins triste, moins froid, moins rude et moins roide ; en revanche, l'esclavage et la nature méridionale y développent une effervescence de passions, un besoin de domination, une inhumanité qu'on ne trouve pas dans les États du nord ; en même temps qu'à une grossièreté et à une dureté tout intérieures s'associent une grossièreté extérieure se manifestant en toute occasion de la manière la plus brutale, et une bien moindre aptitude au travail. Dans les États du sud, en un mot, la vie est tout à fait semblable à celle des colons des Indes occidentales ; le laborieux *farmer* y est remplacé par l'orgueilleux planteur faisant travailler à son profit des esclaves nègres et regardant avec un orgueilleux mépris les blancs réduits à vivre de leur travail personnel.

L'Union Américaine n'offre pas de moins frappants contrastes sous le rapport des religions que sous celui des nationalités, en même temps qu'à cet égard encore elle diffère complétement de nos États européens. Ce qui y domine tout, c'est le grand principe de la tolérance et de la liberté les plus grandes en matière de religion. D'après la constitution, l'État ne reconnaît aucune commune, aucune corporation religieuse. Il ne se charge pas de bâtir des églises, il ne salarie pas de prêtres ; il abandonne ce soin aux individus. La seule chose qui lui prête un caractère chrétien, c'est que dans la plupart des États la législation particulière impose l'observation sévère et toute puritaine du dimanche, tandis qu'en général elle se borne à décider que quiconque croit en Dieu est apte à obtenir et à exercer les droits de citoyen. Il se tromperait toutefois celui qui de l'indifférence de l'État en matière de religion voudrait conclure que la même indifférence existe dans les populations. Outre qu'autrefois le culte puritain était privilégié dans les États désignés sous le nom de Nouvelle-Angleterre et qu'il n'y a guère plus d'une trentaine d'années que ce privilège n'existe plus, l'esprit général du peuple, et par suite de son gouvernement, y revêt un caractère essentiellement chrétien et même sévèrement religieux. C'est ce que prouvent évidemment les sommes considérables fournies chaque année par voie de contributions volontaires pour l'entretien des ministres et pour les frais du culte, le zèle et l'exactitude avec lesquels chacun y vient assister à la célébration du service divin, la rigueur extrême avec laquelle a lieu l'observation du dimanche, la générosité qui favorise et soutient une foule d'associations religieuses et philanthropiques, telles que sociétés bibliques, missions, écoles du dimanche, sociétés de tempérance, etc.

Tous les partis religieux qui divisent l'Angleterre se sont reproduits en Amérique, et y ont même poussé de nouveaux rejetons. Les luthériens et les réformés allemands y ont généralement maintenu leur Église et leur langue. La loi et les mœurs prohibent toute discussion publique. Chaque commune religieuse existe pour elle-même ; cependant, celles qui partagent les mêmes dogmes tendent toujours à se réunir en de grands centres communs, formés par associations synodales. L'Église catholique romaine et l'Église anglo-épiscopale y ont conservé leur caractère, tout en adoptant cependant beaucoup d'usages soit républicains, soit de l'Église primitive. Les quakers et les unitaires célèbrent tranquillement leur culte à côté d'elles. La tolérance en matière de religion a beau être poussée si loin, qu'on a pu publiquement nier la vérité de la religion révélée et qu'on a même laissé une certaine miss Wright, pour améliorer la vie terrestre, prêcher ouvertement contre tout attachement aux choses célestes, les presbytériens et les méthodistes n'en ont pas moins fini par donner le ton aux différentes sectes, qui toutes ont quelque chose du rigorisme puritain et de l'agitation méthodiste. Cette dévotion méthodiste éclate surtout à l'arrivée des prédicants nomades dans les villes et dans les assemblées convoquées et réunies au milieu des forêts, dans ce qu'on appelle des *camp-meetings*. Des milliers d'individus s'y rassemblent autour de quelques prédicants. On dresse une chaire en plein vent et des tentes alentour ; puis, plusieurs jours et nuits durant, tous les échos retentissent au loin de soupirs et de sanglots qu'arrachent à l'auditoire des sermons coutumiers pour plus effrayantes peintures du péché, de la mort éternelle et de l'enfer. Plus les auditeurs se démènent et s'agitent, plus les excitations sont ardentes, et plus la fête paraît belle. C'est là que se concentre toute la poésie de ce peuple, d'ailleurs si prosaïque, et le sentiment religieux est après la liberté politique le seul intérêt intellectuel que connaissent les populations métisses des États-Unis. Et cependant, la plupart de ces prédicants n'ont reçu aucune instruction religieuse ; le plus souvent ce ne sont que des aventuriers, qui ont été malheureux dans d'autres branches d'industrie, qui dépendent chaque année pour leur subtence matérielle du bon vouloir de leurs auditeurs, et qui malgré tout cela n'en constituent pas moins dans la société américaine une classe extrêmement influente et même tout à fait privilégiée. Ajoutons encore que la construction d'une église, le groupement d'un certain nombre de fidèles autour d'une même chaire, ne sont assez souvent qu'une spéculation, de même que le passage d'une église dans une autre, une affaire de mode ou de convenance. Quelque sincère que soit d'ailleurs le sentiment religieux des masses, il est jusqu'à présent resté impuissant à briser le joug d'une matérialiste et égoïste aristocratie d'argent, faute d'avoir su propager les idées douces, tendres et humaines du véritable christianisme.

Outre un petit nombre de juifs et quelques mahométans, en possession, les uns aussi bien que les autres, du droit d'exercer librement leur culte, on rencontre aux États-Unis toutes les confessions et toutes les sectes de l'Église chrétienne, à l'exception de l'Église grecque, en paisible jouissance de la complète liberté des cultes.

Parmi les protestants, on compte les Églises et les sectes suivantes : d'abord les *congrégationalistes*, au nombre de près de trois millions, descendant de ces presbytériens anglais et écossais qui, secouant l'autorité de la haute Église anglicane, donnèrent en Amérique à leur constitution presbytérienne une nouvelle forme ecclésiastique, qu'ils désignèrent sous le nom de *congrégationalisme*, et qui habitent surtout les États de la Nouvelle-Angleterre ; les *presbytériens*, divisés en vieille et nouvelle école, en presbytériens du Cumberland et autres sectes, et qu'on rencontre surtout dans les États du centre, du sud et de l'ouest ; l'*Église réformée hollandaise*, qui compte environ 500,000 adhérents dans le New-York, le New-Jersey et la Pensylvanie ; l'*Église réformée unie*, dans les États du sud et de l'ouest ; l'*Église réformée allemande*, qui compte plus de 600 communes en Pensylvanie et dans l'Ohio.

Les *baptistes*, au nombre d'environ cinq millions, se partagent en sept sectes : les baptistes proprement dits, la secte la plus nombreuse après celle des méthodistes épiscopaux, et qu'on trouve répandue dans tous les États ; les baptistes Sabbathaniens, ou du septième jour, dans le Rhode-Island, le New-Jersey, le New-York, la Virginie et l'Ohio ; les baptistes des Six articles fondamentaux, dans le Massachusetts et le Rhode-Island ; les baptistes du Libre arbitre, dans le Maine, le New-Hampshire, etc. ; les chrétiens, aussi dans le New-Hampshire ; les *tunkers* ou baptistes allemands remontrants, et les mennonites.

Les *méthodistes*, au nombre total de plus de trois millions, se divisent également en une foule de sectes ; celle des méthodistes épiscopaux, la plus nombreuse de toutes, se trouve répandue sur tout le territoire de l'Union.

Les *protestants épiscopaux*, répondant aux épiscopaux anglicans, au nombre de plus de 600,000, sont également répandus par toute l'Union, et comptent surtout des adhérents dans les classes riches.

L'*Église évangélique*, dont presque tous les adhérents sont allemands, et qui compte aussi environ 600,000 membres, est répandue dans les classes moyennes, principalement en Pensylvanie et dans l'Ohio, de même que les hernhutes.

Les *unitaires*, quoique ne comptant que 200,000 adhérents, mais représentants du rationalisme, forment une secte fort importante, à cause de l'instruction généralement supérieure de ses membres ; répandue dans toute l'Union, elle a plus particulièrement son centre dans les États du nord-est, riverains de l'Atlantique.

Les *universalistes*, au nombre d'environ 600,000, se trouvent dans les États riverains de l'Atlantique et dans l'Ohio.

Les *quakers*, dont le chiffre ne s'élève guère au-dessus de 100,000, mais extrêmement influents, à cause de leurs richesses, sont dispersés à peu près dans tous les États ; cependant, c'est surtout en Pensylvanie qu'on les rencontre.

Il existe en outre un grand nombre d'autres sectes fanatiques, telles que celle des *shakers* ou secoueurs, dans les États du nord et l'Ohio, et des *harmonistes* dans l'Ohio, toutes deux observant le célibat et vivant dans une espèce de communauté de biens ; des *swedenborgiens*, des *mormons*, objet de tant de persécutions ; ou encore l'Église de la *Nouvelle Jérusalem*, etc., etc. Il existe jusqu'à des sectes tout à fait anti-chrétiennes ; à Philadelphie, par exemple, on en voit deux qui répudient hautement le nom chrétien.

L'Église catholique romaine, elle aussi, compte un grand nombre d'adhérents aux États-Unis, à cause des colons d'origine catholique établis primitivement dans le Maryland, la Louisiane et la Floride, et aussi par suite des nombreuses immigrations de catholiques irlandais et allemands qui ont eu lieu de nos jours. Dans la liberté des cultes érigée en principe aux États-Unis, la propagande catholique a vu un large et fertile champ d'exploitation offert à ses efforts, et elle s'est mise aussitôt à le cultiver avec une ardeur extrême, de manière à acquérir rapidement une grande importance politique et à en être déjà venue à exciter les défiances et les jalousies des différentes sectes protestantes. Elle compte aujourd'hui, et particulièrement dans le Maryland, la Floride, la Louisiane et le Missouri, au delà de 1,600,000 fidèles, avec six archevêques siégeant à Baltimore, Cincinnati, Saint-Louis (Missouri), la Nouvelle-Orléans, New-York et Oregon (ville), dix-sept évêques, et six cent onze églises ou chapelles.

L'instruction publique varie beaucoup, suivant les localités et le degré de civilisation auquel sont déjà parvenus les divers États de l'Union, attendu qu'alors le gouvernement local ne y prend un vif intérêt ou ne s'en occupe pas du tout, abandonnant ce soin aux individus ou bien aux associations particulières. C'est dans les États de la Nouvelle-Angleterre et dans l'État de New-York qu'on a le plus fait à cet égard, soit au moyen de fonds assignés par l'État, soit par l'établissement de taxes spéciales dont le produit est appliqué à cet objet, ou encore par de libérales fondations. Aussi n'y rencontre-t-on presque personne qui ne sache lire et écrire. Mais il n'en est pas de même dans les autres États, notamment dans ceux de création récente, ou en voie de création, dans l'ouest. La lutte contre la nature y est encore trop ardue pour qu'on puisse s'y préoccuper d'intérêts intellectuels. Si en effet dans chaque État des dispositions légales ont été prises pour favoriser l'instruction publique, et si dans les États nouveaux un acte du congrès a réservé une certaine portion du sol pour le produit en être employé dans des buts d'instruction générale, il faut bien reconnaître qu'à l'exception des États de la Nouvelle-Angleterre, de New-York et de quelques grandes villes, l'instruction se trouve encore dans un état qui répond fort peu aux besoins des populations. Là même où les écoles sont nombreuses, il arrive souvent que faute d'une bonne organisation intérieure, et aussi de capacités suffisantes chez les maîtres, elles sont loin de produire tous les fruits qu'on serait en droit d'en attendre. C'est ce que confirment les données de la statistique, desquelles il résulte que le nombre des enfants qui en ce moment même ne reçoivent aucune instruction dans les différents États de l'Union aucune espèce d'instruction, est de près de 1,500,000, sans compter, bien entendu, les enfants des esclaves noirs, à qui il est interdit dans les États à esclaves de donner la moindre instruction, non plus que les enfants de mulâtres, au nombre de plus de 500,000, et qui, eux aussi, ne reçoivent aucune espèce d'instruction. Pour obvier à un tel état de choses, il s'est formé dans ces derniers temps une foule d'associations, le plus généralement à tendances religieuses, pour fonder des écoles et y envoyer des maîtres. Leurs efforts ne sont pas restés sans fruit, et on doit reconnaître qu'à cet égard il se manifeste déjà une amélioration sensible, constatée par l'accroissement du chiffre de la population totale des écoles, qui en Pensylvanie, par exemple, a été de 2 à 7, dans l'Illinois de 1 à 13, et dans le Kentucky de 1 à 21. Le temps n'est pas éloigné sans doute où les progrès de la colonisation dans l'ouest auront donné une grande valeur aux parties du sol qui ont été réservées pour pourvoir aux frais de l'instruction publique, et où l'importance des ressources dont on disposera permettra de largement satisfaire sous ce rapport aux exigences de notre époque. En effet, la richesse en terres assignée pour l'instruction primaire dans l'Ohio, l'Indiana, l'Illinois, le Michigan, le Missouri, le Mississipi, l'Alabama, la Louisiane, l'Arkansas et la Floride, ne s'élève pas à moins de 8,000,000 d'acres, et celle pour l'instruction supérieure à 500,000 acres.

L'Union ou Confédération des États-Unis de l'Amérique du nord, (titre officiel de la république), se compose (en 1854) de trente-et un États, à savoir, au Nord : le Maine, le New-Hampshire, le Vermont, le Massachusetts, Rhode-Island et le Connecticut; au centre, et riverains de l'Atlantique : le New-York, le New-Jersey, la Pensylvanie, la Delaware, le Maryland; au sud, et riverains de l'Atlantique : la Virginie, la Caroline du nord et la Caroline du sud, la Georgie, la Floride; à l'ouest : l'Ohio, le Kentucky, l'Indiana, l'Illinois, le Michigan, le Missouri, le Wisconsin et le Jowa; au sud, dans le Mississipi inférieur : le Tenessee, la Louisiane, l'Alabama, le Mississipi, l'Arkansas et le Texas. A ces États il faut ajouter la ville de Washington, siége du gouvernement fédéral, ainsi que les contrées désignées sous le nom de *territoires*, c'est-à-dire les nouvelles provinces obtenues par achat, cession ou conquête, et qui jusqu'à l'époque de leur admission dans la Confédération (laquelle ne peut avoir lieu que lorsqu'ils renferment une population d'au moins 70,000 âmes), n'envoient au congrès que des délégués, qui n'ont pas le droit d'y voter, mais seulement celui d'assister à ses séances. Ces territoires sont en ce moment au nombre de cinq : *Minesota, Californie, Nouveau-Mexique, Utha* et *Oregon*.

Ces différents États, districts ou territoires forment une république dont les lois fondamentales se composent de la déclaration d'indépendance en date du 4 juillet 1776, des articles fédéraux du 8 juillet 1778, de l'acte constitutionnel du 17 septembre 1787, et des articles additionnels de 1789. Aux termes de ces diverses lois fondamentales, les États-Unis constituent une république fédérative, c'est-à-dire une république d'États confédérés, dont chacun est indépendant en ce qui touche l'administration de ses affaires intérieures, mais qui ne saurait exercer ses droits de souveraineté à l'égard de ce qui touche aux intérêts communs de tous; droits qu'il délégués à un gouvernement central, chargé de représenter l'Union tout entière aussi bien à l'intérieur qu'à l'extérieur. Les principes sur lesquels repose cette république fédérative sont de nature essentiellement démocratique. Aussi la souveraineté réside-t-elle dans le peuple, lequel, cependant, ne l'exerce pas directement, mais la délègue à des représentants de son choix. Le gouvernement de l'Union se compose en conséquence d'un *président*, chargé de la puissance exécutive, d'un *congrès* investi de la puissance législative, et d'une haute cour de justice possédant la suprême puissance judiciaire. Le *président*, de même que le *vice-président*, est élu pour quatre ans par l'universalité des citoyens de l'Union en état d'exercer leurs droits politiques ; le candidat qui après lui obtient le plus de suffrages est de droit vice-président. Le président doit être âgé d'au moins trente-cinq ans et être depuis quatorze ans citoyen de l'Union. La même personne ne peut être plus de deux fois élu président. Si par un motif ou un autre le président se trouve dans l'impossibilité de remplir ses fonctions, il est remplacé sans autre formalité par le vice-président. S'il en arrive autant à celui-ci, le congrès déclare par une loi quel est le citoyen qui remplira provisoirement les fonctions de président, en attendant qu'un nouveau président ait été élu. Le président reçoit un traitement de 25,000 dollars (125,000 fr.), et le vice-président, qui préside le sénat, un traitement de 5,000 dollars. Le président a le droit de conclure des traités d'alliance d'accord avec le sénat, et de nommer les ambassadeurs et consuls à l'étranger, les juges de la cour suprême et les titulaires de toutes les fonctions civiles et militaires de l'Union. Le président reçoit les envoyés et agents diplomatiques des puissances étrangères, convoque le congrès annuellement ou dans des circonstances extraordinaires, donne force de loi aux résolutions du congrès et possède à leur égard un droit de *veto* suspensif. Il commande en chef l'armée de terre et de mer, exerce le droit de grâce, à moins qu'il ne s'agisse d'une accusation de trahison, de corruption et autres crimes graves. Il peut être lui-même mis en accusation et déposé en cas de trahison, de corruption et autres crimes graves.

Le président actuel, entré en fonctions le 4 mars 1853, est le général Franklin *Pierce;* sa présidence est la dix-septième depuis la fondation de l'Union. L'organe du président dans toutes les affaires d'administration est le cabinet, aujourd'hui composé du secrétaire d'État ou ministre des affaires étrangères, William *Marsy;* du sous-secrétaire d'État, *Mann;* du ministre des finances, J. *Guthrie;* du ministre de la guerre, J. *Davis;* du ministre de la marine, J.-C. *Dobdin;* du ministre de l'intérieur, R.-M. *Clelland;* du directeur général des postes, James *Campbell*, recevant tous un traitement de 6,000 dollars; et de l'*attorney general* ou ministre de la justice, Caleb *Cushing*, avec un traitement de 4,000 dollars.

Le congrès, qui exerce la puissance législative, se compose du *sénat* et de la *chambre des représentants*, et doit être régulièrement convoqué chaque année en session le premier lundi de décembre; mais des sessions extraordinaires peuvent avoir également lieu à d'autres époques de l'année, si les circonstances l'exigent. Tous les membres du congrès reçoivent des frais de route et une indemnité de huit dollars (40 francs) par jour. Ils ne peuvent être arrêtés pendant toute la durée de la session ni s'y rendant, non plus qu'être poursuivis à l'occasion des discours prononcés par eux dans le congrès, sauf les cas de trahison, de félonie ou d'infraction à la paix publique.

Le sénat est composé en ce moment de 62 membres. Chaque État, quelle que soit l'étendue de son territoire ou le chiffre de sa population, le nomme deux par l'intermédiaire de sa législature particulière. Pour être sénateur il faut avoir au moins trente ans accomplis, habiter depuis neuf ans l'État où l'on est nommé et posséder depuis le même laps de temps les droits de citoyen des États-Unis. Le vice-président, chargé de présider le sénat, n'a pas le droit d'y voter, à moins qu'il ne se rencontre une égalité de voix à départager. C'est au sénat qu'appartient exclusivement, en cas d'accusation élevée contre un fonctionnaire public, le droit d'en connaître; et il fonctionne alors comme cour de justice. Il participe en outre à la puissance exécutive, le président ayant besoin de ses avis et de son consentement pour diverses affaires et négociations politiques.

La *chambre des représentants*, qui dans la présente année 1854 compte en tout 237 membres, est composée de députés élus par les citoyens en état de voter. Aux termes d'une loi rendue en 1842, chaque État en nomme autant qu'il compte de fois 70,816 habitants, on n'y comprenant pas les Indiens et ne faisant entrer les esclaves que pour les trois cinquièmes de leur nombre total. Les représentants ne peuvent remplir aucune espèce d'emploi public; pour être éligible, il faut avoir vingt-cinq ans accomplis, être citoyen de l'Union depuis sept ans et habiter l'État depuis le même laps de temps. La chambre choisit son *speaker* ou président, ainsi que le reste de ses employés, et a seule le droit d'accuser les fonctionnaires publics devant le sénat. Toutes les lois doivent avoir été préalablement discutées dans les deux chambres et adoptées à la majorité des voix. Avant de devenir obligatoires, elles doivent aussi avoir reçu l'assentiment du président. Si celui-ci le refuse, il est tenu de renvoyer le bill ou le projet de loi en question à la chambre d'où il émane, en l'accompagnant de ses observations. Quand on en est encore une fois délibéré dans le congrès, si les deux tiers des voix dans chaque chambre l'ont adopté, il devient obligatoire sans qu'il soit besoin de l'assentiment du président.

Le congrès est investi du droit de faire des lois sur toutes les matières qui intéressent l'ensemble de l'Union. Ainsi il a la puissance d'établir des impôts, de déterminer les droits de douane, de réglementer le commerce des États entre eux de même qu'avec les Indiens et les étrangers, de faire les lois relatives à la nationalisation des étrangers, aux faillites, aux monnaies et aux poids et mesures, d'accorder des privilèges et des brevets, d'établir des tribunaux, de surveiller la force armée, de déclarer la guerre et de délivrer des lettres de marque. Tous les bills relatifs à l'impôt doivent d'abord être soumis aux délibérations de la chambre des représentants, puis à celles du sénat, qui peut d'ailleurs les amender aussi bien que tous autres.

Le pouvoir exécutif et la législature figuraient au budget de 1852 pour 3,478,549 dollars (17,392,745 francs).

Le pouvoir judiciaire, au plus haut degré de la juridiction, est exercé par une *supreme court* ou haute cour de justice, qui se compose du *chief justice* ou grand juge et de huit *associate justices* (assesseurs), nommés par le président avec la coopération du sénat. L'*attorney general* est chargé d'y remplir les fonctions du ministère public. Les séances de ce tribunal suprême, qui ne tient chaque année qu'une session, s'ouvrant le premier lundi de décembre, ont lieu à Washington, siége du gouvernement fédéral. Cette cour connaît de toutes les causes où l'État ou bien un ambassadeur étranger est partie, à l'exception des cas où l'État lui-même se trouve demandeur contre un citoyen ou bien contre ceux d'une puissance étrangère, cas auquel c'est à elle à désigner le juge compétent. Il lui appartient aussi de juger sur appel toutes les causes où l'intérêt en litige dépasse 200 dollars, et de décider les questions de droit douteuses. Sous cette cour suprême fonctionnent 35 *cours de district* comme tribunaux de première instance, dont une au moins doit exister dans chaque État, et dont il existe souvent plusieurs dans le même État. Elles tiennent chaque année au moins quatre sessions publiques, et connaissent de toutes les affaires civiles, d'amirauté et de commerce, et des causes entraînant arrestation et répression pénale. Les fonctions du ministère public y sont remplies par le procureur du district. Dans tous les procès criminels, des jurés prononcent sur le fait. La cour suprême tient une cour ce qu'on appelle des *circuit courts* (cours de circuit) ou sessions ambulantes; et dans ce but les États-Unis sont divisés en neuf *judicial circuits* (circuits judiciaires). Chacun de ces *circuits* est parcouru deux fois l'an par un membre de la cour suprême, désigné pour y rendre la justice conjointement avec les juges de district. Investi des mêmes droits que la cour dont il fait partie, il reçoit les appels dans les causes d'une importance de plus de 80 dollars, et prononce avec l'assistance de jurés sur les crimes, tandis que les simples délits restent de la compétence des cours de district. Le district de Columbia a une *local circuit-court* composée de trois juges particuliers. D'après les règles de droit généralement admises dans toute l'Union, le tribunal de chaque État prononce sur toutes les infractions à la loi commises sur le territoire de cet État, lorsque la constitution n'en a pas expressément réservé la connaissance à une *supreme court*. Toutes les fois qu'il y a conflit entre les tribunaux de l'Union et ceux des divers États, c'est au congrès qu'il appartient de prononcer. A l'exception de la Virginie, où un juge peut être révoqué sur la demande du corps législatif, les juges ne peuvent être révoqués qu'après procès et suivant les règles du droit commun. Les juges sont nommés de la manière la plus diverse et, suivant les États, tantôt par le corps législatif seul des États, tantôt par leur gouverneur, tantôt par l'un et l'autre conjointement. La durée de leurs fonctions varie aussi, suivant les États, de deux à sept années. Les juges de paix fonctionnent comme officiers de police judiciaire, de même que pour les procès civils d'importance minime. Ils sont nommés par les gouverneurs des différents États, mais ne peuvent être révoqués qu'à la suite d'une décision prise par l'assemblée législative de leur État. Leurs jugements sont rendus, dans certains États, en droit strict, et dans d'autres suivant les simples règles de l'équité. Ils constituent d'ailleurs, à bien dire, la seule autorité de police existant dans le pays, car les *regulators* (associations volontaires formées pour le maintien de la paix publique et pour la poursuite des crimes et délits), qui étaient autrefois si nombreux dans les États de l'Ouest, mais qui sont devenus bien plus rares aujourd'hui, n'ont point d'autorité publique et légale; leur pouvoir ne repose que sur le consentement commun mais tacite. Cette organisation de la police et l'aversion innée qu'aux États-Unis la population témoigne pour toute contrainte administrative et de police, ont pour résultat de donner dans les États de l'Union une large carrière aux malfaiteurs de toute espèce, qui n'ont nulle part d'aussi grandes facilités pour se dérober à l'action de la justice répressive. Les sources du droit en vigueur aux États-Unis, sont : les lois spéciales, et par conséquent les constitutions de l'Union et les constitutions particulières de chaque État; les traités conclus avec les puissances étrangères; le droit commun anglais, *common law*, en tant qu'il n'est pas contraire aux lois spéciales de l'Union ou des divers États; l'ancien droit français dans la Louisiane, et le droit espagnol dans la Floride sous les mêmes restrictions; les décisions rendues par la cour suprême; les principes généraux du droit naturel et du droit des gens. En général on peut dire qu'aux États-Unis la législation et la procédure civiles sont des plus incertaines, des plus embrouillées, et pleines d'arguties. De là l'importance des avocats, l'influence prépondérante qu'ils exercent partout; de là l'esprit de chicane qui domine dans toutes les causes soumises à l'appréciation de la justice. La justice criminelle, par suite de l'obligation qu'impose la loi de soumettre à des jurés toutes les causes entraînant une pénalité, est des plus simples, mais au total souvent fort insuffisante; et c'est son impuissance qui a donné lieu à l'espèce de justice sommaire, suivie immédiatement de la mise à mort du coupable, qu'on désigne sous le nom de loi de Lynch, *Lynch-law*.

Est citoyen des États-Unis quiconque est né dans l'un des états de l'Union ou s'y établit. Toutefois, il n'obtient les droits de citoyens actif qu'à la condition d'y résider depuis un certain nombre d'années, fixé le plus généralement à cinq. Il n'existe point aux États-Unis de différences de classes basées soit sur la naissance soit sur les emplois, de même que les titres de noblesse y sont inconnus. Sauf les esclaves, on n'y connaît que des citoyens ayant les mêmes droits et les mêmes devoirs. De même, le citoyen d'un État jouit dans tous les autres des mêmes droits et privilèges. Néanmoins, sous les rapports sociaux, il s'est constitué, surtout dans les États du Nord et plus encore dans les États à esclaves, une certaine aristocratie d'argent et de propriété qui fait toujours plus de progrès et qui devra finir par établir des différences sociales dans les rapports privés. La liberté de parler et la liberté de la presse, le droit du peuple de se réunir paisiblement et d'adresser au gouvernement des plaintes et des pétitions, sont des droits civils auxquels la puissance publique ne peut jamais porter atteinte. Tout citoyen contribue aux charges publiques proportionnellement à ses moyens; il a le droit de porter des armes; son domicile, ses papiers et ses effets ne peuvent être l'objet des perquisitions de l'autorité qu'en vertu d'un mandat de justice, et non par un ordre de police; et sa propriété ne peut jamais être confisquée. Les mêmes garanties sont accordées par la loi à la personne de tous les citoyens. Nul ne peut être arrêté autrement qu'en vertu d'un mandat délivré par le juge; nul n'est tenu de répondre à une accusation quand il n'est pas traduit devant le grand jury, à l'exception des temps où la chose publique est en péril et du service militaire que remplit la force civile. En temps de paix, aucun soldat ne peut être logé dans une maison sans l'assentiment du propriétaire, et en temps de guerre seulement d'après les règles prescrites par la loi. Nul n'est astreint à prendre du service dans l'armée permanente, laquelle ne se recrute qu'au moyen d'enrôlements volontaires; en revanche, tout citoyen des

États-Unis, à l'exception des prêtres, des instituteurs, des juges, des avocats et des matelots, est depuis l'âge de seize ans jusqu'à quarante-cinq, soumis à l'obligation de participer à la défense de la patrie, et dès lors de faire partie de la milice.

L'administration appartient soit aux différents États, chacun en ce qui le concerne, soit au gouvernement fédéral. Chaque État forme un tout particulier et indépendant, régi le plus généralement par une constitution ayant pour bases les principes du droit politique anglais, et est investi de la plénitude des droits de souveraineté, à l'exception de ceux que la constitution des États-Unis réserve au gouvernement central. Chaque État particulier, tout en dépendant de l'Union, n'en possède pas moins une puissance propre, aussi bien législative qu'exécutive et judiciaire, qui le met à même de maintenir le repos public, de protéger les personnes et les propriétés contre toute atteinte, et de contribuer à tout ce qui est de l'intérêt général. Mais aucun État n'a le droit de conclure des traités d'alliance, de délivrer des brevets, d'émettre du papier monnaie, de battre monnaie, de réglementer les poids et mesures, de surélever les droits de douane, de faire la guerre, sauf les cas d'attaques imprévues, ni de rendre des lois contraires au droit public de l'Union. Aucun d'eux ne peut entretenir un plus grand nombre de troupes et de vaisseaux de ligne que le congrès ne le permet; et quoique chaque État possède le droit de juridiction suprême en matières civile et criminelle, le pouvoir judiciaire institué par le gouvernement central n'en connaît pas moins non seulement de toutes les difficultés qui surgissent d'État à État, mais encore de toutes discussions que les citoyens d'un État peuvent avoir entre eux, comme aussi de tous les délits commis contre l'Union. La puissance législative, dans les différents États, est partout exercée par une assemblée législative, composée, elle aussi, d'un sénat et d'une chambre de représentants. L'élection des membres de l'assemblée législative, la durée de leurs fonctions et leurs rapports avec la puissance exécutive varient suivant la constitution des divers États, mais au total sont analogues aux prescriptions de la constitution fédérale. La puissance exécutive dans tous les États est exercée par un gouverneur librement élu, dont la durée des fonctions et le traitement varient également suivant les États, et auquel sont le plus souvent adjoints aussi un vice-gouverneur et un conseil choisis d'ordinaire parmi les sénateurs. Les cours de justice des divers États sont également le produit de l'élection.

L'administration publique, en tant qu'émanant du pouvoir fédéral, se borne aux relations avec les puissances étrangères, à la direction de l'armée, de la marine, des postes et des finances. Les rapports avec les puissances étrangères ont lieu par l'intermédiaire de ministres plénipotentiaires, de ministres résidents, de consuls et d'agents commerciaux que l'Union entretient dans tous les pays avec lesquels elle a des relations politiques ou commerciales. Elle n'a en ce moment des ministres plénipotentiaires, dont chacun reçoit un traitement de 9000 dollars (45,000 fr.), qu'à Londres, à Paris, à Berlin, à Saint-Pétersbourg, à Madrid et à Rio Janeiro. Le département des affaires étrangères figurait au budget de 1852 pour 6,217,170 dollars.

La marine se composait en octobre 1852 de onze vaisseaux de ligne (dont 1 de 120 et 10 de 74), d'un vaisseau de ligne rasé de 54 canons, de 12 frégates de 44 et de deux frégates de 36, de 16 corvettes de 20, d'une *idem* de 18, de 4 *idem* de 16, de 4 bricks de 10, de 3 schooners, de 5 frégates à vapeur portant 30 canons, de 4 vapeurs de 1ʳᵉ classe portant 17 canons, de 5 bâtiments de transport et bricks avec 24 canons, et de 5 vaisseaux à bombes; total : 75 bâtiments portant 2035 canons. Cette flotte était commandée par 68 capitaines, 97 *commodores* et 325 lieutenants de vaisseau. Le département de la marine était inscrit au budget de 1852 pour une somme de 8,087,797 dollars.

L'armée de terre, qui ne se recrute que par voie d'enrôlements volontaires, se composait en 1852 d'un corps d'ingénieurs, de 2 régiments de dragons et d'un régiment de fusiliers à cheval, de 4 régiments d'artillerie, de 8 régiments d'infanterie, et présentait un effectif total de 10,129 hommes, savoir 896 officiers commissionnés et 9,233 officiers non commissionnés, musiciens, artilleurs et soldats. L'armée est commandée par six généraux-*majors*, dont l'un porte le titre de général commandant en chef (c'est aujourd'hui le général Winfield Scott), et par seize généraux de brigade, dont six volontaires. L'état-major se compose d'un adjudant général, de deux sous-adjudants généraux et de deux inspecteurs généraux de l'armée. A la même époque la milice se composait de 76,929 officiers commissionnés, (dont plus de 700 généraux) et de 2,124,953 officiers non commissionnés, musiciens et simples soldats. L'armée permanente est principalement employée à tenir garnison dans les forts élevés sur la frontière de l'ouest, au nombre de 30 environ, contre les irruptions des Indiens; son service est dès lors des plus pénibles en même temps que des plus ennuyeux. L'Union ne possède pas de forteresses proprement dites, bien que tous ses ports de quelque importance soient défendus par des fortifications. Le département de la guerre figurait au budget de 1852 pour 11 811,792 dollars.

Le budget général proposé au congrès pour 1853-1854 évaluait les recettes probables, y compris les excédants des années précédentes, à 56,572,079 dollars, et la dépense totale à 46,203,756 d. L'excédant présumé au 1ᵉʳ juillet 1854 devait donc être de 10,368,325 d. La dette publique au 20 novembre 1851, était de 62,560,395 d. Dans ce chiffre n'étaient point comprises les dettes particulières des divers États, s'élevant ensemble à 169,076,638 dollars.

L'agriculture est la base principale de la prospérité des États-Unis. Toute terre qui n'appartient point à des particuliers ou aux divers États fait partie du domaine de l'Union, laquelle, à l'exception du district de Columbia, des forts, fortifications, arsenaux, etc., ne possède point de propriétés foncières dans le territoire particulier des différents États. Les terres du domaine public sont ordinairement désignées sous le nom de *terres du congrès*. Celui-ci en a réglementé la vente par une loi, et a décidé du mode à suivre par le gouvernement fédéral pour ces aliénations. Aux termes de cette loi, ces terres ont été exactement mesurées aux frais du gouvernement fédéral, et divisées en *townships*, ou territoires de villes composés chacun d'une superficie de 36 milles anglais carrés, et ceux-ci subdivisés à leur tour en sections d'un mille anglais carré ou 640 acres. Deux fois l'an on procède à des ventes de terre, sur la mise à prix d'un dollar par acre. Le mouvement de colonisation continue sans interruption, grâce aux incessantes arrivées d'émigrants qui abandonnent la vieille Europe pour aller se faire une nouvelle patrie sur cette terre par excellence de la liberté civile et religieuse, grâce surtout à l'inquiète activité, à l'esprit de spéculation et d'aventure qui sont le propre de la race anglo-américaine, et qui créent aux États-Unis une classe toute particulière d'individus, qu'on pourrait appeler les *éclaireurs de la civilisation;* hommes dont l'industrie consiste à faire tomber sous leur hache les arbres des forêts séculaires, à en mettre le sol vierge en état de recevoir la charrue, à le vendre aussitôt après aux nouveaux arrivants d'Europe, et à aller ainsi toujours en avant sans jamais s'arrêter dans leur œuvre de destruction. On les désigne généralement sous le nom de *pionniers*, ou encore sous celui de *backwoodsmen*. Ce sont pour la plupart de hardis et aventureux chasseurs, qui, par répugnance pour toute vie régulière, s'enfoncent dans les forêts, où ils se trouvent en lutte constante contre les éléments, contre les Indiens et contre les bêtes féroces, mais où ils vivent dans une indépendance illimitée; ce sont de sauvages conquérants, qui ne reconnaissent d'autre droit que la force, et participent aussi du braconnier, d'où le surnom de *trappers* qu'on leur donne quelquefois. Quand ils ont pratiqué de premières éclaircies dans une forêt vierge, et trouvé des emplacements propres à recevoir des colons fixes, ils sont remplacés par des *squatters*, hommes qui font métier de compléter le défrichement, de mettre le sol en état de recevoir la charrue, qui lui confient pour la première fois des semences, et qui alors le revendent aux colons, pour s'en aller suivre les *backwoodsmen*, sur quelque autre point et recommencer la même besogne. Les *squatters*, eux aussi, sont des hommes le plus souvent grossiers et indisciplinés, qui ne reconnaissent non plus d'autre loi que la force, natures énergiques avant tout et comme il en faut là où n'existe et ne saurait exister aucune espèce d'ordre légal. Après eux, viennent les colons fixes, qui construisent des fermes régulières, se rassemblent en hameaux et en villages, puis qui finissent par fonder des villes, lesquelles deviennent à leur tour de petits foyers d'industrie et de civilisation, jusqu'à ce que la contrée nouvelle puisse, en raison du nombre d'habitants qu'elle renferme, prétendre à former un État et à être admise à ce titre dans l'Union. C'est ainsi que l'énergique et intelligente population des États-Unis est parvenue, après avoir triomphé d'obstacles qui eussent été insurmontables pour toute autre, à transformer par une espèce de miracle des territoires naguère encore incultes et déserts, des marais et des forêts vierges, en magnifiques terres à céréales produisant les plus riches moissons, couvertes d'admirables plantations; et dans l'accomplissement de cette œuvre prodigieuse, elle a acquis une énergie, une résolution, une assurance de caractère, qui la rendraient propre aux entreprises les plus nobles, si son incessante activité avait d'autres mobiles que l'égoïsme et une inextinguible soif de lucre.

On comprend, par ce que nous venons de dire, que l'agriculture doit être la grande industrie des populations américaines. Toutes les espèces de céréales et de fruits particulières à l'Europe ont été acclimatées en Amérique. Le froment est le principal produit des États du nord et du centre, et constitue, avec la farine obtenue au moyen de moulins d'une rare perfection, leur plus important article d'exportation. Le maïs est cultivé dans les États du centre et surtout dans ceux du sud ; le riz dans les deux Carolines ; le tabac dans les États du sud, notamment dans la Louisiane et encore en Virginie, mais moins que par le passé, attendu que le sol de cet État commence à s'épuiser. Le coton constitue d'ailleurs le plus avantageux des articles d'exportation des États-Unis ; on le cultive dans tous les États du sud, notamment dans la Georgie, l'Alabama, le Mississipi, la Louisiane et le Texas, où la culture en est large, que la production de cet article aux États-Unis pourrait suffire à alimenter la plupart des marchés du globe. La canne à sucre, qu'on cultive déjà dans l'Arkansas, réussit admirablement dans la Louisiane et le Texas. La culture de l'indigo commence dans le Kentucky, et va toujours en prenant plus d'importance à mesure qu'on avance vers le sud ; cependant sa production et celle du sucre ne vont guère au delà des besoins de la consommation locale. Les fruits de la zone tempérée et de la zone tropicale réussissent parfaitement aux États-Unis toutes les fois qu'on les y cultive dans des circonstances favorables. La vigne seule s'est montrée rebelle ; aussi a-t-on fini presque partout par en abandonner la culture. Le lin et le chanvre donnent de beaux produits. On peut dire d'une manière générale que toutes les branches de l'agriculture se trouvent dans la plus florissante prospérité aux États-Unis. Que si un sol presque vierge et la valeur moindre de la terre permettent de se passer des procédés plus rationnels des méthodes usitées en Europe, les progrès que l'agriculture a pu faire dans l'ancien monde n'ont pas laissé d'y être mis à profit ; et sous ce rapport les États riverains de l'Atlantique ont dû naturellement être les premiers à donner l'exemple. L'élève du bétail comprend toutes les espèces d'animaux domestiques propres à l'Europe, et a pour centre principal les États du nord. La culture de la soie, entreprise sur quelques points, n'a jusqu'à ce jour donné que des produits insignifiants. La pêche, en revanche, constitue, pour les riverains de l'Atlantique surtout, une importante industrie ; et les baleiniers américains, qui fréquentent plus particulièrement aujourd'hui les eaux du grand Océan, sont plus nombreux que ceux de toutes les autres nations réunies.

Les forêts immenses de l'Amérique constituent encore une autre source importante de richesses, et leur exploitation, en provoquant à la production d'une foule d'objets qui entrent dans la consommation générale, donne lieu à un mouvement commercial des plus considérables. En fait de richesses minérales, nous mentionnerons d'inépuisables gisements houillers, du sel, du plomb, du fer, du cuivre, et surtout l'or de la Californie, quoiqu'on en trouve aussi en Virginie, dans les deux Carolines, dans la Georgie, dans le Tenessee, et dans l'Alabama, mais dans d'imperceptibles proportions, en comparaison de l'*Eldorado* moderne.

L'industrie manufacturière en tous genres a pris les plus rapides et les plus larges développements aux États-Unis ; et le temps n'est pas loin où sous ce rapport l'Union n'aura rien à demander à l'Europe. Elle a naturellement pour centres les États les plus peuplés, par conséquent le Massachusetts, Rhode-Island, le New-York, le New-Jersey, la Delaware, la Pensylvanie et l'Ohio. Les principaux articles de la fabrication nationale sont les cotonnades, les articles en fer et fonte, les suifs, les savons, les tabacs à priser et à fumer, les sucres raffinés, les peaux brutes et les cuirs ouvrés, etc. On jugera de l'importance du mouvement industriel et commercial auquel donnent lieu ces divers produits par le chiffre résumant pour l'année 1851 ce qu'on appelle la *balance commerciale* des États-Unis. Leurs importations s'étaient élevées cette année-là à 216,224,932 dollars (un *milliard* 81,224,660 francs) et leurs exportations à 218,388,011 dollars. Un gigantesque réseau de chemins de fer ajoute encore aux éléments de vitalité et de prospérité du commerce intérieur. Les ports les plus importants des États-Unis sont New-York, la Nouvelle-Orléans, Boston, Philadelphie, Baltimore, Charlestown, Norfolk, Salem, Newbury-Port, Portland, Portsmouth, New-Bedford et Perth-Amboy ; et les villes les plus commerçantes de l'intérieur : Albany, Troy, Utica, Rochester, Buffalo, Cleveland sur le lac Érié, Patterson, Pittsbourg, Lancaster, Richmond, Cincinnati, Louisville, Saint-Louis, etc. Parmi les grandes villes de l'Union, il y en a cinq ayant plus de 100,000 habitants : New-York, Philadelphie, Baltimore, Boston et la Nouvelle-Orléans, trois avec plus de 50,000 : Brooklyn, Cincinnati et Albany, etc.

On aura une idée de l'accroissement prodigieux pris sur quelques points par la population, en songeant que New-York, qui en 1850 avait plus de 650,000 habitants, n'en comptait encore en 1800 que 63,000 ; Philadelphie, au lieu de 450,000, n'en avait que 70,000 ; Baltimore, au lieu de 190,000, seulement 26,000, etc. Cet accroissement, général de la population, fait d'ailleurs surgir à chaque instant de nouvelles villes dans tous les États de l'Union. Ce n'est pas tout que de fonder une ville, il faut encore lui imposer un nom. Et sous ce rapport, les Américains ne font pas grands frais d'imagination. Les grandes villes de l'Europe et de l'antiquité, les hommes illustres, les héros de l'indépendance, le vocabulaire républicain, leur fournissent une série de noms assez restreinte dans laquelle ils choisissent invariablement, sans s'inquiéter si on les a déjà employés. Cette indifférence explique comment on compte aujourd'hui dans l'Union 150 Washington, 116 Franklin, 95 Liberty ou Libertyville, 26 Indépendance, 24 Lexington, 42 Milton, 48 Middletown ou Middleton, 23 Charlestown, 15 Carthage, 13 Utica, 22 Paris, 21 Rome, 8 Londres, 7 Napoléon, 6 Jérusalem, 23 Troy, 7 Byron, 6 Caire, 23 Clinton, 24 Columbia, etc. L'usage s'est même introduit depuis quelques années de baptiser les nouvelles villes du nom des personnages vivants qui occupent à un titre quelconque une position éminente dans l'Union.

Histoire.—

C'est grâce à l'essor pris au commencement du dix-septième siècle par le génie national du peuple britannique, que l'immense territoire formant aujourd'hui les États-

Unis, occupe une place si importante dans l'histoire de la civilisation. Lorsque Cabot, Drake, Frobisher et autres hardis navigateurs, eurent reconnu et exploré la côte de l'Amérique septentrionale, les Anglais, appréciant toute l'importance des colonies fondées par les Espagnols dans le Nouveau Monde, comprirent que par delà l'océan Atlantique il devait y avoir aussi d'incalculables éléments de puissance et de grandeur pour leur pays, en même temps que les simples particuliers y rencontreraient une source féconde de richesses et des garanties certaines d'indépendance politique et de liberté religieuse. Dès le règne d'Élisabeth, de cette *reine Vierge* en l'honneur de qui la côte nord-ouest de l'Amérique fut appelée *virginie*, deux hommes d'un caractère hardi et entreprenant, Humphrey Gilbert et son frère utérin Walter Raleigh, tentèrent plusieurs fois de fonder des établissements dans ces contrées ; et l'île Roanoke, sur la côte du pays qu'on appelle aujourd'hui la Caroline du nord, fut le théâtre de ces premiers essais de colonisation qui échouèrent, et à cause de l'exiguïté des ressources dont disposaient les chefs et parce que les colons manquaient des qualités nécessaires pour de telles entreprises. A la mort d'Élisabeth, un ecclésiastique du nom d'Hakluyt parvint à fonder une association de riches gentilshommes et négociants destinée à venir en aide à de nouvelles expéditions. Jacques Ier favorisa la réalisation du projet, d'abord parce qu'il espéra qu'elle lui ferait gagner de l'argent, et ensuite parce qu'il y vit un moyen facile de se débarrasser de quelques individus dont l'esprit turbulent le gênait. En avril 1606, il fit deux parts égales de l'étendue des côtes de l'Amérique comprise entre le 34° et le 46° de latitude septentrionale, et en gratifia deux compagnies de commerce, qu'il chargea de les coloniser et de les exploiter. L'une de ces compagnies, qui se forma à Londres, eut pour lot la partie méridionale, s'étendant du 34° au 40°, et qui conserva la dénomination de *Virginie*. L'autre compagnie, qui se constitua à Plymouth, obtint en partage le territoire situé entre le 40° et le 46°, et auquel, en l'honneur du prince de Galles, on donna le nom de *Nouvelle Angleterre*. Personne d'ailleurs ne connaissait la valeur non plus que la nature des contrées objet de ces royales concessions ; on ne savait pas davantage jusqu'à quel point elles s'étendaient à l'ouest, et on n'avait aucune espèce de renseignements sur le caractère des Indiens errant au milieu des épaisses forêts dont elles étaient presque partout couvertes. La charte, en date du 2 novembre 1606, qui concéda la Virginie à la Compagnie de Londres, à titre de propriété privée, garantissait aux émigrants, *sujets* de la compagnie, l'exercice de tous les droits de citoyens anglais et libres, et les exemptait pendant sept années de toute espèce de taxe sur les objets, de quelque nature que ce fût, qu'ils feraient venir d'Angleterre. Ils étaient autorisés à se défendre eux-mêmes contre toute attaque extérieure et à commercer librement avec les nations étrangères. La constitution octroyée aux colons par Jacques Ier répondait d'ailleurs assez peu à ce que des Anglais libres pouvaient attendre. Sans doute la législation anglaise et le jugement par jury les suivait jusqu'en Virginie ; mais la direction suprême de la colonie, le droit de la doter des lois que pouvaient réclamer les circonstances, demeuraient réservés à un grand conseil siégeant à Londres ; et c'est aussi la couronne qui nommait les membres du petit conseil, investi dans la colonie du droit de juridiction inférieure.

Dès le mois de décembre 1606 la Compagnie de Londres expédia en Virginie un premier envoi de cent cinq émigrants, à la destination de l'île de Roanoke ; mais le hasard les conduisit dans la baie de Chesapeak, où, sur les bords du James, ils fondèrent *Jamestown*. Malgré l'arrivée de divers autres transports d'émigrants, la colonie naissante faillit maintes fois périr des suites des discordes intestines auxquelles elle fut en proie et des luttes acharnées que les colons eurent à soutenir contre les Indiens, sans compter le manque de vivres provenant de ce qu'au lieu de cultiver la terre les colons s'obstinaient à courir à la recherche des métaux précieux. En mai 1609, Jacques Ier, pour encourager l'esprit d'émigration et de colonisation, octroya à la Compagnie de Londres des priviléges plus étendus. Le petit conseil fut supprimé, et désormais ce fut aux membres mêmes de la Compagnie que revint le soin de composer le grand conseil, par voie d'élection. Toutefois, un gouverneur au nom du roi dut exercer dans la colonie la puissance exécutive ; et on imposa à la Compagnie l'obligation de verser dans les caisses de la couronne la cinquième partie de tous les métaux précieux qu'elle trouverait en Virginie. Tout colon était tenu en outre de prêter le serment de suprématie, et par conséquent faire acte patent d'adhésion à l'Église épiscopale. Ces modifications à l'acte constitutif de la Société de Londres furent bien accueillies en Angleterre par l'opinion ; et les adhésions nouvelles d'un grand nombre de personnages riches et distingués fournirent à cette Compagnie les moyens d'expédier dans la colonie beaucoup d'autres envois d'émigrants.

Pour mettre un terme à l'anarchie qui n'avait pas cessé d'y régner, sir Thomas Dale, qui en 1611 obtint le gouvernement de la Virginie, fut autorisé à y appliquer les dispositions de la loi martiale. Dale usa avec modération de ses pouvoirs, et sous son administration la colonie commença pour la première fois à prospérer. Il guerroya contre les Indiens, et, dans l'intérêt de l'Angleterre, ravagea ou détruisit les établissements des Français au Canada et des Hollandais sur l'Hudson. Jusque alors les émigrants de la Virginie avaient cultivé la terre en commun et vécu en communauté de biens. Le gouverneur décida la Compagnie à accorder à chaque planteur une certaine étendue de terre en toute propriété. Cette introduction de la propriété privée dans la colonie changea comme par enchantement l'état misérable dans lequel elle avait langui jusqu'alors, et remplaça la pauvreté de tous par l'ardeur universelle au travail, ainsi que par la surabondance des produits et de tous les objets nécessaires à la vie. La culture du tabac, objet d'un commerce important avec la mère-patrie, prit surtout de rapides et vastes développements.

A la mort de Dale, arrivée en 1619, ce fut un homme non moins distingué, sir George Yardeley, qu'on désigna pour le remplacer. Il arriva suivi d'un transport de jeunes filles pauvres et de mœurs irréprochables, avec lesquelles la vie de famille et les vertus qu'elle implique s'introduisirent en Virginie. C'est de ces femmes que descend en grande partie la population actuelle de la Virginie. Jusqu'alors le sort de la colonie avait dépendu complétement de l'administration militaire du gouverneur et des ordres despotiques du grand conseil de la Compagnie. Les progrès toujours croissants de la moralité et du bien-être dans le jeune État avaient fait naître le désir d'une meilleure constitution. Enfin, en 1619, le gouverneur, avec l'autorisation de la Compagnie, convoqua à Jamestown un congrès colonial où chacune des onze localités entre lesquelles s'étaient répartis les deux mille colons ; et le 21 juillet 1621 cette assemblée introduisit une nouvelle constitution, à laquelle le grand conseil donna son agrément. Aux termes de cette constitution, la puissance exécutive était désormais exercée par un conseil d'État composé de dix-neuf planteurs notables, à la nomination de la Compagnie, et présidé par le gouverneur. Ce conseil d'État formait en outre, conjointement avec les députés, le congrès colonial chargé de délibérer sur les lois que confirmait le conseil siégeant à Londres. Quelque limitées que fussent encore ces libertés, elles exercèrent cependant bientôt la plus favorable influence sur les progrès de la colonie. La culture du tabac y prit une extension de plus en plus considérable, de même que l'usage de cette plante en Angleterre ; circonstance qui pour la première fois amena de la mésintelligence entre la Compagnie et Jacques Ier. Appréciant fort peu les jouissances quasi-intellectuelles que procure ce narcotique, le monarque anglais écrivit des livres exprès contre l'usage de fumer et de priser qu'adoptaient ses sujets.

Les empiétements successifs sur le territoire que les naturels s'étaient réservé, empiétements nécessités par les dévoloppements incessants de la culture du tabac, amenèrent de nouvelles luttes contre les Indiens. Ceux-ci formèrent alors le projet d'exterminer tous les envahisseurs, et le 22 mai 1622 ils massacrèrent à l'improviste treize mille colons de tout âge et de tout sexe. C'est de ce jour néfaste que date l'impitoyable guerre d'extermination entreprise contre les indigènes. Les différends qui éclatèrent à cette même époque entre la cour et la nation réagirent immédiatement sur le sort de la colonie. Parmi les membres de la Compagnie de Londres, il se trouvait un grand nombre d'adversaires puissants de la cour; aussi, en 1623, Jacques 1er, attribuant à la Compagnie toutes les calamités qui avaient frappé la colonie, supprima-t-il la nouvelle constitution et ordonna-t-il que la gestion de la Compagnie serait l'objet d'une enquête judiciaire. Quoiqu'elle eût déjà dépensé au delà de 150,000 liv. sterl. et transporté plus de neuf mille colons, un arrêt rendu en juin 1624 par la cour du Banc du roi, en prononça la dissolution et lui enleva sans indemnité aucune tous ses droits et priviléges. Quelque révoltant que fût cet abus de pouvoir, et si la Compagnie se trouva indignement dépouillée, toujours est-il que la colonie en profita, parce que les chaînes que les rapports de féodalité lui imposaient à l'égard des concessionnaires propriétaires primitifs se trouvèrent ainsi brisées. Jacques 1er mourut en 1625, avant qu'un nouvel ordre de choses eût pu être établi en Virginie. Charles 1er, son successeur, déclara la Virginie *province royale*, c'est-à-dire qu'il sa soumit à son autorité immédiate; d'ailleurs, il confirma aux colons tous leurs droits de possession. L'administration de la colonie reçut alors un grand conseil, qui ne put agir que sur les ordres directs du roi, comme le petit conseil d'après ceux du gouverneur. En même temps Charles 1er mit le commerce du tabac au nombre des droits de la couronne; mesure qui lui permit de fixer arbitrairement et à son très-grand avantage le prix de ce produit.

Yardeley fut remplacé dans ses fonctions de gouverneur par sir John Harvey, qui outra encore la politique despotique des Stuarts. Les Virginiens ressentirent d'autant plus vivement l'oppression, qu'à côté d'eux s'était développée beaucoup plus heureusement une autre colonie, objet de bien plus de faveurs de la part de la couronne.

En 1629, l'Irlandais Georges Calvert, lord Baltimore, converti au catholicisme, résolut d'offrir un asile dans l'Amérique septentrionale à ses coreligionnaires, cruellement opprimés en Angleterre. Comme en Virginie l'Église épiscopale était l'Église dominante, il visita la baie Chesapeak, reconnut toute la côte au nord du Potomac, et où déjà s'étaient établis un grand nombre d'Anglais qui faisaient le commerce des pelleteries, était très-favorable à la création d'un nouvel établissement, et sollicita du roi la concession de ce district. Quoique aux termes de la charte délivrée à l'ancienne Compagnie de Londres, le territoire du Potomac fit encore partie de la Virginie, Charles 1er lui accorda sa demande, parce que la dissolution de cette société l'investissait du droit de fixer seul les délimitations de la concession primitive. Lord Baltimore, qui se mit au lieu et place de son père, mort sur ces entrefaites, obtint du roi, en 1632, des lettres patentes qui lui concédaient à titre de propriété héréditaire la partie septentrionale de la Virginie située au nord du Potomac. Il était investi des droits de souveraineté à l'égard de la population future de cette fertile contrée, qui, en l'honneur de la reine, reçut le nom de *Maryland*, à la charge par lui de reconnaître chaque année la suzeraineté de l'Angleterre, et de verser au trésor royal la cinquième partie de tous les métaux précieux qu'il rencontrerait. Quoique le propriétaire eût en certaines circonstances le droit de faire la guerre et de retirer les priviléges déjà accordés, les lettres patentes exprimaient le vœu qu'il administrât le pays conformément à l'esprit de la constitution anglaise, que les lois qu'il établirait eussent été préalablement délibérées dans un congrès colonial, et qu'il ne prélevât pas d'autres impôts que des droits modérés de tonnage et de navigation. Dès la fin de l'année 1633 le frère du propriétaire héréditaire, Léonard Calvert, arriva avec 200 catholiques dans le Maryland, où il fonda la ville de Saint-Mary, à deux myriamètres environ de l'embouchure du Potomac. Les premiers colons y vécurent d'abord comme eussent fait les membres d'une seule et même famille. Baltimore fit de ses droits l'usage le plus sage et le plus désintéressé, de sorte qu'on vit bientôt arriver dans la nouvelle colonie des masses d'émigrants de toutes les confessions.

En 1635 il accorda la plus entière égalité de droits à toutes les Églises chrétiennes, concéda à chaque nouvel arrivant un lot de terre de cinquante acres, et dès 1636 il convoqua le premier congrès colonial.

Tandis que le Maryland prospérait rapidement sous la paternelle autorité de Baltimore, la colonie voisine, la Virginie, souffrait cruellement sous la verge de fer du gouverneur Harvey, qui ne fut rappelé qu'en 1640, à l'époque où le Long Parlement commença à battre en brèche le pouvoir arbitraire de Charles 1er. Un nouveau gouverneur, sir William Berkley, qui arriva à Jamestown en 1641 muni de pleins pouvoirs, s'empressa de guérir les plaies de la colonie, et, à l'exemple du Maryland, y établit tout aussitôt un congrès colonial chargé d'exercer désormais la puissance législative d'accord avec le gouverneur. À partir de ce moment, les progrès de la Virginie furent des plus rapides; et dix ans après, sa population atteignait déjà le chiffre de 20,000 âmes. Après la supplice de Charles 1er et la transformation de la mère-patrie en république, Baltimore et Berkley réussirent l'un et l'autre à conserver leurs colonies à la cause royale. À cette occasion, les dissentiments les plus violents éclatèrent entre les puritains, qui partageaient les idées républicaines et dont un très-grand nombre étaient récemment venus se fixer dans la colonie, et les catholiques, dévoués à la monarchie. Le protecteur Cromwell finit par interdire toute relation avec les colonies rebelles et par y envoyer une forte escadre, sous les ordres de lord Ayscue, pour les forcer à se soumettre à la république. La Virginie obéit aussitôt, et en fut récompensée par la garantie de ses limites et de sa constitution. Toutefois, les Virginiens durent, moyennant indemnité, livrer leurs armes et renoncer à la liturgie de l'Église épiscopale ainsi qu'à tout ce qui rappelait la royauté. Déchiré par des partis intérieurs, le Maryland dut finir par reconnaître la république. Les querelles intestines ne cessant pas, Cromwell, en 1654, enleva à lord Baltimore, petit-fils du premier concessionnaire, son droit de propriété, tout en laissant à la colonie sa constitution. Comme toutes les colonies anglaises en général, la Virginie éprouva un notable préjudice de la mise en vigueur de *l'acte de navigation*, rendu par Cromwell dans la vue de détruire le commerce des Hollandais, et qui disposait que les produits étrangers ne pourraient à l'avenir être introduits dans les ports de la Grande-Bretagne que sous pavillon anglais. Les colonies, ne possédant qu'un très-petit nombre de navires, se trouvèrent dès lors à la complète discrétion des marchands anglais, tant pour l'acquisition des objets nécessaires à leur consommation que pour le transport de leurs produits. Ces entraves pesaient si cruellement sur la société et sur le commerce de la Virginie, qu'en 1659 cette colonie, secouant le joug de la république, rétablit de sa propre autorité Berkley dans les fonctions de gouverneur. La restauration du pouvoir royal dans la mère-patrie sauva les rebelles des suites que ce coup de tête eût pu avoir pour eux.

Le Maryland, qui au moment de la restauration de 1660, comptait 16,000 habitants, fut restitué par Charles II à lord Baltimore, comme sa propriété particulière. Mais ce prince, loin de se montrer aussi reconnaissant à l'égard de la Virginie, la traita en ennemi. En effet en 1663 il concéda au comte Clarendon et à sept autres seigneurs anglais toute l'étendue de côtes comprise au sud entre le 46e et le 31e de latitude, pour y fonder une nouvelle colonie. C'était enlever à la Virginie le tiers du territoire que la république lui avait encore solennellement garanti quelques années auparavant. Charles II n'avait d'ailleurs aucune espèce de droits à la souveraineté du territoire situé au sud de la Virginie, jusqu'au 31°. Toute cette côte avait été découverte en 1512 par les Espagnols. En 1562 l'amiral français Coligny y avait fondé une colonie pour ses coreligionnaires persécutés en France, et, en l'honneur de Charles IX, il lui avait donné le nom de *Caroline*. Mais dès 1565 elle fut envahie par une bande d'Espagnols, qui massacrèrent les hérétiques français et prirent possession du pays ; peu de temps après, les Français leur rendaient la pareille. Déjà, sous le règne de Charles 1er, des Anglais faisaient le commerce des pelleteries et quelques colons s'étaient établis dans ces contrées désertes, où Clarendon et ses coassociés les rencontrèrent. A partir de 1669, et dans des circonstances favorables, Clarendon ouvrit à l'émigration catholique et puritaine, l'accès de la nouvelle colonie, qui conserva son antique dénomination de Caroline. Charles II ayant laissé les concessionnaires complètement maîtres d'y faire ce que bon leur semblerait, ils y établirent une constitution, œuvre du célèbre philosophe Locke, lequel y avait admis une noblesse héréditaire, des palatins, des magnats et toutes les formes surannées de l'aristocratie. Grâce à cette belle constitution, la Caroline fut jusqu'à la révolution de 1688 le théâtre de l'oppression la plus cruelle et quelquefois des scènes les plus sanglantes. A la restauration, le parlement et la cour crurent trouver dans l'*acte de navigation* le seul moyen d'assurer la prospérité publique et de rattacher d'une manière indissoluble les colonies à la mère-patrie. L'*acte de navigation* fut donc non-seulement maintenu, au vif désappointement des colons, mais une résolution du parlement en aggrava encore les dispositions en 1683. Ainsi, tous les produits des colonies destinés à la consommation étrangère durent désormais être conduits d'abord dans les ports d'Angleterre et expédiés de là à destination, de même que les colonies durent tirer directement d'Angleterre tous les objets nécessaires à leur consommation. La prospérité de la Virginie en souffrit singulièrement. A la dépréciation de son tabac et de ses autres produits se joignit la démoralisation propagée dans la population par le commerce de contrebande, qui se fit dès lors avec une audace sans exemple sur toutes les côtes de l'Amérique du Nord. Enfin, en 1675, éclata en Virginie, sous les ordres d'un nommé Bacon, une insurrection qui promena partout le fer et le feu. On réussit, il est vrai, à la comprimer ; mais le mécontentement et l'aversion des colonies méridionales pour le gouvernement de la mère patrie durèrent jusqu'à la chute des Stuarts.

A l'époque où avait commencé la colonisation de la Virginie, la Compagnie de Plymouth avait également pris ses dispositions pour cultiver et exploiter le territoire s'étendant entre le 40° et le 60°, ou Nouvelle-Angleterre, objet de sa concession. Mais ses efforts échouèrent faute de capitaux suffisants et aussi à cause de l'hostilité des Indiens ; de telle sorte qu'à partir de 1620 la Compagnie se borna au commerce des pelleteries et à la pêche.

La résolution de se créer un asile en Amérique, prise par une colonie de puritains émigrés dix années auparavant d'Angleterre en Hollande fut l'origine du premier établissement qui se fonda dans le nord. Cette communauté partit de Southampton en 1620 avec l'intention de se rendre en Virginie ; mais soit méprise, soit trahison, elle arriva le 11 novembre au cap Cod, situé dans le territoire de la Compagnie de Plymouth. On débarqua cependant tout aussitôt, et on s'établit dans un endroit du Massachusetts actuel auquel on donna le nom de New-Plymouth. Les nouveaux colons, en proie aux plus cruelles privations et obligés en même temps de soutenir une lutte incessante avec les Indiens, fondèrent une communauté indépendante, qui avait la prétention de ressembler à la première commune chrétienne de Jérusalem. A l'origine ils y vécurent sous l'empire de la communauté de biens ; mais dès 1627 la misère et la famine les contraignaient à adopter le principe de la propriété individuelle.

L'ancienne Compagnie de Plymouth ayant laissé périmer ses droits, Jacques 1er, par lettres patentes en date du 3 mai 1620 fonda, sous la dénomination de *conseil pour les affaires de la Nouvelle-Angleterre*, une compagnie nouvelle, déclarée propriétaire de toute la côte de l'Amérique du Nord depuis le 40° jusqu'au 48° de latitude septentrionale. Cette compagnie n'hésita point à confirmer aux puritains de New-Plymouth la propriété du territoire dont ils étaient en possession. En 1626 une autre association de Puritains acheta à la Compagnie une certaine étendue de territoire, où elle fonda la ville de Salem sur un promontoire de la baie de Massachusetts. Malgré sa répugnance pour les puritains, Charles 1er consentit en 1628 à accorder aux colons de Salem des lettres patentes contenant l'octroi des droits et privilèges accoutumés, sauf la liberté religieuse. Malgré cette restriction, les puritains s'empressèrent d'établir dans la colonie nouvelle l'église de la Perfection ; mais la morgue cléricale, le fanatisme religieux et la tyrannie théologique, ne tardèrent point à provoquer parmi les colons les plus violentes discordes. Secondée dans ses tendances à l'indépendance par les troubles politiques dont la mère patrie était le théâtre, la colonie de New-Plymouth n'en prit pas moins un rapide essor. Ce n'étaient plus seulement des puritains, mais encore des mécontents politiques de toutes espèces (*voyez* GRANDE-BRETAGNE) qui venaient s'y réfugier ; et dans la seule année 1630 dix-sept bâtiments y amenèrent 1,500 émigrants. Les ravages effrayants faits par la petite vérole parmi les Indiens favorisèrent d'ailleurs l'extension des colons. Ils fondèrent Boston, qui avec son excellent port fut bientôt considéré comme le chef-lieu de la colonie, ainsi que quelques autres centres de population parvenus en peu de temps à une grande prospérité. En 1634 se tint le premier congrès colonial, qui, d'accord avec le gouverneur royal et ses subordonnés, exerça la puissance législative, établit des impôts, et opéra le partage des terres de l'intérieur de la colonie, qui reçut le nom de Massachusetts. Peu après leur premier établissement, les colons avaient de leur propre autorité annulé les rapports de féodalité qui les rattachaient au *conseil pour les affaires de la Nouvelle-Angleterre*. En 1635 cette compagnie, qui faisait de très-mauvaises affaires, rendit à Charles 1er les lettres patentes qui lui accordaient des droits de souveraineté, et conserva seulement la propriété du sol, que ses membres se partagèrent entre eux. Cette importante transformation eut pour résultat de faire du New-Plymouth une colonie indépendante, tandis que ce n'était auparavant qu'une propriété appartenant à une association particulière, et ensuite d'affranchir de toute espèce de rapports de féodalité quelconques les ventes ultérieures de terrains faites par les membres de la société dissoute.

A la suite de querelles théologiques qui éclatèrent de nouveau parmi les puritains à partir de 1634, d'autres colonies indépendantes se fondèrent encore dans le Massachusetts. Un prêtre de Salem, appelé Roger Williams, qui ne voulait prier que pour ceux qui déjà se trouvaient en état de grâce, en partit avec ses adhérents en 1635 pour aller fonder plus au sud, sous le nom de *Providence*, un nouvel établissement, autour duquel il s'en créa successivement un certain nombre d'autres. Quoique sur ce point le sol dépendît du territoire de Massachusetts, Williams obtint du long parlement, par l'intermédiaire de Henry Vane, des lettres patentes particulières dans lesquelles sa colonie fut désignée sous le nom de Plantation-Providence. Une scission analogue dans l'Église de Massachusetts donna lieu à la fondation de la colonie de Connecticut. En 1636 le prêtre Hooker quitta Massachusetts à la tête de cent dissidents, et fonda sur les rives du Connecticut, dans d'effroyables solitudes, les villes de Hartford, Springfield et Weatherfield. Il fallut acheter ce beau territoire, que Charles 1er avait déjà promis à quelques seigneurs anglais, pour la moindre partie à Massachusetts et pour la plus considérable aux anciens membres du *conseil pour les affaires de la Nouvelle-*

Angleterre. Quelques marchands de pelleteries et colons hollandais s'y étaient déjà établis ; mais ils furent forcés de déguerpir. Une florissante commune s'éleva également sur les rives du Connecticut sans la moindre intervention de l'autorité royale; et les populations indiennes ou y furent exterminées, ou consentirent à s'éloigner et à céder leur territoire moyennant d'insignifiantes indemnités. Au mois de mars 1638, la visionnaire Hutcheson fut expulsée de Massuchusetts avec ses adhérents. Elle acheta aux Indiens de Narraganset, moyennant quelques objets de verroterie, la fertile île d'Aquidneck, qui reçut dès lors le nom d'île de Rhodes ou *Rhode-Island*. La mise en culture de cette île fut commencée sous la direction d'un digne homme, appelé William Coddington, et on la plaça d'abord sous la protection de Providence. Mais en 1644, par une décision du parlement, les plantations de Providence furent réunies à Rhode-Island; et en 1647 cette colonie obtint par la même voie une constitution particulière et un congrès colonial.

Le roi Charles Ier ne voyait pas cependant sans un extrême déplaisir une foule d'hommes au caractère récalcitrant et opiniâtre, appartenant aux différents partis religieux et politiques, se dérober chaque année à son capricieux despotisme pour aller fonder sans son concours d'heureux États dans les déserts d'un accès difficile. En 1637 il prohiba l'émigration et, pour son malheur, contraignit ainsi des hommes tels que Pym, Hampden et Cromwell à rester en Angleterre. Malgré ses défenses, plus de 3,000 puritains abandonnèrent encore leur patrie en 1638, et s'en allèrent fonder sur les rives du Connecticut Hartford, Guildford, Milford, Stamford, Bramford et Newhaven. La nouvelle colonie, qui prit le nom de Newhaven, ne resta indépendante que jusqu'en 1665, et se réunit alors au Connecticut. Le Maine et le New-Hampshire, formant l'extrémité septentrionale de la Nouvelle-Angleterre, territoires où ne se trouvaient encore qu'un petit nombre de marchands de pelleteries et de colons anglais, furent en outre érigés à cette époque en colonies indépendantes. Les anciens membres du *conseil pour les affaires de la Nouvelle-Angleterre* vendirent en 1639 le territoire du Maine à sir Ferdinand Georges, et celui du New-Hampshire à sir John Mason. Ces nouveaux propriétaires obtinrent chacun des lettres patentes royales; et les mêmes circonstances auxquelles Rhode-Island et Connecticut devaient leur existence y amenèrent également de Massachusetts un grand nombre de colons. En conséquence, la puissante et jalouse colonie de Massachusetts força, en 1641, le New-Hampshire à se placer sous sa juridiction. Quand les puritains et les républicains furent devenus tout-puissants dans la métropole par le triomphe de la révolution qui détrôna Charles Ier, les émigrations à la Nouvelle-Angleterre cessèrent; et les colonies du nord, qui déjà comptaient une population de 21,000 âmes, se trouvèrent abandonnées à leurs propres forces. Ce ne fut que dans les colonies du sud, dans la Virginie, dans le Maryland et la Caroline, qu'eurent lieu de nombreuses émigrations de royalistes. A l'époque des troubles d'Angleterre, les États de Massachusetts, de New-Plymouth, de New-Haven et de Connecticut conclurent, le 16 mars 1643, sous le nom de Colonies Unies de la Nouvelle-Angleterre, une alliance offensive et défensive, avec un congrès général et un président à sa tête. Cette ligue avait pour but ostensible la défense à opposer aux attaques des Indiens, des Hollandais et des Français; mais une séparation d'avec la mère patrie en était la pensée secrète. Elle conclut des traités d'alliance, mit sur pied une milice considérable, et frappa même monnaie en 1652. Rhode-Island désira aussi y être admis, mais les puritains de New-Plymouth s'y opposèrent.

La métropole, au milieu de ses propres embarras, n'avait pas le loisir de se soucier de ses colonies, et, par égard pour les institutions républicaines que celles-ci s'étaient données, fermait les yeux sur les atteintes qu'on y portait à ses droits. Cependant, pour les maintenir en apparence, Cromwell exigea que tous les États de la Nouvelle-Angleterre reçussent des mains de la république mère un gouverneur général. Sauf des guerres contre les Indiens, des querelles théologiques, des procès faits à des sorcières et des persécutions dirigées contre les quakers, les colonies du nord passèrent le temps de la république dans une paix profonde et au milieu d'une prospérité toujours croissante. L'acte de navigation leur fut moins nuisible qu'à leurs sœurs du sud. Il ne fut plus alors question de lettres patentes, d'acquisitions de territoires, d'obstacles mis au libre développement d'institutions communales indépendantes, etc. La restauration des Stuarts surprit toutes les colonies de la Nouvelle-Angleterre à l'improviste; et les vexations nouvelles qu'elles eurent à souffrir de la part du pouvoir royal leur inspirèrent moins le sentiment de la crainte que celui de la haine. Rhode-Island, lésé par la ligue, et les petites colonies de propriétaires du Maine et du New-Hampshire, se soumirent immédiatement. Massachusetts, au contraire, ne reconnut pas l'autorité de Charles II sans hésitation, et lors de la confirmation des anciennes lettres patentes, protesta contre la clause de tolérance relative à l'Église épiscopale. Cette attitude décida, en 1664, le roi, à qui le parlement vint d'ailleurs en aide avec empressement, à envoyer à la Nouvelle-Angleterre une forte escadre avec des commissaires qui avaient ordre d'intimider les colonies, mais qui n'osèrent pourtant rien entreprendre. En 1667, pour se mieux garantir contre l'autorité royale, le Maine se plaça sous la protection du Massachusetts. Une longue période de tranquille développement suivit de nouveau ces orages. En 1672 la population de la Nouvelle-Angleterre s'élevait déjà à 72,000 âmes, dont la moitié appartenait au Massachusetts. Une milice bien organisée et forte de 8,000 hommes protégeait cette population contre ses ennemis, tant intérieurs qu'extérieurs. Dans toutes ces colonies régnaient des mœurs sévères, des habitudes de tempérance et de travail. L'instruction populaire était mieux organisée dans la puritaine Nouvelle-Angleterre que dans la métropole elle-même ; et on y trouvait déjà des établissements où étaient enseignées, les sciences supérieures autant du moins que le permettaient alors la direction toute pratique donnée aux idées ainsi que le fanatisme religieux dont toutes les traces étaient encore loin d'avoir disparu.

Les colonies n'éprouvèrent de nouvelles crises qu'à la suite de la réaction politique qui eut lieu dans la dernière moitié du règne de Charles II, sous le ministère de la *cabale*. Pour affaiblir le Massachusetts, Charles II essaya d'enlever à leurs propriétaires héréditaires les colonies du Maine et du New-Hampshire, placées sous la protection de cet État, et de les transformer en provinces royales. Massachusetts ayant racheté le Maine à son propriétaire en 1677, un décret royal en détacha, en 1779, le New-Hampshire, qui fut déclaré province royale, sous son autre forme de procès. Charles II envoya ensuite dans le Massachusetts le gouverneur Randolphe, qui maltraita fort cette colonie et en irrita profondément la population. Le conflit aboutit en 1684 à un décret royal qui enleva sa charte particulière à l'État de Massachusetts; et jusqu'à la mort de Charles II cette colonie demeura dans un état complet de sujétion.

Jacques Ier avait eu beau concéder à deux compagnies toute la côte de l'Amérique du Nord, ce territoire, en raison même de son immense étendue et des droits égaux de toutes les nations européennes à s'y établir, devait toujours appartenir à l'occupation en réalité. L'Anglais Henri Hudson, au service du gouvernement hollandais, ayant exploré, en 1609, le fleuve qui porte encore aujourd'hui son nom, les Hollandais s'empressèrent d'acheter aux Indiens le territoire qu'il baigne et d'en prendre possession. En 1614 ils bâtirent un fort dans l'île de Manhados, située à l'extrémité de l'Hudson, et fondèrent sur la côte plusieurs établissements pour le commerce des pelleteries. En 1628 une compagnie suédoise acheta également aux Indiens le territoire arrosé par la Delaware jusqu'à l'île de Long Island, et y construisit divers forts et factoreries qui reçurent le nom de *Nouvelle-Suède*. Dès 1655 les Hollandais s'emparèrent des établissements suédois et en déclarèrent les habitants sujets hollandais. La colonisation des Hollandais, qui donnèrent à leur territoire sur l'Hudson le nom de *Nouveaux Pays-Bas*, parut aux Anglais aussi dangereuse qu'ils la jugèrent illégitime en vertu de l'acte de concession du roi Jacques Ier. Lors donc qu'en 1664 la guerre éclata entre la Hollande et Charles II, il ne fut pas difficile aux Anglais de s'emparer de tout le territoire compris sous la dénomination de Nouveaux Pays-Bas; d'ailleurs les colons qu'ils y trouvèrent obtinrent d'eux la liberté de professer leur culte et les droits de sujets anglais. Après la paix de Breda, aux termes de laquelle la Hollande abandonna à l'Angleterre les Nouveaux Pays-Bas, Charles II fit don à son frère, le duc d'York, de tout le territoire s'étendant depuis la Delaware jusqu'à Long-Island, au nord, jusqu'aux lacs, et sans limites fixes à l'ouest. Le duc donna à sa nouvelle possession le nom de *New-York*, et vendit aussitôt l'étendue de côtes occupée par des Suédois et des Hollandais, entre la Delaware et l'Hudson, aux lords Berkley et Carteret, qui donnèrent à leur nouvelle possession le nom de *New-Jersey*. Quoique le New-Jersey reçût immédiatement de ses propriétaires un gouvernement indépendant, il resta cependant encore dans certains rapports de féodalité à l'égard du duc. Sa magnifique position ne tarda point à attirer d'Europe un grand nombre d'émigrants, qui y fondèrent les villes de New-York, d'Elisabethtown, de Middletown et de Shrewsbury. La situation de la province ducale de New-York, au centre des autres colonies, les facilités qu'elle offrait pour commercer tout à la fois avec les Indiens et avec les Français du Canada, la modicité de la redevance foncière que le prince exigeait des colons, toutes ces circonstances contribuèrent à y attirer d'Europe un grand nombre d'émigrants. Mais au bout de quelques années le duc donna libre carrière à ses penchants despotiques, opprima de toutes les manières les planteurs, et jeta même de l'incertitude sur la propriété. Dès lors la colonisation ne marcha plus que très-lentement. Par suite de l'état de guerre, les Hollandais mirent en 1673 la main sur la province de New-York; mais l'année suivante la paix de Londres les contraignit à la restituer à l'Angleterre. Le duc d'York se fit alors confirmer par le roi son frère ses titres de propriété avec tous droits de souveraineté, et traita désormais la province en véritable pays conquis. Son gouverneur, Edmond Andross, épuisa les colons par des taxes écrasantes, et réprima sévèrement toutes les manifestations de l'opinion tendant à obtenir une plus sage administration. Ce tyranneau fut remplacé en 1683 par un très-digne homme, lord Dongan, sur les représentations de qui la colonie du New-York obtint dès la même année une constitution et un conseil colonial. Dans l'intérêt commun des diverses colonies britanniques, Dongan appela d'abord l'attention du gouvernement sur les Français du Canada, qui des lacs du nord projetaient d'établir une communication avec leurs établissements du Mississipi, sur le flanc des possessions anglaises. Afin de contrecarrer l'exécution de ce plan, qui présentait toutes sortes de périls pour la puissance anglaise, le gouverneur conclut, en 1684, un traité avec les cinq nations indiennes confédérées, qui se prétendaient propriétaires de tout le territoire situé entre les sources de l'Ohio, le lac Érié et le lac Champlain. Cette république indienne, célèbre dans l'histoire des États-Unis, mais dont il n'existe plus aujourd'hui que de faibles débris, demeura toujours dévouée à la cause anglaise.

Un autre événement important pour la consolidation des colonies fut la fondation de la Pensylvanie par le quaker Penn. Son intention fut d'offrir un asile à ses coreligionnaires, qui n'étaient pas plus tolérés dans la mère patrie que dans les autres colonies; et en 1681 il se fit concéder par Charles II, à charge de payer à perpétuité une certaine rente à la trésorerie, le territoire, encore désert et tout couvert d'épaisses forêts, situé entre le Maryland et le New-York. Cette contrée dépendait à la vérité du territoire antérieurement concédé au duc d'York; mais ce prince n'hésita point à renoncer à toutes les réclamations qu'il eût pu élever en vertu de sa charte de concession. Penn obtint pour sa colonie des lettres patentes aux termes desquelles celui-ci reconnaissait les droits du roi comme seigneur suzerain, permettait en conséquence à ses sujets d'en appeler à la juridiction suprême de la couronne, et s'engageait à s'abstenir de tous actes contraires à la raison et à la constitution anglaise. En revanche, il était autorisé à faire des lois d'accord avec le conseil colonial, à établir des droits de douane modérés, et en cas de nécessité à proclamer la loi martiale. Après avoir encore acheté au duc d'York le territoire, déjà peuplé et divisé en comtés, qui s'étend de New-York à la Delaware, Penn partit en 1682 pour la Pensylvanie et y fonda, avec quelques centaines de quakers, la ville de Philadelphie. Les droits et les immunités qu'il y accorda indistinctement à toutes les religions et à tous les peuples, firent rapidement prospérer sa colonie. Dans les trois premières années, il y arriva plus de cinquante navires chargés d'émigrants. Un grand nombre d'entre eux, qui étaient allemands, fondèrent sous la direction d'un certain Pastorius de Windsheim la ville de Germanstown. Quand, en 1684, Penn repartit pour l'Angleterre, la colonie nouvelle contenait déjà vingt centres de population. L'avénement au trône du duc d'York, qui en 1685 succéda à son frère, sous le nom de Jacques II, sembla alors menacer les colonies du plus triste avenir. D'abord de nouvelles rigueurs furent ajoutées pour les colonies du sud aux lois relatives à la navigation; et New-York se vit enlever l'acte de conformation de sa constitution, lequel acte équivalait à des lettres patentes dans les colonies qui n'étaient point fondées sur le privilége. Bientôt après arriva à Boston, avec une flotte, l'ancien geuverneur de New-York, Andross, qui, à la grande terreur de tout le Massachusetts, s'annonça en qualité de gouverneur général et de commandant des forces britanniques dans la Nouvelle-Angleterre. Son premier acte fut de déclarer le Massachusetts et le New-York provinces royales; il attaqua ensuite les titres de possession des planteurs et leur en revendit la confirmation à beaux deniers comptants. Pour satisfaire aux exigences de la cour, il établit toutes sortes de taxes et d'impôts, et recourut aux plus honteuses manœuvres pour enlever au Connecticut et à Rhode-Island l'acte de confirmation de leurs constitutions respectives. Quand, en 1689, on reçut en Amérique la nouvelle de la chute de Jacques II et de l'avénement au trône de Guillaume III, les colonies y applaudirent vivement. En vain Andross voulut contraindre le peuple à faire acte d'attachement à la cause des Stuarts; dans le Massachusetts et le New-York la population se souleva, et se déclara en faveur du nouveau roi, non sans commettre de graves excès. Partout les colons remirent de leur propre autorité leurs anciennes libertés et constitutions en vigueur. Le Massachusetts n'obtint qu'en mai 1692 une nouvelle charte, par laquelle la colonie de New-Plymouth et le district royal d'Acadie ou Nouvelle-Écosse y étaient incorporés.

Malgré toute la bonne intelligence qui existait entre les colonies et le roi, des temps de rudes épreuves se préparaient pour celles-ci. Bientôt en effet éclatèrent les guerres de Louis XIV et de Guillaume III, guerres qui préparèrent l'émancipation de l'Amérique, mais desquelles résulta un temps d'arrêt notable dans le développement de sa civilisation. Une fois la lutte engagée, les attaques des Français furent principalement dirigées contre le New-York, dont l'extention jusqu'aux lacs faisait la clef du Canada. Le Massachusetts, le New-York et le Connecticut se liguèrent à diverses reprises pour faire des irruptions en Canada; mais s'épuisèrent tellement par ces expéditions, que le Massachusetts en vint à se trouver réduit à créer un papier monnaie. La paix n'eut pas plus tôt été signée, en 1696, à Ryswyk, que la guerre de la succession d'Espagne menaça de nouveau les colonies. Le New-York, qui dans la guerre précédente avait tant souffert, conclut, en 1702, avec la France une convention de neutralité, dont le résultat fut de faire retomber toutes les charges de la guerre sur le Massachusetts.

DICT. DE LA CONVERS — T. IX. 6

Ces circonstances le déterminèrent à restituer l'Acadie à la couronne, et le New-Jersey, affaibli par des dissensions intérieures, se réunit au New-York, qui gardait la neutralité : union d'ailleurs peu avantageuse pour lui, et qui dura jusqu'en 1738.

Les colonies eurent aussi beaucoup à souffrir des suites de la guerre. En 1702 les planteurs de la Caroline surprirent dans la Floride la ville de Saint-Augustin ; mais en 1706 ils eurent à repousser une attaque tentée par les Espagnols contre leur florissante ville de Charlestown. Ces événements, joints aux effroyables dévastations commises à l'instigation de l'Espagne par les Indiens, réduisirent également la Caroline à la nécessité d'émettre un papier-monnaie. La paix d'Utrecht rendit enfin, en 1713, aux colonies la tranquillité dont elles avaient tant besoin. Dès lors en effet les établissements du sud se trouvèrent à l'abri des continuelles déprédations jusqu'alors commises par des nègres marrons à qui les Espagnols fournissaient toujours des armes.

L'esclavage des nègres avait été introduit dans les colonies du sud dès l'année 1630 par les Hollandais. L'emploi des esclaves contribua extraordinairement, sans aucun doute, aux progrès de la mise en culture de la Caroline et de la Virginie ; mais on dut dès lors pressentir les dangers inséparables de cette dégradation systématique de la race humaine. La triste situation où se trouvait la Caroline en 1715 détermina les habitants de cette colonie à faire abandon à la couronne, de tous leurs droits et privilèges moyennant 22,500 livres sterling ; et elle fut alors déclarée province royale. Ce changement fut suivi, en 1729, d'une mesure utile : la division de ce territoire en *Caroline du sud* et *Caroline du nord*.

La crise qui résulta pour les établissements français du Mississipi des opérations financières de Law fit un instant redouter aux colonies anglaises la prise de possession soit par la France, soit par l'Espagne, du territoire désert situé entre les fleuves appelés Savannah et Alatamaha. Le Français une fois parvenus à s'établir solidement sur les frontières méridionales, il ne devait pas leur être difficile de réaliser leur ancien projet de relier le Canada au territoire du Mississipi, sur le flanc des possessions anglaises. Ce grave péril fut détourné, non par le ministre Walpole, qui était alors aux affaires, mais par la patriotique et intelligente initiative de quelques particuliers. En 1732 il se créa à Londres, sous la direction du philanthrope lord Oglethorpe, une société qui obtint de Georges II des lettres patentes pour la fondation d'une colonie nouvelle entre la Caroline et la Floride espagnole. Oglethorpe lui donna le nom de *Georgie*, en l'honneur du roi régnant, et emmena avec lui un grand nombre d'Irlandais pauvres et de mendiants anglais. Arrivé sur les bords du Savannah, il y fonda la ville du même nom. La colonie ne put que languir, avec une population depuis longtemps déshabituée du travail ; elle ne fit de rapides progrès que lorsqu'un grand nombre de montagnards écossais et de protestants expulsés du diocèse de Salzbourg et de la Suisse, furent venus s'y établir, et quand Oglethorpe eut réussi à faire dépenser à la Société une somme de 216,000 livres sterling.

La guerre de la succession d'Autriche et la lutte qui en 1739 éclata dans les Indes occidentales entre l'Espagne et l'Angleterre entraînèrent aussi les colonies du sud dans des luttes avec leurs jaloux voisins. En 1732, Oglethorpe, après avoir inutilement tenté une attaque contre la Floride, repoussa les Espagnols entrés en Georgie au nombre de 2,000 hommes et suivis d'une horde d'esclaves déserteurs. Il était naturel que les colonies du sud, peu peuplées et dont les forces se trouvaient bientôt épuisées, soupirassent après la paix ; les florissants États de la Nouvelle-Angleterre apprirent au contraire avec joie, 1744, par la déclaration de guerre entre l'Angleterre et la France, qu'il allait de nouveau leur être permis de se mesurer avec leurs constants ennemis du Canada, et commencèrent par venir en aide de toutes manières au petit nombre de troupes envoyées par le gouvernement pour la défense de l'Acadie. Au printemps de 1744 le Massachusetts, le Connecticut et le New-Hampshire entreprirent même à frais communs, sous les ordres du planteur Pepperell et avec l'assistance de la flotte royale, une attaque contre Louisbourg, forteresse française bâtie sur le cap Breton, qui fut contrainte de capituler le 1er mai. La prise de Louisbourg, dont les fortifications avaient coûté plus de trente millions à la France, et qui passaient pour le boulevard de la puissance française en Amérique, était bien faite pour exalter l'amour-propre et l'esprit guerrier des populations. Aussi n'hésitèrent-elles pas à mettre successivement le siège devant les différents forts français de la frontière du Canada, lorsque la nouvelle de l'arrivée prochaine d'une formidable flotte française, aux ordres du duc d'Anville, vint répandre une alarme générale. Mais des accidents de mer détruisirent cette autre *armada* avant qu'elle pôt atteindre les côtes de l'Amérique ; et les Français se sentirent alors si faibles, que jusqu'à la paix d'Aix-la-Chapelle (1748) ils n'entreprirent plus rien contre les colonies anglaises. Le traité de paix rendit Louisbourg à la France, mais laissa indécise la question des frontières du Canada, au vif mécontentement des populations de la Nouvelle-Angleterre.

Les colonies s'aperçurent alors, pour la première fois, que leur cause n'était pas la même que celle de la métropole et de son commerce, et qu'elles avaient jusqu'à présent sacrifié leurs trésors et le plus pur de leur sang à des intérêts qui leur étaient étrangers. Le Massachusetts, de tous ces nouveaux États celui qui avait fait le plus de sacrifices, avait émis pour 2,200,000 liv. st. d'un papier-monnaie qui perdait à ce moment 92 p. 100 de sa valeur nominale, et qui éprouvait une difficulté extrême toutes les relations commerciales. Le parlement consentit toutefois à prendre à sa charge une notable partie de ces pertes, de sorte que le Massachusetts put retirer son papier-monnaie de la circulation. Les colonies du sud, qui reçurent également une indemnité, gaspillèrent ces ressources et tombèrent dans une confusion extrême. La conclusion du traité de paix avec la France n'était point encore connue, que la lutte recommençait sans déclaration de guerre préalable sur les frontières du Canada. Toutes les colonies, sauf les trois plus méridionales, se confédérèrent en 1754 en un congrès général tenu à Albany, où, représentées par leurs gouvernements respectifs, elles délibérèrent sur les mesures de défense commune à prendre contre les Français. Le ministère rejeta par défiance les résolutions du congrès général, et proposa un autre plan, que les colonies repoussèrent à leur tour, parce qu'elles y crurent voir la pensée secrète de déférer quelque jour au parlement le droit de déterminer la nature et la quotité des impôts à prélever sur les colons.

Pour protéger d'une manière plus efficace les frontières du sud, le gouvernement avait annulé dès le mois de juin 1752 les lettres patentes accordées à Oglethorpe pour la colonisation de la Georgie, devenue le théâtre des plus déplorables conflits intérieurs, et l'avait déclarée province royale. Afin de pouvoir mieux défendre les frontières du nord, le ministère s'empara aussi, en 1749, du territoire de l'Ohio à la possession duquel les Français élevaient des prétentions, et le concéda à une compagnie qui eut mission d'ouvrir des relations amicales avec les sauvages. Toutefois, cette mesure fut impuissante à arrêter les progrès que les Français du Canada faisaient de plus en plus vers le sud. En 1755 les colonies résolurent donc, d'accord avec le général anglais Braddok, arrivé à la tête de quelques régiments de renfort, d'entreprendre contre les forts français Niagara, Crownpoint et Duquesne sur les frontières du Canada, une expédition, qui ne fut suivie que de revers.

Enfin, à la grande joie des colonies, la métropole déclara formellement la guerre à la France en mai 1756. Les colonies, surtout le Massachusetts et le New-York, redoublèrent alors d'efforts ; mais l'incapacité des généraux anglais Abercrombie et Loudon, pour qui d'ailleurs les milices coloniales étaient un objet de défiance et de mépris, entrava et fit échouer les plans les plus hardis, de sorte que les Français purent porter toujours plus au sud leur ligne de défense et la rapprocher des frontières de la Nouvelle-Angleterre. Ce fut seulement en décembre 1756, à l'arrivée aux affaires du célèbre William Pitt, comte Chatham, qu'une direction plus heureuse fut imprimée à la guerre. On résolut de reprendre Louisbourg. A cet effet, on réunit dans le port d'Halifax une grande flotte avec un corps de débarquement de 11,000 hommes, ainsi qu'une nombreuse artillerie, et en même temps on projeta de faire attaquer par des troupes de ligne les forts français élevés sur les lacs. Mais Loudon, qui à la retraite de Chatham, avait été investi du commandement en chef, demeura inactif pendant toute l'année 1757 sous les plus futiles prétextes. En juin 1757 Chatham revint au timon des affaires, détermina les colonies à faire des préparatifs immenses pour la campagne de 1758, et envoya en Amérique une flotte formidable, avec des forces de terre équivalentes. Le 26 juillet 1758 le fort de Louisbourg fut réduit à capituler. Pendant ce temps-là l'armée de terre, forte de 16,000 hommes de troupes de ligne et de milices, parvenait, à travers des obstacles de tous genres, jusqu'aux lacs, mais sans pouvoir expulser les Français de leurs retranchements. La prise de possession du fort Frontenac et du fort Duquesne, évacués volontairement par l'ennemi, fut le seul fruit de cette expédition. Les colonies firent encore de plus grands efforts pour la campagne de 1759, qui eut pour résultat d'anéantir la puissance française en Amérique. Les milices coloniales commandées par le général Amherst s'emparèrent des importants forts de Ticonderoga et de Crownpoint, et, sous les ordres du général Johnson, du fort Niagara. Le général Wolff, à la tête d'un corps mixte, envahit le Canada, et le 18 septembre il contraignit même Québec à capituler. Dans une dernière campagne, en 1760, Amherst et Murray achevèrent, la conquête de tout le Canada, en s'emparant de Montréal et en chassant les Français de tous les autres points fortifiés qu'ils occupaient encore.

La paix conclue à Paris le 10 février 1763 assura aux Anglais la possession de l'Acadie, du Canada et du cap Breton. Il fut stipulé que le *thalweg* du Mississipi formerait désormais la ligne de démarcation des possessions françaises et anglaises au sud, et que la navigation de ce fleuve serait libre pour les deux nations. L'Angleterre obtint de l'Espagne, en échange de la restitution de la Havane, la Floride et tout le territoire que cette puissance avait jusqu'alors possédé sur la rive orientale du Mississipi. C'est uniquement à l'inépuisable richesse, à la constance et aux immenses sacrifices de ses colonies que l'Angleterre était redevable de l'énorme accroissement de territoire que cette paix lui avait valu. Les avantages que les colonies tirèrent des triomphes de la métropole ne furent d'ailleurs pas moindres. Désormais leurs frontières se trouvèrent à l'abri de toute attaque, de même que les ressources de leur commerce et de leur navigation doublées. Dès lors aussi elles purent ouvrir à l'ouest des débouchés illimités au torrent de leur active et entreprenante population.

Au moment où fut conclue la paix de 1763 la population des différentes colonies s'élevait à 1,300,000 âmes, dont 500,000 pour la Nouvelle-Angleterre. Dans les colonies du nord il n'existait qu'un très-petit nombre d'esclaves, tandis qu'au sud ils étaient à peu près aussi nombreux que les blancs. La production des matières premières restait toujours la principale ressource des habitants. Leur industrie se bornait à la pratique des métiers les plus indispensables, entravée le plus souvent par les règlements restrictifs de la métropole. La Caroline avait trouvé de nouveaux moyens d'échange dans la culture de l'indigo et du coton, et la Géorgie dans celle de la soie. L'esprit de moralité, les habitudes de travail et d'économie dominaient généralement dans les familles; on y possédait en abondance tous les objets nécessaires à la vie, et une nombreuse postérité y était considérée comme la plus grande bénédiction du ciel. Retrempé dans sa lutte contre la nature et anobli par une constitution libre, le caractère du planteur se reflétait dans les tendances essentiellement démocratiques de la vie politique.

Après la conclusion de la paix de 1763, il ne put échapper à personne que les colonies anglaises de l'Amérique du Nord touchaient à un moment de crise décisive dans leurs rapports avec la métropole. Leur attitude pleine de confiance et les discours de leurs agents témoignaient qu'elles acquéraient de plus en plus le sentiment de leur force. Quelques sacrifices qu'elles se fussent imposés dans la dernière guerre, elles n'avaient point d'aussi profondes blessures à cicatriser que la mère patrie, à qui un tel état de choses ne pouvait manquer d'inspirer de l'envie et de la défiance. Dans l'impossibilité d'alléger autrement le fardeau écrasant de la dette de la vieille Angleterre, le parlement crut juste et convenable de faire supporter aux colonies une part proportionnelle des charges sous lesquelles succombait la métropole. L'établissement d'un impôt au profit du trésor anglais parut une mesure non-seulement équitable, mais encore politique, parce qu'elle constaterait le droit de souveraineté de l'Angleterre sur ses colonies. Le roi Georges III, son ministre Bute et les torys, encu moment à la direction des affaires, virent en outre dans la création de cet impôt un moyen de donner plus de force au principe de l'autorité royale, c'est-à-dire au despotisme, tant en deçà qu'au delà des mers.

Le bruit se répandit bientôt que lord Bute méditait non-seulement d'établir un impôt sur les colonies, mais encore d'opérer d'importantes modifications dans leurs constitutions politiques et religieuses. Au mois de mars 1764 le parlement déclara incidemment qu'il avait le droit d'établir des impôts et des droits de douanes dans les colonies; et en avril suivant il y frappa d'un droit d'entrée équivalant à une prohibition les sucres étrangers, le café, l'indigo, le vin et les soieries venant des Indes orientales. Ce qui irrita les colonies, ce fut moins l'établissement de ce droit, qu'on pouvait à la rigueur considérer comme une mesure commerciale, que le principe proclamé par le parlement. Jamais, à bien dire, les colonies ne s'étaient refusées à contribuer aux charges de la guerre; mais elles entendaient le faire par leurs organes constitutionnels, par leurs congrès coloniaux. En leur qualité d'Anglais libres, ainsi qu'ils étaient qualifiés dans les diverses chartes en vertu desquelles s'étaient successivement formées les colonies de l'Amérique du Nord, les colons prétendaient avoir le droit de s'imposer eux-mêmes. Dès lors toute disposition faite sur leur bourse par une corporation ou une autorité dans laquelle ils n'étaient pas représentés, leur paraissait une attaque à leur propriété privée, une violation flagrante de la constitution anglaise. Toutefois, dans les représentations qu'elles présentèrent immédiatement contre la nouvelle loi de douanes, les colonies n'osèrent point encore aborder la question de droit. Le gouvernement anglais ne vit donc dans leurs réclamations qu'une protestation contre l'assiette même de l'impôt, et en 1765 il fit adopter par le parlement deux bills, dont l'un introduisait l'impôt du timbre dans les colonies et dont l'autre leur imposait l'obligation de fournir aux troupes royales des logements et des vivres en nature. Ces deux lois, odieuses en elles-mêmes, n'avaient cette fois l'excuse d'être des mesures commerciales; elles n'étaient que le résultat des flagrantes usurpations du parlement.

Les Américains sachant bien que la première taxe législativement établie sur eux par le parlement, constituerait un précédent fatal dont on invoquerait toujours l'autorité, prirent la ferme résolution de résister par tous les moyens possibles à l'exécution de ces deux bills. La presse quotidienne, déjà puissante alors et menacée dans son existence par l'établissement du timbre, s'associa de toutes ses forces à ce mouvement de résistance. Les assemblées coloniales du Massachusetts, de Rhode-Island, de Connecticut, du New-Jersey, de la Pensylvanie, du Maryland et de la Caroline du sud se réunirent au mois d'octobre 1765 à

New-York en congrès général. On y déclara les deux bills illégaux, on même temps qu'on adressa au parlement une déclaration de droits et de griefs. En même temps il se forma dans le peuple des associations dont les membres s'engagèrent à n'acheter et à ne consommer aucune marchandise anglaise, à faire vider dorénavant par des arbitres toutes leurs contestations judiciaires, afin de se soustraire ainsi au payement de l'impôt du timbre. Quand le bill du timbre fut mis en vigueur, le 1er novembre 1765, les cours de justice elles-mêmes refusèrent de tenir la main à son exécution. Au mois de mars 1766, cédant aux prières du commerce anglais, qui en éprouvait un notable préjudice, le nouveau ministère Rockingham, d'accord avec le parlement, supprima l'acte du timbre, mais rendit en même temps un *bill de déclaration* qui mettait à néant toutes les résolutions du congrès colonial, et attribuait de nouveau au parlement anglais le droit de rendre toute espèce de lois et de règlements pour les colonies. Cette déclaration et le maintien de la loi relative à l'entretien des troupes empêchèrent les Américains de voir dans le retrait de la loi du timbre une mesure de conciliation.

En mai 1767 le chancelier de l'échiquier Townshend présenta à la sanction du parlement une loi qui établissait dans les colonies une taxe sur le thé, le verre, le papier et les couleurs fines, et une autre loi en vertu de laquelle un *drawback* considérable était accordé aux thés envoyés d'Angleterre dans les ports d'Irlande et d'Amérique. Le gouvernement pensait que le taux minime de ces taxes triompherait de la résistance des colons, d'autant plus que grâce aux droits de *drawback*, les négociants anglais étaient désormais en mesure de leur fournir des thés à bien meilleur marché que les contrebandiers hollandais. Mais les colonies ne se laissèrent pas prendre à l'appât de l'intérêt privé. A Boston, où furent établis les premiers bureaux de douane, il éclata à cette occasion de sanglants conflits ; et les citoyens ainsi que les autorités constituées elles-mêmes se refusèrent à loger les troupes arrivées dans leur ville. Les gouverneurs ayant prohibé les séances des congrès coloniaux, les membres de ces assemblées n'en tinrent pas moins de réunions particulières, dans lesquelles s'organisa la résistance contre les usurpations de la métropole.

Les pertes toujours croissantes du commerce anglais, l'attitude ferme et résolue des Américains et l'extension effrayante prise par la contrebande, décidèrent le gouvernement et le parlement anglais à recourir à une politique en apparence plus conciliatrice. Lord North, successeur de Townshend, supprima, d'accord avec le parlement, la loi de douanes de 1767 ; mais pour laisser la querelle indécise, il établit un droit d'entrée sur le thé de trois *pence* par livre. Cette mesure artificieuse, qui rencontra la plus vive opposition au sein même du parlement, provoqua une grande irritation dans les colonies. On s'était attendu à une solution quelconque de la question de droit, et non point à des échappatoires, et on résolut donc unanimement d'opposer à l'astuce l'opiniâtreté et au besoin la force. Les bâtiments chargés de thé appartenant à la Compagnie des Indes (menacée de tomber en faillite par suite de l'accumulation de ses marchandises, pour lesquelles elle ne trouvait plus de débouchés) furent repoussés des ports d'Amérique en vertu même d'ordonnances émanées de la justice. Ils ne pouvaient entrer qu'à Boston, et encore grâce seulement à la protection des vaisseaux de guerre anglais. Toutefois, dans ce port même, le 18 décembre 1773, dix-huit individus déguisés en Indiens assaillirent le *Darmouth*, bâtiment chargé de thé, défoncèrent les caisses contenant la précieuse marchandise et jetèrent solennellement à la mer une valeur de plus de 18,000 liv. sterl. Le gouverneur du Massachusets, Hutcheson, homme qui semble d'ailleurs avoir été en tout ceci le mauvais génie de l'Angleterre, dépeignit cet incident à la cour sous les couleurs les plus rembrunies. Le parlement se laissa alors aller à rendre, en mars 1774, une série de bills qui déclaraient le port de Boston en état de blocus à partir du 1er juin, supprimaient la constitution du Massachusetts, et, en empiétant sur le territoire des différentes colonies, ordonnaient que la province de Canada s'étendrait désormais depuis les lacs jusqu'au Mississipi. Ces résolutions équivalaient à une déclaration de guerre, et les colonies ne s'y trompèrent pas non plus. Tandis que les sociétés populaires délibéraient sur la situation de la chose publique, encourageaient les citoyens à s'armer, veillaient à ce que chacun s'abstînt exactement de consommer des marchandises anglaises, et, d'accord avec la presse, préparaient les esprits à une déclaration d'indépendance, un congrès général des colonies de Massachusetts, New-York, Rhode-Island, New-Hampshire, Pensylvanie, Maryland, Virginie, Caroline du nord, Connecticut, Georgie, New-Jersey et Delaware se réunit le 1er septembre 1774, à Philadelphie. Delaware, la plus petite des colonies, s'était séparée dès l'année 1710 de la Pensylvanie, et était devenue ainsi indépendante. Ce fut l'année suivante seulement que la Caroline du sud, plus particulièrement favorisée jusqu'alors par le gouvernement, accéda par patriotisme au congrès, de sorte qu'il y eut alors une véritable ligue entre les treize colonies, formant autant d'États indépendants.

Ce congrès renfermait tous les hommes qui dans les colonies passaient pour avoir le plus de talent, de droiture et de patriotisme, et suppléait au défaut d'autorité par une dignité et par une unanimité de sentiments bien rares. Il envoya au roi et au parlement des pétitions et des adresses dans lesquelles les colonies d'Amérique protestaient de leur attachement à la mère patrie, promettaient leur concours constitutionnel pour supporter les charges de l'État, et demandaient en échange la paix, la liberté et la sécurité. D'autres adresses furent envoyées au Canada et aux colonies isolées. Ces démarches, toutes pacifiques, n'empêchèrent point le congrès de prohiber, à dater du 1er décembre 1774, toute importation de produits de l'industrie anglaise provenant des ports de l'Angleterre ou de ses colonies des Indes occidentales, et, à dater du 10 septembre 1775, toute exportation des produits des colonies pour l'Angleterre. Le congrès se sépara le 26 octobre, après avoir décidé qu'il se réunirait de nouveau le 10 mai 1775. Toutes les assemblées coloniales et populaires adhérèrent hautement à ces résolutions. Le général Gage, qui commandait à Boston les forces anglaises, ayant pris une attitude menaçante, fortifié le port et essayé de mettre à exécution les mesures ordonnées par le parlement à l'égard du Massachusetts, on s'attendit à voir la lutte éclater au premier jour. En conséquence, on construisit des moulins à poudre, on mit la main sur les caisses publiques et sur les objets d'armement appartenant au gouvernement, en même temps qu'on demanda des armes à la contrebande. Un comité de sûreté, qui s'organisa dans le Massachusetts, de toutes les colonies la plus menacée par l'Angleterre, parvint en peu de temps à mettre sur pied un corps de 12,000 hommes, composé en grande partie de milices, et réunit des quantités considérables de munitions à Concord. De tels actes étaient certes de nature à exciter les plus vives inquiétudes dans la métropole : aussi, lorsque le parlement se réunit au commencement de l'année 1775, autorisa-t-il immédiatement la couronne à employer désormais la force des armes. Le 9 février le Massachusetts fut déclaré en état de révolte, et deux autres bills interdirent tout commerce avec les colonies. Le commencement des hostilités suivit de près ces dispositions législatives. Le 18 avril 1775 Gage fit détruire par un fort détachement l'approvisionnement de munitions réuni à Concord ; mais dans sa retraite le corps expéditionnaire eut à soutenir à Lexington un combat des plus sanglants contre les milices du Massachusetts. Toutes les colonies s'empressèrent alors de faire marcher sur Boston des troupes et des milices, qui ne tardèrent pas à former un corps de 20,000 hommes, avec lequel on entreprit le siège de cette ville. En même temps le comité de sûreté faisait partir l'audacieux colonel Arnold à la tête d'un petit corps pour les frontières du Canada, où, au mois de mai, il s'empara des forts Ticonderoga et Crownpoint, ainsi que des bâtiments de guerre anglais en station sur le lac Champlain. Cet heureux coup de main mettait les clefs du Canada au pouvoir des insurgés américains.

Cependant le congrès se réunit de nouveau le 10 mai à Philadelphie, pourvut à l'équipement d'une armée en créant trois millions de dollars de papier-monnaie, et choisit Washington pour commandant en chef de l'armée des colonies unies, avec Putnam, Ward et Shugler pour commandants en second. On ordonna aussi la formation d'une escadre, qui rendit d'abord de grands services, mais qui plus tard fut anéantie par les flottes anglaises. Comme ils étaient encore fort nombreux ceux qu'effarouchait la simple idée d'une déclaration d'indépendance, le congrès, pour donner cette satisfaction à leurs scrupules, rédigea une dernière adresse au roi, dans laquelle les colonies offraient encore de se soumettre moyennant qu'on leur garantît leurs droits. Mais Georges III refusa obstinément d'accepter un pareil compromis, et rencontra les mêmes dispositions dans le parti tory, sur lequel s'appuyait son gouvernement. Les colonies, qui connaissaient leurs forces et qui calculaient avec beaucoup de justesse que la métropole s'épuiserait infailliblement et inutilement dans cette lutte lointaine, comprirent que le sort en était jeté, et dès lors se mirent en devoir de poursuivre leur but en déployant une constance, une fermeté et une activité toutes particulières.

A la suite de quelques escarmouches, les troupes coloniales occupèrent, le 16 juin 1775, les hauteurs de Bunkershill, qui dominent la ville de Boston. Gage fit donner l'élite de ses troupes, et ne réussit qu'après de nombreuses et sanglantes attaques à déloger l'ennemi de ses positions. Les colonies mirent à profit l'instant de répit qui suivit alors pour organiser leur système administratif et pour élever des retranchements sur les côtes méridionales, où le général Lie prit le commandement des milices. Gage ayant cédé le commandement à lord Howe, le 10 septembre, les troupes royales cherchèrent plusieurs fois à rompre l'armée américaine, et, pour détourner l'attention de l'ennemi, incendièrent Falmouth et quelques autres localités voisines de la côte. Mais les Américains gardèrent leurs positions, et occupèrent même, le 16 mars 1776, les hauteurs de Dorchester, d'où ils canonnèrent si vivement Boston, que Gage se vit contraint d'évacuer la ville avec son corps d'armée réduit, à 3,000 hommes et 1500 *loyalistes* ou individus dévoués à la cause royale, pour gagner Halifax ? dans la Nouvelle-Écosse, en abandonnant son artillerie et ses munitions. Vers la même époque, le congrès et Washington envoyèrent des troupes et des milices, aux ordres de Montgomery, en Canada, dont la population témoignait d'une vive sympathie pour la cause américaine. Montgomery se rendit maître des forts de la frontière, enleva Montréal le 12 novembre, mais fut tué sous les murs de Québec, dans un assaut livré le 31 décembre. Les débris de son armée, épuisés par le froid, la faim et la fatigue, durent alors reprendre la route de Crownpoint.

Pendant que ces événements se passaient, le gouvernement anglais ordonnait la confiscation de tous les bâtiments qui tenteraient de commercer avec les colonies insurgées, et décrétait l'équipement d'une nouvelle flotte ainsi que la formation d'une armée de 55,000 hommes. Les dispositions de l'opinion publique en Angleterre rendant les enrôlements très-difficiles, le gouvernement anglais acheta aux petits princes allemands de Hesse-Cassel, de Brunswick, de Waldeck, etc., 12 à 15,000 hommes de leurs sujets chargés de porter les armes contre les colonies américaines. L'électeur de Hesse-Cassel gagna à lui seul, pendant la durée de la guerre, environ 80 millions de francs à ce commerce de chair humaine. L'amiral Howe, frère du général en chef des forces de terre, reçut le commandement supérieur de la flotte, qui arriva à Halifax au printemps de 1776. Le général Howe résolut d'attaquer les Américains sur trois points. Clinton fut chargé de s'emparer des colonies du sud, et Burgoyne de nettoyer le Canada. Howe lui-même, à la tête du principal corps d'armée, fort de 30,000 hommes, dont 13,000 Hessois, se proposait d'occuper New-York, et soit d'opérer sa jonction avec Burgoyne, soit de pénétrer en Pensylvanie. En conséquence, il passa d'Halifax à Long-Island ; mais, avant de commencer la lutte, il essaya d'entrer en négociations avec quelques-unes des colonies séparément, et fit aussi des ouvertures au congrès et à Washington. Le congrès, de son côté, pour prévenir toute rupture de la confédération, proclama solennellement, le 4 juillet 1776, à la majorité de sept États, l'indépendance des États-Unis. Quelques semaines plus tard, les six autres colonies, qui au moment de ce vote décisif avaient constitué la minorité, New-York, New-Jersey, la Georgie, la Caroline du nord, le Maryland et la Delaware, adhérèrent, elles aussi, à la déclaration d'indépendance. Ce ne fut cependant, à bien dire, que le 4 octobre suivant qu'eut lieu la fondation de la fédération américaine. Le congrès, non plus que Washington et son armée, ne se trouvait pourtant pas dans une situation brillante au moment où eut lieu cet acte qui devait avoir de si immenses conséquences. Les uns et les autres, ils manquaient d'argent et d'autorité, car le papier-monnaie, dont il existait déjà des masses en circulation, perdait chaque jour de sa valeur en présence de la misère générale et en l'absence de tout commerce.

Les opérations des Anglais avaient commencé dès le mois de juin, parce que Clinton et Cornwallis avaient marché avec des forces importantes sur la Caroline du sud, où cependant ils échouèrent dans leurs efforts pour s'emparer de Charlestown, quoique cette ville ne fût défendue que par des milices. Washington, dont l'armée se trouvait tellement affaiblie par la famine et les maladies qu'il lui restait à peine 14,000 hommes sous les armes, y compris les milices, prit dans une telle situation le parti de se borner à la défensive.

Au mois de septembre Howe, repoussant une division d'insurgés, s'avança jusqu'à l'Hudson, et occupa New-York, que les Américains évacuèrent sans même tenter de résister. Washington alla ensuite prendre une forte position à White-Plains; mais, à la suite de divers engagements malheureux, il se vit contraint, le 10 novembre, de traverser l'Hudson et de battre en retraite vers le New-Jersey. Pour comble de malheur, comme la durée du temps de service n'avait été fixée qu'à une année, des régiments entiers déposèrent les armes à ce moment ; et, imitant leur exemple, les milices, découragées par le mauvais succès de la lutte avait eu jusqu'alors, abandonnèrent aussi les drapeaux. Dans cette extrémité, Washington conduisit son armée, réduite à 3,000 hommes, derrière la Delaware, mais n'en redoubla pas moins d'efforts pour combler les vides causés par ces défaillances dans les rangs des défenseurs de l'indépendance américaine. Vers cette même époque, le congrès, qui depuis la fin de septembre, avait transféré son siége à Baltimore, l'investit d'une véritable dictature, qui l'autorisait à se faire livrer même de force tous les approvisionnements nécessaires pour soutenir la lutte et à introduire une sévère discipline dans l'armée nationale. Le petit corps américain envoyé sur les frontières du Canada contre les troupes anglaises commandées par Burgoyne n'avait pas été moins malheureux que l'armée principale. Le général anglais avait rejeté jusqu'au lac Champlain les Américains commandés par Gates, détruit leur flottille, et pris Crownpoint; cependant, il n'avait pu se rendre maître de Ticonderago, de sorte qu'il lui avait été impossible d'établir ses communications avec Howe par Albany. Comme Howe attendait prudemment le retour du printemps, Washington rappela les corps qui se trouvait encore dans le New-Jersey sous les ordres de Sullivan, et résolut de remonter le moral de ses concitoyens en frappant un coup hardi. Le 25 décembre 1776, traversant inopinément la Delaware, il surprit les Anglais dans leur camp de Treuton, où il fit prisonniers trois régiments allemands ; et le 3 janvier 1777 il battit le général Cornwallis à Princetown.

Cette victoire et l'arrivée, au printemps de l'année 1777, d'un grand nombre de volontaires étrangers, parmi lesquels on remarquait surtout le marquis de Lafayette et les l'olonais Kosciuzko et Pulawski, inspirèrent aux Américains une nouvelle confiance. On espéra dès lors trouver des alliés en Europe, où chacun suivait avec la plus vive anxiété les phases diverses de cette lutte. C'est surtout en France, pays où d'ailleurs se préparait une autre révolution, que le peuple prit la part la plus bruyante aux événements dont l'Amérique était le théâtre; et la cour elle-même, quoique détestant les idées et les principes qui avaient amené la lutte, encourageait et soutenait en secret les insurgés américains en haine de l'Angleterre, son éternelle ennemie.

Howe conçut enfin, en juin 1777, le projet d'attaquer Philadelphie; mais, trouvant la Delaware rendue impraticable, il se dirigea avec la flotte et les troupes à ses ordres vers la baie de Chesapeak, où il débarqua dans le Maryland. Pour couvrir Philadelphie, Washington prit position en face de lui sur la rive gauche du Brandywine; mais il fut battu le 11 septembre, par suite de la supériorité tactique des Anglais, de sorte qu'il se vit réduit à abandonner la Pensylvanie. Le 25 septembre, le congrès se transféra à Lancaster; et le 4 octobre suivant Washington ayant attaqué à Germanstown un corps anglais considérable, eut encore une fois le dessous. Pendant que les Anglais prenaient leurs quartiers d'hiver à Philadelphie, il était obligé de se réfugier avec les débris de son armée dans une contrée sauvage et déserte, aux environs de Valley-Forge, où il passa l'hiver dans le dénuement le plus entier. Malgré les échecs réitérés et l'impuissance absolue où se trouvait le congrès de venir en aide à l'armée, les Américains avaient le droit de porter la tête plus haut que jamais. En effet, dans le courant de ce même été le général Gates, d'accord avec Arnold et Putnam, avait pu réunir sur les frontières du Canada un corps presque uniquement composé de milices, avec lequel, à la suite de quelques engagements heureux, il avait complétement battu le 7 octobre à Saratoga, non loin d'Albany, les Anglais aux ordres de Burgoyne; et quelques jours après, Burgoyne s'était vu réduit à se rendre prisonnier avec son corps, fort à ce moment de 3,500 hommes seulement, mais qui naguère encore présentait un effectif de plus du double. Cette victoire modifia d'autant plus complétement la situation, qu'alors Louis XVI, cédant au vœu général de la France, se décida à prendre le parti des États-Unis contre l'Angleterre. Le 6 février 1778 fut signé à Versailles, avec l'envoyé Franklin, un traité de commerce et de défense mutuelle par lequel le congrès s'engageait à ne jamais conclure de paix séparée avec l'Angleterre, ni sans la reconnaissance de la complète indépendance des États-Unis par cette puissance. En même temps la France déclara la guerre à l'Angleterre et arma deux flottes, une grande, à Brest, sous les ordres de d'Orvilliers, et une moindre, à Toulon, sous les ordres de d'Estaing.

Avant que la campagne de 1778 commençât, Howe céda le commandement en chef des forces anglaises à Clinton, qui, pour ne pas se trouver bloqué par les Français du côté de la mer, évacua Philadelphie avec 12,000 hommes, et se retira dans la ville de New-York. A ce moment Washington abandonna sa position de Valley-Forge, et le 29 juillet il vint attaquer, à Monmouth, Clinton dans son mouvement retrograde, mais sans pouvoir empêcher les Anglais de le continuer. Clinton ne fut pas plus tôt arrivé à New-York que d'Estaing parut sur la côte et vint bloquer la flotte anglaise. Mais à la demande de Washington, d'Estaing dut se rendre, avec ses douze vaisseaux de guerre, à New-Haven, que Sullivan était chargé d'attaquer par terre avec un corps d'armée. L'amiral anglais Howe suivit les Français; mais, assailli en route par une forte tempête, il dut rentrer à New-York, tandis que d'Estaing, sous prétexte de réparer sa flotte, se rendit à Boston. Les Américains furent si exaspérés de cette inexplicable conduite de l'amiral français, que Washington ne parvint pas sans beaucoup de peine à préserver de toute insulte les alliés de l'Amérique. D'Estaing transféra ensuite dans les Antilles le théâtre de ses opérations; et de son côté Clinton résolut de transporter la guerre dans les colonies du sud, où il comptait rencontrer en abondance tout ce dont son armée pouvait avoir besoin, une plus faible résistance et l'appui des *loyalistes*, très-nombreux dans cette contrée. Dès le 17 décembre 1778 un corps anglais, commandé par Campbell, débarquait en Georgie. Ce général s'empara de Savannah, groupa autour de lui diverses bandes de *loyalistes*, et pénétra jusque dans la Caroline du sud, sans rencontrer de résistance.

Le congrès envoya alors au sud le général Lincoln à la tête d'un corps d'armée composé, pour la plus grande partie, de milices, et qui ne réussit qu'à sauver l'importante ville de Charlestown. Affaibli par le dénument et les maladies, Washington dut passer toute l'année 1779 à Westpoint, et se borner à surveiller de là les mouvements des Anglais dans cette New-York. Les succès remportés par les Français dans les Indes orientales déterminèrent l'Espagne à déclarer la guerre à l'Angleterre, dans l'espoir de reconquérir Gibraltar et les Florides. Toutefois, le traité de neutralité que la Hollande, la Suède, le Danemark et la Russie conclurent le 1er janvier 1780, et qui bientôt après fut suivi d'une déclaration de guerre de l'Angleterre à la Hollande, exerça autrement d'influence sur les destinées de l'Amérique. Après avoir, pendant l'automne de 1779, commis les plus affreuses dévastations sur les côtes de la Virginie pour déterminer Washington à abandonner ses positions, Clinton évacua New-York le 26 décembre, en y laissant 6,000 hommes, et alla opérer en Georgie sa jonction avec le corps de Campbell. En 1780 il acheva la soumission de la Caroline du sud, après avoir contraint Charlestown à capituler à la suite d'un siège opiniâtre, 6,000 prisonniers, 400 pièces de canon, 4 frégates et d'immenses approvisionnements en tout genre avaient été les trophées de cette victoire. Il revint ensuite à New-York, laissant dans le sud, aux ordres de Cornwallis, un corps de 4,000 hommes, qui exerça les plus effroyables dévastations dans ces États. Washington, pendant ce temps-là, était toujours tellement dépourvu d'hommes, de munitions et d'argent, que force lui était de demeurer témoin impassible des ravages commis par Clinton sur les côtes de New-York et de la Virginie. C'est dans ce moment de suprême détresse où se trouvait le congrès, bien moins à cause de l'épuisement des forces du pays que par défaut d'autorité, qu'arriva le 1er juillet 1780 à Rhode-Island une escadre de sept vaisseaux de guerre français avec 6,000 hommes de troupes auxiliaires aux ordres de Rochambeau. Cet événement releva sans doute le courage des Américains; mais Washington n'en resta pas moins toujours dans l'impossibilité de rien entreprendre, et telle était encore la pénurie dans laquelle il se trouvait au commencement de l'année 1781, que ses troupes, dégradées par la misère, en vinrent plusieurs fois à se mutiner ouvertement. La France consentit alors à prêter sieze millions à l'aide desquels il fut possible de mettre l'armée en état de tenir la campagne.

Tandis que Lafayette, à la tête d'un corps séparé, s'efforçait vainement de mettre obstacle aux dévastations de Cornwallis dans les Carolines et la Virginie, arriva victorieuse la flotte française aux ordres de l'amiral de Grasse, qui mit à terre 3,200 hommes, et alla bloquer New-York avec 28 bâtiments de guerre. Washington abandonna alors avec Rochambeau la position de New-Wendsor, fit croire à Clinton que son intention était d'attaquer New-York, puis se détourna tout à coup, pour passer en Virginie, où il enferma Cornwallis à Yorktown, et dès le 17 octobre il le contraignait à capituler avec les 7,000 hommes placés sous ses ordres, en même temps qu'à lui livrer son artillerie et ses magasins.

Pour la première fois les Américains s'abandonnèrent à une joie sans bornes à l'occasion de cette victoire. Les Anglais, qui avaient fini par s'épuiser peu à peu par suite de la tactique de temporisation adoptée par Washington, se trouvaient maintenant, à leur tour, tellement affaiblis qu'ils étaient hors d'état de rien entreprendre. Comme de Grasse s'était empressé de retourner en Europe, Washington ne pouvait songer à reprendre Charlestown. Il se retira donc vers l'Hudson, à l'effet d'y attendre l'instant favorable pour attaquer Clinton. Mais les désastres essuyés, tant sur mer que sur terre, par les armes britanniques donnèrent alors en Angleterre une telle force au parti de la paix, que lord North, obligé de donner sa démission, fut remplacé à la direction des affaires par Rockingham, Shelburne et Fox. Les nouveaux ministres étaient résolus sans doute à vigoureusement continuer, s'il le fallait, la guerre sur mer ; mais ils n'en essayèrent pas moins, quoique fort inutilement, de conclure une paix séparée avec les Américains, et à cet effet envoyèrent Carleton, homme conciliant, qui avait jusque alors commandé dans le Canada, remplacer Clinton à New-york. La victoire navale remportée par l'amiral Rodney sur le comte de Grasse et les inutiles efforts tentés par les Espagnols contre Gibraltar hâtèrent le rétablissement de la paix générale. Les préliminaires, ayant pour base la reconnaissance de l'indépendance des États-Unis par l'Angleterre, en furent signés le 30 novembre 1783, à Versailles, où se trouvaient les Américains Adams et Franklin. Dès le mois d'octobre, le corps auxiliaire français avait quitté le continent américain pour se rendre aux Antilles. Toutefois, l'armée américaine ne vit pas sans regret arriver le moment de son licenciement, parce que les divers États se trouvaient maintenant hors d'état de pourvoir au sort des soldats, ainsi qu'ils s'y étaient pourtant engagés formellement en les enrôlant. Après de longues négociations, on finit par décider que les officiers recevraient une indemnité équivalant à cinq années de solde. Quant aux simples soldats, on les indemnisa, pour la plus grande partie, en leur distribuant des terres. Lors de la paix définitive, signée à Versailles le 3 septembre 1783, l'Angleterre concéda à ses anciennes colonies un prolongement de frontières jusqu'au Canada et à la Nouvelle-Ecosse. Plusieurs tribus indiennes, entre autres les Cinq, devenues maintenant les Six Nations, dont il a été fait mention plus haut, passèrent également sous la protection des États-Unis. Par suite d'un compromis avec les loyalistes, l'évacuation de Newyork ne fut effectuée que le 25 novembre ; après quoi, Washington licencia complétement l'armée dès le 4 décembre suivant, et, abdiquant ses pouvoirs, rentra noblement dans la vie privée.

La guerre qui assura l'indépendance de l'Amérique du Nord, qui détruisit la menaçante suprématie exercée jusque alors sur les mers par l'Angleterre, et qui jeta comme autant de brandons d'incendie les idées de liberté et d'égalité dans les vieilles sociétés européennes, se trouvait heureusement terminée. Mais les États-Unis, parvenus au comble de leurs vœux, étaient moins libres et semblaient moins heureux qu'on ne s'y était attendu. La guerre avait coûté 135 millions de dollars (675 millions de francs), sans parler de la masse de propriétés particulières détruites ou dévastées, et n'avait pas dévoré moins de 70,000 hommes en état de porter les armes. Le congrès se retirait laissant une dette publique de 43 millions de dollars (215 millions de francs), indépendamment des emprunts conclus en France et en Hollande. Cette dette consistait en un papier-monnaie complétement déprécié, qui rendait d'une difficulté extrême toutes les transactions commerciales. La république était sans crédit, sans autorité, sans constitution proprement dite. La lutte des deux partis entre lesquels se divise encore aujourd'hui l'opinion publique aux États-Unis rendait des plus difficiles la construction d'un édifice social de quelque solidité. Les démocrates ou républicains purs voulaient que la puissance politique fût partagée entre tous les États ; les fédéralistes, au contraire, insistaient pour qu'on fondât une fédération avec un gouvernement central très-fort. Ni l'un ni l'autre ne réussit à voir atteint complétement son but. Déjà, pendant la guerre, les différents États avaient accommodé leurs vieilles constitutions respectives aux circonstances. Enfin, en mars 1787, le congrès convoqua à Philadelphie une réunion générale de députés des divers États, qui rédigèrent alors la constitution fédérale en vigueur encore aujourd'hui aux États-Unis. Cette constitution fut acceptée à la suite de négociations particulières suivies avec chaque État ; Rhode-Island n'accéda à l'Union qu'en 1789.

Washington ayant été élu président le 1er février 1789, convoqua aussitôt le congrès, conformément aux prescriptions de la constitution nouvelle. Le rétablissement de l'ordre dans l'administration, la réorganisation du pouvoir judiciaire et des milices nationales, furent les questions qui attirèrent tout d'abord son attention. Il s'occupa ensuite de régulariser la dette publique, et d'en assurer l'amortissement au moyen de légers droits de douane, mais non sans rencontrer d'ailleurs une vive opposition dans la mise à exécution de ces différentes mesures. Il créa ensuite à l'État un revenu régulier par l'établissement d'un impôt sur l'industrie et la propriété, et enfin il fonda une banque nationale. En 1791, l'État de Vermont, qui avait jusque alors fait partie de l'État de New-York, s'en détacha, et fut admis dans la confédération, dont il forma désormais le quatorzième État-Uni ; en 1792, le Kentucky, jusqu'alors partie de la Virginie, en devint le quinzième. Quand, aux termes de la constitution, les fonctions présidentielles vinrent à expirer, en 1793, les différents partis, en présence d'une guerre européenne, se réunirent pour réélire Washington.

Dans les discussions du congrès relatives au commerce et à la politique extérieurs, les chefs du parti fédéraliste, pour la plupart amis particuliers du président, avaient toujours déclaré que l'Union Américaine devait rester neutre dans les conflits européens, et qu'au lieu de gaspiller ses forces à entretenir une flotte militaire, il lui fallait au contraire s'attacher avant tout à s'assurer des débouchés avantageux pour ses matières premières, au moyen de traités de commerce conçus dans un esprit libéral. Déjà les traités conclus en 1778 avec la France, en 1782 avec la Hollande, en 1783 avec la Suède, et 1785 avec la Prusse, avaient eu ce principe pour base. Washington, quand éclata la guerre générale contre la France révolutionnaire, maintint, lui aussi, la politique nationale, et publia, le 22 avril 1793, une déclaration de neutralité, suivant laquelle les vaisseaux portant le pavillon de l'Union ne pouvaient être arrêtés et visités qu'en cas de contrebande. Une partie de la nation, les démocrates surtout, virent dans cette déclaration un acte d'ingratitude à l'égard de la France menacée et un indice des secrètes sympathies du président pour l'Angleterre. Les actives relations commerciales qui s'établirent dès lors entre l'Amérique et l'Angleterre déterminèrent même Washington à conclure avec cette puissance, le 19 novembre 1794, un traité de commerce et d'amitié, que suivit l'année d'après un traité semblable avec l'Espagne. Le premier, quelque avantageux qu'il fût pour l'Union, puisqu'il ouvrait à son commerce les ports des Indes orientales et occidentales, n'en excita pas moins un vif mécontentement, parce qu'il rendait impossible toute participation des États-Unis à la guerre soutenue par la France contre l'Angleterre, c'est-à-dire contre l'ennemi commun. Aussi, en même temps que des agents français cherchaient à provoquer dans les différents États de l'Union d'énergiques protestations contre la politique suivie par le gouvernement fédéral, le Directoire déclarait le traité de commerce et d'amitié conclu par les États-Unis avec l'Angleterre une infraction à la neutralité et une violation du traité conclu avec la France en 1778. Ces reproches étaient fondés, car le traité de commerce et d'amitié, conclu avec l'Angleterre autorisait les Anglais, au mépris du grand principe que le pavillon couvre la marchandise, à rechercher les propriétés ennemies qui pouvaient se trouver à bord des bâtiments américains.

Washington déposa ses pouvoirs en 1796, au milieu des violentes discussions provoquées sans cesse par les questions de politique extérieure. De même temps auparavant le Tennessee, ci-devant partie de la Caroline du nord, avait été admis à faire le seizième État de l'Union. Quoique la politique extérieure suivie par Washington eût singulièrement nui à l'influence du parti fédéraliste, on élut encore pour président John Adams, l'un des amis de Washington. La

France ayant prohibé, le 31 octobre 1796, l'introduction de toutes espèces de marchandises anglaises, gêna considérablement ainsi le commerce des Américains. Rompant ensuite les négociations pendantes avec l'Union, elle rendit en janvier 1798 une loi contre le commerce des neutres, équivalant à une déclaration de guerre contre les États-Unis. En conséquence, on mit les côtes en état de défense, on arma une flotte, et on réunit même une armée dont Washington prit le commandement. Mais la situation dans laquelle se trouvait le Directoire empêcha la guerre d'éclater; et après la révolution du 18 brumaire le premier consul Bonaparte conclut, le 30 septembre 1805, avec l'Union Américaine, un traité de commerce dans lequel était de nouveau reconnu le principe que le pavillon couvre la marchandise. Une grande transformation eut lieu cette même année dans l'état des partis de l'Union, attendu que Jefferson fut porté à la présidence, grâce à l'ascendant pris par le parti démocratique. A son entrée en fonctions, les États-Unis comptaient une population de 3,305,000 âmes; et en 1802 le territoire de l'Ohio fut admis à former le dix-septième État de l'Union.

Jefferson débuta en 1801 par châtier et humilier le dey de Tripoli, puis il dirigea son attention sur la situation de la Louisiane, qu'à la grande terreur des Américains, l'Espagne avait secrètement cédée à la France en 1800. Bonaparte, ayant besoin d'argent pour recommencer la guerre contre l'Angleterre, vendit, en 1803, cet immense territoire aux États-Unis, moyennant 15 millions de dollars (75 millions de francs). L'acquisition de la Louisiane est incontestablement le plus grand événement de l'histoire des États-Unis depuis la déclaration de l'indépendance. Ce fut alors seulement que l'Union eut une frontière solide; elle devint maîtresse de tout le bassin du Mississipi et du Missouri, et put librement commercer sur tout le parcours de l'Ohio. Le renouvellement des hostilités entre la France et l'Angleterre fut d'abord très profitable aux Américains, une décision rendue en 1801 par le cabinet anglais ayant eu pour conséquence de faire passer entre leurs mains, comme puissance neutre, tout le commerce colonial des Français et des Hollandais. Mais dès 1805, alors que Jefferson eut été pour la seconde fois du président, le gouvernement anglais par jalousie supprima les tolérances exceptionnelles dont les bâtiments américains avaient jusqu'alors été l'objet. En conséquence, il les soumit au droit de visite, les déclara de bonne prise toutes les fois que l'occasion s'en présenta et se permit même à leur bord la presse des matelots pour recruter les équipages de ses propres navires. Le congrès répondit à ces actes par sa résolution en date d'avril 1806, qui apporta de notables et gênantes restrictions à l'importation des marchandises anglaises, et en n'élevant aucune réclamation contre la déclaration de blocus lancée par Napoléon contre tous les ports britanniques.

L'Angleterre se montrant de plus en plus arrogante et hostile, Jefferson ordonna, le 2 juillet 1807, la fermeture des ports de l'Union pour tous les navires anglais ; et, afin de soustraire les citoyens de l'Union aux effets des décrets de Napoléon aussi bien qu'à ceux des *orders in council* du gouvernement britannique, le congrès rendit le 22 décembre de la même année son célèbre *acte d'embargo*, qui interdisait aux Américains de naviguer vers des pays étrangers. Cette mesure hardie paralysa, il est vrai, les opérations d'exportation, qui en 1807 était monté de 63 à 108 millions de dollars ; mais elle n'empêcha pas les Anglais de continuer à saisir les navires américains et à détruire en détail leur flotte commerciale. Napoléon et le cabinet de Londres, chacun de leur côté, persistant opiniâtrément dans leur politique maritime, le congrès finit par fermer indistinctement les ports de l'Union aux bâtiments anglais et français, de même qu'aux produits manufacturés des deux peuples, en vertu de son décret du 1er mars 1809 connu sous la dénomination de *non intercourse act*. En même temps les navires nationaux furent autorisés à fréquenter de nouveau tous les ports étrangers, à l'exception de ceux de l'Angleterre et de la France.

Jefferson transmit en 1809 la présidence à Madison, qui conserva, lui aussi, ces fonctions pendant huit années, et qui suivit les mêmes principes politiques que son prédécesseur. Tous deux s'efforcèrent de réaliser dans l'administration le plus d'économies possible en réduisant considérablement l'effectif de la flotte et de l'armée; tous deux combattirent les tendances centralisatrices de la banque nationale, qui paralysaient le développement des institutions similaires créées dans les divers États, et apportèrent le plus grand zèle à faciliter les communications des États de l'est et du sud au moyen de la canalisation de leur territoire, déjà commencée par Washington. Le dénombrement fait à l'arrivée de Madison à la présidence constata que la population totale de l'Union s'élevait déjà à cette époque à 7,239,000 âmes.

Le nouveau président entama des négociations avec les deux puissances maritimes, et obtint de Napoléon la promesse du retrait du décret de Berlin, sous la condition que l'Angleterre renoncerait aussi aux mesures identiques qu'elle avait prises de son côté; en conséquence, les ports de l'Union furent rouverts en 1811 aux bâtiments français. Mais le triomphe complet remporté dans le congrès par le parti démocratique et les actes de violence commis chaque jour sur mer par le gouvernement anglais empêchèrent la conclusion d'un accommodement semblable avec l'ancienne mère patrie. Les projets conçus dès lors par les États-Unis contre les Florides espagnoles entraient aussi pour beaucoup dans les causes d'irritation réciproques. Dès 1810 Madison avait ordonné la prise de possession de la Floride occidentale, parce qu'on considérait tout le territoire s'étendant jusqu'au Perdido comme faisant partie de celui de la Louisiane, formellement admise en 1811 à constituer le dix-huitième État de l'Union. Le gouverneur de la Georgie reçut ensuite l'ordre d'entrer en négociations avec les habitants de la Floride orientale et de s'emparer de cette province à titre de gage pour certaines créances répétées contre l'Espagne par les gouvernements fédéral. L'Angleterre fit entendre de menaçantes protestations contre ces envahissements; mais elles demeurèrent inutiles, de sorte que chaque parti en vint à armer et que la guerre recommença après de longues mais peu sincères négociations.

Dès le mois de juillet 1812, l'amiral Hope effectuait le blocus des côtes des États-Unis avec une flotte nombreuse. Les Américains, ne pouvant opposer à l'ennemi qu'un petit nombre de vaisseaux de guerre, armèrent en corsaires un grand nombre de bâtiments de commerce, qui, avec une audace et un bonheur inouïs, exercèrent les plus ruineuses déprédations. C'est ainsi que dès les deux premières années ils s'emparèrent de 218 bâtiments de commerce anglais portant 574 canons et des masses énormes de marchandises, et montés par 5,106 hommes d'équipage. Les entreprises tentées sur terre par les Américains furent moins heureuses. Au mois de juillet 1812 le général Hull envahit le haut Canada, mais fut repoussé par les Anglais et les Indiens, il dut mettre bas les armes à Fort-Detroit. Wardsworth eut le même sort avec un petit corps sur les bords du Niagara. En 1813, l'armée américaine, forte de 42,000 hommes et commandée par Harrison, envahit le Canada, mais n'y put rien faire, à cause de son indiscipline et aussi à cause de l'incapacité de son général, et se fit battre en détail. Le général Dearborn réussit seul le 26 avril à s'emparer d'York, chef-lieu du haut Canada et où se trouvaient des approvisionnements considérables. Le 10 septembre Perry captura sur le lac Érié la flottille anglaise chargée de protéger le haut Canada. Harrison battit les hordes indiennes sur les rives du Thomas. Mais ces avantages furent nuls, parce que, vers la fin de l'année, les Anglais s'emparèrent du fort Niagara, clé des États de l'Union. Pour apaiser le mécontentement causé dans les masses par la ruine complète du commerce, le congrès supprima le 31 mars 1814 l'embargo de même que l'acte de *non intercourse*; mais cette mesure ne remédia pas à grand'chose, parce que l'amiral Cochrane déclara les ports américains en état de blocus. Au

ÉTATS-UNIS

printemps de 1814, les Anglais débarquèrent sur plusieurs points, enlevèrent le fort d'Oswego, parfaitement fortifié; et le 12 juillet 12,000 de leurs vétérans mirent en déroute complète une armée américaine non loin des chutes du Niagara.

L'amiral Cochrane accomplit alors avec le général Ross l'acte de destruction le plus sauvage de toute cette guerre. Tous deux, faisant mine de vouloir attaquer Baltimore, remontèrent le Potomac. Tandis que Gordon, avec une partie du corps expéditionnaire, détruisait les forts Warburton et Alexandrie, Ross, à la tête de 6,000 hommes, marchait sur Washington, ville érigée depuis 1800 en capitale de l'Union et siége du gouvernement fédéral. Le 24 août il attaqua les milices postées à Bladenburg, les mit en fuite et entra le soir dans la ville fédérale, où il incendia le capitole, le palais de la présidence, les arsenaux, les chantiers et toutes les propriétés publiques. Les Anglais marchèrent ensuite sur Baltimore, où ils comptaient commettre les mêmes actes de vandalisme. Après avoir dispersé 6,000 Américains qui avaient pris position à peu de distance, le colonel Brook arriva, le 13 septembre, devant cette ville, défendue par 15,000 hommes et de nombreux ouvrages. Il ne tarda pourtant point à être contraint de battre précipitamment en retraite, parce que Cochrane ne put pas pénétrer avec sa flotte dans le Patapsco, rendu impraticable. En même temps les Anglais s'emparaient d'une partie du Maine ; et le gouverneur du Canada, Prevost, envahissait l'État de New-York à la tête de 14,000 hommes. Mais les Anglais perdirent leur flottille sur le lac Champlain, et Prevost dut battre en retraite.

Pendant ce temps-là le général Jackson au sud avait contraint les tribus indiennes à demander la paix ; et alors, à la tête de 6,000 miliciens, il courut à la Nouvelle-Orléans, où 15,000 Anglais avaient débarqué le 15 décembre. Jackson attaqua, le 8 janvier 1815, ces troupes, comptées au nombre des meilleures de leur siècle, en fit un effroyable carnage, et les contraignit à se rembarquer en toute hâte. La lutte se termina par cette victoire ; en effet, dès le 24 décembre 1814, la paix avait été signée à Gand sous la médiation de la Russie. Aux termes de la convention qui intervint alors, les États-Unis n'insistèrent point sur le maintien du principe que le pavillon doit couvrir la marchandise, non plus que sur la prétention des Anglais de faire la presse des matelots à bord des navires étrangers. On se restitua de part et d'autre toutes les conquêtes faites. En revanche, les Américains s'engagèrent à ne plus tolérer la traite des nègres d'Afrique et à coopérer à la destruction de cet infâme trafic.

La paix extérieure contribua beaucoup à consolider la paix intérieure. Le congrès appliqua dès lors sa plus constante sollicitude à fonder une marine militaire, et à partir de 1815 la population se jeta avec ardeur dans les voies de l'industrie, en même temps que par la création de nombreux canaux et chemins de fer, elle agrandissait le cercle d'action de son commerce intérieur. Dès le 3 juillet 1815 les États-Unis conclurent avec l'Angleterre un traité de commerce qui assurait aux deux nations des avantages égaux, et qu'avait précédé un règlement de navigation en date du 1er mars de la même année. En 1816 le commodore Decatur vint faire devant Alger une démonstration qui contraignit le dey de cet État pirate à respecter désormais le pavillon de l'Union américaine. Dans cette même année 1816, l'admission du territoire d'Indiana dans l'Union porta à dix-neuf le nombre des États-Unis.

En mars 1817 Madison eut pour successeur à la présidence Monroe qui, élu une seconde fois encore comme ses prédécesseurs, remplit ses fonctions jusqu'en 1824. Sous son administration, on admit à faire partie de l'Union, en 1817, le territoire du Mississipi ; en 1818, le territoire de l'Illinois ; en 1819, le territoire d'Alabama ; en 1820, le Maine, et en 1821, le Missouri ; de sorte que la fédération se composa alors de vingt-quatre États. Le dénombrement de 1820 donna une population de 9,638,000 âmes, dont 1,538,000 esclave. Les irruptions des Indiens des Florides amenèrent en 1817 l'occupation arbitraire de la ville de Pensacola par le général Jackson, et par suite un nouveau conflit avec l'Espagne. Enfin, en 1819, l'Espagne consentit, moyennant cinq millions de dollars à la cession des Florides qui, le 21 mars 1822, furent incorporées au territoire de l'Union. Les frontières de l'Union furent aussi notablement reculées, par suite de la prise de possession du territoire situé au nord-ouest de celui du Missouri, et par l'occupation du territoire de Columbia, dépendance de la Louisiane. En 1822 on fonda, sur la côte occidentale de l'Afrique, Liberia, colonie de noirs libres. La même année eut lieu la reconnaissance des États-Unis du Mexique, à l'établissement desquels l'Amérique du Nord avait eu une part notable. Pour compléter le réseau de canaux et de routes destinée à relier un jour l'océan Atlantique à l'océan Pacifique, le congrès, sur la proposition de Monroe, vota une somme de vingt millions de dollars. En ce qui touche la politique intérieure, l'attention du président se porta surtout sur la création d'une utile centralisation administrative, sur la formation d'une armée et d'une flotte, et sur la mise en état de défense du littoral et des frontières. Une fois la paix rétablie, les finances de l'Union prirent un tel essor, qu'on put successivement supprimer toutes les taxes et tous les droits à l'intérieur. Des difficultés qui survinrent avec la France furent aplanies par un nouveau traité de commerce, signé le 24 juin 1822 ; et les différends avec la Russie à l'occasion de la délimitation des frontières de l'ouest, se terminèrent par un traité conclu à Saint-Pétersbourg le 17 avril 1824.

A la suite de relations qui à partir de 1822 s'établirent entre les Grecs et les États-Unis, le président Monroe se vit contraint en 1824 de déclarer que les États-Unis ne pouvaient tolérer l'application des principes de la sainte-alliance à leur mode de commercer, et qu'ils la considéraient comme de nature à compromettre le maintien de la paix du monde. Le 4 mars 1825 Quincy Adams, fils de l'ancien président, succéda à Monroe ; mais en sa qualité de fédéraliste, ou d'aristocrate, il administra d'une manière peu favorable aux intérêts des États méridionaux et occidentaux. Pour affranchir autant que possible l'Amérique des chaînes de la politique commerciale de l'Europe, l'Union, à partir surtout de l'année 1825, inscrivit en tête de tous ses traités le principe de la liberté et de la réciprocité en matière de commerce ; principe en conformité duquel des traités de commerce furent conclus sous la présidence de Quincy Adams avec la Suède, le Danemark, les villes Anséatiques, la Prusse, la Sardaigne, Oldenbourg, la Turquie, la Russie, le Brésil et les États de l'Amérique du Sud. Quand les traités de commerce précédemment conclus avec l'Angleterre vinrent à expirer en 1828, on ne put pas tomber d'accord sur les bases d'un nouveau traité ; et par suite on laissa sommeiller pendant quelque temps le règlement de la question du territoire de l'Orégon. Cependant, un nouveau tarif de douanes, introduit à l'instigation de Quincy Adams à dater du 1er septembre 1828, menaça toujours d'amener de nouvelles complications dans les rapports de l'Union avec l'Angleterre jusqu'en 1830, époque où eut lieu une transaction favorable aux colonies anglo-américaines lésées par ce nouveau tarif. Mais le tarif d'Adams provoqua aussi dans l'intérieur de l'Union les plus dangereuses dissensions ; et c'est au milieu de ces circonstances critiques qu'en mars 1827 Jackson arriva à la présidence, par suite de l'influence de plus en plus prépondérante du parti démocratique. Les États planteurs et agricoles du sud ne voyaient dans l'élévation des droits de douanes qu'une mesure prise pour favoriser l'industrie des États du nord, et insistaient d'autant plus vivement sur leur abaissement et même sur leur suppression absolue, que la dette publique devait se trouver complétement éteinte en 1834. Dans la Caroline du nord surtout, qui ne demandait pas seulement la liberté d'importation mais aussi le libre commerce du riz et du coton, le peuple clara nuls les décrets du congrès, et menaça en même temps le gouverneur de se détacher de la confédération, si l'Union voulait recourir à la force.

La question de l'esclavage fut encore une autre cause de dissension entre le nord et le sud ; question dont la solution ne peut manquer quelque jour de mettre à une rude épreuve la solidité de l'Union. Les États du sud, dont la production a pour base le travail des esclaves, considérèrent l'interdiction de la traite des nègres comme une conspiration des États du nord contre leur prospérité, et persistèrent dans ces idées lorsque, à partir de 1827, ils les virent se débarrasser les uns après les autres de la lèpre de l'esclavage et présenter au congrès des motions tendant à sa suppression dans tous les États de l'Union. Tandis que la Caroline du sud se préparait à lutter par la force des armes contre la grande majorité de l'Union, réclamant l'abolition de l'esclavage, le congrès, en décembre 1832, ouvrit la délibération sur une nouvelle loi de douanes, œuvre de Jackson, et qui fut définitivement votée le 26 février 1833. Aux termes de cette loi, un certain nombre de marchandises furent immédiatement affranchies de tous droits, en même temps qu'un abaissement successif des droits existant sur d'autres matières devait avoir lieu de manière à ce qu'en 1842 le tarif général des douanes eut subi une diminution de 20 p. 100.

A cette crise intérieure vint se joindre une guerre sanglante contre les Indiens. Dès 1830 le congrès avait rendu un bill dit *des Indiens*, par lequel le président était autorisé à assigner en toute propriété aux tribus indiennes qui consentiraient à aller s'y établir, le territoire appartenant à la confédération et situé à l'ouest du Mississipi. Quelques tribus acceptèrent cette proposition ; d'autres la repoussèrent et coururent aux armes, quand, en 1832, on voulut les contraindre à abandonner les États de Georgie, d'Alabama et d'Illinois. En 1834 on vit se soulever, dans la Floride, les *Séminoles*, tribu d'Indiens Creeks, qu'en dépit de tous les efforts on ne put ni vaincre ni expulser des territoires qu'ils occupaient. Des modifications apportées à la loi de douanes n'eurent pas plus tôt rétabli la tranquillité dans les États du sud, que la question des banques vint provoquer encore une fois les luttes de partis les plus violentes.

La banque nationale, fondée en 1801, avait été supprimée en 1811, à cause de la pression qu'elle exerçait sur les transactions monétaires ; mais de cette suppression résultèrent bientôt les plus graves embarras commerciaux. En conséquence, dès 1816 on avait dû créer une nouvelle banque nationale, avec un privilège de vingt ans et un capital dont le gouvernement s'engageait à former le tiers, soit sept millions de dollars. L'établissement de nombreuses succursales accrut tellement l'influence de cette grande institution financière, qu'elle ne tarda pas à exercer le monopole du commerce d'argent ; état de choses dans lequel les démocrates virent un danger pour la liberté. Ce qui favorisait et soutenait surtout les immenses opérations et le crédit de la banque, c'est que le gouvernement se servait d'elle pour la perception de l'impôt et qu'il lui déposait ses fonds de réserve. La banque rendait par là, sans doute, de grands services à l'État ; mais il était peut-être à redouter qu'elle ne cédât à la tentation de faire servir les fonds et le crédit de l'État à donner de plus en plus d'extension à ses opérations particulières. En 1832, la banque s'était adressée au congrès à l'effet d'obtenir la prolongation de son privilège, la question fut décidée en sa faveur, grâce aux efforts de l'aristocratie d'argent et des fédéralistes. Mais Jackson fit usage de son droit de *veto*, et persista dans sa détermination alors même que les doutes répandus au sujet de la solvabilité de la banque se furent dissipés. La discussion en était là quand, en 1832, le nom de Jackson sortit une seconde fois de l'urne pour les élections à la présidence. Il retira alors de la banque les fonds appartenant au gouvernement, et réussit en 1836 à faire décider par la chambre des représentants la mise en liquidation de la banque, dont le privilège ne fut pas renouvelé. Cependant elle obtint encore du sénat un privilège identique, mais uniquement pour fonctionner comme *banque de Pensylvanie*. Les démocrates payèrent cher leur victoire sur l'aristocratie d'argent. La dissolution de la banque entraîna la ruine de ses succursales et d'une foule de banques particulières, ainsi que d'innombrables faillites.

Un différend entre les États-Unis et la France, au sujet du payement d'une somme de 25 millions due comme indemnité pour les pertes causées au commerce de l'Union, se termina en 1835, au milieu de la crise financière, à l'avantage des États-Unis, grâce à la médiation de l'Angleterre. En 1836 les territoires d'Arkansas et de Michigan furent admis à faire partie de l'Union qui se composa alors de vingt-six États. En mars 1837, Martin Van Buren, élu président, prit la direction des affaires, et continua la politique de son prédécesseur tant à l'intérieur qu'à l'extérieur. Il s'efforça de terminer pacifiquement un différend survenu avec l'Angleterre au sujet d'un bateau à vapeur américain, la *Carolina*, brûlé par les Anglais à Buffalo, de même que les discussions auxquelles donnèrent lieu la délimitation des frontières du Canada et la question du droit de visite. Depuis 1834 la dette publique de l'Union était complètement amortie : cependant en 1841 le président se vit forcé de recourir à un emprunt de 12 millions de dollars pour la continuation de la guerre contre les Séminoles et aussi pour couvrir les *déficits* causés dans le revenu public par la dernière crise commerciale. En 1841 Van Buren déposa la présidence entre les mains du général Henry Harrison, candidat du parti fédéraliste, qui mourut un mois après son entrée en fonctions. Conformément à la constitution, le vice-président Tyler, candidat du parti démocratique, prit la présidence, et s'efforça, lui aussi, de maintenir l'Union en paix avec l'Angleterre. C'est ce motif qui lors du procès intenté à Mac Leod, Anglais compromis dans l'affaire de l'incendie de la *Carolina*, porta le président à favoriser l'acquittement de cet individu ; et le 9 août 1842 il conclut avec le cabinet de Saint-James un traité pour la régularisation des frontières respectives des deux États, la suppression de la traite des nègres et l'extradition réciproque des malfaiteurs. L'irritation des esprits produite à diverses reprises depuis 1842 par la question de l'Orégon, de nouveaux dissentiments à propos du droit de visite et l'affaire du Texas menacèrent plusieurs fois encore de troubler les relations internationales des États-Unis et de leur ancienne mère patrie. En 1844 Tyler essaya de conclure un traité de commerce avec les États allemands du *Zollverein* ; mais le congrès y refusa son adhésion, parce qu'il eût eu pour conséquence une modification complète du tarif douanier des États-Unis. Plus heureux dans l'affaire du Texas, le président vit la législature confirmer le traité conclu avec cet État au commencement de l'année 1845, et qui eut pour résultat son incorporation dans l'Union Américaine. Le congrès consentit aussi, sur sa proposition, à y admettre comme États indépendants les ci-devant territoire de Jowa et de la Floride.

Au mois de mars 1845 Tyler remit la présidence à James Polk, candidat du parti démocratique, dont le nom était sorti vainqueur de l'urne lors des élections nouvelles. A la suite de la déclaration de guerre qu'amena de la part du Mexique l'incorporation du Texas aux États-Unis, Polk détermina le congrès à ordonner des armements formidables ; et le général Taylor commença les hostilités en envahissant le territoire mexicain. Dans l'été de 1846, le général Scott, commandant en chef de l'armée de l'Union, se dirigea de la côte de la Vera-Cruz sur la capitale même du Mexique, qui tomba en son pouvoir le 11 septembre 1847. Les efforts des Mexicains pour repousser l'invasion avaient été inutiles. Leurs généraux avaient fait preuve de plus de forfanterie que d'habileté ; et après trois campagnes, les États-Unis, qui en faisant cette guerre n'avaient eu d'autre but que de s'emparer du Nouveau-Mexique et de la Californie, étaient maîtres du Mexique tout entier. Mais ils n'abusèrent point de leurs victoires, et s'attachèrent plus à con-

ÉTATS-UNIS

solider entre leurs mains la possession des territoires qu'ils avaient jugé utile d'adjoindre à celui de l'Union, qu'à l'accroître indéfiniment en confisquant la nationalité mexicaine. Il était tout naturel cependant que les vaincus payassent les frais de cette longue et dispendieuse guerre; or, comme le Mexique était à bout de ressources, il dut s'estimer heureux d'en être quitte, après de longues et difficiles négociations, pour l'abandon de la Californie et du Nouveau-Mexique, que consacra le traité de paix conclu entre les deux pays le 2 février 1848.

Les pouvoirs du président Polk expirèrent en 1849, et les élections lui donnèrent pour successeur le général Taylor, dont le nom était devenu des plus populaires depuis la part importante qu'il avait eue aux victoires remportées par l'armée de l'Union sur les forces mexicaines. Cependant le succès de cette candidature fut dû surtout à l'intervention d'un tiers parti, qui, sous la dénomination de *free soilers*, venait de surgir pour la première fois entre les deux opinions si tranchées existant depuis l'origine aux États-Unis, et qui tout aussitôt s'était trouvé assez fort pour faire pencher la balance du côté que lui indiquaient ses convictions ou ses intérêts. Que si en effet les États du nord poussaient toujours à l'abolition immédiate et absolue de l'esclavage dans toute l'étendue de l'Union, et si, bien loin d'y consentir, les États du sud prétendaient au contraire que l'esclavage devait être déclaré licite dans les nouvelles acquisitions de territoire faites par l'Union, acquisitions où il n'avait pas moins sa raison d'être que dans ceux des anciens États où il est légalement établi, le tiers parti dont nous parlons, celui du *free soil* (le sol libre) était intervenu comme médiateur et avait fait décider, par manière de compromis, que l'esclavage ne pourrait pas être introduit dans les nouveaux États du sud, et resterait par conséquent circonscrit dans l'espace qu'il occupe en ce moment.

L'esclavage, la question de son maintien ou de sa suppression dans les États de l'Union, telle est depuis longtemps la grande préoccupation des esprits dans la jeune république; et il nous semble fort douteux qu'on puisse en reculer longtemps encore la solution à l'aide de compromis, quelque ingénieux qu'ils puissent être au fond, comme fût, par exemple, celui que suggéra l'illustre Henry Clay et qu'il eut encore le bonheur de voir voter avant de mourir. Le général Taylor n'eut pas, au reste, le temps de réaliser les pensées politiques qu'il avait apportées au pouvoir ; et sa mort, arrivée dès la seconde année de ses fonctions, le 9 août 1850, donna lieu encore une fois à l'application de l'article de la constitution fédérale qui, en vue d'une semblable éventualité, transfère les pouvoirs du défunt, pour tout le temps qu'ils avaient encore à courir, au vice-président nommé en même temps que lui *en cas*. Ce vice-président, appelé Millard *Fillmore*, se montra digne de la place que le hasard lui accordait ; sous son administration ferme et sage, la prospérité de l'Union ne fit que s'accroître. Et cependant, le président Fillmore ne laissa point, lui aussi, que de sympathiser plus ou moins ouvertement avec ce mouvement des intelligences qui semble aujourd'hui entraîner l'Union vers des destinées nouvelles, mais encore complètement inconnues quant au résultat final. Nous voulons parler de cet esprit, nous devrions peut-être dire de ce vertige de conquête, qui, depuis les trop faciles triomphes remportés par les troupes fédérales sur l'armée mexicaine, s'est emparé de toutes les têtes aux États-Unis. Cuba, cette magnifique colonie espagnole, cette reine des Antilles, est en effet devenue depuis quelques années l'objet de la convoitise hautement avouée des Américains du Nord, qui ne désespèrent pas de voir le Canada venir quelque jour grossir le nombre des États-Unis, et qui déjà regardent l'annexion prochaine du Mexique au territoire de l'Union comme un fait nécessaire, inévitable, dont il est inutile dès lors de hâter la réalisation, parce qu'elle se fera d'elle-même. Or le gouvernement fédéral, représenté par son président, est trop éminemment national pour n'avoir pas saisi avec empressement, dans ses rapports avec l'Espagne, les plus futiles prétextes de discussion, dès qu'ils étaient de nature à provoquer quelque conflit qui lui permit de se saisir, à titre de gage provisoire pour le payement de réclamations plus ou moins spécieuses, de ce dernier débris de la puissance coloniale des Espagnols. Toutefois, l'habileté et la modération du cabinet de Madrid ayant réussi à écarter tous les prétextes de conflit possibles, le gouvernement américain laissa s'organiser alors sous ses yeux de véritables expéditions de flibustiers destinées à révolutionner Cuba, et à lui faire proclamer son indépendance politique, préface obligée de son annexion définitive à l'Union. Le mauvais succès qu'ont eu jusqu'à ce jour toutes ces entreprises est loin d'avoir découragé les aventuriers politiques, non moins nombreux de nos jours au delà qu'en deçà de l'Atlantique, et qui de plus y ont toutes les sympathies du pouvoir. Aussi, les amis de l'Espagne ne voient-ils guère aujourd'hui pour elle d'autre moyen d'échapper au péril qui la menace incessamment de ce côté, que de frapper un grand coup et de repousser bien loin les envahisseurs américains, en abolissant hardiment l'esclavage à Cuba. Il est évident que dans ce cas la moitié de l'Union, c'est-à-dire les États du sud, les États *à esclaves*, ne voudraient plus entendre parler de l'annexion d'une colonie qui n'a peut-être tant de charmes à leurs yeux que parce que l'esclavage y *fleurit* encore, alors qu'il a disparu, grâce à Dieu, du reste des Antilles. Les différences profondes de races, de mœurs, de langue et de religion qui séparent les deux populations permettent de croire que l'esclavage une fois aboli à Cuba, l'Espagne n'aurait guère à redouter les effets de la convoitise des Américains. Cependant l'adoption d'une politique si résolue présente aussi bien des dangers. Il ne manque donc pas de bons esprits qui pensent que le mieux que l'Espagne aurait à faire aujourd'hui, ce serait de vendre à beaux deniers comptant sa colonie à l'Union Américaine, qui lui en offre 200 *millions* de francs et qui lui en donnerait même davantage si elle le voulait.

L'administration du président Fillmore fut signalée en outre par l'envoi d'une escadre américaine dans les mers du Japon, à l'effet de conclure un traité de commerce avec ce mystérieux empire ; mission politico-commerciale qui a été couronnée d'un plein succès, et à la suite de laquelle le gouvernement russe s'est décidé à faire une tentative similaire. On peut sans crainte le prédire : un quart de siècle ne s'écoulera pas sans que les relations entre l'Amérique et l'Asie, entre la Californie et la Chine, avec le Japon pour échelle, ne soient aussi actives que celles qui existent aujourd'hui entre les côtes orientales de l'Union et l'Europe occidentale.

Les pouvoirs du président Fillmore expirant en 1853, on procéda à la fin de 1852 à l'élection de son successeur. Le général Scott, autre héros de la guerre du Mexique, se mit sur les rangs dans l'espoir de rallier à sa candidature les suffrages et les sympathies qui, lors des élections précédentes, avaient porté à la présidence le général Taylor ; mais les voix se portèrent sur le général Franklin Pierce qui en conséquence entra en fonctions en 1853.

On était naturellement curieux de connaître l'attitude que prendrait le nouveau président ; et comme on ne se dissimule pas en Europe, où la foi en la nécessité de l'équilibre politique des peuples est toujours vivace, les graves complications qui pourraient résulter pour l'ancien monde de l'extension indéfinie de l'Union, on vit avec plaisir M. Pierce, dans son premier message au congrès, protester des pensées de modération qui animaient le gouvernement américain, et déclarer que toutes les expéditions *non autorisées* contre Cuba trouveraient dans le premier magistrat actuel de la république un adversaire résolu. Mais ensuite, en réfléchissant à ce qu'il y avait de vague dans une telle déclaration, en passant au crible toutes les expressions du message, on reconnut que ce document officiel n'était rien moins que rassurant et cachait au contraire les pensées d'expansion au dehors, de conquêtes, qui fermentent depuis longtemps dans toutes les parties de l'Union et que la presse américaine est unanime à surexciter encore davantage par ses déclamations et ses forfanteries. Les gouvernements républicains seraient-ils donc sujets aux mêmes accès de vertige que les monarchiques? La chimère de la monarchie universelle, tant de fois et si inutilement poursuivie, aura-t-elle donc pour pendant la chimère de la république universelle? C'est là pourtant ce qu'il faudrait croire si l'on s'en rapportait à tout ce qui se dit et s'imprime aujourd'hui de l'autre côté de l'Atlantique. Après tout, comment cet excès de confiance des Américains du Nord dans leurs forces, dans l'avenir réservé à leur fédération, ne serait-il pas un peu excusable quand on voit un pays où l'impôt est presque nul présenter chaque année un excédant de recettes de près de cinquante millions de francs sur ses dépenses, et sérieusement embarrassé de savoir ce qu'il en fera, alors que les différents gouvernements de la vieille Europe sont de plus en plus réduits à vivre d'emprunts, qui ne soulagent momentanément le présent qu'en créant pour l'avenir les plus écrasantes charges et les plus inextricables difficultés!

ÉTAU, outil dont les serruriers, les arquebusiers, les horlogers et les ouvriers de plusieurs autres professions se servent pour maintenir fixes certaines pièces pendant qu'ils se travaillent. A proprement parler, les étaux sont des presses que l'on modifie suivant les usages auxquels on les destine. Il y a des étaux en bois et des étaux en fer; les plus communs sont de ce dernier genre. Parmi les étaux en fer, on distingue ceux à *pied*, à *agrafe*, à *main*, ceux qui sont dits *tournants*, *parallèles*. L'*étau à pied* se compose de sept pièces: 1° deux joues; 2° deux mors ou mordaches, armés de lames soudées d'acier trempé et taillées comme des limes; 3° une vis à filet carré; 4° un écrou dont le pas est fait d'une bandelette de fer brasée avec soin dans l'intérieur d'une boîte cylindrique; 5° un levier avec lequel on fait tourner la vis pour serrer ou desserrer la machine; 6° un ressort qui fait écarter les mordaches quand on veut retirer la pièce qu'on travaille; 7° une bride, par laquelle on fixe l'étau à un établi. L'étau à pied se voit dans les ateliers de tous les mécaniciens et de tous les serruriers. Cet étau est dit *tournant* lorsque, par une disposition particulière de la manière dont il est attaché, on peut le faire tourner sur son pied de droite à gauche et réciproquement; alors on fixe sur l'établi un arc de cercle en fer dans lequel on perce quelques trous qui servent à fixer l'étau au moyen d'une cheville. L'*étau à agrafe* est ainsi appelé parce qu'on le fixe à une table au moyen d'une vis de pression: il diffère peu du précédent; les horlogers en montres en font continuellement usage. L'*étau à main* n'est autre chose qu'une sorte de tenaille à vis; il est commode pour saisir des pièces qu'on veut limer en rond; on le tient et on le fait tourner de la main gauche pendant que de la droite on pousse la lime. L'*étau parallèle* est composé de telle sorte que ses deux mâchoires s'écartent ou se rapprochent l'une de l'autre sans s'incliner en avant ou en arrière, tandis que dans les autres étaux la mâchoire antérieure tourne sur un pivot comme une charnière. L'étau parallèle est avantageux sous certains rapports, mais il est coûteux et moins solide que les autres.   TEYSSÈDRE.

ÉTAYEMENT, opération à l'aide de laquelle, le plus ordinairement, on soutient avec de grandes pièces de bois ou *étais* un bâtiment menaçant ruine, ou avec des poutres dans la réfection d'un mur mitoyen. Les étayements ne sont pas moins utiles quand il s'agit de transporter de lourds fardeaux; ils en facilitent la traction sur rouleaux, en empêchant qu'ils ne déversent. On a des exemples de clochers tout entiers transportés ainsi, à l'aide de cabestans, après avoir été convenablement étayés.

ET CÆTERA, mots latins dont fait un grand usage dans notre langue, et qui sont d'une utilité reconnue dans la conversation et dans ce qu'on écrit: ils offrent en effet l'avantage d'éviter les longueurs, les répétitions, les citations trop étendues, trop fréquentes, et les énumérations trop prolixes, trop diffuses. C'étaient les actes des notaires qui avaient donné aux *et cætera* le plus de vogue. Sous la plume de ces officiers publics, ils avaient acquis une véritable valeur, puisqu'ils avaient sensiblement allongé des écritures qui se payaient à la page, et dont cette inévitable formule était devenue un ornement de luxe. Aujourd'hui, toute abréviation est sévèrement interdite dans les actes judiciaires et notariés; et l'on ne serait plus fondé à dire comme autrefois: Dieu nous garde des mémoires d'apothicaire et des *et cætera* de notaire.

L'*et cætera* (et autres choses), chassé des actes légaux, s'est réfugié dans le langage usuel. C'est un terme convenu qui en dit plus qu'il n'est gros, un sous-entendu tour à tour pudique, adroit, ingénieux, malin, qui peut devenir une insulte sanglante. Tel homme qui veut sembler profond, dans ses discours, a bien soin, après avoir émis des idées communes, d'essayer de donner par un *et cætera*, lancé à propos, une haute opinion de ce qu'il semble taire. Il serait bien embarrassé peut-être si on lui demandait à brûle-pourpoint la traduction de cette réticence.

Dans le langage de l'étiquette, il a été et il est encore de politesse exquise et d'humilité profonde, après avoir énuméré les titres et qualités d'une personne puissante, d'ajouter trois *etc.* pour réparer les omissions qui ont pu échapper. L'absence d'un *et cætera* a été la cause d'une guerre ruineuse entre la Pologne et la Suède, en 1655, Jean-Casimir ayant commis la haute inconvenance de n'ajouter que deux *etc.* à la suite de l'énumération des titres de Christine. Dans une sphère moins élevée, ce signe abréviatif est devenu d'une grande ressource pour le charlatanisme des œuvres d'esprit: c'est ainsi que vous lisez sur le frontispice de plus d'un livre par M. ***, des académies de Lyon, d'Amiens, de Nantes, de Toulouse, de Rome même; puis, la liste épuisée, arrivent à la file, au secours de la vanité de l'auteur, trois magnifiques *etc.*, comme s'il s'agissait des titres du premier potentat de la chrétienté. *Vanitas vanitatum et omnia vanitas.*

ETCH-MIADZIN. *Voyez* EDCH-MIADZIN.

ÉTÉ. *Voyez* SAISONS.

ÉTEIGNOIR (Ordre de l'). Cette plaisanterie de quelques hommes de lettres, parmi lesquels figuraient Jouy, Dory de Saint-Vincent, Harel et les rédacteurs du *Nain Jaune*, signala les premières années du règne de Louis XVIII; elle était principalement dirigée contre ce qu'on nommait alors le corps des jésuites, corps auquel on supposait une influence toujours croissante et une opposition constante aux progrès des lumières. Tout le monde connaît le petit ustensile creux, de fer-blanc, de cuivre, d'argent, etc., servant à éteindre chandelles ou bougies, et dont le nom figure en tête de cet article. C'est lui qui se faisait surtout remarquer dans les armes du nouvel ordre, ce qui indiquait dans ses satiriques fondateurs un esprit plus empreint de facétie que d'observation. En supposant en effet tout l'ancien esprit jésuitique réveillé dans le corps de ceux qu'on se proposait de dénigrer par l'institution de l'ordre de l'Éteignoir, c'était donner un démenti trop formel à l'histoire que de regarder les enfants de Loyola comme étrangers au développement des lumières, eux qui ont représenté longtemps le corps le plus éclairé de France, et à qui notre patrie a dû tant d'hommes savants. Hâtons-nous d'ajouter toutefois, pour rendre justice à qui de droit, que la majorité des titulaires forcés du nouvel ordre extra-légal, qui recevaient d'une chancellerie anonyme des brevets dont ils n'avaient pas acquitté les droits, et dont ils se seraient bien passés, appartenaient aux jésuites de *robe courte*, simples affiliés à la trop illustre compagnie, n'étant engagés en rien dans le sacerdoce, n'ayant quelquefois, comme on l'a dit, rien oublié ni rien appris, il est vrai, mais plus souvent encore, ayant oublié trop promptement les bienfaits de l'*usurpateur*, et appris trop vite à danser sur l'idole abattue qu'ils encensaient la veille.

ÉTELON. *Voyez* ÉTENT.

ÉTENDARD. Les *étendards* qu'on voit sur les bas-reliefs du tombeau de François 1ᵉʳ sont en banderoles longues, étroites, fourchues; ceux des bas-reliefs du tombeau de Louis XII ont la draperie courte et arrondie par les extrémités. Vouloir dire comment ont été faits les étendards serait une entreprise peu utile, et le tableau qui en résulterait n'apprendrait rien de bien neuf. Jadis la volonté du capitaine décidait des ornements ou des armoiries de la draperie; la couleur de l'étendard était la même que celle des robes de livrée ou des hoquetons que portaient les gens d'armes et les archers à cheval des compagnies de chevau-légers. L'expression *étendard* donne maintenant l'idée d'un drapeau, ainsi que nous l'avons dit, affecté à la cavalerie : or, comme autrefois la cavalerie était tout, l'infanterie rien, ou peu de chose, il n'est pas étonnant que le mot *étendard* ait conservé dans le langage historique et pittoresque un sens beaucoup plus large que celui qui lui appartient réellement aujourd'hui. Voilà pourquoi c'est surtout à l'étendard que s'appliquent les verbes *arborer*, *déployer*, *planter* l'étendard; *marcher*, *combattre*, *se ranger* sous les étendards; c'est aussi pour cela que quelquefois on a appelé étendard l'enseigne confiée à l'officier nommé *porte-enseigne*. Les étendards français ont été de toutes les couleurs. Dans la croisade de 1188, ils étaient bariolés d'une croix rouge. Dans les luttes contre les ducs de Bourgogne, ils ont porté la croix blanche; ils ont été tricolores de 1789 à 1814, blancs jusqu'en 1830; la couleur nationale leur a été alors rendue. Les étendards ont de l'analogie avec les drapeaux de l'infanterie, quoique plus petits en général. Surmontés d'une lance sous la république, d'une aigle sous l'empire, d'une fleur de lys sous la restauration, ils ont repris l'aigle depuis le 10 mai 1852. L'étendard sacré des Turcs porte le nom de Sandjak-Chérif. Gal BARDIN.

ÉTENDUE. L'idée réellement attachée à ce mot est de la nature de celles que tout le monde peut concevoir à l'instant même et sans le moindre effort d'esprit, quoiqu'il soit néanmoins absolument impossible de la définir autrement que par une pétition de principe, vu et qu'il existe une foule de lacunes que rien ne peut remplir entre les opérations de la pensée d'une intelligence facile et la manière de les rendre verbalement ou littéralement (*voyez* ESPACE).

L'étendue est une des propriétés générales de la matière, c'est-à-dire que nous ne pouvons concevoir un corps qu'autant qu'il occupe une certaine partie de l'espace. La géométrie, que l'on définit *la science de l'étendue*, lui reconnaît trois dimensions : longueur, largeur, et profondeur ou épaisseur. Tout corps offre nécessairement ces trois dimensions; les surfaces, les lignes, le point mathématique ne sont que des abstractions de l'esprit.

Le mot *étendue* s'applique encore, tant au propre qu'au figuré, à tout ce qui est compris entre deux extrêmes : c'est ainsi que l'on dit l'*étendue de la voix*, l'*étendue d'un pouvoir*, etc.

ÉTÉOCLE et **POLYNICE**, nés du plus sacrilège des incestes, celui d'une mère avec son fils, étaient fils d'Œdipe, roi parricide de Thèbes, et de Jocaste, femme de Laïus. Leurs sœurs furent Ismène et cette Antigone, astre consolateur de cette malheureuse famille frappée du courroux des dieux. La vertu de cette jeune princesse, modèle de piété filiale, est merveilleusement opposée, dans cette dynastie abhorrée du ciel et des hommes, à la fureur aveugle d'Étéocle et de Polynice, le type impie des haines fraternelles. Lorsque le vieil Œdipe, parricide et incestueux à son insu, eu de ses propres mains arraché de leurs orbites sanglantes les yeux qui souillaient le soleil, ses fils dénaturés enfermèrent, selon Diodore de Sicile, leur père dans son palais, et s'emparèrent du royaume, après être convenus de régner alternativement chacun une année. Étéocle, qui avait eu le malheur de jouir d'abord de la lumière, régna le premier. Mais l'année expirée, il refusa de descendre du trône. De là cette guerre de Thèbes, la plus célèbre des siècles héroïques avec celle de Troie, qu'elle précéda. Adraste, alors roi d'Argos, dont Polynice avait épousé la fille, nommée Argie, marcha, avec son gendre, à la tête d'une armée, contre Étéocle. Uni à six autres guerriers illustres, il forma cette ligue de princes ou de héros grecs illustrés par Eschyle sous le nom des *sept chefs devant Thèbes*. La mort d'Étéocle et de Polynice mit fin à cette guerre fameuse. Les deux frères s'étant cherchés et rencontrés sur le champ de bataille, dit Euripide dans ses *Phéniciennes*, combattirent d'abord avec la lance; cette arme vola en éclats dans leurs mains; tous deux blessés, ils saisirent alors leurs épées. Étéocle, plus adroit, traversa de la sienne le corps de son frère, qui tomba mourant sur le sable. Il allait lâchement le dépouiller, quand Polynice, recueillant toutes ses forces expirantes, lui plongea la sienne dans le flanc gauche. C'est ainsi qu'Étéocle, qui ne régna qu'un an, justifia son nom (ἐτεός κλής), la *gloire d'une année*. Son fils Laodamas, en bas âge, mis sous la tutelle de Créon, fils de Ménœcée, lui succéda sur le trône de Thèbes. On plaça sur un seul bûcher les corps inanimés d'Étéocle et de Polynice. On dut penser que la mort qui éteint tout sur la terre, éteindrait leur haine : il en fut autrement : on vit, ou l'on crut voir les flammes du bûcher se partager. Bien plus, la fable et les poètes assurent que leurs cendres froides, odieuses l'une à l'autre, se divisèrent d'elles-mêmes. Outre les tragédies d'Eschyle, d'Euripide et de Racine, ce sujet a inspiré à Stace une épopée latine intitulée *la Thébaïde*.
DENNE-BARON.

ÉTÉOSTIQUE (Vers), d'ἐτεός, année. *Voyez* CHRONOGRAMME.

ÉTERNEL, qui n'a point de commencement, qui n'aura jamais de fin. Il n'y a que Dieu qui soit éternel; aussi dit-on le Père éternel, le Verbe éternel, la Sagesse éternelle. Quelques philosophes ont cru le monde éternel. Ce mot s'emploie substantivement en parlant de Dieu. Une proposition d'*éternelle vérité* est une vérité immuable et nécessaire : le tout est plus grand que la partie est une proposition d'éternelle vérité. On se sert aussi du mot *éternel* dans le sens d'immortel, pour signifier ce qui n'aura jamais de fin, quoiqu'il ait eu un commencement : la vie éternelle, la mort éternelle, la gloire éternelle, la damnation éternelle, les peines éternelles. Il désigne encore, par exagération, ce qui doit durer si longtemps qu'on n'en peut prévoir la fin : Des haines éternelles, une reconnaissance éternelle. L'adverbe *éternellement* s'applique à ces diverses acceptions; le verbe *éterniser*, également : Éterniser sa mémoire, la chicane éternise les procès. Il en est de même du mot *éternité*. Ce fut aussi dans la mythologie romaine une déesse allégorique, qui paraît n'avoir eu ni temples ni autels, bien qu'on la trouve figurée sur des médailles impériales, avec des attributs divers. *Votre Éternité* fut aussi un titre honorifique donné par flatterie à quelques empereurs romains, particulièrement à Constance. Rabelais et Marot ont écrit parfois *éterne* pour éternel. Les *éternales* rappellent, dans notre histoire religieuse, les membres d'une secte des premiers siècles de l'Église, qui enseignait que le monde demeurerait toujours tel qu'il est.

ÉTERNITÉ. Le philosophe Boèce a défini l'éternité : *interminabilis vitæ tota simul et perfecta possessio* (la possession pleine et parfaite d'une vie sans terme et sans limite). Mais cette définition convient surtout à l'éternité de Dieu, la seule, au reste, que l'homme conçoive d'une manière, sinon claire et distincte, du moins rationnelle et logique. Quant à l'*éternité du temps*, on la représente d'ordinaire comme une ligne sans commencement ni fin. Dans les spéculations sur l'espace infini, nous considérons le lieu où nous sommes comme un centre à l'égard de toute l'étendue qui nous environne; dans les spéculations sur l'éternité, nous regardons le temps qui nous est présent comme le milieu qui divise toute la ligne en deux parties égales : de là vient qu'on a quelquefois comparé le temps à une isthme s'élevant au milieu d'un océan immense qui l'enveloppe de toutes parts. On sait que la philosophie scolastique distinguait deux éternités : l'éternité antérieure et l'éternité postérieure. Mais qu'apprennent tous les termes de l'école et ses divisions subtiles sur le mystère de l'infini, que l'homme ne saurait embrasser par sa nature étroite et bornée? L'intelligence démontre sans doute l'existence d'une éternité antérieure; mais elle ne saurait s'en former aucune idée lucide et concordante. Il nous est impossible d'avoir aucune notion d'une durée qui a passé, si ce n'est qu'elle a été présente une fois; mais tout ce qui a été une fois présent est à une certaine distance de nous; et tout ce qui est à une certaine distance de nous, quelque éloigné qu'il soit, ne peut jamais être l'*éternité*. La notion même d'une durée qui a passé emporte qu'elle a été présente une fois, puisque l'idée de celle-ci renferme actuellement l'idée de l'autre. C'est donc là un mystère impénétrable à l'esprit humain. Nous sommes assurés qu'il y a eu une éternité; mais nous nous contredisons nous-mêmes dès que nous voulons nous en former quelque idée.

Nos difficultés sur ce point viennent de ce que nous ne saurions avoir d'autre idée de durée que l'idée de celle par laquelle nous existons nous-mêmes avec tous les êtres créés, c'est-à-dire une durée successive, formée du passé, du présent et de l'avenir. Nous sommes persuadés qu'il existe quelque chose de toute éternité, et cependant il nous est impossible de concevoir, suivant l'idée que nous avons de l'existence, qu'aucune chose qui existe puisse être *de toute éternité*. Il est certain qu'aucun être n'a pu se former lui-même, puisqu'il faudrait alors qu'il eût agi avant qu'il existât, ce qui implique contradiction, d'où il faut conclure qu'il doit y avoir en quelque chose de toute éternité : or, tout ce qui existe à la manière des êtres finis, en suivant les notions que nous avons de l'existence, ne saurait avoir *existé* de cette manière ; il faut donc que cet être primitif et éternel, cause et effet par rapport à lui-même, qui se trouve à une distance infinie de tous les êtres créés, ait un tout autre mode d'existence que le leur, et dont ils ne sauraient avoir aucune idée.

On a soulevé longtemps dans les écoles la question de savoir si l'éternité est successive, c'est-à-dire si elle est composée de parties qui coulent les unes des autres, ou bien si c'est une durée simple qui exclut essentiellement le passé et l'avenir. Les scotistes soutenaient le premier sentiment, les thomistes s'étaient déclarés pour le second. Chacun de ces deux partis était plus fort en objections qu'en solutions. Tous les chrétiens, disent les scotistes, demeurent d'accord qu'il n'y a que Dieu qui ait toujours existé, que les créatures n'ont pas toujours coexisté avec lui, que par conséquent il existait avant qu'elles existassent. Il y avait donc un *avant* lorsque Dieu existait seul ; il n'est donc pas vrai que la durée de Dieu soit un point indivisible : le temps a donc précédé l'existence des créatures. Par ces conséquences ils croient faire tomber en contradiction leurs adversaires : car, si la durée de Dieu est indivisible, sans passé ni avenir, il faut que le temps et les créatures aient commencé ensemble; et si cela est, comment peut-on dire que Dieu existait avant l'existence des créatures ? Dans toute succession de durée, disent à leur tour les thomistes, on fait compter par mois, années et siècles. Si l'éternité est successive, elle renferme donc une infinité de siècles : or, une succession infinie de siècles ne peut jamais être épuisée ni écoulée, c'est-à-dire qu'on n'en peut jamais voir la fin, parce qu'étant épuisée, elle ne sera plus infinie ; d'où l'on conclut que s'il y avait une éternité successive, ou une succession infinie de siècles jusqu'à ce jour, il serait impossible qu'on fût parvenu jusque aujourd'hui, puisque cela n'a pu se faire sans franchir une distance infinie, et qu'une distance infinie ne peut être franchie, parce qu'elle serait infinie et ne le serait pas.

C'est ainsi que l'esprit humain s'abîme dans d'incompréhensibles profondeurs, lorsqu'au lieu d'accepter les mystères qui l'environnent, au sein desquels il est plongé, il s'efforce de les comprendre, prétendant arriver par le fini à la compréhension de l'infini par le temps à celle de l'éternité. C'est parce que nous ne concevons, ni la nature de l'éternité, ni ses conditions d'existence, que l'un des dogmes fondamentaux du christianisme écrase la raison de son poids et lui est un objet d'épreuve et de scandale. Il n'y a pas plus à raisonner sur l'éternité des peines que sur l'éternité en elle-même. Il devrait suffire de démontrer pour l'histoire, par sa concordance avec le dogme de l'éternité des peines, que cette doctrine est consacrée par la tradition primitive tout entière. Avec la croyance d'une autre vie, les anciens admettaient généralement une récompense éternelle pour le juste et des peines éternelles pour les méchants. Ils reconnaissaient trois états différents de l'âme après la mort : le premier était l'état de bonheur dont les âmes jouissaient éternellement dans le ciel ; le second, l'état de souffrance auquel les âmes des méchants, les âmes *absolument incurables*, selon l'expression de Plutarque, étaient éternellement condamnées dans les enfers ; le troisième état, mitoyen entre les deux autres, était celui des âmes qui, sans avoir mérité des châtiments éternels, étaient néanmoins encore redevables à la justice divine (Plutarque, *De his qui a numine sero puniuntur*). Platon enseigne la même doctrine : « Ceux, dit-il, que les hommes et les dieux punissent, afin que leur punition soit utile, sont les malheureux qui ont commis des péchés *guérissables* : la douleur et les tourments leur procurent un bien réel, car on ne peut être autrement délivré de l'injustice. Mais pour ceux qui, ayant atteint les limites du mal, sont *tout à fait incurables*, ils servent d'exemple aux autres, sans qu'il leur en revienne aucune utilité, parce qu'ils ne sont pas *susceptibles* d'être guéris (Platon, *in Gorgia*). Cette sentence rendue, le juge ordonne aux justes de passer à la droite, et de monter aux cieux ; il commande aux méchants de passer à la gauche, et de descendre aux enfers (le même, *De republic.*, lib. 10). »

Telle est aussi la croyance des Indiens. L'enfer, qu'ils appellent, *patalam*, est le lieu du supplice et la demeure des pécheurs : « C'est là que, plongés dans le feu, ils brûlent et brûleront toute l'éternité. Un peu au-dessus est une ville appelée *Chouzoménî*, où *Zomo*, roi des enfers, fait sa demeure, et d'où il ordonne et préside les différents supplices qu'on fait subir à chacun des damnés (*Ezour-Védam*). » L'*Edda* scandinave contient la même tradition. Cette doctrine était si générale et si constante dans tout le paganisme, qu'elle ne fut pas attaquée par les premiers antagonistes du christianisme : « Les chrétiens, dit Celse, ont raison de penser que ceux qui vivent saintement seront récompensés après la mort, et que les méchants subiront des supplices éternels (Origène, *Contra Celsum*, lib. 8). » M. de La Mennais a réuni les témoignages épars de tous les peuples et de tous les siècles (*Essai sur l'indifférence*, tom. III, chap. 27). Nous nous arrêterons là, en nous écriant avec lui : « A quoi serviraient les témoignages que nous pourrions produire encore ? et quand toutes les générations humaines, secouant leur poussière, inventivement elles-mêmes nous dire : Voilà ce que nous avons cru, serions-nous plus certains que la connaissance d'un Dieu unique, éternel, père de tout ce qui est, se conserva toujours dans le monde ? C'est la foi universelle, la foi de tous les siècles et de toutes les nations. Quelle frappante unanimité ! quel magnifique concert ! Quelle est imposante cette voix qui s'élève de tous les points de la terre et du temps vers le Dieu de l'éternité ! »   Louis de CARNÉ.

ÉTERNUMENT. On désigne par ce nom une expulsion brusque de l'air contenu dans la poitrine, qui, traversant en quantité considérable les fosses nasales, détermine un bruit plus ou moins fort. Cet acte est convulsif, et il imprime au corps une secousse générale ; aussi, quand il est répété souvent, il devient fatigant. Il provoque la sécrétion des larmes et du mucus nasal.

On attribue l'éternument à l'irritation de la membrane qui revêt les cavités du nez, et on démontre facilement cette cause en faisant prendre une prise de tabac aux personnes qui n'ont pas l'habitude d'en user. Bien que la membrane pituitaire soit le plus communément le point de départ de l'éternument, cette expiration rapide peut être excitée par l'action d'une vive lumière et par des impressions internes :

dans de tels cas l'effet s'explique par des communications nerveuses des yeux ou des viscères avec le nez. Dans quelques cas, on provoque artificiellement l'éternument au moyen de poudres appelées *sternutatoires*, et ordinairement pour alléger une affection de la tête. C'est un moyen dont il ne faut pas abuser, car l'irritation de la membrane qui tapisse le nez peut avoir de graves résultats.

D' CHARBONNIER.

L'usage de saluer les personnes qui éternuent et de faire des souhaits en leur faveur remonte à une haute antiquité; il était déjà répandu chez presque tous les peuples. Mais les recherches qu'on a faites jusque ici pour en connaître l'origine n'ont abouti qu'à des suppositions. Aristote n'a pas dédaigné de s'occuper de cette question, et beaucoup d'écrivains après lui en ont donné différentes explications. Ce qui est surtout difficile à deviner, c'est l'idée que l'on s'est faite des éternuments, dans le principe, et qui a pu donner naissance à la coutume dont il s'agit. Les regardait-on comme dangereux ou utiles, comme un signe favorable ou défavorable? Et le salut signifiait-il d'abord qu'on souhaitait à la personne qui éternuait que ce qu'elle désirait arrivât, ou qu'elle fût préservée du malheur dont elle était menacée? Quoi qu'il en soit, l'usage s'est transmis jusqu'à nous de génération en génération. Le *vivez* des Grecs, et le *portez-vous bien* des Romains, de même que notre *à vos souhaits* ou *Dieu vous assiste!* était une affaire de politesse, prise fort au sérieux. Les Romains faisaient de ce compliment un des devoirs de la vie civile; et, comme chez nous il n'y a pas longtemps encore, on ne pouvait y manquer sans être très-répréhensible, ou sans passer tout au moins pour une personne mal élevée. L'empereur Tibère exigeait cette marque de respect en toutes circonstances. A notre époque, en France du moins, cet usage commence à tomber en désuétude; il n'est plus guère observé que chez les personnes âgées qui tiennent à tous les us et coutumes du temps passé, et dans les basses classes de la société, où les bonnes mamans en font toujours un des sujets de leurs leçons aux enfants.

Chez les anciens, la superstition, qui se glisse partout, ne manqua pas de trouver de grands mystères dans le phénomène de l'éternument. C'était chez les Égyptiens, chez les Grecs, chez les Romains, une espèce de divinité familière, un oracle ambulant, qui les avertissait en certaines occasions du parti qu'ils devaient prendre, du bien ou du mal qui devait leur arriver. La crédulité du peuple à cet égard était grande. Mais l'éternument passait particulièrement pour être décisif dans le commerce des amants. Si, par exemple, un amant, écrivant à l'objet de sa passion, venait à éternuer, il prenait cet incident pour une réponse, et jugeait par là que sa maîtresse répondait à ses vœux. Aussi les poètes grecs et latins disaient des jolies personnes que les amours avaient éternué à leur naissance.

On distinguait de bons et de mauvais éternuments. Quand la lune était dans les signes du Taureau, du Lion, de la Balance, du Capricorne, ou des Poissons, l'éternument passait pour être un bon augure; dans les autres constellations, pour un mauvais présage. C'était un pronostic fâcheux le matin depuis minuit jusqu'à midi, favorable depuis midi jusqu'à minuit; pernicieux, en sortant du lit ou de la table : il fallait s'y remettre et tâcher de dormir ou de boire, ou de manger, pour rompre les lois du mauvais quart-d'heure. On tirait aussi de semblables inductions des éternuments simples ou redoublés, de ceux qui se faisaient à droite ou à gauche, etc., toutes circonstances qui exerçaient la crédulité populaire, mais dont on a fini par se moquer, comme il arrive tôt ou tard pour toutes les croyances qui ne sont point fondées sur des faits de l'ordre naturel.

ÉTÉSIENS (Vents). Le mot *étésien* est dérivé du grec ἐτήσιαι, qui signifie *annuels*. Les anciens appelaient ainsi des vents dont le souffle se fait sentir régulièrement chaque année, et rafraîchit l'air pendant six ou sept semaines, depuis le solstice d'été jusque dans la canicule. Ces vents, à défaut de pluie, répandant de la fraîcheur dans l'atmosphère pendant la saison des grandes chaleurs, l'opinion la plus commune les fait souffler des régions du nord. Mais c'est à tort, car le *vent étésien* ne souffle pas du même point de l'horizon dans tous les pays. En Espagne, en Asie, il souffle de l'orient; en Grèce, il vient du septentrion, et dans d'autres régions il vient du midi. C'est par cette raison que dans plusieurs auteurs anciens les vents étésiens sont déclarés favorables sur la Méditerranée à ceux qui font route d'occident en orient, et contraires à ceux qui font la route opposée.

ÉTEUF ou **ESTEUF**, petite balle, fort dure, remplie de son ou d'étoupe (*stupa*), couverte de cuir, et dont on se servait pour jouer à la longue paume : prendre l'éteuf à la volée, renvoyer l'éteuf. De là deux expressions proverbiales et figurées : *repousser* ou *renvoyer l'éteuf*, pour dire repousser avec vigueur, soit par des paroles, soit par des effets, une raillerie, une injure; et *courir après son éteuf*, comme a dit La Fontaine, pour dire se priver d'une chose dont on peut avoir besoin un jour, ou prendre beaucoup de peine pour recouvrer un bien, un avantage qu'on a laissé échapper. Tout cela n'est guère plus usité maintenant, pas plus que le dicton : Ne nous faites plus de ces *éteufs-là*, c'est-à-dire de ces coups-là, en parlant de choses contraires à la bonne règle et aux convenances.

ÉTEX (ANTOINE), statuaire, né à Paris, en 1808, et doué d'une verve et d'une facilité des plus remarquables. Élève de Pradier et d'Ingres, lauréat de 1829, avec un peu plus de goût et de retenue, avec moins de confiance dans son génie et son inspiration, et moins de dédain pour les grands modèles, il serait infailliblement appelé à voir son nom inscrit quelque jour parmi ceux de nos grands sculpteurs. Ses œuvres les plus remarquables sont : *Caïn et sa famille*, *La Mort d'Hyacinthe*, *Léda*, *Les Médicis*, *Françoise de Rimini* (bas-relief), *Blanche de Castille* (à Versailles); *Le Mausolée de Géricault*, *La Résistance et la Paix*, bas-reliefs allégoriques qui ornent l'arc de triomphe de l'Étoile; *Sainte Geneviève*, au Luxembourg; *Saint Augustin*, à la Madeleine, etc.

ÉTHELRED, nom de deux rois d'Angleterre de la dynastie saxonne.

ÉTHELRED 1er, qui régna de 866 à 872, vit son règne continuellement troublé par les incursions des Danois, et périt des suites d'une blessure qu'il reçut en les combattant. Alfred le Grand, son frère, lui succéda.

ÉTHELRED II succéda à son frère, Édouard le Martyr, et régna de l'an 979 à l'an 1016. Prince faible et pusillanime, il laissa les Danois ravager plus que jamais l'Angleterre, et même venir mettre le siège devant Londres. Hors d'état de se mesurer avec ses redoutables adversaires, il préféra pour les combattre recourir à la trahison, et ordonna le massacre général, à un jour fixe, de tous ceux qui se trouveraient pour quelque cause que ce fût dans ses États. Suénon, roi de Danemark, tira une éclatante vengeance de cette lâche immolation de tant de victimes surprises sans défense, et réussit à expulser du sol de l'Angleterre ce prince, qui n'y put rentrer qu'à sa mort (1013), mais pour en être encore une fois chassé par Canut.

ÉTHELWOLF, roi d'Angleterre, de la dynastie saxonne, qui régna de 837 à 857, et qui avait épousé Judith, fille de Charles le Chauve. Cédant aux inspirations d'une piété mal éclairée, il abandonna son royaume aux ravages et aux dévastations des Danois pour entreprendre le pèlerinage de Rome, se contentant pour préserver ses sujets du fer et du feu des envahisseurs, de les rendre tributaires du saint-siége et de les placer sous la protection de saint Pierre, en leur imposant de plus une dîme au profit du clergé. Pendant son absence, son fils n'eut pas de peine à se faire décerner la couronne, et Éthelwolf la résigna sans difficulté.

ÉTHER (du grec αἴθηρ et aussi αἴθήρ, le ciel serein, l'air pur et vif, la fraîcheur du matin), mot qui joue un grand rôle dans le langage poétique, où il est souvent question des *champs* ou *plaines de l'éther*, des *campagnes éthérées*, de la *voûte éthérée*. Il a quelque analogie avec le mot *empyrée*; mais il désigne spécialement l'air le plus pur, le plus transparent et le plus calme, qu'on suppose au plus haut de l'atmosphère, et où l'on a placé poétiquement le séjour des anges. On définit l'éther un fluide invisible, élastique, impondérable comme la lumière qui remplit l'incommensurable espace, et à travers lequel les planètes et les comètes poursuivent et achèvent leurs révolutions sans le moindre trouble, tant cette substance, merveilleusement translucide, est mobile et prompte à se déplacer. Elle pénètre et traverse les corps les plus compactes, en s'insinuant dans leurs pores; elle est infiniment plus rapide que la lumière même, qui nous vient du soleil, de trente-cinq millions de lieues, en huit minutes. Aussi les phénomènes de la lumière et de l'électricité sont-ils attribués à la matière éthérée par le savant Euler. En effet, la lumière, le calorique et l'électricité sont, comme l'éther, impondérables.

C'est cette impondérabilité de l'éther, son extrême ténuité, son indivisibilité, qui ont fait que des philosophes ont nié son existence. Au delà des atmosphères planétaires ils admettent un vide absolu. Euler affirmait qu'un tel état ne pouvait exister dans l'espace, parce qu'il était traversé de mille points différents par le calorique, la lumière du soleil et des étoiles, celle de la réfraction et réflexion des planètes. Le système de Descartes justifie parfaitement l'étymologie grecque d'*éther*. Il prétend que le premier état de la nature a été cette substance, et que le soleil et les étoiles en ont été formés. Huyghens donne le nom d'*éther* à la lumière. Newton, tout en combattant le *plein absolu* des cartésiens, admet une substance d'une ténuité indicible qui remplit l'univers. M. Francœur, dans son *Uranographie*, se décide pour le *vide absolu*. « Si quelque substance, dit-il, surnageait à l'atmosphère, elle serait d'une ténuité infinie, puisque sans cela elle s'abaisserait jusqu'à la couche d'air de même densité. » Mais dire que cette substance serait mille fois plus légère que l'atmosphère, ce n'est pas dire qu'elle ne puisse exister. L'essence si translucide, si légère des comètes, nous prouverait la réalité de ce gaz céleste.

L'*éther*, ce mot si fantastique, qui renferme en lui un mystère, puisque, comme les sylphes, on ne le vit jamais, dut frapper l'imagination des poètes : aussi s'en servent-ils à tous les moments. Le chantre des Saisons, Thompson, va jusqu'à former des êtres réels de la substance éthérée ; témoins ces deux vers :

Zéphirs, fraîche Maïa, nymphe rose et sacrée,
Du printemps créateur, toi, la fille *éthérée* !
DENNE-BARON.

ÉTHER (*Chimie*). Le nom d'*éther* fut d'abord donné à un liquide très-volatil, très-inflammable, très-suave, qu'on obtient en chauffant des parties égales d'alcool et d'acide sulfurique. On étendit le même nom à d'autres liquides provenant de l'action de l'alcool sur d'autres acides, et partageant à peu près les mêmes propriétés ; enfin, il a été appliqué depuis à des composés d'acide et d'alcool peu volatils et presque inodores. Il y a donc plusieurs genres d'éthers ; on les distingue tous d'ailleurs par le nom de l'acide qui sert à les former : les uns sont composés d'hydrogène, de carbone et d'oxygène (*éthers sulfurique, phosphorique* et *arsénique*) ; les autres d'hydrogène percarboné combiné avec l'acide employé (*éthers chlorhydrique, iodhydrique*) ; les autres, enfin, d'alcool et de l'acide employé pour les faire : tels sont *éther nitrique* et les *éthers* à acides végétaux. Ils ont presque toutes les propriétés communes : une odeur forte et suave, une saveur chaude et piquante, une limpidité parfaite, une fluidité très-grande, une volatilité extrême. Ils se combinent en toute proportion avec l'alcool, mais non avec l'eau. L'éther dissout les huiles fixes et volatiles, les bitumes et les résines, et non les gommes. Tous les éthers s'enflamment sur-le-champ par l'approche d'une bougie allumée.

Les éthers connus jusqu'à présent sont : 1° l'*éther sulfurique*, le plus anciennement connu de tous, puisqu'on le trouve mentionné dans la *Pharmacopée* de Valerius Cordus, publiée à Nuremberg en 1540. C'est le plus usité ; il est employé en médecine soit pur, soit mêlé avec l'alcool, sous le nom de *liqueur d'Hoffmann*. On s'en sert souvent dans les laboratoires de chimie ; 2° et 3° les *éthers phosphorique* et *arsénique*, dont la découverte est due à M. Boullay ; ces deux éthers sont probablement les mêmes que l'éther sulfurique ; 4° l'*éther chlorhydrique* gazeux à la température de 11° : la saveur en est sensiblement sucrée ; 5° l'*éther iodhydrique* dû à Gay-Lussac : il ne s'enflamme point par l'approche d'un corps en combustion, et n'occupe son rang parmi les éthers que par analogie ; 6° l'*éther nitrique*, d'un blanc jaunâtre, d'une odeur extrêmement forte, d'une saveur âcre et brûlante : cet éther est dû à M. Navier de Châlons ; 7° l'*éther acétique*, découvert par le comte de Lauraguais, en 1759 : il a une odeur agréable d'éther sulfurique et d'acide acétique, une saveur toute particulière ; 8° enfin les *éthers benzoïque* et *oxalique*, plus volatils que l'alcool, et les *éthers citrique, tartrique* et *gallique*, qui n'entrent en ébullition qu'au-dessus de 100°.

On n'emploie guère, même en médecine, que les éthers sulfurique et acétique ; on les considère comme stimulants, diffusibles et antispasmodiques. On a administré l'éther sulfurique avec succès contre le ver solitaire. L'éther acétique a été préconisé en frictions contre certaines attaques de goutte et de rhumatisme. L'éther sert souvent d'excipient à des médicaments actifs préparés dans les pharmacies sous le nom de *teintures éthérées*. S. SANDRAS.

L'éther a acquis une grande importance par son emploi pour produire l'anesthésie dans les opérations chirurgicales (*voyez* ÉTHÉRISATION). Il en aurait une plus grande encore peut-être si le problème de sa substitution à la vapeur dans les machines était complètement résolu.

ÉTHÉRISATION. Les moyens de rendre l'homme insensible aux douleurs que causent les opérations chirurgicales ont vivement fixé l'attention du public et des corps savants depuis quelques années. Les philosophes qui, avec Possidonius et sa secte, on nient jusqu'à l'existence, les stoïciens, qui la bravent, les physiologistes, qui, comme Mojon encore, soutiennent qu'elle est la source du plaisir, n'ont convaincu personne, et la douleur est à présent ce qu'elle a toujours été, ce qu'elle sera toujours : une triste réalité. La pensée de soustraire à la douleur les humains qu'on est forcé de soumettre aux opérations que nécessitent certaines maladies, est donc toute naturelle. Aussi n'est-ce pas seulement de nos jours, comme beaucoup de personnes l'ont cru, qu'elle s'est offerte à l'esprit des médecins. L'espoir de rendre l'homme insensible à l'action des instruments chirurgicaux remonte si loin dans l'histoire, qu'on le trouve nettement exprimé dans les plus anciens auteurs. La *pierre dite de Memphis*, réduite en poudre et dissoute dans le vinaigre, servait déjà à cet usage, si l'on en croit les Grecs et les Romains ; la *mandragore* a surtout joui d'une grande réputation sous ce rapport. La décoction vineuse de mandragore fait dormir et apaise les douleurs ; c'est pour cela qu'on l'administre, au dire de Dodonée, à ceux auxquels on veut couper, scier ou brûler quelque partie du corps. Dioscoride et Matthiole parlent même de deux espèces de mandragore, dont l'une, mange, l'autre dont on boit la décoction pour rendre insensible pendant les opérations chirurgicales ; et Pline avait dit avant eux que le suc épaissi des baies de mandragore engourdit contre la douleur ceux qui doivent subir l'amputation ou la ponction de quelques organes.

Les chirurgiens du moyen âge étaient fort au courant de l'emploi de certains anesthésiques. Hugues de Lucques, praticien distingué du treizième siècle, s'explique très-clairement à ce sujet : Une éponge imbibée des sucs de morelle, de jusquiame, de ciguë, de laitue, de mandragore, d'opium, mise sous le nez, endormait les malades pendant les opérations ; on les réveillait ensuite en leur présentant une autre éponge trempée dans le vinaigre, ou en leur mettant du suc de rue dans les oreilles. N'avons-nous pas vu, par une communication de M. Julien, qu'il y a plusieurs siècles, les Chinois savaient aussi rendre les malades insensibles pendant les opérations. Boccace raconte que de son temps le chirurgien Mazet de la Montagne, de la fameuse école de Salerne, opérait ses malades après les avoir endormis au moyen d'une eau de sa composition. Des formules ne se sont-elles pas transmises d'âge en âge pour donner à quelques malfaiteurs le moyen d'endormir leurs victimes avant de les dévaliser, ou de les faire périr sans violence ? Qui ne sait qu'à la Renaissance, certains prisonniers parvenaient à se procurer quelques-unes de ces drogues dans le but de supporter sans douleur les tortures auxquelles on soumettait alors tant de malheureux ? Ne dit-on pas, enfin, que des empiriques turcs endorment aussi ceux auxquels ils doivent pratiquer la circoncision ?

Si depuis toutes tentatives de ce genre ont été dédaignées, il faut s'en prendre à ce que les faits annoncés par Théodoric et par d'autres, manquant de détails précis, d'authenticité suffisante, ont volontiers été rangés parmi les fables ou les actes de sorcellerie, et aussi à ce que l'usage des moyens indiqués était de nature à inspirer de véritables inquiétudes sur le compte des malades qu'on y soumettait. J'ajoute que selon toute apparence les résultats n'étaient ni assez complets, ni assez constants, ni assez passagers pour engager les chirurgiens prudents à essayer sérieusement l'emploi de semblables ressources. L'activité de l'esprit humain s'est tellement attachée à la question des anesthésiques, au surplus, qu'elle n'a jamais cessé complètement de s'en occuper, et nous allons retrouver dans le siècle actuel le même genre de tentatives, mais avec d'autres ressources que dans les siècles passés, sans compter ce que l'on a dit du haschych et du magnétisme.

En 1818, sir H. Davy ayant fait usage sur lui-même du gaz oxyde d'azote pour calmer des douleurs de dents, n'hésite pas à dire que l'on pourrait *probablement* employer ce gaz avec avantage dans les opérations chirurgicales. Sans parler de quelques expériences tentées du temps après par M. Thenard et d'autres dans l'amphithéâtre de Vauquelin, qui l'essaya aussi sur lui-même, pour vérifier les propriétés anesthésiques et hilariantes de ce singulier corps, il n'est pas douteux que l'un ou l'autre dentiste de Harford, M. H. Wells, s'en servait avec succès dès 1842 ou 1844, pour extraire des dents sans douleur. On a trop oublié, en outre, qu'un Anglais, M. Hickmah, se fit annoncer à Paris, vers 1821, comme capable de rendre insensibles à la douleur les malades qu'on opère, en leur faisant respirer certaine substance gazeuse, dont il ne paraît pas, du reste, avoir fait connaître le nom.

Sous ce rapport, les propriétés de l'éther lui-même n'étaient pas tout à fait ignorées des médecins. Quelques toxicologues, Orfila, M. Christison, entre autres, avaient constaté que donné à l'intérieur, et à de certaines doses, l'éther peut rendre les animaux insensibles. Comme calmant, il a souvent été prescrit à l'homme sous forme de vapeur. Mérat parle déjà, comme l'avait fait Nysten, d'un appareil, d'un flacon à double tubulure, destiné à faire respirer la vapeur d'éther aux malades pour calmer les douleurs. Un savant Anglais, M. Faraday, fait même remarquer que l'inhalation de l'éther agit sur l'homme comme le gaz protoxyde d'azote, et que son action, exhilarante d'abord, ne tarde pas à devenir stupéfiante.

Les éléments, les matériaux de la découverte existaient dans la science, et n'attendaient depuis longtemps qu'une main hardie ou un heureux hasard pour se dégager de la confusion qui les avait soustraits jusque là aux regards des savants. Il était réservé au Nouveau Monde, à la ville de Boston, de donner à ce que chacun croyait impossible, la force d'un fait accompli. Deux hommes se sont en quelque sorte associés pour la démonstration du fait. L'un, M. Jackson, chimiste, savant distingué, ayant vu des élèves s'enivrer avec de l'éther et devenir insensibles dans les laboratoires de Cambridge, respire lui-même de la vapeur éthérée pour se guérir de la migraine ou calmer des irritations de poitrine qu'il avait contractées en inspirant du chlore. Ses expériences et ses remarques le portent à conclure que les vapeurs d'éther peuvent rendre l'homme insensible à l'action des agents extérieurs. L'autre, M. Morton, simple dentiste, tourmenté depuis un certain temps du besoin de réaliser le fameux axiome des hommes de sa profession, d'extraire les dents sans causer de douleur, en parle à M. Jackson, dont il avait été l'élève. « Faites respirer de l'éther à vos malades, lui dit le chimiste, ils s'endormiront, et vous en ferez ensuite tout ce que vous voudrez. » Avec ce trait de lumière, M. Morton se met à l'œuvre, imagine et construit des appareils, se livre à des essais, et parvient bientôt à enlever effectivement sans douleur les dents de ceux qui viennent réclamer l'adresse de sa main. Sûr de son fait alors, il s'adresse aux chirurgiens de l'hôpital de Massachusetts, et leur propose d'appliquer son moyen aux malades qui doivent être soumis à l'action de l'instrument tranchant. On hésite un moment, on accepte ensuite. Sans être complète, une première expérience donne du courage ; à la deuxième tentative, le succès ne laisse rien à désirer. Les faits se multiplient en peu de jours, et la question est presque aussitôt résolue que posée ; nulle objection n'est plus possible ; les plus incrédules sont obligés de céder à l'évidence ; il faut en croire ses yeux : la solution du grand problème est enfin trouvée ! Ces premiers résultats, obtenus en Amérique, ont bientôt franchi les mers, et ne tardent pas à être confirmés en Angleterre, par quelques dentistes et quelques chirurgiens. Nous n'en sommes instruits en France, à Paris, que quelques jours plus tard, ce qui n'empêche pas qu'en moins d'un mois la possibilité de supprimer la douleur pendant les opérations chirurgicales soit démontrée sans réplique dans vingt hôpitaux de la capitale.

Cependant, le fait de l'anesthésie artificielle ne pouvait pas prendre place dans la science sans y être soumis à un examen sévère. On ne range point définitivement une telle découverte au nombre des acquisitions utiles avant de l'avoir étudiée sous toutes ses faces, avant d'en avoir bien pesé la valeur pratique. À ce point de vue, l'esprit eut lieu d'être promptement satisfait. Jamais découverte ne fut soumise à un plus vaste contrôle ; jamais sujet ne fut travaillé avec plus d'ardeur. Expériences sur les animaux, expériences sur soi-même, expériences sur l'homme sain et sur l'homme malade ; médecins et chirurgiens, tout le monde se mit à l'œuvre.

Que de singularités, que de tableaux variés se sont déroulés aux yeux de l'observateur attentif : tantôt le malade qu'on éthérise à la conscience de l'opération qu'on lui pratique ; il est apte à en être le sujet, il en suit pour ainsi dire toutes les phases. Un noble russe avait réclamé mes soins pour une maladie dont les progrès ne pouvaient être arrêtés que par une opération des plus douloureuses. Il s'agissait d'extirper un œil devenu cancéreux. Soumis aux vapeurs anesthésiques, le malade tombe dans un sommeil complet, et l'opération est pratiquée sans qu'il manifeste la moindre douleur. À son réveil, voici comment il s'explique ce qui s'est passé en lui : « Je n'avais pas perdu, me dit-il, la suite de mes idées ; résigné à l'opération, je savais que vous y procédiez, et j'en suivais tous les temps, non que je sentisse la moindre douleur ; mais j'entendais distinctement le bruit de votre instrument qui pénétrait dans les parties, qui les divisait et séparait ainsi ce qui était malade de ce qui était sain. » Ainsi, sauf la douleur et la faculté de réagir, l'intelligence persistait et analysait jusqu'à l'opération elle-même.

D'autres fois, ce sont des rêves de diverse nature qui bercent les malades; des songes, qui tantôt ont rapport à l'opération, et qui tantôt lui sont étrangers. Des femmes s'imaginent être au bal ou à quelque concert. Quelques-unes m'ont parlé de visions, tantôt agréables tantôt pénibles. L'une d'elles se trouvait suspendue dans l'atmosphère et entourée d'une voûte délicieusement étoilée ; une autre était au centre d'un vaste amphithéâtre, dont tous les gradins étaient garnis de jeunes vierges d'une blancheur éblouissante.

Au point de vue de la chirurgie, ces rêves se rangent en deux catégories : les uns avec mouvements, avec agitation ; les autres avec maintien du calme, et sans réaction musculaire. Ils ont mis en lumière un fait étrange. En éteignant la sensibilité, les anesthésiques provoquent ordinairement le relâchement des muscles : aussi nous sommes-nous servis de bonne heure et avec des avantages marqués de l'éthérisation pour favoriser la réduction des luxations et de certaines fractures. J'en avais même inféré des le principe que l'anesthésie rendrait peut-être quelques services dans la manœuvre des accouchements difficiles, dans le traitement du tétanos, etc... Or l'expérience a démontré que chez quelques malades l'action musculaire est si peu émoussée pendant l'éthérisation, que, gouvernés par leurs rêves, ils se meuvent, s'agitent, se redressent avec force, au point de se soustraire aux mains des aides et d'échapper par moments à la sollicitude de l'opérateur.

Ce qu'il y a de plus insolite, ce qui serait à peine croyable pour moi, si je ne l'avais constaté plusieurs fois, c'est qu'un même malade soumis à l'action des anesthésiques ait les muscles comme paralysés sur un point pendant qu'il les contracte énergiquement sur d'autres. Un malade de la ville, auquel j'enlevais une tumeur du bras gauche, était tellement préoccupé de questions électorales, qu'il ne cessa de crier, de se disputer, de remuer avec force la tête, les jambes et même le bras droit pendant toute la durée de l'opération, en même temps que le bras malade restait calme et parfaitement exempt de contractions musculaires. Chez un jeune homme fort et bien constitué, auquel j'eus à réduire une luxation du coude, nous fûmes frappés de ce singulier phénomène. Assis sur une chaise, il ne cessa point, durant toute l'opération, de se cramponner avec vigueur du pied et du bras sain à la table et contre un pilier voisin, pendant que de l'autre côté la luxation se réduisait avec une extrême facilité, que nos tractions ne rencontraient aucune résistance musculaire. On eût dit une intelligence mystérieuse éteignant l'action musculaire là où elle était nuisible, pour l'exagérer en quelque sorte là où elle pouvait servir ou ne pas nuire!

Au surplus, les rêves de l'anesthésie, les rêves avec mouvements désordonnés surtout, se voient beaucoup moins avec le chloroforme qu'avec l'éther. Encore faut-il ajouter qu'avec le chloroforme les malades, une fois réveillés, ne peuvent plus, en général, rendre compte de ce qu'ils ont éprouvé, ne se souviennent plus d'avoir rêvé. J'en ai vu plusieurs qui criaient, cherchaient à remuer, parlaient distinctement d'objets divers jusqu'à la fin de l'opération, et qui une fois revenus ont cru n'avoir rien dit, être restés absolument tranquilles. J'en ai vu aussi cependant qui n'oubliaient point le sujet de leurs rêves. Une demoiselle du monde, grande amateur de musique, fredonna tout le temps, avec le plus grand calme, un air qu'elle affectionnait, pendant que je lui enlevais une énorme tumeur des profondeurs de la cuisse. A son réveil, elle se rappela très-bien la chanson, quoiqu'elle fût restée parfaitement insensible à l'action de nos instruments.

L'emploi de l'anesthésie artificielle s'est tellement et si rapidement popularisé, qu'on en a maintenant fait usage non-seulement pour toutes les opérations de la chirurgie, mais encore, en médecine, dans le traitement de l'épilepsie, de l'hystérie, de certaines formes de l'aliénation mentale, des affections nerveuses en général. On s'en est servi aussi dans l'art des accouchements, lorsqu'il est nécessaire de venir au secours de l'organisme impuissant, aussi bien que pour épargner aux femmes les douleurs qui servent naturellement de préludes à la naissance de l'homme. Mise en pratique par MM. Chailly, Devilliers, P. Dubois, Bodson à Paris, par M. Stoltz à Strasbourg, par M. Villeneuve à Marseille, et par d'autres, l'éthérisation ne s'est point encore généralisée dans l'art des accouchements parmi nous. C'est en Angleterre et en Amérique, qu'on s'en est occupé avec le plus d'ardeur sous ce rapport, à tel point que M. Simpson, qui, partant d'une expérience de M. Flourens sur les animaux, a substitué le chloroforme à l'éther en chirurgie, et M. Meigs, accoucheur distingué de Philadelphie, s'en disputent aujourd'hui la première idée.

Etudiant les résultats naturels de l'éthérisation sur les fluides, quelques expérimentateurs, M. Flourens, M. Amussat, en particulier, ont cru que le sang devenait noir, que le sang artériel prenait la teinte du sang veineux tant que dure l'insensibilité, et que l'anesthétisation est, jusqu'à un certain point, comparable à l'asphyxie. Comme ce qui a été dit des animaux sous ce rapport a été soutenu aussi pour l'homme, on a dû se hâter de vérifier des faits aussi sérieux. Des expériences nombreuses, faites par M. Girardin, de Rouen, M. Dufay, de Blois, M. Renauld, d'Alfort, paraissent démontrer sans réplique que le sang reste rouge dans les artères tant que l'animal respire sans gêne, tant que l'appareil employé n'est pas privé d'une proportion convenable d'air. La coloration noire signalée du sang artériel dépendrait ainsi d'une asphyxie venant compliquer accidentellement l'éthérisation, et non de l'éthérisation elle-même. Les observations que j'ai pu recueillir sur l'homme m'ont conduit à la même opinion. Toutes les fois que l'inhalation de l'éther ou du chloroforme s'est faite en pleine atmosphère, avec calme, sans résistance, la figure des malades a conservé sa teinte naturelle, et le sang est resté rouge pendant toute l'opération. Dans les conditions contraires, c'est-à-dire chez les malades qui inspirent mal, qui résistent instinctivement ou par peur à l'entrée libre de la vapeur au fond des bronches, le visage pâlit ou se congestionne, prend quelquefois même une teinte violacée, et le sang qui s'échappe de la plaie revêt assez souvent en effet une couleur plus ou moins vineuse. Cette remarque m'a conduit, eu ce qui touche le chloroforme du moins, à rejeter le mouchoir, les linges ou compresses, les vessies, employés par beaucoup de chirurgiens, et même les appareils, si ingénieux du reste, construits par nos habiles fabricants, et à me servir uniquement d'une bonne éponge pour l'éthérisation. Tenue près du nez sans le toucher, l'éponge imbibée de chloroforme est tellement perméable, que l'air ne peut éprouver aucune difficulté à la traverser, et que la respiration n'en souffre aucune gêne, qualités qu'on ne trouve point au même degré dans les autres objets adoptés ou proposés.

Alors même que les expériences sur les animaux n'eussent point inspiré de craintes sur l'emploi des anesthésiques, l'éthérisation ne pouvait pas apparaître dans la pratique sans soulever contre elle de nombreuses objections, une vive opposition. Pour ne m'occuper que des objections sensées, je ne répondrai rien à ceux qui repoussent l'éthérisation à cause de l'abus que pourraient en faire les malfaiteurs par exemple, ou quelque timidité de l'art mal intentionné, à cause aussi des atteintes que pourraient en recevoir la morale, la probité ou la discrétion, si elle était livrée à des mains maladroites ou à des âmes perverses ; mais où on serions-nous si, par cela seul que l'abus d'une bonne chose peut être dangereux, on devait en rejeter l'usage!

Il n'y a guère lieu de réfuter non plus ceux qui prétendent que la douleur dans les opérations est un mal nécessaire, et qu'il est dangereux d'en empêcher la manifestation. L'humanité ne se soulève-t-elle pas tout entière à l'énoncé d'une telle doctrine. A ce compte, la chirurgie aurait été coupable de tout temps, car ses perfectionnements ont eu constamment pour but de rendre les opérations moins douloureuses en même temps que moins dangereuses. Se contraindre, ne pas se plaindre quand on éprouve une vive douleur, quand on souffre violemment, peut nuire sans doute, mais empêcher la douleur de naître sera toujours un avantage, un bienfait.

Les animaux reviennent toujours à la santé quand on cesse l'éthérisation aussitôt après que l'insensibilité est obtenue, et ils ne meurent que si à partir de là on continue de les éthériser encore plusieurs minutes. Pourquoi en serait-il autrement chez l'homme? Rendu insensible, le malade en a pour deux, quatre ou cinq minutes. D'ailleurs, si les besoins de quelques opérations spéciales l'exigent, rien ne s'oppose à ce que l'éponge anesthésique soit remise sous le nez de l'opéré, quand il semble sur le point de revenir à lui alors que l'opération n'est pas terminée. On ne voit donc pas, *a priori* que bien conduite l'éthérisation soit de nature à compromettre la vie des malades. On invoque cependant des faits en faveur de l'opinion contraire. Des malades éthérisés ne se sont plus réveillés, ou ont succombé peu de temps après avoir repris plus ou moins complètement leurs sens. On a cité des faits de ce genre en Angleterre, en Amérique, en Allemagne, en France, en Espagne. Nier les faits, ce n'est pas les détruire : j'accepte donc ceux que l'histoire possède ; mais je ne les accepte qu'à la condition de les analyser, de les juger. Un jeune homme de laboratoire juge à propos de se placer sous le nez un *mouchoir* imbibé de chloroforme pour s'amuser ; il tombe sur le parquet avec son mouchoir collé au nez, et on le trouve mort dans cette position, sans que personne ait pu lui porter secours : il était seul. En quoi l'éthérisation est-elle coupable d'un pareil malheur ? Trois ou quatre des observations relatées sont aussi concluantes que celle-là. D'autre part, on voit à Londres une femme qui meurt vingt-quatre heures après une opération de taille, et l'on en accuse l'éthérisation, comme si cela ne s'observait jamais chez les malades qui n'ont point respiré d'éther. Un tétanique succombe au bout de six heures, et quoique cet homme fût mourant avant l'éthérisation, on s'en prend au chloroforme. Un homme gravement blessé, encore dans la stupeur, épuisé par une abondante perte de sang, et qu'on éthérise deux fois, succombe avant la fin de l'opération, et l'on affirme que sans le chloroforme rien de semblable ne serait arrivé ; comme si avant l'éthérisation des faits pareils ne s'étaient présentés nulle part ! On est allé plus loin : on a mis sur le compte du chloroforme la mort qui est survenue au bout de deux jours chez un deuxième tétanique, au bout de douze heures chez un opéré de la hernie, au bout de vingt-quatre heures chez un autre malade, quoiqu'ils eussent tous repris leurs sens, et que le dernier se fût même rendu loin de son lit, où il succomba tout à coup. Je le demande à tout observateur impartial, est-ce avec des faits semblables que l'on peut mettre en évidence la léthalité des agents anesthésiques ?

Il est vrai que des observations d'un autre ordre ont été produites. Rien n'a pu réveiller des malades qu'on avait éthérisés pour petites opérations, pour des extractions de dents, pour la fente d'une fistule, pour l'arrachement d'un ongle. Que la frayeur s'empare des esprits à l'annonce de malheurs pareils, rien de plus juste. Personne plus que moi ne les déplore, et ne serait plus disposé à rejeter l'éthérisation s'ils devaient se reproduire souvent, s'il était démontré que l'anesthésie par elle-même en soit véritablement responsable. N'en ayant point été témoin, je ne puis les prendre que comme ils nous ont été donnés. Mais, en observateur scrupuleux et sévère, qui tient à dégager la vérité de l'erreur, je ne puis taire les réflexions suivantes. D'abord ces cas malheureux (je parle de ceux dont les détails offrent quelque garantie) ne se sont rencontrés que dans la pratique privée : aucun des opérateurs en renom n'a eu à en déplorer de semblables. Les hommes qui sont à la tête des grands hôpitaux de Saint-Pétersbourg, de Moscou, de Berlin, de Vienne, de Boston, de New-York, de Philadelphie, de Londres, de Dublin, d'Édimbourg, de Montpellier, de Strasbourg, de Paris, n'ont rien observé d'analogue. Dans presque tous les établissements sanitaires, les médecins et les accoucheurs ont fait usage de l'éthérisation un grand nombre de fois, et toujours impunément ; ensuite, une foule d'étudiants en médecine, la plupart des médecins de Paris, des sociétés médicales tout entières, voulant voir individuellement ou collectivement par eux-mêmes ce que produit l'inhalation de l'éther ou du chloroforme, se sont soumis à l'éthérisation, les uns une ou deux fois seulement, les autres un grand nombre de fois : en est-il résulté un seul accident notable ? J'ai eu recours à l'éthérisation, pour ma part, près de trois mille fois, et il ne m'est jamais arrivé de malheur. Avec une expérience si vaste, en présence d'une masse si imposante de faits aussi constamment heureux, n'est-il pas permis de se demander par quelle fatalité des revers fâcheux ne se sont attachés à l'éthérisation qu'entre les mains d'hommes qui en avaient peu l'habitude, qui n'ont eu que de rares occasions d'invoquer son concours ?

Si les malheurs dont on parle n'étaient survenus que dans de graves opérations, ou après une longue éthérisation, à la rigueur on le comprendrait ; mais y a-t-il rien de plus vite fait qu'une extraction de dent ? Puis n'a-t-on pas affirmé que pour quelques cas au moins l'inhalation du chloroforme n'avait duré que trente secondes, une ou deux minutes au plus ? S'il en était ainsi, aucun chirurgien n'oserait en faire usage ; car l'éthérisation exige toujours au moins quarante secondes, et quelquefois jusqu'à quatre et cinq minutes, que l'opération à pratiquer soit petite ou grande. D'ailleurs, il existe à Paris des dentistes, deux entre autres, qui ont éthérisé de deux à trois mille clients, et qui pourtant n'ont point rencontré de ces malheureuses catastrophes : ils se sont emparés tous les jours et avec ardeur les antagonistes de l'éthérisation. Dans les opérations rapides, l'anesthésie doit être si courte, que je ne m'en explique point du tout le danger. Est-ce à dire pour cela que l'inhalation des anesthésiques connus soit absolument dépourvue d'inconvénients, puisse être livrée sans péril à toutes les mains, employée indistinctement à toutes les espèces d'opérations et d'individus ? Nullement. Nous avons eu bien soin, au contraire, M. Roux et moi, d'avertir dès le principe que des agents à la fois si puissants et si merveilleux n'étaient pas de nature à pénétrer impunément dans l'économie, et qu'autant ils pourraient être utiles employés à propos, autant ils seraient nuisibles employés à contre-temps ou sans méthode.

Maintenant comme alors leur usage ne me parait pas prudent par exemple pour les opérations qui doivent être pratiquées dans la bouche ou dans le gosier, dans les fosses nasales ou sur le larynx et la trachée, à cause des besoins que peut avoir le malade de repousser au dehors le sang qui lui a été introduit dans les voies respiratoires. Sans le désapprouver, je ne le conseille pas cependant quand on doit agir sur les yeux, les paupières ou les lèvres, quand on veut procéder à la recherche de quelques artères, et pour les opérations qui se pratiquent chez des individus très-affaiblis, soit par la maladie, soit par l'âge.

Ajouterai-je que d'une manière générale, et pour dire toute ma pensée, je ne le conseille à personne ; que, toutes choses égales d'ailleurs, j'aime mieux opérer sans éthérisation qu'avec éthérisation. Beaucoup de médecins, les gens du monde surtout, croient volontiers qu'en présence d'un malade éthérisé le chirurgien est plus libre, plus maître de ses mouvements qu'avec ceux qui conservent leur intelligence ; c'est une erreur : l'anesthésie trop prolongée exposant à quelques dangers, l'homme de l'art a naturellement hâte d'en finir, et ne peut pas se défendre d'un certain degré de préoccupation tant que dure l'opération. S'il convient de varier la position du corps, de questionner le malade, de lui adresser quelques recommandations ; si, d'une façon ou d'une autre, on a besoin de son concours, du concours de sa volonté, l'opération une fois commencée, l'homme éveillé vous entend, vous obéit, et s'abstient presque toujours des mouvements qui pourraient nuire ; tandis que rien de tout cela n'est possible sur un malade endormi. Ce n'est donc

7.

pas pour leur satisfaction personnelle que les chirurgiens sont si partisans de l'éthérisation, ce n'est donc pas non plus pour faciliter le manuel opératoire que les malades doivent la demander. En d'autres termes, les personnes qui n'ont pas peur de la douleur, ou qui du moins la supportent sans trop de crainte, auront raison de ne point se faire éthériser. Pour les autres, et c'est incomparablement le plus grand nombre, je n'hésite jamais, pour peu que l'opération en vaille la peine ; j'y ai même recouru quelquefois pour de très-légères opérations, attendu que selon moi le besoin de l'éthérisation est plutôt en raison du degré de la crainte, de la pusillanimité du malade, que de la gravité de l'opération. Ne voit-on pas chaque jour dans les hôpitaux, comme dans la clientèle privée, des personnes qui redoutent la ponction d'un abcès, l'arrachement d'une dent, l'introduction d'un stylet au fond d'une fistule, autant que d'autres l'amputation d'une cuisse?

Même restreinte dans les limites que je viens d'indiquer, l'éthérisation comptera encore comme un bienfait inappréciable dans l'histoire de l'humanité. Pour en saisir la portée, il suffit de songer au nombre de malades qui reculent indéfiniment, effrayés qu'ils sont par l'image de la douleur, devant une opération pourtant indispensable. Délivrée de cette terreur, l'espèce humaine sera libre dorénavant de choisir à temps le remède le plus convenable pour se soustraire à quelques-uns des maux qui tendent à la détruire. Ceux qui accusent sans preuve suffisante l'éthérisation, qui s'efforcent d'en éloigner les esprits, ignorent-ils qu'on peut mourir de douleur, que la douleur épuise, que dans les opérations une douleur excessive ou longtemps prolongée est toujours une complication grave? Songent-ils bien à la perplexité affreuse où ils mettent les êtres craintifs, nerveux, sensibles, pusillanimes, qui se voient dans l'alternative de se résigner à des douleurs qu'ils ne se croient pas capables de supporter, ou de se soumettre à l'influence d'un préservatif qu'on leur présente sous des couleurs si noires?

Les contempteurs de l'anesthésie allant jusqu'à supposer que les chirurgiens cachent les dangers de l'éthérisation, de peur d'en détourner les malades ou pour se ménager un plus grand nombre d'opérations, ne peuvent parler ainsi que par irréflexion. Y a-t-il un homme au monde, en effet, qui puisse trouver de l'agrément à porter le fer ou le feu sur son semblable, autrement qu'avec la ferme conviction de lui en être utile? Qui donc peut être plus intéressé au succès d'une opération que le chirurgien qui la pratique?

En somme, les opérateurs n'ont nul besoin d'amoindrir les inconvénients de l'anesthésie pour la répandre : en réalité, nous sommes bien plus souvent obligés de la refuser que d'y engager le malade. C'est à tel point, qu'à l'hôpital hommes et femmes la réclament avec instance; que j'en ai vu se jeter à mes genoux et me supplier en pleurant de ne pas leur refuser ce secours, se plaindre avec amertume même de ce que je ne voulais pas leur accorder ce qu'ils avaient vu mettre en usage chez tel ou tel camarade des lits voisins, quand par hasard j'ai trouvé l'éthérisation contre-indiquée. On peut donc être parfaitement rassuré là-dessus. Les avantages de l'éthérisation n'ont nul besoin d'être exagérés ou embellis. Avec la connaissance que le public en a déjà, les chirurgiens n'en auraient guère parties, que les malades sauraient bien nous forcer à en faire usage, et je ne crains pas d'être démenti par l'avenir en affirmant que c'est des à présent un fait acquis dont l'art ne se dessaisira plus. De nouvelles formules en seront données, on en variera les agents, elle se simplifiera sous l'influence du progrès nature de sciences ; mais l'éthérisation restera comme un des plus grands bienfaits dont la chirurgie ait doté le monde dans la première moitié du dix-neuvième siècle.

De nombreux faits, des expériences multipliées, ont été invoqués, des discussions animées ont eu lieu dans la presse et au sein des sociétés savantes depuis 1850, époque de la première publication de cet article (Union médicale, page 125); mais rien jusque ici ne m'a paru de nature à modifier ce que je disais alors de l'éthérisation. On peut voir aussi dans le journal cité où la science en était déjà sur l'anesthésie, sur l'éthérisation locale, et que sous ce rapport la question n'est guère plus avancée par malheur aujourd'hui qu'en 1850.   A. VELPEAU, de l'Académie des Sciences.

ÉTHER OXYGÉNÉ. *Voyez* ACÉTAL.
ÉTHER PYRO-ACÉTIQUE. *Voyez* ACÉTONE.
ÉTHICOTHÉOLOGIE, nom donné par Kant au système philosophique qui cherche à démontrer l'existence de Dieu rien que par des preuves tirées de l'ordre moral de l'univers, à la différence de la *physicothéologie*, qui la prouve au moyen de considérations empruntées à l'ordre, à la magnificence et à la destination providentielle de toutes choses. En ce sens, Kant définissait l'existence de Dieu *une pétition de la raison pratique*, c'est-à-dire quelque chose qu'on ne peut pas savoir par des raisons théoriques, mais qu'on est forcé de croire par des raisons morales.

ÉTHIOPIE, ÉTHIOPIENS (de deux mots grecs, αἴθω et ὄψις, signifiant *les hommes au visage brûlé* [par le soleil]). C'est sous ce nom que, dans leurs plus anciennes notions géographiques, les Grecs désignaient tous les peuples habitant l'extrémité méridionale du monde alors connu. Il en est déjà fait mention dans les poëmes d'Homère, qui distingue les Éthiopiens de l'orient et ceux de l'occident. Le mot *cousch*, dans la Bible, paraît avoir le même sens, et les Septante l'expliquent toujours par *Éthiopie*. La même distinction d'une Éthiopie orientale et d'une Éthiopie occidentale se retrouve établie dans Hérodote, ainsi que dans les géographes grecs et romains postérieurs. Pour eux l'Éthiopie c'était toute la contrée située au sud de la Libye et de l'Égypte, entre la mer Rouge à l'est, et l'océan Atlantique à l'ouest. Au rapport de Pline, c'est le Nil qui formait la séparation entre l'Éthiopie orientale et l'Éthiopie occidentale.

L'Éthiopie orientale, c'est-à-dire la contrée à laquelle les géographes anciens donnent de préférence le nom d'*Éthiopie*, comprenait l'ancien État agricole de Méroé, dont le point central se trouvait dans ce qu'on appelle maintenant la Nubie ou le Sennaar. Aussi, aujourd'hui que les contrées arrosées par le Nil central sont devenues l'objet d'investigations historiques nombreuses, est-on dans l'usage de désigner sous le nom d'*Éthiopiens* tous les débris d'une antique civilisation, tous les monuments anciens qu'on vient à y découvrir. De même on appelle *dynastie éthiopienne* la vingt-cinquième dynastie égyptienne, parce qu'elle fut fondée, au temps où le roi Ézéchias régnait chez les Juifs, par Chewek ou Sabacon, conquérant arrivé de la Nubie, que Strabon cite parmi les plus grands conquérants du monde ancien, et qu'Hérodote fait régner pendant cinquante ans. Au reste, l'histoire des tribus éthiopiennes nous est peu connue. Diodore nous apprend seulement qu'elles étaient autochthones, fréquemment en guerre avec l'Égypte et animées de sentiments de piété et de justice. Nous ne savons pas quelle était leur langue, ni à quel degré de civilisation elles étaient parvenues.

Quand plus tard des royaumes chrétiens furent fondés dans ce qu'on appelle à présent Abyssinie ou *Habesch*, on les désigna également sous le nom d'*Éthiopie*; c'est ce qui fait qu'il est encore aujourd'hui question de chrétiens éthiopiens, d'Église éthiopienne, etc. ; et qu'on est aussi dans l'usage d'appeler ordinairement *langue éthiopienne* l'ancienne langue écrite des Abyssins, la *Lesana Geez*. Il est rare toutefois qu'on désigne sous le nom d'*Éthiopie* le pays même, pour la dénomination duquel le mot Abyssinie ou *Habesch* a prévalu. Il en est de même du nom de *mer d'Éthiopie*, qu'on ne trouve plus que bien rarement donné sur les cartes à la partie méridionale de l'Océan Atlantique.

Comme, au reste, la couleur brune ou noire constituait déjà chez les anciens le caractère distinctif le plus saillant des Éthiopiens, Blumenbach y a trouvé une raison pour comprendre dans sa classification des races humaines les populations nègres de l'Afrique et de l'Australie, sous la dénomination de *race éthiopienne*.

ÉTHIOPIENNES (Écriture, Langue et Littérature). On parle en Abyssinie plusieurs langues ou dialectes qui ne sont encore que fort peu connus, ou qui ne le sont même pas du tout. La langue écrite désignée de préférence sous le nom d'*éthiopienne*, mais à laquelle les naturels donnent celui de *Gees* ou *Gihz* (ou encore d'*axoumite*, nom dérivé d'*Axum*, capitale du royaume de *Gihz*, centre de la région où il avait cours), appartient à la famille des langues sémitiques, et présente surtout beaucoup de ressemblance avec le dialecte de l'Arabie méridionale appelé *himyarite*, parlé autrefois sur le bord opposé de la mer Rouge, dans l'Yémen, mais qui depuis l'époque de Mahomet a complétement disparu de l'Arabie. Cependant elle est moins bien formée et beaucoup moins riche que la langue arabe sa sœur. On y retrouve non-seulement les racines de l'arabe, mais encore la physionomie de sa grammaire, et notamment cette variété de formes qui caractérise sa conjugaison. Elle a d'ailleurs quelques usages grammaticaux communs avec l'égyptien. On la parle encore aujourd'hui, dit-on, dans les bourgs qui environnent Saravé. Ses rapports avec les langues de la famille chaldéico-hébraïque la firent longtemps confondre avec le chaldéen à l'époque où celui-ci fut pour la première fois connu en Europe, c'est-à-dire au seizième siècle. Plus tard, on ne sait du reste pourquoi, elle reçut des orientalistes européens le nom de *langue indienne*. Bruce, dans l'enthousiasme que lui inspirait l'éthiopien, a voulu en faire la langue de nos premiers parents, d'Adam et d'Eve. Bibliander se contente de la faire remonter à Chus ou Couch, fils de Cham ; mais il pense que l'arrivée des Couchites au sud de l'Égypte dut être antérieure à l'époque de Moïse. L'époque où ce dialecte arabe pénétra dans cette partie de l'Afrique étant antérieure aux premiers perfectionnements qu'il ait reçus, c'est sans doute à cette cause qu'il faut attribuer la rudesse qu'a gardée l'éthiopien. La prononciation est extrêmement dure, et présente notamment cinq articulations contre lesquelles viennent échouer, dit-on, tous les efforts d'un organe européen.

L'opinion généralement admise de la complète affinité d'origine des langues arabe et éthiopienne n'a été combattue que par un seul voyageur, par Salt. Quelque poids que puisse avoir son avis en pareille matière, il faut dire qu'il ne le corrobore d'aucune preuve historique, et qu'il se borne à inférer des différences tranchées existant dans la physionomie, la couleur, la manière de bâtir et de s'habiller, l'écriture, l'histoire politique des Arabes et des Abyssins, que ce sont deux nations d'origines différentes, à expliquer les rapports nombreux existant entre leurs deux langues par l'influence du voisinage et des relations commerciales des deux peuples.

L'écriture éthiopienne proprement dite, laquelle, sous le rapport des formes et de la direction, diffère de toutes les écritures sémitiques, est identiquement la même aussi que l'écriture himyarite, et ne se composait à l'origine que de vingt-six consonnes, qu'on écrivait de droite à gauche. Ce fut plus tard seulement, lors de l'introduction du christianisme dans ces contrées, que la direction des caractères de cette écriture fut changée suivant le modèle de l'écriture grecque, c'est-à-dire de gauche à droite, et que, par l'addition de sept signes représentatifs des voyelles qu'on entremêla aux consonnes, l'on arriva à construire un syllabaire complet composé de 182 caractères, dont les formes tiennent à la fois des lettres sémitiques et des lettres coptes.

Nous ne connaissons que de fort insignifiants fragments d'inscriptions éthiopiennes datant de l'époque qui précéda l'introduction du christianisme sous Constantin. Mais depuis lors il a été composé une foule d'ouvrages, pour la plupart de nature ecclésiastique et historique, et deux cents au moins nous sont déjà connus. Toute la Bible, l'Ancien Testament d'après la version des Septante, furent traduits au quatrième siècle par des auteurs restés inconnus, mais qui appartenaient à la foi chrétienne. L'Ancien Testament existe complet en manuscrit en Europe ; mais il n'y en a encore que quelques parties d'imprimées, par exemple les Psaumes, texte éthiopien avec le texte latin en regard, par Ludolf, Francfort, 1701 ; texte éthiopien seul, Londres, 1815. Consultez aussi Dorn, *De Psalterio æthiopico ;* Leipzig, 1825). Nous possédons aussi le Nouveau Testament (2 vol ; Rome, 1548 ; et dans la Polyglotte de Londres). La littérature ecclésiastique éthiopienne est d'une richesse toute particulière en traductions d'apocryphes, dont les originaux grecs n'existent plus aujourd'hui. Nous citerons ici comme plus particulièrement importantes la traduction du livre d'Énoch (en anglais, par Lawrence, 2ᵉ édition, Londres 1833. texte éthiopien, Londres, 1840), et l'*Ascensio Isaiæ vatis* (texte éthiopien avec traduction latine en regard, par Lawrence ; Oxford, 1819). Citons encore *The Didascalia*, *or apostolical constitution of the Abyssinian Church* (en anglais et en éthiopien, par Platt ; Londres, 1834), et l'ouvrage intitulé : *Synaxar* (collection), lequel comprend sous une grossière forme rhythmique la vie des saints honorés en Abyssinie, des martyrologes, et les hymnes de l'Église éthiopienne.

Rien jusqu'à ce jour n'a encore été imprimé des ouvrages historiques, assez importants, que possède la littérature éthiopienne. Le plus célèbre de tous est le *Keber za Negeste*, contenant l'histoire traditionnelle, entremêlée de force fables et légendes, du royaume d'Axum, autrefois très-puissant. Vient ensuite le *Tarek Negushti*, la chronique des rois, et d'autres chroniques de différentes époques, conduisant l'histoire de l'Abyssinie jusqu'à nos jours.

La langue éthiopienne a été l'objet de travaux admirables de la part de Ludolf, auteur d'une grammaire éthiopienne (Francfort, 1702) et d'un dictionnaire éthiopien (Francfort, 1799). Depuis cet érudit, les recherches dont cette langue a été l'objet n'ont guère accru la somme des connaissances antérieures. Il y aurait toutefois de l'ingratitude à ne pas tenir compte ici des recherches entreprises par Platt, Lawrence, Dorn, Hupfeld, Hoffmann, Rœdiger, Ewald, et les missionnaires d'Abbadie, Isenberg, Blumenbach, etc. Alexandre Murray, mort en 1813 professeur à l'université d'Edimbourg, a écrit quelques mémoires sur les manuscrits éthiopiens rapportés par Bruce. Le voyageur allemand Ruppel a rapporté d'Abyssinie une collection de manuscrits éthiopiens, dont il a fait don à la bibliothèque de Francfort-sur-le-Mein, sa ville natale. Il est fâcheux que le même esprit de libéralité n'ait pas animé Bruce, dont les héritiers ont jusqu'à présent refusé de se dessaisir de ses livres.

Au quatorzième siècle, une révolution politique eut pour résultat de restreindre de plus en plus l'usage de la langue éthiopienne ; c'est ce qui fait qu'elle se trouve aujourd'hui presque à l'état de langue morte ou de langue liturgique, dont on ne se sert plus que pour les diverses espèces de compositions écrites. La langue *amharite* ou d'Ambara l'a remplacée comme langue usuelle et dominante. Cette langue répond, il est vrai, sur la plupart des points essentiels à la langue de Gees, mais renferme aussi un grand nombre d'éléments étrangers et essentiellement africains. Après les essais assez faibles tentés par Ludolf pour composer une grammaire et un dictionnaire de la langue d'Amhara (Francfort, 1698), cette langue a été l'objet de travaux autrement complets et satisfaisants de la part du missionnaire allemand Isenberg, agent de la Société des missions de Londres, qui a publié une grammaire de la langue d'Amhara (Londres, 1842) et un dictionnaire (2 vol. 1841). Il n'existe point encore de littérature de ce dialecte ; tout ce qu'on en possède consiste en traductions de la Bible et autres ouvrages religieux par les missionnaires Pearce, Isenberg, Blumberg, etc. Le dialecte de Tigré, qu'on parle aux environs d'Axum, est celui de tous qui ressemble le plus à l'ancienne langue de Gees, mais n'est encore que peu connu ; et les langues des Choas, des Enaréas, et autres peuplades de l'Abyssinie, le sont encore bien moins.

ÉTHIQUE (en latin *ethica*, formé d'ἔθος, mœurs), mot synonyme de *morale*, dont il ne diffère que parce qu'il est dérivé du grec, tandis que *morale* est de source latine. Quant au sens, il est exactement le même : ces deux mots servant à désigner cette partie de la philosophie qui traite de l'activité humaine, de la loi qui lui est imposée, et les moyens de la conduire à l'accomplissement de cette loi. Le mot *éthique* a vieilli. Dans l'école, on se servait du mot *éthice*, plus usité dans les auteurs latins ; c'est pour cette raison que le mot *éthique* a survécu quelque temps dans la langue de la philosophie : il n'a jamais eu cours dans la langue usuelle, et maintenant même il est à peu près banni de la première.

ETHMOÏDE (de ήθμός, crible, et εἶδος, forme). Cet os, de forme à peu près cubique, le plus petit et le plus fragile des huit pièces osseuses constituant la boîte crânienne, est impair, symétrique, et logé, à la racine du nez, dans une sorte d'échancrure que présente le coronal à la partie inférieure antérieure et moyenne du crâne. Il offre comme une sorte de tissu lamelleux, spongieux, et criblé en tous sens de nombreuses cellules que forment une multitude de petites lames minces, légères, et se croisant dans toutes les directions. On le divise communément en trois parties : 1° la partie supérieure ou horizontale, nommée *lame criblée* (la ressemblance que lui donnent avec un crible les trous nombreux dont elle est percée a été la cause des principales dénominations sous lesquelles on désigne cet os) ; 2° la partie moyenne ou *lame perpendiculaire* ; et enfin, 3° les *masses latérales*. La lame criblée ou cribleuse, tapissée par la dure-mère, répond à la fosse antérieure de la base du crâne, et s'articule en arrière au moyen d'une petite échancrure avec le sphénoïde. Elle offre en avant l'apophyse *crista-galli*, ainsi nommée par sa ressemblance avec la crête d'un coq, et donnant attache par son sommet à la faux du cerveau. La base de son bord antérieur concourt, par sa réunion avec le frontal, à former le *trou borgne*. Le nerf olfactif se loge sur les côtés, dans une profonde gouttière dont le fond est percé de trous nommés *olfactifs*, lesquels sont chacun l'orifice supérieur d'un petit canal tapissé par la dure-mère, et que traverse un filet du même nom. Ces petits canaux se subdivisent en pénétrant dans l'os. Le filet ethmoïdal du rameau nasal du nerf ophthalmique de Willis passe dans une petite fente près des gouttières ci-dessus et de l'apophyse *crista-galli* pour s'introduire dans les fosses nasales. Cette partie de l'ethmoïde concourt à la formation des cavités orbitaires internes. La lame perpendiculaire tombe à peu près à angle droit, comme l'indique son nom, sur la face inférieure de la lame précédente. Elle commence à la partie supérieure du nez la cloison qui sépare les deux narines. Elle est d'une forme à peu près quadrilatère, et se déjette d'un côté ou de l'autre. Son bord inférieur s'articule avec le vomer et le cartilage triangulaire du nez. Son bord antérieur est en rapport avec les os propres du nez et l'épine nasale du coronal. Le bord postérieur s'articule avec la cloison des sinus sphénoïdaux.

Les masses latérales forment les parois latérales des fosses nasales creusées d'anfractuosités, dont quelques-unes ont des noms particuliers, comme le *cornet supérieur*, ou *de Morgagni*, petite lame mince ordinairement recourbée et surmontant une sorte de gouttière horizontale, faisant partie du méat supérieur des fosses nasales. Cette gouttière, occupant à peu près la moitié en arrière de la longueur de l'ethmoïde, offre en devant une ouverture conduisant dans les cellules postérieures de l'os, qui, ordinairement fermées en arrière, communiquent cependant parfois avec les cornets ou sinus sphénoïdaux. Le cornet moyen borne la gouttière supérieure. On nomme *méat moyen* une gouttière longitudinale en avant de laquelle on voit l'ouverture antérieure des cellules de l'ethmoïde. Les cellules antérieures surpassent les autres en dimension. Toutes ces diverses pièces constituant l'ethmoïde doivent être considérées comme la principale partie de la charpente sur laquelle repose tout l'édifice de l'organe olfactif. Cet os s'articule avec le coronal, le sphénoïde, les cornets inférieurs, la maxillaire supérieure, les palatins, le vomer, les os propres du nez.

On donne en anatomie la qualification d'*ethmoïdal* à la crête *crista-galli*, au *nerf olfactif* ou *ethmoïdal*, aux *cornets ethmoïdaux*, et enfin à deux artères et à deux veines aussi nommées *ethmoïdales*, dont l'une est antérieure et l'autre postérieure. L'ethmoïde, avec les membranes qui le recouvrent et tout le système d'organes dont il est plus spécialement entouré, peut être considéré comme le principal foyer où le vice syphilitique déploie ses ravages, lorsqu'il a été porté à ce qu'on pourrait appeler son *maximum* d'intensité.

ETHNARQUE, gouverneur, chef, prince chez les anciens (du grec ἔθνος, nation, et ἀρχή, commandement). Hérode le Grand a laissé de son règne plusieurs médailles où on lit sur la face ΗΡΩΔΟΥ et sur le revers ΕΘΝΑΡΚΟΥ (Hérode ethnarque). Bien que Rome ne fût plus république, elle avait conservé un tel dédain pour le titre de roi, que, suivant leurs caprices, donnaient ou ôtaient les Césars, qu'elle aimait à humilier ses préfets couronnés du nom d'ethnarques. C'est un triumvir, Antoine, qui daigna faire Hérode roi ; ce ne fut qu'à la mort de ce prince que la Judée prit le nom de *tétrarchie*, du partage que fit Auguste de ce royaume entre Archélaüs, Hérode-Antipas et Philippe, ses fils, puisqu'il en donna la moitié au premier, et de l'autre moitié fit deux parts, dont il dota les deux derniers. Il faut donc se garder de prendre le nom de *tétrarchie* pour le nombre de provinces gouvernées. Aussi, dans l'Évangile de saint Luc, est-ce Hérode-Antipas qui est qualifié de *tétrarque* de la Galilée.   DESNE-BARON.

ETHNOGRAPHIE (des mots grecs ἔθνος, peuple, et γράφειν, décrire). C'est à proprement parler la *description des peuples*, et c'est l'appellation générale sous laquelle on a jusqu'à présent désigné l'ensemble des renseignements sur les mœurs et les usages, les costumes, la religion et la forme de gouvernement des peuples étrangers encore peu avancés dans la civilisation ; notions qu'on est dans l'usage de considérer et de traiter comme un appendice de la géographie. Toutefois, les rapides progrès, les complètes transformations récemment réalisés, et quant aux matériaux et quant à la méthode, dans les recherches historiques, philologiques, physiologiques et d'histoire naturelle, ont eu pour résultat d'engager les observateurs à donner sous ce rapport aussi plus d'importance à l'étude scientifique de l'homme comme être organisé et comme membre de l'humanité, dont le développement moral constitue l'essence et le but. De cette étude faite à ce double point de vue, est résultée la création de deux sciences nouvelles et distinctes, l'anthropogéographie et l'ethnographie.

L'*anthropogéographie* traite de la propagation des races humaines d'après les gradations physiques qu'elles présentent sur la superficie du globe, d'après les contrées qu'elles habitent, et les conditions d'existence auxquelles elles obéissent. Les questions relatives à l'origine et à l'unité du genre humain, à la diversité des races ainsi qu'à leur croisement, sont les objets principaux que traite cette science, dont Blumenbach peut être considéré comme le créateur, et qui a pour la première fois été systématiquement traitée par Prichard dans ses *Researches into the physical history of mankind* (3e édit., 5 vol. ; Londres, 1847) et dans The *natural History of Man* (1843). On lui donne aussi le nom d'*ethnologie*. Elle ne considère les peuples et les peuplades que comme des variétés et des nuances de races, et celles-ci, à leur tour, que comme des dégénérescences de l'espèce ou genre zoologique, c'est-à-dire de l'homme.

L'*ethnographie*, au contraire, science plutôt historique que naturelle, considère les hommes dans leur propagation sur la terre comme peuples, uniquement dans le sens moral du mot. Elle voit en eux des sociétés diverses formées et maintenues par les mêmes liens moraux. La langue, la religion et les lois sont les plus forts et en même temps les plus universels de ces liens ; ce sont elles qui réunissent les hommes en peuples, et qui doivent par conséquent être le point de départ et la source de toute investigation ethnographique. Ce qu'on se propose en s'y livrant, c'est d'une part, d'arriver à connaître ce qui constitue le caractère intellectuel du génie national d'un peuple considéré comme individu, comment il se manifeste dans la langue et dans la littérature, dans l'organisation politique et religieuse, dans l'ensemble des faits dont se compose l'histoire de ce peuple; d'autre part, c'est d'apprécier la position relative de chaque peuple par rapport aux différentes familles, aux différentes races, aux différents groupes de peuples, et enfin par rapport à l'humanité tout entière. De là une différence bien facile à faire entre l'ethnographie et l'histoire universelle des peuples. L'ethnographie ne se préoccupe pas des peuples considérés comme autant d'abstractions distinctes, non plus que des associations humaines que resserrent plus étroitement des liens intellectuels et matériels. Cependant, dans ces derniers temps, le vif intérêt que les peuples attachent à leurs origines, les sympathies et les antipathies qui en résultent et qui arrivent quelquefois à prendre un caractère politique, comme c'est le cas en Autriche, en Russie, en Belgique, en Angleterre, où des sujets de races différentes font partie du même groupe politique, a donné une importance toute particulière aux questions de races et de nationalités, et a provoqué sur ces matières les recherches les plus sérieuses.

L'ethnographie, comme science d'ensemble, est encore à créer; mais les monographies les plus précieuses relatives à diverses races et à divers peuples existent déjà. Schafarick, Nadeschdin, Kœppen, ont publié d'excellents travaux sur les Slaves; Rœhrig, Schott, Gabelentz, Castrèn, Bœhlingk, sur les races turques; G. de Humboldt, Newhold, Buschmann, Junghuhn, Roorda, sur les races malaisienne et polynésienne; Lassen, sur les races indiennes; Ewald, Gesenius, Tuch, Movers, sur les races sémitiques; Gallatin, d'Orbigny, Squiers, sur les races américaines. A ces documents il faut ajouter l'immense masse de renseignements de tous genres que publient incessamment dans leurs recueils spéciaux les diverses sociétés de géographie. En outre, des associations particulières se sont formées pour l'étude de cette science; et les *Sociétés ethnologiques* de Paris, de Londres et de New-York rivalisent d'ardeur pour recueillir tout ce qui peut faire progresser la science à la culture de laquelle elles se sont vouées, de même que pour former des *musées ethnographiques*.

ETHNOPHRONES, hérétiques, qui apparurent un moment dans le septième siècle, et prétendaient allier la morale du Christ avec les cérémonies superstitieuses du paganisme, l'astrologie judiciaire, les sorts, les augures, etc. Leur nom venait des deux mots grecs ἔθνος, nation, gentil, païen, et φρήν, opinion, sentiment. Saint Jean Damascène s'est occupé de cette secte.

ÉTHOPÉE, terme de grammaire. C'est une figure de rhétorique, plus commune encore aux historiens qu'aux poètes. Formée des deux mots grecs ἦθος, mœurs, habitude, manière d'être, et ποιεῖν, faire, construire, elle assemble et rapproche les différentes passions, bonnes ou mauvaises, basses ou sublimes, de l'âme, la tournure de l'esprit, les sentiments du cœur d'un personnage, et en fait la peinture, le tableau, la d e s c r i p t i o n. Ce n'est, à vrai dire, qu'une division de cette dernière figure. Salluste et Tite-Live offrent de beaux exemples d'*éthopée* dans leurs portraits de Catilina et de Sempronia. Tacite en abonde; celui de Galba surtout est un chef-d'œuvre. On en trouve chez nous de parfaits dans La Bruyère. Telle est aussi dans Bossuet le portrait de Cromwell, et dans Racine le tableau si saisissant et si court du Juif Mardochée sous le cilice, dans la bouche même d'Aman, son mortel ennemi. Tel est dans *La Henriade* celui du régent, et celui de Galerius César, le gardien de troupeaux, dans *les Martyrs*. DENNE-BARON.

ÉTHUSE, genre de plantes de la famille des ombellifères. L'espèce la plus importante à connaître est la *petite éthuse* (*æthusa cynapium*, L.), ou *petite ciguë*, que l'on confond facilement avec le persil. C'est surtout quand la petite éthuse n'est qu'en feuilles que l'on risque de se tromper : il faut alors se rappeler que les feuilles du persil sont d'un vert clair, d'une odeur assez agréable, tandis que dans la petite éthuse elles sont d'un vert plus foncé, et que froissées entre les doigts elles répandent une odeur fétide, nauséeuse ; mais rien ne la distingue mieux que ses fleurs : celles-ci ont le calice entier, les pétales inégaux, courbés en cœur ; les semences sont ovales, arrondies, striées; il n'y a point d'involucre à l'ombelle; celui des ombellicules est à trois ou quatre folioles linéaires, allongées, tournées du même côté. La petite éthuse, qui n'est que trop commune dans les jardins potagers et généralement les lieux cultivés, s'avance des contrées tempérées jusque dans celles du nord. Elle fleurit dans l'été. Sa saveur âcre et brûlante décèle ses mauvaises qualités, assez semblables à celles de la ciguë, et produisent les mêmes accidents dans l'estomac. On y remédie par des vomitifs et par des acides végétaux, tels que le vinaigre, le suc de citron, étendus dans de l'eau.

ÉTIAGE, niveau d'une rivière quand ses eaux sont au plus bas; lorsqu'on dit, par exemple, que les eaux de la Seine sont à 2 ... 3 mètres au-dessus de l'étiage du pont de la Tournelle, cela signifie que les eaux de ce fleuve se sont élevées de 2 ... 3 mètres au-dessus d'un point fixe qui répond au niveau de ces mêmes eaux dans les temps de plus grande sécheresse. TEYSSÈDRE.

ÉTIENNE (Saint), dont le nom Στέφανος, signifie en grec *couronne*, est le premier chrétien qui ait reçu la palme du martyre. Il eut ainsi la gloire d'ouvrir, selon l'expression de Châteaubriand, cet *âge héroïque du christianisme* qui fit voir au vieux monde étonné tant d'hommes obscurs, tant de faibles femmes disposées à sceller de leur sang leur foi dans les dogmes et les promesses du Christ. Étienne, que l'on croit d'origine grecque, ne fut point victime de la cruelle politique du paganisme : il périt de la main des Juifs. Il était un des plus parfaits disciples du Christ. Dans la constitution primitive de la société chrétienne, il fut élu le premier parmi les sept diacres qui étaient chargés d'aider les apôtres dans la distribution des aumônes, la nourriture des pauvres, l'administration de l'eucharistie et la prédication de l'Évangile. « C'était, dit l'Écriture, un homme plein de foi et rempli du Saint-Esprit. » Cependant, la parole de Dieu se répandait de plus en plus. Étienne en était un des plus ardents missionnaires ; chaque jour son influence sur le peuple devenait plus grande. Il rencontra des antagonistes. Ceux-ci, ne pouvant résister à la sagesse et à l'esprit qui parlaient en lui, subornèrent des témoins qui déclarèrent l'avoir entendu blasphémer contre Moïse et contre Dieu. Ils émurent ainsi le peuple, les anciens, les docteurs de la loi ; puis se jetant sur lui, ils l'entraînèrent devant le conseil. Son discours parut un blasphème. Les juges et les témoins, se bouchant les oreilles, se précipitèrent sur lui, et l'emmenèrent hors de Jérusalem pour être lapidé. Les témoins devaient jeter la première pierre; ils mirent leurs vêtements aux pieds d'un jeune homme nommé Saül, qui d'ardent persécuteur de l'Église militante, devint depuis son plus ferme champion sous le nom révéré de saint P a u l. Ainsi périt, environ sept mois après Jésus-Christ, le premier martyr d'une religion destinée à conquérir le monde par la résignation et par la souffrance.

L'Église célèbre sa fête le 26 décembre. Ses reliques furent trouvées, en 415, dans un terrain qui avait appartenu au docteur Gamaliel. Ce de sage et avisé pharisien qui, sans se prononcer pour ni contre la doctrine du Christ, avait, quelques mois avant le martyre d'Étienne, sauvé les apôtres d'une première persécution en prononçant ces paroles dont s'empara depuis Luther : « Si cette entreprise vient des hommes, elle sera bientôt dissipée; si elle vient de Dieu, vous vous y opposez en vain. »

Le martyre de saint Étienne a exercé le pinceau de plusieurs grands peintres.

L'Église révère en outre trois autres saints sous le nom

d'Étienne, sans compter le pape Étienne Ier et le roi Étienne Ier de Hongrie, à qui nous consacrons plus loin des articles particuliers.

ÉTIENNE (Saint), dit *le Jeune*, moine byzantin, né vers 714, fut mis à mort en 766, par ordre de l'empereur Constantin Copronyme, parce qu'il s'était élevé contre la fureur théologique de ce prince iconoclaste.

ÉTIENNE (Saint), *de Muret* ou *de Grandmont*, fils d'un vicomte de Thiers, en Auvergne, obtint en 1075 du pape Grégoire VII le privilége de fonder un nouvel ordre monastique selon la règle de saint Benoît. Il établit dans le Limousin, à Muret, cette nouvelle Thébaïde, et fut canonisé en 1088, par le pape Clément III.

ÉTIENNE (Saint), né dans le onzième siècle, en Angleterre, d'une famille noble, vécut en France, où il fut le premier fondateur de l'ordre de Cîteaux, et où il mourut, en 1134.

Charles De Rozoir.

ÉTIENNE. Le saint-siége a été occupé par neuf pontifes de ce nom.

ÉTIENNE Ier (Saint), fils d'un certain Julius, Romain de naissance, avait, comme diacre, administré, sous saint Corneille, les biens de l'Église, qui commençait à ne plus se contenter des aumônes des fidèles. Il passa, sous saint Luce, à la direction des affaires spirituelles, et remplaça même, pendant son exil, ce pontife, auquel il succéda enfin en 253. Le désir d'accroître son autorité le fit tomber dans de graves erreurs. Certains chrétiens, pour échapper à la mort, se procuraient de faux certificats constatant qu'ils avaient sacrifié aux idoles, quoiqu'ils fussent restés attachés à leur culte; et les chrétiens véritables les flétrissaient du nom de *libellatiques*. Deux évêques d'Espagne, Martial et Basilide, convaincus de cette lâcheté, accusés même de plusieurs crimes, avaient été chassés de leurs diocèses. Étienne adopta l'opinion contraire; il excommunia les députés de saint Cyprien et les évêques d'Afrique. Ces derniers répliquèrent; Firmilien de Césarée le traita d'antechrist, de faux apôtre, d'artisan de fraudes; saint Cyprien l'accusa d'ignorance, d'erreur, d'impudence; il l'appela *l'ennemi des chrétiens*; et quand on pensa que le discord éclatait sous le règne de Valérien, trois ans après la persécution de Dèce, on est moins étonné de la répugnance qu'éprouvaient les empereurs à protéger l'Église chrétienne. Valérien les en punit cependant avec trop de rigueur; il les confondit dans sa colère, et le pape Étienne expia cruellement le schisme qu'il avait soulevé. Les auteurs ont diversement raconté son martyre : les uns le font mourir en prison, les autres le font décapiter sur un autel qu'il avait élevé dans un cimetière pour braver ses prétentions. On n'a pas même la date précise de sa mort; on sait seulement que ce fut l'an 257, dans la quatrième année de son pontificat.

Un autre ÉTIENNE succéda à Zacharie, en 752, mais il ne gouverna l'Église que quatre jours, et n'eut pas même le temps d'être sacré : une mort subite l'enleva à son troupeau. La plupart des auteurs ne l'ont pas compté parmi les souverains pontifes; le cardinal Baronius et le Père Petau sont à peu près les seuls qui l'aient rétabli dans leur chronologie.

ÉTIENNE II sera donc le titre que nous donnerons, en dépit de leurs opinions, au successeur immédiat de ce pape qui n'eut pas le temps de se faire connaître. Étienne II était fils d'un Romain du nom de *Constantin*. Orphelin dès son bas âge, il fut élevé dans le palais de Latran par les papes, et le devint lui-même, par l'élection du peuple, le 26 mars 752. C'est par lui qu'a commencé, pour les serviteurs des serviteurs de Dieu, l'usage de se faire porter sur les épaules des fidèles, et Polydore Virgile ajoute qu'il fut le premier qui scella ses lettres avec du plomb au lieu de cire. L'ambition d'Astolphe, roi des Lombards, troubla son pontificat : ce roi, s'étant emparé de l'exarchat de Ravenne, méditait l'asservissement de l'Italie entière, et, bravant les prières du pontife, il menaçait de passer tous les Romains au fil de l'épée, s'ils ne se soumettaient pas à son obéissance. Étienne II essaya de l'apaiser par des ambassades, et, ne pouvant le vaincre par ses supplications, il finit par implorer le secours du roi de France. Pepin n'était pas homme à négliger cette occasion d'étendre sa puissance : il fit tout ce que le pape voulut, et, protégé par les ambassadeurs français, Étienne II partit de Rome le 14 octobre 753, malgré les pleurs et les prières de son peuple. Astolphe le reçut à Pavie, au-devant de lui, et le conduisit au château de Pontyon, qui venait réclamer la restitution de l'exarchat au nom de son maître. Mais le roi des Lombards déclara qu'il garderait sa conquête, et il fallut toute la crainte que lui inspirait le roi de France pour le déterminer à permettre que le pontife continuât sa route. Charles, fils de Pepin, vint au-devant de lui, et le conduisit au château de Pontyon, près de Langres, où l'attendait le roi son père. Pepin écrivit au Lombard pour le prier de respecter la ville et l'Église de Rome, et de rendre la principauté de Ravenne. Astolphe, qui voulait la garder, sentit cependant la nécessité de recourir à des négociations; le moine Carloman, frère du roi de France, quitta l'abbaye de Montcassin pour venir plaider la cause du roi lombard au parlement de Crécy, et il paya cher le succès de son éloquence, car son frère, excité par les conseils d'Étienne, le fit enfermer dans le monastère de Vienne, et infligea à ses enfants la honte de la tonsure.

Le pape, retiré à Saint-Denis, n'oubliait aucun moyen de pousser les Français en Italie : il sacrait Pepin et ses deux fils; il défendait aux seigneurs de se donner jamais des rois qui fussent d'une autre race; il faisait présent de son *pallium* à l'abbaye; il réconciliait enfin la reine Bertrade avec son époux, et s'assurait ainsi un puissant appui dans l'intérieur du palais. La guerre fut résolue. Astolphe, assiégé dans Pavie, livra Ravenne pour obtenir la paix, et le pape Étienne II rentra dans sa capitale. Mais à peine les Français avaient-ils repassé les Alpes, que le fallacieux Lombard rompait le traité et venait mettre le siége devant Rome. Trois messagers partirent successivement pour rappeler le roi de France, avec des lettres les plus pressantes et les promesses les plus fortes pour un peuple et pour l'autre. Une quatrième lettre lui fut écrite au nom de saint Pierre, et Pepin se décida à reprendre le chemin de l'Italie. Astolphe quitta vivement les environs de Rome; il se replia sur Pavie, et fut encore réduit à demander la paix au prix de ses conquêtes. Trois souverains se disputaient alors cet exarchat et la pentapole. L'empereur de Constantinople les revendiquait pour sa couronne, et ses ambassadeurs ne quittaient pas le camp des Français. Pepin les adjugea au pape, suivant sa parole, et l'année suivante en 756, le roi Astolphe étant mort, Étienne II eut l'adresse de mettre Didier dans ses intérêts en soutenant ses prétentions contre celles des Lombards, contre celles du prince Rachis. C'est ainsi qu'entrèrent dans le domaine de saint Pierre les villes de Ravenne, de Bologne, d'Imola, de Ferrare et autres. Mais Étienne II ne jouit pas longtemps de son triomphe; la mort finit le cours de son pontificat au mois d'avril 757. Si on lui reproche avec raison une trop grande avidité pour les richesses temporelles, il est juste de reconnaître qu'il en fit un noble usage. Le rétablissement de quatre anciens hôpitaux abandonnés, la fondation d'un cinquième, les pauvres, les veuves et les orphelins secourus par ses bienfaits, déposent de sa charité. Les conférences nombreuses qu'il tint dans le palais de Latran attestent son savoir et son zèle pour l'instruction des prêtres.

ÉTIENNE III, fils d'un Sicilien nommé Olivus, fut élu pape en 768. Grégoire III l'avait fait venir à Rome sur le bruit de son austère piété, pour le mettre à la tête du monastère de Saint-Chrysogone. Le pape Zacharie l'en retira, lui donna le titre de Sainte-Cécile et le logea dans le palais de Latran. Il vécut sous Étienne II et sous Paul 1er, et se retira dans son église après la mort de ce dernier, pour échapper aux désordres que causait dans Rome l'intrusion de Constantin II et du prêtre Philippe. Mais Christofle, primicier du saint-siège, vint l'y chercher à la tête des soldats, pour le reconduire comme pape dans le palais pontifical. Son élection, peu canonique, fut souillée par la cruauté de cette soldatesque, qui fit subir à Constantin tous les affronts imaginables ; on y ajouta d'affreuses tortures ; les partisans de Constantin furent recherchés, emprisonnés et mutilés, et si Étienne III n'eut d'autre tort que de ne pouvoir l'empêcher, ces barbaries, contemporaines de son avénement, n'en sont pas moins une tache pour sa mémoire, car il combla de ses faveurs les hommes qui les avaient commises. Dans un concile convoqué à Rome, où le malheureux Constantin eut encore à se défendre contre l'accusation d'avoir osé, quoique laïque, toucher à la couronne pontificale, Étienne III fit rendre un décret interdisant à l'avenir, sous peine d'anathème, d'élever les laïques à l'épiscopat sans les faire passer par tous les degrés. L'exemple de saint Ambroise aurait dû arrêter les Pères de ce concile ; mais ils allèrent plus loin : ils dépossédèrent le peuple du droit d'élection, et en firent le privilége exclusif du clergé ; ils cassèrent toutes les ordinations faites par Constantin, et le pape ne voulut consacrer les évêques de cette création qu'après l'épreuve d'une élection nouvelle.

Quelques troubles, auxquels les Lombards ne furent point étrangers, éclatèrent à Ravenne à l'occasion de l'archevêché, que se disputaient deux compétiteurs. Celui qui était soutenu par le roi Didier fut chassé par le peuple, et l'archidiacre Léon, dévoué au saint-siège, se vit consacré par le pape. Sa politique s'étendait au-delà des Alpes. L'empereur Copronyme voulait marier son fils avec la fille de Pepin, et la reine de France demandait une des siens la fille du roi des Lombards. Étienne, qui détestait Didier pour ses prétentions sur Ravenne, et l'empereur grec pour l'abolition du culte des images, fit tous ses efforts pour rompre ce double mariage, et n'y réussit qu'à moitié : la princesse Ermengarde n'en épousa pas moins Charlemagne malgré le pape. Mais elle fut répudiée un an après, pour cause de stérilité, et la cour de Rome s'applaudit de la rupture de cette alliance. Christofle et son fils Sergius furent punis à leur tour de leurs attentats : un chambellan d'Étienne, séduit par le roi Didier, ou jaloux peut-être de leur fortune, les rendit suspects au pape, les traîna de cachot en cachot, et ne les lâcha qu'après les avoir mis à mort. Étienne III ne survécut pas longtemps à cette nouvelle violence ; il mourut le 1er février 772, laissant une réputation fort quivoque.

ÉTIENNE IV était Romain et appartenait à une famille noble. Le pape Adrien fit soigner son éducation dans le palais de Latran ; Léon III l'ordonna diacre, et à la mort de ce pontife, il fut élu d'une voix unanime, en 816. Son premier soin fut de faire renouveler par le peuple romain le serment de fidélité à Louis le Débonnaire, qu'il alla visiter en France. Après avoir sacré cet empereur et l'impératrice sa femme, il reprit le chemin de Rome, chargé de riches présents, et y mourut, le 22 janvier 817.

ÉTIENNE V, Romain, succéda à Adrien III le 22 juillet 885 C'était un homme modeste, quoique noble, et ce fut malgré lui qu'on l'intronisa ; il était alors prêtre du titre des quatre couronnes. Ayant trouvé le trésor pontifical vide, ainsi que le palais, il les enrichit à l'aide de son patrimoine, et ne démentit point les vertus qu'il avaient désigné au choix du peuple. Ce pape n'est connu que par des lettres fort chrétiennes, écrites en Orient à l'occasion de l'intrusion de Photius, et en France pour tâcher de réparer les malheurs qui suivirent la mort de Charles le Gros. On vante sa libéralité envers les pauvres, son humilité ; il n'eut d'orgueil que pour le saint-siège, et c'est à lui qu'on doit cette maxime, qu'*il faut toujours inviolablement garder ce que l'Église romaine a ordonné une fois*. Mais il faut le louer surtout d'avoir voulu abolir les épreuves par le feu et par l'eau bouillante. Il mourut le 7 août 891.

ÉTIENNE VI était loin de le valoir. C'était le fils d'un prêtre romain, et Baronius le traite d'intrus et de simoniaque, comme Boniface VI, son prédécesseur ; il paraît même qu'il acheta la tiare à beaux deniers comptant. Quoi qu'il en soit, il fut élu l'an 896, et commença par condamner la mémoire du pape Formose, qui lui avait conféré l'évêché d'Anagnie. Le cadavre de ce pontife fut déterré ; on l'assit sur un trône, au milieu d'un concile assemblé pour le juger, et après cette ridicule cérémonie, Étienne VI le fit décapiter et jeter dans le Tibre. Son pontificat fut digne de ce début. Il n'était que l'instrument des Adelbert, marquis de Toscane, qui dominaient à Rome ; et sa fin couronna sa vie : pris et déposé dans une sédition, il fut étranglé dans son cachot, en l'an 900.

ÉTIENNE VII succéda en 929 à Léon VI. C'était un Romain, fils de Theudemond. Platine loue sa douceur et sa piété ; mais il n'a, pour ainsi dire, laissé que son nom sur la liste des souverains pontifes : il régna deux ans un mois douze jours, et mourut en 931.

ÉTIENNE VIII était Allemand de nation et parent éloigné de l'empereur Othon. Hugues d'Arles, roi d'Italie, le prit sous sa protection, et le fit nommer, en 939, à la place de Léon VII. C'était une raison pour que le patrice Albéric, bâtard de Marozie, devînt son ennemi. Ce monstre excita les Romains à la révolte ; ils se saisirent du pape, et le défigurèrent si cruellement, qu'il n'osa plus se montrer en public. Le malheureux eut recours à Odon, abbé de Cluny, pour rétablir la paix entre les deux tyrans de l'Italie ; mais il mourut avant de l'avoir consolidée, en 942.

ÉTIENNE IX était frère de Godefroi, duc de Lorraine, et se nommait *Frédéric*. Archidiacre de Liége pendant le second voyage de Léon IX en Allemagne, il l'accompagna à Rome, y fut fait cardinal, diacre, bibliothécaire et chancelier de l'Église. Légat à Constantinople, il fut pris et pillé à son retour par Trasimond, duc de Spolète, et se retira au Mont-Cassin, où il embrassa la vie monastique. La faveur de Victor II et les intrigues du cardinal Humbert le mirent bientôt à la tête de cette célèbre abbaye ; mais comme il n'y était venu que pour échapper à la haine de l'empereur Henri IV, il préféra le séjour de Rome dès qu'il put y rentrer sans péril, comme cardinal de Saint-Chrysogone. La mort de Victor II étant survenue, il fut élevé à sa place, en 1057, par le peuple, qui lui imposa en même temps le nom d'*Étienne*. Il se montra d'abord digne de cette faveur populaire en s'appliquant à réformer les abus de l'Église. Il proscrivit encore une fois le mariage des prêtres, et chassa tous ceux dont l'incontinence avait scandalisé la chrétienté ; il récompensa le mérite de Pierre Damien par l'évêché d'Ostie et le cardinalat ; mais il fallut user de violence et menacer même d'excommunication ce savant solitaire pour le faire sortir de sa retraite. Le schisme d'Orient occupait beaucoup Étienne IX : il envoya trois légats à l'empereur Isaac Comnène, pour essayer d'établir la suprématie sur cette Église ; mais cette ambassade eut le sort de toutes les autres, et il ne réussit pas mieux en Orient qu'en Allemagne, où il avait le dessein d'élever son frère Godefroi à l'empire. Cette ambition, assez naturelle dans un siècle aussi corrompu, n'altéra point la pureté de son âme ; elle servit même à la faire honorer davantage par un trait qui mérite d'être cité. L'or était, comme toujours, le nerf de l'intrigue, Étienne IX eut l'idée de se servir des trésors du Mont-Cassin pour assurer le succès de son frère : les moines les livrèrent sur sa demande, malgré le regret qu'ils éprouvèrent. Mais à la vue de ces trésors le pape, saisi d'un remords pieux, versa d'abondantes larmes ; il renvoya ces richesses à l'abbaye, et les accrut par de riches présents pour effacer son péché. Tant de vertu méritait un plus long pontificat : il ne dura malheureusement qu'une année. Il mourut le 29

mars 1058, dans les bras de saint Hugues, abbé de Cluny.
VIENNET, de l'Académie Française.

ÉTIENNE DE BYZANCE (*Stephanus Byzantinus*), géographe ou plutôt grammairien grec, qui vivait vers la fin du cinquième siècle de notre ère, composa un dictionnaire grammatico-géographique, qu'il avait intitulé : Εθνικά (Des Peuples). Le titre Περὶ Πόλεων (*De Urbibus*, Des Villes), qu'on donne ordinairement à cet ouvrage, n'est point celui de l'auteur. Au surplus, nous n'avons de l'original qu'un seul fragment authentique, qui suffit pour faire apprécier et regretter le reste ; c'est l'article *Dodone* : il n'existe de tout le livre qu'un abrégé fait par le grammairien Hermolaüs, qui l'intitula *Ethnicon Epitome* et qui le dédia à l'empereur Justinien. « Quelque grand que soit le ravage que ce beau livre a souffert, dit Bayle, par le peu de jugement de son abréviateur, et par l'ignorance des copistes, les savants n'ont pas laissé d'en tirer bien des lumières. » Dès la renaissance, Sigonius, Casaubon, Scaliger, Saumaise, etc., s'exercèrent à l'illustrer. La première édition du texte a été donnée par les Aldes à Venise, en 1502, in-fol. Étienne de Byzance, non-seulement donnait le catalogue des pays, villes, nations et colonies, mais il décrivait le caractère des peuples, faisait mention des fondateurs des villes, et rapportait les mythes de chaque lieu. A ce travail géographique se joignaient des observations grammaticales, fondées sur l'étymologie des noms : c'est ce qui a donné lieu à quelques savants de méconnaître le but principal d'Étienne, pour ne voir dans son livre qu'un ouvrage de grammaire destiné à expliquer les noms dérivés des peuples, des villes et des provinces.
Charles Du Rozoir.

ÉTIENNE DE BLOIS, quatrième roi d'Angleterre depuis la conquête normande, né en 1104, était le cinquième fils d'Étienne de Blois et d'Adèle, fille de Guillaume le Conquérant. Henri Ier, roi d'Angleterre, après avoir comblé de biens Étienne, comme fils de sa sœur, était mort le 1er décembre 1135, ne laissant qu'une fille pour héritière de ses États d'Angleterre et de France. C'était Mathilde, veuve de l'empereur Henri V, et que son père avait forcée d'épouser en secondes noces Geoffroi Plantagenet, comte d'Anjou. Étienne se hâta de passer en Angleterre, où l'un de ses frères, Henri, évêque de Winchester, favorisa son usurpation. Il sut se mettre en possession des trésors de son oncle, et fut reconnu roi par les bourgeois de Londres, par le clergé et par les grands. Il donna une charte par laquelle il confirma l'indépendance de l'Église, promit de réduire les forêts royales, que Henri Ier, amateur passionné de la chasse, avait étendues outre mesure, accorda aux prélats et aux barons le droit de se fortifier dans leurs châteaux, enfin abolit le *danegeld*. Ces concessions imprudentes eurent pour résultat de couvrir l'Angleterre d'une foule de forteresses devenues bientôt autant de repaires d'où la féodalité put impunément braver l'autorité des lois et le pouvoir royal.

Louis le Gros, qui sentait quels avantages il recueillerait d'une lutte entre les deux branches de la maison anglo-normande, ménagea à l'usurpateur la protection du pape Innocent II. D'autre part, David, roi d'Écosse, embrassa le parti de Mathilde, sa nièce, et entra en Angleterre, où il commit d'horribles ravages, tandis que la fille de Henri Ier occupait la Normandie. Pour le retenir dans cette province, l'époux de Mathilde, Geoffroi Plantagenet, employa son argent pour pousser à la révolte plusieurs seigneurs angevins. Geoffroi les réduisit ; mais pendant qu'il prenait quelques châteaux, il perdait un trône. Les ravages que commit en Normandie, province qu'il revendiquait comme l'héritage de sa femme, soulevèrent contre lui la population ; dès le 5 octobre il fut forcé de se retirer. Étienne, retenu en Angleterre pendant les deux premières années de son usurpation, abandonna la Normandie aux gentilshommes, qui la défendaient par pure animosité contre la maison d'Anjou. Quand il se décida à y passer, en 1137, il rendit hommage à Louis le Gros pour cette province, et marcha à la rencontre du comte d'Anjou ; mais cette campagne fut insignifiante, et il repassa la mer dans l'hiver de 1137 à 1138, emmenant avec lui tous ceux des nobles normands qu'il put déterminer à le suivre.

Le désordre, cependant, était au comble en Angleterre : les moindres barons affectaient l'indépendance. Étienne, qui n'était pas d'humeur à le souffrir longtemps, voulut révoquer toutes les concessions qu'on lui avait extorquées à son avénement au trône. De là des plaintes amères sur tous les points du royaume, où bientôt on ne craignit même point de braver ouvertement l'autorité d'un prince réduit, pour obtenir la paix de David, roi d'Écosse, à lui abandonner la ville de Carlisle et tout le Northumberland. Cette paix semblait de nature à consolider le trône d'Étienne ; mais ce prince eut alors l'imprudence de se brouiller avec le clergé, il osa même emprisonner des prélats, et l'évêque de Winchester, son propre frère, ne fut pas des derniers à se tourner contre lui. Alors Mathilde reparut (1139), ramenée par son frère Robert. Abandonné par les évêques et par les grands, auxquels il n'avait plus de trésors à prodiguer, Étienne se vit alors réduit à la condition de chef de parti. Vainqueur dans une première bataille, il est fait prisonnier dans une seconde action près de Lincoln, le 2 février 1141. Il fut traité d'abord avec égards par le comte de Glocester, son vainqueur ; mais bientôt l'implacable Mathilde le fit enchaîner comme un malfaiteur et jeter dans une tour, à Bristol. Vainement il sollicita sa liberté au prix de sa couronne, à laquelle il était prêt à renoncer. L'évêque de Winchester, après avoir fait sa soumission à Mathilde, assembla, en sa qualité de légat du pape, un concile dans sa ville épiscopale, au mois d'avril 1141 : Étienne y fut déposé et Mathilde proclamée reine et *lady* d'Angleterre. Le triomphe de cette princesse fut court. Hautaine et cruelle, elle choqua tout le monde, et se vit bientôt abandonnée de presque tous ses partisans. La guerre civile recommença, bien qu'Étienne fût encore prisonnier ; le comte de Glocester ayant à son tour été fait prisonnier par Guillaume d'Ypres, chef d'une bande de Brabançons restée fidèle à la cause d'Étienne, Mathilde consentit à échanger Étienne contre son frère, en novembre 1141. L'évêque de Winchester revint à l'usurpateur avec la fortune : dans un nouveau concile tenu à Westminster, il excommunia les partisans de Mathilde, et Étienne se remit en possession de la plus grande partie du royaume. De son côté, l'époux de Mathilde, secondé par le roi de France Louis le Jeune, conquit toute la Normandie ; et la monarchie anglo-normande se trouva ainsi partagée entre les deux branches rivales.

Le royaume d'Angleterre demeura à Étienne, avec le seul comté de Boulogne sur le continent. Le duché de Normandie, réuni au Maine, à l'Anjou et à la Touraine, reconnut pour maître Geoffroi Plantagenet. Mathilde était toujours en Angleterre, soutenant la guerre avec énergie ; mais la mort de son comte de Glocester, son frère, la détermina à quitter cette île en février 1147. Étienne, voyant que les châteaux forts des nobles de son propre parti n'étaient pas moins funestes à la tranquillité du royaume que ceux de ses ennemis, entreprit de les leur enlever, ce qui excita un nouveau soulèvement. D'un autre côté, il fut mis sous l'interdit par le pape, contre lequel il avait voulu défendre les droits de sa couronne, et il se vit obligé de fléchir. Alors un nouvel adversaire entra contre lui dans la lice : c'était Henri, fils de Mathilde et de Geoffroi Plantagenet, duc de Normandie. Le jeune prince, après avoir traversé l'Angleterre à la tête d'un brillant cortège pour aller recevoir à Carlisle l'ordre de chevalerie des mains du roi d'Écosse, David, son grand-oncle, épousa Éléonore de Guienne, femme divorcée du roi Louis le Jeune (1152). Ce mariage, qui ajouta le Poitou et la Guienne à toutes les provinces qu'il possédait déjà en France, produisit un tel effet en Angleterre, que lorsque Étienne, jaloux d'assurer sa couronne à son fils Eustache, voulut le faire sacrer par l'archevêque de Cantorbéry, ce prélat s'y refusa. Le moment parut favorable à Henri pour tenter une invasion. Un grand nombre de seigneurs se déclarèrent pour lui. Les Anglais, fatigués de la guerre civile, pressèrent les deux compétiteurs de traiter ensemble. On consentait bien qu'Étienne portât la couronne pendant le reste de sa vie, mais on voulait qu'il l'assurât à sa mort à Henri, que tout le monde reconnaissait pour l'héritier légitime. Le plus grand obstacle à cette transaction, c'étaient les prétentions assez naturelles d'Eustache, fils aîné d'Étienne. Heureusement pour l'Angleterre, ce prince, dans la force de l'âge, et plein de valeur, vint à mourir; et comme c'était après avoir pillé un domaine de saint Edmond, roi et martyr, personne ne douta que cette mort ne fût une punition du ciel. Il restait à Étienne un second fils beaucoup plus jeune (Guillaume); mais les barons ne permirent pas qu'on guerroyât plus longtemps pour cette querelle de rois; ils forcèrent les deux concurrents à s'accorder (mars 1153); Henri promit de ne plus troubler Étienne pendant le reste de sa vie; et celui-ci reconnut Henri pour son successeur. D'autres contemporains prétendent qu'il l'adopta pour son fils. Ces deux traditions, qui n'ont rien de contradictoire, concilient avec le principe de la légitimité héréditaire celui de l'élection populaire.

Après ce traité, dont l'évêque de Winchester fut encore le médiateur, Henri retourna en Normandie (avril 1154). Étienne mourut le 25 août suivant, à l'âge de quarante-neuf ans, laissant à son jeune fils Guillaume les comtés de Boulogne et de Mortain et les fiefs qu'il possédait en Angleterre. Étienne n'avait pu maintenir son autorité, et la couronne qu'il avait convoitée avec tant d'ardeur ne lui procura qu'une existence inquiète et agitée; mais il a mérité un éloge qui l'est bien rarement par les usurpateurs : c'est que jamais il ne se souilla d'un acte de cruauté ou de vengeance.

Charles Du Rozoir.

ÉTIENNE. Trois rois de Hongrie ont porté ce nom, sans compter un voïvode élu en concurrence de Ferdinand d'Autriche.

ÉTIENNE (Jean de Zapol, plus connu sous le nom d'), comte de Scépus, voïvode de Transylvanie, avait été élu et couronné roi de Hongrie par une partie des états du royaume en 1526, après la mort de Louis II tué à la bataille de Mohacz, tandis que l'autre partie choisissait Ferdinand d'Autriche, mari d'Élisabeth, sœur du feu roi. Trop faible pour lutter, Étienne se ligua avec le sultan Soliman, et leurs armées réunies assiégèrent Vienne, en 1529. Il semblait que la mort de ce prétendant, arrivée en 1540, dût mettre un terme à la lutte des deux rois; il n'en fut rien : sa veuve reprit les armes pour son fils Jean-Étienne, couronné sous le nom de Sigismond. Cependant, par un traité de 1551, elle céda le trône à Ferdinand.

ÉTIENNE Ier (Saint), roi de Hongrie, né en 979, succéda à son père Geysa, 4e duc de ce pays. Il réforma les mœurs barbares de ces peuples, fit venir des missionnaires qui prêchèrent l'Évangile, publia un code, ne reçut du pape Sylvestre II le titre de roi que vers 1000, et mourut en 1038, après un règne paisible de près de quarante ans. C'est de lui que vient le surnom d'*Apostolique*, donné aux rois en Hongrie, puis aux empereurs d'Allemagne. Le diadème dont le souverain pontife lui fit don encore au couronnement des rois de Hongrie. La superstition des peuples ne regarde comme valablement sacré que le prince qui a ceint la couronne de saint Étienne. Elle avait disparu pendant la guerre soutenue par Kossuth, contre l'empire d'Autriche; elle a depuis été retrouvée et a servi au couronnement de l'empereur François-Joseph.

ÉTIENNE II, dit *la Foudre* ou *l'Éclair*, succéda à Coloman, son père, en 1114, fit la guerre aux Vénitiens, aux Polonais, aux Russes, aux Bohêmes, se rendit odieux par ses cruautés, et n'ayant point eu d'enfants de ses deux femmes, céda, en 1131, la couronne à son cousin Bela, pour se faire moine.

ÉTIENNE III, fils de Geysa III, lui succéda en 1161, et secourut Manuel Comnène contre Venise. En son absence, ses oncles Ladislas II et Étienne usurpèrent la couronne mais le premier ne la conserva que six mois, et le second que cinq. Rétabli sur le trône en 1163, il régna jusqu'en 1173, et ne laissa point de postérité.

ÉTIENNE IV, dit *le Cuman*, succéda à Bela IV, son père, en 1270, s'illustra par ses victoires sur Ottocare, roi de Bohême, et mourut en 1272.

ÉTIENNE (Famille des). *Voyez* ESTIENNE.

ÉTIENNE (Charles-Guillaume), auteur dramatique et publiciste, naquit le 6 janvier 1778, à Chamouilly (Haute-Marne). A peine âgé de dix-huit ans, en 1796, il quitta sa province pour venir à Paris, et ne tarda pas à y signaler la facilité dont il était doué par quelques essais dans les journaux; mais bientôt, attiré vers le genre dramatique par une vocation spéciale, il obtint un succès qui fixa sur lui l'attention du public : la petite comédie de *Brueys et Palaprat*, jouée en 1807, lui valut d'illustres protections, notamment celle de Maret, depuis duc de Bassano, homme d'État, qui n'oublia jamais qu'il avait d'abord été homme de lettres. Devenu son secrétaire particulier, Étienne avança rapidement sous un tel guide : un travail facile et clair, une intelligence prompte à saisir et à rendre la pensée d'autrui, firent apprécier ses services par le ministre secrétaire d'État de l'empereur. Des places et des faveurs en devinrent la récompense. En 1810 Étienne fut appelé à remplacer Fiévée comme censeur du *Journal de l'Empire*, depuis *Journal des Débats*; et bientôt après il fut mis à la tête de la division des lettres et de la censure des journaux au ministère de la police générale.

Ces fonctions administratives ne l'empêchèrent pas de poursuivre ses travaux littéraires. Le 11 août 1810, sa comédie des *Deux Gendres* fut représentée au Théâtre-Français. Cette pièce, en cinq actes et en vers, bien conçue, bien écrite, reçut un accueil favorable. Mais elle suscita des envieux à l'auteur, à qui le poste qu'il occupait dans une administration peu populaire n'avait déjà donné que trop d'ennemis. Pour ôter à Étienne le mérite de l'invention, on cita des pièces imprimées, on compulsa des manuscrits; Lebrun Tossa, jadis ami de l'auteur, dénonça les *Deux Gendres* comme un plagiat d'une pièce portant le titre bizarre de *Conaxa*, œuvre d'un jésuite de Rennes, qui cent ans auparavant en avait puisé le sujet dans un vieux fabliau. La découverte du manuscrit de *Conaxa* fit du bruit. Le premier jour on prétendait qu'Étienne avait pris plus de trente vers à l'œuvre du jésuite le second jour, le nombre en était porté à plus de trois cents; le treizième, enfin, la comédie des *Deux Gendres* était presque entière l'ouvrage du révérend Père. Renvoyant les curieux aux trois gros volumes in-8°, publiés de 1810 à 1812, sous le titre de *Procès d'Étienne*, bornons-nous à dire que *Conaxa* fut imprimé et joué au théâtre de l'Odéon, et qu'il resta prouvé que le plus grand tort d'Étienne était d'avoir rien dit dans la préface de sa pièce des nombreux emprunts qu'il avait faits à l'œuvre du jésuite de Rennes.

Les Deux Gendres n'en poursuivirent pas moins leur route et ouvrirent à leur auteur, quand mourut Laujon, les portes de l'Académie Française. Le 7 novembre 1811 il prononça son discours de réception, dans lequel on remarqua surtout le développement de cette vérité, que la comédie est l'histoire fidèle de la société; privilège qu'en entrant à l'Académie M. Scribe a revendiqué à son tour pour la chanson.

L'Intrigante, également en cinq actes et en vers, qu'Étienne fit représenter en 1812, vint ajouter à sa réputation; mais quelques tirades où se faisait jour cet esprit d'indépendance fort modérée qui devait plus tard animer d'autres productions du même écrivain soulevèrent les susceptibilités non de l'empereur, mais de ses courtisans, qui trouvèrent inouï qu'un personnage voulût disposer librement de sa fille, et que, résistant aux volontés du *prince*, il s'écriât :

Je suis sujet du prince et roi dans ma famille !

Ce vers *séditieux* et quelques autres du même genre firent suspendre la représentation de la pièce. En 1814 le nouveau gouvernement s'empressa de lever cette interdiction, si mal motivée; mais alors une vive réaction se poursuivait contre le pouvoir déchu, et Étienne se refusa, comme il le devait, à une reprise dont on voulait faire un prétexte d'insulte envers un gouvernement qui l'avait comblé de ses bienfaits. Expulsé un instant des fonctions qu'il remplissait, puis réintégré au retour de l'île d'Elbe, il n'en devait paraître que plus coupable aux yeux du gouvernement de la seconde restauration. Créé chevalier de la Légion d'honneur après le 20 mars, ce fut lui qui, en sa qualité de président de l'Institut, se trouva chargé de féliciter l'empereur au nom de ce corps. Aussi les Bourbons à leur retour dépouillèrent-ils de nouveau Étienne de toutes ses places et l'arrachèrent-ils même de son fauteuil académique, qui ne lui fut rendu qu'en 1827. Redevenu simplement homme de lettres, comme au commencement de sa carrière, en même temps qu'il donnait à nos théâtres lyriques plusieurs pièces embellies par la musique de nos compositeurs célèbres, de Nicolo et de Boïeldieu surtout, l'ex-censeur de l'empire entrait en lice, au nom des libertés publiques, contre le parti anti-national qui voulait les anéantir. Le succès prompt et prodigieux de la *Minerve française* fut en grande partie dû à ses *Lettres sur Paris*, réunies depuis en 2 vol. in-8° (1820), sous le titre de *Correspondance pour servir à l'histoire de l'établissement du gouvernement représentatif en France*.

Ces succès fixèrent l'attention publique sur leur auteur, et déterminèrent les propriétaires du *Constitutionnel*, pour assurer exclusivement à leur entreprise le concours de son talent, à lui faire don d'une action gratuite de propriété dans leur entreprise. C'était lui attribuer, indépendamment de la rémunération fort large de son travail, un revenu clair et net de 20 à 25,000 fr. par an. En 1820 le département de la Meuse le choisit pour l'un de ses mandataires à la chambre des députés. Le même bonneur lui fut conféré en 1822, et il ne cessa d'y figurer jusqu'en 1830 parmi les défenseurs modérés des institutions consacrées par la charte. Il fut même plusieurs fois le rédacteur de l'adresse, cette sorte de compromis dans lequel l'esprit des diverses nuances du corps représentatif d'alors se laissait entraîner, avec plus ou moins de tact et de mesure, à travers les sinuosités capricieuses de la phraséologie incolore de l'époque. On lui attribue la paternité de la plus énergique de toutes, l'*adresse des deux cent vingt et un*, qui amena la chute de la restauration. Réélu député après la révolution de Juillet, en 1831, en 1834 et en 1837, il continua d'y siéger au centre gauche. Devenu alors un des chefs du *tiers parti*, il le dirigeait dans sa guerre d'innocentes escarmouches contre les cabinets doctrinaires, et à ce titre il exerça constamment sous le règne de l'élu des 221 une influence dont il tout profit pour assurer de brillantes et lucratives positions à tous ses proches. Ne l'en blâmons pas, puisque le système parlementaire n'était que l'exploitation des faiblesses du pouvoir, et surtout de la gratitude qu'il devait avoir pour les menus services que pouvaient lui rendre les représentants de la France électorale. En 1839, Étienne, désireux de céder son siège au Palais-Bourbon à son fils (que tout de suite après la révolution de 1830 il avait fait nommer conseiller à la cour des comptes), se laissa députer au Luxembourg en acceptant le titre de pair de France. Ce suicide moral et politique n'était qu'une preuve de plus de l'ardente affection qu'il portait aux siens en général, et à l'héritier de son nom en particulier. Étienne, mort en 1845, a eu pour successeur à l'Académie Française M. Alfred de Vigny.

L'énumération *complète* des ouvrages d'Étienne nous mènerait beaucoup trop loin. A cet égard, les curieux peuvent consulter ses *Œuvres complètes*, dont la piété filiale a donné une édition en 1846 et 1847 (4 vol. in-8°). Bornons-nous à rappeler ici qu'indépendamment des ouvrages dramatiques que nous avons déjà mentionnés plus haut, il est l'auteur d'*Une Heure de mariage*, du *Mari en bonne fortune*, de *La Jeune Femme colère*, comédies; de *Gulistan* (1805), de *Cendrillon* (1810), de *l'Oriflamme*, de *Joconde*, de *Jeannot et Colin* (1814), des *Deux Maris* (1816), du *Rossignol* (1817), de *Zéloïde* (1818), de *L'Une pour l'Autre* (1819), tous opéras-comiques qui obtinrent les succès les plus éclatants et les plus productifs, et dont plusieurs sont restés au répertoire; enfin, d'*Aladin ou la lampe merveilleuse*, opéra férie en cinq actes (1821).

Son fils, HENRI ÉTIENNE, né en 1801, abandonna en août 1830 le commerce de la librairie, qui l'occupait depuis une couple d'années, pour entrer d'emblée, grâce à la protection et à l'influence toute-puissante de son père, à la cour des comptes en qualité de conseiller. Élu député en 1839, il siégea au centre gauche jusqu'en février 1848, mais sans exercer d'ailleurs d'influence sur ses collègues. Il avait pourtant réussi à se créer au Palais-Bourbon une *spécialité*, qui ne laissait pas de le rendre assez incommode aux ministres. Sa persistance à réclamer, lors de la discussion du budget de la marine, qu'il fût désormais tenu des comptes détaillés et réguliers de l'entrée et de la sortie des matières premières employées dans nos divers arsenaux maritimes avait fini par être couronnée d'un plein succès; et les dilapidations scandaleuses qui avaient jadis impunément lieu dans cette partie des services publics sont devenues aujourd'hui plus difficiles à cacher.

La révolution de 1848, que certes M. Henri Étienne n'avait point appelée de ses vœux, lui maintint son mandat législatif. Il fut élu à la Constituante par les électeurs du suffrage universel dans le même département que pendant neuf années il avait représenté à la chambre du privilège. La constitution républicaine ayant déclaré les fonctions de la magistrature incompatibles avec celles de représentant du peuple, M. Henri Étienne n'hésita point entre sa place inamovible et l'honneur de continuer à représenter avec un traitement à peu près égal le département de la Meuse à l'Assemblée législative, où il figura parmi les adversaires les plus prononcés de la prolongation des pouvoirs présidentiels de Louis-Napoléon. Le coup d'État du 2 décembre, en mettant fin au mandat législatif de M. Henri Étienne, ne l'empêcha pas du moins de se joindre à ceux de ses collègues qui essayèrent alors de se réunir à la mairie du dixième arrondissement à l'effet d'y protester contre la mesure de salut public qui dissolvait l'Assemblée nationale. Mais depuis lors, découragé et renonçant aux rêves d'une restauration au profit de la maison d'Orléans, dont il s'était un long-temps bercé, M. Henri Étienne s'est franchement réconcilié avec l'empire, qui, loin de lui garder rancune, lui a rendu son siège à la cour des comptes.

ÉTIENNE BATHORI, roi de Pologne. *Voyez* BATHORI.

ÉTIER, canal qui établit une communication entre la mer et un marais salant. On l'ouvre et on le ferme à volonté lorsqu'on veut remplir le marais ou le laisser vider par l'effet de l'évaporation.

ÉTINCELLE, petite parcelle de feu, bluette (*scintilla*). Quand on frappe un caillou avec de l'acier, il en jaillit des étincelles. Ce mot se dit au figuré de l'esprit, de l'âme. Il n'a pas une *étincelle* d'esprit, de courage, de génie.

En physique, on nomme *étincelle électrique* un trait de lumière qui jaillit des corps électrisés lorsque l'excès de charge électrique qu'ils ont reçu s'échappe avec explosion à travers la couche d'air qui les environne. L'éclair n'est qu'une *étincelle électrique*.

Étinceler signifie briller, jeter des éclats de lumière : Les étoiles *étincellent*; ses yeux *étincellent*; ces diamants, ces rubis, ces vers-luisants, ce phosphore, *étincellent*. Au figuré, Boileau a dit de Juvénal :

Ses ouvrages, tous pleins d'affreuses vérités,
Étincellent pourtant de sublimes beautés.

Étincellé, terme de blason, se dit d'un écu chargé d'*étincelles*.

ÉTIOLEMENT. Quoiqu'on ne trouve point l'étymologie de ce terme, on peut reconnaître ses analogues dans les mots *eteulé* ou *esteule*, qui désignent le chaume fané, jauni, comme dans la *teille* du chanvre, etc. Toutes ces expressions nous paraissent dériver du grec στέλλω, qui désigne un amaigrissement de végétaux épuisés de vigueur. Le mot *étiolement*, d'abord employé pour désigner cet état de pâleur, de blancheur fade et molle des tissus des végétaux croissant à l'abri de la lumière et du grand air, en longues tiges minces, lisses, aqueuses ou insipides, a été ensuite appliqué aux individus du règne animal présentant une dégénérescence analogue sous l'empire des mêmes privations du soleil et d'une vie active sous une libre atmosphère. Ainsi, l'étiolement est une *cachexie*, un affaiblissement morbide de l'organisme végétal et animal, mais adventice ou factice, comme la chlorose, la pâleur, l'anémie. En général, les jeunes individus, les femelles à tissus tendres, délicats, humides, s'étiolent facilement par la vie sédentaire, ombragée, des habitations dans lesquelles ni le soleil ni l'air pur ne pénètrent habituellement. Il en résulte que l'élaboration organique languit, et que ces êtres ne déploient qu'un simple effort de croissance ou de végétation. Chez eux l'absorption domine; ils se gorgent de sucs ou d'humeurs mal assimilées; ils restent pâles, leucophlegmatiques ou hydropiques, lisses ou presque dépourvus de poils; toutes leurs fonctions se traînent dans l'inertie, le relâchement. C'est par cette cause, sans doute, que les protées et tritons, sortes de salamandres des eaux souterraines, ne subissent point leur métamorphose complète ainsi que les espèces vivant au jour; elles restent aveugles faute du développement des yeux, comme les taupes, l'aspalax, animaux gras et lourds de lieux souterrains.

Ainsi, les végétaux étiolés par l'obscurité, surtout sous une température humide, et sans chaleur vive, ne peuvent pas décomposer l'acide carbonique qu'ils absorbent, ni s'enrichir du carbone qui rendrait plus ligneux et plus solides leurs tissus, ni exhaler les fluides surabondants qui les gonflent et les surchargent. Jamais les plantes étiolées des caves ou souterrains (excepté les espèces cryptogamiques, champignons, lichens, mucors, destinés à ce genre de vie nocturne) n'y donnent naissance à la couleur verte ordinaire du feuillage. L'étiolement s'oppose également à la production du sucre, à celle de la fécule dans les végétaux de la classe des phanérogames. Aucune plante étiolée ne développe ces éléments colorants, ces arômes, ces principes sapides actifs, ces huiles volatiles, ces résines, etc., qui donnent le caractère ou les vertus propres à chaque espèce. Bien plus, le résultat décisif d'un étiolement complet consiste dans l'impuissance de la floraison et de la fructification chez ces végétaux.

Nous tirons profit de cet étiolement pour adoucir les sucs trop amers ou âcres de plusieurs plantes potagères, les rendre plus tendres, plus agréables à manger. C'est ainsi qu'on tempère l'amertume des chicorées (la barbe de capucin) et qu'on fait *blanchir* d'autres espèces de salades, les cardons, les choux, etc. L'art du jardinier s'exerce sur ces productions, en les liant, les couvrant, les empêchant d'étaler leurs feuilles et de fleurir, etc.

L'*étiolement factice des animaux domestiques* est une pratique dont les fastes culinaires de la gourmandise humaine font mention au temps même de la barbarie. On étiole à dessein, dans des cages étroites et sous l'obscurité, les oies blanches, afin de leur donner ce foie gras dont on fait des pâtés. On engraisse également les porcs, en les tenant dans les ténèbres et sans mouvement, dans le sommeil. On attendrit de même la chair des veaux nourris abondamment, etc. Or, cet empâtement du tissu cellulaire, cette accumulation graisseuse, ces sucs gélatineux qui abreuvent et détrempent l'économie animale, résultent de l'étiolement. L'absence de la lumière, l'abri d'un air vif, ralentissent la circulation du sang; le repos et le sommeil déterminent la stase des humeurs lymphatiques; les mailles des tissus s'engorgent; l'hématose s'opère mal dans des poumons, qui ne reçoivent qu'un air impur, chargé de vapeurs ou du gaz acide carbonique des étables; ce sang mal élaboré produit une sorte de chlorose, ou de pâleur et d'anémie: aussi ces animaux deviennent-ils blancs, lourds et engourdis. Leur chair est tendre, mais fade et muqueuse, difficile à digérer.

Voyons si l'étiolement n'opère pas vicieusement aussi sur plusieurs classes d'hommes soumis par état à une vie obscure et renfermée. Tels sont d'abord les ouvriers des mines: on les voit sortir hâves, décolorés, de ces cavernes souterraines, où ils s'enterrent vivants pour satisfaire la cupidité humaine. Leurs chairs flasques restent bouffies de sucs lymphatiques, faute d'une exhalation suffisante, qui n'a lieu qu'à l'air libre et à la lumière. De là viennent également cette inertie chlorotique, ces suppressions de flux menstruel, ces leucorrhées qui tourmentent les religieuses, si blêmes, emprisonnées dans leurs cloîtres. De là cet engraissement flasque et malsain des moines, malgré des jeûnes austères; ces engorgements de membres ou de viscères chez les prisonniers, pâlis dans l'obscurité de leurs cachots, et devenus, malgré la violence du caractère, engourdis, indifférents et somnolents, après avoir croupi dans cette paresse forcée, pour eux désormais un besoin, à la suite de longues années. Ainsi s'éteint leur moral ardent par l'effet de cet empâtement du physique. N'est-ce point aussi à l'étiolement qu'est due la blancheur fade, la peau lisse et molle des femmes de l'Orient, séquestrées dans leurs harems ou sérails, outre l'usage des bains et des nourritures humectantes pour les engraisser? Cette blancheur est telle que les Mauresques deviennent presque semblables aux Européennes pour le teint, et moins rosées encore, au point qu'elles ont la pâleur inanimée de la mort sur les joues. L'épaisseur de leurs appas, gonflés comme une pâte, et cédant comme des coussins, fait, dit-on, le charme des musulmans. Pourquoi ne rapporterait-on pas à l'étiolement cette délicatesse, cette blancheur de la peau de nos plus brillantes *houris* des grandes villes, nées au sein des délices d'une haute fortune et de la civilisation? Leurs fibres sont si tendres, leurs nerfs si sensibles, leur teint si prompt à s'altérer, que le moindre rayon téméraire du soleil en ternit l'éclat. Et nos jolis fashionables, si fluets, si allongés dans leur adolescence, ne ressemblent-ils point à ces pousses insipides d'herbes pâles qu'ont grandi dans l'obscurité des appartements bien clos? Cette jeunesse de *blondins*, végétant au sein de la mollesse, à demi énervés par les modernes voluptés, a donné naissance à ces faibles descendants des races les plus illustres fondues dans l'opulence, à l'abri du travail, du poids du soleil ou du grand jour.
J.-J. VIREY.

ÉTIOLOGIE ou **ÆTIOLOGIE**. (de αἰτία, cause, et λόγος, discours), partie de la médecine théorique, dans laquelle on expose les causes des maladies. L'étiologie se compose de deux parties; elle s'occupe d'abord des causes envisagées en elles-mêmes, ce qui constitue l'*étiologie proprement dite*; elle recherche ensuite de quelle manière ces causes agissent sur l'économie, branche de l'étiologie qui a reçu le nom de *pathogénie*.

Les causes des maladies étant extrêmement nombreuses, on a senti de tout temps la nécessité de les diviser. On les a distinguées en *externes* et en *internes*, en *principales* et en *accessoires*, en *prochaines* et en *éloignées*, en *prédisposantes* et en *occasionnelles*, en *positives* et en *négatives*, en *physiques*, *chimiques* et *physiologiques*; on a aussi admis des causes occultes; mais ces divisions sont trop multipliées et rentrent trop les unes dans les autres pour pouvoir être acceptées. La division des causes des maladies qui nous paraît la meilleure est celle qui prend pour base leur manière d'agir: or parmi elles 1° il en est qui produisent constamment une même maladie: on peut les appeler *déterminantes*; 2° d'autres, dont l'action est obscure ou souvent incertaine, prédisposent seulement le corps à telle ou telle maladie: ce sont les *causes prédisposantes*, que l'on peut subdiviser en *causes prédisposantes générales*, qui étendent leur action sur de grandes masses d'individus, sur tous les habitants d'une ville, d'un pays, etc., et en

causes *prédisposantes individuelles*, qui n'agissent que sur des sujets isolés; 3° enfin, un troisième ordre comprend les *causes occasionnelles*, qui sont très-nombreuses et très-variées.
P.-O. HUGUIER.

ÉTIQUETTE. Ce mot a plusieurs acceptions dans notre langue. Il signifie au propre un petit papier indiquant ce qui est contenu dans un sac, dans une boîte, dans une bouteille, dans un vase. Ainsi l'on disait autrefois *l'étiquette* d'un sac de procureur; mais l'Académie, dans la nouvelle édition de son Dictionnaire, a commis une assez grave inadvertance en donnant cette définition : « Petit écriteau qu'on met, qu'on attache sur un *sac de procès*, et qui contient les noms du demandeur et du défendeur, *celui de l'avoué.* » Messieurs les Quarante peuvent-ils ignorer que l'on ne connaît pas plus au palais les sacs de procès que les procureurs, et que les avoués étiquettent aujourd'hui, non leurs sacs, mais les *chemises* en papier qui contiennent les pièces du procès? On a dérivé ce mot, sans doute par plaisanterie, de l'abrévation : *est hic quæst (est hic quæstio inter N. et N.)*, que les procureurs auraient écrite sur leurs sacs à procès. Proverbialement : *juger sur l'étiquette du sac*, c'est juger sans avoir examiné les pièces :

On n'écouta ni les *si*, ni les *mais*,
Sur *l'étiquette* on me fit mon procès.

On a souvent porté la même accusation contre certains journalistes, qui, dit-on, jugent les ouvrages sur le titre et sur le nom de l'auteur, voire du libraire; mais ce doit être là une médisance suscitée par l'amour-propre de quelque auteur mécontent. Au surplus, la littérature peut bien en dire autant du bon public.

On a dit que les *étiquettes* d'apothicaires étaient moins longues que leurs mémoires. Qui ne se rappelle les fameuses étiquettes de Rabelais : *Poison pour le roi, Poison pour la reine, Poison pour le dauphin*? Mises par lui sur d'innocents paquets de cendre, elles le firent défrayer magnifiquement, depuis Lyon jusqu'à Paris, aux frais de l'État, comme un criminel important, sans qu'il eût à redouter au bout du voyage le fameux *quart d'heure* auquel il a donné son nom. Dans les ordonnances militaires de l'ancienne monarchie, il est défendu aux maréchaux de logis et fourriers « de bailler des *étiquettes* pour loger les capitaines et soldats dans les habitations des ecclésiastiques ». Dans ce sens, *étiquette* signifiait *billet de logement*.

Étiquette se dit encore d'un filet carré qu'on attache au bas d'une perche pour prendre le poisson.

Étiquette au figuré ne s'emploie pas seulement pour exprimer le cérémonial des *cours* (*voyez* ci-après), il signifie encore des formes cérémoniales usitées entre particuliers pour se témoigner mutuellement des égards ; on dit : Cet homme tient à *l'étiquette*, il compte les visites ; dîner *d'étiquette*, bannir toute espèce *d'étiquette*, les lois de *l'étiquette*. Ce mot se dit, enfin, des formules dont on se sert dans les lettres ou placets, selon les personnes à qui on les adresse. Ainsi il est *d'étiquette*, quand on écrit à une femme, de finir par être *son très-humble et très-obéissant serviteur*.
Charles DE ROZOM.

ÉTIQUETTE, espèce de loi qui, dans les c o u r s , règle les relations du souverain avec ceux qui l'approchent, prescrit certaines paroles, certaines formes, et commande à presque toutes les actions. L'*étiquette* est dans les cours ce que les u s a g e s sont dans le monde, avec cette différence que le monde tolère dans quelques individus l'ignorance ou le dédain de ses usages, et qu'à la cour le prince lui-même est soumis à l'*étiquette*; les premiers se modifient assez rapidement, l'autre se conserve dans son intégrité originale. On a cru longtemps que l'observance de *l'étiquette* contribuait à la solidité des trônes, et cela pourrait être vrai dans les États où une aristocratie puissante entourant le monarque, il doit exister entre elle et lui une barrière d'habitudes obséquieuses, nulle aux yeux du peuple, mais que des courtisans hésitent à franchir. On ne voit pas cependant que *l'étiquette* des cours de Perse et de Constantinople pendant la durée du Bas-Empire ait préservé de la déchéance ou de la mort les souverains, bien qu'elle en eût fait des sortes de divinités, et qu'on l'observât scrupuleusement. Le désir de satisfaire l'orgueil et la vanité n'a pas seul engendré *l'étiquette*; elle sert à maintenir l'ordre dans les palais, à classer les rangs, à régulariser le service, à prévenir les discussions, à donner à la connaissance de ceux qui le voient de près l'incapacité ou les défauts du prince, dont une partie de la conduite se trouve ainsi tracée dans une foule de cas prévus; d'un autre côté, elle aide aux courtisans à dissimuler l'ennui, l'impatience; et, mettant de part et d'autre un frein aux premiers mouvements de la nature, elle contient dans de justes bornes le roi et les sujets, car elle pèse également sur tous.

L'*étiquette* diffère selon les pays. Celle qui s'observait à la cour de France avant 1789 était composée de traditions encore plus que de prescriptions écrites : s'agissait-il d'un mariage, d'une mort, de la réception d'un des corps de l'État, ou de celle d'un ambassadeur, si des circonstances imprévues se présentaient, on consultait les vieillards, et ils décidaient d'après le récit qui leur avait été fait de quelque anecdote, ayant peut-être cent ans de date. Il y avait quelque chose du respect pour les ancêtres dans ce désir de les imiter, qui devait en inspirer aux générations futures pour ceux qui donnaient cet exemple. Le *cérémonial* observé lors des couronnements, des réceptions de chevaliers, des audiences données aux différents corps de l'État, faisait partie de *l'étiquette*; elle déterminait la place que l'on devait occuper, le nombre de pas que l'on devait faire, et jusqu'à l'ampleur des manteaux. C'était une contrainte, mais elle évitait la confusion dans les grandes réunions ; et il était moins humiliant de se trouver, par suite d'un usage établi, dans les derniers rangs, que d'y être placé par l'appréciation de son mérite personnel. Dès son réveil le roi de France agissait d'après les règles de *l'étiquette*, car c'était selon leur rang que ses aumôniers lui présentaient l'eau bénite, le livre d'Heures; et les princes, seigneurs, gens de service, la chemise et les autres parties de l'habillement; à la chapelle, au cercle, au jeu, au spectacle, au bal, à la chasse, au conseil, tout était réglé par *l'étiquette*. Louis XIV ayant décidé que le conseil des dépêches serait tenu debout, on parla de cette innovation. Il fallait une grande habitude pour ne rien oublier de ce qui concernait *l'étiquette* relativement aux repas, car apporter et poser la *nef*, le *cadenas*, faire l'*essai*, donner la serviette, donner à laver, ne se faisait qu'en observant beaucoup de formes. Selon les lieux où le roi se trouvait, divers officiers de sa maison pouvaient réclamer l'honneur de le servir, et de violentes querelles s'élevaient souvent à ce sujet; on appelait cela *soutenir ses droits*.

Les femmes n'étaient ni moins soumises ni moins exigeantes que les hommes quand il s'agissait *d'étiquette*. On fit intervenir les princes de l'Église, des membres du parlement, des seigneurs du plus haut rang, à l'occasion d'un bal où Mlle de Vaudemont devait danser. La reine Anne d'Autriche, qui avait compliqué nos vieilles *étiquettes* de l'étiquette espagnole, inspira à son fils une telle vénération pour ces formes, qu'il s'y conforma toujours, et par exemple, autant que sa volonté, les changea en lois rigoureuses pour ses descendants et leur cour. La reine de France, avec tout ce qui l'entourait, était sujette au même joug. Tel plaisir était de saison, telle distraction était de circonstance. Un souverain voisin étant mort, M. de Maurepas, en assurant, sur la foi *du piquet était de deuil*, combla de joie la femme de Louis XV, qui périssait d'ennui quand elle ne jouait pas aux cartes. Lorsque Marie-Antoinette arriva de Vienne pour épouser Louis XVI, encore dauphin, accoutumée qu'elle était à la simplicité et à la bonhomie de la cour d'Autriche, elle trouva notre étiquette insupportable, et l'ennui qu'elle en ressentait la fit accuser de dédain et de légèreté : le nom de *madame de l'étiquette*, qu'elle

ÉTIQUETTE — ETNA

donna à sa dame d'honneur, blessa profondément cette dernière, qui s'en plaignit à Louis XV; et la jeune archiduchesse, qui n'avait pas encore seize ans, fut grondée avec sévérité. Devenue reine, l'infortunée Marie-Antoinette se soumit sans doute, avec la grâce qui lui était naturelle, aux lois qu'on lui imposait, et se fit tendrement chérir de Mme la princesse de Chimay, sa dernière dame d'honneur. Ce fut à cette princesse que Napoléon fit demander des renseignements lorsque, rétablissant l'*ancien régime* à son profit, il forma une nouvelle cour. Mme de Chimay répondit à la personne chargée de la questionner : « Vous voudrez bien dire à l'empereur que j'ai tout oublié, hors les bontés et les malheurs de celle que j'ai servie. »

L'*étiquette* chez les princes du sang mettait un peu moins de distance entre eux et ceux qui étaient attachés à leur personne. On était présenté au roi avant de l'être aux princes, et on n'était admis à les servir dans les places honorables qu'avec son agrément. Il fallait se faire instruire de l'*étiquette* observée dans les lettres, quand on écrivait : tandis qu'une particulière mettait pour suscription : *à la Reine*, les princesses ajoutaient : *madame et souveraine*. Quand une femme devait être présentée, on lui apprenait à se retirer en reculant, et à jeter en arrière la queue de son manteau par un coup de talon. Le roi baisait sur la joue les présentées, et celles-ci prenaient le bord de la jupe de la reine comme pour l'appliquer à leurs lèvres, ce que la reine ne souffrait point. Les duchesses saisissaient la jupe moins bas que les autres femmes. S'asseoir sur un tabouret était un droit réservé aux duchesses et aux femmes *titrées*; les autres n'avaient que des pliants. On était ses gants pour offrir quelque chose à leurs majestés, ou pour recevoir quelque chose de leurs mains : on ne *priait* jamais en leur nom, on *invitait*; on ne disait point les *accompagner*, mais les *suivre*; on ne se levait quand elles buvaient ou éternuaient. Toutes ces *étiquettes* s'observaient chez les princes du sang; mais les femmes y avaient des chaises à dos. Les princesses recevaient les ambassadeurs couchées, et ne se faisaient pas les reconduire; et les cardinaux ne terminaient leurs visites que lorsque les princesses les avaient appelés deux fois *éminence*. Quant aux princesses, on les appelait *madame*, et on leur parlait à la troisième personne : on disait aux princes du sang: *monseigneur*, et non : *mon prince*: ce titre ne se donnait qu'aux princes qui n'appartenaient pas à la famille royale, tels que les princes de Montmorency, de Rohan, de Talleyrand, etc., ainsi qu'aux princes étrangers, comme ceux d'Aremberg, de Hohenlohe et autres. Les femmes n'appelaient *monseigneur* que les princes du sang, et les évêques uniquement.

Les *honneurs de la cour* pour les hommes consistaient, selon l'*étiquette*, à monter dans les carrosses du roi, à le suivre à la chasse, à être du jeu de la reine, à obtenir les entrées, tenir le bougeoir, etc.; quelques-unes de ces choses étaient de droit quand on avait fait preuve de noblesse; les autres étaient de faveur. On *grattait* à la porte de la chambre du roi, et quand on en sortait, il n'était point permis de mettre la main sur la serrure : un huissier devait ouvrir. Dans les *petits appartements*, on n'observait aucune *étiquette*; des manières respectueuses et courtoises suffisaient.

Il faudrait des volumes pour faire connaître avec détail les *étiquettes* observées à la cour de France. Plusieurs pourraient s'expliquer ou comme vieilles coutumes de la monarchie, ou comme hommages à la majesté souveraine, ou comme précautions conservatrices de la personne du roi; mais beaucoup aussi de ces usages étaient absurdes, et les suivre scrupuleusement ne l'était pas moins. Qui croirait qu'à Saint-Cloud, le 29 juillet 1830, un grand-officier de Charles X refusa d'introduire dans la chambre de son maître un courrier envoyé de Paris, où l'on s'égorgeait, parce que l'*étiquette* ne permettait pas de pénétrer dans la chambre du roi quand il y était entré et en avait congédié son service? Il faut pourtant que cette règle si gênante présente de grands avantages, puisqu'un homme dont les talents en fait de domination sont prouvés, Bonaparte, devenu empereur, voulut rétablir l'*étiquette*. Bien qu'il la modifiât, il ne put empêcher qu'elle ne parût alors plus ridicule qu'utile. Son génie, sa grandeur de conquérant, ne firent point pour l'*étiquette* ce que le temps seul avait pu faire; et dans sa propre famille il trouva de l'opposition, non à recevoir des honneurs, mais à en rendre. Ses sœurs, qui lors du couronnement consentaient à ce que leurs dames portassent la queue de leur manteau, déclarèrent qu'elles ne porteraient point celle du manteau de l'impératrice. Il fallut que Napoléon écrivît de sa main qu'il ne souffrirait même pas *que l'on fût malade* le jour de son sacre.

L'*étiquette* de la cour de Rome mêlée aux rites religieux surprend les étrangers. La communion est portée au pape, qui se sert d'un chalumeau d'or pour communier sous l'espèce du vin. A Madrid, la reine épouse de Charles II fut traînée longtemps par son cheval, dans la cour du palais, parce que l'*étiquette* punissait de mort quiconque touchait au pied de la reine, et que le pied de celle-ci était demeuré dans l'étrier. A la Chine, dans presque toute l'Asie et en Afrique, c'est le front dans la poussière que l'on reçoit les ordres des souverains. L'*étiquette* est le résultat d'une suite de circonstances fortuites que la civilisation a voulu régulariser, qui suit les phases de cette civilisation, et qu'il est également facile de condamner et d'absoudre, tant elle est mélangée de bien et de mal. Mme de Genlis a publié un *Dictionnaire des Étiquettes*.   C^{sse} DE BRADI.

ÉTIRAGE. Ce mot, en technologie, a plusieurs acceptions. Dans l'art du filateur, l'opération de l'*étirage* est nécessaire. Pour cela, on commence par filer en gros; ensuite on diminue, en l'allongeant, le fil pour lui donner la grosseur qu'on désire, et c'est cette opération qu'on appelle *étirage*. Dans la manipulation de l'acier se trouve aussi au nombre des opérations qu'on lui fait subir celle de l'*étirage*. On *étire* aussi le fer quand il est chaud pour l'allonger et pour lui donner le plus de pureté possible. V. DE MOLÉON.

ÉTISIE, sorte de marasme. Cette expression n'est point employée par les médecins, mais seulement dans le langage populaire, et pour désigner une maigreur extrême.

ETNA, en italien *Mongibello* (du mot italien *Monte*, et de l'arabe *djebel*, montagne), la plus haute des trois montagnes de l'Europe qui vomissent des flammes, s'élève en forme de terrasses, dans la partie nord-est de la Sicile, du milieu de la plaine de Catane, et atteint une altitude de 3,424 mètres, ce qui est 2,000 mètres de plus que le Vésuve. La base de la montagne a environ 12 myriamètres de circuit. Au nord, et de l'*Oliveto* du couvent de capucins de *Trecastagne*, l'œil découvre de toutes parts les plaines les plus fertiles, couvertes de palmiers à dattes, de figuiers de l'Inde, d'aloès, de lauriers, d'orangers et de grenadiers, et à l'horizon au loin le plus admirable des points de vue.

L'Etna ne fournit pas seulement à une grande partie de l'Italie la neige dont les habitants ont besoin pour confectionner des boissons à la glace; on en expédie même jusqu'à Malte, et on estime à 18 ou 20,000 fr. le bénéfice annuel de la vente de neiges qui a lieu rien que pour le compte de l'évêque de Catane seulement.

Le cratère qui couronne l'Etna n'a pas moins de 4 kilomètres de circonférence : au fond de ce gouffre à rebords inégaux et déchirés, s'étend, à une petite profondeur, un plancher que le bouillonnement des matières en fusion, qu'il recouvre comme une sorte de croûte, a soulevé dans quelques endroits et déchiré dans quelques autres. Trois ouvertures s'y sont formées : l'une est un trou oblong et irrégulier; les deux autres présentent la forme d'un cône. C'est par ces trois soupiraux que s'échappent sans intermittence des tourbillons de fumée qui permettent difficilement à l'œil de mesurer la profondeur de l'abîme, évaluée toutefois à 200 mètres. Là commence un large canal qui se détourne subitement et se perd dans les régions souterraines. La fumée qui monte du fond du grand cratère, vue de jour, paraît noire et épaisse, mais la nuit elle semble embrasée : c'est ce qui a fait croire longtemps que le volcan vomissait des flammes. Dans les temps ordinaires, lorsque le gouffre est tranquille, on entend constamment dans l'intérieur un bruit sourd, semblable au mugissement de la mer ou à l'effroyable bruit d'un immense fourneau dans lequel des métaux seraient en ébullition.

Trois zones bien tranchées ceignent, en s'étageant inégalement, les flancs de cette montagne. Dans la partie inférieure (*regione piemontese*), qui s'étend jusqu'à une hauteur de plus de 1,300 mètres, règne un printemps éternel ; des champs de blé, des vignobles, des vergers, établis sur un sol fertile, y déploient une riche végétation, et livrent à l'homme d'abondantes récoltes : malgré les dangers du voisinage, une population de 120,000 habitants s'y est groupée, et y forme 77 villes, bourgs et villages. La zone moyenne (*regione boscosa*) se compose de vieilles et sombres forêts, peuplées de troupeaux de bœufs, de chèvres sauvages, de porcs-épics et d'oiseaux de proie. Au-dessus, à 2,100 mètres d'élévation, commence la troisième zone (*regione scoverata*, la région nue, déserte) : c'est la région des neiges et des glaces, qui, jetée ainsi entre la tête ardente du mont et sa croupe verdoyante, offre l'un des plus curieux spectacles que l'œil puisse contempler. C'est dans cette troisième région que se trouvent la *tour du philosophe*, que la tradition dit avoir été habitée par Empédocle, et un bâtiment construit en 1811 par des Anglais (*Casa de Inglesi*).

« Le Vésuve, vrai nain à côté de l'Etna, ne saurait en donner une idée, dit un voyageur moderne. Au Vésuve, c'est presque toujours dans le cône supérieur que s'opère tout le travail. L'Etna procède autrement, et son cône supérieur se déchire rarement. » En effet, sur trente éruptions, on en compte seulement dix qui aient eu lieu par le cratère supérieur. « Plus de fumée seulement et un plus grand bruit au sommet annoncent chaque éruption, mais sans que rien fasse pressentir où cette éruption pourra se manifester. Tout à coup, sur un point quelconque de la base, et souvent à une assez grande distance du cône, la terre s'entrouve, engloutissant tout ce qui la couvrait. Des maisons, des villages entiers disparaissent, et des torrents de feu, de cendres et de pierres sont violemment poussés au dehors. Ils s'accumulent, et un mont formé, un cône, se trouve formé, qui pendant quelques jours vomit lui-même des débris enflammés. Enfin, la volee s'apaise ; mais c'est le moment le plus redoutable pour toute la contrée. Privées de la force nécessaire pour jaillir jusqu'au sommet, les matières brûlantes se frayent un passage à sa base, et un fleuve épais et rouge commence à couler lentement. Malheur aux champs, malheur aux villes ou aux villages qu'il trouve sur son chemin, car il n'est point d'obstacle qui lui résiste... Tandis que le Vésuve reste solitaire, autour de l'Etna se groupe une multitude d'enfants qui attestent sa terrible puissance. On évalue à cent environ les monticules coniques qui se sont ainsi formés ; leur hauteur varie entre 100 et 130 mètres. La lave de l'Etna sillonne les contrées les plus basses, et serpente à travers les terres les plus fertiles. Il est des coulées qui ont jusqu'à 4 kilomètres de large, et 100 mètres de hauteur. Quand on les voit d'un point élevé, on dirait un fleuve d'encre subitement congelé ; quand on les rencontre sur son passage, de hautes murailles, inégales, crevassées, calcinées ; quand on s'y promène, une roche dure et noire, toute hérissée de pointes ; mais le temps prépare cette roche pour la végétation : si quelques parties restent lisses et pelées, d'autres laissent germer des plantes vigoureuses. Plus tard la main de l'homme s'en empare, et des arbres s'y plantent, des champs s'y cultivent, des jardins s'y forment, des maisons s'y bâtissent. Il n'est point alors de terrain plus riche, de végétation plus brillante. La lave qui, il y a sept ou huit cents ans, combla le port d'Ulysse et refoula la mer jusqu'à trois milles de distance, est maintenant le jardin le plus frais et le plus productif du pays. »

Les courants de lave vomis par l'Etna, au moment où ils s'échappent des flancs de la montagne, peuvent être comparés, pour la fluidité et la couleur, à la fonte de fer sortant du trou percé à l'œuvre d'un haut-fourneau. Ils se composent de métaux et d'autres minéraux en fusion, et s'avancent en brûlant tout ce qui se rencontre sur leur passage ; les arbres, les maisons dont ils s'approchent tombent quelquefois deux heures avant d'être touchés, et une épée plongée dans leur brûlant fluide est instantanément fondue. Leur marche, dont la vitesse ordinaire est de 400 mètres par heure, se ralentit extraordinairement sur un terrain horizontal : Dolomieu cite même une coulée qui mit dix ans à parcourir un seul kilomètre. Ce même fait prouve aussi que le refroidissement de la lave est parfois extrêmement lent. Les quantités de matières vomies par l'Etna passent toute imagination. Il est des fleuves de lave qui ont jusqu'à 48 kilomètres de longueur sur 13 de largeur. Le jésuite allemand Kircher s'est livré, en 1660, au calcul sur la masse des déjections de l'Etna, et il a reconnu que ces déjections réunies pouvaient avoir formé un volume vingt fois plus grand que le volume primitif de la montagne elle-même.

Les témoignages historiques les plus anciens font mention des éruptions de l'Etna ; il en est question dans Thucydide, Strabon, Diodore de Sicile, Pindare, Virgile, Lucrèce. On cite avant notre ère onze éruptions célèbres, surtout celles des années 477 et 121 avant J.-C., et soixante-sept depuis lors. Les plus mémorables de ces dernières eurent lieu en 1160, 1169, 1329, 1536, 1537, 1669, 1683, 1755, 1763, 1787, 1792, 1802, 1809, 1811, 1819, 1832 ; les plus récentes sont celles de 1838, 1842 et de 1852.

De toutes ces éruptions, il n'est aucune sans doute à laquelle ne se rattache l'idée des plus grands désastres ; mais peut-être l'éruption de 1669, qui dura cinquante-quatre jours, surpasse-t-elle toutes les autres par ses épouvantables ravages. Elle commença le 11 mars, deux heures avant minuit. A 20 kilomètres environ au-dessous de l'ancien cratère, et à 10 kilomètres de Catane, s'ouvrit un vaste cratère d'où sortirent des gerbes de flammes de 200 mètres de hauteur. Des blocs de pierre pesant plusieurs quintaux, lancés par la même ouverture, allèrent tomber à quelques kilomètres de là. Des fleuves de lave, semblables à des ruisseaux de verre liquide, prirent en même temps leur cours vers le pied de la montagne, et couvrirent un espace de 26 kilomètres de long sur 4 kilomètres de large ; l'un d'eux détruisit sur son passage quatorze villes et villages épargnés jusqu'alors par le volcan ; un autre se dirigea vers la mer, s'avança dans les flots jusqu'à un mille du rivage, et y forma une digue brûlante, qui communiqua aux eaux de la mer une chaleur où l'on voyait brûlantent la main à la distance de vingt pieds tout autour de cette digue. « C'est à Nicolosi, village riche et populeux, dit encore le voyageur dont nous avons invoqué plus haut le témoignage, qu'après deux jours d'obscurité complète, d'effroyables détonations et de secousses multipliées, un gouffre s'ouvrit, d'où s'élança le mont connu aujourd'hui sous le nom de *Monterossie*. Ce gouffre, qui plusieurs fois changea de place et de forme, eut un moment 17 kilomètres de long sur 22 à 26 de large, et pendant quelques jours il en sortit des amas énormes de cendre et de sable. Enfin, au pied du nouveau mont, une large ouverture se fit, ouverture que l'on voit encore, et d'où la lave enflammée prit son cours vers Catane. Frappés de stupeur, les Catanéens se voulurent pas du moins être vaincus sans combattre. Quand il fut certain que le torrent les menaçait, ils se portèrent à sa rencontre, et là, munis de pioches et de pelles, ils essayèrent, en élevant une colline artificielle, de lui imprimer une autre direction ; mais la lave alors eût ruiné d'autres pays. Ceux qui les habitaient se rassemblèrent donc de leur côté, et vinrent la main s'opposer au projet des Catanéens. On se battit au pied du fleuve de feu, qui, cause du combat, poursuivait lentement et irrésistiblement son chemin ; on se battit avec toute la fureur que donne un grand danger. Spectacle unique, guerre civile sans exemple! Les Catanéens furent vaincus, et sans plus de résistance la lave continua. Enfin, après beaucoup de jours de marche, elle arriva devant les murs de la ville. Mais ces murs étaient hauts et solides; et, refroidie, la lave n'avait plus la force de les jeter à bas. Elle se grossit donc, monta, et quand elle eut atteint le sommet, se précipita en cascade de feu dans la ville. Étrange destin de Catane, de cette ville si souvent ravagée et détruite! Dans le seizième siècle, une éruption, lançant au loin en mer une coulée de lave, lui donna une jetée qu'en vain elle avait essayé de construire; dans le dix-septième, une seconde éruption l'ensevelit en partie, combla son port, et fit disparaître le fleuve qui la traversait. Cependant Catane existe toujours, et chaque fois se rebâtit plus belle et plus régulière. De temps en temps seulement, un amateur des arts perce la lave, et à quarante ou cinquante pieds retrouve des débris d'églises et de palais. »

ÉTOFFE. Ce mot, que Ménage fait venir de l'allemand *staff*, s'applique au propre et dans un sens général à toute espèce de tissu fabriqué au métier ou même autrement, avec le lin, la soie, le coton, la laine, l'or, l'argent, toute substance, en un mot, propre à confectionner des draps, toiles, velours, brocarts, moires, satins, taffetas, serges, et autres objets analogues dont nous ne pouvons donner une idée générale qu'en nous servant du mot *étoffe* ou même *tissu*. On désignait plus spécialement autrefois sous le nom d'*étoffes* certains produits de laine, très-légers, et servant à faire des doublures et des robes de femme, comme brocatelles, ratines, etc. Dans les manufactures de soie, on distingue les *étoffes façonnées* des *étoffes unies*. Il y a aussi des étoffes damassées (voyez DAMAS).

Les chapeliers ont donné, par extension, le nom d'*étoffe* aux produits servant à la fabrication des chapeaux, comme poils de castor, de lièvre, de lapin, de chameau, d'autruche, les laines de mouton, de brebis, etc. Quelques auteurs ont aussi par extension, employé le mot *étoffe* pour désigner la matière de quelque ouvrage que ce soit, comme dans ces phrases : Ces souliers sont d'une bonne *étoffe*; Voilà de la vaisselle d'argent où l'on n'a pas épargné l'*étoffe*. On dit aussi d'une pièce d'or : Quoiqu'elle n'ait pas le poids, l'*étoffe* n'en est pas moins bonne.

On dit figurément quelquefois : Il y a de l'*étoffe* dans ce jeune homme, pour dire qu'il promet beaucoup.

Enfin le mot *étoffes* s'emploie, au pluriel, pour désigner ce que le maître imprimeur fait payer au delà du salaire que reçoit l'ouvrier, et qui doit le couvrir des dépenses que nécessitent l'achat et l'entretien du matériel, le loyer, l'éclairage, etc. Les étoffes se comptent à raison de 50 pour 100.

[En termes d'armurerie, on nomme *étoffe* un alliage de fer et d'acier, dont on se sert pour souder ensemble plusieurs lames, dans le but d'obtenir une substance qui participe des propriétés de celles qui entrent dans sa composition. La perfection et l'excellence des lames dites *damas* consistent essentiellement dans l'art de bien corroyer les lames de diverses espèces d'acier, et de les bien contourner ensemble. L'acier de fusion est une espèce d'*étoffe*. Dans l'étoffe, les veines de fer et d'acier sont parfaitement apparentes, mais dans les pièces corroyées, cette distinction est plus difficile à faire. Il existe toutefois un moyen de vérification, publié par Vandermonde, dont l'épreuve est évidente, et qui ne laisse aucune altération. Ce moyen consiste à verser une goutte d'acide nitreux sur la pièce que l'on examine : après l'y avoir laissée deux minutes, on projette de l'eau pour enlever l'acide et tout ce qu'il tient en dissolution. S'il ne reste qu'une tache blanche ou de couleur de fer nouvellement décapé, la lame est de fer. Si l'acide n'agit pas sur la partie charbonneuse, elle se dépose dessus en projectile de fer, et forme une tache noire que la projection de l'eau n'enlève pas, et qui reste assez longtemps : alors la lame est en acier.

MERLIN.]

ÉTOILE (du latin *stella*). Les Hébreux primitifs nommaient les étoiles *kakabim* (les ardentes); admirable prévision de leur nature de feu, qui les distingue des planètes. Les Grecs leur donnèrent le nom d'ἀστήρες (as-tres): comme eux, nous appelons ainsi indistinctement tous les globes resplendissants du ciel, les météores exceptés. Les étoiles sont des corps célestes, lumineux par eux-mêmes, qui paraissent conserver toujours entre eux la même distance, bien que toutes soient dans une perpétuelle activité, ou de révolution périodique, ou de rotation autour de leurs axes, ou de translation dans l'espace ; mouvement triple, que leur immense éloignement ne nous permet d'apprécier qu'après des siècles. Pour exprimer leur haut degré de permanence, on leur a donné le surnom de *fixes*, qui ne doit pas être pris d'une manière absolue, mais seulement dans le sens de la plupart des anciens, qui étaient persuadés qu'elles étaient fixées dans un firmament de cristal, comme des clous d'or. L'immobilité respective des étoiles est assez expliquée par les alignements observés autrefois, et qui se trouvent constamment les mêmes. Le nom de *fixes* les distingue des planètes de notre système, corps errants, opaques et obscurs, bien qu'à deux d'entre eux, Vénus et Jupiter, nous ayons donné la fausse appellation d'*étoiles*, à cause de la splendeur que leur prête le soleil. L'usage seul et les poëtes ont consacré cette appellation.

Le nombre des étoiles visibles à l'œil nu sur les deux hémisphères peut être évalué de 15,000 à 20,000 ; mais sur le champ du télescope, dans un très-petit coin de l'univers, dans une zone de 2° de largeur seulement, Herschell, durant une heure, en a vu défiler plus de 50,000, et aujourd'hui les astronomes en évaluent le nombre à 43 millions : la Bible appela donc avec raison ces astres l'*armée céleste*.

Les astronomes ont classé les étoiles par leur grandeur apparente par leur éclat : celles de la première grandeur jusqu'à la septième sont visibles à l'œil nu ; toutes les autres sont *télescopiques*. Elles sont très-familières au commun des observateurs jusqu'à la seizième. Herschell en a classé dans la 1342me grandeur. Toutes les étoiles ne sont pas sur le même plan dans le ciel; elles sont étagées, éparses sur des milliers de plans divers, dans les profondeurs éthérées. On présume, non sans raison, que les plus grosses et les plus lumineuses sont les plus rapprochées de nous; car Sirius, la plus voisine de notre étoile-soleil, celle qui nous éclaire, Sirius, qui n'est qu'à une distance de 2,900 millions de myriamètres, qui n'a pas plus de 44 millions de myriamètres de circonférence, nous offre une lumière 324 fois plus intense que celle d'une étoile de sixième grandeur. Une autre preuve serait le petit nombre des étoiles de première grandeur : on n'en compte que 24, dont nous pouvons voir 5 au nord et 12 au sud ; les 7 autres ne sont pas visibles sur notre horizon; enfin, les étoiles paraissent se multiplier à mesure qu'elles ont moins d'éclat. On doit comprendre qu'à une si grande distance la chaleur de ces énormes corps ignés ne peut venir jusqu'à nous. On ne peut obtenir de *parallaxe* (mesure angulaire) pour apprécier leur distance : si seulement une étoile en avait une de seconde, elle serait à 3 trillions de myriamètres, et le plus petit diamètre réel qu'elle pourrait avoir serait de 14 millions de myriamètres. Chaque année, par l'effet de la révolution annuelle de la terre autour du soleil, nous nous rapprochons et nous nous éloignons de 30 millions de myriamètres d'une des concavités du ciel; ajoutez à cela la puissance du télescope, et ni leur éclat, ni leur diamètre, toujours sans parallaxe, ne sont pas le moindrement augmentés ou diminués : preuve irréfragable du prodigieux éloignement de ces astres. L'illustre Bessel s'est appliqué à évaluer ces distances immenses ; et pour ne parler que de la 61e du Cygne, étoile double ou à satellite, dont l'une tourne autour de l'autre, comme la lune autour de la terre, il a calculé que cette étoile est si éloignée de notre sphère qu'il faut dix ans et quelques mois pour que sa lumière arrive jusqu'à nous qui l'observons, bien que la lumière parcoure 34,000 myriamètres par seconde. Pour nombrer les myriamètres qui nous séparent de cette étoile, il faudrait les compter par trillions, puisque

Bessel évalue cette distance à près de 658 mille fois le rayon de l'orbite terrestre, rayon qui est de 15 millions de myriamètres. Ainsi, les mouvements que les astronomes aperçoivent dans l'étoile double du Cygne sont des mouvements et des aspects déjà révolus depuis dix ans et plus; en sorte que s'il était possible que cette étoile disparût du ciel, s'il était possible qu'un jour elle fût détruite ou éteinte, nous ne pourrions nous en apercevoir que dix ans après. Il ne faut donc pas s'étonner si des astronomes pensent qu'il existe au firmament des étoiles tellement distantes de nous que leur lumière n'a pas encore eu le temps de parvenir jusqu'à notre planète, depuis les milliers d'années que l'univers subsiste avec ses lois régulatrices! Telle est même l'explication qu'on donne des nouvelles étoiles qu'on découvre de temps en temps. Herschell, qui dit avoir observé des étoiles qu'il apprécie être de la 1342me grandeur, prétend que leur lumière pour nous parvenir a dû mettre plus de 2 millions d'années, elle qui ne met que 8 minutes à franchir les 15 millions de myriamètres qui nous séparent du soleil. On ne les voit donc que 2 millions d'années après leur création; et s'il plaisait au Créateur de souffler dessus et de les éteindre soudainement, nous les verrions encore 2 millions d'années après! Et si ce n'était pas assez pour donner une idée de l'infini de l'univers, ajoutons que, d'après Halley, il doit exister entre deux étoiles, si rapprochées qu'elles paraissent, une distance au moins égale à celle de la Terre aux étoiles de première grandeur.

Cependant ces étoiles, qui semblent fixes, ont six sortes de mouvements, mais tous les six apparents : 1° le mouvement diurne, par lequel en 23^h 56^m 4^s toutes les étoiles paraissent accomplir une révolution simultanément vers la voûte céleste d'orient en occident : cette illusion est due à la rotation journalière de notre globe autour de son axe; c'est le jour sidéral; 2° le mouvement annuel, par lequel toutes les étoiles semblent effectuer une révolution complète d'orient en occident autour des pôles de l'équateur céleste, dont les deux extrémités de l'axe immense plongent indéfiniment dans les abîmes de l'espace : cette illusion, qui s'accomplit sous nos yeux en 365^j 6^h 9^m 10^s 30^t est due à la translation annuelle de la terre autour du soleil (c'est ce qu'on appelle l'année sidérale); 3° le mouvement stellaire rétrograde, qui s'opère le long de l'écliptique, et qui s'accomplit en 25,808 ans : il produit la précession des équinoxes; 4° la locomotion générale des étoiles ou changement de latitude, apparence causée par la variation de l'obliquité de l'écliptique : ce changement est d'environ 5″ au sud par année, de un degré en soixante-douze ans; il s'effectue du nord; 5° l'aberration ou balancement des étoiles, les unes en latitude, les autres en longitude, qui a lieu dans l'espace d'une année : cette apparence provient du mouvement annuel de la terre, combiné avec le mouvement graduel de la lumière, qui semble les déplacer de 20″ de leur vrai lieu : c'est un effet d'optique; 6° la nutation ou déviation des étoiles, qui a lieu par le mouvement de l'écliptique sur l'équateur. Ajoutez à ces six mouvements des étoiles trois autres, un de rotation sur leur axe, un de révolution observé dans quelques-unes autour d'une autre, et un de translation dans l'espace. Cet exemple rare et surprenant de translation, dont on ignore les causes, nous est offert dans Aldébaran, Sirius et Arcturus. Ces étoiles se sont avancées, en sens contraire à toutes les autres, vers le sud : Arcturus sa part, est 33° dans au midi. Les attractions dans tous les sens doivent d'ailleurs modifier à l'infini le mouvement propre des étoiles.

Franchissons encore dans l'espace abîmes sur abîmes; ajoutons l'infini à l'infini; entrons, enfin, dans les profondeurs de la voie lactée ou galaxie, cette zone d'un blanc laiteux, du doux et paisible reflet de l'opale, ceinture immense du ciel, et dont une frange détachée et pendante orne de ses perles un des parvis célestes de 150 degrés. C'est là que nous trouverons ces nébuleuses dont le nombre surpasse peut-être les sables de l'Océan, dont la distance effroyable anéantit l'imagination; mais dont les plus prochaines étoiles sont de la 10e et de la 11e grandeur.

Plusieurs étoiles sont dites *périodiques*, parce qu'elles ont des phases comme les planètes de notre système. Une étoile, o de la constellation de la Baleine, paraît et disparaît environ douze fois dans un an; Algol, de l'astérisme de Persée, a aussi ses périodes de lumière et d'ombre. On suppose avec raison qu'un grand corps opaque, une planète, fait sa révolution autour de chacune d'elles, en les occultant dans des temps réguliers, ou que, tournant sur elles-mêmes comme notre étoile-soleil, comme lui elles ont d'immenses taches ténébreuses, qu'elles emportent du bas en haut, et *vice versa*, dans leur rotation; enfin, que pouvant être des sphères un peu aplaties, elles sont plus lumineuses sous certains aspects. Les astronomes rangent les *périodiques* dans la catégorie des *étoiles changeantes*. Il y a cependant une grande différence entre elles. Dans plusieurs de ces dernières, la lumière change de volume, d'intensité, de couleur même. D'autres paraissent tout à coup, comme l'une d'elles qui se montra soudainement dans la constellation du Serpentaire en 1604, et qui, après avoir redoublé de splendeur, puis avoir pâli, disparut entièrement. On suppose d'immenses conflagrations dans ces corps célestes, conséquence tirée de leur lumière : faible d'abord, puis intense, puis cramoisie, puis couleur de sang, puis terne, toutes gradations que nous observons dans les vastes incendies sur la terre. En 1562, une nouvelle étoile de première grandeur fut aperçue par Tycho-Brahe, dans la constellation boréale de Cassiopée. Seize mois après son apparition, l'œil la chercha vainement. On sait qu'une étoile de la Grande-Ourse a disparu. Deux étoiles de la 2e grandeur, dans la constellation du Navire, ont cessé d'être visibles. Plus de cent étoiles, enfin, ont subi les variétés des *changeantes*.

Les *étoiles binaires*, dans leur système particulier, tournent les unes autour des autres, dans des orbites régulières. On les nomme *binaires* pour les distinguer des *étoiles doubles* juxta-posées et superposées dans le ciel, et qui n'offrent entre elles qu'une distance à peine appréciable dans les télescopes. On a observé jusqu'à présent une quarantaine de ces étoiles. Dans leur état binaire, c'est un soleil qui tourne autour d'un soleil, accompagnés chacun sans doute d'un cortège de planètes avec leurs satellites ou lunes. Le soleil central, toujours d'un diamètre plus grand, soumet l'autre, qui lui obéit, aux lois de son attraction et d'une gravitation perpétuelle. On a observé que la plus grande étoile était jaune ou orange, ou quelquefois cramoisie, tandis que la plus petite est verte ou bleuâtre, de la teinte d'une vague. Outre la part que l'on fait aux illusions de l'optique, on a reconnu que ces étoiles, comme les fleurs d'une vaste prairie, avaient par leur nature même une immense variété de couleurs, dont on n'a pas encore trouvé d'explication plus satisfaisante que celle qu'a donnée Boulliaud. S'il y a des habitants dans les planètes des binaires, leurs jours magiques, tour à tour dorés, roses et bleus, doivent les éclairer, et leurs lunes doivent pendre dans le ciel comme d'admirables lampes de couleurs. Les doubles et les binaires jouissent de la propriété d'offrir à l'œil toutes les nuances. Quant aux *doubles*, William Herschell en a reconnu plus de 500; à l'œil nu, elles sont uniques; au télescope, elles sont souvent *triples* : on distingue entre elles quelques secondes de distance, séparation effroyable à un si grand éloignement, puisqu'il faut qu'une étoile ait entre sa voisine des milliards de kilomètres pour ne pas se causer de perturbations réciproques, qui compromettraient tout l'ordre ineffable du firmament. Deux étoiles de la Vierge tournent l'une autour de l'autre dans la longue période de 708 ans.

Nous ne passerons pas sous silence ces étoiles dites *informes* (les Grecs les nommaient *sporades* ou les *semées*), quoique douées de cette scintillation qui distingue les étoiles des planètes, et qui atteste qu'elles sont des soleils.

faibles et obscures, comme le mérite modeste, elles ont été abandonnées des hommes ; elles ont été repoussées des constellations, les reines du ciel, avec lesquelles elles n'ont point été formulées, ce qui leur a valu leur triste nom d'*informes*. Cependant un astronome ancien, dans sa poétique adulation, a formé, avec plusieurs de ces étoiles délaissées, la Chevelure de Bérénice, qui luit d'une légère lueur au septentrion. Plusieurs autres aussi depuis ont eu les honneurs de la constellation.

De tous les phénomènes stellaires, peu sont hypothétiques ; la plupart ont été soumis aux calculs rigoureux, aux observations des Démocrite, des Hipparque, des Tycho-Brahe, des Newton, des Kepler, des Cassini, des Lalande, des Delambre, des deux Herschell, des Biot, des Arago. Des froids calculs de l'algèbre, ces grands hommes ont fait éclore toute la poésie du ciel, mais la poésie vraie, mais la poésie pure comme la vertu. Quel livre étincelant de l'imagination humaine peut être comparable à cette voûte céleste, où le soleil est la gloire du jour et les étoiles les grâces de la nuit, où des fleurs de feu, radiées et nuancées comme celles de la terre, passent chaque nuit d'orient en occident sur nos têtes ; fleurs semées sur les prairies bleues du ciel et quelquefois mourantes aussi, comme celles de la terre. DENNE-BARON.

ÉTOILE (Bonne ou Mauvaise). Les rêveries de l'astrologie judiciaire persuadèrent longtemps aux hommes crédules que chacun de nous naissait prédestiné au bonheur ou à l'infortune, suivant qu'une étoile bonne ou mauvaise avait présidé à sa naissance. Beaucoup de gens avaient pris au sérieux les deux premiers vers des *Fâcheux* de Molière :

Sous quel *astre*, bon Dieu, faut-il que *je sois né*!
Pour être, etc.

Remarquez qu'alors (comme Mme de Sévigné nous peint Segrais le disant à une femme très-commune qui parlait de son *étoile*) il y avait passablement d'amour-propre à se figurer que l'on eût à soi seul une étoile, soit bonne, soit mauvaise, attendu que, l'imperfection des lunettes astronomiques n'ayant permis d'en découvrir encore que *mille vingt-deux*, on ne croyait point qu'il y en eût davantage. Maintenant que nous savons que le nombre en est immense et effraye l'imagination, personne n'a plus la sotte ou vaniteuse pensée que sa destinée soit en rapport avec un de ces globes lumineux ; mais l'expression est restée comme métaphore : on a une bonne ou une mauvaise *étoile*, selon que l'on est heureux ou malheureux dans ses projets, dans ses entreprises. C'est dans ce sens que Napoléon croyait à son étoile, comme jadis César à sa fortune. La flatterie ne manqua pas de caresser cette superstition du grand capitaine. Elle fit observer que sa fête et en général celles qui se célébraient sous son règne étaient toujours favorisées par un ciel pur et sans nuages, même lorsque la veille le temps avait été pluvieux ou incertain. *Le soleil obéit à une étoile*, s'empressa-t-on de dire, par un jeu de mots adulateur. Qui oserait croire aujourd'hui à la faveur permanente de la sienne, après l'éclipse de celle de Napoléon ? OURRY.

ÉTOILE (Ordre de), confrérie militaire que, à en croire Favin (*Théâtre d'honneur et de chevalerie*), aurait été fondée dès le onzième siècle par le roi de France Robert. Mais l'assertion de cet écrivain n'est corroborée par aucun témoignage historique. Il paraît au contraire que l'ordre de l'Étoile ne fut institué qu'en 1351, par le roi Jean Ier. Le nombre des chevaliers fut primitivement limité à cinq cents ; mais à la longue il paraît qu'on se relâcha singulièrement de la rigueur des statuts ; et Charles VII notamment le prodigua outre toute mesure. Il était donc depuis longtemps complètement déconsidéré quand Louis XI créa, en 1470, l'ordre de *Saint-Michel*. En le supprimant définitivement, Charles VIII ne fit que consacrer un fait depuis longtemps accompli par la seule puissance de l'opinion.

Les rois d'Aragon eurent aussi un *ordre militaire de l'Étoile* : on ignore qui en fut l'auteur et en quel temps il a été institué. On n'en trouve aucune mention avant le règne d'Alphonse V, qui monta sur le trône en 1416. Cet ordre serait cependant plus ancien, selon quelques érudits, et aurait été établi en Aragon en 1332, en même temps que celui de la *Bande* en Espagne.

ÉTOILE (L'). *Voyez* ESTOILE.

ÉTOILE (*Artifice*), composition d'artifice qui, lorsqu'elle s'enflamme, simule l'effet d'une étoile. On fait les *étoiles* avec la composition des *serpentaux* ordinaires, qu'on met en pâte épaisse en l'humectant avec de l'eau-de-vie gommée. On étend cette pâte sur une table bien unie, saupoudrée de pulvérin ; on en forme un gâteau carré, d'un doigt au plus d'épaisseur, qu'on arrose de pulvérin ; on le coupe en long et en large pour avoir les *étoiles* en petits cubes, et on les laisse sécher à l'ombre. On en fait de deux espèces : les unes, moulées pour être employées dans les chandelles romaines ; les autres, en forme de petits cubes, servant à la garniture des fusées volantes. La forme des *étoiles* ne change rien à leur qualité ; il faut seulement veiller à ce qu'elles soient saupoudrées de pulvérin pour leur servir d'amorce et leur faire produire leur effet à l'unisson ; ainsi, après avoir découpé la pâte, on peut rouler les étoiles dans le pulvérin, et on faire, si l'on veut, de petites boulettes. La composition et la pâte des étoiles moulées sont les mêmes que celles des étoiles simples. On a ensuite un moule ou un emporte-pièce du calibre exact des cartouches de chandelles romaines : ce moule se compose de 4 pièces, une virole de cuivre, un repoussoir cylindrique, une plaquette en cuivre au moyen mobile. Pour faire usage de ce moule, on relève le repoussoir, on pose le moule sur la pâte, en l'appuyant fortement pour qu'elle remplisse la virole ; on descend le repoussoir et la broche, sur laquelle on appuie pour lui faire traverser l'étoile et faire la lumière de chasse ; on relève le tout, et on fait sortir l'étoile de la virole au moyen du repoussoir. Dans de grandes fêtes de nuit, on appelle quelquefois des troupes d'infanterie à exécuter des feux de couleur. L'*étoile*, dans ce cas, est introduite dans le canon, comme une cartouche, en observant cependant qu'avec la baguette on doit se borner à conduire légèrement l'*étoile* au fond du canon, sans la bourrer. Autrement, elle éclaterait en sortant du fusil, et manquerait l'effet qu'on en attend.

MERLIN.

ÉTOILE (*Artillerie*), instrument qui sert à vérifier le calibre des canons. Il consiste en un plateau en cuivre de 0^m,0056 d'épaisseur sous toutes les calibres, et d'un diamètre qui varie suivant celui de ces divers calibres. Quatre pointes d'acier sont placées dans des trous carrés, pratiqués dans l'épaisseur du plateau, suivant deux diamètres qui se croisent perpendiculairement. Une seule de ces quatre pointes est mobile et obéit au mouvement d'un plan incliné qui la fait avancer. Un trou pratiqué au centre du plateau est destiné à recevoir une verge de fer qui porte ce plan sur une de ses faces. La verge est elle-même logée dans une cannelure pratiquée dans une hampe en bois, composée de plusieurs parties qui se logent l'une dans l'autre au moyen de douilles à vis ; la poignée de cette hampe porte une échelle graduée en centimètres ; elle est entourée par un anneau nommé *curseur*, qui au moyen d'une vis de pression, peut à volonté être fixée à la verge, ou se mouvoir sur la poignée de la hampe. Après avoir disposé l'étoile pour l'utiliser, on l'introduit dans l'âme du canon, on pousse doucement la verge, et si, lorsque la pointe mobile ne peut plus avancer, le bord du curseur est sur le *zéro*, l'âme est exactement de calibre. On mesure l'âme de centimètre en centimètre, depuis le fond jusqu'au delà de la charge. Un canon ne doit plus être considéré comme de service quand le logement du boulet a plus de 25 points, s'il doit tirer à boulet roulant, et plus de 30 points s'il doit tirer avec des boulets sabotés. Pour les obusiers et mortiers, le boulet peut aller jusqu'à 40 points. MERLIN.

ÉTOILE (*Marine*), petit anneau en fer-blanc que trois petits morceaux de liège supportent flottant sur l'huile de la verrine. Cet anneau donne passage, dans son milieu, à

8.

une petite mèche, qui sert, dans l'habitacle d'un bâtiment, à éclairer le compas de route. MERLIN.

ÉTOILE D'EAU. *Voyez* CALLITRIC.
ÉTOILE DE MER. *Voyez* ASTÉRIE.
ÉTOILÉE (Chambre). *Voyez* CHAMBRE ÉTOILÉE.

ÉTOILE POLAIRE. Si l'on considère d'une manière attentive le mouvement général des astres, on remarque que les étoiles décrivent en vingt-quatre heures des cercles plus ou moins grands, mais qui diminuent sensiblement en se rapprochant du point nord, et qui finissent par se confondre sur une assez belle étoile voisine du pôle, et qu'on nomme pour cette raison l'*étoile polaire*. Il est facile de la reconnaître, puisqu'elle conserve toute la nuit la même situation ; il suffit d'ailleurs de tirer une ligne droite par les deux plus brillantes étoiles du *Chariot* (α et ϐ de la Grande Ourse) ; cette ligne touche à l'étoile polaire. Cette étoile, qui fait partie de la constellation de la Petite Ourse, n'était pas polaire autrefois ; en 1785 elle était à 2° 2' du pôle ; elle n'en sera qu'à 28' vers l'an 2100 ; c'était l'étoile θ qui était polaire il y a 2000 ans, et 2300 ans avant notre ère l'étoile α du Dragon n'était qu'à 10' du pôle septentrional. Quant au pôle austral, il n'offre aucune étoile aussi brillante que la nôtre. On se sert de l'étoile polaire pour tracer une méridienne, en choisissant le temps où elle est dans le méridien, ce qui arrive exactement lorsqu'elle est dans le vertical de l'étoile ε de la Grande Ourse. L.-AM. SÉDILLOT.

ÉTOILE POLAIRE (Ordre de l'). Cet ordre suédois est destiné à récompenser le mérite civil. Il ne comprend que deux classes : les commandeurs et les chevaliers ; les insignes se composent d'une croix d'or à huit pointes, émaillée de blanc, ayant au centre un médaillon d'azur portant une étoile polaire et la devise : *Nescit occasum*, qui, traduite librement, veut dire que l'esprit de l'institution est de ne jamais laisser ternir la gloire de la Suède. Cette croix se porte suspendue à un ruban noir moiré.

ÉTOILES FILANTES ou **TOMBANTES**. Ces prétendues étoiles, que les Latins ont appelées avec plus de justesse *stellæ transvolantes* (transvolantes), car elles tombent rarement, sont de petits météores ou globules ignés usurpant ce nom fastueux, qui, par une illusion d'optique, paraissent se détacher de la coupole du firmament, filer dans l'atmosphère, en laissant derrière eux une traînée de lumière blanche, vive, pure, mais diffuse lorsqu'ils se précipitent sur la terre. On a fait de nombreuses hypothèses pour expliquer ce curieux phénomène. Dans l'une de ces hypothèses, très en faveur aujourd'hui, on considère les étoiles filantes comme des astéroïdes, ou comme des corps existant dans les espaces célestes, se mouvant avec une grande vitesse, en vertu des actions planétaires, et s'enflammant dans notre atmosphère, lorsqu'ils viennent la traverser. Cette opinion est appuyée sur l'autorité imposante de Halley, de Wallis, de Bergmann, de Chladni, d'Olmsted, d'Olbers, d'Arago, de MM. de Humboldt, Quételet, etc. Pour ces physiciens, les étoiles filantes sont donc un phénomène astronomique ; pour d'autres, au contraire, ce phénomène est météorologique et se passe tout entier dans notre atmosphère.

Avant Chladni, avant la publication de son ouvrage en 1794, on avait déjà émis l'idée d'une origine cosmique pour les bolides et les aérolithes. Halley, Wallis, Pringle, Rittenhouse, Maskelyne, considéraient ces globes de feu comme des corps cosmiques ; mais les étoiles filantes proprement dites, toujours silencieuses dans leur course, se reproduisant en nombre considérable, étaient généralement regardées comme un phénomène atmosphérique. Quelques auteurs les attribuaient à l'électricité, entre Beccaria et Vassali ; d'autres observateurs, tels que Lavoisier, Volta, Herbert, Toaldo, Green, etc., n'y voyaient que l'inflammation du gaz hydrogène accumulé dans les régions supérieures. Cette opinion fut complétement renversée par Dalton. Chladni conclut de ses recherches que ces météores n'ont pas leur origine dans notre atmosphère, mais qu'ils sont des masses cosmiques, se mouvant à travers les espaces planétaires, avec une vitesse égale à celle des planètes ; lorsque ces corps rencontrent l'atmosphère terrestre, ils s'enflamment, suivant lui, par le frottement et la résistance, et deviennent lumineux ; quelquefois ils éclatent en pièces, et projettent des masses de pierres et de feu sur la terre.

En 1798, Brandès et Bensenberg entreprirent de déterminer la hauteur de ces météores et leur direction la plus générale ; ces savants trouvèrent des altitudes qui varièrent entre 19,650 mètres et 225,300 mètres. Les nouvelles observations de Brandès, en 1823, donnèrent des hauteurs qui variaient entre 24,000 mètres et 740,000 mètres. Quant à la rapidité de la marche, elle varie entre 27,500 mètres par seconde et 79,500 mètres. Dans les observations de 1823, les trajectoires furent fréquemment des lignes courbes, quelquefois horizontales, d'autres verticales, d'autres enfin avaient une forme serpentine. Leurs progressions furent en général du nord-est au sud-ouest ; cependant beaucoup de ces météores se dirigèrent dans toutes les directions.

Quant aux époques de l'apparition de ce phénomène, on en a distingué de fort remarquables ; et le nombre de ces époques s'est accru avec le nombre des observateurs et des observations. D'abord ce furent les nuits du 10 au 13 novembre qui eurent le plus de retentissement, par le grand nombre d'étoiles filantes qui parurent en 1799, en 1832, 1833 et 1834. Cette abondance ne se renouvela pas dans les années 1835, 1836 et 1838. « On vit des étoiles filantes, dit M. Galloway, dans la nuit du 13 novembre, dans différentes parties du globe ; mais quoique les observateurs fussent attentifs dans cette nuit, on ne put dans ces dernières années en voir plus que dans les autres nuits de la même saison, circonstance qui a ébranlé la foi en leur périodicité. » La seconde grande époque de leur périodicité, indiquée par M. Quételet, a été le 10 août ; il y a encore la période du 18 octobre, celles des 23 et 24 avril, des 6 et 7 décembre, des 15 et 30 juin, celle du 2 janvier, et d'autres qui viendront s'adjoindre aux précédentes, à mesure que le nombre des observations augmentera.

On peut juger par ce qui précède combien il est facile de créer une hypothèse sur ces météores, si l'on ne veut accueillir que certains faits et ne tenir aucun compte des autres. Dans les différences prodigieuses qu'on remarque dans l'élévation de ces météores, dans leur rapidité, dans leur direction, dans la netteté de leur parcours, dans les traînées étincelantes simples ou multiples qu'ils laissent après eux, on dans les époques de leurs retours, on trouvera toujours quelques séries d'observations concordant avec l'hypothèse qu'on veut établir. Cette variété de manifestations a fait naître les opinions les plus divergentes : les uns, comme Ferret, Gassendi, Muschenbroeck, Bertold, Desue, etc., réunissant les aérolithes aux étoiles filantes, les font provenir de déjections volcaniques du globe terrestre ; d'autres les considèrent comme des globes enflammés produits par des substances projetées des volcans de la lune ; une troisième hypothèse en fait des satellulites qui tournent autour de notre globe, et ne deviennent lumineux que lorsqu'ils pénètrent dans les régions supérieures de l'atmosphère ; une quatrième hypothèse veut que les étoiles filantes soient les débris de fragments d'une grosse planète qu'une explosion a mise en pièces, et dont Cérès, Pallas, Junon et Vesta sont les principales portions restantes ; une cinquième veut qu'elles soient des dépendances de la lumière zodiacale ; une sixième, qu'il existe des myriades de petits corps circulant autour du soleil, et dont une des zones intercepte l'écliptique vers l'espace que traverse la terre une année ; une septième, que les étoiles filantes, les aérolithes, l'aurore boréale et les comètes soient le résultat de l'agrégation d'atomes cosmiques ; une huitième, que ce phénomène dépende de l'électricité, sans indiquer en aucune manière comment auraient été produites ces charges électriques à ces grandes hauteurs, et comment se seraient accomplies leurs décharges.

En mettant en regard les faits de ces théories, les objections surgissent de toutes parts pour chacune d'elles ; d'abord : 1° aucune d'elles, à l'exception de celle qui s'appuie sur l'électricité, ne peut rendre compte de la divergence des directions de ces météores, de ceux qui, partant d'un même point rayonnent en tous sens ; 2° la vitesse moyenne qu'on leur accorde excède de beaucoup celle des corps qui se meuvent autour du soleil, à la distance de la terre ; 3° les traînées lumineuses qui durent plusieurs secondes, et quelquefois plusieurs minutes, ne peuvent entrer dans aucune des théories précédentes, à l'exception de celle qui a l'électricité pour base ; 4° puisque l'on voit des étoiles filantes dans l'ombre projetée de la terre, elles ont nécessairement une lumière propre, et non une lumière empruntée au soleil ; 5° leur ignition paraissant tout à coup à une hauteur où l'atmosphère est d'une rareté qui s'approche du vide, elle ne peut être le produit du frottement de l'air ni de sa compression, en admettant même qu'un air plus dense pût produire une telle élévation de température dans les masses qui varient, dit-on, entre 40 et 9,000 mètres en diamètre, ce qui certes ne peut être admis par personne ; 6° si le frottement de l'air était la cause de l'ignition de ces corps errants, il y aurait un commencement dans leur éclat, un maximum, puis une décroissance ; rien de semblable à cette marche graduée ne se fait remarquer : les étoiles filantes paraissent tout à coup dans leur plus grand éclat ; elles le conservent jusqu'à ce qu'elles disparaissent complétement ; elles ne paraissent s'affaiblir que lorsqu'elles s'approchent de l'horizon, lorsqu'il y a des vapeurs interposées entre l'observateur et le lieu de leur passage ; 7° si des masses de matières solides s'approchaient de la terre autant que le font les étoiles filantes, il y en a un grand nombre qui seraient attirées jusqu'à elle ; 8° au lieu d'être attirées vers la terre, on voit des étoiles filantes qui s'en éloignent par un mouvent ascensionnel, ou qui décrivent des arcs convexes vers la terre ; 9° enfin, si c'est de l'électricité, quelles sont les substances qui la coërcent, comment ces substances peuvent-elles être transportées à plusieurs cent mille mètres d'élévation ?

« Les difficultés, dit M. Galloway, qui ressortent des diverses hypothèses émises jusqu'à ce jour font voir combien nous connaissons peu la nature des étoiles filantes. Il est certain qu'elles apparaissent à une grande hauteur au-dessus du sol, qu'elles se meuvent avec une vélocité prodigieuse ; mais tout le reste est enveloppé d'un profond mystère. De tous ces faits, M. Wortmann pense que la conclusion la plus naturelle est celle qui donne une origine électrique à ces météores, ou à quelques substances analogues à l'électricité ; » ce qui a été déjà mis en avant, il y a plus de soixante ans.

ÉTOLE, longue bande d'étoffe que les prêtres portent au cou lorsqu'ils remplissent certaines fonctions ecclésiastiques, et qui pend des deux côtés par devant. Les extrémités de l'étole sont ornées de croix, de galons, ou de broderies. Les prêtres portent l'étole pour administrer les sacrements ; ils la portent en écharpe lorsqu'ils remplissent les fonction de diacres. Ce que les Romains appelaient *stola* était bien différent : robe d'honneur chez presque toutes les nations, elle convenait plus aux femmes qu'aux hommes. Les rois la donnaient quelquefois en prix de vertu. Celle de nos prêtres ne forme que les extrémités de la longue robe que portait le grand prêtre autrefois. L'usage de l'*étole* a commencé dans l'Église avec celle de l'*aube*. On l'a appelée aussi *orarium*, de *orare* (prêcher), parce que les orateurs sacrés de la primitive Église la portaient en chaire, comme cela se pratique encore en Italie, en Belgique et dans d'autres pays. Ce n'était primitivement qu'une bande de linge dont on se servait, par propreté, pour essuyer la sueur autour du cou et du visage. Thiers, curé de Champirond, a fait un traité fort curieux sur l'*étole*.

L'*Étole* (*ordo Stolæ*, *equites Stolæ*) était un ordre militaire des rois d'Aragon. A Venise il y avait aussi un ordre de chevalerie appelé *de L'Étole d'Or* (*ordo Stolæ Aureæ*). Les membres portaient sur l'épaule gauche une *étole d'or*, large d'une palme et demie, et descendant, par devant et par derrière, jusqu'au genou. On n'en décorait que les patrices.

ÉTOLIE, contrée de la Grèce, sur la côte septentrionale du golfe de Corinthe, fut ainsi nommée, à ce que rapporte la tradition, du frère d'Epéus, roi d'Élide, qui, après avoir abandonné l'Élide, se rendit maître de ce pays. L'ancienne Étolie était séparée de l'Acarnanie par l'Achelous, et de là s'étendait jusqu'à Calydon ou jusqu'au fleuve Euenus (l'Evène). A l'est elle confinait à la Locride et à la Doride, au nord à la Thessalie et à l'Épire, à l'ouest à l'Acarnanie, au sud au golfe de Corinthe. Lorsqu'elle eut été agrandie par des conquêtes postérieures, désignées sous le nom d'Ætolia Epictetos, elle eut pour limites au nord le mont Œta et les monts Athamans en Épire ; les Thermopyles, Héraclée et une grande partie de la Thessalie en faisaient également partie. A l'est on y ajouta la Dorie et la côte jusqu'à Naupacte et Eupalion. Cette contrée ne comprenait qu'un très-petit nombre de villes ; elle était des plus sauvages, surtout à l'intérieur, d'ailleurs d'une stérilité complète, et rendue impraticable par les nombreuses ramifications du mont Œta qui la traversaient en tous sens, et même dans les temps anciens, s'il faut en croire le témoignage d'Hérodote et d'Aristote, elle n'était qu'un repaire de bêtes féroces, de lions notamment. On n'y trouvait de fertile et de cultivé que le pays plat immédiatement voisin des côtes, et le pays des bords de l'Acheloüs.

Les Étoliens descendaient des Hellènes. Divisés en petites tribus, ils n'avaient point de capitale. Leurs habitudes de brigandage les avaient rendus aussi redoutables sur terre que sur mer. Libres et indépendants de tout autre peuple, ils conservèrent fort longtemps leurs habitudes sauvages et leurs mœurs grossières. Ils instituèrent de bonne heure la ligue étolienne, fondée l'an 323 avant J.-C., à l'occasion de la guerre lamiaque, mais qui ne prit d'importance véritable qu'à l'époque de la ligue achéenne. Les différents États qui en faisaient partie s'assemblaient ordinairement tous les ans au commencement de l'automne à Thermus ; et cette assemblée prenait le nom de *Panætolium*. D'abord ils firent cause commune contre la ligue Achéenne avec les Romains ; mais quand ils s'aperçurent que ceux-ci n'avaient en vue que leur asservissement, ils s'allièrent contre eux avec Antiochus, roi de Syrie. Enfin, ils embrassèrent le parti de Persée, roi de Macédoine ; et l'an 189 avant J.-C. ils furent subjugués par les Romains avec toute cette contrée.

Après avoir d'abord constitué avec l'Acarnanie une *nomarchie*, l'Étolie forme aujourd'hui le gouvernement de Livadie du royaume de Grèce, avec le sous-gouvernement de Trychonia. Il est borné au nord par le gouvernement d'Eurytanès, à l'ouest par l'Acarnanie, à l'est par la Phthiotide et la Phocide, et au sud par le golfe de Patras. Au nord-est, le mont Panætolion (appelé aujourd'hui Viena) forme un sauvage prolongement du Pinde de Livadie. Au sud-ouest il vient se terminer abruptement dans les plaines de l'Étolie australe, tantôt marécageuses, tantôt couvertes de champs de riz et de champs de blé, bornées au nord par les lacs d'Angelo-Castron (Arsinoé) et de Vrachori (Trichonion). Au sud de ces lacs s'élèvent les chaînes du Zigros (le mont Aracynthos des anciens), qui au sud-ouest aboutissent abruptement à une large plaine, remplie de marais et de lagunes et parsemée de landes sablonneuses ; tandis qu'au sud-est, hautes de 1,000 mètres environ, elles se prolongent jusqu'au mont Var, comme par exemple le mont Chalcis, qui s'avance au loin dans la mer avec le cap Antirhion, puis se rapproche jusqu'à deux kilomètres environ du cap Rhion dans le Peloponnèse, en formant le détroit de Lépante (Naupacte).

Les principaux cours d'eau de l'Étolie sont, à l'ouest l'Aspropotamos (Acheloüs), qui se jette dans la mer au nord du cap Scrophès, et à l'est le Fidaris (Euenos). Parmi les centres de population, qui tous ont cruellement souffert des suites de la guerre de l'indépendance, les plus importants sont Missolonghi, chef-lieu du gouvernement, Lépante, entre eux deux le *château de Rouinélie*, enfin *Agrinion* ou Vrachori, chef-lieu du Trichonion. Dans les plaines, l'agriculture et la pêche constituent les principales ressources de la population, et sont pratiquées sur une échelle assez importante, tandis que parmi les habitants des montagnes subsistent toujours les habitudes guerrières, sauvages et indomptables des anciens Étoliens, comme on en a eu la preuve lors de l'insurrection dont ces contrées furent le théâtre en 1836.

ETON ou **EATON**, petite ville du comté de Buckingham, sur la Tamise, vis-à-vis de Windsor, avec une population de 3,000 âmes, et chef-lieu d'un district de 21,500 habitants, avec un chapitre riche et complétement indépendant, composé d'un prévôt et de sept chanoines, de la haute Église, est redevable de sa célébrité à l'école que Henri VIII y fonda, en 1441. Cette école, connue sous le nom d'*Eton College*, la première de l'Angleterre, et d'où sont sortis une foule d'hommes remarquables, possède une riche bibliothèque et les plus larges ressources en matière d'instruction. Elle a, tant à l'intérieur qu'à l'extérieur, toute l'apparence d'un couvent. Ses bâtiments, qui comprennent les classes, les logements du prévôt, des sept *fellows*, des professeurs et des élèves, le réfectoire, etc., renferment quatre cours carrées et sont construits dans le plus sévère style gothique, sans aucune espèce d'ornements, de même que l'église, où l'on remarque, outre l'autel, une fort belle chapelle, et qui est remarquable d'ailleurs par la forme toute plate de sa toiture. Le nombre des bourses gratuites, dont les titulaires sont appelés *royal scholars* et portent un costume de drap noir assez analogue à celui des moines, est fixé à 70; mais celui des élèves pensionnaires, appartenant en général aux familles les plus considérables de l'Angleterre, va bien au delà de ce chiffre. En y comprenant les externes (*oppidans*), logés dans des maisons particulières à Éton ou aux environs, le collège d'Eton compte aujourd'hui environ 800 élèves. La discipline en est très-sévère, et le régime alimentaire des plus simples.

ÉTOUFFEMENT, grande difficulté de respirer, espèce de suffocation. Cette oppression est quelquefois si grande, qu'il est impossible à celui qui la ressent de dormir dans une position horizontale. Tel fut le célèbre baron Fourier, secrétaire de l'Académie des Sciences, dans les dix dernières années de sa vie : pour dormir, il était obligé de fixer sa tête et sa poitrine dans une situation verticale au moyen de supports métalliques. Sans cette précaution, il eût à chaque instant de la nuit couru le risque d'étouffer. Et qu'on ne croie pas que cette gêne affreuse et ce danger persévérant le rendissent malheureux : il n'en était ni moins gai ni moins spirituel, tant l'habitude du mal en allège le faix. Cependant jamais il ne se mettait au lit sans envisager la mort comme un effet probable du sommeil qui allait suivre. Aussi, quelle belle âme, toujours prête pour le moment suprême !..... Ces étouffements ont des causes organiques fort diverses; causes qui agissent, tantôt au cou, tantôt à la poitrine ou dans le ventre, dans la moelle épinière, dans les nerfs ou dans les muscles, dans le cœur et les vaisseaux.

Certaines tumeurs du cou peuvent entraver, jusqu'à l'oppression, le passage de l'air dans la trachée-artère. De ce nombre sont les anévrismes des artères carotides, des chapelets de glandes engorgées qu'il est souvent dangereux d'extirper et qu'on parvient rarement à résoudre. Des loupes, des cancers volumineux, des goîtres excessifs, ont eu quelquefois des effets pareils. Dans la gorge même, des amygdales très-gonflées, des tumeurs formées dans le pharynx, et des corps étrangers arrêtés vers la glotte, ou plus bas dans l'œsophage, ont quelquefois amené une gène extrême de la respiration. Mais rien ne rend la suffocation aussi imminente que le croup, par ses fausses membranes, qui menacent d'obstruer la glotte. Cette glotte n'a guère qu'une ligne de large chez les jeunes enfants, et l'on comprend combien peu d'épaisseur il faut à ces sécrétions albumineuses pour conduire à la suffocation. Quant à l'œdème de la glotte, autre et périlleuse cause d'étouffement, c'est une sorte d'hydropisie locale, qui survient parfois dans les maladies chroniques, et principalement dans la phthisie. C'est comme un amas d'eau qui s'abat en partie sur la glotte à chaque entrée de l'air, et qui rend l'aspiration très-difficile et quelquefois suffocante, mais qui n'entrave presque pas l'expiration, c'est-à-dire la sortie de l'air. Il faut que le danger d'étouffer soit bien grand dans cette maladie, puisqu'on peut être forcé de recourir à la **trachéotomie**. Une autre espèce d'étouffement que j'ai observé plus d'une fois, a pour cause de petites tumeurs arrondies et comme tuberculeuses qui se forment sur l'épiglotte et à la base de la langue ou aux abords du larynx, et qui rétrécissent d'autant le passage de l'air. La phthisie laryngée entraîne aussi à sa suite des symptômes d'oppression et d'étouffement, surtout à son dernier période, alors que presque inévitablement la phthisie pulmonaire l'accompagne et que les cartilages du larynx se carient.

Tout ce qui diminue le champ respiratoire tend à produire l'oppression, l'étouffement, la suffocation, qui ne sont que les divers degrés d'un même symptôme. Au nombre des causes produisant de tels effets, il faut compter l'engorgement inflammatoire des poumons, les tubercules dont sont parsemés les poumons des phthisiques et sur l'existence desquels il est rare qu'on se méprenne ; les épanchements et l'hydropisie de poitrine, les cavernes tuberculeuses des poumons et surtout la communication des cavernes avec les plèvres, dernier cas où l'étouffement est promptement mortel; les plaies de poitrine et l'emphysème pulmonaire, circonstances où l'air qui touche la périphérie des poumons nuit à l'introduction de ce fluide par le larynx, en restreignant l'effet du vide intérieur qu'effectue le diaphragme dix-huit fois par minute. Il faut de plus compter le trop grand volume du cœur, ses anévrismes, de même que l'asthme, qui peut être un symptôme tantôt des maladies du cœur, de l'ossification de ses valvules, et tantôt d'une déviation de la taille, d'une gibbosité vertébrale, de l'emphysème des poumons ou de leur insuffisance. Dans l'oppression qu'occasionne l'**asthme**, on ne saurait trop redouter les exercices laborieux, les longues marches et la colère, les vivacités, dernière cause qui nous a subitement privés de notre célèbre et très-regrettable collaborateur M. Virey, qui vivait très-oppressé depuis vingt ans. L'anévrisme de l'aorte pectorale, en comprimant les poumons et quelquefois la bronche gauche, peut menacer d'une suffocation soudaine. Une autre cause d'oppression et d'étouffement, plus fréquente qu'on ne pense, c'est le défaut d'harmonie entre les quatre cavités du cœur et le défaut de proportion entre la masse du sang qui circule et la somme d'air nécessaire pour le rougir et le ravitailler. Une poitrine exiguë et de petits poumons se trouvant alliés à un cœur énergique, c'en est assez pour provoquer un étouffement habituel. Il en est de même si le cœur, devenu gros par l'effet de l'âge, de l'intempérance et des passions, ralentit peu à peu ses battements et n'en a que d'irréguliers, en sorte qu'une toux instinctive doive sans cesse rétablir l'équilibre circulatoire en aidant le cœur à se provoquant à se contracter. Des corsets construits sans prudence, comme aussi les attaques de tétanos, ont quelquefois occasionné des étouffements à la manière des serpents de Laocoon. Le cauchemar provenant d'affections du cœur ou d'abus en fait d'excitants, et d'autres fois de préoccupations de l'esprit ou de la conscience, peut avoir des effets analogues. C'est en comprimant leur sternum, et par étouffement, qu'on a coutume de tuer quelques oiseaux, en particulier les pigeons domestiques.

Les causes d'étouffement provenant du ventre sont les plus vulgaires. Le volume excessif du foie, qui alors remonte vers la poitrine et empiète sur le poumon voisin; l'hydropisie ascite, quelquefois le ballonnement de l'abdomen par des gaz exhalés et sans issue; une première grossesse ou une grossesse double, ce sont là autant de causes d'oppression. La simple compression de l'abdomen peut, menacer d'étouffement. Un accès de rire prolongé, de même que l'énergique convulsion des muscles du ventre, dans le tétanos, a quelquefois occasionné l'asphyxie, une expiration trop persévérante ne permettant plus d'aspirer de nouvel air autant que le requièrent les besoins de l'existence.

Il y a menace de suffocation chaque fois qu'il y a lésion, rupture ou altération profonde de quelques-uns des nerfs qui concourent à la respiration ou qui servent aux mouvements de la glotte et du larynx. C'est ainsi que la lésion du nerf phrénique met obstacle à la respiration en paralysant le diaphragme, principal agent de l'inspiration. A un degré moindre, il en est de même de toute blessure des nerfs intercostaux, lesquels animent et font mouvoir les muscles de ce nom, qui secondent le diaphragme et le suppléent. Quand au nerf vague et à l'accessoire de Willis, leurs blessures occasionnent de l'étouffement en raison du rétrécissement de la glotte, qui laisse malaisément passer l'air dès que ces nerfs sont atteints ou détruits. Mais c'est la lésion des nerfs laryngés inférieurs ou récurrents qui met le plus d'entraves à la respiration, en rétrécissant la glotte de moitié. J'ai publié dans la *Revue Médicale*, en 1824, l'histoire d'un malade dont la voix était altérée et la respiration pénible, en conséquence d'un anévrisme de la crosse aortique par lequel se trouvait comprimé et distendu le nerf récurrent gauche, qui fait une anse autour de cette courbure de l'aorte. Un anévrisme de l'artère sous-clavière droite, que contourne le nerf récurrent droit, de même que des tumeurs comprimant ces nerfs, peut occasionner un étouffement habituel. Alors la glotte est toujours dangereusement rétrécie, parce que ses muscles dilatateurs étant paralysés, les nerfs qui vaquent au rétrécissement de la glotte restent sans antagonistes. J'ai dit ailleurs (*Recherches sur le mécanisme de la voix*; Paris, 1820) comment s'étouffaient tout à coup, par l'occlusion de la glotte et par des efforts énergiques, ces esclaves romains dont les historiens ont expliqué la mort par des causes invraisemblables.

C'est en haut de la moelle épinière, dans un espace de quelques lignes, comme l'a prouvé Legallois, et depuis lui, avec plus de précision encore, M. Flourens, que réside la puissance motrice de la poitrine et du cœur. Toute profonde lésion de cette moelle au niveau de la deuxième vertèbre du cou interrompt la vie subitement. Si la division ou la blessure a lieu plus bas, aux lombes ou vers le dos, alors des paralysies et différents troubles surviennent, le cœur lui-même à moins d'énergie; mais la respiration continue et la vie persiste. Voilà pourquoi les déviations vertébrales, la maladie de Pott et diverses blessures vertébrales, sont d'autant plus de gravité et affectent d'autant plus la respiration qu'elles sont plus rapprochées de la tête. Il est incontestable que beaucoup d'oppressions et d'étouffements habituels ont leur cause et leur point de départ dans la moelle épinière. Je suis convaincu que de ce nombre est *l'angine de poitrine*, cette funeste maladie, que les Suisses et les Anglais ont si bien décrite, et que les médecins français méconnaissent presque tous. Dans cette affection, où l'on se trouve tout à coup saisi et arrêté pendant la marche par un sentiment d'anxiété qui n'est pas précisément de l'oppression, mais qui réside à la poitrine comme elle, et menace la vie davantage, on sent que le cœur cesserait de battre sondain si l'on continuait de marcher plus longtemps. On ne manquerait pas alors d'attribuer la mort à l'excès des battements du cœur, à un coup de sang ou à l'apoplexie cérébrale, tandis qu'en réalité c'est la syncope ou l'insuffisance du cœur et sa lassitude qui l'auraient causée. Je dis que cette sorte d'étouffement étrange a son principe dans la moelle épinière, et rien n'en saurait mieux témoigner que cette trainée de chaleur engourdissante qui se répand dans la saignée des bras tant que dure l'angoisse intérieure. Et ce qui prouve encore que c'est le cœur et la moelle épinière qui, dans ce cas sont défaut, c'est que cette maladie si in-

quiétante et si subite n'attaque guère que des individus vieillis plutôt qu'âgés, en qui le corps a pris rapidement un volume en disproportion avec le pouvoir initial du centre nerveux et la puissance normale du cœur; un autre caractère en signale la nature, c'est la manière dont on y remédie, en associant les toniques avec la tempérance.

Dr Isidore BOURDON.

ÉTOUPE, du latin *stupa*, dérivé du grec στύππη, partie grossière, rebut du chanvre, du lin, de la filasse, de l'ortie, etc., déchet de l'affinage de la portion corticale des plantes filamenteuses. Les étoupes ne sont point comparables cependant pour la grossièreté à ce que dans certains pays les gens de la campagne appellent *rebouilles*. On peut filer et tisser l'étoupe jusqu'à un certain degré de finesse, tandis que les rebouilles sont tout au plus propres à la confection des cordes les plus communes. On file l'étoupe au rouet; ce n'est qu'à grand'peine qu'on peut filer les rebouilles au fuseau. Le peignage, à l'aide du *seran* ou peigne à dents de fer, produit des étoupes de trois qualités différentes, les *demi-brins*, les *brinasses* et les *repérants*. Le tapissier les substitue au crin dans la matelasserie commune, il en rembourre les chaises, fauteuils, canapés, divans; mais comme cette matière n'est pas élastique, elle forme de très-mauvais coussins. Le chandronnier appelle *étoupe à étamer* un goupillon dont un bout est garni de filasse, et qui lui sert à étendre l'étain fondu sur les pièces qu'il répare. Blanchie par l'action du chlore, l'étoupe s'allie par le cardage au coton, et on les file ensemble.

En artillerie, on donne le nom d'*étoupe* à des filaments de lin ou de chanvre très-doux. On les destine principalement à la confection de la mèche à canon : pour cela, cette étoupe doit être pilée avec des maillets, battue avec des baguettes, peignée soigneusement et filée. Trois brins sont ensuite réunis et retors pour faire la mèche. Dans la marine, l'étoupe est plus commune : c'est le rebut ou le déchet du chanvre qui reste dans les peignes. Dans les ports militaires, on l'emploie à la confection des matelas que l'on embarque pour les malades. Pour calfater les navires, on se sert d'une *étoupe* provenant de vieux cordages goudronnés, que l'on détord, et dont on fait une espèce de charpie. Les calfats en font des torons fort lâches, de 8 à 10 centimètres de grosseur, en la tournant avec le plat de la main sur le genou. Ils en emplissent au besoin les joints des bordages, qu'ils couvrent ensuite de brai.

En style figuré, *mettre le feu aux étoupes*, c'est provoquer, déterminer tout à coup quelque mouvement impétueux, comme la colère, la haine, un amour violent, la vengeance, etc. On dit dans un sens analogue : *Le feu prend aux étoupes*.

ÉTOUPILLE, mèche destinée à mettre le feu aux *fusées* de toute espèce. On en garnit les artifices. Pour confectionner des étoupilles, on joint ensemble, suivant la grosseur du fil, trois, quatre ou cinq brins de coton bien filé. On les fait tremper pendant vingt-quatre heures dans du fort vinaigre, ou si l'on est pressé, pendant deux ou trois heures dans de l'eau-de-vie; puis on les passe dans du pulvérin, mis en pâte liquide, que l'on humecte avec de l'eau-de-vie gommée et camphrée; et pour qu'elles soient suffisamment imbibées, on les pétrit avec la main ou une spatule. On retire alors la mèche en la passant légèrement entre les doigts pour en extraire le superflu de la composition; on l'étend sur une table, et lorsqu'elle est séchée à moitié, on la saupoudre légèrement avec du pulvérin; on en roule les brins sous la main pour l'arrondir, ayant soin de rouler toujours dans le même sens; après quoi, on la dévide sur un châssis nommé *séchoir*, dont les montants sont garnis de chevillettes; on la fait sécher à l'ombre, ou, si l'on en a un pressant besoin, au soleil, ou dans une chambre chauffée par un poêle; enfin, on la coupe par bouts de 80 centimètres à 1 mètre, et l'on en fait des petites poignées qu'on enveloppe d'une chemise de papier, soit pour la conserver, en la mettant dans un endroit sec, soit pour la distribuer au besoin.

On nomme encore *étoupilles* les fusées d'amorce qui servent à porter le feu avec promptitude à la poudre, dans l'âme d'une pièce d'artillerie. Ces *étoupilles* sont devenues une partie très-essentielle de l'artifice de guerre, tant à cause de leur utilité que de la grande consommation qu'en fait l'artillerie. On ne saurait être trop attentif à leur préparation. D'elles en effet peut dépendre le succès ou l'insuccès d'une action devant l'ennemi. Ce sont de petits roseaux de 8 centimètres de longueur, de grosseur proportionnée aux lumières des bouches à feu. Ils sont garnis de composition incendiaire et coupés droit d'un bout et en sifflet de l'autre au moyen d'un canif. Après avoir percé la cartouche par la lumière au moyen du dégorgeoir, on introduit l'étoupille dans cette lumière par le bout coupé en sifflet. Le feu est ensuite communiqué à l'*étoupille* par *la lance à feu*. Autrefois on faisait les étoupilles en fer-blanc; des étrangers en avaient même fabriqué en cuivre jaune, minces, coupées en sifflet dans le bas, assez longues pour que le bout pût percer la gargousse : ils évitaient par là la manœuvre du dégorgeoir; mais ils avaient l'inconvénient de voir leurs pièces enclouées par le porte-feu, qui restait dans la lumière, et se trouvait souvent comme rivé intérieurement par le refoulement qu'occasionait l'inflammation de la poudre. De son côté, le fer-blanc avait l'inconvénient grave de se rouiller aisément, et de gâter bientôt la composition que l'on mettait dans les *fusées*. Aujourd'hui les *étoupilles* d'amorce sont confectionnées avec des roseaux bien secs, coupés dans le cœur de l'hiver, dans des fonds où ils n'ont pas été trop exposés à l'action des vents. MERLIN.

ÉTOURDERIE, défaut de prudence, de prévoyance, d'attention, produit par l'incapacité de réfléchir, ou par l'habitude de céder aux premières impulsions, sans examiner quels en seront les résultats. L'enfance et la première jeunesse peuvent seules faire excuser l'étourderie : dans l'âge mûr, elle indique une organisation incomplète; plus tard, une organisation affaiblie. Dans les relations sociales les moins importantes, l'étourderie est insupportable et devient bientôt odieuse : l'*étourdi* ne calcule ni ne mesure ses mouvements; il entre dans un salon, marche sur la patte du chien favori et l'estropie; il heurte le guéridon, le renverse, en brise le marbre et les porcelaines; de la canne qu'il a sous le bras, il casse les curiosités de l'étagère, et se retournant vivement, va frapper du coude la poitrine d'une femme qui s'avançait pour le recevoir; dans le jardin, il marche sur les plates-bandes, des bouleverse; puis, saisissant deux enfants par la main, court avec eux à travers des arbustes épineux, et ne s'arrête pas qu'après les avoir précipités, avec lui, dans une pièce d'eau; par les rues, le cabriolet qu'il conduit rase les bornes, les murailles, accroche toutes les voitures; enfin, il verse, se rompt la jambe, et écrase un vieillard. L'étourdi est donc non-seulement inutile à la société, mais souvent encore peut lui être très-nuisible. Aucun soin, aucune affaire, ne sauraient lui être confiés, car ou il oublie de s'en acquitter, ou il choisit un moment inopportun. N'ayant point examiné les choses, il ignore leur nature, les confond, se perd de vue, ne sait dans quel ordre les unes se traitent, et ne comprend point l'importance des autres.

Toutes les professions sont par le fait interdites à l'étourdi; il n'en est point en effet qui n'exige une attention qui le contrarie et le fatigue; il n'en est point où, en compromettant ses intérêts, il ne compromette ceux d'autrui; et les hommes ne tolèrent que les imperfections dont ils n'ont pas à souffrir. Jugez donc de l'étourderie des médecins, des apothicaires, des juges, des administrateurs, des banquiers, quand on a remis entre leurs mains sa vie ou sa fortune. L'étourderie d'un général remplit de terreur son armée et le pays qu'il défend. Toute espèce de domination et de responsabilité est incompatible avec l'étourderie, qui rend nuls la bravoure, la générosité et le dévouement. L'éducation corrige de l'étourderie, si elle ne la prévient pas; et l'expérience, à moins qu'on ne soit totalement dépourvu de sens, n'en corrige pas moins; mais il est rare que dans ce dernier cas on ne se corrige trop tard. Quand Molière a mis l'*étourdi* sur la scène, il ne l'a représenté qu'amoureux; l'étourdi n'échoue que dans une intrigue galante, il ne déjoue que les plans d'un laquais fourbe : ainsi, l'habile comique a montré ce qu'il pouvait y avoir de plaisant dans ce défaut. Mais que Lélie soit le chef d'une grande entreprise, que sa famille, ses amis, le servent comme il est servi par Mascarille, vous verrez ses desseins les mieux conçus échouer, ses espérances les mieux fondées détruites, et lui-même entraîner dans l'abîme qu'il aura creusé famille et amis : vous aurez une tragédie en conservant à Lélie son caractère dans d'autres circonstances. Après *L'Étourdi* de Molière, Andrieux a osé faire *Les Étourdis*, et de ses nombreuses pièces, celle-ci restera peut-être seule.

C'est sans doute parce que la nature et les mœurs interdisent aux femmes tout accès dans les affaires publiques, qu'on les accuse d'étourderie sans croire leur faire beaucoup de tort, comme si l'éducation de leurs enfants, le gouvernement de leur maison, le soin de leur honneur, ne réclamaient point un esprit réfléchi et une conduite profondément méditée. La bonté, la douceur, la sincérité, l'amour du travail, la chasteté, ne préserveront pas une femme du tort que lui fera l'étourderie. Une seule action faite étourdiment a terni quelquefois la réputation la plus méritée; et l'innocence et la vertu ne sont reconnues irréprochables qu'autant qu'elles sont attentives. On médit, on calomnie, on insulte, on offense par étourderie. On se lie d'amitié, on se marie, on trafique, on vote étourdiment, puis l'on s'en prend au sort, en attendant qu'après avoir joué étourdiment son bonheur dans cette vie et dans l'autre, on s'en prenne à Dieu. C^{sse} DE BRADI.

On a souvent confondu l'étourderie et la distraction, deux choses fort distinctes, dont l'une est un défaut, un vice même si l'on veut, l'autre simplement un ridicule, souvent involontaire, quelquefois affecté pour se faire croire original. Le peuple disait jadis être *étourdi comme le premier coup de matines*; il se borne à dire de nos jours : *étourdi comme un hanneton*. On dit faire les choses à l'étourdie, agir à l'étourdie, de même que l'on dit : s'étourdir sur quelque chose, s'empêcher d'y penser, s'étourdir sur une perte, s'étourdir sur son sort. Être un étourdi, ou être étourdi d'un bruit, d'un coup, d'une chute, sont choses fort dissemblables et qu'un même terme ne devrait pas exprimer.

ÉTOURDISSEMENT. On désigne par cette dénomination, qui est une traduction littérale du mot italien *stordimento*, un trouble momentané des fonctions du cerveau : on vacille et on croit voir tourner les objets environnants. L'étourdissement se rencontre communément chez les personnes sanguines, replètes, nerveuses, dans la grossesse, etc. Quand il se répète souvent, il est l'indice d'une congestion de sang vers la tête, et dans ces cas il annonce un danger imminent. Nous recommandons à ce sujet les avis que nous avons consignés au mot BOURDONNEMENT D'OREILLES, affection à laquelle l'étourdissement se rallie d'ordinaire. Dr CHARBONNIER.

ÉTOURNEAU, genre d'oiseaux de l'ordre des passereaux, renfermant dix à douze espèces, dont la plus connue en Europe est l'*étourneau commun* (*sturnus vulgaris*, L.), que l'on nomme aussi *sansonnet*.

L'étourneau commun ne diffère des carouges que par son bec, déprimé surtout vers la pointe. Il est noir avec des reflets violets et verts, tacheté partout de blanc ou de fauve. Le jeune est gris-brun. Le sexe se reconnaît, suivant quelques oiseleurs, à une très-petite tache noirâtre que le mâle porte sous la langue; mais ce caractère n'est pas très-certain. Cet oiseau, très-commun dans l'ancien continent, se nourrit d'insectes, et détruit ainsi une grande quantité de ceux qui nuisent aux bestiaux et aux jardins. Il vole en troupes serrées et nombreuses, et se plaît particulièrement dans les marais. Souvent les volées d'étourneaux sont tellement serrées que les oiseaux de proie craignent, à ce que l'on dit, de les attaquer, et n'osent rompre ces épais bataillons, dont les cris les effrayent ; aussi, l'erreur de quelques naturalistes, qui ont avancé que l'étourneau poursuivi lance avec force sa fiente contre son ennemi pour le chasser, s'est-elle bien vite accréditée.

Dans nos pays, le temps des amours commence pour les étourneaux aux premiers jours du printemps : c'est alors qu'ils reviennent des climats plus chauds, où ils ont été passer l'hiver. A cette époque, ils se séparent par couples, mais auparavant les mâles se battent pour avoir une compagne, et le vainqueur a le droit du choix ; dans ce temps, leur gazouillement est presque continuel. La femelle cherche un lieu propre à recevoir sa progéniture : c'est ordinairement dans les colombiers, dans les vieux murs ou sous les toits ; elle pond quatre œufs bleu verdâtre, que le mâle lui aide à couver. Les petits, pris jeunes, se laissent aisément apprivoiser ; ils apprennent à chanter et même à parler. On les chasse en attachant une corde engluée à la patte d'un étourneau et le lâchant au milieu d'une troupe de ces oiseaux ; bientôt il engluo ses compagnons, qui, ne pouvant plus voler, tombent et se laissent prendre facilement. Cet oiseau, dont la chair est assez désagréable, n'existe pas au cap de Bonne-Espérance, ainsi que l'avaient avancé plusieurs auteurs. N. CLERMONT.

ÉTRANGER. Ce terme s'applique à celui qui appartient à une autre nation : ainsi les différents peuples sont réputés étrangers les uns à l'égard des autres. Dans l'état primitif, chaque nation ne voit dans l'étranger qu'un ennemi ou un barbare : ici, il se trouve constamment sous la menace de lois sévères, là on le réduit à la condition de serf, presque partout on le dépouille plus ou moins de ses droits. A mesure pourtant que le mouvement donné par le christianisme pousse les peuples dans les voies d'une civilisation plus éclairée, nous voyons la condition de l'étranger s'améliorer. Toutefois, jusqu'ici, la position d'un étranger dans un pays n'a pas encore été mise par les lois sur le même pied que celle des régnicoles. Il n'y a pas longtemps que la Grande-Bretagne a renoncé au droit d'expulsion arbitraire qu'elle s'était réservé à l'égard de tout étranger. Les États-Unis et la France sont les pays où il est le mieux accueilli et jouit de plus de liberté. Dans l'Amérique du Nord, une année de résidence le soumet au payement des taxes et lui donne, comme compensation, le droit de cité. La France, de son côté, a, en ceci comme en toute chose, la gloire d'avoir donné le signal de l'affranchissement de l'étranger. C'est elle qui la première a aboli ces droits d'*aubaine* et de *détraction*, créations du moyen âge.

Ainsi, aujourd'hui les étrangers en France peuvent acquérir, jouir de leurs biens, les transmettre, en disposer par donation et testament, de la même manière que les Français. Mais pour les droits civils autres que ceux-là, l'étranger ne jouira que de ceux qui lui seront accordés par les traités de la nation à laquelle il appartient. La loi cependant ne l'exclut pas d'une manière absolue de la jouissance des droits *civils* ; il peut demander au gouvernement l'autorisation de s'établir en France, et cette permission emporte de droit la jouissance de ces droits, tant qu'il y conservera son domicile. Toutefois, l'autorisation de s'établir n'entraîne jamais pour l'étranger la jouissance des *droits civiques* et politiques, pour lesquels des lettres de *naturalisation* deviennent nécessaires. Enfin, en France la qualité d'étranger entraîne les conséquences suivantes :
1° En toutes matières autres que celles de commerce, l'étranger *demandeur* est tenu de donner une caution spéciale, appelée *judicatum solvi*, et destinée à garantir le payement des frais auxquels il pourrait être condamné.
2° Il ne peut figurer comme témoin dans un acte notarié, ni faire partie de l'armée. 3° Tous les jugements qui prononcent contre lui une condamnation au-dessus de 150 francs le soumettent à la *contrainte par corps*.
4° Il ne peut être admis au bénéfice de *cession de biens*.
5° L'étranger déclaré vagabond par jugement peut être conduit par ordre du gouvernement hors du territoire du royaume. E. DE CHABROL.

La loi du 3 décembre 1849 accorde au ministre de l'intérieur le droit d'enjoindre à tout étranger voyageant ou résidant en France de sortir du territoire français et celui de le faire reconduire à la frontière. L'étranger autorisé à établir son domicile en France peut également être expulsé, en vertu de la même loi ; mais l'arrêté d'expulsion tombe de lui-même si l'autorisation de séjour n'a pas été révoquée dans les deux mois qui le suivront. Tout étranger qui se serait soustrait à l'exécution des mesures administratives prises contre lui, ou qui rentrerait en France, après en avoir été expulsé, sans la permission du gouvernement, est passible d'un à six mois de prison.

ÉTRANGLEMENT. *Voyez* STRANGULATION.

ÉTRAVE, pièce de bois qui termine l'avant du navire, et qui fait corps avec la quille. C'est la base et l'appui de toutes les constructions qui se rattachent à l'avant du bâtiment. La *contre-étrave* est une seconde pièce de bois, destinée à fortifier l'étrave. L'étrave est garnie sur chacun de ses côtés de chiffres qui font connaître le tirant d'eau du navire.

ÊTRE. L'idée d'*être* est la plus haute abstraction à laquelle puisse s'élever la raison humaine, et cependant l'esprit la rencontre dès ses premiers pas ; il vit dès le commencement avec elle, il la conçoit et lui donne un nom qu'on retrouve dans tous les idiomes dont il fait usage. En un mot, aucune idée ne lui est plus familière, plus constamment présente, plus inhérente en quelque sorte à sa pensée. Mais comment se fait-il que cette idée qu'il porte toujours avec lui, qui lui est acquise de si bonne heure, qui semble si claire et si simple, comment se fait-il qu'il ne peut s'en rendre compte, se l'expliquer, déterminer la signification du mot qui sert à l'exprimer ? Et en effet une définition du mot *être* serait aussi difficile que vaine. Prouvons-en l'impossibilité en l'essayant. L'être, c'est... aussitôt Pascal nous arrête, et avec raison : « On ne peut, dit-il, entreprendre de définir l'être sans tomber dans une absurdité ; car on ne peut définir un mot sans commencer par celui-ci, *c'est*, soit qu'on l'exprime, soit qu'on le sous-entende. Donc pour définir l'être, il faudrait dire *c'est*, et ainsi employer dans la définition le mot à définir. » Mais ne nous arrêtons pas à l'objection de Pascal, et essayons de continuer notre définition. Que ferons-nous entrer dans le second terme ? Un *genre* et une *différence*, comme quand nous définissons l'homme un *animal raisonnable* ? Mais dans quel *genre* se trouverait contenu le genre *être*, qui contient tous les autres, et qui n'en reconnaît point au-dessus de lui ? et quelle *différence* peut présenter un genre auquel il n'existe rien de parallèle ? Chercherons-nous à décomposer l'idée d'*être* dans ses éléments ? Mais c'est une idée simple s'il en fut jamais, et par conséquent indécomposable.

Si l'idée d'*être* n'est point susceptible de définitions, heureusement elle n'en a pas besoin. L'esprit n'a qu'à jeter sur elle ses regards pour la concevoir ; elle tire de plus d'elle-même, comme l'astre du jour, qui pour être aperçu n'a pas besoin d'emprunter aux autres leur lumière, et qui fait jaillir de son propre sein celle qui doit le manifester à nos yeux. Mais comment, à quelle occasion cette notion éclôt-elle dans notre pensée ? Descartes a répondu à cette question par ces deux mots si célèbres : *cogito, ergo sum* (je pense, donc je suis). Nous ne pouvons en effet avoir conscience d'aucune modification de notre être sans que l'idée d'être même si l'on veut nous apparaisse invinciblement enchaînée à l'idée de modification. On a reproché bien à tort à Descartes sa proposition comme une pétition de principe. Par cette proposition Descartes ne veut point démontrer l'existence en la donnant comme une conséquence de la pensée ; il s'est lui-même exprimé clairement à ce sujet dans sa correspondance : il ne veut que constater que les deux idées de mode et d'être sont inséparables, et montrer comment le rapport nécessaire qui les unit se manifeste en même temps à la raison.

On voit que l'acquisition de cette idée ne se fait pas longtemps attendre, et qu'elle nous apparaît pour ainsi dire aussitôt que nous ouvrons les yeux à la lumière. Mais comment arrivons-nous ensuite à la distinguer de toutes les autres, elle qui semble confondue avec toutes les autres? comment parvenons-nous à l'en dégager nettement pour la considérer à part, et comme abstraction? Dans la nature en effet l'être et le mode existent confondus et ne se présentent jamais séparés. Nous pouvons donc rester longtemps sans les distinguer; c'est ce que prouvent les langues anciennes, dans lesquelles des jugements entiers sont exprimés par un seul mot sans distinction de sujet, de verbe ni d'attribut. Comment donc l'esprit a-t-il pu séparer ce qui est toujours uni dans la nature? Si nous n'avions jamais connu qu'un seul objet, et que cet objet n'eût jamais changé, nous n'aurions jamais eu l'idée d'être distincte de l'idée de manière d'être ou de mode. Mais nous prenons connaissance de plusieurs êtres, et nous remarquons que le même être passe par des états divers. Nous rencontrons les mêmes qualités dans les êtres différents, et nous voyons souvent aussi une qualité disparaître de l'être auquel elle appartenait. Alors ces deux idées commencent à se manifester comme distinctes à nos regards, par l'opposition même des caractères qu'elles présentent. En effet, nous remarquons quelque chose de *variable*, qui est la qualité, puisque nous voyons les qualités changer dans un même objet, passer de l'un à l'autre, être communes à des objets différents. Nous remarquons aussi quelque chose de *constant*, de *permanent*, qui subsiste le même au milieu de ces continuelles variations. Ce quelque chose, nous l'appelons *être*, et notre raison le conçoit comme une force qui réside sous ces qualités, qui leur sert d'appui, de lien, et qui ne cesse pas d'être la même, quoique ses modes puissent varier. Ainsi nous voyons un arbre croître, se développer, changer de forme, de couleur, de solidité, se couvrir de feuilles, de fleurs, de fruits, puis se dépouiller, enfin présenter mille aspects différents, et cependant, au milieu de tous ces changements, nous remarquons quelque chose qui ne varie point, c'est l'*existence* même de cet arbre. Nous percevons en nous des états différents : ou bien c'est le plaisir ou la peine qui viennent affecter notre âme, ou bien c'est une idée nouvelle qui vient s'ajouter à nos connaissances, ou bien c'est un acte que nous nous déterminons à produire. Nous pouvons ne pas être à la fois dans ces états, et nous les voyons se succéder en nous tour à tour. Cependant, nous remarquons que ces différents états modifient toujours le même être, et que, quel que soit le mode d'existence que nous percevions en nous, le *moi* ne perd jamais son unité, son identité, son invariabilité. De là l'idée d'*être* distinguée de l'idée de *mode*. Cette distinction est surtout hâtée et facilitée chez l'enfant qui naît au milieu d'une société formée, et qui dès les premières années de sa vie entend exprimer séparément le sujet et l'attribut, l'être et la qualité.

Mais l'idée d'*être* va se dessiner plus nettement encore à nos yeux quand nous l'aurons comparée à une autre idée, qui, par les caractères opposés qu'elle présente, doit servir à la faire ressortir davantage, de même que deux couleurs différentes se font valoir l'une l'autre quand elles sont juxtaposées : je veux parler de l'idée de *possible*. Il arrive souvent que nous accordions l'existence à ce qui n'existe réellement pas. Ainsi, dans les songes, dans le délire, dans l'extase, nous croyons à la réalité de ces êtres fantastiques qui ne sont qu'un jeu de notre imagination ; puis quand le charme est détruit, quand nous nous retrouvons au milieu des existences véritables, nous rions de notre erreur et ôtons le caractère d'*être* à ces enfants de notre pensée. Nous les concevons comme *pouvant* exister, puisqu'ils ont pris place un moment dans notre conception comme les objets vraiment existants, et nous avons alors l'idée de *possible*. Mais à quels signes reconnaissons-nous que les uns existent et les autres n'existent pas? Ces signes, si nous pouvons les apercevoir, seront pour nous le caractère de l'existence et le caractère du possible. L'observation attentive de ce qui se passe alors en nous-mêmes va nous les révéler. Il est certain que le possible et le réel ont cela de commun, que tous deux sont l'objet de notre pensée, c'est-à-dire que tous deux sont conçus par nous et impriment leur trace dans notre intelligence ; mais ils sont loin de l'imprimer de la même manière. Dans le cas où nous percevons des objets possibles, nous remarquons que ces perceptions ne sont point durables, qu'elles sont susceptibles d'être dissipées à volonté, qu'elles ne nous contraignent que pour un moment à croire à la réalité de leurs objets, que cette croyance finit par se détruire. Dans le cas où nous percevons des objets existant réellement, nous remarquons au contraire que ces perceptions sont constantes, indestructibles, que la croyance à la réalité de leurs objets nous suit partout et toujours, que nous ne saurions nous en dépouiller, qu'elle fait en quelque sorte partie de nous-mêmes. Alors nous accordons l'existence réelle à ce qui donne lieu à de semblables connaissances, et ce caractère d'invariabilité et d'indestructibilité de notre croyance devient pour nous le signe auquel nous reconnaissons l'être véritable. Nous pouvons donc dire que ce qui existe pour nous, c'est ce qui détermine dans notre esprit une croyance constante, invariable et irrésistible : tel est relativement à nous le caractère propre de l'*être*, de la réalité.

Nous avons acquis l'idée d'*être*, nous l'avons distinguée de l'idée de *mode*, de l'idée de *possible* ; il nous reste encore à savoir comment nous acquérons l'idée de différents êtres, comment nous nous élevons ensuite à l'idée d'un être qui domine et embrasse tous les autres, de cette grande unité que nous appelons *être suprême*, et comment nous distinguons cet être un des êtres *multiples* qui sont contenus dans son sein. Nous commençons, ainsi que je l'ai fait remarquer, par puiser l'idée d'*être* en nous-mêmes, avec son caractère d'unité et de permanence. Mais si nous ne percevions du monde qui nous entoure que certaines qualités, comme l'étendue, la forme, la couleur, le son, la saveur, l'odeur, etc., nous pourrions ignorer éternellement qu'il existe autre chose que nous ; car nous ne verrions dans la perception de ces qualités que des états divers par lesquels nous passons, et rien ne nous obligerait à rapporter les qualités perçues à des êtres distincts de nous-mêmes. Mais quant à l'occasion du phénomène de résistance nous avons remarqué que notre force était limitée, c'est alors que l'induction nous a révélé une force différente de la nôtre, et que nous avons conclu à une existence analogue et distincte à la fois. Nous avons ensuite rapporté à cette force distincte les qualités perçues en sa présence, car nous avons remarqué qu'en son absence ces qualités cessaient d'être perçues par nous. Quand ensuite à l'occasion des forces distinctes de la nôtre nous percevions des qualités différentes et même opposées, notre raison nous empêchant de rapporter ces qualités à un même être, nous avons admis autant d'êtres différents que nous avons remarqué de qualités différentes où l'occasion d'une force résistante. C'est ainsi que nous avons distingué l'arbre de la pierre, l'animal de l'arbre, l'homme de l'animal. Nous avons donc acquis de cette manière l'idée d'êtres multiples, et quoique nous ne puissions percevoir directement en eux l'existence comme en nous-mêmes, néanmoins l'induction nous a forcés de la leur accorder ; nous avons reporté au sein de chaque ensemble de qualités cette substance une et permanente que nous distinguons en nous-mêmes, la raison ne nous permettant pas d'admettre que des qualités puissent exister indépendamment d'un être qui leur sert de soutien commun. Arrivés à l'idée d'être multiples, nous les avons classés en raison de leurs différences et de leurs analogies dans des genres, des espèces, tout en reconnaissant autant d'êtres distincts que d'individus occupant une place dans l'espace. Enfin, malgré leur diversité infinie, nous avons constamment remarqué en chacun d'eux le caractère de l'existence, le seul qui leur soit de commun, et nous nous sommes élevés alors à l'idée générale d'*être*, nous l'avons constatée comme le genre qui contient tous les autres, et qui lui-même ne peut être contenu dans un genre plus élevé.

Mais nous ne sommes point encore arrivés à l'idée de l'*être créateur*, suprême, d'où découlent tous les autres; nous avons bien l'idée générale d'*être*, mais comme nous aurions l'idée générale de couleur rouge, de forme ronde. Cette idée n'est point celle que nous cherchons : comment y parvenons-nous? Par deux voies principales, par l'idée d'i n f i n i d'une part, de l'autre par l'idée de c a u s e. Il suffit, comme dit Descartes, de concevoir l'idée d'infini pour concevoir en même temps l'idée d'*être infini*; car l'idée d'infini étant une de celles que nous ne pouvons dissiper, emportant la croyance insurmontable et indestructible à la réalité de son objet, l'idée d'*être* lui est inévitablement enchaînée. Or, comme nous distinguons de l'infini notre *être* et les autres *êtres* analogues, puisque, nous reconnaissons en eux des limites, nous distinguons par là même les êtres finis de l'être infini, de l'être qui *est* par soi-même, *ens a se*, qui est nécessaire, qui n'a point commencé, qui ne peut cesser d'être. Mais c'est par l'idée de *cause* que nous parvenons le mieux à concevoir à la fois la distinction et le rapport qui existent entre l'être nécessaire et les êtres finis dont il a peuplé l'espace. Après avoir acquis l'idée de cause, et l'avoir surprise en nous-mêmes au moment où nous agissions, où nous étions *cause*, après avoir été frappés de l'évidence de cette vérité, que tout ce qui commence à exister a nécessairement une cause, si nous remarquons en nous et dans tout ce qui nous entoure que l'existence a eu un commencement, nous ne pouvons faire autrement que de reconnaître que tous ces êtres qui ont commencé ont eu nécessairement un autre être pour cause, et que cet être n'a dû lui-même jamais avoir de commencement, puisqu'il faudrait pour cela qu'il fût sorti de rien, ce qui répugne à notre raison. Par là nous arrivons aussi à l'être infini, *ens a se*, et de plus à l'Être créateur de tout ce qui existe et aussi distinct de tout ce qui existe que le fini est distinct de l'infini.

Ici deux objections se présentent : la première, qui nie l'Être infini, en tant que distinct des êtres finis; la seconde, qui nie les êtres finis et les confond avec l'Être infini. L'une nous vient de l'athéisme; le panthéisme a élevé l'autre. La première, celle de l'athéisme, se fonde sur ce que l'idée d'*être en soi* n'est autre chose que l'idée générale d'être qui résulte pour nous de la connaissance des êtres particuliers, comme l'idée générale d'é t e n d u e résulte de la connaissance que nous avons prise des étendues particulières. L'être se trouve bien au fond de tous les objets qui composent l'univers, mais cette substance, commune à tous et répandue dans tous, n'existe pas indépendamment d'eux; elle n'a pas sa vie à part et distincte, elle vit dans tout ce qui existe et point ailleurs. L'idée d'*être* absolu n'est donc qu'une abstraction de notre esprit. Avant d'énoncer cette objection, nous lui avions déjà répondu dans ce que nous avons dit plus haut, en faisant remarquer comment nous arrivons à l'idée d'*être nécessaire*, de *cause première*. En effet, il est évident que l idée générale d'êtres finis ne peut être identique avec l'idée d'être infini, que l'idée générale d'êtres qui ont eu un commencement ne peut être l'équivalent de l'idée d'être nécessaire et qui n'a jamais commencé. Quand nous aurions connu cent mille fois plus d'existences finies, nous ne nous serions jamais élevés au delà de l'idée générale d'existences finies. Or, pourquoi nous sommes-nous élevés au delà? Parce que la raison nous a contraints de donner à l'infini une existence distincte de l'existence du fini, parce que nous n'avons pu concevoir des êtres ayant eu commencement sans concevoir aussi une cause à ces êtres, par conséquent une cause qui tient l'être d'elle-même, qui n'a pu commencer, et qui, en raison de ce caractère de nécessité, d'infini, est bien distincte de ce qui est contingent et fini.

Dans la seconde objection, ce n'est pas l'être nécessaire qui est nié, ce sont les êtres créés contingents auxquels le caractère d'être est refusé. Suivant ce système, l'*être* est nécessairement un, et ne peut être multiple. Il n'y a donc qu'un être dans l'univers. Tout le reste ne portant pas le caractère d'unité, de nécessité, d'indestructibilité, ne peut être assimilé à l'*être*; il n'en est que le mode, la manifestation. Ce que nous appelons *êtres créés* ne sont que les développements, et pour ainsi dire la vie phénoménale du grand Être qui est unique. Ainsi, chacun de nous, chacun des objets qui nous environnent n'est qu'un phénomène de la Divinité. Tout ce système repose sur une supposition gratuite, et dont il serait impossible de donner la preuve. Cette supposition est celle-ci : qu'il n'y a que l'*être nécessaire* qui soit véritablement *être*. Or l'idée d'*être* n'entraîne nullement pour nous l'idée de *nécessité*. Nous concevons l'être sans qu'il soit marqué du caractère de nécessaire et d'absolu. En effet, nous concevons l'être en nous, et nous nous concevons en même temps ayant eu un commencement. Pourquoi donc l'idée d'être et l'idée de contingent s'excluraient-elles? Par cela même qu'une chose nous apparaît comme ayant commencé et devant finir, elle nous apparaît comme existante. Pouvons-nous au contraire faire autrement que de placer sous les divers ensembles de qualités que nous percevons autant d'êtres distincts les uns des autres? et parce que ces êtres seront finis, ne seront-ils donc pas? Ne voit-on pas d'ailleurs qu'avec un pareil système il faudrait affubler l'Être suprême de toutes les imperfections du monde créé, et en même temps de qualités contradictoires? l'injustice, la cruauté, la perfidie deviendraient des attributs de la Divinité! et le même être serait à la fois aveugle et sage, heureux et malheureux, bon et méchant? Telles sont les contradictions révoltantes et les absurdités auxquelles nous sommes naturellement conduits, sans parler de l'anéantissement de toute morale, qui serait l'infaillible conséquence d'une pareille supposition, puisque le moi humain se trouve détruit, et que toutes ses actions ne sont plus imputables à ce moi, qui n'est pas, mais à Dieu seul, qui existe, et dont elles sont les phénomènes. N'est-il pas plus conforme à la raison de regarder les créatures comme des êtres détachés du sein du grand Être, et auxquels il a donné une existence distincte de la sienne, quoiqu'elle en dépende par son origine? par cela même que les modes de ces êtres sont passagers et imparfaits, ils leur appartiennent en propre, et n'appartiennent pas à celui qui n'a que des perfections pour attributs. Enfin, il suffirait, pour répondre à cette bizarre hypothèse, de ce cri de la raison : J'existe, et je ne suis ni l'arbre qui croît, ni la pierre qui dort, ni l'insecte qui rampe, et je suis encore moins l'infini, l'Être immense, l'Être des êtres!

C.-M. PAFFE.

ÉTRENNES, présents que l'on fait ou que l'on reçoit au jour de l'an. Dans ce sens, il n'est guère usité qu'au pluriel. En parlant des étrennes, on ne peut se dispenser de remonter non pas aux Grecs, mais du moins aux Romains, inventeurs de cet usage. Il existait aux portes de Rome un bois de palmiers consacré à *Strenua*, déesse de la force. On imagina d'y couper le premier jour de l'année les branches de ces arbres qui restent toujours verts, surtout sous le beau ciel de l'Italie, et on les présenta, comme hommage et comme signes de paix et de concorde, à Tatius, roi des Sabins, avec lequel Romulus venait de partager son trône, par suite de la réunion des deux peuples. Le simple et modeste tribut continua d'être offert à la même époque de l'année. Emprunté aux domaines de la déesse Strenua, il reçut le nom de *strenux*, duquel est dérivé celui d'*étrennes*. Rome, considérant ce jour comme un jour de fête, le consacra à J a n u s ; le dieu aux deux visages, l'un regardant l'année finie, l'autre l'année qui commence. On se faisait aussi des vœux, on s'envoyait des présents, qui ne consistaient guère d'abord qu'en dattes, figues et miel : c'étaient des dons allégoriques, par lesquels on se souhaitait mutuellement une année douce et agréable. Plus tard, cependant, on y joignit quelques cadeaux d'un plus grand prix ; il devint même de règle pour les clients d'y ajouter, en les offrant à leurs patrons, une pièce d'argent : ce qui, vu l'immense clientèle de plusieurs de ces derniers, rendait pour eux cette première journée d'un assez bon rapport. Sous l'empire, le sénat, les chevaliers et le peuple romains offrirent à Auguste et à ses successeurs, comme étrennes, des sommes assez fortes, qui ordinairement étaient employées à l'érection de quelques nouvelles statues de divinités. Tibère défendit que l'on donnât des étrennes passé le jour de l'an. Caligula déclara qu'il en accepterait à toutes les époques. De Rome cette coutume passa aux peuples soumis à sa domination : la Grèce, les Gaules eurent leur jour de l'an et leurs étrennes. Celles-ci furent proscrites par les premiers chrétiens, comme entachées d'idolâtrie, et comme ayant servi jadis à propager le culte des faux dieux.

Aujourd'hui, chez presque tous les peuples, quelle que soit leur religion, l'usage des étrennes est passé dans les mœurs; il est devenu une de ces lois sociales qui, sans être écrites dans aucun code, sont les plus respectées et le mieux suivies. C'est sans doute pour les fortunes médiocres la plus pesante des *contributions indirectes*. Nul n'ose s'en dispenser, à moins d'avoir recours au moyen péremptoire indiqué dans cette ancienne épigramme :

Cy gît, dessous ce marbre blanc,
Le plus avare homme de Rennes,
Qui trépassa le dernier jour de l'an,
De peur de donner les *étrennes*.

Nous sommes loin du temps où ces cadeaux obligés se réduisaient à des figues ou du miel. En général, on donne pour étrennes aux dames des bijoux et des parures, aux jeunes filles des poupées, aux jeunes garçons des jouets d'enfants, aux uns et aux autres des bonbons, souvent aussi des livres (car nous avons une littérature spéciale qui trouve là son écoulement). Avec les indifférents en échange des masses plus ou moins considérables de *cartes de visite*, qui ne font gagner que la petite poste et les entreprises de distribution. Quant aux domestiques et à ceux de ses inférieurs avec lesquels on a des rapports journaliers, tels que portiers, garçons de bureau, facteurs, etc., etc., c'est en argent qu'on acquitte à leur égard ce tribut imposé par la coutume, et qu'ils regardent comme une dette contractée envers eux, dont le premier janvier est l'échéance. Elle serait bientôt payée dans les maisons opulentes si le maître usait envers beaucoup de ses gens de la recette du cardinal Dubois, qui le jour de l'an disait à son maître d'hôtel : « Monsieur, je vous donne pour étrennes tout ce que vous m'avez volé dans l'année. » Les fournisseurs habituels des ménages parisiens, épiciers, boulangers, bouchers, etc., sont soumis à de doubles étrennes, assez onéreuses : aux maîtres ils envoient quelques échantillons de leurs marchandises ou produits, aux domestiques ils donnent de l'argent. Pour s'y soustraire, ils ont eu recours à la philanthropie, et depuis quelques années, à Paris et dans les départements, ils font annoncer à son de trompe, dans les journaux, que leurs étrennes appartiendront désormais aux pauvres. Ils en sont sans doute quittes à meilleur marché. La veille du jour de l'an les tambours de la garde nationale vont gagner leurs étrennes en donnant des aubades à la porte de leurs chefs et des hauts fonctionnaires de l'État, et à leur tour les fonctionnaires de tout ordre et de tout rang, administratif, judiciaire, civil ou militaire, vont gagner les leurs dans les salons du chef du gouvernement.

On a dit que le premier jour de l'an était celui où il se débitait le plus de faussetés ; on pourrait dire aussi à la foule de visiteurs intéressés qui ce jour-là viennent tendre la main avec le compliment d'usage, que l'interdiction de la mendicité est suspendue de fait. Toutefois, les dépenses nécessitées par les étrennes ont leur bon côté. L'économie politique y voit une puissante impulsion, un encouragement fructueux donné à presque toutes les branches de commerce, et qui pour la seule ville de Paris peut s'élever à

de très-fortes sommes. En supprimant les étrennes, le régime de 93 avait porté au négoce de détail une atteinte presque aussi terrible que celle de son *maximum*. Quant à nous autres particuliers, nous y trouvons au moins l'avantage de voir pendant une huitaine de jours nos enfants plus soumis, nos domestiques plus soigneux et nos portiers plus complaisants.
OVIBRY.

Étrenne signifie aussi le premier argent qu'un marchand reçoit dans la journée, dans la semaine, et le premier usage qu'on fait d'une chose : Dieu vous donne bonne étrenne ! Cette vaisselle n'a point encore servi, vous en aurez l'étrenne. De là le verbe *étrenner*, qui signifie être le premier qui achète à un marchand, ou qui donne à un pauvre, et l'action de faire usage d'une chose pour la première fois.

ÊTRES (Échelle des). Bonnet, célèbre philosophe naturaliste, arguant des rapports qui lient les animaux aux végétaux et ceux-ci aux corps bruts ou minéraux, proposait de les disposer d'abord sur trois échelles ou séries unilinéaires, et en former ensuite une seule échelle dont la plus inférieure commence suivant lui aux matières les plus subtiles, et finit à l'amiante, substance minérale susceptible de former des tissus. La deuxième échelle, celle du règne végétal, se relie au règne minéral par les lithophytes (végétaux-pierres), et s'élève par les champignons et les lichens jusqu'aux plantes proprement dites, au premier rang desquelles il place la sensitive. Enfin, la troisième échelle, ou celle du règne animal, commence par les orties de mer et les polypes, et finit à l'homme. Cette comparaison de la hiérarchie graduelle des êtres naturels à une série d'échelles exprime assez bien leur gradation depuis la matière brute jusqu'aux êtres dans lesquels l'individualité s'élève au sentiment du moi, qui reconnaît sa supériorité sur tous les corps qui l'entourent. Les progrès faits de nos jours dans les diverses branches de l'histoire naturelle ne permettent plus d'adopter l'ordre sérial proposé par Bonnet ; mais l'idée générale qui a présidé à la conception d'une échelle des êtres naturels, idée conçue par l'esprit humain depuis l'antiquité la plus reculée, n'a point été abandonnée. Chaque corps (nous ne parlons pas des esprits) a été rangé dans un des trois règnes de la nature, et du sommet de l'échelle de chaque règne se trouve en quelque sorte l'anneau qui l'unit au règne voisin.
LAURENT.

ÉTRÉSILLON. Les *étrésillons* sont des pièces de bois qu'on place en travers dans les tranchées d'une fondation, dans les galeries d'une mine, etc., pour empêcher les terres de s'ébouler. On en place aussi, concurremment avec des étais, dans les bâtiments que l'on veut soutenir, soit pour les reprendre en sous-œuvre, soit dans tout autre but.

ÉTRÉSILLONNEMENT. Voyez ÉTAI.

ÉTRESSE (*Technologie*). Voyez CARTON.

ÊTRE SUPRÊME (Fête de l'). Voyez FÊTES RÉVOLUTIONNAIRES.

ÉTRIER. En technologie, c'est le nom qu'on donne à une espèce de grand anneau de fer ou d'autre métal. L'éperonnier le forge et lui donne la figure qu'il doit avoir. Il est ensuite suspendu à une courroie appelée *étrivière*, et c'est sur deux étriers semblables que le cavalier, assis sur la selle, appuie les deux pieds, ce qui l'affermit, le soulage du poids de ses jambes et lui rend plus facile le maniement du cheval. Les étriers des femmes sont fermés par devant, et on les fait quelquefois en bois, en Catalogne et dans d'autres parties de l'Espagne. Chez les *Gauchos*, les *Certanejos* et autres peuples cavaliers du Nouveau Monde, si justement appelés cosaques de l'*Amérique méridionale*, l'étrier consiste en une baguette de bois blanc, de 10 à 12 centimètres de long, suspendue par le milieu à une corde qui descend de chaque côté d'une selle de bois : le cavalier assujettit son pied nu sur cet appui en faisant passer la corde entre le premier et le second orteil. On a inventé des *étriers* appelés *à lanternes* ou *pyrophores*, qu'on fixait au-dessous de la planche de l'étrier (c'est la partie sur laquelle repose le pied). Ils éclairaient pendant la nuit le cavalier et lui chauffaient les pieds. Les anciens ne connaissaient pas les étriers : Xénophon n'en parle pas une fois dans ses traités sur la cavalerie ; Galien remarque que les cavaliers romains contractaient des infirmités aux jambes par suite de l'habitude de les laisser pendantes ; Hippocrate avait fait la même observation à propos des Scythes. Dans aucun monument antique on ne voit trace d'étriers : il en est question pour la première fois dans un traité de tactique de l'empereur Maurice, mort en 602. Depuis, les écrivains du Bas-Empire les mentionnent fréquemment.

L'*étrier* en chirurgie est un bandage dont on se sert pour la saignée du pied, et en architecture, une pièce de fer qu'on emploie pour soutenir une poutre. V. DE MOLÉON.

ÉTRURIE, en grec *Tyrrhenia*. Ainsi s'appelait dans l'antiquité la contrée riveraine de la mer Tyrrhénienne ou mer Inférieure, qui était séparée de la Ligurie par la petite rivière nommée Macra, de la Gaule cispadane par la crête des Apennins ; et par le Tibre, de l'Ombrie, des Sabins, des Latins et du territoire de Rome. Le nom de *Tuscia* (d'où on a fait *Toscane*) ne devint que beaucoup plus tard en usage pour ce pays, tandis que de bonne heure l'on désigna indifféremment sous les noms de *Tusci* ou d'*Etrusci* les populations qui l'habitaient. Les Ombriens, habitants aborigènes de cette contrée, furent dépossédés des côtes et de la partie méridionale par les Tyrrhéniens ou Tyrséniens, ou encore Pélasges-Tyrrhéniens, qui, à ce qu'il paraît, y arrivèrent généralement par mer. Toutefois, dès avant la fondation de Rome, leur domination fut détruite par un autre peuple, qui se désignait lui-même sous le nom de *Rasena*, et qui, après s'être confondu avec les vaincus ou Tyrrhéniens, prit ensuite celui de *Tusciens* (*Tusci*) ou d'*Étrusques* (*Etrusci*). Cette nation *Rasena*, que d'ordinaire les auteurs anciens confondent avec les Tyrrhéniens, et que par conséquent ils représentent comme originaire de la Lydie, était venue du nord à une époque qui se perd dans la nuit des temps (1187 ans avant l'ère chrétienne vingt-deux ans après la prise de Troie), avait envahi l'Italie par la Rhétie, et s'était d'abord emparée de l'Étrurie proprement dite, c'est-à-dire du pays situé entre les Alpes, le Tésin et l'Adige inférieur, au sud jusqu'au delà de Bologne ou Felsina en langue étrusque. Outre Felsina, *Mantua* et *Patria* étaient encore d'autres villes appartenant aux Étrusques ; et quand ils furent vaincus par les Gaulois, il paraît qu'ils se retirèrent pour la plus grande partie en Rhétie. La domination fondée par ce peuple dans l'Étrurie proprement dite fut et de plus longue durée et plus récente ; il y subjugua les Ombriens, mais pour se confondre bientôt avec eux. Il est extrêmement probable que de là les Étrusques s'établirent pour quelque temps dans la Campanie, au moyen de colonies ; il existait en Corse des colonies étrusques, et Ilva (l'île d'Elbe) leur obéissait.

La question de savoir dans quelle famille de peuples il convient de ranger cette nation est encore aujourd'hui une énigme, comme l'est aussi sa langue, dont de très-faibles débris seulement se sont conservés dans quelques inscriptions de vases, sur des monnaies et sur des pierres (à Pérouse notamment). Tout porte à croire qu'elle différait essentiellement des langues parlées dans le reste de l'Italie ; mais il a été jusqu'à présent impossible d'établir avec la moindre vraisemblance qu'elle eût quelque rapport soit avec la langue grecque, soit avec la langue celtique ou germanique. L'écriture est, dans ses principaux délinéaments, celle des anciens Grecs ; et il est assez probable qu'elle provenait de la Grande Grèce. Parmi les villes Étrusques, il faut mentionner surtout Véies, Falères, Volsinii (aujourd'hui *Bolsena*), Clusium (*Chiusi*), Pérouse, non loin du lac Trasimène, Cortona, Arretium (*Arezzo*), Fæsulæ (*Fiesole*), dans l'intérieur du pays, et, soit immédiatement sur la côte, soit à fort peu de distance de la côte, Luna, Pisæ, Vollaterra, Vetulonium, Populonia, Rusellæ, Cosa, Volci, Saturnia, Tarquinii et Cæré. La plupart de ces villes étaient indépendantes les unes des autres. Les liens fédératifs qui les unissaient entre elles étaient assez faibles : toutefois, des assemblées fédérales avaient lieu, dans lesquelles on délibérait en commun sur des affaires religieuses et politiques. On sait positivement que cette confédération se composait de douze villes, et que les contrées riveraines du Pô étaient divisées d'une manière analogue. Mais le nombre des villes restées indépendantes de tout lien fédéral était bien plus considérable.

Dans tous les États étrusques existait une aristocratie sacerdotale. Le sénat était composé de familles dont les chefs portaient, à ce qu'il paraît, le titre de *lucumons* ; et on est fondé à croire que plus tard on remplaça partout les rois par des magistrats dont les pouvoirs ne duraient qu'une année. Sous cette classe aristocratique, le reste de la population formait une espèce de clientèle, qui semble avoir eu un caractère plus sévère et plus oppressif que dans le reste des peuples de l'Italie centrale. Il n'existait d'hommes libres appartenant aux basses classes que dans les villes, et leur ordre ne parvint jamais à jouir d'une certaine importance. L'influence de la constitution politique des Étrusques sur celle des Romains se borna, on est autorisé à le penser, à quelques détails tout extérieurs, par exemple aux insignes des magistrats, aux entrées triomphales, etc. En revanche, il n'est guère possible de nier l'influence que dut exercer sur le culte et le système religieux des Romains la religion des Étrusques, dans laquelle des idées et des usages communs à toute l'Italie paraissent s'être associés et confondus de la manière la plus intime avec des idées toutes locales et particulières. La religion des Étrusques, d'un sens profond, mais sombre et parlant peu à l'imagination, s'était coordonnée avec le plus grand soin dans ses moindres détails pour tout ce qui se rapportait à la vie politique ou civile. De tous les livres sacrés des Étrusques, ceux du *Jour*, dit-on, qui avait enseigné aux lucumons étrusques la doctrine des dieux et des sacrifices, jouissaient de plus de considération et de crédit. Les livres dits *achérontiques* enseignaient aussi l'expiation divine, la suspension de la destinée, la déification des âmes ; et dans les livres rituels il était surtout question de l'application des usages et des préceptes sacrés à la vie pratique. Les dieux eux-mêmes, qu'on se représentait comme habitant le Nord, étaient divisés en deux ordres : les dieux suprêmes ou cachés, appelés Æsar, et les divinités secondaires, en tête des quelles *Tina* (Jupiter) présidait le conseil des douze *consentes* ou *complices*.

On peut considérer l'art étrusque comme intermédiaire entre l'art grec et l'art romano-grec. De toutes les nations italiques, la nation étrusque est celle qui paraît avoir été la plus douée de dispositions et de goût pour l'art ; toutefois, à cet égard sa direction demeura toute matérielle et à l'état de manœuvre. A l'origine elle subit dans la pratique de l'art l'influence de l'Orient, et plus tard celle des Grecs. On se remarqué ce caractère de transition chez les Étrusques dans la construction cyclopéenne de leurs murs, lesquels tiennent le milieu entre la construction polygonale et la construction en pierres équarries, comme en témoignent les murailles de Volterra, de Fiesole, de Cortona, etc., etc.

Dans ce qu'on appelle leurs *thesaures* apparaît déjà comme base architecturale la voûte, qu'on voit employée dans de larges proportions pour les constructions d'utilité publique, telles que cloaques, portes de ville, etc. ; c'est en effet chez les Étrusques que la construction des voûtes avec des pierres équarries et la forme en arc se rencontrent pour la première fois dans toute leur importance, en nous offrant le germe d'un nouveau principe architectonique qu'à la vérité les Étrusques, pas plus que les Romains, ne purent apprécier dans toute sa valeur esthétique. Nous ne citerons comme exemples que la célèbre *cloaca maxima*, l'émissaire du lac d'Albano, et les portes de Volterra et de Pérouse (celle d'Auguste et celle de Marcia).

Les tombeaux offrent ensuite une importance toute particulière. On en connaît trois espèces. La première a pour point de départ la forme d'un tertre grossier, et le socle est le seul ornement artistique qu'elle reçoive. Elle se développa en pyramides polygonales, dont plusieurs ont souvent le même embasement. On en peut citer comme exemple le tombeau des Horaces et des Curiaces, à Albano. La seconde espèce comprend les tombeaux à façades architectoniques pour lesquelles on a creusé les parois des rochers. La simplicité de la forme principale, l'effet imposant de la corniche, leur donnent un remarquable caractère de gravité. On peut citer entre autres, dans ce genre, les nécropoles d'Orchia et d'Aria, près de Viterbe. Les tombeaux de la troisième espèce, enfin, sont souterrains et creusés dans le tuf. L'ordre toscan caractérise essentiellement la construction des temples étrusques. Le plan fondamental se rapproche du carré. Les rapports et les détails présentent aussi de nombreuses différences avec les temples grecs, de même qu'aux Étrusques appartient la distribution intérieure des maisons italiennes, laquelle diffère si essentiellement de celle des maisons grecques. Parmi les antiques productions de la sculpture, il faut surtout citer des bas-reliefs en pierres placés sur les piliers des tombeaux et sur les côtés des autels, et représentant des entrées triomphales, des danses, des funérailles, etc. On en peut comparer le style à l'ancien style grec.

Mais c'est surtout dans le travail de l'argile, notamment dans la fabrication des vases aux formes les plus diverses, que brillèrent les sculpteurs étrusques. On a retrouvé dans les tombeaux une immense quantité de ces vases, dont deux espèces sont surtout remarquables : des urnes cinéraires surmontées d'un couvercle en forme de tête humaine, et des vases en terre noire non cuite, sur lesquels de petits sujets en relief sont exécutés au moule. Le travail de l'argile conduisit à l'emploi du bronze, et la sculpture étrusque parvint alors à son apogée. Les ouvrages en bronze, le plus souvent dorés, finirent par remplacer dans les temples les ornements qui originairement étaient en terre cuite. En fait de modèles précieux en ce genre, on peut citer : dans la galerie de Florence, une Chimère; à Rome, la célèbre Louve du Capitole, la statue de Mars, de grandeur presque naturelle; à Leyde, la naïve figure d'un Enfant avec une oie; enfin, dans la glyptothèque de Munich, une figure de Femme drapée, et de remarquables reliefs ayant servi à l'ornementation d'un char. Mais c'est dans la fabrication d'objets de décors en bronze, tels que chars de luxe et trônes, armes, candélabres, boucliers, coupes, patères, miroirs métalliques et cestes avec figures gravées, qu'excellaient surtout les artistes étrusques. Des pierres gravées, des bagues et autres objets toilettes, ornés de sujets gravés, étaient également confectionnés avec beaucoup d'habileté et de fantaisie dans une direction artistique offrant beaucoup d'analogie avec celle de l'Orient. Les cistes cinéraires en pierre taillée avec des côtés ornés de reliefs, qu'on a trouvées en si grand nombre, à Volterra notamment, appartiennent à une époque postérieure.

Les peintures murales des tombeaux, surtout celles qui existent à Tarquinie, permettent de juger de ce qu'était la peinture étrusque. L'exécution en est extraordinairement simple. On employait des couleurs claires, graduées, pures et sans mélange, et les tableaux brillent plus par l'harmonie des couleurs que par la vérité. La peinture sur vases, à l'instar de celle des Grecs, était demeurée fort grossière, autant du moins qu'on en peut juger par les fragments vraiment authentiques qu'on en possède encore.

L'histoire des Étrusques se trouve mêlée à celle des premiers temps de Rome.

En examinant des fragments d'annales et de traditions que l'amour-propre des Romains leur a fait passer sous silence dans leurs propres annales, il est facile de voir que la reine du monde fut quelque temps sous la domination étrusque. Au moins est-il certain, par le témoignage de l'empereur Claude, qui avait écrit une Histoire d'Étrurie, que le roi appelé par les Romains Servius Tullius était un Étrusque du nom de Mastarna, successeur d'un autre chef étrusque nommé Cœler Viberina. Après l'expulsion des Tarquins, la famille bannie, ayant fait une tentative inutile sur Rome, s'adressa à Porsenna, roi étrusque de Véies, qui paraît avoir été alors le chef de toute la nation. Rome, étroitement assiégée et réduite à de dures extrémités, ne fut pas, à la vérité, forcée de reprendre les Tarquins, mais en obtenant la paix, elle se vit obligée de reconnaître la suzeraineté de Porsenna en lui faisant hommage des insignes de la royauté (480 av. J.-C.). Avant cette époque cependant, la puissance étrusque avait déjà reçu un grave échec : une nombreuse émigration de Gaulois, sous la conduite de Bellovèse, avait passé les Alpes de Ligurie (environ 600 av. J.-C.) et inondé les plaines du Pô. Après avoir perdu une grande bataille sur les bords du Tésin, les Étrusques furent successivement chassés d'au delà de l'Apennin; ils n'y conservèrent plus que la ville de Mantoue, qui leur resta jusqu'à ce que les Romains s'en fussent emparés, et *Melpum*, qui se soutint encore pendant près de deux cents ans, mais qui fut prise et ruinée le même jour que Véies (395).

Cette guerre longue et sanglante pourrait expliquer comment les Étrusques, qui déjà ne paraissent pas avoir appuyé de toutes leurs forces l'entreprise de Porsenna, s'abstinrent d'attaquer Rome, et lui abandonnèrent la suprématie du Latium. Cependant, forcés, par la perte d'une partie de leurs possessions et par la pression des Gaulois, de s'étendre encore au midi du Tibre, ils occupèrent la Campanie jusqu'au Silarus, et dominèrent même les Volsques. Mais ils échouèrent deux fois devant Cumes, et y essuyèrent une déroute navale qui ruina leur marine, presque entièrement occasionnée par les Syracusains (475). Quatre ans plus tard, ils établirent une colonie à Capoue : ce fut à peu près le dernier terme de leur puissance au delà du Tibre. Les peuples Sabelles étaient alors au plus haut point de la leur, et les Étrusques, forcés de recevoir une colonie samnite dans Capoue, alors appelée Vulturnum (439), perdirent bientôt la Campanie. Ce fut à peu près dans le même temps où Capoue fut fondée que commencèrent les guerres des Étrusques Véiens contre les Romains. La lutte entre ces deux puissances presque égales dura plus de quatre-vingts ans; elle fut signalée par la défaite des Fabius au Cremera, qui amena les Véiens sous les murs de Rome, et par une foule de sanglants combats; mais enfin Véies succomba (395), et fut entièrement détruite. L'Étrurie était alors dans sa décadence, et les vices du système fédéral par lequel elle était régie se firent sentir vivement pendant cette guerre. L'énergie de la nation était presque éteinte; chaque État fédéral pensait plus à son intérêt qu'à la défense commune; aussi fut-ce en vain que les Véiens s'adressèrent plusieurs fois à la diète fédérale, qui se réunissait au temple de *Vulturnum* (près de Viterbe) : ils n'en purent obtenir aucun secours.

Après la perte de Véies, l'invasion des Gaulois tenant tous les peuples d'Italie en observation ou en défense contre le nouveau danger qui les menaçait, environ quarante ans s'écoulèrent dans une paix tacite entre les Étrusques et les Romains; elle ne fut rompue que par une guerre particulière des habitants de Tarquinie et de Volsinie contre Rome. Peu après, la guerre s'alluma entre les Romains et les Samnites. Les Étrusques en demeurèrent spectateurs pendant trente ans, sans que les progrès des Romains pussent les engager à venir en aide à leurs voisins, ni leur ouvrir les yeux sur le danger qui les menacerait à leur tour lorsque les Samnites auraient succombé. Peut-être espéraient-ils aussi profiter de l'affaiblissement des deux partis pour leur propre avantage. Enfin tous les peuples de la confédération, à l'exception des Arrétins, prirent les armes, et commencèrent la guerre par le siège de Sutrium. Mais Rome était déjà trop puissante. Pendant qu'une de ses armées continuait la guerre contre les Samnites, une autre, sous les ordres du consul Fabius, entra en Étrurie; et une défaite sanglante devant Sutrium força l'armée étrusque à se retirer en désordre au delà de la forêt Cininienne. Cette forêt, qui couvrait le pays montagneux entre Viterbe, Bolsenna et Orvieto, les habitants du centre de l'Étrurie la regardaient comme un rempart impénétrable à l'ennemi; Fabius osa la traverser, et ayant battu près de Pérouse une seconde armée étrusque qui lui fut opposée, ce nouveau désastre rompit en partie la ligue. L'année suivante les Étrusques tentèrent un nouvel effort : une puissante armée fut levée par les peuples restant dans la ligue, en vertu de la loi dite *sacrée*. Les armées se rencontrèrent près du lac de Vadimon; les Étrusques combattirent avec la plus rare valeur, et ne purent être vaincus qu'après une lutte longue et sanglante, et avoir mis l'armée romaine dans le plus grand danger. Obligés de demander la paix, ils n'obtinrent qu'une trève d'un an, renouvelée encore plus tard pour deux ans; les hostilités allaient recommencer, lorsque l'Étrurie se vit menacée par une nouvelle invasion des Gaulois de la plaine du Pô. Ce danger écarté à prix d'or, une ligue se forma entre les Étrusques, les Samnites, les Ombriens et les Gaulois sénonais, et une puissante armée des quatre peuples se réunit en Ombrie. Rome, menacée d'un des plus grands dangers qu'elle eût encore courus, redoubla d'efforts, et parvint à former cinq armées, afin de couvrir son propre territoire, et en même temps que les consuls combattraient la grande armée ennemie. Mais la disproportion était trop grande, et la fortune de Rome aurait succombé sans le talent militaire de ses généraux. Une diversion bien conçue obligea les Étrusques et les Ombriens à se séparer de leurs confédérés, pour défendre leurs terres ravagées et leurs villes menacées d'incendie. Les Gaulois et les Samnites, restés seuls, furent entièrement défaits dans la sanglante et mémorable bataille où le consul Décius se dévoua pour le salut de ses légions (297 av. J.-C.). L'année suivante, trois peuples, les Volsiniens, les Pérousins et les Arrétins, se séparèrent encore de la ligue étrusque, et le funeste esprit d'égoïsme et de dissension, effet inévitable du système fédéral, conduisit rapidement la nation étrusque à sa mort politique. La guerre contre les Romains fut convertie en luttes partielles des différentes villes de l'Étrurie; un seul effort fut encore tenté par la nation, et après avoir vu une seconde fois leur armée détruite près du lac Vadimon, les Étrusques furent obligés de se soumettre aux conditions qu'il plut aux Romains de leur imposer (283 avant. J.-C.).

La perte de la nationalité ne frappa en réalité que les nobles étrusques, qui seuls jouissaient du pouvoir et des droits civils; le peuple resta serf sous l'oligarchie romaine, comme il l'avait été auparavant; il y gagna peut-être de ne plus être victime des querelles presque continuelles des lucumons, auxquelles il était obligé de prendre part. Aussi parait-il que l'époque de paix et de soumission qui suivit la conquête des Romains fut celle où les Étrusques, désormais libres de cultiver tranquillement les beaux-arts y excellèrent. La seconde guerre punique, dont le théâtre ne fut qu'un instant dans leur pays, le troubla à peine. Mais, plus d'un siècle après, la guerre s o c i a l e souleva une question qui cette fois intéressait le peuple et lui mit les armes à la main. Il s'agissait en effet pour les populations italiques de conquérir les droits de citoyen romain, c'est-à-dire de sortir de l'état d'ilotisme dans lequel Rome persistait à vouloir les retenir. Les Étrusques prirent part à la guerre sociale avec cette valeur et cette persévérance que l'amour de la liberté peut seul inspirer; ils succombèrent les derniers, et supportèrent tout le poids des vengeances de S y l l a. Les principaux citoyens égorgés par la hache du bourreau, une grande partie de la population dépouillée et bannie ou réduite en esclavage, les villes ravagées et converties en ruines, tel fut le sort qui atteignit l'Étrurie et acheva d'éteindre son existence politique. Elle terminait alors (666 de Rome, 87 avant J.-C.) le dixième siècle de son ère. Depuis, son histoire ne fut plus que celle d'une province de l'Italie, jusqu'à l'époque de sa renaissance, qui devint, pour ainsi dire, le signal de celle des arts et des sciences en Europe.

Gal G. DE VAUDONCOURT.]

Sous la domination romaine, l'antique dénomination d'*Étruria* fut complètement remplacée par celle de *Tuscia*, dont on a fait plus tard *Toscana* (*voyez* TOSCANE). Depuis, le nom de cette contrée n'a plus subi de changement, à l'exception d'un intervalle de six à sept ans, pendant lequel, aux termes du traité de paix conclu à L u n é v i l l e (1801), elle fut érigée en *royaume d'Étrurie* au profit du prince héréditaire Louis de Parme. A la mort de ce prince, sa veuve, l'infante Marie-Louise d'Espagne, se saisit de la régence en qualité de tutrice de son fils Charles-Louis; mais, à la suite d'une convention passée le 10 décembre 1807 entre l'Espagne et la France, elle dut s'en dessaisir. Le royaume d'Étrurie fut alors incorporé à l'empire français, en vertu d'un sénatus-consulte en date du 30 mai 1808. L'année suivante, toutefois, cette contrée fut affectée en toute propriété, comme souveraineté particulière et indépendante, sous le nom de grand-duché de Toscane, à la sœur de Napoléon Élisa Bacciochi, qui en 1814 fut obligée de la restituer à ses anciens souverains.

ÉTRUSQUES. *Voyez* ÉTRURIE.
ÉTRUSQUES (Vases). *Voyez* VASES.
ETSCHMIADZIN. *Voyez* EDCH-MIADZIN.
ETTENHEIM, ville fort ancienne et chef-lieu d'arrondissement dans le cercle du Haut-Rhin du grand-duché de Bade, à l'entrée d'une vallée délicieuse, et sur les bords de l'Ettenbach, compte une population de 3,500 habitants, qui s'occupent surtout de la fabrication des toiles, d'agriculture, d'élève de bétail et de commerce de chanvre; toutes industries qui, secondées par diverses circonstances favorables, les ont fait arriver à une remarquable aisance. En fait d'édifices, on peut citer l'église de Saint-Barthélemy, l'ancien palais des princes-évêques, et le tribunal ci-devant impérial. Cette ville fut fondée, vers la fin du septième siècle, par le duc Eticho, comte du Nordgau, et parvint à l'apogée de sa prospérité vers le milieu du quinzième siècle. De 1790 à 1803, elle servit de résidence au prince de Rohan-Guémenée, dernier prince-évêque de Strasbourg, si fameux par le rôle qu'il joua dans l'affaire du *collier*, qui y mourut, en 1802, et qui y est enterré. C'est d'Ettenheim qu'en 1804 Napoléon fit enlever le duc d'E n g h i e n par une mesure de haute police qui restera éternellement une tache à sa mémoire.

ETTLINGEN, ville du grand-duché de Bade, chef-lieu d'arrondissement dans le cercle du Rhin central, à quinze kilomètres environ de Carlsruhe, et à l'entrée de la romantique vallée de l'Alp, est encore entourée de fossés et de vieilles murailles, qui lui donnent l'aspect le plus antique. L'édifice le plus remarquable qu'elle contienne est le château, ancienne résidence des souverains, sur l'emplacement même qu'occupait autrefois une forteresse construite par les Romains. Incendié le 11 août 1689 par les Français, qui commirent dans la ville les plus terribles dévastations, il fut reconstruit au commencement du dix-huitième siècle. Il faut citer, en outre, les parties du premier château épargnées par le feu en 1689, l'église paroissiale, rebâtie en même temps que le château, et l'hôtel de ville. On compte environ 4,500 habitants à Ettlingen, où existent quelques fabriques d'une certaine importance. Les environs abondent en antiquités romaines. Ville libre impériale jusqu'en l'année 1234, l'empereur Frédéric II en fit alors don au margrave de Bade. En 1644 elle fut prise par les troupes du duc de Weimar, commandées par Taupadel. Lors de la guerre de la succession d'Espagne, les Impériaux établirent d'Ettlingen au Rhin de formidables lignes de défense. Le 9 juillet 1796 M o r e a u battit l'archiduc C h a r l e s sous les murs d'Ettlingen.

ÉTUDE. Un de nos collaborateurs parlera des avantages de l'étude en traitant des é t u d e s classiques; ici nous n'avons à envisager ce mot que sous une acception spéciale. Depuis quelques années ce terme s'applique aux projets en élaboration dans le sens d'examen, de travail préparatoire; ainsi on dit l'*étude* d'un chemin de fer, et cette expression indique tous les plans, tous les calculs faits pour en démontrer les facilités; un projet de loi à l'*étude* est un projet qui s'élabore. Du langage administratif le mot a passé dans la langue usuelle, et l'on dit aujourd'hui *étudier* un projet, une entreprise, comme l'on disait autrefois *étudier* une science, un art. On comprend de quelle importance sont ces *études préparatoires*, puisque le succès de l'entreprise dépend souvent de la manière dont elles ont été faites.

ÉTUDE. C'est le nom que l'on est convenu aujourd'hui de donner au bureau des officiers ministériels, et par extension à leur office même. Un notaire, un huissier, un commissaire-priseur se défait de sa charge en faveur d'une autre personne lorsqu'il vend son étude. L'étude et le titulaire ne font qu'un, et cependant par *étude* on ne doit entendre que la partie du bureau de l'officier ministériel où travaillent ses clercs; le maître, lui, trône dans le cabinet, qui est essentiellement distinct de l'étude : le cabinet est mystérieux, il a ses secrets comme la puissance qui commande; l'étude est bruyante, indiscrète, comme la puissance qui exécute. Il n'est pas d'ailleurs de maigre homme d'affaires qui ne place aujourd'hui sur la porte, souvent de son unique pièce, un brillant écusson portant le mot *Étude*.

ÉTUDE (*Beaux-Arts*). Comme dans toutes les parties des sciences et des lettres, l'étude est nécessaire dans les beaux-arts pour atteindre à la perfection, et nous n'avons pas l'intention de nous étendre ici sur la variété d'études qu'il serait à désirer qu'un artiste eût faites avant de s'occuper des arts du dessin ; nous ne dirons rien non plus des études par lesquelles il doit nécessairement commencer sa carrière. Nous nous contenterons de déclarer que c'est la nature qu'il doit étudier d'abord et sans cesse ; après cela, ses besoins, son goût, son caprice même, le porteront de préférence vers l'étude de tels ou tels objets. Mais ce n'est pas seulement sous ce rapport que l'on considère le mot *étude* dans les beaux-arts ; il a encore une acception, sous laquelle nous croyons devoir le faire considérer particulièrement, parce qu'alors il exprime une autre idée que celle généralement adoptée dans le langage ordinaire.

Lorsqu'un peintre d'histoire a arrêté la composition de son sujet, avant d'en faire l'ébauche, il fait des *études*, c'est-à-dire qu'il étudie en détail toutes les parties séparées de son tableau ; et il s'y applique avec d'autant plus de soin que chacune lui paraît plus ou moins difficile à rendre. Ainsi, il fait ordinairement d'après nature, et souvent de grandeur naturelle, quelle que soit la dimension du tableau qu'il projette, les têtes principales, avec l'expression qu'il veut leur donner ; puis il fait aussi des études pour les pieds et les mains ; il en fait même pour certaines draperies, et quelquefois aussi pour un vase, pour un casque, pour un autel, qui lui paraissent mériter ce détail. Le peintre de portrait, ayant dessiné la tête d'après son modèle, est souvent obligé de faire des études séparées pour les vêtements, les accessoires : si le personnage est à cheval, il fait alors des études particulières pour mettre l'animal en harmonie avec le cavalier, lui donner l'action convenable et le mouvement nécessaire. Un peintre de paysage fait aussi des études, mais il n'attend pas que sa composition soit arrêtée pour s'en occuper ; ordinairement il profite de la belle saison pour aller faire ses excursions, et rapporter des études de ciel, de nuages, de montagnes, de rochers, d'arbres, de plantes, qu'il a dessinées d'après nature, et dont il s'emploiera lorsqu'il en aura besoin. Il fait aussi des études de fabriques, de chaumières, et souvent lorsqu'il compose un tableau, il est entraîné par le souvenir des études qu'il a dans son portefeuille.

Un architecte aussi fait des études, c'est-à-dire que, son projet arrêté, il étudie lui-même, ou souvent fait étudier par ses dessinateurs, et d'après ses indications, telle ou telle partie de détail, afin d'apprécier avec plus de justesse la grosseur des bois ou des fers qu'il emploiera, l'épaisseur des murs, la courbe d'une voûte, la forme qu'il donnera aux marches d'un escalier, la saillie d'une corniche, le profil d'une moulure, etc.

Il nous reste encore à rappeler que sous ce même nom d'*études* on désigne la plupart des modèles destinés à l'enseignement du dessin, quand ils ne représentent pas des *académies*, c'est-à-dire des figures entières. On dit donc : « des *études* d'yeux et d'oreilles, des *études* de pieds et de mains ; » mais on dit : « des *têtes d'étude.* »

Duchesne aîné.

ÉTUDE (*Musique*), sorte de composition dont le thème est un passage difficile, calqué sur une manière de doigter particulière et scabreuse. On essaye ce passage dans un grand nombre de modulations, sur toutes les positions de l'instrument, et en lui donnant les développements dont il est susceptible. Les études étant destinées au travail de cabinet, et à familiariser l'élève avec les difficultés de tous genres qu'il rencontrera ensuite dans les sonates et les concertos des maîtres fameux, on s'est attaché à les rendre agréables et harmonieuses. Les études ont beaucoup de ressemblance avec les exercices ; ce qui les distingue néanmoins, c'est que ceux-ci se rapportent également aux voix et aux instruments, que les études ne concernent que le jeu de ces derniers. On remarque aussi dans les études une facture plus régulière que celle des exercices qui sont purement élémentaires. Les études de Fiorillo, de Kreutzer, pour le violon, et celles de Cramer, de Kalkbrenner et de Bertini, pour le piano, sont fort estimées. Castil-Blaze.

ÉTUDES. L'étude en général est l'application de l'esprit à un objet qu'on se propose de connaître. Chacun sait ce qu'il y a de fécond dans l'étude pour le perfectionnement de la raison ; au moins, chacun le dit car nous sommes en un temps où l'étude est rare ; les esprits naissent tout improvisés. On vante l'étude, mais comme une simple théorie. On raconte ses avantages, mais par des ouï-dire. Il y a une tradition acceptée sur ses bienfaits. On veut même aller jusqu'à soupçonner que l'étude console la vie. Cicéron l'a écrit en belles et touchantes paroles. On les répète, on les commente ; mais c'est une spéculation de philosophie, la pratique n'y est pour rien. De sorte que ce que nous savons des avantages de l'étude, c'est ce que tout le monde en dit ; mais le temps nous manque pour nous en assurer par une expérience assidue.

Laissons l'*étude*, tout en reconnaissant qu'elle est le nerf de l'intelligence, et occupons-nous un instant des *études*, tout en comprenant qu'elles ne suppléent point l'*étude*, et qu'elles ne font tout au plus que la préparer. On entend par *études* un cours préliminaire d'exercices sur les divers objets scientifiques que l'*étude* aura plus tard à approfondir. Ce mot s'applique d'ordinaire aux premiers travaux du jeune âge. Les *études* sont le premier essai de développement tenté sur la raison de l'homme. On comprend que les *études*, ainsi entendues ont dû donner lieu à bien des systèmes. Le système qui prévaut depuis longtemps est celui des *études classiques*. Il n'est pas le meilleur possible, et l'on ferait un excellent traité d'études du simple exposé de ses inconvénients et de ses périls. Mais ce système est comme beaucoup d'autres choses de ce monde : il prévaut, parce qu'il est praticable. Le malheur des théories les plus ingénieuses, c'est le plus souvent qu'elles sont impossibles à réaliser. Ce qu'il y a de plus certain en fait d'*études*, c'est qu'elles sont nécessaires, et que l'homme ne saurait en être affranchi. Vouloir ôter aux études ce qu'elles ont de pénible, c'est une chimère. On espère former l'esprit de l'enfant sans le soumettre à la condition du travail, c'est méconnaître la triste loi de l'humanité. Pourquoi ces vaines recherches ? L'homme arrive lentement à la virilité ; il n'arrive aussi que par degrés à la plénitude de l'intelligence. Les études sont les premiers degrés de la raison, et il y avait plus de philosophie qu'on n'imagine dans ces *grades* qui marquaient jadis d'une manière sérieuse la marche de l'esprit, et qui sont devenus de nos jours une parodie et un impôt.

Ce qui manque aux études classiques, telles qu'on nous les fait, c'est une pensée d'unité qui les dirige et les inspire.

On a classé les études, et cela semblait nécessaire, afin de rendre l'émulation possible; mais il fallait surtout les régler en les coordonnant à la première de toutes, à celle qui fait l'homme, a l'étude de la religion. Une classification technique plus ou moins exacte ne sert pas de grand'chose, si elle n'est pas animée par une pensée haute qui se fasse sentir à toutes les études. C'est par ce vide que s'affaiblissent les études de nos jours. On nous assure que nos écoliers lisent plus de grec et plus de latin qu'on n'en lut jamais *ès universités passées* ; je ne sais, mais j'estime que leur intelligence n'en est ni plus hâtive ni plus ferme : l'intelligence se nourrit aux méditations fortes et savantes, et c'est à ce qui nous fait défaut.

Ceci va paraître étrange à quelques-uns. Comment mettre en doute la supériorité de nos études modernes sur les études des temps passés? N'est-ce pas témérité? Je veux m'expliquer en deux mots. Il se peut que nous ayons plus d'ordre dans la classification des études. C'est quelque chose. Nous y gagnons du temps, et l'esprit de méthode n'est pas sans effet sur le progrès de l'intelligence. Mais comme jadis on était moins pressé, les études étaient plus profondes et souvent même plus variées. Songez que les hommes étaient écoliers à trente ans! Aujourd'hui, la vie est finie à cet âge. Mais les études en sont-elles meilleures? Qui ne tremblerait à la seule idée des travaux qui étaient compris sous le nom d'*université*, qui semble signifier l'*universalité* des sciences? L'histoire des lettres nous dit les noms des écoliers célèbres qui étonnaient alors le monde par la variété de leurs études. Ce ne sont pas là des chimères, comme on pourrait croire: De toutes ces sciences profondément méditées, quoique assurément mal interprétées encore, sait-on ce qui est sorti? Des hommes tels que Pétrarque, le Dante, le Tasse, beaucoup d'autres, enfin, dont la renommée semble n'être due qu'à un seul genre de mérite, et qui n'étaient arrivés à cette supériorité que par un égal embrassement de toutes les études qui perfectionnent la raison. Nous n'avons point les programmes des universités du quinzième et du seizième siècle; mais nous pouvons nous en donner quelque idée par le sérieux catalogue de connaissances que Rabelais, le plus bizarre génie des temps modernes, jette au travers de ces conceptions demi-philosophiques et demi-bouffonnes. Quand il s'agit d'études, le cynique railleur devient grave et austère. C'est que les études c'était ce qu'il y avait de plus sérieux dans la vie. Les *études*, c'était la science proprement dite, et encore la science universelle. Les études comprenaient la grammaire, les langues, l'histoire, la philosophie, et sous le nom la physique et les mathématiques, la jurisprudence et la médecine. Quand ce vaste cercle était parcouru, les études étaient finies. C'était toute une vie d'homme.

Il y avait du temps perdu, je l'ai dit. Les formes de la scolastique allongeaient démesurément le travail de préparation à l'intelligence; mais l'esprit s'affermissait même aux ennuis de cette science abstraite, et de cette méthode de controverse, et aussi les écrivains qui se formèrent à cette sorte d'études eurent un caractère d'énergie dont la profonde empreinte ne se retrouve plus dans les lettres modernes. Tout le siècle de Louis XIV avait été ainsi préparé; les grands écrivains de cette époque avaient rempli leur longue jeunesse de travaux sérieux et de méditations savantes; les langues anciennes leur ouvraient leurs trésors. Ils approfondissaient consciencieusement la science où les portait la vocation de leur génie; mais toutes leur étaient connues; de sorte que Boileau eût pu être le plus correct des grammairiens ou le plus savant des critiques, et Racine le plus fin et le plus ingénieux des moralistes. Et c'est aujourd'hui un utile sujet d'étude de voir par quelle variété d'études tous ces grands hommes étaient arrivés à cette perfection d'éloquence ou de poésie que nous essayons quelquefois de déprécier, mais qui alors même fait mieux comprendre notre petitesse.

Les études de nos jours ont été rendues faciles : c'est un grand péril pour l'esprit, qui en devient superficiel et léger. On a fait des études une sorte de tromperie, à laquelle chacun se laisse prendre. On cherche les semblants de la science, et il ne se trouve que trop de gens habiles à la déguiser. Jusqu'à nos livres élémentaires, à force de simplicité, produisent la paresse et engourdissent la raison. Nous sommes en état de progrès, qui en doute? mais je n'ai point vu que dans les universités du vieil âge la science fût réduite en forme de catéchisme, et que la dispute des *grades* se réduisit à la répétition d'une leçon de petit enfant. Une des ignominies du temps présent, en matière d'études, c'est cette loi qui fait arriver tous les écoliers, sans exception, à un examen sans vérité, afin de clore l'instruction universitaire par une grosse rétribution d'argent. Que signifient les *grades* sous cette loi de finances? Celui qui vend à la porte de l'Université le petit livret par demandes et par réponses, pour servir de guide à l'aspirant *au baccalauréat*, rend justice aux études de notre temps, et il a droit à la reconnaissance de ceux qui en ont fait une partie du budget, car il se propose de faire le plus de bacheliers possible; et à vrai dire ce savant est un bon collecteur d'impôts.

Pourtant, ma pensée ne saurait être de méconnaître certains progrès d'études, ni surtout de refuser mon suffrage aux hommes habiles que nous avons vus paraître dans l'enseignement. Je dis qu'on se méprend sur la direction des études, qu'en les rendant faciles on les affaiblit, qu'en les hâtant on les altère, qu'en en faisant une loi d'argent, on les détruit. Je pense que les études doivent être méthodiques, mais aussi qu'elles doivent être lentes et graduelles. L'âge où elles s'achèvent de nos jours est un âge de transition, où la raison est incertaine encore et aurait besoin d'une main sûre pour être guidée. Puis, s'il arrive que le jeune homme veuille suivre des études plus hautes, des études de droit ou de médecine, il se trouve en peu d'années au bout de sa carrière, et il est un homme avant l'âge; de telle sorte, qu'étonné de lui-même, il étonne aussi les autres; et nul ne croit à une maturité qui est démentie par les années et quelquefois par les habitudes. Alors il se fait comme un vide dans cette vie qu'on avait voulu hâter sans prévoyance, et toute la suite peut en être troublée et défaite sans retour. N'est-ce pas ce qui arrive à la plupart de nos jeunes hommes, esprits précoces, dont on avait admiré le début, et qui se laissent affaisser sous le poids de leur premier succès et de leur gloire prématurée.

Il serait assurément contraire aux vues des familles, mais certainement conforme aux vues de la société, de prolonger les études et de les rendre plus fermes et plus profondes, en les variant selon la vocation des hommes. Il y a des études qui sont communes à tous : telles sont les études de religion, de philosophie, de morale, d'histoire, de littérature, de langues même. Mais au moment où l'esprit de chaque disciple fait un choix d'une carrière à venir, les études doivent prendre pour lui un caractère tout nouveau : à l'un la science de la nature, à l'autre la science de l'humanité ; à celui-ci les mathématiques et leurs applications, à celui-là l'histoire, ou la poésie, ou les belles-lettres, ou la linguistique, ou les généralités du droit, ou les principes même de la société politique. On pourrait ainsi prolonger les études d'une année au moins, et les jeunes gens n'arriveraient pas tout incertains et tout tremblants dans les carrières qui s'ouvrent devant eux au sortir de leur collège. L'homme est imprudent! Il se hâte d'entrer dans la vie; et plus il se hâte, et moins il a de force pour échapper à ses écueils. Ce ne sont ici que des observations générales. Je sais qu'il faudra du temps pour les faire goûter aux générations. Nous sommes pressés de nos jours : c'est que tout va vite, le temps et les révolutions ; nous avons peur que l'avenir ne nous échappe, et nous avons hâte de le saisir.

Après cela, je ne saurais ici faire en détail un *traité d'études*. Nous avons d'excellents livres sur ce sujet; et d'abord celui de Rollin vient de lui-même à la pensée. C'est un livre sage; mais on dirait une œuvre de paganisme christianisé. C'est le caractère des anciennes études universitaires, études auxquelles on fait rude guerre dans nos livres modernes de littérature superficielle et romantique, mais qu'il serait plus utile d'imiter en les réformant. Rollin, homme de tradition classique, n'eût pas été de force à s'attaquer à certaines idées qui prédominaient dans les méthodes d'enseignement. Il n'a su que les tempérer par une pensée de piété qui se répand comme un baume dans tout ce qu'il écrit. Nous avons d'autres livres moins développés, mais plus fortement conçus : tel est le *Traité des études* de Fleury, petit ouvrage plein de méditation, mais propre seulement à ceux qui sont capables de suppléer aux applications par la droiture naturelle de leurs idées. Les écrits du P. Lami et du P. Jouvency sont également substantiels. Mais quelques pages de Bossuet sont plus éloquentes et plus nourries : c'est une lettre en latin adressée au pape Innocent XI, sur l'éducation du dauphin. Bossuet résume toutes les études qui peuvent convenir à un prince né pour le trône; mais ses idées sont applicables à toutes les conditions de la vie, car à toutes il convient d'embrasser et de connaître ce qui fait l'homme bon et ce qui le fait intelligent.

Depuis un siècle beaucoup de systèmes ont passé sur nos études. Condillac et Le Batteux ont fait celui du dix-huitième siècle; système de sécheresse philosophique, que des esprits moins cultivés devaient bientôt transformer en une méthode presque mécanique. Le plan d'études de la Convention allait trop bien à une société toute matérialisée par l'athéisme; mais il était une suite de toutes les idées abstraites que l'on avait mises un siècle durant à la place des notions morales qui sont le principe du développement de l'esprit humain.

Les études manquent aujourd'hui d'un esprit d'ensemble qui les vivifie; Mais comme elles sont revenues à la tradition de l'enseignement antique, elles ont trouvé les lois du bon en retrouvant les modèles du beau. Les études classiques, dont quelques-uns aiment à rire, parce qu'ils n'ont pas fait d'études, ont ce grand avantage que d'elles-mêmes elles sont une leçon de morale, et qu'elles disposent à l'admiration des grandes et saintes choses. Que serait-ce si une forte pensée les dominait ? La culture de l'esprit deviendrait naturellement le perfectionnement de l'âme.

On distingue d'ordinaire les *études élémentaires*, les *études spéciales*, les *études supérieures* ou les *hautes études*. Les études élémentaires ont pour objet les notions premières de la science humaine. Les études spéciales, déjà éclairées par les études élémentaires, ont pour objet les diverses parties de la science humaine dans ses rapports avec les besoins particuliers des vocations des hommes. Les études supérieures semblent avoir pour objet la science elle-même, comprise dans sa généralité ou dans ses points de vue les plus élevés. Les études élémentaires sont le fondement des connaissances, les études spéciales en sont l'application; les études supérieures en sont le perfectionnement. Toutes sont nécessaires les unes aux autres; un bon système d'études les coordonnerait avec soin pour faire sortir de cette unité une variété féconde. Nos études sont sans liaison et sans suite. Nous avons des écoles où les esprits les plus divers sont soumis à une même loi d'études; et même les écoles que nous nommons spéciales écartent la liberté des vocations par l'inflexible universalité des travaux. C'est que tout se fait par des règlements et des cadres : on s'est moqué naguère de cette maxime : *tout est tout*. C'est pourtant la maxime qui préside à nos études. On *dresse* les hommes à tout savoir et à tout faire. Cela est trivial, mais cela est vrai. Et il s'ensuit que le plus souvent ils ne savent pas grand chose et ils ne font rien. Au contraire, si par la direction des études on allait pénétrer en chacun sa pensée propre, son goût, son génie, on le *dresserait* à suivre son penchant et à se conformer à son instinct. Alors sa raison deviendrait forte, et les études humaines, en réalisant la condition du travail qui a été imposée à l'homme, répondraient en même temps à la loi de sa nature, qui est une loi de perfectionnement et de progrès. LAURENTIE.

ÉTUDES (Bifurcation des). La bifurcation ou division des études scolaires en deux branches, à partir d'un point commun, n'est point un fait nouveau : la pensée en était formellement exposée dans la loi du 11 floréal an X, admettant la division de l'enseignement de manière à désigner aux jeunes gens, après les études premières indispensables pour développer l'intelligence, deux buts distincts : d'une part les lettres, de l'autre les sciences. Cette pensée, longtemps abandonnée, le gouvernement voulut la remettre en œuvre en 1852. Le décret du 7 mars 1852 portait que le conseil supérieur de l'instruction publique présenterait un nouveau plan des études dans sa prochaine session; ce conseil adopta le principe de la *bifurcation des études*, après les deux classes de grammaire, en deux branches : l'une littéraire, l'autre scientifique, reliées par des points communs. Un décret du 10 avril 1852 consacra ce principe. Un autre décret, en date du 10 septembre 1853, est venu en régulariser l'application. Aux termes de ce décret, l'enseignement est maintenant partagé en trois divisions : 1° la *division élémentaire*, comprenant la huitième et septième, et embrassant la lecture, l'écriture, la récitation, le calcul, le dessin linéaire, l'orthographe, la grammaire française, et, en septième, les premières règles de la syntaxe latine; 2° la *division de grammaire*, comprenant la cinquième et la quatrième, et embrassant l'étude approfondie de la langue française, de l'histoire, du latin, des racines grecques; dans la *troisième division*, la bifurcation des études s'accomplit. Pendant que les élèves qui se consacrent à la partie des lettres, se livrant aux exercices latins et grecs, apprennent les langues vivantes et arrivent à la logique, à la rhétorique, à la philosophie, ceux de la section des sciences s'occupent bien plus spécialement de la géométrie, de la physique, de l'histoire naturelle : cependant ces deux classifications d'études sont communes jusqu'en troisième aux élèves des lycées; mais à partir de la seconde les élèves qui se destinent à la carrière des sciences se livrent exclusivement à l'étude de l'algèbre, de la géométrie dans ses applications pratiques, du levé des plans, de la projection des corps, de la trigonométrie, de la physique et de la chimie, de la cosmographie, de la mécanique, de la métallurgie, et de la chimie organique. Les applicateurs modernes du principe de la *bifurcation des études* ont pensé que ce mode nouveau d'enseignement aurait d'heureux résultats, parce qu'en permettant aux uns d'étudier plus attentivement tout ce qui a trait aux lettres, il ferait sortir des lycées des élèves assez préparés déjà aux études scientifiques pour être en état de se présenter, soit aux examens des Facultés des sciences, soit aux diverses écoles spéciales du gouvernement. Il est d'application trop récente encore pour qu'il nous soit permis d'en constater les résultats.

ÉTUDES (Directeur des). *Voyez* NORMALE (École).
ÉTUDES (Maître d'). *Voyez* MAÎTRE D'ÉTUDES.

ÉTUDIANT. La qualification d'*étudiant*, réservée aux élèves des Écoles de Droit, des écoles de Médecine et des Facultés de Théologie, étendue plus récemment aux élèves de l'École de Pharmacie, peut s'appliquer à tous les jeunes gens qui au sortir des bancs du collège, devenus libres, suivent les cours des diverses Facultés de l'enseignement. La vie de l'étudiant qui étudie consciencieusement est une vie bien laborieuse, car il a, à quelle que soit la carrière à laquelle il se destine, des cours nombreux, ardus à suivre; il a à se rendre compte dans la pratique des leçons que la théorie lui donne, et les moments qu'un travail sérieux et coûteux lui laisse pour ses plaisirs sont bien courts et bien rares. Et cependant, est-il au monde une classe de jeunes gens dont la réputation soit plus compromettante que celle des étudiants ? Qu'on dise que les étudiants ont dansé avec une liberté toute particulière au bal de l'Opéra ou à celui de la

Chaumière, qu'ils ont fait du désordre, de l'émeute dans la rue, du tapage au théâtre, de l'orgie chez eux, cela est tellement passé dans les mœurs, cela semblera si naturel, que personne ne s'en étonnera, ne s'en inquiétera. C'est qu'à côté des étudiants qui étudient, qu'on nous passe ce pléonasme, il y a ceux qui n'étudient pas, ceux qui s'amusent : ils forment, il faut bien le dire, dans les Facultés de Paris comme dans celles des départements, une fort nombreuse partie du contingent. Les étudiants laborieux, on les trouve aux cours, dans les cabinets de lecture, dans les bibliothèques des écoles, aux cliniques des hôpitaux, aux amphithéâtres, aux conférences, aux examens de leurs camarades; les étudiants qui n'étudient pas, on les voit, au contraire, apparaissant assez tard le matin, dans les estaminets, dans les promenades, avec des compagnes suspectes, menant joyeuse vie tant que dure la subvention paternelle, mettant en commun leurs plaisirs, leur argent, leurs peines, ingénieux à provoquer de leur famille, sous les prétextes les plus fabuleux, des suppléments d'allocation pécuniaire pour des livres qui n'existent pas, pour des acquisitions qu'ils n'ont jamais faites. Ceux-là se lancent dans la vie, où ils entrent tout nouveaux, avec fougue, avec passion, se multipliant pour les excès, et donnant aux écoles cette réputation tapageuse qui est la même partout. Mais cette gourme une fois jetée, l'heure obligatoire du travail arrive; il faut passer les examens, sans avoir répondu aux appels, sans avoir suivi les cours, sans avoir travaillé; alors beaucoup se rebutent ou sont rebutés par les refus que leur font éprouver les professeurs; ils disparaissent des écoles, pendant que les étudiants laborieux continuent à conquérir les grades qui leur ouvriront la carrière où ils prétendent entrer; beaucoup d'autres se mettent à travailler, et réparent tant bien que mal le temps perdu dans les joies échevelées et dans les misères joyeuses de leur vie d'étudiant. L'homme se fait, l'étudiant va disparaître. Il reste bien par-ci par-là, dans le quartier latin, quelques traînards chez qui la manière de vivre des premiers moments est passée à l'état chronique, buvant, fumant, jouant au billard, faisant du tapage sous le titre éternel d'étudiants : mais ces étudiants de huitième, dixième et quinzième année n'appartiennent depuis longtemps à aucune école, à aucune Faculté.

ÉTUI, enveloppe inflexible en bois, métal, carton, ordinairement de forme cylindrique ou elliptique. Un étui se compose de deux pièces qui s'emboîtent l'une dans l'autre. Les étuis cylindriques en bois, nacre, os, se font au tour : on creuse et l'on finit à la main ceux qui sont méplats.

On appelle improprement *étui de mathématiques* un assortiment plus ou moins complet de compas, d'équerres, etc., dont les géomètres et les dessinateurs font usage pour tracer des figures. La boîte dans laquelle sont renfermées ces diverses pièces avait autrefois la forme d'un étui aplati; aujourd'hui on lui donne plus communément celle d'un petit nécessaire. TEYSSÈDRE.

ÉTUVE. On nomme *étuve* une chambre ou une armoire spécialement réservée pour maintenir dans une atmosphère plus ou moins élevée certaines substances dont l'eau d'évaporation ne doit se perdre que très-lentement : tels sont les œufs dont on veut opérer l'incubation artificiellement, les liquides destinés à la fermentation alcoolique ou acide, les sirops qui doivent cristalliser. Quant aux pièces improprement appelées aussi *étuves*, et dans lesquelles on expose des matières humides pour qu'elles perdent le plus rapidement possible leur liquide, on les nomme plus justement *séchoirs*.

La chaleur est communiquée à l'étuve par un calorifère bien construit, un poêle, ou par tout autre moyen que l'on juge plus convenable ou plus économique : le principal est d'avoir soin d'organiser les murs et le carrelage, ainsi que les fenêtres et les portes, de manière qu'il n'y ait aucune déperdition de chaleur, en établissant de doubles vitraux aux fenêtres, et des doubles portes. Il est inutile de dire que toute étuve doit être garnie d'étagères, en raison des besoins, mais nous devons insister pour qu'elle soit meublée d'un thermomètre, dont les variations soient visibles en dehors comme en dedans, et même, si l'on a besoin d'une température entièrement invariable, on organise un régulateur, inventé par Bonnemain, et consistant en une tige métallique, dont la dilatation déterminée par le plus faible excès de température, au delà du degré de chaleur voulu, augmente la longueur de cette tige, suffisamment pour faire ouvrir un vasistas, qui se referme aussitôt que l'introduction de l'air extérieur a ramené la température de l'étuve au degré de chaleur qu'elle doit conserver. Le régulateur du feu de M. Sorel peut, avec de légères modifications, être appliqué à cet usage; et déjà son auteur s'en est servi pour régulariser la chaleur propre à l'incubation artificielle.

Souvent, comme dans les laboratoires de chimie et dans les simples ménages, on n'a besoin que d'une étuve assez petite et portative : alors on se sert de celle qu'indique d'Arcet, consistant en une caisse sous laquelle on fixe une lampe d'Argand, dont la flamme suit un long tuyau qui traverse l'intérieur de la caisse, dans les parois de laquelle on ménage des trous, que l'on ferme ou que l'on ouvre à volonté avec des bouchons, afin de concentrer ou de diminuer la chaleur. Cette caisse, en outre, ainsi que toutes les autres étuves, peut être chauffée et maintenue à une température de 100° par un courant de vapeur que l'on force à passer dans un tuyau contourné en hélice, et placé dans cette caisse.   J. ODOLANT-DESNOS.

Pendant tout le moyen âge, et même jusqu'au dix-septième siècle, on donna aux bains le nom d'*étuves*, et à ceux qui en faisaient le service, celui d'*étuvistes*. Ménage et les auteurs du *Supplément au Glossaire* de Ducange le font venir de *stubæ*, expression de la basse latinité, qui signifie *nettoiement avec de l'eau chaude*. Dès les premiers temps de la monarchie on trouve plusieurs étuves établies à Paris et dans les autres villes de France, ce qui explique pourquoi on comptait encore dans la capitale il y a peu d'années six rues ou impasses qui avaient gardé le nom des établissements qui s'y trouvaient. Ces lieux publics, dans lesquels régnait une assez grande liberté, furent trop souvent des rendez-vous de débauches. Malgré une ordonnance rendue en 1498, les étuves n'en furent pas moins des lieux de plaisir de toute espèce; et quelques prédicateurs du seizième siècle ne manquèrent pas de reprendre, en un langage quelque peu cynique, les femmes qui s'y rendaient. Nous voyons encore dans plusieurs livres facétieux du seizième et du dix-septième siècle que les étuves étaient généralement assez mal fréquentées.

Les barbiers au seizième siècle étaient étuvistes; et sous ces deux noms réunis, *barbiers-étuvistes*, ils formaient une corporation. C'est vers cette époque, cependant, qu'on cessa d'aller étuves, que des *maisons de bain*, quelque peu moins déshonnêtes, s'établirent; et Sauval, qui écrivait en 1660, a dit : « Vers la fin du siècle passé on a cessé d'aller aux étuves. Auparavant elles étaient si communes, qu'on ne pouvait faire un pas sans en rencontrer. »   LEROUX DE LINCY.

ÉTYMOLOGIE, mot formé du grec ετυμος, vrai, et λογος, parole. C'est ainsi qu'on désigne l'origine d'un mot, et la science qui s'occupe de rechercher cette origine. Pour qui connaît la formation, le mécanisme et l'esprit d'une langue, il n'y a pas de monde de science plus difficile que celle de l'étymologiste, et où il soit moins permis de s'égarer dans l'immense champ des conjectures. Chaque langue se trouvant ordinairement formée des débris de plusieurs autres, comme le français, par exemple, qui vient évidemment d'un mélange de latin et des dialectes des différents peuples qui chassèrent les Romains des Gaules, les mots de la nouvelle langue, sortis de tant de sources diverses, changent d'acception avec le temps et les usages; ils passent d'un sens propre à des sens métaphoriques et *vice versa*. Le son des lettres change également, la prononciation s'altère, et il arrive de toutes ces causes que le même mot, dans une

9.

langue qui travaille à se former, varie tellement dans l'espace de quelques siècles, qu'il finit le plus souvent par n'avoir plus aucune ressemblance avec lui-même, comme notre langue nous en fournit une foule d'exemples. Il en résulte un chaos où l'esprit d'investigation, même le plus subtil, est d'autant plus sujet à errer, que ses conjectures même, en portant à faux, réunissent souvent toutes les probabilités du vrai, par suite des ressemblances de prononciation et de sens de vingt mots étrangers avec celui dont il cherche à suivre la filiation, et dont toutes les traces de la racine sont effacées dans le dérivé. Il découle de toutes recherches de ce genre trois espèces d'étymologies, les unes certaines, et c'est le plus petit nombre, les autres probables, et les autres possibles.

On sait quel usage il est possible de faire des étymologies pour éclaircir les obscurités de l'histoire. Nous allons donner les principales règles à suivre dans l'exercice de ces sortes de recherches. La première de toutes est de bien connaître la marche, les gradations, et surtout les origines de la langue à laquelle appartient le mot dont on veut chercher l'étymologie. Pour rapporter ensuite le mot à sa racine, il faut le dépouiller des terminaisons et inflexions grammaticales que le temps a pu y ajouter. Si c'est un composé, il faut en séparer les diverses parties, puis on en suit la filiation en se guidant sur les changements bien connus qu'a subis la langue. L'orthographe, qui se conserve quand la prononciation change, est quelquefois un très-bon moyen de ne pas perdre cette filiation. On sent d'ailleurs que le problème se complique beaucoup quand des variations de sens ont concouru avec celles de la prononciation à dénaturer le mot. Il faut alors, s'il y a lieu, remonter du sens métaphorique au sens propre, et *vice versa*, ou chercher les points d'analogie et de dissemblance dans les acceptions particulières des deux mots qu'on présume venir l'un de l'autre, et l'on juge, par le résultat de cette comparaison, jusqu'à quel point on s'est maintenu sur la trace qu'on avait intérêt à ne pas perdre. On acquiert ainsi plus ou moins de vraisemblances particulières, dont la réunion constitue ensuite tout le degré de certitude de l'étymologie. Plus on a d'éléments de recherches, plus le travail est facile, ce qui fait qu'on remonte plus aisément à l'origine des mots composés qu'à celle des mots simples, quoique quelquefois presque toute la trace des mots primitifs se soit perdue dans le dérivé.

Il est souvent bien important, dans la recherche des étymologies, de connaître plusieurs des langues nées de la même source que celle à laquelle appartient le mot dont on cherche l'origine. L'italien et le roman, par exemple, viennent du latin comme le français, et l'on retrouve souvent dans ces deux langues le mot intermédiaire entre un mot français et un mot latin, dont le passage eût paru trop brusque si l'on eût voulu tirer l'un directement de l'autre. Dans les actes latins du moyen âge, on découvre fréquemment l'origine des mots français, qui sans cela nous eût été dérobée par les altérations successives de la prononciation : on voit ainsi que métier vient de *ministerium*, marguillier de *matricularius*, etc. Le *Glossaire* de Ducange et le dictionnaire de Ménage sont pleins de ces sortes d'étymologies. Parmi les langues dont celle que nous parlons a tiré son origine, plusieurs se sont perdues, entre autres le celtique, qui a fourni au français plusieurs racines. On doit alors rassembler les vestiges épars de la langue perdue, et on retrouve dans les anciens noms des lieux de la Gaule, dans l'irlandais, le gallois, le bas-breton, qui n'a pas varié depuis César, comme on le voit par un passage des *Commentaires* de ce général, où il cite une phrase textuellement conservée dans ce dialecte, et qui fourmille de termes monosyllabiques venus des Celtes, ce qui a porté assez mal à propos un plusieurs se sont fin du siècle dernier à émettre cette proposition bizarre, que la langue parlée en Bretagne est la mère de toutes les langues. Le saxon, le gothique et les divers dialectes anciens et modernes de la langue germanique nous serviront à reconstituer en partie la langue des Francs. De ce que les Phéniciens ont parcouru très-anciennement les côtes de la Méditerranée, on peut retrouver dans leur langue les racines d'un grand nombre de mots grecs, latins ou espagnols. Il ne faut pas oublier non plus, dans les recherches dont nous parlons, qu'une langue peut journellement tirer des mots nouveaux de ses voisins.

Il n'y a du reste aucune étymologie, si bizarre qu'elle paraisse, qu'on ne puisse justifier par des exemples incontestables. De plus, il n'y a rien de si facile que de faire dériver un mot quelconque de tout autre donné au hasard, pour peu qu'on multiplie les altérations intermédiaires dans le son et la signification des mots ; Ménage fourmille d'erreurs de ce genre, et un érudit d'outre-Rhin s'est avisé de dériver le mot *Fuchs*, renard, du grec ἀλώπηξ. C'est un des principaux écueils que les étymologistes aient à éviter. Ce n'est d'ailleurs pas un genre de travail aussi futile qu'on pourrait d'abord le croire que celui qui a pour but la recherche des origines des mots ; il est même absolument indispensable à quiconque veut se pénétrer d'idées un peu précises sur la théorie générale des langues. BILLOT.

Si la connaissance des choses dépend en grande partie de la connaissance exacte des mots, l'art qui apprend à connaître le sens primitif de ceux-ci, et par conséquent leur sens propre, en remontant du connu à l'inconnu, des composés au simple, des dérivés au radical, est surtout d'une grande importance dans la composition d'un dictionnaire ; tel est l'objet de l'étymologie, qui, suivant l'origine du mot, est la *raison de la langue*, comme l'orthographe est la *raison de l'écriture*. Cet art a ses préceptes et ses règles, mais il a aussi ses dangers et ses écueils. Toutes les sciences de la parole touchent au vague, et celle de l'étymologie souvent plus encore que toute autre : vouloir la pousser trop loin, c'est tomber dans le pédantisme, ou même dans le ridicule. La plupart des étymologistes, par une préoccupation qui résulte toujours d'une longue spécialité d'études et d'une habitude exclusive de recherches, ont trop souvent substitué des systèmes absolus et de fausses hypothèses aux simples notions qui eussent été généralement suffisantes ; erreur féconde en étymologies forcées, telles qu'on en rencontre dans cette multitude d'écrivains, plus ou moins recommandables, qui tous vous ont cru surprendre la langue dans sa source et la suivre dans ses dérivations. Les uns, tels que Budé, Baïf, Henri Estienne, Léon Trippault, Joachim Périon, Morin, etc., se sont efforcés de rapporter toutes ses origines au latin ou au grec ; d'autres, comme Étienne Guichart et Pierre Le Loyer, les ont demandées à l'hébreu ; Court de Gébelin, Le Brigant, Bacon-Tacon, La Tour-d'Auvergne, etc., les font descendre du celtique, langage tout de tradition, et dont il ne reste pas un seul mot écrit ; d'autres enfin, purement éclectiques, parmi lesquels il faut distinguer Ménage et Ducange, les ont cherchées partout où ils pouvaient les trouver. M. Raynouard s'est borné à les prendre dans la langue romane. PELLISSIER.

Les recherches étymologiques sont du reste fort anciennes ; on en trouve des exemples dans la Genèse. Platon, Aristote, les stoïciens, chez les Grecs ; César, Cicéron, Varron, chez les Romains, s'en sont occupés, mais sans suivre une marche méthodique. Les grammairiens et les lexicographes de ces deux langues n'ont pas mieux réussi. A la renaissance des lettres, on revint avec ardeur à cette étude. Phavorinus, Perotto, Valla, et plus tard, Sylburg, les Étienne, Gérard Vossius, Ménage, ont laissé des travaux qui eussent été plus utiles s'ils avaient employé des procédés moins sujets à erreur. Dans le dix-huitième siècle, ces recherches embrassèrent un champ plus vaste. La tentative du savant Court de Gébelin, faute de méthode, fut prématurée, sinon chimérique. De nos jours on a cultivé la science étymologique avec plus de profit pour la grammaire générale, la linguistique, l'ethnographie, l'histoire, la philosophie ancienne et moderne.

ÉTZDORF (Jean-Chrétien-Michel), paysagiste distingué, né en 1801, à Pœsnek, près de Neustadt sur l'Orla, fit ses études à l'Académie de Peinture de Munich. Quoique excellant déjà à reproduire la nature agreste et sauvage des montagnes du Tyrol, il se sentait entraîné vers l'étude des paysages du Nord par une irrésistible vocation, et, il alla en conséquence passer plusieurs années dans la Scandinavie. Il était devenu, pour ce qui est du style, l'ingénieux disciple des anciens maîtres, notamment de l'agreste poésie qui anime toutes les toiles d'Everdingen, de même qu'il aimait à traiter des sujets semblables à ceux de ce grand artiste. Sa *Vue d'une forge en Suède*, grande toile remarquable par sa simplicité et sa vérité, produisit une sensation extrême. Le moulin de la scierie, un groupe de noirs sapins, le ciel grisâtre avec ses nuages qui s'enfuient et ses éclaircies d'azur, enfin les efflorescences des rochers reproduites presque en relief, tout dans cette œuvre annonce une vive et fraiche intelligence de la nature. Etzdorf a aussi visité la nuageuse Angleterre : il est membre de l'Académie de Stockholm.

Son frère cadet, *Christian-Frédéric* ETZDORF, né en 1807, après avoir d'abord peint sur porcelaine, s'est plus tard adonné à la peinture du paysage, et, comme lui, avec un rare succès.

EU. La ville d'Eu, en latin *Auga, Augum, Aucum, Oca* et *Alga Castrum*, est située dans l'ancien pays de Caux ; elle fait partie du département de la Seine-Inférieure et de l'arrondissement de Dieppe, à 28 kilomètres N.-E. de cette ville, sur la Bresle, à 3 kilomètres de son embouchure dans la Manche, avec une population de 4,019 habitants, un beau château, un tribunal de commerce, un collège communal, des fours à chaux et à plâtre, des tuileries, des blanchisseries, des scieries de planches, des fabriques de dentelles, des fileries de chanvre et de lin. La ville d'Eu date d'un antiquité reculée; des ruines assez caractéristiques la font remonter au temps des Romains : Frodoard, écrivain du neuvième siècle, en fait plusieurs fois mention ; les chroniqueurs anglais l'appelaient *Ou* et *Ouve*, de là venait le nom d'*Ousiois*, donné jadis au comté d'Eu.

Eu fut attaqué et pris, sous Charles le Simple, par les Normands, qui y mirent garnison. Herbert II, comte de Vermandois, emporta la ville d'assaut, et les en chassa. En février 1408, Henri V d'Angleterre prit Eu sans coup férir. Le duc de Bourgogne s'en rendit maître en 1472 ; mais les troupes royales y rentrèrent presque immédiatement. Les habitants d'Eu, comme ceux du Tréport, étaient sous Louis XI d'intrépides marins, qui désolaient la marine marchande et la marine de guerre anglaises. Édouard IV fit publier partout qu'il irait conquérir Eu, et qu'il y passerait l'hiver. Louis XI ne trouva rien de mieux à faire, pour empêcher cette menace fanfarone de s'exécuter, que de brûler la ville. L'incendie qu'il y fit allumer le 18 juillet 1475 ne laissa debout que les églises et quelques maisons. Depuis lors la prospérité de cette ville n'a jamais pu se rétablir.

Eu possède un magnifique château, dont les parcs et les jardins étaient royalement entretenus sous Louis-Philippe, à qui il appartenait ; c'est dans cette résidence royale que la reine Victoria vint visiter, en 1843, notre roi Louis-Philippe : *l'entente cordiale* entre la France et l'Angleterre y fut célébrée au milieu de fêtes somptueuses. Quelques années plus tard, après le 2 décembre 1851, le château d'Eu était frappé de confiscation au profit de l'État, comme bien de la maison d'Orléans.

EU (Comté et Comtes d'). L'adjonction d'une cinquantaine de paroisses à la ville d'Eu formait un comté qui, avant la révolution, avait le titre de *comté-pairie*; celui de Brienne y fut réuni lorsque Richard II, duc de Normandie, l'institua en 996, en faveur de *Geoffroy*, son frère naturel. A la mort de Geoffroy, *Gilbert*, son fils, fut dépouillé de son comté par son oncle en faveur de *Guillaume I*er, également frère naturel du duc Richard. Le nouveau comte refusa de rendre hommage à Richard, qui le fit jeter en prison ; mais après l'avoir tenu en captivité pendant cinq ans, il lui rendit son comté. *Robert I*er, fils de Guillaume I*er*, lui succéda : il aida Guillaume le Conquérant à repousser l'invasion des troupes françaises en Normandie, battit l'armée royale, suivit Guillaume en Angleterre, et se conduisit vaillamment à la bataille de Hastings. Il marcha contre les Danois en 1069 et mourut en 1090. Son fils aîné, *Guillaume*, lui succéda ; il prit parti pour Guillaume le Roux, puis il conspira contre ce prince. Avant voulu prouver son innocence par un combat singulier, il fut vaincu, et condamné à la castration et à la perte de la vue. Son fils *Henri* ceignit ensuite la couronne comtale, et combattit tour à tour pour et contre les Anglais et contre les Français; il alla à la croisade en 1121, et dans ses dernières années embrassa l'état ecclésiastique. *Jean I*er en fit autant : celui de ses enfants qui lui succéda fut *Henri II*.

*Raoul I*er, fils aîné de celui-ci, régna dans son comté de 1181 à 1186. *Alix*, sa sœur, lui succéda : son mari, Raoul de Lusignan, dit Raoul d'Issoudun, prit parti contre la France, et combattit à Bouvines contre Philippe-Auguste : celui-ci confisqua ses biens et ne rendit à la comtesse Alix, le comté d'Eu, qui n'en formait qu'une petite partie, qu'après mort de Raoul, en 1219.

Raoul III, qui succéda à son père, eut lui-même pour successeur sa fille *Marie*, qui porta le comté d'Eu dans la maison de Brienne. Alphonse de Brienne, qu'elle épousa, fils de Jean de Brienne, roi de Jérusalem, et de Bérangère de Castille, était venu en France avec Baudoin de Courtenay, empereur de Constantinople. Il accompagna saint Louis à Tunis, en 1270, et mourut devant cette place le même jour que le roi. En 1282, *Jean de Brienne I*er succéda à sa mère Marie. Son fils *Jean II* voulut joindre, en vertu de son mariage avec Jeanne, fille de Baudoin de Guines, le comté de Guines à celui d'Eu, et un arrêt de 1295 lui donna gain de cause. Il fut tué à la bataille de Courtrai, en 1302. *Raoul de Brienne*, qui lui succéda, fils, lui succéda sous la tutelle de sa mère, et fut pourvu de la charge de connétable, en 1330, après la mort de Gaucher de Châtillon. Il fut tué le 18 janvier 1345, d'un coup de lance, dans un tournoi aux noces de Philippe de Brienne, et la branche des comtes d'Eu de la maison de Brienne finit en la personne de son fils, *Raoul*, qui en 1350 eut la tête tranchée devant la tour de Nesle, par ordre du roi Jean.

Après le supplice de Raoul, le comté d'Eu fut confisqué par le monarque, qui, le 9 avril 1352, le donna à *Jean d'Artois*, dit Sans-Terre, fils du célèbre proscrit Robert d'Artois, retenant pour lui la haute justice, ainsi que l'hommage et le droit de souveraineté. Le comte Jean commanda sous Charles VI, en 1382, l'arrière-garde française à Rosebecque. Il mourut en 1387. Son fils *Robert II*, qui lui succéda, ne vécut que quatre mois. *Philippe d'Artois*, son frère, prit les rênes du comté en 1383. En 1390 il accompagna Louis II, duc de Bourbon, dans son expédition d'Afrique, et reçut deux ans plus tard l'épée de connétable, ôtée, par arrêt de la cour, à Clisson. Puis il fit partie de l'expédition qui partit avec le comte de Nevers et la fleur de la noblesse pour aller secourir Sigismond, roi de Hongrie, attaqué par les Turcs. Il fut en partie à l'origine de l'imprudence qu'on dut le désastre de Nicopolis, dans lequel il perdit sa liberté. Il mourut l'année suivante, au moment où sa captivité allait cesser. Son fils aîné, *Charles*, alors en bas âge, lui succéda immédiatement. Dès qu'il fut en état de porter les armes, Charles VI le nomma son lieutenant général en Normandie et en Guienne. Fait prisonnier, en 1415, à la bataille d'Azincourt, il ne vit cesser qu'en 1438 sa captivité. En 1440, il refusa d'entrer dans la ligue des seigneurs à laquelle on a donné le nom de *Praguerie*, et contribua beaucoup plus tard à rétablir la paix entre eux et le roi. Charles VII, en reconnaissance de ses services, érigea le comté d'Eu en pairie, au mois d'août 1458. En 1465, après la bataille de Montlhéry, Louis XI lui donna le gouvernement de Paris.

Charles d'Artois mourut sans enfants, en 1472. Jean de Bourgogne, comte Nevers, lui succéda.

Les cinq successeurs de Jean furent *Engilbert de Clèves*, son fils, de 1490 à 1506; *Charles de Clèves*, fils d'Engilbert, de 1506 à 1521; *François Ier*, fils unique de Charles; *François II*, fils de François Ier, qui décéda sans postérité, et enfin *Jacques*, frère de François II, mort sans enfants mâles. En 1564, *Catherine de Clèves*, sœur cadette de Jacques, partagea la succession de ce dernier avec Henriette, son aînée, et eut le comté d'Eu. Elle le porta à son second mari, Henri le Balafré, duc de Guise, qui fut assassiné aux états de Blois. Son fils aîné, *Charles de Lorraine*, lui succéda au comté d'Eu, et eut pour successeur en 1640 Henri II de Lorraine, son fils, né en 1614; celui-ci, en 1660, vendit son comté à *Marie-Louise d'Orléans*, pour la somme de 2,500,000 livres. Cette princesse en fit don, l'an 1682, au duc du Maine, fils légitimé de Louis XIV et de Mme de Montespan. Le comté devint ensuite la propriété de la famille de Penthièvre; puis de celle d'Orléans. Le titre de *comte d'Eu* a été depuis donné au fils aîné du duc de Nemours.

Achille JUBINAL, député au Corps législatif.

EUBÉE, île de la mer Égée, la plus grande et la plus fertile de celles qui dépendent aujourd'hui du royaume de Grèce, appelée, aussi *Evria*, ou, d'après son chef-lieu, *Egripo*, par les Turcs *Egribo* et par les Francs *Négrepont*, est séparée de la Thessalie méridionale par le canal de Trikeri, au nord; de la Phthiotide, de la Locride, de la Béotie et de l'Attique à l'ouest, par un étroit bras de mer dont la partie septentrionale porte le nom de *Canal de Talandi*, et dont la passe la plus resserrée, de cent pas de largeur au plus (l'*Euripe* des anciens, fameux par l'irrégularité et l'impétuosité de son courant), est même recouverte de ponts. Elle s'étend parallèlement au continent et dans la direction du sud-est, sur un développement de 16 myriamètres de long avec une largeur moyenne de 2, en présentant une superficie d'environ 44 myriamètres carrés. Elle est traversée par une chaîne de montagnes reliées à celles de la Thessalie (Ossa et Pélion) ainsi qu'à celles des Cyclades orientales (Andros, Tenos, Myconos). Ces montagnes entourent d'une ceinture de rochers à pic l'île, dont les côtes sont profondément échancrées, en formant en même temps trois groupes distincts. Ainsi, au nord s'élève le *Xeron-Oros* (le Téléthrion des anciens), haut de 1,010 mètres; plus loin, à l'ouest, le Mont *Galtzadhès*, haut de 900 à 1000 mètres. Dans le groupe central, le *Delphi* ou *Dirphys* atteint une altitude de 1,790 mètres, et le mont *Ocha* ou mont *Saint-Elias* s'élève à 1,440 mètres. Toutes ces montagnes renferment des carrières de marbre, qui étaient déjà célèbres dans l'antiquité, de la houille, du cuivre et d'autres métaux, ainsi que des sources thermales. Leurs flancs sont en outre couverts de belles forêts et de gras pâturages. Le climat de l'île est des plus sains; le sol, parfaitement arrosé dans les vallées, est très-fertile, mais assez mal cultivé. Les principales productions consistent en coton, huile, vin, froment, miel, citrons et fruits de toutes espèces, en lièvres, lapins, perdrix, cailles, etc. Les habitants se livrent avec succès à l'éducation des abeilles et à l'élève du bétail, et exportent beaucoup d'huile, de blé, de laine, de peaux brutes et de fromages.

L'Eubée, avec les îles qui l'avoisinent, forme une *nomarchie* particulière, comprenant une population de 60,000 âmes, répartie sur une superficie de 56 myriamètres carrés environ, et est divisée en deux diocèses et éparchies, à savoir : 1° *Eubée*, la moitié septentrionale de l'île, avec les îlots de *Sciatho*, *Scopelo*, *Chilidhromia*, etc., et le chef-lieu de toute la nomarchie, *Evripo*, *Egribo* ou *Negrepont*, l'ancienne Chalcis, situé à l'endroit le plus resserré de l'Euripe, protégé par une citadelle et relié à la terre ferme par des ponts : 2° *Carysto*, la moitié sud-est, avec l'île de Seyros, les îlots voisins et le port de Carysto ou Caristos, sur la côte méridionale, et dont la forteresse domine les îles voisines en même temps que la côte du continent.

L'Eubée (*Euboia*, c'est-à-dire riche en pâturages) fut peuplée à l'origine par les Ioniens, des Abantes et des Étoliens, puis habitée par des colons venus d'Athènes. Après avoir obéi d'abord à des rois, elle eut ensuite un gouvernement démocratique, et ne tarda pas à jouir d'une grande prospérité. Sa décadence date pourtant déjà de la guerre des Perses, sous la domination desquels elle demeura longtemps. Plus tard elle fut soumise à Philippe de Macédoine, et ensuite à Mithridate. Les Romains ne lui rendirent qu'une ombre d'indépendance, et sous le règne de Vespasien elle fut définitivement incorporée à la province d'Achaïe. Appelée *Chalcida* sous le règne des empereurs de Byzance, elle tomba au pouvoir des Vénitiens en 1204. Elle appartient alors pendant longtemps à la famille Carcerio, et c'est à cette époque qu'elle reçut le nom de *Negroponte* ou Négrepont. Conquise par les Turcs en 1470, elle demeura en leur pouvoir jusqu'en 1821, époque où, à la voix de la belle Modena Mauroqenia, l'île se souleva et commença la guerre de l'indépendance.

EUBULIDE, philosophe de l'école de Mégare, qui florissait vers l'an 350 avant J.-C., fut disciple et successeur d'Euclide. Il eut la gloire de compter Démosthène au nombre de ses disciples, et se rendit surtout célèbre par l'invention de plusieurs sophismes, tels que l'*électre*, le *voilé*, le *menteur*, le *sorite* et le *cornu*, qui montrent que la philosophie grecque n'avait pas poussé l'abus du raisonnement moins loin que ne le fit depuis la scolastique. Le dernier de ces sophismes, dit le *cornu*, consistait à raisonner de la manière suivante : « Vous avez ce que vous n'avez pas perdu; or, vous n'avez pas perdu de cornes, donc vous avez des cornes. » *Et ab uno disce omnes*

EUCHARISTIE (du grec εὐχαριστία, action de grâces). C'est dans l'Église catholique, le sacrement en vertu duquel on reçoit réellement et substantiellement le corps, le sang, l'âme et la divinité de Jésus-Christ, sous les espèces du pain et du vin. On l'appelle *saint sacrement*, parce qu'il est le plus auguste des sacrements; *communion*, parce que c'est le lien des fidèles entre eux et avec Jésus Christ; *sainte cène*, parce que Jésus-Christ l'institua dans la dernière cène; *eucharistie*, enfin, parce que c'est le principal moyen par lequel les chrétiens rendent grâces à Dieu le père, par Jésus-Christ, son fils. Les Grecs le nomment *saints mystères*, pour la même raison que les Latins l'appellent saint sacrement. Ils l'appellent aussi *synaxe*, assemblée; *eulogie*, bénédiction; *anaphora*, oblation. Il prend la dénomination de *viatique* quand il est reçu par les malades pour les fortifier au moment d'entreprendre le suprême voyage.

Le Rédempteur, avant d'instituer ce sacrement, y prépara ses disciples par ces paroles, que rapporte saint Jean : « Je suis le pain de vie; vos pères ont mangé la manne dans le désert et ils sont morts. Mais voici le pain descendu du ciel, afin que celui qui en mangera ne meure point... Celui qui s'en nourrira vivra éternellement; le pain que je lui donnerai sera ma chair pour la vie de ce monde... Celui qui mange ma chair et boit mon sang a la vie éternelle, et je le ressusciterai au dernier jour. » Ces « paroles sont bien dures, répondirent quelques uns d'entre eux. Qui peut les écouter? »

La promesse faite par Jésus-Christ se réalisa la veille de sa Passion, à sa dernière cène, quand, rompant le pain, le bénissant et le distribuant à ses disciples, il leur dit : « Prenez et mangez, ceci est mon corps; » et qu'élevant de même le calice, et le leur passant, il ajouta : « Buvez-en tous, ceci est mon sang; faites cela en mémoire de moi; » paroles simples, claires, populaires, exemptes de toute métaphore. Ainsi l'entend saint Paul, lorsque, dans sa première épître aux Corinthiens, il dit : « Le calice que nous bénissons est la communion du sang du Christ; le pain que nous rompons est la communion de son corps. Quiconque indignement mangera ce pain, ou boira dans ce calice, sera coupable du corps et du sang du Sauveur : il mangera et boira sa condamnation. » Ainsi les recevoir dignement, c'est les recevoir réellement et substantiellement; les recevoir sans les dispositions requises, c'est les profaner réellement et substantiellement. Jésus-Christ est donc véritablement présent sous les espèces du pain et du vin.

Depuis Ignace, évêque d'Antioche au premier siècle, jusqu'à Jérémie, patriarche de Constantinople en 1570, tous les Pères grecs ont enseigné que la doctrine de l'Église relativement à la cène est qu'après la consécration et la bénédiction, le pain devient le corps, et le vin le sang de Jésus-Christ par la vertu du Saint-Esprit. Depuis Tertullien, au troisième siècle, jusqu'à Pascase Radbert, au neuvième, et jusqu'à nos jours, tous les Pères latins ont prêché la réalité du corps et du sang de Jésus-Christ dans l'eucharistie. Toutes les liturgies jusqu'au seizième siècle reconnaissent la présence réelle après la consécration. A peine quelques voix, perdues dans l'immensité des temps, ont rompu ce concert unanime, à de longs intervalles. Lors même que de grandes Églises se sont détachées de la masse, elles ont emporté avec elles le dogme de la présence réelle, et elles l'ont soigneusement conservé après leur séparation. Et non-seulement l'Église catholique croit fermement que le corps et le sang de Jésus-Christ sont contenus dans les espèces du pain et du vin, mais elle croit encore que l'un et l'autre ont disparu aux paroles de la consécration pour être remplacés par le corps et le sang, et qu'il n'en reste plus que les espèces ou apparences, ce qu'on appelle transsubstantiation.

Des dissentiments se sont toutefois élevés à ce sujet entre les luthériens et les calvinistes. On sait que pour ces derniers la cène célébrée sous les deux espèces, comme chez les luthériens, n'est qu'un repas commémoratif, dans le genre des agapes, et qu'ils n'emploient pas même l'hostie, conservé par l'Église luthérienne.

Le mot transsubstantiation a été employé par les conciles de Latran, de Constance et de Trente. Il était connu des Grecs sous les noms de μετατοίησις, action de faire ce qui n'était pas, et de μεταβολή, changement. Saint Justin et saint Irénée ont recours à diverses comparaisons pour faire comprendre ce changement de substance. L'Église seule ne croit pas devoir expliquer la transmutation. Suivant elle, Jésus-Christ est dans l'eucharistie, non-seulement lors de la manducation, mais depuis les paroles sacramentelles jusqu'à la destruction des espèces. Le concile de Trente enseigne qu'il y est avant et après la communion, et que les parties consacrées qui restent sont toujours le corps et le sang de Jésus-Christ.

Dès lors le Rédempteur, dans l'eucharistie, a droit continuellement aux adorations des fidèles, comme de son vivant sur la terre. De là les expositions, les saluts, les processions. « Je ne m'arrête point à l'adoration, dit Bossuet, les plus doctes, les plus sensés de nos adversaires nous ayant accordé, il y a longtemps, que la présence de Jésus-Christ dans l'eucharistie devait porter à l'adoration ceux qui en sont persuadés. »

Du reste, la conviction de cette présence a dû porter l'Église à distribuer la communion non point forcément sous les deux espèces, mais sous l'une ou l'autre : admettre en effet que Jésus-Christ est tout entier, corps, sang, âme, divinité sous l'apparence du pain ou sous celle du vin, c'est déclarer qu'il suffit de le recevoir sous une seule, la séparation de la chair et du sang n'étant qu'apparente ; c'est ce que résume admirablement ce passage du concile de Trente :
« On a toujours pensé qu'après la consécration le corps et le sang de Jésus-Christ, avec son âme et sa divinité, existent sous l'espèce du pain et sous celle du vin ; c'est-à-dire corps sous l'espèce du pain, et son sang sous celle du vin ; mais son corps est aussi sous l'espèce du vin, et son sang sous celle du pain, et son âme sous l'une et l'autre, en vertu de cette liaison naturelle et de cette concomitance par laquelle ces parties dans Jésus-Christ ressuscité pour ne plus mourir sont unies entre elles ; et la divinité de même, à cause de son union hypostatique avec le corps et l'âme du Sauveur. Ainsi Jésus-Christ est entier sous l'espèce du pain et sous chaque partie de cette espèce, comme il est tout entier sous l'espèce du vin et sous chacune de ses parties... Les autres sacrements n'ont la vertu de sanctifier qu'au moment qu'on les reçoit ; celui de l'eucharistie contient l'auteur même de la sainteté avant qu'on le reçoive. »

EUCHER (Saint), archevêque de Lyon. C'était un sénateur d'une naissance illustre et d'une piété éminente. Après la mort de sa femme, il se retira dans la solitude de Lérins avec ses deux fils, puis dans l'île de Léro. La vie contemplative ne lui faisait pas oublier la charité chrétienne. Il avait mis en réserve une partie de ses biens et les distribuait aux pauvres femmes et aux vieillards. Il n'était d'ailleurs pas moins remarquable par l'étendue de son savoir que par ses vertus. Il fallut de vive force l'arracher de sa retraite pour l'élever au siège archiépiscopal de Lyon. Il défendit avec un zèle remarquable la doctrine de saint Augustin contre les semi-pélagiens. De tous ses ouvrages, il ne nous reste qu'un *Éloge du désert*, adressé à saint Hilaire, un traité *Du Mépris du Monde*, des explications sur quelques passages de l'Écriture Sainte, et *Les Actes des Martyrs de la légion Thébaine*. Il assista, en 441, au premier concile d'Orange, présidé par son ami saint Honorat, et mourut vers 450.

EUCHITES, anciens hérétiques, tellement convaincus de la puissance de la prière qu'ils la croyaient capable d'assurer le salut éternel sans que l'on y joignît la pénitence. Ils tiraient leur nom du mot ευχή, qui en grec signifie *prière*. Abusant de ces paroles de saint Paul : « Priez sans relâche! » ils construisaient sur les places publiques des oratoires nommés par eux *adoratoires* ; ils croyaient inutiles et rejetaient le baptême, l'ordre et le mariage. Ils avaient adopté les erreurs des *massaliens*, dont on leur donnait quelquefois le nom, et furent condamnés au concile d'Éphèse. On leur donnait encore le nom d'*enthousiastes*, à cause des visions dont ils se croyaient favorisés. Saint Cyrille d'Alexandrie réprimande sévèrement dans ses ouvrages quelques moines égyptiens qui abandonnaient la vie active pour se livrer exclusivement à la prière.

EUCHROÏTE, cuivre arséniaté vert émeraude. Cette substance rare n'a encore été trouvée qu'à Libethen (Hongrie), en cristaux implantés sur un schiste.

EUCLIDE, célèbre philosophe grec, né à Mégare vers l'an 450 avant J.-C., s'attacha d'abord à la secte éléatique, dont il étudia la doctrine dans les écrits de Parménide, puis devint un des disciples les plus fervents de Socrate. On raconte que pendant la guerre du Péloponnèse, les Athéniens ayant défendu aux Mégariens d'entrer dans leur ville sous peine de mort, Euclide exposa sa vie pour entendre son maître ; il s'introduisait dans la ville, de nuit, en habits de femme. Après la mort de Socrate, il alla se fixer à Mégare, sa patrie, où sa maison servit de refuge à Platon et à la plupart des disciples de Socrate, que la crainte d'éprouver un sort semblable à celui de leur maître avait contraints de s'éloigner d'Athènes. Euclide fonda dans sa patrie une école de philosophie, connue sous le nom d'*école de Mégare*, et dont le caractère était d'unir à la doctrine morale de Socrate les spéculations métaphysiques et surtout les subtilités dialectiques des Éléates. Cette école acquit une telle renommée par son goût et son talent pour la dispute, qu'elle en reçut le nom d'*éristique*, c'est-à-dire *disputeuse*, *contentieuse*. On n'a sans doute encouragé une école dans cette voie par la faveur que l'esprit subtil qui a toujours caractérisé les Grecs devait dès lors faire accorder à ce genre d'exercices. On ne sait que très-peu de chose des opinions particulières à Euclide. En morale, il soutenait, comme rapport de Cicéron, qu'il n'y a de bien que ce qui est un, et semblable, et toujours le même (*id bonum solum esse quod esset unum, et simile, et semper idem*), c'est-à-dire que le bien est invariable et absolu. En logique, il rejetait ces raisonnements par analogie ou par comparaison dont son maître Socrate avait fait un si grand usage, et il voulait que dans la réfutation des sophistes on s'attaquât directement à la conclusion de leurs raisonnements, sans se donner la peine d'examiner la série des prémisses dans lesquelles était caché l'artifice. Les disciples d'Euclide exagérèrent la tendance de leur maître, et cette école, qui avait été instituée pour combattre les sophistes, devint bientôt elle-même une pépinière de sophistes. Les principaux philosophes qu'elle a produits sont : Eubulide, Alexinus, Diodore Cronus, et Stilpon de Mégare. Après Stilpon, qui donna plus d'importance à la morale qu'à la dialectique, et qui eut pour disciple Zénon de Citium, la secte mégarique se fondit dans celle des stoïciens. C'est dans le deuxième livre de Diogène de Laerte que se trouve la source la plus abondante de renseignements sur Euclide et sur son école. BOUILLET.

EUCLIDE d'Alexandrie. Ses ouvrages nous ont transmis les connaissances mathématiques de l'ancienne Grèce. Il enseigna cette science sous le règne de Ptolémée Soter, fils de Lagus. Ce roi voulut y être initié par le célèbre professeur, mais il fut bientôt rebuté par les difficultés de l'étude, et demanda s'il n'était pas possible d'arriver au but par une voie plus courte et moins pénible : « Il n'y en a point de particulière pour les rois, » répondit Euclide. Cette réponse prouve seulement que le professeur était plus géomètre que courtisan ; d'ailleurs, elle manque de justesse, et de toutes manières. Premièrement, Ptolémée ne demandait qu'une autre méthode d'exposition des théorèmes géométriques, et non pas une route pour y conduire des rois à l'exclusion du vulgaire ; en second lieu, les démonstrations d'Euclide, telles qu'elles sont dans ses ouvrages et qu'elles étaient probablement dans ses leçons, ne procèdent point suivant la marche naturelle et spontanée de l'intelligence : elles imposent aux étudiants un travail qu'on eût pu leur épargner. On reproche aussi à la méthode du géomètre d'Alexandrie une trop grande uniformité, qui à la longue fatigue le raisonnement. Une monotone succession de théorèmes, de corollaires, de démonstrations, où celle de la proposition réciproque suit immédiatement celle de la proposition directe, etc.; une rédaction toujours symétrique, où l'exigence de cette symétrie ralentit fréquemment le pas que le lecteur est tenté d'accélérer : tout cela contribue à rendre l'étude moins agréable et par conséquent plus épineuse. Mais tous les défauts de l'ouvrage sont plus que compensés par les grands et longs services qu'il a rendus : pendant plusieurs siècles il n'y eut point d'autre traité de géométrie entre les mains des professeurs et des étudiants.

La vie d'Euclide fut simple et sans éclat ; on ne connaît pas l'époque précise de sa naissance, non plus que celle de sa mort. Il vécut en géomètre, partageant son temps entre l'enseignement et le travail chargé et les occupations du cabinet. FERRY.

EUCOLOGE, livre de prières. Son étymologie vient de εὐχή, prière, et de λέγω, je recueille, ce qui justifie l'ancienne orthographe de ce mot, qui s'écrivait *euchologe*. Il contient l'office des dimanches et des fêtes selon un rit particulier. Le premier eucologe fut imprimé par ordre du cardinal de Noailles, archevêque de Paris, conformément au missel et au bréviaire de son diocèse. C'est à peu près le même livre que le *Paroissien*. Les Grecs ont un eucologe qui renferme leurs prières, leurs bénédictions, leurs cérémonies, tout ce que contient enfin généralement un rituel ou pontifical. Le Père Jacques Goar, dominicain, le fit imprimer en grec et en latin, avec des notes (Paris, 1647, 1 vol. in-folio). Ce livre est une source antique et pure, à laquelle l'historien peut puiser avec confiance pour connaître les mœurs, les usages, les rites de la primitive Église.

EUCRATÉE, genre de polypes bryozoaires de la famille des cellariés, établi par Lamouroux, et dont il y a des espèces sur nos côtes. De Blainville le réunit comme simple sous-genre à ses unicellaires.

EUDES, duc d'Aquitaine, fils de Boggis, se trouva à la mort de son père, arrivée en 688, et par la retraite dans un monastère de son cousin germain Hubert à la tête de vastes États, qui embrassaient toute la partie des Gaules comprise entre la Loire, l'Océan, les Pyrénées et le Rhône. Il profita habilement de la faiblesse des successeurs de Clovis pour constituer son duché en État indépendant, et résister aux Francs : il fit, avec les Bretons, la guerre à Pepin d'Héristal, et lui reprit Bourges, dont il s'était emparé. Eudes tenta, en 717, de faire replacer Chilpéric II sur le trône de Neustrie ; il fut battu à Soissons par Charles Martel. L'approche des Sarrasins, dont l'invasion était imminente, cimenta bientôt un traité de paix entre les parties belligérantes. En 721 Eudes leur livra sous les murs de Toulouse, qu'ils assiégeaient, une bataille sanglante ; il en fit un horrible carnage. Il fit ensuite alliance avec Abou-Neza, le principal lieutenant du khalife Abdéraman, et lui donna en mariage sa fille Lampagie. Abdéraman fit payer cher cette trahison à son lieutenant, et ne tarda pas à envahir les États d'Eudes. Celui-ci chercha à résister à cette agression impétueuse ; mais son armée fut anéantie au passage de la Dordogne, toutes ses places furent prises ; Eudes, dans cette terrible extrémité, implora le secours de Charles Martel, et les Sarrasins furent enfin écrasés dans les plaines de Tours. Eudes, ce dernier type de l'indépendance méridionale du pays d'outre-Loire, de la résistance des Gallo-Romains aux invasions des barbares, mourut en 735 ; il fut inhumé dans un couvent de l'île de Ré, où l'on trouva dix siècles plus tard sa couronne ducale. Il laissa de Waltrude, sa femme, trois fils, dont les deux aînés, Hunald et Hætto, partagèrent ses États.

EUDES, roi de France, était fils de Robert le Fort. N'étant que comte de Paris, il s'était si vaillamment conduit dans les guerres soutenues contre les Normands qui assiégeaient Paris et ravageaient ses environs, et à la bataille de Montfaucon, dans l'Argonne, qu'il gagna sur eux, qu'il fut élu par les Neustriens roi de France, dans la diète de Tribur, où fut déposé Charles le Gros. Quelques seigneurs refusèrent de le reconnaître ; il les combattit, les vainquit, fit trancher la tête au comte Waltgair, le principal moteur de leur résistance, et poursuivit jusqu'en Aquitaine les débris de leur parti. Un autre compétiteur, Charles le Simple, sacré roi de Laon par l'archevêque de Reims, en 893, se dressa devant lui ; Eudes finit par s'entendre avec lui : il mourut le 8 janvier 898, lui laissant sa couronne, qui devait revenir à sa famille. Il fut enterré dans les caveaux de Saint-Denis.

EUDES, I-IV, ducs de Bourgogne. *Voyez* BOURGOGNE.

EUDES (JEAN), abbé, fondateur des *Eudistes*, frère de l'historien Mézeray, naquit à Bré, près d'Argentan, le 14 novembre 1601, et mourut à Caen, le 19 août 1680. C'est à propos de ce frère que Mézeray répondit à un ami : « Mon frère, le matin il dit la messe, et le reste du jour il ne sait ce qu'il dit. » L'abbé Eudes composa en trois vol. in 4° une *Vie de Marie des Vallées*, fanatique folle et ridicule, fille d'un pauvre paysan de la basse Normandie ; lourde production, faite sans doute pour justifier le jugement de Mézeray sur son frère aîné.

EUDES DE MONTREUIL, célèbre architecte, florissait au treizième siècle ; il accompagna saint Louis à la croisade, et s'y distingua lors de la prise de la forteresse de Jaffa, dont il releva les fortifications par les ordres de ce monarque. A son retour à Paris, il fut chargé de construire plusieurs églises, telles que celles de Sainte-Catherine du Val des Écoliers, de l'Hôtel-Dieu, de Sainte-Croix de la Bretonnerie, des Blancs-Manteaux, des Quinze-Vingts, des Mathurins, des Chartreux et des Cordeliers. Il avait sculpté dans l'église des Cordeliers un bas-relief de grandeur naturelle, où il s'était représenté à mi-corps, entre ses deux femmes. Il avait près de lui, sur une table, un ciseau de sculpteur, et tenait de la main gauche une équerre. Le feu qui consuma cette église, en 1580, détruisit également ce mausolée, et aucun autre des ouvrages d'Eudes n'est venu jusqu'à nous. Il survécut de vingt ans à saint Louis, et mourut en 1289.

A. D'HÉRICOURT.

EUDIOMÈTRE (de εὔδιος, serein, et μέτρον, mesure; c'est-à-dire *mesure de la sérénité, de la pureté de l'air*). Les instruments de ce nom servent en effet à mesurer la pureté des gaz. On distingue ceux de Volta, de Gay-Lussac, de Fontana, de Marty.

L'*eudiomètre de Volta* est destiné à faire, par l'hydrogène, l'analyse des mélanges gazeux dont l'oxygène fait partie, et réciproquement, en partant de ce principe, qu'un volume de gaz oxygène et deux volumes de gaz hydrogène s'absorbent mutuellement pour faire de l'eau. Il consiste en un tube de verre cylindrique, épais de 4 millimètres, de 20 centimètres en longueur, et d'environ 3 de diamètre. Ce tube est gradué, ou, ce qui revient au même, porte une échelle en cuivre. Un entonnoir renversé et formé de laiton est annexé à sa base inférieure; une coupe de cet alliage surmonte l'autre base; le pied de la coupe et le col de l'entonnoir sont chacun munis d'un robinet. L'un et l'autre se lient au verre au moyen d'anneaux de laiton, scellés au tube par du mastic de fontainier. S'agit-il d'employer cet eudiomètre à établir que l'oxygène et l'hydrogène s'absorbent mutuellement dans le rapport de 1 à 2, on remplit d'eau tout l'instrument, que l'on redresse ensuite en maintenant sa base dans ce liquide. On y fait passer successivement deux mesures de gaz oxygène et autant de gaz hydrogène; on essuie le tube de verre dans sa partie supérieure, on ferme le robinet inférieur, puis, au moyen d'une petite tige métallique, qui s'enfonce perpendiculairement au col supérieur au-dessous du robinet, et qu'enveloppe une garniture en verre remplie de résine, on fait éclater une étincelle électrique à travers le mélange gazeux. Le mélange s'embrase, et lorsqu'on ouvre le robinet inférieur, l'eau qui afflue dans l'instrument témoigne de la condensation mutuelle des gaz. Le robinet inférieur étant de nouveau fermé, l'on emplit d'eau la coupe supérieure, et l'on visse au fond de cette coupe un tube de verre rempli d'eau, gradué, scellé hermétiquement à sa partie supérieure, et terminé inférieurement par une vis creuse en laiton. On ouvre le robinet supérieur : le résidu gazeux monte dans le tube gradué, et l'on voit qu'il n'y reste que l'une des quatre mesures introduites dans l'eudiomètre avant la détonation. L'on éprouve ce reste au moyen d'une bougie ou d'une allumette, ne portant qu'un point en ignition : elle s'allume soudainement et dénote ainsi que le gaz restant est de l'oxygène. Des deux mesures d'oxygène mêlées aux deux d'hydrogène, il n'en reste qu'une d'oxygène : ainsi, les deux gaz s'absorbent mutuellement dans le rapport de 1 à 2.

Gay-Lussac a simplifié cet instrument, en remplaçant la coupe supérieure par une plaque en métal, à rebord cylindrique, espèce de couvercle, mastiqué au verre de l'eudiomètre, et surmonté d'une petite boule, de même nature que la plaque; l'entonnoir inférieur est suppléé par un rebord horizontal sur lequel se meut, autour d'un pivot, un obturateur ou plaque métallique bien plane, portant à son centre une soupape qui s'ouvre de dehors en dedans, et destinée à fermer l'eudiomètre; un fil métallique en hélice, surmonté d'une boule de même substance, sert à recevoir intérieurement l'étincelle électrique que l'on dépose sur la boule extérieure; ce fil, ainsi disposé, s'appelle un *excitateur*. Les contours de l'hélice sont destinés à faire ressort contre les parois internes de l'instrument lorsque l'excitateur y sera introduit, dans le but de faire passer une étincelle électrique au travers du mélange gazeux. Un tube gradué reçoit ensuite à travers l'eau, au moyen d'un entonnoir de verre, le résidu gazeux que l'on y fait passer en dirigeant sous l'entonnoir l'ouverture de l'eudiomètre.

Gay-Lussac est aussi l'inventeur de l'*eudiomètre à bioxyde d'azote*. Il est fondé sur ce principe, que le gaz bioxyde d'azote absorbe instantanément l'oxygène atmosphérique, en formant par là un acide que l'eau absorbe avec rapidité. Il consiste en un flacon de la largeur d'un verre à boire, n'ayant guère que la moitié de la hauteur d'un verre ordinaire, et dont le col est prolongé par un court cylindre en laiton, creusé en tronc de cône renversé. Celui-ci reçoit à frottement doux une douille creuse du même alliage, qui elle-même est ajustée à un tube gradué de 9 centimètres de hauteur sur un de largeur, et qui est scellé hermétiquement à sa partie supérieure. Pour s'en servir, on fait passer 100 parties d'air dans l'eudiomètre plein d'eau et renversé, on y fait entrer ensuite autant de gaz bioxyde d'azote. En raison de la largeur de l'eudiomètre, que l'on agite, le mélange se fait rapidement, et il se réduit à 116 parties, dont la différence à 200 est 84 ; l'absorption est donc de 84, dont le quart, 21, représente l'oxygène, parce que les gaz oxygène et bioxyde d'azote, étant mélangés rapidement au-dessus de l'eau, s'absorbent mutuellement dans le rapport de 1 à 3 pour former de l'acide azoteux, qui est soluble dans l'eau.

L'*eudiomètre de Fontana* sert à faire absorber par le phosphore l'oxygène d'un mélange gazeux. Il consiste en un tube cylindrique gradué, fermé hermétiquement à sa partie supérieure, portant à sa partie inférieure une garniture en cuivre légèrement évasée, et suspendu, dans une éprouvette à pied, par un anneau à ressort qui l'emboîte, et d'où partent symétriquement trois petites tiges horizontales qui vont porter sur le bord supérieur de l'éprouvette. Cet instrument se manœuvre dans l'eau comme les précédents : on y fait passer une quantité déterminée d'air; on y introduit ensuite un bâton de phosphore porté par une tige de verre ; on passe sous l'appareil l'éprouvette remplie d'eau, de manière à soutenir la tige de verre et à faire plonger dans l'eau le tiers du tube gradué. En abandonnant le tout à lui-même, l'oxygène de l'air se combine au phosphore, forme de l'acide phosphorique, qui se dissout dans l'eau de l'eudiomètre, et laisse à nu l'azote de l'air, dans lequel reste un peu de phosphore en vapeurs. On reconnaît que l'oxygène est complètement absorbé lorsqu'en portant l'appareil dans l'obscurité l'on n'y aperçoit plus de lueurs phosphoriques.

L'*eudiomètre de Marty* a pour objet de faire l'analyse de l'air par la solution aqueuse de sulfure de potasse que l'on emploie dans ce cas pour absorber l'oxygène atmosphérique. Il suffit, à cet effet, de faire passer une quantité déterminée d'air atmosphérique dans un tube gradué rempli d'eau, de transvaser cet air dans un flacon rempli de la solution dont nous avons parlé, et, fermant bien à l'émeri, d'agiter le tout à plusieurs reprises et de mesurer le résidu gazeux quand l'absorption a cessé.

Tous ces instruments supposent l'emploi d'une cuve pneumato-chimique, ou tout au moins d'un sceau plein d'eau.

COLIN.

EUDISTES. Cette société avait été fondée en 1644, sous le titre de *congrégation de Jésus et de Marie*, par l'abbé Jean Eudes. Les Eudistes étaient très-répandus en Normandie et en Bretagne, où les évêques leur conférèrent la direction de leurs séminaires et de leurs collèges. Leur réputation s'étendit au delà de ces deux provinces, où leurs professeurs formèrent de bons élèves. En 1735 une maison d'Eudistes s'établit à Paris. Ces ecclésiastiques modestes eurent pour rivaux les jésuites, jusqu'à la suppression de la compagnie de Jésus; ils soutinrent toutefois honorablement leur concurrence, D'abord le Père Eudes avait eu beaucoup de peine à fonder sa congrégation, quoiqu'il se bornât à solliciter l'établissement d'une maison à Caen, pour, y disposer des prêtres de l'état ecclésiastique, « mais sans aucun rapport avec un nouvel institut ». A la révolution, les Eudistes n'étaient propriétaires que des maisons de Caen, de Coutances et de Paris.

Louis DE BOIS.

EUDOXE DE CNIDE, fils d'Aschyné et ami de Platon, est de tous les auteurs grecs dont les écrits sont perdus l'un de ceux qui ont le plus occupé les historiens de la philosophie, des mathématiques et de l'astronomie. Il naquit en 409 avant J.-C., reçut les leçons de Platon vers 386, voyagea en Égypte en 362, fonda une école dans son pays en 359, et mourut en 356. Les anciens le citent toujours avec éloge ; son esprit avait embrassé le cercle entier des sciences et de la philosophie, puisqu'il est qualifié de *géomètre*, de *géographe*, d'*astronome*, de *médecin*, de *philosophe*, de *législateur*, de *sophiste* et de *littérateur* ; mais c'est principalement la géométrie et l'astronomie qui firent sa gloire dans l'antiquité. Cicéron le nomme *le premier des astronomes, au jugement des plus doctes* ; pour Sextus Empiricus, Eudoxe et Hipparque sont les représentants de l'astronomie.

Eudoxe enrichit de quelques vérités nouvelles la géométrie ; il établit l'astronomie sur sa véritable base. Jusqu'à lui, les philosophes s'étaient le plus souvent contentés d'appuyer leurs spéculations cosmologiques sur des prémisses arbitraires ; le premier il prit l'expérience et l'observation pour fondement de l'étude du ciel. Tout le monde connaît le débat qui eut lieu entre Newton et Fréret, au sujet de ce qu'on appelle *la sphère d'Eudoxe*, et l'on sait le cas qu'il faut faire de leurs hypothèses et de celles qui reposent sur l'idée que la position des colures au 15° degré des signes remonte à l'origine de l'astronomie. L'auteur de l'*Épinomide*, probablement Philippe d'Oponte, disciple de Platon, fait une distinction entre ceux qui sont astronomes à la manière d'Hésiode, et les vrais astronomes, qui s'occupent de la recherche des mouvements des planètes : en ce sens, il n'y eut peut-être pas un seul astronome chez les Grecs avant Eudoxe, qui se montre comme un des principaux promoteurs des études mathématiques parmi les Grecs. Muni de quelques faits positifs empruntés à l'Égypte, il entreprit de dresser un état du ciel étoilé, de donner au calendrier une base scientifique, et l'astronomie prit naissance.

Les services qu'il a rendus à la géométrie sont résumés dans un passage de Proclus, et portent sur quatre points principaux : 1° il avait augmenté le nombre des théorèmes généraux ; on lui devait, selon Archimède, plusieurs principes de stéréométrie, par exemple, les deux théorèmes sur le rapport de la pyramide et du cône au prisme et au cylindre de même base et de même hauteur ; 2° il avait ajouté trois analogies aux trois autres (le mot *analogie* répond chez les anciens mathématiciens à ce que nous appelons *proportion géométrique*) ; 3° il avait beaucoup étendu la doctrine des sections des corps, introduite par Platon ; 4° il s'était servi, pour les sections, de l'analyse. Aussi doit-on lui assigner une des principales places parmi les mathématiciens de l'école de Platon. Archimède nous apprend qu'il supposait le diamètre du soleil égal à neuf fois seulement celui de la lune ; Vitruve lui attribue le cadran qu'on appelait l'*Araignée* ; on a dit, enfin, qu'il eut la première idée de ces sphères solides emboîtées les unes dans les autres, et qu'on a crues si longtemps nécessaires pour expliquer le mouvement apparent du soleil, des planètes et des étoiles. Son système à cet égard se trouve développé et expliqué avec un soin tout particulier dans un mémoire de Letronne, inséré en 1840 dans le *Journal des Savants*.

L.-Am. SÉDILLOT.

EUDOXE DE CYZIQUE, navigateur qui vivait vers la fin du second siècle avant J.-C. Ayant soupçonné que l'Afrique était entourée par l'Océan et qu'on pouvait aller aux Indes par le détroit de Gadès, il s'embarqua dans cette dernière ville avec toute une colonie d'ouvriers et d'artisans ; mais comme on n'eut jamais de nouvelles de cette expédition, son vaisseau périt probablement dans un naufrage. Pomponius Méla, d'après Cornélius Népos, contredit ce récit de Strabon, emprunté à Posidonius, et lui fait accomplir son voyage de circumnavigation du golfe Arabique aux colonnes d'Hercule ; mais cette version est évidemment controuvée.

EUDOXE, fils de saint Césaire, martyr, né à Arabisse, ville d'Arménie, embrassa l'arianisme et fut un des principaux défenseurs de cette hérésie. Fait évêque de Germanicée, dans la Syrie, par ceux de sa communion, il assista au concile de Sardique et à plusieurs autres. En 358 Eudoxe usurpa le siége d'Antioche. Deux ans après, l'empereur Constance l'éleva au patriarchat de Constantinople. Il persécuta les catholiques avec fureur et mourut l'an 370 à Nicée, en sacrant Eugène, évêque de cette ville et arien comme lui.

EUDOXIE. Quatre impératrices grecques ont porté ce nom, la plus célèbre est la veuve de Constantin-Ducas qui épousa Romain Diogène.

EUDOXIE (ÆLIA), fille du comte Bauton, célèbre général sous le grand Théodose, était de race franque ; elle joignait les agréments de l'esprit aux charmes de la figure. L'eunuque Eutrope la fit épouser à Arcadius, et partagea d'abord avec elle la confiance de ce faible empereur ; mais ayant voulu ensuite s'opposer à ses desseins, elle chercha les moyens de perdre ce rival, et les trouva. Maîtresse de l'État et de la religion, cette femme régna en roi despotique : son mari n'était empereur que de nom. Pour avoir encore plus de crédit que ne lui en donnait le trône, elle amassa des richesses immenses par la violence et la rapine. Saint Jean Chrysostome fut le seul qui osa lui résister : Eudoxie s'en vengea en le faisant chasser de son siége par un conciabule, l'an 403. La haine de l'impératrice contre le saint prélat venait d'un sermon qu'il avait prononcé sur le luxe et la vanité des femmes, et dans lequel l'opinion publique avait cru trouver des allusions à la conduite déréglée de l'impératrice. Eudoxie rappela Chrysostome après quelques mois d'exil ; mais le saint s'étant élevé avec force contre les profanations occasionnées par les jeux et les festins donnés à la dédicace d'un statue de l'impératrice, elle l'exila de nouveau en 404. Cette femme, implacable dans ses vengeances et insatiable dans son ambition, mourut d'une fausse couche quelques mois après. Ses médailles sont très-rares.

EUDOXIE (ÆLIA), fille de Léoncé, philosophe athénien, s'appelait Athénaïs avant son baptême et son mariage avec l'empereur Théodose le jeune. Elle avait toutes les grâces de son sexe et les qualités du nôtre. Son père l'instruisit dans les belles-lettres et dans les sciences ; il en fit un philosophe, un grammairien et un rhéteur. Le vieillard crut qu'avec tant de talents joints, à la beauté, sa fille n'avait pas besoin de biens et il la déshérita. Après sa mort, elle voulut rentrer dans ses droits, mais ses frères les lui contestèrent. Se voyant sans ressources, elle alla à Constantinople porter sa plainte à Pulchérie, sœur de Théodose II. Cette princesse, charmée de sa personne, la fit épouser à son frère en 421. Les frères d'Athénaïs, instruits de sa fortune, se cachèrent pour échapper à sa vengeance. Elle les fit chercher et les éleva aux premières dignités de l'empire. Son trône fut toujours environné de savants. L'un d'entre eux, Paulin, fut le plus en faveur auprès d'elle. Théodose crut sa femme coupable ; il fit tuer Paulin et relégua Eudoxie en Palestine. Dans son exil, elle embrassa les opinions d'Eutychès ; mais touchée par les lettres de saint Siméon Stylite et par les raisons de l'abbé Euthymius, elle revint à la foi de l'Église et passa le reste de ses jours à Jérusalem, entre la littérature et les exercices de piété. Elle mourut l'an 460, après avoir juré qu'elle était innocente des crimes dont son époux l'avait soupçonnée. Eudoxie avait composé beaucoup d'ouvrages. Photius cite avec éloge une traduction en vers hexamètres des huit premiers livres de l'Ancien Testament. On attribue encore à cette princesse un ouvrage appelé le *Centon d'Homère*. C'est une vie de Jésus-Christ composée de vers pris à ce père de la poésie grecque.

EUDOXIE (LICINIA), née à Constantinople en 422, était fille de Théodose II et d'Eudoxie. Quoique déréglée dans ses mœurs, elle sut plaire à Valentinien III qui l'épousa. Pétrone Maxime ayant fait assassiner cet empereur dont il usurpa le trône, força la veuve de l'empereur à accepter sa main, et dans un moment d'épanchement lui avoua sa participation à l'assassinat, protestant que son amour jaloux avait été seul cause de la mort de Valentinien. Eudoxie, pénétrée d'horreur, appela à son secours Genséric, roi des Vandales. Ce prince passa en Italie à la tête d'une nombreuse armée, mit tout à feu et à sang, saccagea Rome et emmena l'impératrice en Afrique. Sept ans après elle fut renvoyée à Constantinople et y termina sa vie dans la pratique des vertus chrétiennes. Ses médailles sont très-rares.

EUDOXIE (MACREMBOLITISSA), impératrice d'Orient, femme de Constantin-Ducas, ou Constantin XI, qui, étant mort en 1067, laissa le trône à ses trois fils, Michel VII, Andronic Ier et Constantin XII. Ces princes avaient été décorés de la pourpre impériale et du titre d'*auguste* dans leur extrême jeunesse. Leur mère, Eudoxie, fut chargée du gouvernement de l'empire pendant leur minorité, toutefois à la condition qu'elle ne se remarierait pas. Elle s'y engagea par un serment solennel. Mais l'envahissement de la partie orientale de l'empire par les Turcs la décida à se mettre sous la protection d'un guerrier capable de défendre l'État contre un si formidable ennemi; et sept mois étaient à peine expirés, qu'elle donnait sa main et le sceptre à Romain Diogène; les partisans des jeunes princes consentirent à le regarder comme le tuteur des héritiers légitimes, après avoir reçu sa promesse d'en remplir fidèlement les obligations. Il remporta d'abord de grands avantages contre les ennemis; mais il tomba ensuite au pouvoir du noble Alp-Arslan, qui le traita avec une grandeur d'âme peu commune, et le fit reconduire à Constantinople comblé de présents et entouré d'une escorte d'honneur. Mais Romain Diogène trouva bien du changement à son retour : sa femme avait été forcée de prendre le voile. Ses sujets, alléguant qu'une des maximes du code était qu'un prisonnier entre les mains de l'ennemi perdait tous ses droits, s'étaient regardés comme dégagés de la fidélité qu'ils lui devaient. On ignore, du reste, à quelle époque mourut cette impératrice. Elle a composé un ouvrage intitulé *Ionia*, qui renferme tout ce que l'on a écrit de plus curieux sur les cultes du paganisme. On le trouve imprimé dans les *Anecdotes grecques* de Villoison (2 vol. in-4°, 1781).

EUDOXIE FŒDÉROWNA, première femme de Pierre Ier, czar de Russie, était fille du boyard Fœdor Lapouchin. Pierre l'épousa en 1691, et l'année suivante il en eut un fils. L'histoire de cette princesse est assez singulière. « Le czar Pierre, dit le marquis de Luchet, fit annoncer dans toute l'étendue de son empire qu'il destinait sa couronne et son cœur à la femme qui réunirait à ses yeux le plus de perfections. Cent jeunes filles apportèrent à Moscou leurs timides prétentions et leurs espérances. Eudoxie fixa le choix du czar. Sa joie dura peu. Pierre, fatigué des reproches qu'il lui faisait sur ses amours effrénés, la répudia en 1696. Eudoxie descendit du trône sans murmure, pleura un époux infidèle, échangea le bandeau royal contre un voile de religieuse et partagea les longs jours de sa solitude entre quelques réflexions sur l'inconstance de la fortune et les occupations paisibles du cloître. Mais la perte d'un trône l'inquiétait souvent. A la voix d'un prêtre qui lui avait prédit la mort prochaine de l'empereur, elle rentre dans le monde et prend le titre d'impératrice. Soupçonnée d'avoir formé des liaisons avec le général Glébof et de lui avoir promis sa main, elle fut arrêtée, conduite à Moscou par l'ordre de Pierre, condamnée à vingt coups de discipline qu'elle reçut des mains de deux religieuses et renfermée ensuite dans un cachot à Schlusselbourg. Elle y était encore lorsque son petit-fils Pierre II parvint au trône. La liberté lui fut alors rendue et elle obtint une pension convenable. » Eudoxie mourut au couvent de Dewitz en 1731.

EUDOXIENS, secte d'ariens, qui reconnaissait pour chef Eudoxe, d'abord patriarche d'Antioche, ensuite de Constantinople. Ils prétendaient que le fils de Dieu et le Saint-Esprit n'étaient que de simples créatures, qu'ils avaient été tirés du néant, et qu'ils différaient de volonté avec la première personne de la Trinité chrétienne.

EUFRAISE ou EUPHRAISE, genre de la famille des scrophulariacées, établi par Linné pour des plantes herbacées répandues dans les parties tempérées de tout le globe, mais plus communes dans l'hémisphère austral. Les eufraises sont des plantes de petite taille, la plupart d'un aspect assez agréable par l'élégance et les couleurs variées de leurs petites fleurs à deux lèvres, dont la supérieure est concave, un peu échancrée, et l'inférieure, à trois lobes égaux ; le calice offre quatre découpures inégales ; les étamines sont didynames ; un appendice semblable à une épine ou à un poil termine une des loges de chacune des deux anthères inférieures ; le fruit est une capsule comprimée, à deux loges, contenant plusieurs semences.

Les eufraises se plaisent dans les terrains secs. De toutes les espèces de ce genre, l'*eufraise officinale* (*euphrasia officinalis*, Linné) est la plus connue, à cause de la réputation dont elle a joui pour ses vertus ophthalmiques : aussi faisait-on entrer son eau distillée dans les collyres. On a depuis longtemps renoncé à l'emploi de cette plante, qui renferme bien une petite quantité de tannin, mais qui ne mérite en aucune façon d'occuper une place distinguée dans la pharmaceutique. Du reste, c'est à une tache jaune observée sur sa corolle blanche, marquée de lignes violettes ou pourpres, tache qui a été comparée à un œil, que l'eufraise officinale a dû d'être vantée pour la guérison des maux d'yeux. Elle est plutôt bonne à embellir les pelouses et à être broutée par les bestiaux.

EUGANEI (Monti), *Monts Eugènes*, appelés auss *Monti Isolati* ou *Paduani*. C'est le nom sous lequel on désigne un groupe de montagnes de la Lombardie, situé au sud-ouest de Padoue et d'origine volcanique, s'élevant du milieu d'une vaste plaine en cônes à base de trachyte, de l'aspect le plus pittoresque, et entourées des deux côtés de canaux navigables. L'étendue du groupe entier, de l'est à l'ouest, est de seize *milles* avec une largeur de neuf *milles*. Le *Monte Venda*, qui ne forme le point culminant, a une altitude de 510 mètres. On y voit les ruines d'un antique monastère, et on y découvre un des plus vastes et des plus beaux panoramas que l'on puisse imaginer. Le *Monte Rua* porte une magnifique forêt de pins, essence fort rare dans ces contrées. Au bas de ces montagnes se trouvent diverses sources thermales, entre autres les *Terme paduvane* ou d'Albano.

EUGÈNE, rhéteur et grammairien, professait la rhétorique à Vienne en Dauphiné lorsqu'il fut salué empereur par Arbogaste, après le meurtre de Valentinien II.

EUGÈNE (Saint), évêque de Carthage à la fin du cinquième siècle, fut persécuté par les rois Hunéric et Thrasimond, et ensuite exilé à Vienne, près d'Albi. Il y bâtit un monastère, où il mourut, le 13 juillet 505. Il a composé divers ouvrages : *Expositio Fidei catholicæ* ; *Apologeticus pro fide* ; *Altercatio cum arianis* ; des *Requêtes* à Hunéric et à ses successeurs ; enfin une *Lettre aux fidèles de Carthage*, à son départ pour l'exil.

EUGÈNE. Quatre papes de ce nom sont montés sur la chaire de saint Pierre.

EUGÈNE Ier, fils de Rustinien, habitant de Rome, fut élu en 654, par l'empereur Constant, qui avait fait enlever et conduire à Constantinople son prédécesseur Martin Ier. S'il faut en croire Platine, ce pape se distingua par sa piété et ses bonnes œuvres ; mais l'histoire ne cite de lui qu'une tentative d'accommodement avec les monothélites de l'Eglise d'Orient, et la date de sa mort, qui est fixée au 2 juin 657. Il n'en a pas été moins mis au nombre des saints.

EUGÈNE II est plus connu. C'était un Romain, fils d'un certain Boémond, que sa modestie et son savoir rendaient recommandable ; il était archiprêtre de Sainte-Sabine, quand le parti des nobles, détestant les cabales de son concurrent Zinzinus, le plaça sur le saint-siége, le 5 juin 824. Les carlovingiens de France avaient alors un grand ascendant à Rome, et se mêlaient même des affaires de l'Église. Louis le Débonnaire y envoya son fils Lothaire pour demander raison des outrages qu'on avait fait subir aux partisans des Français ; il se plaignit de la partialité des juges, des confiscations qui en avaient été la suite, et le pape Eugène II consentit à des restitutions nombreuses. Lothaire fit d'autres actes de souveraineté en publiant une constitution qui touchait même à l'élection et à l'autorité des souverains pontitres; il régla l'administration de la justice, considérant le trône de France comme un tribunal suprême, où les appels pourraient être portés à l'avenir, et força le sénat et le peuple à lui prêter serment de fidélité. Cet état de choses était alors si bien établi que l'empereur d'Orient, Michel le Bègue, soumit à l'empereur Louis la question des images, avant d'en conférer, par ses ambassadeurs, avec le pape. Eugène II consentit à ce qu'un concile fût assemblé à Paris pour en traiter. Il eut lieu en effet le 1er novembre 825. Les iconoclastes y furent condamnés. On décida qu'il ne fallait ni briser ni adorer les images. Mais Louis le Débonnaire ménagea la susceptibilité du saint-siége; et, considérant cette délibération comme un pur examen, il en remit la décision au pape, en l'exhortant à rétablir la paix dans l'Orient. Eugène II ne se prononça point : il parut plus occupé de faire cesser les désordres matériels qui s'étaient introduits dans son Église. Il assembla un concile à Rome, en 826, pour le rétablissement de la discipline : un des canons de ce concile défend aux prêtres d'être usuriers et chasseurs; un autre interdit aux évêques de s'approprier les biens des paroisses; un troisième insiste sur la nécessité d'apprendre à lire et à écrire aux fidèles. Ce fut le dernier acte de ce pape. Il mourut le 27 août 827.

EUGÈNE III fut élu par les cardinaux, le 14 février 1145, pour succéder à Luce II. Il se nommait *Pierre-Bernard*. Né à Pise, il avait été vidame de cette église avant d'entrer dans l'ordre de Citeaux, et avait vécu à Clairvaux du temps de saint Bernard. Renvoyé quelque temps après en Italie pour fonder une communauté, il avait été retenu à Rome par Innocent II, qui l'avait nommé abbé de Saint-Anastase. C'est là qu'on le prit pour l'élever à la tiare, malgré la cabale des seigneurs, qui le forcèrent à s'échapper de Rome pendant la nuit, avant son exaltation. Elle eut lieu trois jours après dans le monastère de Farte. Arnaud de Brescia fomentait ces troubles; il combattait l'autorité du saint-siége par ses déclamations, excitant le peuple à la révolte, et lui conseillant de rétablir la vieille république romaine. Ses partisans commençaient par piller les trésors de l'Église et les palais des cardinaux fugitifs. Rome entière était le théâtre de leurs violences et la victime de leur tyrannie. Eugène, retiré à Viterbe, recevait pendant ce temps les hommages des évêques d'Arménie, dont les députés lui soumettaient les différends qu'ils avaient avec les Grecs. C'était une faible consolation d'un triste exil, dont les chagrins étaient encore augmentés par le fâcheux état des croisés d'Orient. La prise d'Édesse les avait consternés, et l'évêque de Gabale était venu de la Syrie à Viterbe pour implorer les secours des puissances chrétiennes. Eugène III écrivit à saint Bernard pour lui ordonner de prêcher une seconde croisade; mais, impatient de rentrer dans sa capitale, il s'occupa de lever des troupes pour lui-même. Ses armes triomphèrent d'abord des arnauldistes. Ils furent contraints de lui demander la paix, et le pape revit un moment son palais pontifical, aux acclamations du peuple romain. Mais ses ennemis ne tardèrent pas à reprendre l'avantage, et Eugène III fut forcé de chercher un asile en France.

Louis VII avait déjà pris la croix, ainsi que l'empereur Conrad. Le pape n'eut qu'à les fortifier dans leur résolution. Il poussa jusqu'à Trèves, en 1147, y tint un concile pour examiner les écrits de sainte Hildegarde, et pour déposer l'abbé de Fulda, qui s'occupait moins de son troupeau que de ses plaisirs; il vint enfin à Paris pour être témoin d'une scène scandaleuse dans l'église de Sainte-Geneviève, et pour en chasser les anciens chanoines, auxquels furent substitués les moines de Saint-Victor. Un autre concile fut tenu à Paris, au mois d'avril, sous sa présidence. Saint Bernard y dénonça les hérésies de Gilbert de la Poirée évêque de Poitiers; mais la sentence ne fut prononcée que par le concile de Reims, en 1148. C'est à cette dernière assemblée que le roi de Castille, Alphonse VIII, envoya l'archevêque de Tolède pour se plaindre de ce que le pape avait accordé le titre de roi de Portugal à Alphonse Henriquez. Eugène III n'était pas homme à se rétracter. Il flatta l'envoyé castillan, en ordonnant à l'archevêque de Braga et à ses suffragants de rester soumis à la primatie de Tolède, se borna à déclarer qu'il n'avait voulu attenter en rien à la dignité du roi de Castille, et lui envoya, pour le consoler, la rose d'or qu'il avait coutume de porter le quatrième dimanche de carême.

Les opinions de Pierre de Bruys commençaient alors à troubler la province du Languedoc; Eugène III y dépêcha trois légats pour les ramener dans le giron de l'Église, et ne fit qu'exciter par ses persécutions l'opiniâtreté des pétrobrusiens et des henriciens, qui prirent plus tard le nom d'Albigeois. Las d'errer dans les provinces de France, et comptant sur les secours de Roger, il reprit le chemin de Rome, et força les Romains à un accommodement. Mais cette paix ne fut pas de longue durée. Eugène fut réduit encore à s'exiler dans la Campanie, et trembla pour la puissance temporelle du saint-siége, en apprenant que l'empereur Conrad, revenu de sa malheureuse expédition d'outre mer, se disposait à passer en Italie pour donner raison au sénat et au peuple.

Le pape eut recours à l'abbé Guibald, conseiller favori de l'empereur, pour le dissuader de faire ce voyage; et le ciel vint cette fois au secours d'Eugène : Conrad mourut avant d'accomplir son dessein. Frédéric Barberousse, son neveu et son successeur, se montra plus facile. Il promit de rétablir le pontife dans ses droits, et d'aller recevoir de ses mains la couronne impériale. Ce traité, signé le 23 mars 1152, ne dura pas une année. Frédéric ayant nommé un archevêque de Magdebourg sans la participation du chapitre, Eugène III oublia tous ses périls pour résister à cet empiétement de la puissance séculière. Gérard, compétiteur de l'archevêque nommé, vint à Rome pour réchauffer l'opposition du saint-siége. Le pape reprit les évêques qui avaient approuvé la nomination; il leur ordonna d'employer leur crédit pour obtenir le désistement de Frédéric, et envoya deux légats en Allemagne pour déposer l'archevêque. L'empereur persista dans ses prétentions; il renvoya les légats en Italie, et commença ainsi cette longue lutte de la maison de Souabe contre la cour de Rome. Eugène III ne vit pas la fin de la querelle de Magdebourg. Il mourut à Tibur le 8 juillet 1153.

EUGÈNE IV (Gabriel CONDOLMERE), fut éprouvé par les mêmes traverses. Une éclipse de soleil, arrivée le jour de la mort de Martin V, fut aux yeux du peuple un présage funeste pour son successeur; et les malheurs d'Eugène IV justifièrent les superstitions populaires. C'était, dit-on, un fils naturel de Grégoire XII, que ce pontife nomma successivement protonotaire apostolique, chanoine de Saint-George, camérier et cardinal du titre de Saint-Clément. Promu plus tard à l'évêché de Sienne, il succéda enfin à Martin V, le 11 mars 1431. C'était une époque d'indépendance et d'anarchie, qui gagna les cardinaux eux-mêmes ; car avant l'élection ils stipulèrent, entre autres conditions, qu'ils jouiraient à l'avenir de la moitié des revenus du saint-siége, et qu'aucun cardinal ne serait nommé désormais sans leur consentement. Le nouveau pape se garda bien d'en tenir compte, et ses différends avec le sacré collége nuisirent d'autant plus au rétablissement de la paix qu'il voulait rendre à l'Italie. Son premier soin fut de confirmer les pouvoirs du cardinal Julien, qui se rendait à Bâle pour présider le concile et presser la condamnation des hussites. Les députés des villes d'Italie furent convoqués en même temps par ses ordres ; mais les intrigues de Philippe, duc de Milan, contrarièrent cette réunion, et les anathèmes du pape ne l'effrayèrent pas plus que les forces de Venise et de Florence. Philippe suscita des troubles jusque dans Rome, par la révolte de la puissante famille des Colonne, qui ne rougit pas d'employer l'assassinat et le poison pour se défaire du pontife. Chassés de la capitale par les partisans d'Eugène, ils s'allièrent aux Ursins pour entretenir le feu de la discorde. Il ne fut pas plus heureux dans ses négociations pour amener la France et l'Angleterre à terminer leurs différends.

Le concile de Bâle, ouvert enfin le 23 juillet 1431, fut pour lui une nouvelle source de chagrins. Les pères ayant commencé par établir la suprématie des conciles sur les papes, Eugène IV en prononça la dissolution et la translation à Bologne. Mais le cardinal Julien Cesarini, qu'il avait chargé de l'exécution de ce décret, fut le premier à s'y opposer, et le concile resta à Bâle, malgré ses défenses. Ce n'était pas assez. Il fallait encore qu'il se brouillât avec l'empereur Sigismond, en refusant de le couronner, sous prétexte qu'il avait fait alliance avec le duc de Milan. Il ameuta même contre lui les républiques de Venise et de Florence ; mais Philippe, soutenu par les troupes impériales, ayant dispersé cette ligue, force fut au pape de s'accommoder avec l'empereur et de lui ceindre la couronne. Le concile persistait cependant à le braver. Toutes les négociations étaient inutiles ; il refusa même, en 1433, de recevoir les légats qu'en désespoir de cause Eugène IV avait envoyés pour le présider. Irrité de ce nouvel affront, le pontife cassa, par une bulle du 29 juillet, toutes les décisions du concile, et lui interdit de s'occuper d'autre chose que des matières qu'il lui avait soumises. Les pères opposèrent leur inflexibilité à la sienne. Malgré la médiation de l'empereur, ils lancèrent un décret contre le pape, l'accusèrent de scandaliser l'Église, suspendirent son autorité, et commandèrent à tous les prélats qui avaient été en retard de se rendre à Bâle. Ce fut le signal d'une attaque générale contre Eugène, à qui ne restèrent que les Florentins et Jeanne de Naples. Le duc de Milan marcha sur Rome, et mit son territoire au pillage. Les Vénitiens eux-mêmes, quoiqu'il fût né dans leur ville, se tournèrent contre lui.

Eugène IV fléchit devant tant d'ennemis. Il révoqua le décret de translation, approuva tout ce qui s'était fait à Bâle, hors ce qui touchait à son autorité, et ne mit d'autre condition à la paix que la réception de ses légats. Le duc de Milan n'eut point égard à cette concession. Il continua de ravager la campagne. Les Romains, las d'être pillés et ruinés par ses troupes, accusèrent le pape de leurs misères, emprisonnèrent son neveu le cardinal Condolmère, l'assaillirent dans son palais, le 29 mai 1434, et le forcèrent à prendre la fuite. Il se sauva à Florence sous les habits de bénédictin, pour échapper à une captivité que sa déposition aurait bientôt suivie. Le concile vint alors à son secours, et tous les partis parurent s'accommoder. Eugène apposa sa signature à ce décret de la dix-neuvième session qui fixait la réunion d'une assemblée pour traiter de l'union des Églises grecque et latine, décret qui resta sans effet. La rivalité des maisons d'Anjou et d'Aragon, qui se disputaient la couronne de Naples, vint ajouter à son embarras. Le duc de Milan, partisan des Aragonais, forma la résolution de l'arrêter dans Florence même ; la conspiration fut découverte, et le pape, n'étant plus assez fort pour se venger, pardonna à l'évêque de Novarre, qui s'était chargé de ce coup de main. Un décret du concile, relatif à la collation gratuite des bénéfices, institutions et autres sources du revenu pontifical, renouvela le schisme qui désolait l'Église. Eugène IV fit de vaines remontrances ; le concile passa outre, et le roi d'Aragon, mêlant le sacré et le profane dans ses entreprises, somma tout à la fois le pape d'adhérer aux décrets de Bâle et d'abandonner la cause de la maison d'Anjou. Il se brouillait en même temps avec le roi de Portugal, dont les magistrats s'arrogeaient le jugement des causes ecclésiastiques, et avec le roi d'Écosse, Jacques Ier, qui avait publié des ordonnances contraires à l'autorité du saint-siège. Le concile attaqua de nouveau cette union, en réglant la tenue des conclaves, en interdisant au pape d'établir ses parents jusqu'au troisième degré, en attribuant aux cardinaux la moitié des revenus de l'Église, en accordant enfin des indulgences à tous ceux qui faciliteraient la réunion des deux Églises d'Orient et d'Occident. Eugène IV s'indigna de tant de prétentions ; il s'entendit avec l'empereur Paléologue pour arriver à l'union tant désirée, et se remettant en guerre ouverte avec le concile, il en ordonna la translation à Ferrare par une bulle du 18 septembre 1437.

Le concile persista dans sa désobéissance ; le roi d'Aragon y envoya tous ses évêques pour soutenir cette opiniâtreté ; le duc de Milan reprit ses armements et ses intrigues ; le roi de Castille entra dans l'alliance, et le pape fut sommé lui-même de comparaître à Bâle, sous peine de déposition. On fit plus, on cassa la promotion d'un cardinal qu'il venait de faire, et on l'accusa, devant tous les princes chrétiens, de troubler l'Église par son entêtement. Les soixante jours accordés au pontife pour tout délai étant expirés, on le déclara contumace. Cette violence tourna au profit d'Eugène. L'empereur, le roi d'Angleterre et d'autres princes protestèrent contre ce décret. Le seul roi d'Aragon pressait la déposition d'un pape ennemi de ses projets ambitieux. Eugène, se croyant assez fort pour lutter, fit ouvrir le concile de Ferrare par le cardinal de Sainte-Croix, son légat, assisté de quelques prélats d'Italie : ils annulèrent tout ce qui s'était fait à Bâle et tout ce qu'on y ferait à l'avenir. Cette levée de boucliers spirituels ne produisit d'autre effet que la retraite du cardinal Cesarini et de quatre prélats italiens. Les autres restèrent en Suisse, et, rompant ouvertement avec Eugène, ils prononcèrent enfin le décret de suspension, et défendirent aux princes et aux prélats de reconnaître une autre autorité que celle du concile. Les deux assemblées rivales firent dès ce moment assaut de prétentions, d'anathèmes, de décisions contradictoires. Les princes eux-mêmes se divisèrent : les électeurs d'Allemagne proclamèrent leur neutralité ; Albert d'Autriche, successeur de l'empereur Sigismond, se déclara d'abord pour les pères de Bâle, comme le roi de France, Charles VII ; mais dans une diète tenue à Francfort, les princes d'Allemagne étant convenus de provoquer la réunion des deux conciles dans une troisième ville, l'empereur Albert et tous les rois chrétiens se rangèrent à cet avis, qui ne fut pas plus suivi que tant d'autres décisions prises dans ces temps d'anarchie et de discorde. Les deux assemblées se disputèrent les ambassadeurs d'Orient ; mais le pape les eut tous de son côté. La question de l'union fut traitée d'abord à Ferrare, et transportée à Florence en 1439, avec le concile d'Eugène, que la peste avait chassé de sa première résidence. C'est là que furent réglés les articles de foi à professer par les deux Églises, et que la primauté du saint-siège fut enfin reconnue sur toute la terre.

Mais ce ne fut encore là qu'une alliance illusoire, dont un événement faillit rompre le nœud trop récent. Le patriarche de Constantinople étant mort, Eugène IV voulut que les légats d'Orient en nommassent un autre sur-le-champ, pour qu'il eût l'honneur de le sacrer. Les légats s'y refusèrent, sous prétexte qu'il devait être sacré dans la cathédrale de Constantinople ; ils repartirent là-dessus, abjurèrent en arrivant tout ce qu'ils avaient conclu à Florence, et l'Église grecque n'en resta pas moins séparée de celle de Rome. Cependant, le roi d'Angleterre Henri V avait fini par admettre les décisions du concile de Florence. Mais comme il adoptait les décisions de Bâle sur les annates et les collations gratuites, l'opiniâtre pontife tint moins à cette alliance qu'aux revenus de l'Église, et une vaine dispute de rang entre lui et le primat de Cantorbéry le brouilla encore une fois avec le souverain qui venait de se séparer de ses ennemis. Le même légat ne réussit pas mieux à faire abolir en France la pragmatique-sanction. Les pères de Bâle portèrent au pape des coups plus sensibles : ils le jugèrent, prononcèrent sa déposition, délièrent tous les chrétiens de leurs serments d'obéissance, le déclarèrent simoniaque, parjure, schismatique, perturbateur de l'Église ; et le duc de Savoie, Amédée, qui, après quarante ans de règne, s'était fait ermite au monastère de Ripaille, fut élevé sur la chaire de Saint-Pierre. Le fougueux Eugène protesta violemment contre ces actes. Il traita les pères de Bâle de fous, d'enragés, de bêtes féroces, appela Félix V, son concurrent, cerbère, veau d'or, Mahomet, antechrist, et continua à faire acte de souverain pontifical avec la même dureté, le même orgueil qu'avant sa déposition. Il nomma un évêque de Viseu, en Portugal, à la place de celui qui restait à

Bâle, et écrivit insolemment au roi, qui ne voulait pas recevoir le nouveau venu, quoique ce monarque lui fût resté fidèle, comme l'Italie, la France, l'Angleterre et une partie de l'Espagne. Il reçut même la soumission des jacobites d'Éthiopie à l'Église romaine, en 1441. Félix V était reconnu seulement par la Suisse, la Savoie, une partie de la Hongrie et le duché de Milan. Le roi d'Aragon finit par le reconnaître aussi, et se servit de sa puissance spirituelle pour achever la conquête du royaume de Naples, qu'Eugène IV ne lui aurait jamais accordé. L'empereur Frédéric III, successeur d'Albert d'Autriche, sollicité par les deux papes à son avénement, en 1440, persista dans l'acte de neutralité signé à Francfort, et poursuivit le dessein d'un grand concile œcuménique pour remettre la paix dans l'Église. Eugène IV répondit qu'il en aviserait à son retour à Rome, et il s'y rendit en effet au mois de septembre 1443. Son premier soin fut de se réconcilier avec Alphonse d'Aragon, et de reconnaître le droit de la force qui avait mis ce prince en possession de Naples. Il s'attacha le peuple en abolissant quelques impôts sur le vin, et annonça la convocation d'un nouveau concile à Saint-Jean de Latran. Celui de Bâle mourut, pour ainsi dire, d'inanition. Félix V s'établit avec ses cardinaux à Lausanne, et le schisme continua d'une manière plus pacifique. De son côté, Eugène eut le bonheur d'attirer dans son parti le fameux Æneas-Sylvius Picolomini, qui vint lui demander pardon des injures qu'il lui avait faites, et lui servit de légat dans l'Allemagne, qu'il avait maladroitement troublée par la déposition de deux archevêques partisans de Félix V. Les Allemands furent vaincus par l'habileté de ce légat, à la seule condition que le pape Eugène convoquerait un autre concile. Il le promit, mais la mort lui évita la peine de se démentir. Il la vit venir avec un grand courage, fit une allocution à ses cardinaux, refusa de pardonner à quelques-uns de ses ennemis, et expira enfin le 23 février 1447.

VIENNET, de l'Académie Française.

EUGÈNE (FRANÇOIS DE SAVOIE-CARIGNAN, appelé *le Prince*), né à Paris, le 18 octobre 1663, était fils puîné d'Eugène-Maurice, premier comte de Soissons, et de la nièce de Mazarin, la célèbre Olympe Mancini. Un jour, un jeune homme faible et délicat, au long visage pâle, portant collet et petit manteau, vint demander un régiment à Louis XIV. Le grand roi rit des velléités belliqueuses du *petit abbé*. Louvois l'humilia amèrement. Mais le *petit abbé* lisait Plutarque tous les jours; le *petit abbé* devait être le héros de Turin, d'Hochstaedt, de Malplaquet et de Peterwaradin; le *petit abbé* était le prince Eugène. Deux ans après cette humiliante réception, le prince de Baden, en présentant à l'empereur Léopold le jeune Eugène, fait colonel de dragons sur le champ de bataille de Vienne, en 1683, lui disait : « Majesté, voici un petit Savoyard qui m'a tout l'air d'égaler un jour les plus grands capitaines. » Eugène ne quitta plus les drapeaux de l'Autriche : il refusa d'obéir à l'ordonnance qui rappelait, sous peine d'exil, les Français qui combattaient dans les armées étrangères. « Tant mieux, dit Louvois, envieux par instinct du génie naissant, il ne rentrera plus en France! — J'y rentrerai en dépit de lui, s'écria le prince, mais ce sera les armes à la main. » Et il faillit en effet plus tard rentrer à Paris, comme il rentra à Lille. Un coup d'œil vif et net, une rapide et sûre intuition de l'occasion, une santé robuste prodigieuse à improviser des plans gigantesques, la science de la guerre réduite à un calcul de minutes, où la vie des hommes n'entra jamais en ligne de compte, tel fut le prince Eugène. La victoire chez lui fut toujours d'inspiration.

Colonel à vingt ans, major général à vingt-un, lieutenant général à vingt-cinq, il emporte Belgrade d'assaut à la tête de la réserve en 1688. Diplomate autant qu'homme de guerre, à peine la guerre contre la France fut-elle déclarée, qu'il entraîna dans l'alliance impériale son cousin le duc de Savoie, au milieu d'un voyage de plaisir à Venise. Battu, malgré des prodiges de valeur, à Staffarde, où le jeune Victor-Amédée méprisa ses conseils, il entra, en 1692, à la tête de l'avant-garde austro-piémontaise, sur le territoire français, en Dauphiné, et se montra si terrible, que Louis XIV lui envoya secrètement la promesse du bâton de maréchal, d'une pension de 200,000 fr. et du gouvernement de Champagne. Eugène rejeta avec indignation ces propositions honteuses, et sur le champ de bataille de Zeuta, où, feld-maréchal et général en chef de l'armée de Hongrie, il eut le courage de sauver, en 1697, l'Allemagne, et d'exterminer l'armée infidèle, il rêva la journée d'Hochstædt. Léopold osa lui ordonner les arrêts pour avoir vaincu, et lui demander son épée fumante du sang des musulmans. Vienne faillit se révolter pour le grand homme. Eugène ne voulut reprendre son épée qu'à condition d'avoir carte blanche pour déjouer ses ennemis. Il fallut que Léopold lui accordât ce pouvoir par un billet de sa main.

En 1701 éclata la terrible guerre de la succession d'Espagne; Louis XIV regretta bien des fois amèrement son mépris pour le *petit abbé*. Pour son début, le jeune général impérial passe l'Adige, en face de l'armée française, et rejette derrière l'Oglio le vieux Catinat. Villeroy, l'inepte et présomptueux Villeroy, ose se présenter : battu à Chiari, honteusement surpris à Crémone, dont les défenseurs se félicitent « d'avoir ce jour-là sauvé la ville et perdu leur général », il est fait prisonnier. Vendôme seul put conjurer le génie de l'Autriche. Enfin s'ouvrent ces campagnes d'Allemagne et de Flandre, la gloire immortelle d'Eugène et de Marlborough (1704), un instant interrompues pour une nouvelle victoire, celle de Turin (1706), après laquelle Eugène disait, et disait vrai, au duc Victor : « Mon cousin, l'Italie est à nous. » L'armée française taillée en pièces à Hochstædt (1704), à Oudenarde, où il avait Vendôme en tête (1708), il mange dans l'héroïque citadelle de Lille le festin ordinaire du vieux Boufflers, un quartier de cheval. Voici quelles conditions il avait imposées au noble maréchal : « Je souscris d'avance à tout ce que vous me proposerez, tant j'ai d'estime pour votre personne. Je suis persuadé qu'un homme d'honneur comme vous n'y mettra rien d'indigne de nous deux. » Auquel de ces généreux rivaux ce billet fait-il plus d'honneur? Vainqueur à la sanglante journée de Malplaquet, du génie audacieux de Villars et du désespoir français(1709), maître de Mons, de Douai, de Béthune, d'Aire, il pousse ses chasseurs jusqu'aux portes de Versailles. Tout à coup, la reine Anne, par un caprice de femme, envoie à Marlborough l'ordre de poser les armes. Abandonné des Anglais, sans cesse traversé par les députés des Provinces-Unies, battu à cette journée de Denain qui sauva la France (1712), il signe avec regret la paix de Rastadt, le 6 mars 1714.

Une nouvelle gloire l'attendait sur les bords du Danube : les vers de Rousseau célébrèrent la mémorable victoire de Peterwaradin; le pape Clément XI lui envoya l'estoc bénit; la messe fut dite à haute voix dans la superbe tente du grand visir (5 août 1716). Un an après, miné par la fièvre, avec une armée rongée par la dyssenterie, il gagna sous les murs de Belgrade cette magnifique bataille qui décide la paix de Passarowitz. « A Vienne, dit-il dans sa vie écrite par lui-même, les envieux crient au bonheur; les dévots au miracle. La paix s'ensuit. » Depuis lors ce fut comme politique seulement qu'il présida aux destinées de l'Allemagne : sa santé affaiblie présageait une prompte fin. Le 20 avril 1736 il rentra le soir dans son palais un peu plus souffrant que de coutume; le lendemain on le trouva mort. Il sembla qu'il eût emporté avec lui la gloire de l'Autriche : « La fortune de l'État, s'écriait sans cesse Charles VI dans ses revers, a-t-elle donc péri avec ce héros? »

Napoléon Ier mettait le prince Eugène au rang de Turenne, de Frédéric, et regardait tous ses plans de campagne comme des chefs-d'œuvre. Son histoire reste encore à écrire : aucune des deux qui existent, en français et en latin, n'est de nature à satisfaire personne. Le seul document qu'on aime à consulter sur ce héros est sa Vie, par le spirituel prince de Ligne.

A. PAILLARD.

EUGÈNE DE BEAUHARNAIS, duc DE¹ LEUCHTENBERG, prince D'EICHSTÆDT, vice-roi d'Italie, né Paris, le 3 septembre 1781, du mariage d'Alexandre vicomte de Beauharnais et de Joséphine Tascher de la Pagerie, depuis impératrice des Français. Eugène était âgé de treize ans quand il perdit son père. Celui-ci lui avait laissé de beaux exemples, tant par les services qu'il avait rendus à la cause de l'indépendance américaine dans l'armée de Rochambeau et à celle de l'indépendance et de la liberté nationales dans les deux premières assemblées, qu'à la tête de l'armée du Rhin. Condamné par le tribunal révolutionnaire, du fond de sa prison, la veille de sa mort, il avait légué son fils au général H o c h e, et ce fut sous ce grand capitaine qu'Eugène fit ses premières armes. Mais il était destiné à apprendre la guerre sous un plus grand maître encore. Après la journée de v e n d é m i a i r e 1795, qui plaça tout à coup le général Bonaparte à la tête de l'armée de l'intérieur, la Convention avait ordonné la saisie de toutes les armes dans toutes les maisons de la capitale. L'épée du général Beauharnais, que possédait son fils Eugène, lui avait été enlevée par cette mesure; mais il se présenta chez le général Bonaparte, réclama l'épée de son père, l'obtint, et de ce jour commença pour Eugène la destinée qui l'attacha jusqu'au dernier moment à la gloire de la France et à la grandeur de Napoléon. Frappé de la générosité des sentiments de cet enfant, le général Bonaparte alla le lendemain féliciter sa mère d'avoir un tel fils. Il fut à son tour séduit par la grâce et l'amabilité de Mme de Beauharnais, et bientôt après lui offrit sa main. Telle fut la cause de ce mariage, qui éleva de hauts honneurs souverains une partie de la famille Beauharnais.

Napoléon regarda les enfants de sa femme comme les siens, et s'occupa de perfectionner l'éducation d'Eugène, que les orages de la révolution avaient laissée incomplète. Nommé au commandement de l'armée d'Italie, il ne tarda pas à l'y appeler, et reconnut bientôt en lui le germe des talents qu'il devait développer plus tard avec tant de supériorité. Après le traité de Campo-Formio, Eugène fut envoyé à Corfou en mission, et, passant par Rome à son retour, il faillit périr dans l'émeute populaire qui coûta la vie au général D u p h o t. Il suivit en qualité d'aide de camp son beau-père à l'expédition d'Égypte. Débarqué à Malte l'un des premiers, il enleva de sa main un drapeau à l'ennemi. En Égypte, Eugène se trouva aux actions les plus meurtrières, et mérita par sa bravoure l'estime et l'amitié du général en chef. Son courage et son intelligence le firent remarquer à l'assaut d'Alexandrie, à la bataille des Pyramides, à la révolte du Caire, au combat d'El-Arich, à la prise de Jaffa, au siége de Saint-Jean-d'Acre, et à la célèbre bataille d'Aboukir. Au premier assaut de Saint-Jean-d'Acre, Eugène, blessé à la tête d'un éclat de bombe, resta longtemps enseveli sous les décombres d'une muraille écroulée. Il revint d'Égypte capitaine de cavalerie, et reçut le grade de chef d'escadron sur le champ de bataille de M a r e n g o.

Deux ans après, Eugène fut nommé colonel commandant de ce fameux régiment des chasseurs de la garde, qu'il avait formé lui-même, et qui, sous le nom de *Guides du général en chef*, avait été placé dans les premiers temps de la campagne d'Italie sous les ordres du colonel Bessières.

Les années du consulat furent la troisième époque de l'instruction militaire d'Eugène Beauharnais. Il étudia la pratique de son métier, et y acquit cette habileté qui le faisait distinguer parmi les premiers colonels de l'armée. Napoléon l'appelait sans cesse au commandement des manœuvres, à des inspections, et, après huit années d'épreuves, dont les deux tiers sur les champs de batailles il nomma, en 1804, général de brigade l'enfant de son adoption et l'élève de sa gloire. Parvenu à la dignité impériale, Napoléon conféra au général Beauharnais le titre de prince français. Eugène n'en demeura pas moins l'ami de ses compagnons d'armes, et continua d'être le père de ses soldats. Après l'organisation du royaume d'Italie, le prince Eugène en fut nommé vice-roi, et resta à Milan revêtu de tous les pouvoirs civils et militaires. Il avait à peine vingt-quatre ans ; mais il avait vu de si près le grand homme, que, malgré sa jeunesse, il ne tarda pas à justifier le choix de Napoléon. Eugène, que Napoléon appelait souvent aux confidences de son cabinet et à la connaissance des éléments politiques de son gouvernement, se livra avec une ardeur infatigable à l'administration du royaume d'Italie.

Bientôt les branches de l'administration publique furent régiées avec ordre et économie ; il en fut de même de l'organisation des cours de justice et des tribunaux inférieurs. Peu d'années suffirent pour mettre l'armée italienne sur le même pied que l'armée française. De grands encouragements furent donnés à l'agriculture, au commerce, à l'industrie ; d'utiles travaux furent exécutés sur tous les points du royaume. Assise sur des bases convenables, l'instruction publique donna un nouvel essor aux intelligences. On vit refleurir les célèbres universités de Pavie, de Bologne et de Padoue. Les grandes villes reçurent des colléges. La mendicité disparut : des établissements de bienfaisance et des ateliers nombreux s'ouvrirent. La loi fut impitoyablement appliquée aux vols, aux assassinats et aux meurtres. Le travail, sagement imposé aux classes pauvres, suffit pour rendre la sécurité aux villes et aux campagnes. La protection des beaux-arts ne pouvait échapper au vice-roi d'Italie, qui avait contribué à la conquête des chefs-d'œuvre de la Grèce et de Rome. Il fonda le beau musée de Brera, établit un conservatoire de musique et de déclamation, et donna aux théâtres une foule de sujets distingués, fit revivre l'art antique de la mosaïque en grand, et fit exécuter à ses frais le beau tableau de *La Cène*, qui, par droit d'occupation, est aujourd'hui à Vienne, en Autriche. Les admirables fresques d'Appiani et la façade du dôme de Milan sont des monuments qui témoignent de l'administration du vice-roi et de son amour pour les arts.

Couvert des lauriers d'Austerlitz, Napoléon avait élevé à la royauté, le 1er janvier 1806, l'électeur de Bavière, prince excellent, dont la France avait accueilli et protégé la jeunesse, et qui ne l'avait point oublié. Napoléon lui demanda sa fille pour son fils adoptif et l'obtint. C'est cette princesse Auguste-Amélie que dans ses mémoires il nomme *la plus belle et la plus vertueuse princesse de son temps*.

Pendant la guerre de 1806 et 1807 contre la Prusse, le royaume d'Italie fut représenté dans cette glorieuse campagne par une partie de son armée, qui mérita, par sa discipline et par ses succès, l'affection et l'estime de celle de l'empire. Le prince Eugène avait dû rester à Milan pour y surveiller lui-même, indépendamment des travaux de son administration naissante, la foi, toujours douteuse, de la maison d'Autriche. Et en effet, deux années après la paix de Tilsitt, cette puissance, profitant du séjour de Napoléon et d'une partie considérable de ses forces en Espagne, envahit soudain la Bavière sans déclaration de guerre, et fit marcher sur l'Italie l'archiduc Jean avec une armée nombreuse. Le prince vice-roi n'avait que 40,000 Italiens de nouvelle levée à opposer à l'invasion des vieilles bandes autrichiennes. Aussi son début ne fut-il pas heureux. Il perdit la bataille de Sacile, et, comme il l'avouait lui même, *jamais bataille ne fut plus complètement perdue* ; mais son génie militaire, livré à lui seul, se développa soudain avec une supériorité qui conserva dès lors, et il prit une revanche éclatante aux combats de la Piave, de Saint-Daniel, de Ratvir et de Saint-Michel, qui lui ouvrirent les portes de l'Autriche, et bientôt après les avenues de sa capitale. Rien ne put arrêter désormais sa marche rapide ; il détruisit tous les corps qui lui furent opposés, et opéra sa jonction avec l'armée française sur les hauteurs de Sommering. Cette jonction, exécutée avec tant de bonheur, fut annoncée à Napoléon, qui se préparait à livrer la terrible bataille de W a g r a m : « Il n'y avait qu'Eugène, dit l'empereur en recevant cette nouvelle, qui fût capable d'arriver aujourd'hui à Brück : il n'y a que le cœur qui puisse opérer ces prodiges. »

Digne élève de Napoléon, le vice-roi parvint à attirer l'archiduc Jean sur le terrain, et la mémorable bataille de Raab plaça justement son nom après celui du grand capitaine. « C'est une petite-fille de Marengo, » dit Napoléon, à la nouvelle de la victoire de Raab. « Je savais bien en quelles mains j'avais remis mon épée. » Aussi, peu de jours après, associa-t-il le prince Eugène au triomphe de Wagram.

Après la paix, le vice-roi fut nommé lieutenant de l'empereur, et reçut l'importante mission de pacifier le Tyrol en retournant en Italie. Rien ne manquait à la gloire et au bonheur du vice-roi, à qui la vice-reine venait de donner un fils. Mais une cruelle épreuve lui était réservée. Appelé à Paris pour être témoin du divorce de Napoléon, il fut de plus chargé d'y disposer sa mère. Jamais la reconnaissance et le dévouement n'avaient été soumis à un semblable sacrifice. Il fut accompli dans toute sa rigueur. Ainsi le voulait l'austérité du devoir qui avait été imposé au fils de Joséphine. Cependant, son âme généreuse avait voulu que le sacrifice lui fût encore plus personnel en y ajoutant celui de ses grandeurs et de l'avenir de sa vie. Ainsi l'exigeait l'orgueil de sa piété filiale. Mais, vaincu par les instances de sa mère elle-même et par les sollicitations de l'empereur, Eugène, en consentant à garder le dépôt de la souveraineté de l'Italie, crut répondre par un sacrifice égal à celui qui avait été exigé de lui. Il déclara refuser à jamais toute faveur nouvelle de Napoléon, « parce que, disait-il, on y verrait peut-être le prix du divorce de ma mère ». De retour en Italie, il pourvut à l'organisation des nouveaux départements que la paix de Vienne venait d'ajouter au royaume. Mais, Marie-Louise étant devenue mère, le vice-roi fut encore obligé de se rendre à Paris pour assister aux couches de la nouvelle impératrice et au baptême du roi de Rome. Ainsi, ce royaume d'Italie, dont la prospérité était son ouvrage, ne devait plus être le prix de tant de services rendus à la gloire de Napoléon. Ce fut pendant ce voyage, où la sensibilité de son âme fut mise à de nouvelles épreuves, que Napoléon lui confia les projets de guerre dont l'attitude de la Russie depuis la victoire de Wagram lui imposait les préparatifs.

Le vice-roi partit pour l'Italie, où il organisa un corps italien et français destiné à coopérer aux travaux de la grande armée. Ce corps, qui en forma le quatrième, se couvrit de gloire pendant cette terrible campagne, sous les ordres du vice-roi, et plus particulièrement aux combats d'Ostrowno et de Witepsk, à la grande bataille de la Moskowa, mais surtout à la bataille de Malojaroslawetz, où seul il soutint, avec une intrépidité héroïque, le choc de toute l'armée ennemie. On connaît les désastres de la retraite de Moscou. « C'était une épreuve, disait Napoléon, au-dessus de toute organisation humaine. » Elle ne fut pas au-dessus de la force d'âme du vice-roi ; et quand à Posen il remplaça le roi de Naples dans le commandement des débris de l'armée, en qualité de lieutenant de l'empereur, dès ce moment tout changea de face. Vingt-huit jours passés dans cette ville, en présence de la poursuite ennemie, imprimèrent à la fois le respect aux Russes, la confiance aux Français ; l'armée y fut reposée et réorganisée. Les places de l'Oder reçurent leurs approvisionnements de défense. A la tête de 10 à 12,000 hommes, pendant quatre mois, par une marche belliqueuse et savante, le vice-roi occupa et retint les vainqueurs sur les deux rives de l'Elbe, et préserva Berlin des horreurs du pillage. Il ne quitta cette ville qu'en présence de l'ennemi, dont il contint encore les mouvements, jusqu'à ce qu'il eût pu rejoindre Napoléon, à qui son admirable retraite, l'une des plus beaux faits de notre histoire militaire, avait donné le temps de reparaître avec une nouvelle grande armée. Les débris de Moscou rejoignirent l'aigle impériale, toujours sous la conduite du vice-roi, non loin de la pyramide funèbre élevée sur le champ de bataille de Lutzen, à Gustave-Adolphe, par les Suédois vainqueurs de l'Autriche. Eugène arrivait à temps pour prendre part à une victoire. La hardiesse avec laquelle il exécuta une manœuvre périlleuse, sur le flanc droit de l'ennemi, décida probablement le succès. Chargé du commandement de l'avant-garde, il éclaira jusqu'à Dresde la marche de l'empereur par les avantages qu'il remporta successivement dans sa route à Colditz, à Wildruf et au passage de l'Elbe. Dresde fut témoin des adieux Napoléon et d'Eugène. Ils ne devaient plus se revoir !

Le vice-roi repartit pour l'Italie, où Joachim Murat l'avait précédé : il était urgent d'arrêter les dispositions que la politique de Vienne, surprise en flagrant délit depuis la retraite de Moscou, devait inspirer pour la défense commune, et notamment pour celle de l'Italie. L'on savait que l'Autriche n'y avait jamais renoncé, ni sur le champ de bataille d'Austerlitz, ni même sur celui de Wagram. « La politique a fait le mariage de Napoléon, disait à Paris, deux jours avant la bataille de Lutzen, l'ambassadeur Schwartzemberg au duc de Bassano, la politique peut le dissoudre. » En revoyant l'Italie, le vice-roi fut frappé douloureusement de l'épuisement de ses moyens de défense. Rien de ce qui en était sorti pour la guerre de Russie n'y était revenu. Il ne retrouvait ni officiers, ni soldats, ni magasins, ni ressources disponibles. Cette fois encore, le génie et l'infatigable activité du prince Eugène furent au-dessus des circonstances. En moins de deux mois 40,000 conscrits étaient réunis sur sa frontière, prêts à entrer en campagne. Il avait déjà résolu de porter la guerre en pays ennemi. Il franchit les Alpes et menaçait l'Illyrie, quand il apprit que 60,000 hommes, sous les ordres du général Hiller, occupaient déjà cette province. Dès lors il se vit réduit à une guerre purement défensive, et prit toutes ses dispositions pour se maintenir sur la haute Save. Mais l'accession de la Bavière à la coalition européenne, en détachant tout à coup ce royaume de l'alliance de Napoléon, ouvrit à l'ennemi la route du Tyrol, et le vice-roi dut se replier successivement sur l'Isonzo et sur l'Adige. Enfin, la défection du roi de Naples vint compléter l'investissement du royaume d'Italie, et ce fut désormais derrière le Mincio qu'il lui fut possible d'attendre les événements.

Malgré l'inégalité de ses forces, et les difficultés toujours croissantes de sa position politique et militaire, le vice-roi battit les Autrichiens à la bataille du Mincio, et les Napolitains sous les murs de Parme. Pressé entre ces deux trahisons de famille, ce prince, digne de la France et de Napoléon, était de plus en butte aux tentatives de séduction les plus outrageantes pour son caractère et sa conduite. Un grand personnage fut envoyé au vice-roi pour le décider à réunir ses armes à celles de l'étranger contre sa patrie et son bienfaiteur, tant on était pressé d'en finir avec Napoléon, en faveur de qui l'armée d'Italie seule offrait une diversion importante. Le vice-roi répondit : « L'empereur Napoléon a reçu mes serments, il n'y a que lui qui m'en aura pas dégagé, je lui serai fidèle. J'ignore le sort qui m'est réservé ; mais je connais mon beau-père, et quoi qu'il arrive, je suis sûr qu'il aimera mieux retrouver son gendre simple particulier, mais honnête homme, que de le voir assis sur un trône acheté par le parjure et la trahison ! »

Enfin, sa mission se trouvant terminée, non par la chute, mais par l'abdication de Napoléon, il dut s'éloigner de l'Italie, et se rendit à Munich, où il se livra au repos et aux consolations d'une vie de famille. Appelé à Paris par les instances de sa mère et de sa sœur, le prince Eugène y fut traité avec la plus grande distinction par l'empereur Alexandre, et une étroite amitié ne tarda pas à se former entre eux. Ce sentiment ne fut pas stérile : c'est à la pressante intervention de l'empereur de Russie au congrès de Vienne, que le prince Eugène dut la conservation de ses dotations en Italie, seule fortune qu'il ait laissée à ses enfants. Il était encore à Vienne quand la nouvelle du débarquement de Napoléon y parvint. Il repartit alors pour Munich, où il retrouva dans l'affection du roi son beau-père, et dans la tendre amitié du prince Charles, second fils du roi, tous les adoucissements qu'appelait sur les nouvelles difficultés de sa position le retour imprévu de Napoléon. La proscription germanique, qui se réveilla alors avec une nouvelle fureur contre l'*ennemi commun*, ne pouvait épargner celui qui lui était resté fidèle jusque dans ses adieux à son armée. Dans le but alors de concilier, par rapport à l'Allemagne, ce qu'il devait à sa propre dignité et à la position de son beau-père, le prince Eugène, qui avait été créé duc de Leuchtenberg et prince d'Eichstadt par le roi de Bavière, se renferma plus étroitement que jamais dans ses devoirs intérieurs de père et d'époux, et vécut entouré du respect de tous les habitants de la Bavière, jusqu'à ce que la mort vînt le surprendre, le 21 février 1824. « Je perds, dit le roi, un excellent fils et mon meilleur ami. » Le prince Eugène a laissé des documents importants, qui appartiennent à l'histoire de la France, tels qu'une nombreuse correspondance de l'empereur Napoléon sur de hautes questions politiques et militaires.   J. DE NORVINS.

EUGÉNES (Monts). *Voyez* EUGANEI (Monti).

EUGÉNIE, impératrice des Français. *Voyez* LOUIS-NAPOLÉON.

EUGUBINES (Tables). Ce monument est l'un des plus importants que l'antiquité nous ait laissés. Il fut découvert en 1444, par un habitant de Chieggia, près de Gubbio, dans l'État de l'Église. Ces tables, au nombre de neuf ou de sept, mais plus probablement de sept, étaient enfouies dans un caveau aux lieux où s'élevait l'antique cité d'Iguvium de l'Ombrie. Pour les bien connaître, il faut lire la savante dissertation publiée en 1833 par le docteur Lepsius. Avant lui, Niebuhr et Otfried Müller s'en étaient servis avec un grand succès pour pénétrer plus avant dans le mystère des vieilles langues italiques. Ce dernier surtout a comparé les mots et les caractères : il s'est trouvé que deux des sept tables, que l'on a encore, sont tracées en lettres latines, cinq en lettres étrusques ; que néanmoins les sept paraissent appartenir à la même langue ; que c'est tout au plus s'il est permis de soupçonner une différence de dialecte. On y trouve deux lettres qui ne nous étaient pas connues. Otfried Müller transcrit dans ses *Étrusques* toute la sixième table : c'est une inscription en l'honneur de Jupiter de Grabovi. Cette invocation est prière est tout à fait inintelligible ; seulement il paraît qu'il s'agit d'un sacrifice de trois taureaux, trois fois répété. Dès l'année 1453 la ville de Gubbio acheta ces tables, donnant en échange, par l'intermédiaire de ses magistrats, les droits perçus sur ses pâturages. Ceux qui prétendent qu'il y en avait neuf pensent qu'on en avait envoyé deux à Venise dans le palais du doge, pour être livrées à l'examen des savants, et qu'elles n'en sont point revenues ; cependant, dans l'acte d'acquisition passé douze ans après la découverte, il n'est parlé que de sept tables d'airain. Gruter et Merula disent qu'il y en avait huit. On en conserva des imitations à Rome et à Cordoue. Bourguet (Lettre à M. le marquis Scipion Maffeï sur deux prétendues inscriptions étrusques) a cru y reconnaître les lamentations des Pélasges sur les calamités qui les atteignirent deux générations avant la guerre de Troie ; mais cette opinion n'a pas de fondement : Lepsius a parfaitement démontré que ces caractères ne peuvent remonter au delà de la fin du quatrième siècle de Rome, et que même les caractères latins sont du sixième siècle de cette ère, postérieurs par conséquent à ceux du monument de Cornélius Scipion. Ce savant démontre, de plus, que l'ordre en a été interverti.   P. DE GOLBÉRY.

EULALIUS, antipape. *Voyez* BONIFACE Ier.

EULENSPIEGEL (TYLL), le type de tous les bouffons modernes, naquit à Kneitlingen, village du pays de Brunswick. Son père s'appelait Claus EULENSPIEGEL et sa mère Anna Wortbeck. De bonne heure, il courut les grandes routes, notamment celles de la basse Saxe et de la Westphalie, pour jouer de bons tours à tous ceux qu'il rencontrait. Ces farces sont racontées dans un livre qui porte son nom, et dont la popularité est restée grande en Allemagne. S'il faut s'en rapporter à une inscription qui se trouve sur un tombeau dans le cimetière de Mœlin, village voisin de Lubeck, Tyll Eulenspiegel y serait mort et y aurait été enterré, en 1350. Le temps a effacé l'inscription, mais on peut voir fort distinctement sculp-

tés sur la pierre tumulaire qui subsiste encore aujourd'hui une chouette (en allemand *Eulen*) et un miroir (*Spiegel*), rébus facile à comprendre. Mais comme on a aussi trouvé à Damme, en Belgique, une pierre tumulaire portant le nom d'Eulenspiegel et indiquant l'année 1301 comme celle de sa mort, on s'est cru en droit d'en inférer que Tyll Eulenspiegel était un personnage fictif. Il est cependant plus vraisemblable que ces deux pierres tumulaires se rapportent à deux individus différents, mais ayant porté le même nom, et dont l'un, le père, serait mort à Damme, et l'autre, le fils, à Mœlln. Ce ne fut, ainsi que le dit le livre populaire, qu'après la mort d'Eulenspiegel qu'on songea à réunir les récits de ses différentes farces et malices ; et il est avéré qu'ils furent d'abord écrits en plat allemand. Le moine franciscain Thomas Murner les traduisit en haut allemand, et c'est cette première version qui servit aux anciennes éditions faites en haut allemand. Dans les éditions postérieures, il faut distinguer celles qui ont été faites au point de vue protestant de celles qui ont une tendance catholique. La plus ancienne édition imprimée que l'on connaisse est celle de Strasbourg (1519, in-4°), en haut allemand. Les critiques n'ont pas seulement attaqué la valeur esthétique de cet ouvrage, ils en ont encore surtout signalé les tendances immorales. A dire vrai, on y trouve trop souvent des gravureures ; mais la faute en est au siècle où le livre fut écrit. Quoi qu'il en soit, ce recueil de facéties et de tours plaisants est resté pendant des siècles un des livres favoris des Allemands et de bien d'autres nations encore. Il a en effet été traduit, imité, arrangé cent fois, et jusque dans ces derniers temps, en langue bohème, en polonais, en italien, en anglais (comme *Miracle-play*), en hollandais, en danois, en français, en latin.

Quelques savants ont imaginé que ce nom d'*Eulenspiegel* n'est que le mot français *espiègle* germanisé ; nous rapportons cette hypothèse telle quelle, en nous contentant d'ajouter qu'il existe une gravure, fort rare, de Lucas de Leyde ayant pour titre *l'Espiègle*, et représentant le personnage si populaire encore au temps où vivait cet artiste.

EULER (LÉONARD), l'un des plus célèbres géomètres du dix-huitième siècle, naquit à Bâle, le 15 avril 1707. Paul EULER, son père, était ministre du culte protestant à Reichen, près de Bâle, et il le destinait à lui succéder un jour. Les mathématiques furent mises en première ligne dans ses études, suivant les conseils du géomètre Jacques Bernoulli, dont Paul Euler avait été disciple. Cependant les autres études ne furent pas négligées, et Léonard fut promptement en état de paraître avec distinction à l'université de Bâle, où son père l'envoya, et où Jean Bernoulli occupait alors la chaire de mathématiques. Dès qu'il eut obtenu le diplôme de maître ès arts, un ordre formel lui enjoignit de renoncer aux mathématiques, et de se livrer exclusivement à l'étude de la théologie. Le jeune Euler, désespéré, se mit sous la protection de Jean Bernoulli, qui fit changer les dispositions du pasteur de Reichen. Le père d'Euler n'eut pas à se repentir de sa condescendance, car son fils se distingua bientôt dans la carrière des sciences mathématiques : il atteignait à peine l'âge de dix-neuf ans lorsque l'Académie des Sciences de Paris lui décerna un *accessit* dans un concours sur la mâture des vaisseaux, question qui semblait hors de la portée d'un jeune Suisse confiné depuis sa naissance dans un pays où rien n'offre l'image d'un vaisseau.

Quoique le jeune géomètre préférât les mathématiques à toutes les autres divisions des connaissances humaines, il n'en avait négligé aucune. Lui-même, ses parents et ses amis l'engagèrent à se mettre sur les rangs pour une chaire dans l'université de Bâle ; mais cette république avait chargé le sort de la distribution de ses emplois et de ses fonctions, et cette aveugle puissance ne fut point favorable au jeune talent si à l'éclat dont il était environné. Dès lors Léonard Euler perdit l'espoir de trouver promptement dans sa patrie les moyens de faire un usage profitable de son vaste savoir. Ses deux amis, Daniel et Nicolas Bernoulli, étaient alors à Saint-Pétersbourg, où Catherine Ire les avait appelés, lorsque, pour se conformer aux vues de Pierre le Grand, elle fonda l'académie de cette capitale. En se séparant de leur jeune ami, ces deux géomètres lui avaient promis de le faire venir auprès d'eux aussitôt qu'ils pourraient le placer convenablement; ils tinrent parole. Léonard Euler quitta donc sa patrie, qu'il ne devait plus revoir; mais avant son arrivée à Saint-Pétersbourg, Nicolas Bernoulli était mort, et l'impératrice Catherine Ire n'était plus : un nouveau règne, beaucoup moins favorable aux sciences, avait commencé. Cependant, le jeune géomètre fut retenu par son ami Daniel Bernoulli, jusqu'à ce que des circonstances plus propices, et qui ne paraissaient pas très-éloignées, permissent de le mettre à la place qui lui convenait. Mais l'espoir des deux amis fut trompé : l'Académie fut exposée à la violence d'un orage qui menaça son existence, encore mal affermie. L'amiral russe offrit à Euler un emploi dans la marine, et le jeune homme l'accepta avec reconnaissance : il voyait dans les occupations du marin l'occasion de se livrer à de nouvelles recherches sur les sciences navales.

Enfin, les savants de Saint-Pétersbourg purent se rassurer; l'Académie reprit le cours de ses travaux, et Léonard Euler y fut chargé de la chaire de physique. Peu de temps après cet heureux changement, Daniel Bernoulli obtint ce qu'il n'avait cessé de désirer, une chaire à l'université de Bâle et la permission de retourner dans sa patrie; Euler lui succéda. Jouissant alors de l'aisance à laquelle ses vœux furent toujours bornés, il épousa Mlle Gsell, fille d'un peintre bâlais que Pierre le Grand avait amené en Russie; il crut alors devoir considérer ce pays comme une nouvelle patrie, et se soumit avec résignation aux inconvénients d'un régime despotique, souvent capricieux, dégénérant quelquefois en dure tyrannie. Les académiciens de Saint-Pétersbourg ne purent se préserver de celle de Biren, dont cette capitale conservera longtemps le souvenir. Heureusement pour Euler, Frédéric II voulut mettre l'académie de Berlin au niveau des sociétés savantes les plus célèbres; il lui fallait quelques savants d'une haute renommée. Euler fut le sujet d'une négociation entre la Prusse et la Russie, et l'illustre géomètre obtint un congé avec la conservation d'une partie de ses appointements; il lui fut permis de se rendre à Berlin avec sa famille. Arrivé dans cette nouvelle résidence, en 1741, il fut mandé par la reine-mère, très-empressée de faire connaissance avec un homme illustré par les sciences. Durant un assez long entretien, le géomètre ne répondit que par monosyllabes; « Mais, monsieur Euler, pourquoi donc ne parlez-vous pas? dit la reine avec un ton affectueux. — Madame, c'est que je viens d'un pays où quand on parle on est pendu. »

Le séjour d'Euler en Prusse se prolongea jusqu'en 1766; les plus grands travaux de l'illustre géomètre remplirent cet intervalle de vingt-cinq ans, et fixent une des époques les plus brillantes dans l'histoire des sciences mathématiques. Tandis que l'analyse algébrique et ses nombreuses applications s'enrichissaient et se perfectionnaient de jour en jour, les premières études de la science étaient rendues plus faciles par d'excellents ouvrages élémentaires. Le génie des mathématiques ne dédaignait pas de venir au secours des commençants, de guider leurs premiers pas dans la carrière, de leur montrer et de préparer les voies qui pourraient les conduire un jour aux découvertes. On porte à sept cents le nombre de ses mémoires, dont une partie, restée inédite à sa mort, alimentait encore au commencement de ce siècle les publications annuelles de l'Académie de Saint-Pétersbourg. Le catalogue de ses œuvres compose un cahier de 57 pages in-4°. Citons seulement *Mechanica analytica* (Pétersbourg, 1736, 6 vol. in-4°); *Methodus inveniendi lineas curvas* (Lausanne, 1744, in-4°); *Theoria Motus Planetarum et Cometarum* (Berlin, 1744, in-3°); *Scientia Navalis* (Pétersbourg, 1749, 2 vol. in-4°); *Institutiones Calculi differentialis* (1755, 2 vol. in-4°; nouvelle édition, Pétersbourg, 1804); *Institutiones Calculi integralis* (Pétersbourg, 1770, 3 vol. in-4°); *Dioptrica* (Pétersbourg, 1771,

3 vol. in-4°), etc. En un mot, on compte dans les écrits d'Euler plus de trente traités spéciaux, tant sur les mathématiques pures que sur les applications de ces sciences aux arts qu'elles peuvent éclairer; il y comprenait la musique, art qu'il aimait et cultivait, et pour lequel le génie des mathématiques paraît avoir beaucoup de sympathie. Ajoutons que la plus grande partie de ces ouvrages est écrite en caractères algébriques, signes dont aucun idiome ne peut atteindre la concision. Tous ces écrits sont pour les savants, à l'exception d'un seul, que l'auteur a mis à la portée des gens du monde; ce sont les *Lettres à une princesse d'Allemagne* (la princesse d'Anhalt-Dessau), *sur diverses questions d'astronomie et de physique* (Pétersbourg, 1772, 3 vol. in-8°, en français).

Cependant, Euler n'avait pu consacrer tout son temps aux sciences qu'il servait si bien : Frédéric demandait quelquefois à ses académiciens autre chose que des écrits, et le haut savoir du géomètre fournit sa part de contribution aux travaux publics du royaume. Euler n'eût pu suffire à des travaux si multipliés et si divers, si sa mémoire ne l'eût puissamment secondé, en apportant fidèlement et toujours à temps les matériaux que son génie mettait en œuvre. Jamais peut-être cette précieuse faculté ne se montra plus étonnante et surtout plus universelle que dans cet homme, si richement doté par la nature : en mathématiques, elle s'était chargée des formules algébriques les plus longues et les plus compliquées, et les reproduisait sur-le-champ avec une admirable précision. D'Alembert lui-même, dont les citations toujours exactes en histoire et en littérature surprenaient si fréquemment ses confrères des deux Académies de Paris, ne put croire aux prodiges de la mémoire mathématique d'Euler qu'après les avoir vus plusieurs fois durant un séjour qu'il fit à Berlin. A côté de cet immense recueil de formules algébriques, les curieux pouvaient provoquer l'exhibition du poème entier de l'*Énéide*, car Euler le savait par cœur, et n'en oublia jamais un seul vers. Il avait même retenu ce qui pouvait être oublié sans inconvénient ni regret, l'ordre de pagination du livre où il avait lu cette œuvre de Virgile, et ne se trompait jamais en citant le premier et le dernier vers de chaque page. Tous les autres fruits de ses études littéraires n'étaient pas moins bien conservés que l'*Énéide* dans cette tête dont la capacité tout entière semblait envahie par les mathématiques.

En 1750, Euler perdit son père, et sa mère vint auprès de lui : il était alors lui-même père d'une famille assez nombreuse, et son fils aîné commençait à réaliser les espérances que ses dispositions, très-précoces, avaient fait concevoir. En 1760 cette famille si intéressante éprouva quelques pertes qui furent promptement réparées, et qui manifestèrent la vénération dont son chef était environné, et l'estime qu'il avait inspirée à toute l'Europe. La Russie et la Prusse étaient en guerre; une armée russe avait pénétré dans la marche de Brandebourg. Une métairie qu'Euler possédait près de Charlottembourg fut pillée et dévastée; mais dès que le général russe Tottleben en fut informé, il s'empressa de faire réparer tous les dommages, et en tint compte à l'impératrice Élisabeth, qui fit ajouter 4,000 florins à l'indemnité fixée par le général. Enfin, en 1766, Euler fut rappelé en Russie, et obtint, quoique difficilement, la permission d'y retourner avec sa famille, à l'exception du troisième de ses fils, qui était alors au service de la Prusse. Mais le climat de Saint-Pétersbourg ne lui fut point favorable : après quelque temps de séjour dans cette ville, l'œil qui lui restait s'affaiblit tellement, qu'il fut réduit à n'apercevoir que les grands caractères tracés en blanc sur une planche noire; il avait perdu l'autre œil en 1735, à la suite d'une maladie causée par un excès de travail, dont les circonstances ne doivent pas être omises. Ayant parié qu'il terminerait en moins de trois jours des calculs qui coûtaient aux astronomes plus d'un mois de travail constant, il se mit à l'œuvre, et vint à bout de sa téméraire entreprise, mais aux dépens de sa santé, en exposant sa vie, et ce fut en perdant un œil qu'il gagna son pari. Lorsqu'il fut réduit à un état de cécité presque totale, le besoin de travailler, de rédiger des ouvrages et des mémoires de mathématiques ne fut pas moins impérieux ; mais les secours vinrent de toutes parts avec le plus affectueux empressement. Outre ses fils, l'illustre professeur eut à sa disposition l'élite de ses élèves, jeunes gens bien dignes de ses soins, et dont plusieurs lui furent associés comme membres de l'académie et professeurs

En 1771 la maison d'Euler fut atteinte par les flammes, qui réduisirent en cendres une partie de Saint-Pétersbourg ; l'illustre académicien était alors retenu dans son lit par une maladie assez grave. Un de ses compatriotes, Pierre Grimm, Bâlais établi depuis quelques années dans le même quartier, accourt en toute hâte, sans songer au péril qui menace sa propre demeure, charge sur ses épaules le vieillard aveugle et malade, et ne pense à ce qui l'intéresse lui-même qu'après avoir mis en sûreté son précieux fardeau. Le comte Orloff, gouverneur de la ville, parvint à sauver les manuscrits d'Euler ; mais la bibliothèque et la maison ne purent être préservées. La munificence de Catherine la Grande répara cette double perte. La maison était un présent de cette souveraine ; elle l'avait fait disposer avec une aimable recherche pour recevoir le géomètre et sa famille à leur arrivée dans la capitale, en 1766. Après cet événement, la vie d'Euler reprit son cours paisible. Le 7 septembre 1783, Euler avait calculé pendant la matinée la vitesse d'ascension d'un aérostat ; en dînant, il avait exposé, avec la clarté et la précision qui caractérisent tous ses ouvrages, la méthode et les données du calcul de l'orbite d'Uranus ; après le repas, il se livra à ses exercices accoutumés sur des questions de calcul avec son petit-fils ; au milieu de cet amusement plein de charmes pour l'un et pour l'autre, le vieillard laisse tomber sa pipe.... Il n'était plus

Parmi les services que les sciences mathématiques sont redevables à Euler, il en est un que les Français n'ont pas su conserver, c'est la direction donnée à l'enseignement. La mobilité de notre caractère se fait remarquer dans les choses les plus sérieuses aussi bien que dans la futilité de nos modes. D'excellents ouvrages élémentaires tombent en désuétude, et des productions médiocres les remplacent, parce qu'elles ont le mérite de paraître nouvelles : c'est ainsi que nous sommes faits ; le mal est peut-être sans remède.

Euler eut treize enfants. Trois de ses fils héritèrent d'une partie de son éminente aptitude pour les mathématiques. On assure que ses autres enfants ne furent pas moins bien partagés à cet égard, sans en excepter celles de ses huit filles qui purent être mises à l'épreuve.

EULER (JEAN-ALBERT), fils aîné du précédent, marcha de bonne heure sur les traces de son père ; il naquit à Saint-Pétersbourg, le 27 novembre 1734, mais ce fut à Berlin que ses études mathématiques purent commencer. Ses progrès furent si rapides qu'avant sa vingtième année il était membre de l'Académie de cette ville, et plusieurs sociétés savantes avaient publié des mémoires qu'il leur avait adressés. En 1762, l'Académie des Sciences de Paris ayant mis au concours la question de l'arrimage des vaisseaux, le prix fut partagé entre J.-A. Euler et Bossut. En 1766, toute la famille d'Euler ayant quitté la Prusse pour retourner en Russie, à l'exception de *Christophe*, qui fut retenu par Frédéric II, Jean-Albert fut nommé professeur de physique à l'Académie de Saint-Pétersbourg, dont il était membre depuis plusieurs années. Deux ans après, ce fut avec son père qu'il partagea la couronne décernée par l'Académie de Paris au meilleur mémoire sur la théorie de la lune. En 1772, la même question ayant été remise au concours, deux athlètes seulement entrèrent dans la lice, mais n'étaient Léonard Euler et Lagrange; Jean-Albert se chargea du rôle pieux et pénible de faire les calculs que son père, devenu aveugle, n'eût pu terminer assez promptement. Lorsque ce vénérable père fut enlevé aux sciences et aux sociétés savantes, son fils aîné fut universellement désigné pour le remplacer. Sa carrière ne fut pas aussi prolongée que celle de son père, car il mourut avant la fin de sa soixante-sixième année, le 6 septembre 1800.

EULER (CHARLES), frère cadet du précédent, naquit à Saint-Pétersbourg, en 1740, et, comme son aîné, il acheva ses études à Berlin. Quoiqu'il eût fait des progrès très-remarquables dans les sciences mathématiques, il se voua plus spécialement à l'histoire naturelle et à la médecine, non sans leur faire de temps en temps quelques infidélités, entraîné par des charmes auxquels son père n'avait pas su résister. Mais il fallait choisir un *état* : il fut médecin. Le jeune homme n'avait pas encore fait l'épreuve de ses forces contre celles de la tentation : en 1760, l'Académie des Sciences de Paris proposa la question de la constance du mouvement moyen des planètes, ou des causes qui pourraient le faire varier ; Charles Euler fut un des concurrents, et il remporta le prix. Le jeune Charles Euler n'eut pas longtemps la permission de cultiver à la fois la science d'Archimède et celle d'Hippocrate ; il accompagna son père en Russie, où le titre de médecin de la cour et de l'Académie, les fonctions de conseiller des collèges du gouvernement et les missions particulières dont il fut chargé absorbèrent tout son temps. Les grands événements de la fin du dix-huitième siècle l'ont fait perdre de vue ; on ignore l'époque de sa mort.

EULER (CHRISTOPHE), troisième fils du grand géomètre, naquit à Berlin, en 1743, et reçut dans la maison paternelle presque toute l'instruction dont il avait besoin dans la carrière à laquelle il se consacra, celle de l'artillerie et du génie militaire. Lorsque son père quitta Berlin pour retourner en Russie, Frédéric, ne voulant pas perdre un excellent officier d'artillerie, retint Christophe Euler, qui ne put obtenir son congé que sur les instantes demandes de Catherine II. En arrivant auprès de sa nouvelle souveraine, le jeune Euler trouva beaucoup plus qu'il n'avait quitté : son avancement fut rapide, et la direction de la manufacture d'armes de Sisterbeck lui fut confiée. L'officier d'artillerie ne se bornait pas aux attributions de son emploi ; il était astronome, et fut chargé d'aller observer, dans la Russie méridionale, le passage de Vénus sur le soleil, en 1769. Il profita de cette mission pour déterminer avec plus d'exactitude divers points de la carte de Russie sur lesquels on n'avait point de données assez précises. Depuis cette époque jusqu'à celle de la révolution française, il n'eut pas de nouvelle occasion d'être utile aux sciences, et bientôt on ne parla plus que de guerre ; les lettres et les sciences furent enveloppées d'un nuage, ainsi que ceux qui les cultivaient. On ignore en quel temps Christophe Euler termina sa carrière, et cela par les mêmes causes qui ont plongé dans l'oubli les dernières années de son frère le médecin.   FERRY.

EULOGE (Saint), martyr au neuvième siècle, issu du plus noble sang espagnol, naquit à Cordoue, d'une famille chrétienne, qui sans doute changea son nom castillan en celui d'Eulogios, qui en grec qui signifie *éloquent*. Il vécut sous la domination d'Abderrhaman III, huitième khalife ommiade d'Espagne. Sous son pouvoir tolérant florissaient côte à côte l'église et la mosquée, lorsque soudain une horrible persécution souilla du sang chrétien une domination naguère si douce. Cette persécution eut cela de particulier, que ce fut un évêque d'Andalousie, misérable à demi chrétien, à demi apostat, du nom de Recafrède, métropolitain de Grenade selon les uns, de Séville selon d'autres, qui en fut le principal instrument. Pour plaire à Abderrhaman, il fit jeter en prison l'évêque de Cordoue, et avec lui bon nombre de prêtres, parmi lesquels se réjouissait d'être Euloge, qu'une ardeur brûlante de prosélytisme emportait contre la croyance musulmane ; et cependant, le concile tenu à Cordoue avait défendu à tout chrétien de se livrer soi-même. Toutefois, Euloge et ses compagnons furent relaxés après six jours seulement de captivité. Deux vierges, Flore et Marie, venaient du milieu des supplices d'entrer dans la paix des saints ; jusqu'au dernier moment, Euloge n'avait cessé de fortifier leur âme par ses exhortations.

Sur ces entrefaites, le siége archi-épiscopal de Tolède vint à vaquer, par la mort de son prélat Wistremir; alors se tournèrent vers Euloge tous les regards du clergé. Au même temps à Cordoue vivait une vierge chrétienne du nom de Léocritie, de Lucrèce selon plusieurs. Née dans la foi du Koran, elle l'avait, dès l'âge le plus tendre, abjurée pour l'Évangile, convertie, à l'insu de son père et de sa mère, par une parente d'Euloge, du nom de Litiose, ou Liliose. Bientôt elle quitta le toit paternel, pour accepter un asile dans une famille chrétienne, amie d'Euloge, où elle se tint cachée. De l'indignation des musulmans, de là la colère du père et de la mère, amèrement mêlée à leur douleur. Ceux-ci sollicitèrent des magistrats que l'on procédât à une enquête. Sa retraite fut découverte; Léocritie et Euloge y furent saisis, puis jetés chacun dans un cachot, d'où on ne les tirait que pour leur faire subir les plus cruelles tortures : on ne leur demandait que d'abjurer. Le prêtre et la vierge demeurèrent inébranlables. Euloge fut conduit au supplice; sa tête tomba le 11 mars 859. Quatre jours après, devant la foule musulmane, au même lieu, les yeux levés au ciel, Léocritie offrait son cou virginal au cimeterre du bourreau. L'exécuteur vendit aux chrétiens la tête d'Euloge; ils la mirent dans le linceul avec son corps, qu'ils inhumèrent dans l'église de Saint-Zoïle. Celle du saint martyr Genès reçut les sanglantes reliques de Léocritie; depuis, on les transféra à Oviedo, en même temps que le corps d'Euloge, le 9 janvier 883. En 1300 les reliques de ce dernier furent déposées à Camara-Santa. Les martyrologes ont fixé la fête de ce saint au 20 septembre.

La vie de saint Euloge a été écrite par Alvarus, son compagnon d'enfance et son ami. Nous devons à Alexandre Moralès l'impression des œuvres de ce saint; elles consistent en une *Exhortation au Martyre*, adressée de sa prison à *Flore et Marie*, une *Memoriale sanctorum* (Mémorial des saints) et une *Apologie pour les Martyrs*. L'*Hispania Illustrata* et la *Bibliothèque des Pères* ont recueilli depuis ces ouvrages. DENNE-BARON.

EUMÈNE DE CARDIE fut le seul des officiers d'Alexandre qui resta fidèle aux descendants de ce héros. Fils d'un voiturier de Cardie, dans la Chersonèse de Thrace, il jouait avec des jeunes gens de son âge, pendant que Philippe traversait cette ville. Sa belle figure et son adresse charmèrent le roi de Macédoine, qui le prit à son service, et l'admit au nombre de ses familiers. Il en fit son secrétaire, et après la mort de ce roi, Eumène resta en cette qualité auprès d'Alexandre, qu'il suivit dans toutes ses expéditions. Sa charge était plus importante que le titre ne le ferait supposer. La preuve en est dans l'estime que faisait de lui son maître, puisque après s'être marié avec une des filles d'Artabaze et avoir donné la seconde à son lieutenant Ptolémée, Alexandre fit épouser la troisième à Eumène. Une anecdote racontée par Plutarque attesterait le prix et une belle part dans le pillage de l'Asie. Au moment d'envoyer Néarque vers les côtes de l'océan, Alexandre, dont le trésor était épuisé, fit demander trois cents talents à son secrétaire. Celui-ci lui en remit cent, et protesta qu'il avait eu de la peine à les ramasser. Le roi, voulant le convaincre d'imposture, fit mettre secrètement le feu à la tente d'Eumènes. Il en résulta l'incendie des archives royales, et la fusion de mille talents d'or et d'argent, appartenant à l'archiviste. Celui-ci eut encore une querelle sérieuse avec son maître au sujet d'Éphestion, qui était peut-être jaloux de son crédit; mais ces nuages ne tardèrent point à se dissiper, et plusieurs expéditions militaires confiées à la valeur de ce secrétaire-ministre attestèrent à la fois et la faveur dont il jouissait et la variété des services qu'il était en état de rendre.

A la mort d'Alexandre (an 323 avant J. C.), c'est par ses conseils que la couronne fut adjugée à Aridée, fils de Philippe et d'une danseuse, et par conséquent frère naturel d'Alexandre. Le jeune fils de Roxane lui fut associé, et Perdiccas, prince du sang royal, prit en main la tutelle des deux rois. Eumène s'attacha à sa fortune, et reçut dans le partage des provinces le gouvernement de la Cappadoce et de la Paphlagonie, contrées qui n'appartenaient point encore aux Macédoniens; et pour avoir quelque chose en propre, Eumène était forcé de les conquérir. En l'an 321, il vainquit Cratère, qui, de même qu'Antipater, avait refusé de reconnaître les pouvoirs de Perdiccas, dans une bataille où Cratère et son allié Néoptotème d'Arménie trouvèrent la mort. Cette victoire fut tristement compensée par la mort de Perdiccas, qui, repoussé par Ptolémée et cerné par Antigone et Séleucus, avait été massacré par ses soldats.

Antipater recueillit les débris de l'armée des deux rois, s'empara de la régence, et fit une nouvelle distribution des provinces. Dans ce conseil de généraux, un arrêt de proscription fut lancé contre Eumène et les chefs qui suivaient ses bannières. Antigone, chargé par Antipater de le combattre, réussit à détacher de lui la plus grande partie de ses troupes, mais échoua dans ses efforts pour s'emparer de Nora, forteresse située sur les confins de la Cappadoce et de la Lycaonie, où Eumène s'était vu forcé de se réfugier et d'où il repoussa courageusement pendant toute une année les attaques de son ennemi. Il fut d'ailleurs redevable de son salut à l'ambition même de celui-ci. Prévenu de la mort d'Antipater, Antigone forma en effet le dessein de se faire un royaume à part de toute l'Asie macédonienne, et chargea son lieutenant Hiéronyme, qu'il avait laissé devant Nora, d'offrir son amitié à Eumène s'il voulait consentir à être son second. Cet officier avait ordre de lever le siége dès qu'Eumène aurait juré par écrit qu'il s'engageait à avoir pour amis et pour ennemis ceux d'Antigone. Le rusé Cardien reçoit la formule du serment, et fait observer à Hiéronyme qu'il est plus naturel de substituer au nom d'Antigone ceux d'Olympias et de la famille royale. L'officier, ignorant sans doute les desseins ambitieux de son chef, trouve l'observation juste, reçoit à cette condition la signature du chef des assiégés, et décampe à l'instant de devant la place. Eumène se hâta de quitter la forteresse : il rallia quelques troupes; et lorsque Antigone, furieux d'avoir été trompé, donna l'ordre d'en reprendre le siége, son ennemi s'était déjà mis en campagne. Les capitaines des argyraspides se placèrent sous ses ordres avec leurs troupes; et il se trouva bientôt ainsi à la tête de quinze mille hommes.

Cependant il ne tarda point à reconnaître que ses nouveaux lieutenants, pleins de mépris pour son origine, et fort vains de leur noblesse, n'attendaient qu'une occasion pour le perdre. Il les séduisit par une prudente réserve, feignant de partager avec eux le commandement de l'armée, de refuser les titres et les honneurs dont on l'avait revêtu, ne tenant conseil que sous une tente particulière, ornée d'un trône d'or où était censée siéger l'ombre d'Alexandre. Cette prudence lui suivie d'un tel succès que les *argyraspides* refusèrent de le livrer à la sommation d'Antigone. Eumène tourna alors ses armes vers Babylone, passa le Tigre, malgré Python, gouverneur de la Médie, et Séleucus, commandant des troupes de la Mésopotamie, qui essaya vainement de débaucher son armée. A ce moment Antigone marcha contre Eumène dans la haute Asie, et cette fois fut plus heureux dans ses efforts pour se débarrasser de lui. Toutefois, il ne le vainquit point, et ne parvint qu'à le faire traîtreusement assassiner par ses propres troupes, l'an 316 avant J.-C.

EUMÈNE. Deux rois de Pergame ont porté ce nom.

EUMÈNE 1er régna de 263 à 241 avant J.-C., fit quelques conquêtes sur les rois de Syrie, et encouragea les lettres; mais il se déshonora par son intempérance, et mourut à la suite d'un excès.

EUMÈNE II, fils aîné d'Attale 1er, lui succéda en 197 avant J.-C. Il ne se montra pas moins dévoué aux Romains que son père. En retour de l'assistance qu'il leur prêta dans leur guerre contre le roi Antiochus de Syrie, il reçut d'eux, quand ils eurent vaincu ce prince, la Chersonèse de Thrace et presque toute la partie de l'Asie située en deçà du Taurus. Les difficultés qu'il eut ensuite avec Prusias, roi de Bithynie, et avec Pharnace, roi de Pont, ainsi qu'avec les Thraces, qui, l'an de Rome 172, envoyèrent inutilement des ambassadeurs exposer leurs griefs au sénat, furent également terminées à son avantage par la politique romaine. Mais dans la guerre contre Persée, roi de Macédoine, sa fidélité ayant paru chanceler en raison des plaintes qu'il ne craignit pas de faire entendre contre les Romains, ceux-ci profitèrent de cette occasion pour favoriser les Gaulois asiatiques, à qui il avait déclaré la guerre, et dont Rome reconnut alors l'indépendance. Le sénat chercha aussi plus tard, mais vainement, à soulever contre lui son frère Attale, et accueillit avec une faveur marquée toutes les plaintes que le roi de Bithynie et les autres villes d'Asie élevèrent contre lui. Une rupture ouverte devenait dès lors imminente; mais Eumène II mourut avant qu'elle éclatât, l'an 159 avant J.-C., laissant un fils en bas âge qui ne figura qu'un instant sur le trône et mourut au bout d'un an. La bibliothèque de Pergame, qu'avait fondée son père, fut considérablement augmentée par les soins d'Eumène, et en toute occasion il se montra le protecteur des sciences et des lettres.

EUMÈNE D'AUTUN naquit à Autun, vers la fin du troisième siècle de notre ère. Rhéteur habile, savant grammairien, panégyriste élégant, il se voua à l'enseignement avec toute l'activité et toute la supériorité que lui donnait le sang grec qui coulait dans ses veines; en effet, son aïeul Glaucus, le rhéteur, était d'Athènes. Les succès qu'Eumène obtint dans sa ville natale lui inspirèrent l'ambition de briller sur un plus vaste théâtre; il se rendit à Rome, où l'empereur Constance Chlore le pourvut d'une charge qui équivalait à celle de maître des requêtes des Gaules. Eumène, comblé d'honneurs, revint dans sa patrie, où il se consacra de nouveau à l'enseignement de la jeunesse gallo-romaine. Ses honoraires furent doublés, et devant Constantin, qui visitait souvent *Augustodunum*, il proposa d'en abandonner la moitié pour la restauration des écoles, dans le discours qu'il prononça *pro restaurandis scholis*. L'empereur accueillit avec bonté la prière de l'illustre professeur. Ce discours d'Eumène est le premier des quatre qui nous restent; dans le second, il félicite le prince, au nom de la cité d'Auguste, *Augustodunum*; dans le troisième, il célèbre la fondation de Trèves par cet empereur; dans le quatrième, il vient, envoyé par ses concitoyens, rendre des actions de grâces à ce prince, qui avait allégé, en 311, les impôts de la cité. Il y a quelque chose de saisissant à retrouver dans ces discours l'emplacement et comme les aspects des temples, des arènes, et des amphithéâtres d'Autun. On ignore l'époque de sa mort. Jules PAUTET.

EUMÉNIDES, c'est-à-dire *déesses bienveillantes*, nom que les Grecs donnaient par antiphrase aux Furies.

EUMÉNIUS. *Voyez* EUMÈNE D'AUTUN.

EUMOLPE, fils de Neptune et de Chioné suivant les uns, petit-fils de Borée suivant les autres, contemporain de Triptolème et gendre de Tégyrius, était roi de Thrace. Après plusieurs aventures, il fut obligé de venir en Grèce, et se retira à Éleusis, où on l'initia aux mystères de Cérès. Il en devint l'hiérophante, le grand-prêtre, ce qui a fait dire qu'il en était le fondateur; mais cet honneur appartient à Érechthée, roi d'Égypte. Des prêtres égyptiens furent préposés à la garde de ces mystères. Il est vraisemblable qu'Eumolpe, aussitôt après son initiation, les supplanta; il s'en attribua les privilèges, ainsi qu'à sa famille, et les transmit à ses descendants à perpétuité. Ceux-ci, connus sous le nom d'*Eumolpides*, étaient au temps de Platon en possession du sacerdoce de Cérès-Éleusine depuis plus de mille ans. La juridiction qu'ils exerçaient sur la profanation des mystères était d'une extrême sévérité. Les Eumolpides procédaient suivant des lois non écrites, dont ils étaient les interprètes, et qui livraient le coupable non-seulement à la vengeance des hommes, mais encore à celle des dieux. Ils montraient plus de zèle pour le maintien des mystères de Cérès que n'en témoignaient les autres prêtres pour la religion dominante. On les vit plus d'une fois traduire d'office les coupables devant les tribunaux. Cependant, il faut dire à leur louange qu'en certaines occasions, loin de seconder la fureur du peuple, prêt à massacrer des accusés, ils exigeaient que la condamnation fût prononcée suivant les lois. C'est ainsi sans doute qu'ils firent traduire devant les tribunaux le poëte Eschyle, pour avoir, dans une de ses tragédies, révélé la doctrine des mystères. Aminias, frère du poëte, tâcha d'émouvoir les juges en montrant les blessures qu'il avait reçues à la bataille de Salamine; mais ce moyen n'aurait peut-être pas réussi, si Eschyle n'eût prouvé clairement qu'il était pas initié. Le peuple l'attendait à la porte du tribunal pour le lapider.

EUMOLPIDES. *Voyez* EUMOLPE.

EUNAPE vivait au quatrième siècle de notre ère; il était né dans le pays de Lydie, à Sardes, capitale du royaume de Crésus. Il fit ses premières études sous la direction du sophiste Chrysanthius, son compatriote et son allié. A seize ans, il partit pour Athènes, afin d'y suivre les leçons de Proærésius, philosophe éclectique, célèbre dans le monde savant de cette époque. Eunape sut gagner l'affection de ce professeur, qui tant qu'il vécut eut pour lui la tendresse d'un père. A la mort de Proærésius, Eunape, alors âgé de vingt ans, revint à Sardes, où, après avoir renoncé à la doctrine du professeur athénien, il résolut de s'en tenir désormais aux principes de son premier maître, Chrysanthius. C'est ce qui ressort évidemment de plusieurs passages des vies d'Édecius et de Chrysanthius qu'il a écrites, et qui mal interprétés l'ont fait passer pour un chrétien de naissance, ayant abjuré sa religion pour embrasser le paganisme.

Il nous est resté d'Eunape un ouvrage intitulé : *Vies des Philosophes et des Sophistes*, titre inexact pour une biographie commune à des éclectiques, à des médecins, à des orateurs. Versé dans l'éclectisme, il pouvait en traiter pertinemment; médecin distingué, nul plus que lui n'était capable de juger ses confrères; enfin, dès longtemps exercé dans l'art de la parole, il s'était acquis le droit de prononcer sur le mérite des hommes qui en faisaient profession publique. Eunape, afin de donner une suite aux travaux de Dexippe Hereunius et d'Hérodien, avait composé une histoire de son temps, depuis Claude II jusqu'au fils de Théodose. De cet ouvrage, perdu malheureusement, il ne reste que de courts fragments insérés dans le lexique de Suidas; cette perte est toutefois d'une faible importance, si, comme l'assure Photius, Zosime a exactement traité le même sujet. La meilleure édition d'Eunape est sans contredit celle de M. Boissonade avec les notes de Wyttenbach (Amsterdam, 1832, 2 volumes in-8°). E. LAVIGNE.

EUNOMIE. *Voyez* EURYNOME.

EUNOMIENS, disciples d'Eunomius, appelés aussi *Troglodytes*, secte d'hérétiques du quatrième siècle. C'était une branche des ariens. Ils prétendaient, avec leur chef, connaître Dieu aussi parfaitement que Dieu se connaissait lui-même. Le Fils de Dieu, à les en croire, n'était Dieu que de nom; il ne s'était pas uni substantiellement à l'humanité, mais seulement par sa vertu et ses œuvres; la foi seule pouvait sauver. Ils rebaptisaient ceux qui déjà avaient été baptisés au nom de la Trinité, et haïssaient tellement ce mystère, qu'ils condamnaient la triple immersion dans le baptême. Ils se déchaînaient, enfin, contre le culte des martyrs et contre les honneurs rendus aux reliques des saints.

Une scission éclata parmi les eunomiens. Ceux qui s'en séparèrent pour une question relative à la connaissance ou à la science de Jésus-Christ, quoiqu'ils en conservassent d'ailleurs les principales erreurs, prirent le nom d'*eunomio-eupsychiens*. Nicéphore soutient que c'étaient les mêmes que Sozomène appelle *eutychiens*. Suivant ce dernier, le chef de cette secte dissidente aurait été un eunomien appelé *Eutyche*, et non *Eupsyche*, comme le prétend Nicéphore.

EUNOMIUS ou EUNOME, hérésiarque du quatrième siècle, qui adopta les opinions d'Arius, en les outrant encore, et fut élu évêque de Cyzique, vers l'an 360. Il enseigna d'abord ses erreurs secrètement, puis en public, ce qui le fit chasser de son siége. Exilé en Mauritanie, il vit, à plusieurs reprises, ses disciples tenter vainement de le porter sur le siége de Samosate. Valens, qui le favorisait, le rétablit sur celui de Cyzique, mais après la mort de cet empereur il fut proscrit de nouveau, et alla mourir obscurément en Cappadoce.

EUNUQUE (en grec εὐνοῦχος, de εὐνή, lit, et ἔχω, je garde; c'est-à-dire *gardien du lit*). L'eunuque, être annulé sur la terre, existence ambiguë, ni homme ni femme, méprisé du premier comme incapable, haï de celle-ci comme impuissant, attaché au fort pour opprimer le faible, tyran, parce qu'il n'est pas maître, joint à son despotisme empreinté la rage et le dépit d'être privé des jouissances dont il devient le témoin, et nourrit en son cœur des passions avec le désespoir éternel de les assouvir. On peut bien en effet retrancher les organes extérieurs, mais non déraciner les désirs intérieurs. Origène et ses sectateurs, tels que Léonce d'Antioche, les Valésiens, etc., se trompèrent en se rendant eunuques par motif religieux : leur chasteté n'était plus qu'involontaire; en s'ôtant la gloire de résister par leurs propres efforts, ils se créèrent des regrets sans se donner une vertu. C'est pourquoi l'Église condamna avec raison cette pratique. On a vu, au dix-huitième siècle, le pape Clément XIV abolir l'usage de la castration des hommes, qu'on pratiquait pour faire des *soprani*, et défendre à ceux-ci de chanter dans les églises. C'est encore pour cette raison que nul homme ne peut obtenir aujourd'hui les ordres sacrés s'il est eunuque; car, bien que les ecclésiastiques soient tenus au célibat, il faut avoir le mérite de la résistance à l'aiguillon de la chair pour mériter le palme de la récompense.

L'histoire de l'eunuchisme remonte très-haut dans l'antiquité, puisque le livre de Job, l'un des plus antiques, parle déjà des eunuques. Ceux-ci sont donc de beaucoup antérieurs à Sémiramis, cette reine fastueuse de l'Orient, qui soumit la première des hommes à la castration, pour mieux les asservir dans sa cour, au rapport d'Ammien-Marcellin et de Justin. Des opinions religieuses avaient introduit aussi la castration parmi les Galles, prêtres de Cybèle. Dans l'Orient, la circoncision des mâles, l'excision des nymphes des femmes, quoique pouvant avoir des raisons fondées sur les climats, ne sont pas moins le résultat d'opinions religieuses. Quant à la castration des femmes, s'il est vrai que le roi de Lydie Andramytis l'ait fait pratiquer, selon Athénée, il serait difficile d'en voir l'utilité, si ce n'est afin de les rendre stériles. Cette opération chez elle, est encore plus dangereuse pour la vie que celle exercée sur les hommes. Il est probable, toutefois, que ce n'était que la nymphotomie, en usage encore aujourd'hui dans l'Éthiopie et d'autres pays chauds, qui produisent des prolongements incommodes, par l'effet du relâchement des parties membraneuses.

On fait encore aujourd'hui beaucoup d'eunuques, soit en Syrie, soit en Perse, soit en Afrique chez les nègres. On les vend plus ou moins cher, selon qu'ils sont en tout ou en partie privés d'organes extérieurs. Il n'y a point de grande maison, surtout chez les pachas et autres agents du gouvernement, où il ne s'en trouve, soit pour garder le harem, soit pour élever les enfants et prendre soin des affaires domestiques. Les eunuques nègres les plus hideux restent plus spécialement chargés de surveiller les femmes, comme étant les moins accessibles à la séduction. En effet, les jeunes eunuques blancs, s'ils ne sont pas privés de tout, peuvent abuser des femmes. Ils conservent la peau douce, l'air de fraîcheur et ce mol embonpoint qui les fait même rechercher des Orientaux, sous ces ardents climats où la facilité des jouissances en égare les désirs. C'est pour ces sortes de liaisons, si réprouvées et si contraires au but de la nature que plusieurs eunuques parviennent, dans les cours d'Asie, aux plus hauts emplois. Débarrassés des soins d'une famille, privés de la source des grandes passions et de l'ambition des premiers postes, auxquels leur malheur ne leur permet pas d'aspirer, ils passent pour être plus fidèles, plus sûrs, plus assujettis que les autres hommes; ils attirent la confiance et éloignent d'eux le soupçon et l'envie. Alexandre le Grand avait son eunuque Bagoas, Néron son Sporus, etc. Ainsi, Photin sous Ptolémée, Philétère sous Lysimaque, Ménophile sous Mithridate, Eutrope sous Théodose, etc., gouvernaient les États de ces princes. On sait en général qu'ils montrèrent tous les vices des petites âmes, tandis que le gouvernement des empires requiert une grande force de caractère et de génie. On cite pourtant Favorinus le philosophe; Aristonicus, général d'un des Ptolémées d'Égypte; Narsès, sous Justinien; Haly, grand-visir de Soliman II, et quelques autres eunuques qui montrèrent de l'élévation d'esprit ou du courage. On peut dire néanmoins que sans leur mutilation ils en auraient sans doute montré davantage. Ainsi, Abeilard ne conserva point après le traitement cruel qu'on lui fit subir la même ardeur de génie.

C'est à cause de cette faiblesse naturelle aux eunuques qu'on les charge dans l'Orient, la Perse et l'Indostan, de l'éducation de la jeunesse chez les grands. Xénophon, dans son roman de la Cyropédie, rapporte comment agissaient les Perses. Les itchoglans ou pages de sa hautesse sont instruits par les eunuques du sérail. Cet attachement aux enfants, ou cette *philogénésie*, si naturelle aux êtres faibles et aux femmes, se remarque chez tous les animaux *neutres* ou eunuques, chez les abeilles et fourmis mulets, et chez les chapons; ceux-ci s'apprennent même à couver des poussins avec autant de sollicitude que les poules. On voit à peu près la même chose parmi les cochons châtrés, tandis que les mâles les plus ardents en toute espèce repoussent la progéniture.

De la faible recherche du faible, il aspire aussi à s'attacher au fort pour en recevoir protection. C'est pourquoi tout eunuque tend naturellement à l'état d'esclavage domestique. Son impuissance flatte le pouvoir de son maître, qui se croit plus homme auprès d'un demi-homme, *semivir*, comme on nommait jadis les eunuques. Mais en devenant esclaves, ils contractent aisément tous les vices de la bassesse. Craintifs par faiblesse, et par là même fourbes et faux, ne pouvant rien par la vigueur, ils recourent à la flatterie; incapables de grands travaux, ils sont d'une avarice sordide; ne pouvant atteindre à la gloire, ils se rabattent sur la vanité. Ils rivalisent avec les femmes soumises à leur garde de finesse et d'artifice, pour se garantir de leur haine ou de leurs tromperies, et se venger d'elles dans leurs picoteries éternelles. Aussi, la plupart des eunuques sont méchants sans grande douceur. De toute manière, ils n'avaient pas chez les Romains le droit de servir de *témoins*. J.-J. VIREY.

EUPATOIRE, genre de plantes de la famille des composées. Il a pour caractères l'involucre oblong, cylindrique, imbriqué; le réceptacle nu, des fleurons peu nombreux, la graine couronnée d'une aigrette composée de poils capillaires simples ou dentés, le pistil très-long. Ce genre renferme plus de cent espèces. La seule qui croisse en Europe est l'*eupatoire d'Avicenne* (*eupatorium cannabinum*, L.), ou *eupatoire à feuilles de chanvre*, vulgairement *herbe de Sainte-Cunégonde*; ses racines, faiblement aromatiques, d'une saveur amère et piquante, jouissent de propriétés purgatives, et ont été pendant longtemps employées en médecine. Parmi les autres espèces, les plus remarquables sont l'*eupatoire pourpre* (*eupatorium purpureum*, L.), qui contribue à l'embellissement des jardins, et l'*eupatoire aya-pana*.

On donne aussi le nom d'*eupatoire femelle* à une espèce du genre *bident*.

EUPEN, en français NÉAUX, ville manufacturière importante de Prusse, située dans l'arrondissement d'Aix-la-Chapelle, chef-lieu d'un cercle, est bâtie dans une belle vallée, tout près de la frontière belge, et compte plus de 11,000 habitants. On y trouve plusieurs manufactures extrêmement florissantes de draps dits *du sérail*, de casimirs, de savon noir, des tanneries, etc. Eupen, qui possède trois églises catholiques, une église évangélique, un collége communal et un hospice d'orphelins, doit sa prospérité à des réfugiés français, qui, lors de la révocation de l'édit de Nantes, vinrent s'établir dans ce bourg, resté jusqu'à la paix de Lunéville partie intégrante du duché de Limbourg. Quand la conquête mit la rive gauche du Rhin sous les lois de la France, Eupen fit partie du département de l'Ourthe ; puis, lors de la paix conclue en 1814 à Paris, il fit retour à la Prusse, avec diverses autres parcelles du Limbourg.

ÉUPHÉMISME (du grec εὐφημία, parole de bon augure, formé de εὖ, bien, et de φημί, je dis), trope ou figure de rhétorique, qui a pour objet de déguiser à l'imagination des idées qui sont ou peu honnêtes, ou désagréables, ou tristes; l'euphémisme consiste donc à savoir éluder l'emploi des expressions propres qui réveilleraient directement ces idées, et à ne faire usage que de termes délicatement détournés, qui, les enveloppant comme d'un voile, semblent cacher en partie ce qu'elles ont de choquant ou de pénible. Ainsi, les Latins, au lieu du mot *mourir*, qui leur paraissait en certaines circonstances un terme funeste, disaient quelquefois par euphémisme : *avoir vécu, avoir été, s'être acquitté de la vie*. Ainsi, nous disons tous les jours : *n'être plus jeune*, pour *être vieux*. Plus d'une fois l'éloquence et la poésie ont eu recours avec succès à *l'euphémisme*. Dumarsais fait remarquer que, dans les livres saints, le mot *bénir* est mis en certains cas au lieu de *maudire*, qui a une signification précisément opposée. Quand Virgile dit : *Auri sacra fames* (la soif sacrée de l'or), *sacra* se prend pour *execrabilis* : c'est encore par euphémisme.
CHAMPAGNAC.

EUPHONE (du grec εὖ, bien, et φωνή, voix), instrument de musique inventé par Chladni, et dont les sons ressemblent à ceux de l'harmonica. Un autre point de ressemblance entre ces deux instruments, c'est que le corps sonore y est mis en mouvement par les doigts, sans mécanisme intermédiaire, et que l'art de nuancer les degrés d'harmonie y dépend de l'âme de l'exécutant.

EUPHONIE, prononciation coulante, harmonieuse. Il faut distinguer deux euphonies, l'une grammaticale, et l'autre poétique. Nous devons ce mot à la Grèce. Cette nation illustre, dans son aversion innée des sons mal sonnants et heurtés, créa ce mot, qu'elle opposa à celui de *cacophonie*, afin d'exprimer la douceur de la vocalité : c'est ainsi que Quintilien traduit l'expression grecque dont l'étymologie est εὖ, bien, et φωνή, voix. L'euphonie grammaticale consistait chez les Hellènes, ainsi que chez les Latins, en des lettres intercalaires, généralement une des liquides *l, m, n, r*. Ainsi, dans le mot ἀ-αρχή (sans commandement), les premiers ont inséré un ν, et disent ἀναρχή (anarchie). Cet emploi des liquides, véritable instinct de l'harmonie, est de la plus haute antiquité ; les Hébreux ont, dans leur vieil idiome, un mot charmant où deux d'entre elles sont employées : *labana*, la blanche, ou la lune. Dans l'euphonie grammaticale, les Latins intercalaient quelques fois le *d*, exemple : *pro-sum* (je sers), *pro-d-es* (tu sers) ; il équivaut à *t* dans notre impératif : *va-t'en* pour *va-en*. Quant à l'euphonie poétique des Latins, elle étale toute sa richesse dans ce vers de Virgile :

Omnia sub magna labentia umina terra,
Tous les fleuves coulant au sein du globe immense

Dans notre langue, ainsi que dans la plupart des idiomes descendus de l'antique Ausonie, l'apostrophe est à peu près toute l'euphonie grammaticale. C'est ainsi que nous disons *l'amour* pour *le amour*, *l'ombre* pour *la ombre*.
DENNE-BARON.

EUPHORBE, genre type de la famille des euphorbiacées. Il est ainsi caractérisé : Fleurs monoïques ; plusieurs fleurs mâles groupées autour d'une seule fleur femelle dans un involucre commun, campanulé, quadri-quinquéfide, à lacinies membraneuses, muni de glandes de formes variées alternant avec les lacinies. Les fleurs mâles, pédicellées et pourvues d'une bractée, ont une seule étamine, à anthère biloculaire, didyme, mais ni calice ni corolle. Les fleurs femelles, plus longuement pédicellées, ont un petit calice denté ou lobé, trois styles bifides, et le plus souvent six stigmates bilobés. Herbacées dans les parties tempérées de l'hémisphère boréal, les euphorbes, que l'on rencontre surtout à la surface du globe, deviennent suffrutescentes et même arborescentes dans les régions tropicales, surtout dans l'hémisphère austral. Quelques espèces, propres particulièrement au Cap, sont, comme les cactus, dépourvues de feuilles.

Le nombre des espèces du genre *euphorbe* s'élève à près de 300. Toutes sont des plantes lactescentes. A la moindre déchirure d'une de leurs parties, elles laissent écouler un suc âcre et corrosif, qui dans beaucoup d'espèces est un poison violent. Ainsi la gomme-résine connue sous le nom *d'euphorbium* ou *gomme-euphorbe* s'extrait de quelques euphorbes charnues d'Afrique ou d'Arabie, notamment de *l'euphorbe des anciens* (*euphorbia antiquorum*, L.) et de *l'euphorbe officinal* (*euphorbia officinarum*, L.). Pour ne citer que quelques espèces indigènes, on sait que les graines de *l'euphorbia lathyris* ou *épurge* contiennent une huile purgative qu'on a proposée comme succédanée de l'huile de *croton tiglium*; *l'euphorbia peplus* ou *réveille-matin* doit son nom vulgaire à la propriété que possède son suc de produire une rubéfaction assez intense et une vive démangeaison lorsque entre autres il a été touché ou sarclée, par exemple, les jardiniers ou les cultivateurs portent par inattention leurs mains à leurs yeux ; son suc est si actif, qu'on l'applique sur les verrues, les poireaux et les cors, qu'il fait quelquefois disparaître ; *l'euphorbia cyparissias*, si commun dans les environs de Paris, a des propriétés toxiques beaucoup moins prononcées; M. Desiongchamps pense que cette dernière pourrait remplacer *l'ipécacuanha*; on a proposé dans le même but *l'euphorbia gerardiana* et *l'euphorbia ipecacuanha*; cette dernière appartient à l'Amérique septentrionale.

Quelques espèces exotiques d'euphorbes sont cultivées en serre chaude, comme plantes d'ornement; parmi les plus belles, il faut citer *l'euphorbia jacquiniæflora*, originaire du Mexique, et *l'euphorbia splendens*, qui croît à Madagascar.

Le nom du genre qui nous occupe vient d'Euphorbus, médecin de Juba, roi de Mauritanie, qui le premier employa pour la guérison d'Auguste le suc d'une de ces espèces. Avant Linné on lui donnait le nom de *tithymale* (de τιτθός, mamelle, et μαλός, pernicieux), qui rappelle les effets dangereux que le suc laiteux des euphorbes peut produire.

EUPHORBIACÉES, famille de plantes dicotylédones dicliues. Elles ont pour caractères botaniques : Calice tubuleux ou divisé, simple ou double; les divisions intérieures quelquefois pétaloïdes; dans les fleurs mâles , étamines en nombre défini ou indéfini, à filaments distincts ou réunis, insérés au réceptacle ou au centre du calice ; dans quelques espèces des paillettes ou des écailles interposées entre les étamines; dans les fleurs femelles un seul ovaire supérieur, sessile ou pédiculé, surmonté d'un style triple ou quelquefois simple et terminé par trois stigmates ou plus. Le fruit est une capsule à autant de loges qu'il y a de styles ou de stigmates, s'ouvrant en deux valves avec élasticité et contenant chacune une ou deux graines; embryon entouré par un périsperme charnu.

Beaucoup de plantes de cette famille ont, comme son principal genre *euphorbe*, un suc propre laiteux et âcre : tels sont le *mancenillier*, le *manioc*, le *sablier*, le *croton tiglium*, le *ricin*, plusieurs *jatropha* ou *médiciniers*, etc. C'est à ce dernier genre qu'appartient un des arbustes dont on extrait le caoutchouc. Dans cette famille, il faut encore citer les genres *buis*, *mercuriale*, *phyllanthus*, etc.

EUPHORBIUM, produit de la dessiccation à l'air libre du suc laiteux que laissent découler certains euphorbes.

L'*euphorbium* s'offre sous forme de larmes irrégulières ; sa couleur est roussâtre à l'extérieur et blanchâtre intérieurement ; son odeur est nulle ou presque nulle. Cette substance est, à cause de son extrême énergie, plus employée dans la médecine vétérinaire que pour le traitement des maladies de l'homme ; c'est un des plus violents drastiques. Appliqué à l'extérieur, l'*euphorbium* produit une vive rubéfaction et agit comme vésicant. C'est un puissant sternutatoire ; aussi sa réduction en poudre doit-elle être faite avec précaution. Suivant Orfila, l'*euphorbium* exerce une action locale très-intense, susceptible de déterminer une vive inflammation, et ses effets meurtriers dépendent de l'irritation sympathique du système nerveux, plutôt que de son absorption.

EUPHRAISE. *Voyez* EUPHRAISE.

EUPHRATE, le plus grand fleuve de l'Asie occidentale, et l'un des plus célèbres dans la Bible et dans l'histoire, coule tout entier dans la Turquie asiatique ; son nom, dérivé de l'hébreu, conserve encore les formes de cette langue. Il est composé de l'article ou pronom *hu* (le, ce), et de *phereth*, qui présente une triple signification : *croître, s'augmenter ; féconder, fertiliser ; diviser, séparer*. Les Grecs, en échangeant ce nom en celui d'*Euphratès*, l'ajustèrent au génie de leur langue, avec la signification de *réjouir*, cause de l'agrément que ce fleuve répand dans tous les pays qu'il parcourt. Les Turcs le nomment *Frat*. On sait que l'Euphrate est un des quatre fleuves qui arrosaient, dit-on, le paradis terrestre ; que sur ses deux rives brilla jadis la superbe Babylone, qu'il fût longtemps la barrière qui séparait l'empire des Parthes, devenu plus tard celui des Perses sassanides, des pays soumis aux Romains et aux empereurs d'Orient. C'est près des bords de l'Euphrate, à Cunaxa, que Cyrus le jeune fut vaincu par son frère Artaxercès-Memnon, et que les dix mille Grecs ses auxiliaires commencèrent cette belle retraite qu'a immortalisée la plume de leur chef Xénophon. C'est encore près de l'Euphrate, à Carrhes (Harran) que Crassus fit subir à une armée romaine la honte d'une défaite devant les Parthes. Lucullus, dans la guerre contre Mithridate, sacrifia un taureau dans ce fleuve pour en obtenir un passage favorable, et Pompée, en poursuivant ce prince, fit le premier jeter un pont de bateaux sur l'Euphrate.

L'Euphrate a deux principales sources : l'une, appelée aujourd'hui *Mourad* ou *Kara-Sou*, vient des montagnes de la Grande-Arménie, et passe à 22 ou 26 kilomètres nord-est d'Erze-Roum. Son cours est plus long que celui de la seconde source, qui descend d'une autre chaîne de montagnes, plus au sud, et assez près de la source du Tigre ; ce qui fit que les anciens attribuaient à ces deux fleuves une commune origine. Les deux branches de l'Euphrate, réunies près de Monnacotoum, à environ 88 kilomètres d'Erze-Roum, coulent d'abord au sud-ouest, vers Samisat (Samosate), où une chaîne de hautes montagnes l'empêche d'aller se jeter dans la Méditerranée. Il commence alors à porter de petites caïques ; mais son lit, rempli de rochers, rend la navigation peu commode et peu sûre. Arrivé aux confins de la Petite Arménie, il se dirige vers le sud, en faisant quelques détours, et, après avoir traversé un défilé du mont Taurus, sépare l'Anatolie de la Turcomanie ou Arménie turque, et le Diarbeckr ou Mésopotamie, de la Syrie et du désert d'Arabie, il se joint au Tigre dans l'Irak-Arabi ou Chaldée, près de Cüorna ou Khorna, ville ainsi nommée à cause de sa position sur la pointe ou corne que forme la jonction des deux fleuves. Ils n'ont plus alors qu'un lit commun, qui court droit au sud, entre le Khouzistan ou Ahwaz (l'ancienne Susiane), et l'Irak-Arabi, et se décharge dans le golfe Persique par sept embouchures, qui forment un delta composé de plusieurs îles nommées Kehan ou Goban. L'Euphrate perd son nom depuis sa jonction avec le Tigre à 60 lieues de son embouchure. Les anciens nommaient *Basilicata* (fleuve impérial), à cause de sa largeur, de sa profondeur et de son cours majestueux, le bras de mer qu'ils forment ensemble, et qui porte aujourd'hui le nom de *Schat-el-Arab* (fleuve des Arabes). Le cours entier de l'Euphrate est de plus de 200 myriamètres, et son bassin, réuni à celui du Tigre, occupe une superficie d'environ 8,600 myriamètres. Ses eaux, quoiques troubles, sont saines et agréables à boire ; sujettes à des crues bien plus irrégulières, et quant à leur époque et quant à leur intensité, elles n'en sont pas moins tout aussi utiles aux contrées qu'elles traversent que peuvent l'être celles du Nil à l'Égypte. D'ailleurs l'Euphrate, qui reçoit plusieurs rivières, renferme un grand nombre d'îles, et fournit de l'eau à divers canaux, dont quelques-uns communiquent avec le Tigre, à travers la Mésopotamie.

Malgré l'immense volume de ses eaux, l'Euphrate n'est navigable que sur un petit nombre de points ; dans son cours supérieur, ce sont des rapides et des roches, dans son cours inférieur, des bancs de sable et des barres qui en entravent le cours ; et les essais tentés de 1835 à 1837 par des Anglais, sous la direction du colonel Chesney pour appliquer la vapeur à sa navigation ont démontré qu'il fallait décidément ranger au nombre des rêves de l'imagination la possibilité de se servir de ce fleuve, du moins dans son état actuel, pour établir une voie de communication par eau entre les Grandes Indes et la Méditerranée. Consultez Chesney, *The Expedition for the survey of the river Euphrates and Tigris* (2 vol., Londres, 1850). H. AUDIFFRET.

EUPHRATÉSIE. *Voyez* COMAGÈNE.

EUPHROSINE ou **EUPHROSYNE** (εὐφροσύνη, de εὖ, bien, φρονέω, je pense), une des trois Grâces.

EUPHUISME. Grâce au génie de Walter Scott, qui ne connaît ce bel esprit de la cour d'Élisabeth, le fat du seizième siècle, le sir Piercy Shafton, qui apportait au milieu des mœurs et de la pauvreté de l'Écosse son amour du luxe et de la métaphore, ses vêtements magnifiques et la broderie de sa conversation ? Sir Piercy représentait un petit-maître du temps de John Lillie, qui jouit d'une réputation aussi prodigieuse qu'elle fut courte. Cet homme, qui avait deviné Mlle de Scuderi et les *précieuses*, était appelé, dans le titre de ses pièces de théâtre, le seul rare gentil du siècle, le spirituel, le comique, le facétieusement ingénieux et l'ingénieusement facétieux John Lillie. Blount, son éditeur, nous assure qu'il s'asseyait à la table d'Apollon, que ce dieu lui décerna une couronne de ses propres lauriers, et qu'il ne manquait pas une seule corde à la lyre dont il se servait. Le livre qui fit sa réputation est intitulé : *Euphues et son Angleterre, ou l'anatomie de l'esprit*. Aussitôt les courtisans de parler *euphuisme*, c'est-à-dire d'allier les idées les plus monstrueuses et les plus outrées, de rechercher les *concetti* les plus bizarres et les moins naturels, d'affecter enfin, un style forcé et guindé, que quelques écrivains, au nom de la vérité, emploient encore en se proclamant originaux et modèles. Le barreau et la chaire adoptèrent le jargon de Lillie comme la cour, et, soit imitation, soit mauvais goût de l'époque, nous retrouvons dans presque toute l'Europe ce penchant au style ridiculement figuré que Ben Johnson attaqua dans le *Cinthia's Revels*. Un des exemples les plus grotesques qu'on en pourrait citer est l'oraison du brave Crillon, prononcée en décembre 1615, à Avignon, par le jésuite Bening, et dont l'abbé d'Artigny a donné un long extrait au cinquième volume de ses mémoires, ainsi que celle de l'archiduc Albert, sous le titre du *Soleil éclipsé*, par dom Bernard de Montgaillard. Cependant le jésuite l'emporte encore sur le prédicateur de l'ordre de Cîteaux. DE REIFFENBERG.

EUPOLE ou **EUPOLIS**, un des six poètes comiques grecs que les grammairiens de l'école d'Alexandrie ont jugés dignes d'être placés dans leur canon, florissait vers l'an 440 avant J.-C., et fut contemporain d'Alcibiade, qui, dit-on, vivement à se plaindre de la causticité de ses attaques, et qui, ajoute-t-on, s'en vengea lâchement. Eupolis fit représenter sur le théâtre d'Athènes dix-sept comédies, dont sept furent couronnées. Un passage de Lucien permet de conjecturer que les œuvres de ce poète, remarquables par la finesse du trait et par beaucoup de grâce, étaient une de ses lectures favorites, et qu'elles ne durent pas être sans influence sur la tournure mordante et spirituelle de ses dialogues. Il en existe encore quelques fragments épars dans Stobée, Athénée, Pollux, etc.; et ils ont été recueillis et commentés par Runkel (Leipzig, 1825). On croit qu'Eupolis périt dans la guerre du Péloponnèse, en combattant vaillamment les Lacédémoniens; on ajoute même qu'à cette occasion les Athéniens rendirent une loi qui dispensait à l'avenir les poëtes du service militaire.

EURE (Département de l'). Formé de la partie occidentale de l'ancienne Normandie, d'une portion du Perche, il est borné au nord par le département de la Seine-Inférieure, à l'est par ceux de l'Oise et de Seine-et-Oise, au sud-est par celui d'Eure-et-Loir, au sud-ouest par celui de l'Orne et à l'ouest par celui du Calvados.

Divisé en 5 arrondissements dont les chefs-lieux sont Évreux, Bernay, les Andelys, Louviers, Pont-Audemer, 36 cantons et 798 communes, il compte 415,777 habitants. Il envoie trois députés au corps législatif, forme la 2e subdivision de la 2e division militaire, fait partie de la 2e circonscription forestière, est dans le ressort de la cour impériale de Rouen, et forme le diocèse d'Évreux. Son académie comprend deux colléges et une école normale.

Sa superficie est de 582,127 hectares, dont 358,863 de terres labourables; 111,045 en bois; 18,806 en landes, pâtis, bruyères; 1,077 en vignes; 23,212 en prés et cultures diverses, 233 en oseraies, aunaies, saussaies; 3,309 en propriétés bâties; 34,732 en vergers, pépinières, jardins; 495 en étangs, abreuvoirs, marais, canaux d'irrigation; 2,897 en lacs, rivières, ruisseaux; 14,249 en forêts, domaines improductifs; 12,314 en routes, chemins, places publiques, rues, etc.; 295 en cimetières, églises, presbytères, bâtiments publics. Le nombre des propriétés bâties est de 113,535, dont 112,085 consacrées à l'habitation, 698 moulins, 25 forges et hauts fourneaux et 727 fabriques et usines diverses. Le département paye 3,195,211 fr. d'impôt foncier.

Situé dans le bassin de la Seine, qui la traverse dans sa plus grande partie, il est arrosé par l'Eure, dont il tire son nom, l'Iton, l'Aure, la Rille, la Corbie, l'Epte, l'Andelle. Le marais Vernier, entre Quillebœuf et la Rille, est le seul considérable du département de l'Eure. Le mont Rôti, entre Lieurey et Saint-George, est le point culminant du pays, qui est en général assez plat. Le sol est d'une grande fertilité.

On y trouve du menu et du gros gibier de toute espèce, peu d'animaux sauvages ou nuisibles. Le chêne, le hêtre, l'orme, le charme, le tremble, l'alisier, le cormier sont les essences dominantes dans les forêts. Le pays renferme des pruniers, des poiriers, des pommiers, des abricotiers, des mûriers, des tilleuls, des sapins. On y trouve d'abondantes mines de fer, de la pierre meulière, du grès à paver, de la pierre de taille, de la pierre à chaux, du gypse, de la pierre à foulon, de la terre à potier. Ses principales sources minérales sont celles d'Houssonville et de Vieux-Conches.

L'agriculture y est très-productive, la culture très-soignée : il produit particulièrement des céréales, du chanvre, du lin. La culture des pommes, destinées à faire le cidre, a dans la contrée un développement considérable. On élève des chevaux, des bœufs, des moutons de haute taille, connus sous le nom de moutons de *pré salé*.

La filature et le tissage des lainages et du coton, la fabrication des draps et des étoffes de coton constituent l'industrie manufacturière la plus importante du pays. On y fabrique du fer, du fil de fer, des épingles et des clous d'épingles; il y a en outre des laminéries, des tanneries, des moulins à tan, des fabriques de coutils, de sangles, de rubans de fil, de toiles peintes, de velours, de basin, des verreries, des papeteries, notamment celle de MM. Firmin Didot au Mesnil-sur-l'Estrée.

11 routes impériales, 15 routes départementales, 30,100 chemins vicinaux sillonnent le département de l'Eure, dont le chef-lieu est à *Évreux*. Parmi les villes ou endroits remarquables, nous citerons: *Bernay; les Andelys, Louviers; Pont-Audemer; Breteuil*, chef-lieu de canton avec 2,146 habitants, à 35 kilomètres d'Évreux, où existent de nombreuses tuileries; *Conches*, à 18 kilomètres d'Évreux, chef-lieu de canton, renommé pour ses eaux minérales, a de hauts-fourneaux; *Ivry-la-Bataille; Baumont-le-Roger; Damville; Pacy-sur-Eure*, à 18 kilomètres d'Évreux, était autrefois une ville fortifiée, d'une importance plus considérable que maintenant : 1,597 habitants; *Rugles*, à 46 kilomètres d'Évreux, compte 1,972 habitants : elle a des fabriques d'épingles, d'aiguilles, de pointes de Paris, des tréfileries, une grosse forge, des fonderies de cuivre; *Verneuil; Vernon; Nonancourt*, chef-lieu de canton, à 28 kilomètres d'Évreux, ne compte que 1,041 habitants; mais ce petit endroit a de l'importance, par ses nombreuses filatures et papeteries; *Gisors*, bâtie sur l'Epte, à 30 kilomètres des Audelys, chef-lieu de canton, 3,603 habitants, a été longtemps disputée entre les Français et les Anglais dans le quinzième siècle, et fut enfin assurée à la France par Charles VII en 1449. On y voit encore les ruines du château fort que Guillaume le Roux y avait élevé, de même qu'une église remarquable; on y fait un important commerce de blé; *Brionne*, également chef-lieu de canton, population 3,302 habitants, à 15 kilomètres des Andelys, a vu dans ses murs le concile qui, en 1050, condamna l'hérésie de Béranger. Citons encore *Gaillon; Quillebœuf* et *Pont-de-l'Arche*.

EURE-ET-LOIR (Département d'). Formé de la Beauce presque entière, et d'une partie du Perche, il prend son nom des deux principales rivières qui l'arrosent, et est borné au nord par le département de l'Eure, à l'est par ceux de Seine-et-Oise et du Loiret, au sud par le Loiret et Loiret-Cher, au sud-ouest par la Sarthe, et à l'est par l'Orne.

Divisé en 4 arrondissements dont les chefs-lieux sont Chartres, Châteaudun, Dreux, Nogent-le-Rotrou, 24 cantons et 451 communes, il compte 294,892 habitants. Il envoie deux députés au Corps législatif, forme avec les départements de l'Yonne et du Loiret la 3e subdivision de la 1ère division militaire, fait partie du quinzième arrondissement forestier, ressortit à la cour impériale de Paris, et forme le diocèse de Chartres. Son académie compte trois colléges communaux et une école normale primaire.

Sa superficie est de 548,304 hectares, dont 435,277 en terres labourables; 49,426 en bois, 5,626 en landes, pâtis, bruyères; 5,101 en vignes; 22,581 en prés; 31 en cultures diverses; 795 en oseraies, aunaies, saussaies; 3,186 en propriétés bâties; 28,182 en vergers, pépinières et jardins; 696 en étangs, abreuvoirs, mares, canaux d'irrigation; 777 en rivières, lacs, ruisseaux; 6,790 en forêts, domaines non productifs; 11,857 en routes, chemins, places publiques, rues, etc.; 179 en cimetières, églises, presbytères, bâtiments publics. Le nombre des propriétés bâties est de 72,630, dont 71,393 consacrées à l'habitation, 706 moulins, 5 forges ou hauts fourneaux, et 526 fabriques ou usines diverses.

La partie nord-ouest du département d'Eure-et-Loir est située sur le bassin de la Seine et de la Marne; la partie sud-est, sur le bassin de la Loire; l'Eure, la Vaigre, la Voise, la Blaise, la Meurette, affluents de l'Avre, l'arrosent dans la première région; le Loir, et ses affluents, la Connie, la Tironne, la Fauchard, l'Ozanne et la Yère, l'Huisne, qui va se jeter dans la Sarthe près du Mans, arrosent la seconde région. Le faîte des collines, dont la chaîne traverse le milieu du département et divise celui-ci en deux bassins hydrographiques, n'a pas une grande élévation. La fertilité du sol de la Beauce est proverbiale.

Il y a peu de gros gibier dans cette contrée, beaucoup de bêtes à laine. Les rivières y sont poissonneuses. Le chêne, le bouleau sont les essences dominantes dans les forêts; les pommiers abondent dans le pays. Peu de richesses minéralogiques, mais argile à briques, à poteries, à faience, tourbières, marne, pierre à bâtir, grès en quantité.

L'agriculture est parfaitement tenue; récolte abondante en céréales, fourrages, plantes légumineuses, légumes secs, vins et cidres. On y trouve beaucoup d'animaux domestiques, dont la race n'a d'ailleurs rien de remarquable.

Le développement considérable donné dans Eure-et-Loir à la culture des céréales n'a pas permis à l'industrie manufacturière d'y prendre de grandes proportions; on y compte cependant quelques établissements importants, entre autres la papeterie de MM. Firmin Didot à Sorel, où fut établie, en 1815, la première machine à papier mécanique, inventée par M. Didot Saint-Léger, et qui est la plus considérable de France; des fabriques de draps, de couvertures de laine, de bonneterie et de clouterie.

Les chevaux, les bestiaux, les grains, les laines, les étoffes de coton, les toiles, la mercerie et la quincaillerie constituent les principales branches de commerce du département.

Un chemin de fer, celui de l'ouest, 8 routes impériales, 18 routes départementales, 8,188 chemins vicinaux sillonnent ce département, dont le chef-lieu est *Chartres*. Les villes et endroits principaux sont en outre : *Châteaudun*, *Dreux*, *Nogent-le-Rotrou*, *Anet*, *Illiers*, chef-lieu de canton de 3,146 habitants : à 24 kilomètres sud-ouest de Chartres, où se trouvent des fabriques de draps et de couverture de laine; *Épernon*, *Maintenon*, *Bonneval*, chef-lieu de canton, jolie ville avec une église dont on remarque la flèche élevée, à 15 kilomètres nord-est de Châteaudun, compte 5,055 habitants : filatures de cotons et lainages; *Brou*, chef-lieu de canton, sur l'Ozanne, à 22 kilomètres nord-ouest de Châteaudun, ville de 2,345 habitants, fait un commerce considérable de céréales, graines et lin. *La Ferté-Vidame*, *Senonches* chef-lieu de canton, à 36 kilom. sud-ouest de Dreux, compte 2,108 habitants; sa chaux hydraulique est renommée; il y a des hauts-fourneaux; *La Bazoche-Gouet*, bourg de 2,309 habitants, à 27 kilomètres de Nogent-le-Rotrou, fait un grand commerce de céréales; *La Loupe*, chef-lieu de canton, petite ville de 1,610 habitants, une des principales stations du chemin de fer de l'ouest, à 17 kilomètres sud-est de Nogent-le-Rotrou, a de l'importance, par son commerce de bestiaux et de cidre.

EURIPE. *Voyez* Eupée.

EURIPIDE, un des trois grands poètes tragiques de la Grèce, naquit la première année de la 75e olympiade (480 avant J.-C.), à Salamine, le jour même où les Grecs y remportèrent une victoire si mémorable sur les Perses. Ce jour fait époque dans l'histoire de la tragédie, car Eschyle s'y distingua au nombre des combattants, et le jeune Sophocle, chantant l'hymne de la victoire, marcha en tête du chœur qui la célébrait. La famille d'Euripide s'était réfugiée dans l'île de Salamine, peu avant l'invasion de Xerxès dans l'Attique. Son père Mnésarque était cabaretier, au rapport des biographes, et sa mère Clito, marchande d'herbes. Aristophane fait de fréquentes allusions à la bassesse de sa naissance, notamment dans les *Acharniens*, les *Chevaliers*, les *Fêtes de Cérès*. Par déférence pour un oracle mal interprété, on éleva d'abord Euripide pour en faire un athlète. Cet oracle annonçait qu'il serait vainqueur dans les jeux publics. Il se livra donc aux exercices du corps, et l'on dit même qu'il remporta une fois le prix. Mais son esprit le porta bientôt à d'autres études. Il s'exerça d'abord à la peinture; puis, il étudia la rhétorique sous Prodicus, et la philosophie sous Anaxagore. On ajoute qu'il fut intimement lié avec Socrate, plus jeune que lui de dix ans. Celui-ci, qui fréquentait peu le théâtre, ne manquait cependant pas de s'y rendre lorsqu'on représentait quelque pièce d'Euripide. Ces études de la jeunesse du poëte laissèrent des traces profondes dans ses compositions tragiques. On y retrouve le système d'Anaxagore sur l'origine des êtres et les principes de la morale de Socrate, ce qui le fit appeler le philosophe du théâtre. D'un autre côté, on sait le cas que Quintilien faisait de ses beautés oratoires : il conseille aux jeunes gens qui se destinent au barreau la lecture de ses ouvrages, comme un excellent modèle de l'art de convaincre et de persuader.

Ce fut la première année de la 81e olympiade qu'Euripide fit son début dans la carrière dramatique. Son premier ouvrage fut *Les Péliades* : il n'obtint que la troisième nomination. On a la date de quelques-unes de ses autres pièces : d'après l'argument de la *Médée*, elle fut représentée la première année de la 87e olympiade; elle faisait partie d'une tétralogie, et n'obtint encore que le troisième prix. Trois ans plus tard, quatrième année de la 87e olympiade, il réussit complètement avec l'*Hippolyte*. Les *Phéniciennes* furent représentées la première année de la 92e olympiade, d'après le scoliaste d'Aristophane sur *Les Grenouilles*; et *Oreste*, la quatrième année de la même olympiade. Il paraît que ce fut là son dernier ouvrage; car il mourut deux ans après, dans la deuxième année de la 93e olympiade, suivant les marbres de Paros, à la cour d'Archélaüs, roi de Macédoine, où il s'était retiré dans les derniers temps de sa vie. On n'est pas d'accord sur le genre de sa mort. Les uns racontent que, se promenant un jour dans un lieu solitaire, des chiens furieux se jetèrent sur lui et le mirent en pièces. D'autres prétendent qu'il fut déchiré par des femmes. Cette dernière tradition repose sans doute sur la haine qu'on lui attribue pour le sexe en général. On sait qu'Aristophane, dans sa comédie des *Fêtes de Cérès*, suppose que les femmes, brûlant de se venger des injures qu'Euripide leur prodigue dans ses tragédies, délibèrent entre elles sur les moyens de le perdre; et l'auteur comique, tout en feignant de prendre le parti des femmes contre Euripide, les outrage lui-même bien plus audacieusement que ce dernier. Néanmoins Euripide se maria deux fois : la première femme qu'il épousa, à l'âge de vingt-trois ans, s'appelait Chœrine, et lui donna trois fils; après l'avoir répudiée, il en épousa une autre. Il paraît qu'aucune de ces deux unions ne fut heureuse.

Aulu-Gelle rapporte, sur le témoignage de Varron, qu'Euripide avait composé soixante-quinze tragédies, et qu'il ne remporta le prix que cinq fois. Cependant, sa biographie rédigée par Thomas Magister porte qu'il fit quatre-vingt-douze tragédies, et qu'il vainquit quinze fois. Mais les autres biographes, Suidas et Moschopulus, ne parlent que de cinq victoires. Il ne nous reste de lui que dix-neuf pièces; en voici les titres : *Hécube*, *Oreste*, *Les Phéniciennes*, *Médée*, *Hippolyte*, *Alceste*, *Andromaque*, *Le Cyclope* (drame satirique), *Les Suppliantes*, *Iphigénie en Aulide*, *Iphigénie en Tauride*, *Les Troyennes*, *Rhésus*, *Les Bacchantes*, *Les Héraclides*, *Hélène*, *Ion*, *Hercule furieux*, *Électre*. Parmi les nombreux fragments de ses autres ouvrages, il nous reste le prologue de *Danaé*, avec un fragment de chœur, plus trois passages assez considérables du *Phaéton*, trouvés en 1810 dans un manuscrit de la Bibliothèque impériale.

On a porté des jugements très-divers sur le mérite d'Euripide comme poète tragique, tant chez les anciens que chez les modernes. Aristophane, son contemporain, l'a fréquemment parodié et tourné en ridicule. Aristote, dans sa *Poétique*, appelle Euripide *le plus tragique des poètes*; mais c'est par allusion au grand effet de ses catastrophes funestes. Puis il ajoute : « Quoiqu'il ne soit pas toujours heureux dans la conduite de ses pièces. » Quintilien, de son côté, préfère Euripide à Sophocle, en les jugeant de son point de vue de rhéteur. Chez les modernes aussi, Euripide a longtemps obtenu la préférence. Racine paraît l'avoir étudié plus particulièrement, et l'a suivi. De nos jours, au contraire, W. A. Schlegel l'a rabaissé fort au-dessous d'Eschyle et de Sophocle. Ce critique célèbre nous semble avoir jugé le grand tragique d'un point de vue trop limité. Il lui préfère Eschyle, parce que celui-ci a mieux conservé le caractère religieux qui fut d'abord inhérent au théâtre. Mais Euripide marque d'une manière frappante la transition de l'époque religieuse à l'époque philosophique; et il n'y a nullement de la faute du poète : c'est la marche inévitable de l'art, qui est forcé de suivre le mouvement des esprits. On peut y voir un progrès plutôt qu'une altération, ou du moins, s'il y a décadence sous le rapport religieux, il y a progrès pour l'art. Euripide a en effet découvert un monde inconnu, le monde de l'âme, et ce fut la source de ses plus brillants succès. Quelques reproches qu'il mérite d'ailleurs, on ne peut méconnaître en lui un grand peintre du cœur humain. C'est par là qu'il touche, qu'il attache, et qu'il doit plaire dans tous les temps, parce qu'il a retracé les sentiments éternels du cœur de l'homme. Son but principal est d'émouvoir : il connaissait la nature des passions, et il savait trouver les situations dans lesquelles elles peuvent se développer avec le plus de force. On peut faire bien des objections contre ses plans mal ordonnés, contre le choix de ses sujets et les hors-d'œuvre de ses chœurs, mais il reste supérieur dans l'expression vraie et naturelle des passions, dans l'art d'inventer des situations intéressantes, de grouper des caractères originaux, et de saisir la nature humaine sous toutes ses faces. Il est maître dans l'art de traiter le dialogue, et d'adapter les discours et les répliques au caractère, au sexe, à la condition des personnages. Tout en rendant justice à l'élégance et à la facilité de son style, il faut reconnaître qu'il a souvent fait abus des sentences et des tirades philosophiques. Par ses défauts comme par ses qualités, il était plus accessible à l'esprit des modernes; c'est ce qui explique la préférence que quelques-uns lui ont donnée sur Sophocle, qui a maintenu l'art dans une région plus pure et plus idéale. La plus récente édition des œuvres d'Euripide est celle qu'en a donnée M. Fix, dans la *Bibliothèque des auteurs grecs* de MM. Didot (vol. Paris, 1843).

ARTAUD, inspecteur général de l'instruction primaire.

EUROPE. Cette partie de la terre, dont la superficie totale est de 88,000 myriamètres carrés, et qui s'étend depuis le mont Oural, le fleuve du même nom et la mer Caspienne, dans la direction du sud-ouest, entre la mer Glaciale du nord, l'océan Atlantique et la mer Méditerranée, ne forme à bien dire qu'un prolongement ou une presqu'île de l'Asie. Mais les conditions physiques sous l'empire desquelles elle se trouve placée non-seulement en font une partie de la terre tout à fait à part, elles l'ont en outre rendue le foyer le plus important et le plus puissant de la civilisation. Les points extrêmes de la terre ferme sont : à l'est, l'embouchure du Kara, par 66°, 30′ de longitude orientale; au nord, le Cap Nord, par 71°, 10′ de latitude septentrionale; à l'ouest, le cap la Roca, par 10°, 50′, 20″ de longitude occidentale; au sud, le cap Tarita, par 36° de latitude septentrionale. Sa plus grande étendue, du cap Saint-Vincent à l'embouchure du Kara, du sud-ouest au nord-est, est de 550 myriamètres, et sa plus grande largeur, du Cap Nord au Cap Matapan, de 385. Entre le golfe de Lion et le golfe de Biscaye, elle n'a que 35 myriamètres de largeur. Au sud, elle ne se trouve séparée de l'Asie que par le Bosphore et par l'Hellespont, et de l'Afrique que par le détroit de Gibraltar. Rien de plus caractéristique que sa situation, qui fait d'elle le centre des hémisphères continentaux, en même temps que l'antipode du monde océanien, en même temps qu'elle se trouve pourtant étroitement unie au moyen de l'Océan. Région essentiellement continentale à l'est, méditerranéenne au sud, océanienne à l'ouest, et située presque tout entière sous la zone tempérée, elle a été appelée à être le théâtre d'une civilisation particulière, en même temps qu'à offrir le spectacle du multiple développement de l'énergie humaine portée à son plus haut degré de puissance. Il n'est pas de partie de la terre qui possède une aussi grande étendue de côtes, une telle richesse de presqu'îles, qui offre tant de facilités au commerce et un si grand nombre de points accessibles. Comme irruptions importantes de l'Océan, nous signalerons au nord la mer Blanche, au nord-ouest, la Baltique, le Cattégat, le Skagerack, la mer du Nord, le Canal, et le golfe de Biscaye; et au sud, comme parties distinctes de la Méditerranée, la mer de Ligurie, la mer Tyrrhénienne, la mer Adriatique, la mer Ionienne et la mer Égée; puis, par delà la mer de Marmara située entre l'Hellespont et le Bosphore, la mer Noire avec le golfe d'Azow. Entre ces diverses mers s'avancent en forme de presqu'îles : au sud, la Tauride (Crimée), la Turquie, l'Istrie, l'Italie et la péninsule hespérienne ; au nord-ouest, la Bretagne, la Normandie, la Hollande, le Jutland et la presqu'île Scandinave ; au nord, la Laponie. C'est dans la mer Blanche que la côte offre le moins d'infractuosités ; elle est autrement tourmentée du côté de l'océan Atlantique, et du côté de la Méditerranée elle offre encore bien plus d'échancrures et d'accidents, circonstance tout à fait favorable, et qui semble avoir destiné cette partie de l'Europe à devenir le berceau, puis le foyer le plus actif de la civilisation. Des îles dépendant de l'Europe, l'Islande seule est isolée, comme pour servir d'étape entre elle et le Groenland; les autres se trouvent presque toutes réunies en groupe et rapprochées du continent, à savoir des plus vastes territoires au nord-ouest ; et au sud-est, de ceux dont les côtes offrent le plus de solutions de continuité. Ici, c'est l'archipel grec, espèce de pont jeté pour la civilisation entre l'Asie, l'Afrique et l'Europe ; là, c'est l'archipel britannique, qui s'élève comme ouvrage avancé vers l'Océan, et que sa situation géographique a destiné à posséder l'empire des mers de même qu'à servir d'intermédiaire entre l'Europe et l'Amérique. Ici, c'est la Sicile, point de repère entre l'Afrique et l'Italie; là l'archipel danois, destiné à propager l'élément germain vers le nord.

Orographie. A considérer les successions de plateaux et de bas-fonds, de montagnes et de vallées que présente la surface de l'Europe, sa configuration extérieure paraît d'abord avoir un certain caractère d'uniformité. En traçant en effet une ligne de l'embouchure du Dniester à celle du Rhin, on divise le continent en deux parties principales, celle du nord-est, grande vallée séparée de la partie sud-ouest par une série continuelle de plateaux. Mais un examen plus attentif ne tarde point à démontrer que cette grande vallée, elle aussi, ne laisse pas que d'avoir une surface extrêmement inégale et tourmentée ; et que, à la différence des autres parties de la terre, c'est à l'extrême diversité de configuration du sol qu'est dû le caractère particulier qui forme le propre de la nature européenne. La grande vallée Sarmate couvre à elle seule, au nord-est du Dniester et de la Vistule, une superficie de 45,000 myriamètres carrés, tandis que les différentes autres vallées du continent n'en occupent que 6,000. Dans les presqu'îles, c'est la configuration montagneuse qui domine, et de telle sorte que les vallées n'y occupent guère au delà de 5,000 myriamètres carrés ; mais c'est précisément au nord que se trouvent les vallées les plus profondes ; et la Scandinavie, la presqu'île qui pénètre le plus en avant dans la zone froide, est aussi celle qui présente les vallées les plus vastes, circonstance à laquelle est due la possibilité d'y cultiver le sol jusqu'au point nord le plus extrême. Les îles, elles aussi, sont assujetties à cette heureuse configuration. Le tiers de leur superficie totale se compose de vallées, et plus particulièrement au voisinage de l'océan Atlantique. Vue à vol d'oiseau, l'Europe renferme 59,000 myriamètres carrés de vallées et 25,000 myriamètres de contrées montagneuses. La grande vallée de l'Europe orientale communique directement, au sud du mont Oural, avec les steppes de l'Asie, et forme la, au nord de la mer Caspienne, cette grande porte des peuples par laquelle pénétrèrent les hordes asiatiques quand elles s'en vinrent momentanément compromettre le développement de la civilisation européenne et infuser de nouveaux éléments dans son mélange de peuples. Au nord, elle touche par les inhabitables marais des Tundras à la mer Glaciale ; au sud, elle s'appuie aux premiers contreforts du Caucase, ceint la rive septentrionale de la mer Noire, puis subit un exhaussement du sol, se couvre alors de marais et de forêts, et au sud, de luxuriants pâturages, pour constituer un groupe régional particulier et un seul grand État politique (*voyez* Russie). De la Vistule au Rhin, la plaine Sarmate continue en se rétrécissant toujours davantage pour former la ceinture de vallées germaniques qui accompagne les rivages de la Baltique et de la mer du Nord ; région divisée aussi par un grand nombre de légers soulèvements du sol et de profondes vallées, avec un chenal pour l'écoulement des eaux, et qui dans sa profondeur moyenne de l'est à l'ouest présente la transition des landes sablonneuses aux steppes verdoyantes et aux marais, pour finir par s'abaisser jusqu'au niveau de la Mer du Nord et même plus bas. Au sud-ouest des embouchures du Rhin, les fertiles vallées flamandes servent de point de transition aux vallées françaises qui, des plaines et des plateaux de la Picardie limitrophes des dernières hauteurs de la Flandre, s'abaissent pour former les bassins séparant le groupe des montagnes centrales de la France de l'océan Atlantique et des montagnes de la Bretagne, et au sud s'appuyant aux Pyrénées. Pendant que la région montagneuse du sud-ouest de l'Europe est entourée de la sorte de vallées formant un grand arc septentrional, les vallées du Danube à l'est, celles des Marches et de l'Oder à l'ouest, rejoignent les plaines du bassin du Rhône et du bassin du Rhin, en constituant quatre régions ou groupes de montagnes bien distincts. Entre les basses plaines du Rhône et du Danube hongrois, et entre les vallées lombardo-vénitiennes et les plaines danubiennes de l'Allemagne méridionale, s'élève le vaste système des différentes chaînes des Alpes sur une base totale de 2,250 myriamètres carrés, atteignant avec le Mont-Blanc une altitude de 4,934 mètres pour former l'un des plus magnifiques plateaux de la terre, avec des pics de 3 à 4,000 mètres de hauteur. Au nord de la plaine du haut Danube, entre les vallées du Rhin d'une part, et celles des Marches et de l'Oder de l'autre, les montagnes centrales de l'Allemagne suivent, sur une base de 2,500 myriamètres carrés, une pente qui va s'inclinant en terrasses vers le nord et, au moyen de diverses chaînes longitudinales recouvertes des plus riches forêts, partage le sol allemand en un grand nombre de régions distinctes (voyez ALLEMAGNE). A l'est des Alpes, dont les séparent le cours moyen du Danube et ses vallées hongroises, s'élèvent, sur une base de 5,100 myriamètres carrés de superficie, les Monts Carpathes, depuis les angles couverts de neige du plateau de Transylvanie jusqu'aux basses montagnes forestières de Presbourg, qui ceignent les basses plaines de la Hongrie, atteignant au mont Tatra une altitude de 3,000 mètres et prennent en Transylvanie tous les caractères d'un pays de plateaux (voyez CARPATHES). A l'ouest du Rhône et du Rhin s'avancent sur le flanc des Alpes et des montagnes centrales de l'Allemagne, les montagnes du centre de la France, qui ne s'y rattachent pas, il est vrai, sans solution de continuité, mais qui, de même que les plus hautes montagnes de l'est et du sud-est, vont toutes en s'abaissant par terrasses successives dans la direction du nord-ouest et de l'ouest, et, aux environs des sources de la Loire, forment un plateau central de 1,000 mètres de plan vertical avec des pics d'environ 2,000 mètres (voyez FRANCE). Parmi les montagnes des presqu'îles, celles qui bordent les côtes de la Crimée, et les chaînes des monts Arrées qui couvrent toute la Bretagne, se trouvent à une bien plus grande distance des systèmes principaux que les montagnes des presqu'îles de la Méditerranée et de la Scandinavie. Le système se heurte et si accidenté de la péninsule Ottomane a son point culminant et d'attache au nord, dans le plateau du Tscher-Dagi ou Skardus, avec des pics de 2,700 mètres, et se résout au sud, en Grèce, en divers massifs à crêtes dont il reparaissent encore dans les îles de l'archipel. Les contrées de l'Italie se rattachent au système de la chaîne des Apennins, dont la crête atteint dans les Abruzzes une élévation de 2,000 mètres, et même de près de 3,000 à Gran-Sasso, et reparaît, quelque brisée par des forces volcaniques, sur la côte septentrionale de la Sicile, de même qu'en Corse et en Sardaigne. Les hautes plaines centrales de la Castille témoignent du caractère fondamental de plateau que présente toute la péninsule hespérienne, laquelle se trouve complètement séparée de la France au nord par les Pyrénées, aux cimes couronnées de neiges, de même qu'elle nous offre encore au sud dans la *Sierra Nevada* un autre plateau atteignant la région des neiges. Dans la péninsule scandinave un plateau riche en pics neigeux et en glaciers, avec des versants abrupts et atteignant dans la direction du nord au sud une hauteur de 700 à 1,700 mètres, s'avance vers la côte occidentale, qui est échancrée de la manière la plus tourmentée, tandis que des plateaux couverts de lacs et de forêts s'abaissent en terrasses dans la direction de l'est et du sud-est. Le pays montagneux et diversement groupé des îles Britanniques acquiert son caractère le plus grandiose dans les hautes terres de l'Écosse, et y reproduit à beaucoup d'égards la nature scandinave. Les cataclysmes auxquels l'Europe doit sa configuration actuelle n'ont laissé dans les temps historiques que peu de témoins de leur force modificative. Tandis que sur diverses côtes basses et plates, notamment sur les rives de la Mer du Nord et au nord-ouest de la mer Adriatique, la lutte de l'élément solide contre l'élément liquide a provoqué de nombreuses révolutions, et que le travail rénovateur des eaux se continue encore sous nos yeux, les témoins de la puissance volcanique encore aujourd'hui en activité se bornent à l'Etna, aux volcans des îles Lipari, au Vésuve et aux volcans de l'Islande, dont l'Hécla est le plus célèbre. Quant aux autres formations purement volcaniques, on les rencontre plus particulièrement groupées dans l'Italie méridionale, l'Auvergne, le nord de la Hongrie, le centre de l'Allemagne et le sud de l'Écosse; et, sauf quelques exceptions, comme à Naples par exemple, elles appartiennent à une époque anté-historique.

Mers et fleuves. En raison même des nombreuses alternatives d'élévation et de profondeur que subit la configuration du sol de l'Europe, tant horizontalement que verticalement, et des larges irruptions qu'y a pratiquées l'Océan, son système d'irrigation ne pouvait qu'être des plus variés et des plus favorables à la culture. On n'y rencontre nulle part les si frappants contrastes qu'offrent d'autres parties de la terre entre l'exubérance des eaux et leur extrême rareté. Les fleuves y ont peut-être de moindres bassins; mais nulle part non plus ils ne coulent avec une indomptable puissance. Ils sont disposés de manière à favoriser les plus multiples travaux de canalisation, et semblent autant de veines chargées d'aller partout distribuer la fécondité et la vie. Les fleuves les plus importants du versant arctique sont la Petchora, la Mesen, la Dwina et l'Onega, tous caractérisés par des embouchures de la nature des *limans*; et le plus grand de tous est la Dwina, qui a 67 myriamètres d'étendue. La Baltique reçoit les eaux des fleuves qui se succèdent parallèlement sur le versant sud-est de la Scandinavie, tels que le Tornéo-Elf, l'Angermanna-Elf, le Dal-Elf, etc., les décharges de la plupart des lacs de la Finlande, la Néwa, qui sert de déversoir au lac Ladoga, la Duna, le Niémen, le Prégel, la Vistule et l'Oder, ces quatre derniers caractérisés par des embouchures tenant de la nature des lagunes, et dont le plus grand est la Vistule, qui a 110 myriamètres d'étendue. Dans la mer du Nord viennent se déverser, par des embouchures en forme de golfes: l'Elbe, le Weser et l'Ems, ainsi que le Rhin, qui a 150 myriamètres d'étendue et aboutit à un delta. Le canal Saint-Georges et l'océan Atlantique reçoivent la Seine, la Loire, la Garonne, le Douro, le Tage, la Guadiana et le Guadalquivir, tous ayant une large embouchure avec un seul bras et dont le plus important est la Loire, qui a 112 myriamètres d'étendue. Parmi les trois principaux affluents de la Méditerranée, c'est-à-dire l'Èbre, le Rhône et le Po, ces deux derniers se distinguent par des deltas véritables, et le Rhône, qui a 95 myriamètres d'étendue, en est le plus grand. La mer Noire reçoit le Danube, dont l'embouchure forme un delta, et le Dniestr, le Dniepr et le Don, dont les embouchures ont la forme de *limans*; elle abandonne au Danube seul, dont le parcours est de 280 myriamètres, un bassin de 11,000 myriamètres carrés. La mer Caspienne reçoit par le plus grand des fleuves de l'Europe, le Volga, dont le parcours est de 340 myriamètres, et qui n'a pas moins de 70 bras d'embouchure, un volume d'eau aussi considérable que celui qu'envoie toute l'Europe à la Méditerranée. En Russie, le bassin de la mer Caspienne est relié par des canaux avec celui de la mer

Blanche et avec la Baltique par le Volga, le Dniepr, la Duna, le Niémen et la Vistule. Au centre de l'Europe, le canal du Main et du Danube, ou canal de Louis, unit la mer du Nord avec la mer Noire; de nombreux canaux conduisent à travers la France du bassin du Rhône à ceux du Rhin, de la Seine, de l'Escaut et de la Loire, par conséquent relient le golfe de Lyon à la mer du Nord, au canal Saint-Georges et à l'océan Atlantique. Le canal du Midi établit d'ailleurs une autre communication entre le golfe de Lyon et l'Océan au moyen de la Garonne. En Suède, le canal de Gœta conduit de la Baltique dans la mer du Nord (Cattégat); et dans les Iles Britaniques, un réseau de canaux d'une extrême richesse prouve qu'on a su en Europe mettre à profit les indications de la nature, et, en dépit des obstacles qu'une épaisse couche de glace fait naître chaque hiver dans le plus grand nombre des cours d'eau, les utiliser autant que possible pour établir des relations suivies avec les nations les plus diverses. La mer Caspienne étant située tout au centre de contrées participant de la nature des steppes de l'Asie, et un petit nombre de lacs de steppes seulement se trouvant assez rapprochés d'elle dans la direction de l'ouest, la forme des lacs intérieurs n'apparaît plus que dans les lacs de Neusiedl et de Platten en Hongrie. En revanche les lacs servant de déversoirs à des rivières sont particuliers à l'Europe. Ils prennent les dimensions les plus grandioses sur les deux rives de la Baltique et au pied des Alpes. Nous trouvons là le lac Ladoga, d'une superficie de 160 myriamètres carrés, et ici le grand lac de Genève, d'une superficie de 14 myriamètres carrés; le premier, réservoir d'eaux s'écoulant toutes vers l'océan; le second, servant de bassin d'épuration aux eaux qui y arrivent de tous les points des Alpes. Le marais, en tant que lente transition de l'état liquide à l'état solide, a été réduit en Europe par la main civilisante de l'homme au plus petit espace possible. Il résiste encore en vastes étendues à la culture dans les bas-fonds des Tundras, entre la Petschora et la Dwina; il persiste encore à l'ouest de la Russie dans les contrées où le Pripet prend sa source, et il est le but d'incessantes et productives conquêtes dans les Marches qui bordent le rivage de la Mer du Nord et dans les lagunes de la mer Adriatique.

Climat et produits. A la situation et à la configuration de l'Europe correspond un climat également éloigné des contrastes extrêmes que présentent le nord de la Sibérie et l'intérieur de l'Afrique, et offrant presque partout une transition peu sensible du froid au chaud, telle que l'exigent les besoins de la culture. La chaleur ne va pas seulement en diminuant du sud au nord, du bas en haut, mais aussi de l'ouest à l'est et à mesure qu'on s'éloigne davantage de l'Océan. La ligne isotherme de 0° touche le Cap Nord, mais aussi Torneo, situé bien plus au sud; celle de + 10° touche Londres, mais s'abaisse au sud jusqu'à Cracovie, Odessa et Astrachan; + 15° est la température moyenne de Bayonne, tandis que ce n'est que bien plus loin à l'est que telle est celle d'Ancône, de Durazzo et de Larissa, et la température de + 20°, qui touche la côte méridionale du Portugal, ne se retrouve plus nulle part en Europe comme moyenne annuelle. Ces chiffres indiquent bien que le nord et l'est sont plus froids que le sud et l'ouest, mais n'expliquent point la différence de température des saisons provoquées par les influences océaniennes ou par la situation continentale : et à cet égard une comparaison entre Édimbourg et Kasan nous fournira un frappant exemple. Ces deux villes sont situées à peu près sous la même latitude (55° 58′ et 55° 48′), et cependant Édimbourg a une température moyenne d'hiver de + 3°, 4 et Kasan de — 12°,2; Édimbourg a un été de + 14° et Kasan de + 18° 3. Ces contrastes ne sont qu'apparents pour les conséquences, car dans les localités où la végétation est arrêtée dans son activité par le froid extrême de l'hiver, la grande chaleur de l'été pendant les longs jours est indispensable à la réussite et à la maturation des fruits et des semences, et c'est ainsi qu'on ne trouve dans toute l'Europe qu'un très-petit nombre d'endroits se refusant à la culture des plantes alimentaires les plus importantes. Les points les plus extrêmes du nord sont seuls dans ce cas, de même que les parties de montagnes qui s'élèvent jusqu'à la région des neiges. L'Europe n'en offre en général que fort peu, et elles sont même encore plus nombreuses au sud qu'au nord. Elles y ont d'ailleurs une importance toute particulière, comme inépuisables réservoirs des eaux qui doivent aller porter au loin la fraîcheur et la vie. Tout à l'extrémité nord de l'Europe, la région des neiges commence à 700 mètres de hauteur; sur l'Etna, seulement à une élévation de 3,500 mètres, et même dans la Sierra-Nevada à 3,566 mètres. Presque toute l'Europe appartient à la température variable, car la neige n'est un phénomène, si non inconnu, du moins rare, que dans les contrées du sud et de l'ouest baignées par la mer et sur le versant de l'Apennin à une hauteur de 400 mètres, sur l'Etna à une hauteur de 500 et dans la Sierra-Nevada à 700 mètres. Il en résulte naturellement presque partout la succession régulière des quatre saisons de l'année. Plus on avance vers le nord ou dans l'intérieur du continent, et plus la différence des saisons paraît vivement accusée, de même qu'il existe pour le développement de la nature organique et la manière de vivre de l'homme une notable différence entre le nord et le sud. La quantité annuelle des pluies atteint son point maximum dans les pays de montagnes et les contrées voisines de l'océan; elle est dès lors remarquablement abondante au nord-ouest; au sud, là où n'existe point, comme en Espagne, une exception due à l'uniformité d'un plateau, elle est encore considérable; tandis que c'est au nord-est qu'on observe son point minimum. On remarque d'ailleurs en général des différences bien plus essentielles entre le nord et l'ouest qu'entre le nord et le sud. En ce qui est de la distribution annuelle des pluies, le nord se trouve de nouveau en opposition avec le sud, attendu qu'il pleut plus souvent et d'ordinaire en été et en automne au nord, et plus rarement mais avec d'autant plus d'abondance en automne et en hiver au sud. Dans tout le sud et dans tout l'ouest de l'Europe, dominent les vents plus chauds du sud et de l'ouest; à l'est de l'Europe, les vents de nord-ouest et d'est, qui y apportent avec eux tantôt le froid sec, tantôt la chaleur étouffante du continent asiatique. Sur les côtes méridionales de l'Europe les alternatives entre les vents de terre et les vents de mer sont bien plus sensibles que dans le nord, et contribuent beaucoup à adoucir la plus chaude température de jour. L'air est plus clair au sud qu'au nord; mais les vents chauds et engourdissants (*sirocco, salano*) et les émanations malsaines des maremmes du sud, sont inconnus au nord.

Le *règne végétal* est le plus éloquent témoignage à citer en fait de climat; et ce sera en se rend parfaitement compte de sa propagation et de sa physionomie en Europe en descendant du nord vers le sud. L'étroite et septentrionale étendue de côtes de la Laponie et le bassin inférieur du Petschora appartiennent à la zone des mousses et des baies les plus humbles; on y trouve bien, dans quelques situations favorables, la flore des Alpes, mais pas d'arbres, pas de céréales. La zone méridionale suivante s'étend jusqu'à une ligne tirée du milieu de l'Écosse jusqu'à Drontheim, à Pétersbourg et aux sources du Tobol; elle comprend le nord de l'Écosse, le nord de la Scandinavie, la Finlande et le nord de la Russie. Le bouleau y est le représentant le plus septentrional de la végétation arborescente; les sapins et les pins sauvages y forment de vastes forêts; on y cultive l'orge et l'avoine. Une troisième zone s'étend au sud jusqu'aux limites de la culture de la vigne. Cette ligne si caractéristique de délimitation commence à l'ouest aux environs de Vannes (au nord-ouest, près de Nantes), incline au nord-est jusqu'à la vallée du Rhin à Cologne, suit les terrasses septentrionales de la vallée du Main, pénètre dans la vallée de la Werra jusqu'à Witzenhausen, dans celle de la Saale jusqu'à Naumbourg, atteint son point nord extrême à Freienwald et à la descente de l'Oder, se dirige alors au sud-est vers les Carpathes, puis vers les cours inférieurs du Dniepr, du Don et du Volga, et abandonne l'Europe au nord d'Astrakhan. Cette zone, qui comprend les Iles Britanniques, la partie nord-ouest de la France, la Belgique et les Pays-Bas, le nord de l'Allemagne, le sud de la Scandinavie, la Pologne et la Russie centrale, est caractérisée par l'existence en plaines de plus grandes forêts d'arbres à feuilles aciculaires, de forêts d'arbres verdissant en été et perdant leurs feuilles en automne, notamment de chênes et de hêtres au sud, dans l'ouest, où règne plus d'humidité, et dans les montagnes peu élevées; par la culture du seigle associée à celle de l'orge et de l'avoine, du froment au sud, de la pomme de terre et du sarrasin, du chanvre et du lin, et des arbres fruitiers du nord. Une autre zone a pour limites au sud les Pyrénées, le pied méridional des Alpes, le versant nord-ouest des monts Dalmates et les côtes méridionales de la Thrace; de sorte qu'elle comprend toute la France, la Suisse, le sud de l'Allemagne, les contrées des Carpathes, le nord de la Turquie et le sud de la Russie. Le châtaignier et le chêne y caractérisent particulièrement la végétation arborescente; les arbres à feuilles aciculaires y croissent dans les montagnes; la vigne y est plantée avec avantage; on y cultive le houblon, et le froment est récolté avec abondance dans les plaines; le maïs y réussit, de même que les plus belles espèces de fruits. La zone la plus méridionale, comprenant les péninsules méridionales, peut être appelée celle des arbres à feuilles toujours vertes, car si là, dans les basses contrées, les arbres forestiers du nord font défaut, de même que les grandes forêts en général, on revanche on y trouve dans des bois de moindre étendue des arbres dont les feuilles ne sont pas sujettes à des chutes périodiques : outre le chêne-liège, le chêne-vert et le laurier, le myrte, le pin, le cyprès, le platane, et, comme précurseurs du voisinage des tropiques, des palmiers nains, des cactus et des aloès. L'olivier et l'oranger y sont cultivés indépendamment de la vigne, de l'amandier, du pêcher et du figuier. Au froment et au maïs succède le riz, et tout à l'extrémité sud du coton réussit. Ces différentes nuances de la végétation, l'habitant des contrées méridionales peut successivement les rencontrer en gravissant les hautes montagnes. Le sud de l'Europe possède, il est vrai, une plus grande variété de végétation que le nord, notamment plus d'espèces d'arbres et d'arbrisseaux, plus de plantes grimpantes et de plantes bulbeuses, plus de fleurs et d'herbes odoriférantes; en revanche, faute d'abondantes pluies d'été, il manque de forêts vigoureuses et de frais et verts pâturages.

Le *règne animal* de l'Europe est réparti à peu près de même, et nous offre aussi à l'extrême nord et à l'extrême sud ses plus saillants contrastes. Le nombre des bêtes fauves y a été singulièrement diminué par les progrès de la civilisation, et sous le rapport de la férocité comme sous celui de la taille on ne saurait les comparer avec les espèces des tropiques. L'ours blanc n'existe qu'au point nord le plus extrême; l'ours, le loup, le chat sauvage et le lynx se rencontrent à peu près partout, il est vrai, mais ne laissent pourtant pas que d'être assez rares; ils habitent de préférence les grandes forêts sarmates et quelques contrées montagneuses isolées. L'élan et l'aurochs n'existent plus que dans quelques forêts de l'est; le chamois et le bouquetin des hautes montagnes deviennent toujours plus communs. Le porc-épic ne se rencontre qu'au sud, et le babouin n'existe que sur les rochers de Gibraltar. Le chacal est exclusivement particulier à la Dalmatie. La marmotte vit dans les Alpes; le squale ne fréquente que les côtes septentrionales de l'Atlantique, et la baleine n'abandonne pas les mers du nord. La famille des oiseaux est moins fixée à une région particulière; cependant le flamant et le pélican n'existent qu'au sud; il en est de même de l'aigle impérial, tandis que l'aigle royal se tient plutôt dans les régions élevées. La famille des vautours devient plus nombreuse à mesure qu'on avance vers le sud; le coq de bruyère est étranger aux péninsules méridionales et la tourterelle à celles du nord. Le canard-eider ne niche qu'au delà du 35° de latitude septentrionale; le cygne égaye les eaux du nord. La grande chouette des neiges n'abandonne jamais les extrémités septentrionales; la poule de bois évite le sud-ouest et le sud. Ce qui caractérise particulièrement l'Europe, c'est le grand nombre d'oiseaux voyageurs qu'on y rencontre, et qui l'abandonnent en hiver pour aller s'établir dans des contrées plus chaudes. En ce qui est des animaux d'ordre inférieur, il est à remarquer que le sud est plus riche en espèces et en genres, et le nord en quantités. Une espèce à part de tortue de mer est particulière à la Méditerranée; la tortue gigantesque est plus rare, mais se rencontre parfois jusque sur les côtes d'Angleterre, tandis que la tortue de terre est répandue dans les îles et les presqu'îles du sud, et la tortue de marais jusque dans les contrées du nord. En fait de poissons, le hareng et le cabillaud ne se rencontrent qu'au nord, l'esturgeon partout, il est vrai, mais principalement dans les eaux russes, la sardine sur les côtes occidentales et méridionales, mais le thon seulement au sud. En général, cependant, c'est encore le nord de l'Europe qui doit alimenter le sud de poisson. Dans l'innombrable foule des insectes, le sud de l'Europe offre quelques espèces qui lui sont particulières, telles que la tarentule, le scorpion commun et le scorpion rouge, de nombreuses espèces particulières de crabes et d'écrevisses, tandis que le homard habite les côtes septentrionales. La sauterelle voyageuse est le fléau à peu près exclusif du sud; le vers à soie y trouve aussi une abondante nourriture et ne réussit dans le nord de l'Allemagne qu'à l'aide des précautions les plus minutieuses. L'abeille est répandue à peu près dans toutes les parties de l'Europe, et devient de plus en plus rare à mesure qu'on s'en éloigne; dans les régions sud-est, elle est attaquée par la larve des clairons apivores. La Méditerranée est bien moins riche, en fait de vers, de criquets, de limasses, de moules, que les mers du nord; par leurs formes particulières et leurs couleurs foncées, ces espèces y offrent déjà une image des richesses que possède à cet égard l'océan tropical. En raison même de l'état de civilisation auquel l'Europe est déjà parvenue, il est naturel que le nombre des animaux réduits en domesticité y soit très-considérable. La propagation du cheval, du bœuf, du mouton, du porc et de la chèvre ne rencontre d'obstacles qu'au point nord extrême, où le renne et le chien, extrêmement communs d'ailleurs, en tiennent plus ou moins lieu. Mais le sud possède en outre le buffle et même le chameau quand on sait le traiter convenablement; de même, le mulet et l'âne, bien autrement nombreux au sud qu'au nord, sont d'une extrême utilité à l'homme, sans compter divers oiseaux réduits en domesticité.

Les produits du *règne minéral* tiennent moins au climat sans doute, mais ne se trouvent pas pour cela répandus au hasard en tous lieux. Cependant les plus précieux et les plus brillants de ces produits sont moins communs en Europe que ceux dont l'utilité est immédiate; fait dans lequel il faut voir encore une des conditions imposées à la vie de l'Européen. S'il faut indiquer ici quelques-uns des principaux endroits où se trouvent les minéraux les plus importants, nous citerons : pour l'or, l'Oural et les Carpathes; pour le platine, l'Oural seulement; pour l'argent, l'Oural surtout, les Carpathes, l'Erzgebirge et la Suède; pour le zinc, l'Angleterre et l'Allemagne; pour le plomb, l'Angleterre surtout, l'Espagne, la Hongrie et l'Allemagne; pour le cuivre, l'Angleterre, la Suède, la Norvège, la Russie, la Hongrie. L'Angleterre est le pays qui produit le plus de fer; le meilleur vient de Suède; et il s'en trouve beaucoup en Russie, en Autriche, en Prusse. L'Angleterre est particulièrement riche en houilles; viennent ensuite, sous ce rapport, la Belgique, la France et l'Allemagne. Le sel gemme abonde en Gallicie; le sel de sources, en Allemagne; le sel marin, en Portugal. Les eaux minérales les plus nombreuses et les plus célèbres se trouvent en Allemagne.

Population. Les habitants de l'Europe vivent dans des

États dont les limites sont fixement déterminées ; mais parmi ces États, il en est un dont la domination s'étend jusqu'au nord de l'Asie et au nord de l'Amérique. La ligne de démarcation politique qui sépare l'Asie et l'Europe ne s'accorde pas exactement donc avec les frontières naturelles qui leur ont été assignées, et empiète, au contraire, tellement sur le territoire des monts Oural, qu'elle porte à près de 99,000 myriamètres carrés l'étendue totale des États européens. Sur cet espace vivent, d'après les calculs faits en 1852, environ 267 millions d'hommes. C'est presque le tiers de la population totale du globe, tandis que le territoire des différents États européens n'en occupe guère que la quatorzième partie. Ce rapport indique suffisamment que l'Europe est de toutes les parties du monde la plus peuplée, quoique sa population soit d'ailleurs fort inégalement répartie et dépende de certaines circonstances physiques et historiques, et aussi de l'état de civilisation. C'est au nord de la Russie et dans la Scandinavie, en général dans l'est et au nord, qu'elle est le plus clair-semée, tandis qu'elle forme les groupes les plus compactes à l'ouest, dans la plupart des parties centrales et dans les pays méridionaux (Italie).

Sous le rapport de la différence des races et des langues, l'Europe présente une diversité extrême, répondant de tous points à sa nature et à son histoire. La race indo-germanique l'occupe presque exclusivement. Cette race comprend les peuples suivants :

1° Les nations romanes ou gréco-latines (Grecs, Valaques, Roumains, Italiens, Français, Espagnols et Portugais), parmi lesquelles le rameau grec immigra originairement d'Asie, et occupe encore aujourd'hui, dans toute sa pureté, le théâtre primitif de son activité.

2° Le rameau celte ou gaulois, la seconde race européenne par ordre d'ancienneté, dont les débris existent encore dans la Grande Bretagne ; romanisée comme *romans* et *ladins* dans le canton des Grisons et dans la haute Italie, après avoir été refoulée autrefois de l'ouest à l'est.

3° Le rameau germain (Allemands, Danois, Suédois, Norvégiens, Hollandais, Anglais), le troisième en ordre de date et de tous le plus important incontestablement, en Europe comme sur le reste de la terre.

4° Les Slaves, qui pénétrèrent de l'est en faisant une pointe jusqu'au centre de l'Europe ; placés entre les hordes sauvages de l'Asie et les nations les plus civilisées de l'Europe, ils offrent beaucoup d'affinité avec le rameau lette ou lithuanien aujourd'hui refoulé dans les contrées baignées par le golfe de Riga.

5° Les Albanais, le seul débris de la population illyrienne aujourd'hui éteinte, refoulés sur le littoral méridional de l'Adriatique et sur les rives septentrionales de la mer Ionienne.

6° Les Arméniens, dernier rameau de la race indo-européenne et comptant de nombreux représentants dans le bassin du Don inférieur, en Transylvanie, en Valachie et en Moldavie.

Après les Roumains, les Germains et les Slaves, un autre élément principal de la population européenne se compose des Finnois, des Tschoudes ou Ouraliens, disséminés sur un vaste territoire au nord et au nord-est de l'Europe, mais bien réduits en nombre depuis le neuvième siècle de notre ère, qu'on rencontre aussi répandus avec le rameau ougre des Magyares dans le bassin carpathe du Danube, où ils séparent les Slaves du nord de ceux du sud.

Les Osmanlis, appartenant à la famille des nations turques et le dernier peuple émigré d'Asie, sont, il est vrai, demeurés étrangers à la nature européenne proprement dite et divisés au sud-est de l'Europe en nombreuses parcelles cependant, en raison de leur importance politique ils forment le cinquième élément principal de la population de l'Europe.

Les autres nationalités constituent plus ou moins des éléments accessoires, par exemple : les basques, derniers débris de la population ibérienne ; quelques hordes mongoles, dans le bassin central et inférieur du Volga ; les Samoyèdes, tout à l'extrémité nord-est de l'Europe ; les habitants arabes de race sémitique, de Malte et des États voisins ; enfin, les Hébreux, dispersés dans toute l'Europe, à l'exception de la Norvège et de l'Islande.

L'importance numérique de ces diverses races est exprimée par les chiffres suivants : Roumains, 82 millions ; Slaves, 80 millons ; Germains, 71 millions 1/2 ; Celtes, 14 millions ; Ouraliens, 9 millions ; Semgalles, 3 millions ; Turcs, 2 millions 1/2 ; Lettes, 2 millions ; Albanais, 2 millions ; et les autres races moins importantes, un peu plus d'un million.

Malgré cette extrême diversité de nationalités, qui est telle que si on voulait établir des divisions plus précises, on arriverait à compter 60 races distinctes, parlant 53 langues particulières subdivisées en nombreux dialectes, la constitution ethnographique de l'Europe ne laisse pas de présenter ce caractère d'uniformité qui semble commandée par les circonstances physiques où elle se trouve placée, attendu que la race indo-européenne est de beaucoup la prépondérante, et que ces nations si mélangées peuvent être ramenées à trois grands groupes principaux : le groupe roumain, le groupe germain et le groupe slave. A cette division physique et politique correspond une division analogue en ce qui est des croyances et du culte. Dans l'Europe roumaine domine en effet le culte catholique romain ; dans l'Europe germanique, le culte protestant ; et dans l'Europe slave, le culte catholique grec. Mais un examen plus attentif ne tarde pas à porter de nombreuses atteintes à ces rapports d'analogie. Comme limite occidentale de la propagation de l'Église catholique grecque, on peut approximativement assigner une ligne commençant au golfe de Cattaro, gagnant la Save centrale, le Dniestr central, la Duna inférieure, le lac Peipus et le lac Saima pour aboutir à la mer Blanche. A l'est de cette ligne domine l'Église catholique romaine, à l'exception du mahométisme qui, a pénétré au sud. A l'ouest de cette même ligne de démarcation on peut en établir une autre, entre le protestantisme et le catholicisme, à partir de la Duna inférieure jusqu'au Niemen inférieur, au Pregel, à l'embouchure de la Netze, à l'Oder supérieur, à la Porte de l'Elbe, entre la Saxe et la Bohême, au Main supérieur, au Rhin inférieur, à l'embouchure de l'Escaut, au Pas-de-Calais, au canal Saint-Georges et à la côte occidentale de l'Islande. Il n'y a d'exclusivement protestant que la Scandinavie et la vallée germanique, et d'exclusivement catholique que le sud-ouest de l'Europe. Indépendamment de ces trois grandes formes de la religion chrétienne, on trouve, il est vrai, le mahometisme, le judaïsme et même encore de nos jours le paganisme tout à l'extrémité nord. Mais les chiffres suivants indiquent en quelle infériorité sont restés les éléments non chrétiens : on compte au delà de 133 millions de catholiques romains, 65 millions de catholiques grecs, 60 millions de protestants, 5 millions de mahométans, 3 millions de juifs et moins de 1 million de païens. De cette prédominance du christianisme résulte, sous le rapport intellectuel, une grande uniformité en même temps qu'une civilisation plus avancée et dont les bases sont toutes morales. Les œuvres du génie de l'Européen, la manière dont il a su s'approprier les éléments de richesses du sol, la constance avec laquelle il persiste à transplanter sous l'étendard de la croix dans les plus lointaines régions les semences de ce qu'il y a d'utile et de noble, témoignent de son ardeur à perpétuer son triomphe ; ce n'est même qu'en réfléchissant les lumières de l'Europe que les autres parties de la terre parviennent à prospérer.

État politique. L'Europe n'a pas pu arriver tout à coup et sans luttes violentes au point où on la voit. Après avoir, suivant toute apparence, reçu ses premiers habitants de l'est, son histoire commença de la manière la plus brillante avec la race pélasgienne des Hellènes, fondateurs de la puissance et de la civilisation de la Grèce. Rivaux des Phéniciens, les Grecs cherchèrent à s'étendre sur tout le littoral de la Méditerranée ; mais à l'apogée de leur puissance et de leur prospérité, vers l'an 400 avant J.-C., succéda bientôt l'anéantissement de leur liberté par Alexandre, quand il fonda le grand empire macédonien (336 av. J.-C.). Tandis qu'Alexandre confondait les destinées du sud-est de l'Europe avec celles de sa domination en Asie, les Romains s'occupaient en Italie d'étendre et de consolider leur puissance militaire; et parvenus depuis la défaite de Carthage à exercer l'hégémonie au sud de l'Europe, ils reculèrent à l'aide de leurs légions l'horizon européen au delà du bassin de la Méditerranée. Vers l'an 30 av. J.-C., ils étendirent l'empire d'Auguste depuis l'Atlantique jusqu'à l'Euphrate, et du Rhin et du Danube aux déserts de l'Afrique. Quoique sous la domination des empereurs le mouvement civilisateur ait peu à peu gagné les barbares, la religion chrétienne ne put pas trouver dans les éléments abâtardis de l'empire les germes vigoureux qui lui eussent été nécessaires pour opérer en Europe tout le bien dont elle était capable; il fallait pour cela qu'elle se retrempât dans des éléments plus jeunes; elle les trouva dans les races germaines. L'invasion des Huns, sortis d'Asie vers l'an 375 de notre ère, donna le signal de la grande migration des peuples. Le vaisseau de l'empire romain, déjà désemparé, périt dans les vagues de feu que le torrent des barbares promena dans toute l'Europe. L'an 476, le roi des Herules et des Rugiens, Odoacre, mit fin à l'empire romain d'Occident, tandis que l'empire d'Orient, avec Constantinople pour nouvelle capitale, parvint encore à végéter mille ans de plus. La domination germaine s'établit sur les ruines de l'empire d'Occident, et atteignit sa plus grande extension au sixième siècle. Le fait historique le plus frappant qu'on observe ensuite, c'est la fondation par les Ostrogoths d'un empire en Italie s'étendant au nord-est jusqu'au Danube. Sur la rive gauche de ce fleuve on trouve établis pendant quelque temps les Lombards, tandis que les Gépides y acquièrent de plus en plus d'importance. On voit alors l'empire fondé par les Visigoths en Espagne la comprendre presque tout entière, et s'étendre jusqu'au sud de la France; puis, s'élever le royaume Suève du nord de l'Espagne, le royaume des Franks et des Bourguignons, et même au delà de la Méditerranée, au nord de l'Afrique, un royaume des Vandales. Tandis qu'à l'ouest de l'Europe, l'agitation des peuples se calme peu à peu et amène quelque chose de plus fixe dans la nature des institutions politiques, en Orient les hordes barbares continuent leurs dévastations. De ce côté les Slaves pénètrent jusqu'au cœur de l'Allemagne; les Finnois apparaissent dans le nord, les hordes turques franchissent l'Oural, et pénètrent jusqu'au Don en refoulant les Avares devant eux à l'occident; pendant que les Bulgares occupent les frontières nord-est de l'empire romain d'Orient, et que les Huns, après la mort d'Attila, se retirent dans les steppes du Pont.

Le siècle de Charlemagne nous présente la seconde période décisive du développement des États européens. Les Visigoths et les Ostrogoths renoncent à leur indépendance; un nouvel élément d'une extrême importance pour la civilisation pénètre en Espagne avec les Arabes, qui y fondent l'émirat de Cordoue. Charlemagne, de son côté, fonde le grand empire des Franks, et redonne des forces à l'élément germain en lui infusant une religion nouvelle; les Normands, au nord, deviennent plus puissants et poussent leurs expéditions d'aventures et de conquêtes jusqu'au sud de l'Europe; l'heptarchie des Anglo-Saxons se transforme insensiblement en un royaume d'Angleterre (827); parmi les races slaves, la tribu polonaise des Lixèques acquiert une prépondérance décisive; l'empire des khans de Chazar s'établit depuis le Volga inférieur jusqu'au Dniester; les Bulgares sont expulsés vers la fin du neuvième siècle par les Magyares de leurs nouveaux établissements sur le Danube central et sur la Theiss; et l'empire de Byzance voit maintes fois ses frontières se modifier au milieu des luttes incessantes qu'il est obligé de soutenir contre les envahisseurs Avares et Slaves.

Vers l'an 1000 d'importants changements ont encore lieu dans l'assiette des différents États européens. En Espagne, le royaume de Léon et le comté de Castille paraissent déjà avoir acquis plus de force; mais la domination arabe subsiste toujours; la France et la Bourgogne (Arles), comme royaumes, sont bien inférieures à l'empire romano-allemand, devenu le pivot de l'Europe; un royaume uni de Norvège s'étend jusqu'à la mer Blanche; l'empire chazar disparaît pour être bientôt remplacé par un empire russo-slave, s'étendant du lac Ladoga au Caucase; les Bulgares, forcés de céder la place aux Magyares, se rejettent avec les Valaques sur une grande partie de l'empire romain d'Orient; et des peuplades turques, les Petschénègues entre autres, s'avancent de plus en plus sur le littoral de la mer Noire. De grands dangers menacent toujours le vigoureux développement de la civilisation européenne; le nord et l'est de l'Europe sont encore païens; les Normands deviennent conquérants à l'ouest et au sud; les lois du Coran sont reconnues au sud-ouest; l'empire allemand se fractionne et ses souverains visent à la domination universelle.

A ce moment, le génie de Grégoire VII consolide la puissance des papes; et ses successeurs appellent aux croisades l'Europe chrétienne, à laquelle ils communiquent ainsi une vie nouvelle tout en provoquant des événements qui doivent avoir d'immenses conséquences. Pendant les croisades, par conséquent de la fin du onzième siècle au commencement du treizième, de nouveaux États indépendants se créent et d'autres perdent leur puissance; le Portugal, devenu plus tard royaume, se sépare de l'Espagne; l'Aragon rivalise d'ardeur avec la Castille pour expulser les Arabes; la puissance de la Sicile s'établit sur la terre ferme suite en subissant de fréquents changements de souverains; la France reste pendant longtemps dans sa partie occidentale un fief de la couronne d'Angleterre; l'ancien royaume de Bourgogne passe sous la domination de l'empire d'Allemagne, qui arrive à l'apogée de sa puissance et de sa grandeur sous les Hohenstaufen; le Danemark parvient à exercer une grande importance politique; la Suède étend ses frontières jusqu'en Finlande; la Hongrie pousse les siennes jusqu'à la mer Adriatique; Venise et Gênes deviennent toute-puissantes dans la Méditerranée; la Pologne gagne en force et en indépendance; un nouvel empire Valaquo-Bulgare s'établit entre le Balkan et le Danube, et le grand empire russe se divise en plusieurs parties, révolution qui le met hors d'état de repousser l'invasion des Mongoles. Quand, vers la fin du treizième siècle, la maison d'Autriche se fut rendue indépendante, et lorsque, au commencement du quatorzième siècle, la Suisse en eut fait autant, la puissance des papes alla toujours en diminuant (exil à Avignon), et une longue suite de sanglantes luttes commença alors entre la France et l'Angleterre. A la fin du quatorzième siècle, les trois royaumes scandinaves n'en forment plus momentanément qu'un seul; la brillante époque de la Pologne commence sous Jagellon, et au sud-ouest l'énergie portugaise parvient à poursuivre l'islamisme jusqu'en Afrique, en même temps que les Espagnols le refoulent de plus en plus de leur côté. Mais si le croissant s'éclipse insensiblement à l'ouest, il n'en devient que plus puissant à l'est; et en 1453 les Turcs mettent fin à l'empire romain d'Orient.

Vers le milieu du seizième siècle commença pour l'Europe cette période célèbre qui, par l'importance des événements dont elle fut remplie, lui ouvrit la route qu'elle devait désormais suivre dans l'histoire de l'humanité. Après une série d'importantes inventions témoignant de la puissance intellectuelle des Européens, eurent lieu, à la fin du quinzième siècle, les découvertes faites par l'un des Indes et en Amérique. La méditerranée cesse dès lors d'être le centre de gravité de l'histoire de l'Ancien Monde. L'Europe occidentale se précipite au delà de l'Océan. Le Portugal et l'Espagne deviennent des puissances de premier ordre, et inaugurent l'ère des conquêtes transatlantiques. Que si le nouvel essor de l'Europe eut pour résultat de mettre fin aux inquiétudes jusqu'alors provoquées par les progrès de la puissance turque, laquelle désormais n'offre plus de périls que pour ses voisins immédiats, ce fut aussi vers la même époque que la réformation vint poser les bases et fournir la clef de voûte du nouve édifice politique que les peuples européens étaient destinés à voir s'élever. Les conditions essentielles et caractéristiques de la constitution politique des divers États furent alors fixées ; en face d'une Europe catholique s'éleva une Europe protestante, en face d'États maritimes se constituèrent des États continentaux. L'Autriche déploie toute sa puissance dans les luttes de la réformation; la France, humiliée d'abord par Charles-Quint, relève noblement la tête; l'Angleterre fonde sa puissance industrielle et maritime, et à l'est les princes moscovites brisent les chaînes de l'oppression mongole (1481) en même temps qu'ils créent la puissance russe actuelle.

L'union de plusieurs États puissants sous la souveraineté de Charles-Quint n'empêche pas l'Europe, surtout au sud-ouest, de s'approcher de plus en plus de sa configuration actuelle vers la fin du seizième siècle. Le Portugal apparaît déjà puissance indépendante; les Maures sont chassés de la Péninsule. En Espagne, les différentes couronnes se réunissent sur une même tête à laquelle obéissent en même temps et Naples et Milan ; la France consolide de plus en plus son territoire, depuis qu'elle en a à jamais expulsé l'Anglais. Le royaume de Bourgogne ayant disparu, de ses ruines se formèrent les Pays-Bas comme État indépendant, en même temps que la Confédération suisse acquérait à peu près l'étendue de territoire qu'elle possède encore aujourd'hui, et qu'au centre de l'Italie les mêmes résultats avaient lieu pour les États de l'Église.

Les États du nord de l'Italie se consolident de plus en plus par l'accroissement de puissance qu'obtiennent les duchés de Toscane, de Modène, de Parme et de Savoie, en même temps que Gênes et Venise deviennent toujours plus puissantes. En Angleterre, la conquête de l'Irlande est à jamais affermie, tandis que l'Écosse demeure encore indépendante; des États scandinaves, le Danemark et la Norwége seuls continuent à rester unis, tandis que la Suède s'étend de plus en plus vers le Nord et en Finlande. A l'est de l'Europe, une grande incertitude règne toujours au sujet des frontières de la Pologne, du grand-duché de Lithuanie et du grand-duché de Moscou; cependant ce dernier État finit par l'emporter et établir sa prédominance. Sur les bords du golfe de Riga, le territoire des chevaliers de l'ordre Teutonique se déclare indépendant; mais la Prusse, tout en restant placée sous la suzeraineté de la Pologne, passe sous la domination de la maison de Brandenbourg. Pendant ce temps, au sud est, sur les rives de la mer Noire, le khanat de Crimée s'était constitué en se détachant de la Horde d'Or; l'empire ottoman, devenu maître de toute la presqu'île, s'était étendu jusqu'au cœur de la Hongrie et avait rendu la Transylvanie, la Moldavie et la Valachie ses tributaires, tandis que le reste de la Hongrie passait sous la domination héréditaire de la maison de Habsbourg.

Le dix-septième siècle nous montre encore la maison de Habsbourg à l'apogée de sa puissance, mais il est aussi témoin de longues et sanglantes guerres entreprises pour la briser. La guerre de trente ans opère des modifications dans l'état de l'Europe, et la paix de Westphalie en fixe la carte jusqu'à l'époque de la révolution française. Parmi les changements les plus importants survenus dans la situation de l'Europe jusqu'à la fin de cette période, il faut citer la réunion de l'Écosse à l'Angleterre et à l'Irlande, l'essor pris par la Suède, devenue momentanément puissance de premier ordre à la suite de ses victoires sur le Danemark, l'Allemagne, la Pologne et la Russie. En même temps, on voit en Allemagne la maison de Hohenzollern grandir de plus en plus et parvenir à faire contrepoids à la puissante maison d'Autriche; la Pologne s'agrandit par la conquête de la Lithuanie et de la Courlande, mais bientôt aussi commence sa ruine, qui coïncide avec l'extension de plus en plus rapide de l'empire russe; enfin, il faut aussi signaler l'énergique mouvement de résistance qui parvient à refouler toujours davantage la puissance turque au sud-est.

DICT. DE LA CONVERS. — T. IX.

Avec le dix-huitième siècle les différents États de l'Europe s'approchent de plus en plus de leur configuration actuelle. A ce moment en effet la monarchie espagnole se divise, et les Bourbons occupent les trônes d'Espagne, de Parme et de Sicile. La Prusse devient un royaume que les victoires de Frédéric le Grand ne tarderont pas à agrandir; la décadence de la Suède commence ; la Russie prend rang avec le titre d'empire parmi les grandes puissances, et bientôt, d'accord avec la Prusse et l'Autriche, elle efface de la carte de l'Europe le nom de la Pologne; la Porte est contrainte à restituer à la Hongrie ses anciennes frontières.

La révolution française de 1789 vient alors ébranler tous les États. Au milieu de cette tempête surgit Napoléon, dont les victoires transforment complétement la face de l'Europe. Les traités de Lunéville (1811), de Presbourg (1815), de Tilsitt (1807) et de Vienne (1812) font arriver la France à l'apogée de sa puissance en 1810. L'étoile de Napoléon pâlit en Russie en 1812, disparaît de l'horizon à la suite des désastres de 1813 et de 1814, et tente vainement d'y remonter en 1815. A ce moment, les puissances européennes ne rétablissent pas seulement l'ordre, elles simplifient encore les rapports politiques des États entre eux ; par la première et la seconde paix de Paris, elles se confédèrent pour créer et garantir un équilibre stable en Europe; elles constituent en 1815, dans le même but, la sainte-alliance, qui donne lieu aux congrès de Vienne (1815), d'Aix-la-Chapelle (1818), de Laybach (1821) et de Vérone (1822). Sauf de peu importantes exceptions, les stipulations qui y furent arrêtées ont constitué les rapports politiques existants aujourd'hui entre les divers États. Au nombre de ces exceptions, il faut mentionner les résolutions en vertu desquelles la Grèce a été détachée de la Porte en 1828 et la Belgique des Pays-Bas en 1830, de même que les différentes modifications opérées jusqu'en 1850 dans l'intérieur de la confédération germanique et les arrangements diplomatiques qui ont attribué des droits de souveraineté médiate à la Servie, placée désormais sous le protectorat turc, à la Valachie et à la Moldavie, placées l'une et l'autre sous le protectorat russe, en 1829, à la suite de la paix d'Andrinople ; enfin, en 1849, la disparition du duché de Lucques, réuni désormais à celui de Parme.

Le résultat des phases si diverses et si agitées qui viennent d'être exposées dans ce rapide aperçu historique, c'est l'existence actuelle (1854) en Europe de 84 États souverains, ou 78 seulement si on n'y comprend point la Moldavie, la Valachie, la Servie, le Montenegro, les Îles Ioniennes et la république d'Andorre. Sous les rapports de situation géographique et de population, ces États se classent comme suit :

Europe septentrionale : 1° le royaume de Norwège (1,400,000 habitants); 2° le royaume de Suède (3,400,000 habitants) ; 3° le royaume de Danemark (2,200,000 h.).

Europe occidentale : 4° le royaume de la Grande Bretagne (28,000,000 hab.); 5° le royaume des Pays-Bas (3,075,000 hab.) ; le royaume de Belgique (4,595,000 hab.) ; 6° l'empire Français (36,000,000 hab.).

Europe centrale : 8° le royaume de Prusse (16,477,000 h.); 9° l'empire d'Autriche (38,000,000 hab.) ; 10° à 41° 32 États purement allemands (*voyez* ALLEMAGNE) ayant une population de 16,460,000 hab. ; 41° à 66° 25 républiques suisses (2,365,000 habitants).

Europe méridionale : 67° république d'Andorre 16,000 h.); 68° le royaume d'Espagne avec les îles Canaries 12,500,000 hab.); 79° le royaume de Portugal avec les Açores (3,755,000 hab.) ; 70° le royaume des Deux-Siciles (8,600,000 hab.) ; 71° le royaume de Sardaigne avec Monaco (5,008,000 h.) ; 72° les États de l'Église (3,000,000 hab.) ; 73° le grand-duché de Toscane (1,900,000 hab.) ; 74° le grand-duché de Parme (503,000 hab.) ; 75° le duché de Modène (587,000 hab.), 76° la république de San-Marino (8,000 hab.); 77° la république des Îles Ioniennes (220,000 hab.); 78° le royaume de Grèce (1,086,000 hab.); 79° l'empire de Turquie (11,000,000 hab.); 80° la république de Montenegro

(110,000 hab.); 81° la principau de Servie (900,000 hab.); 82° la principauté de Valachie (2,500,000 hab.); 83° la principauté de Moldavie (1,500,000 hab.).

Europe orientale : 84° l'empire de Russie (62,100,000 h.).

On compte en Europe 4 empires, 16 royaumes, 1 État ecclésiastique, une principauté électorale, 7 grands-duchés, 10 duchés, 11 principautés, un *landgraciat* et 32 républiques.

Les États européens, sauf la Turquie, dont le cœur est véritablement en Asie, ont étendu leur puissance et leur influence bien au-delà du continent; et plus de 200 millions d'hommes subissent aujourd'hui plus ou moins directement leurs lois dans les autres parties du monde. On peut donc évaluer leur sphère d'action à une superficie de sol de 530,000 myriamètres carrés, avec une population de 467 millions d'hommes : ce qui revient à dire que le tiers du globe et plus de la moitié de ses habitants leur obéissent.

EUROPE (*Mythologie*), fille d'Agénor, roi de Phénicie et de Téléphæssa, ou de Phénix, était sœur de Cadmus. Dans le langage de Tyr, ce nom d'Europe signifiait *la Blanche*, à cause de la pureté extrême du teint de cette héroïne, due, suivant la tradition, à une recette dérobée à Junon par une de ses suivantes. Le mythe grec raconte que Jupiter, sous la forme d'un beau taureau, éblouissant comme la neige, se jouant autour d'elle au bord de la vague écumeuse, cette vierge, pleine de confiance en sa douceur, s'assit sur son dos d'albâtre; puis, que le dieu, mugissant d'amour sous un poids si doux, malgré les cris des compagnes de la princesse, entra dans la mer, et à travers les flots, transporta en Crète son charmant fardeau. Le taureau dieu aborda dans cette île par l'embouchure du Léthé (fleuve d'oubli). Là, aux environs de Gortyne, sous de sombres platanes, Jupiter se manifestant à la nymphe, elle se soumit à ses caresses, dont par la suite Minos, Eaque et Radamanthe, les trois juges infernaux, furent les fruits. Mais la moins poétique histoire veut que la princesse ait tout bonnement été enlevée sur les côtes de la Phénicie, par des marchands crétois en représailles du rapt d'Io, fille d'Inachus, roi d'Argos. La poupe de leur vaisseau ornée de la figure sculptée d'un taureau blanc, leur roi Astérius, qui ajoutait à son nom le nom divin de Zeus, et qui s'adjugea la belle captive, éveillèrent l'imagination des Grecs. C'est sur cette trame qu'ils ourdirent les fils brillants de ce mythe. Toutefois, Europe, depuis reine des Crétois, fut divinisée après sa mort. Ses fêtes riantes, furent appelées *Hellotia*, dans la langue de sa patrie, louange, épithalame; c'était un souvenir de ses amours avec le maître de l'Olympe. De leur côté, les Phéniciens, pour consoler Agénor de l'absence de sa fille, en firent une déesse, et confondirent son culte avec celui d'Astarté (la Lune). C'est sans doute là de que certains auteurs ont prétendu faussement qu'Europe s'était d'abord consacrée à Diane.   DENNE-BARON.

EUROTAS, aujourd'hui *Basilipotamo*, fleuve fameux de la Grèce, dans le Péloponnèse (aujourd'hui la Morée), avait sa source non loin de celle de l'Alphée, sur les limites de l'Arcadie. Il traversait la Laconie, et se jetait dans le golfe de ce nom. Le bassin de l'Eurotas n'était pas sans quelque profondeur vers la mer, mais ses bords étaient très-resserrés. Plus large à son embouchure, c'est là que croissaient en grand nombre ces roseaux dont les durs Spartiates se tressaient des nattes et des lits. Ses rives dans étaient toutes verdoyantes de lauriers, de myrtes et d'oliviers. Ce gros ruisseau dut sa célébrité à la ville de Sparte, qu'il arrosait, au culte que les Lacédémoniens lui rendaient comme à un dieu, aux jumeaux héroïques Castor et Pollux, qui s'exerçaient à la lutte et au pugilat sur ses rives, et enfin aux bains délicieux qu'offraient ses eaux à la plus belle des héroïnes, Hélène, leur sœur. Les poètes parlent des lis bleus qu'elle y cueillait, et qu'elle mêlait à d'autres lis, ceux de son front. On appelait aussi quelquefois Eurotas le fleuve de Marathon (aujourd'hui *Maratonisi*).

Les anciens ont encore donné le nom d'*Eurotas* à un fleuve qui sortait du pied de l'Olympe et allait se jeter dans le Pénée. Homère, qui le nomme *Titarésos*, dit que ses ondes surnageaient comme de l'huile sur le fleuve thessalien.

Eurotas fut aussi le premier nom antique du *Galesus*, rivière de l'Italie près de Tarente, et qu'illustra Virgile par la fiction ou la réalité de ce vieillard qu'il fait vivre sur ses rivages, et dont la tranquillité et la sagesse bravaient les assauts de l'ambition et toutes les fureurs de la guerre civile.   DENNE-BARON.

EURUS, vent d'est, que les Latins appelaient quelquefois *vulturne*. Ce vent, qui se lève ordinairement avec le soleil, est frais, et balaye les nuées. Son étymologie grecque semble venir de εὖ, bien, et de ῥέω, couler, à cause de sa rapidité : *ocior euro* (plus vite que l'eurus), dit Horace. Cependant, Pline assure que les Hellènes spécifiaient par le nom d'*eurus* le vent du sud-est : c'est le même que de nos jours les matelots de la Méditerranée appellent *siroco*.

EURYALE et NISUS. Ces jeunes guerriers troyens sont moins célèbres encore par leur beauté, leur amitié et leur courage, que par les chants de Virgile. Ils étaient nés tous deux durant le siège de Troie. Euryale avait pour père le brave Opheltе. Ce ne fut qu'après la prise de la ville de Priam, aux jeux célébrés en Sicile, à l'anniversaire des funérailles d'Anchise, que se distinguèrent d'abord ces deux amis. Euryale y remporta le prix de la course par une ruse de Nisus, ruse tant soit peu grecque. Quelques tours de soleil encore, et les destins leur réservaient à tous deux simultanément une mort prématurée, mais glorieuse, dans cette Italie, si féconde en scènes merveilleuses. Une nuit qu'Énée leur avait confié la garde d'une des portes de son camp, tourmentés de leur juvénile courage, laissant à des soldats choisis leur poste nocturne, tous deux tournèrent leurs pas vers Pallantée, la ville d'Évandre, où ils croyaient porter la mort et l'effroi. Ils s'enfoncèrent dans le bois voisin, à la lisière duquel s'étendait le camp des Rutules, et y pénétrèrent. Là, chefs et soldats, ivres, gisaient assoupis entre les coupes, les armes et les armes. Pendant que Nisus veille aux avenues du camp, Euryale égorge le superbe Rhamnès, d'autres guerriers chers à Turnus, et parmi eux, Serranus, le favori des Grâces, le plus beau des Rutules. L'épée de Nisus n'est pas non plus oisive : elle plonge dans le noir sommeil du Tartare plusieurs chefs qui rêvaient de gloire. Toutefois, Euryale, chargé des dépouilles de Rhamnès, d'une écharpe, d'un riche baudrier à clous d'or, et du casque étincelant de Messape, trahi par les premiers rayons de l'aurore, entend crier : *Halte !* C'est la voix du Rutule Volscens, à la tête de trois cents cavaliers. Euryale, investi par cette troupe, jette un cri de détresse. Nisus, que cache l'épaisseur des feuillages, l'entend ; soudain, après une vive et courte prière qu'il adresse, en levant les yeux vers les astres, à la déesse à l'arc d'argent, la Lune, qui brille encore au ciel, il lance successivement deux flèches qui traversent le cœur de deux cavaliers rutules. Ce fut alors qu'à l'aspect de la pointe de l'épée de Volscens, prête à percer le sein d'Euryale, Nisus s'élança, criant aux cavaliers cette apostrophe admirable de Virgile : *Me, me, adsum, qui feci*, « c'est moi, moi seul, que voici, qui l'ai fait. » Mais déjà Euryale, abattu par l'épée de Volscens, était couché sur la terre, ainsi qu'une grêle de traits par les Rutules furieux, se pencha du côté de son ami, et alla tomber sur son corps inanimé : ils confondirent leurs derniers soupirs. Tel est le récit de Virgile.

Il y eut aussi parmi les Argonautes un EURYALE, cité par Apollodore : ainsi que la plupart de ces illustres aventuriers, il était d'un sang héroïque et royal.   DENNE-BARON.

EURYDICE, nymphe-dryade, épouse d'Orphée, fuyant à travers une prairie les vives poursuites du pasteur Aristée, fils de la nymphe Cyrène, fut mordue au talon par un serpent caché sous les fleurs, et mourut le jour de ses noces. Orphée, inconsolable, à la faveur de cette lyre divine, présent de la muse Calliope, sa mère, instrument nouveau dont il avait essayé la puissance sur les bêtes sauvages et les rochers, osa descendre vivant dans l'empire des morts.

Parvenu au trône de Pluton, ses chants, qu'accompagnait sa lyre, et ses pleurs amollirent le cœur de fer des époux infernaux; et la reine des morts, sensible à ses plaintes, ordonna aux Parques de rendre à Eurydice sa forme terrestre et de la conduire à Orphée, sous cette condition qu'il remonterait le premier le chemin escarpé qu'on ne remonte jamais; qu'Eurydice le suivrait doucement, en silence, et que s'il avait l'imprudence de tourner la tête pour la voir, l'enfer reprendrait sa proie. Orphée touchait déjà aux portes de la lumière, quand, dans le délire de son amour, il tourna la tête, et revit ce qu'il aimait plus que la vie. Soudain un bruit sourd sorti de l'Averne lui rappela la loi de Proserpine. Il eut à peine le temps d'entendre la voix affaiblie d'Eurydice lui crier : « Ah! malheureux époux, ton amour nous a perdus tous deux! » Et déjà elle s'était dissipée comme une fumée légère.

EURYNOME ou **EUNOMIE** fut la plus belle des océanides. Jupiter, épris de cette nymphe, la rendit mère des trois Grâces. La *Théogonie* d'Hésiode fait foi de l'antiquité de son culte. Eurynome eut un temple célèbre en Arcadie, près de Phygalie. Sa statue y était attachée avec des chaînes d'or, symbole de la puissance des mœurs douces et polies sur le cœur de l'homme. Elle finissait, du reste, en queue de poisson, attribut des divinités marines d'un ordre inférieur.

Eurynome était aussi un dieu infernal, dont Pausanias fait mention, et que Polignote avait jeté dans un tableau des enfers appendu aux murailles intérieures du temple de Delphes. Le visage de ce ministre subalterne de Pluton avait dans cette peinture un reflet de bleu et de noir semblable au dos de ces grosses mouches, couleur d'acier bruni, qui pondent, vivent et meurent sur les viandes. Comme elles, il passait pour se repaître de chair et ne laisser que les os. Polignote, en outre, l'avait représenté étendu sur la peau fauve d'un vautour, et grinçant des dents. DENNE-BARON.

EURYNOME. L'animal que l'on nomme ainsi ressemble beaucoup aux parthénopes, et a été assez souvent confondu avec eux. Le genre eurynome, établi par Leach, sur une seule espèce, qui habite dans les mers britanniques, et que l'on appelle *cancer asper*, appartient à l'ordre des décapodes. Il est surtout caractérisé par un test rhomboïdal, ordinairement très-rude et très-raboteux, ce qui rend les eurynomes horribles à voir. Ces crustacés ont aussi de longs bras, qui ne peuvent se rapprocher en avant beaucoup au delà de la ligne moyenne; mais ils portent de longues serres, terminées par des crochets brusquement courbés, comme le bec des perroquets. Ce qui distingue les eurynomes des parthénopes, c'est que les derniers ont leurs antennes insérées près du milieu du bord inférieur de leurs orbites, tandis que les eurynomes les ont près de l'origine des pédicules oculaires et terminées par une tige allongée, très-menue, en forme de soie, et dont les tongues que leurs pédoncules. La queue des eurynomes offre distinctement sept articles; celle des mâles est allongée et un peu resserrée dans son milieu; celle des femelles est ovale.
N. CLERMONT.

EURYPYLE. Plusieurs personnages mythologiques ont porté ce nom.

EURYPYLE, fils d'Évœmon et d'Ops, était le chef des Orméniens, qui, de la Thrace, se rendirent au siége de Troie, où il fut blessé par Paris. Lors de la prise de la ville, il reçut pour sa part du butin une boîte dans laquelle se trouvait un portrait de Bacchus, dont la vue le rendit fou. L'oracle, consulté à ce sujet, répondit qu'il serait guéri lorsqu'il aurait porté le portrait dans un lieu où se feraient des sacrifices extraordinaires. On pensa à Aroë (Patras), en Achaïe, où chaque année on sacrifiait à Diane un jeune garçon et une jeune fille ; à l'arrivée du divin portrait, ces sanglants sacrifices cessèrent. Pausanias raconte le même fait d'un autre *Eurypyle*, fils de Dexamenos, qui accompagna Hercule dans sa guerre contre Laomedon, et qui reçut aussi de ce dernier une boîte fatale.

EURYPYLE, fils de Poseidon et d'Astypalæa, roi de l'île de Cos et père de Chalciope, fut tué par Hercule, lorsqu'à son retour de Troie une tempête le jeta sur les rivages de cette île. Suivant une autre version, il était fils d'Hercule et de Chalciope.

EURYPYLE, fils de Poseidon et de Celæno, roi de la contrée où fut bâtie plus tard la ville de Cyrène, donna à Euphemus, lors du départ des Argonautes, une motte de terre à la possession de laquelle était attachée la souveraineté de la Lybie.

EURYPYLE, fils de Télèphe et d'Astioche, sœur de Priam, allié des Troyens, tua Machaon, et périt à son tour sous les coups de Pyrrhus.

EURYSTHÉE, fils de Sthenelos et de Nicippe, l'un des petits-fils de Persée, époux d'Antimaque, fille d'Amphidamas, et roi de Mycène. Sa naissance fut hâtée par Junon, parce que Jupiter avait déclaré dans le conseil des dieux que le premier-né des Persides serait le souverain de tous les autres descendants de Persée. En parlant ainsi, il comptait que son fils Hercule serait le premier-né, et que par conséquent ce serait à lui que reviendrait un tel honneur. Mais, grâce à la supercherie de Junon, Eurysthée devint roi de Mycène, et eut ainsi Hercule pour sujet. Après la mort d'Hercule, qu'il devait laisser en paix dès qu'il aurait accompli les douze travaux qui lui étaient imposés, il s'en prit à ses enfants, et exigea de Céyx qu'il les lui livrât. Céyx n'étant pas de force à lui résister, ceux-ci s'enfuirent à Athènes auprès de Thésée, à qui Eurysthée adressa la même demande. Ce prince s'étant refusé à y obtempérer, il lui déclara la guerre, mais il lui fut fatale ainsi qu'à ses fils. Les versions relatives à la mort d'Eurysthée varient beaucoup.

EURYSTHÉNIDES. *Voyez* AGIDES.

EURYTHMIE (du grec εὖ, bien, et ῥυθμός, ordre). On appelle ainsi le juste accord, la proportion des mouvements dans la danse, dans la musique, et plus particulièrement dans les mots, comme intonations de la langue, ce qui constitue la supériorité d'une langue sur une autre. L'harmonie du discours dépend en effet de diverses conditions de temps et d'intonations, et le mélange agréable à l'oreille des divers tons suivant leur durée et leur son constitue l'*eurythmie* d'une langue.

Dans les beaux-arts, et plus particulièrement en architecture, on appelle ainsi un bel ordre, une belle proportion, et comme l'harmonie de toutes les parties d'un tout. En médecine, on emploie quelquefois le mot *eurythmie* pour indiquer la régularité du pouls, des fonctions.

EUSCARIENS ou ESCUARIENS, EUSKALDOUNACS ou ESCUALDUNACS, dénominations diverses que les Basques se donnent dans leur langue, qui est elle-même désignée par eux sous le nom d'*euskara*, *escuara* ou *hascouara*, selon les dialectes.

EUSÈBE (Saint), *trente-deuxième pape*, succéda à saint Marcel en 310. Il était grec de naissance, et n'eut pas le bonheur de mettre fin aux troubles qui avaient agité le pontificat de son prédécesseur. La mort l'enleva au saint-siége quelques mois après son élection, le 21 juin de la même année.

EUSÈBE DE MINDE, philosophe éclectique. *Voyez* ÉCLECTIQUES.

EUSÈBE DE CÉSARÉE, le père de l'histoire ecclésiastique, au nom du quel on ajoute ordinairement celui de *Pamphile*, qu'il avait pris en commémoration d'un de ses amis, prêtre renommé et qui avait été martyrisé en 309, naquit vers 270, à Césarée, en Palestine, devint évêque de sa ville natale en 314, et mourut en 340. Eusèbe était sans contestation le plus savant homme de son temps. On disait *qu'il savait tout ce qui avait été écrit avant lui*. Il établit à Césarée une école qui fut une pépinière de savants. D'abord, il se montra l'un des plus redoutables adversaires des ariens ; mais bientôt il se joignit à eux, et, de concert avec eux, il condamna Athanase. C'est à cette circonstance qu'il faut sans doute attribuer la perte d'un grand nombre

11.

de ses ouvrages. Fiers d'avoir acquis un si puissant appui, les ariens voulurent l'élever à l'évêché d'Antioche ; mais il refusa cette dignité. Les prélats assemblés à Jérusalem le députèrent à Constantin ; ils obtinrent par son intermédiaire le rappel d'Arius et l'exil d'Athanase. Constantin le protégeait et le secondait dans toutes ses entreprises.

Eusèbe écrivit beaucoup. Pour son *Histoire Ecclésiastique*, écrite en grec et en 10 livres, dans laquelle il a raconté avec un ton remarquable de véracité les événements de l'histoire de l'Église chrétienne jusqu'à l'année 324, il mit à profit de nombreuses bibliothèques et jusqu'aux archives de l'empire. Elle a été continuée par Socrate, Sozomène et Théodoret. Rufin, qui la traduisit librement en latin, la continua jusqu'en 395. Les meilleures éditions qu'on en possède sont celles qu'en ont données Valois (Paris, 1659), Rading (Cambridge, 1720), et Heinichen (Leipzig, 1829). Le président Cousin en a donné une traduction française fort estimée. On a en outre d'Eusèbe de Césarée une *Vie* ou plutôt un *Panégyrique de Constantin*, dont Heinichen a donné une édition nouvelle (Leipzig, 1830) ; 15 livres de sa *Præparatio evangelica* (publiée par Viger ; Paris, 1628), ouvrage dans lequel il expose les motifs qui doivent porter à rejeter aussi bien le paganisme vulgaire que le paganisme savant, traité précieux, surtout en ce qu'il nous a conservé beaucoup de passages de philosophes anciens, qui, sans cela nous seraient demeurés inconnus. Il ne nous reste que 10 livres, et encore fort peu complets, de sa *Demonstratio evangelica*, qu'il avait composée en 20 livres, et où il démontrait la préexcellence du christianisme sur le judaïsme : la meilleure édition est celle de 1628, publiée à Paris. Son *Onomasticon* est une nomenclature des villes et des lieux nommés dans l'Écriture Sainte (Amsterdam, 1707). Toutefois, le plus important des livres d'Eusèbe était sa *Chronique*, qui renfermait les événements depuis le commencement du monde jusqu'en 325. Il n'en restait que des fragments, lorsque le savant Arménien Zohrab en découvrit une traduction arménienne, qu'il publia de concert avec Angelo Mai, à Milan en 1818. Cette découverte est l'une des plus importantes des temps modernes, et Niebuhr, dans une dissertation fort étendue, a parfaitement fait ressortir tout ce que l'histoire y gagnait d'éclaircissements et de dates nouvelles. Valois a réuni tous les passages et tous les documents qui concernent la personne d'Eusèbe : on les trouve en tête de son édition de l'*Histoire Ecclésiastique*.

P. DE GOLBÉRY.

EUSÈBE DE NICOMÉDIE, patriarche de Constantinople, instituteur de l'empereur Julien, dont il était parent, fut d'abord évêque de Béryte, puis de Nicomédie. Pour s'assurer de la possession de ce siége, il se montra au concile de Nicée défenseur zélé d'Arius, et plus tard il devint une des colonnes de l'arianisme. Sous le règne de Constantin, à qui il administra le baptême en 337, il fut fait patriarche de Constantinople. Il mourut en 342, après avoir tenu l'année précédente un concile à Antioche, dans les intérêts de l'arianisme.

EUSÈBE D'ÉMÈSE, né à Édesse et élevé à Alexandrie, fut le disciple d'Eusèbe de Césarée, et l'ami d'Eusèbe de Nicomédie. Ennemi de toutes les discussions théologiques, il refusa, après la déposition d'Eustathe, le siége épiscopal d'Antioche, quand il se fut convaincu de l'inaltérable attachement que le peuple avait voué à ce docteur persécuté. Plus tard, il fut nommé évêque d'Émèse, mais il mourut exilé à Antioche, vers l'an 360. Les homélies qui portent son nom, et dont les plus authentiques témoignent d'une éloquence véritable, ont été publiées par Augusti (Elberfeld, 1829). Le savant Mai a publié quelques autres ouvrages de lui dans sa *Scriptorum veterum nova Collectio* (vol. 1er, Rome, 1825), comme ses *Quæstiones* xx *evangelicæ* et une partie de son *Commentarius in Lucam*.

EUSÈBE (Saint), évêque de Verceil au quatrième siècle, était né en Sardaigne, et fut consacré par le pape Jules. Il signala son zèle pour la foi au concile de Milan en 355, en proposant d'abord de faire souscrire tous les évêques aux opinions du concile de Nicée, avant de traiter aucune affaire ; mais l'empereur Constance s'étant rendu maître de l'assemblée, fit souscrire la plupart des évêques à la condamnation d'Athanase. Ceux qui résistèrent furent bannis. Eusèbe était de ce nombre. Après la mort de l'empereur, il retourna à son Église. Il parcourut la Grèce, l'Illyrie, l'Italie, et partout il agit contre l'arianisme. Il mourut en 370. On croit qu'il est le premier qui joignit la vie monastique à la vie cléricale. Au sein des villes, il vivait avec ses clercs comme les moines du désert. On lui attribue une version latine des évangélistes que Jean André Iricé a fait imprimer à Milan, en 1748, in-4°. On trouve deux de ses lettres dans la Bibliothèque des Pères.

EUSTACHE (nom sans doute d'un fabricant), couteau grossier, à manche en bois, d'une seule pièce, dont la lame n'est point retenue par un ressort. Ces sortes de couteaux, de la plus grande simplicité, n'ont rien de remarquable ; mais leur fabrication offre des particularités assez intéressantes, à cause de la multiplicité des opérations et du bas prix auquel on les livre. De nos jours, un eustache perfectionné coûte *trois centimes deux tiers*. Le manche en bon buis est fait à Saint-Claude (Jura) ; il est payé à Saint-Étienne *sept centimes les dix*. La lame fabriquée en acier de basse qualité, tiré de Rives en Dauphiné, coûte toute terminée *un centime neuf dixièmes* : le montage d'une dizaine, y compris le clou et les deux rosettes, se paye *quatre centimes*, etc. Maintenant on creuse un sifflet dans le manche des eustaches. Malgré l'exiguïté du prix de ces couteaux, ceux qui les fabriquent en grand jouissent d'une aisance plus qu'ordinaire.

TEYSSÈDRE.

EUSTACHE (Trompe d'). La *trompe d'Eustache* ou *d'Eustachi*, ou *conduit guttural de l'oreille* (Chaussier), est un conduit, partie osseux, partie fibro-cartilagineux et membraneux, qui va de la caisse du tympan à la partie supérieure du pharynx, et fait communiquer cette caisse avec l'air extérieur. Elle est oblique en avant, en dedans et en bas, a environ cinq centimètres de longueur, et est par conséquent plus étendue que le conduit auriculaire. La partie osseuse, de 18 à 20 millimètres, est située au-dessus du canal carotidien, en dedans de la scissure glénoïdale et de l'épine du sphénoïde ; commençant dans le tympan par un orifice assez large, elle est elle-même étroite et arrondie par la partie moyenne. La portion fibro-cartilagineuse augmente progressivement de diamètre, et se trouve ensuite configurée de manière à offrir une coupe elliptique ; puis elle finit près de la partie interne de l'apophyse ptérygoïde par une sorte de pavillon évasé, libre, renflé, dont les bords appliqués l'un contre l'autre ne forment qu'une fente peu large. La muqueuse pharyngée tapisse toute la surface intérieure de la trompe. Les nerfs de cette partie sont fournis par les rameaux palatins du ganglion de Meckel ; les vaisseaux viennent de ceux du voile du palais et du pharynx.

EUSTACHE (Valvule d'). *Voyez* COEUR.

EUSTACHE (Saint). C'est un des plus célèbres martyrs de Rome, et cependant sa vie et ses souffrances sont à peine connues. Nous savons seulement qu'il donna son sang pour la foi vers la fin du second siècle, avec Tatiane, son épouse, et ses deux fils, Agape et Théopiste. Les Grecs et les Russes, chez qui sa mémoire fut toujours en grande vénération, l'appellent *Eustathe*, et quelques calendriers anciens lui donnent le nom d'*Eustoche*. Sa vie, telle que nous l'avons, est un tissu de fables, qui n'ont pas même le mérite de la vraisemblance : ainsi en ont jugé Baronius et Tillemont ; Fleury a cru prudent de n'en pas parler. La fête de saint Eustache à Rome avait cela de remarquable, qu'on faisait ce jour-là des agapes ou repas de charité. Ces banquets chrétiens étaient toujours accompagnés de grandes libéralités envers les pauvres. On dit que le corps de ce saint fut transporté de Rome en France, vers le commencement du douzième siècle, et que ce fut à cette occasion que l'abbé Suger fit bâtir la chapelle de saint Eustache dans l'église de Saint-

Denis. Ces reliques furent enfermées plus tard dans une châsse d'argent, ornée de pierreries, dont les huguenots s'emparèrent en 1607. Mais quelque temps auparavant plusieurs de ces restes avaient été transportés dans l'église paroissiale de Sainte-Agnès à Paris, ce qui lui fit donner le nom de Saint-Eustache. D'autres disent que ce nom lui vient d'une petite chapelle bâtie dans les environs sous l'invocation de saint Eustathe, abbé de Luxeuil.   L'abbé J. Barthélemy.

EUSTACHE ou EUSTATHE, philosophe éclectique. *Voyez* Éclectiques.

EUSTACHE, dit LE MOINE. Ainsi s'appelait un ancien religieux, devenu aventurier, homme de mer, qui se distingua, sous le règne de Philippe-Auguste, dans les différentes expéditions que ce roi dirigea contre l'Angleterre. C'est surtout de 1160 à 1217 qu'il se fit connaître par de nombreux faits d'armes. Vers 1212, les barons d'Angleterre, révoltés contre leur roi Jean, appelèrent pour lui succéder le fils de Philippe-Auguste, qui plus tard devint roi de France, sous le nom de Louis VIII. Ce prince, en 1216, s'empara de Londres, et fut quelque temps maître de la meilleure partie de ce royaume. Parmi les chefs qui lui prêtèrent les secours les plus efficaces, on remarqua Eustache le Moine. Dès 1205 il avait dirigé contre les vaisseaux anglais ceux du roi. En 1206 il avait obtenu du roi Jean un sauf-conduit pour venir en Angleterre, et y séjourner jusqu'à la Pentecôte de l'année suivante. Mais il avait plus tard essuyé une défaite; son frère, avec une quinzaine de ses marins, avait été fait prisonnier; lui-même, d'après une chronique contemporaine, était captif en Angleterre lorsqu'en 1211 le roi de France commença la guerre contre Jean par s'emparer de tous les bâtiments qu'il put rencontrer. Ce fut alors qu'Eustache le Moine parvint à s'échapper et à revenir en France avec cinq galères; mais, en 1217, Blanche de Castille, ayant eu connaissance des dangers que courait son mari, décida le roi son beau-père à lui envoyer des renforts. Eustache le Moine, qui guerroyait sur les côtes d'Angleterre, fut chargé de protéger la descente des secours venus de France. Un combat terrible s'engagea le 24 août 1217; Eustache le Moine y fut tué. Matthieu Paris, Thomas de Walsingham Nicolas Trivet, Guillaume le Breton et d'autres chroniqueurs ont parlé de cette rencontre navale avec de grands détails. Les Anglais, supérieurs en nombre, et montés sur des navires armés d'un éperon de fer qui brisait les petites barques des Français, en firent un grand carnage. Eustache le Moine, voyant le vaisseau sur lequel il était, près de tomber au pouvoir des ennemis, essaya d'échapper par la ruse : il se barbouilla le visage, et se cacha dans la cale; mais il fut arraché violemment. Richard, l'un des fils naturels du roi Jean, lui coupa la tête : on la ficha sur une pique, et on la promena dans toute l'Angleterre. Ce fameux combat des Cinq-Iles devint le sujet d'une foule de récits mensongers. On raconta qu'Eustache le Moine, l'un des plus habiles magiciens de son temps, était parvenu à dissimuler à tous les yeux le navire qu'il montait. Mais un nommé Étienne Crabbe, ancien ami d'Eustache le Moine, auquel ce dernier avait jadis enseigné la magie, remarqua fort bien le bâtiment du pirate qui flottait sur l'onde et s'approchait du port. Dirigeant de ce côté la barque qu'il montait, il sauta à bord du navire invisible, coupa la tête au moine, et le charme cessa tout à coup.

Le peuple de France et d'Angleterre a longtemps gardé le souvenir des exploits d'Eustache le Moine. Un poëme en vers français, écrit dans la seconde moitié du treizième siècle, nous fait connaître tous les contes, dans le genre facétieux ou terrible, auxquels avait donné lieu la prétendue magie dont ce pirate était en possession. Suivant l'auteur de ce poëme, Eustache était né dans le Boulonnais; il était allé dans sa jeunesse en Espagne, à Tolède, et y avait étudié la magie. Le père d'Eustache, nommé Baudoin Buskès, ayant été assassiné par l'un de ses voisins, qui voulait usurper son héritage, Eustache quitta son couvent, et demanda justice à Renaud, comte de Boulogne, celui-là même qui combattit Philippe-Auguste à Bouvines. Le comte la lui accorda, et plus tard le nomma l'un de ses baillis. Mais il l'accusa de péculat sur la dénonciation d'un de ses ennemis. Ce fut alors que l'ancien moine et le comte se jurèrent une haine mortelle et se firent une guerre acharnée. Ce curieux poëme a été récemment imprimé, sous le titre de : *Roman d'Eustache le Moine, pirate fameux du treizième siècle*, publié pour la première fois, d'après un manuscrit de la Bibliothèque royale, par Francisque Michel (Paris, 1834, in-8°).
   Le Roux de Lincy.

EUSTACHE DE SAINT-PIERRE, l'un des six notables bourgeois de Calais qui se dévouèrent pour le salut de leurs concitoyens (1346 à 1347). Jehan de Vienne, qui commandait à Calais, ayant offert de se rendre, les barons du roi d'Angleterre Édouard III l'engagèrent à agréer cette proposition. « Eh bien ! dit Édouard, je ne veulx mie estre seul contre tous; vous direz au capitaine de Calais que partent de la ville six des plus notables bourgeois, les chefs nus, les harts au col; et d'eux je ferai à ma volonté, en le remanant prendray à mercy. » Cette réponse transmise à Jehan de Vienne, il se hâta de rassembler les bourgeois : « Lors se mirent à pleurer femmes et enfants, dit Froissarus, il n'eut cœur si dur qui n'en eust pitié. Après, se leva Eustache de Saint-Pierre, le plus riche bourgeois de la ville, lequel dit devant tous : « Seigneurs, grands et petits, grand « meschef seroit de laisser mourir un tel peuple, qui cy est, « par famine ou aultrement, quand on y peut trouver quelque « moyen ; ce seroit grande grâce envers notre seigneur, qui « de tel meschef le pourroit garder. J'ai en droit de moy « si grande espérance si je meurs pour ce peuple sauver, « que je veuille estre le premier...... » Aussitôt se leva Jehan d'Aire, très-honneste et très riche bourgeois; après luy, Jacques et Pierre de Voissants, frères; puis, le cinquième et le sixième. » L'histoire n'a point conservé les noms de ces deux généreux citoyens; et quelques auteurs en ont conclu que le nombre des otages *à merci* exigés par Édouard n'était que de quatre; mais la plupart des historiens confirment le récit de Froissart. Les six victimes dévouées furent conduites au camp d'Édouard. Les seigneurs de sa cour demandèrent grâce pour eux. Édouard était inflexible. « Soit fait venir le cope-tête, s'écrie-t-il : ceux de Calais ont tant fait mourir de mes hommes qu'il convient eux mourir aussi. » La reine d'Angleterre, qui était enceinte, se mit à genoux en pleurant. Le roi la regarda, se tut un moment, et lui dit : « Ah, madame! j'aimerois mieux que vous feussiez aultre part qu'icy! mais vous me pryez si acertes que je ne puis vous éconduire : si vous les donne à vostre plaisir. » La reine les fit conduire à son appartement, et leur fit ôter les cordes qu'ils avaient au cou. On leur servit à dîner, et, après leur avoir fait donner à chacun six écus d'or, elle les fit emmener en sûreté hors du camp. Tant d'héroïsme ne resta pas sans récompense. Édouard avait expulsé de la ville la population entière; et de nombreuses familles anglaises vinrent s'y établir. Les malheureux Calaisiens furent bien accueillis dans les autres villes de France. Le roi Philippe de Valois, après avoir rendu à leur héroïque courage, à leur fidélité, un juste tribut d'éloges, leur donna, par une ordonnance spéciale, « tous les biens, meubles et héritages qui écherront au roy pour quelque cause que ce soit, comme aussi tous les offices, quels qu'ils soient, vacants et qu'il appartient au roy ou à ses enfants d'en pourvoir en cela, jusqu'à ce qu'ils soyent tous et un chacun récompensés des pertes qu'ils ont faites à la prise de leur ville. »
   Dufey (de l'Yonne).

EUSTACHE DESCHAMPS. *Voyez* Deschamps (Eustache).

EUSTACHI (Bartolomeo), né à San-Severino, dans la marche d'Ancône, fut l'un des plus célèbres anatomistes du seizième siècle, et partage avec Vésale la gloire d'avoir été le restaurateur de cette science. Eustachi étudia à Rome, non-seulement le latin et le grec, mais encore l'arabe, qui était alors la principale source scientifique où allaient puiser les médecins et les anatomistes. Son savoir dans l'art de guérir lui procura l'honneur d'être le médecin des cardinaux Charles Borromée et Jules de la Rovère. Il fut en outre gratifié des titres d'archiâtre et de professeur de la Sapienza à Rome. Malgré sa renommée, il vécut dans un état très-voisin de la gêne, et mourut en 1574.

Le nom d'Eustachi est familier au moindre étudiant, grâce à la découverte du canal de communication qui existe entre l'oreille interne et l'arrière-bouche, et du repli saillant dans l'oreillette droite que présente l'ouverture de la veine cave inférieure, parties qui ont reçu les noms de *trompe* et de *valvule d'Eustache*. Mais ce ne sont pas là les seules découvertes que l'on doive à ce célèbre anatomiste; il n'est pas une partie du corps humain qu'il n'ait fait connaître plus exactement. Cependant les reins, l'oreille et le système central de la circulation sont les parties sur la structure desquelles ses travaux ont jeté le plus de lumières. Il a publié le *Lexique d'Erotien* (Venise, 1556); des dissertations *De Renibus* (1563); *De Dentibus* (1563); des *Opuscules* (1564), parmi lesquels on trouve la description de l'organe de l'ouïe. Il avait laissé des *Tables anatomiques*, qui n'ont été publiées qu'en 1714, par Lancisi.

EUSTATHE, docteur de l'Église au quatrième siècle et évêque d'Antioche, est surtout célèbre par le zèle qu'il mit à défendre les décisions du concile de Nicée. En l'an 330, le parti semi-arien d'Eusèbe de Nicomédie l'ayant emporté à la cour de Constantin, et par suite quelques adversaires du concile de Nicée ayant été rappelés de l'exil, Eustathe refusa d'avoir avec eux le moindre rapport ecclésiastique. Cette conduite le fit exiler en 331, et Meletius, évêque de Sébaste, fut désigné pour le remplacer. Mais une partie du diocèse d'Antioche ne voulut point reconnaître le nouvel évêque, comme lui étant imposé par les ariens, et forma, sous la direction de Paulin, consacré évêque quelques années plus tard, le parti des *eustathiens*. La scission qui en fut le résultat dura bien longtemps encore après la mort d'Eustathe, arrivée en 361, et ne put se terminer qu'au commencement du cinquième siècle.

EUSTATHE, moine originaire du Pont, et depuis l'an 355 évêque de Sébaste en Arménie, introduisit la vie claustrale et le monachisme dans le Pont, la Paphlagonie et l'Arménie. Ses doctrines sur le mariage, qu'il déclarait entaché d'impureté, réprouvées par son ami le presbyte Arius, furent solennellement condamnées par le synode tenu entre les années 362 à 370, à Gangra, en Paphlagonie. On a aussi appelé ses partisans *eustathiens*.

EUSTATHE, de Constantinople. Ce célèbre commentateur grec d'Homère et de Denys le Périégète, fut d'abord diacre et professeur de rhétorique à Constantinople, sa ville natale; puis, à partir de 1155, archevêque de Thessalonique, où il mourut dans un âge avancé en 1198. Quelque légère qu'ait pu être son érudition théologique et religieuse, toujours est-il qu'il était profondément versé dans la connaissance des anciens classiques, comme le prouvent ses commentaires, composés en partie avec les scholiastes antérieurs, et dont ceux d'Homère notamment (4 vol. in-fol., Rome, 1542-50; 3 vol. in-fol. Bâle, 1559-60, et avec la table de Devarius, 4 vol, in-4°, Leipzig, 1825-29) sont une mine d'érudition philologique. De ses commentaires sur les hymnes de Pindare, le *Proemium* seul est parvenu jusqu'à nous, et il en a été donné une édition nouvelle par Schneidewin (Goettingue, 1837). Tafel est le premier qui ait livré à l'impression les ouvrages et les lettres théologiques d'Eustathe (1 vol. in-4°, Francfort, 1832).

EUSTATHE, appelé aussi quelquefois *Emathius*, qui vivait au sixième siècle, et même, suivant d'autres, au douzième siècle, fut le dernier poète érotique grec. On a de lui un roman assez médiocre, où sont racontés les amours d'Isménias avec Isménie. Teucher, à Leipzig (1792), et M. Ph. Lebas, à Paris (1828), en ont publié des éditions.

EUSTATHIENS, sectateurs du moine Eustathe. Cet hérésiarque avait une si haute opinion de la vie claustrale qu'il condamnait toute autre manière de vivre. Il anathématisait le mariage, obligeait les femmes à quitter leurs maris, et déclarait l'état conjugal incompatible avec le salut; il défendait de prier dans les maisons, contraignait ses sectateurs à renoncer à leurs biens, qu'il regardait comme un obstacle insurmontable à toute espérance de paradis, leur interdisait la fréquentation des autres fidèles, et les réunissait en assemblées secrètes; il prescrivait de jeûner le dimanche, et blâmait comme inutiles les autres jeûnes, quand on avait atteint un certain degré de pureté; les chapelles bâties en l'honneur des martyrs et les assemblées qui s'y tenaient passaient à ses yeux pour abominables. Nombre de femmes, que ses discours avaient séduites, abandonnèrent leurs maris, et beaucoup d'esclaves s'enfuirent de la maison de leurs maîtres.

La dénomination d'*eustathiens* fut encore donnée à des catholiques d'Antioche, attachés à Eustathe, leur évêque légitime, dépossédé par les ariens. Ils se réunirent séparément, et refusèrent de se prêter à toute communication avec Paulin, que les ariens avaient substitué à Eustathe. Vingt ans après, le successeur de Paulin, Léontius de Phrygie, surnommé l'*eunuque*, détermina les eustathiens à faire le service dans son église. Ils instituèrent la psalmodie à deux chœurs, et la doxologie: *Gloire au Père, au Fils et au Saint-Esprit*, etc., qu'ils répétaient à la fin de chaque psaume, comme une protestation contre les erreurs de l'arianisme. Quelques catholiques, scandalisés de cette conduite, tinrent des assemblées particulières, et donnèrent ainsi naissance au schisme d'Antioche. Ce schisme décrut sous saint Flavien, l'an 381, et s'éteignit complétement, l'an 482, sous Alexandre.

EUTERPE. La seconde des Muses, par le rang, était, comme ses huit sœurs, fille de Jupiter et de Mnémosyne. Elle tire l'étymologie de son nom tout grec de εὖ, bien, et de τέρπειν, charmer. Elle présidait à la musique, et passait pour être l'inventrice de la flûte, instrument qui tenait le premier rang, après la lyre, chez les anciens. On la représente jeune, couronnée de fleurs, ayant des hautbois et des rouleaux de musique à ses pieds. Elle était, comme Calliope, la muse des poètes lyriques, et de plus celle des bergers. Sur des marbres antiques, on la voit ayant à sa gauche un masque, et une massue à la main droite, étrange emblème pour la plus gracieuse des filles de Mnémosyne! Une médaille la représente avec une face double: ce sont ces attributs qui la font confondre avec Melpomène et Thalie.

DENNE-BARON.

EUTHANASIE (du grec εὖ, bien, et θάνατος, mort), à proprement parler, mort heureuse, ou passage doux et tranquille, sans douleur, de ce monde dans l'autre. On appelle ainsi, par extension, l'art de régler sa vie de manière à pouvoir attendre la mort et mourir avec calme. En médecine, c'est l'art de diminuer et d'adoucir les angoisses de la mort. C'est une tâche bien difficile que celle qu'un médecin doit remplir au chevet d'un moribond, alors qu'il lui faut mettre d'accord son devoir avec ses sentiments. Le devoir lui commande de prolonger la vie du malade aussi longtemps que possible, encore bien que souvent la science lui dise que les moyens qu'il va employer prolongeront peut-être d'une heure la vie du patient, ou accéléreront peut-être d'autant ses douleurs et son agonie. C'est donc pour lui une obligation sacrée, quand il a rempli tous ses devoirs comme médecin, que de chercher par tous les moyens à rendre la position du malade aussi tolérable que possible. Vouloir devancer la nature et mettre plus tôt qu'elle un terme à l'existence serait de la part d'un médecin manquer à tous ses devoirs.

EUTHYMIUS ZIGABENUS, savant moine de l'Église grecque, qui vivait au commencement du douzième siècle à Constantinople, et qui ne brilla pas moins comme critique sacré que comme dogmatiste et dialecticien. Nous avons de lui un commentaire sur les *Psaumes*, joint aux œuvres de Théophylacte (Venise, 1530) et un autre sur les quatre Évangiles, publié pour la première fois en grec par Matthæi (3 vol., Leipzig, 1792). Sa *Panoplie* (arsenal) *de la foi orthodoxe, en 24 titres*, qu'il composa par ordre de l'empereur Alexis Comnène, est un livre d'une haute importance pour l'histoire des hérésies. Malheureusement divers titres en ont été supprimés, pour des considérations dogmatiques, tant dans l'édition grecque de Grégoras (Tergovist, 1711) que dans l'édition latine de Zinus (Venise, 1555).

EUTIN, au moyen âge, *Uthin*, capitale de la principauté de Lubeck dépendant du grand-duché d'Oldenbourg, est une jolie petite ville bâtie sur le lac du même nom, et qui compte environ 3,000 habitants, protestants pour la plupart. Elle possède une antique église dédiée à Saint-Michel, avec un clocher en aiguille, un vaste château, dont la fondation remonte au treizième siècle, qu'on a brûlé en 1689, puis reconstruit par l'évêque d'alors, et considérablement embelli dans ces derniers temps; différentes écoles, plusieurs établissements hospitaliers fondés, dit-on, par le comte Adolphe II de Holstein. Eutin fut entourée de bonnes fortifications dès le douzième siècle. En 1155 le comte Adolphe en fit cession à l'évêque Gérold, qui lui octroya les priviléges de ville, et qui s'y fit construire un palais. Au treizième et au quatorzième siècle, Eutin fut fortifiée avec encore plus de soin. Une branche de la maison de Holstein-Gottorp porta longtemps le nom de Holstein-Eutin; c'est celle qui occupa le trône de Suède jusqu'en 1818.

EUTROPE (FLAVE), historien latin du quatrième siècle de l'ère chrétienne, était Gaulois. On le croit du même pays que le poëte Ausone, son contemporain. Il avait, à ce qu'il paraît, des propriétés dans les environs d'Ausci (*Auch*), en Aquitaine. Il fit la campagne de Perse sous l'empereur Julien : on ignore quel rang il occupait dans l'armée. On ne sait pas non plus s'il était d'une famille illustre ou obscure. Les manuscrits lui donnent le titre de *clarissime*, que les empereurs ne conféraient ordinairement qu'aux citoyens qui avaient rempli d'importantes fonctions, ou qui avaient été sénateurs. Quelques savants en ont fait un chrétien : cette opinion est fondée sur une phrase qui prouve plutôt l'indifférence d'Eutrope en matière religieuse, caractère commun à la plupart des esprits cultivés d'alors, qui n'avaient pas embrassé le christianisme. Eutrope a laissé, sous le titre de *Breviarium historiæ romanæ*, un abrégé de l'histoire romaine en dix livres. Cet ouvrage est dédié à l'empereur Valens : c'est par les ordres et pour l'usage de ce prince qu'il a été composé. Au milieu de la monotonie à peu près inévitable des formes, l'auteur est toujours simple et facile; il ne manque même pas d'une certaine élégance, qui donne presque du charme à la lecture de son ouvrage. Il est aussi d'une concision qui a quelquefois son mérite ; car il a trouvé le moyen d'indiquer dans son abrégé, si court, non-seulement tous les principaux faits de l'histoire romaine, depuis la fondation de la ville (753 av. J.-C.) jusqu'au règne de Valens (366 de l'ère chrétienne), mais encore plusieurs détails qui ne se rencontrent pas ailleurs. En somme, quoiqu'il soit extrêmement sobre de réflexions, et qu'il fasse rarement connaître son opinion sur les personnages, si ce n'est par une épithète, par un mot jeté dans le récit, il est loin encore de cette sécheresse des chroniqueurs du siècle suivant, qui imaginèrent de dresser pour la postérité des catalogues de faits, rangés année par année, sans liaison et sans explication.

La flatterie se laisse entrevoir parfois dans Eutrope. En général, il rappelle avec complaisance les faits qui sont à la louange des empereurs, et en particulier ceux qui peuvent faire honneur à Valens, à qui l'ouvrage est dédié. Une seule fois il se permet le blâme; c'est à l'égard de Jovien, qui, par une lâcheté jusque là sans exemple dans les annales romaines, avait acheté honteusement la paix au prix de l'abandon d'une partie du territoire. L'abrégé d'Eutrope a été traduit en grec par Capiton et par un certain Pæanbus; et en français par l'abbé Lezeau, avec des notes (Paris 1717, in-12). La première édition de cet ouvrage parut à Rome en 1471, in-fol. Mais elle contenait de nombreuses interpolations de Paul le Diacre; un professeur de Venise, Jean-Baptiste Egnatius, tenta le premier de purger le texte d'Eutrope, 1516 ; ce travail fut achevé, d'après un manuscrit de Gand, par Antoine Schoonhove (Bâle, 1546, in-8°), et d'après un manuscrit de Bordeaux, par Élie Vinet (Poitiers, 1553). BOUILLET.

EUTROPE, fameux eunuque, ministre sous l'empereur Arcadius, qu'il conduisait comme une bête, selon l'expression de Zozime, et son plus cher favori, était né en Arménie. On raconte que, destiné à l'esclavage, il était au service de la fille d'un général, Arinthée, lorsqu'il entra, en 393, chez Abundantius. Ce personnage le plaça parmi les eunuques du palais. Dans cette position infime, il parvint, à force d'hypocrisie, à attirer les regards de l'empereur Théodose. Arrivé au trône, Arcadius le nomma son grand chambellan. Rival de Rufin, qui voulait faire épouser sa fille à l'empereur, Eutrope fut assez adroit pour faire choisir Eudoxie comme femme à son maître, et par le crédit de la nouvelle impératrice il réussit à perdre Rufin. Jaloux de Stilicon, il priva l'empereur du secours de ce général, perdit Abundantius, à qui il devait tout, et envoya Timaze et Syagrius périr en Afrique. Eutrope eut ses flatteurs. Toujours la puissance en aura, si précaire qu'elle puisse être. On l'appela le *père de la patrie, le troisième fondateur de Constantinople!* On lui éleva des statues ; les monuments se décorèrent de son image. Se montrant en grande pompe aux spectacles, il passait la nuit à table, dans la débauche, et n'eut pas honte de se marier solennellement. Son insolence, sa cruauté et sa lubricité soulevèrent tout le monde contre lui. Gainas, Goth, général romain, fit révolter les troupes, et ne promit de les apaiser qu'à condition qu'on lui livrerait la tête d'Eutrope. Arcadius, pressé d'un côté par la crainte, de l'autre par les prières de sa femme Eudoxe, que l'eunuque avait menacée de faire répudier, le dépouilla de toutes ses dignités et le chassa du palais. Eutrope, livré à la vengeance du peuple, se sauva dans une église. On voulut l'en arracher, mais saint Jean Chrysostome apaisa la populace par un discours qui est regardé comme un chef-d'œuvre d'éloquence. Au bout de quelques jours, l'eunuque sortit de son asile. Arrêté, on le conduisit à Chypre, puis en Chalcédoine. On lui fit son procès, et cet esclave qui avait peut-être osé aspirer au trône impérial, fut décapité en 399.

EUTYCHÈS, hérésiarque du cinquième siècle, qui a donné son nom à la secte des *eutychiens* ou *monophysites*, était prêtre et archimandrite à Constantinople (où plus de trois cents moines vivaient sous sa direction. L'hérésie de Nestorius, qui faisait de Jésus-Christ deux personnes, pour ne point confondre en lui la nature divine avec la nature humaine, avait rencontré dans Eutychès un ardent adversaire ; et, comme il arrive ordinairement à ceux qui ont plus d'ardeur que de jugement, l'excès de son zèle l'avait jeté dans l'erreur contraire : pour ne voir en Jésus-Christ qu'une personne, il ne voulait reconnaître en lui qu'une nature, comme si *personne* et *nature* eussent été deux mots synonymes. Le résultat de la doctrine de Nestorius que, la divinité et l'humanité faisant de Jésus-Christ deux êtres distincts, deux personnes différentes, rien de l'une ne pouvait être attribué à l'autre ; il était donc faux de dire que le Verbe se fût fait chair, que le fils de Dieu eût souffert, qu'il fût mort, que Marie fût mère de Dieu, etc. D'après Eutychès, au contraire, l'humanité ayant été absorbée par la nature divine dans la personne du fils de Dieu, son corps n'était plus qu'une substance fantastique animée par la divinité : Jésus-Christ n'était plus véritablement un homme semblable à nous, tout en lui devait être rapporté à la nature divine. Ainsi, ou la divinité avait pu mourir, ou la mort de Jésus-Christ n'avait été qu'apparente. Eutychès voulait bien qu'il y eût eu en Jésus-Christ deux natures avant l'incarnation, parce que selon lui les âmes étant préexistantes aux corps, celle de Jésus-Christ serait demeurée distincte de la divinité jusqu'à sa naissance; mais après l'incarnation la divinité et l'humanité se seraient tellement confondues et mêlées ensemble, qu'il n'en serait résulté qu'une seule nature mixte, à peu près comme en nous de l'union de l'âme et du corps résulte la nature humaine.

La réputation de piété, le crédit dont il jouissait parmi les moines, le zèle qu'il avait montré pour la foi contre Nestorius, le nom de saint Cyrille, qu'il invoquait, et dont il prétendait soutenir la doctrine, l'obscurité de la question même, tout favorisait l'hérésie naissante, et le mal faisait de tels progrès qu'Eusèbe de Dorylée, ami d'Eutychès, après avoir fait d'inutiles efforts pour le ramener à la foi orthodoxe, se vit obligé de le dénoncer dans un concile réuni à Constantinople, en 448, par Flavien, évêque de cette ville. La nouvelle doctrine y fut examinée et condamnée, et l'auteur, qui refusait de se rétracter, se vit déposé et frappé d'un anathème, qui fut confirmé par le pape saint Léon. Mais un parent d'Eutychès, tout-puissant à la cour de Théodose le jeune, obtint que l'affaire serait renvoyée à un autre concile. Ce nouvel examen, qui eut lieu au mois d'avril de l'année suivante, dans un synode que présidait Thalassius de Césarée, tourna encore à la confusion d'Eutychès.

Nouvel appel de l'hérésiarque, nouveau concile indiqué pour le mois d'août suivant : cette fois, c'était à Éphèse, et sous la présidence de Dioscore, homme violent et ennemi personnel de Flavien. Les mesures étaient prises pour assurer le triomphe de l'erreur : Eusèbe de Dorylée et Flavien parurent à ce concile, plutôt comme accusés que comme juges; les arguments de Dioscore furent des voies de fait, et ses moyens de persuasion la force des armes : Eusèbe et Flavien se virent déposés; le dernier fut même maltraité avec tant de violence, qu'il mourut peu de temps après de ses blessures; les autres évêques, intimidés, signèrent tout ce qu'on voulut; il n'y eut d'opposition que de la part des légats du pape. Les actes de ce concile, que l'histoire a flétri du nom de *brigandage d'Éphèse*, furent cassés par saint Léon, qui déposa et excommunia Dioscore. Celui-ci, bravant les foudres de l'Église, renvoya au pape anathème pour anathème. Un pareil scandale ne put être comprimé que par le concile général de *Chalcédoine*, tenu en 451, dans lequel furent définitivement condamnées les doctrines de Nestorius et d'Eutychès. Ce dernier mourut peu de temps après, âgé de soixante-cinq ans.

L'abbé C. BANDEVILLE.

EUTYCHIENS, EUTYCHIANISME, hérétiques qui reconnaissaient Eutychès pour chef. Cette hérésie ne fut point étouffée par la mort de l'hérésiarque, ni par sa condamnation au concile de Chalcédoine; elle parut tour à tour audacieuse ou timide, selon qu'elle était favorisée ou proscrite par les empereurs. Bientôt le schisme s'y mêla : aux évêques orthodoxes on opposa des évêques du parti : c'est ainsi qu'on vit en même temps à Alexandrie Pierre Moggus, à Antioche Pierre le Foulon, à Constantinople Acace.

Sous ces évêques l'hérésie varia et mitigea ses doctrines, selon les idées particulières de ceux qui s'en déclaraient chefs : ce n'était plus l'enseignement d'Eutychès; on n'avait retenu de lui que l'unité de nature, d'où le nom d'*eutychiens* fut laissé pour celui de *monophysites*. Au trisagion (*Dieu saint, Dieu fort, Dieu immortel*) Pierre le Foulon fit ajouter ces mots : *qui avez été crucifié pour nous*; donnant à entendre que la Divinité avait souffert, ce qui fit donner à ses sectateurs le nom de *théopaschites* (de Θεός, Dieu, et πάσχειν, souffrir). A la prière d'Acace, l'empereur Zénon rendit un décret, qu'il appela *hénotique*, ou conciliatoire, lequel condamnait à la fois Eutychès et le concile de Chalcédoine. Ce décret fut adopté par Pierre le Foulon et Pierre Moggus; mais l'hésitation de ce dernier entre l'hénotique et le concile de Chalcédoine le fit abandonner d'une partie des siens, qui furent appelés pour cela *acéphales*, puis *sévériens*, de *Severus*, patriarche schismatique d'Antioche, auquel ils se rattachèrent.

Plus tard, ces sectes se multiplièrent encore : on distingua les *corrupticoles*, qui voulaient que le corps de Jésus-Christ fût corruptible; les *incorrupticoles*, qui prétendaient le contraire; les *agnoètes*, qui voyaient en Jésus-Christ de l'ignorance; les *trithéites*, qui trouvaient en Dieu trois substances distinctes, etc. L'hérésie, livrée à elle-même, allait se perdre et s'éteindre dans une division sans fin, quand, au milieu du cinquième siècle, un moine, nommé Jacques Zanzale, élevé par le parti sur le siége épiscopal d'Édesse, entreprit de ranimer les restes mourants de l'eutychianisme, et en réunit les différentes branches en une secte qui prit de lui le nom de *jacobites*, et dont on trouve encore aujourd'hui les restes affaiblis en Égypte, en Syrie, en Éthiopie. Du sein des jacobites on vit encore sortir, au septième siècle, une nouvelle secte d'eutychiens mitigés. L'empereur Héraclius, faisant de la théologie par ordonnances, avait rendu un décret, juste milieu entre la doctrine des monophysites et celle des catholiques; il voulait qu'on admît deux natures en Jésus-Christ, mais une seule volonté : de là le nom de *monothélites*, donné aux partisans de cette erreur, qui fut la dernière fille de l'hérésie d'Eutychès.

L'abbé C. BANDEVILLE.

EUXIN (Pont). *Voyez* PONT-EUXIN et NOIRE (Mer).

ÉVACUATION. On définit généralement l'*évacuation* la sortie de matières sécrétées, exhalées ou excrémentitielles, par un organe quelconque, ouvert naturellement ou par l'art. Le même mot s'applique à la matière qui est entraînée au dehors : ainsi, on dit *évacuation sanguine*, pour indiquer le sang tiré; *évacuation bilieuse, purulente, séreuse, épaisse, fétide, inodore*, etc., pour indiquer que c'est de la bile, du pus, de la sérosité, des matières plus ou moins épaisses, fétides, etc., qui ont pris cours au dehors. On se sert encore du mot *évacuation* pour désigner l'opération par laquelle la sortie des matières a lieu. Aussi distingue-t-on les évacuations naturelles des évacuations artificielles : on entend par *évacuations naturelles* les opérations pour lesquelles, sans l'intervention de l'art, se fait la sortie des urines, des sueurs, des excréments de toute espèce; et par *évacuations artificielles*, les opérations analogues dans lesquelles l'art intervient, comme quand le chirurgien ouvre un abcès.

ÉVACUATION (*Art militaire*). Suivant l'Académie ce mot exprime l'action d'évacuer un pays, une place de guerre, en conséquence d'un traité, d'une capitulation, etc. D'après l'*Encyclopédie*, évacuer une place ou un pays, c'est seulement en faire retirer les troupes qu'on y avait établies. En effet, il peut entrer dans le plan de campagne d'un général de renoncer volontairement à l'occupation inutile d'une place ou d'un pays, et de porter ses troupes sur un point plus favorable aux projets qu'il a conçus, pour renforcer un corps de son armée ou pour occuper une position plus propre à la résistance et à l'ensemble des opérations. L'évacuation d'un pays peut encore s'opérer lorsque les ressources qu'il présente font craindre qu'elles ne soient pas suffisantes pour subvenir à tous les besoins des troupes qui l'occupent. On peut donc employer le mot *évacuation* toutes les fois qu'on retire, soit par nécessité, soit en conséquence d'une capitulation conclue d'un traité, des troupes d'un point qu'elles occupaient; et l'action d'évacuer une position quelconque n'est autre que l'abandon qu'on en fait pour en choisir une autre.

L'administration des hôpitaux militaires se sert aussi du mot *évacuation* pour exprimer le renvoi d'un hôpital dans un autre, des malades ou des blessés, lorsque cette mesure est jugée nécessaire. Les militaires destinés à être ainsi évacués reçoivent un billet de sortie d'un modèle particulier, connu sous le nom de *feuille d'évacuation*.

ÉVAGRE, né à Épiphanie, en Syrie, vers 535, s'appliqua d'abord aux belles-lettres; ensuite il étudia le droit, et, en peu de temps il eut acquis assez d'aptitude pour pouvoir exercer avec succès la profession d'avocat au forum d'Antioche. Évagre était déjà lié fort étroitement avec Grégoire, évêque d'Antioche, quand ce prélat fut mandé à Contantinople pour répondre devant les délégués de l'empereur à l'accusation de plusieurs crimes capitaux; Évagre, par son habileté, le fit renvoyer absous. En cette occasion, il sut mériter la bienveillance de l'empereur Tibère Constantin, qui le nomma questeur ; et plus tard, Maurice, successeur de Tibère, disposé pour lui tout aussi favorablement, lui donna l'importante charge de garde des dépêches du préfet. On ne connaît pas l'époque de sa mort. Il est auteur d'une *Histoire ecclésiastique*, faisant suite aux histoires de Socrate et de Théodoret ; elle s'étend jusqu'en 593, et a été traduite en Français par le président Cousin. E. LAVIGNE.

ÉVALUATION, prix qu'on met à une chose selon sa valeur (*voyez* ESTIMATION) : évaluation des frais d'un procès, d'une réparation à faire, d'une indemnité ; évaluation approximative.

On sait que la douane donne dans ses tableaux une *évaluation* des valeurs des marchandises importées et exportées. Les chiffres officiels d'évaluations, appliqués par la douane aux unités dont elle constate le mouvement, ont été établis après une longue enquête et basés sur la moyenne des prix qui existaient au moment de la discussion. Ils furent appliqués pour la première fois au tableau du commerce de 1825. Depuis 1825, ces chiffres officiels furent appliqués sans modification, sans tenir aucun compte des variations de valeur que le temps amène, et qui souvent sont fort considérables. En 1848, une commission permanente des valeurs fut instituée, avec mission de réviser chaque année la valeur que l'administration des douanes attribue à chacune des douze ou quinze cents marchandises inscrites dans son tableau annuel du commerce; valeur dont le total détermine dès lors, pour la statistique, le montant annuel de nos échanges avec l'étranger. Pour donner une idée de l'importance du travail de cette commission, qui compte près de quatre-vingts membres, il nous suffira de rappeler que les toiles de coton qu'elle évalue à 4 fr. 65, 6 fr. 50 et 11 fr. le kilogramme, suivant qu'elles sont écrues, blanches ou peintes et imprimées, étaient portées dans le tarif de 1826 à 15 fr. pour les cotons écrus et blancs, et à 26 fr. pour les toiles peintes et imprimées.

La Grande-Bretagne a recours, pour l'évaluation officielle de son commerce, à des taux d'évaluation qui remontent à l'année 1696. Depuis plus d'un siècle et demi, nul changement n'y a été apporté. Cette estimation ne peut donc servir qu'à exprimer des quantités. Comme correctif, on met en regard la valeur déclarée pour les articles exportés et provenant du sol ou de l'industrie britannique, mais on s'en tient à la valeur officielle pour toutes les importations et pour la réexportation des articles qui ne sont point au nombre des produits britanniques. De cette diversité de méthode il résulte l'impossibilité de totaliser l'ensemble du commerce britannique ou la nécessité de l'exprimer par des chiffres qui ne représentent nullement l'importance réelle des transactions. Aux États-Unis, un autre système a été adopté d'après un acte du congrès du 10 février 1820. Pour taux d'évaluation, on emploie, lorsqu'il s'agit d'articles importés, le prix courant des ports étrangers d'où la marchandise arrive, sans aucune addition de frais; quand il est question des exportations, on se règle sur le prix courant du port américain où la marchandise est chargée. Chaque année, ces prix courants se révisant de la sorte, on arrive à une expression aussi exacte que possible de l'importance réelle du mouvement commercial ; mais toute comparaison rigoureuse entre les sommes d'une année et celles d'une autre période devient impossible, puisque ces mêmes sommes sont le produit d'éléments dissemblables.

ÉVANDRE (en grec Εὔανδρος) vint, suivant la tradition, environ soixante ans avant la guerre de Troie d'Arcadie en Italie, et, accueilli amicalement par Faune dans les lieux où Rome s'éleva plus tard, fonda une colonie sur le mont Palatin, dont les uns font dériver le nom de son fils Pallas, et les autres d'une ville d'Arcadie, appelé *Pallantium*. C'est à Évandre qu'on attribue l'introduction en Italie des caractères d'écriture, de l'art de la musique, des jeux du cirque, en un mot, des premiers rudiments de la civilisation, ainsi que le culte des divers dieux. Un autel lui avait été élevé sur mont le Aventin. Il paraît démontré que l'histoire d'Évandre a pour base première une antique tradition italique, dont la forme fut plus tard modifiée par l'influence du génie grec ; et ce qui le confirme, c'est qu'Évandre est aussi représenté comme le fils de Carmenta, divinité essentiellement italique, opinion qui ne put être détruite chez les Romains par l'origine grecque donnée à Évandre, que l'on prétendait fils de Mercure et d'une nymphe appelée Thémis.

Le nom d'ÉVANDRE a été aussi porté par un philosophe de l'Académie moyenne.

ÉVANGÉLIQUE (Église). Les deux Églises luthérienne et calviniste, après avoir vécu longtemps divisées, éprouvèrent enfin, vers la fin du dix-huitième siècle, le besoin de se rapprocher et de vivre en bonne intelligence. Le progrès des sciences et de la philosophie les y conviaient de plus en plus : Leibnitz s'y était opiniâtrement opposé ; mais Wolff y contribua puissamment en réveillant l'esprit systématique, en augmentant l'autorité de la raison en matière de dogme, et Kant appuya de toute son influence les efforts de Calixtus et de Spener dans ce but. Bientôt, les perfectionnements successifs apportés à l'exégèse, l'étude des langues orientales, la comparaison de l'hébreu avec l'arabe et le syriaque, l'explication de la Bible par l'histoire, la liberté de la presse et la liberté d'enseignement; frappèrent d'impuissance les partis violents et substituèrent l'indifférence pour le dogme à un zèle aveugle et mal entendu. Les obstacles à la réunion des deux Églises s'aplanissaient à vue d'œil, et déjà les adhérents de l'une suivaient le culte de l'autre dans les mêmes temples. Mais ce ne fut qu'au jubilé de la réformation, en 1817, que s'opéra l'alliance des deux Confessions. Le duché de Nassau en donna l'exemple. Calvinistes et luthériens s'assemblèrent en synode et décidèrent de ne plus faire qu'une seule église sous le nom d'*Église Évangélique*. On se garda bien de soumettre les formules dogmatiques à aucune controverse, on choisit pour l'administration liturgique de la cène des textes bibliques susceptibles d'être interprétés par chaque Église dans son sens ; et cette conduite sage et prudente fut imitée avec plus ou moins de succès par la plupart des autres synodes de la Bavière, du grand-duché de Bade, de la Prusse, de Weimar, d'Anhalt, de Waldeck, de Hesse-Darmstadt, de Wurtemberg, malgré l'opposition de bon nombre de luthériens rigides, soutenus par le bas clergé, rebelle aux ordonnances des gouvernements favorables à la réunion.

En dehors de l'Allemagne, la fusion des Églises protestantes n'est encore complètement opérée nulle part, pas même en France, malgré l'initiative prise à Paris par plusieurs pasteurs éminents de deux communions, qui paraît ne paraisse mûr pour la consommation entière de cet acte de tolérance.

ÉVANGÉLISTES. Dans la primitive Église, on désignait ainsi ceux des chrétiens qui se rendaient d'une commune à une autre et continuaient l'enseignement des apôtres. Plus tard, on restreignit l'emploi de ce mot aux quatre auteurs sacrés qui on écrit la vie de Jésus-Christ sous le nom d'Évangile. Plusieurs commentateurs anciens ont cru voir dans les quatre animaux d'Ézéchiel et dans ceux de l'Apocalypse une figure prophétique des quatre évangélistes, mais ils ne s'accordent pas dans l'application qu'ils font de ces animaux. Cependant, au cinquième siècle prévalut à cet égard l'opinion de saint Jérôme, que Sédulius, prêtre et poëte du temps, exprima dans les vers qui suivent :

Hoc Matthæus agens hominem generaliter implet,
Marcus ut ait fremit vox per deserta leonis.
Jura sacerdotii Lucas tenet ore juvenci.
More volans aquilæ verbo petit astra Joannes.

Quatuor hi proceres, uná te voce canentes,
Tempora seu totidem latum sparguntur in orbem.

ÉVANGILE, base et règle de la foi chrétienne. C'est, suivant l'étymologie de ce mot grec, *l'heureuse nouvelle* apportée aux nations. Il comprend l'histoire de l'avènement, de la doctrine, des actions, de la mort et de la résurrection de Jésus de Nazareth, ou du Messie, fils de Dieu. Quatre historiens sacrés, approuvés par l'Église, nous l'ont transmise : saint Matthieu et saint Jean, témoins oculaires et auriculaires des actions et des paroles de Jésus; saint Marc et saint Luc, qui se présentent avec la même autorité, puisqu'ils furent compagnons des apôtres, et que le premier fut disciple de saint Pierre, le second disciple de saint Paul, de la bouche desquels ils ont recueilli toute leur doctrine.

Saint *Matthieu* écrivit son Évangile l'an 41 de l'ère vulgaire, en hébreu, ou syro-chaldéen, ainsi que nous l'attestent les anciens Pères de l'église. Mais cet Évangile fut très promptement traduit en grec, et la traduction prévalut sur l'original, altéré par les Ébionites, et perdu depuis le neuvième siècle. Le texte hébreu d'aujourd'hui n'est lui-même, comme le latin de la Vulgate, qu'une version de la version grecque. Après avoir prêché la foi en Judée, saint Matthieu y composa son évangile, et l'on croit en général qu'il fut écrit à Jérusalem. Ce qui fait voir qu'il le destinait plus particulièrement aux Juifs chrétiens, ce sont des détails de mœurs, de sectes, d'opinions et de géographie qu'il donne sans les éclaircir par aucune explication, et comme parlant à des lecteurs qui n'en avaient pas besoin pour les entendre. Son but est de prouver aux Juifs que Jésus de Nazareth est le Messie qu'ils attendaient, et qui leur était prédit par les prophètes. Cet évangile est donc une histoire dogmatique du Christ, plutôt qu'une biographie chronologique.

Saint *Marc* se proposait un autre but. Il destinait particulièrement son travail aux Romains. Ce qui le prouve, c'est le soin qu'il prend de leur expliquer certains détails qui pouvaient être obscurs pour eux sur les mœurs des Juifs, leur rites, etc. Cet Évangile fut primitivement écrit en grec; toutefois, les hébraïsmes dont il fourmille établiraient seuls que saint Marc était Juif, ainsi qu'il est, du reste, attesté par tous les écrivains du premier siècle. Si l'on rapproche l'Évangile de saint Marc de celui de saint Matthieu, on voit que les deux écrivains sacrés rapportent absolument les mêmes faits, ou du moins ne se contredisent sur aucune circonstance, quoique l'un et l'autre ajoutent ou omettent certains détails. On ne saurait douter que saint Marc n'eût sous les yeux l'Évangile de saint Matthieu : l'on croit généralement qu'il composa le sien d'une partie de l'Évangile de saint Matthieu, en y ajoutant les notes qu'il avait recueillies sur les prédications de saint Pierre. Mais saint Marc, écrivant pour les gentils, retrancha dans saint Matthieu ce qui ne pouvait convenir qu'aux Juifs : il ajouta quelques faits et quelques détails nouveaux.

Ces deux évangélistes avaient omis des faits et des particularités de la vie du Christ; en outre, on avait fabriqué une vie du Sauveur pleine d'erreurs et d'inexactitudes. Ce fut à cette occasion que saint *Luc* composa son Évangile. Il en recueillit les matériaux de la bouche des apôtres et des disciples de Jésus. Disciple et collaborateur de saint Paul, il l'accompagna dans presque tous ses voyages. Son Évangile est grec, d'un style pur et plus élégant que celui des autres écrivains du Nouveau Testament : on fixe à l'an 51 ou 53 l'époque où il fut composé. Selon saint Jérôme, saint Luc écrivit en Grèce et probablement à Corinthe.

L'église chrétienne sortait à peine du cénacle pour s'étendre sur la Judée et sur le monde, que déjà des hérésies menaçaient de briser son unité. Cérinthe, Ébion, Valentin attaquaient la divinité de Jésus-Christ et niaient un grand nombre de faits et de paroles du Sauveur. Ce fut pour s'opposer à ces dangers que, sur les instances de presque tous les évêques et députés des églises de l'Asie, saint Jean se détermina à écrire son Évangile, histoire dogmatique de Jésus spécialement adressée aux chrétiens de l'Asie Mineure. Le grec est la langue originale de l'Évangile de saint Jean. Si l'on rapproche ce dernier des trois autres, on voit que, à l'exception de quelques faits qu'il répète, l'écrivain suppose suffisamment connus ceux que contiennent les trois Évangiles qui ont précédé le sien, et qu'il rapporte un grand nombre d'actions et de paroles de Jésus-Christ, ainsi que des détails omis par ses devanciers, tels que l'histoire des premiers temps de la prédication de Jésus-Christ, jusqu'à la captivité de saint Jean-Baptiste; diverses circonstances de la passion, de la mort et de la résurrection du Sauveur.

Ces quatre Évangiles sont authentiques, ils ont été écrits par les auteurs dont ils portent les noms. Il suffit pour s'en convaincre de comparer les ouvrages entre eux et avec les autres écrits dont l'ensemble forme le Nouveau Testament. Le style de ces quatre histoires ne laisse aucune doute sur la véracité de leurs auteurs. Dès les premiers siècles de l'Église, les Pères affirment l'authenticité de ces livres sacrés.

Il a existé aussi dans les premiers siècles une multitudes d'Évangiles apocryphes, rejetés depuis par l'Église. On ne sait quelle date et quelle origine leur assigner. Saint Clément d'Alexandrie, qui vivait au deuxième siècle, est le premier Père qui en ait parlé, en établissant une juste distinction entre ces productions et les livres authentiques, fondements de la foi chrétienne. D'ailleurs, ces prétendus Évangiles n'étaient pas en si grand nombre, le même portant souvent plusieurs titres : c'est ainsi que l'Évangile selon les Hébreux, l'Évangile selon les Nazaréens, l'Évangile selon les douze apôtres, et l'Évangile selon saint Pierre paraissent n'avoir été que le seul Évangile selon saint Matthieu, falsifié par les nazaréens et les ébionites. Quant aux 35 autres Évangiles, ils en forment à peine vingt en réalité. En voici la liste, d'après Fabricius : 1° un Évangile selon les Égyptiens; 2° un autre de la Nativité de la Vierge; 3° un Protévangile de saint Jacques; 4° l'Évangile de l'enfance; 5° un Évangile de saint Thomas (c'est le même que le précédent); 6° l'Évangile de Nicodème; 7° l'Évangile éternel; 8° l'Évangile de saint André; 9° celui de saint Barthélemi; 10° celui d'Apelle; 11° l'Évangile de Basilide; 12° celui de Cérinthe; 13° l'Évangile des ébionites; 14° l'Évangile des encratites ou de Tatien; 15° l'Évangile d'Ève; 16° celui des gnostiques; 17° celui de Marcion; 18° celui de saint Paul (c'est le même que le précédent) 19° les *Grandes et Petites interrogations de Marie*; 20° le livre de la Nativité de Jésus, le même que le Protévangile de saint Jacques; 21° le livre de saint Jean ou de la mort de la vierge Marie; 22° l'Évangile de saint Matthias; 23° l'Évangile de la perfection; 24° l'Évangile des simoniens; 25° l'Évangile selon les Syriens; 26° l'Évangile selon Tatien, le même que l'Évangile des encratites; 27° l'Évangile de Thadée ou saint Jude; 28° celui de Valentin; 29° celui de la vie ou du Dieu vivant; 30° celui de saint Philippe; 31° l'Évangile de saint Barnabé; 32° celui de saint Jacques-le-Majeur; 33° celui de Judas Iscariote; 34° l'Évangile de la vérité, le même que l'Évangile de Valentin; 35° l'Évangile de Leucius, de Seleucus, de Lucien et d'Hesychius.

Cette multiplicité d'Évangiles s'explique en partie par l'abus de ce nom qui fut donné dans les premiers siècles de l'Église, non-seulement aux Évangiles proprement dits, mais encore à tous les autres livres du Nouveau-Testament, aux histoires de Jésus et de la vierge Marie, et même aux professions de foi. On l'explique aussi par la simplicité de quelques chrétiens qui, ayant recueilli par écrit ce qui leur avait été dit par quelques disciples des apôtres, croyaient pouvoir donner à leurs notes le nom d'*Évangile*. Mais bientôt ces prétendus Évangiles furent reconnus pour apocryphes et rejetés par les orthodoxes. Il n'en fut pas ainsi des quatre Évangiles que les apôtres avaient eux-mêmes donnés aux églises. Plusieurs apôtres se servirent de celui de saint Matthieu, et saint Marc l'eut à Rome entre les mains. Saint Pierre approuva l'Évangile de saint Marc. Saint Luc, pendant son séjour en Grèce, se servit de celui de ce dernier et de l'Évangile de saint Matthieu. Saint Paul appelait celui de saint Luc son *Évangile* ; enfin, saint Jean, qui écrivit le dernier, revit les trois autres Évangiles et les approuva, ainsi que l'atteste Eusèbe de Césarée. Toutes les églises orthodoxes se servaient de ces quatre Évangiles ; on en faisait des lectures publiques ; un grand nombre de passages en étaient insérés dans les liturgies et dans les ouvrages des premiers Pères.

L'intégrité des livres du Nouveau-Testament se prouve par l'accord de toutes les versions, qui offrent la plus parfaite concordance. Entre les manuscrits les plus anciens, recueillis par Mill, Westein, Kuster et autres, et les anciennes versions, ainsi que la Vulgate, on observe, quant à la substance, absolument le même accord. Mill, à la vérité, en comparant un très grand nombre de manuscrits, a annoté plus de trente mille variantes, mais ces variantes ne servent qu'à confirmer l'intégrité des livres du Nouveau-Testament, puisque toutes se réduisent à des fautes de grammaire ou d'orthographe, ou à des mots remplacés par leurs synonymes. C'est ainsi que la critique la plus rigoureuse met le scepticisme au défi d'altérer l'irréfragable certitude attachée à ces livres augustes dont on s'est borné ici à faire l'histoire, ne pensant pas que ce fût l'occasion d'apprécier leur influence sur le monde dont ils ont renouvelé la face (*voyez* CHRISTIANISME).   DE CARNÉ.

ÉVANGILE (*Liturgie*), partie de la messe qui suit l'épître et précède l'offertoire. Elle se compose de la lecture d'un extrait des Évangiles déterminé par la liturgie pour chaque jour de l'année. On chercherait en vain une liturgie qui n'ait pas admis une lecture d'Évangile. Dans certaines églises d'Orient, on crut anciennement pouvoir s'en dispenser le samedi ; mais le concile de Laodicée de 364 décida que ce jour n'en serait pas plus exempt que les autres. Aux messes basses, le missel est transporté du côté droit de l'officiant, au côté gauche où le prêtre lit l'évangile, pour montrer depuis d'appuyer toutes les mesures passées des juifs aux gentils. Il est posé de biais, le dos faisant face au coin de l'autel. Le célébrant s'arrête au milieu de l'autel pour dire le *munda cor meum* ; puis, avant de commencer la lecture, il fait le signe de la croix avec le pouce de la main droite sur le livre, sur son propre front, sur sa bouche et sur sa poitrine. A la fin, il baise la page sainte en disant :

Per evangelica dicta
Deleantur nostra delicta

Aux messes solennelles c'est ordinairement le diacre qui chante l'Évangile : il fait sa prière à genoux, au bas de l'autel, y dit le *munda cor meum*, se lève, prend l'évangéliaire, et, accompagné de deux cierges allumés, va demander au célébrant sa bénédiction en ces termes : *Jube, Domine, benedicere*, auxquels le célébrant répond : *Dominus sit in corde tuo et in labiis tuis, ut digne et competenter annunties evangelium*, etc. *Amen*, réplique le diacre, et il baise la main du célébrant, qui bénit l'encens des thuriféraires et le jette dans l'encensoir. Tous les fidèles restent debout pendant la lecture de l'Évangile. A Rome, lorsque le pape officie, un cardinal-diacre chante l'Évangile en latin, un autre en grec ; usage qui s'est également observé à l'abbaye du mont Cassin, et à celle de Saint-Denis en France, le jour de la fête patronale. L'Évangile chanté, le peuple répond : *Laus tibi Christe*. Puis on remporte le livre presque avec le même cérémonial, et on le fait baiser au célébrant, ainsi qu'à tout ce qu'il y a d'éminent dans l'église. A la fin de la messe, le prêtre lit encore le commencement de l'Évangile selon saint Jean ; ce qu'on appelle le *dernier Évangile*.

Les Grecs lisent l'Évangile avec beaucoup de solennité : le célébrant se met en prière, prend sur l'autel le livre fermé, le montre au peuple, en faisant le signe de la croix, et le remet au diacre qui le reçoit à genoux, en lui disant : *bénissez, seigneur, les prédicateurs du Saint Évangile* ; à quoi le célébrant répond, en le bénissant : *Dieu nous donne la parole pour annoncer son Évangile avec une grande force.* — *Amen* réplique le diacre. Après avoir promené le livre processionnellement, il le reporte à la tribune et l'encense, tandis que le célébrant, resté à l'autel, se retourne vers le peuple en lui criant : *Voilà la Sagesse ! restons debout et écoutons le saint Évangile !* Saint Jean-Chrysostome nous apprend qu'en ce moment solennel, les empereurs déposaient leur diadème.

ÉVANOUISSEMENT. *Voyez* SYNCOPE.

ÉVANS DE LACY, lieutenant général anglais et membre du parlement, né en 1787 à Moig en Irlande, débuta dans la carrière militaire au service de la Compagnie des Indes orientales, et passa ensuite avec le grade de lieutenant dans un régiment de dragons. Après avoir servi en Espagne sous Wellington, puis dans l'Amérique du nord, il remplissait à Waterloo les fonctions d'aide de camp du général Ponsonby, lorsqu'il fut promu au grade de lieutenant-colonel. Mis en non activité ou rétablissement de la paix générale, il se jeta dans la politique, arbora la bannière du radicalisme, et fut élu en 1830 membre du parlement pour Westminster. En 1835, il accepta, avec le rang de lieutenant-général dans l'armée espagnole, le commandement de la légion recrutée pour deux ans en Angleterre au compte du gouvernement de Madrid, à l'effet de soutenir en Espagne le système constitutionnel. Il s'y comporta vaillamment, et notamment aux affaires qui eurent lieu devant Saint-Sébastien, devant le Passage, sur les hauteurs d'Amozagana, sous les murs d'Oriamendi et d'Hernani, et termina la campagne de 1837 par la prise d'assaut de la ville d'Irun, après une résistance opiniâtre. A son retour en Angleterre, les électeurs de Westminster le choisirent encore une fois pour leur mandataire au parlement, et le gouvernement lui conféra le grade de colonel avec la décoration de l'ordre du Bain. En 1846 il vota en faveur de l'abolition des *corn-laws* et fut réélu en 1847 par les électeurs de Westminster, membre du parlement, où il n'a pas discontinué depuis d'appuyer toutes les mesures proposées par le parti libéral. Le ministère Derby rencontra en lui un adversaire des plus énergiques ; mais après deux jours de débats violents la chambre des communes refusa, en avril 1852, de s'associer au vote de défiance qu'il provoquait contre le cabinet en proposant à ses collègues de rejeter le bill de la milice. Chef d'une division de cavalerie de l'armée envoyée en Orient, il a été élevé au grade de lieutenant général en 1854.

ÉVAPORATION, passage d'un liquide, et même de certains solides, à l'état de vapeur par leur combinaison avec le calorique. Ce qui distingue les mots *évaporation* et *vaporisation*, c'est que ce dernier ne se dit que de la formation des vapeurs par l'ébullition. Toutes les fois que des vapeurs se forment au-dessous de ce point, il y a *évaporation*.

Un liquide passe à l'état de vapeur d'autant plus vite que sa température est plus élevée, que l'ouverture du vase qui le contient est plus grande, et que l'air ou les gaz ambiants sont plus secs, etc. Si, par exemple, on verse un peu d'eau dans une bouteille, et qu'on bouche celle-ci, on observera d'abord (si l'air contenu dans la bouteille est bien sec) que le niveau du liquide baissera de quelque chose, et qu'au bout d'un certain laps de temps il deviendra stationnaire ; si, au contraire, la bouteille n'était pas bouchée, tout le liquide, au bout d'un temps suffisant, passerait à l'état de vapeur et se dissiperait dans l'atmosphère. Il est facile de rendre raison de ces phénomènes : dans le cas où la bouteille est bouchée, l'air qu'elle contient se sature d'abord des vapeurs qui se forment au-dessus de l'eau ; après quoi il est impossible qu'il en admette de nouvelles entre ses molécules ; au contraire, quand la bouteille est débouchée, les vapeurs se répandent librement dans la masse d'air extérieur, et l'évaporation continue tant qu'il y a du liquide dans le vase. Il suit de là que l'évaporation d'un liquide doit cesser si ce dernier n'est entouré d'un volume d'air qui ne peut se renouveler : voilà pourquoi du linge mouillé exposé à un vent sec sèche plus vite, toutes choses égales d'ailleurs, que lorsqu'il est tendu au soleil par un temps calme,

Autrefois les physiciens pensaient que l'air avait la propriété de dissoudre les liquides et de s'en approprier les vapeurs, de la même manière que l'eau dissout les sels et se combine avec eux. Une expérience décisive a démontré l'absurdité de cette hypothèse. En effet, si l'air agissait comme dissolvant sur les liquides, l'évaporation n'aurait pas lieu, ou serait, du moins, plus lente dans le vide; or, on observe le contraire; un liquide contenu dans le récipient d'une machine pneumatique se convertit, en partie, quand on a fait le vide, en vapeur, dont la tension fait monter, en peu de temps, de quelques degrés la colonne de mercure du baromètre contenu dans le récipient. Si l'air contribuait à l'évaporation des liquides, les vapeurs se formeraient plus lentement dans une même masse rare de ce fluide que dans un volume de ce même fluide plus comprimé; il n'en est pas ainsi : une même quantité d'eau passe plus vite à l'état de vapeur, lorsqu'on la porte sur une haute montagne, que lorsqu'on la laisse dans un vase placé sur le bord de la mer. L'évaporation des liquides, toutes choses égales d'ailleurs, est plus ou moins rapide, suivant leur densité; l'éther, le plus léger de tous, s'évapore plus vite que l'eau, et celle-ci que le mercure, etc.

Nous avons dit que certains solides passaient spontanément à l'état de vapeur : nous en avons un exemple dans la glace, dont le volume diminue sensiblement avec le temps sans qu'il y ait dégel.   TEYSSONNE.

ÉVASION. Le maintien de l'ordre public exige impérieusement de réprimer par des mesures sévères la négligence que les geôliers, gardiens, gendarmes et tous autres préposés semblables apportent dans la surveillance des personnes détenues et confiées à leur garde. Tels sont les termes du préambule de la loi du 13 brumaire an II. Cette loi voulait qu'en cas de connivence à l'évasion d'un prisonnier, les préposés à sa garde fussent condamnés à mort, et la négligence qui, de leur part, aurait donné lieu à cette évasion, fût punie de deux années d'emprisonnement! Mais, on ne tarda pas à s'apercevoir que la première de ces prescriptions était neutralisée par sa rigueur même et que, pour éluder l'application, les juges déclaraient toujours qu'il n'y avait que négligence là où les preuves de la connivence étaient évidentes. Déjà la loi du 4 vendémiaire an VI avait remédié à cet abus; mais le Code Pénal de 1810 a définitivement consacré une législation plus humaine et cependant suffisante pour garantir l'exécution des jugements et la sûreté de la société.

Aux termes des articles 237 et suivants de ce code, toutes les personnes préposées à la conduite, au transport ou à la garde des détenus, en sont responsables, et, *en cas d'évasion*, sont passibles de différentes peines. Si l'évadé est prévenu de délits de police, ou de crimes simplement infamants, ou s'il est prisonnier de guerre, les préposés à sa garde ou conduite doivent être punis, en cas de négligence, d'un emprisonnement de six jours à deux mois, et, en cas de connivence, d'un emprisonnement de six mois à deux ans. Ceux même qui, n'étant pas chargés de la garde ou de la conduite du détenu, auront procuré ou facilité son évasion, seront punis de six jours à trois mois d'emprisonnement. Si l'évadé est prévenu ou accusé d'un crime de nature à entraîner une peine afflictive à temps, ou condamné pour l'un de ces crimes, la peine, en cas de négligence, sera l'emprisonnement de deux mois à six mois, et, en cas de connivence, la réclusion. Et quant aux personnes étrangères à la garde des détenus, leur participation à l'évasion sera punie d'un emprisonnement de trois mois à deux ans. S'il s'agit de crimes emportant la peine de mort ou des peines perpétuelles, les conducteurs ou gardiens seront punis, en cas de négligence, par un emprisonnement d'un an à deux ans, et, en cas de connivence, par la peine des travaux forcés à temps. Les fauteurs de l'évasion étrangers à la surveillance des détenus seront, en ce cas, punis d'un emprisonnement d'un an au moins et de cinq ans au plus.

Si l'évasion a eu lieu ou a été tentée avec violence ou bris de prison, les peines contre ceux qui auront favorisée en fournissant des instruments propres à l'opérer seront suivant le cas, de trois mois à deux ans d'emprisonnement, de deux ans à cinq ans d'emprisonnement, et même la réclusion. Dans tous les cas, lorsque les tiers qui auront procuré ou facilité l'évasion y seront parvenus en corrompant les gardiens ou geôliers, ou de connivence avec eux, ils seront punis des mêmes peines que lesdits gardiens ou geôliers. Si l'évasion avec bris ou violence a été favorisée par transmission d'armes, les gardiens ou conducteurs qui y auront participé seront punis des travaux forcés à perpétuité; les autres personnes, des travaux forcés à temps. Au surplus, tous ceux qui auront connivé à l'évasion d'un détenu seront solidairement condamnés, à titre de dommages-intérêts, à tout ce que la partie civile du détenu (c'est-à-dire son adversaire) aurait eu droit d'obtenir contre lui. La surveillance de la haute police peut-être prononcée pour cinq à dix ans contre tous ceux qui auront coopéré à une évasion. A l'égard des détenus qui se seront évadés ou qui auront tenté de s'évader par bris de prison ou par violence, ils seront, pour ce seul fait, punis de six mois à un an d'emprisonnement, et subiront cette peine immédiatement après l'expiration de celle qu'ils auront encourue pour le crime ou délit à raison duquel ils étaient détenus, ou immédiatement après l'arrêt ou jugement qui les aura acquittés ou renvoyés absous dudit crime ou délit, le tout sans préjudice de plus fortes peines qu'ils auraient pu encourir pour d'autres crimes qu'ils auraient commis dans leurs violences. Du reste, les peines d'emprisonnement prononcées contre les conducteurs ou les gardiens, en cas de négligence seulement, cesseront lorsque les évadés seront repris ou représentés, pourvu que ce soit dans les quatre mois de l'évasion, et qu'ils ne soient pas arrêtés pour d'autres crimes ou délits commis postérieurement. La loi punit en outre le recel des personnes qui ont commis des crimes emportant peine afflictive.   DUBARD.

D'après la loi du 30 mai 1854, le condamné aux travaux forcés à temps qui, à dater de son embarquement, se rend coupable d'évasion est puni de 2 à 5 ans de travaux forcés. Cette peine ne se confond point avec celle antérieurement prononcée. La peine pour les condamnés à perpétuité est l'application à la double chaîne pendant 2 ans au moins et 5 ans au plus. Tout libéré coupable d'avoir quitté la colonie sans autorisation ou dépassé le délai fixé par l'autorisation est puni d'un an à trois ans de travaux forcés.

ÈVE (en hébreu *Chavva*, c'est-à-dire la vie, la mère de toute vie). Tel fut, suivant la tradition juive relative à la création, le nom de la femme du premier homme, par conséquent de la mère du genre humain. (*voyez* ADAM).

ÉVÊCHÉ, diocèse, partie de territoire soumise à l'autorité spirituelle d'un évêque. Dans un sens général, ce terme comprend aussi les *archevêchés*. Il se dit encore de la dignité épiscopale, du titre d'évêque, de la ville où il y a un siège épiscopal, de la résidence de l'évêque, de la demeure enfin de l'évêque ou palais épiscopal. Les évêchés sont les premiers et les plus anciens de tous les offices ecclésiastiques. Leur institution remonte presque à la naissance de l'Église. Le plus ancien est celui de Jérusalem, dont saint Pierre fut, pendant cinq années, le titulaire, à partir de l'an 34 de notre ère, et qu'il céda à saint Jacques le Mineur. Le second évêché créé fut celui d'Antioche, où saint Pierre résida cinq ans, et qu'il céda à Évodius. Le troisième, dans l'ordre des temps, fut celui de Rome, dont saint Pierre jeta les fondements l'an 45 de J.-C. Ainsi, Jérusalem et Antioche ont été successivement le premier évêché en dignité ou principal siège de l'Église; plus tard, Rome est devenue la capitale de la chrétienté. L'évêché de Limoges fut fondé par saint Martial vers l'an 80. Certains critiques ont cependant prétendu que l'érection des évêchés ne remontait pas au-delà du troisième siècle. Contrairement à cette opinion, le pape saint Clément est cité pour avoir envoyé, dès l'an 94, des évêques en divers lieux, notamment à Évreux et à Beauvais, et pour avoir, en cette qualité, accrédité saint Denis à

Paris et saint Nicaise à Rouen. Les évêchés se multiplièrent insensiblement dans tout le monde chrétien ; mais c'est surtout aux douzième et treizième siècles que les érections d'évêchés deviennent fréquentes. A cette dernière époque ils étaient si nombreux dans la province de Constantinople, que le pape, écrivant, en 1206, au patriarche de cette ville, lui permit de conférer plusieurs évêchés à un seul titulaire.

La pluralité des évêchés a cependant été toujours défendue par les canons, de même que la pluralité des bénéfices ; mais on a été dans tous les temps ingénieux à trouver des prétextes de dispenses. Ébroin, évêque de Poitiers, fut le premier, en 850, qui posséda un évêché et une abbaye ensemble ; le cardinal Mazarin, quand il était évêque de Metz, possédait en même temps treize abbayes. Janus Pannonius cumulait à son décès cinq évêchés de Hongrie. Le cardinal de Joyeuse était à la fois archevêque de Toulouse, de Rouen et de Narbonne. L'étendue de chaque évêché n'était point d'abord limitée ; ce fut le pape saint Marcel qui en fit la division, en 308.

Dans les premiers siècles de l'Église, chaque évêque était indépendant des autres ; il n'y avait ni métropolitains ni suffragants. Chaque province ne possédait d'abord qu'un évêché jusqu'à ce que, le nombre des chrétiens s'étant beaucoup accru, on érigea plusieurs évêchés dans une même province civile, lesquels composèrent ensemble une province ecclésiastique. Le concile de Nicée, tenu en 325, attribua à l'évêché de la métropole, ou capitale de la province, une supériorité sur les autres évêchés comprovinciaux, d'où est venue la distinction des évêchés métropolitains, que l'on a qualifiés d'*archevêchés*, d'avec les autres évêchés de la même province, qu'on appelle *suffragants*, les titulaires de ces évêchés ayant droit de suffrage dans le synode métropolitain, ou plutôt assistant jadis à l'élection du métropolitain, confirmant son élection et la consacrant.

On compte aujourd'hui 15 archevêchés métropolitains en France, et 69 évêchés qui sont leurs suffragants, en France et dans ses colonies. Ces évêchés ne sont pas également partagés entre les métropolitains ; il n'y en a cependant qu'un seul qui n'ait qu'un suffragant : c'est l'archevêché de Cambrai, évêché Arras. On pourvoyait anciennement aux évêchés par voie d'élection ; c'est maintenant le chef de l'État qui y nomme ; l'institution canonique est donnée par le pape ; les bulles sont vérifiées et enregistrées au Conseil d'État avant la prise de possession des sièges.

Il y a des évêchés dans l'Église anglicane ou épiscopale, répandue aussi dans les États-Unis d'Amérique, dans l'Église grecque ou d'Orient, et dans l'Église luthérienne de Suède, de Danemark et de Norvège.

ÉVÊCHÉS (Les Trois). Jadis on désignait sous ce nom une partie de la Lorraine, composée des trois villes de Metz, de Toul et de Verdun, toutes trois ayant le titre d'évêché, et leur territoire. Après avoir été longtemps villes libres impériales, elles furent, en 1552, réunies par Henri II à la France, à laquelle le traité de Câteau-Cambrésis en confirma définitivement la possession.

ÉVECTION (de *evectus*, action de porter dehors, de transporter). On appelle ainsi en astronomie la seconde inégalité de la lune, produite par l'action du soleil. L'équation du centre, c'est la plus grande des équations de la lune. Cette inégalité, découverte par Ptolémée, influe particulièrement sur l'équation du centre qu'elle diminue dans les syzigies et augmente dans les quadratures. Bouilliaud l'a expliquée par le déplacement du foyer de l'ellipse lunaire, qui n'est pas fixe au centre de la terre ; de là le nom d'*évection*, qu'il a donné à cette inégalité de la science a conservé.

ÉVEIL. C'est communément un avis donné à quelqu'un sur une chose qui l'intéresse et à laquelle il ne s'attendait pas. Ce mot, quoiqu'il n'ait au premier coup d'œil aucun rapport avec celui de *réveil*, vient néanmoins évidemment de ce dernier, mais en ce sens que l'action de réveiller quelqu'un a pour but de le faire passer de l'état de sommeil à celui de veille, c'est-à-dire de produire une révolution *sui generis* dans le système d'action de ses facultés mentales, opération qui résulte aussi, quoique avec des phénomènes différents, de l'action de donner l'éveil à quelqu'un. La révolution qui s'opère en nous dans ce dernier cas est proportionnée à l'importance de l'objet sur lequel notre *attention a été éveillée* ; et telle peut être cette importance que la direction des facultés de notre intelligence en soit absolument changée. Ce qu'on désigne sous le nom d'*éveil* n'est pas toujours le résultat d'un avis donné à quelqu'un ; mais, suivant son degré de capacité intellectuelle, il peut dépendre d'une réflexion subite, d'un incident tout insignifiant en apparence pour ceux qui nous entourent : ainsi, des circonstances très-indifférentes pour une capacité ordinaire donneront à des agents adroits d'un gouvernement l'éveil sur quelque conspiration, sur les dangers quelconques qui peuvent menacer l'autorité qui les emploie. Dans la recherche des causes d'un phénomène quelconque, du mot d'une énigme, ou même d'autres objets plus insignifiants encore, ce sont des phénomènes ou des observations qui ont passé cent fois inaperçus sous les yeux des autres, qui donnent à un esprit plus étendu, plus profond, l'éveil sur ce seuls moyens, ou du moins les meilleurs pour arriver à la découverte qu'ils cherchent ; et, en considérant la question sous ce point de vue, on est quelquefois étonné du peu de difficultés des obstacles qui ont suffi pour arrêter les esprits, les génies même les plus profonds ! BILLOT.

ÉVENT, altération causée par l'impression de l'air dans les aliments ou dans les liqueurs, qui en est détruit, ou affaibli, ou en corrompt le goût : du lard, du vin qui sent l'*évent*. Il se prend aussi pour l'air agité : on met des marchandises à l'air, à l'*évent*, quand elles viennent des lieux suspects de contagion. Donner de l'*évent* à une pièce de vin, c'est lui donner de l'air en y faisant une ouverture. Une tête à l'*évent* est un esprit léger, étourdi, éventé.

Évent s'applique encore aux conduits qu'on ménage dans la construction des fourneaux, des fonderies, afin que l'air y circule et en chasse l'humidité. C'est un défaut de fabrication dans un canon de fusil, une défectuosité de mine, qui consiste en une petite ouverture, ou fente, par laquelle l'air peut passer. En termes d'artillerie, c'est la différence en moins du diamètre d'un boulet à celui du calibre de la pièce ; dans ce dernier sens, on dit aussi *vent* au lieu d'*évent*.

ÉVENTAIL. Ce mot, comme le verbe *éventer*, est dérivé de *vent*. L'*éventail* n'est autre chose que du papier, du parchemin, de la peau, ou de l'étoffe, étendus sur de petites lames d'ivoire, de nacre, d'écaille, de corne, de bois, etc., qui se replient les unes sur les autres, et servent à *éventer* ou à s'*éventer*. L'éventail, lorsqu'il est agité, remplit en quelque sorte, la fonction d'une pompe tout à la fois aspirante et foulante, en ce sens qu'en s'écartant de la figure, il livre passage à des colonnes d'air plus fraîches, sur lesquelles il exerce ensuite, en se rapprochant, une certaine pression, de telle manière que, se trouvant en quelque façon refoulées, elles viennent frapper la partie trop échauffée, et d'où résulte précisément la fraîcheur agréable que l'on ressent alors. L'agitation de l'air par l'éventail ne produit aucun effet sur le thermomètre et ne le refroidit pas.

Dans l'art militaire on donne le nom d'*éventail* à une espèce d'*ais* que l'on dispose pour mettre les tireurs à l'abri. C'est en architecture une croisée dont la partie supérieure se termine en demi-cercle. Les orfèvres appellent *éventail* un tissu d'osier dont ils se couvrent le visage, et qui, à l'aide d'une petite ouverture pratiquée au centre, leur permet de reconnaître l'état de la soudure. Pour l'émailleur, l'*éventail* est une petite platine de fer-blanc, ou de cuivre, qui garantit de la lampe à la clarté de laquelle il travaille. Wicqfort, dans sa traduction de l'*Ambassade de Garcias de Figueroa*, appelle *éventails* des cheminées pratiquées en Perse pour combattre la chaleur et rafraîchir les appartements. Enfin, on donne encore aujourd'hui ce nom à une espèce de machine, faite de cartes ou de morceaux de toile gommée, suspendue au plancher, et qu'on emploie pour donner de la fraîcheur en l'agitant. V. DE MOLÉON.

L'éventail proprement dit sert plus spécialement aux dames, pour lesquelles il est à la fois un objet d'utilité et d'agrément. Nous trouvons énumérées dans une brochure intitulée *la Philosophie de la toilette*, par Mme la baronne de C***, plus de cent manières différentes de se servir de ce joli meuble-bijou. Selon un historien fort ancien, l'éventail est né en Chine : ce serait la belle Kansi, fille d'un mandarin, qui, ayant contracté l'habitude de tenir son masque à la main et de l'agiter pour se rafraîchir le visage, aurait créé ainsi l'*éventail*. Dès lors il dut avoir la forme d'un écran, qu'il conserve encore chez les Chinois. Suivant un autre historien, l'éventail ne serait que l'instrument bruyant dont se servait la sibylle de Cumes pour annoncer qu'elle allait rendre ses oracles. Une troisième opinion assigne l'Égypte pour patrie à l'éventail ; de là il serait passé en Judée, puis en Grèce. Des branches de myrte, d'acacia, des feuilles élégamment découpées du platane oriental, auraient été les éventails primitifs, et l'on a quelques raisons de croire que les pampres, le lierre, les sarments et les feuilles de vigne, qu'on voit si fréquemment sur les anciens monuments, entrelacés autour du thyrse que portaient les bacchantes et les prêtres de Bacchus, auraient eu, outre leur destination symbolique, celle de procurer de l'ombre et de la fraîcheur aux prosélytes du dieu du vin, échauffés par les orgies de ces jours de désordre. Avec les paons, qui commencèrent à être connus en Grèce dans le cinquième siècle avant J.-C., vinrent les éventails de plumes de cet oiseau, fruits de la mollesse et du faste des habitants du littoral de l'Asie Mineure. Cette mode fut adoptée avec empressement par les dames grecques : dans une des tragédies d'Euripide, un eunuque vient raconter qu'il a, *selon la coutume phrygienne*, agité son éventail auprès des cheveux, des joues et du sein de la belle Hélène. Dans les écrivains postérieurs, grecs et romains, il est question d'éventails de plumes de paon toutes les fois qu'il s'agit de toilette de femme ; mais, comme les longues plumes se trouvaient trop légères et trop frêles pour opposer la résistance nécessaire à la répercussion d'une certaine masse d'air, on imagina de les soutenir par de légères bandes ou tablettes en bois qui rendirent l'instrument plus solide, plus durable. Tels étaient les éventails dont parlent Ovide et Properce lorsqu'ils nous apprennent que les jeunes filles se procuraient de la fraîcheur au moyen de certaines tablettes. Nous trouvons cette mode reproduite sur les vases antiques avec une telle variété qu'on serait tenté de croire que la mode a régné aussi despotiquement à Tibur qu'aux Tuileries.

Si nous laissons l'ère mythologique et ancienne de l'éventail, et si nous voulons savoir l'époque de son introduction en France, nous arrivons de prime saut au seizième siècle, où des parfumeurs italiens, venus à la suite de Catherine de Médicis, en généralisèrent l'usage à la cour. Il jouit d'une grande faveur près de Henri II et de ses mignons. Par un édit de 1673, Louis XIV constitua les maîtres *éventaillistes* de Paris en corps de jurande. Sous ce prince et sous Louis XV il devint pour les femmes, sous diverses formes, le complément obligé d'une élégante toilette. Depuis ce temps sa vogue s'est toujours soutenue. Il paraît qu'en France, en Angleterre, en Italie, il fut en plumes de paon jusqu'au milieu du dix-septième siècle, époque où il cessa de s'appeler *éventoir*. Venise et les républiques marchandes servirent dans ce temps-là d'entrepôts pour débiter ces précieux objets d'échange, que l'on faisait venir d'Alexandrie et d'autres places du Levant. Il existe des collections de costumes pris chez tous les peuples du monde, et principalement chez les Lombards, où l'éventail de plumes de paon se trouve parmi ceux du moyen âge. Ils étaient de formes très-variées, consistant d'ordinaire en plumes d'autruche, ou autres, longues, mobiles, réunies en faisceau et fixées dans un manche d'or, d'argent ou d'ivoire. Cette mode passa, avec quantité d'autres, d'Italie en Angleterre, sous les règnes de Richard II et de Henri VIII, comme on peut le voir dans une comédie de Shakspeare, où Falstaff dit à Pistol : « Quand Mme Bridget perdit le manche de son éventail, je pris sur mon honneur de l'affirmer que vous ne l'aviez. » On offrit à Élisabeth, le jour de l'an, un éventail garni de diamants, que Nichols décrit avec un soin scrupuleux. Sur le frontispice de *La Femme doit avoir sa volonté*, comédie anglaise, imprimée en 1616, on voit un éventail de plumes, dont le manche paraît orné de pierres précieuses.

A Rome encore aujourd'hui, dans les solennités publiques, et particulièrement dans la *festa di catedra*, le pape est porté sur les épaules de plusieurs hommes, tandis que deux tiennent, à côté de lui, mais sans les agiter, deux éventails de plumes de paon, à manches d'ivoire. Ceci a quelque rapport avec la coutume des diacres grecs, se tenant à côté du célébrant, avant la consécration, et agitant sur les offrandes un *ripidion*, ou éventail, ressemblant à l'instrument qu'on emploie en été dans les campagnes pour éloigner les cousins et les mouches des chevaux qu'on ferre. Quelquefois pourtant, cet éventail grec représente un séraphin à six ailes déployées. Son apparition est, dans l'esprit de ce peuple, empreinte d'un sens mystique : elle rappelle le souffle du Saint-Esprit animant les apôtres ; et la prière du célébrant y fait allusion. On voit dans un cérémonial de la messe pontificale du temps du pape Nicolas V, qu'on se servait aussi autrefois généralement de l'éventail dans les églises de nos contrées. Il était surtout en usage dans l'abbaye de Cluny. On l'employait en France au treizième siècle, dit Durand, de Mende, pour empêcher les mouches de souiller les espèces sacramentelles. En Italie, dit Balzac l'ancien, il y a des éventails qui lassent les bras de quatre valets.

De cet incommode ustensile à nos éventails, quelle distance ! de combien de grâces ne sont-ils pas doués de nos jours ! Comme on les dore, comme on les argente, comme on les incruste ! comme tantôt le bois de Sainte-Lucie, tantôt l'ivoire, sont employés avec art à leur parure ! comme la peinture et la miniature, l'or et les pierres se réunissent pour les enjoliver ! Sous la régence, tous les personnages qu'on peut imaginer, tous les paysages qu'on peut retracer furent déployés avec luxe sur les éventails, pour lesquels on épuisa les plus beaux papiers de la Chine et les taffetas les plus distingués de Florence. Une des dames les plus spirituelles de la cour de Louis XV écrivait à son amie, Mme de Staal : « Supposons une femme délicieusement aimable, magnifiquement parée, pétrie de grâces ; si, avec tous ces avantages, elle ne sait que bourgeoisement manier l'éventail, elle aura toujours à craindre de se voir l'objet du ridicule. Il y a tant de façons de se servir de ce précieux colifichet, qu'on distingue par un coup d'éventail la princesse de la comtesse, la marquise de la roturière... Et puis, quelles grâces ne donne pas l'éventail à une dame qui sait s'en servir à propos ! Il serpente, il voltige, il se resserre, il se déploie, il se lève, il s'abaisse, selon les circonstances. Oh ! je veux bien gager, en vérité, que dans tout l'attirail de la femme la plus galante et le mieux parée, il n'y a point d'ornement dont elle puisse tirer autant de parti que de son éventail. » Ces lignes semblent avoir été inspirées par l'aspect d'un cercle de dames espagnoles, de la métropole, ou des colonies, toutes les femmes du globe celles qui excellent le plus dans ce manège enchanteur. « L'éventail, dit M. Édouard Fraissinet, joue un rôle important dans la vie publique et privée des Japonais. Il fait partie du costume des deux sexes. On le voit dans la main du soldat comme dans celle du moine. Quand un grand seigneur fait l'aumône à un pauvre, il met la pièce de monnaie sur un éventail. On salue à coups d'éventail au Japon, comme en Europe à coups de chapeau. Le professeur donne cet objet en guise de prix à ses élèves. Pour annoncer à un criminel d'un haut rang qu'il est condamné à mort, on lui présente un éventail sur un riche plateau. Il se met à genoux, tend les bras vers ce don funeste, incline la tête, et l'exécuteur qui s'est tenu prêt, s'avance et la lui tranche au même instant... »

En 1828 la mode adopta chez nous l'éventail pour nos fashionables, dans les salles de spectacle. Ce fut à la première représentation de *Corisandre* à l'Opéra-Comique, dans une brûlante soirée d'été. Ces éventails masculins reçurent le nom de *corisandres*.

Sans être le *sceptre du monde*, comme l'a dit un poète musqué du dix-huitième siècle, l'éventail tiendra sa place dans l'histoire des grands événements produits par de petites causes : le coup d'éventail du dey d'Alger a valu un supplément de gloire à nos armes et une importante colonie à la France.   OURRY.

ÉVENTAIL (Taille en), taille qui donne à un arbre la forme d'un éventail ; elle est plus difficile à maintenir que celle en V ouvert, qui lui a été généralement substituée, car sa régularité dépend d'un plus grand nombre de branches mères. Les arbres dirigés d'après ce procédé occupent, il est vrai, un espace moindre latéralement, mais aussi les fruits sont moins aérés, moins exposés au soleil, et l'effeuillage est plus souvent nécessaire.   P. GAUBERT.

ÉVENTAILLISTE. C'est le nom qu'on donne à celui qui fabrique des éventails. On appelait autrefois ainsi ceux qui les vendaient. Ils formaient une corporation, dont la confrérie était établie à Sainte-Marine. Ses statuts sont antérieurs à la déclaration de 1673, par laquelle Louis XIV érigea plusieurs communautés. On fait les éventails en papier, en taffetas, ou en d'autres étoffes très-légères. Les plus simples sont en papier uni, d'une seule couleur, et c'est le vert qu'on choisit ordinairement. On les coupe en demi-cercles de diverses grandeurs ; on colle deux feuilles l'une sur l'autre, et on laisse sécher. On fixe le papier sur un mandrin ou sur une *planchette* bien unie, dans laquelle sont pratiqués 10 à 12 rayons, creusés d'un millimètre de profondeur. On ébarbe le papier avec un compas à pointe tranchante, et avec un couteau émoussé on passe sur les rayons creusés, pour déterminer les *plis* du papier ; on répète l'opération en retournant le papier sur la planchette.

La seconde opération consiste à introduire des *brins* de bois très-minces, larges d'environ quatre millimètres, entre les deux feuilles de papier pour les soutenir, ce qui se fait au moyen d'une aiguille ou sonde. Les flèches ou bâtons de l'éventail se réunissent par le bout d'en bas, et au moyen d'un petit trou qu'on y ménage, on les enfile dans une petite broche de métal. S'il s'agit d'éventails de luxe, les extrémités de cette broche sont garnies de rubis ou de diamants. Le papier de l'éventail est collé sur les deux flèches extrêmes. Après que l'éventail est plié, on le laisse sécher ; tout ce qui excède les deux grands bâtons est ébarbé, et on borde l'éventail.

On imprime d'abord en noir les éventails, et on les colorie après. Ceux qui sont en taffetas, mousseline, etc., peuvent être unis, peints ou brodés en or ou en argent ; mais le montage se fait de la même manière.

La mode exerce beaucoup d'empire sur ce genre d'industrie : on en fait aussi en bois précieux, en écaille, en ivoire ; on les appelle *éventails d'hiver*.

Toutes les flèches découpées à jour sont retenues par un ruban ; c'est au moyen d'un *emporte-pièce* qu'on fait les découpures, qui présentent souvent de fort jolis dessins. Cette industrie, en apparence si futile, entre dans les exportations annuelles de Paris pour une somme de près de trois millions. Grâce à l'habileté et au goût des éventaillistes parisiens, l'Europe entière est devenue notre tributaire pour cet objet ; mais c'est en Chine que l'on fait les éventails les plus délicats et les plus remarquables. Nous en avons vu vendre en Angleterre jusqu'à vingt-cinq louis la pièce.

V. DE MOLÉON.

ÉVENTS (*Zoologie*). On donne ce nom aux ouvertures par lesquelles les cétacés appelés *souffleurs* rejettent l'eau qui entre dans leur bouche avec leur proie. « Cette eau, dit G. Cuvier, passe dans les narines au moyen d'une disposition particulière du voile du palais, et s'amasse dans un sac placé à l'orifice extérieur de la cavité du nez, d'où elle est chassée avec violence par la compression de muscles puissants, au travers d'une ouverture étroite placée au-dessus de la tête. »   N. CLERMONT.

ÉVÊQUE. Au plus haut degré de l'échelle hiérarchique de l'Église se trouve placé l'*évêque*, en qui réside, disent les théologiens, la plénitude du sacerdoce, c'est-à-dire des pouvoirs conférés par Jésus-Christ à ses apôtres. Le caractère dont il est revêtu, c'est l'*épiscopat* ; l'étendue de sa juridiction, c'est l'*évêché*. Dans les premiers siècles, les évêques étaient appelés *apôtres*, *anges de l'Église*, *papes* ou *pères*, *pontifes*, etc. Le nom d'*évêque* (ἐπίσκοπος, surveillant, surintendant) désignait moins le rang ou le caractère que la charge pastorale, le soin de *veiller* au salut du troupeau. C'est un terme emprunté par l'Église aux païens : les Grecs désignaient ainsi les inspecteurs qu'ils envoyaient dans les provinces. Les Latins appelaient également *episcopi* des magistrats chargés d'inspecter le pain et les vivres. Cicéron avait exercé ces fonctions : *episcopus oræ Campaniæ*. Dès le temps des apôtres, nous voyons ce titre donné à de simples prêtres, auxquels était confiée une partie de la juridiction. Alors aussi, les évêques sont quelquefois désignés sous le nom de *prêtres* (πρεσβύτερος, vieillard) : c'est le nom que donne saint Jean dans ses deux dernières épîtres ; saint Paul, parlant de l'ordination épiscopale de Timothée, l'appelle *impositionem manuum presbyterii*. Ce nom venait de l'âge avancé dans lequel on choisissait ordinairement les évêques et les prêtres ; c'était d'ailleurs une qualification honorifique donnée à toute personne de distinction, quel que fût son âge, comme chez nous le nom de *seigneur*, qui vient de *senior* (ancien, vieillard).

De ce que les noms de prêtre et d'évêque ont été alors appliqués indistinctement, on aurait tort de conclure, avec les protestants et les presbytériens, qu'il n'existait aucune différence entre l'épiscopat et la prêtrise. Il pouvait y avoir confusion dans les noms, dit saint Thomas, mais non dans le caractère. De tout temps l'Église a vu dans les évêques les héritiers des apôtres, et dans les prêtres les continuateurs des soixante-douze disciples ; et personne lisant l'Évangile ne sera tenté de dire qu'il y ait eu égalité de pouvoirs entre les uns et les autres. Saint Paul, établissant Tite *évêque* dans l'île de Crète, le charge d'instituer dans chaque ville des *prêtres* sur lesquels il aura pleine juridiction : car c'est à lui, comme juge naturel, que doivent être adressées les plaintes qu'il n'est tenu de recevoir que sur la déposition de deux ou trois témoins. Selon saint Ignace, l'évêque préside dans l'Église comme le représentant de Dieu, et les prêtres y tiennent la place du sénat apostolique. Tertullien, d'accord avec les canons des apôtres et les décisions de plusieurs conciles, veut que les prêtres, aussi bien que les diacres, ne fassent rien sans le consentement de l'évêque. Saint Célestin, partant du principe que le disciple n'est pas au-dessus du maître, veut que les prêtres soient soumis aux évêques. C'est le sentiment unanime des Pères. D'ailleurs, à partir du second siècle toute ambiguïté cesse, et chaque ordre prend exclusivement le nom qu'il a conservé jusqu'à ce jour.

Par l'institution de Jésus-Christ, les évêques ont été établis pasteurs des âmes. « Ils sont, dit l'Écriture, constitués intendants par l'Esprit-Saint, pour gouverner l'Église de Dieu. » L'autorité qu'ils exercent est attachée à leur caractère, et leur vient de Dieu même, tandis que la juridiction des prêtres n'émane que de l'évêque, et ne peut être exercée que sous sa direction. Les évêques sont donc nécessaires à l'Église, non-seulement pour lui assurer la continuité du ministère, et transmettre par l'ordination la mission qu'ils ont reçue de Jésus-Christ, mais encore pour présider, gouverner, juger et surveiller. Ils sont tous égaux en pouvoir, parce que tous ont reçu la plénitude du sacerdoce ; ce qui n'empêche pas qu'il y ait entre eux des prééminences, des degrés de juridiction et d'honneur, suivant l'importance des siéges qu'ils occupent. Au-dessus de tous s'élève le pontife romain, le pape, dont l'autorité s'étend sur tout l'univers, et auquel se rallient tous les autres évêques comme autant de rayons à un centre commun. Les autres distinctions ont été introduites par l'usage. Quatre prélats, sous le titre de *patriarches*, se partageaient autrefois l'Orient : c'étaient les évêques d'Antioche, d'Alexandrie, de Jérusalem et de Constantinople; l'Occident n'avait d'autre patriarche que le souverain pontife. Venaient ensuite les *primats* ou *exarques*, puis les *métropolitains* ou *archevêques*, et enfin les simples évêques. Les titres de patriarche et de primat, qui emportaient autrefois une juridiction réelle, ne sont plus aujourd'hui que des distinctions honorifiques.

Dans les premiers temps, tout le peuple était appelé à élire les évêques et les principaux pasteurs de l'Église; mais, à cause des troubles inséparables de ces réunions populaires, différents conciles, depuis celui de Laodicée au quatrième siècle jusqu'à celui de Latran en 1215, restreignirent et supprimèrent les droits électoraux des laïques; le clergé même se vit peu à peu dépossédé. Déjà au temps de la pragmatique sanction, sous Charles VII, les seuls chapitres des métropoles et des cathédrales élisaient leurs évêques; enfin, les chefs de l'État, qui s'étaient toujours réservé une large part dans les élections épiscopales, ont fini en France, par se les attribuer exclusivement : le concordat passé entre Léon X et François Ier donne au roi seul le droit de nommer aux évêchés et archevêchés. Aux termes du concordat de 1801, « le prêtre nommé par le chef de l'État doit faire ses diligences pour rapporter l'institution du pape ». Jusque là il ne peut exercer aucun acte de juridiction. Dès qu'il a reçu ses bulles, il doit se faire sacrer dans le temps prescrit par les canons. Le sacre pour être légitime, non pas pourtant sous peine de nullité, doit être fait par trois autres évêques, dont un *consécrateur* et deux *assistants*. Les ornements distinctifs que l'élu reçoit à son sacre sont : 1° la *crosse*, houlette pastorale, avec laquelle il doit conduire le troupeau de Jésus-Christ; 2° l'*anneau*, signe de l'alliance qu'il contracte avec l'Église; 3° la *croix pectorale*, nouveau rational, qui montre en lui le représentant d'un Dieu crucifié; 4° la *mitre*, sorte de couronne, symbole de sa souveraineté spirituelle.

Les théologiens distinguent dans l'évêque deux sortes de pouvoirs : l'un attaché à son caractère, et qu'ils appellent *pouvoir d'ordre*; l'autre attaché à son siége, et qu'ils nomment *pouvoir de juridiction*. Les fonctions qu'il remplit en vertu de ce double pouvoir embrassent tout l'exercice de la religion chrétienne. Aux sacrements qu'il administrait comme prêtre se joignent les deux autres, dont il est devenu le ministre ordinaire, la confirmation et l'ordre. Juge naturel en matière de religion, il décide les questions de foi, il interprète l'Écriture, il prononce dans les conciles, il examine, approuve ou condamne, dans son diocèse, les ouvrages qui se publient sur la religion. Gardien de la discipline, il fait les statuts, mandements, ordonnances, qu'il croit propres à en assurer le maintien; il dispense des canons selon les canons mêmes, et quand l'intérêt de l'Église le demande, il juge les fautes des ecclésiastiques et punit les coupables par des peines spirituelles; il peut interdire, suspendre, excommunier, absoudre, etc. Chef du troupeau, il choisit les coopérateurs qui doivent travailler sous sa direction au salut des âmes : il les ordonne, et leur assigne le poste qu'il veut qu'ils occupent. En France, cette partie de la juridiction épiscopale est ainsi limitée par les lois : « Les évêques nomment aux cures; leur choix ne peut tomber que sur des personnes agréées par le chef de l'État. » (*Concordat de 1801*, art. X.)

« Le devoir d'un pasteur, dit le concile de Trente, est de connaître ses brebis, d'offrir pour elles le sacrifice, de les nourrir par la prédication de la parole divine, l'administration des sacrements et l'exemple des bonnes œuvres; de prendre un soin paternel des pauvres et des malheureux; de s'acquitter, enfin, de toutes les fonctions de la charge pastorale; choses que ne peuvent faire ceux qui, au lieu de veiller sur leur troupeau, l'abandonnent comme des mercenaires. » Le concile déclare donc que tous les prélats, quels que soient leurs titres ou leurs dignités, sont tenus de résider en personne dans leur diocèse. Puis, il est dit « qu'ils devront avoir soin de visiter leur diocèse par eux-mêmes, ou, s'ils en sont empêchés, par un vicaire général. Le but de ces visites doit être d'établir la saine doctrine, de maintenir les bonnes mœurs, de corriger les vices et les abus, de ramener le peuple par des exhortations et des avis à la religion et à l'innocence. » D'accord en cela avec le concile de Trente, les articles organiques disent que « les évêques sont tenus de résider dans leur diocèse, et ne peuvent en sortir qu'avec la permission du chef de l'État ». Puis : « Ils visiteront annuellement en personne une partie de leur diocèse, et dans l'espace de cinq ans le diocèse entier. En cas d'empêchement légitime, la visite sera faite par un vicaire général. »

L'évêque qui ne peut remplir tous les devoirs de l'épiscopat obtient un *coadjuteur* ou un *auxiliaire* : ce sont des évêques qui exercent en son nom les fonctions épiscopales, mais qui n'ont de juridiction que celle qu'il leur donne en qualité de vicaires généraux. Comme on ne peut nommer deux évêques pour le même siége, ni ordonner un évêque sans église, ces prélats reçoivent le titre d'une des églises qui sont sous la puissance des infidèles, ce qui leur fait donner le nom d'évêques *in partibus infidelium*, institution qui date des croisades. Un coadjuteur succède de droit à l'évêque qu'il seconde; il n'en est pas de même des simples auxiliaires. Le chapitre impérial de Saint-Denis compte d'anciens évêques parmi ses membres.

L'abbé C. BANDEVILLE.

EVERDINGEN (ALBERT VAN), célèbre paysagiste hollandais, né en 1621, mort en 1675, eut pour maîtres Roland Savery et Peter Molyn, mais profita encore plus de l'étude attentive et constante qu'il fit de la nature. Dans ses marines, il excellait à rendre avec une frappante vérité l'agitation de la mer; on a aussi de lui des vues de forêts d'une teinte sombre et tout à fait dans la nature du Nord, qui sont de vrais chefs-d'œuvre. D'ailleurs, il ne reproduisait pas avec moins de bonheur les scènes gracieuses des forêts, et de beaux effets de soleil. On admire notamment les toiles lesquelles il a reproduit la nature agreste et sauvage des montagnes. Par leur conception, éminemment poétique, les tableaux de cet artiste laissent une impression ineffaçable; et il en existe un grand nombre dans les musées de Berlin, de Dresde, de Munich, de Vienne, de Copenhague, etc.

Everdingen, homme pieux et spirituel, avait étudié la théologie et remplissait les fonctions de diacre dans l'église reformée de sa ville natale. Il s'exerça en outre dans la gravure sur cuivre; et on estime particulièrement les planches qu'il composa pour le poëme de *Reinecke der Fuchs*.

Son frère aîné, *César* VAN EVERDINGEN, né à Alkmaer, en 1606, mort en 1679, se distingua comme portraitiste et aussi comme peintre d'histoire et d'architecture.

Un troisième frère, *Jan* VAN EVERDINGEN, né en 1625, fut avocat, mais n'en a pas moins laissé, lui aussi, quelques toiles remarquables.

EVERETT (ALEXANDRE-HENRI), homme d'État américain, né dans l'État de Massachussets, et fils d'un respectable ministre protestant, fit à Boston, et plus tard à l'université d'Harward, à Cambridge, les études qui devaient l'initier à la vie publique. Nommé en 1818 envoyé des États-Unis de l'Amérique du Nord à La Haye, il passa en la même qualité en 1825 à Madrid. Les négociations auxquelles il fut donné de prendre part l'initièrent à la connaissance des secrets de la politique européenne, et lui fournirent le fond d'un ouvrage qu'il publia sans nom d'auteur sous le titre suivant : *Europa*, or *a general survey of the present situation of the principal powers : with conjectures on their future prospects* (Boston, 1822). Il y examinait la situation respective des différentes puissances de l'Europe, et signalait la lutte qui s'est établie entre les princes et les peuples, les premiers pour la conservation de leur pouvoir despotique, les autres pour l'obtention de leur liberté. Suivant lui, cette lutte doit infailliblement se terminer par la victoire des peuples, attendu que la civilisation ne peut aujourd'hui que progresser, et que les progrès de la civilisation amènent à leur suite la liberté politique. Aussi conseille-t-il aux princes d'adopter un sage système de concessions, s'ils ne veulent pas s'exposer à une perte inévitable. Comme corollaire à cet ouvrage, il fit paraître, en 1827, un autre écrit intitulé : *America, or a general survey of the political situation of the several powers of the western continent* (Philadelphie, 1827), dans lequel il signalait déjà les dangers dont la prépondérance toujours croissante de la Russie menace l'indépendance de l'Europe. Il publia ensuite, et cette fois en y mettant son nom, l'ouvrage intitulé : *New ideas on population, with remarks on the theories of Malthus and Godwin* (Londres, 1823), où, contrairement à l'opinion des économistes anglais, il établit de la manière la plus péremptoire que tout accroissement de population a pour résultat un accroissement de production ; que les moyens de subsistance sont toujours en rapport exact avec le chiffre des populations à nourrir ; enfin, que la pauvreté et la famine proviennent d'autres causes que de la surabondance de la population.

La défaite du parti whig et l'arrivée aux affaires du président Jackson, représentant du parti ochlocratique, mit fin à la carrière politique de Henri Everett. Il rentra alors dans la vie privée, et se retira Boston, où il publia jusqu'en 1835 le *North American Review*, que des besoins d'argent le forcèrent alors à vendre. Les principaux articles qu'il a donnés à cette Revue ont été réunis, en 1846, sous le titre de *Critical and miscellaneous Essays* (Boston).

EVERETT (Édouard), frère cadet du précédent, est né en avril 1794, à Dorchester, dans l'État de Massachusetts, étudia la théologie, et obtint dès l'âge de vingt ans une place de ministre de l'Église unitaire à Boston, où il se fit une telle réputation que trois ans plus tard on lui offrit la chaire de langue et de littérature grecque, nouvellement créée à l'université de Cambridge. Sentant alors le besoin d'aller étudier l'antiquité sur place, il s'embarqua pour l'Europe en 1815, et alla d'abord passer quelque temps à Gœttingue. En 1817 il vint à Paris, et de là se rendit à Londres. Après avoir parcouru l'Italie, la Grèce et une partie de la Turquie, il revint, en 1819, aux États-Unis occuper enfin la chaire qui lui avait été confiée. A quelque temps de là il prit aussi la rédaction en chef du *North-American-Review*, recueil qui sous sa direction parvint à une grande popularité, et dans lequel il se chargea surtout de défendre les mœurs et les institutions de son pays contre les attaques et les railleries des *touristes* anglais. Marié à une femme riche, une telle position ne pouvait cependant suffire à son activité intellectuelle, et il résolut, en conséquence, d'aborder le terrain de la politique. Élu membre du congrès en 1824, il y fit pendant dix ans partie de la chambre des représentants, et s'y montra constamment le défenseur des malheureux Indiens, si indignement opprimés par la législation américaine. Gouverneur du Massachusetts de 1834 à 1837 par trois élections successives, il fut nommé, en 1841, envoyé extraordinaire et ministre plénipotentiaire à Londres, et conserva jusqu'en 1846 ses importantes fonctions. Plus tard, il fut choisi par le président Millard Fillmore pour remplacer M. Webster en qualité de secrétaire d'État. Esprit infiniment cultivé, écrivain si bien nourri de l'antiquité que ses compatriotes l'ont surnommé *the classical Everett*, il a cédé à la tentation de faire imprimer quelques-uns de ses discours au congrès ; et tout récemment encore on a publié de lui : *Orations and speeches* (2. vol.; Boston, 1850).

ÉVERGÈTE, en grec Εὐεργέτης, c'est-à-dire le bienfaiteur), surnom de Ptolémée III et de Ptolémée VII.

ÉVERGÈTES, en grec Εὐεργέται, c'est-à-dire les *bienfaisants*. On appelait ainsi la petite peuplade des Agriaspes ou Arimaspes, dans la Drangiane, province de Perse, parce qu'autrefois ils avaient empêché Cyrus, fils de Cambyse, et son armée de périr de faim dans les déserts, en leur amenant des convois de vivres. Ils jouissaient d'une constitution politique fort sage, tout à fait différente de celle de leurs voisins, et qu'Alexandre le Grand lui-même crut devoir respecter.

ÉVHÉMÈRE (en grec Εὐήμερος), philosophe de l'école cyrénaïque et disciple de Bion, qui acquit une grande célébrité dans l'antiquité par les efforts qu'il fit pour expliquer l'origine des croyances religieuses des Grecs par les honneurs rendus dans le principe à des hommes puissants ou bienfaisants. On ne connait pas au juste sa patrie : les uns pensent qu'il était de Messène ou de Tégée ; d'autres le font naître dans l'île de Cos ou à Agrigente, et cette dernière opinion est la plus accréditée. Il vécut environ 300 ans avant J.C, sous le règne de Cassandre, roi de Macédoine, qui lui accorda toute sa confiance, et le fit voyager jusque sur l'océan Indien. Diodore de Sicile, au livre V, et Eusèbe, dans sa *Préparation évangélique*, nous ont conservé de lui de précieux fragments ; mais ce qu'il nous rapporte d'une île appelée Panchaie, d'un temple de Jupiter Triphylien, et d'une colonne d'or sur laquelle ce Dieu aurait fait graver ses exploits, avec la vie et la mort de Saturne, d'Apollon et des autres dieux, a été justement regardé comme une histoire inventée par lui à plaisir pour ébranler les croyances du paganisme et fonder sa philosophie. Telle a été l'opinion de Callimaque, de Polybe et d'Ératosthène. Aussi Évhémère fut-il souvent qualifié d'athée ; mais quand vint le christianisme, les Pères de l'Église, pour combattre le paganisme, s'emparèrent avec empressement de son ouvrage ; sa doctrine prit alors le nom d'*évhémérisme*. Tertullien, saint Clément d'Alexandrie, Minucius Felix, saint Cyprien, Lactance, saint Jean Chrysostôme, furent des *évhémeristes*. Plus tard, Vossius et Bochart prétendirent reconnaître chez les Hébreux et dans la Bible les types de tous les dieux mythologiques. Ennius a mis en vers latins l'histoire sacrée d'Évhémère.

P. DE GOLBÉRY.

ÉVHÉMÉRISME. *Voyez* ÉVHÉMÈRE.

ÉVIADES, un des noms des bacchantes, dérivé d'Évius, surnom de Bacchus.

ÉVIANES, fêtes de Bacchus, qu'il ne faut pas confondre avec les Dionysiaques. Chez les Évianes, peuple de Macédoine, dont le nom rappelle celui d'*Évius*, donné à Bacchus, les fêtes de ce dieu se passaient au milieu des danses et des excès du vin. Il y paraissait entres autres deux danseurs qui se livraient un combat simulé, au son de la flûte. L'un figurait un paysan occupé à labourer son champ ; il avait ses armes auprès de lui. L'autre représentait un soldat ennemi, cherchant à surprendre le laboureur. Celui-ci dès qu'il apercevait le soldat quittait sa charrue, saisissait ses armes, et le combat s'engageait de manière que les combattants semblaient se porter et recevoir des coups, se blesser et se mutiler. Athénée appelle cette danse accompagnée de chants *hyporchématique*. Il dit qu'elle était fort en vogue du temps de Pindare, et qu'elle consistait à représenter par des gestes appropriés ce que désignaient les paroles que l'on chantait. Xénophon, dans son *Anabasis*, décrivant les repas que lui donna Seuthès, roi de Thrace, raconte l'exécution de deux danses semblables.

Th. DELBARE.

ÉVICTION, action d'*évincer*, dépossession d'un immeuble ordonnée au profit du véritable propriétaire, au préjudice de celui qui possédait en vertu d'un acte de vente, d'échange ou de partage, consenti par un individu réputé propriétaire. L'*éviction* donne toujours lieu à la restitution du prix de l'immeuble de la part du vendeur au profit de l'acquéreur, à moins que celui-ci n'ait connu, lors de la vente, le danger de l'*éviction*, et qu'il ait acheté à ses risques et périls. Elle est seulement une cause de résiliation de la vente lorsqu'elle n'a lieu que pour une partie de l'immeuble vendu, et qu'elle d'une telle conséquence relativement au tout que l'acquéreur n'eût point acheté sans la partie dont il est *évincé*. Dans ce cas, et lorsque la résiliation n'a pas lieu, l'acquéreur a droit au remboursement du prix de la portion dont il est évincé, suivant sa valeur à l'époque de l'*éviction*. En matière d'échange, le *copermutant* (on nomme copermutants ceux qui opèrent entre eux l'échange d'une chose pour une autre) qui est *évincé* a le droit de répéter sa chose ou de réclamer des dommages et intérêts. En matière de partage, l'*éviction* donne lieu à une indemnité de la part des cohéritiers en faveur de l'héritier *évincé*.

ÉVIDENCE (mot emprunté du latin, et dont le verbe *videre*, voir, est la racine). Quand la **vérité** s'offre à nos regards, elle nous apparaît environnée d'une lumière pure et resplendissante, qui nous permet de la reconnaître, et contraint irrésistiblement notre esprit à l'admettre et à la proclamer comme sa souveraine. Cette lumière dont la vérité est revêtue quand elle se manifeste à nous, c'est l'*évidence*. J'existe, le soleil luit, tout ce qui a commencé d'exister a une cause de son existence, le tout est égal à la réunion de ses parties, tous les corps sont placés dans l'espace, etc., etc., voilà autant de propositions évidentes, c'est-à-dire qui ont pour caractère propre de commander notre assentiment et de provoquer une adhésion ferme et inébranlable de notre esprit aux vérités qu'elles contiennent. L'évidence n'est donc point en nous, mais hors de nous; c'est un attribut non de nos jugements, mais de la vérité; c'est le flambeau dont elle marche précédée, et qui établit une sublime communication entre elle et les intelligences. Ce qui lui répond en nous, c'est la certitude ferme et invariable qu'elle produit dans notre esprit. De même qu'il y a deux sortes de vérités, les vérités de fait, comme *j'existe, je pense, il fait nuit, il fait jour*, et les vérités de raison, comme celles-ci : *deux quantités égales à une troisième sont égales entre elles; tout événement se passe dans le temps*; de même on distingue deux sortes d'évidence, l'*évidence de fait* et l'*évidence de raison*. L'éclat de l'une n'est pas moindre que l'éclat de l'autre, car les faits sont admis par nous avec autant de certitude que les premiers principes, et nous n'établissons cette distinction qu'en considérant l'évidence par rapport aux vérités qu'elle éclaire et qui sont de deux ordres différents, les vérités contingentes et les vérités nécessaires.

L'évidence de raison peut elle-même être considérée sous deux aspects: ou bien la proposition qui contient une vérité est comprise immédiatement sans qu'elle ait besoin d'être précédée d'autres propositions qui l'éclaircissent et lui servent de preuve. Ainsi, cette proposition : *le tout est égal à la somme de ses parties*, n'a besoin, pour être admise, d'aucune autre proposition : alors l'évidence est dite *immédiate*. Mais le plus souvent une proposition, quoique aussi vraie que les axiomes, dont, au reste, elle ne doit être que l'application, ne manifeste pas sur-le-champ la vérité qu'elle renferme ; il faut, pour qu'elle devienne évidente, l'aide et l'intermédiaire d'autres propositions qui nous montrent sa relation avec le principe évident dont elle n'est qu'une forme, qu'une application nouvelle : en un mot, elle a besoin d'être démontrée. Mais au moyen de cette démonstration elle nous apparaîtra revêtue de la même évidence que les propositions qui n'empruntent leur lumière que d'elles-mêmes, et aura les mêmes droits et la même puissance pour entraîner notre assentiment. Ainsi, cette proposition : 5 *multiplié par* 3 *égale* 9 *plus* 6, n'est pas d'une évidence immédiate, car, pour démontrer l'égalité des deux quantités, il est besoin de les comparer successivement avec le même nombre 15. Pour peu qu'on ait ouvert un livre de géométrie, on sait que les trois angles d'un triangle sont égaux à deux angles droits. Cette proposition est vraie de la même vérité que les axiomes. Cependant, elle n'est point évidente, et il faut le secours de plusieurs autres propositions pour lui communiquer l'évidence de l'axiome dont elle est une application. Dans ce cas, l'évidence est dite *médiate*, parce qu'elle a besoin, pour se manifester, de l'intermédiaire d'autres évidences.

S'il est vrai que l'évidence soit le signe auquel nous reconnaissons la vérité, il est important de ne pas se méprendre sur le caractère de l'évidence, et de bien réfléchir avant de dire : Cette chose est évidente pour moi, si l'esprit se trouve réellement dans la situation où il doit être quand l'évidence d'un axiome vient à le frapper. En effet, bien des hommes se contentent d'une lueur, d'un demi jour, d'une apparence de clarté; et à peine leurs yeux l'ont-ils aperçue, qu'ils crient à l'évidence. Et pourtant, quand il ne s'agit pas de la vérité première, mais des vérités qui ont besoin de démonstration, l'esprit risque beaucoup de se méprendre. L'erreur peut se glisser dans les propositions intermédiaires, si leurs termes ne sont point suffisamment analysés et connus, si la signification des mots qui les expriment n'est point rigoureusement déterminée. Alors il suffit qu'on croie comprendre ces propositions, et qu'elles soient enchaînées dans un ordre logique convenable, pour qu'on regarde comme évidente la conséquence qui en découle, et cependant elle peut n'en être pas plus vraie.

Les sciences mathématiques ont cet avantage sur les sciences morales, que les idées abstraites sur lesquelles on opère sont déterminées avec une extrême précision, de sorte que chaque proposition renferme une vérité sur laquelle on peut se reposer avec une entière confiance, et que les conséquences qu'on en tire ont les mêmes droits à une complète **certitude**. Mais il s'en faut bien que dans la langue usuelle les termes aient la même précision et soient aussi clairement et aussi complètement connus. Il faut donc qu'on ait fait une analyse bien rigoureuse des termes de la question qu'on veut résoudre ; il faut qu'un profond examen mûrisse cette analyse et que le temps la consacre, avant qu'on ait le droit de proclamer la solution qu'on donne comme une vérité évidente. L'évidence est un mot que nous ne devons prononcer qu'avec la plus grande réserve, loin de le prodiguer comme on le fait tous les jours, tant il est rare dans les questions compliquées de se trouver réellement dans la situation où il nous est permis de l'employer.

Est-il évident que nos perceptions soient toujours une représentation exacte de la réalité, surtout quand il s'agit d'objets que la nature a placés hors des limites assignées à la perception distincte? Nous pouvons avoir une confiance illimitée au témoignage de notre conscience : rien n'est plus certain, plus évident pour nous que ce qu'elle nous atteste. Tant que nous ne ferons qu'affirmer que nous avons telle perception, nous ne risquerons pas de nous tromper ; mais si nous voulons passer de ce fait de conscience au fait extérieur correspondant, c'est le raisonnement seul qui peut nous faire franchir cet intervalle ; or, c'est en le franchissant que nous sommes exposés à l'erreur, et l'expérience vient fréquemment nous en convaincre. Avant de se prononcer sur la réalité extérieure, il faut donc connaître certaines lois de notre nature et les conditions que la raison exige pour qu'on puisse affirmer l'identité du fait extérieur et de la perception. Une remarque importante, c'est qu'il n'y a d'évidence pour nous que relativement aux *faits de conscience* et aux *vérités enseignées par la raison*. Ce sont en effet les deux seules sources légitimes de connaissances. Toutes les autres, comme le sens extérieur, l'analogie, le témoignage des hommes, ont besoin d'être ramenées aux premières et de subir leur contrôle.

Depuis longtemps les philosophes ont compris combien il est essentiel de ne pas se laisser tromper par un faux sentiment d'évidence, et l'on a essayé de déterminer les caractères auxquels nous pouvons être sûrs de la reconnaître. Condillac, frappé de la supériorité des sciences mathématiques à l'égard de la certitude qu'elles produisent dans l'esprit, et préoccupé de l'espèce de rapport qui sert de base à presque tous les raisonnements qu'elles emploient, prétendit trouver le signe infaillible de l'évidence dans l'*identité*. Ce serait en effet une admirable découverte que d'avoir trouvé un moyen si simple de reconnaître l'évidence. Malheureusement celui qui l'indique n'a pas toujours été un assez fidèle organe de la vérité pour que nous devions avoir pleine confiance dans son spécifique intellectuel. Quand il serait donc bien prouvé que l'identité est le rapport évident par excellence, serait-il bien utile d'en faire un *criterium* de l'évidence, puisque dans la plupart des cas il faudrait justifier ce *criterium* lui-même, et prouver qu'il y a identité? car la difficulté ne consiste pas à savoir si un axiome est vrai, mais bien à s'assurer si la proposition qu'on veut démontrer est une application rigoureuse d'un axiome et lui est identique. Ensuite est-il bien vrai que ce rapport d'identité soit le seul *criterium* de l'évidence? Non, l'évidence n'a pas d'autre signe qu'elle-même. Tout ce qu'on peut faire de mieux pour en déterminer le véritable caractère, c'est de citer pour exemple quelques-unes de ces vérités fondamentales qui sont acceptées irrésistiblement par l'esprit aussitôt que perçues, dont le contraire impliquerait contradiction, que l'on n'a jamais songé sérieusement à combattre, que le doute n'a jamais obscurcies de son ombre, et avec lesquelles l'homme naît, vit et meurt. Quant aux vérités déduites de ces vérités premières, il faut pour qu'elles participent à la clarté, qu'elles leur soient enchaînées par les liens d'une logique sévère; il faut que l'esprit pour arriver jusqu'à elles ne fasse point un pas nouveau sans s'être assuré de tous les pas faits précédemment, il faut que les termes de la question aient été analysés avec une si scrupuleuse exactitude qu'il ne reste plus à l'égard d'aucun d'eux la moindre obscurité. Aussi, dans les questions dont les termes sont complexes ou difficiles à connaître, comme certaines questions de l'ordre moral, quelle observation patiente, quel long examen n'exige point la découverte d'*une* vérité que l'on puisse dire d'une entière clarté? Ce qui le prouve, c'est que plus nous avançons dans la vie, et que nous devenons riches d'expérience, plus aussi se limite pour nous le nombre des vérités évidentes. Combien d'hommes ont vu dans l'âge mûr se changer en pro ba bi li tés, souvent même en erreurs dont ils rougissaient, ce qui dans leur jeune âge semblait briller à leurs yeux de lumières de l'évidence!

C.-M. PAFFE.

ÉVILASSE. *Voyez* ÉBÈNE.
ÉVIRATION (du latin *eviratio*, retranchement de la virilité). *Voyez* EFFÉMINATION, CASTRATION, EUNUQUE.
ÉVITAGE. En marine on donne ce nom au mouvement de rotation que fait un bâtiment à l'ancre, lors du changement de marée ou par la force du vent. *Faire son évitage*, c'est tourner autour de ses ancres, et présenter le cap au courant ou au vent. Si l'espace est trop borné par d'autres bâtiments, par la côte, ou par un obstacle quelconque, on dit qu'on est gêné par l'*évitage*.
ÉVITÉE. Ce mot diffère peu en marine du mot *évitage*; toutefois, il s'emploie spécialement pour exprimer l'espace nécessaire à un bâtiment tenu par son ancre de flot pour changer de direction, pour arriver à l'appel de son ancre de jusant, et réciproquement. Ainsi, l'*évitée* des différents navires est toujours proportionnelle aux différentes longueurs des vaisseaux que l'on compare, parce que leurs longueurs sont prises comme rayons d'un cercle, et l'on y ajoute la longueur du câble que l'on a filé, s'il n'y a qu'une ancre de mouillée. On dit d'un lieu trop resserré, où un bâtiment ne peut pas *éviter*, cap pour cap, faute d'espace, que ce lieu n'a pas d'*évitée*.
ÉVITER. Comme la plus grande partie des verbes usités dans la marine, le mot a une acception neutre et une acception active. Dans le premier cas, il signifie changer de cap, c'est-à-dire qu'un navire à l'ancre tourne par l'impulsion de l'eau ou du vent sur ses amarres, qui servent alors de point fixe vers la proue. On dit qu'un vaisseau *évite* dès l'instant qu'il entre en mouvement pour présenter sa proue d'un autre côté, quand il est à l'ancre. Il est bien entendu que cette rotation est produite par le changement de vent ou de marée sur un bâtiment qui n'est tenu que par l'avant; car s'il avait des amarres de l'arrière comme de l'avant, il ne pourrait éviter. On fait *éviter* un navire au moyen d'amarres disposées convenablement. Activement on dit, étant sous voile, *éviter* un danger, un récif, c'est-à-dire manœuvrer de manière à le parer, à s'en écarter.
EVIUS. *Voyez* BACCHUS.
ÉVOCATION. (du latin *vocare*, appeler), opération qui avait pour but de faire apparaître les dieux, un être surnaturel quelconque, ou les morts. L'évocation était ancienne en Grèce; elle avait dû y être apportée par les colonies orientales. Il y avait des oracles de morts en Phénicie et en Égypte lors du passage des colonies de Cadmus et de Danaüs.

L'évocation des dieux se faisait de deux manières : d'abord, pour les attirer, on employait des hymnes qu'on croyait avoir été composées dans ce but par Orphée et Proclus; puis, quand le danger pour lequel on les avait évoqués était passé, on les recondamnait avec d'autres hymnes qu'on attribuait à Bacchylide, et qui étaient plus longs que les autres, afin de retarder le plus possible l'éloignement des dieux. La seconde, qui était désignée sous la dénomination d'*évocation des dieux tutélaires*, consistait à inviter les dieux étrangers chez lesquels on portait la guerre à abandonner l'ennemi et à venir s'établir chez les vainqueurs, qui leur promettaient en reconnaissance des temples nouveaux, des autels et des sacrifices. On récitait pour évoquer les dieux, selon Macrobe, certains vers qui contribuaient à la prise des villes assiégées. Les Romains avaient grand soin de tenir caché le nom du dieu tutélaire de leur ville. Ce nom, inconnu au vulgaire, n'était révélé qu'aux prêtres, qui pour prévenir les évocations ne le prononçaient qu'à voix basse dans leurs prières solennelles. Les assistants ne pouvaient évoquer les dieux *inconnus* qu'en termes généraux et avec l'alternative de l'un et de l'autre sexe, dans la crainte de les offenser par un titre peu convenable.

Passons maintenant à l'*évocation des mânes*. C'était la plus solennelle et la plus pratiquée; son origine remonte aux temps les plus reculés : elle avait pour objet de consoler les parents et les amis en leur faisant apparaître les ombres de ceux qu'ils regrettaient. Cette opération était légitime et exercée par les ministres de la religion; elle se faisait dans des lieux consacrés aux dieux mânes. Orphée alla dans la Thesprotie pour évoquer l'ombre d'Eurydice. Périandre, tyran de Corinthe, se rendit dans un temple du même pays pour consulter les mânes de Mélissa. Pausanias vint à Héraclée, ensuite à Phigalie, pour évoquer une ombre par laquelle il se croyait poursuivi. Le voyage d'Ulysse au pays des Cimmériens pour consulter Tirésias et celui d'Énée aux enfers n'ont vraisemblablement pas d'autre fondement. Ce n'était point l'âme qu'on évoquait, mais un simulacre que les Grecs nommaient εἴδωλον, et qui tenait le milieu entre l'âme et le corps.

Les Étrusques évoquaient la foudre, dit Pline, quand ils croyaient pouvoir se défaire de quelque monstre ou de quelque ennemi. Numa l'évoqua souvent, mais Tullus Hostilius, ayant omis de se servir des rites nécessaires, fut frappé de la foudre, et en mourut. Moïse défendit, sous peine de la vie, d'évoquer les âmes des morts, pratique sacrilége en usage chez les Cananéens. Saül, après avoir chassé les magiciens, eut, par le temps après, la faiblesse de consulter la pythonisse d'Endor. Comme c'était ordinairement aux divinités malfaisantes que la magie s'adressait pour les évocations, on ornait les autels de rubans noirs et de branches de cyprès; on consultait des brebis noires; les lieux souterrains étaient les temples consacrés à ce culte infernal. L'obscurité de la nuit était le temps du sacrifice, et l'on immolait, avec des enfants ou des hommes, un coq, dont le chant annonce le jour, la lumière étant contraire au succès des enchantements. Dans les évocations, on s'adressait à tout ce qui habite les enfers. Au moyen âge, les prétendus sorciers évoquaient les démons et les anges. De nos jours, bien des gens, qui ne sont pas sorciers, tant s'en faut, évoquent les esprits; quelques-uns ont, dit-on, commerce avec les morts. Nous n'en saurions douter.

ÉVOCATION (*Droit*). *Évoquer*, c'est, de la part d'un tribunal, juger une affaire qui, dans l'ordre de juridiction,

12.

devait être jugée par un autre. La cour de cassation a le droit d'*évoquer* une cause, de la renvoyer, pour cause de sûreté ou de suspicion légitime d'une cour d'assises, d'une cour impériale à une autre, d'un tribunal, d'un juge d'instruction à un autre. Quand une cour impériale évoque une affaire de nature à être soumise au jury, elle ordonne d'office les poursuites et informations. Lorsqu'un jugement interlocutoire est infirmé sur appel, et que la matière est disposée à recevoir une décision définitive, les tribunaux d'appel peuvent évoquer le fond et statuer par un seul même jugement. Il en est de même pour les jugements définitifs infirmés pour vice de forme ou toute autre cause.

ÉVOHÉ ou **EVOÉ**, cri que l'on faisait entendre dans les orgies bacchanales pour invoquer Bacchus. C'était, dit-on, en souvenir de l'exclamation par laquelle Jupiter encouragea ce dieu pendant le combat contre les géants : Εὖ, υἱέ ; εὐοῖ, Ἴακχε (Bien, mon fils ; courage, Bacchus !)

ÉVOLUTE et mieux **ÉVOLVANTE**, nom que les géomètres allemands et anglais donnent à des courbes que nous appelons *développées*.

ÉVOLUTION (*Physiologie, Sciences naturelles*). Ce mot est employé dans deux acceptions. Il signifie *roulement d'une partie en dehors*, ou *déroulement*, *développement* d'un germe préexistant. En botanique, les feuilles observées pendant leur vernation ou préfoliation présentent dans certaines espèces (romarin) leurs bords roulés en dehors, d'où le nom de *feuilles évolutées* ou *révolutées*, qu'on leur donne par opposition aux feuilles dites *involutées*, c'est-à-dire à bords roulés en dedans.

L'hypothèse de la création primitive et de la préexistence des germes pour expliquer le phénomène mystérieux de la reproduction des corps organisés ayant été une fois admise comme un fait possible et démontrable ultérieurement, les arguments logiques et les explications spécieuses n'ont point fait défaut aux savants illustres qui la soutenaient ; mais dans les sciences qui ont pour base l'observation directe des faits du monde extérieur, il faut non-seulement savoir se servir habilement des instruments qui étendent la portée du sens de la vue, mais encore les diriger patiemment sur les points de la question à résoudre, et persévérer dans ces travaux d'investigation pendant toute la durée du phénomène, en suivant l'ordre logique tracé par la nature même du sujet. C'est précisément ce qu'on ne faisait point et ce qu'on ne savait pas faire à cette époque. En revanche, à peine avait-on vu des molécules très-petites qui en contenaient d'autres, à peine avait-on recueilli quelques faits qui prouvent la divisibilité extrême de la matière organique ou inorganique, qu'on s'abandonnait entièrement à la *folie du logis*, et l'imagination enfantait les théories brillantes et spécieuses qui ont séduit les hommes les plus recommandables et même les plus habiles dans l'art de l'expérimentation, tels que les Haller, les Bonnet, etc. Quelque grand qu'ait pu être le nombre de ces théories imaginaires, elles se réduisent à deux principales. Dans l'une, tous les germes individuels de chaque espèce, primitivement créés et préexistant à toutes les reproductions ultérieures, sont tous concentrés dans un germe primordial qui renferme le germe subséquent, et ainsi de suite jusqu'à l'infini. Cette concentration a été nommée *emboîtement des germes*. Or, pour que ces germes puissent apparaître dans le monde extérieur, il fallait nécessairement qu'ils fussent déboîtés, ou déroulés, ou évolutés, d'où le nom de *théorie de l'évolution*, qu'on a donné à ce prétendu mécanisme du développement des êtres vivants.

Dans l'autre théorie, tous les germes créés et préexistant aux reproductions sont au contraire isolés, répandus avec profusion et disséminés dans l'espace. Ces germes, libres et non incarcérés d'abord, pénètrent, avec la nourriture dans, le corps des êtres vivants ; ils y sont alors emboîtés dans tout l'organisme ou dans des organes spéciaux, et après y avoir séjourné, ils s'y développent et s'en détachent sans avoir eu à subir le phénomène de l'évolution. Ce système a été désigné sous le nom de *panspermie*. L. LAURENT.

ÉVOLUTION (*Géométrie*). Huygens dans son *Horologium oscillatorium* a donné ce nom à l'action par laquelle on développe une courbe et on lui fait décrire une développante. Il définit la *développée* une courbe décrite par évolution ; *curva ex evolutione descripta*.

ÉVOLUTION (*Philosophie*). Ce mot a encore été employé dans la nouvelle langue mystique inventée par les réformateurs de la philosophie de l'histoire pour désigner le déploiement de l'humanité progressante. Il indique aussi le développement d'une idée, d'un système, d'une série de systèmes. L'*évolution philosophique*, qui commence à Socrate, embrasse le *platonisme, l'aristotélisme, l'épicuréisme* et le *stoïcisme*. Les réformateurs espèrent que la régénération *palingénésique* résultera enfin de tant d'*évolutions*, malgré lesquelles la société semble toujours aussi stationnaire en son activité que le soldat qui marque le pas ! De ce mot a été créé l'adjectif *évolutif*, *évolutive*, pour exprimer ce qui peut se modifier, ce qui se modifie par sa propre force. L'humanité est évolutive. Cette expression apparaît fréquemment dans les écrits de Ballanche.

ÉVOLUTION (*Art militaire*). Sur le terrain, l'exercice de l'infanterie comprend des évolutions et des manœuvres : ces termes se prennent fréquemment l'un pour l'autre ; il importe cependant de caractériser leur opposition ou leur synonymie. En tactique, les maniements d'armes sont un jeu sur place ; les évolutions et les manœuvres sont un jeu locomobile ; l'ordonnance ou arrangement des troupes en est ou le point de départ, ou le résultat. En temps de paix, on s'exerce au maniement d'armes, aux évolutions et aux manœuvres. En temps de guerre, on manœuvre jusqu'à l'instant de l'emploi hostile des armes. Les évolutions sont des manières de se mouvoir, de se tourner. Les manœuvres, terme emprunté aux hommes de mer par l'armée de terre, sont des moyens de concourir à une œuvre d'ensemble, à un résultat concerté, mais avec cette différence que sur terre elles consistent en opérations de jambes, tandis qu'elles se résument pour l'armée de mer en opérations des bras. Les évolutions semblent être plutôt le résultat immédiat d'un commandement prononcé sur le terrain même par un général d'armée ; les manœuvres peuvent être le résultat, plus ou moins prochain, non d'un commandement de cette nature, mais d'une instruction, soit verbale, soit écrite, transmise par qui de droit, et de près comme de loin. L'expression *évolution* regarde plutôt la tactique d'une petite troupe ; le terme *manœuvre* s'applique plutôt à la stratégie, aux camps d'instruction, aux mouvements faits par grandes masses ; l'un se rapporte également au temps de paix et au temps de guerre ; l'autre se rapporte plutôt au temps de guerre et au champ de bataille. En d'autres termes, les évolutions ont lieu surtout devant l'ennemi ou près de lui. Si l'on manœuvre en temps de paix, ce n'est que comme image de la guerre. Se donner l'avantage du terrain, réussir à conserver une position favorable, dérober un mouvement, avancer ou, en général, changer de terrain pour vaincre, reculer par feinte, ou pour n'être pas vaincu, c'est manœuvrer.

Les évolutions sont à une armée ce que les mouvements sont au corps humain ; aussi pendant plusieurs siècles les a-t-on appelées *motions*. A raison de sa spécialité, ce terme valait mieux que le terme *évolution*, non défini ou mal défini jusqu'ici. La tactique prescrit, légalise, décrit, dessine les évolutions ; le coup d'œil et le génie appliquent les manœuvres. Sans discipline, sans principes étudiés, point d'évolutions ; sans talents et sans inspirations, point de manœuvres. Les évolutions sont le rudiment des manœuvres : les premières ont des formes mathématiques et invariables ; elles s'accomplissent par des troupes d'une force déterminée ; les manœuvres sont des opérations transcendantes, que l'esprit d'à-propos coordonne aux circonstances et au terrain : la force numérique des troupes en manœuvres est indéterminée.

Évoluer, c'est se livrer à une répétition de certains actes

ÉVOLUTION — ÉVOLUTIONS NAVALES.

mécaniques de la guerre, ou y faire l'application de certaines règles écrites ; *manœuvrer*, c'est concourir à l'accomplissement des hautes combinaisons de la guerre. Les évolutions doivent être aussi familières au soldat qu'au général ; les manœuvres sont l'étude du général. A raison de la complication des évolutions, ou plutôt à défaut de dénominations claires et courtes que les règlements eussent dû leur donner, les manœuvres de guerre s'exécutent souvent mal, quelquefois elles ne s'exécutent pas ; de là une fréquente récrimination réciproque : « On n'a pas exécuté mes ordres, » dit le général qui commande. « Nous n'avons pas reçu d'ordres, » disent les généraux subordonnés. « Les ordres étaient inintelligibles, » disent les chefs de corps et les colonels ; « Qui eût pu s'en tirer, disent les adjudants majors, les adjudants, le porte-drapeau et les guides ? Ils font des commandements qui ne sont pas dans l'ordonnance. »
Gal BARDIN.

ÉVOLUTION (Escadres d'). *Voyez* ESCADRE.

ÉVOLUTIONS NAVALES. Tous les mouvements que peut faire un vaisseau, ou une flotte entière, sont compris dans le mot *évolutions* ; cependant, elles ont plus spécialement en vue les mouvements des escadres, ou des armées navales, tandis que les évolutions particulières de chaque navire sont plus généralement rangées dans la *manœuvre des vaisseaux*.

L'antiquité n'avait pas poussé loin l'art des évolutions navales : quand la mer était calme, se ranger en ligne droite ou courbe, imprimer à force de rames une rapide impulsion à des galères armées d'éperons, et heurter violemment les galères ennemies ; quand la brise soufflait sur les flots, gagner le vent sur son adversaire, et en profiter pour fondre sur lui et le briser, tel était à peu près aux temps d'Athènes et de Carthage le résumé de la science des évolutions d'une flotte. Aujourd'hui cette science est plus compliquée ; elle appartient tout entière aux siècles modernes. Attaquer et se défendre, tel est le double but de toutes les évolutions navales. Maintenant l'artillerie est la seule arme offensive de nos vaisseaux ; ils n'ont d'autre arme défensive que l'effroi qu'elle inspire et le danger dont elle s'entoure : cette force, si menaçante et si redoutable, réside dans leurs flancs ; l'avant et l'arrière en sont dégarnis, et, par une fatalité de la contruction, ces parties sont aussi les plus faibles, et celles où les coups de l'ennemi produisent les plus terribles résultats. De là pour les vaisseaux qui combattent, la nécessité de se presser à la file les uns des autres, pour offrir une muraille continue, hérissée d'un triple rang de canons. La force des choses a donc fixé la ligne droite pour premier ordre de bataille.

On donne le nom d'*ordres* aux diverses positions que peut prendre une armée navale ; par conséquent, l'art des évolutions consiste dans la formation des ordres. Mais parmi les lignes suivant lesquelles une flotte peut se ranger, il en est une qui jouit de propriétés particulières très-remarquables ; les vaisseaux s'y maintiennent facilement à la suite les uns des autres ; l'ennemi ne peut l'aborder qu'avec peine et en s'exposant à tout le feu de ses canons ; on peut en la quittant se porter rapidement dans toutes les directions que le vent permet d'atteindre, soit pour attaquer, soit pour fuir, si la fuite devient une nécessité. Cette ligne d'attaque et défense, cette position centrale d'où l'on peut passer à toutes les autres, c'est celle qui s'approche le plus du point d'où souffle le vent, et qu'on nomme pour cette raison *ligne du plus près*. Les autres en dérivent, et devant l'ennemi tous les ordres que l'on adopte doivent être tels que par une évolution simple on puisse reprendre en peu de temps cette première ligne de bataille. A la rigueur, néanmoins, cette position ne peut se conserver régulière que lorsque les engagements peu sérieux et lorsqu'on se bat en courant ; mais il en est une autre, que prennent presque forcément les armées lorsqu'on s'arrêtent au milieu de la mer pour s'attendre et se combattre à outrance : les vaisseaux y sont rangés en bataille suivant la perpendiculaire du vent ; elle ne diffère que très-peu de la première, et l'on passe facilement de l'une à l'autre.

L'ordre de bataille est *direct* quand l'avant-garde est en tête de l'armée ; il est *renversé* quand c'est l'arrière garde qui marche la première. Les accidents de la navigation ou des combats obligent souvent à intervertir les positions relatives des trois escadres d'une armée navale, ce qui donne lieu à des évolutions particulières, connues sous le nom de *changement d'escadres*.

L'*ordre de marche* est la position relative des vaisseaux d'une flotte qui suit une route différente de celle du *plus près* : il pourrait donc y avoir une infinité d'ordres de marche ; mais l'obligation que l'on doit s'imposer de pouvoir revenir par un mouvement simple à l'ordre de bataille en limite bien vite le nombre. Le premier est l'ordre de marche sur une ligne du plus près ; tous les vaisseaux se maintiennent sur cette ligne, les uns par rapport aux autres, font des lignes parallèles. Le second est celui où les vaisseaux sont rangés sur la perpendiculaire du vent : c'est-à-dire où les vaisseaux sont tous face au vent. Le troisième ordre de marche est perpendiculaire à la route ordonnée. Dans le quatrième, les bâtiments sont disposés sur les deux diagonales à la fois, le général au point d'intersection ; l'armée occupe une figure en forme de coin, semblable à celle que l'instinct a révélé aux grues dans leurs migrations à travers les airs. Ces ordres ont l'inconvénient d'être difficiles à conserver. Lorsque l'armée est très-nombreuse, on a recours à un cinquième ordre de marche, où tous les vaisseaux sont rangés sur six colonnes parallèles : la flotte, dans cet ordre, occupe le moins de place possible ; la transmission des signaux y est rapide, mais la confusion s'y met trop facilement dans les colonnes. L'ordre qu'on adopte le plus généralement, parce qu'il réunit à peu près les avantages de tous les autres, c'est l'ordre de marche sur trois colonnes. De cette disposition résulte une figure rectangulaire qui jouit de propriétés géométriques assez remarquables, car elles permettent de réformer tous les autres ordres et d'opérer les changements d'escadres avec facilité, sans perdre beaucoup de chemin, et surtout sans confusion.

Passons à l'*ordre de retraite*, car il faut aussi y songer, les plus braves n'étant pas toujours les plus forts. Ici l'on doit surtout avoir en vue de se défendre d'être entamé par les meilleurs marcheurs ou par l'escadre légère de l'ennemi qui poursuit. Si l'on escorte un convoi, ou si l'on a des bâtiments fatigués, il faut les mettre à l'abri des chasseurs avancés. La disposition de l'armée sur les deux côtés d'un angle formé par le prolongement de deux diagonales, l'amiral au sommet, environné des plus forts vaisseaux, et les petits navires rangés sur une seconde ligne intérieure, répond merveilleusement aux conditions premières qu'il faut s'attacher à remplir. On n'a pas osé mettre dans la tactique le signal de *Sauve qui peut* ! Cependant, la peur le fait quelquefois éclater au milieu d'une armée comme un coup de foudre ; nous n'essayerons pas d'organiser ce qu'il y a de moins régularisable au monde ; nous dirons seulement qu'en pareil cas une flotte ne ressemble pas mal à une nuée d'oiseaux au milieu desquels un chasseur a tiré un coup de fusil. Il y a encore un ordre tout particulier, dont on fait usage quand on dispute le vent à l'ennemi, mais qu'il faut bien se garder de conserver dès que la bataille est engagée ; on le nomme *échiquier*. Ici tous les vaisseaux, rangés sur une ligne du plus près, serrent le vent en courant suivant des lignes parallèles à la ligne du plus près de l'autre bord. Cet ordre a l'avantage de faire gagner du chemin dans le vent et de reproduire l'ordre de bataille par un simple virement de bord.

C'est au milieu des longues et sanglantes querelles qui ont divisé l'Angleterre, la France et la Hollande pendant toute la seconde moitié du dix-septième siècle, que l'art des évolutions navales a pris naissance et a atteint le point où nous le voyons aujourd'hui ; les plus grandes batailles navales de ce temps eurent pour théâtre la mer du Nord et la

Manche, mers étroites, et resserrées davantage encore par les hauts-fonds dont sont semés les rivages de la Hollande; et peut-être trouverait-on dans la configuration de ces bras de l'Océan la première raison des lignes de bataille telles que cette époque les a invariablement transmises à la nôtre. Les exemples des grands hommes de mer d'alors ont été depuis consacrés en règles. Le premier de tous les ordres, la ligne de bataille au plus près du vent, a une origine illustre : les historiens en font hommage au duc d'York, qui fut depuis roi, et roi détrôné sous le nom de Jacques II. Il l'ordonna au combat du Texel, en 1665, et le maintint rigoureusement pendant tout l'engagement : l'immense succès dont il fut suivi en démontra les avantages, et son adoption devint bientôt générale. Martin Tromp, en 1650, paraît avoir imaginé ou employé le premier l'ordre de marche sur six colonnes; ce fut en cet ordre qu'il sortit du Texel pour courir à la rencontre des Anglais. Quelque temps auparavant, il avait donné le premier et magnifique exemple de l'ordre de retraite tel que nous l'avons indiqué plus haut. Tromp eut ce jour-là une inspiration de génie. Il devait reconduire dans les ports de la Hollande, et protéger contre les attaques d'une armée navale plus forte que la sienne un convoi de 200 navires marchands; il enveloppa ce convoi dans les ailes de sa flotte, et le poussa devant lui; Black et ses Anglais, que l'appât d'une si riche capture exaspérait, fondirent en vain sur lui, ils ne purent l'entamer; et si quelque marchand tomba entre leurs mains, c'est qu'il ne comprit pas tout ce qu'il y avait de protection derrière cette ligne de défense, que nul autre encore n'avait appris à former.

Depuis cette époque la théorie est restée stationnaire; elle s'est composée à peine de la réunion d'un petit nombre de faits; personne ne s'est avisé de demander à la science des mathématiques ses limites et sa certitude, et cependant elle seule pourrait fournir un cadre qui permît de l'embrasser d'un coup d'œil. De toutes les évolutions, la plus importante peut-être, celle du moins dont on fait le plus d'usage en temps de guerre, c'est la poursuite, ou, comme on dit, la chasse d'un navire, ou d'une flotte, par un navire, ou par une flotte ennemie. La solution de ce problème est réellement le problème le plus difficile et le seul compliqué de la manœuvre des vaisseaux. En appliquant à tâtons les principes de la plus simple géométrie, on était arrivé à des résultats divers, mais on ne s'accordait pas sur le moment de la course où les navires étaient le plus rapprochés l'un de l'autre. Il est surprenant que depuis plusieurs siècles ce problème soit resté dans la marine sans que personne ait daigné prendre la peine de le résoudre d'une manière certaine. Tout le monde comprend néanmoins aisément que le vent emporte un vaisseau dans sa course vers le point de l'horizon où il va lui-même; mais que le navire puisse remonter contre le fleuve d'air atmosphérique qui produit le vent, c'est ce qu'on se figure avec plus de peine. Alors le bâtiment est obligé de suivre des routes obliques, et dans ce cas on dit qu'il *louvoie*.

On range aussi au nombre des évolutions les mouvements d'une armée navale qui va au mouillage, ou qui s'embosse devant une plage, dans une rade, où elle veut se mettre à l'abri des attaques de l'ennemi, ou qui défile devant un fort pour le canonner. On cite comme exemples celui de l'amiral Duperré et de la flotte française devant Alger, et celui du vice-amiral Roussin quand il remonta le Tage jusqu'à Lisbonne. Théogène PAGE, capitaine de vaisseau.

ÉVORA (*Liberalitas Julia* et *Ebura*). Cette ville, que les Portugais appellent *la Généreuse*, comme ils disent Porto *l'Héroïque*, est située à 128 kilomètres est de Lisbonne, dans une position ravissante. C'est la capitale de l'Alem-Tejo, l'une des plus fertiles provinces du Portugal. Ses alentours donnent presque sans culture des productions de divers climats. Le blé et le riz y sont abondants et de la plus belle qualité; les bananes et presque tous les fruits d'Amérique y réussissent. C'est là que furent apportés de la Chine les premiers orangers qu'on ait vus en Europe. Les oranges y sont délicieuses. Évora n'a pas quinze mille habitants, mais son étendue annonce une population plus considérable; ses maisons espacées, entremêlées de nombreux jardins, se dispersent sur une assez grande surface. Cette ville a quelques fabriques de toiles de fil et de coton, de chapellerie, de quincaillerie, et d'assez nombreuses tanneries. Les paysans des environs confectionnent de jolies corbeilles en paille, en roseaux, surtout en fibres d'aloès, qu'ils savent teindre et nuancer habilement. Ces corbeilles, qu'on appelle des *contesas* (comtesses), sont recherchées à Lisbonne. Ils fabriquent aussi de belles nattes, qui même dans les palais remplacent souvent les tapis, et sont plus agréables dans les grandes chaleurs. Le pays est parsemé de riches carrières de marbre de plusieurs qualités; le plus précieux est rose jaspé. Évora, place forte, est le siège d'un archevêché, érigé en 1540, et autrefois d'une université, fondée en 1578 et supprimée lors de l'expulsion des jésuites. Cette ville possède aussi un séminaire épiscopal, une citadelle, une bibliothèque, un des musées les plus riches du Portugal, une belle cathédrale gothique, un magnifique aqueduc et de nombreux vestiges d'antiquités.

Érigée en ville municipale par Jules César, elle fut prise en 715 par les Maures. En 1640, lorsque le Portugal secoua le joug espagnol, cette patriotique révolution s'accomplit simultanément à Lisbonne et à Évora. Pendant que la capitale du royaume renversait le gouvernement de l'étranger, la capitale de l'Alem-Tejo proclamait roi le portugais Jean de Bragance, chef de la dynastie qui règne encore. En 1832, lorsque dom Pedro vint, à la tête d'une armée libératrice, affranchir le Portugal de la tyrannie de dom Miguel, celui-ci, fuyant devant le vainqueur, se retira à Évora. Dom Pedro l'y poursuivit, et c'est dans cette ville que fut signé l'acte connu sous le nom de *Convention d'Évora*, par lequel dom Miguel fut banni du royaume à perpétuité, et sous peine de la vie. Plusieurs rois de Portugal ont résidé dans cette ville.   Pauline FLAUGERGUES.

ÉVORA (Ordre d'). *Voyez* AVIS (Ordre d').

ÉVREUX, ville de France, chef-lieu du département de l'Eure, à 104 kilomètres ouest nord-ouest de Paris, sur l'Iton, avec 12,877 habitants. Siége d'un évêché, d'un tribunal civil et d'un tribunal de commerce, Évreux possède en outre un lycée impérial, une école normale primaire, une bibliothèque publique de 10,000 volumes, un jardin botanique, une société d'agriculture et de belles-lettres, un séminaire diocésain et un petit séminaire, trois typographies.

Le mouvement commercial d'Évreux est assez considérable; il s'y fait une grande fabrication de coutils et de bonneterie; la ville possède beaucoup de tanneries, de blanchisseries, de teintureries pour fabriques, des lamineries de cuivre et de zinc, des scieries mécaniques, des moulins à tan, à blé, à huile; des fours à chaux, à tuiles, à plâtre. Il s'y fait un commerce considérable en grains, graines et bois, et il s'y tient une importante foire où se vendent beaucoup de chevaux et de bêtes ovines et bovines.

Évreux possède de jolies promenades; on voyait encore dans ses environs, à 2 kilomètres, en 1836 le beau château de Navarre, construit en 1656, sur les dessins de Mansard, dont les jardins et les bassins furent tracés par Lenôtre. Joséphine y passa les deux premières années qui suivirent son divorce. En 1836, le château fut abattu, ses bassins comblés, ses jardins convertis en culture.

Construite au cinquième siècle, sur les ruines du vieil Évreux, *Ebroicæ*, *Ebroicum*, qui était cité au troisième siècle comme une des villes les plus remarquables, après Rouen et Tours, de la seconde lyonnaise, la ville a été autrefois fortifiée. Elle possède une cathédrale remarquable, bâtie sur une profondeur de 108 mètres et dont la flèche s'élève à 81 mètres; on y voit les restes de l'abbaye de Saint Taurin, fondée en 660, sur le tombeau de ce saint.

Le vieil Évreux, que les Romains appelaient *Mediolanum Aulercii*, avait été complétement saccagé au cinquième siècle; la nouvelle ville le fut encore en 882, par les Normands, sous la conduite de Rollon. Les Anglais la brûlèrent en 1118. Jean sans Terre en ayant massacré la garnison française, en 1193, Philippe-Auguste la prit et en fit mettre à mort les habitants; en 1199 il la réduisit en cendres. En 1441 les Français, commandés par le maréchal Biron, prirent cette ville, qui fut encore assiégée sous la Fronde par les troupes royales. En 1793, Évreux, à l'instigation de Buzot, s'insurgea contre la Convention, qui venait d'exclure de son sein les principaux Girondins; mais à l'approche des forces conventionnelles elle se soumit, et la maison de Buzot fut rasée, en vertu d'un décret de la Convention.

ÉVREUX (Comtes d'). En tête des comtes d'Évreux figure *Robert*, de la maison de Normandie. Ce prince, fils de Richard Ier et de sa concubine Gomior, fut élevé à la dignité de comte en l'an 989 et nommé archevêque de Rouen. Obligé de quitter ses États en 1028, époque où son oncle, le duc Robert, investit sa capitale, il fit usage de ses armes spirituelles, et jeta un interdit sur la Normandie: effrayé de cette nouvelle manière de combattre, le duc Robert le rétablit sur son siége. Le comte-archevêque mourut en 1037, et son fils aîné, Richard, fut son successeur. *Richard*, 2me comte d'Évreux, accompagna, en 1066, Guillaume le Bâtard dans son entreprise sur l'Angleterre, et se distingua à la bataille d'Hastings; il mourut l'année suivante, et fut enterré à l'abbaye de Fontenelle, dite de *Saint-Vandrille*.

Son fils *Guillaume*, qui avait combattu auprès de lui à la bataille d'Hastings, lui succéda au comté d'Évreux, et reçut du vainqueur de l'Angleterre, comme récompense de sa valeur, de vastes domaines. De retour dans ses États, en 1073, il se brouilla avec le roi d'Angleterre, qui lui retira le château d'Évreux, et plus tard le fit même prisonnier. Après la mort de Guillaume le Conquérant, il se remit en possession du château d'Évreux, et commanda une partie de l'armée de Robert, duc de Normandie, dans son expédition contre le Maine, en 1089. En 1090, Guillaume, poussé par sa femme, fit à son frère utérin une guerre qui dura trois ans; en 1097, il fut l'un des chefs de l'armée qui essaya d'arracher le Vexin au roi de France. Après avoir été en grande faveur sous Henri d'Angleterre, à qui il promit hommage, Guillaume fut banni, privé de ses biens, qui lui furent enlevés, et rendus une nouvelle fois; il mourut le 18 avril 1118, sans laisser d'enfants.

Il eut pour successeur son neveu *Amauri IV de Montfort*, fils de Simon et d'Agnès. Ce ne fut cependant point sans difficulté que ce prince recueillit l'héritage de son oncle: il lui fallut emporter d'assaut la ville d'Évreux, qui tenait pour le roi Henri. Cependant, un an après, le monarque vint assiéger la capitale du comté, l'incendia en partie et y rétablit l'évêque qu'Amauri en avait chassé. Le château seul opposa une résistance opiniâtre. Amauri finit pourtant par le rendre de bonne grâce, et la paix se fit entre l'oncle et le neveu, auquel le premier ne tarda pas à rendre la ville. En 1124, Amauri, s'étant mis à la tête de 300 chevaliers pour secourir le fort de Vateville, assiégé par les soldats de Henri, fut battu et fait prisonnier par Guillaume de Grandcourt, fils du comte d'Eu, qui lui rendit la liberté et se retira avec lui, pour éviter la colère du roi anglais, sur les terres du roi de France. Amauri et le roi d'Angleterre se réconcilièrent en 1128; mais en 1129 le comte d'Évreux se brouilla avec le roi de France et entra en campagne contre lui. Toutefois, ne recevant du roi d'Angleterre et de Thibaut de Champagne, malgré leurs promesses, que de faibles secours, il suspendit son expédition, et se retira dans son comté, où il mourut, en 1137.

Son fils aîné, *Amauri II*, lui succéda au comté d'Évreux et à celui de Montfort. Soit lâcheté, soit faiblesse, ce prince laissa ravager ses domaines par les seigneurs ses voisins, et surtout par Roger de Conches, dont on rapporte des actes d'une cruauté révoltante. Le successeur d'Amauri II fut, vers 1140, son frère Simon, troisième comte de Montfort. Ce prince sut gagner tellement l'amitié de ses sujets que, la ville ayant été prise par des gens d'armes qu'on y avait im-

prudemment laissés entrer, les bourgeois défendirent avec tant de courage le château où s'était retiré le comte qu'il fut sauvé. En 1173 Simon fut fait prisonnier dans le château d'Aumale, avec le comte Guillaume, par le fils de Henri II d'Angleterre, *Henri au Court Mantel*, contre le père duquel il était en pleine révolte. Les deux comtes furent obligés de payer une rançon. Simon mourut en 1181, laissant un assez grand nombre d'enfants, dont l'un, *Amauri III*, devint comte d'Évreux.

Une chose assez curieuse, c'est que ce prince ne posséda pas le chef-lieu de son comté; Simon l'avait, de son vivant, remis au roi d'Angleterre, et en 1193, pendant la prison de Richard, Philippe-Auguste s'étant emparé de la ville, la céda, en gardant le château pour lui, au prince Jean, frère de Richard. Ce prince, au retour de son frère, l'année suivante, afin de gagner ses bonnes grâces, se rendit à Évreux, fit massacrer par trahison tous les officiers qui y commandaient, et alla ensuite offrir la place au roi son frère, qui lui fit une pompeuse réception. A cette nouvelle, Philippe-Auguste, alors occupé au siége de Verneuil, accourt, prend la ville et la brûle. En 1200, après la mort de Richard, Amauri céda à Philippe-Auguste le comté d'Évreux; il reçut en échange du roi Jean, qui consentait à cet arrangement, le comté de Glocester. Avec lui finirent les comtes d'Évreux de la race des Montfort, qui furent remplacés par ceux de la maison de France.

Le premier de ceux-ci fut le prince *Louis*, fils de Philippe le Hardi et de Marie de Brabant, seconde femme de ce roi; Philippe le Bel lui donna, en 1307, le comté d'Évreux, avec les seigneuries d'Étampes, de Meulan, de Gien, d'Aubigny et quelques autres. Le comte Louis se distingua, en 1304, à la bataille de Mons-en-Puelle, il accompagna Louis le Hutin dans ses expéditions de Flandre, en 1315, vit son comté érigé en pairie par Philippe le Long, et mourut à Paris, en 1319, laissant une grande réputation de douceur, de bonté et de probité, chose assez rare en ces temps reculés. L'ainé de ses fils. *Philippe le Bon*, ou *le Sage*, lui succéda. Ce prince avait épousé en 1318, avec dispense du pape, Jeanne, fille unique de Louis le Hutin, qui avait droit aux comtés de Champagne et de Brie, au cas où le roi Philippe mourrait sans enfants, ce qui arriva. Philippe le Bel refusa de rendre ces comtés. Le comte et la comtesse d'Évreux transigèrent avec lui, moyennant une somme d'argent. En 1328 la Navarre augmenta l'apanage de Jeanne. Philippe le Bon accompagna le roi Philippe de Valois dans son expédition de Flandre; la victoire de Cassel lui fut due en grande partie; en 1339 il vint au secours de Cambray et de Tournai, assiégés par les Anglais. Il mourut en 1343, en Espagne, à Xérès. L'ainé de ses nombreux enfants, Charles le Mauvais, lui succéda.

Charles, dit *le Noble*, son fils aîné, né à Évreux, en 1361, lui succéda, en 1387; il racheta Cherbourg des Anglais, moyennant 25,000 livres; il transigea en 1404 avec le roi de France pour recouvrer ses nombreux domaines de France, et il lui céda, entre autres, le comté d'Évreux, qui, à partir de cette époque fut réuni à la couronne de France. Il reçut de Charles VI le titre de *garde, de par monseigneur le roi de France, des terres que souloit tenir audit royaume, tant en Languedoil comme en Languedoc, notre dit seigneur et père* (Charles V).

Cependant, en 1569, Charles IX donna le comté d'Évreux à son frère le duc d'Alençon, dont la mort fit revenir ce domaine à la couronne, en 1584. Louis XIII, en 1642, l'en détacha de nouveau, et le donna au duc de Bouillon, Frédéric-Maurice, en échange de la principauté de Sedan; la mort de ce roi l'empêcha de conclure ce traité, qui fut ratifié par son successeur. Un an après, Frédéric-Maurice étant mort, son fils aîné, Godefroi, lui succéda. Après le décès de ce prince, arrivé en 1721, son second fils, *Emmanuel-Théodose*, hérita de tous ses domaines et de toutes ses dignités. Il eut pour successeur, en 1730, son fils, *Charles-Godefroi*, qui fut grand chambellan de France, comme son père, loquel avait hérité du sien de cette dignité. En 1771, enfin, *Godefroi-Charles-Henri*, né le 5 janvier 1728, nommé colonel général de la cavalerie en 1740, succéda à son père dans le comté d'Évreux et dans ses autres terres. Il combattit à Fontenoy, à Lawfeld, et avec lui s'éteignit dans la grande nationalité française formée par la révolution le titre de comte d'Évreux.

A. JUBINAL, député au Corps législatif.

EWALD (JEAN), l'un des poëtes danois les plus originaux des temps modernes, naquit le 18 novembre 1743, à Copenhague. A l'âge de quinze ans il allait commencer ses études universitaires, lorsque la renommée de Frédéric le Grand excita chez lui et chez son frère aîné une telle passion pour l'état militaire, qu'ils s'enfuirent tous deux à Hambourg, où le résident prussien leur donna une lettre de recommandation pour Magdebourg. Mais, au lieu de les faire entrer dans les hussards, ainsi que le leur avait promis le résident, on les incorpora dans un régiment d'infanterie. Mécontent du procédé, Ewald déserta aux Autrichiens, commença par être tambour, puis finit par passer sous-officier, et prit part à diverses affaires des campagnes de 1759 et 1760. Racheté alors du service par sa famille, il revint à Copenhague, où il commença, en 1762, l'étude de la théologie. Une passion malheureuse l'arracha à cette carrière. Une jeune personne qu'il aimait depuis longtemps s'étant mariée, il tomba dans une profonde mélancolie, disposition d'esprit qui forma depuis le trait saillant de son caractère.

Il se livra alors à la culture de la poésie et il éveilla d'abord l'attention des connaisseurs par son poëme allégorique intitulé *le Temple du bonheur* ; sa cantate funèbre à l'occasion de la mort du roi Frédéric V (1766) produisit une vive sensation. On peut dire que comme poète lyrique Ewald est demeuré inimitable. Dans son *Rolf Krage*, tragédie en prose (1770), on reconnaît visiblement l'étude de Shakspeare. Dans sa *Mort de Balder* (1773), œuvre si remarquable sous le rapport de la forme, il a représenté les derniers retentissements poétiques des mythes du Nord. Toutefois son drame, des *Pêcheurs*, dans lequel l'élément lyrique domine tout à fait, et où la simplicité de l'action permet de voir d'autant plus clairement le travail de la composition poétique, est resté son chef d'œuvre. Ewald s'est fait aussi un nom comme comique, mais moins par l'esprit fin et railleur qu'il a déployé que par la gaieté des situations et des caractères qu'il a su créer. Partisan du ministère de Bernstoff, ce fut pour lui, aux yeux de l'administration qui le remplaça (1773) un titre suffisant de disgrâce ; et le désordre de sa conduite privée ne fit qu'ajouter à sa misère. Abandonné dans ses dernières années par tous ses parents et même par sa propre mère, il mourut dans les tortures de la goutte, le 17 mars 1781, à Copenhague.

EWALD (GEORGES-HENRI-AUGUSTE D'), professeur des langues orientales à l'université de Gœttingue, est né dans cette ville, le 16 novembre 1803. Il était encore sur les bancs de l'université lorsqu'il publia son premier ouvrage, intitulé : *La composition de la Genèse* (Brunswick, 1823); la même année il fut chargé d'une classe au gymnase de Wolfenbuttel. Nommé en 1831 professeur titulaire de philosophie à Gœttingue, il fut appelé en 1835 à y occuper la chaire des langues orientales. Ses titres pour succéder au célèbre Eichorn étaient : sa *Grammaire critique de la langue hébraïque* (Leipzig, 1827); son *Commentaire sur l'Apocalypse* (1828); enfin, son *Histoire du peuple d'Israël, jusqu'à la venue du Christ* (Gœttingue, 1843-44). On a aussi de lui un essai *de Metris carminum arabicorum* (1825), un *Essai sur quelques anciens mètres sanscrits* (1827); un extrait de l'historien arabe Walkidi, *de Mesopotamiæ expugnatæ Historia* (1827), et une *Grammatica critica linguæ arabicæ cum brevi metrorum doctrina* (2 vol., Leipzig, 1831-1833). La part qu'il prit en 1837 à la protestation des professeurs de l'université de Gœttingue contre la suppression de la constitution hanovrienne par le roi Ernest lui fit perdre sa position ; mais le roi de Wurtemberg l'appela en 1841 à remplir à l'université de Tubingue la chaire des langues orientales, et lui conféra des titres de noblesse personnelle. Les événements de 1848 ont eu pour résultat de le rétablir en possession de sa chaire de Gœttingue.

EX, préposition latine que l'on emploie souvent jointe à un mot dérivé du latin, qui ne change pas alors de signification, se prend dans le même sens que notre mot *ci-devant* quand on l'accouple par une sorte de barbarisme à un mot français. Nous retrouvons l'acception primitive du mot latin dans *ex cathedra, ex tempore, ex libris*. Quelquefois cette locution, adverbiale dans l'origine, est prise substantivement, comme dans *ex voto*. Dans la jurisprudence anglaise, *ex parte* se dit d'une requête dans laquelle l'une des parties seulement expose sa demande pour obtenir un jugement provisoire, ou par défaut, en l'absence de tout contradicteur.

Quant à la seconde signification de la préposition *ex*, adaptée à un terme français, on l'a d'abord appliquée aux jésuites après leur expulsion sous Louis XV et après l'ordonnance confirmative sous Louis XVI ; Voltaire, croyons-nous, s'est servi le premier du mot *ex-jésuite*. Dans les premiers temps de la révolution de 1789, l'emploi de la préposition *ex* a donné lieu aux plus étranges abus : comme beaucoup d'institutions furent alors renversées, et une multitude d'existences brisées, on l'appliquait à peu près à tout : on disait *ex-noble, ex-moine, ex-avocat, ex-procureur* ; on dit bientôt *ex-roi*. Le procès-verbal d'enlèvement et de destruction de la châsse de sainte Geneviève, qualifiait la bergère de Nanterre d'*ex-sainte*, en même temps que l'industrieux orfèvre, ou *monétaire* de Dagobert II, qui avait fabriqué le précieux cercueil, y est qualifié d'*ex-saint Éloi*. Un mari et une femme divorcés étaient qualifiés d'*ex-époux* dans les actes destinés à liquider la communauté. On appliquait même l'inépuisable préposition à des choses inanimées : parlait-on d'un ancien siége de justice ou d'administration supprimé, on disait l'*ex-bailliage*, l'*ex-présidial*, l'*ex-parlement*, l'*ex-intendance*, l'*ex-province*. Un puriste révolutionnaire voulait que l'on dît les *ex-Tuileries*, l'*ex-Luxembourg*, l'*ex-palais Égalité*, et qu'on désignât Paris comme *ex-capitale*. Au mois de novembre 1815, à l'époque du déplorable procès du maréchal Ney devant le conseil de guerre dont il récusa si imprudemment la compétence, un journal, se disant royaliste, osa dire que l'illustre guerrier s'était déclaré *maréchal ex-pair* ! Après la révolution de Juillet, on parla beaucoup des *ex-ministres*. Dans ces derniers temps, nous avons eu des *ex-pairs*, des *ex-députés*, des *ex-représentants*, etc. Cette manière vicieuse de parler commence fort heureusement à passer de mode, et l'on se dit tout simplement ancien négociant, ancien magistrat, ancien officier, etc.

BRETON.

EX ABRUPTO. *Voyez* ABRUPTO.
EXACTES (Sciences). *Voyez* SCIENCES.
EXACTION (d'ἐξάγω, j'exige). L'exaction consiste à exiger d'un contribuable ce qu'il ne doit pas, ou au delà de ce qu'il doit ; ce mot ne s'applique qu'aux fonctionnaires. Il y a entre l'exaction et la concussion cette différence, que l'exaction peut être parfaitement désintéressée de la part de celui qui la commet au profit de son gouvernement, de ses supérieurs, tandis que la concussion est un profit illicite qu'il s'attribue. On est cependant convenu d'appliquer tout le nom de *exaction* à l'action des officiers ministériels qui, enveloppant leurs clients dans toutes les subtilités de la chicane, exigent d'eux beaucoup plus qu'il ne leur doivent pour frais. L'exaction est presque toujours inséparable de la violence. Ainsi, dans le droit de la guerre, il est admis que les vainqueurs peuvent infliger certaines contributions aux habitants des villes conquises ; mais élever ces contributions outre mesure, les porter à des limites qui les font ressembler à la confiscation, c'est de l'exaction.

EXACTITUDE. On désigne sous ce nom usuel, qui dérive du latin *exactus*, exact, soigneux, la qualité, soit des personnes qui s'attachent à parachever les choses, c'est-à-dire à les exécuter exactement, soit du travail que nécessite cette exécution, soit enfin du produit de ce travail, c'est-à-dire des choses faites avec soin. Les choses faites de cette manière, quelque nombreuses qu'elles soient, peuvent être ramenées à trois chefs principaux, savoir : les diverses sortes de faits, leur interprétation, ou les idées que nous suggèrent leur nature et leurs rapports, et enfin, les termes, les locutions, dont nous nous servons pour exprimer plus ou moins exactement ces idées. On dit en effet des personnes, des études, des recherches, qu'elles sont exactes ou inexactes, que les faits observés sont exacts ou inexacts, et, enfin, que les interprétations et les démonstrations qu'on en donne, en termes plus ou moins nets et précis, offrent également divers degrés d'exactitude. On dit aussi notions, connaissances, sciences *exactes*. L'exactitude à l'égard des personnes est considérée comme synonyme d'*attention* et de *vigilance*, avec cette nuance, cependant, que l'*attention* fait que rien n'échappe, que l'*exactitude* empêche qu'on omette la moindre chose, et que la *vigilance* fait qu'on ne néglige rien. L. LAURENT.

EXAÈDRE. Voyez HEXAÈDRE.

EX ÆQUO, deux mots latins passés dans la langue française, indiquant une égalité absolue entre deux personnes. Cette expression ne s'emploie qu'à propos de concours, de distributions de prix. Lorsque deux concurrents sont considérés comme étant d'un mérite égal, les examinateurs les placent sur le même niveau, *ex æquo*, et alors le prix qui devait être la récompense d'un seul est partagé entre deux ou plusieurs; lorsque c'est une place qui est à donner, le ministre peut être embarrassé, car aucun des deux concurrents ne veut naturellement céder la place à l'autre. Dans les présentations académiques, les sections mettent souvent sur la même ligne quelques-uns des concurrents, ce qui n'arrête guère les académies et ne les empêchent pas quelquefois de maintenir l'égalité en choisissant plus bas sur l'échelle de présentation. Des prix sont souvent partagés *ex æquo* à l'académie, comme dans les écoles, entre divers concurrents; ces couronnes divisées perdent toujours beaucoup de leur prix.

EXAGÉRATION, figure de rhétorique par laquelle on augmente, on amplifie les choses, en bien ou en mal. « Il faut prendre les exagérations poétiques à leur juste rabais, » dit Saint-Évremond. En peinture, *exagération* signifie la manière de représenter les choses en les marquant trop, en les chargeant. « Il y a, dit de Piles, des contours chargés qui plaisent parce qu'ils sont éloignés de la bassesse du naturel ordinaire, et qu'ils portent, avec un air de liberté, une certaine idée de grand goût, qui impose à la plupart des peintres. » *Exagérer*, au naturel, veut dire user d'hyperbole, augmenter, agrandir par des paroles; amplifier, représenter les choses plus grandes, ou plus mauvaises, plus louables ou plus blâmables qu'elles ne sont. « L'imagination, quand elle est échauffée, dit Fénelon, exagère tout ce qu'elle ressent. » *Exagérer* vient du latin *exagerare*, amonceler, élever en tas, en monceau, accumuler, de *agger*, hauteur, levée de terre. *Exagérés*, en politique, est une dénomination que les partis se jettent tour à tour au visage, ainsi que celle de *modérés*, et presque toujours avec aussi peu de bon sens que d'à-propos.

EXAGONE. Voyez HEXAGONE.

EXALADE. Voyez CHATAIGNIER.

EXALTATION. Ce mot, synonyme d'*élévation*, ne s'emploie plus guère qu'au figuré, et se dit alors de l'élévation d'une personne à quelque dignité ecclésiastique ou à la papauté. Dans ce sens, il est consacré à signifier le couronnement du pape, sa prise de possession, le commencement de son pontificat. L'ancienne Église appelait *exaltation* la mort des martyrs, leur élévation au ciel.

L'*exaltation* en termes d'astrologie est une certaine dignité qu'acquiert une planète en certains degrés ou signes du zodiaque, dignité qui lui donne plus de vertu ou d'influence.

Le signe opposé se nomme *déjection*, ou chute de la planète.

En physique, c'est l'action, l'opération qui *exalte*, *élève*, purifie, subtilise quelque corps naturel, ou ses principes, ou ses parties; c'est aussi la qualité et la disposition que les corps naturels acquièrent par cette opération. En chimie, c'est une élévation et purification de métaux au plus haut degré. Il se dit aussi de la spiritualisation ou volatilisation de quelques autres corps. Les physiologistes modernes désignent par le mot *exaltation des forces vitales* l'augmentation morbide dans l'action des organes, et particulièrement celle qui a lieu dans un organe enflammé.

EXALTATION (*Morale*), état dans lequel les êtres vivants, ou même des substances inanimées, sont élevés à de plus hauts degrés d'énergie et d'activité que dans leur état habituel. Ce terme, qui vient d'*exaltare*, exhausser, signifie surtout cette exagération de nos sentiments et de nos idées qui se rapproche de l'*enthousiasme*.

Tout ce qui porte une vive excitation au cerveau et sur l'appareil nerveux de la vie sensitive ou extérieure, tout ce qui suscite les passions intérieures les plus dilatables, la colère, l'amour, l'espérance, tout ce qui imprime une plus grande vélocité à la circulation et provoque un plus abondant afflux de sang artériel vers la tête, dispose à l'exaltation ou la produit. La chaleur, surtout celle du soleil qui frappe à pic sur le crâne des méridionaux, les passions ardentes, une constitution bilieuse ou nerveuse, impressionnable, des aliments échauffants ou épicés, des boissons spiritueuses ou des liqueurs stimulantes, l'abstinence prolongée des jouissances les plus délicieuses de l'amour, les désirs immodérés non satisfaits, des études prolongées, le délire, la verve d'une imagination enflammée dans la solitude, qui monte l'esprit ; l'excitation par la musique, par des contemplations ascétiques, par le fanatisme religieux ou politique, l'exemple contagieux des émotions, des spectacles extraordinaires dans les révolutions, voilà les principales sources de l'exaltation.

La jeunesse est très-susceptible d'exaltation : sa circulation porte plus vivement le sang vers le cerveau. De même, les personnes de courte taille sont d'ordinaire facilement irascibles : le cerveau étant peu éloigné du cœur, il en reçoit un sang chaud et abondant. Par la même raison, la situation couchée inspire des idées plus intenses et plus profondes que la station droite. On prétend que cette chaleur cérébrale rend chauves de bonne heure les hommes exaltés, et l'on cite comme exemples Jules César, saint Paul, etc.

Après la chaleur, première cause de l'exaltation, ou peut-être son unique cause (car il se développe des phénomènes de chaleur dans tout état d'exaltation physique ou morale), viennent les affections vives de l'âme. On connaît assez celle de la colère, celle de la vengeance, si cruelle parmi les nations sauvages, et qui les transporte jusqu'à l'anthropophagie ; mais on n'observe plus guère, dans nos siècles de *complaisances sociales* et de *transactions faciles*, l'exaltation de l'amour.

Il est certain qu'on n'est point encore susceptible d'exaltation avant la puberté. La femme est peut-être encore plus exposée à ces délires que l'homme. Chez elle, un appareil intérieur d'organes éminemment sensibles, surtout à l'époque du tribut mensuel, un système musculaire grêle ou mince, qui laisse plus d'empire au genre nerveux, une loi de pudeur plus sévère, qui compriment les désirs le redoublent par la contrainte, une imagination plus mobile, un cœur plus tendre, des sens plus impressionnables, tout conspire à susciter une exaltation dont elle n'est pas maîtresse : aussi trouve-t-on plus de folles que de fous par amour dans les hospices d'aliénés. C'est plutôt l'ambition du pouvoir, des grandeurs ou des biens de la fortune qui exalte les esprits de la plupart des fous ; mais la jalousie, l'amour, et la dévotion, qui est encore une autre sorte d'amour, troublent bien plus fréquemment l'esprit de l'autre sexe. Si l'on voit souvent des symptômes d'hystérie déranger la santé de tant de femmes, combien d'hystéries mentales secrètes, inconnues, bouleversent ces tendres âmes !

Tant que l'âme est exaltée, elle ne sent ni les douleurs, ni les ruines de sa fragile demeure; elle porte même longuement l'existence. Les hommes contemplatifs, les anachorètes, les philosophes, vivent en général longtemps sains, autant à cause de leur sobriété et du peu de passions qu'ils éprouvent, que par cette forte tension vers le cerveau, qui diminue la sensibilité et ses déperditions par les autres organes; elle soutient sans cesse leur puissance vitale, et les exempte de la plupart des maladies aiguës, même les plus redoutables. En effet, c'est par cette forte exaltation que les sœurs de charité et les missionnaires du Levant soignent les pestiférés sans crainte, souvent sans danger, et qu'ils s'élancent dans les contrées lointaines au-devant du martyre.
J.-J. Virey.

EXALTATION DE LA CROIX (Fête de l').
Voyez Croix (Exaltation de la).

EXAMEN, perquisition, discussion, recherche exacte, soigneuse, sévère, pour arriver à la vérité d'une chose. Si les hommes, dit Saint-Évremond, ne se hâtaient pas tant de décider après un *examen* superficiel, ils ne se tromperaient pas si souvent. Il y a, dit Nicole, de la témérité à soumettre la religion à l'*examen* de la raison.

[La doctrine de l'*examen* est fondée sur le droit qu'a la raison individuelle de se déterminer par elle-même, comme la doctrine de l'autorité sur la faiblesse et l'incapacité de cette même raison. Selon les partisans de cette dernière philosophie, le témoignage d'un plus ou moins grand nombre de personnes dignes de foi est la règle unique de nos jugements. Mais les gens dignes d'être crus, en vertu de quoi ont-ils prononcé? Sur le témoignage d'autres personnes qui méritaient la confiance. Mais si ces maîtres et les maîtres de ces maîtres, et tous ceux qui ont reçu leur science de l'autorité, n'ont eu qu'à écouter pour apprendre, les premiers maîtres, ceux qui n'ont eu personne avant eux, comment ont-ils appris? d'où leur sont venues leurs connaissances? D'eux-mêmes; il le faut bien, à moins qu'on ne dise qu'ils les ont reçues toutes faites de Dieu. Et dans ce cas il faut encore reconnaître la nécessité de la raison individuelle pour accepter et comprendre l'enseignement divisé; et c'est dans ce sens que s'explique le pieux Huet, à propos du célèbre Porphyre, qui pensait que les Juifs avaient dans la foi un moyen plus sûr pour arriver à la vérité que les Grecs, qui la cherchaient avec la seule raison. « Ce philosophe, dit-il, ne s'appuyait-il pas de la raison elle-même quand il la préférait à la foi? Oui sans doute; et si la foi a plus de ressources que la raison, c'est la raison qui nous apprend cet avantage de la foi. » Saint Augustin a dit de même : « Nous apprenons de deux manières, par l'autorité et par la raison : l'autorité est la première de l'ordre du temps, mais la raison a le premier rang si on lui donne sa place naturelle et logique. »

En nous renfermant dans les limites de l'humanité, il nous semble qu'on ne s'égarerait pas en avançant que si l'*examen* est le résultat de nos connaissances soit dans notre raison individuelle, c'est aussi une loi pour l'homme que la sociabilité, et qu'en sa qualité d'être social, il doit trouver dans la société, dans l'*examen* des autres hommes, les moyens de développer sa raison, le redressement ou la confirmation de ses jugements.
De Reiffenberg.]

On a souvent insisté sur la nécessité d'*examiner* les preuves de la religion. On a reproché à ses défenseurs de croire sans examen tout ce qui est en sa faveur, ou de ne l'*examiner* qu'avec un esprit fasciné par les préjugés d'enfance ou d'éducation. Les défenseurs de la religion ont accusé à leur tour ses ennemis de n'*examiner* la religion que dans les écrits de ceux qui l'attaquent, et jamais dans les ouvrages de ceux qui la défendent; de croire aveuglément et sur parole tous les faits et tous les raisonnements qui paraissent lui être contraires; d'apporter à leur *examen* prétendu un désir ardent de la trouver fausse, parce que l'incrédulité leur parait plus commode que la religion. Les défenseurs de la religion n'interdisent pas l'*examen* de ses preuves. La religion, disent-ils, nous y convie, et ils citent ici des paroles de saint Pierre, de saint Paul et de saint Jean. La question est donc uniquement de savoir comment on doit procéder à cet *examen*, et c'est là qu'il y a dissentiment, non-seulement entre les catholiques et les incrédules, mais encore entre ceux-là et les hérétiques et les schismatiques.

[*Examen* se dit aussi de l'épreuve que subit celui qui aspire aux ordres ou à quelque degré dans les écoles. Il suffit d'indiquer ici la première de ces acceptions. Quant à la seconde, les *examens* publics ont reçu une extension qu'ils n'avaient pas autrefois. Ceux que doivent subir aujourd'hui les candidats à toutes les carrières lettrées et scientifiques sont, aux yeux des hommes même les plus prévenus, une garantie de savoir qui n'existait point sous l'ancien régime. Ils consistaient alors le plus fréquemment en des questions consignées d'avance dans les cahiers, aussi bien que les réponses; et le candidat n'avait besoin que de les apprendre par cœur. Il n'en est heureusement plus de même aujourd'hui: pour les facultés des lettres, des sciences, de médecine et de droit, pour l'École polytechnique, l'École de Saint-Cyr, l'École navale, comme pour l'École normale, l'École forestière, etc., les examens sont sérieux, difficiles à subir, et, sauf très-peu d'exceptions, ne sont couronnés de succès que pour des sujets méritants. Une indulgente partialité de la part des examinateurs, quelque fraude de la part des récipiendaires, ne sont que des cas exceptionnels, et beaucoup trop remarqués pour se présenter fréquemment. Le titre d'examinateur de l'École polytechnique est une dignité scientifique qui, telle qu'elle a été et qu'elle est toujours remplie, suppose autant de probité, d'indépendance, que de savoir et de talent. C'est à qui, dans l'Université, parmi les professeurs les plus distingués, sera désigné pour composer les divers bureaux d'examen d'agrégation. A l'École de médecine, à l'École de droit, aux Facultés des sciences et des lettres, malheur au professeur qui n'est pas redouté comme sévère examinateur! Sa considération personnelle en est, on peut le dire, diminuée d'autant.

Malgré tout ce luxe d'examens, il est trop vrai de dire que chaque jour les Facultés des sciences, des lettres, de droit et de médecine, reçoivent de déplorables sujets. Que d'avocats ignorants! que de bacheliers ès lettres qui ne savent pas l'orthographe! que d'ingénieurs maladroits! que de médecins qui ne sont que des ânes! de chirurgiens dignes du nom de bouchers! de pharmaciens savants seulement dans l'art d'allonger les mémoires! Mais que prouvent toutes ces plaintes? La nécessité des précautions que l'on a accumulées pour éviter de pareilles méprises. Il arriverait encore bien pis si le sage monopole des examens et des réceptions était aboli.
Charles Du Rozoir.]

Examen signifie aussi quelquefois *censure*, *critique*. En ce sens, il a servi de titre à plusieurs livres : l'*Examen des esprits*, l'*Examen de l'Examen des esprits*.

EXAMEN DE CONSCIENCE, revue que fait le pécheur de sa vie passée, afin d'en connaître les fautes et de les confesser. Les Pères de l'Église, les théologiens, les auteurs ascétiques, qui traitent du sacrement de la pénitence, montrent la nécessité et prescrivent la manière de faire cet examen, comme moyen d'inspirer au pécheur la connaissance de ses fautes et la volonté de s'en corriger. Ils le réduisent à cinq points : 1° se mettre en la présence de Dieu et le remercier de ses bienfaits; 2° lui demander les lumières et les grâces nécessaires pour connaître et démêler nos fautes; 3° nous rappeler nos pensées, nos paroles, nos actions, nos occupations, nos devoirs, pour voir en quoi nous avons offensé Dieu; 4° lui demander pardon et concevoir un regret sincère d'avoir péché; 5° former la résolution sincère de ne plus l'offenser, de prendre toutes les précautions pour nous en préserver et d'en fuir les occasions. Outre cet *examen général*, nécessaire pour se préparer à la confession, ils conseillent à ceux qui veulent avancer dans la vertu, de faire tous les jours un *examen particulier*, sur chacun des devoirs du christianisme et de l'état de vie où on est engagé, pour voir en quoi l'on peut avoir besoin de se corriger.

EXANTHÈME (en grec ἐξάνθημα, efflorescence, de ἐξανθέω, fleurir, s'épanouir). On a appliqué ce nom à la plupart des éruptions qui se manifestent à la peau. Les nosologistes modernes ne classent parmi les exanthèmes que les éruptions ayant pour caractère commun une rougeur plus ou moins vive qui disparaît sous la pression du doigt. L'érythème, la roséole, la rougeole, la scarlatine et l'urticaire sont donc les seules affections auxquelles convienne le titre d'*exanthème*.

EXARQUAT, EXARCHAT ou EXARCAT, charge militaire chez les anciens Grecs, dignité ecclésiastique dans la primitive Église, et vice-royauté dans les premiers siècles de l'empire d'Orient. Les mots grecs ἔξαρχος, ἐξάρχειον, répondent, dans notre langue, aux mots *prince* et *principauté*. *Exarquat* signifie tout à la fois la charge, la dignité d'exarque, le pays soumis à un exarque, et la durée de l'administration et du gouvernement d'un exarque, ecclésiastique ou civil. L'exarquat d'Italie, soumis aux empereurs d'Orient, contenait Ravenne, Césène, Imola, Bologne, Modène, Crème, Mantoue, Aquilée, etc. La partie de l'exarquat possédée aujourd'hui par le saint-siège s'appelle *Romagne*, et à Ravenne pour capitale.

EXARQUE (du grec ἔξαρχος, prince). Dans les premiers siècles du christianisme, l'exarque était un dignitaire ecclésiastique, assez semblable à celui qu'on a depuis appelé *primat*. Placé dans la hiérarchie entre le patriarche et le métropolitain, sa juridiction s'étendait sur plusieurs provinces. Dans l'ancienne Église d'Orient, l'exarque était le supérieur général de plusieurs monastères, différent de l'archimandrite, supérieur d'une seule maison. L'exarque était à peu près ce qu'on a été depuis le général ou le provincial, chef de tout l'ordre ou d'une partie de l'ordre; néanmoins, par la suite, il devint un des derniers officiers de l'Église. Sous les empereurs d'Orient, on donna le nom d'*exarque* au gouverneur général de l'Afrique, mais plus particulièrement aux préfets, vicaires, ou lieutenants, qui pendant les sixième, septième et huitième siècles, gouvernaient la partie de l'Italie encore soumise à leur domination et la défendaient contre la puissance des Lombards.

Le patrice Flavius Longinus, envoyé par l'empereur Justin II pour remplacer Narsès en 568, fut le premier exarque, et fixa sa résidence à Ravenne. Eutychius fut le dernier des dix-huit exarques, dont le gouvernement avait duré cent quatre-vingt-qua tre ans. Leur puissance était sans bornes, et elle aurait égalé celle des rois s'ils n'eussent été à la nomination des empereurs, amovibles à leur gré, et obligés de leur payer une somme annuelle; mais ils n'usèrent de leur pouvoir que pour satisfaire leur avarice et leur vengeance, et parmi eux on ne peut citer un grand homme. Les exarques avaient influé sur l'élection et l'ordination des papes. Pepin, roi de France, ayant conquis Ravenne et l'exarquat sur les Lombards, en 755, les céda au pape l'année suivante. A l'époque de la décadence du royaume d'Arles ou de Bourgogne, par les usurpations des vassaux et des prélats, l'archevêque de Lyon, Heraclius de Montboissier, fut confirmé par l'empereur Frédéric Ier dans le titre d'exarque, qu'il s'était arrogé au douzième siècle.

Dans l'Église grecque moderne, l'exarque est un légat *a latere* du patriarche. Il visite les provinces, s'informe des mœurs des clercs, des causes ecclésiastiques, des mariages et divorces, des différends entre les prélats et le peuple, de l'administration des sacrements, enfin de l'observance des canons, de la liturgie et de la discipline monastique.

Comme *exarque* signifie également celui qui commande et celui qui commence, on a donné ce nom au maître-chantre d'une église. H. AUDIFFRET.

EX CATHEDRA, sorte de locution adverbiale tirée du latin, et qui signifie en français *de la chaire*. Parler *ex cathedra*, c'est parler du haut de la chaire, c'est-à-dire avec l'autorité d'un docteur ou d'un prêtre. On se sert souvent de ces termes quand on traite de l'infaillibilité du pape ou de ses décrets. On dit que le pape parle ou ne parle pas *ex cathedra*, du haut de son siège. Le pape n'est censé parler ainsi que lorsqu'il rend un décret public, comme chef de l'Église universelle, et qu'il l'adresse à tous les fidèles, pour être la règle de leur foi ou de leurs mœurs.

EXCELLENCE, qualité extraordinaire d'une chose, supériorité qu'elle lui donne sur toutes celles du même genre. *Par excellence*, façon de parler adverbiale et familière, synonyme d'*excellemment*. Cela est beau par excellence. On dit aussi que Dieu est l'être *par excellence*, pour dire qu'il est le souverain être, et que toutes les créatures n'ont l'être que par participation.

On nomme *prix d'excellence* dans les lycées un prix unique, décerné dans chaque classe à l'élève qui a obtenu les meilleures places depuis la rentrée des classes (c'est-à-dire depuis le mois d'octobre). Cette distribution se fait sans solennité au mois d'avril, quelques jours avant les vacances de Pâques. Dans les grandes distributions des lycées, collèges ou pensionnats, on accorde aussi quelquefois un *prix d'excellence* au sujet qui s'est le plus distingué.

EXCELLENCE (*Étiquette*). Les rois lombards prirent les premiers ce titre, que les rois franks et les empereurs allemands continuèrent de porter jusqu'au quatorzième siècle. Au quinzième siècle, les princes italiens se firent donner; mais ayant vu, en 1593, le duc de Nevers, ambassadeur de France à Rome, se l'arroger (exemple qu'imitèrent aussitôt les envoyés des autres grandes puissances), ils l'échangèrent contre celui d'*Altesse*. La paix de Westphalie accorda aux Électeurs de l'Empire le droit de nommer des ambassadeurs avec le titre d'*Excellence*; droit que les autres souverains princes de l'Empire n'obtinrent que plus tard. L'usage de donner le titre d'*Excellence* à certains hauts fonctionnaires ne s'introduisit en France qu'à partir de 1654. Il gagna bientôt l'Allemagne, où au siècle dernier, on en qualifiait jusqu'à des professeurs d'universités.

[Le titre d'*Excellence*, donné aujourd'hui au moindre lookey diplomatique qu'un caprice de son maître transforme en *envoyé extraordinaire et ministre plénipotentiaire*, satisfaisait au dix-septième siècle le chef d'un gouvernement, le descendant d'un empereur : en effet, ce ne fut que du temps de Louis XIV que le prince d'Orange obtint la qualification d'*altesse*, et il fallut bien des négociations pour en venir là. Un édit de Philippe II, roi d'Espagne, promulgué aux Pays-Bas en 1595, défend de donner le titre d'*Excellence*, à tout autre qu'au capitaine-général de ces pays et de Bourgogne, à moins qu'il ne soit de la maison royale ou de celle d'Autriche. Malgré cet édit, les vice-rois, les ambassadeurs, les grands d'Espagne et les chevaliers de la Toison-d'Or se firent donner le l'*Excellence*. Ce titre, attaché d'ordinaire à quelque charge de cour ou haute fonction soit civile, soit militaire, est encore autrement commun au nord et au sud de l'Europe qu'en France. Il n'est même presque pas de gentillâtre en Italie qui ne l'exige de ses laquais et aussi de ses fournisseurs, lorsqu'il les paye. En Allemagne, la plupart des fonctionnaires et des dignitaires qui y avaient droit y renoncèrent bien vite à la suite des événements de 1848; mais depuis que les choses y ont été partout remises sur l'ancien pied, l'*Excellence* y refleurit de plus belle. C'est tout comme en France, où depuis la proclamation de l'empire on donne ce titre non-seulement aux ministres (tout solliciteur habile ne manquera pas de les *monseigneuriser* par dessus le marché), mais aussi aux présidents du sénat, du corps législatif et du conseil d'État, aux grands officiers de la maison de l'empereur, de l'impératrice, etc. DE REIFFENBERG.]

EXCELMANS. Voyez EXELMANS.

EXCENTRICITÉ (de *ex*, hors, et *centrum*, centre). Dans l'ellipse et dans l'hyperbole, on donne le nom d'*excentricité* à la distance de l'un quelconque des foyers au centre. Cette expression, principalement employée par les astronomes, rappelle que le soleil n'occupe pas le centre des orbites planétaires, mais un de leurs foyers. On obtient l'excentricité d'une planète à l'aide de diverses méthodes. Celle de la terre peut se déduire de ce principe que les distances d'un astre à la terre sont en raison inverse de ses diamètres apparents. Si l'on représente par a le demi-grand axe de l'orbite terrestre, et par e l'excentricité, $a + e$ exprimera la distance aphélie, et $a - e$ la distance périhélie, de sorte que Δ étant le plus grand et δ le plus petit diamètre apparent du soleil, on aura

$$\frac{a+e}{a-e} = \frac{\Delta}{\delta}, \text{ d'où } e = a\left(\frac{\Delta - \delta}{\Delta + \delta}\right).$$

En prenant pour unité le demi grand axe, on trouve ainsi pour l'excentricité de la terre 0,0167.

L'excentricité des planètes connues, d'autant plus grande que leur orbite s'éloigne plus de la forme circulaire, a pour limites 0,0068, excentricité de Vénus, et 0,256, excentricité de Junon. Ces nombres eux-mêmes subissent de continuelles variations, comme tous les autres éléments planétaires, et particulièrement comme l'équation du centre, donnée à laquelle l'excentricité est intimement liée par une relation dont Euler a fait connaître deux expressions en séries très-convergentes.

On donne aussi quelquefois le nom d'*excentricité* à la distance des deux foyers de l'orbite ; il faut alors dire l'*excentricité double*, pour éviter toute confusion avec l'*excentricité simple*. E. MERLIEUX.

EXCENTRICITÉ. Ce mot, emprunté au langage scientifique, appartient à la langue anglaise ; la chose qu'il désigne est essentiellement britannique. Un *excentric* est un original, un homme bizarre, dont la conduite, s'écartant des règles reçues, est en dehors de l'usage général. L'*excentric* n'est point un fou ; ce n'est pas un sot : il a souvent beaucoup d'esprit, il n'est pas rare qu'il soit doué d'une vaste instruction ; mais il aime à agir à sa guise, il a rompu en visière avec les usages reçus ; il est propriétaire d'une idée fixe, plus ou moins étrange, d'après laquelle il règle tantôt l'ensemble de sa vie, tantôt quelques-unes de ses actions seulement. Grand amateur des originalités de tout genre, le public des trois royaumes fait ses délices de la lecture des faits et gestes de ces êtres au cerveau baroque ; leurs biographies se sont multipliées pour lui plaire ; nous avons sous les yeux une *Excentric Gallery*, laquelle ne comprend pas moins de six volumes. G. BRUNET.

EXCENTRIQUE. Deux cercles sont dits *excentriques*, lorsque renfermés l'un dans l'autre ils n'ont pas le même centre. Cette qualification s'applique également à deux sphères placées de même. Le mot *excentrique* a pour opposé *concentrique*, qui signifie ayant le même centre.

Substantivement, le mot *excentrique* s'emploie en mécanique pour désigner certains organes propres à effectuer des transformations de mouvement circulaire continu en circulaire alternatif ou en rectiligne alternatif. Ces derniers, dont on se sert fréquemment, consistent en une courbe tournant autour d'un axe qui n'est pas placé au centre de figure.

Les tourneurs appellent *excentrique* un mandrin composé au moyen duquel ils font varier le centre de la pièce qu'ils façonnent sans l'enlever de dessus le tour.

EXCEPTION. Dans le langage usuel, on entend par exception toute dérogation à une règle générale ; ainsi, en grammaire, on commence d'abord par enseigner les règles, puis on en fait connaître l'exception ou les exceptions. Les exceptions grammaticales, quelque nombreuses qu'elles soient, sont encore assez rares pour avoir donné naissance à cet adage : l'*exception confirme la règle*.

En jurisprudence, le mot exception est usité en deux sens. Appliqué aux lois, aux tribunaux, il sert à qualifier tout ce qui est en dehors du droit commun (*voyez* les articles suivants). Dans un autre sens, on appelle *exceptions* tous les moyens préjudiciels qui sans toucher au fond d'une affaire établissent que la demande ne doit pas être accueillie.

Les exceptions se divisent en deux classes, les *exceptions dilatoires*, dans lesquelles entrent les *déclinatoires*, et les *exceptions péremptoires*. Les premières font écarter la demande pendant un certain temps, retardent seulement le jugement du fond par des querelles de forme; les secondes font écarter définitivement la demande, sans qu'il soit passé au jugement du fond. Les exceptions déclinatoires renvoient la demande à un autre tribunal ; elles doivent être présentées les premières. Les exceptions péremptoires, tirées des nullités des actes de procédure doivent être présentées ensuite. Les exceptions dilatoires, qui tendent seulement à faire renvoyer à un autre temps, viennent en troisième. Enfin, les exceptions péremptoires, tirées de la non-recevabilité du demandeur, soit par défaut d'intérêt ou de qualité, soit à raison d'une prescription acquise, d'un jugement intervenu, d'une transaction, etc., ne doivent venir qu'en dernier lieu. Cet ordre doit être suivi sous peine de déchéance.

Il y a aussi des exceptions temporaires, ne pouvant être invoquées que pendant un temps déterminé ; des exceptions perpétuelles, qui peuvent l'être toujours ; des exceptions *personnelles*, telles, par exemple, que la caution *judicatum solvi*, le demandeur est un étranger ; des exceptions réelles reposant sur des moyens inhérents à la chose en litige.

EXCEPTION (Tribunal d'). A ce nom la pensée qui se présente la première à l'esprit est celle d'une juridiction politique destinée à devenir, en dehors des limites de la justice, l'instrument du pouvoir, et dans ce sens l'expression a quelque chose d'odieux ; mais il y a encore un autre genre de tribunaux d'exception, créés pour l'expédition d'affaires spéciales. Ainsi, nous avons des tribunaux de commerce, des tribunaux de paix, institués les uns pour connaître des affaires et des opérations de commerce, les autres pour décider, d'après les règles du simple bon sens, et pour ainsi dire sur le lieu même du litige, les contestations de petite valeur, qui ne peuvent réellement être qualifiées de procès. Une règle de l'ancien droit, consignée dans le *Traité des Offices* de Loiseau, c'est qu'on ne regarde comme vrais magistrats que ceux de la justice ordinaire; les autres n'ont plutôt une simple notion ou puissance de juger qu'une vraie juridiction. Quant aux juridictions politiques, elles ont empiété de tout temps beaucoup plus sur le droit criminel que sur le droit civil. La charte de 1814 supprima les cours spéciales. Avant le Code d'instruction criminelle, il y en avait de deux espèces : les unes, composées des membres du tribunal criminel, avec adjonction du tribunal civil, connaissaient du crime de faux; les autres, composées du tribunal criminel, avec adjonction de militaires, jugeaient certains crimes violents, tels que les vols de grandes routes et les méfaits des vagabonds, etc. Le Code d'Instruction criminelle donna une nouvelle vie à ces dernières, et abrogea les autres, jusqu'à ce que la charte de 1814 les fit disparaître toutes. Mais en 1815, à la suite des invasions et des malheurs de la France, on vit reparaître des cours prévôtales, qui comptaient dans leur sein un grand-prévôt, lequel était nécessairement un officier général. Ces cours n'existaient plus quand la charte de 1830 vint proclamer en termes formels qu'il ne pourrait à l'avenir être créé de tribunaux extraordinaires, à quelque titre et sous quelque dénomination que ce pût être. P. DE GOLBÉRY.

EXCEPTION (Lois d'). Dans notre droit public, on entend par *lois d'exception* celles qui, en vue d'un danger, suspendent pour un temps les droits garantis aux citoyens par la constitution : ainsi, les lois qui permettaient d'arrêter ou d'éloigner de certains lieux les hommes qui avaient pris part au rétablissement de l'empereur dans les cent jours furent des lois d'exception. Il en est de même de celles qui plusieurs fois suspendirent, sous la Restauration, le droit d'imprimer et de publier sa pensée autrement que par la permission des censeurs et de celles qui conférèrent le droit d'arrestation à trois ministres. Les atteintes aux constitutions et aux lois organiques des peuples sont toujours dangereuses pour le pouvoir qui se les permet, parce que leur but unique est d'assurer le triomphe d'un parti sur un autre. La loi fondamentale doit être hors de la portée du pouvoir qu'elle consacre. Le mal est beaucoup plus grand encore lorsque la violation du pacte social, au lieu d'être avouée comme une mesure temporaire, se glisse avec astuce dans une loi destinée à régir tout l'avenir ; lorsque l'esprit des institutions d'une nation est faussé au point qu'il suffit du rapprochement des dates pour en être convaincu : par exemple, si dans une charte on avait stipulé un nouveau mode d'assurer la responsabilité des agents du pouvoir, et que cependant on proposât dans un projet de maintenir l'ancien; si l'on avait aboli la censure et qu'on la rétablît, etc. P. DE GOLBÉRY.

EXCÈS, terme dérivé du verbe *excedere*, dépasser, car les *excès*, opposés en cela aux *défauts*, semblent être un débordement des facultés ou puissances en toutes choses, dans le bien comme dans le mal. Tout excès suppose donc une surabondance, par rapport à un point fixe ou à un équilibre, à cet état moyen, à ce *juste milieu*, en deçà et au delà duquel il n'y a rien de stable ni de vrai. Les excès semblent être le résultat d'une force prédominante; la jeunesse y croit donner la preuve de sa vigueur, tandis que la vieillesse épuisée ne peut montrer que ses défauts, qui sont des caractères de faiblesse. Mais, comme on l'a dit, les excès ne sauraient durer : ils sont maladifs ou destructeurs, au lieu que les *media* conservent ou rétablissent le repos, la santé et l'énergie complète des fonctions, la neutralité, la saturation dans les combinaisons chimiques, etc.

Les animaux, circonscrits dans la sphère normale de leurs instincts, se débordent rarement ou difficilement dans des excès : ils cessent de manger où finit l'appétit, et nuls apprêts gastronomiques ne les portent à l'abus de la gourmandise ; l'amour chez eux s'éveille aux époques marquées par la nature, et le vœu de la nature s'éteint après que le but en est accompli ; les besoins s'arrêtent quand le but a cessé. L'homme seul, parmi tous les êtres créés, fut doté, par une nature prodigue, d'immenses moyens de sensibilité, d'un appareil nerveux riche et puissant, d'une intelligence insatiable dans ses désirs. Si l'homme eût été réduit, comme la brute, au rôle limité d'instrument de ses organes, il n'eût point été digne de récompense ni sujet au blâme. Ses excès, qu'il peut refréner par sa raison et par l'amour de l'ordre universel (qui est le sentiment de la vertu), ne sont qu'une preuve de sa liberté d'action. L'homme a d'autant plus de gloire d'y résister, qu'ils se présentent à lui sous l'aspect de vives jouissances.

Nous devons cette tendance vers les excès au développement de l'appareil sensitif, plus considérable chez l'homme que chez les animaux. Une peau nue, très-impressionnable, un cerveau vaste, un immense rayonnement des nerfs dans toutes les régions du corps, qui le rendent éminemment mobile jusqu'aux spasmes et aux convulsions ; des sensations rapides, profondes ; des passions emportées et fougueuses, le besoin d'aimer dans presque tous les âges de la vie, un organe excessivement excitable chez la femme, les rapports perpétuels de l'état social entre les individus et les sexes, les exaltations que l'imagination et l'esprit reçoivent de l'éducation, la délicatesse qu'engendre la civilisation, les apprêts de toutes les jouissances pour la table, pour la vie molle et délicieuse au sein des richesses, voilà des causes de bien des excès, voilà les poisons de l'existence.

Les excès sont la ruine, la peste de la race humaine, si l'on considère qu'ils épuisent nécessairement les centres de la sensibilité et des pouvoirs vitaux. Un excès d'exercice musculaire a bientôt fatigué l'appareil du mouvement ; et si ces excès sont trop répétés, sans une restauration suffisante, le plus robuste athlète est promptement cassé, écrasé. Il en sera de même par les excès du boire et du manger. Ceux de l'appareil reproducteur produisent l'é n e r v a t i o n, l'é p u i s e m e n t. Ceux de l'intelligence peuvent causer l'i d i o t i e dans les plus grands génies : c'est ainsi que Newton perdit l'esprit, et que le Tasse fut atteint d'imbécillité. D'ordinaire les excès abrègent la carrière humaine, comme un flambeau se consume d'autant plus vite qu'il brille davantage : *luceo, sed consumor*, telle est la devise de ces imprudents qui s'écrient : Que la vie soit courte et bonne ! Mais il advient souvent qu'après avoir savouré avec trop d'ivresse le nectar, il faut ensuite longuement avaler le déboire, sa lie amère, dans la vieillesse. Celle-ci, après les excès, devient bientôt précoce ou prématurée ; elle engendre même cette faiblesse pusillanime qui fait redouter sans cesse la mort et qui ôte le courage de la braver. Le sage, pour ne pas tomber dans ces défauts de faiblesse, évite les excès; par là il se maintient fort et toujours complet : *totus teres atque rotondus*, suivant le précepte d'Horace. Tel est l'homme solide et vigoureux, l'*homme carré* sur toutes ses faces, selon le mot de Napoléon. J.-J. VIREY.

EXCÈS DE POUVOIR, acte par lequel un fonctionnaire ou un tribunal sort du cercle légal de ses attributions.

C'est un principe du gouvernement constitutionnel que chaque autorité doit rester dans la limite que les lois lui ont assignée. Ainsi, chaque p o u v o i r doit rester dans la sphère que lui a tracée la constitution. Le pouvoir exécutif ne doit pas s'attribuer le droit de faire seul les lois, de créer des impôts, d'entraver le cours de la justice, se dispenser d'exécuter les lois, etc. ; le pouvoir législatif ne doit pas empiéter sur le pouvoir judiciaire, et le pouvoir judiciaire ne doit pas s'attribuer la puissance législative ou exécutive.

Notre législation pénale est sévère pour les fonctionnaires de différents ordres qui auraient commis des excès de pouvoir. Ainsi, le Code Pénal, article 127, punit de la dégradation civique les juges, procureurs généraux ou impériaux qui se seraient immiscés dans l'exercice du pouvoir législatif ou dans les matières attribuées aux autorités administratives. Les mêmes peines sont applicables aux préfets, sous-préfets, maires et autres administrateurs qui se seraient immiscés dans l'exercice du pouvoir législatif, qui auraient pris des arrêtés généraux tendant à intimer des ordres quelconques à des cours et tribunaux, ou bien qui se seraient attribués la connaissance de droits et d'intérêts privés du ressort des tribunaux. Il arrive cependant souvent qu'une même affaire est revendiquée à la fois par l'autorité judiciaire et l'autorité administrative : de la naît un c o n f l i t, dont la connaissance appartient au conseil d'État, lequel, dans le cas, décide devant quelle autorité devra être renvoyée l'affaire litigieuse. Pendant l'instruction sur le conflit, et en attendant la décision qui doit fixer la compétence, l'affaire reste en suspens, et il y aurait *excès de pouvoir* si le tribunal ou l'autorité administrative s'obstinait à prononcer.

Il y a une autre espèce d'*excès de pouvoir*, qui n'entraîne aucune peine, mais qui peut cependant peut donner lieu à certaines mesures. Ainsi, qu'un fonctionnaire dépasse les instructions qu'il a reçues, bien qu'il ait agi dans le cercle légal de ses attributions, il n'en commet pas moins un *excès de pouvoir* vis-à-vis de ses supérieurs ; la loi ne prononce pas de peine pour ce fait, elle laisse à la discipline hiérarchique le soin de le réprimer. On peut en dire autant des tribunaux : par exemple, un tribunal ayant à prononcer sur un délit d'injures ou de diffamation, ordonne que la partie condamnée fera *réparation d'honneur* à l'offensé, ou bien ce même tribunal ordonne toute autre mesure que la loi n'autorise pas. Il y a dans ces deux cas *excès de pouvoir*, et alors c'est aux tribunaux d'appel et à la cour de cassation qu'il appartient de contenir successivement les différentes juridictions dans les limites de leur compétence.

Quand les autorités empiètent les unes sur les autres, comme dans le cas des articles 127 et suivants du Code Pénal, il y a *excès de pouvoir* réfléchi et volontaire ; c'est une sorte d'insurrection combinée contre la loi elle-même, et par conséquent un crime. Quand, au contraire, l'*excès de pouvoir* ne résulte, comme dans les derniers exemples que nous avons cités, que d'une méprise ou d'une extension erronée de leurs attributions, il n'y a pas infraction punissable, mais seulement il y a lieu de déférer ces décisions aux autorités ou aux juridictions qui, dans l'ordre hiérarchique, ont le droit de les réformer. E. DE CHABROL.

EXCIDEUIL. *Voyez* DORDOGNE.

EXCIPIENT, substance qui sert à faire prendre aux médicaments la forme pharmaceutique sous laquelle ils se présentent. Pour convertir en pilules une poudre quelconque, on y ajoute souvent un corps mou ou liquide qui en devient l'excipient. Dans les infusions, dans les décoctions, l'eau est l'excipient des substances médicinales avec lesquelles on forme ces agents; dans les teintures, dans les élixirs, c'est l'alcool.

L'excipient, employé presque uniquement pour donner au médicament la forme convenable, est par conséquent la partie la moins importante d'une formule; mais on aurait tort de s'imaginer que cette partie soit tout à fait indifférente. D'abord, il est des cas où l'excipient donne au médicament non-seulement sa forme, mais une grande partie de ses propriétés; c'est ce qui arrive toutes les fois que l'excipient indiqué jouit par lui-même de propriétés particulières, et surtout quand on compte sur l'excipient pour déterminer certains effets que les médicaments ne produiraient pas sous une autre forme.

Il y a encore une autre remarque, plus importante, à faire relativement aux excipients : c'est qu'un médicament ne se conserve pas intact dans les formules ; il peut varier selon les corps avec lesquels on le mêle, aussi bien que suivant les rapports dans lesquels il se trouve avec nos organes ; d'où résulte la nécessité de choisir les excipients avec soin, soit pour étendre une dose de médicament, qui serait dangereuse si on en laissait l'action concentrée agir avec toute sa force sur un point unique, soit pour ne pas décomposer certaines préparations avant qu'elles aient exercé sur les organes l'action pour laquelle on les recherche, soit pour faciliter par une dissolution plus facile au sein de nos organes la médication attendue, soit pour extraire de certains médicaments quelques-unes seulement de leurs principes dont on désire se servir, laissant les autres de côté, soit, enfin, pour modifier jusqu'à un certain point l'action trop active de certaines substances.

EXCISE, nom qu'on donne en Angleterre à une branche importante du revenu public ; elle correspond à peu près à ce que nous appelons *contributions indirectes*.

EXCITANTS. On désigne sous ce nom les moyens propres à réveiller la sensibilité, à émouvoir les corps vivants, à déterminer plus d'activité dans l'accomplissement de leurs fonctions. On les distingue des toniques et des fortifiants en ce que l'action de ceux-ci est moins immédiatement appréciable et plus prolongée : les stimulants sont un peu plus actifs, et montrent un peu plus longtemps leurs effets ; les irritants sont l'exagération complète des uns et des autres. Les substances volatiles et aromatiques, le café, le thé, sont des excitants. Du reste, tel moyen qui n'est qu'excitant pour certaines personnes ou certains organes, est stimulant ou même irritant pour une autre personne ou pour d'autres organes, et réciproquement.

On entend surtout par *excitants* les moyens qui appellent un organe ou un système d'organe à remplir avec activité ses fonctions. Sous ce rapport, nous devons dire qu'il y a des *excitants généraux* et des *excitants spéciaux*. Les excitants généraux sont ceux qui pris à l'intérieur, par exemple, avivent toutes les fonctions, augmentent la force et la fréquence du pouls, développent la chaleur animale, la vie cérébrale, les excrétions, les exhalations, les facultés sensitives et locomotrices. Ces médicaments sont en grand nombre ; on les a naturellement recherchés et multipliés, parce que l'homme sain y trouve avec plaisir un surcroît de vie, et que l'homme malade et faible est porté à y recourir, et cherche en eux un suppléant des forces qui lui manquent. Dans les excitants spéciaux, nous avons des excitants de la circulation, des fonctions cérébrales, et particulièrement des excitants dont l'action principale s'attache de préférence à quelqu'une de nos sécrétions. Ainsi, nous trouvons parmi eux des excitants du système nerveux locomoteur ou sensitif, comme la strychnine, la belladone, le thé, le café, etc. ; des excitants de la sueur, comme la chaleur aidée des moyens dits sudorifiques ; de la sécrétion urinaire, comme la plupart des médicaments diurétiques ; des sécrétions biliaire et salivaire, comme le calomel ; des sécrétions gastrique et intestinale, comme les vomitifs et les purgatifs, outre que chacun de ces organes participe à l'augmentation d'action qu'ils reçoivent tous de l'administration d'un excitant général quelconque. Dans le même sens, l'exercice, la chaleur du soleil ou des foyers, la lumière, l'impression d'un air sec, etc., sont des excitants. L'esprit a aussi ses excitants.

EXCITATEUR. On donne ce nom à tout instrument propre à exciter, sans aucun risque, des étincelles que l'on tire d'un corps électrisé. *Voyez* ÉLECTRIQUE (Machine).

EXCITATION, EXCITABILITÉ. L'*excitabilité* est la faculté par laquelle tous les corps vivants produisent des actes ou une réaction quelconque à l'occasion d'un stimulant qui les met en jeu : l'*excitation* en est l'effet. Nous disons *tous les corps vivants*, car non-seulement les animaux manifestent cette activité sous l'influence des causes de stimulation, mais même les végétaux en donnent des preuves. On peut dire également que si nos tissus organiques vivent, se réparent et s'agitent sous le stimulus du sang artériel, de même c'est par l'afflux d'une sève nourricière que toutes les parties des plantes s'accroissent et se déploient au printemps ou s'épanouissent avec joie à l'aspect de l'aurore.

Le terme d'*excitabilité*, ou plutôt d'*incitabilité*, a été substitué par John Brown, célèbre médecin écossais de la fin du dix-huitième siècle, aux mots *irritabilité* et *irritation*, d'abord employés par Haller et rétablis par Broussais. En effet, la faculté d'*excitation extérieure* ou d'*incitation intérieure*, que met en mouvement toute cause stimulante, soit au dehors, soit au dedans de nos corps, peut être naturelle, normale, régulière, favoriser le jeu de la vie et la santé, ainsi que le font l'air pur, des aliments salutaires. Mais l'*irritabilité* semble, au contraire, désigner déjà cet état d'agacement et comme une colère dans laquelle entrerait la fibre vivement piquée par un aiguillon, ou l'estomac par une boisson alcoolique. Ce serait un commencement d'inflammation, une imminence morbide, ayant déjà besoin de calmants. Ces différents termes : *excitabilité, incitabilité, irritabilité*, n'en expriment pas moins le pouvoir qui anime toute excitation dans son état de vie, ou plutôt c'est la vie elle-même. Elle réside dans cette propriété de s'émouvoir à divers degrés, non pas seulement par l'effet des agents externes ou divers excitants, mais encore par les passions, les volontés, propres fonctions de l'organisme réagissant sur lui-même. Ce sont ces influences, ces affections du dehors comme du dedans, qui soutiennent l'existence; celle-ci s'éteindrait inévitablement sans leur concours. Ainsi, nos sensations, la locomotion, les actes de l'intelligence, les affections morales, résultent de toutes les puissances excitantes.

L'excitabilité abonde ou s'accumule quand on lui applique peu de stimulants ; elle s'épuise d'autant plus qu'on la dépense par des excitations trop vives ; elle finit même par se consumer, par manquer. Une absence complète de tout agent excitateur plongerait l'existence dans l'inertie, dans un sommeil égal à la mort, sans cependant épuiser nos facultés vitales. Tout au contraire, elles n'en reprendraient que plus d'intensité initiale, comme après le repos.

Notre vie consiste ainsi dans le stimulus, ou dans cette proportion normale d'excitation selon les besoins et nos accoutumances. La santé est renfermée entre certaines limites ; elle se règle selon la quantité des stimulus dénombrés par les objets environnants entre lesquels il nous faut exister. Trop d'excitations produisent, selon les browniens, des maladies sthéniques ; trop faibles, ces excitations laissent nos organes languides, font tomber dans des affections asthéniques. Or, les indications curatives dans cette théorie consistent à diminuer l'excitation quand il y a eu excès de stimulus, comme à l'augmenter dans l'état contraire. On comprend sans peine que moins on abuse des excitants, plus on économise son excitabilité, et qu'un enfant, un homme sobre, seront bien plus vigoureusement émus par un léger stimulant, que ne le serait un vieillard épuisé, ou tel individu blasé à force d'impressions vives. Il s'établit donc un rapport nécessaire entre l'excitabilité et l'excitation. Trop de stimulus physique ou moral à un organisme jeune et neuf le fatigue, l'étonne, l'irrite ou le cabre, puis finit par l'épuiser; trop peu de stimulus au vieillard insensible le laisse inerte ou languissant. J.-J. VIREY.

EXCITATION. Au moral, c'est l'action d'engager, de porter à faire une chose. *Exciter* à boire, à manger, au travail, à l'étude. Nos lois punissent différentes excitations, comme l'*excitation à la débauche*. La loi du 9 août 1849, répétant à peu près les dispositions de la loi du 25 mars 1822, reconnaît deux autres genres d'excitation, l'*excitation à la haine et au mépris du gouvernement*, qui est puni d'un mois à quatre ans d'emprisonnement et de 150 à 5,000 fr. d'amende, et l'*excitation à la haine et au mépris des citoyens les uns contre les autres*, qui est frappé d'un emprisonnement de quinze jours à deux ans, et d'une amende de 100 à 4,000 fr.

EXCLAMATION. Ce mot, qui nous vient du latin *exclamatio*, formé d'*exclamare*, crier, s'écrier, sert à exprimer le cri subit et éclatant qu'arrache l'admiration, la joie, la fureur ou tout autre mouvement passionné. Par suite de cette définition étymologique, on sent que l'*exclamation* devait trouver place parmi les nombreuses figures que distinguent les rhéteurs. C'est avec raison que l'on a comparé l'*exclamation* au merveilleux Protée dont parle la Fable ; elle est susceptible en effet de prendre toutes les formes. Approbation, plaisanterie, sensibilité, émotion, trouble, saisissement, surprise, emportement, fureur, rage, démence, tels sont les principaux rôles qui conviennent à cette figure. L'exclamation est d'un grand effet dans l'ode, et généralement dans la poésie lyrique, qui ne peut se soutenir qu'à l'aide de l'enthousiasme. Elle fournit aussi parfois à l'orateur des armes terribles. Mais c'est surtout dans les chefs-d'œuvre de l'art dramatique qu'on trouve de frappants exemples du parti avantageux que l'on peut tirer de cette figure. N'est-elle pas digne d'un Romain, cette *exclamation* que Corneille met dans la bouche du vieil Horace ?

O mon fils ! ô ma joie ! ô l'honneur de mes jours !
O d'un état penchant l'inespéré secours !
Vertu digne de Rome et sang digne d'Horace !
Appui de ton pays et gloire de ma race !

Voyez encore comme Voltaire, dans *la Mort de César*, fait parler le farouche Brutus, au moment où il reconnaît son père dans la victime qu'il vient de frapper :

Ah ! sort épouvantable, et qui me désespère !
O serment ! ô patrie ! ô Rome toujours chère !
César... ! ah, malheureux ! j'ai trop longtemps vécu.

La gravité du style de l'histoire exclut l'emploi de l'*exclamation*. L'historien qui, à l'instar de Raynal, ferait abus de cette figure serait justement regardé par la critique comme un déclamateur. En général, l'*exclamation* doit être bannie de tout ouvrage sérieux. Il est une foule d'écrivains, d'un goût ignorant et faux, qui s'imaginent en prodiguant les *exclamations* donner plus de chaleur à leur style. Ils se trompent à leurs dépens. Les *exclamations* faites hors de propos ou à tout propos sont toujours souverainement ridicules, dans les livres comme dans la conversation, surtout si, procédant d'une vile bassesse, elle ont pour but de flatter l'amour-propre d'autrui par l'abus des formules les plus adulatrices de l'admiration ou de la surprise.

CHAMPAGNAC.

EXCLUSION, du grec ἐκκλείω, d'où est venu le latin *excludere*, dont la signification propre est *fermer dehors*, ne pas admettre. Les faillis non concordataires ou non réhabilités sont *exclus* de l'exercice des droits civiques. En jurisprudence, comme on le voit, le mot exclusion rappelle le fait d'interdire à certaines personnes certains droits ou certaines fonctions. En matière de tutelle, il y a des exclusions que la loi a formellement définies. En matière de communauté conjugale, l'*exclusion* ou le régime simplement exclusif de communauté donne au mari l'administration des biens meubles et immeubles de la femme, à la charge de les restituer à la dissolution du mariage, sans avoir à rendre compte des revenus, qui sont considérés comme ayant été employés pour les charges du mariage. La femme est considérée comme ayant abandonné à son mari l'usufruit de tous ses biens, et n'en conserve que la nue propriété.

EXCOMMUNICATION. *Excommunicatio est*, dit Lancelot, *a communione exclusio*; et en effet, c'est la peine ecclésiastique par laquelle un chrétien coupable de quelque faute grave est exclu de la communion des fidèles. C'est une sorte de mort civile pour la société religieuse. L'Église, comme toute autre société, a le droit de rejeter de son sein un membre scandaleux ou rebelle, dont les exemples pourraient nuire au bon ordre. Mais l'origine de l'excommunication est antérieure au christianisme, et remonte à la plus haute antiquité. Les Grecs en transmirent l'usage aux Romains, et les druides ne faisaient point participer à leurs mystères ceux qui n'étaient pas entièrement soumis à leur jugement. L'excommunication était en usage chez les Juifs ; on la voit constamment établie au temps de Jésus-Christ, puisqu'il avertit les apôtres qu'on les chassera des synagogues. A leur tour, ou voit, dès le berceau du christianisme, les apôtres user de ce terrible pouvoir : saint Paul *livre à Satan* Hyménée et Alexandre, qui avaient fait naufrage dans la foi, et l'incestueux de Corinthe, pour outrage aux mœurs ; le concile de Nicée excommunie les quartodécimans, pour infraction à la discipline établie, etc. Le but que doit se proposer un pasteur de l'Église en prononçant cette peine doit être, selon Guillaume de Paris, 1° de venger la gloire de Dieu, offensée par des crimes scandaleux, 2° de prévenir ou de réparer la profanation des choses saintes, 3° de veiller au salut du corps de l'Église, par le retranchement d'un membre gangrené, 4° de corriger le coupable et d'empêcher la chute des autres. Cette peine, la plus grave qui soit dans l'Église, doit être dans les temps de foi un frein puissant pour arrêter bien des désordres ; mais, dit le concile de Trente, « il ne faut s'en servir qu'avec sobriété et circonspection, car l'expérience a appris que lancée témérairement et pour de légers motifs, elle est méprisée plutôt que redoutée, et devient plus pernicieuse que salutaire. » L'abus qui a été fait dans certains temps de cette arme, autrefois si formidable, a fini par l'émousser, et n'a pas été peut-être moins nuisible à l'Église que le dépérissement de la foi ou le dérèglement des mœurs.

L'excommunication est *majeure* ou *mineure*, selon qu'elle prive, en tout ou en partie, des biens spirituels de l'Église. Dans les premiers temps, l'excommunication avait ses degrés ; un coupable indocile aux avertissements qui lui étaient donnés étant privé des sacrements ; s'il persistait dans ses désordres, on aggravait sa peine en l'excluant des suffrages de l'Église, on retranchait son nom des diptiques ; enfin, s'il se montrait opiniâtre, on lui interdisait, même pour la vie commune, toute relation avec les fidèles. Dans la suite, toute excommunication fut majeure, c'est-à-dire on arriva tout à coup et sans degrés au *maximum* de la peine. Il n'y a plus d'excommunication mineure ou partielle que celle qui s'encourt dans les rapports avec les excommuniés, laquelle prive seulement du droit de recevoir les sacrements et d'être pourvu de quelque bénéfice. On distingue encore l'excommunication encourue par le seul fait, et nommée par les canonistes *latæ sententiæ*, et l'excommunication purement comminatoire, ou *ferendæ sententiæ*. Les premières ne remontent pas au delà du douzième siècle, car, au témoignage de Van Espen, il n'y a pas dans le décret de Gratien, qui est de cette époque, un seul exemple d'une excommunication de ce genre. Nous avons dit les effets de l'excommunication mineure; ceux de l'excommunication majeure sont de priver celui qui l'encourt 1° des sacrements, qu'il ne peut ni donner ni recevoir; 2° des suffrages ou prières publiques de l'Église; 3° de l'assistance au sacrifice de la messe, qui devrait même être interrompue en sa présence; 4° des bénéfices et des charges ecclésiastiques; 5° de toute juridiction dans l'Église; 6° de sépulture religieuse, à moins qu'il n'ait donné auparavant des marques de repentir; 7° de tout rapport avec les fidèles, rapport qui ferait encourir à ceux-ci même l'excommunication.

On peut juger la portée de ce dernier effet de l'excommunication quand on se rappelle le roi Robert, isolé dans son palais, et ses domestiques passant par le feu les objets qu'il avait touchés. Il était devenu très-difficile d'éviter tout contact avec les excommuniés, surtout dans un temps où les censures encourues de fait étaient excessivement multipliées. Pour apaiser les scrupules des chrétiens timorés, Martin V déclara, par un décret rendu au concile de Constance, que les seules personnes dont le commerce était interdit étaient celles qui avaient été excommuniées nommément, et dont l'excommunication avait été légalement publiée, ce qui a fait distinguer les excommuniés *dénoncés*, qui ne se rencontrent presque jamais, et les excommuniés *tolérés*, à l'égard desquels sont à peu près nuls les effets extérieurs de l'excommunication. On prétendait au moyen âge qu'un roi excommunié était déchu par le fait, et ses sujets déliés envers lui de leurs serments, comme si une peine toute spirituelle pouvait aller jusque là; autant valait-il déclarer tout excommunié déchu de ses biens. Nous ne rappelons que pour mémoire cette prétention abusive, qui est depuis longtemps abandonnée. Dans certains lieux, la fulmination de l'excommunication se faisait avec un appareil terrible : dès que la sentence était prononcée, les prêtres éteignaient un cierge, le brisaient et le foulaient aux pieds; on sonnait une cloche en signe d'alarme et de deuil, puis l'évêque et les prêtres criaient *anathème*.

Il y a des excommunications dont tout prêtre approuvé peut absoudre, et d'autres qui sont réservées à l'évêque, ou même au pape, et ne peuvent être levées par un autre sans une autorisation spéciale. Cette absolution s'est quelquefois donnée solennellement et avec différentes cérémonies, qui sont prescrites au Pontifical romain, entre autres, des coups de verge sur le dos de l'excommunié; mais ces usages ne sont point reçus en France. On a vu aussi absoudre de l'excommunication des morts qui avaient donné auparavant des signes de repentir. Par là sans doute on ne prétendait pas changer leur sort dans l'autre monde; mais seulement leur rendre le droit de participer aux prières de l'Église.

L'abbé C. BANDEVILLE.

EXCORIATION (du latin *ex*, hors, et *corium*, cuir, peau). Si l'on met en contact et d'une manière un peu violente des corps durs et raboteux avec la peau, l'épiderme est enlevé, et cette solution de continuité superficielle reçoit le nom d'*écorchure*, d'*excoriation*, c'est-à-dire moins qu'une blessure. Il est ordinairement très-facile de guérir une excoriation, par l'application de quelques corps gras qui mettent les houppes nerveuses de la peau à l'abri de l'influence de l'air et favorisent la régénération de l'épiderme; cependant, si le malade était préalablement atteint d'un mal général, comme dartre, scrofule, scorbut, syphilis, etc., l'excoriation pourrait être suivie d'ulcération et ne céder qu'à un traitement en rapport avec la maladie principale. Quand l'épiderme tient encore par un lambeau, il faut le réappliquer; il s'attache bientôt à la partie au moyen de la dessiccation des sucs fournis par la plaie, et il tombe qu'après la formation de la couche épidermique nouvelle.

N. CLERMONT.

EXCRÉMENTS, matières devenues inutiles à l'économie animale et éliminées par les voies que la nature a préparées pour cet objet. Ils ne doivent pas être confondus avec les produits des diverses sécrétions (bile, cerumen, salive, etc.), qui trouvent dans l'organisme un emploi déterminé. Quoiqu'on range la sueur parmi les excréments, on se sert plus spécialement de ce mot pour désigner les résidus de la digestion, qui dans les animaux supérieurs se divisent en excréments liquides, ou *urine*, et excréments solides, ou *matières fécales*. Ces derniers ne sont pas seulement composés des éléments devenus impropres à la nutrition; ils contiennent encore différentes substances qui ont été employées pendant la digestion à séparer les parties nutritives des aliments d'avec leurs parties inutiles, et surtout les portions d'aliments qui n'ont pu être digérés. Les chimistes ont reconnu dans ces produits de la défécation l'existence du soufre et de plusieurs sels (phosphates, carbonates et chlorhydrates), ce qui explique leur puissance comme engrais.

L'expulsion régulière des excréments est une des conditions de la santé. Leur rétention peut amener la constipation, l'iléus, et d'autres affections graves. L'inspection des matières fécales, comme celle de l'urine, aide souvent à établir le diagnostic des maladies.

La composition et la quantité des excréments varient beaucoup d'un individu à un autre, ce qui tient à la différence de l'âge, du sexe, et principalement de l'alimentation. Mais ces variations sont encore plus tranchées si l'on compare entre elles diverses espèces d'animaux : ainsi les excréments des chiens contiennent beaucoup de phosphate calcaire, ceux des oiseaux beaucoup de sels ammoniacaux, etc. Ajoutons que les excréments solides et liquides, ordinairement rassemblés dans des réservoirs séparés chez les animaux supérieurs, sortent d'un même orifice dans certains groupes, tels que celui des monotrèmes.

EXCRÉTEUR, épithète que les médecins donnent aux organes chargés de sécréter les fluides qui doivent sortir du corps, et aux vaisseaux qui, recueillant ces fluides aussitôt après leur formation, les conduisent, soit immédiatement au dehors, soit dans un réservoir destiné à les conserver pendant quelque temps. Les follicules et les glandes sont les organes excréteurs connus dans l'homme; mais les glandes seules ont des conduits distincts pour l'issue ou l'excrétion des fluides qu'elles sécrètent. Ces conduits naissent tous dans la profondeur de la masse glanduleuse, par des ramuscules très-déliés, qui s'unissent successivement les uns aux autres pour n'en former enfin qu'un seul (*voyez* EXCRÉTION). N. CLERMONT.

EXCRÉTION, terme de médecine, qui veut dire *expulsion au dehors*. Pris dans trois significations différentes, il a servi à désigner : 1° l'action par laquelle certains organes creux, certains réservoirs, se débarrassent des matières liquides ou solides qui s'y étaient accumulées, et les transmettent au dehors; 2° l'action par laquelle l'économie forme certaines matières qui doivent être ensuite rejetées hors d'elle, et dans ce sens *excrétion* est synonyme de *sécrétion*; 3° enfin, toute matière solide, liquide ou gazeuse, qui est chassée du corps, quel que soit le but pour lequel elle a été produite, quelle que soit l'action qui lui a donné naissance. Si l'on envisage le mot *excrétion* avec cette dernière acception, nous sommes conduits à ranger en deux classes les matières expulsées du corps. Dans la première classe sont les déjections alvines, l'expulsion de l'air du poumon, etc.; dans l'autre sont les sécrétions et les exhalations, c'est-à-dire que nous réunissons les matières qui ne font que traverser le corps, et celles qui, devant être soumises à une longue élaboration, en font partie plus ou moins longtemps. N. CLERMONT.

EXCROISSANCE. En général les *excroissances* sont des productions parasites, implantées sur un organe et vivant à ses dépens, et il y a entre elles la plus grande dissemblance, provenant tantôt de leur nature particulière, et tantôt de l'essence des organes sur lesquels elles vivent. Par exemple, les excroissances cornées, comme on en a vu sur quelques hommes, diffèrent essentiellement des excroissances polypeuses; les exostoses sont des excroissances tout autres que celles des parties molles (*voyez* Fongus, Carnosité). Au reste, les excroissances naissent et se développent sur tous les tissus, dans la pulpe du cerveau et des nerfs, aussi bien que sur les os et dans les parties les moins vivantes de l'économie animale. De ces productions, les unes, comme la plupart des verrues, les petites excroissances rouges et molles que nous apportons en naissant, celles qui, pleines de matière grasse, poussent à la surface externe de la peau, n'ont presque aucune importance, tandis que dans d'autres cas elles ont la plus haute gravité : telles sont celles qui se développent dans des organes importants pour la vie, le cerveau, le système artériel central, les poumons, etc.; ou bien celles qu'on connaît de nature à ne pas céder facilement au traitement le mieux entendu, comme certains polypes, certaines végétations cancéreuses (*voyez* Cancer) ou syphilitiques (*voyez* Syphilis). Dans le premier cas, on les garde sans inconvénient jusqu'à ce qu'elles disparaissent d'elles-mêmes, ou bien on s'en délivre par une opération extrêmement simple et à peine douloureuse; dans le second cas, on n'est pas toujours assuré d'en être quitte pour des douleurs vives et un traitement dangereux et long, pour les plus cruelles opérations chirurgicales, au prix des mutilations les plus effrayantes.

EXCURSION. Quoique ce mot puisse, à la rigueur, être affecté à désigner toute espèce de voyage, ou une promenade au loin, on en limite assez généralement le sens à une acception stratégique. *Excursion* doit alors s'entendre d'une course, d'une irruption en pays ennemi. Nous disons *course* ou *irruption*, parce que l'idée attachée à ce mot emporte en effet avec elle celle d'une grande promptitude, d'une grande activité de mouvements, condition indispensable dans le cas en question pour se ménager le plus de chances possibles de succès. Il y a cette différence entre une *excursion* et une *invasion*, que la première est ordinairement une opération courte, rapide, hardie, toute de surprise, tandis que la seconde, opérée par une armée, est au contraire une manœuvre réglée, méthodique, lente parfois. Le pillage, l'action de marauder, d'enlever ou faire du butin, semble le but le plus ordinaire de toute *excursion*, comme en faisaient autrefois les Turcs et les Sarrasins sur le littoral et même quelquefois assez avant dans l'intérieur d'un pays ennemi. Une conquête réglée, l'envahissement, l'occupation d'une province, de tout un pays, voilà le but ordinaire d'une *invasion*.

Les astronomes ont donné le nom de *cercles d'excursion* à des cercles parallèles à l'écliptique, et qu'on suppose placés à telle distance qu'ils renferment ou terminent l'espace des plus grandes excursions ou déviations des planètes (les télescopiques exceptées), par rapport à ce même écliptique.

Excursion, au figuré et dans le sens littéraire, est synonyme de *digression*, et signifie un discours qui s'écarte du sujet principal pour en traiter un accessoire, qui peut y avoir quelque rapport. Les excursions littéraires sont vicieuses quand elles sont trop fréquentes, et ennuient quand elles sont trop longues.

EXCUSE, EXCUSABILITÉ. Dans son acception la plus usuelle, ce mot signifie l'aveu d'une faute pardonnable, d'un tort que l'on a eu dans des conditions qui l'atténuent en grande partie. L'*excuse*, en matière de duel, est la réparation verbale faite à la partie offensée. En droit, l'*excuse* est soit une atténuation dans le caractère de criminalité, soit une atténuation de la peine à appliquer. Il y a *excusabilité* du mari pour le meurtre de sa femme et de son complice lorsqu'il les surprend en flagrant délit d'adultère; il y a *excusabilité* pour la femme à la pudeur de laquelle il serait attenté et qui mutilerait celui qui se porterait envers elle aux derniers outrages; il y a excusabilité pour celui qui blesse ou tue quelqu'un lorsqu'il est en état de légitime défense. Les excuses simplement atténuantes n'enlèvent pas à l'acte déféré à la justice son caractère de criminalité ou de délit, mais elles l'amoindrissent; l'ignorance, la bonne foi, la crainte, sont des circonstances atténuantes, dont l'application est abandonnée, et en matière criminelle et en matière correctionnelle, à l'appréciation du jury ou des juges, et qui permettent d'abaisser la peine qu'entraînerait la déclaration de culpabilité. En matière de faillite, l'*excusabilité* du failli le place à l'abri des conditions défavorables d'un contrat d'union.

EXEAT. Ce mot est purement latin : c'est la troisième personne du singulier du subjonctif du verbe présent *exire*, sortir. Il a d'abord été usité dans l'ordre ecclésiastique, pour exprimer la permission qu'un évêque donnait à un prêtre de sortir du diocèse où il avait été ordonné. Ce qu'on appelait *dimissoire* était une espèce d'*exeat*, ou plutôt de permission à un candidat d'aller recevoir la tonsure ou quelque ordre ecclésiastique dans un autre diocèse que celui où il était né.

Le mot *exeat* joue aussi un grand rôle dans la vie de collège; il désigne en effet cette bienheureuse permission de sortir que jamais élève n'obtient assez souvent. Il s'emploie de même dans quelques hôpitaux pour indiquer que le médecin ordonne la sortie du malade.

EXÉCRATION (du latin *exsecratio*, composé de *ex*, dehors, et de *sacratio*, action de sacrer). Ce mot est employé pour signifier deux actions différentes : celle de perdre la qualité de *sacré*, et celle d'attirer ou de provoquer contre quelqu'un, ou contre soi-même, par une sorte de serment, les vengeances du ciel les plus terribles. L'*exécration* est aussi l'horreur qu'on a pour ce qui est exécrable, ou l'action regardée comme digne de cette horreur la plus profonde, en face d'une chose sainte ou religieuse. En théologie morale, tout ce qui expose à l'*exécration* est désigné sous le nom d'*exécratoire*. Un serment dans lequel les choses saintes sont profanées est *exécratoire*. La chute des murs d'une église l'est aussi ; mais celle du toit ne l'est pas.

EXÉCUTEUR DES ARRÊTS CRIMINELS. La législation moderne a fait disparaître l'odieuse dénomination de *bourreau* et le nom d'*exécuteur des hautes œuvres des arrêts criminels* est resté; mais comme il est bien difficile d'avoir raison des vieilles locutions et des répugnances populaires, on continue, à qualifier de *bourreau* l'homme dont les fonctions, aujourd'hui que l'on ne marque plus les criminels à l'épaule, qu'on ne les ferre plus au poteau de l'exposition, se bornent à décapiter ceux que les arrêts de la justice vont voués au fer de la guillotine. La loi du 18 juin 1793 et le décret du 11 juin 1811 portaient qu'il y aurait un exécuteur des arrêts criminels dans chaque département; celui de Paris avait droit à quatre aides, ceux des autres départements à deux seulement; l'ordonnance du 8 octobre 1832 décida que le nombre des exécuteurs serait à mesure des extinctions, réduit à quarante-trois au plus, et celui des aides à peu près entièrement supprimé. Les fonctions d'aides étaient naguère encore remplies par les exécuteurs du département voisin de celui où l'exécution capitale devait se faire. Depuis peu de temps, on ne compte plus qu'un exécuteur des hautes œuvres près de chaque cour impériale; les exécuteurs des cours voisines lui servent d'aides pour les exécutions capitales.

EXÉCUTEUR TESTAMENTAIRE. C'est celui que le testateur a désigné pour veiller à l'exécution de son testament. Sa mission a pour but d'assurer, contre le mauvais vouloir possible de l'héritier ou des héritiers, l'exécution des dispositions du testateur, ou simplement de faciliter entre les héritiers la liquidation et le partage de la succession. L'exécution testamentaire est un mandat dont l'exécuteur ne peut pas dépasser les limites, et dont il doit rendre compte; ce mandat est gratuit. Néanmoins l'exécuteur testamentaire recevait autrefois quelque objet de prix, que le testateur lui attribuait comme souvenir. C'est ce qu'on appelait et qu'on appelle encore le *diamant* d'exécution testamentaire; comme les épingles du marché, le *diamant* se trouve aujourd'hui converti en une somme d'argent.

Le Code Civil, dans les articles 1025 à 1034, a spécifié

toutes les attributions et toutes les obligations de l'exécuteur testamentaire. Il fait apposer les scellés, s'il y a des héritiers mineurs, interdits ou absents ; il fait faire, en présence de l'héritier présomptif, ou lui dûment appelé, l'inventaire des biens de la succession ; il provoque la vente du mobilier, à défaut de deniers suffisants pour acquitter les legs ; en perçoit le montant, ainsi que les capitaux affectés au legs ; poursuit le recouvrement des créances ; il veille à ce que le testament soit exécuté, et il peut, en cas de contestation sur son exécution, en soutenir la validité. Il peut être investi par l'acte qui l'institue de la saisine de tout ou de partie du mobilier, mais il doit en faire faire l'inventaire : cette saisine dure un an et un jour à compter du décès du testateur, à moins de causes qui auraient retardé l'exécution du testament ; l'héritier peut faire cesser cette saisine en offrant à l'exécuteur les sommes nécessaires à l'acquittement des legs mobiliers, ou en justifiant de leur payement. L'exécuteur testamentaire n'est détenteur qu'à titre de dépôt ou de séquestre ; au bout d'un an et un jour du décès du testateur, il doit compte de la façon dont il a accompli son mandat, mandat dont il ne peut dépasser les limites, dès qu'il a fait à qui de droit la délivrance des legs particuliers dévolus à ses soins.

Le droit romain n'avait pas institué d'exécuteurs testamentaires ; ils nous viennent du droit coutumier.

Les mineurs, ceux qui sont déclarés incapables de contracter des obligations, ne peuvent être exécuteurs testamentaires ; la femme ne peut l'être qu'avec l'autorisation de son mari. L'exécuteur testamentaire est de droit responsable de sa gestion ; il ne peut être déchargé de ses fonctions, après en avoir accompli une partie, que pour des motifs graves. Il n'est point admis à se faire remplacer.

EXÉCUTIF (Pouvoir). C'est la portion du gouvernement d'un pays qui est chargée de l'administrer et de le gouverner. Au roi seul appartient la *puissance exécutive*, » disait l'article 12 de la charte de 1830. Cette prérogative, la révolution de 1848 la confia à un gouvernement provisoire ; l'Assemblée Constituante, à une commission exécutive, et plus tard au président du conseil des ministres, chef du pouvoir exécutif, le général Cavaignac ; la constitution de 1848 en investit un président nommé pour quatre ans ; celle de 1852 l'attribua pour dix ans au prince Louis-Napoléon Bonaparte, président de la république ; enfin le sénatus-consulte du 7 novembre 1852, au même personnage déclaré empereur héréditaire sous le nom de Napoléon III.

[Avant la révolution de 1789, le monarque réunissait en sa personne le pouvoir législatif et le pouvoir exécutif, et souvent le pouvoir judiciaire, qui dans tous les cas émanait de lui seul. L'Assemblée nationale commença par tracer nettement la ligne de démarcation qui devait désormais séparer les trois pouvoirs ; elle décréta que la souveraineté appartenait à la nation, qui la seule exerçaient tous les pouvoirs, et elle ne laissa au roi que la puissance de sanctionner les lois rendues par le législateur, en même temps elle lui reconnut le pouvoir exécutif, c'est-à-dire celui de veiller au maintien de l'ordre et de la tranquillité publique, de commander l'armée de terre et de mer, de nommer les ambassadeurs et les agents diplomatiques, les généraux en chef et les amiraux. Toutefois, on lui dicta les deux tiers des autres nominations militaires, et il fallait encore pour celles qu'on lui laissait, qu'il se conformât aux lois sur l'avancement. On restreignit beaucoup, au moyen de l'élection, le droit de la couronne pour la nomination aux places, et dans l'ordre judiciaire le roi ne nomma plus que ses commissaires. La constitution de 1793, ne reconnaissant plus d'autre souveraineté que celle du peuple, créa un *conseil exécutif*, composé de vingt-quatre membres, lesquels n'avaient qu'une puissance collective et n'exerçaient aucune autorité personnelle. Moins ombrageuse, la constitution de l'an III ne craignit pas d'instituer un Directoire *exécutif*, dont les membres, âgés de quarante ans au moins, étaient nommés par le Conseil des Anciens, sur la présentation du Conseil des Cinq Cents. Ils devaient être exclus pendant cinq ans du Directoire dont ils avaient fait partie, sans pouvoir être réélus. Le Directoire eut le droit de nommer les ministres et les généraux ; il fut décrété aussi que les ministres ne formeraient point un conseil. Enfin, le Consulat vint reconstituer plus fortement encore le pouvoir exécutif, et bientôt les consuls concentrèrent entre leurs mains toutes les nominations. Ils s'appelèrent *gouvernement*, et non plus pouvoir exécutif. Leurs arrêtés, précurseurs des décrets, furent bientôt de véritables empiétements sur le *pouvoir législatif*. Les règlements d'administration publique grandirent en importance, lorsque le sénatus-consulte du 16 thermidor an x préluda à l'établissement de l'empire. Enfin, on sait comment le pouvoir législatif, absorbé par le régime des décrets, cessa d'avoir de l'importance aux yeux de la nation, comment jusqu'à la Restauration une seule volonté régna sur la France.   P. DE GOLBÉRY.]

La charte de 1814 attribua à un *roi* héréditaire la puissance exécutive. Il était le chef suprême de l'État, commandait les forces de terre et de mer, déclarait la guerre, faisait les traités de paix, d'alliance, de commerce, nommait à tous les emplois d'administration publique et faisait les règlements et ordonnances nécessaires pour l'exécution des lois et la *sûreté de l'État*. A lui seul appartenait le droit de proposer la loi ; à lui seul appartenait la sanction et la promulgation des lois. La charte de 1830 maintint à peu près les mêmes attributions au pouvoir exécutif, sauf le droit de proposer les lois, qui ne lui était plus exclusivement réservé.

La constitution républicaine du 4 novembre 1848 investit du pouvoir exécutif un *président de la république*, élu, par le suffrage universel, pour quatre ans, non rééligible pendant une période de quatre ans après sa sortie du pouvoir, et responsable comme ses ministres. Ses attributions présidentielles n'étaient du reste guère moindres que celles de la royauté.

La constitution de 1852, modifiée par le sénatus-consulte du 7 novembre suivant, investit l'*empereur* du pouvoir exécutif. Ses attributions sont également celles qui se trouvaient définies dans la charte de 1814. Comme le roi de droit divin et comme le roi de 1830, il a le droit de faire grâce. La constitution de 1852 attribue à l'empereur seul l'initiative des lois, elle lui donne aussi le droit de déclarer l'état de siège dans un ou plusieurs départements, sauf à en référer au sénat. Les ministres ne dépendent que du chef de l'État, et ne peuvent être mis en accusation que par le sénat. L'empereur est responsable devant le peuple français, à qui il a toujours le droit de faire appel.

EXÉCUTION, action d'effectuer, de mettre à effet une chose. L'exécution suit ordinairement de près la détermination. On exécute un plan, un dessein, un projet. L'autorité doit veiller à l'exécution des lois ; un soldat doit exécuter les ordres de ses chefs. Une œuvre d'art est d'une bonne, d'une mauvaise exécution. On exécute un morceau de musique, un ballet, des manœuvres, des évolutions, etc. C'est par une acception un peu détournée du vrai sens du mot *exécution* qu'on le fait quelquefois servir à marquer l'activité d'un homme, comme dans cette phrase : ce ministre est *un homme d'exécution*, pour dire un homme habile, actif, prompt à se déterminer et à agir.

A la Bourse de Paris on nomme *exécution* l'achat ou la vente de titres que fait d'office un agent de change au compte d'un client qui ne lui livre pas ceux qu'il lui a vendus ou ne retire pas ceux qu'il lui a donné ordre d'acheter, afin d'établir le résultat définitif de l'opération.

EXÉCUTION (*Beaux-Arts*). L'exécution dans les arts est une partie qui semblerait être purement mécanique, et ne rien devoir au génie, puisqu'elle dépend principalement de la main. En effet, l'exécution est une chose secondaire, mais pourtant fort importante, surtout dans la peinture. Un tableau profondément pensé et bien composé n'obtiendrait pas un suffrage universel s'il était mal exécuté. Les artistes seuls sauraient en démêler le talent, et le public le repousserait.

Dans la sculpture, l'exécution est confiée à des praticiens, artistes d'un ordre inférieur, dont le talent consiste à bien copier, et qui savent aussi exécuter avec soin et avec goût les draperies, les broderies, les dentelles ; mais le statuaire vient à la fois prendre sa part dans l'exécution, en amenant à la perfection le caractère et l'action du personnage, en donnant aux parties nues de sa figure la souplesse ou la vigueur convenables aux muscles, et en rendant à la peau cette *morbidesse* si nécessaire pour faire disparaître le marbre dans notre esprit.

Dans l'architecture, l'exécution est toujours due aux ouvriers employés par l'entrepreneur et surveillés pourtant par l'architecte. Ainsi, lorsque, dans les autres arts, celui qui pense est aussi celui qui exécute, en architecture, l'auteur de l'ouvrage ne saurait l'exécuter lui-même. Il faut qu'il emploie des instruments étrangers ; et non-seulement il doit se servir de la main d'autrui, mais de sa part toute coopération manuelle est impossible. L'architecture se divise donc en deux parties ; et si elle qu'on appelle c o n s t r u c t i o n se trouve encore subordonnée dans son action à l'intelligence de l'architecte, à plus forte raison devra-t-on regarder comme dépendante de lui seul et de son génie la partie de l'art, proprement dit, qui comprend la forme générale et particulière de l'ensemble et des détails. Cette forme lui est tellement personnelle qu'on reconnaît les édifices à leur exécution, comme dans un tableau, dans une statue, on distingue le faire du peintre et du sculpteur.

DUCHESNE aîné.

EXÉCUTION (*Musique*). Exécuter une composition musicale, c'est chanter ou jouer, chanter et jouer toutes les parties qu'elle contient, tant vocales qu'instrumentales, dans l'ensemble qu'elles doivent avoir, et la rendre telle qu'elle est notée sur la partition. L'exécution a non-seulement une grande influence sur son succès ; mais, comme la musique n'existe réellement pour le plus grand nombre des auditeurs que lorsqu'elle est exécutée, l'exécuter mal ou à contre-sens, c'est non-seulement la défigurer, mais l'anéantir. Les connaisseurs peuvent cependant la juger par les yeux à la simple lecture.

Si le compositeur est à la merci de l'ignorance des exécutants ou de leur malveillance, il l'est aussi de leur faux savoir et de leur faux goût. Ce qu'ils ajouteraient à ce qu'il a fait serait quelquefois plus pernicieux que ce qu'ils y pourraient omettre. Ce qu'ils omettront toujours, s'ils ne sont que des gens de métier, et non de véritables artistes, c'est l'expression propre de chaque morceau et l'accent de chaque passage. Là où ils ne verront que des notes, ce ne seront que des notes qu'ils feront entendre ; et tel air, tel duo, tel morceau d'ensemble, ou telle pièce de musique instrumentale, devait toucher profondément le cœur, qui, grâce à une exécution froide et inanimée, ne fera qu'effleurer inutilement l'oreille.

Le talent du chef d'orchestre influe beaucoup sur l'exécution. Chaque musicien en particulier serait capable de rendre parfaitement sa partie ; mais dans les grandes réunions il faut que la volonté soit une, et que le plus habile se soumette à la commune loi. Dépositaire des secrets du compositeur, le chef d'orchestre a la partition sous ses yeux, qui d'avance lui rendent compte des sensations que l'oreille doit éprouver. A la connaissance profonde de son art il doit joindre encore l'expérience pour bien déterminer les mouvements et les soutenir sans contrainte ; il anime les exécutants en rendant leur fougue impétueuse ; il indique à propos les entrées, inspire une noble confiance ; et chacun, en suivant un tel guide, surmonte les difficultés qu'il attaque sans crainte. L'exécution vocale la plus parfaite que l'on connaisse est celle des virtuoses du Théâtre-Italien de Paris. Les symphonistes de l'orchestre de notre Conservatoire n'ont pas de rivaux ; ils exécutent les compositions instrumentales de Haydn, de Mozart, de Beethoven, de Weber, d'une manière merveilleuse.

On appelle encore *exécution* la facilité de lire et d'exécuter une partie vocale ou instrumentale, et l'on dit qu'un musicien a beaucoup d'*exécution* lorsqu'il exécute correctement, sans hésiter et à la première vue, les choses les plus difficiles.

CASTIL-BLAZE.

EXÉCUTION (*Droit*). Par ce mot on entend, dans le langage du palais, quand il s'agit d'actes, l'accomplissement des conditions, des obligations qui y sont contenues, et quand il s'agit de jugement, l'accomplissement de ce jugement. Il est une dernière signification dans laquelle le mot exécution est employé : l'*exécution sur la personne* se prend dans le sens de la *contrainte par corps*; l'*exécution sur les biens d'un débiteur*, c'est la s a i s i e, la vente de ses meubles et de ses immeubles. Il est divers modes d'exécution. L'*exécution volontaire* est celle qui a lieu spontanément de la part des parties contractantes d'un acte ; elle comporte, aux termes de l'article 1338 du Code Civil, la renonciation aux moyens et exceptions que l'on pourrait opposer contre cet acte, sans préjudice des droits des tiers. L'*exécution parée* (de l'adjectif latin *paratus*, préparé, prêt) est celle que l'on peut exercer en vertu de titres qui rendent un acte toujours prêt à recevoir *exécution*, sans avoir à en référer à la justice: Le Code de Procédure dispose que les actes contenant même préambule que les lois et terminés par un mandement du souverain aux officiers de justice entraînent l'exécution parée ; tous les actes notariés en vertu desquels le porteur de la grosse peut faire un c o m m a n d e m e n t, soit en vertu de conventions expresses faites entre les parties, soit parce que la loi leur a attribué ce caractère, entraînent l'exécution parée. Les arrêts et jugements des cours et tribunaux entraînent naturellement l'exécution parée. La loi autorise, en matière civile, l'*exécution provisoire* de titres, celle de jugements qui peuvent être réformés par une juridiction supérieure ; ainsi, les jugements des tribunaux de commerce portent cette formule : exécution nonobstant *appel*; c'est ainsi que les pourvois en cassation, en matière civile ou commerciale, n'empêchent pas l'exécution provisoire sur les biens, et même sur la personne, en matière de contrainte par corps, en tant que mesure conservatoire, bien plus que comme mesure définitive, tandis qu'au criminel le p o u r v o i est suspensif de l'exécution. On ne comprendrait pas en effet que tant qu'il reste au condamné une chance de voir son sort changé par une nouvelle cour d'assises, l'arrêt qui le frappe eût même provisoirement son plein effet sur sa personne. L'exécution d'un jugement d'actes authentiques peut même peut être paralysée lorsque l'acte est attaqué de nullité ou qu'il y a inscription de faux, et lorsque le débiteur justifie, par des baux authentiques, que les revenus de ses biens pendant une année suffisent pour acquitter la dette réclamée. La force d'exécution dure trente années ; elle s'étend sur les héritiers du débiteur, vis-à-vis desquels elle est parée. Les actes et principalement les jugements rendus à l'étranger n'ont la force d'exécution qu'autant que les tribunaux français les ont rendus exécutoires, ce que ceux-ci ne font qu'en connaissance de cause.

EXÉCUTION MILITAIRE, sorte d'exécution dont les formes ont varié dans les armées, suivant le degré de pouvoir que le général exerçait ou qu'il déléguait aux p r é v ô t s, suivant le genre des armes que la justice militaire y employait, et, nous le disons à regret, bien plus suivant la puissance de la mode que suivant l'empire du raisonnement. Chez les Romains, le t r i b u n, ou le général d'armée, désignait les armes qui servaient aux supplices. La buccine était l'instrument qui donnait le signal de l'exécution. Dans la milice française, la l a p i d a t i o n fut pratiquée sous la première race. La d é c o l l a t i o n lui succéda sous la seconde, comme les capitulaires le témoignent. Dans les temps postérieurs, l'usage ou l'arbitraire, bien plus que la loi, décidaient du genre des exécutions : il n'y a guère que le pal qu'on n'ait pas mis en pratique, encore a-t-il été à l'égard de l'assassin de Kléber. Des tortures sans proportion avec les crimes furent appliquées jusqu'à l'avant-dernier siècle. L'ordonnance de 1768 parle encore de potence ; toutes les délibérations des comités du ministère de la guerre de 1781 à

1784 témoignent qu'on ne passait par les armes les déserteurs que quand il était impossible de trouver dans le pays un exécuteur public.

L'ordonnance de 1768 est la première qui ait prescrit le mode d'application de la peine capitale : c'est ce qu'elle appelle *exécuter militairement le coupable*. En garnison, le commandant de place détermine le nombre des troupes qui doivent prendre les armes. L'exécution du criminel a lieu dans les vingt-quatre heures qui suivent le jugement. Le corps dont le condamné faisait partie se rend sans armes sur le lieu indiqué, et tient la droite des troupes rassemblées. Un détachement de grenadiers, ou un piquet de cinquante hommes, accompagné, s'il se peut, de gendarmerie, amène le patient; il entend sa sentence à genoux; il subit la dégradation ; un parrain lui bande les yeux ; un ban d'exécution est battu ; un adjudant de place commande le feu aux frères d'armes de l'homme qui va être supplicié, ou, comme disent les lois modernes, aux douze tireurs chargés de lui casser la tête. L'adjudant désigne ceux qui viseront au crâne, ceux dont les coups doivent frapper au cœur. Le patient demande le plus souvent la triste faveur de commander le feu et de relever son bandeau; il salue ordinairement de cette exhortation les ennemis qui vont le foudroyer : « Mes amis, ne me manquez pas ! » Mais comme la main des plus intrépides tremble en cette occasion, leurs coups, mal ajustés, trompent l'ordre des chefs et la prière du coupable, et ils renversent palpitante la victime : « Mes camarades, achevez-moi ! » est le dernier adieu que leur fait le mourant. Quand ce souhait suprême est exaucé, et qu'on a joué de la baïonnette si la poudre manque, les troupes défilent devant le cadavre, et sont précédées du corps ou de la troupe dont le défunt faisait partie.

Quelles réflexions ne doivent pas naître des dispositions de nos lois ! de nos lois encore en vigueur ! Celle de 1793 voulait qu'il fût commandé pour l'exécution quatre sergents, quatre caporaux, quatre fusiliers, les plus anciens de service, pris à tour de rôle dans la troupe du prévenu. Les plus anciens de service !... De là il suit que peut-être le père, le frère, le neveu du malheureux que la conscription a enchaîné et que le plomb va frapper seront contraints, au nom de la loi, à tremper leurs mains dans leur propre sang et à déshonorer leur fusil ! L'État peut dire au laboureur arraché de la charrue pour devenir soldat : « Si demain la justice frappe de la peine capitale ton plus proche parent, et si ton capitaine te désigne pour ôter la vie au coupable, tu es inhabile à le récuser, et un geste, un mot de menace envers le caporal qui voudrait te contraindre à charger ton fusil, te mènera toi-même à la mort. » Quel n'est pas l'empire du préjugé ! Les dernières classes de la société voient avec horreur le bourreau, et les plus brillantes danseuses du plus beau bal d'un ministre accepteront galement la main encore fumante de l'élégant officier qui vient de commander le feu et de faire supplicier le Français que la réquisition avait fait soldat. Et l'on parle de charité chrétienne, de traite des nègres, de prisons modèles, de philanthropie !... Et ce sont des hommes d'élite, des grenadiers de l'armée française, qui de préférence sont les instruments de ces holocaustes, tandis que c'est tout au plus aux compagnies de discipline que devraient être infligés et ce triste ministère et la fonction de fossoyeurs d'une inhumation sans appareil. Qui croirait que c'est la milice russe qui nous suggère ces remarques? Un criminel à qui il est fait grâce de la vie y manie le knout militairement. La milice anglaise applique judiciairement des formes que l'humanité réprouve, mais le moins les camarades ne s'y entre-fusillent pas, et les exécutions y sont très rares.   Gʳˡ BARDIN.

Le mot *exécution militaire* a encore une acception importante. Lorsqu'une contribution exigée d'une ville ou d'une localité quelconque, qui a été enlevée de vive force par un chef militaire, n'est pas réalisée dans un temps donné, celui-ci accorde quelquefois un pillage de deux ou trois heures : c'est ce qu'on appelle *exécution militaire*. Cette extrémité est terrible, et ne laisse après elle que massacre et ravage. Heureusement la nature toute politique des guerres du siècle repousse le retour de pareilles horreurs. L'armée française en Espagne en 1823, la campagne d'Anvers en 1833, donnent une idée des ménagements que la politique conseille d'adopter envers les peuples dont on foule le sol. Peut-être faut-il attribuer aux nombreuses exactions, aux trop fréquentes *exécutions militaires* commises par les Français, la guerre meurtrière qui décima pendant six ans en Espagne la plus belle et la plus valeureuse armée de l'Europe moderne.   MERLIN.

EXÉCUTIONS CAPITALES. Nous n'avons point ici à nous occuper d'une question de la plus haute gravité, vivement débattue entre les philosophes et les légistes, celle de savoir si la peine de mort doit être rayée de nos codes. Nous ne devons pas davantage examiner les différents modes d'exécution, ou morts ou supplices. Bornons-nous à constater que la peine de mort s'applique maintenant bien moins qu'il y a vingt et trente ans. La faculté accordée au jury de reconnaître des circonstances atténuantes amène souvent un abaissement sur la pénalité; lorsqu'une sentence a été rendue et confirmée par la cour de cassation, la clémence du chef de l'État intervient, et arrache, dans presque la moitié des cas, le coupable au *triangle d'acier*. Voici, d'après un relevé fait sur les comptes-rendus émanés du ministère de la justice, quel a été en France, à partir de 1827, le nombre des exécutions capitales . en 1827, 80 exécutions; en 1828, 79; en 1829, 69; en 1830, 38; en 1831, 25; en 1832, 41; en 1833, 34; en 1834, 15; en 1835, 41; en 1836, 22; en 1837, 25; en 1838, 34; en 1839, 22; en 1840, 45; en 1841, 35; en 1842, 29; en 1843, 33; en 1844, 41; en 1845, 37; en 1846, 40; en 1847, 45; en 1848, 18; en 1849, 24. En 1851, sur 45 condamnations, 34 seulement été exécutées; en 1852, sur 60 condamnations, 53 sont restées définitives après renvois devant d'autres cours d'assises par la cour de cassation, 32 ont été exécutées.

En Angleterre, les exécutions capitales étaient fort multipliées à la fin du siècle dernier et au commencement de celui-ci; des actes criminels qui d'après nos lois ne sont passibles que de la prison étaient punis de mort d'après la jurisprudence britannique. Le vol, dans un magasin ou dans une boutique, d'objets d'une valeur de 5 shillings (6 fr. 25 c.) entraînait une condamnation capitale. De 1805 à 1817, cette condamnation fut prononcée contre 113 personnes convaincues de vols semblables; aucune ne fut exécutée. Depuis, grâce au zèle de Samuel Romilly et de Mackintosh, de John Russell et de Robert Peel, la peine de mort a été abolie pour un certain nombre de crimes, notamment pour le faux en écriture privée, la contrefaçon des billets de banque, le vol de chevaux et de bétail, le vol simple dans une maison habitée. Il est résulté de ces réformes une diminution de plus des quatre cinquièmes sur le total des condamnations à mort; le chiffre des exécutions a diminué de près de moitié.

EXÉCUTOIRE. Ce mot exprime tout ce qui donne le pouvoir de mettre à exécution une décision judiciaire, et par extension on l'applique à la forme qui entraîne cette exécution : *Mandons et ordonnons à tous huissiers sur ce requis*, est une formule exécutoire. On appelle tout simplement *exécution* la constitution mise par le juge de paix au bas d'une requête présentée par les officiers ministériels pour poursuivre les parties qu'ils leur ont fait une faute de droits de timbre et d'enregistrement, requête sur laquelle est transcrite la quittance de ces droits, dont la minute doit être présentée au juge de paix. Le visa du juge de paix sur les contraintes décernées par les agents de la régie pour le recouvrement de droits ou d'amendes, les rend exécutoires. On appelle enfin *exécutoire de dépens* la fixation des dépens, quand elle n'a pas été prononcée dans le jugement de condamnation; cette fixation est faite par un juge taxateur. Ce magistrat accorde la mise à exécution de la taxe qu'il a faite des dépens, et cet exécutoire est délivré par le greffier à l'avoué ou à la partie qui va en faire usage.

EXÉGÈSE, EXÉGÈTE. Ces mots, d'origine grecque, viennent du verbe ἐξηγέομαι, j'expose, j'explique. A Athènes, on appelait *exégètes* (ἐξηγηταί) ceux qui étaient chargés par l'État de montrer aux étrangers les antiquités de la ville, surtout les temples et les choses sacrées, et de leur en donner l'explication. Il y en avait trois : Cicéron les appelle *interpretes religionum*.

Chez nous, on appelle *exégète* celui qui se consacre à l'explication des différentes parties de la Bible; et le mot *exégèse* (explication) signifie exclusivement l'interprétation des livres sacrés. Ces livres étant écrits dans une langue étrangère, remontant à une haute antiquité, et appartenant à un monde dont les idées et les usages différaient complétement du nôtre, la bonne exégèse suppose les connaissances les plus variées. L'exégète doit non seulement posséder parfaitement la langue des originaux et celle des anciennes versions, mais aussi les antiquités de l'Orient, l'histoire et la géographie de la Bible.

Comme la Bible est la base de l'étude théologique, l'exégèse a aussi pour but de faire retrouver dans l'Écriture certains dogmes qui n'y sont pas explicitement. Il s'agit de montrer dans l'Ancien Testament le précurseur du Nouveau, de retrouver dans celui-ci des dogmes et des doctrines qui n'ont été développés que plus tard par les premiers Pères de l'Église. Pour y parvenir, on devait souvent avoir recours à des subtilités et faire violence aux textes primitifs. C'était là surtout l'écueil des exégètes, et dans les temps modernes il y eut à ce sujet beaucoup de divisions parmi les théologiens. Les uns croient devoir subordonner la raison aux dogmes et expliquer la Bible selon les traditions reçues. Selon eux, c'est Dieu lui même qui parle dans les livres saints; l'écrivain n'y porte pas le fruit de son imagination, de ses pensées et de ses études, mais il écrit, pour ainsi dire, sous la dictée de Dieu. Ces principes tuent nécessairement la critique; car, de quel poids est la raison humaine là où il s'agit d'une inspiration surnaturelle? D'autres, tout en reconnaissant dans l'Écriture Sainte une inspiration divine, ne la croient pas cependant naturelle. Les écrivains sacrés sont pour eux des hommes supérieurs, qui s'inspiraient de la grande idée d'un Dieu unique, qui proclamaient ce Dieu au milieu des peuples plongés dans l'idolâtrie et la superstition; mais ils sont toujours hommes, parlant un langage humain et se mettant à la portée des intelligences auxquelles ils s'adressaient. L'inspiration immédiate se trouvant écartée, l'Écriture tombe dans le domaine de la critique, et dans ce système l'exégèse diffère peu de l'antiquité profane. Ce système a prévalu surtout parmi les théologiens protestants d'Allemagne; on lui a donné le nom de *rationalisme*, et on a désigné le système opposé sous le nom de *supernaturalisme*. Les deux méthodes d'interprétation ont souvent été exagérées. Les supernaturalistes, non contents d'appuyer les dogmes fondamentaux de la religion des textes qui s'y prêtaient le plus, sont allés chercher partout des prédictions et des allusions, et ils ont couvert les sublimes beautés de l'Ancien Testament du voile d'un sombre mysticisme. Les rationalistes, de leur côté, ont quelquefois poussé trop loin le scepticisme, et aux subtilités dogmatiques ils ont opposé les subtilités philologiques, et il leur a suffi souvent de quelques mots, de quelques syllabes pour rendre suspecte l'authenticité des livres sacrés, et faire descendre à une époque récente ce qui porte le cachet d'une haute antiquité. Le fait est qu'il faut apporter à l'exégèse non-seulement le sentiment religieux, mais aussi un profond sentiment poétique, pour être à l'abri des subtilités de toute espèce.

La religion juive, grâce au christianisme, se prête à un rationalisme modéré. Aussi voyons-nous déjà au moyen âge un grand nombre de rabbins se livrer à une exégèse indépendante, dégagée des subtilités thalmudiques et cabalistiques. Les plus grands exégètes parmi les chrétiens sont Origène, Jean Chrysostome et surtout saint Jérôme, qui seul parmi les anciens paraît avoir connu le texte hébreu, et dont les commentaires renferment beaucoup de choses utiles, que les exégètes de nos jours ne doivent pas dédaigner. Au moyen âge, où la Vulgate seule faisait autorité parmi les chrétiens, l'exégèse fut entièrement négligée. Ce ne fut qu'au commencement du dix-huitième siècle que l'école hollandaise posa les fondements de la nouvelle exégèse par une étude approfondie de l'hébreu et des autres langues sémitiques. Albert Schultens peut être appelé le père de l'exégèse moderne. L'Allemagne nous offre, depuis la dernière moitié du dix-huitième siècle jusqu'à nos jours, une série d'exégètes dont les travaux ont répandu la plus grande lumière sur l'Écriture Sainte. Les noms des Michaëlis, des Paulus, des Rosenmuller, des De Wette, des Vater, des Gesenius, seront à jamais immortels dans l'histoire de l'exégèse. S. Munk.

EXELMANS (REMY-JOSEPH-ISIDORE, comte), maréchal de France, naquit le 13 novembre 1775, à Bar-le-Duc. Il débuta à l'âge de seize ans dans la carrière qu'il devait si honorablement parcourir, en s'engageant dans un bataillon de volontaires, commandé par le jeune Oudinot. Après avoir rapidement franchi les grades subalternes, il fit avec distinction, en l'an VII, la campagne de Naples, sous les ordres de Macdonald et de Championnet. L'année suivante il fut attaché au général Murat comme aide de camp. La campagne de 1805 lui fournit maintes occasions de faire admirer sa froide intrépidité. A l'affaire de Vertingen, il eut trois chevaux tués sous lui; à Austerlitz, autant lui en advint; aussi, ayant été chargé de présenter à l'empereur les drapeaux enlevés à l'ennemi dans cette campagne, fut-il nommé à l'instant même officier de la Légion d'Honneur, et peu de temps après colonel d'un régiment de hussards, à la tête duquel, dans la campagne de Prusse de 1806, il entra le premier dans la ville de Posen. A la suite de la bataille d'Eylau, il fut promu au grade de général de brigade. Il suivit en 1807 le grand-duc de Berg, Murat, en Espagne. Mais à peu de temps de là, après avoir été chargé d'escorter le roi Charles VI pendant son voyage de Madrid à Bayonne, et s'être acquitté avec bonheur de cette périlleuse mission, il tomba dans une embuscade dressée par une bande d'insurgés catalans, et fut fait prisonnier de guerre.

Transféré successivement à Valence, aux îles Baléares et en Angleterre, il fut d'abord vainement tous les efforts qu'il tenta pour obtenir son échange; mais en 1811 il parvint à s'échapper avec un autre compagnon d'infortune, le colonel Lagrange, en se jetant dans une barque à quatre rames, avec laquelle il traversa la Manche, et réussit à débarquer à Gravelines. Quelque temps après il passa au service du grand-duc de Berg, devenu roi de Naples, et se rendit à Naples, où Mme Exelmans avait été nommée dame du palais, et où on le créa grand-écuyer. Cependant, il ne resta que fort peu de temps au service de Murat, et en 1812, nous le voyons, investi d'un commandement dans la cavalerie de la garde impériale, prendre part avec la grande armée à la gigantesque expédition de Russie. Blessé plusieurs fois dans le cours de cette mémorable campagne, il fut nommé général de division à la suite de la bataille de la Moskowa, et attaché comme tel au corps du maréchal Macdonald. Dans la campagne de 1813, il fut chargé du commandement de la 2e division de cavalerie légère, sous les ordres du général Sébastiani, et se signala en Saxe et en Silésie. Dans la glorieuse campagne de France, il commanda jusqu'à Montereau le 2e corps de cavalerie, et ensuite la cavalerie de la garde impériale, à la tête de laquelle il se distingua particulièrement aux affaires de Craon, d'Arcis et de Saint-Dizier.

Le général Exelmans ne fut point de ceux que la Restauration compta tout aussitôt parmi ses plus fidèles soutiens. Une ordonnance du 12 septembre 1814 le mit en disponibilité, avec ordre de quitter Paris dans les vingt-quatre heures, pour aller résider à soixante lieues de la capitale. Son crime était d'avoir écrit à Murat pour le féliciter d'avoir sauvé sa couronne du vaste naufrage de l'empire, lettre que l'on saisit sur la personne du médecin du roi Joachim, qui se rendait à Naples. Le général ayant essayé de se soustraire à cet ordre arbitraire, un détachement de cinquante gendarmes envahit sa demeure, et le chercha jusque dans le lit de sa femme, alors en couches ; mais il réussit à s'évader, et, après s'être caché pendant quelques jours, il alla se constituer prisonnier à Lille, où il fut acquitté à l'unanimité par le conseil de guerre réuni pour le juger, et que présidait le brave général Drouet d'Erlon. Le 20 mars 1815, quelques heures après le départ de Paris de Louis XVIII et avant l'arrivée de l'empereur, il se mit à la tête de plusieurs officiers de l'ancienne armée, prit, au nom de Napoléon, possession des Tuileries, et y fit arborer le drapeau tricolore, pendant qu'il envoyait le général Merlin occuper le château de Vincennes. A Waterloo, il commanda de nouveau la cavalerie de la garde impériale, commandement qu'il ne quitta, lorsque tout fut perdu, qu'après avoir infligé, près de Versailles, une sévère leçon à un corps prussien, fort de 3,000 chevaux et de 5,000 fantassins.

Le général Exelmans en avait assez fait pour mériter l'honneur d'être l'une des victimes de la réaction monarchique de 1815. Menacé à chaque instant de perdre sa liberté, il se décida, au mois de décembre à passer en Belgique, d'où la police française ne tarda pas à le faire renvoyer ; et il erra alors pendant trois années en Allemagne, poursuivi en tout lieu par la rancune tracassière du gouvernement des Bourbons. Ce ne fut qu'en 1819, sous le ministère du maréchal Gouvion-Saint-Cyr, qu'il put rentrer en France. Rétabli à quelque temps de là sur le cadre des officiers généraux en disponibilité, il obtint en 1828, du ministère Decaux, pendant deux mois, une commission d'inspecteur général de la cavalerie. Cette tardive justice, rendue par le gouvernement royal, fut cause de la méprise que le parti populaire commit à l'égard de ses opinions après la révolution de 1830. Le 29 juillet au matin le comte de Girardin, grand-veneur et son ancien frère d'armes, qui se trouvait alors aux Tuileries, l'ayant chargé d'aller prévenir Casimir Périer et Laffitte que Charles X consentait à retirer les ordonnances et à renvoyer ses ministres, mission qu'il adopta pour faire cesser l'effusion du sang, on se hâta de l'accuser d'avoir pactisé avec la contre révolution ; mais le général, en se portant sur Rambouillet, avec le général Pajol, à la tête des volontaires parisiens, donna tout aussitôt à cette accusation le seul démenti qui fût digne de lui. Louis-Philippe lui rendit en 1831 le titre de pair de France, que Napoléon lui avait déjà conféré dans les cent jours ; il votait habituellement avec les pairs les plus indépendants et les plus dévoués aux intérêts du pays. On se rappelle la généreuse exclamation que lui arrachèrent, lors du procès d'Armand Carrel devant la chambre des pairs, les efforts du président Pasquier pour empêcher l'accusé de se livrer à l'appréciation rétrospective du procès du maréchal Ney. « Moi aussi, je le pense et je le dis, s'écria le général Exelmans en se levant de son siége de pair, ce fut un horrible assassinat ! » Le 15 août 1849 le général Exelmans fut nommé grand-chancelier de la Légion d'Honneur, en remplacement du maréchal Molitor, décédé. Le 11 mars 1851 il fut élevé à la dignité de maréchal de France. Au 2 décembre, il s'empressa de se mettre à la disposition du président, qui le comprit dans les membres de la commission consultative. Sa qualité de maréchal lui fit entrer au sénat, mais le 21 juillet 1852, au soir, il faisait une chute de cheval près du pont de Sèvres, et expirait la nuit suivante, dans les bras de son fils, Maurice EXELMANS, capitaine de frégate, aide de camp de l'empereur.

EXEMPLE (en latin *exemplum*). On nomme ainsi ce qui sert ou peut servir de modèle, c'est-à-dire une action ou un système d'actions ou de choses que la plupart des hommes s'efforcent d'imiter pour des causes quelconques. Il y a donc de *bons* et de *mauvais exemples*, et l'on est souvent fondé à attribuer la bonne et mauvaise conduite d'un homme aux exemples qu'il a reçus, tant notre espèce est *singeresse* de sa nature. Peu de peuples sont aussi enclins que le nôtre à suivre les exemples de leurs chefs, et à imiter servilement les actions de leurs gouvernants.

On parle souvent de *faire des exemples*, et l'on entend par là punir sévèrement quelqu'un pour empêcher d'autres individus d'avoir les mêmes idées. C'est dans la même pensée qu'on étalait autrefois aux yeux du public les exécutions des criminels.

Corneille a dit :

L'exemple bien souvent n'est qu'un miroir trompeur,
Et l'ordre du destin qui gère nos pensées
N'est pas toujours écrit dans les choses passées.

Exemple, en termes d'écriture, se dit de lignes qu'écrit le maître pour les donner à copier à l'élève. Plus souvent les maîtres d'écriture donnent à leurs élèves des exemples gravés.

Par exemple est une façon de parler adverbiale, dont on se sert pour faire une comparaison, *verbi gratia*.

[En rhétorique, l'*exemple* est un syllogisme auquel on joint l'énonciation d'un ou plusieurs faits pour confirmer le principe émis dans la majeure. Si l'on voulait faire l'application de ce principe que le malheur est souvent l'apanage du génie, on citerait l'exemple d'Homère, de Milton, du Tasse, de Cervantes, etc. Ce genre de raisonnement peut se subdiviser en plusieurs espèces, car il est facile d'après un exemple cité de conclure, 1° *a pari*, c'est-à-dire par la même raison ; 2° *a contrario*, par la raison contraire ; 3° *a fortiori*, à plus forte raison. Pour que l'exemple soit concluant, il ne suffit pas que le fait qu'on allègue et dont on s'autorise soit avéré, il faut encore que les circonstances soient les mêmes, et qu'il y ait ressemblance, égalité, analogie entre l'exemple que l'on cite et la chose qu'on veut prouver. Aug. Husson.]

EXEMPTION (du latin *eximere*, dispenser, exonérer). Ce mot ne s'applique plus guère aujourd'hui qu'en matière de recrutement. Les exemptions y résultent soit d'infirmités, soit de défaut de taille, soit de vices de conformation, soit de certains cas prévus par la loi. Les exemptions étaient, avant la révolution, des privilèges, qui mettaient ceux qui les possédaient à l'abri des obligations, des devoirs, des charges imposés à tous les autres. La famille de Jeanne d'Arc et celle de Jeanne Hachette étaient exemptes d'impôt. La noblesse, le clergé, les corporations ecclésiastiques, les corporations judiciaires, grâce à des exemptions du même genre, laissaient les impôts peser de tout leur poids sur le peuple, que la petite bourgeoisie, et n'y contribuaient pas : 1789 est venu détruire complétement ces priviléges, dont s'indignait l'esprit d'égalité que la philosophie fit prévaloir au dix-huitième siècle.

En matière ecclésiastique, l'exemption avait pour but de soustraire une corporation religieuse, soit un seul de ses membres, à l'obédience, à la juridiction épiscopale. L'évêque diocésain n'avait pas le droit de célébrer de messes publiques dans le monastère jouissant de l'exemption. Les exemptions se multiplièrent d'une façon si scandaleuse, que le concile de Trente crut devoir les prohiber pour l'avenir.

En remontant la nuit des temps du moyen âge, nous retrouvons l'exemption judiciaire ; c'était celle qui permettait au comparant de se soustraire à la procédure usuelle, en appelant le juge au combat judiciaire : c'était un privilège de justice seigneuriale, qui depuis a été restreint au modeste droit de récusation.

EXEMPTS. Ce mot s'appliquait aux ecclésiastiques, soit séculiers, soit réguliers, qui n'étaient point soumis à la juridiction de l'ordinaire. De l'Église ce mot passa dans l'armée, et l'on appela ainsi, dans certains corps de cavalerie, des officiers d'un grade au-dessous de l'enseigne et au-dessus du brigadier qui commandaient en l'absence du capitaine et du lieutenant : ce nom leur venait de ce qu'ils étaient exemptés de faire le même service que les autres cavaliers ; ils portaient, comme signe de commandement, un petit bâton d'ébène garni d'ivoire à ses deux extrémités, qu'on appelait *bâton d'exempt*. Il y avait 48 exempts dans les quatre compagnies des gardes du corps, 8 dans les cent suisses servant par quartiers. La connétable avait ses exempts, chargés de notifier les ordres des maréchaux de France pour les affaires d'honneur, et au besoin d'arrêter les combattants et les témoins. Des corps privilégiés l'appellation d'*exempt* s'étendit aux officiers subalternes des troupes privilégiées chargées de la police, du guet, de la maréchaussée ; enfin, aux gardes de la prévôté, dont la mission était de notifier les ordres du roi, de procéder aux arrestations. Les exempts faisaient des captures à la tête de quelques archers, de quelques soldats du guet ou de la maréchaussée.

EXEQUATUR (littéralement: *que cela soit exécuté*). Voyez CONSUL, tome VI, p. 401.

EXEQUATUR (Ordonnance d'). Voyez ARBITRAGE.

EXERCICE, occupation, travail ordinaire. « La poésie, dit Bouhours, a fait votre amusement et votre *exercice* le plus agréable dès vos premières années. » On dit qu'un magistrat temporaire achève son année d'*exercice*, pour dire qu'il achève l'année après laquelle ses fonctions doivent cesser. *Exercice* signifie encore peine, travail, affliction. *Exercice*, en matière de dévotion, est synonyme de pratique. « L'*exercice* du chrétien, la contemplation passive n'est, dit Fénelon, que l'*exercice* paisible de l'amour pur et désintéressé. » *Exercice* se dit aussi des études, des conférences qui ont pour but le perfectionnement dans les lettres. *Exercice*, en comptabilité, se rapporte, par rapport à l'impôt et à sa perception annuelle (voyez BUDGET). C'est aussi l'année courante dont le compte est ouvert.

Exercices au pluriel, c'est l'habitude du cheval, de la danse, des armes, de la gymnastique. Les Grecs attachaient une grande importance aux *exercices du corps* : indépendamment de la chasse et de la danse, nous voyons qu'ils s'exerçaient de bonneheure à la course, à la lutte, à lancer le disque ou palet, le javelot, etc. Il en était de même chez les Romains, et dès l'origine de la monarchie française, dans les Gaules.

Exercices en matière de piété sont encore certains jours de retraite que l'on prend pour méditer, pour sonder sa conscience. On attribue la fondation de ces *exercices spirituels* à Ignace de Loyola, créateur de la compagnie de Jésus, qui a écrit un livre, fort souvent réimprimé, sur ce sujet.

EXERCICE (*Hygiène*). L'exercice est l'état d'action soutenu pendant un certain temps dans un plus ou moins grand nombre d'organes. Tous les organes vivants en sont susceptibles, depuis le cerveau, qui est l'intrument de la pensée, jusqu'aux os, qui sont tout simplement les lignes rigides sur lesquelles s'opèrent nos mouvements, jusqu'aux voies digestives, dont les fonctions se bornent à préparer les matières indispensables à la réparation de l'animal. Ces exemples suffisent pour faire comprendre que des organes plus ou moins nombreux peuvent entrer à la fois en exercice, qu'il y a des exercices plus généraux les uns que les autres, et en même temps que, physiologiquement parlant, l'exercice n'est pas un état simple et le même pour tous, mais au contraire un état compliqué et partout différent, non-seulement à cause des fonctions spéciales de chaque organe en exercice, mais encore et surtout parce que ces organes sont loin d'avoir tous la même influence les uns sur les autres.

Il est difficile, quoiqu'on ait donné le nom de *généraux* à certains exercices, de se représenter un état tel que tous les organes y fussent en action : toujours pendant que les uns agissent, les autres se reposent. Il n'y a donc que le plus ou le moins d'étendue du système en action qui constitue des différences de généralité entre les exercices. On doit dès lors, pour se représenter l'effet d'un exercice quelconque sur un corps organisé, chercher l'effet partiel que cet exercice doit avoir sur chaque système d'organes, et composer ces effets pour en former une sorte de résultante approximative ; opération fort compliquée, comme toutes les études physiologiques sérieusement faites.

On appelle *exercice passif* celui dans lequel il y a mouvement et action d'un organe, sans, pour ainsi dire, qu'il y coopère. Ainsi, l'œil, sans regarder, n'en est pas moins dans l'exercice passif, s'il se trouve au contact de la lumière ; il est dans un exercice passif. La puissance musculaire est exercée quand on se promène en voiture ; mais c'est encore un exercice passif, tandis que l'exercice est actif toutes les fois qu'un organe se livre à l'action qu'on sollicite de lui : l'œil prend un *exercice actif* quand il regarde ; les muscles, quand on se meut soi-même. Il y a, on le conçoit, une très-grande différence entre ces deux sortes d'exercices : l'exercice actif excite et dépense une beaucoup plus grande somme de forces que l'autre. Aussi conseille-t-on l'exercice passif aux convalescents, à tous les corps affaiblis qu'on veut fortifier, et l'exercice actif à ceux dont la vigueur n'a besoin que de se conserver ou qui veulent acquérir un degré de force supérieur.

Quant aux rapports qui existent entre les forces d'un sujet et les exercices auxquels il se livre, la graduation à établir entre les exercices varierait à l'infini : un exercice insuffisant pour l'un est modéré pour un autre, et violent pour un troisième. C'est à bien saisir ces rapports que les médecins s'attachent quand ils prescrivent de l'exercice pour conserver ou rétablir la santé. En effet, l'exercice, en quelque partie du corps qu'il se fasse, a des résultats différents suivant le rapport dans lequel il se trouve avec les forces du sujet qui s'y livre : insuffisant, il laisse perdre aux organes la faculté d'entrer en action : c'est ce qui arrive à ceux qui laissent trop reposer leurs muscles, leur estomac et même leur cerveau ; modéré, l'exercice entretient les organes dans toutes leurs facultés ; il développe en eux une vie incessante et une énergie qui rend leurs opérations plus faciles et plus puissantes. Excessif et violent, il les altère ou les use avec rapidité.

Au reste, on aurait tort de croire que les effets de l'exercice se bornent aux organes en action ; il suffit de s'observer soi-même avec un peu de discernement pendant qu'on se livre à quelque exercice pour se bien convaincre que tous les exercices influent sur la circulation, et par elle sur un très-grand nombre de fonctions, et pour s'assurer que si l'organe exercé et les organes congénères y prennent un surcroît d'action, d'autres organes perdent autant que ceux-ci gagnent. Ainsi, un exercice musculaire violent arrête la digestion ; une digestion laborieuse brise la force des membres ; les travaux intellectuels opiniâtres dérangent l'action de presque tous les systèmes organiques.

EXERCICE (*Art militaire*). Ce mot provient du latin *exercitio*, *exercitium* ; il rappelle ce que Cicéron indiquait par l'expression *exercitatio legionum*. Cette étude était surveillée par les préfets de légion. La natation était chez les Romains au nombre des premiers exercices des recrues ; les promenades en armes étaient les principaux exercices des soldats formés. Cassiodore a dit : « Qu'au sein de la paix le soldat étudie les ressources de l'art de la guerre. » L'ancienneté, l'utilité, la pratique, l'objet de l'exercice, se trouvent renfermés dans cet aphorisme si connu : « Pour vivre en paix, prépare-toi à la guerre (*si vis pacem*, *para bellum*). »

Chez les anciens, et surtout chez les Romains, l'exercice était bien plus que chez les modernes une application de toutes les choses de la guerre, un rude apprentissage des marches, une escrime praticable en présence de l'ennemi commun ; il ne consistait pas, comme à présent, dans une recherche de poses de bon goût, dans des études de mouvements corporels, pour ainsi dire, sur place, dans des leçons monotones données au milieu d'une cour de caserne ou d'une salle d'exercice à l'ombre des murs ou sous de grands arbres. Saluer habilement et avec grâce, faire retentir en cadence les armes en les portant ou les présentant, occupaient peu les anciens. Delanoue Bras-de-Fer cite une ordonnance de l'empereur Adrien, qui voulait que trois fois par mois dix mille hommes marchassent en bataille. Ainsi, de tout temps on a senti l'importance des camps de repos et des camps d'instruction, qui sont le vrai théâtre des exercices des armées. Scipion, maître de Carthage, ne cesse, comme nous l'apprend Polybe, d'exercer son armée; il ne lui permet de repos que le quatrième jour; il ordonne que le premier jour elle marche l'espace de quatre milles, que le second elle fourbisse ses armes davant ses tentes, que le troisième elle fasse la petite guerre. Les exercices que les Romains appelaient *campestres*, et auxquels les campiducteurs ou maîtres d'armes présidaient, commençaient à l'époque de l'âge militaire : ils ont été retracés par Végèce; mais c'était déjà le temps où le Champ de Mars n'était plus fréquenté que par des soldats énervés. Les empereurs byzantins qui ont écrit, au septième et au dixième siècle, sur la chose militaire recommandent encore les exercices : ce fut de leur part une vaine exhortation.

Dans notre Occident, sous la troisième race, la mode des tournois s'introduit; des cavaliers de tout pays s'y façonnent aux finesses du manége; des volontaires nobles *y courent le faquin*, *y font leur quintane*, y déploient l'habileté de l'escrime; ces exercices, les seuls alors en usage, étaient individuels, mais non tactiques; c'étaient les études et les passe-temps de la chevalerie, mais non un apprentissage, une occupation de soldats agissant par masses. L'institution des francs-archers est l'origine des jeux d'arc, ou du moins depuis la création de ces troupes on *bersauda* régulièrement, périodiquement. Depuis Philippe Ier jusqu'à Louis XI l'action de *bersailler*, de *berser*, était à peu près le seul exercice des hommes de pied, ou si les milices communales se sont livrées à des études plus militaires depuis l'institution des maisons de ville, rien n'en est venu à notre connaissance. On sait seulement que les principaux bourgeois et les habitants des villages étaient astreints au tir de l'arc. Probablement ces aventuriers d'Italie qui firent la fortune et la réputation de quelques condottieri se pliaient à la fatigue des exercices, et dans ce cas ce serait peut-être leur mot *esercizio* qui se serait changé en une expression française. Sous Louis XI notre gendarmerie était devenue le modèle de celles des autres puissances; les principes de la formation des gendarmes, toute défectueuse qu'elle fût, mais non leur tactique, avaient été imités; le plus ancien document sur ce sujet qui nous soit resté est un manuscrit de la Bibliothèque Impériale qui contient les ordonnances de Charles le Téméraire. Les troupes du duché de Bourgogne acquirent de l'habileté : aussi fût-ce un général au service de ce duché (le maréchal Desquerdes) que Louis XI appela ou embaucha pour venir instruire, en 1480, ses troupes du camp de Pont-de-l'Arche; elles y manœuvrèrent, disent les historiens, à la romaine; ils eussent parlé plus justement en disant qu'elles y manœuvrèrent à la manière des Grecs et des Byzantins.

Quand la poudre eut détrôné la chevalerie et fait oublier l'arc et l'arbalète névrobalistique, ce fut le tour de l'arbalète à feu et de la pique, exercices commencés pour les Nassau et perfectionnés par Frédéric II, lorsque le feu eût triomphé de la pique et que l'artillerie se fut disjointe de l'infanterie. A partir du dix-septième siècle, l'exercice cesse d'être l'instruction de l'homme isolé et devient celle des hommes en corps. C'est de cet immense changement que naquit la tactique moderne; mais la France ne se l'assimila que bien tard. Dès 1600 l'Espagnol Basta dictait des règles à la cavalerie et à l'artillerie; le Hambourgeois Wallhausen donnait des lois à l'infanterie, et ce n'est qu'en 1647 que le Français Lostelneau, copiant Wallhausen, dédiait à Louis XIV un fort médiocre traité, le plus ancien que nous ayons sur l'exercice. La Feuillade en tira une théorie pour les gardes françaises. Sous Louis XIII, c'était le seul corps de nos ar-

mées qui fît l'exercice. Le premier des Puységur donna un règlement aux troupes espagnoles ; alors le ministère français, se piquant d'émulation, fit paraître officiellement, en 1707, sur ce sujet un livre de 10 ou 12 feuillets. Enfin, les ordonnances de 1753, 1755, 1766, nous initièrent aux secrets de Frédéric II. Dix ans après, Saint-Germain illustrait son ministère par un règlement qui servit de modèle à celui de 1791, élaboré par Dumouriez, Persch et Guibert, lequel est devenu européen, universel même, puisque l'Inde, la Perse, les Seiks, l'Amérique, etc., etc., n'en ont pas d'autre. Une ordonnance de 1831 l'a remplacé par un nouveau qui a, entre autres défauts, celui-ci d'être beaucoup plus volumineux.

Gal BARDIN.

EXERCICE (*Contributions indirectes*). *Voyez* BOISSONS (Impôts sur les).

EXÉRÈSE (de ἐξ, hors, et αἱρέω, je retire, je retranche). On nomme ainsi une des quatre principales divisions des opérations chirurgicales, d'après l'ancien système de classification. L'exérèse consiste à retrancher ou extraire du corps ce qui lui est devenu nuisible, et à ce mode opératoire se rattachent les résections, les excisions, les révulsions, les ablations, etc. Ainsi, l'ouverture des abcès, les ponctions les opérations de cataractes, font partie de l'exérèse. Les instruments spécialement destinés à ces sortes d'opérations sont, outre ceux dont on fait usage dans la diérèse, le forceps, les pinces, les tenettes, les tirefonds, etc.

EXERGUE (du grec ἐξ ἔργον, hors d'œuvre), terme de médailliste, petit espace hors d'œuvre qui se ménage ordinairement au bas de la médaille, et le plus fréquemment au revers, pour y mettre quelque inscription, chiffre, devise ou la date. Parfois, l'exergue est double, c'est-à-dire qu'il se divise entre le haut et le bas de la médaille; souvent il se trouve deux exergues, l'un à la face, l'autre au revers de la médaille. L'exergue est pour les gestes des vivants ce que l'épitaphe est pour la cendre des morts : il éternise bien des nobles actions, bien des glorieux exploits; mais aussi que d'insignifiantes vanités, que de hontes qu'il eût fallu cacher n'ose-t-il pas proposer à notre admiration! Pour la flagornerie prostitue sa nudité à tous les rois, à tous les triomphants; il s'est trouvé une main pour écrire au-dessus de l'image de Tibère les mots : *Moderationi, clementiæ, justitiæ*. Le farouche Commode, ce descendant du théâtre où, Hercule ignoble, il venait d'assommer les pauvres malades de Rome, faisait frapper sur ses médailles la fastueuse inscription : « Commode régnant, le monde est heureux. »

A. PAILLARD.

EXETER, chef-lieu du comté de Devon, bâti à l'embouchure de l'Exe, qu'on y passe sur un pont, avec un port, construit en 1697, est le siége d'un évêché. Cette ville, en raison du grand nombre de riches familles qui sont venues successivement s'y établir, a pris un caractère qui est essentiellement *fashionable*. On y remarque une belle cathédrale de style gothique, construite de 1194 à 1327, possédant une belle sonnerie, composée de douze cloches, l'orgue le plus célèbre de l'Angleterre et une foule de monuments aussi remarquables par leur antiquité que par leur magnificence, dix-neuf autres églises, un palais épiscopal et un grand nombre de beaux édifices publics. Le dernier recensement lui donne 32,800 habitants. Les ressources de cette population sont le fret des navires et le commerce. Exeter est aussi le centre d'une importante fabrication de toiles ; mais les manufactures si florissantes de lainages, de cotonnades et de quincaillerie qu'elle possédait autrefois sont tombées aujourd'hui.

Exeter est l'*Isca Dumnoniorum* des Romains, le *Caer-Isk* des Bretons, l'*Exanceaster* des Anglo-Saxons. Les ruines du fort Rougemont, situées sur une hauteur qui domine la ville, rappellent les moments faits d'armes dont cette ville fut le théâtre au moyen âge, époque où déjà son commerce l'avait rendue riche et célèbre.

EXFOLIATION, séparation par feuilles ou par lames de quelques portions mortes d'un os ou d'un tendon : c'est une espèce d'altération propre à ces tissus. Quand un os ou un tendon a été lésé, ou quand il se trouve exposé au contact d'un corps étranger, pour que la cicatrisation puisse se faire, il faut qu'elle soit précédée de l'opération naturelle à laquelle on a donné le nom d'*exfoliation*. Le tissu cellulaire qui concourt à former l'os ou le tendon doit, avant de produire des bourgeons charnus, se débarrasser de la matière calcaire qui l'encroûte, soit que la suppuration l'entraîne sous forme de petites granulations, soit qu'on la trouve dans la plaie sous forme d'écailles ou de feuillets plus ou moins volumineux. Cette séparation préliminaire, indispensable, traîne toujours en longueur les maladies des os et des tendons, entretient une suppuration plus ou moins abondante autour de la partie qui s'exfolie, et nécessite très-souvent des opérations chirurgicales douloureuses et graves. Pour les os, l'exfoliation est presque toujours facile à constater matériellement, puisque l'on voit ou l'on sent les morceaux d'os détachés ; pour les tendons, le diagnostic n'est pas toujours aussi simple, à moins que le tendon, mis à nu, ne se présente à la vue sous forme d'une pulpe mollasse, blanchâtre, grisâtre, ou sous l'apparence de fibres longitudinales ramollies, qui se séparent couche par couche des parties sous-jacentes.

On croyait autrefois posséder des moyens d'avancer beaucoup cette opération ; mais aujourd'hui, qu'on se rend plus exactement compte des phénomènes physiologiques, on doute fort de l'efficacité de ces remèdes, et on se contente quand la maladie occupe un tendon, de séparer le mieux et le plus tôt qu'on peut les parties mortes, et quand c'est un os, on cherche à obtenir par les procédés chirurgicaux la séparation la plus complète, la plus prompte, la plus sûre et la moins douloureuse possible des lames ou feuilles osseuses qui ont cessé de vivre.

EXHALAISON (de ἐξ, hors, et ἄλλω, je jette). On nomme *exhalaisons* des sortes de vapeurs émanées des corps solides, qui s'élèvent en l'air par la légèreté de leurs particules et se combinent à l'atmosphère. Elles jouissent de toutes les propriétés d'un gaz ; on ne saurait les rendre à leur état primitif. Les exhalaisons sont de natures bien diverses. Les exhalaisons d'un parterre rempli de fleurs ne ressemblent guère aux exhalaisons qui s'élèvent d'une fosse renfermant des matières en putréfaction. Toutes les exhalaisons n'ont pas des effets délétères sur l'économie animale, et ce n'est pas toujours par le même procédé que nuisent celles qui sont connues pour avoir une influence fâcheuse.

Souvent, par des causes presque irrémédiables, puisqu'elles tiennent à la nature du sol ou à des accidents géologiques, l'air de toute une contrée se trouve infecté par des exhalaisons meurtrières et périodiques. Les pays marécageux situés à l'ouest de l'Amérique septentrionale présentent ce mortel désavantage pour ceux qui les habitent. Une grande partie de l'Italie est dans le même cas. Le plus souvent ce *mauvais air* est dû aux marais qui exhalent le gaz hydrogène carboné. D'autres exhalaisons dangereuses sont celles qui se dégagent des fosses d'aisances, chargées d'acide carbonique.

EXHALATION. On appelle *exhalation* la plus simple de nos sécrétions, celle dans laquelle une partie des éléments du sang se répand à toutes les surfaces extérieures et intérieures du corps. Magendie, qui définit ainsi les exhalations, les divise en *exhalations intérieures*, comme l'exhalation séreuse, la cellulaire, la graisseuse, les exhalations sanguines, et en *exhalations extérieures*, comme celles des membranes muqueuses et celles de la peau.

Les exhalations intérieures ont lieu partout où des surfaces grandes ou petites sont en contact ; elles entretiennent glissantes et polies les surfaces intérieures du péritoine, des plèvres, etc. ; elles maintiennent séparées les lames du tissu cellulaire. Tel est l'usage de la sérosité, qui ne paraît être autre chose que le sérum du sang avec moins d'albumine, et qui, peu abondante dans l'état de santé, peut s'accumuler sur différents points dans les maladies, et y produire des collections de liquide plus ou moins considérables, des tumeurs plus ou moins volumineuses, comme dans les hydropisies, l'anasarque. On range parmi les mêmes fonctions l'exhalation qui dépose la graisse dans certaines mailles du tissu cellulaire, l'exhalation synoviale, qui permet aux surfaces articulaires de glisser les unes sur les autres sans s'enflammer ; l'exhalation des différentes humeurs de l'œil, et enfin les exhalations sanguines, qui ont lieu dans les organes susceptibles d'érection.

Quant aux exhalations extérieures, l'une se fait sur toute l'étendue des membranes muqueuses tapissant les voies digestives, les appareils des sens et les voies urinaires ; elle dépose sur ces membranes un liquide variable, suivant Berzélius, le long des points où on le recueille, mais qui du moins est à peu près partout transparent, visqueux, filant, salé et légèrement acide (c'est ce que vulgairement, quand il est fort abondant, on nomme *glaires*). Ce liquide sert à garantir ces membranes des lésions auxquelles elles seraient exposées de la part des corps étrangers avec lesquels elles sont en contact continuel pour remplir leurs fonctions. L'autre exhalation extérieure se fait par la peau, et fournit un liquide aqueux, transparent, salé, acide, d'une odeur plus ou moins forte, sortant habituellement à travers l'épiderme sous forme de transpiration insensible et de sueur.

Les médecins se sont livrés à de nombreux travaux pour trouver les moyens d'accélérer, d'augmenter, ou de diminuer toutes ces exhalations ; les physiologistes ont voulu les expliquer de diverses manières ; de patients expérimentateurs ont travaillé à déterminer rigoureusement les quantités des liquides exhalés. Tous les jours on tente d'utiliser en médecine pratique les connaissances acquises sur ces points, et pourtant il faut convenir que jusqu'à présent, malgré la patience de Sanctorius, malgré la précision de Lavoisier et Séguin, malgré l'imagination de Bichat, on s'est trouvé loin encore du but qu'on se propose. Les derniers travaux des physiologistes, et de Dutrochet en particulier, semblent pourtant promettre à notre siècle des explications plus satisfaisantes et des applications plus heureuses.

EXHAUSTION (de *exhaustio*, épuisement), méthode dont les géomètres font usage pour prouver l'égalité de deux figures, de deux volumes, etc., en démontrant que la différence qui peut exister entre eux est plus petite que telle quantité, si minime qu'elle soit, qu'on pourrait imaginer. C'est cette petitesse inassignable, et qui *épuise* toute grandeur quelconque, qui a fait donner à cette méthode le nom de *méthode d'exhaustion*.

C'est à l'aide de la méthode d'exhaustion qu'Euclide, Archimède, etc., ont créé la géométrie. Pour ne donner qu'un exemple de ses nombreuses applications, veut-on prouver que la surface du cercle est égale au produit de sa circonférence par la moitié de son rayon : ayant démontré que l'aire d'un polygone régulier se calcule en multipliant son périmètre par la moitié du rayon du cercle inscrit, on considère deux suites de polygones, l'une inscrite et l'autre circonscrite au cercle, dont on multiplie les côtés à l'infini, de sorte que les périmètres de ces polygones se confondent avec la circonférence du cercle. C'est encore à l'aide de cette méthode qu'on calcule la surface, la solidité du cylindre, du cône, de la sphère, en les considérant comme des prismes, des pyramides, etc., d'une infinité de côtés. La méthode d'exhaustion a été transformée de bien des manières ; mais nous n'avons fait que perfectionner ce mode de démonstration : le calcul différentiel est lui-même la méthode d'exhaustion des anciens, réduite à une analyse simple et commode. TEYSSÈDRE.

EXHÉRÉDATION, disposition testamentaire par laquelle, sous l'ancienne jurisprudence, on avait, dans certains cas déterminés par les lois, la faculté de priver son enfant, ou tout autre héritier à réserve, de tous droits à sa succession. L'exhérédation a passé du droit romain dans les législations des autres peuples ; elle formait la conséquence de la puissance paternelle, qui à Rome était si absolue. La forte hiérarchie du moyen âge trouva aussi dans le pouvoir du père de famille une sanction puissante, et l'exhérédation fut regardée comme le moyen de le consolider sur des bases inébranlables. Le parent auquel il n'était pas dû de *légitime* pouvait être privé de son expectative sans une exhérédation proprement dite ; le testateur n'avait qu'à disposer de ses biens en faveur d'une autre personne. L'exhérédation se trouvait concentrée à la parenté en ligne directe, soit ascendante, soit descendante ; les motifs en devaient être formellement exprimés. La tache d'hérésie, la profession de comédien, l'association de l'exhérédé avec des gens de mauvaise vie, la débauche d'une fille, le défaut de soins envers son père en démence, le refus ou la simple négligence à racheter son père captif, furent successivement enregistrés parmi les causes d'exhérédation. On en compta jusqu'à quatorze contre les descendants, et huit contre les ascendants. Nos législateurs modernes ont pensé que l'exhérédation devait disparaître à jamais de nos lois civiles, car elle infligeait à celui qui en était frappé une peine qui s'étendait sur sa postérité innocente, et elle donnait souvent naissance à de scandaleux procès, dans lesquels l'irritation et la haine venaient déchirer à l'envi la mémoire du père de famille. Toutefois, en proscrivant l'exhérédation, le législateur n'a pas pu méconnaître les droits de la puissance paternelle, et la loi lui a laissé la faculté de réduire l'héritier à sa légitime, sans être tenu d'en déduire les motifs ; elle a de plus déclaré que dans certains cas l'héritier serait absolument indigne de succéder. Ainsi, elle exclut de la succession à laquelle il aurait eu droit 1° celui qui serait condamné pour avoir donné ou tenté de donner la mort au défunt ; 2° celui qui aurait porté contre le défunt une accusation capitale *jugée* calomnieuse ; 3° l'héritier majeur qui instruit du meurtre du défunt ne l'aurait pas dénoncé à la justice. Ce n'est plus ici la volonté de l'homme qui prononce l'expulsion de l'héritier : c'est la loi qui vient solennellement le frapper d'une peine ; mais comme en même temps elle ne fonde que sur des faits graves, que toutes les religions condamnent et que la conscience publique flétrit d'infamie.

E. DE CHABROL.

EXHUMATION (du latin *ex humo*, hors de la terre). Ce mot ne s'applique que par opposition à *inhumation* ; c'est en effet l'action de retirer de la terre où il a été déposé le corps d'une personne morte. L'exhumation se fait aujourd'hui d'abord sur la demande de la famille du mort, lorsqu'elle veut transférer ses restes d'un lieu à un autre ; elle est alors accompagnée de formalités administratives assez coûteuses, et entourées de toutes les précautions voulues pour ne point compromettre la salubrité publique. La justice ordonne souvent aussi d'office des exhumations, alors que le bruit d'un crime parvient jusqu'à elle, et que pour constater à quel point la rumeur publique doit être accueillie, il y a lieu de faire examiner par des hommes compétents l'état du cadavre de la personne qu'on croit avoir été la victime de ce crime. Le cercueil est alors retiré de terre, ouvert ; le cadavre est examiné, son état est constaté par les hommes de l'art, en présence de l'officier de police judiciaire, et dans les suppositions d'empoisonnement, des portions des entrailles ou de certains viscères en sont même détachées pour être l'objet d'une attentive analyse chimique ; puis le corps, recloué dans son cercueil, rentre placé dans cette terre qu'il semble n'avoir soulevée un instant que pour demander à Dieu la punition d'un coupable ou la réhabilitation d'un innocent.

Au moyen âge, quand le christianisme eut éteint les bûchers païens qui détruisaient les cadavres, quand il eut fait de la conservation des dépouilles mortelles de l'être humain une obligation toute religieuse, il y eut souvent des exhumations. Les chrétiens exhumaient les restes des martyrs du sol où le paganisme les avait jetés avec mépris, pour les inhumer en terre bénite, pour en faire des reliques précieuses. Mais la religion ne fut point toujours le prétexte d'exhumations aussi pieuses ; c'est en son nom que l'on arracha souvent des cadavres aux entrailles de la terre pour les livrer dérisoirement à la justice, au bûcher, pour en jeter les cendres au vent.

Au point de vue hygiénique, les exhumations présentent quelque danger, lorsque l'inhumation ne date que de quelques jours ou de quelques mois ; les émanations putrides qui s'échappent alors du cadavre exhumé peuvent compromettre la santé de ceux qui le déterrent. Pour éviter autant que possible ces inconvénients, Orfila recommande : 1° de faire l'exhumation avec un nombre d'hommes suffisant pour opérer promptement ; 2° de la faire à la bêche ; et à mesure qu'on fouille, d'arroser la terre avec une liqueur composée de 183 grammes de chlorure de chaux, dissous dans 7 à 9 litres d'eau, en laissant un intervalle marqué entre chaque arrosement ; 3° arrivé au cercueil ou au cadavre, d'y jeter 3 ou 4 kilogrammes de la dissolution mentionnée ; on retire le cercueil entier, s'il n'est pas endommagé ; s'il est brisé, on en dérange une planche avec précaution, et on le couvre, ainsi que le cadavre, de la liqueur désinfectante ; 150 litres d'eau, tenant en dissolution 1 ou 2 kilogrammes de chlorure de chaux, suffisent ordinairement pour détruire en quelques minutes l'odeur fétide ; 4° enfin, après avoir retiré le corps, on l'expose quelques minutes à l'air, et on peut se livrer aux opérations ultérieures que l'on a en vue. Si la putréfaction est moins avancée, ou qu'on ne veuille pas baigner le corps dans la solution de chlorure de chaux, il suffit d'en jeter quelques verrées sur la surface. A l'aide de ces précautions, on peut exhumer sans inconvénient des cadavres dont la putréfaction est presque complète. Si pendant les opérations d'exhumation ou autres, on se blessait avec un instrument qui serait resté imprégné de putrilage, ou aurait soin, surtout si le sujet avait succombé à une affection putride ou contagieuse quelconque, de cautériser les parties entamées.

EXIL. Comment exprimer mieux notre attachement si profond et si naturel pour les lieux qui nous ont vus naître que de citer ce vers de Voltaire :

A tous les cœurs bien nés, que la patrie est chère !

Et comment faire mieux comprendre les peines de l'exil que de rappeler cet autre vers de De Belloy :

Plus je vis l'étranger, plus j'aimai ma patrie.

Il manifeste aussi avec éloquence l'amour du sol natal et la peine qu'on éprouve à l'abandonner, ce sauvage répondant à l'Européen qui l'engageait à se transporter ailleurs avec sa tribu : « Dirons-nous aux os de nos pères : Levez-vous et suivez-nous sur une terre étrangère ? » Danton disait, à son tour, à ceux qui lui conseillaient de chercher à sauver sa vie en fuyant à l'étranger : « Fuir ! Est-ce qu'on emporte sa patrie à la semelle de ses souliers ? » Qui pourrait en effet remplacer dans notre cœur les lieux où nous avons appris à sentir, à aimer, à penser, la langue maternelle, les parents, les amis du jeune âge, l'aspect du ciel sous lequel nous avons vécu dès l'enfance, les prés et les bocages où nous aimions à porter nos pas, tout ce qui a servi à former nos liens les plus chers et les habitudes de notre vie ? Comment se rappeler sans d'amers regrets tous ces nœuds, tous ces rapports intimes, par lesquels nous nous sentons indissolublement unis à la patrie ? Jamais l'homme que les passions n'ont point corrompu n'échangera volontiers le sol de la patrie contre un séjour étranger, celui-ci lui promît-il tous les biens extérieurs. La peine la plus cruelle que l'homme puisse imposer à l'homme, après la mort ou une captivité perpétuelle, c'est l'exil. Encore a-t-on vu d'illustres malheureux lui préférer la mort. Sans doute le respect pour la loi, même injuste ou injustement appliquée, professé par Socrate avec une si sublime éloquence, retenait ce sage dans sa prison. Mais on voit dans sa réponse à Criton, que mourir à Athènes lui semblait préférable à une vie prolongée par la pitié de l'étranger. Si Caton eût pu sortir librement d'Utique, aurait-il voulu échapper à la clémence de César en se réfugiant chez les barbares ? Comme la loi de Rome, il jugeait l'exil le plus grand des supplices pour un

EXIL — EXMOUTH

Romain. Perdre les priviléges attachés à ce nom glorieux, n'était-ce pas en effet perdre plus que la vie! La triste fin des célèbres exilés d'Athènes Thémistocle et Alcibiade apprenait assez à tout homme né citoyen chez un peuple libre ce que c'était que l'exil parmi des esclaves.

Les annales des peuples anciens, comme nos annales modernes, sont remplies des douleurs des exilés et de leurs efforts pour rentrer sur le sol de la patrie, même au prix des actes les plus criminels, tels que le sont la violation à main armée du territoire natal, le meurtre des compatriotes, et surtout l'appel au glaive étranger. Celui que des lois iniques ont forcé à fuir la patrie ne s'arme point contre elle, comme Coriolan. Il la plaint, comme Aristide ou Camille, et il attend dans l'exil l'heureux moment où il pourra la servir encore. Cette peine si cruelle de l'exil ne peut être prononcée que par la loi, et ne doit atteindre que le crime. L'ostracisme n'est que l'erreur d'un peuple jaloux ou d'un gouvernement ombrageux. Un pays où règnent la liberté et les lois n'a pas de citoyen qu'il puisse craindre. Dans quelques pays, le pouvoir exile d'un lieu dans un autre ceux qui lui déplaisent ou qui l'inquiètent. C'était l'une des coutumes de notre ancienne monarchie. On exilait ainsi des ministres, des courtisans en disgrâce, des parlements récalcitrants et importuns par leurs remontrances. Sous un régime qui n'admet l'exercice du pouvoir que pour l'exécution des lois, toute mesure empreinte d'arbitraire ou de caprice serait illégale. Aucun déplacement ne peut être prescrit qu'en vertu d'une loi ou d'un jugement fondé sur des dispositions légales. AUBERT DE VITRY.

EXILI, empoisonneur fameux au dix-septième siècle. *Voyez* BRINVILLIERS.

EXISTENCE. Ce terme dérive d'*exstare*, se tenir debout. Son origine, c'est *être*, c'est *vivre*. La vie sensitive et intellectuelle de l'homme et des animaux possède seule le sentiment ou la conscience de l'existence. Mais de que la sensation et la pensée donnent la preuve de cette existence s'ensuit-il, comme on l'a soutenu, qu'elle ne réside que dans cette faculté de sentir et de penser? On existe pendant le sommeil certainement, en l'absence de toute impression perçue et de toute action d'intelligence. Le terme *existence* doit donc se généraliser, puisque non-seulement l'homme et les animaux, mais même les plantes qui ont une vie et qui meurent, présentent une existence plus ou moins intense et d'une durée limitée. Dans ce sens, l'existence appartiendrait à l'état de vie et aux seuls êtres organisés. Peut-on dire cependant que les minéraux, pierres, métaux, etc.; l'air, l'eau, le globe terrestre, les arbres, etc., n'*existent* pas? On n'oserait soutenir ce paradoxe; mais alors il faut universaliser l'idée d'existence, et convenir que tout ce qui tombe sous la perception de nos sens, tout ce qui devient visible, palpable, apercevable d'une manière quelconque, existe matériellement.

Toutefois, cette existence phénoménale, ne préjuge rien sur la nature essentielle des êtres ou des corps (tout en nous laissant ignorer ce qu'ils sont au fond, en réalité), indique seulement leur présence actuelle, leur durée dans le temps. Ce qui périt, ce qui est éphémère, transitoire, protéiforme, n'a d'existence que relativement à la matière qui le constitue momentanément. En ce sens, les éléments, dans la nature des choses, étant les seules substances permanentes, tandis que leurs formes subissent de jour en jour toutes les métamorphoses, par le renouvellement perpétuel des générations et des destructions dont le monde est le théâtre, ces éléments seuls posséderaient une véritable existence. Et encore, ces éléments existent-ils par eux seuls? se sont-ils donné spontanément leur être, leurs propriétés? Mais on l'a démontré maintes fois, la matière réduite à ses principes ultimes ne saurait être active et passive en même temps, ce qui implique contradiction. Pour que des éléments non organisés, comme aux premiers jours du monde, produisent la structure harmonique de l'organisation, il faudrait qu'ils donnassent plus qu'ils ne possèdent et se modifiassent savamment d'eux seuls. Si l'existence d'un être vivant, par exemple, ne peut pas se constituer de toutes pièces, spontanément, d'où émanera-t-elle? Il lui faut nécessairement une source. Que, selon les stoïciens et les panthéistes, anciens ou modernes, hindous ou européens, la *vie* des individus soit *une existence particularisée*, la *mort une dissolution dans l'existence universelle* du monde, il n'en reste pas moins évident que le seul principe existant par lui-même est Dieu. En effet, tant de témoignages manifestent l'inconstance, la corruptibilité des éléments matériels, leur impuissance d'engendrer spontanément la vie, quand ils manquent de ces germes organisés et savamment prédisposés pour des fins et une destination prévue relativement à un but, qu'on est forcé de recourir à cette intelligence suprême, réglant et ordonnant toutes choses, et pétrissant, selon ses vues incompréhensibles, les astres qui décorent l'empyrée, comme l'aile brillante du plus humble papillon. J.-J. VIREY.

EX LIBRIS, deux mots latins, signifiant en français *des livres, d'entre les livres, faisant partie des livres*. On les inscrit d'ordinaire en tête de chacun des volumes d'une bibliothèque, en les faisant suivre du nom de cette bibliothèque ou de celui de son propriétaire.

EXMOUTH (ÉDOUARD PELLEW, vicomte), vice-amiral anglais, né à Douvres, le 19 avril 1757, entra dans la marine en 1770, et combattit en 1777, sur le lac Champlain, dans l'Amérique septentrionale. Fait prisonnier à la suite de la capitulation du général Bourgoyne, mais renvoyé sur parole, il fut nommé en 1779 lieutenant, employé en 1780 dans la guerre contre la France, et promu au grade de capitaine en 1782. De 1786 à 1789 il fit partie de la station de Terre-Neuve en 1791; il fut mis en disponibilité, puis rappelé à l'activité en 1793, quand éclata la guerre de la révolution française. Le premier vaisseau de ligne français qui dans cette guerre tomba aux mains des Anglais fut pris par une frégate que commandait Édouard Pellew, dont en toute occasion on remarqua le courage et la résolution ainsi que la bienveillance et la douceur à l'égard de ses subordonnés. En 1794 on lui confia le commandement de l'escadre de l'Ouest, et en 1799 il fut chargé de bloquer Rochefort, dans l'intérêt du projet de descente si malheureusement tenté à Quiberon par les émigrés français. Il fut ensuite nommé en 1801 colonel de marine, et l'année suivante élu par le bourg de Barnstable membre de la chambre des communes, où il prit place parmi les tories. Lorsqu'après la courte trêve connue sous le nom de paix d'Amiens, la guerre éclata de nouveau entre la France et l'Angleterre, il fut chargé d'aller bloquer la flotte ennemie au Ferrol, et en 1804 il fut élevé au grade de contre-amiral et chargé du commandement de la flotte des Indes orientales, où il s'empara des colonies danoises. Nommé vice-amiral en 1810, il ferma l'Escaut avec sa flotte, et en 1814 fut appelé à la pairie sous le titre de lord Exmouth de Canonteign. Commandant général des forces britanniques dans la Méditerranée, il contribua après le retour de Napoléon de l'île d'Elbe au rétablissement de la maison de Bourbon sur le trône de Naples. En 1816, sans recourir à la force des armes, il obtint des puissances barbaresques qu'elles missent en liberté les esclaves chrétiens, qu'elles fissent la paix avec la Sardaigne et Naples, et qu'elles renonçassent désormais à la course. Alger ayant violé cette promesse, il vint jeter l'ancre à la hauteur du mole, devant les batteries du fort, et, toutes représentations étant demeurées inutiles, il ouvrit le feu contre cette ville le 27 août 1816. Après un bombardement de quelques heures, il contraignit le dey à conclure un nouveau traité, fait d'armes qu'a bien fait pâlir depuis la prise même d'Alger par une armée française, mais qui lui valut le titre de vicomte, la grand'-croix de divers ordres de chevalerie du continent, et, au nom de l'Angleterre, des remerciements publics votés par le parlement. Appelé en 1817 au poste lucratif de commandant du port de Plymouth, il en résigna les fonctions trois ans après, pour vivre désormais au sein de sa famille, dans sa terre de Teignmouth, jusqu'à sa mort, arrivée le 23 janvier 1833.

EXOCET, genre de poissons de la famille des ésoces, remarquables par le développement excessif de leurs nageoires pectorales, assez étendues pour faciliter une sorte de vol qui s'élève à environ 25 centimètres au-dessus du niveau de la mer, et peut se prolonger sur un espace de 80 à 100 mètres, sans qu'il y ait pour l'animal nécessité de se replonger dans les flots, où la dorade lui fait une guerre acharnée, mais où il lui faut bien finir par humecter ses branchies desséchées. Faibles et sans défenses, ils n'échappent du reste ainsi à leurs ennemis marins que pour devenir la proie de divers oiseaux, entre autres de l'albatros, et n'évitent un danger que pour tomber dans un autre. On distingue cinq espèces d'exocets; la plus commune dans les mers de l'hémisphère boréal est l'exocet volant (*exocetus volitans*); ce poisson, long d'environ 15 à 20 centimètres, est remarquable par sa parure resplendissante d'azur et d'argent, que rehausse la teinte bleu foncé de la dorsale, de la queue et de la poitrine. Les exocets voyagent le plus souvent par troupes nombreuses. Comme les dactyloptères, les trigles, etc., les exocets doivent à leur singulière conformation le nom vulgaire de *poissons volants*.

EXODE (en grec ἔξοδος, écart du chemin, de ἐξ, hors, et ὁδός, sortie, digression). Ce mot avait anciennement plusieurs acceptions, sur la nature desquelles on n'est pas bien d'accord aujourd'hui. Il paraît, d'après Aristote, que c'était une des quatre parties de l'ancienne tragédie, ou ce que l'on disait quand le chœur avait cessé de chanter pour ne plus reprendre. C'était, suivant Dacier, tout ce qui répond à notre dernier acte, c'est-à-dire le dénouement et la catastrophe de la pièce. Ce serait donc à tort que plusieurs auteurs auraient pris ce mot pour synonyme d'*épilogue*, à moins de changer l'acception généralement attachée à ce dernier mot. Suivant le scoliaste de Juvénal, l'exode aurait été chez les Latins ce que nous appelons aujourd'hui une *farce*. La pièce finie, on faisait venir le farceur, nommé aussi *exodiaire* (*exodiarius*), qui divertissait par ses bouffonneries, ses bons mots et ses grimaces, ceux qu'avait attristés la gravité des scènes tragiques. On a également appelé de ce nom des vers plaisants, que les jeunes gens récitaient à la fin des comédies, et qui répondaient aussi à nos farces. Les *exodes*, d'après Vigenère sur Tite-Live, étaient comme une sorte d'entremets entre les actes, partie fable et plaisanterie, partie chant et musique, ayant pour but de faire reprendre haleine au spectateur. On nommait aussi *exode* chez les anciens une espèce d'hymne ou de chanson, qu'on entonnait à la fin des repas, pour divertir et égayer les convives.

Exode dans les Septantes est pris pour désigner la fin ou conclusion d'une fête. On la célébrait le huitième jour de celle dite des *Tabernacles*, en commémoration de l'exode ou sortie d'Égypte.
BILLOT.

EXODE, titre du deuxième des cinq livres de Moïse, (voyez BIBLE), lequel traite de la sortie des Israélites d'Égypte, ce qui est assez conforme à l'étymologie (ἐξ, hors, ὁδός, sortie). L'*Exode* de Moïse contient aussi la relation de ce qui s'est passé en Égypte depuis la mort de Joseph jusqu'à la sortie des Juifs, ainsi que les événements qui s'accomplirent dans le désert, particulièrement au mont Sinaï, jusqu'à la construction et l'érection du tabernacle. L'*Exode* donne encore l'histoire de Moïse et des plaies d'Égypte. Il renferme le décalogue et diverses ordonnances relatives à la célébration du sabbat et à l'établissement du culte parmi les Israélites.

EXOGÈNE (de ἔξω, dehors, et de γεννάω, j'engendre), nom sous lequel Decandolle désigne le grand groupe des végétaux dont les tiges s'accroissent par l'addition de couches ligneuses successives qui se forment toujours en dehors, en sorte que les couches les plus anciennes sont voisines de l'étui médullaire, et les plus jeunes sont les plus rapprochées de l'écorce (*voyez* DICOTYLÉDONÉS). Ce nom est opposé à celui d'*endogènes* (d'ἔνδον, dedans), sous lequel on groupe toutes les plantes dont les tiges se forment et s'accroissent en sens inverse, au moyen de faisceaux vasculaires et ligneux épars dans la substance médullaire. On a aussi appelé *acrogènes* (d'ἄκρον, extrémité) les végétaux cellulaires qui croissent par leur extrémité.
L. LAURENT.

EXOPHTHALMIE (de ἐξ, dehors, et ὀφθαλμός, œil), sortie de l'œil hors de l'orbite. Il faudrait une grande violence, et surtout un effort bien dirigé pour faire sortir l'œil de sa place, et rien n'est moins commun qu'une exophthalmie produite par un coup. Les cas les plus fréquents d'exophthalmie sont causés par des tumeurs qui se développent dans l'orbite. Les parois de cette cavité étant inflexibles, la tumeur, pour se faire place, pousse l'œil au dehors. C'est ce qui arrive dans certains abcès du tissu cellulaire de l'intérieur de l'orbite, dans quelques cas de polypes des fosses nasales ou du sinus maxillaire, quand des exostoses naissent dans le fond de l'orbite, ou enfin quand l'œil ou ses dépendances se trouvent le siége de quelque tumeur squirrheuse ou cancéreuse. On a cité quelques cas d'exophthalmie par une sorte de relâchement du pédicule très-complexe qui retient l'œil à sa place; mais ces cas, rares dans la science, ne sont point encore assez constatés pour y être admis sans réserve.

Le traitement de l'exophthalmie varie suivant les causes qui l'ont produite; l'enlèvement des tumeurs, des polypes, qui peuvent remplir la cavité orbitaire, est le moyen que l'on doit mettre en usage lorsqu'il est praticable. Si l'exophthalmie résulte de blessures, il faut recourir aux pansements convenables, aux saignées, aux sangsues, enfin à tous les moyens antiphlogistiques les plus énergiques, car c'est surtout l'inflammation qu'il est important de combattre dans cette circonstance, puisque c'est au gonflement qu'elle détermine que l'œil doit sa sortie de la cavité orbitaire.

EXOPTILES. *Voyez* DICOTYLÉDONÉS.

EXORCISME (du grec ἐξορκίζω, je conjure, dérivé de ὅρκος, serment, conjuration, prière à Dieu, et commandement fait au démon de sortir du corps d'un possédé). Cette cérémonie, conséquence du dogme de la démonologie, a dû par là même être en usage chez tous les peuples par qui ce dogme a été reçu, c'est-à-dire chez toutes les nations polythéistes, ainsi que chez les chrétiens. Chez les Juifs, nous dit Josèphe, il y avait des exorcistes qui, dans les fonctions de leur charge, se servaient de formules attribuées à Salomon. Jésus-Christ a confirmé, par son témoignage, le sentiment qui impute aux démons certaines maladies et certains vices. Il ne se borna pas à délivrer des possédés, il donna encore à ses disciples le pouvoir de les délivrer en son nom, et le succès avec lequel ils usèrent de ce pouvoir est un des principaux arguments dont les anciens apologistes de la religion chrétienne se sont servis pour en démontrer la divinité aux païens. C'est donc d'après l'autorité de Jésus-Christ et des apôtres que l'emploi des exorcismes s'est établi et a prévalu dans l'Église. Leibnitz, tout protestant qu'il est, ne laisse point d'avouer que l'Église a pratiqué de tout temps les exorcismes, et qu'il n'y trouve rien d'opposé à la raison.

On distingue deux sortes d'exorcismes, les *ordinaires* et les *extraordinaires* : les premiers sont en usage avant d'administrer le baptême et dans la bénédiction de l'eau; les seconds s'emploient pour délivrer les possédés, pour écarter les orages, pour faire périr les animaux nuisibles.

EXORDE (du latin *exordium*, dérivé d'*exordiri*, commencer, et proprement commencer à ourdir). C'est le nom qu'on donne en rhétorique au début d'un discours. L'objet de l'*exorde* est de préparer, de disposer favorablement les esprits.

En général, l'*exorde* doit être court, simple, clair, modeste ; deux ou trois phrases peuvent suffire, on ne saurait trop se hâter d'arriver à la question. Cependant l'*exorde* demande à être proportionné au sujet ; il est comme le vestibule d'un grand édifice. Il ne faut donc pas qu'il éclipse par son éclat le reste du discours, ni qu'il en épuise la substance. Les autres défauts de l'*exorde* seraient d'être vulgaire, commun, inutile, trop long, hors d'œuvre, déplacé ou à contre-sens : *vulgaire*, s'il peut s'accommoder à plusieurs causes indifféremment; *commun*, s'il convient tout aussi bien à la cause de l'adversaire; *inutile*, s'il n'est qu'un prélude oiseux et étranger à la question; *trop long*, s'il contient plus de pensées et de paroles que la nécessité ne l'exige; *hors d'œuvre*, s'il n'est pas tiré du fond du sujet; *déplacé*, s'il ne va pas directement au but que l'orateur a dû se proposer; enfin, *à contre-sens*, s'il peut compromettre l'intérêt de la cause qu'on a entrepris de défendre. Toute espèce de discours ou de plaidoyer ne réclame point un *exorde*. Il est même des causes vulgaires où cette sorte de préparation serait ridicule. C'est donc à l'orateur de bien examiner son sujet, de voir s'il est susceptible d'*exorde*, et quel *exorde* lui convient. Cicéron, qui nous a laissé de son art des leçons et des modèles également impérissables, conseille à l'orateur de ne penser à l'*exorde* que lorsque le discours est terminé. En effet, ce n'est qu'après avoir profondément médité son sujet, ce n'est qu'après en avoir sondé, pour ainsi dire, les entrailles, que l'on peut savoir comment il convient d'entrer en matière.

Il est un genre d'*exorde* brusque et sans préparation, que les anciens appelaient *ex abrupto*. Il consiste à heurter impétueusement, ou des adversaires qui ne méritent aucun ménagement, ou une proposition totalement dépourvue de sens et de fondement. Cet *exorde* éclate comme un coup de tonnerre. Mais il faut qu'il soit motivé par la gravité des circonstances ou par quelque incident inattendu qui lui donne le mérite de l'à-propos. L'exorde *ex abrupto*, pour être convenablement placé, doit être un de ces mouvements heureux qu'inspire quelquefois l'occasion. Ce n'est guère que dans les luttes du barreau et de la tribune politique qu'il nous semble pouvoir se produire avec avantage. Tout le monde connaît le fameux début de la première Catilinaire de Cicéron : *Quousque tandem abutere, Catilina, patientia nostra* (Jusques à quand abuseras-tu de notre patience, Catilina)? C'est là le plus bel exemple que l'on puisse citer de l'exorde *ex abrupto*. Aussi cette vigoureuse apostrophe était-elle puissamment légitimée par la découverte d'une conspiration flagrante, et par la menaçante audace du chef des conjurés, et par l'autorité des services et du talent de l'orateur romain. Mirabeau s'est aussi quelquefois servi avec succès de l'exorde *ex abrupto*. Un jour, étant interrompu dès ses premières paroles par les rires du côté droit, il se reprit, et débuta ainsi : « Messieurs, donnez-moi quelques moments d'attention; je vous jure qu'avant que j'aie cessé de parler vous ne serez pas tentés de rire. » Aussitôt, il se fit un grand silence, et l'orateur continua son discours, qui fut religieusement écouté. Ajoutons toutefois qu'il fallait être un Mirabeau pour exercer un tel ascendant. Avec la même présence d'esprit, avec les mêmes paroles, un orateur vulgaire n'eût pas produit le même effet.

L'*exorde* d'un sermon, d'une oraison funèbre, d'un panégyrique, se présente parfois avec un caractère particulier, qui contraste avec la simplicité que nous avons recommandée plus haut. C'est que l'éloquence sacrée ne doit pas oublier qu'elle est l'interprète de la parole de Dieu, et qu'elle a, par conséquent le droit de donner à ses enseignements la forme la plus solennelle. De là ce ton d'élévation, de sublimité, ou de majesté sainte que nous admirons dans quelques *exordes* de nos grands orateurs de la chaire. Deux des plus beaux *exordes* connus dans ce genre sont celui du sermon de Bourdaloue pour le jour de Pâques, et celui de Fléchier dans l'oraison funèbre de Turenne. On cite encore le magnifique *exorde* de l'oraison funèbre de la reine d'Angleterre, par Bossuet, et le début si imposant de l'oraison funèbre de Louis XIV, par Massillon.
CHAMPAGNAC.

EXORHIZES (de ἐξ, hors, et ῥίζα, racine). L.-C. Richard a proposé de diviser le règne végétal en trois grands embranchements : les *arhizes*, dépourvus d'embryon, et, par suite, de radicule; les *endorhizes*, qui ont la radicule intérieure; et les *exorhizes*, dont la radicule est extérieure. Ces trois divisions correspondent exactement à celles qui sont plus généralement adoptées sous les noms d'*acotylédonés*, *monocotylédonés*, et *dicotylédonés*.

EXOSMOSE. *Voyez* ENDOSMOSE.

EXOSTOSE (de ἐξ, dehors, et ὀστέον, os). On donne ce nom aux tumeurs contre nature qui se développent à la surface des os ou dans leurs cavités, et qui sont constituées par l'expansion du tissu osseux lui-même. Tous les os sont sujets à cette maladie, qui cependant affecte de préférence le tibia, le fémur, le crâne, le sternum, la clavicule, etc. Le nombre, le volume et la consistance des exostoses sont très-variables. Il ne s'en développe ordinairement qu'une seule sur un os, mais plusieurs os peuvent être affectés à la fois; rarement l'exostose dépasse le volume d'une noix ou d'un petit œuf. Celles de volume énorme décrites par les auteurs sont presque toutes des tumeurs d'une autre nature. Le tissu osseux qui constitue la tumeur est le plus souvent raréfié; lorsqu'il présente l'opacité de l'ivoire, on l'appelle *exostose éburnée*.

Les causes de l'exostose sont très-multipliées : elle peut résulter d'une violence extérieure (*exostose traumatique*); mais le plus souvent elle est l'effet d'un principe morbide intérieur (*exostose vénérienne*, *scrofuleuse*, *cancéreuse*, *scorbutique*, *dartreuse*, etc.). L'opinion la plus générale est que l'exostose est le produit de l'inflammation des os; son traitement est donc celui qui convient à l'inflammation, modifié par la lenteur des mouvements organiques dans le tissu des os, et par la cause spécifique de l'inflammation. Les antiphlogistiques simples conviennent donc à l'exostose traumatique; aux autres on opposera les traitements indiqués contre la syphilis, les scrofules, le cancer, etc. Mais souvent la tumeur résiste au traitement médical, et réclame l'emploi des moyens chirurgicaux, c'est-à-dire l'ablation au moyen de la scie ou de la gouge et du maillet. Il ne faut pas confondre l'exostose avec les tumeurs dues au gonflement de la membrane fibreuse qui enveloppe les os (*voyez* PÉRIOSTOSE).
Dr FORGET.

EXOTÉRIQUE. *Voyez* ÉSOTÉRIQUE.

EXOTHÈQUE (de ἔξω, en dehors, et θήκη, bourse, fourreau). *Voyez* ANTHÈRE.

EXOTIQUE (en grec ἐξωτικός, étranger). Ce mot, particulièrement consacré à l'histoire naturelle, est l'opposé d'*indigène*, et s'applique à toute production étrangère au pays où on l'emploie : ainsi, la plupart des plantes cultivées dans les serres des jardins botaniques, telles que les cierges, les palmiers, etc., sont des productions exotiques, c'est-à-dire apportées de climats plus ou moins éloignés.
BILLOT.

EXPANSION, EXPANSIBILITÉ, FORCES EXPANSIVES, etc. Ces termes dérivent tous du verbe *expandere*, étendre, déployer, épanouir. La *dilatabilité* n'est qu'un moindre degré d'expansion des corps, tandis que l'*expansibilité*, qui s'applique surtout à l'état aériforme ou vaporisé d'un corps. L'une comme l'autre résulte en général de l'action du calorique. L'expansion de l'eau en ébullition, celle du naphte, de l'alcool, de l'éther, de l'ammoniaque et autres fluides, éprouve d'autant plus de raréfaction qu'ils sont exposés à une température plus chaude. Les arômes des corps odorants sont d'autant plus expansifs qu'ils ont plus de légèreté, de volatilité, comme les huiles essentielles, etc. En général, les substances très-hydrogénées sont très-expansives; l'hydrogène lui-même est si léger, si raréfié, et contient tant de calorique combiné, qu'il est, par cette raison, le plus expansif de tous les gaz connus. Il y a pareillement raréfaction, expansion, sous une moindre pression; par exemple, l'eau, l'alcool, entrent en ébullition sur les hautes montagnes, à une température inférieure à celle qu'il faut employer dans les profondes vallées. L'on doit mettre encore au nombre des causes d'expansibilité la puissance centrifuge des corps en rotation sur eux-mêmes. Ainsi, vers l'équateur de notre planète l'expansibilité doit être plus considérable, ou la gravitation bien moindre que vers les pôles, indépendamment des différences de température de ces contrées.

Après avoir considéré l'expansion de la lumière lancée par les soleils, ou étoiles fixes, dans toute l'étendue des espaces, quelques philosophes ont cru pouvoir expliquer les grands phénomènes de la nature par la loi de l'expansibilité, avec autant de motifs plausibles que Newton en avait apportés pour établir les lois de l'attraction. Afin de prévenir l'objection que tous les corps planétaires, en se livrant à cette loi d'expansion, devraient se dissoudre dans l'immensité des cieux, Azaïs, par exemple, établit, comme contre-poids, que les expansibilités, ou tensions, se contre-balancent réciproquement, se contiennent entre leurs limites, et que la lumière solaire (ou le fluide stellaire), frappant la surface des planètes opaques, les bat, les condense avec tant de force qu'il rebondit à angles droits vers les cieux, comme ferait une balle élastique lancée avec vigueur contre le sol. De là cette réaction égale à l'action; de là compression antagoniste à cette expansion; de là le système des compensations. Mais cette prétendue *explication universelle* ne peut rendre raison des phénomènes d'attraction géocentrique qui correspondent non au volume, mais à la masse des corps pesants.

En établissant la loi du développement successif ou de la croissance chez tous les êtres vivants, la nature a rendu expansives leurs facultés pendant cette période d'existence, comme elles diminuent, au contraire, dans l'âge de décroissement, de la concentration ou du resserrement de la vie. Plus la jeunesse est voisine de l'enfance, plus les pulsations du cœur sont rapides, fortes, plus les organes s'étendent, se nourrissent promptement en tous sens. Comme de jeunes et brillantes fleurs se déploient et s'épanouissent avec joie aux premiers rayons de l'aurore, au soleil du printemps, ainsi l'adolescence, l'enfance, sont tout en expansion. La vivacité native du cœur pousse un sang bouillonnant jusqu'aux extrémités capillaires des artères qui viennent s'épanouir vers la périphérie du corps et le dilatent incessamment; la peau alors est rouge, chaude, moite; les pores sont ouverts, le corps transpire et absorbe beaucoup, telle qu'une éponge avide; aussi des exanthèmes, des efflorescences cutanées, se manifestent fréquemment chez les enfants. L'ardente jeunesse aspire au mouvement musculaire; la gaieté, tous les sentiments expansifs, déploient son moral non moins qu'ils étendent ses organes. Elle se complaît dans les pensées vastes, audacieuses; son imagination impétueuse s'élance au delà des bornes de l'univers visible : exaltée, illimitée dans ses désirs, elle ne redoute ni crainte ni dangers; elle aime la guerre, les actes de valeur, de témérité; surtout dévorée d'amour, elle s'épanouit dans ce sentiment délicieux et se plonge dans l'abîme des voluptés. Ainsi, le feu vital et cette première ivresse des années mettent en expansibilité toute l'organisation, rendent franc, ouvert, et impriment un caractère loyal, magnanime.

Il y a aussi une grande différence d'expansibilité suivant les constitutions et les sexes. La femme, comme on sait, est beaucoup plus sensible que l'homme; son système nerveux est éminemment expansible aux sentiments tendres et affectueux; sa compassion pour les infortunés devient même involontaire et toute spontanée, par cette sympathie innée, noble et touchant apanage de la plus aimable moitié du genre humain. Les peuples du Nord n'ont pas non plus cette sensibilité exaltable d'un délicat Italien, d'un Français vif et mobile, nourris d'aliments excitants. De même, l'innocence rustique d'un pâtre ne développe que les affections naïves d'un caractère simple, tandis que le citadin, éclairé dès l'enfance par cette éducation exquise, laquelle sollicite trop l'intelligence ou le jeu précoce des passions, épanouit ou resserre ses affections, les déguise tantôt sous le vernis d'une fausse politesse, tantôt exagère des émotions factices que désavoue en secret un cœur insensible et glacé.

Il est aussi des complexions chaudes, joviales, aimantes, comme les hommes sanguins, qui recherchent les plaisirs de la société, du jeu, de la table et du vin : bons vivants, sans soucis, heureux épicuriens, amis de tout le monde, ils animent de leur bruyant babil les conversations. Ouverts, libéraux, obligeants, prenant feu d'abord, mais sans se piquer de constance, ils aiment la vie, et se plaisent à communiquer leur bonheur. Chez les bilieux, l'expansibilité surtout est explosive, exaltée, fougueuse; elle ne se répand pas avec cette chaleur douce, uniforme, comme une atmosphère autour d'eux; ce sont des bouffées violentes de colère, et comme des détonations impétueuses d'Ajax ou d'Achille.

Il y a, du reste, deux ordres de passions; les *expansives* et les *concentrées*. Parmi les premières, il faut compter la joie, l'espérance, le désir, l'amour, la compassion, la tendresse et la colère, bien que celle-ci inspire plutôt l'*exaltation* que l'expansion. Parmi les *concentrées* sont les affections tristes, le chagrin, la haine et l'aversion, l'antipathie, la répugnance ou le dégoût; toutes les espèces de craintes ou de frayeurs, qui resserrent la peau, refroidissent l'extérieur du corps en refoulant la vie au dedans; elles font trembler les membres, relâchent les intestins, débilitent le système musculaire, et éteignent plus ou moins la sensibilité. On voit pourquoi les complexions chaudes sont plus disposées aux affections expansives, et les tempéraments mélancoliques, froids, sont réservés aux sentiments concentrés et tristes. On comprend aussi pourquoi les boissons spiritueuses, les aliments excitants, prédisposent le corps à l'expansibilité, *et addunt cornua pauperi*. Peut-on ajouter que les passions populaires, dans les révoltes ou les révolutions, se transmettent avec une singulière expansibilité, ainsi que les sympathies dans les spectacles, de toutes parts, soit de la tribune, soit du barreau. Enfin, tel est l'abus de l'expansibilité dans le tourbillon du monde qu'elle peut aller jusqu'à une sorte de fatuité folâtre, voltigeante, habillarde, d'une légèreté inconséquente et incorrigible. Cette habitude contractée, qui met toutes les facultés en expansion et en représentation extérieure, finit par rendre le cœur et la tête vides de tous sentiments vrais, de toutes solides pensées.   J.-J. VIREY.

EXPECTANTE (Médecine). On désigne sous ce nom la méthode qui consiste à observer la marche des maladies, à les laisser se développer naturellement, et à n'intervenir que lorsqu'on y est obligé par la gravité des symptômes. Cette méthode, opposée à celle que suit la *médecine agissante*, présente de l'avantage dans certaines circonstances, mais ne saurait être employée dans toutes les affections : il est des cas où elle pourrait avoir des résultats funestes. Généralement, on doit se borner à la médecine expectante, dans les maladies aiguës et peu profondes, tendant à une guérison spontanée. C'est surtout là qu'il faut se rappeler ces mots d'Hippocrate : *Medicus naturæ minister et interpres ; naturæ si non obtemperat, naturæ non imperat*.

EXPECTANTS. *Voyez* CHERCHEURS.

EXPECTORANTS, agents propres à faciliter l'expectoration. Les plantes légèrement aromatiques, le kermès minéral, la vapeur du succin, le chlore, et en général les préparations dites *béchiques* et *pectorales*, sont des expectorants.

EXPECTORATION (de *ex*, hors, et *pectus*, *pectoris*, poitrine), fonction par laquelle les poumons et la trachée-artère se débarrassent des matières sécrétées par les membranes qui tapissent les voies aériennes. L'expectoration est quelque chose de plus que le simple *crachement*. Dans le crachement, il peut ne se trouver que de la salive, et c'est même le cas le plus ordinaire, tandis que dans l'expectoration, les liquides crachés, vulgairement nommés *crachats*, viennent de plus loin que la membrane muqueuse de la bouche. L'expectoration a lieu dans les rhumes, les catarrhes, les inflammations des poumons, celles de la gorge, soit à l'état aigu, soit surtout à l'état chronique.

EXPÉDITION (*Droit*). On nomme ainsi la copie exacte et littérale de la minute d'un titre ou d'une pièce, délivrée par un officier public. Les *expéditions* font foi de ce qui est contenu aux actes, dont la représentation peut néanmoins toujours être exigée par les personnes intéressées. Lorsque le titre original n'existe plus, les premières expéditions qui en ont été délivrées font la même foi que le titre lui-même (Code Civil, 1335). Les notaires ne sont seuls le droit de délivrer des expéditions des actes dont ils possèdent les minutes; et les greffiers, celle des jugements, des actes et des procès-verbaux dont le dépôt leur est confié. Les *expéditions* des actes notariés diffèrent des *grosses*, en ce qu'elles ne sont pas revêtues de l'intitulé des lois, et par suite n'emportent pas avec elles l'*exécution parée*. Les notaires, qui ne peuvent contraindre à recevoir des expéditions des actes passés devant eux, doivent toujours délivrer celles qui leur sont demandées par les parties intéressées en nom direct, par leurs héritiers ou ayant droit, sous peine d'y être contraints, même par corps (Code de Procédure, art. 839). Quant aux personnes étrangères à l'acte et qui n'y figurent pas, elles ne peuvent en obtenir expédition qu'en vertu d'une autorisation judiciaire ou d'un jugement, qui prend le nom de *compulsoire*. Les expéditions ne peuvent contenir plus de 25 lignes par page de moyen papier, et plus de 30 lignes par page de grand papier, à peine du 5 fr. d'amende ; elles doivent contenir 15 syllabes à la ligne. Les expéditions ne peuvent être faites que sur papier timbré. Il ne peut être délivré deux actes à la suite l'un de l'autre sur la même feuille. Il n'est aucun droit d'enregistrement sur les copies des actes qui doivent être enregistrés sur les minutes ou originaux : les copies collationnées sont seules soumises à l'enregistrement. A. HUSSON.

EXPÉDITION (*Contributions indirectes*). Voyez BOISSONS (Impôts sur les), et DOUANES.

EXPÉDITION (*Art militaire*), opération d'armée, d'une durée plus ou moins longue, mais ayant un but déterminé et un motif combiné d'avance. Elle est dirigée vers un but unique, auquel toutes les autres combinaisons sont subordonnées, en ce sens qu'elles ne peuvent être admises dans le calcul des événements que pour ce qu'elles ont de tendant à l'objet qu'on veut atteindre. En effet, dès qu'on a un but d'action bien déterminé, il faut, afin qu'il n'échappe pas, pouvoir y tendre avec la réunion de tous les moyens qu'on possède, et sans en être détourné par des obstacles de la nature de ceux qu'on est le maître d'éviter. *Remotis impedimentis, hoc est expeditus* : telle est la vraie étymologie du mot *expédition*. Souvent on lit dans les auteurs latins, et surtout dans César, que le général d'armée, soit pour prévenir l'ennemi sur un point, soit pour exécuter un coup de main rapide, a marché *expeditis legionibus* ou *cohortibus* (avec des légions ou des cohortes dégagées de tout embarras). Ces opérations étaient de véritables expéditions sortant de la série des mouvements ordinaires d'armées. Le mot est resté, l'application a grandi. Aujourd'hui, pour qu'une opération militaire porte le nom d'*expédition*, il ne suffit plus qu'elle soit exécutée par des troupes dégagées de bagages : une ou plusieurs marches forcées peuvent être dans ce cas, sans sortir cependant de la série des combinaisons du plan de campagne, ni avoir un but final déterminé d'avance, ou indépendant des autres ; ces opérations sont alors plus exactement appelées des *coups de main*.

Dans l'enfance des nations, chez tous les peuples barbares de l'Asie et de l'Europe, chez les Grecs, même chez les Romains, avant qu'ils eussent des armées permanentes, presque toutes les guerres ne furent que des expéditions successives, dont chacune ne durait que l'étendue de la belle saison. Dès qu'il y avait du fourrage dans les champs, on réunissait des troupes, et on allait ravager les terres de son voisin, ou lui prendre une ou deux villes, soit pour les piller ou les brûler, soit pour les conserver. Au retour de l'automne, chacun rentrait chez soi pour recommencer l'année suivante, si une trêve ou la paix ne venaient pas suspendre les dévastations. Longtemps après l'établissement des armées permanentes chez les Romains, on retrouve encore des guerres d'expéditions : celle de César dans les Gaules, jusqu'au moment où les Gaulois réunirent enfin, mais malheureusement trop tard, toutes leurs forces contre lui, sous les ordres de Vercingétorix, ne fut qu'une série d'expéditions contre des peuples qu'il soumit isolément. L'établissement des Francs, des Goths, des Lombards, et des autres barbares asiatiques dans l'empire romain, amenèrent l'usage des guerres d'expéditions, ou plutôt il n'y en eut plus d'autres. L'esprit de rapine et de brigandage de ces Tatars de l'Occident, organisé et favorisé par le régime féodal, se déploya tout à son aise. Chaque chef de brigands, indépendant de droit de ses camarades, et souvent même de celui qui était le chef nominal de tous, se livra sans contrainte à ses goûts de pillage envers ses voisins et quelquefois envers les passants, sur les grands chemins. On ne fit plus la guerre que pour cela. Nous voyons en effet en France jusque sous Henri II, et en Allemagne jusqu'au temps de la guerre de trente ans, licencier, après chaque expédition, ou à chaque paix ou trêve partielle, les troupes qui avaient servi, pour en lever des nouvelles à la reprise des hostilités : c'est ce qu'on appelait *dresser une armée*.

Depuis que le métier de la guerre, soumis à des règles théoriques, est devenu une science ; qu'on ne peut plus avancer que méthodiquement et progressivement, et toujours appuyé sur une base solide, les expéditions, qui sont des mouvements excentriques, et demandant des précautions spéciales, sont devenues bien moins fréquentes ; ce sont des épisodes qui trouvent rarement place dans un plan bien coordonné ; et il n'y a guère qu'une faute de l'ennemi qui puisse y donner occasion. La conquête de la Franche-Comté par Louis XIV fut une expédition mal préparée d'abord, puisqu'elle pensa échouer, parce qu'aucun magasin n'avait été préparé, mais qui réussit, parce que les combinaisons militaires furent bonnes. Dans les guerres de la révolution française, la conquête de la Hollande par Pichegru fut une expédition bien combinée et bien exécutée, dont les résultats changèrent à notre avantage le plan de la campagne suivante. Pendant les campagnes d'Italie du général Bonaparte, celle qui fut résolue contre le pape, et qui finit par le traité de Tolentino, fut également une expédition qui nous délivra de quelques moucherons bourdonnant à notre droite. Depuis lors nous ne voyons plus dans l'ancien continent d'autre expédition proprement dite que celle qui amena la conquête d'Alger. Celle de Morée fut un épisode mélodramatique, dégagé non pas de bagages et d'autres embarras d'armée, mais de toute combinaison stratégique. La guerre d'Espagne en 1823 ne me paraît avoir été ni une guerre ni une expédition ; l'ensemble en fut une espèce de salmigondis, où les mouvements militaires ne servirent qu'à donner une couleur aux combinaisons diplomatiques, ou à couvrir des défections achetées. [Nous parlerons ailleurs des expéditions d'Ancône, en 1832 ; de Rome, en 1849 ; de Grèce, en 1854.]

Une expédition, soit qu'elle précède ou commence une guerre, soit qu'elle ait lieu au milieu des opérations d'une campagne dont elle se détache, demande beaucoup de réflexion, des combinaisons bien conçues, et des moyens bien assurés ; c'est, pour ainsi dire, une guerre ajoutée à une guerre parce qu'elle exige des préparatifs d'action, de réussite et de conservation, indépendants de toutes chances qui peuvent se présenter en dehors. Si elle précède ou commence une guerre, il n'en faut pas moins que les moyens de faire ou de continuer cette guerre soient préparés ou réunis, indépendamment de l'expédition, et de manière non-seulement à n'avoir besoin de disposer de rien de ce qui y appartient, ce qui la ferait échouer, mais encore à pouvoir l'appuyer et en assurer le succès.

Une expédition faite pendant la durée d'une guerre, et qui se détache pour ainsi dire, au milieu des opérations d'une campagne, est beaucoup plus délicate et plus difficile en elle-même : elle exige des conditions préalables, que le hasard ne fait pas toujours naître, et dont même dans ce cas le talent et l'adresse peuvent seuls profiter, en même temps que la prudence les assure.

Gal G. DE VAUDONCOURT.

EXPÉDITION NAVALE ou **MARITIME**, mission spéciale donnée à des bâtiments de guerre, et qui doit être remplie par des forces plus ou moins considérables. Ordinairement cette *expédition* est une attaque imprévue contre l'ennemi, soit pour débarquer des troupes sur une plage, soit pour appuyer une demande en réparation d'insultes faites à un pavillon ou à un consul, soit pour s'emparer d'un convoi, soit enfin pour transporter une armée d'opérations. On distingue de grandes expéditions, comme celles d'Égypte, de Saint-Domingue, etc.; de petites expéditions, telles que celles de Duguay-Trouin à Rio-Janeiro, du commandant Gourbeyre à Foulpointe, de l'amiral Roussin dans le Tage, etc. Quelquefois des forces navales partent pour une expédition inconnue, c'est-à-dire que l'on a voulu tenir secrète. Dans ce cas, des instructions cachetées sont remises au commandant de l'*expédition*, avec ordre formel de ne les ouvrir qu'en mer, à une hauteur déterminée. Arrivé au point fixé, le commandant fait un procès-verbal de l'ouverture des dépêches, qui le plus souvent doivent être lues en conseil, et l'expédition prend la nouvelle direction qui lui est indiquée.

MERLIN.

EXPÉDITIONNAIRE, employé en sous-ordre, chargé dans les administrations publiques de recopier et mettre au net la correspondance que les commis rédacteurs lui donnent à transcrire. L'étymologie de ce mot indique assez la nature du travail qu'on exige de cette classe ignorée et souffreteuse, en échange de la maigre pitance que lui alloue le budget : *expéditionnaire* vient évidemment d'*expedire*, faire et faire vite. Le travail manuel, voilà le lot de l'expéditionnaire; il écrit, ou plutôt il moule, il peint la pensée d'autrui, et taille sa plume pendant qu'un autre cherche une pensée, une expression. Il copie d'instinct, comme le bœuf laboure, parce qu'il est expéditionnaire, et que le but de son existence est la copie. L'emploi d'expéditionnaire est assez ordinairement le premier pas des jeunes débutants dans la carrière administrative. Après un long surnumérariat, cela semble tout-à-fait bon et confortable de toucher 12 ou 1,500 francs par an. Mais malheur à celui qu'une intrigue ministérielle ou sa capacité n'arrache pas bientôt de ces bureaux ignorés, poudreux, où le travail fuit concurrence aux presses autographiques!

T. TRIGOUT.

En termes de commerce, *expéditionnaire* se dit de celui qui est chargé accidentellement par un autre de faire un envoi de marchandises, ou de celui qui fait habituellement des envois de marchandises, par terre ou par eau, pour le compte d'autrui. On donnait autrefois ce nom à certains banquiers, établis en France, qui se chargeaient d'obtenir en cour de Rome, moyennant commission, les rescrits, bulles, provisions, dispenses, etc., *expéditions* de la chancellerie ou de la daterie, dont les Français pouvaient avoir besoin.

EXPÉRIENCE. Dans son acception philosophique la plus rigoureuse, ce mot signifie la connaissance des faits qui se manifestent ou se sont manifestés à nous, qui sont tombés sous les regards de notre intelligence, que nous avons nous-mêmes en quelque sorte *éprouvés*. C'est ce qu'indique le mot *experiri*, qui veut dire *éprouver*, et d'où l'on a formé le mot *expérience*. Depuis que j'existe, le jour a régulièrement succédé à la nuit. Telle substance m'a nourri, telle autre m'a désaltéré; j'ai vu la terre produire certains fruits, etc., etc.; mon esprit a acquis des connaissances; j'ai passé des alternatives de peine et de plaisir; j'ai pris certaines déterminations, accompli certains actes, etc., etc.: voilà le domaine de l'expérience.

On oppose ordinairement la raison à l'expérience, et elle en est réellement distincte, quoique vivant toutes deux dans l'homme et concourant à lui donner toutes ses connaissances; car la raison et l'expérience, c'est tout l'entendement humain. Si l'expérience nous donne la connaissance de certains faits, la raison nous permet de *généraliser* les idées, nous révèle les *rapports nécessaires* et toutes les conséquences qu'on en peut déduire; elle nous révèle aussi les *lois de la nature* physique ou morale et toutes leurs applications. Il y a donc en nous deux choses bien distinctes, d'une part la connaissance des faits qui se sont manifestés à nous, et que nous avons recueillis par nous-mêmes; d'une autre part, les inductions que nous avons tirées de ces faits, et au moyen desquelles nous avons si prodigieusement agrandi le cercle étroit de nos connaissances individuelles. Comme on a remarqué entre ces deux sortes d'acquisitions intellectuelles une différence essentielle et profonde, on les a justement attribuées à deux pouvoirs de l'esprit différents. On donne au premier le nom d'*expérience*, au second celui de *raison*.

En séparant le domaine de l'expérience du domaine de la raison, nous avons résolu la célèbre question de l'origine des idées, qui a si longtemps divisé les philosophes et les a partagés pour ainsi dire en deux camps, où l'on voit d'un côté les partisans de l'expérience, de l'autre les partisans des idées innées. Or, on entend par partisans de l'expérience, ou philosophes *empiriques*, ceux qui veulent que toutes nos idées nous soient acquises par le fait de l'expérience seule, et qui regardent la raison comme une faculté imaginaire, dont la supposition n'est nullement nécessaire pour expliquer l'acquisition de nos connaissances.

Par *vérités d'expérience* on doit seulement entendre les vérités relatives aux faits que l'expérience nous atteste; car ce n'est point l'expérience qui nous donne par elle-même ces vérités, ou, si l'on veut, la loi d'un fait ne contient point sa loi, il y est contenu, puisqu'il n'en est que l'application. La croyance à l'existence et à la stabilité de cette loi nous est bien inspirée à l'occasion du fait, mais elle n'est pas la croyance à ce fait, car le fait et la loi sont deux choses bien distinctes.

Le mot *expérience*, dans la langue usuelle, a un sens bien moins restreint que dans la langue philosophique. On entend communément par *expérience* non-seulement la connaissance des faits qui se sont présentés à nous, mais encore toute l'instruction que nous avons pu en tirer au moyen de l'induction. Mais on entend toujours par ce mot les connaissances que l'on acquiert par soi-même. Ainsi, on dira d'un homme qu'il a une grande *expérience* des affaires, lorsqu'il lui en est beaucoup passé par les mains et qu'il les a conduites habilement. Il en est de même d'un homme qui a voyagé, qui a examiné avec soin le caractère, les mœurs des peuples qu'il a visités,

Qui mores hominum multorum vidit et urbes;

on dira de lui qu'il connaît *par expérience* ce que les autres n'ont appris que dans les livres. Bien souvent en effet le mot *expérience* est opposé au mot *théorie*, et se prend alors pour celui de *pratique*. Ainsi, on dit d'un médecin qu'il a beaucoup de pratique, c'est-à-dire d'expérience, lorsqu'il a pu observer et traiter par lui-même un grand nombre de maladies. Dans le sens où nous prenons ici le mot *expérience*, il ne suffit pas pour en acquérir d'avoir vu beaucoup de faits. Il faut être doué jusqu'à un certain point de l'esprit d'observation, il faut examiner les faits, les différencier, les rassembler, remonter à leurs causes, en tirer des inductions, s'élever aux conséquences qui sortent de ces inductions, etc., si l'on veut acquérir cette instruction réelle et applicable que l'on nomme *expérience*. Combien de gens ont traversé la vie au milieu de faits nombreux bien propres à leur donner d'utiles enseignements, qui, dominés par leurs préjugés ou leurs passions, n'ont su retirer aucun fruit de tous les événements auxquels ils ont assisté, et dont on peut dire *qu'ils ont beaucoup vu et rien appris !*

Quand le mot *expérience* s'emploie d'une manière absolue, il se prend alors dans un sens particulier et sert à désigner l'expérience que l'on acquiert sur la nature morale de l'homme et sur le cours habituel des événements dans la vie sociale. Ainsi, l'on dit que les vieillards ont plus d'*expérience* que les jeunes gens, parce que la longue carrière qu'ils ont parcourue leur a permis de connaître un plus grand nombre d'hommes, de les suivre dans la vie, de juger de leurs actions et des motifs qui les ont fait agir, d'observer la différence des caractères, des penchants, des habitudes, et les diverses conséquences auxquelles aboutissent les différentes modifications de la nature humaine, etc., etc. Cette sorte d'expérience, qu'on semble regarder comme l'*expérience* proprement dite, est en effet la plus importante pour l'homme, puisqu'elle lui enseigne à se conduire dans la vie et à se garantir des écueils dont elle est semée. Mais si elle est la plus importante, elle est aussi la plus difficile à acquérir, en raison des nombreuses causes d'erreur qui agissent dans ce cas pour nous tromper. Si quelques hommes parviennent à cette expérience si précieuse, ce n'est qu'après avoir parcouru toute leur carrière au milieu des agitations et des orages de la vie, après avoir été mille fois dupes d'eux-mêmes et de leurs semblables, mille fois blessés dans leurs affections, mille fois trompés dans leurs espérances, et c'est au moment où ils ont acquis cette expérience qu'elle a couté si cher, qu'elle leur devient inutile.

C.-M. PAFFE.

EXPERT, EXPERTISE. Le mot *expert* vient du latin *expertus*, habile, et s'emploie pour désigner celui qui est d'une grande habileté dans son art, dans son métier, celui qui a des connaissances spéciales telles, qu'on peut s'en rapporter à son avis, quand il s'agit d'un cas douteux rentrant dans sa spécialité. Dans les temps primitifs, les contestations sur bien des matières devaient être naturellement portées devant des experts : aussi trouvons-nous chez les Romains des experts-arpenteurs, des experts-priseurs, dont le nom seul indique les attributions. L'institution des experts s'est maintenue jusqu'à nos jours, et nos lois ont réglé avec soin la manière dont ils seraient choisis, l'*expertise* à laquelle ils devaient se livrer, et le rapport qui devait être le résultat de cette expertise. Les experts sont choisis par les parties, ou par les tribunaux, avec faculté aux parties d'en désigner d'autres dans les trois jours, par déclaration faite au greffe. Ils doivent être trois, à moins que les parties ne consentent à ce qu'il soit procédé par un seul. Ils ne peuvent, quand ils ont accepté la mission qui leur est attribuée, refuser de la remplir. Ils peuvent être récusés par les parties, lorsqu'ils sont nommé d'office, ou dans les cas où les témoins peuvent être reprochés. Ils prêtent le serment de remplir fidèlement leurs fonctions. Après s'être livrés au travail d'examen qui leur a été confié, les experts procèdent à la rédaction de leur rapport; ils ne doivent former qu'un avis, à la pluralité des voix, mais ils peuvent néanmoins, en cas d'avis différents, indiquer les motifs déterminant des différents avis, sans faire connaître ceux qui les ont émis. L'avis des experts ne fait point loi pour les juges, et si les résultats d'une seconde expertise leur semblent nécessaires pour éclairer leur conscience, ils peuvent l'ordonner. Mais le plus souvent les tribunaux s'en rapportent au dire des experts, dont ils ne font qu'homologuer, nous ne dirons pas la sentence, les experts n'ayant point, comme les arbitres, le caractère de juges, mais l'opinion motivée.

EXPIATION. Ce mot signifie *réparation, satisfaction pour une faute*. Si les souffrances qui se manifestent dans ce monde, sous des formes si variées, sont destinées à faire accomplir la loi de l'expiation, cela présuppose quelque grande altération dans la nature de l'homme, un vice originel et primordial, résultat de la violation de quelque loi de son existence. Il serait difficile de penser en effet que l'homme, avec toutes ses misères et toutes ses passions, avec ses sauvages instincts de destruction, fût ainsi sorti des mains de son Créateur. Dans cet état de déchéance et de malheur, ne pouvant plus s'élever jusqu'à Dieu, sa fin dernière, la mort et d'éternelles douleurs eussent été son partage, si l'expiation, loi d'amour et de miséricorde, dont la forme typique est représentée par un Dieu fait homme, mourant sur la croix pour le salut du monde, n'était venue lui donner l'espérance de la réhabilitation et le moyen de reconquérir les destinées magnifiques qui lui étaient échappées, et même de plus belles encore. Par l'expiation, la trace ou la souillure que le mal a laissée sur l'âme est effacée, et l'harmonie est rétablie dans le monde moral, ou, pour parler théologiquement, la justice de Dieu est satisfaite. Cependant, il ne suffit pas qu'il y ait souffrance pour qu'il y ait expiation. Il faut que la volonté accepte la souffrance et l'accueille comme un bien, ou au moins s'y résigne : telle est la doctrine catholique, telle était aussi la doctrine de Platon. Il faut en outre que l'âme habite un monde où l'expiation soit possible. Sur la terre il n'y a pas de souffrances qui ne puissent être expiatoires, parce que la justice de Dieu ne s'y exerce pas d'une manière définitive et absolue. La souffrance la moins volontaire dans le principe peut devenir par la volonté du patient un moyen de salut et de vie.

Dans les croyances catholiques, il y a un lieu autre que la terre, qu'elles destinent plus spécialement à l'expiation, c'est le purgatoire : monde d'inexprimables souffrances, mais qui cependant vaut mieux que celui-ci, car la certitude du bonheur y remplace l'espérance.

C'est dans les *Soirées de Saint-Pétersbourg* qu'il faut voir tout ce que le génie de leur auteur a jeté de lumière sur cette importante matière, à l'aide des traditions universelles; comment il établit que l'idée d'une satisfaction due à la justice de Dieu a existé chez tous les peuples, et comment ceux-ci ont toujours admis en pratique la nécessité du sacrifice. Platon avait admirablement saisi et développé le véritable caractère de l'expiation. On trouve cette sublime doctrine exposée dans le *Gorgias*, avec des données qu'on croirait empruntées au christianisme.

L'expiation, qui est une des grandes lois de l'ordre moral, est aussi une des premières lois de l'ordre social. Elle élève l'humanité vers le monde invisible, d'où émane toute vie. Elle donne de sublimes accents de gémissement et d'espérance à l'art, dont la mission est de faire aimer le vrai par l'intermédiaire de la beauté. Elle soutient et conserve la société, qui sans elle irait bientôt se perdre dans la dégradation de l'état sauvage, en réparant les ravages et en effaçant les traces du désordre que le mal et le crime, sans cesse renaissants, y entraînent avec eux. Aussi est-ce un devoir pour le pouvoir social de faire accomplir l'expiation dans une certaine mesure; de là l'origine et la nécessité de la justice pénale. Il doit également protéger et favoriser tout ce qui tend à l'accomplissement volontaire de cette loi, ou au moins n'y mettre d'obstacles. Toute théorie, toute législation, toute mesure gouvernementale qui affaiblit ou entrave l'action de cette force organique de la société, attaque ou détruit celle-ci dans la même proportion. Il y a donc plusieurs espèces d'expiations : l'expiation infligée directement par Dieu même sur l'humanité : c'est le travail; ce sont les maladies, les calamités et toutes les souffrances auxquelles l'homme est exposé sur la terre; l'expiation infligée par le pouvoir social, dans l'intérêt et pour la conservation de la société; puis enfin l'expiation volontaire, qui se manifeste et s'accomplit par le sacrifice et l'abnégation de soi-même, par les privations, les mortifications et les durs travaux entrepris pour plaire à Dieu et servir l'humanité.

EXPIATION (Fête de l'), chez les Juifs. Elle se célèbre le dixième jour du mois de *tisri*. Dieu ordonne cette fête dans le *Lévitique* (ch. XXIII, v. 27 à 33). En ce jour, le grand-prêtre confessait ses fautes, et, après plusieurs cérémonies, se soumettait à l'expiation, qui lavait le peuple de ses péchés. On offrait ensuite un holocauste, et l'on ne faisait aucune œuvre servile. C'était le seul jour où le grand-prêtre entrait dans le *Sancta sanctorum*, le lieu le plus saint du temple. Après s'être lavé, il se revêtait de vêtements de lin. Il prenait un jeune taureau roux pour l'offrir en *expiation* du péché et un bélier pour l'offrir en holocauste. Le peuple lui présentait deux boucs et un bélier. Il conduisait les deux boucs à la porte du tabernacle, et jetait un sort sur ces deux victimes, dont l'une était pour Dieu et l'autre devenait le bouc émissaire. Il sacrifiait le premier ; il présentait l'autre tout vivant au Seigneur ; il sacrifiait le jeune taureau pour lui et pour sa famille, et ces deux sacrifices achevés, mettant ses mains sur la tête de l'autre bouc, il confessait toutes les iniquités d'Israël ; puis il lançait ce bouc dans le désert. Aujourd'hui, les Juifs fervents n'observent plus ces cérémonies, mais ils offrent un coq pour victime, jeûnent du premier jour du mois au dixième, prient beaucoup et ne mangent point ces jours-là de pain pétri par des mains chrétiennes.

Les Grecs et les Romains avaient aussi leurs expiations, accompagnées de diverses cérémonies. On en faisait pour les villes comme pour les personnes coupables. Après que le jeune Horace eut été absous par le peuple du meurtre de sa sœur, il fut purifié par toutes les *expiations* que les lois des pontifes avaient prescrites pour les meurtres involontaires. Lorsque les homicides étaient de haut rang, les rois eux-mêmes ne dédaignaient pas de faire la cérémonie de l'expiation.

EXPIRATION se dit, en droit, du terme assigné pour accomplir certaines formalités conservatoires ; l'expiration des délais d'appel, c'est le jour où ces délais finissent. La connaissance de l'expiration du délai est d'une haute importance dans la procédure, et les interprétations auxquelles elle donne quelquefois lieu attestent combien il importe aux parties de s'en préoccuper. En général, ni le premier ni le dernier jour d'un délai ne sont comptés ; c'est ce qu'on appelle le délai franc. Quand les délais sont moindres d'un mois, et se comptent par jour, le *jour terme*, l'expiration en arrive le dernier jour franc ; quand ils sont calculés par mois ou par année, le quantième leur sert de régulateur, sans que l'on tienne compte du nombre de jours du mois ou de l'année ; le jour de l'expiration est alors le lendemain du quantième de la date du délai fixé. L'*expiration* se prolonge de vingt-quatre heures lorsqu'elle tombe le dimanche ou un jour férié. Mais cette règle n'est pas applicable aux longs délais, dans laquelle la jurisprudence n'accorde pas toujours le jour franc. L'expiration, lorsque la partie intéressée à faire des actes conservatoires de ses droits dans le temps indiqué a négligé l'accomplissement des formalités voulues, entraîne pour elle la déchéance.

EXPIRATION (*Physiologie*). Voyez RESPIRATION.

EXPLICATION se dit de l'action d'expliquer ou plutôt de faire comprendre par une démonstration claire et nette une chose obscure, ambiguë : ainsi, l'on explique une prophétie, un oracle, une énigme. On donne ordinairement aussi ce nom au discours que fait un professeur après sa dictée, pour en faciliter l'intelligence aux écoliers. L'habitude de l'analyse, ou de la décomposition des choses qu'on veut faire comprendre, est le principal moyen pour arriver à expliquer facilement. Il se dit quelquefois de ce qui aide à trouver la cause, le motif d'une chose difficile à concevoir : Donner à quelqu'un l'*explication* d'un fait. Il s'entend aussi d'une simple démonstration, d'une énumération de détails : L'*explication* de la sphère, explication anatomique. Ce mot, en termes de bravache, signifie, enfin, l'acte par lequel on se disculpe d'un méfait, les raisons que l'on donne à quelqu'un pour se justifier d'un tort dont on s'est rendu coupable envers lui. BILLOT.

La prudence prescrit de savoir se borner à des explications et à des applications suffisamment rationnelles dans chaque ordre de connaissances humaines. Il n'appartient qu'à une intelligence infinie et à une raison suprême de pouvoir expliquer tous les faits visibles ou invisibles. L'esprit humain s'est évertué plus d'une fois à donner des *explications universelles* ; de nos jours, il est bien moins hardi, malgré son penchant à s'aventurer dans ce genre de recherches. Il y a dans cette tendance de l'esprit humain à vouloir tout expliquer un fait pratique très-important, en ce qu'il donne des notions très-nettes des bornes assignées à la science humaine, de la valeur relative des explications scientifiques auxquelles on peut atteindre, et enfin, de l'existence certaine d'une science divine et infinie, à laquelle l'esprit humain voudrait et espère participer. L'aveu sincère de notre impuissance à tout expliquer nous conduit donc jusqu'aux limites du champ des faits de l'ordre de science, et nous fait passer logiquement dans le champ des faits de l'ordre de foi et d'une espérance qui ne doit point être déçue.

L. LAURENT.

EXPLOIT, terme militaire qui dérive du verbe *explicare*. Il est employé par Valère-Maxime et par Martial dans les sens de *facere*, faire. On entend par le mot *exploit*, dans son application générale, l'action d'une guerre mémorable, d'une expédition ayant eu pour résultat la conquête ou la soumission d'un pays. Les grandes opérations stratégiques dont un peuple a été l'instrument, et dont le général d'armée a été à la fois l'auteur et le chef, sont désignées sous le titre générique d'*exploits*, lorsqu'elles ont été accompagnées de grandes actions, de faits d'armes glorieux. La Grèce, Rome et la France, Alexandre et César, Charlemagne et Napoléon, embrassent à eux seuls tout ce que ce mot peut avoir d'étendue, de noblesse et de grandeur. Dans le langage militaire, il est rarement employé au singulier ; il est plus propre à qualifier l'homme de guerre, en particulier, que la nation elle-même, car pour celle-ci le mot technique serait plutôt *victoires* ou, mieux encore peut-être, *conquêtes*. On dit en parlant d'un grand capitaine, qu'il fit ses premiers exploits en Italie, en France, en Allemagne. SICARD.

EXPLOIT. En droit, cette expression ne rappelle aucune idée d'héroïsme, mais le vulgaire procès-verbal dans lequel un officier ministériel, un notaire dans certains cas assez limités, un huissier dans à peu près tous les cas, constate l'accomplissement d'un acte de son ministère dans l'intérêt d'une partie. S'il faut s'en rapporter à l'étymologie, les exploits procéduriers datent de loin, car le mot viendrait de *explacito* (quitient aux plaids). Les actes par lesquels on assignait les défenseurs s'appelaient des *exploicts*. Les exploits des huissiers doivent être faits dans les formes légales déterminées, sur papier timbré, et remis à la personne contre laquelle ils sont dirigés ou à l'un des siens. Si un exploit est déclaré nul par le fait d'un huissier, il pourra être condamné aux frais de l'exploit, de la procédure annulée, sans préjudice des dommages-intérêts de la partie. Les exploits d'exécution des huissiers ont fait prendre le mot exploiter dans le même sens que saisir, exécuter ; par extension, on a désigné par exploitable tout ce qui est susceptible d'être saisi sur une partie et vendu au profit de l'autre.

Comment de ces exploits d'huissier, qui sont la ruine pour ceux qui en paient, a-t-on fait le mot *exploiter*, pour rendre l'idée de travail utile, fructueux, de rapport du sol ? Nous renonçons à le rechercher, à moins de supposer que c'est par antiphrase que cette nouvelle signification s'est formée. L'*exploitation* d'une propriété, d'une usine, c'est la mise en rapport. Par extension, l'on veut désigner de grandes propriétés mises en culture, on dit : les grandes exploitations, et on les oppose alors aux petites exploitations (voyez CULTURE).

EXPLOITATION. Voyez EXPLOIT (en Droit).

EXPLORATEUR, EXPLORATION (du verbe latin *explorare*, rechercher). La plupart des dictionnaires n'attachent au qualificatif *explorateur* d'autre idée que celle d'homme à la recherche de nouvelles et de renseignements. Mais on abuse surtout le mot *exploration* de l'action de faire des découvertes en pays étranger pour en connaître l'étendue et les limites, le caractère et les mœurs de ses habitants, ses productions, etc.

L'exploration est aussi l'application immédiate ou médiate de l'un ou de plusieurs de nos sens à la recherche de certaines substances, de certaines propriétés, de certains phénomènes. En médecine, l'exploration consiste dans la pratique des différents moyens à l'aide desquels on parvient à la connaissance et à la détermination des maladies. Parmi ces moyens, il faut mettre en première ligne l'auscultation, la percussion, la palpation et l'inspection. Les anciens praticiens ignoraient vraisemblablement la plupart de ces procédés, sans lesquels on ne peut avoir aucune certitude sur l'existence et sur le degré d'un assez grand nombre d'affections. Parmi les modernes, il en est encore beaucoup qui les négligent ou ne les connaissent qu'imparfaitement, et dont le diagnostic, vague et indécis, ne contribue pas peu à fortifier cette opinion, déjà trop accréditée dans la multitude, que la médecine est un art conjectural.

EXPLOSION (du latin *explosio*, dérivé d'*explodo*, je chasse) se dit généralement et au propre du phénomène par lequel l'air est mis en mouvement d'une manière brusque et violente; du moins n'est-ce qu'à ce subit déplacement d'air qu'on peut rapporter la cause du son qui accompagne toute explosion. L'inflammation de la poudre à canon est la principale cause des explosions qui se passent communément sous nos yeux. Ce qu'on appelle proprement *explosion* se compose de tous les phénomènes qui se passent au moment où la poudre vient d'être mise en contact avec le feu, c'est-à-dire une détonation plus ou moins violente, accompagnée de l'effort plus ou moins grand que la poudre a développé autour d'elle au moment de sa combustion, et qui a toujours pour but de vaincre une résistance quelconque. L'idée attachée à toute espèce d'explosion, quelle qu'en soit la cause, comme celle d'un volcan, celle qui fait détonner un ou plusieurs gaz, ou autres corps semblables, placés dans de certaines conditions, cette idée doit toujours réveiller en nous une analogie complète de phénomènes avec ceux que développe l'inflammation de la poudre à canon comprimée; c'est-à-dire au moins une détonation et le développement brusque et subit d'une plus ou moins grande force. Nous disons *détonation*, parce que le développement d'une force élastique, si subit et si grand qu'il soit, n'est pas une explosion s'il n'est pas accompagné de bruit, comme on le voit par la force qui soulève le piston des machines à vapeur. Quant à la détonation, qu'il ne faut pas confondre avec le *bruit* en général, elle suppose toujours le développement d'une force qui agit sur l'air, puisqu'elle n'en est que l'effet et partant elle suppose toujours explosion. Nous venons de parler de ce phénomène considéré dans les volcans : il ne faut pas le confondre ici avec le mot *éruption*, ou tout autre analogue, qui suppose toujours une désunion de parties, une rupture, tandis qu'il n'y a ou qu'il ne peut y avoir que déplacement de ces mêmes parties, de l'air, par exemple, dans l'explosion. L'éruption est ordinairement accompagnée ou même précédée de l'explosion, et peut continuer seule ensuite, à moins que les entrailles du volcan ne contiennent les causes de nouvelles explosions. Ce qu'on appelle le fracas du tonnerre n'est qu'une longue explosion, ou plutôt qu'une suite de phénomènes de ce genre qui se succèdent instantanément et sans interruption.

Les explosions qui doivent le plus attirer l'attention sont celles des chaudières à vapeur, à cause de la multiplicité de ces appareils. M. Boutigny a recherché leurs causes dans un phénomène qui se rattache à la caléfaction des liquides. Si l'on suppose qu'une chaudière étant surchauffée, le métal vienne à se refroidir brusquement, le liquide dès lors, faisant contact avec lui, entre aussitôt en ébullition, produit d'innombrables bulles de vapeur si le vase est ouvert, ou, détermine sur toutes les parois une pression considérable si le vase est clos : cette vaporisation si soudaine serait, suivant M. Boutigny, la cause de ces explosions terribles qui ont déjà fait tant de victimes en Amérique et en Europe. M. Boutigny pense qu'on parviendrait à conjurer ces funestes catastrophes, 1° si l'on maintenait les chaudières et les bouilleurs toujours remplis; 2° si l'on chauffait ces vaisseaux générateurs latéralement et non par le fond; 3° si l'on plaçait dans les chaudières des fragments anguleux de lames métalliques; et 4° si l'on avait la précaution de prévenir tout refroidissement de leurs parois dénudées ou mises à sec. A. Séguier, qui, lui aussi, a longtemps médité sur les causes des explosions des machines à vapeur, et surtout de celles des vaisseaux, s'est médiocrement attaché à en trouver le remède ou le préservatif; il ne s'applique, le cas échéant, qu'à rendre les explosions sans danger. Il pense qu'on rendrait les explosions à peu près insignifiantes si l'on fractionnait, dans un assez grand nombre de vases distincts et presque isolés les uns des autres, soit la vapeur déjà formée, soit l'eau destinée à la produire, et qu'on réduirait ainsi le désastre aux proportions exiguës du premier vase qui se rompt.

La formation de dépôts terreux adhérant aux chaudières est aussi une cause d'explosion : lorsque ces dépôts ont acquis une certaine épaisseur, la tôle qu'ils recouvrent peut rougir, par suite faire fendiller ces dépôts et mettre en contact avec l'eau les parois métalliques portées au rouge. On a donc le plus grand intérêt à éviter la formation de ces dépôts. On y parvient en introduisant de temps en temps dans la chaudière une petite quantité d'argile bien lavée et très-fine, ou de pommes de terre. On transforme ainsi la croûte dure dont nous venons de parler en une boue qui n'adhère pas à la chaudière, s'enlève facilement, et n'offre pas le même danger.

Une surcharge des soupapes de sûreté, ou une mauvaise construction des chaudières peut aussi donner lieu à des explosions. Il est rare cependant que l'épreuve exigée par les règlements ne fasse pas découvrir les vices de construction. En effet, aux termes de la législation très-sage de 1823, aucune machine à vapeur, qu'elle soit de haute ou de basse pression, n'est autorisée à fonctionner qu'après avoir subi sans se rompre, de la part de la presse hydraulique, l'épreuve d'une pression triple de celle que lui assigne sa destination.

A l'égard des explosions de poudre, telles que celle de Grenelle en 1794 et plus récemment celle d'Alger, à l'arsenal de la Casbah, on a dit que, pour les rendre moins terribles, il fallait emmagasiner la poudre, non dans des châteaux forts, ce qui multiplie la commotion au point de lui donner les proportions d'un tremblement de terre, mais dans des pavillons à fondements et à parois médiocrement solides; car alors le principal effet de la déflagration serait d'emporter brusquement l'édifice entier, qui ne comporte pour voisinage aucune maison habitée. On a d'ailleurs trouvé un moyen, en lui-même fort simple, de conjurer de pareilles explosions. Il consiste à mêler à la poudre grenue et très-explosive du charbon en poussière, lequel a pour effet de rendre la déflagration beaucoup plus lente, isolée çà et là, et seulement successive. M. Piobert est l'auteur de ce prudent procédé, qui n'a qu'un inconvénient, c'est qu'on est obligé de cribler la poudre lorsqu'on s'en sert ou qu'on l'expédie. Il serait même plus convenable, car il y aurait en cela plus de sécurité, de faire voyager la poudre avant qu'on l'eût criblée.

L'explosion de la poudre est employée dans l'exploitation des mines, des carrières, etc., et surtout à la guerre. Dans ces derniers temps on a beaucoup parlé d'appareils sous-marins destinés à fonctionner en mer comme les fourneaux de mines sur la terre.

Le mot *explosion* est parfois employé figurément pour désigner l'expression énergique et subite d'une passion concentrée quelque temps dans le cœur de celui chez qui elle se développe : on dit ainsi *explosion de colère, de rage*. Des médecins ont parfois employé cette expression pour désigner l'apparition brusque et inattendue sur un point quelconque d'une violente inflammation.

EXPONENTIEL (Calcul). Une quantité est dite *exponentielle* quand elle renferme un ou plusieurs exposants variables. Une *équation exponentielle* est celle où l'inconnue entre comme exposant. Le calcul des quantités exponentielles, de leurs différentielles, etc., forme l'objet du *calcul exponentiel.* Les premiers essais de ce calcul furent publiés en 1695 par Jean Bernoulli. Le nom d'*exponentiel* lui a été donné par Leibnitz. Bernoulli le nommait d'abord *parcourant*, « parce que, dit Montucla, la quantité exponentielle parcourt en quelque sorte tous les ordres; » mais la dénomination leibnitzienne a prévalu. Du reste, le calcul exponentiel n'est qu'une branche du calcul différentiel.

Les quantités exponentielles et logarithmiques ont entre elles d'intimes relations. Ainsi, en vertu des propriétés des logarithmes, on peut indifféremment écrire $y = a^x$ ou log. $y = x$ log. a. C'est par des transformations de ce genre que le calcul exponentiel rend de grands services dans toutes les parties de l'analyse.   E. MERLIEUX.

EXPORTATION. L'exportation est la vente à l'étranger des produits du sol ou des manufactures ; on exporte aussi, ou plutôt on transporte, les produits d'un autre sol, soit bruts, soit fabriqués, lorsque l'on trouve du profit à les acheter pour les revendre, et à se constituer les pourvoyeurs d'un pays, en y conduisant les marchandises achetées dans un autre. C'est ce négoce, semblable à celui des commissionnaires et des courtiers, que l'on désigne sous la dénomination de *commerce de transport*. Ce commerce est une source abondante de richesses : témoin les Phéniciens et Carthage, dans l'antiquité ; Venise, Gênes, Anvers, Bruges, etc., et les villes hanséatiques, au moyen âge ; les Hollandais dans les temps modernes. Ceux-ci étaient les courtiers de l'univers avant que la France et surtout l'Angleterre eussent donné à leur commerce un essor dont les prodiges ont décoré de tant de splendeur cette dernière puissance.

Les bénéfices que procure le débit au dehors des produits naturels ou artificiels du sol (*commerce extérieur direct*) sont sans doute de grandes sources de richesse ; mais ce qui fait affluer dans un pays les denrées et les valeurs numériques qui les représentent, c'est l'industrie, qui fait de ce pays l'entrepositaire, le fabricateur et le débitant au meilleur marché des denrées de tous les pays ; c'est ce monopole d'entrepôt, de fabrication et de débit qu'est parvenue à s'assurer la Grande-Bretagne. L'évidence de ces avantages, si bien attestés par les faits, démontre l'erreur du préjugé, encore subsistant, qui faisait consister la prospérité réelle d'une nation dans la *balance du commerce*, c'est-à-dire dans l'excédant des exportations sur les importations, ou des marchandises vendues au dehors sur celles que l'on a achetées ailleurs pour les importer au dedans : c'était supposer que toutes les denrées importées étaient consommées dans le pays qui les achetait. Dans ce cas, il est clair en effet que vendant peu et achetant beaucoup, il ne pouvait s'enrichir. Telle est la position des pays sans industrie à l'égard des pays où l'industrie a fait de grands progrès. C'était la situation respective du Portugal et de l'Angleterre depuis le traité de Methuen, en 1703 ; le Portugal s'appauvrissait à la fois et par la vente sans concurrence de ses vins, livrés par monopole anglais, et par l'achat des marchandises anglaises, dont la fourniture au Portugal était par la Grande-Bretagne un privilège exclusif. L'Espagne, qui avait tout sacrifié à l'exploitation de ses mines d'Amérique, dont l'industrie presque unique était l'extraction et la fourniture de l'or et de l'argent, se trouvait dans une position analogue à l'égard des nations industrieuses. Mais les contrées qui, comme autrefois Tyr, Carthage, Venise, Anvers, etc., et comme de nos jours la Hollande et l'Angleterre, se sont constituées en vastes entrepôts et en immenses ateliers de fabrication, s'enrichissent évidemment autant par leurs importations que par leurs exportations, puisqu'elles importent principalement pour réexporter, et que le lucre tiré par leur industrie de la conversion des matières premières importées en objets manufacturés d'un grand débit, tels que les cotons, les soieries, etc., est le plus puissant élément de leur richesse. La balance du commerce n'est donc pas en réalité contre ces métropoles de l'industrie, lorsqu'elle signale des excédants d'importations sur les exportations, dans les relations commerciales de l'une de ces métropoles avec un autre pays, si le résultat total du commerce de la nation qui importe est un bénéfice acquis par la manipulation, le transport et le débit des produits importés.

Il n'est pas vrai non plus que l'intérêt d'une nation industrieuse doive la porter à comprimer ailleurs l'essor de l'industrie. Longtemps aveuglée à cet égard par une cupidité effrénée, l'Angleterre a enfin appris à ses dépens qu'on ne vendait beaucoup qu'à ceux qui pouvaient beaucoup acheter. Les pertes énormes et les mécomptes désastreux du commerce anglais au Brésil, au Mexique et à Buénos-Ayres, en 1825 et 1826, ont prouvé à nos voisins que les peuples sans industrie et sans besoins étaient de mauvais chalands, et qu'un grand débit se faisaits non avec des nations pauvres, mais avec des peuples riches. C'est ce que démontrent assez d'ailleurs les rapports du commerce entre la France, la Grande-Bretagne et les États-Unis anglo-américains. Ces deux pays, les plus riches et les plus industrieux, sont cependant pour la France les débouchés les plus avantageux. Ces faits suffiraient pour attester la loi providentielle, qui, en dotant les divers pays de productions variées et d'aptitudes diverses pour les travaux de l'industrie, a voulu que les échanges du commerce fussent autant de moyens d'union, et non pas des brandons de discorde ; l'avarice et l'avidité insatiables protestent seules contre cette loi. L'économie politique nous apprend en même temps que si l'exportation des produits accumulés par le commerce et par l'industrie est une source féconde de richesses, c'est, non pas l'accumulation, mais une heureuse répartition de ces richesses, qui fait la prospérité d'un pays.

          AUBERT DE VITRY.

EXPOSANT, EXPOSANTE. En termes de jurisprudence et d'administration, c'est celui, celle, qui expose un fait, qui expose ses droits, ses vœux, dans une pétition, ou quelque autre acte. Dans le langage ordinaire, on nomme ainsi ceux qui exposent des ouvrages d'art, pour les soumettre au jugement du public.

EXPOSANT (*Algèbre*), nombre qui, placé à la droite et vers le haut d'une quantité, exprime la puissance à laquelle elle doit être élevée : a^4 indique la quatrième puissance de a, ou le produit de quatre facteurs égaux à a ; pareillement 3^5 équivaut à $3 \times 3 \times 3 \times 3 \times 3$ ou 243. Autrefois a^2 s'exprimait par aa, a^3 par aaa, etc. C'est Descartes qui eut l'heureuse idée d'introduire dans l'écriture algébrique l'élégante notation des exposants.

Le calcul des exposants est très-simple. Dans la multiplication, on ajoute les exposants d'une même lettre : ainsi $a^5 \times a^2 = a^7$; cela est évident puisqu'un produit se compose de tous les facteurs que renferment le multiplicande et le multiplicateur ; en général, $a^m \times a^n = a^{m+n}$. De là découle immédiatement la règle des exposants dans la division, règle que l'on exprime ainsi : $a^m : a^n = a^{m-n}$. Dans le cas particulier où l'exposant du diviseur est égal à celui du dividende, le quotient se présente sous la forme a^0 ; cette expression équivaut donc à l'unité, et l'exposant zéro ne doit être regardé que comme un symbole rappelant la division d'une quantité par elle-même. Dans le cas où l'exposant du diviseur est plus grand que celui du dividende, si on applique la règle, on trouve au quotient un *exposant négatif* ; or, en se reportant à la définition de l'exposant, une telle expression ne saurait avoir aucun sens ; mais si l'on tient seulement compte de son origine, on voit que a^{-3}, par exemple, équivaut à $\frac{1}{a^3}$, car on peut regarder a^{-3} comme le quotient de a^2 par a^5, ou de a^4 par a^7, etc.

Pour élever une quantité affectée d'un exposant à une puissance, il résulte des principes posés ci-dessus qu'il suffit de multiplier l'exposant par l'indice de la puissance : $(a^m)^n = a^{mn}$. Pour extraire une racine d'un degré donné, on devra donc suivre la marche inverse, c'est-à-dire que l'on aura : $\sqrt[n]{a^m} = a^{\frac{m}{n}}$. Si n divise exactement m, rien de plus simple ; mais s'il en est autrement, nous sommes conduits à la considération d'*exposants fractionnaires*, dont l'interprétation doit donner lieu à des remarques analogues à celles qu'amènent les exposants négatifs : $a^{\frac{2}{3}}_1$ représente simplement la racine cubique du carré de a.

On le voit, le calcul algébrique a singulièrement étendu l'emploi primitif des exposants : l'analyse considère également des exposants irrationnels et même des exposants imaginaires.
E. MERLIEUX.

EXPOSÉ DES MOTIFS. On appelle ainsi l'énoncé des raisons ou des motifs qui déterminent le pouvoir exécutif à proposer aux chambres législatives telle disposition, telle mesure, telle loi. Quoique cette expression n'ait été employée officiellement que depuis le Code Civil, la chose qu'elle exprime est aussi ancienne que la législation même. Dans les plus anciens monuments législatifs nous trouvons la raison d'une loi à côté de ses dispositions. Un grand nombre de nos anciennes ordonnances contiennent dans des préambules les motifs généraux qui ont dicté leurs dispositions ; et souvent même, indépendamment de ces préambules, les motifs particuliers des dispositions de détail sont exposés dans le corps même de l'ordonnance, faisant en quelque sorte partie des articles qu'ils expliquent. Toutefois, à mesure que la législation a pris un caractère plus précis, on a fini par séparer tout à fait les motifs des lois de leurs dispositions. Ces motifs, au lieu d'être disséminés dans le corps des ordonnances, ont été exposés dans des discours ou rapports, et l'on pourrait citer comme des modèles en ce genre les célèbres rapports de Turgot, et de remarquables discours aux assemblées législatives. Dans l'Assemblée constituante et dans les assemblées qui lui succédèrent jusqu'à l'an VIII, l'exposé des motifs résulte d'abord des discours et rapports auxquels chaque disposition donnait lieu. Les décrets de ces assemblées contenaient souvent des considérants que l'on peut regarder comme l'exposé légal et officiel des motifs de leurs décisions.

Lorsque, sous la constitution de l'an VIII, le corps législatif ne fut chargé que de sanctionner ou de rejeter les propositions qui lui étaient soumises, les projets de loi lui étaient apportés au nom du tribunat par un orateur qui en exposait les motifs dans un discours de présentation. La plupart de ces discours sont l'œuvre de jurisconsultes éminents ; ceux de Favard de Langlade ont conservé une grande autorité. Cet exposé des motifs était ensuite soumis à des commissions prises dans le sein du corps législatif, et les rapporteurs proposaient l'adoption ou le rejet de la loi.

Sous le régime de la charte de 1814, l'exposé des motifs fut rédigé par le ministre qui présentait la loi et l'apportait par lui aux chambres. Sous le gouvernement de Juillet les chambres ayant l'initiative des projets de loi et des amendements, l'exposé des motifs perdit de sa valeur, les vrais motifs de la loi ou de certaines de ses dispositions pouvaient aussi bien se trouver dans le rapport de la commission ou résulter de la discussion même. Sous le régime républicain les choses restèrent à peu près dans le même état ; seulement les rapports prirent peut-être encore plus d'importance. La constitution de 1852 ne parle pas d'exposés des motifs, mais il en est parfois rédigé par les conseillers d'État chargés de soutenir la loi présentée. Nous citerons entre autres la loi sur la mort civile et la loi sur les réformes douanières. Les commissions du corps législatif font aussi des rapports, et la loi ne peut être ensuite que votée ou rejetée en entier ; cependant des explications données dans la discussion peuvent encore venir éclairer la loi.

EXPOSITION, action par laquelle une chose est exposée, mise en vue ; état de la chose *exposée* : L'*exposition* du saint-sacrement, des reliques. Dans les beaux-arts, *exposition* se dit de la manière dont un tableau se trouve placé relativement au spectateur et à la lumière. Ainsi, un tableau est dans une bonne ou une mauvaise *exposition*, suivant qu'il est trop haut ou trop bas, ou bien quand il est trop près ou trop éloigné de l'œil du spectateur ; ou, enfin, quand il est mal éclairé, soit qu'il ne reçoive pas assez de lumière, soit qu'elle frappe dessus d'une façon inconvenante.

Exposition se dit aussi de la situation par rapport aux vues et aux divers aspects du soleil : Ce palais est dans une *belle exposition* ; l'*exposition* de cette maison n'est pas saine ; *exposition* au nord, au midi. En termes de jardinage, c'est la situation d'un endroit où le soleil donne : Un espalier a besoin d'une bonne exposition.

Exposition est encore employé à propos des enfants trouvés ou abandonnés par leurs parents qui ne veulent ou ne peuvent pas les nourrir ; on dit qu'ils ont été *exposés*, lorsqu'ils ont été placés dans les tours qui existent encore dans bien des localités, pour les recevoir.

Exposition au figuré signifie *narration*, récit, déduction d'un fait : Il a fait l'*exposition* de cette affaire fort nettement. Il veut dire aussi quelquefois *explication*, développement : L'*Exposition de la foi* par Bossuet ; une *exposition* de principes. Il se prend en outre pour *interprétation* : l'*exposition* du texte de l'Écriture ; *exposition* littérale.

EXPOSITION (*Rhétorique*). On sait que l'*exorde* est l'introduction, ou plutôt, comme le dit Cicéron, l'avenue du discours. L'*exposition* remplit les mêmes fonctions dans le poëme dramatique. La première règle de l'exposition est de bien faire connaître les personnages, celui qui parle, celui à qui l'on parle et celui dont on parle, le lieu où ils se trouvent, le temps où l'action commence. Boileau a nettement formulé ce précepte de l'art dramatique :

> Que dès les premiers vers l'action préparée,
> Sans peine du sujet aplanisse l'entrée.
> Le sujet n'est jamais assez tôt expliqué ;
> Que le lieu de la scène y soit fixe et marqué.

Ce qui rend difficile l'exposition du poëme dramatique, c'est qu'elle doit être en action, et qu'elle doit se produire si naturellement qu'il n'y ait pas même le soupçon de l'art. L'illusion le veut ainsi. Les poëtes tragiques grecs *exposaient* généralement leurs sujets de la manière la plus simple et la plus frappante. Eschyle, dans *Les Euménides*, dans *Les Perses*, dans *Les sept Chefs devant Thèbes*, dans *Les Coéphores*, présente à l'ouverture de la scène des tableaux de l'effet le plus théâtral. Sophocle ne montre pas moins de génie dans ses *expositions* ; l'*Antigone*, l'*Électre*, les deux *Œdipe*, en sont des exemples admirables. Euripide est resté inférieur à ses deux rivaux dans cette partie de l'art : son *Hippolyte*, son *Électre*, son *Hécube*, sa *Médée*, et quelques autres de ses tragédies, pèchent sous le rapport de l'exposition. Cependant, plusieurs de ses ouvrages attestent qu'il aurait pu exceller aussi dans la manière d'*exposer*. Quoi de plus naturel et de plus touchant qu'Andromaque, prosternée au pied d'un autel, ouvrant la scène en rappelant et en déplorant ses malheurs ! Quoi de plus ingénieusement dramatique que le récit d'Électre, dans la tragédie d'*Oreste* ! Cette exposition est assise auprès du lit de son frère, endormi et pour un moment délivré de ses remords ; elle verse des larmes et se retrace, depuis Tantale jusqu'à Oreste, tous les désastres de sa famille, tous les crimes de ses parents. Ces expositions sont encore surpassées par celle de l'*Iphigénie en Aulide* du même poëte : celle-ci a le double mérite d'être en sentiments et en tableaux ; on peut en juger par la belle imitation que Racine nous en a laissée.

Les grands maîtres de la scène française rivalisent quelques-uns avec les anciens pour la beauté et le naturel de leurs expositions : Corneille, dans *Le Cid*, dans *La Mort de Pompée*, dans *Othon*, a donné de beaux modèles à imiter. On cite avec admiration l'exposition du *Bajazet* de Racine, exposition si heureuse, si claire, malgré tous les détails nécessaires dont elle est chargée. Celle d'*Athalie* est pleine de la grandeur et de la majesté du sujet. Le théâtre de Voltaire fournit aussi de nombreux exemples d'*expositions*, notamment dans *Brutus*, dans *Mérope*, et dans *Semiramis*.

Les principes de l'exposition sont les mêmes pour la comédie. C'est dans notre Molière qu'il faut en chercher les plus parfaits modèles. Il n'y a rien, dans aucune langue, à opposer à l'exposition du *Tartufe*, à celle du *Misanthrope*, et surtout à celle du *Malade imaginaire*.

Dans une œuvre dramatique, si le sujet est grand, s'il est connu, le poète peut entrer tout d'un coup en matière; mais si les héros de la pièce sont nouveaux pour les spectateurs, il faut dérouler dès les premiers vers leurs différents intérêts, etc., et cependant tâcher d'éviter d'être long ou obscur. Le génie de Corneille lui-même n'a pas toujours su triompher de ce genre de difficulté : l'exposition de sa *Rodogune* est regardée comme la plus froide, la plus pénible et la plus obscure de notre théâtre.   CHAMPAGNAC.

EXPOSITION (Peine de l'). Cette peine avait été empruntée par notre Code Pénal à la législation des temps passés. Les condamnés aux travaux forcés et à la réclusion la subissaient, enchaînés pendant une heure à un poteau, sur un echafaud, et maintenus souvent par un carcan, au-dessus duquel on lisait leurs noms et les motifs de leur condamnation. C'était à la suite de l'exposition que le bourreau flétrissait de la marque les condamnés aux travaux forcés; la marque fut abolie sous Louis-Philippe, en 1832, et la cour d'assises put dispenser de la peine de l'exposition le condamné aux travaux forcés à temps et à la réclusion qui n'était pas en état de récidive, à l'exclusion des faussaires. L'exposition ne devait en outre jamais être appliquée aux mineurs au-dessous de dix-huit ans ni aux septuagénaires. Un décret du gouvernement provisoire a aboli l'exposition publique. C'est une réforme que nos mœurs réclamaient depuis longtemps, car le cynisme qu'affectaient la plupart de ceux qui subissaient cette peine était loin d'être un salutaire exemple, non plus que les injures que leur prodiguait la foule.

EXPOSITION DES BEAUX-ARTS, ou SALON. Les artistes de l'ancienne Grèce exposaient leurs ouvrages en public pour connaître le jugement que l'on en portait; mais cet usage ne fut repris en Italie, à l'époque de la renaissance. Depuis, quelques académies ont fait des expositions partielles, peu nombreuses et souvent irrégulières. La France même avait anciennement une exposition annuelle, où le public était appelé à voir les tableaux des élèves qui avaient concouru pour le grand prix de Rome. Elle se faisait dans une des salles de l'Académie, et souvent dans une autre salle on pouvait en même temps voir plusieurs des morceaux de réception des membres de l'Académie royale de peinture. Une autre exposition, que quelques personnes peuvent encore avoir vue dans leur jeunesse, était celle que l'Académie de Saint-Luc faisait faire, à la place Dauphine, le jour de l'Ascension. Elle se composait uniquement des productions de ses membres, qui, comme on le sait, étaient les peintres non reçus à l'Académie royale, soit qu'ils n'eussent pas assez de talent, soit qu'ils n'eussent pas voulu s'y présenter, comme Mignard, qui refusa d'en faire partie pour n'être pas dominé par Le Brun, alors premier peintre, et l'un de ses fondateurs les plus influents.

Ces expositions n'avaient pas assez de magnificence, assez de noblesse pour attirer l'attention du public. Mansart, surintendant et ordonnateur général des bâtiments du roi, et protecteur de l'Académie, voulut faire quelque chose de digne du règne de Louis XIV. Il proposa donc au roi de profiter de la vaste solitude du Louvre, entièrement vide alors pour faire une exposition générale des tableaux, statues et bustes, faits par les membres de l'Académie royale de peinture, ainsi que des modèles ou autres objets curieux inventés par des membres de l'Académie des sciences. C'est dans la dernière année du dix-septième siècle, au mois de septembre 1699, qu'eut lieu cette première et magnifique exposition. La galerie du Louvre, longue de 227 toises, parut trop vaste; on y établit deux cloisons, qui en réduisirent la longueur à 115 toises : cette partie fut passagèrement décorée et meublée de riches objets, de belles tapisseries, de tableaux et de statues de l'époque. Les portraits du roi et du dauphin s'y trouvaient placés à l'entrée, sur une estrade couverte d'un tapis, et surmontés par un grand dais de velours vert, avec des galons et des crépines d'or et d'argent. Il est bon de faire remarquer qu'au lieu de disséminer, comme à présent, les tableaux d'un même artiste, on avait eu soin, au contraire, de les réunir, de sorte que chacun d'eux occupait une ou deux travées. Au milieu de la galerie était une petite statue équestre du roi, par Girardon ; c'était le modèle de celle que l'on venait d'inaugurer sur la place Vendôme; il se trouve maintenant à Dresde, dans le Trésor.

Sans entrer dans de longs détails sur les objets les plus marquants de cette exposition, qu'il nous soit permis au moins de rappeler qu'on y vit la *Descente de Croix* et *Jésus-Christ chassant les vendeurs du temple* par Jouvenet ; le portrait de Mme Dacier, par Mlle Cheron ; celui de Boileau, par Bouis. Il s'y trouvait aussi des estampes fort belles.

Une seconde exposition publique eut lieu en 1704, à l'occasion de la naissance du duc de Bretagne, l'aîné des petits-fils de Louis XIV. Une troisième fut faite en 1727 ; mais ce n'est qu'à partir de 1737 que les expositions eurent lieu régulièrement chaque année, jusqu'en 1751 : alors elles furent réduites aux années impaires. Ces expositions ne duraient qu'un mois. Il fallait être de l'Académie pour avoir le droit d'y présenter ses ouvrages, et le total des objets de peinture, sculpture ou gravure n'était guère que de 150 environ. En 1780 le salon ne contenait encore que 300 objets; mais en 1791, première année où le privilège de l'Académie se trouva aboli, le salon offrit 800 articles. Depuis, ce nombre a augmenté jusqu'à 1,200 et 1500 ; et quoique depuis les expositions soient redevenues annuelles, elles dépassèrent pourtant le chiffre de 3,500 morceaux. En 1848 elles atteignirent même le nombre de 5,180 morceaux de peinture, sculpture, dessin, architecture, aquarelles, gravures et lithographies. Lors de la dernière exposition, en 1852, ce nombre était retombé à 1,757.

    DUCHESNE aîné.

Des règlements particuliers régissent les expositions des beaux arts; la Convention nationale s'en occupa, et sur la proposition de David elle institua un jury.

La composition du jury chargé d'admettre les tableaux à l'exposition, et contre lequel s'élevaient chaque année de nombreuses protestations, a souvent varié. Sous la monarchie elle fut du domaine du pouvoir exécutif ; en 1848 les artistes eux-mêmes furent appelés à nommer le jury, et les noms des membres qui le composèrent attestèrent que cette élection avait été faite avec une grande intelligence : quinze peintres, cinq sculpteurs, cinq graveurs, cinq architectes et quatre lithographes composèrent le jury, dont la mission se borna cette année-là à placer seulement les tableaux qu'il n'avait pas mission d'examiner. Aujourd'hui le jury d'admission est composé moitié de membres nommés à l'élection, moitié de membres choisis par l'administration; les artistes qui ont déjà exposé y élisent cinq peintres, trois sculpteurs, un graveur, un graveur en médailles et dix architectes. Le jury d'admission statue maintenant sur le mérite des œuvres exposées, et sur les récompenses à leur décerner. Le règlement de 1850 portait que les membres de l'Institut, les grands prix de Rome, les artistes décorés et ceux auxquels avaient été décernés en récompense des médailles de première et de deuxième classe exposaient de droit leurs tableaux, sans être astreints à les soumettre à l'examen du jury; le règlement de 1852 n'attribue plus cette immunité qu'aux membres de l'Institut et aux artistes décorés.

EXPOSITION DES PRODUITS DE L'INDUSTRIE. C'est à notre première révolution qu'est due l'institution des expositions industrielles, qui a passé depuis par de phases différentes. Elle se produisit d'abord sous une forme bien modeste; trois jours seulement, trois des cinq jours complémentaires de l'an VI (1798), lui furent consacrés. L'exposition avait lieu au Champ de Mars : on y compta 110 exposants, 23 récompenses y furent distribuées.

EXPOSITION DES PRODUITS DE L'INDUSTRIE

En l'an IX l'exposition a lieu aussi dans les jours complémentaires ; elle est installée au Louvre, dure six jours, et compte 229 exposants ; 80 récompenses y sont distribuées.

En 1802 (an X) nouvelle exposition, également fixée aux jours complémentaires : celle-ci, installée au Louvre comme la précédente, compte 540 exposants, auxquels 254 récompenses sont décernées.

En 1806, à la même époque, ouverture de la quatrième exposition des produits de l'industrie nationale ; l'exposition se tient sur l'esplanade des Invalides, et dure vingt-quatre jours ; 1,422 exposants, 610 récompenses.

De 1806 à 1819 ; les expositions disparaissent les guerres qui vont finir à Waterloo ont enlevé les bras à l'industrie, et l'occupation étrangère a découragé les industriels ; mais en 1819 la cinquième exposition a lieu, et cette fois elle a les proportions d'un grand événement, préparé de longue main. Elle ouvre au Louvre le 25 août, jour de la Saint-Louis, dure trente-cinq jours, compte 1,662 exposants, et voit distribuer 869 récompenses.

A partir de ce moment les expositions deviennent périodiques, elles doivent avoir lieu tous les quatre ans.

En 1823 sixième exposition ; elle se tient au Louvre, le 25 août, dure cinquante jours, compte 1,642 exposants, 1,091 récompenses.

Le 1er août 1827 septième exposition, toujours au Louvre : elle dure deux mois, compte 1,695 exposants et 1,254 récompenses.

Les agitations, les commotions qui suivirent la révolution de 1830 firent ajourner l'exposition à l'année 1834, et désormais il devait y en avoir une tous les cinq ans. Cette fois les vastes salles du Louvre ne suffisent plus à contenir les produits exposés ; elle eut lieu place de la Concorde, où quatre pavillons avaient été élevés pour la recevoir : 2,447 exposants et 1,785 récompenses attestèrent le développement que prenait alors l'industrie française. Ouverte le jour de la fête du roi, le 1er mai, l'exposition de 1834 dura deux mois, comme la précédente.

La neuvième exposition commença le 1er mai 1839, et dura également deux mois : on lui affecta des constructions provisoires, qui furent élevées au milieu du grand carré des Champs-Élysées, où se sont tenues toutes les expositions subséquentes : elle compte 3,281 exposants, auxquels il est accordé 2,305 récompenses.

Le 1er mai 1844 s'ouvre la dixième exposition, durant deux mois : 3,960 exposants, 3,253 récompenses.

Le 1er juin 1849 s'ouvre la onzième : 4,532 exposants, 3,738 récompenses. 82 départements, l'Algérie, une colonie y sont représentés. Comme dans toutes les précédentes, Paris et le département de la Seine y occupent la plus large place. En 1844 ils comptaient 2,233 exposants ; en 1849 ils en comptaient 2,885. Les produits agricoles, les bestiaux sont admis à cette exposition, qu'on appelle *exposition des produits de l'agriculture et de l'industrie*.

Exposons maintenant le mécanisme administratif des expositions des produits de l'industrie française à cette dernière date de 1849.

Ceux qui ont l'intention d'envoyer des produits à l'exposition doivent les soumettre à une commission départementale, choisie par les préfets, et qui prononce l'admission ou le rejet de ces produits. De plus, on a attribué depuis 1848 aux membres des commissions départementales le soin de faire des rapports écrits sur les services rendus à l'agriculture et à l'industrie par des chefs d'exploitation, des contre-maîtres, des ouvriers et des journaliers. Arrivés à Paris, les produits en sont soumis à l'examen d'une commission centrale, composée de 32 membres, et constituée en douze comités. Les membres de cette commission étaient désignés par le ministre du commerce. Enfin, une jury central de 62 membres, également nommés par le ministre du commerce, et divisé en 10 sections ou commissions, prononce sur le mérite des produits, et propose les récompenses à décerner. Ces récompenses sont de diverses classes : 1° La médaille d'or, 2° la médaille d'argent, 3° la médaille de bronze, 4° la mention honorable. Elles sont distribuées par le chef du pouvoir exécutif, ainsi que les croix d'Honneur, qui par le fait viennent augmenter le nombre des récompenses proposées par le jury.

Comme nous l'avons vu, l'idée des expositions est jusqu'en 1849 exclusivement nationale. L'exposition française n'appelle que les produits français, et réciproquement celles des autres pays ne songent qu'à leurs produits.

L'exemple de la France a en effet profité à l'étranger. La Russie a eu ses expositions : en 1829, à Saint-Pétersbourg ; en 1831 et 1835, à Moscou ; en 1839, à Saint-Pétersbourg ; en 1843, à Moscou ; en 1848, à Saint-Pétersbourg ; en 1852, à Kief ; à Moscou, en 1853. La Belgique a eu de son côté trois grandes expositions industrielles en 1835, 1841, et 1847. A cette dernière on a compté près de 2,000 industriels.

Vienne a eu trois expositions : la première, en 1835, comprenant 594 exposants ; la seconde, en 1840, en comptait 732, et la troisième, en 1845, occupant 48 salles des vastes bâtiments de l'École polytechnique, et à laquelle ont participé 1,865 exposants.

Berlin a donné asile, en 1844, à l'exposition industrielle de l'association douanière allemande connue sous le nom de Zollverein ; 3,200 industriels y ont pris part.

L'Espagne, le Piémont, la Suisse ont aussi tenté de leur côté des expositions.

La pensée de convier dans un même lieu les industries de tous les pays a été émise, elle a germé ; mais comme toutes les idées qui prennent naissance en France (celle d'une exposition universelle de l'industrie a été revendiquée par des Français), il lui faut traverser la Manche pour être comprise, adoptée, pour passer de la théorie à la pratique. Aussi bien, les idées de *libre échange*, qui gagnent de plus en plus d'influence en Angleterre, sont-elles trop en harmonie avec cette pensée pour ne pas rechercher avec empressement la sanction qu'elles espèrent y rencontrer.

La reine d'Angleterre convoque à Londres une exposition universelle, dont le résultat sera de faire embrasser d'un seul coup d'œil l'état où sont parvenus les arts et l'industrie de l'homme. Une commission royale, placée sous la présidence du prince Albert, est instituée ; les présidents des grandes sociétés savantes et artistiques, des professeurs distingués, les principaux conseillers privés de la couronne, les hommes d'État les plus connus dans les diverses opinions qui se partagent le parlement, font partie de cette commission préparatoire. Un concours est ouvert pour la construction d'un vaste palais, que l'on appela depuis Palais de Cristal, où viendront s'étaler les articles fabriqués, les produits agricoles de toutes les nations du monde, et ce palais sort de terre, s'élève et se termine avec une prodigieuse rapidité ; un concours est ouvert pour le modèle des médailles à décerner aux exposants ; le modèle proposé par un graveur français est couronné, et par une courtoisie toute de bon goût, la commission royale fait graver la médaille par des artistes français : les récompenses seront de trois classes : la grande médaille de bronze, la médaille de bronze moyenne, la mention honorable.

Un jury, dont les membres seront nommés par 25 puissances de l'Europe, de l'Asie, de l'Amérique appelées à concourir à l'exposition universelle, prononcera sur le mérite des produits. 36 jurés français et 26 suppléants, désignés par le ministre de l'agriculture et du commerce, vont prendre part aux délibérations de ce mémorable congrès, où siègent réunis en jury général au nom des peuples civilisés 314 représentants de l'industrie, des sciences et des arts. Ce grand jury est divisé lui-même en 30 sections, dont quatre sont présidées par des jurés français. Les présidents de ces 30 sections forment un conseil des présidents composé autant que possible de jurés anglais et de jurés étrangers en nombre égal de part et d'autre, et dont la

EXPOSITION DES PRODUITS DE L'INDUSTRIE — EXPRESSION

mission est de tracer les règles qui doivent guider les juges de chaque section.

Le mode de nomination des jurés diffère selon les pays ; en France, c'est le pouvoir exécutif qui les désigne ; ailleurs, leur nomination est réglée d'une manière variable par les gouvernements ; en Angleterre, les villes qui font des envois considérables à l'exposition dressent des listes de candidats, sur lesquelles la commission royale choisit les jurés.

Les produits exposés sont importés et exportés en franchise de douane; ils ne sont acceptés que lorsqu'ils ont été acceptés ou envoyés par les commissions ou jurys des pays de provenance. En France, c'est le jury central de l'exposition de 1849 qui accepte ou rejette les produits présentés pour le Palais de Cristal. La France est l'objet des prévenances les plus grandes de la part de la Grande-Bretagne, qu'elle a si longtemps combattue sur les champs de bataille, et qu'elle vient combattre pacifiquement aujourd'hui dans le champ clos de l'industrie : un espace de plus 9,000 mètres est accordé à nos produits, et quelques difficultés soulevées par le rétrécissement de cet espace pour les besoins de la circulation générale sont promptement aplanies.

Enfin, l'exposition universelle est ouverte, par la reine Victoria, le 1ᵉʳ mai 1851. Jusqu'en 1834, dans nos expositions françaises, les produits avaient été répartis, à peu près sans classification, en quatre pavillons différents ; depuis, on les divisa en quatre classes, qui furent réparties en quatre galeries affectées à chacune de ces classes. En Angleterre, ils furent exposés ensemble, sous une classification générale qui échappait à l'œil, puisque chaque nation avait son quartier à part. Sur 18,000 exposants, l'Angleterre en compta 9734, et la France, qui venait en seconde ligne, 1,760, l'Angleterre obtint 79 grandes médailles, 1,265 médailles de 2ᵉ classe, et 2,089 mentions honorables ; la France, 57 grandes médailles, 622 de seconde classe, et 1,050 mentions honorables. Nous avions remporté là une grande victoire industrielle, car les récompenses de premier ordre étaient pour nous de 30 pour 1,000 exposants, tandis que les autres pays, la Suisse exceptée, ne les avaient obtenus que dans la proportion de 8 sur 1,000.

À l'exposition universelle de Londres succédèrent d'autres expositions universelles, qui eurent un retentissement moindre : celle de Dublin, ouverte en mai 1853, et pour laquelle Londres donna 1,250,000 fr. ; celle de New-York, ouverte en 1853, etc. Enfin, bien qu'elle ait été toute spéciale, nous devons classer parmi celles que fit naître la pensée exécutée à Londres l'exposition universelle des beaux-arts que la Belgique provoqua à Bruxelles en août 1851.

La France ne pouvait pas demeurer en arrière du grand mouvement qui avait pris naissance dans son sein. L'exposition périodique de l'industrie nationale devait avoir lieu en 1854 ; un décret du 8 mars 1853 en agrandit le caractère, et fixa au 1ᵉʳ mai 1855 l'ouverture d'une exposition universelle des produits agricoles et industriels de tous les peuples. Un décret postérieur confondit encore dans cette exposition celle des beaux-arts qui avait lieu annuellement à Paris, et créa ainsi une exposition universelle des produits agricoles, industriels, et des beaux-arts. Une commission de 37 membres, présidée par le prince Napoléon Bonaparte, et dont, par un décret spécial, l'ambassadeur d'Angleterre à Paris, lord Cowley, a été appelé à faire partie, est chargée de la direction et de la surveillance de cette exposition.

Un palais de l'industrie, remplaçant les misérables constructions éphémères que l'on a vues tour à tour, s'élève aux Champs-Élysées, au milieu du carré Marigny, sur une immense étendue. Il formera un rectangle parfait ; la salle, que surmonteront des galeries suspendues, couvrira un espace de trois hectares ; et déjà l'on se plaint de l'exiguïté de ce monument, auquel on est obligé d'ajouter des appendices pour qu'il puisse satisfaire aux exigences de l'institution.

EXPRESSION (de latin *expressio*, formé de *ex*, de, hors, et *premo*, presser). Considéré comme terme oratoire, ce mot désigne la manière d'exprimer ce qu'on veut dire, le choix de termes plus ou moins heureux auxquels on a recours pour rendre sa pensée. Il y a des *expressions* élégantes, choisies, fortes, nobles, vives, hardies ; il y en a de basses, de triviales et de populaires.

En algèbre, l'*expression* d'une quantité est sa valeur représentée sous une forme algébrique. Ainsi, une é q u a t i o n n'est autre chose que l'énoncé de l'égalité de deux expressions différentes d'une même quantité.

Le même mot est pris pour la représentation plus ou moins énergique des passions ; et, dans un sens plus général, pour la sensation produite en nous par divers phénomènes moraux ou physiques, par diverses peintures de choses, ou systèmes de choses, plus ou moins vivement animées. L'expression tient surtout au visage, aux yeux, ces miroirs de l'âme, comme on les a appelés, à la p h y s i o n o m i e ; le geste, les habitudes, les airs de tête contribuent aussi à l'expression. Il n'est d'ailleurs aucune espèce de physionomie, si indifférente qu'elle soit en apparence, dans laquelle ne se retrouve l'expression d'un caractère particulier. Mais si l'on considère les hommes sous l'influence d'une passion quelconque, pour peu que cette passion soit intense, la physionomie du plus stupide prend alors un tel aspect qu'il est impossible de s'y méprendre.

L'expression est singulièrement modifiée dans l'état de maladie ; elle peut souvent alors donner d'utiles renseignements à l'homme de l'art qui sait tenir compte des indices fournis par le *décubitus*, le *facies*, etc.

EXPRESSION (*Technologie*). C'est une espèce de filtration aidée d'une force mécanique. On l'emploie principalement pour se procurer les sucs des végétaux frais et les huiles végétales onctueuses. Elle s'exécute au moyen d'une presse à vis et de plaques de bois, de fer ou d'étain. L'objet à presser est préalablement battu, moulu ou écrasé. On l'enferme ensuite dans un sac, qui ne doit pas être trop plein, et qu'on introduit entre les plateaux de la presse. Les meilleurs sacs sont ceux de toile de crin, ou de canevas enfermé dans la toile de crin. Les sacs de toile de chanvre ou de laine sont sujets à communiquer aux sucs végétaux un goût désagréable. La pression doit être d'abord modérée, et on doit l'augmenter graduellement. Les végétaux destinés à cette opération doivent être tout frais et séparés de toute impureté. En général, il convient de les exprimer aussitôt après qu'ils ont été écrasés, car cette opération les dispose à la fermentation ; mais les fruits aigrelets donnent une plus grande quantité de suc et d'une meilleure qualité quand on les laisse pendant quelques heures, et dans de certains cas pendant quelques jours, dans un vase de bois ou de terre, après avoir été écrasés. À quelques végétaux qui ne sont pas assez juteux, il est nécessaire d'ajouter un peu d'eau. Les oranges et les citrons doivent être pelés, car leur peau contient une grande quantité d'huile essentielle qui se mêlerait au suc. L'huile, de son côté, peut être obtenue séparément en l'exprimant avec les doigts sur un morceau de verre. On se sert de plaques de fer pour les semences onctueuses ; et on a l'usage non-seulement de chauffer les plaques, mais de faire chauffer même les semences écrasées dans une marmite placée sur un feu doux, après les avoir arrosées avec de l'eau, ou mieux en dirigeant dessus de l'eau à l'état de vapeur, parce que de cette manière on obtient un plus grand produit, et que l'huile est plus limpide. Mais comme les huiles obtenues par ce moyen sont plus disposées à la rancidité, cette partie du procédé doit être quelquefois écartée.
PELOUZE père.

EXPRESSION (*Beaux-arts*). L'expression est le résumé de l'effet des parties d'un tout vivant : ce mot s'entend aussi du mode employé pour rendre sensible à d'autres l'impression que l'on a reçue. Il existe une corrélation parfaite entre les mouvements de l'âme et du corps, dans l'état normal de l'être usant de ses facultés. Ces deux espèces de mouvements consécutifs ont trois phases distinctes, selon l'état du *moi*, quand ils sont produits. Dans la condition moyenne, ils sont excentriques et doux, ils se comportent concentriquement dans la faiblesse, source des affections tristes ; ils passent de la concentration à l'excentration forcée lorsque le *moi* se trouve surexcité, et deviennent violents dans cette catégorie. Quel que soit l'instant de la passion, le geste qui en découle suit constamment une direction analogue. Ainsi, les muscles et les extrémités s'éloignent de la ligne médiane, dans l'excentration de la volonté ; ils s'en rapprochent dans l'impulsion contraire.

D'après ce principe, la fréquence d'une même passion amène une habitude corporelle offrant matériellement l'expression ordinaire de chaque être, son caractère permanent. Le jeu des diverses parties du corps dénote, au moment même, l'apparition passagère d'une expression accidentelle. Il suffit pour se convaincre de ces vérités d'examiner une série d'actes vitaux. Dans la crainte se développant en nous, ne voit-on pas les pieds et les mains se rapprocher du tronc pour le préserver contre toute atteinte nuisible, avec une vitesse égale à la rapidité de conception de l'esprit pressentant le danger? Dans cet état de l'âme s'amoindrissant afin d'offrir le moins de surface possible, ne trouve-t-on pas une similitude frappante avec l'action perceptive de l'individu concentrant tous ses moyens moraux de résistance? Si l'on met en parallèle de cet exemple celui que l'on peut tirer de la vue d'un homme exalté par un bonheur fortuit à lui survenu, l'on reconnaîtra la concordance existant entre sa pensée l'emportant en dehors de ses habitudes, et le geste excentrique involontaire s'élançant avec elle. Dans ce cas, le rire, la dilatation des narines, l'afflux du sang à la périphérie, le jeu rapide des extrémités tant supérieures qu'inférieures, ne témoigne-t-il pas hautement en faveur de ce principe constitutif de corrélation du moral et du physique? Les nuances les plus délicates ne sont pas moins saisissables en les parcourant avec justesse. La prétendue objection soulevée en montrant l'hypocrisie déjouant l'œil de l'observateur par une grande réserve dans l'extériorité vient confirmer au contraire nos assertions, en rendant hommage à cette loi d'analogie, puisque, pour cacher l'état réel de l'âme, on se croit obligé de maîtriser une pantomime délatrice. Du reste, il est facile de s'assurer de la duplicité par l'effet de la contrainte des muscles de la face et de ceux de l'économie tout entière; car l'expression ne réside pas seulement sur la face, où l'âme se reflète avec le plus de clarté; l'âme est partout.

Les extrémités ont une physionomie non moins expressive : la main supplie, ordonne, menace; le dédain, la fermeté, l'impatience apparaissent dans le pied : il souffre dans le marbre de Laocoon autant que le tronc de cette admirable statue. Subdivisez encore ces fractions, et chaque parcelle aura son expression locale. C'est ainsi que selon nous on peut mettre sur la voie des recherches à suivre pour matérialiser avec le crayon ou le ciseau ce qui d'abord semblait appartenir au domaine exclusif de l'abstraction. Si le peintre reporte sur la toile, ou si le sculpteur fait sortir de l'argile les formes senties, les linéaments caractéristiques incrustés par la passion sur les traits de l'homme, la copie aura la signification morale de l'original.

Il ne suffit pas dans un ouvrage où se rencontrent plusieurs groupes que l'expression individuelle soit juste; il faut encore qu'elle soit judicieusement appropriée à l'expression de la pensée dominante. Certes, l'art ne doit pas négliger les oppositions faisant valoir l'ensemble de la composition; mais cependant on ne peut y introduire des caractères dont l'aspect deviendrait choquant par inopportunité.

J.-B. DELESTRE.

EXPRESSION (*Musique*). C'est une qualité par laquelle le musicien sent vivement et rend avec énergie toutes les idées qu'il doit rendre et tous les sentiments qu'il doit exprimer. Il y a une expression de composition et une d'exécution, et c'est de leur concours que résulte l'effet musical. Le compositeur doit bien connaître et sentir l'effet de tous les caractères, afin de porter exactement celui qu'il choisit au degré qui lui convient. Il doit rendre par la mélodie le ton dont s'expriment les sentiments qu'il veut représenter; il doit pourtant bien se garder en cela d'imiter la déclamation théâtrale, mais la voix de la nature parlant sans affectation. Quant à l'harmonie, il évitera soigneusement de couvrir le son principal dans la combinaison des accords; il subordonnera tous ses accompagnements à la partie chantante; partout il rendra présent et sensible l'enchaînement des modulations, et fera servir la basse et son harmonie à déterminer le lieu de chaque passage dans le mode, afin qu'on n'entende jamais un intervalle ou un trait de chant sans sentir en même temps son rapport avec le tout. Une observation que le compositeur ne doit pas négliger, c'est que plus l'harmonie est recherchée, moins le mouvement doit être vif, afin que l'esprit ait le temps de saisir la marche des dissonances et le rapide enchaînement des modulations.

A.-L. MILLIN, de l'Institut.

EX PROFESSO, locution adverbiale et toute latine, qui vient de la préposition *ex* et du participe passé du verbe *profiteri*, en français *annoncer publiquement*, *promettre*, *professer* : Traiter un sujet *ex professo*, c'est donc le traiter sans mystère, sans dissimulation, à fond, d'une manière complète, avec toute la science et l'autorité convenables.

EXPROPRIATION. On entend par ce mot un acte de *dépossession* des biens d'un débiteur, lesquels sont vendus au profit d'un créancier. L'expropriation est toujours considérée comme *forcée*, suivant le Code Civil, qui détermine longuement la nature des biens dont le créancier peut poursuivre l'expropriation, ainsi que la manière de procéder à leur vente forcée. Les lois sur la procédure établissent l'ordre et la distribution à suivre dans la répartition du prix de ces biens entre les créanciers, quand il y en a plusieurs. On peut poursuivre l'expropriation, 1° des biens immobiliers et de leurs accessoires réputés immeubles, appartenant en propriété au débiteur; 2° de l'usufruit appartenant au débiteur, sur les biens de même nature. Toutefois, si le débiteur justifie par baux authentiques que le revenu net et libre de ses immeubles pendant une année suffit pour le payement de la dette en capital, intérêts et frais compris, et s'il en offre la délégation au créancier, les juges peuvent suspendre la poursuite, sauf à la reprendre s'il survient quelque opposition ou obstacle au payement. Ce n'est qu'en vertu d'un titre authentique et exécutoire, pour une dette certaine et liquide, qu'on peut poursuivre la vente forcée des immeubles. Si la dette est en espèces non liquidées, la poursuite est valable, mais l'adjudication ne pourra être faite qu'après la liquidation. Ce n'est qu'après que la signification du transport a été faite au débiteur que le cessionnaire d'un titre exécutoire peut poursuivre l'expropriation. La poursuite peut se faire en vertu d'un jugement provisoire ou définitif, exécutoire par provision, nonobstant appel; mais l'adjudication ne peut se faire qu'après un jugement définitif en dernier ressort, ou passé en force de chose jugée. Un jugement rendu par défaut durant le délai de l'opposition ne peut autoriser la poursuite.

On ne peut opérer de poursuite en expropriation d'immeubles sans qu'elle ait été, au préalable, précédée d'un commandement de payer, fait à la diligence et requête du créancier à la personne du débiteur ou à son domicile. Toutefois, la part indivise d'un cohéritier dans les immeubles d'une succession ne peut être mise en vente par ses créanciers personnels avant le partage ou la licitation, qu'ils provoquent s'ils le jugent convenable, ou dans laquelle ils ont le droit d'intervenir. On ne peut avant la discussion du mobilier mettre en vente les immeubles d'un mineur, même émancipé, ou d'un interdit. La discussion du mobilier n'est pas requise avant l'expropriation des immeubles possédés par indivis entre un majeur et un mineur ou interdit si la dette leur est commune, ni dans le cas où les poursuites auraient été commencées contre un majeur ou avant l'interdiction. On poursuit contre le mari débiteur seul, quoique la femme soit obligée à la dette, l'expropriation des immeubles qui font partie de la communauté. L'expropriation des immeubles de la femme qui ne sont point entrés en communauté se poursuit contre le mari et la femme, laquelle peut être autorisée en justice, au refus du mari de procéder avec elle, ou si le mari est mineur. Ce n'est que dans le cas d'insuffisance des biens qui lui sont hypothéqués que le créancier peut poursuivre la vente de ceux qui ne le lui sont pas.

On ne peut provoquer que successivement la vente forcée de biens situés dans divers arrondissements, à moins qu'ils ne fassent partie d'une même exploitation. Cette vente se fait dans le tribunal du ressort duquel dépend le chef-lieu de l'exploitation, ou, à défaut de chef-lieu, la partie de biens qui, d'après la matrice du rôle, est d'un plus grand revenu. Si les biens hypothéqués au créancier et ceux non hypothéques, ou les biens situés dans divers arrondissements, font partie d'une seule et même exploitation, la vente des uns et des autres se poursuit ensemble si le débiteur le requiert; et s'il y a lieu, ventilation se fait du prix de l'adjudication. Une poursuite en expropriation d'immeubles ne peut d'ailleurs jamais être annulée sous prétexte que le créancier l'aurait commencée pour une somme plus forte que celle qui lui est due. BILLOT.

Tels sont les principes posés par le Code Civil en matière d'expropriation forcée. Quant aux règles à suivre, aux formalités à observer, elles sont longuement développées dans le Code de Procédure civile, titres XII et XIII, articles 673 à 805. Ces dispositions exigent : 1° un commandement du créancier visé par le maire du lieu où il a été signifié, commandement qui doit être renouvelé au bout de quatre-vingt-dix jours s'il n'a pas été suivi d'effet; 2° la saisie immobilière, trente jours après ce commandement; 3° la dénonciation de la saisie immobilière ou saisie dans les quinze jours qui suivent la clôture du procès-verbal qui en est dressé; 4° la transcription de la saisie et de sa dénonciation au bureau des hypothèques, dans les quinze jours au plus tard de cette dénonciation; 5° dépôt au greffe, par le poursuivant, dans les vingt jours au plus tard après la transcription, du cahier des charges; 6° dans les huit jours de ce dépôt, sommation au saisi de prendre communication du cahier des charges; pareille sommation aux créanciers hypothécaires; 7° mention de cette notification dans les huit jours du dernier exploit le constatant au bureau des hypothèques; 8° publication et lecture du cahier des charges à l'audience, trente jours au plus tôt et quarante jours au plus tard après le dépôt de ce cahier; 9° adjudication dans les trente jours au plus tôt et les soixante jours au plus tard de la publication du cahier des charges; 10° insertion dans un journal légalement désigné quarante jours au plus tôt et vingt jours au plus tard avant l'adjudication; 11° remise de l'adjudication, s'il y a lieu, par jugement rendu sur la demande du poursuivant ou d'un créancier inscrit, et dans ce cas adjudication nouvelle dans les quinze jours au plus tôt et les soixante jours au plus tard, une insertion huit jours à l'avance; 12° enfin, enchère, et s'il ne se présente pas d'enchérisseurs, le poursuivant est déclaré adjudicataire pour la mise à prix.

Le décret qui a institué, en 1852, des sociétés de crédit foncier a prescrit, quant à ces sociétés, un mode expéditif, moins compliqué d'expropriation, relaté dans les articles 32 à 42. En cas de non payement d'une annuité, il y a lieu à poursuivre le payement d'un immeuble. Un commandement transcrit au bureau des hypothèques, trois insertions pendant les six semaines qui suivent cette transcription dans les journaux légalement désignés à cet effet, deux appositions d'affiches à quinze jours d'intervalle, avec dénonciation aux débiteurs et aux créanciers inscrits, et, enfin, vente aux enchères devant le tribunal du lieu quinze jours après l'accomplissement de cette formalité, voilà comment a lieu l'expropriation en matière de *crédit foncier*. Le tribunal peut sur la requête de la société de crédit foncier, par un jugement non susceptible d'appel, ordonner la vente dans les études des notaires du canton ou de l'arrondissement, ou devant un autre tribunal.

Outre l'expropriation forcée par suite de saisie immobilière, la loi reconnaît un autre mode d'expropriation, dans lequel la dépossession est motivée par des raisons d'un intérêt plus général, c'est l'*expropriation pour cause d'utilité publique*. L'État veut construire un palais, une route, un chemin de fer; un département veut ouvrir une voie de grande communication; une commune veut faire prolonger une rue : si l'emplacement destiné à ce palais, à ces voies de communication, appartient à des particuliers, l'État a le droit de les exproprier, moyennant une juste et préalable indemnité, et après que l'utilité publique a été légalement constatée. Les lois des 8 mars 1810, 7 juillet 1833, et 3 mai 1841 ont d'abord régi la matière; aujourd'hui les deux premières sont abrogées. Aux termes de la loi, du 3 mai 1841, il ne peut être procédé, soit par l'État, soit par les départements, soit par les communes, qu'en vertu d'une loi ou d'un décret pour les moins importants, à de grands travaux d'utilité publique; cette loi ou ce décret ne peut être rendu qu'après une enquête administrative; il en est de même pour les chemins vicinaux dont le tracé a été approuvé par les conseils généraux et dont un arrêté préfectoral détermine l'ouverture; une enquête administrative doit accompagner la production des plans. Les tribunaux prononcent l'expropriation pour utilité publique des terrains, bâtiments compris dans le périmètre des travaux à faire; l'assignation à trois jours aux propriétaires de comparaître devant le tribunal énonce la somme offerte; le tribunal détermine la somme à consigner pour la garantie du propriétaire; si le propriétaire n'accepte pas les offres qui lui sont faites, il est renvoyé devant un *jury d'expropriation*, dont les membres sont désignés chaque année par les conseils généraux : l'exproprié fait soutenir ses prétentions devant le jury d'expropriation, dirigé par un magistrat de l'ordre judiciaire; ce jury est composé de douze membres; il vote souverainement, à la simple majorité, son président ayant voix prépondérante en cas de partage, le chiffre de l'indemnité à allouer en faveur des propriétaires, fermiers, locataires, usagers expropriés. Si l'indemnité fixée n'était et acquittée, ni consignée dans les six mois de la décision du jury, les intérêts courraient de plein droit à l'expiration de ce délai. En certains cas l'expropriation donne aux expropriés le droit d'exiger de l'administration l'acquisition totale des immeubles qu'elle frappe. A Paris, en vertu d'un décret du 26 mars 1852, l'administration a la faculté de comprendre la totalité des immeubles atteints lorsqu'elle juge que les parties restantes ne sont pas d'une étendue ou d'une forme qui permettent d'y élever des constructions salubres. Elle peut pareillement comprendre dans l'expropriation des immeubles en dehors des alignements, lorsque leur acquisition est nécessaire pour la suppression de anciennes voies publiques jugées inutiles. Les parcelles de terrain acquises en dehors des alignements et non susceptibles de recevoir des constructions salubres sont réunies aux propriétés contiguës, soit à l'amiable, soit par l'expropriation de ces propriétés. Une loi de 1845 a décidé que l'État peut exproprier pour cause d'utilité publique des canaux concédés à des compagnies. Cette loi détermine le mode de procéder pour arriver à faire fixer dans ce cas, par un jury spécial, le prix à rembourser pour les actions de jouissance de ces canaux.

EXPUTION. *Voyez* CRACHEMENT.

EXPULSION (du latin *expulsio*, formé de *ex*, hors, et *pello*, je pousse), action par laquelle on est chassé d'un lieu, mis dehors. En termes de pratique, il se dit de l'action par laquelle on est chassé d'un lieu où on n'a pas droit de rester, d'un bien dont on était en possession et où on n'a plus droit de rester. Si un locataire s'obstine à rester dans une maison dont le bail est fini ou résilié, on procède à son expulsion, en vertu d'un jugement et avec les agents de la force publique. Les lois sur les étrangers donnent en général aux gouvernements le droit de les expulser du territoire où ils se sont réfugiés, et on n'a jamais tant usé partout de cette faculté que dans ces derniers temps, malgré l'exemple de l'Angleterre, qui s'est obstinée à laisser une grande liberté chez elle aux réfugiés politiques, en dépit des réclamations des puissances continentales. La Suisse, qui s'était refusée sous Louis-Philippe à l'expulsion d'un prince conspirateur, a dû expulser de son sein une foule de *révolutionnaires*. Après le coup d'État du 2 décembre 1851, « le gouvernement, fermement déterminé à prévenir toute cause de troubles, dit le *Moniteur*, a dû prendre des mesures contre certaines personnes dont la présence en France pourrait empêcher le calme de se rétablir. Ces mesures s'appliquent à trois catégories : dans la première figurent les individus convaincus d'avoir pris part aux insurrections récentes; ils seront, suivant leur degré de culpabilité, *déportés* à la Guyane française ou en Algérie. Dans la seconde se trouvent les chefs reconnus du socialisme; leur séjour en France serait de nature à fomenter la guerre civile: ils seront *expulsés* du territoire de la république, et ils seront transportés s'ils venaient à y rentrer. Dans la troisième sont compris les hommes politiques qui se sont fait remarquer par leur violente hostilité au gouvernement et dont la présence serait une cause d'agitation : ils seront momentanément *éloignés* de France. » A la suite de ces décrets, cinq représentants étaient déportés à la Guyane, soixante-six étaient expulsés du territoire français, de celui de l'Algérie et de celui des colonies pour cause de sûreté générale; parmi eux on remarquait Victor Hugo, Agricol Perdiguier, Charles Lagrange, Th. Bac, Colfavru, de Flotte, Nadaud, Esquiros, Joigneaux, Madier de Montjau, Dupont (de Bussac), Charras, etc. Dix-huit autres représentants étaient momentanément éloignés des mêmes territoires.

EXSUDATION, action d'*exsuder* (de *ex*, hors, et *sudare*, suer), c'est-à-dire de rendre sous forme de sueur un liquide par très-petites gouttes. En pathologie, l'*exsudation* est une sueur très-abondante.

EXTASE, exaltation ou activité extraordinaire de l'esprit, avec inaction plus ou moins complète des sens extérieurs et des mouvements volontaires. Dans le langage vulgaire, on exprime par le mot *extase* un sentiment de ravissement extrême et inattendu, une sorte de volupté vive, accompagnée d'immobilité. On a confondu généralement l'extase avec le somnambulisme et autres affections du système nerveux, auxquelles elle ressemble en quelques points; mais par la définition que nous venons de donner, il est facile de la distinguer. L'habitude de la méditation, la vie contemplative et ascétique, et une prédisposition particulière dans l'organisation du cerveau sont les causes ordinaires de l'extase. Les individus qui se livrent à la méditation mystique et religieuse sont jetés quelquefois dans une sorte de rêverie voluptueuse extatique, qui se renouvelle ensuite plus ou moins souvent sans l'intervention d'aucune cause manifeste. Les femmes très-irritables et d'un tempérament nerveux sont plus particulièrement sujettes à l'extase. Zimmermann cite plusieurs exemples d'extase mystique : le plus remarquable est celui de sainte Thérèse, qui jouissait d'une véritable volupté pendant son extase. Les facultés intellectuelles dans l'extase, bien loin d'être suspendues, exercent une énergie excessive; ce qui n'arrive pas dans les affections comateuses. Les connaissances que nous possédons actuellement sur les fonctions des différentes parties du cerveau nous mettent à même d'expliquer l'extase. Par conséquent, elle ne doit pas être regardée comme une lésion de l'attention, ainsi que plusieurs auteurs ont voulu la définir; l'attention n'étant elle-même qu'un attribut général des facultés cérébrales ; mais l'extatique, au contraire, a concentré toute son attention sur les objets imaginaires qui sont dans son esprit. Il faut donc considérer l'extase comme le résultat de l'activité exclusive de certains organes des facultés intellectuelles et des sentiments, conjointement au repos ou à l'inactivité des organes des facultés perceptives, des sens extérieurs et des mouvements volontaires. Les divisions des fonctions des différentes parties de l'encéphale et la pluralité des organes cérébraux peuvent seules expliquer les phénomènes de l'extase. Dr FOSSATI.

EXTEMPORANÉ. Les pharmaciens donnent la qualification d'*extemporanés* ou de *magistraux* aux médicaments qui doivent être préparés sur-le-champ, tandis qu'ils nomment *officinaux* ceux qui peuvent être préparés d'avance. Les loochs, les potions, etc., sont des médicaments extemporanés.

EX TEMPORE, locution latine signifiant sur le champ ou d'une façon improvisée.

EXTENSEUR, nom donné à certains muscles, en raison de la nature de leurs fonctions. Tous appartiennent aux extrémités. Dans les extrémités supérieures, on distingue l'*extenseur* commun des doigts, l'*extenseur* propre du petit doigt, le court *extenseur* du pouce, le long *extenseur* du même doigt, l'*extenseur* propre de l'indicateur. Aux extrémités inférieures, on trouve l'*extenseur* propre du gros orteil, et le long *extenseur* commun des orteils. Nous croyons d'ailleurs inutile d'observer que tous les autres muscles, entrant comme parties constituantes dans les membres supérieurs et inférieurs, et particulièrement ceux désignés sous le nom de *fléchisseurs*, n'ont pas absolument d'autre but, dans toute espèce de mouvements, que de produire des phénomènes d'extension ou de contre-extension.

EXTENSION, sorte de mouvement par lequel un corps s'allonge. C'est par leur *extension* et leur *contraction* successives que les muscles sont les principaux agents des mouvements des animaux.

En grammaire, on dit qu'un mot signifie, *par extension*, telle ou telle chose : dans cette locution, *extension* prend un sens figuré. Il en est de même quand on parle de l'*extension* d'une loi, d'une clause, pour désigner leur interprétation dans un sens plus étendu ou leur application à un plus grand nombre de cas.

En chirurgie, l'*extension* est l'action par laquelle on étend, en tirant fortement à soi, une partie luxée ou fracturée, pour remettre les os dans leur situation naturelle.

EXTENSO (In). *Voyez* IN EXTENSO.

EXTER (Pierres d') ou d'EGGESTER. On distingue sous ce nom un massif de roches quartzeuses situé dans les montagnes d'Egge, près Horn, principauté de Lippe-Detmold. Ces roches sont le plus souvent fendues verticalement, et quelques-unes renferment des cavités naturelles. Sur plusieurs pics, dont le plus élevé a 42 mètres de hauteur, se balancent en équilibre d'immenses blocs de pierre, dont le vent, en les faisant osciller, semble devoir occasionner la chute, sans pourtant les faire changer de place. Dans tout ce système existent des voûtes en plein cintre, formant de grandes salles, dont les parois sont ornées de sculptures, et auxquelles on arrive par des escaliers. Une de ces sculptures en relief représente une descente de croix, et, malgré la grossièreté de l'exécution, trahit une composition digne, noble et simple, remontant, suivant toute apparence, au dixième siècle, époque où les travaux de sculpture furent très-rares en Allemagne. Une tradition vague fait des *pierres d'Exter* l'antique siége de la déesse Velléda.

EXTÉRIEUR. Usuellement, ce mot est susceptible de recevoir trois acceptions. En effet, il peut signifier : 1° tout ce qui est en dehors de tout corps organisé ou brut; 2° la surface ou la périphérie, et 3° cette surface et toute la partie des couches plus ou moins épaisses qui, recevant l'impression directe du milieu environnant, réagissent sur lui. L'abbé Girard, à l'occasion des synonymes de ce mot, dit que *extérieur* diffère de *dehors* et d'*apparence* en ce que l'extérieur est ce qui se voit; il fait partie de la chose, il est la partie la plus éloignée du centre; le *dehors* est ce qui environne; l'*apparence* est l'effet que la vue de la chose produit ou l'idée qu'on en forme. Par extension, l'*extérieur* se prend pour l'étranger.

EXTINCTION (du latin *extinctio*, d'*extinguo*, formé d'*ex*, hors, et *stinguo*, éteindre), vulgairement action d'éteindre le feu, un incendie. On emploie aussi ce mot dans un sens figuré dans les locutions suivantes : *Extinction d'une rente*, son amortissement ; *extinction d'un crime*, sa rémission, son absolution ; *extinction d'une maison, d'une branche* ; on appelle aussi *extinction du verre*, l'action de le tirer à l'eau. On dit aussi une *extinction de voix* (voyez APHONIE) ; *extinction de la chaux, du mercure*, son premier degré d'oxydation.

En termes de pratique, *extinction des feux* est une sorte de formule dont on se sert dans quelques ventes, quelques adjudications, où l'on est reçu à enchérir jusqu'à ce qu'une chandelle, une bougie soit éteinte. En matière de saisie immobilière, aux termes de l'article 706 du Code de Procédure civile, aucune adjudication ne peut être faite en justice qu'après l'extinction de trois bougies d'une durée d'environ une minute, allumées successivement. Si pendant la durée d'une des trois bougies il survient des enchères, l'adjudication ne peut être faite qu'après l'extinction de deux feux sans enchères survenues pendant leur durée.

EXTIRPATION (en latin *extirpatio*, formé de la particule extractive, *ex*, dehors, et *stirps*, souche, racine), action d'arracher, d'enlever, soit les mauvaises herbes, soit les parties malades dont l'altération, reconnue incurable, gêne ou compromet la santé et la vie. C'est en ce sens qu'on dit extirpation d'une tumeur, d'une loupe, d'un cancer. On dit aussi au figuré : *extirper les vices, extirper une famille*, l'exterminer.

EXTORSION. Ce mot, qui vient du verbe latin *extorquere*, extorquer, était autrefois employé plus spécialement en parlant des émoluments excessifs que certains officiers de justice arrachaient impunément à ceux qui étaient obligés de passer par leurs mains ; certains gouverneurs de province se gênaient peu en matière d'exaction et d'extorsion. Aujourd'hui le mot *extorsion* a conservé cette signification ; mais il s'applique surtout à l'action d'arracher par force, violence ou contrainte, la signature ou la remise d'un écrit, d'un acte ou d'un titre, d'une pièce quelconque contenant ou opérant obligation, disposition ou décharge. L'extorsion de titre, l'extorsion de signatures que depuis quelques années on voit se reproduire par un moyen peu varié, l'apparition d'un mari qui prétend trouver sa femme en délit d'adultère et arrache, le couteau ou le pistolet sur la gorge, des obligations pécuniaires à celui qu'il prétend être le complice de son infidèle, est punissable des travaux forcés à temps, aux termes de l'article 400 du Code Pénal.

EXTRA. *Voyez* EXTRAORDINAIRE.

EXTRACTION (du latin *extractio*, formé d'*ex*, hors, et *traho*, je tire). C'est l'action par laquelle un corps est séparé d'un autre dont il faisait partie naturellement ou par suite de circonstances accidentelles, comme quand il s'agit de l'extraction des métaux du sein de la terre, ou de celle d'une balle ou d'un calcul vésical. On *extrait* une dent de son alvéole, au moyen d'un instrument *ad hoc*, etc.

Il y a cette différence entre l'action d'*extraire* et d'*arracher*, que, quoique ces deux termes puissent se suppléer dans un grand nombre de cas, le premier suppose généralement un procédé plus méthodique, plus régulier, comme l'extraction d'une pierre de la vessie, tandis que l'autre emporte plus généralement une idée de violence, de force brusque, et ordinairement l'absence de tout procédé régulier.

Le mot *extraction* est très-usité dans les opérations chimiques, pharmaceutiques ou autres analogues, pour désigner l'action de séparer un corps quelconque d'autres auxquels il est uni : c'est ainsi que différentes huiles s'extraient des résines ou d'autres corps. Le procédé de la distillation est un des principaux moyens qui servent à opérer ce genre d'extraction. Toute décomposition chimique n'est à la rigueur qu'une série d'extractions successives des composés auxquels ils sont unis, des corps réputés indécomposables ou élémentaires.

Extraction est pris aussi quelquefois pour *race, origine* ; on dit ainsi : *Noble d'origine* ou *d'extraction, de basse extraction* ; reprocher à quelqu'un la bassesse de son *extraction*, etc.

En mathématiques, l'*extraction* d'une racine de tel ou tel degré d'une quantité numérique ou littérale est l'opération qui a pour but de trouver cette racine. BILLOT.

EXTRADITION (de *ex*, hors, et *trado*, je livre), action de remettre le prévenu d'un crime entre les mains d'une puissance étrangère qui le réclame pour le faire juger et punir. En général, on tient pour vrai que celui qui, ayant commis un crime dans un pays étranger, se réfugie dans un autre État, ne peut être arrêté ni jugé dans celui-ci ; mais cette règle souffre plusieurs exceptions. Elle cesse notamment lorsqu'il y est dérogé par des conventions diplomatiques. La règle cesse encore toutes les fois que le souverain de l'État où s'est réfugié le prévenu juge à propos de le livrer à la puissance sur le territoire de laquelle a été commis le crime.

« Lorsque l'extradition est demandée, le gouvernement qui la sollicite doit le faire par l'intermédiaire du ministre des affaires étrangères, et il doit joindre les pièces à l'appui, afin que le gouvernement auquel la demande est faite puisse juger en connaissance de cause si c'est le cas de l'accorder. » Telle est la forme indiquée par un décret du 23 octobre 1811.

Aux termes de l'art. 5 du Code d'Instruction criminelle, tout Français qui se sera rendu coupable hors du territoire français d'un crime attentatoire à la sûreté de l'État, de contrefaçon du sceau de l'État ou des monnaies nationales ayant cours, des billets de banque autorisés par la loi, peut être jugé en France d'après les dispositions des lois françaises. Un individu coupable d'un crime commis en France peut parvenir à atteindre la frontière. Pour le juger, il faut que l'État où il habite le livre à la France. De là la nécessité des traités d'extradition, dont nous trouvons déjà des précédents sous l'ancien régime, puisque dès le 29 septembre 1765 il en avait été conclu un entre l'Espagne et la France. Depuis lors il en a été conclu par nous avec les États-Unis, en 1821 ; avec la Bavière, en 1827 ; avec la Suisse, en 1827 et 1828 ; avec la Prusse, également en 1828 ; avec la Belgique, en 1834 ; avec la Sardaigne, en 1838 ; avec l'Angleterre, en 1843 ; avec le duché de Lucques, les États-Unis d'Amérique, le grand-duché de Bade, en 1844 ; avec les Pays-Bas, la Prusse, les Deux-Siciles, en 1845 ; avec les grands-duchés de Mecklenbourg-Schwerin et d'Oldenbourg, en 1847 ; avec la Saxe, l'Espagne, en 1850. En 1851 la Nouvelle-Grenade, Hambourg ; en 1852 le Wurtemberg, la ville libre de Francfort, le Landgraviat de Hesse et le duché de Nassau, en 1854 la principauté de Lippe, conclurent des traités d'extradition avec la France.

Les traités d'extradition sont à peu près conçus dans les mêmes termes, pour ce qui a trait aux faits qui peuvent motiver l'extradition ; tous ou à peu près tous les crimes punissables d'une peine afflictive et infamante entraînent cette mesure ; le meurtre, dénomination sous laquelle sont compris l'assassinat, le parricide, l'infanticide, l'empoisonnement ; la tentative de meurtre ; le viol, l'attentat à la pudeur consommé ou tenté avec violence ; l'incendie ; tous les cas de faux punis d'une peine afflictive et infamante ; la fabrication et l'émission de fausses monnaies, le faux témoignage, la subornation de témoins, le vol, dans tous les cas où les circonstances aggravantes le constituent l'état de crime ; la soustraction dans les dépôts publics, dans les cas où elle encourt des peines afflictives et infamantes ; enfin, la banqueroute frauduleuse sont les principaux cas stipulés à peu près dans tous les traités d'extradition. Les nationaux appartenant à la nation à laquelle l'extradition est demandée et qui se sont réfugiés sur son territoire ne sont point compris dans les limites de l'extradition. L'extradition ne peut être accordée que sur la production en original, ou en copie authentique, des arrêts portant ou mise en accusation ou condamnation. Les individus livrés en vertu du traité d'extradition ne peuvent être poursuivis ni condamnés pour délits politiques antérieurs à l'extradition, ni pour aucun des crimes ou délits non prévus par la convention d'extradition.

Au nombre des crimes qui entraînent l'extradition, on remarque dans quelques traités les attentats contre la sûreté de l'État ; c'est là une qualification on ne peut plus vague, et qui embrasse beaucoup de crimes qui, dans l'État de nos mœurs, ne sont que des délits politiques. Aussi, malgré la lettre des traités d'extradition, n'a-t-on jamais réclamer celle des réfugiés politiques. Nous nous trompons : sous la Restauration, le gouvernement napolitain demanda à la France l'extradition d'un réfugié napolitain nommé Galiotti. Charles X l'ordonna ; mais il y eut alors une telle explosion de l'opinion publique que le gouvernement s'arrêta. Galiotti ne fut pas livré aux sbires napolitains. En 1849, quand la Russie eut aidé l'Autriche à comprimer la révolution hongroise, l'Autriche et la Russie demandèrent à la Porte Othomane l'extradition des principaux chefs de cette insurrection, leurs sujets : la Porte résista noblement à cette demande, tout en donnant à ces deux puissances certaines sûretés contre des tentatives de la part de ces réfugiés. Le monde entier applaudit dans cette circonstance à la résistance de la Turquie, et la demande de l'Autriche et du czar fut l'objet d'une réprobation unanime. La Toscane, qui avait refusé, en 1847, de livrer des réfugiés au gouvernement papal, se montra plus facile après les événements de 1849.

« Il existe des traités d'extradition entre la France et vingt-sept États étrangers, vingt-cinq d'Europe et deux d'Amérique, dit le ministre de la justice dans son *Rapport à l'empereur sur l'administration de la justice criminelle en France en 1852*. Sept autres États d'Europe nous accordent aussi des extraditions ou nous en demandent sans qu'il y ait de traités et en vertu de traditions consacrées par l'usage. Pendant l'année 1852 la France a demandé l'extradition de 36 accusés renvoyés devant les cours d'assises pour divers crimes, et elle a autorisé l'extradition de 88 individus étrangers qui s'étaient réfugiés sur son territoire après avoir commis dans leur pays des crimes pour lesquels ils étaient poursuivis. Les extraditions demandées par la France l'ont été : 17 à la Belgique, 6 à la Sardaigne, 5 à l'Espagne, 3 à la Suisse, 2 à la Prusse, 1 à l'Angleterre, 1 au Portugal, et 1 à la Toscane. Les extraditions autorisées par la France l'ont été à la demande : 20 de l'Espagne, 15 de la Suisse, 11 de la Sardaigne, 10 de la Prusse, 7 du grand-duché de Bade, 6 de la Bavière, 6 de la Belgique, 5 de la Toscane, 3 du Wurtemberg, 3 de la Hesse-Darmstadt, 1 de l'Angleterre et 1 de l'Autriche. Les crimes qui ont motivé le plus fréquemment les demandes d'extradition sont : l'assassinat ou le meurtre, 35 fois ; le vol qualifié, 35 fois ; la banqueroute frauduleuse, 21 fois ; la soustraction des deniers publics par des dépositaires, 15 fois ; le faux, 12 fois. »

EXTRADOS (du latin *extra*, hors, et du français *dos*). Courbure extérieure d'une voûte, dessus d'un voussoir (*voyez* DOUELLE).

EXTRAIT. Ce mot, qui a la même origine qu'*extraction*, s'entend, dans les administrations et en jurisprudence, d'une expédition d'un acte quelconque qui n'en contient que les dispositions principales, que la substance. La loi prescrit l'affiche ou la production d'extraits dans un grand nombre de circonstances ; ainsi l'on doit, dans l'intérêt des tiers, donner de la publicité, soit par l'affiche aux marchés, soit par l'affiche dans l'intérieur des tribunaux, aux extraits de contrats de mariage entre deux personnes dont l'une est commerçante et l'autre ne l'est pas, aux extraits d'actes de constitution ou de dissolution de sociétés commerciales ; on doit faire connaître par extraits les demandes en séparation de biens ou de corps, les saisies immobilières, etc. Les notaires sont astreints à prendre dans leurs chambres de discipline et à faire afficher dans leurs études extrait des jugements portant interdiction ou nomination de conseils judiciaires entre des particuliers.

On disait autrefois, et l'on dit encore généralement aujourd'hui, bien qu'il s'agisse d'un acte tout entier, un *extrait* de baptême, un *extrait* de naissance ; cela vient sans doute de ce que ces copies sont extraites des registres de l'état civil.

EXTRAIT (*Littérature*). Ce mot désigne une sorte de précis, d'abrégé, d'analyse d'une production quelconque de l'esprit, dans laquelle se trouve un grand nombre de passages tirés de l'ouvrage analysé. Pour que l'*extrait* d'un livre soit bien fait, il faut qu'il reproduise fidèlement la physionomie de l'ouvrage qu'il conserve religieusement la pensée de l'auteur et qu'il mette impartialement en relief ses beautés et ses défauts ; il faut, enfin, que l'*extrait* présente une miniature parfaitement ressemblante du tableau original, faite non-seulement avec goût, mais avec conscience. De notre temps il y a une telle surabondance de livres, que de bons extraits des meilleurs constitueraient une mission utile. Malheureusement, les haines de parti, l'esprit de système, les querelles d'écoles, les rivalités de coteries, dispensent trop souvent de conscience, d'équité, et poussent à la mauvaise foi, aux supercheries. C'est ainsi qu'on voit chaque jour d'infidèles faiseurs d'*extraits*, tantôt supprimer avec effronterie les plus beaux passages d'un livre, tantôt leur substituer des sottises et des trivialités de leur invention, ou bien détourner avec malice en un sens ce qui avait été dit dans un autre. Plus souvent on nomme *extraits* des morceaux détachés purement et simplement d'un livre. Un bon conseil à donner aux jeunes gens avides d'instruction, conseil qui leur profiterait plus tard, serait de faire de consciencieux extraits des bons livres qui leur tombent sous la main : ce travail les accoutumerait insensiblement à la netteté, à la justesse d'esprit, et les formerait de bonne heure à l'art de penser et d'écrire. Pline le naturaliste, chez les anciens, ne lisait aucun écrit sans en extraire ce qui l'avait frappé. Montesquieu, chez nous, agissait de même, mais il y joignait ses réflexions, ses remarques, et ces cahiers d'extraits lui ont servi à élever le grand monument de l'*Esprit des lois*. Ce sont ces sortes d'extraits, faits méthodiquement et disposés par ordre alphabétique, en suivant un certain système, que les érudits nomment *collectanea*.

CHAMPAGNAC.

EXTRAIT (*Pharmacie*), substance retirée d'une autre par quelque opération chimique. Un extrait renferme la partie la plus essentielle, la plus efficace d'un ou de plusieurs médicaments.

Les extraits s'obtiennent soit par la simple évaporation des sucs végétaux ou animaux, soit par l'intermédiaire d'un véhicule, le plus souvent eau ou alcool. Pour la préparation des *extraits aqueux*, on peut employer la décoction, l'infusion ou la macération : le premier de ces modes s'applique à l'*extrait de gaïac*, le second à l'*extrait de salsepareille*, le troisième à la plupart des extraits aqueux, tels que ceux de rhubarbe, de gentiane, de quinquina, etc.

Les *extraits alcooliques* de jalap, de scammonée, de quinquina, de noix vomique, etc., se préparent au moyen de l'alcool rectifié à 33 ou 36°. Les *extraits hydro-alcooliques* de cantharides, d'ipécacuanha, de séné, de belladone, etc., s'obtiennent en traitant ces substances par l'alcool à 22°.

Les autres véhicules employés pour la préparation des extraits sont le vin, le vinaigre et l'éther ; ainsi on connaît un extrait vineux et un extrait acétique d'opium, un extrait de cantharides par l'éther, etc.

On évapore les extraits jusqu'à une consistance telle que refroidis ils puissent se rouler facilement en forme de pilules ; ce sont les *extraits mous*. Quelquefois on veut les avoir entièrement secs ; alors on arrête l'évaporation au bain-marie au moment où ils ont acquis la consistance du miel ; on les étend en couches minces sur des assiettes et on achève la dessiccation à l'étuve, jusqu'à ce qu'ils puissent se détacher facilement en écailles, que l'on enferme de suite dans des flacons bien bouchés ; ce sont principalement l'*extrait de quinquina* et l'*extrait de tige de laitue* (ou *thridace*) que l'on dessèche de cette manière.

Il est en médecine peu de formes pharmaceutiques des médicaments aussi usitées que celles des extraits. C'est le plus souvent à l'intérieur qu'on les administre, tantôt sous forme pilulaire, tantôt dissous dans des potions; ils forment aussi la base de certains sirops, tels que ceux de thridace et d'opium. Mais on en fait encore un fréquent usage à l'extérieur, soit comme liniments, comme emplâtres, soit appliqués en frictions.

EXTRAIT (*Jeux*). *Voyez* LOTERIE.

EXTRAIT DE SATURNE. *Voyez* ACÉTATE.

EXTRA-JUDICIAIRE (Acte). On appelle ainsi tous exploits ou significations qui ne concernent point un procès *actuellement pendant en justice*. Un simple commandement, une sommation, un procès-verbal et autres actes semblables, quoique faits par le ministère d'un huissier, sont des actes extra-judiciaires lorsqu'ils ne contiennent point d'assignation. Le mot *extra-judiciaire* est donc employé par opposition au mot *judiciaire* (*extra*, hors). Les actes judiciaires ou procédures sont soumis au genre particulier de prescription qu'on nomme *péremption*, tandis que les actes extra-judiciaires ne sont sujets qu'à la prescription ordinaire. Les anciens auteurs ne font pas même mention de ce mot, qui n'était d'aucun usage dans l'ancienne jurisprudence.

EXTRAORDINAIRE, ce qui est en dehors de l'ordinaire, contre l'usage, ce qui n'est pas commun. Les dépenses *extraordinaires* sont des dépenses imprévues, ou qui excèdent celles des années communes; un conseiller d'État en service *extraordinaire*, c'est un conseiller d'État sans fonctions et sans traitement; un ambassadeur *extraordinaire*, un envoyé *extraordinaire*, est celui qu'un gouvernement envoie à un autre pour une affaire particulière et importante, ou à l'occasion d'une cérémonie; un courrier *extraordinaire*, un *extraordinaire*, celui qui est dépêché pour quelque occasion particulière. Ce qu'on nommait autrefois *question extraordinaire* était la plus rude qu'on pût appliquer à un accusé. Les soldats prétoriens, qui disposaient si fréquemment à Rome de la fortune des empereurs, provenaient d'un corps de troupes nommées les *extraordinaires*, parce qu'elles campaient hors des rangs du reste de l'armée, *extra ordinem*, et se tenaient tout près de la tente du général, pour être plus à portée d'en exécuter les ordres. Les camps romains avaient aussi une porte nommée *extraordinaire*, vraisemblablement celle par où passaient habituellement les troupes qui portaient le même nom.

Extraordinaire est aussi substantif : Vous soupez aujourd'hui, vous faites un *extraordinaire* ou ce que, par abréviation, on appelle plus généralement un *extra*; défiez vous des *extras*. Dans les comptes, ce qui est outre la dépense ordinaire s'appelle l'*extraordinaire*. L'*extraordinaire* des guerres ou de l'armée, c'était le fonds qu'on faisait autrefois pour ce service : on disait dans le même sens : Trésorier de l'*extraordinaire*, dans à l'*extraordinaire*. *Extraordinaire* signifiait aussi une feuille volante, contenant des nouvelles, et qu'on donnait à lire comme la gazette. On faisait un *extraordinaire* après les grands événements. « M. de Bautru, dit Ménage, avait l'inspection des gazettes et des *extraordinaires* de France. » BILLOT.

En jurisprudence, comme dans le langage usuel, ce terme exprime tout ce qui ne se fait pas habituellement, ce qui est en dehors du droit commun. Ce mot était employé autrefois quand une procédure au *grand criminel* prenait un caractère assez sérieux pour nécessiter la comparution des témoins : la procédure était alors, disait-on, réglée à l'*extraordinaire*; le jugement qui intervenait était également rendu à l'*extraordinaire*. Reprendre une instruction criminelle, abandonnée faute de preuves suffisantes, sur de nouveaux indices, c'était ce que l'on appelait *reprendre l'extraordinaire*. Aujourd'hui, la qualification d'extraordinaire n'est guère employée que dans un bien petit nombre de cas : suivre d'autres voies que les voies usuelles, c'est suivre des voies extraordinaires : c'est ce qui arrive par exemple lorsque l'on se pourvoit en cassation ou par requête civile contre un jugement de première instance, au lieu de faire suivre à l'appel sa marche régulière.

On appelle *tribunaux extraordinaires* ceux qui n'ont qu'une compétence spéciale : la haute cour de justice, les conseils de guerre, les tribunaux maritimes, les tribunaux de commerce, sont des tribunaux extraordinaires; les commissions judiciaires que tant de gouvernements ont composées en dehors des règles du droit étaient aussi des tribunaux extraordinaires.

EXTRAORDINAIRES, ou *albeions*, suivant Roquefort, soldats de la milice romaine, dont il est question dans Polybe et Végèce. Les préfets des alliés, ou les officiers d'un rang égal à celui des tribuns militaires romains, formaient particulièrement en extraordinaires les hommes de pied et de cheval qu'on aurait pu appeler les *disponibles* ou la *réserve*, car ils étaient destinés à servir suivant la manière dont les consuls jugeaient à propos de les employer, soit en détachements, ou de toute autre manière. Le corps des extraordinaires comprenait le tiers de la cavalerie des alliés et le cinquième de leur infanterie. On pourrait déduire de la lecture de Juste-Lipse que les *ablectes* étaient tirés des *extraordinaires*. Il y a eu aussi en France des extraordinaires : on appelait ainsi l'une des compagnies des gentilshommes à bec-de-corbin, qui formaient une partie de la garde du roi.
Gal BARDIN.

EXTRAVAGANCE, bizarrerie, folie, impertinence, sottise, action ou discours hors du bon sens, chose dite ou faite mal à propos (de *extra vagans*, errant en dehors du bon sens). « La poésie, dit Saint-Évremond, doit parler le langage des dieux, sans s'égarer et sans dire des extravagances. *Extravagant* est donc synonyme de « fou, bizarre, impertinent, fantasque, contre le bon sens, contre la raison; il s'applique aux personnes et aux choses. » Il faut un assez grand amas d'impertinences, dit de Mlle Scudéri, pour faire un extravagant. »

EXTRAVAGANTES. On désigne sous ce nom les collections des décrétales de Jean XXII et de quelques autres papes, postérieures aux Clémentines, ajoutées au corps du droit canon. Elles ont été appelées ainsi, *quasi vagantes extra corpus juris*, pour dire qu'elles étaient hors du droit canonique. J. Chappuis les a divisées en deux collections, à savoir, les *Extravagantes de Jean XXII*, au nombre de vingt, et les *Extravagantes communes*, au nombre de soixante-quinze; et depuis l'an 1500 on les a jointes aux diverses éditions du *Corpus juris canonici*. Les vingt extravagantes de Jean XXII sont les épîtres, décrétales ou constitutions de ce pape; les soixante-quinze extravagantes communes sont des épîtres, décrétales ou constitutions de divers papes qui ont occupé le saint-siège, soit avant soit après Jean XXII.

EXTRAVASATION ou EXTRAVASION (de *extra*, hors, et *vas*, vaisseau), mouvement par lequel des fluides contenus dans des vaisseaux, tels que le chyle, la lymphe, le sang artériel ou veineux, la sève et les sucs propres, en sortent et s'épanchent dans les tissus qui environnent les vaisseaux ouverts ou déchirés.

EXTRÊME (du latin *extremus*, dérivé d'*exterus*), ce qui est au dernier point, au suprême degré. Une joie *extrême*, une misère *extrême*, une *extrême* rigueur. L'expression à l'*extrême* signifie en dehors de toutes bornes raisonnables : il ne faut pas pousser les choses à l'*extrême*.

Au pluriel, *extrêmes* exprime souvent deux choses opposées par leurs qualités : ainsi, l'eau et le feu, le chaud et le froid, sont des *extrêmes*. Les remèdes *extrêmes* sont les remèdes énergiques, hasardeux, qu'on administre après avoir employé tous les autres sans succès; un *parti extrême* est un parti violent, hasardeux; un *homme extrême en tout*, c'est un homme sans mesure, donnant toujours dans l'excès. *Les extrêmes se touchent*, dit le proverbe, et en effet les hommes les plus mobiles sont souvent les plus extrêmes.

En géométrie, *diviser une ligne en moyenne et extrême raison* veut dire la partager en deux parties telles que l'une soit moyenne proportionnelle entre l'autre partie et la ligne entière. On applique aussi, en mathématiques, le nom d'*extrêmes* à deux termes d'une proportion (arithmétique ou géométrique) : ce sont ceux qui sont au commencement et à la fin ; les deux autres termes, occupant l'espace intermédiaire, se nomment *moyens*.

EXTRÈME-ONCTION, nom donné par l'Église catholique à un sacrement institué en vue du soulagement spirituel et corporel des malades. Pour administrer ce sacrement, on se sert d'huile bénite par l'évêque, avec laquelle on fait des onctions, accompagnées de prières qui en expriment le but et la fin, « Quelqu'un d'entre vous est-il malade, dit saint Jacques au 14° verset du chapitre v° de son épître, qu'il fasse venir les prêtres de l'église, et qu'ils prient sur lui en lui faisant des onctions d'huile au nom du Seigneur : la prière, jointe à la foi, sauvera le malade, le Seigneur le soulagera, et s'il a des péchés, ils lui seront remis... » C'est en s'appuyant sur ce texte que le concile de Trente a décidé que l'extrême-onction est un sacrement, puisqu'il en opère les effets, savoir la rémission des péchés et le soulagement des malades.

Les protestants, qui ne regardent pas comme canonique l'épître de saint Jacques, rejettent du nombre des sacrements celui de l'extrême-onction. Mais il ne faut pas oublier que l'auteur de l'épître dont il s'agit, ne fût-il qu'un simple chrétien, écrivait du moins dans les premiers temps de l'Église, et rapportait une pratique unanimement suivie à cette époque, ce qui suffirait pour constater qu'elle est d'institution apostolique. L'extrême-onction ne se donne qu'aux chrétiens qui sont dangereusement malades ; elle a été administrée, tantôt avant, tantôt après le viatique. Comme, au treizième siècle, quelques personnes se figurèrent que celui à qui ce sacrement avait été administré ne pouvait, s'il revenait en santé, ni cohabiter avec sa femme, ni prendre de nourriture, ni marcher nu-pieds, on décida à ne donner le viatique et l'extrême-onction que dans le cas où l'on désespérait de la vie du malade. Par la forme de l'extrême-onction, on déclarait autrefois que le malade obtenait la rémission de ses péchés ; c'est ce qu'on peut voir dans la formule du rite ambrosien, cité par saint Thomas et plusieurs autres. Depuis plus de six cents ans, la forme est déprécative, comme on peut s'en assurer par l'inspection du rituel manuscrit de Jumiége.

L'Église grecque fait usage de ce sacrement sous le nom d'*huiles saintes*; il suffit d'être indisposé pour le recevoir, et les malades vont parfois à l'église pour qu'on le leur administre. Chez les maronites, on distingue deux sortes d'extrême-onction : l'une pour ceux qui sont en santé, et dans laquelle on se sert de l'huile de la lampe bénite par le prêtre : à proprement parler, ce n'est pas un sacrement ; l'autre, qui est un sacrement, est semblable à celle qui est d'usage chez les Latins, et ne s'accorde qu'aux malades.

Alphonse FRESSE-MONTVAL.

EXTREMIS (In). *Voyez* IN EXTREMIS.

EXTRÉMITÉ (du latin *extremitas*), le bout d'une chose, la partie qui la termine : *Les extrémités* d'un champ ; *aux extrémités* du royaume. L'expression *s'abandonner à des extrémités* a beaucoup d'analogie avec celle de *tomber dans les extrêmes*. Cette locution : *Il est à l'extrémité*, veut dire à l'agonie, aux derniers moments de la vie ; à *toute extrémité* est une autre locution, qui signifie à peu près *au pis aller*, ou plutôt *s'il n'est pas absolument possible de faire d'une autre manière*.

En anatomie, on donne le nom d'*extrémités* à ce que nous nommons vulgairement les *quatre membres*, et on les distingue en *extrémités supérieures* et *inférieures*.

EXTRINSÈQUE. Ce mot, dérivé du latin *extrinsecus*, signifie : qui vient du dehors. On dit : la *valeur extrinsèque* d'une monnaie, celle que le souverain lui a assignée, par opposition à sa *valeur intrinsèque*, ou ce qu'elle vaut en elle-même.

En anatomie, lorsque certains organes sont mis en mouvement par un très-grand nombre de muscles, on distingue les agents de ces mouvements en *muscles extrinsèques* et en *intrinsèques*. Les premiers sont placés autour de leur organe, s'implantent sur lui et le meuvent en totalité en divers sens : tels sont les *muscles extrinsèques* du larynx, de l'oreille, de la langue. Les seconds entrent dans la composition de leur organe, s'implantent sur leurs pièces solides en passant de l'une à l'autre, et leur impriment des mouvement variés : c'est ce qu'on voit parfaitement à la langue, où les muscles intrinsèques se croisent dans toutes sortes de directions, et constituent à eux seuls la plus grande partie de l'organe.

L. LAURENT.

EXUBÉRANCE (du latin *ex*, hors, et *ubertas*, abondance), surabondance, abondance inutile et superflue. En littérature, ce mot caractérise ce genre de vice par lequel on emploie pour exprimer une chose beaucoup plus de termes qu'il n'en faut ; il est très-commun chez les jeunes auteurs, qui prennent souvent pour richesse de style un trop grand luxe, une trop grande profusion de paroles, de fleurs de rhétorique. Une exubérance n'est pas toujours un pléonasme, en ce sens que vingt ou cent mots peuvent être inutilement employés, sans que l'un répète l'idée des autres, à rendre une proposition très-simple, et que deux ou trois termes suffiraient pour énoncer clairement.

On disait autrefois en style de palais : « Tel avocat ne s'est servi d'un pareil moyen, n'a produit une telle pièce, que par *exubérance* de droit : il pouvait bien gagner sa cause sans cela. » Cette locution n'est plus usitée.

EXUBÈRE (du latin *exuber*, mot composé de la préposition *ex*, hors, et de *ubera*, mamelles). Les médecins employaient ce mot pour désigner les enfants que l'on a sevrés.

EXUMA. *voyez* BAHAMA.

EXUTOIRES (de *exuere*, dépouiller). On doit donner le nom d'*exutoires* à toutes les ulcérations superficielles ou profondes, produites ou seulement entretenues par l'art afin de déterminer une suppuration.

Les moyens à l'aide desquels on établit les exutoires peuvent être divisés en chimiques et en physiques ; dans les premiers on doit comprendre : 1° tous les caustiques minéraux, tels que la chaux, la potasse, l'acide sulfurique, le chlorure d'antimoine, etc. ; 2° un très-grand nombre de substances végétales, comme l'écorce de garou, les graines de moutarde et de cévadille, les feuilles de chélidoine et de *rhus toxicodendrum*, l'huile de croton, etc. ; 3° enfin, quelques substances animales ; comme les meloés, les nilabres, et surtout les cantharides. Les moyens physiques se composent de toutes les incisions que l'on pratique à l'aide d'instruments, et dans lesquelles on place des corps étrangers inertes chimiquement parlant ; les plaies que l'on produit par l'application d'un fer rouge, d'un moxa, etc.

La suppuration, que l'exutoire a pour but d'entretenir, n'est pas identique dans tous les cas. Lorsque l'exutoire est superficiel, l'humeur sécrétée est un liquide presque transparent, contenant à peine quelques globules purulents ; quand l'exutoire est profond, le liquide fourni est du pus quelquefois très-épais. Outre cet effet sécrétoire, les exutoires produisent encore quelques autres effets locaux, qu'il faut connaître. Ceux qui sont superficiels occasionnent une douleur ou une excitation légère, quelquefois une tuméfaction qui ne parvient jamais à un degré bien considérable ; un gonflement douloureux se développe quelquefois dans les ganglions lymphatiques voisins ; enfin, et ceci est commun à toutes les variétés d'exutoires, un érysipèle, ordinairement peu grave, peut se manifester une ou plusieurs fois pendant leur durée.

Quant aux effets généraux, ils sont variables suivant l'espèce d'exutoire et suivant l'époque de son établissement. Au moment où l'on établit l'exutoire, s'il est superficiel et peu étendu, ses effets généraux sont nuls ou bornés à une légère excitation, à une faible accélération du pouls. Lorsqu'au contraire l'exutoire est étendu ou profond, la réaction est plus énergique, et elle peut être suivie d'une fièvre intense; c'est particulièrement dans les exutoires très-douloureux, comme le moxa, que cette réaction vive se développe. Dans quelques exutoires qui ont besoin d'être entretenus par des substances irritantes, l'excitation générale et même la fièvre peut se développer chaque fois que l'on renouvelle l'application de cette substance.

Les effets consécutifs et médicamentaux des exutoires sont beaucoup plus difficiles à apprécier que les précédents. On les emploie dans la plupart des maladies chroniques, dans le but de détourner l'irritation et de la fixer sur une partie moins importante que celle primitivement affectée; mais on est loin d'atteindre toujours ce but Il arrive souvent qu'une irritation nouvelle se développe sans que l'ancienne diminue d'intensité, et alors l'exutoire ne fait qu'ajouter une cause de détérioration à celle qui existait déjà. C'est donc un précepte dont il ne faut jamais s'écarter que celui qui dit qu'un exutoire ne doit jamais être établi chez les malades affaiblis déjà par une maladie ancienne. Un autre précepte dont l'observation est d'une assez grande importance, surtout quand il s'agit d'un exutoire profond, c'est qu'il ne faut l'appliquer que sur des points assez éloignés du siége de la maladie; si on l'appliquait très-près de ce siége, l'inflammation provoquée pourrait s'étendre jusqu'au foyer de la maladie et activer plus ou moins la marche de cette dernière. Dans quelques cas, cependant, il est plus avantageux de placer l'exutoire très-près de la maladie que l'on traite; mais c'est lorsque celle-ci est de nature nerveuse, ou du moins que l'élément inflammatoire n'y est que peu développé. Lorsqu'un exutoire a produit les résultats qu'on en devait espérer, il faut le supprimer le plus tôt possible; lorqu'on le laisse pendant trop longtemps, l'économie finit par s'y habituer, et l'on ne peut plus le supprimer sans inconvénients pour la santé.

Dr CASTELNAU.

EX-VOTO. L'acception de cette expression latine, que l'usage a francisée, se trouve entièrement comprise dans son étymologie, ou plutôt dans son sens littéral : c'est comme si l'on disait *provenant d'un vœu, offert pour acquitter un vœu*. L'offrande des *ex-voto* a été léguée au christianisme par les peuples latins, qui en consacraient un grand nombre à leurs divinités; ils les nommaient *tabellæ votivæ*, d'où on les a appelés *ex-voto*, parce qu'ils contenaient d'ordinaire une inscription qui finissant par ce mot était destinée à en rapporter l'origine. C'était généralement alors, ainsi qu'aujourd'hui, pour s'acquitter d'un vœu fait dans un grand danger auquel on avait échappé, pour remercier le ciel de quelque faveur, ou pour lui en demander.

Non-seulement l'empire romain, mais l'Égypte et la Grèce étaient hérissées de temples où venaient s'entasser les plus riches offrandes. Celui d'Apollon à Delphes avait aussi acquis autant de richesses qu'en possédait le reste de la Grèce entière; le temple de Diane à Éphèse était aussi un des plus opulents. On suspendait également aux parois de ces édifices des boucliers, des glaives de guerriers, des palmes, des couronnes d'athlètes, des vases, des statuettes de simples citoyens, des voiles et des ceintures de femmes. Bérénice offrit sa chevelure à Vénus, et son exemple fut souvent imité. Messaline présentait chaque matin à Priape autant de couronnes qu'elle lui avait offert de sacrifices dans la nuit. Les femmes stériles consacraient au même dieu, à Vénus, à Junon Lucine, de petits bronzes obscènes, dans l'espoir d'en obtenir un germe de fécondité. On en retrouve souvent dans les ruines d'Herculanum et de Pompéi.

Les églises chrétiennes ne peuvent pas être comparées aux temples païens pour les richesses votives. En Italie, cependant, en Espagne et en Portugal, quelques sanctuaires sont splendidement dotés. Le trésor de Saint-Janvier à Naples a été tour à tour enrichi par les rois de la contrée, les Siciliens, les Français, les Autrichiens. Il y a la profusion de bustes, de croix et de flambeaux d'or ou d'argent massif, de mitres, d'anneaux, de plaques, de décorations, de colliers de diamants, etc. Le trésor de Saint-Jacques de Compostelle est moins riche qu'on ne l'a prétendu. La résidence de l'Escurial n'est elle-même tout entière qu'un immense *ex-voto* de pierre. Certaines localités, comme Notre-Dame de Lorette, la Madone de San-Luco en Italie, Notre-Dame de Montserrat et Notre-Dame del Pilar en Espagne, la Sainte-Baume en Provence, Sainte-Anne sur la côte de Bretagne, la Vierge des Grâces sur celle de Normandie, etc., abondent en *ex-voto*, généralement sans valeur, tels que bras ou jambes de cire, béquilles, miniatures de navires appendues à la voûte, petits tableaux représentant des tempêtes, des naufrages, des incendies, des sinistres dans tous les genres. Ces peintures sont pour la plupart si grossières, qu'on appelle dérisoirement un mauvais artiste *peintre d'ex-voto*. Le plus grand nombre de ces offrandes proviennent des marins, qui sont exposés à de si cruelles épreuves.

On voit dans la Franche-Comté des *ex-voto* que les montagnards du pays appellent des *dieux de pitié* : c'est ordinairement une image ou un petit buste de Jésus, ou de la Vierge, placé dans le tronc de quelque arbre, comme un saule sur le bord d'un ruisseau : les jeunes rameaux, en se penchant dans l'onde, semblent aller y rechercher la vie pour le tronc épuisé qui les porte, et il y a quelque chose de touchant dans cette espèce de symbole qu'un instinct de morale religieuse fait préférer aux habitants. Mais le plus souvent ces *dieux de pitié*, où l'on porte en offrande des couronnes de fleurs, les prémices de la moisson, occupent des grottes en pierre, dans l'intérieur des vastes et sombres forêts de sapin qui couvrent les montagnes de la contrée.

De nos jours encore les nations idolâtres sont prodigues d'*ex-voto*. Il suffit pour s'en convaincre d'ouvrir un recueil de voyages en Amérique, en Asie et surtout dans les îles de la mer du Sud. La plupart des peuplades de la côte d'Afrique en suspendent également à des arbres qui ont quelque chose de sacré pour eux.

BILLOT.

EYALET, mot dérivé de l'arabe, et que les Turcs emploient pour désigner une grande division territoriale et politique, ou province administrée par un gouverneur général portant le plus souvent le titre de *valé* (vice-roi). Les eyalets sont subdivisés en un certain nombre de *livas*. La Turquie d'Europe est partagée en quinze eyalets, tandis qu'on en compte dix-huit dans la Turquie d'Asie, et trois en Afrique.

EYCK (JAN VAN), ainsi appelé du lieu de sa naissance, *Maaseyck*, dans l'évêché de Liége, et qu'on nomme aussi quelquefois *Jan van Brugge* (Jean de Bruges), du lieu qu'il habitait, était fils d'un peintre, et suivant l'opinion commune émise pour la première fois par Sandrazt, naquit vers l'an 1370. Un frère aîné, *Hubert* VAN EYCK, né vers l'an 1366, et qui fut également un peintre célèbre, lui enseigna les premiers éléments de l'art. Les deux frères vinrent s'établir à Bruges, qui, en raison de son florissant commerce, était à cette époque le rendez-vous d'une foule de gens riches et de seigneurs. Mais vers 1420, ou fort peu de temps après, ils allèrent faire un assez long séjour à Gand pour y exécuter un de ces dessus de maître-autel à compartiments que l'on déploie et que l'on referme à volonté, qui leur avait été commandé par Jodocus Vyts, riche bourgeois de cette ville. C'était là la célèbre *Adoration de l'Agneau par les vierges de l'Apocalypse*, vaste toile qui ne comprend pas moins de trois cents figures, et qui est regardée comme un chef-d'œuvre. Plusieurs des compartiments primitifs ornent aujourd'hui le musée de Berlin, où l'on voit aussi une partie des copies exécutées, d'après les ordres du roi d'Espagne, Philippe II, par Michel de Coxis; mais le reste du tableau se trouve toujours dans l'église cathédrale de Saint-Bavon, à Gand. On peut voir deux compartiments des copies exécutées par Michel de Coxis dans la Pinacothèque de Munich, et il existe à Londres une copie du tableau entier par un autre artiste, demeuré inconnu.

Si l'on a prétendu récemment que Jan van Eyck naquit vingt ou vingt-cinq ans plus tard que la date fixée par Sandrart, c'est que les portraits des frères van Eyck placés au-dessous de leur tableau des Juges, et qui, comme tout ce morceau, furent exécutés de 1420 à 1432, représentent l'aîné comme un homme de soixante ans environ, et l'autre comme un homme de trente ans. Hubert mourut en 1426, avant que ce tableau fût terminé, ainsi que sa sœur *Marguerite* VAN EYCK, qui, elle aussi, était peintre. Jan termina cette œuvre immense en 1432, et revint ensuite avec sa femme à Bruges, où jusqu'à sa mort, arrivée probablement vers 1445, il trouva le lucratif emploi de son talent à la cour brillante et polie du duc Philippe le Bon, et où il peignit encore plusieurs toiles regardées comme autant de chefs-d'œuvre. Une circonstance qui contribua surtout, de son vivant même, à augmenter sa réputation, c'est qu'il introduisit dans l'école flamande la peinture à l'huile, procédé dont, après sa mort, quelques-uns voulurent à tort lui attribuer l'invention. Mais le service le plus essentiel que les frères van Eyck aient rendu à l'art, c'est la direction nouvelle, évident résultat de ce progrès technique, qu'ils donnèrent à leur école, appelée la *vieille école flamande*, et par suite à toute la peinture du nord de l'Europe.

Leurs prédécesseurs s'étaient presque exclusivement bornés à des sujets d'église, et n'y avaient fait figurer que ce qui pouvait spécialement contribuer à l'édification des fidèles : de là ces ciels à fond d'or, le calme, la douceur et la divinité des traits du visage de leurs personnages, le jet simple et imposant des draperies, mais aussi les défauts dans le tracé des formes et des vêtements, et chez les peintres de moins de talent et d'habileté la persistance à ne pas sortir du type traditionnel. A partir des premières années du quinzième siècle apparaît dans les œuvres de peinture une tendance déjà visible depuis longtemps dans la vie sociale et dans la littérature des peuples. Les arts du dessin rendirent alors hommage au réalisme. On en trouve déjà des traces dans l'œuvre de maître Stephan de Cologne; mais les véritables auteurs de cette révolution dans l'art, ce furent les frères van Eyck. Abandonnant l'idéal, ils représentèrent des individus, des caractères, et le plus souvent des portraits, et remplacèrent la magnificence céleste par un costume vrai, emprunté en partie à la cour de Philippe le Bon, et entouré de détails d'intérieur ou agrestes. Au lieu du fond d'or, que Hubert van Eyck ne conserva que pour les trois principales figures de l'*Adoration de l'Agneau*, nous apercevons désormais des appartements ornés de boiseries, de cheminées, et où les lois de la perspective sont parfaitement observées; des villes avec leurs tours, leurs églises, leurs rues étroites et animées; de riches prairies émaillées de fleurs, des arbres au riche feuillage; dans le lointain, des montagnes bleuâtres et un ciel parsemé de petits nuages d'un blanc tendre. On reconnaît même dans les figures des commencements d'études anatomiques, tout au moins dans les mains, les pieds et le visage, car un sentiment de retenue exagérée ne permettait pas de montrer plus de nu : aussi les figures et les groupes pèchent-ils le plus souvent sous le rapport de la pose. Il n'est pas rare non plus de trouver beaucoup de froideur et de dureté dans les traits du visage, défaut qui paraît d'autant plus saillant que le fini brillant des figures a quelque chose de la miniature. Ils excellent surtout dans la peinture de la matière, que ce soient des étoffes brodées, des armures dorées, des ustensiles de bois et autres détails analogues, ce qui ne leur fut possible que par la perfection technique et artistique d'un coloris en quelque sorte indestructible. Les meilleurs peintres de l'école vénitienne arrivent rarement à une couleur aussi vive, aussi transparente. Il est remarquable, du reste, qu'à la même époque une tendance analogue vers le réalisme se faisait sentir dans l'école de Florence, témoin Masaccio, en même temps que les efforts de Paolo Uccello aboutissaient à donner plus de perfection à la perspective linéaire. Les frères van Eyck donnèrent à la direction de l'art, à cette époque, le caractère et l'expression qui lui fu-

rent propres; et bientôt toutes les écoles d'Allemagne se rattachèrent à eux.

La peinture sur verre fut, dit-on, redevable à Jan van Eyck d'une invention grâce à laquelle on put désormais peindre sur des vitraux entiers avec un mélange de couleurs et des teintes d'une douceur extrême, et cependant ineffaçables, résultat auquel on ne pouvait parvenir auparavant qu'en réunissant d'épais morceaux de verre pour en former une mosaïque. Il faut toutefois n'admettre le fait qu'avec quelques restrictions, puisque même les meilleures peintures sur verre de la fin du quinzième et du commencement du seizième siècle ne présentent pas de nuances de couleurs proprement dites, à moins qu'elles ne proviennent de détériorations évidentes.

Les principaux tableaux des frères van Eyck et de leur école se trouvent dans la cathédrale de Gand, dans les musées de Bruges, d'Anvers, de Berlin, de Munich et de Paris.

EYDER. *Voyez* EIDER (*Géographie*).

EYLAU (Bataille d'). *Preussich-Eylau*, qu'on surnomme ainsi pour le distinguer de *Teutsch-Eylau*, dans la régence de Marienwerder, est une petite ville prussienne, que les Romains appelaient *Gilavia*, et qui est située à 36 kilomètres sud-sud-est de Kœnigsberg, sur la Pasmar, avec des fabriques de draps et une population d'à peu près 3,000 âmes. Elle est célèbre par la bataille acharnée et sanglante que Napoléon y livra aux Russes les 7 et 8 février 1807.

Six jours après la bataille d'Iéna, le roi de Prusse avait signé avec la Russie la convention de Grodno, qui lui assurait la coopération de l'armée russe. Les corps français étaient cantonnés entre l'Omulef, la Narew et l'Ukra, au nord de Varsovie, où s'était reporté le quartier général. Bernadotte avait pris la direction d'Elbing, pour fermer aux ennemis la route de Dantzick, et le corps de Ney, établi à Mlawa, était chargé de surveiller l'espace qui séparait notre armée de son extrême gauche. Cependant, le général russe Benningsen avait résolu de couvrir Kœnigsberg et de débloquer les places de Colberg, Dantzig et Graudentz. Précédé d'une forte avant-garde, commandée par Bagration, il s'était porté sur Heilsberg, avait rallié les Prussiens de Lestocq et poussé jusqu'à Guistadt. Les coureurs de Ney se replièrent à son approche vers Gilgenburg. Bernadotte courut à Mohrungen couper la route à Bagration, et le battit; mais, reconnaissant qu'il allait avoir affaire à toute l'armée russe, il se replia sur Strasbourg, à 80 kilomètres, pour attendre les ordres de l'empereur.

A cette nouvelle, Napoléon lui ordonna de ne pas contrarier le mouvement des Moscovites sur la basse Vistule, chargea Lannes et Savary de les empêcher de sortir de Varsovie, et avec Soult, Augereau, Davoust et Ney, se mit en devoir de manœuvrer sur les derrières de Benningsen. Le 1er février il entrait à Willemberg, à la suite de l'arrière-garde russe, que la cavalerie de Murat avait sabrée, et prenait position le 3 à Allenstein. Cette retraite précipitée mit à découvert le corps prussien de Lestocq, qui essaya de franchir le passage de l'Alle à Deppen; mais Ney était déjà en avant de cette rivière, et le 5 février, au combat de Waltersdor, les Prussiens perdaient seize canons et 1,500 hommes. Ils réussirent cependant à se rapprocher des positions de Benningsen à Eylau, par une marche forcée, bravement soutenue par leur cavalerie, et les Russes parurent se décider à accepter la bataille. Markoff et Barclay de Tolly tinrent longtemps dans la ville, le 7 au soir, contre les attaques de Soult. Mais enfin, le mamelon de Tenknitten fut emporté par le 18e de ligne, et trois régiments russes, qui défendaient l'église et le cimetière, furent culbutés par la division Le Grand; cette position, prise et reprise trois fois dans la journée, finit par rester à l'intrépide Soult, qui, à dix heures du soir, courut s'établir en avant d'Eylau. Le corps de Davoust avait marché pendant ce temps sur Donnau, afin de tourner l'extrême gauche des Russes, tandis que Ney se dirigeait sur Kreutsbourg pour déborder vers leur droite et empêcher les Prussiens de Lestocq de les secourir. Ces deux points forment en arrière d'Eylau la base d'un triangle dont cette ville est le sommet ; et comme c'était là que Benningsen avait pris position, il en résultait que sa retraite sur Kœnigsberg pouvait être compromise s'il s'obstinait à nous attendre. Murat douta de cette résolution ; un mouvement mal compris lui fit même supposer que l'ennemi se retirait ; et Napoléon, partageant cette idée, établit, sans le savoir, son bivouac sous les canons de la ville.

Son illusion se dissipait dès l'aurore, au bruit de formidables décharges d'artillerie, tonnant sur la ville et sur la division Saint-Hilaire. Benningsen reprenait l'offensive, comme s'il eût connu l'infériorité numérique de son ennemi. Il avait en effet 80,000 hommes, et Napoléon en comptait à peine 60,000, harassés de fatigue, après une marche forcée de neuf à dix jours à travers des plaines couvertes de neige. Il était à craindre que le mouvement excentrique de Davoust et de Ney ne s'étendît un peu trop loin, et que ces deux corps ne fussent pas à portée de prendre part à une action décisive. Soult, réduit à 18,000 hommes, eut d'abord à soutenir tout le poids de l'attaque. Ses troupes étaient établies à droite et à gauche de la ville, et ce fut toujours sur la division Saint-Hilaire que portèrent les premiers coups. Napoléon courut avec sa garde dans le cimetière, si vivement disputé la veille, et qui, placé sur un monticule, dominait de ce côté la position des Russes. Soixante pièces d'artillerie furent sur-le-champ déployées en avant d'Eylau, et foudroyèrent à demi-portée les colonnes ennemies, qui manœuvraient dans une plaine peu accidentée. Augereau, qui avait passé la nuit en arrière de la ville, débouchait en même temps dans la plaine, et menaçait le centre de Benningsen. Le général Doctorof vint au-devant du corps d'Augereau sur deux fortes colonnes, tandis qu'une de ses divisions cherchait à le tourner. Mais à ce moment la neige devint si épaisse, que pendant une demi-heure il fut impossible aux deux armées de distinguer leurs mouvements réciproques. On ne se voyait point à deux pas ; on tirait, on marchait au hasard. Les colonnes d'Augereau perdirent leur direction, et quand l'obscurité fut dissipée elles se trouvèrent en face de quarante pièces de position, entre l'infanterie de Doctorof et la cavalerie russe. La division Desjardins était même déjà pêle-mêle avec les escadrons ennemis. Elle ne put former ses carrés ; il fallut se battre corps à corps, fantassins contre cavaliers, le massacre fut horrible. La division Heudelet se trouva plus tôt ralliée, mais elle eut de trop fortes masses à combattre. Augereau, Desjardins, Heudelet, furent blessés dans la mêlée.

Cependant, le danger commun n'échappait pas à l'œil vigilant de Napoléon : il ordonna à Murat et à Bessières, de charger avec toute la cavalerie de l'armée les colonnes russes, en côtoyant la division de Saint-Hilaire, qui tenait l'extrême gauche. Cette charge fut exécutée avec autant de précision que d'audace. Milhaud, Klein, d'Hautpoul et Grouchy débouchèrent entre les villages de Rothenen et de Serpallen sur le flanc droit d'Osterman et de Doctorof. Deux lignes d'infanterie furent enfoncées, sabrées, culbutées. La troisième ne put tenir qu'en s'adossant aux bois situés entre les villages de Klein-Sausgarten et d'Anklapen. Néanmoins, successivement renforcée par les réserves de Benningsen, et soutenue bientôt par une artillerie formidable, elle reprit à son tour, l'offensive, et nos masses de cavalerie furent forcées de battre en retraite. Leur retour devenait difficile ; les lignes qu'elles avaient rompues s'étaient reformées derrière elles. Il fallut s'ouvrir un passage le sabre au poing. Le général d'Ahlmann fut tué dans cette seconde mêlée ; d'Hautpoul y fut grièvement blessé ; Corbineau, aide de camp de l'empereur, y fut emporté par un boulet ; mais enfin, Murat et Bessières purent rallier leur cavalerie dans les environs de Rothenen. Pendant ce temps, une colonne de 6,000 hommes avait passé à la faveur de l'obscurité, et sans le savoir peut-être, entre la droite de la division Le Grand et la gauche du corps d'Augereau. Son avant-garde, pénétrant jusque dans la ville, s'avançait droit au cimetière, où l'empereur était avec sa garde. Napoléon crut qu'il suffisait d'un bataillon de ses vieux grenadiers pour repousser cette attaque. Dorsenne le conduisit l'arme au bras contre cette colonne ennemie, pendant que l'escadron de service la chargeait sur son flanc droit. Il ne lui fut pas même permis de battre en retraite. Murat l'avait aperçue ; et le général Bruyères, à la tête d'une brigade de cavalerie légère, l'ayant prise en queue, la mit dans une telle déroute qu'elle laissa les trois quarts de son monde autour de la ville.

Pourtant, rien n'était encore fini : les généraux russes Doctorof, Sacken et Osterman avaient reformé leur infanterie et repris leur ligne de bataille. La division Saint-Hilaire et les débris du corps d'Augereau en soutenaient le choc sans avantage marqué. Il était une heure de l'après-midi, et toutes les réserves de Benningsen n'étaient pas encore engagées. Napoléon s'impatientait de ne voir arriver ni Ney ni Davoust, et il ne lui restait de troupes fraîches qu'une partie de sa garde. Les tirailleurs de Davoust se firent entendre enfin. Égaré un moment par l'obscurité qu'avait produite un déluge de neige, ce corps avait retrouvé sa route, et poussant devant lui les brigades de Barclay et de Bogawouth, il s'emparait du plateau de Klein-Sausgarten. La division Saint-Hilaire, secondée par ce mouvement, attaque plus vivement les bataillons d'Osterman. Benningsen voit sa gauche débordée, et lance une forte réserve de ses lieutenants. Davoust, arrêté un moment par ce nouvel effort, repousse trois attaques successives, et, soutenu par Saint-Hilaire et par la cavalerie de Milhaud, il renverse toute cette aile gauche et la chasse en désordre au-delà du village de Kutschitten. La contenance de Benningsen n'en paraît pas ébranlée. A force de nouvelles troupes, il réussit à modérer l'impétuosité de Davoust, et un incident imprévu vient lui rendre quelque espérance : le corps prussien de Lestocq, ayant échappé à la vigilance de Ney, débouche par le chemin d'Althoff à Schmoditten, traverse ce dernier village, file derrière la droite et le centre de l'armée russe, et se joint aux réserves qui attaquent Davoust. Celui-ci ne peut plus tenir contre tant de forces. Il évacue le village de Kutschitten, et se replie sur les bois et les hauteurs d'Anklapen. Mais le corps de Ney s'annonce à son tour sur la droite de l'armée russe ; il suit de près le corps de Lestocq, reprend le village de Schmoditten, coupe la route de Kœnigsberg aux ennemis, et ne leur laisse plus qu'un espace de 3,000 mètres environ pour se mouvoir entre Davoust et lui.

Malheureusement la nuit était venue. Si Ney l'eût devancée de deux heures, s'il avait gagné Lestocq de vitesse, la guerre était terminée, et la bataille d'Eylau eût été le pendant de celle d'Iéna. Benningsen le fit vainement attaquer à huit heures du soir par la division Sacken. Il lui suffit du 6e régiment d'infanterie légère pour le repousser ; et le village et la route restèrent au pouvoir de Ney. Par bonheur pour les Russes, et grâce à la gelée, les champs valaient la route. Cette plaine, coupée de marais et de lacs glacés qui avaient supporté le poids de l'artillerie et les charges de cavalerie, était nivelée par la neige, et Benningsen, qu'un prompt dégel eût achevé, profita de la gelée et de la nuit pour gagner les environs de Kœnigsberg. Ainsi, le champ de bataille demeura aux Français. Il était horrible à voir. Des lignes entières d'infanterie n'offraient plus qu'une traînée de cadavres couverts de neige. Dix mille hommes y avaient péri, trente mille étaient blessés ; mais la perte des Russes était plus considérable, et malgré les chants de victoire qu'ils firent entendre en arrivant à Kœnigsberg, la perte de 16 drapeaux et de 63 pièces de canon était un témoignage irrécusable de leur défaite. Benningsen se tint en repos pendant le reste de l'hiver ; l'armée française, arrêtée par un dégel subit, qui rendait tous les chemins impraticables, reprit en paix ses cantonnements ; et la bataille d'Eylau ne fut en définitive qu'une inutile boucherie, car trois mois après la campagne fut rouverte sur le terrain même où elle avait été interrompue. Tout le monde connaît le beau tableau du baron

Gros, représentant Napoléon visitant le champ de bataille d'Eylau.   VIENNET, de l'Académie française.

EYNARD (J.-G), banquier genevois, connu par le zèle aussi actif qu'intelligent dont il fit preuve pour la cause des Grecs, et qu'on a constamment vu faire le plus noble usage de la fortune considérable qu'il doit à son intelligence et à sa prudence commerciales, descend d'une famille française de réfugiés, et naquit en 1775, à Lyon, où son père possédait une maison de commerce. Il fonda lui-même une maison à Gênes, et quand Masséna dut défendre cette place contre les efforts combinés des Russes et des Autrichiens, il s'enrôla parmi les volontaires qui se mirent à la disposition du général français. En 1801 il se rendit à Livourne, où il se chargea d'opérer pour le compte du prince qui portait alors le titre de *roi d'Étrurie* un emprunt qui lui rapporta de grands profits, et il ne revint à Genève qu'en 1810. En 1814 il figura au congrès de Vienne comme député de la république de Genève. En 1816 le grand-duc de Toscane l'appela auprès de lui, afin de s'aider de ses conseils pour la réorganisation administrative de ses États. Plus tard il revint se fixer à Genève, où dès 1824 il prit en main la cause des Grecs luttant pour leur indépendance. L'année suivante il se rendit dans leur intérêt à Paris, où il fit partie du comité grec. En 1827; il alla à Londres mais il n'y rencontra pas la sympathie sur laquelle il avait cru pouvoir compter. Investi par le président et par le gouvernement de la Grèce de pouvoirs illimités, il revint à Paris en 1829, à l'effet de déterminer le cabinet français à accorder son appui aux Grecs et à faciliter par sa garantie un nouvel emprunt en leur faveur. Le ministère Polignac lui ayant refusé l'un et l'autre en octobre 1829, il prit sur sa fortune les 700,000 fr. dont le gouvernement grec avait à ce moment le plus pressant besoin, et les lui envoya sans garantie. En juin 1830 il se rendit encore une fois à Londres, à l'effet d'y négocier un nouvel emprunt en faveur de la Grèce.

Plus tard il adressa diverses notes aux envoyés des grandes puissances, et pria la conférence de Londres d'accélérer le choix d'un roi pour la Grèce ainsi que la conclusion de l'emprunt déjà promis. Il resta intimement lié avec le président Capo d'Istria jusqu'à sa mort. Lors de l'insurrection qui éclata en Crète en 1841, il s'adressa aux membres de l'ancien comité grec à Paris pour les engager à recommencer, dans l'intérêt du salut des chrétiens d'Orient, l'agitation et les efforts de 1824. Mais la prompte compression de l'insurrection crétoise rendit ses démarches inutiles. On a de lui des *Lettres et documents officiels relatifs aux divers événements de Grèce* (Paris, 1831).

EYOUBIDES, AYOUBITES ou JOBITES, dynastie qui tire son nom d'Ayoub ou Job, fils du Kourde Shadi, de la tribu de Ravadiah. Saladin, fils d'Ayoub, fut le fondateur de cette dynastie. A la mort de ce prince, son fils aîné, *Nourreddin-Ali*, lui succéda dans ses États de Syrie et de Palestine, et son second fils, *Malek-al-Azis*, eut l'Égypte pour son partage (*voyez* tome VIII, p. 429). Celui-ci, mécontent de son lot, dépouilla Noureddin de son héritage. Vers 592 de l'hégire (1196 de J.-C.), le consola en faisant des vers, et se mit en relation poétique avec le khalife abasside Nasser. A la mort de Malek-Azis, son frère, en 1199, les Égyptiens le reconnurent pour maître; mais *Malek-Adhel*, frère de Saladin, qui avait eu le château de Karak pour tout héritage, après avoir commencé par s'emparer de la Syrie, chassa son neveu Noureddin du Caire, et lui permit seulement d'aller vivre en paix à Samosate, où ce prince détrôné mourut, en 1224. Malek-Adel poursuivit le cours de ses conquêtes, s'empara d'une grande partie de la Mésopotamie, et mourut en 1218, après avoir fait le partage de ses États entre ses nombreux enfants. L'aîné, *Malek-al-Kamel*, eut le royaume d'Égypte; le second, *Malek-al-Moadham*, celui-ci de Syrie; le troisième, *Malek-al-Aschraf*, celui de Mésopotamie; le quatrième, *Malek-al-Modhaffer*, la province de Miafarekin; un cinquième, nommé *Ismael*, alla régner à Bosra; le sixième,

Malek-al-Aouhad, s'établit dans la contrée d'Akhlat; *Malek-al-Afad*, dans celle de Giabar, et *Malek-al-Azis*, dans celle de Banias.

Malek-al-Kamel, roi d'Égypte, reprit Damiette sur les Francs, en 1221, et mourut l'an de l'hégire 635 et de l'ère chrétienne 1237. Son fils, *Malek-Saleh*, lui succéda, repoussa la croisade de saint Louis, défit ce roi à la Massoure, en 1250, et fut massacré peu de jours après par les mamelouks, qui commençaient à dominer ce royaume. Leur chef, Ezzedin, partagea avec la reine Schagraldor la tutelle du jeune *Malek-al-Moadham*, fils et successeur de Melek-Saleh. C'est à lui que fut payée la rançon de saint Louis et de ses chevaliers; mais son règne ne fut pas de longue durée : les mamelouks lui arrachèrent la vie, et mirent Ezzedin Ibek sur le trône. La reine essaya de reprendre la couronne; elle réussit même à faire égorger Ezzedin; mais elle fut tuée par les mamelouks, et un roi nommé Cothous fut proclamé par cette soldatesque. Aucun autre enfant de Malek-Adhel n'eut d'héritiers dans les diverses principautés qui avaient fait leur héritage. Mais un troisième fils de Saladin, nommé *Malek-al-Dhaher*, avait reçu la principauté d'Alep. Mort l'an 613 de l'hégire (1217 de J.-C), il avait eu pour successeur son fils, *Malek-al-Azis*. Celui-ci avait régné vingt et un ans; et *Malek-al-Nasser* lui avait succédé au trône d'Alep, vers 1238. Ce dernier mérita quelque gloire; il se rendit maître de Damas et d'une partie de la Syrie. Appelé par les Égyptiens après le meurtre de leur reine, il marchait vers ce royaume, quand il apprit que l'empereur des Mongoles, Houlagon, menaçait ses propres États. Il se retourna pour les défendre; mais, accablé par le nombre, il périt, avec son frère *Malek-al-Dhaber*, dans sa capitale d'Alep, en 1260 (658 de l'hégire). Telle fut la dynastie des Ayoubites, la nombreuse postérité de Saladin, soixante-neuf après la mort de ce grand homme.

VIENNET, de l'Académie Française.

ÉZÉCHIAS, roi de Juda, fils et successeur d'Achaz (727 avant J.-C.), détruisit les autels des faux dieux, brisa les idoles et mit en pièces le serpent d'airain que les Israélites adoraient. Il rouvrit les portes du temple, et assembla les prêtres et les lévites pour le purifier. Il reprit les villes dont les Philistins s'étaient emparés sous le règne d'Achaz. Sur son refus de payer le tribut ordinaire aux Assyriens, Sennachérib porta la guerre dans le royaume de Juda. Ézéchias fut alors atteint d'une maladie pestilentielle, et Isaïe lui annonça sa fin prochaine; mais Dieu, dit l'Écriture, touché de ses prières, révoqua sa sentence, et Isaïe, pour convaincre le roi, fit reculer de dix degrés l'ombre du soleil. Cependant Sennachérib s'était rendu maître des plus fortes places et menaçait Jérusalem. La paix ne se fit qu'à condition de payer une somme immense. Ézéchias épuisa ses trésors et dépouilla le temple pour satisfaire à ses engagements; à peine rempli, Sennachérib rompit le traité et revint ravager la Judée, blasphémant contre Dieu. Il s'avançait vers Jérusalem, mais l'ange du Seigneur n'obligea de prendre la fuite en exterminant dans une seule nuit 195,000 hommes de son armée. Ézéchias mourut l'an 698 av. J.-C. Il réforma le calendrier des Juifs, suivant Génébrard, par l'intercalation du mois de nisan au bout de chaque troisième année.

ÉZÉCHIEL, ou mieux *Yechezkel*, fils de Bouzi, d'une famille de prêtres, fut un des grands prophètes des Hébreux. Jeune encore, il fut emmené en exil, probablement avec l'élite des Hébreux, qui suivit le roi Jechonia ou Jojachim à Babylone. Là, sur les rives du Chaboras, il ouvre, dans la cinquième année de l'exil, sa carrière de prophète par une vision où l'on ne peut méconnaître l'influence des idées locales, et qui contraste singulièrement avec la simplicité majestueuse de la vision d'Isaïe. Mais quoique l'imagination de notre prophète soit troublée par les génies et les démons qui errent sur le Chaboras, son cœur est toujours auprès de ses malheureux frères, restés dans la Terre Sainte, et il déroule devant ses compagnons d'exil le sombre tableau des malheurs qui frappent Jérusalem et le pays de

15.

Juda. De temps en temps il trouve quelques paroles de consolation, et son âme s'abandonne aux espérances d'un meilleur avenir. Encore dans la vingt-cinquième année de l'exil, nous le voyons, par une vision prophétique, se transporter sur la terre d'Israël, et il se plaît à faire une longue description d'un nouveau temple qui doit s'élever dans Jérusalem après la rédemption de son peuple. C'est là le dernier oracle qui nous reste d'Ézéchiel ; probablement la mort l'enleva bientôt après. Selon une tradition conservée par Epiphane, il fut assassiné par un de ses co-exilés ; son tombeau, que la tradition juive plaçait entre le Chaboras et l'Euphrate, était au moyen âge un objet de culte pour les pèlerins juifs.

Les oracles qui nous sont conservés sous le nom d'Ézéchiel paraissent tous lui appartenir. Dans l'ensemble du livre on reconnaît le même génie, les mêmes allégories et le même langage. L'ordre chronologique n'y est pas toujours observé ; mais les compilateurs du canon de l'Ancien Testament paraissent avoir rangé les oracles d'Ézéchiel par ordre de matières, et l'on peut y distinguer trois parties. La première parle de la chute du royaume de Juda : le prophète y reproche aux Hébreux leur abandon du culte de Jéhova, et il retrace leurs crimes nombreux sous les couleurs les plus vives. Les allégories qui peuvent surtout choquer notre goût, et où il faut entièrement se replacer dans l'esprit de ces temps antiques, sont celles où le prophète présente Jérusalem et Samarie sous l'image de deux courtisanes. La seconde partie s'adresse aux peuples voisins des Hébreux, tels que les Ammonites, les Moabites, les Tyriens, les Égyptiens : eux aussi, qui se réjouissent de la chute d'Israël, tomberont au pouvoir des Babyloniens. Dans cette partie, nous remarquons surtout les oracles sur Tyr, qui fournissent à l'historien des renseignements précieux sur le commerce de cette ville et sur sa navigation. Dans la troisième partie, le prophète prédit le retour des exilés sous l'image de la résurrection des morts, et le rétablissement du temple comme centre du culte de Jéhova. On y trouve mêlés cependant quelques oracles sur les Édomites et sur les Magogites, nom d'un peuple inconnu du nord, qui, selon le prophète, fera une invasion dans la terre d'Israël et succombera. Cet oracle est un des plus obscurs de notre prophète.

La diction d'Ézéchiel est riche, souvent même surchargée ; son principal défaut, c'est de se laisser trop entraîner par le sol de son imagination, d'encombrer ses tableaux de détails minutieux. Il prodigue les images, les allégories ; et il nous dit lui-même qu'on l'appelait *faiseur de paraboles*. Plusieurs de ses visions, et surtout celles du premier chapitre, ont paru si obscures aux rabbins, qu'ils défendent de les lire avant l'âge de trente ans.   S. MUNK.

EZRA. *Voyez* ESDRAS.

EZZELINO Ier, surnommé *le Bègue*, seigneur de Romano, chef d'une maison qui posséda de grands biens dans la marche Trévisane et joua un grand rôle aux douzième et treizième siècles, dans les guerres des Guelfes et des Gibelins, accompagna, en 1147, Conrad III à la croisade et s'y couvrit de gloire. Il en fut récompensé par l'investiture du souverain pouvoir à Vicence, qu'on croit être sa ville natale,
entra dans la ligue Lombarde, combattit Frédéric Barberousse, fit plus tard alliance avec lui et mourut vers 1180.

EZZELINO II, dit *le Moine*, fils du précédent, lui succéda dans le gouvernement de Vicence, en fut chassé par les Guelfes en 1194, se mit à la tête de Gibelins, ses compatriotes, s'allia à ceux de Vérone et de Padoue, combattit à outrance les Guelfes, commandés par le marquis d'Este, rentra dans Vicence pour la protection de l'empereur Othon IV, qui lui donna le titre de vicaire impérial, partagea en 1215 ses États entre ses enfants, et se retira dans un cloître, où il mourut, en 1235.

EZZELINO III, dit *le Féroce*, fils du précédent, né le 26 avril 1194, à Onara, dans la marche Trévisane, se signala par de brillantes qualités, qu'il ternit plus tard par des passions violentes et des crimes. Dès sa jeunesse, il prit part aux luttes de sa famille contre la maison d'Este et le pape Boniface, devint podestat de Vérone, se déclara pour l'empereur Frédéric II, quand ce prince fit la guerre aux Lombards, et en reçut pour récompense la main de sa fille naturelle Salvagia et le gouvernement général de Padoue. Visant à fonder pour sa maison un État indépendant qui devait comprendre toute la marche Trévisane, il soumit rapidement Vicence, Vérone, Feltre, Bellune, Bassano, ne reculant devant l'emploi d'aucun moyen, prenant le titre de *Fléau de Dieu* comme Attila, exterminant jusqu'au dernier rejeton mâle des plus nobles familles, frappant indistinctement amis et ennemis, ne respectant ni l'âge ni le sexe, et faisant périr dans les plus atroces supplices quiconque avait le malheur de lui déplaire. La sentence d'excommunication que le pape Innocent IV lança contre lui en 1252 ne l'intimida nullement. Enfin, ses ennemis et ses victimes se coalisèrent : commandés par l'archevêque Philippe Fontana de Ravenne, ils marchèrent contre lui, et s'emparèrent de Padoue ; mais ils furent vaincus à Toricella, et Brescia tomba au pouvoir d'Ezzelino. Une nouvelle confédération se forma pour le combattre. Il finit par succomber, et fut fait prisonnier, le 26 septembre 1259, après s'être vigoureusement défendu et avoir reçu une blessure grave à la tête. Dans sa prison, il refusa tout aliment, les secours des médecins, les consolations des prêtres. Enfin, le onzième jour après la bataille où il avait été vaincu, il arracha l'appareil qu'on avait mis sur sa blessure, pour hâter la venue de la mort, trop lente à son gré. Ainsi finit Ezzelino III, après avoir pendant de longues années fait preuve d'une barbarie qui dépasse toute croyance. Plus de 50,000 individus étaient morts par ses ordres dans les prisons ou de la main du bourreau sur la place publique. Son cadavre, enfermé dans un cercueil de marbre, et escorté par des chevaliers de Crémone et d'autres villes, fut solennellement déposé en terre non consacrée, à Soncino.

Un an plus tard, le 25 août 1260, *Albéric*, son frère, était réduit par la faim et la soif à rendre son château fort sans conditions ; après l'avoir accablé des sévices les plus révoltants, ainsi que ses fils et ses filles, qui périrent sous ses yeux, on l'attacha à la queue d'un cheval, et on le conduisit ainsi au supplice. Avec lui s'éteignit la famille des Ezzelini da Romano.

F

F, consonne, la sixième lettre de l'alphabet français et de la plupart des alphabets européens. Le F n'était dans l'origine qu'une aspiration, un souffle léger, analogue aux deux esprits de l'alphabet grec, et qui dans les temps les plus anciens paraît avoir tenu la place du φ, ajouté plus tard à cet alphabet. Le signe de cette aspiration, conservé par les Éoliens, même après l'invention des lettres aspirées proprement dites, était un double *gamma*, ou plutôt deux *gammas* superposés, d'où lui vint le nom de d i g a m m a. Bientôt elle servit à rendre le *wau* des Hébreux, dont l'alphabet ne comprend pas notre F, à moins qu'on ne prononce ainsi le *pé*, tandis qu'il y a en arabe le *fé* outre le *wau*. Le *digamma* éolien devint le F des Latins, quoique dans une multitude de mots il se fut d'abord transformé en V.

L'articulation *effe* ne rend pas exactement la valeur de cette lettre, et nuit à l'exacte épellation des enfants, puisque la véritable prononciation est au contraire *fe*, comme celle de la double lettre *ph*. Celle-ci, n'ayant point d'autre valeur, pourrait alors, sans inconvénient, disparaître de l'alphabet, si elle ne rappelait l'étymologie des mots dérivés du grec, dont elle doit rendre le φ : *filosofie* se prononcerait comme *philosophie*, mais paraîtrait étrange.

Très-distinctes entre elles par le genre d'aspiration et le plus ou moins d'ouverture de la bouche qu'il faut pour les prononcer, les deux lettres F et V sont souvent néanmoins été confondues ; mais le son F a toujours été plus subtil, plus aérien : c'est un souffle qui s'échappe de la bouche entre ouverte, en passant entre les dents. Plusieurs fois le *v* latin est devenu un *f* en français. *Ovum* a fait *œuf*; *boves* a fait *bœuf*.

En français, dans les mots terminés par un F, cette lettre se prononce à très-peu d'exceptions près. Mais on ne la fait pas sentir dans *cerf*, *baillif*, *clef*. Aussi l'Académie Française écrit-elle aujourd'hui *bailli*; mais elle a laissé intacte l'orthographe de *cerf* et de *clef*, que d'autres écrivent *clé*. Au milieu d'un mot, le double *ff* s'emploie et devient sensible.

Comme abréviation latine, sur un monument F signifie *filius*, *frater*, *familia*, *fecit*. Devant un autre nom, cette lettre signifie *Flavius* ou *Flavia*. Chez les Romains on marquait d'un F sur le front (*fugitivus*) les esclaves échappés et repris, comme en France on marquait naguère sur l'épaule de la lettre F les faussaires et des lettres T F les criminels condamnés aux *travaux forcés* à temps. Le double *ff* désigne les pandectes de Justinien ; *fl.* est l'abréviation de *florin*; *fr.* celle de franc. Dans le calendrier ecclésiastique, F est la sixième lettre dominicale. Sur les pièces de monnaie, F était jadis la marque d'Angers ; F est employé dans le commerce pour abréger les renvois aux différentes pages de livres ou registres : ainsi F 2 signifie *folio* 2, ou page seconde. Dans les mandements des évêques et archevêques, dans leurs lettres pastorales, etc., F. signifie *frères*, et N. T. C. F. *Nos très-chers frères*.

Dans les formules chimiques, F représente le fluor, et Fe le fer.

F (*Musique*). Cette lettre a deux significations en musique : 1° elle représente le son sur le quatrième degré de l'échelle diatonique ; 2° elle est l'abréviation du mot *forte*.

FA, quatrième note de l'échelle ou gamme en *ut*. Les Italiens la nomment F ut FA, F FA ut, ou simplement F.

FABARIES, cérémonies qui avaient lieu à Rome, au mois de juin, en l'honneur de Carna.

FABER (BASILE), philologue allemand, né en 1520, à Sorau, fit ses études à Wittenberg, et fut recteur d'abord de l'école de Nordhausen et ensuite de celle d'Erfurt, où il mourut, en 1576. Son meilleur ouvrage est son *Thesaurus eruditionis scholasticæ* (Leipzig, 1571), travail fait avec un soin extrême, perfectionné encore plus tard par Gesner et en dernier lieu par Leich (1749). Faber fut aussi le fondateur des centuries de Magdebourg, et, pour contribuer aux progrès de la réformation, traduisit du latin en allemand plusieurs ouvrages de Luther.

FABER (TANAQUIL). *Voyez* LEFEBVRE.

FABERT (ABRAHAM, marquis DE), maréchal de France sous Louis XIV, né à Metz, en 1599, du directeur de l'imprimerie du duc de Lorraine à Nancy, entra à quatorze ans dans la carrière militaire, se distingua, en 1627, comme major, au siège de La Rochelle, contribua puissamment, en 1628, à la prise de Suze, qu'assiégeait Louis XIII en personne, fut chargé de diriger le siège de Chivas, en Savoie, et battit complétement l'armée du prince Thomas, qui cherchait à débloquer la place. Il fut promu alors au grade de capitaine des gardes françaises et se signala de nouveau en cette qualité dans une foule d'actions, notamment, en 1640, au siège d'Arras et, en 1642, à celui de Perpignan. Cette brillante conduite lui valut le brevet de gouverneur de Sedan, et, en 1646, le titre de lieutenant général. En 1654 il dirigea, sous les yeux de Louis XIV, le siège de Stenay, et força la place à capituler. Ce fut à l'occasion de ce siège qu'il inventa les parallèles et remit en usage les cavaliers de tranchée, qui ont joué depuis un si grand rôle dans le système d'attaque et de défense des places. Fabert reçut en 1658 le bâton de maréchal de France, et rendit encore d'importants services. Le roi lui offrit le collier de ses ordres ; il le refusa, ne pouvant produire des titres de noblesse suffisants. « Présentez, lui répondit-on, ceux que vous voudrez ; on ne les examinera pas. — Non, répliqua Fabert ; pour décorer mon manteau d'une croix, je ne déshonorerai pas mon nom par une imposture. » Et Louis XIV lui écrivit de sa main : « Votre refus, Monsieur le maréchal, vous vaut à mes yeux plus de gloire que le collier n'en vaudra jamais à ceux qui le recevront de moi. » Fabert mourut dans son gouvernement de Sedan, en 1662. Son fils unique, Louis, marquis DE FABERT, comte de Sézanne, gouverneur de Sedan, colonel du régiment de Lorraine, fut tué par les Turcs, au siège de Candie, en 1669, à dix-huit ans. Les descendants du frère aîné du maréchal se distinguaient encore dans les armes au dix-huitième siècle. La ville natale d'Abraham Fabert lui a érigé dans ses murs une statue, due au ciseau de M. Etex.

FABIENS (*Fabii*). Romulus donna ce nom à ceux qui s'attachèrent à sa personne, à cause Fabius Celer, leur chef. On appelait aussi *Fabiens* des prêtres qui tenaient un des colléges des luperces ou luperques, prêtres préposés aux fêtes du dieu Pan.

FABIUS, nom d'une illustre famille patricienne de Rome, ainsi nommée, dit-on, parce que ses ancêtres enseignèrent les premiers, en Italie, la culture de la fève. Elle faisait remonter son origine jusqu'à *Fabius*, fils d'Hercule et d'une nymphe d'Italie, 500 ans environ avant la fondation de Rome. Cette famille était divisée en six branches, qu'on nommait *Ambusti*, *Maximi*, *Vibulani*, *Buteones*, *Dorsones* et *Pictores*; elle compte pendant un grand nombre de siècles soixante hommes d'État et sept écrivains, 306 guerriers, tous les Fabius, marchèrent contre les Véiens, l'an 477 avant J.-C ; ils les battirent en plusieurs rencontres, mais, à leur tour, accablés par le nombre, ils furent tous exterminés à Cremera. *Quintus* FABIUS VIBULANUS, alors enfant, resta le seul rejeton de sa famille. Il la releva, et elle compta encore 74 Fabius, dont le plus célèbre fut *Quintus Maximus* FABIUS. Elle s'éteignit complètement dans le deuxième siècle.

C'était aussi le nom d'une tribu romaine : elle le tirait des Fabius, qui en étaient la famille la plus distinguée.

FABIUS RULLIANUS (QUINTUS), mérita, par ses exploits, le glorieux surnom de *Maximus* (très-grand), qui passa depuis à ses descendants. Maître de la cavalerie sous le dictateur Papirius Cursor, l'an 324 avant J.-C., il se laissa entraîner à combattre les Samnites, malgré les ordres formels du dictateur, et leur tua 20,000 hommes ; mais il n'échappa qu'à grand'peine, grâce à l'intercession du sénat et aux supplications du peuple, à la mort dont le menaçait Papirius Cursor, en punition de son insubordination, bien qu'elle eût eu pour résultat une victoire signalée. Les guerres que Rome eut à soutenir contre les Samnites, les Étrusques, les habitants de l'Ombrie et les Gaulois, lui donnèrent occasion de déployer ses grands talents comme général d'armée. Il fut nommé dictateur en l'an 315, et revêtu des honneurs du consulat à cinq reprises, trois conjointement avec Décius. C'est le premier général romain qui , franchissant les crêtes escarpées du Cominus, parvint, en 310, dans le nord de l'Étrurie ; en l'an 295, il franchit également les Apennins , et pénétra aussi le premier sur le territoire des Gaulois sénonais. C'est dans cette dernière campagne qu'il livra la bataille de Sentinum, dans laquelle Décius se sacrifia pour la patrie et où périt aussi Gellius Egnatius, le plus grand capitaine qu'aient eu les Samnites. En l'an 292 il accompagna, en qualité d'envoyé de la république, son fils, *Quintus* FABIUS *Gurges*, et par ses sages conseils lui aida à effacer la honte du célèbre désastre connu dans l'histoire sous le nom de *fourches caudines*. Collègue de Decius dans les fonctions de censeur, en l'an 304, il avait encore bien mérité de la république en faisant échouer les dangereuses innovations méditées par Appius Claudius , et en limitant l'affranchissement aux quatre tribus urbaines.

FABIUS PICTOR (QUINTUS) vivait l'an 223 avant J.-C. Il fut le premier historien de Rome, prit pour base de son travail les mémoires confiés à la garde des pontifes, et donna à son ouvrage le titre d'*Annales*. Tite-Live en a grandement profité, dit-on, pour son *Histoire*. Du reste, on ne sait pas si originairement les *Annales* de Fabius Pictor avaient été écrites en latin ou en grec. Toujours est-il qu'elles existaient encore au temps de Pline l'ancien ; nous n'en avons plus que quelques fragments, dont on conteste l'authenticité et dont on a quelquefois attribué la fabrication à Annius de Viterbe. On reprochait à Fabius Pictor de la maigreur dans la composition, et un style âpre et grossier.

[FABIUS (QUINTUS MAXIMUS VERRUCOSUS). Qui ne connaît le célèbre vers d'Ennius :

Unus homo nobis cunctando restituit rem.

Toute la vie de Fabius Maximus est résumée dans ce vers. Rome ne dut son salut qu'à sa prudence ; mais, soit excès de précaution, soit jalousie, il s'opposa à l'expédition du jeune Scipion ; et quand elle fut décrétée contre son avis, il chercha par tous les moyens possibles à l'empêcher d'appareiller pour l'Afrique, en sorte qu'il s'en fallut de peu qu'après avoir sauvé Rome, il ne sauvât aussi Carthage. Dans son enfance, Fabius paraissait fort doux, mais d'une intelligence assez bornée, ce qui lui valut le surnommé *Ovicula* (Petit Mouton). Le surnom de *Verrucosus*, qu'il garda, lui venait d'une verrue qu'il avait à la lèvre. Plus tard , on vit bien que ce que l'on avait pris pour de la lenteur ou de la paresse n'était que de la gravité. Il fut consul pour la première fois l'an 233 avant J.-C., et alla faire la guerre aux Liguriens, qui s'étaient révoltés à l'instigation de Carthage. Ce fut à la suite de cette campagne que les Romains envoyèrent aux Carthaginois une pique et un caducée, afin qu'ils eussent à choisir entre la paix et la guerre. Sept ans après il fut élevé de nouveau au consulat avec Sp. Carvilius.

Dans la suite, quand Annibal eut battu les Romains à Thrasymène, on créa Fabius *prodictateur*, et on ne lui donna point le titre de *dictateur*, parce que le consul, auquel seul il appartenait de nommer le dictateur, était absent, et qu'on ne pouvait communiquer avec lui. Il choisit pour général de la cavalerie Q. Minucius Rufus. Fabius commença par de nombreuses cérémonies de religion, disant que Flaminius avait péché surtout par le mépris qu'il avait fait des auspices. Après cela, Fabius se mit en campagne, et détruisit tout ce qui se trouvait sur le chemin d'Annibal, pour intercepter ses communications ; puis il s'avança sur Preneste, et gagna la voie Latine par des chemins de traverse.

Toute sa tactique consistait à observer l'ennemi, à éviter le combat, et à détruire les moyens de subsistance. Annibal était près d'Arpi, dans la Pouille. Dès le premier jour il présenta la bataille ; Fabius se tint dans son camp ; et , quoique le Carthaginois comprit toute la sagesse de son adversaire , il affectait de le traiter avec dédain , le taxant de lâcheté : il ravageait les campagnes , et mettait le feu aux villes et aux bourgs. Mais Fabius, sans jamais s'éloigner, se plaçait sur les hauteurs, et retenait ses soldats dans le camp, ne leur permettant que de légères escarmouches quand ils allaient aux fourrages. Cependant, le général de la cavalerie, Q. Minucius Rufus, traversait tous ses projets et l'accusait publiquement de lâcheté ; mais lui, se bornant à maintenir la discipline, faisait bon marché des invectives. Quelque temps après, un malentendu fit entrer Annibal dans un pays environné de montagnes ; il avait voulu marcher sur Casinum, et ses guides avaient compris Casilinum sur le Vulturne. Fabius fit occuper l'issue du défilé, garda les hauteurs, et prit Annibal en queue. La perte des Carthaginois fut grande. C'en était fait de l'armée sans un stratagème très-adroit. Annibal fit attacher aux cornes de 2,000 bœufs des torches et du sarment enflammé : effrayés, exaspérés par la douleur, ces animaux se jetèrent sur les postes romains, et y mirent le désordre , en sorte qu'il put se faire jour et se tirer de ce mauvais pas. Le combat se termina d'une manière désavantageuse aux Romains, et Q. Fabius Maximus n'eu fut que plus décrié. On remarqua qu'Annibal ne fit point ravager ses terres, et qu'il y avait mis une sauve-garde, beaucoup habile de le rendre suspect à sa nation. Le sénat lui reprocha aussi le rachat des prisonniers ; mais il s'inquiéta peu de la mauvaise humeur des pères conscrits. Comme on ne lui envoyait point d'argent, il fit vendre ses terres par son fils, et paya avec leur prix la rançon stipulée.

Rappelé à Rome pour accomplir des sacrifices, il laissa le commandement à Q. Minucius Rufus, en lui défendant d'en venir aux mains ; mais celui-ci ne tint pas compte de cette recommandation. Après un premier succès contre les fourrageurs, le peuple, dans sa joie, ordonna que Minucius partagerait désormais le commandement avec Fabius ; mais celui-ci, de retour dans son camp, aima mieux lui abandonner la moitié de ses forces que d'alterner avec lui, et ne garda que deux légions. Annibal ayant attiré Minucius dans un piège, et l'armée se trouvant dans un grand danger, Fabius marcha à son secours, et remporta sur les Carthaginois un avantage marqué. Touché de la magnanimité de ce grand homme, Minucius revint avec l'armée se soumettre à ses ordres. Malheureusement Fabius ne resta pas au pouvoir. Le consulat de Paul-Émile et de Terentius Varron fut ensanglanté par la défaite de Cannes, où 50,000 Romains trouvèrent la mort. On commençait à comprendre combien la tactique du grand homme était préférable à l'outrecuidance de ses successeurs : on lui rendit le commandement. Dans cette campagne, il prit Tarente et accrut beaucoup sa gloire. Nous avons vu déjà qu'il se montra contraire à l'expédition de Scipion : il ne vécut pas assez pour en apprendre la glorieuse issue ; il mourut l'an 205 avant J.-C. Chaque citoyen contribua à ses funérailles, comme à celles d'un père commun. Il était fort âgé, surtout si, comme le dit Valère-Maxime, il avait été augure pendant soixante-deux ans.

P. DE GOLBÉRY.]

FABIUS RUSTICUS, historien contemporain de Claude et de Néron, écrivit les événements de son temps. On ne sait rien de lui sinon qu'il fut honoré de l'amitié de Sénèque. On ignore même où commençait son livre, et à quelle époque il s'arrêtait. Tacite, ce juge si sévère, en fait l'éloge. Il lui emprunte dans ses *Annales* des détails sur la disgrâce de Burrhus et sur les désirs incestueux conçus par Néron pour Agrippine. D'après un passage d'Agricola, il paraîtrait que Fabius Rusticus aurait décrit la Bretagne.

FABLE (du latin *fabula*, et peut-être de *fari*, parler, *fabulari*, raconter). Dans son sens le plus général, *fable* signifie, ainsi que l'indique son origine, *conversation*, *récit*; mais ce n'est pas la seule acception que ce mot ait dans notre langue : on entend encore par cette dénomination le système mythologique du paganisme de la Grèce et de Rome, la mythologie : Orphée, Musée, Hésiode, Homère, sont les poètes ou les inventeurs de ces fictions sublimes, de cette Fable naïve et gracieuse, qui a charmé pendant tant de siècles les peuples les plus éclairés et les plus spirituels du monde. *Fable* signifie encore *récit sans vraisemblance ou sans vérité* : et il est alors l'opposé du mot *histoire*. Il se prend pour le *plan*, le canevas d'un ouvrage, et l'on dit la *fable* d'un poème, d'un opéra, d'une tragédie. Dans un sens elliptique, il est synonyme de *moquerie*, de *risée* : je deviendrai la *fable* du quartier. Enfin, la *fable* se confond parfois avec l'*apologue*, et c'est dans ce sens que nous allons l'envisager d'une manière plus particulière.

La *fable* est esclave d'origine. Un homme libre ne craint pas de parler clairement, le front haut, à celui qui veut l'opprimer, tandis que le malheureux courbé sous la domination toute-puissante d'un maître impitoyable n'ose se plaindre qu'à demi-voix et avec tous les ménagements que donne l'habitude de la peur et de la servitude. Les esclaves, les courtisans furent les premiers fabulistes. « L'esclave, dit Phèdre, qui n'osait pas dire ce qu'il voulait, a traduit ses sentiments dans des fables. » Elles sont donc aussi anciennes que le monde. Celles que l'on attribue à Ésope sont peut-être antérieures à cet auteur, dont l'existence elle-même est douteuse. Du reste, ce recueil, le plus ancien que nous connaissions, porte la marque des fers : il ne contient que des instructions aux faibles pour leur apprendre à se garantir du fort, et des conseils à celui-ci pour l'engager à ne pas abuser de son pouvoir. Ésope fit passer la fable d'Orient en Occident ; Phèdre traduisit en latin le fabuliste grec, qu'il embellit par les charmes d'une versification élégante et facile.

Aristote, en traçant une poétique de la fable, a voulu la renfermer dans d'étroites limites, lui ôter ses plus grandes libertés, la dépouiller de ses franchises. Il prétendait, par exemple, que les personnages employés par les fabulistes ne devaient jamais être que des animaux : le grand philosophe grec semblait avoir totalement oublié l'origine et le but de la fable. Était-ce l'invraisemblance qui le choquait? Mais la conversation d'un tigre avec une baleine, d'une carpe avec un aigle, est-elle plus facile à concevoir que celle d'un chêne avec un roseau ? Toute fable n'est-elle pas bonne dès l'instant que les acteurs qui y figurent, de quelque nature qu'ils soient, agissent conformément à cette nature, et que leur entretien est une conséquence naturelle de l'action ?

L'instruction qui résulte du récit allégorique de la fable se nomme *moralité*; elle doit être claire et ressortir directement du fait même que le récit du fabuliste vient de mettre en scène. Phèdre et La Fontaine mettent indifféremment la *moralité* avant ou après l'allégorie. Peut-être vaut-il mieux la placer après. Plus d'une fable de La Fontaine débute cependant par la moralité, et n'en est pas moins bonne.

Les anciens voulaient que la fable fût courte, et en cela ils avaient parfaitement raison. Mais telle fable qui n'a que dix vers est trop longue, tandis que telle autre qui en a près de cent est courte. Avant que Quintilien formulât cette règle, Horace, oubliant l'exemple d'Ésope et de Phèdre, en avait composé une qui est un véritable chef-d'œuvre. Dépassant de beaucoup les limites qu'avaient posées ses précurseurs dans la carrière, l'élégant et spirituel convive de Mécène orne avec toute la recherche du bon goût son petit poème du *Rat de ville et du Rat des champs*. Par des détails pleins de charme, il abrège la longueur de sa narration, et rend la morale qui en résulte plus touchante et plus capable de faire chérir la tranquille paix d'une heureuse médiocrité.

Une fable ne pouvant jamais trop attacher, elle doit être écrite d'un style clair, châtié, élégant, et pourtant facile, comme un récit fait avec soin par un homme d'instruction et de goût. On doit rejeter sévèrement de sa composition tous les ornements qui pourraient détourner l'attention du lecteur du but de la fable, de la moralité que l'auteur se propose de retirer de son récit.

La fable doit-elle être écrite en vers ou en prose? Comme le but de ce petit récit allégorique est de diminuer l'amertume d'une vérité, l'on doit employer la forme de style la plus capable de produire cet effet. Il nous semble, en conséquence, et malgré l'opinion de Patru, malgré même l'exemple peu concluant de Fénelon, que la fable doit être écrite en vers, mais dans un rhythme particulier. D'ailleurs, le vers possède l'avantage de graver dans la mémoire comme une sentence la moralité que l'on veut présenter au lecteur. C'est pour cette raison que tant de vers de La Fontaine sont devenus proverbes. Sur quel ton doit écrire le fabuliste ? Cette question, qui se trouve dans presque toutes les rhétoriques, nous semble oiseuse à force d'être facile, car sa solution découle évidemment de la définition de la fable elle-même. Le style de la bonne fable variera suivant les acteurs qu'elle mettra en scène; elle suivra sur ce point la comédie, dont elle est, pour ainsi dire, sœur, qui change de ton suivant les personnages qu'elle fait agir ou parler. Le simple bon sens veut qu'un lion ne parle pas comme une fauvette, un vieillard comme un enfant, l'aigle comme le lapin. Il est surtout une observation à laquelle le fabuliste doit faire la plus grande attention, c'est de garder aux personnages qu'il met en jeu non-seulement le ton qui leur est propre, mais en outre le caractère qui leur est généralement attribué. Il est une qualité que l'on recommande sans cesse à ceux qui veulent s'essayer à écrire des fables, c'est la naïveté, qualité charmante, lorsqu'elle est naturelle, mais que l'on ne saurait conquérir. Aussi faut-il que le fabuliste écrive sous son inspiration propre, sans vouloir chercher à imiter La Fontaine, sa naïveté spirituelle et moqueuse étant un don divin, que nul écrivain n'a possédé depuis. A. GENEVAY.

FABLEOR ou FABLIER. *Voyez* FABLIAU.

FABLES ATELLANES. *Voyez* ATELLANES (Fables).

FABLIAU, genre de poésie fort cultivé en France dans les douzième et treizième siècles, consistant dans le récit simple et naïf d'une action généralement plaisante et parfois intriguée, et dont le but ordinaire était d'amuser ou d'instruire. Cette espèce de petit poème paraît avoir été un fruit des croisades : en cela les troubadours et les trouvères ne firent qu'imiter les Arabes et peut-être aussi les Maures d'Espagne. Les fabliaux furent ainsi nommés du latin *fabula*, et du roman *fabel*, parce que la plupart de ces contes n'étaient que des fictions fabuleuses, et par suite de la même étymologie, leurs auteurs reçurent le nom de *fableors* ou *fabliers*. La plus ancienne pièce de ce genre parvenue jusqu'à nous, et qui date de la fin du onzième siècle, est due à Guillaume IX, comte de Poitiers et duc d'Aquitaine, troubadour célèbre, mort en 1122. Ce ne fut que vers le milieu du douzième siècle que les poëtes du nord de la France se livrèrent à ces sortes de compositions; mais il est juste de dire qu'en ce genre ils surpassèrent les essais, peu nombreux, de leurs émules provençaux, dont le talent s'exerça de préférence dans la poésie amoureuse, satirique et morale. Citons parmi les conteurs de *fabliaux* Lévis, Rutebœuf, Basir, Audefroi le Bâtard et Marguerite de Navarre, la *Marguerite des Marguerites*, comme l'appelaient les poëtes de son temps.

Au charme que les fabliaux devaient à la nature de leurs sujets, à la chevalerie, passion du merveilleux, et à cette galanterie fameuse, dont elle était la source et le mobile, leurs auteurs ajoutèrent l'attrait de la déclamation et celui de la musique : la plupart de ces petits poëmes sont divisés en stances, et les vers, presque toujours de huit syllabes, offrent parfois, à la fin de chaque couplet, le refrain des chansons populaires du temps. Quelques-uns étaient destinés à être déclamés seulement; d'autres devaient être tour à tour récités et chantés : tel est évidemment celui d'*Aucassin et Nicolette*, dont la narration en prose est entrecoupée de vers sous lesquels le chant se trouve noté. Dans ce cas, les parties réservées pour être chantées prenaient la dénomination de *lais*. Ce genre de composition, si utile à une époque où les livres étaient rares, les théâtres inconnus, et le jeu réduit aux seules combinaisons de l'échiquier, puisque les cartes n'étaient point encore inventées, se prêtait merveilleusement à toutes sortes de sujets, et pouvait admettre tous les cadres. Si l'on trouve en effet trop fréquemment dans les fabliaux des mœurs licencieuses et des expressions grossières, défauts qui tiennent au temps, soit que l'on crût alors, comme il est dit dans le *Roman de la Rose*, qu'*il n'y avait point de mal à nommer ce que Dieu a fait*, soit plutôt qu'on n'eût point encore imaginé ces artifices de langage qui parent les nudités en les voilant à demi, il ne faut pas croire néanmoins que les trouvères se soient bornés à des récits galants : parmi leurs ouvrages, il en est un grand nombre de nobles, d'intéressants, de gais, d'héroïques, de pieux, et quelques-uns, tels que *Gesippe*, ou *les deux Amis*, le *Parement des dames*, ou *Grisclidis*, etc., joignent aux situations les plus touchantes les leçons de la morale la plus pure.

C'est surtout sous le rapport de notre histoire privée du moyen âge que l'étude des fabliaux est une source abondante de détails précieux, qu'on ne trouve que là, et qui seuls peuvent faire justement apprécier le caractère, les mœurs, les opinions, les préjugés, les usages, en un mot, la manière d'être et de vivre des Français à cette époque trop peu connue. Ce ne sont en effet pas les mœurs générales, ou celles des conditions les plus élevées que les fabliers s'appliquent à retracer exclusivement : ils s'attachent de préférence à reproduire les actions de la vie commune, et leurs mille et un tableaux nous représentent toujours l'image de la nation peinte en déshabillé; mais, indépendamment de ce mérite de spécialité, et sans parler des documents qu'elle fournit à la lexicologie, pour l'étude de notre langue primitive, cette ancienne littérature peut encore plaire et plaire par ses formes naïves et la grâce de ses détails. C'est au point que, même dans les heureuses et fréquentes imitations qu'en ont faites Boccace et La Fontaine, on ne retrouve pas toujours cette délicatesse de sentiment et cette naïveté d'expression qui font le charme des fabliaux, auxquels ils ont fait d'ailleurs de si riches emprunts.

Au reste, ces emprunts, ces imitations que nos écrivains ont faits aux trouvères sont aussi nombreux que dignes d'être si-

gnalés. Il suffit de parcourir le recueil de fabliaux publié par Barbazan pour reconnaître que Rabelais a dû ses longues et fréquentes tirades sur les *papelards*, sur *membrer*, *démembrer*, *remembrer*, aux fabliaux de *Sainte-Léocade*, de *Charlot le Juif* et de *Cocaigne*. Molière a pris le sujet de *George Dandin* dans un épisode du *Dolopateos*, ou dans le douzième conte du *Castoiement de celui qui enferma sa femme dans une tor*; il doit le sujet du *Médecin malgré lui* au fabliau du *Vilain Mire*, et quelques scènes du *Malade imaginaire* à celui qui est intitulé *La Bourse pleine de sens*. Nous n'en finirions pas si nous citions tous les emprunts que La Fontaine a faits aux fabliaux. La fable de *L'Huître*, par Boileau, n'est autre chose que le fabliau des *Trois Dames qui trouvèrent un anel*. Le fameux conte de *Zadig* est en grande partie tiré du fabliau de *L'Ermite*. Dans l'enfance de notre théâtre, Hardy et Chevreau empruntèrent au *Castoiement* et à la première partie du roman d'*Athis et Profilias* les sujets de leurs tragi-comédies de *Gesippe*, ou *les Deux amis*, et de *Gésippe et Tite*, ou *les bons amis*. La comédie du *Tribunal domestique*, jouée en 1777, est tirée du *Loy d'Aristote*, que Marmontel a de même imité dans son conte moral du *Philosophe*. Les opéras comiques de *La Fée Urgèle*, des *Souliers mordorés*, du *Magicien*, d'*Aucassin et Nicolette*, etc., sont imités des fabliaux de *La Vieille Truande*, des *Deux Changeurs*, du *Pauvre Clerc* et d'*Aucassin*. Les contes d'Ouville sont en grande partie tirés du *Castoiement*; les *Bijoux indiscrets* sont aussi une imitation du *Chevalier qui foisoit parler les aneax muets*. La *Gageure*, de Sedaine, est également puisée dans le fabliau du *Pescheur de Pont-sur-Seine*. Les *Deux Gendres*, d'Étienne, se retrouvent dans un fabliau. Malgré ces nombreux emprunts, il y a encore là, pour qui veut prendre la peine d'y fouiller, une mine de sujets dramatiques en tous genres, plus riche et plus féconde peut-être que celle qu'exploitent la plupart des faiseurs de romans ou de contes de nos jours. PELLISSIER.

FABLIER. *Voyez* FABLIAU et FABULISTES.

FABRE DE PEYRESC (NICOLAS-CLAUDE), savant distingué, né en 1580, à Beaugensier, en Provence, mort en 1637, était conseiller au parlement d'Aix. Il avait fait de brillantes études chez les jésuites, qui le comparaient à Pic de la Mirandole. Grand amateur de philosophie et de numismatique, il voyagea beaucoup dans sa jeunesse, en Italie, en Hollande, en Angleterre, en France, se lia avec les hommes les plus célèbres, avec Fra-Paolo, Baronius, Sirmond, le cardinal d'Ossat, Scaliger, Rubens, Grotius, Casaubon, de Thou, les frères Sainte-Marthe, Saumaise, Malherbe, François Pithou, et étendit ses travaux à toutes les branches de la science et de l'érudition. Maître d'une grande fortune, il en profitait pour encourager les savants et entretenir en Asie, en Égypte, dans le Nouveau-Monde, de nombreux agents auxquels il commandait d'incessantes recherches sur l'histoire, l'antiquité et l'histoire naturelle. Il entreprit même avec Gassendi des observations astronomiques. Balzac et Bayle ont fait son éloge. Celui-ci l'appelait *le procureur général de la littérature*. Il était en correspondance avec toutes les illustrations de son époque, et a laissé un grand nombre de lettres, dont on n'a publié qu'une faible partie. Gassendi a écrit sa vie.

FABRE (JEAN), jeune calviniste de Nîmes, célèbre par son dévouement filial. Son père ayant été condamné aux galères, en 1756, pour avoir pratiqué son culte, Jean alla prendre sa place au bagne de Toulon. Le duc de Choiseul, alors ministre, le fit mettre en liberté après six ans de fer. Ce trait de piété filiale a été mis à la scène par Falbaire, dans *L'honnête criminel*.

FABRE (de l'Hérault), membre de la Convention, était avocat à Montpellier lorsque la révolution éclata. L'exaltation avec laquelle il en adopta les principes le fit nommer un des députés de son département à la Convention; il s'y fit peu remarquer, et ne s'occupa que des questions de subsistances et des moyens de rétablir la tranquillité. Dans le procès de Louis XVI, il vota pour la culpabilité, puis pour la mort sans appel ni sursis. En 1793 il fut envoyé en mission à l'armée des Pyrénées-Orientales, où il montra plus de courage que de prudence et d'habileté : blessé à l'affaire de Saïces, le 17 septembre, il périt le 20 décembre, près de Port-Vendres, en cherchant à rallier les fuyards. Les honneurs du Panthéon lui furent décernés.

FABRE D'ÉGLANTINE (PHILIPPE-FRANÇOIS-NAZAIRE), né le 28 décembre 1755, d'une famille bourgeoise, à Limoux, était un homme d'un talent remarquable, mais d'un esprit inquiet, qui avait été frère de la doctrine chrétienne et professeur au collège de Toulouse ; que des erreurs de jeunesse avaient ensuite rejeté de la société et lancé sur le théâtre, où son talent d'acteur n'était point goûté du public, quand la révolution de 1789 vint ouvrir une carrière plus facile à son ambition. Déjà, vers 1775, il avait obtenu aux Jeux Floraux l'églantine d'or. En décorant son nom de famille du nom de cette fleur, il s'était avec raison jugé plus propre à composer des pièces qu'à les représenter, et il était venu se fixer à Paris avec une tragédie d'*Augusta* et une comédie intitulée : *Les Gens de lettres, ou le poëte provincial à Paris*, qui furent représentées en 1787, l'une et l'autre sans succès. Il en fut de même du *Collatéral, ou l'amour et l'intérêt*, en 1789, et du *Présomptueux, ou l'heureux imaginaire*, en 1790. *Le Philinte de Molière*, qui suivit immédiatement ces deux pièces, établit enfin la réputation de leur auteur ; *Le Convalescent de qualité*, *L'Héritière*, *Le Sot orgueilleux*, *L'Intrigue épistolaire* surtout, confirmèrent l'espérance de voir naître un nouveau poëte comique. Mais la révolution, qui semblait ne devoir amener que des réformes salutaires, renversait rapidement les bases mêmes de la société. Fabre adopta, exagéra ses principes, avec la violence qu'il mettait à tout ce qu'il entreprenait : membre de la commune de Paris et secrétaire de Danton, il fut soupçonné d'avoir provoqué les massacres de septembre. Nommé député à la Convention, il devint un des plus ardents persécuteurs des députés de la Gironde, ses anciens amis. Enfin, accusé d'avoir reçu 100,000 francs des administrateurs de la compagnie des Indes pour falsifier un décret qui les excluait de la liquidation des comptes de leur association, il fut chassé des sociétés des Jacobins et des Cordeliers, et décrété d'accusation par la Convention nationale. Traduit au tribunal révolutionnaire en même temps que Danton, Camille Desmoulins, Hérault de Séchelles, etc., ceux-ci se plaignirent hautement d'être *accolés à un voleur*; ils n'en subirent pas moins tous le même sort, le 5 avril 1794.

La comédie des *Précepteurs*, œuvre posthume, jouée en 1799, obtint encore un grand succès, nonobstant les critiques de La Harpe et de Geoffroy et la déiaveur attachée au nom de Fabre d'Églantine dans un moment de réaction. On n'a pu retrouver le manuscrit d'une autre de ses pièces, *L'Orange de Malte*, dont la perte tourmenta Fabre jusqu'au pied de l'échafaud. Son *Philinte de Molière, ou l'égoïste*, n'est pas mieux écrit que ses autres pièces. Il la fit imprimer avec une préface dirigée principalement contre Collin-d'Harleville et contre sa pièce de *L'Optimiste* : c'était une dénonciation démagogique contre le plus doux et le moins hostile des hommes. La famille de Fabre d'Églantine a publié, en 1802, un recueil de ses poésies mêlées. A part sa satire *A un Jeune Poëte*, sa *Réponse du Pape à Andrieux*, sa chanson *Il pleut, il pleut, bergère*, et sa romance *Je l'aime tant*, morceau de prédilection de Garat, tous les défauts du cœur et de l'esprit de Fabre, son aigreur et son cynisme s'y retrouvent sans presque aucune des qualités qui le distinguent. VIOLLET-LE-DUC.

FABRE (JEAN-PIERRE), dit de l'*Aude*, né à Carcassonne, le 8 décembre 1755, fût avocat au parlement de Toulouse, et figura, fort jeune encore, dans le procès des assassins de la marquise de Ganges. Député aux états du Languedoc, en 1783, il adopta les principes de la révolution de 1789, fut nommé en 1790 commissaire du roi pour organiser le département de l'Aude, dont il devint le premier procureur général syndic, et commissaire royal près le tribunal criminel de Carcassonne. Proscrit et fugitif pendant la Terreur, il reparaît après le 9 thermidor. En 1795 il vient siéger au Conseil des Cinq Cents, par le choix de son département, et plus tard il fait partie de l'opposition qui culbute le Directoire. Après la révolution du 18 brumaire et l'établissement du consulat, il fut envoyé, comme commissaire du gouvernement, pour concilier les partis dans les départements méridionaux. En décembre 1799, nommé membre du Tribunat, il en était président lorsqu'à la tête de ce corps il vint, le 18 mai 1804, haranguer Bonaparte, qui, peu content du titre de consul à vie, s'était fait proclamer empereur ; il alla aussi complimenter l'impératrice Joséphine. Au mois d'octobre suivant, il se rendit en Allemagne, avec une députation du Tribunat, pour féliciter Napoléon sur ses victoires ; mais il ne put le rejoindre, et rapporta de Lintz 170 drapeaux pris sur l'ennemi. Madame mère ayant été nommée, en 1805, protectrice des hospitalières et des sœurs de charité, Fabre, au nom du Tribunat, lui adressa un compliment, dans lequel il la compara, dit-on, à la mère du Christ ; mais il a démenti cette inculpation dans une notice qu'il a publiée sur sa vie, en 1816, sans doute pour réfuter le *Dictionnaire des Girouettes*, qui d'ailleurs n'a pu mentionner qu'une partie des versatilités de Fabre. En 1807 il fut nommé sénateur et comte de l'empire ; en 1810, membre du grand conseil d'administration du sénat et procureur général près du sceau des titres.

La reconnaissance qu'il devait à Napoléon ne l'empêcha pas d'être un des soixante-trois sénateurs qui, le 1ᵉʳ avril 1814, votèrent sa déchéance et la création du gouvernement provisoire : aussi fit-il partie de la chambre des pairs créée par ordonnance royale le 3 juin 1814, et il y vota contre les mesures qui pouvaient retarder la mise en œuvre de la nouvelle constitution. Il n'en fut pas moins appelé, en juin 1815, à la Chambre des pairs impériale, où dès la première séance il proposa l'adresse d'usage à l'empereur. Mais après la bataille de Waterloo il s'opposa vivement au projet de proclamer Napoléon II, se prononça pour la seconde restauration des Bourbons, et s'employa pour hâter le retour de Louis XVIII à Paris avant l'arrivée des troupes. Il fut néanmoins compris dans l'ordonnance du 24 juillet 1815, qui déclara déchus de la pairie tous ceux qui avaient siégé dans la chambre des pairs de Napoléon. Ce ne fut que le 21 novembre 1819 qu'il recouvra son banc à la chambre haute. La révolution de juillet 1830 ne changea rien à ses habitudes ni à sa position : il prêta serment à la nouvelle dynastie, et devint un des juges des ministres du roi déchu. Il mourut à Paris, victime du choléra, le 6 juillet 1832.

Pendant toute sa carrière législative, il s'était principalement occupé des finances. En 1796 il avait signalé des abus dans l'administration des postes ; en 1797 il fit statuer que les électeurs prêteraient serment comme les fonctionnaires publics ; il fit décréter l'impôt sur les billets de spectacle, le rétablissement de la loterie, l'impôt sur le sel. En 1798 il fit divers rapports sur les loteries particulières, sur le rétablissement des octrois de bienfaisance, sur l'organisation des ponts et chaussées. En 1799 il s'éleva contre l'emprunt forcé et la loi des otages. En février 1802 il publia une brochure intitulée : *Recherches sur l'impôt du tabac*, qui avec les rapports dont il fut chargé, provoqua, en 1811, l'établissement d'un impôt sur les boissons et la création de la régie des droits réunis. En 1814 il proposa d'abolir la confiscation. Outre plusieurs rapports imprimés, on a de lui : *Lettre à mon fils sur ma conduite politique* (1816, in-8°).

FABRE D'OLIVET (N.), poëte, grammairien, musicien, né à Ganges, en Languedoc, le 8 décembre 1768, mort à Paris, en 1825, était de la même famille que le protestant Jean Fabre. Il débuta dans la littérature par quelques bluettes dramatiques, mêlées de couplets, représentées avec un succès médiocre sur différents théâtres, depuis 1789 jusqu'en 1796. Il publia, en outre, des *Lettres* à *Sophie sur l'histoire* (Paris, 1801) ; puis, *Le Troubadour*, poésies occitaniques du treizième siècle (1804), ouvrage supposé traduit par l'auteur, et où il y a de l'esprit et de l'imagination. Depuis quelques années il se livrait à l'étude des langues, de la métaphysique et de la philosophie, avec une telle ardeur, qu'il se crut en état de créer un nouveau système de linguistique. Ces pénibles travaux lui avaient échauffé l'imagination, et leur auteur, avec une science incontestable, ne recueillit que la renommée d'un visionnaire et d'un fou de sens rassis. Il prétendait avoir découvert la clef des hiéroglyphes ; il croyait aussi avoir trouvé le moyen de restituer l'ouïe aux sourds-muets, d'après une méthode empruntée aux prêtres de l'antique Égypte, et qui avait quelque rapport avec les phénomènes du magnétisme animal. Il attachait une si grande foi au pouvoir de la volonté, qu'il assurait avoir souvent fait sortir un volume des rayons de sa bibliothèque en se plaçant en face et en s'imaginant fortement qu'il avait l'auteur en personne devant les yeux. Cela, disait-il, lui arriva souvent avec Diderot. Dans ses recherches sur les langues, il rejetait tout ce qui était clair, précis, logique, pour chercher un sens détourné, mystique et se jeter dans les régions ténébreuses où il espérait trouver des révélations inconnues. Il imagina un nouveau système d'étymologie et d'analyse des langues, qui offre des résultats aussi bizarres que tout ce que les anciens cabalistes nous ont laissé de plus absurde. Partout il voit des allégories morales et un sens caché dans chaque mot, syllabe, lettre et chiffre.

Il avait donné en 1813 une traduction en vers eumolpiques français des *vers dorés* attribués à Pythagore, accompagnée d'un *Discours sur l'essence et la forme de la poésie chez les principaux peuples de la terre*. Trois ans après, il publia l'ouvrage intitulé : *La langue hébraïque restituée et le sens des mots hébraïques rétabli et prouvé par leur analyse radicale* (1816). Ce livre prouve une érudition immense, mêlée aux vues les plus bizarres; l'auteur n'y voit dans la *Genèse* qu'un sens allégorique, et prétend que Moïse a voulu peindre la création du monde telle que la concevait le collège des prêtres égyptiens. Adam n'est plus un homme, mais la personnification du genre humain; Ève n'est pas non plus une femme, mais une faculté de l'homme. Noé signifie le repos universel. En 1822 Fabre d'Olivet, passant de la création aux temps héroïques, puis historiques, a, dans deux gros volumes, présenté *l'histoire philosophique du genre humain*. Ce sont encore de nouveaux rêves : témoin l'expédition de Lama dans l'Inde et les guerres antiques des races noires et des races blanches. L'auteur, pour couronner tant de chimères, propose de soumettre toute l'Europe au pouvoir modérateur d'un pontife ou du pape. En 1823 Fabre d'Olivet donna une traduction en vers blancs du *Caïn* de lord Byron, avec un commentaire ayant pour but de prouver que les opinions du noble poète sont injurieuses à la Divinité, et que lui seul, grâce à sa connaissance profonde de l'hébreu, a su pénétrer les mystères de la Bible. On a encore de Fabre d'Olivet *Le Retour aux Beaux-Arts*, dithyrambe pour l'année 1824. Comme musicien, il a composé un grand nombre de romances, et publié un *œuvre de quatuors* pour deux flûtes, alto et basse, dédié à M. Ign. Pleyel. Enfin, dans ses recherches archéologiques, il crut avoir retrouvé le système musical des Grecs. Pour donner un exemple de ce *mode hellénique*, il fit exécuter en 1804, par les protestants, ses co-religionnaires, à l'occasion du couronnement de Napoléon, un *oratorio* à grand orchestre. Il est reconnu aujourd'hui que la prétendue découverte de Fabre d'Olivet n'est autre chose que le *mode mixte*, dont Blainville s'était aussi cru l'inventeur, et qui a tant de rapport avec l'ancien mode plagal, qui subsiste encore dans le plainchant.

Fabre d'Olivet avait un caractère honorable et indépendant : concentré dans ses études, il prit peu de part aux événements de la révolution. Il était en 1802 employé au ministère de la guerre. Plus tard, il passa dans les bureaux du ministère de l'intérieur, et donna sa démission pour ne pas rédiger une pièce qui était en opposition avec ses idées. Il avait épousé une femme fort instruite, à qui l'on doit un ouvrage intitulé : *Conseils à mon amie sur l'éducation physique et morale des enfants* (Paris, 1821). Cette conformité d'occupations ne rendit pas les deux époux plus heureux.

Charles Du Rozoir.

FABRE (MARIE-JACQUES-JOSEPH-VICTORIN), poète et littérateur, naquit le 19 juillet 1785, à Jaujac, village de l'Ardèche, où sa famille était considérée. Victorin Fabre vint à Paris vers 1803, et y débuta par quelques poésies et morceaux de prose qui lui méritèrent l'accueil bienveillant des hommes de lettres les plus distingués. L'*Éloge de Boileau*, qu'il publia en 1805, est moins remarquable par l'éloquence que par les nobles pensées, les sentiments généreux et la juste appréciation du génie, de l'art et du goût de ce grand poète. La deuxième classe de l'Institut ayant proposé pour sujet de concours l'*Indépendance de l'homme de lettres*, il obtint l'accessit. En 1806 il publia ses *Opuscules en vers et en prose*. En 1807 il fut couronné pour son *Discours en vers sur les voyages*, ainsi que son rival Millevoye. L'*Éloge de Corneille* lui mérita sous le partage en 1808 le prix de l'Institut. La même année il publia son poème sur *La Mort de Henri IV*, qui avait été couronné par l'académie de Nîmes, et il lut à l'Académie des inscriptions son Introduction à une histoire (qu'il n'a pas publiée) des peuples barbares. Les matériaux de cet ouvrage lui fournirent le plan de ses *Principes de la société civile*.

En 1810 il reparut dans les concours d'éloquence, et remporta deux prix le même jour, l'un en partage avec Jay, pour le *Tableau littéraire du dix-huitième siècle*; l'autre, pour l'*Éloge de La Bruyère*. Il n'avait encore que vingt-cinq ans. En 1811 il concourut de nouveau pour le prix de poésie sur les *Embellissements de Paris*, sujet vainement proposé depuis quatre ans : il le remporta. Membre de l'Athénée de Paris, y fit un cours d'éloquence en 1810 et 1811. Son *Tasse* fut couronné en 1812, par l'Académie des Jeux Floraux, tandis que son *Éloge de Michel Montaigne*, digne de celui de Corneille, n'obtenait à l'Académie Française qu'une mention honorable. D'un caractère fier et indépendant, V. Fabre ne flatta aucun gouvernement : aussi n'obtint-il ni places ni pensions. Il succomba à une maladie d'estomac, le 29 mai 1831. Il laissait plusieurs morceaux inédits, compris dans ses œuvres complètes, imprimées par sa famille.

FABRE (JEAN-RAIMOND-AUGUSTE), frère du précédent, né à Jaujac, le 24 juin 1792, mourut à Paris, le 12 mars 1837. Les traits de ce frère étaient à celle de son aîné, avec lequel il fut uni par la plus tendre amitié. En 1824, il publia *La Calédonie, ou la guerre nationale*, poème en 12 chants. Il fit recevoir à l'Odéon, en 1825, *Irène, ou l'héroïne de Souli*, tragédie avec des chœurs, dont Berton composa la musique; mais la censure en empêcha la représentation. En décembre 1826 il publia l'*Histoire du Siége de Missolonghi*. En 1829, il fut un des fondateurs du journal politique *La Tribune*, qu'il dirigea jusqu'au jour où la mort de son frère lui fit suspendre tous ses travaux. Cette feuille était alors bien différente de ce qu'elle fut depuis. Fabre, républicain modéré, a repoussé toute responsabilité avec la nouvelle *Tribune*, dans un ouvrage qu'il a publié en 1833, sous le titre de *La Révolution de 1830 et le véritable parti républicain*.

FABRE (FRANÇOIS-XAVIER), peintre distingué, né à Montpellier, en 1766, mort en 1837, fut élève de David, obtint, en 1787, le grand prix de peinture, se rendit à Rome, puis à Florence, où il épousa, dit-on, secrètement la comtesse d'Albany, veuve du dernier des Stuarts et d'Alfieri. Ses principaux tableaux sont *La Mort de Milton de Crotone*, *Philoctète dans l'île de Lemnos*, *La Chaste Suzanne*, *Le Jugement de Pâris*, *La Mort de Philopœmen*, le portrait d'Alfieri. Il a fait don, en mourant, à sa ville natale de sa riche bibliothèque, de sa précieuse collection de tableaux, et de la somme de 30,000 francs pour ajouter une nouvelle galerie au musée qui porte son nom.

FABRETTI (RAFAEL), célèbre archéologue, était né en 1618, à Urbino, dans les États de l'Eglise. Après avoir rempli diverses missions en Espagne, il fut nommé par le pape Alexandre VII trésorier du saint-siége, et bientôt après jurisconsulte attaché à l'ambassade pontificale à Madrid. A son retour à Rome, il trouva de zélés et puissants protecteurs, d'abord dans le cardinal Gasparo Carpegna et ensuite dans le pape Alexandre VIII. Innocent XII le nomma garde des archives du château Saint-Ange. On a de lui de remarquables dissertations sur les aqueducs de l'ancienne Rome et sur la colonne Trajane. Il a consigné dans l'ouvrage intitulé : *Inscriptionum antiquarum, quæ in ædibus paternis asservantur, explicatio* (Rome, 1699), les précieuses découvertes qu'il eut lieu de faire dans les catacombes de Rome. Il mourut le 7 janvier 1700. La riche collection d'inscriptions et de monuments qu'il avait réunie se trouve aujourd'hui dans le palais ducal, à Urbino.

FABRICIUS LUSCINUS (CAIUS), était ainsi surnommé parce qu'il avait les yeux petits. Consul en 471, il battit les Samnites, les Bruttiens, les Lucaniens, et triompha de ces peuples. Après avoir fait un butin si considérable, que tous les frais de la guerre restitués aux citoyens qui y avaient contribué, il resta quatre cents talents, qu'il fit verser dans le trésor public, sans en rien garder pour lui, il refusa un cadeau que lui voulaient faire les ambassadeurs samnites, qui, voyant sa maison dégarnie de meubles, désiraient le mettre à même de s'en procurer : « Tant que je commanderai à ceci, dit-il, en touchant les diverses parties de son corps, il ne me manquera rien. » Pyrrhus ayant battu le consul Lævinus, en l'an 473, Fabricius fut envoyé vers ce prince pour traiter de l'échange des prisonniers. La réputation de pauvreté et d'indigence du Romain l'avait devancé dans le camp du roi grec, qui la mit à une double épreuve : d'abord, il lui offrit beaucoup d'or, que Fabricius refusa, et le lendemain il fit subitement paraître derrière lui un éléphant. Ce spectacle, tout nouveau pour un Romain, ne produisit aucune impression sur son grand caractère. A table, Cinéas ayant parlé de la philosophie d'Épicure, qui faisait consister le souverain bien dans la volupté : « Plaise aux dieux, s'écria Fabricius, que Pyrrhus et les Tarentins embrassent cette secte pendant qu'ils font la guerre aux Romains! » Pyrrhus fit des efforts pour se l'attacher, après qu'il aurait ménagé un accommodement entre lui et les Romains. Il lui promit qu'il serait le premier de ses amis. Fabricius répondit que cela serait trop désavantageux au roi, parce que ceux qui l'honoraient ne manqueraient pas de lui préférer son nouvel ami une fois qu'ils sauraient de quoi lui Fabricius était capable. Pyrrhus ne fut point blessé de cette franchise. Il rendit les prisonniers qui purent s'en retourner, sous la seule sûreté de la promesse de Fabricius, qui s'engagea à les renvoyer si le sénat ne ratifiait pas la convention; et en effet ils furent renvoyés après la fête des Saturnales, le sénat ayant prononcé la peine de mort contre quiconque ne retournerait pas auprès de Pyrrhus.

En l'an 475 Fabricius fut revêtu d'un nouveau consulat, avec Æmilius Papus, qui avait déjà été son collègue. Il était en campagne contre Pyrrhus, lorsque le médecin de ce prince lui offrit de l'empoisonner si les Romains lui promettaient une récompense. Le consul en avertit Pyrrhus. Les uns disent que ce fut secrètement et sans se faire connaître; les autres donnent même le texte de la lettre qu'aurait écrite Fabricius. A cette occasion, le roi renvoya tous les prisonniers sans rançon. Et pour n'être pas en retard de magnanimité, les Romains lui rendirent un pareil nombre de Tarentins et de Samnites. Ce fut Fabricius qui fit porter au consulat P. Cornelius Rufinus, son ennemi, candidat brave au combat, mais fort avide de richesses. Étonné de cette protection inattendue, il alla remercier Fabricius : « C'est, répondit celui-ci, que j'aime mieux être pillé par le consul qu'emmené captif par l'ennemi. » En 478 il fut élu censeur, toujours avec son ancien collègue Papus. Pyrrhus avait quitté l'Italie après le combat d'Asculum, dont l'issue fut si douteuse que personne n'osa s'attribuer la victoire. Les censeurs signalèrent leur zèle pour le maintien des bonnes mœurs. Ce même Cornelius Rufinus avait été deux fois consul et une fois dictateur; il fut néanmoins rayé de la liste des sénateurs, comme ayant chez lui au-dessus de quinze marcs de vaisselle d'argent pour sa table. Cette flétrissure s'attacha à sa descendance, si bien que personne de sa postérité ne parvint au consulat avant Sylla. Quant à Fabricius, Pline nous apprend qu'il n'avait pour toute argenterie qu'une tasse et une salière. Il ne laissa point de fortune, et l'État fut obligé de doter sa fille. Ph. DE GOLBÉRY.

FABRICIUS (JÉRÔME), surnommé *ab Aquapendente*, du lieu de sa naissance, situé dans les États de l'Église, anatomiste et chirurgien célèbre, né en 1537, étudia à Padoue sous le célèbre Fallope, à qui il succéda, en 1562, comme professeur d'anatomie et de chirurgie. De nombreuses découvertes en anatomie et une riche collection d'observations chirurgicales ont rendu son nom célèbre dans l'histoire de la médecine. Il mourut à Padoue, le 23 mai 1619. La première édition de ses *Opera chirurgica* parut en 1717, à Padoue, et Albinus a donné (Leyde, 1727, in-fol.) la meilleure qu'on possède de ses *Opera physiologica et anatomica*.

FABRICIUS (JEAN-ALBERT), célèbre polygraphe allemand, né le 11 novembre 1668, à Leipzig, mort professeur au gymnase de Hambourg, le 30 avril 1736, avait embrassé presque toutes les branches du savoir humain, possédait d'immenses lectures ainsi qu'un inépuisable trésor de connaissances en histoire, en littérature et en philologie, et savait admirablement tirer parti de ses richesses. Sa *Bibliotheca græca* (14 vol. in-4°; Hambourg, 1705-8); sa *Bibliotheca latina* (1697); sa *Bibliotheca mediæ et infimæ latinitatis* (5 vol. 1734;) sa *Bibliotheca ecclesiastica* (1718, in-fol.) et enfin sa *Bibliotheca antiquaria* (Hambourg., 1713) sont des modèles d'érudition. Ses éditions de Sextus Empiricus et de Dion Cassius, son *Codex pseudepigraphus Vet. Test.* (2 vol., Hambourg. 1713-1722), et de nombreux écrits relatifs à la théologie ainsi qu'à l'histoire littéraire et à l'histoire de l'Église, témoignent encore de la variété, de la profondeur et de l'étendue de ses connaissances.

FABRICIUS (JEAN-CHRÉTIEN), le plus célèbre des entomologistes du dix-huitième siècle, né le 7 janvier 1743, à Tondern, dans le duché de Schleswig, étudia successivement à Copenhague, à Leyde, à Édimbourg, à Freiberg, en Saxe, et enfin à Upsal, sous Linné, qui lui suggéra l'idée de classer les insectes d'après l'organe de la bouche. Nommé, en 1775, professeur d'histoire naturelle à Kiel, où il mourut, le 3 mars 1808, il se livra complétement à son étude de prédilection, et créa un système qui ne saurait à la vérité être appelé *naturel*, mais qui n'en ouvrit pas moins une carrière tout à fait neuve à l'entomologie. S'il a dû depuis disparaître devant d'autres systèmes, du moins son auteur eut-il l'incontestable mérite d'indiquer la voie qu'on suit aujourd'hui. Ses ouvrages les plus importants sont le *Systema Entomologiæ* (1775), et la *Philosophia Entomologica* (1778).

FABRIQUE, FABRICATION (du latin *faber*, ouvrier). Ce mot est synonyme de *manufacture*, et souvent on les prend l'un pour l'autre. Tout porte à croire que les premiers peuples ne connaissaient guère que des ouvriers isolés, et peu ou point de fabriques. Ce qui prouve que les fabriques avaient acquis peu de développement chez les anciens, c'est la rareté des métaux, des ustensiles de toute espèce, etc., comme l'attestent et le petit nombre qu'on en trouve dans les ruines de leurs villes et divers passages de leurs écrivains. On a quelques raisons pour croire que sur la fin de l'empire d'Occident il s'était établi en Europe des fabriques d'étoffes considérables; elles durent cesser de produire quand les barbares du Nord eurent envahi l'Europe méridionale. Il n'est pas vraisemblable que ces fabriques aient reçu de grands développements ni inventé beaucoup de procédés; l'empire d'Orient, dont la capitale ne fut conquise que dans le quinzième siècle, les aurait transmis aux peuples d'Occident. On fixe au douzième siècle l'époque où l'industrie commença à reprendre une marche progressive. Colbert lui donna une impulsion qu'elle n'avait pas encore reçue en France; elle continua de faire des progrès pendant le dix-huitième siècle, mais avec moins de rapidité que chez les Anglais : nous étions à l'époque de la Révolution bien en arrière de ce peuple, chez lequel nous étions obligés d'acheter une grande quantité de produits sortant de ses fabriques; et nous sommes encore moins avancés que lui pour la confection de certains objets. Il faut convenir toutefois que depuis le commencement du siècle nous avons fait des pas immenses, progrès qu'il faut attribuer en partie à la grande révolution, qui, supprimant les jurandes, les corporations, etc., a donné aux fabricants toute liberté d'étendre et de perfectionner l'industrie qu'ils exerçaient, suivant leurs lumières et leurs moyens.

Ce qui distingue surtout les modernes, ce sont les découvertes qu'ils ont faites en chimie et les nombreuses machines qu'ils ont inventées; de sorte qu'une fabrique n'est plus, comme autrefois, seulement une réunion d'ouvriers faisant jouer des limes, des navettes; ce sont aussi des réunions de machines, agents muets, qui exécutent certains ouvrages plus promptement et avec plus d'exactitude que ne saurait le faire un homme habile : on a construit des machines qui cordent, filent, tissent, etc; mais il faut un agent qui les entretienne en mouvement. On n'avait pour cela autrefois que les animaux, le vent et les chutes d'eau. Les modernes on trouvé un quatrième agent, infiniment préférable aux trois premiers; il est de la force qu'on veut, se place partout; c'est enfin la *machine à vapeur*.

La plupart des fabriques sont dépendantes les unes des autres; la prospérité de celle-ci est due au bas prix des produits de celle-là. La machine à vapeur a permis d'exploiter plus en grand et à moins de frais les mines de fer. Or, ce roi des métaux sous le rapport de l'utilité, est nécessaire au plus grand nombre des fabriques, puisque les outils, les instruments, les machines, en sont faits, en tout ou en partie. Il y a des établissements qui en font une grande consommation, tels que les constructeurs de machines à vapeur, les fabricants de quincaillerie, de métiers, de coutellerie, etc., etc. Converti en acier, le fer est la matière dont on fait tous instruments qui servent à façonner les bois, les métaux, les minéraux. Parmi les causes qui contribuent à la prospérité de la plupart des fabriques, le bas prix du fer doit compter au nombre des premières. TEYSSÈDRE.

FABRIQUE. On appelle de ce nom l'administration chargée de la recette et de l'emploi du revenu affecté à l'entretien des paroisses, aux dépenses intérieures de l'Église, de ses recettes casuelles. Les administrateurs de ce revenu s'appellent *marguilliers* dans quelques villes, *fabriciens* dans d'autres, et *gagiers* dans quelques communes rurales. Ils occupent dans l'église une place distinguée, appelée *fabrique* ou *banc d'œuvre*, ou simplement l'*œuvre*. Les fabriques paroissiales ont été dans l'origine administrées successivement par les évêques, les archidiacres et les curés, enfin, par quelques notables élus dans une assemblée générale des paroissiens, et choisis dans la noblesse, la haute bourgeoisie et les boutiquiers. Ils rendaient leurs comptes chaque année par devant l'évêque ou son archidiacre. L'office des fabriciens ou marguilliers a survécu à toutes les institutions locales supprimées par la révolution de 1789. Deux décrets, l'un du 30 décembre 1809, et l'autre du 14 février 1810, ont réglé tout ce qui touche à l'administration des biens et des recettes des églises.

Aux termes de l'art. 76 de la loi du 18 germinal an x, les fabriques sont chargées de veiller à l'entretien et à la conservation des temples; d'administrer les aumônes et les biens, rentes et perceptions autorisées par les lois et règlements, les sommes supplémentaires fournies par les communes et généralement tous les fonds qui sont affectés à l'exercice du culte; enfin, d'assurer cet exercice et le maintien de sa dignité dans les églises auxquelles elles sont attachées, soit en réglant les dépenses qui y sont nécessaires, soit en assurant les moyens d'y pourvoir. Les revenus de chaque fabrique se forment : 1° du produit des biens et rentes appartenant ou affectés par décrets aux fabriques et confréries; 2° du produit des biens, rentes et fondations qu'elles ont été ou qu'elles pourront être autorisées par décret à accepter; 3° du produit des biens et rentes cédés au domaine, dont ils sont autorisés à se mettre en possession; 4° du produit spontané des terrains servant de cimetières; 5° du prix de la location des chaises, 6° de la concession des bancs placés dans l'église; 7° des quêtes faites pour les frais du culte; 8° de ce qui sera trouvé dans les troncs placés pour le même objet; 9° des oblations faites à la fabrique; 10° des droits que, suivant les règlements épiscopaux approuvés par décrets, les fabriques perçoivent et de celui qui leur revient sur le produit des frais d'inhumation; 11° du supplément donné par la commune, le cas échéant. Les fabriciens administrent ces différents revenus; il en est même dont ils fixent eux-mêmes le prix, tel est entre autres le tarif des chaises. Les charges de la fabrique consistent en ceci : 1° fournir aux frais nécessaires du culte, savoir : les ornements, les vases sacrés, le linge, le luminaire, le pain, le vin, l'encens, le payement des vicaires, du sacristain, chantres, organistes, sonneurs, suisses, bedeaux, et autres employés au service de l'église, selon la convenance et les besoins des lieux; 2° de payer l'honoraire des prédicateurs de l'avent, du carême, et autres solennités; 3° de pourvoir à la décoration et aux dépenses relatives à l'embellissement intérieur de l'église; 4° de veiller à l'entretien des églises, presbytères et cimetières, et, en cas d'insuffisance de revenus, de faire les diligences nécessaires pour qu'il soit établi dans la commune une contribution extraordinaires pour les frais du culte, ou qu'il y soit pourvu par un emprunt conformément aux lois. Pour faire faire bien et promptement les réparations, les fabriciens ont la mission de visiter les bâtiments au printemps et à l'automne, avec des hommes de l'art, afin de faire procéder sur-le-champ et avec économie, aux réparations locatives ou autres.

Les consistoires protestants, outre leurs attributions purement religieuses, sont aussi chargés de l'administration des biens de l'église et de la distribution des deniers provenant des aumônes; en cette qualité, ils remplissent les fonctions des conseils de fabrique du culte catholique. Les consistoires israélites remplissent aussi les mêmes fonctions relativement aux synagogues.

FABRIQUE (*Beaux-arts*). C'est le mot que l'on emploie dans la peinture, pour désigner toute espèce de construction servant d'ornement dans les fonds d'un tableau d'histoire, ou bien pour embellir un paysage, ou constituant même le sujet principal dans un tableau d'architecture. Par cette expression, on a certainement voulu désigner tout ce qui est fait de main d'homme, par opposition aux arbres, aux rochers, aux montagnes, et même aux figures d'hommes ou d'animaux, tous objets formés par le Créateur. On désigne donc également sous le nom de *fabriques* les palais et les cabanes, les ponts construits sur les grandes rivières et ceux qui sont jetés sur les ruisseaux, des villes entières construites en pierre et de petits hameaux couverts de chaume. Dans les paysages de Nicolas Poussin, les fabriques sont remarquables par leur masse imposante, par leur noblesse et par leur caractère particulier, qui paraît leur rendre propres aux peuples anciens que le peintre a voulu représenter. Bourdon, au contraire, n'a employé que des parties de monuments à demi ruinés, qui font bien pourtant, de la manière dont il les a placés. DUCHESNE aîné.

FABRIQUE (Marque de). *Voyez* MARQUE DE FABRIQUE.

FABRONI (ANGELO), célèbre biographe italien, né le 7 février 1732, à Marradi, en Toscane, devint, en 1773, instituteur des fils du grand-duc Léopold de Toscane, fit ensuite de nombreux voyages à l'étranger, et mourut le 22 septembre 1803. Ses *Vitæ Italorum doctrina excellentium qui seculo XVII et XVIII floruerunt* (20 vol., Pise, 1778-1805), écrites en excellent latin, appartiennent aux meilleurs ouvrages de ce genre, et renferment d'inappréciables trésors d'érudition. On peut citer comme des modèles sa *Laurentii Medici vita* (2 vol., Pise, 1784), et sa *Vita magni Cosmi Medici* (2 vol., 1788-9).

FABULISTES. L'antiquité ne nous a transmis qu'un bien petit nombre de fables, et le nom de peu de fabulistes est venu jusqu'à nous. Les fables d'Ésope brillent au premier rang. Les Orientaux en revendiquent la gloire pour Lokman. D'autres, au contraire, voyant que sa vie, écrite par Mirkhond, a beaucoup de rapports avec celle d'Ésope que Maxime Planudes nous a laissée, se sont persuadés que les Grecs avaient dérobé Lokman aux Orientaux pour en faire Ésope. Les Perses ont surnommé Lokman le *Sage*, comme la Grèce nomma son fabuliste. Suivant Quintilien, Hésiode est le véritable auteur des fables d'Ésope. Dans les Indes, le brahmane Pilpay, ou Bidpaï, renferma toute sa politique et toute sa morale dans un livre de fables, qui fut conservé comme un véritable trésor d'érudition et de sagesse. A côté du fabuleux Lokman, de Pilpay, dont la vie nous paraît bien merveilleuse, il faut aussi parmi les fabulistes orientaux, placer Sadi. Mais le poète par excellence, Phèdre, en traitant les fables d'Ésope, s'est placé au rang des meilleurs écrivains du siècle d'Auguste, tant par la pureté que par l'élégance de son style. Une découverte récente a fait connaître les fables d'un successeur d'Ésope, dont on n'avait jusque ici que des fragments. Ces fragments avaient déjà mérité à Babrius une renommée de naïveté et de grâce que la lecture de son recueil justifie pleinement. N'oublions pas les gracieuses fables latines de Faerne, publiées au seizième siècle, quand celles de Phèdre n'étaient pas encore retrouvées.

L'Allemagne possède un grand fabuliste, Lessing, écrivain spirituel, qui souvent a écrit la fable avec des données aussi neuves qu'originales. On cite après lui Gellert et Pfeffel. La Russie s'honore de Krylof, qui a souvent emprunté ses inspirations à La Fontaine, et dont le comte Orlof a traduit le recueil en français. L'Italie montre des poètes de ce genre, tels que le célèbre Pignotti, Gérard de Rossi, Roberti, Passeroni, Lodoli. En Espagne, les fables d'Iriarte ont le mérite d'une versification souvent heureuse, appliquée à des sujets habilement choisis. Son recueil de *Fables littéraires* est surtout un petit chef-d'œuvre. En Angleterre, Gay, avec un esprit enjoué, un style vif, une versification douce et parfois gracieuse, a donné un volume de fables qui sont devenues classiques, quoique les personnages soient en général mal choisis. Moins universellement estimé que Gay, Moore nous semble pourtant lui être préférable. Son grand défaut est de donner trop de développement à ses récits.

La France compte beaucoup de fabulistes. A leur tête brille La Fontaine. Lamotte, l'abbé Aubert, et Florian ont écrit des fables brillantes d'esprit. L'ouvrage de Lamotte est précédé d'un morceau remarquable sur la fable. De nos jours, Arnault a publié un recueil de fables faites et écrites avec soin, mais non sans une certaine prétention. N'oublions pas celles de notre collaborateur M. Viennet, satiriques et mordantes dans leur bonhomie, et qui, lues dans des séances publiques de l'Académie Française, ont eu souvent le privilége de le dérider. Ginguené avait aussi écrit des fables, sur lesquelles il a répandu plus de poésie que dans ses autres ouvrages en vers, mais, comme les fables d'Arnault, elles visent trop à l'épigramme. Le Bailly nous semble supérieur à Arnault ; il est plus fabuliste, et quelques-unes de ses compositions sont remplies de vérité, de grâce, et ont quelque chose du laisser-aller du grand maître. Il existe encore beaucoup d'autres auteurs qui ont écrit des fables. La bonne Mme La Sablière, l'amie la plus dévouée et la plus tendre de La Fontaine, l'appelait son *fablier*, parce que, selon cette excellente femme, le bonhomme portait des fables comme un *prunier* des prunes. Cette expression, inventée par l'amitié, a été gardée pour La Fontaine seulement. A. GENEVAY.

FABVIER (CHARLES-NICOLAS, baron), général de division, naquit à Pont-à-Mousson (Meurthe), le 10 décembre 1782. A sa sortie de l'École Polytechnique et de l'école d'application de Metz, il entra, en 1804, au camp de Boulogne, dans le 1er régiment d'artillerie, avec lequel il fit la campagne d'Austerlitz, et fut décoré de la croix de la Légion d'Honneur à l'issue de l'affaire de Diernstein. Il avait alors vingt et un ans : c'était le plus jeune des officiers sur la poitrine desquels elle brillait. Après avoir servi en Italie, il fit partie, en 1807, de ceux que Napoléon envoya au sultan Sélim pour assurer la défense de Constantinople contre les Anglais. De là il alla remplir une mission politique et militaire en Perse. Ne pouvant rejoindre l'armée française en 1809, il servit, comme volontaire, dans l'armée polonaise de Poniatowski, se trouva capitaine par ancienneté à son arrivée à Vienne, et passa dans la garde impériale. Aide de camp du duc de Raguse à son retour en France, il fit, sous ses ordres, la guerre d'Espagne, rejoignit, quoique blessé, l'empereur la veille de la bataille de la Moskowa, et s'y comporta si bien, que Napoléon le nomma chef d'escadron sur le terrain. Dans la campagne de Saxe, il reçut la croix d'officier de la Légion d'Honneur, la Couronne de Fer, le grade de colonel d'état-major, le titre de baron de l'empire, et devint, à la suite de la retraite de Leipzig, chef d'état-major de onze corps d'armée réunis. Attaché à celui du maréchal de Raguse en 1814, il fit encore la campagne de France, et fut grièvement blessé sous les murs de la capitale. Il était un des commissaires chargés de traiter de la capitulation de Paris et d'en remettre les barrières à l'ennemi.

La Restauration le laissa sans emploi. Seulement, en 1817, il fut nommé pour accompagner à Lyon, comme chef d'état-major, le maréchal Marmont, qui y allait remplir une mission de paix. Les intentions du duc ayant été incriminées par les ultra-royalistes, Fabvier, pour le justifier, publia une brochure, qui fut poursuivie sur la dénonciation du général Canuel. Une condamnation s'ensuivit contre le colonel, qui fut d'abord mis en réforme, puis, l'année suivante, en disponibilité. Compromis successivement dans la conspiration militaire de 1820, puis, en 1822, dans l'affaire des sous-officiers de La Rochelle, il fut, à deux reprises, renvoyé, faute de charges suffisantes, des accusations intentées contre lui. Las enfin des défiances et des vexations dont il est l'objet, il va visiter l'Angleterre, l'Espagne, le Portugal, et se décide, en 1823, à aller offrir son épée aux Grecs combattant pour leur indépendance. Après une guerre fatale non moins qu'aux vaincus, plus heureux que Byron, il revit son pays vers la fin de 1828. L'année suivante, le gouvernement le chargea d'accompagner les troupes qu'il envoyait en Morée. Il se trouvait à Paris quand y éclata la révolution de 1830, et prit part aux événements des trois jours. Dès le 4 août il était, comme maréchal de camp, nommé commandant de la place de Paris ; mais il se démit de ce commandement en 1831, époque où il se maria.

Promu au grade de lieutenant général le 29 juillet 1839, il fut nommé pair de France le 23 septembre 1845. Quelques jours après la révolution de Février, le gouvernement provisoire le nomma ambassadeur de France à Constantinople. En 1849 le département de la Meurthe l'envoya à l'Assemblée législative ; et la même année il accepta l'offre que lui fit le gouvernement danois du commandement supérieur de son armée destinée à agir contre les duchés de Schleswig-Holstein. Mais après six semaines passées en Danemark, il s'en revint en France, non pas comme il était parti, car le gouvernement danois ayant changé d'avis et s'étant décidé à se passer de ses services, lui fit compter 40,000 fr. d'indemnité pour ses frais de déplacement. Conservateur et catholique mystique au Luxembourg, il ne sut pas bien ce qu'il voulait être au palais Bourbon, où il ne se fit guère remarquer que par sa croisade en faveur d'Abd-el-Kader, qu'il voulait voir élargir et qu'il alla même visiter à Amboise. Le 2 décembre 1851 l'a rendu à ses loisirs. On a de lui *Journal des Opérations du sixième corps pendant la campagne de 1814 en France* (Paris, 1819).

FAÇADE, terme d'architecture par lequel on désigne un des côtés d'un édifice : on dit bien la *façade* du nord, du midi, etc.; néanmoins, lorsque le mot *façade* est suivi immédiatement du nom du bâtiment, il désigne le côté le plus important, le plus riche de l'édifice. Quand on dit, par exemple, la *façade* du Louvre, on entend communément désigner celle qui regarde l'orient, la plus riche de ce magnifique palais.

De tout temps on a senti la nécessité de réglementer la construction des maisons des villes, autant dans un intérêt de sécurité publique qu'au point de vue de l'embellissement des cités. Sans remonter plus haut que la révolution, nous voyons à cette époque les lois des 16 et 24 août 1791 attribuer à l'autorité municipale le droit d'interdire la construction ou la réédification de façades en bois, et celui de déterminer la hauteur des maisons et de leurs façades en raison de la largeur de la voie publique. Des règlements spéciaux pour la ville de Paris fixèrent l'élévation des façades; un arrêté du 15 juillet 1848, aujourd'hui en vigueur, l'a déterminée d'après les bases suivantes : dans les voies publiques au-dessous de 7^m, 80 de largeur, 11^m, 70; dans celles de 7^m, 80 à 9^m, 75 de largeur, 14^m, 62; dans celles au-dessus de 9^m, 75 de largeur, 17^m, 55 ; c'est pour ces dernières façades 5 centimètres de plus que dans les arrêtés précédents, qui permettaient encore d'élever des façades de 18^m dans les voies ayant une largeur de 10 mètres et au-dessus. Aux termes de l'arrêté du 15 juillet 1848, les façades qui seront construites sur la voie publique, en retraite de l'alignement, ne pourront être élevées qu'à la hauteur déterminée par la largeur existant entre ces constructions et l'alignement fixé pour le côté opposé de la voie publique.

Les façades d'un bâtiment occupant tout l'espace compris entre deux voies publiques d'inégale largeur ou de niveau différent ne pourront dépasser la hauteur fixée pour ces façades en raison de la largeur ou du niveau de la voie publique sur laquelle chaque façade sera située. Un décret du 26 mars 1852 prescrit aux propriétaires, sous peine d'une amende qui peut s'élever à 100 fr., de tenir constamment les façades de leurs maisons en état de propreté et de les faire gratter, repeindre ou badigeonner une fois tous les dix ans, sur l'injonction de l'autorité municipale.

FACCIOLATI (GIACOMO), célèbre philologue italien, naquit en 1682, à Torreglia, dans les environs de Padoue, de parents tout à fait dépourvus de fortune. Le cardinal Barbarigo le prit sous sa protection, et le fit entrer au séminaire de Padoue. Doué d'une intelligence peu commune, capable d'une infatigable persévérance au travail, à l'âge de vingt ans il fut, aux applaudissements de toute la faculté, reçu docteur en théologie; bientôt après il devint professeur de cette science, et enfin préfet du séminaire et même temps que directeur des études. A ce dernier titre, il dut prononcer tous les ans, lors de l'ouverture des classes, une harangue en latin sur quelque sujet de philosophie ou de rhétorique : ces divers discours, recueillis et publiés de son vivant, étendirent sa réputation.

Dans la direction des études, qu'il exerçait avec un très-grand zèle, il s'aperçut bientôt que l'enseignement des séminaires italiens laissait beaucoup à désirer sous le rapport des langues anciennes. Jaloux de remédier à cet état de choses, il voulut favoriser le retour aux solides études classiques en publiant de bons livres élémentaires, et à cet effet il s'adjoignit un de ses élèves les plus distingués, le savant Forcellini. Dans cette association, le maître se réservait la part de l'expérience, celle de tracer le plan de l'ouvrage, et d'en réviser l'exécution; l'élève était chargé de rassembler les matériaux et de les mettre en ordre. Ainsi furent conçues de nouvelles et fort bonnes éditions du dictionnaire en sept langues vulgairement appelé *calepin*; du *Lexique grec de Schrevelius*, du *Lexicon ciceronianum de Nizoli*, et du *Traité des particules latines de Tursclin*. Mais Facciolati doit principalement sa célébrité à l'utile travail qui parut deux ans après sa mort, sous ce titre : *Ægidii Forcellini totius Latinitatis Lexicon*, etc. (1771, 4 vol). De tous les dictionnaires latins qui avaient paru jusque alors, aucun ne peut lui être comparé, et il est la source où puisent commodément tous nos fabricants de lexiques que l'université impériale adopte et prescrit pour l'usage de nos lycées et collèges. Facciolati mourut en 1769.

F. LAVIGNE.

FACE (en latin *facies*). Ce mot paraît dériver de *fari*, parler. La région antérieure et supérieure des animaux est, en général, la plus noble ou la citadelle de la vie, puisque la tête comprend le cerveau et tous les organes du visage. C'est donc le siège principal de l'animalité. Le plus dominant de tous les centres nerveux, lequel préside surtout aux mouvements volontaires, et qui possède en quelque manière le haut gouvernement de l'économie, est placé au sommet de la face : celle-ci présente toujours la bouche et les sens qui sont destinés à la recherche de la nourriture, comme ils dirigent aussi toutes les autres actions de l'être animé.

Chez les animaux vertébrés, les os de la face ou sont presque perpendiculairement situés, chez l'homme; ou se prolongent plus ou moins en museau, chez les autres mammifères, les reptiles et les poissons; ou sont munis d'un bec corné, chez les oiseaux. L'anatomie fait voir quatorze os dans la face humaine. Il n'existe d'os mobile que la mâchoire inférieure; tous les autres s'unissent par engrenure avec d'autres. Il y a des muscles nombreux à la face ; les plus superficiels adhèrent à la peau du visage, et lui donnent la mobile expression qui le distingue; ils font surtout grimacer les singes. Outre ces muscles du front, des paupières, les yeux en ont de particuliers, qui les rendent si propres à peindre les passions ou les besoins de la pensée. Les vaisseaux de la face sont des branches de l'artère carotide externe divisées en plusieurs rameaux, dont le principal est l'artère faciale; les veines, plus multipliées encore que les artères, servent, dans leurs nombreux lacis, à injecter plus ou moins le système capillaire du visage. De là résulte aussi cette prompte et facile coloration des joues, soit par un mouvement plus rapide, tel qu'un accès de fièvre, soit par la seule émotion de quelque passion subite.

Tous les nerfs distribués à la face émanent du cerveau. Il n'est donc pas surprenant que la face soit très-mobile et très-sensible. Les observations pathologiques viennent en preuve, car nulle autre région du corps (si ce n'est la sexuelle, également sensible) n'est aussi exposée aux affections inflammatoires, au cancer, aux carcinomes, aux ulcères, à des boutons, à des efflorescences, aux marques de petite vérole, etc. C'est la partie du corps qui se maintient le plus constamment chaude, quoique la plus exposée à l'air. Elle possède en effet une vitalité intense, que la moindre impression agite; ses muscles délicats sont comme autant de cordes harmoniques sur lesquelles vibrent sans cesse les affections de l'âme. Le teint même se ressent du régime de vie : il devient une trogne rubiconde et allumée chez les biberons de profession ; il décèle par la pâleur, chez les filles, la chlorose, et souvent une cachexie vermineuse dans les enfants. On sait que, la vive coloration des pommettes indique les inflammations des poumons ou la phthisie; les lèvres pâlissent, les joues s'affaissent et les yeux se creusent chez les individus qui abusent des voluptés; une physionomie truculente ou féroce dénonce le délire ou la manie; enfin, les yeux, ces fenêtres de l'âme, brillent dans la joie, s'allument dans la colère, étincellent dans la vengeance, s'adoucissent dans l'amour, deviennent mornes dans la tristesse, humides et rouges dans le chagrin ; on lit dans les regards les traits frappants de la pensée.

De tout temps, l'excellence et la dignité de la face humaine, qui s'élève vers le ciel, tandis que celle des animaux se courbe bassement vers la terre, a servi de texe aux poètes et aux orateurs, témoins ces vers d'Ovide :

> Os homini sublime dedit, cœlumque tueri
> Jussit, et erectos ad sidera tollere vultus.

Les contradicteurs (car il y en a partout) disent néanmoins, avec le sceptique Montaigne, que les chameaux, les autruches, et même les oies et les dindons, relèvent également la tête, et que nous ne regardons pas encore si directement le ciel que le poisson uranoscope, dont les yeux sont situés au sommet de son crâne : enfin, l'oiseau pingouin (*alca torda*) marche aussi redressé que nous. Il y a cependant une énorme différence entre la face de l'homme et l'ignoble museau des brutes. L'allongement de leurs mâchoires, le reculement et l'aplatissement de leur cerveau, montrent bien qu'elles mettent l'appétit devant la pensée, qu'elles tendent vers l'aliment, premier besoin pour elles. L'orang-outang, le plus voisin de notre race, a plutôt une moue grimaçante qu'un visage. Déjà il présente des vestiges de cet os incisif, ou inter-maxilaire, qui porte chez les autres mammifères les dents incisives supérieures, et concourt à l'élongation des mâchoires. Le nègre, indépendamment de son teint noirci et de ses cheveux laineux, annonce encore, par le prolongement de sa bouche et l'abaissement de son front, qu'il a des appétits plus sensuels, une disposition moins noble, pour l'ordinaire, à l'emploi de la pensée que l'homme blanc, dont la bouche est plus rentrante et le front plus saillant. On doit donc considérer que plus le museau sera prolongé dans un être, plus son cerveau sera reculé et rétréci en même temps, plus il sera brute ou dépourvu d'intelligence. Le contraire se manifeste dans l'échelle progressive des êtres, depuis le reptile jusqu'à l'homme, qui, étant placé au sommet de la création intellectuelle, doit offrir par cela même le cerveau le plus développé ou les os de la face les moins allongés de tous les êtres. C'est sur de telles observations que se trouve fondée la célèbre règle de *l'angle facial* établie par P. Camper. Daubenton avait fait l'observation, remarquable également, que le trou occipital est d'autant plus reculé que le museau des animaux se prolonge, en sorte que dans les espèces à très-long museau ce trou est placé à l'opposite de la gueule et le crâne est très-petit. De cette manière, la face, qui est presque perpendiculaire chez l'homme, se recourbe toujours en bas chez les quadrupèdes : c'est pourquoi ils ont besoin d'un ligament cervical plus fort, à proportion de ce prolongement du museau, pour le soutenir.

La beauté de la face n'est donc pas tout à fait un résultat de simples conventions, ni le fruit du caprice et des goûts particuliers de chaque peuple. Les seuls aveugles ont la permission de nier que la régularité des traits, le développement d'un grand front et autres organes nobles, ou l'éminence des qualités intellectuelles, caractérisent la beauté et même la majesté de la face humaine. C'est ce qui résulte de l'ampleur du cerveau et de la diminution proportionnelle des parties servant à la mastication, puisque les ignobles figures des idiots et imbéciles se caractérisent par une étroite cervelle et de grosses ou lourdes mâchoires. Ce fait est tellement manifeste qu'on appelle *mâchoires* et *ganaches* ces êtres stupides.

La plupart des animaux ne sont beaux que par les formes générales de leur corps, témoin le cheval : aucun ne l'est spécialement par la face comme l'homme : lui seul porte sur son front l'auguste empreinte de sa dignité. L'homme est tout entier dans sa face : c'est par la tête qu'il vit le plus et qu'il diffère d'un autre homme. Les brutes se ressemblent presque toutes entre elles dans leur propre espèce : l'homme, destiné à la société, avait besoin d'être distingué d'un autre par les traits de sa figure et par son individualité. Un tronc d'homme sans tête n'a pas de nom : *et sine nomine corpus*. Les sauvages offrent, dit-on, peu de variétés dans leurs traits ; il n'en est pas de même parmi nous : la prodigieuse différence de fortune et de condition, de régime pour la nourriture, les habitudes, les occupations, les soins hygiéniques, les études et l'état social, apportent une foule de modifications à nos tempéraments comme à notre constitution morale : chacun a été tiraillé ou contrarié souvent en tous sens. Le plus ou le moins d'écus dans la bourse et les rangs sociaux se peignent souvent en caractères frappants sur le visage du riche et du pauvre, du puissant et du faible.

D'ailleurs, on doit distinguer dans les traits de la face les linéaments réguliers ou irréguliers qui rendent une physionomie belle ou laide, de *l'expression pathognomonique* ou de ces nuances fugitives qui caractérisent les passions, les fortes impressions ou les volontés dans nos affections, soit naturelles, soit factices. Chez la femme, la sensibilité étant plus prompte à s'émouvoir que chez l'homme, l'expression des sentiments doit être plutôt étudée. Les enfants, également mobiles, n'ont presque jamais la face reposée ; leurs affections s'y succèdent souvent, comme les pleurs et le rire, avec la rapidité de l'éclair.

C'est principalement par le visage qu'on juge du t e m p é r a m e n t de chaque individu. Voyez cette face creuse et allongée, ces joues décharnées, ce teint have et livide, ces yeux enfoncés et ombragés d'épais sourcils, ce regard sombre, cette mine voilée et sévère, ce front sillonné de rides soucieuses, ces cheveux plats et tombants : chacun y reconnaît d'abord le triste homme mélancolique. Voyez près de lui cette face épanouie et rubiconde, sur laquelle se déploient le contentement et la gaieté : à ce teint fleuri, qui brille du printemps de la vie, à ces joues pleines, à ces regards qui invitent au plaisir de la table ou de l'amour, à cette chevelure blonde, mollement bouclée, vous reconnaîtrez l'heureuse complexion sanguine. Plus loin, une grosse et lourde figure, à joues flasques et pendantes, à teint fade et blafard, avec de lourdes mâchoires, un œil morne et indifférent, de longs cheveux mous, semble porter écrite sur son front l'apathie du tempérament lymphatique. Qu'il diffère de cette physionomie ardente, au regard étincelant et audacieux, à traits mâles et tendus, au front intrépide, à la barbe touffue, au teint bruni, à cheveux crépus, où vous remarquerez sans peine la complexion du bilieux. En général, l'expression de la face est plus vive, plus saillante dans les tempéraments secs et plus décharnés, dans les constitutions empâtées et humides, et chez les bruns plus que chez les blonds. La figure est plus arrondie parmi les femmes et les enfants que chez les adultes.

La bonne proportion de la hauteur de la face ou de la tête à celle du reste du corps est, selon les peintres, d'un septième pour l'homme fait, mais elle est d'un sixième ou d'un cinquième chez l'enfant et dans le nain, qui est un vieil enfant ; elle est de proportion plus petite chez le géant et les jeunes gens durant les flux au sortir de l'adolescence. Les peuples des régions polaires, les montagnards, ont une figure et une tête fort volumineuses, relativement à leur taille, qui est souvent rabougrie, parce que la froidure restreint son développement. Mais il serait difficile d'expliquer les figures qui caractérisent les nations et les r a c e s : l'Italien se distingue principalement à la coupe du nez, l'Espagnol au front et à la face longue, l'Allemand à la forme un peu quadrangulaire de son crâne, le Hollandais à sa face ronde, etc.   J.-J. VIREY.

Face, en termes de peinture et de sculpture, se dit de la mesure qui sert à déterminer les proportions d'une tête, et qui est égale à la longueur du visage : Du bas du genou au cou-de-pied il y a deux faces.

On appelle *face*, en numismatique, le côté d'une pièce de monnaie où est la tête : Jouer à *pile* et à *face*.

En anatomie, c'est une des parties qui composent la superficie d'un organe.

En architecture, c'est ou le devant d'un édifice, ou celui d'une de ses parties considérables : Ce bâtiment a tant de mètres de *face* ; ou un membre plat qui a beaucoup de largeur et peu de saillie : *Faces* de l'architrave, bandes dont elle est composée. *Face*, en termes de fortification, ce sont les deux côtés d'un bastion, situés entre les flancs et la pointe.

Faire face, c'est être tourné vers un certain côté ; ou, en termes de guerre, présenter le front : Faire *face* à l'ennemi. *Faire face* signifie aussi figurément pourvoir à une dépense, à un engagement. *Face* se dit encore pour état, situation des affaires. Il se prend également pour les divers aspects, les divers points de vue sous lesquels une chose, une affaire peut être examinée, considérée : il n'y a point d'affaires qui n'aient deux *faces*.

FACE (*Géométrie*). On donne ce nom aux diverses portions de surface qui limitent un corps solide ; une face peut être *plane* ou *courbe*, et parmi ces dernières, on peut considérer des faces concaves et des faces convexes ; un dé à jouer est terminé par six faces planes, qui sont autant de carrés égaux entre eux ; une coquille présente une face concave (creuse) d'un côté et une convexe de l'autre. La face d'un corps sur laquelle il repose prend le nom de *base*.

TEYSSÈDRE.

FACÉTIE, FACÉTIEUX. « La facétie, dit l'Académie, est une bouffonnerie, une plaisanterie de paroles, ou de gestes pour divertir, pour faire rire. » Mais, à notre avis, la bonne facétie renferme une idée sérieuse sous une enveloppe amusante, et il ne faut pas la confondre avec la *bouffonnerie*, qui excite le rire grossier et inintelligent. Le *facétieux*, selon M. Guizot, répond assez exactement au *facetus* des Latins. Ce mot se prenait chez eux en très-bonne part ; les meilleurs écrivains nous présentent les facéties pures ou accompagnées d'agrément, de délicatesse, d'urbanité, et assaisonnées de sel, sans mélange de scurrilité ou de basse bouffonnerie. Cicéron dit qu'Aristophane fut le facétieux poëte de l'ancienne comédie, et que Scipion surpassait tous ses contemporains en facéties piquantes. Dans son dialogue *De l'Orateur*, il distingue deux sortes de facéties : l'une soutenue et répandue dans tout le discours, ou *la raillerie* ; l'autre, courte, piquante, ou le *bon mot*. La facétie est, selon lui, tant dans les actions que dans les paroles. Mais, dans nos derniers siècles de barbarie et de mauvais goût, des compilateurs, dignes de ces temps, ont recueilli et publié tant de ridicules plaisanteries, tant de bouffonneries dégoûtantes, sous le titre de *facéties* ; les histrions ont donné sous ce même nom tant de mauvaises farces, que l'idée du mot en a été corrompue et le mot même décrédité.

Cependant, nos bons écrivains du siècle dernier ont encore dit souvent *facétie, facétieux*, dans le sens primitif et pur : Rabelais, avant eux, a été le type de l'auteur facétieux. Arlequin, disant la vérité en riant, est un personnage facétieux. Sans parler des farces de Tabarin, n'oublions pas les *Joyeusetés, facéties et folles imaginations de Carêmeprenant, Gauthier-Garguille*, etc.; les *Débats et facétieuses rencontres de Gringalet et de Guillot Gorgeu, son maître* ; *Les facétieux paradoxes de Bruscambille* ; *Les facétieuses Nuits du seigneur Straparole* ; *Les facétieuses Journées de Gabriel Chappuis* ; les *Facetiæ Facetiarum*, imprimées à Francfort, en 1615, etc. Quelquefois la facétie est plus sérieuse, et résulte de l'accouplement bizarre de deux idées qui s'excluent dans l'imagination qui les a réunies : c'est le personnage biforme du ballet de Gustave, mi-parti marquis élégant, mi-parti lourd et épais villageois. Les comédiens ont souvent *farces* de petites facéties. Les contes du Pogge, Florentin, de Bonaventure Despériers, d'Ouville, sont des livres pleins d'agréables facéties. *Les Facéties* du Domenichi sont un livre italien rempli de contes et de choses semblables. Mais il faut arriver tout d'un trait jusqu'à Voltaire pour trouver le modèle de la facétie. Ses nombreux opuscules en ce genre sont tous de petits chefs-d'œuvre. La diatribe du *docteur Akakia*, les discours aux *Welches*, les *Quand*, les *Ah ! Ah !* les *Questions sur les miracles*, sont des facéties trop connues pour qu'il soit nécessaire de les rappeler. L'auteur les a réunies pour la plupart et publiées sous le titre de *Facéties parisiennes*.

Facétieux est un terme à conserver : il dit plus que *plaisant* et mieux que *bouffon*. Scarron, bouffon si souvent, est souvent aussi très-facétieux. C'est lui qui a dit pourtant : « La facétie est basse et même trop comique pour un infortuné. » Molière n'est pas seulement plaisant, il est facétieux. Sa plaisanterie est agréable, vive, enjouée, piquante et très-comique. Le *plaisant* plaît et récrée par sa gaieté, sa finesse, son sel, sa vivacité et sa manière piquante de surprendre : il excite un plaisir vif et la gaieté. Le *facétieux* plaît et réjouit par l'abandon d'une humeur enjouée, un mélange heureux de folie et de sagesse ; en un mot, par la plus grande gaieté comique, il excite le rire et la joie.

Ed. BARRÉ.

FACETTE, diminutif du mot *face*. Dans les arts, les pierres précieuses se taillent à *facettes* : c'est ce qu'on appelle *facetter* les pierres. L'on doit veiller à ce que toutes les facettes soient parfaitement polies et se réunissent en formant des arêtes vives qui donnent la facilité de les enchâsser et de les monter très-régulièrement. On taille les facettes avec divers outils, et on les polit soit avec de l'émeri, soit avec la poussière de diamant.

FÂCHERIE, irritation passagère, produite par les hommes ou par les choses. Vient-elle de ces dernières, la fâcherie a quelquefois des suites très-graves, parce qu'il n'est pas donné à tous de se résigner à la puissance des événements. Quant à cette fâcherie qui pour les causes les plus légères jaillit au milieu de rapports journaliers, elle n'a pas assez d'importance pour laisser même de traces dans la mémoire. Il y a, d'un autre côté, des attraits de caractères tels qu'on a vu des liaisons intimes résister à des fâcheries pour ainsi dire quotidiennes. Les femmes, par suite de mille rivalités différentes, éprouvent trop souvent des victoires ou des défaites pour ne pas être exposées à des fâcheries qui disparaissent la veille pour recommencer le lendemain. En général, la concurrence des intérêts, les exigences de la vanité, sont les causes les plus fréquentes, comme les plus ordinaires, de la fâcherie. Les jeunes filles elles-mêmes, s'aimant beaucoup, ne peuvent échapper à de petites fâcheries : c'est l'instinct de la coquetterie qui commence à les rendre inquiètes et tourmentantes. Depuis près de deux tiers de siècle, la cause la plus féconde en fâcheries, c'est la politique, d'abord parce qu'elle passionne beaucoup plus qu'elle n'éclaire, et que faute de faits positifs, faute d'une instruction assez étendue, on roule dans des lieux-communs qui tour à tour semblent donner raison aux uns et aux autres.

SAINT-PROSPER.

FÂCHEUX, race nombreuse, qui pullule partout pour embarrasser tout. Les fâcheux ne savent ni entrer ni sortir à propos : présence, conversation, manières, tout en eux dérange ou fatigue. Les uns, privés de ce tact qui fait deviner tout à coup qu'on va devenir incommode, n'écoutent que ce qui les intéresse dans le moment ; les autres, cédant à la personnalité, restent où ils se plaisent, sans se soucier si leur présence est une indiscrétion ou un contre-temps. Le rôle de fâcheux, pour être bien rempli, exige une certaine indépendance de fortune ; il faut être maître de tout son temps pour faire perdre celui des autres : c'est donc dans les petites villes que les fâcheux de tous genres abondent principalement. Quand on n'a rien à faire chez soi, on prend naturellement l'habitude d'aller s'installer chez les autres ; et comme on y tombe à toute heure, on parvient vite à fatiguer. Molière a mis en scène un certain nombre de fâcheux, qui par leur succession désespèrent un amant, auquel ils font manquer deux rendez-vous. Picard, plus de cent ans après, a refait, sous un autre nom, cette pièce, qu'un nouvel auteur comique pourra bien encore recommencer ; car si les formes sous lesquelles on est fâcheux changent à l'infini, le fond reste toujours le même, il est inépuisable. SAINT-PROSPER.

FACHINGEN, bourg du duché de Nassau, dans une charmante position, sur les bords de la Lahn, et situé à peu de distance de Dietz, est surtout célèbre par les sources d'eaux minérales qui y ont été découvertes en 1745, au nombre de trois, et qui appartiennent aux eaux minérales alcalines et salines les plus énergiques que possède l'Allemagne. Leur température est de 8° Réaumur ; elles contiennent une grande quantité d'acide carbonique, et le goût en est aussi agréable que rafraîchissant. Ces eaux sont peu consommées à la source même ; mais on les expédie fort au loin et jusqu'en Amérique, et le chiffre des exportations dans certaines années s'est élevé jusqu'à 300,000 cruchons. On les emploie surtout contre les accumulations visqueuses dans les organes du bas-ventre, et mêlées de vin et de sucre comme fortifiant après de grandes fatigues. Consultez Bischof, *Examen chimique des eaux minérales de Geilnau, de Fachingen et de Selters* (en allemand ; Bonn, 1828).

FACIAL (Angle). *Voyez* ANGLE FACIAL et FACE.

FACIES, mot latin transporté dans notre langue, pour désigner les diverses modifications d'expression que les maladies font subir à la physionomie. On a donné le nom de *prosopose* ou *prosoposcopie* à l'étude de ces altérations des traits, qui est pour le médecin ce qu'est la physiognomonie pour le moraliste. Baglivi y attachait la plus grande importance : « Dans les maladies graves, dit-il, ne manquez jamais d'examiner la face. » Chaussier recommandait aussi beaucoup cet examen ; et une foule d'autres médecins, d'une autorité non moins respectable, tant anciens que modernes, ont insisté sur le même point. En un mot, de tout temps on a regardé la prosopose comme un des principaux moyens de diagnostic. C'est qu'en effet la face, siège de presque tous les organes des sens, formée d'éléments aussi nombreux que délicats, riche de nerfs, de vaisseaux, de muscles dirigés en sens divers, et liée au reste de l'économie vivante par les sympathies les plus étroites, doit se modifier dans son expression, sa couleur, son volume, etc., aussitôt qu'un organe malade transmet au cerveau l'impression de la souffrance.

Le *facies* plus ou moins rouge et animé, qu'on désigne du nom de *face vultueuse* dans le degré le plus intense, se lie le plus ordinairement avec un état inflammatoire de quelque organe important, et plus particulièrement des organes thoraciques. Il peut être aussi le résultat d'une simple congestion des mêmes parties, ou d'une pléthore générale. Le *facies* devient *pâle* aux approches d'une syncope, par l'effet d'une vie trop austère, d'une mauvaise nourriture, d'une habitation malsaine, des maladies longues et douloureuses (la plupart de ces causes produisent en même temps la maigreur de la face), de l'habitude de la masturbation, qui imprime en outre sur la physionomie des malheureux enfants qui s'y livrent un cachet particulier de fatigue et de tristesse, au moyen duquel on devine aisément leur passion solitaire. A cette pâleur de la face se joint la *transparence* dans les hémorrhagies abondantes. Certaines maladies de poitrine, accompagnées de difficulté de la respiration, donnent à l'expression de la face un caractère d'*anxiété* remarquable. Dans les affections du cœur, avec gêne de la circulation, le *facies* devient rouge vergeté, violet ou même livide ; il est *bleu* dans la cyanose. Le *cercle bleuâtre* qui entoure les yeux dans beaucoup de cas, notamment aux approches des règles, à la suite de veilles prolongées, d'excès vénériens, donne à ces organes un caractère particulier auquel on a donné le nom d'*yeux cernés*.

La *pâleur plombée* de toute la face, jointe à un air de langueur et de faiblesse générale, est le signe physionomique de la chlorose et de l'hystérie ancienne. Le *facies jaune paille* est celui de la cachexie cancéreuse et de plusieurs affections chroniques. Les maladies du *foie* et la constitution *bilieuse* se traduisent sur la face par une teinte *jaune verdâtre*. On remarque le *facies pâle bouffi* au début des convalescences, dans l'anasarque et certaines affections du cœur ; la bouffissure des convalescents ne tarde pas à se dissiper : on la désigne ordinairement du nom de *mauvaise graisse*. Le *facies bouffi*, tantôt pâle, tantôt rosé, est un des caractères de la constitution lymphatique. Le même état de la face, avec des modifications particulières, se remarque chez les sujets scrofuleux. L'amaigrissement rapide, le refroidissement et l'état instantanément cadavéreux de la face, sont le signe de quelques maladies très-graves, du choléra-morbus, par exemple. La stupeur qui accompagne la commotion cérébrale, les affections dites *typhoïdes*, et toutes celles qui portent une atteinte profonde au système nerveux, en paralysant l'influence de celui-ci, rendent le visage immobile, muet, sans expression, et lui impriment un air d'*étrangeté* singulier. Lorsque ce *facies* existe à un faible degré, on lui donne le nom d'*hébétude* ; celui de *visage abattu* indique un caractère moins prononcé encore.

On désigne par le nom de *facies grippé* ou *abdominal* un état du visage dans lequel les muscles sont contractés, de manière à ramener les traits vers la ligne médiane et la partie supérieure ; ce qui fait paraître la face rappetissée. Cette expression annonce une douleur vive, profonde et soutenue, et liée à la plupart des phlegmasies abdominales aiguës. Elle contraste d'une manière frappante avec le *facies* des maladies thoraciques, qui est caractérisé, au contraire, par l'épanouissement des traits et la dilatation des ouvertures naturelles de la face. Mais la plus fâcheuse de toutes les expressions faciales est celle qu'on a nommée *facies hippocratique*, parce que le père de la médecine l'a décrite le premier : c'est celle qu'on observe dans presque toutes les maladies aux approches du terme fatal. Ses principaux traits résultent de l'amaigrissement extrême de la face, et de sa coloration d'un pâle verdâtre, quelquefois livide, plombée et même noire. Le *facies* des aliénés est extrêmement mobile et changeant, d'où ce proverbe : « Rire sans motif est signe de folie. » L'immobilité complète de la face, quand elle ne dépend point d'une cause passagère, est au contraire le plus souvent un signe d'idiotisme.

Nous ne finirions pas si nous voulions retracer toutes les variétés d'expression que peut prendre le *facies* des malades. Il n'est pas jusqu'à la tristesse, à la gaieté, aux pleurs, au rire, etc., qui ne soient quelquefois liés à une altération morbide, et ne réclament dès lors toute l'attention du médecin. Les yeux surtout méritent un examen attentif, particulièrement dans les affections cérébrales. L'âge, le sexe, la constitution, les habitudes, les maladies antérieures, les diverses conditions sociales, apportent quelques modifications à la séméiologie de la face. Certaines professions donnent au *facies* une couleur particulière caractéristique : ainsi, presque tous les boulangers ont un teint *pâle* et *blafard* ; il en est de même des meuniers et des plâtriers.

CHAUVET.

FACILE. Ce mot est un de ceux dont il est peut-être le plus *difficile* de déterminer bien exactement les acceptions. Dans son sens le plus ordinaire, il suppose un acte matériel ou moral, qui s'exécute sans aucune peine, ou bien un genre de travail dont la conception, l'exécution, ou la création semblent en avoir demandé très-peu : c'est ainsi qu'on dit d'un style qu'il est *facile*. De même que dans ce dernier cas on l'applique par métonymie à des effets résultant d'opérations mentales, de même aussi l'applique-t-on parfois aux causes d'où dérivent ces effets, c'est-à-dire aux facultés de l'intelligence, comme lorsqu'on dit : un génie, un esprit *facile*. De mot, suivant les phrases dans lesquelles il se trouve, suivant les termes auxquels il est joint, présente des acceptions très-variées, parfois même contradictoires. De ce qu'il paraît exclure toute espèce d'opposition, de résistance, on le prend en mauvaise part quand il s'agit d'une femme. Il est également pris en mauvaise part quand on parle d'un homme sans énergie, imbécile même, qui , laissant prendre sur lui toute espèce d'empire, n'a de volontés que celles des autres. *Facile* se prend néanmoins en bonne part quand il s'agit de quelqu'un qui a les mœurs, les manières sociables, quand on veut dire que le commerce de la vie est très-commode, sans façon, agréable même avec lui. Il est dans ce cas synonyme de *condescendant, complaisant*.

L'abbé Girard, cherchant à établir la différence qu'il y a entre *facile* et *aisé*, dit : « La première de ces expressions exclut proprement les obstacles et oppositions qu'on met à la chose; l'autre exclut la peine qui naît de l'état même de la chose. Ainsi, une entrée est *facile* quand personne n'arrête au passage; elle est *aisée* quand elle est large et commode à passer. » Nous aimerions mieux restreindre l'acception du mot *aisé*, tant au physique qu'au moral, à l'absence d'obstacles, soit artificiels, soit naturels dans la chose dont il s'agit : le mot *facile*, qui vient évidemment de *facere*, supposerait toujours (a part les sens détournés dont nous avons parlé) une opération manuelle ou mentale, dans la conception, la création ou l'exécution de laquelle on ne rencontrerait que peu ou point de difficultés. D'après cela, *aisé* se rapportera toujours à la chose, et *facile* à l'action.
BILLOT.

FACILE (Littérature). Qui ne sait ce que ce mot signifie et combien il résume avec bonheur, avec simplicité, avec justesse, l'opinion qu'on doit avoir du genre de littérature auquel il s'applique? A nous moins qu'à tout autre il appartient d'ajouter à la définition qu'en a donnée son docte et spirituel inventeur, ni d'en retrancher quoi que ce soit. Sur la fin de 1833, la *Revue de Paris* publia un article qui agita jusque dans ses fondements la république des lettres. On y signalait sous le titre modeste de *Littérature facile* certaines productions de l'esprit, vantées, accueillies avec l'enthousiasme d'une découverte d'une mode nouvelle, quand cette mode est aisée, de peu de frais et accessible à tout le monde; si abondantes, qu'on supposait logiquement qu'elles avaient dû coûter peu d'efforts à leurs auteurs; si médiocres, qu'en aucune d'elles on ne soupçonnait le génie; si éphémères, qu'on eût pu les défier de vivre au delà de quelques lendemains, et déjà si inconnues, qu'elles seraient encore à trouver un nom, s'il n'avait plu à un écrivain d'élite de s'occuper d'elles et de nous égayer un peu à leur dépens. On ne manquait pas, dans ce même article, de déplorer que le mal eût gagné quelques bons esprits; on désignait les uns, on laissait deviner les autres; on voulait par là les forcer à répondre; ils répondirent en effet. Un homme doué d'un incontestable talent, ayant de la science et du goût, sentit l'aiguillon et regimba. Tout était aisé à sa plume : point de sujet qu'elle ne traitât, point d'espace qu'elle ne parcourût. Il craignit qu'on n'en tarît la source et qu'on n'en comprimât l'essor; il a la chargea d'encre, et, non pas avec la passion froide d'un avocat salarié, mais avec la conviction d'un confesseur de la foi persécutée, il traça un long et solennel plaidoyer en faveur des doctrines qu'on attaquait. Vains efforts! le mot, contre lequel il déployait toutes les ressources d'un esprit charmant, vengeur et vindicatif, ce mot resta, inséparable de la chose et attaché à sa victime comme le vautour aux flancs de Prométhée.

Mais vinrent bientôt à la suite les écrivains subalternes, ceux qui pratiquent exclusivement la littérature dénoncée, qui en trafiquent, mais qui n'en vivent pas toujours, bien qu'on en sache plus d'un qui s'y soit enrichi à faire envie à des suppôts de finance. Néanmoins, leurs clameurs ne s'élevèrent pas au-dessus de la surface du sol; le nom de *littérature facile* passa en proverbe, et nous sommes encore en attente ou d'un nom qui lui convienne mieux, ou d'œuvres qui le démentent. Plus de vingt ans se sont écoulés depuis cette polémique, et il faut dire à la louange de la *littérature facile*, qu'indifférente à l'attaque comme à la défense, elle n'a pas laissé que de prospérer. Ses partisans ont dit d'elle ce que Galilée disait de la terre : « Et pourtant elle marche. » Aujourd'hui, tout lui succède, tout lui applaudit; c'est une fière courtisane, qui taxe ses faveurs à des prix insensés, et qui, faute d'un acheteur assez riche pour l'entretenir à lui seul, souffre que d'autres se coalisent pour assouvir sa soif inextinguible de l'or. Une chose nous frappe singulièrement dans les faiseurs de la *littérature facile*, à quelque genre qu'ils appartiennent, c'est une ressemblance entre eux, si parfaite de fond et de forme, qu'on dirait qu'ils se copient les uns les autres. Cela est si vrai qu'il est de notoriété publique qu'un des plus féconds disciples, et, pour être plus vrai, un des maîtres les plus fameux, les plus occupés de cette littérature, a pu se mettre à la tête d'un atelier de confection littéraire, où travaillent quelques jeunes ouvriers habiles, dont il marque les œuvres à son estampille. Aussi, poètes, romanciers, vaudevillistes, feuilletonistes s'inspirent-ils tous, se révèlent-ils tous, débutent-ils tous d'une manière uniforme. Aucun d'eux n'a besoin de vocation; il n'a besoin que d'une certaine facilité et de beaucoup de mémoire. Quant aux pensées, elles sont d'un tel ordre qu'il n'y a pas à s'en inquiéter; on les a toutes nées dans sa tête; il n'est pas nécessaire qu'on lise son modèle pour se les suggérer; on est aussi riche de ce fonds-là que lui. Après cela, on se met à l'œuvre, on a le talent qu'il faut, c'est convenu; et pour peu qu'on y joigne de l'intrigue, l'obstination, pour peu qu'on ait de souplesse, de penchant à se faire le prôneur de celui-ci, le courtisan de celui-là, on se crée des amis, des soutiens, on force l'entrée des théâtres, des feuilletons, des revues; on entend parler de soi, on a un nom, on a de l'argent, on a des honneurs.

Un amateur, tout plein des vers de M. Victor Hugo et de M. de Lamartine, fait volontiers des vers comme ces deux messieurs; il y a trente vaudevillistes qui sont l'écho plus ou moins exact de M. Scribe, autant de feuilletonistes qui sont de M. J. Janin, cinquante romanciers qui ne le cèdent à M. Dumas que pour la rapidité et le secret des moyens d'exécution. A Dieu ne plaise que nous refusions de grands talents et, si l'on veut, du génie, aux coryphées de la *littérature facile*; mais la plaie qui ronge le siècle, et qui les a épargnés moins que tous autres, l'amour de l'argent, ne leur laisse, ni le temps, ni le désir de se compléter. Entre eux et le libraire s'établissent les mêmes rapports qu'entre l'entrepreneur et le compagnon : ils marchandent et on les marchande. Il en est qui travaillent à forfait, d'autres qui sont à leurs pièces. Ceux-ci font des marchés à terme, ceux-là, et ce sont les plus huppés, se font payer d'avance. On n'en voit aucun, pour me servir d'une de leurs expressions favorites, faire de *l'art pour l'art*, et si, par impossible, s'éprenant pour lui d'un beau zèle, ils s'oubliaient jusqu'à revoir, corriger, polir, achever leurs œuvres, la cupidité serait la qui tempérerait leurs scrupules, gourmanderait leur apathie, et leur crierait : Hâtez-vous! D'ailleurs, ont-ils bien le sentiment de l'art? Un trait, au contraire, les caractérise : c'est une ignorance profonde, ou, ce qui est pis, une connaissance superficielle de toutes choses, suffisante pour donner beaucoup de présomption, insuffisante pour aider au développement d'un talent durable. Aussi, exceptez-en un ou deux, vous ne trouverez chez les autres nulle trace de ces qualités qui constituent les grands écrivains, ou simplement les écrivains utiles, c'est-à-dire la science, la méditation, des vues justes, de l'élévation sans emphase; mais, en revanche, le vide, une légèreté toute cavalière, le faux, le faux surtout, qui y règne en monarque absolu, des idées ou stériles ou inaccessibles à la nature bornée de l'homme; enfin, un artifice de langage approprié à cet ensemble, qu'il couvre, qu'il protège, auquel il donne une air de vie et de santé factice, et à l'égard duquel il remplit assez le rôle de ces costumes de parade dont on revêt les cadavres des rois jusqu'au jour des funérailles.

On se rendra aisément raison de cette ignorance en considérant d'où sortent pour la plupart ces écrivains. Ce sont d'abord des oisifs, les uns riches, les autres pauvres, qui sentent la nécessité, quoique dans des vues différentes, d'agir d'une façon quelconque, et qui choisissent la plume; des jeunes gens enrôlés de force dans certaines professions, et ayant rompu avec elles par incapacité ou par orgueil; des personnages ruinés, incapables d'industrie et de travail, et ayant acquis assez d'expérience et de jargon dans le monde pour se flatter de refaire leur fortune au moyen de la presse ; des littérateurs incompris dans leur province, et qui accourent à Paris avec l'espoir d'y faire sensation ; des clercs d'avoué, qui ont quelques mois de procédure et qui s'imaginent qu'en appliquant le style de l'étude à des récits d'événements dramatiques, ils deviendront des écrivains ; des commis de finance, habitués à quitter le bureau de bonne heure, ayant par conséquent du temps de reste, qu'ils emploieront à se frayer un accès clandestin et gratuit dans les boudoirs des femmes galantes, et trouveront matière à brocher une pièce, un roman, qui se ressentira du lieu. Pas un de ces gens de lettres improvisés n'a pu ni su se faire un fonds de connaissances solides ; pas un d'eux n'a manifesté le moindre de ces symptômes précoces qui sont les signes avant-coureurs de la destinée, et cependant tous croient que sans autre effort que celui de noircir du papier, ils arriveront par les lettres à vivre sur un pied convenable et à occuper d'eux le public.

Vainement quelques esprits supérieurs gémissent de cette funeste tendance et s'efforcent de la neutraliser par des protestations éloquentes : ils reconnaissent tous les jours qu'il en est des langues comme des individus et des peuples, qu'elles ont leur enfance, leur virilité et leur décrépitude ; qu'elles aussi pensent faire des progrès, lorsqu'elles substituent des embellissements factices à leurs ornements naturels, de même que l'on s'imagine en imposer sur l'âge et revêtir une seconde jeunesse en dissimulant la calvitie sous un faux toupet, le dépouillement des alvéoles maxillaires à l'aide d'un râtelier, les rides de la peau avec des cosmétiques. Ce qui adoucit un peu l'amertume de leurs regrets, c'est de croire à l'existence d'une autre loi générale, en vertu de laquelle le beau qu'ils ont aimé avec passion ne périt chez un peuple que pour revivre chez un autre, et que comme nous en avons hérité des Grecs et des Romains, quelque peuple en héritera de nous à son tour. D'ici là, il faut s'y résigner, la saine littérature française, battue en brèche, moquée, insultée, négligée enfin et tout à fait abandonnée, ira prendre place à côté des littératures mortes ; et on lui fera des hécatombes de tous les chefs-d'œuvre qu'elle a produits. Charles NISARD.

FACILITÉ. On entend par ce mot le moyen ou la manière aisée de faire. La *facilité* d'esprit, de génie, est cette disposition naturelle d'un auteur qui lui fait éviter tout ce qui semble recherché, ce qui porte le caractère d'un esprit qui fait les choses avec peine. Ce n'est souvent qu'à l'aide d'un travail opiniâtre qu'on parvient à donner à des productions quelconques le caractère désigné sous le nom de *facilité de diction*, *de style*. Ainsi l'on cite de grands auteurs qui font avec difficulté des vers faciles. On appelle *facilité de mœurs* la disposition à vivre en paix et même cordialement avec tout le monde. On nomme *facilité de mouvement* la souplesse des ressorts, le jeu aisé d'une machine, etc. BILLOT.

FACIO UT DES ou **UT FACIAS**, proverbe latin, qui signifie : *Je fais pour que tu donnes, ou pour que tu fasses.* En termes de droit romain, le contrat *facio ut des* ou *ut facias* est un de ceux qu'on désigne par *innommés*, c'est-à-dire n'ayant ni un nom ni un caractère essentiels, tels que ceux d'achat, de commission, de prêt, etc.; et ne donnant dès lors lieu à une action qu'autant qu'ils ont déjà été exécutés par l'une des parties contractantes.

FAÇON (du latin *facere*, faire, agir). Il se dit de la manière d'agir, d'être, de travailler, etc. Il se prend aussi pour *composition, invention* : Ces vers sont de la *façon* de Racine. Il se dit, en termes de grammaire, de la manière de s'exprimer : Cette *façon* de parler est un gallicisme. On s'en sert pour la mine, l'air, les manières : Gens d'une bonne *façon*, d'une certaine *façon*, sans *façon*, faire des *façons*, agir sans *façon*. En agriculture, ce mot désigne les divers labours qu'on donne à la terre avant de l'ensemencer. L'ouvrier à *façon* est celui qui travaille chez lui pour son compte. Il s'emploie aussi pour exprimer les minauderies chez les femmes, et chez les deux sexes certaines manières contraintes, cérémonieuses, embarrassées. Un auteur qui cherchait à flatter jusque dans un dictionnaire avait, sous l'ancienne cour, établi cette différence entre les mots *façons* et *manières* : le premier, d'après lui, ne devait se rapporter qu'à une allure, à des dehors affectés, étudiés ; l'autre, au contraire, à des dehors simples et de bon goût, différence que n'avait d'autre but que de faire passer la phrase suivante : « Les *manières* de la cour deviennent des *façons* dans les provinces. » « Elle a, dit Scarron, mille petites *façons* qui lui gagnent le cœur de tout le monde. »

Façonner veut dire, au propre, donner la *façon* à un ouvrage, l'enjoliver. Il se dit, au figuré, de l'esprit, des mœurs : Rien n'est plus propre que la société des dames à *façonner* un jeune homme. BILLOT.

En économie politique, on nomme *façon productive* une modification opérée par l'*industrie* pour créer ou accroître l'*utilité* d'une chose, et par là sa *valeur*. Dès qu'une *façon* ne contribue pas à créer, ou bien à augmenter la valeur d'un *produit*, elle n'est pas productive. J.-B. SAY.

FACONDE. Ce mot marchait autrefois avec *éloquence* ; c'était une seule et même chose. On ne passait pas pour éloquent si l'on n'était pas orateur abondant, ayant de la *faconde*. Puis ce mot est devenu, par altération, le synonyme honteux de *loquacité* ; et on ne l'emploie plus que pour désigner la mauvaise et stérile abondance des phrases.

FAC-SIMILE, mot latin composé, introduit, sans altération, dans notre langue, et qui signifie *ressemblance parfaite*. Ce moyen sert principalement à reproduire avec intégrité l'écriture des personnages célèbres. Pour arriver à ce résultat, on fixe une feuille de papier à calquer sur le manuscrit, dont on suit exactement tous les traits avec une plume très-fine et cet effet et trempée dans une encre propre. Puis on transporte cette copie sur le cuivre, ou sur une pierre lithographique, dont on soumet à l'action d'une presse. Le goût des autographes a fait naître celui des *fac-simile*. Les libraires en ajoutent aux œuvres qu'ils publient. On en a même fait des collections spéciales.

FACTEUR. Dans le sens propre de ce mot, il désigne celui qui fait quelque chose pour le compte d'autrui, qui vend, qui négocie, qui porte pour un autre. Dans le langage commercial, le mot *facteur* nous est venu des anciennes *factories* que les Anglais avaient établies autrefois dans diverses parties du monde. Les *factories*, que nous avons appelées *factoreries*, sont des établissements commerciaux plus importants que la *loge*, moins importants que le *comptoir*, où l'agent d'une maison de commerce vend des marchandises aux indigènes du pays où il s'est établi, et échange ses produits contre les leurs. Nous avons encore des factoreries sur divers points de l'Inde, et dans certaines parties de l'Afrique centrale. Le *facteur* y remplit l'office du commissionnaire, accomplit son mandat de vendre ou d'acheter, et perçoit un quantum sur la valeur des marchandises qui lui passent par les mains, quantum beaucoup plus considérable que celui que les conventions usuelles attribuent aux commissionnaires. Beaucoup de grandes maisons ont encore leurs facteurs dans diverses parties du monde.

On a plus tard appelé *facteurs* certains fonctionnaires privilégiés chargés dans les places intérieures, dans les halles et marchés à Paris, de la vente en gros de certains objets de consommation, vente à la criée dont ils ont le monopole, mais à laquelle il leur est sévèrement défendu de prendre, par eux-mêmes ou par des prête-noms, un intérêt quelconque. Paris a des facteurs de la halle aux grains, des facteurs de la halle aux charbons, des facteurs à la marée, des facteurs à la vente de la volaille, des œufs, du beurre ; ils sont nommés par l'autorité municipale, fournissent un cautionnement, ont un tarif pour le prix des ventes, par exemple 6 pour 100 sur celles de la marée, 10 pour 100 sur celles de la volaille, du beurre et des œufs ; la vente des denrées de consommation entre les marchands en gros et les détaillants, dans laquelle ils remplissent en réalité les fonctions de commissaires priseurs, les fait réputer commerçants; ils peuvent faire crédit aux acheteurs, si bon leur semble, mais ils sont immédiatement responsables du prix des marchandises cédées envers le vendeur. Ces charges sont très-lucratives, et partant fort recherchées : aussi se vendent-elles fort cher.

Le nom de *facteur* se donne aussi au commissionnaire qui reçoit et pèse, dans les bureaux de roulage ou de messageries, les articles ou colis, et les délivre contre émargement aux personnes pouvant y avoir droit. Il y a maintenant auprès des chemin de fer un service de *factage* pour la distribution des colis dans les villes.

Enfin, le *facteur de la poste* est l'homme chargé de lever, à heure dite, dans chaque boîte, les lettres qui s'y trouvent déposées, et de distribuer ensuite ces lettres à leurs adresses. Fonctionnaire aristocratique au galon d'or sur les coutures de son habit, dans les directions des Tuileries et du sénat, le facteur est moins élégant dans les autres directions parisiennes, et dans les villes de province, dans les communes rurales, il se contente le plus souvent d'une blouse, et devient un pauvre diable de commissionnaire, que l'on désigne vulgairement du simple nom de *facteur rural* ou piéton, et qui pour un salaire plus que modique doit parcourir chaque jour, en un temps donné assez restreint, un espace souvent de 40 à 50 kilomètres. Il y a dans chaque régiment des sous-officiers désignés pour remplir en quelque sorte les fonctions de facteur de la poste aux lettres vis-à-vis du personnel de leur régiment; ils prennent le nom de *vaguemestres*.

FACTEUR (*Mathématiques*). Dans la multiplication, ce nom s'applique à la fois au multiplicande et au multiplicateur, qui sont dits les *facteurs* du produit. Par extension, on appelle *facteur* toute quantité qui entre dans la composition d'une autre par voie de multiplication : par exemple 30 est le produit des facteurs 2, 3 et 5 ; pris dans ce dernier sens, *facteur* est synonyme de *diviseur*. Ce mot s'emploie avec ses deux acceptions en algèbre comme en arithmétique.

FACTEUR D'INSTRUMENTS, ouvrier qui construit des instruments de musique. On appelle plus particulièrement *facteurs* les fabricants de *pianos*, d'*orgues* et de *harpes*. Ceux qui font les violons, des altos, des violoncelles, des contre-basses, des guitares, etc., ont conservé le nom de *luthiers*, parce qu'autrefois le luth était l'instrument à la mode. Il y a des fabricants spéciaux pour les instruments en bois, tels que hautbois, clarinettes, bassons, flûtes, flageolets, etc., d'autres pour les instruments en cuivre, tels que trompettes, cors, trombones, etc.

Au seizième siècle, les facteurs d'instruments de musique furent réunis en corps de jurande, et le roi leur donna des statuts qui ont été imprimés. Avant cette époque ils ne pouvaient employer pour la fabrication des instruments que l'étain, le cuivre et le bois ; car s'ils se servaient d'argent ou d'or, ils étaient querellés par les orfèvres ; s'ils se servaient de nacre ou de bois coloriés, ils étaient querellés par les tabletiers.

Parmi les facteurs d'instruments qui ont acquis quelque célébrité, on cite Silbermann et Clicquot pour les orgues, Érard, Pape et Pleyel pour les pianos, Sax pour les instruments en cuivre.

Danjou.

FACTICE, qualification mauvaise, applicable à toutes les imitations, plus ou moins exactes, de la vérité. Le *faux* est tout à fait en opposition avec le *vrai*, tandis que le *factice* n'est que la contrefaçon du *vrai*. Rabelais a fait un chapitre sur les chevaux *factices* de Gargantua. Dans l'ordre matériel, chaque fois que la science ou l'art veulent tromper nos sens en copiant quelque création de la nature, l'art ou la science nous donnent des productions *factices*, des eaux minérales *factices*, des fleurs *factices*, etc. Dans l'ordre moral, lorsque les peuples, déjà loin de leur berceau, ont vieilli, et que la civilisation est si avancée qu'elle touche à la corruption, tout devient *factice*.

FACTION, FACTIEUX. Le premier de ces mots désigne une cabale, un parti qui se forme dans un État, dans une ville, dans un corps, dans une compagnie, pour troubler le repos commun (*factio, seditio*). Le *factieux*, selon le *Dictionnaire de Trévoux*, est un être séditieux, remuant, excitant ou cherchant à exciter des troubles, formant des cabales, ou y adhérant. *Faction* et *parti* sont synonymes, en ce que tous deux supposent également l'union de plusieurs personnes, leur opposition à quelques vues différentes des leurs ; mais *faction* annonce du mouvement, *parti* n'exprime qu'un partage dans les opinions. Le dernier n'a rien d'odieux, le premier l'est toujours. Un chef de parti est constamment un chef de faction. Un parti encore faible n'est pas une *faction* : la *faction* de César devint le *parti* dominant qui engloutit la république. Les amis de César ne formaient d'abord qu'une *faction*, ils se cachaient. Dès qu'ils furent assez forts, le secret devint inutile, impossible, ils formèrent un *parti*.

Les factions à Rome étaient les différents groupes de combattants au cirque. Il y en avait quatre : la verte, la bleue, la rouge, la blanche. Domitien en ajouta deux, la *faction* dorée et la pourpre. On les appelait toutes, en général, *factions des auriges* ou *des quadriges*. Sous Justinien, à Constantinople, 40,000 hommes ayant péri dans un combat entre les partisans de la *faction* des verts et ceux de la *faction* des bleus, les factions du cirque furent abolies.

Dans l'art hermétique, on appelait *faction de l'œuvre divin* l'accomplissement, la perfection, l'achèvement du grand œuvre.

Dans les conclaves, on donne le nom de *factions* aux partis des différents cardinaux portés au saint-siège.

FACTION (*Art militaire*). Ce mot, appliqué au mécanisme du service des troupes, était inconnu il y a trois siècles ; on n'employait alors dans ce sens que l'expression *guet, guette* ou *escoute*. Le terme *faction* se trouve pour la première fois dans les ordonnances de Henri II, mais il avait plutôt le sens de *fonction* ou de *poste*, et de *ronde* ou de *patrouille*, que l'acception actuelle. Être en faction, ou être en sentinelle, ne se prennent l'un pour l'autre que depuis Louis XIV, et n'ont été consacrés par les ordonnances que depuis le milieu du siècle dernier. La *faction* est aujourd'hui le poste occupé par une sentinelle chargée de l'exécution d'une consigne : le temps d'une *faction* est ordinairement de deux heures ; mais à l'armée, aux postes qui exigent une grande surveillance il n'est que d'une heure.

L'étymologie du mot *faction* est inconnue. Dans les usages des troupes romaines, les factions s'appelaient *vigiliæ* et duraient trois heures ; du moins, il en était ainsi du temps de Lucain, témoin ces vers :

Jam castra silebant ;
Tertia jam vigiles commoverat hora secundos.

Dans un calme profond déjà le camp repose ;
La troisième heure annonce une seconde pose.

Les buccinateurs en donnaient le signal après avoir consulté l'horloge à sable ou à eau. Les vers suivants peuvent faire croire que les factions se comptaient à partir du soir, et que, suivant la saison, la quatrième pose répondait au point du jour. On lit dans Properce :

Et jam quarta canit venturam buccina lucem.

L'aurore et la trompette
Annoncent aux soldats la quatrième guette.

Gal Bardin.

FACTIONNAIRE. Dans l'antiquité romaine, c'était le chef d'une faction dans les jeux du cirque. Au temps de Brantôme, on appelait *factionnaires* les *factieux*. Pendant le cours du dix-huitième siècle, *factionnaire* et *fonctionnaire*, ou militaire s'acquittant d'une fonction de service, étaient synonymes, et l'usage avait fait de *factionnaire* une épithète désignative du rang des capitaines. Un capitaine *factionnaire* était un capitaine non exempt de monter la garde : ainsi, le colonel, le lieutenant-colonel, le major, étant capitaines, puisqu'ils en touchaient la solde et qu'ils avaient

une compagnie, ne comptaient pourtant pas au nombre des factionnaires, parce qu'ils ne montaient pas la garde : tel était aussi le cas du capitaine de grenadiers. Le premier factionnaire du régiment était le commandant de la quatrième compagnie, qui en même temps était la première de fusiliers C'était un personnage considérable ; il commandait en l'absence des officiers supérieurs ; il était le dépositaire des fonds du concordat. C'est peu avant la fin du siècle dernier que l'idiome des soldats a commencé à donner au mot *factionnaire* le sens qu'il a conservé, celui de *sentinelle*, ou de *vedette*.
Gal Bardin.

FACTORERIE ou **FACTORIE**. *Voyez* Facteur, Comptoir et Inde.

FACTOTUM, celui qui est chargé ou qui se charge de tout faire : tel est le sens du latin *qui facit totum*. C'est le nom qu'on donne à l'intendant d'une grande maison, au mandataire chargé des affaires d'une famille, à qui rien n'est étranger, et qui s'occupe volontiers de tout, sans règle ni mesure. Voilà pourquoi cette expression se prend le plus souvent en mauvaise part, et s'applique à celui qui, chargé d'un mandat borné, s'efforce de se rendre utile et parfois nécessaire, grâce à la faiblesse de son mandant, en allant bien au delà de ce qu'on lui avait demandé, s'établissant le défenseur officieux d'intérêts que personne ne songeait à discuter. Le propre du *factotum* est de se donner une importance qu'il ne doit pas avoir ; et autant il fait le plat valet envers celui qu'il veut capter, autant il cherche à tyranniser ceux que le hasard place sous sa dépendance : aussi le factotum réussit-il généralement à se faire détester et mépriser de tout le monde.

FACTUM, mémoire manuscrit ou imprimé, contenant l'exposé d'une affaire contentieuse, les faits d'un procès, racontés sommairement, et où l'on ajoutait quelquefois les moyens de droit. Ces sortes de mémoires, d'abord rédigés en latin, furent ainsi appelés parce que on y mettait en tête ce mot *factum*, pour annoncer l'exposition du fait. Depuis que François Ier eut ordonné, en 1530, de rédiger tous les actes en français, on ne laissa pas de conserver encore au palais quelques termes latins, entre autres celui de *factum*. Le jurisconsulte Loysel remarque que le premier *factum* imprimé fut fait contre le président Le Maître, par le sieur de La Vergne, son gendre, sous le règne de Henri II. Ce mot n'est plus d'aucun usage dans notre jurisprudence actuelle, où il est remplacé par le mot, plus général, de *mémoire*.

Factum se dit, par extension, de tout écrit qu'une personne publie pour attaquer ou pour se défendre. Rien de plus célèbre dans les fastes de l'Académie Française que les *factums* de Furetière contre quelques membres de ce docte corps, à l'occasion du Dictionnaire par lequel il avait devancé la publication de celui de l'Académie. Que de *factums* ont paru dans la fameuse querelle du jansénisme ! Dans la dicussion qui se prolongea de 1730, à 1750 entre la Faculté de médecine et les chirurgiens de Paris, il fut publié de part et d'autre des *factums* et des *mémoires* où chacun divinisait son art et appuyait moins sa cause sur de bonnes raisons qu'il ne la gâtait par des personnalités inconvenantes. Lors de la déplorable affaire des couplets, le poète J.-B. Rousseau, cruellement calomnié par ses ennemis, fit paraître un *factum* assez froid, et qui n'eut aucun succès ; mais, dans son *mémoire*, Saurin, principal adversaire de notre lyrique, montra autant de véhémence que de logique : c'est ce qui fit dire dans le temps que le géomètre avait écrit son factum en poète, et le poète composé le sien en géomètre.

Le *factum* diffère du *pamphlet* en ce que ce dernier mot indique toujours un écrit agressif, tandis que l'autre peut également être consacré à défendre et à attaquer ; mais quand il passe les bornes qui lui sont imposées, il devient un *libelle*.
Charles Du Rozoir.

FACTURE ou *Compte de vente*. On appelle ainsi l'état délivré par un marchand à celui auquel il a vendu. Dans le petit commerce, la facture est assez ordinairement revêtue de la signature du vendeur, parce qu'elle suppose un payement à vue. Si ce payement n'a pas lieu, la signature est biffée ou déchirée par le porteur. Apposer sa signature au bas d'une facture ou d'un compte de vente, cela s'appelle l'*acquitter*. Dans le haut commerce, de ville à ville, d'État à État, la facture, toujours acquittée, est envoyée sous le pli d'une lettre, par la poste, par un négociant à un autre négociant. Alors elle doit contenir : 1° la date de l'envoi ; 2° le nom de la personne qui le fait, et de celle à qui il est fait ; 3° le temps des payements ; 4° le nom du voiturier ; 5° les marques et numéros des balles, ballots, colis, paquets, caisses, barriques, etc., qui contiennent les marchandises ; 6° les espèces, quantités et qualités des marchandises, comme aussi leurs numéros, poids, mesures ou aunages ; 7° leurs prix ; 8° les frais, comme droits d'entrée ou de sortie, ceux de commission et de courtage dont on est convenu, ainsi que ceux d'usage, les frais d'emballage, portage, etc. Ces frais sont ajoutés à l'ensemble du montant de la facture. Quand il s'agit du commerce maritime, il faut joindre le prix du fret et des assurances. *Faire suivre les frais d'une facture*, cela veut dire charger le voiturier ou le capitaine de navire qui transporte les marchandises dont elle fait mention de toucher de l'acheteur le montant de tous les frais de cette facture.

FACTURE (*Musique*). Ce mot exprime la manière dont un morceau de musique est composé ; il s'entend de la conduite ou de la disposition du chant comme de celle de l'harmonie. On dit : une bonne ou une mauvaise *facture* ; mais sans épithète le mot ne se prend toujours en bonne part. On dit qu'un morceau a de la *facture*, ou qu'il est d'une belle *facture*, pour signifier que le chant et l'harmonie en sont disposés avec art. Lorsqu'on dit simplement un *morceau de facture*, on entend parler d'un morceau de longue haleine, fortement intrigué, et dans lequel le compositeur, en déployant tous ses moyens, montrera ce qu'il peut faire. On a déjà applaudi ses airs, ses duos ; on attend, pour juger son talent, qu'il ait donné un morceau de facture.

Il est bon de faire observer que ce mot ne s'applique guère qu'à des morceaux d'ensemble, à des finales, à des symphonies, à des fragments de messe, à des fugues, à des choses d'une certaine étendue, d'une conception difficile, et particulièrement consacrées au contrepoint. Il serait ridicule de parler de la facture d'une romance ou d'un petit air. Mais on peut vanter la facture savante d'un canon, d'un madrigal, parce que ces pièces fugitives appartiennent essentiellement à la science.

En termes d'organiste, *facture* est synonyme de grosseur, les tuyaux de la petite et de la grande *facture*.
Castil-Blaze.

FACTURE (*Littérature*) se dit de la manière dont une pièce, prose ou vers, est composée. La *facture* tient au génie particulier de l'auteur. Il s'emploie individuellement en parlant de la manière de versification d'un poète ; on dit : Son vers a de la *facture*, ou est d'une excellente *facture* ; il entend bien la *facture* du vers. Le vaudeville et la chanson se servent aussi de ce mot en cette acception : *couplet de facture*.

FACULES, nom que les astronomes modernes ont donné à des espèces de taches brillantes que le télescope leur a fait quelquefois observer sur ou au-dessus de la surface du soleil, et qui ne tardent pas d'ailleurs à promptement disparaître ; aussi sont-elles extrêmement rares. En 1634, Hévélius en vit une dont la largeur était, dit-on, égale au tiers du diamètre du soleil. Le mot *facules* est, par conséquent, le contraire de *macules*, terme qui sert à désigner les endroits obscurs du disque du soleil.

FACULTÉS (*Psychologie*). Le mot *faculté*, dans son acception la plus étendue, signifie *pouvoir, virtualité, puissance*, mais une puissance dont on a déterminé le mode d'action. Ainsi *faculté* ne peut pas être employé pour *puissance* quand on dit la *puissance en général* ; mais si l'on détermine le mode de celle-ci, et qu'on dise la *puis-*

sance de digérer, de penser, etc., le mot *faculté* devient son synonyme, et s'emploie de préférence.

Les facultés de l'âme sont les pouvoirs dont elle est douée de se développer dans les différents phénomènes par lesquels elle se manifeste à la conscience : autant on reconnaît de sortes distinctes de phénomènes ou de modes de développement de l'âme, autant on lui reconnaît de facultés distinctes. Ce n'est donc que par les caractères différentiels que présentent les phénomènes qu'on différencie les facultés. Or malgré les innombrables modifications que l'âme peut subir pendant son séjour ici-bas, l'œil de la conscience n'y découvre que trois ordres principaux de phénomènes : 1° des plaisirs ou des peines, 2° des connaissances, 3° des actes. Tous les faits psychologiques peuvent se ramener à ceux-là ; ils n'en sont que des formes différentes, ou bien des composés où ces faits simples entrent comme éléments. De là trois pouvoirs distincts dans l'âme : la faculté de jouir ou de souffrir, ou, en un seul mot, de sentir : on l'a nommée *sensibilité*; la faculté de connaître, en d'autres termes l'*intelligence*; et la faculté d'agir, c'est-à-dire l'*activité*.

Les facultés de l'âme diffèrent essentiellement des facultés du corps, qui ont pour but l'accomplissement des fonctions de la vie organique ; elles s'en distinguent d'abord par la nature de leurs phénomènes. Il n'existe aucune similitude, aucune analogie entre les faits relatifs à la digestion, à la circulation du sang, à la sécrétion des humeurs, etc., et entre les faits qui constituent le développement du principe pensant, tels que les idées, les sentiments, les désirs, les déterminations, etc. Les phénomènes des facultés de l'âme ne tombent point et ne sauraient tomber sous les sens; nous les connaissons sans avoir besoin de recourir au scalpel ni au microscope. Les phénomènes des facultés du corps tombent, au contraire, sous les sens, et nous ne les connaissons que parce qu'ils sont accessibles à l'observation externe. Ces deux sortes de facultés diffèrent encore par leur but : ainsi, le but des facultés de l'âme est de nous faire connaître le vrai, sentir le beau, accomplir librement le bien, en un mot, de nous aider à remplir la destinée la plus glorieuse qui puisse être assignée à une créature. Le but des facultés du corps est tout à fait différent : elles ont pour unique mission le maintien de la vie organique, c'est-à-dire l'accomplissement des fonctions que les organes ont à remplir pour que le corps puisse croître, subsister dans un état normal, et vivre ainsi pendant un certain temps au service de l'âme, qui a besoin de son ministère. Mais ce qui creuse encore une ligne profonde de démarcation entre ces deux ordres de facultés, c'est que, par cela même que l'âme est une force intelligente et qui a pouvoir de se connaître, elle connaît ses facultés, leurs opérations, leurs développements, et il n'est aucun de leurs phénomènes qui lui échappe. Si la force qui sent, pense et agit librement était aussi la force qui digère, qui fait circuler le sang, sécréter les humeurs, solidifier les os, etc., comme cette force se connaît, elle se connaîtrait avec toutes ses facultés, et atteindrait leurs phénomènes comme elle atteint les phénomènes affectifs, intellectuels et volontaires; la réflexion seule lui suffirait pour les lui faire découvrir. Mais il n'en est pas ainsi : la conscience ne lui révèle en aucune manière les mystères des fonctions de la vie organique, de la digestion, de la sécrétion, de la circulation; l'âme a beau se replier sur elle-même et faire tous les efforts imaginables de réflexion, elle ne s'aperçoit pas qu'elle digère et comment elle digère, qu'elle fait circuler le sang et comment elle le fait circuler. Si plus tard elle prend connaissance des phénomènes de la vie organique, elle ne les connaît alors que comme elle connaît les autres phénomènes de la nature extérieure; elle les regarde comme indépendants d'elle-même, parce qu'ils ne se manifestent pas à elle directement par la conscience, comme les phénomènes qui lui appartiennent en propre.

Mais si les facultés de l'âme se séparent des facultés du corps par des caractères différentiels aussi prononcés, elles ont cependant cela de commun avec elles, que, dans l'état actuel de l'âme, elles sont unies par un lien mystérieux à des organes dont elles subissent l'influence, et qui doivent accomplir régulièrement leurs fonctions pour que l'âme puisse accomplir aussi les siennes. Les découvertes récentes de la physiologie qui le prouvent reposent sur des faits trop constants pour qu'il ne soit pas insensé d'en douter encore ; mais ce n'est point du tout une raison de les confondre avec les organes dans la dépendance momentanée desquels elles sont placées; car les facultés elles-mêmes qui constituent la vie du corps ne doivent pas être plus qu'elles confondues avec les appareils organiques au moyen desquels elles exécutent leurs fonctions.

On distingue d'abord deux sortes de facultés dans l'intelligence : les unes sont destinées à nous donner toutes les connaissances que notre entendement est susceptible d'acquérir; la fonction des autres consiste à travailler sur les connaissances acquises, soit pour les conserver, soit pour les combiner de différentes manières. On a donné le nom de *facultés élémentaires* à celles qui sont chargées de l'acquisition des connaissances, et on a appelé *secondaires* celles qui sont chargées de les modifier. La première faculté élémentaire qui s'offre à nous est celle qui nous apporte la connaissance des qualités du monde extérieur; on la nomme *perception externe*, du nom même de la notion qu'elle est chargée d'acquérir. Les phénomènes de la matière ne sont pas les seuls qui existent dans la nature. Les phénomènes de la pensée, les sentiments, les actes, pour n'être point doués d'étendue ni de couleur, n'en sont pas moins perceptibles à l'âme; elle en prend connaissance au moment même où ils apparaissent dans le *moi*. On appelle *conscience* ce pouvoir dont l'âme est douée de connaître tous les phénomènes qui naissent dans son sein, et qu'on a nommés *faits internes*, par opposition aux faits du monde extérieur : la conscience est donc le pouvoir de connaître à l'interne. On nommait, dans l'école, cette faculté *sens intime*; M. Laromiguière l'appelle *sentiment des facultés de l'âme* : nous préférons le mot *conscience* (*scire secum*), qui fait comprendre, mieux que les mots *sens intime*, *sentiment*, qu'il s'agit d'une faculté de l'intelligence. Les idées que nous fournissent la perception externe et la conscience ne peuvent se manifester à nous sans que nous apercevions entre elles des *rapports*, soit de convenance, soit de disconvenance; la faculté chargée de la perception de ces rapports s'appelle *jugement*. Indépendamment du moi, des facultés du moi, des phénomènes du monde extérieur et des rapports qui se manifestent entre les objets de ces idées, nous concevons quelque chose d'illimité, d'éternel, d'universel, de nécessaire, d'absolu, en un mot, d'infini. Cette nouvelle idée, qui n'est contenue dans aucune de celles dont nous avons parlé jusqu'ici, nous est donnée par une faculté toute spéciale, qui est la *raison*, sublime reflet de la clarté luit *dans tout homme venant en ce monde*. La raison, s'exerçant sur les données du jugement, opérant de concert avec lui, prend le nom de *raisonnement*. Le raisonnement procède par deux voies différentes, qu'on a nommées *induction* et *déduction*.

Les philosophes écossais ont été embarrassés des idées de beau et de laid, de bien et de mal, et ont cru devoir admettre, pour les expliquer, deux nouvelles facultés élémentaires, le goût et le sens moral, ou la conscience morale; s'ils avaient poussé plus loin leur analyse, ils auraient vu qu'elles ne sont point élémentaires, mais qu'elles peuvent se ramener aux facultés déjà connues : la perception, le jugement et la raison.

Lorsque nous entendons parler, que nous lisons, que nous rêvons, que nous faisons usage, de quelque manière que ce soit, des idées que nous avons acquises, quoique les objets dont nous sommes occupés soient absents, cependant nous pouvons nous les représenter, les concevoir. La faculté chargée de reproduire ainsi dans notre esprit la notion des objets en leur absence est la *conception*. Elle n'est point bornée à la reproduction des phénomènes du monde visible. Nous concevons des sons, nous concevons un sentiment, un acte, etc. Nos idées ne se réveillent point ainsi dans notre esprit sans une certaine loi qui préside à leur réapparition. Elles sont excitées à reparaître ainsi en vertu des rapports qu'elles peuvent avoir entre elles. Ce pouvoir, que nos idées ont de se rappeler ainsi et de s'enchaîner les unes aux autres, a été appelé pouvoir d'*association*. Savoir qu'une notion présente à notre esprit est la même que celle qui s'y est offerte précédemment, c'est se *souvenir*. La faculté au moyen de laquelle le souvenir a lieu s'appelle *mémoire*. Quand nous avons acquis un grand nombre de connaissances, nous pouvons les combiner dans un autre ordre que celui où existent leurs objets dans la nature, nous pouvons les assembler à notre gré, de manière à en former un tout nouveau, dont les éléments nous sont bien fournis par nos perceptions antérieures, mais qui lui-même n'existe pas, que nous n'avons rencontré nulle part, et qui constitue ainsi une véritable création de notre esprit. La faculté au moyen de laquelle nous pouvons créer ces combinaisons nouvelles s'appelle *imagination*. L'imagination appliquée aux productions industrielles prend le nom d'*invention*. Quand les créations de l'imagination nous frappent par leur beauté, par la perfection de l'ensemble, nous donnons à cette faculté le nom de *génie*. Tout ce qui existe dans la nature s'offre à nous à l'état de concret, c'est-à-dire que chaque objet se présente à notre esprit avec toutes les parties qui le constituent. Mais nous avons le pouvoir de concevoir séparément ces parties et de les détacher, de les abstraire mentalement du tout où elles existent. Ce pouvoir de concevoir isolément ce qui dans la nature ne peut exister séparé du tout, s'appelle *abstraction*. Enfin, il est une autre faculté, sans laquelle nous ne pourrions vivre en état de société, et dont le développement peut seul amener le développement de toutes les autres. C'est le pouvoir d'attacher des signes aux idées qui sont renfermées dans notre esprit. Aux pensées qui nous occupent le plus vivement correspondent certains états du corps, certains changements dans l'attitude, dans la physionomie, certains cris, qui sont les premiers signes inspirés par la nature pour exprimer nos sentiments et nos idées. Cette faculté, moitié intellectuelle, moitié physique, c'est le *langage* naturel. Ces signes devenant insuffisants pour exprimer toutes nos idées, l'homme, profitant des leçons de la nature, s'est servi de signes conventionnels, afin de pouvoir produire au dehors de lui sa pensée le plus complètement possible. C'est ce qu'on appelle *langage de convention* ou *artificiel*.

Jusque ici, nous avons considéré l'intelligence en elle-même, dans ses facultés propres et constitutives. Mais pour que ces facultés puissent s'exercer avec succès, il faut que l'activité intervienne pour les diriger vers leur but. Abandonnées à elles-mêmes, elles ne nous donneraient que des notions vagues et confuses, qui ne mériteraient pas le nom de connaissances. Quand les facultés s'exercent ainsi d'elles-mêmes, sans aucun effort de la part de l'âme, elles sont dites à l'*état passif*. Elles sont à l'*état actif* quand elles ne se bornent pas à recevoir, à attendre les connaissances, mais qu'elles se portent, se dirigent au-devant d'elles pour les compléter et les éclaircir. On leur donne alors un nom différent pour indiquer le nouvel état où elles se trouvent : ainsi, la perception externe à l'état actif se nomme *observation*, et la faculté chargée de percevoir les faits internes *réflexion* ; l'observation et la réflexion ont reçu le nom commun d'*attention* ; le jugement a pris le nom de *comparaison* ; le raisonnement a gardé le sien, ainsi que la mémoire, l'imagination et toutes les autres. L'attention, la comparaison, le raisonnement à l'état actif, ne sont donc point des facultés nouvelles de l'intelligence, ce sont seulement des états nouveaux de ces facultés, déterminés par l'intervention de l'élément actif.

Il est à remarquer que l'observation et la réflexion sont les seuls modes d'activité de l'intelligence, c'est-à-dire que toutes les facultés à l'état actif n'ont besoin, pour parvenir au but où elles tendent, que d'actes d'attention. Il en est de même pour l'imagination, à qui il suffit de l'attention donnée aux idées fournies par la conception pour découvrir celles qui conviennent et s'adaptent le mieux au plan qu'elle s'est proposé. Nous devons observer, au sujet de l'imagination, qu'elle ne s'exerce jamais qu'à l'état actif, si ce n'est dans les rêves, dans l'extase, et dans certains moments d'inspiration. La plupart du temps aussi l'abstraction est active. Quand ces actes sont multipliés, c'est-à-dire quand l'attention est donnée successivement à toutes les parties d'un objet, elle prend le nom d'*analyse*.

La *sensibilité* étant le pouvoir d'éprouver du plaisir ou de la peine, on peut distinguer dans la sensibilité autant de pouvoirs divers que nous sommes susceptibles d'éprouver de sortes de peines ou de plaisirs. Ou bien ces modifications naissent directement des modifications organiques, et le pouvoir d'éprouver ces modifications a reçu le nom de *sensibilité physique*. Ou bien nos sentiments naissent des objets intellectuels, et le pouvoir dont nous sommes doués d'éprouver cette sorte de sentiments a reçu le nom de *sens du beau*, ou *faculté esthétique*. Ou bien les modifications affectives naissent du développement de l'activité, et nous pouvons en éprouver de la satisfaction, des remords ; cette faculté s'appelle *sens moral*. Outre ces plaisirs et ces peines, il est d'autres sentiments, qui sont excités par la présence des êtres semblables à nous. Le pouvoir d'éprouver de tels sentiments a reçu le nom de *sympathie*.

L'intervention de l'activité dans les phénomènes sensibles n'est pas moins remarquable que dans ceux de l'intelligence. En présence des objets qui sont pour elle un élément de plaisir ou de souffrance, l'âme ne reste point inerte et passive. Elle se porte vers eux, tend, aspire à s'unir à eux pour augmenter son bien-être, pour prolonger sa jouissance ; ou elle détourne d'eux ses regards, se retire en arrière, pour ainsi dire, et les fuit, s'ils lui déplaisent et la blessent. Ce premier élan de l'âme vers l'objet qui lui agrée s'appelle *amour* ; le sentiment opposé, c'est l'*aversion*, la *haine*. Quand elle est privée de l'objet qu'elle aime, le sentiment qu'elle éprouve prend le nom de *désir*. Quand l'amour est porté à un haut degré d'intensité, il s'appelle *passion*. Les différentes sortes d'amour que l'âme peut ressentir ont aussi reçu le nom de *penchants*, d'*inclinations* de l'âme. Le penchant est à la sensibilité ce que l'attention est à l'intelligence. La sensibilité se porte vers un objet pour en mieux *jouir*, comme l'intelligence se porte vers lui pour le mieux *connaître*.

C.-M. PAFFE.

FACULTÉS (*Physiologie*), mot abstrait, employé dans le langage philosophique pour exprimer la puissance, la force naturelle, le pouvoir, le principe, la propriété ou la qualité inhérente à la matière organisée, et capable de produire des phénomènes d'un ordre particulier. Toute faculté déterminée et active doit être regardée comme le résultat spécial d'un *organe* déterminé. Ainsi, c'est avec justesse qu'on dit que le cœur a la faculté de se contracter et de faire circuler le sang, que le foie a la faculté de sécréter la bile, que l'estomac a celle de digérer, et que le cerveau a celle de penser. La force occulte et naturelle qui fait que les organes produisent ainsi leurs effets particuliers s'appelle *faculté*: ce mot n'est donc qu'un mode d'exprimer une cause inconnue. Si le *cerveau* est composé de *plusieurs organes différents*, chaque organe en particulier aura alors la faculté de produire des phénomènes spéciaux et essentiellement différents les uns des autres. C'est de cette manière et pas autrement qu'on peut se rendre compte des différentes facultés instinctives, morales et intellectuelles propres à notre espèce et aux différentes espèces d'animaux. Le mot *faculté*, d'une acception naturellement très-vague lorsqu'il est pris dans un sens très-large, s'applique à tous les phénomènes inhérents à tout être organisé et vivant ; conséquemment, on peut dire, en parlant, par exemple, d'une plante, qu'elle a la *faculté* de se reproduire d'une telle manière ou d'une telle autre, qu'elle a celle d'absorber tel gaz, d'exhaler une odeur ou une humeur particulière, de sécréter telle ou telle substance, ayant la propriété de purger, d'endormir, d'empoisonner, etc.

Gall, le premier, et les phrénologistes après lui, reconnurent qu'il existe une différence essentielle entre les *attributs généraux* des organes du cerveau et leurs facultés *primitives* et *fondamentales*. Ils ont fait ce que les physiciens firent pour les corps de la nature, dans lesquels ils considérèrent les propriétés générales, au lieu de leurs qualités particulières ou spéciales. Les attributs généraux des facultés appartiennent indistinctement à tous les organes cérébraux : telles sont la sensation, la perception, la mémoire, l'imagination, l'attention, etc. Les facultés primitives sont celles qui sont exclusivement inhérentes à chaque organe en particulier, telle que l'instinct de la génération, l'amour de la progéniture, l'instinct de la propre défense, la circonspection, la fermeté, le sens du rapport des lieux, des nombres, des sons, etc. Nous regardons une faculté comme primitive 1° lorsqu'elle existe dans une espèce d'animaux, et non dans un autre ; 2° quand elle varie dans les deux sexes de la même espèce ; 3° quand elle n'est pas proportionnée aux autres facultés du même individu ; 4° quand elle ne se manifeste pas simultanément avec les autres facultés, c'est-à-dire lorsqu'elle apparaît ou disparaît de meilleure heure ou plus tard que les autres facultés ; 5° quand elle peut agir ou se reposer séparément ; 6° quand elle se transmet distinctement des parents aux enfants ; 7° quand elle peut se conserver séparément en état de santé ou tomber isolément en état de maladie. Toutes les facultés de l'homme peuvent être divisées en *facultés affectives* et en *facultés intellectuelles*. Les premières se subdivisent en *penchants* et en *sentiments* : le penchant n'est qu'une sorte de désir ou d'inclination, qui s'appelle *instinct*; dans les animaux, le sentiment est quelque chose de plus. Mais les penchants et les sentiments ont lieu dans notre intérieur, on le sent en soi-même ; mais ils ne s'apprennent pas : de là la variété des penchants et des sentiments des hommes, soumis à l'influence des mêmes causes extérieures. Les facultés intellectuelles auxquelles on peut rattacher les sens extérieurs se divisent en *facultés perceptives* et en *facultés réflectives*. Les premières font connaître les objets extérieurs, leurs qualités et leurs relations ; les autres se rapportent et agissent sur toutes les sortes de sensations et de connaissances. Les affections dites de *l'âme* sont les modes des facultés affectives ; les idées ou les connaissances résultent des facultés intellectuelles.

Dr FOSSATI.

FACULTÉS (*Enseignement*). Ainsi se nomme le corps de professeurs constitué pour l'enseignement supérieur d'une science dans l'Université. Autrefois, on ne comptait que quatre Facultés : celle de théologie, celle de droit, celle de médecine, et celle des lettres et arts, qui fut la première de toutes, dans l'ordre chronologique ; une cinquième, celle des sciences, fut créée en 1806.

La *Faculté de théologie* date du douzième siècle. Elle se composait des docteurs en théologie de Paris, des provinces, et même de l'étranger : le plus ancien de ceux résidant à Paris remplissait de droit les fonctions de *doyen*, et siégeait au tribunal du recteur comme représentant la Faculté. Il y avait également près de la Faculté de théologie un syndic, élu tous les deux ans, qui faisait les réquisitoires, examinait les thèses, surveillait les études. Les études étaient fortement organisées, et les grades étaient conférés avec une régularité très-grande. Les aspirants au doctorat ès théologie devaient être *maîtres ès arts* et licenciés en théologie. La Faculté avait deux maisons, ou écoles théologiques, celle de Sorbonne et celle de Navarre ; les aspirants au doctorat, après avoir terminé leur cours de philosophie, devaient y passer trois ans. Les candidats avaient à subir deux examens et à passer leur thèse. Ce n'était que six ans après avoir reçu le grade de licencié qu'on subissait les épreuves du doctorat. Les jeunes prêtres de grande maison, destinés aux prélatures, obtenaient des dispenses d'âge et de temps, et ne soutenaient des examens que pour la forme. On ne pouvait être nommé évêque, vicaire général, chanoine ou curé de première classe sans avoir soutenu un exercice public et rapporté un certificat de capacité sur ces matières. Nous retrouvons l'esprit de ces dispositions dans l'ordonnance du 25 décembre 1830 ; elle porte que pour être nommé aux fonctions d'archevêque, d'évêque, de vicaire général, de dignitaire ou membre de chapitre, de curé de chef-lieu de département ou d'arrondissement (à moins que le postulant n'ait rempli pendant quinze ans les fonctions de curé ou de desservant), il faut être pourvu du grade de licencié en théologie. Le grade de docteur ne devait être exigible que pour les professeurs, titulaires ou suppléants, de ces Facultés ; celui de bachelier devait être exigible pour être nommé à une cure de canton ; mais on ne le demande pas à celui qui a rempli pendant dix ans les fonctions de curé ou de desservant. Pour subir l'examen de baccalauréat en théologie, il faut être âgé de vingt ans, être bachelier ès lettres, avoir fait un cours de trois ans dans une des Facultés de théologie. On n'obtient les lettres de bachelier qu'après avoir soutenu une thèse publique. On n'obtient les lettres de licencié qu'après avoir soutenu deux thèses publiques, dont une en latin, un an au moins après l'obtention des lettres de baccalauréat. Le grade de docteur en théologie n'est conféré qu'après une dernière thèse générale.

Il y a en France huit Facultés de théologie, dont deux, celle de Strasbourg et celle de Montauban, appartiennent au culte protestant. Elles comprennent des chaires de dogme, de morale, d'histoire et discipline ecclésiastique, de droit ecclésiastique, d'Écriture Sainte, d'hébreu, d'éloquence sacrée. Celle de théologie pour la confession d'Augsbourg, à Strasbourg, compte une chaire d'exégèse ; celle de Montauban possède une chaire de philosophie et une chaire de haute latinité et de grec.

La *Faculté de droit* s'appelait aussi Faculté *des droits* ; la France en comptait plusieurs, mais celle de Paris était la plus ancienne : au treizième et au quatorzième siècle, il y avait des écoles de droit au clos Bruneau (rue Saint-Jean-de-Beauvais) et rue du Fouare ; c'étaient des écoles libres, car jusqu'au seizième siècle on n'exigea des avocats aucune épreuve, aucun examen. En 1525, François Ier ordonna que nul ne serait admis à parler au parlement s'il n'était licencié en droit civil ou canonique. Ce n'est donc à peu près qu'à cette époque que la Faculté de droit devint une institution légale. L'ancienne Faculté de Paris était composée de six professeurs appelés *antecessores*, d'un professeur de droit français et de douze docteurs agrégés. Les chaires se donnaient au concours en présence de la Faculté et de deux conseillers du parlement. En était de même pour les places d'agrégés. La chaire de droit français ne fut établie que longtemps après les six autres. Le professeur était nommé par le chancelier, sur une liste de huit avocats, présentés par le parquet du parlement ; il prirent le titre de *professeur royal*. Les professeurs donnaient chaque jour une leçon d'une heure et demie ; deux enseignaient les Institutes de Justinien, les Décrétales de Grégoire IX, modifiées suivant les maximes de l'Église gallicane ; les Décrets de Gratien ; deux autres, les lois du Digeste. Le cours d'études était de trois ans ; le baccalauréat pouvait être postulé dans le cinquième trimestre, la licence dans le onzième. L'examen sur le droit français ne pouvait avoir lieu que dans le douzième trimestre. Toutes ces dispositions sont en vigueur aujourd'hui encore. De plus, alors, on classait les étudiants en deux catégories : 1° les étudiants par droit commun, assujettis aux trois ans d'étude pour la licence ; 2° ceux par bénéfice d'âge : ces derniers pouvaient être reçus bacheliers après huit mois d'étude, obtenir la licence après trois autres mois. Ils étaient dispensés d'examen sur le droit français. Ce privilège avait été établi pour les étudiants âgés de vingt-cinq ans, et destinés à occuper une charge de magistrature : c'était un abus. Le doctorat ne pouvait être postulé qu'après une année d'études depuis l'obtention de la licence; pour concourir au titre d'agrégé il fallait une année de plus, qu'on appelait le *stage*. On distinguait trois catégories de docteurs, en droit civil, en droit canon, enfin docteur *in utroque*. On ne pouvait être agrégé qu'à vingt-cinq ans, et professeur qu'à trente. Chaque année la Faculté accordait une gratification aux jeunes étudiants déjà gradués, instruits, mais trop peu fortunés pour s'avancer. Après 1793, la Faculté et les écoles de droit furent supprimées, comme toutes les corporations d'enseignement; et lors de l'organisation du nouveau système d'instruction publique, chaque école centrale eut une chaire de législation. La Faculté de droit et les écoles spéciales ne furent rétablies que sous le consulat. Le système d'enseignement de la Faculté de droit fut changé, le nombre des écoles augmenté.

On compte aujourd'hui en France neuf Facultés de droit : Aix, Caen, Dijon, Grenoble, Paris, Poitiers, Rennes, Strasbourg et Toulouse. Le nombre des chaires varie dans chaque Faculté; elles ne sont plus données au concours. D'après la législation nouvelle, les étudiants en droit sont tenus de suivre leurs cours, où les professeurs doivent faire des appels : de plus, ils doivent s'inscrire à deux cours de la Faculté des lettres. Une ordonnance du 17 avril 1840 a institué divers prix dans les Facultés de droit, après un concours entre les élèves : il y a deux premiers et deux seconds prix à distribuer, au concours, à des élèves de troisième année, après une composition écrite sur un sujet du droit romain et une composition écrite sur une matière du droit français. Les élèves en quatrième année, aspirant au doctorat, doivent pour concourir produire une dissertation écrite sur un sujet choisi par le ministre de l'instruction publique; deux médailles d'or constituent les prix qui leur sont accordés.

Les Facultés de droit possèdent des chaires de droit romain (Institutes et Pandectes), de Code Civil français, de législation criminelle, et procédure civile et criminelle, de droit criminel et de législation pénale comparée, de procédure civile, de commerce, d'histoire du droit, de droit administratif, de droit des gens.

Faculté de médecine. Elle était originairement comprise, comme celles de droit et de théologie, dans la Faculté des arts. Elle en fut distraite à la même époque. Depuis, ses statuts et ses usages avaient peu varié, et lors de la réforme de l'Université de Paris par le cardinal d'Estouteville, au quinzième siècle, il n'y fut ajouté que la thèse d'hygiène, appelée *cardinale*. Pour être admis aux degrés de cette Faculté, les candidats devaient être maîtres ès arts, avoir suivi les cours quatre ans, et reçu le titre de docteur dans une université. Tous les ans on élisait les sept professeurs, le doyen et le bibliothécaire, qui pouvaient être réélus pendant deux autres années. Le cours de licence était de moins deux années. Les étudiants prenaient chez le doyen quatre inscriptions par an. Ils soutenaient quatre thèses, dont chacune durait six heures. Les aspirants au baccalauréat en avaient cinq à soutenir pour être admis à ce grade. Le doyen et six autres docteurs donnaient des consultations gratuites chaque samedi après la messe de la Faculté. Chaque mois le doyen et d'autres docteurs conféraient sur les maladies qui avaient sévi pendant le mois précédent et sur les moyens employés pour les guérir. Le cercle des études s'est beaucoup agrandi depuis 1789; la Faculté réunit toutes les branches de la science médicale. De vastes amphithéâtres, des collections précieuses, sont ouverts aux élèves, qui peuvent suivre d'autres cours relatifs aux sciences naturelles, à la physique, à la botanique, à la chimie, etc.

Comme Paris, Montpellier et Strasbourg ont des Facultés et des écoles de médecine : quelques autres villes n'ont pas de Faculté, mais elles ont des *écoles secondaires de médecine*. D'après la législation nouvelle, nul ne peut être admis à prendre ses inscriptions pour le doctorat dans les Facultés de médecine s'il n'a préalablement obtenu le diplôme de bachelier ès sciences. Indépendamment de ces trois Facultés, il y a en France vingt écoles préparatoires ou secondaires de médecine, dont le siége est à Amiens, Angers, Arras, Besançon, Bordeaux, Caen, Clermont, Dijon, Grenoble, Limoges, Lyon, Marseille, Nancy, Nantes, Poitiers, Reims, Rennes, Rouen, Toulouse et Tours. Les chaires des Facultés de médecine embrassent l'anatomie, l'anatomie pathologique, la pharmacie, la matière médicale et la thérapeutique, l'hygiène, la chimie organique et minérale, la pathologie interne, la pathologie externe, les opérations et appareils, accouchements et maladies des femmes et des enfants, médecine légale, la clinique interne, la clinique externe, la clinique d'accouchement, la pathologie et la thérapeutique générale, physique médicale, histoire naturelle médicale, physiologie. L'enseignement des écoles est le même que celui des Facultés.

Faculté des lettres, autrefois *Faculté des arts*. C'était dans l'origine toute l'Université : aussi son histoire est en même temps celle de l'*Université*. Elle forme à elle seule la partie la plus considérable et la plus nombreuse de l'enseignement public. A l'étude des langues classiques anciennes elle a joint celle des langues modernes, l'histoire, la géographie, etc. Ce système se rapproche beaucoup de celui que suivaient les bénédictins dans les colléges confiés à leur direction. Cette Faculté confère les trois degrés; mais le baccalauréat ès lettres est le seul grade indispensable pour être admis aux degrés de licencié et de docteur dans les autres Facultés. Les aspirants au baccalauréat sont soumis à un examen. Le temps des études est moins long, mais mieux distribué qu'autrefois, où tout l'enseignement se bornait à l'étude des langues anciennes, et où il n'y avait point de chaire d'histoire ni de géographie et de langues modernes : on compte en France onze Facultés des lettres, siégeant à Aix, Bordeaux, Caen, Dijon, Grenoble, Lyon, Montpellier, Paris, Rennes, Strasbourg, et Toulouse. Ces Facultés ont des chaires de littérature grecque, d'éloquence latine, de poésie latine, d'éloquence française, de poésie française, de philosophie, d'histoire de la philosophie ancienne, d'histoire de la philosophie moderne, d'histoire ancienne, d'histoire moderne, de géographie, et de littérature étrangère. La nouvelle loi dont nous allons parler doit augmenter le nombre de ces Facultés.

Faculté des sciences. Il a été institué en 1806 un autre ordre de Facultés, celles des sciences : on en compte dix en France, siégeant à Bordeaux, Caen, Dijon, Grenoble, Lyon, Montpellier, Paris, Rennes, Strasbourg, et Toulouse; elles comptent des chaires de physique, de chimie, de mécanique, de minéralogie, de calcul différentiel et intégral, de géologie, de botanique, de zoologie, d'anatomie et de physiologie, d'astronomie physique, de géométrie supérieure, d'astronomie mathématique, d'algèbre supérieure, de physiologie générale, de calcul des probabilités et de physique mathématique. Dans le principe on ne pouvait se présenter à un examen dans les Facultés des sciences si préalablement on n'avait obtenu le diplôme de bachelier ès lettres : le décret du 10 avril 1852 a supprimé cette obligation.

L'examen du baccalauréat ès sciences comprenait dans l'origine, des interrogations sur l'arithmétique, la géométrie, la trigonométrie rectiligne, l'algèbre et son application à la géométrie; aujourd'hui les postulants sont astreints à deux compositions écrites, et à des questions orales sur tout ce qui fait l'objet de la section d'enseignement scientifique des lycées. Pour obtenir la licence, il faut répondre sur la statique et sur le calcul différentiel et intégral. Pour obtenir le doctorat, il faut soutenir deux thèses, soit sur la mécanique et l'astronomie, soit sur la physique et la chimie, soit sur les trois parties de l'histoire naturelle, suivant celle de ces sciences à l'enseignement de laquelle on déclare se destiner. Telles sont les dispositions qui régissent aujourd'hui nos cinq Facultés.

Une loi de 1854 vient de réglementer l'enseignement supérieur; cette loi renverse les circonscriptions académiques établies dans chaque département par la loi du 15 mai 1850, et institue seize académies ou sièges de Facultés dans les villes que voici : Aix, Besançon, Bordeaux, Caen, Clermont, Dijon, Douai, Grenoble, Lyon, Montpellier, Nancy, Paris, Poitiers, Rennes, Strasbourg, Toulouse. La loi nouvelle a voulu rehausser l'importance des Facultés : « Nos Facultés, disait à ce sujet le *Moniteur*, doivent cesser d'être ces amphithéâtres brillants où des improvisations spirituelles attirent une foule plus désœuvrée que studieuse, qui en s'écoulant emporte le souvenir éphémère d'un plaisir plus que l'empreinte utile d'une leçon. Comme en Angleterre, comme en Allemagne, dans ces palais des sciences et des arts, les élèves doivent être en contact habituel avec les professeurs. Ils doivent dans des conférences journalières répéter et approfondir l'enseignement donné du haut de la chaire. Dans des bibliothèques propres à nourrir leur esprit et à tenir celui de leurs maîtres sans cesse éveillé, au milieu de collections où les règnes de la nature soient vivement représentés, dans des laboratoires où l'on puisse renouveler toutes les expériences de la science, où l'on puisse, au besoin, agrandir ses conquêtes, ils doivent, avec une émulation soutenue par une critique toujours vigilante, prendre au sérieux et au vif ce métier d'étudiant que les hommes faisaient autrefois si longtemps, et dont il ne reste plus guère chez nous que le nom. A ce prix, non-seulement les hautes et fortes études fleuriront en France, mais encore une vie régulière et qui pourra constamment se suffire à elle-même découlera du sommet de l'Académie dans les collèges qui en composent le degré secondaire, et jusque dans les petites écoles qui en forment la base lointaine et étendue. »

En attendant la réalisation de ce programme, constatons les principes posés par la loi nouvelle à propos des Facultés. Le gouvernement, par un décret rendu en la forme des règlements d'administration publique, réglera les conditions d'âge et d'étude pour l'admission aux grades conférés par les établissements supérieurs chargés de leur collation ; il déterminera le tarif des droits d'inscription, d'examen et de diplôme. La loi a en effet pour but d'amener une certaine unité dans ces tarifs, fort inégaux jusqu'ici, puisque une inscription coûtait 50 fr. à la Faculté de médecine, 15 fr. à la Faculté de droit et 8 fr. aux écoles de pharmacie.

Une des autres dispositions de la loi de 1854 établit un budget annexe pour les Facultés. Le but de la loi est de faire profiter exclusivement l'enseignement supérieur des rétributions imposées aux familles pour la collation des grades. Le budget de l'État encaissait jusqu'à présent les recettes des Facultés, qui s'élèvent à 2,000,000, et acquittait leurs dépenses, qui se montaient à 2,800,000 fr; toutefois, le budget profitait des annulations de crédit. L'augmentation des droits permettra aux facultés de se suffire elles-mêmes avec leur budget, dont elles pourront reporter sur d'autres exercices les excédants de recette ; en cas d'insuffisance de ce budget, l'État les subventionnera pour le reste.

FADAISE. Voyez BILLEVESÉE.

FADEUR. Ce mot représente l'impression en quelque sorte négative et presque désagréable que font sur le goût certaines substances connues sous le nom de *fades*. Il y a cette différence entre les choses *fades* et les choses *insipides* que celles-ci n'éveillent aucune sensation dans les organes du goût, tandis que les corps fades causent une sensation faible qui approche du dégoût. L'eau distillée, les mucilages naturels et ceux qu'on forme avec les gommes et les fécules bouillies sont les substances les plus propres à faire bien apprécier les idées de *fade* et de *fadeur*. Presque toutes les saveurs très-douces tiennent du fade. Sous un autre rapport, la fadeur dépend souvent de l'état des organes qui la perçoivent : ainsi, par exemple, si l'on a la bouche pâteuse, beaucoup de substances paraissent fades, qui ne sont pas jugées telles dans une autre disposition. Même en santé, la fadeur d'une substance n'est pas la même pour tous les goûts : ceux qui ont l'habitude des saveurs salées et fortes accusent de fadeur des substances moins relevées, qui paraîtraient sapides et excitantes à ceux qui ont pris l'habitude des aliments fades.

La fadeur a cela de commun avec une foule de saveurs, qu'elle peut exister dans des corps doués en même temps d'un ou de plusieurs autres goûts; rien n'est plus commun que de rencontrer des substances à la fois fades et sucrées, fades et amères, fades et âcres. Les mucilages des plantes de nos climats sont presque tous fades avec quelque autre qualité : cette propriété distingue surtout la fadeur de l'*insipidité*.

Les mots *fade*, *fadeur*, s'appliquent encore physiquement à des odeurs, soit à cause de l'étroite liaison qui existe entre les organes du goût et de l'odorat, soit parce que ces odeurs produisent sur le système nerveux une impression analogue à celle qui résulte des saveurs fades.

Dr S. SANDRAS.

Au moral, la *fadeur* est également l'absence de tout ce qui flatte le goût en l'excitant. Des cheveux, des sourcils, des cils blonds, des yeux clairs et faïencés, réunis à un teint blême, que la maladie n'a pas décoloré, composent une figure *fade*; un ananas, un melon, une fraise, privés, sans être flétris, du parfum qu'ils exhalent ordinairement, sont des fruits *fades*; des mets préparés sans sel, sans sucre, sans épices, paraissent *fades* à ceux qui ont contracté l'habitude de ces assaisonnements. Passant des sensations que la *fadeur* produit sur nos organes à ce qu'elle nous fait éprouver moralement, nous dirons qu'elle approche beaucoup de l'*insipidité*, mais se fait moins sentir, et conséquemment provoque moins l'ennui et l'irritation de ceux qui la remarquent. Répétant des lieux communs, manifestant de la satisfaction ou de l'admiration sans cause suffisante, décidant niaisement que les gens ont du mérite, et le disant de même, la *fadeur* prend souvent sa source dans un bon naturel.

Tout ce qu'on dit de trop est *fade* et rebutant,

a dit Boileau. Il est difficile de louer sans *fadeur* les gens puissants et les femmes, parce qu'il leur a été prodigué tant d'éloges que les mêmes tours, les mêmes expressions, revenant sans cesse, ne causent ni plaisir ni surprise. Dorat en fut un modèle toutes les fois qu'il parla de ses sentiments et de ses maîtresses; les poésies du cardinal de Bernis et celles de Gentil Bernard n'en furent certes point exemptes; et en général la *fadeur* se glisse dans presque tous les ouvrages ayant l'amour et les femmes pour sujet. Cette observation a décidé des écrivains de nos jours à peindre l'amour atroce et les femmes scélérates; Molière faisant dire à un sot :

La ballade, à mon goût, est une chose *fade*,

fut cause que pendant longtemps on n'osa plus écrire dans ce genre. Quelle que soit la *fadeur* que l'on remarque dans les discours des courtisans et des amants, les personnes qui en sont l'objet la discernent rarement.

Louer les femmes sur des agréments frivoles s'appelait autrefois leur *débiter des fadeurs* : C^{sse} DE BRADI.

FADIR. Voyez BARMÉCIDES.

FAENZA (la *Faventia* des Romains), ville et siège d'évêché des États de l'Église, dans la délégation de Ravenne, sur le Lamone et le canal Zanelli, qui la met en communication au nord avec le Pô di Primaro, est très-régulièrement bâtie, entourée de murs, et compte une population d'environ 20,000 âmes. Dans la grande place, qui est tout entourée d'arcades, qu'embellit une fontaine jaillissante et où viennent aboutir les quatre rues principales de la ville, se trouvent la cathédrale, l'hôtel de ville et le théâtre. Les églises des Servites, de l'Annonciade et de Saint-Bernard, sont remarquables sous le rapport de l'architecture non moins qu'à cause des tableaux qu'elles renferment. La ville possède aussi un collège, dans lequel se trouve une galerie de tableaux, deux écoles de peinture et divers établissements de bienfaisance. Faenza est célèbre par ses fabriques de *majoliques*, dont l'importance était d'ailleurs bien autrement grande jadis qu'aujourd'hui (*voyez* FAIENCE). Les environs de Faenza, l'une des contrées des États de l'Église les mieux cultivées, produisent beaucoup de vin et de lin.

FAERNE (GABRIEL), poëte latin du seizième siècle, naquit à Crémone en 1500, et mourut en 1561. Auteur d'un recueil de fables fort vantées de son temps, il n'est en réalité qu'un intermédiaire élégant entre la belle latinité de Phèdre et le style inimitable de notre La Fontaine. Le cardinal Jean-Ange de Médicis (Pie IV) fut le protecteur de Faerne. C'est sous ses auspices que parut à Rome avec luxe le recueil des apologues de cet auteur. On n'avait pas encore retrouvé ceux de Phèdre. Faerne avait fait une étude particulière des écrivains de Rome : la philologie lui doit deux livres d'annotations sur les *Philippiques* et les autres harangues de Cicéron, et un commentaire sur Térence. Ses fables ont été traduites en français par Perrault, en 1699.

FÆROÉ (Iles). *Voyez* FÆR-ŒRNE.

FÆR-OERNE (Iles), groupe d'îles relevant de la couronne du Danemark et situées dans l'Océan Atlantique, à 59 myriamètres sud-est de l'Islande et à 28 myriamètres nord-ouest des îles Shetland. Elles sont au nombre de vingt-cinq dont dix sept seulement sont habitées, et présentent ensemble une superficie de 25 myriamètres carrés, avec une population de 8,200 habitants. Leurs côtes, en général très-escarpées, affectent les formes les plus bizarres, et offrent une infinité de baies, de golfes et de détroits, où la mer s'engouffre en courants rapides, qui rendent la navigation de ces parages très-difficile. Elles sont, pour la plupart, couvertes de montagnes, dont l'altitude varie de 350 à 700 mètres, et au pied desquelles s'étendent quelques plaines et des vallées arrosées par des sources et plusieurs ruisseaux. La plus grande de ces îles est *Strœmœé*, qui a 41 kilomètres carrés de superficie et 2,500 habitants. On y remarque le *Skalingefield*, haut de 680 mètres, avec *Thorshavn*, chef-lieu et marché principal de toutes ces îles, ainsi que *Westmanshavn*, bon port. Il faut en outre mentionner l'île d'*Œsterœé* (42 kilom. carrés et 2,000 hab.), avec le *Slattareíind*, qu'on dit atteindre 900 mètres d'élévation, et un port appelé *Kongshavn*, les îles *Syderœé* et *Vaagœé* (chacune de 21 kilom. carrés), *Sanduœé* et *Bordœé* (chacune de 14 kilom. carrés). Le climat de ces îles, eu égard à leur position septentrionale, est singulièrement adouci par toutes saisons par l'air de la mer ; mais il y règne une humidité extrême ; et pour un jour clair on en compte toujours deux nuageux. Il est rare que la neige y dure plus de huit jours : aussi les moutons y passent-ils même l'hiver en plein air ; mais il y règne des ouragans furieux, qui sont l'une des causes de l'absence totale d'arbres qu'on y remarque. Du reste, on y trouve comme combustibles de la tourbe et de la houille (à *Syderœé*). La nature du sol y est en général plus favorable aux pâturages qu'à la culture des céréales : aussi les habitants s'adonnent-ils particulièrement à l'éducation du bétail (dont l'espèce est d'ailleurs petite), et surtout des moutons, dont la laine est assez fine. La race des chevaux indigènes est aussi vigoureuse que vive et vite. Le sol est de nature rocheuse ; mais là où il est couvert d'une épaisse couche d'humus, il est d'une grande fertilité, et produit beaucoup d'orge et de pommes de terre. La Flore des îles Fær-Œrne comprend 583 espèces, dont 70 phanérogames. Une curiosité remarquable à visiter, c'est ce qu'on appelle le *Mont aux Oiseaux*, avec le *gouffre de Westmans*, consistant en vingt-cinq écueils ou roches situées au milieu d'un port du plus sombre aspect et tout entouré de rochers de plus de 350 mètres d'élévation. Des myriades d'oiseaux aquatiques voltigent constamment autour des pics de ces rochers, mais chaque espèce y a sa demeure à part.

La population des îles Fær-Œrne est une belle et vigoureuse race, du caractère le plus loyal et le plus serviable, aux mœurs les plus simples et les plus pures. Pendant les longues soirées d'hiver, les femmes tricotent une grande quantité de bas de laine (annuellement environ 120,000 paires), qui forment une branche assez importante d'exportation. L'éducation du bétail, des moutons surtout, la pêche, la chasse aux oiseaux et la récolte de l'édredon, travail des plus pénibles, constituent les principales ressources des habitants. Tout le commerce s'y fait d'ailleurs au nom du gouvernement, par l'intermédiaire d'une compagnie privilégiée. La langue de ces insulaires est un vieux dialecte scandinave, mélange d'islandais, de norvégien et de danois ; mais la langue danoise est la seule qui soit employée dans les églises et pour la rédaction des actes, tant publics que privés. Ils ne connaissent aucun instrument de musique, et leurs danses ne s'exécutent qu'au son de chants nationaux, conservés oralement depuis plusieurs siècles. Le jeu d'échecs est le divertissement favori des hommes et des femmes, et il n'existe pas dans ces îles une seule cabane où l'on ne trouve un échiquier.

Les îles Fær-Œrne sont divisées en six districts (*syssels*), qui comprennent dix-sept paroisses. L'administration se compose d'un bailli danois, qui est en même temps commandant de la force armée, et d'un sénéchal, qui cumule avec ces fonctions celles de directeur de la police. L'un et l'autre résident à *Thorshavn*, petite ville située sur la côte orientale de Strœmœé. C'est un assemblage d'une centaine d'habitations en bois, couvertes en gazon, avec une église, un gymnase, une bibliothèque de 2,000 volumes, une école latine et un hôpital ; le tout protégé par un petit fort.

FAES (PIERRE VAN DER). *Voyez* LELY.

FAGAN DE LUGNY (CHRISTOPHE-BARTHÉLEMY), auteur dramatique, naquit à Paris, en 1702, d'une famille irlandaise, qui pour cause de religion était venue se fixer en Lorraine, et puis à Paris. Son père, secrétaire du roi et contrôleur de la chancellerie des guerres, ayant perdu sa fortune considérable dans les agiotages de la régence, Fagan épousa la veuve d'un officier, plus âgée que lui, peu fortunée, et entra, chargé de trois enfants, dans les bureaux des consignations du parlement ; mais son goût pour le théâtre et sa liaison avec Panard décidèrent de sa vocation. Il donna seul ou en collaboration avec son ami, tant à l'Opéra-Comique qu'au théâtre de la Foire, *Le Sylphe supposé*; *L'Esclavage de Psyché*; *La Fausse Ridicule*; *Isabelle-Arlequin*; *Les Éveillés de Poissy*; *Le Temple du Sommeil*; *Momus à Paris*; *la Foire de Cythère*; et au Théâtre Français, onze comédies : *Le Rendez-vous, ou l'amour supposé*; *La Pupille*, *L'Étourderie*; *Les Originaux*, *L'Inquiet*, où l'auteur s'est peint lui-même ; *La Grondeuse*; *Lucas et Perrette, ou le rival utile*; *L'Amitié rivale de l'Amour*; *Le Marié sans le savoir*; *Joconde*; et *L'Heureux Retour*. Au Théâtre Italien, il fit jouer cinq comédies : *La Jalousie imprévue*; *Le Ridicule supposé*; *L'Ile des Talents*; *La Fermière*; *Les Almanachs*.

Les ouvrages de Fagan et son caractère personnel l'avaient d'abord fait rechercher par de grands personnages, entre autres par le prince Charles de Lorraine, et par le chevalier d'Orléans, grand-prieur de France, qui le logea longtemps chez lui. Mais ces secours, les émoluments de sa place et les produits de ses travaux dramatiques suffisaient à peine, à l'existence du poëte et de sa famille. Cet état de gêne aigrit son humeur, naturellement douce et insouciante. Une sombre mélancolie détruisit ses habitudes sociales. Il ne quitta plus le cabaret, et une hydropisie qui résista à tous les remèdes l'enleva, en 1755. Les *Œuvres de Fagan* ont été publiées au nom de sa veuve et de son fils (Paris 1760, 4 vol. in-12). Outre les pièces que nous avons citées, on y trouve : *Isabelle grosse par vertu*, parade ; *Philonomé*, opéra ; et trois comédies : *Le Musulman*, *Le Marquis auteur*, et *L'Astre favorable*.
H. AUDIFFRET.

FAGEL, nom d'une famille hollandaise qui a donné à la république des Provinces-Unies plusieurs hommes d'État et des guerriers distingués, qui tous se montrèrent les partisans zélés de la maison d'Orange. Elle descend de *Gaspard* FAGEL, né à Harlem, en 1629, qui remplit les importantes fonctions de secrétaire d'État près les états généraux, et qui se distingua entre tous, lors de l'invasion de la Hollande par Louis XIV, par son courage et sa fermeté. Ce fut lui qui, en 1678, fut chargé, d'accord avec le chevalier Temple, de préparer les préliminaires de la paix de Nimègue. Le but de ses efforts était de faire monter Guillaume III sur le trône d'Angleterre. Ce fut lui qui rédigea le manifeste lancé à cette occasion par ce prince, et qui dirigea toute cette grande et difficile négociation. Il mourut en 1688, avant qu'on eût encore reçu en Hollande la nouvelle de la complète réussite du plus ardent de ses vœux.

François FAGEL, né en 1740, mort en 1773, également secrétaire d'État, a été célébré par Hemsterhuys, dans un panégyrique remarquable.

Henri FAGEL, né en 1706, mort en 1790, prit une part active, comme secrétaire d'État, à l'élévation de Guillaume IV à la dignité de stathouder, en 1748. *Henri* FAGEL, fils du précédent succéda à son père dans sa charge de secrétaire d'État. Il négocia et conclut, en 1794, l'alliance de la Hollande avec l'Angleterre et la Prusse, accompagna ensuite le stathouder en Angleterre, et ne revint en Hollande qu'en 1813, avec le roi des Pays-Bas, Guillaume Ier. Nommé alors ambassadeur des Pays-Bas à Londres, il conclut le traité de paix et d'alliance entre la Grande-Bretagne et les Pays-Bas. Rappelé de ce poste en 1824, il fut nommé à cette époque ministre secrétaire d'État, Il mourut à la Haye, le 22 mars 1838. Son frère, *Robert*, baron DE FAGEL, général hollandais, entra de bonne heure au service, et se distingua dans les campagnes de 1793 et 1894 contre la France. Quand la révolution démocratique l'emporta en Hollande, partisan constant de la maison d'Orange, il passa à l'étranger, et ne rentra dans sa patrie qu'en 1813. Dès 1814 le roi Guillaume Ier l'accrédita à Paris, en qualité d'envoyé, poste qu'il occupa jusqu'en janvier 1854, époque à laquelle il prit sa retraite, à l'âge de quatre vingt-deux ans.

FAGON (GUY-CRESCENT), premier médecin de Louis XIV, professeur de botanique et de chimie, membre de l'Académie des sciences et surintendant du Jardin du Roi, naquit à Paris, le 11 mai 1638. Son père, commissaire des guerres, avait épousé une nièce de Guy de La Brosse, fondateur du Jardin des Plantes. L'exemple et les conseils de son grand-oncle le poussèrent à embrasser la profession de médecin. Dans une thèse il soutint la circulation du sang. On trouva qu'il avait défendu avec esprit cet *étrange paradoxe*, et il reçut le bonnet de docteur en 1664. Nommé professeur de botanique et de chimie dès qu'il fut médecin, Fagon attira à ses cours des jeunes savants de divers pays. En même temps il se livrait à la pratique de la médecine, mais en homme qui ne veut qu'être utile. Jamais il ne réclamait et n'acceptait aucune rémunération, aucun présent. Cependant sa réputation, croissant toujours, lui donnait accès près des grands : souvent mandé à Versailles et attiré insensiblement vers la cour, Louis XIV le nomma, en 1680, pour être le médecin de Madame, et deux ans après il le fut aussi de la reine. Après la mort de la reine, le roi chargea Fagon de prendre soin de la santé des enfants de France. Or la gouvernante de ces enfants était Mme de Maintenon. L'esprit de Fagon lui plut; son zèle lui parut admirable, sa discrétion l'enchanta. Mme de Montespan protégeait D'Aquin. L'ami de Mme de Maintenon avait la plupart des mêmes qualités qu'elle : doux, fin, souple, modeste et ingénieux, patient surtout, il savait attendre, sans paraître souffrir ni même espérer. Ami des savants plutôt que savant lui-même, il les protégeait sans envie, sans jamais rien solliciter pour lui ni pour les siens. Mme de Maintenon le vantait à tout propos devant Louis XIV, et lorsque le roi, fatigué des importunités de D'Aquin, se décida à le renvoyer, Fagon hérita de ses emplois, de ses privilèges, et jouit pendant vingt-deux ans auprès du maître d'un accès que les plus hauts dignitaires lui enviaient.

Au faîte des dignités de son art, et tout-puissant parmi ceux de sa robe, son caractère ne dévia jamais. Implacable ennemi des empiriques et des charlatans, autant que protecteur éclairé des gens de mérite, et toujours également désintéressé, il donna à la cour un spectacle rare et singulier : il diminua beaucoup les revenus de sa charge. Toujours attentif à enrichir le Jardin du Roi, dont il avait la surintendance, quand les fonds de l'État manquaient, il y suppléait de ses deniers, de sorte que, comme dit Fontenelle, « ce petit coin de terre ignorait presque sous sa protection les malheurs de la France ». Fagon avait l'esprit orné, une élocution facile, un zèle et une ponctualité incomparables ; mais la brigue obséquieuse de ceux qui l'entouraient finit par le rendre le défenseur trop opiniâtre des erreurs de son temps. Nous n'avons de lui que quelques thèses, quelques feuilles volantes, un petit poëme latin *sur la botanique*, une brochure sur les *générations spontanées*, une autre sur le *régime lacté*, utile selon lui dans la goutte ; d'autres, sur les *qualités du quinquina*, sur les *inconvénients du tabac*, sur la *nécessité du café*, etc. Il s'était principalement adonné à l'hygiène, sans doute par égoïsme, à cause de l'extrême faiblesse de sa constitution. L'asthme violent, puis la pierre, dont il était tourmenté, « l'obligeaient, dit Fontenelle, à un régime presque superstitieux ». Cependant il vécut encore trois années par-delà la longue vie de Louis XIV : il mourut le 11 mars 1718, à l'âge de quatre-vingts ans. Il finit sa vie là où il l'avait commencée, au Jardin des Plantes, où il s'était transporté aussitôt que Louis XIV fut mort. Tournefort, qu'il avait constamment protégé sans envier sa renommée, lui a dédié, par reconnaissance, une plante de la famille des *rutacées*, genre de plantes agréables à voir, mais corrosives dès qu'on les blesse.

Dr Isidore BOURDON.

FAGOT, réunion de brins de bois à brûler. Le *fagotage* consiste le plus communément dans les branches et ramilles que l'on exploite dans les taillis ou qui restent de la fabrication des bois de corde. On donne aux fagots différentes formes et des dimensions qui varient suivant l'usage de chaque pays. A Paris, on les distingue sous les noms de *falourdes*, *fagots* et *cottrets*. Dans quelques provinces, on connaît le fagot très-long et formé de brins minces sous le nom de *faguettes*. Les falourdes sont formées de perches coupées, ou de quelques rondins joints ensemble ; leur longueur est de 1^m,16, et la circonférence du paquet de 70 jusqu'à 95 centimètres ; le poids moyen est de 10 à 20 kilogrammes. Les fagots dits *de Paris* se composent de menues branches de 1^m, 16 de long, et ils ont 0^m, 50 de circonférence ; leur poids moyen, à l'état de sécheresse, est de 5 kilogrammes environ. Dans plusieurs pays, on fait des fagots beaucoup plus gros. A Toulon, par exemple, ceux qu'on brûle pèsent 8 kilogrammes, mais assez généralement en France le poids moyen des fagots est entre 5 et 10 kilogrammes. Les cottrets sont de petits fagots liés avec des harts ; leur poids varie entre 3 kilogrammes et 4 kilogrammes et demi. Ordinairement ils sont composés de brins de bois refendu. Enfin, les *bourrées* sont de petits fagots formés de broussailles, d'épines, de ronces, d'ajonc, de genêt, même de la grande espèce de bruyère, etc. Ces bourrées se font ordinairement sans moule, et les paysans les lient sous leur sabot : elles ont des longueurs et des grosseurs fort variables.

L'emploi des fagots dans les travaux des usines peut dans beaucoup de cas offrir des avantages indépendants de la quantité de chaleur produite par la combustion : c'est le cas principalement quand on veut obtenir des flammes allongées, telles qu'il en faut, par exemple, pour la cuisson de la chaux et de la brique par l'ancien procédé. Il y a encore du profit à faire usage de fagots pour les feux intermittents, etc., etc. Mais comme moyen de chauffage des appartements, les fagots sont en général un combustible fort désavantageux.

PELOUZE père.

Ménage fait dériver le mot *fagot* du latin *facottus*, Nicod de *fasciculus*, d'autres de *fagus*, hêtre. Du Cange dit que la basse latinité a employé *fagatum* et *fagotum*. Ce mot s'applique encore à un ouvrage de charpenterie, de menuiserie, ou de tonnellerie, qu'on a démonté, et dont les pièces sont liées en paquet, en faisceau, pour qu'elles occupent moins d'espace, et qu'elles puissent être remontées au besoin.

Au figuré, on dit d'un homme : C'est un *fagot* d'épines, on ne sait par où le prendre : c'est-à-dire qu'il est fâcheux et revêche ; Il est fait, il est habillé comme un *fagot* : c'est-à-dire sans soin, sans goût. On dit dans le même sens qu'un homme est bien *fagoté*. Il sent le *fagot* signifie qu'il est peu orthodoxe, qu'il est digne de l'*auto-da-fé*. Il y a *fagots* et *fagots*, qualifie une différence entre des personnes ou des choses semblables. Conter des *fagots*, faire des *fagots*, c'est conter des choses frivoles ou fausses.

FAGOT (*Artifice*). *Voyez* BRÛLOT.

FAGOT DE SAPE, fascine dont on se sert à défaut de sacs à terre, pour boucher les vides entre les gabions, dans les travaux de sape ; ils ont ordinairement un mètre de long sur un mètre et demi de diamètre.

FAGOTIN, singe habillé que les opérateurs, les charlatans, font monter sur leurs tréteaux. La Fontaine a dit :

> Qu'un mois durant le roi tiendrait
> Cour plénière, dont l'ouverture
> Devait être un fort grand festin,
> Suivi des tours de Fagotin.

Ce nom a passé aux valets d'opérateurs ou de charlatans qui amusent le peuple par des bouffonneries et des lazzis. Molière a dit :

> Là, dans le carnaval, vous pourrez espérer
> Le bal, et la grand'bande, à savoir deux musettes,
> Et parfois Fagotin et les marionnettes.

FAGOTTO (*Musique*). *Voyez* BASSON.

FAHLCRANTZ (CHARLES-JEAN), l'un des plus célèbres paysagistes qu'ait produits la Suède, né le 22 novembre 1774, dans la paroisse de Stora-Tuna, province de Falun, où son père était pasteur, s'occupa de peinture dès son enfance, et se consacra bientôt au paysage. Il apprit son art à peu près sans maître, n'ayant d'autre modèle que la nature, qu'il étudia avec un soin et une exactitude infatigables. C'est elle qui a décidé la direction et le caractère de son talent. Il ne connaît pas d'autre nature que celle du nord, jamais il n'a vu l'Italie ; mais il a parcouru la Suède, la Norvège et le Danemark dans tous les sens, étudiant à fond le caractère particulier à ces diverses contrées. Dès les premières années de ce siècle, il jouissait, comme paysagiste, d'une réputation fort étendue. En 1815 il fut nommé professeur, et reçut plus tard la décoration de l'ordre de Wasa. Ses principaux tableaux ont été acquis par le roi de Suède, et dans ces derniers temps il avait été chargé par le roi de Danemark, Frédéric VI, d'exécuter une suite de vues du Nord.

FAHLUN. *Voyez* FALUN.

FAHLUN (Diamants ou Brillants de), sorte de verroterie que l'on fabrique particulièrement en Suède. Pour cela, on soude ensemble, par leurs extrémités, plusieurs bouts de tubes de verre, qu'on taille en forme de brillants, et qu'on plonge dans un alliage fondu et bien écumé ; il s'y attache une couche très-mince de métal, qui présente un grand éclat. L'alliage dont on se sert s'obtient en fondant 19 parties de plomb et 29 d'étain.

FAHRENHEIT (GABRIEL-DANIEL), habile physicien, naquit à Dantzig, en 1686, et avait été destiné au commerce ; mais des dispositions innées l'entraînèrent vers l'étude des sciences physiques. Après avoir voyagé en Allemagne et en Angleterre, il se fixa en Hollande, où les savants les plus célèbres, S'Gravesande, entre autres, devinrent ses maîtres et ses amis. Il se fit connaître par divers travaux importants, mais le seul qui ait répandu son nom au loin, c'est la graduation d'un thermomètre dont on se sert encore généralement en Allemagne, et surtout en Angleterre. Pendant son séjour en Hollande, Fahrenheit s'occupa aussi d'établir une machine pour dessécher les contrées exposées aux inondations. Le gouvernement hollandais lui accorda à cet effet un privilège ; mais la mort, qui le surprit en 1740, l'empêcha de terminer cette machine : et S'Gravesande, qui fut chargé par ses héritiers de la mettre en état de fonctionner, en modifia tellement le mécanisme, que dès le premier essai on reconnut l'impossibilité de la faire marcher, et qu'on renonça à s'en servir.

FAHS (Le). Cette dénomination arabe correspond, dans notre langue, au mot *banlieue*. Cette partie du territoire africain rayonne à environ 8 kilomètres d'Alger ; elle enserre la ville dans un demi-cercle qui aboutit de deux côtés à la mer ; au nord-est, à l'embouchure de l'Harrach, et, au nord-ouest, au cap Caxines. Elle forme, avec les zônes dites du Sahel et de Staoueli, la ceinture défensive de la capitale de l'ancienne régence, par l'agglomération d'un certain nombre de villages ou points fortifiés et livrés à l'industrie ou à la culture des colons européens. En 1832, sous l'administration du duc de Rovigo, des familles alsaciennes, présentant un total de 416 individus, arrivèrent subitement du Havre à Alger, par suite d'avis qui les avaient détournés de se rendre en Amérique. Grand fut l'embarras du gouverneur à cette irruption insolite ; il n'y avait encore en effet aucun travail à donner à ces colons, qui mourraient de faim ; il fallut songer à fournir à leur subsistance et à leur procurer des abris. Des terrains leur furent en conséquence assignés à Kouba et à Dély-Ibrahim. On leur bâtit des maisons, on leur donna des rations, des instruments, des semences, des bêtes de labour. Malgré cette bienveillante assistance, ces deux colonies végétèrent jusqu'en 1839. Sans cesse inquiétés par les Arabes, les travailleurs avaient toujours le fusil en main, la bêche se reposait dans une terre à peine défrichée. Cependant, vers cette époque, l'éloignement de l'ennemi permit à la prospérité de visiter ces champs, fécondés par tant de sang généreux. On s'occupa de régulariser la colonisation. Divers arrêtés successifs consacrèrent l'établissement de plusieurs nouveaux centres de population, et en ce qui concerne la zône du Fâhs, sept petits villages s'élevèrent comme par enchantement, peu distants les uns des autres, reliés par des postes de troupes, défendus par quelques ouvrages en maçonnerie ou en terre, et à l'abri desquels le colon européen put recueillir le fruit de ses sueurs et de ses sacrifices. Ce furent Kouba, Dély-Ibrahim, Drariah, Hussein-Dey, Birkadem, l'Achour et Chéragas.

FAIBLESSE, défaut de force, manque d'égalité entre les moyens et les besoins physiques ou moraux, débilité que l'on confond souvent avec la délicatesse : un organe est *faible* quand il ne suffit pas aux fonctions qui lui sont assignées ; on a les yeux, la vue *faibles*, quand on discerne mal les objets qui sont peu éloignés, et quand on ne peut se faire entendre en parlant sans effort ; on a la mémoire *faible*, lorsqu'on ne peut retenir un certain nombre de faits, de vers, de pages en prose, etc. ; on a l'esprit *faible* lorsqu'on ne peut comprendre des vérités communes, lorsqu'on juge d'après autrui, lorsqu'on renonce à ses opinions sans conviction, lorsqu'on n'achève point une œuvre commencée ; on a un caractère *faible* lorsque, après s'être formé un plan selon des principes justes et raisonnés, on s'en écarte dès qu'il présente des difficultés, on est *faible*, enfin, toutes les fois que l'on cède à des passions en cela se sapprouvant. « L'esprit est prompt et la chair est faible, » dit l'Écriture. L'homme *faible* ne s'appartient pas ; le vice dispose de lui, ainsi que la vertu ; et son sort dépend de ceux que le hasard lui fait rencontrer. C'est surtout arrivée au pouvoir que la *faiblesse* est à redouter ; elle a fait plus de mauvais rois que la méchanceté. La *faiblesse* morale est donc une des grandes imperfections de l'être intelligent, et quoiqu'elle soit naturelle à l'homme, il ne peut lui accorder de pitié qu'en jugeant son semblable. L'homme doit combattre sa propre *faiblesse* comme un ennemi de son honneur, de son repos, de sa félicité. L'orgueil de l'homme répugne à reconnaître qu'il agit par *faiblesse*, et il n'est point de doctrines absurdes qu'il n'essaye d'établir pour motiver les fautes ou les crimes que sa conscience réprouve. L'amour, dont, suivant Crébillon,

La *faiblesse* du cœur fait toute la puissance

est de toutes les passions celle que l'on cherche le plus à justifier; mais Boileau l'a classée, en disant aux écrivains, que dans leurs livres

 . . . . . L'amour, de remords combattu,
 Paraisse une *faiblesse* et non une vertu.

On ne peut accuser de *faiblesse* les femmes et les enfants qu'en proportion des prétentions qu'ils manifestent : renfermés dans le cercle qu'il leur a été donné de parcourir, leur délicatesse n'a rien d'humiliant, parce que l'ordre est une des plus belles lois de la nature, et que le ciron et l'hysope n'offrent pas moins de merveilles que l'éléphant et le cèdre ; mais l'éléphant renverse des murailles, le cèdre est incorruptible : ainsi, certaines œuvres ont été réservées à la conception de l'homme seul. Homère, Tacite, Corneille, Michel-Ange, Canova, n'ont point trouvé d'émule parmi les femmes, et celles qui ont tenté de l'être se sont montrées *faibles*. En fait de vertus, elles ont rivalisé et souvent vaincu; disputer le génie leur était inutile. On ne dit pas d'un fil destiné à faire de la dentelle, qu'il est *faible* : s'il devait être employé comme câble, on le désignerait ainsi.

La *faiblesse* d'un livre ou de quelque œuvre que ce soit provient toujours d'un défaut de discernement, qui ne permet pas à l'auteur de calculer les moyens d'assurer son exécution : cette *faiblesse* est ordinairement le résultat de la présomption. Faisant la part de la *faiblesse* humaine, Dieu a voulu que sa créature lui demandât d'être préservée de la tentation : la plus grande preuve de *faiblesse*, a dit Bossuet, est de craindre de paraître *faible*. Pour agir toujours selon la raison, et obéir aux préceptes qui lui enjoignent de faire le bien et d'éviter le mal, l'homme doit non-seulement résister à sa *faiblesse*, mais encore éviter les occasions où cette résistance deviendra nécessaire. Quelque répréhensible que soit la *faiblesse*, elle impose à ceux qui en sont exempts, par organisation ou par courage, l'obligation de secourir les *faibles*, qui sont toujours les opprimés. La force, don supérieur et incontestable, qualité opposée à la *faiblesse*, n'a droit au respect de celle-ci qu'autant qu'elle lui apparaît accompagnée de justice.

Au figuré, avoir les reins *faibles*, c'est n'avoir pas assez de fonds, de crédit, de talent, pour réussir dans une affaire. Un orateur, un écrivain *faible* est celui qui est dépourvu de talent. *Faiblesse* signifie quelquefois défaillance, évanouissement, syncope, et au figuré, manque de force morale, disposition à trop d'indulgence. Une mère *faible* pour ses enfants est celle qui est avec eux trop indulgente, trop facile. Avoir de la *faiblesse* ou un *faible* pour quelqu'un, c'est avoir un grand penchant pour lui, ou une grande disposition à trouver bien, à excuser tout ce qui vient de lui. On qualifie particulièrement de *faiblesse* la conduite d'une femme qui n'a pas su résister à la séduction. Cᵐᵉ DE BRADI.

FAÏENCE. On donne ce nom à deux genres de poterie bien différents, la *faïence commune*, originaire d'Italie, et la *faïence fine*, originaire d'Angleterre. La faïence commune, fabriquée d'abord par les Arabes, se naturalisa ensuite en Italie, et c'est même sans doute de la ville de Faënza qu'elle a pris son nom. D'Italie elle fut importée en France, où les premières fabriques s'établirent à Nevers, dès le quatorzième siècle. Bientôt toutes nos provinces eurent leurs fabriques de faïence, et cette branche de la céramique fut illustrée par Bernard de Palissy.

La *faïence commune*, sous le rapport de la texture de la pâte, est peu supérieure à cette poterie tendre, poreuse, opaque, recouverte d'un émail brun, jaune, violet, vert, etc., à cassure grise, jaunâtre ou brune, poterie qui forme exclusivement la batterie de cuisine du pauvre. Cependant son grain est un peu plus fin ; sa composition moyenne est de trente-cinq parties d'alumine ferrugineuse, cinquante-huit de silice, et sept de carbonate de chaux ; il s'y trouve en outre toujours un peu de magnésie, et c'est aux oxydes de fer et de magnésie que cette faïence doit d'offrir une cassure colorée, elle est ordinairement recouverte d'un émail blanc à base d'étain. On fabrique des faïences communes destinées à aller au feu ; celles-ci sont recouvertes intérieurement d'un émail blanc, extérieurement d'un émail brun ; mais elles ne sont plus guère en usage que dans les campagnes, où l'on voit encore divers ustensiles de ce genre ornés de fleurs ou de paysages de diverses couleurs. Du reste, la faïence commune n'ayant pas un grain fin, et sa pâte étant généralement peu ductile, on n'en peut faire que des formes lourdes ; aussi ce produit tend-il peu à disparaître et à être remplacé par la faïence fine. La faïence commune sert encore à faire des carreaux de fourneaux, des poêles, etc.

La *faïence fine*, *faïence anglaise*, ou *terre de pipe*, porte encore le nom de *cailloutage*, parce que le caillou (*silex*) entre en assez forte proportion dans sa composition. Sa pâte, essentiellement composée d'argile plastique lavée, de silex pyromaque, ou de quartz broyé très-fin, et quelquefois d'un peu de chaux, est blanche, d'un grain fin, et se prête aux formes les plus légères, les plus élégantes ; elle est recouverte d'un émail transparent à base de plomb. C'est aux potiers du Straffordshire, et principalement aux découvertes de Wedgwood, que l'on est redevable de ce produit. On a commencé à en fabriquer en France vers la fin du siècle dernier, et des efforts des fabricants français est résultée une nouvelle modification de la faïence fine, à laquelle on a donné le nom de *porcelaine opaque* ou *demi-porcelaine*, désignations qui viennent sans doute de l'emploi en faible proportion des matériaux de la porcelaine (kaolin, feldspath) dans la composition de la pâte de ce genre de poterie ; mais ce qui distingue essentiellement la porcelaine étant sa demi-vitrification et sa translucidité, on ne doit regarder la porcelaine opaque que comme une faïence moins imparfaite de la faïence fine. Notre porcelaine opaque n'a pas la dureté de la terre de pipe anglaise ; mais elle l'emporte pour la blancheur ; la terre de pipe anglaise a en effet une couleur jaunâtre, sans inconvénient il est vrai en Angleterre, où il est peu de pièces qui ne reçoivent pas des impressions de gravures en noir, en bleu, en rose, en violet ou en vert. En France on fait aussi des impressions sur terre de pipe, mais beaucoup moins qu'en Angleterre, et elles sont généralement moins bien soignées, ce qui tient sans doute en grande partie à l'infériorité des pâtes et des vernis. Quant à notre porcelaine opaque, on se garde bien de cacher sa blancheur en la couvrant d'impressions ; on l'orne seulement quelquefois de filets de couleur ou de dessins légers.

Le posage des couleurs sur la faïence par impression se fait soit sur biscuit, soit sur glaçure ; la seule différence est que le biscuit n'a généralement besoin d'aucune préparation, tandis que la glaçure doit être préparée en l'enduisant soit d'eau alunée faible, soit d'essence de térébenthine mêlée de 1/12 de vernis de copal, et laissant sécher complètement. L'impression s'opère de deux manières différentes : tantôt on encre la planche type, gravée en taille douce, avec une encre grasse formée d'huile de lin ou de noix cuite, mélangée avec une couleur vitrifiable ou une poudre métallique, et, excepté pour les verts, noirs et rouges, avec une proportion variable de noir de fumée ; on tire cette planche sur du papier humide et sans colle, très-fin pour le posage sur glaçure, beaucoup plus tenace pour le posage sur biscuit, et on décalque aussitôt après sur la poterie l'épreuve encore humide. Tantôt on encre la planche en taille douce seulement avec de l'huile de noix cuite mêlée d'un peu d'essence de térébenthine ; on en tire, soit directement, soit par voie de transport, une épreuve sur une plaque mince de gélatine, qui sert à son tour à faire un transport sur la poterie ; cette dernière se trouve ainsi imprimée en *mordant*, sur lequel on saupoudre les couleurs vitrifiables ou les poudres métalliques. Lorsqu'on imprime sur biscuit, il faut repasser ce dernier au feu, pour détruire les matières grasses, avant de poser la glaçure.

En France, les principales fabriques de faïence fine sont

celles de Creil, Montereau, Choisy-le-Roi, Gien, Sarreguemines, Toulouse. On frabrique aussi, principalement à Lunéville et à Saint-Clément (Meurthe), une faïence fine à email blanc opaque, c'est-à-dire à base d'étain; cette faïence est même plus blanche que la terre de pipe, son émail plus dur, mais ses formes sont moins pures, moins délicates, parce que la couche d'émail, n'étant pas aussi mince, arrondit et épaissit les lignes.

La France n'exporte guère de faïences fines que dans ses colonies. Quant à la faïence commune, sa consommation est toute locale.

FAILLE. On nomme ainsi, en géologie, de grandes fissures occasionnées par l'affaissement d'un terrain, et remplies de débris provenant de ce même terrain. On conçoit que plusieurs couches de roches horizontales et superposées puissent exister en un certain endroit, qu'une cause quelconque produise des fissures perpendiculaires au plan des couches, et que cette même cause ou une postérieure permette à une partie de ces couches de s'affaisser, tandis que les autres parties du système resteront en place; on conçoit, dis-je, que les niveaux des couches ne correspondront plus entre eux; que si les couches étaient, la première de calcaire, la seconde de grès houiller, la troisième de houille, et la quatrième de granwacke, après l'établissement de la faille, le calcaire correspondra au grès, le grès à la houille, la houille à la granwacke. Les failles sont très nombreuses dans le terrain houiller, qui a été bouleversé d'une manière si extraordinaire. Souvent ces fentes, presque toujours remplies d'argile imperméable à l'eau, servent beaucoup le mineur, car elles empêchent les eaux souterraines de pénétrer dans le massif où il travaille, et les forcent de prendre une course ascendante, et de venir former des sources à la surface de la terre.
L. DUSSIEUX.

FAILLITE. Tout commerçant qui cesse ses payements est en état de faillite. Nous n'avons rien à ajouter à cette définition du législateur. Le failli est tenu de faire au greffe du tribunal de son domicile la déclaration de la suspension de ses payements, dans les trois jours de cette suspension, le jour de la suspension compris. Cette déclaration doit être accompagnée du dépôt de son bilan, ou de l'indication des motifs empêchant de le déposer. La faillite est déclarée par un jugement du tribunal de commerce, rendu soit sur la déclaration du failli, soit à la requête d'un ou de plusieurs créanciers, soit d'office. L'ouverture de la faillite est réputée avoir lieu du jour du jugement qui la déclare; mais un jugement ultérieur, rendu soit d'office, soit à la requête des parties intéressées, sur le rapport du juge-commissaire, peut la faire remonter au jour où la suspension réelle du payement a eu lieu, et souvent à une époque bien antérieure à la déclaration du failli; elle résulte soit de la retraite du débiteur, soit de la cloture de ses magasins, soit de la date de tous actes constatant le refus d'acquitter ou de payer ses engagements de commerce. Extrait des jugements déclaratifs de faillite et de ceux qui en fixent l'ouverture doit être inséré dans les journaux du lieu où la faillite a été déclarée, et de tous les lieux où le failli a des établissements commerciaux.

A compter de la déclaration de faillite par le tribunal, le failli est dessaisi de plein droit de l'administration de tous ses biens. Et comme la loi suppose qu'il a dû connaître l'état de ses affaires au moins dix jours avant celle époque, une présomption de fraude est attachée aux actes qu'il a souscrits dans les dix jours qui précèdent l'ouverture de la faillite. Ainsi, aucun privilége, aucun droit hypothécaire n'a pu être acquis sur ses biens. Tous actes translatifs de propriétés immobilières faits par lui à titre gratuit dans les dix jours qui précèdent l'ouverture de la faillite sont nuls et sans effet, relativement à la masse des créanciers; tous actes du même genre à titre onéreux sont susceptibles d'être annulés sur la demande des créanciers, s'ils paraissent aux juges porter des caractères de fraude. Tous actes ou engagements pour fait de commerce contractés par le débiteur dans les dix jours qui précèdent l'ouverture de la faillite sont présumés frauduleux, quant au failli; ils sont nuls lorsqu'il est prouvé qu'il y a fraude de la part des autres contractants. Toutes sommes payées dans le même espace de temps pour dettes commerciales non échues sont rapportées, et en général tous actes ou payements faits en fraude des créanciers sont nuls. Enfin, l'ouverture de la faillite rend exigibles les dettes passives non échues.

Aussitôt que le tribunal de commerce a connaissance de la faillite officiellement, ou seulement par la notoriété publique, il doit ordonner l'apposition des scellés. Le juge de paix peut même se dispenser d'attendre cet ordre et procéder à l'apposition des scellés sur la notoriété acquise. Le tribunal de commerce nomme un de ses membres commissaire pour la surveillance des opérations de la faillite, et un ou plusieurs syndics pour l'exécution de ces opérations. Il ordonne le dépôt de la personne du failli dans la maison d'arrêt pour dettes, ou la garde de sa personne par un officier de police ou de justice, ou par un gendarme; il ordonne également l'affiche du jugement. Le juge-commissaire doit spécialement accélérer la confection du bilan, la convocation des créanciers, et faire au tribunal le rapport de toutes les contestations que la faillite pourra faire naître, et qui seront de la compétence de ce tribunal. Les syndics provisoires sont nommés par le jugement déclaratif de faillite; ces syndics provisoires sont tenus de rendre compte au juge-commissaire de l'état de la faillite, de ses principales causes apparentes et des caractères qu'elle peut avoir. La première réunion des créanciers est consultée par le juge-commissaire sur la nomination de nouveaux syndics; il soumet au tribunal un rapport sur les observations de ces créanciers, et le tribunal désigne de nouveaux syndics ou maintient les anciens. Il peut y avoir pour une faillite jusqu'à trois syndics définitifs, pris dans ou hors la masse des créanciers; ils reçoivent pour leur gestion une indemnité que le tribunal de commerce fixe, sur le rapport du juge-commissaire. Les syndics appellent le failli auprès d'eux pour arrêter et clore ses livres en sa présence; à l'aide de ses livres, de ses papiers et des renseignements qu'ils se procurent, ils dressent le bilan, dans le cas où le failli ne l'aurait point fait, et le déposent au greffe. Les syndics requièrent la levée des scellés dans les trois jours; procèdent à l'inventaire des biens du failli dûment appelé, se font délivrer les marchandises, l'argent, les titres actifs, les livres et papiers, meubles et effets du débiteur, qui sont portés à cet inventaire. Les syndics procèdent au recouvrement des dettes actives, et s'il y a lieu, à la vente, soit aux enchères, soit à l'amiable, des effets mobiliers ou marchandises du failli. Ils versent les sommes en provenant à la caisse des dépôts et consignations, déduction faite des sommes fixées par le juge-commissaire pour les dépenses et frais courants. Ils font tous actes pour la conservation des droits du failli contre ses débiteurs, et prennent inscription au nom de la masse des créanciers sur les immeubles du failli dont ils connaissent l'existence. Ils peuvent, avec l'autorisation du juge-commissaire, transiger sur toutes les contestations intéressant la masse, même sur celles qui sont relatives à des droits et actions immobiliers. Si le failli a été affranchi du dépôt à la maison pour dettes, ou s'il a obtenu un sauf-conduit, les syndics peuvent l'employer pour faciliter leur gestion; le juge-commissaire fixe les conditions de son travail.

Après la nomination des syndics, il est procédé à la vérification des créances. Cette opération, après que toutes les précautions ont été prises pour en assurer la publicité et l'exactitude, est faite entre les créanciers et les syndics, en présence du juge-commissaire, qui en dresse procès-verbal; et toute personne dont la créance est vérifiée peut assister et prendre part aux autres vérifications. Le créancier est tenu d'affirmer que sa créance, ainsi vérifiée, est sincère et véritable, et s'il y a contestation, le tribunal de commerce prononce sur les difficultés élevées. Enfin, après que tous les moyens possibles ont été employés, soit pour avertir les créanciers, soit pour s'assurer de la sincérité des réclamations, la répartition des deniers est faite, et les défaillants n'y sont pas compris. Toutefois, et s'il y a lieu de faire encore de nouvelles distributions, ces créanciers défaillants peuvent se présenter; mais ils ne peuvent rien prétendre aux répartitions consommées, qui à leur égard sont réputées irrévocables, et sur lesquelles ils sont entièrement déchus de la part qu'ils auraient pu prétendre. Trois jours après l'expiration des délais fixés pour l'affirmation des créances, les créanciers admis sont convoqués; le juge-commissaire fixe le jour de l'assemblée, et là, sous sa présidence et en présence du failli, il se fait rendre compte de toutes les opérations : le failli est entendu. C'est alors qu'un concordat ou traité peut être consenti entre les créanciers délibérants et le débiteur failli.

S'il n'intervient point de concordat, les créanciers assemblés forment, à la majorité individuelle des créanciers présents, un *contrat d'union*; ils sont consultés sur l'utilité du maintien ou du remplacement des syndics : ils accordent ou refusent un secours au failli sur l'actif de la faillite. Les syndics procèdent à la liquidation de la faillite, à moins que les créanciers ne leur donnent mandat de continuer l'exploitation de l'actif. Ils poursuivent la vente des immeubles, marchandises et effets mobiliers du failli et la liquidation de ses dettes actives et passives, sous la surveillance du juge-commissaire. Ils rendent compte tous les ans de leur gestion aux créanciers convoqués à cet effet. Lorsque la liquidation de la faillite est terminée, les syndics définitifs rendent un compte général de leur gestion dans une dernière assemblée générale des créanciers. Ceux-ci donnent alors leur avis sur l'*excusabilité* du failli, avis que le juge-commissaire transmet au tribunal de commerce avec un rapport sur le caractère et les circonstances de la faillite. Le tribunal prononce sur l'excusabilité. Si l'excusabilité a été reconnue, le failli demeure affranchi de la contrainte par corps à l'égard des créanciers de sa faillite, et ne peut plus être poursuivi par eux que sur ses biens; si au contraire il n'est pas déclaré excusable, les créanciers restent dans l'exercice de leurs actions individuelles, tant contre ses biens que contre sa personne. Le failli non excusable est privé des droits civiques. Sur la poursuite des syndics, de tout créancier, ou du ministère public, le failli peut être déclaré en banqueroute.

La loi a distingué les créanciers du failli en hypothécaires et chirographaires. Ceux-ci n'ont droit qu'à la répartition de l'actif mobilier du failli, dans la proportion et au marc le franc de leurs créances vérifiées et affirmées. Les autres ont droit exclusivement au produit des immeubles soumis à leur hypothèque; et en outre, en cas d'insuffisance du produit des immeubles, ils concourent, à raison de ce qui leur reste dû, avec les créanciers chirographaires sur les deniers appartenant à la masse chirographaire. Il est d'autres créanciers privilégiés; ce sont les créanciers valablement nantis de gages; ils peuvent vendre leurs gages, quitte à rapporter au syndic ce qu'il a produit en plus de la somme qui leur était due; ils ne figurent dans la masse des créanciers que pour mémoire; ce sont encore les ouvriers employés directement par le failli, pour leur salaire acquis dans le mois qui aura précédé la faillite, et les employés du failli pour leurs salaires des six mois qui l'auront précédée. Il est une espèce de créanciers que la loi a dû protéger spécialement, malgré les abus qui plusieurs fois ont été la suite de cette protection : ce sont les femmes des faillis. En général, elles reprennent en nature tout ce qu'elles ont apporté, tout ce qui leur est échu et tout ce qu'elles ont acquis de leurs propres deniers; mais elles ne peuvent se prévaloir des avantages qui leur ont été faits par leurs maris dans le contrat de mariage. Le failli qui aura intégralement acquitté toutes les sommes par lui dues, en capital, intérêts et frais, pourra obtenir sa réhabilitation. De même que l'on peut poursuivre en déclaration de faillite après la mort du failli, de même la réhabilitation de celui-ci peut être poursuivie après sa mort.

Telles sont, en bloc, les dispositions de la loi du 28 mai 1838, qui forme aujourd'hui le troisième livre du Code de Commerce.

De 1817 à 1826, il y a eu en France 12,272 faillites, donnant une moyenne de 1,227 par an. En 1840 nous trouvons ce chiffre plus que doublé; en 1840, 2,618 faillites; en 1841, 2,514; en 1842, 2,435; en 1843, 3,101; en 1844, 3,024; en 1845, 3,447; en 1846, 3,795; en 1847, 4,762; en 1848, 3,541; en 1849, 3,223; en 1850, 2,144; en 1851, 2,305. De 1840 à 1844, le montant de toutes les faillites fut de 553,099, 508 fr. de 1846 à 1850, leur montant se composa de 866,313,938 fr., et leur passif de 375,656,760. De 1840 à 1850, sur 1,000 faillis, 500 obtinrent des sauf-conduits, 300 furent dispensés de la mise au dépôt, 62 furent placés sous la garde d'un officier de police, 93 incarcérés, et 45 prirent la fuite. Pendant cette période, sur 1,000 faillites, 189 furent closes pour insuffisance d'actif, 58 ne donnèrent pas de dividende aux créanciers chirographaires, 132 donnèrent moins de 10 p. 100, 367 de 11 à 25 p. 100, 75 de 26 à 51, 22 de 51 à 75, 31, plus de 75; enfin, 26 donnèrent un dividende fort élevé, mais qu'on ne pouvait pas encore fixer.

FAIM. Les mots *faim* et *appétit*, quoique désignant l'un et l'autre une sensation qui nous porte à manger, ne doivent pas être confondus. La faim n'indique que le besoin, qu'il provienne d'une longue abstinence ou de toute autre cause. L'appétit a plus de rapport au goût et au plaisir qu'on se promet des aliments qu'on va prendre. La faim presse plus que l'appétit; elle est plus vorace : tout mets l'apaise. L'appétit, plus patient, est plus délicat; certains mets le réveillent. Bien plus, quoique ces deux sensations se trouvent réunies dans la plupart des cas, l'une peut cependant exister sans l'autre.

La faim a été attribuée au froncement de l'estomac, à la pression ou au frottement de sa tunique interne, à la lassitude de ses fibres musculaires, trop longtemps contractées, à la tension des nerfs, au tiraillement du diaphragme, à l'action des sucs gastriques sur les parois qui les contiennent, etc. Toutes ces causes sont hypothétiques, et on n'a encore rien pu conclure des lésions variées que présentent les sujets qui meurent de faim ou plutôt d'inanition. Les effets de l'abstinence sont mieux connus. Le sentiment de la faim varie en intensité suivant l'âge, le sexe, le tempérament, l'état de santé ou de maladie; il peut être diminué par divers agents, tels que les liqueurs spiritueuses, les narcotiques, une température très-élevée.

On a donné le nom de *faim canine* à diverses altérations maladives de la faim, la boulimie, la cynorexie et la polyphagie, qui sont ordinairement liées à des affections nerveuses des organes digestifs.

FAIN (Agathon-Jean-Frédéric, baron), secrétaire intime de Napoléon, mort à Paris, le 16 septembre 1837 intendant-général honoraire de la liste civile de Louis-Philippe, était né à Paris, le 11 janvier 1778. Entré à seize ans comme surnuméraire dans les bureaux du comité militaire de la Convention, il fut admis, après la journée du 13 vendémiaire, dans ceux du Directoire. A quelque temps de là il fut chargé de la direction des travaux intérieurs du secrétariat général; et lors de l'établissement du Consulat, il entra à la secrétairerie d'État où il fut chargé de la direction des archives. En 1806, Maret, duc de Bassano, dont il avait gagné les bonnes grâces, le fit attacher, avec le titre de secrétaire archiviste, au cabinet particulier de l'empereur, que depuis lors il accompagna dans la plupart de ses voyages et de ses campagnes, et qui lui octroya avec le titre de *baron*, des dotations dans l'île de Rugen et sur le *Monte Napoleone* de Milan. En 1813, la maladie ayant forcé M. de Menneval à résigner ses fonctions de secrétaire du cabinet, Fain fut appelé à le remplacer, et dès lors ne quitta plus l'empereur qu'après l'abdication de Fontainebleau. La première restauration l'oublia dans la distribution de ses faveurs, aussi dès le lendemain du 20 mars 1815 Fain était-il réinstalle aux Tuileries dans ses fonction de secrétaire du cabinet. Le 25 mars il signa, dans le conseil d'État, le protocole de l'acte contenant l'énonciation des principes que Napoléon annonçait devoir être à l'avenir la règle de sa conduite et la base de sa politique; et ce fut lui qui le même jour rédigea le décret par lequel étaient remises en vigueur toutes les lois d'exil et de proscription rendues par la Convention contre la famille des Bourbons. Le 6 juillet suivant, à la suite du désastre de Waterloo, le gouvernement provisoire l'appela aux fonctions de secrétaire d'État; mais il ne put les exercer que pendant quarante-huit heures, Louis XVIII étant rentré à Paris dès le surlendemain, 8.

La seconde restauration ayant persisté à se passer de son concours, le baron Fain se retira dans un domaine qu'il possédait aux environs de Montargis, et y occupa ses loisirs à composer sur diverses époques du règne de Napoléon, et sous le titre de *Manuscrits*, des mémoires qui abondent en matériaux d'une haute utilité pour l'histoire contemporaine, et dont l'authenticité est garantie par les fonctions officielles que remplissait l'auteur, lequel fut tout à la fois témoin et acteur dans la plupart des négociations dont il raconte les péripéties et le dénouement. Quoique l'écrivain, lorsqu'il aborde la partie stratégique des faits et essaye d'expliquer le mouvement général des opérations militaires, soit resté fort au-dessous d'une pareille tâche, le succès de ses Mémoires n'en fut pas moins très-grand. En voici les titres : *Manuscrit de 1814*, contenant *l'histoire des six derniers mois du règne de Napoléon* (1823); 2° *Manuscrit de 1813*, contenant *le précis des événements de cette année, pour servir à l'histoire de l'empereur Napoléon* (1825); 3° *Manuscrit de 1812, pour servir à l'histoire de Napoléon* (1827); *Manuscrit de l'an III* (1828), ouvrage destiné par l'auteur à servir d'introduction à une histoire du Directoire, que les événements survenus à peu de temps de là l'empêchèrent de continuer.

L'un des premiers soins de Louis-Philippe, en montant sur le trône, en 1830, fut d'appeler au Palais-Royal l'ancien secrétaire du cabinet de Napoléon, pour lui offrir une position analogue auprès de sa personne; et Fain, pour qui l'orphelin de Schœnbrunn n'était plus depuis longtemps qu'un *colonel autrichien*, ne crut pas manquer à la mémoire de son cœur, à ce qu'il devait à la race du prince qui avait été son bienfaiteur, en acceptant avec empressement les avances et les offres de l'élu des 221. Aussi bien, depuis plusieurs années déjà il avait sollicité et obtenu pour deux de ses enfants des emplois dans la maison de M. le duc d'Orléans, et lui avait ainsi donné des arrhes de dévouement.

Des revirements ministériels, en obligeant en 1832 et 1836 M. de Montalivet, intendant général de la liste civile, à accepter le portefeuille de l'intérieur, firent, à deux reprises, confier à Fain l'*intérim* de ses fonctions; et le rôle tout d'abnégation et de dévouement qu'il consentit à jouer dans ces circonstances, fut récompensé d'abord par le titre de conseiller d'État, et plus tard par le grand-cordon de la Légion d'Honneur. Quand la mort le surprit, en 1837, il exerçait depuis 1834 le mandat de député dont l'avaient investi les électeurs du Loiret; mais, ajoute naïvement un biographe panégyriste, « aucune circonstance particulière ne fixa sur lui l'attention publique durant la législature dont il fit partie ».

FAINE, fruit du hêtre, espèce de capsule ovale, pointue, à quatre pans, quadrivalve, renfermant quatre semences triangulaires. Les daims, les cochons, tous les quadrupèdes habitants des forêts, où qu'on y mène sont très-avides des faînes, qui sont d'ailleurs très-propres à l'engrais de la volaille. L'amande est agréable au goût et fort recherchée par les enfants; elle est douce, mais cette douceur est mêlée d'une certaine astriction, due à l'épiderme qui la recouvre. On a à juste titre appelé la faîne l'*olive du Nord*. En effet, elle fournit une huile comestible qui lorsqu'elle a été exprimée à froid, et avec les précautions convenables, rivalise jusqu'à un certain point avec l'huile d'olive,

DICT. DE LA CONVERS. — T. IX.

du moins au dire de certains amateurs qui prétendent même qu'un mélange à partie égale des deux donne une huile de beaucoup préférable pour la salade à l'huile d'olive pure.

FAINÉANT, de *faire* et de *néant*. On appelle ainsi les gens qui consomment sans rien produire, sans rien faire. L'histoire de ce mot est celle d'une grande partie de la société, qu'une injuste, une inégale répartition des richesses force à se vendre, et que l'autre partie a toujours le moyen d'acheter. Il est telles institutions que nous pourrions citer, qui, comme de bonnes mères, nourrissent grand nombre de *fainéants*. Il y aurait une bien grande réforme à opérer dans la société si l'on voulait en faire disparaître tout ce qui mérite le nom de *fainéant*. La *fainéantise* est une paresse lâche, qui constitue un vice plus dangereux que la paresse proprement dite.

FAINÉANTS (Rois), sobriquet donné à ces fantômes de rois sous les noms desquels régnaient effectivement les maires du palais, et que Boileau a si bien peints. Les rois fainéants commencent à Thierri III, roi nominal de Bourgogne, de Neustrie et d'Autrasie, gouverné d'abord par Ébroin, ensuite par Pépin d'Héristal. Les autres rois fainéants sont Clovis III, Childebert III, Dagobert III, Chilpéric II, Thierri IV, et Childéric III. Ce prince ayant été détrôné en 750, rasé et renfermé dans le monastère de Sithin, Pepin dit *le Bref* se fit proclamer roi. Il est remarquable que Louis V, le dernier roi de la race des *carlovingiens*, et descendant de Pepin le Bref, ait été flétri aussi du nom de *fainéant*, comme ceux qu'avaient détrônés ses ancêtres. De REIFFENBERG.

FAIRE. On peut considérer le *faire*, dans un tableau, comme un cachet particulier à chaque artiste. Gérard Dow a un *faire* soigné, Wouwerman un *faire* argentin, Salvator Rosa un *faire* hardi; tel autre artiste a un *faire* timide, un *faire* mou, un *faire* bizarre. On dit qu'un tableau est d'un beau *faire*. Cette expression tient principalement à la pratique de la peinture, au mécanisme de la brosse, au travail de la main. Elle est d'usage aussi pour la sculpture et la gravure, et désigne alors la manière dont l'artiste emploie le ciseau ou le burin. DUCHESNE aîné.

FAIRFAX (THOMAS, lord), général des troupes du parlement à l'époque des guerres civiles d'Angleterre, sous Charles Ier, naquit en 1611, à Denton, dans le Yorkshire, et, après avoir fait ses études à Cambridge, alla servir comme volontaire en Hollande, dans l'armée de lord de Vere, dont plus tard il épousa la fille, lady Anne de Vere, femme belle, vertueuse, instruite et douée d'une énergie toute virile, qui exerça toujours la plus décisive influence sur son mari, caractère honnête et loyal, mais homme faible et presque complètement dénué d'impulsion propre.

A son retour en Angleterre, Fairfax conçut la plus vive antipathie pour Charles Ier, et, au début de la guerre civile, accepta du parlement le poste de général de la cavalerie à l'armée du nord, dont son père, lord Ferdinand Fairfax, fut le premier général en chef. Les champs de Marston-Moore furent témoins de l'ardeur guerrière de ces deux capitaines. Malheureusement, Thomas Fairfax ne montra jamais de vigueur ailleurs que dans les combats. Son irrésolution et sa timidité en firent le plus souple comme le plus utile instrument de Cromwell, qui, placé auprès de lui en qualité de lieutenant général, exerçait de fait l'autorité, en le faisant toujours plier sous son ascendant. Lorsqu'en 1645 la fameuse ordonnance du renoncement à soi-même, œuvre de l'hypocrite Olivier, retira le pouvoir militaire des mains de l'aristocratie pour le donner aux hommes du peuple, Thomas Fairfax, investi du généralat suprême, ne recueillit, de concert avec Cromwell, que la ruine du comte d'Essex, écrasa, l'armée royale à Naseby.

A la seconde explosion de la guerre civile, ce fut encore Fairfax qui détruisit et dispersa l'insurrection royaliste. Lorsque les républicains indépendants, dont Cromwell se faisait le chef malgré leurs défiances, attaquèrent le parti presbytérien dans le parlement, l'ascendant d'Olivier l'emporta encore sur les répugnances de Fairfax. Il en fut de même quand l'armée, opprimant la capitale et le parlement, expulsa définitivement, avec les presbytériens, tous ceux qui s'opposaient à la tyrannie du sabre. Enfin, lorsque l'armée, ou plutôt Cromwell avec son appui, voulut se défaire de la personne du roi, et s'ouvrir, sur les débris sanglants du trône, le chemin de la puissance suprême, l'opposition de Fairfax fut encore toute passive. Il se borna au refus de siéger parmi ceux qui s'arrogeaient le droit du châtiment et du meurtre. Lady Fairfax, naguère presbytérienne zélée, et qui au début de la révolution avait adopté avec enthousiasme les idées républicaines, mais qui avant tout avait un cœur de femme et ne pouvait voir souffrir sans se ranger aussitôt du parti du malheur; lady Fairfax assistait au procès de l'infortuné monarque dans une tribune réservée. Quand le greffier, lisant l'arrêt de mort rendu contre Charles Ier, prononça ces mots : « Au nom de tout le peuple d'Angleterre, » elle s'écria : *Non! pas même un quart du peuple d'Angleterre!* courageuse protestation d'une femme, qu'un officier de l'armée, Axtell, voulut punir en donnant, dit-on, l'ordre de faire feu sur la tribune d'où ces paroles étaient parties. Après la mort de Charles Ier, Fairfax refusa de siéger au conseil qui exerçait le pouvoir exécutif; mais il conserva le commandement des troupes en Angleterre et en Irlande. A leur tête, il rendit encore à son pays le service de disperser les niveleurs, et d'apaiser de nouveaux troubles, puis résigna bientôt sa commission, pour ne pas concourir à une expédition contre l'Écosse, qui venait de se déclarer en faveur de Charles II, et ce fut Cromwell qui en prit le commandement en chef.

Fairfax se retira alors dans ses terres du Yorkshire, et n'eut plus d'autre pensée que la restauration de la famille royale. A la mort de Cromwell, en 1658, il leva une armée pour l'opérer, et seconda puissamment l'entreprise de Monk. Élu en 1660 membre du parlement par le comté d'York, il fut un de ceux que cette assemblée députa à La Haye auprès de Charles II, pour l'engager à venir aussitôt que possible reprendre l'exercice de l'autorité royale. Franchement réconcilié avec le nouveau roi, il passa paisiblement le reste de sa vie dans la retraite, jusqu'au 12 février 1671, époque de sa mort.

Fairfax était instruit, et a laissé plusieurs écrits, entre autres des *Mémoires*, publiés après sa mort (1699). Sa composition la plus remarquable par sa singularité est sûrement la pièce de vers qu'il adressa à Charles II, le jour de son couronnement, à l'occasion du cheval que montait ce prince, et dont le poète, ancien général des armées parlementaires, lui avait fait présent.

Lady Fairfax, cette femme si passagèrement mêlée aux affaires de son temps, a laissé aussi quelques compositions littéraires, de médiocre importance. Ses écrits, prose et vers, qui n'ont jamais été publiés, font partie de la grande collection des manuscrits de Thoresby.   AUBERT DE VITRY.

FAISAN, genre d'oiseaux de l'ordre des gallinacés. *Faisan*, en latin *phasianus*, vient du grec φασιανός, fait de Φάσις, le Phase, fleuve de l'antique Colchide. On prétend en effet que le faisan est originaire des régions du Caucase, d'où il aurait été rapporté en Europe par les Argonautes. Ce genre a pour caractères principaux : Bec fort, courbé à sa pointe, convexe en dessus et nu à sa base; joues nues, verruqueuses; tarses robustes, armés d'un éperon conique et de médiocre longueur; doigts antérieurs réunis par une membrane jusqu'à la première articulation; queue très-longue, étagée, composée de dix-huit pennes, formant deux plans, et se recouvrant comme les tuiles d'un toit. Le plumage des mâles est de couleurs variées; cependant on a remarqué que les femelles qui cessent d'être fécondes prennent peu à peu une livrée qui approche de plus en plus de celle des mâles; en termes de chasse, ces femelles sont appelées *coquars*, expression d'autant plus vicieuse qu'elle désigne également les métis que produit le faisan avec la poule ordinaire.

Le genre *faisan* renferme quinze espèces, dont les principales sont le *faisan commun*, le *faisan à collier*, le *faisan argenté* et le *faisan doré*.

Le *faisan commun* (*phasianus colchicus*, Linné) est aujourd'hui répandu dans toute l'Europe. Sa taille est celle d'une poule. La teinte générale de son plumage est un mélange pourpré très-brillant de marron, de bleu, de vert, de violet et de noir, et plus ou moins émaillé de taches roussâtres, blanchâtres et grisâtre olivâtre : les parties les plus foncées, la tête et le cou, sont d'un vert doré changeant en bleu et en violet, comme les deux bouquets de plumes qu'il porte de chaque côté de l'occiput; les parties les plus claires, le bas du cou, la poitrine, le ventre et les flancs sont d'un marron roussâtre lustré; quant aux plumes scapulaires et du dos, elles sont brunes dans le milieu et bordées de marron, avec une bande blanchâtre; les pennes de la queue sont d'un gris olivâtre varié de bandes transversales noires, et frangées de marron pourpré. De larges membranes, d'un rouge écarlate, bordent le contour de ses yeux, dont l'iris est jaune. Ces papilles ou caroncules forment comme l'expression visible de tous les mouvements de son être; elles deviennent pâles ou pourpres, selon qu'il est inquiet, souffrant, disposé à la colère ou amoureux. La femelle est à plumes plus petites et moins prononcées. Le plumage de la femelle est loin d'avoir l'éclat de celui du mâle ; c'est un mélange fondu de brun, de gris, de roussâtre et de noirâtre.

Le faisan est d'un naturel farouche et d'une humeur sauvage; aussi aime-t-il sa liberté avant tout. Quoi qu'on fasse pour lui adoucir sa captivité, on ne parvient jamais à l'apprivoiser. Il vit mal avec ses compagnons, qu'il harcelle sans cesse à grands coups de bec, ne s'occupe de sa femelle que dans le temps de ses amours, et s'inquiète fort peu des soins de famille, qu'il laisse entièrement à la charge de celle-ci. Sa fougue au printemps est tellement violente, qu'il se jette pour satisfaire sa passion dans les basses-cours au milieu des poules, et qu'il féconde la première venue. Cependant, les naturalistes prétendent que dans l'état tout à fait sauvage on ne lui voit jamais qu'une seule femelle. La femelle est plus sociable; du moins elle ne tourmente pas comme le mâle ceux qui partagent sa captivité. Elle fait ordinairement son nid au pied des grands arbres, au milieu des buissons : elle le compose de brins de bois, de mousse et de débris de plantes sèches. Elle pond régulièrement tous les deux jours, et élève sa couvée de douze à quinze œufs et quelquefois au-delà. Les petits naissent après vingt-trois ou vingt quatre jours d'incubation, et on les voit courir un instant après leur sortie de la coque, cherchant et ramassant des brins d'herbe et de petits insectes.

Le faisan est le premier gibier en France; on n'en connaît pas qui l'égale pour le goût et le fumet : sa chair est d'une délicatesse extrême, et, outre qu'elle est fort nourrissante et très-fortifiante, elle se digère facilement, et convient aux étiques et aux convalescents. Autrefois, sous le régime des privilèges, le faisan était un mets spécialement réservé aux tables seigneuriales ou aux banquets de la cour.

Nous ne dirons que quelques mots des trois autres espèces que nous avons plus particulièrement signalées. Le *faisan à collier* (*phasianus torquatus*, Temm.), originaire de la Chine, tire son nom d'une tache d'un beau blanc qu'il porte de chaque côté du cou. Quelques auteurs le regardent comme une simple variété du faisan commun. Le *faisan argenté* (*phasianus nycthemerus*, Linné), originaire des mêmes lieux que le faisan à collier, et commençant comme lui à se naturaliser en Europe, est blanc sur le dos, avec de petites lignes noires sur chaque plume. Mais c'est surtout le *faisan doré* ou *tricolore* (*phasianus pictus*, Linné), de la Chine et du Japon, qui se distingue entre toutes les autres espèces par l'éclat de son plumage. Une huppe d'un beau jaune doré orne sa tête; une collerette orangée, maillée de noir, revêt son cou; le haut du dos est vert, le croupion jaune; les ailes sont rousses, avec une tache d'un beau bleu ; le ventre est rouge de feu, tandis que la queue, longue et brune, est tachetée de gris.

FAISANDERIE, lieu où on élève des faisans et des perdrix de toutes espèces. Les faisanderies sont construites pour peupler certains cantons qui manquent de gibier ou pour réparer la destruction qu'on en a faite par la chasse. Elles doivent être exposées au midi, dans le voisinage des grands bois, loin des habitations, et à portée de quelques prairies, afin de se procurer facilement des œufs de fourmis, qui sont une nourriture indispensable aux jeunes faisandeaux. On dispose dans l'intérieur plusieurs séries de petits logements, qu'on adosse aux murs, les uns appelés *loges*, destinés aux couveuses et aux couvées écloses, les autres appelés *parquets*, pour les pondeuses. Le milieu de la faisanderie, ou plutôt tout le terrain qui n'est pas occupé par les loges et les parquets, doit être disposé de manière à recevoir les couvées ou bandes de faisandeaux, une fois qu'ils peuvent sortir à l'air, et à hâter leur éducation. On laisse croître dans certaines places de grandes herbes et d'épais buissons, et on fait venir dans d'autres un gazon menu et délicat, sur lequel les petits faisandeaux aiment à se promener en l'épointant du bec; mais comme ils sont aussi très-friands de mouron et de plantes potagères, il faut avoir soin d'en faire des semis. On doit encore, quand on le peut, pratiquer çà et là quelques mares d'eau, dont on garnit le bord de joncs et de roseaux ; car l'humidité est quelquefois salutaire aux petits faisans, et on les voit souvent à la rechercher aussi avidement que la terre légère, où ils se roulent avec tant de plaisir par un beau soleil.

Au mois d'avril on enferme sept poules faisanes avec un faisan mâle dans les parquets; elles ne tardent point à pondre. Le faisandier doit recueillir chaque soir les œufs, à peine d'en trouver quelques-uns écrasés ou mangés le lendemain matin. On confie 18 à 24 de ces œufs pour les faire couver à des poules de basse-cour, de la fidélité desquelles on s'est assuré l'année précédente. Quand les petits sont venus, on place la mère dans une caisse assez grande, portative, où on la retient prisonnière, mais dont la devanture est à claire-voie et permet aux faisandeaux d'en sortir et d'y rentrer au moindre sujet d'alarme, ou quand la mère nourrice les rappelle. A mesure qu'ils avancent en âge, on transporte la caisse et la mère du petit cellier dans la partie claire de la loge, et de la loge dans un des coins de la faisanderie. On lâche la mère quelques jours après, et il est bien rare qu'elle s'écarte du voisinage de sa caisse, où elle revient d'ailleurs coucher chaque soir avec sa famille adoptive.

Le faisandier dans le premier mois ne saurait apporter trop d'attention dans la nourriture des faisandeaux. Elle devrait être d'œufs de fourmis de pré ; mais la difficulté souvent de s'en procurer doit faire suppléer les jaunes d'œufs durs avec de la mie de pain et un peu de laitue. Après le premier mois, on cesse peu à peu la fréquence des repas, mais on en augmente l'abondance en y ajoutant tantôt des œufs de fourmis de bois, qui sont plus nourrissants, tantôt un peu de blé. Les faisandeaux sont sujets alors à être attaqués par une espèce de poux qui les met en danger, si on n'y prend garde. Pour y remédier, il faut redoubler de soins et de propreté, leur préparer de la terre bien légère, où ils puissent se rouler, et établir à fleur de terre de petites cuves d'eau bien entretenues et sans profondeur, où ils puissent se baigner. Plus tard, quand ils ont atteint deux mois, ils ont une autre crise à passer : les plumes de leur queue tombent, et il en pousse de nouvelles. On hâte cette mue ou on rend cette époque moins dangereuse en faisant usage d'un repas, entre autres d'œufs de fourmis de bois et d'œufs durs, hachés avec de la mie de pain et un peu de laitue. On a observé que l'excès des œufs de fourmis dans cette circonstance était aussi nuisible que l'usage modéré en était nécessaire. Les faisandeaux sont encore sujets à la pépie. Une autre maladie à laquelle ils sont exposés, et qui est plus à redouter, parce qu'elle est contagieuse, s'annonce par une enflure considérable à la tête et aux pieds; elle est accompagnée d'une soif excessive, qui hâte la mort quand on la satisfait. Le faisandeau entre alors dans son troisième mois. On pense que cette maladie lui vient du besoin de liberté qu'il éprouve; aussi est-ce le moment où on le lâche dans les bois ou les cantons qu'on veut peupler. Livrés à eux-mêmes, ils ne tardent point à prendre un caractère sauvage et à gagner les lieux les plus solitaires et les plus escarpés; cependant il est rare qu'on les voie changer de canton, à moins qu'ils n'y soient atteints de disette ou importunés par la présence de l'homme ou de quelques animaux malfaisants.

La méthode pour élever des jeunes perdrix est la même que l'on suit pour les faisans, à quelques légères différences près, que nous croyons inutile d'indiquer ; mais on tenterait en vain de l'appliquer aux perdrix rouges : elles ne pondent point dans les parquets, et il est toujours nécessaire de se procurer du dehors les œufs qu'on veut donner à couver.   Jules SAINT-AMOUR.

FAISANS (Ile des). *Voyez* BIDASSOA.

FAISCEAU, assemblage de certaines choses liées ensemble : *faisceau de verges.* En termes d'anatomie, on dit *faisceau de muscles, de nerfs. Faisceau de rayons lumineux,* en optique, c'est un cône de rayons lumineux qui partent d'un même point, et qu'on isole par la pensée de tous les autres rayons, pour les soumettre à des considérations particulières. *Colonne en faisceau,* dans l'architecture, est un gros pilier gothique, entouré de plusieurs petites colonnes isolées, qui reçoivent les retombées des nervures des voûtes.

Les *faisceaux* étaient à Rome la marque de la puissance souveraine : une hache, entourée de branches d'orme, que le fer de cet instrument surmontait, était portée par des licteurs qui précédaient toujours les premiers magistrats. On en portait 24 devant le dictateur, 12 devant les consuls, 6 devant les proconsuls et les préteurs. Suivant Plutarque et Tite-Live, ce fut Romulus qui introduisit cet usage à Rome. Selon Florus et Silius-Italicus, ce fut Tarquin l'Ancien qui l'emprunta aux Étrusques, ses compatriotes. Cette marque de la souveraineté subsista à Rome sous les rois, sous les consuls et même quelque temps sous les empereurs. On disait d'un consul qui entrait en charge, qu'il prenait les faisceaux (*sumere fasces*) et de celui qui sortait de charge, qu'il déposait les faisceaux (*deponere fasces*). Lorsque ces magistrats voulaient se rendre agréables au peuple, ils faisaient abaisser les faisceaux devant lui, et cet acte de déférence s'appelait *submittere fasces.* L. Valerius Potitus, l'un des décemvirs, qui fut consul l'an 449 avant J.-C., mérita le surnom de *Publicola* pour avoir plusieurs fois rendu cet hommage au peuple. Ce fut lui qui fit ôter les haches des faisceaux, en privant les consuls du droit de vie et de mort dans l'intérieur de la ville; ils ne les conservèrent qu'à la tête des armées.

FAISCEAUX D'ARMES, assemblage de plusieurs armes. Il y a différentes manières de former les *faisceaux.* En garnison et dans les casernes, chaque chambrée, composée de plusieurs lits, a un manteau d'armes, servant à placer les fusils, les carabines ou les mousquetons, dans un ordre méthodique, tel que chaque soldat puisse immédiatement reconnaître son arme. Les fusils sont placés la crosse en bas, et rangés en cercle ou en long, selon la disposition du local, sur une forte planche, traversée à sa partie supérieure par un montant en bois denté, destiné à recevoir le bout du fusil, qui se trouve toujours placé, de manière que le canon soit un peu penché du côté opposé à la sous-garde. Dans les camps, chaque compagnie, chaque poste a son faisceau d'armes. Il consiste en plusieurs chevalets, placés sur un même alignement, 9 mètres 75 en avant du front de bandière, et autour desquels on range les fusils. Pour les préserver des intempéries de l'air, on les recouvre d'un manteau, dit *manteau d'armes.* On nomme également *faisceaux* les piquets ou chevalets où sont fichés les drapeaux et les étendards : ils sont au centre du régiment et sur l'alignement des fusils. Les caisses, les clairons et les trompettes appartenant aux hommes de service sont placés au pied de ce faisceau, et forment, avec quelques armes, une espèce de trophée. L'ordonnance du 3 mai 1832, sur le service des armées en campagne, dit ; article 39 : « .... Le drapeau est planté au centre du bataillon avec lequel il marche; les compagnies forment les faisceaux; deux hommes de corvée établissent les chevalets, sous la direction d'un sergent, qui ensuite y place les armes. »

On forme aussi les faisceaux lorsque, dans les exercices, la troupe est mise au repos, et dans les marches, toutes les fois qu'une colonne fait halte. Le faisceau n'est alors qu'un assemblage de fusils, qu'on forme en engageant les baïonnettes les unes dans les autres, de manière que ces armes se soutiennent mutuellement et représentent une espèce de pyramide. C'est ainsi que l'on dit : *mettre les armes, les fusils en faisceaux; former les faisceaux; rompre les faisceaux.* Les corps de garde sont également garnis, en dedans ou en dehors, de faisceaux d'armes; mais alors ils prennent le nom de *râteliers d'armes.* Les arsenaux et autres magasins d'armes sont garnis de ces râteliers : ils sont disposés en étages, et destinés à recevoir toutes les espèces d'armes portatives. Ces faisceaux ou râteliers sont ordinairement établis dans de vastes salles ou travées.

FAISEUR, FAISEUSE, ouvrier, ouvrière dont la profession n'a point de nom spécial. Le vocabulaire moderne a substitué à ce mot celui de *fabricant* dans beaucoup de cas. Molière a dit un *collet*, une *fraise* de la *bonne faiseuse*. Le mot *faiseur* s'emploie aussi, au figuré et au positif, comme terme d'ironie ou de mépris : on dit un *faiseur d'embarras, de contes, d'almanachs,* pour indiquer un homme qui se donne de l'importance, se mêle de tout, et n'est qu'inutile, ou importun, ou hâbleur. On appelle aussi *faiseurs de vers* les poètes médiocres. La plupart de nos théâtres ont leurs *faiseurs* attitrés. Le *faiseur d'affaires* est un homme qui se mêle d'un commerces dans l'exercice duquel la probité se fait moins remarquer que l'esprit d'intrigue. Cette expression est peu ancienne, et s'applique à toutes les industries qui comportent avec elles l'idée de quelque chose de trop hasardé, comme les jeux de bourse, ainsi qu'à celles qui semblent avoir de leur nature quelque chose de vil ou de bas, comme l'action de spéculer sur la misère des particuliers, pour conclure des affaires dans lesquelles l'état de détresse de l'une des deux parties le livre presque complétement à la merci de l'autre.

FAISEURS DE PONTS (Frères). *Voyez* PONTIFES (Frères).

FAIT (*Philosophie*). Un fait, c'est ce qui commence d'être, ce qui arrive, c'est un changement qui se produit dans la nature, un nouvel état par lequel nous voyons passer une chose, c'est ce par quoi se manifestent directement aux regards de notre esprit les êtres ou les lois de ces êtres. Les différents êtres dont se compose la nature ne changeraient jamais d'état s'ils n'y étaient contraints par une autre force dont l'action les sollicite à subir ce changement; c'est cette modification que nous appelons un *fait;* cette action n'aurait point elle-même de résultat sans une loi en vertu de laquelle ce changement s'opère et s'opérera constamment de même, et par laquelle est réglé le rapport de la force modifiante avec la force modifiée. Voici donc les idées qui servent d'inévitable cortége à l'idée de fait; d'abord, l'*être*, l'*objet* qui subit une modification, un changement d'état; puis la force modifiante, qui détermine la modification à avoir lieu, et dont l'action reçoit le nom de *cause* ou d'*occasion déterminante;* enfin, la *loi* en vertu de laquelle cette modification a lieu.

On peut encore envisager l'idée de fait sous un autre point de vue. Un *fait*, c'est ce qui tombe directement sous le regard de notre esprit, c'est lui seul qui *apparaît, se manifeste* à nous; car les forces, les agents de la nature, l'être sujet de la modification, la loi en vertu de laquelle la modification a lieu, ne nous apparaissent qu'à travers le fait; nous ne les apercevons pas directement, la raison seule nous en fait deviner l'existence. Nous appelons alors ce qui nous apparaît, se manifeste à nos regards, *phénomène.* On peu donc encore, définir le mot *fait* la manifestation d'un être, d'une cause, d'une loi.

Un fait considéré isolément, c'est-à-dire abstraction faite de la loi en vertu de laquelle il se produit, est quelque chose de fort insignifiant pour nous; il n'a véritablement d'intérêt et de sens que par rapport à la loi, ou plutôt c'est la loi seule d'un fait qui a du sens et de l'intérêt à nos yeux. Un fait qui n'est point généralisé, c'est-à-dire dont la loi ne nous apparaît pas en même temps que lui, ne nous donne donc qu'une connaissance sèche, stérile et morte. C'est ce qui a donné lieu à cette locution : *Bête comme un fait*. Qu'on lui passe ce qu'elle a de trivial en faveur de sa vérité. Mais quand on considère les faits sous le point de vue de leurs lois, quand on ne se borne pas à la notion des phénomènes isolés, qu'on les généralise, et qu'on s'élève aux inductions que la raison peut en tirer, alors ce proverbe est menteur : l'observation des faits devient la source la plus féconde d'instruction; car plus on découvre de faits différents, plus aussi on connaît de lois différentes; plus on remarque de rapports entre les faits, plus on remarque aussi de rapports entre les lois. Or, c'est la connaissance des lois de la nature et de leurs rapports entre elles qui constitue les sciences. Autrefois, ceux qui étudiaient la nature étaient moins préoccupés d'observer les faits que de déterminer *a priori* les lois de l'univers. Comme ces lois n'auraient pu se manifester à eux que par les faits qui en sont les applications, et qu'ils négligeaient précisément l'observation de ces faits, ils avaient recours à des hypothèses, sur lesquelles ils bâtissaient leurs systèmes, aussi périssables que leurs fondements étaient mal assurés. Bacon fut le premier qui proclama la véritable méthode des sciences, et qui posa ce principe, qu'on ne peut connaître la nature que par l'observation rigoureuse et détaillée de ses phénomènes.

On a été autorisé à séparer tous les phénomènes dont la nature est le théâtre, en deux ordres de faits principaux : les faits que nous manifeste le monde extérieur, qui tombent sous nos sens, et que l'on appelle pour cette raison *faits sensibles* ou *faits de l'extériorité*, et les faits qui se passent au dedans de nous, qui sont les modifications de notre âme, qui ne tombent que sous l'œil de la conscience, et qu'on a par conséquent nommés *faits de conscience* ou *faits psychologiques.* En effet, c'est à la faveur de l'observation donnée à ces ordres de phénomènes qu'on a légitimement conclu à la distinction de leurs sujets respectifs, et qu'on a pu fonder la p**s**y**c**h**o**l**o**g**i**e comme science réelle et bien distincte des sciences qui ont pour objet la connaissance de la nature extérieure. Mais ce qu'il importe de remarquer avant tout, c'est que les faits psychologiques ou de conscience sont des faits tout aussi réels pour nous que les faits de l'extériorité, et que nous pouvons encore moins douter de l'existence des premiers que de la réalité des seconds.

On distingue en outre des faits qu'on pourrait appeler *mixtes*, par la raison qu'ils offrent en quelque sorte un mélange d'extériorité et de spiritualité, si l'on peut parler ainsi. Mais ces faits ne sont pas pour cela d'une nature particulière ; ce sont des phénomènes complexes, dans lesquels entrent comme éléments un fait sensible et un fait spirituel. Ainsi, quand nous parlons, le fait qui a lieu est de ce genre; il y a en effet un phénomène d'extériorité, qui est l'émission du son par l'organe vocal, et un phénomène spirituel, qui est l'idée que l'esprit attache au son émis. Le son en effet ne constitue pas à lui seul la parole; l'élément essentiel de celle-ci, au contraire, est la pensée, représentée par le signe sensible. C.-M. PAFFE.

FAIT (*Droit*). Un *fait* est toujours la base des obligations; mais pour que les obligations soient valables, il faut le concours de plusieurs conditions : 1° il faut que le *fait* soit possible; 2° qu'il ne soit contraire ni aux lois ni aux bonnes mœurs; 3° qu'il soit clair et déterminé; 4° enfin qu'il présente un intérêt appréciable. Les *faits* défendus par les lois produisent les délits et les quasi-délits.

En procédure, le mot *fait* signifie particulièrement le cas, l'espèce dont il s'agit dans une discussion ou dans une contestation. Le *fait* pris dans cette acception est l'exposé des circonstances qui constituent le procès ; les jugements doivent contenir l'exposition sommaire des *points de fait*. C'est surtout en matière criminelle que les jugements doivent déclarer les faits dont un prévenu est reconnu coupable, car c'est la qualification du fait qui détermine l'application de la loi. La cour de cassation, étant instituée pour la conservation des principes du droit, n'a point de juridiction sur les faits, c'est-à-dire que les faits reconnus constants par les tribunaux ordinaires doivent être par elle tenus pour avérés, et que ses attributions se réduisent à examiner et à juger si la loi a été bien appliquée aux faits déclarés par les jugements qui lui sont soumis. Il ne faudrait pourtant pas tirer de ce principe la conséquence que les tribunaux pourraient, au mépris de la vérité, déclarer constants des faits démentis par les *actes* mêmes du procès ; car dans ce cas les lois consacrant la foi des actes pourraient être valablement invoquées, et le recours en cassation serait admissible. C'est principalement dans les matières soumises à la décision du jury que les déclarations de *fait* sont irréfragables. Les jurés sont établis pour prononcer sur les faits, et la mission des tribunaux consiste dans l'application de la loi à laquelle ces faits se rattachent.   DUBARD.

FAIT (*Histoire*). On appelle ainsi les événements dont se composent les annales d'un peuple, ou la vie d'un personnage historique. Les *faits* sont l'élément constitutif de l'histoire ; mais ils n'ont de valeur que par la manière de les considérer, de les grouper, de les coordonner. Effectivement les *faits* qui dans un tableau chronologique, dans les chroniques nues et décolorées du moyen âge, nous semblent si peu significatifs, si dénués d'intérêt, se revêtent des couleurs les plus expressives et les plus attachantes sous la plume d'un historien habile. Un petit *fait* bien apprécié explique toute une époque ; mais c'est à l'écrivain sagace à le mettre au jour. Rien n'est plus facile que d'abuser de ce talent et de torturer les *faits* pour leur arracher des mensonges : c'est l'écueil sur lequel vient sans cesse échouer cette moderne école historique, qu'on peut appeler l'école pittoresque. Aussi, si en matière de philosophie l'on a pu dire : *Rien d'absurde comme un fait*, on peut en fait d'histoire s'écrier souvent : *Rien de menteur comme un fait!* C'est dans ce sens que lord Byron a renfermé dans un vers cette boutade : *Je n'admets un fait que quand il est attesté par deux bons faux témoins*. Que n'a-t-on pas dit sur l'incertitude des faits historiques ?

Il faut prendre l'histoire non pour ce qu'elle doit être, mais seulement pour ce qu'elle est, et ne voir en elle, selon la définition sensée de Voltaire, que le récit des faits donnés pour vrais, au contraire de la fable, qui est le récit des faits donnés pour faux. C'est une opinion professée par tous les sceptiques, que les moins mauvaises histoires sont celles qui ont été écrites par des hommes qui, comme généraux ou comme politiques, avaient eu connaissance ou participation personnelle des faits qu'ils racontent. Toutefois, Asinius Pollion, au rapport de Suétone, trouvait que César, en ses *Commentaires*, était tombé dans quelques erreurs de *fait*, parce qu'il n'avait pu avoir les yeux sur toutes les positions de son armée, et qu'il en avait cru ses subalternes qui lui rapportaient souvent des faits controuvés. Ces réflexions ne doivent pas empêcher d'étudier l'histoire, mensonge convenu tant qu'on voudra, mais mensonge utile, en ce qu'il offre, par l'assemblage des faits, une sorte de physiologie des sentiments, des passions et des opinions qui tour à tour ont animé, guidé, agité l'espèce humaine.

L'art de tirer des inductions des faits a donné lieu à l'école philosophique en histoire : il est encore bien facile d'abuser de cette science, témoins Mably, Raynal, Voltaire, en un mot tout le dix-huitième siècle, qui s'est montré quelquefois aussi absurde dans son scepticisme exclusif, que les âges précédents avaient pu l'être dans leur crédulité. Comme modèles de l'art de tirer des inductions des faits il faut citer les leçons d'histoire moderne de M. Guizot, et les lettres de M. Augustin Thierry sur l'histoire de France. Les Allemands ont été sans doute beaucoup plus loin ; mais c'est une raison d'estimer davantage ceux de nos historiens philosophes qui, sachant s'arrêter dans la carrière immense des inductions, respectent assez les faits pour ne pas les revêtir de toutes les couleurs d'une imagination vagabonde et systématique.   Charles DU ROZOIR.

FAÎTAGE, pièce de bois qui règne tout le long d'un toit, en forme de crête, et à laquelle viennent aboutir tous les bouts supérieurs des chevrons. Elle fait partie du comble ou de la toiture, formée ordinairement de deux plans inclinés, versant les eaux des deux côtés opposés.

Autrefois il existait un droit de *faîtage*, qu'on payait au seigneur pour poser à sa maison le *faîte*. C'était la partie la plus élevée de l'édifice.

FAÎTE. *Voyez* COMBLE.

FAÎTE (Ligne de). *Voyez* BASSIN (*Hydrographie*).

FAÎTIÈRE, sorte de lucarne pratiquée dans le toit, pour éclairer l'espace qui est sous le comble. Ce nom s'applique aussi à des tuiles courbées dont on recouvre le faîte de la maison, et qu'on place les unes à suite des autres et faisant crête de coq. Elles servent à empêcher que l'eau ne pourrisse le faîtage et ne laisse sans appui les chevrons.
V. DE MOLÉON.

FAIX, charge, fardeau, corps pesant. Nicod fait dériver ce mot de *fascis*. Faix à col, en termes d'eaux et forêts, indique le délit forestier de celui qui est saisi chargé de bois qu'il a dérobé. On appelle *faix de pont*, en marine, des planches épaisses et étroites, posées sur les baux du pont, dans la longueur d'un vaisseau. Les *ralingues* et les *rabans de faix* sont des cordages qui soutiennent tout le poids de la voile ; les *faix de faix*, des pièces de bois qui supportent les poutres principales du pont d'un bâtiment ; les *étances* ou *accores en faix*, de fortes pièces de bois destinées à servir d'appuis à un navire en construction. On emploie aussi *faix* au figuré.

FAKIR, mot arabe qui signifie *pauvre*. On désigne ainsi dans l'Indoustan les moines mendiants et vagabonds, soit musulmans, soit idolâtres, qui ont beaucoup de ressemblance avec ceux qu'en Perse et en Turquie on nomme *calenders* et *derviches*.

Les fakirs mahométans qui se destinent à devenir *mollahs* ou docteurs sont assez réglés dans leurs mœurs, et vivent retirés dans les mosquées, où ils étudient le Koran et la législation musulmane. Quant aux fakirs idolâtres, ils sont partagés en plusieurs sectes, qui diffèrent par leurs noms et leurs costumes plus que par leurs habitudes. Ces prétendus religieux, dont la dévotion n'est que de la paresse, aiment mieux vivre d'aumônes que de leur travail. Si on leur refuse, ils insultent ou volent. Ils marchent isolément ou par bandes, souvent de trois ou quatre mille, sous la conduite d'un supérieur, et traitant quelques femmes perdues, qui leur appartiennent en commun. Les uns vont presque nus, les autres couvrent leurs haillons d'une robe composée de plusieurs morceaux, qui leur descend jusqu'à mi-jambe. Des fakirs moins dissolus et plus actifs se contentent de célébrer les louanges de leur fondateur, et s'adonnent au trafic et à l'usure. Quelques-uns se barbouillent le corps de cendre et de bouse de vache. Il y en a qui s'ajustent et se parent comme des femmes. D'autres, ayant pour colliers des peaux de serpents ou des ossements humains, affectent l'air féroce du dieu Schiba. Les fakirs pénitents font de l'hiver et l'été, et se tiennent jour et nuit dans des positions gênantes, les uns sans se coucher, appuyés seulement sur une corde tendue, les autres enfermés dans une fosse, sans boire ni manger pendant plusieurs jours ; ceux-là restent si longtemps les bras élevés au ciel qu'ils ne peuvent plus les abaisser ; ceux-ci se vautrent sur des épines, ou tiennent sur leur tête des charbons ardents qui les brûlent jusqu'aux os. Quoique tous ces fakirs se donnent pour prophètes, la plupart finissent par devenir totalement fous.

Des raisons de politique et de sûreté ont souvent déterminé des seigneurs moghols à faire fakirs, mais sans s'astreindre à leur vie austère. L'empereur Aoureng-Zeyb lui-même s'était fait inscrire sur leur registre, les fréquentait et feignait de les aimer et de les imiter. Un des derniers rois de Bokhara avait aussi adopté, tant par bizarrerie que par désir de popularité, le costume et la manière de vivre des fakirs. H. AUDIFFRET.

FALAISE. On appelle ainsi des terres et des rochers escarpés, taillés en précipices, sur les bords de la mer. Ce mot, qui s'est dit primitivement sur les côtes de Normandie, vient, d'après Scaliger, de l'allemand *fels*, rocher, dont on a fait *falesia* dans la basse latinité.

Les falaises crayeuses de la Normandie s'élèvent de 60 à 130 mètres au-dessus du niveau de la mer. Constamment en butte à l'action des vagues et des eaux pluviales, elles fournissent par leurs débris les galets qui encombrent les anses et les ports, depuis l'embouchure de la Seine jusqu'à celle de la Somme. Souvent cette dégradation est poussée plus loin : de grands fragments s'écroulent, et leurs débris offrent les aspects les plus variés. Ailleurs les falaises sont entièrement formées de marne, comme entre Honfleur et Caen, ou d'un calcaire coquillier, comme auprès d'Odessa.

L'existence des falaises a servi à expliquer la formation des détroits. Ainsi, sur les côtes de la Manche, leur correspondance en France et en Angleterre annonce l'antique jonction de la Grande-Bretagne au continent. On ne peut guère en effet attribuer leur élévation presque verticale qu'à une rupture violente occasionnée par la pression des eaux de l'océan Atlantique.

FALAISE, autrefois *Falesia*, ville de France, située à 214 kilomètres de Paris, et à 34 sud-est de Caen. Chef-lieu d'arrondissement du département du Calvados, cette ville compte 8,920 habitants; elle possède un tribunal civil, un tribunal de commerce, un collége communal, une bibliothèque de 14,000 volumes, un théâtre, deux typographies; il y a un grand nombre de filatures de coton, de bonneteries, de teintureries, de fabriques de dentelles; et elle occupe, pour la bonneterie, plus de 4,000 métiers. Falaise doit surtout aujourd'hui sa réputation à sa foire de Guibray, l'une des plus importantes de France. C'était cependant autrefois, même dès le dixième siècle, une ville assez renommée dans l'histoire de la Normandie; elle était défendue, dès 1027, par un château fort, réputé imprenable, et qui fut, sous Philippe-Auguste, le centre des opérations militaires contre les Anglais. Falaise fut prise par Philippe-Auguste en 1204; par Henri V d'Angleterre, après un siège de quatre mois, le 2 janvier 1419; le château tint bon pendant une année entière après la prise de la ville, et ne se rendit que par capitulation. Xaintrailles l'assiégea, et les Anglais capitulèrent. Lors des guerres religieuses, Falaise fut le centre de l'une des deux partis, et eut cruellement à souffrir; les calvinistes la prirent en mai 1562, les catholiques à la fin de la même année; Coligny la reprit en 1563; Montgommery en 1568, Matignon en 1574, Henri IV en 1590. Il fit démanteler les fortifications de Falaise. Guillaume le Conquérant naquit dans le château de cette ville, et on y montre encore la chambre où il aurait vu le jour.

FALARIQUE, arme projectile incendiaire, aussi ancienne que les machines de guerre de grand échantillon : c'étaient d'énormes dards, ayant une hampe, une poutre pour lame, un fer de 1 mètre 65, accompagné de nombreux piquants. On garnissait cette lame d'étoupe, imprégnée d'huile de sapin, et entre-mêlée de bitume ou d'autres matières inflammables : on y mettait le feu, et on lançait, à l'aide de balistes ou de catapultes, les falariques sur les ennemis, ou sur les constructions qu'on voulait incendier. On n'imprimait à ces brûlots qu'un mouvement de projection peu rapide, de peur que la célérité de la trajection n'en éteignît les matières incendiaires. Les légions romaines, lorsque l'usage des machines s'y fut introduit, firent un mémorable usage de falariques. Il en était de plus légères, nommées *malléoles*, qui se lançaient à l'aide d'armes portatives : les unes étaient les bombes du temps, les autres en étaient les grenades. Les Gaulois, les Espagnols, ont connu l'usage des falariques ; les guerres soutenues en France sous la seconde race et celles des Français et des Normands en rappellent encore le souvenir. On les employait à l'attaque des tours de bois et des vaisseaux; on s'en servait à la défense des tours en maçonnerie. Les Byzantins, les musulmans, au temps des croisades, lançaient du feu grégeois à l'aide de falariques. Gal BARDIN.

FALAWES. *Voyez* CUMANS.

FALBALA, bande d'étoffe plissée, dont les femmes ornent le bas de leurs robes, ou qu'elles appliquent à de petits tabliers. On met encore des falbalas aux rideaux. Cette mode a déjà près de deux cents ans d'existence parmi nous, et a occupé l'attention des antiquaires, qui en général ne se passionnent guère pour les dames ou leurs habillements : aussi est-ce uniquement sous le rapport de l'étymologie qu'ils sont intervenus. Duchat, le président Desbrosses, et jusqu'à Leibnitz, ont consacré quelques minutes de leur vie docte et sérieuse à disserter sur l'origine première du falbala. Suivant Duchat, il vient du mot allemand *falt-blatt*; le président Desbrosses est de la même opinion ; enfin, Leibnitz, nous apprend que de son temps les femmes, en Allemagne, portaient un habillement plissé et froncé, auquel elles donnaient le nom de *falt-blatt*, c'est-à-dire *jupe plissée*, ou, plus littéralement, *feuille plissée*. SAINT-PROSPER.

FALCK (ANTOINE-REINHARD), ministre hollandais, né en 1773, à Utrecht, fit d'excellentes études à Amsterdam, et, au retour d'un voyage entrepris en France pendant l'année 1795, se fit inscrire au tableau des avocats de La Haye. La municipalité d'Amsterdam l'appela à siéger dans son sein. L'année suivante il fut nommé secrétaire de légation en Espagne, et pendant l'absence du ministre hollandais Meyners géra seul quelque temps les affaires. Rappelé d'Espagne en 1806, après l'avènement du roi Louis-Napoléon, il fut attaché d'abord au ministère des affaires étrangères. En 1808 il s'installa à La Haye en qualité de commissaire général pour les colonies. Peu après il devint secrétaire général du ministère des colonies et de la marine, fonctions qu'il remplit jusqu'à l'hiver de l'année 1810. C'est alors, comme on sait, ne pouvant se résigner à n'être qu'un préfet couronné chargé d'exploiter la Hollande, le roi Louis descendit noblement et volontairement du trône. Falck rentra à la même époque dans la vie privée, et alla voyager pendant quelques années en Allemagne, en Danemark et en Suède. Dans les critiques circonstances qu'amena l'automne de 1813, il fit preuve d'autant de courage que d'habileté ; capitaine de grenadiers dans la garde nationale d'Amsterdam, lorsque dans la nuit du 15 novembre 1813 éclata l'insurrection, il détermina le conseil municipal, encore incertain, à se prononcer en faveur du parti national. Nommé secrétaire général du gouvernement provisoire en décembre 1813, puis commissaire général auprès des troupes anglaises, il devint le droit secrétaire d'État dès que le prince d'Orange fut reconnu comme souverain ; poste qu'il conserva jusqu'en 1818, époque à laquelle le roi lui confia le département de l'instruction publique, de l'industrie nationale et des colonies, qu'il continua de diriger jusqu'en 1835. Comme ministre de l'instruction publique, il rendit à la Belgique un service immense : elle n'avait joui jusque alors que d'un enseignement incomplet, sans solidité et sans profondeur : par la création de trois universités, elle se vit initiée aux véritables doctrines scientifiques.

Falck fut d'ailleurs chargé à diverses reprises, pendant son ministère, d'importantes négociations diplomatiques, notamment à Vienne en 1819 et en 1820 au sujet des rapports du grand-duché de Luxembourg avec la Confédération germanique. En 1824 il remplit une mission analogue à

Londres, et conclut des arrangements avec l'Angleterre relativement aux Indes orientales. Le poste d'ambassadeur à la cour de Saint-James lui fut confié en 1825. Sa santé, des dégoûts qu'il dissimulait en philosophe, le forcèrent, au mois de juin 1829, de partir pour l'Italie. Il était de retour à son poste au mois de juin 1830, juste pour prendre part aux délibérations auxquelles allait donner lieu la révolution de septembre. Il gémissait sans doute de voir s'écrouler un édifice qu'il avait aidé à construire. Cependant, tout en protestant, selon les ordres qu'il recevait de La Haye, contre un démembrement du royaume, il s'efforçait d'engager son souverain à consentir à ce sacrifice au meilleur marché possible. Le vieux monarque ne pouvait se résigner à rompre en deux son diadème; il ne prenait aucune mesure péremptoire. Le rappel de l'ambassadeur fut enfin décidé. Au mois de septembre 1832, Falck quitta Londres, et se retira avec le titre de ministre d'État dans une petite campagne près de La Haye.

Cependant les talents de Falck ne pouvaient rester stériles pour sa patrie. Après la conclusion du traité définitif entre la Hollande et la Belgique en 1819, il fut nommé ministre plénipotentiaire à Bruxelles, où son arrivée fut saluée comme un événement heureux par tous les hommes de cœur et de sens. Il mourut le 16 mars 1843. Membre de la 3ᵉ classe de l'Institut des Pays-Bas, on a de lui, dans les *Mémoires* de cette société savante, une dissertation relative à l'influence exercée sur les peuples du nord de l'Europe par la civilisation hollandaise.— DE REIFFENBERG.

FALCKENSKJOLD (SÉNÈQUE-OTHON, comte DE), né le 15 avril 1738, à Slagelsée (Danemark), mort à Lausanne, le 30 septembre 1820, entra au service dès l'âge de treize ans, et ne tarda pas à passer officier. Au commencement de la guerre de sept ans, il obtint l'autorisation de prendre du service en France, et fut incorporé dans le régiment d'Alsace. Les quelques campagnes qu'il eut occasion de faire dans les rangs de l'armée française lui fournirent l'occasion de perfectionner par la pratique les connaissances théoriques qu'il avait puisées dans son éducation première. A la paix, il rentra au service danois, puis il fut nommé adjudant général du roi de Danemark, et obtint la clef de chambellan. La guerre qui éclata en 1768 entre les Russes et les Turcs fut pour lui une occasion nouvelle d'employer l'activité qui le tourmentait. Il fit les deux campagnes de 1768 et 1769, avec la plus grande distinction, dans les rangs de l'armée russe.

Rappelé dans son pays par Struensée, il devint l'un des confidents de sa politique. La révolution de palais qui coûta la vie à cet homme d'État, en même temps que le trône et la liberté à l'infortunée Caroline-Mathilde, brisa l'avenir du comte de Falckenskjold. Il fut arrêté en même temps que Struensée, jeté dans un cachot et condamné à la confiscation de ses biens, à la dégradation civique et à être enfermé le restant de ses jours dans la forteresse de Munckholm. Toutefois, au bout de cinq ans, on lui permit d'aller vivre, avec une petite pension, en Languedoc, sous l'engagement d'honneur de ne point quitter le lieu de son exil sans l'autorisation du roi de Danemark. En 1780 il obtint la permission d'aller s'établir dans le pays de Vaud; et, sauf un court voyage qu'on l'autorisa à faire à Copenhague, en 1788, il continua jusqu'à sa mort à habiter la Suisse. Un ami se chargea de publier sous le titre de *Mémoires de M. de Falckenskjold* (Paris, 1826) ses souvenirs posthumes, où l'on chercherait vainement des explications au sujet des persécutions dont il fut l'objet; persécutions qui eurent leur source dans la disgrâce dont furent frappés tous les amis de Struensée, et qui durèrent plus longtemps que les causes qui les avaient produites.

FALCONER (WILLIAM), poëte écossais, né à Édimbourg, vers l'année 1735, se trouva de bonne heure orphelin et sans appui. Il était mousse à bord d'un bâtiment marchand, lorsqu'il fut remarqué par Campbell, l'auteur du *Lexiphanes*, qui se chargea de lui faire donner de l'éducation. Il composa son premier poëme en 1751, à l'occasion de la mort de Henri, prince de Galles. Il avait dix-huit ans, et servait à bord de *la Britannia*, lorsqu'il fit naufrage dans la traversée d'Alexandrie à Venise. Il parvint à se sauver avec deux camarades, et trouva dans cette catastrophe le sujet d'un poëme en trois chants, *the Shipwreck*, qui parut pour la première fois, sans nom d'auteur, en 1762, mais qui depuis a été réimprimé à diverses reprises avec un grand luxe de typographie et de gravure. On a constamment rendu justice à l'harmonieuse versification de ce poëme, à la vérité avec laquelle le sujet est traité, à ses descriptions pittoresques et souvent originales; mais on lui reproche le trop fréquent emploi de termes de marine, intelligibles seulement pour les hommes du métier. Une ode adressée au duc d'York valut à William Falconer une place dans l'administration de la marine; et sa reconnaissance le porta à écrire, sous le pseudonyme de Théophile Thorn, une satire politique, *The Demagogue*, dirigée contre Wilkes et Churchill. Son dernier et meilleur ouvrage est son *Universal marine Dictionnary* (Londres, 1769; nouv. édit. 1809). Il remplissait les fonctions de payeur à bord de la frégate *Aurora*, en destination pour les Grandes-Indes, lorsqu'il périt, en 1769, dans un naufrage, non loin de Macao.

FALCONET (ÉTIENNE-MAURICE), statuaire, naquit à Paris, en 1716, de parents peu aisés, qui purent seulement lui faire apprendre à lire et à écrire. Il entra comme apprenti, très-jeune encore, chez un mauvais sculpteur en bois; mais la nature avait jeté en lui le germe d'un véritable talent, et il employait ses heures de délassement à modeler en terre et à dessiner d'après des estampes. Lemoine, chez lequel il se présenta avec quelques-uns de ces faibles essais, démêla ce qu'il y avait d'heureux dans l'organisation du jeune Falconet, et non-seulement il l'admit dans son atelier, mais encore il l'aida sa bourse, afin de le mettre à même de suivre ses études. Falconet eut assez de justesse d'esprit et de tact pour reconnaître que l'habileté de la main ne suffit pas pour faire un artiste, que l'instruction seule peut féconder le génie; aussi il partagea ses jours et ses nuits entre l'étude de son art et celle du latin, du grec, de l'italien, de l'histoire, etc. Il fallait encore qu'il employât pour vivre une partie de son temps à des travaux d'ouvrier, et cependant il n'avait pas encore trente ans lorsqu'il termina sa figure du *Milon de Crotone*, qui le fit recevoir à l'Académie comme agrégé. Cette figure n'avait aucune ressemblance avec celle de Puget; l'auteur l'exécuta en marbre, en 1754, pour sa réception à l'Académie, où il fut successivement professeur et adjoint au recteur.

Falconet avait établi sa réputation par un grand nombre de productions, telles que *Pygmalion*, *L'Amour menaçant*, *La Baigneuse*, un *Christ agonisant* et une *Annonciation*, destinés à l'église de Saint-Roch, et un *saint Ambroise* refusant l'entrée de la cathédrale de Milan à l'empereur Théodose, lorsque Catherine III l'appela à Saint-Pétersbourg pour y exécuter une statue équestre de Pierre Iᵉʳ. Falconet voulut représenter Pierre Iᵉʳ calme, sur un cheval fougueux qui écrasait un serpent en gravissant un rocher. Le rocher, c'est la nature sauvage du climat et de la nation qu'il avait subjuguée; quant au serpent, emblème de l'envie qui s'attache à tout ce qui est grand, il s'explique de lui même.

Comme tous les artistes et les hommes de lettres que Catherine appelait auprès d'elle, Falconet fut longtemps l'objet de ses attentions et de ses prévenances les plus délicates; mais il avait des envieux et des détracteurs, et la fonte de la figure et du cheval, qui devaient être moulés d'un même jet, ayant manqué dans la partie supérieure, parce que la matière en fusion se fit une issue, ils eurent beau jeu, et ce jour Falconet ne vit plus l'impératrice, même à son chevet. Cependant ce malheur fut habilement réparé. La partie supérieure refondue séparément, les deux morceaux furent soigneusement rajustés.

En revenant en France, Falconet alla passer quelque temps en Hollande. De retour à Paris, il crut que le moment était venu de clore sa carrière de statuaire, et il s'occupa à revoir et à compléter les divers écrits qu'il avait publiés sur les arts. Ils furent imprimés de nouveau, de son vivant, à Lausanne, en 7 volumes in-8°, et ont été réimprimés plusieurs fois. On trouve dans ces écrits, qui prouvent que Falconet savait bien les langues anciennes, des dissertations sur plusieurs livres de Pline. En 1783, cet artiste se disposait à partir pour l'Italie, qu'il n'avait jamais vue: toutes ses dispositions étaient prises, le jour du départ fixé; mais il fut arrêté par une violente attaque de paralysie, qui, en lui enlevant ses qualités physiques, n'altéra pas cependant ses facultés morales. Il mourut le 24 janvier 1791, après huit années de souffrances.

P.-A. COUPIN.

FALCONNET (JEAN), avocat du barreau de Paris, né en cette ville, vers 1755, fut plus remarquable par son mérite comme rédacteur de *factums*, résumés de causes ou de mémoires, que par son talent pour la plaidoirie. Beaumarchais, lors de son mémorable procès contre le comte de La Blache et madame Goëzman, cherchait moins à se justifier devant ses juges qu'à exciter puissamment l'opinion publique; il écrivait lui-même ses mémoires, mais aucun avocat en crédit n'aurait osé les signer. Falconnet débutait alors, mais il ne donnait pas ses signatures aveuglément. Je lui ai entendu dire à lui-même, dans sa vieillesse, qu'il n'avait pas voulu s'astreindre à un rôle purement passif; il se chargeait de la partie contentieuse, et fournissait pour la discussion didactique seulement une espèce de canevas, que Beaumarchais calomniait ensuite de son style incisif et pittoresque.

Pendant la révolution, Falconnet vécut dans la retraite, jusqu'à ce que la tourmente révolutionnaire fut calmée. Il reparut alors, et surtout dans les causes qui avaient une teinte politique. Telle fut la fameuse affaire du duc de Loos-Corswarem, affaire à laquelle on trouvait quelque analogie avec celle du *collier*, parce que le duc de Loos avait emprunté au fameux capitaliste Séguin deux ou trois millions, qui, à en croire les gens d'affaires, devaient servir à assurer le vote d'une indemnité princière en faveur du duc par la diète de Ratisbonne. Une forte partie de la somme aurait été destinée, toujours suivant la calomnie, à un membre de la famille Bonaparte, et deux colliers de diamants, du prix de 300,000 fr. chacun, devaient être offerts, l'un à la femme de Talleyrand, l'autre à la femme d'un ambassadeur étranger. Falconnet lut à l'audience, et fit imprimer ensuite des plaidoyers dont la verve brûlante ne le cède pas quelquefois à l'éloquence animée de l'adversaire du comte de La Blache. Il fut plus modéré dans la défense qu'il prononça, le 22 juillet 1811, devant la commission militaire chargée de juger le comte Sassi della Tosa, confident de la reine d'Étrurie, Gaspard Chifanti, négociant à Livourne, et d'autres officiers de l'infortunée princesse, accusés d'avoir voulu faciliter son évasion hors de France. Les deux premiers furent condamnés à mort. Le comte della Tosa obtint un sursis au moment de l'exécution, et ne survécut que trois jours à cette grâce. Falconnet défendit aussi, devant une commission militaire, en 1812, le capitaine Argentou, accusé d'avoir servi comme espion aux Anglais lors de la retraite de l'armée française du Portugal. Son plaidoyer était semé de traits acérés contre le maréchal Soult et de sarcasmes qui remontaient beaucoup plus haut. Il envoya lui-même au duc de Feltre, ministre de la guerre, une copie complète de son discours, afin, disait-il, qu'on ne pût accuser le sténographe d'infidélité.

Lors de la Restauration, en 1814, Falconnet montra le royalisme le plus ardent; il ne paraissait jamais au Palais sans cocarde blanche. Ce fut lui qui défendit M. Gallais, rédacteur en chef du *Journal de Paris*, contre un procès en calomnie, intenté par M. Méhée de La Touche. Il le perdit, et dit, en sortant de l'audience, qu'il allait déchirer sa robe, puisqu'on ne pouvait plus soutenir la cause du royalisme le plus pur devant des juges qui venaient de prêter serment à Louis XVIII. Cependant les juges avaient appliqué fort sagement l'article 11 de la Charte de 1814, qui interdisait toutes recherches des opinions et votes émis jusqu'à la Restauration, et qui recommandait le même oubli aux tribunaux et aux citoyens. Le retour de Napoléon de l'île d'Elbe avait fait sur Falconnet une impression funeste. Il mourut un an après, tout à fait *désillusionné*, selon lui, sur les hommes et sur les choses, car, malgré son dévouement éprouvé à la légitimité, sa probité incontestable et la vaste étendue de ses connaissances en droit, il n'avait rien obtenu.

BRETON.

FALÈRES, *Falerii*, ville d'Étrurie, dont l'église de *Santa-Maria di Falari*, près de Civita-Castellana, rappelle encore aujourd'hui le nom. C'était la capitale et peut-être la ville unique des *Falisques*, peuple d'origine pélasgique, dont le territoire s'étendait depuis le Tibre supérieur jusqu'au lac Vigo, et qui aux premiers siècles de Rome fut à bon droit regardé comme l'un des plus dangereux ennemis de la république. Ils ne se soumirent qu'après plusieurs campagnes sanglantes; et ce fut moins encore la force des armes qui les y détermina que le bel exemple de modération que donna Camille (an 394 av. J.-C.), lorsqu'au lieu de profiter de la trahison d'un maître d'école qui vint un jour livrer au dictateur les fils des plus illustres familles de la ville, il eut la générosité de renvoyer ces enfants à leurs parents. Ce récit de Tite-Live ne saurait être admis sans réserve; il est certain que longtemps encore après la conclusion du traité de paix signé avec Camille, les Falisques eurent maintes fois recours aux armes, et qu'ils ne furent complètement subjugués que lorsque le reste de l'Étrurie reconnut la suprématie de Rome. Une dernière insurrection qu'ils tentèrent en l'an 241 fut punie par la destruction de leur ville, sur les ruines de laquelle s'éleva bientôt une colonie nommée *Junonia Faliscorum*, à cause du temple célèbre qu'y avait Junon.

FALERNE, canton célèbre de la Campanie, dans le pays des Volsques, aujourd'hui *Terra di Lavoro*. Les champs falerniens (*agri falerni*) étaient contigus à ceux du Cécube. Ce fut l'an de Rome 415 (337 avant J.-C.), que le sénat distribua au bas peuple de la ville éternelle tout ce précieux territoire, dont les vins dans la suite furent payés au poids de l'or. Chacun des plus pauvres citoyens romains eut trois arpents de terre de Falerne. Ce ne fut que longtemps après que les monts qui couronnaient ce riche territoire se festonnèrent de ces vignes fameuses, si bien cultivées par leurs nouveaux colons, et si vantées des géographes et des épicuriens. Pline parle aussi des poires de Falerne comme d'un fruit délicieux; dans le pays, on les appelle encore aujourd'hui *poires de sucre*. Le mont Massique (aujourd'hui monte Massico) était une branche du mont Falerne (aujourd'hui la rocca di Mondragone) ; le vin de ce crû et celui du Cécube avaient aussi un grand renom.

Le territoire de Falerne se nommait encore anciennement *Aminea regio* (contrée aminéenne). Virgile, dans ses *Géorgiques*, en vante les vignobles. De là on doit conclure que le *falerne* était le nom général donné aux vins des différents crûs de ce territoire, dont le *Massique* et le *Cécube* étaient les plus estimés. Le vin de Falerne contenait beaucoup de parties spiritueuses; il était de longue garde, puisqu'il se conservait plus d'un siècle; alors il se changeait en une espèce de sirop, ce qui obligeait de le mêler avec de l'eau pour le rendre plus potable. Il y avait plusieurs sortes de vin de Falerne, le doux et le sec. Le sec était le plus estimé; il avait un peu d'amertume : aussi Horace l'appelle-t-il, *severum*. Cette amertume était fort du goût des anciens, si l'on en croit Catulle et Sénèque. Lucain et Perse qualifient le Falerne d'*indomitum*. Pour l'adoucir et le dompter, on y mêlait du miel d'Hymette ou d'Hybla. Pline, dans sa nomenclature des vins d'Italie, met au second rang le vin de Falerne : « Les vins de ce territoire, dit-il, sont salutaires au corps, pourvu qu'on ne les boive pas trop nouveaux ni trop vieux; on peut commencer à les boire à la quinzième année. » Ce vin célèbre servit à Horace de thème admirable dans ses charmants tableaux de la sagesse, du plaisir et de la brièveté de la vie. Strabon a signalé et fixé l'excellence du Falerne; Horace lui a donné l'immortalité. Les vignobles de ce crû précieux disparurent vers l'an 500, sous le règne de Théodoric. DENNE-BARON.

FALIERO (MARINO). C'est le nom d'un doge de Venise qui succéda, en 1354, à André Dandolo. La famille de Faliero, ou *Falieri*, d'autres disent *Faledro*, était depuis longtemps illustre. En 1084, un Faliero fut élu doge et servit la république avec gloire. En 1102, un autre Faliero ou Faledro *Ordelaffo*, également doge, se signala par la prise de Zara. Marino naquit en 1278. De bonne heure, il manifesta de rares talents et un brillant courage. Chargé de commander l'armée de terre au siége de Zara, il battit le roi de Hongrie et une armée de 80,000 hommes, en tua 8,000, et tint les assiégés bloqués en même temps. Appelé bientôt au commandement de la flotte, il prit Capo-d'Istria, et fut ensuite nommé ambassadeur à Gênes et à Rome. Il était dans cette dernière ville quand il apprit, à l'âge de soixante-seize ans, son élévation à la dignité de doge. Il commença par conclure une trève avec les Génois, qui venaient de détruire complétement la flotte vénitienne, dans le port de Sapienza: ce premier acte semblait faire présager aux Vénitiens une profonde sécurité tant que durerait l'administration de Faliero. Mais un événement assez peu important vint faire mentir ces augures.

Le doge avait pour épouse une femme jeune, belle, dont il était jaloux à l'excès. Un jeune patricien, Michel Steno, l'un des chefs du tribunal des quarante, s'étant pris de querelle avec lui, écrivit sur les murs mêmes de son palais cette inscription injurieuse: *Marino Faliero, mari de la plus belle des femmes; un autre en jouit, et pourtant il la garde*. Marino, furieux de cet outrage, dénonça Steno au tribunal des quarante, qui le condamna à deux mois de prison et à une année d'exil. Cette punition fut loin de calmer le ressentiment du vieux Faliero; il étendit sa haine sur tout le tribunal, sur tous les patriciens, qui n'avaient pas mieux pris fait et cause pour son honneur, et attendit l'occasion de la faire éclater. Elle ne tarda pas à se présenter: l'amiral du port, ayant été maltraité par un noble, vint se plaindre et demander justice au doge: celui-ci répondit en déplorant son impuissance, le degré d'abaissement où il était tombé, et en manifestant ses désirs de vengeance. Dès ce moment la conjuration fut ourdie, et l'animosité de Marino Faliero et des plébéiens contre la noblesse vénitienne en cimenta les bases. Seize des principaux conjurés avaient ordre de stationner dans les différents quartiers de la ville ayant chacun sous leurs ordres soixante hommes déterminés, ignorant leur destination; ils devaient exciter quelque tumulte, et la cloche d'alarme du palais de Saint-Marc aurait alors donné le signal du massacre. Au son de cette cloche, tous les patriciens étaient forcés de se rendre sur la place de Saint-Marc et de se ranger autour du doge: c'est là que les conjurés comptaient se porter et les égorger tous sans exception.

Le secret le plus profond avait été gardé religieusement; mais le hasard, plutôt que la délation, fit que le conseil des dix eut vent du complot: plusieurs des coupables, emprisonnés, dénoncèrent leurs complices; ils furent mis à la torture, et suppliciés le 15 avril 1355, jour fixé pour l'exécution de leurs projets. Le doge ne tarda pas à subir le même sort: interrogé par le tribunal des quarante, auquel on avait adjoint vingt citoyens, mais sans voix délibérative, et jugé par le conseil des dix, auquel vingt citoyens avaient été pareillement adjoints, il fut déclaré coupable d'être entré dans un complot contre le gouvernement, et condamné à avoir la tête tranchée. L'arrêt fut exécuté le 17 avril 1355, sur l'escalier ducal, au lieu même où le doge avait prêté serment de fidélité à la république lors de son intronisation. Un membre du conseil des dix, saisissant l'épée sanglante des mains du bourreau, la brandit devant le peuple, en disant: « Le traître a reçu son châtiment. » A ces mots, la foule se précipita dans le palais pour contempler les restes fumants de celui qui avait été investi de la souveraineté. Le sénat fit remplacer le portrait de Marino Faliero, qui se trouvait, avec ceux de tous ses prédécesseurs, dans la salle du grand conseil, par un voile noir, avec cette inscription: *C'est ici la place de Marino Faliero, décapité pour ses crimes*. Plus de quatre cents personnes furent emprisonnées et punies comme complices du doge. En 1817, Byron reproduisit, le premier, sous la forme du drame, les événements que nous venons d'esquisser. Hoffmann en fit le sujet d'une de ses meilleures nouvelles. Casimir Delavigne s'en empara, et les transporta, après eux, sur la scène française. Napoléon GALLOIS.

FALISQUES. Voyez FALÈRES.

FALKIRK, ville et bourg du comté de Stirling, en Écosse, sur le canal de *Forth and Clyde*, d'où le canal d'*Union* conduit à l'est à Édimbourg, située dans une contrée marécageuse produisant beaucoup de blé. Elle ne se compose guère que d'une seule grande rue, est assez irrégulièrement bâtie, et compte environ 9,000 habitants, sans y comprendre la population de *Grahamstown* et de *Bainsford*, ses faubourgs. Falkirk est surtout importante à cause des trois foires à bestiaux (*trysts*) qui s'y tiennent chaque année, et où il ne se vend pas moins de 60,000 bœufs et veaux. Elle est en outre le centre d'un grand commerce en grains, cotonnades, cuirs et articles de quincaillerie. *Grangemouth*, au point de jonction du Forth et de la Clyde, leur sert de port. Le pays situé entre Falkirk et Glasgow est l'un des plus riches en houille qu'il y ait en Écosse; et tout près de *Bainsford* se trouvent d'importants établissements métallurgiques connus sous le nom de *Carronworks* (*voyez* CARRON), où se fabriquent notamment une immense quantité de canons, de boulets, de chaînes et d'ancres de marine.

C'est à Falkirk que, le 22 juillet 1298, les Écossais et leur roi Wallace furent complétement battus par Édouard Ier, roi d'Angleterre. Le 23 janvier 1746, Charles-Édouard y défit les troupes royales commandées par le général Hawley.

FALKLAND (Iles), précédemment appelées en France *Iles Malouines*; archipel de l'Océan Atlantique, appartenant à l'Angleterre, et situé à 42 myriamètres à l'est de la Patagonie et du détroit de Magellan. Il se compose de deux grandes îles, *West-Falkland* ou *Maidenland*, et *East-Falkland* ou *Soledad*, ensemble d'une superficie d'environ 56 myriamètres carrés, séparées par le détroit de Falkland ou Carlisle; de 360 à 380 îlots, rochers, écueils et bancs de sable entourant de toutes parts les deux îles principales, et portant à 79 myriamètres carrés la superficie totale de l'archipel. L'*East-Falkland* (Falkland orientale) se compose de deux presqu'îles, dont l'une, celle du nord, est montagneuse, hérissée de rochers, et atteint au *Usborn* une altitude de 800 mètres, ce qui n'empêche pas que plus de la moitié du sol ne soit de nature à être mise en culture ou n'offre de bons pâturages. L'autre presqu'île, celle du sud, forme une plaine onduleuse, bien arrosée et susceptible d'être mise en culture. Le sol de *West-Falkland* (Falkland occidentale) est plus bas, couvert également d'une riche terre végétale en plaine, mais pierreux sur les montagnes. Les petites îles sont pour la plupart très-montagneuses, et ne sauraient guère être mises en culture que sur leurs côtes. Le climat y est de nature océanienne tempérée. L'hiver y est si doux que la neige ne peut pas se maintenir sur la terre et disparaît peu de temps après être tombée; l'été, en revanche, y est si froid, et âpre, que le froment ne peut pas mûrir. La végétation se compose surtout des plantes alpestres de la Terre de Feu et des plaines arides de la Patagonie; mais les effroyables tempêtes particulières à ces régions sont cause qu'elle s'élève peu au-dessus du sol. L'herbe appelée *tussak*, la plante la plus remarquable et, comme fourrage, la plus utile de toute cette Flore, recouvre toutes ces îles, particulièrement les côtes, comme une forêt de palmiers en miniature. C'est surtout à l'absence de toute espèce de végétation arborescente qu'il faut attribuer l'insuccès des diverses tentatives faites jusqu'à ce jour pour coloniser ces îles. Elles n'ont d'importance que parce qu'elles se trouvent placées sur la grande route conduisant d'Europe aux côtes occidentales de l'Amérique, et aussi à cause de leur grand nombre de baies, de golfes et de ports excellents, qui servent de stations de sûreté aux navires qui vont faire la pêche de la baleine dans les mers antarctiques.

Ces îles furent aperçues pour la première fois au mois d'août 1592 par l'Anglais Davis. Elles furent positivement reconnues et visitées l'année suivante par Richard Hawkins, d'où le nom de *Hawkins Maidenland* qu'on leur donna d'abord. L'Anglais Strong, qui les visita de nouveau en 1689, leur imposa, en l'honneur de lord Falkland, son protecteur, le nom d'*Îles Falkland*, qu'elles portent aujourd'hui. Le premier établissement fixe qu'on essaya d'y créer fut fondé dans *East-Falkland*, en 1764, par des Français. L'Espagne revendiqua alors son droit de propriété sur tout l'archipel; et après de longues négociations la France leur céda, moyennant indemnité, sa nouvelle colonie. Dans les années suivantes, l'Espagne essaya de coloniser de Buenos-Ayres ces îles, auxquelles elle donna le nom de *Malvinas*. En 1772 les Anglais y fondèrent une colonie, sur la côte septentrionale de *West-Falkland;* mais ils l'abandonnèrent deux ans plus tard, sans que pour cela le gouvernement anglais renonçât à ses droits. L'Espagne, elle aussi, laissa vers la même époque périr son établissement, sans renoncer davantage à ses prétentions à la souveraineté de tout l'archipel. Plus tard on y transporta les individus condamnés à la déportation dans les différentes colonies espagnoles de l'Amérique, et on changea le nom de *Port-Louis*, qui était celui de la colonie française, en *Puerto de Soledad* (Port de la Solitude). Mais cette tentative ne tarda pas à échouer, comme celles qui l'avaient précédée; et au commencement du dix-neuvième siècle il n'en restait plus d'autres traces dans les deux grandes Falkland qu'un nombre immense de bêtes à cornes et de chevaux à l'état sauvage. Des vaisseaux de commerce et des baleiniers les visitaient de temps à autre, quand en 1820 la nouvelle république Argentine en prit possession, et quelques années plus tard elle y créa un établissement, que les Anglais détruisirent en 1833, époque où ils s'emparèrent de tout l'archipel, dont la propriété entière leur fut d'ailleurs cédée en 1837, en vertu d'un traité formel, par la république Argentine. Ce ne fut toutefois qu'en 1841 que l'Angleterre se décida à coloniser ces îles. La colonie qu'elle y a établie, et qui ne compte guère que 160 têtes, a pour principale ressource l'élève du bétail.

FALKLAND (LUCIUS CARY, lord vicomte), l'une des plus intéressantes figures que présente la révolution anglaise du dix-septième siècle, si riche en ce genre pourtant, naquit en 1610, d'une famille de haute noblesse, du comté d'Oxford. Élevé à l'université de Cambridge, il était à peine sorti des bancs de l'école que quelques légèretés de jeunesse le firent condamner à un emprisonnement temporaire. Il voyagea, après avoir subi cette petite épreuve, et lorsque, tout jeune encore, il revint en Angleterre, quelques années plus tard, héritier d'une immense fortune, il avait déjà justement acquis déjà la réputation d'un homme de mœurs pures et irréprochables, et celle d'un esprit élevé. Créé gentilhomme de la chambre à vingt-trois ans, il résolut alors, enlevé à ses doux loisirs, de prendre les armes, et en 1639, lorsque fut projetée l'expédition contre les covenantaires écossais, il sollicita le commandement d'un corps de troupes : on le lui promit; mais comme on lui manqua de parole, il se décida à suivre l'armée en qualité de volontaire.

Malgré ses répugnances à se trouver en face d'une assemblée nationale, Charles Ier dut songer à convoquer un parlement. Falkland siégea dans cette assemblée, qui devait abolir la royauté en Angleterre. Son esprit semblait admirablement préparé pour les grandes luttes qui allaient s'ouvrir. D'abord, il suivit le mouvement révolutionnaire; il alla même fort loin, et on le vit prendre part au procès de Strafford, dont il vota la condamnation. Mais Falkland devait bientôt s'arrêter, car il était sincèrement attaché à la constitution, à la monarchie et à la personne de Charles Ier en particulier. Cependant il hésita quelque temps encore. Il abhorrait cette cour, toute composée de brouillons et de vaniteux, qui semblait prendre à tâche de perdre un monarque romanesque et entêté; mais il voyait avec un égal dégoût la morgue, l'hypocrisie et les ambitions égoïstes des parlementaires. Dans l'indécision, il finit par se tourner généreusement du côté où déjà on pouvait prévoir la défaite; et lorsque Charles Ier, fugitif, s'efforçant de reconstituer à Oxford une sorte de gouvernement, lui fit offrir une place de secrétaire d'État, il accepta avec courage ce poste dangereux. Peut-être il espéra un moment prendre quelque ascendant sur le monarque qui l'appelait ainsi à lui; peut-être il crut détourner les maux qu'il prévoyait pour son pays. Mais il n'avait pas dévié le monde où il allait vivre. Cette malheureuse cour d'Oxford était livrée tout entière à l'intrigue et aux mauvaises passions : Charles était tout à fait dominé par Henriette-Marie, lui inintelligente, capricieuse et coquette, semblait véritablement son mauvais génie. Personne, pas même le roi, ne cherchait avec sincérité la route du vrai et du bien, qui seule pourtant offrait quelques chances de salut. Il était impossible que Falkland dominât cette tourbe malfaisante, il ne pouvait même la comprendre, non plus qu'être compris d'elle. Sincère, loyal, plein de droiture, les petits moyens employés par les courtisans pour sauver la cause royale lui semblaient capables de perdre tous ceux qui s'en serviraient. Triste et rêveur, il voyait avec désespoir la guerre civile dévaster sa patrie. La vie, que jadis il semblait aimer, lui devint insupportable, et chaque fois que se présentait l'occasion d'une mort glorieuse, il semblait voler au-devant d'elle. Le matin de la première bataille de Newbury (20 septembre 1643), il sembla particulièrement frappé de l'idée d'une fin prochaine : « Je suis las du temps où je vis, dit-il alors ; je prévois de grands malheurs pour l'avenir, et c'est avec joie que je pressens qu'avant la fin de cette journée je serai hors de cet abîme de crimes et de maux. » Falkland ne se trompait pas : placé aux premiers rangs de l'armée royale, il fut mortellement atteint d'un coup de mousquet dès le commencement de l'action, et il expira sur-le-champ.

Falkland a laissé quelques ouvrages de politique : ce sont des discours sur les affaires du temps, précieux sous tous les rapports. Versé dans les matières théologiques, on croit qu'il a beaucoup aidé Chillingworth dans son *Histoire du Protestantisme*. En outre, on a de lui quelques pièces de poésie.
Pauline ROLAND.

FALLOPPE (GABRIEL), en italien *Falloppio*, appartient à cette génération de grands anatomistes qui jeta, dans le seizième siècle, les bases de la science de l'organisation; il naquit à Modène, vers l'an 1523, à ce que l'on suppose, car, malgré la juste célébrité dont il jouit, on connaît peu les détails de sa vie. On sait seulement qu'élève du célèbre Vésale, il fut, à peine âgé de vingt-quatre ans, nommé professeur d'anatomie à Ferrare, puis à Pise et enfin à Padoue, où il mourut jeune (1562). Dans une aussi courte carrière, Falloppio trouva le temps de faire plusieurs voyages scientifiques, de cultiver avec distinction la botanique, la chirurgie, et d'attacher son nom à de nombreuses et belles découvertes en botanique. L'ostéologie et la myologie lui sont particulièrement redevables. Il enrichit aussi d'observations neuves la névrologie, la splanchnologie, l'embryologie. On lui doit une description exacte de l'oreille, dont un des canaux porte encore son nom, ainsi que les trompes utérines et le ligament qui va de l'os iliaque à la symphise du pubis. Ses descriptions sont d'une admirable clarté. *Non vidi alium auctorem*, disait de lui le grand Haller, *qui mentem suam clariore et distinctiore sermone proponeret*. On lui a reproché, comme à Vésale, d'avoir poussé le fanatisme de la science jusqu'à disséquer tout vivants des criminels que lui aurait livrés le duc de Toscanc. Cette odieuse imputation, est en opposition complète avec ce que les biographes de Falloppio nous ont appris de la noblesse de son caractère et de la bonté de son cœur. Des différents ouvrages de ce grand maître, un seul parut de son vivant : *Observationes anatomicæ* : il renferme ses plus importants travaux. Il a été réimprimé un grand nombre de fois. Ses œuvres complètes ont paru à Venise (1584) et à Francfort (1606).   Dr SAUCEROTTE.

FALLOUX (FRÉDÉRIC-ALFRED-PIERRE DE), ancien ministre de l'instruction publique, est né le 11 mai 1811, à Angers. C'est à tort, dit-on, que sa famille a été classée parmi la vieille noblesse. Son grand-père était marchand, et sortit de la bourgeoisie par l'échevinage. Son père, mort en 1850, créa sous la restauration, un majorat au titre de vicomte. Élève de De Maistre, admirateur de l'inquisition, M. de Falloux a publié une *Vie de Louis XVI*, une *Vie du pape saint Pie V*. On lui doit de plus une introduction au livre de Louis XVI, intitulé : *Réflexions sur mes entretiens avec M. le duc de La Vauguyon*. Député de Ségré en 1846, il prêta serment au roi constitutionnel, vota néanmoins avec l'opposition légitimiste, et se montra un des partisans les plus zélés de ce qu'on appelait alors la liberté de l'enseignement. Après la révolution de Février, il fut élu à l'Assemblée constituante par le département de Maine-et-Loire; il accepta bien entendu la république, et le 15 mai il fut un de ceux qui reparurent les premiers à l'Assemblée après sa dissolution par l'émeute. Rapporteur de la commission nommée par l'Assemblée pour la dissolution des ateliers nationaux, sa parole acerbe ne contribua pas peu à amener les événements de juin 1848. Quand le général Cavaignac eut l'idée d'envoyer dans les départements des commissaires chargés d'*éclairer* l'esprit public sur l'élection du président, M. de Falloux l'attaqua vivement, et l'envoi projeté n'eut pas lieu. M. de Falloux y gagna le portefeuille de l'instruction publique dans le ministère du 20 décembre. Réélu à l'Assemblée législative, il prit plusieurs fois la parole sur les affaires de Rome, soutenant avec vigueur le gouvernement papal, et c'est lui qui présenta la fameuse loi votée en 1850 pour organiser la liberté de l'enseignement. On lui a reproché d'avoir recommandé à l'Académie des Sciences une invention de mouvement perpétuel et d'avoir donné à un Arabe une mission scientifique pour chercher en Afrique l'homme à queue. Cependant il fut remplacé par M. de Parieu le 31 octobre 1849. Ensuite il voyagea, et à son retour, président de la réunion légitimiste de la rue de Rivoli, il se prononça pour le rétablissement du suffrage universel, en même temps qu'il attaquait les tendances présidentielles. Le coup d'État du 2 décembre était sans doute peu de son goût; il recommença ses voyages, et un jour, à Rennes, il fut l'objet des recherches de la gendarmerie. C'était vraisemblablement un malentendu, car lorsqu'il se mit à la disposition des autorités, elles se trouvèrent sans ordre. Depuis, M. de Falloux n'a pas quitté la terre qu'il possède aux environs d'Angers. Il a un frère aîné attaché à la cour de Rome en qualité d'auditeur de rote. L'abbé de Falloux, propriétaire d'un prétendu suaire de sainte Véronique sur lequel se trouve un portrait du Christ, croit très-fermement posséder le seul véritable portrait de Jésus-Christ, relique d'un prix inappréciable, comme on pense bien, et ayant déjà opéré une foule de miracles plus authentiques les uns que les autres.
                                                        L. LOUVET.

FALMOUTH, ville maritime, sur la côte méridionale du comté de Cornouailles (Angleterre), à l'ouest de l'entrée d'un golfe appelé *Falmouth-Harbour*, qui pénètre fort avant dans l'intérieur des terres, forme l'un des plus vastes et des meilleurs ports de l'Angleterre, à l'abri de tous les vents, et sert de station à un grand nombre de vaisseaux de guerre ainsi qu'à la patache des douaniers anglais chargés de surveiller la contrebande. *Pendennis-Castle*, forteresse construite sur un petit promontoire voisin, et le fort *Mawes* ou *Maudit*, situé en face, à l'est, sur une étroite langue de terre, l'un et l'autre datant du règne de Henri VIII, protègent l'entrée du port. Charles II créa lord Berkley comte de Falmouth, et en 1673 il octroya à George Fitzroy le titre de châtelain de Falmouth. Plus tard d'autres seigneurs anglais ont aussi porté le titre de Falmouth. Cette ville est redevable de son accroissement et de sa prospérité aux lignes de paquebots qui depuis les premières années du siècle dernier en partent régulièrement pour les Indes occidentales, l'Amérique du Sud et du Nord, l'Espagne, le Portugal et les ports de la Méditerranée. La navigation à vapeur a sans doute fait perdre à Falmouth une grande partie de son importance ; mais comme les *steamers* qui passent par le canal s'y arrêtent pour prendre des passagers et du charbon, la ville n'a pas trop déchu. Elle possède en propre 130 bâtiments, fait un commerce très-actif avec le Portugal, exporte du cuivre, de l'étain, des cotonnades et du poisson, et tire un grand profit de la pêche ; mais ses chantiers de construction ont sensiblement perdu de leur activité. Falmouth par elle-même n'a que 6,000 habitants ; mais sa population s'élève à 22,000 âmes si l'on y comprend les différentes paroisses de sa banlieue.

FALOURDE. Voyez FAGOT.

FALSEN (CHRISTIAN-MAGNUS DE), historien et homme d'État norvégien, né à Opsolo, près de Christiania, en 1782, fut nommé avocat de la couronne près la cour supérieure et, l'année suivante, juge dans les environs de Christiania. En 1814, envoyé comme député à l'assemblée constituante d'Eidswold, il y montra les principes du libéralisme le plus avancé, et renonça spontanément à sa noblesse. Nommé bailli de Nord-Bergenhuus, il fit partie des storthings de 1815, 1816, 1821 et 1822, comme député de ce bailliage. Ayant, en 1822, accepté les fonctions de procureur général, et ayant dès lors cru devoir soutenir certaines mesures proposées par le gouvernement, qui étaient en opposition manifeste avec ses anciens principes, sa popularité ne tarda pas à s'éteindre. En 1827 il fut appelé à faire partie de la cour suprême, dont le siége est à Christiania, où il mourut, le 13 janvier 1830. Son plus beau titre littéraire est son *Histoire de la Norvège sous Harald Haarfager et ses descendants mâles* (3 vol.). Il a aussi réussi, dans un autre ouvrage, à jeter sur l'ancienne géographie de sa patrie une vive lumière.

Son frère cadet, *Charles* DE FALSEN, bailli de Christiansand, fit partie de tous les storthings réunis depuis 1821. Choisi à diverses reprises par l'assemblée pour président, il se montra orateur lucide et parfaitement au fait des besoins du pays, et jouit constamment de toute la confiance de la nation. Il mourut en 1852.

FALSIFICATION, action d'altérer, de dénaturer une chose, avec l'intention de tromper sur sa nature. Ce mot s'emploie plus spécialement dans deux cas déterminés.

D'une part, il s'applique aux drogues médicinales, aux denrées alimentaires, aux boissons. Nous avons fait connaître au mot ALTÉRATION les différentes natures de falsification par lesquelles le commerce cherche à s'enrichir illicitement, et la façon dont la loi les réprime. Nous devons ajouter ici que la falsification des vins par des mixtures nuisibles à la santé est punie d'un emprisonnement de six jours à deux mois, et d'une amende de 16 à 500 fr., sans compter la confiscation des boissons falsifiées trouvées chez le vendeur ou détaillant. Quand cette falsification a été faite par des voituriers chargés du transport des boissons, elle est punie comme vol qualifié, et le coupable est condamné à la réclusion. La falsification des boissons, lorsqu'elle n'est pas faite avec des substances nuisibles, constitue une contravention, qui est punie de 6 à 10 fr. d'amende pour les vendeurs ou débitants, et traitée comme vol simple si elle a été commise par le voiturier chargé du transport des boissons, et punie d'un emprisonnement d'un mois à un an, et de 16 à 100 fr. d'amende.

Appliqué aux écritures, aux actes publics ou privés, le mot *falsification* indique le plus généralement une opération frauduleuse, que la loi traite de crime et punit comme tel. Elle constitue le faux. Il est des savants qui se sont donné la satisfaction d'altérer des textes, de falsifier des manuscrits; ce n'est plus là qu'un crime littéraire, et lorsqu'il est découvert, si la loi le couvre de l'impunité la plus absolue, l'opinion publique le fait expier à qui l'a commis à bon escient.

On emploie aussi le mot *falsification* en parlant de l'altération des monnaies, crime qui rentre dans la catégorie du faux monnayage.

FALSTAFF (JOHN), le fidèle compagnon de débauches du prince de Galles qui devint plus tard le roi d'Angleterre Henri V, mort en 1421, est le personnage dramatique le plus original que Shakspeare ait introduit dans son *Henri V*, et, à la demande expresse de la reine Élisabeth, dans *Les Joyeuses Commères de Windsor*.

[Falstaff est une des plus belles créations de Shakspeare: c'est un type complet de toutes les pensées honteuses, de toutes les débauches, présenté sous un jour si franc, avec une candeur, avec une naïveté, j'allais presque dire avec une bonhomie si grande, que l'horreur disparaît, et qu'on ne peut mépriser ni injurier Falstaff qu'en riant de son infamie même. Rien de ce qui est mauvais ne manque à son caractère : tous les vices lui sont bons, parce que tous lui sont d'un rapport fertile; il vit de toutes les mauvaises qualités, en tirant d'elles tout ce qu'il peut en avoir. Il semble que les sept péchés capitaux aient présidé à sa naissance, et l'aient doté chacun d'un don précieux pour toute son existence; aussi a-t-il vieilli sous le harnais, n'avançant ni ne retardant l'horloge d'une minute, ne changeant rien à ses habitudes. Voulez-vous son portrait, il se peint lui-même, le fat ! « C'est un homme de bonne mine, d'un riche embonpoint, qui a l'air gai, l'œil gracieux et le port des plus nobles ; il peut avoir à peu près cinquante ans, ou, par Notre-Dame, tirant vers soixante. » Mais écoutez une voix moins prévenue : « C'est un monstre chargé de graisse, un homme en forme de tonneau, un magasin d'humeurs, un sac à liqueurs, une loupe d'hydropisie, une tonne de vin, une valise de chair, un bœuf gras rôti avec une farce dans le ventre. » Voilà pour le physique; passons au moral. Si Falstaff avait la moindre qualité heureuse pour tenir en échec, ne fût-ce qu'un instant, les vices nombreux qu'il loge non dans sa tête, non dans son cœur, mais dans son ventre, car Falstaff est le type le plus grossier du matérialisme : tout part du ventre chez lui ; ou s'il était brave, ou sensible, ou généreux, Falstaff ne serait qu'un type tronqué. Mais Falstaff n'est pas un homme : il a tous les défauts d'un enfant et les vices d'un vieillard; il a pour nourrices les premiers et pour béquilles les seconds. Ce qui fait rire dans Falstaff, c'est l'enfant ; ce qui dégoûte et révolte, c'est la béquille, c'est le vieillard. Falstaff est allié; il ne croit pas à la vertu , il croit à la sottise; il ne soupçonne pas le remords, et, au lieu de faire rire, il ferait trembler; il ignore le repentir : le repentir serait pour lui un suicide. Voyez le courir au-devant du prince Henri, devenu roi: les lois d'Angleterre vont être à ses ordres; il s'avance avec confiance, et là cette scène sublime : « Je ne te connais pas, vieillard ; songe à prier le ciel. Que ces cheveux blancs siéent mal à un insensé, un bouffon ! J'ai vu, dans le songe d'un long sommeil, un homme qui lui ressemblait ainsi, chargé d'un embonpoint monstrueux, aussi. vieux, et bavard effréné comme lui mais à mon réveil, je méprise mon songe. »

Falstaff, loin de suivre un pareil exemple, pense que son *cher Henri* a perdu la raison. C'est cette candeur qui rend le caractère de Falstaff si comique; c'est cette foi si imperturbable et si souvent attaquée; ce sont ces mécomptes nombreux qui excitent le rire. A la fin, aucun de ses vices ne lui tient ce qu'il semblait lui avoir promis : Falstaff se croit assis mollement sur sa selle; mais il n'est assis que sur la selle : la monture a été dérobée, et quatre pieux l'ont remplacée. Gourmandise, paresse, vanité, pillage, oisiveté, rien ne marche plus, et Falstaff reste suspendu. JONCIÈRES.]

FALSTER, l'une des îles danoises de la Baltique, au sud de la Séelande, séparée de l'île de Mœen par le détroit de Grœn (*Gramsund*) et par celui de Guldborg (*Guldborgsund*) de l'île de Laaland avec laquelle elle forme le bailliage de Laaland, présente une superficie d'environ 8 myriamètres carrés, généralement plate, mais traversée dans la direction du nord-est par une chaîne de collines atteignant à *Bavnehoi* une altitude de 60 mètres et de 63 mètres à *Soeshoi*, avec une population, presque entièrement danoise de 23,000 âmes, dont l'agriculture est la principale industrie. La grande fertilité de cette île l'a fait surnommer le verger du Danemark. Il est au monde peu de vues plus enchanteresses que celle dont on jouit en passant entre cette île et la Séelande; mais les vaisseaux évitent ordinairement de s'engager dans le labyrinthe d'îlots qui l'entourent. Falster, jadis la propriété particulière de quelques grandes familles nobles fait partie depuis le seizième siècle du domaine royal, qui à cette époque en fit l'acquisition. Elle a pour chef-lieu *Nykiœping*, petite ville de 1,600 âmes, admirablement située, sur le *Guldborgsund*, et centre d'un commerce fort actif. Le roi de Danemark y possède un château qui servait autrefois de résidence aux reines douairières.

FALTE, FAUDE, FAUTE, GIREL ou TONNELET. On appelait de tous ces noms l'espèce de basques d'une cuirasse de fer plein, partie bouffante qui couvrait le haut des cuissards, ou des demi-cuissards. C'était un haut de chausses, ou un garde-chausses de métal. Plus ordinairement les faltes régnaient à partir du dessus des hanches : elles étaient le prolongement de la cuirasse, et s'évasaient à raison de la corpulence des guerriers. Gal BARDIN.

FALUN ou **FAHLUN**, appelé aussi *Gamla Kopparberget*, c'est-à-dire *vieille montagne de cuivre*, chef-lieu du *lœn* du même nom ou ancienne province de Dalécarlie (Suède), dans une vallée située entre les lacs de Warpan et de Run, au milieu d'une contrée déserte et hérissée de rochers, est le siège d'une direction des mines et compte une population de 5,000 habitants. On y trouve un collège fondé par la reine Christine, une école pratique de mineurs avec un laboratoire et diverses collections scientifiques, et la mine de cuivre la plus riche de la Suède et peut-être du monde entier, que le roi Gustave-Adolphe avait coutume d'appeler *le trésor de la Suède*. La fosse située en avant de la ville, à l'ouest, et qui s'est formée par suite des éboulements successifs de diverses fosses anciennes, a 400 mètres de longueur, sur 200 mètres de largeur avec une profondeur de 75 mètres ; de sorte que les ouvriers peuvent sur presque tous les points y travailler à ciel découvert. Aux approches de la mine, de véritables montagnes de pierres provenant des déblais successifs opérés et accumulés pendant plusieurs siècles. Indépendamment de son remarquable outillage, la mine offre encore d'autres curiosités au visiteur étranger, par exemple la salle du conseil, taillée dans le roc vif; la salle où le tribunal des mines tient ses séances; une chapelle, une bibliothèque minéralogique et un riche cabinet de minéralogie. Depuis 1716 la mine de Falun appartient à une société, dont le capital, composé de 1,200 actions, se trouve réparti entre plus de trois cents actionnaires. La compagnie possède aussi plusieurs mines de fer et de soixante-dix hauts fourneaux, tous situés à peu de distance de la ville. Le produit de cette mine était jadis bien autrement considérable qu'aujourd'hui. En 1650 il s'éleva à 20,321 quintaux; il ne va guère maintenant au delà de 2,500 quintaux. Elle ne fournit pas d'ailleurs seulement du cuivre : on y trouve aussi du vitriol en abondance et un peu d'or, d'argent et de plomb. Le minerai de cuivre qu'on en tire s'expédie aux fonderies d'*Avesta* ou *Awestad* situées sur le Daleif, à 8 myriamètres au sud-est de Falun, où on l'affine, ou le monnaye, ou bien où il subit d'autres préparations.

La ville de Falun est régulièrement construite, avec de grandes et larges rues, coupées à angles droits; mais l'aspect ne laisse pas que d'en être des plus tristes : ses maisons, basses et bâties en bois, étant constamment noircies par l'épaisse fumée qui s'échappe de la mine et nuit

FALUN — FAMILLE

même à la végétation d'alentour. Cet endroit n'est cependant pas malsain, et en temps de contagion on vient au contraire de fort loin s'y réfugier.

FALUN ou **CROU**. On donne le nom de *falun* à des dépôts immenses de coquilles et de polypiers fossiles. Ces dépôts sont meubles, c'est-à-dire peu cohérents. L'âge géologique des faluns est récent. En effet, les faluns sont immédiatement postérieurs à la formation des meulières, et font partie des terrains tertiaires supérieurs, qui manquent dans le bassin de Paris. Parmi les dépôts de ce genre, les faluns de Touraine sont célèbres. Ils fournirent à un penseur profond du seizième siècle, Bernard de Palissy, l'occasion d'avancer « que ces dépôts ne pouvaient point avoir été formés par un déluge subit, instantané, et qu'au contraire il avait fallu un temps considérable pour que ces coquilles eussent pu se déposer dans la vase, à la longue et sans révolution. » On pense bien que ces idées si philosophiques et si vraies ne furent point admises à cette époque. Les fossiles qui composent ces dépôts sont surtout des huîtres, des arches, des pétoncles, des peignes, des cérites, la térébratule perforée, des favosites, des balanes, quelques phoques, des cétacés, de nombreux mammifères pachydermes et ruminants. Les faluns sont employés avec un grand succès pour l'amendement des terres. L. DUSSIEUX.

FAMARS, le *Fanum Martis* des Romains, est un village du département du Nord, à 5 kilomètres de Valenciennes, célèbre par le camp qui y fut formé en 1793, après la trahison de Dumouriez, par le général Dampierre. Plusieurs opérations, tentées de ce point contre les Autrichiens, qui avaient envahi la France, manquèrent leur but, et enfin le général périt d'une blessure le 9 mai. Lamarche lui succéda; mais les Autrichiens ayant enlevé les redoutes de La Ronelle le 23 mai, Lamarche évacua pendant la nuit ce camp, qui pendant quarante jours avait ralenti la marche victorieuse d'un ennemi supérieur. Dix mille Français se réfugièrent dans Valenciennes, les autres divisions se replièrent sur Bouchain, après avoir perdu trois mille hommes dans un nouveau combat; la levée de ce camp laissa les alliés maîtres du terrain et libres de choisir celles de nos places fortes qu'ils voudraient attaquer.

FAMÉLIQUE, qui meurt de faim. Cette appellation injurieuse a été appliquée de préférence aux auteurs, et toujours par des auteurs. En effet, il est un degré dans la misère qui mène droit au mépris du public. Or, comme c'est sous la juridiction de ce dernier que se trouvent essentiellement placés les écrivains, on conçoit combien il est doux à un auteur qui se venge d'imposer une sorte de dégradation à ses ennemis. Parmi les poètes qui ont le plus souvent abusé de tout ce que cette épithète renferme d'insolence, on peut citer Boileau et Voltaire, qui, nés tous deux avec une fortune indépendante, auraient bien dû dédaigner un pareil genre d'attaque. SAINT-PROSPER.

FAMEUX (du latin *fama*, renommée). *Voyez* CÉLÉBRITÉ.

FAMILIARITÉ, absence de toute forme cérémonieuse. Entre gens d'un âge déjà fait et de condition pareille, la familiarité est le résultat de rapports plus ou moins habituels : à force de se voir, on arrive à vivre sans façon, comme en *famille*; mais cette familiarité insolite ne veut pas dire qu'on s'aime, ou même qu'on s'estime. Un attachement vif et profond naît quelquefois dans l'espace de quelques jours, et l'on se sent lié comme si l'on se connaissait depuis longtemps : ainsi, les jeunes gens entre eux sont enclins à une sorte de familiarité subite, et lorsque des passions violentes ne les divisent pas, cette familiarité les mène à un attachement qui dure toute la vie. Il n'est pas donné à tous de se permettre la familiarité; il faut pour en être digne avoir reçu une certaine éducation première, ou du moins posséder une grande habitude du monde; alors la familiarité est d'un prix inestimable : à toutes les délices de l'intimité elle joint les charmes de ce naturel qui s'abandonne, sans franchir les limites de la réserve. Malheureusement on ne s'arrête pas toujours au juste point. Trop souvent on se fait peu de scrupule de manger dans la main d'autrui, et alors, comme dit le proverbe : *la familiarité engendre le mépris*. Avec des personnages d'une grande importance, lors même qu'on les approche fréquemment, il faut beaucoup de mesure pour s'aventurer jusqu'à un ton noblement familier; à plus forte raison, faut-il se préserver d'un abandon plein de familiarité dans les manières. Toutes les fois que le commandement doit être exécuté à la lettre, il exclut, dans un intervalle donné, toute familiarité du supérieur à l'inférieur : ainsi, entre gens de guerre la familiarité cesse du moment où le service commence. Il y a des professions où la familiarité est passée en coutume. Les avocats, qui en plaidant s'attaquent avec une acrimonie si persévérante, se tutoient presque tous, comme les comédiens. SAINT-PROSPER.

FAMILIERS. *Voyez* INQUISITION.

FAMILISTES, sectaires dont l'ensemble composait ce qu'ils nommaient *famille* ou *maison d'amour*. La perfection chrétienne consistait suivant eux dans la charité. Aussi professaient-ils uniquement cette vertu, et excluaient-ils l'espérance et la foi, comme des imperfections. Cet attachement réciproque qui les unissait les uns aux autres, et dans lequel ils comprenaient tout le reste des hommes, leur avait fait donner cette dénomination. Telle était la puissance qu'ils attribuaient à la charité, que par elle ils se croyaient impeccables et placés au-dessus des lois. Henri-Nicolas de Munster, suivant les uns, Armand Nicolas, ou David-George de Delft, selon d'autres historiens de cette secte, se donna d'abord pour inspiré; puis il se prétendit déifié et plus grand que Jésus-Christ, qui à l'entendre n'avait été que son image. Réduit au silence dans une discussion, au lieu de s'avouer vaincu, il allégua que l'Esprit-Saint lui ordonnait de se taire. Les disciples de cet enthousiaste se prétendaient aussi des hommes déifiés. Il a laissé, entre autres ouvrages, l'*Évangile du royaume* et *La Terre de paix*.

FAMILLE, réunion d'individus formée par les liens du sang. Le mot *famille* rappelle tout ce qui émeut le cœur de l'homme : amour, dévouement, respect, reconnaissance. L'amour qui unit le père et la mère s'accroît encore quand les enfants en deviennent l'objet, et se change en dévouement qui excite la reconnaissance et le respect de ceux-ci. Il est peu de cœurs que ne touchent ces noms d'époux, de père, de fils, de frère, cette magnifique variété d'affections qui naissent de la famille, modèle de la société, qui n'existerait point sans elle. La famille ne se montre dans sa perfection que lorsque l'union de l'homme et de la femme est indissoluble, et que chacun réserve pour l'autre exclusivement l'espèce de sentiment qu'il lui fit préférer et choisir. Il n'y a point de famille dans les contrées où la polygamie est en usage : les femmes, jalouses, transmettant à leurs enfants l'aversion qu'elles ressentent pour des rivales; et dans les fils que son père a eus d'autres femmes chaque enfant ne voit que les fils de l'ennemie de sa mère. Sans les enfants d'Agar et de Lia, qui troublent le repos des tentes d'Abraham et de Jacob, la famille au temps de ces patriarches s'offrirait à nos yeux dans une plénitude de majesté et de grâce qui laisse bien loin derrière elle tous les charmes de une existence moderne : de la pluralité des femmes viennent les meurtres qui ensanglantent les palais de l'Orient.

C'est du père et de la mère que naît la famille : d'eux aussi en dérivent les vertus et le bonheur. Leurs exemples, leurs préceptes, produiront l'affection, leur autorité la maintiendra. Le père travaillera pour fournir aux besoins de la famille, soit qu'il administre les biens reçus de ses aïeux, soit qu'il en acquière ; ses fils partageront ses travaux. La mère, renfermée dans sa maison, allaitera les enfants, instruira les filles, s'occupera de l'administration intérieure. Ainsi, une partie de la famille échangera sa force physique et morale contre les soins tendres, assidus, patients, de l'autre moitié. Tous nécessaires, indispensables au bien-être commun, ils composeront ce tout complet qui constitue la famille. Voilà l'ordre de la nature. Les liens du sang se resserront encore par la vie de famille, leur force s'en augmente, et la société profite du bonheur dont cette vie est la source et dont l'égoïsme ne pourra jamais être le principe. La famille est l'abrégé de la nation, et les plus sages législateurs se sont efforcés de reproduire dans leurs codes les lois qui la font prospérer, lois qui se réduisent à un mot : *Union*. En vain l'homme voudrait s'isoler, le sort l'a fait, dans son honneur, dans sa fortune, dans sa chair, dans ses os, solidaire de sa famille, ou ses misères : ou ses affronts l'atteindront toujours.

Est-ce donc de cette nécessité d'union que naît la violence des haines entre ceux que la nature destinait à s'aimer? La haine de famille semble appeler à son aide toutes les passions humaines, et les hordes venues des extrémités de la terre pour se combattre montrent moins d'acharnement à se détruire que des enfants conçus dans le même sein... Les sociétés modernes, par différentes institutions, par des coutumes provenant du mélange des peuples, par l'extension du commerce, par le goût du plaisir, succédant à la satisfaction des besoins, ont affaibli l'esprit de famille; ces sociétés ont voulu réunir un large cercle les anneaux qui formaient une chaîne, sans cesser d'avoir un centre particulier. Il est douteux que le bien public en soit augmenté, mais certes le bien individuel en a été diminué. Non-seulement les joies de la famille étaient pures, mais encore elles étaient faciles, prolongées, et toutes les époques de la vie étaient appelées à y participer, car dans la famille le ridicule n'atteint ni les cheveux blancs ni les rides du vieillard ; la puérile et bruyante gaieté de l'enfant n'est point importune; les charmes de la jeunesse excitent l'intérêt, et non l'envie. Et les maux du corps, ceux de l'âme, que la société réduit au silence, où s'adouciront-ils par la plainte, où seront-ils écoutés, soulagés, si ce n'est dans le sein de la famille ?... La sagesse, qui nous fait aimer la vertu, et rechercher notre propre bien, nous apprendra toujours, secondée par l'expérience, que du bonheur de notre famille naît notre plus sûre et notre plus solide félicité.   C^{sse} DE BRADI.

L'étymologie du mot *famille* est incertaine : Festus le fait venir de *famel*, qui dans la langue osque signifiait *servus*, et dont Ennius aurait fait *famul*, racine de *famulus*. D'autres le tirent du grec ὁμιλία, qui, avec le digamma éolique, devient Fομιλία, conversation. Ce nom de famille a, du reste, été donné très-anciennement à l'ensemble des hommes libres d'une maison et à une branche particulière d'une *gens* romaine. Quelquefois *gens* et *familia* sont confondus; cependant on lit dans Apulée : *Quindecim liberi homines, populus est ; totidem servi familia; totidem vincti, ergastulum*. A Rome, le chef de la famille avait sur elle une puissance sans limites. La **puissance paternelle** chez nous a des bornes bien plus modestes. Néanmoins, la famille a été attaquée par des novateurs : on lui a reproché de porter à l'oubli trop complet de ses semblables par amour des *siens*, et l'on comprend en effet combien l'homme déshérité des biens de la terre doit souffrir de voir l'abondance être le lot de gens qui n'ont souvent d'autre mérite que le savoir-faire, l'avarice, la bassesse, les passions sordides de leurs auteurs. Heureusement, ce sont là des exceptions, et sans renoncer aux joies de la famille, veillons à ce que chacun puisse librement et honnêtement élever la sienne par le travail.

FAMILLE (Conseil de). *Voyez* CONSEIL DE FAMILLE.
FAMILLE (Droits de). *Voyez* DROITS DE FAMILLE.
FAMILLE (Monnaies de), expression autrefois synonyme de celle de monnaies *consulaires*, et qu'on applique aujourd'hui à toutes les monnaies romaines portant le nom d'une famille ou d'une personne, de sorte qu'on comprend même sous cette dénomination les monnaies des monnayeurs sous Auguste, etc. La plupart des monnaies de famille, comme les monnaies consulaires, sont en bronze et en argent; il n'en existe qu'un très-petit nombre en or, car ce n'est qu'à partir de l'an 206 avant J.-C. que ce métal servit à la fabrication des monnaies. Comme celles-ci, elles diffèrent essentiellement dans leur empreinte des monnaies frappées au temps des empereurs, car elles sont très-riches en représentations historiques.

FAMILLE (Noms de). *Voyez* NOMS PROPRES.
FAMILLE (Pacte de), traité fameux négocié, avec plus profond mystère par le duc de Choiseul, principal ministre de Louis XV, entre ce monarque et le roi d'Espagne, et signé au mois d'août 1761. Il se divisait en 28 articles. Les deux rois y traitaient tant pour eux que pour le roi des Deux-Siciles et l'infant duc de Parme. C'était une alliance offensive et défensive entre les princes régnants des différentes branches de la maison de Bourbon. Chaque prince s'engageait à regarder comme ennemie toute puissance ennemie de l'un d'eux ; ils se garantissaient réciproquement toutes leurs possessions, dans quelque partie du monde qu'elles fussent situées, suivant l'état où elles seraient au moment où les trois couronnes et le duc de Parme se trouveraient en paix avec les autres puissances. Ils s'obligeaient à se fournir les secours nécessaires, à faire la guerre conjointement, et à ne jamais consentir à une paix séparée. Louis XV renonça au droit d'aubaine en France à l'égard des sujets des rois d'Espagne et des Deux-Siciles, et il fut convenu que les sujets des trois couronnes jouiraient dans leurs États respectifs des mêmes droits et exemptions que les nationaux quant à la navigation et au commerce, sans que les autres puissances européennes pussent être admises à cette alliance de famille, ni prétendre pour leurs sujets aux mêmes avantages dans les États des trois couronnes. Le duc de Choiseul regardait ce traité comme l'acte le plus honorable de son ministère; il ne se faisait pas illusion sur les résultats de ce traité pour les intérêts matériels de la France, mais il espérait obtenir une paix moins désavantageuse, amener une utile diversion, affaiblir en la divisant les forces de l'Angleterre et obliger le Portugal à se déclarer contre l'Angleterre; dans le cas contraire, il espérait pouvoir s'emparer facilement de ce royaume, ouvert de toutes parts, et doubler les forces maritimes de la France par l'adjonction des flottes espagnoles.

Ces prévisions ne se réalisèrent point. La désastreuse guerre de sept ans continua avec plus de violence. Mais le duc de Choiseul acquit par ce traité plus de pouvoir et d'influence : aux portefeuilles des affaires étrangères et de la guerre il réunit celui de la marine, et le roi d'Espagne lui envoya l'ordre de la Toison d'Or, qu'il reçut des mains du dauphin avec le cérémonial d'usage. Le roi lui donna la charge de colonel général des Suisses et Grisons. A la nouvelle de la signature de ce traité, les négociations de paix entre la France et l'Angleterre cessèrent. Le roi d'Angleterre chargea son ambassadeur à Madrid de demander au ministère espagnol si le roi était résolu de s'allier à la France, d'exiger une réponse catégorique, et de déclarer que toute tergiversation serait regardée comme une déclaration de guerre. La fierté castillane fut vivement blessée de cette notification, et bientôt les hostilités commencèrent entre l'Espagne et l'Angleterre. Tel fut pour la cour d'Espagne le premier résultat du pacte de famille. La paix ne fut rendue à l'Europe que deux ans après.

Ce fut en vertu du pacte de famille que la France et l'Espagne se réunirent contre l'Angleterre dans la guerre de l'indépendance de l'Amérique septentrionale; ce fut aussi en conséquence de ce traité que la cour de Madrid intervint directement en faveur de Louis XVI, et qu'elle fit faire des propositions à la Convention; tel fut aussi le motif de la guerre que cette puissance soutint en 1793. Louis XVIII en fonda également sur les stipulations du pacte de famille pour faire marcher, en 1823, ses armées au secours de Ferdinand VII.   DUVEY (de l'Yonne).

FAMILLE (Statut de). On appelle ainsi en Allemagne un contrat passé entre les membres d'une même famille noble et privilégiée relativement à des intérêts communs, tels que la conservation de la fortune patrimoniale, l'emploi qui doit en être fait, les formes à observer à l'ouverture des successions, les formalités nécessaires pour valider des mariages, la désignation d'un chef ou représentant (*senior*, *subsenior*) de la famille, etc., etc. Quoiqu'au premier coup d'œil de pareilles conventions semblent n'intéresser que les membres des familles qui se trouvent liées par ces actes, et qu'on puisse croire dès lors qu'elles n'ont pas besoin d'être confirmées ou infirmées par l'État, on ne saurait nier que s'il était libre à chacun d'en établir de pareilles, la masse de la nation en pourrait être vivement lésée. Ces *statuts de famille* ayant surtout pour but l'immobilisation des fortunes et la concentration de la propriété territoriale en un petit nombre de mains, l'État ne doit jamais se dessaisir du droit de réglementer les contrats de cette espèce et d'en surveiller l'exécution. Aussi, dans ces derniers temps, différents gouvernements allemands ont-ils décidé que l'établissement des *statuts de famille* ne saurait avoir lieu sans leur autorisation préalable. L'acte constitutif de la confédération germanique énumère cependant (art. 14) au nombre des priviléges garantis aux familles des anciens princes et comtes de l'Empire *le droit d'autonomie* ou privilége d'établir à l'usage de leurs membres tels statuts personnels qu'il leur plait. Mais si les *statuts de famille* peuvent être établis par l'assentiment des membres vivants d'une même famille et lient alors leurs descendants, ils peuvent aussi être abolis en satisfaisant aux mêmes conditions. Toutefois, l'assentiment unanime des membres vivants est pour cela nécessaire ; l'assentiment de la simple majorité serait insuffisant, soit qu'il fût question d'établir, soit qu'il s'agît d'abolir un statut de famille. C'est ainsi que les générations à venir se trouvent liées par ce que leurs pères ont décidé.

En France, la révolution, en abolissant tous les priviléges de la noblesse féodale, a mis fin aux *statuts de famille* ; et ceux qu'on tenterait d'établir seraient radicalement nuls et de nul effet.

Il existe des contrats ou *statuts de famille* dans la plupart des maisons souveraines. L'une des plus remarquables conventions qu'on puisse citer en ce genre était le décret qui réglait l'état des membres de la famille de Napoléon et les soumettait complétement à sa *puissance paternelle*, décret que le rétablissement de l'empire a fait revivre (*voyez* FAMILLE ROYALE, FAMILLE IMPÉRIALE).

FAMILLE ROYALE, FAMILLE IMPÉRIALE. Sous l'ancienne monarchie, on établissait dans les familles royales trois divisions bien distinctes : 1° la *maison royale*, comprenant le roi, la reine, et leurs enfants ; 2° la *race royale*, les frères et sœurs du roi, et les enfants des premiers ; 3° le *sang royal*, composé des princes qui n'étaient pas immédiatement enfants de rois, ni enfants de frères du roi. Ainsi, dans l'ordre de successibilité, tous les princes de la maison royale précédaient ceux de la race royale, et ces derniers précédaient les princes du sang royal. Dans le cérémonial, les princesses jouissaient de la préséance qu'elles devaient à ce même ordre de primogéniture, quoique par la loi salique elles fussent exclues de la couronne, et que tous les princes qu'elles primaient y eussent des droits à un degré plus ou moins éloigné. Le titre d'*altesse royale* (usité en France depuis 1663) appartenait aux fils, filles, frères et sœurs du roi, ainsi qu'aux femmes des frères du roi et à leurs enfants. LAINÉ.

Le sénatus-consulte du 10 novembre 1852 a établi pour la famille impériale les règles que voici. Les membres de la famille de Louis-Napoléon Bonaparte appelés éventuellement à l'hérédité, leurs épouses, leur descendance légitime des deux sexes, constituent la *famille impériale* ; ils portent le titre d'*altesse impériale*. Ils ne peuvent, aux termes de l'art. 4 du décret du 21 juin 1853, se marier sans l'autorisation de l'empereur ; tout mariage entre membres de la famille impériale fait sans son consentement est nul de plein droit. Les dispositions suivantes sont applicables et à la famille impériale et aux membres de la famille de l'empereur ne faisant point partie de la famille impériale. L'empereur a sur eux les droits de la puissance paternelle pendant leur minorité, et à leur majorité un pouvoir de surveillance et de discipline ; ces droits appartiennent au régent dans le cas où l'empereur est mineur lui-même ; l'empereur prononce seul sur leur demande en séparation de corps ; ils ne peuvent ni adopter, ni se charger de tutelle officieuse, ni reconnaître un enfant naturel sans le consentement exprès de l'empereur ; l'empereur règle tout ce qui concerne leur éducation ; il nomme et révoque à volonté ceux qui en sont chargés ; il peut leur ordonner d'éloigner d'eux les personnes qui lui paraissent suspectes, encore qu'elles ne fassent point partie de leur maison ; il peut, pour des actes contraires à leur dignité ou à leurs devoirs, leur infliger les arrêts, l'éloignement de sa personne, l'exil, et, en cas plus graves, sur la déclaration du conseil de famille institué par le titre cinquième de ce même décret du 21 juin 1853, portant que les faits dont il a été saisi sont répréhensibles, prononcer contre eux la peine de deux ans d'arrêts forcés dans un lieu qu'il désignera.

La famille impériale se compose aujourd'hui de l'empereur, de l'impératrice, du prince Jérôme Bonaparte, et de sa descendance légitime. Les autres membres de la famille de l'empereur constituent simplement la famille civile.

FAMILLES NATURELLES. Sous cette dénomination, employée pour la première fois par Magnol, botaniste de Montpellier, les naturalistes modernes ont groupé la plupart des productions, soit animales, soit végétales, et même minérales, dans l'ordre de leurs ressemblances ou analogies et affinités, comme si elles possédaient entre elles une sorte de consanguinité et de parenté originelles. La famille se compose d'une collection de genres analogues entre eux par leur structure. Mais dans cette coordination des êtres, les méthodes et les systèmes proposés par les naturalistes ont jusqu'à présent été incertains, et les familles et même les genres de tel botaniste ou zoologiste ont subi souvent les plus étranges modifications. Klein classait les quadrupèdes d'après les divisions des doigts des pieds. De même, avant Tournefort, on n'avait pas su bien constituer ces genres dans les plantes. Seulement, Césalpin et quelques autres naturalistes avaient déjà établi des associations assez régulières, comme celles des ombellifères, des graminées, etc. La méthode de Tournefort groupa d'autres familles, les crucifères, les papilionacées, les liliacées, les labiées, les amentacées, etc.; mais sépara encore mal à propos les arbres des herbes. Le système sexuel de Linné, si ingénieux, et qui excita un enthousiasme si général, eut le grave inconvénient de scinder plusieurs familles très-naturelles de Tournefort, telles que les labiées, les graminées, les etc.; de confondre dans la pentandrie des familles très-distinctes, les solanées, les ombellifères, etc. C'est en effet le vice reproché aux *systèmes* de ne vouloir considérer des êtres que par une seule sorte de caractère, comme les doigts, ou les dents, ou les nageoires, etc., pour les animaux ; ou la corolle, ou les étamines pour les plantes. Ce n'est pas que par certaines liaisons les familles ne se soudent entre elles. Les familles se classent ensuite en différents ordres dans chaque règne (*voyez* ANIMAL, BOTANIQUE, etc.).

La classification des minéraux en familles, soit celle de Berzelius, soit celle de Beudant et de quelques autres minéralogistes ou géologues, ne dépend nullement des mêmes principes que celle des êtres organisés. Dans la minéralogie, ce qu'on appelle *famille* repose sur la prédominance d'un élément, ou d'une base. Par exemple, la famille *fer* ou *cuivre* parmi les métaux, celle du *bore*, du *soufre*, du *carbone*, parmi les autres corps, se compose d'autant d'espèces qu'il y a de combinaisons ou de mélanges dans lesquels ce principe prédomine. Berzelius emploie cette base ou l'élément minéralisé ; Beudant préfère le principe minéralisateur, qui, comme dans les *silicides*, les *sulfurides*, *chlorides*, *phosphorides*, *arsénides*, etc., imprime ses caractères aux bases. Chaque substance simple, d'après l'illustre chimiste suédois, est donc le type d'une famille ; le carbone enfante les divers carbonates ; le soufre, les sulfures, les sulfates, qui sont les genres et espèces de cette famille. Quoique le savant français emploie le principe opposé pour constituer ses familles, cette classification peut également conduire à la connaissance des minéraux ; néanmoins, elle est peut-être plus incomplète quand il s'agit de classer ceux qui renferment des minéralisateurs multiples. De plus, le règne inorganique, outre ses combinés en proportions fixes, tels que les sels, les oxydes, les sulfures et autres corps dont la composition est définie en ses atomes, présente des agrégats en strates, en roches, en terrains de formations diverses. Ces vastes dépôts ou accumulations de matériaux associés présentent encore de grandes familles, comme celles des schistes, des argiles, des marnes, des calcaires secondaires ou tertiaires, etc.

J.-J. VIREY.

FAMINE (du latin *fames*, faim), fléau destructeur des populations, causé par le manque absolu de denrées alimentaires. C'est la *disette* parvenue à son dernier terme. Les causes ordinaires de la famine sont ou l'intempérie des saisons, l'excès soit de la sécheresse, soit des pluies, qui ont frappé la terre de stérilité, ou des guerres dévastatrices, qui ont détruit des récoltes, ou enfin l'horrible cupidité de l'homme, qui accapare les moyens de subsistance pour ne les vendre qu'au poids de l'or, témoin la trop célèbre famine du Bengale, qui dévora par milliers les malheureux Hindous, tandis que les magasins anglais regorgeaient de riz. Dans l'état que nous appelons sauvage, les peuplades guerrières, qui ne vivent que du produit de leur chasse, sont exposées à des famines fréquentes, lorsque le gibier vient à leur manquer. Ces tribus imprévoyantes ne trouvent pas toujours facilement de nouveaux cantons à dépeupler d'animaux. Les hordes pastorales, vivant du lait et de la chair de leurs troupeaux, peuvent plus aisément chercher de nouveaux pâturages, quand ceux qui nourissaient le bétail sont épuisés. Ils ont cependant aussi à craindre la famine, si une sécheresse a empêché l'herbe nourricière de croître, et s'il faut chercher au loin une contrée plus fertile. Ainsi, la race d'Abraham, au témoignage de l'Écriture, fut forcée de recourir aux greniers de l'Egypte, et de s'y transplanter ensuite elle-même pour échapper à la famine qui menaçait les pasteurs hébreux. La bêche et la charrue sont les armes les plus sûres contre la famine. Quand les Grecs, dans leur mythologie, élevaient des autels à Cérès législatrice, ils consacraient une reconnaissance légitime pour l'agriculture, fondatrice de la propriété et des lois. C'est en effet la culture des graminées alimentaires, c'est aussi la propriété du champ où croissent les moissons, qui, rassurant les peuples contre la crainte de la famine, leur permettent de chercher dans des travaux pacifiques et dans l'ordre de la société, les garanties de leur sécurité.

Cependant, cette sécurité protectrice a été troublée souvent par les passions ennemies de l'ordre. La violence, ardente au pillage pour subsister et jouir sans travail, la fureur des conquêtes, la cupidité effrénée ramènent bientôt la disette et la famine. La spoliation que l'injustice puissante exerce au sein de la paix, les brigandages de la guerre, ravissent aux pauvres cultivateurs leurs récoltes, et portent, avec le fer, la flamme et les rapines, la stérilité dans les campagnes. Lorsque la destruction des petites propriétés eut livré l'antique Italie à la culture servile et au pâturage des bestiaux, il fallut que les greniers de la Sicile et de l'Afrique alimentassent, par des distributions gratuites de blé, la population romaine, réduite à la misère et sans cesse menacée par la famine. Ce fléau désole les peuples, soit lorsque la multitude, sans propriété, sans travail, ou restreinte à d'insuffisants salaires, ne peut se procurer une subsistance assurée, soit lorsque des peuples barbares et pauvres se précipitent sur des pays florissants, le glaive à la main, pour en dévorer les richesses. Aussi les époques les plus affligées par les famines sont-elles les temps désastreux marqués par la chute de l'empire romain et par les invasions des peuples féroces et grossiers de l'Asie, de la Scandinavie et de la Germanie. Les misères et les guerres achar-

nées du moyen âge n'ont pas été moins signalées par ce fléau. Ses ravages sont devenus plus rares, ou se sont renfermés dans de plus étroites limites, depuis que les progrès de l'agriculture, du commerce et de l'industrie n'ont cessé de multiplier, pour les nations civilisées, les ressources et les moyens de subsistance. Les contrées fertilisées par une culture habile et active sont devenues les unes pour les autres autant de greniers d'abondance, où le besoin et la prévoyance peuvent toujours aller chercher leurs approvisionnements. Les farines des États anglo-américains, les blés de la Crimée, ont alimenté les marchés de l'Europe. Toutes les branches de l'industrie manufacturière ont rivalisé entre elles pour fournir à des multitudes laborieuses les salaires qui les nourissent. Mais, quelle que soit la puissance réelle de ces ressources, des faits nombreux n'en attestent que trop l'insuffisance contre les efforts d'une cupidité effrénée, toujours avide de propriétés, de richesses, et toujours occupée à diminuer le salaire du travail, pour augmenter ses profits. Laissez croître le monstre, et les disettes partielles qui dévorent une foule de malheureux, sans que la société s'en émeuve, feraient bientôt place à la famine. On verrait reparaître ce fléau, comme aux époques du déclin de l'antique civilisation. Rien de plus important, pour entretenir dans un pays l'abondance qui prévient les disettes et les famines, qu'une bonne législation sur le commerce des *grains*.

AUBERT DE VITRY.

Depuis les temps les plus reculés jusqu'à nos jours les famines ont été extrêmement fréquentes en Asie et en Afrique. Elles y ont pour causes ordinaires les inondations, les sécheresses, les sauterelles, etc. Dans ces contrées, les tourments de la faim sont d'autant plus terribles, que les peuples n'y peuvent attendre de secours ni de leurs voisins ni de leurs gouvernements. La plus ancienne famine générale dont l'histoire fasse mention est celle qui affligea durant sept ans la grande monarchie d'Égypte. Rome fut souvent aussi en proie aux funestes effets de la famine, surtout sous l'empire, et particulièrement durant le règne de Titus, l'an 79 de l'ère chrétienne. Neuf années auparavant le même empereur assiégeait la ville de Jérusalem ; les combattants qui mouraient de faim sur les remparts étaient aussitôt partagés entre les survivants. Sous Marc-Aurèle, la famine se combina avec l'invasion des barbares ; l'empereur vendit sa vaisselle, son ameublement, les joyaux de l'impératrice, pour procurer des vivres à son peuple. Famines affreuses en Angleterre en 272, et en Italie sous Gallien, en 260. A Constantinople en 446 les habitants se voient réduits à un tel état de privations, qu'ils essayent de se nourrir de l'écorce des arbres. Famines très-fréquentes en Chine, notamment en 451, 457, 461, 465 ; pendant plusieurs disettes, on s'y nourrit de chair humaine. L'Europe est souvent aussi en proie à des famines longues et désastreuses depuis le cinquième siècle jusqu'au quatorzième. En 542 et années suivantes, famine dans plusieurs parties de l'Europe, de l'Asie et de l'Afrique. En France, en 645, elle dure plusieurs années ; en 656 et années suivantes, Clovis II fait enlever les lames d'argent placées par son père sur les bâtiments du couvent de Saint-Denis, et les convertit en monnaie, qu'il distribue aux pauvres.

Wilfred, évêque d'York, durant une famine horrible, en 678, montra aux Saxons, dit Bède, le moyen de tirer de la mer quelque nourriture. Les fréquentes disettes auxquelles les pays septentrionaux de l'Europe étaient anciennement livrés inspirèrent aux Normands leurs invasions dans des pays mieux situés. En 739, famine dans toute l'Angleterre ; en France et en Allemagne, du temps de Charlemagne, en 779, 779, 793 et 794 ; retour de ce fléau en France, en 821 et 843 : les habitants mêlent de la terre à la farine, qui sert à leur nourriture ; en 845, 865, 872, on vit de chair humaine dans quelques pays ; en 874, une famine horrible produit en Allemagne et en France des maladies contagieuses, qui font périr le tiers des habitants. Autre famine en France, en 875, 876, etc. En 1000, ce fléau est presque général en Europe durant plusieurs années, et y détruit le tiers de la population. Autre famine, en 1021, qui dure sept ans. Famine en Russie en 1023 : les habitants, qui attribuent ce malheur aux conjurations magiques de certaines vieilles femmes, les égorgent toutes impitoyablement pour écarter le fléau. En 1030 famine en Europe pendant plusieurs années : dans quelques parties de la France, on se nourrissait de chair humaine; on alla jusqu'à en mettre en vente dans les marchés de plusieurs villes.

Autre famine, en 1042 et 1043. Famines en Europe en 1053 et 1059, qui durent sept années. Famine et peste très-meurtrières en Russie en 1092, attribuées à un énorme serpent tombé du ciel, à des génies malfaisants, qui erraient jour et nuit à cheval, etc., etc.: en peu de temps la seule ville de Kiew perd plusieurs milliers d'habitants. En 1074 les chroniques russes citent une horrible famine causée par les ravages de sauterelles. Famines en Europe en 1096, 1101, 1108. En 1125 horrible famine en Afrique : un grand nombre d'habitants passent en Sicile. Dans la même année, des pluies et des inondations soudaines, arrivées au moment des récoltes, produisent une disette très-meurtrière en France et en Allemagne. Famine affreuse dans les provinces septentrionales de la Russie, surtout aux environs de Novogorod, en août 1126. En 1197 famine en Angleterre, qui est suivie d'une peste très-meurtrière. Les historiens ont compté 10 famines principales en France dans le dixième siècle, 26 dans le onzième, 2 dans le douzième, 4 dans le quatorzième, 7 dans le quinzième, 6 dans le seizième, etc.

En Écosse et en Angleterre, famine en 1314, 1315, 1316. En 1334 même fléau en Italie, en Angleterre, pendant plus de vingt ans. Les pluies continuelles tombées en 1345 détrempent le sol à une grande profondeur dans la plupart des pays de l'Europe; les semailles du printemps et de l'automne ne réussissent pas; les récoltes de vin manquent aussi. Quelques gouvernements italiens font de grands achats de blé à Tunis et dans toute la Barbarie pour nourrir leurs sujets. La dévastation des campagnes et la ruine de plusieurs provinces dans les longues guerres des premières années du quinzième siècle se font cruellement ressentir à Paris en 1420. Famine très-meurtrière dans cette ville et dans toute la France en 1437 et 1438; les pays autour de la capitale restent l'inhabitées à une grande distance; les loups viennent dévorer, jusque dans l'enceinte de la ville, les cadavres abandonnés; on promet 20 sols pour chaque tête de ces bêtes féroces. Famine en France en 1481, suivie d'épidémie; les malades, atteints d'une fièvre continue, éprouvent de violents transports, et périssent comme par des accès de rage. Famine en Angleterre et en Écosse en 1483; elle reparaît dans le même pays, désole la France et l'Allemagne en 1528 et durant les cinq années suivantes. Le cours des saisons paraît interverti : le printemps se montre en automne, l'été en hiver; mais une chaleur excessive règne presque sans interruption pendant ce temps de désastre. Disette en Italie, notamment en Toscane, en 1531 et 1534. Famine affreuse en 1586, causée par la présence d'innombrables bandes de sauterelles. Disette extrême en Italie, particulièrement à Rome, en 1591 : les habitants sont réduits à une distribution journalière de quelques onces de pain.

Horrible famine en Russie en 1601, pendant trois années entières : plus de 120,000 habitants périssent de faim dans la seule ville de Moscou. Famine horrible en Lorraine, en 1632, durant l'invasion des Suédois. Calamités du même genre en différents temps, dans plusieurs parties de l'Europe, notamment en Toscane en 1532, et en France, en 1669, en 1693, et 1709. « Pendant cette année, dit un historien, les pauvres, qui mouraient de faim en France, préparèrent du pain avec des glands ordinaires, qu'ils réduisirent en farine; on fit une grande consommation de ce pain, quoiqu'il fût extrêmement mauvais. » En 1768, disette extrême au Bengale : lord Clive, gouverneur anglais, exigea avec la plus grande rigueur des Indous tributaires le payement de l'impôt en riz; les magasins de la Compagnie en étaient encombrés, tandis que les angoisses de la faim détruisaient une partie de la population bengalaise; une sécheresse extraordinaire rendit la famine plus meurtrière encore. Les Indous sacrifièrent tout ce qu'ils possédaient pour se nourrir du riz qu'ils avaient semé et recueilli. Un grand nombre périrent de besoin dans leurs maisons, sur les grandes routes, aux portes mêmes de Calcutta ; longtemps le Gange fut couvert de cadavres; des maladies pestilentielles suivirent ce fléau, et vengèrent les malheureux Indous en frappant leurs oppresseurs eux-mêmes. Le Bengale perdit le tiers de sa population ; la moitié même périt dans quelques provinces. Pendant la disette qui tourmenta l'Angleterre, en 1794, l'administration britannique de l'Inde expédia pour les ports de la Grande-Bretagne 14,000 tonneaux de riz. A. SAVAGNER.

FAMINE (Pacte de). L'histoire du dix-septième siècle a flétri de ce nom le monopole des grains, dont la funeste exploitation livra à la merci d'une compagnie d'accapareurs privilégiés la subsistance de toute la population de la capitale et des provinces. Les guerres étrangères et intestines avaient frappé de stérilité une grande partie du territoire de la France ; le système de Law avait bouleversé toutes les fortunes ; l'interruption des opérations agricoles en avait été l'inévitable conséquence ; des disettes s'étaient fait sentir. Il fut facile de faire agréer au roi un nouveau système ayant pour but le commerce des grains et l'établissement d'une réserve sur les années fertiles pour parer aux besoins des mauvaises années. Mais on trompa sa religion, on abusa de ses intentions pour exploiter ce système au profit de quelques spéculateurs. Le gouvernement, disait-on, ne pouvait faire lui-même cette opération ; il convenait d'en charger une régie spéciale, qui partout achèterait des grains quand ils seraient abondants, établirait des entrepôts, et revendrait à des prix modérés dans les temps difficiles. Tel fut le motif qui détermina Louis XV à consentir à l'établissement de cette réserve et à lui ouvrir un crédit considérable sur le trésor : le premier bail date de 1729; sa durée devait être de douze ans ; il fut signé par le contrôleur général des finances Orry, et renouvelé par ses successeurs jusqu'en 1789. Le quatrième et dernier bail fut souscrit par Taboureau des Réaux. C'est la seule opération de son très-court ministère, en 1777. Tous les baux étaient rédigés dans les mêmes termes ; il n'y avait de changé que le nom du monopoleur en chef. Des milliers de malheureux périrent de faim, de misère, ou dans les prisons, les bagnes et au gibet. L'histoire a conservé le souvenir des famines générales qui décimèrent les populations en 1740, 1741, 1752, 1767, 1768, 1769, 1775, 1776, 1778, 1788 et 1789. Le peuple, cependant, adressait au chef de l'État ses doléances ; mais elles n'arrivaient pas jusqu'à lui : les intéressés aux immenses bénéfices de la régie obstruaient toutes les avenues du trône. Telle fut l'origine de cette longue *guerre au pain*, qui dura soixante ans, et qu'on vit se renouveler dans les premières années de la révolution.

Le funeste mystère allait cependant cesser, le secret de tant de désastres allait être révélé à la France entière en juillet 1768, lorsqu'un nouvel incident couvrit d'un nouveau voile les opérations des monopoleurs. Rinville, principal commis de Rousseau, receveur général des domaines et bois du duché d'Orléans, et l'un des principaux associés de la régie, avait communiqué le dernier bail à son ami Le Prévôt de Beaumont, agent général du clergé, en lui permettant d'en prendre copie, et lui fournissant sur le mode d'exploitation tous les renseignements qu'il désirait. Le Prévôt de Beaumont fit cinq copies du bail, et y joignit des notes explicatives avec une requête qu'il adressa au parlement de Rouen. Rinville lui proposa d'envoyer le paquet sous le contre-seing de la régie ; le Prévôt de Beaumont y consentit. Mais le paquet resta sur le bureau de Rinville... Il fut ouvert par un inspecteur, lequel adressa sur-le-champ le paquet au financier Boutin, qui se hâta d'en conférer avec le lieutenant général de police Sartines. L'inspecteur Marais fut dépêché à l'instant, muni d'une lettre de cachet, pour arrêter Rinville, qu'on saisit dans son lit. On s'empara de tous ses papiers. Ses déclarations amenèrent l'emprisonnement de Le Prévôt de Beaumont et de tous ceux que l'on soupçonnait en relation avec lui. Il fut successivement enfermé, sous de faux noms, à la Bastille, à Vincennes et à Bicêtre; et ce ne fut que plus de dix ans après, qu'une de ses parentes apprit ce qu'il était devenu. Sa courageuse révélation était son idée fixe, et pendant sa longue captivité il n'avait cessé d'écrire au roi mémoire sur mémoire; mais aucun n'était parvenu à sa destination. Les originaux et tous les autres documents de cette affaire ont été trouvés dans les archives de la Bastille.

Le dernier bail (1777), qui devait être renouvelé le 17 juillet 1778, nommait pour preneurs Roi de Chaumont, receveur des domaines et bois du comté de Blois; Rousseau, receveur des domaines et bois du comté d'Orléans; Perruchot, régisseur général des hôpitaux militaires. Malisset, au nom duquel le bail était passé, agissait comme agent du roi. Il devait se porter partout où l'exigerait le service de l'entreprise, pour l'achat, le transport, la manutention, l'entrepôt des grains et farines dans des châteaux forts et quelques résidences royales. Sa portion d'intérêt et celle des quatre régents supérieurs étaient réglées par un article spécial. Quatre intendants des finances, Trudaine de Montigny, Boutin, Langlois et Boulongne se partageaient les provinces, et correspondaient par leurs agents avec les intendants de chacune d'elles. Le lieutenant général de police s'était réservé l'exploitation de la capitale, des environs et de la Brie. Le bureau général avait pour siège l'hôtel Dupleix, rue de la Jussienne : il était dirigé par Roi de Chaumont et Perruchot; la caisse générale était tenue par Gonget, auquel succéda Mirievaux; les réunions avaient lieu chez l'un des intendants des finances, ou chez le lieutenant général de police. Le dernier article du bail prescrivait aux associés un don annuel de 600 livres pour les pauvres. Une pareille clause était plus qu'une dérision, c'était un blasphème. On lit dans la correspondance des directeurs avec leurs agents : « Si dans vos achats l'on tient avec trop de rigueur sur le prix que vous offrez, dites qu'il vient d'arriver à Rouen dix-huit bâtiments chargés de blé, et qu'on en attend encore vingt-cinq. On ne sait pas que ces bâtiments sont les nôtres... Quand la disette sera sensible dans votre canton, vendez farines et blés : c'est le moyen de vous acquérir de la considération... Si la cherté montait au point d'exciter le ministère public à vous demander d'exposer en vente les blés du roi, ne manquez pas d'obéir, mais vendez avec modération, toujours à un prix avantageux, et faites aussitôt d'un autre côté le remplacement de vos ventes. » Cependant, la famine allait toujours croissant, surtout de 1768 à 1775. « Les habitants des campagnes, dit un historien contemporain, se traînaient avec des chaudrons au bord des rivières, dévorés par les angoisses de la faim : les yeux fixés sur les eaux, ils attendaient les bateaux qui leur apportaient des grains, qu'ils faisaient cuire sur les lieux mêmes. » Des magistrats, des curés, voulurent intervenir dans l'intérêt de leurs administrés et de leurs paroissiens; ils furent jetés dans des prisons d'État. Les autorités supérieures gardaient le silence. Deux parlements seuls, ceux de Rouen et de Grenoble, hasardèrent des remontrances, qui furent sans effet. La ligue des monopoleurs était trop compacte et trop puissante : elle avait des auxiliaires intéressés jusque dans le conseil du roi.

La révolution de 1789 éclata trois jours avant l'expiration du dernier bail; le renouvellement fut impossible; les entrepreneurs et les croupiers se dispersèrent. Une grande partie des blés de la régie avait été transportée à Jersey et Guernesey; il fallut à force d'or faire rentrer ces approvisionnements. Le banquier Pinet, alors caissier général de la régie, était resté à Paris; le 29 juillet 1789 il fut trouvé expirant dans le bois de Vésinet, près de Saint-Germain-en-Laye, où il avait une maison de campagne : un pistolet déchargé était à quelque distance. Il survécut trois jours à sa blessure, et ne cessa de soutenir qu'il avait été assassiné;

il insistait surtout pour que l'on sauvât un portefeuille rouge qu'il avait laissé dans son hôtel, à Paris, et qui, disait-il, renfermait des valeurs considérables. Le portefeuille ne se retrouva point, et la mort de Pinet fut, contre toute vraisemblance, signalée comme l'effet d'un suicide. On évalua le déficit de sa caisse à soixante millions. Telle fut la catastrophe qui termina l'exploitation du *pacte de famine* et la *guerre au pain*, qui était perpétuée dans toute la France depuis 1729 jusqu'en 1789.   Dufey (de l'Yonne).

FAMPOUX, village du département du Pas-de-Calais, à 8 kilomètres d'Arras, avec 1,005 habitants. C'est en face de ce bourg que, le 8 juillet 1846, s'accomplit une des plus horribles catastrophes qu'ait eu à enregistrer la chronique funèbre des chemins de fer. Le convoi parti à sept heures du matin de Paris pour Bruxelles, et composé de vingt-huit voitures, se trouvait sur un remblai élevé de sept mètres au-dessus d'une ancienne tourbière remplie d'eau. Tout à coup un déraillement a lieu dans ce convoi traîné par deux locomotives; onze voitures ou wagons sont précipités plus ou moins loin, plus ou moins profondément dans le marais. Le nombre des victimes s'éleva à quatorze personnes tuées et dix blessées.

FANA, un des noms de Fauna ou la Bonne Déesse.

FANAGE. Ce terme d'agriculture désigne les manipulations pour la conversion de l'herbe fauchée dans les prés et les prairies artificielles en foin ou en fourrage sec. Elle a pour but d'empêcher, par l'évaporation des parties aqueuses que contiennent les plantes, les actions chimiques entre leurs éléments, leur fermentation et leur décomposition. On *fane* l'herbe en la tournant, la retournant, l'agitant en l'air pour la faire sécher. Si l'on se rappelle que la santé des bestiaux dépend en grande partie de la qualité des fourrages, et que cette qualité varie beaucoup selon les soins apportés au fanage, on sentira toute l'importance de cette opération.

Pour le fanage des prés naturels, on choisit un beau temps, une chaleur modérée, un air sec et légèrement agité; l'herbe abattue est aussitôt dispersée sur toute la surface du pré; tous les *andins*, formés avant quatre heures de l'après-midi, sont épandus. La récolte ainsi disposée sèche vite et bien. On revient vers la partie épandue en commençant, on la retourne, puis lorsque, le soleil s'inclinant, la température baisse, et que la rosée du soir va se former, le foin est réuni en masses plus ou moins grosses, selon le degré de siccité. Le lendemain, lorsque la rosée a disparu, nouvel *épandage* vers neuf heures du matin, mêmes soins pour le degré convenable de dessiccation à donner aux foins; enfin, réunion en monceaux, en meules, bottelage et transport. Deux jours suffisent pour assurer la récolte du foin, quand aucune circonstance défavorable ne ralentit les opérations du fanage. Malheureusement toutes ces bonnes conditions n'existent pas toujours : si les faucheurs ont commencé par une rosée abondante, on fait un demi-épandage, pour que l'herbe ne soit point saisie; si la pluie est survenue, l'herbe est laissée en andins et retournée tous les jours pour empêcher le dessous de jaunir; si l'herbe avait éprouvé un commencement de dessiccation lorsque le temps a menacé, elle est mise en *chevrottes*. Un soleil ardent, un vent violent et sec, dévorent les végétaux; l'épandage est moins complet.

Le fanage des prairies artificielles peut se conduire comme celui des prés, et c'est en effet ce qui se pratique dans presque toute la France : aussi ces fourrages ont-ils très-souvent la tige cassante, la feuille noire et grillée. Mieux vaudrait cependant prévenir cette dessiccation vicieuse par quelques modifications dans la manipulation. La luzerne, le trèfle, le sainfoin, fauchés, restent en *andins*; le premier jour on se contente de retourner ces *andins* pour qu'ils éprouvent dans leur masse un commencement de dessiccation lente. Le lendemain, vers les neuf ou dix heures, selon la quantité de rosée, on procède à un demi-épandage, dans lequel les tiges sont soulevées le plus possible, afin que l'air et la chaleur opèrent uniformément sur la masse.

On renouvelle cette opération aussi souvent qu'il le faut, et quand la dessiccation est convenable, on met en bottes ou en meules, selon la destination ou les habitudes locales. Le fourrage ainsi fané conserve une belle couleur ; la tige est flexible, la feuille reste adhérente et ne se réduit pas en poussière à la moindre pression.

Les *faneurs* et les *faneuses* sont les hommes et les femmes employés au *fanage*. Le *fanoir* est un cône en bois, à claire-voie, plus ou moins élevé, sur lequel on jette l'herbe fauchée dans les prairies marécageuses, pour la faire sécher.

P. GAUBERT.

FANAL (du bas latin *phanalium*, fait du grec φανάριον, lampe, lumière), espèce de grosse lanterne dont on se sert sur les navires. Les marins ont adopté ce terme à l'exclusion de tous autres : jamais les mots *lanterne* et *falot*, dont il est synonyme, ne sont prononcés à bord des bâtiments. Il y a des fanaux de plusieurs espèces. Le *fanal de la mèche* est suspendu dans la batterie haute, tout à fait sur l'avant ; il éclaire le lieu où l'on conserve précieusement la mèche toujours allumée qui sert à distribuer la lumière partout où il en est besoin. Les boussoles ont aussi leur fanal particulier, armé de réflecteurs : on le nomme *fanal d'habitacle*. Il y a encore le *fanal de la soute aux poudres*. Les *fanaux de combat*, que l'on allume dans les batteries entre les canons pendant les engagements de nuit, sont plats d'un côté, pour qu'on puisse les accrocher contre la muraille. Le *fanal sourd* est une lanterne sourde. Les fanaux que l'on emploie dans la cale sont ordinairement garnis d'un grillage en fil de fer.

Pour éviter les *abordages*, un décret du chef du pouvoir exécutif en 1848 a rendu obligatoire pour toute la marine française un système d'éclairage déjà adopté en Angleterre, et qui consiste en trois fanaux : blanc à la corne du mât de misaine, vert à tribord, rouge à bâbord : au moyen de ces feux de couleurs diverses, assez semblables aux lanternes attachées aux convois de chemin de fer, il est facile de se rendre compte non-seulement de la présence du navire, mais encore de sa marche.

Les signaux de nuit se font à l'aide de *fanaux*; ils sont les signes d'un langage de convention ; leur nombre, l'ordre dans lequel ils sont disposés, fixent leur expression.

Naguère les navires ne portaient qu'un fanal de poupe, ajusté à poste fixe au couronnement de l'arrière. Quand plusieurs bâtiments naviguaient de conserve pendant la nuit, ils suspendaient au mât de l'arrière un fanal pour indiquer leur position ; on appelait cela *faire fanal* : cette expression a vieilli. Dans une armée navale, les fanaux suspendus à l'arrière ou dans les hunes sont un signe d'autorité ou de commandement : l'amiral commandant en chef et les chefs d'escadre ont seuls le droit d'en porter ainsi, en dehors des signaux de nuit.

Fanal se dit aussi des feux qu'on allume durant la nuit sur les tours, à l'entrée des ports et le long des plages, pour indiquer la route aux vaisseaux. On dit plus ordinairement *phare*.

FANAR ou **FANAL** (en grec Φανά) quartier de Constantinople, situé sur le port, et qui renferme l'église de Saint-Georges, devenue la métropole et la demeure des patriarches grecs depuis que Sainte-Sophie a été convertie en mosquée. Le Fanar est habité par les Grecs de distinction. C'est là que vivent dans la retraite les descendants des Paléologues, des Ducas, des Comnènes, traités de princes et d'altesses par leurs domestiques. Ce quartier est à peu près entièrement bâti en pierre ; et ses vastes maisons gothiques défient les incendies, si fréquents et si terribles dans la métropole de l'Islam. C'est par une porte du Fanar que les Turcs, en 1453, pénétrèrent dans la ville, tandis que l'empereur Constantin Dracosès défendait encore la tour de Saint-Romain.

FANARIOTES. On désigne sous ce nom une classe de Grecs habitants le quartier du Fanar à Constantinople, qui par leurs richesses et leur esprit d'intrigue réussirent à acquérir une grande influence dans les conseils de la Porte, et surent s'en prévaloir pour obtenir et conserver pendant plus d'un siècle le gouvernement exclusif de la Moldavie et de la Valachie. Après la prise de Constantinople, profitant de l'ignorance des Ottomans, à qui le Coran interdisait l'étude des langues, ils s'insinuèrent auprès des chefs de l'État, d'abord comme simples traducteurs, et auprès des personnages riches et puissants comme écrivains, gens d'affaires et intendants. On donnait à ceux qui remplissaient ces emplois le nom collectif de γραμματικοί ou *grammatistes*. Dans le principe ils étaient confondus avec les domestiques ; l'office de traducteur de la Sublime-Porte n'emportait pas même avec lui plus de considération. Mais en 1669, sous le règne de Mahomet IV, un médecin grec, nommé Panayotaki, persuada aux ministres que la Porte trouverait bien plus de fidélité et de discrétion dans un interprète officiel, honoré de sa confiance, que dans d'obscurs traducteurs. Le divan accueillit cette idée, et Panayotaki fut nommé *drogman du divan* ; on lui donna un appartement dans le palais, et l'on ajouta à cet honneur, non sans y avoir mûrement réfléchi, la permission de laisser croître sa barbe. Les successeurs de Panayotaki continuèrent à jouir de ces avantages, et obtinrent de nouveaux honneurs encore. L'ambition des familles fanariotes se tourna dès lors tout entière de ce côté ; les plus élevées firent apprendre à leurs enfants le turc, l'italien et le français, afin de les mettre en état de remplir un jour l'office de drogman du divan.

Plus tard, le divan créa un nouveau drogman, le *drogman de la flotte*. Les fonctions de ce dernier consistaient à accompagner le capitan-pacha lorsqu'il allait, chaque année, recueillir l'impôt dans les îles de l'Archipel. Il le remplaçait même souvent dans cette perception. Cette charge assurait au Fanariote qui l'exerçait un pouvoir presque sans bornes sur les îles de l'Archipel.

Les Fanariotes investis de l'emploi de drogman du divan, étant les intermédiaires obligés de toutes les communications que les ignorants ministres de la Porte entretenaient avec le reste de l'Europe, acquièrent par cette voie la plus grande influence dans le divan. Enfin, ils en arrivèrent à jeter des regards d'envie sur les provinces de Moldavie et de Valachie, qui jusque alors avaient été gouvernées par des chefs nationaux, quoique sous l'autorité de la Porte. Tous les moyens furent mis en œuvre par les Fanariotes, et en 1711 le divan, séduit par les brillantes promesses de ses drogmans, déposa les *hospodars* nationaux de la Moldavie et de la Valachie, et confia à des Fanariotes le gouvernement de ces belles provinces. Mavrocordato fut le premier Grec qui quitta les rives du Bosphore pour aller prendre possession de l'hospodarat de la Valachie. Une foule de Fanariotes s'attachèrent à la fortune des nouveaux hospodars : ceux-ci, pour augmenter le nombre de leurs créatures et humilier l'ordre noble des *boyards*, donnèrent à leurs compatriotes la plupart des emplois civils, religieux et militaires, en conférant le titre de *boyards* à ceux qui occupaient un poste tant soit peu élevé. Comptant ainsi des agents dévoués dans toutes les divisions du pouvoir, les hospodars fanariotes se livrèrent aux exactions les plus odieuses, mettant, comme leurs protégés, la courte durée de leur puissance à profit pour s'enrichir. Rarement même les intrigues du drogman du divan, pour devenir hospodar à son tour, permettaient aux hospodars en place de conserver leur autorité plus de deux ou trois années : au bout de ce temps, patron et clients tombaient tous à la fois. L'épouvantable tyrannie des princes fanariotes, encouragée par la vénalité du gouvernement turc, qui partageait avec eux, ne subsista pas moins d'un siècle. Lorsqu'en 1821 la Grèce courut aux armes pour briser le joug honteux de ses oppresseurs, ce fut au sein même de la Moldavie et de la Valachie que l'insurrection prit naissance, et bientôt ces deux provinces se virent à jamais affranchies du despotisme des Fanariotes.

La possession des hospodarats de Moldavie et de Valachie n'était point l'unique source des richesses et de la puissance des familles fanariotes ; les banquiers du Fanar disposaient, en outre, de la plupart des emplois civils et militaires de l'empire ottoman. Quoique incapables, à cause de leur religion, d'exercer par eux-mêmes aucun de ces emplois, ils en achetaient les brevets au grand-vizir, moyennant un présent considérable et une soumission pour le revenu total de deux années. Tout seigneur turc qui aspirait au commandement d'une forteresse, au pachalik d'une province, ou à tout autre gouvernement, trouvait chez l'un des banquiers affidés du vizir le firman nécessaire à son installation, avec le nom en blanc ; il s'engageait, soit comme associé du banquier, soit comme son prête-nom, soit pour un salaire convenu, à faire rentrer ce dernier dans ses avances ; puis il partait pour la province muni du firman qui le nommait bey, mousselim, vayvode, ou pacha. Un commis, Grec de nation et de religion, l'accompagnait en qualité de grammatiste ou secrétaire, et administrait en son nom. C'était par ses soins que les deniers arrachés aux habitants de la province par la cruauté du gouverneur s'écoulaient dans les coffres du banquier et contribuaient à former ces fortunes colossales qui donnaient aux Grecs du Fanar une très-grande part dans la direction des affaires de l'empire. Toutes les nominations aux places de cadis et autres emplois de judicature, qui se distribuaient chaque année par milliers, étaient également achetées au grand-moufti par les négociants et les banquiers fanariotes ; elles devenaient entre leurs mains l'objet d'un trafic fort lucratif, au détriment des pauvres justiciables, qui en définitive supportaient le poids de ces hideuses spéculations. Les Grecs du Fanar, non contents d'exercer cette influence occulte sur le maniement des affaires publiques, surent également s'emparer de la conduite des affaires privées des princes et des seigneurs turcs. Ils achetaient, vendaient et géraient en leur nom une foule de domaines que l'ignorante apathie de leurs maîtres laissait à l'abandon, et les bénéfices qu'ils retiraient de toutes leurs transactions n'allaient pas à moins de 40 à 50 p. 100. Le harem leur fournissait aussi des moyens de lucre, et bien souvent ils disputaient à de vils eunuques le honteux monopole des plaisirs du sultan et les bénéfices que procurait la satisfaction des goûts et des désirs des odalisques. L'éducation des jeunes Fanariotes d'un rang distingué était l'objet d'un soin tout particulier, et rien ne leur répugnait pour accroître leur puissance. Consulter Marcos Jallony, *Essai sur les Fanariotes* (Marseille, 1824). Paul TIBY.

FANATIQUE. Le fanatique est cet être fou, extravagant, visionnaire, qui s'imagine recevoir des inspirations subites d'en haut ; c'est aussi cet énergumène qui s'exagère les devoirs de sa religion, au point de regarder comme des crimes toutes les croyances qui diffèrent de la sienne, et de condamner ou persécuter, au nom du ciel, ceux qui ont le malheur ou le bon sens de ne pas penser comme lui. Cette dénomination fut plus particulièrement appliquée, dans le seizième siècle, à une secte d'illuminés qui parut en Allemagne sous la conduite de Vigellius, et d'un savetier nommé Jean Bohm. Celui-ci se posait en docteur et en prophète : il se faisait appeler le philosophe teutonique. Sa philosophie n'était pas des plus humaines ; il justifiait tous les crimes, de quelque nature qu'ils fussent, pourvu que les criminels se proclamassent inspirés de Dieu. Il suffisait à ces cerveaux malades d'associer la Divinité à leurs sanguinaires extravagances pour les croire justes et méritoires.

VIENNET, de l'Académie Française.

FANATISME. Le fanatisme est d'origine religieuse : il eut son berceau dans les anciens temples (*Fana*), autour desquels rôdait la foule de ceux qui venaient aspirer les vapeurs prophétiques exhalées de leurs soupiraux, afin de rendre quelque oracle ; car *fanum* lui-même vient de *fari*, parler. *Fana, quod fando consecrantur*, a dit Festus. Aussi les témoins de ces fureurs ridicules ont-ils appelé *fanatisme* toute sorte d'entêtement enragé, toute exaltation de sentiment qui n'est point fondée sur la raison, ou qui dépasse la portée des moyens ordinaires que la raison nous suggère pour accréditer nos idées, pour faire triompher nos opinions ; ainsi, il y a un fanatisme de liberté, de patriotisme, d'amour, etc. Il signifie plus particulièrement une exaltation aveugle et passionnée, qui naît des idées superstitieuses et pousse à des actions condamnables, ridicules, injustes, cruelles, qu'on accomplit non-seulement sans honte, sans remords, mais encore avec une sorte de joie, de consolation, persuadé qu'on sera agréable à Dieu. C'est le *fanatisme religieux*, c'est la superstition mise en action, maladie mentale, contagieuse, qui, dès qu'elle s'est enracinée dans un pays, y prend le caractère et l'autorité d'un principe. Ainsi les sacrifices humains ont sans doute pris naissance et se sont ensuite continués ; ainsi ont agi les Jacques Clément et les Ravaillac ; ainsi agissait cette pauvre vieille femme soufflant les tisons du bûcher de Jean Huss, qui ne put s'empêcher de dire : *O sancta simplicitas!*

FANCHONNETTES, excellente pâtisserie, qu'on sert en entremets, et dont le fond se compose d'un mélange bien délié de jaunes d'œufs, de sucre en poudre, de farine tamisée, avec un grain de sel. On fait ensuite un demi-litre de feuilletage et on lui donne douze tours, puis on l'abaisse de quatre millimètres et demi d'épaisseur. Après cette opération, on *fonce* avec une trentaine de moules à tartelettes, qu'on met au four, chaleur modérée. Lorsque les fanchonnettes sont bien ressuyées, que le feuilletage est de belle couleur, on les retire du four et on les laisse refroidir. On prend ensuite trois blancs d'œufs bien fermes, qu'on mêle avec quatre onces de sucre en poudre ; on remue ce mélange, afin de l'amollir, puis on garnit le milieu de crème à la vanille, ou de lait d'amandes, ou de café Moka, ou de chocolat. On fait aussi des fanchonnettes au raisin de Corinthe, aux pistaches, aux avelines, aux abricots, ou avec des marmelades de pommes, de poires, de pêches, de coings, et d'ananas. On masque le contenu, quel qu'il soit, avec des blancs d'œufs, et sur chaque fanchonnette on place en couronne sept meringues ; au milieu de la couronne on met encore une petite meringue, puis, après avoir glacé et perlé cet entremets, on le remet au four, chaleur douce, jusqu'à ce qu'il soit d'un beau meringué rougeâtre ; c'est le moment de le servir.

FANDANGO. Ni ces pyrrhiques voluptueuses tant courues des Romains, ni ces danses des Saliens tant célébrées par Denys d'Halicarnasse, n'approchèrent jamais du *fandango* espagnol. Mais, pour qu'il plaise, il faut que le *fandango* soit bien dansé, bien exécuté ; que la tête, les pieds, les bras, le corps de la danseuse, se meuvent ensemble pour exciter le trouble et la volupté. Les Espagnols racontent au sujet du *fandango* une anecdote qu'ils donnent pour vraie, et qu'on nous permettra de citer comme un fort joli conte. La cour de Rome, scandalisée de voir une nation citée pour l'austérité de ses mœurs et la pureté de sa foi tolérer une danse aussi voluptueuse, résolut de la proscrire, sous peine d'excommunication. Les cardinaux s'assemblent, le procès du *fandango* s'instruit ; la sentence va être mise aux voix, quand un des juges fait observer avec raison qu'on ne doit pas condamner un coupable sans l'entendre. L'observation paraît juste, elle est accueillie ; on fait comparaître devant l'assemblée un couple espagnol armé de castagnettes, et on le somme de déployer en plein tribunal toutes les grâces du *fandango* : la sévérité des juges n'y tient pas ; les fronts se dérident, les visages s'épanouissent ; leurs Éminences se lèvent ; des pieds, des mains, elles battent la mesure ; la salle du consistoire se change en salle de bal ; le sacré collége imite les gestes et les pas des danseurs, et le *fandango* est absous. On a fait de cette aventure un fort joli vaudeville ; mais la scène a été transportée de ce côté-ci de la Bidassoa, en France, à Saint-Jean-de-Luz, et les cardinaux, par respect pour les mœurs, ont cédé la place à un petit tribunal de province. Tout cela s'appelle *Le Procès du Fandango*, et c'est fureur, chaque fois qu'on le joue sur tout le versant septentrional des Pyrénées. Cette danse est fort ancienne. Callimaque, dans son *Hymne sur Délos*, assure que Thésée l'aimait à la folie. Le poète latin Martial, qui était espagnol, en fait l'éloge. Pline en parle fréquemment dans ses lettres. On danse encore le *fandango* à Smyrne, dans l'Asie Mineure, en Géorgie, à Cachemire surtout, où les femmes sont passionnées pour ce divertissement. Eug. G. DE MONGLAVE.

FANE. On donne ce nom aux feuilles des céréales et des plantes alimentaires vulgairement appelées *légumes*.

L'involucre des anémones et des renoncules reçoit aussi des jardiniers le nom de *fane*.

FANFARE. mot dont l'étymologie est restée mal éclaircie, et que des écrivains ont supposé avoir été produit par harmonie imitative pour exprimer un air militaire court et vif, un brillant effet d'instruments de cuivre. Cette expression nous vient de l'espagnol, et peut-être des Maures. Au temps de la conquête du Mexique, les Espagnols appelaient *fanfaron* un ornement de bonnet fabriqué en or du Nouveau-Monde. Le nom de *fanfaron* était également donné aux élégants ainsi coiffés; et comme tous nos mots d'escrime sont sortis des salles d'armes espagnoles, elles nous ont aussi prêté l'expression *fanfaron*, dans le sens de *bretailleur* ou de *rodomont*. Le substantif espagnol *fanfaria* peignait leur vanité, leur arrogance. Les fanfares, prises dans le sens de concerts d'instruments militaires, s'appliquaient historiquement à la marche des comparses dans les carrousels et les tournois; elles s'appliquaient techniquement, depuis l'ordonnance du 1ᵉʳ mars 1768, à certains signaux de cavalerie. Le maréchal de Biron créa à ses frais et soutint jusqu'à sa mort une école de fanfares au dépôt des gardes-françaises. Aujourd'hui c'est un genre d'effet musical connu de la cavalerie et de l'infanterie, et qui diffère des sonneries d'ordonnance : celles-ci sont d'invariables morceaux que le cuivre fait entendre sans le secours d'une clé; les fanfares sont des airs variables, gracieux, de circonstance, que produisent dans l'infanterie des clairons à clef, ainsi que dans la cavalerie les bugles à clef, les cors, les ophicléides, les trombones, les trompettes. Il se dit, en termes de chasse, de l'air qu'on sonne au lancer du cerf. Gᵃˡ BARDIN.

FANFARON. C'est ainsi qu'on désigne un faux brave, ou celui qui cherche à passer pour brave sans l'être. La *fanfaronade* doit donc être définie *l'hypocrisie du courage*. Les habitants de la Gascogne ont été de tout temps réputés *fanfarons*, et cette province, quoiqu'elle contienne d'ailleurs d'aussi braves gens que toute autre, a été le berceau d'une foule d'anecdotes plaisantes, qui font plus d'honneur au caractère spirituel des Gascons qu'elles ne peuvent réellement nuire à leur réputation de bravoure. On ne donne pas seulement le nom de *fanfaron* à un lâche qui affecte une bravoure qu'il n'a pas, mais encore à quiconque se vante outre mesure de quelques qualités, ou même des défauts qu'il ne possède pas du tout, ou du moins qu'à un très-faible degré.

FANGE, boue, bourbe, terres grasses, humides, marécageuses. Ce mot vient de *phanum*, basse latinité, selon Du Cange, ou de *fangue*, vieux mot français qui signifiait *lac* et *marais*, ou de *faignes*, mot flamand encore en usage, ou du celte ou bas-breton *fancq*. Il signifie, au figuré et dans les discours ascétiques, les *souillures* du péché. Il se dit encore, par mépris, d'une condition basse, abjecte; et s'applique enfin à la bassesse d'esprit, de style, de langage.

FANION, mot dont l'étymologie est allemande, et dont l'orthographe a eu les formes très-variées. Il vient de *fahne*, enseigne ou drapeau. Ce substantif s'était reproduit dans le bas latin *fano, fanonis*, qui s'est francisé depuis la guerre de 1667. Le fanion était un petit drapeau dont l'étoffe, en serge, avait à peu près un pied carré; on l'employait d'abord, dans cette guerre, à la police des équipages; chaque officier général avait son fanion de la couleur de sa livrée; chaque corps avait son fanion de bagages; c'était comme l'étiquette au moyen de laquelle le vaguemestre général classait et groupait les valets et les chevaux de bât. L'usage s'introduisit bientôt de se servir de fanions comme de fiches de campement, et chaque compagnie d'infanterie commença à avoir le sien, dont le sergent d'affaires (il n'y avait pas encore de sergents-majors) était le dépositaire. Il y avait bien des siècles, d'ailleurs, que les troupes chinoises avaient des fanions, quand les Occidentaux commencèrent à en employer; mais ceux des Chinois avaient le double avantage de servir nuitamment de réverbères dans les camps. Cet usage des falots à hampe n'était point toutefois inconnu des légions romaines. Dans la première moitié du dix-septième siècle, l'usage des fanions ne s'était pas maintenu dans les troupes françaises ; mais dans les armées anglaises, hollandaises impériales, prussiennes, ils concouraient à distinguer les compagnies d'infanterie. Les régiments français en reprirent des étrangers la mode; toutefois, la législation ne s'en occupa qu'en 1753. Le sergent-fourrier avait à cette époque la garde du fanion, et, quand un corps faisait route, chaque sergent-fourrier arrivé au lieu du gîte faisait flotter en dehors de sa fenêtre son fanion, pour indiquer sa demeure aux soldats qui auraient besoin de la connaître. Les ordonnances de 1788 ne reconnaissaient par bataillon que trois fanions : l'un d'eux dans les manœuvres représentait le drapeau, les deux autres étaient confiés aux guides généraux, guides dont l'invention venait d'avoir lieu. Quantité de dispositions réglementaires se sont de nos jours appliquées au sujet des fanions, sans qu'il en soit encore résulté de principes simples, clairs et vraiment utiles. Il manque aux Français ce qui se voit en d'autres armées, ce sont des cavaliers porteurs de fanions et chargés d'être guides dans les grandes manœuvres et de défendre le terrain des évolutions contre les envahissements des curieux et l'imprudence des badauds. Gᵃˡ BARDIN.

FANNIA (Loi), loi somptuaire, décrétée l'an de Rome 593, sous les auspices du consul C. Fannius. Elle bornait la dépense des grands festins à 100 as et celle des repas ordinaires à 10. Une autre loi Fannia, décrétée sous les auspices du consul Fannius, donnait au préteur le pouvoir de chasser de Rome les rhéteurs et les philosophes.

A. SAVAGNER.

FANO, le *Fanum Fortunæ*, et plus tard la *colonia Julia Fanestris* des Romains, port de mer et siège épiscopal des États romains, dans la délégation d'Urbino et de Pesaro, sur la route de Bologne, situé de la manière la plus pittoresque sur les bords de l'Adriatique, à l'embouchure d'un des bras du Metauro, est une ville bien bâtie, entourée de murs et de fossés. Elle possède une cathédrale et plusieurs autres églises, où se trouvent quelques belles toiles. On y voit sieze couvents, une académie noble, un grand et magnifique théâtre, une bibliothèque publique, les débris d'un arc de triomphe romain, et quelques autres ruines intéressantes. En y comprenant ses faubourgs, qui s'étendent fort au loin, elle compte 15,000 habitants; et elle est le centre d'un commerce fort actif en soies et en céréales.

FANON. On appelle ainsi la peau qui bat sous la gorge d'un bœuf, d'un taureau. Il se dit aussi de l'assemblage de crins qui tombe sur le derrière du boulet de plusieurs chevaux et cache l'ergot. Les lames cornées, ou barbes qui pendent des deux côtés de la gueule de la baleine, et garnissent transversalement son palais, se nomment aussi *fanons*. Ces fanons retiennent les mollusques qui forment la nourriture de ce cétacé. C'est avec les fanons de baleine que l'on a commencé à faire tout ce qui sert à maintenir les corsets des femmes, les busces, baleines, et en général plusieurs sortes d'ouvrages pour lesquels on a besoin d'une matière pliante et qui fasse ressort, comme les *baleines* d'un parapluie, d'un col.

En termes d'église, *fanon* signifie un *manipule* ou ornement de largeur d'une étole, que les prêtres et les diacres portent au bras gauche en officiant. En termes de blason, c'est un large bracelet pendant du bras droit, fait à la manière du manipule dont nous venons de parler. *Fanon* se dit également, au pluriel, des deux pendants qui sont au derrière de la mitre d'un évêque, de la couronne des empereurs, et des pendants d'une bannière. Les marins appellent *fanon* le raccourcissement du point d'une voile, lorsqu'on la ramasse avec des garcettes pour prendre moins de vent.

Le pluriel de *fanon* avait il n'y a pas longtemps une dernière acception dans les sciences médicales. On nommait ainsi des attelles ou lames flexibles et résistantes, d'une forme particulière, employées spécialement dans les fractures de la cuisse et de la jambe pour maintenir les fragments des os en contact. On disait appliquer les *fanons*. Depuis, les chirurgiens ont remplacé les fanons, à cause de leurs inconvénients, par des attelles ordinaires.

Enfin, une petite pièce de monnaie des Indes, en argent, valant 31 centimes, porte aussi le nom de *fanon*.

FANTAISIE, mot venu du grec φαντασία, qui signifie *vision*. Dans sa primitive acception, qui a vieilli, il désignait l'imagination. Il se prend aujourd'hui surtout pour caprice, boutade, bizarrerie, que ceux qui l'éprouvent motiveraient difficilement. C'est de la légèreté, provenant de l'âge ou du caractère, que naît la *fantaisie*; elle diffère du caprice par ses objets, qui sont éminemment frivoles, et par moins d'intensité encore. La *fantaisie* s'exerce sur les habits et les petits meubles inutiles; les futilités seules l'excitent, et on croit si peu répréhensible de s'y livrer qu'on avoue lui être soumis. On se ruine pourtant quelquefois par des fantaisies. S'abandonner à ses *fantaisies* nuit au bonheur, car il est impossible de les satisfaire constamment, et satisfaites, elles ne procurent plus aucun plaisir. Les *fantaisies* chez les enfants consistent à vouloir changer de lieu, de jouets, d'aliments, à se plaire alternativement avec différentes personnes. Il est peu d'hommes, quelque sages qu'ils soient, qui n'aient parfois une *fantaisie*, et qui ne s'en repentent; mais un penchant habituel à agir sans motif et à varier chaque jour est incompatible avec le sens commun.

Fantaisie signifie parfois envie : Mme de Sévigné écrit que la *fantaisie* lui prend de mettre de la crème dans son café.

Le nom donné à l'idée fugitive appelée *fantaisie* désigne aussi les choses qu'elle fait désirer. Ainsi, on appelle *fantaisies* les ornements de cheminée, de console ou d'étagère, consistant en petits sujets d'ivoire, de porcelaine, de cristal, etc. Il est bien rare que l'art soit pour quelque chose dans la confection de ces objets. Le prix des *fantaisies*, basé sur l'instabilité et la débilité de l'imagination, est très-élevé : il absorbe ordinairement le superflu de la fortune des riches. On ne peut être charitable ni généreux quand on satisfait ses *fantaisies*; on est ennuyeux, fatigant, insupportable, quand on n'agit qu'à sa *fantaisie*.

C^sse DE BRADI.

FANTAISIE (*Musique*) signifie une chose inventée à plaisir, et dans laquelle on a plutôt suivi le caprice que les règles de l'art. Les grands maîtres, tels que Bach et Mozart, ont eu recours à la *fantaisie* pour ouvrir un champ plus vaste à la fécondité de leur génie, et trouver ainsi le moyen d'employer une infinité de recherches harmoniques, de modulations savantes et hardies, de passages pleins de fougue et d'audace, qu'il ne leur était pas permis d'introduire dans une pièce régulière. C'était pour déployer encore plus de science qu'ils s'affranchissaient des lois prescrites pour la conduite de la sonate et du concerto. Telle était la *fantaisie* entre les mains de ces hommes extraordinaires : elle a bien dégénéré depuis lors, *quantum mutata* ! Ce n'est plus maintenant que la paraphrase d'un air connu, d'un refrain qui court les rues, que l'on varie de toutes les manières, en le faisant précéder d'une introduction et suivre d'une queue, banale péroraison où le trait sur la pédale n'est jamais oublié.

La fantaisie ainsi conçue a été adoptée et mise à la mode par Steibelt, qui publia, vers 1805, sa fameuse *fantaisie* sur les airs de la *Flûte enchantée*. Peu de morceaux de piano ont eu un pareil succès. Le même compositeur en écrivit d'autres sur le même modèle; cent pianistes se jetèrent dans cette carrière, qui présentait peu de difficultés, et tous les éditeurs voulurent avoir des *fantaisies* dont le succès approchât de l'œuvre de Steibelt, qui jouissait d'une si grande faveur.

L'ancienne *fantaisie*, la noble, la belle *fantaisie* de Bach et de Mozart, a cependant reparu avec la brillante parure que l'art moderne peut lui donner. Thalberg, pianiste d'un talent merveilleux, compositeur de haute portée, en produisant plusieurs œuvres de ce genre, a en quelque sorte réhabilité la *fantaisie*.

CASTIL-BLAZE.

FANTASIA, nom que les Européens donnent à des exercices ou jeux équestres et militaires des Arabes, et que l'on voit assez souvent en Algérie. Ces jeux, consacrés et réglés par la loi musulmane, afin d'exciter et d'entretenir le courage et d'augmenter l'adresse des combattants, ne sont en quelque sorte qu'un apprentissage de la guerre, car l'Arabe se bat comme il s'amuse; c'est-à-dire lançant son cheval à fond de train, frappant l'ennemi soit d'un coup de fusil, soit d'un coup d'yatagan, lui tournant immédiatement le dos, toujours avec la même allure, puis revenant sur ses pas pour frapper de nouveau son adversaire. La *fantasia* commence quelquefois par un défilé plein de mouvement et de bruit, où le galop des chevaux est accompagné de coups de fusil ; puis vient le tour des courses, chacun conservant la fougue de son caprice, car c'est là le propre de la *fantasia*. Les cavaliers courent les uns sur les autres, les fusils partent, se brandissent, volent en l'air, pour retomber chacun dans les mains du cavalier qui l'a lancé, et qui le recharge pour décharger encore quand, après sa course en arrière, il revient sur son ennemi. Parfois les femmes assistent à ces fêtes, dans les *atatiches*, ou palanquins portés sur le dos des chameaux.

L. LOUVET.

FANTASMAGORIE (de φάντασμα, fantôme, et ἀγορά, assemblée). C'est l'art de faire apparaître des fantômes et des images de corps animés à l'aide des illusions de l'optique. Le mot *fantasmagorie* désigne encore le spectacle produit de cette manière et l'appareil au moyen duquel on le produit. Les principes sur lesquels repose la construction de la lanterne magique sont aussi ceux qui constituent la fantasmagorie : dans les deux instruments, les objets sont éclairés et amplifiés par les mêmes verres ajustés de la même façon. Seulement, dans les lieux où l'on montre la lanterne magique, les spectateurs sont du même côté de la toile qui reçoit les images, que la lanterne. Dans la fantasmagorie, au contraire, pour augmenter l'illusion, on a eu l'idée de tendre la toile entre les spectateurs et l'instrument.

Ici, en effet, tout le mécanisme de l'opération disparaît aux yeux du spectateur : l'obscurité la plus profonde règne ; tout à coup un spectre apparaît, loin, bien loin d'abord, et vient se peindre aux yeux de l'assemblée comme un point lumineux. Bientôt il s'accroît, grandit, et semble s'approcher lentement d'abord, et puis se précipiter sur les spectateurs. L'illusion est complète ; ceux même qui connaissent les lois de l'optique et le mécanisme de l'appareil ne peuvent s'en défendre. Que la scène se passe dans un lieu triste, qu'un morne silence soit par intervalles interrompu par une musique lugubre, et il sera presque impossible de réprimer une frayeur au moins momentanée.

Mais pénétrons maintenant derrière la toile, et voyons ce qui s'y passe : une lanterne magique ordinaire est disposée de manière à pouvoir s'éloigner ou se rapprocher du tableau de taffetas gommé ou de toile cirée très-unie sur lequel vient se peindre l'image du fantôme. L'un des miroirs de la lanterne a un mouvement indépendant d'elle; il s'éloigne quand elle se rapproche du tableau, se rapproche quand elle s'en éloigne, afin de conserver toujours à l'image la netteté qui lui convient pour rester constamment visible et distincte. Quels doivent être, d'après cela, les soins de l'opérateur ? Il commence d'abord par disposer l'appareil à une très-petite distance de la toile, en éloignant le plus possible le verre sur lequel l'image est peinte ; le spectre alors semble un point. L'opérateur éloigne ensuite progressivement la lanterne, en rapprochant la lentille ; le spectre grandit, et le spectacteur prend cet accroissement pour l'effet d'un mouvement progressif : il s'imagine avoir vu le fantôme s'éloigner d'abord, s'approcher ensuite, et enfin venir se placer à côté de lui. C'est cette sensation de surprise, mêlée d'un peu de frayeur, qui fait ordinairement le charme de ces sortes de spectacles, qui pour être devenus populaires, n'en sont pas moins ingénieux et charmants.

Or, pour produire ces variations de grandeur des images qui complètent si bien l'illusion, il faut monter l'instrument sur des roulettes garnies avec soin d'un coussin de drap circulaire, afin qu'elles puissent rouler sur le plancher sans faire de bruit. C'est, du reste, en combinant les distances de l'instrument à la toile et de la lentille à l'objet, qu'on parvient à rendre l'image projetée sur la toile plus petite ou plus grande, et tout en lui conservant sa netteté. Telle est la différence des spectacles produits par la fantasmagorie avec ceux de la lanterne magique simple : mais un défaut essentiel de la première est que l'objet est plus vivement éclairé quand il semble fort loin que quand il paraît tout près.

On peut diviser en trois classes les apparitions produites par la fantasmagorie : dans la première, les objets sont d'abord très-petits, et ne laissent distinguer qu'un point lumineux ; puis on les voit grandir successivement, de manière qu'ils semblent venir de fort loin, et ils disparaissent au moment où le spectateur les croit sur lui ; dans la seconde, ils ont une grandeur fixe, et restent à une certaine distance du spectateur, mais ils ont du mouvement et paraissent animés ; dans la troisième, enfin, les objets se montrent subitement au milieu de l'assemblée, disparaissent, et semblent parcourir toutes les parties du lieu de la scène.

On produit le troisième effet fantasmagorique, c'est-à-dire l'apparition des spectres qui se promènent au milieu de l'assemblée, paraissent et disparaissent promptement, avec des mannequins et des masques transparents, dans l'intérieur desquels on place une lanterne sourde. Une personne transporte ces mannequins dans l'intérieur de la scène, et, à l'aide d'une perche, elle découvre ou recouvre la lanterne : on aperçoit le spectre par l'effet de la lumière qui passe à travers les masques, et qui disparaît aussitôt qu'on la recouvre.

La fantasmagorie est un spectacle qui n'a commencé à être bien connu que sur la fin du dix-huitième siècle. Quelques savants croient que l'on en a fait usage dans la haute antiquité ; ils pensent même que c'était la fantasmagorie qui servait à effrayer les personnes que l'on initiait aux mystères de *Cérès* et d'*Isis*, et que par ce moyen un grand nombre de charlatans faisaient apparaître les divinités infernales et les morts que l'on évoquait.

Le mot de *fantasmagorie* s'emploie aussi quelquefois au figuré ; il se dit alors de l'espèce de tableau mouvant dont tous les personnages, comme dans un bal, par exemple, passent rapidement devant les yeux d'un observateur pour disparaître bientôt, remplacés par de nouveaux, qui s'éloignent à leur tour. Il se prend en mauvaise part dans la littérature et les arts, pour abus des effets produits par des moyens surnaturels ou extraordinaires : Ce roman, ce drame est rempli d'évocations, d'apparitions, de scènes nocturnes ; je n'aime pas toute cette *fantasmagorie*. V. DE MOLÉON.

FANTASQUE, caractère qui éclate et se manifeste sans transition, qui passe d'un extrême à l'autre sans mesure. Nul ne peut compter sur le fantasque, pas plus que le fantasque ne peut compter sur lui-même. Son existence s'écoule dans une foule de sensations qui sont aussi subites que contradictoires : idées, manières, vêtements, tout dans le fantasque se trouve en opposition avec telle ou telle circonstance donnée. Il fait de premier mouvement et avec impétuosité ce qui exige de la réflexion ; et pour les choses les plus indifférentes, il apporte de la gravité et de la méditation. On comprend combien une famille est à plaindre lorsque son sort est confié à un pareil homme.

FANTASSIN. Ce mot répond au vieux substantif *fanterie* ; il s'écrivait encore *fantachin* au temps de Henri Estienne. Sa racine est italienne, et il est une corruption de *fante*, *fantoccino* ; il succédait aux termes *maheutre*, *menadier*, *paonnier*, *pion*, *pionnier*, *brigant*, *compagnon*, qui se prenaient de même dans le sens de *piéton*. On trouve *fantassin* mentionné pour la première fois dans l'ordonnance de juin 1338, relative aux troupes des sénéchaussées et à la paye des arbalétriers. Les expressions *infanterie*, *homme d'infanterie*, qui prirent naissance dans les premières traductions des ouvrages de Machiavel, ont fait oublier le mot *fantassin*, qui a cessé d'être réglementaire, pour devenir une locution familière et même tant soit peu méprisante dans la bouche des cavaliers, parce que le bâton était la justice répressive du *fantassin*, tandis que l'homme de cheval avait l'agrément de n'être battu qu'à coups de plat d'épée.
Gal BARDIN.

FANTASTIQUE. C'est un mot plus allemand que français, et voilà justement pourquoi nous l'avons adopté avec tant d'empressement. Autrefois, dans le bon temps, où notre littérature même parlait français, nous avions un mot qui signifiait tout autant que le mot *fantastique* ; nous avions le mot *fantasque*. C'était un mot charmant, plein de sens et de bon sens ; on n'en pourrait trouver un meilleur pour désigner la plupart des genres nouveaux dont nous avons fait la bienheureuse découverte depuis bientôt trente ans. Nous avons donc le *genre fantastique*, comme nous avons le *genre romantique*, comme nous avons la *littérature maritime* ou la *littérature militaire*, comme nous avions autrefois le *genre burlesque*, dont cet excellent d'Assoucy fut peut-être l'empereur. Quant à vous dire comment ce bienheureux genre fantastique nous est venu, la chose n'est pas difficile. Il y a tantôt vingt-quatre ou vingt-cinq ans qu'un très-spirituel article du *Journal des Débats* apprit à la France qu'il y avait là-bas, en Allemagne, au delà du Rhin, quelque part, un certain ivrogne, qui était à la fois peintre, poëte, romancier, historien, et qui s'appelait H offmann ; que Hoffmann se plaisait, entre deux brocs, à raconter mille histoires pleines d'intérêt, dans lesquelles la vérité était si bien mêlée et entrelacée avec la fiction, qu'il était impossible de les séparer l'une de l'autre. C'étaient à la fois le conte de fées et le conte de la *vie privée* (autre mot nouveau) ; c'était notre grand Perrault accouplé avec M. de Marmontel. De ces deux éléments si divers, le mensonge et la vérité, l'histoire et la fable, la poésie et la prose, le bon Hoffmann avait composé une espèce d'*olla-podrida* littéraire, qui n'était pas sans charme et sans intérêt, surtout quand on l'accompagnait de quelques rasades de vin du Rhin. Or, ces contes, à moitié vêtus de bure, à moitié couverts de gaze ; ce pêle-mêle de l'homme et de l'ange, de la terre et du ciel ; ces minutieux détails de la vie ordinaire tout à coup interrompus par mille visions de l'arc-en-ciel ; tout cela, ce rire mêlé à des larmes, ce grotesque mêlé au sublime, ce sans-façon vulgaire empêtré dans des cérémonies de cour, tout cela, c'était le conte *fantastique*, c'était le conte d'Hoffmann. Voilà qui va bien.

Voyez pourtant quel peuple nous sommes pour un peuple d'esprit ! Ce mot nouveau *fantastique* produisit chez nous une révolution égale pour le moins à la révolution opérée par cet autre mot, *romantique* ! Si l'homme d'esprit qui venait de découvrir Hoffmann, en faisant, dans un livre inconnu chez nous, la première version de l'allemand en français, eût déclaré tout simplement qu'il venait de découvrir un conte *fantasque*, à peine y eût-on pris garde. Mais à ce terrible mot nouveau le *fantastique*, qui nous a tous éblouis, comme on est ébloui de tout ce qu'on ne comprend pas, chacun de s'enquérir de ce que c'était que le fantastique.

En même temps, un autre homme d'esprit, M. Loève-Weymar, habile à profiter de cette curiosité nouvelle de sa nation, nous donnait coup sur coup, et à notre grande admiration, dix volumes de contes fantastiques traduits d'Hoffmann. Dix volumes! tout autant. Et à chaque nouveau volume c'était une admiration nouvelle. On admirait les inventions les plus puériles, les détails les plus extravagants : c'était fantastique. Et comme, au milieu de ces puérilités et de ces extravagances, il y avait sans contredit des étincelles de passion, des sentiments allemands, mais naïfs et vrais, beaucoup de ces petites grâces d'au-delà du Rhin qui seraient des grâces partout, on mettait sur le compte du genre *fantastique* ces douces échappées à travers la fumée du tabac. On croyait qu'Hoffmann, le grand homme de l'heure présente, était ainsi tour à tour triste avec de douces larmes, et gai avec une franche gaieté, *parce qu'il était fantastique*, pendant qu'il était tout cela, *quoique* fantastique ! Surtout ce qui fit le grand succès de ce nouveau genre, c'est qu'en sa qualité de musicien, Hoffmann parlait de son art favori avec tant d'admiration et de conscience, il se mettait si bien aux genoux de Mozart, la musique de *Don Juan* retentissait si avant dans son cœur, qu'il oubliait alors toutes ses fantaisies puériles, ou plutôt il était tout entier à l'art, cette fantaisie des belles âmes, des cœurs honnêtes, des esprits élevés. Ainsi, grâce à ce mélange de bonnes qualités et de frivoles inventions, d'ingénuité moqueuse et de niaiserie sentimentale, grâce à *Don Juan*, grâce à Mozart, grâce à ce violon de Crémone dans lequel une âme en peine est enfermée, grâce aux traits excellents de la vie de Kreyssler, ces dix volumes de *Contes fantastiques* furent reçus et acceptés tous les dix. Hoffmann un instant contre-balança chez nous (chose difficile à croire) la gloire de lord Byron et de Walter Scott.

Bientôt on ne voulut plus que du fantastique, comme autrefois on ne voulait plus que du romantique. C'était à qui se ferait fantastique. Les libraires disaient à leurs auteurs : *Faites-nous du fantastique!* comme au temps de Montesquieu ils disaient : *Faites-nous des lettres persannes!* Le fantastique déborda sur nous comme une avalanche. Tout ce qui était bizarre sans nouveauté, fou sans esprit, absurde sans intérêt, s'intitula fièrement *fantastique*. Pour le fantastique, on abandonna le moyen âge; on laissa là le roman historique ; le drame moderne en fut ébranlé. Puis tout à coup, un beau matin, cette fureur s'apaisa, les contes nébuleux s'arrêtèrent; Hoffmann descendit de son trône de nuages, sans un éclair pour lui tracer sa route. Le genre fantastique était arrivé à sa dernière période; il finissait chez nous, comme il avait commencé, sans que personne pût dire ni comment ni pourquoi. Depuis lors je ne crois pas qu'on ait tenté de refaire du fantastique, excepté peut-être dans les pensions de demoiselles. Quant à ce bon Hoffmann, l'empereur du fantastique, il est allé rejoindre *l'empereur du burlesque!* Paix à leurs cendres! Quand par hasard vous lirez les vers de l'un ou les contes de l'autre, ne vous en vantez pas.   Jules Janin.

FANTI. *Voyez* Côte d'Or.

FANTIN DESODOARDS (Antoine-Étienne-Nicolas), historien, né à Pont-de-Beauvoisin, en 1738, était en 1789 vicaire général d'Embrun. La révolution avait à peine éclaté qu'il en embrassa la cause avec empressement. Sa première pensée, son premier acte fut de renoncer au célibat. Il avait déjà publié un *Dictionnaire raisonné du gouvernement, des lois, des usages et de la discipline de l'Église, conciliés avec les libertés et franchises de l'Église gallicane, les lois du royaume et la jurisprudence des tribunaux de France* (6 vol. in-8°). Ce livre fut suivi d'un nouvel *Abrégé chronologique de l'Histoire de France*, faisant suite à l'ouvrage du président Hénault. Plus tard il fit paraître une œuvre plus importante, son *Histoire de France depuis la mort de Louis XIV jusqu'à la paix de 1783*. Il désavoua ensuite cet ouvrage, disant que son travail avait été tellement mutilé, défiguré par la censure, qu'il ne ressemblait plus à l'original. Son *Histoire philosophique de la Révolution française* a eu plusieurs éditions. C'est le plus court et le plus remarquable de ses ouvrages. Il s'est accru successivement jusqu'à dix volumes. Ses relations avec Danton, Robespierre et d'autres personnages influents de cette époque lui avaient permis de connaître une foule de faits et de détails particuliers, de juger et d'apprécier les hommes comme les choses. Néanmoins, cette histoire a donné lieu à des critiques sévères et passionnées. Le représentant Bailleul, qui s'y prétendait maltraité, calomnié, appela l'auteur devant les tribunaux; mais il perdit son procès.

Fantin Désodoards publia, en 1796, une *Histoire des Révolutions de l'Inde au dix-huitième siècle*, ou *Mémoires de Tippoo-Saïb, écrits par lui-même, traduits de la langue indostane*. Personne ne fut dupe de ce titre. En 1799 il livra au public *Louis XV et Louis XVI*. Puis il fit paraître encore de gros volumes sur l'histoire de l'Inde, de l'Italie, sur l'histoire de France, notamment une continuation de Velly. Son style se ressent de la rapidité de son travail. A sa mort, arrivée à Paris en 1820, il laissa un grand nombre de manuscrits que ses héritiers firent vendre, et dont pas un seul n'a été imprimé.   Duply (de l'Yonne).

FANTOCCINI, mot italien, qui employé ainsi au pluriel signifie *petits enfants, poupées*. On a particulièrement donné ce nom à une sorte de marionnettes perfectionnées, tant pour la forme que pour le costume, et que l'on fait agir, danser sur un petit théâtre, se grandir, se rapetisser à volonté, paraître et disparaître, soit par les coulisses, soit par le cintre, ou par les trappes du plancher, au moyen de fils de fer qui les tiennent suspendues, et de ressorts qui les font mouvoir. Les *fantoccini* peuvent représenter une action, plus ou moins simple, plus ou moins comique ou merveilleuse, de manière à produire une certaine illusion, parce qu'aucun des accessoires qui les entourent n'est négligé, tables, fauteuils, voitures, animaux, etc.

Les *fantoccini* sont connus en France depuis le dix-septième siècle. Il y en avait au théâtre de la Foire, au commencement du siècle suivant. Les premiers acteurs de l'Ambigu-Comique et du théâtre Beaujolais furent des fantoccini géants, car ils avaient de 65 centimètres à 1 mètre de haut. Plus tard, les spectacles de M. Pierre et du Petit-Lazari furent desservis également par des *fantoccini*. Puis un ancien acteur du Vaudeville, Joly, en fit voir de fort remarquables au passage de l'Opéra. Les fantoccini font encore partie intégrante du théâtre des ombres-chinoises de Séraphin au Palais-Royal.   H. Audiffret.

FANTÔME, simulacre d'un objet dont l'apparition excite fortement la surprise, la terreur ou la joie, le désir ou l'aversion. On emploie fréquemment l'expression incorrecte *se créer des fantômes*, pour dire, se livrer aux illusions que produirait la vue de ces vaines images. Les illusions des rêves et du délire ne sont pas toujours des fantômes on ne peut donner en général ce nom qu'à des représentations, à des simulacres formés sans que l'imagination y participe, et le plus souvent à des phénomènes naturels sur lesquels l'ignorance et la peur se méprennent facilement. Des lueurs phosphoriques auront paru dans un cimetière, voilà des revenants ; des nuages se seront amoncelés de manière à former une grossière caricature d'homme à cheval : c'est un messager venu d'en haut; une roche, vue sous un certain aspect, a quelque apparence d'une tête humaine, de prodigieuse grandeur, ou de quelque animal : l'imagination ne s'arrête pas à ces faibles impressions, elle anime la pierre, et voilà un fantôme qui ne sera pas sans action sur les croyances populaires du pays. Le raisonnement a peu de pouvoir sur les intelligences communes ; au lieu de l'imagination, excitée par les objets extérieurs, maîtrise la pensée et lui montre chaque chose comme elle l'a vue, sans permettre aucun examen. On peut espérer que la croyance aux fantômes s'affaiblira de plus en plus, à mesure que l'instruction se répandra ; mais il restera toujours une portion de l'espèce humaine qui lui sera dévolue, et cette portion n'est pas exclusivement dans les derniers degrés de l'échelle sociale; elle est disséminée partout, et comprend tous les individus peu capables de raisonner, dont l'imagination est mobile et le caractère faible.

Sans remonter bien haut dans les temps passés, on arrive aux époques où les fantômes exercèrent une puissante influence sur la religion, les mœurs, les institutions; ils devinrent quelquefois la cause d'événements d'une haute importance; ils livrèrent des populations ignorantes aux prestiges de quelques imposteurs habiles. A mesure que les ténèbres de l'ignorance et du faux savoir devinrent plus épaisses les fantômes eurent leur temps de vogue et purent faire tout ce qu'ils étaient chargés d'opérer. Enfin, les sciences commencèrent à répandre quelque lumière; mais lors même que leur flambeau brillera de tout son éclat, et chez tous les peuples, les fantômes trouveront encore des croyants, tant la puissance des traditions est grande, imprescriptible.

Le fantôme, en définitive, n'est pas seulement un spectre, une vaine image que l'on croit voir, c'est encore figurément ce qui n'est qu'en apparence, ce qui n'existe pas en réalité, une chimère qu'on se forme dans l'esprit. On appelait *fantômes*, dans le langage de l'ancienne scolastique, des images produites dans le cerveau par l'impression des objets extérieurs. FERRY.

FAON. C'est le nom que l'on donne généralement aux petits du genre *cerf* avant qu'ils aient atteint six mois.

FAQUIN. Ce mot dans son origine italienne, *facchino*, signifiait *pauvre hère*, *commissionnaire*, *valet de place*. S'il est vrai que le substantif latin *fasciculus* (fagot, botte de fourrage) ait été la racine de *facchino*, voici comme ce serait arrivé : on se servait dans les manéges, dans les lices, comme cible ou but d'escrime, d'un mannequin, d'un homme de paille, revêtu de fer ; les aspirants à la chevalerie, les pages, les élèves en fait d'armes, s'étudiaient à diriger leurs coups sur ce guerrier simulé. Quelquefois, pour s'éviter la peine de confectionner un manequin, on trouvait plus expédient de louer un valet de place; le *fasciculus* devenait le *facchino*. Celui-ci se laissait armer de toutes pièces, ou se laissait vêtir en Turc; on l'appelait dans les écoles napolitaines *il Sarraceno*, le Sarrasin ; *lo staffermo*, l'immobile ; l'*aomo armato*, l'homme d'armes. Plus d'une fois des écoliers maladroits ou des chevaliers ivres, trouvant trop bien le défaut de la cuirasse, tuèrent le faquin; c'était un des désagréments, une des interruptions de ce noble exercice. Pour y obvier, on se servit d'un mannequin plus perfectionné que l'ancien *fasciculus* : il posait sur un piédestal, sur lequel il était susceptible de pivoter; il tenait de chaque main un gros sabre de bois ; chaque étudiant, quand venait son tour de courre le faquin, de rompre contre la figure, ou, comme on disait, le brider; mais s'il manquait la passe, si son coup malhabile attaquait à l'une ou à l'autre épaule l'homme postiche, celui-ci, pivotant brusquement, saluait de son bâton le cavalier maladroit et l'en frappait rudement, au grand divertissement de tous les émules.

Pourquoi, depuis que les tournois, les carrousels, les quintaines ne sont plus de mode, le mot français *faquin*, fort différent en cela du terme italien, a-t-il donné l'idée, non d'un misérable ou d'un stipendié, mais d'un personnage visant à une élégance exagérée, ou de mauvais goût, ayant une tournure arrogante, alliant la bassesse à l'impertinence? Aucun professeur en linguistique n'a cherché à nous en instruire. Nous sommes disposé à croire que le langage soldatesque ou l'idiome des collégiens aura créé cette acception dénigrante, en souvenir de ce que l'ancien faquin vivant était un gueux décrassé, un vagabond endimanché. Boileau est un des premiers auteurs qui en ait fait usage chez nous, quand il a dit :

Qu'on fasse d'un *faquin* un conseiller du roi,
Il se ressent toujours de son premier emploi.

Sauval, dans ses *Antiquités de Paris*, prétend que les filous, pour exercer leurs adeptes, disposaient de son temps un *faquin* de paille, pendu par une ficelle au plancher, et qu'ils les exerçaient à enlever au *faquin* ce qu'il avait dans ses poches, sans le faire remuer, faute de quoi les pauvres apprentis étaient fouettés d'importance. Gal BARDIN.

FAQUIR. Voyes FAKIR.

FARADAY (MICHEL), l'un des physiciens et des chimistes les plus distingués qu'il y ait aujourd'hui en Europe, né en 1794, est le fils d'un pauvre maréchal ferrant. Son père le mit de bonne heure en apprentissage à Londres, chez un relieur, dans l'atelier duquel il travailla plusieurs années. A ses heures de loisir il s'amusa à construire une machine électrique et autres objets analogues, que son patron fit voir à l'une de ses connaissances, du nom de Dance, et qui était membre de la *Royal Institution*. Dance, à cette occasion, emmena avec lui notre jeune ouvrier assister aux quatre dernières leçons d'un cours que sir Humphrey Davy faisait dans cet établissement. Faraday prit fort exactement note de tout ce qu'il entendit dire à l'illustre professeur, et le rédigea en forme de leçon. Quelque temps après, il adressa son manuscrit à Davy, en y joignant une courte et modeste lettre dans laquelle il le priait de l'employer, si cela lui était possible, aux préparations du laboratoire de physique de la *Royal Institution*. Davy, frappé de la netteté de conception et de la clarté d'exposition dont faisait preuve ce manuscrit, prit aussitôt une grande confiance dans les talents et l'assiduité du jeune homme, et en 1813 une vacance ayant eu lieu dans le laboratoire parmi les préparateurs, il lui offrit cette place, que Faraday accepta avec reconnaissance. A la fin de la même année, il accompagna Davy dans une tournée que celui-ci alla faire sur le continent, puis revint en 1814 reprendre au laboratoire ses occupations ordinaires.

Le premier travail de quelque importance qui ait attiré sur lui les regards du monde savant date de 1820, et depuis cette époque il s'est distingué par une foule de découvertes aussi intéressantes qu'importantes dans le domaine de la physique et de la chimie. On doit sous ce rapport mentionner surtout ses recherches sur la fabrication de l'acier et sur les qualités qu'il acquiert quand on le combine avec d'autres métaux, tels que l'argent et le platine ; le procédé ingénieux à l'aide duquel il parvint à rendre liquides et même à solidifier des gaz regardés jusque alors comme permanents, tels que l'acide carbonique, le chlore, etc., procédé d'extrême compression, dont au reste Thilorier a pu lui contester le mérite et la priorité, lui qui était parvenu à solidifier le gaz acide carbonique; son mémoire sur différentes combinaisons liquides de carbone et d'hydrogène, qui, bien que composées comme le gaz hydrogène carburé, diffèrent cependant avec lui de propriétés ; son mémoire sur un nouveau verre optique fabriqué avec de la silice, de l'acide borique et de l'oxyde de plomb. Mais celui de ses travaux qui excita la plus vive sensation, ce fut son beau mémoire sur les phénomènes de la rotation des aimants autour des courants électriques, ainsi que de ces derniers autour des aimants, et surtout sa découverte sur le concours de l'électricité et de la lumière polarisée, tous phénomènes qui n'avaient point été observés avant lui. En 1846 il prouva par de concluantes expériences l'influence du courant électrique sur le mouvement de la lumière, et fit à ce sujet dans la *Royal Institution* un cours dans lequel il développa cette idée que la lumière, la chaleur et l'électricité sont des manifestations diverses d'une seule et même force existant dans la nature. Son traité des manipulations chimiques est un livre d'une haute utilité pour le chimiste praticien. M. Faraday est professeur de chimie à la *Royal Institution* et à l'école militaire de Woolwich. En 1832, l'université d'Oxford a décerné à M. Faraday le diplôme de docteur ; il est en outre membre de la Société Royale de Londres, et depuis 1844 associé étranger de l'Académie des Sciences de Paris, en remplacement du célèbre Dalton.

FARANDOLE, ou plutôt *farandoule*, espèce de danse qu'un grand nombre de personnes exécutent en formant une longue chaîne l'aide de mouchoirs que chacun tient à droite et à gauche, excepté cependant celles qui se trouvent aux extrémités. La farandoule se compose de vingt, de soixante, de cent personnes, placées, autant qu'il est possible, une de chaque sexe alternativement. Cette chaîne se met en mouvement, parcourt la ville ou la campagne au son des instruments, et recrute des danseurs partout où elle passe. Chacun danse ou saute de son mieux en cadence; on ne se pique point de mettre une grande régularité dans les pas, mais on a soin de former avec exactitude les différentes figures que commande celui qui est en tête de la farandoule, et qui lui sert de guide. Ces figures consistent principalement à réunir les bouts de la chaîne et à danser en rond, à la pelotonner en spirale, à la faire passer et repasser sous une espèce d'arc formé par plusieurs danseurs qui élèvent les bras sans abandonner les mouchoirs. La farandoule n'est en usage que dans la Provence et une partie du Languedoc; elle a lieu à la suite des noces et des baptêmes, dans les fêtes champêtres et les réjouissances publiques, dont l'objet intéresse vivement, et dans lesquelles on voit éclater les transports d'une gaieté bruyante et pleine de franchise. « Point de demi-mesure, faisons la farandoule, » disait un politique exalté : c'est ainsi qu'il voulait signaler le triomphe de son parti. L'air de la farandoule est un allegro à six-huit, fortement cadencé. CASTIL-BLAZE.

FARCE (*Art dramatique*), comédie facétieuse, dont l'origine remonte aux premiers temps de notre littérature théâtrale, et qui porta d'abord le nom de *sotie*. La farce de *L'Avocat Pathelin* peut servir de modèle en ce genre. Molière n'a pas dédaigné de s'exercer souvent dans ce genre secondaire, où il est toujours le premier. *Le Médecin malgré lui*, *Pourceaugnac*, sont de véritables farces, ainsi que quelques scènes du *Bourgeois-gentilhomme*, du *Malade imaginaire* ; mais on y reconnaît toujours l'auteur du *Tartufe* et du *Misanthrope*. Ce grand maître de la comédie nous enseigne, par les folies qu'il prodiguait dans ces sortes de pièces *ultra-comiques*, auxquelles on doit ajouter *Les Fourberies de Scapin*, ce que les mœurs populaires et basses nous peuvent fournir de plaisanteries pleines de morale, de bon sens et de sel. Il est à remarquer que les portraits de Molière ne sont pas même *chargés*; ils ne sont que fidèles, mais considérés sous leur côté grotesque ou ridicule. C'est leur parfaite ressemblance qui les rend plaisants, c'est leur franche vérité qui seule égaye les esprits les plus délicats. Cette sorte de comédie a donc, comme l'autre, son terme de perfection; et la retenue, la pruderie de notre goût, qui n'admet dans une classe de la société que les choses adoucies ou fardées, rend la bonne et véritable farce de jour en jour plus rare. Il faut éviter de confondre la farce avec ces pièces d'un comique grossier où la bienséance n'est pas moins violée que la vraisemblance; où le plaisant consiste dans les équivoques du langage, dans les méprises de mots, dans des grimaces bizarres, des portraits indécents et sans originaux, ou des événements impossibles. La farce rabaissée à ce degré de trivialité dégénère en *parade*. VIOLLET-LE-DUC.

N'oublions pas de citer encore, au nombre des auteurs qui ont excellé dans la farce, Scarron, avec ses *Jodelets* et son *Don Japhet d'Arménie*; Legrand, avec son *Roi de Cocagne* ; Dancourt, avec plusieurs de ses petites pièces. Aujourd'hui la farce aurait de la peine à se faire tolérer et même accueillir à la Comédie Française. Notre goût, trop délicat peut-être, ne la permet plus qu'aux théâtres secondaires, aux Variétés surtout et au Palais-Royal, où la consommation en a été effrayante depuis les *Janot*, les *Jocrisse*, les *Cadet-Roussel*, les *Jean-Jean*, les *Saltimbanques*, etc.

Farce se dit encore, au figuré, des actions qui ont quelque chose de plaisant, de bouffon, de ridicule : faire une *farce*, faire ses *farces*.

FARCE (*Art culinaire*), vilain nom appliqué à une chose excellente, viandes farcies, légumes hachés menu, trempés dans du beurre fin, dans de l'huile d'Aix ou de Florence, dans des essences de truffes. On les divisait jadis en farces *fraîches*, de *reliefs*, et *froides*. On les divise aujourd'hui en farces *brunes* et *blondes*. On met de la farce dans le corps d'une volaille, dans quelques viandes, dans des œufs. On fait une farce pour une dinde, on fait des œufs à la farce. La farce est encore un mets d'herbes hachées : *farce d'oseille*. Le mot en général vient de ce que la chose sert à *farcir* en gras ou en maigre. Pour faire une farce ordinaire, on coupe en forme de dé, et l'on met dans une casserole, des blancs de volaille crue, un peu de beurre, du sel, du gros poivre, de la muscade. On passe le tout à petit feu dix minutes, et l'on égoutte les blancs, qu'on laisse refroidir; puis on jette un morceau de mie de pain dans la même casserole avec du bouillon, un peu de persil haché bien fin, en la remuant de manière à la fouler et à la réduire en panade. Le bouillon réduit et la mie bien mitonnée, on laisse refroidir cette dernière. On pile ensuite les blancs de volaille, que l'on passe au tamis à quenelles; on pile, et l'on passe de même au tamis la mie de pain; on pile le tout ensemble pendant trois quarts d'heure, en y mettant cinq ou six jaunes d'œufs. On emploie également cette farce pour les gratins avec toutes sortes de viandes. Une farce de poisson se fait en habillant et désossant des brochets, carpes, anguilles, barbeaux et autres poissons, que l'on hache bien ensemble et fort menu. On joint à ce hachis une omelette pas trop cuite, des champignons, des truffes, du persil, des ciboules, une poignée de mie de pain trempée dans du lait, un peu de beurre et des jaunes d'œufs. On hache le tout, qu'on mêle avec le poisson haché, et l'on en fait une farce, qu'on peut servir seule, ou avec laquelle on farcit des soles, des carpes, des choux, des croquettes, et toute autre chose à volonté.

FARCEUR. Le *farceur* est un acteur qui ne joue que dans des *farces*, ou un comédien qui charge un rôle, ou un homme qui fait des bouffonneries : on dit alors : Un gros *farceur*, un mauvais *farceur*, un *farceur* insipide. Le *farceur* est assez semblable au bouffon, mais il a quelque chose de plus relevé. Son nom vient du celtique *farco*, moquerie, et de *faruel*, bouffon. Les farceurs étaient connus chez les Romains. L'empereur Domitien les exclut du spectacle; son successeur Nerva les rétablit, par condescendance pour le peuple ; mais Trajan abolit de nouveau les farces et les farceurs, comme dangereux pour les mœurs. Beaucoup de nos acteurs des petits théâtres, qui se disent des *comiques*, ne sont que des *farceurs*. Si l'on veut prendre *farce* dans le sens de *facétie*, ce mot se dit alors en bonne part, et le farceur peut être un homme d'esprit, un facétieux, qui dit des plaisanteries fines. H. AUDIFFRET.

FARCIN, maladie qui attaque particulièrement les chevaux, les ânes, les mulets, et qu'on a aussi quelquefois observée chez les bœufs. Les symptômes caractéristiques du farcin sont des tumeurs dures, presque sphériques, plus ou moins volumineuses, squirrheuses le plus souvent, et suivant le cours des vaisseaux et des ganglions lymphatiques. Ces tumeurs suppurent lentement, et donnent lieu à des ulcères fétides, à bords irréguliers et renversés; quelques-unes sont à ulcère fongueux. La guérison de ces ulcères est extrêmement difficile. On a essayé une foule de médicaments sans obtenir d'amélioration sensible ; les moyens chirurgicaux n'ont pas donné de meilleurs résultats, et on se trouve réduit à un traitement purement hygiénique.

Le farcin est tantôt sporadique, tantôt enzootique ou épizootique. On range parmi ses causes les plus fréquentes l'exposition à un froid humide, le manque d'air dans des écuries basses et mal tenues, les aliments de mauvaise qualité, les eaux insalubres, l'excès du travail, l'oubli des soins de propreté, si nécessaires aux animaux domestiques, etc. Le tempérament lymphatique semble être une prédisposition à cette affection qui offre une certaine analogie avec les scrofules de l'homme : c'est du moins ce que l'on a été porté à conclure des lésions que l'on a observées dans les organes intérieurs, et notamment dans les poumons des animaux qui ont succombé au farcin.

Dans des cas assez rares, les *boutons farcineux* se développent sans aucune influence apparente sur la santé de l'animal, puis se résolvent sans laisser de traces.

FARD. Ce mot sert à désigner toutes les compositions qu'on emploie pour embellir le teint, pour ramener sur des joues flétries par l'âge ou la souffrance la fraîcheur et l'éclat de la jeunesse. Si l'on en croit le prophète Énoch, ce fut l'ange Azaliel qui, longtemps avant le déluge, enseigna le secret du fard aux femmes de la nation juive; plusieurs passages de l'Ancien Testament nous apprennent que les beautés de Jérusalem employaient le *stibium*, ou sulfure d'antimoine, pour se peindre le visage. Cette mode, ou plutôt cette bizarre manie, infecta bientôt la Syrie et la Chaldée, d'où elle se répandit parmi les premiers adeptes de l'Église chrétienne. La Grèce et l'ancienne Italie ne purent échapper à la tyrannie de l'usage; l'art de la toilette y devint une science à part, nommée *commotique*, qui, comme toutes les autres, eut ses professeurs et ses disciples. On vit les dames romaines, non contentes de blanchir leurs joues délicates avec de la céruse ou de la terre de Chio détrempée dans du vinaigre, en relever les nuances, tantôt avec le *purpurissum*, teinture vermeille tirée d'un coquillage du genre des buccins, tantôt avec le suc d'une plante de Syrie nommée *rizion*, qu'on croit être une espèce de garance ou d'orcanette. Dans son *Art d'aimer*, Ovide donne une recette de fard. Ce luxe fit de rapides progrès, la corruption de l'empire en favorisa les abus; mais la voluptueuse Poppée mit le comble au scandale par l'invention d'un fard onctueux dont elle se couvrait le visage, et qu'elle lavait ensuite avec du lait d'ânesse, pour augmenter la blancheur de son teint.

Le fard fut introduit en France par les Italiens qu'amena Catherine de Médicis; il n'y devint général chez les dames de condition que vers la fin du dix-septième siècle. On en use beaucoup moins aujourd'hui dans notre pays hors de la scène. En revanche, si les dames russes ne s'arrachent plus les sourcils, comme au temps de Pierre le Grand, pour y substituer une couche épaisse de plombagine, elles n'ont pas encore abjuré, tant s'en faut, leur vieil amour des cosmétiques. L'Indien se tatoue; le sauvage se défigure avec les couleurs les plus ridicules, et nos belles Européennes se moquent de leur extravagance. Qui croirait cependant qu'il en est quelques-unes qui au déclin de l'âge ont aussi leur tatouage et leur roucou? Entrez dans ce boudoir où pose le galant attirail de la coquetterie; examinez ces magiques talismans qu'inventa le dieu de la toilette pour éterniser les charmes de la beauté; étudiez le contenu de ces vases mystérieux où la laideur trouve toujours des lis et des roses! Quelles surprises! que d'illusions détruites! Ce fard, dont la blancheur virginale vous souriait si délicieusement sur le front du beau sexe, n'est plus qu'un mélange impur de craie de Briançon alliée à l'oxyde de bismuth; ce rouge, emblème de la pudeur et de la santé, n'est qu'un amalgame de mercure et de soufre porphyrisés; cet autre, qu'on appelle *végétal*, s'extrait du carthame des teinturiers. Ajoutez à cette liste singulière l'*huile de talc*, le *vinaigre de rouge*, légère solution de carmin suspendue dans le vinaigre à l'aide d'une petite quantité de mucilage; le *crépon*, étoffe très-fine, teinte sans mordant, mais suffisamment colorée pour laisser une trace sur la peau qui en reçoit l'impression: et vous connaîtrez presque tous les secrets qu'emploient nos modernes Aspasies pour réparer les outrages du temps ou pallier les torts de la nature.

Malheureusement l'art de se rajeunir a ses disgrâces ainsi que ses faveurs; la coquetterie, comme l'ambition, a ses victimes et ses martyrs. Voyez cette beauté si radieuse: en dépit de l'âge, qui lui commande la modestie, à force de soins et d'adresse, elle est parvenue à déguiser son imposture; ses charmes vous surprennent, ils vous éblouissent. Attendez! le prestige sera bientôt dissipé; quelques années encore, et l'insensée payera bien cher ces hommages qu'elle a surpris, ces triomphes passagers qu'elle doit à l'ingénieux artifice de ses pinceaux: déjà ses traits s'altèrent et se flétrissent; les rides qu'elle a voulu cacher s'étendent et sillonnent son front à plis redoublés; sa peau devient rude, sèche, livide; ses dents s'ébranlent et se corrompent; une épaisse salive inonde sa bouche et découle de ses lèvres; elle souffre, elle maudit son imprudence: mais il est trop tard: le mal est sans remède, et son désespoir ne fera qu'en accélérer les progrès. Que ne suivait-elle la sage maxime du poëte Afranius: « Des grâces simples et naïves, l'incarnat de la pudeur, l'enjouement et la complaisance, voilà le fard le plus séduisant du jeune âge; il n'en est qu'un pour embellir la vieillesse, c'est l'esprit cultivé par l'étude et mûri par la réflexion. »
Émile DUNAIME.

FARE (Famille de La). *Voyez* LA FARE.

FAREL (GUILLAUME), l'un des plus actifs promoteurs de la réformation en Suisse, né en 1489, dans le Dauphiné, en était venu de bonne heure, par suite de ses relations avec les Vaudois du Piémont, à penser librement en matière de foi. Après avoir, à partir de 1526, prêché l'Évangile avec un zèle ardent et même fanatique dans les parties françaises des cantons de Berne et de Biel, il établit en 1530 la réformation à Neufchâtel. Mais son principal centre d'action fut Genève, où, grâce à ses efforts, les réformés obtinrent, en 1525, le libre exercice de leur culte; et peu de temps après il détermina le conseil lui-même à adopter les nouvelles doctrines. Ce fut aussi lui qui décida Calvin, de passage à Genève, en 1536, à se fixer désormais dans cette ville. Au mois d'octobre suivant, il prit part avec lui au colloque de Lausanne, qui eut pour résultat de faire embrasser le parti de la réformation par le canton de Vaud. En 1538, le zèle acerbe avec lequel il cherchait à remédier par une rigide discipline religieuse à la corruption des mœurs, qui avait été pour le peuple genevois le résultat de sa soumission aux princes de la maison de Savoie, le fit exiler de la petite république, et il dut se retirer à Neufchâtel, où il continua de résider jusqu'à sa mort, arrivée en 1565. On le voit cependant encore assister en 1553, à Genève, au supplice de Servet, qu'il accompagna jusqu'à l'échafaud, et dont la dernière prière ne lui arracha que cette farouche exclamation: « Voyez quelle puissance le diable exerce sur un homme qui s'est donné à lui! » Farel peut être considéré comme le fondateur de la secte presbytérienne, dont il avait trouvé les germes chez les Vaudois du Piémont.

FARET (NICOLAS), l'un des premiers membres de l'Académie Française, n'est plus connu que par le trait de satire que Boileau a lancé contre lui, au commencement de son *Art poétique*. Faret était né à Bourg en Bresse, de parents obscurs, en 1596 ou 1600. Il vint en 1625 à Paris, avec des lettres de recommandation pour Méziriac, Boisrobert et Vaugelas, devint, comme secrétaire, dans la maison du comte d'Harcourt, et fut assez habile pour gagner la faveur du cardinal de Richelieu, non-seulement pour lui, mais encore pour son maître. Il persuada au cardinal, qui cherchait à diviser la maison de Lorraine, qu'un des meilleurs moyens était de faire la fortune des cadets de cette maison, MM. d'Harcourt et d'Elbeuf, aux dépens de leurs aînés. Ami particulier des premiers fondateurs de l'Académie Française, Faret, qui avait déjà publié quelques ouvrages, fut admis dans leur réunion, et eut beaucoup de part aux premiers travaux de cette célèbre compagnie. Chargé, en 1634, de faire un discours sur les occupations de la nouvelle Académie, il fut l'un de ses neuf membres qui donnèrent par écrit leur opinion sur les statuts auxquels ils devaient se soumettre. En 1638, Boisrobert le proposa au cardinal, avec Vaugelas, pour travailler au fameux dictionnaire, et Coeffeteau, en mourant, chargea Faret de continuer son *Histoire Romaine*. Faret avait acquis quelques biens au service du comte d'Harcourt, et principalement à celui du cardinal. Il se maria deux fois, et toujours d'une manière avantageuse. Reconnaissant envers ses protecteurs, il vint au secours de Vaugelas dès qu'il le sut embarrassé. Il mourut à Paris, en septembre 1646. Pelisson dit que sa liaison avec Saint-Amand le fit passer à tort pour débauché, et que ce poète, ayant trouvé dans le nom de son ami une rime facile avec *cabaret*, se complut à le compter au nombre des *goinfres* dont il chantait la gloire. Quant à ses ouvrages, ils sont assez nombreux, et tous en prose, à l'exception d'une ode adressée au cardinal de Richelieu, et d'un sonnet écrit au bas d'un tableau votif que Faret fit placer à Notre-Dame en commémoration du péril qu'il avait couru en Piémont, au combat de la Route, près de son maître, le comte d'Harcourt. On lui doit une *Histoire chronologique des Ottomans* (1621), un traité *Des Vertus nécessaires à un Prince pour bien gouverner ses sujets* (1623). *L'Honnête Homme, ou l'art de plaire à la cour* (1633), etc.   LEROUX DE LINCY.

FARFADET, sorte d'esprit follet, le plus frivole de ces êtres fantastiques voués spécialement à la frivolité. La présence et l'action du farfadet ne se manifestent que par de petites agaceries, des malices enfantines, qui peuvent impatienter, mais dont on ne daigne pas se fâcher. C'est la nuit qu'ils choisissent de préférence pour se montrer ou se faire entendre. Quelques-uns apparaissent sous les figures d'animaux ; le plus grand nombre est invisible. Diverses peuplades de l'Inde croient que leur contrée pullule de farfadets, en commerce habituel avec certaines personnes. Les Écossais les appellent *fairfolks*. On ne les rencontre chez nous que dans les têtes de poëtes ou de fous. Un de ces derniers, ancien magistrat, mort depuis longtemps, a fait paraître en 1821, étant interdit par sa famille, un ouvrage en trois volumes, intitulé *les Farfadets*, avec plusieurs lithographies curieuses. L'auteur, Berbiguier, de Terre-Neuve du Thym, a dédié son livre à tous les souverains des quatre parties du monde. Il y établit très-doctement l'existence des farfadets, et en donne la nomenclature complète. Dans leurs rangs figurent plusieurs célèbres médecins d'aliénés, Esquirol, Pinel, etc., ceux en particulier qui avaient soigné l'auteur, et qu'il poursuivait de sa haine vivace.

FARGUEIL (ANAÏS), charmante actrice, élève du Conservatoire, fille d'un acteur de province qui était arrivé à jouer à l'Opéra-Comique, débuta sur ce théâtre au mois de mars 1835, dans *La Marquise*. Elle s'y montra très-bonne actrice, pitoyable chanteuse; le public fut inexorable pour elle, et elle disparut. Bientôt elle frappa aux portes du Vaudeville, et un an après sa chute de Feydeau elle débutait avec éclat à la rue de Chartres dans *Le Démon de la Nuit*. La beauté, la grâce de Mlle Fargueil furent de moitié dans ses succès, avec un talent que l'étude et l'expérience ont développé depuis. En 1842 Mlle Fargueil entra au théâtre du Palais-Royal, en 1844 à celui du Gymnase, qu'elle quitta en 1845. Pendant plusieurs années elle sembla avoir renoncé aux théâtres de Paris; elle fit de fructueuses tournées en province, et elle y abordait avec un égal succès des rôles de Mlle Mars et des rôles de Mlle Déjazet. Enfin, en 1852, Mlle Fargueil est rentrée au Vaudeville, où elle créa avec distinction le rôle de Marco dans *Les Filles de Marbre*.

FARGUES (BALTHAZAR DE) était un gentilhomme des environs de Paris, qui avait figuré assez activement, quoiqu'en sous-ordre, dans les troubles de la Fronde. Le procès qui lui fut intenté en 1665, sa condamnation à mort et son exécution, prouvent quels souvenirs pénibles Louis XIV avait conservés de cette guerre civile qui avait ensanglanté les années de sa minorité, et avec quel acharnement de haine et de rancune il poursuivit tous ceux qui, dans ces temps d'épreuves et d'adversité pour l'autorité royale et ses défenseurs, s'étaient prononcés en faveur d'un principe et d'intérêts dont le trône n'était pas la personnification. Saint-Simon, dans ses Mémoires, nous a raconté cette singulière histoire. Des seigneurs s'étant égarés dans une partie de chasse finirent par se trouver au château de Courson; le maître du lieu les traita de son mieux, et à leur retour ils racontèrent au roi leur aventure. Louis XIV apprenant que le maître de Courson était Fargues, s'étonna qu'il fût si près de la cour. Il en parla à sa mère; le premier président La-moignon fut appelé, et on trouva le moyen d'impliquer Fargues dans un meurtre commis au temps des troubles. Fargues fut arrêté; il eut beau se défendre de ce dont on l'accusait et alléguer qu'en outre l'amnistie devait le couvrir; les seigneurs eux-mêmes eurent beau s'entremettre auprès des juges et du roi, tout fut inutile. Fargues eut la tête coupée, et sa propriété confisquée fut donnée en récompense au premier président. « Elle était fort à sa bienséance, dit Saint-Simon, et fut le partage de son second fils. Il n'y a qu'une lieue de Basville à Courson. » La famille Lamoignon, dans ces derniers temps, a cherché vainement à démentir, au moyen de réfutations insérées dans des recueils complaisants, le récit de Saint-Simon, qui se trouve corroboré par le témoignage de Laplace et par celui de Lémontey, dans son *Essai sur l'établissement monarchique de Louis XIV*. Cette famille a eu tort de se montrer si chatouilleuse à l'endroit de l'origine d'une partie des biens qu'elle possède; qui ne sait que les trois quarts au moins des richesses de l'ancienne noblesse provenaient uniquement des confiscations prononcées contre des familles protestantes?

FARIA Y SOUZA (MANOEL DE), naquit le 19 mars 1590, dans le château de ses aïeux, près de Pombeiro, dans la province portugaise d'Entre-Douro-et-Minho. Après avoir appris le latin dans la maison paternelle, il alla faire ses études supérieures à Braga, et l'évêque de cette ville, qui était son parent, le choisit à quatorze ans pour secrétaire. Il en exerçait les fonctions depuis dix ans, quand l'envie lui prit d'aller visiter la capitale des Espagnes, où Pierre-Alvarez Perreira, secrétaire d'État du roi, l'accueillit avec distinction. Mais ses manières franches jusqu'à la rudesse, son caractère bizarre et tenace, choquèrent les seigneurs castillans, au point qu'il dut renoncer bientôt à tout espoir d'avancement. Dans son dépit, il quitta la cour de Madrid, et reprit le chemin du Portugal. L'archevêque de Lisbonne, Mendoça, gouverneur du royaume, lui destinait l'emploi de secrétaire des Indes; mais le marquis de Castello-Rodrigo, autre protecteur de Faria, trouva cet emploi inférieur à son mérite; et le prélat le créa provisoirement secrétaire d'État. Le marquis, ayant été nommé ambassadeur à Rome, choisit Faria pour son secrétaire d'ambassade, et tous deux se mirent en route pour la capitale de la chrétienté en passant par Madrid. A Rome les vastes connaissances de Faria lui méritèrent la considération de tous les savants qui entouraient Urbain VIII. Mais, ne pouvant se faire au climat de cette ville, il dut revenir en 1634 à Madrid, où un malheur l'attendait: il fut incarcéré par l'Inquisition, comme prévenu d'avoir outragé le catholicisme à l'aide d'allusions païennes, et ne recouvra à grand'peine sa liberté que par l'intervention du secrétaire d'État Villanova. Fatigué des vicissitudes de ce monde, il ajouta à son blason un compas ouvert sur un livre, avec ces mots : *in vanum laboraverunt*. Il mourut d'une inflammation de vessie, le 3 juin 1649.

Les censeurs ont reproché à Faria les mêmes défauts qu'à Marini, à Lope de Véga, à Gongora : de la prétention, une recherche excessive, de l'enflure, des images forcées et des hyperboles. Il écrivait avec une prodigieuse facilité. On a de lui, entre autres ouvrages, des *Commentaires sur les Lusiades de Camoens* (1639), la *Défense des Commentaires* (1640), un *Épitome de l'histoire de Portugal*, œuvre très-estimée, très-impartiale et très-véridique (1628), *Asie portugaise* (1166-1675), *Europe portugaise* (1667-1679), *Amérique portugaise* (1681), restée manuscrite, des poésies diverses sous le titre de *Fuente de Aganipe* (1644-1646, 7 vol.). Il a en outre mis en ordre et publié l'ouvrage de Semedo, intitulé : *Imperio da China*, etc.

Faria, Portugais de naissance, a presque constamment écrit en espagnol; dans la langue de son pays, il n'a composé qu'un petit nombre de chansons. Il mourut dans un état voisin de l'indigence. Ses longs et consciencieux travaux ne lui avaient valu que de minces honneurs et peu d'argent. Philippe IV, roi espagnol de la mesquine race autrichienne, lui accorda, il est vrai, sur la fin de ses jours, une pension des plus modiques ; et le roi de Portugal, malgré l'inquisition de Lisbonne, digne sœur de celle de Madrid, le décora de son ordre du Christ.

FARINE. On donne ce nom à diverses substances réduites en poudre très-fine par des moyens mécaniques, mais on le réserve particulièrement pour désigner, d'une manière spéciale, la poudre produite par des céréales, offrant dans leur composition une certaine quantité d'une matière gommeuse, que les chimistes appellent g l u t e n, et qui reste dans la main lorsque l'on malaxe un morceau de pâte sous un faible filet d'eau courante. Cette matière est des plus importantes pour rendre les farines nutritives, et il est à remarquer que la farine de froment est celle des céréales qui en contient le plus, et que le froment des pays méridionaux en possède beaucoup plus que les blés des contrées septentrionales : ainsi, on en trouve 14 pour 100 dans la farine de blé dur d'Odessa, 12 pour 100 dans celle du blé tendre du même pays, et de 9 à 10 dans les farines employées à Paris ; les farines de seigle, d'orge et d'avoine n'en contiennent guère que de 3 à 4 pour 100 : aussi elles sont bien moins nutritives que celle de froment. Cependant, comme elles lèvent moins bien quand on les boulange, il en résulte que le pain qu'elles fournissent est plus lourd, reste plus long-temps à passer dans l'estomac, sans pour ainsi dire y laisser de matière nutritive, et trompe par conséquent l'appétit, sans réparer les forces autant que pourrait le faire un pain de farine de froment. Les farines contiennent surtout une grande quantité d'a m i d o n, c'est-à-dire depuis 56 ou 62, dans les blés d'Odessa, jusqu'à 74 pour 100 dans la plupart des autres froments. Les farines d'orge, de seigle et d'avoine sont bien moins riches en amidon, et possèdent à peine quelques traces de sucre, excepté pourtant la farine d'avoine, qui contient, ainsi que celle des blés d'Odessa, de 7 à 8 pour 100 de sucre, tandis que la farine des autres froments n'en présente au plus que de 4 à 5 pour 100. Plus le gluten et le sucre dominent dans les farines, plus elles fermentent aisément, plus en même temps leur pain est nourrissant, et plus cependant la pâte de ce pain est légère, car la f e r m e n t a t i o n ayant donné lieu à une assez grande quantité d'acide carbonique, cet acide pendant la cuisson tend à s'échapper, et entraîne avec lui une plus grande quantité d'eau.

C'est pour obtenir une action semblable, mais d'une manière factice, que pour activer leur levain quelques boulangers ajoutent à leur farine, en la pétrissant, un peu de sous-carbonate d'ammoniaque : ce moyen est inoffensif. Malheureusement il n'en est pas de même de l'addition dans la pâte de beaucoup d'autres sels, et la police, dans l'intérêt général, doit empêcher tous ces mélanges frauduleux. Ceci s'applique encore aux farines de haricots, de pois, de fèves, de châtaignes, de maïs, de carottes, de riz et de pommes de terre ; car si par ces mélanges on ne risque pas d'empoisonner la population, du moins on ne lui donne pas toute la matière nutritive que l'on est censé lui vendre. En effet, admettons qu'au lieu de pétrir 14 kilogrammes de farine de froment avec 13 kilogrammes d'eau, pour obtenir, après une bonne cuisson, 18 kilogrammes de pain, l'on va délayer dans la même quantité d'eau que 12 kilogrammes de farine de froment avec 2 kilogrammes de farine de riz, il en résultera que l'on obtiendra 24 kilogrammes de pain, c'est-à-dire qu'il restera dans la pâte après la cuisson 6 kilogrammes d'eau de plus que dans le pain de pur froment ; et comme l'eau ne possède aucune qualité nutritive par elle-même, il est certain qu'une pareille addition est frauduleuse, puisqu'elle s'exerce au détriment des acheteurs.

Le mélange de la fécule de pommes de terre à la farine est tout à fait analogue ; seulement, il est moins sensible dans ses résultats apparents, car le pain provenant de ce mélange étant moins nourrissant et passant très-promptement dans l'estomac, on est forcé d'en manger davantage, et sa consommation par conséquent beaucoup plus grande. Nous ajouterons que ce mélange de fécule de pommes de terre avec de la farine n'est profitable qu'au meunier ou bien à celui qui fait et vend ce mélange, car il est ruineux pour le boulanger, qui achète et pétrit une farine ainsi mélangée. Ceci pourrait paraître un paradoxe, si l'on savait que la plupart des faillites survenues parmi les boulangers de Paris ne sont dues en partie qu'aux pertes qu'ils ont faites sur ces farines mélangées, pertes que l'on peut facilement expliquer par l'exemple suivant : généralement, un sac de farine pur froment, pesant 162 kilogrammes et demi, rend au boulanger 102 pains de 12 kilogrammes ; mais si la farine a été allongée d'un vingtième à un dixième de fécule, proportion habituelle de cette fraude, le sac, quoique pesant le même poids, ne rendra plus que 92 pains, et même quelquefois que 87 à 88, au lieu de 102 : c'est donc une perte de 10 pains de 2 kilogrammes, un déficit de près de 10 pour 100 par sac ; alors nécessairement plus un boulanger emploiera de cette espèce de farine, plus il se trouvera en perte à la fin de l'année. Les pertes survenues parmi les boulangers par suite de cette altération des farines pures par la fécule les ont conduits à chercher les moyens de reconnaître les farines ainsi falsifiées, et bientôt, en étalant la farine dans la main avec une lame de couteau, et en examinant avec une loupe, ils sont arrivés à apprécier à peu près, par les points brillants et le nombre apparent de ces points, si l'échantillon qu'ils examinent est mélangé de fécule. De plus, M. Boland, boulanger de Paris, a reconnu que la teinture d'iode colore la fécule d'une manière plus intense que l'amidon des farines de pur froment : alors il malaxe un morceau de pâte faite avec de la farine à essayer ; il prend les eaux de lavage, les colore par une teinture alcoolique d'iode, les laisse déposer ; et s'il se trouve au bout de quelques heures deux couches de matière superposées différemment nuancées, il apprécie la quantité de fécule ajoutée par l'épaisseur proportionnelle de la couche la plus fortement colorée. Nous ne parlerons pas ici du sable, de l'argile blanche et de la craie que des meuniers ajoutent frauduleusement aux farines. Si le consommateur est assez habile pour démasquer la fraude, ils s'excusent sur leurs meules, qui, disent-ils toujours aussi, viennent d'être battues, et sous lesquelles on a mis du grain par mégarde. Mais toutes ces fraudes sont punissables, et le moindre mélange, même de fécule, peut être condamné en vertu des articles 419 et 420 du Code Pénal.

Si l'on doit, tant pour l'économie que pour la santé, éviter d'employer des farines mélangées, il est également important que ces farines ne soient ni trop nouvelles ni mal séchées ; car de là il résulte que les farines de grains nouveaux, conservant toujours avec elles une certaine humidité, s'échauffent facilement, se moisissent, et par suite de ce premier degré de fermentation putride, il arrive que la fermentation panaire a beaucoup de peine à s'établir et ne s'établit même qu'imparfaitement. Aussi serait-il important que dans tous les moulins il y eût un système de ventilation tellement bien établi que la farine fût entièrement desséchée lorsqu'on la met dans les sacs. C'est afin d'empêcher les farines de s'échauffer qu'on emmagasine les sacs dans des endroits secs, bien aérés, et qu'on les empile de manière que l'air puisse circuler de tous les côtés ; il est même utile, quand on veut faire voyager de la farine sur mer, de la purger autant que possible de tout le son qu'elle contient, la dessécher à l'étuve et de l'enfermer hermétiquement, en la pressant fortement, dans des barils de 75 à 80 centimètres de haut sur 40 de diamètre, cerclés en fer, dont on garnit l'intérieur de papier blanc : c'est ainsi que nous arrivent les belles farines des États-Unis. Si par hasard, malgré ces précautions, la farine s'échauffe, soit pour avoir été emballée trop immédiatement après sa mouture, soit pour avoir été mal emmagasinée et mal soignée, alors il faut la dessécher à l'étuve. Mais si après ce remède, rarement puissant, la farine conserve une odeur aigre et particulière bien prononcée, que l'on fait exhaler en délayant une cuillerée de cette farine dans un verre d'eau, il faut en faire le sacrifice et la donner aux bestiaux, car il est positivement prouvé que sa consommation par les populations peut avoir quelquefois de graves inconvénients sur la santé publique. J. ODOLANT-DESNOS.

FARINE FOSSILE, terre calcaire pulvérulente, très-blanche et très-légère, que l'on trouve quelquefois dans les filons métalliques et dans les fentes des montagnes calcaires. On lui donne aussi le nom de *lait de lune*, parce qu'elle est assez souvent délayée par les eaux souterraines et présente alors une matière fluide, blanche comme du lait.

FARINELLI (CARLO BROSCHI, surnommé), naquit le 24 janvier 1705; mais le lieu de sa naissance est demeuré incertain. On n'a pas non plus de renseignements précis sur l'origine de son surnom de *Farinelli* : les uns ont prétendu qu'il venait de *farina*, parce que Salvator Broschi, père du chanteur, avait été meunier ou marchand de farine; les autres disent, avec plus de probabilité, que le virtuose ayant eu dans sa jeunesse pour protecteurs les trois frères *Farina*, amateurs distingués de la ville de Naples, le nom de *Farinelli* lui était resté. Quoi qu'il en soit, Farinelli subit fort jeune l'opération de la castration, grâce à laquelle il fût doué de la plus merveilleuse voix de soprano qu'on ait jamais entendue. Après avoir appris avec son père les principes de la musique, il entra dans l'école de Porpora, et devint son élève de prédilection. Agé de dix-sept ans, il accompagna son maître à Rome pour débuter dans un opéra d'*Eomene*, que Porpora allait écrire en cette ville. Ses débuts furent marqués par un succès éclatant, et en 1724 sa réputation l'attira à Vienne; en 1725 il se fit applaudir à Venise, dans la *Didone abbandonata* de Métastase, mise en musique par Albinoni. Il revint ensuite à Naples, où il excita les plus vifs transports dans une sérénade dramatique de Hasse, dans laquelle chanta la fameuse cantatrice Test. De Milan, où il alla en 1726 pour jouer dans le *Ciro de F. Ciampi*, il se rendit à Rome, où il était impatiemment attendu. Ce fut en 1727 qu'il se mesura, à Bologne, avec Bernacchi, surnommé le *roi des chanteurs*. Dans les années 1728 à 1730, Farinelli fit un second voyage à Vienne; puis dans diverses tournées qu'il fit à Venise, Rome, Naples, Plaisance, Parme, il eut l'occasion de lutter avec les plus célèbres chanteurs du temps, tels que Gizzi, Nicolini, la Faustina, la Cuzzoni, qu'il surpassa tous. Un troisième séjour qu'il fit à Vienne, en 1731, contribua beaucoup à modifier sa manière, grâce surtout aux conseils de l'empereur Charles VI, qui lui-même, excellent musicien, ne dédaigna pas d'accompagner plusieurs fois le célèbre virtuose au clavecin. Ce prince lui dit un jour que ces gigantesques traits, ces longs passages qui ne finissaient pas, ces hardiesses de l'exécution, pouvaient bien exciter l'étonnement et l'admiration, non toucher le cœur, et qu'il lui serait pourtant bien facile de faire naître l'émotion, s'il voulait être quelquefois plus simple et plus expressif. A partir de ce moment Farinelli sut, suivant les circonstances, résister à l'entraînement général, et chanter autrement que dans ce style de bravoure que Bernacchi avait mis en vogue.

Farinelli retourna encore en Italie, et sur les théâtres de Rome, de Ferrare, de Lucques, de Turin, il mit le sceau à sa réputation de premier chanteur du monde. En 1734 il passa en Angleterre, et là, pour le malheur de Handel, qui avait l'entreprise du théâtre Hay-Market, il se fit entendre sur le théâtre de Lincoln's-Inn-Fields, dont Porpora venait de prendre la direction. Ce fut dans l'*Artaxerce* de Hasse que notre chanteur débuta. On ne se figure pas les honneurs, les richesses, les présents de toutes sortes dont Farinelli fut comblé. Pendant les trois ans de son séjour à Londres, en 1734, 1735 et 1736, le revenu de Farinelli ne s'éleva pas à moins de cinq mille livres sterling, environ 125,000 fr.

Vers la fin de 1736, Farinelli ayant pris des engagements avec les entrepreneurs de l'Opéra de Londres, partit pour l'Espagne, dans le but de n'y faire qu'un voyage : il y resta vingt-cinq ans, comblé de la faveur de deux monarques. Ce fut en effet le prestige de son talent qui parvint à distraire Philippe V de la profonde mélancolie dans laquelle il était plongé. Farinelli fut dès lors attaché au service de la cour avec 50,000 fr. d'appointements, sous condition de ne plus chanter en public. Il conserva son poste auprès de Ferdinand VI lorsque celui-ci hérita de la couronne de son père, comme il avait déjà hérité de son hypochondrie. Farinelli, nommé chevalier de l'ordre de Calatrava, finit par acquérir la plus grande influence à la cour d'Espagne, et devint presque le seul canal par où coulèrent toutes les grâces. « Il faut cependant avouer, dit M. Bocous, qu'il ne les accorda qu'au mérite, qu'elles n'étaient pas pour lui l'objet d'une spéculation pécuniaire, et qu'il n'abusa jamais de son pouvoir. Ayant observé l'effet qu'avait produit la musique sur l'esprit du roi, il lui persuada aisément d'établir un spectacle italien dans le palais de Buen-Retiro, et il appela les plus habiles artistes de l'Italie. Il en fut nommé directeur; mais ses fonctions ne se bornaient pas là. Outre la grande prépondérance qu'il continuait d'exercer sur le roi et sur la reine, Farinelli était souvent employé dans les affaires politiques; il avait de fréquentes conférences avec le ministre La Ensenada, et était plus particulièrement considéré comme l'agent des ministres de différentes cours de l'Europe, qui étaient intéressés à ce que le roi catholique n'effectuât pas le traité de famille que la France lui proposait. » Ainsi, si Farinelli ne fut pas ministre en titre, il fut du moins un favori dont l'influence équivalait à celle d'un ministre.

A l'avénement de Charles III au trône d'Espagne, Farinelli reçut l'ordre de sortir du royaume; cependant il conserva son traitement, sous la condition de s'établir à Bologne. Retiré dans sa solitude, Farinelli passa vingt ans sans chanter, mais jouant quelquefois de la viole d'amour, du clavecin, et composant pour ces instruments. Il avait une collection de beaux instruments, de tableaux, de portraits des princes qui avaient été ses patrons. Il aimait à parler de ses honneurs passés, et sa vieillesse se plaisait dans le souvenir d'une foule d'anecdotes qu'il racontait un peu trop fréquemment. Farinelli mourut le 15 juillet 1782, à l'âge de soixante-dix-sept ans et quelques mois. On cite plusieurs faits qui font honneur au caractère et à la générosité de cet artiste.
J. D'ORTIGUE.

FARINEUX, nom donné aux substances végétales qui contiennent de la farine. Au premier rang sont les céréales, et surtout le froment; ensuite viennent les menus grains, les légumes secs, le sarrasin, le maïs, les pommes de terre, les châtaignes, etc. Leurs principes communs sont l'amidon et une partie sucrée, cristallisable ou non : ces deux éléments, réunis en proportion différente dans les différentes substances, sont associés au gluten, à l'albumine, dans le froment et d'autres céréales, à des principes propres, l'hordéine dans l'orge; à des parties fibreuses, à des sels, etc., dans d'autres substances de la même classe. De ces composés résulte il résulte des corps ou nécessaires ou utiles, mais tous précieux pour l'homme.

De nombreuses expériences ont conduit à considérer le gluten comme celui des éléments qui donne, surtout aux farineux, leurs propriétés alimentaires. P. GAUBERT.

FARM, FARMER. Le mot anglais *farm* répond à ce que nous appelons *métairie, ferme*, c'est-à-dire à une certaine étendue de terre de laquelle dépendent une maison d'habitation et des bâtiments d'exploitation, et qu'on loue moyennant une rente annuelle. Quelques étymologistes le font venir du latin *firma*, qui signifie un emplacement entouré de haies; d'autres, de l'anglo-saxon *fearme* ou *feorme*, qui signifiait *vivres*, attendu que dans les temps antiques les gens de la campagne ne payaient le louage de leurs terre qu'en produits du sol. C'est à partir du douzième siècle seulement que la redevance en nature fut transformée en redevance en argent.

Le *farmer* est le locataire d'une *farm*, et dans un sens plus général, un cultivateur, un paysan. En Amérique, où il existe peu de fermages, on emploie le mot *farm* pour désigner toute propriété foncière située en dehors des villes. Le *farmer* n'y est donc autre chose qu'un petit propriétaire foncier, cultivant par lui-même sa propriété.

FARNÈSE, maison princière d'Italie, dont l'origine remonte jusque vers le milieu du treizième siècle. Elle possédait alors le château de Farneto, près Orviéto, et donna à l'Église ainsi qu'à la république de Florence plusieurs capitaines distingués, notamment *Pietro* FARNÈSE, mort en 1363, à qui les Florentins furent redevables de leur triomphe sur les Pisans. Le pape Paul III, qui était de la maison Farnèse, et qui avait fort à cœur l'élévation et la grandeur de sa famille, s'occupa surtout d'assurer la fortune de son fils naturel, *Pietro Luigi* FARNÈSE. Ayant vainement offert à l'empereur Charles-Quint des sommes immenses pour qu'il érigeât en sa faveur le Milanais en duché, il fit de Parme et de Plaisance, enlevés par Jules II aux Milanais, un duché dont il lui fit don au mois d'août 1545. Mais le règne de *Pietro Luigi* ne fut que de courte durée. La tyrannie qu'il exerçait dans sa capitale, à Plaisance, finit par fatiguer les chefs de la noblesse, qui lièrent de secrètes intelligences avec Ferdinand de Gonzague, gouverneur de Milan, puis levèrent ouvertement l'étendard de la révolte. Le 10 septembre 1547, il fut assassiné par Giovanni Anguissola, et Gonzague prit possession de Plaisance au nom de l'empereur.

Ottavio FARNÈSE, fils et successeur de *Pietro Luigi*, se trouvait alors à Pérouse auprès de Paul III. Parme se déclara à la vérité pour Ottavio, qui s'y rendit en conséquence à la tête d'une armée pontificale; mais, trop faible pour tenter une attaque contre Plaisance, il dut se résigner à conclure un armistice avec Gonzague. Le pape Jules III, successeur de Paul, le rétablit bien en possession de Plaisance en 1550, à cause de l'attachement qu'il portait à la maison Farnèse, en même temps qu'il le créa gonfalonier de l'Église; mais une alliance qu'il contracta à peu de temps de là avec le roi de France Henri II mécontenta vivement le pape et l'empereur, et le jeta dans des embarras auxquels un accommodement honorable mit pourtant un terme au bout de deux ans. Son épouse, Marguerite de Parme, le réconcilia avec la maison d'Autriche. Après trente années de paix, employées dès lors à faire le bonheur de ses sujets, il mourut, en 1586.

Il eut pour successeur dans le gouvernement des deux duchés son fils aîné, *Alessandro* (Alexandre) FARNÈSE, à qui son héroïque mère avait donné une éducation toute militaire. Il combattit les Turcs à Lépante, en 1571, sous les ordres de don Juan d'Autriche, son oncle. Plus tard il accompagna sa mère dans les Pays-Bas, révoltés, où, le 31 janvier 1578, il contribua à la victoire remportée à Gembloux sur les Gueux. L'attaque des places fortes était ce qui lui attirait tout particulier. On l'y voyait parcourir intrépidement, en s'exposant aux plus graves dangers, les batteries et les tranchées pour y distribuer ses ordres. Un jour qu'au siége d'Oudenarde, en 1582, il dînait près de la batterie de brèche avec d'autres généraux, un boulet de canon tua trois officiers à côté de lui et en blessa deux autres. Quant à lui, sans quitter sa place à table, il ordonna froidement d'enlever les morts, de lui apporter une autre nappe et de lui servir d'autres mets. Au siége d'Anvers, en 1585, il s'exposa à de plus grands dangers encore. Comme la fortune avait jusquealors favorisé toutes ses entreprises, l'insuccès de son expédition contre l'Angleterre à bord de l'*Invincible Armada*, à la tête de laquelle l'avait placé Philippe II, ne lui en causa que plus de chagrin. A son retour dans les Pays-Bas, il reçut le commandement de l'armée destinée à aller en France au secours des catholiques. Mais, mal secondé par les Ligueurs, Alexandre Farnèse, dont Philippe II laissa d'ailleurs l'armée manquer de tout, fut obligé de céder aux forces supérieures de Henri IV, et mourut peu de temps après, en décembre 1592.

A Alexandre succéda son fils aîné, *Ranuzio I*er FARNÈSE, mort en 1622, prince grossier, cupide, sombre et défiant. Il trouva dans le mécontentement que son gouvernement inspirait à la noblesse, un prétexte pour inventer une conspiration, dans laquelle on prit soin, par ses ordres, d'impliquer les chefs des principales familles. Ils furent tous exécutés, le 19 mai 1612, et leurs biens confisqués. Il fit aussi égorger dans un cachot son fils naturel, *Ottavio*, coupable d'être aimé du peuple. Ces crimes ne l'empêchèrent pas de témoigner du goût pour les sciences et pour les arts; et ce fut sous son règne qu'on construisit, dans le style antique, le théâtre de Parme.

Son fils et successeur, *Odoardo* FARNÈSE, mort en 1646, avait beaucoup de talent pour la satire, une remarquable facilité d'élocution, mais encore plus d'amour-propre et de présomption. Il aimait passionnément l'état militaire, quoique son excessive obésité, qu'il transmit à ses enfants et petits-enfants, ne le rendît guère propre à la vie de soldat. Son goût inné pour les aventures et le désir immodéré qu'il avait d'illustrer son nom par quelque brillant fait d'armes, l'entraînèrent dans une guerre contre l'Espagne et le pape Urbain VIII, guerre qui lui coûta de grosses sommes.

Il eut pour successeur son fils, *Ranuzio II* FARNÈSE, mort en 1694. Prince faible, il fut souvent le jouet d'indignes favoris, entre autres d'un certain *Godefroi*, Français et maître de langues, dont il avait fait un marquis et son premier ministre. Le fils aîné de Ranuzio II, Odoardo Farnèse, étant mort étouffé par la graisse, son fils cadet, qui n'était pas moins obèse, *Francisco* FARNÈSE, mort en 1727, lui succéda; et celui-ci, à son tour, eut pour successeur son non moins gros frère, *Antonio* FARNÈSE, mort en 1737. Philippe V d'Espagne avait épousé Élisabeth FARNÈSE, fille d'Odoardo. D'après une convention passée avec les grandes puissances, et stipulant qu'en cas d'extinction de la maison Farnèse, ses possessions passeraient à un fils de Philippe V et d'Élisabeth qui ne fût pas roi d'Espagne, les Espagnols prirent possession de Parme et de Plaisance au nom de don Carlos quand Antonio Farnèse vint à mourir.

Le nom de la famille Farnèse se rattache à plusieurs productions célèbres de l'art. On cite le palais Farnèse et la Farnesina comme de beaux morceaux d'architecture, et parmi les antiques, jadis propriétés de la maison Farnèse, qui depuis son extinction, en 1786, se trouvent au musée de Naples, il en est deux qui portent encore aujourd'hui le nom de leurs anciens propriétaires, à savoir : le Taureau Farnèse et l'Hercule Farnèse.

FARNÈSE (Palais), édifice commencé par le pape Paul III avant son avènement à la tiare, d'après les plans du Florentin Antonio do Sangallo, et formant un quadrilatère isolé sur la place Farnèse à Rome. Il fut terminé par Michel-Ange, de qui proviennent notamment le grand entablement richement orné et la grande fenêtre qui se trouvent au-dessus de la porte d'entrée de la façade, de même que la cour, à l'exception de la *loggia* de la façade de derrière, elle-même œuvre de Giacomo della Porta. Ce palais, qui dans sa forme semble trahir l'influence de l'ancien style en usage pour les palais, est un des plus beaux édifices qu'il y ait à Rome. Les ducs de Parme de la maison Farnèse en demeurèrent propriétaires jusqu'à l'extinction de leur famille; après eux, il a passé au roi de Naples, dont l'ambassadeur près le saint-siége d'Anvers l'occupe aujourd'hui. Les sculptures antiques qui l'avaient autrefois rendu célèbre ornent maintenant le musée de Naples. Cependant il s'y trouve encore quelques monuments classiques, dans la grande salle. Dans une salle voisine, on voit des fresques de Salviati et de Taddeo Zuccaro, représentant des événements arrivés sous le règne de Paul III. Mais ce que ce palais renferme de plus important, c'est la galerie où se trouvent les fresques d'Annibal Carrache, l'œuvre la plus belle et la plus considérable de ce maître, et qui montre de la manière la plus frappante la direction artistique qu'il avait adoptée. Les principales de ces fresques représentent le triomphe de Bacchus et d'Ariadne, Pan sacrifiant, Aurore et Céphale, l'Enlèvement de Ganymède, Diane et Endymion, et autres sujets mythologiques. On attribue quelques-unes des peintures ornant les étroits pans latéraux au Dominichino, dont il existe aussi des fresques mythologiques dans un salon attenant à la galerie.

FARNESINA, charmante villa, construite à Trastevère par Peruzzi pour Agostino Chigi, et qui appartient aujourd'hui au roi de Naples. Elle est toute ornée de pilastres à l'extérieur. Mais elle est surtout célèbre par les fresques de Raphael, qu'elle contient. Le plafond d'un grand salon donnant sur le jardin représente l'histoire de Psyché; dans une pièce attenante se trouve le tableau connu sous le nom de *Galathée* et représentant la déesse des mers se promenant sur les flots dans sa conque, en compagnie de nymphes et de tritons. Ce dernier morceau provient pour la plus grande partie de la main même de Raphael; le reste est l'œuvre de ses élèves, et malheureusement le tout a été fort mal restauré par Carlo Maratta. Il existe en outre à la *Farnesina* des fresques de Peruzzi, de Sébastien del Piombo, et une tête colossale en *chiaro oscuro* de Michel-Ange, de même que dans l'étage supérieur des fresques de Sodoma, etc.

FAR NIENTE, locution italienne composée de l'infinitif *faire* et du substantif *rien*. Il faut vivre dans les climats chauds pour sentir le charme résultant d'une inaction absolue de corps et d'esprit; car le *far niente* comprend le repos des deux natures; et tout homme occupé d'un projet ambitieux, d'une intrigue galante, d'une découverte scientifique, ne jouit pas du *far niente*, son corps fût-il immobile et reposât-il sur les plus moelleux carreaux. Penser, réfléchir, rêver, ce n'est pas pratiquer le *far niente*; pour qu'il soit parfait, il faut avoir l'esprit tellement libre et calme qu'il puisse s'intéresser à toutes les impressions provenant d'une cause extérieure, impressions que'il n'a ni la faculté, ni l'envie, ni le loisir d'analyser, tant elles sont variées et rapides. Sous ce rapport, l'ancien *lazzarone* de Naples est l'amateur le plus parfait amateur du *far niente!* Comme les Italiens et les Espagnols, les Orientaux ont leur délicieux *kef*, pendant lequel ils fument et se font *masser* avec un bonheur inconnu aux Européens.
Cte DE BRADI.

FAROE (Iles). *Voyez* FER-CERNE.

FAROUCHE, sauvage, qui n'est point apprivoisé, qui s'épouvante et s'enfuit quand on l'approche. Il ne s'applique dans ce sens qu'aux animaux. Il se dit, par extension, d'un homme rude, misanthrope, intraitable, ou d'un être peu sociable, craignant, fuyant le monde. Une femme *farouche* est celle qui repousse toute galanterie. *Farouche* se dit également de l'air, du regard, des manières, des sentiments. Il ne faut pas confondre *farouche* et *sauvage*. On est *farouche* par caractère, *sauvage* par manque de culture.

FARQUHAR (GEORGES), l'un de ces brillants esprits qui ont jeté tant d'éclat et qui répandent encore une lueur cynique si bizarre sur le théâtre anglais des commencements du dix-huitième siècle. Né en 1678, à Londonderry, en Irlande, bien élevé, mais d'une famille pauvre, il se fit acteur dans sa jeunesse, et, mettant trop de chaleur dans ses gestes, un jour qu'il jouait un drame de Dryden, il enfonça jusqu'à la garde son épée dans la poitrine d'un de ses camarades. Ce dernier, qui survécut à une blessure si dangereuse, devint à ce que l'on prétend l'un des meilleurs amis de son assassin, et le recommanda à lord Orrery, qui lui donna une lieutenance. Il se conduisit en bon officier, mais il fit des dettes, et fut forcé de se réfugier en Hollande, où ses aventures galantes et gastronomiques se multiplièrent un peu trop pour sa fortune et sa santé. Forcé encore de quitter son pays d'adoption, il revint à Londres, et sema le bruit que George Farquhar, le mauvais sujet, était à marier. Il n'avait pas trente ans; il était beau, déjà célèbre dans les lettres, et il avait fait jouer plusieurs spirituelles et licencieuses comédies; celle dont il fut l'acteur et la victime est aussi bien intriguée et aussi plaisante que la plupart des siennes. Farquhar voulait une héritière. Une jeune Anglaise belle, sans fortune, qui avait été actrice et très-intrigante, trouva qu'il serait plaisant de jouer un tour de Scapin à ce créateur d'intrigues burlesques et hardies. Farquhar cachait ses dettes, et faisait grande figure à Londres; elle cacha les siennes, et mena un train splendide. On fabriqua des armoiries, on supposa des titres, on eut de faux parents; Farquhar de son côté redoublait ses dépenses de tailleur et de carrossier; et ce dut être une scène fort plaisante, une fois le mariage accompli, que le moment où l'époux et l'épouse exhibèrent la liste interminable des dettes que l'un espérait faire payer par l'autre, et que personne ne paya. C'était tout leur avoir. Ce qui ajoute à la singularité du récit, c'est que, d'une part, la femme qui avait trompé Farquhar s'était éprise, pendant le cours de l'intrigue, d'une passion très-vive pour lui; et que, d'une autre, Farquhar, qui pouvait aisément faire briser ce mariage environné de nullités, lui pardonna avec une générosité parfaite. Il mourut en 1707, laissant après lui sept comédies, toutes pétillantes de saillies et imprégnées de corruption. Elles ont disparu du théâtre, malgré le talent incontestable qui s'y trouve, et quoique l'une d'elles, *Les Artifices d'un Roué (Beaux's Stratagems)*, se soit maintenue longtemps à la scène et ait fait les délices des Anglais du siècle dernier. C'est là le sort des plus brillantes productions de l'esprit, quand elles émanent des fantaisies dépravées d'une époque, et non de l'observation et de l'éternelle vérité.
Philarète CHASLES.

FARSISTAN ou *Pays de Fars*, aujourd'hui l'une des provinces de la Perse, bornée par les provinces de Kousistan et de Kerman, par le golfe Persique, le long duquel elle occupe une étendue de 50 myriamètres de côtes, y compris celles du Laristan, qui en forme la partie méridionale, et au nord-est par le Grand Désert. Sa superficie est d'environ 4,000 myriamètres carrés et sa population est évaluée à près de deux millions d'habitants. Elle est traversée par les montagnes qui bornent la Perse au sud-est et forment la continuation sud-est du mont Ragros. Elles s'élèvent à une altitude d'environ 2,700 mètres, et s'abaissent d'un côté vers le plateau intérieur et désert d'Iran, et de l'autre en terrasses successives vers le golfe Persique. Le plus remarquable de ses cours d'eau est l'*Araxe* des anciens, appelé aujourd'hui *Bend-Émir*. Dans les parties les plus hautes de cette contrée, le climat est sain et tempéré; mais dans la partie étroite et basse du pays de côtes, entre la montagne qui s'élève à pic et la mer, le long du golfe Persique, la chaleur est extrême en été et vicie singulièrement l'atmosphère. Les tremblements de terre y sont aussi très-fréquents. Faute d'un nombre suffisant de cours d'eau, le Farsistan est aujourd'hui stérile là où on n'a pu su employer des moyens artificiels d'irrigation pour remédier à l'aridité générale du sol. Parmi les produits qui lui sont particuliers, il faut citer les perles qu'on pêche près de l'île de Kharak, de même que le vin et les roses de Chiras. Les habitants du Farsistan passent pour les plus civilisés de toute la Perse, et leur langue pour le dialecte persan le plus pur. De tout temps ils se firent remarquer par leur goût pour les sciences et les lettres. Ils fabriquent de beaux cristaux et de bonnes armes, et le commerce qu'ils font sur le golfe Persique est assez important. Les principales villes sont : Chiras; l'industrieuse *Yezd*, qui compte plus de 60,000 habitants, *Lar*, qui en a 15,000, et *Aboushehr*. Plusieurs autres villes, jadis extrêmement florissantes, telles que *Firouz-Abad*, *Darab-Gerd*, *Sourma*, *Fessa*, tombent aujourd'hui en ruines. La plus grande partie, c'est-à-dire la partie méridionale du Farsistan et des îles qui l'avoisinent, est occupée par des Arabes, dont les uns reconnaissent la souveraineté de l'iman de Mascate, et les autres celle du schah de Perse, mais dont la plus grande partie est complétement indépendante.

Le Farsistan est, à proprement parler, le pays qu'habitait les anciens Perses. C'est là que régnèrent les ancêtres de Cyrus, vassaux et tributaires de l'empire des Mèdes, jusqu'à l'époque où ce prince réunit les deux monarchies, en succédant à Cyaxare II, son oncle, et fonda l'empire des Perses. Soumise aux Macédoniens, puis aux rois de Syrie, et enfin aux Arsacides, rois des Parthes, cette contrée était gouvernée par Ardeschir-Babekan (Artaxerxès), qui, vers l'an 223 de notre ère, s'étant révolté contre eux, jeta les fondements de la puissance des Sassanides, parmi lesquels figurèrent les Sapor (*Chah-Pour*), les Chosroès (*Khosrou*), si fameux par leurs guerres contre les empereurs d'Orient. *Istakar* était alors la capitale de la Perse proprement dite et de l'empire persan. Mais cette ville, nommée en grec *Persépolis*, déchut lorsque les Sassanides eurent transféré leur résidence à *Mad-Aïn*, sur le Tigre; et l'on n'en voit plus que les ruines, situées à 60 kilomètres nord-est de Chiras. En l'an 647, le Farsistan fut conquis par les Arabes; plus tard, il tomba à deux reprises sous la domination des Soffarides. En 934, les khalifes le perdirent définitivement, parce que les Bouides y fondèrent alors leur empire; et le Farsistan, à qui ils firent beaucoup de bien, devint le centre de leur puissance. A leur tour, ceux-ci en furent expulsés en l'an 1057 par les Seldjoucides, à la domination desquels les schahs khowaresmes mirent un terme. Le Farsistan passa ensuite sous la souveraineté des Mongoles; puis, en l'an 1263, il fut complétement réuni à l'empire persan des Djingizkhanides. Timour ou Tamerlan le leur enleva vers 1393; et ses successeurs le conservèrent jusqu'en 1469, époque où les Turcomans s'en rendirent maîtres. Ils en conservèrent la possession jusqu'à ce qu'en 1503 le chah Ismael l'incorpora à l'empire des Sofys. En 1723, les Afghans s'en emparèrent pour quelque temps; mais Nadir le leur enleva dès 1730. Après l'assassinat de ce prince, en 1745, cette contrée se trouva en proie à la plus affreuse anarchie; et il en fut ainsi jusqu'en 1758, époque où Kérim Khan, qui résidait à Chiras, y fonda la dynastie des Zendides. Celle-ci se maintint sur le trône jusqu'en 1793, époque où s'éleva la dynastie Kadjiare qui occupe encore aujourd'hui le trône de Perse.

FARTHING (en anglo-saxon *feorthung*, de l'anglo-saxon *feower*, quatre), nom d'une petite monnaie de billon en usage en Angleterre, et équivalant à la quatrième partie d'un *penny*.

FASCE, FASCÉ. Le mot *fasce*, en latin *fascia*, signifie bande ou bandelette de toile. En architecture, on l'emploie pour désigner les frises ou les trois b a n d e s qui composent l'architrave; en termes de blason, il indique une des pièces principales de l'écu; c'est celle qui le coupe horizontalement par le milieu. Il y a quelquefois deux ou trois fasces; elles diminuent alors proportionnellement de largeur. Quand elles sont au nombre de plus de trois, on les nomme *burelles* si leur nombre est pair, et *trangles* si leur nombre est impair. L'origine de ces deux significations du mot *fasce* vient évidemment d'une source commune: dans ces deux cas, la *fasce* ressemble à une poutre transversale, et c'est précisément dans le sens de ce dernier mot que l'employaient les Latins.

Le mot *fascé* se dit d'un écu orné de plusieurs fasces d'émail différent. Celui dont l'émail est d'une couleur différente des fasces se nomme *contrefascé*. Enfin, l'écu *fascé denché*, est celui dont toutes les fasces se trouvent *dentées*. Il y a des fasces dentées en haut et en bas, d'autres seulement d'un côté, ce qui les a fait surnommer *feuilles de scie*; quelques-unes sont losangées, d'autres crénelées, etc.

Achille JUBINAL.

FASCINAGE, FASCINE. On appelle *fascine*, dans l'art militaire, un fagot de menus branchages arrangés de manière qu'il reste entre eux le moins de vide possible, fortement serré, et contenu par des liens placés à 30 centimètres environ de distance de chacune de ses extrémités. Une fascine a d'ordinaire une longueur de 4 mètres et un diamètre de 22 centimètres; le diamètre des fascines goudronnées et des facines d'épaulement est beaucoup plus grand. Les bois préférables sont ceux qui donnent des tiges longues, droites, flexibles, garnies de rameaux, tels que le chêne, le coudrier, le châtaignier, le saule, l'osier, etc. Le génie se sert aussi de *fascines à couronner*, de *fascines à revêtir*, longues de 2^m sur $0^m,22$, et de *fascines à tracer*, de $1^m,30$ sur $0^m,15$. Les fascines sont d'un grand usage à la guerre, et principalement pour les fortifications; on les emploie à construire des batteries, des épaulements, des retranchements, à tracer des ouvrages, combler des fossés et en faciliter le passage, élever des digues, et jeter des ponts sur les ruisseaux qui pourraient interrompre les communications. On fait avec les fascines des saucissons, des gabions, etc. Il ne faut point les confondre avec les bl i n des. On emploie les troupes à faire des fascines; dans les siéges, la cavalerie est chargée de cette corvée, de préférence aux fantassins, les cavaliers étant moins utiles dans les retranchements, et ayant la facilité de pouvoir faire porter les fascines sur leurs chevaux. Le sabre-poignard, qui fut si critiqué lors de son apparition, sert merveilleusement au fantassin, comme à l'artilleur, à abattre le bois et faire les fascines. C'est moins une arme qu'un outil tranchant.

Les fascines ne sont pas seulement à l'usage de la guerre, elles servent aussi dans l'architecture hydraulique civile, pour consolider des terrains dont en veut border un cours d'eau, afin de le rétrécir et d'arrêter ses débordements.

FASCINATION (en latin *fascinatio*), enchantement, erreur, charme, qui empêche de voir juste et de porter un jugement sain. *Fasciner*, c'est empêcher de voir, de considérer les choses avec justesse, ensorceler par une espèce de charme, éblouir, tromper, séduire par une fausse apparence, un vif éclat. L'entêtement qu'ont certaines femmes pour certains hommes tient de la *fascination*; l'amour *fascine* leurs yeux et leur cœur.

Fascination se dit également des animaux auxquels on attribuait la faculté de *fasciner*. Le serpent exerçait, disait-on, une grande *fascination* sur le rossignol; il maîtrisait ses mouvements en le regardant fixement, et finissait par l'attirer à lui. Les grands adeptes du magnétisme prétendent exercer la même puissance sur les personnes qui tendent au somnambulisme.

FASCIOLAIRE, genre de mollusques trachélipodes, de la familles des canalifères. D'après MM. Quoy et Gaimard, l'animal ne diffère en rien de celui des fuseaux. Les coquilles elles-mêmes sont fusiformes, et ne se distinguent des fuseaux proprement dits que par quelques plis très-obliques et inégaux, qui se montrant constamment à la base de la columelle. Ces plis vont en décroissant d'avant en arrière, et leur constance leur a fait attribuer par Lamarck une valeur générique que M. Deshayes regarde comme à peu près nulle.

FASÉOLE. *Voyez* HARICOT.

FASHION, FASHIONABLE. Voici un des plus horribles néologismes dont notre langue se soit infectée depuis longtemps. Après le mot *artistique*, *fashionable* est le mot nouveau le plus stupidement niais qui se puisse ouïr. *Fashionable* vient d'un mot anglais, *fashion* (ce mot-là se prononce du bout des lèvres, en ouvrant la bouche et en serrant les dents). *Fashion*, cela ne se définit pas, c'est la *fashion*. Tous les mots que Molière a balayés dans le ruisseau de l'hôtel Rambouillet ne valent pas à eux tous ce mot-là, *fashion*. La *fashion*, c'est plus que l'élégance, c'est plus que le bon goût, c'est encore plus que la grâce, c'est plus que la délicatesse, c'est plus que l'aristocratie, c'est l'essence, c'est la quintessence de la mode; encore une fois, c'est la *fashion*. On raconte de cette *précioseté* anglaise (il faut bien que je fasse mon mot, moi aussi) mille détails incroyables. La folie humaine n'a jamais été si loin dans le suprême bon ton. Les exagérations empesées et ampoulées de l'hôtel Rambouillet telles que vous les retrouvez dans *les Précieuses ridicules*, ne sont rien, comparées à ces minauderies de quelques hommes et de quelques femmes de la belle société de Londres. Dans ces beaux lieux, la *fashion* est partout; elle est dans le bourrelet de l'enfant et la dentelle de la vieille femme; elle s'inquiète d'un fer à cheval ou d'une boucle de cheveux; elle a des lois pour toutes choses, une loi pour couper son pain, et une loi pour plier une lettre; elle a ses accents, ses voyelles, ses consonnes, sa grammaire, son dictionnaire; elle a son geste, sa voix, son sourire, son regard; elle a ses despotes et ses victimes, ses tyrans et ses esclaves : c'est la *fashion*; elle écrit, elle gazouille, elle glousse, elle murmure, elle minaude; elle ne se donne pas la peine de mépriser l'espèce humaine : elle ne voit rien au monde que la *fashion*; elle ne reconnaît ni roi, ni gentilhomme, ni citoyen, ni homme, ni femme : elle ne reconnaît que la *fashion*; elle n'est ni homme ni femme : elle n'est d'aucun sexe ni d'aucun art; elle est la *fashion*. On ne sait pas ce que c'est, on ne sait pas où cela se rencontre, comment cela vient et comment cela s'en va ; c'est la *fashion*. Misérable petite vanité de petits esprits oisifs! mesquine ambition de quelques têtes sans cervelle, qui ne veulent pas qu'on les prenne pour tout le monde !

Naturellement, *fashionable* vient de *fashion*, et c'est bien le cas de dire : *tel père, tel fils*. Savez-vous ce que c'est qu'un *dandy*? En ce cas je vous dirai qu'un *fashionable*, c'est un *dandy* perfectionné. N'est pas dandy qui veut, n'est pas fashionable qui veut. Et puis, qui est le vrai fashionable? qui est le faux fashionable? Il y a autant de sectes dans les *fashions* que dans les partisans de Mahomet. Pour ne parler que de la *fashion* française (car nous avons notre fashion), chaque rue de Paris, chaque borne du boulevard, a sa *fashion* qui lui est propre; autant de maisons, autant de fashionables. Le moindre village a son fashionable; la moindre table d'hôte a le sien. Il y a à Paris telle table dans un café, telle loge dans une salle de spectacle, qui sont à elles seules tout un monde de fashionables. Robert Macaire, le nouveau-né du drame moderne, cet assassin aux mains blanches et aux belles manières, est le fashionable du mélodrame, et il a fait école. En général, vous reconnaîtrez un *fashionable* à la forme de ses habits, à la pommade de ses cheveux, à la cire de ses souliers, à ses gants jaunes, à la pomme d'or de sa canne, à son binocle (le fashionable a la vue basse), à sa taille courbée, à son pied long et étroit, au débraillé de sa cravate, hier lourdement empesée, à toute la grâce de sa personne : seulement ne le faites pas parler.   Jules Janin.

FASTE, luxe exagéré. On dit la *magnificence* d'un roi et le *faste* d'un particulier, parce que les richesses seules ne motivent pas l'habitation dans un palais, la somptuosité des ameublements, la quantité des serviteurs et des chevaux, les dépenses n'ayant pour but que de fixer les regards d'une foule dont l'admiration ne tourne point au profit de l'ordre social. On n'accusera point de *faste* le fondateur d'un hospice ou de tout autre établissement utile; mais on le reprochera à celui qui dans un monument n'aura considéré que sa propre célébrité; à celui qui multipliera les festins, les bals, les fêtes, et qui, ne se bornant pas à satisfaire ses invités, voudra encore les étonner. Un esprit juste se garde d'étaler un *faste* qui dénote encore plus de vanité que d'orgueil. C'est du défaut de proportion entre l'individu et la sensation qu'il veut produire que naît le blâme dont le *faste* est l'objet. Quelque chose nous offense dans cette volonté manifeste d'extorquer notre considération : c'est nous témoigner peu d'estime, que d'user de tels moyens : aussi les *fastueux* sont-ils souvent appelés insolents, et avec justice. Dépourvus de discernement, ils préfèrent l'éclatant au beau, ne savent ni apprécier les arts ni récompenser les artistes, blessent les gens moins riches qu'eux, attristent les pauvres qu'ils oublient, et personne ne leur sait gré de frais immenses qu'ils font dans l'intérêt seul de leur égoïsme.

Les inconvénients du *faste* sont l'envie et la haine qu'il excite, le défaut d'aisance intérieure qui l'accompagne, et la ruine qui le suit. Les grands seigneurs autrefois étaient *fastueux* pour la plupart; le duc de Lauzun nous apprend que, *comme les enfants de sa classe, il avait des habits brodés et des chemises déchirées*. Les dames formant la cour du Directoire étaient *fastueuses*, et la première d'entre elles, toujours couverte de pierreries, ne possédait que *deux nappes*. Ce sont les Romains corrompus par leurs succès qui ont donné les exemples les plus curieux de *faste*. Les princes d'Asie, quelques seigneurs anglais, polonais et russes sont encore dupes de cette façon de s'illustrer, qui ne se remarque plus en France que parmi les parvenus. L'argent prodigué et mal dépensé n'est qu'une des occasions de déployer du *faste*; on en met dans toutes les actions de la vie : tel guerrier en montre au combat, tel philosophe dans ses enseignements, telle mère dans ses affections, telle commère dans les soins donnés à son ménage. Enfin, la douleur même n'en est point exempte. Toujours un peu de *faste* entre parmi nos pleurs. Attirer l'attention, faire parler de soi, tel est le but du *faste*, dérivant toujours de la vanité. Il n'y a pas un vaniteux qui riche ne soit *fastueux*.   C^{tsse} de Bradi.

FASTES. Ce mot, emprunté aux usages des Romains, n'est, dans sa signification propre, que l'épithète du mot *dies* (jours fastes, *fasti* ; jours néfastes, *nefasti* ; jours partagés, *intercisi*) ; les premiers en totalité, les derniers dans le milieu de la journée seulement, pouvaient être consacrés à l'administration de la justice. Dans les jours *néfastes*, ou interdits, le préteur ne pouvait statuer sur aucune affaire. Le mot *fastes* devint dès l'origine le terme consacré sous lequel on désigna le calendrier romain, où étaient marqués jour par jour les fêtes, les jeux, les cérémonies de la religion. Les *fastes*, ou calendrier romain, furent institués par Numa, qui en confia la rédaction et le dépôt aux pontifes. Le bois, le cuir, la toile, enfin le métal et le marbre, ont successivement servi à l'inscription de ces documents quotidiens, qui durent être d'abord très-peu étendus. Les fastes devinrent par la suite des tables officielles, sur lesquelles étaient marquées les années par les consuls et les principaux événements de la magistrature. Il y avait plusieurs espèces de *fastes* : d'abord les *fastes* des pontifes ; puis les *grands* et les *petits fastes*. Les grands fastes (*fasti majores*) s'appelaient aussi les *fastes consulaires*, triomphaux ou *fastes des magistrats*; les petits fastes, nommés *fastes calendaires*, se divisaient en *fastes de la ville* et *fastes de la campagne*.

Fastes pontificaux. Personne n'en avait connaissance que les pontifes. Tous les autres Romains, les plébéiens surtout, étaient dans l'obligation d'aller consulter le souverain pontife pour savoir le jour où ils pouvaient agir en justice; car ces fastes, qu'il faut bien se garder de confondre avec les grandes annales des pontifes, n'étaient autre chose que l'indication des jours de procédure et de plaidoirie. Ce calendrier judiciaire indiquait ainsi exclusivement les jours reconnus *fastes* ou *néfastes* par la loi. Les jours néfastes étaient comme nos jours fériés. Les jours *fastes* étaient marqués par une F sur le calendrier ; les jours *néfastes*, par les deux lettres N F. Il y avait des jours néfastes le matin et fastes le soir, d'autres fastes le matin et néfastes le soir. On n'est pas d'accord sur l'étymologie de ce mot. Le docte Varron, qui, dans un endroit de ses ouvrages, fait dériver *faste* du mot *fari* (parler), avance ailleurs qu'il vient de *facere*, faire ; *fas*, fais; *ne fas*, ne fais point. On sait combien il était facile aux pontifes d'abuser du droit exorbitant d'indiquer au peuple les jours où il pouvait procéder devant les tribunaux. De là les réclamations fréquentes des plébéiens. Tite-Live nous rapporte la diatribe d'un tribun du peuple à ce sujet. Enfin, l'an 550 de Rome, Cneus Flavius, secrétaire du grand-pontife Appius Claudius *l'Aveugle*, osa dresser une espèce de calendrier des fastes des pontifes, dont il avait la garde, et le rendit public. Ainsi, dit Tite-Live, il révéla le droit civil, dont jusque alors les pontifes avaient fait un mystère. Il afficha ces fastes dans le forum, afin que chacun sût quand il était permis de procéder en justice. Le peuple, pour le récompenser, l'éleva à l'édilité curule et au tribunal. Tite-Live nous apprend que les fastes des pontifes avaient péri dans un incendie.

Les *grands fastes* ou *fastes consulaires* étaient les tables sur lesquelles on écrivait le nom des consuls et des dictateurs, année par année ; on y inscrivait aussi les guerres, les victoires, les traités de paix, les lois établies, les dédicaces de temples, les jeux séculaires et les autres événements mémorables.

Les *fastes calendaires* contenaient l'indication de toutes les cérémonies religieuses établies d'un mois à l'autre : c'était, comme le dit Festus, la description de toute l'année, ou, selon Verrius, l'indication des jours de toute l'année. Il y en avait de deux sortes, pour la ville et pour la campagne. Les *fastes de la ville* étaient publiquement exposés en différents lieux de Rome. C'était sur ces fastes qu'avait travaillé Ovide, dans son poëme intitulé *Les Fastes*, dont il nous reste six livres. Ils avaient également servi de guides à différents historiens cités par Macrobe, et dont les ouvrages sont perdus. On trouvait sur ces fastes l'indication de toutes les fêtes, de toutes les cérémonies du culte, avec le nom des magistrats. Plus tard, l'orgueil des empereurs et l'adulation des peuples prostituèrent ces tables sacrées. Marc-Antoine fut le premier qui associa le nom d'un homme aux choses de la religion, et Cicéron, dans ses *Philippiques*, n'a pas manqué de lui en faire le reproche. Dès lors on lut dans les fastes calendaires de la ville le nom des empereurs, le jour de leur naissance, leurs titres honorifiques, les jours qui leur étaient consacrés, les fêtes et les sacrifices publics établis en leur honneur; rien désormais ne fut plus facile que de confondre ces fastes avec les grands fastes consulaires, et c'est ce qu'ont fait un grand nombre d'auteurs. Les *fastes calendaires rustiques* ou *de la campagne* étaient un calendrier où l'on ne marquait que les fêtes de la campagne. Ces fêtes étaient moins nombreuses que celles de la ville; quelques-unes étaient particulières à la campagne, et ne se célébraient pas à Rome. On y indiquait encore les foires, les signes du zodiaque, l'accroissement et le décroissement des jours, les dieux tutélaires de chaque mois, et certaines choses à faire chaque mois pour la culture des terres et pour le ménage rustique. Il est assez probable que certains vers techniques des *Géorgiques* de Virgile n'étaient que la reproduction des préceptes consignés dans ces almanachs rustiques. Une foule de savants, entre autres Rosinus, le P. Pétau, Gassendi, Sigonius, Pighius et Janson d'Almeloween, ont publié les fastes consulaires avec des commentaires plus ou moins étendus. Pighius et Sigonius entre autres marquent non-seulement les consuls, mais encore les dictateurs, les maîtres de la cavalerie, les préteurs, les tribuns, les triomphes, les ovations, etc. Ces différents travaux ont été fort utiles aux savants auteurs de l'*Art de vérifier les dates*.

L'usage des fastes était commun aux municipes et à plusieurs autres villes d'Italie. Chacun y consacrait le souvenir de quelque dévotion particulière. À Préneste, c'était la Fortune, dont le culte prévalait, comme déesse tutélaire de la ville. Dans son traité De la Divination, Cicéron donne de curieux détails sur les *Fastes prénestins*.

Plus tard on a étendu le mot *fastes* à toutes archives, à tous registres, où sont consignées les choses mémorables arrivées à chaque nation. Nous avons parlé des *Fastes* d'Ovide, ce monument de poésie et d'archéologie, qui offre des documents si précieux pour l'année romaine et tant de vers remarquables par la concision heureuse et la propriété de l'expression. Il existe un poëme de Lemierre en seize chants, intitulé *Les Fastes*; mais quel rapport y a-t-il entre cette rapsodie sans intérêt et sans plan et l'œuvre du poëte latin?

Une foule de compilateurs en fait d'histoire ont publié des fastes. Nous avons les *Fastes de Louis le Grand*, par le jésuite de Landel; les *Fastes de Napoléon*, par Petit-Radel, etc.
Charles Du Rozoir.

FAT. Voyez FATUITÉ.

FATALITÉ, FATALISME. Ces mots dérivent du latin *fatum*, le destin, la destinée. Ils prennent leur origine dans l'idée que tout ou partie de ce que l'on voit, ou de ce qui arrive dans le monde, est l'effet de la nécessité (ἀνάγκη) dont Horace a dit :

. . . . . Sæva necessitas

Clavos trabales et cuneos manu
Gestans ahena. . . . .

Le *fatalisme* est le fond de toutes les religions et de toutes les doctrines philosophiques qui n'admettent point l'intervention des lois providentielles dans les affaires de ce monde. La mythologie grecque subordonna l'action des dieux aux arrêts inflexibles du Destin. Pour l'athée Diagoras, comme pour le chef de la secte athée du dix-huitième siècle, Diderot, le destin ou la nécessité est le dieu unique. La *prédestination* des musulmans veut concilier l'empire de la destinée avec la foi religieuse. Luther et Calvin cherchent le même résultat pour les croyances chrétiennes à travers l'obscurité de leurs explications sur la nature et les effets de la grâce. Cette sorte de fatalisme se retrouve dans les doctrines des solitaires de Port-Royal, malgré tous leurs efforts pour l'en écarter. On connaît le mot attribué au célèbre Arnauld sur la *Phèdre* de Racine : « C'est une femme vertueuse à qui la grâce a manqué; » et ces vers, où Despréaux semble avoir traduit ce mot :

Et qui, voyant un jour la douleur vertueuse
De Phèdre, *malgré soi* perfide, incestueuse....

Le système des docteurs Gall et Spurzheim paraîtrait n'avoir pour but que de donner les raisons physiques de ces faits moraux.

L'aspect du mal moral sur la terre et la difficulté d'en concilier l'existence avec la bonté et la toute-puissance divine ont donné naissance au *fatalisme*. Ceux qui trouvaient trop absurde le *manichéisme*, ou la doctrine de deux principes, l'un bon, l'autre mauvais, luttant sans cesse entre eux, ont supposé des lois générales pour l'ordre de l'univers, en vertu desquelles tous les phénomènes et tous les événements s'enchaînent nécessairement, de manière à ce que l'ordre universel soit toujours maintenu, mais sans qu'il soit tenu compte des particularités qui nous semblent déroger à ces lois. Telle est l'opinion de ceux qui reconnaissent la Divinité en action perpétuelle et spéciale de sa providence. C'était la doctrine de Voltaire. Aux maux et aux erreurs, souvent stupides, qui affligent le genre humain, le seul remède était à ses yeux le zèle éclairé des amis de l'humanité. Si ce système ne méconnaît pas absolument la toute-puissance divine, il n'en choque pas moins la justice et la bonté, attributs non moins essentiels du souverain être. Le malheur d'un seul homme vertueux, l'impunité de l'oppression et du vice, protesteraient contre ces attributs. L'arbitraire et la fatalité dans la grâce ne seraient pas des objections moins puissantes. On ne lève ainsi aucune difficulté. Le hasard, le destin, la nécessité, mots vides de sens, et qui n'expriment que l'ignorance des causes! La raison et la conscience nous crient qu'il y a pour nous des lois morales, dont nous sommes libres de respecter ou de violer les préceptes, que l'ordre blessé dans ce monde se rétablit dans un autre, que nos actes seront jugés d'après nos facultés, comme les récompenses et les expiations seront proportionnées aux fautes et aux mérites. Ces données de la philosophie naturelle trouvent dans la révélation évangélique bien comprise leur confirmation et leur sanction.

On appelle *fatalistes* ceux qui professent le désolant système du fatalisme.

La littérature philosophique du dix-huitième siècle nous a légué deux ouvrages remarquables sur la fatalité : le conte de *Zadig*, chef-d'œuvre de Voltaire; et le roman de *Jacques le Fataliste*, par Diderot. Victor Hugo a inscrit le terrible ἀνάγκη au frontispice de sa *Notre-Dame de Paris*.

AUBERT DE VITRY.

FATA MORGANA, c'est-à-dire *fée Morgane*, nom que donnent les Italiens à un phénomène atmosphérique que l'on observe à Naples, à Reggio, à Messine et sur les côtes de la Sicile. Ce phénomène, que les Siciliens attribuent à la baguette d'une fée, consiste dans l'apparition instantanée, dans le lointain ou dans le ciel, de différents objets, tels que des vaisseaux, des tours des ruines, des châteaux, 'des colonnes, etc. Toute cette féerie n'est sans aucun doute qu'un effet de mirage.

FATIGUE. La fatigue est une sorte de faiblesse jointe à un sentiment douloureux qui engendre la paresse et fait désirer l'inaction. Résultat ordinaire du travail ou de l'exercice, la fatigue provient aussi quelquefois d'une forte émotion, d'un emportement, d'un excès, d'une imprudence ou de quelque privation essentielle. Ainsi, l'artisan doit sa fatigue à ses labeurs, le citadin désœuvré à ses promenades ou à ses passions, l'homme de génie à ses veilles, l'homme dissolu à ses débauches; le malheureux doit la sienne à ses chagrins, l'indigent à ses privations, et le malade à sa fièvre ou à la douleur. Un bain trop chaud ou trop prolongé, une digestion languissante ou pénible, un grain d'opium ou d'émétique, et l'ennui comme les souffrances, peuvent causer autant de fatigue que le travail le plus excessif. Tantôt la fatigue porte sur tout le corps, c'est ce qu'on nomme une *courbature*; et tantôt sur les membres seulement. Les reins et les mollets sont plus particulièrement fatigués lorsqu'on gravit une montagne ou qu'on travaille courbé vers la terre. La toux fatigue les épaules et la glotte, tandis que de longs efforts fatiguent le ventre et la nuque. Le travail nocturne fatigue et rougit les yeux; les bruits retentissants fatiguent et endurcissent le tympan, et l'ennui surtout fatigue le cerveau. Aux hommes fatigués il faut du repos, du sommeil, une alimentation succulente, des bains tièdes, de la quiétude d'esprit et des vins généreux. Un plaisir longtemps désiré, et venant tout à coup combler l'espérance, est la plus douce récompense du travail; c'est un spécifique contre la fatigue.

FATIME, le type de la femme musulmane, était l'une des quatre filles de Mahomet. Elle eut pour mère Kadidjah, la première des épouses légitimes du prophète, et naquit l'an 604 de notre ère. Elle fut une des quatre premières femmes qui le reconnurent pour prophète, et en 623 elle épousa Ali, cousin germain de son père. Elle en eut trois fils et deux filles, dont la seconde épousa le fameux Omar. Elle ne survécut guère que six mois à son père, et mourut à Médine, à l'âge de vingt-huit ans. Sa mort prématurée l'empêcha d'être témoin des calamités qui frappèrent son époux et ses fils. C'est d'elle que les khalifes *fatimides* prirent leur nom; c'est d'elle que tirent leur origine tous ceux qui, parmi les musulmans, portent encore aujourd'hui le turban vert et le titre de *séid* ou de *chérif*, qu'ils soient d'ailleurs princes ou simples particuliers.

FATIMIDES, FATIMITES ou FATHÉMITES, puissante dynastie arabe, qui régna en Égypte pendant deux siècles environ. Ce nom, de même que ceux d'*Alides* et d'*Ismaélites*, venait de ce que le fondateur de cette dynastie s'était donné comme issu de Fathmah ou Fatime et d'Aly, fille et gendre de Mahomet, par Ismael, le sixième des douze imans. Mais cette illustre et respectable origine lui fut toujours contestée, bien que les auteurs varient sur la patrie et l'origine du fondateur de cette dynastie; les uns le faisant naître en Égypte, en Perse, à Fez, en Afrique; les autres le disant fils d'un juif ou d'un mage, oculiste ou serrurier.

Quoi qu'il en soit, *Abou-Mohammed-Obéid-Allah* s'étant fait passer pour le *Mahady* (directeur des fidèles), annoncé par le Koran, et attendu comme le Messie par les chyites, compta bientôt pour partisans tous les adhérents de la secte nombreuse et schismatique des Ismaélites. Il avait commencé ses prédications en Syrie. Dénoncé au khalife, il s'enfuit en Égypte, et traversa l'Afrique jusqu'à Sedjelmesse, où il fut mis en prison. Mais une grande révolution changea bientôt sa destinée. La dynastie des aglabides, qui depuis cent douze ans régnait à Kairowan, Tunis et Tripoli, ayant été détruite en 909 par Abou-Abdallah, lieutenant du khalife de Bagdad, le vainqueur s'empara de Sedjelmesse, et délivra le prétendu Mahady, qu'il fit reconnaître comme tel par toute son armée, et qu'il plaça sur le trône des Tunis (910-934).

Le successeur d'Obéid-Allah étendit son autorité jusqu'à Fez; et son arrière-petit-fils, *Moëzz*, conquit l'Égypte (970), d'où il expulsa la dynastie régnante, celle des *Agides*. Il fit de ce pays le point central de sa domination, y fonda la ville du Kaire, où il fit transporter les corps de ses ancêtres, prit le titre de khalife (ce qui était se proclamer le successeur du prophète), puis conquit la Syrie et la Palestine.

Après la mort de Moëzz, les Fatimides conservèrent encore pendant quelque temps toute leur puissance; mais plus tard ils dégénérèrent et abandonnèrent à des vizirs les soucis du gouvernement. La décadence de leur empire fut alors rapide, et leurs États s'en allèrent en lambeaux. Dans leur politique intérieure, les Fatimides, parvenus au pouvoir comme représentants des partisans d'Ali, se montrèrent les protecteurs zélés de la foi chyite, et firent tout pour assurer le triomphe des doctrines ismaélitiques. Le khalife *Hakim-Biamrillah* (1002-1024) entre autres, confondit dans la même persécution les juifs et les chrétiens avec les mahométans orthodoxes ou Sunnites. Il fonda au Kaire une académie, à laquelle il rattacha une société secrète ayant pour but la propagation des doctrines ismaélitiques. Elle était divisée en plusieurs degrés. Dans les cinq premières, on faisait successivement voir aux initiés tout ce qu'il y avait de déraisonnable et d'impraticable dans les doctrines du Koran. On leur apprenait au sixième degré que les règles de la philosophie l'emportent sur les préceptes de la religion. Parvenus au septième degré, on leur enseignait un panthéisme mystique. Au neuvième degré, enfin, ils se trouvaient assez convenablement préparés pour qu'on leur révélât que l'homme ne doit croire à rien et qu'il est libre de tout faire.

Le dernier des Fatimides fut Adhid ou Adhed, vaincu et dépouillé par *Saldh-ed-dîn* (Saladin), fondateur de la dynastie des Éyoubides, qui les remplaça dans la souveraineté de l'Égypte.

FATRAS, terme méprisant, qui se dit d'un amas confus de choses. On a même appelé *fatras* ou *fastras* un petit poème que Henry de Croy définit ainsi dans son *Art et Science de rhétorique pour faire rimes et ballades*: « Autre espèce de rhétorique nommée *fatras*, et sont convenables en matière joyeuse pour la répétition des mètres, qui sont de sept et de huict (syllabes), desquels les uns sont simples et n'ont que ung seul couplet, les autres sont doubles et ont deux couplets et pareille substance et termination. Mais la première ligne du premier couplet sera seconde au second couplet. » Si l'on veut des exemples de cette forme rhythmique, on en trouvera dans le curieux recueil intitulé: *Ritmes et refrains tournésiens* (Mons, 1837). On verra que le sire Jehan Crespiel, frère Massin Vilain, Jehan de Marvis, Jehan Nicolaï, étaient passés maîtres en ce genre. Toutefois, malgré leurs succès, on conçoit que le mot *fatras* ait dégénéré au point d'exprimer ce qu'il y a de moins relevé dans les productions de l'esprit.

De Reiffenberg.

FATUA, un des noms de Fauna ou la Bonne Déesse.

FATUITÉ, extrême contentement de soi, qui se décèle par la physionomie, les manières, et jusque par la tournure. La Bruyère a dit : « Le *fat* est entre l'impertinent et le sot. Il est composé de l'un et de l'autre. » On pardonnerait à la fatuité si elle se renfermait exclusivement dans sa propre adoration; mais elle y joint toujours, pour être au complet, un profond dédain pour les autres; c'est ce qui explique la haine qu'on lui porte en tous pays. On aurait tort, au reste, de croire que les jeunes gens soient seuls attaqués de la fatuité, quoique ce soit en général leur maladie. Mais elle existe aussi chez des hommes dont les cheveux blanchissent. Cette exception se rencontre surtout parmi les individus qui ont passé leur vie à briguer des succès de salon auprès des femmes. Ils conservent jusqu'au dernier jour de leur vie une teinte de fatuité que l'âge peut adoucir, mais jamais effacer. Chose remarquable! cette infirmité de l'esprit est restée étrangère aux femmes (le mot *fat* n'a pas de féminin); elles auront de la hauteur, de l'orgueil, jamais de la fatuité.

Passé trente ans, la fatuité est sans charme comme elle est sans excuse ; c'est une mauvaise habitude qui ne nous fait plus que des ennemis, et nous rend à charge à nos meilleurs amis.
SAINT-PROSPER.

FAUBOURG. L'augmentation de la population, les progrès des arts, de l'industrie et du commerce, la prospérité croissante des villes, obligèrent souvent leurs habitants à élever de nouvelles constructions au delà de l'enceinte, quelquefois restreinte, de leurs murailles. C'est à ces agrandissements successifs, entrepris aussi très-souvent pour échapper aux exigences de l'octroi, que l'on a donné le nom de *faubourgs*. Plus tard, ces parties extérieures des villes étant devenues aussi et même plus considérables qu'elles, on en recula l'enceinte, on les engloba dans la cité, et l'usage leur conserva un nom qui ne convenait plus à leur nouvelle position : tels sont à Paris les faubourgs Saint-Germain, Saint-Jacques, Saint-Marcel, Saint-Antoine, Saint-Martin, Saint-Denis, Montmartre, Saint-Honoré, etc. Les villes de la banlieue sont aujourd'hui les véritables faubourgs de la capitale. Les faubourgs de quelques villes ont acquis une importance considérable. A Vienne (en Autriche), ils sont trois fois aussi étendus que la ville elle-même. Ceux de Londres et de Paris (tels que nous les entendons) prennent journellement plus de développement, en offrant, quant à l'aspect, des différences qui ne sont pas du tout à l'avantage de ces derniers.

On peut lire dans les pages sanglantes de l'histoire de notre première révolution les détails de l'influence que la population de certains faubourgs intérieurs a exercée sur plusieurs événements de cette époque.

L'étymologie du mot *faubourg* est assez incertaine. On l'a fait dériver de l'allemand *vorburg* (prononcez *forbourg*). Suivant d'autres étymologistes, avant de dire faux-bourgs, *suburbium, suburbia*, on aurait dit *fursbourgs*, c'est-à-dire hors du bourg, ou hors de la ville.

FAUBOURIEN. Ce mot, qui jusqu'à présent n'a pu obtenir droit de bourgeoisie dans le Dictionnaire de l'Académie Française, est reçu dans la conversation familière, et s'applique à cette classe d'habitants des extrémités de la grande ville qui, en dépit de la civilisation, a conservé une physionomie tout à fait distincte. En proie à la misère, livré à des industries rapportant peu, le faubourien est habitué à vivre de presque rien; il ne pense qu'à jouir du moment présent, se console avec un petit verre d'eau-de-vie, et ne connaît guère les affections de la famille. S'il peut se procurer un plaisir plus relevé, c'est qu'il va au théâtre du boulevard qu'il va le chercher. Il flâne, il joue, traîne sur la voie publique, couche souvent sur la paille et dans les ordures, travaille le moins possible, et ne s'inquiète pas plus de sa santé que des maladies qui tôt ou tard doivent l'atteindre ; alors il va droit à l'hospice, comme à un lieu de retraite qui a été fait tout exprès pour lui. On cite à Paris une petite rue du faubourg Saint-Marceau où de temps immémorial on n'a compté ni naissances ni décès, les femmes accouchant toujours à la Maternité, et les hommes mourant tous dans les hôpitaux. Les grandes, les véritables époques de gloire, de triomphes et de délices pour le faubourien, sont les troubles et les émeutes : il n'y a sans doute aucun intérêt, puisque leur dénoûment ne tournera jamais à son profit : n'importe! il est toujours le premier en ligne, tirant son coup de fusil et présentant sa poitrine au feu.

FAUCET, du latin *fauces, faucium*, la gorge, le gosier, et non de *falsus*, opposé de *juste*, comme l'indiquent tous les lexicographes et les grammairiens, qui, d'après cette dernière étymologie, ont toujours écrit *fausset*. On désigne par ce mot une sorte de voix aiguë, qu'on nomme aussi *voix de tête*, mais que nous avons proposé d'appeler *voix pharyngienne*, pour indiquer la partie du tube vocal qui contribue principalement à sa formation. Si dans la plus grande étendue de l'échelle musicale la glotte est le seul organe producteur des sons, il n'en est pas de même, selon nous, lorsque le larynx est parvenu à son plus haut point d'ascension ; alors le diapason de la voix naturelle est poussé au delà de sa portée, et le chanteur est obligé d'avoir recours à une autre espèce de voix, dépendante d'un mécanisme particulier. Le point de départ de cette nouvelle série de sons se trouve fixé après la dernière note du premier registre vocal, c'est-à-dire à la première du second, qui peut être souvent portée à l'octave de cette note, plus ou moins loin selon les individus. C'est à la réunion des sons qui constituent ce second registre qu'on donne ordinairement le nom de *voix de tête* ou de *faucet*. Pour produire ces sons, le pharynx se contracte et se resserre, le voile du palais se tend fortement, et s'élève de manière à boucher complétement les orifices postérieurs des sinus nasaux, la luette se raccourcit au point de s'effacer dans les notes les plus hautes ; la langue s'élève à sa base ; les piliers se rapprochent et se dessinent en saillies très-prononcées ; les amygdales se tuméfient considérablement ; l'isthme du gosier se resserre ; enfin, le son vocal ne sort plus en partie par le nez, comme dans les notes graves, mais il retentit dans la bouche après avoir été produit par l'air qui est venu, par un filet délié, se briser contre une nouvelle glotte formée par le voile du palais, la base de la langue et tous les organes contractés et rapprochés que nous venons d'indiquer.

Dans le mécanisme du faucet, c'est surtout la forme du tuyau vocal qui paraît changer le plus : en effet, dans la voix de poitrine ou *laryngienne*, l'instrument a deux orifices externes, le nez et la bouche. Il est recourbé supérieurement, tandis que dans le faucet il n'a qu'un orifice avec une direction verticale et droite, favorisée par l'élévation du larynx et la tête renversée en arrière, ce qui facilite le resserrement des organes, et empêche que le son ne sorte par les sinus des fosses nasales. Enfin, dans la voix de poitrine ou *voix de poitrine*, la cavité bucco-pharyngienne forme deux cônes creux dont les bases tournées vers la glotte se confondent, et dont les sommets séparés sont antérieurs ; au contraire, dans la voix du second registre, la bouche et le pharynx ne forment qu'un cône à sommet postérieur et à base antérieure. Pendant le mécanisme du faucet, le larynx ou plutôt la glotte ne vibre plus d'une manière apparente. Son usage alors est de rétrécir considérablement l'orifice par où s'échappe le petit filet d'air qui, joint à celui qui se trouve déjà dans la bouche, suffit pour produire les sons du faucet et ceux des *cris* aigus. Ce qui prouve encore que l'air ne sort que par la bouche, dans la voix haute, et non par cet orifice et par le nez, comme dans les sons graves, c'est qu'il est impossible de prononcer purement les sons nasaux dans les notes élevées du faucet. Ainsi, pour dire *main*, *lointain*, on dira *ma*, *louata*. C'est pour cette raison que les femmes en général, les ténors, et surtout les soprani, sont moins facilement compris lorsqu'ils chantent des paroles que les barytons et les basses. Aussi, les personnes qui ont une voix nasonnée et désagréable dans les sons du médium sont-ils on, à mesure qu'ils descendent vers les notes basses, font entendre des sons flûtés, purs et harmonieux, en prenant le faucet.

Dr COLOMBAT (de l'Isère).

FAUCHAGE, action de *faucher*, c'est-à-dire de couper avec la faux. On fauche le blé, l'orge, l'avoine et les fourrages ; cependant l'application du fauchage aux céréales n'est point encore généralement admise : en beaucoup de départements, cette récolte est faite avec la faucille, malgré l'excédant de dépense qui résulte de ce procédé. On y persiste parce que, dit-on, la secousse imprimée aux épis par la faux fait perdre une partie du grain, ce qui n'est pas exact.

Le fauchage s'applique surtout aux prés et aux prairies artificielle. Si l'herbe doit être consommée en vert, et par conséquent coupée successivement, le fauchage est mené de manière à fournir constamment aux bestiaux une nourriture tendre et succulente, c'est-à-dire qu'il doit être commencé un peu avant la floraison, surtout si l'étendue du champ et la quantité de fourrage qu'il porte prolongent le temps de cette opération ; si l'herbe doit être convertie en foin

294 FAUCHAGE — FAUCHER

ou *fourrage sec*, il faut se rappeler que les chevaux préfèrent un fourrage fibreux, presque cassant, à une herbe molle et sans consistance, que les ruminants ont un goût contraire ; d'après cette donnée, on avance ou l'on retarde de quelques jours l'époque du fauchage selon l'espèce des herbivores à laquelle le fourrage est destiné ; mais en général, lorsque les plantes qui composent le pré viennent à perdre leurs fleurs, il est temps de les abattre. Les *fourrages verts* sont coupés régulièrement et le plus près possible de la terre, s'ils doivent fournir d'autres récoltes ; dans le cas contraire, il importe peu qu'il reste une partie plus ou moins considérable de la tige, car la charrue, qui passe dans le champ immédiatement après la faux, convertit en engrais ce qui reste à sa surface ; les *fourrages secs* sont coupés constamment le plus bas qu'on le peut, parce que si les faucheurs laissent une partie de l'herbe qu'ils auraient pu abattre, il en résulte une perte d'autant plus considérable que, beaucoup de plantes s'élevant moins que les autres, l'herbe est plus épaisse à la surface du sol ; en outre, la prairie, encombrée de tiges mutilées qui jaunissent et meurent, ne recevant plus l'influence immédiate de la lumière et de l'air, est privée pour la récolte suivante d'une grande partie des nouvelles pousses, arrêtées dans leur développement par la couche morte qui les etouffe.   P. GAUBERT.

FAUCHARD ou **FAUCHON**, espèce d'arme d'hast, formée d'une pièce de fer, longue et tranchante des deux côtés, dans laquelle venait s'emmancher l'extrémité d'une hampe, et qu'on voit souvent représentée dans les miniatures et autres monuments des quatorzième et quinzième siècles. C'était l'arme des gens de pied, qui adoptèrent plus tard la pertuisane, et ensuite la hallebarde. Il en fut fait usage au combat des Trente, en 1351.

FAUCHE-BOREL (Louis) naquit à Neufchâtel (Suisse), le 12 avril 1762, d'une famille de religionnaires français, originaire de la Franche-Comté, et que la révocation de l'édit de Nantes avait forcée de s'expatrier. Destiné au commerce de la librairie par son père, l'un des fondateurs de la célèbre Société typographique de Neufchâtel, il se trouva lui-même à la tête d'une grande imprimerie, et se produisit, comme éditeur, en France. Ce fut de ses presses que sortit la première édition des *Confessions de J.-J. Rousseau*. Dans un de ses fréquents voyages à Paris, il reçut de l'auteur d'un pamphlet contre Marie-Antoinette la proposition de l'imprimer ; mais il s'y refusa, et porta le libelle à la reine. Cette démarche lui valut une présentation à Versailles et quelques mots de la princesse. Il n'en fallut pas davantage pour exalter son imagination et déterminer son dévouement à d'*augustes infortunes*. La première preuve qu'il en donna fut de se charger, après l'arrestation de Louis XVI à Varennes, d'imprimer et de répandre le factum intitulé : *Protestation des princes*, etc. Plus tard il prêta ses presses à l'avocat royaliste Fenouillot, et imprima, après la catastrophe du 21 janvier 1793, le testament de Louis XVI, ce qui lui valut l'exil. De ce moment il fut acquis à la cause du prétendant, Louis XVIII, et reçut du prince de Condé, par l'entremise du comte de Montgaillard, la mission importante d'entamer des pourparlers avec Pichegru.

Sous le simple nom de Louis, il se rendit à Althirch, où était le général de l'armée révolutionnaire, se fit présenter à lui sous quelque vain prétexte, et le trouva bien disposé à seconder les entreprises royalistes. Pour mieux masquer ses menées, Fauche-Borel s'installa comme imprimeur à Strasbourg, d'où il suivit sa négociation avec Pichegru. Il y fut arrêté le 21 novembre 1795, par ordre du Directoire, qui ne put toutefois saisir la moindre preuve de nature à établir judiciairement le complot. A peine eut-il recouvré sa liberté, qu'il renoua ses intelligences avec le général retiré à Arbois. Plus tard ce fut à Paris que l'intrépide agent dut se rendre pour être de nouveau l'intermédiaire du prince auprès de Pichegru, nommé président du Conseil des Cinq-Cents. Bientôt le 18 fructidor renversa les projets royalistes. Barras, qui, fidèle à sa naissance abandonnait la cause révolutionnaire, accorda plusieurs entrevues à Fauche-Borel, qui venait de la part des princes, et lui fit donner un passeport sous le nom de Borelly. Fauche passa en Angleterre, où il revit Pichegru, qu'il entraîna dans de nouvelles intrigues. Mais elles furent ruinées par la fameuse journée du 18 brumaire an VIII, où le Directoire fut renversé pour faire place au Consulat. Toujours plein de courage et d'ardeur, Fauche-Borel ne craignit pas de se rendre à Paris, où il servit d'intermédiaire entre Moreau et Pichegru, ainsi que Georges Cadoudal ; mais cette fois la police le saisit, et le plongea dans les cachots du Temple, où il resta trois ans, et d'où il ne sortit, comme étranger, que sur la demande pressante de l'envoyé de Prusse. On le reconduisit jusqu'à la frontière ; il se rendit de là à Berlin, où son activité se ralentit si peu que Bonaparte lui fit l'honneur de s'en plaindre au roi de Prusse, et d'envoyer des agents chargés de s'assurer de sa personne. Mais, averti à temps par la reine, Fauche put reprendre la route d'Angleterre.

Les désastres de Russie, qui amenèrent la chute du trône impérial, remplirent son cœur de nouvelles espérances. Il put rentrer en France à la Restauration ; mais alors il ne trouva plus Louis XVIII aussi accessible qu'il l'avait vu à Mittau ou à Hartwell ; les courtisans éloignèrent un serviteur qui pouvait avoir part aux largesses du prince, et, malgré son dévouement pour la cause royaliste, Fauche-Borel, loin d'obtenir le million qu'on lui avait promis, avec la croix de Saint-Michel et la direction de l'Imprimerie royale, ne recueillit que dédains, ingratitude et calomnies. Il s'en vengea en publiant ses *Mémoires* ; il fit connaître la correspondance de Louis XVIII avec un certain journaliste, du nom de Perlet ; celui-ci l'accusa d'avoir été un agent traître et sans loyauté. Fauche, indigné, voulut une réparation publique : il attaqua Perlet et le fit condamner comme calomniateur. En effet, Perlet, n'était qu'un agent de la police de Napoléon. Ce succès n'éblouit pas Fauche-Borel, qui, découragé, le cœur navré, l'âme ulcérée, retourna à Neufchâtel, en juillet 1829 ; mais l'aspect de la belle contrée qui l'avait vu naître ne put calmer son imagination, frappée trop douloureusement, et le 7 septembre suivant, après avoir écrit une lettre touchante, dans laquelle il recommandait sa fille au roi de Prusse, à l'Angleterre et à Charles X, il se précipita d'un troisième étage sur le pavé. Toute son activité, tout son courage, tous ses services n'avaient abouti qu'à des lettres de noblesse, données par le roi de Prusse, et au suicide.   Jules PAUTET.

FAUCHER (César et Constantin), surnommés les *Jumeaux de La Réole*, étaient fils d'un officier que ses blessures avaient forcé de quitter le service et qui devint successivement secrétaire à l'ambassade de Turin, chargé d'affaires près de la république de Gênes, et secrétaire général du gouvernement de Guienne. Frères jumeaux, ils étaient nés à La Réole (Gironde), le 12 septembre 1760. Entrés ensemble, à l'âge de quinze ans, dans les chevau-légers de la maison du roi, ils passèrent, en août 1789, officiers dans le même régiment de dragons. Leur ressemblance était si parfaite, qu'elle trompait leurs parents eux-mêmes. Retirés du service à l'époque de la révolution, tous deux lors de la journée du 21 janvier se trouvaient revêtus de fonctions publiques, auxquelles les avait appelés le choix de leurs concitoyens : César était président du district et commandant des gardes nationales de l'arrondissement ; Constantin était de la municipalité de La Réole : ils se démirent de leurs fonctions. Leur inaction toutefois fut courte ; l'appel aux armes poussé par la Convention, à la suite des revers militaires de 1793, les fit accourir dans les rangs de la nouvelle armée.

Entrés à l'âge de trente-trois ans, comme simples volontaires, dans un des corps dirigés contre la Vendée, leur intelligence et leur bravoure leur valurent un avancement rapide : chacun de leurs grades fut le prix d'une action d'éclat, et ils furent nommés le même jour (le 13 mai 1793, à l'attaque de la forêt de Vouvance) généraux de brigade.

Pour soigner leurs blessures, ils s'étaient retirés à Saint-Maixent, lorsque, le 1ᵉʳ janvier 1794, sur une dénonciation partie de leur département, le représentant du peuple Lequinio ordonna leur comparution devant le tribunal révolutionnaire de Rochefort. Ils étaient accusés d'avoir fait l'éloge de Louis XVI et d'avoir publiquement porté son deuil. Ces faits, avoués par eux, motivèrent leur condamnation à mort. La sentence les trouva aussi calmes que le champ de bataille. Bien qu'affaiblis par la souffrance, ils voulurent se rendre à pied sur le lieu du supplice; ils se firent aider dans leur marche, et arrivèrent ainsi soutenus jusqu'au pied de l'échafaud. César s'apprêtait déjà à en franchir les degrés, quand le représentant du peuple Lequinio ordonna de suspendre l'exécution. Leur sentence, révisée par un autre tribunal, fut annulée, et les deux frères, renvoyés absous, se firent transporter à La Réole. Obligés, par le nombre et la gravité de leurs blessures, de renoncer au service actif, ils obtinrent leur réforme.

Ce repos forcé profita à leur pays natal : la fortune des jumeaux leur permit, en 1794, d'opérer au loin des achats de céréales, qui détournèrent de La Réole le fléau de la famine, et leur influence, mise au service d'un grand nombre de proscrits, fit obtenir aux uns leur liberté, à d'autres la restitution de leurs biens. Le consulat vint : César reçut le titre de sous-préfet de La Réole, Constantin celui de membre du conseil général du département. Tous deux donnèrent leur démission lors de l'avénement du premier consul à l'empire. L'invasion de 1814 les trouva en pleine vie privée. Les royalistes de Bordeaux, voyant en eux des adversaires du gouvernement de Napoléon, leur firent quelques ouvertures; mais les deux frères répondirent qu'ils resteraient étrangers à tout mouvement qui n'aurait pas pour but de combattre l'ennemi, et ils proposèrent aux autorités impériales de se charger de la défense d'une partie de la rive droite de la Garonne. Cette offre, qui ne fut cependant pas accueillie, rapprochée de leur réponse aux royalistes bordelais, valut aux deux frères, durant la première restauration, le renom de révolutionnaires et de bonapartistes incorrigibles. Leur attitude à l'époque des Cent-Jours donna une nouvelle force à cette accusation. Non-seulement tous deux saluèrent avec joie la journée du 20 mars, mais César, nommé membre de la Chambre des représentants, et Constantin, élu maire de La Réole, usèrent de toute leur influence pour diriger l'opinion de leurs concitoyens en faveur de l'empereur et d'une résistance à outrance à l'invasion. Leur intimité avec le général Clausel devint un nouveau crime aux yeux des royalistes bordelais.

Le département de la Gironde ayant été mis en état de siége après la bataille de Waterloo, Constantin fut appelé au commandement des deux arrondissements de La Réole et de Bazas. Mais à quelques jours de là le ministre Gouvion Saint-Cyr lui enjoignit de cesser ses fonctions et d'arborer le drapeau blanc. Constantin reçut cet ordre le 21 juillet; et le 22, au point du jour, en présence du lieutenant de gendarmerie, seule autorité militaire de La Réole, il fit enlever l'étendard tricolore et replacer le drapeau blanc. A ce moment un détachement du 40ᵉ de ligne, se rendant de Toulouse à Bordeaux, vint à traverser la ville : la vue des drapeaux blancs, arborés sur la sous-préfecture et sur la mairie, irrite les soldats; ils abattent les étendards royalistes, les déchirent, les livrent aux flammes, puis continuent leur route. Après leur départ, les drapeaux blancs sont rétablis. Mais la nouvelle de cet incident était promptement arrivée à Bordeaux, et l'exagération habituelle aux populations du midi donnait à cet acte de colère de quelques soldats en marche les proportions d'une révolte. La Réole, soulevée, disait-on, par les généraux Faucher, refusait de reconnaître l'autorité royale. Le surlendemain, 24, une troupe nombreuse de volontaires bordelais accourut à La Réole, et se précipita dans les rues! le sabre au poing, et aux cris : *A bas les brigands Faucher! à bas les généraux de La Réole! il faut les tuer!* Ces courses et ces cris se prolongèrent six jours, pendant lesquels les jumeaux, enfermés dans leur demeure avec leurs domestiques et quelques voisins, se tenaient prêts à repousser toute attaque de vive force. « Nous ne laisserons pas violer notre domicile, nous nous défendrons, » avaient-ils écrit au nouveau maire, qui approuva leur résolution dans une lettre dont lecture fut donnée plus tard devant le conseil de guerre. Malheureusement ils écrivirent aussi au général Clausel pour le prévenir de leur séquestration volontaire ; et dans cette lettre, adressée à un ami, ils parlaient de leur maison comme d'une place de guerre. Le général Clausel transmit cette lettre au nouveau préfet, M. de Tournon ; celui-ci, prenant au sérieux les plaisanteries des jumeaux sur leurs préparatifs de défense, et considérant *que de cette lettre résultait l'aveu que les sieurs Faucher avaient dans leur maison un amas d'armes et qu'ils y avaient réuni* des individus armés, ordonna au commandant de la gendarmerie du département de se transporter à La Réole chez les deux frères, et de faire à leur domicile les plus sévères perquisitions. Ces recherches amenèrent la découverte de dix fusils de chasse, dont trois hors de service, d'un fusil de munition, de deux paires de pistolets d'arçon, de trois sabres de cavalerie légère, de deux sabres d'infanterie, et d'autres armes hors de service.

Quoique le procès-verbal n'offrît la preuve d'aucun délit, le procureur du roi n'en ordonna pas moins l'arrestation des deux frères, motivée sur le bruit public. De la prison de La Réole ils furent transférés à Bordeaux, où on les incarcéra au fort du Hâ, au milieu de forçats attendant la chaîne qui devait les emmener au bagne. Le 22 septembre ils comparurent devant le conseil de guerre. En vain ils invoquèrent l'appui du talent de leur parent et ami Ravez. Celui-ci, après avoir d'abord formellement promis de se charger de leur défense, eut la lâcheté, pour ne pas se compromettre avec le pouvoir, de leur refuser son ministère. Ils durent en conséquence comparaître seuls devant le conseil. Le réquisitoire du capitaine-rapporteur, remplissant les fonctions de procureur du roi, conclut contre eux à la peine de mort. Pendant les débats, César et Constantin firent preuve du plus grand calme et d'une rare fermeté. Leur défense ne fut ni moins ferme ni moins digne ; ils furent tous les deux éloquents, mais ils étaient condamnés d'avance, et la sentence fatale fut rendue à l'*unanimité*. Ils en appelèrent au conseil de révision, qui rendit une décision confirmative, et l'exécution des condamnés fut fixée au lendemain 27.

César et Constantin passèrent la nuit du 26 et la matinée du 27 à écrire; pas une de leurs lettres ne se ressentait de leur position : on y retrouve la facilité et la liberté d'esprit des temps les plus heureux de leur vie. Au moment de quitter leur cachot, tous deux s'embrassèrent ; puis, se prenant par la main, ils allèrent se placer au milieu du détachement chargé de les conduire. On avait déployé le plus grand appareil militaire. Arrivés au lieu de l'exécution, ils refusèrent de se mettre à genoux et de se laisser bander les yeux ; ils se placèrent devant les soldats, debout et toujours unis par la main. César commanda le feu : tous deux tombèrent, César tué, Constantin seulement blessé au ventre; il se dressa sur les poignets, et regarda son frère ; un des soldats s'approcha, et, lui plaçant le canon de son fusil contre l'oreille, l'étendit roide mort.

Achille DE VAULABELLE.

FAUCHER (Léon), économiste distingué, d'origine juive, né à Limoges, en 1804, entra, vers 1826, en qualité de précepteur dans la famille d'un riche industriel de Paris, dont le salon était le rendez-vous habituel de bon nombre d'hommes influents dans les lettres et la politique. C'était là pour un jeune homme qui avait son avenir à faire une situation des plus favorables, car elle lui créait des relations utiles à un âge où on a rarement lieu d'en avoir. Aussi l'éducation particulière dont il s'était chargé fut à peine terminée, qu'un mariage avantageux vint assurer à M. Léon Faucher l'indépendance de fortune qui est aujourd'hui la première condition du succès dans toutes les carrières libérales ; et il se trouva libre dès lors de se livrer à la culture des lettres, vers laquelle le portait la nature de ses études et de son talent. Il est douteux toutefois qu'il fût jamais allé bien haut ni bien loin, s'il s'était borné à des travaux de pure érudition, tels que furent ses premiers essais, par exemple, à traduire quelques livres du *Télémaque* en grec, ou encore à publier des dissertations archéologiques dans des recueils spéciaux. Tout ce qu'on peut raisonnablement espérer en suivant cette voie-là, c'est d'arriver quelque jour, à force de sollicitations, de génuflexions et d'intrigues, à se faire enterrer vif dans quelque bibliothèque par un ministre *protecteur éclairé des sciences et des lettres*. Heureusement pour lui, M. Léon Faucher eut le bon esprit de s'arrêter à temps sur cette pente fatale et de se jeter dans le journalisme. Il offrit avec un entier désintéressement son concours le plus actif à quelques journaux de second ordre, dont les administrateurs s'estimèrent heureux d'avoir ainsi constamment sous la main un volontaire exact et laborieux, grand *pourfendeur d'abus*, implacable redresseur des fautes du gouvernement et bornant à l'origine toutes ses prétentions à placer son nom, contrairement à l'usage d'alors, au bas de chacun des articles qu'il écrivait pour l'amour de Dieu et *ad majorem populi libertatem.*

On rit d'abord beaucoup dans la coulisse d'une innovation qui mettait en relief une individualité encore parfaitement inconnue, quand vingt autres écrivains de tout autant de talent et attachés depuis longues années à la même entreprise gardaient un modeste anonyme. Mais il se trouva en fin de compte que cette innovation était un fort bon calcul de la part de celui qui avait osé la tenter. En effet, une certaine notoriété d'opposition *quand même* finit par s'attacher dans le gros du public à ce nom qui à propos de toutes les questions d'administration, d'économie politique, de législation et de diplomatie on retrouvait toujours au bas d'une longue élucubration dont l'auteur démontrait victorieusement à nos gouvernants d'alors qu'ils ne savaient pas le premier mot de leur métier d'hommes d'État. Aussi quand Châtelain, ce publiciste puritain s'écriait un jour dans un accès de naïve franchise : « Sont-ils bêtes, ces bons abonnés ! voilà quinze ans que je leur fais tous les matins le même article, et ils ne s'en sont pas encore aperçus ! » aussi, disons-nous, quand Châtelain passa de vie à trépas, le public trouva-t-il tout naturel que les propriétaires du *Courrier Français* lui donnassent pour successeur M. Léon Faucher, dont le nom était aussi connu des abonnés de ce journal que de ceux du *Temps*. Le talent incontestable mais peu brillant de cet écrivain fut d'ailleurs impuissant à arrêter la décadence et la ruine de ces deux feuilles, rédigées dans l'intérêt de la coterie parlementaire désignée sous le nom de tiers parti. Investi, en sa qualité de rédacteur en chef, d'un droit plus grand d'initiative, M. Léon Faucher compta seulement alors pour quelque chose en politique et se fit bientôt accepter par l'un des hommes de la presse périodique à qui il était permis de briguer les triomphes de la députation. D'ailleurs, comprenant parfaitement, avec son tact habituel, qu'un journal sans abonnés est une impasse où l'on récolte beaucoup d'honneurs, sans doute, mais peu de profits réels et solides, il avait déserté à temps avec armes et bagages, et était allé offrir au journalisme *au rabais*, à la presse à 40 francs, au *Siècle*, qui grandissait à vue d'œil, l'appui d'un nom depuis longtemps dans la circulation. Les articles d'économie politique qu'il lui fournit avaient peut-être le défaut de ne pas être à la portée des lecteurs habituels de cette feuille, généralement recrutés dans les classes laborieuses mais peu éclairées de la population, et dont l'intelligence se montre assez rétive à l'endroit des ineffables bienfaits que doit opérer un jour le règne du l i b r e é c h a n g e ; mais ils ne laissèrent pas du moins que de vulgariser quelques idées utiles. Collaborateur de la *Revue des Deux Mondes* pour l'économie politique, M. Léon Faucher publia en 1845 des *Études sur la Grande-Bretagne*

(2 vol. in-8°), qu'il destinait à lui servir de passe-port pour arriver à l'Académie des Sciences morales et politiques ; et cette compagnie l'admit effectivement dans son sein en 1849, en remplacement de Rossi. Il lui eût été difficile, en traitant un pareil sujet, de paraître toujours neuf ; mais ce livre n'en est pas moins l'œuvre d'un observateur attentif et intelligent.

En 1846 il avait enfin obtenu la récompense de quinze années de luttes incessantes dans le journalisme. Il avait été élu député à Reims, et était allé grossir à la chambre les rangs du tiers parti, de cette coterie taquine, franchement dévouée au fond à la dynastie de Juillet, et qui cependant contribua tant à sa chute. Au banquet réformiste de Reims, M. Faucher déclara que « l'agitation légale est l'arme des peuples qui ont atteint l'âge de la virilité. » Le 24 février 1848 lui apprit que la France était encore en *enfance*, époque, disait-il, où « les peuples, pour trancher les difficultés, en appellent à la victoire. » A la suite de cette révolution élu par ce même département de la Marne représentant du peuple, il prit une part importante aux discussions de l'Assemblée constituante. Il y combattit avec une énergie dont la France lui saura toujours gré les tendances anarchiques du socialisme, bravant courageusement la haine d'un parti implacable dans ses rancunes, et qui inscrivit alors son nom parmi ceux des plus redoutables ennemis du peuple et de la révolution. Sans se laisser intimider par les vociférations de la Montagne et par les insultes de ses journaux, M. Léon Faucher persista à payer de sa personne et à voter avec la majorité dans toutes les discussions où la cause de l'ordre, de la famille et de la propriété se trouva en jeu. Après l'élection de Louis-Napoléon à la présidence, il fut nommé ministre des travaux publics, puis bientôt après ministre de l'intérieur, et, dans l'exercice de ces fonctions, il s'associa à la pensée réparatrice que six millions de suffrages parfaitement libres venaient d'appeler à la direction des affaires du pays. Cependant, son administration n'a pas plus laissé de traces que celle de tous les grands faiseurs de l'opposition, qui une fois au pouvoir, n'avaient eu rien de plus pressé que d'oublier leurs engagements les plus précis et s'étaient montrés encore plus insolents et plus despotes que leurs prédécesseurs. Son zèle ne fut même pas toujours intelligent, et force lui fut de donner sa démission à la suite d'un vote désapprobateur émis à la presque unanimité par l'assemblée à propos d'une dépêche télégraphique adressée par lui aux préfets, quelques jours avant les élections du 13 mai. Le 10 avril 1851, Louis-Napoléon rendit le portefeuille de l'intérieur à M. Léon Faucher, dont les formes anguleuses, blessantes, et les tendances violemment réactionnaires n'étaient guère propres à faire beaucoup d'amis à la politique dont il était le bras. Il occupa ce poste jusqu'au 26 octobre 1851. Rapporteur de la commission nommée pour l'examen de la fameuse loi du 31 mai 1850, qui avait restreint le suffrage universel, il ne voulut pas se prêter à un retour à l'esprit de la constitution. Inscrit d'office par le président de la république sur la liste des notabilités qui devaient composer la commission consultative après le coup d'État du 2 décembre 1851, il refusa avec éclat de s'associer au système que ce grand événement venait d'inaugurer en France, et depuis lors il s'est complètement retiré de la politique. Tout démontre que jusqu'au dernier moment il avait cru travailler à la restauration du trône en faveur des d'Orléans ; on comprend dès lors combien dut être vif son désappointement en voyant la réalisation de plus cher de ses vœux indéfiniment reculée. M. Faucher est mort à Hyères (Var), en décembre 1854.

FAUCHET (CLAUDE), l'un des hommes les plus savants sur notre histoire et nos antiquités nationales, naquit à Paris, vers l'année 1529. Jeune encore, il habitait Marseille ; une révolte populaire, dans laquelle il fut pillé, lui fit perdre une grande partie de ses livres et de ses manuscrits. Il s'attacha au service du cardinal de Tournon, qui l'emmena avec lui lors de son ambassade en Italie. Ce prélat envoya Fauchet en mission près du roi de France, à plusieurs reprises, en 1554, pendant que la ville de Sienne était assiégée par les troupes du pape et défendue par les Français. Ces voyages le firent connaître avantageusement à la cour, et la faveur dont il ne tarda pas à jouir aussi bien que ses vastes connaissances lui valurent une charge de président à la cour des monnaies. Dans les moments de loisir que lui laissaient ses fonctions, Claude Fauchet se livrait à ses études favorites, et consacrait ses ressources et bien au delà à l'achat d'anciens manuscrits dont il se servait habilement pour composer ses ouvrages. Ayant dédié un de ses ouvrages à Henri IV, celui-ci fit mettre son effigie dans un médaillon du château de Saint-Germain. Fauchet le remercia dans des vers où il disait :

> Le roi, de pierre m'a fait faire ;
> S'il pouvait aussi bien de faim
> Me garantir que mon image.

Le roi, se sentant piqué, le fit coucher sur son état à six cents écus de gages, avec le titre de son historiographe. Fauchet mourut vers l'année 1601.

Les ouvrages qu'il nous a laissés attestent une grande érudition, beaucoup de lecture ; mais ils sont confus, sans critique, et d'un style peu soigné. On prétend que Louis XIII, ayant été forcé dans sa jeunesse d'apprendre notre histoire dans les livres écrits par Fauchet, en fut tellement rebuté que depuis il ne voulut jamais entendre parler de cette étude. On lui doit : *Les Antiquités gauloises et françoises*, *Recueil de l'origine de la langue et de la poésie françoise*, *rime et romans* ; *Origine des Dignités ou Origine des Chevaliers*, *Armoiries et Hérauts* (1600) ; *Traité des Libertés de l'Église gallicane* (1608) ; une traduction de Tacite, etc.

FAUCHET (CLAUDE) naquit à Dorne (Nièvre), le 22 septembre 1744. Entré dans les ordres, il se fit un renom comme prédicateur, et devint grand-vicaire de l'archevêché de Bourges, l'un des prédicateurs du roi, avec bénéfice de l'abbaye de Montfort-sur-Meu, dans le diocèse de Saint-Malo. En 1789, Fauchet se montra ardent pour la cause de la révolution ; il fut du comité des électeurs à l'hôtel de ville de Paris, de la commune de Paris, rédigea le journal *la Bouche de Fer* et prononça des harangues patriotiques qui le firent nommer évêque constitutionnel par les électeurs du Calvados. Ce département l'envoya à l'Assemblée législative, où il fut un des promoteurs de 10 août ; puis à la Convention, où il marcha avec la Gironde, et vota l'appel au peuple et le bannissement de Louis XVI. Fauchet avait conduit Charlotte Corday dans une des tribunes de la Convention, le jour où elle arriva à Paris : Chabot le dénonça à ce propos. Enveloppé dans la proscription des Girondins, il comparut avec eux devant le tribunal révolutionnaire, fut condamné et mourut sur le même échafaud qu'eux ; il se fit assister d'un prêtre à ses derniers moments.

FAUCHEUR (*phalangium*, Linné), genre d'arachnides trachéennes, appartenant à la famille des holètres, où il est le type de la tribu des phalangiens. Voici, d'après Latreille, les caractères de ce genre : « Tête, tronc et abdomen réunis en une masse, sous un épiderme commun ; des plis tranversaux sur l'abdomen formant des apparences d'anneaux ; mandibules articulées, soudées, terminées en pince, saillantes en avant du tronc ; deux palpes filiformes, de cinq articles, dont le dernier terminé par un petit crochet ; huit pattes simplement ambulatoires ; six mâchoires disposées par paires, les deux premières formées par la dilatation de la base des palpes, et quatre autres par la hanche des deux premières paires de pieds ; une langue sternale, avec un trou de chaque côté servant de pharynx ; deux yeux portés sur un pédicule commun. »

Les espèces qui composent ce genre sont toutes d'une taille très-grêle. Leurs pattes ont une longueur démesurée proportionnellement à la petitesse du corps, et rendent leur démarche très-remarquable, puisque le nom de ces arachnides vient de ce qu'on les a comparées aux ouvriers qui, en fauchant les prairies, marchent à grands pas et lentement. Une autre particularité qu'offrent leurs pattes, c'est qu'après s'être facilement détachées du corps, elles conservent encore des mouvements pendant des heures entières, en se pliant et se dépliant alternativement, ce qu'on attribue à l'action irritante de l'air sur les filets nerveux et imperceptibles des muscles déliés qui s'insèrent à chaque article.

Les faucheurs sont assez communs : on les rencontre sur les murailles enduites de plâtre, sur les troncs d'arbre, et dans beaucoup d'autres lieux à la campagne. Leur démarche est agile ; aussi arpentent-ils avec leurs grandes pattes un long espace de terrain en fort peu de temps : par là ils échappent facilement aux dangers qui les menacent ; mais ils savent aussi s'en préserver dans l'état de repos au moyen d'une ruse assez singulière : le corps appuyé sur le sol, et les pattes étendues circulairement et occupant un espace considérable, les faucheurs restent ainsi assez longtemps dans l'immobilité ; sitôt qu'un animal vient à toucher une de leurs pattes, ils élèvent leur corps et forment une espèce de pont, sous lequel leur ennemi peut passer librement ; cependant ils s'éloignent promptement si le moyen le plus simple que leur organisation leur permet d'employer n'a pas réussi.

La durée de la vie des faucheurs est d'un an ; pendant ce temps ils ne filent point, comme quelques auteurs l'ont prétendu. Tous sont carnassiers, et quelques-uns comportent une odeur forte de feuilles de noyer. Leur nourriture consiste en petits insectes qu'ils saisissent avec leurs mandibules, et dont ils sucent les liquides après les avoir percés avec les crochets dont ces mandibules sont armées ; on assure aussi qu'ils se livrent entre eux des combats à mort, et s'entre-dévorent. On ne trouve ordinairement au printemps que de petits faucheurs qui proviennent des œufs déposés l'automne précédent ; ce n'est guère que vers la fin de l'été qu'ils ont pris tout leur accroissement, et c'est alors qu'ils s'accouplent. « L'accouplement, dit Latreille, n'a pas lieu quelquefois sans un combat entre les mâles et sans un peu de résistance de la part des femelles. Quand celle-ci se rend au désir du mâle, celui-ci se place de manière que sa partie antérieure est en face de celle de la femelle, dont il saisit les mandibules avec ses pinces. Le plan inférieur des deux corps est sur une même ligne ; alors l'organe du mâle atteint celui de la femelle, et l'accouplement a lieu ; il dure trois ou quatre secondes. Après l'accouplement, la femelle dépose dans la terre, à une certaine distance de sa surface, des œufs de la grosseur d'un grain de sable, de couleur blanche, entassés les uns près des autres. »

Parmi les nombreuses espèces de ce genre, nous citerons le *faucheur des murailles*, dont le corps est ovale, roussâtre ou cendré en dessus, blanc en dessous ; ses palpes sont longues ; il a deux rangées de petites épines sur le tubercule portant les yeux, et les piquants sur les cuisses ; les antennes-pinces sont cornues dans le mâle : la femelle a sur le dos une bande noirâtre à bords festonnés. Le *faucheur des mousses* a le corps ovale, d'une couleur cendrée tirant sur le jaune, avec des taches obscures en dessus, et une bande noirâtre sur le milieu du dos ; les cuisses sont anguleuses.
N. CLERMONT.

FAUCILLE, petite faux courbée en demi-cercle, qu'on tient au moyen d'un manche fort court. Les faucilles servent à moissonner les blés, couper de l'herbe, etc. Il y en a de trois sortes : 1° celles qu'on aiguise sur la meule, ou avec une pierre qu'on tient à la main : elles sont les plus communes ; 2° les faucilles dont on refait le tranchant à froid, au moyen d'une enclume et d'un marteau ; 3° les faucilles dont le tranchant, denté comme une scie, est rafraîchi avec la lime d'un côté, et sur la meule du côté opposé. Ces instruments coupent en sciant, d'où est venu l'expression *scier* les blés. La faucille est un des attributs de Cérès. L'Été, saison de la maturité et de la récolte des grains, est aussi représenté avec cet instrument.

On nomme *faucillon* une petite faucille dont on fait usage dans les jardins, etc., pour couper des herbes, des fruits.

TEYSSÈDRE.

FAUCON, genre suivant les uns, tribu suivant les autres, de l'ordre des rapaces diurnes. Le faucon (en latin *falco*, mot dérivé de *falx* faulx, à cause de la ressemblance du bec de cet oiseau avec la forme courbée de cet instrument) est répandu dans toutes les régions du globe, quelle que soit leur température, bien qu'il soit né en Europe sous un climat tempéré; mais la force, la grosseur, le plumage et les habitudes de cet oiseau varient en raison du pays qu'il habite; de là sans doute les erreurs dans lesquelles sont tombés les anciens naturalistes, et qui ont eu pour résultat de multiplier à tort le nombre des espèces. Celles qui sont aujourd'hui bien déterminées sont le *faucon commun* (*falco communis*, L.), dont le *faucon pèlerin* de Linné n'est, ainsi que l'a reconnu Cuvier, qu'un jeune individu un peu plus noir que les autres; le *gerfaut*; le *lanier* de Buffon; le *hobereau* du même naturaliste; la *cresserelle*, rangée par Brisson parmi les *éperviers*; la *cresserellette*; le *kobez* de Sonnini, ou *faucon à pieds rouges*.

Tous les faucons sont voraces et cruels; ils se nourrissent d'ordinaire de chair palpitante, se plaisent à vivre solitaires, par couples, dans les montagnes, les bois et les rochers les plus escarpés; ils font leur nid ou aire dans des lieux inaccessibles, et pondent généralement trois ou quatre œufs; les petits sont élevés, jusqu'à ce qu'ils quittent leur nid, par le père et la mère; leur plumage varie jusqu'à l'âge de trois ans, époque seulement où la plupart prennent leur livrée définitive; encore subissent-ils dans tout le cours de leur vie des variations accidentelles très-nombreuses; leur plumage offre chez tous le brun plus ou moins foncé, le roux, presque jamais le noir pur, quelquefois l'isabelle, l'ardoisé et le blanc. La femelle est toujours d'un tiers environ plus grosse que le mâle, ce qui a fait donner à ce dernier le nom de *tiercelet*.

Les faucons sont des oiseaux d'une légèreté sans égale. Leur vol est rapide et soutenu. La rapidité avec laquelle ils parcourent les distances est telle qu'un faucon échappé de la fauconnerie de Henri IV franchit en une seule journée la distance qui sépare Paris de Malte. L'envergure de cet oiseau est de plus de deux fois la longueur du corps. Ainsi la plus grande espèce, le gerfaut, long de 0^m,56, a une envergure de 1^m,24.

Le *faucon commun* d'Europe a le bec long de 0^m,03, crochu et courbé, entouré à sa base supérieure de petites plumes étroites, blanchâtres, inclinées en arrière, et garni à son extrémité d'échancrures ou petites dents qui lui facilitent le déchirement de sa proie. Les tarses sont, suivant les variétés, revêtus de plumes ou lisses et recouverts d'écailles. Il a la main garnie de quatre doigts, dont trois antérieurs et un postérieur, plus ou moins allongés et armés d'ongles acérés, très-crochus, mobiles, rétractiles, et presque égaux; la membrane qui les recouvre et les unit, comme la membrane qui recouvre la base de la mandibule supérieure, est d'une couleur jaune verdâtre un peu foncée, quelquefois, néanmoins, d'un jaune clair brillant. Le faucon a la tête parfaitement proportionnée avec le reste du corps, le cou fort et nerveux, les tarses épais et la forme du corps oblongue, un peu aplatie carrément sur le dos. Il a l'attitude noble et fière, le regard imposant et le sens de la vue d'une finesse extrême. On le voit lutter à plomb contre la fureur des vents, et franchir, malgré la tempête, des espaces considérables, sans dévier de sa route. Les faucons entrent en amour vers la fin de l'hiver, et commencent à bâtir leur nid lorsque la glace est encore pendante aux rochers. Leurs œufs, de la grosseur de celui du faisan, sont d'un jaune rougeâtre et tachetés de brun. La femelle les couve avec soin, les défend avec courage, et meurt quelquefois plutôt que les abandonner. L'incubation chez ces oiseaux est très-active; les petits naissent en moins de vingt jours, et ils sont en état de prendre leur vol vers le milieu du mois de mai. Le père et la mère les nourrissent d'insectes, de petits reptiles et de chair, et ce n'est qu'après leur avoir appris à déchirer une proie vivante qu'ils les forcent à les quitter.

D'aussi loin que le faucon aperçoit sa proie, il fond sur elle comme l'éclair, la saisit avec ses serres, la tue ou l'étourdit, en passant, d'un choc d'estomac, ou lui fait, si elle lui offre quelque résistance, en la rasant de très-près, de profondes blessures avec l'ongle de ses doigts postérieurs, qui est très-tranchant, afin de l'affaiblir. Aussitôt qu'il croit pouvoir s'en rendre maître, il l'attaque, et ne la lâche plus que l'un ou l'autre ne succombe. S'il est victorieux, il lui donne sans tarder le coup mortel, et en fait sur place une bonne curée. Il sait où porter le coup fatal pour hâter la mort de sa victime : ainsi, c'est ordinairement au creux de l'occiput qu'il frappe les oiseaux, et au défaut de l'épaule gauche qu'il attaque les quadrupèdes. Il se nourrit de gibier, d'oiseaux de toute espèce, de petits quadrupèdes, de lapins, de lièvres, de reptiles, de tortues, etc. Ce n'est que dans des cas extrêmes de disette qu'il se jette sur des cadavres. Le faucon a le caractère très-défiant, mais très-décidé : une fois lancé contre sa proie, il ne bat jamais en retraite, et c'est toujours de sa part un combat à mort. Lorsqu'il est repu, il se plaît dans le repos, et tout oiseau peut passer impunément près de lui. On a vu des faucons privés qui vivaient en bonne intelligence avec les habitants des basses-cours et qui accouraient même rétablir l'ordre parmi eux quand ils se prenaient de querelle; mais il fallait avoir soin de ne les laisser jamais manquer de rien. Le faucon peut supporter de très-longues diètes, et vit très-longtemps. On raconte qu'en 1797 on en prit un au cap de Bonne-Espérance qui s'était échappé de la fauconnerie royale en Angleterre, et qui portait un collier en or avec cette devise : *Au roi Jacques*, 1610. Il était encore plein de force et de vigueur; mais il fut tué quelques années après par accident.

Jules SAINT-AMOUR.

FAUCON, FAUCONNEAU (*Artillerie*). *Voyez* CANON.

FAUCON-BLANC (Ordre du), dit aussi *Ordre de la Vigilance*. Il fut institué en 1732, par le duc Ernest-Auguste de Saxe-Weimar. Il était presque tombé en oubli, lorsqu'il fut renouvelé en 1815 par le grand-duc Charles-Auguste, comme ordre civil et militaire. Il est divisé en trois classes. La décoration consiste en une croix d'or octogone, émaillée de vert et chargée d'un faucon blanc, armé et becqué d'or. Cette croix est émaillée de blanc au revers, avec une étoile verte à quatre pointes, sur laquelle se trouve un écu émaillé de bleu avec cette devise : *Vigilando ascendimus*, et entouré d'armes pour les militaires, et d'une couronne de laurier pour les membres appartenant à l'ordre civil. Les douze grand's-croix (parmi lesquels le grand-duc, en qualité de grand, maître) portent la décoration suspendue à un large ruban rouge foncé et moiré, passé à l'épaule droite, avec une plaque semblable attachée à gauche sur la poitrine. Les vingt-cinq commandeurs la portent attachée à un ruban moins large, passé en sautoir autour du col; les cinquante chevaliers, en module réduit, à la boutonnière. Le président du conseil des ministres est de droit le chancelier de l'ordre.

À l'ordre du Faucon se rattachent une médaille en cuivre, avec cette inscription : *Aux guerriers fidèles*, et une médaille d'or pour le mérite civil.

FAUCONNERIE, art de dresser les oiseaux de proie, et particulièrement les faucons, pour la chasse. Cet art, très-estimé au moyen âge, est complètement tombé en désuétude depuis la fin du siècle dernier. On donnait aussi le nom de *fauconnerie* au lieu où on élevait ces faucons.

Comme les faucons ne produisent pas en captivité, on se les procurait soit en prenant des petits au nid, soit en faisant tomber les adultes dans les pièges. Ces derniers étaient immédiatement enchaînés, et pendant trois jours et trois nuits les fauconniers les portaient sur leur poing garni d'un gant, sans leur permettre ni repos ni sommeil. Quand ils étaient rendus, on leur couvrait la tête d'un chaperon, qui leur dérobait la lumière du jour, et quand on les croyait suffisamment domptés, on leur enlevait le chaperon, qu'on leur remettait souvent pour s'assurer de leur docilité. On accoutumait ensuite l'oiseau à sauter sur le poing pour prendre le *pât* ou nourriture, qui consistait en chair de bœuf ou de mouton coupée en bandes longues et étroites, et dégagée de la graisse et des parties tendineuses. Pendant le repas, on excitait les oiseaux par un cri particulier, mais toujours le même, pour qu'ils pussent le reconnaître. On ne commençait à dresser les jeunes que quand ils avaient toutes leurs plumes et volaient avec aisance.

De l'exercice précédent on passait à celui du *leurre*, espèce d'image d'oiseau sur laquelle on plaçait la nourriture des faucons. On ne leur présentait jamais le leurre sans un signal qui faisait partie de l'éducation de l'oiseau ; et quand il fondait résolument dessus, on terminait ses leçons par l'*escap*, exercice qui consistait à le familiariser avec le genre de gibier auquel il était destiné. Toutes ces instructions se donnaient à la filière, et quand l'oiseau avait subi cette dernière épreuve, il était rendu à la liberté, ce qu'on appelait *voler pour bon*. Il fallait environ un mois pour dresser un faucon ; quinze jours seulement pour l'éducation des *niais* (oiseau pris au nid) ; un peu plus longtemps pour le *sors* (oiseau qui n'a pas subi sa première mue) et pour le *hagard* (faucon qui a eu une ou plusieurs mues). On dressait ainsi les gerfauts, les faucons pèlerins et le lanier, qui chassaient le héron, la cigogne, la buse, le milan, le lièvre; des petites espèces, telles que l'émerillon et le hobereau, servaient à la perdrix, à la caille et à l'alouette. Les fauconniers distinguaient deux voleries, la *haute*, celle du faucon sur le héron, le canard et les grues, du gerfaut sur le sacre et le milan ; et la *basse*, celle exercée par le lanier et le tiercelet du faucon sur les faisans, les perdrix, les cailles, etc.

L'ensemble des moyens employés pour rendre les oiseaux de proie dociles et obéissants se nomme *affaitage*.

En tout temps, en France, jusqu'à l'abolition de la féodalité, les grands ont fait de leur fauconnerie une des dépendances principales de leurs domaines, et on jugeait souvent même de l'importance d'une terre seigneuriale par l'aspect de cet établissement ; ils la considéraient comme une résidence passagère, comme un rendez-vous de chasse. Ces établissements étaient toujours construits avec goût, avec élégance, et assez vastes pour loger beaucoup de monde et contenir tout le matériel d'une chasse nombreuse. Les plus belles fauconneries qu'on ait vues sont les fauconneries royales d'Allemagne et d'Angleterre et celle de Versailles.

FAUCONNIER (Grand). C'était le titre que portait l'officier qui avait la surintendance de la fauconnerie du roi et nommait à tous les offices de cet établissement. Le premier de ces officiers dont l'histoire fasse mention est Jean de Beaune, qui exerça de 1250 à 1258, sous saint Louis. Ce fut Eustache de Gaucourt, dit *Tassin*, seigneur de Viry, qui porta le premier le titre de *grand-fauconnier de France*. Ses prédécesseurs s'appelaient simplement *maîtres de la fauconnerie du roi*. Sous François Ier les émoluments et la charge de ces officiers furent augmentés considérablement. Le grand-fauconnier toucha par an 4,000 florins ; il eut sous lui 50 gentilshommes, dont les appointements, sans être aussi élevés que les siens, l'étaient cependant beaucoup, et 50 aides à 200 fr. La fauconnerie fut dès lors tellement augmentée que le roi entretint plus de 300 oiseaux.

En même temps les grands-fauconniers étendirent leurs privilèges ; ils commencèrent d'abord par s'arroger le droit de chasser en tout temps, en tout lieu, dans le royaume. Tous les marchands fauconniers étaient obligés, sous peine de confiscation de leurs oiseaux, de les lui présenter avant de les mettre en vente, afin qu'il choisît ceux qui pouvaient convenir à la fauconnerie du roi. A lui seul était réservé le droit de présenter le faucon au roi, lorsque celui-ci voulait jeter lui-même son oiseau. Sous Louis XIV, l'état de grand-fauconnier fut encore augmenté, et les dépenses de la fauconnerie royale montèrent à des sommes énormes. Louis XVI essaya de réformer ces abus ; mais il n'y réussit point. Ils ne cessèrent complètement que lorsque la révolution eut renversé la monarchie.

FAUCON PÉCHEUR, nom vulgaire du balbuzard.

FAUCRE. On appelait ainsi, au moyen âge, une pièce de fer ou d'acier placée sur le côté droit de la cuirasse des hommes d'armes, et destinée probablement à soutenir la lance. La forme de cet accessoire, qui ne remonte pas au delà du milieu du quatorzième siècle, a beaucoup varié. Tantôt ce n'est qu'une sorte de cheville en fer coudée, fixée à vis ; tantôt une pièce fort travaillée, munie d'un ressort, et pouvant s'élever ou s'abaisser à volonté. *Faucre* vient de *fulcrum*, appui ; les Anglais l'appelaient *lance-rest*.

FAUDE ou **FAUTE.** *Voyez* FALTE.

FAUJAS DE SAINT-FOND (BARTHÉLEMY), naturaliste français, naquit à Montélimart, le 17 mai 1741, d'un père homme de robe. Il commença ses études dans sa ville natale, et vint les achever à Lyon, au collège des jésuites. Il manifesta d'abord un goût très-vif pour la poésie, puis, au sortir du collège, il se rendit à Grenoble pour y faire son droit. Cependant, son goût pour la géologie se développait insensiblement : des excursions fréquentes dans les Alpes étaient pour Faujas, devenu avocat, d'agréables diversions aux études du droit. En 1765 il fut nommé président de la sénéchaussée de son pays, emploi qu'il remplit honorablement. Son père étant mort, il se démit de sa charge pour se livrer exclusivement à l'étude de la nature, et il vint à Paris, en 1777. Buffon, avec qui il était en correspondance depuis quelque temps, lui fit l'accueil le plus affectueux, et, par le haut crédit dont il jouissait à la cour, il obtint en sa faveur, de Louis XVI, le titre d'adjoint naturaliste au Jardin du Roi, avec des appointements de 6,000 francs. Quelque temps avant la révolution, il reçut le titre de commissaire du roi pour les mines, avec 4,000 francs d'honoraires.

Faujas employa la plus grande partie de son temps et de ses ressources pécuniaires en voyages, qui tous avaient pour but l'étude de la surface du globe, de sa constitution et des matières qui la composent. On le voit donc parcourir le Dauphiné, la Bourgogne, la Provence, l'Auvergne, le Bourbonnais ; puis quitter la France pour aller explorer l'Italie, le Piémont, la Carinthie, la Bohême, l'Allemagne, les Pays-Bas, l'Angleterre, les Hébrides. Pendant ces excursions, il découvrit dans le Vélay une riche mine de pouzzolane, qu'il fit courir à peu de frais. On lui doit aussi la découverte de la riche mine de fer de la Voulte (Ardèche). C'est lui qui signala à l'Europe les basaltes et la grotte de Fingal, de l'île de Staffa (une des Hébrides).

Soupçonné de royalisme, quand la révolution se fut emparée de tous les pouvoirs, le naturaliste du cabinet du Jardin du Roi fut privé d'une partie de ses traitements. Mais en 1797 le Conseil des Cinq-Cents lui accorda vingt-cinq mille francs comme indemnité des dépenses qu'il avait faites pour augmenter et enrichir les collections du Cabinet d'Histoire Naturelle. Quand l'enseignement public reprit son cours, Faujas fut nommé professeur de géologie au Jardin des Plantes ; il professait encore, quoique septuagénaire, en 1818. Épuisé par l'âge, il s'éteignit le 18 juillet 1819, dans sa terre de Saint-Fond, en Dauphiné.

Les principaux ouvrages de Faujas sont : *Mémoires sur les Bois de Cerf fossiles trouvés dans les environs de Montélimart* (Paris, 1776) ; *Recherches sur les Volcans éteints du Vivarais et du Vélay* (1778) ; *Mémoire sur la manière de reconnaître les différentes espèces de pouzzolane* (1780) ; *Minéralogie des Volcans* (1784) ; *Voyage en Angleterre, en Écosse*, etc. (1797, 2 vol.) ; *Histoire naturelle de la montagne de Saint-Pierre, près Maëstricht* (1798) ; *Essai de Géologie* (Paris, 1803-1809, 3 vol. in-8°) ; un grand nombre de mémoires. TEYSSÈDRE.

FAULX. *Voyez* FAUX (*Agriculture*).

FAUNA ou **FATUA.** *Voyez* BONNE-DÉESSE et FAUNE.

FAUNALIES (*Faunalia*), fêtes romaines en l'honneur de Faunus. Reflet paisible et doux du siècle de Saturne, elles se célébraient deux fois l'année, dans l'île du Tibre. D'abondantes libations de vin nouveau, quelques grains d'encens, avec le sang d'une brebis ou d'un chevreau, étaient toutes les exigences des autels du dieu Faunus ou plutôt des mânes d'un bon roi. La croyance était que Faunus passait l'hiver en Arcadie et l'été en Italie, son ancien royaume ; on prétendait qu'il quittait les solitudes du Ménale au commencement de février. Ses fêtes avaient donc lieu le 11, le 13 et le 15 de ce mois. Elles se répétaient le 9 novembre, époque où il quittait l'Italie et le mont Lucrétile pour retourner en Arcadie, sur les sommets du Lycée.

FAUNE. De même que les botanistes donnent le nom de *flore* à la description des plantes d'un pays, de même les zoologistes ont emprunté le nom de *faune* à la mythologie pour désigner l'histoire naturelle des animaux d'un pays, d'une province. C'est Linné qui le premier l'a mis en usage : cependant, nous avons peu de faunes, tandis que nous avons des flores d'un grand nombre de pays. Parmi les faunes publiées jusqu'à ce jour, on peut citer celle de M. H. Cloquet : elle comprend un grand nombre d'animaux utiles en médecine ; puis celle qui porte le nom de *Faune française*, et qui a paru sous les auspices de Vieillot, Desmarest, De Blainville, Serville, Le Pelletier et Walckenaër.

FAUNES, divinités champêtres, demi-dieux qui, ainsi que les dryades, mouraient après quelques siècles d'existence, étaient les descendants de Faunus, le roi du Latium. Demi-dieux comme les satyres et les sylvains, ils étaient de plus de sang royal ; aussi, de même que leur illustre ancêtre, on les représentait sous des traits moins hideux que les pans, égipans et sylvains, bien que parfois les poëtes et les statuaires les montrassent sous la forme d'un homme demi-bouc depuis la ceinture. En général, les faunes sont représentés sous la forme humaine, avec des grâces juvéniles : des oreilles pointues et une queue courte et frisée les distinguent de notre humanité. Pan et les satyres sont formulés de même dans les monuments antiques ; leur physionomie seule les fait reconnaître au premier coup d'œil de l'artiste ou du connaisseur. Les faunes et les satyres paraissaient toujours, sur le théâtre antique, dans les scènes comiques, libres et mordantes.

Saint Jérôme a traduit par *faunes* le *sahirim* (les velus) de la Bible : « Les faunes, dit Isaïe en parlant des villes d'Édom devenues des solitudes, de loin à loin, s'appelleront par des cris dans ces lieux de désolation. » DENNE-BARON.

FAUNUS, troisième roi des Latins, fils de Picus, auquel il succéda, était petit-fils de Saturne, le premier roi-dieu du Latium. Le règne de Faunus touchait à l'âge de fer. Contemporain d'Hercule, d'Évandre et de Pandion, il régnait environ 120 ans avant la guerre de Troie, 130c ans avant l'ère chrétienne. Né en Arcadie, dit-on, il apporta de cette contrée et le culte des dieux et les travaux de l'agriculture. Toujours s'isolant dans les campagnes solitaires, où il méditait l'art qui nourrit les hommes, il se dérobait et se montrait tour à tour aux regards de ses sujets, à la manière des divinités. Son peuple en eut pour lui d'autant plus de vénération : aussi, après la mort de ce prince, le plaça-t-il au rang des dieux rustiques, et la chaste Fauna, sa femme, parmi les divinités, sous le nom de la *Bonne Déesse*.

Le culte de Faunus était à peu de chose près celui de Pan, le dieu d'Arcadie ; on le confondit même souvent, mais à tort, puisque ce fut Faunus lui-même qui fit élever sur le mont Palatin un temple au dieu Pan. Que de fois les farouches Romains, parmi les chaumières et les villages, au milieu des prairies verdoyantes, se reposèrent-ils, avec les fêtes riantes de Faunus, nommées *Faunalies*, de leurs triomphes magnifiques et cruels !

Les troupeaux étaient sous la protection spéciale de ce dieu. Horace lui a dédié un hymne charmant. Le don des oracles, que l'on accorda à Faunus, vient de l'identité de son nom avec le mot grec φωνή voix. Les peintres, les poëtes, et les statuaires représentent quelquefois Faunus, ainsi que Pan, avec des cornes et des pieds de bouc ou de chèvre, et souvent sous une forme toute humaine ; ils ont garde cependant de lui donner ce nez arqué, ces narines ouvertes et courroucées du dieu Pan, type bien connu de l'effronterie chez les anciens. Faunus est offert par eux avec un front large et calme, un nez presque droit, évasé vers les extrémités ou ailes, qu'accompagne une bouche riante, gracieuse, quoiqu'un peu grande et un peu lascive, sur laquelle est peinte la bienveillance, et sous laquelle surgit un menton barbu, mais non inculte, comme celui des satyres.

DENNE-BARON.

FAURIEL (CHARLES-CLAUDE), né à Saint-Étienne, le 27 octobre 1772, mort à Paris le 15 juillet 1844, commença ses études au collége de Tournon, les acheva à Lyon, chez les Oratoriens. En 1794, à l'âge de vingt-deux ans, la réquisition l'enrôla dans l'armée des Pyrénées-Orientales, sous les ordres du général Dugommier. Sous le Directoire, il revint à Paris, où il entra dans le cabinet de Fouché, ancien oratorien, alors ministre de la police. Mais à l'avénement de l'empire il renonça pour toujours aux fonctions administratives. Il fit alors partie de la fameuse Société d'Auteuil, où les idéologues se réunissaient dans les salons de Mme de Condorcet et de Destutt de Tracy. C'est à Fauriel qu'est adressée la fameuse *Lettre* de Cabanis *sur les causes premières*. En même temps il se livrait à des études approfondies sur les langues ; il remontait à la langue romane, pour surprendre les littératures modernes à leur berceau, devançant ainsi Raynouard dans cette voie. Il recueillait également les débris du celtique et du basque ; il apprenait l'arabe et le sanscrit.

Ces études si variées, si patientes, si approfondies, ne dépassaient guère, du reste, l'enceinte de son cabinet, et restaient sans résultat pour le public. Il avait cependant déjà fait paraître les traductions de la *Parthénéide* (1810), poëme du Danois Baggesen, son ami, et de deux tragédies de Manzoni. Le *Comte de Carmagnola* (1823) et *Adelghis*, dont la première lui avait été dédiée par l'auteur, ainsi que quelques articles d'archéologie et de linguistique dans divers recueils, lorsqu'en 1824 et 1825 il publia les *Chants populaires de la Grèce moderne*, en en donnant à la fois le texte et la traduction. C'était le temps de la lutte héroïque que soutenait la Grèce pour secouer le joug ottoman. Cette publication vint en aide au mouvement de l'opinion, qui se prononçait dès lors pour la cause des Hellènes. Dès lors aussi son nom commença à être connu du public.

Après 1830, ceux de ses amis que la révolution avait portés au pouvoir créèrent pour lui la chaire de littérature étrangère à la Faculté des lettres de Paris. Il la remplit avec éclat. Fauriel voyait dans la France méridionale la source de toute la civilisation moderne ; la poésie provençale il rattachait la littérature espagnole et celle de l'Italie ; les *Minnesinger* allemands n'avaient pas échappé à son influence ; les invasions des Arabes l'avaient mise en contact avec l'Orient. L'*Histoire de la Gaule méridionale sous la domination des conquérants germains*, dont il publia quatre volumes en 1836, n'était qu'une partie du vaste plan qu'il avait conçu. Elle le fit admettre la même année à l'Académie des Inscriptions et Belles-lettres. Bientôt il fut mis au nombre des collaborateurs de l'*Histoire littéraire de la France*, pour laquelle il composa plusieurs notices, entre autres une très-remarquable sur Brunetto Latini. Comme conservateur adjoint des manuscrits à la Bibliothèque royale, il publia, dans la collection des *Documents inédits sur l'histoire de France*, l'histoire de la *Croisade contre les hérétiques albigeois*, poëme historique en vers provençaux, auquel il joignit une traduction et une introduction. Enfin, il a laissé une *Histoire de la Poésie provençale*, publiée après sa mort en 1846, 3 vol. in-8°.

FAUSSAIRE, celui qui commet ou qui a commis le crime de faux, qui a falsifié un acte authentique, commerrial, qui a contrefait les timbres et sceaux de l'État. On doit encore ranger parmi les faussaires, quoique la loi ne les atteigne pas de la même manière, ceux qui falsifient des manuscrits, qui contrefont des médailles, des objets d'antiquité, pour les vendre à de naïfs archéologues.

FAUSSE AMURE. C'est, en termes de marine, une corde de longueur suffisante pour être arrêtée par un de ses bouts à l'extrémité du bord inférieur de la grande voile ou de la misaine d'un bâtiment, afin d'ajouter plus de force à celle qui sert à maintenir cette partie de la voile dans la position qu'on lui a donnée pour faire marcher le navire au plus près du vent. La fausse amure, portée par un piton attaché au bord extérieur du bâtiment, sert de plus à retenir la voile dans le cas où l'autre cordage, c'est-à-dire l'*amure* véritable, viendrait à être cassée par la force du vent ou par toute autre cause, et à donner le temps de rétablir une nouvelle amure, sans être obligé de carguer la voile, et sans retarder la marche du navire. MERLIN.

FAUSSE BAIE. La plupart des botanistes donnent ce nom aux baies qui ont des loges et des graines rangées dans un ordre apparent; d'autres l'appliquent à une variété du drupe.

FAUSSE BRAIE. Une *braie* de fortification, par allusion à la braie ou haut de chausses, était la portière d'une des issues d'une forteresse. Tant que le système de la fortification du moyen âge a duré, la braie était un avant-mur, une barbacane, un poste tant soit peu avancé, qui masquait la porte; on en retrouve la preuve dans Rabelais. Dans la moderne fortification des Hollandais, quand un système de dehors a commencé à prendre faveur, quand les enceintes se sont bastionnées, la défense analogue à l'ancienne braie s'est étendue; on ne savait quel nom lui donner: on l'a appelée *fausse braie, basse enceinte, seconde enceinte.* C'était un repos, un pied-droit terrassé, qui régnait entre le rempart et le bord du fossé; c'était un rempart d'une berme, qui pouvait battre la contrescarpe et le fossé, quand l'assiégeant cherchait à s'en rendre maître. Quantité de professeurs se sont prononcés contre les fausses braies; Vauban leur a substitué les tenailles, parce qu'une fois la demi-lune occupée, la résistance des fausses braies devenait impuissante, et que l'escalade en était facile quand le fossé était sec ou gelé; d'ailleurs, les déchirures que les batteries de brèche causaient au revêtement rendaient bientôt inhabitables les fausses braies, par la chute des éclats et l'éboulement des matériaux. Les caponnières ont été jugées préférables; les demi-revêtements leur ont succédé; ou du moins les fausses braies, au lieu d'être continues, n'ont plus été que partielles, et ont régné seulement devant les courtines et les faces, ou devant certains flancs. Gal BARDIN.

FAUSSE BRANCHE-URSINE. Voyez BERCE.
FAUSSE CLEF. Voyez CLEF.
FAUSSE COLOQUINTE. Voyez COLOQUINELLE.
FAUSSE CÔTE. Voyez CÔTE (*Anatomie*).
FAUSSE COUCHE. Voyez AVORTEMENT.
FAUSSE ÉQUERRE. Voyez ÉQUERRE.
FAUSSE MESURE. Voyez FAUX POIDS.
FAUSSE MONNAIE. Voyez FAUX MONNAYAGE.
FAUSSE NOUVELLE. Voyez NOUVELLE.
FAUSSE ORANGE. Voyez COLOQUINELLE.

FAUSSE ORONGE, nom vulgaire de l'*agaricus pseudo-aurantiacus*. Cet agaric, extrêmement vénéneux, est d'autant plus dangereux qu'on le confond quelquefois avec l'*oronge*, espèce complètement inoffensive. Il est, comme l'oronge, d'une belle couleur écarlate en dessus, d'un blanc de lait en dessous; mais l'espèce vénéneuse se distingue de l'autre par des mouchetures blanches qui couvrent le chapeau, et dans lesquelles paraît résider le principe toxique dont elles révèlent l'existence.

FAUSSE POSITION (Règle de). Cette règle, qui, suivant la remarque de plusieurs auteurs, devrait plutôt porter le nom de *règle de fausse supposition*, a pour but de résoudre avec l'unique secours des nombres tous les problèmes déterminés à une seule inconnue, où les données sont elles-mêmes numériques. La règle de fausse position dispense en effet de l'emploi des formules; cependant, sa démonstration appartient à l'algèbre; c'est donc une opération dont l'esprit est essentiellement algébrique.

Supposons que nous ayons à traiter une question du premier degré à une seule inconnue. Mettons au lieu de l'inconnue un nombre quelconque; s'il satisfait aux conditions du problème, la question est résolue. Mais en général il n'en sera pas ainsi, et le résultat offrira une *erreur*. Faisons pour la valeur de l'inconnue une nouvelle *supposition*; nous aurons une autre *erreur*. A l'aide de ces quatre nombres (les deux suppositions et les deux erreurs), nous aurons tout de suite la valeur de l'inconnue par la règle de fausse position que l'on peut énoncer ainsi : *Multipliez chacune des suppositions par l'erreur correspondante à l'autre, prenez la différence ou la somme des produits* (suivant que les erreurs sont de même sens ou de sens contraire), *et divisez ce dernier résultat, dans le premier cas par la différence, dans le second cas par la somme des erreurs.* Comme les suppositions sont arbitraires, si l'on prend zéro pour la première et *un* pour la seconde, l'énoncé précédent se simplifie de cette manière: *Divisez la première erreur par la différence ou la somme des erreurs, suivant que ces erreurs sont de même sens ou de sens contraire*.

Prenons pour exemple le problème suivant : *On veut former la longueur du mètre avec 40 pièces d'or juxtaposées, les unes de 40 fr., les autres de 20 fr. : combien faut-il prendre des unes et des autres, sachant que les diamètres respectifs de ces pièces sont de $0^m,026$ et de $0^m,021$?*
1° Supposons que 0 soit le nombre des pièces de 20 fr., et, par suite, 40 celui des pièces de 40 fr.; la longueur résultant de la juxtaposition de 40 pièces de 40 fr. sera $40 \times 0^m,026$ ou $1^m,040$; ce qui donne une erreur *en plus* de $0^m,040$.
2° Prenons 1 pour le nombre des pièces de 20 fr., d'où celui des pièces de 40 fr. sera 39; la longueur résultant de la juxtaposition de 39 pièces de 40 fr. et d'une de 20 fr. sera $39 \times 0^m,026 + 0^m,021$ ou $1^m,035$; ce qui donne une erreur également *en plus* de $0^m,035$. Nous avons donc :

1re *Supposition* 0   1re erreur $+0,040$
2e *Supposition* 1   2e erreur $+0,035$.

Divisant la première erreur par la *différence* des deux erreurs, il vient pour le nombre des pièces de 20 fr. $\frac{0,040}{0,005}$ = 8. On voit en effet que

$$8 \times 0,021 + 32 \times 0,026 = 1.$$

La règle de fausse position ne serait qu'un objet de pure curiosité si elle se bornait aux questions du premier degré. Mais elle s'applique également aux équations des degrés supérieurs. Seulement, quand on veut l'employer à la résolution de ces équations, il faut d'abord se procurer d'une manière quelconque des valeurs déjà approchées des racines; plus les suppositions sont approchées, plus on doit attendre de succès de cette méthode, qu'il faut alors appliquer suivant la règle générale que nous avons énoncée la première.   E. MERLIEUX.

FAUSSE QUILLE. C'est un bordage d'une seule ou de plusieurs pièces de bois, de huit à dix centimètres d'épaisseur, que l'on fixe au-dessous et dans toute la longueur de la quille. Il sert à la fois de renfort à la quille et de défense contre les chocs qu'elle est exposée à éprouver en touchant sur un bas-fond. Il arrive quelquefois que la fausse quille est enlevée sans que la quille reçoive aucun dommage notable.   MERLIN.

FAUSSER LA COUR, FAUSSER LE JUGEMENT. Dans le droit féodal, c'était s'attaquer à l'honneur du juge et l'accuser d'avoir manqué à sa foi, d'avoir rendu un jugement qui n'avait pour base ni la vérité ni le droit. Cette accusation, qui démenti constituaient un véritable appel qui se terminait par le *combat judiciaire*, par le *jugement de Dieu*. « On ne pouvait, dit Pardessus, fausser le jugement que devant les cours des barons; devant celles des bourgeois, cette insulte donnait seulement lieu à une amende, et le jugement ne s'en exécutait pas moins. » Quand le duel judiciaire eut disparu, l'expression qui le provoquait demeura dans le langage du droit, sans qu'on y attachât la portée infamante qu'elle avait d'abord ; *fausser la cour* ne signifia plus qu'interjeter appel. Saint Louis chercha en vain à remplacer cette locution par celle-ci : *Demander amendement*. Néanmoins, pendant longtemps encore, là où il y avait *vilain cas* dans l'action de *fausser le jugement*, il y eut sujet à bataille; mais quand l'intention du juge n'était pas attaquée, quand on ne faussait la cour que pour erreur d'appréciation dans les faits ou application erronée de la loi, il y avait tout simplement à faire déclarer la sentence vraie ou fausse, à la faire réviser ou maintenir en appel.

FAUSSES DÉCRÉTALES. *Voyez* DÉCRÉTALES.

FAUSSES TEIGNES. Réaumur a donné ce nom à une section de son genre *teigne*, renfermant les espèces dont les chenilles quittent leur fourreau pour marcher : telles sont les deltoïdes de Latreille.

FAUSSET. *Voyez* FAUCET.

FAUSSETÉ, organisation fâcheuse par laquelle l'expression du visage, le son de la voix, les discours, les gestes, la conduite, sont en contradiction avec la pensée. Elle est naturelle à quelques individus, et il faut une probité rare, une grande force d'âme, pour renoncer aux avantages qu'on semble devoir en retirer. Plus souvent la *fausseté* est le résultat d'une passion qui prend toutes les formes pour arriver à ses fins et puise dans sa violence le pouvoir de se contraindre et d'apparaître sous divers aspects. Le besoin ou l'envie de plaire à ceux que l'on n'aime point rend *faux*. Il est difficile de se prémunir contre la *fausseté* naturelle, et le temps seul apprend à la discerner, tandis que la *fausseté* acquise à la suite de réflexions suggérées par l'intérêt se trahit dans mille circonstances. La *fausseté* naturelle se remarque dans les femmes et dans tous les êtres timides, ainsi que dans ceux dont les volontés sont inférieures aux forces. La *fausseté* acquise est commune à presque tous les gens qui approchent les grands et vivent dans le monde. Là, sans autre intérêt que celui d'être en paix avec les sots, les fats, les coquettes, les fripons, et tout ce que la société réunit de méprisable et d'ennuyeux, on use de *fausseté*. Il est curieux d'observer que cette *fausseté* n'est qu'une provocation à une *fausseté* semblable, qu'on le sait par expérience, et qu'on n'en est pas moins disposé à bien l'accueillir. Mais si l'on peut tolérer la *fausseté* quand elle se montre sous la forme de la *politesse*, on ne peut qu'indigner alors qu'elle est employée à corrompre et à nuire.

On se défie des gens reconnus pour *faux*; on les fuit justement, car de la *fausseté* à la trahison et à la perfidie la pente est rapide. La *fausseté* ne procure donc que des succès passagers; elle force à changer fréquemment de relations, quelquefois même de pays, parce qu'il suffit d'un regard, d'un accent, pour dévoiler la pensée de l'homme et sa malignité; et, tout bien considéré, on découvre souvent que les affaires seraient peu avancées au moyen de la sincérité et de la droiture. Les gens qui se jugent sévèrement ont peu à craindre des personnes fausses; mais la vanité, toujours crédule, fait qu'on en devient le jouet et la victime.
Csse de BRADI.

FAUSSE TRACHÉE. *Voyez* TRACHÉE.

FAUST ou **FUST** (JEAN), l'homme qui fit faire le plus de progrès à l'invention de l'*imprimerie*, mort en 1466, était un riche bourgeois de Mayence et le beau-père de Pierre Schœffer.

FAUST (Le docteur JEAN), dont la tradition fait un magicien fameux, et qu'on confond souvent, mais à tort, avec l'imprimeur Faust ou Fust, était originaire de Knittlingen, en Wurtemberg, et suivant d'autres de Roda, près de Weimar, vécut dans la seconde moitié du quinzième siècle, ou au commencement du seizième, et, dit-on, avait étudié à Cracovie la magie, science dans laquelle il instruisit plus tard son serviteur Wagner. Après avoir dissipé le riche patrimoine de son oncle, Faust, ajoute-t-on, mit à profit les vastes connaissances qu'il avait acquises pour conjurer le démon et conclure avec lui un pacte de vingt-quatre ans. Le démon lui donna alors pour domestique un esprit, *Méphistophélès*, dont le nom a été maintes fois modifié depuis par ceux qui ont raconté cette légende, avec qui il se mit à courir le monde, menant partout joyeuse vie, et frappant chacun d'étonnement par les prodiges qu'il accomplissait, jusqu'à ce que le démon finit par l'égorger entre minuit et une heure de matin, à Rimling, village de Wurtemberg; on cite d'ailleurs encore d'autres lieux comme ayant été le théâtre de cette catastrophe.

C'était autrefois une question fort controversée que celle de savoir si jamais il avait réellement existé un homme tel que ce Faust. Mais aujourd'hui on s'accorde généralement à reconnaître qu'il y eut en effet un individu qui par ses connaissances dans les sciences, peut-être bien aussi par des tours de passe-passe, parvint à imposer au vulgaire, à se faire regarder comme un grand magicien, entretenant d'étroites et secrètes relations avec les mauvais esprits. Sa réputation s'étendant de plus en plus, on en vint non-seulement à lui prêter les prodiges appartenant en propre aux magiciens des époques antérieures, mais encore à le constituer le héros d'une foule de contes et de traditions remontant à la plus haute antiquité, si bien qu'on finit par en faire le véritable génie de la magie. Le récit de ses prodiges étant en possession de charmer le peuple, on voulut y joindre un côté instructif et moral; et on montra dans l'effrayante destinée de Faust les dangers des sortilèges et des pratiques de la magie, ainsi que l'horreur profonde que doit inspirer une vie passée dans le désordre et la débauche. On arrangea donc la légende de Faust de mille façons différentes. On raconta d'abord ses prouesses et ses aventures dans des livres à l'usage du peuple. Le plus ancien de tous fut imprimé à Francfort-sur-Mein, en 1588; et Widmann le refondit en l'intitulant : *Histoire véridique des horribles péchés du docteur Jean Faust* (3 vol.; Hambourg, 1599). Il fut d'ailleurs traduit dans la plupart des langues de l'Europe, et notamment en français, par Palma Cayet. Sa traduction, qui a été souvent réimprimée, est fort recherchée des bibliomanes. Elle est intitulé : *Histoire prodigieuse et lamentable de Jean Faust grand magicien, avec son testament et sa vie épouvantable* (Paris, in-12; 1674). Le travail de Widmann fut refait ensuite par Pfitzer (Nuremberg, 1695). Des imposteurs imaginèrent alors de publier sous divers titres, tels que : *Grande Condamnation de Faust à l'enfer*, *L'Art merveilleux de Faust*, *La triple Condamnation à l'enfer* (avec la fausse date de Lyon, 1069), *Le Corbeau noir*, etc., des livres de magie attribués à Faust lui-même, tout hérissés en conséquence de caractères et de figures bizarres, mais sans aucun sens, farcis en outre de citations de la Bible, et auxquels la superstition attachait des effets surnaturels. La poésie ne pouvait manquer de s'emparer d'un sujet qui offrait une si riche matière à l'imagination, et de s'en servir pour des compositions élégiaques, des pantomimes, des pièces à spectacle, des tragédies et des comédies. De tout le répertoire du théâtre des Marionnettes, l'ouvrage demeuré depuis la fin du dix-septième siècle jusqu'à nos jours en possession de divertir le plus la foule de l'autre côté du Rhin, est la pièce *du docteur Faust*, arrangée de vingt façons différentes. (On s'est mis pour la première fois, en 1850, de l'imprimer.) Cette œuvre dramatique est, dans sa naïveté, comme un terme moyen entre les grossiers contes de magie et la conception philosophique d'une légende devenue l'expression poétique la plus achevée de l'éternelle lutte du bien et du mal, et de l'inquiète et incessante activité du génie de l'homme, quelque limitée que soit d'ailleurs sa sphère d'action.

Le premier dramaturge de quelque renom qui ait essayé de traiter ce sujet fut l'Anglais Marlow, vers 1600. Mais tout ce qui avait été fait jusque alors en ce genre fut surpassé par Gœthe dans la première partie de son *Faust*, publiée d'abord sous le titre de : *Le Docteur Faust*, tragédie (Leipzig, 1790), qu'il refondit plus tard complètement sous le titre de *Faust*, tragédie (Tubingen, 1808), et dont la seconde partie ne parut qu'après sa mort du poète (1833). Il faut ensuite signaler l'admirable fragment de Lessing qu'Engel nous a conservé, et qui est intitulé : *Faust et les sept Esprits*; l'essai dramatique, informe mais vigoureux et original, de Müller, *La Vie du Docteur Faust* (Manheim, 1778); *Vie, gestes et descente en enfer du Docteur Faust*, par Klinger (5 livres; Leipzig, 1791); *Faust*, tragédie populaire, par le comte de Soden (1791); *Jean Faust*, fantaisie dramatique, d'après une tradition du seizième siècle, par Schink (1809); enfin, les travaux de Klingemann, de Grabbe, de Lenau, de Bochtlein, etc. Dans son *Manfred*, Byron a visiblement imité l'œuvre de Gœthe.

Les beaux-arts prirent aussi de bonne heure pour sujet la légende de Faust. Deux peintures, dans le cellier de la *Cour d'Auersbach* à Leipzig, datant de 1525, représentaient deux apparitions que Faust et Méphistophélès auraient faites en ce lieu. On a de Rembrand une belle planche gravée représentant Faust dans son cabinet pendant une apparition d'esprits. Christophe de Sichem a représenté dans deux gravures Faust et Méphistophélès, et le valet Wagner avec son *Esprit*. Tout récemment Cornelius et Retzsch ont composé de spirituelles illustrations pour le *Faust* de Gœthe.

FAUSTA (FLAVIA MAXIMIANA), fille de Maximien-Hercule et d'Eutropia, sœur de Maxence, fut la seconde femme de Constantin le Grand; elle embrassa le christianisme, et parut d'abord, par ses vertus, digne de partager le trône impérial. Des panégyristes ont célébré sa généreuse compassion pour les maux du peuple et les soins vigilants pour l'éducation de ses trois fils, Constantin, Constance et Constant, qui rappelèrent leur père plutôt par leurs noms que par leur mérite. Pourtant, l'intervention de Fausta dans les affaires publiques n'est signalée que par des malheurs. Maximien-Hercule conspire contre Constantin; elle révèle le complot, et ne sauve son mari qu'en sacrifiant les jours de son père. L'empereur avait de sa première femme Minervina un fils nommé Crispus, élève de l'éloquent Lactance, remarquable par de brillantes qualités, et illustré par sa victoire navale sur Licinius. Tout à coup il est arrêté, jugé en secret et exécuté. Fausta, nouvelle Phèdre, avait accusé un nouvel Hippolyte; et le mari, qui se croyait outragé, ne s'était plus souvenu qu'il était père. Quelque temps après, Fausta périt elle-même par ordre de son époux. Ce récit a trouvé beaucoup de contradicteurs et d'incrédules. La mort seule de l'infortuné Crispus est certaine; mais peut-être fut-il victime des soupçons de Constantin, qui, jaloux de ses succès et de sa popularité, redoutât, à tort sans doute, une conspiration et en même temps frappa d'exil ou de mort les nombreux amis de son fils. On peut croire aussi que l'ambitieuse Fausta eut recours à la perfidie pour faire périr un prince qui fermait à ses fils le chemin du trône. Enfin, la mort violente de l'impératrice est racontée si diversement par certains auteurs, si complètement niée ou niée par d'autres, qu'il est difficile d'asseoir son jugement. Sous Constantin et sous ses fils, l'histoire fut muette ou prudente; plus tard, elle fut affirmative, mais sans preuves. On ne sait si Fausta périt pour avoir injustement accusé son beau-fils, ou pour s'être livrée à de honteuses débauches. Peut-être ses faiblesses dévoilées la firent-elles soupçonner d'avoir supposé le crime de Crispus. Selon d'autres versions, elle survécut à son fils Constance, et pleura sa fin prématurée.

FAUSTIN Ier, empereur d'Haïti.

FAUSTINE, nom commun à plusieurs impératrices romaines.

FAUSTINE (ANNIA GALERIA FAUSTINA), fille d'Annius Verus, issu de Numa, et tante de Marc-Aurèle, épousa Antonin le Pieux. Elle s'exposa par ses galanteries aux traits de la satire, et Julius Capitolinus la traite plus que sévèrement dans la vie de son époux. Elle en avait eu quatre enfants, deux princes et une princesse, qui moururent en bas âge, et une autre princesse, Faustine la jeune, femme de Marc-Aurèle. Antonin, soit qu'il eût fermé les yeux sur les erreurs de son épouse, soit qu'il n'y crût pas, la fit placer au rang des déesses, dès qu'elle eut expiré, à trente-six ans, la troisième année de son règne, lui éleva des temples et des autels, et fit frapper en son honneur des médailles dont une consacre l'institution des *Caustiniennes*, jeunes Romaines nobles, sans fortune, qui étaient élevées aux frais de l'État sous le patronage de l'impératrice.

FAUSTINE (ANNIA FAUSTINA) épousa son cousin germain Marc-Aurèle, destiné à l'empire. Elle surpassa sa mère par la dissolution de ses mœurs, et fut une véritable Messaline. C'était dans les derniers rangs de la population qu'elle cherchait ses adorateurs. Elle-même les allait choisir au bord de la mer, parmi les bateliers et les matelots, et cela, dit Aurelius Victor, parce que pour l'ordinaire ils allaient nus. Les historiens sont unanimes pour dire que le fils qu'elle donna à Marc-Aurèle, Commode, avait pour père un jeune et vigoureux gladiateur. L'empereur n'ignorait aucun des désordres de sa femme; mais il les tolérait. On lui représentait un jour que puisqu'il ne voulait pas tuer sa femme, dont les impudicités étaient portées au comble de l'infamie, il la devait répudier; « mais si je la répudie, répondit-il, il faudra lui rendre sa dot; » et cette dot était l'empire. Il paraît, du reste, que sa conduite politique Faustine n'était pas moins méchante que ne l'avait été Agrippine. Elle fut accusée, entre autres crimes, d'avoir contribué à la mort de Lucius Verus, son gendre, pour qui elle avait eu de criminelles complaisances, et qui s'en était vanté. Elle fut enlevée fort jeune par une maladie aiguë, dans un bourg de la Cappadoce, nommé Halala, au pied du mont Taurus. Marc-Aurèle lui donna des larmes, et fit de cette bourgade une ville nommée *Faustinopolis*. Il mit son épouse au nombre des divinités, et lui prodigua les mêmes honneurs qu'Antonin avait rendus à sa mère. Sur ses médailles, Faustine fut appelée de son vivant *Mater castrorum* (la mère des soldats), titre qui n'avait encore été décerné à aucune impératrice, et dont plusieurs princesses se décorèrent après elle. Mais rien de plus étrange que de trouver sur ses médailles la légende *Pudicitia*.

FAUSTINE (ANNIA FAUSTINA), qu'on croit petite-fille de Marc-Aurèle et de la précédente, avait épousé Pomponius-Bassus. Lorsque le Syrien Héliogabale devint empereur, il fit assassiner Pomponius, et épousa sa femme, malgré lui. Un caprice l'avait amenée, un caprice la détrôna; Héliogabale reprit la vestale Julia Aquilia Severa, qu'il avait répudiée pour elle. Faustine, aussi belle que vertueuse, vécut dans l'obscurité, sans qu'après sa mort aucun temple, aucun autel, aucune médaille, lui fussent consacrés.

Une quatrième FAUSTINE fut la seconde femme de l'empereur Constance, et eut pour fille une cinquième FAUSTINE, qui épousa Gratien.   Charles Du Rozoir.

FAUTE. Dans son acception la plus générale, c'est toute violation d'une règle, d'un principe de la loi naturelle, ou même d'une loi en vigueur. La sagesse exige qu'on fuie toute espèce de fautes, même celles qui ne choquent que les **convenances**.

Le péché est une faute contre la loi divine; le **crime**, le **délit**, sont des fautes contre la loi humaine. L'Écriture attribue la **chute** de l'homme et l'introduction du mal sur la terre à la faute de nos premiers parents. « C'est plus qu'un crime, c'est une faute, » a dit un homme plus politique que moral à l'occasion d'un acte sans générosité ni clémence. « On juge de la conduite par le succès, dit Saint-Évremond, et si l'événement n'est pas heureux, la mauvaise fortune tient lieu de faute. » Les fautes qui proviennent de l'emportement de la jeunesse arrêtent le cours de notre fortune ou nuisent à notre avancement; mais tant qu'elles ne portent pas atteinte à notre délicatesse ou à notre honneur, nous pouvons les réparer : c'est un chemin en apparence plus long et plus rude, mais le repentir de ces mêmes fautes nous inspire maintes fois une telle ardeur du bien que nous arrivons plus vite et plus haut dans la vertu que ceux qui ne cheminent vers elle qu'avec une sorte de médiocrité régulière et quotidienne. Les femmes peuvent succomber à certaines fautes qui dérivent de la sensibilité; mais il est bien rare que dans le monde, et lorsqu'elles sont désintéressées du côté du cœur, elles fassent des fautes de conduite. Éclairées tout à coup, elles ont pour chaque difficulté subite une réserve inépuisable de tact, de finesse et de discernement.

Dans un sens purement matériel, *faute* signifie tout procédé constituant une erreur. On fait des fautes contre la tactique militaire, contre les règles de l'art, contre le goût; on fait des fautes d'orthographe, de grammaire, etc.

SAINT-PROSPER.

FAUTE (*Droit*). L'ignorance, l'impéritie, la négligence, amènent souvent des faits ou des omissions qui peuvent occasionner du dommage à autrui ; c'est ce qu'on droit on appelle *faute*. La faute n'est donc jamais intentionnelle ; les *fautes intentionnelles* constituent des délits ou des crimes; les fautes non intentionnelles constituent à peine des contraventions, mais donnent lieu à des réparations civiles. Les légistes divisent les fautes en *très-légères*, *légères*, et *lourdes* ou *grossières*. Les juges, dans la réparation du dommage qu'elle ont causé, doivent tenir compte du caractère de la personne qui les a commises, de son degré d'ignorance, du contrat qui les a amenées. La faute légère est celle qui résulterait de ce qu'une personne n'aurait pas apporté aux affaires dont elle s'est chargée plus de soin qu'elle n'en apporte à ses propres affaires; l'héritier bénéficiaire qui serait dans ce cas n'encourrait aucune responsabilité pour faute légère, tandis que, à l'égard du mandataire ou du dépositaire salarié elle constituerait une faute grave, dont il serait responsable. La faute lourde résulte de l'ignorance des plus simples notions de ce que tout le monde doit savoir, d'une négligence poussée à un point impardonnable. Autrefois la jurisprudence avait adopté à propos des fautes certains principes qui sont encore appliqués aujourd'hui. Celui qui avait été chargé d'une chose sans en retirer avantage n'était tenu que du dol personnel, ou tout au plus de la *faute grossière*; dans les contrats où l'avantage revenait à un seul des contractants, et où les inconvénients étaient à la charge de l'autre seul, le premier était tenu de la *faute très-légère* seulement, et le second de la faute grossière; tous deux étaient tenus de la *faute légère*, seulement dans le cas où les deux contractants retiraient du contrat un égal avantage; celui qui s'était offert volontairement à faire une chose ou qui en retirait seul avantage était naturellement tenu de la faute très-légère.

FAUTES D'IMPRESSION. Les erreurs typographiques ont souvent eu des conséquences fâcheuses. On sent, par exemple, de quelle importance doit être la pureté du texte des lois. Un livre que tant de chrétiens regardent comme la base de leur croyance, la Bible, ne saurait être aussi trop exempt de fautes d'impression. En 1647, les autorités anglaises firent brûler une édition de la Bible qui renfermait des erreurs dénaturant le sens du texe. Addison parle, dans un des numéros du *Spectateur*, d'un libraire qui fut condamné à une forte amende pour avoir laissé imprimer dans le Décalogue : « Tu commettras adultère, » au lieu de : « Tu ne commettras pas d'adultère. » Voltaire mentionne dans une de ses lettres la mésaventure d'un avocat qui s'était écrié : « Le roi n'a pas été insensible à la justice de cette cause ; » on imprima : « n'a pas été sensible. » Grâce à cette omission de deux lettres, l'homme de loi put, malgré lui, logé durant quelques mois dans des châteaux de Sa Majesté. Pareille méprise était excusable en comparaison de celle qui plus tard vint à tomber sur une phrase de Voltaire lui-même. Il avait dit dans l'Éloge de Mme du Châtelet : « Elle se livrait au plus grand *monde* comme à l'étude ; » un imprimeur hollandais mit : « au plus grand nombre, » et cette monstrueuse erreur a consciencieusement été reproduite dans cinq ou six éditions. Il est bon de remarquer aussi qu'il s'est rencontré des fautes d'impression qui ont été heureuses; elles ont fourni à des auteurs l'idée de corrections qui ont amélioré le premier jet de leur pensée. Dans une ode célèbre, Malherbe avait écrit d'abord :

Et Rosette a vécu ce que vivent les roses.

Ce fut un ouvrier imprimeur qui, lisant non ce que l'auteur avait tracé, mais ce qu'il aurait pu mettre dans sa copie, fit de ce vers cet autre, si connu :

Et Rose, elle a vécu ce que vivent les roses.

Nouvelle leçon, que le poète adopta avec enthousiasme.

Les éditions soignées et vraiment correctes de nos bons auteurs sont en petit nombre; une multitude d'éditions faites trop vite et dans un seul but de spéculation commerciale présentent les fautes les plus grossières. Ce ne sont pas seulement des imprimeurs obscurs qui ont montré si peu de souci de la correction des volumes qui sortaient de leurs presses; les Alde eux-mêmes, dans leur Horace de 1519 et dans celui de 1527 ont oublié les deux premiers vers de la sixième ode du deuxième livre : *Septimi, Gades...* Dans l'édition des *Contes* de La Fontaine, exécutée avec luxe aux frais des fermiers généraux, en 1762, le huitième vers du *Diable de Papefiguière* manque, ainsi que dans la réimpression de 1764. C'est dans une édition de l'*Anthologie* donnée chez les Junte (Florence, 1519) qu'a commencé l'étrange confusion qui a défiguré dans plusieurs réimpressions le texte d'une pièce de vers de Paul le Silentiaire. Après avoir parlé de diverses éditions d'une incorrection déshonorante, ce serait justice de dire quelques mots de celles qu'ont recommandées au contraire des soins particuliers; nous mentionnerons le *Lucain* de M. Renouard, 1795, où il n'existe, à ce qu'il paraît, que deux erreurs; nous citerons le *Virgile* de Didot aîné, an VI, dont le premier tirage supérieur au suivant, se reconnaît en ce que le premier vers de la page 177 porte : *Ne te noster amor*, au lieu de *Nec te...* Cette erreur est la seule qui existe dans cette édition, et les meilleurs exemplaires sont ceux *qui ont la faute*, circonstance qui se reproduit de même à l'égard de quelques autres ouvrages : les exemplaires du premier tirage de l'*Horace* gravé, de Londres, 1733, se distinguent en ce qu'à la page 108 du t. II le mot *potest* a été mis sous la forme de *post est*. Un démocrate anglais, célèbre dans les premières années du règne de Georges III, John Wilkes, prétendit un jour qu'il se faisait fort de faire imprimer deux volumes, l'un en latin, l'autre en grec, sans qu'il s'y glissât aucune erreur typographique. Il en résulta un pari; Wilkes fit imprimer Catulle en 1788, et les *Caractères* de Théophraste en 1790. Nous ne savons point s'il a gagné sa gageure, mais ces éditions, fort belles et tirées à cent exemplaires seulement, sont grandement recherchées des amateurs. G. BRUNET.

FAUTEUIL. Qui ne connaît ce meuble utile? La date de l'invention du premier fauteuil et le nom de celui qui mérita si bien de la postérité en fabricant ce siège commode nous sont également inconnus. Cependant, tout porte à croire que son origine remonte à l'antiquité la plus reculée. On trouve en effet des fauteuils, de la même forme à peu près que les nôtres, sur des médailles fort anciennes et sur plusieurs monuments grecs et romains. Durant le moyen âge, l'usage du fauteuil était loin d'être dédaigné. Nous savons, à n'en pas douter, que les rois et les grands avaient des fauteuils dans leurs palais. Paris possède encore le fauteuil du bon roi Dagobert, que Napoléon fit transporter au Champ-de-Mars, lors de la fédération de 1815, et sur lequel il ne refusa pas de s'asseoir en face de la grande nation. Le peuple de l'Asie qui a été l'un des premiers, sans contredit, à comprendre les bienfaits de la civilisation, le Chinois, préconise les fauteuils depuis un temps immémorial. De nos jours, le fauteuil est devenu un meuble d'utilité et de luxe dans tous les pays, et il n'est pas une maison jouissant d'une certaine aisance dans laquelle on ne soit sûr de le trouver. C'est d'abord ce fauteuil, de forme particulière, baptisé du nom de *Voltaire*, et dont l'usage est aujourd'hui si général chez les malades et les convalescents, les femmes délicates et souffrantes, les bureaucrates, les hommes qui se livrent à des travaux intellectuels, les indolents amateurs du *far niente*. Certaines familles conservent religieusement ceux qui ont supporté le poids de leurs ancêtres; la société entière voue un culte non moins fervent à ceux qui ont appartenu à des hommes célèbres. Il est dans la petite ville de Pézénas une toute petite boutique de perruquier dans laquelle tous ces peuples du midi, à la tête ardente, vont apporter leur tribut d'admiration pour le génie; le pèlerinage dure toute l'année : et pourtant cette boutique ne contient qu'un fauteuil ; mais son possesseur fut jadis J.-B. Poquelin de Molière.

Il est des fauteuils, but de bien des ambitions. Que de fois, depuis le commencement de notre siècle, le *fauteuil de la présidence* dans nos assemblées délibérantes n'a-t-il pas été l'objet des luttes les plus vives ! Les Américains du Nord font asseoir leur chef sur un fauteuil. Le trône n'est lui-même qu'un fauteuil plus élevé et par conséquent moins solide. Nous ne parlerons pas des présidents de cours et tribunaux. Dans de moins graves assemblées, et même dans les repas de corps, celui qui préside a également *les honneurs du fauteuil*. Désaugiers occupa longtemps le fauteuil du Caveau moderne. Un autre fauteuil est devenu le synonyme de place ou de fonction d'académicien, de membre de l'Institut. Cela vient de ce que l'Académie française eut longtemps quarante fauteuils exactement pareils. Si nous en croyons certaine chronique, voici quelle serait l'origine de ces quarante sièges. « Le cardinal d'Estrées, devenu très-infirme, et cherchant un adoucissement à son état dans l'assiduité aux assemblées de l'Académie, dont il était membre, demanda qu'il lui fût permis de faire apporter un siège plus commode que les chaises qui étaient encore en usage ; car il n'y avait eu jusque alors qu'un fauteuil, et il appartenait exclusivement au directeur. On en rendit compte à Louis XIV, qui, prévoyant les conséquences d'une pareille distinction, ordonna à l'intendant du garde-meuble de faire porter quarante fauteuils à l'Académie, et consacra ainsi pour toujours l'égalité qui doit régner partout où les gens de lettres s'assemblent. » Quoi qu'il en soit de cette égalité qu'on voulait reconnaître ou établir, le fauteuil de l'illustre société savante ne fut pas plus tôt en vue qu'il devint le point de mire des quolibets. Fontenelle eut l'ingratitude de le définir : « Un lit de repos où le bel esprit s'endort. » Et les hommes à cervelle satirique ne cessèrent pas de lui faire supporter leur mauvaise humeur contre les académiciens. Lors de la réception de Gresset à l'Académie, Piron imprima l'épigramme suivante :

En France, on fait, par un plaisant moyen,
Taire un auteur, quand d'écrits il assomme :
Dans un *fauteuil d'académicien*,
Lui quarantième, on fait asseoir mon homme :
Lors il s'endort, et ne fait plus qu'un somme ;
Plus n'en avez phrases ni madrigal ;
Au bel esprit le *fauteuil* est, en somme,
Ce qu'à l'amour est le lit conjugal.

Il est encore d'autres *fauteuils* par lesquels nous finirons : d'abord, le terrible fauteuil dans lequel les chirurgiens placent les malheureux auxquels ils font subir leurs plus atroces opérations ; puis le fauteuil, à dossier mobile, où les dentistes installent le patient qui réclame le secours de leur art, véritables chevalets de torture, qui rappellent involontairement ceux où les bourreaux de l'inquisition est pagnole martyrisaient sans pitié les victimes condamnées à la question. Napoléon GALLOIS.

FAUTEUR, celui qui appuie, protège et favorise une action ou une entreprise quelconque ; c'est ce qu'explique d'elle-même l'étymologie du mot, qui vient du latin *favere*, favoriser, dont le supin est *fautum*. Ce mot ne se prend plus aujourd'hui qu'en mauvaise part, à propos d'actions criminelles réprimées par les lois. Les *fauteurs* d'un crime, c'est-à-dire ceux qui y ont poussé, qui en sont les véritables instigateurs, sont traités et punis comme les complices auxquels la loi les assimile.

FAUVETTE (*curruca*, Bechst.). Les nombreux oiseaux auxquels on donne le nom de *fauvette* appartiennent à l'ordre des passereaux, à la famille des becs-fins ; ils ont presque tous un ramage agréable, de la gaieté dans leurs habitudes, voletient continuellement à la poursuite des insectes, nichent dans les buissons, aux bords des eaux, dans les joncs, etc.

Les fauvettes ont le bec droit, grêle partout, un peu comprimé en avant ; l'arête supérieure se courbe un peu vers sa pointe. Toutes les espèces nous quittent l'hiver, alors que les arbres dépouillés de feuilles et de fruits, les insectes morts ou engourdis, ne leur offrent plus une nourriture facile ; mais dès que les fleurs commencent à s'épanouir, que le bocage se couvre d'une naissante verdure, et offre de tendres aliments à des millions de petits animaux, la nombreuse famille des fauvettes reparaît dans nos climats et se disperse dans nos campagnes, dans nos jardins, dans les bois, les lieux aquatiques, et les anime par la vivacité de ses mouvements, par ses jeux et ses combats amoureux. Si quelques-unes ne vivent que d'insectes, il en est d'autres qui se nourrissent aussi de raisins, de figues, de mûres et de tous les fruits succulents, ce qui rend leur chair aussi savoureuse que celle des bec-figues. Leur ponte ordinaire est de quatre ou cinq œufs.

Cuvier place en tête des fauvettes une espèce assez grande pour avoir presque toujours été mise dans le genre des merles ; c'est la *rousserolle*, brun roussâtre dessus, jaunâtre dessous, ayant la gorge blanche, un trait pâle sur l'œil, ne vivant guère que d'insectes aquatiques. La *fauvette des roseaux*, beaucoup plus petite que la précédente, d'un gris olivâtre dessus, d'un jaune très-pâle dessous, et portant un trait jaunâtre entre l'œil et le bec, la *fauvette à tête noire*, la *fauvette proprement dite*, la *fauvette babillarde*, la *fauvette roussâtre*, la *petite fauvette* ou *passerinette*, etc., etc., sont des espèces qui se tiennent étroitement ; enfin, la *traîne-buisson*, la seule espèce qui nous reste en hiver, et qui égaye un peu cette saison par son ramage, est en dessus d'un fauve tacheté de noir et cendré ardoisé dessous. Elle niche deux fois l'an ; l'été elle va dans le Nord et dans les bois des montagnes, l'hiver elle se contente de grains. Cuvier range encore dans ce groupe les rossignols. N. CLERMONT.

FAUX, FAUSSE, désigne non-seulement une chose qui *n'est pas vraie*, ce qui est la définition d'un mensonge ordinaire, mais plutôt un genre de fausseté ou de mensonge qui est l'imitation d'une vérité quelconque. Il a beaucoup d'acceptions, qui varient suivant la nature des termes auxquels il est joint. Faire un *faux pas*, au figuré, c'est errer, faire une faute. Avoir un *faux air* de quelqu'un, c'est lui ressembler. Une fausse joie est une joie mal fondée ; un *vers faux* est un vers irrégulier ; un *faux jour* est une lumière qui éclaire mal les objets ; faire *faux feu* se dit d'une arme dont le coup ne part pas, quoique l'amorce ait pris. Une *fausse sortie* au théâtre est une feinte de sortie. *Faux* s'applique à tout ce qui est simulé ou postiche : *faux cheveux, faux toupet, fausse barbe, fausse dent, faux mollet, fausse porte. Faux* se dit aussi des personnes : un *faux brave*, un *faux prophète*, un *faux dévot*, un *faux ami*. Être *faux comme un jeton*, locution vulgaire, c'est avoir l'air faux. Un *faux-titre* en imprimerie est le premier titre abrégé, imprimé sur le feuillet qui précède celui où est le titre entier de l'ouvrage. De *faux frais* sont des dépenses accidentelles. *Plaider le faux pour savoir le vrai*, c'est dire à quelqu'un une chose qu'on sait être fausse pour en tirer la vérité.

De *fausses* vertus supposent l'hypocrisie, la méchanceté, dans ceux qui les pratiquent : mais on peut émettre des pensées *fausses*, avoir l'esprit et le goût *faux*, quoique restant toujours honnête homme ; ce n'est qu'un tort de la nature, dont la vanité peut bien s'affecter, mais non la morale.

Faux se dit aussi de dissonnances en musique : *faux accord*, *fausse note*, *fausse corde*.

A *faux* est pris pour faussement, mais l'acception en varie suivant les mots auxquels il est joint, comme dans *accuser à faux*, et *coup porté à faux*. Il signifie un crime dans le premier cas, une maladresse dans le second.

En architecture, on appelle *fausse arcade*, *fausse hotte*, *fausse fenêtre*, *fausse porte*, une arcade, etc., qui est feinte, pour qu'un corps de bâtiment ne choque pas la vue par défaut de symétrie. Une porte, une fenêtre feintes ressemblent, par leurs jambages, leurs dimensions, etc., aux portes et fenêtres du même édifice ; il y a même de fausses fenêtres qui ont des vitres.

FAUX ou FAULX (*Agriculture*), grand coutelas plus ou moins courbé en arc, qu'on fixe au bout d'un long manche, et dont on fait usage pour couper les foins, les avoines, etc. Quoique ces instruments soient connus depuis l'antiquité la plus reculée, leur fabrication est demeurée longtemps concentrée dans certains pays ; il n'y a pas encore bien longtemps que la France tirait presque toutes ses faux d'Allemagne, et principalement de la province de Styrie. Aujourd'hui ce genre d'industrie a pris chez nous un grand développement.

La fabrication des faux ne présente pas de difficultés bien extraordinaires, et toutefois, elle exige une suite d'opérations qui demandent une grande habitude dans les ouvriers qui les exécutent. Les faux sont formées de deux barreaux d'acier de qualité différente soudés l'un sur l'autre : le tranchant est pris dans celui qui est le plus pur ; le dos ou la nervure peut avoir inconvénient se faire d'*étoffe* (mélange de fer et d'acier). Le travail de la fabrication des faux se fait entièrement au charbon de bois ; on les façonne à l'aide de martinets, dont quelques-uns frappent jusqu'à 300 coups par minute ; quelques opérations se font avec des marteaux à la main. En Angleterre on fait les faux d'une manière fort économique : on découpe les lames dans une feuille de tôle d'acier, et l'on rapporte la nervure destinée à leur donner la roideur nécessaire pour qu'elles ne se faussent pas aisément. Les faux reçoivent une trempe douce ; leur épaisseur est de sept dixièmes de millimètre, plus ou moins : aussi celles qui viennent de la province de Styrie, qui passent pour les moins imparfaites, ne pèsent-elles que 530 à 560 grammes.

On entretient le tranchant de ces instruments de deux manières : au moyen de la meule et par le martelage. Le premier de ces procédés est usité chez les Anglais, qui aiguisent leurs faux, plus épaisses que les nôtres, comme un remouleur affûte une hache. Le faucheur du continent est muni d'une petite enclume qu'il fixe en terre ; il s'assied auprès, et au moyen d'un marteau aciéré il amincit le bord du tranchant de la faux. Cette opération exige une certaine dextérité, qui s'acquiert par la pratique. La faux étant battue, on ravive son tranchant de temps en temps au moyen d'une pierre à aiguiser que le faucheur porte dans un vase de bois ou de fer-blanc suspendu à sa ceinture, qui s'appelle *coffin*, dans lequel il met aussi de l'eau. On a vu des faucheurs donner le fil à leur instrument avec un morceau de bois saupoudré d'émeri.

Lorsqu'on coupe les blés avec la faux, on munit celle-ci d'une espèce de claie, dans le but de ramasser toutes les pailles, et de les jeter avec ordre sur l'*andin*, lequel forme une javelle continue : C'est ce qu'on nomme une *faux à râteau* ou *ramassette*.

On appelle *faux artésienne* une petite faux emmanchée au bout d'un manche vertical, avec laquelle on coupe les blés sans avoir presque besoin de se baisser.

Dans les émeutes de campagne, les troubles civils, dans les guerres de Pologne, etc., on a vu des villageois s'armer de leurs faux, qu'ils ajustaient de façon que la lame et le manche avaient une même direction. Ces sortes d'armes sont fort dangereuses, car une faux coupe comme le meilleur damas.

TRÉVSERNE.

FAUX (*Anatomie*). Ce nom se donne à certains replis membraneux qui ont la forme d'une faux, comme la *faux du cerveau*, la *faux du cervelet* (*voyez* DURE-MÈRE), la *grande faux du péritoine*.

FAUX (*Droit*). Dans la loi romaine, le faux légal était sévèrement réprimé ; c'est-à-dire que des malintentionnés, alors comme aujourd'hui, altéraient la vérité dans un but frauduleux, soit par des paroles, soit par des écritures, soit par des faits. La nomenclature des crimes que les Romains qualifiaient de faux se trouve dans la loi Cornelia *de Falsis*, qui fut publiée à l'occasion des testaments et qui forme un titre du Digeste ; toutes les faussetés commises dans la vie privée ou dans la vie publique, le stellionat, le fait d'avoir reçu de l'argent de quelqu'un pour intenter un procès injuste, étaient placés par eux dans la catégorie des faux. La déportation, la peine des mines, et quand il y avait des circonstances aggravantes, ou quand les coupables étaient des esclaves, la mort punissait le crime de faux.

Nos lois anciennes frappaient également le faux de la peine de mort ; Louis XIV publia, en 1680, un édit qui portait d'une manière absolue la peine de mort pour tous les faux commis dans l'exercice des fonctions publiques, tandis qu'à l'égard des individus non fonctionnaires accusés de faux, elle n'était que facultative. Le faux résultant de la contrefaçon des sceaux de la grande ou petite chancellerie était également puni de mort d'une manière absolue. Notre législation moderne s'est montrée moins rigoureuse. Comme la loi romaine, elle a classé le faux en trois catégories : *faux par paroles*, *faux par faits*, *et faux en écritures*. Le *faux par paroles* se commet par le faux témoignage en justice ou par de fausses déclarations, comme dans le stellionat.

Le *faux par des faits* se produit sous cent formes diverses, et n'est pas toujours envisagé comme crime par les lois, mais souvent comme délit, et parfois aussi comme simple contravention : la vente à faux poids, la tromperie au moyen de fausses mesures, l'altération des monnaies d'or et d'argent, le faux monnayage, la contrefaçon des sceaux de l'État, la contrefaçon ou lacération des timbres nationaux, des marques de l'État, ou leur usage, crimes punis des travaux forcés à temps ; la contrefaçon des marques de fabrique, la fabrication de fausses clefs, sont autant de variétés du faux par actes ou par faits.

Le *faux en écriture* est le plus commun de tous les faux, celui que la loi décrit et frappe d'une manière toute particulière.

On distingue d'abord le *faux en écritures publiques ou authentiques*. Tout fonctionnaire ou officier public qui dans l'exercice de ses fonctions commet un faux, soit par fausse signature, soit par altération des actes, écritures ou signatures ; soit par supposition de personnes, soit par des écritures faites ou intercalées sur des registres ou d'autres actes publics, depuis leur confection ou clôture ; soit comme altérant la substance ou les circonstances des actes rédigés par son ministère, soit en écrivant des conventions autres que celles qui auraient été tracées ou dictées par les parties, soit en constatant comme vrais des faits faux, ou comme avoués des faits qui ne l'étaient pas, est puni des travaux forcés à perpétuité.

Les particuliers qui se rendent coupables de faux en écritures publiques n'encourent que la peine des travaux forcés à temps.

Le *faux en écritures de banque ou de commerce* est puni des travaux forcés à temps, qu'il ait été commis, soit par contrefaçon ou altération d'écritures ou de signatures, soit par fabrication de conventions, dispositions, obligations ou décharges, par leur insertion après coup dans ces actes ; soit par addition ou altération des clauses, des déclarations ou des faits que ces actes avaient pour objet de recevoir ou de constater.

Le *faux en écriture privée* est puni de la réclusion.

Le crime de faux, en général, ne consiste pas seulement à avoir personnellement commis la contrefaçon ou altération; le simple usage fait sciemment de la pièce fausse rend passible, dans tous les cas, de la même peine.

La fausse signature ne consiste pas seulement à imiter, contrefaire ou altérer une signature véritable. Doit être considéré comme *faussaire* celui qui aurait signé d'un autre nom que le sien, fût-ce d'un nom imaginaire et n'eût-il pas cherché à déguiser son écriture.

La falsification des passeports, feuilles de route, la fabrication ou la délivrance de faux certificats, sont traitées avec moins de sévérité. La fabrication ou la falsification de passeports, l'usage d'un faux passeport, la fabrication ou la falsification d'une feuille de route dans le but de tromper la surveillance publique, sont frappés d'un an à cinq ans d'emprisonnement; pour la feuille de route, si la falsification a eu pour but de faire payer par le trésor public ce qu'il ne devait pas et si la somme payée par celui-ci est au dessous de 100 fr., la peine prononcée est la réclusion, et le bannissement si elle est moindre. Le faux qui consiste à prendre ou à faire délivrer un passeport sous un nom supposé est puni d'un emprisonnement de trois mois à un an; l'officier public qui connaissant la supposition de nom, aura délivré le passe-port sera frappé du bannissement. Les logeurs et aubergistes qui auront inscrit sous des noms faux ou supposés sur leurs registres les personnes logées chez eux sont passibles de six jours à un mois de prison. Les faux certificats ayant pour but d'affranchir une personne d'un service public quelconque attirent sur leurs auteurs, médecins, chirurgiens et autres officiers de santé, ou contre celui qui les aura faits comme émanant d'eux, la peine de deux à cinq ans de prison. Un emprisonnement de six mois à deux ans frappe quiconque fabrique sous le nom d'un fonctionnaire ou officier public un certificat de bonne conduite, d'indigence propre à appeler l'attention et la bienveillance du gouvernement ou des particuliers sur la personne y désignée, et à lui procurer places, crédit ou secours. La même peine atteint celui qui falsifie un certificat de cette espèce, originairement véritable, pour l'attribuer à une autre personne que son titulaire et celui qui se sert du certificat ainsi fabriqué ou falsifié.

Quant aux délits, aux contraventions qui par leur nature émanent du faux, d'autres dispositions en régissent la répression.

Le faux peut donner lieu à une action civile, indépendante de l'action criminelle, que l'on nomme le *faux incident civil*; c'est ce qui se produit dans une instance entre des parties, quand une d'elles déclare *s'inscrire en faux* contre l'acte qu'on lui présente en déclarant que la signature que l'on produit est fausse. Il y a lieu alors à une procédure particulière, dont les articles 448 à 464 du Code d'instruction criminelle ont réglé la marche.

Les comptes rendus de la justice criminelle en France nous ont, à propos de faux, donné les résultats statistiques que voici : De 1826 à 1830, il y a eu en France une moyenne annuelle de 403 faux; de 1831 à 1835, 454; de 1836 à 1840, 606; de 1841 à 1845, 606; enfin, de 1846 à 1849, 580. Sur 1,000 accusés de faux, 544 appartenaient aux communes rurales, et 456 aux villes. De 1826 à 1830, sur 1,000 accusés de faux, on en comptait 223 ne sachant ni lire ni écrire; de 1841 à 1850, on en comptait 164 sur 1,000 ; mais c'est surtout pour les *faux en matière de recrutement* que la part de l'ignorance est la plus large; sur 1,000 accusés, de 1826 à 1830, on en compte 635 ne sachant ni lire ni écrire; et de 1841 à 1850, 604.

FAUX (*Rhétorique*). Le *faux* dans le style est surtout opposé au *naturel*. Il peut exister dans les *pensées* ou dans les *sentiments*. Le *faux* dans les *pensées* consiste à prêter aux objets des qualités qui ne leur conviennent pas, à lier des idées qui se repoussent, ou à désunir celles qui ont des rapports. Corneille, génie accoutumé à penser des choses sublimes, est outré en plusieurs endroits, comme lorsqu'il fait dire à Pulchérie, dans *Héraclius* :

La vapeur de mon sang ira grossir la foudre
Que Dieu tient déjà prête à te réduire en poudre.

Cette pensée de J.-B. Rousseau n'est pas moins fausse et intolérable :

... Cherchez bien de Paris jusqu'à Rome,
Onc ne verrez sot qui soit honnête homme.

Le *faux* dans les *sentiments* consiste à les contrefaire, à les exagérer; si l'on fait parler un personnage, il faut lui prêter des sentiments convenables à son caractère, à sa situation, aux dispositions de ceux auxquels il s'adresse, etc. Dans Racine, le récit que Théramène fait à Thésée de la mort d'Hippolyte est magnifique de style, mais il n'est pas naturel; la douleur ne s'exprime pas avec tant d'art et de pompe. Hernani dans le drame de M. V. Hugo, reprochant à don Gomès de la mort de sa fiancée, lui dit :

.... Ah ! ton âme est cruelle!
Pouvais-tu pas choisir d'autre poison pour elle?

Ce sentiment semble bien loin de ce que doit réellement dire et penser un homme qui voit expirer sa maîtresse.

Aug. Husson.

FAUX (Bijouterie en). Le besoin de se procurer au moins l'apparence de certains objets fabriqués en or, argent, et autres matières précieuses, a donné naissance aux industries qui confectionnent ces objets en matières de bas prix. On trouve par exemple dans le commerce une quantité extraordinaire de bijouterie fort bien exécutée en cuivre, verroterie, qui imite assez bien les bijoux en or et diamants; on fait aussi de fausses perles ou des imitations en verre, etc., des perles véritables. On imite les diamants avec tant de fidélité que, vus d'une certaine distance, l'œil le plus exercé pourrait s'y tromper (perle, stras).

Teyssèdre.

FAUX ACACIA. *Voyez* Robinier.

FAUX ATTIQUE, couronnement d'un édifice qui s'élève à une certaine hauteur au-dessus de l'entablement, qui est lisse et sans ornement : tel est celui du palais de la Bourse à Paris.

FAUX BAUDOUIN. *Voyez* Baudouin VI et Jeanne de Flandre.

FAUX BOURDON (*Entomologie*). On nomme ainsi plusieurs hyménoptères du genre *bourdon*, et le mâle des abeilles.

FAUX-BOURDON (*Musique*), sorte de musique à plusieurs parties, en usage pour le chant des psaumes, dont les notes sont presque toutes égales, et dont l'harmonie est toujours syllabique (*voyez* Plain-Chant). Les Italiens appellent encore *faux-bourdon* une progression de plusieurs accords de sixte dans laquelle le dessus forme des quartes de suite avec la partie intermédiaire, et des sixtes de suite avec la basse.

FAUX DAUPHINS. *Voyez* Dauphins (Faux).

FAUX DÉMÉTRIUS. *Voyez* Démétrius (Les faux).

FAUX DU CERVEAU, Faux du cervelet ou petite faux. *Voyez* Dure-Mère.

FAUX ÉBÉNIER. *Voyez* Cytise.

FAUX MONNAYAGE. Depuis que les hommes font usage de pièces métalliques pour représenter certaines valeurs et rendre par là les échanges plus faciles, il s'est rencontré des individus qui ont cherché à imiter les pièces de monnaie avec des métaux d'une valeur comparative inférieure. Il y en a qui se contentent de rogner les pièces à l'aide de limes, de burins, d'acides. Mais la plupart des faux-monnayeurs coulent leurs pièces dans des moules de bois, de plâtre, etc; ils ne peuvent par ce moyen obtenir que des copies imparfaites, faciles à reconnaître. Il y a enfin des faux-monnayeurs qui fabriquent très-correctement des pièces d'or et d'argent à l'aide des procédés usités dans les hôtels de monnaies; mais leurs pièces ont une valeur inférieure, soit à cause d'un excès d'alliage, ou bien parce qu'elles n'ont pas le poids voulu. Des faussaires font des

20.

pièces dont le corps est une rondelle de cuivre recouverte d'une pellicule d'or ou d'argent. Ces monnaies ont trop de volume, ou bien elles n'ont pas le poids; d'ailleurs, il est facile de les reconnaître à la couleur; car du cuivre doré ou argenté ne réfléchit pas la lumière exactement comme l'or ou l'argent pur. En général, on distingue beaucoup de monnaies fausses au son qu'elles rendent. Aujourd'hui les monnaies sont frappées avec tant de perfection qu'il n'y a que des insensés qui puissent tenter de les contrefaire. TEYSSÈDRE.

Les articles 132 à 138 du Code Pénal sont consacrés à une nature toute spéciale de faux qui compromet à la fois et les intérêts particuliers et l'intérêt de l'État; nous voulons parler de la fausse monnaie : le crime de fausse monnaie était autrefois puni de mort; aujourd'hui il est puni des travaux forcés à perpétuité, lorsque la contrefaçon ou l'émission s'est attaquée aux monnaies d'or et d'argent, et des travaux forcés à temps s'il ne s'agit que de monnaies de cuivre ou billon ; la contrefaçon ou falsification d'effets émis par le trésor public avec son timbre, des billets de banques autorisées par la loi, leur usage, sont punis des travaux forcés à perpétuité.

La falsification, contrefaçon ou émission en France de monnaies étrangères altérées ou contrefaites est punie des travaux forcés à temps.

Ceux qui ayant reçu pour bonnes des pièces fausses les remettent en circulation n'encourent pas ces peines; mais s'ils en ont vérifié ou fait vérifier les vices, ils sont punis d'une amende triple au moins, et sextuple au plus de la somme qu'elles représentent, sans que cette somme puisse en aucun cas être inférieure à 16 francs.

La révélation du crime de fausse monnaie avant toutes poursuites ou même après poursuites, s'il s'ensuit l'arrestation des coupables, exempte des peines ci-dessus mentionnées ceux qui auraient participé à la fabrication ou émission. Néanmoins, ils peuvent être mis pour leur vie, ou à temps, sous la surveillance de la haute police.

La contrefaçon ou altération de la monnaie résulte de toute opération qui marque l'intention de faire passer la pièce pour une valeur supérieure. Ainsi on contrefait la monnaie quand on la couvre d'un enduit qui lui donne la fausse apparence de l'or ou de l'argent quand même on l'altère et on la contrefait si grossièrement qu'il est impossible de la prendre pour bonne; quand on la rogne dans l'intention de la mettre en circulation sous une fausse valeur.

Pour les faux monnayeurs, la statistique nous offre la moyenne annuelle suivante: de 1826 à 1830, 46 ; de 1830 à 1835, 84 ; de 1836 à 1840, 106; de 1841 à 1845, 105; de 1846 à 1849, 123.

FAUX PLATANE. *Voyez* ÉRABLE.

FAUX POIDS, FAUSSES MESURES. Quiconque trompe sur la quantité des choses vendues par usage de faux poids ou de fausses mesures est puni d'un emprisonnement de trois mois au moins et d'un an au plus et d'une amende qui ne peut excéder le quart des restitutions et dommages-intérêts, ni être au-dessous de 50 fr. Les objets du délit, ou leur valeur, s'ils appartiennent encore au vendeur, sont confisqués, les faux poids et les fausses mesures sont aussi confisqués et de plus brisés. Si le vendeur et l'acheteur se sont servis dans leur marché d'autres poids ou d'autres mesures que ceux qui ont été établis par les lois de l'État, l'acheteur est privé de toute action contre le vendeur qui l'a trompé, sans préjudice toutefois de l'action publique pour la punition, tant de cette fraude que de l'emploi même des *poids et mesures prohibés.*

La loi du 27 mars — 1er avril 1851 porte la même peine que ci-dessus pour ceux qui emploient des manœuvres ou procédés tendant à fausser l'opération du pesage et du mesurage, ou à augmenter frauduleusement le poids ou le volume de la marchandise, même avant cette opération, ou qui donnent des indications frauduleuses tendant à faire croire à un pesage ou à un mesurage antérieur et exact. Sont punis d'une amende de 16 fr à 25 et d'un emprisonnement de six à dix jours, ou de l'une de ces deux peines seulement, suivant les circonstances, ceux qui sans motifs légitimes auront dans leurs magasins, boutiques, ateliers ou maisons de commerce, ou dans les halles, foires ou marchés, des poids ou mesures faux, ou autres appareils inexacts servant au pesage et au mesurage. En cas de récidive dans les cinq ans qui suivent le délit, la peine peut être élevée jusqu'au double du maximum. Le tribunal peut ordonner l'affichage du jugement dans les lieux qu'il désigne et son insertion intégrale ou par extrait dans les journaux, aux frais du condamné. Les deux tiers du produit des amendes sont attribués aux communes dans lesquelles les délits ont été constatés.

FAUX-PONT. Au-dessous du premier pont d'un navire, il y en a un second qui diminue la profondeur de la cale, aide à l'arrimage de la cargaison, consolide le navire, et facilite le logement de l'équipage : on l'a nommé *faux-pont*. A bord des navires de guerre, le faux-pont est principalement destiné au logement des officiers et de l'équipage : on dispose, à partir de l'arrière de chaque bord, une série de petites chambres, ou cabanes, que l'on répartit entre les divers membres de l'état-major; l'espace vide qui se trouve au milieu sert de salle à manger aux officiers à bord des frégates ou navires de moindre rang ; sur les vaisseaux, cet espace reste libre. Les élèves ont leur poste en avant du logement des officiers. Enfin, les maîtres, ou officiers mariniers, ont leurs chambrettes tout-à-fait à l'avant du navire. La partie intermédiaire, comprise entre le logement des maîtres et celui des officiers, est occupée par des caissons, partagés en petites cases dans lesquelles sont rangés les sacs, c'est-à-dire toute la garde-robe des matelots. A bord des frégates et des bâtiments inférieurs, les matelots suspendent leurs hamacs dans le faux-pont; mais sur les vaisseaux où il y a plusieurs batteries, c'est dans les batteries que couchent les matelots, et le faux-pont reste entièrement dégagé. L'hygiène navale approuve cette mesure, car le faux-pont, étant sous l'eau, ne reçoit l'air et la lumière que par des lucarnes, ou *hublots*, qu'on est obligé de tenir strictement et hermétiquement fermés à la mer. L'atmosphère qu'on y respire serait donc bientôt viciée par les exhalaisons d'une multitude d'hommes ainsi concentrés, tandis que dans les batteries on peut à volonté, et presque toujours, renouveler l'air par les sabords des canons.

Ainsi que la cale, le faux-pont a ses habitants, race à part, qui vit à l'ombre, et semble redouter l'exposition à ciel ouvert. C'est là que l'on trouve continuellement les *cambusiers* ou agents des vivres, parce que c'est dans le *faux-pont* qu'est placée l'ouverture du cabanon où se fait la distribution des vivres de l'équipage, et que l'on nomme *cambuse*. La dose d'air pur nécessaire à l'existence de ces hommes est très-faible; il faut que l'habitude influe singulièrement sur les organes de la respiration, pour qu'ils puissent s'en contenter. Au milieu de cette atmosphère méphitique et raréfiée, les cambusiers ont tous un teint pâle et blême ; rarement ils viennent se rafraîchir à l'air vif du pont ; il semble que son action sur leurs poumons soit trop forte. Tous ces hommes ont un aspect terreux et uniforme, ou d'un blanc mat, qui fait mal à voir. Et cependant, rarement les maladies qui déciment les équipages descendent jusqu'à eux. Théogène PAGE, *capitaine de vaisseau*.

FAUX SABORD. *Voyez* SABORD.

FAUX-SAUNAGE, FAUX-SAUNIERS. Ces deux mots, sous l'ancien régime, s'appliquaient à la contrebande du sel et aux individus qui exerçaient cette industrie, très-rigoureusement punie par les lois et ordonnances. Les individus reconnus coupables de *faux-saunage* commis à main armée étaient punis de neuf années de galères, et pendus en cas de récidive. Quand le délit était commis sans port d'armes, la peine était une forte amende, et en cas de récidive les galères.

FAUX SCORPIONS. *Voyez* ARACHNIDES.

FAUX SYCOMORE, nom vulgaire de l'*azédarach bipenné.*

FAUX TÉMOIGNAGE. Le faux témoignage consiste à déclarer en justice des faits dont on connaît la fausseté. Il est frappé de la dégradation civique et d'un emprisonnement d'un an à cinq ans, lorsqu'il a été commis en simple police; de la réclusion en police correctionnelle et en matière civile, et des travaux forcés à temps en matière criminelle. Si l'accusé a été condamné à une peine plus forte que celle des travaux forcés à temps, le faux témoin subit la même peine. Le faux témoin en matière civile et correctionnelle est puni des travaux forcés à temps lorsqu'il a reçu de l'argent ou des promesses pour son faux témoignage; dans le même cas en simple police la peine est la réclusion. Une déposition fausse en matière criminelle ne peut être arguée de faux témoignage que tout autant qu'elle a été faite à l'audience; la loi a voulu qu'il en fût ainsi afin que les témoins qui dans la première instruction auraient pu s'écarter de la vérité ne fussent pas induits à persévérer dans le mensonge par la crainte d'être poursuivis comme faux témoins. En matière civile, toute fausse déclaration faite en dehors du procès devant l'officier public ayant caractère pour la recevoir constitue le faux témoignage. Le président d'une cour d'assises peut, soit d'office, soit sur la réquisition d'un ministère public, de l'accusé ou de la partie civile, faire arrêter, audience tenante, le témoin dont la déposition lui semblerait fausse.

FAUX VERTICILLE, verticille dont les pédoncules partent seulement de deux côtés opposés, mais dont les fleurs, plus ou moins nombreuses, s'étalent à droite et à gauche, de manière à former un anneau autour de la tige, comme cela a lieu dans la plupart des labiées.

FAVARD DE LANGLADE (GUILLAUME-JEAN, baron), jurisconsulte estimé, né le 2 avril 1762, à Saint-Flour (Puy-de-Dôme), fit constamment partie de nos différentes assemblées législatives depuis les premiers jours de novembre 1795 jusqu'à sa mort, arrivée à Paris, le 14 novembre 1831. Ses principaux ouvrages sont: *Conférence du Code Civil*, avec la discussion particulière du conseil d'État et du tribunat avant la rédaction définitive de chaque projet de loi, etc. (Paris, an XIII; 8 volumes); *Code Civil des Français*, suivi de l'exposé des motifs sur chaque loi, présentés par les orateurs du gouvernement (12 volumes in-12; Paris, 1804); *Répertoire de la nouvelle législation civile, commerciale et administrative* (5 volumes in-4°; Paris, 1823); *Traité des privilèges et des hypothèques*, etc., etc. Au moment où éclata la révolution, Favard était avocat du parlement de Paris; en 1792 il fut nommé commissaire près le tribunal d'Issoire. Sous le consulat, il prit une part importante à la discussion du Code Civil, et fut particulièrement chargé de soutenir devant le Corps législatif celle des chapitres du troisième livre relatifs aux *donations entre vifs et testamentaires*, aux *contraintes et obligations*, aux *dépôts et séquestres*. En 1808 il fut nommé conseiller à la cour de cassation, et en 1819 la présidence de la chambre des requêtes de cette cour lui fut déférée. Un décret impérial l'avait attaché au conseil d'État en 1813, avec le titre de maître des requêtes; la Restauration le confirma dans ce titre, et lui accorda en 1817 celui de conseiller d'État.

FAVART (CHARLES-SIMON), né à Paris, en 1710, était fils d'un pâtissier, chansonnier-amateur, qui avait beaucoup d'esprit naturel et de gaieté. C'est à lui qu'on doit l'invention des échaudés, et, comme de raison, il chanta son œuvre. Après avoir fait de bonnes études au collège Louis-le-Grand, le jeune Favart fut couronné par les Jeux Floraux pour un poëme sur *la France délivrée par la Pucelle d'Orléans*. L'éducation lyrique du jeune homme, pour lequel son père mettait la morale et la grammaire en couplets, et qu'il menait souvent à l'Opéra-Comique, décida sa vocation. Devenu l'auteur le plus fécond et le plus distingué de ce théâtre, il en soutint et en augmenta la prospérité par une foule d'ouvrages ingénieux; il sut y ramener la décence, trop souvent bannie de ce spectacle forain, et, en la revêtant d'une gaze pudique, conserver à cette Muse olâtre une vive et piquante allure. *Les Nymphes de Diane, Le Coq du village, La Chercheuse d'esprit*, surtout, sont des modèles en ce genre. Les cagots et les prudes s'étant montrés fort scandalisés du succès de cette dernière pièce, Hénaut, lieutenant de police de ce temps, voulut juger lui-même du plus ou moins de fondement de leurs plaintes. Il assista donc à l'une des représentations, muni d'un calepin sur lequel il devait prendre note des couplets dont la trop forte gaillardise exigerait la suppression; mais à chacun d'eux la grâce et la finesse du trait arrêtèrent la main prête à les porter sur l'*index*; la pièce finit, et le calepin resta vierge de notes de proscription. Peu de temps après, une jeune et jolie actrice, qui débuta à Paris sous le nom de Mlle de Chantilly, vint ajouter le charme de son jeu à celui des ouvrages de Favart, qui bientôt devint son époux. La grande vogue de l'Opéra-Comique ayant excité contre lui des jalousies inimitiés, qui entraînèrent sa fermeture momentanée, Favart et sa femme formèrent une troupe qui alla jouer le vaudeville dans les camps, et qui fut attachée à l'armée du maréchal de Saxe. Malheureusement, le héros de Fontenoi était, comme on sait, très-facile à s'éprendre; il voulut ajouter Mme Favart à la liste de ses conquêtes, et sa résistance fut de la part du maréchal l'occasion d'une suite de persécutions. Rappelés de leur exil par la mort de leur persécuteur, Favart et sa femme revinrent offrir à la capitale, par leurs doubles talents, de nouvelles jouissances. Il fit pour elle la charmante pièce des *Trois Sultanes*, et célébra la paix de 1763 par la jolie comédie de *L'Anglais à Bordeaux*, représentée au Théâtre-Français.

La réunion de l'ancien Opéra-Comique et du Théâtre-Italien fut pour Favart une nouvelle occasion de montrer la variété de sa muse facile et gracieuse. Le genre de la pièce à ariettes lui valut de nouveaux succès, et Voltaire félicita l'habile commentateur de ses contes, celui qui avait fait applaudir sur la scène non-seulement *Ninette à la cour, L'Amitié à l'épreuve*, mais encore *La Fée Urgèle, Isabelle et Gertrude*, et *La Belle Arsène*. En vain la malignité de quelques envieux feignit de reconnaître dans ces ouvrages la coopération de l'abbé de Voisenon, que de méchantes langues avaient déjà supposé dans une communauté plus que littéraire avec l'auteur; les succès précédents de Favart, le genre d'esprit de l'abbé, suffisaient pour réfuter cette assertion. Depuis la mort prématurée de sa femme, qu'il avait vivement regrettée, Favart habitait presque toujours sa petite maison de campagne à Belleville. Il s'y fixa tout à fait à l'époque de la révolution de 1789, qui lui enlevait ses pensions et le fruit de ses économies, revers de fortune qu'il supporta sans une philosophie sans ostentation. C'est là qu'octogénaire, il s'éteignit paisiblement dans les bras de ses enfants, le 12 mai 1792. Favart ne fut point de l'Académie: le jour des vaudevillistes n'était point encore venu. Certes, il aurait pu lutter avec justice pour *L'Anglais* et de *Soliman II*, pour l'émule de l'académicien Sedaine, qui, par sa correction et son élégance, méritait mieux le fauteuil.

FAVART (MARIE-JUSTINE-BENOITE DURONCERAY, dite Mlle DE CHANTILLY, femme), était née à Avignon, le 15 juin 1727. Ses parents étaient des artistes distingués, attachés à la musique du roi Stanislas, qui, descendu du trône de Pologne, tenait sa petite cour à Lunéville et à Nancy. Élevée par les soins de ce prince, qui avait reconnu dans la petite Justine des dispositions précoces, sa mère l'amena à dix-sept ans dans la capitale, où elle devint l'épouse de Favart et la perle de l'Opéra-Comique. Elle excellait dans le chant, la pantomime et la danse. Amoureuses tendres ou ingénues, piquantes soubrettes, naïves villageoises, elle remplissait tous les rôles avec un égal succès. Pour compléter, dans ces derniers personnages, la vérité de leur représentation, elle osa, la première, paraître, avec un gros jupon de laine, des sabots, et les cheveux sans poudre, sur une scène où l'on

n'avait vu jusque là que des paysannes avec des robes de soie, des souliers de satin et les cheveux poudrés. Un des volumes du théâtre de son mari a paru sous le nom de Mme Favart; elle a en effet fourni son contingent de couplets et de traits heureux aux pièces agréables de *Bastien et Bastienne*, d'*Annette et Lubin*, etc. Chérie au théâtre pour ses talents, dans la société pour les excellentes qualités de son cœur et le charme de son esprit, partout pour son inépuisable bienfaisance, Mme Favart, après une longue maladie, où elle montra beaucoup de résignation et de courage, fut enlevée à la scène le 20 avril 1772, à peine âgée de quarante-cinq ans. A ses derniers moments, elle avait composé son épitaphe en vers, et l'avait mise en musique.
OURRY.

FAVEUR, penchant que les princes et les hommes puissants éprouvent pour quelque personne placée dans leur entourage, ou que le hasard a rapprochée d'eux. Quoique ce sentiment n'ait pas le rang de passion, il est quelquefois aussi vif, aussi aveugle dans ses effets. Aussi n'est-il presque jamais le fruit des vertus ou des services; il se fonde principalement sur des agréments personnels ou des talents frivoles. Ce n'est pas l'abus de leur faveur envers le prince, mais envers le peuple qui perd quelquefois les favoris. Ils peuvent demander sans lasser la bienveillance du maître, s'enrichir sans épuiser sa générosité, accaparer les plus hautes dignités sans révolter sa faiblesse. Tant qu'elle dure, la faveur peut aspirer à tout : on immolera pour elle jusqu'aux liens du sang, jusqu'aux nœuds les plus sacrés. Mais si la faveur n'a pas de bornes, elle a ses conditions, qu'il faut subir. Elle éveille l'envie, expose à tous les traits, condamne à des hostilités continuelles et implacables. Il faut lui sacrifier son repos, son honneur, ses affections, et souvent finir par la payer de son sang. On l'acquiert sans mérite, on la perd sans motif, par un mot qui frappe, par une circonstance imprévue. Il faut donc posséder seul le prince, l'obséder à toutes les heures par soi-même ou par autrui, le tenir enfin dans une sorte d'esclavage qu'il ne puisse soupçonner. Car s'il voit sa chaîne, il la brise; et comment la rendre toujours invisible, ou assez forte pour qu'elle ne se rompe pas? Il est donc peu de positions aussi dures et aussi pesantes. Semée d'inquiétudes poignantes, de défiances éternelles, elle vous force à repousser tous les sentiments comme autant de pièges. L'amitié ne paraît plus qu'une flatterie, le dévouement qu'un mensonge, le désintéressement qu'une spéculation.

Quant à la *faveur populaire*, elle enivre plus encore ceux qui la recherchent, mais elle fait la ruine ou la mort en perspective, et peut s'évaporer en un moment. Necker, rappelé au pouvoir au milieu d'acclamations unanimes, osa invoquer la clémence. Soudain les cœurs se refroidirent, et quelques heures séparèrent son triomphe de sa chute. Cette leçon, si récente et si forte, n'a pas dégoûté de la faveur populaire. Au reste, la faveur du peuple n'est si volage, que parce qu'elle naît de l'enthousiasme, et que, formée de tant de volontés, elle ne peut être conséquente comme un seul homme; et elle est si ingrate, c'est qu'elle est affranchie de toute considération, nul ne répondant personnellement de ses décisions.

Suivant les auteurs du *Dictionnaire de Trévoux*, « *faveurs*, au pluriel, signifient tout ce qu'une maîtresse accorde à celui qu'elle aime ».

Combien en voyons-nous se laisser pas à pas
Ravir jusqu'aux *faveurs* dernières,
Qui dans l'abord ne croyaient pas
Pouvoir accorder les premières?

Cette remarque avait été faite plus d'un siècle avant La Fontaine par le duc de Nemours, l'un des princes les plus galants de la cour de France au seizième siècle. Quoi qu'il en soit, si la mobilité, le changement et l'inconstance s'attachent à tout ce qui est faveur, on peut affirmer du moins que les faveurs du beau sexe donnent en plaisir tout ce que celle des rois donne en ennuis. Il est vrai qu'en retour la *faveur* des princes enrichit pour des siècles, tandis que les *faveurs* de maintes dames ruinent en quelques minutes toute une famille.
SAINT-PROSPER jeune.

FAVORINUS, philologue et lexicographe du seizième siècle, s'appelait *Guarino*. D'abord il se contenta de latiniser son nom, dont il fit *Varinus*; puis il y ajouta celui de *Favorinus*, qui devait prévaloir, et qu'il avait pris de *Favora*, lieu de sa naissance; puis encore, toujours curieux d'accumuler les appellations sur sa tête, il emprunta de *Camerino*, ville capitale de l'Ombrie, voisine de son berceau, le nom de *Camers*, contracté de *Camarinensis*, qui en latin signifie habitant de *Camerino*. Dès qu'il fut en âge d'étudier, ses parents l'envoyèrent à Florence; il y puisa la science du grec aux leçons de Jean Lascaris et d'Ange Politien. Favorinus appartenait à l'ordre de Saint-Benoît quand il fut appelé à diriger la bibliothèque des Médicis, emploi qui lui procura l'excellente fortune de devenir l'un des précepteurs de Jean de Médicis, depuis pape sous le nom de Léon X. Il dut à cette circonstance sa nomination à l'évêché de Nocera, qu'il conserva jusqu'à sa mort, arrivée en 1537. L'ouvrage qui l'a fait connaître est intitulé : *Magnum ac perutile dictionarium*, etc. (Rome, 1523). Ce dictionnaire a sans doute perdu beaucoup de son prix par la publication subséquente d'un grand nombre d'ouvrages du même genre; mais il aura toujours sa valeur relative. On doit encore à Favorinus une traduction latine des *Sentences de Stobée*.
E. LAVIGNE.

FAVORIS, touffes de poils qu'on laisse croître de chaque côté du visage, le long des oreilles, et qui parfois vont, ou s'unir aux moustaches, ou former un collier autour du cou, sous le menton. Les Français et les Suédois passent pour avoir les plus beaux favoris. Les *gentlemen* n'ont aucune répugnance à porter des favoris rasés à la hauteur de la boucle, à l'exclusion de la barbe et des moustaches.

FAVORIS, FAVORITES. On donne le nom de *favoris* à certains personnages qui se glissent dans la familiarité du prince, entrent dans ses bonnes grâces, dominent ses volontés, et finissent par s'emparer du pouvoir, qu'ils exploitent au profit de leur ambition. L'eunuque Bagoas, Séjan, Plautien, Rufin, Eutrope, et, dans nos temps modernes, Alvarès de Luna, Wolsey, Buckingham, Olivarès, Concini, Luynes, s'élevèrent par cette voie, sans faire amnistier leur fortune par des services rendus à la patrie. N'oublions pas de citer encore, parmi les favoris, Biren, Cinq-Mars, Escoïquiz, Essex, Godoy, Leicester, L'Estocq, Potemkin, etc. Si la plupart s'occupèrent si peu des intérêts publics, ce n'est pas toujours faute de bonne volonté ou de capacité; mais, attaqués sans relâche par des ennemis déclarés ou couverts, il leur faut veiller jour et nuit auprès du maître pour les écarter. Au reste, les favoris sont à peu près inévitables dans les gouvernements despotiques et monarchiques, fussent-ils régis par les plus grands princes. C'est que tout s'use avec le temps, même la passion du commandement; l'amour du repos poursuit jusque sur le trône les caractères les plus fermes, et les engourdit. Tibère, capitaine habile, politique délié, livra à Séjan la jouissance d'un empire conquis avec tant de peines et cimenté par tant de crimes. Sévère, doué des mêmes talents, permit à Plautien de régner à sa place, et Louis XIV, subjugué par une femme, laissa le pouvoir tomber en quenouille. Toutefois, malgré ces exemples, il faut reconnaître que la cause principale du favoritisme vient des souverains trop faibles et trop inhabiles pour soutenir le poids des affaires. Ce qui soulève le plus contre les favoris, c'est qu'ils ne portent jamais leur fortune avec modestie. Entourés d'une pompe insultante, qui contraste avec leur bassesse primitive, ils y joignent encore l'insolence des manières et des discours. Ils révoltent par là la fierté, refroidissent le dévouement, éveillent les haines, et jettent du côté de leurs ennemis tous les ressentiments qu'ils ont fait naître par leur propre faute.

On ne rencontre guère aussi des *favorites* que dans les monarchies et les États despotiques, car, dans les républiques l'influence des femmes s'est toujours renfermée dans des bornes assez étroites. La seule dont l'histoire ait conservé le nom est la fameuse Aspasie. En Orient, les femmes, depuis un temps immémorial condamnées à l'oisiveté du harem, sont toujours restées loin des affaires, et si la *sultane favorite*, la sultane préférée, fait tomber un visir, ou monter aux honneurs un protégé, elle ne gouverne pas l'État, et son rôle est aussi obscur que circonscrit. Dans l'Europe, au contraire, où le sexe a conquis son affranchissement, il a dominé souvent l'esprit des hommes les plus remarquables, aidé par ses charmes, qui persuadaient ses raisons. Mais c'est en France que les femmes ont eu le plus de succès de ce genre. Longtemps confinées néanmoins dans les soins domestiques, elles n'en sortirent qu'à l'époque où François Ier les installa souveraines dans sa cour; c'est de ce moment que date l'existence des favorites. La cour se partagea alors entre la duchesse d'Étampes et Diane de Poitiers. Henri IV eut beaucoup de maîtresses, mais pas une favorite. Comme lui, Louis XIV tint d'abord le gouvernail d'une main ferme, mais finit par l'abandonner à une favorite, Mme de Maintenon. Louis XV eut plus d'une favorite, de la duchesse de Châteauroux à Mme de Pompadour et à la Dubarry.

D'autres États en Europe ont subi des favorites. Au quatorzième siècle, une femme surnommée *la Catanaise*, sortie des derniers rangs du peuple, régit Naples et la reine Jeanne Ire, la poussa au crime et la perdit. Dans le même siècle, Marie de Padilla régna en Castille sur le cœur et les États de ce farouche Pierre, flétri du nom de *Cruel*. Une autre essaya de jouer près de Philippe V le rôle de Mme de Maintenon; c'était la princesse des Ursins. En Angleterre, où les femmes ont régné par le droit politique, la célèbre Élisabeth eut des amants, non des favoris; mais la fille de Jacques II, Anne, fut constamment dominée par des favorites, entre autres par la femme de Marlborough. En Prusse, la comtesse de Lichtenau gouverna aussi le cœur et les États du successeur du grand Frédéric.

SAINT-PROSPER jeune.

FAVRAS (Thomas Mahi, marquis de), né à Blois en 1745, entra au service dans les mousquetaires, et fit avec ce corps la campagne de 1761. Capitaine aide-major dans le régiment de Belsunce, puis lieutenant des Suisses de la garde de Monsieur, il quitta cette charge en 1775, pour aller à Vienne faire reconnaître sa femme comme légitime et unique héritière du prince d'Anhalt-Schauenbourg. Lors de l'insurrection de la Hollande contre le stathoudérat, en 1787, il combattit à la tête d'une légion. Il revint en France au milieu de la tourmente révolutionnaire. Doué d'une tête ardente, il présenta aux divers ministres des plans de réforme financière et politique. Tout à coup, en décembre 1789, on annonça l'arrestation de Favras, accusé de haute-trahison. Il devait, assurait-on, introduire des brigands armés dans Paris, égorger Lafayette, Necker et Bailli, soustraire le sceau de l'État, enlever Louis XVI, pour le mettre à la tête des troupes contre-révolutionnaires, et affamer la capitale. D'après la rumeur publique, le chef du complot était Monsieur. Le Châtelet de Paris, chargé d'instruire l'affaire, venait d'acquitter Bezenval; le peuple regardait en conséquence le tribunal comme vendu à la cour. Favras soutint devant ses juges qu'il avait été chargé d'effectuer un emprunt pour Monsieur, et qu'à cet effet ce prince lui avait souscrit une obligation de deux millions. Quant au recrutement de soldats, il prétendait avoir voulu aider à la révolution du Brabant. Turquati et Morel, dénonciateurs et témoins, déclarèrent que Favras les avait chargés de recruter des hommes pour un corps de 1,200 cavaliers, qu'il avait le projet de réunir à Versailles, afin de protéger la retraite du roi sur Metz. Comme la voix du peuple menaçait Monsieur, qu'on s'obstinait à voir à la tête du complot, le frère du roi vint se justifier à la commune de Paris de toute liaison avec Favras.

Cette démarche, le haut rang, l'influence de celui qui la faisait, étaient autant de coups mortels portés à l'accusé.

Cependant, les dénonciations de Turquati et de Morel étaient appuyées par la déclaration du banquier Chomel. Favras se défendit avec beaucoup de courage. La foule furieuse qui entourait la salle du palais demandait la vie de l'accusé; elle l'obtint le 18 février 1790.

Le lendemain eut lieu l'exécution : à trois heures, le condamné partit de sa prison : il était sur une charrette, en chemise; il portait suspendu à sa poitrine un écriteau sur lequel on lisait : *conspirateur contre l'État*. Après avoir fait amende honorable devant le parvis de Notre-Dame, il demanda à être conduit à l'hôtel de ville pour y révéler des secrets importants. Favras dicta son testament avec la plus grande indifférence : « Si je révélais, dit-il ensuite, le nom du grand personnage qui m'a donné les 100 louis dont on parle dans le procès, serais-je sauvé? » Le juge lui fit un signe négatif: « Alors, dit-il, je mourrai avec mon secret. » Jusqu'au dernier instant, le malheureux crut que sa grâce lui serait accordée. Enfin, à huit heures du soir, il descendit le perron de l'hôtel de ville, complètement illuminé. Il était pâle et défait; il attendait toujours le retour d'un message envoyé à Monsieur... Il ne reçut point de réponse! En mettant le pied sur l'échelle : « Citoyens, dit-il, je suis innocent; priez Dieu pour moi! » Trois fois, Favras protesta de son innocence en montant les fatals échelons. Il fut pendu à la lueur des torches, à dix heures du soir. Deux heures après, son corps fut rendu à sa famille. Comme il n'était pas encore froid, on conçut l'espoir de le rappeler à la vie. Un médecin le saigna; le malheureux ouvrit les yeux, poussa un soupir et expira. Son testament, que publièrent les journaux, avait été altéré ainsi que les interrogatoires. Les contre-révolutionnaires avaient mis tout en œuvre pour hâter son supplice. Le lieutenant civil Talon s'était rendu auprès de lui avant qu'il fût interrogé par le rapporteur. Il retira du Châtelet les principales pièces du procès, qui passèrent dans les mains de sa fille, la célèbre comtesse du Cayla, laquelle sous l'empire les communiqua au duc de Rovigo, et sous la Restauration le porta à Louis XVIII, qui se hâta de les brûler.

FAVRE (Jules), avocat à la cour impériale de Paris et ancien membre de l'Assemblée nationale, est né à Lyon, le 31 mars 1809, dans une famille d'honorables commerçants, et débuta au barreau de Paris peu de temps après la révolution de juillet 1830. L'indépendance de son caractère, la nature acerbe de son talent et le radicalisme de ses opinions politiques, mirent souvent dans le plus cruel embarras les membres du parquet et même les juges, à l'occasion des nombreux procès politiques où il fut appelé à figurer au bancs de la défense. Avocat des *mutuellistes* de Lyon, en 1831, il courut plus d'une fois des dangers personnels; ce qui ne l'empêcha pas, en 1834, de se charger encore de la défense devant la chambre des pairs d'un certain nombre des accusés d'*avril*. Dans cette circonstance on remarqua surtout la hardiesse avec laquelle il plaça dans l'exorde de son plaidoyer une profession de foi complètement républicaine. A la révolution de février 1848, M. Jules Favre devenu secrétaire général du ministère de l'intérieur, rédigea en cette qualité la fameuse circulaire par laquelle M. Ledru-Rollin investissait de pouvoirs dictatoriaux les commissaires envoyés dans les départements par le gouvernement provisoire. Nommé par la commission exécutive sous-secrétaire d'État au ministère des affaires étrangères, il donna sa démission à la suite de la discussion du projet de mise en accusation de MM. L. Blanc et Caussidière, présenté par MM. Portalis et Landrin, et qu'il avait appuyé. Élu représentant du peuple à la constituante et à la législative par le département du Rhône, il y fit preuve de brillantes facultés oratoires, et vota toujours avec l'extrême gauche. On remarqua surtout ses nombreux discours sur les affaires d'Italie, sur la liberté de la presse, contre la déportation, etc. Élu conseiller général dans le

Rhône et la Loire en 1852, il refusa de prêter le serment exigé par la constitution nouvelle.

FAWKES (Guy), le chef de la fameuse conspiration des Poudres, était né en 1570, dans le Yorkshire, d'une famille protestante. Mais tout jeune encore il s'était converti au catholicisme, et était allé prendre du service en Flandre dans l'armée Espagnole. Animé du zèle le plus fanatique pour sa foi nouvelle, à son retour en Angleterre il entra avec quelques individus qui pensaient comme lui dans une conspiration, et se chargea de mettre le feu à des barils de poudre placés sous le local des séances du parlement et dont l'explosion eût fait périr du même coup, le jour de l'ouverture de la session (5 novembre 1605), le roi Jacques Ier, les gens de sa cour, et les membres des deux chambres. Arrêté par suite d'une dénonciation d'un de ses complices au moment où la mèche à la main il allait perpétrer son crime, Guy Fawkes fut d'abord soumis à la question, puis décapité, et subit d'ailleurs son supplice avec une inébranlable fermeté. En commémoration du danger auquel échappa le pays en cette circonstance, on promène encore aujourd'hui dans la plupart des villes d'Angleterre, le 5 novembre de chaque année, un mannequin grotesquement affublé d'un uniforme d'officier. La populace, qui forme le cortège obligé de cette bizarre mascarade, fait retentir l'air d'une chanson commençant par ces vers :

Please to remember
The fifth of november.
The gunpowder treason and plot, etc.

Puis quand elle est fatiguée, elle jette le mannequin dans un feu de joie, dont il devient le principal élément. En 1850 cette démonstration populaire eut un caractère d'importance qu'elle n'avait plus depuis longtemps, parce qu'on y vit un moyen de répondre à ce qu'on appelait *the papal agression*, c'est-à-dire aux tentatives faites par la cour de Rome pour étendre son influence en Angleterre ; et cette année là le mannequin d'usage ne représenta pas *Guy Fawkes*, mais le cardinal Wiseman.

C'est par allusion au grotesque accoutrement dont on affuble ce mannequin que les Anglais donnent le nom de *Guy Fawkes* aux femmes et aux hommes dont la toilette pèche par l'exagération et la bizarrerie.

FAWKES (Francis), poëte anglais, né en 1721, connu par ses traductions d'Anacréon, de Sapho, de Bion et autres poëtes classiques, et de quelques poésies originales fort agréables, était ministre à Hayes, dans le comté de Kent, et mourut en 1771.

FAY (Cisternay du). *Voyez* Dufay.

FAY (Léontine). *Voyez* Volnys (Mme).

FAY (Andréas), poëte et écrivain hongrois, né en 1786, à Kohany, dans le comitat de Zemplin, dut, en raison de la faiblesse de sa santé, renoncer successivement au barreau et à la carrière de la magistrature. Il se voua dès lors avec d'autant plus d'ardeur à la culture des lettres et de la poésie. En 1808 il fit paraître un assez médiocre recueil de vers, intitulé *Bokréta*, auquel, après une pause de dix années, succéda son *Iris Bokréta* (*Nouveau Bouquet*; Pesth, 1818), qui fonda sa réputation comme poëte. Ses *Mesek* (*Fables*, Vienne, 1820), remarquables par la richesse de l'invention, par la simplicité et le naturel de l'exposition, obtinrent encore plus de succès. Ses *Kedvcsapongasok* (1824) ; sa tragédie *A'ket Batory* (1824), son roman comique *A' Belteky-Haz* (1832) ; les Nouvelles et comédies qu'il publia dans l'*Aurora* de Kisfaludy, dans l'*Athenæum*, dans l'*Emleny*, et autres journaux, lui assignèrent un rang distingué parmi les prosateurs hongrois. Ces comédies, qui toutes ont obtenu de nombreuses représentations sur la scène nationale, brillent par un grand fonds de gaieté et par l'élégante correction du style.

L'agitation politique qui se manifesta en Hongrie, à partir de 1825, compta Andréas Fay au nombre de ses fauteurs les plus actifs ; et jusqu'en 1840, époque de la première apparition de Kossuth, Fay resta l'organe habituel de l'opposition du comitat de Pesth, qu'il représenta jusqu'en 1835 à la diète. Si alors des talents plus jeunes et plus énergiques vinrent le jeter au second plan, il n'en resta pas moins un des représentants les plus importants du parti du progrès. Une édition complète de ses œuvres littéraires a paru en huit volumes (Pesth ; 1843-1844).

FAYAL, l'une des Açores, d'une superficie d'environ 13 myriamètres carrés, n'est séparée de l'île du Pic ou Pico que par un canal de 5 kilomètres. Son port, ou plutôt sa rade, s'appelle Villa-da-Horta. Découverte d'abord par les Flamands, elle est depuis tombée au pouvoir des Portugais. Ses montagnes sont très-hautes, et semblent être des aiguilles du fameux pic qui donna son nom à l'île sa voisine. Fayal abonde en excellent gibier, en bestiaux. Les vins et le pastel sont le principal commerce de cette île.

FAYARD. *Voyez* Hêtre.

FAY DE LA TOUR MAUBOURG. *Voyez* La Tour-Maubourg.

FAYENCE. *Voyez* Faïence.

FAYETTE (La). *Voyez* La Fayette.

FAYOUM, nom d'une province de la moyenne Égypte, située à l'ouest du Nil et à quelques jours de marche du Kaire, et ne communiquant avec la vallée du Nil que par un étroit défilé. La dépression remarquable que subit ici le sol du désert est d'une étendue totale d'environ 40 kilomètres du nord au sud et 55 kilomètres de l'est à l'ouest. Au point où elle a le plus de profondeur, elle se trouve à 33 mètres au-dessous du point de niveau du Nil qui l'avoisine, à Bénisouef. A l'origine, cette contrée était complètement stérile et dépourvue d'eau, sauf un lac salé existant encore aujourd'hui dans sa partie la plus basse, tout à l'extrémité occidentale de l'oasis, et appelé *Birket-el-Kern* ou *Birket-el-Karoun*, soit parce que ses deux pointes forment deux espèces de cornes, soit parce qu'il n'est qu'à peu de distance du labyrinthe célèbre dont la garde était confiée à un officier nommé Caron ou Charon, qui présidait aussi aux funérailles des rois qu'on enterrait dans une île du lac. C'est pourtant aujourd'hui la province la plus fertile de toute l'Égypte, celle qui est le plus entrecoupée de canaux artificiels pour l'arrosement des campagnes. Elle produit en abondance le blé, l'orge, le millet, le lin, toutes sortes de fruits et de légumes, de l'indigo, du sucre. C'est eu outre la seule de l'Égypte qui ait des vignobles, et le vin qu'on y récolte serait délicieux s'il était mieux fabriqué. On en peut faire autant de l'huile que produisent ses oliviers. On y trouve aussi d'immenses champs tous cultivés en rosiers, dont les fleurs servent à la distillation d'une *eau de rose*, objet d'un grand commerce d'exportation.

Cette transformation est le résultat d'une opération gigantesque, entreprise environ 2,500 ans avant notre ère par les pharaons de la douzième dynastie de Manéthon, opération qui consista à dériver du Nil, dans la direction de l'ouest, et à 20 myriamètres au sud de Bénisouef, à Dourout-el-Schérif, un canal appppelé aujourd'hui *Bahr-Joussouf*; puis à le conduire le long du désert de Lybie, avec une pente aussi faible que celle du Nil, jusqu'au défilé donnant accès au Fayoum, de telle sorte que ses eaux pussent franchir le point le plus élevé de ce barrage de rochers et pénétrer dans l'oasis. Après avoir alors séparé, au moyen d'une digue puissante de 40 kilomètres, de développement, la partie la plus élevée et la plus orientale de la contrée, où le *Bahr-Joussouf* amène d'abord ses eaux, du terrain situé derrière, et qui va toujours en s'abaissant davantage, on forma le grand lac artificiel connu sous le nom de *lac Mœris*. L'eau de ce lac, réglée par des écluses, fut ensuite utilisée par le Nil atteint son point *minimum* d'élévation, soit pour arroser le Fayoum même, soit les contrées voisines de la vallée du Nil, en y faisant refluer l'excédant des eaux. Toute la province reçut de ce lac le nom de *Phiom*, comme on le prononce en copte, d'où les Arabes ont fait *Fayoum*. Sur la rive orientale du canal, là ou le lac Mœris, venait s'y déverser, se trouvait le fameux labyrinthe dont il a déjà été question plus haut, et de là, en traversant diagonalement le lac, on arrivait au chef-lieu de la province, appelé d'abord *Crocodilopolis*, puis plus tard *Arsinoé*, et qui avait donné son nom au *nôme Arsinoïte*, lequel comprenait le Fayoum. Sur les ruines de cette ville est bâti le *Medinet-el-Fayûm* actuel, qui est toujours le chef-lieu de la province. On y voit plusieurs mosquées et autres édifices publics. Les maisons sont construites soit en pierres, soit en briques recuites au soleil. Les habitants sont pour la plupart mahométans, mais dans le nombre se trouvent aussi des coptes.

FAZY (James), l'un des chefs du parti démocratique à Genève, et l'un des principaux fauteurs du mouvement révolutionnaire qui en 1846 fit passer la direction des affaires de . cette petite république des mains de l'aristocratie dans celles du parti populaire, est né à Genève, en 1796, et de 1825 à 1832 prit une part active aux luttes de notre propre presse opposante, d'abord contre le système rétrograde de la Restauration, et ensuite contre les tendances illibérales du pouvoir issu des barricades. Économiste distingué, il a les qualités et les défauts de l'école génevoise, à laquelle il appartient par ses études et par ses principes. *Le Mercure de France*, *la France chrétienne* et *la Jeune France* le comptèrent successivement au nombre de leurs rédacteurs. En juin 1830 il devint l'un des fondateurs d'une feuille ayant pour titre : *le Pour et le Contre*, et pour soustitre : *La Révolution et la Contre-Révolution*; accouplement monstrueux d'un journal du progrès avec un journal rétrograde, unis comme les fameux jumeaux siamois et envoyés sous la même bande au même abonné. James Fazy, cela va sans dire, travaillait à la partie de cette feuille bicéphale qui avait pour mission de défendre les intérêts de la révolution, et dont le rédacteur en chef était M. Plagnol. Tous deux s'installèrent des premiers, le 28 juillet, à l'hôtel de ville, tombé au pouvoir du peuple; et les murs de la capitale se couvrirent peu d'instants après, comme par enchantement, d'une énergique proclamation signée par ces deux écrivains, qui y prenaient une qualification analogue à celle de membres du gouvernement provisoire. L'arrivée de Lafayette à l'hôtel de ville fit cesser leurs pouvoirs, qui avaient duré à peine une heure. Quelques jours plus tard, par suite de la retraite volontaire de M. Plagnol, J. Fazy devenait le rédacteur en chef de *La Révolution* (le seul des deux jumeaux de la presse périodique qui eût survécu à la tempête des trois jours); et sous sa direction ce journal se montra tout aussitôt hostile à la dynastie d'Orléans. Il ne cessa de la poursuivre de ses attaques de tous genres que lorsque l'épuisement complet de la caisse le força de capituler avec les *bonapartistes* ou partisans de Napoléon II, représentés par un certain comte de Lennox, qui mettait à la disposition des défenseurs des droits du *Fils de l'homme* les débris d'une fortune jadis assez considérable. James Fazy refusa de pactiser avec les intérêts de la cause impériale, et abandonna *La Révolution* à un triste sort. Il fonda ensuite la *Revue républicaine*, recueil dont le titre indique suffisamment l'esprit, et qui mourut, lui aussi, faute d'abonnés, mais non sans avoir eu mailles à partir avec le parquet; enfin, fatigué sans doute des désillusionnements qui étaient son lot de chaque jour, comprenant aussi la fausseté de sa position d'étranger au milieu de nos luttes intestines, il se décida, vers 1833, à s'en retourner en Suisse, où il a eu tout au moins la consolation de voir ses principes politiques finir par triompher dans sa ville natale.

Au moment où la révolution de février 1848 vint si inopinément ébranler l'Europe sur ses bases, James Fazy fut un de ceux qui insistèrent le plus vivement pour que la Suisse prît une part active à la lutte dont le nord de l'Italie était le théâtre. La *Revue de Genève* est depuis nombre d'années son organe officiel. Ce recueil s'étant déclaré en 1852 en faveur du maintien de la neutralité suisse et contre toute intervention dans les affaires de l'étranger, on doit croire que telles sont aujourd'hui ses opinions sur cette question, et qu'elles ont été singulièrement modifiées depuis 1848 par la transformation complète qui s'est opérée dans les divers États de l'Europe.

En ce qui touche les affaires intérieures de Genève, on peut dire que l'une des mesures les plus importantes provoquées par James Fazy a été la démolition des ouvrages de défense qui entouraient autrefois cette ville. On ne saurait nier qu'il en est résulté pour Genève de notables avantages; aussi ses concitoyens reconnaissants lui ont-ils fait don d'une vaste étendue de terrain devenue libre par suite du rasement des fortifications. Ce n'est pas pourtant que quelques voix discordantes ne s'élèvent de temps à autre pour reprocher au meneur du parti démocratique ses tendances arbitraires et une ambition qu'on ne trouve pas suffisamment justifiée par son talent. Cette opposition taquine n'a pas seulement pour centre le parti aristocratique, elle s'est encore recrutée dans ces derniers temps de bon nombre d'adhérents du parti démocratique lui-même, où a surgi une petite fraction socialiste aux yeux de laquelle James Fazy et consorts ne valent guère mieux que les vaincus de 1846. Par bonheur, le mot de Paul 1er sur les troubles de Genève : « C'est une tempête dans un verre d'eau! » sera toujours une vérité. On a de James Fazy un *Précis de l'Histoire de la République de Genève jusqu'à nos jours* (2 vol., Genève, 1838-1840) et une brochure intitulée : *De la tentative de Louis-Napoléon* (Genève, 1846).

FÉAL, terme de chancellerie correspondant à l'ancien titre de *fidèle*. Sous l'ancienne monarchie, le roi qualifiait ainsi les grands vassaux et officiers de la couronne, les principaux de l'épée ou de la robe, et même indifféremment tous ses sujets. Les lettres patentes adressées aux parlements et autres cours du royaume commençaient toujours ainsi : A nos amés et *féaux* les conseillers, etc.

FEARNLEY (Thomas), célèbre paysagiste norvégien, né en 1802, à Frédérikshall, avait d'abord embrassé la carrière commerciale; mais il l'abandonna à l'âge de dix-neuf ans pour se livrer sans contrainte à son goût naturel pour les arts du dessin, et se fit recevoir élève à l'école des beaux-arts de Copenhague. En 1822, le prince royal de Suède Oscar, aujourd'hui roi, passant par cette capitale à son retour d'un voyage en Allemagne, eut occasion de voir quelques-unes de ses esquisses, et jugea tout de suite qu'elles annonçaient un véritable talent; il lui commanda en conséquence une grande toile, et lui donna pour sujet une vue de *Copenhague*. Quand il l'eut achevée, Fearnley alla passer à Stockholm cinq années, durant lesquelles il fit de nombreuses excursions artistiques en Suède et en Norvège. En 1828 il se rendit à Dresde, où il fréquenta pendant dix-huit mois l'atelier de Dahl; puis à Munich, où un séjour de deux ans perfectionna encore notablement son talent. De nombreuses vues de la Norvège qu'il y exécuta attirèrent sur lui l'attention et trouvèrent des acquéreurs pour Paris et pour Londres. En 1832 il alla à Rome, où son premier paysage, représentant également une vue de Norvège, lui fut acheté par Thorwaldsen. Après diverses tournées dans la basse Italie, il alla faire dans les glaciers de la Suisse les plus sérieuses études. L'une des toiles qu'il y peignit, et qui représente une vue du glacier de Grindelwald, est remarquable par sa saisissante vérité. Fearnley visita encore la France et l'Angleterre, recueillant partout en été des esquisses qu'en hiver il transformait en magnifiques paysages, que se disputaient aussitôt les amateurs, et dont les copies mêmes sont extrêmement recherchées aujourd'hui. Après huit années d'absence, Fearnley retourna dans sa patrie, où il se maria. En 1836 il parcourut de nouveau une grande partie de l'Europe et le nord de l'Angleterre surtout. En 1840 il essaya de s'établir à Amsterdam; mais le climat ne convenant pas à sa santé affaiblie, il se décida à aller se fixer définitivement à Munich. A peine arrivé dans cette capitale, il y mourut, le 16 janvier 1842.

FÉBRIFUGE. Ce mot, qui dérive de *febris*, fièvre, et de *fugare*, chasser, indique une classe de médicaments opposés à la fièvre. Il ne se dit guère néanmoins que des moyens qui combattent d'une manière spéciale les fièvres intermittentes et rémittentes, et non de ceux qui sont propres à remédier aux fièvres continues, irrégulières ou anomales. Comme les fièvres rémittentes ou intermittentes reconnaissent des causes très-variées et présentent beaucoup de modifications, il en résulte que les moyens de les combattre sont eux-mêmes très-variés, d'où le nombre et la diversité des remèdes appelés *fébrifuges* proprement dits. Les uns, et c'est le plus grand nombre, sont des substances toniques, amères, tirées du règne végétal : tels sont les divers quinquinas et leurs nombreuses préparations ; le sulfate de quinine, qu'on est parvenu à en extraire ; le saule, le marronnier d'Inde, la camomille, la petitecentaurée, le petit houx, le syringa, l'arnica, la cascarille, la benoîte, le trèfle d'eau, l'angusture, la serpentaire de Virginie, etc. Les fébrifuges de la seconde espèce nous sont fournis par le règne minéral : de ce nombre sont l'émétique, et quelques autres préparations antimoniales ; l'arséniate de potasse, la teinture arsénicale de Fowler, le carbonate de potasse, le chlorhydrate d'ammoniaque, le sulfate de fer et autres sels ferrugineux, quelques eaux minérales salines, sulfureuses, ferrugineuses, etc. Nous ne considérons pas ici comme fébrifuges plusieurs médicaments qu'on associe dans certaines circonstances à ceux que nous venons d'indiquer, pour remplir des indications accessoires et particulières : dans cette classe se trouvent l'opium et d'autres narcotiques, les éthers, quelques huiles essentielles, des gommes résines douées d'une vertu anti-spasmodique, etc.

Les fébrifuges se donnent le plus ordinairement à l'intérieur ; on peut toutefois les administrer par absorption cutanée, quand les voies digestives les repoussent, au moyen de frictions avec le médicament incorporé dans de la graisse, de la salive, ou par des applications faites sur la peau privée de son épiderme : c'est ce qu'on appelle la *méthode endermique*. La manière d'agir des fébrifuges n'est pas connue ; leur action est la même que celle des médicaments spécifiques. D' BRICHETEAU.

FÉBRILE, qui concerne la fièvre, qui a rapport à la fièvre. On applique cette épithète à tous les phénomènes qui se rattachent d'une manière quelconque à la fièvre. Ainsi, on dit le froid *fébrile*, pour désigner le premier temps d'un accès de fièvre, qui consiste dans un tremblement plus ou moins long, suivi de chaleur et de sueur ; on appelle insomnie *fébrile* celle qui est occasionnée par la fièvre ; pouls *fébrile*, celui qui caractérise la fièvre.

Gâteau fébrile est aussi le nom qu'on donne à l'engorgement de la rate ou de quelque autre viscère abdominal, qui est la suite des fièvres intermittentes d'une longue durée. On appelle encore du nom de *mouvement fébrile* un ensemble de faibles symptômes qui constituent une petite fièvre ou *fébricule*. D' BRICHETEAU.

FÉBRUALES ou **FÉBRUES**, c'est-à-dire *purification*, nom d'une fête que les Romains célébraient au mois de février, en l'honneur de Pluton, de Jupiter et de Junon, pour apaiser les mânes. « On y faisait des sacrifices, dit Macrobe ; on y rendait les derniers devoirs aux âmes des morts ; et c'est de cette fête que le mois de février a pris son nom. » Suivant Pline, son but était plutôt de rendre les dieux infernaux propices aux morts, que de les apaiser. Elle durait douze jours.

FÉCAMP, ville de France, chef-lieu de canton, dans le département de la Seine-Inférieure, à 35 kilomètres nord-est du Havre, sur la Manche, à l'embouchure de la rivière de son nom, avec 11,401 habitants, une école d'hydrographie, un tribunal de commerce, un bureau de douane, un théâtre, trois typographies, des fabriques de calicot et d'indiennes, de toiles, de chaussures pour expéditions, de cordages, d'huiles, d'hameçons, d'ancres de navire, de cardes, de couvertures, de salaisons, de soude de varech, des filatures de coton, des sucreries de betteraves, des moulins à farine et à tan, des tanneries, des tonnelleries, une importante construction de navires et un commerce de denrées coloniales, de thé, de genièvre de Hollande, de bois du Nord, de sel. La pêche de la morue, du hareng et du maquereau occupe un grand nombre de bâtiments.

Fécamp est une ville très-ancienne. On prétend que du temps de César elle s'appelait *Fisci campus*, parce qu'on y recevait les contributions des localités voisines. Mais cette étymologie n'est rien moins que prouvée. En 622, Maning, seigneur de Fécamp, y fit bâtir et y dota richement un monastère de filles. Sur les ruines de cet établissement, Richard 1er fonda, en 988, une célèbre abbaye de religieux, qui subsista avec toutes ses prérogatives jusqu'à la fin du dix-huitième siècle. Richard II confirma et augmenta les donations, et exempta l'abbaye et ses douze paroisses de la juridiction de l'archevêque de Rouen ; privilège qui fut confirmé par le roi Robert, le pape Benoît VIII, et étendu par d'autres ducs de Normandie, rois de France et papes. Au siècle dernier, l'abbaye de Fécamp rapportait encore cent mille livres de rente. De tous les bâtiments, il ne subsiste plus aujourd'hui que l'église, bel édifice gothique.

En 1594, la citadelle de Fécamp fut surprise par un chef ligueur nommé Bois-Rosé, à la suite d'un coup de main d'une audace presque fabuleuse. Il y pénétra avec cinquante hommes résolus, par une nuit très-noire, au moyen d'un cable fixé au sommet d'un rocher à pic de six cents pieds de haut par un soldat royaliste qu'il avait gagné. Il rendit la place l'année suivante à Henri IV.

FÉCIAUX (*Feciales*), collège de prêtres romains dont les uns attribuent la création à Numa et les autres à Ancus Martius. Il se composait de vingt membres qui appartenaient aux familles les plus distinguées, exerçaient leurs fonctions à vie et se recrutaient par voie de cooptation. Le chef de ce collège sacerdotal portait le titre de *pater patratus*. La mission des féciaux, institution qu'on retrouve également chez la plupart des anciennes nations italiques, se rattachait au droit des gens. Il leur appartenait de prononcer sur la légitimité d'une guerre qu'on voulait déclarer ; députés vers les nations qui avaient violé la foi jurée ou le territoire romain, quand elles se refusaient itérativement à donner satisfaction, c'étaient eux qui allaient solennellement leur dénoncer les hostilités. Arrivé sur le territoire ennemi, le fécial, la tête couverte d'un voile et couronné de verveine, prononçait alors, en présence de trois témoins, la formule suivante : « Comme ce peuple a outragé le peuple romain, moi et le peuple romain, du consentement du sénat, lui déclarons la guerre. » A ces mots, il se retirait après avoir lancé sur les terres de ce peuple un javelot ensanglanté et brûlé par le bout ; et les hostilités ne tardaient pas à suivre.

Les féciaux figuraient aussi lors de la conclusion des traités d'alliance, afin de leur imprimer le caractère sacré de la religion ; de même, ils avaient mission de veiller au maintien de la paix et à la stricte observation des traités. Quand Rome devint plus puissante les fonctions des féciaux perdirent à vrai dire leur caractère primitif, et ne consistèrent plus que dans le vain accomplissement de formalités surannées ; mais on retrouve encore des traces de cette institution ainsi complètement modifiée jusque sous le règne d'Adrien.

FÉCOND, qui abonde dans un genre de produits. Une terre est féconde en moissons, elle donnera plusieurs récoltes ; un homme est fécond en ruses, en inventions et en subtilités ; il est telle année qui a été féconde en grands hommes : ainsi, Napoléon, Cuvier et Châteaubriand naquirent en 1769 ; il y a des races qui ont été fécondes en héros : telles sont celles des Guises et des Condés ; il y en a d'autres qui sont fécondes en savants, tels que les Euler et les Bernoulli.

Fécondant, qui apporte les germes, les principes de la fécondation : ainsi, les engrais, les marnes, les fumiers, vont fécondant un terrain, quel qu'il soit. Enfin, la *fécondité*, prise dans son ensemble, annonce le nombre et la quantité, mais pas toujours la qualité de ce qui est fécond. La fécondité des écrivains est rarement accompagnée du genie et du talent; la fécondité des mots ne conduit souvent qu'à la stérilité des idées. SAINT-PROSPER.

FÉCONDATION. Le travail physiologique qu'exige la fécondation est très-complexe, lorsqu'il est fait par des individus ou des organes séparés ou rapprochés chargés de secréter les uns les produits fécondants ou fécondateurs, les autres des corps reproducteurs ou ovules qui ont besoin d'être fécondés pour devenir des embryons. Ce même travail est moins composé lorsque des organes sexuels simples sont réunis dans un seul individu déjà cryptogame, ou encore séparés chez deux individus à sexes peu distincts. Enfin, le travail physiologique de la fécondation est arrivé à son summum de simplification lorsqu'on l'observe dans les végétaux et les animaux les plus simples parfaitement agames, c'est-à-dire tout-à-fait dépourvus d'organes sexuels, et qui cependant produisent encore de véritables œufs naturellement féconds par eux-mêmes.

Le travail physiologique qu'exige la fécondation est d'abord confié à des organes plus ou moins nombreux, se concentre en se simplifiant graduellement au point de n'avoir plus besoin d'organes spéciaux, et s'effectue dans le tissu fondamental qui sert en même temps à la nutrition et à la reproduction des organismes vivants les plus simples. Nous avons constaté comment, chez deux organismes animaux très-simples (l'hydre et l'éponge d'eau douce), le tissu fondamental de ces deux espèces suffisait à lui seul pour la nutrition et pour la production de véritables œufs que nous avons vus être naturellement féconds par eux-mêmes. Nous avons pris à cet égard toutes les précautions convenables pour nous bien assurer que le fluide nutritif ou le sang ne présente aucun vestige de zoospermes. Ces animalcules, que presque tous les physiologistes considèrent comme caractéristiques du fluide fécondant des animaux, auraient bien pu exister dans le fluide nutritif ou le sang du polype et de l'éponge d'eau douce, puisqu'on les a observés dans le sang des polypes bryozoaires (alcyonelle, *tenda zostericola*, etc.); mais, nous le répétons, tous nos soins, tout notre bon vouloir dans cette recherche, n'ont pu nous faire arriver à les y découvrir. Il est donc probable que dans ces organismes animaux entièrement dépourvus de sexes, et qui pourtant produisent des ovules fort simples, la fécondation se produit par le sang ou le fluide nutritif, soit qu'il contienne des zoospermes, soit qu'il en soit tout-à-fait dépourvu, et c'est alors que les œufs, qui sont produits sans aucun indice appréciable de fécondation paraissent être naturellement féconds par eux-mêmes.

Ce que nous venons de voir s'effectuer dans les organismes animaux les plus simples peut encore être observé et constaté dans les organismes végétaux les plus infimes et tout à fait agames, qui produisent des ovules végétaux simples, connus sous les noms de *spores* et de *sporules*. Nous devons mentionner ici la découverte, faite dans ces derniers temps, de corpuscules, les uns de forme granuleuse, nommés *fovilla*, les autres sous forme de filaments, dans le fluide fécondant ou le pollen des végétaux phanérogames et cryptogames. Ces corpuscules, à cause de leur existence dans le fluide contenu dans les grains de pollen, ont été appelés *phytospermes* par les physiologistes, qui les ont considérés comme ressemblant aux animacules spermatiques ou zoospermes.

En général, la *fécondation* est le fait ou l'acte de l'individu mâle; la *conception* est le résultat d'une attraction vitale du fluide fécondant par le germe ou l'ovule de l'individu femelle. La fécondation peut aussi être considérée comme l'*imprégnation épigénétique* de l'ovule par les humeurs du sperme et du pollen. Il faut donc que les humeurs soient portées jusque sur les ovaires pour qu'elles soient mises en contact avec les œufs qu'elles sont destinées à féconder. Les physiologistes des deux règnes organiques sont enfin parvenus à démontrer complètement cette mise en contact immédiat des humeurs fécondantes avec les œufs non encore détachés de l'ovaire, ou déjà sortis de cet organe, et même rejetés hors du corps des mères. On voit déjà que la fécondation peut être produite soit dans l'intérieur de l'organisme des espèces dites vivipares ou ovovivipares, ou hors de cet organisme, soit au moment de la ponte des œufs, soit plus ou moins longtemps après cette ponte (*voyez* GÉNÉRATION).

Quoique le mécanisme physiologique de la fécondation n'ait point été scruté aussi profondément qu'il mérite de l'être, à cause de l'influence qu'il exerce sur les ressemblances des nouveaux individus avec leurs parents immédiats ou avec leurs aïeux, nous sommes néanmoins assez avancés dans cette étude pour rejeter l'hypothèse de l'*aura seminalis* et celle de l'imprégnation générale de tout l'organisme femelle par le fluide fécondant, qui, agissant à la manière d'un virus, réagirait sur les œufs mûrs des ovaires pour les féconder. Parmi les découvertes récentes qui servent à éclairer le mécanisme employé par la nature pour faire arriver le fluide fécondant jusqu'à l'ovaire des animaux, il faut mettre en relief celle des cils vibratiles des membranes muqueuses de l'appareil génital des femelles. Ce sont les mouvements très-rapides et continus de ces cils qui portent jusqu'aux ovaires le fluide fécondant versé dans les appareils génitaux connus sous les noms de *matrice*, de *trompe de Fallope* ou d'*oviducte*.

Chez les espèces du règne animal dont les individus sont des *hermaphrodites insuffisants*, la fécondation résultant d'une conjonction peut être réciproque et avoir lieu sur les deux individus conjoints, ou bien ne s'effectuer que sur un seul agissant comme femelle, et l'autre remplissant les fonctions de mâle. En étudiant les mœurs d'un certain nombre d'espèces de mollusques gastéropodes, nous avons pu recueillir des faits inédits et très-curieux, qui nous autorisent à croire que chez les hermaphrodites insuffisants la fécondation peut avoir lieu sans conjonction de deux individus, et même que lorsque cette conjonction a lieu, chaque individu féconde lui-même les œufs qu'il pondra ultérieurement. L. LAURENT.

La fécondation des végétaux, du moins celle des végétaux phanérogames, la seule bien connue, offre, suivant l'opinion la plus générale de grandes analogies avec la fécondation des animaux; les étamines remplissent les fonctions de l'organe mâle, et le pistil joue le rôle d'organe femelle. Tout semble concourir, dans l'organisation des fleurs, pour favoriser l'acte important dont dépend la conservation de l'espèce. Ainsi la corolle est construite de manière à préserver les étamines jusqu'au moment de la fécondation. Si dans les campanules et dans un grand nombre de composées, la nature semble n'avoir pas pris ce soin, c'est que la fécondation s'opère avant l'épanouissement de la fleur. Dans tous les cas, les proportions relatives des étamines et du pistil concourent avec leurs positions respectives à amener le pollen, lors de son émission, en contact avec le stigmate. Aussi dans la plupart des fleurs hermaphrodites les étamines sont-elles plus longues que le pistil, de sorte que la seule action de la pesanteur suffit pour que la poussière pollinique, au moment où elle s'échappe de l'anthère, tombe sur le stigmate. Lorsque cette règle n'est pas observée, Linné a le premier fait cette curieuse remarque, que la fleur est renversée, de manière à arriver au même but par les mêmes moyens. Dans les plantes monoïques, il faut attribuer à la même cause la position des fleurs mâles à l'extrémité des branches. Mais là ne se bornent pas les ressources de la nature. Dans beaucoup de cas, les étamines s'approchent des pistils pour déposer leur pollen : par exemple, dans les liliacées, dans les saxifrages. Dans les kalmias et les géraniums, les filets se courbent pour poser l'anthère sur le stigmate. Dans la capucine, les huit étamines s'inclinent chacune à leur tour, pendant huit jours, avec une sorte de régularité. Dans la parnassie, chaque étamine s'approche à son tour du pistil, et se retire après sa défloration pour faire place à une autre, etc. Des mouvements analogues se remarquent dans les stigmates d'un grand nombre de plantes. Le phénomène de la fécondation est probablement toujours accompagné d'un développement de chaleur, qui jusque ici n'a été constaté d'une manière notable que dans les plantes de la famille des aroïdées.

Si tous ces faits sont aujourd'hui bien établis, il n'en est pas de même de ceux qui sont relatifs à l'action du pollen sur les ovules ou à l'imprégnation. Là encore on se trouve en présence des deux théories de l'évolution et de l'épigénèse. D'autres difficultés se présentent encore quant au mode suivant lequel la matière fécondante se trouve transportée du stigmate jusqu'aux ovules. Nous laisserons de côté ces questions difficiles, mais nous ne pouvons quitter ce sujet sans parler de l'opinion professée en Allemagne sur le rôle des organes générateurs dans l'acte de la fécondation.

Suivant M. Schleiden, qui a fait école de l'autre côté du Rhin, le pistil n'est pas un organe que l'on puisse assimiler à l'organe sexuel femelle des animaux; ce n'est pas lui qui fournit le germe ou l'embryon destiné à la propagation de l'espèce. C'est tout simplement un organe de gestation dans lequel le germe embryonnaire est apporté, pour s'y développer et y parvenir à sa maturité. Le germe est fourni par l'étamine, qui est essentiellement l'organe femelle. M. Schleiden ne voit dès lors aucune analogie entre la fécondation des animaux et le phénomène qui, selon lui, porte improprement ce nom dans la vie des végétaux. Cette théorie, adoptée avec des modifications par MM. Unger, Widler, Endlicher, etc., a été réfutée par MM. de Mirbel, A. Brongniart, et autres physiologistes habiles.

Quoi qu'il en soit, nous pouvons, avec M. A. Richard, résumer ainsi les faits principaux sur lesquels doit se baser toute théorie de la fécondation : « 1° Dans les végétaux à sexes séparés, les individus femelles ne portent des fruits et surtout des graines mûres que quand le pollen des fleurs mâles a été mis en contact avec le stigmate des fleurs femelles. 2° Dans une plante dioïque, on peut féconder artificiellement et à volonté celles ou plusieurs fleurs d'une même grappe en y déposant du pollen ; toutes les autres restent stériles. 3° Si dans une fleur hermaphrodite on retranche les étamines avant la déhiscence des anthères, le pistil reste stérile. 4° Dans les fleurs doubles, c'est-à-dire dans celles dont toutes les étamines se sont transformées en pétales, les pistils se fanent sans se convertir en fruits. 5° Les plantes hybrides, c'est-à-dire celles qui résultent de la fécondation artificielle ou naturelle d'une espèce par une autre espèce analogue, mais différente, sont encore une des preuves les plus convaincantes de l'action que le pollen exerce sur le pistil. Ces hybrides en effet réunissent à la fois les caractères des deux espèces desquelles elles proviennent, comme on le remarque pour les hybrides ou mulets parmi les animaux. »
E. MERLIEUX.

FÉCONDATIONS ARTIFICIELLES. Une fois qu'on eut acquis la certitude que les poissons et beaucoup de reptiles mâles ne fécondent les œufs de leurs femelles qu'après la ponte, il vint à l'esprit de quelques personnes d'imiter artificiellement ces fécondations. Spallanzani surtout, ce savant abbé à qui l'histoire naturelle doit tant de découvertes, fit à ce sujet beaucoup d'expériences, et des expériences tellement étranges que les gens scrupuleux s'en montrèrent scandalisés. Notre abbé commença ses essais par les salamandres (ce que le vulgaire nomme *mourons*, petits reptiles bruns et jaunes qui crient le soir, au voisinage des habitations champêtres). Or, tant que Spallanzani n'employa que la semence pure des mâles pour en arroser les œufs des femelles, il n'obtint aucun résultat : les œufs ainsi aspergés furent inféconds, tandis que la fécondation fut parfaite toutes les fois qu'il délaya la semence dans l'eau, dans du sang, dans de la bile, dans de l'urine, et même dans du vinaigre : quelle que fût la nature du véhicule, les résultats étaient identiques. La seule condition qui semblât essentielle, c'est que la semence ne fût point employée à l'état de concentration ou de pureté ; sans cette précaution, la stérilité était irrémédiable. Après avoir réitéré les mêmes expériences sur des œufs de crapauds et de grenouilles, et en avoir obtenu des résultats analogues, Spallanzani s'assura par beaucoup d'épreuves, que la semence conserve ses propriétés prolifiques plusieurs heures après la mort de l'animal de qui elle provient, mais surtout lorsque le temps est médiocrement froid. Une autre remarque singulière, c'est que les œufs sont encore susceptibles d'être fécondés dix à douze heures après la mort des femelles, tandis qu'ils demeurent à jamais stériles quoique chauds et nouvellement extraits ou pondus, s'ils sont restés plongés dans l'eau plus de douze minutes avant d'avoir éprouvé le contact du fluide séminal. Quant à la puissance fécondante de cette liqueur, le même expérimentateur s'assura qu'il suffisait de trois grains de semence, délayés dans douze onces d'eau ordinaire, pour féconder et amener à bien les œufs réunis de cinquante grenouilles. Peu importe même que ces œufs n'aient été immergés dans ce liquide mixte qu'un instant ou de longues heures ; qu'ils en soient de toutes parts imprégnés, ou touchés seulement par un seul point de leur surface. Il suffit, par exemple, qu'une pointe d'aiguille, trempée dans le fluide séminal, soit appliquée sur un œuf pour féconder celui-ci, et même la fécondation s'étendra à un deuxième œuf contigu et collé au premier, sans que l'aiguille l'ait touché. Si l'on jette des œufs de grenouille non encore fécondés dans une mare renfermant déjà d'autres œufs fécondés, tous ces œufs seront productifs, tous donneront le jour à des têtards. D'où il suit que l'émission séminale d'une seule grenouille suffirait pour féconder tous les œufs de la même espèce contenus dans la même pièce d'eau.

On a calculé dans quelles proportions étaient la semence et les œufs fécondés par elle, et l'on est arrivé à des résultats vraiment incroyables. Une fois, entre autres, Spallanzani avait plongé dans du sang des œufs non encore fécondés de crapauds ; et il s'attendait bien à les voir rester stériles. Jugez de sa naïve surprise quand, quelques jours après, il y vit apparaître des têtards bien formés et vivants ! Émerveillé d'un résultat aussi inattendu, il n'en pouvait deviner la cause. Cependant il se rappela que cette masse d'œufs avait été tirée de l'oviducte d'un crapaud femelle avec des pinces qui avaient servi à disséquer les testicules d'un crapaud mâle !..... On a varié ces opérations à l'infini. On a vu que l'eau spermatisée conserve plus longtemps sa vertu fécondante que la semence pure ; que la chaleur communique d'abord plus d'énergie à cette vertu fécondante de la semence délayée, mais qu'ensuite elle la lui fait perdre, et que lorsqu'on le filtre, le liquide filtré perd ses propriétés, tandis que le dépôt formé sur le filtre les conserve en entier. Enfin, cette eau séminale cesse d'être fécondante quand on l'agite à l'air libre, quand on l'expose à un froid glacial ou à une chaleur de 44°,6, ou lorsqu'on la mêle à de l'alcool ou à du sel marin. De là on peut inférer que les poissons de mer ne fécondent les œufs des femelles qu'en répandant leur semence immédiatement sur eux et au moment même de leur sortie. Mais les poissons d'eau douce et les reptiles peuvent effectuer cette fécondation à distance : l'eau sert de véhicule à leur semence, à peu près comme l'air sert d'intermédiaire et de messager au pollen des plantes dioïques.

Ces fécondations artificielles, que Spallanzani réalisa pour les œufs de quelques reptiles et du ver à soie, déjà Linné et Kœlreuter en avaient effectué de semblables pour les plantes, en secouant sur le pistil des fleurs la poussière grenue des étamines. On s'était dès lors assuré qu'il est possible de repeupler des étangs et des viviers, en y jetant les œufs artificiellement fécondés des poissons qu'on détruit. Telle est l'origine de la nouvelle industrie dite pisciculture. L'imagination ensuite devançant les faits, on a supposé que même que les grands animaux peuvent se féconder à distance, un liquide inerte servant de véhicule au fluide prolifique : c'est ainsi qu'on a affirmé qu'une jeune fille avait conçu à la manière des poissons pour avoir pris un bain équivoque! comme si les faits vérifiés par Spallanzani n'étaient pas assez merveilleux sans y joindre des fables aussi ridicules qu'invraisemblables ! Toutefois, on trouvera dans notre *Physio-*

logie comparée plusieurs exemples de fécondations artificielles effectuées sur des mammifères.

Il restait à savoir si la semence d'une espèce serait apte à féconder les œufs d'une espèce différente : or, Spallanzani se convainquit que la semence d'une espèce de grenouille ne pouvait servir à féconder les œufs provenant d'une autre espèce, mais que le mélange des deux sortes de semences jouissait de la propriété de féconder les œufs des deux familles. D'où peut provenir cette inaction du fluide séminal passant d'une race à l'autre ? Nous ne savons rien sur ces choses, mais nous en mesurons les conséquences, et elles nous semblent dignes d'être méditées.   D⁺ Isidore BOURDON.

FÉCONDITÉ, qualité en vertu de laquelle les êtres organisés peuvent reproduire, par voie de génération un ou plusieurs individus semblables à eux-mêmes. La puissance créatrice, ce merveilleux attribut des seuls corps organisés, se développe diversement chez les végétaux et les animaux. Dans les uns et dans les autres, elle paraît également prodigieuse. Qu'une tige de maïs produise 2,000 graines, qu'un soleil en ait le double, qu'un pied de pavot donne jusqu'à 32,000 semences, une tige de tabac plus de 40,000, qu'un orme, qu'un platane, fournissent jusqu'à 100,000 graines par an, qu'un giroflier produise plus de 720,000 clous de girofle, qu'en comptant les bourgeons qu'il peut donner en outre, on double le nombre de ces moyens de reproduction chaque année, ils sont immenses sans doute ; et si toute l'énergie procréatrice d'un seul végétal se développait en autant de nouveaux êtres, la terre et les sphères célestes même ne suffiraient bientôt plus pour les nourrir tous. Mais tout cela est peu encore en comparaison de certains animaux. Ainsi Réaumur a calculé qu'à la cinquième génération un puceron peut compter 5,904,900,000 de descendants. Jurine a également établi qu'un seul individu d'une espèce de crustacé, le *cyclope quadricorne*, pouvait produire, dans l'espace d'une année, tant par lui-même que par ses six produits successivement fécondés, le chiffre énorme de plus de 3 milliards et demi d'individus. Une autre supputation de ce genre, très-aisée à vérifier, c'est qu'en quatre ans une paire de lapins peut avoir 1,274,000 descendants. On sait que ces animaux mettent bas jusqu'à huit fois par an, que chacune de leurs portées est de quatre à huit individus, lesquels sont eux-mêmes aptes à engendrer au bout de six mois. Sans parler des cinq à six mille œufs qu'une reine d'abeilles pond chaque année, non plus que des moucherons, ni des sauterelles, qui s'avancent dans les champs de la Tartarie en nuées assez épaisses pour obscurcir le soleil, et dévorer en quelques heures toutes les productions végétales, bornons-nous à citer les animaux aquatiques, et particulièrement les poissons. Le moindre hareng a près de dix mille œufs. Bloch en a trouvé 100,000 dans une carpe d'un quart de kilogramme ; une autre, longue de 0ᵐ,38, avait, de calcul fait, suivant Petit, 262,254 œufs, et une autre de 0ᵐ,43, 342,144 ; une perche avait 280,000 œufs ; une autre, 380,640. Cela n'est rien encore. Leuwenhoek a prouvé l'existence de 9,344,000 œufs dans une seule morue. Or, si l'on considère que ce seul poisson en peut donner autant pendant beaucoup d'années, que l'océan nourrit bien des millions de ces mêmes morues, que tous leurs œufs peuvent donner autant de poissons qui en produiraient des milliards de milliards à leur tour, l'on sera effrayé de l'épouvantable fécondité de la nature. Les bornes de l'univers même deviendraient à la fin trop étroites, si l'on suppose cette puissance productive agissant de tous ses moyens, sans que rien l'arrête ; car la nature se porte d'ailleurs avec impétuosité vers la reproduction par l'attrait inconcevable du plaisir ; de sorte que l'équilibre de l'univers ne pourrait pas subsister sans la puissance de destruction qui rétablit le niveau de tous les êtres.

Dans l'espèce humaine, la puissance de reproduction est heureusement plus limitée, quoique l'union sexuelle y soit plus fréquente que chez les autres espèces ; et l'on ne peut méconnaître en cela une faveur de la nature. La puissance de reproduction commence à s'exercer lorsqu'il y a développement complet de l'individu et surabondance de vie ; puis, quand arrive l'âge mûr, les forces assimilantes et nutritives diminuent, et avec elles la puissance reproductive. C'est en général de quarante-deux à quarante-neuf ans que les femmes cessent d'être fécondes ; chez l'homme, la puissance de reproduction se perd d'ordinaire de cinquante à cinquante-six ans, quoiqu'on ait des exemples d'individus qui la conservent jusqu'à soixante ans et même à un âge beaucoup plus avancé. On se tromperait au reste en prétendant fixer ces époques comme faisant loi pour toute l'espèce humaine. Le fait est que cette règle subit de grandes modifications, en raison du climat, des mœurs et des passions. Par exemple, les Orientaux, qui deviennent pubères dès l'âge de douze à treize ans, perdent souvent leur force créatrice à trente ans ; et leurs femmes cessent, elles aussi, d'être fécondes à cet âge. Chez les peuples du Nord, tout au contraire, cette faculté ne se développe que beaucoup plus tard ; en revanche, elle y dure plus longtemps, car presque partout il y a rapport égal entre son développement et sa disparition.

Quant aux causes qui favorisent la fécondité chez l'homme, il faut porter en première ligne une nourriture abondante. En effet, par tout pays, les bonnes années sont toujours marquées par une augmentation notable dans le nombre des naissances. On a aussi remarqué que les peuples qui se nourrissent de poisson se multiplient avec plus de facilité que ceux qui ne consomment guère que de la viande ; un fait certain, c'est que les populations des côtes, habituées à se nourrir en grande partie de poisson, sont plus fécondes que les populations fixées dans l'intérieur des terres. La fécondité est plus grande dans les pays froids que dans les pays chauds. On a de tout temps, par exemple, célébré la fécondité des Suédoises. En Allemagne, les femmes ont en moyenne de six à huit enfants, en France de quatre à cinq, en Espagne de deux à trois ; mais les exceptions individuelles à cette règle naturelle abondent. Certains pays sont plus particulièrement célèbres pour leur fécondité ; ainsi les femmes des nègres d'Afrique sont extrêmement fécondes, et rien de plus commun en Égypte que de rencontrer des jumeaux. Les bains dont les Orientaux font, comme on sait, un si grand usage contribuent sans doute pour beaucoup dans ce pays à un tel résultat. Les régions équatoriales, malgré la richesse, la profusion de leurs productions alimentaires, malgré l'ardeur et la beauté de leur climat, qui favorisent tant le rapprochement des sexes, malgré la surabondance des femmes, la polygamie, la facilité des jouissances, sont beaucoup moins fécondes que les régions septentrionales ou australes.

En général, la fécondité est très-grande parmi les populations agricoles vivant dans un état de bien-être réel. Les villages, les bourgs où abondent les travailleurs et où les gens réellement riches sont l'exception, contribuent bien plus à l'augmentation de la population d'un pays que les grandes villes. Il y a des tempéraments et des constitutions plus aptes que d'autres à la fécondation. Ainsi, les hommes à larges épaules, à la voix forte et pleine, aux muscles vigoureux, sont particulièrement aptes à rendre fécond l'acte de l'union des sexes. C'est une erreur de croire que les plus belles femmes sont aussi les plus fécondes, car la nature n'établit pas toujours un équilibre parfait entre la perfection des formes et la force physique d'un individu.

Si, comme nous l'avons dit, les années heureuses sont favorables à la multiplication de l'espèce humaine, par contre, les années de famine et de misère sont constamment suivies d'une diminution sensible dans le nombre des naissances. Chez les peuples nomades et chez ceux où les deux sexes vivent habituellement isolés l'un de l'autre, il naît beaucoup moins d'enfants que parmi les nations où les deux sexes ont entre eux de plus fréquents rapports. Le défaut d'harmonie entre le tempérament des deux époux, l'antipathie, le dégoût, l'indifférence, les infirmités, un état de maladie qui ne prédispose pas aux sensations amoureuses, la délicatesse de constitution, une trop grande irritabilité des nerfs, un embonpoint très-prononcé ou une trop grande maigreur, l'épuisement et la faiblesse, de trop grands efforts de corps et d'esprit, des passions trop vives, l'intempérance, l'abus des plaisirs de l'amour, telles sont les causes les plus ordinaires de stérilité chez les deux sexes. On a remarqué que la multiplication de l'espèce est toujours d'autant moindre que la jouissance sensuelle est facile et fréquente. L'usage de vêtements trop étroits, comme culottes et pantalons collants, ou l'habitude de faire de longues courses à cheval, peut aussi faire perdre à un homme la puissance de reproduction. C'est à cette dernière cause qu'il faut notamment attribuer le peu de fécondité des anciens Scythes, ainsi que des Tartares et des Arabes de nos jours, peuples qui, comme on sait, passent une bonne partie de leur vie à cheval.

FÉCULE. Si l'on donne le nom de *farine* aux matières pulvérisées contenant un mélange d'amidon et de gluten, on appelle *fécule* la poussière d'amidon pur ou le dépôt pulvérulent d'amidon qui se précipite au fond de l'eau quand on y lave divers végétaux, préalablement broyés par un moyen mécanique. Les pommes de terre, le manioc, l'orchis, le sagoutier et plusieurs autres plantes fournissent de la fécule.

Pour obtenir la *fécule de pommes de terre*, on râpe ce tubercule à l'état de crudité par un moyen quelconque; on lave ces râpures dans un premier baquet, on les tamise à grande eau en les recevant dans un second baquet; on laisse reposer, on décante l'eau, on enlève une couche supérieure grisâtre, mélangée de fécule et de parenchyme ou pelure qui s'est formée au fond du baquet au-dessus de la véritable fécule. On répète ce lavage trois ou quatre fois, puis on fait égoutter la fécule dans des paniers doublés en toile; on porte ensuite la masse qui en résulte se dessécher dans une étuve chauffée d'abord à 30°, et que l'on finit par amener à 60 ou 70° centigrades. Ces formes de fécules, semblables à celles de savon, une fois desséchées, sont pulvérisées et blutées : le produit de ce blutage est la fécule, qu'on livre ainsi au commerce. Les pommes de terre jaunes sont les plus productives, et leur fécule est la meilleure. Cette méthode d'extraire la fécule de la pomme de terre à l'état de crudité laisse au produit une petite âcreté ou léger goût désagréable, dû à quelques atomes d'une huile essentielle fournie par le déchirement du parenchyme. Pour éviter cet inconvénient, on a proposé de faire cuire préalablement les pommes de terre à la vapeur, et de les introduire, une fois cuites, dans le corps d'un cylindre vertical, fermé d'un bout par une tête d'arrosoir, puis de les fouler par l'ouverture supérieure du cylindre avec un piston sur les tubercules, dont la fécule, par suite de cette pression, est forcée de passer à travers les petits trous du cylindre et de tomber dans un baquet, où elle forme tranquillement son dépôt, tandis que le parenchyme reste dans le corps de pompe.

La préparation des fécules exotiques, telles que celle du manioc ou cassave, s'exécute à peu près de la même manière. Par une nouvelle opération on tire de la cassave le *tapioca*, que l'on falsifie ou que l'on imite au moyen de la fécule de pommes de terre. Dans le pays du manioc, et surtout à la Guyane française, quand on veut obtenir de la fécule ou amidon très-pur, on ne s'adresse pas au pain de cassave, mais on laisse déposer le suc que l'on vient d'extraire par la pression, et cette fécule, des plus belles, appelée *cipipa*, est employée pour faire des pâtisseries délicates, de la colle, des apprêts, et pour fabriquer la poudre à mettre sur les cheveux.

C'est ici le lieu de parler d'une découverte due à un homme qui, déclaré complice de Fieschi, a fini comme lui sur l'échafaud, à Pépin. Cette découverte était la décortication et la pulvérisation des légumes farineux. Longtemps on avait cherché ce moyen, et pourtant il était fort simple, car il consiste à jeter dans l'eau bouillante les haricots, pois ou autres légumes que l'on veut décortiquer, c'est-à-dire dépouiller de leur pellicule, à les y laisser quelques minutes, jusqu'à ce qu'ils soient gonflés, puis à les retirer de l'eau et à les dessécher dans une étuve à fécule; alors le grain se condense, la peau se déchire et le moindre concassage et vannage met aisément tous les grains à nu. Il ne s'agit ensuite, pour avoir la farine ou la fécule pulvérisée de ces légumes, que de les porter à un moulin qui les réduit en poudre aussi fine que l'on le peut désirer.

J. ODOLANT-DESNOS.

FÉDÉRALISME, FÉDÉRALISTE, réalisation du système fédératif, et partisan de ce système. Par ce premier nom on a désigné, pendant la révolution de 1789, le projet attribué aux girondins de rompre l'unité nationale, et de composer des quatre-vingt-trois départements de la France quatre-vingt-trois États, tous égaux entre eux et confédérés, comme les États-Unis de l'Amérique du Nord. Du reste Buzot et Brissot défendaient, au fond, le *fédéralisme* plutôt comme une opinion théorique que comme un système pratique applicable à la France; ce qui n'empêcha pas la Convention, à la suite des débats relatifs à l'accusation de *fédéralisme*, de décréter l'unité et l'indivisibilité de la république française. On a cru voir avec raison une contrefaçon mesquine du *fédéralisme* américain dans les efforts tentés sous la république de 1848 par les réactionnaires de l'Assemblée nationale pour investir, dans certains cas prévus, les conseils généraux des départements du pouvoir souverain, sous prétexte d'opposer une digue aux émeutes de la capitale; impuissante contrefaçon dont on eût bientôt reconnu le ridicule, si la république se fût consolidée en France.

Le secret des révolutions continuelles qui désolent les beaux climats de l'Amérique du Sud est tout entier dans la lutte des deux partis *fédéraliste* et *unitaire*, auxquels se rallie alternativement, suivant les intérêts de leur ambition, tout ce peuple de généraux ignorants et grossiers que les guerres intestines de ces malheureuses républiques ont fait sortir de terre. Dans notre Europe, c'est en Suisse que, sur une échelle réduite, le *fédéralisme* est en vigueur, comme il l'est, dans de plus grandes proportions, au sein des États-Unis du nord de l'Amérique. Sur les anciennes confédérations et les modernes on peut consulter l'excellent recueil des articles publiés en Amérique par Hamilton, Madisson et Gay, lors des discussions sur le projet de constitution fédérale, présenté par la convention anglo-américaine que présidait Washington, en 1787. Ce recueil parut sous le titre du *Fédéraliste*, et fut traduit, par le girondin Lanthenas, en 1792. Toutes les constitutions fédératives y sont établies et appréciées avec un jugement sûr. Il n'est pas inutile de rappeler que cette publication servit de prétexte à l'accusation de fédéralisme, sur laquelle les jacobins basèrent la proscription de leurs adversaires.

FÉDÉRATIF (Système). Un État fédératif est celui qui se compose de plusieurs États unis entre eux par un pacte commun. De tout temps, les petits États ont senti la nécessité de s'unir, soit pour fonder leur liberté, soit pour la défendre. L'antiquité est pleine d'exemples de ces unions, témoin la confédération des républiques lyciennes, signalée par Montesquieu comme le modèle des États fédératifs; la ligue amphyctionique des cités grecques, la ligue achéenne, etc. Pendant six siècles la république romaine fut en Italie le centre d'une confédération qu'elle dominait, et qu'elle fut enfin forcée de s'assimiler par l'admission des alliés au droit de cité. Quand César envahit les Gaules, les peuples de cette contrée formaient des confédérations imparfaites, dont les divisions l'aidèrent à les asservir. Le sentiment du besoin de l'union manqua aux républiques italiennes du moyen âge. Aveuglées par leurs rivalités, elles ne comprirent point la nécessité d'une association forte et durable pour résister aux grandes puissances que leurs richesses invitaient à les détruire. Le même aveuglement livra au glaive de la noblesse féodale les opulentes cités des Pays-Bas. L'amour de leur indépendance et une vie frugale inspirèrent les cantons suisses. Leurs ligues furent assez fortes pour faire respecter leur liberté. Animées des mêmes sentiments, les Provinces-Unies hollandaises, malgré l'imperfection de leur système fédératif, surent pendant près de deux siècles se maintenir indépendantes et s'élever à une grande prospérité.

Jusqu'à nos jours ce système d'union entre des peuples libres, comme moyen de résistance contre l'agression étrangère, n'avait été appliqué qu'à de petits États; car la confédération formant l'empire d'Allemagne, presque toujours troublée par des guerres intestines, ou dominée par une ou deux puissances prépondérantes, ne semblait destinée qu'à attester l'impossibilité de l'application de ce système sur une grande échelle. Le chef de cette ligue formée d'éléments si incohérents, l'empereur d'Allemagne, n'était qu'un suzerain en lutte perpétuelle avec ses vassaux et ses co-États ; encore aujourd'hui, la confédération germanique laisse voir trop souvent la lutte des deux puissances prépondérantes. C'est seulement depuis près de quatre-vingts ans que le monde a vu s'établir pour la première fois une confédération d'États libres unis entre eux par un pacte commun, que fait respecter un gouvernement central. Pendant cette période la puissance des États-Unis n'a cessé de grandir. Dans les nombreuses républiques de l'Amérique du Sud, toutes d'origine espagnole, c'est le système fédératif ou unitaire qui est constamment la cause ou le prétexte des révolutions qui les ensanglantent.

Montesquieu a vu dans les républiques confédérées le moyen d'étendre la sphère des gouvernements populaires, et *d'unir les avantages de la monarchie à ceux du gouvernement républicain*. « Il y a une grande apparence, dit-il, que les hommes auraient été à la fin obligés de vivre toujours sous le gouvernement d'un seul, s'ils n'avaient imaginé une manière de constitution qui a tous les avantages intérieurs du gouvernement républicain et la force extérieure du monarchique. Je parle de la république fédérative. Cette forme de gouvernement est une convention par laquelle plusieurs corps politiques consentent à devenir citoyens d'un État qu'ils veulent former. C'est une société de sociétés qui en font une nouvelle, qui peut s'agrandir par de nouveaux associés qui se sont unis. Composée de petites républiques, elle jouit de la bonté du gouvernement intérieur de chacune, et à l'égard du dehors elle a, par la force de l'association, tous les avantages des grandes monarchies. » Jean-Jacques Rousseau, à son tour, promet de faire voir comment on peut réunir la puissance extérieure d'un grand peuple avec la police aisée et le bon ordre d'un petit État. Il aurait accompli cette promesse lorsqu'en traitant des relations externes, il en serait venu aux confédérations, matière, ajoute-t-il, toute neuve, et où les principes sont encore à établir. On ne saurait trop regretter que ce grand écrivain, qui ne s'avançait pas légèrement, n'ait point terminé ses *Institutions politiques*, où il eût expliqué son système fédératif.
AUBERT DE VITRY.

FÉDÉRATION. Si la révolution française a eu ses journées de deuil pour tous les partis, elle a eu aussi ses beaux jours de fête, sur lesquels l'histoire aime à s'arrêter. En première ligne de ces fêtes *révolutionnaires* se placent les fédérations. La première idée de ces imposantes réunions date de 1790. A cette époque, des fêtes nationales avaient été organisées dans un grand nombre de départements, pour la prestation du serment civique : ces fêtes avaient donné lieu à des pactes d'alliance entre les gardes nationales de plusieurs districts et les troupes de ligne. Des raisons particulières inspirèrent à la commune de Paris le projet d'une fédération générale, dans laquelle les serments civiques de la nation toute entière seraient confondus en un seul serment : « Nous proposons, disait le maire Bailly à l'Assemblée nationale, en lui soumettant ce projet, que cette réunion ait lieu le 14 juillet prochain, anniversaire de la prise de la Bastille. » L'assemblée accepta le plan qui lui était présenté, et fixa le contingent qu'auraient à envoyer les gardes nationales et les troupes de terre et de mer. Chaque 100 hommes de garde nationale devait choisir six citoyens, lesquels, réunis au chef-lieu, désigneraient sur deux cents citoyens un député pour venir à Paris assister à la fédération générale; la dépense était mise à la charge des districts. Chaque régiment d'infanterie devait également fournir six députés; chaque régiment de cavalerie, quatre. Ces fédérés furent logés chez les habitants de Paris, qui se disputèrent l'honneur de les recevoir. On choisit le Champ-de-Mars comme le lieu le plus convenable pour la fête projetée. Cette immense esplanade n'était pas bordée, comme aujourd'hui, de talus en terre. On employa douze mille ouvriers à construire ceux que nous y voyons; mais ces douze mille ouvriers ne suffisant pas encore à enlever du centre plusieurs pieds de terre, et à les voiturer sur les bords pour y former des gradins, de toutes parts on courut aider à ce travail. Sur ces entrefaites, les fédérés se réunissaient à Paris, et y recevaient l'accueil le plus fraternel. Quelques-uns même arrivaient assez à temps pour partager les travaux des Parisiens.

« C'était la liberté faisant elle-même les apprêts de sa pompe triomphale, a dit M. Pagès (de l'Ariège). Le roi la désirait pour lier les Français à sa cause. Il fit ouvrir le pont Louis XVI, qui rappelait un bienfait de la monarchie dans cette fête de l'indépendance. Il accueillit tous les fédérés avec bonté : « Dites à vos concitoyens, répétait-il sans cesse, que le roi est leur père, leur frère, leur ami; qu'il ne peut être heureux que de leur bonheur, grand que de leur gloire, puissant que de leur liberté, souffrant que de leurs maux. » Et le peuple, attendri par ces paroles, croyant à la loyauté, pénétré d'amour pour le prince, faisait retentir la capitale des cris de *vive le roi*! Les fédérés délégués par quatre millions de soldats citoyens, et rangés par département sous quatre-vingt-trois bannières, partent de la place de la Bastille pour se rendre au Champ-de-Mars. L'Assemblée nationale, précédée des vétérans, suivie des jeunes élèves, arrive à son tour. Le roi s'assied sur son trône, entouré de sa famille et des ambassadeurs. Talleyrand bénit les drapeaux. Lafayette, à la tête de l'état-major, monte à l'autel ; il jure d'être fidèle à la nation, à la loi et au roi. Les bannières s'agitent, les sabres nus et croisés étincellent; les fédérés, soldats, marins, s'unissent à ce serment; le président de l'Assemblée nationale le répète; les députés y répondent; le peuple entier s'écrie : *Je le jure*! Le roi se lève alors : *Moi, roi des Français*, dit-il, *je jure d'employer le pouvoir que m'a délégué l'acte constitutionnel de l'État à maintenir la constitution décrétée par l'Assemblée nationale et acceptée par moi. — Voilà mon fils*, ajoute le roi, en élevant le dauphin dans ses bras ; *il partage avec moi les mêmes sentiments*. Aussitôt, les cris de *vive le roi! vive la reine! vive le dauphin!* font retentir les airs ; les acclamations du peuple, le bruit des tambours, les sons d'une majestueuse musique, les décharges guerrières de l'artillerie, annoncent les promesses mutuelles d'un peuple libre et d'un roi citoyen, répandent dans Paris une allégresse unanime. Mais depuis le matin la pluie tombait à torrents, et le ciel, par un effroyable orage, semblait annoncer la terre qu'il ne garantissait pas la foi de ces serments. »

Un arc de triomphe d'une grande dimension était placé à l'entrée du Champ-de-Mars. Au milieu de ce cirque grandiose se dressait majestueusement l'autel de la Patrie. Les fédérés se rangèrent dans la plaine, ou plutôt dans ce lac de boue; des torrents de pluie venaient de temps en temps les mouiller jusqu'aux os, mais, loin de chercher à s'abriter, ils formaient alors de longues farandoles, et cet exemple était suivi par tous les assistants.

« C'était un spectacle digne de l'observateur philosophe, dit le marquis de Ferrières, que cette foule d'hommes venus des parties les plus opposées de la France, entraînés par l'impulsion du caractère national, bannissant tout souvenir du passé, toute idée du présent, toute crainte de l'avenir, se livrant à une délicieuse confiance ; et trois cent mille spectateurs de tout âge, de tout sexe, suivant leurs mouvements, battant la mesure avec les mains, oubliant la pluie, la faim et l'ennui d'une longue attente. » L'office divin fut célébré sur l'autel de la patrie par l'évêque d'Autun. Au moment de l'élévation, le ciel, jusque alors voilé de nuages, laissa échapper comme un sourire ; un rayon de soleil éclaira subitement le prêtre et l'hostie. Il n'en eût pas fallu autant dans le moyen âge pour crier au miracle. Les détonations de l'artillerie, la musique guerrière, qui se mêlaient de tous côtés, les cris de joie qui remplissaient les airs, tout cela formait un ensemble qu'une plume humaine essayerait en vain de retracer. La cérémonie terminée, les fédérés se rendirent à un banquet de 25,000 couverts que leur offrait la commune de Paris. Les journées suivantes furent encore de nouvelles fêtes : revues, illuminations, spectacles, ascension de ballons, joûtes sur l'eau, bals, feux d'artifice, rien ne fut négligé pour enthousiasmer les *frères des départements*. Les fossés hideux de la Bastille avaient été convertis en lieu de plaisir, et on lisait sur les ruines de la forteresse : *Ici l'on danse!*

Toutes les communes de la France avaient célébré en même temps la fête de la Fédération : au même jour, à la même heure, au même instant, dans toutes les parties du royaume, tous les bras se levaient pour prononcer le même serment ; le retentissement s'en fit sentir jusque chez l'étranger : à Londres, à Hambourg, les amis de la liberté eurent aussi leur Fédération.

La seconde Fédération eut lieu le 10 août 1793. Le fédéralisme n'était pas encore mort en France : la plupart des départements étaient hostiles à la capitale, et d'une réconciliation sincère dépendait le salut de la république. On profita de l'acceptation de la constitution démocratique de l'an 1er pour provoquer cette réconciliation. Chacune des assemblées primaires dut envoyer son représentant à Paris, et là, au jour anniversaire de la chute de la royauté, ils vinrent tous jurer sur l'autel de la patrie de défendre jusqu'à la mort la constitution nouvelle que la nation venait d'adopter. Dans le même moment, tous les citoyens français, réunis en fédérations particulières, juraient aussi de la maintenir. Les résultats de cette Fédération furent tels que la Convention l'avait espéré. Du reste, rien n'avait été négligé pour que la fête du 10 août fit oublier celle du 14 juillet 1790 ; David en avait été l'ordonnateur.

La troisième et dernière Fédération française fut celle du champ de mai de 1815. Cette fois ce n'était plus un peuple venant se jurer à lui-même de maintenir sa liberté et ses droits ; c'était une réunion de fédérés, au milieu de laquelle le souverain, revenu de l'exil, jetait l'étincelle qu'il destinait à réveiller le patriotisme indispensable pour repousser une nouvelle invasion. Les députés prêtèrent serment à l'acte additionnel aux constitutions de l'empire, et une distribution de drapeaux, faite par Napoléon, termina la journée. Mais la Fédération de 1815 n'eut et ne pouvait avoir aucun résultat.　　　　　　　　Napoléon GALLOIS.

FÉDÉRÉS. C'est le nom qu'on a donné aux députés envoyés des départements aux trois Fédérations de 1790, 1793 et 1815. En 1792, on l'appliqua aux volontaires des bataillons levés dans les départements et qui séjournèrent à Paris avant de rejoindre l'armée active, et qui y participèrent à la journée du 10 août : On disait les *fédérés marseillais*, les *fédérés bretons*. Vers la fin de 1792, à la Convention, lorsque la guerre éclata entre les girondins et les montagnards, et que les premiers proposèrent la création d'une garde départementale pour veiller sur l'assemblée, plusieurs départements, devançant l'adoption de cette mesure, envoyèrent à Paris des bataillons qu'on appela aussi *bataillons de fédérés*. Enfin, en 1815 il s'en forma aussi en Bretagne pour tenir tête aux Vendéens et aux chouans. C'est de Rennes que partit le premier appel, qui trouva de l'écho à Nantes, à Vannes, à Brest, à Saint-Malo, à Morlaix, à Lorient. Aux fédérés bretons répondirent ceux de Paris, de Rouen, de Strasbourg, de Metz, de Nancy, de la Bourgogne, du Berri, de l'Auvergne, du Dauphiné, etc. ; puis, avec un nouvel élan, ceux des faubourgs Saint-Antoine et Saint-Marceau, qui, au nombre de 12 à 15,000, en habits de travail et sans armes, furent présentés à l'empereur dans la cour des Tuileries, au grand effroi des courtisans. Bientôt un décret ordonna la formation de 24 bataillons de fédérés, *tirailleurs de la garde nationale*, qui devaient être équipés et habillés aux frais de la ville, avec des officiers pris dans la ligne. Le général Darricau fut désigné pour en prendre le commandement en chef. Mais cette organisation redoubla les alarmes de la cour, qui se croyait menacée d'un nouveau 10 août, du pillage et du jacobinisme. Elle essaya bientôt de calomnier, d'entraver les fédérés, et l'on finit par refuser leurs services.　　　　　　　　Napoléon GALLOIS.

FEDERICI (CAMILLO), l'un des meilleurs poëtes comiques modernes de l'Italie, et fondateur d'une nouvelle école dramatique, naquit en 1755, à Poggiolo di Garessio, dans la province de Mondovi. Son nom véritable, dit-on, était Giovanni-Battista *Viassolo*, ou, suivant d'autres, *Ogeri*. En 1784 il fut nommé juge à Govone, petit bourg de la province d'Asti. Le roi Victor-Amédée III ayant eu occasion de l'y connaître et de l'apprécier, le nomma juge à Moncalieri, petite ville à peu de distance de Turin. La passion que conçut Viassolo pour une comédienne, appelée *Camilla Ricci*, l'engagea à renoncer à la magistrature pour se vouer au théâtre et s'engager dans une troupe de comédiens. Repoussé par sa famille, qui ne put lui pardonner cet oubli des convenances sociales, il prit désormais le nom de *Federici*, contraction des mots *fedele alla Ricci*, et mourut à Turin, en 1803. Les meilleures pièces de son théâtre sont l'*Avviso ai mariti*, *Lo Scultore e il Cieco*, et *Enrico IV al passo della Marna*. Creuzé de Lesser et Roger ont imité, sous le titre de *Partie et Revanche*, une excellente comédie de Federici, intitulée : *La Bugia viva poco*, transportée aussi sur la scène allemande par Vogel, sous un titre analogue (*Gleiches mit Gleichem*).

FÉDOR. *Voyez* FÉODOR.

FÉE, **FÉERIE**. Nous n'avons sans doute pas besoin de définir ces êtres merveilleux qui occupent une si grande place dans la mythologie et les œuvres poétiques du moyen âge ; il n'est personne de nous qui ne se souvienne de ces contes dont on a bercé notre enfance, et de ces belles grandes dames qu'on nous faisait apparaître avec une écharpe d'or et une baguette magique ; il n'est personne de nous qui n'ait cru de tout son cœur aux fées, et qui ne voulût peut-être y croire encore. Le mot de *fée* a donné lieu à plusieurs discussions ; quelques savants ont pensé qu'il provenait primitivement du mot persan *peri*, dont l'on aurait fait d'abord *feris* (en anglais *fairy*) ; mais l'opinion généralement admise aujourd'hui, c'est que ce mot vient de *fatum*, *fata*. En espagnol, le nom de *fée* se traduit par *hada* ou *fada*, en italien *fata*. Boïardo n'a-t-il pas dit ?

Ivi è una fata nomata Morgana.

De *fata* est venu le verbe *fatar*, puis l'ancien verbe français *faer*, et le participe *fué*. Cette étymologie est non-seulement très-logique sous le point de vue grammatical, mais elle s'accorde parfaitement avec le caractère et la mission attribués aux fées. C'était en effet, comme on le sait, des êtres puissants, soit par leur propre nature, soit par le secours de leurs enchantements, et qui exerçaient une grande influence sur l'homme et sur sa destinée (*fatum*). Mallet, dans son histoire de Danemark, prétend que la croyance aux fées nous est venue du Nord ; et, pour soutenir son assertion, il s'appuie sur ce que les divinités scandinaves connues sous le nom de *nornes* ont plusieurs attributs des fées. Il est bien vrai qu'il existe plusieurs rapports entre ces deux natures d'êtres fictifs ; il est bien vrai encore que les nornes étaient vénérées en Danemark, en Norvège, avant que les fées fussent connues dans la partie méridionale de l'Europe. Mais on aurait tort d'attribuer au

Nord la création de notre monde féerique. L'histoire de nos fées n'est point empreinte des sombres images du Nord; elle est tout orientale par les idées, par la couleur. Les fées viennent de l'Orient : les Perses les ont transmises aux Arabes, les Arabes aux Espagnols, aux Provençaux, à toute cette foule de poètes, de troubadours, qui s'en allaient porter de château en château leurs *trobas*, leurs vers d'amour et leurs fictions.

Il y avait deux sortes de fées : les unes étaient des nymphes d'une nature sur-humaine; les autres, telles que M o r g a n e, Viviane, n'étaient que des femmes instruites dans la magie. Il y avait aussi de bonnes et de méchantes fées : les premières, toujours prêtes à donner un appui au malheur, à réparer un désastre, à prévenir la discorde; les secondes, ne songeant qu'à exercer les maléfices les plus dangereux. Celles-ci avaient sous leurs ordres des démons, et elles pouvaient, avec leurs conjurations, enfanter de grands maux. Le peuple les redoutait, et employait divers moyens pour se mettre à l'abri de leur pouvoir. Dans l'abbaye de Poissy, on disait autrefois chaque année une messe pour préserver le pays de la colère des mauvaises fées. Quand on fit le procès de Jeanne d'Arc, on lui demanda si elle n'avait pas assisté quelquefois aux assemblées tenues par les malins esprits près de la fontaine aux fées. La pauvre fille avoua qu'elle y avait été. Les anciens poèmes de la chevalerie, les contes et légendes présentent souvent le tableau des luttes d'une fée bienfaisante avec une mauvaise : c'est tout simplement ce d u a l i s m e qui se retrouve dans chacune des croyances religieuses, le sentiment du bien et du mal personnifié sous l'image d'une fée. Nous avons dit que les fées exerçaient une grande influence sur la destinée de l'homme. Les unes se dévouaient tout entières au sort d'une famille, comme M é l u s i n e à la famille Lusignan; d'autres, au sort d'un individu, comme Viviane à Lancelot du Lac; d'autres, comme Alcine, attendaient les chevaliers au bord de leur île, et leur donnaient à boire un philtre magique qui les enivrait et leur ôtait toute résolution; d'autres, enfin, erraient à travers le monde, chevauchant sur un cheval ailé, tantôt invisibles à tous les regards, tantôt apparaissant pour soulager un opprimé ou réparer une injustice. Les chevaliers qui s'en allaient à la recherche des aventures rencontraient quelquefois sur leur chemin une belle dame qui sollicitait l'appui de leur bras, pour quelque périlleuse entreprise; et c'était une fée qui se servait de ce prétexte pour les attirer à elle. Souvent la fée emmenait l'aventureux paladin dans son palais de diamants, et lui donnait tant de bonheur qu'il ne pouvait plus rien regretter au monde. C'est ainsi que la fée Mourgue emmena Ogier le Danois dans sa magique demeure d'Avalon.

Chaque grande maison avait sa fée protectrice, qui était comme son bon génie. On l'appelait dans les circonstances solennelles, à la naissance d'un enfant, à un mariage. Elle amenait avec elle quelques-unes de ses compagnes, répandait ses dons sur l'enfant, et cherchait à deviner son avenir. Dans la Scandinavie, les nornes ont aussi le don de prédiction. Les fées apparaissent encore sous la forme de sirènes, de nymphes des eaux, comme on le voit dans plusieurs légendes et dans le poëme de Boiardo. Au reste, pour comprendre toute la variété et la richesse de ces fictions féeriques, il faudrait lire les romans de chevalerie, les vieux poèmes, les contes populaires, où les fées se montrent tour à tour si puissantes et si gracieuses.

Le mot *féerie* provient naturellement de la même souche que le mot *fée*; mais on lui a donné quelquefois deux acceptions différentes. Dans certains romans, on s'en sert pour désigner le pays des fées; mais le plus souvent on s'en sert pour désigner un prestige, un enchantement. Aujourd'hui on donne plus particulièrement le nom de *féeries* à des pièces de théâtre riches à changements à vue. Au figuré, on emploie le même mot pour désigner un beau spectacle.

Toutes les œuvres du moyen âge respirent cette merveilleuse croyance aux fées. Les vieux poèmes français du douzième et du treizième siècle la reproduisent souvent. *Le Roland amoureux* de Boiardo, *Le Roland furieux* de l'Arioste, la présentent sous les images les plus séduisantes; Spencer l'a prise pour base de son épopée; Shakspeare lui doit quelques-unes de ses plus belles pages. Plus tard, quand la poésie dédaigna ces charmantes fictions, la prose y eut recours, et les contes de fées parurent et obtinrent une vogue universelle. Le premier recueil de contes où les fées commencèrent à prendre place est le *Pentamerone* de Basile (1687). En 1697, vinrent les contes de Perrault, que nous connaissons tous, et en 1698 ceux de Mme d'Aulnoy. En 1704 Galland publia sa traduction des *Mille et une Nuits*; et en 1786 la collection connue sous le titre de *Cabinet des Fées* absorba dans ses longs récits tout le monde féerique.   Xavier Marmier.

FÉERIES. On appelle ainsi au théâtre les pièces dans lesquelles l'intervention d'une fée, d'un génie ou d'un être doué d'une puissance surnaturelle produit des faits merveilleux. Les féeries sont nées en Italie; elles tiennent du *mystère*, et on les trouve à l'enfance de la scène dans la patrie de l'Arioste. Ce fut aux marionnettes, i *Burattini*, que parurent les premières féeries; de là, elles ont escaladé l'Olympe de l'Opéra. Le caractère original de ces œuvres ne s'est point altéré. Ce sont toujours deux amants vertueux, protégés par une bonne fée, ou par un bon génie, contre d'injustes persécutions. Le plus souvent il y a un mauvais génie qui combat l'influence favorable. Ordinairement aussi ceux que le bon génie adopte possèdent un talisman, au moyen duquel ils agissent eux-mêmes; le mauvais génie emploie toutes ses resources à leur ravir ce talisman par ses artifices, par la ruse ou par la violence. Tel est le cadre commun à toutes les féeries; on voit combien il peut être fécond en prodiges. La féerie aime les scènes populaires, et la foule en raffole; elle a plu tant aux théâtres forains; elle y fleurit encore. Cependant, elle a brillé d'une splendeur sans égale à l'Opéra, sous la forme mythologique, sous le faste oriental et sous l'appareil héroïque; elle a eu des triomphes dans le ballet et dans le chant, et l'on a vanté partout les merveilles, la magnificence et les surprenantes évolutions de son spectacle. Pour la féerie, il faut un théâtre *machiné*, c'est-à-dire propre à tous les changements, apparitions, disparitions, vois dans l'air, et abîmes qui s'entrouvrent, et disposé pour tous les phénomènes du ciel et de la terre. Chaque incident d'une féerie se nomme un *truc*. Il y en a de fort ingénieux et de vraiment étonnants; un bon *truc* doit être imprévu, rapide, net, et ne pas montrer la ficelle. La *clownery* anglaise a introduit dans nos féeries des charges vives, brusques et fort originales, et aussi des tours de force inconcevables. La féerie est étrangère à l'art; pourtant, elle a eu quelquefois des bonnes fortunes d'esprit : *le Pied de Mouton*, de Martainville, est resté dans la mémoire de tous les hommes nés avec le siècle. Le Cirque-Olympique, avec ses *Pillules du Diable* et sa *Poudre de Perlinpinpin*; la Porte Saint-Martin, avec *Peau d'Ane et la Biche aux Bois*; la Gaîté, avec les *Sept Châteaux du Diable*; l'Ambigu-Comique, avec *Les Contes de la mère l'Oie*, ont donné aux féeries récentes le plus pompeux développement.

    E. Briffault.

FÉES (Contes de). *Voyez* Conte.

FÉES (Roches, Grottes aux). *Voyez* Druidiques (Monuments).

FÉES (Tables ou Tuiles de). *Voyez* Dolmen.

FEHRBELLIN, petite ville de 1,500 habitants, située dans la Marche centrale, cercle de la Havel orientale, gouvernement de Potsdam (Prusse), est célèbre par la victoire qu'y remporta (18 juin 1675) sur les Suédois l'électeur de Brandebourg Frédéric-Guillaume; victoire qui, dans les circonstances critiques où se trouvait ce prince, sauva ses États. Un monument a été élevé sur la hauteur qui domine Fehrbellin, pour perpétuer la mémoire de ce fait d'armes.

FEINTE est synonyme de *déguisement*, d'*artifice*. M. Guizot caractérise ainsi la différence qu'il y a entre *feindre* et dissimuler : *Feindre*, c'est se servir d'une fausse apparence pour tromper, faire semblant; dissimuler, c'est cacher des sentiments, des projets. La dissimulation fait partie de la *feinte*; l'une cache ce qui est, l'autre montre ce qui n'est pas. Les femmes savent *feindre* bien mieux que dissimuler, parce que la dissimulation demande plus de discrétion, et la *feinte* plus d'adresse. La dissimulation est le contraire de la franchise ; la *feinte* est le contraire de la sincérité. *Feindre* la gaieté est un moyen de dissimuler sa tristesse. En termes d'escrime, *feinte* se dit de l'action de diriger un coup vers un point du corps quand on le dirige réellement vers un autre.

FEITH (Rhijnvis), l'un des poètes hollandais les plus remarquables des temps modernes, et qu'avec Bilderdijk on peut considérer comme le réformateur de la poésie de son pays, naquit en 1753, à Zwoll, dans l'Yssel supérieur, et y mourut, en 1824. Nommé d'abord bourgmestre, et peu de temps après receveur au collége de l'amirauté dans sa ville natale, ses fonctions administratives ne l'empêchèrent pas de continuer à cultiver la poésie, pour laquelle il avait de bonne heure annoncé les plus heureuses dispositions. Ses premiers essais se ressentent du sentimentalisme mis à la mode par Bellamy dans son roman de *Ferdinand et Constance* (1785). Dans son *Het Graf* (Amsterdam, 1792), poème didactique bien ordonnancé, on remarque encore des traces du genre faux auquel Feith avait commencé par sacrifier. Ce défaut n'existe plus dans son poème *De Ouderdom* (1802), auquel on peut d'ailleurs reprocher l'absence d'un plan bien arrêté. Parmi ses poésies lyriques, *Oden en Gedichten* (4 vol., 1796-1810), il en est plusieurs où brillent l'enthousiasme le plus élevé et le plus pur sentiment de l'art. Les pièces de son théâtre que l'on estime le plus sont les tragédies *Thirza, Jeanne Gray* (1791), et surtout *Inès de Castro* (1793).

Feith entreprit avec Bilderdijk de donner une forme plus noble au célèbre poème de Haren, *De Geuzen*, dans lequel ce poète a chanté l'établissement de l'indépendance des Pays-Bas.

FELAPTON. On appelle ainsi, en logique, l'un des six modes de la troisième figure du syllogisme, où la première proposition est une négative universelle, la seconde une affirmative universelle, et la troisième une négative particulière.

FELDMARÉCHAL, ou plus correctement *feldmarschall*. Mot qui, quoique allemand par ses racines, a été imité des usages français; il a été la traduction, sous forme germanisée à génitif renversé, du *maréchal de camp*, terme qui dans l'origine donnait idée d'un grade plus élevé que ne l'était dans les derniers temps celui de maréchal de camp. Ce dernier, de révolution en révolution, est devenu le maréchal de France; et depuis le dix-septième siècle le feldmaréchal ou le maréchal de campagne y correspond. Mais il n'avait dans la guerre de trente ans que le sens de major général ou de chef d'état-major; et le feldmaréchal servait sous un général, maintenant il est lui-même un général d'armée. Il en est ainsi chez les Anglais, les Autrichiens, les Hollandais, les Prussiens, les Russes, etc. Dans l'armée autrichienne, immédiatement après le *feldmaréchal*, viennent dans la hiérarchie le lieutenant général et le général de cavalerie, puis le *feldmaréchal-lieutenant* et enfin le général-major, grade équivalant à celui de nos généraux de brigade.

FELDSPATH. Dans l'ancienne minéralogie, on désignait sous ce nom plusieurs minéraux de composition assez différente. Beudant a partagé ces minéraux en deux espèces du genre silicate dans la famille des silicides. Ces deux espèces sont : l'*orthose* et l'*albite*.

L'*orthose* cristallise en prisme oblique rhomboïdal, a pour poids spécifique, de 3,39 à 3,58, raye le verre, fait feu au briquet, mais bien moins que le quartz ; fond au chalumeau en émail blanc, n'est point attaqué par les acides. L'orthose est ainsi composé : Silice, de 64 à 66 ; alumine, de 17 à 19; potasse, de 11 à 17; chaux, de 0,35 à 1,25; oxyde de fer, de 0,47 à 1,75. Les couleurs de cette substance sont le vert, le rouge, le blanc jaunâtre, le gris et le noir. Son aspect est chatoyant, nacré, opalisant, vitreux, aventuriné. On trouve l'orthose à l'état cristallin, schisteux, granulaire, compacte, décomposé. L'orthose forme, en se mélangeant avec d'autres minéraux, plusieurs roches, telles que le gneiss, le leptinite, le granit, la protogyne, la pegmatite, la syénite, le diorite, la dolérite, les basaltes, plusieurs laves, et le porphyre rouge antique, etc. Les usages de l'orthose sont nombreux ; les roches formées par ce minéral sont employées dans les constructions, dans les arts : ainsi, c'est la pegmatite qui fournit à la fois le kaolin et le pétunzé, matières de la pâte et de la couverte de la porcelaine. La *pierre de lune* de Ceylan ou *feldspath chatoyant*, et la *pierre de soleil* ou *feldspath aventuriné*, sont employées en bijouterie; on en fait aussi des tabatières, et même des vases et des pendules.

L'*albite* (*feldspath vitreux*, *feldspath de soude*, *eisspath*, *clevelandite*, *schorl blanc*, etc.) cristallise en prismes obliques là la base de parallélogramme obliquangle, a pour poids spécifique 2,61, raye le verre, fond en émail blanc, n'est pas attaqué par les acides. Elle est ainsi composée : Silice, de 67 à 70 ; alumine, de 18 à 19 ; soude, de 9 à 11 ; chaux, de 0,15 à 0,65; oxyde de fer, oxyde de manganèse et magnésie, quelques traces; potasse, de 0 à 2,41.

La manière d'être de l'albite est à peu près celle de l'orthose. Sa couleur est ordinairement le blanc. Elle constitue plusieurs roches, notamment l'euphotide, la variolite, quelques roches hypersthéniques, le pétrosilex, la rétinite, l'obsidienne, les trachytes et la pumite. L'albite et l'orthose s'associent à peu près avec les mêmes minéraux. L. Dussieux.

FELDZEUGMEISTER, grade particulier à l'armée autrichienne et intermédiaire entre celui de *feldmaréchal* et celui de *feldmaréchal-lieutenant*, mais qui n'a pas d'équivalent dans l'armée française. Jadis en Allemagne et en Russie les grands-maîtres et les généraux de l'artillerie étaient qualifiés de *feldzeugmeister*.

FÉLETZ (Charles-Marie Dorimond de), un des plus spirituels critiques du commencement de ce siècle, membre de l'Académie française et administrateur en chef de la bibliothèque Mazarine, appartenait à une famille noble et avait reçu les ordres ecclésiastiques. Il resta parfaitement fidèle à ce double engagement, et ceux même qui professaient des opinions contraires aux siennes ne purent qu'estimer et honorer la constance, l'uniformité et la fermeté de sa conduite. Tel il se montra le principe, opposé à la révolution française et défenseur de l'ancienne monarchie, tel il ne cessa de se montrer depuis. Il faut avouer aussi que son début dans le monde ne devait point le rendre favorable aux mouvements qui allaient s'opérer : condamné à la déportation comme ecclésiastique, après avoir été trois ans maître de conférences, en philosophie et en théologie, à Sainte-Barbe, où il avait fait ses études, il passa onze mois d'une cruelle captivité sur divers bâtiments en rade à Rochefort, et vit cent trente de ses compagnons d'infortune, sur sept cent soixante, expirer à bord des mêmes navires faute d'air et de nourriture. Relâché ensuite, puis repris à Orléans, il parvint à échapper aux gendarmes qui déjà dressaient le procès-verbal de son arrestation.

Ce spirituel et ingénieux écrivain était né à Brive-la-Gaillarde, en 1767. Joignant à d'excellentes études les ressources naturelles d'un esprit fin, incisif et plein de grâce, il devait réussir également dans la société et dans les lettres. Il avait trente-quatre ans lorsqu'il revint à Paris, où il put en juin jour, à l'abri du sceptre consulaire et impérial, de ce repos que les proscriptions précédentes ne lui avait pas encore laissé. La société reprenait une forme normale et régulière; tout se réorganisait, et les esprits demeurés fidèles à l'ordre de choses qui avait succombé s'apprêtaient à prendre leur revanche et à venger, du moins par l'ironie, les souffrances, les pertes, les douleurs que la société nouvelle leur avait imposées. Féletz se trouvait naturellement classé dans ce bataillon, dont il fut l'un des combattants les plus habiles et les plus loyaux. On le vit prendre place à côté de Geoffroy, de Dussault, de Hoffmann, et collaborer à la fois à la rédaction du *Mercure de France* et à celle du *Journal des Débats*. L'atticisme de la plaisanterie, la sûreté exquise du goût le plus pur, distinguaient les articles de Féletz, qui contribuèrent beaucoup à la fortune du *Journal des Débats*, alors *Journal de l'Empire*. C'est surtout par les noms de quelques critiques de l'ordre le plus délicat et le plus rare, que l'école de littérature impériale se recommandera au souvenir de la postérité; dans le nombre de ces hommes distingués, il n'en est pas de plus ingénieux, de plus caustique, et qui rappelle mieux les traditions élégantes de l'ancienne monarchie, que Féletz. Nommé en 1820 inspecteur des études de l'académie de Paris, et sept ans l'après membre de l'Académie Française, il réunit et publia en 6 volumes in-8° ses principaux articles; ce recueil de mélanges littéraires contient, sous une forme très-amusante, une grande partie de l'histoire littéraire du commencement de ce siècle. La fermeté, la modération et le tact exquis dont Féletz fit preuve à travers une vie longue et honorée, lui permirent, chose rare, de conserver la grâce et la vigueur de l'esprit dans la vieillesse, d'avoir des amis dans tous les partis, tout en se maintenant dans la ligne de ses opinions, et d'être honoré de toutes les écoles, sans faire de concessions aux exigences des uns et des autres. L'abbé Féletz mourut en 1850.

Philarète CHASLES.

FÉLIBIEN (ANDRÉ), sieur des Avaux et de Javercy, né à Chartres en 1619, suivit à Rome, en 1647, l'ambassadeur de France, marquis de Fontenay-Mareuil, en qualité de secrétaire. Ayant eu occasion de voir le Poussin dans cette patrie des beaux-arts, il se lia d'amitié avec lui, et perfectionna, sous cet artiste, son goût pour la peinture, la sculpture et l'architecture. Le surintendant Fouquet, et Colbert après lui, employèrent ses talents. Il eut la place d'historiographe des bâtiments du roi en 1666 et celle de garde des antiques en 1673. Deux ans auparavant il avait été nommé secrétaire de l'Académie d'Architecture. Il mourut à Paris le 11 juin 1695. Il fut un des huit qui composèrent l'Académie des Inscriptions et Belles-Lettres, lors de sa fondation. Il avait composé de nombreux ouvrages: le plus connu a pour titre : *Entretiens sur les Vies et les Ouvrages des plus excellents peintres*. On cite encore : *Origine de la peinture* (1660, in-4°); — *Principes de l'architecture, de la sculpture, de la peinture et des autres arts qui en dépendent* (1675-1690, in-4°); — *Description sommaire du château de Versailles* (1674), etc. Son frère *Jacques*, chanoine et archidiacre de Chartres, mort en 1716, dans un âge avancé, a composé quelques ouvrages religieux.

FÉLIBIEN (JEAN-FRANÇOIS), fils aîné d'André, succéda à son père dans toutes ses places, et eut comme lui le goût des beaux-arts. Il mourut en 1733. Son meilleur écrit est intitulé : *Recueil historique de la vie et des ouvrages des plus célèbres architectes*.

FÉLIBIEN (Dom MICHEL), frère du précédent, bénédictin de la congrégation de Saint-Maur, né à Chartres en 1666, soutint avec honneur la réputation que son père et son frère s'étaient acquise. Les échevins de Paris le choisirent pour écrire l'histoire de cette ville : il l'avait beaucoup avancée lorsqu'il mourut le 10 septembre 1719. Elle fut continuée et publiée par dom Lobineau. On a encore de dom Félibien l'*Histoire de l'abbaye de Saint-Denys en France*, livre plein d'érudition et de recherches.

FÉLICITATION. C'est un compliment que l'on fait à quelqu'un pour témoigner la part que l'on prend à un événement heureux ou malheureux qui lui est arrivé. Ce mot, qui a reçu de nos jours une grande extension, ou qui plutôt est devenu d'une application de plus en plus familière, est d'une formation assez récente; on le connaissait à peine en France il y a un siècle. Il n'y a presque pas d'événement, si indifférent qu'il soit en apparence, qui ne devienne l'occasion de félicitations. C'est surtout à l'époque du jour de l'an qu'on s'en adresse mutuellement le plus. BILLOT.

FÉLICITÉ. *Voyez* BONHEUR.

FELINSKI (ALOÏSE), né vers 1770, à Loutzk, ville du palatinat de Wolhynie, avait à peine atteint l'âge de dix-huit ans qu'il s'enrôlait dans l'armée nationale qui avait surgi à la voix de Kosciuszko. Quand la Pologne descendit au tombeau, il demanda à la culture des lettres des consolations pour ses patriotiques regrets. Les universités de Varsovie et de Wilna lui offriront vainement des chaires de littérature; et ce ne fut qu'à l'instante sollicitation de Thadeusz Czacki qu'il consentit enfin à accepter les fonctions de directeur du lycée de Krzemienietz, devenu bientôt, grâce à ses soins, une pépinière féconde d'hommes marquants dans les sciences et les arts. Felinski mourut en 1820, et la Pologne pleura en lui le bon citoyen, l'ardent patriote, non moins que le littérateur distingué. Ses premiers ouvrages sont des lettres en vers à ses amis, et une traduction des Jardins de Delille, qui se distingue par une grande élégance et une remarquable pureté de langage. Mais ce qui fera surtout vivre son nom dans l'histoire de notre littérature, c'est la réforme qu'il opéra dans notre orthographe. Avant lui elle n'avait rien de fixe ni d'arrêté. Felinski lui imposa des règles sûres et invariables; il y introduisit les accents et la voyelle *j*, qui rendirent la langue plus harmonieuse et plus propre à exprimer les pensées sentimentales et poétiques.

Felinski osa plus encore. Il entreprit la réforme de notre tragédie. Jusqu'à lui on s'était borné chez nous à traduire les tragédies grecques, latines et françaises. La scène ne retentissait jamais d'autres noms que de ceux des Miltiade, des Brutus, des César, etc. On n'y voyait que toges romaines ou chlamydes grecques. Un absurde préjugé déclarait que l'histoire nationale n'offrait pas un seul événement qui se prêtât aux exigences du théâtre, où dès lors on n'avait encore jamais entendu prononcer le nom de Sobieski, des Bathory, et de tant d'autres héros polonais. Felinski brava le premier cet absurde préjugé, et publia, en 1814, une tragédie intitulée : *Barbara*, qui obtint de nombreuses représentations sur les théâtres de Varsovie, de Wilna, et autres villes de Pologne, et trouva le public l'accueillit avec enthousiasme. Le sujet en est emprunté au seizième siècle et à l'histoire de Pologne. Il s'agit du mariage secret que, du vivant de son père, Sigismond-Auguste avait contracté avec Barbara Radziwil, et qu'il voulut faire reconnaître pour légitime au moment où il fut appelé à ceindre la couronne. L'opposition qu'il rencontre dans l'exécution de son projet de la part de la reine-mère, Bona, de la famille du Sforze de Milan, forme le nœud de la pièce; et c'est au moment où le roi, à force de fermeté, est parvenu à triompher de tous les obstacles, que la jeune reine meurt, empoisonnée par un médecin italien, confident et complice de Bona.

L'intrigue de cette pièce est conduite avec beaucoup d'art, les caractères en sont tracés avec une remarquable vérité historique, et le style y a constamment la noblesse et l'élévation que réclame le genre tragique. Quant aux sentiments que l'auteur y exprime, ils sont de ceux qui feront toujours tressaillir des cœurs polonais.

Michel CZAJKOWSKI (MUHAMED-SADIK-EFFENDI).

FÉLIX. Le saint-siège a été occupé par cinq papes ou antipapes de ce nom.

FÉLIX Iᵉʳ était fils d'un Romain appelé *Constantius*. Il succéda à Denys, en 269, sous le règne de l'empereur Claude II. L'Église était alors troublée par l'hérésie de Paul de Samosate. Cet évêque d'Antioche, déposé par un concile, refusait d'obéir à la sentence et de céder son palais épiscopal à Domnus, que ce concile avait nommé à sa place. L'empereur Aurélien, juge de ce différend, s'en remit à la décision de l'évêque de Rome et des prélats d'Italie; et Félix, ayant refusé sa communion à l'hérésiarque, le fit chasser d'une Église que Paul avait scandalisée par son faste asiatique. Aurélien démentit bientôt cette apparence de respect

21.

pour les prêtres chrétiens ; un édit de persécution fut lancé contre eux. Félix soutint par ses discours et par son exemple le zèle de son troupeau. Il affermit et consola les victimes de la colère impériale. On assure qu'il ensevelit de ses mains 342 martyrs. Mis en prison, il y mourut, le 22 décembre 274.

FÉLIX II fut élevé sur le saint-siége en 357, après l'exil du pape Libère, et malgré les protestations du peuple et de la partie du clergé qui tenait pour ce pontife, déposé par l'empereur Constance. A en croire saint Athanase, Félix n'aurait été élu que par trois eunuques et sacré par trois évêques vendus à l'empereur; d'autres écrivains ecclésiastiques l'accusent d'arianisme. Mais le témoignage de saint Athanase est fort suspect, puisque le pape Libère ne fut exilé que pour avoir refusé de signer le décret du concile de Milan, ou plutôt des prélats ariens contre cet évêque d'Alexandrie. Quoi qu'il en soit, Félix II ne jouit pas longtemps de sa puissance pontificale : les dames romaines lui préféraient Libère; elles se présentèrent à l'empereur Constance dans tout l'éclat de leur parure, pour lui demander le rappel de leur évêque favori. Constance se laissa fléchir, à condition que Libère signerait la condamnation d'Athanase, ainsi que la profession de foi souscrite par le concile de Sirmium en faveur de l'arianisme, et qu'en outre il consentirait à partager le saint-siége avec Félix. Libère, impatient de rentrer dans Rome, signa tout ce qu'on voulut, et fut reçu dans sa capitale, en 358, aux acclamations des dames et du peuple. Mais à peine l'empereur eut-il quitté cette ville, que le peuple se rua sur les partisans de Félix, et le chassa de sa capitale. Rétabli un instant par le zèle de ses amis et par la protection de Constance, il fut banni une seconde fois à force ouverte, et, après avoir végété huit ans dans une terre qu'il avait en Toscane, il y mourut, peu de jours avant son compétiteur. Sa mémoire éprouva les mêmes vicissitudes que sa vie. Saint Augustin, Optatus de Milève et plusieurs autres ne l'ont jamais compté au nombre des pontifes de Rome; et ce ne fut que trois siècles après, qu'il fut déclaré tout à la fois pape et martyr par un décret de Grégoire le Grand.

FÉLIX III était fils d'un prêtre romain du même nom, et portait le prénom de *Cœlius*. Il était marié, et passe pour le quadrisaïeul de Grégoire Ier, dit *le Grand*. Il succéda, le 8 mars 483, à Simplicius, sous le règne d'Odoacre. L'hérésie des eutychiens et les débats pour le siége métropolitain d'Alexandrie occupèrent les premiers moments de son pontificat. Pierre Monge l'arien, et Jean Talaius l'orthodoxe se disputaient cette Église d'Afrique. Acace, patriarche de Constantinople, protégeait le premier, tandis que le second était soutenu par le saint-siége. A l'aide de cette querelle, Félix III essaya de soumettre le siége de Constantinople à celui de Rome. Mais l'empereur Zénon se jouèrent de ses légats, les firent mettre en prison, et deux d'entre eux n'en sortirent qu'après avoir communiqué avec les hérétiques. Félix les fit excommunier à leur retour, le 28 juillet 484, par un concile, qui enveloppa le patriarche Acace dans la sentence. Un nouveau légat, chargé de signifier dans Constantinople, fut séduit à son tour par le patriarche et frappé du même anathème par le pape. Les évêques orthodoxes ayant été cependant rétablis dans les églises d'Afrique par le Vandale Gondebaud, Félix III lança une décrétale contre les catholiques, clercs ou laïques, qui pendant la domination des ariens s'étaient fait rebaptiser par eux. Il leur interdit les ordres sacrés, les soumit à une pénitence, et dégrada leurs prêtres ou évêques tombés dans ce péché. Acace étant mort en 489, et son successeur Flavita ayant voulu ménager les deux partis, Félix III découvre ses menées, et chasse ses envoyés de Rome; bientôt la mort dérobe Flavita à l'anathème, et le nouveau patriarche Euphémius sollicite la communion du saint-siége. Mais ce n'est point assez pour l'intraitable Félix III. Euphémius a conservé dans les diptyques les noms d'Acace et de Flavita. Le pape lui refuse la communion, et lui ordonne de les rayer. Cette dispute dura trente ans, et finit par la radiation des noms condamnés par le saint-siége; mais Félix III ne fut pas témoin de ce triomphe; il ne reçut pas même la réponse de l'empereur Anastase à la lettre qu'il avait écrite à ce successeur de Zénon pour l'engager à protéger la foi catholique. Il mourut le 25 février 492, après un pontificat de neuf ans moins douze jours.

FÉLIX IV fut le successeur de Jean Ier, sous le règne de l'empereur Justin et du roi Théodoric, qui, tranchant toutes les brigues, le fit élire ou l'élut lui-même, de sa pleine autorité, l'an 526. Il était fils d'un Samnite, appelé *Castorius*; et rendit un service signalé au saint-siége, en faisant révoquer par le roi Athalaric l'édit de Valentinien II qui autorisait l'appel du jugement du pape à l'autorité séculière. C'est à lui que sont dues encore la réparation de l'église de Saint-Saturnin et la fondation de celle de Saint-Côme et Saint-Damien. Son pontificat dura trois années, et finit le 12 octobre 529.

FÉLIX V, sous le nom d'Amédée VIII, était duc souverain de Savoie. La mort de sa femme, Marie de Bourgogne, fille de Philippe le Hardi, que la peste de 1428 lui avait enlevée, et un assassinat tenté sur sa personne par un gentilhomme le dégoûtèrent du monde. Il fit bâtir un palais sur les bords du lac de Genève, près du couvent qu'il avait fondé à Ripaille, et, remettant les rênes de l'État à son fils Louis, il s'y retira, sous l'habit d'ermite, avec six chevaliers. Ce fut le 7 novembre 1434 qu'il prit cette résolution, pendant la tenue du fameux concile de Bâle, où de violents débats s'étaient élevés entre Eugène IV et les Pères. Ces débats se prolongèrent longtemps encore, et la haine réciproque s'aigrit à tel point, qu'Eugène IV fut déposé le 25 juin 1439. Loin de songer à le remplacer, Amédée VIII proteste, le 20 juillet, par un acte qu'il considère comme attentatoire aux droits du saint-siége; et cette protestation, regardée comme une preuve de zèle pour l'Église, attire les regards du concile vers sa retraite. Sur les trente-trois prélats choisis pour former un conclave, seize scrutins désignent Amédée. Alors les brigues éclatent; la calomnie s'en mêle. On présente son prétendu ermitage de Ripaille comme un lieu de débauche et d'orgies. Mais une voix puissante le protège, c'est celle d'Æneas Sylvius, qui se fera connaître plus tard sous le nom de Pie II. Il atteste l'austérité de ses mœurs, son zèle pour la religion, sa piété, le grand nombre de ses fondations religieuses; d'autres réfutent les objections qu'on tire de son caractère de laïque. Ces raisons l'emportent; le cardinal d'Arles, président du conclave, le proclame le 5 novembre 1459. Il va le chercher à Ripaille; et le duc Amédée est introinsé sous le nom de Félix V.

Cette exaltation lui valut l'anathème d'Eugène IV et les grossières injures des partisans de ce pape, qui retint sous sa domination les trois quarts des puissances chrétiennes, la ville de Rome et le patrimoine de Saint-Pierre. Félix V ne fut que pape de nom. Le concile de Bâle se trouva forcé de lui allouer pour revenu le dixième denier de tous les bénéfices ecclésiastiques. Mais ce décret n'étant exécuté que dans les terres de son obédience, Félix vit décliner rapidement sa puissance spirituelle, et se retira en 1442 à Lausanne pour échapper aux ennuis de sa position. Les conciles de Bâle et de Florence finirent de lassitude; et quand Eugène IV fut mort, les cardinaux de sa faction se hâtèrent de lui donner un successeur dans la personne de Nicolas V, de peur qu'on ne les forçât fait reconnaître Félix. Celui-ci était hors d'état de les y contraindre. Malgré ses légats et ses bulles, toutes les puissances chrétiennes adhéraient à l'élection de Rome. Il ne restait à Félix que la Suisse et la Savoie. Æneas Sylvius avait depuis longtemps déserté sa cause; et Nicolas V renouvelait les anathèmes d'Eugène IV. La médiation de Charles VII, roi de France, mit un terme à ce schisme. Félix abdiqua la papauté en avril 1449, et redevint Amédée de Savoie; mais il resta le second des pères l'Église, sous le titre de cardinal de Sainte-Sabine, qu'il alla ensevelir avec lui dans son ermitage ou son palais de Ripaille, au milieu des six chevaliers pour lesquels il avait fondé l'ordre séculier de Saint-Maurice. Il mourut à Genève, le 7 janvier 1451.   VIENNET, de l'Académie française.

FÉLIX, gouverneur de la Judée pour les Romains, vers l'an 53 de notre ère, était frère de Pallas, affranchi de Claude, et épousa Drusille, fille du vieux roi Agrippa 1er. Saint Paul comparut devant lui à Césarée, et il le retint en prison.

FÉLIX DE NOLE (Saint), prêtre de Nole en Campanie, eut beaucoup à souffrir pour la foi sous Dèce et Valérien. Après la mort de Maxime, évêque de Nole, on voulut le mettre à la tête de cette église ; mais il refusa par humilité et passa le reste de ses jours en paix sur un petit coin de terre qu'il cultivait lui-même et dont il partageait les fruits avec les pauvres. Il avait eu de grands biens avant la persécution et aurait pu facilement se les faire rendre ; mais il aima mieux vivre dans l'indigence, chère à Dieu. Il mourut l'an 256 et fut honoré comme un saint à Nole d'où son culte passa en Afrique.

FÉLIX D'URGEL, évêque d'Urgel en Catalogne, ami d'Élipand, évêque de Tolède, soutint comme ce dernier que Jésus-Christ est seulement le fils adoptif de Dieu. Ce qui avait donné naissance à cette hérésie, très-répandue à cette époque en Espagne, c'était le désir de repousser l'accusation d'idolâtrie que les musulmans portaient contre les chrétiens, coupables à leurs yeux de ne pas reconnaître l'unité de Dieu. Félix d'Urgel soutint ses opinions dans ses écrits ; mais elles furent condamnées aux conciles de Ratisbonne en 792, de Francfort en 794, et de Rome en 799. Félix fut dépossédé de l'épiscopat dans cette dernière assemblée et relégué à Lyon, d'où il écrivit à son peuple d'Urgel une *Lettre* qui contenait l'abjuration de son système. Il mourut vers l'an 818.

FÉLIX, rhéteur, Gaulois d'origine, après avoir professé la rhétorique à Clermont en Auvergne, vint se fixer à Rome dès l'an 532. Il y corrigea les sept livres d'humanités d'un autre Félix, surnommé *Capella*. Il mourut en 549.

FÉLIX (RACHEL). *Voyez* RACHEL.

FELLAHS. C'est le nom qu'en Arabie et surtout en Égypte on donne aux Arabes qui cultivent le sol. Il ne faut point confondre les Fellahs avec les *Foulahs*, race nègre du haut Soudan, qui est extrêmement répandue, non plus qu'avec les *Fellatahs*, peuplade nègre de même origine que les Foulahs et qui habite l'ouest de l'Afrique. Le *fellah* d'Égypte vit de fèves, de légumes verts, de riz, de maïs ; il habite une cabane de quatre pieds de haut, n'a d'autres meubles qu'une natte pour y dormir, une cruche à eau, quelques ustensiles de cuisine, et d'autres vêtements qu'une chemise de toile bleue, relevée sur le genou par une ceinture, et un *tarbouch* pour couvrir sa tête rasée. Il a la figure ovale, les traits réguliers, l'œil noir et perçant, la barbe divisée par bouquets. Sa physionomie est noble, fière, franche et ouverte, et ses manières sont plus distinguées que sa position ne le comporte. Quoique naturellement paresseux et indolent, il est âpre au travail et supporte la fatigue avec courage et vigueur ; il accompagne même ses travaux de chants pieux et d'invocations à Dieu et à Mahomet. Il est d'ailleurs doux, patient, soumis, désintéressé et surtout obligeant, généreux et très-hospitalier. Les fellahs ne sont point jaloux de leurs femmes, et ont pour elles les plus grands égards. Fortes, souples et bien découplées, elles ont les traits moins réguliers que les hommes, mais de beaux yeux, un beau buste, des jambes musclées et nues ; elles commencent à se déshabituer de voiler leur visage et de tatouer en noir leur front, leur menton, le dessus de leurs mains, et en rouge leurs ongles, le dessous des pieds et l'intérieur des mains. Bien que voluptueuses et fécondes, les femmes des fellahs sont laborieuses ; elles supportent aisément la marche, la fatigue, le poids des fardeaux ; elles partagent les travaux des hommes, et leur servent de manœuvres lorsqu'ils construisent des bâtiments.   H. AUDIFFRET.

FELLANIS, FELLATAHS. *Voyez* FOULAHS.

FELLENBERG (PHILIPPE-EMMANUEL DE), fondateur et directeur de plusieurs grands établissements d'agronomie et d'enseignement public en Suisse, naquit à Berne, en 1777, d'une famille patricienne, et reçut une éducation distinguée, que perfectionnèrent encore de nombreux voyages à l'étranger. Lors de la révolution de 1798, qui changea tout le système gouvernemental de la Suisse, il se soumit aux nouvelles autorités de la république helvétique : commandant de quartier à Berne, il parvint à comprimer par des moyens de conciliation une émeute des paysans de l'Oberland ; mais les autorités supérieures ayant refusé de réaliser les promesses qu'il avait faites en leur nom, il se démit de son commandement, rentra dans la vie privée, et renonça à toute fonction publique, pour se livrer désormais exclusivement au perfectionnement de l'éducation populaire et aux études agricoles. Marié et déjà père de plusieurs enfants, il acheta le vaste domaine d'Hofwyl, à deux lieues de Berne, sur la route de Soleure. Il entra à quelque temps de là en relation avec Pestalozzi, qui ne tarda point à transporter son école de Burgdorf au château de Buchsée, voisin du domaine d'Hofwyl. Le projet de Fellenberg et de Pestalozzi avait été de partager la direction de cet établissement ; mais la différence complète existant entre leurs caractères fut cause que leur bonne intelligence dura peu. Pestalozzi transféra alors son établissement à Iverdun, dans le canton de Vaud ; et Fellenberg, de son côté, n'en continua pas moins à poursuivre isolément la réalisation de ses idées particulières en matière d'éducation et d'agronomie. Il redoubla même d'efforts pour accroître le revenu de son domaine d'Hofwyl au moyen d'innovations judicieuses introduites dans la culture, prêchant ainsi d'exemple en faveur de la réforme agricole à laquelle il s'était voué, et dont il propageait en outre les idées au moyen de nombreux écrits. En même temps il créait une maison de refuge pour les enfants abandonnés, ainsi qu'une école agronomique, pour laquelle le gouvernement de Berne lui donna pendant quelque temps la jouissance du domaine et du château de Buchsée ; en 1808 il compléta ces diverses créations en fondant un établissement d'instruction supérieure à l'usage des enfants de familles riches.

En 1817, la ruine de l'établissement fondé par Pestalozzi détermina Fellenberg à se réconcilier avec lui et à tenter de fusionner les écoles d'Hofwyl et d'Iverdun, ou du moins d'établir entre elles de tels rapports, que l'une ne fût que la succursale de l'autre. Mais ce projet échoua complètement, et il en fut de même des plans qu'on imagina plus tard pour fonder dans chaque canton de la Suisse des établissements analogues à celui d'Hofwyl, et qui auraient été tous placés sous une même direction supérieure. Et puis, il faut bien le dire, les innovations et les choses n'ont qu'un temps ; et il vint un moment où les idées qui avaient présidé à la fondation de l'établissement d'instruction publique d'Hofwyl à l'usage des classes supérieures de la société parurent vieilles et arriérées. L'étranger cessa peu à peu de fournir des recrues à cette pépinière, de laquelle, disait-on, ne devaient jamais sortir que des hommes forts et des sujets supérieurs. C'étaient les profits qu'on réalisait sur le pensionnat du grand genre qui servaient à couvrir les frais de l'institut agronomique de Buchsée : or, ces profits cessant d'avoir lieu, il fallut fermer l'école d'agriculture. On ne saurait nier toutefois qu'en dépit de tous les obstacles qu'il dut surmonter, et qui lui vinrent quelquefois du mauvais vouloir du gouvernement de Berne lui-même, Fellenberg n'ait en définitive propagé des idées utiles et fécondes. Il ne fut pas précisément regardé comme un prophète dans son pays ; mais l'étranger fut plus juste à son égard. De tous les points de l'Europe on venait en Suisse étudier l'organisation intérieure de ses différents établissements, comme autant de modèles à suivre pour des créations analogues projetées par les différents gouvernements. En 1833 Fellenberg fut élu landamman de Berne. Il mourut le 21 novembre 1844. Son fils, *Guillaume* DE FELLENBERG, avait essayé de conserver l'établissement d'Hofwyl ; mais il avait fini par se trouver forcé de le fermer bien avant la mort de son père.

FELLER (Joachim), célèbre professeur saxon, somnambule, né en 1628, à Zwickau, débuta à treize ans par un poëme latin sur la Passion de Jésus-Christ. Conservateur de la bibliothèque de Leipzig, et l'un des rédacteurs des *Acta Eruditorum*, il fut mêlé dans les querelles littéraires de son temps, et mourut en 1691.

Son fils, *Joachim-Frédéric* FELLER, mort à cinquante-trois ans, en 1726, est connu en Allemagne par son livre intitulé : *Otium hanoveranum, sive Miscellanea ex ore et schedis Leibnitsii*. C'est un excellent *ana*, où l'on trouve une foule de particularités curieuses sur Leibnitz.

FELLER (François-Xavier), jésuite, naquit en 1735, à Bruxelles. Ses études achevées à Reims, il fut envoyé par ses supérieurs à Liége, pour enseigner les humanités. Il professa ensuite à Paderborn, et occupa à Tyrnau, en Hongrie, durant plusieurs années, une chaire de théologie. En 1771 il revint dans sa patrie, et s'établit à Liége, où il se livra à la composition de divers ouvrages. Lors du soulèvement des Pays-Bas, en 1787, Feller prit parti dans cette lutte, et se rangea du côté national, dont il appuya la cause par des brochures. La révolution française, qui éclata deux ans après, blessait trop vivement ses opinions politiques et religieuses pour qu'il pût en adopter les principes. Aussi, quand notre armée s'empara du pays, en 1794, Feller abandonna-t-il sa patrie pour se retirer en Westphalie. Il mourut à Ratisbonne, le 23 mai 1802. Quoiqu'il ait beaucoup écrit, nous ne mentionnerons ici ni ses œuvres scientifiques, où ils s'efforçait de renverser le système de Newton, ni ses œuvres morales et théologiques. Nous citerons seulement son *Dictionnaire historique*, qui a eu plusieurs éditions. Une si vaste entreprise, exécutée par un seul homme, présente naturellement des lacunes et des imperfections ; on regrette surtout qu'il ait copié trop souvent celui de Chaudon et que l'esprit de secte ait faussé son jugement au point de le rendre injuste envers tout janséniste et tout philosophe du dix-huitième siècle, tandis qu'il cherche à grandir certains hommes médiocres, n'ayant d'autre mérite que d'être orthodoxes. SAINT-PROSPER jeune.

FELLETIN. *Voyez* CREUSE (Département de la).

FELLOW. On appelle de ce nom qui signifie compagnon, confrère, dans les universités d'Oxford et de Cambridge, les membres des *colléges* ou fondations savantes, chargés d'administrer les affaires intérieures et extérieures de ces fondations. Leur nombre varie suivant l'importance des colléges ; dans quelques-uns il n'est que de dix à douze, et dans d'autres va de soixante-dix à cent. Ils se partagent entre eux, par ordre d'ancienneté, les revenus de la fondation, déduction faite de toutes les dépenses nécessaires ; la quote part de chacun ne descend jamais au-dessous de 25 livres sterling (600 fr.), et parvient souvent à un chiffre fort élevé. Les *fellows* perçoivent d'ailleurs des traitements particuliers attachés aux diverses fonctions dont ils sont revêtus. Ils habitent les bâtiments appartenant au collége dont ils font partie, et y sont nourris gratuitement ; mais ils ne sont tenus d'y résider chaque année que fort peu de temps. La jouissance de ces espèces de bénéfices universitaires (*fellowships*) est à vie; elle ne cesse de droit que lorsque le titulaire se marie, acquiert une propriété foncière d'un revenu supérieur, ou encore lorsqu'il obtient un emploi universitaire mieux rétribué, ou cure avantageuse. L'un de ces *fellows* a le titre de *proretteur*, et remplit les fonctions de président (*head* ou *master*), et ses pairs ont seuls le droit de le choisir. Les universités de Dublin et de Durham ont également des *fellows*. A la grande école d'Éton se trouve aussi attaché un collége de sept *fellows*, chargés de la direction supérieure de l'établissement et de l'administration de ses revenus. Ils ont le privilége de pouvoir se marier sans perdre leur place, et peuvent la cumuler avec une cure. Enfin, les Anglais appellent encore *fellows* les membres des sociétés savantes.

FÉLON, FÉLONIE. Au moyen âge, on qualifiait de *félon* le vassal qui ne voulait pas reconnaître son seigneur, ou qui violait envers lui son serment de fidélité ; on donnait aussi cette qualification au seigneur qui faisait injure à son vassal. Dans la langue du moyen âge, *félon* signifiait aussi *cruel* et *inhumain*. Ce mot est resté, avec le sens de traître, dans le langage vulgaire. Selon les uns, il vient de l'hébreu *nofal*, par métathèse ou déplacement de syllabe ; selon les autres, il dérive de l'allemand *fehlen*, manquer, faillir ; d'autres lui donnent pour racine le grec φηλειν, ou le latin *fel*, colère, fiel.

Dans le droit féodal, le crime de *félonie* emportait confiscation du fief : c'est de cette loi que s'arma Philippe-Auguste contre le roi Jean d'Angleterre. On connaît ce vieil adage du droit féodal : « C'est *félonie* si le vassal attente à la personne de son seigneur. » Le crime de *félonie*, selon les vieilles lois d'Angleterre, comprenait le meurtre, le vol, le suicide, la sodomie, l'incendie avec préméditation, etc.   Charles DU ROZOIR.

FÉLONGÈNE. *Voyez* ÉCLAIRE

FÉLOUQUE. Les felouques s'en vont avec les dernières puissances barbaresques qui les avaient conservées. La felouque florissait dans le quinzième et le seizième siècle sur la Méditerranée. Afin de profiter de toutes les circonstances du temps, il fallait aux forbans qui avaient établi leurs repaires sur le côté septentrionale d'Afrique, des navires allant à la voile et à l'aviron. La felouque, qui n'est qu'une galère de très-petites dimensions, convenait parfaitement. Comme la galère, elle n'a que deux mâts un peu inclinés sur l'avant, et leurs noms indiquent son origine italienne ; celui de l'arrière, ou le grand mât, s'appelle *l'arbre de mestre* ; l'autre, *l'arbre de trinquet*. Chacun d'eux porte une voile énorme, du genre de celles qu'on nomme *à antennes* : cette voilure permet de naviguer très-près de la direction du vent ; puis, quand la brise tombe, on amène les antennes sur le pont, et le reste du gréement n'offre plus qu'une bien faible résistance à l'effort de la rame. De la proue saille un mâtereau, ou pièce de bois ronde, qu'on appelle *flèche* : elle facilite la manœuvre.

La felouque a douze avirons de chaque bord ; les rameurs, dont la moitié du corps se trouve au-dessous du pont, sont bien abrités par la muraille. Son artillerie est formidable ; l'avant est armé de deux canons, et tout autour, sur des montants en bois, qui portent le nom de *chandeliers*, on ajuste des pierriers, ou petits canons, en cuivre, avec pivot ; leur nombre est ordinairement de trente-deux. Quant aux logements, il n'y faut chercher ni le luxe ni la commodité ; les matelots, qui sont très-nombreux relativement aux dimensions du navire, s'arrangent comme ils peuvent sous le pont, dans de petites cases. Le capitaine a son poste réservé sur l'arrière : on dispose pour lui une espèce de carrosse avec des cerceaux de bois, recouverte d'une toile peinte ou goudronnée ; et de chaque côté de cette cabine on cloue des caissons, qui servent à la fois d'armoires, de lits et de chaises ; une petite table peut tenir au milieu. C'est autour du cabanon du capitaine que les felouques élégantes prodiguent leurs ornements : la muraille est sculptée en arabesques, la peinture fraîchement entretenue, le tableau qui porte le nom du navire, enjolivé d'une foule de fantaisies, au gré du propriétaire ou du constructeur. En arrière de la cabane, il y a encore une saillie, où se place le timonnier, qui tient la barre du gouvernail, et ordinairement, pour ne pas tout bouleverser chez le capitaine, on a soin d'employer une barre renversée. L'auteur de *Don Quichotte* nous a laissé une charmante description de la navigation sur une felouque.

Théogène PAGE, capitaine de vaisseau.

FELTRE (Duc de). *Voyez* CLARKE.

FEMELLE. *Voyez* MALE.

FEMERN ou FEMARN, petite île de la Baltique, dépendant du duché de Schleswig, à l'extrémité nord-est du duché de Holstein, dont elle n'est séparée que par le *Femarsund*, détroit large à peine de 2 kilomètres, est généralement plate, dépourvue de bon port, pauvre en bois, sans eau, mais produit des céréales en abondance, et compte sur une superficie de 4 myriamètres carrés environ 9,000 habitants, dont la pêche, l'agriculture et la navigation sont les principales industries, et qui font en outre un commerce important en bas de laine de leur fabrication. *Burg* ou *Borg*, près du lac du même nom, sur la rive méridionale, avec environ 2,000 habitants et un fort mauvais port, est le chef-lieu de cette île.

Femern dépendit dès les temps les plus reculés des comtes et des ducs de Holstein, qui en 1326 lui donnèrent son droit propre le plus ancien ; le nouveau date de 1558. En 1406, Burg obtint le droit de Lubeck ; le traité conclu en 1580 à Flensbourg attribua la possession de Femarn à la ligne de Holstein-Gottorp ; et ceux de 1767 et 1773 l'ont fait passer, de même que toutes les possessions de cette maison, sous la domination du Danemark. La courbure que forme au sud-ouest la côte opposée s'appelle la *Lande de Kolberg*, et est célèbre par la victoire navale que le roi Christian IV y remporta le 1er juillet 1644, sur la flotte suédoise.

FEMME (*Physiologie*). La taille de la femme est moins élevée que celle de l'homme, condition d'harmonie qui se concilie avec la beauté : une femme très-grande est rarement gracieuse. « Quelle est la taille de ma sœur Marie ? demandait la reine Élisabeth à l'ambassadeur de Marie Stuart. — Madame, la princesse Marie est plus grande que Votre Majesté d'environ deux pouces, répondit l'ambassadeur. — C'est deux pouces de trop, répartit Élisabeth : j'ai précisément la taille qui sied le mieux à mon sexe... » Toutes les femmes jeunes et belles pensent comme Élisabeth, ou ce serait leur faute : au moins, ne sont-ce pas les attestations qui leur manquent. Toutefois, la Vénus de Médicis a 7 têtes et demie, comme disent les artistes, tandis que l'Apollon du Belvédère a 8 têtes et quelques modules, ce qui fait à peu près la différence d'un seizième. Les deux sexes dans nos climats tempérés ont approchant les mêmes proportions jusqu'à douze ou treize ans ; mais la crue des filles s'arrête presque entièrement dès que vient l'âge de la puberté, tandis que l'homme continue de croître jusqu'à vingt ans, et quelquefois au delà. Les proportions diffèrent aussi d'un sexe à l'autre. Chez l'homme, la moitié du corps correspond à la bissection du torse, à peu près au pubis ; tandis que chez la femme, ce point médian est situé plus haut, dans l'intervalle du pubis à l'ombilic. Le tronc chez elle a donc proportionnellement plus de longueur que chez l'homme ; les membres inférieurs sont plus courts ; et pour peu qu'on veuille y songer, on comprend que cela devait être.

La tête de la femme a moins de volume que dans la race masculine ; le diamètre transversal a moins d'étendue ; le front a moins de largeur, moins d'élévation ; et voilà pourquoi, s'il faut en croire les phrénologistes, jamais femme n'a créé de religion, n'a fait de poëme épique ni de grandes découvertes. Au moins existe-t-il des différences manifestes entre le crâne d'un homme et celui d'une femme. Le front de celle-ci est en général moins inégal que le nôtre, et c'est afin de rompre cette uniformité du front que quelques femmes élégantes l'ornent de nœuds ou de pierres étincelantes. La seule chevelure suffirait pour caractériser les sexes. Les cheveux de la femme sont assez longs pour la vêtir, assez beaux pour la parer, assez touffus pour exiger des soins infinis qui se consument des heures entières. Les yeux de la femme sont un peu plus écartés, et ordinairement mieux voilés, soit par des cils plus longs que ceux de l'homme, soit par des paupières dont le tissu fin et comme satiné se déroule avec une rapidité magique, sans garder ni plis ni rides. Les sourcils sont aussi mieux arqués, caractère que quelques femmes rendent encore plus sensible en colorant les sourcils et les cils à la manière des Orientales et des Grecques du Fanar. Le nez est presque toujours plus petit qu'en l'autre sexe, affectant au reste mille formes, menaces ou promesses : tantôt se continuant fièrement avec le front comme celui de la Vénus grecque ; tantôt échancré immodestement vers le haut ; quelquefois court, retroussé ou épaté, rarement aquilin. La bouche est presque toujours plus petite, ou du moins plus gracieuse, même sans le secours du sourire. Mais c'est au tronc principalement que diffèrent les caractères décisifs du sexe : un bassin très-évasé, la souplesse du torse et son élégante légèreté, le gracieux contour des flancs et le parfait poli du ventre que des corsets métalliques déforment si fréquemment. La poitrine de la femme, quant à l'espace pulmonaire, à moins d'ampleur que celle de l'homme : la double pyramide formée par le tronc est beaucoup plus ostensible chez la femme, au moins dans la jeunesse... Pour que les seins soient irréprochables, il doit exister autant d'espace d'un mamelon à l'autre que de chacun d'eux à cette fossette entre clavicules formant la limite inférieure du cou. Mais cette conformation première, diverses circonstances la modifient. Enfin, si nous étudions les membres, nous verrons que non pour charpente solide dans la femme des os plus blancs, moins anguleux, moins hérissés d'empreintes musculaires ; pour moteurs, moins énergiques qu'agiles, des muscles plus arrondis, moins résistants, plus ductiles ; pour enveloppe commune, et condition d'unité, une peau plus fine, plus élastique et plus unie. Le bras, descendant moins bas que celui de l'homme, est aussi articulé plus en levant, la clavicule étant moins courbée ; et delà vient que l'épaule est plus arrondie. La main est plus petite, plus délicate, si toutefois les labeurs ou le climat ne l'ont pas déformée. Et quant aux membres inférieurs, l'évasement du bassin fait que, les fémurs étant plus écartés vers le haut, les genoux et les pieds tendent à se déjeter l'un vers l'autre ; ce qui rend la station moins assurée, et la marche plus vacillante. Aussi la femme court-elle péniblement, elle dont la danse est si légère ; elle boite même un peu quelquefois, quand elle prévoit qu'on la regarde. Le pied, où le deuxième orteil dépasse tous les autres, tant que d'étroites et courtes chaussures ne l'ont pas courbé, a les formes les plus délicates, surtout parmi les classes élevées, où l'opulence autorise l'immobile désœuvrement.

Un trait remarquable de la figure, c'est la pureté du blanc des yeux formant contraste avec la teinte foncée de l'iris. Il est d'autres causes de beauté tout aussi irrécusables : telles sont ces petites fossettes capricieuses qui se dessinent aux joues, aux bras ou aux lombes, quelquefois au menton. D'autres fois c'est un signe brun ou noir qui s'incorpore à quelque partie de la figure, et fait singulièrement ressortir la finesse de la peau et sa blancheur, dès lors moins uniforme. La pureté nacrée des dents est de même une très-riche parure, qui ne se remplace ni ne s'achète, et qu'on doit préserver attentivement de tout ce qui serait métallique ou minéral.

Mais à quoi sert d'énumérer les caractères de la beauté, si chacun de nous la conçoit à sa manière, et si ce qu'un peuple admire est réputé défaut chez une autre nation ? Le Nègre ne trouve-t-il pas adorables les grosses lèvres, le nez épaté et le teint d'ébène de sa négresse ? Ses Canova et ses Thorwaldsen, si la race nègre en possédait, enfanteraient des Vénus aux cheveux crépus et des grâces couleur basalte. L'Anglais attache un grand prix à la chevelure dorée des anglaises, à leur taille svelte et déliée, et à leur pâleur autant qu'à leur indifférence. Le Français, plus universel dans ses goûts, et plus digne d'être cosmopolite, préfère néanmoins l'air enjoué ou capricieux des Parisiennes aux physionomies plus sentimentales ou plus majestueuses des femmes grecques, des Allemandes, des Espagnoles ou des Orientales. J'avouerai en mon particulier que le nez grec de la Vénus de Médicis, ainsi que sa physionomie trop puérile, a dû, selon moi, restreindre le nombre de ses admirateurs exclusifs.

Quant aux appareils de la nutrition, ce sont dans les deux sexes les mêmes organes, ne diffèrent que par le volume et l'énergie. La femme a pour la mastication des organes moins prononcés. Elle a parfois en moins deux ou quatre dents molaires, ses dents de sagesse faisant souvent défaut. L'estomac en est plus petit, moins énergique, mieux façonné à l'abstinence, tant les soins de sa santé comportent de privations. Mais il est plus délicat et plus susceptible, plus prompt à s'affecter par une multitude de causes, outre les rejaillissements sympathiques de l'utérus, organe essentiel, par qui tous les autres sont dominés, et dont chaque acte vital retrace l'influence.

Le cœur de la femme est plus petit, et il bat plus vite que celui de l'homme; son pouls a moins de force et plus de fréquence; mais de certaines périodes ont en lui pour présages des rebondissements singuliers. La femme a ce trait d'analogie avec l'enfance, que sa chaleur vitale est moins élevée. Aussi est-elle plus accessible au froid, disposition qu'accroissent encore sa sobriété et les rôles sédentaires que lui assignent les mœurs chez la plupart des nations. Son tempérament est plutôt lymphatique que sanguin, et plus rarement bilieux que celui de l'homme. Les vaisseaux lymphatiques et le tissu cellulaire abondent en elle; et ce genre de structure, favorable à la beauté des formes, est pour un grand nombre de femmes une cause féconde d'infirmités. Elles sont quelquefois nerveuses, ce qui les expose aux souffrances, à la maigreur et au délaissement. Tout est lent dans leurs maladies, auxquelles les chagrins servent fréquemment de cause. Les distractions et le plaisir doivent tenir une grande place dans leur hygiène, et l'hygiène devrait en grande partie composer leur médecine, tant elles sont influençables. Familières avec les souffrances, elles excellent à supporter la douleur.

Le larynx des femmes a peu de saillie; on ne voit point à leur cou la pomme d'Adam, et leur glotte est plus étroite : un grain de raisin les étoufferait encore plus aisément qu'Anacréon. Leur voix est en conséquence plus aiguë, plus haute quand elles chantent, plus émouvante quand elles crient, plus persuasive et plus pénétrante quand elles parlent. Il règne dans les sons qui s'envolent de leur bouche une vie d'expression, une douceur, une mélodie, qui ébranlent et charment les nerfs de ceux qui écoutent. Il faut qu'une femme douée d'une belle voix soit d'ailleurs bien disgraciée de la nature pour qu'elle ne suscite pas autour d'elle de tendres sentiments.

Pour ce qui est du langage, la femme conserve longtemps dans son accent la douceur et l'indécision du jeune âge. Elle réduit en système tout ce que le doux parler de l'enfance a d'aimable. Ajoutons que la voix de la femme, incomparablement plus facile, a plus de moelleux que celle de l'homme : l'une a en étendue et en durée ce que l'autre a en force et en volume. Observons aussi, pour nous en féliciter, que la femme en conséquence parle plus que l'homme... libre d'enchaîner l'attention et de commander le silence, un simple coup d'œil est son exorde, et sa péroraison un sourire.

L'accroissement des individus du sexe féminin est d'abord plus lent. On croit à raison de ce fait que les accouchements tardifs concernent le plus ordinairement les enfants de ce sexe. Mais, après la naissance, les progrès sont inverses. La femme est plus vite accrue, ce qui est un caractère d'infériorité; plus tôt pubère, plus tôt nubile : plus hâtive aussi est sa vieillesse, quoique assez généralement son existence soit plus prolongée que celle de l'homme.

Une remarque assez singulière, qui a trait aux premiers âges du fœtus, c'est que ces premières ébauches d'un nouvel être paraissent toutes formées sur un patron femelle, tant les différences sexuelles sont lentes à se dessiner. De ce fait quelques personnes ont inféré que les mâles ne sont que des femelles plus parfaites, ou que les femelles sont des mâles dont certains organes ont discontinué de croître avant leur entier accomplissement; même après la naissance, il n'est pas rare qu'on voie subsister quelque chose d'analogue quant aux traits de la figure.

A l'époque de la puberté, les seins se développent, tout s'arrondit; les organes caractéristiques du sexe se pénètrent de sang, et finalement le flux menstruel s'établit, pour revenir désormais, hors le temps de gestation et l'âge mûr, par périodes fixes de vingt-huit à trente jours, comme la lune :

L'inconstante Phébé lui marquant ses retours,
Dans les fastes des mois lui fait suivre son cours.

Cette singulière révolution s'accomplit ordinairement lorsque les seins s'élèvent déjà d'environ deux doigts : c'est alors que le tempérament se forme, et que la santé manifeste ses plus brillants caractères. La puberté est le grand médecin des maux de l'enfance; mais quelquefois elle prépare des maux pour toute la jeunesse. A partir de cette époque, qui est comme le nœud de la vie, la fraîcheur et la santé des femmes dépend par-dessus tout de la régularité du flux menstruel. Les femmes non réglées sont bien rarement fécondes, et les femmes enceintes très-rarement réglées. L'interruption des menstrues en des femmes jeunes et non phthisiques est un des signes les moins douteux de la conception.

Un léger embonpoint, indice de santé comme de jeunesse, marque ordinairement le règne de la fécondité, qu'il rend plus fructueux, plus prospère. C'est un élément de fraîcheur, un témoignage du calme de l'âme, une promesse d'allégresse ou de sérénité, un aimant pour la constance, un gage de bonheur. Une jeune femme maigre est fort à plaindre... La maigreur amincit les lèvres; elle élargit la bouche, arrondit et dénude en partie les yeux, qui laissent voir ainsi plus d'une demi-sphère, soit de la prunelle, soit de l'iris ou de la cornée : autant de pertes pour la poésie de la figure.

Depuis longtemps, la longévité des femmes cause l'étonnement des philosophes. Dès l'autre siècle, on trouvait surprenant que, dans le dénombrement de la ville de Montpellier, on rencontrât plus de femmes que d'hommes parmi les vieillards de 60 à 80 ans, un nombre double parmi ceux de 80 à 90, et un nombre quadruple de 90 à 100 ans. Un recensement fait à Paris prouva qu'en dix années il s'était trouvé dans la capitale 3,600 femmes de 80 à 85 ans pour 2,800 hommes du même âge; 307 femmes et 186 hommes entre 90 et 95 ans; et enfin 50 femmes contre 29 hommes de l'âge de 95 à 100 ans. Les femmes offrent donc plus d'exemples de longévité que les hommes, si ce n'est toutefois pour les cas de longévité phénoménale, qui tous concernent des hommes. Partout il a été constaté que les femmes avaient un grand avantage sur les hommes, non-seulement pour la vie probable après 40 ans, mais encore pour la vie moyenne ou la durée absolue. A Cahors, par exemple, où la vie probable, à la naissance, est de 45 ans pour les hommes, elle est de 50 ans pour les femmes; tandis qu'à Blois, où la vie moyenne n'est que de 22 ans pour les hommes, elle est de 27 pour les femmes : effrayante différence, qui paraît due à l'extrême mortalité des enfants et surtout des enfants mâles dans ce dernier pays. Disons cependant qu'il meurt plus de femmes que d'hommes, depuis la paix de 1815, parmi les personnes de 20 à 35 ans, époque de la vie où les femmes ont à supporter tant de pénibles devoirs, tant de souffrances et de peines de cœur. On croyait aussi naguère qu'il mourait plus de femmes de 45 à 50 ans, qui est un *temps critique* pour elles; mais on s'est assuré que cette disproportion, très-faible en France, est nulle dans d'autres pays de l'Europe, où sans doute les femmes montrent moins d'entraînement pour les plaisirs. On a même constaté qu'à Berlin et Saint-Pétersbourg la différence de la mortalité des sexes entre 45 à 50 ans était à l'avantage des femmes. C'est surtout dans la première enfance qu'il meurt beaucoup plus de garçons que de filles. Ensuite, quand l'âge critique est passé, à cette période de la vie où les femmes n'ont plus rien à redouter des irrégularités de la menstruation, ni des soins maternels; plus d'infirmités à conjurer, plus de tourments à craindre; alors, devenues hommes à leur tour par une sorte d'affranchissement, elles jouissent d'autant d'énergie que nous, sans avoir nos ambitions, nos faiblesses, et presque toujours elles nous survivent.

A la vérité, par compensation à tous les maux de leur jeunesse, les femmes ont pour elles la sobriété, la modération, la constante protection du toit et le climat du foyer, l'affection et le dévouement de l'autre sexe, ainsi que l'habitude des soins hygiéniques, eux dont l'influence est si grande sur la santé; elles montrent en un mot plus de docilité quant aux conseils de la médecine et de la sagesse.

En outre, tous les maux ne sont pas pour elles : presque toujours la goutte, la gravelle, les calculs et l'apoplexie les épargnent; souvent aussi elles sont à l'abri de graves accidents et des très-grandes maladies : les anévrismes, les hernies, les fluxions de poitrine, etc., atteignent rarement les femmes. Ajoutez d'ailleurs que l'état de mariage n'a pas pour elles tous les dangers qu'on lui attribue, puisque les célibataires de leur sexe, comme ceux du nôtre, vivent en général trois ou quatre années de moins que les gens mariés. Notons toutefois qu'une femme sur douze et une fille sur onze parviennent à quatre-vingts ans ; en sorte que les vieilles filles auraient un petit avantage sur les femmes mariées.

Ainsi que l'homme, la femme n'a que quarante-deux paires de nerfs, depuis l'œil jusqu'à l'extrémité des membres ; et ces quarante-deux nerfs doubles, partout distribués et confondus, donnent lieu chez elle à d'innombrables émotions... Ses sens sont tous d'une grande finesse. Les odeurs ont beaucoup d'empire sur elle : les suaves parfums l'enivrent; les odeurs fétides la calment et la maîtrisent. Le grand bruit épouvante les femmes, la simple parole les trouve souvent indifférentes ou distraites ; mais un chant mélodieux les émeut, un cri perçant excite leur commisération, une plainte les afflige.

C'est aux yeux, c'est à la vue que les femmes sont redevables de la plupart de leurs connaissances et de leurs plaisirs préférés. La vue est le sens de l'amour et de la coquetterie. Aussi voyez combien les femmes excellent à déchiffrer le grimoire si illisible de la physionomie, le sourire, les gestes, la contenance !... Il est certain que les femmes tiennent plus à plaire qu'à posséder, et qu'elles sont plus heureuses de leurs combats que de nos triomphes. Comme le ciel, leur digne patrie, elles ont fait une vertu de l'espérance.

Les goûts de la femme sont capricieux et versatiles. Son inconstance en fait de parure peut-être indait à plus d'inventions que ses vrais besoins. Son extrême et changeante délicatesse devient une mine pour les arts, une féconde inspiration pour le génie.

En général, les femmes sentent trop vivement pour beaucoup raisonner et longtemps réfléchir. Leur précoce expérience du monde les persuade aisément de la vanité des théories et des systèmes. Un secret instinct les avertit que les généralités en toutes choses ne sont que de superbes mensonges, et c'est ce qui les a constamment rendues étrangères aux découvertes et aux doctrines. Elles n'ont jamais bien compris que les effets individuels. L'étude des causes et des abstractions les déconcerte et les ennuie... Peut-être la femme est-elle trop persuadée de notre supériorité, trop occupée de ses attraits ou trop fière de nos hommages ; au moins est-il certain que son intelligence en beaucoup de points a moins de puissance que la nôtre.

Mais de quelle adresse elles font preuve dans les mystères du sentiment ! Faut-il correspondre, tout leur est télégraphe ou messager : une fleur, un ruban, un jeton, une coquille, comme dans *Le Majorat* ; un chant d'oiseau, comme dans *Les Aïeux au Tombeau* ; des lettres piquées dans un livre, comme dans D'Urfé. Sophie veut-elle causer des remords à Tom Jones, elle dépose sur le lit de l'infidèle le manchon qu'il a tant de fois baisé. Pour encourager Paul à la patience, Virginie lui envoie en *post-scriptum* des graines qui croîtront à l'ombre des deux cocotiers jumeaux. Trop prudente, trop sage pour garder près d'elle le portrait du duc de Nemours, dont l'attachement la désespère, la princesse de Clèves ornera son pavillon d'une bataille où le duc figure au premier rang. Rien de plus ingénieux qu'un esprit de femme, surtout si cette femme inspire et ressent l'amour.

L'idée de patrie a sur les femmes moins d'empire que sur nous :

Leur patrie est aux lieux où l'âme est enchaînée.

Elles tiennent plus à la maison qu'au pays, plus à l'homme de leur choix qu'à toute leur nation. Hors des épisodes de la vie domestique, les femmes sont de médiocres observateurs qu'entache presque toujours l'exagération, la partialité.

Peintres, on leur voit les mêmes qualités, les mêmes défauts. Ordinairement incapables d'atteindre à la vérité historique et à l'idéal, elles excellent dans la peinture du portrait, les scènes d'intérieur et le paysage. Il est dans leur destinée intellectuelle d'imiter tout ce qui n'est pas sentiment. En musique, elles brillent surtout dans l'exécution ; composer serait une tâche qui excéderait leurs forces. Aussi compte-on dix Sontag ou dix Malibran pour une Sophie Gay et une P. Duchambge. Depuis Sapho jusqu'à Mme Deshoulières, jusqu'à Mme Tastu et Mme L. Colet, que de fois on a vu la lyre inspiratrice aux mains des femmes ! que de fois leurs beaux vers nous ont émus ! Pleins de tendresse et de mélancolie, ces vers expriment toujours ou les rêves d'un cœur passionné, ou le désenchantement d'une tendresse déçue. Pour qu'il y ait tant de femmes poètes au milieu de nous, ah ! sans doute il faut que les hommes aient de grands reproches à se faire ! Exaltées et véhémentes, et tour à tour généreuses jusqu'à l'héroïsme, ou vindicatives jusqu'à la cruauté, leur imagination les rend excessives en toutes choses. Tantôt, attentives aux combats de l'arène, du regard elles excitent l'ardeur des combattants ; tantôt, vivement éprises des charmes d'un repos partagé, elles éteignent en nous le goût de la gloire, et nous aveuglent au point de nous faire proclamer méritante une lâcheté qui leur plaît :

Ferreus ille fuit qui, te cum possot habere,
Maluerit prædas, stultus, et arma sequi.

Tantôt, ivres de liberté dans les révolutions ou les émeutes, elles enhardissent les citoyens à la sédition et au carnage ; et tantôt, redevenues compatissantes et généreuses, leurs douces mains pansent des plaies et consolent des misères. On les a vues un jour accompagner triomphantes la tête de la princesse de Lamballe ; une autre fois elles offraient des fleurs mouillées de pleurs à un roi indignement condamné que la foule abreuvait d'affronts. Aujourd'hui, dévouées comme Mme Lavalette, souvenantes comme Françoise de Rimini, ou fidèles comme Artémise ; demain perfides comme Judith ; cruelles un jour de famine, et sublimes aux jours de terreur ou d'épidémie. Cette versatilité d'humeur, qui tant de fois a placé le repentir à leur chevet, plus souvent encore les a rendues malheureuses. Mais pour bien juger du cœur et de l'âme des femmes il faut les voir assidues, la nuit comme le jour, auprès d'un enfant malade ou d'une mère infirme, ou occupées à relever le courage de ceux qui désespèrent. Ce qui plaît surtout chez la femme, c'est la pudeur naïve, c'est la chasteté. L'innocence et l'ingénuité, tel est le plus irrésistible attrait des femmes. Mais elles ne sauraient croire combien les prétentions excessives leur sont préjudiciables. Dr Isidore BOURDON.

FEMME (Morale). Les femmes, moitié du genre humain, doivent être considérées sous un double rapport, telles que la nature les a faites, et telles que les fait la société suivant la variété de ses mœurs. Les nuances que la Providence a établies entre les sexes doivent, s'il est permis de suivre cette figure, former, par leur réunion un *ton* complet. A chacun se place, à chacun son *rôle*. Mais un vaste champ a été laissé aux passions humaines ; la force est devenue oppressive, la beauté séductrice, et ce bel ensemble, trop souvent renversé, ne l'a pas été seulement par des individus isolés, mais par des nations entières, par les lois et les religions elles-mêmes. Toute association entraîne supériorité et subordination, ainsi le veut l'imperfection humaine. Ève avait été donnée pour compagne à Adam ; mais après le péché dut lui être soumise, et cet arrêt, encore aujourd'hui, a dans les contrées où il fut prononcé une exécution dont la rigueur semble devoir offenser la bonté du père commun plutôt que satisfaire sa justice. L'abus du pouvoir a inspiré à des hommes d'ailleurs estimés sages les systèmes les plus offensants pour cette moitié du genre humain, pour ces femmes qui sont leurs mères, et dont ils retracent si souvent les traits ou les dispositions ; car il est à remarquer que le Créateur, qui n'a point voulu établir entre les sexes cette inégalité, cette distance imaginaire dont la force s'est prévalue, croissant en quelque sorte les dispositions héréditaires, a de préférence formé le fils sur l'image de sa mère, et la fille sur la ressemblance de son père. Nous ne retracerons point ici ces opinions délirantes qui ont refusé aux femmes la spiritualité de l'âme, ou les ont exclues des récompenses éternelles. La plante que l'air vivifie, que le soleil échauffe, se couvre de feuilles et de fruits; celle qui est étouffée n'étend sur la terre que de pâles et stériles rameaux. Mais il en est aussi qui, rendues à force d'art plus fortes et plus belles, demeurent néanmoins sans rejetons et sans utilité. De même, les femmes suffiront à tous leurs devoirs dans l'état de naturelle liberté, tandis qu'indolentes, égoïstes, frivoles, partout où elles seront privées des droits de la famille et de la société, ou amollies par la satiété du bien-être, elles renonceront volontairement à des devoirs qu'elles doivent regarder comme les plus précieux de leurs droits. L'âme s'alimente d'occupations et d'intérêts. La privation en est aussi mortelle à l'âme que l'inanition au corps. Les femmes, que la nature a voulues actives, prévoyantes, ménagères, supportent l'inaction plus mal encore que les hommes; leur esprit, souvent léger et curieux, évidemment destiné aux intérêts privés, les précipite plus vite dans les écueils de l'oisiveté et dans les égarements de la vanité.

L'enfance des femmes est à la fois plus douce et plus précoce que celle des hommes; il semble que, ne devant pas aller aussi loin, elles arrivent plus vite; leur adolescence est pleine de charme. La jeune fille dont le cœur s'ouvre au sentiment se porte tout entier sur sa famille; elle respecte et chérit son père, dont la voix prend un accent plus doux lorsqu'il lui adresse la parole, elle aime et soigne ses petits frères; mais rien n'égale son amour pour sa mère, et la confiance entière qu'elle place dans son affection et son expérience. Rien de plus doux que l'union qui s'établit entre une bonne mère et sa jeune fille : c'est pour toutes les deux une des époques les plus heureuses de la vie, époque passagère, comme toutes les félicités. Le désir de plaire, le goût des parures, l'attrait du plaisir, vont agiter ce cœur, troubler cette vie si calme et si pure : heureuses celles qu'une bonne éducation, de bons exemples, ont prémunies, celles qu'attendent une destinée simple et des devoirs chers à leurs cœurs ! La beauté, qui transforme les esclaves en reines, joue un trop grand rôle dans l'histoire des femmes de tous les temps et de tous les temps pour ne pas être regardée comme la chance principale de leur destinée et la première cause de leurs faiblesses ou de leurs fautes. Les avantages extérieurs sont les plus tôt reconnus, les plus vivement sentis; leurs triomphes sont les plus enivrants. Inutilement la raison reconnaît leur vanité : ils réduisent elle-même, ils enflent le cœur. Heureuse la femme dont ils ne troublent que momentanément la raison, dont ils ne pervertissent pas l'esprit ! Toutes ne sont pas belles, mais toutes voudraient l'être ; et l'amour de la parure, inspiré par le désir de plaire, est comme inné chez elles. Les ornements plaisent aux femmes, et la vanité est devenue souvent la cause des profusions les plus insensées.

Cependant, les premières de toutes les parures, la grâce et le goût, sont des dons naturels. Aimables dédommagements de la force, ils embellissent la beauté et souvent y suppléent. Compagne de la jeunesse, qu'elle n'abandonne tout à fait dans aucune condition, la grâce, qu'on ne saurait définir, s'imite et s'acquiert peu; le goût, s'il ne se donne entièrement, se forme du moins et devient par la suite un attribut plus spécial de l'éducation et de la bonne compagnie. Mais aussi il s'égare avec la mode : la mode, dont les femmes adorent les caprices, gâte bien souvent la nature ; et cependant, les yeux qu'elle fascine s'y accommodent encore. Les aberrations du goût sont, du reste, le moindre inconvénient de cet amour de la parure, auquel le nécessaire est quelquefois sacrifié, et dont le but n'est pas seulement de plaire et d'être belle, mais de rivaliser avec les autres femmes et de les surpasser. La jalousie, non pas celle que la passion rend homicide, mais la jalousie de vanité, n'aiguise pas de poignards; elle enfante seulement de mauvaises actions, sème l'aigreur et trouble la société.

Une cause non moins grave de ces effets funestes, c'est le trop parler, ce sont les indiscrétions si souvent reprochées aux femmes. Peut-être ce penchant est-il moins un attribut du sexe que la conséquence de ses occupations paisibles et sédentaires qui n'entraînent ni effort de pensée, ni déploiement de force. Quoi qu'il en soit, la vivacité des impressions, une certaine mobilité de pensée, suite du vide de l'esprit et souvent du défaut d'instruction, la curiosité aussi, trait caractéristique des filles d'Ève, expliquent assez cette disposition qui, lors même qu'elle est sans but et sans malice, peut être mise au nombre des fléaux de la société. On a dit que les femmes apercevaient plus vite que les hommes, voyaient aussi bien, mais observaient moins longtemps. La sensibilité et l'orgueil, très-irritables chez elles, les élèvent jusqu'à l'héroïsme du sentiment; mais elles les égarent jusqu'aux plus criminels emportements de la jalousie et de la vengeance. Leurs fautes sont jugées plus sévèrement que celles des hommes, parce qu'elles ont des conséquences plus graves. Dépositaires du premier de tous les intérêts, celui de la paternité, elles tiennent entre leurs mains l'intégrité de la famille, l'honneur et la paix du foyer, la prospérité du ménage. C'est d'elles que les jeunes enfants reçoivent ces premières cultures, ces premières semences, qui fructifient sur le reste de la vie.

L'amour maternel, ou seulement l'amour pour l'enfance, est chez les femmes un sentiment instinctif, que les vanités du luxe et la dépravation elle-même peuvent énerver, flétrir, mais jamais détruire. A ce premier amour, que la nature aussi impose à la brute, succèdent des soins, des prévoyances, dont l'intelligence et la continuité sont essentiellement du domaine des femmes. Chargées d'élever et de chérir l'enfance, de servir l'infirmité, de consoler la douleur, il leur appartient encore de calmer la colère, d'éteindre les ressentiments, d'adoucir les mœurs. Sous ces derniers rapports, l'éducation étend infiniment leur influence; l'instruction, qui développe et rectifie l'esprit, les talents, qui ajoutent aux moyens de plaire et de fixer, leur deviennent de puissants auxiliaires. Partout où l'esprit des femmes est cultivé, partout où elles prennent rang dans le monde intelligent et spirituel, la rudesse se polit, la société se perfectionne. Mais une tâche si honorable et si flatteuse, réservée au très-petit nombre, est dans l'histoire générale des femmes comme des points de repère qui montrent seulement jusqu'où l'on peut aller. Le niveau ordinaire, la juste part, c'est le libre exercice de leurs devoirs. Ce partage voulu par la nature est loin cependant de leur être partout accordé. L'influence du climat sur les mœurs établit une immense inégalité dans le sort comme dans la moralité des femmes. La nature, moins précoce, et les passions, moins fougueuses, permettent dans les sexes tempérés une presque égalité entre les âges. La raison et l'expérience, remplaçant graduellement chez les femmes le charme de la jeunesse, entretiennent l'affection ; l'habitude et la communauté d'intérêts cimentent l'union ; et l'époux, communément plus âgé que sa femme, vieillit doucement avec elle. Il n'en est pas de même dans les contrées méridionales, où les femmes, nubiles dès huit ou neuf ans, sont flétries à vingt. Elles ont été traitées en enfants, et la raison, si elle survient, ne saurait leur donner un empire dont la beauté n'a pas eu le temps de jeter les premiers fondements.

La pluralité des femmes, première anticipation de la force, les fit graduellement descendre du rang de compagnes à celui d'esclaves; car l'époux, transformé en maître, ne put maintenir la paix dans ce foyer de rivalités et de discordes, autrement que par la force et la crainte. La loi naturelle, cédant au climat, tolérait la polygamie, mais avec des restrictions, qui furent dans la suite réglées par Moïse. Abraham, si longtemps fidèle à Sara, choisit pour avoir un fils une autre femme parmi ses esclaves, mais sans néanmoins l'élever au rang d'épouse, sans la soustraire à l'autorité de sa rivale. Isaac n'aima jamais que Rébecca, et Jacob, sans la tromperie de Laban, n'eût eu d'enfant que de Rachel. Homère nous intéresse à la vieille union de Priam et d'Hécube, au chaste amour d'Hector pour Andromaque. En ces temps, l'épouse était seule admise au partage du rang et des droits de chef de famille; et si l'esclave satisfaisait aux inconstances du maître, c'était du moins sans troubler le foyer domestique par ces rivalités qu'entraînent la supplantation et l'égalité des titres. Ainsi, l'esclavage, contribuant sous ce rapport au repos des familles, conservait au mariage des droits nécessaires au maintien de la société. Chez les Égyptiens, l'autorité de la femme égalait, surpassait même celle du mari; elle lui était assurée par les conventions du mariage et par contrat. Sémiramis, puissante par la victoire, célèbre par des travaux dont le récit semble miraculeux; cette reine de Saba venant éprouver par des questions la sagesse de Salomon, et par ses présents étonner sa magnificence; Thalestris et ses Amazones, dont l'histoire n'est pas entièrement fabuleuse, prouvent que dans l'ancienne Asie le sexe, loin d'être asservi, pouvait atteindre à la plus haute domination et même à une indépendance contraire à la nature.

Le législateur de Sparte avait voulu que les femmes partageassent les exercices et les privilèges des hommes : aussi égalaient-elles aux moins leur dévouement patriotique. Platon va plus loin, il veut dans sa République les admettre au gouvernement de l'État, au commandement des troupes; mais Xénophon, plus raisonnable, reconnaissant à chaque sexe les devoirs auxquels s'adaptent les dispositions particulières, compare la mère de famille à la reine des abeilles, qui gouverne la ruche, anime les travaux et pourvoit à tous les besoins. La liberté dont les femmes jouissaient à Rome fut justifiée tant que la sévérité des mœurs républicaines les empêcha d'en abuser. Honorées du titre de citoyennes, on les voit souvent s'en montrer dignes par des actes de dévouement, et Coriolan, sourd à la voix de la patrie, s'émeut à celle de sa mère, aux supplications des femmes qui l'accompagnent. Cependant, la répudiation et le divorce laissaient un champ assez libre à l'inconstance, mais sans qu'il fût permis d'avoir deux épouses à la fois. Il était réservé au christianisme d'épurer la loi naturelle, et de corriger les codes des nations. Libérateur de toutes les oppressions, réparateur de tous les abus, il égalise les balances où l'amour du Créateur avait pesé les destinées de ses communs enfants. Le mariage, rendu indissoluble, remit aux mains des femmes ce sceptre du foyer domestique, que la nature leur a incontestablement destiné.

Cependant, la loi de Mahomet, que sa conformité avec les dispositions des climats chauds a si généralement répandue dans l'Orient, ayant, contre nature, détrôné les femmes du gouvernement intérieur, a permis, contre nature aussi, qu'il fût confié à des hommes dégradés, victimes comme elles de ce vicieux renversement des lois naturelles : en Perse, les eunuques, chargés de tous les soins domestiques, enlèvent aux femmes jusqu'à celui de leurs vêtements. Subjuguées, avilies par l'ignorance et l'oisiveté, ces créatures déchues, presque assimilées aux animaux domestiques, deviennent un objet de luxe, l'une des vanités du faste asiatique, dont la Bible nous montre dans Salomon le premier exemple. Cette dépravation, toujours perpétuée chez l'Orient, y existe encore chez les grands, chez les princes, depuis tant de siècles, avec les difficultés, les inconvénients qu'entraîne nécessairement le maintien d'un ordre de choses contre nature. Ces coutumes tyranniques n'ont pourtant pas toujours été sans quelques exceptions. Du temps des khalifes, chez ces Maures d'Espagne, créateurs de la chevalerie, chez les premiers empereurs mogols, à toutes les époques de perfectionnement ou de gloire, les femmes, mieux élevées, eurent plus d'influence et de liberté. Les Chinois, trop polis pour enfermer leurs épouses, ont eu l'art d'attacher une opinion de beauté et de distinction à la mutilation de leurs pieds. Ils les estropient dès l'enfance pour les rendre sédentaires, en vertu du *droit du plus fort*, droit plus cruellement imposé encore par certains peuples sauvages, et même chez les Bedouins, où les femmes, chargées de tous les travaux pénibles, sont employées comme bêtes de somme.

La finesse et la ruse, armes du faible, instruisent à la tromperie à proportion que la société accorde moins : les femmes y recourent surtout, lorsque, les moyens de plaire ayant cessé, elles espèrent encore, par des charmes, des filtres, de prétendus arcanes, exercer quelque empire sur la crédulité. Le surnaturel, dont l'ignorance est toujours avide, influe puissamment sur l'imagination des hommes méridionaux. L'astuce féminine s'en est partout emparée. Dès les temps les plus anciens, les femmes juives étaient accusées de sorcellerie. Les sibylles surprenaient la confiance par leurs sentences énigmatiques, et les pythonisses joignaient les grands effets de l'enthousiasme à quelques secrets naturels dont elles tiraient habilement parti. Associées au culte par le paganisme, les femmes partageaient en plusieurs pays avec les prêtres les fonctions et les privilèges du sacerdoce : comme eux, elles consultaient les entrailles des victimes; la prêtresse de Diane égorgeait les étrangers que le sort jetait en Tauride, et la barbare druidesse concourait dans les Gaules aux sacrifices humains. Les honneurs rendus aux vestales par les Romains tenaient à des idées plus saines : ils honoraient en elles une pureté, une innocence de mœurs qui semblent rapprocher l'homme de la Divinité. C'est le même sentiment qui dans le christianisme a consacré les vierges au culte du Seigneur.

Les dispositions affectueuses et enthousiastes des femmes les élèvent facilement aux idées contemplatives et religieuses. Le dévouement semble une production spontanée de leur âme. Et l'honneur, l'honneur que le raisonnement dissèque et détruit, est vif aussi chez les femmes, qui sentent plus qu'elles ne raisonnent : il étouffait l'amour des mères lacédémoniennes; il conduit au bûcher la veuve de l'Hindou; il se montre dans les crises de la fortune et sous les traits du courage dans les douleurs physiques, aux approches de la mort, où les femmes paraissent souvent plus fortes que les hommes.

Mme DE MAUSSION.

Malgré l'infériorité des femmes dans les œuvres de l'intelligence, infériorité relatée par tant d'écrivains, même de leur sexe, l'histoire constate cependant de nombreuses exceptions en tous genres, notamment dans la littérature.

Les femmes chez les Grecs ont cultivé le genre érotique et d'autres genres encore. Malheureusement le temps n'a conservé aucun des ouvrages qui fondaient leur renommée : toute l'antiquité atteste que les modernes ont fait à cet égard une perte immense. Sapho, dont nous ne possédons que quelques vers, reste à jamais comme un grand nom. Rien de semblable n'apparaît, du reste, dans Rome, héritière de la littérature grecque. La fière matrone de la ville aux sept collines se décidait bien parfois à sortir de son gynécée pour exciter ou partager le patriotisme de son époux et de ses fils. Jamais il n'eût pu lui venir à l'idée d'en descendre pour se livrer à ces travaux littéraires, longtemps le partage exclusif des affranchis et des fils d'esclaves; et chez les barbares, vainqueurs de Rome, la femme était trop esclave elle-même pour songer aux délassements de l'esprit. Aussi, jusqu'aux premières lueurs du moyen âge, à part quelques religieuses inspirées, n'en voit-on aucune s'aventurer dans cette carrière. Mais quoi d'étonnant à cela? Quand l'homme bardé de fer tenait à honneur de ne pas savoir signer son nom, comment la femme, résignée aux ordres de son seigneur et maître, eût-elle osé se permettre d'en savoir davantage? Cependant, il ne devait pas en être longtemps ainsi : « Les femmes du moyen âge, dit M. Michelet, sentirent bientôt qu'elles ne devaient pas rester indignes du respect enthousiaste et de l'espèce de culte dont les entourait la chevalerie. Dans les monastères elles ne se réservèrent plus tout entières à Dieu, mais aussi à la science de Dieu ; elles devancèrent les docteurs dans cette carrière ; elles furent aussi savantes et souvent plus subtiles qu'eux dans l'interprétation. Au monastère de Chelles, près de Paris, les hommes et les femmes écoutaient avec un égal respect les leçons de sainte Bertilla, et les rois de la Grande-Bretagne lui demandaient quelques-uns de ses disciples pour fonder des écoles dans leur pays. »

Insensiblement on trouve des femmes présidant aux luttes poétiques des troubadours et des trouvères. La reine Constance amène ces chantres galants des régions de l'Aquitaine à la cour bigote de Robert, et avec eux y introduit une élégance, une culture inconnues jusqu'alors. On compte même déjà un grand nombre de dames qui se font elles-mêmes poëtes ; et quelques noms de ces troubadours féminins sont venus jusqu'à nous. Elles fondent des cours d'amour et de gay sçavoir, et Clémence Isaure s'immortalise par la création de l'Académie des Jeux floraux de Toulouse.

Plus tard, tandis qu'une femme, une fille du peuple, Jeanne d'Arc, reconquiert à son roi le patrimoine de la France, qu'une reine déshonorée, une étrangère, a vendu aux Anglais, une autre femme, Christine de Pisan, chante la première, dans un poëme national, l'héroïsme de la Pucelle. Parmi les femmes galantes de la cour de François Ier, il en est de plus dignes d'estime, dont la postérité se souviendra toujours avec vénération ; telle fut, entre autres, la sœur du roi, Marguerite de Valois, duchesse d'Alençon, reine de Navarre, princesse lettrée, protectrice des savants, amie des huguenots persécutés, mère de Jeanne d'Albret et grand'mère de Henri IV, surnommée *la Marguerite des Marguerites*, auteur de l'*Heptaméron*, ou *Recueil de nouvelles*, dans le genre de Boccace. Une autre Marguerite de France, reine de Navarre, brille encore à l'aurore du règne de Henri IV et s'immortalise, par ses *mémoires*. Elle a pour rivale dans l'art d'écrire la belle Lyonnaise Louise Labé, qui manie également bien la plume et l'épée, et laisse loin derrière elle Clémence de Bourges, Pernette du Guillet, les dames Desroches de Poitiers, ses contemporaines. « Le temps est venu, dit-elle dans une de ses préfaces, où les sévères lois des hommes ne doivent plus empêcher les femmes de s'appliquer aux sciences... Je ne puis faire autre chose que de prier les vertueuses dames de mon siècle d'élever un peu leurs esprits par-dessus leurs quenouilles. »

Un siècle après, dans ce beau pays de France, ce n'est pas seulement à la cour de Louis XIV que l'influence des femmes se fait sentir. Tandis que les La Vallière, les Fontanges, les Montespan, les Maintenon, agitent Versailles et soumettent le roi à leur pouvoir, à Paris la société brille aussi par l'esprit et les talents que ce sexe montre dans tous les rangs, dans toutes les classes. Mme de Rambouillet, entourée de son aréopage féminin, décide souverainement du mérite des ouvrages et des personnes, jusqu'à ce que Molière, l'impitoyable ennemi des femmes savantes, ait par une comédie discrédité ses arrêts. Chaque homme de génie trouve alors sa providence : Quinault dans Mmes de Thianges et de Montespan ; Racine et Boileau, dans Mme de Maintenon ; La Fontaine, dans la duchesse de Bouillon et dans Mme de La Sablière. Bientôt beaucoup de femmes ambitionnent de nouveau pour elles-mêmes la gloire littéraire : Mme de Sévigné fait, dans ses *courses de plume*, briller non-seulement son cœur pour la société intime, comme on l'a prétendu, mais un peu aussi pour la postérité, comme elle l'avoue elle-même, son imagination, sa joie et ses larmes. « Je saisis bien, a-t-elle dit, que les choses plaisantes et jolies que j'écris à mes vieilles amies iront plus loin. »

Mlle de Scudéri est proclamée la Sapho du siècle, Mme Desnoulières en devient la Calliope, la savante Mme Dacier se fait le champion des anciens contre les modernes, et Johnson, comme Ménage, la proclame la femme la plus érudite qui ait jamais existé, *feminarum quot sunt, quot fuêre, doctissima*. Le même éloge, le même droit de prééminence dans les sciences mathématiques ne peuvent être contestés à cette sublime Émilie, à cette célèbre marquise du Châtelet, qui ne craignit pas de suivre Newton dans les hauteurs prodigieuses où s'éleva son génie, et entreprit la première de révéler à la France la théorie du nouveau système du monde. Avant elle, Mmes de Nemours et de Motteville, Melle de Montpensier avaient raconté avec esprit les agitations récentes du royaume. Mais quand Louis XIV, accablé par les revers et dominé par la Maintenon, se fut fait dévot, une autre arène que les salons s'ouvrit aux femmes spirituelles : ce fut celle des querelles religieuses. On les vit s'y lancer avec une ardeur qu'on a peine à comprendre aujourd'hui. Rappelons seulement Mme Guyon, l'amie de Fénelon, et les sœurs Arnauld de Port-Royal qui luttèrent si vigoureusement à la tête du parti janséniste.

Rien à dire de l'influence littéraire des femmes au temps des orgies du Palais-Royal, du Parc-aux-Cerf, et des Petites-Maisons. Un grand changement s'introduit dans les mœurs au commencement du dix-huitième siècle. Ce sont les femmes de la ville qui contribuent le plus au mouvement de l'opinion. Dans la république même des lettres, ce sont des bourgeoises qui, conservant les traditions de la marquise de Rambouillet et de la duchesse du Maine, tiennent les bureaux d'esprit : Mmes Doublet, Geoffrin, Duchâtelet, Du Deffant, Melle L'Espinasse, Mme Du Boccage, réunissent, accaparent les gens de lettres et surtout les philosophes ; Mmes de La Fayette, Graffigny, Riccoboni, de Tencin, et plus tard Mme Cottin et Mme de Genlis, se font un nom dans le roman. Quand vient la révolution, il se trouve une femme, la fille d'un graveur, qui se distingue, entre toutes, par l'élévation de son talent et par la force de son caractère : c'est Mme Rolland, qui fut plutôt que son mari le ministre de la Gironde. Sous l'empire, les femmes ne purent s'exercer que dans la littérature : celles qui voulurent faire de leur plume une arme politique furent bientôt réduites au silence. Citons pourtant Mme de Staël, qui brilla même dans l'opposition.

Sur les traces de l'auteur de *Corinne*, mais à une grande distance d'elle, brilla dans le même temps une femme beaucoup trop vantée de ses contemporains, un peu trop oubliée peut-être des nôtres, Mme Dufresnoi, élève de Tibulle et de Properce, nourrie de la lecture d'Horace et de Virgile, dont elle possédait la langue. Alors brillaient encore en Angleterre Mmes Inchbald, l'auteur de *Simple histoire*, Hemans et Landon, comme brille aujourd'hui sans rivale aux États-Unis l'auteur de l'admirable roman de *L'oncle Tom*. En France, parmi les contemporaines, nous nous bornerons à citer Mmes Tastu, Desbordes-Valmore, de Girardin, Anaïs Ségalas, Louise Colet et Mme la baronne Dudevant, qui sous le pseudonyme de George Sand s'est depuis longtemps placée à la tête de notre littérature.

L'Italie est le pays qui a produit le plus de femmes distinguées par leur érudition ; et, chose étrange, c'est la contrée de l'Europe où l'éducation des femmes est le plus généralement négligée. Les universités de Padoue et de Bologne ont eu le rare privilège de compter plusieurs femmes parmi leurs docteurs. Mme Clotilde Tambroni a figuré jusqu'en 1817 parmi les professeurs de l'université de Bologne ; elle y avait occupé durant plusieurs années la chaire de littérature grecque, qu'elle quitta pour refus de serment à la république cispadane. A Padoue, Hélène Piscopia enseigna la philosophie et écrivit doctement sur la théologie, les mathématiques et l'astronomie. Dans la même université, Novella d'Andrea suppléait son père dans l'enseignement du droit canon. Mais ce jour-là on avait la précaution de tendre un rideau devant la chaire; car chez cette femme profondément la science était loin de nuire à la beauté. On voit sous le portique de cette université et dans l'église de Saint-Antoine deux bustes d'Hélène Piscopia, en costume de bénédictine, qui justifient la passion malheureuse qu'elle inspira aux plus grands seigneurs de son temps. On peut admirer dans Tomasini (*Viro-*

rum illustrium Elogia) les portraits des autres dames illustres des universités italiennes : elles sont, pour la plupart, remarquablement gracieuses et nullement pédantes.

Après l'Italie, c'est la Hollande qui est la contrée la plus riche en femmes savantes. Nous ignorons si elle en possède aussi les portraits ; mais ce que l'on connaît par oui-dire des charmes de Mme Ruhnkenius suffit à donner une haute opinion de leur beauté. En voilà certes plus qu'il n'en faut pour réfuter les méchancetés de Molière. Une autre savante hollandaise, Mme Wyttenbach, docteur en l'université de Marbourg, était d'origine française. Le milieu platonique dans lequel elle avait vécu, et qui se révèle dans son *Banquet de Léontis*, la fit accuser de paganisme par les piétistes. Cette inculpation n'avait pas le moindre fondement, quoique, la veille de sa mort, elle ait encore écrit, de sa main élégante et ferme, ces huit mots : *Le vaisseau de Délos se fait bien attendre*.

Ces exemples de femmes savantes n'ont point été perdus pour les États-Unis, et dans le mois de décembre 1852 la municipalité d'Antioche (État de l'Ohio) a nommé professeur de langue et de littérature latines au collège de cette ville une jeune fille, miss Obediah Pennell, nièce et élève du recteur de ce collège. On est même obligé de convenir que les femmes ont su rendre aux États-Unis de grands services à l'éducation. Eug. G. de Monglave.

FEMME (*Droit*). La femme est soumise à une législation spéciale, dans les différentes positions que lui reconnaît la loi : fille mineure, fille majeure, mariée ou veuve. Cette législation impose à la femme plus de devoirs qu'elle ne lui reconnaît de droits ; car elle la prive des fonctions d'une magistrature publique, des droits politiques, et même de certains droits se rattachant simplement à l'état civil. Au reste, cette infériorité légale de la femme se retrouve à peu près chez tous les peuples. Par une assez étrange exception, en France, nous les excluons de l'hérédité à la couronne ; et cependant les hautes fonctions de régente peuvent leur être confiées, à elles, qui ne sont pas même aptes à faire des conseillers municipaux. Nous n'avons pas à prêcher ici l'émancipation de la femme ; elle a eu ses apôtres en jupons ; elle a trouvé d'ardents partisans chez quelques hommes disposés à partager avec elles leurs droits civiques et civils ; nous n'avons qu'à résumer les dispositions de nos codes qui la régissent.

La femme est mineure jusqu'à vingt et un ans, à moins que le mariage ne vienne l'émanciper avant cette époque ; mais cette émancipation de puissance paternelle la place sous la puissance maritale. Elle ne peut se marier avant quinze ans révolus, à moins de dispenses d'âge pour motifs graves, accordées par le chef de l'État. A partir de sa majorité, elle dispose de sa personne et de ses biens comme elle l'entend ; elle ne peut cependant contracter mariage sans le consentement de ses père et mère, en leur adressant des sommations respectueuses, qu'après l'âge de vingt-cinq ans révolus. La femme mariée doit fidélité, secours, assistance et obéissance à son mari ; elle peut se réserver la disposition de ses revenus, en se mariant sous le régime de la séparation de biens, ou la confier à son mari, lorsqu'elle contracte l'union conjugale sous le régime de la communauté ; mais dans ce cas elle a une *hypothèque légale* sur les biens de son mari, comme garantie de l'administration de celui-ci. La femme est obligée d'habiter avec son mari et de le suivre partout où il veut résider, excepté le cas où il s'expatrierait. Si elle épouse un étranger, elle suit sa condition civile, et devient étrangère ; elle ne peut ester en jugement sans autorisation de son mari ; elle ne peut donner, aliéner, hypothéquer, acquérir, à titre gratuit ou onéreux, sans le concours ou le consentement du mari dans l'acte ; elle ne peut contracter. La femme peut être autorisée par son mari, soit tacitement, soit par un acte authentique révocable, à faire le commerce ; la femme marchande publique peut s'obliger, pour tout ce qui concerne son négoce, sans l'autorisation de son mari, aliéner et hypothéquer ses immeubles ; mais elle ne peut ester en justice sans l'assistance ou l'autorisation de celui-ci.

La femme veuve devient réellement libre, indépendante, comme la fille majeure, le veuvage arrivât-il avant la majorité ; elle jouit alors de l'administration complète de ses biens, elle peut vendre, aliéner, hypothéquer, contracter, acquérir, sans que ces actes d'administration puissent être attaqués en rescision motivée sur la fragilité du sexe.

La femme mariée qui a de justes motifs pour se soustraire à la puissance maritale, peut intenter un procès en séparation de corps ; mais même cette séparation prononcée, ainsi que la séparation de biens, elle est toujours indirectement placée sous la tutelle de son mari, et continue à ne pouvoir donner, aliéner, hypothéquer, acquérir, sans l'autorisation de son mari.

Si le droit civil a pris texte de la faiblesse de la femme pour l'astreindre à la protection, à l'autorité du mari, le droit criminel y a eu égard en plusieurs circonstances. Ce-pendant la peine de mort lui est encore appliquée. Les travaux forcés sont moins durs pour elle, et consistent particulièrement dans une réclusion rigoureuse. La loi du 30 mai 1854 porte que les femmes condamnées aux travaux forcés pourront être conduites dans un des établissements créés aux colonies ; mais qu'elles seront séparées des hommes et employées à des travaux en rapport avec leur âge et avec leur sexe.

FEMME (*Émancipation de la*). *Voyez* Émancipation de la Femme.

FEMME LIBRE. Un de nos vénérables collaborateurs a déjà traité de l'émancipation de la femme. La seule chose que nous voulions ajouter ici, c'est une proposition devenue triviale à force d'avoir été ressassée dans les traditions et dans les livres, et dont l'application se retrouve pourtant de mise toutes les fois, sans exception, que les sciences annoncent une découverte et la perfectibilité un progrès : *il n'y a rien de nouveau sous le soleil*, axiome immémorial de Salomon, qui le trouva probablement tout fait. Or, cette émancipation de la femme qu'on nous donne pour une idée nouvelle est une des vieilleries les plus surannées de la société chrétienne, et on sait qu'il ne pouvait pas en avoir été question dans les autres. C'est depuis le deuxième siècle le véhicule des novateurs, la précaution oratoire des visionnaires ; et, n'en déplaise aux saint-simoniens, jamais cette théorie, vraie ou fausse, ne s'est renouvelée qu'elle ne fût marquée au sceau de l'ignorance, de la superstition, ou du délire. Je ne sais si les *compagnons de la femme*, qui ont vainement cherché la *femme libre* à Paris, où elle semblait plus facile à trouver que partout ailleurs, la découvrirent en courant le monde. Ce que je les prie de tenir pour certain, c'est que le 1er juin 1794 la *femme libre* habitait rue Contrescarpe, section de l'Observatoire, n° 1078, au troisième étage, et sur le devant. Elle s'appelait Catherine Théot, dont elle avait fait Théos, par amour pour le grec, ou bien à cause de la belle et mystique signification que la providence des illuminés avait attachée à ce nom, par une prévision singulière. Dans le sanctuaire de Catherine Théos, rue Contrescarpe, au troisième, sur le devant, on la reconnaissait pour la *nouvelle Ève*, chargée de réparer une petite mièvrerie de l'autre, dont j'imagine que personne n'a perdu souvenance, et de réhabiliter la femme dans tous ses droits politiques. Malheureusement, ce temps de liberté plénière était peu favorable à la liberté, et où le fit bien voir à la *femme libre* : sur le rapport du citoyen Vadier, elle fut envoyée par-devant le tribunal révolutionnaire, le 17 juin suivant, avec le chartreux dom Gerle, son grand pontife, et tout le chœur des saintes, jeunes ou vieilles, qui prenaient place autour de son trône. Le 9 thermidor survint fort à propos pour sauver l'innocente famille de la *femme libre*, mais elle avait pris l'initiative sur les conséquences de cette grande journée. Elle était morte au bout de cinq semaines, et on n'a jamais reparlé d'elle jusqu'à ce jour.

Catherine Théos n'était que l'héritière d'un plan d'émancipation des femmes, qui avait fait plus de bruit sans en faire beaucoup, et qu'elle se contenta de broder de piétisme et d'ascétisme, pour lui donner un peu de crédit chez les dévotes. C'était l'objet des réclamations quelquefois éloquentes de l'infortunée Olympe de Gouges, assassinée sur l'échafaud sept à huit mois auparavant, pour avoir pris au pied de la lettre la liberté révolutionnaire. La pauvre Olympe avait fondé ces sociétés de *femmes libres* qui luttèrent souvent de véhémence avec les jacobins, et qui disparurent toutefois de la scène politique sans avoir conquis sur leurs frères et amis une seule immunité. Leurs priviléges se réduisirent à figurer de temps en temps, chargées de rubans, de rouge, d'oripeaux, sur l'autel où un peuple délirant allait adorer la Raison ; de sorte que la liberté française ne fut pas plus libérale envers les femmes que le despotisme asiatique. Elle en fit des almées et des bayadères. Le plus amène des hommes de la révolution, *le berger Sylvain Maréchal*, proposa même assez sérieusement de leur défendre d'apprendre à lire. Bonaparte arriva heureusement sur ces entrefaites, et c'est ce qui fait que les femmes lisent encore. Nous aurions beaucoup à perdre si elles n'écrivaient plus.

Pendant les règnes voluptueux de Louis XV et du régent les femmes furent si libres d'une certaine façon, qu'elles se soucièrent fort peu de l'être autrement. Il faut remonter jusqu'à la dernière moitié du dix-septième siècle pour retrouver la *femme libre* sous les traits disgracieux d'Antoinette Bourignon, monstre de naissance, auquel un curé maussade avait contesté les droits du baptême, et qui excita souvent depuis des passions fort extravagantes, s'il faut en juger par son portrait. Antoinette Bourignon résista toujours, et se déroba aux poursuites de ses adorateurs, tantôt par l'ascendant de sa vertu, tantôt par la promptitude de la fuite, la mission de la *femme libre* exigeant, suivant elle, dans la personne qui en était revêtue, la pureté de la plus intacte virginité. C'est peut-être pour cela qu'il ne s'en présente plus. Une particularité assez curieuse, c'est qu'Antoinette Bourignon avait soumis à son système le puissant génie de Swammerdam, qui avait soumis, lui, à ses investigations toute la nature créée. La sublime intelligence qui venait de se rendre maîtresse de tant de faits échoua contre une vision.

Il en fut tout au contraire de la savante et spirituelle Anne-Marie de Schurmann, autre *femme libre* du même temps. Anne-Marie de Schurmann, philologue, artiste et poëte, reçut son brevet de rédemptrice du sexe dont elle était l'ornement, d'un fanatique fort exalté, mais très-médiocre, qu'on appelait Jean de Labadie, espèce de sectaire enté d'un apostat. Elle fit assaut de chasteté avec Antoinette, si toutes deux ne se marièrent point secrètement, ce qui n'est pas bien débrouillé ; mais ce n'est pas une mince difficulté dans les conditions émancipatoires de l'état politique des femmes. J'en laisserai juger à de plus savants que moi.

Leur contemporaine, Jeanne-Marie de Lamotte, plus connue sous le nom de Mme Guyon, réunit toutes les qualités qui peuvent justifier l'émancipation des femmes et la rendre désirable ; mais elle n'aspira pas au rôle scabreux de la *femme libre*. Elle borna son empire aux limites que Dieu semble avoir imposées aux femmes, comme aux flots de la mer, en leur disant : *Vous n'irez pas plus loin !* et sa puissance se composa tout entière de beauté, de vertu, de tendresse et d'enthousiasme, ce qui n'est déjà pas trop mal. Aussi vit-elle Fénelon se ranger parmi ses disciples, Fénelon, dont Jean-Jacques eût été si fier d'être valet de chambre.

Il y a là, si je ne m'abuse, une progression de transcendance morale qui vaut mieux que l'émancipation. La véritable *femme libre* languissait alors depuis trente ans dans un asile obscur, après avoir été fouettée et marquée, le 14 mars 1663, au pied de l'échafaud de Simon Morin. La fille Malherbe était en effet la *nouvelle Ève* de ce pauvre homme, qui n'avait pas reconnu les facultés propres à un si haut emploi dans Jeanne Honadier, sa femme, quoiqu'il eût débauché celle-ci à cette intention dans l'échoppe d'une fruitière du quartier Saint-Germain-l'Auxerrois. La perfectibilité a d'étranges grâces d'état ; mais il faut avouer aussi que les bonnes civilisations ont de mauvais moments. Le supplice du malheureux Simon Morin concourt, année par année, et peut-être jour par jour, avec l'établissement des trois académies. On donnait, quelques heures après, *La Critique de l'École des Femmes*, avec reprise de la pièce. Le grand Colbert était ministre, et Louis le Grand régnait sur le grand siècle. Déplorable humanité !

Voilà bien quelques *femmes libres* ; mais ne croyez pas que nous soyons au bout de l'histoire rétrograde de cette dynastie gynæcocratique. Il s'en faut de beaucoup. Les *compagnons de la femme*, et on ne saurait trop les féliciter sur le choix d'une si agréable vocation, n'ont été jusque ici, comme vous voyez, que les plagiaires de dom Gerle, qui fut plagiaire de Jean Labadie, qui fut plagiaire de Simon Morin, qui fut plagiaire de Guillaume Postel, qui fut plagiaire de trente générations d'hérésiarques aujourd'hui fort obscurs, mais dont vous retrouverez le nom et les doctrines dans l'utile Dictionnaire de l'abbé Pluquet. Guillaume Postel, un des hommes les plus éminents en bon savoir, et un des plus grands fous de son siècle, avait proclamé l'émancipation de la femme deux cent quatre-vingts ans avant qu'on s'en avisât dans l'école de Saint-Simon, savoir, en 1553 à Paris, en 1555 à Venise, et en 1556 à Padoue. La *femme libre* de Postel, qui s'appelait la *mère Jeanne*, ne vécut pas longtemps, parce qu'elle était assez vieille quand il la rencontra, ce qui dispensa cette pauvre créature de s'engager par le vœu de la virginité, comme la Schurmann et la Bourignon ; mais elle eut la complaisance de s'incarner après sa mort dans la substance de Postel, « qui s'en trouva, dit-il, notablement étendue ». Il fut quitte de cette usurpation de substance, qui n'était pas prévue par les lois, pour quelque réprimande canonique ou pour quelque légère pénitence de discipline monacale, lesquelles ne l'empêchèrent pas de professer les langues, si peu connues alors, de l'Orient jusqu'à la fin d'un grand âge, aux applaudissements de tous les savants du siècle de la science. Les jansénistes ont pensé depuis que la *femme libre* de Postel pourrait être une personnification emblématique de la raison humaine. Les jansénistes n'ont jamais été si polis. J'aurais bien de la peine à partager cette opinion.

Cette longue élucubration a dû faire penser souvent au lecteur qu'il serait temps que j'arrivasse au déluge ; mais je ne m'y arrêterais pas, si je l'avais dans la fantaisie. On m'étonnerait peu du moins en m'apprenant qu'Ève première eût entendu parler de l'émancipation de la femme dans le paradis terrestre. La Genèse lui donne là un interlocuteur qui était de son métier un philosophe très-subtil, et qui serait fort capable de lui en avoir touché quelques mots.

Charles Nodier, de l'Académie Française.

FEMMELETTE, diminutif de *femme*, terme de dédain, par lequel on désigne celle qu'on doit dire *efféminée*. Cette épithète s'adresse encore figurément à l'homme faible et sans énergie : beaucoup d'hommes à cet égard peuvent être traités de *femmelettes* (voyez EFFÉMINATION).

FEMMES (Éducation des). Un mélange fort extraordinaire d'amour et d'indifférence, d'hommages et de dédains, s'est attaché pendant bien longtemps en France au sort de la femme. À la voir dans son bel âge un objet d'adoration, ne s'étonne-t-on pas du peu de soin que semblaient mériter les premières années de son existence ? L'éducation donnée aux filles depuis des siècles ferait croire que jusqu'ici l'enfance et la vieillesse ne comptaient pas dans la vie d'une moitié du genre humain. Sans doute, à la naissance de la société, et même dans le moyen âge, quand le premier mérite d'un homme était la force et la vaillance, il était naturel que le rôle de la femme se réduisit à plaire tant qu'elle était belle, et à mettre au monde, si son bonheur le voulait, des enfants aussi forts, aussi valeureux que leur père; mais quand les progrès de la civilisation eurent fait acquérir à l'intelligence sa juste supériorité sur les avantages physiques, comment s'est-on obstiné à priver la jeune fille d'une éducation qui la rendît propre aux emplois que lui destinait la nature? Cette jeune fille, mariée et devenue mère, n'est-elle pas appelée à régir une maison, à maintenir ou créer une fortune, à gouverner une famille, et surtout à graver sur la molle substance du cerveau de son fils ces premières idées, ces premières connaissances, qui ne s'effacent jamais et deviennent la base de toute intelligence humaine? Pour éclairer, il faut des lumières; pour enseigner, il faut savoir; et que savaient les femmes aux époques dont je parle? Les plus habiles cousaient proprement, dansaient ou faisaient un peu de musique.

Fénelon fut le premier dont l'âme tendre s'émut utilement en faveur de ce pauvre sexe. Il daigna revêtir de son doux et beau langage des idées favorables, des avis propices à l'*éducation des filles*. « Je n'expliquerai pas ici, dit-il, tout ce que les femmes doivent savoir pour l'éducation de leurs enfants, parce que ce mémoire leur fera sentir l'étendue des connaissances qu'il faudrait qu'elles eussent. » Néanmoins, il veut que toutes les filles apprennent à écrire correctement leur langue; pour celles des classes élevées, il insiste sur l'arithmétique, sur les principales règles de la justice; par exemple, il veut qu'elles connaissent *la différence qu'il y a entre un testament et une donation*, *ce que c'est qu'un contrat*, *un partage entre co-héritiers*, etc., etc., en un mot le Code Civil. Il va même jusqu'à conseiller l'étude du latin, afin qu'elles comprennent leurs prières, et parce que cette langue offre des beautés de discours plus parfaites et plus solides que les autres langues. Toutefois, quels que fussent le charme et la persuasion qui s'attachaient aux écrits du chantre de *Télémaque*, longtemps encore après lui, beaucoup de duchesses écrivaient sans mettre un mot d'orthographe, et pas une servante ne savait lire. Je sais bien que l'on peut citer une douzaine de femmes qui dans le grand siècle, se distinguèrent en toutes choses, se distinguaient elles-mêmes par le charme de leur entretien et par un talent épistolaire qui devait, à leur insu, faire passer leurs noms jusqu'à nous. Servies par les circonstances, mesdames de Sévigné, de Lafayette, de Maintenon et quelques autres, ont fait leur éducation dans cette cour, dans ce monde, tout rempli d'hommes et de de talents supérieurs; mais, outre qu'il faudrait les avoir connues personnellement pour les juger en leur qualité de femmes, on ne peut se former ainsi soi-même et triompher aussi victorieusement du défaut d'instruction première sans avoir reçu de la nature des dons qui malheureusement sont refusés à la plupart des humains.

Depuis la révolution, il faut en convenir, les parents se sont beaucoup plus occupés de l'éducation de leurs filles qu'ils ne le faisaient autrefois. Soit que les fortunes restreintes aient fait chercher des jouissances et des occupations au sein de la famille, soit que les jeunes femmes elles-mêmes aient senti qu'il n'était plus temps de ne jouer dans le monde que le rôle d'une *jolie poupée*, un grand nombre de femmes maintenant possèdent des talents et des connaissances propres à les faire briller dans le monde; mais ce qu'à l'avenir il faut surtout tenter pour les filles, c'est de leur donner l'instruction qui leur est nécessaire pour intervenir utilement dans ce qui touche les intérêts de leurs maris. Ces avantages sont très-loin de pouvoir conduire une femme à négliger ses premiers devoirs; elle les remplira d'autant mieux et au contraire qu'elle appréciera plus justement leur valeur et sa véritable position sociale.

On sent bien qu'en demandant pour les jeunes filles une éducation plus forte que celle qu'elles reçoivent maintenant, on ne prétend pas les élever pour qu'elles deviennent des littérateurs ou des artistes. L'observation, aussi bien que l'expérience, prouve assez que jamais, dans aucune carrière ouverte au talent, les femmes n'égaleront les hommes. Leur constitution ne serait pas aussi faible, les vives émotions qu'excitent en elles des sentiments de mille natures ne rendraient pas leur esprit aussi dépendant de leur cœur, qu'elles n'en posséderaient pas davantage, je crois, cette *continuité d'attention* que Buffon appelait le *génie* : Dieu n'a pu le vouloir quand il les a créées pour être les compagnes de l'homme et pour élever les enfants, puisque le génie absorbe l'être qu'il favorise dans une spécialité nuisible à toute autre mission. C'est en vain qu'on pourrait citer le grand nombre de femmes qui, depuis quelques années surtout, ont su se faire une ressource honorable de leur plume ou de leur pinceau. On ne peut attribuer cette particularité qu'aux malheurs des temps, qui, bouleversant les fortunes, ont obligé beaucoup d'entre elles à trouver des moyens de subsister. Que l'on interroge les femmes qui vivent de leurs talents, la plupart diront combien il leur en a coûté pour rendre leur nom public, pour exposer aux traits d'une critique, trop souvent inconvenante, une vie destinée au calme et aux jouissances de l'intérieur; que s'il en existe une ou deux sur la multitude qui se sentent réellement appelées à devenir auteurs, c'est une exception qui n'infirme en rien la règle générale. Libre de choisir sa destinée, sa nature frêle, l'esprit de réserve et de timidité qui caractérisent une femme, la porteront toujours de préférence à remplir les doux et nobles devoirs auxquels l'appelle son instinct, plutôt qu'à s'élancer vers un but où les hommes la devanceront toujours.

Toutefois, de ce que les jeunes filles ne sont point appelées à devenir membres des académies, il ne s'ensuit pas qu'on doive leur donner une éducation forte sous le rapport du moral, et d'une instruction aussi étendue que le comporte le degré d'intelligence de chacune. « Comme créature intelligente, la femme n'est pas différente de l'homme, a dit Mme de Rémusat. Elle possède sans doute à un moindre degré les mêmes facultés, mais elle les possède; et c'est assez pour qu'elle puisse les exercer : leur nature étant commune, leur loi doit être la même. L'éducation de la femme, pourvue par la nature des mêmes moyens que l'homme pour connaître et remplir les conditions de son existence, ne doit pas différer essentiellement de celle de l'homme, du moins quant aux principes. En sa qualité d'être doué de raison, d'être moral et libre, parce qu'il est raisonnable, son éducation, si elle est raisonnable aussi, ne peut que vouloir se conformer à sa nature, en assurant sa moralité par l'empire de sa raison sur la toute de sa liberté. »

Le sort de la femme, d'ailleurs, quoique dépendant sous plusieurs rapports, est loin d'offrir l'idée de l'esclavage. On voit au contraire que dans un ménage l'empire se trouve tout naturellement partagé. La mère de famille élève ses enfants, conduit la maison, gouverne et dirige les domestiques, souvent même elle dispose de la fortune, ou pour le moins elle est consultée sur la manière d'en disposer. Tous ces devoirs à remplir ne sont-ils pas assez importants? N'exigent-ils pas un fonds de raison, de lumières et de connaissances très-rares, et qui s'acquièrent difficilement? C'est vers l'accomplissement de ces devoirs qu'il faut diriger toute l'éducation d'une fille; car de là naîtra pour sa jeunesse du bonheur, de la considération, et pour ses vieux jours la satisfaction d'avoir bien vécu. Le plus grand soin d'une mère sera d'inspirer à sa fille l'aversion d'une mauvaise conduite. La vertu est le premier élément du bonheur d'une femme; on ne saurait trop le lui répéter en s'appuyant des exemples qu'offre à chaque instant la société. Mais de ce que la vertu améliore prodigieusement la situation d'une femme dans son ménage aussi bien que dans la société, il ne s'ensuit pas qu'elle la dispense des autres devoirs qu'elle est appelée à remplir dans la communauté qu'établit le mariage. Dès son plus jeune âge, il est bon qu'elle soit pénétrée de l'idée que l'emploi de tenir une maison est une des affaires les plus importantes de sa vie. Ne lui faites pas de longs discours sur ce sujet : montrez-lui avec une grande évidence les avantages qui résultent pour vous, pour votre mari, pour vos enfants, d'une pratique constante de l'ordre et de l'économie. Chargez-la de très-bonne heure du soin de vous aider dans quelques détails du ménage. Mille occasions se présenteront tout naturellement de lui faire sentir combien vous contribuez au bien-être, à l'aisance de la famille, et lui donneront le désir de vous imiter; car beaucoup de femmes ne négligent les devoirs de ce genre que faute d'en avoir reconnu toute l'importance, que faute de pouvoir apprécier au juste le tort de celles qui s'en dispensent et le mérite de celles qui les remplissent.

La première habitude qu'il convient de donner à une fille est celle de vivre toujours occupée : c'est communément de l'oisiveté que naissent les erreurs, les torts, et par suite le malheur des femmes. L'ennui est une si cruelle chose que pour s'en délivrer tout semble bon, tout semble bien à ceux qui l'éprouvent : ce qui explique fort naturellement comment tant de pauvres femmes, qui ne savent que faire des heures de leurs journées, ont recours à la galanterie, au jeu, à des dépenses effrénées. Mais, pour mettre les filles à l'abri de l'ennui, gardez-vous de compter avant tout sur les talents agréables. D'abord, parce qu'il est douteux qu'une jeune personne en acquière qui soient assez perfectionnés pour qu'elle ne les abandonne pas le jour de son mariage ; ensuite les talents d'une femme, comme sa beauté, n'ont qu'un temps, passé lequel la musique et la danse, par exemple, ne sont plus d'aucune ressource. Or, il faut élever une femme pour son âge mûr et sa vieillesse aussi bien que pour son jeune âge. C'est donc principalement des occupations convenables à toutes les époques de la vie, et surtout de celles qui n'exigent point le secours du monde, qu'il faut inspirer le goût à une jeune fille. De ce nombre sont le travail à l'aiguille et la lecture. Le goût du travail à l'aiguille est, pour ainsi dire, inné dans la femme ; toute petite encore, son principal amusement est de coudre les vêtements de sa poupée. Servez-vous de ce penchant pour la rendre habile à tous les ouvrages d'agrément comme à tous les ouvrages utiles ; en un mot, qu'elle puisse tout faire elle-même dans l'occasion. Pour moi, je ne sais rien qui me plaise plus à voir qu'une jeune et jolie femme travaillant aux habits de ses enfants. Quant à la lecture, comme elle est la source de toutes nos connaissances, que nous lui devons le développement de notre esprit, l'étendue de notre jugement, il est bien inutile d'insister sur l'avantage qui résulte pour une jeune fille d'aimer à lire. S'il lui reste du temps, nous aimerions à lui voir apprendre le latin, quelque langue vivante, des notions de quelques sciences utiles ; comme il faut à l'étude quelques délassements, nous aimerions mieux la voir dessiner que chanter. Nous voudrions qu'on l'habituât à la discrétion en lui confiant quelques petits secrets. Il faudrait aussi lui prêcher la douceur, la bonté ; l'exercer enfin à la bienfaisance.

Un point sur lequel il est plus facile de se faire écouter, c'est l'article de la toilette, et à Dieu ne plaise que j'en fasse un reproche à notre sexe ! Il est bien qu'une femme annonce en elle par sa toilette le soin et la propreté. On doit donc accoutumer de très-bonne heure une fille à ne point salir et déchirer ses vêtements, ainsi qu'à se mettre avec goût ; bien entendu que par ce mot on comprend qu'elle se mettra simplement, la simplicité d'une toilette étant de l'élégance. Faites qu'une propreté recherchée règne toujours, non-seulement sur sa personne, mais encore autour d'elle, en lui faisant prendre l'habitude de serrer, de ranger à leur place ses livres, tous ses effets dès qu'elle s'en sera servie : l'appartement d'une femme ne doit jamais offrir l'aspect du désordre, encore bien moins celui de la malpropreté. Au reste, cette partie de l'éducation des filles est celle qui présente le plus de facilité : l'ordre, la propreté, et, puisqu'il faut en convenir, la *coquetterie*, sont, pour ainsi dire, innés chez la plupart d'entre elles ; il ne s'agit donc que de s'aider de leurs penchants naturels, et même d'empêcher souvent qu'ils ne les entraînent trop loin.

Fénelon dit que l'on doit considérer dans l'éducation d'une jeune fille *sa condition, les lieux où elle doit passer sa vie, et la profession qu'elle embrassera selon les apparences*. Sans doute, il parle de profession parce qu'il vivait dans un temps où beaucoup de filles étaient destinées à devenir religieuses. Quant à la condition, il est certain qu'aujourd'hui encore pour une fille destinée, selon les apparences, à épouser un jour un marchand, il est désirable que l'on supprime tous les talents d'agrément ; qu'à l'exception de la lecture, qui lui sera d'une immense ressource dans un comptoir, son instruction se réduise à écrire parfaitement, et à savoir compter aussi bien que son mari, afin de le seconder dans son commerce, et de mériter sa confiance et sa considération en l'aidant à faire sa fortune. Mais quant à ce que nous appellerons l'*éducation morale*, comme je ne sache pas de condition qui dispense une femme d'être douce, sage, discrète, économe, dans aucune il n'est pas indifférent pour une femme d'acquérir l'estime de ceux qui l'entourent et de vivre contente d'elle-même.

Quant à cette classe si intéressante dans laquelle l'homme doit chaque jour au travail de ses bras son pain, celui de sa femme et de ses enfants, il est bien rare que les femmes n'y travaillent point aussi du matin au soir pour ajouter à la petite aisance de la famille, et que par suite les filles, grâce aux écoles primaires, n'y reçoivent pas l'éducation publique. C'est donc au gouvernement et à ses agents qu'il appartient de s'occuper sans relâche du soin de porter les *écoles primaires* à leur plus haut degré de perfection, en n'admettant dans ces établissements pour instituteurs et pour maîtres que des personnes dont les mœurs soient irréprochables et l'instruction solide ; en fournissant des livres propres à développer l'intelligence humaine, tout en respirant la morale la plus pure. Ces livres sont bien difficiles à faire ; car il faut à la fois qu'ils amusent et qu'ils ne puissent jeter dans l'esprit des enfants que les idées les plus justes, les plus honnêtes et surtout les plus claires. Ce sont les écrivains du plus grand mérite et du plus grand talent qui devraient les écrire. Mme DE BAWR.

FEMMES (Édit des). *Voyez* ÉDIT, tome VIII, p. 375.

FEMMES MARINES, pure création de l'imagination des poètes et des voyageurs, qui, peu avancés en histoire naturelle, ont cru voir des hommes ou des femmes aquatiques là où il n'y avait que des lamantins, des dugongs et d'autres animaux marins (*voyez* SYRÈNES).

FEMMES PUBLIQUES. *Voyez* PROSTITUTION.

FÉMUR. L'os de la cuisse, ainsi nommé par les anatomistes, est toujours unique dans toutes les classes d'animaux. Dans l'homme, le fémur, le plus long de tous les os, est presque cylindrique, légèrement arqué en dedans et en dehors. Son extrémité supérieure offre trois éminences, dont la plus détachée porte le nom de *tête* et s'articule avec la hanche, en pénétrant dans la cavité cotyloïde, où elle est maintenue par un ligament capsulaire qui vient de tout le pourtour de la cavité, et qui s'insère autour du col et de la tête du fémur. Il y a, en outre dans l'articulation un ligament *rond*, qui naît dans la petite fossette de la cavité cotyloïde, et qui s'attache dans un enfoncement de la tête. Les deux autres éminences donnent attache à des muscles nombreux et puissants, et portent le nom de *petit* et de *grand trochanter*. L'extrémité inférieure de l'os présente inférieurement une large surface qui s'articule avec le tibia et la rotule pour former le genou. Comme tous les os longs, le fémur est formé extérieurement par une substance compacte ; celle des extrémités est spongieuse, tandis que celle qui forme les parois du canal central de l'os est dite *réticulaire*.

Dans les mammifères, la forme du fémur varie un peu ; mais sa proportion avec les autres parties du membre abdominal dépend en général de celle du métatarse. Chez les ruminants et les solipèdes, par exemple, il est si court qu'il se trouve comme caché dans l'abdomen par des chairs ; c'est ce qui fait qu'on nomme vulgairement *cuisse*, dans ces animaux, la partie qui correspond réellement à la jambe.

D'ailleurs, dans cette classe, il n'est point arqué; son cou est aussi plus court et plus perpendiculaire à l'axe que dans l'homme. Dans les singes, il est absolument cylindrique, et si court dans le phoque que ses deux extrémités articulaires sont plus de la moitié de sa longueur. Dans les oiseaux, il n'a qu'un seul trochanter. Sa forme est cylindrique, sa longueur minime en proportion des os de la jambe; dans l'autruche, il est très-gros comparativement à l'os du bras, car cet oiseau est destiné à marcher plutôt qu'à voler. Dans les reptiles, il ressemble beaucoup à celui des animaux vivipares. Les tortues ont des trochanters très-prononcés; les lézards et les grenouilles n'en ont pas. Dans les insectes, la nature et l'étendue du mouvement de la cuisse paraissent avoir déterminé ses formes. Les insectes qui marchent beaucoup et qui volent peu, comme les carabes, les cicindèles, ont deux éminences ou trochanters à la base du fémur. Chez ceux qui ont besoin de muscles forts pour sauter, la cuisse est épaisse et souvent allongée, comme dans les sauterelles, les altises, les puces, etc. Dans ceux qui fouissent la terre, et chez lesquels la cuisse doit opérer un fort mouvement, elle porte une facette articulaire qui correspond au plat de la hanche sur laquelle elle appuie.

L'adjectif *fémoral* veut dire qui a rapport au *fémur*; il est synonyme de *c r u r a l*, et s'applique à un grand nombre des parties qui entrent dans la composition de la cuisse.

N. CLERMONT.

FENAISON, saison où l'on coupe les f o i n s. Ce mot s'applique surtout à l'ensemble des travaux pour la récolte des foins : il comprend donc la f a u c h a g e, le f a n a g e, rentrée au f e n i l ou la mise en meule.

FENDERIE, mécanisme au moyen duquel on divise en petites barres des bandes de fer réduites préalablement à l'épaisseur des barres que l'on veut en tirer, dans les f o r g e s de l'Angleterre et dans celles du continent que l'on a montées à l'*anglaise*; ce mécanisme sert maintenant à façonner le fer en barres de toutes les dimensions et de toutes les formes demandées par le commerce. Une fonderie se compose ordinairement de deux systèmes de couteaux circulaires montés sur des arbres en fonte et séparés par des rondelles de même épaisseur, mais d'un plus petit diamètre. Le fer fondu est surtout employé pour les besoins de la clouterie.

FÉNELON (François de SALIGNAC de LAMOTHE), naquit en 1651, au château de Fénelon, en Périgord. Il passa ses premières années dans la maison de son père. Agé de douze ans, il entra à l'université de Cahors, où il prit ses degrés, et d'où il passa au collège du Plessis, dont il devint bientôt l'ornement. Comme Bossuet, il prêcha, à l'âge de quinze ans, devant une illustre assemblée, et l'enfant traversa heureusement cette épreuve, moins dangereuse encore par elle-même que par les applaudissements qu'il devait en recueillir. L'abbé Olier avait fondé l'asile de Saint-Sulpice, que dirigeait alors son successeur, l'abbé Trouson : ce fut là que le jeune Fénelon se retira pour mûrir sa pensée et dégager son âme du monde qui l'appelait. La confiance de l'archevêque de Paris, M. de Harlay, l'appela à la direction des *nouvelles catholiques*, communauté récemment instituée pour les femmes de la religion réformée qui embrassaient le catholicisme. Il lui fallut alors entrer dans la voie de ces devoirs austères de la pratique sacerdotale, et ce ne fut pas peut-être sans serrement de cœur et sans mérite aux yeux de Dieu qu'il devint l'humble confesseur de ces pauvres filles. Dix ans il en remplit les fonctions, et ce fut pour lui l'époque de l'expérience, de l'étude de l'âme et de la vie positive; ce fut aussi celle de ses premiers travaux littéraires.

A ce temps de sa jeunesse remonte le commencement de ses liaisons intimes avec B o s s u e t, plus âgé que lui, et qui l'avait précédé dans la gloire. Fénelon s'attacha à l'orateur déjà célèbre avec un abandon et une entière abdication de lui-même. Cette liaison fut longue, et l'on sait les circonstances auxquelles il faut en attribuer la rupture. Le duc de Beauvilliers fut également du nombre des amis que cultiva Fénelon à cette première période de sa vie : ce fut pour Mme de Beauvilliers, mère chrétienne d'une nombreuse famille, qu'il composa le traité *de l'Éducation des Filles*, livre d'un sens si droit, d'une observation si fine, d'une imagination si délicate, mais en même temps si contenue. Dans cette vie obscure et presque ignorée, il suivait avec courage et constance ces études sévères qui font le prêtre éminent. Après avoir composé une réfutation de Malebranche, dont le manuscrit est perdu, réfutation d'autant plus énergique que le critique était plus vivement impressionné par le spiritualisme théosophique de la *Recherche de la vérité*, Fénelon écrivit le traité *Du Ministère des Pasteurs*. Ainsi que le fait remarquer M. de Bausset, en se reportant aux conférences de Bossuet avec le ministre Claude, sur la matière de l'Église, les deux antagonistes avaient paru convenir eux-mêmes que toutes les questions qui les divisaient devaient se rallier nécessairement à cette question fondamentale. Bossuet avait indiqué les caractères qui pouvaient faire reconnaître dans l'Église romaine le nom et l'autorité de la véritable Église; ce fut la même question que Fénelon s'efforça de produire sous un point de vue plus pratique et plus populaire.

Ce livre le prépara à la tâche la plus importante de sa vie : il fut désigné au roi et nommé par lui missionnaire dans le Poitou. Louis XIV venait de révoquer l'é d i t d e Nantes; il avait violé, dans un intérêt qu'il croyait être celui de la religion, des engagements sacrés pris par le roi son aïeul, et que ses serments sanctionnaient en même temps que la bonne politique. Les populations de la Saintonge et du Poitou s'agitaient; et ce fut pour calmer cette irritation et pour contre-poids aux d r a g o n n a d e s que la cour se décida à envoyer dans ces malheureuses provinces quelques pieux et savants ecclésiastiques, au premier rang desquels était Fénelon. Il porta dans ces pénibles fonctions une telle charité, une telle prudence, que ses paroles furent accueillies avec confiance et finirent bientôt par fructifier. La persuasion succéda à la terreur; on eut dans les églises catholiques autre chose que des troupeaux d'esclaves et d'hypocrites. « Si l'on voulait, écrivait à cette époque Fénelon à Bossuet, faire à ces hommes abjurer le christianisme et suivre l'Alcoran, il n'y aurait qu'à leur montrer des dragons; ils ont tellement violé, par leurs parjures, les choses les plus saintes qu'il reste peu de marques auxquelles on puisse reconnaître ceux qui sont sincères dans leur conversion. Il n'y a qu'à prier Dieu pour eux, et qu'à ne se rebuter point de les instruire. » Fidèle à l'esprit de prudence et de charité, Fénelon portait la condescendance jusqu'à accommoder les formes extérieures et libres du catholicisme à la faiblesse de ces malheureux catéchumènes : c'est ainsi qu'il supprima l'*Ave*, *Maria*, dans les sermons qu'il prêchait chaque jour à ces populations ignorantes et fanatisées. Sa conduite lui attira d'amères censures; mais les fruits de son apostolat furent abondants, et la réputation du missionnaire grandit à la cour et près du roi.

Ce fut sous cette inspiration qu'il fut désigné à la confiance de Louis XIV comme précepteur du duc de B o u r g o g n e. Cette éducation, à laquelle s'attachaient tant d'espérances, venait d'être organisée : le duc de Beauvilliers, le plus honnête homme de la cour, avait reçu du monarque cette mission de confiance, et Fénelon fut indiqué au nouveau gouverneur, dont il était déjà l'ami, par les motifs mêmes qui avaient appelé sur lui le choix du prince. Les abbés de Beaumont et de Fleuri le secondèrent comme sous-précepteurs. Il est peu d'actes de Louis XIV qui l'honorent autant que le choix des hommes appelés à cette éducation : leur nom jette sur ce règne un reflet de dignité austère, qui reparaît toujours au dix-septième siècle, au sein même des plus fougueux égarements. On sent qu'un fonds de moralité subsiste dans cette société, que les sources de vie n'y sont pas taries; on respire je ne sais quel air libre et fort qui remplit la poitrine et élève l'âme. Veut-on savoir comment Fénelon était apprécié dans une carrière où il devait rencontrer tant d'amertume, qu'on écoute deux illustres écrivains en qui vit et respire le génie de ces temps qui nous sont si étrangers : « L'archevêque de Cambrai, dit le chancelier d'Aguesseau, était un de ces hommes qui honorent autant l'humanité par leurs vertus qu'ils font honneur aux lettres par des talents supérieurs : facile, brillant, dont le caractère était une imagination féconde, gracieuse, dominante, sans faire sentir sa domination. Les grâces coulaient de ses lèvres, et il semblait traiter les grands sujets, pour ainsi dire, en se jouant ; les plus petits s'ennoblissaient sous sa plume, et il eût fait naître des fleurs du sein des épines. » Voici maintenant comment s'exprime le duc de Saint-Simon : « Il était doué d'une éloquence naturelle, douce et fleurie, d'une politesse insinuante, mais noble et proportionnée ; d'une élocution facile, nette, agréable, embellie de cette clarté nécessaire pour se faire entendre dans les matières les plus embarrassées et les plus abstraites ; avec cela, un homme qui ne voulait jamais avoir plus d'esprit que ceux à qui il parlait, qui se mettait à la portée de chacun, sans le faire jamais sentir, qui les mettait à l'aise et qui semblait enchanter ; de façon qu'on ne pouvait le quitter, ni s'en défendre, ni ne pas chercher à le retrouver. »

Tous les mémoires du temps attestent que le duc de Bourgogne était né avec des dispositions violentes et un caractère intraitable : Fénelon sut dompter cette nature dure et hautaine sans briser le ressort de l'âme ; il contint tout, régla tout, assouplit tout. Du moment où il eut été appelé à seconder M. de Beauvilliers, toutes ses pensées s'étaient concentrées sur ces graves devoirs. On suit, pour ainsi parler, à la trace, dans ses ouvrages, le progrès de cette éducation : ses traités littéraires, ses résumés historiques et jusqu'à ses fables sont composés pour les besoins de chaque jour, pour développer une vertu naissante, pour extirper le germe d'une qualité dangereuse. Cette éducation fut tout expérimentale, toute d'observation et de patience. L'instruction classique de l'élève répondit à ce qu'on avait droit d'attendre d'un tel précepteur, et l'on ne peut lire sans étonnement et sans admiration les prescriptions contenues dans les lettres que le pieux archevêque adressait de Cambrai aux hommes estimables et savants chargés de le suppléer dans ses fonctions difficiles. A la cour, Fénelon conserva cette indépendance du caractère et de la pensée, plus commune, il faut le dire, en un siècle que dans le nôtre, même dans l'atmosphère de Versailles. Qu'on lise sa correspondance, si digne et si sensée, et l'on trouvera de nombreuses preuves de cette exquise délicatesse et de cette fermeté de vues qui ne fléchit pas plus devant les prestiges du pouvoir que devant les séductions de la vanité. Ses rapports avec Mme de Maintenon se maintinrent toujours sur un pied parfait de noblesse et de dignité. Mais jugeant avec sévérité Louis XIV, il ne pouvait manquer de se préparer des disgrâces, qui ne tardèrent pas en effet à éprouver sa vie.

Mme Guyon avait publié plusieurs ouvrages, dont un *Commentaire sur le Cantique des cantiques*, et un *Moyen court pour faire oraison*. Cette dame, jeune encore, et que la mort de son mari laissait veuve, après avoir habité le Piémont, venait de parcourir le Dauphiné, où elle avait lié des relations d'un ordre mystique avec plusieurs ecclésiastiques éminents en vertu comme en science ; son esprit distingué, sa conversation abondante et inspirée, ses mœurs irréprochables, lui préparèrent à Paris un accueil d'autant plus favorable qu'à cette époque les hauts problèmes de l'intelligence, dans ses rapports avec elle-même et avec Dieu, étaient l'objet des méditations générales, au sein de cette société si profondément chrétienne et en même temps si près de ne l'être plus. Bossuet lui-même avait noué avec Mme Guyon des relations suivies ; Mme de Maintenon, Mme de Beauvilliers, firent accueil à cette femme ; Fénelon abonda dans le sens d'une spiritualité tendre, d'un amour dégagé de toute préoccupation personnelle. La doctrine de Mme Guyon eût peut-être passé inaperçue, comme une de ces opinions libres si communes chez les mystiques, si elle ne s'était attachée à faire secte et à troubler l'ordre de cette hiérarchie et de cette société, si calme et si réglée. Emprisonnée par ordre du roi, elle fut remise en liberté, puis emprisonnée de nouveau, et ce qu'il y avait de *libéral* dans l'esprit et le cœur de Fénelon se souleva à l'idée de l'oppression et de l'arbitraire. Les doctrines de Mme Guyon, après avoir longtemps occupé le clergé et les salons, où il se faisait alors autant de théologie que dans les séminaires, furent condamnées, après des conférences ecclésiastiques, tenues secrètement à Issi, entre l'évêque de Châlons, M. de Noailles, Bossuet et l'abbé Tronson, supérieur de Saint-Sulpice.

Déjà l'évêque de Meaux avait rompu avec Fénelon, élevé depuis peu de temps à l'archevêché de Cambrai, ces relations si intimes qui remontaient aux premières années de la jeunesse de ce dernier : dans sa *Relation du quiétisme*, il l'avait appelé le *Montan d'une nouvelle Priscille*. Le refus de Fénelon de donner une adhésion écrite à l'écrit sur le q u i é t i s m e publié par l'évêque de Meaux détermina une rupture, dans laquelle, si l'un eut des torts d'esprit, l'autre eut des torts de cœur ; encore est-il juste de reconnaître que le refus de Fénelon tenait beaucoup moins à des dissidences doctrinales qu'à une délicatesse de position qu'il y eut de la cruauté à méconnaître. L'erreur dogmatique de l'archevêque de Cambrai ne commença qu'à la publication des *Maximes des Saints*, dont les propositions, sans être hétérodoxes par elles-mêmes, puisqu'elles avaient obtenu l'approbation des théologiens les plus sévères, présentaient cependant une tendance éloignée vraiment dangereuse. C'est le propre de l'Église catholique d'avoir de longs pressentiments, de pénétrer où vont les pensées même innocentes et les passions encore ignorantes de leur but. L'œil d'aigle de Bossuet ne s'arrêta, dans cette grande et malheureuse affaire, que sur les conséquences obscures que sa perspicacité rendait visibles pour lui ; il brisa l'homme sous l'idée, et fit taire la charité devant son inexorable foi. Il est difficile, sans doute, d'excuser la conduite de ce grand évêque dans une querelle qui devint vite trop personnelle ; les lettres de son neveu, l'abbé de Bossuet, son agent à Rome, portent des témoignages accablants, et révèlent d'ignobles intrigues dont on s'étonne qu'un grand homme ait pu être complice, au moins par son silence. Ainsi est faite notre pauvre nature humaine : elle ne peut guère se dévouer qu'à une idée à la fois ; et quand elle croit avoir raison au fond, elle se met vite en sûreté de conscience sur tout le reste. On sait que Innocent XII prononça par une bulle la condamnation de l'*Explication des Maximes des Saints*, après plus d'une année employée à l'examen des hautes questions soulevées par cette controverse. Des motifs humains entrèrent sans doute comme éléments dans la détermination du saint-siége. Les passions des hommes, leurs erreurs et leurs crimes, concourent à l'œuvre générale de la Providence, et l'infaillibilité religieuse, qui peut et doit être ainsi comprise, est à cet égard la plus parfaite expression, dans l'ordre intellectuel, de l'action de Dieu dans l'ordre général des événements terrestres. « Dieu veille toujours, dit Fénelon lui-même, afin qu'aucun motif corrompu n'entraîne jamais contre la vérité ceux qui en sont dépositaires. Il peut y avoir dans le cours d'un examen certains mouvements irréguliers ; mais Dieu ne sait tirer ce qu'il lui plaît : il les amène à la fin, et la conclusion promise vient infailliblement au point précis qu'il a marqué. »

L'esprit et la conscience de Fénelon se reposèrent avec bonheur dans une soumission que la simplicité de sa foi voulut rendre manifeste plutôt qu'éclatante, et qui reste pourtant comme son plus beau titre à une gloire même purement humaine. Sa docilité à une condamnation que tant de pensées devaient lui rendre amère ne désarma pas cependant d'abord ses ennemis : ils ne se turent que devant l'admiration du monde. On sait que la conclusion de cette affaire ne lui rouvrit pas, du reste, les voies à la faveur du monarque : il y avait une sorte d'incompatibilité de nature entre Louis XIV et l'archevêque de Cambrai, l'un professant le pouvoir absolu comme un article de foi, l'autre le subissant comme une nécessité que la religion devait incessamment tempérer. Le *Télémaque*, soustrait à Fénelon par l'infidélité d'un copiste, avait paru, et ce livre causa au roi une irritation que son auteur n'avait pas songé à faire naître, et qui fut sans doute d'autant plus vive que l'œuvre était un tableau d'histoire, et non point une satire personnelle. Défendu par des amis ardents et nombreux, que Bossuet appelle *la cabale*, adoré dans son diocèse, respecté des ennemis de la France pour son génie, et peut-être aussi pour sa disgrâce et pour *Télémaque*, involontaire expression de ses regrets et de ses vœux, Fénelon menait à Cambrai cette vie de charité pratique et de devoirs quotidiens, si grande et si belle quand elle est illuminée par la foi; il épanchait dans un commerce de chaque jour les trésors de son âme, édifiant ses amis, réglant leur conduite en des occurrences délicates, provoquant leur avancement spirituel, échauffant et contenant leur ardeur. Ses lettres seront peut-être pour la postérité son premier titre de gloire : jamais on n'unit plus de tact des choses humaines et plus de hauteur dans la pensée à plus de sainteté dans le but. C'est la merveilleuse fusion de la vie du monde et de la vie religieuse en une unité forte et souple; c'est la prudence, cette vertu chrétienne de tous les jours, la prudence, qui fait les sages selon le siècle, combinée avec l'amour divin, qui mûrit les saints pour le ciel. Il y a chez Fénelon un tempérament en tant de choses! sa correspondance avec le duc de Bourgogne en offre de constants témoignages; c'est la perfection chrétienne réalisée dans la vie commune. Esprit prévoyant, cœur peu fait pour le despotisme, alors même qu'il était couvert d'un manteau de gloire, il offrait un parfait contraste avec Bossuet, dont la nature inclinait vers le pouvoir, pourvu que ce pouvoir fût grand, noble et animé par une puissante et sainte pensée.

On sait quelles douloureuses épreuves remplirent les derniers jours de Fénelon : la France était envahie, sa gloire détruite et son avenir semblait s'abîmer dans une sombre et universelle catastrophe. Dieu avait rappelé à lui le prince dont le seul titre aujourd'hui est d'avoir été l'élève de Fénelon : Germanicus nouveau, pleuré par un peuple malheureux, qui avait besoin de se consoler par l'avenir des douleurs du présent, le duc de Bourgogne mourut en février 1712. Dès ce jour commença la longue agonie de Fénelon, qui termina ses jours quelques mois avant le grand roi, mesurant du regard des turpitudes de la régence, et n'ayant pour entretenir ses dernières pensées que des bruits sinistres d'empoisonnement et d'assassinat.

Louis DE CARNÉ.

FÉNESTRANGE, petite ville de l'ancienne Lorraine allemande, chef-lieu d'une terre libre (baronie) et d'une des archi-maréchaussées de l'empire, est aujourd'hui un chef-lieu de canton du département de la Meurthe, sur la rive gauche de la Sarre, à 13 kilomètres de Sarrebourg, avec une population de 1,600 habitants, des fabriques de bonneterie, des tanneries, des tuileries, des blanchisseries de toiles, etc.

La maison de *Fénestrange* s'étant éteinte au quinzième siècle, de ses domaines les uns passèrent aux princes de Salm, les autres aux princes de Croï d'Havré, d'autres enfin firent retour au domaine impérial, et entrèrent par conséquent dans le domaine de l'État, quand la Lorraine fut devenue française. Ces domaines, désignés sous le nom de *baronie de Fénestrange*, nous fournissent un exemple frappant du scandaleux abus des *domaines engagés* (voyez tome VII, p. 731). Grâce à ce crédit sans bornes dont elle était parvenue à jouir à la cour du roi Louis XVI, et surtout dans les petits appartements de Marie-Antoinette, la famille Polignac, naguère obscure et indigente, obtint de ministres complaisants, entre autres menues faveurs, que la baronnie de Fénestrange lui serait engagée moyennant un prix principal de 1,200,000 livres, payables à l'État par le concessionnaire Inutile sans doute d'ajouter que ce fut le trésor royal qui acquitta cette somme, en vertu d'une ordonnance au porteur, inscrite au fameux *Livre rouge*, chapitre des dons et des gratifications. L'Assemblée constituante revint sur cet acte de honteuse dilapidation de la fortune publique, et par un décret du 14 février 1791 elle révoqua cette cession en se fondant sur ce que le prix n'en avait pas été réellement payé à l'État. La terre de Fénestrange fit donc retour au domaine de l'État, et continua d'en faire partie jusqu'à la restauration. A cette époque, la famille Polignac jouissait aux Tuileries, et surtout au pavillon Marsan, d'un crédit au moins égal à celui qu'elle avait eu à Versailles. Des ministres, jaloux de capter la bienveillance du favori de l'héritier présomptif du trône, ne craignirent pas de présenter à la chambre des députés, le 20 avril 1816, un projet de loi ayant pour but d'annuler le décret de l'Assemblée constituante et de restituer la terre de Fénestrange à la famille Polignac. On avait compté sur la lassitude d'une assemblée réunie depuis plus de six mois; cependant, les *introuvables* eux-mêmes reculèrent devant l'énormité d'un tel acte et rejetèrent le projet ministériel. Le ministre Corvetto, poussé par M. Decazes, reproduisit ce malencontreux projet dans la session de 1817; mais la commission chargée de l'examiner se montra si mal disposée que le gouvernement se hâta de le retirer; et depuis on n'osa plus le représenter. Mais la famille Polignac ne se tint pas pour battue : elle trouva enfin, quelques années plus tard, dans l'administration Villèle la complaisante complicité qui devait la faire rentrer en possession de cette terre, évaluée à plus de deux millions. Voici le biais qu'on adopta pour obtenir sans bruit l'abandon gratuit des droits du domaine. Comme le conseil d'État, mis à trois reprises différentes en demeure d'avoir à se prononcer sur la validité des réclamations, les avait constamment repoussées, on imagina d'intenter une action directe en revendication contre la domaine par-devant le tribunal de première instance de Saarbruck. Fidèle aux instructions que lui envoya la chancellerie, le ministère public se garda bien d'opposer le moindre déclinatoire, ou d'élever un conflit. Il s'en rapporta aux lumières du tribunal, lequel, sans plus de façons, adjugea aux demandeurs leurs conclusions. Le jugement contenant cette énormité une fois rendu, le ministère public feignit de n'en point comprendre la gravité; il laissa le délai fatal de trois mois s'écouler sans interjeter appel, et le jugement d'un obscur tribunal de première instance, composé de créatures dévouées du favori, devenu de la sorte définitif, acquit force de chose jugée. C'est ainsi que l'Assemblée constituante, la chambre des députés, le conseil d'État, en furent pour leurs arrêts, leurs votes, leurs avis, et que la terre de Fénestrange fut restituée à la famille Polignac. Cet épisode, peut-être oublié, de l'histoire de la restauration, est un des plus honteux scandales d'une époque si riche en ce genre.

FENESTRELLES, village piémontais de la division de Turin, dans la province de Pignerol, sur la Cluson et sur la route conduisant de Briançon au mont Genèvre, est remarquable par son fort, lequel fut construit en 1696 par les Français pour couvrir la frontière de Savoie. Le duc de Savoie s'en rendit maître en 1708, et la paix d'Utrecht lui en assura la possession définitive. Plus tard, le gouvernement sarde en fit beaucoup augmenter les ouvrages de défense : aussi le regardait-on généralement comme imprenable. Cependant, en 1796 l'armée française le contraignit à capituler, et le rasa. Plus, tard les fortifications en furent relevées. Sous la domination française, il servit longtemps de prison. Aujourd'hui encore sa destination est la même. Il a perdu d'ailleurs de son importance stratégique depuis l'établissement des deux routes d'embranchement conduisant par le mont Genèvre à Suse et à Pignerol.

FENÊTRE (en latin *fenestra*, de φαίνειν, éclairer), ouverture ménagée dans un mur, par laquelle le jour s'introduit dans l'intérieur d'une maison. Les temples des anciens qui sont parvenus jusqu'à nous n'ont presque jamais de fenêtres sur leurs flancs, ce qui a fait dire à quelques auteurs que ces édifices ne recevaient de jour que par la porte. Cela se conçoit des temples égyptiens, dont le devant était fermé par des colonnes isolées, qui formaient comme une sorte de balustrade, au travers de laquelle la lumière pouvait s'introduire dans le temple sans difficulté. Mais pour ce qui est des temples grecs, du Parthénon, par exemple, dont la porte était ombragée par un portique formé de deux rangs de colonnes, il n'est pas probable que son intérieur fût éclairé par la porte seulement. Quatremère de Quincy démontre, à l'aide de quelques textes antiques et de raisonnements déduits de la destination de ces monuments, et des ornements, des statues, qui décoraient leur intérieur, que les temples antiques d'une étendue un peu considérable recevaient le jour par des ouvertures ménagées dans leurs combles. Ces toitures étant en bois, aucune n'a pu résister aux injures du temps.

Pour ce qui est des maisons antiques, nous ne pouvons guère savoir quelle était la grandeur, le nombre relatif de leurs fenêtres : aucun édifice de ce genre ne s'est conservé jusqu'à ce jour assez entier pour qu'il soit possible de se former une opinion sur les fenêtres des anciens. S'il faut en juger par les ruines d'Herculanum et de Pompéi, les habitations des anciens avaient fort peu de fenêtres donnant sur la rue, encore étaient-elles fort petites. On les pratiquait au-dessous et tout près du plafond ; de sorte que de la chambre qu'elles éclairaient on ne pouvait voir les personnes qui se trouvaient au dehors ni en être vu. Comment les anciens fermaient-ils leurs fenêtres ? On l'ignore. Bon nombre de savants ont prétendu qu'ils ignoraient l'art de souffler le verre et de le développer en plaques. Cependant on a trouvé dans les ruines d'Herculanum une vitre dont le châssis était en bronze, avec des carreaux comme ceux dont les modernes font usage. Ce fait, s'il est vrai, ne prouverait pas que les vitres étaient communes chez les peuples antiques, car le verre est incorruptible, et si, dans les maisons des Romains avaient eu des vitres, on en trouverait des fragments dans les fouilles nombreuses qu'on a faites dans le sol de cette antique cité. La vitre d'Herculanum fut un tour de force exécuté à grands frais. Il est permis de supposer qu'on coula d'abord du verre dans des moules, qui produisirent des tables grossières, lesquelles étant rectifiées, amincies et polies, au moyen de sable, eurent les propriétés d'un carreau de verre transparent.

Les fenêtres des édifices modernes sont nombreuses, plus ou moins grandes, plus ou moins ornées. Il y en a qui sont une ouverture toute simple, avec leurs jambages ornés de pilastres, d'autres sont surmontées d'un fronton triangulaire ou arc de cercle ; il y en a enfin qui sont abritées par un petit portique, formé de deux colonnes isolées : on en voit de ce genre aux étages supérieurs des façades de la cour du Louvre.

Parmi les formes qu'on donne aux fenêtres, on en distingue trois principales : 1° les *fenêtres en plein-cintre* ou en *arcades*, comme celles qui se voient aux avant-corps extrêmes de la façade orientale du Louvre. Ces fenêtres font un bel effet dans les églises et les palais. Les vitres qui les ferment ont l'inconvénient de ne pas pouvoir s'ouvrir commodément dans la partie comprise dans l'intérieur de l'arc. 2° Les *fenêtres à plate-bande* dont le linteau en bois, en pierre d'une seule pièce, ou formé de claveaux, est toujours droit ; ce sont les fenêtres les plus communes. 3° Les *œils-de-bœuf* : ce sont des fenêtres dont le cadre est un cercle, ou se compose d'un demi-cercle et d'une tablette d'appui.

Les habitants des pays chauds font de fenêtres à leurs maisons, surtout du côté de la rue. Au contraire, les peuples du Nord et des climats tempérés de l'Europe, et de l'Amérique percent leurs demeures de fenêtres sur toutes les faces.

TEYSSÈNDAE.

FENIL, bâtiment destiné à serrer le foin : les granges, et plus souvent les greniers situés au-dessus des étables, servent à cet usage. Les cultivateurs les plus éclairés, Matthieu de Dombasle à leur tête, ont reconnu que le foin disposé en meule au dehors se conserve mieux et plus longtemps que dans les fenils. Néanmoins, comme dans la plupart des bâtiments d'exploitation rurale les fenils existent, et que d'ailleurs l'usage est la loi souveraine, nous allons décrire la meilleure disposition du fenil : il a été balayé ; les débris de foin vieux ont disparu ; un vent sec et chaud a pénétré quelques jours dans toutes les parties. On apporte le foin, dont la masse est formée par des ouvriers intelligents, de manière à ce qu'elle soit partout également foulée. De cette uniformité dans la pression qu'elle éprouve résulte l'égalité dans la fermentation, égalité si nécessaire à la bonne qualité du foin. L'entassement terminé, une couche de paille recouvre la partie qui n'est point en contact immédiat avec les parois du grenier ; toutes les ouvertures sont fermées. Mais surtout point de courant d'air à l'intérieur, point de cheminée dans la masse. P. GAUBERT.

FENNER DE FENNEBERG, chef de l'insurrection du Palatinat en 1849, né à Trente, dans le Tyrol, est le fils du baron *François Philippe* FENNER DE FENNEBERG (né en 1762, mort en 1824), feldmaréchal-lieutenant au service d'Autriche. Élevé à l'école militaire de Wienerisch-Neustadt, il entra dans l'armée en 1837 comme cadet et parvint ensuite jusqu'au grade d'officier ; mais dès 1843 il donna sa démission. Les observations qu'il avait eu lieu de faire dans le cours de sa carrière militaire lui fournirent le sujet d'un ouvrage intitulé : *L'Autriche et son armée* (1847), dans lequel, tout en rendant justice à ce qu'il y a de bon dans l'organisation de l'armée autrichienne, il en signalait aussi les vices réels ou apparents. A la suite de cette publication, il jugea prudent de quitter le territoire autrichien, et alla s'établir au sud de l'Allemagne. Mais les événements de 1848 ne tardèrent point à lui rouvrir les portes de sa patrie. Lors des événements d'octobre, à Vienne, il fut le chef de l'état-major général des insurgés ; et, après la prise de Vienne par les troupes impériales, il réussit à se réfugier sur le territoire bavarois. Quand, en 1849, le Palatinat devint le théâtre d'un soulèvement populaire, il y accourut, et fut nommé par le comité national général en chef de l'armée insurrectionelle. Mais il n'exerça ces fonctions que fort peu de temps. L'insuccès de la tentative faite à son instigation pour surprendre la forteresse de Landau le détermina à donner sa démission. A la suite des événements dont le Palatinat et le pays de Bade furent le théâtre, il dut aller demander asile à la Suisse. Mais, expulsé à quelque temps de là du territoire de la Confédération helvétique, il passa aux États-Unis, où depuis 1851 il fait paraître à New-York une gazette hebdomadaire en allemand, *Atlantis*. On a de lui : *Histoire des Journées d'octobre à Vienne* (Leipzig, 1849) et *Précis pour servir à l'histoire de la Révolution des Provinces rhénanes* (Zurich, 1850).

FENOUIL, en latin *feniculum*, mot dérivé de *fenum*, foin, à cause de la ressemblance de l'odeur des deux herbes, lorsqu'elles sont fauchées et qu'elles se dessèchent au soleil. Sous ce nom, Adanson a créé, dans la famille des ombellifères, un genre qui ne se compose plus aujourd'hui que d'une seule espèce, le *feniculum officinale*, originaire des contrées méridionales de l'Europe. Les anciens en faisaient beaucoup de cas : outre qu'ils s'en servaient comme aliment propre à augmenter les forces du corps, ils l'employaient en médecine comme médicament. Sa racine était autrefois une des cinq racines apéritives, et ses semences une des quatre semences chaudes majeures.

Le fenouil est une plante herbacée, qui s'élève ordinairement dans les pays chauds à deux mètres de hauteur ; il croit volontiers dans une terre légère et pierreuse, et exige peu de soin dans sa culture. Cependant quand on le cultive pour la table, comme font les Italiens et les Espagnols, qui le mangent cuit ou en salade, comme le céleri, on le transplante dans de petites fosses préparées avec du terreau, et on le butte pour le faire blanchir et le rendre plus tendre. Le fenouil a la racine épaisse, semblable à un fuseau, et d'une couleur blanchâtre tirant sur un jaune pâle ; elle est quelquefois rameuse, mais seulement quand la nature du terrain s'oppose à ce qu'elle pivote. La tige de cette plante est d'un vert glauque magnifique, surtout dans sa partie supérieure, qui devient rameuse, et s'étale en buisson à partir de quelque distance du sol. Ses feuilles, amplexicaules et dépourvues de toutes aspérités, sont ternées et deux ou trois fois ailées, et ont leurs pétioles membraneux à leurs bords. La fleur du fenouil, qui paraît ordinairement en juillet ou août, est d'un beau jaune orangé clair, et répand à une grande distance son odeur agréable. Le fruit est lenticulaire, comprimé, strié, et formé de deux semences, petites, ovales, appliquées l'une sur l'autre, nues et marquées de trois zorvures au dehors. Le fenouil est bisannuel ; mais on peut le conserver aussi longtemps qu'on le désire, en coupant soigneusement les fleurs au fur et à mesure qu'elles paraissent.

Les chimistes retirent de cette plante plusieurs substances, entre autres une huile volatile aromatique très-suave, dont le poids spécifique est 0,99. Dans les pays chauds, le fenouillaisse échapper de ses rameaux une liqueur blanche épaisse, qui se durcit à l'air, et qui est connue sous le nom de *gomme de fenouil*. On faisait entrer le fenouil dans la composition de la thériaque d'Andromaque, du Mithridate, du *philonium romanum*, du diophœnic, des pilules dorées, et dans la composition *hamech*. On fait aussi avec la graine de cette plante un vin aromatique, qui est très-préconisé dans certaines maladies. L'eau distillée du fenouil entre dans la composition de plusieurs collyres résolutifs. Dans le midi de la France, on récolte la graine du fenouil pour la vendre aux confiseurs, qui en font de petites dragées d'un goût anisé très-agréable. Les Allemands la réduisent en poudre, et s'en servent en guise de poivre pour assaisonner quantité de mets et donner au pain un parfum qui ouvre l'appétit. A Paris, les confiseurs remplacent bien beaucoup de préparations l'a n g é l i q u e par les tiges tendres de fenouil, et les font également confire dans le sucre ou bien en formes de bâtons. On ne saurait faire une grande différence au goût entre ces deux plantes ainsi préparées. Les Romains aimaient tant l'odeur du fenouil qu'ils s'en couronnaient dans les festins. Ce sont eux sans doute qui ont fait laissé en France, dans les pays qui avoisinent les ports de mer, l'usage d'envelopper de feuilles de fenouil beurrées certains poissons, tels que le maquereau et l'esturgeon, pour les faire cuire sur le gril. Cette préparation ajoute singulièrement au goût de ces poissons, et les vrais amateurs de bonne chère ne sauraient la dédaigner. On rôtit de la même manière les cailles et les perdreaux ; mais les gourmets les préfèrent en général cuits dans les feuilles de vigne, ou bardés de lard seulement.

Jules SAINT-AMOUR.

FENOUIL D'EAU, nom vulgaire de l'*œnanthe aquatique* et de la r e n o n c u l e flottante.

FENOUIL MARIN, FENOUIL DE MER, noms vulgaires du *crithmum maritimum* ou bacile.

FENOUIL PUANT ou ANETH. C'est l'*anetheum graveolens*, aujourd'hui unique espèce d'un genre d'ombellifères dont plusieurs plantes ont été retirées par les botanistes modernes, pour former divers genres voisins, entre autres le genre *feniculum* (*voyez* FENOUIL). Le fenouil puant croît spontanément dans toute la région méditerranéenne.

FENTE et **REFENTE**, vieux termes de jurisprudence. Le mot *fente* était synonyme de *partage*, et refente signifiait *subdivision d'un lot en deux*. En matière de succession ascendante ou collatérale, on procédait à la *fente*, c'est-à-dire à la division des biens en deux moitiés, l'une pour la ligne paternelle, l'autre pour la ligne maternelle. La *refente* était l'acte par lequel on partageait entre les branches d'une même ligne la portion qui lui était dévolue. Le Code Civil n'a admis ni ce système ni ces distinctions.

FENUGREC, nom vulgaire de la *trigonella fenum græcum* (*voyez* TRIGONELLE).

FEO (FRANCESCO), célèbre compositeur, né à Naples, en 1699, y étudia le chant et la composition sous la direction de Domenico Gizzi, et se rendit ensuite à Rome pour y prendre des leçons de contrepoint de Pitoni. Ses études terminées, il composa dans cette ville son premier opéra, *Ipermmestra*, qui obtint le plus grand succès. Trois autres opéras succédèrent à cet ouvrage dans l'intervalle de 1728 à 1731. En 1740 Feo retourna à Naples, et y fut chargé de la direction de la célèbre école de chant fondée par Pitoni. Indépendamment de plusieurs opéras, on a de lui un certain nombre de psaumes et de messes, dont une à dix voix, un *Oratorio*, des *Litanies* et un *Requiem*. Le style de ce maître est noble, grave et plein d'expression, chaleureux et vrai ; il porte le caractère de la perfection.

FÉODAL (Droit). *Voyez* DROIT FÉODAL.

FÉODAL (Système). *Voyez* FÉODALITÉ.

FÉODALITÉ. A la fin du dixième siècle, lorsque la féodalité fut définitivement constituée, son élément territorial portait le nom de *fief* (*feodum*, *feudum*). Ce mot ne se rencontre qu'assez tard dans les documents de notre histoire. Il apparaît pour la première fois dans une charte de Charles le Gros, en 884 : il y est répété trois fois, et à peu près à la même époque on le rencontre aussi ailleurs. Selon les écrivains allemands, son étymologie est d'origine germanique, et vient de deux anciens mots, dont l'un a disparu des langues germaniques, tandis que l'autre subsiste encore dans plusieurs, spécialement en anglais : du mot *fe*, *fee* (salaire, récompense), et du radical *od* (propriété, bien) ; en sorte que *feodum* désigne une propriété donnée en récompense, à titre de solde, de salaire. Cette origine me paraît beaucoup plus probable que l'origine latine (*fides*) : d'abord à cause de la structure même du mot, ensuite parce qu'au moment où il s'introduit dans notre territoire, c'est de Germanie qu'il vient ; enfin, parce que dans nos anciens documents latins ce genre de propriété portait un autre nom, celui de *beneficium*. Dans la charte même de Charles le Gros, et jusque dans une charte de l'empereur Frédéric 1er, de 1162, *feodum* et *beneficium* sont employés indifféremment. Ce que nous avons dit des b é n é f i c e s s'applique donc aux fiefs, car les deux mots sont, à des dates diverses, l'expression du même fait.

A la fin du dixième siècle, la société féodale est définitivement formée ; elle a atteint la plénitude de son existence, elle possède notre territoire. Ces châteaux qui ont couvert notre sol, et dont les ruines y sont éparses, c'est la féodalité qui les a construits ; leur élévation a été, pour ainsi dire, la déclaration de son triomphe. La guerre était partout à cette époque ; partout devaient être aussi les monuments de la guerre, les moyens de la faire et de la repousser. Non-seulement on construisait des châteaux forts, mais on se faisait de toutes choses des fortifications, des repaires ou des habitations défensives. Vers la fin du onzième siècle, on voit à Nîmes une association dite des *chevaliers des arènes* : ce sont des chevaliers qui s'étaient établis dans l'amphithéâtre romain et s'y retranchaient au besoin. La plupart des anciens cirques ont été employés au même usage et occupés quelque temps en guise de château. Les monastères, les églises, se fortifièrent aussi ; on les entoura de fossés, de remparts, de tours ; les b o u r g e o i s firent comme les nobles. Les villes, les bourgs, furent fortifiés. Bien plus, l'ennemi était souvent au-dedans des murs ; la guerre pouvait éclater de quartier à quartier, de porte à porte, et les fortifications pénétraient partout comme la guerre. Chaque rue avait ses barrières, chaque maison sa tour, ses meurtrières, sa plate-forme.

Dans quelle direction devait se développer la petite société que renfermait le c h â t e a u ? Le premier trait de sa situation est l'isolement ; le second, c'est une oisiveté singulière. De là cette longue série de courses, de pillages, de guerres, qui caractérise le moyen âge, effet du genre de l'habitation féodale et de la situation matérielle au milieu de laquelle ses maîtres étaient placés. Ils ont cherché partout le mouvement social qu'ils ne trouvaient pas dans leur intérieur. Au douzième siècle, les croisades n'ont pas été, à beaucoup près, aussi singulières qu'elles nous le paraissent. Concevrait-on aujourd'hui un peuple de propriétaires qui tout d'un coup se déplaçât, abandonnât ses propriétés, ses familles, pour aller, sans une nécessité absolue, chercher ailleurs de telles aventures? Rien de pareil n'eût été possible si la vie quotidienne des possesseurs de fiefs n'eût été, pour ainsi dire, un avant-goût des croisades, s'ils ne se fussent trouvés tout prêts pour de telles expéditions.

Deux traits caractéristiques éclatent dans la féodalité. L'un est la sauvage et bizarre énergie du développement des caractères individuels; le second, c'est l'obstination des mœurs, leur longue résistance au changement, au progrès. Les remparts et les fossés des châteaux ont fait obstacle aux idées comme aux ennemis, et la civilisation a eu autant de peine que la guerre à les percer et à les envahir. Mais en même temps ils étaient, sous un certain rapport, un principe de civilisation. Il n'est personne qui ne sache que la vie domestique, l'esprit de famille, et particulièrement la condition des femmes, se sont développés dans l'Europe moderne beaucoup plus complètement que partout ailleurs. Parmi les causes qui ont contribué à ce développement, il faut compter la vie de château. Toutes les fois que l'homme est placé dans une certaine position, la partie de sa nature morale qui correspond à cette position se développe fortement en lui. Est-il obligé de vivre habituellement au sein de sa famille, auprès de sa femme et de ses enfants, les idées, les sentiments en harmonie avec ce fait ne peuvent manquer de prendre un grand empire.

Ainsi arriva-t-il dans la féodalité. Quand le possesseur de fief sortait de son château pour aller chercher la guerre et les aventures, sa femme y restait, maîtresse, châtelaine, représentant son mari, chargée en son absence de la défense et de l'honneur du fief. Cette situation élevée et presque souveraine, au sein même de la vie domestique, a souvent donné aux femmes de l'époque une dignité, un courage, des vertus, un éclat, qu'elles n'avaient point déployé ailleurs, et elle a, sans nul doute, puissamment contribué à leur développement moral et au progrès général de leur condition. L'importance des enfants, du fils aîné entre autres, fut plus grande dans la maison féodale que partout ailleurs. Le fils aîné du seigneur était aux yeux de son père et de tous les siens un prince, un héritier présomptif, le dépositaire de la gloire d'une dynastie. En sorte que les faiblesses comme les bons sentiments, l'orgueil domestique comme l'affection, se réunissaient pour donner à l'esprit de famille beaucoup d'énergie et de puissance. Ajoutez à cela l'empire des idées chrétiennes.

Les relations domestiques, aussi bien que les aventures extérieures, laissaient à coup sûr dans le temps et l'âme des possesseurs de fiefs du onzième siècle un grand vide. On devait chercher à combler, à peupler le château, à y attirer le mouvement social qui y manquait. On en trouva les moyens. Quand on arrive à l'époque où la féodalité atteint son complet développement, on retrouve autour des grands possesseurs de fiefs une petite cour, non-seulement la plupart des offices qu'ils avaient empruntés de l'empire, mais des offices et des noms nouveaux, des pages, des varlets, des écuyers de toutes sortes : l'écuyer du corps, l'écuyer de la chambre, l'écuyer de l'écurie, de la paneterie, les écuyers tranchants, etc. Et la plupart de ces charges sont évidemment occupées par des hommes libres, sinon les égaux du seigneur auprès duquel ils vivent, au moins de même état, de même condition que lui. Les bénéfices en terres avaient l'inconvénient de disperser les compagnons, de les séparer du chef. Au contraire, ces offices donnés en fief les retenaient auprès de lui et l'assuraient ainsi bien mieux de leurs services et de leur fidélité. Aussi, dès que cette invention de l'esprit féodal eut paru, la vit-on se répandre avec une extrême rapidité. Des offices de toutes sortes furent donnés en fief, et les propriétaires, ecclésiastiques aussi bien que laïques, s'entourè-

rent ainsi d'un nombreux cortége. Mais l'hérédité ne prévalut pas aussi complètement dans les offices que dans les bénéfices féodaux : on rencontre tantôt des documents qui la reconnaissent ou la fondent, tantôt des documents qui la nient ou l'abolissent.

L'inégalité était devenue très-grande entre les possesseurs de fiefs : tel suzerain était infiniment plus riche, plus puissant, plus considérable que les douze, quinze, vingt vassaux qui tenaient leurs terres de lui. Or, c'est la tendance naturelle aux hommes d'aspirer à s'élever, à vivre dans une sphère supérieure à la leur. De là l'usage, bientôt adopté par les vassaux, de faire élever leurs fils à la cour de leur suzerain. C'était d'ailleurs une manière de s'assurer d'avance sa bienveillance. Le suzerain, de son côté, en ayant auprès de lui les fils de ses vassaux, s'assurait de leur fidélité et de leur dévouement, non-seulement dans le présent, mais pour l'avenir. Ainsi se peupla et s'anima l'intérieur du château; ainsi s'élargit le cercle de la vie domestique féodale.

En même temps se développait un autre fait dans l'intérieur du château. La chevalerie y prenait naissance.

Descendons maintenant au pied du château, dans ces chétives demeures où vit la population sujette qui en cultive les domaines. Sous l'empire, la rente due par le colon au propriétaire était fixe; il ne dépendait pas du propriétaire de l'élever à son gré. Mais la capitation que le colon payait à l'empereur variait, s'aggravait sans cesse, et la volonté de l'empereur en décidait. Quand la fusion de la souveraineté et de la propriété fut opérée au sein du fief, le seigneur fut investi, comme souverain, du droit d'imposer la capitation; et, comme propriétaire, du droit de percevoir la redevance. Selon les anciens usages, la redevance devait rester la même, et ce principe passa dans la féodalité. Mais, quant à la capitation, qui devint la taille, le seigneur, comme jadis l'empereur, la régla et l'augmenta selon son plaisir. Ainsi, le même maître disposa de la redevance et de l'impôt, et ce fut là, sans nul doute, un grave changement. Non-seulement le seigneur taxait, *taillait* à son gré ses colons, mais toute juridiction lui appartenait sur eux. En principe, et dans l'âge de la vraie féodalité, il avait le droit de faire grâce aussi bien que le droit de punir.

Au milieu de l'anarchie et de la tyrannie, il était impossible que la distinction entre la condition des colons et celle des esclaves se maintînt claire et précise. Aussi, quand on parcourt les documents de l'époque féodale, on y retrouve tous ces noms qui, dans la législation romaine, désignaient spécialement les colons, *coloni, adscriptitii, inquilini, censiti,* etc. Mais on les trouve employés au hasard, presque indifféremment, et confondus sans cesse avec celui de *servi*. La distinction cependant ne cessa jamais d'être non-seulement réelle, mais reconnue par les jurisconsultes : c'était le mot de *vilains* qu'ils désignaient ordinairement les colons. « Et sache bien, dit Pierre de Fontaine, ke, selon Diex, tu n'as mie pleine poeste seur ton vilain. Donc se tu prens du sien les droites redevances ki te doit, tu les prens contre Dieu et seur le péril de l'ame, et comme robières. » Peu à peu, par cela seul qu'en principe les droits du possesseur de fief sur les vilains qui cultivaient ses domaines n'étaient pas tout à fait illimités et arbitraires, la condition des vilains acquit quelque fixité.

Telle est la vertu de la seule idée de *droit*, que partout où elle existe, dès qu'elle est admise, quelque contraires que lui soient les faits, elle y pénètre, les combat, les dompte peu à peu, et devient une invincible cause d'ordre et de développement. Ce fut en effet ce qui arriva au sein du régime féodal. Du cinquième au dixième siècle on voit la population agricole constamment déchoir, et de plus en plus misérable. A partir de l'onzième le progrès commence, progrès partiel, assez longtemps insensible, qui se manifeste tantôt sur un point, tantôt sur un autre, laisse subsister des iniquités et des souffrances prodigieuses, que cependant on ne saurait méconnaître. Ce progrès eut bientôt l'effet qu'on en devait attendre, et la fameuse ordonnance de Louis le Hutin sur l'affranchissement des serfs proclama le principe que, « selon le droit de nature, chacun doit naitre franc, et que la chose doit s'accorder au nom ». Louis n'entendait point donner la franchise aux colons : il la leur vendait à bonnes et convenables conditions ; mais il n'en est pas moins certain, en principe, que le roi croyait devoir la leur vendre ; en fait, qu'ils étaient capables de l'acheter. C'était là, entre le onzième et le quatorzième siècle, une immense différence et un immense progrès.

La dignité des fiefs variait comme leur nature. Quelquefois très-légère et presque nominale, la différence est le plus souvent réelle. D'autre part, la situation des possesseurs de fiefs était très-complexe ; la plupart d'entre eux étaient en même temps suzerains et vassaux : suzerains d'un tel, à raison d'un fief qu'ils lui avaient donné ; vassaux du même ou de tel autre, à raison d'un autre fief qu'ils tenaient de lui. Le même homme possédait des fiefs de natures très-diverses : ici un fief reçu à charge du service militaire, là un fief tenu de services inférieurs. Enfin, la royauté et les communes, partout et sans cesse en contact avec toutes les parties de la société féodale, y étaient partout une nouvelle source de complexité et de variété. Comment la féodalité se serait-elle développée sous des formes pures et simples ?

Les relations féodales n'étaient qu'une transformation des relations de l'ancien chef barbare avec ses compagnons. Sur la personnalité et la liberté reposait cette société mobile, base première de la société féodale. Ce caractère primitif de la relation ne fut point aboli. Instinctivement, par la seule puissance des mœurs, on fit effort pour qu'elle restât libre et personnelle. A la mort du vassal, quoique le principe de l'hérédité des fiefs fût complétement établi, son fils était tenu de faire hommage du fief à son suzerain. « Le seigneur féodal doit estre requis humblement par son homme... ayant la teste nue ;... et le vassal doit descendre sa ceinture, s'il en a, oster son espée et baston, et soi mettre à genouil et dire ces paroles » : « Je deveigne vostre homme de cest jour en avant, de vie et de membres... » C'est ici évidemment un acte analogue à celui par lequel un compagnon choisissait, déclarait autrefois son chef : « Je deviens votre homme. » Et le mot même hommage (hominium), que veut-il dire, sinon qu'un tel se fait homme de tel autre ? A la suite de l'hommage venait le serment de fidélité ; les deux actes étaient essentiellement distincts. Cela fait, le suzerain donnait au vassal l'investiture du fief, lui remettant une motte de gazon ou une branche d'arbre, ou une poignée de terre, ou tel autre symbole. Alors seulement le vassal était en pleine possession de son fief. Malgré l'introduction de l'élément de la propriété foncière, le principe, qui avait présidé à la formation de l'ancienne bande germanique, le choix volontaire du chef par les compagnons et des compagnons par le chef, persista dans la nouvelle société. Le consentement était si peu exigé pour serrer le nœud de l'association féodale, que souvent la formule même de l'hommage l'exprime nettement. Ainsi le mineur, l'enfant au berceau, étaient admis à faire hommage ; mais le serment de fidélité ne pouvait venir qu'à l'époque de la majorité. L'hommage était une espèce de cérémonie provisoire, qui continuait entre le suzerain et le mineur les relations qui avaient existé entre le suzerain et son père, mais qui n'établissait pas pleinement la société entre eux : il fallait qu'à la majorité le serment de fidélité et l'investiture vinssent confirmer les engagements que le mineur avait pris en prêtant l'hommage.

Les obligations que contractait le vassal envers son suzerain étaient de deux sortes : obligations morales et obligations matérielles, devoirs et services. Voyez en quels termes les *Assises de Jérusalem* posent les principales obligations morales du vassal envers son suzerain. C'est qu'entre l'enfance des sociétés et leur plus grand développement, il y a une époque où la législation s'empare de la morale, la rédige, la publie, la commande, où la déclaration des devoirs est considérée comme la mission et l'un des plus puissants moyens de la loi. C'est là, dans l'histoire de la société civile moderne, le caractère distinctif de la législation féodale. La morale y tient une grande place, elle énumère les devoirs réciproques des vassaux et des suzerains, les sentiments qu'ils doivent se porter, les preuves qu'ils sont tenus de s'en donner. Quant aux services, le premier et celui que l'on peut considérer comme la source et la base même de la relation féodale, c'est le service militaire. On ne saurait affirmer rien de général sur la nature, la durée, les formes de cette obligation. Là il était de soixante jours, ici de quarante, ailleurs de vingt. Le vassal, sur la réquisition de son seigneur, était tenu de le suivre tantôt seul, tantôt avec tel ou tel nombre d'hommes, tantôt dans les limites du territoire féodal, tantôt partout, tantôt pour la défense seulement, tantôt pour l'attaque comme pour la défense. Les conditions du service militaire variaient selon l'étendue du fief : un fief de telle étendue obligeait à un service complet ; un fief moitié moins grand n'imposait que la moitié du service. En un mot, la variété des conditions et des formes de l'obligation était prodigieuse. Le second service dû par le vassal à son suzerain, et qu'exprimait, selon Brussel, le mot *fiducia* (fiance), était l'obligation de servir le suzerain dans sa cour, dans ses plaids, toutes les fois qu'il convoquait ses vassaux, soit pour leur demander des conseils, soit pour qu'ils prissent part au jugement des contestations portées devant lui. Le troisième service, *justitia*, était l'obligation de reconnaître la juridiction du suzerain. Le quatrième, *auxilia*, consistait en certains secours pécuniaires, que dans certains cas des vassaux devaient à leur seigneur : 1° quand il était en prison et qu'il fallait payer sa rançon ; 2° quand il armait son fils aîné chevalier ; 3° quand il mariait sa fille aînée. Outre ces aides, dites *légales*, il y avait encore les aides gracieuses, que le seigneur ne pouvait obtenir que du consentement des vassaux.

L'usage introduisit de plus en faveur du suzerain quelques prérogatives : 1° le droit de *relief* (*relevium*, *relevamentum*), que l'héritier d'un fief devait payer, comme si le fief était tombé par la mort du possesseur, et qu'il fallût le *relever* pour en reprendre possession ; 2° le droit appelé *placitum*, *rachatum*, *reaccaptium*, et qui consistait en une somme que tout acquéreur d'un fief vendu payait au suzerain à chaque mutation ; 3° la *forfaiture* ou *déchéance* : lorsque le vassal manquait à tel ou tel de ses principaux devoirs féodaux, il tombait en forfaiture, c'est-à-dire qu'il perdait son fief, soit pour un temps limité, soit pour la vie, soit même pour toujours ; 4° le droit de tutelle ou de garde-noble : pendant la minorité de ses vassaux, le suzerain prenait l'administration du fief, et jouissait du revenu ; 5° il avait aussi le droit de mariage (*maritagium*), c'est-à-dire le droit d'offrir un mari à l'héritière du fief : la jeune fille ne pouvait se dispenser d'accepter un des maris qu'on lui offrait, si ce n'est en payant au suzerain une somme égale à celle qu'ils lui eût été offerte pour l'avoir pour femme ; car celui qui prétendait à la main de l'héritière d'un fief l'achetait ainsi du suzerain. Non-seulement l'indépendance du vassal qui avait rempli ces diverses obligations était complète, mais il avait des droits sur son suzerain, et la réciprocité entre eux était réelle. Le seigneur était tenu non-seulement de ne faire aucun tort à son vassal, mais de le protéger, de le maintenir, envers et contre tous, en possession de son fief et de tous ses droits.

Les vassaux d'un même suzerain, établis autour de lui sur un même territoire, investis de fiefs de même rang, sont désignés au moyen âge par un mot qui est resté dans le langage des temps modernes, par le mot *pares* (les pairs). Hors des réunions autour de leur suzerain, et à moins qu'ils ne soient liés les uns aux autres à titre de suzerain et de vassal, ces égaux n'entrent en aucun point entre eux en rapports obligés, habituels ; ils ne se doivent rien, ne font rien en commun : ce n'est que par l'intermédiaire de leur suzerain qu'ils se réunissent et se forment en société. Ce fait trop peu remarqué est un de ceux qui peignent et expliquent le mieux l'extrême faiblesse de la société féodale. Cependant, malgré leur isolement légal, par cela seul qu'ils habitaient le même territoire, les vassaux du même suzerain avaient des rapports accidentels, irréguliers; il fallait absolument que quelques garanties d'ordre et de justice présidassent à ces relations : il en fallait aussi pour les rapports du suzerain avec ses vassaux. Quelles étaient ces garanties? Quand il y avait à prononcer, en matière de droit, entre deux vassaux du même suzerain, c'était au supérieur qu'on demandait justice de l'inférieur. Mais le suzerain n'avait nul droit de juger seul, il était tenu de convoquer ses vassaux, les pairs de l'accusé; et ceux-ci, réunis dans sa cour, prononçaient sur la question. Le suzerain proclamait leur jugement. Lors même que le système judiciaire féodal eut reçu une profonde atteinte, lorsqu'il y eut, sous le nom de *baillis*, une classe d'hommes spécialement chargés de la fonction de juger, la nécessité du jugement par les pairs se perpétua longtemps, soit à côté de la nouvelle institution, soit même dans son sein. Qu'arrivait-il quand la contestation avait lieu entre le suzerain et son vassal? Ou la contestation avait pour objet quelqu'un des droits et des devoirs du vassal envers son suzerain, ou du suzerain envers le vassal à raison de leur relation féodale : elle devait alors être jugée dans la cour du suzerain, par les pairs de son vassal, comme toute contestation entre vassaux. Ou bien la contestation ne roulait point sur le fief et la relation féodale, mais sur quelque atteinte portée par le suzerain à quelque droit, à quelque propriété du vassal autre que son fief; et alors le procès n'était plus jugé dans la cour du suzerain, mais dans celle du suzerain supérieur.

Si le seigneur refusait, ou, selon le langage du temps, *devoit la justice dans sa cour*, le plaignant formait une plainte dite en *défaute de droit*; ou si l'une des parties trouvait le jugement mauvais, elle se plaignait en *faux jugement*; et dans les deux cas la plainte était portée devant la cour du seigneur supérieur.

Mais quels moyens assuraient le maintien du droit une fois reconnu et proclamé? Il n'y avait nulle autre voie que la guerre. Le seigneur dans la cour duquel le jugement avait été rendu, on plaignant au profit duquel il avait été rendu, convoquait ses hommes, et tentait de contraindre à l'obéissance celui qui avait été condamné. La guerre partielle, la force employée par les citoyens eux-mêmes, telle était, en définitive, la seule garantie de l'exécution des jugements.

Le mode d'examen des droits contestés valait-il mieux? Pour qu'un procès quelconque soit bien jugé par les citoyens eux-mêmes, il importe que ceux auxquels on s'adresse dans ce dessein puissent être réunis promptement, facilement, souvent; qu'ils vivent habituellement rapprochés; qu'ils aient des intérêts communs; qu'il leur soit aisé et naturel de considérer sous le même point de vue, et de bien connaître les faits sur lesquels ils sont appelés à prononcer. Or, rien de tel n'existait dans la société féodale. Le plus souvent, les vassaux s'inquiétaient peu de venir à la cour de leur suzerain; ils n'y venaient pas. Qui les y aurait contraints? Ils n'y avaient point d'intérêt direct; et l'intérêt général, patriotique, n'est presque jamais fortement excité dans un tel état social. Aussi les cours féodales étaient-elles fort peu suivies; on était obligé de se contenter d'un très-petit nombre d'assistants. Selon Beaumanoir, deux pairs de l'accusé suffisent pour juger; Pierre de Fontaine en veut quatre; saint Louis, dans ses *Établissements*, fixe ce nombre à trois. Le seigneur appelait ceux qui lui convenaient; rien ne l'obligeait à les convoquer tous, à convoquer les uns plutôt que les autres. L'arbitraire régnait ainsi dans la composition de la cour féodale; et ceux qui s'y rendaient y étaient le plus souvent attirés soit par quelque intérêt personnel, soit par le seul désir de complaire à leur suzerain. Il n'y avait point là de véritables garanties. Aussi en cherchait-on d'autres : la guerre privée et le duel judiciaire, qui devinrent de véritables institutions, des institutions réglées selon des principes fixes, et avec des formes minutieusement convenues; principes bien plus fixes, formes bien mieux convenues que n'étaient celles des jugements pacifiques. On trouve dans les monuments féodaux beaucoup plus de détails, de précautions, de prescriptions sur les duels judiciaires que sur les procès proprement dits, sur les guerres privées que sur les poursuites juridiques. Qu'est-ce à dire, sinon que le combat judiciaire et la guerre privée sont les seules garanties auxquelles on ait confiance, et qu'on les institue, qu'on les règle avec soin, parce qu'on y a plus souvent recours.

Le lien féodal ne se formait que par le consentement de ceux qui y étaient engagés, du vassal comme du suzerain, de l'inférieur comme du supérieur; on entrait dans la société féodale à des conditions convenues, bien déterminées, connues d'avance; aucune nouvelle loi, aucune nouvelle charge ne pouvait être imposée au possesseur de fief, si ce n'est de son consentement; le jugement des contestations élevées entre les propriétaires de fiefs appartenait aux propriétaires de fiefs eux-mêmes; le droit de résistance, que les peuples civilisés, avec tant de raison, redoutent tant d'invoquer et même d'énoncer, était formellement proclamé dans les *Établissements* de saint Louis; enfin, le vassal et le seigneur pouvaient également rompre l'association et renoncer aux charges comme aux avantages de la relation féodale : par exemple, si le vassal croyait avoir quelque grave motif d'appeler son seigneur au combat judiciaire, il en était le maître; il fallait seulement qu'il renonçât à son fief; le seigneur, dans le même cas, devait renoncer au lien féodal.

Tels étaient les principes de droit et de liberté qui présidaient à l'association des possesseurs de fiefs. Qu'étaient-ils destinés à protéger? La liberté individuelle contre toute force extérieure. Mais qu'est-ce, à vrai dire, dans l'état social, que l'indépendance individuelle? C'est la portion de son existence et de sa destinée que l'individu n'engage pas dans ses relations avec les autres hommes. Or, ce n'est point par la prédominance de l'indépendance individuelle que se fonde et se développe la société; elle consiste essentiellement dans la portion d'existence et de destinée que les hommes mettent en commun, par laquelle ils tiennent les uns aux autres, et vivent dans les mêmes liens, sous les mêmes lois. C'est là, à proprement parler, le fait social. Sans doute l'indépendance individuelle est respectable, saint, et doit conserver de puissantes garanties. Mais évidemment dans le régime féodal cette indépendance était excessive, et s'opposait à la formation, au progrès véritable de la société; c'était l'isolement encore plus que la liberté.

Aussi, indépendamment de toute cause étrangère, par sa seule nature, la société féodale était-elle incapable de subsister régulièrement et de se développer sans se dénaturer. D'abord, une prodigieuse inégalité s'introduisit très-vite entre les possesseurs de fiefs. Dans les premiers temps, la multiplication des fiefs fut rapide. Dès le milieu du onzième siècle, commence le phénomène contraire : le nombre des petits fiefs diminue; les fiefs, déjà grands, s'agrandissent aux dépens de leurs voisins. La force présidait presque seule à ces relations; et dès que l'inégalité était quelque part, elle allait se déployant avec une rapidité, une facilité inconnues dans les sociétés où le faible trouve contre le fort protection et garantie. Quand l'inégalité des forces est grande, l'inégalité des droits ne tarde pas à le devenir. Originairement, tout possesseur de fief avait dans son domaine les mêmes droits, le pouvoir législatif, le pouvoir judiciaire, souvent même le droit de battre monnaie. Dès le onzième siècle, l'inégalité des possesseurs des fiefs est évidente : les uns possèdent ce qu'on a appelé la haute justice, c'est-à-dire une juridiction complète, qui comprend tous les cas; les autres n'ont que la basse justice, juridiction inférieure et limitée, qui renvoie au jugement du suzerain les cas les plus graves. Sous le point de vue législatif et politique, la même fait se déclare. Les simples habitants d'un fief dépendaient complètement du seigneur, qui exerçait sur eux les droits de la suzeraineté. On voit au bout d'un certain temps le suzerain intervenir dans le gouvernement intérieur des fiefs de ses vassaux, exercer un droit de surveillance, de protection, dans les rapports du simple seigneur avec la population sujette de ses domaines. D'autres changements s'accomplissaient en même temps par les mêmes causes. Le principe fondamental en matière de contestations privées était d'abord le jugement par les pairs, ensuite la guerre privée et le combat judiciaire. Mais le jugement par les pairs était presque impraticable; et les plus grossiers esprits ne confondent pas longtemps la force avec la justice. Alors s'introduisit dans la féodalité un autre système judiciaire, une classe spéciale d'hommes voués à la fonction de juges. C'est là la véritable origine des baillis, et même, avant eux, des prévôts, chargés, au nom du suzerain, d'abord de percevoir ses revenus, les redevances des colons, les amendes, ensuite de rendre la justice. Ainsi commença l'ordre judiciaire moderne, dont le grand caractère est d'avoir fait de l'administration de la justice une profession distincte, la tâche spéciale et exclusive d'une certaine classe de citoyens.

Nous avons assisté à la lente et laborieuse naissance du régime féodal; et cet exposé suffit pour détruire l'idée que se sont formée de son origine, non-seulement le public, mais beaucoup d'hommes savants, qui, par un anachronisme évident, mais naturel, ont transporté le dixième siècle au sixième, et supposé que la féodalité s'était faite d'un seul coup, telle qu'elle fut cinq cents ans plus tard, lui donnant ainsi pour origine l'état social que son triomphe progressif devait amener. De grandes choses et de grands hommes, la chevalerie, les croisades, la naissance des langues et des littératures populaires l'ont illustrée. De là datent presque toutes les familles dont le nom se lie aux événements nationaux, une foule de monuments religieux, où les hommes se rassemblent encore; et pourtant le nom de la féodalité ne réveille dans l'esprit des peuples que des sentiments de crainte, d'aversion et de dégoût. Peut-on s'en étonner? Le despotisme était là comme dans les monarchies pures, le privilége comme dans les aristocraties les plus concentrées, et l'un et l'autre s'y produisaient sous la forme la plus offensante, la plus crue ; le despotisme ne s'atténuait point par l'éloignement et l'élévation d'un trône; le privilége ne se voilait point sous la majesté d'un grand corps; l'un et l'autre appartenaient à un homme toujours présent et toujours seul, toujours voisin de ses sujets, jamais appelé, en traitant de leur sort, à s'entourer de ses égaux. Or, de toutes les tyrannies, la pire est celle qui peut ainsi compter ses sujets et voit de son siége les limites de son empire. Les caprices de la volonté humaine se déploient alors dans leur intolérable bizarrerie et avec une irrésistible promptitude. C'est alors que l'inégalité des conditions se fait la plus rudement sentir ; la richesse, la force, l'indépendance, tous les avantages et tous les droits s'offrent à chaque instant en spectacle à la misère, à la faiblesse, à la servitude. Les habitants des fiefs ne pouvaient se consoler au sein du repos : sans cesse compromis dans les querelles de leur seigneur, en proie aux dévastations de ses voisins, ils subissaient à la fois la continuelle présence de la guerre, du privilége et du pouvoir absolu.

Mais si la féodalité, en plaçant le maître près du sujet, rendait le despotisme plus odieux et plus pesant, elle plaçait aussi, dans la nation souveraine, l'inférieur près du supérieur, cause très-efficace d'égalité et de liberté. La grandeur féodale était accessible et simple, la distance courte du vassal au suzerain. Ils vivaient entre eux familièrement et comme des compagnons, sans que la supériorité se pût croire illimitée, ni la subordination servile, presque également nécessaires l'un à l'autre, seule garantie assurée de la réciprocité des devoirs et des droits. De là cette étendue de la vie domestique, cette noblesse de services personnels où l'un des plus généreux sentiments du moyen âge, la fidélité, a pris naissance, et qui conciliait merveilleusement la dignité de l'homme avec le dévouement du vassal. D'ailleurs, les situations n'étaient point exclusives : le suzerain d'un fief était le vassal d'un autre; souvent les mêmes hommes, à raison de fiefs différents, se trouvaient entre eux tantôt dans le rapport du vasselage, tantôt dans celui de la suzeraineté : nouveau principe de réciprocité et d'égalité.

Isolé dans ses domaines, c'était à chaque possesseur de fief à s'y maintenir, à l'étendre, à se conserver des sujets soumis, des vassaux fidèles, à punir ceux qui lui manquaient d'obéissance ou de foi. Les liens qui l'unissaient à ses supérieurs ou à ses égaux étaient trop faibles, les garanties qu'il y pouvait trouver trop lointaines et trop tardives pour qu'il leur confiât son sort. De là cette individualité si forte et si fière, caractère des membres de la hiérarchie féodale. C'était un peuple de citoyens épars, dont chacun, toujours armé, suivi de sa troupe ou retranché dans son fort, veillait lui-même à sa sûreté, à ses droits, comptant bien plus sur son courage et son renom que sur la protection des pouvoirs publics. Un tel état ressemble moins à la société qu'à la guerre, mais l'énergie et la dignité de l'individu s'y maintiennent; la société peut en sortir. En effet, jusque là dissoute et sans forme, elle a retrouvé enfin, avec une forme déterminée, un point de départ et un but. Le régime féodal, à peine vainqueur, est aussitôt attaqué, dans les degrés inférieurs, par la masse du peuple, qui essaye de reconquérir quelques libertés, quelques propriétés, quelques droits; dans le degré supérieur, par la royauté, qui travaille à recouvrer son caractère public, à redevenir la tête d'une nation. Ces efforts ne sont plus tentés au milieu du choc de systèmes divers, confus, et qui se réduisent l'un l'autre à l'impuissance et à l'anarchie; ils naissent du sein d'un système unique, et ne se dirigent que contre lui. L'aristocratie féodale, plus que toute autre aristocratie, provoquait les résistances par les excès d'une tyrannie individuelle et toujours présente; et en même temps elle était beaucoup moins capable de les surmonter. Ses rangs n'étaient point serrés ; elle opprimait et résistait individuellement. Son oppression en était plus arbitraire, mais moins savante, et sa résistance moins efficace, mais moins obstinée. Ensuite, l'exemple de la liberté était voisin et individuel comme la source de l'oppression. Dans ses rapports avec son suzerain, avec ses vassaux, chaque seigneur revendiquait sans cesse ses droits, ses priviléges, l'exécution des contrats ou des promesses. Il appelait la population de ses domaines à les soutenir avec lui et par la guerre. Cette population comprit qu'elle aussi pouvait réclamer des droits, conclure des traités ; elle se sentit renaître à la vie morale; et un siècle s'était à peine écoulé qu'un mouvement général des communes vers l'affranchissement et les chartes, on put reconnaître que le peuple, loin de s'avilir, avait recouvré quelque dignité et quelque énergie sous le régime le plus arbitraire, le plus vexatoire qui fut jamais.

La féodalité n'était pas plus compacte contre la royauté que contre l'affranchissement du peuple. A l'une et à l'autre, un sénat eût opposé la force d'un corps unique, permanent, toujours animé du même esprit et voué au même dessein. La féodalité ne leur opposa que des individus ou des coalitions mal unies et passagères. Qu'on y regarde : la formation progressive de la monarchie française n'est point une œuvre politique, la lutte d'un pouvoir central contre une aristocratie qui défend et perd ses libertés, c'est une série de conquêtes, la guerre d'un prince contre d'autres princes, qui défendent et perdent leurs Etats. Les rapports et les devoirs féodaux étaient le seul lien qui les unit entre eux ; et ce lien, par sa nature même, tourna au profit non de l'aristocratie, mais de la royauté. Toute aristocratie véritable est une association d'égaux. L'aristocratie féodale ne fut en France qu'une hiérarchie de supérieurs et d'inférieurs; hiérarchie fondée sur des droits et des devoirs réciproques, maintenue par de généreux sentiments, mais qui, ne consacrant que des rapports individuels, ne put jamais acquérir la consistance d'un corps politique. Quand le roi se fut enfin placé au sommet de cette confédération, où dominait le principe de l'isolement et de l'inégalité, il devint le centre de toutes les obligations féodales, l'objet le plus élevé de la fidélité et du dévouement. Dès lors la féodalité fut vaincue.

F. GUIZOT, de l'Académie Française.

FÉODAUX (Droits). *Voyez* DROITS FÉODAUX.

FÉODOR, nom qui a été commun à trois grands-princes de Russie.

FÉODOR Ier, fils d'Ivan le Terrible, régna de 1584 à 1598. Prince faible, il abandonna presque complétement le pouvoir à son beau-frère, Boris Godounof, qui non-seulement dirigea avec habileté les affaires intérieures de l'État, mais encore s'efforça de le défendre contre ses ennemis extérieurs. La race de Rourik s'éteignit en lui, et ce fut Boris Godounof qui lui succéda, après avoir fait assassiner Démétrius, frère de Féodor.

FÉODOR II, fils de Boris Godounof, ne régna que peu de temps. Il fut assassiné en 1605; et il eut pour successeur le premier des faux Démétrius.

FÉODOR III, fils du czar Alexis, régna de 1676 à 1682. Il guerroya contre les Polonais et les Turcs, et gagna, à la paix de Baktschisaraï, Kief et quelques autres villes de l'Ukraine. Le fait le plus remarquable de son règne, c'est qu'il mit fin aux prétentions de la noblesse à la possession héréditaire des hautes dignités, et qu'il abolit les règlements jusqu'alors en vigueur sur la hiérarchie à observer dans les nobles dans les emplois publics, règlements qui donnaient lieu à de nombreuses contestations, en faisant publiquement brûler les registres contenant les titres de la noblesse, appelés *rasrjixd*. Le plus jeune de ses frères, Pierre Ier, lui succéda, au mépris des droits d'Ivan, autre frère que la loi de primogéniture eût appelé au trône, mais trop faible d'intelligence pour faire valoir ses droits.

FÉODOR IWANOWITSCH, artiste remarquable, né vers 1765, au milieu d'une horde de Kalmoucks, sur les frontières de la Chine et de la Russie, fut fait prisonnier en 1770 par les Russes, qui l'emmenèrent à Saint-Pétersbourg, où l'impératrice Catherine le prit sous sa protection particulière et le fit baptiser sous le nom de *Féodor Iwanowitsch*. Plus tard, cependant, elle le céda à la princesse héréditaire Amélie de Bade, qui se chargea de son éducation. Après avoir pendant quelque temps suivi les cours de l'école de Carlsruhe, il se décida à étudier la peinture. Quand il eut acquis les notions préliminaires indispensables, il alla passer sept années à Rome, où son talent se déploya de la manière la plus variée. De là, il accompagna en qualité de dessinateur lord Elgin en Grèce, puis à Londres pour y présider à la gravure de l'œuvre d'Elgin. Après un séjour de trois années dans cette capitale, il revint à Carlsruhe, où le grand-duc Charles-Frédéric le nomma peintre de sa cour, place qu'il conserva jusqu'à sa mort, arrivée en 1821.

Grâce à l'étude assidue des antiques et à celle des anciens maîtres florentins, Iwanowitsch était parvenu à s'approprier complétement leur style, à la fois grandiose et sévère. Toutes ses têtes témoignent d'une variété et d'une individualité étonnantes, mais il échoua toujours dans ses efforts pour reproduire la douceur des traits de la femme. On a de lui quelques planches merveilleusement gravées, entre autres, les portes de bronze de Ghiberti, et une *Descente de croix* d'après Daniel de Volterre.

FÉODOSIE. *Voyez* KAFFA.

FER. « Le fer, a dit notre célèbre Haüy, tel que la nature l'a produit en immense quantité, est bien différent de celui dont l'aspect et l'usage nous sont si familiers. » Ce n'est en effet presque partout qu'une masse terreuse, une rouille sale et impure; et lors même que le fer se présente dans la mine avec l'éclat métallique, il est encore très-éloigné d'avoir les qualités qu'exigent les services multipliés qu'il nous rend. L'homme n'a guère eu besoin que d'épurer l'or; il a fallu, pour ainsi dire, qu'il créât le fer.

Le fer est, après l'étain, le plus léger des métaux ; son poids spécifique est 7,788. Sa dureté est assez considérable; et lorsqu'il est à l'état d'acier trempé, elle surpasse celle de tous les autres métaux. Frappé contre une pierre quartzeuse ou siliceuse, il donne des étincelles qui sont dues à la combustion subite des particules de ce métal qui ont été détachées par le choc. Sa ténacité est si grande qu'un fil de fer de deux millimètres de diamètre peut supporter sans se rompre un poids de 250 kilogrammes. Sa ductilité permet de le réduire en plaques minces sous le marteau, et de le tirer par la filière en fils presque aussi fins que des cheveux. Il est très-difficile à fondre; mais à l'aide de la chaleur, on peut lui donner toutes les formes imaginables et le rendre propre à une infinité d'usages : c'est de tous les métaux le plus important par les services qu'il rend à la société, et il n'est pas moins beau qu'utile, par le brillant poli dont il est susceptible. Sa couleur est le gris avec une nuance de bleuâtre. Il est soluble dans presque tous les acides, et susceptible de trois degrés particuliers d'oxydation : il brûle à une haute température. Le fer est attiré par l'aimant, qui lui communique ses propriétés ; il devient aimant lui-même, il acquiert la *polarité*, et nous devons à cette admirable propriété l'invention de la boussole.

Ce métal est abondamment répandu dans la nature : presque toutes les substances minérales en sont colorées; et ses diverses altérations produisent une étonnante variété de couleurs, depuis le bleu jusqu'au rouge et au brun le plus foncé. On observe même qu'il est formé journellement ou du moins élaboré dans les corps organisés. On le trouve dans la cendre des végétaux qui n'ont été alimentés que par l'air et l'eau. On donne le nom de *minerai de fer* aux diverses espèces de ce genre qui font l'objet d'une exploitation. La nature n'offre que très-rarement ce métal dans un état de pureté; il est mêlé plus ou moins, dans le sein de la terre, à diverses substances hétérogènes.

Dans la minéralogie, le genre *fer* comprend quatorze espèces principales, subdivisées en un très-grand nombre de variétés ; ces quatorze espèces sont : 1° le *fer natif*, ou à l'état de métal pur; 2° le *fer oxydulé*, *fer magnétique*, ou aimant naturel; 3° le *fer oligiste* ou *fer spéculaire*; 4° le *fer arséniaté*; 5° le *fer sulfuré* ordinaire, plus connu sous le nom de *pyrite*; 6° le *fer sulfuré blanc* (*pyrite rhombique* ou *sperkise* de Beudant); 7° le *fer oxydé*; 8° le *fer hydroxydé*, dont les variétés sont la *gœthite* et la *limonite*; 9° le *fer phosphaté* ou *vivianite*, aussi nommé *bleu martial fossile*, ocre bleue, etc.; 10° le *fer chromaté* ou *chromate* de *fer* (sidérochrome de Beudant); 11° le *fer arséniaté*; 12° le *fer carbonaté*, ou *sidérose*, ayant pour variétés le *fer spathique*, et le *fer carbonaté litholde*, ou *fer des houillères*; 13° le *fer silicaté*, *liévrite* ou *ilvaïte*; 14° le *fer sulfaté*, dont une des variétés est la couperose.

Le sidérurgiste appelle *minerais de fer* les substances minérales que, dans les opérations en grand, il peut employer avec avantage pour en retirer le fer qu'elles contiennent. Toutes les autres, quelle que soit même leur richesse en fer, si quelque circonstance s'oppose à cette extraction utile, ne méritent point ce nom sous le rapport métallurgique. C'est à l'état d'oxyde que le fer se rencontre le plus abondamment dans la nature. L'*hématite rouge*, ou l'*oxyde rouge*, le plus pur sous le rapport de la composition, ne diffère pas du *fer spéculaire*. Celui-ci, étant plus dur et plus compacte, prend l'aspect métallique, tandis que le premier jouit d'un aspect soyeux. Les transitions de l'un à l'autre sont si imperceptibles, que le minéralogiste est souvent embarrassé pour classer l'une ou l'autre espèce. La mine rouge est en général imprégnée de quartz, de cailloux ferrugineux, de pétro-silex, de jaspe, de feldspath, ou d'autres fossiles argileux ou quartzeux, dont ils est impossible de la séparer par une préparation mécanique, et qui sont susceptibles de la rendre très-réfractaire. L'oxyde rouge se trouve presque toujours combiné avec les terres, sans perdre son caractère essentiel, la couleur rouge ; il peut contenir une telle proportion de ces matières étrangères, qu'il ne forme plus qu'une transition entre les substances métalliques et les matières terreuses. Une augmentation de silice et d'alumine le fait passer au jaspe ; une addition de silice seulement le rapproche du caillou ferrugineux et de l'opale ; enfin , une plus forte dose d'alumine le change en fer argileux ou en argile schisteuse.

Les hydrates, qui sont des composés divers d'oxyde rouge et d'eau, présentent un phénomène bien remarquable, en ce que le peroxyde, dans ce minerai, perd son caractère essentiel, la couleur rouge On ne connait pas d'hydrate naturel entièrement pur ; tous les peroxydes colorés en jaune par l'eau contiennent toujours de l'alumine et de la silice ; ils reprennent leur couleur rouge en abandonnant le liquide dans les températures élevées. Les *fers bruns* véritables sont composés de peroxyde de fer, d'oxyde de manganèse et d'eau ; leurs propriétés et leur aspect sont modifiés par la présence des terres. L'*hématite brune* constitue, dans cette espèce, le minerai le plus pur : sa couleur est brune et sa râclure jaune. Exposé au feu, ce minerai ne doit pas devenir rouge, car alors ce ne serait qu'un hydrate compacte ; il resta d'autant plus brun qu'il contient plus d'oxyde de manganèse.

Le *fer spathique*, composé de protoxyde de fer et d'acide carbonique, est d'une haute importance dans la sidérurgie. Il est probable qu'on ne l'a jamais dans un état de pureté parfaite. On le trouve toujours uni au carbonate et à l'oxyde de manganèse, à la chaux, à l'argile, à la magnésie, à l'oxyde de fer. Lorsqu'il est parfaitement pur, le fer spathique ne se compose que de protoxyde de fer et d'acide carbonique ; sa couleur est alors le jaune pâle. L'Allemagne abonde en fers spathiques. L'Autriche et la Westphalie sont surtout dotées par la nature du meilleur minerai de cette espèce. C'est celui dont le traitement exige le moins de dépenses, à cause de sa pureté toute particulière et de sa fusibilité, qui n'est point , comme l'avaient pensé plusieurs métallurgistes, une suite naturelle de la présence du manganèse. Ce métal, quand il existe dans cette espèce de minerai, s'oppose seulement à la formation du graphite, rend la fonte blanche et la rapproche de l'état de fer malléable. C'est le minerai qui, en exigeant le moins de manipulation, produit un des meilleurs fers et des meilleurs aciers de forges.

Le minerai des houillères, fer carbonaté, argileux ou lithoïde, mérite une place à part, qui semble marquée à la suite du fer spathique, dont il forme une sous-espèce. Il existe en couches, en veines continues et en masses réniformes, balles ou galettes, en dessus et en dessous des couches de charbon de terre ; mais on peut le trouver aussi : 1° dans le calcaire gris bleuâtre coquiller ; 2° dans les terrains de débris de grès et de schistes houillers proprement dits ; 3° enfin, dans les terrains tertiaires. Sa couleur est le gris enfumé, passant au noir ; cassure terreuse, conchoïde plate ou schisteuse ; en général peu dur, mais résistant cependant aux outils. Il rend au creuset d'essai de 0,10 à 0,36 de fonte, et en grand, de 0,20 à 0,33, sur la matière crue.

Le *fer argileux* comprend tous les minerais dans lesquels l'oxyde se trouve combiné avec une si grande quantité de terres, qu'il perd son caractère essentiel. Un aspect terreux, peu ou point d'éclat, dans les fers argileux, sont des indices certains d'une formation nouvelle. Le peroxyde est caractérisé par le rouge de sa râclure, l'hydrate par le jaune, et l'hydrate combiné avec l'oxyde de manganèse par le brun jaunâtre. Les fers argileux de la dernière formation, lorsqu'ils contiennent du protoxyde ou du protocarbonate, sont blanches en sortant de la mine, deviennent gris par l'exposition continue à l'air ou par un faible grillage, passent ensuite au brun foncé, et finissent par prendre une couleur brune rougeâtre quand le grillage est poussé plus loin.

La richesse de ces minerais est aussi variable que leurs autres propriétés. Ce sont les circonstances locales qu'on doit consulter pour savoir si leur traitement présente des bénéfices. Les terres qui les accompagnent sont ordinairement la silice ou l'alumine. Cette dernière est presque toujours prédominante.

[Pour convertir le fer à nos divers usages, on le fait passer par trois états différents : 1° on le retire du minerai par une simple fusion dans les hauts fourneaux ; et il porte alors le nom de *fonte* ou de *gueuse* ; 2° on travaille celle-ci dans un fourneau d'affinage, et on l'étire sous le marteau ou martinet des grosses forges ou dans des laminoirs : c'est le *fer forgé* ; 3° on le convertit en *acier*, en le traitant avec des matières charbonneuses. Ce n'est pas seulement dans les trois états de *fonte*, de *fer doux* ou *forgé* et d'*acier* que ce métal est d'une utilité majeure ; ses oxydes fournissent encore des préparations importantes, soit en médecine, soit dans les arts. Passons donc une rapide revue des nombreuses compositions chimiques dans lesquelles entre le fer.

On connait deux oxydes de fer bien déterminés : le *protoxyde* ou *oxydule*, qui n'a pu encore être isolé à l'état de pureté, et le *sesquioxyde*, *peroxyde*, ou *oxyde de fer*, qui porte dans le commerce le nom de *colcotar*. Comme le manganèse, le fer donne, en outre, des oxydes intermédiaires, dont les principaux sont l'*oxyde magnétique*, qui constitue l'aimant naturel , de *fer des battitures*, qui se forme à la surface du fer lorsqu'on le chauffe au contact de l'air, et qui se détache sous le marteau pendant le forgeage. La *rouille* est du peroxyde de fer combiné avec une certaine quantité d'acide carbonique et d'eau ; elle contient souvent aussi des traces de carbonate d'ammoniaque.

Les autres composés binaires de ce corps que l'on obtient dans nos laboratoires sont des sulfures, des chlorures, des bromures, des iodures, des fluorures, un phosphure, un arséniure et un borure.

Les principaux sels de peroxyde de fer sont le sulfate (*voyez* COUPEROSE) ; l'azotate ; le carbonate, qui donne le *safran de Mars apéritif*, et qui se rencontre dans beaucoup d'eaux minérales ; le phosphate, et l'arséniate. Ceux de sexquioxyde appartiennent aux mêmes familles.

Les *ferricyanures*, ou *cyanides doubles de fer et d'un autre métal*, sont des sels que l'on obtient par voie de double décomposition. Les ferricyanures alcalins sont seuls solubles ; les principaux sont le *ferricyanure de fer* ou *bleu de Prusse* ; le *ferricyanure de potassium*, encore nommé *sel rouge de Gmelin* et *prussiate rouge de potasse* ; et le *ferricyanure de zinc*, le seul sel de zinc qui soit coloré (il est jaune). Les *ferrocyanures*, qu'il ne faut pas confondre avec les *ferricyanures*, sont des cyanures doubles de fer et d'un autre métal. Le plus connu est le *ferrocyanure de potassium* (*sel jaune* ou *prussiate jaune*).

Le nickel et le cobalt s'allient facilement avec le fer en toutes proportions ; ces alliages sont blancs, et ont les mêmes propriétés que le fer. Le cuivre ne peut s'allier avec le fer qu'en petite proportion et à une très-haute température ; un vingtième de cuivre donne plus de ténacité à la fonte. Les alliages de manganèse et de fer sont presque infusibles, lorsque le manganèse y est en proportion considérable ; ils sont plus oxydables que le fer et, exhalent, sous l'insufflation de l'haleine, l'odeur de l'hydrogène impur. Le platine donne avec l'acier des alliages fusibles et susceptibles de prendre un très-beau poli ; ces alliages sont très-ductiles et malléables. Les alliages d'antimoine et de fer sont assez fusibles et très-cassants. Enfin, on sait que le fer-blanc peut être regardé comme un alliage de fer et d'étain.

Outre ses mille emplois industriels, le fer entre donc dans une foule de substances, telles que les différentes ocres, le bleu de Prusse, le colcotar, etc., toutes recherchées dans les arts. En médecine, toutes les préparations ferrugineuses sont toniques, et paraissent en même temps agir sur le système nerveux. Elles impriment à la circulation une activité qui relève les forces à la suite d'épuisements ou de maladie. Elles provoquent chez les femmes débiles l'accomplissement régulier de la menstruation. Les *martiaux* (les alchimistes donnèrent ce nom aux préparations ferrugineuses, parce que le fer était placé sous l'invocation de Mars) sont aussi employés pour combattre les débilités et les douleurs spasmodiques de l'estomac. Le *lactate de fer* est aujourd'hui préféré aux autres préparations ferrugineuses, en raison de sa facile absorption. Les eaux minérales naturelles et artificielles, telles que celles de Passy, de Vichy, de Spa, de

Bourbon-l'Archambault, etc., doivent être comprises au nombre des médicaments ferrugineux.

Si maintenant nous revenons à l'emploi des masses immenses de ce métal, livrées chaque année à la consommation, force nous est bien de donner au fer la première place parmi les métaux. Qu'on essaye de dénombrer les mécanismes, les appareils, les outils, les ustensiles dont la matière première est le fer ou encore la fonte ou l'acier, qui sont deux aspects particuliers de ce même métal, on reconnaîtra que c'est une variété infinie, qu'il n'y a pour ainsi dire pas une industrie qui ne s'en serve, pas un ouvrier qui n'ait sans cesse au bout des doigts, à titre d'instrument de travail, quelque objet en fer, en fonte ou en acier. Un savant illustre, M. Thénard, a dit justement que l'on pouvait, jusqu'à un certain point, mesurer la civilisation d'un peuple à la quantité de fer qu'il consomme.

« Le fer était extrêmement rare dans la civilisation antique, a dit M. Michel Chevalier. Il est bien connu que pendant très-longtemps les armes furent non en fer, mais en bronze. C'est ce qui résulte clairement du texte d'Homère. En ces temps reculés le fer était réputé une substance précieuse. Quand Achille célèbre des jeux pour les funérailles de Patrocle, un des prix qu'il décerne est un morceau de fer. Les temps sont bien changés ; la civilisation moderne consomme énormément de fer. » L'agriculture a besoin d'un grand nombre d'ustensiles en fer. Les rails des chemins de fer en exigent d'immenses quantités. Aujourd'hui que ce métal a été rendu inoxydable par le galvanisme, après l'avoir converti en objets d'ameublement, après lui avoir fait remplacer la charpente de bois dans une foule de constructions, on a été jusqu'à construire des maisons entières uniquement en fer. On a fait en fer galvanisé et étamé non-seulement des maisons d'habitation de deux à vingt pièces, mais encore de vastes magasins, des manufactures, et jusqu'à des usines métallurgiques. Le palais de cristal de Londres montra, en 1851, ce que l'on pouvait faire de grandiose avec ce métal. Que de merveilles ne doit-on pas encore en fer lorsqu'on l'applique aux grands navires, aux ponts, etc.

Le tableau suivant, que nous empruntons à M. Debette, donnera une idée des ressources nécessaires pour suffire à une telle consommation. La production du fer est, d'après ce document, de 21,963,900 quintaux métriques, ainsi répartis :

Angleterre (1850)	12,000,000 quint. métr.
France (1846)	3,601,950
Russie (moyenne de 1835 à 1838)	1,027,000
Suède (1844)	900,000
Autriche	900,000
Prusse	850,000
Hollande et Belgique	860,000
Hartz	600,000
Ile d'Elbe et Italie	280,000
Piémont	200,000
Espagne	180,000
Norvége	160,000
Danemark	130,000
Bavière	130,000
Saxe	80,000
Pologne	75,000
Russie	30,000
Savoie	25,000
Total	21,963,900 quint. métr.

Et ce tableau ne renferme que l'Europe. Or, les États-Unis donnent déjà 1,500,000 quintaux métriques.

Jamais à aucune époque la consommation du fer n'a été aussi considérable que de nos jours. Aussi nos usines sont-elles loin de pouvoir satisfaire à tous nos besoins. Plusieurs industries réclamaient depuis longtemps une diminution sur les droits perçus à l'entrée des fers. Un décret du 22 novembre 1853 a diminué ces droits sur les fers, à partir du 1er janvier 1855, dans de notables proportions.]

L'Angleterre occupe aujourd'hui le premier rang parmi toutes les nations chez lesquelles l'art de travailler le fer est dans un état d'avancement et de prospérité. Elle se distingue particulièrement sous le rapport de ses procédés sidérurgiques, de la perfection de ses machines et de l'immense production qui en est le résultat; elle est devenue à juste titre l'école du sidérurgiste, quoiqu'elle ait été dans l'origine redevable au continent de l'invention des hauts fourneaux et de la cémentation de l'acier. L'esprit entreprenant des Anglais s'est porté avec une égale activité vers la préparation du fer, la fabrication des objets coulés en fonte, du fer-blanc, dont elle a prodigieusement perfectionné les procédés, de l'acier et surtout de l'acier fondu. La métallurgie du fer a pris chez eux un développement véritablement gigantesque, et les prix ont baissé en proportion. En Russie, la fabrication du fer est devenue depuis soixante-dix ans un objet important : la Russie nous offre aujourd'hui des établissements de grosses forges qui peuvent rivaliser presque avec ceux des Anglais. La Suède tient le troisième rang parmi les pays productifs en fer. La nature l'a dotée sous ce rapport avec tant de libéralité qu'elle y laisse peu de choses à faire à l'industrie de l'homme pour augmenter et améliorer les produits sidérurgiques. La France a fait des progrès dans certaines parties de la métallurgie du fer; mais dans d'autres elle reste encore arriérée. La monarchie autrichienne possède d'excellents minerais en Bohême, dans la Hongrie, le Tyrol, la Styrie, la Carniole, et même dans presque toutes les provinces de sa domination; mais la manière d'y conduire les grosses forges est encore, dans ces localités, susceptible d'une foule d'améliorations. La qualité supérieure des minerais y est, comme en Suède, qui le croirait? la principale cause de la lenteur dans le progrès des procédés ; ceux-ci n'ont pas à lutter contre la nature. L'Espagne fut célèbre pour ses fers dans les temps anciens; elle les exportait au loin, même encore au dixième siècle. De nos jours, il ne lui reste guère en ce genre que la réputation de ses produits sous le rapport de la qualité naturelle. En Portugal, la production du fer est à peu près nulle. En Prusse, les produits des grosses forges sont considérables et d'une qualité parfaite pour la plupart. PELOUZE père.

Dans la langue poétique, aussi bien que dans la prose vulgaire, le fer n'a pu se préserver d'une sorte de flétrissure; son nom est presque synonyme d'*esclavage*, d'instrument de meurtre et de destruction. C'est un mal sans remède ; car l'art de la guerre n'est certainement pas disposé à changer la matière de ses armes, et quant à la servitude, il serait puéril de s'occuper des entraves dont elle charge le malheureux esclave, si ce n'est pour l'en délivrer. Les fers qui ôtent à un scélérat endurci dans le crime le pouvoir de continuer ses attentats contre la société ne sont pas déshonorés par leur emploi, puisqu'ils sont imposés au nom des lois, et pour l'intérêt de tous les citoyens. FERRY.

FER. Plusieurs métiers ont des outils qu'ils nomment *fers*. La repasseuse en a pour faire disparaître les plis du linge; elle a des *fers à repasser* qui sont plats, avec une poignée ajustée en dessus, et des *fers à tuyoter* qui se composent d'une tige de fer ronde emmanchée dans du bois. Les fers des tailleurs prennent le nom de *carreaux*; ils sont plus épais que les fers à repasser et portent le feu sous la poignée. Le coiffeur emploie des fers pour soumettre les papillotes à l'action de la chaleur et de la pression : ce sont des *fers à friser* ou *à papillotes* ; ils ressemblent à des tenailles arrondies. La fabrication des fers à repasser a fait la fortune d'un industriel du nom de *Gendarme*.

FER (Bois de). Plusieurs arbres étrangers fournissent ce qu'on nomme en France le *bois de fer*. Tous diffèrent entre eux, mais tous croissent dans les contrées chaudes de l'Asie et de l'Amérique. Les caractères généraux de ces bois sont une grande dureté, une grande pesanteur, un grain fin, la faculté de recevoir le poli, et en général des couleurs agréables ; ils servent principalement pour les ouvrages de tour. Nous nommerons les plus employés.

Le *siderodendron triflorum*, qui croît dans les îles de la Martinique et de Mont-Serrat, et qui appartient à la famille des rubiacées, est plus particulièrement appelé *bois de fer* dans nos colonies. A Maurice, ce nom s'applique au *sideroxylon cinereum*, de la famille des sapotacées, que l'on appelle souvent aussi *bois de fer blanc* et *bois de fer d'Afrique*. Aux Antilles, on nomme *bois de fer* le génipayer d'Amérique et une espèce du genre *chionanthe*; à Ceylan, c'est le *mesua ferrea* ou *bois de naghas*; à la Guyane, les *robinia panococo* et *tomentosa*; chez les Malais, un *metrosideros*; à New-York, une espèce de *charme*.

On nomme *bois de fer de Jamaïque* le *fagara pterota*, *bois de fer à grandes feuilles* le *coccoloba grandifolia*, *bois de fer de Juda* ou *bois de Juda* le *cassignia pinnata*.

FER (Chemins de). *Voyez* CHEMINS DE FER.
FER (Couronne de). *Voyez* COURONNE DE FER.
FER (Fil de). *Voyez* FIL DE FER.
FER (Ile de), la plus occidentale des îles Canaries, avec une population de 5,000 âmes, sur une superficie d'environ 4 myriamètres carrés, est très-mal cultivée, manque d'eau, et a pour chef-lieu un bourg appelé *Valverde*. Comme cette île passait jadis pour l'extrémité occidentale du monde connu des anciens, on y plaça le premier méridien, employé d'ordinaire pour calculer les degrés de longitude. Les Anglais, les premiers, se départirent de cet usage généralement adopté par les géographes, et calculèrent les longitudes d'après un méridien établi à Greenwich. Aujourd'hui les Français comptent du méridien de Paris, etc.

FER A CHEVAL. Le *fer* est cette espèce de semelle métallique que l'on fixe sous le pied du cheval, de l'âne, etc., à l'effet d'en garantir l'ongle de l'usure trop rapide (*voyez* FERRER). Tout le monde connaît la forme du fer à cheval, qui est devenu un point de comparaison pour ce qui a la figure d'une sorte d'Ω renversé.

FÉRALIES, fêtes romaines en l'honneur des mânes. Elles faisaient partie des *februales*, ou fêtes des morts et sacrifices d'expiation pour les vivants, commençant le 7 février, et se terminaient le 18. On apportait de modestes offrandes sur les tombeaux de ses parents et de ses amis; car, suivant l'expression d'Ovide, les mânes se contentent de peu, et les dieux du Styx ne sont pas avides. On offrait des légumes, tels que lentilles et fèves, avec du miel qu'on posait sur une brique; on y ajoutait du pain trempé dans du vin, des gâteaux salés et des violettes. Ces offrandes étaient accompagnées de prières, et des feux étaient allumés pour la cérémonie. Les jours des féralies passaient pour malheureux. On ne se mariait point, et les personnes mariées ne devaient point user des droits du mariage ces jours-là; les temples étaient fermés, les autels sans feu; l'encens ne fumait pas. Th. DELBARE.

FÉRAUD, né en 1764, dans la vallée d'Aure, député des Hautes-Pyrénées à la Convention en 1792, se montra l'ennemi déclaré de l'anarchie, et défendit avec courage les députés girondins. Partisan sincère de la liberté, il fut victime de son dévouement à la cause qu'il servait : dans la journée du 1ᵉʳ prairial an III (20 mai 1795), il s'opposa à la révolte du peuple, qui forçait les portes de la Convention, et fut tué d'un coup de pistolet dans cette émeute; sa tête coupée fut présentée, au bout d'une pique, au président Boissy-d'Anglas, qui demeura inébranlable, et salua respectueusement la tête de son malheureux collègue, dont il partageait les opinions. Féraud avait beaucoup contribué à renverser Robespierre. On assure qu'une méprise fut la cause de la mort de Féraud, qu'on aurait fait confondre avec le réacteur Fréron. La Convention lui rendit les honneurs funèbres.

FER-BLANC. Le fer ayant le défaut de s'oxyder, les lames minces de ce métal, outre qu'elles sont d'un aspect désagréable, se criblent bientôt de rouille; il n'est donc pas possible de faire en tôle de fer des vases propres et durables. Les Allemands, les Bohémes, peut-être, obvièrent le premiers à cet inconvénient en couvrant des feuilles de fer d'une couche mince d'étain. Telle fut l'origine du *fer-blanc*. Un prêtre le transporta en Saxe vers 1610. Colbert l'introduisit en France; nos premiers ferblantiers s'établirent à Chenecey, en Franche-Comté, et à Beaumont-la-Ferrière, en Nivernais; mais bientôt, faiblement protégés, divisés entre eux, ils s'éloignèrent. Sur la fin de la minorité de Louis XV, il s'éleva à Strasbourg une manufacture de fer-blanc. Quatre autres furent fondées successivement à Massevaux, en Alsace (1717); à Bains, en Lorraine (1733); à Morambert, en Franche-Comté, et à une lieue de Nevers, en 1775.

Il y a deux manières principales de fabriquer le fer-blanc, celle des Allemands et celle des Anglais. Dans la fabrique de Graslitz, en Bohême, on se procure d'abord des barres de fer de la meilleure qualité; on les réduit en feuilles minces au moyen du laminoir; puis on les débite, à l'aide d'un cadre de fer et de cisailles, en rectangles tous égaux entre eux. Avant de procéder à l'étamage, il faut décaper (nettoyer) les feuilles, car la moindre crasse empêcherait l'étain de prendre sur le fer. On peut décrasser un métal en le frottant avec une lime, du grès, du sable, etc. Mais, outre que cette opération serait longue, et qu'il faudrait user les feuilles jusqu'à une certaine profondeur pour enlever toutes les crasses, on a eu la bonne idée de les plonger pendant vingt-quatre heures dans des cuves contenant un bain composé d'eau et de farine de seigle : ces cuves sont placées dans une chambre voûtée, où règne une température élevée, ce qui provoque la fermentation du bain. C'est dans cette eau, devenue sûre, qu'on plonge les feuilles pour que les crasses se dissolvent. Il suffit, après cette immersion, qu'on frotte les feuilles avec du sable; et quand elles sont bien nettoyées, on les jette dans un vase contenant de l'eau pure, afin de les préserver de la rouille, après quoi on procède à l'étamage. Dans une chaudière de fonte de fer, on jette 18 quintaux métriques d'étain, on y ajoute environ 13 kilogrammes de cuivre ; on met l'alliage à l'abri du contact de l'air, en jetant dessus une couche de suif et d'une dizaine de centimètres environ d'épaisseur. Lorsqu'on juge que les matières sont fondues, et qu'elles ont acquis le degré de chaleur convenable, on plonge verticalement les feuilles dans le bain on les retire au bout d'un quart d'heure, et on les place sur deux barres de fer, pour que l'étain qu'elles ont pris de trop puisse s'égoutter. On les plonge une seconde fois dans le bain d'étain, mais on ne les y laisse qu'un instant; on les frotte ensuite avec des étoupes, de la sciure de bois, opération qui a pour but de donner à la couche d'étain une sorte de poli. On place les feuilles étamées par 30 ou 40 sur un billot, et on les frappe avec un marteau plat pour les dresser. L'expérience a appris que la quantité d'étain qui adhère au fer est proportionnelle à la surface, quel que soit d'ailleurs le poids des lames, et qu'il faut de 130 à 140 grammes d'étain par mètre carré de surface à recouvrir.

Voici comment Anglais opèrent : le fer est chauffé au charbon de bois, et les feuilles étant découpées, l'ouvrier, appelé *décapeur*, les ploie vers le milieu, et leur fait prendre légèrement le profil d'un C. Ces feuilles ainsi courbées sont mises dans un four à réverbère, dont la chaleur détache les écailles d'oxyde ; on les décape en suite dans des bains composés d'eau et d'acide sulfurique, dans lesquels on les agite pendant une heure; lorsqu'elles sont bien nettoyées, on les plonge dans une cuve remplie de graisse fondue, puis dans un bain d'étain. TEYSSÈDRE.

FERBLANTIER, ouvrier qui fait des ouvrages en fer blanc, tels que casseroles, entonnoirs, cafetières, moules à pâtés, etc. Autrefois on faisait aussi beaucoup de lampes en fer blanc. Le ferblantier a quelques rapports avec le chaudronnier, l'orfévre : à l'exemple de ces ouvriers, il fait prendre au fer-blanc des formes convexes, concaves, festonnées. Les outils du ferblantier sont des tas (enclumes) d'acier, des bigornes, des marteaux de diverses sortes, le tout d'acier poli ; il fait encore usage de maillets de bois. Quoique le fer-blanc ne puisse être façonné qu'à froid, le ferblantier a néanmoins besoin de feu pour faire chauffer ses fers à souder, qui consistent en un coin de cuivre rouge portant un manche de fer, au bout duquel est fixée une poignée de bois : c'est avec cet instrument, chauffé à un certain degré, que l'ouvrier prend la soudure, alliage de deux parties d'étain sur une partie de plomb. Les ferblantiers font quelquefois usage d'étampes ; mais le plus souvent ils font étamper, découper, etc., par des gens qui exécutent ces sortes d'ouvrages. Les ferblantiers font une grande consommation de zinc laminé : ils confectionnent en cette matière des baignoires, des seaux, des gouttières. Quelques-uns d'entre eux ont pris à cause de cela la qualification de *zingueurs*.

TEYSSÈDRE.

FERDINAND. Trois empereurs d'Allemagne ont porté ce nom, sans compter l'empereur d'Autriche Ferdinand Ier.

FERDINAND Ier, empereur d'Allemagne de 1556 à 1564, né en 1403, à Alcala, en Espagne, était fils du roi d'Espagne Philippe Ier et frère de Charles-Quint, à qui il succéda comme empereur d'Allemagne après avoir déjà été investi, en 1526, des couronnes de Bohême et de Hongrie, et avoir été élu roi des Romains dès l'année 1531. A ces différents titres se rattachait une puissance réelle, et en diverses occasions il intervint activement comme médiateur entre son frère et les princes allemands. C'est ainsi notamment que fut conclu sous sa médiation, en 1552, le traité de paix de Passau, entre l'électeur de Saxe, Maurice, et Charles-Quint. En sa qualité de roi de Hongrie, il eut aussi à soutenir de longues et sanglantes luttes, d'abord avec Jean de Zapolya, qu'appuyait Soliman, et avec qui il dut finir par partager la Hongrie, puis, à la mort de son redoutable rival, avec Soliman lui-même, au sujet de la possession de ce territoire ; luttes autrement sanglantes encore, et qui ne cessèrent que lorsqu'il se fut décidé à acheter la paix aux Turcs moyennant un tribut annuel. Il eut encore de nombreux démêlés avec le saint-siège. Paul IV lui contesta la légitimité de son titre d'empereur, sous prétexte que le pape eût dû intervenir dans son élection comme dans l'abdication de Charles-Quint. Ferdinand protesta hautement contre cette prétention de la cour de Rome ; et ses successeurs ne crurent non plus devoir demander au Vatican la confirmation de son titre. Ferdinand Ier, en profitant de la tenue du concile de Trente pour réclamer avec insistance la suppression de nombreux et criants abus, de même que l'introduction d'utiles réformes dans l'Église, ne contraria pas moins vivement la politique des papes. L'Allemagne lui sut gré de la tolérante douceur avec laquelle il fit traiter les protestants, de l'édit relatif aux monnaies de l'Empire qu'il rendit lors de la diète tenue à Augsbourg en 1559, et de l'institution du conseil aulique de l'Empire. Il mourut le 25 juillet 1564, après avoir fait élire deux années auparavant son fils Maximilien II en qualité de roi des Romains et après avoir partagé ses États entre ses trois fils, Maximilien, Ferdinand et Charles.

FERDINAND II, empereur d'Allemagne de 1619 à 1637, fils de l'archiduc Charles duc de Styrie, et frère cadet de Maximilien II, était né à Gratz, le 9 juillet 1578. Sa mère, Marie de Bavière, lui inspira la haine la plus ardente contre les protestants ; et l'éducation qu'il reçut des jésuites à Ingolstadt, en même temps que Maximilien de Bavière, pendant les années 1590 à 1596, ne put qu'exalter son fanatisme. Aussi, dans un pèlerinage à Notre-Dame de Lorette, avait-il solennellement fait vœu devant l'autel de la Vierge mère de Dieu de ne reculer devant aucun sacrifice pour rétablir le catholicisme comme seule religion dominante dans ses États. Il ne fut donc pas plus tôt arrivé au pouvoir suprême qu'il eut recours à la violence afin de supprimer la religion protestante dans ses États héréditaires de Styrie, de Carinthie et de Carniole ; et il essaya d'en faire autant en Autriche et en Bohême lorsque, du vivant même de l'empereur Matthias, qui n'avait point d'enfant, il eut été proclamé roi de Bohême, et en 1613 roi de Hongrie. Les Bohêmes, s'appuyant sur les lettres patentes de l'empereur Rodolphe II, opposèrent la force à la violence, et, commandés par le comte de Thurn, s'avancèrent même jusque sous les murs de Vienne ; mais une diversion opérée par Bucquoi, général flamand, les contraignit à battre en retraite avant d'avoir pu s'emparer de cette capitale. Ceci donna le temps à Ferdinand de se faire élire empereur à Francfort, en 1619, en dépit de l'opposition des États de la Bohême et de tous les efforts de la ligue protestante. Les Bohêmes eurent beau le déclarer déchu du trône, et, d'accord avec les États de la Silésie, de la Moravie et de la Lusace, élire pour roi l'électeur palatin Frédéric V ; le nouvel empereur, grâce à la ligue catholique et aux secours de l'électeur Jean-Georges Ier de Saxe, ne tarda point à avoir raison des opposants. La Bohême en fut pour la perte de tous ses privilèges ; et ce malheureux pays fut ramené au catholicisme à force de supplices et de confiscations, de même que par l'introduction des jésuites et par les plus cruelles persécutions à l'égard des protestants. En 1622, Ferdinand récompensa l'appui énergique que le duc de Bavière lui avait prêté contre les Bohêmes, en lui octroyant de son autorité privée la dignité d'électeur palatin, malgré l'opposition des électeurs de Saxe et de Brandebourg. Wallenstein contraignit le premier de ces princes à reconnaître un arrangement contre lequel il ne pouvait plus rien ; quant au second, on le fit taire en lui engageant la Lusace. En même temps l'empereur transportait dans le reste de l'Allemagne la guerre désormais terminée en Bohême, mais qui en prenant alors essentiellement le caractère de guerre de religion en vint ainsi à avoir une durée de trente ans. A la vérité le roi de Danemark, Christian IV, secondé par les États du cercle de la basse Saxe, arrêta un instant les progrès des généraux impériaux Tilly et Wallenstein ; mais vaincu à Lutter sur le Barenberg, et obligé de battre précipitamment en retraite, ce prince ne tarda point à se trouver dans la nécessité de faire la paix. Les deux ducs de Mecklembourg, qui avaient prêté aide et assistance à Christian IV, furent mis au ban de l'Empire ; et Wallenstein, en récompense de ses services, obtint l'investiture de leurs États. En revanche, Ferdinand échoua dans ses plans pour se rendre maître du commerce de la Baltique en assiégeant Stralsund, qui fut vigoureusement soutenue par les villes anséatiques. En 1629, plein de confiance dans l'ascendant qu'il était parvenu à exercer sur l'Allemagne, l'empereur rendit un édit ordonnant la restitution des biens *usurpés* en Allemagne par les protestants. C'était leur enlever d'un seul coup à peu près tous les avantages qu'ils avaient obtenus depuis bientôt un siècle à force de luttes et de sacrifices ; et Wallenstein, à la tête des troupes de la ligne, se mit immédiatement en devoir de faire exécuter sur divers points de l'Allemagne les proscriptions de cet édit. Mais le renvoi de Wallenstein, auquel la diète, réunie à Ratisbonne, força l'empereur de consentir, et d'un autre côté la réaction opérée par Richelieu, qui mit en jeu tous les ressorts de la politique la plus consommée à l'effet d'affaiblir la puissance de la maison d'Autriche, empêchèrent ce prince de faire tout progrès ultérieur. En même temps Ferdinand II rencontrait dans le roi de Suède Gustave-Adolphe, qui apparut alors comme le sauveur du protestantisme et réunit tous les États et princes protestants sous sa direction, un ennemi dont les glorieuses victoires et les conquêtes mirent un terme à ses prospérités militaires, et qui, lorsqu'il mourut de la mort des héros aux champs de Lutzen, laissa encore de puissants appuis à la cause protestante dans Axel Oxenstjerna et les généraux Bernard de Saxe-Weimar, Horn, Baner et Torstenson. Quand Wallenstein eut péri assassiné, Ferdinand II gagna bien encore, en 1634, grâce à Gallas, la bataille de Nordlingen, victoire qui eut pour résultat de déterminer la Saxe à se retirer de l'alliance suédoise ; mais les généraux suédois, auxquels l'Autriche ne put pas opposer autant d'hommes de talents et de capacités, de même que la part publiquement prise par la France à la lutte contre la maison de Habsbourg, firent de nouveau tellement pencher la fortune du côté des protestants, que Ferdinand lorsqu'il mourut, le 15 février 1607, avait déjà perdu depuis longtemps l'espoir de jamais réaliser ses plans ambitieux. Son règne fut un des plus calamiteux que présente l'histoire de l'Allemagne ; il couvrit ce pays de sang et de ruines (*voyez*. GUERRE DE TRENTE ANS).

FERDINAND III, empereur d'Allemagne de 1637 à 1657, fils et successeur de Ferdinand II, né à Gratz, le 11 juillet 1608, et élu roi des Romains en 1636, se montra moins dévoué que son père aux intérêts des jésuites et à la politique de l'Espagne. Après la mort de Wallenstein, il avait assisté en personne à quelques campagnes et appris par expérience personnelle quelles affreuses calamités la guerre entraîne toujours avec elle; mais quoique inclinant à la paix, force lui fut de continuer les hostilités, parce que la divergence d'intérêts des puissances belligérantes mettait à une réconciliation générale des obstacles presque insurmontables. La guerre continua donc, entraînant avec elle, en raison de la démoralisation de plus en plus grande de la soldatesque, des dévastations peut-être plus horribles encore que celles qui avaient signalé le règne de son père. Toutefois, les victoires des Suédois et les concessions de l'empereur, qui accorda de complètes amnisties à divers États de l'empire, de même qu'en 1641 il signa les préliminaires de Hambourg, eurent du moins pour résultat de préparer le rétablissement de la paix générale. Enfin, un congrès se réunit en 1643 à Munster et Osnabruck, des délibérations duquel résulta en 1648 la paix dite de Westphalie. Tandis que les négociations en étaient encore pendantes, l'empereur avait fait élire son fils aîné Ferdinand IV en qualité de roi des Romains; mais ce prince mourut en 1654. A la diète de 1653-1654, la dernière qu'un empereur ait présidée en personne, Ferdinand III réalisa d'importantes améliorations dans l'organisation de la justice en Allemagne. Lui et son fils, Léopold Ier, étaient d'habiles et féconds compositeurs. On possède encore la partition manuscrite d'un opéra écrit par Ferdinand, et qui, dit-on, abonde en mélodies heureuses: *Drama musicum compositum ab augustissimo Ferdinando III, Romanorum imperatore*, etc. Le texte est écrit en italien; le sujet, c'est la lutte d'un jeune homme placé entre le vice et la vertu. Le chant n'est accompagné que de deux violons, d'une basse de viole et d'une contre-basse.

Ferdinand III mourut le 2 août 1657, peu de temps après avoir conclu un nouveau traité d'alliance avec la Pologne contre la Suède. Son second fils, Léopold Ier, lui succéda comme empereur d'Allemagne.

FERDINAND Ier (CHARLES-LÉOPOLD-FRANÇOIS-MARCELLIN), empereur d'Autriche, fils aîné de l'empereur François Ier et issu de son second mariage avec Marie-Thérèse, princesse des Deux-Siciles, est né à Vienne, le 19 avril 1793. D'une constitution chétive et maladive, ce prince eut peu à se louer des hommes auxquels fut confiée son éducation, et qui ne possédaient aucune des qualités qu'eût exigées une semblable mission. Mais ce qu'elle eut de défectueux ne l'empêcha pas de donner de nombreuses preuves d'une bonté de cœur, développée et fortifiée par l'exemple de son oncle l'archiduc Charles, pour qui il témoigna toujours l'affection la plus vive. Un voyage qu'il fit, en 1815, en Italie, en Suisse et dans une partie de la France, raffermit un peu sa santé débile, et eut en outre pour résultat de lui donner quelques idées autres que celles qu'il avait pu puiser dans son éducation première. C'est de cette époque que date la prédilection toute particulière qu'il a toujours montrée depuis pour les travaux technologiques et les études héraldiques. Couronné le 18 septembre 1830, à Presbourg, en qualité de roi de Hongrie sous le nom de *Ferdinand V*, ce titre lui valut de vains honneurs de plus, sans doute, mais ne lui donna pas plus d'influence sur les affaires. Le 27 février 1831 il épousa la princesse Caroline, troisième fille du roi de Savoie Victor-Emmanuel; mariage demeuré stérile. Dans l'été de l'année suivante, il échappa à une tentative de meurtre commise sur sa personne par un capitaine en retraite, du nom de *Franz Reidl*, que le refus d'un secours d'argent avait déterminé à cet assassinat. Le 2 mars 1835 il succéda à son père comme empereur et roi, et inaugura son accession au trône par de nombreux actes de clémence à l'égard d'Italiens détenus dans les cachots pour crimes ou délits politiques. Du reste, son règne ne fut guère que la continuation de celui de son père, car le pouvoir réel continua à être exercé comme avant par le prince de Metternich et par l'archiduc Louis. Son couronnement en qualité de roi de Bohême eut lieu à Prague le 7 septembre 1836. La cérémonie analogue n'eut lieu pour le royaume de Lombardie que le 6 septembre 1838, et fut signalée par l'octroi d'une amnistie à peu près générale pour les délits politiques commis jusqu'à cette époque dans les provinces d'Italie.

L'industrie prit sous Ferdinand Ier un essor rapide dans les États autrichiens, et c'est alors qu'on entreprit la construction du vaste réseau de chemins de fer qui reliera prochainement entre elles toutes les provinces de la monarchie. L'insurrection dont la Gallicie fut le théâtre en 1846 amena l'incorporation de Cracovie et de son territoire aux États autrichiens. Quand, vers la fin de 1847, se manifestèrent les signes avant-coureurs des troubles qui, à peu de temps de là, devaient ébranler l'Europe jusque dans ses fondements, il ne dépendit point des excellentes intentions et du cœur bienveillant de l'empereur d'en préserver ses États. En mars 1848 il consentit au renvoi de Metternich, ainsi qu'à l'établissement d'un ministère responsable, et sanctionna les principes qui devaient servir de base à une constitution représentative (*voyez* AUTRICHE). Mais les troubles qui éclatèrent à Vienne en mai suivant le déterminèrent à abandonner cette capitale pour aller fixer sa résidence à Inspruck; et ce ne fut que sur les pressantes instances des habitants de Vienne qu'il consentit à revenir habiter parmi eux au mois d'août. L'insurrection dont cette ville fut encore une fois le théâtre en octobre le détermina à quitter de nouveau Schœnbrunn, pour se retirer à Olmutz, où, le 2 décembre 1848, il abdiqua philosophiquement en faveur de son neveu François-Joseph. Depuis lors, il réside à Prague.

FERDINAND, nom commun à divers rois d'Espagne.

FERDINAND Ier ou *le Grand*, premier roi de Castille depuis l'an 1035, fils de Sanche III, roi de Navarre, enleva à son beau-frère Bermudes le royaume de Léon, et eut avec son frère *Garcia IV* de Navarre des démêlés qui coûtèrent la vie à ce dernier. Ferdinand Ier conquit une partie du Portugal, fit heureux dans ses expéditions contre les Maures, et finit même, en 1056, par prendre le titre d'*empereur;* ce qui, de sa part, annonçait évidemment la prétention d'être le souverain de droit de toute l'Espagne. La Castille lui fut redevable de la première constitution régulière qu'elle ait eue. Il mourut en 1065.

FERDINAND II, fils et successeur d'Alphonse VIII dans les royaumes de Léon, d'Asturie et de Galice à partir de 1157, combattit avec succès les Maures et les Portugais. Cependant son règne ne fut qu'une suite non interrompue de troubles et de calamités, parce que jamais il n'eut d'autre règle de conduite que ses caprices. C'est sous son règne que fut fondé l'ordre d'Alcantara. Il mourut en 1188.

FERDINAND III, autrement dit *le Saint*, occupe une place bien plus importante dans l'histoire. Né en 1199, il succéda en 1217 à sa mère comme roi de Castille, et en 1230 à son père Alphonse IX, en qualité de roi de Léon. C'est sous son règne que des prescriptions législatives réunirent les couronnes de Castille et de Léon, pour ne plus former désormais qu'un même royaume indivisible. Dans une guerre heureuse contre les Maures, il fit la conquête de tout le royaume de Murcie, s'empara des importantes villes de Séville et de Cordoue, et rendit ses armes redoutables aux princes mahométans de l'Afrique. En fondant l'université de Salamanque, il ne contribua pas peu à faire fleurir les sciences et les lettres en Espagne. Il mourut en 1251, et fut canonisé en 1671 par le pape Clément X. Son ministre, l'archevêque de Tolède, Rodrigo Ximenès, a écrit l'histoire de sa vie dans sa *Cronica del santo rey don Fernando III, sacada de la libreria de la iglesia de Sevilla*.

FERDINAND IV, roi de Castille et de Léon, fils de Sanche IV, monta sur le trône en 1295, et eut tout aussitôt à soutenir des guerres acharnées d'abord contre le roi de Portugal, puis contre le roi d'Aragon; mais il s'en tira avec bonheur. Ses succès dans ses expéditions contre les Maures ne furent pas moindres. Il vainquit le roi de Grenade, et était engagé dans de nouvelles entreprises militaires, lorsque la mort le surprit, en 1312, et, à ce que raconte la tradition, au dernier jour du délai de trente ans que lui avaient assigné, pour comparaître à son tour devant le tribunal de Dieu, les deux frères Carvajal, accusés de meurtre, et qu'il avait fait précipiter du haut des murailles de la ville de Martos sans vouloir entendre leur défense. La mort de Ferdinand IV fut pour ses États le signal des plus graves désordres, car son fils et successeur Alphonse XI n'était encore âgé alors que de deux ans.

FERDINAND V ou *le Catholique*, roi d'Aragon (1479-1516), né le 10 mars 1452, était fils de Jean II d'Aragon, et, quoique prince habile, a laissé dans l'histoire un nom tristement fameux, à cause de son despotisme et de sa politique fallacieuse. La réunion des deux couronnes de Castille et d'Aragon sur une même tête, qui s'effectua postérieurement, avait été préparée du vivant même de son père. En Castille régnait alors Henri IV, prince qui ne reconnaissait point sa fille Jeanne pour son enfant légitime. A la mort de Henri, la sœur de ce prince, Isabelle, qui avait épousé quelques années auparavant l'héritier de la couronne d'Aragon, s'empara du trône de Castille. Quand ensuite, à la mort de son père, arrivée en 1479, Ferdinand V devint roi d'Aragon, les deux royaumes d'Aragon et de Castille se trouvèrent de la sorte réunis sous la domination de Ferdinand et d'Isabelle. Toutefois, tant qu'elle vécut, Isabelle resta reine de Castille, et n'accorda en cette qualité d'autre prérogative à son époux que celle de mettre son nom à côté du sien au bas des lois et ordonnances qu'elle était appelée à rendre comme souveraine. Le règne tout entier de Ferdinand V ne fut qu'une suite non interrompue de guerres heureuses. Après avoir triomphé d'Alphonse V, roi de Portugal, il réduisit sous son obéissance, en 1491, à la suite de dix années de luttes sanglantes, et singulièrement favorisé par les discordes intestines de ses adversaires, le royaume de Grenade, dernier débris de la puissance des Maures en Espagne. En 1503 son lieutenant Gonsalve de Cordoue lui conquit le royaume de Naples, et en 1512 il soumit à ses lois tout le royaume de Navarre jusqu'aux Pyrénées. La découverte de l'Amérique, favorisée par la protection qu'il accorda à Christophe Colomb, demeurera d'ailleurs à jamais l'événement le plus mémorable de son règne. Ferdinand et Isabelle, en employant les artifices d'une politique machiavélique, réussirent à établir dans leurs États un système de gouvernement complétement nouveau. Ils détruisirent la puissance de la féodalité en introduisant l'Inquisition en Castille (1480) et en Aragon (1484); mesure qui n'avait pas seulement un but religieux, mais aussi et avant tout un but politique, et dont la persécution des juifs (1492) et l'expulsion des Maures (1501) ne furent que des résultats accessoires. Dans leurs efforts pour fonder une monarchie absolue, ils furent puissamment secondés par le cardinal Ximénès. Après avoir vu mourir tous ses enfants, à l'exception de la plus jeune de ses filles, Jeanne, qui en 1459 avait épousé Philippe, régent des Pays-Bas et fils de l'empereur Maximilien Ier, Ferdinand V perdit aussi sa femme Isabelle, de sorte que le gouvernement de la Castille passa alors aux mains de Jeanne ou plutôt de Philippe son époux. Le dépit qu'il en ressentit détermina Ferdinand à convoler en secondes noces avec la comtesse Germaine de Foix; mais ce mariage demeura stérile. Philippe étant mort dès 1506 et Jeanne étant devenue folle, le gouvernement de la Castille revint encore une fois à Ferdinand qui mourut le 23 janvier 1516, à Madrigalejo, des suites d'un breuvage que sa femme lui avait fait prendre dans l'espoir de lui rendre la puissance de perpétuer sa race. Il eut pour successeur le prince qui régna en Espagne sous le nom de Charles Ier et qui fut en Allemagne l'empereur Charles-Quint. Consultez Prescott, *History of Ferdinand and Isabella* (Boston, 1838; 5e édit., Londres, 1849).

FERDINAND VI, né à Madrid, en 1712, était fils de Philippe II, à qui il succéda sur le trône en 1746. Prince d'un esprit non moins faible que son père, élevé par les jésuites dans les ridicules pratiques de la dévotion la plus exagérée, et cela en dépit d'un tempérament des plus ardents, il abandonna complétement à ses ministres le soin de diriger les affaires, et il était tombé dans un état d'imbécillité furieuse mêlée d'érotomanie lorsqu'il mourut en 1759, sans laisser d'enfants de sa femme, la princesse Maria Barbara, fille du roi Jean V de Portugal, née en 1711, qu'il avait épousée en 1729, et qui le précéda d'une année dans la tombe.

FERDINAND VII, né le 14 octobre 1784, était fils de Charles IV et de Marie-Louise de Parme. En 1801, il épousa l'aimable et spirituelle Antoinette-Thérèse, fille du prince héréditaire des Deux-Siciles, devenu plus tard roi sous le nom de Ferdinand Ier, et qui, bien que tendrement aimée de son époux, mourut dès 1806, des chagrins de toute espèce dont l'abreuvèrent à l'envi Godoy, et à l'instigation de celui-ci le roi son beau-père et la reine sa belle-mère. La haine inspirée par un indigne favori à la plus grande partie de la noblesse et de la nation groupa bientôt autour du prince des Asturies, visiblement en butte aux outrages de Godoy, un certain nombre de seigneurs et de courtisans influents qui représentèrent à l'héritier du trône que les machinations et les intrigues de Godoy n'allaient à rien moins qu'à le priver, à la mort de son père, de ses droits à la couronne. Ce fut pour conjurer ce péril, que Ferdinand, après quelques pourparlers avec le comte de Beauharnais, alors ministre de France à Madrid, écrivit le 11 octobre 1807 à Napoléon une lettre dans laquelle il lui demandait la main d'une de ses nièces, de la fille aînée de Lucien Bonaparte. Godoy, ayant eu vent de cette négociation, fit saisir les papiers du prince, qui fut arrêté à l'Escurial, le 11 octobre 1807, et déclaré traître à la couronne et au pays par une lettre autographe que le roi adressa au conseil de Castille. L'exaspération de la foule contre Godoy produisit, le 18 mars 1808, la révolution d'Aranjuez, par suite de laquelle Charles IV abdiqua, le 19, la couronne, qui passa dès lors, conformément au droit monarchique, à Ferdinand. Mais en même temps qu'il souscrivait un acte d'abdication, Charles IV écrivait secrètement à Napoléon en protestant contre la violence dont il était victime ; protestation dont Napoléon prit prétexte pour intervenir dans les affaires d'Espagne, détrôner la branche de la maison de Bourbon, qui y régnait depuis un siècle, et lui substituer un membre de sa famille. On sait avec quelle généreuse unanimité l'Espagne refusa de se courber sous le joug honteux qu'on voulait lui imposer, et quelles suites eut pour la fortune de Napoléon la guerre essentiellement nationale qui s'alluma alors dans la Péninsule. Depuis cinq ans Ferdinand VII avait pour prison le château de Valençay, appartenant à Talleyrand, lorsque Napoléon, réduit en 1813 à défendre le sol français contre l'invasion étrangère, lui fit offrir de le rétablir sur le trône de ses pères moyennant qu'il souscrivît aux conditions posées dans un traité en date du 11 décembre 1813, qui avait pour but de séparer les intérêts de l'Espagne de ceux du reste de l'Europe, que les cortès refusèrent de sanctionner. Ferdinand, en vertu de ce traité, n'en rentra pas moins dès les premiers jours de mars en Espagne, où il fut accueilli par les populations avec les plus chaleureuses démonstrations d'amour et de fidélité. Mais alors, n'écoutant que les conseils de la noblesse de cour, du clergé et de quelques généraux, ce prince, avant même d'être arrivé à Madrid, refusa de prêter serment à la constitution des cortès de 1812, et la repoussa comme contraire au principe monarchique. Cette déclaration fut d'ailleurs suivie de la promesse solennelle d'une constitution qui répondrait à l'état d'instruction générale auquel l'Europe est aujourd'hui parvenue, de même qu'aux besoins moraux de la nation espagnole dans les deux hémisphères. Cependant à peine le général Eguia fut-il arrivé à Madrid avec un détachement des gardes, deux jours avant l'entrée du roi, que les membres de la régence, les ministres et un grand nombre de députés des cortès furent arrêtés au milieu de la nuit et jetés dans les cachots. Le 14 mai 1814 Ferdinand VII fit son entrée solennelle à Madrid, où il chercha à gagner l'esprit des masses en faisant preuve de la plus grande affabilité. Il ne se fut pas plus tôt saisi des rênes de l'État, qu'on vit se succéder une série d'actes et de mesures qui excitèrent en Europe la plus vive surprise. Au lieu de la constitution représentative si formellement promise, on vit alors s'organiser le plus violent système de persécution contre tous les hommes soupçonnés d'avoir des idées libérales. Les arrestations arbitraires, les emprisonnements, les confiscations et les supplices devinrent à l'ordre du jour dans toutes les parties de l'Espagne. On rétablit les ordres monacaux, l'inquisition et ses tortures, et toute manifestation de sentiments libéraux fut sévèrement réprimée. Peu à peu toute l'administration publique se trouva sous la dépendance d'une camarilla aveugle et inepte. Enfin une insurrection éclata en janvier 1820, et le 7 mars suivant Ferdinand VII était contraint de consentir au rétablissement de la constitution des cortès de 1812. Mais l'intervention armée de la France, en 1823, eut pour résultat la restauration du pouvoir absolu en Espagne.

En 1816 Ferdinand VII s'était remarié avec la seconde fille du roi de Portugal Jean VI, *Maria Isabella Francisca*, qui mourut le 26 décembre 1818. Au mois d'août 1819, il convola en troisièmes noces avec Joséphine, fille du prince Maximilien de Saxe, laquelle mourut le 16 mai 1829. La même année il contracta un quatrième mariage, avec Marie-Christine, fille de François 1er, roi des Deux-Siciles, de laquelle il eut deux filles, Isabelle, aujourd'hui reine d'Espagne, et l'infante Marie-Louise, mariée au duc de Montpensier. L'influence que Marie-Christine exerçait sur l'esprit de Ferdinand VII le détermina à mettre à néant dans la monarchie espagnole, en vertu de sa pragmatique sanction du 29 mars 1830, la loi salique, que déjà, dans les cortès de 1822, il avait été question de supprimer, et de la remplacer par l'ancienne loi d'hérédité en usage en Castille, et aux termes de laquelle les femmes et leur descendance pouvaient arriver à la couronne. Cette mesure détermina, du vivant même du roi, les partisans de son frère don Carlos à ourdir les trames les plus dangereuses, et fit éclater tout de suite après sa mort la plus terrible des guerres civiles. Menacé tantôt par le parti libéral et tantôt par le parti réactionnaire, et constamment le jouet de sa camarilla et des intrigues de sa cour, le roi, quand il vint tomber gravement malade en octobre 1832, remit à la reine, sa femme, la direction des affaires de l'État jusqu'au rétablissement de sa santé; et tout aussitôt un système plus libéral remplaça celui qui avait dominé jusqu'alors. Le ministre Calomarde, entièrement dévoué au parti carliste, et qui avait profité d'un moment où le roi n'avait plus la conscience de lui-même pour lui faire signer un décret qui retirait la pragmatique sanction, fut contraint à prendre la fuite. Quand Ferdinand revint à la santé, il déclara, en présence d'une assemblée de tous les ministres et de tous les grands d'Espagne, convoqués le 31 décembre 1832 par la reine Marie-Christine, que ce décret lui avait été surpris; et le 4 janvier 1833 il reprit l'exercice du pouvoir souverain. Le 20 juin de la même année, il fit solennellement prêter foi et hommage à la princesse des Asturies par les députés des cortès et par les grands d'Espagne, et mourut le 29 septembre 1833.

FERDINAND, roi de Portugal. Né en 1340, ce prince monta sur le trône en 1367, à la mort de Pierre le Cruel, son père. On lui reproche d'avoir enlevé à un seigneur de son royaume sa femme pour la placer sur le trône à ses côtés; mais son administration fut pleine de sagesse et de douceur. Il ne fut pas heureux dans la guerre qu'il soutint contre les rois de Castille Henri II et Jean 1er, et dut renoncer à ses prétentions, pour obtenir la paix. Il mourut en 1383.

FERDINAND. Cinq princes ont régné sous ce nom à Naples. Le quatrième a recommencé une série nouvelle comme roi des Deux-Siciles.

DICT. DE LA CONVERS. — T. IX.

FERDINAND 1er, fils naturel d'Alfonse le Magnanime, naquit en 1424, et succéda à son père en 1458. Ce prince, d'un caractère lâche, sombre et vindicatif, s'attira bientôt la haine de ses sujets, et la conjuration des barons éclata. Déjà il était réduit à la dernière extrémité, au point que la reine Isabelle sa femme, pour lui fournir quelque argent et quelques effets d'équipement, fit elle-même, avec ses enfants une quête dans les rues de Naples, quand les secours que lui envoyèrent le pape Pie II et François Sforza, duc de Milan, puis l'arrivée de Scanderberg, le héros de l'Albanie, qui vint se mettre à la tête de son armée, raffermirent son trône chancelant. Ferdinand 1er souilla son triomphe par sa cruauté et sa perfidie; au mépris de la foi jurée, il ne songea qu'à se venger de tous ceux qui avaient embrassé le parti de la maison d'Anjou. Jacques Piccinino, l'illustre général, fut une de ses victimes. Cependant son règne ne fut pas sans éclat, et son fils Alfonse eut la gloire de reprendre Otrante sur les Turcs, sauvant ainsi l'Italie du joug musulman (10 septembre 1480). Cinq ans plus tard les barons se révoltèrent de nouveau, et, comme la première fois, Ferdinand se débarrassa de ses ennemis par la trahison. Excommunié par le pape en 1489, il mourut en 1494, au moment où Charles VIII se préparait à fondre sur Naples.

FERDINAND II, fils d'Alfonse II, et petit-fils du précédent, succéda en 1495 à son père, que la haine de son peuple contraignit d'abdiquer. Avant de monter sur le trône il avait inutilement essayé de fermer le passage dans la Romagne à l'armée française. Charles VIII, accueilli comme un libérateur par les populations enthousiasmées, se trouva bientôt devant Naples; cette capitale et Capoue se soulevèrent en sa faveur, l'armée même de Ferdinand l'abandonna et passa à l'ennemi. Avant de s'embarquer, le jeune prince adressa à ses sujets de nobles et touchants adieux, et les délia de leurs serments pendant que la populace pillait déjà son palais. Mais la fortune inconstante ne tarda pas à trahir son heureux rival, ainsi que les revers furent aussi prompts que les succès avaient été rapides. L'épée de Gonzalve de Cordoue, le grand capitaine, lui contribua pas peu à la restauration de la maison d'Aragon. Ferdinand rentra à Naples le 7 juillet 1495, cinq mois après qu'il en était sorti, et dans le milieu de l'année suivante il avait reconquis tout son royaume. Il épousa alors sa tante Jeanne, et mourut presque aussitôt (5 octobre 1496).

FERDINAND III. C'est le nom sous lequel Ferdinand V d'Espagne gouverna la Sicile à partir de 1479, et le royaume de Naples de 1504 à 1516.

FERDINAND IV ou FERDINAND 1er, roi des Deux-Siciles, né le 12 janvier 1751, troisième fils du roi d'Espagne Charles III, fut élevé par le duc de Santo-Nicandro, homme loyal, mais esprit de peu de portée. Quand, en 1759, son père monta sur le trône d'Espagne, il lui succéda sur celui de Naples, conformément au statut de famille qui prohibait la réunion des deux couronnes sur la même tête; et pendant sa minorité on le plaça sous la direction d'un conseil de régence, présidé par le marquis Tanucci, ancien professeur de droit à l'université de Pise. Par sa rare affabilité il était déjà devenu l'idole du peuple, quand, le 12 janvier 1767, il prit lui-même les rênes de l'État, sous le nom de *Ferdinand IV*, et en 1768 il épousa Caroline-Marie, fille de l'impératrice Marie-Thérèse, qui parvint en peu de temps à exercer sur lui la plus décisive influence, et sans l'assentiment de laquelle il n'eût rien osé faire plus tard, lorsqu'après le renvoi de Tanucci (1777) elle s'occupa davantage des affaires de l'État. Sous le ministre Acton, homme entièrement à la dévotion de la reine, le cabinet de Madrid perdit, à partir de 1784, toute influence sur la cour de Naples, qui s'allia plus étroitement aux cabinets de Vienne et de Londres, et par suite se rattacha (en 1793) à la coalition contre la France.

Quoique l'un des plus violents adversaires de la révolution, Ferdinand se vit contraint en 1796 de conclure la paix avec la république française, qui en 1798 lui déclara

23

la guerre, lorsque de nouveau il accéda à la coalition. Une armée française aux ordres du général Championnet, à la suite d'une rapide succession de victoires, entra à Naples, où le 23 janvier 1799 on proclama la *république parthénopéenne*, après que le roi se fut réfugié à Palerme dès le 24 décembre 1798. Toutefois, une contre-révolution fit retomber, le 21 juin 1799, la capitale au pouvoir d'une armée royaliste commandée par le cardinal Ruffo, et alors commença, sous la direction du fameux Speciale, la plus sévère enquête à l'égard des individus qui avaient pris part à la révolution, et dont un grand nombre furent condamnés à mort et exécutés. La cour ne revint d'ailleurs à Naples qu'au mois de janvier 1800, époque où l'Espagne conclut avec le premier consul un traité qui garantissait l'intégrité du royaume de Naples et de la Sicile. Cependant, lors de la paix conclue avec la France le 28 mars 1801, Ferdinand dut abandonner entre autres le *Stato degli Presidj*, recevoir dans ses États une armée française d'occupation, et par le traité de neutralité de 1805 il s'engagea à repousser tout débarquement de troupes qui pourrait être tenté par les puissances en guerre contre la France. Dès le mois de novembre de la même année, une flotte anglo-russe ayant paru devant Naples et y ayant débarqué un corps de 11,000 hommes, Napoléon fit occuper le pays; et en 1806 la famille royale fut de nouveau réduite à se réfugier en Sicile.

Grâce à l'appui de l'Angleterre, Ferdinand parvint à s'y maintenir; mais en 1809, un différend s'étant élevé entre la reine et le cabinet anglais, il abandonna à son fils François la direction des affaires, qu'il ne reprit qu'en décembre 1811, lorsque la reine se fut retirée à Vienne. Reconnu par le congrès de Vienne dans tous ses droits de roi des Deux-Siciles, quoique Murat fût encore en possession du royaume de Naples, il rentra dans sa capitale le 17 juin 1815, quand celui-ci eut été contraint de se sauver en France; et le 12 décembre 1816 il réunit ses possessions d'en deçà et d'au delà du détroit en un seul royaume, qui reçut la dénomination de *royaume des Deux-Siciles*. Comme roi de ce nouvel État, il prit le titre de *Ferdinand I*er. Sa femme était morte le 8 septembre 1814; et la même année il avait convolé en secondes noces avec la princesse douairière de Partana, qu'en 1815 il créa duchesse de Floridia. A la suite de la révolution de 1820, force lui fut d'introduire dans ses États la constitution des cortès de 1812, à laquelle il dut aussi prêter serment, mais qui fut renversée dès 1821 à l'aide des baïonnettes autrichiennes. Si alors son gouvernement déploya une grande rigueur dans la poursuite des *carbonari*, il faut reconnaître d'un autre côté qu'il mérita bien du pays par l'expulsion des jésuites, par la suppression d'un grand nombre de couvents inutiles et par d'heureuses reformes opérées dans l'administration intérieure. Il mourut le 4 janvier 1825, et eut pour successeur son fils François Ier.

FERDINAND II, roi des Deux-Siciles, né le 12 janvier 1810, fils du roi François Ier, issu de son second mariage avec l'infante d'Espagne *Isabelle-Marie*, succéda à son père en 1830. Le royaume des Deux-Siciles, par suite de la mauvaise administration qui l'avait depuis longtemps régi, des charges que lui avaient léguées les anciennes guerres et de celles qu'il lui avait fallu supporter en pleine paix, se trouvait dans la plus déplorable situation. On manquait de liberté dans la vie civile, de sécurité à l'intérieur, en même temps que les prodigalités de la cour et une administration inintelligente avaient ruiné les finances. Dans de telles circonstances, il était naturel que le jeune roi inspirât les plus vives espérances à son peuple. Aussi la joie publique fut-elle grande lorsqu'on vit Ferdinand II, à son avènement, au trône, adoucir le sort des individus politiquement compromis et ordonner la cessation des poursuites dirigées contre eux. Le roi fit aussi publier l'état de situation du trésor, et promit de diminuer le poids des impôts au moyen de sages économies. Mais Ferdinand II ne prêta que trop tôt l'oreille aux conseils intéressés d'étrangers qui voyaient dans l'annonce d'une organisation administrative plus libérale un dangereux exemple pour le reste de la Péninsule italique; et l'aristocratie, d'accord avec le clergé, acheva de le convertir complétement aux idées absolutistes. Aussi depuis lors le royaume de Naples et celui de la Sicile surtout ont-ils été presque sans interruption le théâtre de conspirations et de révoltes, suivies toujours de procès politiques et de sanglantes exécutions, dont la conséquence directe a été de propager dans le peuple des idées de violence et de férocité, en même temps que le plus déplorable désordre s'introduisait dans toutes les parties de l'administration.

La fermentation révolutionnaire ne put prendre un développement de plus en plus menaçant, lorsque éclata, en 1847, l'agitation générale de la Péninsule italique. Déjà diverses révoltes avaient pu être comprimées par l'emploi, soit des moyens de simple police, soit de la force armée, lorsqu'au commencement de l'année 1848 la Sicile tout entière se souleva; de sorte que le 19 janvier le roi était réduit à consentir à l'introduction de quelques réformes et au renvoi de ses ministres, puis à accorder, le 29 du même mois, une constitution commune aux deux parties de la monarchie, et bientôt même à prendre part à la guerre contre l'Autriche au nord de l'Italie. Mais les Siciliens ne voulurent pas avoir confiance en ces actes de leur roi; et au mois de mai 1848, ils déclarèrent même que la famille de Bourbon cessait désormais de régner sur leur île. Au commencement de cette même année 1848, Ferdinand II, aux termes de la constitution, convoqua les chambres; mais, jaloux des empiétements qu'il leur voyait commettre chaque jour sur ce qu'il considérait comme ses droits, il ne tarda point à les dissoudre. Après que la Sicile eut été forcée de reconnaître de nouveau son autorité (mai 1849), et lorsque la réaction devint générale en Italie, il s'empressa de mettre à néant la constitution qui lui avait été imposée au fort de la crise de 1848, en même temps que tous les hommes qui avaient pris part aux réformes opérées dans les diverses branches de l'administration publique devenaient l'objet des poursuites les plus rigoureuses.

Le 21 novembre 1832, Ferdinand II épousa *Marie-Christine* de Sardaigne, qui le 16 janvier 1836 accoucha du prince royal *François-Marie-Léopold*, duc DE CALABRE; mais cette princesse mourut quinze jours après. Au mois de janvier suivant, il épousa *Thérèse*, fille de l'archiduc Charles d'Autriche, de laquelle il a eu, outre trois filles, cinq fils : *Louis-Marie*, comte DE TRANI, né en 1838; *Albert-Marie-François*, comte DE CASTRO GIOVANNI, né en 1839, mort en 1844; *Alphonse-Marie-Joseph-Albert*, comte DE CASERTA, né en 1841; *Gaëtan-Marie-Frédéric*, comte DE GIRGENTI, né en 1846; *Joseph-Marie*, comte DE LUCERA, né en 1848.

FERDINAND. Trois grands-ducs de Toscane ont porté ce nom. FERDINAND Ier, grand-duc de 1587 à 1609, et FERDINAND II, de 1621 à 1690, appartenaient à la maison de Médicis, et n'ont rien fait de remarquable.

FERDINAND III (JOSEPH-JEAN-BAPTISTE), grand-duc de Toscane et archiduc d'Autriche, frère de l'empereur d'Autriche François Ier, né le 6 mai 1769, succéda, le 2 juillet 1790, à l'empereur Léopold II, comme son second fils, en qualité de grand-duc de Toscane, et se montra prince ami de la paix, bienveillant et éclairé. Ami de la paix, il observa une stricte neutralité dans la guerre contre la république française, et fut le premier souverain qui la reconnut (16 janvier 1792), et qui établit avec elle des relations diplomatiques. A la vérité, il fut contraint par la Russie et surtout par la menace que lui fit adresser l'Angleterre au mois d'octobre 1793 de bombarder Livourne si dans les vingt-quatre heures il ne renonçait à la neutralité, d'accéder à la coalition; mais il s'en détacha aussitôt que le Piémont eut été occupé par une armée française. Le 9 février 1795 il fit la paix avec la France; par le traité de 1797, il sauva la neutralité de ses États au milieu de circonstances des plus critiques; mais les plans que la France avait conçus à l'égard de l'Italie étant devenus de plus en plus manifestes, force lui fut de se rapprocher de la cour de Vienne; conduite qui fournit à la France un prétexte pour lui déclarer la guerre au mois de mars 1799, en même temps qu'à l'Autriche; et bientôt les événements le mirent dans la nécessité de se réfugier à Vienne. Aux termes de la paix conclue en 1801, à Lunéville, il dut renoncer à la souveraineté de la Toscane. Une convention signée à Paris, le 26 décembre 1802, lui accorda, comme indemnité, l'électorat de Salzbourg, de création nouvelle; mais la paix de Presbourg le contraignit de nouveau à céder cet électorat, partie à l'Autriche et partie à la Bavière, et à recevoir en échange Wurtzbourg, érigé en électorat, puis en grand-duché par suite de son accession à la confédération du Rhin. En diverses occasions Napoléon témoigna d'une estime toute particulière pour la personne et le caractère de Ferdinand III, et en juin 1812 il le désigna même aux Polonais comme leur futur roi.

La première paix de Paris (1814) lui restitua le grand-duché de Toscane, auquel le congrès de Vienne ajouta encore le *Stato degli Presidj* et la souveraineté de la principauté de Piombino. Ferdinand III fut encore une fois obligé d'abandonner sa capitale, quand, en 1815, Murat essaya de proclamer l'indépendance de l'Italie et marcha contre l'Autriche; mais il put rentrer à Florence dès le 20 avril de la même année. Il avait épousé en premières noces *Louise*, fille de Ferdinand Ier, roi des Deux-Siciles, qui mourut à Vienne, en 1802. Il se remaria en 1817 avec la princesse *Marie*, fille du prince Maximilien de Saxe. Ferdinand III mourut le 17 juin 1824, et eut pour successeur son fils unique Léopold II.

FERDINAND, ducs de Brunswick. *Voyez* BRUNSWICK.

FERDINAND (PHILIPPE-LOUIS-ROSOLIN-CHARLES-HENRI-JOSEPH), duc D'ORLÉANS, prince royal. *Voyez* ORLÉANS.

FERDINAND (Ordres de SAINT-). Il existe aujourd'hui deux ordres de chevalerie de ce nom; l'un fut fondé en 1800, dans le royaume des Deux-Siciles, par Ferdinand IV, à l'occasion de sa rentrée dans la capitale de ses États, qui venait d'être occupée pendant six mois par les troupes françaises. La décoration consiste en une croix d'or, formée alternativement de rayons et de fleurs de lis, et ayant au centre un médaillon avec l'image de saint Ferdinand et la légende: *Fidei et merito*. On la porte suspendue à un ruban moiré bleu, avec liseré ponceau.

L'autre ordre de Saint-Ferdinand fut créé en 1811, par les cortès de Cadix, pour être distribué aux défenseurs de l'indépendance nationale. Ferdinand VII, au lieu de l'abolir, comme il avait fait de la constitution des cortès, se contenta d'en modifier les statuts, imitant en cela Louis XVIII, qui avait maintenu la Légion d'honneur. La décoration consiste en une croix d'or pommelée, émaillée de blanc, ayant au centre un médaillon avec l'image de saint Ferdinand, entourée par la légende: *El rey y la patria*. On la porte suspendue à un ruban ponceau, liseré orange. La hiérarchie de l'ordre est, du reste, des plus compliquées, et la dénomination des classes en sens précisément inverse de celle qui est adoptée dans les institutions analogues, c'est-à-dire que la première classe est le degré le plus infime de l'ordre.

FERDOUCY. *Voyez* FIRDOUSI.

FÈRE (La), ville de France, chef-lieu de canton dans le département de l'Aisne, à l'extrémité d'une grande île formée par l'Oise, un peu au-dessous de son confluent avec la Serre. C'est une place forte de quatrième classe, qui renferme une école régimentaire d'artillerie, établie dans son ancien château, et un arsenal de construction, occupant un tiers de la ville. La Fère, dont la population est de 4,441 habitants, possède des fabriques de produits chimiques, de savons verts, de toiles et de treillis. C'est une station du chemin de fer de Creil à Saint-Quentin. Le roi Eudes résida à La Fère et y mourut; elle appartint ensuite à l'évêque de Laon, et fut érigée en commune en 1207. Les Espagnols s'en rendirent maîtres en 1536, ainsi que le prince de Condé, en 1579; mais les Huguenots la reprirent presque aussitôt. En 1589 les ligueurs la livrèrent aux Espagnols, et Henri IV ne la reprit, en 1597, qu'au moyen d'une digue qui, faisant refluer les eaux de la rivière, submergea les magasins de poudre. Bombardée et prise par les alliés en 1814, elle fut assiégée inutilement l'année suivante par les Prussiens.

FÈRE-CHAMPENOISE (Bataille de LA). La Fère-Champenoise est une petite ville du département de la Marne, située à 32 kilomètres d'Épernay, sur la route qui mène de Sézanne à Vitry-le-Français, avec une population qui ne dépasse pas 2,000 âmes. Elle est douloureusement célèbre par la journée du 25 mars 1814, dans laquelle l'aile gauche de Napoléon, cherchant à le joindre, fut en partie écrasée, en partie refoulée sur Paris.

Les maréchaux Marmont et Mortier, qui se trouvaient entre Reims et Soissons, avaient reçu de l'empereur l'ordre formel de venir se rallier à lui en suivant la direction qu'il avait prise et qui était celle de Vitry, lorsque la cavalerie ennemie les attaqua, les sépara et les contraignit à reculer. Ils s'étaient à peine rejoints, qu'une deuxième colonne austro-russe les rompit de nouveau. Après sept heures d'un combat acharné, ils espéraient gagner enfin les hauteurs de La Fère-Champenoise; mais un violent orage seconda encore les attaques de l'ennemi, et augmenta le désordre de la retraite. Dépostés à deux reprises de La Fère et de Linthes, ce n'est qu'à la nuit qu'ils parvinrent à trouver une position où ils purent se maintenir entre Sézanne et Allemant.

Sur ces entrefaites, une colonne de 5,000 fantassins, composée des divisions Pacthod et Amey, qui venaient de se réunir aux deux maréchaux, étonna et inquiéta l'ennemi en débouchant inopinément devant lui. Tous les efforts des alliés se tournèrent aussitôt contre elle. La cavalerie de Langeron et celle de Sacken la forcèrent à quitter la route et à se retirer à travers champs sur La Fère-Champenoise. Un nouveau détachement de cavalerie russe vint encore lui barrer le chemin. Cependant, les deux généraux ne perdaient pas courage : ils entendaient le canon de Marmont et comptaient toujours se rallier. Leur espoir fut malheureusement déçu : pendant qu'ils s'avançaient, formés en carrés, bravant intrépidement les charges des escadrons qui les enveloppaient, la cavalerie de réserve de Schwartzenberg fondit sur eux. En même temps les braves, presque tous gardes nationaux ou conscrits, étaient foudroyés par le feu d'une artillerie formidable disposée sur les hauteurs voisines. Entourés d'une masse de 20,000 chevaux, criblés de mitraille, ils répondent par un feu terrible. En vain on les somme de déposer les armes : ils puisent de nouvelles forces dans la grandeur du péril, et en marchandant pas leur sang, quoique certains de ne pas obtenir la victoire. Ces deux divisions succombèrent avec gloire, non sans faire essuyer à l'ennemi des pertes énormes. À peine un très-faible nombre parvint-il à rejoindre le corps du général Vincent. La journée de La Fère-Champenoise nous coûta 9,000 hommes, dont 4,000 prisonniers, et 46 canons. L'ennemi ne perdit qu'environ 5,000 hommes.

FÈRE EN TARDENOIS (La), chef-lieu de canton dans le département de l'Aisne, sur l'Ourcq, avec 2,556 habitants, une fabrication de bonneterie de laine, de coton à coudre et à tricoter, de fécule, de sucre de betterave et de saboterie, un commerce de chevaux, grains, bois, vins, chanvre. Autrefois ville forte et chef-lieu de l'ancien pays de Tardenois, elle fut prise en 1567 par les calvinistes; en 1589, par les ligueurs; en 1590, par les royalistes, et en 1652, par les Espagnols. On y voit les restes importants d'un ancien château fort, dont la galerie, construite en 1639, d'après les ordres d'Anne de Montmorency, présente une architecture élégante et des sculptures attribuées à Jean Goujon.

FERETRIUS, surnom de Jupiter chez les Romains. On lui offrait les dépouilles opimes. Ce fut Romulus qui le premier éleva un temple à Jupiter-Feretrius, sur le Capitole. Ancus-Martius agrandit ce temple, qui dans l'origine était très-petit, et plus tard Auguste le reconstruisit entièrement.

23.

Sous la Restauration, un inspecteur général des études, homme d'esprit et de savoir du reste, eut un beau jour le malheur de prendre ce nom de *Feretrius* pour celui d'on des sept rois de Rome, et de parler fort longuement en public des faits et gestes du *roi* Feretrius. Cette bévue fut exploitée avec d'autant plus d'empressement par la presse opposante, que le coupable était un des coryphées du parti absolutiste. On trouve souvent, dans les écrits polémiques de l'époque, des allusions plus ou moins piquantes à cette invention du *roi* Feretrius, allusions que le lecteur ne comprendrait plus sans cette courte explication. C'était le bon temps littéraire, où une bourde de ce genre enterrait un homme à jamais, tout comme il arrivait à Jouy de se suicider rien qu'en créant le mot latin *agreabilis* ! On est moins difficile aujourd'hui. Où en serions-nous si un peu plus, un peu moins d'ignorance suffisait pour entraver la carrière des poëtes, des historiens, des romanciers et des publicistes à la mode ?

FERGUS Ier fut le premier roi d'Écosse, l'an 403 de l'ère chrétienne ; il passa sa vie à combattre les Romains, et périt en 420, dans une expédition contre la province romaine de Bretagne. Voilà tout ce que nous racontent de ce personnage les historiens les plus jaloux de faire remonter bien haut cette vieille dynastie calédonienne qui s'éteignit (1292) en la personne d'Alexandre III ; mais aux yeux de la critique l'existence de Fergus n'est attestée par aucun monument authentique. Il en est de lui comme du roi Arthus, comme de Marcomir, de Pharamond, guerriers qui ont probablement existé, et dont les noms, perdus dans la nuit des âges, sont devenus un texte de fables et de traditions merveilleuses pour les chroniqueurs enclins à flatter les vanités nationales. Walter-Scott ne nomme pas même Fergus Ier dans son *Histoire d'Écosse*.

FERGUS II, qui succéda à Eugène VII, en 764, ne régna que trois ans : ce fut un tyran débauché, dont la ruine sa femme délivra l'Écosse, en l'étranglant dans la couche nuptiale.
Charles Du Rozoir.

FERGUSON (Adam), philosophe et historien anglais, né en 1724, à Logierait, dans le comté de Perth (Écosse), fut attaché comme chapelain, pendant la guerre de 1742 contre la France, à un régiment de montagnards écossais, avec lequel il revint en Écosse à la conclusion de la paix d'Aix-la-Chapelle. Ayant échoué alors dans ses efforts pour obtenir une cure, il reprit ses fonctions de chapelain dans un ancien régiment, qu'on avait envoyé tenir garnison en Irlande, et ne le quitta que lorsque lord Bute l'eut choisi pour précepteur de son fils. En 1759 il fut nommé professeur des sciences naturelles à Édimbourg, et obtint en 1764 la chaire de philosophie morale dans la même université, qu'il conserva jusqu'en 1784, époque où il s'en démit volontairement. Ses travaux comme professeur ne furent interrompus que par deux voyages, l'un sur le continent, où il servit de mentor au jeune lord Chesterfield pendant les années 1773 et 1774, l'autre en 1778 en Amérique, où il remplit une mission pacifique, avec quatre collègues, auprès du congrès des États-Unis. Après avoir plus tard encore voyagé en Italie, à l'effet d'y recueillir des matériaux pour son ouvrage relatif à la république romaine, il se fixa à Saint-Andrews, où il mourut, le 2 février 1816.

Ferguson s'est montré à la fois philosophe et historien érudit, éclairé et judicieux. Son *Essai sur la Société civile*, (1767) est digne de l'attention des penseurs. Ses leçons de philosophie morale à l'université d'Édimbourg lui ont fourni la matière de deux ouvrages : *Institutions de Philosophie morale* (1769), et *Principes des Sciences morales et politiques* (1792). Mais le plus renommé de ses travaux est son *Histoire des progrès et de la chute de la République romaine* (Londres, 1783), traduit en français par Desmeuniers et Bergier. Émule de Gibbon pour l'étendue de l'instruction et la sagacité, il s'en faut de beaucoup que l'on puisse le lui comparer pour le style. Des historiens de l'École écossaise, Ferguson est le plus froid et le plus prolixe ; cependant, sa diction ne manque ni d'élégance ni de dignité. Ce n'est point dans son ouvrage qu'il faut chercher les vues profondes du génie, ni cette énergie d'expression que peut seule inspirer un amour ardent de l'humanité.
Aubert de Vitry.

FERGUSON (James), mécanicien et astronome de talent, né en 1710, à Keith, dans le comté de Banff (Écosse), de parents pauvres, montra de bonne heure pour l'étude des sciences un goût des plus vifs, que contraria singulièrement son indigence, qui le contraignit à commencer par gagner son pain par un travail manuel. Mais il triompha de ces difficultés à force de patience et d'énergie, et parvint à savoir assez bien dessiner pour vivre désormais en faisant des portraits et à avoir en même temps les loisirs nécessaires pour se livrer à l'étude. En 1743 il vint à Londres, où plus tard il se lança aussi comme écrivain et où il fit sur les sciences naturelles des cours publics qui attirèrent un grand nombre d'auditeurs ; et les cours analogues qu'il fit en province n'obtinrent pas moins de succès. Georges III, qui en avait suivi un lorsqu'il n'était encore que prince de Galles, lui accorda une pension de 50 livres sterl., somme plus que suffisante pour les besoins essentiellement bornés du modeste savant. Il mourut en 1776. Ses principaux ouvrages sont : *Astronomy explained upon sir Isaac Newton's principles* (1756) ; *Lectures on subjects of mechanics, hydrostatics, pneumatics and optics* (1760) ; *Select mechanical exercises* (1773), avec une autobiographie de l'auteur.

FÉRIES, en latin *feriæ*, dérivé, soit de *ferire*, immoler les victimes, soit de *ferendis epulis*, des festins qu'on y servait, soit de *festa*, *festæ*, *fesiæ*, jours de fête. Dès les temps les plus reculés on voit chez les Romains des jours de repos, pendant lesquels on s'abstenait de travailler. Quelques auteurs ont confondu les féries avec les fêtes ; d'autres ont dit que les fêtes étaient célébrés par des sacrifices et par des jeux, ce qui n'avait pas toujours lieu dans les féries. Les fêtes étaient des féries ou jours de repos, mais les féries n'étaient pas toutes des fêtes. Il y avait des féries de plusieurs espèces : les unes étaient publiques, anniversaires et fixes (*stativæ*) ; les autres étaient mobiles. Les premières figuraient dans les fastes au nombre des jours nommés *nefasti*, ou de repos. Tout le monde était obligé de les observer. Les autres, telles que celles des semailles, des vendanges, étaient indiquées par le magistrat, de même que les féries votives (*conceptivæ*) ; les féries des gens de la campagne, ou jours de marché, s'appelaient *nundinæ*. Les féries privées, *feriæ privatæ*, étaient celles qu'on célébrait dans certaines familles ; on les appelait aussi *sacra gentilitia* ; aucun prétexte ne pouvait dispenser de les observer : on eût craint de s'attirer le courroux des dieux ; la guerre même n'en dispensait pas. P. Fabius sort du Capitole assiégé par les Gaulois pour aller sur le mont Quirinal offrir un sacrifice de famille.

Les principales féries étaient les suivantes :

Feriæ denicales, pour l'expiation des familles souillées par un mort ; en revenant d'un enterrement, on faisait chez soi des ablutions avec de l'eau, et l'on passait par-dessus un feu allumé. Cette sorte de purification se nommait *suffitio* (fumigation) ; le jour des dénicales, il n'était pas permis d'atteler des mulets. Le nom de dénicales venait du mot *nex* (la mort).

Feriæ imperativæ ou *indictivæ*. Elles étaient ordonnées par un magistrat, à l'occasion de quelque événement extraordinaire, comme une victoire, des prodiges, un tremblement de terre, et duraient un jour, quelquefois deux ou trois, mais se prolongeaient jusqu'à neuf jour une pluie de pierres : on les appelait alors *novemdialæ*. Aulu-Gel'e parle d'un décret des pontifes qui défendait de nommer le dieu en l'honneur duquel la férie avait lieu, de peur qu'en en invoquant un pour un autre, le peuple ne rendît pas hommage à celui à qui il le devait. Quand on avait profané les féries, il fallait sacrifier une victime, et pour ne pas se tromper de divinité, on se servait d'une formule dont le sens, vague et ambigu, pouvait s'appliquer à tous les dieux. Les supplications qui avaient lieu dans les grandes féries publiques étaient des espèces de processions, où les jeunes gens des deux sexes, couronnés de fleurs et de verdure, chantaient des hymnes en l'honneur des dieux. Les magistrats, les pontifes, les chevaliers et le peuple, vêtus de blanc, formaient le cortége. On dressait des tables chargées de mets pour les statues des dieux. Dans ces cérémonies, les femmes étaient séparées des hommes, et primitivement il ne leur était permis de porter de l'or et des habits de différentes couleurs que dans ces jours de féries publiques.

Feriæ latinæ, féries latines. Ce furent celles que Tarquin établit pour unir aux Romains les Herniques, les Volsques et autres peuples du Latium, au nombre de quarante-sept. Elles étaient particulièrement consacrées à Jupiter *Latialis*, ou protecteur du Latium, et se célébraient avec beaucoup d'appareil. En temps de guerre, on suspendait à cette occasion les hostilités. Ces féries ne durèrent d'abord qu'un jour. Après l'expulsion des rois, elles furent de deux. Au retour du peuple après sa retraite sur le mont Sacré, l'an 260 de Rome, on en ajouta un troisième, puis un quatrième, en mémoire de sa réconciliation avec le sénat. On sacrifiait un taureau pour la prospérité de tous les peuples de la confédération, et chaque ville recevait une portion du taureau immolé. Les Romains présidaient à la fête ; mais les confédérés partageaient les frais du festin en apportant toutes sortes de provisions. Le quatrième jour on célébrait des jeux dont le prix était un verre d'absinthe.

Les consuls indiquaient les féries ordinaires et annuelles ; et quand ils partaient pour la guerre, ils commettaient un magistrat pour les célébrer en leur absence. Il y avait encore des féries latines extraordinaires, pour lesquelles on créait un dictateur ; mais cela n'arrivait que dans des circonstances où le salut de la république était intéressé et sur lesquelles on consultait les livres sibyllins. On en cite peu d'exemples : l'un, sous la dictature de Valerius Publicola, en 410, pour détourner l'effet des présages sinistres ; l'autre, en 562, après un tremblement de terre, sous les consuls L. Quintius et M. Domitius : ces féries durèrent trente-huit jours ; un troisième, en 572, sous la préture de M. Ogulnius Gallus.

Dans les *feriæ sementinæ*, féries pour les semailles, on offrait des sacrifices à Cérès et à la terre, ou à la déesse Tellus, dans le temple de cette divinité. Th. DELBARE.

FÉRIÉS (Jours). Les jours fériés sont ceux qui sont consacrés à l'exercice du culte, aux réjouissances publiques, les jours où les travaux publics sont suspendus. Ce jour-là les tribunaux vaquent, les huissiers ne peuvent, sans s'exposer à l'amende, faire des actes de leur ministère. Les jours fériés ont été, dans le principe, institués dans le but tout philanthropique d'empêcher les maîtres d'accabler de travail leurs esclaves, en leur procurant un jour de repos sur sept. Les jours fériés ou de fête légale, sous la première république, était les *décadis*, et les jours complémentaires, ajoutés à quelques anniversaires révolutionnaires. Les jours fériés sont moins nombreux aujourd'hui que sous l'ancien régime : nous devons classer dans cette catégorie les dimanches, le 1er janvier, l'Ascension, l'Assomption, la Toussaint et Noël ; les lundis de Pâques et de la Pentecôte, le Mardi gras ne sont point des jours légalement fériés, mais ils sont fêtés comme tels par une partie de la population et par les fonctionnaires.

FERLAGE et **FERLER**. C'est aux nations du Nord que nous sommes redevables du mot *ferler* ; il vient de l'anglais *furl*, plier, ramasser : les anciennes ordonnances portent, *efréler* et *éferler*. *Ferler* appartenait exclusivement à la marine ; il enrichissait le langage des marins, car on ne peut lui refuser une certaine élégance, et l'opération qu'il représente n'a peut-être son analogue nulle part ailleurs qu'à bord d'un navire, celle de ramasser et de plier, en forme de cylindre ou de cône, toute la toile d'une voile le long de la vergue qui la maintient au mât ; et cependant, par un inexplicable caprice, les marins l'ont délaissé ; ils lui ont préféré le mot banal *serrer*, qui n'exprime qu'imparfaitement la manœuvre à laquelle il s'applique. *Ferler*, indignement chassé du navire, sa véritable patrie, s'est réfugié dans les livres : on le retrouve dans nos romans maritimes. Par une autre inconséquence, le marin, en effaçant le mot *ferler* de son vocabulaire, y a conservé *ferlage* : il nomme *rabans de ferlage* les cordons ou tresses qui retiennent contre la vergue une voile *ferlée* ou *serrée*.

A la mer, quand on veut se débarrasser d'une voile, parce que le vent est trop frais pour la conserver, ou pour toute autre raison, on commence par l'étouffer sur sa vergue, ou, comme on dit, par le *carguer*, à l'aide de cordes qui vont aboutir à ses divers points. Dès que la voile est en cet état, les matelots grimpent sur la vergue, ramassent la toile pli à pli, la roulent en paquet, et l'attachent avec les rabans de ferlage. Le *ferlage* des voiles est la base de l'instruction des matelots. Ils s'y exercent à des tours de force merveilleux ; une voile disparaît en un clin d'œil.

Théogène PAGE, capitaine de vaisseau.

FERLIN, vieille monnaie qui valait le quart d'un denier. Elle est mal appelée *frélin*, dans la *Chronique de Bertrand Duguesclin*. On disait aussi un *ferlin* de terre, comme on disait une livrée et une soudée, des mots de livre et de sou. Le *ferlin* de terre contenait 32 acres.

FERMAGE. Le fermage est le loyer d'un *fonds* de terre prêté, ou bien, en termes plus exacts, le prix de l'achat qu'un fermier fait des *services productifs* d'un *fonds de terre* pour un temps et à un *prix* convenu. Le fermier (en mettant hors de la question les *profits* de son *industrie* et ceux de son *capital*) gagne ou perd sur le fermage, selon que le fonds de terre obtient, pour sa part dans la *production*, un *profit* supérieur ou inférieur au fermage. L'offre des terres à donner à loyer en chaque contrée est nécessairement bornée, tandis que la demande ne l'est pas nécessairement ; de là vient une concurrence plus grande de la part des fermiers pour prendre des terres à bail que de celle des *propriétaires fonciers* pour en donner. Aussi, quand il n'y a pas de raison prépondérante contraire, le taux des fermages se fixe plutôt au-dessus qu'au-dessous du profit réel du fonds de terre. J.-B. SAY.

Le *bail à ferme* est, d'après ce qui précède, un contrat en vertu duquel le propriétaire de la terre en abandonne la jouissance, l'exploitation et les produits, moyennant une redevance déterminée, que l'*agriculteur* ou *fermier* s'engage ordinairement à payer en argent. Le mot *fermage* désigne indifféremment tantôt la *rente* payée au propriétaire, tantôt la forme d'exploitation agricole dans laquelle les trois intérêts du propriétaire de la terre, de l'entrepreneur des travaux et des journaliers qu'il emploie à leur exécution, se trouvent nettement séparés, ainsi que nous venons de l'expliquer.

Après avoir posé en principe que dans l'origine les terres de la meilleure qualité furent seules cultivées, Ricardo place la naissance du fermage au moment où les terres de première qualité, étant toutes occupées, et les progrès de la population ou les besoins croissants de la société exigeant une quantité de produits supérieure à celle que l'on pouvait retirer de leur culture, la nécessité s'est fait sentir de mettre en rapport les terres de seconde qualité. Alors, dit-il, quelques-uns de ceux qui cultivaient et possédaient des terres de première qualité ont pu proposer aux nouveaux venus, qui se disposaient à mettre en valeur les terres inférieures, de leur abandonner la jouissance et les produits de leur domaine, à la charge de payer comme fermage une redevance égale à la différence du revenu brut des deux qualités de terrains. En effet, si un hectare de terre de première qualité convenablement travaillé donnait par an 80 hectolitres de blé, tandis qu'un hectare de seconde qualité n'en produisait, avec le même soin et le même travail, que 60, il était indifférent pour l'homme que la nécessité forçait à défricher un terrain de seconde qualité, de recueillir sur ce terrain une récolte entière de 60 hectolitres, ou de moissonner sur une terre plus féconde une récolte de 80 hectolitres, à la charge d'en payer 20 à titre de fermage. De même, les terres de seconde et de troisième qualité ont à leur tour rapporté un fermage, à mesure que les progrès de la population ont rendu nécessaire la mise en culture des terrains moins fertiles. De cette théorie du fermage, Ricardo conclut que le fermage n'est pour rien dans la cherté du blé; que c'est, au contraire, la cherté du blé qui établit et maintient le fermage. Le côté faux de cette théorie de Ricardo, c'est qu'elle néglige entièrement deux faits capitaux dans la formation des sociétés humaines : l'appropriation primitive des terres, et l'exploitation de l'homme par l'homme. Ricardo raisonne constamment comme si les conventions entre les hommes des premiers âges avaient eu le caractère pacifique et légal dont elles sont aujourd'hui ordinairement revêtues; il oublie qu'alors la force brutale était tout, et que l'impitoyable droit des gens de cette époque jetait inhumainement le plus faible sous la main de fer du plus fort.

Fidèle représentation des formes sociales, qui les ont toujours engendrées à leur image, les formes de l'exploitation agricole ont passé comme toute autre institution par une série progressive d'évolutions, dont chacune résume la précédente, en même temps qu'elle contient celle qui suit. L'*exploitation patriarcale*, dans laquelle tous les membres de la famille ou de la tribu soumis au despotisme absolu du chef se livraient sous son autorité suprême à quelques cultures chétives, et consommaient en commun les fruits du travail de la communauté, paraît la forme la plus ancienne et la plus imparfaite. Après ou, pour mieux dire, presque à côté de l'exploitation patriarcale, se montre l'*exploitation servile*, dans laquelle l'ennemi ou l'étranger, réduit par le droit de guerre en esclavage, exécutait, à la manière du bœuf ou du cheval, la volonté du maître dont il était devenu la *chose*. Héritier direct de l'esclave, le serf, encore lié à la glèbe, commença cependant, grâce à l'influence des sentiments de fraternité répandus par le christianisme, à jouir d'une aisance et d'une liberté plus grandes. Sans doute, c'est à ce progrès des mœurs et de la constitution des sociétés qu'il faut, avec plusieurs auteurs, rapporter une amélioration parallèle dans la forme de l'exploitation agricole, et la mise en pratique du contrat de *métayage*, dans lequel le cultivateur, tenant du propriétaire la terre, les instruments et les bestiaux, apporte son industrie et ses labeurs, et reçoit pour salaire la moitié des fruits. Le *fermage* enfin, dernière forme de l'exploitation agricole, acheva de séparer les intérêts, jusqu'ici confondus ou trop adhérents, du propriétaire, de l'entrepreneur agricole et des journaliers; ce fut le signe d'une émancipation nouvelle du travailleur, et surtout la preuve d'une grande amélioration dans la formation et la distribution des richesses.

Tel est le tableau sommaire des formes que les relations des travailleurs agricoles avec les propriétaires ont successivement prises et quittées. Mais Ricardo ne s'est nullement occupé de cette recherche. Élève du dix-huitième siècle, il a raisonné d'une manière abstraite, et voilà pourquoi il n'a pu voir la question dans toute son étendue ni la poser dans ses véritables termes. Le côté vrai de sa théorie, c'est que le payement du fermage est la preuve sans réplique que la terre affermée produit assez pour que, après les frais d'exploitation couverts et la subsistance du fermier tant bien que mal assurée, il reste encore une somme qui, sous le nom de *rente* ou de *fermage*, forme la redevance payée au propriétaire. Il est donc vrai d'une certaine manière que le fermage est l'effet plutôt que la cause de la cherté des denrées agricoles; mais la vérité complète, c'est que le fermage, dernier vestige de la brutale domination par laquelle le plus fort établit jadis à son profit l'appropriation exclusive de la terre, est de nos jours encore une charge pesante imposée au travailleur, sans aucun avantage pour la société. Toute terre affermée nourrit le fermier, et paye le propriétaire : cela est vrai, mais aussi comment le fermier, sa famille et les travailleurs qu'il emploie sont-ils souvent nourris !

Nous voulons bien accorder à Ricardo que la suppression du fermage (en la supposant immédiatement possible) ne produirait pas une baisse directe dans le prix des denrées; mais à coup sûr elle profiterait au travailleur, et en lui donnant des moyens d'amélioration qui lui manquent, elle amènerait indirectement une baisse certaine.

Voici maintenant les avantages principaux que présente le fermage sur le mode d'exploitation agricole, qui le précède immédiatement dans la série progressive établie plus haut. Le propriétaire, certain d'un revenu, moins fort peut-être, mais plus fixe que celui qu'il obtiendrait du métayage ou contrat à moitié fruits, délivré, si le fermier est habile et solvable, de toute inquiétude sur l'issue bonne ou mauvaise des récoltes, peut librement vaquer à d'autres occupations, et consacrer sa vie à des travaux incompatibles avec la surveillance, même indirecte, qu'exigerait une métairie. Sûr de n'avoir à payer chaque année qu'une somme déterminée, certain de garder à son profit tout l'excédant des produits qui restera entre ses mains, les frais d'exploitation payés, le fermier se livre avec ardeur à des améliorations dont lui seul recueillera les bénéfices. Il ne craint point de mettre en avant son propre capital : il est libre, il est heureux, il travaille pour lui, et la perspective d'une rétribution proportionnée à ses travaux et à son habileté lui devient un continuel et puissant aiguillon. Dans le métayage, au contraire, ou *bail à moitié fruits*, le propriétaire et le colon ne sont point l'un vis-à-vis de l'autre dans cet état d'indépendance et de liberté. Le propriétaire, continuellement obligé de surveiller ses métayers, ne peut exclusivement s'adonner à d'autres occupations : la division du travail est moins parfaite. D'un autre côté, le métayer ne peut espérer ni la liberté ni les profits du fermier : il dépend toujours du maître; quels que soient ses efforts, sa persévérance ou son habileté, son salaire reste à peu près invariablement fixé à une certaine limite qu'il ne peut dépasser. En effet, dans cette forme d'exploitation, point ou peu d'améliorations : ni le propriétaire ni le colon n'ont intérêt à les entreprendre, car celui des deux qui en ferait la dépense, devant en partager le bénéfice par moitié, verrait son travail ou ses avances profiter à l'autre plus qu'à lui-même. Aussi, même dans le pays où le bail à moitié fruits est le plus longtemps resté en vigueur (et les deux tiers de la France sont dans ce cas), la forme essentielle de ce contrat s'altère chaque jour. Ces pays sont en général trop pauvres; l'industrie y est trop peu développée, le crédit trop timide, les terres trop morcelées, pour que le fermage s'y introduise; mais les propriétaires, auxquels l'ancienne habitude de surveiller les métairies a rendu familiers les procédés de l'agriculture, y prennent de jour en jour une part plus grande dans la direction de la culture : le bail à moitié fruits s'y transforme en mille contrats spéciaux, dont les conditions varient à l'infini, mais dont la tendance et l'esprit sont d'attribuer au maître la pleine et entière gestion du domaine, à la charge par lui de payer aux paysans, soit un salaire fixe, soit une gratification proportionnelle à la récolte.

Ajoutons enfin que le système de métayage, qui suppose des exploitations peu étendues, cultivées toute l'année par un même nombre de bras, se plie mal aux exigences des nouvelles méthodes de culture, dans lesquelles la variété des assolements exige forcément une large base d'opération, et la possibilité par conséquent de rassembler et de licencier à volonté les travailleurs auxiliaires, dont les secours, indispensables en certains temps, seraient inutiles, et par suite fort dispendieux, si l'on ne pouvait les congédier à son gré.

Cette remarque nous conduit directement à examiner la question du fermage sous un autre point de vue, non moins important; nous voulons parler de l'influence bien différente que le fermage et le métayage exercent sur la condition de la classe nombreuse et pauvre. Au premier coup d'œil, on voit que le système de fermage se rapproche beaucoup du système du travail des manufactures. Comme le manufacturier, le fermier forme un chaînon intermédiaire entre le propriétaire qui possède l'instrument de travail et le journalier qui le met en mouvement; comme le manufacturier, le fermier opère avec beaucoup de capitaux; comme lui, enfin, il emploie, en certains moments, des armées de travailleurs, qu'il solde et nourrit au jour le jour, les payant cher quand les bras sont rares, bon marché quand ils abondent, les congédiant dès qu'il n'en a plus besoin, sans nul souci de ce qu'ils peuvent devenir. Telle n'est point la position des travailleurs agricoles dans les pays de métayage : là le *prolétariat* proprement dit est inconnu : l'existence de chaque individu est pauvre, mais moins précaire; chaque métairie est exploitée par une famille, dont les membres y vivent toute l'année, appelant à peine, au temps de la moisson, quelques auxiliaires peu nombreux. Sous ce régime, la part du maître est plus forte, et celle du travailleur plus petite que sous le régime du fermage; mais celle-ci est plus fraternellement répartie entre les travailleurs. En revanche, les progrès y sont tardifs, la routine enracinée, l'esprit d'industrie et d'entreprise tout à fait nul: le souffle de l'ambition ne s'y fait point ou presque pas sentir; l'émulation n'y échauffe point les cœurs; l'engourdissement paisible et résigné du moyen âge domine encore une population casanière et timide. Entre le propriétaire qui possède héréditairement la terre et le journalier qui la retourne ne se trouve point de classe mitoyenne enrichie de ses sueurs, et parvenue, à force de travail et d'habileté, à se créer une sorte d'indépendance. Voilà pourquoi, malgré la supériorité incontestable du fermage, nous ne croyons point les pays de métayage destinés à passer par cette forme : les propriétaires y deviendront agriculteurs avant que les paysans se fassent fermiers. Peu importe d'ailleurs : la baisse continuelle du loyer des instruments de travail tend perpétuellement à diminuer le taux du fermage, jusqu'à le faire peut être disparaître un jour. Dans les pays de métayage, le maître tend à devenir lui-même le directeur de son domaine : des deux côtés, c'est le même fait qui s'accomplit par des voies diverses. Partout l'homme capable, laborieux, as-ez riche ou assez bien famé pour posséder ou pour obtenir de l'emprunt les capitaux nécessaires, arrive à prendre en agriculture la souveraine direction et les profits les plus forts, pendant que l'influence et le revenu de l'homme incapable ou désœuvré diminuent. C'est à seconder ce double mouvement que doivent s'appliquer toutes les lois et toutes les mesures qui concernent l'industrie agricole. Charles LEMONNIER.

FERMAIL, terme de blason, qui se dit des fermoirs, agrafes, ou boucles garnies de leurs ardillons, qui s'adaptent aux manteaux, chappes, baudriers ou ceintures (*jibulæ*). Elles sont représentées, ou rondes, ou en losanges; ce qu'il faut avoir soin de spécifier en blasonnant. C'était autrefois une marque de dignité. On appelle écu *fermaillé* celui qui est chargé de plusieurs *fermaux*. On dit aussi dans le même sens : « semé de boucles d'or. »

FERMANAGH, comté de la province d'Ulster, en Irlande, situé entre les comtés de Tyrone, de Monaghan, de Cavan, de Leitrim et de Donegal, est tantôt plat, tantôt couvert de collines et de forêts ou encore de lacs, d'où résulte pour l'aspect général du pays le caractère le plus varié et le plus pittoresque. Il est divisé dans la direction du nord-ouest à peu près également par le *Lough-Earn*, ou lac Earne, le plus grand qu'il y ait en Irlande après le lac de Neagh et le plus riche en beautés naturelles après les lacs de Killarney. Sa longueur est d'environ cinq myriamètres; mais il se rétrécit tellement à son centre que ce n'est plus guère alors qu'un canal mettant en communication deux bassins différents; aussi distingue-t-on un lac supérieur et un lac inférieur. Ses rives sont couvertes de bouquets de bois, de maisons de campagne, de fermes, de métairies, de terres à blé et de pâturages; et il renferme un grand nombre d'îles, les unes boisées, les autres cultivées en froment. L'Earne, qui s'y précipite du haut d'un rocher formant cascade, le traverse et lui sert de chenal pour conduire ses eaux à la baie de Donegal. On évalue la superficie du comté de Fermanagh à 24 myriamètres carrés, dont la cinquième partie se compose de landes, pâtis, bruyères et montagnes non susceptibles de culture, et la dixième partie, de lacs et de rivières. Le sol en est d'ailleurs assez généralement fertile, et ce comté est un des mieux boisés de l'Irlande. Dans sa partie septentrionale, il est mieux cultivé que tout le reste de la province d'Ulster; mais au sud son agriculture est encore des plus arriérées. L'avoine, l'orge, le froment, le lin et les pommes de terre en sont les principaux produits. Dans la partie montagneuse, où l'on élève beaucoup de bétail, le beurre, le lait, le fromage et la viande de boucherie abondent; et le tissage du lin est répandu partout. L'exportation consiste en bestiaux, poissons et toiles. Toutefois, il ne règne d'aisance que dans la partie protestante de la population; et les catholiques, bien autrement nombreux, y croupissent généralement dans la plus avilissante misère. Le recensement de 1851 accusait une population totale d'à peine 116,000 âmes; tandis que celui de 1841 constatait encore l'existence de 156,500 habitants. Comme dans le comté de Donegal, le peuple ne parle que la langue erse. Ce comté est divisé en 8 baronnies, 18 paroisses, et envoie au parlement trois membres, dont un comme représentant de son chef-lieu *Enniskillen*. Cette ville est bâtie dans une île située au milieu du canal servant de communication aux deux lacs, et on y arrive de chaque côté par un pont en pierres; des batteries en protégent l'entrée. On y trouve une belle halle, un hôpital parfaitement organisé et un collége fondé par Élisabeth. La population s'élève à 8,000 habitants, qui fabriquent de belles toiles et pour qui la pêche de l'anguille est une très-profitable ressource. Un peu au-dessous de la ville est située la délicieuse île appelée *Dereniah-Island*, où l'on voit les ruines imposantes d'un couvent jadis compté parmi les plus beaux de l'Irlande.

FERMAT (PIERRE DE), homme de génie, qui échappa longtemps à la gloire à force de modestie. Pascal écrivait à Fermat : « Je vous tiens pour le plus grand géomètre de toute l'Europe... Vos enfants porteront le nom de premier homme du monde. » Fermat dispute à Descartes le mérite d'avoir créé la géométrie analytique; il partage au moins avec Pascal l'invention du calcul des probabilités. Avant Leibnitz et Newton il avait trouvé les principes du calcul infinitésimal. Dans la théorie des nombres, il est allé plus loin que tous ses devanciers, on peut même dire que tous ses successeurs, puisqu'il a avancé des théorèmes dont il possédait indubitablement les démonstrations. Et les recherches des Euler, des Lagrange, n'ont pu mettre ces penseurs célèbres sur la voie des démonstrations de toutes les propositions énoncées par Fermat: ainsi, ce n'est que récemment que M. Cauchy est parvenu à donner la démonstration générale de l'une d'elles, dont Euler et M. Gauss n'avaient pu trouver que des cas particuliers. Dans ces dernières années, l'Académie des Sciences a mis inutilement plusieurs fois au concours la démonstration de cet autre théorème de Fermat : *Au dessus du carré, il n'y a aucune puissance qui soit décomposable en deux puissances de même degré qu'elle* (en nombres rationnels); Euler a démontré la proposition pour l'exposant 3; Legendre, MM. Lejeune-Dirichlet et Lamé, pour les exposants, 5, 14 et 7; mais on attend toujours une démonstration générale.

Conseiller au parlement de Toulouse, Fermat, entièrement occupé de ses fonctions de magistrat, qu'il remplissait avec le zèle le plus scrupuleux, consacrant ses loisirs à méditer sur les sciences exactes, cacha si bien sa vie, qu'il reste encore quelque incertitude sur la date et le lieu de sa naissance. Il est certain, toutefois, qu'il vit le jour de 1595 à 1600, aux environs de Toulouse, et qu'il mourut dans cette ville, en 1665. Il était en correspondance avec les savants les plus illustres de son époque. Bien différent de la plupart des savants actuels, qui remplissent les journaux de leurs annonces et de leurs querelles, Fermat ne voulut jamais rien livrer à la publicité sous son nom. Il poussait l'insouciance jusqu'à ne pas garder copie des papiers d'une haute importance qu'il adressait à ses correspondants, et dans lesquels il consignait ses plus belles découvertes. C'est sur les marges d'un livre qu'il a déposé quelques-unes de ses plus beaux théorèmes ; et si parfois il n'a point donné ces démonstrations que cherchent encore des géomètres du premier ordre, c'est, dit-il naïvement, parce que la place lui a manqué pour les écrire. Après la mort de Fermat, sa correspondance était disséminée en cent lieux divers, ses manuscrits éparpillés et négligés ; son fils voulut recueillir les écrits d'un père qu'il vénérait ; mais Samuel DE FERMAT n'était point géomètre, et quelque soin qu'il se donnât, il ne parvint à retrouver qu'une faible partie de ce qui était sorti de la plume de l'illustre conseiller ; aussi les *Varia opera mathematica* qu'il mit au jour en 1679 (Toulouse, in-folio) laissent-ils beaucoup à désirer. M. Villemain, durant l'époque où il tenait le portefeuille de l'instruction publique, voulut élever un monument durable à la mémoire de l'heureux rival de Descartes, du sage précurseur de Newton et de Leibnitz ; la chambre des députés, sur le rapport d'Arago, vota 15,000 fr. pour être appliqués à la réimpression des œuvres scientifiques de Fermat. M. Libri fut chargé de diriger ce travail ; mais il se borna à publier dans le *Journal des savants* quelques notices sur la vie et les manuscrits du géomètre toulousain.   G. BRUNET.

FERME. On nomme ainsi l'ensemble d'une exploitation rurale affermée, c'est-à-dire des bâtiments et des terres dont le propriétaire abandonne la culture et la jouissance pour un temps déterminé, moyennant une redevance fixe. On désigne, au contraire, sous le nom de *métairies* les exploitations tenues à *moitié fruits* par des *métayers* ou *colons partiaires*. La supériorité de richesse, d'intelligence et de liberté que le fermier possède généralement sur le métayer se traduit aux yeux dans l'étendue, la commodité, la propreté, l'opulence même de l'habitation du premier, comparée à la petitesse, à la saleté, à la misère et au mauvais état du réduit occupé par le second. La Flandre, l'Artois, la Normandie, la Picardie, l'Ile-de-France, l'Alsace, sont, en France, les contrées où sont établies les plus belles fermes ; le Berry, l'Anjou, le Poitou, la Bourgogne, la Franche-Comté, la Guienne, la Gascogne, le Languedoc, la Provence, sont encore soumis au métayage.

Une grande cour carrée, dans laquelle s'élèvent des pyramides de fagots et de hautes meules de paille, entourées par des écuries, des étables, des hangars, sous lesquels on remise les charrettes, les chariots, les charrues, les herses, les rouleaux ; des toits à porcs, des poulaillers, et enfin, le corps de logis qu'habite la famille du fermier, tel est l'aspect ordinaire des grandes fermes dans la plupart des contrées que nous avons nommées. Un carré de terre en friche, non clos, au milieu duquel s'élève une chétive masure, dont les granges et les bestiaux occupent le rez-de-chaussée pendant que l'unique étage au-dessus est habité pêle-mêle par les individus des deux sexes qui forment la famille ; autour de la maison, des bandes de canards ou d'oies qui glapissent, quelques poules qui vont à la picorée, une jument à tous crins, qui broute avec son poulain une herbe courte et maigre : telle est la physionnomie d'une métairie du Berry ou du Languedoc. L'intérieur des deux exploitations correspond à leur apparence : chez le fermier, de bons meubles en chêne, en noyer, parfois même en acajou, d'une forme un peu vieille, mais en bon état ; d'excellents lits, des secrétaires, des bureaux, un table à jeu ; chez les plus riches, des gravures assez bonnes, quelquefois même, dans le voisinage des villes, un piano, témoignent que les goûts et les désirs du maître du logis ne se bornent pas au strict nécessaire : on respire chez lui je ne sais quel parfum de civilisation ; on sent avec plaisir que sa famille ne reste pas complétement étrangère aux arts et aux jouissances intellectuelles ; on y trouve des journaux, quelques livres nouveaux, que l'on fait venir par cotisation. Chez les métayers les plus opulents, au contraire, les habitudes et les goûts d'une vie pauvre et chétive restent enracinées. Beaucoup de métairies du Languedoc ne sont point carrelées ; il n'est point rare de les trouver sans fenêtres et sans vitres, recevant la lumière et le froid par une ouverture qui ne se ferme qu'au moyen d'un volet grossier. Les murs et les plafonds sont enduits d'une épaisse couche de fumée, ou, ce qui est un grand luxe, mal reblanchis à la chaux. La même pièce sert à toute la famille, de chambre, de salon, de cuisine, de salle à manger et de magasin aux provisions. Une lourde table et quelques bancs, une espèce de bahut grossier, quelques chaises ; le long des poutres, une double claire-voie où durcissent et s'enfument de compagnie quelques andouilles et une douzaine de pains, des lits fermés sur trois côtés comme des armoires, dans chacun desquels couchent trois ou quatre personnes : tel est à peu près l'ameublement d'une exploitation rurale dans les pays de métayage.

Ajoutons, pour être complétement vrai, que le tableau que nous venons de tracer ne représente que l'aspect général des choses. Nous ne voulons point dire que la richesse et la civilisation accompagnent si exclusivement le système du fermage qu'entre le fermier et le métayer on ne puisse jamais établir avec raison le parallèle inverse. Le fermier irlandais, par exemple, qui ne peut même compter sur la pomme de terre, unique soutien de sa triste existence, est bien pauvre auprès du métayer gascon ou languedocien, qui boit de la piquette six mois de l'année, et goûte deux fois par an de la viande de boucherie.   Charles LEMONNIER.

La *maison fermière* doit être placée à côté de la porte charretière et exposée au sud-est, et élevée sur un berceau de caves suffisant pour contenir la boisson d'une ou deux années, et élevée d'un ou deux pieds au-dessus du sol. Ce rez-de-chaussée doit être composé de cinq ou six pièces communiquant entre elles : 1° d'une cuisine pavée à large foyer ; 2° d'une salle à manger briquetée, et contenant des armoires en bois de chêne ; 3° d'une ou deux chambres à coucher, pour le fermier et sa femme ; 4° d'une ou deux chambres particulières, pour les enfants de la maison. Au premier étage on doit trouver la chambre du maître ou de son délégué et trois ou quatre chambres ou cabinets pour les servantes de la maison. Quant aux serviteurs attachés aux écuries, étables ou bergeries, on doit disposer des lits par étage les uns sur les autres dans les lieux où sont leurs bêtes de service. Le lit des fermiers doit être disposé de telle manière qu'ils puissent apercevoir de leur chevet tout ce qui se passe depuis leur cuisine jusque dans l'écurie des chevaux de labour, lesquels doivent être placés à la suite de l'habitation, ayant une fenêtre vitrée qui permet de voir tout ce qu'on y fait, et c'est peut-être ici le lieu de placer les conditions qu'il faut exiger pour le choix d'un fermier, d'après Olivier de Serres : « Sur l'élection doncques d'un fermier ou d'un métayer, curieusement avisera votre père de famille, et par semblable adresse, se choisira et l'un et l'autre, leurs charges symbolisant ensemble, comme a esté dit. Tel sera le fermier, de mesme le métayer : Homme de bien, loyal, de parole et de bon compte ; sain ; aagé de vingt-cinq à soixante ans ; marié avec une sage et bonne mesnagère ; industrieux, laborieux, diligent, espargnant, sobre ; non amateur de bonne chère, non yvrogne, ne babillard, ne plaideur, ne villotier ; n'ayant aucun bien certain, ou au soleil, ains des moyens à la bource. Ainsi qualifié et rencontré, sera celuy qu'il vous faut, avec le quel n'entrez en piques à peu d'occasions, mais supporterez doucement ses petites imperfections : toutefois avec un jusques-où, gardant vostre authorité, afin de ne pas l'accoutumer à désobéyr et à ne craindre. Compterez souvent avec lui, de peur de mescompte. Ne laisserez courir sur lui terme sur terme. ny aucune autre chose en laquelle il vous soit tenu, pour petite qu'elle soit ; comme par le contraire n'exigerez de lui outre son deu, rien qui lui préjudicie. Lui monstrez, au reste, l'amitié que luy portez ; louant son industrie, sa diligence, et vous resjouissant de son profit, treuvant bon qu'il gaigne honnestement avec vous pour l'affectionner tousjours mieux à vostre service. Ne changerez de fermier et de métayer, si

le trouvez passable, que le plus rarement que pourrez; et, au contraire, n'en souffrirez aucun qui n'ait la plus part des qualités susdites. Et quel que soit vostre fermier ou vostre métayer, n'abandonnez tellement vostre terre qu'en toute saison ne la visitiez (le plus souvent estant le meilleur), pour remédier à temps aux destraes survenants. Principalement en la récolte des fruits, tenez-vous en de si près, qu'en tiriez vostre raison. Ne souffrant au reste en vostre domaine, affermé ou non, aucune introduction de nouvelleté qui vous préjudice, soit des chemins, soit de pasturages, abbruvoirs, couppes de bois, et autres servitudes. Non plus laisserez prendre aucune partie des authoritez, prééminences, franchises, libertez, priviléges, bonnes coustumes, que vous avez sur vos subjects et sur vos voisins. »
Cte FRANÇAIS (de Nantes).

FERME-MODÈLE. Le général Clausel, voulant favoriser l'établissement immédiat d'une ferme expérimentale dans le territoire d'Alger, pour y essayer en grand la culture des produits coloniaux ou des produits que la France ne fournit pas à l'industrie en raison de ses besoins, confia, par un arrêté spécial (1830) à une association industrielle et financière que le gouvernement devait protéger, une ferme dite *Haouch-Hassan-Pacha*, située dans la plaine de la Métidja, avec une contenance de 1,000 hectares de terres incultes, prises sur les deux rives de l'Arrach. Cette société prit le titre de *Ferme expérimentale d'Afrique*; elle dut payer au gouvernement un prix annuel de un franc par hectare à dater du 1er janvier 1831, avec réserve de devenir propriétaire de la ferme et de ses dépendances en payant le prix de fermage capitalisé au denier vingt. Cette location fut faite pour neuf, dix-huit ou vingt-sept ans, avec faculté de résiliation, mais en faveur de Français seulement. La société s'engageait à céder 500 hectares aux colons qu'elle était tenue d'appeler. Pour l'aider dans le principe de son exploitation, il lui fut fourni pour la première année, et à charge de remboursement, un secours en rations de vivres et de fourrages; et elle eut la préférence pour l'achat des chevaux ou mulets de réforme ainsi que des matériaux existants dans les magasins de l'administration, et propres à l'exploitation. Enfin, elle fut placée sous la sauvegarde de l'armée. Cette ferme-modèle ne réussit pas à placer toutes ses actions. Plusieurs causes se sont opposées au développement de cet établissement, dont le gouvernement est redevenu propriétaire: d'abord l'insalubrité de la position, ensuite les incursions des Arabes, qui l'attaquèrent souvent et détruisirent ses récoltes. Ce n'est qu'en 1842 que l'on a relevé la plupart des ouvrages, et qu'on s'est occupé d'achever les fossés ouverts sur les bords de l'Oued-Kerma pour l'assainissement de la contrée. La ferme-modèle servit ensuite de poste à un fort détachement d'infanterie chargé de veiller à la sûreté de la Métidja.

FERMENT. Si l'on entend désigner par ce mot tout corps ayant la propriété d'exciter dans une eau sucrée un mouvement tumultueux d'où résulte un dégagement d'acide carbonique et une production d'alcool, comme j'ai fait voir qu'une multitude de matières animales azotées sont dans ce cas, et qu'aucune matière non azotée ne peut le faire, j'en conclus que la plupart des matières animales azotées sont des ferments : l'urée seule ou presque se comporte autrement. Mais si l'expression de *ferment* devait être exclusivement réservée aux corps qui, tels que la levure de bierre, déterminent sur-le-champ la fermentation de l'eau sucrée, le nom de *ferment* ne conviendrait plus aux levures de bierre, de raisin, de groseilles, etc., c'est-à-dire aux dépôts formés pendant la fermentation des moûts sucrés : c'est ainsi que l'entendent M. Thénard et la plupart des chimistes. Cependant, comme les mots différents sont ordinairement faits pour exprimer des choses diverses, j'ai pensé que le nom de *levure* étant déjà affecté à ces dépôts d'une action si énergique, celui de *ferment* devait être réservé à tout corps azoté susceptible d'opérer la conversion du sucre en alcool. L'albumine est une des substances qui opèrent ce changement.
COLIN.

FERMENTATION. C'est le mouvement spontané dans lequel entre une matière organique, et duquel résultent des substances différentes de celle où s'est manifestée cette action. On distingue plusieurs sortes de fermentations : la *fermentation alcoolique* ou *vineuse*, dans laquelle un moût sucré devient spiritueux en laissant dégager de l'acide carbonique; la *fermentation acide*, où l'oxygène de l'air passe à l'état de gaz acide carbonique, en portant l'alcool d'une liqueur spiritueuse à celui de vinaigre; la *fermentation putride*, par laquelle un corps d'origine végétale ou animale, après avoir passé par diverses phases, se trouve transformé, en définitive, en eau et en acide carbonique, et si la matière est azotée, en plusieurs autres produits caractéristiques (*voyez* PUTRÉFACTION). La *fermentation panaire* n'est que la réunion des fermentations alcoolique et acide (*voyez* PANIFICATION); et celle des fromages faits ne paraît être qu'une des phases de la fermentation putride.

La fermentation alcoolique s'opère toutes les fois que se trouvent en présence du sucre, un ferment, une quantité d'eau suffisante, et une température de printemps ou d'été, c'est-à-dire de 18 à 27°. Une température plus basse serait moins convenable; et j'ai expérimenté qu'au-dessous de 7 à 8° la fermentation ne pourrait avoir lieu. Si la température atteignait 100°, ou si elle excédait cette limite, elle s'opposerait à l'établissement de ce mouvement spontané, et le ferait cesser s'il était déjà commencé. La présence de l'air, ou plutôt de l'oxygène qu'il renferme, est nécessaire à l'effet initial, Gay-Lussac l'a démontré : il a tenu du moût de raisin à l'abri de l'air dans une cloche remplie de mercure; et la fermentation ne s'est point développée, la chaleur étant de 18 à 20°; mais aussitôt qu'il a porté dans ce moût une bulle d'air ou d'oxygène, la fermentation s'y est promptement établie et s'est continuée d'elle-même sans aucune autre addition d'air. Le mouvement tumultueux que l'on observe alors est dû à un dégagement de gaz acide carbonique parfaitement pur; et lorsque ce mouvement s'est apaisé, la liqueur, de sucrée qu'elle était, est devenue vineuse; si on la distille à ce moment, on obtient de l'alcool ou esprit de vin. C'est en s'opposant par une fermeture convenable au dégagement d'une partie de l'acide carbonique que se font les vins mousseux et plusieurs autres boissons analogues.
COLIN.

FERMES-ÉCOLES, FERMES-MODÈLES, FERMES EXPÉRIMENTALES. Les premiers de ces établissements sont destinés à initier les paysans aux avantages d'une culture rationnelle et à l'emploi d'outils et de machines perfectionnés. Tandis que les écoles d'agriculture donnent plus à la théorie, les fermes-écoles s'occupent davantage de la pratique. On en compte 69 en France, réparties dans 62 départements. Ces fermes-écoles, dont le nombre a toujours été croissant, instituées sous le ministère de M. Cunin-Gridaine, sont des établissements départementaux ou privés. L'État n'achète ni le domaine, ni le cheptel, ni les instruments aratoires, et n'avance pas les fonds nécessaires à l'exploitation. Ces dépenses sont à la charge des départements, qui peuvent s'en exonérer en traitant avec des particuliers. Les conseils généraux ont donc, suivant leurs ressources financières, à opter entre l'un ou l'autre de ces modes. L'État se charge de solder les frais d'instruction : soit traitement d'un directeur, 2,400 francs; d'un chef de pratique, 1,000 fr.; d'un surveillant comptable, 1,000 fr.; d'un vétérinaire, 500 fr.; d'un jardinier-pépiniériste, 1,000 fr. De plus il se charge de payer par an et pour chaque élève 175 fr. pour frais de nourriture, blanchissage, etc., plus 75 fr. pour entretien de trousseau, et petites primes d'émulation. Il ajoute chaque année une prime de 400 fr., attribuée à l'élève qui, à sa sortie et à la fin de son temps d'instruction, obtient le n° 1 dans le classement arrêté par un jury d'examen. Le travail manuel des élèves est abandonné à l'établissement. La dépense de l'État dans chaque ferme-école est donc : pour le corps enseignant 5,900 fr., plus pour 33 bourses d'élèves, nombre moyen, et pour la prime au plus méritant, 8,650 fr.; en tout 14.550 fr.

L'Allemagne et l'Angleterre ont aussi de nombreuses fermes-écoles. De plus, nos voisins d'outre-Manche ont des *fermes expérimentales*, dont le nom indique suffisamment la destination. Les établissements de cette nature manquent en France. Louis XVI et ensuite Napoléon avaient voulu en créer un à Rambouillet ; mais il a été transformé en une bergerie impériale. Cependant nous avons des *fermes-modèles*, qui suppléent en partie les fermes expérimentales. Ces fermes modèles sont ordinairement des entreprises particulières, quelquefois subventionnées par le département. Elles diffèrent des fermes-écoles en ce qu'au lieu d'absorber des capitaux, elles doivent en produire le plus possible.

FERMETÉ (du latin *firmitas*), qualité de ce qui est solide, difficile à ébranler, de ce qui ne chancelle pas. Elle imprime à nos doctrines, à nos desseins, à nos actions une suite, une persévérance, que rien ne peut ébranler. La fermeté a des rapports avec la constance, le courage, l'entêtement. L'expérience a d'ailleurs prouvé que la fermeté tient plus au caractère et à l'éducation qu'aux lumières et aux connaissances. Les hommes de cabinet, à force d'avoir lu sur toutes choses le pour et le contre, savent rarement se décider : ils ont toujours dans la mémoire un argument qui en balance un autre ; dans les occasions importantes, ils sont donc en général sujets à manquer de fermeté. Il en est de même des avocats, et c'est ce qui explique leur médiocrité dans les affaires publiques. Ils n'ont pas la source qui féconde les hommes d'état, une fermeté tout à la fois prompte et courageuse : ils préparent les voies mais ne marchent pas droit au but. Dans mille circonstances imprévues, un homme du peuple, un simple paysan, écarteront successivement tous les obstacles. En proie à une seule idée, ils y puisent une vigueur d'action qui vaut beaucoup mieux que la profondeur de réflexion de tels ou tels esprits spéculatifs. Les femmes, qui sont douées de tant de timidité et de douceur, reçoivent des devoirs ou des sentiments qui dérivent du cœur une fermeté qui maintes fois déconcerte l'intrépidité des hommes. Il y a une fermeté qui vient du cœur, comme une fermeté qui vient de l'esprit : il faut en général beaucoup plus compter, dans les rapports ordinaires, sur la première que sur la seconde, parce que le cœur a de l'élan et du feu, et que l'esprit, au contraire, incline toujours du côté de la prudence ; or, rien n'est plus contraire à la fermeté. Il est des époques où celle-ci brille d'un éclat particulier : ce sont les guerres civiles produites par des opinions, soit religieuses, soit politiques. Envahissant les masses, elles se convertissent pour elles en devoirs d'autant plus sacrés qu'ils sont volontaires ; la fermeté, de particulière qu'elle était d'abord, se montre générale ; quelquefois même elle devient nationale. Alors il n'y a plus de temps qui puisse la vaincre : c'est une tâche devant laquelle le pouvoir contemporain reste impuissant. SAINT-PROSPER.

FERMETURE, système de pièces en bois ou en métal qui servent à fermer une ouverture. La fermeture des boutiques, par exemple, se compose de volets mobiles, de barres de fer, qu'on assujettit avec des boulons et des clavettes. En général, on peut désigner par cette expression une grille, une porte, une barre placée en travers d'un passage. Ce mot signifie aussi l'action de *fermer*; on dit : Quand l'heure de la *fermeture* des portes sera arrivée, etc.

FERMIER, locataire d'un *fonds de terre*. Le propriétaire lui cède, moyennant un *fermage*, le droit de retirer les *profits* du fonds. Le fermier fait un marché à forfait sur lequel il gagne si les profits du fond excèdent le fermage, et où il perd dans le cas contraire. J.-B. SAY.

Le *fermier* est donc l'homme qui exploite et cultive pour son compte et à son profit la terre d'un autre, à la charge de payer au propriétaire une redevance déterminée. Le fermier tient le premier rang dans la hiérarchie des travailleurs agricoles : c'est un entrepreneur de culture, un véritable manufacturier de denrées agricoles. Le fermier est en général, on peut même dire toujours, plus capable que le propriétaire de diriger l'exploitation ; il est donc utile, naturel même, que ce soit lui qui règle d'une manière absolue le mode de culture et d'assolement qu'il juge convenir le mieux. Il a tout à gagner à avoir de longs baux. La seule crainte légitime que puisse concevoir le propriétaire, c'est que, dans l'incertitude du renouvellement de son bail, le fermier n'épuise la terre pendant les dernières années, et ne cherche alors exclusivement son propre intérêt aux dépens du domaine : mais c'est un péril contre lequel il est facile de se mettre en garde, en réglant par le bail ou canon de ferme la culture que le fermier sera tenu de suivre pendant les trois ou quatre dernières années. C'est vraiment la seule stipulation que le propriétaire doive exiger dans son propre intérêt ; les autres clauses restrictives, dont beaucoup accablent et chargent leurs fermiers, ne sont bonnes qu'à décourager ces derniers, à les détourner de leurs travaux, à mettre obstacle aux améliorations dont ils auraient pu concevoir le projet : car les entreprises d'agriculture comme toutes les autres sont menées avec d'autant plus de persévérance, de soins et d'habileté que celui qui les dirige est plus libre et plus assuré d'en retirer exclusivement le profit et l'honneur. Les mêmes raisons plaident en faveur de la longueur des baux, qui devraient être au moins de vingt et un ans, et souvent de vingt-sept et davantage. Il suffit de considérer la lenteur des opérations agricoles, le temps que les capitaux consacrés à cette industrie mettent à rentrer, la nécessité cependant de faire chaque année des avances très-fortes, afin de mettre et de maintenir les terres en bon état, pour comprendre combien il est absurde et nuisible aux intérêts mêmes des propriétaires de ne consentir au fermier que des baux à court terme : on peut avoir en ce cas la certitude que le fermier ne fera tout au plus que maintenir le domaine, et qu'il se gardera d'entreprendre aucune amélioration de longue haleine, incertain qu'il sera de rentrer à temps pour en profiter dans les avances qu'il aurait pu faire.

Une autre condition fort importante pour les fermiers, c'est que le fermage soit stipulé en argent, et non point en denrées ou en argent, à la volonté du propriétaire. Dans ce dernier cas, en effet, le fermage se trouve beaucoup plus fort qu'il ne le paraît au premier coup d'œil ; car si l'année est mauvaise, et le pain cher par conséquent, la même quantité de blé représentera plus d'argent, et c'est alors que le propriétaire ne manquera point d'exiger le payement en nature ; au contraire, si la récolte est abondante et le grain à bon marché, il demandera le payement en argent. Le fermage dût-il même invariablement se payer en denrées, cette condition est moins favorable au fermier que celle du payement en argent, car le taux du fermage en argent étant calculé sur la moyenne des récoltes, le fermier perd en payant en nature les chances du gain qu'il peut réaliser sur la hausse et la baisse alternative du prix des denrées.

Charles LEMONNIER.

FERMIERS GÉNÉRAUX, association financière et privilégiée, qui tenait à bail les revenus publics de la France avant la révolution de 1789, et qui occupe une large place dans notre histoire fiscale. Ses baux comprenaient les grandes gabelles, les gabelles locales, les petites gabelles, le tabac, les traites, les entrées des octrois de Paris, les aides du plat pays. Chaque genre d'impôts formait un département spécial, dirigé par l'un des fermiers généraux, ou par un adjoint aux fermiers généraux. Ce monopole est d'une origine fort ancienne ; les mots *fermes* et *fermiers* indiquent assez qu'originairement cette exploitation des deniers publics était précédée d'une adjudication ; mais depuis longtemps tout se passait entre le ministre des finances et les financiers de son choix. Ces financiers ne figuraient au traité du bail que comme cautions du fermier titulaire, qui était toujours un prête-nom ; un modique traitement annuel de 2 à 3 mille francs était alloué au signataire, seul personnellement responsable des conditions du bail. Le renouvellement des baux était une bonne fortune pour le ministre et les favoris : il y avait un pot-de-vin considérable pour lui, pot-de-vin hautement avoué, regardé sous le nom bizarre de *croupe*, comme un émolument très-légitime, et dont le chiffre était fixé par le ministre même, puis des parts d'intérêts pour les seigneurs, les dames de la cour, et tous ceux que le roi voulait en gratifier.

Le nombre des fermiers généraux était ordinairement de quarante, comme à l'Académie Française, qu'ils remplacèrent, en 1673, dans local qu'elle avait occupé jusque alors à l'hôtel Seguier, rue du Bouloi, appelé encore aujourd'hui *hôtel des Fermes*. Leur nombre avait fini par s'élever à soixante. Ils se divisaient en trois catégories quant à leur portion d'intérêt dans les bénéfices : 1° fermiers généraux ayant place ou part entière sans croupes ni pensions ; le nombre en était très-limité ; 2° fermiers généraux ayant place entière, mais grevée de pensions ; 3° fermiers généraux ayant croupes et pensions sur leur place. Les bénéfices étaient évalués de 6 à 7 millions, les croupes et pensions à 2 millions, le chiffre des sommes à verser au trésor à 130 millions au plus. Le tout se composait des impôts donnés à bail ou en régie à la ferme générale. Des ordonnances spéciales fixaient les attributions, les droits et les obligations des fermiers généraux. Des lois fiscales d'une excessive sévérité les protégeaient contre la fraude et la contrebande. Il était défendu aux officiers des élections et à tous les magistrats des juridictions fiscales de s'intéresser dans les sous-baux, à peine d'interdiction de leurs charges, de confiscations de leurs avances, et de 500 livres d'amende. Le roi avait droit de contrainte contre les fermiers généraux, et ceux-ci contre les sous-fermiers, les sous-fermiers contre leurs délégués et commis. Les instances se prescrivaient par cinq ans. Ces contraintes par corps, dont l'exercice était réservé au trésor, n'étaient dans le fait applicables qu'au signataire du bail, prête-nom salarié des fermiers généraux. Toutes ces dispositions coërcitives étaient formulées dans l'ordonnance royale de 1681. Les bénéfices des fermes générales ne peuvent être évalués : ils étaient considérables ; peu d'années suffisaient pour s'y créer une immense fortune. Il est bien vrai que le chiffre avoué n'était pour tous que de 2 millions, ce qui n'eût donné à chaque fermier général que 50,000 francs de bénéfice annuel ; mais ils ne se contentaient pas de si peu.

En 1789, les cahiers des trois ordres demandèrent unanimement la suppression des fermiers généraux ; l'opinion publique était exaspérée contre cette dureté, ces exactions, et les attaques qu'elle leur adressait sous toutes les formes furent si vigoureuses, qu'après avoir essayé de les maintenir, en déterminant exactement leurs attributions et leur indemnité, la Constituante dut le supprimer complètement, le 2 décembre 1790. La révolution, lancée dans des voies de colère, ne se contenta pas d'avoir brisé l'institution : un décret du 3 juin 1793 ordonna l'apposition des scellés sur les papiers des fermiers généraux, et leur interdit de vendre ni d'hypothéquer leurs immeubles jusqu'à épuration et quittance de leurs comptes. Ils furent bientôt emprisonnés, leurs biens séquestrés ; presque tous furent traduits au tribunal révolutionnaire et la plupart périrent sur l'échafaud, entres autres Lavoisier. — DUPEY (de l'Yonne).

FERMO, ville mal bâtie et très-imparfaitement fortifiée des États de l'Église, chef-lieu de la délégation du même nom (superficie : 13 myriamètres carrés ; population, 105,000 âmes), dans la nouvelle légation des Marches, sur la grande route d'Ancône à Naples, est située sur un rocher escarpé, d'où l'on découvre une magnifique vue sur l'Adriatique, qui n'est pas éloignée que de 7 kilomètres, et où se trouve son petit port appelé *Porto di Fermo*. Cette ville est le siége d'un archevêque, et possède une université, fondée en 1824. On y voit une cathédrale, une église épiscopale et sept paroisses, seize couvents, un fort beau théâtre ; et sa population est d'environ 20,000 habants, qui font un commerce assez important en grains et laines. Tout près de là on voit encore les ruines de l'antique *Firmum*, devenue colonie romaine l'an 264 av. J.-C. Au moyen âge, Fermo fut alternativement chef-lieu de marquisat et de duché.

FERMOIR, espèce de crochet que les anciens relieurs fixaient sur les bords des couvertures d'un livre, et qui servaient à le tenir ; les gros *in-folio* dans lesquels sont notés les chants des offices, ainsi que certains gros registres, sont pourvus de fermoirs.

Les menuisiers et autres artisans sur bois appellent *fermoir* un gros ciseau plat à deux biseaux, dont ils font usage pour détacher d'une planche, etc., le bois qui excède une certaine mesure arrêtée en largeur ou en épaisseur.

FERNAMBOUC. Voyez PERNAMBUCO.

FERNAMBOUC (Bois de), produit du *cæsalpinia echinata*, arbre de la famille des légumineuses, qui croît dans les forêts du Brésil, où il devient très-grand, très-gros, épineux et tortu. C'est le plus important des bois tinctoriaux, celui qui fournit le plus de couleur rouge et la plus belle. Il est très-dur, très-pesant, compacte, rouge à la surface, plus pâle à l'intérieur quand il est récemment fendu ; mais cette teinte se rehausse bientôt par l'exposition à l'air, et passe même légèrement au brun. Il est d'une saveur sucrée, il exhale une légère odeur aromatique. Il sert avec avantage non-seulement dans la teinturerie, mais pour la fabrication de la laque carminée ; les luthiers en font des archets de violon. Ce bois nous arrive en bûches, partie rondes, partie méplates, et en éclats de toutes grosseurs, pesant de 2 à 20 kilogrammes. — PELOUZE père.

FERNAND CORTEZ. Voyez CORTEZ.

FERNANDO-PO ou **FERNANDO-DEL-PO**, la plus septentrionale des quatre îles de Guinée les plus rapprochées de la côte, dans la baie de Biafra. Elle a 19 myriamètres de circuit, est de formation volcanique, très-montagneuse (au *Clarencepeak*, elle atteint 3,400 mètres d'élévation), pierreuse et aride dans certains endroits, très-fertile dans d'autres, et abonde en sources d'eau et en ruisseaux, en forêts et en bêtes fauves de petite taille. Jadis propriété des Portugais, qui la découvrirent les premiers, elle fut cédée par eux, en 1778, aux Espagnols, qui la négligèrent complètement. En 1827, les Anglais, toujours à l'affût des bons points de relâche et mouillage, y fondèrent la colonie de *Clarencetown*, sur la côte septentrionale, dans une vaste baie qu'y forme le promontoire fortifié de *Point-William*. En 1841, ils en obtinrent du gouvernement espagnol la cession complète ; et depuis lors cette île leur est d'une grande utilité comme poste de surveillance pour la côte des Esclaves et du delta du Niger, comme étape de commerce, de navigation, de convalescence et de mission, de même que comme point de départ pour des expéditions de découvertes dans l'intérieur de l'Afrique. On y compte aujourd'hui environ 9,000 habitants, les uns métis de Portugais et de Nègres, laide race de mulâtres, qui sont d'ailleurs d'excellents pêcheurs ; les autres, Nègres affranchis par les Anglais, et un fort petit nombre seulement d'Européens, qui ont à redouter ce climat fiévreux, mais moins malsain encore que celui de la côte opposée du continent.

FERNEL (JEAN), médecin et mathématicien, né en 1497 à Clermont en Beauvoisis, mort le 26 avril 1558, est surtout célèbre parce qu'il est le premier parmi les modernes qui entreprit de déterminer de nouveau la grandeur de la terre. « Il alla, dit Montucla, de Paris à Amiens, mesurant le chemin qu'il faisait, par le nombre de révolutions d'une roue de voiture, et s'avançant jusqu'à ce qu'il eût trouvé précisément un degré de plus de hauteur du pôle ; et par là il détermina la grandeur du degré, de 56,746 toises de Paris. Cette exactitude ferait beaucoup plus d'honneur à Fernel si elle était un effet de la bonté de sa méthode, car on sait aujourd'hui que ce degré est de 57000 toises environ ; mais ce fut seulement un heureux hasard qui l'approcha si fort de la vérité. » Outre plusieurs écrits relatifs à la médecine, on a de Fernel un ouvrage de mathématiques pures, intitulé : *De Proportionibus libri duo* (Paris, 1528, in-folio), et deux ouvrage astronomiques : le *Monalosphœrium* (Paris, 1526 in-folio) ; et la *Cosmotheoria* (Paris , 1528 , in-folio) ; c'est dans ce dernier traité que Fernel expose la méthode qu'il employa pour mesurer un degré du méridien. E. MERLIEUX.

FERNEY. L'intérêt inspiré par les hommes célèbres s'attache aux lieux qu'ils ont habités : Tibur, Tivoli, Mantoue, Auteuil, Windsor, Montbar, Ermenonville, conserveront toujours un reflet de la gloire des écrivains dont ils furent l'asile. Ferney frappe plus vivement encore l'imagination : Ferney est à fois la demeure et la création de Voltaire. Lorsqu'il acheta cette terre, vers 1755, elle n'était habitée que par une quarantaine de paysans, abrutis par la misère ; en peu de temps, elle se peupla de laboureurs aisés et d'artisans industrieux. Les dissensions qui désolaient Genève depuis dix ans faisaient fuir tous les ouvriers que la guerre civile n'avait point enrégimentés : Voltaire les recueillit, leur donna une demeure propre et saine, leur avança des fonds, et les empêcha ainsi d'aller porter leur industrie à l'étranger. Le commerce d'horlogerie fleurit à Ferney. Une partie du sol était en friche, des laboureurs furent appelés, la terre devint féconde ; une laborieuse colonie s'accroissait rapidement sous les regards de son illustre bienfaiteur. Des Allemands, des Suisses, des Savoyards, des Génevois, s'empressaient de demander un asile à Voltaire et de lui offrir leur industrie : sa bourse leur était toujours ouverte, et, pour achalander leurs naissantes manufactures, il voulut être lui-même leur facteur. Il expédia leurs produits à Paris, en Prusse, en Espagne, en Russie ; partout il intéressa en leur faveur les souverains et leurs ministres. La gloire du célèbre écrivain brillait alors de son plus vif éclat ; plus que septuagénaire, ce génie universel n'avait , à aucune époque, déployé une si puissante activité.

Voltaire, devenu le flambeau de la raison publique, était le véritable souverain du siècle. On conçoit dès lors que le lieu où ce monarque tenait sa cour attira l'attention universelle : aussi Ferney voit-il se succéder sans cesse une foule de voyageurs. Le château, bâti par lui-même, fut conservé dans l'état où il le laissa, lorsque âgé de quatre-vingt-quatre ans, il vint à Paris triompher et mourir. Mme Denis s'empressa de se défaire de cet héritage : elle n'eut aucun égard aux recommandations de son oncle, qui avait manifesté le vif désir qu'il restât dans sa famille. Une avenue de tilleuls, ouverte sur la route de Lyon à Genève, conduit au château, dont l'architecture est simple, mais élégante et noble ; il domine le bourg et les campagnes voisines. De la terrasse qui longe l'édifice, le regard plonge à l'orient sur le parc, le franchit, descend jusqu'au lac de Genève , dont il embrasse l'étendue et remonte sur les premières chaînes des Alpes, jusqu'au mont Blanc. Lorsque le voyageur a parcouru les jardins, le parc, les avenues, où il a interrogé avidement les lieux les plus fréquentés par Voltaire ; quand son guide lui a montré le berceau favori où l'hôte illustre se plaisait à rêver, le banc de gazon où il avait coutume de s'asseoir, le bosquet qu'il aimait à parcourir, le banc de feuillage formé par des rameaux entrelacés, et qui lui offrait un siége élastique et mobile, l'arbre majestueux, le frêne qu'il a planté lui-même, il revient au château, monte l'escalier qui le conduit à la chambre à coucher et touche avec un religieux frémissement la rampe pressée si souvent par la main qui traça tant de chefs-d'œuvre.

Cette chambre , pendant plus de vingt ans l'asile des fécondes méditations du philosophe, est d'une extrême simplicité. Le lit est en bois de hêtre ; les rideaux, d'une vieille étoffe de soie jaune à ramage. Près du lit, à sa place accoutumée, se trouve encore la table de nuit, en bois commun ; un fauteuil et six chaises, en velours vert passé, sont rangés des deux côtés de la chambre. Entre les rideaux du lit est suspendu le portrait de Frédéric ; sur le même panneau, celui de Lekain : près de là, le portrait de Voltaire à l'âge de quarante-cinq ans ; en face du lit, le portrait d'Émilie, et pour pendant celui de Catherine la Grande, brodé en soie, offert à Voltaire par elle-même. La cheminée est de marbre blanc, de forme assez gothique. En face de la cheminée est une espèce de cénotaphe, au-dessus duquel est écrit : *Mes mânes sont consolées, puisque mon cœur est au milieu de vous ;* mais hélas ! ce trésor n'est plus là : il a été enlevé par Mme de Villette, à qui il appartenait. La table de marbre qui portait l'inscription a été brisée en 1814 par les Autrichiens. De la chambre à coucher on descend au salon, les deux seules pièces du château qui n'aient point subi de changement depuis le départ de Voltaire. Près du salon, on montre la place où fut la statue du célèbre écrivain, que Frédéric avait fait exécuter dans ses manufactures de porcelaine. Sur le socle était écrit, de la main du poëte-roi : *Viro immortali*, et le roi des poëtes lui répondit : « Votre Majesté me donne une habitation dans ses domaines. » Il disait à ceux qui remarquaient l'inscription : « C'est la signature de celui qui me l'a envoyée. » Il n'est guère de personnage célèbre de cette époque , si féconde en hommes remarquables, qui ne soit venu rendre hommage au patriarche de la littérature. Chaque jour arrivaient à Ferney des hôtes de toutes les parties du monde : artistes, savants, lettrés, grands seigneurs de toutes les nations, princes de l'Église, princes allemands, princes polonais, princes russes et grecs, tous briguaient la faveur de s'asseoir au banquet hospitalier du philosophe. Une seule exception fut due à Joseph II : cet empereur, en 1775, passa près de Ferney, et résista au désir de s'y arrêter. Dans la disposition d'esprit où se trouvait le noble voyageur, cette exception était encore un hommage indirect. L'auteur de *La Henriade*, accoutumé à l'adulation des princes, sourit de l'oubli affecté du prince germain, et se tint compte de ce qu'une semblable absence lui épargnait la perte d'une matinée, qu'il employa à composer un acte entier de la tragédie d'*Irène*. Quelquefois, fatigué ou souffrant, le vénérable patriarche ne venait point occuper une place parmi ses hôtes : il chargeait sa nièce de faire les honneurs de la maison ; mais quand il se présentait un poëte, un simple écrivain, Voltaire se montrait, animait le banquet par sa gaieté vive et piquante, sa raison fine et profonde. Il variait sans cesse son aimable causerie. Alors, sa figure octogénaire rayonnait d'une ardeur de jeunesse ; ses yeux , tour à tour étincelants de malice, empreints de sensibilité, laissaient apercevoir, à travers les éclairs du génie , la générosité d'Alvarès et l'âme de Zaïre.

On montre encore aux pèlerins une foule d'objets usuels qui ont appartenu au seigneur de Ferney : sa longue canne, son cachet, son écritoire d'argent, l'une de ses perruques, son bonnet de satin blanc parsemé de paillettes d'or. Sa correspondance manuscrite avec Frédéric et la bibliothèque de Wagnière, son dernier secrétaire, où se trouvent les ouvrages du maître avec des corrections, des additions et des notes explicatives faites par Wagnière , qui a laissé dans cette bibliothèque une relation inédite de son voyage avec le patriarche et de son retour à Paris. Au départ, en sortant de la grille, on remarque de chaque côté, près du mur d'enceinte, un petit édifice : l'un est l'ancienne salle de spectacle, l'autre l'église bâtie par le philosophe. On lit avec étonnement et presque avec peine l'inscription du portail : *Deo erexit Voltarius.* Près de la grille, en face des appartements du château, on voit le tombeau que le grand écrivain s'était destiné : il avait fait construire avec les soins les plus minutieux. Ferney a beaucoup perdu de ses avantages et de son industrie depuis la mort de son fondateur ; mais les habitants ont conservé une vénération héréditaire pour le grand homme dont leurs pères ont reçu tant de bienfaits.

Dr PONGERVILLE, de l'Académie Française.

FÉROCITÉ, vice qui tient à l'essence du cœur ou à l'état général des mœurs dans une nation, ou même dans une simple peuplade. La férocité, dans sa définition la plus générale, est une disposition de caractère telle qu'on ne se délecte avec délice que par le spectacle du sang, des meurtres et des supplices. La férocité annonce qu'un peuple n'est pas encore entré dans la route de la véritable civilisation, ou que du moins il n'y occupe qu'une place secondaire. En tout pays, les dernières classes, lorsqu'elles sont profondément remuées, soit par des calomnies, soit par de fausses apparences, se livrent à des excès de férocité qui les dégradent. La férocité des masses n'indique pas toujours chez elles une absence totale de sensibilité : dans bien des circonstances, au contraire, c'est le sentiment du bien qui, porté à l'excès, perd chez elles toute espèce de mesure. Il est arrivé à des peuples qui ont constamment vécu dans l'état de guerre de voir briller chez eux, à une certaine époque, les lettres et les arts; mais la puissance de leurs séductions n'a jamais pu déraciner la férocité d'instinct qui était répandue dans toutes les classes. Les Romains conservèrent la passion des combats de gladiateurs longtemps après que, par leurs chefs-d'œuvre, Cicéron, Virgile et Horace eurent purifié leur goût et éclairé leur raison. Les femmes romaines se montraient encore plus avides d'assister à ces horribles scènes, où les vestales avaient une place à part : les unes comme les autres excitaient l'ardeur des combattants, et leur demandaient de nouvelles blessures; le sang ne coulait jamais assez pour elles. Chez les peuples modernes, dont la civilisation est sortie du christianisme, et où la charité tient une si grande place, la férocité qui naît des révolutions ou des mouvements populaires passe en général avec rapidité; elle désole trop le présent pour s'étendre dans l'avenir. SAINT-PROSPER.

FÉROË (Iles). *Voyez* FÆR-ŒRNE.

FÉROË (Bois de) ou BOIS DE FÉROLE. *Voyez* BOIS SATINÉ.

FÉRONIE (*Feronia*), antique divinité particulière aux nations italiques, parmi lesquelles elle passait pour la déesse de la liberté, parce que c'est dans le temple qu'elle avait à Anxur (aujourd'hui Terracine) qu'on affranchissait les esclaves. Elle avait un autre temple dans un bois sur le mont Soracte, en Étrurie. On y célébrait chaque année en son honneur une grande fête populaire, qui servait de prétexte à une foire importante, et à l'occasion de laquelle on offrait à la déesse les prémices des fruits de la terre et des sacrifices expiatoires. Strabon rapporte que les prêtres de Féronie marchaient dans ces occasions solennelles pieds nus sur des charbons ardents sans le brûler. C'est pour cela que l'on considérait aussi Féronie comme une divinité infernale, et qu'on l'identifiait avec Proserpine.

FÉRONNIÈRE (La belle). *Voyez* FERRONNIÈRE.

FERRAILLEUR. *Voyez* BRETTE, BRETTEUR.

FERRAND (ANTOINE-FRANÇOIS-CLAUDE, comte), naquit à Paris, en 1751. Il entra fort jeune dans la magistrature, et fut reçu conseiller au parlement de Paris en 1769, au moyen d'une dispense d'âge. Il se fit remarquer de bonne heure dans cette compagnie, et figura parmi les magistrats les plus hostiles au chancelier Maupeou. Compris dans le coup d'État qui frappa les cours souveraines du royaume, et envoyé en exil, il en adoucit les rigueurs par la culture des lettres. Il se livra d'abord à la poésie, et composa plusieurs pièces dramatiques. Chargé, en 1787, de rédiger les remontrances du parlement de Paris, au sujet de l'enregistrement forcé des édits royaux et de l'impôt du timbre, il ne répondit pas à l'attente de ses collègues, qui eurent remarquer trop de mollesse et de timidité dans sa rédaction. Cette impression nuisit à l'influence dont il avait joui jusque-là dans sa compagnie: aussi s'empressa-t-il de saisir l'occasion de relever son crédit par la hardiesse du discours qu'il prononça, en présence du monarque même, à la séance royale qui eut lieu quelques mois après les remontrances du parlement. Toutefois, il faisait de l'opposition sans être imbu des idées du jour. Conservateur inflexible, il combattait seulement la cour au point de vue du maintien des priviléges aristocratiques et des prérogatives parlementaires. A ses yeux, c'était le gouvernement qui se donnait un rôle révolutionnaire par ses projets de réforme. Aussi s'opposa-t-il de toutes ses forces à la convocation des états généraux. Cependant, la majorité ayant opiné contrairement à son opinion, il n'en accepta pas moins le mandat de formuler la demande de convocation dont il s'était montré l'énergique adversaire, et s'acquitta avec talent de cette mission difficile, sans compromettre ses convictions.

Après l'ouverture des états généraux, qui se formèrent bientôt en assemblée nationale, Ferrand attaqua cette assemblée dans des pamphlets. Cependant, la révolution poursuivant son cours, il jugea prudent de s'éloigner de Paris et de transporter à l'armée de Condé l'atelier de ses diatribes. Émigré dès septembre 1789, il fut admis dans le conseil du prince de Condé, qu'il accompagna dans sa première campagne, tout en continuant sa polémique contre la révolution française. Monsieur l'en récompensa en l'appelant dans le conseil de régence en 1793.

Bientôt Ferrand quitta l'armée des princes, et se retira à Ratisbonne. Fatigué de la littérature militante, il conçut le plan d'un livre d'éducation destiné à son fils, qu'une mort prématurée lui enleva, à l'âge de seize ans. Accablé de ce malheur, ruiné par l'émigration, découragé dans son royalisme par l'avènement prodigieux de Napoléon, il retourna les yeux vers cette terre natale contre laquelle il s'était armé, et obtint du roi, en 1801, la permission de rentrer en France. Là il publia son livre *De l'Esprit de l'histoire*, qui renferme la condamnation la plus explicite des principes libéraux de 1789 et la justification la plus hardie de la monarchie absolue. L'université, qui partageait les doctrines gouvernementales du nouveau maître, et dont la plupart des membres regrettaient l'ordre et les institutions de la vieille France, accueillit avec empressement cet ouvrage, et le recommanda comme classique dans tous ses établissements. Seulement, un discours, qui pouvait prêter à l'allusion en faveur du *roi légitime*, fut cartonné par injonction de la censure. Le succès de Ferrand fut encore plus grand à l'étranger qu'en France, auprès du pouvoir absolu. Sa thèse devait flatter surtout l'autocrate du Nord ; aussi lui valut-elle de la part de ce potentat une manifestation éclatante de contentement et d'estime.

De si hauts témoignages d'approbation l'enhardirent dans la voie historique. Il crut pouvoir modifier au gré de ses opinions personnelles un manuscrit qu'il avait été chargé de compléter, sur l'*Histoire de l'Anarchie de Pologne* commencée par Rhulières. Cette tentative fut ébruitée; et comme la modification annoncée n'était pas conforme à la direction de la politique du gouvernement français touchant la Pologne, la police intervint pour enlever le manuscrit au libraire et le confier à Daunou, qui acheva le livre et accusa hautement Ferrand d'avoir altéré le texte de Rhulières. Dès ce moment le vieux royaliste perdit tout crédit auprès de la monarchie nouvelle ; et il ne manqua pas d'entrer dans le comité royal où la chute de Napoléon et le retour des Bourbons furent élaborés, dans les dernières années de l'empire. Ce qu'il prit au rétablissement des Bourbons ne resta pas longtemps sans récompense : dès les mois de mai 1814 il était nommé ministre d'État et directeur général des postes, en remplacement de Bourrienne, qui lui en a gardé rancune dans ses *Mémoires*, où il l'accuse d'avoir dit de la charte *que c'était une bonne chose, mais qu'il lui manquait d'avoir été enregistrée au parlement de Paris*. Tous les actes de Ferrand et tous ses discours à cette époque rendent cette imputation vraisemblable. C'est lui qui imagina la fameuse distinction de la *ligne droite* et de la *ligne courbe* pour en faire le point de départ d'une vaste et profonde réaction. Dans son rigorisme monarchique, il ne demandait pas seulement d'exclure ou de frapper les ennemis de la royauté; il comprenait encore dans ses vengeances les amis tièdes et les royalistes qui avaient quelque penchant pour les idées libérales.

Malgré son aversion invétérée pour la nouveauté politique, il fut l'un des commissaires choisis pour préparer la charte. Le préambule de l'octroi royal décela l'esprit illibéral qui avait présidé à sa rédaction. Ce fut également sur lui que tomba le choix de la couronne quand il fallut présenter le projet de loi qui devait rendre aux émigrés leurs biens invendus. Remplacé, au 20 mars, par Lavalette, à la direction générale des postes, il refusa de quitter l'hôtel sans avoir obtenu un sauf-conduit, dont il n'avait nullement besoin, et qu'il devait faire servir plus tard à la condamnation de son successeur. Ne voulant pas suivre le roi à Gand, où les royalistes constitutionnels qui entouraient le monarque fugitif ne manquaient pas d'imputer aux réacteurs les nouveaux malheurs de la royauté légitime, Ferrand se retira dans la Vendée, et vécut ensuite tranquille à Orléans jusqu'à la fin des cent jours. La catastrophe de Waterloo ayant ramené Louis XVIII à Paris, la faveur de la cour revint alors entière à Ferrand, qui reprit la direction générale des postes, et fut nommé pair de France, membre du conseil privé, et membre de l'Académie Française recomposée par ordonnance. Il mourut subitement, le 17 janvier 1825.

FERRARE (*Ferrara*), autrefois légation particulière des États de l'Église, mais depuis 1850 délégation de la legation de la Romagne, d'une superficie d'environ 35 myriamètres carrés, avec une population de 220,000 âmes, constituait autrefois un duché indépendant, concédé à titre de fief mouvant du saint-siége à la maison d'Este de la Romagne. Le duc Alphonse II, qui n'avait pas d'enfant, ayant désigné son cousin César d'Este, duc de Modène pour lui succéder, le pape Clément VIII réunit en 1598 ce duché aux États de l'Église, comme fief tombé en deshérence, malgré les tentatives faites à diverses reprises par les ducs d'Este et de Modène pour faire valoir leurs prétentions à sa possession. En 1797, ce territoire fut réuni à la république Césalpine et plus tard incorporé au royaume d'Italie. En 1814, il rentra sous la souveraineté du Pape, à l'exception d'une portion située au nord, dont le congrès de Vienne attribua la souveraineté à l'Autriche en même temps qu'il concéda à cette puissance le droit de tenir garnison à Ferrare.

FERRARE, chef-lieu de la délégation et ville fortifiée, bâtie dans une contrée basse et malsaine, sur un bras du Pô, avec des rues larges et régulières, plus de cent églises et un grand nombre de vastes et beaux palais, dont les plus remarquables sont ceux d'Este, de Pallavicini, de Bevillacqua, etc., était autrefois une ville extrêmement florissante, et comptait au delà de 80,000 habitants, quand elle était la résidence des ducs d'Este, mais tombe aujourd'hui presque en ruines, et ne compte plus que 32,000 habitants, dont plus de 2,000 juifs. Le caractère de profonde tristesse qu'elle offre de nos jours l'a fait à bon droit comparer à Versailles, ville avec laquelle elle présente plus d'un genre de rapprochements. La plus belle de ses places publiques est celle qu'en l'honneur de l'Arioste on a nommée *Piazza Ariostea*. L'ancien palais ducal, édifice carré, flanqué aux angles de tours très-fortes, et entouré de fossés, est habité aujourd'hui par le légat pontifical, avec les fresques de Titien, de Carpi, de Dossi, etc., qu'on y voit encore, rappellent son ancienne magnificence. La cathédrale, avec une belle façade de vieux style gothique, et construite à l'intérieur dans le style moderne, est un édifice vaste sans doute, mais qui n'a d'ailleurs rien de bien remarquable. La plupart des autres églises, dont les plus dignes d'être visitées sont celles de *Sancta-Maria degl' Angeli* et de *San-Benedetto* où se trouve le tombeau de l'Arioste, contiennent des toiles des plus grands maîtres, notamment de Garofalo, qui habitait Ferrare. La maison de l'Arioste est considérée à l'égal d'une relique; celle où demeurait Guarini est aussi au nombre des curiosités que l'étranger va visiter. A l'hôpital Sainte-Anne, une inscription indique le cachot sombre et humide où le duc d'Este Alphonse II fit languir pendant sept ans Torquato Tasso qu'il faisait passer pour fou. L'université fondée par l'empereur Frédéric II, agrandie en 1402, réorganisée en 1824, mais qui n'est plus guère aujourd'hui qu'un lycée avec 200 élèves, possède une riche bibliothèque, où l'on trouve, indépendamment d'un grand nombre de manuscrits et de miniatures, divers autographes des œuvres du Tasse et de Guarini. On voit au palais Cantucini une belle galerie de tableaux. Les fortifications qui entourent Ferrare sont assez importantes, et se relient à une citadelle de premier ordre.

Lors des troubles dont Ferrare fut le théâtre en 1847, l'Autriche, pour la sûreté de la garnison qu'elle entretient dans la citadelle, prétendit occuper toute la ville, et, malgré le refus du légat du pape, elle mit sa menace à exécution. Mais après de longues négociations, elle évacua la ville à l'automne, et concentra de nouveau ses forces dans la citadelle. Quand en 1848 des troupes romaines se réunirent sur les bords du Pô, le prince Liechtenstein franchit ce fleuve le 14 juillet, et contraignit la ville de Ferrare à se rendre à merci. La citadelle et sa garnison autrichienne, commandée par le colonel Khuen, furent de la sorte secourues et ravitaillées ; et les Autrichiens s'y maintinrent en dépit de toutes les menaces qu'on leur adressait de Rome. Le 17 février 1849, le général Haynau occupa la ville ; mais il l'évacua peu avant l'arrivée des troupes républicaines de Rome, et après l'avoir frappée d'une contribution de 2,000,000 *scudi*. Le 7 mai suivant, Ferrare fut de nouveau occupée par les Autrichiens, commandés par le comte de Thurn-Hohenstein ; et le président du gouvernement républicain quitta alors la ville pour aller s'établir à Argenta. L'université fut fermée ; mais on la rouvrit le 1er novembre 1850, après le rétablissement de l'autorité pontificale.

FERRARE (École de). *Voyez* ÉCOLES DE PEINTURE, t. VIII, p. 313.

FERRARI (GAUDENZIO), l'un des peintres les plus remarquables de l'école lombarde, naquit en 1484, à Valduggia, dans les environs de Milan, étudia son art dans l'ancienne école milanaise, et se perfectionna ensuite dans les ateliers du Pérugin et de Raphaël. En ce qui est de la puissance de la composition et de l'expression, il s'élève quelquefois à toute la hauteur des plus célèbres artistes de son époque; mais il lui arrive souvent de manquer de mesure en ce qui touche le coloris ainsi que l'art de disposer ses groupes, et, séduit par son incomparable facilité, il tombe quelquefois dans une manière plate et commune. La plupart de ses toiles se trouvent en Lombardie : la Brera de Milan, entre autres, contient de lui, outre un grand nombre de fresques, un *Martyre de sainte Catherine*, qui est peut-être son chef-d'œuvre. L'église de Varallo, à l'ouest du lac Majeur, a aussi de lui toute une série de fresques. Un *Saint Paul en méditation*, voilà tout ce que possède notre Musée du Louvre, de la main de Ferrari. Ce peintre, qui était en même temps sculpteur, architecte, mathématicien et poète, mourut à Milan, vers la fin de 1549.

FERRARI (BARTOLOMMEO), sculpteur italien, né à Venise, en 1780, descendait d'une de ces familles nobles les plus riches et les plus considérées de Ferrare, que des revers de fortune déterminèrent à venir s'établir à Venise vers le milieu du dix-huitième siècle. Il eut pour maître son oncle Giovanni Ferrari-Torretti, qui fut aussi pendant quelque temps celui de Canova. Après avoir subi de nombreuses vicissitudes de fortune, qui le contraignirent souvent à s'occuper de travaux d'un genre tout à fait secondaire, on vit toujours Ferrari revenir avec amour à la pratique de l'art dans lequel il excellait. On a de lui un grand nombre de statues et de monuments funéraires en marbre, ainsi que de remarquables sculptures en bois. Il existe aussi de lui quelques morceaux en bronze ; et, chargé de la restauration du célèbre lion allégué orne de nouveau aujourd'hui la Piazzetta de Venise, et qui n'était revenu de Paris que brisé en mille morceaux, par suite de la précipitation maladroite apportée à l'emballage, il s'acquitta de cette tâche difficile avec un rare bonheur. Cet artiste est mort le 8 février 1844.

FERRARI (LUIGI), fils du précédent, né à Venise, en 1810, fit ses études sous la direction de son père, annonça de bonne heure un talent remarquable, et est compté aujourd'hui au nombre des premiers sculpteurs qu'il y ait en Italie. Il est un de ceux qui ont travaillé au monument que Canova avait projeté pour le Titien, et qui a été élevé depuis à Canova lui-même. On cite encore de lui un *Laocoon*, auquel il a donné une attitude tout autre que celle de la tradition et du chef-d'œuvre classique; un berger avec un petit chien, morceau qu'on a appelé *Endymion*. L'artiste a dû plus tard exécuter deux copies de ces statues pour le musée Tosi de Brescia. Deux de ses plus remarquables productions sont une *Nymphe cueillant une fleur de lotos* et une *Mélancolie*, deux statues assises. Une statue en marbre représentant *David* au moment où, vainqueur de Goliath, il rend grâce à Dieu, n'est pas moins remarquable. Son groupe de *David et Goliath* n'a pas à beaucoup près le même mérite. Il a pris d'ailleurs sa revanche avec la statue de la *Madonna della Concezione*, exécutée pour la chapelle particulière du comte Villadarzere. La ville de Venise a élevé à la mémoire du hardi navigateur Marco-Polo une statue en pied, dont elle confia l'exécution à Luigi Ferrari. L'artiste a représenté avec un bonheur extrême ce savant voyageur. Il travaille en ce moment au mausolée en marbre de feu l'archiduc Frédéric d'Autriche, pour l'église Saint-Jean à Venise.

FERRÉ (Le Grand), sobriquet sous lequel est demeuré célèbre dans l'histoire de la Jacquerie un paysan d'une vigueur athlétique et d'une taille prodigieuse, né vers le milieu du quatorzième siècle, au village de Rèvecour, près Verberie, et qui fit merveilles au temps où *Jacques Bonhomme*, après s'être battu contre les nobles, continuait la querelle contre l'Anglais. Le continuateur de Nangis rapporte qu'il faisait partie d'une troupe de deux cents paysans environ, réfugiés dans le château de Longueil, sous les ordres d'un certain *Guillaume aux Alouettes*, qu'ils avaient choisi pour chef, et que les Anglais vinrent un jour y surprendre. Le capitaine fut frappé mortellement au début de l'affaire; mais notre Goliath, armé d'une hache, se précipita avec quelques camarades sur les ennemis, en tue quarante-cinq de sa propre main, culbute le reste des assaillants et délivre la place. Une nouvelle tentative des Anglais ne fut pas moins vigoureusement repoussée. Cette fois le Grand Ferré, échauffé par une si rude besogne, but de l'eau froide en quantité, et fut saisi de la fièvre. Il s'en alla à son village, regagna sa chaumière, et se mit au lit, non sans garder près de lui sa hache, qu'un homme ordinaire pouvait à peine soulever. Bien lui en prit; car les Anglais, ayant su qu'il était malade, envoyèrent un jour douze hommes pour le tuer. Averti par sa femme, le Grand Ferré oublie son mal, se lève, prend sa hache et court en chemise repousser les brigands. Adossé à un mur, il en tua cinq, et contraignit le reste à s'enfuir. Épuisé par ce dernier effort, la fièvre le reprit de plus belle, et il mourut quelques jours après.

FERREIRA (ANTONIO), célèbre poëte portugais, né à Lisbonne, en 1528, fut élevé à Coïmbre, où il se livra surtout à l'étude des poëtes de l'antiquité, et fut ensuite pourvu d'un haut emploi à la cour de Lisbonne. Avec Sà de Miranda il fut le fondateur de l'école, dite classique, qui fit prévaloir dans la poésie portugaise l'imitation des poëtes latins et qui de la sorte lui imprima une direction contraire au génie national. Il perfectionna les genres que Sà de Miranda avait déjà traités avec succès, l'élégie, l'épître et le sonnet, et introduisit chez les Portugais l'épithalame, l'épigramme, l'ode et la tragédie. Son *Inès de Castro* est encore considérée aujourd'hui comme l'un des plus beaux monuments de la littérature portugaise, à cause de l'élévation des pensées et de la perfection du style. On a en outre de Ferreira deux comédies, *Comedia do Bristo* et *Comedia do Cioso*, œuvres de sa jeunesse, pour lesquelles Sà de Miranda fut son modèle, mais qui ne sont pas sans mérite, et qu'au contraire on estime encore aujourd'hui. La seconde (le Jaloux) passe même à bon droit pour la plus ancienne comédie de caractère du théâtre moderne. Les ouvrages de Ferreira sont d'ailleurs peu nombreux, car ses fonctions lui laissaient peu de loisirs, et il mourut dès 1569. Ce qui distingue particulièrement les productions de ce poëte, c'est la profondeur de la pensée. Son exposition est grave, son expression forte, pleine de vivacité et tout imprégnée de ce feu qui élève l'esprit et échauffe le cœur. Mais le désir d'être concis l'entraîne quelquefois trop loin, et il lui arrive très-souvent de sacrifier l'harmonie à l'énergie de la pensée. Ses *Poemas lusitanos* furent publiés pour la première fois en corps complet d'ouvrage à Lisbonne, en 1598. L'édition des *Todas as Obras de Ferreira* est de 1771.

FERRER, fixer, au moyen de clous ou de vis, des pièces métalliques sur une porte, un meuble, etc. *Ferrer un cheval*, c'est attacher avec des clous rivés des arcs de fer au-dessous de ses sabots. A l'état sauvage, les sabots des animaux qui en sont pourvus sont suffisamment résistants; mais à l'état de domesticité, pour éviter l'usure trop prompte de la corne, il faut souvent renouveler le fer du cheval, de l'âne, du mulet et du bœuf (*voyez* MARÉCHAL-FERRANT).

En quel pays, à quelle époque, l'art de ferrer a-t-il pris naissance? On l'ignore; on doute même que les Grecs et les Romains aient ferré leurs chevaux: Xénophon conseille de faire coucher ces animaux sur un plancher bien sec, de paver leur écurie en petites pierres rondes, retenues par une bande de fer, afin, dit-il, que les cornes de leurs pieds se durcissent et puissent soutenir une longue marche sur des chemins rocailleux. Toutefois, il ne faut pas conclure de ce passage que les chevaux des Grecs n'étaient pas ferrés, puisque de nos jours ceux qui élèvent ces quadrupèdes se conduisent conformément aux pratiques enseignées par Xénophon. Les Romains ferraient les mules. On lit dans Suétone que celles qui traînaient les chariots de Néron avaient sous leurs pieds des semelles d'argent. Au rapport de Pline, les mules de Poppée, femme de Néron, étaient ferrées en or. Catulle compare un homme paresseux à une mule dont les *fers* sont retenus dans un bourbier épais. Si les Romains munissaient de plaques métalliques les pieds de leurs mules, tout porte à croire qu'ils faisaient jouir les chevaux de semblables avantages; néanmoins, comme le fer était rare chez les anciens, et que fort peu de leurs chemins étaient pavés, il est probable d'avancer que l'usage de ferrer les animaux était fort restreint. Comment les anciens fixaient-ils les fers? Il est probable que ce n'était pas avec des clous: un fer à cheval trouvé dans le tombeau de Justinien ferait croire que les fers étaient fixés par des liens qui passaient par-dessus le sabot. Mais on est certain que dès le dixième siècle on fixait les fers avec des clous comme on le pratique de nos jours.

En hiver, lorsque les chemins sont couverts de glaces, les chevaux qui voyagent glissent et courent le risque de se casser les jambes : afin de prévenir les accidents, on attache les fers avec des clous dont la tête, terminée en pointe, entre dans la glace; ce qui empêche l'animal de glisser. C'est ce qu'on appelle *ferrer à glace*.

On dit proverbialement de quelqu'un qui ne se laisse pas mener, qu'il n'est pas *aisé à ferrer*. Un homme *ferré à glace* sur une science, un art, est celui qui connaît à fond cette science ou cet art.

Ferrer un animal signifie, dans certaines provinces, le marquer avec un fer chaud. Enfin une *route ferrée* est celle qui est faite avec des cailloux.   TEYSSÈDRE.

FERRERAS (JUAN DE), historien espagnol, né à Labañeza, en 1562, de parents nobles mais pauvres, fut placé par un oncle, qui le destina à l'état ecclésiastique et qui l'envoya terminer ses études à Salamanque. Ordonné prêtre, il se fit une grande réputation d'éloquence, parvint rapidement à de hauts emplois, et fut même admis dans la congrégation de l'inquisition; mais il refusa un évêché qui lui fut offert.

Philippe V l'avait nommé son bibliothécaire. Il mourut en 1735. Son *Historia de España* (dernière édition, 17 vol. 1775—1791), qu'il a conduite jusqu'à l'année 1598, jette les plus vives clartés sur les origines de l'histoire d'Espagne. Encore bien que l'ouvrage de Mariana soit plus estimé, on y trouve un récit lucide et impartial des faits.

FERRETTE, bourg d'environ 750 habitants, chef-lieu de canton, dans l'arrondissement d'Altkirch (Haut-Rhin), à 15 kilomètres de Bâle, est bâti sur la pente d'une montagne appartenant à la chaîne du Jura, et dominé par les restes d'un des plus beaux manoirs du moyen âge, jadis siège d'un petit comté formé au douzième siècle, lors du démembrement du comté de Montbéliard. Au quatorzième siècle un mariage le porta dans la maison d'Autriche. Les empereurs Maximilien et Charles-Quint prirent souvent, dans des actes et des diplômes, le titre de *comtes de Ferrette*. Ce domaine resta dans la maison d'Autriche jusqu'à la paix de Westphalie (1648), époque où il fut cédé à la France en échange du Sundgau. L'échange, retardé par d'interminables contestations, ne fut toutefois complètement opéré qu'en 1660.

FERRICYANURE. *Voyez* FER.

FERRO, la plus petite des îles Canaries. *Voyez* FER (Ile de).

FERROCYANURE. *Voyez* FER.

FERROE (Ile de). *Voyez* FER-OEUNE.

FERROL (Le), chef-lieu de l'un des trois départements maritimes de l'Espagne, est une ville fortifiée de l'ancien royaume de Galice, à 12 myriamètres N.-E. de la Corogne, remarquable par son arsenal maritime et par l'étendue de son port, l'un des meilleurs de l'Europe que défendent, les forts *San-Felipe*, *la Palma* et *San-Martin*, et accessible seulement par un étroit chenal de 3 kilomètres de long sous le feu de formidables batteries. En 1752 ce n'était encore qu'un petit bourg sans importance. Sa population, qui en 1826 s'élevait déjà à 14,000 âmes, est évaluée aujourd'hui à plus de 25,000 habitants. On y trouve une école et une académie de marine, un vaste arsenal, de magnifiques chantiers de construction, d'importantes corderies et fabriques de toile à voiles. En 1799 les Anglais tentèrent inutilement un coup de main contre cette place.

FERRONNAYS (La). *Voyez* LA FERRONNAYS.

FERRONNIÈRE (La belle). Les historiens du temps ne sont point d'accord sur le pays de cette maîtresse de François Ier. L'opinion la plus générale est qu'elle naquit en Castille, et vint en France à la suite de ce roi, mêlée à la foule de vagabonds et de saltinbanques qui le suivit à son retour de captivité. A la beauté des yeux noirs de la jeune fille, à leur langueur voluptueuse et tendre, à toute cette figure, telle que nous l'ont transmise les portraits de l'époque, on doit croire qu'elle était réellement Espagnole. Il est certain qu'elle était pauvre et qu'elle serait immanquablement devenue la proie du libertinage si un homme d'un âge mûr, d'un caractère grave, mélancolique, sévère, ne lui eût tendu une main secourable. En 1538 ou 1539, Jean Ferron, bourgeois de Paris, épousa la jeune aventurière sans nom; du moins, on ne lui en a jamais connu d'autre que celui qu'elle tenait de son époux : *la Ferronnière* ou *Ferréte*, comme on la nommait dans l'intimité. Il fut longtemps question dans la rue Barbette de ce mariage disproportionné. Un jour, Jean Ferron reconnut les émissaires de François Ier cachés chez lui. Mais comment résister aux séductions du monarque, aidé de Triboulet, son fou, et de Bonnivet, qui le insinuant des flatteurs? Le cœur de la pauvre Espagnole s'y laissa prendre.

Jean Ferron aimait sa femme comme un vieillard tient à sa dernière passion : il conçut et exécuta une vengeance horrible. La France, la ville de Paris surtout, étaient à cette époque en proie à une maladie honteuse, qui causait, après d'horribles douleurs, une mort presque inévitable. En 1539 la mortalité devint si épouvantable qu'à peine avait-on le temps d'enterrer les morts. Jean Ferron, sage et vieux bourgeois, s'infecta volontairement de cet odieux venin, qui coula bientôt dans les veines de sa jeune compagne, et atteignit ainsi le roi, qui, malgré tous les soins, tous les efforts, en mourut au bout de huit ans, le 31 mars 1547, après d'intolérables souffrances.

La Ferronnière était morte quelques années auparavant, en proie aussi à d'atroces douleurs, que n'adoucit jamais un seul souvenir du roi. A l'heure de la mort, elle appelait encore *son bel archer;* car c'était sous ce déguisement qu'il s'était d'abord présenté à elle. Elle n'avait cédé, la tendre Ferronnière, ni à l'ambition ni au désir de s'élever; elle n'avait demandé ni terres ni titres. Jean Ferron assista, dit-on, aux derniers moments de sa femme, et la maudit. On assure que, de vivre, il s'empoisonna avec de l'opium; d'autres prétendent qu'un spectre, dont le visage, à demi rongé, brillait d'une joie cruelle, suivit le convoi du roi, et vint se frapper ensuite d'un stylet sur le tombeau de la Ferronnière, placé dans le couvent de Saint-Maur, sa paroisse.

C'est de la Ferronnière qu'est venue cette coiffure gracieuse, formée de bandeaux retenus par une tresse de cheveux ou une chaîne d'or, qui fait le tour de la tête en se fermant au milieu du front par un camée ou une pierre précieuse.

Camille BODIN (Jenny BASTIDE).

FERRUGINEUSES (Eaux). *Voyez* EAUX MINÉRALES.

FERRUGINEUX ou MARTIAUX. *Voyez* FER.

FERRY (NICOLAS). *Voyez* BÉBÉ.

FERRY (CLAUDE-JOSEPH), ancien député à la Convention, naquit en 1756, à Raon-aux-Bois près de Remiremont (Vosges). Après de fortes études, commencées à l'École militaire de Paris et continuées sous la direction de D'Alembert, qui devint son ami, il fut, à peine âgé de trente ans, appelé à remplir les fonctions de professeur à l'École du Génie, alors établie à Mézières. Enthousiaste de tout ce qui était grand et honnête, il dut applaudir au mouvement de rénovation qui en 1789 entraînait la France. Son département l'ayant choisi pour représentant à la Convention, il apporta dans les discussions de cette assemblée la justesse d'esprit et la modération d'opinion qui étaient le trait saillant de son caractère. En 1793 la Convention l'envoya en mission dans les départements du centre, à l'effet d'y surveiller et d'y activer, de concert avec Monge, la fabrication des armes et la fonte des canons. Plus tard, le Directoire lui confia diverses missions politiques, dont il ne s'acquitta pas avec moins de succès. Son mandat législatif une fois expiré, il alla reprendre ses fonctions de professeur à l'École du Génie, qui dans l'intervalle avait été transférée à Metz. Mais la création de l'École Polytechnique, appelée d'abord *École centrale des travaux publics*, à laquelle il fut tout de suite attaché en qualité d'examinateur, le rappela bientôt à Paris.

Républicain sincère, Ferry, qui lors du vote sur la peine à infliger à Louis XVI avait, la main sur la conscience, prononcé ce mot terrible : *la mort!* parce qu'il était convaincu que l'infortuné prince trahissait la France, ne vit pas sans regret s'opérer la révolution qui portait Bonaparte au pouvoir suprême. Lors de l'établissement du consulat, il renonça même aux diverses fonctions publiques dont il était investi, pour chercher dans la culture des sciences et des lettres une consolation à ses illusions perdues. De longs voyages scientifiques au nord de l'Europe, notamment en Russie, lui permirent d'acquérir un inépuisable trésor de connaissances précieuses. Au retour de ces pérégrinations, il fut invité avec instance à reprendre sa place de professeur à l'École du Génie, en 1812, quand la mort vint si inopinément et surtout si prématurément frapper l'illustre Malus, l'auteur de la belle découverte de la polarisation de la lumière, qui avait remplacé comme examinateur à l'École Polytechnique, l'opinion unanime du monde savant força le gouvernement à lui rendre un emploi que nul ne pouvait mieux occuper. Il le conserva jusqu'en 1814. A cette époque de réaction contre tous les hommes qui avaient pris part à la révolution de 1789, il en fut arbitrairement dépouillé sans recevoir même la pension modique due tout au moins à ses longs services. Il supporta sans se plaindre cette injustice criante ; et, fidèle aux convictions de toute sa vie, refusa pendant les Cent-Jours de signer l'acte additionnel aux constitutions de l'empire. Au second retour des princes de la maison de Bourbon, il se trouvait dès lors protégé par cet acte si récent de sa vie politique contre l'odieuse réaction dont les membres de la Convention qui avaient cru devoir, vingt-deux années auparavant, condamner à mort le malheureux Louis XVI, étaient l'objet de la part du gouvernement royal. Cela n'empêcha pas le ministre Decazes de le faire arrêter et mettre au secret, sans autre cause que sa qualité de *régicide*. Il fut cependant bientôt élargi, et quelques années plus tard une pension lui fut accordée.

En 1819, la fondation de la *Revue encyclopédique*, à la rédaction de laquelle il ne cessa de prendre la part la plus active, lui fournit l'occasion d'utiliser les études qui avaient fait le charme de sa longue carrière. Tout d'abord, il s'associa à la rédaction de notre *Dictionnaire*, dont il comprenait la portée et l'utilité. Il s'éteignit doucement le 1er mai 1845, à Liancourt (Oise), où il vivait depuis longues années dans une philosophique retraite.

FERS. La peine des fers existait sous l'ancien régime; elle fut conservée par la loi du 25 septembre 1791 et par le Code des Délits et des peines du 4 brumaire an IV, en tant que peine militaire. C'est la même peine que celle des travaux forcés que lui a substituée le Code Pénal de 1810 ; elle produit les mêmes effets civils, la même incapacité, et elle est subie de la même manière. Les conseils de guerre prononcent la peine des fers pour les délits suivants : le pillage, l'absence à la générale, le débit d'animaux morts de contagion, la violation des consignes, le dépouillement des morts sur le champ de bataille, le faux, l'insubordination, la lâcheté simple, la maraude, le sommeil en faction, le vol chez son hôte, etc.

[Les fers sont infligés comme peine purement disciplinaire à bord des vaisseaux aux matelots qui se rendent coupables d'infractions un peu graves à la discipline et à leurs devoirs. Voici en quoi cette peine consiste : dans une partie de l'entrepont réservée pour recevoir les matelots qui ont été condamnés aux fers, se trouvent placées des barres de fer portant chacune un certain nombre de boucles ou d'anneaux en même métal, dans lesquels la jambe d'un homme peut être retenue. Ces boucles peuvent s'ouvrir; et lors qu'on y a fait entrer la jambe, elles peuvent se fermer au moyen d'un cadenas, de manière que celui qui y est retenu ne peut en sortir que lorsque la personne qui a la clef du cadenas juge à propos de l'ouvrir ou est autorisée à le faire. Plusieurs hommes peuvent être ainsi retenus à la fois aux boucles d'une même barre.

Les *fers* sont une punition qui ne peut être ordonnée que par le capitaine ou par l'officier qui commande en son absence, et qui dans ce cas doit lui en rendre compte. Le plus ordinairement ceux qu'on y condamne n'y restent que peu de temps, quelques heures ou quelques jours, suivant la gravité de la faute pour laquelle ils sont punis ; mais ceux qu'on y retient, parce qu'ils ont commis ou qu'ils sont prévenus d'avoir commis quelque crime, ou bien encore parce que la sûreté du vaisseau pourrait être compromise s'ils étaient libres, y demeurent jusqu'à l'arrivée dans quelque port où ils puissent être débarqués et livrés aux tribunaux, ou jusqu'à ce qu'ils aient été jugés par un conseil de guerre tenu sur le vaisseau même.   V. DE MOLÉON.]

Les négriers ont des fers pour maintenir leur cargaison. A bord des bâtiments marchands, comme sur les vaisseaux de l'État, le capitaine ne se gêne pas pour faire mettre aux fers le passager séditieux ou raisonneur. Demandez plutôt à notre cher collaborateur Jacques Arago ce qui lui arriva lors de son voyage en Californie en 1849. Le capitaine n'est-il pas, comme il se plaît à le répéter, monarque absolu dans son *île*!

FERS (Commerce des). Les lexiques les plus volumineux et les plus récents omettent, nous ne savons du reste pourquoi, mais à l'instar du *Dictionnaire de l'Académie*, de rapporter une des acceptions usuelles de ce mot, qui exige impérieusement une explication. Nous voulons parler de l'emploi que, par catachrèse sans doute, on fait du mot *fers* (au pluriel), pour désigner l'ensemble des diverses marchandises dont se compose le commerce des *objets de literie* en général, tels que laine, crin, duvet, plumes, coutil, toiles, couvertures, tapis, etc.

FERSEN (AXEL, comte DE), grand-maréchal de la diète de Suède, issu d'une ancienne famille livonienne qui sous les règnes de Christine, de Charles X et de Charles XI, a fourni un grand nombre de personnages distingués, naquit vers 1750, à Stockholm, et, après avoir terminé ses études, se rendit en France, où il fut nommé colonel du régiment *Royal suédois*. Il servit alors en Amérique, et voyagea plus tard en Angleterre et en Italie. Quand éclata la révolution française, il se distingua entre tous par les preuves de dévouement et d'attachement qu'il donna à la famille royale. Ce fut lui qui, déguisé en cocher, se chargea de la conduite de Paris à Varennes; puis, quand elle fut détenue au Temple, on le vit braver tous les obstacles, tous les dangers, pour adoucir ses souffrances et lui faire passer quelques consolations. Forcé de quitter la France, le comte de Fersen, après avoir successivement séjourné à Vienne, à Dresde, à Berlin, rentra dans sa patrie, où le roi le nomma d'abord grand-maître de sa maison, puis chancelier de l'université d'Upsal, et enfin grand-maréchal de la diète. Cependant, il ne tarda pas à encourir la haine des masses populaires, et cette haine acquit la plus terrible énergie quand une mort tout au moins mystérieuse enleva à la Suède le prince royal, Charles-Auguste. Le bruit s'étant répandu alors que le comte de Fersen, sa sœur, la comtesse de Piper, et quelques autres grands personnages, n'étaient pas étrangers à cette mort si soudaine, une émeute éclata dans les rues de Stockholm, le 20 juin 1810, à l'occasion de la translation des restes mortels du prince défunt, ramenés en grande pompe de Liljeholm. A la vue du carrosse dans lequel le comte de Fersen suivait le cortège funèbre, le peuple lança une grêle de pierres contre l'homme devenu l'objet des plus injurieux soupçons. Cette scène de violence prit tout de suite un caractère tel, que le comte de Fersen dut au plus vite se réfugier dans la maison la plus proche. Mais le peuple l'y poursuivit. Alors le comte Silfvesparre espéra le soustraire au danger de mort le menaçait, en donnant au peuple l'assurance qu'il allait le conduire à l'hôtel de ville. M. de Fersen y fut effectivement amené, mais sous une grêle de pierres et autres projectiles ; et à peine eut-il franchi les degrés du perron, qu'une bande de furieux courut après lui et le massacra. Son cadavre fut traîné nu sur la claie jusqu'à la place du marché, où il resta longtemps exposé à toutes les insultes de la populace.

La comtesse Piper, objet de haines non moins ardentes, réussit à s'échapper de Stockholm. L'enquête judiciaire qui eut lieu ensuite démontra la complète innocence du comte de Fersen et des siens.

FERTÉ (La), nom commun à une foule de localités que l'on distingue entres elles par l'addition d'une dénomination particulière. Il est dérivé, suivant Ducange, du vieux mot *fermeté* (*firmitas*), qui au moyen âge signifiait forteresse, château. Les plus importantes sont :

FERTÉ-BERNARD (La), chef-lieu de canton du département de la Sarthe, sur la rive gauche de l'Huine, avec 2,615 habitants, une importante fabrication de toiles occupant 1,000 à 1,200 métiers dans la ville et ses environs, des fabriques de calicot, des filatures de laine cachemire et de laines longues, occupant 700 ouvriers, des tuileries, un commerce de bœufs et de graines de trèfle. On y voit une belle église gothique, un ancien château servant d'hôtel de ville, une bibliothèque publique de 1,800 volumes. Place importante jadis, elle fut prise en 1189 par Philippe-Auguste sur les Anglais. Ceux-ci s'en rendirent encore maîtres en 1424 et en 1449.

FERTÉ-GAUCHER (La), chef-lieu de canton du département de Seine-et-Marne, sur le Grand-Morin, avec 2,097 habitants, des tanneries, des fours à chaux, à tuiles, à briques, à des moulins à tan, des papeteries, des fabriques de serges, et un commerce de grains et farines. Les maréchaux Marmont et Mortier y livrèrent un léger combat, le 26 mars 1814, à une brigade ennemie, sous les ordres du prince Guillaume de Prusse.

FERTÉ-MACÉ (La), chef-lieu de canton du département de l'Orne, avec 6,039 habitants, une fabrication importante de coutils, retors, siamoises, guingants, calicots, rubans de fil, de peignes, de tabatières de bois; de mèches à quinquet, de passementerie, des distilleries d'eaux-de-vie, des tanneries, des tuileries, des teintureries, des blanchisseries, une récolte de miel, de cire, de lin.

FERTÉ-MILON (La), chef-lieu de canton du département de l'Aisne, sur l'Ourcq, avec 1,850 habitants, des blanchisseries de toiles, un dépôt de bois et de blé pour Paris. Henri IV assiégea, en 1594, le château fort de la Ferté-Milon, s'en rendit maître par composition, et le fit démanteler par les habitants de vingt-huit villages environnants, qui furent employés à ce travail pendant huit jours. Les ruines de ce vieux manoir ont encore un aspect fort imposant; la ville possède en outre une statue en marbre de Racine par David d'Angers.

FERTÉ-SOUS-JOUARRE (La), chef-lieu de canton du département de Seine-et-Marne, sur la Marne, avec 4,189 habitants, une importante exploitation de pierres meulières renommées, des fabriques de meules de moulin, des fabriques de carreaux, de bleu d'outre-mer, de poterie de terre, de serrurerie, de toiles; des fours à chaux et à plâtre, une papeterie mécanique; des corroyeries, une typographie, un commerce important de bois, charbons, grains et farines. C'est une station du chemin de fer de Paris à Strasbourg.

FERTÉ-SUR-AUBE (La), petite ville du département de la Haute-Marne, sur la rive gauche de l'Aube, avec 1,131 habitants, une forge et un haut fourneau, un grand dépôt de bois flotté, dont 60,000 stères sont expédiés annuellement sur Paris.

FERTÉ-VIDAME (La), chef-lieu de canton du département d'Eure-et-Loir, avec 882 habitants et une source minérale ferrugineuse.

FERTILITÉ, qualité de ce qui est *fertile*, c'est-à-dire de ce qui produit beaucoup. Les champs fertiles sont ceux qui payent le travail par d'abondantes récoltes : la *fertilité* est donc en partie le résultat du labeur et de l'industrie de l'homme. Mais bien d'autres causes indépendantes de sa volonté modifient les végétaux qu'il cultive, centuplent ses produits ou détruisent ses espérances. Les années *fertiles* sont rares, et tout le talent du cultivateur consiste à s'aider des circonstances favorables, à prévoir les influences fâcheuses pour se prémunir contre elles, autant qu'il le peut, et obtenir ainsi le degré de fertilité le plus convenable et le plus constant. Les engrais et les amendements rendent les terres fertiles; encore faut-il choisir les récoltes qui conviennent le mieux à chaque sol, varier les assolements, féconder la terre par un travail incessant et attendre de bonnes conditions atmosphériques.

La *fertilité absolue* d'un champ dépend de la quantité de terre végétale, de son degré moyen de densité, d'une juste proportion d'humidité, de chaleur, de lumière, et de façons convenables. Sa *fertilité relative* dépend, d'une part, de la nature de la terre, et, de l'autre, de l'espèce des plantes plus ou moins appropriée. La fertilité des années dépend d'une heureuse alternative des jours chauds et des jours de pluie, et aussi de l'état de l'atmosphère à l'époque des semences, de la floraison et de la récolte. P. GAUBERT.

FÉRULE, genre de plantes de la famille des ombellifères, dont toutes les espèces sont herbacées ou sufrutescentes, généralement grandes, et se font remarquer par l'ampleur et la finesse de leur feuillage. Nous avons en Europe la *férule commune* (*ferula communis*), qui décore les bords de la Méditerranée et beaucoup d'autres côtes maritimes. Ses fleurs en ombelles touffues sont jaunes. Sa tige, haute de 1^m,60 à 2 mètres, est très-épaisse, ferme, presque ligneuse, mais rendue légère par la moelle qu'elle contient. On employait autrefois cette moelle spongieuse en guise d'amadou. Dans certaines parties de l'Italie, les bergers s'en servent encore pour le même usage.

Une autre espèce, le *ferula assa fœtida*, est surtout remarquable par sa racine dont on extrait la matière gommo-résineuse, connue sous le nom d'*assa fœtida*.

Sous le rapport de l'antiquité et des souvenirs qu'elle nous a laissés, il faut citer le *ferula glauca*, *narthex* des Grecs, belle plante du même genre, dont parlent Théophraste, Dioscoride et Pline. Elle joue un grand rôle dans la mythologie des anciens. La Fable veut que ce soit dans l'intérieur moelleux de la tige de cette grande férule que Prométhée ait renfermé le feu qu'il déroba au ciel. Les adorateurs de Bacchus, dans une sainte ivresse, se frappaient sans se blesser avec une canne de férule. On voit encore figurer la férule sur le sceptre des empereurs. On nous dit aussi que c'est dans une tige de férule vidée de sa moelle qu'Alexandre conservait religieusement les poésies d'Homère, avant de les avoir logées dans la riche cassette qu'il trouva parmi les dépouilles de Darius. PÉLOUZE père.

FÉRULE, petite palette en bois, assez épaisse, et au bout plat et légèrement arrondi, dont se servaient autrefois les pédagogues pour frapper dans la main les écoliers qui avaient manqué à leur devoir. La première férule fut faite à l'imitation de la plante de ce nom (*voyez* l'article précédent) que les anciens employaient au même usage. Quand les pédagogues allaient partout revêtus de la robe noire, ils portaient suspendu au côté ce redoutable instrument : de là le nom de *gent porte-férule*.

> Tu vas passer pour ridicule
> Chez les rois du pays latin
> Dont le sceptre est une férule,

a dit un vieux poëte. Nos pères étaient élevés à la *férule*; les écoliers de leur temps avaient eu sur la main plus de *férules* que de mots latins dans la tête. Aujourd'hui, que toute punition corporelle est interdite aussi bien par les mœurs que par les règlements universitaires, la *férule* a été reléguée, ainsi que les *verges*, au rang des vieilleries honnies et oubliées sans retour. Mais nos *cinglants* d'école et de collège s'en dédommagent en accablant de *pensums* et d'arrêts ces pauvres écoliers qui n'en peuvent mais, et qui n'en sont ni mieux appris, ni plus savants. Il n'est pas besoin d'avoir régné dans Syracuse pour être dans l'école un rude et stupide tyran.

Les pédants à citations rappelleront toujours avec fierté que la *férule*, chantée par Martial et Juvénal, a eu des usages plus relevés : au moyen âge, on appelait *férule* la crosse et le bâton des prélats. Dans le Bas-Empire, *férule* signifiait le sceptre des empereurs. De là le nom de *porte-férule* (ναρθηκοφόρος) donné aux princes.

On dit figurément qu'un homme est *sous la férule* de quelqu'un, pour dire qu'il dépend de lui. « Il fut donc obligé de me mettre *sous la férule* d'un maître; il m'envoya chez le docteur Godinez, le plus habile pédant d'Oviedo, » dit Lesage au début de son *Gil Blas*. On dit classiquement la férule d'Aristarque, pour indiquer une critique douce et modérée, par opposition au fouet de Zoïle. Le mot *férule* s'emploie aussi quelquefois comme synonyme de tout instrument servant à frapper : c'est dans ce sens que La Fontaine, parlant de la discipline d'un dévot, a dit :

> Il se fût fait un grand scrupule
> D'armer de pointes sa férule.

Charles Du Rozoir.

FÉRUSSAC (ANDRÉ-ÉTIENNE D'AUDEBARD, baron DE), issu d'une famille de noblesse d'épée, né au Chartron

(Tarn-et-Garonne), le 30 décembre 1786, servit d'abord sous l'Empire; mais, forcé par une blessure grave, reçue à l'armée d'Espagne, d'abandonner la carrière militaire, il obtint de l'empereur la sous-préfecture d'Oloron, dans les Basses-Pyrénées ; ce qui ne l'empêcha pas d'accueillir avec enthousiasme la Restauration, qui le maintint en place. Aux cent-jours, il se dévoua au salut du pays; et, s'il n'alla pas à Gand *porter des conseils* à Louis XVIII, il consentit du moins à accepter de l'*usurpateur*, d'abord la sous-préfecture de Bazas, puis celle de Compiègne. Sa *bonne conduite* en ce moment d'épreuves pour la légitimité fut récompensée plus tard par des emplois lucratifs dépendant du ministère de la guerre, qui fit de lui presque subitement et sans transition un lieutenant-colonel d'état-major. Fils d'un militaire très-distingué non moins savant et surtout comme géologue, conchyliolographe lui-même, il s'était fait déjà un nom par son *Histoire naturelle, générale et particulière des mollusques terrestres et fluviatiles*, dont il avait trouvé les principales données dans des papiers de famille. Dans cet ouvrage, qui fut l'objet de divers rapports à l'Académie des Sciences, toutes les coquilles se trouvent figurées, d'après nature, avec le plus grand soin. Vers l'année 1824, à peine âgé de trente-huit ans, quittant le service, il fonda, en concurrence avec la *Revue encyclopédique* de Jullien (de Paris,) le *Bulletin universel des Sciences et de l'Industrie*, que le duc d'Angoulême, dans les dernières années de la Restauration, avait pris sous sa protection spéciale. Cette vaste entreprise ne pouvait subsister qu'avec l'appui et les subventions du pouvoir. Cet appui, ces subventions lui furent tout à coup refusés par les chambres à la suite de la Révolution de Juillet ; et le *Bulletin universel* disparut ; Férussac cependant était devenu député de son département à l'issue de cette même révolution qu'il n'avait certes pas appelée de ses vœux, mais à laquelle, selon son usage et celui de tant d'autres, il s'était empressé d'offrir ses services et son dévouement. Il mourut le 21 janvier 1836.

FERVER, bon génie, sorte d'ange gardien dans la religion des Parses (*voyez* DÉMON).

FERVEUR, ardeur, zèle, sentiment vif et affectueux, avec lequel on se porte aux œuvres de piété et de charité. On prie Dieu; on sert Dieu avec ferveur ; la ferveur d'une dévotion bien entendue est agréable à Dieu ; mais il faut se défier d'une ferveur trop exclusive, trop ardente et surtout trop subite; car souvent alors elle est passagère, et se refroidit, se ralentit aussi promptement qu'elle est venue : de là le vieux proverbe *Ferveur de novice ne dure pas longtemps*.

FÈS ou **FEZ** (du turc *Faës*, boite), nom d'une coiffure en usage chez les Grecs, les Turcs et autres Orientaux, et qui en ce qui touche les Grecs fait partie du costume national ; dès lors ceux d'entre eux qui ont adopté le costume européen ne le portent pas. Elle est commune aussi parmi les femmes grecques. En Turquie, depuis les réformes politiques opérées par le sultan Mahmoud, le *fès* est prescrit à tous les fonctionnaires publics en remplacement du turban, et a été introduit dans l'armée régulière. Chez les Grecs, le *fès* varie à l'infini, et quant à la matière avec laquelle il est confectionné, et quant à la manière de le porter, tantôt fort élevé, tantôt bas. Celui des gens de la campagne est bas, et d'étoffe grossière ; chez les riches, il est plus élevé et l'étoffe en est plus délicatement travaillée. Le *fès* se fabrique avec une étoffe de laine feutrée teinte en rouge. La qualité de la teinture et la durée de la couleur, lui donnent une valeur plus ou moins grande. C'est à Tunis qu'on fabrique les plus beaux *fès*. D'ordinaire ils sont surmontés d'un gland en fils lâches ou tissés, de soie bleue ou d'or. C'est dans le gland qu'existe le plus de diversité ; les marins et les habitants des îles et des côtes portent de longues houpes, rondes et bien fournies : chez d'autres, par exemple chez ceux qui portent les longs vêtements asiatiques, les glands sont aussi simples que les *fès* sont bas. En Turquie, le plus ou moins de richesse des *fès* indique la différence du rang occupé par les divers fonctionnaires.

FESCA (FRÉDÉRIC-ERNEST), compositeur distingué, né le 15 février 1789, à Magdebourg, devint en 1815 chef d'orchestre à Carlsruhe, et mourut dans cette ville, le 20 mars 1826. Il brilla moins par l'originalité et la spontanéité de son talent que par l'étude attentive qu'il avait faite des grands maîtres, et grâce à laquelle ses productions sont toutes marquées au coin de cette sage mesure et de cette belle uniformité, bien préférable à une originalité qui ne se manifeste que par le mépris de toutes les règles. Comme il jouait remarquablement bien du violon, il composa une foule de petits quatuors, dont une édition complète et d'un prix fort élevé a été faite à Paris. On a aussi de lui plusieurs symphonies vigoureusement écrites, et quelques opéras; par exemple, *Cantemira* et *Omar e Leila*, où l'on remarque moins l'originalité que l'heureux agencement des idées et l'absence de toute faute contre le goût; et cependant, malgré tout leur mérite, ils n'obtinrent jamais en Allemagne un de ces succès grands, incontestés et populaires qui fondent une réputation.

FESCENNINS (Vers), vers libres et grossiers qu'on chantait à Rome dans les fêtes, dans les divertissements ordinaires, et principalement dans les noces. Les vers fescennins ou *saturnins*, car on leur a donné cette seconde épithète, étaient rudes, dépourvus de mesure, assaisonnés de plaisanteries indécentes, semblables, en un mot, à ces impromptus de taverne, à ces saillies bachiques que l'ivresse à des convives sans goût et sans pudeur. On les chantait sur un ton grotesque, en y joignant les danses les plus lascives et les postures les plus immodestes. Qu'on se représente une foule de rustres, trépignant au son d'un aigre pipeau, s'agaçant par des railleries avec des voix discordantes, des invectives pleines de fiel et de grossièreté : voilà l'image des vers fescennins, qu'Horace a caractérisés avec tant d'énergie :

Fescennina per hunc inventa licentia morem,
Versibus alternis, opprobria rustica fudit.

Ces scandaleuses productions avaient emprunté leur nom à la ville d'Étrurie Fescennia, dont les habitants, célèbres par leurs extravagances et la rusticité de leurs mœurs, s'étaient les premiers exercés dans ce genre de composition. Accueillies par une population inculte et sauvage, qui ne demandait que des plaisirs aussi grossiers que ses penchants, les bizarres pasquinades de Fescennia trouvèrent à Rome une sympathie si vive et si durable, que pendant près de cent vingt ans la ville de Mars ne connut pas d'autre poésie dramatique. Le caractère mordant et satirique qu'on leur imprima dans la suite les fit tomber dans un discrédit complet; mais elles se relevèrent de cet échec avec un succès qui les rendit plus formidables que jamais. On rapporte qu'Auguste, pendant le triumvirat, fit des vers fescennins contre Pollion, qui n'y répondit que par le silence, « parce que, disait-il, il était trop dangereux d'écrire contre un homme qui pouvait proscrire ». Ce fut le chantre d'Ariane qui ressuscita ce genre monstrueux, en le produisant sous la forme d'un badinage aussi spirituel que licencieux.   Émile DUNAIME.

FESCH (JOSEPH), cardinal et archevêque de Lyon, frère utérin de Lætitia Ramolini, mère de Napoléon, était fils d'un citoyen de Bâle parvenu au grade de lieutenant dans l'un des régiments suisses au service de France. Né à Ajaccio, le 3 janvier 1763, il n'avait guère que six ans de plus que son neveu, l'unique auteur de son élévation et de sa fortune. Son père l'envoya, à l'âge de treize ans, faire ses études au séminaire d'Aix, où il fut ordonné prêtre. Mais la tourmente révolutionnaire l'arracha momentanément au service des autels, et en 1793, soit que sa vocation se fut refroidie, soit qu'il comprît qu'il n'y avait pas en lui l'étoffe d'un martyr, il aima mieux jeter le froc aux orties que de s'exposer aux périls et aux persécutions qui menaçaient l'habit ecclésiastique. Il entra donc dans le service des vivres, et ne tarda pas à obtenir un emploi de garde-magasin à l'armée des Alpes, commandée par le général Montesquiou ; mais, dès que le rétablissement de la religion catholique en France fut chose arrêtée dans la tête de Napoléon, il reçut ordre d'aller faire une retraite de quelques semaines dans un séminaire de Lombardie, pour reprendre l'habit ecclésiastique. Le 2 avril 1802 il devint archevêque de Lyon. L'année d'après, Pie VII, qui avait tant sujet de se montrer reconnaissant envers le premier consul, comprit son *vénérable* oncle dans une promotion de cardinaux-prêtres; puis, à quelques mois de là, le cardinal-archevêque de Lyon, nommé ambassadeur de France près le saint-siége, partait pour Rome avec C h â- t e a u b r i a n d qu'on lui avait adjoint en qualité de secrétaire d'ambassade.

Quand le cardinal Fesch quitta la capitale du monde chrétien, ce fut pour accompagner le souverain pontife dans le voyage qu'il fit à Paris, vers la fin de 1804, à l'effet d'y sacrer et couronner Napoléon en qualité d'empereur des Français, et bientôt après il fut successivement nommé grand-aumônier, comte de l'empire, sénateur, grand-aigle de la Légion d'Honneur, et coadjuteur du prince primat de Francfort, avec le titre d'*altesse sérénissime*. Napoléon fournit largement aux besoins du rôle princier assigné par lui à son oncle, et celui-ci se conforma aux vues politiques de l'empereur en s'entourant de tout le prestige du luxe, cortége obligé de la grandeur dans les monarchies. C'est ainsi qu'il se fit construire à l'extrémité de la rue du Mont-Blanc (aujourd'hui de la Chaussée-d'Antin) un palais d'assez mauvais goût sans doute, aux proportions tout à la fois étriquées et gigantesques, mais où, en revanche, l'or et les marbres précieux étaient partout prodigués, dont l'ameublement seul n'avait pas coûté moins d'un million, et où l'on remarquait notamment une chapelle qui pouvait avantageusement soutenir la comparaison avec ce que les palais impériaux offraient de mieux en ce genre. Bientôt la galerie du cardinal acquit à juste titre une célébrité européenne. La mésintelligence ne tarda pas toutefois à éclater entre l'oncle et le neveu. Le cardinal improuvait la conduite tenue par l'empereur envers le pape; et son improbation consciencieuse finit par se changer en une énergique opposition. En vain Napoléon tenta de l'adoucir en le nommant au siége de Paris, devenu vacant par la mort de M. de B e l l o y : le cardinal Fesch tint bon, refusa l'archevêché de Paris, et se vit, en punition de sa désobéissance aux volontés de l'empereur, dépouillé du titre de grand-aumônier, qui resta vacant pendant quelque temps. Il lui fut rendu, il est vrai, à la fin de 1811; mais les causes qui avaient amené cette scission entre l'oncle et le neveu, c'est-à-dire la persécution et la captivité du pape, subsistant toujours, le cardinal se retira dans son diocèse, où il continua de résider pendant les trois dernières années de l'empire, y menant d'ailleurs une existence princière. Hâtons-nous néanmoins d'ajouter que l'opinion publique, toujours si difficile à satisfaire, ne cessa de rendre hommage à la régularité de mœurs et à la dignité de conduite de Joseph Fesch depuis son retour à la vie ecclésiastique.

Les événements de 1814 eurent pour résultat de lui faire partager l'ostracisme dont le gouvernement de la restauration frappa tous les membres de la famille de Napoléon. Il se retira à Rome, où Pie VII, reconnaissant de son dévouement à l'égard du saint-siège dans des circonstances difficiles où plus d'un haut dignitaire de l'Église avait failli, lui fit un accueil propre à le dédommager de la perte de ses honneurs en France. La nouvelle du débarquement de Cannes et de la marche triomphale de Napoléon sur Paris, en 1815, fut reçue par le cardinal Fesch comme une manifestation visible des volontés de la Providence, et il s'empressa de quitter Rome, avec madame Mère, pour venir rejoindre l'empereur, qui, le 2 juin, le nomma pair de France. A quelques jours de là, le désastre de Waterloo vint briser une fois de plus les espérances qui se rattachaient à la fortune de Napoléon, et le cardinal Fesch dut reprendre le chemin de l'exil. Il put, du reste, réaliser la fortune considérable qu'il possédait en France, faire vendre le mobilier somptueux qui garnissait son palais, en même temps que la riche galerie de tableaux des maîtres anciens et modernes qu'il y avait réunie, et se défaire de l'immeuble même, dont la spéculation ne tarda pas à s'emparer pour en faire cinq ou six hôtels particuliers. Toutes les instances auxquelles on eut recours par la suite, au nom du gouvernement des Bourbons, pour le décider à donner sa démission du siége archiépiscopal de Lyon échouèrent contre son inflexible obstination. Il se retrancha opiniâtrement dans les canons de l'Église, secrètement encouragé par la cour de Rome, qui n'était pas fâchée de défendre en sa personne les droits du concordat ; il fallut même, en 1825, obtenir du pape un bref spécial pour le dépouiller de sa juridiction spirituelle et nommer un administrateur provisoire à son siége vacant de fait. En 1837, à la mort de M. de Pins, ancien évêque de Limoges et archevêque d'Amasie *in partibus*, qui avait été chargé par le gouvernement de la branche aînée de l'administration du diocèse de Lyon, la cour de Rome essaya d'obtenir le rétablissement du cardinal Fesch sur son siége archiépiscopal ; mais le gouvernement de Juillet repoussa péremptoirement toutes les ouvertures faites à cet égard. Le cardinal Fesch mourut le 13 mai 1839, trois ans environ après sa sœur Lœtitia, à laquelle l'unissaient les liens de la plus vive amitié, et à qui il avait donné lui-même les derniers secours de la religion. Les lettres, les arts et les devoirs de son état avaient été son refuge dans l'adversité ; ils firent la consolation des dernières années de sa vie. La nombreuse collection de tableaux qu'il avait réunie dans son palais de Rome était visitée avec empressement par tous les amateurs, qui à sa mort s'en disputèrent les débris au feu des enchères. Ses restes ont été transportés en Corse.

FESSE-MATTHIEU, sobriquet peu courtois, dérivé, disent les étymologistes de *face de Matthieu*. On sait qu'avant sa conversion saint M a t t h i e u était publicain et sans doute *usurier*. On prétend , d'un autre côté, reconnaître à la face les prêteurs à la petite semaine : de là la désignation de *face de saint Matthieu* ou *de Matthieu*, pour désigner un usurier, puis, par corruption, ou plutôt par insulte, on a dit *fesse de Matthieu* ou *Fesse-Matthieu*. De cette locution est peut-être venu cette autre : il se ferait *fesser* pour un liard. Molière a employé ce mot dans *L'Étourdi* :

Car enfin en vrai ladre il a toujours vécu :
Il se ferait *fesser* pour moins d'un quart d'écu.
BILLOT.

FESTIN, banquet, grand repas qu'on donne avec cérémonie. L'usage des *festins* a été commun à tous les siècles et à tous les pays. Dès les premiers temps du monde, il y avait des occasions marquées pour des repas d'apparat et de réjouissance. L'Écriture dit qu'Abraham fit un grand *festin* le jour qu'il sevra Isaac. Laban invita un grand nombre de ses amis au repas préparé pour les noces de sa fille avec Jacob. C'est par un grand *festin* que le père de famille célèbre le retour de l'enfant prodigue. Tout le monde connaît le festin de Balthazar. Dans l'antiquité profane, les sacrifices n'étaient accompagnés que des *festins* sacrés. Il y a un *Traité des Festins* par Muret. Heiss, dans son *Histoire de l'Empire*, décrit le *festin* que Charles IV donna aux électeurs après la promulgation de la Bulle d'Or. Jamais les Perses ni les Athéniens ne discouraient d'affaires sérieuses qu'au milieu des *festins*. Festin vient de *festum*, parce que les premiers chrétiens n'avaient de *festins* que les jours de fêtes ou d'*agapes*. Huet fait dériver le mot de *festinare*, qu'on trouve dans l'ancien interprète latin du Commentaire d'Origène sur saint Matthieu : *Ut veniens illuc Jesus festinet cum discipulis suis*. L'Écriture représente la béatitude éternelle sous l'emblème d'un *festin*. Les païens parlent des *festins* des dieux, du banquet des dieux, comme de la félicité parfaite. Les Anglais sont grands amateurs de *festins* : c'est un de leurs principaux moyens d'influence et de gouvernement. Il y en a pour les élections, pour le sacre des rois, pour la réception des chevaliers de la Jarretière, pour les consécrations d'évêques. Les *festins* du lord-maire de Londres ont eu en Agleterre un grand retentissement. En France, on *a festiné* aussi d'une manière assez copieuse sous le régime électoral. Les banquets ont renversé Louis-Philippe. Nous ne sommes cependant encore, pour l'abondance monstrueuse des *festins*, que des enfants auprès de nos voisins d'outre-Manche.

FESTINO. C'est le nom qu'on donne en logique au troisième mode de la seconde figure d'un syllogisme, où la première proposition est une négative universelle, la seconde une affirmative particulière, et la troisième une négative particulière, comme dans l'exemple suivant :

<blockquote>
FES Aucun homme méchant ne saurait être heureux :
TI Quelques riches sont méchants :
NO. *Ergo*, quelques riches ne sont pas heureux.
</blockquote>

FESTIVAL, mot anglais, synonyme de nos termes *fête, réjouissance*, mais qui, généralement détourné aujourd'hui de son acception primitive, s'applique chez nos voisins, comme en Allemagne, en Belgique, dans la Flandre française, etc., à des fêtes industrielles, à des expositions de produits de l'art et de l'industrie, dont on s'efforce d'augmenter l'attrait en offrant en outre au public le plaisir d'entendre exécuter, par des orchestres monstres, de colossales symphonies. Les *festivals* de nos voisins sont donc, à proprement parler, des *fêtes musicales*.

FESTON, guirlande ou faisceau de petites branches d'arbres garnies de leurs feuilles, et entremêlées de fleurs, de fruits, qui sert ordinairement de décoration, et qu'on suspend alors par les extrémités, de manière que le milieu retombe. On en décorait les têtes des victimes aux sacrifices des païens. Chez les premiers chrétiens on ornait de festons et de couronnes de fleurs la porte de l'église et les tombeaux de saints.

Les Italiens ont des décorateurs qu'ils appellent *festaroli*, et qui font des festons et d'autres ornements pour les fêtes.

Feston se dit aussi d'un ornement d'architecture, de peinture, de sculpture, en forme de guirlande, qui est ordinairement composé de fleurs et de fruits tressés avec des feuillages ou des bandelettes. A l'époque de la décadence et dans le moyen âge, les architectes en ont fait usage dans leurs frises d'ordre composite. On se sert beaucoup de festons dans le décor des salles de fêtes, parce que la forme en est réellement gracieuse, et qu'il est facile de les agencer.

Festonner, c'est faire du feston, découper en feston; ouvrage de femme qui consiste à ourler ou découper en feston le bas d'une robe, le bord d'un mouchoir, l'extrémité d'une manchette, etc.

Dans la poésie descriptive, comme dans la prose pompeuse, les mots *feston, guirlande*, sont fréquemment employés pour exprimer des formes arrondies et gracieuses.

P.-A. COUPIN.

FESTUS (POMPEIUS SEXTUS), célèbre grammairien latin, qui vivait probablement vers la fin du troisième ou le commencement du quatrième siècle. Dans tous les cas, il est postérieur à Martial, puisqu'il fait l'éloge de cet épigrammatiste. Vossius, sur un simple mot employé par Festus (*crucem*), conclut qu'il a vécu lors de l'invention de la sainte Croix; et Dacier applaudit à cette conjecture, qu'il adopte pleinement. Mais d'autres savants répondent que ce que Festus appelle une *croix* n'est autre chose que le *labarum*, ou étendard, sur le voile duquel Constantin remplaça l'aigle par la croix. Quoi qu'il en soit, Festus, dans son traité *De Significatione Verborum*, unique base de sa renommée, n'avait fait qu'abréger un ouvrage plus considérable sur le même sujet, portant le même titre, et composé par Verrius Flaccus, que Suétone a cité comme un grammairien très-habile, précepteur des petits-fils d'Auguste. L'abrégé de Festus, qui existait complet encore du temps de Charlemagne, ne nous est parvenu que mutilé, gâté même par le Lombard Paul Diacre. Festus avait encore écrit ou se proposait d'écrire un traité sur les mots latins qui avaient

vieilli, *Priscorum verborum cum exemplis libri* : cet ouvrage ne nous est point parvenu. E. LAVIGNE.

FÊTE DES ÂNES. *Voyez* ANES (Fête des).
FÊTE DES FOUS. *Voyez* FOUS (Fête des).
FÊTE-DIEU ou **FÊTE DU SAINT-SACREMENT** (*Festum corporis Christi*), solennité particulière à l'Église catholique, instituée en 1264, par le pape Urbain IV, à l'effet d'honorer la présence réelle de Jésus-Christ dans le sacrement de l'eucharistie. Dans l'origine, le jeudi de la semaine sainte était le jour consacré à la célébration anniversaire de l'institution du Saint-Sacrement. Plus tard, on pensa dans quelques églises que ces longs offices et les cérémonies lugubres de cette semaine ne permettaient pas d'honorer ce mystère avec toute la solennité requise, et on jugea à propos d'instituer une fête spéciale, le jeudi d'après l'octave de la Pentecôte, c'est-à-dire après le dimanche de la Trinité. C'est le concordat de 1802 qui en France l'a reportée au dimanche suivant. L'Église de Liège, où le pape Urbain IV, Français de nation, né au diocèse de Troyes, avait d'abord été archidiacre, avait adopté de bonne heure cet usage. Quand il ceignit la tiare, il institua cette même fête du Saint-Sacrement pour toute l'Église, et fit composer spécialement un office à cet effet par saint Thomas d'Aquin. Les troubles auxquels l'Italie était alors en proie, par suite des querelles des guelfes et des gibelins, empêchèrent longtemps que la nouvelle fête fût partout admise et célébrée; mais au concile général de Vienne, tenu en 1311, sous le pape Clément V, en présence des rois de France, d'Angleterre et d'Aragon, la bulle d'Urbain IV fut confirmée, et l'observation en fut déclarée obligatoire pour toute l'Église. Cinq ans plus tard, le pape Jean XXII y ajouta une octave pour en augmenter la solennité, avec ordre de porter publiquement le saint-sacrement en procession. La littérature religieuse est riche en descriptions de la *Fête-Dieu*, assurément l'une des cérémonies du culte catholique à la fois les plus touchantes et les plus imposantes. Le gouvernement de la Restauration commit malheureusement une des plus lourdes fautes en prétendant rendre obligatoire pour tous l'observation d'une fête qui doit emprunter son caractère le plus saint à la spontanéité, à l'unanimité des populations appelées à la célébrer. Les processions splendides que nous avons vues parcourir, entre deux haies de gendarmes et de soldats de la garde royale, les rues de Paris tapissées et jonchées de fleurs, en faisant des stations à des reposoirs élevés d'espace en espace par la piété de certains fidèles, n'avaient en réalité rien d'édifiant pour les masses, et leur moindre inconvénient dans les grandes villes est de violenter les consciences. Les processions de Louis-Philippe crut devoir supprimer dans la capitale toutes les cérémonies *extérieures* du culte catholique, et par conséquent les processions de la *Fête-Dieu*. La vraie religion, celle qui parle à l'âme et non aux yeux, celle qui est une affaire de cœur, de conscience, et non de spéculation, y a gagné. Depuis la restauration de l'empire, la procession de la Fête-Dieu a reparu partout où les cultes dissidents reconnus n'ont pas d'église constituée.

FÊTES. Tous les peuples de l'antiquité, depuis les Hébreux jusqu'aux Romains, depuis les Grecs jusqu'aux Celtes ou Gaulois, ont eu leurs *fêtes*, c'est-à-dire leurs jours d'assemblées et de réjouissances. Jamais un peuple n'a eu de culte public sans qu'il en aient fait partie. Chez toutes les nations, pendant les jours de fête, on ne rendait plus la justice; le négoce et le travail des mains cessaient, le peuple se livrait à des réjouissances; on offrait des sacrifices, on faisait des *festins*, on célébrait des *jeux*.

Les fêtes des Juifs (*mohadim* en hébreu) étaient de trois sortes; les premières avaient été instituées par les patriarches; les secondes par Moïse, sur l'ordre exprès de Dieu; les troisièmes furent établies postérieurement, à l'occasion de quelque événement remarquable. La plus ancienne des fêtes primitives de ce peuple est le *sabbat*, institué par Dieu lui-même le septième jour de la création. La *Genèse* parle encore d'une espèce de fête que Jacob célébra, lorsque, par l'ordre de Dieu, il alla lui ériger un autel dans un lieu appelé Béthel (la *Maison de Dieu*) : « Purifiez-vous, dit ce patriarche à sa famille, et changez de vêtements. » Les livres de Moïse ne parlent pas d'autres fêtes primitives, et il est à croire qu'il n'a gardé ce silence que parce qu'il conserva le cérémonial des patriarches dans celui qu'il prescrivit aux Juifs. Cependant, de ce passage du 103ᵉ psaume : « Dieu a créé la lune pour marquer les jours d'assemblée, » on peut croire que la coutume de s'assembler aux *néoménies*, ou nouvelles lunes, a été chez les Juifs antérieure à Moïse.

Les *fêtes* instituées par ce législateur sont au nombre de cinq, trois grandes et deux de moindre importance. Les trois grandes avaient rapport non-seulement à l'agriculture, mais à trois bienfaits signalés du Seigneur : La *fête de Pâques*, à la sortie d'Égypte et à la délivrance des Hébreux ; la *Pentecôte*, sept semaines après, à la publication de la loi sur le Sinaï : la *fête des Tabernacles*, à la récolte des fruits. Ils appelaient le *grand sabbat* celui qui se trouvait parmi les sept jours de cette fête ; il en était de même pour les deux sabbats qui tombaient dans les sept jours des fêtes de Pâques et de Pentecôte. Les deux moindres fêtes étaient celle *des Trompettes* et celle des *Expiations* ; ces solennités, indépendamment de leur rapport religieux, étaient des monuments irrécusables des faits sur lesquels était fondée la religion juive. Les trois principales étaient seules d'obligation pour les hommes. Outre les femmes, la loi dispensait d'y assister les insensés, les sourds-muets, les esclaves, les aveugles, les boiteux, les vieillards et les infirmes.

Les fêtes des Juifs instituées depuis Moïse sont en petit nombre : elles étaient destinées à la commémoration d'événements chers à la nation. Telle était la *fête des Purim*, ou *sorts*, en mémoire de l'avantage que leurs ancêtres avaient remporté sur Aman, qui avait voulu détruire toute la nation juive. Ils avaient encore, au 24 du mois *casleu*, la *fête de la Dédicace du temple*, instituée par Judas Machabée lorsqu'il purifia le temple profané par Antiochus. Après le schisme des dix tribus, Jéroboam sentit combien les solennités qui se célébraient à Jérusalem étaient capables d'y attirer ses sujets. Pour consommer la séparation entre son royaume et celui de Juda, il plaça des idoles à Dan et à Béthel ; il y établit des prêtres, des sacrifices et des *fêtes*, afin de retenir sous son obéissance les tribus qui s'étaient données à lui. Il est à remarquer que toutes les fêtes des Juifs commençaient à six heures du soir et finissaient à la même heure, quel que fût le nombre de jours de leur durée. Si l'on en croit le prophète Ezéchiel, dans Jérusalem corrompue, les Juifs, livrés à toutes les superstitions de l'idolâtrie, célébraient des solennités sacrilèges. Il signale entre autres les femmes israélites célébrant la *fête d'Adonis*.

Les fêtes et cérémonies des INDIENS sont encore aujourd'hui à peu près ce qu'elles étaient dans les temps les plus reculés. Avec le mois *tchaitra* (l'année lunaire de Vikramaditya) : on y célèbre la fête de *Cartikeya* ou *Scanda*, second fils du dieu Siva, le 6ᵉ jour de la croissance de la lune ; le 9, celle de la naissance de *Sri-Rama*, fils de Vichnou, ou plutôt sa septième incarnation. Le 13 et le 14 du mois *tchaitra* sont consacrés à la fête de *Cama*, dieu de l'amour et des plaisirs. On célèbre, en outre, les 7, 8 et 9 de ce même mois, la fête du printemps et une fête très-solennelle en l'honneur de Siva. Enfin, le 8, on consacre à Wischnou les fleurs d'asoca. Le 3 de la lune de *vaisakha*, anniversaire de la descente de *Ganga* (déesse du Gange) sur la terre, et le 10 de *djyaichtha*, anniversaire de la naissance de Ganga ; à la pleine lune, on baigne l'idole de *Djagannatha*, qui est une des images sous lesquelles on adore Wishnou dans la ville de Djagarnat, et on célèbre pendant neuf jours sa fête annuelle, appelée *Snana-Yatra*. Le 2 d'*uchadha* (juin, juillet), on promène dans un énorme char la même idole, avec celles de *Bala-Rama* et de *Soubhadra*. Cette cérémonie, qui se nomme *Ratha-Yatra*, dure jusqu'au 10. Rien n'égale l'éclat de ces fêtes, qui attirent un grand nombre de pèlerins. Le 11 de *bhadra*, fête très-solennelle en l'honneur d'*Indra*, dieu de l'éther et du jour : sa statue est promenée, dans cette solennité sur un bel éléphant. Du 1ᵉʳ au 9ᵉ jour lunaire d'*aswina* (septembre-octobre), adoration de *Dourga*, déesse qui n'est autre que *Bhavani*, mais Bhavani armée, invincible, vengeresse ; le 6 commence à proprement parler, sa fête, appelée *Skara-Diya*, ou la *fête d'automne* ; elle dure quinze jours. Le 9 est le dernier des trois grands jours : on immole en l'honneur de la déesse une quantité innombrable d'animaux, principalement des buffles ; le lendemain, on jette son image dans le Gange. Le 15, à la pleine lune, on célèbre, surtout par de brillantes illuminations, une grande fête de nuit en l'honneur de la descente sur la terre de *Lackmi*, la première des deux femmes de Wischnou. Le même jour, on offre des fleurs à *Syama* ou *Cali* la noire, un des noms de Bhavani-Dourga, épouse de Siva. Le 1ᵉʳ de *cartika*, autre fête de nuit avec des illuminations, en mémoire de l'ancien roi *Bali*. Le 4 de *magha*, fête très-solennelle de *Sourya* (un des douze soleils) ; elle est célébrée principalement par les femmes. Le 14, fête du *Lingam*, accompagnée de cérémonies extraordinaires. Les Indiens ont aussi plusieurs fêtes en l'honneur des mânes des ancêtres, auxquels on offre de la chair et des végétaux. Aux fêtes nocturnes de la déesse Cali, on offrait des victimes humaines ; et il n'est pas certain que cet affreux usage soit encore partout aboli.

Les PERSES avaient un culte comparable, pour sa simplicité sévère, à celui des Hébreux. Leur année solaire, ou année de Dschemschid, composée de 360 jours et de 5 jours intercalaires, se divisait en six saisons appelées *gahanbars*, du nom des six fêtes célébrées par le dieu Ormuzd, après chacun de ses travaux de la création, et solennisées dans la suite à son exemple par ses adorateurs. Le jour se divisait pareillement en *gahs* ou temps, et chaque division de l'année comme du jour avait, parmi les *amschapands* et les *izeds*, son président céleste, auquel on adressait des prières, et dont on célébrait la fête. Dans les cinq jours intercalaires, on rendait de solennels hommages aux *fervers* qui présidaient à cette période : c'était une *fête de tous les saints* ou *de toutes les âmes*. Durant ces solennités, appelées *Farvadians*, les âmes étaient censées venir sur la terre visiter leurs proches, qui s'empressaient de les accueillir par des festins, des prières et des cérémonies. Tout le rituel, tout le service sacré des mages se rattachait à ce calendrier.

Il y avait quatre grandes fêtes du soleil. La *Neuroux*, ou le nouvel an, se célébrait au mois *farvardin*, vers l'équinoxe du printemps ; le *Meherdjan*, au mois de *Mithra*, au mois du même nom, vers l'équinoxe d'automne ; le *Chourremrous*, au commencement de l'hiver ; le *Neiran*, au solstice d'été. Chacune de ces fêtes durait six jours, par une relation manifeste aux six *gahanbars* et à la création. Les six fêtes des gahanbars ou de la création avaient cinq jours chacune : elles rappelaient, avec les *Farvadians*, les *Quinquatria* du calendrier romain, consacrées à plusieurs divinités. Les fêtes spécialement consacrées au feu étaient le *Sede*, la plus ancienne de toutes, introduite par Hoschend ou Mahabad, patriarche de la première loi, en l'honneur de la découverte de cet élément, et fixée au 10 de *bahman* (2 février) ; et la fête du feu renouvelée par un roi demi-dieu, Gustap, au 9 d'*ader* (novembre-décembre). Venaient ensuite les trois fêtes de la victoire, les trois fêtes de la liberté, et les douze fêtes des génies. La première fête de la victoire rappelait le triomphe de l'*Iran* sur le *Touran* ; la seconde, celui du héros Feridoun sur *Zohak*. La troisième fête de la victoire, ou *Magophonie*, est présentée par les Orientaux comme la fête de l'extirpation de toutes les créatures d'Ahriman, les *devs*, les *daroudjs* (mauvais génies), les faux mages ; elle se célébrait le 1ᵉʳ de février. Les fêtes de la liberté étaient : 1º celle des *fous* : elle tombait au 1ᵉʳ *ader*, environ à la mi-novembre, et, coïncidant avec les fêtes de la vendange chez les Grecs, elle rappelait les Bacchanales et les fêtes de Silène ; 2° celle du *mannequin*, qui, tant par son esprit que par l'époque où elle se solennisait (la fin de décembre), était proprement la fête de la liberté; elle représentait les Saturnales romaines, et rappelle à quelques égards le cortége du bœuf gras en France, au carnaval : on y promenait sur un taureau un mannequin, paré des ornements royaux ; puis, la promenade terminée, on jetait au feu le mannequin; 3° la fête des morts, troisième fête de la liberté, qui se célébrait le 26 *aban*, dans la première moitié de novembre. Ce jour-là on plantait des cyprès aux pieds des morts, coutume qui s'observe encore aujourd'hui; parce que dans l'Orient cet arbre a toujours été regardé comme l'arbre de la liberté, et la mort comme le gage de la liberté véritable. Quant aux fêtes des génies, elles se célébraient chaque mois. Enfin, chaque jour était sous le patronage d'un génie. Le calendrier des fêtes chez les Perses était mieux ordonné qu'aucun de ceux que nous a transmis l'antiquité.

Toute la vieille religion persane s'altéra lorsque l'adoration ancienne et mystérieuse de Mithras devint la principale religion des sectateurs de Zoroastre : alors s'introduisirent dans le culte des innovations qui firent disparaître les traces de sa simplicité primitive. Ce culte, répandu de bonne heure dans l'Arménie, le Pont, la Cappadoce et la Cilicie, fut révélé aux Romains par les pirates qu'avait détruits Pompée sur les côtes de l'Asie Mineure ; bientôt les Romains l'adoptèrent. De là ces horribles cérémonies ensanglantées par des sacrifices humains. Les Césars donnèrent l'exemple: l'empereur Julien établit les *Mithriaques* à Constantinople. Une autre fête, celle de la naissance du soleil invincible, tombait au 8 des calendes de janvier, ou au 25 décembre. Cette époque précédait de quelques jours la fête des Perses appelée *Mirrhagan*, mot qui exprime une idée analogue. L'une et l'autre de ces deux solennités avaient également rapport à Mithras. La première était une fête générale à Rome et dans tout l'Occident. Le peuple se répandait en foule au dehors parmi des cérémonies de tout genre, et tenait ses regards attachés au ciel.

Comme les ÉGYPTIENS avaient les premiers donné naissance à la plupart des divinités païennes connues des Grecs, de même ils avaient les premiers établi les fêtes célébrées en leur honneur, la pompe de leur culte, les cérémonies, les oracles, etc. Au reste, les fêtes principales de ce peuple avaient été, comme celles des Perses et des Indiens, établies d'après les époques naturelles de l'année. La plus solennelle, appelée la *fête des Lamentations d'Isis*, ou de la disparition d'Osiris, commençait le 17 d'*athyr*, ou 13 novembre, au rapport de Plutarque : c'était une fête de deuil et de larmes. Vers le solstice d'hiver, on célébrait la *Recherche d'Osiris*, et le 7 *tybi*, ou 2 janvier, l'*Arrivée d'Isis* de la Phénicie. Peu de jours après, la fête d'*Osiris retrouvé* (une seconde fois) unissait les cris d'allégresse de toute l'Égypte à la joie pure d'Isis. La fête des semailles et de la *Sépulture d'Osiris*, celle de sa *Résurrection*, lors de la pousse des jeunes herbes, celle de la *Grossesse d'Isis*, enceinte d'Harpocrate, de la naissance de ce dieu enfant, auquel on offrait les prémices de la récolte prochaine; celle des *Pamylies* ou de la *procession du phallus*, liées plus ou moins aux précédentes, tombaient dans une grande période qui embrassait la moitié de l'année, depuis l'équinoxe d'automne jusqu'à celui du printemps, et du mois *paophi* au mois *pharmouthi* (du 28 novembre au 27 mars), au commencement duquel se célébrait la *Purification d'Isis*. Un peu avant la nouvelle lune de *phamenoth* (mars), les Égyptiens solennisaient l'entrée d'Osiris dans la lune, qu'il était censé féconder, pour qu'à son tour elle fécondât la terre. Enfin, le 30 d'*épiphi* (24 juillet) avait lieu la fête de la *Naissance d'Horus*, le représentant d'Osiris, le vainqueur de Typhon, dans la seconde grande période qui s'étendait de *pharmouthi* en *thoth* (du 27 mars au 29 août), où recommençait l'année.

Outre ces fêtes, générales dans toute l'Égypte, il y avait des fêtes locales, dont quelques-unes attiraient un immense concours de population : telles étaient les fêtes de Bubastis, dans la ville de ce nom; celle de *Neith* ou Minerve à Saïs, appelée la *fête des Lampes ardentes*; celle du Soleil, à Héliopolis; celle de *Buto* ou Latone, dans la cité de ce nom; celle de Mars, à Paprenis, énumérées par Hérodote. Toutes étaient fixées à la nouvelle ou à la pleine lune. La fête des lampes ardentes ressemblait beaucoup à celle *des lanternes*, qui a lieu encore dans la Chine. Qui n'a entendu parler des fêtes qui se célébraient par toute l'Égypte quand il était né un nouveau bœuf Apis, ou quand l'ancien mourait ? Ce peuple devait au Nil une si grande fertilité, qu'il n'est guère étonnant que, dans sa superstition, il en ait fait un dieu : aussi célébrait-il en son honneur des fêtes appelées *Niliaques*. C'était le 24 septembre, au solstice d'été, que l'inondation bienfaisante de ce fleuve atteignait sa plus grande hauteur. En ce jour d'allégresse, en cette fête des plus solennelles, on ouvrait les écluses au bruit des acclamations universelles et des cris de joie d'une foule immense. La patère qu'on jetait dans le fleuve était une offrande qu'on faisait au dieu. Ces fêtes duraient sept jours, pendant lesquels on était persuadé que les prêtres jouissaient d'une trêve avec les crocodiles, et pouvaient se baigner sans danger dans le Nil. Depuis les Ptolémées, et sous les Romains surtout, rien ne surpassait l'éclat et la solennité des fêtes du dieu Sérapis, qui avait détrôné les vieilles divinités de l'Égypte, et était devenu le dieu universel du pays.

Dans la BABYLONIE, l'ASSYRIE, en SYRIE, en ASIE MINEURE, en un mot, dans toute l'ASIE OCCIDENTALE, il était un culte qui dominait tous les autres, et dont les fêtes se célébraient partout avec magnificence. C'était celui d'une déesse appelée *Mylitta* en Babylonie, *Astarté* à Sidon, *Baaltis* et *Dione* à Byblos, *Alytta* chez les Arabes, *Vénus* chez les Grecs : elle avait pour époux Bel ou Baal, ou Adon, etc. Qui n'a lu dans Hérodote la description des *fêtes* en l'honneur de Mylitta, dans lesquelles la prostitution des premières femmes de Babylone tenait une si grande place? La fête d'Adonis était la plus célèbre de l'Asie occidentale; elle était solsticiale comme la précédente, et tombait vers la fin de juin, dans le mois appelé *thammus*, du nom même du dieu. Célébrée originairement à Byblos en Phénicie, elle le fut plus tard à Antioche sur l'Oronte, à Jérusalem, à Alexandrie d'Égypte et à Athènes. Mais, au lieu de rester solsticiale comme dans l'Orient, la fête d'Adonis à Athènes paraît être devenue équinoxiale, tombant en avril et en mai, à la nouvelle lune. Cette fête avait deux parties, l'une consacrée à la douleur, l'autre à la joie. Elles étaient consécutives, mais sans se succéder partout dans le même ordre. A Byblos, la fête lugubre venait la première; à Alexandrie, c'était la fête joyeuse qui précédait. A Byblos, les femmes devaient se couper les cheveux, ou bien offrir au dieu, dans le temple, le sacrifice de leur chasteté. A Alexandrie, elles paraissaient seulement les cheveux épars et en robes flottantes sans ceintures. Outre les lamentations d'usage, des hymnes de deuil étaient chantés avec accompagnement de flûtes. L'image d'Adonis était placée sur un magnifique lit funèbre, sur un catafalque colossal. A Byblos, les lamentations se terminaient par l'ensevelissement du dieu. A Alexandrie, le jour qui suivait la fête d'allégresse, on portait en procession la statue d'Adonis jusqu'au rivage, et on la précipitait dans la mer. Une idylle de Théocrite donne une idée du sentiment qui présidait à la fête d'allégresse. En Phrygie, la *fête de Cybèle et d'Atys* rappelait celles de Vénus et d'Adonis. Elle commençait avec le printemps, fixé au 21 mars. Le poète Lucrèce a décrit cette fête, dans laquelle les prêtres de Cybèle, au milieu des transports d'une joie sauvage, se mutilaient eux-mêmes à l'imitation du dieu Atys. A Comana, en Cappadoce, et dans le Pont, on fêtait par des danses belliqueuses une Vénus guerrière appelée *Enyo*. On retrouve partout dans ces fêtes de l'Asie Mineure des orgies ou voluptueuses ou guerrières, des danses armées, des prostitutions sacrées, des échanges de sexe, indiqués par des échanges de vêtements, et souvent même de rigoureuses abstinences.

Dans la Tauride, rien de sombre et d'affreux comme les fêtes de la terrible Hécate. Le sang humain y coulait à grands flots, au son d'une musique effroyable. Le même caractère distinguait les fêtes de Belphégor à Tyr et à Carthage, où l'on immolait des enfants par centaines. Dans la fête solennelle qu'on célébrait à Tyr en l'honneur de Melkarth (l'Hercule phénicien), la principale cérémonie consistait à délier la statue du dieu : c'était un symbole de liberté, car Melkarth passait pour l'appui des opprimés et la consolation des esclaves; c'était aussi un symbole astronomique, car son culte résumait une forme d'adoration du soleil. Tous les ans, à Tyr et à Carthage, et dans toutes les colonies phéniciennes, on allumait en l'honneur de Melkarth un immense bûcher, d'où s'élevait un aigle, pareil au phénix d'Égypte, symbole du soleil et du temps, qui renaît de ses propres cendres. Cette grande solennité avait lieu à l'ouverture du printemps. Là se rendaient, à l'époque de la fête, des ambassades, ou *théories*, de toutes les colonies, apportant au dieu national par excellence leurs hommages et leurs riches tributs. En Lydie, les fêtes d'Hercule, véritables saturnales, étaient d'une sensualité délirante. Filles et femmes s'y prostituaient; et les deux sexes échangeaient leurs rôles en souvenir d'Omphale. Que dire des *phallagogies*, ou processions du phallus, si célèbres dans toute l'Asie, fêtes délirantes, dans lesquelles la corruption la plus monstrueuse se couvrait du manteau de la religion?

Les principales fêtes des Grecs consistaient en assemblées solennelles où l'on célébrait des jeux publics : il y en avait de communes à toute la nation, telles que les jeux *Olympiques*. Les autres fêtes générales de la Grèce étaient les jeux *Pythiens*, les jeux *Isthmiques* et les jeux *Néméens*. Il y avait encore des fêtes fixes qui revenaient chaque mois, comme les *néoménies*, ou jours de la nouvelle lune. Les diverses cités de la Grèce avaient, en outre, leurs fêtes particulières; mais aucune n'en célébrait un plus grand nombre que les Athéniens. C'étaient, en l'honneur de Bacchus, les jeux *agrioniens*, ou *Agranies*, les *Anacies*, la fête de *Bacchus en liberté*; en l'honneur de Minerve, les *Panathénées*; en l'honneur de Cérès, les jeux *Alodens*, ou *Aloées*; les *Aphrodisies*, consacrées à Vénus; les *Amarises*, à Diane; les *Anthesphories*, à Proserpine; les *Prométhées*, dans lesquelles on honorait, en allumant des torches et des flambeaux, l'inventeur de l'usage du feu. Parmi les fêtes athéniennes, on trouve encore deux fêtes politiques : les jeux *Alectoriens*, ou *Alectrionon*, en mémoire de ce que Thémistocle, marchant contre les Perses, fit combattre deux coqs pour animer ses soldats; et la fête d'*Aratus*, qui avait délivré Athènes de la tyrannie des Macédoniens (l'an 230 avant J.-C.). A Lacédémone, on célébrait la fête du ris, les *Nudipédales*, fête dans laquelle on dansait pieds nus en l'honneur des dieux; la fête des *Nourrices*; les *Hyacinthies*, en mémoire de la perte du jeune Hyacinthe; enfin, la fête du la *Flagellation*, dans laquelle on faisait subir ce cruel supplice aux jeunes gens en l'honneur de la déesse Diane, ou *Hécate-Opis*, divinité sanguinaire, venue de Scythie, et qui d'abord réclama des hommes pour victimes. Mentionnons encore la fête d'Antinoüs, instituée à Mantinée par l'empereur Adrien.

Les Romains appelaient *festi* certaines journées consacrées à des pratiques religieuses. Ces jours-là on offrait des sacrifices, on célébrait des fêtes et des jeux, ou du moins on suspendait les travaux accoutumés. Il y avait trois sortes de fêtes : les *fêtes fondées* (*stativæ*), les fêtes fixées à un certain jour par les magistrats ou par les prêtres (*conceptivæ*), enfin les fêtes célébrées accidentellement, d'après les ordres du consul, du préteur ou du grand pontife (*imperativæ*). On possède le calendrier romain, et par conséquent le catalogue des *fêtes* fondées. Au mois de janvier : c'étaient les *Agonales*, en l'honneur de Janus, le 9; les *Carmentales*, en l'honneur de Carmenta, mère d'Évandre, le 11; enfin, au 1er janvier on se souhaitait réciproquement bonheur et santé, et l'on envoyait des présents à ses amis. C'était bien là notre jour de l'an avec les étrennes. En février, trois fêtes agricoles : *Faunalia*, au dieu Faune, le 13; les *Lupercales*, à Pan-Lycéen, le 15; les *Terminales*, au dieu Terme. Deux fêtes politiques : *Quirinales*, le 17, en l'honneur de Romulus; *Regifugium* ou *Regis fuga*, en mémoire de l'expulsion de Tarquin, le 24. Il y avait en outre les *Féralies*, aux dieux mânes, le 17, selon Ovide, le 21, selon Festus; enfin, les *Equiria*, courses de chevaux dans le champ de Mars, en l'honneur de ce dieu, le 17. En mars, *Matronalia*, en mémoire de la médiation par laquelle les dames romaines avaient terminé la guerre entre les Romains et les Sabins de Tatius; la *fête des boucliers* (*festum anciliorum*) de Mars, qui durait trois jours, et était marquée par les danses guerrières des prêtres saliens et par leurs festins, dont la sensualité était devenue proverbiale; les *Liberalia*, le 18, en l'honneur de Bacchus; les *Quinquatries*, du 19 au 24, dédiées à Minerve; les *Hilaries*, le 25, à la mère des dieux. En avril, la fête *Mégalésienne*, le 4, en l'honneur de la grande mère des dieux; les *jeux de Cérès*, le 9; les *Pallies*, dédiées à Palès, le 21; les *Robigalia* au dieu Robigus, pour le prier de préserver le blé de la nielle; les *jeux Floraux*, consacrés à Flora et à Chloris.

En mai, aux calendes (le 1er), fêtes pour les vestales et les femmes uniquement : elles célébraient les rites sacrés de la bonne déesse loin de la présence *de tout mâle*, dans la maison d'un des consuls ou d'un des préteurs, pour le salut du peuple; les *Compitales*, le 2, en l'honneur des dieux lares; les *Lemuria*, le 9, consacrées aux Lémures ou fantômes. La fête des marchands, *festum mercatorum*, se célébrait le même jour. On fêtait aussi les *Vulcanalia*, à Vulcain, fêtes appelées encore *Tubilustria*, parce qu'on purifiait alors les trompettes sacrées. En juin, aux calendes (le 1er), fête de la déesse *Carnea*, qui présidait à la vie, à l'embonpoint; de Mars *extramuraneus* (hors des murs), dont le temple était bâti près de la porte Capène; enfin, de Junon Monéta; le 4, fête de Bellone; le 9, *Vestalia*, en l'honneur de Vesta; le 10, *Matralia*, fête de la déesse *Matuta*. En juillet, le 4, fête de la *fortune des femmes*, en mémoire de la retraite de Coriolan, qui éloigna son armée de Rome à la sollicitation de sa mère Véturie : le 5, jeux d'Apollon, analogues aux jeux pythiens des Grecs; le 12, jour de la naissance de Jules César; le 15, cavalcade des chevaliers romains; le 16, fête en l'honneur de Neptune.

En août, fête de Diane; le 13, fêtes des vendanges, *Vinalia* : l'on y faisait des libations de vin en l'honneur de Jupiter et de Vénus; le 18, *Consualia*, ou fête de Consus, le dieu des bons conseils, ou Neptune équestre; le 29, autre fête en l'honneur de Vulcain, *Vulcanalia*. Septembre, *grands Jeux* ou *jeux romains*, en l'honneur de Jupiter, Junon et Minerve, pour le salut de la ville. Octobre, le 12, *fête* ou *Jeux d'Auguste*; le 13, fête en l'honneur du dieu Faune. Novembre, le 13, fête solennelle, appelée *Epulum Jonis* (festin de Jupiter); le 27, rites sacrés en mémoire de l'immolation sur le marché aux boeufs des Grecs et deux Gaulois, homme et femme, durant la seconde guerre punique. Décembre, fête de Faune, le 5; le 17, *Saturnales*, temps de jubilation pour les esclaves et les inférieurs.

Les Romains célébraient, en outre, les *Jeux séculaires*, qui revenaient tous les cent ans, et pour lesquels Horace fit un si beau chant, et les *fêtes* ou *Féries latines*, qui n'avaient pas de jours fixes, etc. Nous ne poursuivrons pas plus loin cette énumération. Remarquons seulement que, quoique ces fêtes et bien d'autres paraissent occuper la partie la plus considérable de l'année, il ne faut pas s'imaginer que tous les jours fussent employés en solennités qui suspendaient les travaux; car de ces fêtes, un très-petit nombre obligeaient tout le monde à leur célébration. La plupart n'étaient que des fêtes particulières à certaines familles (*gentes*), communautés ou collèges de prêtres. Au surplus, les historiens nous apprennent que l'empereur Claude en réduisit le nombre, et que l'empereur Antonin régla qu'il n'y aurait dans l'année que 35 fêtes universellement célébrées. Le caractère des fêtes romaines était grave et austère sous les rois et dans les beaux temps de la république.   Charles Du Rozoir.

Les fêtes sont la partie d'un culte la plus brillante et la plus populaire. Les religions les moins enveloppées de formes extérieures ont leurs fêtes comme les autres. C'est un besoin de la nature humaine et un instinct des peuples. Malgré la tiédeur et l'indifférence religieuses que l'on reproche à notre siècle, il n'est pas rare de voir aux grandes solennités du culte catholique la foule se presser dans les églises. C'est donc à tort que quelques philosophes ont voulu proscrire le culte, et ont prétendu qu'à mesure qu'une religion se spiritualise, le culte disparaît. Il n'en saurait être ainsi. La différence entre deux religions dont l'une est plus spirituelle que l'autre ne consiste pas en ce que la première n'a point de culte, tandis que la seconde en a un, mais en ce que les symboles qui constituent le culte de l'une expriment une pensée religieuse plus élevée et plus pure. Ainsi, le christianisme est supérieur au polythéisme : aussi ses symboles expriment-ils l'unité divine, tandis que les symboles grecs exprimaient la pluralité des dieux. Le culte justifié, les fêtes le sont par là même. Les sentiments humains se développent en nous sous la condition du temps, forme inévitable de notre existence actuelle. Il s'ensuit qu'ils ne sauraient tous se produire au même moment, ni former un ensemble durable également senti. De là ces alternatives de joie et de tristesse, d'ardeur studieuse et d'apathie intellectuelle, d'amour et d'indifférence, de spiritualisme élevé et de langueur charnelle, par lesquelles nous passons tous. Il en est de même de ces époques de joie et de reconnaissance par lesquelles l'homme exprime sa vénération pour la Providence ; et comme dans un culte qui appartient quelquefois à des nations entières, on ne peut attendre l'inspiration de chacun, les fêtes ont dû être légalement établies et fixées. D'ailleurs, il y a dans le retour périodique des différentes phases de l'année quelque chose qui ravive mystérieusement la mémoire de l'homme. Qui ne se sent point ému à l'anniversaire de la mort d'un ami ou d'un parent! Quel peuple ne tressaille d'allégresse au jour dont la date lui rappelle une victoire gagnée ou sa liberté reconquise?

L'Église catholique a affecté de mettre dans ses fêtes la pompe la plus grande et la majesté la plus imposante. Il lui appartenait d'agir ainsi : assise au centre de la chrétienté, succédant à une tradition non interrompue qui la rattache au Sauveur lui-même, elle ne pouvait, apôtre de l'Europe et du monde, ministre actif de la civilisation moderne, faire moins pour l'étendue de sa domination et l'élévation de son pouvoir. La réforme, au contraire, tendant à l'individualisme, se divisant en mille communions diverses, et, nécessairement peu étendues, devait, indépendamment du principe rationnel qui y portait plusieurs, adopter les formes d'un culte plus modeste et dont la simplicité préludât à une époque où le culte disparaîtrait tout entier pour laisser l'homme intérieur seul aux prises avec Dieu.

L'obligation des fêtes a été établie par l'ancienne loi dans ce passage formel du Deutéronome : « Vous célébrerez la *fête* des semaines en l'honneur du Seigneur votre Dieu ; vous lui ferez l'oblation volontaire des fruits du travail de vos mains, selon l'abondance que vous avez reçue de lui ; vous ferez des festins de réjouissances vous et vos enfants, vos serviteurs et vos servantes, le lévite qui est dans l'enceinte de vos murs, l'étranger, l'orphelin et la veuve qui demeurent avec vous. » L'idée de fête entraîne toujours avec elle celle de joie et de plaisir, soit qu'on fasse dériver ce mot de *festum* et *feriari*, soit qu'on en rapporte l'origine au mot grec ἑστία, banquet. Dans la nouvelle loi, les apôtres, dépositaires immédiats de la doctrine du Sauveur, fondèrent la solennité du dimanche en mémoire de la résurrection. Les autres fêtes furent établies d'une manière analogue.

Il est visible du premier coup d'œil que les fêtes instituées et célébrées par l'Église catholique se partagent en deux grandes classes parfaitement distinctes : 1° celles qui ont rapport à la doctrine religieuse elle-même, au dogme, qui célèbrent les mystères qui en font partie ; et 2° celles qui ont pour objet d'honorer les martyrs, les confesseurs et les saints, quelles qu'aient été leurs conditions dans cette vie. En défendant le fait général du culte, nous avons suffisamment justifié les premières. Quant aux secondes, remarquons que l'Église n'accorde pas aux saints en général le même culte qu'aux mystères de la religion, à travers lesquels le fidèle atteint Dieu lui-même ; en consacrant ces cultes, elle n'a guère fait que légaliser ce qui s'était instinctivement établi, indépendamment de son intervention. Partout où un homme remarquable a reçu le jour, ou a vécu, il se forme une sorte d'habitude de vénération pour lui qui ressemble bientôt à un culte. Ses compatriotes se glorifient d'un homme qui a contribué à l'illustration de leur pays, ceux qui ont été l'objet de ses bienfaits veulent témoigner leur reconnaissance à sa mémoire. De là ces statues et ces monuments élevés par des villes et par des royaumes à la gloire des héros et des bienfaiteurs de l'humanité. Comment aurait-il pu en être autrement dans les siècles reculés du christianisme? Une société de chrétiens voyait périr dans des supplices que lui avaient attirés sa constance et sa foi, l'évêque qui lui distribuait la nourriture spirituelle ou assistait avec recueillement au dernier soupir de l'apôtre qui lui avait apporté les lumières de la vraie doctrine : comment eût-il pu se faire qu'elle n'en gardât pas la mémoire?

La longue domination de l'Église catholique à l'occident de l'Europe a accoutumé les peuples aux solennités qu'elle a établies. Les principales sont Noël, où se célèbre le mystère de la nativité et de l'incarnation ; Pâques, celui de la résurrection ; l'Ascension, en mémoire du jour où le Sauveur monta aux cieux ; la Pentecôte, en souvenir de la descente du Saint-Esprit sur les apôtres ; la Fête-Dieu, consacrée au mystère de la présence réelle dans l'Eucharistie. Au-dessous de ces fêtes d'autres attirent, quoiqu'à un moindre degré, l'attention et la piété des fidèles, l'Épiphanie, la Chandeleur, etc. ; certaines ont été consacrées au culte de la Vierge : la Conception, la Visitation, etc. ; la principale est l'Assomption. Quelques fêtes, fruit d'une sorte de métaphysique mystique, se sont établies, non sans peine, dans les temps plus rapprochés de nous. Nous n'en citerons qu'une, celle du *sacré cœur* de Jésus et de Marie. On pouvait à bon droit se plaindre, avant la révolution, du grand nombre de fêtes chômées. Il y avait en effet une mesure convenable à tenir entre condamner toutes les fêtes et les multiplier à l'excès. Le concordat de 1801 en a supprimé avec raison un certain nombre, dont la solennité se remet ordinairement au dimanche suivant.   H. Boucbitté.

On distingue les *fêtes mobiles* des *fêtes non mobiles*. Les premières suivent les variations de la fête de Pâques dans l'année ; les secondes reviennent tous les ans, au même quantième du mois ; ainsi la Circoncision est toujours le 1ᵉʳ janvier ; l'Épiphanie, le 6 ; l'Assomption, le 15 août ; la Toussaint, le 1ᵉʳ novembre ; Noël, le 25 décembre, etc. Il en est de même de la fête des différents saints.

On distingue aussi les fêtes qui sont obligatoires de celles qui ne sont que de dévotion. Avant la révolution de 1789 on comptait quatre-vingt-deux jours de dimanche et de fête chômée ou d'obligation. Le concordat de 1802 n'a conservé que quatre fêtes obligatoires en dehors des dimanches : ce sont l'Ascension, l'Assomption, la Toussaint et Noël (*voyez* FÉRIES [Jours] et CHÔMAGE). Les fêtes obligatoires doivent être assimilées aux dimanches. Les décrets actuellement rendus pour autoriser de nouveaux marchés ou de nouvelles foires réservent l'obligation d'avancer ou de reculer le jour où leur tenue coïnciderait avec l'une de ces fêtes légales, et les maires ont reçu l'avis d'en agir de même à l'égard des foires anciennes.

FÊTES DE FAMILLE. C'est une ancienne et respectable institution que celle de ces fêtes, nouvel aliment pour les affections domestiques, occasion de rapprochement et de réconciliation pour des dissensions passagères. Outre le jour de l'an, fête commune à toutes les familles, chacune a ses fêtes particulières à célébrer : tels sont les naissances, les mariages de ceux qui la composent, ainsi que les anniversaires de ces grands événements de son histoire. Citons encore, au premier rang des *fêtes de famille*, celles que ramène chaque année le jour consacré par l'Église au patron qui nous fut donné. Sans doute, l'esprit satirique a pu s'exercer plus d'une fois au sujet de ces diverses fêtes : on ne s'y borne pas toujours à offrir des fleurs, symboles d'allégresse, ou de petits présents, gages de tendresse et d'affection. Dans notre France surtout, la manie versifiante y trouve un prétexte et un encouragement; elle les célèbre aussi par une offrande de mauvais vers ou de fades couplets : mais, après tout, où est l'inconvénient? Cela ne fait de mal à personne, et fait toujours plaisir à quelqu'un, ne fût-ce qu'à l'auteur et à celui qu'il a chanté. On a pu plaisanter aussi sur les surprises annuelles faites aux grands parents fêtés, qui doivent complaisamment fermer les yeux, pour se montrer étonnés de l'hommage périodique. La réponse victorieuse à ces banales railleries, c'est le mot du bon Henri à l'ambassadeur qui le surprend servant de cheval à ses enfants : « Vous êtes père, monsieur l'ambassadeur; alors je peux continuer. » Malgré le pouvoir de l'épigramme parmi nous, il ne va pas jusqu'à prévaloir contre les félicités du foyer. La surabondance de foi qui existait chez nos aïeux avait fait pour eux de plusieurs fêtes religieuses de véritables fêtes de famille, telles que Noël avec sa bûche et son réveillon, Pâques avec ses œufs rouges, les Rois et le tirage de la fève dispensatrice d'une éphémère royauté. Cette dernière fête seule se célèbre encore en famille. Sachons, du moins, conserver avec soin ce qui nous reste de toutes ces petites solennités d'intérieur, de ces diverses fêtes de famille, utiles, à la fois à la morale et au bonheur. OURRY.

FÊTES FORAINES. Les fêtes rustiques ont, comme celles de la ville et beaucoup d'autres divertissements, subi l'influence d'une civilisation dont les progrès sont peut-être moins favorables aux plaisirs qu'aux sciences et aux lumières. Un bal sous l'ombrage, dirigé par un ou deux violons, l'oie suspendue, devenant le prix du vainqueur, qui, les yeux bandés, avait su lui porter le coup fatal; l'innocent spectacle de *Polichinelle*, et les modestes boutiques des marchands de pain d'épice voilà tout ce qui composait autrefois une de ces fêtes champêtres. Aujourd'hui, un reflet du *dilettantisme* parisien exige du renfort pour l'orchestre campagnard; il lui est bien permis d'être toujours aussi discord, mais il faut qu'il soit plus bruyant. Des tirs au fusil ont remplacé l'oie, et ce jeu vulgaire de l'adresse a fait place à des gobelets, des couverts d'argent; car il faut que le dieu du jour soit aussi *fêté* dans ces réunions; le commerce en réclame ensuite sa part, et la fête se transforme en foire, ou en bazar, par l'immense étalage de marchandises de toutes sortes dont elle devient l'occasion. Enfin, l'immorale roulette y avait trouvé un prétexte d'établir dans nos villages des succursales de ses anciens temples parisiens, sinon avec la *permission*, du moins avec la tolérance de *M. le maire*, scandale que l'on sentit le besoin de réprimer. De toutes ces améliorations, il est résulté dans les fêtes de nos campagnes plus de mouvement et moins de gaieté. Les fêtes des villages voisins de Paris forment une classe particulière; elles sont moins à l'usage des habitants du lieu que de ceux de la capitale : celle de Saint-Cloud particulièrement attire chaque année, pendant les trois premiers dimanches de septembre, une affluence considérable : on y est couvert de poussière, foulé comme dans la rue la plus populeuse de la grande cité, rançonné dans les guinguettes comme dans les plus fameux restaurants urbains; mais n'importe ! tout bon musulman doit aussi fait, au moins une fois dans sa vie, le pèlerinage de la Mecque : tout Parisien doit avoir fait plusieurs fois, le jour de la fête, le voyage de Saint-Cloud. Passy, Auteuil, Vincennes, La Villette, Belleville, Batignolles, etc., voient aussi à leurs fêtes, quand elles sont favorisées par le beau temps, une représentation assez nombreuse des diverses classes de la capitale : jeux, spectacles,

boutiques, tout y est un emprunt fait à celle-ci; mais en passant la barrière tout cela semble avoir acquis plus d'attrait pour elle. Dans quelques localités, toutefois, le programme obligé de ces fêtes est varié par quelques divertissements particuliers : ainsi, le voisinage du canal permet à La Villette de joindre aux siens les promenades en bateau; Asnières a ses *régates*; ailleurs, les *courses en sac*, le *tremplin*, etc., égayent, aux dépens des maladroits, les nombreux spectateurs de ces luttes bizarres. OURRY.

FÊTES MOBILES, fêtes qui ne sont pas fixément attachées à un certain jour du même mois, et qui changent de place chaque année dans le calendrier. *Pâques*, l'*Ascension*, la *Pentecôte* et la *Fête-Dieu*, sont des fêtes mobiles. Les trois dernières dépendent de la première, et sont toujours à la même distance. Pâques ne peut tomber plus tôt que le 22 mars ni plus tard que le 25 avril. L'Ascension, qui vient quarante jours après, ne peut tomber plus tôt que le 30 avril ni plus tard que le 3 juin. La Pentecôte, qui vient dix jours après l'Ascension, ne peut tomber plus tôt que le 10 mai et plus tard que le 13 juin; enfin la Fête-Dieu, qui vient dix jours après la Pentecôte, ne peut tomber plus tôt que le 21 mai ni plus tard que le 24 juin. La mobilité de la fête de Pâques entraîne en outre celle de beaucoup d'autres jours, entre autres du *mercredi des Cendres*, premier jour du Carême, et de la *Septuagésime*, etc. Le mercredi des Cendres ne peut tomber plus tôt que le 4 février dans les années ordinaires, que le 5 dans les années bissextiles; et dans quelque année que ce soit, il ne saurait tomber plus tard que le 10 mars. La Septuagésime ne peut tomber plus tôt que le 18 janvier dans les années ordinaires, et que le 19 dans les années bissextiles, et elle ne peut tomber plus tard que le 21 février dans les années ordinaires, que le 22 dans les bissextiles. Il y a dans l'année un autre jour mobile qui ne dépend point de la fête de Pâques, c'est le premier dimanche de l'*Avent*, qui est le quatrième avant Noël. Le plus tôt que ce premier dimanche puisse arriver, c'est le 27 novembre, et le plus tard le 3 décembre. Certaines fêtes, sans être mobiles par elles-mêmes, le deviennent par les circonstances : ainsi, l'Annonciation, qui est le 25 mars, quand elle tombe dans la quinzaine de Pâques, se remet après la quinzaine, le lendemain de Quasimodo, ce qui arrive toutes les fois que Pâques tombe au-dessus du 2 avril.

FÊTES PUBLIQUES. Il faut aux hommes d'un même pays des jours de commune émotion, des jours de fête. Les fêtes, liens des familles, font également la force des sociétés. D'abord consacrées à sanctifier les travaux de l'agriculture, à remercier le Créateur de ses dons, elles prirent les différentes formes nécessitées par les progrès de la civilisation. Aux fêtes de l'antiquité succédèrent les fêtes chrétiennes. Puis à mesure que la religion perdit de son empire parmi les nations civilisées, à mesure que s'éteignit la vénération que ses fêtes inspiraient, les gouvernements suppléèrent à ce besoin de l'humanité en instituant aussi des fêtes. La révolution eut les siennes. Puis sont revenues les fêtes de l'empire, et encore aujourd'hui ce sont des pétards, des mâts de cocagne, des spectacles gratis, des pièces à spectacle en plein vent, quelques concerts dits d'harmonie, des ballons, des ifs, des lampions, des feux d'artifices, des bateleurs, qui composent nos *fêtes nationales*. Nos réjouissances publiques se résument d'ordinaire en de hideuses cohues, auxquelles dédaigne de se mêler tout homme qui se respecte. Il est triste d'avoir à reprocher à l'époque la plus glorieuse de notre histoire contemporaine le rétablissement du plus ignoble de tous les divertissements en usage dans les temps féodaux : nous voulons parler des distributions de vin et de viande, repas servis par des gendarmes, en plein vent, à tours de bras, avec un vin noir et boueux, jaillissant de hautes fontaines sur une populace en guenilles. Depuis 1830 on a remplacé ces dégradantes orgies par des distributions aux indigents dans les bureaux de bienfaisance. Pour l'homme civilisé du dix-neuvième siècle, qu'il soit Français, Espagnol, Italien, Anglais, il n'y a plus de fêtes publiques. Ce n'est pas en effet aux spectacles forains des Champs-Élysées, dans l'arène où se livrent les combats de taureaux à Madrid ; ce n'est pas non plus en Angleterre, qu'il trouvera des émotions de fête. Rome catholique, avec toutes ses splendeurs, ne lui offre plus également que d'imposantes représentations de théâtre, auxquelles il assiste sans conviction et par désœuvrement. Enfin, jusqu'à ce que les gouvernements et les religions se soient élevés à sa hauteur, il n'y aura plus pour lui de véritables fêtes qu'au sein de la famille, autour du foyer domestique. TRICOUT.

FÊTES RÉVOLUTIONNAIRES. La philosophie du dix-huitième siècle avait remporté un double triomphe sur les intelligences et les faits. Des esprits, même éclairés, en étaient venus à mépriser la religion ; et le christianisme, quant à ses pratiques extérieures, mourait chez nous avant la monarchie.... Les nouveaux maîtres de la France pensèrent qu'à un peuple *libre* il fallait des fêtes *patriotiques;* qu'une immense réunion de citoyens, des solennités théâtrales, des danses, des chants civiques, devaient, à des époques fixes, venir remuer toutes les âmes, et, en réveillant de grands souvenirs, réchauffer l'amour de la patrie dans les masses, généralement trop oublieuses, enfin que le peuple, au lieu d'être simple spectateur des plaisirs publics, devait désormais y prendre part comme acteur.

Les fêtes de notre première république, de même que la plupart des choses de cette époque, il faut bien le reconnaître, furent des idées renouvelées des Grecs et des Romains, chez qui des solennités religieuses consacraient, tantôt une victoire, tantôt le rétablissement de la paix, ou tout autre événement mémorable. On peut les diviser en solennités politiques et commémoratives, funéraires, religieuses.

La prise de la Bastille (le 14 juillet 1789) eut sa fête *commémorative*, celle de toutes qui fut le plus *religieusement* observée. Le premier anniversaire en fut célébré par une grande fédération des gardes nationales du royaume. Le 10 août 1793 on fêta l'anniversaire du 10 août 1792 ; et en même temps la nouvelle constitution fut solennellement inaugurée au Champ-de-Mars et dans les divers quartiers de Paris. On éleva sur les ruines de la Bastille une statue colossale, de la base de laquelle on voyait couler... de l'eau claire. Le président de la Convention en reçut dans une coupe, et après en avoir bu, en présenta aux envoyés *ad hoc* des départements, qui l'imitèrent. Un d'eux, sexagénaire, dit, en l'approchant de sa bouche : « Je *touche aux bords* de mon tombeau ; mais en *pressant* cette coupe de mes lèvres je crois *renaître* avec le genre humain, qui *se régénère!* » Naïf et poétique vieillard, va !

Divers décrets de thermidor an IV ordonnèrent la célébration solennelle de trois fêtes *républicaines*, l'une pour l'anniversaire du 14 juillet 1789, l'autre en mémoire du 10 août 1792, et la troisième pour la fondation de la république. Le drame du 21 janvier 1793 donna lieu aussi à une fête commémorative. Ce jour-là chaque membre des autorités supérieures renouvelait le serment de haine éternelle à la royauté. A Saint-Sulpice, appelé alors le *temple de la Victoire*, on lisait cette inscription, empruntée au *Brutus* de Voltaire :

Si *dans la république* il se trouvait un traître
Qui regrettât les rois, ou qui voulût un maître,
Que le perfide meure au milieu des tourments!

A ces grands anniversaires on ajouta plus tard ceux du 9 thermidor, du 18 fructidor et du 18 brumaire.

L'apothéose de Mirabeau (4 avril 1791) ouvre la série des fêtes *funéraires*. Le 12 juillet eut lieu celle de Voltaire, puis les cérémonies funèbres du maire d'Étampes, du commandant de la place de Verdun, Beaurepaire, de Lepelletier de Saint-Fargeau, de Féraud, du général Dampierre, de Marat, à qui un décret du 14 brumaire an II assigna une place au Panthéon.

Les autres fêtes révolutionnaires que nous avons désignées sous le nom de *religieuses* eurent moins de retentissement et d'éclat (si on en excepte deux : la première fête de la Raison et celle de l'Être-Suprême) que les fêtes commémoratives et *funéraires :* elles furent cependant beaucoup plus nombreuses et plus variées. Le 20 brumaire 1793 fut célébrée à Notre-Dame, devenue le *temple de la Raison*, la première fête de cette nouvelle déesse. Les représentants de peuple y assistèrent, et on y chanta des hymnes composés pour la circonstance. Quelques jours avant, dans la salle de la Convention, avaient défilé des députés de plusieurs communes, revêtus d'habits fantastiques et suivis de jeunes filles couronnées de fleurs, chantant au son des instruments : une femme, en costume de déesse, et représentant la Raison, entra, portée sur un siège élevé, dont elle descendit pour venir prendre place à côté du président. Les départements eurent aussi leurs *fêtes de la Raison*. Le 18 floréal Robespierre prononça sur les idées religieuses et morales, et sur les fêtes nationales, un discours très-remarquable, qu'il termina en proposant l'institution de trente-six fêtes, dans lesquelles le peuple réuni célébrerait *les droits de la nature, le genre humain, la vieillesse, l'amour de la patrie, la haine des tyrans, la tendresse maternelle, la piété filiale*, etc. La première était dédiée à l'*Être-Suprême et à la nature*. Elle fut célébrée le 20 prairial, au Champ-de-Mars et dans tous les *temples* avec le plus grand appareil. Des hymnes où la majesté de Dieu et la fierté républicaine étaient chantés assez bien peintes y remplaçaient la vieille liturgie romaine. Les airs en étaient sublimes et chantés par les plus belles voix de Paris. Les décorations magnifiques et les pompes majestueuses de ces représentations, l'aspect de fête pris à cette occasion par la cité, firent oublier un moment les massacres de la Terreur. C'est à dater de ce jour qu'on vit au frontispice de toutes les *ci-devant* églises cette inscription : *Le peuple français reconnaît l'existence de l'Être-Suprême et l'immortalité de l'âme*, et que l'on divinisa la Liberté, la Fraternité, l'Hospitalité, la Bienfaisance, la Jeunesse, l'Agriculture, etc.

Dès le 15 avril 1792 avait eu lieu la *première fête de la liberté*, en l'honneur des Suisses de Château-Vieux. Tout s'y passa fort paisiblement, quoiqu'il n'y eût ni gardes ni baïonnettes ; un épi de blé fut la seule arme dont eut besoin pour maintenir l'ordre l'ordonnateur de cette fête quasi-pastorale. L'année suivante on célébra à la même époque, en l'honneur des Liégeois proscrits, une fête dite de la *Fraternité* et de l'*Hospitalité*. On y chanta, entre autres, ce couplet :

Si la liberté fugitive
Était proscrite de tout pays,
Elle viendrait sur cette rive
Pour se rassurer dans Paris.
Partagez donc avec vos frères
Le pain de la Fraternité ;
Dans le sein de l'Égalité
Attendez des jours prospères
Amis, rassurez-vous, les rois n'auront qu'un temps.
Paris sera toujours le tombeau des tyrans !

L'*Agriculture* reçut les hommages des Français, comme elle avait reçu ceux des peuples anciens : un temple de verdure lui fut érigé, le 10 messidor an VI, et on lui consacra une fête, comme en germinal on en avait dédié une à la *Jeunesse*.

Une solennité d'un genre nouveau, et empreinte cette fois d'un caractère utile et national, signala la fin de la 6e année de l'ère républicaine. Pendant les *jours complémentaires*, une foire, ouplutôt une véritable exposition des produits de l'industrie fut établie au Champ-de-Mars. Les seuls objets manufacturés en France y étaient reçus, après avoir été soumis à l'examen d'un jury spécial. Ces diverses fêtes, de même que celle de la *Souveraineté du peuple*, surnommée par certains plaisants la fête *des Saints-Innocents*, laquelle fut célébrée le 30 ventôse an VI, rentrent dans la catégorie de celles que nous avons appelées *politiques*.

Les fêtes auxquelles on s'efforça de prêter un caractère *religieux* furent celles de l'Être-Suprême, de la Jeunesse, de la Fraternité, et la plupart de celles qu'on célébra dans le *temple de la Victoire*, et qui furent consacrées aux *vertus* de Marc-Aurèle, à l'*héroïsme* de Guillaume Tell, à la Tolérance, au Courage, à l'active bienfaisance de Vincent de Paul, à la Bienfaisance, à la Piété (avec collecte pour les victimes de l'attentat du 3 nivôse), aux Bons Ménages, à la Réunion des Familles, etc. En même temps que cette dernière fête avait lieu au *temple de la Victoire*, une autre à la Bienfaisance se célébrait à Saint-Germain-l'Auxerrois, transformé en *temple de la Reconnaissance*. A mesure que le pouvoir de Bonaparte grandit, ces mascarades politico-païennes furent remplacées par des solennités plus graves, et répondant aux besoins moraux des populations.

FETFA, en turc, et *fethwa*, en arabe, signifient dans ces deux langues *réponse et jugement d'un homme sage*. Les *fetfas* sont les décisions rendues par le m o u f t i ou chef de la religion chez les Turcs, et formulées en courtes sentences pour faciliter l'étude et l'application de la loi dans les tribunaux. A Constantinople, les matières sur lesquelles le public vient consulter la loi sont rédigées en forme de demandes et en termes requis, dans un bureau spécial, où une vingtaine de commis nommés *mussewids*, rédacteurs, sont présidés par un chef, le *fetfa-emini*. Le moufti répond à ces questions d'une manière fort concise et de sa propre main, toujours conformément aux décisions de ses prédécesseurs et aux principes de l'islamisme. Ces réponses, écrites au bas de la demande, sont à peu près ainsi conçues : *oui, cela se peut*, ou *non, cela ne se peut pas; cela est*, ou *n'est pas permis; cela est*, ou *n'est pas nécessaire*. Quelquefois cependant la réponse du moufti est motivée, et présente des explications, des restrictions, des conditions, etc.

Les matières qui provoquent les *fetfas* sont naturellement divisées en deux classes : l'une relative au droit public, l'autre au droit particulier. La première est spécialement réservée au gouvernement : s'agit-il de la paix, de la guerre, de la punition d'un vizir ou d'un pacha, d'un nouveau règlement politique ou militaire, on consulte le moufti; mais avant qu'il rende son *fetfa*, on discute l'affaire avec lui et les principaux ouléams. Quoique ni la religion ni la constitution de l'empire n'obligent le Grand-Seigneur à se prémunir d'un *fetfa* sur les objets d'administration publique, il y a recours par politique lorsqu'il s'agit d'une grande entreprise ou d'une innovation importante, et pour s'en faire une sorte de bouclier dans les circonstances orageuses. Il est arrivé souvent que les sulthans n'ont eu aucun égard aux *fetfas* ; mais on a vu aussi les *fetfas* provoquer la déposition de plus d'un sulthan.

Les *fetfas* délivrés aux particuliers sont d'une nature différente : tout individu peut s'adresser au moufti pour s'éclairer sur les points relatifs au dogme, au culte, à la morale, aux lois civiles et criminelles. Les consultations déposées au bureau du *fetfa-emini* sont ordinairement faites par écrit, et toujours à la troisième personne, et sous des noms supposés, comme *Zéid, Khaled*, etc., pour les hommes, *Zéinab, Amina*, etc., pour les femmes. Lorsque c'est le souverain qui consulte, il est toujours désigné sous les titres les plus respectables. Si les questions portent sur des matières neuves, sans analogie avec les principes de l'islamisme, le moufti se borne à répondre qu'aucun des livres canoniques n'en fait mention. Il a fallu des *fetfas* discutés et signés non-seulement par ce pontife, mais par les principaux ouléams, pour autoriser dans l'empire ottoman l'usage du café, du tabac, de l'opium, et l'établissement de l'imprimerie.

Il existe en turc plusieurs collections de *fetfas* par demandes et par réponses, embrassant toutes les matières contenues dans le *Multeka*, ou *Code universel*, et développant l'esprit de la loi dans toutes ses applications. Comme le but des *fetfas* est d'instruire le peuple et de diriger les juges, il n'est point de tribunal dans l'empire ottoman qui n'en possède deux ou trois collections.   H. AUDIFFRET.

FETH-ALI-CHAH, second roi de Perse de la dynastie des *Kadjars*, aujourd'hui régnante, succéda, en 1797, à son oncle, l'eunuque Aga-Mohamed, qui l'avait choisi pour héritier. Avant de monter sur le trône, il s'appelait *Baba-Khan*, et gouvernait le Farsistan. Il eut trois concurrents à la fois sur les bras : un de ses frères, un général, qui avait provoqué l'assassinat du dernier roi, et un prince de la dynastie déchue (les Zends). Il fit aveugler le premier, qui, souvent vaincu, avait toujours abusé de sa clémence. Il pardonna d'abord au second, qui en se rendant lui avait livré la caisse militaire d'Aga-Mohamed; mais il le laissa ensuite mourir de faim, dans une maison dont il avait fait murer les portes et les fenêtres; enfin, il força le troisième à se réfugier sur le territoire othoman. Il avait rassemblé une armée pour punir les Wahabis des affreux excès qu'ils avaient commis en 1801, et notamment à Imam-Houçain, lieu vénéré des Persans quoique situé dans la Turquie asiatique, lorsqu'il fut obligé de s'opposer aux Russes, qui venaient de s'emparer de la Géorgie, en vertu du testament du dernier roi, George XI, fils d'Héraclius II, dont les ancêtres avaient été vassaux de la Perse. La guerre éclata en 1803 entre les deux empires. Les Persans y furent presque toujours malheureux, et la paix de Gulistan, signée le 12 octobre 1813, y mit seule un terme, mais en faisant perdre à la Perse tous ses droits sur le Daghestan et sur les diverses principautés de la Géorgie, puis le Schirwan et les khanats de Gandjah, de Karabagh et de Tallschah.

Le gouvernement britannique, regardant la Perse comme un utile auxiliaire contre le roi de Kaboul, qui menaçait les possessions anglaises dans l'Inde, avait envoyé à Feth-Ali-Chah, dès l'année 1800, un ambassadeur, le major Malcolm, qui fit avec lui un traité d'alliance et de commerce. Napoléon, dans ses projets de nuire partout aux Anglais, rechercha aussi l'amitié du roi de Perse; et un ambassadeur persan vint trouver l'empereur des Français à Varsovie, en 1806. L'année suivante, le général Gardanne partit pour l'ambassade de Perse : il devait offrir à Feth-Ali-Chah des secours contre les Russes; mais la paix de Tilsitt et l'alliance de Napoléon avec l'empereur Alexandre réduisirent les relations de la France et de la Perse à un vain échange de politesses et de présents. Gardanne revint en 1808, avec un ambassadeur persan, qui offrit à l'empereur des Français les prétendus sabres de Tamerlan et de Nadir-Chah, et un volume de poésies manuscrites de son souverain. Les Anglais, quoique peu inquiets de ces insignifiantes et inutiles négociations, firent de nouvelles démarches auprès de la cour de Téhéran, qui, ne pouvant compter sur les secours de la France, et ayant plus à craindre ou à espérer du voisinage des Anglais et de leurs forces navales dans le golfe Persique, renouvela son alliance avec eux en 1809, par l'intermédiaire de sir Harford Jones, leur envoyé extraordinaire. Elle fut confirmée par un nouveau traité, signé le 14 mars 1812 à Téhéran, par sir Gore Ouseley. Dans l'intervalle, Feth-Ali-Chah avait eu avec les Turcs, dans le Kourdistan et le pachalik de Bagdad, quelques démêlés suivis d'hostilités peu importantes, qui se terminèrent aussi par un traité en 1813. Ce prince, qui depuis dix ans se reposait sur ses fils du commandement des armées, marcha en personne, la même année, vers le Khoraçan, pour faire entrer sous sa domination la province de Hérat, incorporée au royaume de Kaboul, et contre laquelle son fils aîné venait d'échouer. Il reprit Hérat, et dut ses succès à sa clémence plus qu'à la terreur de ses armes. Deux de ses fils furent moins heureux, en 1818, dans une expédition pour reconquérir cette province, qui était retombée au pouvoir du roi de Kaboul.

Feth-Ali-Chah eut encore une guerre avec la Turquie en 1821 ; celle qu'il déclara à la Russie, en 1826, fut heureuse d'abord, par suite des troubles survenus à l'avénement de l'empereur Nicolas, les Russes ayant été pris au dépourvu ; mais la conquête d'Érivan, le 13 octobre 1827, par le général Paskevitch, la soumission de Tauris, douze jours après, et la marche de l'armée ennemie dans l'intérieur de la Perse déterminèrent le roi à demander la paix. En vertu du traité signé le 21 février 1828 à Tourkmantchaï, la Perse céda à la Russie les khanats d'Érivan et de Nakhintschwan, tant au delà qu'en deçà de l'Araxe, et s obligea à payer à la Russie une indemnité de 80 millions de francs pour les frais de la guerre.

Feth-Ali-Chah avait en plus de soixante fils et de cent filles. Le troisième de ses fils, Abbas-Mirza, dont la mère appartenait à la tribu des Kadjars, avait dû à cette circonstance l'avantage d'être déclaré, dès son enfance, héritier présomptif de la couronne. Il travaillait avec zèle à seconder les efforts de son père, pour la régénération de sa nation, ou du moins de ses armées. L'organisation de ses nouveaux soldats, nommés *serbaz*, dont il avait pris lui-même le costume, fut continuée et perfectionnée par les Anglais et par des officiers français qui se retirèrent en Perse après la chute de Napoléon. Ces innovations eurent lieu sans obstacles, sans effusion de sang, grâce au caractère inconstant et léger des Persans. Il venait, en 1833, de conquérir Hérat, lorsqu'il mourut, au retour de cette expédition, à l'âge de cinquante ans. Feth Ali ne survécut pas longtemps à son fils bien aimé. Accablé d'infirmités, il mourut à Ispahan, le 20 novembre 1834, âgé de près de soixante-dix ans.

Feth-Ali-Chah fut un bon prince, si on le compare à la plupart de ses prédécesseurs. Sauf un très-petit nombre de cas, il se montra juste, modéré, clément, et surtout tolérant en matières religieuses. Il aimait le faste : il était toujours couvert de diamants et de pierreries ; il était bel homme, et sa longue barbe n'a pas peu contribué à la durée et à la prospérité de son règne, par la vénération qu'elle inspirait à ses sujets. Il a fait renaître les lettres en Perse, et il cultivait lui même la poésie avec succès. Son petit-fils, Mohamed-Mirza, fils aîné d'Abbas-Mirza, qu'il avait désigné pour héritier, lui succéda sur le trône ; mais ce prince mourut le 6 septembre 1848 (*voyez* PERSE). H. AUDIFFRET.

FETI (DOMENICO), peintre célèbre, né à Rome en 1589, mort à Venise, à l'âge de trente-cinq ans, des suites d'une vie débauchée, eut pour maître Cigoli, régénérateur de l'art à Florence, et se fixa ensuite à Mantoue, où l'appela la protection éclairée et généreuse du cardinal Ferdinand de Gonzague, devenu plus tard duc de Mantoue, et où il s'exerça à reproduire la manière de Jules Romain. Ses ouvrages se recommandent en général par une grande correction de dessin, par la vivacité du coloris, par un caractère de vérité naïve, fière et originale. Ils se trouvent aujourd'hui partagés entre la plupart des grandes galeries ; notre Musée du Louvre possède notamment de lui l'*empereur Néron*, un *Ange gardien*, une *Fileuse*, *la Mélancolie*, où l'on admire une netteté d'expression, une vigueur d'effet et une entente du clair-obscur fort remarquables. Après la mort de Domenico, sa sœur se fit religieuse, et exécuta des peintures pour plusieurs couvents de Mantoue.

FÉTICHES, FÉTICHISME. Les Portugais, qui d'abord fondèrent sur les côtes d'Afrique des établissements, observèrent parmi les Nègres de grossières idoles qu'ils nommèrent *fetissos*, choses enchantées, charmes, d'où nous avons tiré le mot de *fétiche*. On a ensuite remarqué que la plupart des nations sauvages, s'élevant à peine à l'idée d'un Dieu suprême, ou d'un esprit créateur de l'univers, croient trouver quelque image de la puissance divine dans des animaux ou d'autres objets matériels ; et l'on a compris que le culte de ces derniers ne différait pas essentiellement du fétichisme des Nègres. On en découvre des preuves irrécusables dans la religion des anciens Égyptiens. En effet, si les Nègres de Juida adorent encore le serpent devin et plusieurs grandes couleuvres ; si d'autres peuplades vénèrent, les unes des vautours, les autres des caïmans, ou des mammifères, ou même des poissons, et jusqu'à des insectes (le *prega-Diou*, *mantis religiosa*, etc.), le bousier sacré (*ateuchus sacer*, etc.), les antiques sujets des Pharaons ne trouvaient-ils pas de commodes divinités dans les oignons et les herbes de leurs jardins, dans leur bœuf Apis, dans leur chien Anubis, tandis que les dévotes du pays se soumettaient, dit-on, au bouc sacré de Mendès?

Outre les fétiches, les Nègres ont encore des *gris-gris*, espèces d'amulettes préservatrices, de petits dieux domestiques, tels que les *lares* des anciens. Chez les tribus de l'Amérique, il y a des *manitous*, des *nanigogos*, des *ocki*. Les insulaires de la Polynésie ne possèdent pas moins d'idoles et de ces marmousets qu'apportent les voyageurs pour les cabinets des curieux ; on en a rencontré chez les Sibériens et jusqu'au Kamtchatka, au Groënland, en Laponie, comme parmi les Ostiaques, les Samoïèdes, etc. La plupart de ces nations, toutefois, n'ont pas une foi bien vive dans leurs idoles. Lorsque leurs prières et leurs sacrifices n'en obtiennent pas un grand succès pour la chasse, la guerre ou l'amour, il n'est pas rare de voir les Sibériens rosser leurs *burkhans*, ou les briser, en leur reprochant l'ingratitude dont ils payent leurs supplications. Les missionnaires ont cru voir dans ces pratiques l'influence des démons.

Il est plus juste de penser que le fétichisme est la première religion des hommes, dans l'enfance de leur intelligence. Comment des esprits brutaux s'élèveraient-ils au-dessus de ce qui frappe d'abord leurs sens ? C'est déjà un puissant effort pour eux de remonter jusqu'à l'adoration des astres, au *sabéisme*. D'ailleurs, toute adoration d'objets matériels, si l'on ne les considère point comme emblèmes d'une puissance immatérielle, n'est qu'un fétichisme plus ou moins grossier, dont on trouverait des preuves jusque dans nos croyances populaires. Ainsi, le fétichisme, le sabéisme, toutes ces adorations d'objets tombant sous les sens, n'offrent aux esprits épurés que des emblèmes qui fixent les regards des hommes impuissants à s'élever à des idées célestes. Et il faut des images frappantes pour enchaîner l'attention de ces âmes croupissant dans une ignorance superstitieuse ; elles refuseraient de vous suivre dans des conceptions plus subtiles, et se plongeraient dans un horrible athéisme. Par là le fétichisme (même celui de plusieurs chrétiens) et le sabéisme ne sont encore que des préparations à la vraie et pure religion, toute spirituelle, qui atteint le plus haut faîte de l'humanité. C'est par cette série de croyances que les nations s'élancent progressivement dans la voie indéfinie de leur perfectionnement intellectuel et moral. J.-J. VIREY.

FÉTIS (FRANÇOIS-JOSEPH), maître de chapelle du roi des Belges et directeur du Conservatoire royal de musique de Bruxelles, né le 25 mars 1784, à Mons, où son père était organiste, profita si bien de l'excellente éducation Musicale que celui-ci lui donna, qu'à l'âge de dix ans il put remplir un emploi d'organiste dans sa ville natale. En 1800 il vint à Paris suivre les cours du Conservatoire et surtout les leçons de Boieldieu. De bonne heure ses études prirent une direction plus théorique que pratique. Après un long voyage, qui lui fournit l'occasion de se familiariser avec les ouvrages des grands maîtres italiens et allemands, il revint à Paris, où un riche mariage lui donna les loisirs nécessaires pour se livrer à une étude approfondie de l'histoire de la musique, et plus particulièrement de celle du moyen âge. Mais en 1811 des revers de fortune le contraignirent à se retirer en province, et à accepter les fonctions d'organiste à Douai en même temps que de professeur à l'École de Musique de cette ville. En 1818, il revint à Paris, où on venait de le nommer professeur au Conservatoire ; et il devint aussi bibliothécaire de cet établissement à partir de 1826. En 1827, il fonda le premier recueil de critique musicale qui ait paru en France, la *Revue Musicale*, qui jouit bientôt d'une grande autorité, et qui se maintint jusqu'en 1834. Pendant le cours de cette publication, M. Fétis fit paraître deux volumes intitulés : l'un, *Curiosités historiques de la Musique*, et l'autre, *la Musique mise à la portée de tout le monde*. Si le premier n'était guère que la réimpression de quelques articles précédemment publiés dans la *Revue*, en revanche le second était un livre neuf, où brille un véritable talent d'exposition, de méthode et de clarté. En même temps, il rédigeait le feuilleton musical dans *le National* et dans *le Temps* ; mais le plus souvent les articles n'étaient qu'une pâle contre-épreuve des jugements déjà insérés par lui dans la *Revue Musicale*. Dès 1833, à la suite de démêlés qu'il avait eus avec la direction du Conservatoire, et sur la nature desquels nous n'avons pas à nous expliquer, il était allé s'établir à Bruxelles, où, indépendamment d'un certain nombre d'ouvrages théoriques sur l'art, il fit paraître un *Essai sur les services rendus par les Néerlandais à l'art musical*, que l'Institut des Pays-Bas couronna. C'est également à Bruxelles que fut publié (1835-1844) son ouvrage intitulé : *Biographie universelle des Musiciens et Bibliographie générale de la Musique*, ouvrage qui contient sans doute une foule d'erreurs, et qui pèche surtout par le côté philosophique, mais qui a du moins le mérite d'être plus complet que ceux de ses devanciers. On lui doit aussi la fondation des *concerts historiques*, dont il est juste cependant de faire remonter l'idée première à Choron, et qui ont trouvé depuis des imitateurs en Belgique, en Allemagne et en Angleterre. Ses diverses compositions pour l'église ou pour le théâtre ont obtenu moins de succès que ses ouvrages relatifs à l'histoire de l'art. Cependant ses opéras : *L'Amant et le Mari* et *La Vieille*, représentés tous deux au théâtre Feydeau, ont eu l'un cent trente et l'autre cent soixante représentations. On a aussi de lui un *Traité d'Harmonie* qui a soulevé de vives discussions ; et tout récemment il a publié en société avec Moschelès une *Méthode des Méthodes de piano*. On annonce aussi comme devant prochainement paraître une *Histoire générale de la Musique*, une *Philosophie de la Musique* et *Le Plain Chant grégorien ramené et restitué à ses véritables sources*.

[Quand on considère la masse des écrits de tous genres dus à la plume de M. Fétis, de ses compositions dramatiques religieuses et instrumentales, de ses traités, de ses méthodes de toutes espèces, de ses entreprises commerciales, on est étonné que les forces d'un seul homme aient pu suffire à une semblable tâche. Il est vrai que M. Fétis a eu à sa disposition des ressources si miraculeuses ; qu'il a vu les trésors de sa bibliothèque s'accroître par des procédés si rapides, si ingénieux, et s'écartant quelque peu même de la marche ordinaire des choses, que l'on est tenté de penser que dans cette masse d'idées, d'opinions, de conceptions parfois incohérentes, toutes ne viennent pas du même fonds, mais que telle découverte anonyme, telle production orpheline, sont venues comme par enchantement se placer sous les mains de cet homme privilégié, et lui demander le bénéfice d'un nom qui les mettra en lumière et leur servira de passe-port à l'immortalité. J. D'ORTIGUE.]

FÉTUQUE, genre de graminées, renfermant un assez grand nombre d'espèces, qui toutes font un fourrage de bonne qualité pour les bestiaux. La *fétuque flottante* (*festuca fluitans*, L.) est vivace ; ses balles sont dépourvues de barbes, ses panicules longues de 0^m,13 environ, ses rameaux très-écartés : cette plante aquatique se trouve en abondance dans les fossés, les marais, les étangs, etc. Ses tiges et ses feuilles sont fort recherchées du gros bétail ; ses graines, récoltées avec grand soin en Allemagne et surtout en Pologne, servent de nourriture à l'homme ; mondées, elles sont connues sous le nom de *manne de Pologne*, et la plante elle-même porte vulgairement celui d'*herbe à la manne* ; on la nomme aussi *chiendent aquatique*. La *fétuque élevée* (*festuca elatior*, L.) est aussi sans barbes ; les rameaux de sa panicule sont rapprochés ; elle pousse dans les prés. La *fétuque inclinée* (*festuca decumbens*, L.) a la panicule de cinq centimètres au plus : on la rencontre le long des haies, sous les arbres, dans les terrains sablonneux. La *fétuque queue de rat* (*festuca myuros*, L.), vulgairement *queue de rat*, a ses balles garnies de barbes ; sa panicule, très-resserrée, est plus longue que le reste de la tige ; elle pousse dans les endroits secs. La *fétuque rouge* (*festuca rubra*, L.) pousse dans les terrains pauvres, sur le bord des bois. La *fétuque ovine* (*festuca ovina*, L.) a reçu ce nom parce qu'elle est recherchée des moutons ; on n'est pas bien d'accord cependant sur l'espèce que ces animaux préfèrent. En certains lieux, la fétuque ovine, semée pour leur usage, n'a point été attaquée par eux ; plusieurs cultivateurs, forts de leurs expériences, ont préconisé la fétuque rouge comme préférable pour les moutons à la fétuque ovine.
P. GAUBERT.

FEU, terme dérivé soit du latin *focus*, foyer, soit du verbe grec φωτω, je brûle, ou du mot *fire* des langues du Nord, tiré de עור, feu chez les Grecs, ou de *ur* dans les langues orientales, la chaldéenne et autres idiomes sémitiques, pour exprimer la splendeur du soleil, ainsi que cette nature active et créatrice qui anime l'univers, selon les anciens adorateurs du feu et des astres. Considéré comme le plus immatériel des quatre éléments qu'admettait l'antiquité, à cause de sa pureté et de son activité, le feu fut longtemps adoré comme la source première de la vie et du mouvement de l'univers, le symbole visible de la divinité (voyez FEU [Culte du]). Il était réservé aux sciences physiques de distinguer la lumière, le calorique, l'électricité, tous ces principes que l'antiquité confondait sous la dénomination commune de *feu*, différentiant cependant le *feu artificiel*, celui de nos foyers, qui consume tous les corps, du *feu artiste* ou vivifiant de la nature, qui développe, au contraire, toutes les créatures, les fait croître et multiplier, fait pousser, à chaque printemps, les germes de tous les végétaux, comme il suscite l'amour et la génération des animaux.

Dans la philosophie du moyen âge, le feu conserva le titre d'*élément*. Ce n'est même que dans la dernière moitié du dix-huitième siècle, lorsque les découvertes de Priestley et de Lavoisier eurent établi la nature comburante de l'oxygène et la passivité des bases, que la théorie de la combustion, en s'élucidant chaque jour, effaça les derniers vestiges de cette opinion. Le feu n'est plus pour nous que la généralisation de cette série d'effets transitoires ressortant de la combustion, et dont la durée n'excède pas celle des causes réelles mises en activité.

FEU. Voyez INCENDIE.

FEU (*Art militaire*). L'emploi du feu comme moyen de guerre est antérieur de bien des siècles à l'invention des armes à feu. Les Chinois le projettent depuis un temps immémorial, et dès le sixième siècle de notre ère les Byzantins avaient fait un puissant moyen de destruction du *feu grégeois*. Entre ces deux époques il y avait eu, comme projectiles enflammés, les falariques grecques et les malléoles romaines. Mais ce qu'il faut entendre aujourd'hui par *feu tactique* ou *feu de guerre* est l'effet de l'explosion de la poudre qui chasse un projectile, qu'il soit incendiaire ou non.

Il y a surtout deux genres de feux ; celui de l'artillerie, et celui de l'infanterie. Le feu de la cavalerie compte à peine ; c'est un accessoire peu puissant de l'escrime du cavalier, tandis que pour l'artilleur, le feu est sa tactique tout entière, et pour le fantassin, il en est l'agent principal. Le *feu d'artillerie* est de diverses espèces ; il vise ou il ricoche (*voyez* TIR) ; il frappe d'un boulet ou il sème la mitraille ; il est à effet simple ou il est à double explosion, comme dans le tir de la bombe et de l'obus.

Le *feu du cavalier* n'est qu'à volonté, souvent sans signal ni commandement, sauf toutefois le feu des dragons. Nous ne parlerons pas du *feu du mineur*, qui est un feu à grande explosion, ni du jet des grenades à la main.

Le *feu d'infanterie* demande à être envisagé comme le moyen des actions de feu, en conformité des principes de la tactique reçue. Il s'exécute suivant des règles différentes, selon qu'il s'agit du feu de l'infanterie de bataille ou du feu de tirailleurs : c'est une différence que les législateurs militaires de France avaient longtemps négligée, mais qu'on a enfin tenu compte pour l'organisation des chasseurs à pied. Combattre méthodiquement par les feux d'ensemble est un fait pour ainsi dire d'hier, et cependant rien de moins connu que les principes qui s'appliquent à cette branche de la science des armes. Les temps où régnait l'usage de l'arquebuse et du mousquet ne nous ont pas légué de souvenirs qui puissent être un objet d'études : on croit qu'avant l'adoption générale du fusil, les mousquetaires à pied de France exécutaient, par petits groupes, des feux pendant lesquels leurs officiers se tenaient genou à terre ; mais le maréchal de Puységur convient qu'il n'existait pas avant le milieu du dix-huitième siècle de méthodes officielles et générales. L'année 1750 voit naître la législation des feux ; il y avait feux de rangs, de demi-rangs, de quart de rangs, termes synonymes de ceux-ci : feux de bataillon, de demi-bataillon, de division. L'ordonnance de 1755 reconnaît en outre des feux de peloton et de section : c'était une complication sans excuse A cette époque l'ordre sur trois rangs prévaut et fait abandonner l'ordre sur quatre rangs. Dans plusieurs services, le système des feux de trois rangs et à génuflexion se régularise. On essaye des feux de deux rangs, le troisième ne tirant pas ; on pratique un feu de trois rangs, restant tous debout, mais il se faisait sans havresac au dos, ce qui permettait une bien plus grande compression des rangs. L'instruction de 1769 s'occupait des feux d'infanterie légère ; l'instruction de 1774 recourait aux feux à génuflexion, que l'infanterie française n'avait pas encore adoptée. L'ordonnance de 1775 connaissait des feux de bataillon, de demi-bataillon, de deux rangs, de peloton. L'ordonnance de 1776 supprimait les feux à génuflexion, et pratiquait un genre bientôt abandonné, celui des feux de trois rangs restant debout. Le règlement de 1791 connaissait des feux directs et des feux obliques, et rétablissait les feux à génuflexion. En l'an XIII, un ordre du jour du premier consul prescrivait un feu de rangs ; chaque rang ne tirait que successivement et à la voix de son chef de bataillon. Une circulaire de 1822 établissait quelques modifications de peu d'utilité. L'ordonnance de 1831 ne fit faire aucun progrès à cette partie de la science, et supprima le feu de rangs, malgré sa supériorité, lorsqu'au commandement : *Troisième rang, feu*, il est enjoint au premier rang de mettre genou en terre pour éviter toute atteinte des balles du troisième rang.

Les tacticiens qui ont écrit depuis le dernier siècle sont loin d'être d'accord : les uns demandent des feux ajustés, les autres non ; il y en a qui préfèrent un feu vite, d'autres un feu juste ; tels professeurs invoquent les feux de Frédéric II, feux qui étaient rapides et pour ainsi dire mécaniques ; tels autres leur préfèrent ceux de l'infanterie anglaise, qui est parvenue à en tirer le parti le plus meurtrier. Napoléon Ier, dans ses Mémoires, ne veut que des feux à volonté, terme qui à cette époque était obscur, parce qu'il avait cessé d'être technique depuis 1791. Mais dans ce cas le grand capitaine demandait-il que les trois rangs restassent debout, au grand préjudice du premier rang, souvent compromis par l'impatience ou la maladresse du troisième ? Les feux à volonté ne devaient-ils se faire que sur deux rangs, ce qui occasionne presque la perte du tiers du feu ? Fallait-il maintenir la génuflexion, dont l'usage est l'objet d'un blâme général ? Fallait-il adopter l'ordre sur deux rangs, à la manière anglaise, quoique déjà l'ordre actuel soit trop mince ? La difficulté est grave. La France jusqu'à ces derniers temps était la seule, parmi celles où l'on avait le moins travaillé à y remédier ; l'Autriche, la Russie, la Prusse, s'en étaient occupées avant elle, et parmi les moyens qui avaient été adoptés, celui qui momentanément déplace le troisième rang pour le faire combattre en tirailleurs, semblait le plus propre à résoudre la difficulté. En admettant ce mécanisme, le débat au sujet du feu ajusté ou non ajusté n'a plus d'objet : c'est aux rangs restés en ligne à faire le feu presque horizontal ; c'est au rang qui combat éparpillé à exécuter les feux ajustés.

Dans la guerre de la révolution, le feu a perdu une partie de l'estime que lui avaient value les succès de Frédéric II. La puissance des charges à la baïonnette l'a discrédité ; les feux méthodiques, alternatifs, réglés, n'ont plus été regardés que comme un accessoire important, et non comme le mode principal.

Gal BARDIN.

FEU (Armes à). *Voyez* ARME.

FEU (Bouches à). *Voyez* BOUCHES A FEU.

FEU (Champ de). *Voyez* NAPHTE.

FEU (Culte du). Le culte du feu, qui purifie tout, qui échauffe et consume tout, qui semble émané du soleil, dont il est l'emblème, paraît avoir été une conséquence naturelle du culte des astres ? L'un et l'autre prirent naissance chez les Chaldéens, qui se représentaient Dieu sous l'image d'un feu infiniment pur, et auquel ils donnaient, par métaphore ou par respect, le nom d'*our* ou *or* (feu principe, lumière incréée). Mais ils admettaient un autre principe, les ténèbres, cruelles ennemies de la lumière. Disciples et voisins des Chaldéens, les Perses adoptèrent une partie de ces idées, que partagèrent aussi les Égyptiens, les Arabes, etc. Ils pratiquèrent d'abord le s a b é i s m e ou culte des astres ; mais en reconnaissant le bon principe, *Ormuzd* ou *Oromaze*, et le mauvais, *Ahriman*, qu'ils représentaient par divers symboles, la lumière et les ténèbres, le jour et la nuit, l'été et l'hiver, le ciel et la terre, le taureau et le serpent, etc., ils en ajoutaient un troisième, le soleil, dont le nom, *Mihr* (*m i t h r a* en grec), signifiait *amour* et *miséricorde*.

Ce fut sous le règne de Hourcheng, second prince de la dynastie des Pischdadiens, que les Perses commencèrent à adorer le feu. La vue d'un sol imprégné de naphte et spontanément illuminé les conduisit peut-être à ce culte, que le roi D j e m s c h i d confirma, ainsi que celui des astres, en admettant l'existence d'un Dieu supérieur. Kaï-Khosrou, chef de la dynastie des Kaïanides, donna la préférence à celui des astres, sans abolir l'adoration du feu, qui se perpétua jusqu'au temps du roi Gustasp (Cyrus , ou Darius fils d'Hystape). Jusqu'alors les Perses n'avaient pas eu de temples ; c'était sur de hautes montagnes qu'ils adoraient les astres, qu'ils allumaient de grands feux. Zoroastre, par sa doctrine, affermit et perfectionna le culte du feu. Il fit bâtir les premiers temples ou *pyrées*, où l'on commença d'entretenir le feu, et qui se multiplièrent par la suite. Ce culte se conserva sans altération. Les mages, qui étaient à la fois philosophes et théologiens, prêchaient le monothéisme ou l'existence d'un seul Dieu, et les hommes éclairés regardaient les astres et le feu comme des symboles de la Divinité. Mais le vulgaire, qui partout et en tout temps s'attache au culte positif et matériel, adorait les astres et le feu comme des dieux, et faisait de Mihr ou Mithra un feu intelligent, un être divin, capable d'exaucer les prières des mortels. D'ailleurs, les Perses n'eurent jamais d'idoles ni de statues. Les sculptures d'animaux que l'on voit sur les antiques monuments de Persépolis n'étaient que des figures allégoriques, et ces ruines ni celles des autres parties de la Perse n'offrent aucune trace du culte du feu, si ce n'est peut-être la flamme représentée sur deux tombeaux à Persépolis. Tout ce qui concerne les dogmes et les préceptes de la religion des Perses est écrit dans le *Zend-Avesta* de Zoroastre et dans le *Sadder*, qui en est l'abrégé. Cette religion prohibait le jeûne, la vie contemplative et le célibat ; elle donnait à l'âme de l'élévation et de l'énergie : aussi les Perses ont-ils été appelés les *puritains du paganisme*. Tel était leur respect pour le feu, symbole des signes célestes et de la pureté, qu'il leur était défendu de le souffler avec la bouche.

Le culte du feu, entretenu par les mages, fut persécuté par Alexandre le Grand, qui, ayant conquis la Perse, voulut détruire les livres de Zoroastre ; mais il ne put en découvrir qu'un petit nombre. Après la chute de l'empire des Parthes, Ardeschir-Babekan, fondateur de la dynastie sassanide et du nouvel empire persan, rétablit le culte du feu, et lui donna plus de solennité. Les temples où le feu était conservé s'appelaient *pyrées*, d'où sont venus les noms de *pyrolâtrie* et de *pyrolâtres*, donnés à la religion et aux sectateurs de Zoroastre par leurs ennemis. Le centre du magisme paraît avoir été la Médie-Atropatène ou Adzerbaïdjan, qui fut, dit-on, la patrie de ce philosophe. Les Perses appellent le feu sacré *azer* ou *adher*, dont le nom entre dans celui de cette province, qui abonde en sources de naphte, en matières bitumineuses et résineuses, dont les lacs même sont couverts, et dont la combustion spontanée présente souvent au milieu de la nuit des flammes brillantes. Le culte du feu ne fut entièrement aboli en Perse qu'après la mort d'Yezdedjerd III, le dernier des monarques sassanides. Les Arabes musulmans, conquérants de la Perse, donnèrent aux peuples vaincus les noms injurieux de *pyrolâtres* et d'*ignicoles*, de *djiaours*, *guèbres* ou infidèles, d'adorateurs d'astres, de stupides ou insensés. Au neuvième siècle, Mardawidj, prince persan, ayant enlevé Ispahan au khalife de Bagdad, voulut y rétablir la religion de ses pères, et fit allumer de grands feux sur les montagnes qui entourent cette capitale; mais il fut assassiné en rentrant dans la ville. La pyrolâtrie existe encore, mais obscure et secrète, dans quelques cantons de l'Indoustan et de la Perse, d'Ispahan, et surtout dans le Kerman, où était le grand pyrée, métropole de tous les temples de l'empire. C'était là que sur un brasier perpétuel l'archimage brûlait l'encens. A Sari, dans le Mazanderan, on voyait encore au milieu du dix-septième siècle quatre anciens temples des Perses, en forme de rotonde. On en trouve aussi quelques-uns à Bakhou, dans le Schirwan, qui appartient aux Russes, et où le naphte abonde; et sur des espèces de caves voûtées, auprès de l'autel, est fixé sur la terre un tuyau par lequel sort une flamme bleuâtre plus pure que celle que donnent les liqueurs spiritueuses. Ces pyrées et ceux des autres parties de la Perse, sorte de chapelles où le feu sacré est représenté par des lampes constamment allumées, où chacun est obligé de renouveler tous les ans la lumière qui éclaire sa maison, sont visités dévotement par les pyrolâtres indous.

Les plus célèbres philosophes et les nations civilisées ont regardé le feu comme le symbole de la Divinité. « Dieu, a dit Plutarque, est un *feu artiste*, procédant selon méthode à la formation du monde. » Les stoïciens connaissaient Dieu sous l'idée du feu, non comme le premier des quatre éléments, mais comme *éther*, substance infiniment active et subtile, qui pénètre tout, qui prend toutes les formes. A Rome, le feu sacré était confié à la garde des vestales, chargées de l'entretenir sous peine de mort. Les anciens Scythes adoraient aussi le feu sous le nom d'*Artimpara*. Enfin, le feu joue un rôle important dans les cérémonies de l'Église catholique, soit pour éclairer les autels, soit pour brûler l'encens; et on le renouvelle tous les ans à l'office du samedi saint.

FEU (Livres condamnés au). L'usage de condamner au feu les écrits diffamatoires ou contraires à la religion et aux mœurs remonte à une époque reculée. Cet usage a été en vigueur chez les Grecs et chez les Romains. Protagoras d'Abdère, ayant mis en doute l'existence de la Divinité, fut poursuivi par les magistrats. Ses ouvrages, saisis dans les maisons des particuliers, furent brûlés sur la place publique. Trois siècles avant J.-C., Antiochus Épiphane fit brûler les livres des Juifs. Auguste, deux années avant de mourir, ordonna que les édiles, dans Rome, et les gouverneurs, dans les provinces, fissent brûler tous les libelles qu'ils rencontreraient; sous Tibère, les écrits de Labienus furent condamnés au feu, et ceux que Fabricius de Veiento avait composés contre les sénateurs et les prêtres de Rome eurent le même sort sous Néron, bien que leur auteur fût seulement banni de Rome. Les empereurs, qui combattirent le christianisme naissant par la persécution, ne manquèrent pas d'appliquer aux livres de la religion nouvelle les principes en vigueur pour les écrits diffamatoires. En 303, Dioclétien et ses collègues rendirent un édit qui portait, entre autres prescriptions, que les livres relatifs au christianisme seraient recherchés avec soin et brûlés.

L'Église, devenue triomphante, suivit les mêmes principes que ceux de la législation romaine, et trop souvent les flammes ne consumèrent pas seulement les ouvrages entachés d'hérésie, mais elles consumèrent aussi ceux qui les avaient composés. En 321, un concile tenu à Alexandrie condamna pour la seconde fois les erreurs d'Arius; les ouvrages de cet hérésiarque furent brûlés publiquement; ceux de Porphyre eurent le même sort en 388, par ordre de Théodose le Grand. Au sixième siècle (vers 595), le pape Grégoire le Grand fit brûler, dit-on, un grand nombre d'ouvrages des auteurs païens, craignant l'influence de ces ouvrages sur les membres du clergé, trop adonnés aux études profanes. Jean de Salisbury, écrivain anglais du douzième siècle, a le premier avancé ce fait, qui est fort douteux. Au commencement du onzième siècle, Olaüs, roi de Suède, donna l'ordre de livrer aux flammes tous les livres runiques, attribuant à l'influence de ces livres les difficultés qu'il éprouvait à établir la religion chrétienne dans ses États.

En 1121, le concile de Soissons ayant trouvé dans le traité que Pierre Abeilard avait composé *Sur la Trinité* quelques propositions contraires aux doctrines de l'Église, condamna ce traité; le concile de Sens, en 1140, confirma cette sentence, et força l'auteur à déclarer son erreur et à brûler lui-même son ouvrage. Arnaud de Brescia, disciple d'Abeilard, ayant écrit contre les biens temporels du clergé, fut brûlé vif à Rome, en 1155, avec les ouvrages qu'il avait composés. Amauri de Chartres vit flétrir ses maximes dans un concile tenu à Paris en 1209, et les livres qui les contenaient furent brûlés par la main du bourreau. Après sa mort, les principaux d'entre ses disciples, condamnés au supplice du feu, par le concile de Paris, furent livrés au bras séculier. Le même bûcher consuma plusieurs ouvrages d'Aristote, que le concile avait aussi condamnés. En 1327, François de Stabilicecco d'Ascoli, astrologue septuagénaire, auteur d'un traité sur la sphère et de poésies remplies de propositions hétérodoxes, fut brûlé vif à Bologne, avec plusieurs exemplaires de ces ouvrages qu'il avait composés. Le 16 août 1463, les maîtres des comptes de la chambre de Dijon furent mis en possession d'un livre provenant de la succession de Thomas de Dampmartin. Ce livre, en papier, relié en cuir vert, était rempli d'invocations au diable, de formules pour enchantements et sorts magiques, ainsi que de figures en *caractères détestables*. Ce livre ayant été soumis à l'examen des conseillers de la cour de Bourgogne, assistés de Jehan Bonvarlet, prêtre de la chapelle du duc Philippe le Bon, et de plusieurs autres doctes personnes, fut brûlé et mis en cendres, afin que jamais on ne pût y avoir recours.

« Vers 1508, dit M. Peignot, le cardinal Ximénès, voulant ramener les mahométans à la religion chrétienne, en assembla plus de trois mille dans une place spacieuse, et leur fit donner le baptême; ensuite, il fit apporter dans la même place tous les livres mahométans qu'il put ramasser, de quelque auteur qu'ils fussent et quelque matière qu'ils traitassent; il en réunit jusqu'à cinq mille volumes, et les brûla publiquement, sans épargner ni enluminure, ni reliure de prix, ni autres ornements d'or et d'argent, quelques prières qu'on lui fit de les destiner à d'autres usages. » Quelques auteurs, il est vrai, ont prétendu que Ximénès n'avait fait brûler que des exemplaires du Koran et de ses commentaires. Aux témoignages qui précèdent, on pourrait encore en ajouter plusieurs qui ne manquent pas de célébrité. Ainsi, l'*Évangile éternel*, brûlé à Rome en 1250; Marguerite de Hanonnin, dite Perrette la Bretonne, brûlée en 1310, à Paris, à la place de Grève, avec son livre; Gauthier Lollard, en 1322; Jean Huss, en 1414; Jérôme de Prague, en 1416, tous les trois aussi brûlés avec les ouvrages qui les avaient entraînés à leur perte. A différentes époques, les bulles des souverains pontifes adressées aux rois de France ont été brûlées juridiquement. Robert, comte d'Artois, à la lecture d'une bulle de Boniface VIII, qui enjoignait à Philippe le Bel de partir pour la croisade, l'arracha des mains de l'ambassadeur anglais et la fit brûler par le bourreau. En 1580, une bulle de Grégoire XIII fut brûlée subrepticement en France et acceptée par quelques évêques. Cette bulle, contraire aux libertés de l'Église gallicane, excommuniait les princes qui exigeraient des ecclésiastiques quelque contribution. Le petit volume qui renfermait cette bulle fut saisi par arrêt du parlement et brûlé en place publique.

L'invention de l'imprimerie multiplia bientôt à l'infini le nombre des ouvrages jugés dignes du feu, non-seulement par l'autorité ecclésiastique, mais encore par les tribunaux civils. Nous nous contenterons d'indiquer ici les plus remarquables des livres condamnés au feu depuis le seizième siècle, en choisissant surtout ceux qui ont rapport à la France. La réforme, comme chacun le sait, fut la grande pensée du seizième siècle, non-seulement la réforme religieuse, mais encore politique, philosophique et littéraire; c'est pourquoi tous les livres condamnés au feu pendant ce siècle prêchaient cette réforme. En 1537, c'est un valet de chambre de Marguerite de Navarre, sœur de François 1er, Bonaventure Desperriers, qui, dans quatre dialogues intitulés : *Cymbalum Mundi*, se moque des gens qui croient à la pierre philosophale, aux songes, à la philosophie d'Aristote et aux pratiques superstitieuses de tout genre. Son livre fut brûlé à Paris, le 7 mars 1537. En 1543, c'est Étienne Dolet, qui dans plusieurs ouvrages prêchait hautement la réforme religieuse, et qui n'avait pas craint d'intituler l'un de ses livres : *Cato christianus*. Le 14 février 1543, le parlement de Paris condamna tous les ouvrages de Dolet à *être brûlés et consumés ensemble, comme contenant damnable, pernicieuse et hérétique doctrine*. Deux ans plus tard, l'auteur lui-même subit le même supplice à la place Maubert. En 1553, c'est Michel Servet, auteur de plusieurs livres remplis de blasphèmes contre le christianisme et toutes les croyances établies, et l'un des plus rudes adversaires de Calvin. Quelque-uns de ses livres avaient déjà été brûlés dans différents pays, quand lui-même fut arrêté à Genève, où il croyait trouver un refuge; mais, condamné par les soins de son terrible antagoniste, il périt dans les flammes, le 27 octobre 1553. Plusieurs de ses ouvrages furent encore brûlés avec lui. En 1569, l'un des plus habiles imprimeurs de cette époque, Henri Estienne, compose sous le titre d'*Introduction au Traité des Merveilles anciennes avec les Modernes, ou apologies pour Hérodote*, un livre curieux, librement pensé, et qui demandait la réforme de tous les abus; il se voit aussitôt poursuivi, se sauve dans les montagnes d'Auvergne et laisse brûler son livre avec son effigie. Henri Estienne, caché au milieu des neiges, disait plaisamment qu'il n'avait jamais eu si froid que le jour où il avait été brûlé. Au milieu de nos guerres de religion, un malheureux, nommé Geoffroi Vallée, s'avise d'écrire quelques pages sous un titre ridicule, dans lesquelles il prêche un déisme insensé. Le procès ne fut pas long à instruire : *La Béatitude des Chrétiens* et son auteur furent brûlés en 1578. Un grand nombre de pamphlets politiques eurent le même sort à la fin du seizième siècle. Sous ce rapport, l'Angleterre ne le céda en rien à la France, et une cour de justice, connue sous le nom de *chambre étoilée*, ordonna plusieurs auto-da-fé dans lesquels furent consumés des ouvrages de toutes natures.

Parmi les livres condamnés au feu pendant le cours du dix-septième siècle, contentons-nous de citer les suivants : en 1623, *Le Parnasse des Poëtes satiriques* (par le sieur Théophile de Viaud). Le livre seul fut brûlé au mois d'août 1623. En 1651, *Joannis Miltoni, Angli, pro populo anglicano Defensio, contra Claudii anonymi, alias Salmasii, Defensionem regiam*, in-folio. Milton recevait à Londres un présent de 1,000 liv. sterl., tandis que son ouvrage était brûlé à Paris par la main du bourreau. En 1657, *Lettres écrites à un Provincial* (M. Perrier, beau-frère de Pascal), *par un de ses amis, sur le sujet des disputes présentes de la Sorbonne*. L'arrêt du parlement d'Aix, qui condamne les *Lettres provinciales* à être brûlées par la main du bourreau est du 9 février 1657. En 1665, *Recueil des Maximes véritables et importantes pour l'institution du roi, contre la fausse et pernicieuse politique du cardinal Mazarin*, prétendu surintendant de *l'éducation de Louis XIV* (par Claude Joly, Paris, 1652, in-8°). Cet ouvrage, très virulent, dirigé contre le cardinal-ministre, fut réimprimé en 1663, et condamné deux années plus tard à être livré aux flammes par la main du bourreau.

Au dix-huitième siècle, ce furent principalement les ouvrages philosophiques des libres penseurs qui devinrent l'objet de poursuites et qui furent livrés aux flammes. Fénelon, Linguet, d'Holbach, Fréret, Lamettrie, Diderot, Bayle, Jean-Jacques Rousseau, Voltaire, Raynal et Volney, virent tour à tour leurs œuvres condamnées ; du reste, ce moyen de répression fut impuissant, et ne contribua qu'à répandre davantage les maximes et les idées de ces grands écrivains. En 1699, un serviteur infidèle ayant copié la première partie du *Télémaque*, en fit imprimer seulement 208 pages ; aussitôt le livre fut arrêté, scrupuleusement recherché dans toutes les librairies et brûlé avec soin. Jusqu'à la mort de Louis XIV, aucune édition complète de ce chef-d'œuvre n'a pu voir le jour. L'année 1770 fut l'époque de l'auto-da-fé du livre de Fréret, *Examen critique des Apologistes de la religion chrétienne*; de celui du baron d'Holbach, *Système de la Nature*. Cette persécution donna à ce dernier ouvrage une importance qu'il ne méritait pas. Deux années auparavant, en 1768, Linguet fut poursuivi pour son *Histoire impartiale des Jésuites*; et le 29 janvier un arrêt du parlement déclara cet ouvrage *contraire aux ordres monastiques*, et il fut brûlé par la main du bourreau. C'est le 9 juin 1762 que le parlement ordonna que le livre de Jean-Jacques Rousseau, intitulé *Émile, ou l'éducation, serait lacéré et brûlé en la cour du palais, au pied du grand escalier d'icelui, par l'exécuteur de la haute justice*. Le livre n'en fut pas moins lu avec fureur; Rousseau gagna sept mille livres en peu de temps. Loin de se laisser abattre par la condamnation lancée contre lui, peu de mois après, il répondit au mandement de l'archevêque, et se montra dans cette réponse beaucoup plus hardi que dans la fameuse profession de foi du Vicaire-savoyard. Des nombreux ouvrages que Voltaire nous a laissés, la meilleure partie a été censurée ou livrée aux flammes. Voici une indication chronologique, faite par M. Peignot, de ceux qui ont été brûlés : 1729, *Lettres philosophiques*, écrites en anglais, etc., 1755; *la Pucelle d'Orléans*, poëme, 1759 ; *Cantique des Cantiques*; *l'Ecclésiaste*; 1763 ; *Catéchisme de l'honnête homme*, etc.; 1764, *Dictionnaire philosophique*, condamné à Paris et à Genève ; 1767, *Le Dîner du comte de Boulainvilliers*, l'une des productions de Voltaire les plus hardies et les plus fortes; 1769, *Dieu et les Hommes*, *œuvre théologique, mais raisonnable*. Depuis 1750 jusques et y compris l'année 1789, les condamnations au feu de livres et de brochures sur la religion, la philosophie, la politique, furent très-multipliées. Chaque année on en vit paraître plusieurs ; citons l'*Histoire du Peuple de Dieu*, du père Berruyer, condamnée en 1757; le livre *De l'Esprit*, par Helvétius, condamné en 1759 ; celui de l'abbé Raynal (*Histoire philosophique des deux Indes*), en 1781; celui de Linguet (*Annales politiques, civiles et littéraires*), en 1788; et une lettre de Volney sur les *Assemblées des états généraux*, condamnée le 6 mars 1789. Consultez *Dictionnaire critique, littéraire et bibliographique des principaux livres condamnés au feu, etc., etc.* par M. Peignot (Paris, 1806, 2 vol. in-8°). LE ROUX DE LINCY.

FEU (Pierres à). Voyez SILEX.

FEU (Puits de). Voyez POITS DE FEU.

FEU (Terre de), *Tierra del Fuego*, archipel situé par 52° 41' et 55° 11' de lat. sud, et 67° 14' et 77° 10' de longitude est, à l'extrémité méridionale de l'Amérique, composé de onze grandes îles et de plus d'une vingtaine de petites, occupant ensemble une superficie d'environ 1,100 myriamètres carrés, et séparé du continent par le détroit de Magellan dont la longueur est d'environ 56 myriamètres. La plus considérable de ces îles, appelée *King Charles Southland*, est échancrée sur sa rive occidentale par un grand nombre de baies et d'étroits bras de mer et hérissée de montagnes (caractère commun d'ailleurs à tout archipel, de même qu'à la côte du continent qui lui fait face), mais basse et plate à l'est et couvertes de forêts. L'aspect du groupe entier est des plus tristes; car on n'y aperçoit partout qu'une nature sauvage et déserte. La roche striée domine dans les montagnes, où l'on rencontre aussi de l'argile par grandes masses et du granit jusqu'à une hauteur considérable. Les rochers s'y trouvent accumulés les uns sur les autres, de la manière la plus abrupte et la plus confuse, et leurs pics s'élèvent bien au delà de la région des neiges, en même temps que les glaciers qui se sont formés dans leurs profondes gorges se prolongent jusqu'aux approches de la mer. Des tourbières recouvrent les versants les plus élevés; tandis que ceux de la région moyenne sont tapissés d'épaisses forêts d'arbres ne perdant jamais leur sombre verdure, circonstance qui ajoute encore à l'aspect désolé de ces parages. C'est sur la côte occidentale de la plus grande des îles de l'archipel qu'on rencontre les plus hautes de ces montagnes : le *Darwin* (2,125 mètres), et le *Sarmiento* (2,155 mètres), qui recèle un volcan dans ses flancs, de même que dans tout l'archipel on rencontre de la lave et autres produits volcaniques. Les îles formant l'extrémité sud du groupe sont les *îles Ermites*, sur l'une desquelles le cap *Horn* élève majestueusement sa tête, incessamment battue par la tempête, à une altitude de 547 mètres au-dessus du niveau de l'Océan. L'île située le plus à l'est est l'*île des États*, appartenant à l'Angleterre, et séparée de *King Charles South-land* par le détroit de Lemaire, qui est la route ordinaire que choisissent pour aller sur les côtes occidentales de l'Amérique les navires qui ne doublent point le cap Horn.

Le climat de tout cet archipel est extrêmement rude, froid et humide. Au sud-ouest de l'Amérique, l'hiver est la saison des pluies, tandis que sur le versant oriental des Cordillères les pluies ne viennent qu'en été. Mais à la Terre-de-Feu et au cap Horn les deux régions se trouvent confondues; il n'existe plus de périodicité de température, et il y tombe pendant toute l'année des cataractes de pluie ou des avalanches de neige. Au cap Horn, la quantité de pluie tombée dans un espace de 41 jours a été de près de 145 pouces.

Les îles de la Terre de Feu ont une flore toute particulière et n'ont de commun avec la Patagonie et les Andes qu'un très-petit nombre de plantes pour la plupart antiscorbutiques : en revanche, on y retrouve beaucoup de plantes qui croissent dans la Grande-Bretagne. Une particularité caractéristique, c'est la prédominance des plantes toujours vertes. Le céleri sauvage et le cochléaria sont les seuls végétaux comestibles qu'on y rencontre; et un champignon d'un jaune foncé, qui croît sur les arbres, constitue en grande partie l'alimentation des indigènes. Les insectes y sont fort rares; et, sauf quelques vautours et autours, on n'y trouve pas d'oiseaux terrestres. Le seul quadrupède est le chien. En revanche, la mer foisonne de baleines, de lions et de chiens de mer, de crustacés et d'oiseaux aquatiques, notamment de canards, de mouettes d'une espèce particulière, de poules d'eau dites de *Port-Egmont*, et de cygnes sauvages. Les naturels, appelés *Pécherais*, nom qui signifie *amis*, au nombre d'environ 2,000, sont petits, laids, maigres, imberbes; leur teint est fortement cuivré ; ils portent leurs cheveux extrêmement longs, et en sont encore au point le plus infime de la civilisation. Ils n'ont pour tous vêtements que des peaux de phoque, qu'ils jettent sur leurs épaules sans leur faire subir aucune préparation, et qui viennent se nouer au bas des jambes en forme de sacs. Ces malheureux ont cependant le goût de la parure : ils portent aux bras et aux jambes des bracelets confectionnés avec des coquillages, et peignent des cercles blancs autour de leurs yeux. Ils ne connaissent pas d'autre boisson que l'eau ; et la chair des animaux marins, crue et quelquefois même salée, forme leur aliment habituel. Ils n'ont pas de demeures fixes, et errent çà et là à la recherche de leur nourriture. Leurs cabanes se composent de quelques pieux fichés circulairement en terre, recouverts de branches d'arbres et d'un peu de gazon ; elles n'ont qu'une seule ouverture, servant tout à la fois de porte, de fenêtre et de cheminée. Leurs canots témoignent également de leur défaut absolu d'habileté dans les arts manuels : ils les fabriquent avec des écorces d'arbres, qu'ils assujettissent au moyen de nerfs et de tendons d'animaux, et les enduisent extérieurement de poix résine. Leurs armes seules sont fabriquées avec un peu plus d'art. Leurs arcs, leurs flèches, leurs javelots et leurs instruments de pêche sont bien confectionnés, et ils s'en servent avec adresse.

FEU CENTRAL, nom donné à la haute température que l'on suppose exister au centre du globe terrestre (*voyez* CHALEUR TERRESTRE.)

FEUCHÈRE (JEAN-JACQUES), l'un des plus féconds sculpteurs de l'École moderne, était né à Paris, le 24 août 1807. Élève de Cortot et de Ramey, dont il devait bien vite oublier les leçons, il débuta à l'époque de l'effervescence romantique par des œuvres qui affectaient le caractère des grands maîtres du seizième siècle. Une *Judith* et un *David montrant la tête de Goliath*, qu'il exposa au salon de 1831, furent très-remarqués ; mais on lui reprocha une imitation trop servile du style de Jean Goujon. Depuis lors, il ne cessa de produire, avec une singulière facilité, statues, bustes, bas-reliefs et ornements. Feuchère exposa successivement les statues de *Raphael* (marbre), *Satan* (bronze) (1835) ; la *Renaissance des arts* (bas-relief) (1836) ; *Benvenuto Cellini* (1837); *Sainte Thérèse*, statue de pierre pour l'église de la Madeleine (1840) ; *la Poésie*, groupe de bronze (1841) : *Bossuet*, pour la fontaine de la place Saint-Sulpice ; *Jeanne d'Arc sur le bûcher* (1845), statue dont les juges les plus compétents ont blâmé les bras et les mains, comme peu corrects. Les meilleurs bustes de Feuchère sont ceux de Mme Mélingue, de Raffet et de Provost. Indépendamment de ces divers ouvrages, il a sculpté le monument élevé à la mémoire de George Cuvier, au coin de la rue Saint-Victor ; *le Passage du pont d'Arcole*, bas-relief de l'Arc de triomphe de l'Étoile, et enfin le fronton de Saint-Denis du Saint-Sacrement, production malheureuse d'un talent qui devait toujours échouer dans les sujets où domine le sentiment religieux. Malgré les travaux de toutes espèces, Feuchère n'a pas cessé un instant de fournir d'excellents modèles pour les arts industriels, l'orfèvrerie et la fabrication des bronzes. C'est peut-être là son meilleur titre à la célébrité. Il a apporté dans ce genre de sculpture beaucoup de fantaisie et d'invention. Quoique moins heureux dans l'art élevé, Feuchère est pourtant remarquable par la facilité de son exécution, la variété de ses types et de ses attitudes ; mais sa sculpture, pleine de vulgarités et de lieux communs, est loin d'avoir la correction et la grâce qu'on aimerait à y trouver. Feuchère, qui avait été nommé chevalier de la Légion d'Honneur en 1846, est mort à Paris, le 25 juillet 1852.

FEU CHINOIS. Les artificiers appellent ainsi une composition d'artifice formée de 9 parties de pulvérin, de 6 parties de salpêtre, de 1 partie de soufre, de ¼ partie de charbon et de 5 parties de fonte de fer. Cette composition d'artifice produit un très-bel effet, par ses étincelles, qui brillent longtemps ; aussi l'emploie-t-on surtout pour figurer des roues de feu, des fontaines.

FEU D'ARTIFICE. La composition des *feux d'artifice* constitue cet art qu'on a nommé *pyrotechnie*. La poudre en est la matière principale ; à ses divers éléments (salpêtre, soufre et charbon), on adjoint des limailles métalliques, l'antimoine pulvérisé, l'ambre, le sel commun, le noir de fumée, etc., suivant les effets et les couleurs que l'on veut obtenir. Ainsi le soufre, lorsqu'il prédomine, donne un bleu-clair ; le fer produit des étincelles dont l'éclat a fait nommer *feu brillant* la composition dans laquelle il entre. La limaille d'acier donne un feu encore plus éclatant, avec des rayons ondulés. Celle de cuivre produit un feu verdâtre ; celle de zinc, un beau bleu. La tournure et les copeaux de fonte brûlent en fleurs éclatantes comme celles du jasmin. Pour obtenir une belle couleur jaune, on emploi le succin, la poix résine ou le sel marin. Le mica lamelliforme, vulgairement *or de chat*, produit des rayons de feu couleur jaune d'or. Le noir de fumée développe une couleur très-rouge avec la poudre, et une couleur rose dans les compositions où le salpêtre domine. Le lycopode donne aussi une couleur rose.

La composition étant préparée, l'artificier la met dans des tubes de carton, de formes et de grosseurs variables. Quand un tube est plein, il l'étrangle, et fait un nœud autour de la gorge dans laquelle il met l'amorce et la mèche. La mèche est en coton imprégné de poudre, d'eau-de-vie et de gomme, qui lui donne la consistance ; l'amorce est simplement de la poudre humectée.

Les artificiers divisent les feux en trois classes : ceux qui brûlent sur terre, ceux qui s'élèvent dans l'air, et ceux qui font leur effet sur l'eau ou dans l'eau. Parmi les premiers, les principaux sont : les *soleils fixes*, composés d'un certain nombre de fusées fixées circulairement comme les rayons d'une roue, et prenant feu toutes à la fois, au moyen de conduits garnis d'étoupille ; les *gloires*, grands soleils à plusieurs rangs de fusées ; les *éventails*, portions de soleil en forme de secteur circulaire ; les *cascades*, imitant des nappes et des jets d'eau, que l'on varie de mille manières ; les *étoiles fixes*, formées d'une fusée percée de cinq trous, par où s'échappent des rayons lumineux imitant une étoile ; les *soleils tournants*, roues à la circonférence desquelles on fixe des fusées, qui communiquent par des conduits contenant de l'étoupille, de manière que l'une ayant fini son jeu, la suivante commence, et ainsi de suite ; les *girandoles*, les *caprices*, les *spirales*, qui, tandis que les feux précédents produisent leur effet dans un plan vertical, ont, au contraire, leur mouvement de rotation horizontal ; les *flammes de Bengale*, dont tout le monde connaît la belle clarté ; enfin les *lances* et les *cordes de couleur*, qui servent à imiter les décorations d'architecture. Les *lances* sont de petits cartouches de papier de la grosseur du petit doigt, remplis de compositions colorées et brillantes, qui brûlent lentement ; on les fixe sur de grands châssis de bois représentant des temples, des palais, des arcs de triomphe, etc., et on les fait communiquer par des conduits, pour leur faire prendre feu simultanément. Les *cordes de couleur* représentent avec plus de précision encore les parties circulaires des décorations, les devises, les chiffres, les volutes ; ce sont des cordes peu tendues, et trempées dans une composition de nitre, de soufre, d'antimoine et de gomme. M. Ruggieri fils a imité les arbres, et particulièrement le palmier, avec une composition qui donne une flamme d'un beau vert ; ce sont des nattes de coton imprégnées d'alcool, de verdet cristallisé, de sulfate de cuivre et de sel ammoniac, qu'on fixe sur les branchages d'un arbre artificiel.

Parmi les feux qui s'élèvent dans l'air, les *fusées volantes*, qui partent avec une vitesse prodigieuse, sont une des plus belles pièces d'artifice. Employées avec profusion, elles forment ces immenses bouquets qui couronnent ordinairement les fêtes pyrotechniques. Elles diffèrent des autres jets de feu par un vide conique qu'on laisse dans leur longueur, et que les artificiers ont nommé *l'âme* de la fusée. Par cette disposition très-simple, la fusée prend feu au moment du départ, dans presque toute sa longueur, et acquiert en un instant une vitesse qui la porte aux nues. La *baguette* qui sert à diriger les fusées est en osier, en roseau ou en sapin. Comme ces baguettes peuvent produire des accidents, M. Ruggieri fils les a remplacées par des baguettes détonnantes, qui éclatent et se dissipent dans l'air, en augmentant l'effet de la fusée', sans laisser de traces. Grâce aux ailes qu'il a adaptées aux fusées, on peut aussi les diriger comme des flèches. Le bout de la fusée porte la *garniture*, c'est-à-dire les *serpenteaux*, les *marrons*, les *étoiles*, etc., qui sont placés dans un *pot* ou tube de carton recouvert d'un chapiteau. Les *étoiles* qu'on met dans les garnitures de fusées sont de petits solides ronds ou cubiques, faits avec une composition imbibée d'eau-de-vie, et qui donnent des feux variés, blancs, jaunes, ou qui se résolvent en *pluie d'or* ou *d'argent*. Les *serpenteaux* sont de petites fusées faites avec une ou deux cartes à jouer. Les *pétards* sont des cartouches remplis de poudre et étranglés par les deux bouts ; les *saxons* ont de plus deux trous opposés, ce qui les fait tournoyer en tous sens. Le *marron* et une boîte de carton pleine de poudre grenée est bien enficelée, de manière qu'elle éclate avec une forte explosion. Les fusées dites *artichauts* sont des cartouches qui s'élèvent en tournant horizontalement, par l'effet de quatre trous inférieurs et de deux trous latéraux opposés ; les quatre jets inférieurs font monter la fusée, pendant que les deux jets latéraux la font tournoyer. Les *chandelles romaines* sont produites par des fusées qui lancent successivement des étoiles très-lumineuses, qui ne sont autre chose que des disques faits avec une composition détrempée dans de l'eau-de-vie gommée. Les *girandes* ou *bouquets* lancent dans l'air une multitude de jets qui couvrent le ciel dans toutes les directions et retombent en partie vers la terre en pluie de feu : on dispose à cet effet un grand nombre de caisses ouvertes par le haut, et contenant chacune 140 fusées ; le tout communique par des conduits destinés à les enflammer simultanément. Les feux qu'on fait partir sur les ballons ne devant éclater qu'à une certaine hauteur, on leur adapte un *retard*, formé d'un cartouche ou d'une lance brûlant lentement ; les pièces communiquent d'ailleurs toutes entre elles, de manière à prendre feu simultanément ou successivement ; ce sont ordinairement des étoiles, des bombes lumineuses, des chandelles romaines.

Les feux sur l'eau se préparent comme les autres ; mais on les soutient sur des jattes de bois, des rondelles ou des cartouches creux ; ainsi les *soleils d'eau* sont des fusées attachées autour d'une sébile de bois ; la *gerbe d'eau* est une fusée lestée et soutenue par une rondelle, et le *plongeon* est cette même fusée à charges alternatives différentes, qui la font plonger et revenir sur l'eau.

Pour qu'ils paraissent dans toute leur beauté, les feux d'artifice doivent être tirés pendant la nuit. Ils forment avec les illuminations un des spectacles les plus recherchés dans les fêtes publiques. Autrefois il n'était tiré de feux que dans ces grandes solennités, et les artistes qui en étaient chargés n'avaient affaire qu'à eux-mêmes pour la confection de toutes les pièces. Les choses ont bien changé depuis ; la matière des feux d'artifice est presque devenue une marchandise courante. Il y a de nombreux dépôts de ces objets à Paris, trop même peut-être pour la sûreté publique. Il n'est plus si mince propriétaire ou locataire de quelques perches de jardin aux alentours de la capitale qui ne veuille célébrer la naissance de son héritier présomptif ou la noce de mademoiselle sa fille en brûlant un peu de poudre, et qui se refuse dans ces grandes occasions la *chandelle romaine* ou les *flammes de Bengale*. En un mot, on envoie chercher un feu d'artifice comme un pâté de foie gras ; il y en a de tous les prix, pour la petite propriété tout comme pour les fêtes splendides.

FEUDATAIRES, ceux qui dans la féodalité possédaient les fiefs. On appelait *grands feudataires de la couronne* les hauts et puissants seigneurs, possédant les *grands fiefs* et relevant directement de la couronne. Primitivement tout feudataire tenait son héritage en fief de quelqu'un ; et le vassal ou seigneur de tout fief servant était toujours le feudataire du seigneur dominant. Chaque feudataire était lié à un feudataire supérieur, en sorte que le roi seul, comme premier seigneur, pouvait se dire feudataire indépendant ; mais, en fait, les grands et les petits feudataires visaient tous à l'indépendance, et les commencements de notre histoire sont pleins de la lutte des grands feudataires avec la royauté, qui l'emporta enfin.

FEU DE LA SAINT-JEAN. Les archéologues ont cru reconnaître dans ces feux la tradition d'une ancienne fête solsticiale. Cet usage n'existe plus depuis la fin du siècle dernier dans nos grandes cités ; mais on le retrouve dans quelques petites villes, et surtout dans les villages. On y allume encore des feux sur les places, la veille de la Saint-Jean. C'était jadis à Paris une grande solennité publique. L'histoire nous a conservé tous les détails de celui de la place de Grève. On y entassait un grand amas de bois ; au roi seul appartenait l'honneur d'y mettre le feu. Louis XI, en 1471, suivant l'exemple de ses prédécesseurs, vint présider à cette singulière cérémonie. Le feu de la Saint-Jean 1573 fut très-remarquable. Un arbre ou mât de 20 mètres de haut, hérissé de traverses de bois, auxquelles étaient attachées cinq cents bourrées, deux cents cotterets, dix voies de bois et beaucoup de paille formaient la base de ce vaste bûcher. On y plaça un tonneau et une roue. Cet appareil colossal était sillonné par des couronnes et des guirlandes; des fusées et des pétards étaient placés dans les diverses parties du bûcher. On suspendit à l'arbre un grand panier renfermant deux douzaines de chats et un renard. Le feu consumé, le monarque rentra dans l'hôtel de ville, où l'attendait une collation. Tandis que le roi, sa cour, les magistrats et les notables bourgeois vidaient les buffets du banquet municipal, la foule se ruait sur les débris du bûcher et s'en disputait les moindres tisons. Un tison de feu de la Saint-Jean était un gage de bonheur. Louis XIV n'assista qu'une seule fois à cette cérémonie; Louis; XV, jamais. Le feu de la Saint-Jean, à l'époque de la révolution de 1789, n'était plus une solennité publique. Le corps municipal paraissait un instant pour mettre le feu, et se retirait.

Un autre feu de la Saint-Jean était allumé à la Bastille, par les soins du gouverneur de cette forteresse.

DUFEY (de l'Yonne).

FEUERBACH (PAUL-JEAN-ANSELME DE), l'un des plus célèbres criminalistes allemands, naquit en 1775, à Francfort-sur-le-Mein, où son père exerçait la profession d'avocat. Après avoir écrit son *Anti-Hobbes, ou essai sur les limites de la puissance civile et sur le droit des sujets à l'égard de leurs souverains* (Erfurth, 1798), et avoir pris place parmi les criminalistes par ses *Recherches sur le crime de haute Trahison*, il commença, en 1799, à faire des cours publics à Iéna, où deux années plus tard il fut nommé professeur ordinaire. Diverses publications relatives au droit criminel placèrent dès lors Feuerbach à la tête de la nouvelle école de criminalistes qu'on appelle en Allemagne *les rigoristes*, parce qu'ils ne s'attachent qu'à la lettre stricte de la loi, et lui subordonnent entièrement la décision du juge. Appelé en 1804 à occuper une chaire à l'université de Landshut, il fut chargé de préparer un projet de code pénal pour la Bavière. Son *Nouveau Code pénal pour le royaume de Bavière* (Munich, 1813), après avoir subi un examen préalable et quelques modifications, obtint la sanction royale en 1813, servit plus tard de base à la nouvelle codification pénale introduite en Wurtemberg, dans le duché de Saxe-Weimar et autres États allemands, et fut adopté par le grand-duché d'Oldenbourg. On le traduisit même en suédois. En même temps, un ordre du roi de Bavière enjoignit à Feuerbach de faire un travail duquel pût résulter l'adoption du *Code Napoléon* dans ces États; mais le projet qu'il rédigea ne fut jamais mis à exécution.

Parmi les productions de ce jurisconsulte appartenant à cette période de sa vie, nous devons encore mentionner ses *Causes criminelles célèbres*, première publication de ce genre qui offre la preuve de profondes études psychologiques; et ses *Considérations sur le Jury* (Landshut, 1812), ouvrage dans lequel il se prononçait contre l'adoption du jury tel qu'il est organisé par la loi française, et qui provoqua une vive polémique entre lui et quelques jurisconsultes.

En 1817 il fut nommé vice-président de la cour d'appel de Bamberg, et la même année premier président de la cour d'appel du comté de Rezat, à Anspach. A la suite d'un voyage qu'il fit à Paris en 1821, il publia des observations *Sur l'organisation judiciaire et la procédure des tribunaux de France* (Giessen, 1825). Dans les dernières années de sa vie, il prit le plus vif intérêt à la malheureuse destinée de Gaspard Hauser; il recueillit cet infortuné chez lui à Anspach, et écrivit sous le titre de : *G. Hauser, Exemple d'un attentat contre la vie intellectuelle*, le récit de tous les faits qui se rapportent à cette mystérieuse existence (Anspach, 1832). Feuerbach mourut à Francfort-sur-le-Mein, le 29 mai 1833, laissant cinq fils, qui tous se sont fait un nom dans les lettres.

FEUERBACH (LOUIS-ANDRÉ), fils du précédent, né à Anspach, le 28 juillet 1804, occupe une place éminente parmi les philosophes allemands contemporains. Disciple de Hegel, il avait commencé par étudier la théologie; mais il y renonça bientôt pour se vouer exclusivement à la culture de la philosophie. Dans cette direction d'idées il est parvenu à sortir de la foule par des publications dans lesquelles l'athéisme se dissimule vainement sous de vagues formules, dont une critique positive a bientôt percé les nuages. Le premier ouvrage dont on lui est redevable, intitulé : *Pensées sur la mort et l'immortalité*, parut en 1830, à Nuremberg, sous le voile de l'anonyme, et passa d'abord inaperçu, bien qu'il y combattit formellement la croyance à l'immortalité de l'âme, et qu'il y rompit audacieusement avec toute tradition philosophique et théologique. Il a fait ensuite paraître successivement une *Histoire de la Philosophie moderne depuis Bacon de Verulam jusqu'à Spinosa* (1833); un *Essai critique sur la philosophie de Leibnitz* (1837) *Pierre Bayle* (1838); *De la Philosophie et du Christianisme*, à propos du reproche fait à *la philosophie de Hegel de ne pas être chrétienne* (1839); enfin, *De l'Essence du Christianisme*; etc.

FEU FOLLET. Les *feux follets* sont de petites flammes faibles, légères, capricieuses, d'une excessive mobilité, qui marchent, volent, dansent à peu de distance du sol, à environ deux mètres, et rasent quelquefois le limbe de la terre. Elles se plaisent dans les lieux sinistres, sur les anciens champs de bataille, dans les cimetières, au pied des gibets, dans les fondrières, dans les marais, dont la perfide verdure, au moment du crépuscule, simule une prairie aux yeux des voyageurs. Les poursuit-on, elles fuient; les fuit-on, elles poursuivent. Elle apparaissent tantôt comme la lumière d'une chandelle, tantôt comme une poignée de verges brûlant dans l'air. Elles offrent quelquefois une lueur plus pure, plus brillante que celle d'une bougie, quelquefois assez obscure, d'une couleur pourpre, ou de celle de la flamme bleue d'un punch. Le plus fréquemment elles aiment à prendre la forme de ces langues enflammées qui vinrent se placer sur la tête des douze apôtres. Souvent elles roulent à la manière des vagues, souvent elles resplendissent et s'épandent comme des étincelles; mais elles sont inoffensives et ne brûlent pas. Dans leurs caprices, elles se dilatent ou se condensent. Quand le follet est proche, il brille moins qu'à une certaine distance. Le savant Anglais Derham dit en avoir vu un qui dansait sur la tête d'un chardon pourri, et qui prit la fuite à son approche. Le célèbre physicien Beccaria assure que l'un d'eux poursuivit un voyageur pendant plus d'un mille. Un personnage illustre rapporte en avoir vu un à minuit sur les hauteurs de Wethich, poussé par le vent, aussi large que la lune quand elle est pleine, qui entra dans sa voiture, dont il le chassa avec son chapeau. Daniel raconte, dans son *Histoire de France*, que le roi Charles IX étant à la chasse dans la forêt de Lions en Normandie, on vit paraître tout à coup un spectre de feu, qui effraya tellement sa suite, qu'elle le laissa seul. Le roi se jeta sur cette flamme l'épée à la main, et elle prit la fuite. Ces flammes vagabondes sont communes en Syrie.

Les feux follets sont la frayeur des villageois, des voyageurs superstitieux, des femmes et des enfants. On croit au hameau que ce sont les âmes des excommuniés, des damnés même, qui entr'ouvrent les limbes de la terre et en sortent pour venir tourmenter les vivants. Quelques-uns, non moins crédules, pensent que les follets sont des esprits bons, inoffensifs, qui affectionnent certaines maisons, dont ils enrichissent les maîtres. Ils aiment à balayer, jardiner, panser les chevaux, peigner et tresser leur crinière; ils vont même, dans leur dévouement, jusqu'à dérober pendant la nuit l'avoine des voisins, pour la donner au cheval de leur bourgeois. Tel est le follet mogol de La Fontaine (*voyez* DJINN). Il y a de bonnes femmes qui croient qu'ils bercent les petits enfants pour les endormir. S'ils sont quelquefois malins, selon elles, toute leur espièglerie consiste à distraire le voyageur du sentier qu'il suit, à l'égarer, puis à ricaner, sans lui faire plus de mal; il en est même qui vont jusqu'à raser les gens, la nuit, pendant qu'ils dorment. Dans le Nord, la malice des follets a pris la teinte sombre du climat. Les bergers scandinaves croient qu'à l'endroit où l'un de ces esprits s'est arrêté, on trouve le gazon brûlé le matin, et que jamais il ne repousse ni herbe ni fleur sur ce lieu maudit.

Les physiciens ont reconnu que les feux follets sont dûs à la combustion spontanée du sesqui-phosphure d'hydrogène, qui se dégage des lieux où l'on a enfoui des matières animales. Quant à leur caprice, à leur légèreté à nous poursuivre et à nous fuir, le premier phénomène s'explique par le vide que dans la marche on laisse derrière soi, vide dans lequel ces feux légers se jettent aussitôt. Nécessairement chaque mouvement qu'on fait se rattache à nos pas ; alors ils semblent nous poursuivre. Si, au contraire, ils se trouvent devant nous, l'air que notre corps déplace et pousse en avant les chasse dans la même direction ; alors ils semblent fuir. Ces feux paraissent le plus ordinairement en été et en automne, parce qu'alors la chaleur excessive du jour élève les gaz, qui, bientôt épaissis par la fraîcheur du soir, se formulent en flammettes qui voltigent pendant l'absence du soleil.
DENNE-BARON.

FEU GRÉGEOIS. L'emploi du salpêtre fit faire un pas immense à l'art des compositions incendiaires. Cette substance, qui a la propriété de fuser quand elle est en contact avec des charbons ardents, se trouve à la surface du sol en Chine. Ayant remarqué cette propriété du salpêtre, les Chinois le mélangèrent avec des substances inflammables, et produisirent des combustions difficiles à éteindre, qui frappèrent d'autant plus vivement les imaginations que, par un excès de généralisation que l'on trouve toujours comme principe des erreurs de ces temps éloignés, la propriété d'être inextinguible ne fut pas seulement attribuée à ces compositions, mais à tous les embrasements qu'elles produisaient. Non-seulement ces compositions purent sans s'éteindre traverser l'air avec de grandes vitesses, mais on vit avec admiration qu'elles pouvaient elles-mêmes produire le mouvement. L'état actuel de nos connaissances nous permet de reconnaître et d'expliquer le progrès immense que l'art des feux de guerre avait fait par l'introduction du salpêtre. Le nitrate de potasse, quand il se décompose, fournit une grande quantité d'oxygène ; cet oxygène sert à la combustion des autres substances, qui ne sont plus obligées de le prendre à l'air extérieur. C'est ce qui fait que les compositions salpêtrées, dont la combustion ne s'arrête pas à la surface, sont très-difficiles à éteindre. Callinique avait appris dans l'Asie la nature des compositions incendiaires, qu'il apporta aux Grecs vers l'an 670 de notre ère. Avec ces compositions, dont plusieurs contenaient du salpêtre, il leur apporta divers moyens d'en faire usage. Les Grecs durent à cet art de nombreuses victoires navales ; leur feu était une arme terrible dans la guerre maritime, à une époque où les navires étaient obligés de s'approcher fort près pour se combattre. Nos ancêtres, dont ce feu frappa vivement l'imagination, l'appelèrent *feu grégeois* (les Grecs étaient alors nommés les Grégeois). Les Grecs firent de leurs compositions un grand secret d'État, et l'on a cru généralement ce secret perdu ; mais ils ne furent pas seuls à le posséder, car les Arabes allèrent prendre l'art des compositions incendiaires à la source même où Callinique l'avait puisé ; ils firent usage contre les chrétiens, et plusieurs chroniqueurs, notamment le sire de Joinville, nous ont laissé beaucoup de détails sur ce sujet. Joinville raconte très-naïvement la frayeur incroyable dont les croisés étaient saisis quand ils apercevaient ce *feu grégeois*, dont la nature aurait pu donner lieu longtemps encore à de nombreuses suppositions, si, par un heureux hasard, l'auteur de cet article, aidé du savant orientaliste M. Reinaud, n'avait trouvé à la Bibliothèque impériale un manuscrit arabe du treizième siècle qui traite avec beaucoup de détails l'art tout entier de ces compositions incendiaires ; nous disons à dessein l'art tout entier, car ces compositions et les instruments servant à leur usage étaient en très-grand nombre. Les compositions incendiaires étaient devenues chez les Arabes du treizième siècle le moyen principal de guerre (*voyez* ARTILLERIE, t. II, p. 87). Ils employaient des compositions analogues à notre poudre, et pourtant ces compositions fusaient, mais ne détonnaient pas. C'est que le salpêtre qu'ils employaient n'était pas assez purifié. Le salpêtre ne se trouve dans la nature que mélangé avec des substances étrangères, dont il est difficile de le séparer ; il a fallu que les préparations chimiques fissent de notables progrès pour que le salpêtre devînt assez pur pour produire l'explosion. On retrouve au reste les traces de tous les progrès successifs de la purification du salpêtre. La propriété détonnante de la poudre vint donc se révéler pour ainsi dire toute seule, sans que personne la cherchât, par le fait seul de l'emploi d'un salpêtre plus pur introduit dans les compositions incendiaires.

I. FAVÉ,
Officier d'ordonnance de l'Empereur.

Le père Amiot, missionnaire en Chine, donne des renseignements étendus sur l'emploi du feu à la guerre par les Chinois : il rapporte particulièrement au deuxième siècle de notre ère un système de fusées familier aux Asiatiques. Un officier de l'armée prussienne, M. Mayer, fait remonter à l'année 330 la connaissance du feu grégeois chez les Byzantins. Furetière regarde le feu grégeois comme inventé en 660, à Héliopolis en Syrie, par l'architecte Callinique, sous le règne de Constantin Pogonat : ce prince aurait livré, à l'aide du feu, le premier combat naval de ce genre aux califes Ommiades. Sigebert prétend, au contraire, qu'on devait le feu grégeois à un transfuge de Syrie, nommé Babinicus, qui l'apporta aux Romains de 670 à 780. Ces écrivains s'accordent à regarder le feu grégeois comme différent du feu ordinaire, en ce qu'il brûlait dans l'eau et était puissant dans une direction soit horizontale, soit parabolique, soi descendante, suivant la manière dont on le jetait ou suivant l'instrument dont il s'échappait. Ducange prétend que le feu grégeois se composait, au temps des croisades, d'un mélange de soufre, de bitume, de naphte, auquel on ajoutait de la poix et de la résine. « Des machines grandes ou petites, à ressorts ou névrobalistiques, des sarbacanes, des siphons à main, comme les appelaient les Grecs, des espèces de mortiers, que les Latins appelaient *phialæ*, étaient, dit le général Bardin, les moyens de projection du feu grégeois ; il se tirait par masses enflammées, par pelotes de toutes grosseurs, depuis la dimension d'une olive, jusqu'à celle d'un tonneau... Une trace lumineuse, comparée à une queue de comète, sillonnait à leur suite l'espace ; le tir de ce genre de mobile était accompagné d'un bruyant retentissement. Des machines de jet qui viennent d'être mentionnées, quelques-unes seringuaient, en manière de pompes foulantes, le feu alimenté par des matières liquides, huileuses. D'autres agents ou engins dirigeaient vers le but le feu sous forme d'*astioches* : ainsi le faisaient les arcs, les arbalètes de passe. Ces astioches étaient des capsules ou des vases de terre cuite remplis d'un feu inextinguible et pendantes aux grenades et aux bombes des modernes. D'autres machines lançaient le feu grégeois mis en contact avec de l'étoupe qui enveloppait la lame des dards, qu'on appelait malléoles et falariques. » On retrouve le feu grégeois employé en 1098 par la flotte d'Alexis Comnène opposée aux Pisans. Les bâtiments avaient à l'arrière et à l'avant des syphons en forme de gargouilles qui lançaient la matière enflammée. Déjà au dixième siècle, les soldats de l'empereur Léon avaient des siphons garnis de matière incendiaire adaptés à leurs boucliers. Au siège de Montreuil-Bellay, en 1148, Plantagenet se servait du feu grégeois, dont le secret avait pénétré en France à la suite de la croisade de 1096. On combat encore à coups de feu grégeois au siége de Saint-Jean-d'Acre, en 1191 ; à l'attaque des Anglais à Dieppe par Philippe-Auguste, en 1193; dans la croisade de 1208, au siége de Beaucaire en 1216. Jeanne Hachette, au siége de Beauvais, en 1472, versait, s'il faut en croire Mézerai, la matière incendiaire sur les assaillants. Selon Villaret, les premiers canons que l'histoire mentionne ont servi à lancer le feu grégeois.

« On a avancé, dit encore le général Bardin que nous suivons ici en tous points, qu'en 1702 Paoli, chimiste célèbre de Rome, avait offert à Louis XIV de faire revivre plus terrible ce feu grégeois. On a dit qu'en 1766, Torre, artificier renommé, d'autres disent Dupré, en 1757, avait voulu vendre à Louis XV ce même secret. Des écrivains modernes affirment que sous les yeux du marquis de Montesquiou l'expérience fut faite sur le canal de Versailles, et que des bateaux frappés par des boulets au-dessous de la flottaison y furent incendiés. » De nos jours le général anglais Congrève a surtout travaillé à faire revivre ce procédé ou des procédés analogues. L'armée autrichienne s'en est aussi beaucoup occupée, et la France est entrée dans la même voie. Dans ces derniers temps même (1854), le public a pu voir brûler sur le bassin du Palais-Royal une composition incendiaire de la nature du feu grégeois.

FEU GRISOU, FEU TERROU ou FEU SAUVAGE, GAZ HOUILLER (en anglais *fire-damp*). *Voyez* GRISOU.

FEUILLADE (La). *Voyez* LA FEUILLADE.

FEUILLAGE, toutes les feuilles d'un ou de plusieurs arbres, abondance de feuilles qui sont sur les arbres, qui donnent de l'ombre. Il se dit aussi de branches d'arbre couvertes de feuilles, et même quelquefois d'un amas de feuilles vertes détachées de l'arbre : un arc de triomphe de *feuillage*, un lit de *feuillage*. Il se dit également de certaines représentations capricieuses de feuillage, soit en sculpture, soit en tapisserie, en broderie : voile orné de *feuillages*, étoffes à ramages, à *feuillages*.

FEUILLANTINES, congrégation religieuse, fondée, comme celle des feuillants, par dom Jean de La Barrière, soumise aux mêmes règles, au même régime. Elle était sous la direction immédiate des feuillants. Le premier couvent établi en France, à Montesquiou, près de Toulouse, fut transféré dans cette ville en 1599. La reine Anne d'Autriche écrivit, en mai 1622, aux PP. feuillants, assemblés en chapitre général à Pignerol, pour les prier de lui envoyer des religieuses de leur ordre, afin d'en former une maison à Paris. Six y arrivèrent et s'établirent d'abord au couvent de carmélites du faubourg Saint-Jacques. Elles prirent possession l'année suivante de leur maison conventuelle, située au fond d'une impasse de la rue Saint-Jacques, qui a conservé leur nom. Ce couvent eut pour première prieure la jeune Marguerite de Clausse de Marchaumont, veuve la seconde fois à vingt-deux ans. L'église fut ouverte en 1719. Pour fournir aux frais de construction le roi avait autorisé une loterie au capital de 650,000 livres, sur lesquelles le couvent prélevait 15 pour 100.   DUFEY (de l'Yonne).

FEUILLANTS, ordre religieux, fraction réformée de la grande congrégation de Citeaux, qui n'était elle-même qu'une autre branche réformée de l'ordre de Saint-Benoît. Cet ordre prit son nom de l'abbaye de Feuillants, dans l'ancien diocèse de Rieux aux environs de Toulouse. Il fut fondé, en 1577, par Dom Jean de La Barrière, premier abbé de ce monastère. Aussitôt après sa prise d'habit, il s'occupa d'un projet de réforme dont les statuts au pape Sixte V, qui les approuva. Plus tard, Clément VIII et Paul V accordèrent à son monastère des supérieurs particuliers. En 1587, le roi Henri III fit venir à Paris soixante-deux de ces religieux, qu'il établit sur un terrain contigu aux Tuileries, attenant à la terrasse qui a conservé le nom de ce monastère. Les libéralités de ce prince et de quelques grands seigneurs permirent à ces moines d'élever de vastes et somptueux bâtiments. L'étendue et la magnifique distribution de leur église et de leur cloître contrastaient avec la sévérité des règles imposées par leur fondateur. Ils marchaient pieds nus avec des socques, et n'obtinrent que plus tard la permission de se chausser quand ils allaient à la campagne. Ils avaient la tête nue, dormaient tout habillés, sur des planches, mangeaient à genoux et buvaient dans des crânes humains. Un régime aussi sévère était au-dessus des forces ordinaires; plusieurs religieux en moururent. Il fut adouci ou plutôt tout à fait changé en 1615, dans un chapitre général tenu à Saint-Mesmin, près d'Orléans. Jean de La Barrière était mort en 1600. La maison de Paris, sous le vocable de *Saint-Bernard de la Pénitence*, devint chef d'ordre. En 1630, Urbain VIII sépara les couvents de cette capitale de ceux d'Italie, et ordonna que la congrégation serait gouvernée par un général. Les feuillants français n'en avaient pas moins conservé un couvent à Florence et un hospice à Rome. En 1670, les feuillants d'Italie furent autorisés à se chausser comme ceux de France, et prirent le nom de *réformés de Saint-Bernard*. Cette congrégation ne comptait chez nous que vingt-quatre maisons, un hospice à Rome, un à Florence et un troisième à Pignerol. Le couvent chef d'ordre de Paris était fort riche; le portail avait été construit par Mansard ; l'église comptait de nombreuses et belles chapelles; on y remarquait les sépultures de plusieurs personnages marquants. Outre leur grande maison conventuelle, les feuillants de Paris possédaient, près de la place Saint-Michel, rue d'Enfer, un hospice, où se retiraient leurs vieillards. Il avait d'abord servi de noviciat; cet établissement datait de 1633. L'église était sous le vocable des *Saints Anges gardiens*; elle s'honorait d'avoir eu pour fondateur le chancelier Pierre Séguier.

Nos premières assemblées réunies au Manége occupaient une partie des bâtiments de ce monastère, sur l'emplacement desquels on a percé depuis la rue de Rivoli.

Les feuillants se firent remarquer à Paris dans les troubles de la ligue. On les retrouvait dans toutes les assemblées, dans toutes les processions. L'un d'eux, Bernard de Montgaillard, se rendit surtout fameux sous le nom de *Petit-Feuillant*.   DUFEY (de l'Yonne).

FEUILLANTS (Club des). Lors de la première révolution, les clubs avaient envahi la France. Ce furent d'abord de paisibles réunions, mais trop tôt l'intrigue et les partis s'en emparèrent. Celui des Jacobins, fondé le lendemain de la journée du 5 octobre 1789, ne tarda pas à dicter des lois à l'Assemblée nationale. Les créateurs de ce club, appelé d'abord *des amis de la Constitution*, et qui dut sa seconde dénomination au local de ses séances, La Fayette, Bailly, Duport, les frères Lameth, le duc de la Rochefoucauld, se voyant débordés par les factieux, se retirèrent et allèrent fonder, en 1790, une Société dite de 1789, au Palais-Royal, où elle célébra, le 17 juin, l'anniversaire de la constitution des députés du tiers-état en assemblée nationale. Le nombre de ses membres s'étant accru, le couvent des Feuillants, voisin de l'Assemblée et des Tuileries, devint le lieu de ses séances, et dès lors on la désigna dans le public sous le titre de *club des Feuillants*. Bientôt son personnel se grossit encore de tous les nobles qui jusqu'alors s'étaient prononcés dans l'Assemblée nationale pour la cause populaire, et des députés, des écrivains plébéiens qui espéraient que le parti de la cour, mieux éclairé sur les véritables intérêts du roi et de la monarchie, n'opposerait plus d'obstacles à l'*établissement de la constitution*. Mais les royalistes *quand même* se glissèrent dans leurs rangs, et, sous le masque d'un hypocrite patriotisme, parvinrent à dominer ce club et à en exploiter les tendances au profit de la monarchie absolue. Aussi les Jacobins le gratifièrent-ils bientôt du titre de *club monarchique*. Le comte de Clermont-Tonnerre en ayant été nul président, son hôtel fut assiégé, le 27 janvier 1791, dans une émeute populaire; et le 28 mars un attroupement nouveau, assiégeant le club lui-même, en chassa les membres à coups de pierres. Cette réunion n'eut depuis lors qu'une existence éphémère; elle continua quelque temps encore après la mort de Mirabeau ses inquiètes et peu nombreuses séances, et si le 23 février 1792 un grand tumulte s'éleva dans la première Assemblée législative sur la proposition faite d'empêcher les députés d'aller aux Feuillants, c'est qu'elle comprenait surtout la défense d'aller aux Jacobins. Après le 10 août il n'est plus question du club des Feuillants.

FEUILLE (*Botanique*). La feuille est un des organes spéciaux dont les végétaux phanérogames et les cryptogames les plus élevés sont généralement garnis. Avant que l'on eût créé pour la botanique un vocabulaire particulier, on confondait sous le nom de *feuille* diverses parties de la plante, auxquelles on a donné depuis différents noms, plus convenables : ainsi, on désigne aujourd'hui par la dénomination de *pétales* ce qu'on appelait autrefois *feuille de la fleur*; *bractées*, certaines folioles qui se rencontrent sous son *calice*; *spathes*, de grandes feuilles en forme de cornes, dans lesquelles une ou plusieurs fleurs sont enveloppées; *cotylédons*, des appendices contenant la substance dont se nourrit l'embryon; ils sont aussi nommés *feuilles séminales*, mais à tort, puisqu'ils n'ont des feuilles que l'apparence, et qu'ils n'en font pas les fonctions; *collerettes*, certaines folioles placées à la réunion des pédoncules qui portent des fleurs en ombelle.

Les feuilles ont pour fonctions de mettre le végétal en contact avec l'atmosphère, d'absorber les corps gazeux qui peuvent servir à l'entretien de la vie du végétal, et d'exhaler les matériaux inutiles à son existence. Ce sont donc de véritables appareils respiratoires. Sous l'influence solaire, les feuilles absorbent l'acide carbonique de l'air, retiennent son carbone, et exhalent de l'oxygène; pendant la nuit, elles absorbent de l'oxygène et dégagent de l'acide carbonique.

Quand une feuille se développe immédiatement sur la tige, elle est dite *sessile*; mais le plus souvent elle s'y rattache par un faisceau fibreux, nommé *pétiole*; si le pétiole est assez court pour qu'il y ait doute, la feuille reçoit l'épithète de *subpétiolée*. Les faisceaux fibreux qui s'épanouissent en divergeant sont les *nervures*, vulgairement les *côtes* de la feuille, dont elles forment en quelque sorte la charpente. Ces nervures se subdivisent et s'anastomosent en un réseau, dont les mailles sont remplies par un tissu cellulaire qu'on appelle *parenchyme*; le tout est recouvert d'une pellicule très-mince, qu'on nomme *épiderme*. On reconnaît encore dans la feuille des *trachées* ou *vaisseaux poreux*, qui mettent en communication directe avec l'air extérieur l'*étui médullaire* et le *liber* de la plante.

La feuille attire l'attention de l'observateur sous une foule de rapports. Elle prend des formes rondes, ovales, en losange, triangulaires, linéaires, elliptiques, en lame d'épée, en sabre, en lyre, en cylindre. Elle est chargée de glandes, de poils, d'aiguillons, d'épines, de tubercules, de soies, de cils. Elle se colore en vert clair, vert foncé, vert glauque; il y en a de rouges, de dorées, d'argentées, de rouillées. Sa position sur la plante est radicale, ou caulinaire, ou sommitale, ou alterne, ou éparse, ou opposée, ou en spirale, ou en faisceau, ou en verticille. Beaucoup de feuilles sont odorantes, surtout lorsqu'on les froisse entre les doigts. Quelques-unes, comme celles de la *dionée*, du *drosera*, du *nepenthes phyllamphora*, etc., ont des appendices fort extraordinaires. Une chose merveilleuse, c'est la manière dont les feuilles s'embrassent et se roulent dans la préfoliation. Les feuilles sont d'un grand emploi en médecine. Depuis que le système floral a fixé les caractères qui déterminent les classes, les tribus, les familles et les genres, suivant l'ordre hiérarchique des plantes à fleurs, la forme des feuilles achève ce grand ouvrage en déterminant les espèces de chaque genre.   L. LEFÉBURE.

FEUILLE ou FRETIN, poisson d'un an (*voyez* ÉTANG).
FEUILLE DES BÉNÉFICES. *Voyez* BÉNÉFICES ECCLÉSIASTIQUES.

FEUILLÉE (Louis), religieux de l'ordre des Minimes, justement célèbre par ses beaux travaux relatifs à la botanique et à l'astronomie, naquit en 1660, à Mane, près de Forcalquier, de parents peu fortunés, et montra dès sa première jeunesse un goût décidé pour l'étude de l'astronomie, dans laquelle Cassini fut son maître. En 1700 et 1701 il entreprit, par ordre de Louis XIV, un voyage astronomique dans le Levant, où il eut à lutter contre une foule de dangers; et en 1703 il en entreprit un semblable en Amérique, où il séjourna plusieurs années. Il parcourut ensuite l'océan Pacifique, cherchant surtout à déterminer des longitudes géographiques par les distances de la lune; aussi peut-on le considérer comme le premier qui ait fait en grand des applications de cette méthode. Les variations de l'aiguille aimantée furent également de sa part l'objet des observations les plus attentives et les plus suivies. Il mourut directeur de l'Observatoire de Marseille, le 18 avril 1732. Son *Journal des observations faites sur les côtes orientales de l'Amérique méridionale et dans les Indes* (3 vol. in-4°, Paris, 1714-1725), et son *Histoire des plantes médicinales qui sont le plus en usage aux royaumes du Pérou et du Chili* (1709-1711), témoignent d'un savoir peu commun et d'une grande habileté scientifique.

FEUILLET, nom du troisième estomac des ruminants. Les aliments, après être entrés de la panse dans le bonnet, reviennent dans la bouche, où ils sont mâchés de nouveau; de là ils passent dans le feuillet, et ensuite dans la caillette.

FEUILLETON, **FEUILLETONISTES**. Le but des *journaux* étant de reproduire les événements quotidiens, d'analyser, de commenter les faits et les idées du jour, il était impossible que les productions de la littérature échappassent à leur contrôle et à leur examen. Après la critique politique, quand elle était permise, la critique littéraire devait naturellement trouver sa place dans le journal : elle l'a prise, elle s'est blottie dans les colonnes inférieures de chaque feuille; une ligne de démarcation a séparé le royaume de la critique politique et le duché de la critique littéraire, et elles ont vécu en bonnes sœurs, l'une portant l'autre. Nous n'avons pas à nous occuper des noms illustres de Photius, regardé à tort comme l'inventeur du journal; d'Érasme, de Bayle, de Huet, de Baillet, et de tant d'autres *critiques*. Le feuilleton, cette *critique courante* de la littérature courante, a une date plus récente. Plusieurs journaux ont dû leur vogue à la célébrité de leurs feuilletons, le *Journal des Débats* surtout, qui a compté parmi ses collaborateurs pour la partie littéraire, Geoffroy, Duviquet, Hoffman, Dussault, Feletz, et qui conserve encore toute cette vogue, grâce au talent de M. Jules Janin. Après ces journalistes, nous citerons Évariste Dumoulin, rédacteur du *Constitutionnel*, et Charles Nodier, MM. Loève-Veimars, Nisard, Gustave Planche, Hippolyte Rolle, Sainte-Beuve, Théophile Gautier, liste à laquelle on pourrait encore ajouter quelques noms connus au milieu de cette foule de feuilletonistes qui pullulent; car il n'est pas si mince journal qui n'ait son feuilleton, la manie littéraire ayant gagné jusqu'aux journaux d'annonces et de locations.

Du reste, il faut bien le dire, le feuilleton moderne n'a pas suivi la route de l'ancien feuilleton. Sa marche est-elle plus sûre, son autorité mieux établie? C'est ce qu'il serait assez difficile de décider. L'ancien feuilleton se recommandait par de précieuses qualités, par un jugement sain, concis, par une grande connaissance des littératures anciennes, par d'ingénieux rapprochements, par une grande retenue dans ses appréciations. Ce qu'on pouvait lui reprocher, c'était quelquefois un peu de sécheresse, un respect trop minutieux de la lettre, un pas-à-pas trop continu, et surtout son intolérance pour les littératures étrangères. Le feuilleton moderne a plus de vivacité, plus d'élan, il a la prétention de voir les choses de plus haut, et son jugement se ressent de cette prétention; il esquive souvent la difficulté d'un compte-rendu consciencieux par une plaisanterie : on voit qu'il se propose plutôt d'amuser ses lecteurs que de les édifier; il cherche moins à faire de la critique que de la satire. Le feuilleton moderne a plus d'agaceries et de séductions que le feuilleton ancien ; sa verve serpente avec plus de facilité ; il est d'une lecture plus aisée. Son grand cheval de bataille, c'est le paradoxe ; il s'y complaît, il s'y retourne à loisir. Lorsqu'il veut faire de l'érudition, il est loin d'y trouver son compte, et dans de pareilles dispositions, qui contrastent avec ses habitudes ordinaires, il est cent fois plus pédant que l'ancien feuilleton. Son érudition consiste ordinairement en une série de noms peu connus, qu'il déroule avec complaisance, et en citations apprises la veille. Enfin, son plus grand défaut, c'est d'être toujours à côté du sujet qu'il se propose d'examiner. Nous ne croyons pas exagérer les mauvais côtés du feuilleton actuel ; nous savons que sous la plume de plusieurs écrivains il possède la plupart des qualités opposées aux nombreux défauts dont nous venons de parler. Mais une chose certaine, c'est que, loin de servir les intérêts littéraires, il tend à s'écarter des engagements sévères que ses anciens maîtres lui avaient fait prendre envers le public, que son autorité s'affaiblit, et que bien peu de personnes sont disposées aujourd'hui à le croire sur parole.

Quelles sont les causes de cette disgrâce ? La première, la cause capitale, c'est que le feuilleton sert d'exercice littéraire à tout débutant. Une fois la plume à la main, on s'escrime de son mieux ; on frappe d'estoc et de taille pour faire le plus de bruit possible ; on s'attaque aux hautes réputations, qu'on escalade à l'aide d'un *je* emphatique ; on fait feu des quatre pieds, on s'épuise, on s'exténue ; on perd le peu d'imagination juvénile qu'on avait, pour copier une allure de pensée plus virile. Parce qu'il se trouve à la tête du feuilleton actuel un homme plein d'esprit, de verve et de saillies, un écrivain qui dans ses mauvais jours peut tout se permettre, sûr qu'il est de ne jamais rester court, on s'est imaginé que pour arriver à la réputation il n'y avait rien de mieux à faire que de le copier, que d'étudier nonseulement son style, mais encore de singer son rire et de calquer son tic favori. Pour atteindre ce but, on fait mentir son caractère, on se met un masque rieur ; on travaille péniblement à se donner un air libre, hardi, moqueur ; et le feuilleton devient un tissu de plaisanteries nerveuses et maladives trouvées au fond d'un bol de punch ou d'une tasse de café. Il serait bon de mettre en tête de chaque feuilleton, comme épigraphe, cette phrase d'un écrivain du dix-huitième siècle : « L'art du journaliste n'est point de faire rire, mais d'analyser et d'instruire : un journaliste plaisant est un plaisant journaliste. » La camaraderie, ce fléau si venue harceler le feuilleton, déjà si épuisé, elle s'est introduite dans la place démantelée. On met son feuilleton au service de ses amis par pure obligeance, et quelquefois même par vénalité ; car on oublie souvent ce précepte du même écrivain : « Que l'intérêt du journaliste soit entièrement séparé de celui de l'écrivain et du libraire. » Soumis à de si tristes épreuves, le feuilleton actuel serait tombé dans le discrédit le plus complet si des écrivains de talent, de science, de goût, et surtout d'honneur, ne cherchaient retarder cette ruine imminente, et à le tenir à la hauteur du but qu'il doit se proposer.
JONCIÈRES.

Outre le *feuilleton critique*, les journalistes ont introduit au bas de leurs colonnes le *feuilleton littéraire*, qui n'est autre qu'un morceau de roman découpé. Ces romans feuilletons ont fait la fortune de quelques journaux et de quelques écrivains, entre autres de Frédéric Soulié, de MM. Alexandre Dumas et Eugène Sue. Une croisade fut prêchée par les évêques et le parti prêtre contre ces feuilletons venimeux ; et l'assemblée législative, sur la proposition de M. de Riancey, les frappa d'un timbre spécial de un centime à ajouter à celui du journal. On changea alors le roman en mémoires, et bien que depuis le 2 décembre 1851 ce timbre spécial ait été supprimé, le feuilleton roman n'a pas repris sa vogue.
L. LOUVET.

FEUILLETTE, futaille servant à mettre du vin, des esprits, des liqueurs, et dont la capacité est de 132 litres environ. La feuillette est appelée quelquefois *demi-muid*, surtout en Bourgogne.

Aux environs de Lyon, *feuillette* s'est dit aussi d'une petite mesure à liqueur, valant une chopine ou la moitié de la pinte de Paris.

FEU PERSIQUE. *Voyez* FEU SAINT-ANTOINE.

FECQUIÈRE (MANASSÈS DE PAS, marquis DE), lieutenant-général sous Louis XIII, né à Saumur en 1590, contribua puissamment à la prise de La Rochelle, fut chargé, en 1633, d'une mission en Allemagne, pendant la guerre de trente ans, et fit, en 1639, le siège de Thionville ; il y fut blessé et pris, et mourut quelques mois après, laissant sur ses négociations en Allemagne de curieux *Mémoires*, qui ont été publiés en 1753 (3 vol, in-12).

FEUQUIÈRE (ANTOINE DE PAS, marquis DE), lieutenant général sous Louis XIV, petit-fils du précédent, naquit à Paris, en 1648, débuta à dix-huit ans dans le régiment du roi, parvint en 1667 au grade d'enseigne, travailla dès lors avec ardeur à combler les lacunes de son éducation première, se signala aux sièges de Douay, de Tournay, de Courtray, d'Oudenarde et de Lille, reçut un coup de feu devant cette dernière place, devint en 1668 capitaine, en 1672, aide de camp de son parent le maréchal de Luxembourg, l'année suivante colonel de cavalerie, fit la campagne de Hollande de 1673, assista aux sièges de Besançon, de Dôle, de Salins, participa à la conquête de la Franche-Comté et obtint, pour ses services à la bataille de Senef et à la levée du siège d'Oudenarde, le commandement du régiment de Royal-marine. Puis, il servit sous Créquy, Condé, Turenne, Catinat et Montecuculli, se distingua encore au combat d'Altenheim, aux sièges de Condé et de Bouchain, à la bataille de Saint-Denis, fut fait brigadier en 1688 et maréchal de camp l'année suivante, au retour du siège de Philipsbourg, combattit les Vaudois en Piémont, commanda l'infanterie à la bataille de Staffarde, et, nommé lieutenant général en 1693, eut une grande part au gain de la bataille de Nerwinde. Disgracié pour avoir parlé trop librement, il occupa ses loisirs à écrire des *Mémoires sur la guerre*, dans lesquels Voltaire a abondamment puisé pour son *Siècle de Louis XIV*, et que son neveu publia en 1770 (4 vol. in-4°). Il mourut à Paris, en 1711, à l'âge de soixante-trois ans.

FEURRE ou **FOARE.** *Voyez* ÉTAPE.
FEU SACRÉ. *Voyez* FEU SAINT-ANTOINE.

FEU SAINT-ANTOINE, maladie épidémique, qui parut à plusieurs reprises dans quelques provinces de la France, en Allemagne, en Sicile et en Espagne du sixième au douzième siècle, et que, suivant les localités, on désignait encore sous les noms de *feu sacré, feu persique, fic Saint-Fiacre, mal des Ardents, mal Saint-Marcou, mal Saint-Main*. La plus ancienne apparition de cette maladie remonte à l'an 945 ; elle suivit de près l'invasion des Normands, et enleva près d'un tiers de la population de Paris et de ses environs : Frodoard la mentionne dans sa Chronique.

En 993 et 994, suivant Raoul Glaber et Adhémar de Chabannais, plusieurs provinces, entre autres l'Aquitaine, le Périgord et le Limousin, furent ravagées par le fléau. Le mal débutait brusquement et brûlait les entrailles ou quelque autre partie du corps, qui tombait en pièces. En 1089, au rapport de Sigebert de Gemblours, le mal sévit en Lorraine avec une grande intensité ; beaucoup de gens en furent atteints : leurs membres, noirs comme du charbon se détachaient du corps. Dans l'année 1130 le feu Saint-Antoine sévit à Paris avec plus d'intensité que jamais. On fit des processions et l'on transporta à Notre-Dame la châsse de Sainte-Geneviève, qui avait une vertu miraculeuse pour guérir les affections contagieuses. Pendant le siècle suivant, le fléau se montra en Espagne, à Majorque et aussi à Paris. Au quatorzième siècle, cette capitale fut encore décimée par le mal des Ardents. « Il était dans une telle horreur, dit Germain Brice, que par imprécation on ne disait autre chose que *le feu Saint-Antoine t'arde*, comme le dernier malheur que l'on pouvait souhaiter à ses ennemis. » Le mal des Ardents, comme tant d'autres maladies contagieuses, disparut avec le moyen âge devant les progrès de la civilisation, de l'hygiène et de la salubrité publique. Les modernes ont cru retrouver le feu Saint-Antoine dans l'ergotisme gangréneux, dans une épidémie d'érysipèle ou de charbon pestilentiel, dans une variété de spiloplaxie, etc. Il est possible que l'on ait compris sous ce nom plusieurs affections distinctes au principe, quoique se terminant toutes par la gangrène.

[Pierre de Lobef, abbé et général de l'ordre de Saint-Augustin, érigea, dans le quartier Saint-Antoine à Paris, une maison religieuse, dont il établit supérieur Antoine de Fuévy (septembre 1361). Ce n'était originairement qu'un petit hospice. Le nouveau supérieur y réunit un nombre suffisant de religieux pour y recevoir et soigner les pauvres atteints du mal sacré ou de Saint-Antoine. On l'appelait la *Chapelle des Ardents*. Elle a été démolie, ainsi que l'église et les bâtiments qui en dépendaient, et c'est sur son emplacement qu'a été construit le passage du Petit-Saint-Antoine.   DUFEY (de l'Yonne).]

FEU SAINT-ELME. Quelquefois, en mer, par un temps d'orage et des nuits obscures, on voit des flammes ou vapeurs lumineuses voltiger aux extrémités des vergues, des mâts des navires : c'est ce que les marins appellent *feu Saint-Elme* ou *feu Saint-Nicolas*. Ce météore igné, qu'on regarde comme une aigrette électrique ou quelque gaz enflammé, est généralement attribué à un effet d'électricité; il paraît assez ordinairement après une tempête. Les anciens navigateurs connaissaient ce feu sous le nom de *Castor et Pollux*. Lorsqu'ils en voyaient deux, ils le considéraient comme un indice de beau temps; s'il n'en paraissait qu'un, c'était le présage funeste d'une tempête imminente; on l'appelait *Hélène*. De nos jours, le *feu Saint-Elme* ou *feu Saint-Nicolas* produit une impression de terreur sur les marins, ou ranime leur courage et leur espoir, suivant les circonstances. Il n'est sorte d'influence lugubre ou de protection efficace que les matelots ne prêtent à ce météore. Sous le rapport matériel, ce feu n'offre aucun danger ; et malgré les contes plus ou moins accrédités des matelots, il n'y a pas d'exemple d'un incendie survenu à bord par suite de l'apparition du feu Saint-Elme. MERLIN.

FEUTRAGE. On a pu faire l'observation, depuis un temps immémorial, que les poils des animaux ont la faculté de se crisper, de s'entre-croiser, dans certaines circonstances, lorsqu'on les presse les uns contre les autres et qu'on leur imprime des mouvements en sens divers. C'est en mettant à profit cette disposition naturelle qu'ont les poils des animaux à s'entrelacer, que l'art est parvenu à fabriquer des étoffes solides, durables, non formées de fils, et qu'on a appelées *feutres*, pour les distinguer des *tissus*. Les matières qui entrent communément dans la composition des feutres sont les laines, les poils de castor, de lièvre, de lapin, de veau, de chameau, de vigogne, etc. Quant aux matières végétales, on n'a pu jusqu'ici en fabriquer des étoffes de quelque solidité par le simple foulage.

Le fabricant de feutres ayant reçu les peaux couvertes de leurs poils, les donne à des ouvriers qui les peignent, les battent et les nettoient aussi exactement que possible, après quoi des femmes raccourcissent les *jarres*, poils longs qui ne se feutrent pas, mais qui néanmoins facilitent l'entrelacement des autres. Afin de donner aux poils plus de tendance à se feutrer, on leur fait subir l'action chimique de certains agents, dont les anciens chapeliers faisaient un secret, d'où est venu, dit-on, le mot *secretage*. Aujourd'hui la manière de disposer les poils à se crisper, à s'entrelacer, etc., plus promptement, est bien connue; voici la recette de M. Malard : acide nitrique (eau forte), 500 grammes ; mercure, environ 125 grammes; le tout est exposé à une température douce; et lorsque la dissolution est complète, on ajoute cinq à six livres d'eau. Suivant Robiquet, on fait dissoudre 32 grammes de mercure dans 500 grammes d'acide nitrique ordinaire; lorsque la solution est achevée, on l'étend de deux tiers d'eau, quelquefois seulement de moitié, suivant le degré de concentration de l'acide employé. Pour appliquer cette préparation, on étend la peau sur une table, puis on la frotte, en appuyant fortement avec une brosse de sanglier imbibée légèrement de la dissolution ; on répète la manœuvre plusieurs fois, afin que les poils soient humectés jusqu'aux deux tiers de leur longueur. Cela fait, on place les peaux, poil contre poil, les unes sur les autres, et on les porte dans une étuve pour les y faire sécher.

Après l'action du secretage, on procède à l'arrachement des poils. D'abord on humecte les peaux du côté de la chair; on les empile ensuite chair contre chair, par cinquantaines. Vingt-quatre heures après, on arrache les poils, ou bien on les coupe avec un instrument tranchant. Des femmes se chargent de cette opération, et font en même temps le triage des poils, mettant ceux du dos avec ceux du dos, etc., etc. Les qualités d'un feutre dépendent de la nature des matières qui entrent dans sa composition ; il importe donc de mélanger les matières convenablement ; on y parvient par le cardage, ou plus communément en les agitant à l'aide d'une machine formée de seize cordes, et qu'on appelle le *violon*. Après quoi les poils passent à l'*arçon* : c'est un appareil composé d'une table couverte d'une claie d'osier, au-dessus de laquelle est suspendu au plancher un arc en bois, de 2^{m},60 de long, sous-tendu par une corde de boyaux. L'ouvrier étale sur la claie la quantité de poils qu'il juge suffisante pour faire un chapeau; il introduit la corde de l'arçon dans le petit tas, et tenant l'arc de la main gauche, il pince la corde au moyen d'un instrument appelé *coche*, terminé par deux boutons en forme de champignon, et qu'il tient de la main droite. Les vibrations de la corde divisent la matière, facilitent le mélange des poils, en les faisant voler dans tous les sens : car l'ouvrier, en même temps qu'il pince la corde, avance, recule, tourne à droite, à gauche... l'arc de l'instrument. Les matières étant bien divisées et mélangées, il fait prendre au tas la figure d'un triangle, ou plutôt celle d'un secteur de cercle. Ce tas de poils, ainsi arrangé, s'appelle *pièce* ou *capade*. L'ouvrier étend sur la capade humectée une feuille de parchemin appelée *carte*; il presse le tout avec la main, de façon que la capade prend, jusqu'à un certain point, la consistance d'un feutre. Après quoi elle passe au *bastissage*.

Pour effectuer cette opération, on étend une pièce de toile écrue sur une table de bois dur bien unie. La capade est enveloppée dans cette toile; on humecte, on presse, on foule le tout tellement, que la pièce est en état de résister aux manipulations du *foulage*, qu'on pratique ainsi : dans une cuve en cuivre rouge, de forme rectangulaire, contenant de l'eau en ébullition, on délaye, au moyen d'un balai, 36 kilogrammes de lie de vin pressée pour chaque muid d'eau. Dans planches inclinées vers la cuve sont disposées tout autour. Les ouvriers trempent de temps en temps les feutres dans le bain; puis ils les pressent avec les mains, ou avec un bâton appelé *roulet*, les tournent et retournent, etc. En sortant du foulage, le feutre a acquis toutes ses qualités; il ne reste plus qu'à le teindre; après quoi on lui donne l'*apprêt*, c'est-à-dire qu'on l'imbibe de matières gommeuses et collantes, afin de lui faire prendre plus de fermeté en augmentant l'adhérence des poils qui le composent. On appelle feutres *dorés* ceux dont la surface est recouverte d'une couche de poils supérieurs en finesse à ceux qui forment le corps.

Outre les chapeaux, on fait encore en feutre des tapis, etc. Les *ouates*, les *bougrans*, sont des feutres imparfaits.
TEYSSÈDRE.

FEUTRE (Chapeaux de). *Voyez* CHAPELLERIE et FEUTRAGE.

FEUTRIER (JEAN-FRANÇOIS-HYACINTHE, abbé), évêque de Beauvais, était né à Paris, le 2 avril 1785, et avait embrassé l'état ecclésiastique, après avoir terminé ses études théologiques au séminaire Saint-Sulpice. Nommé secrétaire général de la grande-aumônerie, sur la présentation du cardinal Fesch, alors grand-aumônier de France, qui avait eu occasion d'apprécier ses rares dispositions pour la prédication, il fit partie, en 1810, du concile national convoqué à Paris par Napoléon, à l'effet de régler les différends survenus entre lui et le saint-siége; et, comme ses collègues, il résista aux ordres de, et protesta l'empereur contre les violences dont le pape était l'objet. La Restauration le maintint dans sa position à la grande aumônerie, et récompensa en 1815 la fidélité dont il avait fait preuve pendant les cent jours, en refusant de prêter serment à l'empereur malgré les instances du cardinal Fesch, par une place de chanoine au chapitre royal de Saint-Denis, et par la cure de la Madeleine, l'une des plus riches de la capitale.

Doué d'une physionomie heureuse, d'une grande douceur de manières, d'une rare aménité d'esprit, il vit ses sermons, non moins remarquables par l'onction et l'harmonie du style que par la dignité gracieuse du débit, devenir à la mode dans toutes les paroisses. Il était vicaire général du diocèse de Paris, et depuis longtemps l'opinion publique le désignait pour un évêché ; sa promotion au siége de Beauvais, en 1826, ne surprit donc personne, et la manière dont il gouverna ce diocèse acheva de lui gagner tous les cœurs. Les libéraux lui surent particulièrement gré de n'avoir point permis aux missionnaires de venir prêcher son troupeau, et son nom devint tout à fait populaire quand on le vit punir des prêtres refusant les sacrements aux malades et la sépulture chrétienne aux morts.

M. de Martignac, porté au pouvoir par la marée montante de l'opinion, ne pouvait faire choix pour la direction des affaires ecclésiastiques, séparées de l'instruction publique, confiée à M. de Vatimesnil, d'un collaborateur dont les antécédents fussent autant que les siens une garantie de sagesse et de modération. C'est à lui que se rattachera indissolublement à une mesure restée célèbre dans les annales de la Restauration : nous voulons parler des ordonnances du 16 juin 1828, en vertu desquelles les maisons d'éducation tenues par les Jésuites devaient être fermées et les petits séminaires se soumettre désormais à la juridiction universitaire. Le parti prêtre cria à l'impiété, à la persécution; les journaux à sa solde affectèrent de ne plus voir dans l'évêque de Beauvais qu'un transfuge, qu'un apostat; et ces clameurs passionnées blessèrent au cœur l'abbé Feutrier, esprit droit, honnête, consciencieux, modeste. Ses collègues de l'épiscopat, de passage dans la capitale, lui renvoyaient, sans un mot de réponse ni d'excuse, les invitations à dîner qu'il croyait devoir leur adresser. Ces outrages publics, et les calomnies de tout genre que la gent dévote se plut à répandre contre son caractère firent tomber dans une mélancolie profonde, dont ne put le distraire son élévation à la pairie avec le titre de comte. La dissolution du cabinet Martignac fut donc à ses yeux l'événement le plus heureux de sa vie; car elle lui permettait d'aller oublier au sein de son diocèse les vaines passions des hommes, dans l'accomplissement des devoirs de son état. Mais il ne lui fut pas donné de jouir longtemps de sa philosophique retraite. Venu à Paris le 26 juin 1830, pour y consulter les médecins sur l'affaiblissement toujours croissant de sa santé, on le trouva, le lendemain matin mort dans son lit. Il avait succombé, à ce qu'il paraît, à un épanchement au cerveau. Le vulgaire attribua sa mort au poison, et accusa les Jésuites de s'être vengés. Mais l'autopsie fit justice de ces rumeurs. Il a laissé des *Panégyriques de Jeanne d'Arc* (1821), *de saint Louis* (1822), des *Oraisons funèbres du duc de Berry* (1820) et *de la Duchesse d'Orléans* (1821).

FEUX (*Marine*). *Voyez* FANAL.

FEUX (*Théâtre*). Ce terme, qui ne s'emploie guère qu'au pluriel, désigne la rétribution accordée aux artistes dramatiques, soit indépendamment de leurs appointements, soit pour en tenir lieu, quand ils n'ont pas d'engagement annuel, ou qu'ils ne sont chargés qu'accidentellement ou d'un ou de plusieurs rôles pour un nombre déterminé de représentations. L'origine de cette expression dérive sans doute de l'usage de la lumière dont les artistes ont besoin dans leur loge pour s'habiller, ou du chauffage, qui est pour eux d'une nécessité absolue pendant la plus grande partie de l'année, et dont ils étaient obligés primitivement de se pourvoir à leurs frais. Cette rétribution a probablement été imaginée pour exciter le zèle des artistes et les intéresser aux recettes, en proportionnant leur traitement à leurs travaux. L'usage, dans les grands théâtres surtout, est d'allouer des feux pour chaque rôle ou chaque représentation. Les feux et les amendes sont un préservatif contre les rhumes et les migraines de ces messieurs et de ces dames. DUFEY (de l'Yonne).

FEUX (A l'extinction des). *Voyez* EXTINCTION.

FEUX DE DENTS. *Voyez* DENTITION et BOUTONS (*Médecine*).

FEUX DU BENGALE. *Voyez* FLAMMES DU BENGALE.

FEUX PERPÉTUELS. *Voyez* NAPHTE.

FÈVE, genre de plantes de la famille des légumineuses, tribu des papilionacées, dans lequel la plupart des botanistes ne rangent qu'une espèce, la *fève commune* (*faba vulgaris*, Mœnch.), probablement originaire de la Perse et des environs de la mer Caspienne, et offrant de nombreuses variétés. Sa tige, creuse, relevée de quatre angles saillants, s'élève de 6 à 8 décimètres ; ses feuilles sont formées d'une ou deux paires de grandes folioles un peu charnues, ovales, mucronées, entières et glabres; elles n'ont qu'un rudiment de vrille ; leurs stipules sont demi-sagittées, marquées en-dessous d'une tâche brune. Ses grandes fleurs sont blanches, marquées sur chaque aile d'une grande tache noire. Ses légumes sont gros, renflés, à parois assez épaisses, et ils renferment cinq ou six graines, dont le volume, la forme, la couleur varient notablement dans les diverses variétés de l'espèce. Parmi ces variétés, on cultive principalement dans le potager la *grosse fève de Windsor*, de forme orbiculaire; la *fève de marais* (*faba major*), de forme allongée; la *fève julienne* (*faba minor*), hâtive, mais moins grosse que la précédente; la *fève naine hâtive* (*faba minima*), d'un volume encore moindre que la précédente, très-estimée, et qui croît avec un égal succès sous châssis et en pleine terre ; la fève verte (*faba viridis*), originaire de la Chine, dont les fruits sont toujours verts, même étant secs ; la *fève à longue cosse* (*faba longistiliqua*), très-productive, l'une des plus recherchées et des meilleures ; la *fève violette* (*faba violacea*), encore rare, et qui ne diffère de la *fève verte* que par la couleur ; la *fève pourpre* (*faba purpurea*), dont les fleurs sont dignes de figurer dans les jardins d'agrément. Une autre variété, plus spécialement destinée à la nourriture des bestiaux, est la *fève de cheval*, *féverole* ou *gourgane* (*faba equina*), dont la graine est allongée, un peu cylindrique, et dont les fleurs sont noires ou d'un blanc sale.

La féverole compte plusieurs variétés : la *petite*, la *moyenne* et la *grosse*, dite *féverole anglaise*, qui passe pour la plus productive; sa tige est en effet plus élevée, mais elle demande un meilleur terrain.

Modifiée par la culture, la fève a acquis plus de moelleux, et une saveur *sui generis* que nous essayerions vainement de décrire; aussi désire-t-on vivement chaque année la voir reparaître sur nos tables. C'est un mets fort agréable, soit qu'on les mange entières, au commencement de leur apparition, ou *dérobées* un peu plus tard. C'est aussi une des primeurs que les médecins permettent le plus facilement aux malades. Les fèves sont très-nutritives, très-saines, et d'une facile digestion, sous quelque forme que nous les préparions; c'est aussi une nourriture de garde pour les bestiaux. Ces plantes possèdent encore deux avantages qui méritent de fixer l'attention : l'un est de ne point fatiguer la terre, mais de la débarrasser, au contraire, des mauvaises herbes par leur feuillage, et de la diviser par leurs racines, la disposant ainsi à donner de plus abondantes récoltes; l'autre, de devenir, après avoir été renversées par la charrue, et enfouies sous terre, un des meilleurs engrais végétaux. Elles se sèment au printemps, et même en automne, dans toutes les parties de la France ; seulement les semis d'autonne doivent être faits à bonne exposition, ou protégés par des abris naturels ou artificiels.   C. TOLLARD aîné.

Les anciens attachaient aux fèves des idées superstitieuses et fort étranges. Les Égyptiens se gardaient d'en manger, et Pythagore paraissait avoir puisé chez eux l'espèce de vénération qu'il avait pour ce légume. « Ce philosophe, dit Jaucourt, enseignait que la fève était née en même temps que l'homme, et formée de la même corruption ; or, comme il trouvait dans la fève je ne sais quelle ressemblance avec les corps animés ; il ne doutait pas qu'elle n'eût aussi une âme sujette, comme les autres, aux vicissitudes de la transmigration, par conséquent que quelques-unes de ses parents ne fussent devenus fèves ; de là le respect qu'il avait pour ce légume. »

FÈVE ou FÈVE DORÉE (*Entomologie*). *Voyez* CHRYSALIDE.

FÈVE (Roi de la), celui à qui est échue la fève du gâteau qu'on mange en famille, avec ses amis, la veille ou le jour des Rois ou de l'Épiphanie ; vieille coutume, qui règne encore depuis les chaumières jusqu'aux palais. Il résulte de l'*Ecclésiastique* que cet usage existait déjà chez les Juifs. Les Romains tiraient au sort avec des dés le roi du festin. De là nous vient certainement le roi de la fève. Ils tenaient cet usage des Grecs, qui s'en servaient pour les suffrages du peuple. La fève blanche signifiait *absolution* ; la noire, *condamnation*. A Athènes, on créait les magistrats au sort de la fève. Ce fut l'origine du précepte de Pythagore : à *fabis abstine* (ne vous mêlez pas des affaires du gouvernement), maxime que ses disciples traduisirent dans la suite des temps par : *Ne mangez pas de fèves*. Les Romains appelaient le premier jour de juin *les calendes des fèves* (*fabariæ calendæ*), parce qu'on faisait ce jour-là un sacrifice de fèves à la déesse Carna.

A la fin de décembre, durant les Saturnales, les enfants tiraient au sort avec des fèves à qui serait roi. Les peuples chrétiens ont transporté cet usage au commencement de janvier, époque où l'Église célèbre l'adoration de Jésus nouveau-né par les trois rois mages. Ce jour-là , dans chaque famille, on sert le *gâteau des rois*, dans lequel se trouve une seule fève. Il est partagé en autant de portions qu'il y a de convives, et celui qui trouve la fève dans la sienne est proclamé roi, pauvre roi tyrannisé à tel point par ses sujets, qu'il ne peut approcher le verre de ses lèvres sans les entendre tous crier *Le roi boit* ! Au moins a-t-il pour dédommagement le droit de se choisir *une reine*, coutume remontant encore aux Romains, comme le prouvent ces paroles que Plaute met dans la bouche d'un de ses personnages, couronnant de fleurs une jeune fille : *Do hanc tibi florentem florenti ; tu sic eris dictatrix nostra*. Hélas ! les rois et les reines de la fève s'en vont pêle-mêle avec les masques du mardi gras.

FÈVE DE SAINT-IGNACE ou FÈVE DES JÉSUITES. Cette graine, ainsi nommée parce qu'elle fut rapportée en Europe par les jésuites, est le produit du *strychnos Ignatii* de Berguis, dont Linné fils a fait un genre distinct, sous le nom d'*Ignatia* ; elle a les plus grands rapports avec la noix vomique. Les fèves de Saint-Ignace sont d'un gris noirâtre, terne ; leur forme est assez irrégulière, angulaire ; elles sont dures et pierreuses, longues de 15 à 20 millimètres. On les récolte aux Philippines, où elles sont employées en thérapeutique. En Europe, on les connaît surtout à cause de leur action extrêmement énergique : prises à haute dose, elles déterminent la mort, non par une action vénéneuse, mais en produisant le tétanos, et par une suite nécessaire, l'asphyxie. Elles doivent cette action toxique à la présence de la strychnine, qui existe aussi dans les graines de la plupart des *Strychnos*, mais nulle part aussi abondamment que dans les fèves de Saint-Ignace, où ses proportions s'élèvent à 12 pour 100.

FÈVEROLE. *Voyez* FÈVE.
FEVERSHAM (Lord). *Voyez* DURAS.
FÈVE TONKA, fruit du *coumarouna odorant* (*dipteryx odorata*, Wild.), très-grand arbre, de la famille des légumineuses. Cet arbre, qui croît à la Guyane, s'élève jusqu'à plus de vingt-cinq mètres. Son tronc est couvert d'une écorce lisse, blanchâtre. Ses rameaux, nombreux au sommet, sont très-feuillés. Les feuilles sont fort longues , composées de deux ou trois paires de folioles presque sessiles, entières et acuminées. Les fleurs sont très-belles, d'un pourpre violet, disposées en grappes axillaires et terminales. Il y succède une gousse oblongue, cotonneuse, et ne renfermant qu'une seule graine, qui a presque la forme amygdaloïde : c'est la célèbre fève tonka, dont l'odeur suave est fort estimée des personnes qui ont pour habitude de gâter le tabac à priser par tous ces parfums étrangers.

Le *coumarouna* croît principalement dans le pays des Galibis et des Garipons. Ces sauvages font grand cas du parfum de la fève tonka ; ils en composent des colliers odorants, des bracelets.   PELOUZE père.

FÉVRIER. C'est le nom qu'on donne en France au second mois de l'année. Les Romains le nommaient *februarius* (de *februa*, sacrifices expiatoires), parce qu'il était principalement consacré à des expiations et à des purifications religieuses, dont les plus remarquables étaient les Lupercales ou courses des luperques, que rappellent encore notre carnaval et les féralies ou fêtes férales. Quand Jules César réforma le calendrier, il conserva au mois de février les vingt-huit jours qu'il avait primitivement ; et comme il croyait l'année composée de trois cent soixante-cinq jours et six heures, il ordonna que de quatre ans en quatre ans on intercalerait un jour composé de quatre fois six heures. Ce jour fut appelé *bissextil*, parce qu'on devait l'insérer entre le 23 et le 24 février, sixième jour des calendes de mars. La correction de Jules César porta sur ce mois parce qu'il était le plus court de tous, comme il avait été le dernier de l'année, ainsi qu'il l'a été longtemps pour nos aïeux ; mais déjà chez les Romains il était devenu le second mois lors de la réforme de Numa.

FÉVRIER 1831 (Journées du 13 et du 14). Au commencement de 1831, les légitimistes, qui commençaient à relever la tête , voulurent faire acte de parti en solennisant l'anniversaire de la mort du duc de Berry. La *Gazette* et la *Quotidienne* annoncèrent qu'un service funèbre serait célébré à Saint-Roch. Le ministre de l'intérieur en écrivit au préfet de police ; en même temps le ministre des cultes fit savoir à l'archevêque de Paris que la cérémonie projetée pourrait devenir une occasion de troubles ; en conséquence, le curé de Saint-Roch crut devoir s'abstenir. La cérémonie fut renvoyée à Saint-Germain-l'Auxerrois. Un certain nombre de légitimistes furent fidèles au rendez-vous ; des équipages stationnaient devant l'église ; des drapeaux blancs étaient arborés aux quatre coins du catafalque. On quêta au profit des soldats de la garde royale blessés dans les trois journées de juillet 1830. A la fin de la cérémonie, un jeune homme attacha au catafalque une lithographie représentant le duc de Bordeaux ; on suspendit au-dessus une couronne d'immortelles ; des militaires y attachèrent leurs décorations, et la femme d'un bandagiste de la rue du Coq s'écria : « C'est ici qu'il faut vaincre ou mourir ! » Cette manifestation était en elle-même trop ridicule pour offrir un danger réel ; mais elle attestait l'outrecuidance du parti. Tous ces hommes, qui s'étaient cachés dans leurs caves pendant les trois journées, retrouvaient la parole et usaient largement de la liberté reconquise par les vainqueurs de Juillet. L'annonce de ce complot de sacristie avait attiré la foule sur la place Saint-Germain-l'Auxerrois ; le préfet de police avait même assisté à la scène principale dans un coin de l'église. Le peuple assemblé aussi sur la place voulut aussi jouer son rôle dans la pièce ; il n'y avait ni troupe ni garde nationale : on envahit l'église, on pénétra dans la sacristie, on s'empara des habits sacerdotaux. C'était le lundi gras : peut-être imaginera-t-on quelles saturnales amena cette coïncidence. Le presbytère fut envahi à son tour ; mais le peuple s'arrêta, saisi de respect sur le seuil d'un appartement situé au même étage que celui du curé ; c'était l'appartement de l'abbé Paravey, qui au mois de Juillet avait béni le cimetière du Louvre et prié pour ceux qui étaient morts en combattant. En même temps la croix qui surmontait l'église est abattue par ordre du maire du quatrième arrondissement, M. Cadet-Gassicourt, lequel n'arrêta les dégâts qu'en faisant fermer l'église et peindre sur le fronton cette inscription : *Mairie du quatrième arrondissement.*

Cette démonstration légitimiste montra aux carlistes la vanité de leurs espérances, et au clergé les périls dont le menaçait son alliance obstinée avec la dynastie déchue. Mais si les désordres de cette première journée sont déjà un sujet assez grave d'étonnement, que dire de ceux qui s'accomplirent la journée suivante, sans répression aucune de la part de l'autorité ? Des indices assez clairs avaient cependant annoncé les troubles du lendemain. Dans la nuit du 13 au 14, une bande de perturbateurs avait tenté de faire irruption dans la maison de M. Dupin, celui de tous les orateurs qui exerçait le plus d'influence sur la chambre et qui défendait avec le plus de vigueur tous les instincts conservateurs de la bourgeoisie. Il était donc naturel de s'attendre à la suite des agitations. Dès le matin en effet des rassemblements parurent sur la place du Palais-Royal ; mais là, toutes les mesures étaient bien prises, et la police avait fait soigneusement garder les avenues de la demeure du roi. Peu à peu ces groupes se dispersèrent et se dirigèrent du côté de l'archevêché. Bientôt la grille qui entourait le jardin fut assaillie par une masse d'hommes vigoureux, qui l'ébranlèrent par de violentes secousses et parvinrent à la faire plier sous leurs efforts redoublés. Aussitôt l'invasion commence ; on pénètre dans les appartements ; les portes sont brisées, les meubles mis en pièces, les tableaux, les ornements de toutes espèces déchirés en lambeaux ; livres précieux, manuscrits rares, missels, chasubles, soutanes, volent dans les airs, tombent dans le jardin, sont brûlés dans la cour ou jetés dans la rivière. Après la dévastation du mobilier, commence la démolition des murailles ; des pans de mur s'écroulent, le palais se transforme en décombres sous mille mains acharnées à détruire, tandis que quelques compagnies de gardes nationales passaient en jetant sur cet étrange spectacle des regards impuissants. Des troupes de masques se mêlaient à la bande des démolisseurs, et des exclamations burlesques se perdaient parmi les cris furieux de l'émeute. Rien ne saurait rendre les prodigieux contrastes que présentait l'aspect de Paris dans cette journée, la colère du peuple s'exhalant au milieu des lazzi les plus bouffons du carnaval. Cependant on abattait sur les portails des églises, on effaçait partout les fleurs de lis, devenues des emblèmes de la sédition carliste. Elles avaient été conservées jusqu'alors sur le sceau de l'État : de ce jour elles furent supprimées ; un nouveau modèle fut définitivement adopté. Elles disparurent sur les panneaux des voitures royales. Ce fut là le produit net de l'émeute.

A la chambre des députés, lorsque des explications furent demandées sur ces événements, le ministre de l'intérieur, le préfet de la Seine, M. O. Barrot, et le préfet de police, M. Baude, échangèrent des récriminations réciproques ; chacun de ces hauts fonctionnaires ne trouva pour justifier son inaction que des réponses embarrassées, ambiguës, ou des divagations. M. de Montalivet se défendit en imputant tout le mal à la négligence du préfet de la Seine, qui à son tour se plaignait de n'avoir été ni consulté ni prévenu, et d'avoir été complètement mis à l'écart par le ministre de l'intérieur, lequel seul lui avait appris les instructions adressées aux maires pendant l'émeute. M. de Montalivet ayant répliqué que la susceptibilité serait plus naturelle de haut en bas que de bas en haut, M. Odilon Barrot termina le conflit par l'offre de sa démission. M. Baude avait été remplacé dès le 15. Un mois après le ministère lui-même succombait. ANTAUD.

FÉVRIER 1848 (Révolution de). Depuis l'avénement du ministère du 29 octobre 1840, le roi Louis-Philippe avait pu se croire assez fort pour faire triompher partout ses idées personnelles. Il avait obtenu les fortifications de Paris, les lois de compression étaient rigoureusement exécutées, la loi de régence avait été votée, on espérait amener l'opinion à la nécessité d'une dotation pour le duc de Nemours ; le dévouement des chambres s'était manifesté surtout dans les questions étrangères : l'abandon de la souveraineté des îles de la Société, l'indemnité Pritchard, avaient été acceptées ; on avait bien réclamé contre le droit de visite, mais la combinaison onéreuse imaginée pour sortir de la difficulté, avait été adoptée ; enfin, le roi avait pu nommer un de ses fils gouverneur général de l'Algérie, dont il devait être un jour vice-roi, un autre avait épousé la sœur de la reine d'Espagne, au risque de rompre l'*entente cordiale* avec l'Angleterre. Sûr du corps électoral, le gouvernement croyait ne devoir aucune attention à l'opinion du reste du pays. Cependant la désaffection de la garde nationale était connue, car le roi n'osait la passer en revue, et, au mépris de la loi, le ministère cherchait partout à s'en débarrasser. En voyant l'autorité royale prendre une si grande extension, les diverses oppositions se coalisèrent, et se rangèrent sous le drapeau de la réforme électorale et parlementaire.

Chaque fois que ce cri avait été porté dans le parlement, il s'était perdu sans écho ; et soit qu'on demandât l'adjonction des capacités à la liste électorale, soit qu'on demandât l'extension des incompatibilités entre le mandat de député et certaines charges publiques, toujours la majorité avait repoussé les propositions par un refus dédaigneux. Les élections générales de 1846 furent encore favorables au système gouvernemental ; mais alors des banquets s'organisèrent, et l'agitation fut portée au sein même du pays. Pendant que là cherté du pain, augmentée encore par la maladie des pommes de terre, amenait un ralentissement dans les affaires, des procès fameux jetaient l'inquiétude dans les esprits. Ce n'étaient pas alors les adversaires du gouvernement qui venaient s'asseoir sur la sellette de la justice, c'étaient d'anciens ministres convaincus d'avoir trafiqué d'une concession de mines ; c'était un pair de France, gentilhomme de la duchesse d'Orléans, qui, à la suite d'une vie scandaleuse, donnait la mort à sa femme ; c'était un frère de la doctrine chrétienne qui avait assassiné une jeune fille et trouvait des complices qui mentaient dans la crainte de nuire à la religion. Et au milieu de tous ces faits la majorité se déclarait *satisfaite*, et un ministre s'écriait devant ses commettants : *Vous sentez-vous corrompus ?* Brouillée avec l'Angleterre, la France chercha des alliances chez les cours absolues, et un jour la cour des Tuileries se trouva d'accord avec l'Autriche contre le mouvement national qui s'opérait en Suisse ; et cela au moment même où l'Italie semblait renaître à la liberté.

Cette politique à rebours des sentiments nationaux avait son contre-coup en France. En même temps qu'on faisait des concessions au parti prêtre dans la loi sur l'enseignement, on cherchait à réorganiser une certaine aristocratie. Le maréchal Bugeaud était créé duc, ainsi que le baron Pasquier. Le maréchal Soult devenait maréchal général. On demandait le rétablissement des ministres d'État ainsi que la réorganisation du chapitre de Saint-Denis. Mais le vieux roi n'avait jamais pu donner d'une main sans retirer de l'autre ; ainsi, après avoir fait déclarer qu'il y avait abus dans certains mandements, il laissait interdire la chaire de M. Quinet et suspendre le cours de M. Michelet, adversaires déclarés des jésuites ; après avoir repoussé vertement l'archevêque de Paris, qui lui demandait la célébration du dimanche ; il exigeait de la Suisse le rétablissement des couvents ; après avoir fait condamner des prêtres pour leurs attaques contre les membres de l'université, il laissait les jésuites relever fièrement la tête. Pourtant de toutes parts on s'était mis à étudier la révolution française, et Béranger annonçait le déluge des rois sous le flot populaire.

Vers le milieu de l'année 1847, M. Guizot déclarait à la

France, du haut de la tribune, qu'il faudrait longtemps attendre encore cette réforme électorale si désirée et que lui-même naguère au banquet de Lisieux avait annoncée. Ce langage amena une petite scission, dans la majorité. M. Duchâtel, ministre de l'intérieur, allant plus loin, déclara que le pays était indifférent à ces idées de réforme. L'opposition se roidit ; un banquet fut organisé au Château-Rouge pour le 9 juillet, et dans cet établissement public de la banlieue de Paris, elle proclama sa devise et développa ses moyens d'action. Sa devise, c'était la réforme électorale, ses moyens, la fusion de toutes les nuances de l'opposition et l'agitation propagée au moyen des banquets. Cette manifestation, dans laquelle on vit M. Duvergier de Hauranne s'asseoir à côté de MM. Recurt et Pagnerre, réunit plus de 1,200 électeurs de Paris et un grand nombre de députés. Elle trouva de l'écho et des imitateurs sur beaucoup de points de la France.

Au banquet de Mâcon, qui eut lieu le 18 du même mois, M. de Lamartine, l'ancien barde de la légitimité, passé dans le camp révolutionnaire, s'écriait : « La France sent tout à coup le besoin d'étudier l'esprit de la révolution, de se retrancher dans ses principes épurés, séparés des excès qui les altérèrent, du sang qui les souilla, et de puiser dans son passé des leçons de son présent et de son avenir. » Puis, glorifiant cette révolution, il adressait à la dynastie d'Orléans un avis foudroyant, dans lequel il disait que si la royauté de 1830, au lieu de se regarder comme un régulateur du mécanisme du gouvernement, marquant et modérant les mouvements de la volonté générale, sans jamais les contraindre ni les fausser, sans jamais les altérer ni les corrompre, cherchait à se perpétuer en s'isolant dans une élévation constitutionnelle, en s'entourant d'une aristocratie électorale, en se liguant avec les réactions sourdes du sacerdoce, en se campant dans une capitale fortifiée, en désarmant la garde nationale, en caressant l'esprit militaire, en achetant sous le nom d'influences une dictature dangereuse ; alors au lieu de subsister un nombre d'années déterminé par ses services et suffisant à son œuvre de préparation et de transaction, la royauté représentative tomberait non dans son sang, comme celle de 1789, mais dans son piége, « et après avoir eu les révolutions de la liberté et les contre-révolutions de la gloire, ajoutait le brillant orateur, vous aurez la révolution de la conscience publique et la *révolution du mépris*. »

En général les membres de toutes les oppositions se confondaient dans les banquets, et la gauche dynastique y trinquait à la réforme avec l'extrême gauche. Les Odilon Barrot, les Duvergier de Hauranne, sans abandonner leurs principes, se trouvaient d'accord avec les Lafayette, les Garnier-Pagès et les Ledru-Rollin. Dans quelques banquets, cependant, l'omission calculée du toast *au roi* donna aux manifestations réformistes une signification nouvelle que ne put accepter l'opposition dynastique. Malgré cette scission, près de soixante-dix banquets eurent lieu dans l'intervalle des deux sessions, et nulle part l'ordre public ne fut troublé. Cependant le gouvernement finit par s'inquiéter sérieusement de ce bruit des verres qui annonçait une explosion des esprits. Et à l'ouverture des chambres, le 28 décembre 1847, le roi disait dans son discours : « Messieurs, plus j'avance dans la vie, plus je consacre avec dévouement au service de la France, au soin de ses intérêts, de sa dignité, de son bonheur, tout ce que Dieu m'a donné et me conserve encore d'activité et de force. *Au milieu de l'agitation que fomentent des passions ennemies ou aveugles*, une conviction m'anime et me soutient : c'est que nous possédons dans la monarchie constitutionnelle, dans l'union des grands pouvoirs de l'État, les moyens assurés de surmonter tous ces obstacles et de satisfaire à tous les intérêts moraux et matériels de notre chère patrie. »

Ces paroles devaient soulever d'indignation la gauche dynastique. Le ministère, disait-elle, n'avait pas craint de mettre dans la bouche du chef de l'État une accusation et une insulte pour une partie considérable de la chambre. Cent députés peut-être avaient assisté aux banquets réformistes ; un grand nombre avaient pris la parole dans ces manifestations, et on les qualifiait d'*ennemis* ou de *complices aveugles* ! N'était-ce pas trop transformer le roi en chef de parti ? La majorité au contraire louait la fermeté du gouvernement. Ne pas parler des banquets réformistes, disait-on de ce côté, après les scandales et les provocations de tous genres qui avaient eu lieu depuis quatre mois, c'eût été lâcheté. La charte et le trône avaient été insultés dans ces réunions. Au banquet de Castres, le socialisme avait fraternellement communié avec l'opposition, représentée par M. Léon de Maleville. On avait sur plusieurs points lancé des anathèmes contre les riches, contre la Bourgeoisie. A Montpellier, M. Garnier-Pagès avait qualifié les scènes de la Terreur de nécessités douloureuses qui devaient sauver le pays. Puisse la France, avait-on ajouté, refaire sous le drapeau de la réforme ce qu'elle a manqué en 1830.

Dans les débats de l'adresse à la chambre des pairs, M. d'Alton-Shée, qui d'abord avait soulevé les clameurs de la chambre haute en osant faire l'éloge de la Convention à la tribune, attaqua les actes du ministère, en s'associant à l'agitation qui commençait à grandir dans le pays. M. Beugnot parla à son tour des alarmes qu'entretenait une agitation factice, et désavoua les tentatives réformistes. Organe du gouvernement, M. Duchâtel déclara que le cabinet ne voyait pas la nécessité d'une réforme parlementaire ; l'adresse, votée à une éminente majorité, reproduisit les mots de *passions ennemies*, et y ajouta ceux de *souvenirs détestables*, appliqués aux apologies faites de la première révolution dans un certain nombre de banquets.

A la chambre des députés, MM. Janvier demanda compte à l'opposition modérée de son alliance avec l'opposition radicale. La discussion dégénéra en personnalités. La commission de l'adresse avait reproduit dans son projet les paroles du discours du trône : *passions ennemies* et *entraînements aveugles*. M. Duvergier de Hauranne défendit les banquets, dont il avait été le promoteur. M. Maire prétendit que l'on calomniait le parti radical ; et un député inconnu, M. Roubaud, résuma ainsi les manifestations mises en cause : « M. Duvergier de Hauranne organise la pensée des banquets, M. Thiers n'y assiste pas, M. Ledru Rollin les envahit, et M. O. Barrot y est calomnié. »

Au milieu de ces débats la querelle s'envenimait. On avait d'un côté nié la légalité de l'agitation réformiste, de l'autre M. Duvergier de Hauranne déclarait qu'il ne s'arrêterait pas devant un *ukase* du ministère. L'honorable député se déclarait même prêt à s'associer lui-même à ceux qui, par un acte éclatant de résistance légale, voudraient éprouver s'il suffit d'un simple arrêté de police pour confisquer les droits des citoyens. M. Duchâtel ayant dit dans le cours de cette discussion : « Si l'on croit que le gouvernement, accomplissant un devoir, cédera devant les manifestations quelles qu'elles soient, on se trompe. Non, il ne cédera pas ; » M. O. Barrot répondit : « Polignac et Peyronnet n'ont jamais fait pis que vous ! » M. Duchâtel offrit de soumettre la question des banquets aux tribunaux ; justement un comité du douzième arrondissement de Paris organisait un banquet dont M. Boissel, député, devait accepter la présidence. M. Duchâtel prit parti de l'interdire, invoquant une loi de 1790 qui accordait aux municipalités le droit d'autoriser les réunions. L'opposition nia la validité de cette loi. La discussion traîna en longueur pendant quelques jours à la tribune, et l'opposition, par la bouche de M. O. Barrot, prit l'engagement solennel de soutenir le droit de réunion, malgré l'interdiction du ministère. M. de Lamartine vint à son tour prêter l'appui de sa parole à la discussion ; mais, vains efforts, le paragraphe de l'adresse paraphrasant mot pour mot le discours de la couronne fut adopté, après une épreuve douteuse, à la majorité de trente voix. Le ministère était sauvé ; mais la question allait sortir de la chambre.

Les députés de l'opposition eurent d'abord la velléité de donner leur démission pour aller répandre l'agitation dans les départements ; après une longue discussion ce projet fut abandonné. On prit alors l'engagement d'aller au banquet du douzième arrondissement. Le général Thiard offrit son jardin dans la rue du Chemin-Vert, à Chaillot, près des Champs-Élysées. Le jour fut fixé au 22 février. Un comité directeur, composé d'électeurs, de députés et de journalistes s'organisa. Des notes furent publiées dans les journaux. Le rendez-vous, le départ, l'ordre de la marche une fois arrêtés, une convocation fut adressée aux jeunes gens des écoles. Les gardes nationaux furent invités à se joindre sans armes et par pelotons, sous les ordres de leurs officiers, à la manifestation, pour y maintenir l'ordre et la protéger au besoin. Le ministère avait pris d'abord une attitude de neutralité. Il disait ne vouloir recourir à aucune violence, à aucune mesure préventive, à aucun déploiement de force armée pour arrêter le banquet. Il se réservait seulement le droit de faire constater ce qu'il regardait comme un délit, par un commissaire de police, uniquement pour donner aux tribunaux une occasion de vider la question de légalité. L'opposition, tout en prétendant que la question était du ressort du parlement, avait accepté cette sorte de compromis! Mais la veille même du banquet, le ministère, prétextant de la convocation qui avait été faite des étudiants et des gardes nationaux, retira l'engagement tacite qu'il avait pris envers l'opposition, et refusa aux convives le droit de se réunir. Cette nouvelle détermination fut connue à la chambre dans la journée du 21, et interpelle le ministère. M. Duchâtel déclare qu'il a à maintenir la tranquillité publique, que la loi est violée par la convocation de la garde nationale, et que toute tentative de réunion ou de manifestation sera dissipée par la force armée.

L'opposition, frappée de stupeur, se retire en désordre chez M. O. Barrot pour délibérer. M. Berryer avait reculé devant le danger d'un appel aux passions. M. Thiers proposa de s'abstenir devant l'intimidation; M. Barrot hésite, tergiverse, adopte enfin l'opinion de M. Thiers et entraîne avec lui la majorité des membres présents. Dix-huit députés, parmi lesquels on compte MM. Dupont (de l'Eure), Marie, L'Herbette, Maurat-Ballange, Ferdinand de Lasteyrie, Mathieu (de Saône-et-Loire), Thiard, Duvergier de Hauranne, Lamartine, etc., insistent pour que l'opposition accomplisse son acte légal de résistance en ne laissant pas le peuple se présenter seul au banquet du douzième arrondissement. Trois pairs de France, MM. de Boissy, d'Alton-Shée et d'Harcourt sont du même avis. Tous se réunissent chez M. de Lamartine; et pendant qu'ils délibèrent le préfet de police fait afficher à tous les coins de rue l'interdiction du banquet et de la loi contre les attroupements. Ces affiches font naître précisément les rassemblements. Une sourde inquiétude s'empare de la population. La proclamation du préfet de police et celle du commandant des gardes nationales de la Seine sont commentées et arrachées en plusieurs endroits. Le soir on se réunit autour des vendeurs de journaux, et le mot de résistance vole de bouche en bouche. A mesure que la crise approche, M. de Lamartine devient plus inébranlable dans sa résolution. « La place de la Concorde dût-elle être déserte, disait-il encore à minuit, et tous les députés dussent-ils se retirer de leur devoir, j'irai seul au banquet avec mon ombre derrière moi. » Une demi-heure après, on vint lui apprendre que les commissaires avaient fait disparaître les préparatifs du banquet, et qu'en se présentant au lieu de réunion on ne trouverait qu'une porte close.

Le gouvernement avait confiance dans l'issue de la lutte qui se préparait. Soixante mille hommes de troupes étaient concentrés dans Paris et aux environs. La journée du 21 fut agitée. De nombreuses patrouilles sillonnent Paris. Des munitions de guerre sont distribuées à la troupe. Le 22, des masses de curieux se dirigent vers la place de la Concorde, où des rassemblements existent déjà. Le matin les journaux de l'opposition modérée contenaient une déclaration de M. O. Barrot et de quelques autres membres de la gauche dynastique par laquelle, dans la crainte de l'effusion du sang, ils annonçaient qu'ils croyaient devoir s'abstenir de paraître au banquet, laissant au pouvoir la responsabilité de ses mesures et engageaient tous les bons citoyens à suivre leur exemple. La députation des écoles, réunie dès le matin sur la place du Panthéon, se forme en colonne et s'ébranle aux chants de la *Marseillaise* et du chœur des *Girondins*; grossie en route par une masse d'ouvriers, elle se dirige vers la demeure de M. O. Barrot, rue de la Ferme-des-Mathurins, puis revient tenter le siège du ministère des affaires étrangères, qui est vigoureusement défendu par des gardes municipaux. La foule se retire alors vers la Chambre des Députés; mais le pont de la Concorde est barré par un peloton de gardes municipaux. Une lourde charrette est lancée dessus et ouvre un passage; aussitôt le pont est envahi, et les jardins de la présidence sont escaladés. Mais, à la tête d'un escadron de dragons et d'un escadron de garde municipale, le général Tiburce Sébastiani, commandant la 1re division militaire, dégage le palais législatif, et les masses sont refoulées jusque sur la place de la Concorde et dans les Champs-Élysées. Pour débarrasser la place, un escadron exécute une charge qui coûte la vie à un homme et à une femme. Pendant ce temps la chambre des députés discutait un projet de loi sur la banque de Bordeaux, et la chambre des pairs refusait d'entendre des interpellations. Vers la fin de la séance du Palais-Bourbon, M. O. Barrot déposait, au nom des députés de l'opposition, une demande de mise en accusation du ministère, comme coupable : 1° d'avoir trahi au dehors l'honneur et les intérêts de la France; 2° d'avoir faussé les principes de la constitution, violé les garanties de la liberté et attenté aux droits des citoyens; 3° d'avoir, par une corruption systématique, tenté de substituer à la libre expression de l'opinion publique les calculs de l'intérêt privé; 4° d'avoir trafiqué, dans un intérêt ministériel, des fonctions publiques, ainsi que de tous les attributs et privilèges du pouvoir; 5° d'avoir, dans le même intérêt, ruiné les finances de l'État, et compromis ainsi les forces et la grandeur nationales; 6° d'avoir violemment dépouillé des citoyens d'un droit inhérent à toute constitution libre, et dont l'exercice leur avait été garanti par la charte, par les lois et par les précédents; 7° d'avoir enfin, par une politique contre-révolutionnaire, remis en question toutes les conquêtes de nos deux révolutions, et jeté dans le pays une perturbation profonde.

M. Guizot ayant lu cet acte sur le bureau du président redescendit froidement à son banc, l'air calme et dédaigneux. Vers la même heure, aux Tuileries, Louis-Philippe faisait des jeux de mots sur les banquets, et un député disait en plaisantant : « L'émeute est dans l'air. » A quatre heures, la troupe est harcelée ; les barricades sont commencées et abandonnées; les grilles du ministère de la marine sont enlevées presque sous les yeux de la troupe; les boutiques de l'Assomption fournissent de nouvelles armes; l'insurrection agite vers le centre de la ville; les boutiques d'armuriers sont enfoncées. Le soir, le chant des *Girondins* est entonné dans la galerie d'Orléans au Palais-Royal; les chaises et les baraques des Champs-Élysées sont incendiées. A sept heures du soir, le rappel est battu dans le douzième arrondissement; peu de gardes nationaux se rendent à la mairie. Dans la soirée, des barricades s'élèvent dans le quartier du Temple. Au fond des halles, on fait des cartouches. Les troupes ont pris leurs positions; elles bivouaquent dans la boue, sous la pluie, devant leurs feux à moitié éteints. Les halles, la place du Carrousel, la place de la Concorde, les quais, les boulevards sont remplis de soldats venus pour la plupart des forts, et déjà fatigués. A minuit, le calme semble rétabli partout. Le 23, dès cinq heures du matin, une grande agitation règne dans le faubourg du Temple; le Marais se couvre de barricades. Le haut de la rue Saint-Denis et celui de la rue Saint-Martin se fortifient, ainsi que la rue de Cléry, la rue du Cadran, la rue du Petit-Carreau et la rue Neuve-Saint-Eustache.

Pendant que la résistance s'organisait, on dormait tranquille aux Tuileries. Le général Sébastiani avait parcouru les boulevarts la cravache à la main ; il ne croyait d'abord qu'à une échauffourée de faubourg ; mais les rapports qu'il recevait de tous côtés lui firent enfin comprendre la gravité de la situation. De bonne heure, le mercredi, il demande à parler au roi, et lui expose timidement l'imminence du péril ; Louis-Philippe se prit à rire, et le traita de visionnaire. Les rapports du préfet de police, pleins de franchise et de loyauté, ne sont pas mieux reçus à la cour ; M. Dupin lui-même est à peine écouté ; quant au général Jacqueminot, il était malade. Les soldats sont harassés par des marches et des contre-marches inutiles ; des régiments entiers sont oubliés dans la distribution des vivres. De nouveaux régiments arrivent à marche forcée et augmentent l'encombrement sans ajouter aux moyens d'action. Le matin, le maréchal Bugeaud parcourt, au milieu d'un nombreux état-major, une partie de la ligne des boulevarts ; il revient aux Tuileries, et demande la convocation de la garde nationale, qui jusque là avait été à peu près oubliée. Depuis la rentrée des cendres de l'empereur, où une portion de la garde nationale avait crié *à bas le ministère!* on n'avait pas osé convoquer la milice citoyenne ; on se méfiait même de la petite bourgeoisie armée. Enfin, le 23, la garde nationale est convoquée ; on espère que les hommes hostiles au ministère s'abstiendront de prendre les armes ; mais les journaux avaient engagé les gardes nationaux à paraître à leur rang et à sauver la monarchie en demandant la réforme.

A midi, toutes les légions se sont rassemblées dans leurs mairies ; l'attitude de la garde nationale diffère suivant les quartiers. Dévouée ici, elle est hostile ailleurs ; en général elle est froide et mécontente. Sur la place des Petits-Pères, la 3ᵉ légion est réunie ; une foule immense l'entoure aux cris de *Vive la réforme! A bas Guizot!* Un escadron de cuirassiers s'ébranle pour charger la foule ; aussitôt les chasseurs de la 3ᵉ légion se forment en carré, et croisent la baïonnette devant les cuirassiers, qui se retirent laissant aux gardes nationaux, d'après leur promesse, le soin de faire évacuer la place. Au coin de la rue Lepelletier, la même scène se renouvelle : les gardes nationaux de la 2ᵉ légion arrêtent un escadron de chasseurs qui voulaient aller prendre position près de l'Opéra. Dans le quartier de la Banque, les gardes nationaux saluent la troupe de ligne du cri de *Vive la réforme!* La troupe répond : *Vive la garde nationale!* Et laisse passer. Partout les patrouilles de gardes nationaux sont accompagnées d'hommes sans armes chantant *la Marseillaise* et le chœur des *Girondins*. Pourtant on se préparait à prendre l'offensive contre l'insurrection. Depuis midi, une vive fusillade se fait entendre dans le cloître Saint-Méry. Le peuple, mal armé, se défend avec intrépidité. Le combat dura là jusqu'à quatre heures. Dans la matinée, les barricades de la rue du Petit-Carreau et de la rue du Caire avaient été enlevées par la troupe.

Cependant les estafettes arrivent à l'état-major et aux Tuileries, et font connaître au roi la conduite de la garde nationale, qui se porte comme médiatrice entre la population et la royauté. Au même moment, une députation de la 3ᵉ légion venait remettre au général Jacqueminot une pétition demandant le renvoi du ministère. La duchesse d'Orléans accourait aussi auprès du roi, le suppliant de sauver l'héritage de son fils. Une seule planche de salut s'offrait encore à la royauté : il fallait se jeter dans le mouvement, au risque d'être emporté par lui ; peut-être un retour du destin aurait-il ramené à la faveur populaire et rendu une partie de sa puissance. Mais Louis-Philippe croyait encore à la charte de 1830, et il tenait aux fictions qu'elle avait créées. Il était perdu. Le conseil des ministres est convoqué, et devant l'attitude de la population il donne sa démission ; mais le roi pense encore pouvoir marchander les réformes et continuer son gouvernement personnel. D'un autre côté, les députés s'étaient rendus de bonne heure à la chambre. Le Palais-Bourbon est occupé par des forces imposantes. Les députés eux-mêmes passent avec la plus grande difficulté. C'est à peine si la médaille parlementaire peut leur servir de sauf-conduit. M. Vavin ouvre la séance par des interpellations au ministère sur l'absence de la garde nationale. M. Guizot monte à la tribune, et déclare que le roi, usant de sa prérogative, vient de faire appeler M. Molé pour le charger de former un nouveau cabinet. A cette révélation inattendue, des bravos partent de la gauche ; les centres sont foudroyés, et le mot de lâcheté est jeté à la face du gouvernement par ses soutiens ordinaires. La séance est levée aussitôt ; on se précipite sur les quais, sur les places, dans les rues, pour annoncer la grande nouvelle. Des gardes nationaux et des aides de camp montent à cheval et parcourent les boulevards ; de tous côtés les bravos éclatent. Pour tout le monde il est évident que le renvoi du ministère va mettre fin à l'insurrection. On fraternise, on s'embrasse sur les boulevards ; si l'on se bat encore dans les rues du vieux Paris, l'arrivée des officiers d'ordonnance fait tomber les fusils des mains, et le feu cesse de toutes parts. Bientôt l'ordre est donné aux troupes de rentrer dans leurs casernes ou de quitter Paris. Exténuées de fatigue, les troupes ne pourront plus revenir. Le général Friant annonce à la garde nationale que pas un coup de fusil ne sera tiré du côté de la troupe ; le peuple conduit la garde nationale aux corps de garde où les prisonniers de la journée sont détenus ; les portes s'ouvrent, et les captifs sont rendus à la liberté. Le soir, une illumination générale éclaire les quartiers où l'on s'est battu dans le jour, et des bandes se répandent dans les quartiers habités par la fortune en demandant des lampions pour célébrer la victoire du peuple ; mais la richesse hésite, et la voix du peuple se perd sans écho dans les rues désertes du haut commerce.

Pendant ce temps-là, le roi et M. Molé, qui venait d'être appelé aux Tuileries, discutaient entre eux les conditions de la formation d'un nouveau cabinet. En sacrifiant M. Guizot, Louis-Philippe s'était sans doute flatté de revenir aussitôt à sa propre politique. M. Molé avait pu juger par ses yeux de l'opinion unanime de la population en faveur de la réforme électorale et parlementaire ; il voulait poser les bases d'une administration encore timide et insuffisante, mais du moins dégagée des liens de la politique personnelle ; il ne se récria sur les conditions qui lui étaient faites : il avait tout concédé, disait-il, même la dignité de la couronne ; que lui demandait-on encore ? Voulait-on faire cause commune avec les ennemis de l'État et précipiter la monarchie vers sa ruine ? L'agitation produite par les banquets était, malgré la levée de boucliers populaire, une agitation factice, causée par des ambitions en quête d'un portefeuille ; encore quelques jours, et cette agitation serait calmée. A travers les ménagements et les réticences imposées par l'étiquette des cours, M. Molé tâchait de faire comprendre à Louis-Philippe toute la gravité des circonstances, la nécessité de céder. Le roi remuait la tête comme un homme dont l'esprit supérieur ne se laisse pas dominer par les exagérations de la crainte, et M. Molé dut se retirer après avoir reçu l'invitation d'un second rendez-vous, mais sans emporter l'espoir d'aucune concession. Un instant auparavant, le duc de Nemours disait au colonel de la 2ᵉ légion : « Le gouvernement du roi ne fléchira pas devant l'émeute. »

La population célébrait néanmoins sa victoire. Des patrouilles se font aux flambeaux, accompagnées de chants populaires. La musique des quelques régiments qui sont encore au bivouac se fait entendre ; seulement, dans le cœur de Paris, quelques hommes du peuple ont refusé de rendre leurs barricades. Vers dix heures une colonne de quatre ou cinq cents individus, dont quarante au plus ont des fusils, parcourt les boulevards. Arrivés à l'hôtel des affaires étrangères, alors sur le boulevard des Capucines, ils trouvent le boulevard barré par un bataillon de troupe de ligne et une compagnie de grenadiers de la garde nationale. Des gardes municipaux sont campés dans le jardin du ministère, en surélévation du boulevard. La masse de curieux était énorme sur ce point : hommes et femmes s'y promenaient comme en un jour de fête. La colonne approche dans le carré ; un petit nombre de gardes nationaux se met à la tête, et la conduit à la place Vendôme par la rue de la Paix. Là on force le ministre de la justice à illuminer sa propre défaite. On revient à l'hôtel des Capucines pour renouveler la même plaisanterie. L'hôtel était éclairé comme pour une réception ; le ministre renvoyé n'était donc pas parti. La foule s'accumulait sur le boulevard. Un homme portant un drapeau demande à parlementer avec le commandant de la force militaire. Alors un coup de feu part, on ne sait d'où, et blesse le cheval du commandant. Au bruit de l'explosion, les gardes municipaux qui sont dans le jardin de l'hôtel abaissent leurs fusils, et font une décharge. La troupe répond, et quatre ou cinq feux de peloton abattent une soixantaine de personnes, la plupart inoffensives. La foule, effrayée, indignée, exaspérée, se précipite dans toutes les directions. On se bouscule, on marche sur des cadavres et sur le corps des blessés ; quelques personnes se précipitent par-dessus les rampes dans la rue Basse-du-Rempart, où l'on se heurte et se renverse.

Aucune sommation n'avait été faite à cette foule qui stationnait paisiblement depuis plusieurs heures devant le front de la troupe ; pas un roulement de tambour, pas un avertissement n'avait précédé cette épouvantable fusillade à bout portant. Bientôt le cri : « Nous sommes trahis, on nous assassine, aux armes ! aux armes ! » se fait entendre de tous côtés dans Paris. Des hommes effarés, la tête nue, échappés à la fusillade, vont partout semer les détails de ce drame. Les chants de triomphe se changent en cris de vengeance et d'appel aux armes. La ville entière reprend son aspect morne et sinistre. Les illuminations s'éteignent ; des groupes se forment menaçants sur toutes les places, dans toutes les rues. Des barricades s'élèvent comme par enchantement. Partout les maisons sont fouillées pour enlever les armes ; le tocsin sonne dans toutes les églises, dont l'insurrection s'est emparée. Pendant ce temps la colonne qui avait été arrêtée à l'hôtel des Capucines revient avec des tombereaux sur le lieu du carnage pour enlever les morts. Elle y jette une douzaine de cadavres, et se dirige vers les bureaux du National, à la lueur de torches. De la rue Lepelletier le tombereau, sur lequel se dressent quatre hommes du peuple aux bras nus, repart traîné et éclairé de la même manière, et va faire une station dans la rue Jean-Jacques Rousseau, devant la maison du journal La Réforme, suivi d'une foule exaspérée. Enfin, le lugubre convoi s'enfonce dans les quartiers sombres, pour ne s'arrêter qu'à la place de la Bastille. En quelques heures toutes les rues sont barricadées. Les arbres des boulevards tombent sous la hache. Des voitures sont amenées et renversées aux coins des rues. Les colonnes des boulevards fournissent des projectiles. L'entrée du faubourg Montmartre devient une citadelle. Au point du jour les barrières se ferment, et se barricadent. Les maisons de l'octroi sont saccagées. Les fils conducteurs des télégraphes sont coupés. Paris se trouve complètement isolé. Les troupes sont sur les ailleurs trop fatiguées pour pouvoir revenir. Pendant toute la nuit, on s'était battu dans la rue Rambuteau et dans la rue Transnonain ; le matin des dragons sont repoussés devant une barricade de la rue Cuvier.

L'attitude prise par le peuple avait jeté l'effroi dans les Tuileries. Alors que le roi supposait le danger évanoui, la tristesse s'était emparée de lui : « Pour la première fois j'ai cédé devant l'émeute, disait-il au duc de Nemours ; c'est une abdication morale. » Vers dix heures, des députés conservateurs avaient demandé à voir le roi. « Ils auraient trop de reproches à me faire sur ma faiblesse, répondit-il, je ne verrai pas. » En apprenant l'affaire de l'hôtel des Capucines, Louis-Philippe sortit de son abattement. « Il faut en finir, s'écrie-t-il, et prendre toutes les mesures nécessaires pour sauver la monarchie. » Mécontent de la faiblesse du général Sébastiani et de la langueur du général Jacqueminot, le commandement des troupes est confié au maréchal Bugeaud, ainsi que le commandement de la garde nationale.

Cette double nomination, signée par le roi, est contresignée par MM. Duchâtel et Trézel. Le maréchal Bugeaud est décidé à combattre énergiquement l'insurrection. Le général Bedeau doit prendre le commandement de la colonne de gauche qui parcourra le boulevard, le général Sébastiani doit se mettre à la tête de la colonne de droite, qui longera les quais, pendant que le maréchal dirigera lui-même le troisième corps à travers le centre de Paris. Les barricades doivent être enlevées à la baïonnette. Le général Sébastiani observe que les troupes sont trop fatiguées pour combattre de suite ; le maréchal Bugeaud consent à leur donner un peu de repos, et l'attaque générale doit commencer à cinq heures du matin. Pendant ce temps-là, le roi avait fait appeler deux fois M. Molé ; la seconde fois, M. Molé fit répondre qu'il résignait ses pouvoirs. Alors Louis-Philippe envoya chercher M. Thiers ; celui-ci arriva aux Tuileries à deux heures du matin. Il accepta la nomination du maréchal Bugeaud, mais à la condition qu'on retarderait l'attaque des barricades. M. Thiers présente ensuite au roi sa liste ministérielle : le roi fait mille difficultés sur les noms ; il veut biffer l'un, en ajouter un autre ; il demande surtout que le portefeuille de la guerre soit donné au maréchal Bugeaud. M. Thiers tient ferme, et Louis-Philippe cède, tout en se plaignant des exigences du nouveau ministre. Le général Lamoricière sera commandant en chef de la garde nationale. Enfin le ministère est composé de MM. Thiers, O. Barrot, Lamoricière, Rémusat, Duvergier de Hauranne. Louis-Philippe veut envoyer les noms des nouveaux ministres au Moniteur ; mais M. Thiers s'y oppose, disant qu'il ne peut engager d'une manière définitive la volonté d'hommes qui n'ont point encore été consultés. Au lieu de les aller chercher, de réunir tout de suite son administration, M. Thiers se retira à quatre heures du matin, et le roi alla se coucher. Le matin, loin d'annoncer un changement de ministère, le Moniteur étalait la nomination du maréchal Bugeaud.

Quand le roi se réveilla, les Tuileries étaient déjà cernées, et il put entendre les premières détonations de la fusillade. M. Guizot avait passé la nuit aux Tuileries : en voulant traverser la rue de Rivoli, des coups de feu le forcèrent à rebrousser chemin. A sept heures du matin, M. Thiers revint au château à la tête d'un groupe de députés de l'opposition, MM. Duvergier de Hauranne, Crémieux, Lasteyrie, de Beaumont et Lamoricière. La nouvelle de la nomination du maréchal Bugeaud au commandement de la force armée a produit un effet si détestable, que la première demande de M. Thiers est la révocation du maréchal. Le roi révoque. L'ordre est donné de faire cesser le feu partout, mais en gardant les positions. A cette heure suprême, Louis-Philippe discutait encore les conditions du programme posées par M. Thiers ; enfin, en cédant sur tout, il dit au président du conseil : « Maintenant, je puis être tranquille, je suis couvert par vous et par M. Barrot. » Puis il commande son déjeuner. En sortant de chez le roi, M. Thiers et M. Barrot montent à cheval ; ils donnent aux troupes l'ordre de ne pas tirer, et s'échappent dans les rues. La proclamation qui annonce leur arrivée aux affaires est lacérée : « C'est donc une abdication ? » dit M. Barrot ; « c'est peut-être plus que cela, » répond M. Thiers. La cour du château est gardée par trois mille hommes de troupes de ligne et par six pièces de canon. Vers neuf heures, des coups de fusil partent de la maison qui faisait son être annoncé, le coin de la rue de l'Échelle et de la rue de Rivoli. L'avant-garde de l'insurrection assiége déjà le guichet de l'Échelle. La duchesse d'Orléans se retire chez le roi, en ordonnant d'habiller ses enfants et de les conduire chez la reine.

Néanmoins, à dix heures et demie, on se rassemble pour déjeuner comme d'habitude dans la galerie de Diane. A ce moment, M. de Rémusat paraît à la porte de la salle à manger sans être annoncé, et demande à parler au duc de Montpensier. Le roi l'invite à prendre place à table, M. de Rémusat refuse ; le duc de Montpensier se lève ; M. de Rémusat lui parle à voix basse : bientôt tout le monde est debout. Le roi apprend que les soldats rendent leurs armes sur les boulevards. Aussitôt l'ordre du départ est donné; mais M. de Chabannes, dans la crainte d'achever la démoralisation des troupes, refuse d'amener les voitures. La reine applaudit à cette résolution. Quelques officiers proposent de couper par des barricades les rues qui avoisinent le palais et de s'y défendre à outrance. Marie-Amélie engage le roi à monter à cheval; le roi adopte cette idée, et passe la revue des troupes réunies au Carrousel. La troupe l'accueille aux cris de : *Vive le roi!* Mais deux bataillons de garde nationale crient *Vive la réforme!* Et en entendant ce cri Louis-Philippe rentre au château. Au même instant M. Thiers revenait demander la présidence du conseil pour M. O. Barrot. Celui-ci n'avait pas été plus heureux que M. Thiers. Entouré de MM. Horace Vernet, Oscar Lafayette et de quelques députés de l'opposition, il avait voulu parcourir les boulevards. Parvenu de barricade en barricade jusqu'à la Porte-Saint-Denis, le cortège, qui se rendait à l'hôtel de ville, avait été forcé de rebrousser chemin. « Mes bons amis, avait dit M. O. Barrot, nos efforts communs l'ont emporté. Nous avons reconquis la liberté, et ce qui vaut mieux l'honnêteté. — Cela ne nous suffit pas, répond le peuple, nous avons été trompés trop souvent. » En même temps un homme s'avance dans une attitude énergique, et fait entendre que les concessions arrivent trop tard; M. O. Barrot est forcé de retourner sur ses pas.

Le Carrousel était attaqué par toutes ses issues. Les élèves de l'École Polytechnique s'étaient mêlés aux combattants. Les troupes, déconcertées par des proclamations sans suite, sans liaison, qui leur annonçaient tantôt un changement de commandant, tantôt un changement de ministère, ne savaient plus à qui obéir; la désorganisation était à son comble; des régiments entiers mettaient la crosse en l'air et rentraient dans leurs casernes; partout la troupe prenait la place des troupes. Pendant que le roi écrivait l'ordonnance qui élevait M. Barrot à la présidence du conseil, deux hommes, deux journalistes, se précipitent dans le cabinet de Louis-Philippe; c'étaient MM. Émile Girardin, de *La Presse*, et Merruau du *Constitutionnel* : « Sire, dit M. E. Girardin, les minutes sont des heures; vous perdez un temps précieux. Dans une heure peut-être il n'y aura plus de monarchie en France. » Puis M. Merruau déclare qu'il a vu déchirer toutes les proclamations et maltraiter les hommes chargés de les répandre; il raconte ensuite qu'à deux pas des Tuileries, sur la place de la Concorde, la troupe vient de rendre ses armes : « Que faire donc? » dit le roi en laissant tomber sa tête sur sa poitrine. Un silence de mort règne dans l'assemblée. Enfin, le duc de Montpensier s'écrie : « Sire, il faut abdiquer. » Alors M. E. Girardin montre une proclamation toute prête ainsi conçue : « Abdication du roi. — Régence de la duchesse d'Orléans. — Dissolution de la chambre. — Amnistie générale. » Le roi restait atterré sur son fauteuil. A ce moment les vitres des Tuileries frémissent; une fusillade éclate dans la direction du Palais-Royal. A ce bruit, le roi se redresse et semble sortir de son irrésolution. « Eh bien! j'abdique, » dit-il. MM. E. Girardin et Merruau se retirent pour aller annoncer l'abdication. Les deux journalistes se présentent à la barricade de la rue Saint-Honoré. On leur demande la signature du roi. Cette demande est transmise aux Tuileries. Le roi prend la plume, et lentement, tristement, il écrit ces mots : « J'abdique en faveur de mon petit-fils, le comte de Paris; je désire qu'il soit plus heureux que moi. » Le général Lamoricière emporte cette feuille de papier. Il se présente à la barricade de la rue Saint-Honoré, annonçant l'abdication du roi. On lui répond par les cris : *La déchéance!* Il essaye de forcer le passage; son cheval est tué sous lui, et lui-même est blessé au poignet.

Depuis onze heures le combat durait sur la place du Palais-Royal, devant le poste du Château-d'Eau, qui était défendu par deux compagnies de ligne et des gardes municipaux, retranchés derrière des meurtrières crénelées. Les gardes nationaux et le peuple tiraient de la cour du Palais-Royal et des barricades formées aux coins des rues adjacentes, sans pouvoir entamer cette sorte de forteresse. L'exaspération était à son comble. Tout à coup on apprend que les voitures du roi ont été amenées sur la place du Carrousel. On y court : un piqueur est tué, deux chevaux sont abattus; le feu est mis aux voitures, et des hommes du peuple les amènent sur la place du Palais-Royal. On les accule au poste, un tonneau d'esprit de vin est roulé sur ce foyer ardent, et l'on jette au milieu de ce cratère les meubles du Palais-Royal. La fusillade continuait pourtant derrière la fumée; mais enfin tout est dévoré, et le Château-d'Eau n'est plus qu'une ruine fumante, sous laquelle sont ensevelis les derniers défenseurs du trône et quelques prisonniers du peuple. Le roi en apprenant le peu de succès de son abdication avait en effet demandé ses voitures; les voyant incendier, et déposant les insignes de sa grandeur évanouie, il songea à se retirer par une autre voie. La reine, pâle, immobile, et accablant de reproches amers, s'approcha de M. Thiers, et, l'accablant de reproches amers, lui dit : « Ah, monsieur! vous avez allumé l'incendie, et vous n'avez pas su l'éteindre! » M. Thiers détourna la tête, et ne répondit pas. Louis-Philippe ayant changé de costume, embrassa la duchesse d'Orléans, lui recommandant de rester, salua les assistants, offrit son bras à la reine, et sortit accompagné de M. Crémieux. Il s'en alla par le souterrain qui conduit à la terrasse du bord de l'eau, et traversa une haie de troupes de ligne et de gardes nationaux. Arrivé au milieu de la place de la Concorde, Louis-Philippe se tourna vers quelques gardes nationaux, et leur dit : « Il y a dix-sept ans vous m'avez appelé, je suis venu; vous me renvoyez, je m'en vais, mais je n'ai rien à me reprocher. » L'attitude de la troupe et de la garde nationale était triste et respectueuse, mais froide et sévère. La reine portait la tête haute, et affectait une tranquillité impassible. Au Cours-la-Reine, où venait de périr un député, M. Jollivet, Louis-Philippe et Marie-Amélie montèrent dans une voiture de triste apparence, qui s'enfuit vers Saint-Cloud. Un groupe d'hommes du peuple s'était avancé vers le roi, au moment où il allait monter en voiture. Un escadron de cuirassiers s'approche; mais la masse est compacte, menaçante : elle intercepte le passage. La charger, c'est exposer le roi, car un conflit appelle des représailles. « Respectez le roi ! » s'écrie le commandant. « Qu'il parte, répond une voix du peuple; nous ne sommes pas des assassins! » L'escadron de cuirassiers put enfin rejoindre la voiture, et lui servit d'escorte. Une seconde voiture suivait, emportant la duchesse de Nemours. Dans le trajet des Tuileries à la place de la Concorde, la duchesse de Montpensier s'égara et se perdit dans la foule armée. Cette jeune princesse ne connaissait pas Paris; elle resta seule toute la journée. Ce ne fut que vers le soir qu'un aide de camp put la rejoindre. Mme de Lasteyrie lui donna l'hospitalité.

Pendant que le roi s'enfuyait, la garde nationale arrivait compacte autour du château des Tuileries et le cernait de toutes parts. Ce fut alors que M. Aubert-Roche, lieutenant dans la 5e légion, s'avança résolument vers la grille et demanda à parler au commandant des Tuileries. Le commandant M. Aubert-Roche devant le pavillon de l'Horloge, où se trouvait le duc de Nemours au milieu d'un groupe de généraux : « Monseigneur, lui dit le lieutenant, si le château n'est pas évacué à l'instant même, entre la garde nationale, un combat terrible va s'engager. » Le duc de Nemours ne consulte un instant avec son état-major, et l'ordre de retraite est donné. L'artillerie file par la grille du Pont-Royal, et l'état-major s'échappent par le pavillon de l'Horloge, et descendent à cheval dans le jardin. La cavalerie se retire, puis l'infanterie. La retraite se fit avec tant de précipitation, qu'on oublia de relever les postes intérieurs. Alors la garde nationale pénètre dans la cour des Tuileries, la crosse en l'air; le peuple se précipite à sa suite; ivre des fumées de la victoire, il passe comme la foudre, brisant tout sur son passage, les vases, les glaces, les lustres, le velours, les rideaux de soie. Les papiers, les vêtements, les meubles volent par les fenêtres, et l'on en fait des feux de joie. Le fameux *jeu du trône* se renouvelle. Chacun monte à son tour sur le fauteuil royal, s'y installe, dit son mot, et cède la place à un autre. Tout à coup, une décharge retentit; c'est le buste de Louis-Philippe qui vole en éclats : la royauté vient d'être exécutée en effigie. Pourtant le peuple s'arrête devant l'appartement de la duchesse d'Orléans. Les portraits de la reine, de la duchesse d'Orléans et du prince de Joinville sont respectés; tous ceux des autres membres de la famille royale sont lacérés. Dans la salle des maréchaux, les figures en pied du maréchal Soult et du maréchal Bugeaud sont déchirées. Celle du maréchal Grouchy reçoit un coup de baïonnette. Le Christ et les ornements de l'église du château sont respectés et portes en triomphe à Saint-Roch. Bientôt on s'avise d'aller brûler le trône à la place de la Bastille. On improvise un cortège; des tambours battent la charge; on suit les boulevards, en traversant les barricades, et sur la place des martyrs de la révolution, le trône, ce dernier emblème de la royauté, est réduit en cendres aux cris de *vive la république!* La royauté, matérialisée dans un symbole, est offerte en holocauste au génie de la liberté. Le soir, le peuple dansait aux Tuileries, aux sons du piano de la duchesse de Nemours, tenu, dit-on, par le fils d'un ancien ministre de Charles X. Pourtant un peu d'ordre se glisse dans la foule, les voleurs sont punis de mort. Et néanmoins le Palais-Royal est horriblement dévasté, des objets d'art sont mis en pièces par des barbares, les caves sont saccagées, et quelques excès, vivement réprimés, souillent cette victoire facile.

La chambre des pairs et la chambre des députés s'étaient pourtant réunies dans leurs palais respectifs; à la chambre des pairs, les membres de l'opposition voulurent encore en vain adresser des interpellations et pousser l'assemblée à quelques démonstrations. Le président annonça qu'on attendait les membres de la famille royale; aucun ne vint. Un message fut envoyé à la chambre des députés; le messager revint dire que la Chambre des Deputes appartenait au peuple. La chambre des pairs se sépara sans avoir rien fait. Depuis midi, la chambre des députés était réunie. On était en quête de nouvelles. M. Thiers arrive. « Vous êtes ministre! » lui crie un groupe de députés. « La marée monte, monte, » répond M. Thiers, puis il disparaît. On ne sait où est M. Odilon Barrot. M. Sauzet a quitté l'hôtel de la présidence. Enfin, vers une heure, M. Sauzet ouvre la séance publique, quoique l'ordre du jour indiquât une réunion dans les bureaux. Le banc des ministres est vide, les tribunes sont désertes. Les députés sont à leurs places. M. Charles Laffitte demande que la chambre se déclare en permanence. La séance reste suspendue. Un officier arrive, parle au président. M. Sauzet réclame le silence, et annonce l'arrivée de la duchesse d'Orléans. En effet, la princesse paraît tenant d'une main le comte de Paris, de l'autre le duc de Chartres. Elle vient se placer entre ses deux enfants, au milieu de l'hémicycle, où un fauteuil et des chaises ont été préparés. Le duc de Nemours, quelques officiers et des gardes nationaux l'accompagnent. La princesse est, la figure est défaite, des larmes coulent silencieusement sur son visage, malgré les efforts qu'elle fait pour les retenir. Le duc de Nemours, en costume de lieutenant général, se tient debout derrière le fauteuil de la duchesse. Sa figure est calme. Un profond silence règne dans l'assemblée. Il semble que personne n'ose parler. « La parole est à M. Dupin, » dit le président. « Je ne l'ai pas demandée, » répond le procureur général, qui avait amené le comte de Paris à la chambre. Cependant, pressé de questions, il monte à la tribune : « Vous connaissez, dit-il, la situation de la capitale, les manifestations qui ont eu lieu; elles ont pour résultat l'abdication de S. M. Louis-Philippe, qui a déclaré en même temps qu'il déposait le pouvoir, et qu'il en laissait la libre transmission sur la tête du comte de Paris, avec la régence de Mme la duchesse d'Orléans. » Ces paroles sont accueillies par de vives acclamations dans les centres : On crie : *Vive le roi! Vive le comte de Paris! Vive la régente!* La droite et la gauche gardent le silence. M. Dupin ajoute : « Messieurs, vos acclamations, si précieuses pour le nouveau roi et pour madame la régente, ne sont pas les premières qui l'aient saluée; elle a traversé à pied les Tuileries et la place de la Concorde, escortée par le peuple, par la garde nationale, exprimant ce vœu comme il est au fond de son cœur, de n'administrer qu'avec le sentiment profond de l'intérêt public, du vœu national, de la gloire et de la prospérité de la France. » M. Sauzet veut constater les acclamations unanimes de la chambre, mais les extrémités protestent; et des exclamations partent des tribunes qui se sont remplies depuis l'arrivée de la duchesse.

La place de la Concorde, que des postes de gardes municipaux avaient défendue le matin, était au pouvoir du peuple. Une fois le premier poste pris, le général Bedeau avait fait fuir les gardes du second, et il avait fait cesser le feu de la troupe. Les combattants arrivaient donc sans gêne jusqu'à la Chambre des Députés. Le silence ne s'était pas rétabli, que la Chambre était envahie par des hommes armés et par la garde nationale. Des interpellations assez vives sont échangées entre le duc de Nemours et les nouveaux venus; ceux-ci, sur l'observation de quelques députés, finissent par reculer jusque dans les couloirs situés à droite et à gauche de la tribune. M. Marie s'élance à la tribune; mais il ne peut obtenir le silence. M. de Lamartine indique de la main qu'il veut parler. Il demande que la séance soit suspendue. Le président déclare que la séance sera suspendue jusqu'à ce que Mme la duchesse d'Orléans et le nouveau roi se soient retirés. Un groupe de députés entoure la princesse; le duc de Nemours insiste auprès d'elle pour qu'elle se retire. Plus courageuse que le président, plus politique que ses amis, son cœur lui dit que le temps des fictions est passé, et que pour sauver la couronne de son fils il ne faut pas quitter la place. « Mme la duchesse désire rester, » dit M. Lherbette. « Qu'elle reste, dit le général Oudinot, ou accompagnons-la où elle veut aller. » M. O. Barrot entre; mais M. Marie occupe la tribune, et rappelant la loi qui confère la régence à M. le duc de Nemours, il soutient qu'on doit nommer un gouvernement provisoire pour aviser à la situation et ramener l'ordre dans la capitale. Des bravos accueillent ces paroles, qui sont appuyées par M. Crémieux. « On s'est trop pressé en 1830, dit l'avocat israélite, c'est pour cela qu'il a fallu recommencer en 1848. La proposition qui vous est faite violerait la loi qui est déjà portée. Puisque nous en sommes arrivés au point de subir une révolution, confions-nous au pays. Je propose un gouvernement provisoire de ses membres. » M. O. Barrot fait appel aux sentiments généreux. « Notre devoir est tout tracé, dit-il. La couronne qu'on établit repose sur la tête d'une femme et d'un enfant. » De vives acclamations partent du centre. La duchesse d'Orléans se lève, salue, fait saluer son fils, indique du geste qu'elle veut parler; mais sa voix se perd dans le tumulte, et la princesse s'affaisse sur son fauteuil en regardant son enfant.

A ce moment M. de Larochejaquelein s'écrie en élevant la voix : « Messieurs, aujourd'hui, vous n'êtes rien ici. » Et aussitôt une foule nombreuse envahit la salle. Des drapeaux sont déployés, et la chambre retentit des cris : « Pas de régence! plus de royauté! » Un homme du peuple s'empare de la tribune, et prononce un discours où l'on entend le mot de république. La duchesse d'Orléans est entraînée avec ses enfants à l'endroit le plus élevé de la chambre par ceux qui l'entourent; on espère que le flot populaire ne montera pas jusqu'aux gradins du centre gauche. Alors un assaut est livré contre la tribune; grâce à sa force athlétique, M. Ledru-Rollin y reste maître. « Au nom du peuple, partout en armes, maître de Paris, quoi qu'on fasse, dit-il, je viens protester contre l'espèce de gouvernement qu'on est venu proposer à cette tribune. Pas de régence possible... Aujour-

d'hui le pays est debout, et vous ne pouvez rien faire sans le consulter. Je demande donc, pour me résumer, un gouvernement provisoire, non pas nommé par la chambre, mais par le peuple; un gouvernement provisoire et un appel immédiat à une convention qui régularise les droits du peuple. »
M. de Lamartine succède au célèbre tribun ; lui aussi demande un gouvernement provisoire , un gouvernement qui ne préjuge rien, ni de nos sympathies ni de nos colères, sur le gouvernement définitif qu'il plaira au pays de se donner, quand il aura été consulté. « Le gouvernement provisoire aura pour mission , ajoute le grand orateur , pour première et grande mission , d'établir la trève indispensable et la paix publique entre les citoyens; deuxièmement de préparer à l'instant les mesures nécessaires pour convoquer le pays tout entier et pour le consulter, pour consulter la garde nationale tout entière, tout ce qui porte dans son titre d'homme les droits du citoyen. »

A cet appel au suffrage universel, des coups de fusil répondent dans les couloirs et dans les corridors. Les portes des tribunes tombent sous les coups de crosse. Une foule d'hommes encore enivrés de l'odeur de la poudre et de l'ardeur du combat inonde les tribunes. Un d'eux se penche sur la rampe, et ajuste le président, qui n'a que le temps de disparaître sous son bureau ; un autre met le duc de Nemours en joue; mais un de ses camarades lui fait relever aussitôt le canon de son fusil. La panique s'empare des députés du centre; tous s'enfuient. La duchesse d'Orléans est entraînée malgré elle jusque dans la salle des Pas-Perdus. Dans le trajet elle est séparée de ses enfants; le duc de Nemours lutte aussi, avec ses officiers, contre un groupe qu'il parvient enfin à traverser après avoir perdu ses décorations et ses épaulettes. Un garde national porte dans ses bras le comte de Paris, et le jeune duc de Chartres, renversé sous les gradins, est ramassé par un huissier, et conduit plus tard chez M. de Mornay. La duchesse d'Orléans avait été conduite à l'hôtel de la Présidence; elle prit une voiture qui la conduisit aux Invalides. Le lendemain elle quitta la France. Lorsque le duc de Nemours fut parvenu, les cheveux en désordre et les habits déchirés, dans la salle de la Paix, un huissier le conduisait dans un des bureaux, là il revêtit un uniforme de garde national, et disparut. C'est ainsi qu'en moins d'une heure la tempête avait dispersé les membres de cette famille royale qui se croyait si puissante quelques jours auparavant!

Mais pendant que les députés fuient de toutes parts, le peuple continue à s'entasser dans la salle des séances ; M. Dupont (de l'Eure) monte au fauteuil, au milieu d'un vacarme dont il est impossible de se faire une idée. M. de Lamartine est toujours à la tribune; il fait des efforts inutiles pour se faire entendre. On entend le cri de *Vive la république !* « Prenons la place des vendus; » s'écrie une voix. « Plus de Bourbons ; un gouvernement provisoire, et ensuite la république, » reprend une autre voix. « Ils ne l'auront pas volé; c'est un prêté rendu, » répond M. de Larochejaquelein, qui n'a pas quitté la séance. M. Crémieux réussit à faire comprendre que le président va faire connaître les noms des membres du gouvernement provisoire. Mille cris s'élèvent à la fois pour réclamer le silence, et ne font qu'augmenter le tumulte. Alors on s'avise d'écrire en gros caractères le nom de plusieurs membres sur une feuille de papier qu'on promène dans l'Assemblée au bout de labaionnette d'un fusil. L'acteur Bocage crie : « A l'hôtel de ville! » M. de Lamartine écoute ce conseil, et sort accompagné d'un grand nombre de citoyens. Après son départ, M. Ledru-Rollin parle au milieu de l'agitation, puis, un demi-silence se rétablissant par moments, il lit les noms proposés comme membres du gouvernement provisoire : MM. Dupont (de l'Eure), Arago, Lamartine, Ledru-Rollin sont adoptés sans réclamation. Aux noms de MM. Marie, Bethmont, Crémieux, George Lafayette, une vive discussion s'engage. « Pas Garnier-Pagès ! s'écrie une voix. Il est mort, le bon. » — « Vous voyez qu'aucun des membres de votre gouvernement provisoire ne veut la république! Vous serez trompés comme en 1830, » ajoute un élève de l'École Polytechnique. M. Ledru-Rollin se décide à son tour à partir pour l'hôtel de ville. Tout le monde sent que c'est là que vont se jouer les destinées de la France. Le peuple se retire aussi du palais législatif, non sans avoir déchiré le tableau qui représente Louis-Philippe prêtant serment à la charte. La royauté, respectée dans ses derniers représentants, est profanée dans ses images. Cependant un ouvrier s'élance à la tribune, et prononce ces mots : « Respect aux monuments ! respect aux propriétés! Pourquoi détruire? pourquoi tirer des coups de fusil sur ces tableaux ? Nous avons montré qu'il ne faut pas malmener le peuple; montrons maintenant que le peuple sait respecter les monuments et honorer sa victoire ! » Ces paroles sont couvertes d'applaudissements, et la salle est bientôt évacuée.

Pendant ces discussions, M. Étienne Arago s'emparait de l'hôtel des postes, et se nommant directeur de sa propre autorité, préparait le départ des dépêches républicaines. M. Caussidière s'installait aussi à la préfecture de police. Nulle part la révolution ne rencontrait de résistance. En arrivant à l'hôtel de ville M. de Lamartine et ses collègues trouvèrent la foule occupée à proclamer un gouvernement provisoire. Un autre gouvernement s'était constitué au bureau du *National*, et avait été amendé au bureau de la *Réforme*. Les sectionnaires de la Société des Droits de l'Homme en avaient organisé un autre à la préfecture de police. Ces quatre gouvernements se rencontrèrent face à face à l'hôtel de ville. Après quelques instants de lutte et d'hésitation, ils se confondirent en un seul. Mais une nouvelle foule arrivait et remettait tout en question. Enfin, le gouvernement parvint à se réfugier dans une salle obscure, et à commencer une délibération de soixante heures qui va donner de nouvelles bases à la forme démocratique de la France. Le soir toute la population de Paris était transformée en soldats. Les hommes du peuple, armés avec les fusils de la troupe, se réunissent aux gardes nationaux pour défendre les barricades. Sur tous les monuments publics on écrit : *Respect aux propriétés nationales*. La formule républicaine : *Liberté, égalité, fraternité* défend l'entrée des temples et marque l'esprit de la révolution. Les Tuileries sont déclarées *Hôtel des Invalides civils*, et commencent par servir d'hospice et de lieux de convalescence pour les blessés de février. Des troncs sont placés près de chaque barricade pour recevoir les offrandes ; l'ordre paraît se rétablir. Bientôt le fort de Vincennes se rend à la population, et reconnaît le gouvernement provisoire. Les forts détachés font acte d'adhésion, et le lendemain toute la troupe obéit au nouveau ministre de la guerre.

Le gouvernement provisoire était enfin composé de MM. Dupont (de l'Eure), président, de MM. Arago, Lamartine, Ledru-Rollin, Crémieux, Marie, et Garnier-Pagès. MM. Armand Marrast, Flocon, Louis Blanc et Albert, d'abord acceptés comme secrétaires du gouvernement provisoire, finissent par le devenir membres titulaires. M. Pagnerre prend la place de secrétaire. Un ministère se constitue : il est composé de MM. de Lamartine, pour les affaires étrangères; Ledru-Rollin, pour l'intérieur; Arago, pour la marine; Marie, pour les travaux publics; Crémieux, pour la justice; Garnier-Pagès, pour les finances; Carnot, pour l'instruction publique; Bethmont, pour le commerce. Après le refus du général Bedeau, M. Subervie est appelé au ministère de la guerre, et M. Garnier-Pagès, devenu maire de Paris avec MM. Recurt et Guinard pour adjoints, laissa le portefeuille des finances à M. Goudchaux. MM. Caussidière et Sobrier étaient qualifiés de commissaires du gouvernement à la police; le général Cavaignac était nommé gouverneur de l'Algérie, et M. Courtais commandant de la garde nationale. Ces nominations circulaient le soir même du 24 février dans Paris, et lui rendaient quelque tranquillité. La multitude abandonnait l'hôtel de ville, où une salle recevait les morts. Des volontaires s'installaient pour la défense du gouvernement provisoire. Une proclamation annonçait que le vœu du gouvernement provisoire était pour la république ; mais que la forme du gouvernement devait être ajournée jusqu'à ce que la France consultée pût faire entendre sa voix. Le 25 on se réunit de toutes parts, et une longue manifestation vint à l'hôtel de ville crier *Vive la république!* Albert lut à la foule une proclamation par laquelle le gouvernement provisoire s'engageait à garantir l'existence de l'ouvrier par le travail. Enfin, un groupe armé paraît, et se présente à la porte de la salle des séances, où il déploie un drapeau rouge, symbole de l'unité révolutionnaire. Mais M. de Lamartine parle à cette foule hostile ; et, après des efforts inouïs, il la convertit au drapeau tricolore, emblème de la liberté, de l'égalité et de la fraternité dans l'unité. Le même jour le drapeau rouge disparaît des barricades. Les couleurs reprennent dans le drapeau tricolore l'ordre qu'elles avaient sous la première république ; mais bientôt on revient au drapeau de l'empire. Enfin, le gouvernement provisoire proclame la république, et la royauté est abolie. Les barricades s'ouvrent pour laisser passer les approvisionnements.

Une fois installés à l'hôtel de ville, les membres du gouvernement provisoire avaient fait taire leurs sentiments personnels devant l'intérêt commun et le besoin de rétablir l'ordre et d'éviter la guerre civile. Ils se regardaient chacun comme le représentant de quelque partie de la population. M. de Lamartine rassurait la classe bourgeoise ; MM. Ledru-Rollin et Marrast tranquillisaient les républicains formalistes ; MM. Dupont (de l'Eure), Arago, Marie, Crémieux, Garnier-Pagès donnaient à la fois des garanties à la forme républicaine et à l'état social ; MM. Louis Blanc, Flocon et Albert promettaient aux réformateurs une part légitime d'influence. Mais dans les délibérations ce devaient être des discussions sans fin, entre des hommes d'origines et d'opinions si différentes. Comprenant que la démission de l'un d'eux serait le signal d'une explosion, ils conclurent une sorte de trêve au nom du peuple, et se promirent de se faire toutes les concessions imaginables pour maintenir la paix publique. C'est là ce qui explique ces décrets empreints jusqu'à un certain point d'un esprit contradictoire. L'un était concédé pour obtenir l'autre. Le droit au travail était concédé pour retenir le drapeau tricolore ; la république était proclamée pour renverser les barricades. En moins de vingt-quatre heures le gouvernement provisoire avait dissous les chambres, licencié la garde municipale, reconnu le droit d'association, décrété la formation de vingt-quatre bataillons de garde nationale mobile, fait rendre la justice au nom du peuple français, rendu la liberté aux détenus politiques, aboli la peine de mort en matière politique, supprimé le timbre des journaux, et décrété l'organisation d'ateliers nationaux.

Le soir du 25, la ville remplaçait les réverbères cassés par les lampions ; la population veillait encore. On ne savait ce qu'était devenu Louis-Philippe ni les princes. Personne ne s'en préoccupait ; cependant on restait en armes, bien plus pour surveiller les actes du gouvernement provisoire que par crainte du retour du roi. Au dehors, les bandes d'hommes armés se portaient sur Neuilly, saccageaient le château, vidaient les caves et mouraient au milieu de l'incendie qu'ils avaient allumé. Le château de Suresnes, appartenant à M. de Rothschild, était également incendié ; les ponts d'Asnières, de Chatou, étaient brûlés ; plusieurs stations de chemins de fer étaient dévastées. En s'éloignant de Paris, la révolution allait devenir une guerre sociale. Aussitôt des volontaires s'organisent, et sous la conduite des jeunes gens des écoles, on court sauver la France de la barbarie. Le gouvernement provisoire avait pris les titres de noblesse, et le 27 février il proclame publiquement la république sur la place de la Bastille. Pendant ce temps Louis-Philippe errait sur les côtes de la Manche. Parti sans argent de Versailles pour Dreux, où il se berçait encore de l'espoir d'une régence, il apprend par le duc de Montpensier le résultat de la fatale séance de la chambre des députés ; alors toute la famille royale se sauve incognito vers les bords de la mer : Louis-Philippe a coupé ses favoris et mis des lunettes vertes, en couvrant le bas de son visage d'un cache-nez ; enfin, après trois jours et trois nuits passés en quelque sorte à la belle étoile, chassée de ville en ville, la famille royale put s'embarquer sur un bâtiment à vapeur anglais. Le duc de Nemours se dirigea vers l'Angleterre par Boulogne. La duchesse de Montpensier put prendre le même chemin. La duchesse d'Orléans était partie pour l'Allemagne. Les ministres Duchâtel, Guizot, et de Montebello s'enfuirent aussi à Londres, les autres s'en allèrent en Belgique. La cour d'appel avait évoqué contre eux des poursuites, et Caussidière avait fait afficher l'ordre de leur arrestation ; mais aucun ne fut arrêté.

La république avait été reconnue avec empressement par le ministre des États-Unis, les autres puissances suivirent cet exemple ; et d'abord les ambassadeurs étrangers furent d'avis de rester à leur poste en attendant les ordres de leurs gouvernements respectifs. Dans un manifeste à l'Europe, M. de Lamartine posa les conditions de la France nouvelle. Elle ne veut point s'agrandir. Elle ne fera pas de propagande. Si elle se croit mûre pour la république, elle est loin de vouloir imposer cette forme de gouvernement aux autres nations ; mais elle ne saurait cacher ses sympathies pour les peuples qui voudront entrer dans les voies du progrès et de la liberté. A ce cri fraternel, la révolution éclate en Italie et en Allemagne. Milan, Venise et Palerme donnent le signal ; Vienne et Berlin y répondent. Les trônes craquent de toutes parts. Pour se débarrasser des questions sociales, le gouvernement provisoire décrète l'organisation d'une commission pour les travailleurs, présidée par MM. L. Blanc et Albert, et composée des délégués des ouvriers, puis des délégués des patrons, ainsi que de tous les hommes qui se soient occupés d'économie sociale. Ces sortes d'assises du travail s'ouvrent le 1er mars au Luxembourg, dans l'ancienne Chambre des Pairs. La commission obtient un décret qui limite à dix heures la journée de travail. Les discussions du Luxembourg jettent bien vite le trouble dans le pays. Le travail s'arrête dans les manufactures ; les ateliers nationaux prennent une extension formidable, et passent dans les mains de meneurs dangereux. Cependant des fêtes s'organisent, et, sans le secours de la police, des masses énormes de baïonnettes circulent avec ordre dans Paris au convoi des victimes, à la distribution des drapeaux, et à la fête de la Fraternité. De tous côtés des clubs s'ouvrent. Le ministre de l'intérieur envoie des commissaires en province avec une autorité révolutionnaire. Des circulaires maladroites, des bulletins irritants menacent d'imposer le gouvernement des tribuns au pays. Les républicains doutent de leur œuvre, certaine au début. La résistance s'organise. La magistrature perd son inamovibilité, les officiers généraux perdent leur état garanti par la loi.

Des corps armés sont réorganisés ; deux bataillons de garde républicaine sont formés pour la police de Paris et la garde du gouvernement provisoire. Des gardiens de Paris prennent la place des anciens sergents de ville ; mais la troupe est consignée aux portes de Paris, comme un instrument de despotisme. Des arbres de la liberté sont partout plantés avec l'appui de la garde mobile et la bénédiction du clergé. Le manque d'argent a fait recourir aux moyens extrêmes ; il a fallu créer un impôt extraordinaire de quarante-cinq centimes additionnels au principal des contributions directes, donner cours forcé aux billets des banques reçus toutes à la Banque de France. On menace de mettre un impôt sur les revenus ; on diminue, il est vrai, l'impôt du sel, on supprime l'exercice, on menace l'octroi ; mais la province ne voit là-dedans qu'un sacrifice en faveur de Paris, car en attendant on continue à percevoir les contributions dans leur ancienne assiette, et avec une rigueur nouvelle. Les travaux cessent, les denrées tombent à un bas prix extraordinaire ; toutes les valeurs baissent, pour se procurer du numéraire, on porte des masses de métaux précieux aux hôtels des monnaies. Les ateliers se ferment, les boutiques se vident, la faillite se promène partout, malgré le sursis accordé aux échéances; la propriété fait des pertes énormes, et ne sait faire aucun sacrifice utile. M. Marrast déclare que le gouvernement ne saurait intervenir dans l'exécution des contrats privés. Néanmoins, la contrainte par corps est abolie, et un essai d'atelier social est tenté dans l'ancienne prison pour dettes. •Le sang coule dans plusieurs villes. La réaction va profiter de cet état de choses. Chaque autorité possède une police spéciale. Le ministère de l'intérieur, la préfecture de police, la mairie de Paris, le ministère des affaires étrangères, ont chacun des surveillants particuliers. Partout on se méfie.

Un jour on supprime les compagnies d'élite dans la garde nationale. Les bonnets à poil s'irritent de cette mesure; on ne veut pas monter la garde avec des inconnus. Une démonstration est organisée pour réclamer contre cette mesure. Le commandant Courtais arrête la manifestation, et traite d'*émeutiers* ceux qui en font partie. Le jour suivant une contre-manifestation de plus de cent mille hommes arrive à l'hôtel de ville, et impose au gouvernement provisoire la remise des élections. Faute irréparable! Le lendemain de la victoire du peuple, toutes les élections devaient être républicaines et progressives; deux mois après elles étaient hostiles et réactionnaires. Les clubs sont alors envahis par les anciens serviteurs de la monarchie. On rend hommage au talent, on croit aux intentions: on admet les républicains du lendemain. Pendant ce temps quelques clubs deviennent exigeants et oppresseurs. Les anciens conspirateurs s'imaginent que d'un tour de main ils renverseront ce gouvernement provisoire tellement tiraillé, qu'il y a lieu de croire que quelques-uns de ses membres seraient bien aises de se débarrasser de leurs collègues, sans avoir pourtant la force de jouer à jeu découvert démission contre démission. Des bruits étranges circulent. Une manifestation magnifique, où toute une nuit la garde nationale défile spontanément devant l'hôtel de ville aux cris de : *A bas les communistes!* donne une force réelle au gouvernement provisoire, qui n'en sait pas profiter. Chacun se protége tour à tour. Le paratonnerre conspire avec la foudre, suivant l'expression de M. de Lamartine. D'un signe, M. de Lamartine serait le maître de la situation ; mais il n'ose : il payera cette hésitation par la perte de la plus grande des popularités. A l'étranger, on ne sait prendre aucune initiative. Malgré la circulaire du ministre des affaires étrangères, on laisse des bandes armées partir de Paris pour révolutionner la Savoie et la Belgique, qui repoussent cette invasion, et nos armées restent l'arme au bras devant l'envahissement des gouvernements despotiques en Italie et en Allemagne. Enfin, l'Assemblée nationale se réunit en constituante le 4 mai. Son premier cri est la consécration solennelle de la république, votée d'acclamation. Mais la défiance perd tout. L'assemblée déclare que le gouvernement provisoire a bien mérité de la patrie, et aussitôt elle en écarte quelques membres pour former une commission exécutive. Le 15 mai l'assemblée est envahie et chassée du lieu de ses séances ; aussitôt la population se lève spontanément : en quelques heures le palais législatif est rendu à la représentation nationale et les envahisseurs sont saisis à l'hôtel de ville. La confiance ne revient pourtant pas encore ; les ateliers nationaux font peur. On veut brusquement les dissoudre : ils répondent par la terrible insurrection de juin. Alors un gouvernement plus fort et plus uni surgit sous la présidence du général Cavaignac. Mais la vivacité de la répression a soulevé bien des colères. Après le vote de la constitution, les opinions les plus diverses se rallient pour donner la magistrature suprême au prince Louis-Napoléon. La réaction se montre dès lors active et violente. On voit des hommes qui ont lutté toute leur vie pour la liberté dépasser ceux qu'ils combattaient autrefois dans les mesures oppressives, prises au nom du salut public; et la France ne peut plus guère espérer de voir s'accomplir de si tôt les promesses de Février.

L. LOUVET.

FEYDEAU (Théâtre). Ce théâtre fut fondé par une compagnie d'actionnaires, dont les chefs, Léonard Autié, coiffeur de la reine, et le célèbre violoniste Viotti, ayant obtenu un privilége de *Monsieur*, frère de Louis XVI, donnèrent à leur établissement le nom de ce prince. Le Théâtre de *Monsieur* fut ouvert le 26 janvier 1789, au palais des Tuileries, dans la salle qu'avaient naguère occupée provisoirement le Théâtre-Français et l'Académie royale de Musique. A l'opéra bouffon italien, auquel il était particulièrement consacré, il unissait la comédie française et l'opéra-comique. On y ajouta l'année suivante le vaudeville, délaissé par la Comédie Italienne. Après les journées des 5 et 6 octobre 1789, le roi étant revenu à Paris, le Théâtre de *Monsieur* quitta les Tuileries et alla donner ses représentations à la foire Saint-Germain, dans l'ancienne salle des Variétés-Amusantes, jusqu'à ce qu'on eût bâti dans la rue Feydeau une nouvelle salle, dont l'ouverture eut lieu le 6 janvier 1791, et qui prit la même année le nom de Théâtre-Feydeau, lorsque son ancien patron eut quitté la France. Les acteurs de la Comédie furent congédiés à Pâques 1792, comme inutiles et onéreux. Les suites de la révolution du 10 août 1792 ayant épouvanté les chanteurs italiens, ils obtinrent au mois de septembre la résiliation de leurs engagements, et retournèrent dans leur patrie, laissant de vifs regrets à Paris, où ils avaient fait connaître les chefs-d'œuvre de la musique italienne et propagé le goût et la bonne méthode du chant. Ils avaient monté trente-trois opéras, qu'ils jouèrent en moins de quatre ans. L'un des deux administrateurs-propriétaires, Viotti, qui avait dirigé la construction de la salle et organisé la troupe, ayant perdu ses pensions de la cour et le fruit de ses économies, partit aussi pour Londres, laissant d'autres mains cette entreprise, bornée alors au genre lyrique français et au vaudeville.

Quoique recruté successivement par l'admission de Juliet et de Rézicourt, médiocres comédiens qu'habiles chanteurs, de Gavaudan, qui fit concevoir des espérances qu'il devait réaliser depuis, et surtout de Mmes Scio et Rollandeau, le Théâtre-Feydeau, qui possédait déjà Martin, comptait beaucoup de sujets médiocres; il manquait d'ensemble, et son répertoire ne se composait que d'une quarantaine de pièces, dont quelques-unes étaient parodiées sur la musique italienne de Paisiello, d'Anfossi, etc.. Le reste consistait en vaudevilles et en opéras-comiques, ou comédies lyriques, ouvrages de musiciens français, dont un trèspetit nombre avaient subi obtenu un grand succès, comme *Le Nouveau don Quichotte*, de Champein; *Lodoïska*, de Cherubini; *Les Visitandines*, de Devienne ; *L'Amour filial, ou la jambe de bois*, de Gavaux; *L'Officier de fortune*, de Bruni. Desaugiers en son père avaient échoué en voulant mettre *Le Médecin malgré lui*, de Molière, en opéra-comique, et *Les Plaideurs* de Racine avaient encore plus mal réussi sous un pareil travestissement. Cependant, ce théâtre se soutenait par la fraîcheur de ses décorations et de ses costumes, par les soins apportés à tous les détails de la mise en scène, et surtout par la supériorité de ses chœurs et de son orchestre sur ceux de la salle Favart. Mais, en dépit du succès de *La Caverne*, par Lesueur; de *Roméo et Juliette*, par Steibelt; des *Deux Hermites* et de *La Famille indigente*, par Gavaux; de *Claudine, ou le petit commissionnaire*, par Brune, il perdit un peu dans la faveur publique par la désertion de Martin et de Gavaudan, qui passèrent en 1794 à Favart. Il les remplaça, tant bien que mal, par de nouvelles acquisitions, notamment par Lebrun et Mlle Lesage.

Toutefois, plus riche en cantatrices qu'en chanteurs, et généralement pauvre en acteurs, en actrices, ce qui était l'inverse de son rival, il commençait à déchoir, lorsque les Comédiens français, emprisonnés sous le régime de la Terreur, et se trouvant sans asile depuis leur mise en liberté, furent engagés à Feydeau, où ils débutèrent, le 28 janvier 1795, par *La Mort* de *César* et *La Surprise de l'Amour*. Ils y jouaient de deux jours l'un. Mais la désunion se mit parmi eux. Mlle Raucourt et les autres acteurs tragiques, réduits presque à la nullité, se retirèrent, à la fin de 1796, et emmenèrent au théâtre Louvois quelques acteurs de la comédie. Il ne resta à Feydeau, avec la troupe lyrique, que Dazincourt, Fleury, Bellemont, Mlle Contat et sa sœur, Mlles Devienne, Lange, etc., et quelques sujets nouveaux, Caumont, Damas, Armand, Mlle Mars, etc. Malgré ce surcroît de dépenses, le zèle du directeur, Sageret, ne se ralentissait pas. Il recueillit, à la fin de 1797, quelques précieux débris de la troupe scissionnaire de Louvois : Molé, La Rochelle, Mlle Mézeray. Mais il perdit Mlle Lange, qui, jalouse de sa rivale en talent et en beauté, quitta le théâtre et devint Mme Simons. Persévérant néanmoins, il profita de la décadence du Théâtre de la République (rue de Richelieu) pour en attirer les principaux sujets, qui vinrent débuter à Feydeau. On y vit tour à tour Mme Petit-Vanhove (depuis Mme Talma), Grandmesnil et Dugazon. Cette réunion provisoire y dura cinq mois, et se compléta le 5 septembre 1798, au théâtre de la rue de Richelieu. Mais elle ne répondit pas aux espérances de Sageret, car elle se forma l'année suivante en société dramatique. Après avoir sacrifié sa fortune et perdu cette direction, il ne put même conserver celle de Feydeau, qui continuait à se traîner péniblement.

Cependant, la concurrence continuait à miner également Favart et Feydeau. Celui-ci ouvrit et ferma plusieurs fois sous diverses directions, de 1799 à 1800. La troupe de Picard, errante depuis l'incendie de l'Odéon, vint s'y réfugier, et y attira la foule jusqu'à son installation dans la salle Louvois. Les concerts de Garat y furent très-brillants à la même époque. Mais, au milieu de cet éclat emprunté, la troupe lyrique déclinait à vue d'œil. Mme Scio, qui en était le *palladium*, venait de déserter à la salle Favart ; et Mme Bachelier (depuis Mme Fay) arriva trop tard pour la remplacer. Après de nouvelles vicissitudes, Feydeau fit sa clôture définitive en avril 1801. Le théâtre Favart ayant aussi fermé peu de temps après, des amateurs, des gens de lettres, parvinrent, non sans peine, à réunir les deux troupes, sauf la réforme de quelques sujets médiocres. Il fut à Feydeau que s'opéra la fusion, et qu'eut lieu, le 16 septembre 1801, le début de la nouvelle société, qui prit le nom de Théâtre de l'*Opéra-Comique*. Comme la salle Feydeau menaçait ruine, elle fut fermée, pour la dernière fois, le 16 avril 1829, et démolie l'année suivante. Elle était vaste, imposante, mais d'une élévation démesurée ; sa forme trop circulaire, et l'arcade qui supportait l'avant-scène y faisaient perdre 300 places de chaque côté. Avec la salle disparut le passage Feydeau, étroit, obscur, tortueux, et pourtant fameux à une époque où le luxe de ces galeries était inconnu.   H. AUDIFFRET.

FEYERABEND, famille de Francfort sur-le-Mein qui au seizième siècle produisit un certain nombre de libraires célèbres. A partir de 1580 on voit figurer dans le catalogue de la foire de Francfort le nom de *Jean* FEYERABEND, qui édita lui-même deux de ces catalogues (celui de la foire d'automne 1593 et celui de la foire de Pâques 1599) ; et *Jérôme* FEYERABEND y est aussi mentionné comme libraire dès 1568. Le plus important de tous fut *Sigismond* FEYERABEND, dont les relations de parenté avec les deux précédents ne sont pas bien éclaircies. Il fut l'un des plus grands libraires de son siècle ; et le catalogue de la foire de Francfort, en mentionnant comme ayant été publiés par ses soins un grand nombre d'ouvrages, nous fournit la preuve de sa capacité et de son activité commerciales. Il était à Francfort, en 1527 ou 1528, et paraît avoir été lettré. Il était en même temps graveur sur bois, et on lui attribue les bois qui ornent la Bible imprimée par D. Zopflein en 1564, ainsi que les portraits des doges de Venise de la Chronique de Kellnet. De ses magasins sortirent un grand nombre d'ouvrages ornés de figures sur bois par V. Solis, Jost, Amman, Boxberger, Ch. et T. Sommer, Maurer, etc. Plusieurs de ses parents, portant aussi le nom de *Feyerabend*, travaillèrent à la gravure des nombreux ouvrages qu'il publia avec des ornements xylographiques.

Sigismond Feyerabend mourut vers 1580. Du moins cette année-là, après cinq ouvrages indiqués comme publiés par lui, on en trouve un mentionné comme édité par les *héritiers* de Sigismond Feyerabend. A partir de la même année son fils, *Charles-Sigismond*, est aussi cité comme l'un des libraires de Francfort et comme éditeur d'ouvrages à figures gravées sur bois.

FEYJOO Y MONTENEGRO (FRANCESCO-BENITO-JERONIMO), célèbre critique espagnol, né en 1676, à Cardamero, village de l'évêché d'Orense, prit à quatorze ans l'habit de Saint-Benoît dans le monastère de Saint-Julien de Samos, et alla ensuite à l'université d'Oviedo, où non-seulement il étudia la théologie avec la plus grande ardeur, mais où il trouva encore le temps de suivre les cours des autres Facultés, et avec tant de succès qu'il put se faire recevoir docteur dans chacune d'elles. La renommée de son savoir et de la pureté exemplaire de ses mœurs le fit appeler à des dignités qu'il n'ambitionnait pas. C'est ainsi qu'il fut successivement nommé professeur de théologie à Oviedo, abbé du couvent de San-Vicente, général de sa compagnie, et enfin conseiller d'honneur par Ferdinand VI. Convaincu que les excellentes dispositions naturelles du peuple espagnol ne restaient inertes que faute d'instruction et de lumières, que c'est uniquement aux idées fausses et aux préjugés qui le dominent qu'on doit attribuer l'état d'infériorité où il se trouve encore comparativement à d'autres nations, il résolut d'acquérir des connaissances toutes pratiques dans les diverses branches du savoir humain, afin de pouvoir combattre la superstition, le charlatanisme et la routine, non pas seulement avec les traits de la satire, mais aussi avec les armes du raisonnement. C'est ainsi préparé qu'il commença, en 1726, son *Teatro critico universal, o discursos varios en todo genero de materias, para desengaño de errores comunes*, que plus tard il continua jusqu'en 1760, sous le titre de *Cartas eruditas*, recueil de dissertations écrites sur les questions et les projets auxquels les circonstances donnaient l'intérêt de l'actualité, et où il signalait et ridiculisait d'innombrables erreurs, préjugés et abus en vigueur en Espagne. Les quatorze volumes in-4° dont il se compose obtinrent les honneurs de quinze éditions successives. Feyjoo mourut à Oviedo, en 1764.

FEZ, et mieux **FÈS** ou **FAS**, chef-lieu du sultanat du même nom et seconde résidence de l'empereur de Maroc, fondée en 808, par Édris, passait au moyen âge, alors qu'elle était la capitale unique de l'empire de Maroc, sauf une courte interruption sous les Almoravides et les Almohades, pour l'une des plus grandes et des plus belles villes du monde mahométan. On y comptait environ 90,000 maisons et 785 mosquées, et elle était célèbre par la magnificence de ses édifices, par ses écoles et ses institutions scientifiques. Quand, vers la moitié du dix-neuvième siècle, les souverains transférèrent leur résidence à Maroc, elle perdit sa permanence, et déchut toujours de plus en plus à la suite de la décadence générale de la civilisation mahométane, de sorte qu'elle n'est plus aujourd'hui que l'ombre de ce qu'elle était autrefois. Cependant elle ne laisse pas d'être toujours une ville importante. Située dans une vallée entourée de hautes montagnes, entre de délicieux jardins et de charmants bosquets de citronniers et de grenadiers ; partagée en *ancienne* et *nouvelle* Fez par un affluent du Sebou ou Sbou, l'Ouad-el-Djouaha ou *Rivière aux Perles*, elle compte encore près de 90,000 habitants, avec une centaine de mosquées, dont la plus célèbre est celle du sultan Édris, où l'on voit son tombeau, et qui est considérée comme un asile inviolable. Elle possède encore sept écoles publiques, extrêmement fréquentées ; aussi occupe-t-elle toujours une place importante dans la vie scientifique des mahométans. L'ancien palais des sultans est un édifice grandiose, mais qui tombe en ruines. Les juifs habitent un quartier séparé, où on les enferme pendant la nuit ; ils sont traités avec un tel mépris, qu'il leur est expressément défendu de descendre dans la ville autrement que nu-pieds. Il existe à Fez un hospice d'aliénés richement doté et offrant une singularité assez remarquable. Une portion considérable des fonds a été léguée avec l'unique objet d'assister, de soigner, de pourvoir de remèdes et d'enterrer dans l'hôpital les *grues* et les *cigognes* malades ou mortes. Le peuple croit voir dans ces oiseaux des hommes de quelques îles très-lointaines, qui chaque année prennent cette forme pour venir le visiter.

Cette ville, où s'est groupée presque toute l'industrie de l'empire de Maroc, est encore aujourd'hui le centre d'un important commerce de caravanes avec les contrées situées au sud et à l'est, et même avec Tombouktou. Les principaux produits qui sortent des fabriques de Fez sont des *haïks* (manteaux des Kabyles) en laine, très-recherchés; des ceintures, des mouchoirs de soie, des pantoufles ou babouches de cuir, qu'on tanne supérieurement, des bonnets rouges en feutre, qui en ont pris le nom de *fez* ou *fès*; de la mauvaise toile de lin, d'excellents tapis, de la faïence très-commune, des armes, des objets de sellerie et des ustensiles de cuivre. Les différents corps de métiers et de marchands occupent chacun une rue séparée; celle qu'on appelle *El Kaïsséria* offre aux acheteurs tous les produits de l'Europe, de l'Orient et de l'Afrique.

Au reste, avec ses nombreux bains, caravansérails et bazars, Fez ressemble extérieurement à toutes les autres villes musulmanes; et c'est uniquement la grande quantité d'auberges et de boutiques qu'on y voit qui lui donne une physionomie particulière, ayant quelque chose du type européen.

Le sultanat de Fez, formant la principale province de l'empire de Maroc, et divisé en 14 districts, sur le versant nord-ouest de l'Atlas, compte, sur une superficie d'environ 3,865 myriamètres carrés, une population de 3,200,000 habitants, qui se compose, comme dans tous les autres États barbaresques, de Berbères, appelés ici et dans tout le reste du Maroc *Amazighs* (hommes aux yeux louches), de Maures, d'Arabes ou Bédouins, de Nègres, les uns libres, les autres esclaves; de juifs et d'un petit nombre d'Européens, pour la plupart renégats et habitant les ports de mer. Après Fez, chef-lieu du sultanat, les villes les plus importantes de cette contrée sont : Méquinez, Tétouan, Tanger, El Artsch ou Larache, Salé et Nouveau Salé ou Rabat, Teza, l'une des plus belles villes de l'empire, et lieu de réunion des caravanes pour La Mecque, avec environ 11,000 habitants, qui font un grand commerce; Alkassan ou Alkâsir, triste et sale ville de 10,000 âmes, située dans le Loucos supérieur, dans une belle contrée et près du champ de bataille où, en 1578, périt le roi de Portugal Sébastien.

FEZ, bonnet. *Voyez* Fès.

FEZENSAC, ancien comté compris dans l'Armagnac depuis 1148, et dont le chef-lieu était Vic-Fezensac, aujourd'hui chef-lieu de canton du Gers, sur la Losse, à 28 kilomètres d'Auch, avec une population de près de 4,000 âmes, des filatures et des teintureries de laine, des tanneries, des fabriques de cercles et tartre, et un commerce considérable de vins, eaux-de-vie, grains, châtaignes, merrains, etc. La maison de Fezensac est une des plus anciennes de France, qu'on admette ou non sa descendance du Mérovingien Clotaire II par son fils Caribert, duc d'Aquitaine. Le premier qui ait porté le titre de comte de Fezensac est Guillaume Garcie, second fils de Sanche Mittara, duc de Gascogne en 890.

Au commencement du dixième siècle, le comté de Fezensac renfermait la ville d'Auch, avec l'Armagnac et l'Astarac. Vers 960, tout ce pays fut partagé en trois comtés distincts. Le Fezensac eut des comtes héréditaires jusqu'au douzième siècle, époque où il entra par mariage dans la maison d'Armagnac. C'est en 1777 que le roi de France permit à la famille de Montesquiou de joindre à son nom celui de Fezensac, après s'être fait rendre compte des titres par lesquels le marquis de Montesquiou prétendait descendre d'un comte de Fezensac, mort au onzième siècle.

FEZZÂN, et mieux FESSAN, grande oasis de l'Afrique septentrionale, entre le tropique et le 31° de latitude nord et environ 29° 35 de latitude orientale, au sud de la régence de Tripoli, forme un État particulier qui en dépend, et dont la population, répartie sur 2 à 3,000 myriamètres carrés, est évaluée de 75 à 110,000 âmes. Par suite du manque d'eau et des chaleurs accablantes qui y règnent et s'élèvent parfois jusqu'à 45° R., le sol en est stérile. Il se compose tantôt d'un grès complètement nu, d'un noir brillant, et tenant de la nature du quartz, tantôt d'un sable aride, qui ordinairement remplit même les fonds ou oasis, mais qui alors, en raison de l'humidité qui y règne, se couvre de taillis et même de petits bois de palmiers, et où, aux approches des bourgades, on cultive le froment, l'orge, etc. On en tire surtout des chameaux et des chevaux. En fait de bêtes fauves, on y trouve le tigre, le chat sauvage, l'hyène, le chacal, le sarigue, le porc-épic, etc. Ses habitants sont une race d'hommes très-mélangée, d'un teint brunâtre, qui se rapproche beaucoup de celui des nègres, mais au total d'assez belles proportions. Encore extrêmement arriérés en tout ce qui regarde la civilisation, ils n'ont guère d'industrie, outre la culture de leurs jardins, que la fabrication de quelques-uns des objets les plus indispensables à la vie. Le grand commerce de caravanes qui a lieu à travers leur territoire, entre la côte et l'intérieur de l'Afrique, constitue leur principale ressource.

La capitale de ce pays est *Mourzouk*, résidence du sultan et importante étape commerciale, où se rencontrent les caravanes de Tunis, de Gadames, de Tripoli, du Kaire, de Bornou et de Tombouktou. Il faut encore mentionner *Germah* ou *Djermeh*, suivant toute apparence la capitale des anciens Garamantes, et *Traghan*, autrefois capitale de la contrée, où se trouvent quelques fabriques de tapis; *Sokna*, et aux frontières méridionales *Tegherry*. Le Fezzân est la *Phazania* des anciens, où les Romains entreprirent une expédition sous les ordres de Cornelius Balbus. Au septième siècle de notre ère, il devint la proie des Arabes, lesquels y introduisirent le mahométisme, qui est aujourd'hui la religion du pays. Il est probable que, comme dans l'antiquité, il obéissait au moyen âge à des princes particuliers, feudataires de la puissance arabe, qui, indépendants à l'origine, finirent par devenir tributaires des pachas de Tripoli. En 1811, leur dynastie fut exterminée par le Bey Mohamed-el-Mokny, qui s'empara de la contrée au nom du pacha de Tripoli, et continua à la gouverner sous sa suzeraineté. Le Fezzân et surtout sa capitale, Mourzouk, sont d'une grande importance pour le commerce entre le nord et l'intérieur de l'Afrique, de même que comme point de départ pour des voyages d'exploration au sud de ce continent, que nous connaissons encore si imparfaitement. Nulle part on n'aperçoit un si grand mélange des diverses races et nations, nulle part on n'a sous les yeux un si instructif remous de peuples, que dans ce port principal de l'océan de sable.

FHAS. *Voyez* Fans.

FI! interjection familière, dont on se sert pour exprimer le mépris, la répugnance, le dégoût, qu'inspire quelqu'un ou quelque chose. On la fait dériver du grec φεῦ, et du latin *phi* ou *fi*, qui a la même signification. Roquefort n'y voit qu'une simple onomatopée. *Fi!* la vilaine! a dit Scarron; Un fils de juge, *ha! fi!* disait Racine; *Fi! poua!* s'écriait Molière; et Marot :

Fi de l'honneur! vive la vie!

FIACRE (Saint). Ce saint, solitaire dans le diocèse de Meaux, au septième siècle, était né en Irlande, d'une famille distinguée. Quoique son culte soit très-répandu dans le peuple, qui le révère comme le patron des jardiniers, son histoire n'en est pas moins obscure. Il paraît néanmoins certain qu'il s'appelait *Fèfre*, et qu'il ne fut connu dans l'Église sous le nom de Fiacre que cinq ou six cents ans après sa mort. Il vint, dit-on, en France avec quelques compatriotes pour se soumettre à la direction de saint Faron, évêque de Meaux. Ce prélat lui donna, à peu de distance de sa ville épiscopale, à Breuil, dans la Brie, un lieu où il fit bâtir une chapelle en l'honneur de la Vierge, avec un hôpital où il recevait les passants et les étrangers. Ce fut là sans doute qu'il se livra au jardinage, et mérita d'être invoqué dans la suite par ceux qui consacrent leur vie aux mêmes travaux. Saint Fiacre mourut vers l'an 670, et fut inhumé dans la retraite qu'il avait reçue de saint Faron. On célèbre sa fête le 30 août. Les légendes racontent un grand nombre de miracles arrivés sur son tombeau. H. BOUCHITTÉ.

FIACRES. Les premières voitures publiques auxquelles on donna ce nom furent inventées, vers le milieu du dix-septième siècle, par un nommé Sauvage. On les appela d'abord *carrosses à cinq sous*, parce qu'on ne payait que cinq sous par heure pour y monter. Les conducteurs, ainsi que leurs voitures, portèrent ensuite le nom de *Fiacres*. On explique de deux manières l'origine de ce mot. « Je me souviens, dit le père Labat, qui donne l'une de ces explications, d'avoir vu le premier carrosse de louage qu'il y ait eu à Paris. Il logeait dans la rue Saint-Antoine, à l'image Saint-Fiacre, d'où il prit son nom en peu de temps, nom qu'il a communiqué ensuite à tous ceux qui ont suivi. » Voici l'autre explication : un moine nommé Fiacre mourut au couvent des Petits-Pères, en odeur de sainteté ; sa mémoire était si révérée que chacun voulait avoir son portrait. Cette vénération alla si loin qu'on le peignit sur les portières des voitures de place, d'où leur serait venu leur nom. A Londres, l'établissement des fiacres date de 1643.

FIALIN de **PERSIGNY**: *Voyez* PERSIGNY.

FIAMINGO, surnom d'un certain nombre d'artistes flamands en Italie, notamment de Dionys Calvaert, de Jean de Calcar et de Michel Coxcie.

FIANÇAILLES. On appelle ainsi la convention par laquelle un homme et une femme se promettent réciproquement de s'épouser. Les époux futurs prennent alors le nom de *fiancés*, du vieux mot français *fiancer*, qui signifiait promettre, engager sa foi (*fiance*). L'usage des fiançailles est un de ceux que leur ancienneté et leur universalité pourraient faire considérer comme un élément constitutif, essentiel, de toute société. Ainsi, nous les trouvons pratiquées dès les premiers temps historiques en Chine et chez les Indous, en Phénicie et chez les patriarches, chez les Hébreux et chez les peuples du Latium, en Grèce, à Rome, et dans la chrétienté. C'est un expédient propre à remédier aux inconvénients d'un *mariage* trop jeune. Dans le passé, c'est presque toujours l'effet d'une prévoyance paternelle vigilante; les parties sont trop jeunes, et cependant elles se conviennent, ou bien leurs familles désirent contracter alliance : elles se donnent donc par les *fiançailles* une mutuelle assurance, pour un avenir plus ou moins éloigné. Par là les concurrents sont officiellement écartés ; puis c'est une sécurité pour l'établissement de ses enfants ou pour l'affection des jeunes amants. Généralement en Orient, où les femmes sont condamnées à la réclusion, et où la chaleur du climat avance l'âge de la puberté, on fiance encore enfants les individus qu'on destine l'un à l'autre, ou plutôt ces fiançailles sont un véritable mariage qu'on leur fait contracter en attendant l'âge de puberté; car il est rare que le pacte de promesse soit rompu. Mais les fiancés n'ont guère la liberté de se voir, et il arrive souvent chez les Chinois, les Indous et les Persans, qu'ils se voient pour la première fois le jour des noces.

Les Juifs et les Syriens connaissaient aussi les fiançailles. Chez les derniers, on poursuivait comme adultère la fiancée qui abusait ou trafiquait de sa tendresse. Chez les Hébreux, les fiançailles avaient lieu de trois manières : 1° par une pièce d'argent que le jeune homme remettait, en présence de témoins, à la jeune fille, en disant : » Devenez ainsi mon épouse; » 2° par une convention écrite qui exprimait le consentement des futurs époux, la promesse de la dot, prix de la virginité, etc.; 3° par l'action conjugale. Une étrangeté inouïe y exigeait la présence de témoins. Il y avait aussi des fiançailles conditionnelles ; il y en avait de contractées par procuration; mais si la jeune fille avait été influencée par la crainte ou la violence, elles étaient nulles. Le jeune homme ne pouvait arguer des mêmes motifs ; car on tenait compte de la faculté qui lui restait de répudier sa femme. Les fiançailles ne donnaient à l'homme aucun droit sur les biens de sa fiancée, mais elles lui en donnaient sur sa personne. Sans doute, ils ne pouvaient s'abandonner encore à toutes les libertés du mariage, mais la fiancée devenait coupable en cédant aux désirs d'un autre. Le droit de fiancer appartenait au père, et même le consentement de la fille n'était nécessaire qu'autant qu'elle avait plus de douze ans et demi. D'un autre côté, la jeune fille ne pouvait célébrer des fiançailles à l'insu de son père, sous peine de nullité, le père eût-il voulu les rendre valides par son approbation ultérieure. Si le père était mort, la mère, et, à défaut, les frères avaient la même privilège sur la jeune fille. Seulement, jusqu'à l'âge de puberté, elle conservait la faculté d'annuler la promesse par un acte de renonciation, dans lequel des femmes dignes de foi devaient attester qu'elle était impubère. Mais vis-à-vis de ce droit était celui donné à l'homme de la répudier sans aucun dédommagement. S'il y avait contrat, la dot était cependant exigible, bien que le mariage n'eût pas été fait ; il en était de même dans le cas où la mort venait à frapper le fiancé. Cette mort en effet avait pour la fiancée les mêmes suites qu'un veuvage réel ; c'est pourquoi la disposition de la loi qui défendait aux prêtres d'épouser une veuve lui était applicable.

Chez les Romains, qui avaient trouvé cet usage établi parmi les peuples du Latium, les fiançailles se faisaient par le seul consentement des deux fiancés et des chefs des deux familles : il suffisait que les deux fiancés eussent plus de sept ans et pussent contracter légalement mariage par la suite; mais ce lien ne donnait aucune action pour contraindre au mariage. Chaque partie pouvait y renoncer en le notifiant à l'autre en ces termes : *Conditione tua non utor*. Communément le fiancé donnait des arrhes à la fiancée ou à son père; et s'il manquait par sa volonté propre à son engagement, il perdait ses arrhes. Quand il y avait faute de la part de la fiancée, elle devait rendre primitivement les arrhes au *quadruple*, et plus tard au *double*. Si la rupture était consentie de part et d'autre, de part et d'autre aussi on rendait les arrhes. Les fiançailles, comme le mariage, avaient un caractère purement civil.

Au moyen âge, l'Europe, devenue chrétienne, conserva le droit romain et connut les fiançailles, telles à peu près que les avaient prescrites les dispositions canoniques et du code Justinien, le Digeste ou les Pandectes, etc. Toutefois, en adoptant les fiançailles, l'Église grecque et l'Église latine les envisagèrent autrement. Alexis Comnène fit une loi qui donnait aux fiançailles la même force qu'un mariage effectif; et, conformément à ce principe, le sixième concile *in Trullo* déclara que celui qui épouserait une fille fiancée à un autre serait puni comme adultère si le fiancé vivait au temps du mariage. L'Église latine, au contraire, envisagea communément les fiançailles comme de simples promesses. Cependant, le désordre s'étant introduit dans les relations des sexes, on contracta des fiançailles *par parole de présent*, c'est-à-dire ayant les mêmes conséquences conjugales qu'un véritable mariage. Or, elles se contractaient *clandestinement*, et la plupart des femmes ainsi fiancées étaient abandonnées et sacrifiées. Le concile de Trente, effrayé de tant d'abus, prohiba les fiançailles par paroles de présent, en exigeant la présence du propre curé et celle de deux ou trois témoins. Une ordonnance de Louis XIII, de 1639, connue sous le nom d'*ordonnance de Blois*, adopta cette disposition du concile, en défendant à tout notaire de passer ou de recevoir aucune promesse de ce genre. Depuis cette époque jusqu'à la révolution de 1789 on n'a plus connu en France que les fiançailles *par paroles de futur*, ou simples promesses. Trois choses avaient coutume de les accompagner : la bénédiction nuptiale en face de l'église, les arrhes et les présents de mariage, l'acte qui contenait les conventions de mariage. L'usage de la bénédiction était pratiqué par l'Église dès le quatrième siècle ; mais jamais cette bénédiction ne fut de l'essence des fiançailles, qui étaient parfaitement valables sans qu'elle intervînt. Seulement, c'était la coutume générale en France de la rechercher ; elle consistait à déclarer devant le curé de la paroisse, dans son église, qu'on promettait de s'épouser, et le prêtre récitait sur les fiancés les prières du rituel de son diocèse. Les fiancés se donnaient réciproquement des arrhes, et celle des parties qui sans motif légitime rompait l'union projetée perdait ses arrhes, à moins qu'elles ne fussent trop considérables eu égard à la qualité et à l'aisance des parties, auquel cas la justice intervenait pour la fixation de l'indemnité. Les présents que le fiancé faisait à la fiancée se répétaient aussi lorsque le mariage venait à manquer sans la volonté du donateur.

Les fiançailles se prouvaient par un écrit rédigé en présence de quatre parents ; et un acte reçu devant notaire déterminait ordinairement les conventions matrimoniales. Le premier effet des fiançailles ainsi contractées était d'obliger les parties et de donner action mutuelle pour l'accomplissement de la promesse ; c'était ensuite, tant qu'elles subsistaient, un empêchement *prohibitif* ou passager au mariage licite de l'une des parties ; mais l'obstacle se levait par la dissolution légale. Enfin, même après la dissolution, il y avait empêchement *dirimant* absolu au mariage de chacune des parties avec les parents de la ligne directe de l'autre partie, et même avec ceux du premier degré de la ligne collatérale. En cas de contestations, le juge ecclésiastique ne pouvait connaître des fiançailles qu'en ce qui regardait le fiancé et la fiancée ; pour les dommages et intérêts résultant de la non-exécution de la promesse, il fallait se pourvoir devant le juge séculier de la partie refusante. Tout le pouvoir du premier se bornait à l'exhortation ; mais il ne pouvait forcer à accomplir l'engagement par censures ecclésiastiques. Si la partie persistait dans son refus, il devait prononcer la dissolution des fiançailles, en lui imposant une pénitence pour son manque de foi. Cette pénitence consistait dans quelques prières ou de légères aumônes. Quant aux dommages et intérêts, le juge séculier arbitrait la somme que lui paraissait comporter le préjudice causé par l'inexécution de l'engagement. Le consentement mutuel des parties suffisait d'ailleurs pour les affranchir (sauf le cas des mineurs, qui avaient besoin de l'intervention du père ou du tuteur). Les fiançailles étaient dissoutes de plein droit lorsque les promesses laissaient passer le temps convenu d'accomplir la promesse. Si les promesses ne fixaient aucun temps, les empereurs Constance et Constant avaient décidé que pour des fiancés de la même province, la fiancée pouvait impunément se marier à un autre au bout de deux ans. En cas d'absence du fiancé, la fiancée était dispensée de l'attendre plus de trois ans. La fornication de l'une des parties fiancées avec un étranger dégageait l'autre. Le pape Innocent III avait pourtant décidé qu'on ne pouvait se dispenser de tenir sa promesse à sa fiancée sous le prétexte qu'elle avait manqué aux devoirs de la chasteté avant les fiançailles. Des vœux solennels de religion, ou la promotion aux ordres sacrés, dégageaient aussi l'une des parties sans le consentement de l'autre. Tel était du moins le droit suivant les *décrétales*.

L'Allemagne protestante et les royaumes du Nord sont les pays où les fiançailles se prennent aujourd'hui le plus au sérieux, et où les titres de *fiancé* et de *fiancée* surtout soient entourés de plus de respect et d'hommages. En France, depuis la révolution de 1789 les fiançailles ont cessé d'avoir aucun caractère légal ; et déjà il y avait longtemps qu'elles n'étaient plus dans les mœurs nationales.   C. PECQUEUR.

FIASCO (Faire), locution que la plupart des langues européennes ont empruntée à l'italien. Elle est dans le langage des théâtres le contraire du mot *furore*, dont on se sert au delà des monts pour désigner ces transports d'enthousiasme qu'une belle pièce ou le jeu d'un grand artiste excite au milieu d'un auditoire. Cette pièce, cet artiste, au lieu d'applaudissements, recueillent-ils des sifflets ou seulement des *chut !* ils auront fait *fiasco*. Les livres aussi et les auteurs ne font que trop souvent *fiasco*. Il serait au reste difficile de dire comment les Italiens en sont venus à faire de ce mot *fiasco*, qui littéralement signifie *flacon*, *bouteille*, l'équivalent d'insuccès. *Olà, olà, fiasco !* crie le parterre de la péninsule, toujours féroce quand il est mécontent, au malheureux chanteur qui fait entendre une note douteuse.

FIBRE (en latin, *fibra*). Ce mot est du grand nombre de ceux dont il est très-difficile de donner une bonne définition ; car on s'en est servi pour désigner une foule de parties n'ayant entre elles que des rapports de similitude extérieurs. Cependant, on peut dire d'une manière générale que les fibres sont des corps longs, grêles, derniers filaments auxquels on arrive par la dissection des animaux et même des végétaux, et qui par leurs dispositions ou leur connexion donnent naissance à tous les organes.

Longtemps les auteurs ont admis deux classes de fibres, des simples et des composées. Mais la *fibre simple* comme ils l'entendaient est une pure abstraction de l'esprit, elle ne peut tomber sous nos sens ; d'ailleurs, ils la considéraient comme inorganique et composée de particules terreuses, très-déliées et unies entre elles par un fluide visqueux. Les *fibres composées* sont formées, suivant la doctrine de ces anciens auteurs, par l'union de plusieurs fibres simples ; elles ont toujours assez de consistance et d'épaisseur pour qu'on puisse les distinguer sensiblement par tout le corps. On leur donnait une ou plusieurs dénominations différentes, suivant leur direction et surtout suivant les organes dans la composition desquels on les voyait entrer. Ainsi on disait : *fibre membraneuse*, *fibre charnue*, *aponévrotique*, *osseuse*, *vasculaire*, *tendineuse*, etc. Mais, outre que les fibres ainsi nommées étaient souvent d'une nature identique, cette classification avait l'inconvénient de créer des espèces de fibres qui n'existent point : par exemple la fibre osseuse.

Chaussier, après de nombreuses observations sur la structure des divers organes et une longue méditation sur les travaux de Bichat et de ses successeurs, a cru devoir établir pour les animaux de l'échelle supérieure quatre espèces de fibres, essentiellement distinctes ; ce sont : 1° la *fibre laminaire*, large, molle, peu extensible, soluble dans l'eau bouillante, et paraissant être entièrement formée de gélatine concrète ; 2° la *fibre albuginée*, blanche, resplendissante, luisante et comme satinée, peu extensible, soluble dans l'eau bouillante et formée de gélatine combinée avec une certaine quantité d'albumine ; 3° la *fibre musculaire*, dite aussi *motrice* ou *charnue*, molle, plus ou moins rouge chez les animaux à sang rouge, élastique, susceptible de se contracter et composée de fibrine, d'albumine et de gélatine (*voyez* CHAIR, MUSCLES) ; 4° la *fibre nerveuse* ou *nervale*, linéaire, cylindrique, molle, diffluente, blanchâtre, sans élasticité et formée en grande partie d'albumine (*voyez* NERF). Cette classification, quoique bien imaginée, ne résiste pas à un examen sévère. On s'aperçoit bientôt que la fibre albuginée et la fibre cellulaire ne sont au fond que la même sous deux formes différentes, qui tiennent au plus ou au moins d'écartement des molécules ; que la fibre nerveuse n'a qu'une existence apparente, et quoique la pulpe nerveuse présente manifestement une disposition fibreuse dans beaucoup de points de sa masse, il en est d'autres aussi où elle n'a que l'aspect d'une pulpe parfaitement homogène. Aujourd'hui les plus récentes recherches en organographie ne permettent de reconnaître dans les animaux comme dans les végétaux qu'un seul tissu élémentaire et fondamental ; c'est le tissu lamineux, qui par la disposition de ses parties forme des aréoles ou cellules, ou bien se roule sur lui-même, et donne naissance aux vaisseaux. C'est pourquoi « il nous semble, a dit Jourdan, que, dans l'état actuel de nos connaissances en physiologie, on devrait proscrire le mot *fibre*, auquel se rattachent malgré nous tant d'idées erronées, et qui d'ailleurs entraîne nécessairement l'idée d'un corps solide, allongé et très-mince; les quatre ordres de fibres indiqués par Chaussier sont insuffisants pour représenter les divers tissus secondaires ou systèmes organiques dont l'économie animale renferme sans contredit un plus grand nombre; d'un autre côté, ils sont trop multipliés s'ils n'expriment que les formes élémentaires primitives, puisque les dernières observations permettent d'établir ce nombre de ces formes se réduit à deux, savoir : le tissu cellulaire et le tissu vasculaire. » N. CLERMONT.

FIBRINE, principe immédiat des animaux qui fait la base du tissu musculaire, et dans lequel on a placé même le siège de l'irritabilité de ce tissu. On la trouve aussi dans la couenne sanguine ou inflammatoire, et dans le chyle. La fibrine a été nommée autrefois *matière plastique*, et on lui a fait jouer un grand rôle dans la production des phlegmasies. On l'obtient facilement du sang en laissant coaguler ce liquide, ou en l'agitant avec de petites branches de bouleau réunies en faisceau; on rassemble ensuite les filaments fibreux qui s'attachent au balai, et on les lave pour les débarrasser entièrement de la matière colorante. Ainsi obtenue, la fibrine est blanche, solide, sans saveur, sans odeur, plus pesante que l'eau. Élastique tant qu'elle est humide, elle devient cassante, jaune, en se desséchant. Elle est insoluble dans l'eau, mais se dissout dans les acides et certains alcalis (la potasse, la soude); par la distillation, elle fournit beaucoup de carbonate d'ammoniaque : le résidu carbonisé contient du phosphate de chaux, de magnésie, du carbonate de chaux et de soude. L'analogie de composition a fait donner le nom de *fibrine végétale* au principe essentiel du gluten, que Berzélius nommait *albumine végétale*.

Dr BRICHETEAU.

On avait admis généralement que la fibrine est une substance identique avec l'albumine, quant à sa composition. Les nombreuses analyses de M. Mulder, celles de M. Liebig et ses élèves conduisaient à cette conséquence. L'analyse des diverses fibrines nous a conduit à un tout autre résultat. Pour préparer la fibrine destinée à l'analyse, on la purifiait d'abord par un lavage prolongé à l'eau froide, puis on la traitait à chaud, par l'alcool et ensuite par l'éther. La fibrine traitée de la sorte était desséchée et pulvérisée; ensuite elle était soumise à de nouvelles digestions à l'alcool et à l'éther bouillants, puis on la desséchait à 140° dans le vide. Quant à la fibrine de farine, celle qu'on retire du gluten brut, elle avait à subir un traitement particulier pour la débarrasser soit de l'amidon qu'elle entraîne mécaniquement, soit de la caséine et de la glutine qui l'accompagnent.

Voici la moyenne de l'analyse de la fibrine de sang d'homme : Carbone 52,73; hydrogène, 6,96; azote, 16,78; oxygène, 23,48. La fibrine épuisée par l'eau bouillante offre exactement la même composition que l'albumine. Dans cette circonstance, la fibrine cède à l'eau une matière particulière, et perd de l'ammoniaque par l'ébullition. La matière dissoute par l'eau diffère des matières albumineuses par sa composition et ses propriétés; elle diffère de la gélatine, dont on l'a rapprochée, en ce qu'elle ne se prend pas en gelée ; elle précipite par le tanin et par l'acide nitrique.

J.-B. DUMAS, de l'Académie des sciences.

FIBRO-CARTILAGES. Sous ce nom, on comprend en anatomie des corps consistants, d'un blanc grisâtre, élastiques, qui rappellent par leur texture fibreuse la structure des ligaments, et par leur couleur et leur densité l'organisation des cartilages. Les fibro-cartilages sont toujours situés au voisinage des os et des ligaments, entre lesquels ils établissent comme une transition par leur consistance et leur élasticité. On peut en distinguer plusieurs variétés : quelques-uns n'ont qu'une existence pour ainsi dire temporaire, et se transforment à la longue en tissu osseux; les autres ne changent jamais. Les premiers se développent ordinairement dans l'épaisseur des tendons, comme cela se voit pour la rotule et les os sésamoïdes, qui ne sont dans le principe que des fibro-cartilages. Ils se forment aussi dans l'épaisseur du périoste ou du tissu ligamenteux qui adhère aux os, ainsi qu'on l'observe toutes les fois qu'un tendon, glissant contre un os, n'est séparé de celui-ci que par le périoste ou par une gaîne ligamenteuse. Les fibro-cartilages de la seconde classe, c'est-à-dire ceux qui ne subissent aucune transformation ultérieure, se rencontrent surtout au voisinage des articulations, dont tantôt ils occupent l'intérieur, et dont ils circonscrivent d'autres fois le pourtour. Nous avons des exemples de ces derniers à l'articulation de la cuisse avec le bassin et à celle du bras avec l'épaule. Dans ces deux articulations en effet, la tête arrondie de l'os du membre est reçue dans une cavité de l'os du bassin ou de l'os de l'épaule, qui serait bien superficielle, si la profondeur n'en était accrue par la saillie que forme à la circonférence de la cavité un épais sourcil de tissu fibro-cartilagineux. Dans d'autres cas, ils sont interposés aux surfaces articulaires contiguës. Ils se présentent alors sous la forme de ménisques, remplissent tout le champ de l'articulation ou n'en occupent qu'une partie. Ils sont plus épais à la circonférence, où ils adhèrent aux ligaments, et amincis à leur centre ou à leur bord intérieur, qui flotte dans l'article. Ils sont blancs, lisses et unis. Tels sont ceux des articulations temporomaxillaires, qui séparent entièrement la surface articulaire du temporal de la surface articulaire de l'os maxillaire. Ils sont percés à leur centre d'une ouverture circulaire. Tels sont encore ceux de l'articulation du genou, qui ont une forme semi-lunaire, sont épais à leur circonférence extérieure, adhérente aux ligaments de l'articulation, et sont amincis et tranchants à leur bord interne, qui est concave. Ils couvrent donc une partie des surfaces articulaires du tibia, qui ne touchent que par leur partie centrale aux mêmes surfaces du fémur. D'autres fois enfin, ces fibro-cartilages, intimement unis aux surfaces correspondantes des os, rétablissent entre eux la continuité. C'est ce qu'on observe pour les os du crâne et d'une manière bien plus sensible pour les corps des vertèbres. Ce moyen d'union a pour effet de donner une certaine souplesse au système d'os qui sont ainsi reliés entre eux. Les fibro-cartilages des vertèbres sont épais, denses et fibreux à leur contour, moins épais, plus élastiques à leur centre. C'est à cette élasticité qu'ils doivent de résister aux frottements destructeurs dont les vertèbres subissent l'influence, lorsque des anévrismes de l'aorte se développent dans leur voisinage. Dr FONDRETON.

FIC. Les chirurgiens ont donné ce nom à certains fongus. Il n'est plus guère usité que dans l'art vétérinaire.

FICAIRE, un des noms de la petite éclaire.

FICELLE. *Voyez* CORDE, CORDERIE.

FICHE. Ce mot, qui vient évidemment de *figere*, fixer, introduire dans, est susceptible d'un grand nombre d'acceptions. D'abord il sert à désigner de petits morceaux de bois, perches ou jalons fixés en terre pour indiquer les limites d'un espace de terrain quelconque, comme l'emplacement d'un camp, par exemple. On donne fréquemment aussi dans les arts le nom de *fiches* à des corps fixés dans d'autres corps. C'est, en termes de lutherie, le nom que portent les chevilles autour desquelles on entortille les cordes de fer ou de cuivre d'un grand nombre d'instruments. Dans la serrurerie, on désigne sous le même nom les corps en fer sur lesquels se meuvent et sont soutenues les fenêtres, les portes, etc. : c'est ce que le public nomme ordinairement des *gonds*. On désigne aussi en maçonnerie sous le nom de *fiches* un outil plat, long et pointu, servant à chasser le mortier dans les jointures des pierres.

Le mot *fiche* est très-usité dans les jeux; dans ce cas Roquefort le fait dériver de l'anglais *fish*, poisson. Les fiches sont de petites lames ou morceaux de bois, d'ivoire ou de tout autre corps, destinés à représenter de l'argent ou des jetons, quand ceux-ci viennent à manquer ou lorsqu'on veut en subdiviser la valeur. Il y en a de différentes couleurs ou de différentes formes. Pour justifier cette étymologie de *fish*, le même auteur remarque qu'il est encore de ces poissons dans les anciennes boîtes de jeu et chez les marchands de curiosités. L'origine en remonte au règne d'Élisabeth, c'est-à-dire vers la fin du seizième siècle. Perdre un panier de *fiches*, c'était alors perdre un panier de goujons en écaille ou en nacre. On donne aux fiches la valeur qu'on veut, et à la fin de la partie ou du jeu elles servent à évaluer le gain ou la perte de chaque joueur.

On nomme *fiches de consolation* des fiches qu'on donne à certains jeux en surcroît de bénéfice à ceux qui gagnent. On se sert aussi figurément de la même expression pour désigner quelque incident heureux survenu en même temps qu'un malheur, ou bien encore pour indiquer qu'un malheur n'a pas été aussi grand qu'il eût pu l'être; que la perte qu'on a éprouvée n'est pas générale, irrémédiable, et qu'il est encore resté quelque motif de s'en consoler ou même de la réparer, comme un joueur, qui peut quelquefois avec une seule fiche se relever d'une grande perte.

FICHTE (Jean-Gottlieb), l'un des plus célèbres penseurs qu'ait eus l'Allemagne, naquit en 1762, à Rammenau, près Bischofswerda, dans la haute Lusace, et après avoir étudié à Iéna, à Leipzig et à Wittemberg, passa plusieurs années comme précepteur à Zurich, où il se lia avec Pestalozzi, et plus tard à Kœnigsberg. Son *Essai d'une critique de toute révélation* (1792), qui excita l'attention générale et fut d'abord attribué à Kant, lui valut en 1793 une chaire de philosophie à Iéna. Il y développa sous le nom de *Science de la science* un système dans lequel il exposait les germes d'idéalisme contenus dans le criticisme de Kant, s'éloignant dès lors de plus en plus de Kant, et préparant les voies aux philosophèmes de Schelling et de Hegel. Accusé devant le consistoire saxon de prêcher l'athéisme, à cause d'un article publié dans le *Journal philosophique* (t. 8, liv. 1er) sur les *bases de notre croyance au gouvernement du monde par la Providence*, son enseignement fut l'objet d'une enquête qui n'eût en pour lui aucun désagrément, à cause des principes éclairés qui dirigeaient le gouvernement de Weimar, s'il n'avait pas à ce propos menacé de donner sa démission, qu'on prévint, en 1799, par un retrait d'emploi. Pour sa défense, Fichte publia un *Appel contre l'accusation d'athéisme* (1799). Il trouva bon accueil en Prusse, vécut quelques années à Berlin, dans l'été de 1805 fut nommé professeur de philosophie à Erlangen, avec autorisation de venir passer les hivers à Berlin. A l'époque de la guerre entre la Prusse et la France, il se rendit à Kœnigsberg, où il fit aussi des cours pendant quelque temps. Au rétablissement de la paix, il revint dans la capitale, où, en 1810, il fut appelé à occuper la chaire de philosophie dans la nouvelle université qu'on venait d'y fonder. Fichte n'était pas seulement un penseur original et indépendant, c'était encore un patriote. C'est ainsi qu'en 1808, alors qu'une garnison française occupait Berlin, il n'avait pas craint d'y prononcer ses *Discours à la Nation allemande* (Berlin, 1814; nouv. édition 1824), et qu'en 1813 il y prit pour sujet de ses cours *l'idée que doit véritablement représenter la guerre*; leçons qui produisirent une vive impression, mais qui ne furent imprimées qu'après sa mort (Tubingen, 1815). La mort de Fichte fut digne d'une vie consacrée tout entière au bien; il succomba, le 27 janvier 1814, à une fièvre d'hôpital, gagnée à porter des consolations à des malades et à des blessés.

Dans la carrière scientifique de Fichte, on remarque deux périodes bien distinctes, et dont la première a bien plus d'importance que la seconde pour la signification historique de son idéalisme. Voici ceux de ses principaux ouvrages qui se rattachent à cette première période : *De la notion de la Science de la Science* (Iéna, 1794); *Esquisse de l'ensemble de la Théorie des Sciences* (1795); *Esquisse des Caractères particuliers à la Science de la Science* (1795); *De la Destination de l'Homme* (1800); *Leçons sur la Destination du Savant* (1794); *Principes du Droit naturel* (1796-1797); *Système de Morale* (1798), très-certainement de tous les ouvrages de Fichte celui qu'il a le plus mûri. L'ouvrage de Fichte *De la Destination de l'Homme* forme la transition entre la première et la seconde période de sa philosophie, qu'il a exposée d'une manière populaire dans ses *Conseils pour être heureux* (1806). Elle a reçu d'ailleurs une véritable exposition scientifique dans ses Leçons, qu'a fait connaître la publication faite par son fils de ses Œuvres posthumes, où l'on doit surtout remarquer sa *Logique spéculative* et ses *Essais sur la Science du Droit et sur la Morale*. Bien que Fichte n'ait jamais créé d'école particulière, et que ses doctrines n'aient été adoptées que par un petit nombre de penseurs, son influence sur les développements ultérieurs de la philosophie allemande n'a pas laissé que d'être fort grande : car Schelling et Hegel n'ont guère été que ses continuateurs.

[Fichte prétend qu'il y a en nous deux *moi*, l'un absolu, réel; l'autre relatif, phénoménal. Comment entend-il ces deux *moi*? Le voici. Concevez une activité illimitée, infinie, qui tend enssentiellement à produire, et supposez qu'elle ne produise pas : elle est le *moi* absolu, réel; supposez qu'elle produise, sa production est le *moi* relatif, phénoménal. Le premier est appelé *absolu* : parce qu'étant tout, il ne dépend que de lui-même; il est appelé *réel* parce qu'étant tout, il est la réalité par excellence, l'unique réalité; le second est appelé *relatif* parce qu'il dépend du premier, dont il est la création, et qu'il n'a de fondement qu'en lui; il est appelé *phénoménal* parce que, paraissant et disparaissant avec chaque production du *moi* absolu, il emprunte de celui-ci tout ce qu'il est, et n'a aucune réalité par lui-même. Suivant Fichte, le *moi* se pose *lui-même*, c'est-à-dire qu'il s'appelle lui-même à l'existence, en se donnant de savoir qu'il existe; car pour lui exister ou savoir qu'il existe, c'est la même chose. Comment être *moi*, comment pouvoir se dire *moi*, sans se savoir exister? Et comment se savoir exister sans être *moi*, sans pouvoir se dire *moi*? Évidemment l'un implique l'autre. Par quoi notre être pensant, notre esprit, sait-il qu'il existe? Par l'impression intérieure qu'il éprouve de lui-même, impression qu'on nomme ordinairement *sens intime*, et que l'école écossaise appelle et que j'appellerai ici avec elle conscience. Or, pour que notre être pensant, notre esprit, ait conscience de lui-même, il faut qu'il produise des pensées, c'est-à-dire qu'il agisse, parce que ce n'est que par l'action et dans l'action qu'il a impression de soi. Ainsi, le *moi* ne peut prendre conscience de lui-même, se savoir exister, se poser, qu'autant qu'il agit. Mais Fichte nous donne deux *moi* : quel est celui des deux qui agit ? C'est le *moi* absolu. Cependant, ce n'est point lui qui a conscience de soi, puisque dès qu'il agit il ne peut plus être considéré comme *moi* absolu. Comme pourtant c'est par l'action que la conscience se sait, qui reçoit la conscience, qui en est saisi? C'est le *moi* relatif, lequel est formé par l'action du *moi* absolu : lui seul donc prend conscience de soi. Ainsi, quand Fichte dit que le *moi* se pose, il n'entend de aucun de ces deux *moi* pris séparément, mais de leur ensemble et de leur concours. En effet, d'un côté, c'est du *moi* phénoménal, vu que c'est lui qui a conscience de soi; de l'autre, c'est du *moi* réel, par qui a été posé le *moi* phénoménal. Pour lors, dans cette proposition fondamentale de l'auteur : le *moi* se pose *lui-même*, le mot *moi* a une acception différente de celle qu'il lui donne quand il parle, soit du *moi* absolu, soit du *moi* relatif. Ce mot signifie ici un *moi* qui résulte du jeu des deux autres, et qui est le *moi* complet, le *moi* de la vie, notre individu, non pas seulement en tant qu'il est doué de penser, mais de plus en tant qu'il pense actuellement. Il ne s'ensuit pas moins, dans ce système, que le *moi* de la vie n'a de réalité que dans le *moi* absolu, et que c'est celui-ci qui constitue véritablement notre être, qui fait que nous sommes substance absolue comme lui, et partant Dieu. C'est pourquoi Fichte ne voit dans Dieu que l'ordre moral, et non point une existence substantielle différente de la nôtre. Cette opinion, il est vrai, es, ce ,e de ses premiers ouvrages. Combattu par Schelling, il a changé plus tard, et dans les derniers, tels que la *Destination de l'Homme*, par exemple, au lieu de fondre Dieu dans le *moi*, il a fondu le *moi* dans Dieu. De sorte que ce n'est plus à Dieu, mais bien au *moi*, qu'il ravit l'existence substantielle.

De la distinction du *moi* absolu et du *moi* phénoménal, il déduit trois axiomes, qui sont à ses yeux le fondement de ce qu'il appelle *la science de la science*, c'est-à-dire de la science première, qui n'est autre que la métaphysique : 1° Le *moi* absolu, avant de se déterminer ou d'agir, étant toujours égal à lui-même, on peut dire de lui sans restriction : *moi est moi*, axiome d'*identité*. 2° Dans chaque pensée, il y a ce qui pense et ce qui est pensé ; ainsi, je pense un cercle, c'est moi qui pense, le cercle est l'objet de ma pensée ; et quoique cet objet, c'est-à-dire l'idée ou l'image qui me le représente, soit dans ma pensée, cependant je le distingue de ma pensée elle-même. Ma pensée, c'est le *moi* phénoménal, comme nous l'avons vu ; l'objet de ma pensée, c'est le *non-moi*. Le *moi* phénoménal étant toujours distinct du *non-moi*, on peut dire des deux : *le moi n'est pas le non-moi*, axiome de *contradiction*. 3° Enfin, le *moi* absolu produisant une infinité de *moi* phénoménaux, auxquels correspond une pareille infinité de *non-moi*, lesquels sont aussi phénoménaux, on peut dire *que le moi absolu oppose au moi phénoménal divisible ou multiple, un non-moi également divisible ou multiple*, axiome de raison *suffisante*. Suivant l'auteur, ces trois axiomes entrent essentiellement dans toute connaissance, et répondent aux actions nécessaires de l'esprit humain : c'est pourquoi ils sont les principes de *la science de la science*.

Quelle application Fichte a-t-il faite de son système à la religion, à la morale, à la politique? Les détails ne sauraient trouver place ici ; je me borne à l'indiquer d'une façon générale. Touchant la religion : dans la première manière de voir de l'auteur, le *moi absolu* étant toute réalité, Dieu est réduit à n'être que l'ordre moral : donc point de religion, puisqu'elle n'est que le lien de l'homme avec Dieu. Dans la seconde manière de voir, il admet Dieu, mais il nie le *moi* : point de religion encore, puisque l'un des deux termes sur lesquels porte la religion manque. Et si, dans sa *Destination de l'Homme*, il proclame une vie future, ce n'est qu'une inconséquence de plus. Touchant la morale, le *moi absolu* étant indépendant, l'homme est sa loi lui-même, et n'a d'autre obligation que celle qu'il s'impose. Dès lors, quoi qu'en dise Fichte, point de devoirs envers autrui, partant point de morale. Touchant la politique, l'auteur serait conduit à nier toute loi commune, et à constituer chaque membre de la société dans une souveraine indépendance, ce qui serait l'anarchie. Mais point du tout : loin de les établir dans une telle indépendance, de reconnaître à chacun des droits absolus, propres, naturels, il se jette à l'autre extrême, et ne leur reconnaît aucun droit inhérent à leur nature, et ne leur attribue que des droits empruntés à l'État. Et la perfection de la société pour lui est la ruine totale de l'individualité. Ainsi, par les principes, il établit l'anarchie ; par leur application, le despotisme.

Quel jugement porter sur Fichte, dont le nom retentit si fort en France? Pour qui les théories bizarres, les paradoxes emphatiques, sont des créations d'une intelligence supérieure, Fichte est un puissant génie. Pour qui une pareille intelligence ne se révèle que par la possession nette, sûre, des vérités capitales, le le dirai, dussé-je attirer sur moi les anathèmes de ceux qui se posent les arbitres de l'opinion philosophique parmi nous, Fichte n'est qu'un brillant songe-creux. BORDAS-DEMOULIN.

FICHTELGEBIRGE (littéralement *montagnes aux sapins*,) l'une des chaînes de montagnes les plus importantes de l'Allemagne, située dans le cercle bavarois de la haute Franconie et occupant en superficie un espace d'environ 29 myriamètres carrés, se rattache à l'ouest aux *Rhœnege*-

birge et au Spessart, au nord-ouest à la forêt de Franconie et à la forêt de Thuringe, au nord-est à l'*Erzgebirge* et au sud-est au *Bœhmerwald*. Elle est en grande partie de formation granitique sur ses deux versants ; mais ses ramifications, notamment celles qui se dirigent vers la Régnitz, sont de formation calcaire. Toute cette chaîne est riche en fer, vitriol, soufre, cuivre, plomb et marbre ; elle est d'ailleurs parfaitement boisée, abonde en bois de construction, et est cultivée jusque sur ses plateaux extrêmes. Ses pics les plus élevés sont le *Schneeberg*, haut de 1,075 mètres ; l'*Ochsenkopf*, haut de 1,041 mètres ; le *Kœssein*, haut de 1,020 mètres. Le Main, la Saale, l'Éger et la Nab ont leur source dans ses flancs. Goldfuss et Bischoff ont publié une intéressante *Description du Fichtelgebirge* (2 vol., Nuremberg, 1817). Le *Fichtelberg*, à Wiesenthal, dans l'*Erzgebirge* saxon, a 1,260 mètres d'élévation, et forme le plateau le plus élevé du royaume de Saxe.

FICIN (MARSILE) naquit à Florence, le 19 octobre 1433. Son père était médecin de Côme de Médicis. S'il faut l'en croire lui-même, l'étude de la philosophie platonicienne fut dès son enfance une vocation de son esprit, que favorisèrent, dès le commencement, les bienfaisants auspices de ce protecteur. Outre la philosophie, il étudia la médecine et la théologie. Il fut prêtre et chanoine de la cathédrale de Florence : on a même de lui quelques homélies, publiées avec ses lettres, et dont l'une a pour titre : *Discours de Marsile Ficin sur la charité, prononcé devant le peuple, dans le collège des chanoines de Florence*. Le goût des arts, qui était instinctif chez lui, comme le sentiment des lettres, l'avait encore porté à l'étude de la musique. Il avait pour élèves les plus nobles seigneurs de la Toscane, tous empressés aux leçons de philosophie qu'il professait dans l'académie fondée par les Médicis.

La renommée de Ficin s'étendait audelà des limites de l'Italie ; le savant de Florence reçut de Matthias Corvin l'invitation de sa bouche les doctrines de Platon. La santé débile de Ficin l'empêcha d'entreprendre ce lointain voyage. En 1474 cette même faiblesse de complexion lui causa une maladie, à laquelle il faillit succomber. Il tourna alors ses regards vers la religion, et ce retour à la piété fut durable ; mais comme la superstition s'en mêla quelque peu, et que le culte qu'il avait voué à Platon n'en fut pas pour cela exclu, il en naquit dans son esprit une confusion singulière d'idées mystiques et de pensées philosophiques, qu'il chercha à concilier, en établissant une prétendue concordance entre les doctrines de Moïse et celles de l'élève de Socrate. Mais ses jours étaient comptés. A soixante-six ans, il mourait à sa maison de campagne de Correggio, en 1499.

Ses ouvrages sont nombreux. Le plus célèbre est son édition de Platon, qu'il traduisit le premier tout entier avec d'innombrables commentaires. Ce grand ouvrage fut l'objet de toutes ses études, le but de tous ses efforts ; il passa sa vie entière à le refaire et à le rendre irréprochable. On dit que, lorsque le premier travail en fut terminé, il l'alla communiquer à son ami le Grec Marc Musurus, et que celui-ci, l'ayant lu, se contenta pour toute réponse de répandre son cornet plein d'encre sur la première page ; Ficin comprit, recommença sa traduction, et la rendit telle qu'elle nous est parvenue. Cette œuvre immense serait sans défaut, si l'étude que Ficin avait faite des platoniciens d'Alexandrie ne s'y faisait pas jour par des subtilités indignes de la sérieuse autorité du maître, et si quelquefois on n'y pressentait pas sous les gloses du commentateur l'esprit de Jamblique, de Proclus, de Porphyre ou de Synésius, entretenant par leurs rêveries le penchant de Ficin pour le merveilleux. L'ouvrage où le philosophe de Florence s'abandonna le moins de mesure à cette étude des sciences occultes est son livre *Sur la Vie*. Les idées qu'il y développa au sujet des figures astrologiques et de la corrélation intime qui existe, à l'en croire, entre les événements de la vie et la conjonction des astres, le firent accuser de magie. Son livre fut frappé d'interdit par la censure du saint-siége, et il ne dut lui-même qu'à l'appui de ses amis d'éviter une condamnation. On a encore de Marsile Ficin un livre *Sur le Plaisir*, où, sans développer ses propres pensées, il résume avec finesse et élégance les opinions des anciens philosophes; puis un recueil de lettres, publié de son vivant, et qui serait intéressant si l'on y rencontrait moins de ces allégories et de ces subtilités philosophiques et astrologiques qui déparent toutes les œuvres de Marsile Ficin. Édouard FOURNIER.

FICQUELMONT (CHARLES-LOUIS, comte DE), général et diplomate autrichien, issu d'une ancienne famille noble de Lorraine et fils du comte Joseph de Ficquelmont, mort dans la campagne d'Italie de 1799, avec le grade de major, est né le 23 mars 1777, à Dieuze, en Lorraine. Il entra au service d'Autriche dès l'année 1793, fit avec distinction toutes les campagnes contre la France, et obtint en février 1813 le grade de général-major. Nommé la même année membre du conseil aulique, il fut envoyé à Stockholm en qualité de ministre plénipotentiaire, puis en 1820 accrédité près la cour de Toscane, et l'année suivante à Naples. En 1829 il fut chargé près la cour de Saint-Pétersbourg d'une mission extraordinaire, et y fit preuve d'une grande habileté diplomatique. Nommé en 1830 feld-maréchal-lieutenant, et en 1831 propriétaire d'un régiment de dragons autrichiens, il fut rappelé en 1839 à Vienne pour y prendre, pendant un voyage de M. de Metternich au Johannisberg, la direction des affaires étrangères, notamment à propos de la question d'Orient. En 1840 M. de Ficquelmont fut créé ministre d'État et de conférence, et chef de la section de la guerre au ministère des affaires étrangères; enfin, le 3 mars 1843, général de cavalerie. Dans cette position, d'importantes missions lui furent confiées : par exemple, au printemps de 1846, à Berlin, à propos des affaires de Pologne.

Après la révolution de mars 1848, M. de Ficquelmont entra dans le ministère responsable (21 mars), où il eut le département des affaires étrangères. A ce moment l'Italie était en pleine insurrection, la Hongrie et la Bohème s'agitaient, toutes les nationalités diverses de la monarchie étaient en proie à la fermentation la plus vive, et le gouvernement central à Vienne manquait tout à la fois de force et de considération. Le fait le plus remarquable de l'administration de M. de Ficquelmont dans ces jours orageux, fut la déclaration de guerre à la Sardaigne. Dans l'intervalle, Kolowrat, jusqu'alors président du ministère du 21 mars, s'était retiré au bout de quelques semaines, et M. de Ficquelmont avait pris la direction du cabinet. La constitution du 25 avril, qui disparut aussi vite qu'elle était venue, fut le fruit de cette si courte administration. Malgré ses concessions au parti du mouvement et ses efforts pour calmer aussi l'irritation des esprits, il ne parvint point à obtenir la confiance publique. On le regardait comme l'ami de la Russie, comme le suppôt de la politique de Metternich, et il devint l'objet des attaques générales comme représentant de la réaction dans le ministère. Une démonstration populaire (4 mai) le détermina à donner sa démission, et depuis lors il est demeuré étranger aux affaires. En revanche, il a publié divers écrits du plus haut intérêt; par exemple : *Explications sur l'intervalle du 20 mars au 4 mai 1848* (1850); *l'Allemagne, l'Autriche et la Prusse* (1851). Rien de plus ingénieux que son dernier livre, intitulé : *Lord Palmerston, l'Angleterre et le Continent* (Vienne et Paris, 1852).

FIC SAINT-FIACRE. *Voyez* FEU SAINT-ANTOINE.

FICTION (*fictio*, de *fingere*, feindre, supposer). Dans l'acception la plus étendue, on entend par ce mot tout ce qui est en dehors de la réalité. L'homme cherche la vérité dans la nature, dans les replis de son cœur, dans la société de ses semblables; mais la vérité lui échappe presque toujours. La nature est couverte d'un voile épais, dont il lui est donné de soulever à peine un coin. Le cœur est rempli d'illusions, et ses mouvements passionnés égarent le jugement. La société humaine, qui devrait reconnaître la vérité comme la seule règle de ses rapports, est elle-même étayée sur des fictions. La nature, telle qu'elle est dans ses ressorts les plus cachés et dans cette règle des règles que nous entrevoyons sans pouvoir la comprendre, est pour nous un mystère impénétrable. Nos systèmes ne font que rendre plus difficile l'abord des vérités naturelles; nous voyons peu dans la nature, parce que nos sens sont faibles et nos instruments imparfaits; nous devinons encore moins, parce que notre esprit est borné. Nous en savons néanmoins beaucoup au-delà de ce qui serait nécessaire à notre bonheur. Les illusions du cœur ne sont-elles pas elles-mêmes un bienfait de la Providence? Est-ce que la réalité seule, avec sa précision mathématique, avec sa roideur, avec ses scrupules, avec son désenchantement, pourrait remplir le cœur de l'homme, et donner de la chaleur à ses affections, de l'éclat à ses conceptions? Ne soyons donc pas surpris si la société humaine a, elle aussi, son imagination et ses rêves, et si quelques-unes de ses fictions ont un caractère d'immutabilité. La société ne pourrait pas subsister sans certaines règles; et lorsque la vérité à laquelle on devrait les soumettre est une vérité introuvable, il faut bien mettre quelque chose à sa place. Il y a donc des fictions nécessaires, et le mensonge est un élément de la société humaine aussi essentiel que la vérité.

Les Romains ont exploité au delà de ce qui était nécessaire cet avantage des fictions : c'est ce qui faisait dire à Cicéron, dans son plaidoyer *Pro Murena*, que la science des jurisconsultes consistait tout entière dans des fictions. Il y a une raison spécieuse à donner de la multiplicité des fictions introduites par les jurisconsultes. Il était quelquefois difficile d'exécuter strictement la loi : l'usage contraire prévalait souvent, et la désobéissance à la loi s'anoblissait du nom de *consuetudo*. On sentait alors en même temps l'impossibilité de faire respecter la loi et le danger d'innover; on voulait respecter la sagesse ancienne et ne pas blesser les contemporains dans leurs exigences. On avait donc recours à la ruse, et, moyennant certaines subtilités, on violait la loi par le fait, en ayant l'apparence de lui obéir. Nous avons beaucoup d'exemples de ces fictions, fondées quelquefois sur un raisonnement subtil et philosophique, quelquefois aussi sur une déception maladroitement cachée. C'est ainsi que, pour ne pas faire son testament dans l'assemblée générale du peuple, on avait l'air de vendre ce qu'on donnait; c'est ainsi que le préteur, n'ayant pas le droit d'adjuger un héritage, en donnait néanmoins la possession. Au moyen d'une vente simulée, le père de famille émancipait son enfant, en le faisant passer par l'esclavage pour lui donner plus tard la liberté. Dans le droit criminel, pour ne pas toucher aux vieilles lois, nous voyons les Romains forcer des coupables à l'exil par l'interdiction de l'eau et du feu, et déclarer un citoyen esclave de la peine qu'il a encourue, afin de pouvoir le punir de mort.

Mais passons aux fictions politiques, qui, par leur crédit et par leur durée, ont exercé une influence plus marquée sur les destins de l'humanité. Le mot liberté est de ceux qui ont le plus prêté à la fiction. Les anciens peuples croyaient être libres lorsqu'ils participaient de quelque manière au gouvernement de leur pays. De même, au moyen âge, on appelait *nations libres* toutes celles qui avaient le droit d'intervenir dans la direction de leurs affaires publiques et dans l'élection de leurs magistrats. Mais la liberté finissait là. Cette autre liberté, bien plus substantielle, qui consiste dans la faculté, la moins gênée que possible, d'exercer ses droits civils et de famille sous la garantie d'un pouvoir protecteur et sous l'autorité d'une loi uniforme, cette liberté dont la connaissance et l'application est d'une date plus récente, cette liberté était alors presque inconnue. Les individus qui composaient le peuple souverain étaient assujettis à une tyrannie des tous les jours, et les magistrats populaires avaient un pouvoir plus étendu et beaucoup moins surveillé que les magistrats choisis par le monarque le plus absolu. Le mot *liberté* était donc une fiction, dont on abusait pour calmer l'imagination ardente du peuple, qui croyait se dégager des liens du despotisme en choisissant lui-même ses despotes.

La majorité des voix dans les délibérations est aussi une fiction d'ancienne date. L'homme tout seul se trompe, par défaut de lumières; les hommes assemblés se trompent, par l'ascendant de quelques-uns sur le plus grand nombre, et par le prestige de l'éloquence, qui fascine les hommes. La loi suppose que la vérité est du côté du plus grand nombre, pendant que réellement la vérité, comme la vertu, comme l'héroïsme, comme le talent, comme la fortune, se réfugie bien des fois dans la minorité. Et pourtant la fiction est nécessaire, car il vaut mieux s'exposer à tomber quelquefois dans l'erreur que se condamner à rester toujours dans l'incertitude. Le gouvernement représentatif n'est lui-même qu'une fiction tant qu'il conserve l'inviolabilité du chef de l'Etat, un cens électoral, etc.

Ces fictions de haute portée peuvent donner la mesure de toutes les autres fictions d'espèce inférieure, qui se sont glissées dans les relations sociales; car si la société a dû s'assujettir, à défaut ou par peur de la vérité, à ces *fictions monstres*, elle a dû aussi tolérer que le même esprit de dissimulation s'introduisît partout, dans les devoirs, dans les convenances, dans les plaisirs de la vie. Les grimaces de la haute compagnie, la bonhomie apparente des hommes rusés, le respect sans estime, la crainte sans respect, l'affectation de la vertu, les offres contre conscience, les restrictions mentales, les serments qu'on pourrait appeler chronologiques, car ils marquent exactement les diverses phases de notre histoire contemporaine, tous les actes enfin qui composent notre comédie de chaque jour, tout nous façonne à une fiction presque continuelle. La poésie, qui exalte notre cœur, qui embellit et embaume toute notre littérature, n'est-elle pas une fiction ingénieuse? Pourrait-elle être si universellement aimée, pourrait-elle exercer une si grande influence sur l'esprit humain, si nous n'avions pas déjà dans notre âme une poésie toute faite, dont la poésie qui nous charme par ses heureuses conceptions n'est qu'une image, un souvenir, un contre-coup, un retentissement? Finissons donc par reconnaître que l'homme a un besoin irrésistible de fictions, et que l'écrivain qui en parle doit respecter les fictions nécessaires, honorer les fictions utiles, louer les fictions agréables, laisser de côté les fictions indifférentes, mais dévoiler et combattre toutes les autres, qui, partant du mensonge pour arriver à la tromperie, ne font qu'entretenir de funestes illusions.

Bon J. MANNO, de l'Académie de Turin.

Considérée dans les arts d'imitation, la fiction a un tout autre caractère. C'est le moyen qu'ils emploient de préférence pour produire l'illusion ; mais ils n'y réussissent qu'en la revêtant de tous les dehors de la vraisemblance. Son domaine le plus étendu est la littérature. Avec raison La Fontaine a dit :

L'homme est de glace aux vérités,
Il est de feu pour les mensonges,

et Boileau :

. . . . .La poésie épique
Se soutient par la fable et vit de fiction.

Celle-ci est en effet l'élément constitutif de l'épopée dans son ensemble et dans ses parties. L'*Iliade* et l'*Odyssée* sont de sublimes fictions, de même que le combat d'Achille contre le Xanthe et la description de la ceinture de Vénus dans le premier de ces poèmes, de même que l'antre de Polyphème et le stratagème d'Ulysse contre les Syrènes dans le second. Dans le roman, la qualification de fiction appartient plus spécialement aux détails qui offrent le caractère du merveilleux ; on la retrouve encore sous cet aspect dans les diverses épopées. Le poème des *Métamorphoses* d'Ovide n'est qu'une longue suite de fictions.

FIDALGO, en portugais, le même mot que *hidalgo* en espagnol.

FIDÉICOMMIS. Ordinairement on entend par ce mot une disposition simulée, faite en apparence au profit de quelqu'un, mais avec intention secrète de faire passer le bénéfice de cette disposition à une autre personne, qui n'est point nommée dans le testament ou la donation. Le but de cette manière de disposer est d'avantager indirectement quelques personnes au profit desquelles la loi ne permet pas de faire des libéralités, comme le mari ou la femme, dans le cas où ils ne peuvent se constituer des dons; ou les enfants naturels (incestueux ou adultérins), qui ne doivent rien recevoir au delà des aliments. Ceux qui veulent faire des fidéicommis, disent les jurisconsultes, choisissent ordinairement un ami en qui ils ont confiance, ou bien quelque personne de probité, sur le désintéressement de laquelle ils comptent ; ils nomment cet ami ou cette personne héritier, légataire ou donataire, soit universel ou particulier, dans l'espérance que l'héritier, légataire ou donataire, fidèle à leurs intentions secrètes, remettra, pour s'y conformer, à la personne prohibée que le testateur ou donateur a eue en vue, les biens qui font l'objet du fidéicommis. Ces sortes de dispositions, faites en fraude de la loi par personnes interposées, ont toujours été défendues, tant par la législation romaine que par les coutumes, ordonnances et statuts français. Elles sont également interdites par l'art. 911 du Code Civil, et ces termes : « Toute disposition au profit d'un incapable sera nulle, soit qu'on la déguise sous la forme d'un contrat onéreux, soit qu'on la fasse sous le nom de personnes interposées. » Le Code Civil admet seulement quelques substitutions dans le règlement des successions.

DUBARD, ancien procureur général.

FIDÉJUSSEUR, FIDÉJUSSION. *Voyez* CAUTION.

FIDÈLE, qui garde sa foi, qui remplit ses devoirs, ses engagements, qui est constant dans ses affections (*voyez* FIDÉLITÉ). On désigne généralement par ce mot les catholiques, en opposition avec toutes les autres sectes chrétiennes et avec toutes les sociétés religieuses étrangères au christianisme. C'est même à cette dernière opposition qu'il s'arrêtait dans les premiers siècles, où l'on disait les *fidèles* et les *infidèles*. Il vient du mot *foi* (*fides*), et signifie en ce sens ceux qui participent à la foi en Jésus-Christ. Ce n'est qu'indirectement que la signification peut se rapporter à celle de l'adjectif *fidèle* : fidèle à sa parole, à sa promesse, à sa doctrine. On n'entendit pas toujours par ce mot *fidèles* tous les catholiques orthodoxes sans exception. Dans la primitive Église, on distinguait par ce nom les laïques baptisés d'avec les *catéchumènes*, qui n'avaient pas encore reçu le sacrement. Dans le concile d'Elvire, le catéchumène est appelé chrétien, et ceux qui sont baptisés *fidèles*. Cette dénomination distinguait aussi ces derniers des clercs engagés dans les ordres, et attachés par quelques fonctions au service de l'Église. Les privilèges des fidèles consistaient à participer à l'Eucharistie, à assister au saint sacrifice de la messe, appelée, à cause de cela, *messe des fidèles*, à s'unir à toutes les prières, à réciter l'oraison dominicale, nommée pour cette raison *la prière des fidèles* et à entendre les discours où l'on traitait le plus à fond des mystères, droit qui n'appartenait ni aux catéchumènes ni aux pénitents. On s'est demandé à diverses époques, et surtout depuis la réforme, s'il ne suffisait pas pour être considéré comme *fidèle* de croire à Jésus-Christ, lors même que l'on différait sur les autres parties de la doctrine chrétienne : les protestants ont généralement admis ce principe. L'Église catholique a toujours exigé une foi plus explicite sur ses dogmes.

H. BOUCHITTÉ.

FIDÉLITÉ (du mot latin *fides*, c'est-à-dire qui est lié par la foi). Les sentiments, les affections, la reconnaissance qui dérive des services, ne produisent pas, à proprement parler, la fidélité : c'est ailleurs qu'on a placé sa véritable source. En effet, il peut arriver qu'au nom même de la fidélité on soit obligé de combattre ceux qu'on aime et qu'à quelques égards on vénère. La fidélité est la conséquence de certains devoirs qui nous atteignent, ou bien encore d'engagements que nous avons contractés en toute connaissance de cause et dans la plénitude de notre liberté. Considérée sous ces deux points de vue, la fidélité, dont le chien est l'emblème vivant, est une des vertus les plus fécondes en résultats utiles; car elle donne à chaque instant des garanties sur lesquelles on peut compter, puisqu'elles ont pour point de départ la conscience. On trouve donc la fidélité mêlée à tous les actes et à tous les mouvements de notre existence : elle est indispensable à l'homme comme au citoyen; et dès qu'elle disparaît, il n'y a plus de sociabilité proprement dite. Dans les rapports commerciaux, c'est de la fidélité avec laquelle on tient ses engagements que naît le crédit, qui en s'étendant multiplie les ressources presque à l'infini. Au moyen âge, où le pouvoir était éparpillé, on comprenait la fidélité relativement aux individus, mais rarement vis-à-vis de l'État; c'était un écart dans le bien. Une des causes qui expliquent la barbarie persévérante des gouvernements despotiques en Orient, c'est que dans le mariage même il n'y a pas de place pour la fidélité, la pluralité des femmes étant héréditaire chez les riches et chez les puissants. Dans ces mêmes contrées, les princes ont des multitudes d'enfants, mais ne laissent jamais de famille proprement dite. En résumé, la différence qui existe entre les peuples civilisés et les peuples sauvages provient de ce que ceux-ci ont une idée imparfaite de la fidélité, ou même n'en ont aucune; ils vivent absorbés dans les sensations du moment, et sont si peu liés par les engagements qu'ils contractent, qu'ils s'en dégagent sans raison ni sans remords: ils n'ont pas le discernement de la fidélité : aussi forment-ils des tribus, mais jamais des peuples. SAINT-PROSPER.

FIDÉLITÉ (Ordres de la). Divers ordres portent ce nom : il en existe dans le duché de Bade, en Prusse, et en Danemark; mais l'ordre prussien est plus connu sous le nom d'*ordre de l'Aigle-Noir*, et l'ordre danois sous celui d'*ordre de Danebrog*.

L'ordre de la *Fidélité* de Bade fut institué en 1715, par le margrave Charles-Guillaume de Bade-Douriach, à l'occasion de la pose de la première pierre du château de Carlsruhe : c'est le grand ordre de la maison de Bade. Il subit quelques modifications en 1803, lorsque le grand-duc Charles-Frédéric parvint à la dignité électorale. La décoration consiste en une croix d'or à huit pointes surmontées, émaillée de rouge et angiée d'un chiffre de deux C accolés en sautoir; au centre est un écusson blanc, chargé d'un groupe de nuages supportant le monogramme, au-dessus duquel on lit le mot *Fidelitas*.

FIDÈNES, ancienne ville romaine, située entre le Tibre et l'Anio (Teverone), à environ 7 kilomètres de Rome, au point de jonction des frontières des Sabins avec celles des Latins et des Étrusques. Les *Fidenates*, ses habitants, étaient, autant qu'on peut en juger, le produit du mélange de ces trois peuplades. Après avoir été vaincus par Romulus, ils abandonnèrent le parti des Romains à diverses reprises, et notamment l'an 438 avant J.-C. Reprise l'an 485 avant J.-C. par le dictateur Aulus Servilius, Fidènes déchut peu à peu de son antique importance, jusqu'à ne plus former qu'un gros bourg, auquel une déplorable catastrophe acquit, sous le règne de Tibère, une triste célébrité. Un amphithéâtre qu'Attilius y avait fait construire pour des combats de gladiateurs s'écroula tout à coup au milieu d'une de ces sanglantes représentations. 50,000 spectateurs, au rapport de Tacite, et 20,000 seulement, suivant Suétone, périrent écrasés sous ses ruines.

FIDJI (Îles), désignées aussi sous le nom d'*Archipel Viti*, entre les Nouvelles-Hébrides et les îles de l'Amitié, par 15° 1/2 et 20° de latitude sud et 174°-179° de longitude orientale, forment un groupe composé de quelques grandes îles et d'environ 200 îlots. Les premières, *Viti-Levou* (de 11 à 12 myr. de longueur, sur moitié de largeur), *Vanoua-Levou* (15 myr., sur 3 à 4), *Meivoulla*, etc., sont fort élevées et entourées de bancs de corail; les petites sont basses, et semblent reposer toutes sur un fond de corail. Mais les unes et les autres sont d'un accès difficile, à cause du grand nombre de rochers et d'écueils qui les avoisinent : aussi cet archipel est-il peu fréquenté. Le sol donne en abondance tous les produits ordinaires des mers du Sud; mais la fameuse forêt de bois de sandal qu'on voyait dans la plus grande de ces îles, et d'où les Européens exportaient autrefois des chargements complets, n'existe plus. Plusieurs espèces de bois particulières à cet archipel sont propres aux constructions navales et à l'exportation; on exporte aussi de l'huile de noix de cocos. On y trouve une grande quantité de porcs, de chiens et de poules, de même que des vampires et des rats. Les habitants, dont la langue paraît tenir de celles des populations de la Malaisie et de la Polynésie, sont, d'après leur configuration extérieure, un terme moyen entre les Papous et les Malais; ils sont plus grands et d'une couleur plus foncée que les insulaires voisins, et leur physionomie a quelque chose de belliqueux. Leurs cheveux laineux, arrivent de bonne heure, grâce à l'art du coiffeur, à acquérir de remarquables proportions. C'est là une affaire de grand luxe parmi les chefs, qui ont les friseurs en grande considération. Ils se tirent aussi tellement le bout de l'oreille, qu'ils finissent par le faire pendre jusqu'à l'épaule. Ils ne manquent pas d'adresse manuelle; mais les voyageurs les représentent comme des anthropophages déterminés. Ce cannibalisme, dont les prisonniers de guerre font les frais, de même que l'usage d'égorger les vieillards et d'étrangler les veuves des chefs, et surtout leurs incessantes guerres intestines, expliquent comment cette population, qu'on estime s'élever encore à 300,000 têtes, va en diminuant toujours plus rapidement. Ils sont aujourd'hui en fort bons termes avec les Anglais. *Thakambau*, qui prenait il y a quelques années le titre de *Toui-Viti*, ou roi des îles Fidji, passe pour le souverain de tout l'archipel. Il réside à *Bau* ou *Ambow*, petite île voisine de Viti-Levou, et traite fort bien les blancs, voire même, tout idolâtre qu'il est, les missionnaires anglais, qui ont leur principal établissement dans la petite île de *Vewa* ou *Biva*. Cet archipel, découvert en 1643, par Tasman, fut retrouvé en 1789 et 1792 par Bligh, et depuis 1794 a reçu maintes fois la visite de navires marchands venus d'Europe. Ceux qui y viennent le plus ordinairement sont des bâtiments de Sydney, dans la Nouvelle-Hollande, et de l'Amérique du Nord.

FIDUCIE, FIDUCIAIRE (du mot latin *fiducia*, confiance). C'est ainsi que les Romains appelaient une vente simulée faite à l'acheteur, à la condition de rétrocéder dans un temps déterminé la chose au vendeur. L'émancipation des enfants, qui était complète quand le père les avait vendus et rachetés trois fois, ne se faisait, on le comprend très-bien, que par une véritable fiducie. L'aliénation des immeubles par *fiducie* était une sorte de mise en gage, sans hypothèques, des biens engagés; il y avait dans la loi romaine une formule appelée *judicium fiduciæ*, par laquelle les parties, en contractant, s'engageaient à agir de bonne foi et sans fraude. Aujourd'hui encore la fiducie est admise par le législateur, qui repousse d'une façon si absolue les fidéicommis et les substitutions; c'est dans le cas où, en matière de succession, un testateur charge que qu'un, qu'il institue son héritier seulement pour la forme, d'administrer sa succession jusqu'à l'époque où il devra la remettre à son véritable héritier, disposition qui peut être employée dans l'intérêt des mineurs dont les tuteurs n'inspireraient pas de confiance. L'héritier *fiduciaire* n'a aucun droit, à moins d'une clause expresse, aux fruits de la succession, dont la propriété repose sur la tête du véritable institué. Si l'héritier fiduciaire n'avait été institué que dans l'intérêt de personnes incapables de recevoir du testateur, la loi considèrerait son mandat comme un fidéicommis.

FIEF. Un fief (*feudum*, dans la basse latinité) était une terre, une seigneurie, ou des droits qu'on tenait d'un seigneur dominant, à charge de foi et hommage et de quelques relevances. Les uns font remonter cette institution aux Romains, et prétendent, trouver une idée des devoirs du vas-

sal dans ceux du *client* à l'égard de son patron ; d'autres la font venir des Lombards, et Dumoulin en voit l'image dans les distributions de terres que les empereurs faisaient aux vétérans, en leur imposant la condition de prendre les armes pour la défense de l'empire. Cependant, il y a entre ces *bénéfices* et les *fiefs* proprement dits une très-grande différence. Les premiers d'abord n'étaient point héréditaires, et ensuite n'entraînaient aucune redevance, pas même *la foi et l'hommage*. Ces deux choses, au contraire, entrent dans la constitution des seconds. Comme le mot fief ne se rencontre dans aucun auteur à une époque plus ancienne que celle de Hugues Capet ou de Charles le Simple, il est présumable que ce fut vers la fin de la seconde race que s'établit ce nouveau genre de possession, qui ne fut autre chose qu'une usurpation. Ainsi naquit la *féodalité* et la *noblesse*. Ce fut la possession des terres qui fit les *nobles*; car elle leur donna des espèces de sujets (*des vassaux*), lesquels s'en donnèrent aussi par des *sous-inféodations* ou créations d'*arrière-fiefs*.

Quand l'usage des *fiefs* fut complètement établi en France, la plupart des grandes charges de la couronne devinrent féodales, dans le but de transmission en faveur des enfants des possesseurs. C'est ainsi que l'emploi de grand-chambellan, de grand-bouteillier, etc., devint héréditaire; mais il n'y eut pas que les offices et les terres d'inféodées, ou en fit de même des villes : ainsi, il y avait à Paris, autour de l'hôtel de Bourgogne, seize maisons qui formaient un fief royal, que Henri IV céda plus tard aux religieux de Sainte-Catherine, lorsqu'il bâtit la place Royale. Le reste de la ville était divisé en une multitude de fiefs, dont la plupart appartenaient à des religieux. Les évêques seuls avaient à Paris neuf grands fiefs, qui les rendaient presque aussi puissants que le roi.

Les différentes dénominations des fiefs s'élevaient à un nombre immense, dont il serait fort inutile de donner une idée. Il y avait des fiefs d'*honneur*, des fiefs *liges*, des fiefs de *retraites*, des fiefs d'*amitié*, des fiefs *à vie*, etc., etc. ; mais leur principale division a été d'abord en fiefs *terriens* et en fiefs de *revenus*, en fiefs de *maîtres* et en fiefs d'*office*; ensuite en fiefs de *dignité* et en fiefs *simples*.

Le *fief simple* (*sine mero et mixto imperio*) n'attribuait que le droit de connaître des différends survenus à l'occasion des fonds qui en relevaient; le fief *dominant* était celui à qui l'on devait foi et hommage; le fief *servant*, celui qui relevait d'un autre fief.

Après les fiefs de *dignité*, les plus nobles étaient ceux de *haubert*, parce qu'ils tenaient immédiatement du prince. A eux appartenait le droit de colombier. Le fief *noble* ou *rural* était celui où il y avait justice au château : des métairies tenues en fiefs formaient un fief *roturier*, et l'on appelait fiefs de *camera* des rentes ou pensions que les seigneurs donnaient à leurs serviteurs, qui leur en devaient foi et hommage. On leur donnait aussi le nom de fiefs de *revue*.

Quant aux fiefs de dignité, d'après un édit de mars 1682, une terre ne pouvait être érigée en duché-pairie à moins qu'elle ne valût 8,000 écus de revenu; et d'après un édit antérieur, rendu en 1579, un marquisat devait être composé de trois baronnies et de trois châtellenies; un comté de deux baronnies et de trois châtellenies, etc. Le *fief épiscopal* ou *presbytéral* se disait des biens ecclésiastiques ; fief de *dévotion* ou de *piété*, des États ou principautés que des souverains reconnaissaient par humilité tenir de Dieu, à charge d'hommage à ses représentants aux églises ; enfin, on désignait sous le nom de *francs fiefs* ceux qui ne devaient être tenus que par personnes franches et nobles de race. Mais la nécessité où se virent ces personnes de vendre leurs biens, les unes parce que leurs dépenses habituelles étaient au-dessus de leurs revenus, les autres parce qu'elles ne pouvaient sans cela suffire aux voyages dans la Terre Sainte offrit aux roturiers une occasion dont ils profitèrent, d'acheter et de posséder des fiefs. Comme il fallait pour cela obtenir le consentement des rois, la chose faillit échouer; mais les papes levèrent tous les obstacles. En 1275, Philippe le Hardi, moyennant une redevance qu'on appela *droits de franc fief*, permit aux roturiers de posséder les terres des gentilshommes ; et, en 1579, Henri III ôta à la possession des fiefs la faculté d'anoblir.

Les *fiefs régaliens* étaient ceux qui relevaient de la personne même du roi (la pairie était un fief régalien du premier ordre). On suivait pour les déférer l'ordre de primogéniture et celui des lignes.

On nommait *profits de fief* les droits seigneuriaux qui se payaient à chaque mutation des héritages. Le mot *fief* intervenait encore dans une multitude d'acceptions, dont nous ne nous occuperons pas, attendu que les termes n'ont plus aujourd'hui d'application, et que, bien que les fiefs eux-mêmes aient fait aux idées modernes une plus opiniâtre résistance que certains autres usages de la féodalité, ils sont néanmoins depuis longtemps complètement détruits.

Achille JUBINAL, député au Corps législatif.

FIEFFÉ. On trouve aussi dans quelques vieux titres et quelques vieux livres *fiefvé* pour *fieffé*. Un officier, un sergent *fieffé*, étaient ceux qui dépendaient d'un *fief*. Il y avait grand nombre d'offices *fieffés* et héréditaires. On appelait *tailleur fieffé* celui qui tenait en foi et hommage du roi le pouvoir de tailler les monnaies de France. Homme *fieffé*, c'était un *vassal* ou *feudal*, qui tenait un héritage en foi et hommage. Héritier *fieffé*, c'était un *vassal* propriétaire de *fiefs*, dont il avait hérité, c'est-à-dire saisi et vêtu par le seigneur féodal.

Ce mot s'emploie encore figurément et familièrement avec des dénominations qui marquent un vice, un défaut, et il signifie que ce vice, ce défaut, est porté au suprême degré : fripon *fieffé*, coquette *fieffée*.

FIEL. Ce mot, synonyme de *bile*, est surtout usité dans les arts. Le fiel de bœuf ayant des propriétés dissolvantes, les dégraisseurs l'emploient comme savon pour enlever les taches de graisse. Les peintres emploient aussi le fiel desséché dans la composition de leurs couleurs.

Au figuré, *fiel* est synonyme d'*âcreté*, d'*amertume*, de *haine*. La plume de cet écrivain distille le *fiel* ; cet homme est sans *fiel*. Boileau, à l'imitation de Virgile, s'écrie dans son *Lutrin* :

Tant de fiel entre-t-il dans l'âme des dévots?

Des torrents de *fiel* et de bile coulent de sa plume. Il a vomi son *fiel*.

Fiel se prend aussi pour *chagrin*, *déplaisir*. Il boit à longs traits et le *fiel* et l'absinthe. Racine a dit dans ce sens :

Me nourrissant de *fiel*, de larmes abreuvée.

FIELD (JOHN), célèbre pianiste, naquit à Dublin, en 1782, et fut l'élève de Clementi. Celui-ci, fier de son élève, le produisit en public, et se fit entendre avec lui à Paris en 1798. Quand, en 1802, Clementi entreprit un grand voyage artistique en France, en Allemagne et en Russie, Field accompagna encore son maître et obtint partout les plus brillants succès. En 1822 il s'établit à Moscou, où ses concerts ne cessèrent d'attirer une foule d'élite, et où surtout son enseignement obtint le plus grand succès. En 1832 il se décida à entreprendre de nouveau une grande tournée artistique, et parcourut l'Angleterre, la France et l'Italie : une maladie le retint à Naples, et en 1835 il s'en revint avec une famille russe à Moscou, où il mourut, en 1837. Quoique instrumentiste d'une habileté consommée, Field s'attachait bien moins à faire preuve de dextérité dans l'exécution, qu'à réaliser l'idéal de la plus touchante mélodie. Ses compositions, peu nombreuses et généralement d'une difficulté extrême, brillent moins par la profondeur de l'harmonie que par la noblesse du chant. Avec ses *Nocturnes* il fonda un nouveau genre de musique de salon, que l'immense succès des *Chants* sans paroles de Mendelsohn et autres a pu seul faire oublier dans ces derniers temps.

FIEL DE VERRE. *Voyez* ÉCUME DE VERRE.

FIELDING (HENRI), célèbre romancier anglais, naquit en 1707, à Sharpham-Park, dans le comté de Somerset. Il était fils d'Edmond Fielding, qui avait servi comme général sous le duc de Marlborough. La famille de son père était nombreuse, et Fielding entra dans le monde avec un assez beau nom (son grand-père était comte de Denbigh), mais sans fortune. Son père l'aida peu. Après être allé commencer l'étude des lois à Leyde, il ne put, faute d'argent, se maintenir dans cette ville. Il revint à Londres, et y vécut dans le désordre. Un mariage qu'il contracta avec une jeune personne qu'il aimait, et qui lui apportait quelque fortune, le retira de cette vie dissipée. Il se fit gentilhomme de campagne; et il rêva une existence rurale et tranquille. Mais il ne possédait ni l'économie ni la prudence d'un homme des champs; il eut des domestiques, une livrée, une table ouverte, des chevaux, une voiture, et se ruina vite. Il s'est vengé, dans *Amélie*, des voisins qui, lors de ses égarements, le blâmèrent et le trahirent ; et l'effet que produisit sur eux son carrosse, quand il en prit un, est raconté d'une façon originale par Booth. Mais enfin il n'en eut pas moins tort. Revenu à Londres, il étudia le droit, il prit place au barreau ; mais la maladie des hommes de plaisir, la goutte, l'en éloigna. Il fit de la littérature, un roman (*Jonathan Wild le Grand*), et ne passait que pour un homme de désordre et d'esprit, quand, le succès de *Paméla* l'importunant, il lui prit fantaisie de protester, au nom de Cervantès, c'est-à-dire au nom de la gaieté, du naturel, de la vivacité, contre des romans qui étaient si beaux, si longs, si pâles, qu'on les louait même en chaire. *Joseph Andrews* fut la saillie d'un esprit libre et original. On ne lit plus *Paméla* ; on lira toujours les aventures de son frère. Le roman manque de conduite, de plan ; mais que les caractères sont agréables, vifs, joyeux ! Comme don Quichotte, le curé Adams est toujours errant ; si le chevalier de la Manche voulait ressusciter l'ancienne chevalerie, Adams veut croire à l'existence de la vertu antique, et tous deux, pour prix de leur crédulité, reçoivent force coups de bâton, qui ne peuvent les déshonorer et nous égayent. *Joseph Andrews* a été publié en 1742.

Peu de temps après, la femme de Fielding mourut; il manqua d'en perdre la raison. Il lutta ensuite contre le besoin, écrivit pour le ministère, et fut heureux d'être nommé juge de paix pour Westminster et Middlesex. Ce n'était là qu'une place d'officier de police, où l'on n'était rétribué que selon son activité, prélevant un droit sur chaque délit que l'on constatait, position triste, mais où il sut encore étudier le monde, ainsi que le prouve la peinture de la prison dans *Amélie*. Il était dans cet office, quand il publia (en 1750) *Tom Jones*, le premier des romans anglais. Il est inutile de parler de cet admirable ouvrage, que chacun connaît, que chacun a lu, qui fait les délices de la jeunesse par les passions qu'il représente et le charme de l'âge mûr par les réflexions qu'il inspire. On a beaucoup disputé sur la moralité de ce roman. Les uns ont voulu qu'on y trouvât des encouragements pour le vice : les autres, que Fielding, en s'attaquant à l'hypocrisie, le pire des vices, ait rempli la mission d'un grand moraliste. Nous pensons que cette dispute est vaine. Un bon roman ne peut pas être plus immoral que la nature qu'il représente. Il ne faut pas juger de la moralité d'un livre par les faits qu'il raconte et les tableaux qu'il trace, mais par l'effet qu'il produit. Or, qui n'est persuadé en lisant *Tom Jones* et les autres livres de Fielding (car il faut tous les défendre de ce reproche) de son amour pour les malheureux, les pauvres, les affligés, de sa sympathie pour ceux qui souffrent ; sa morale n'est point efficace, il est moraliste par le sentiment. *Tom Jones* obtint un grand succès, et fut suivi bientôt d'*Amélie* (1751), qui est un roman bien inférieur, mais où se trouvent encore des beautés de premier ordre.

Fielding, outre ses romans, a écrit beaucoup de comédies, et en ce point, comme en beaucoup d'autres, il ressemble à notre Lesage. Mais il attachait peu d'importance à ses compositions dramatiques. Malgré les soins assidus de la seconde femme de Fielding, dont il a tracé l'aimable caractère, et malheureusement aussi les souffrances dans *Amélie*, sa santé était totalement perdue à quarante-huit ans. On lui conseilla pour remède le climat, plus doux, du Portugal. Il a écrit son *Voyage à Lisbonne;* et ce journal est plein de mélancolie et de verve. Il mourut dans cette ville le 8 octobre 1754. Quelques années après sa mort, on lui éleva sur ce sol étranger un modeste monument. N'avait-il pas droit à une tombe dans Westminster, auprès de celle de Shakspeare? La dernière édition de ses *Œuvres complètes* est celle de 1821 ; Walter Scott l'a enrichie d'une introduction biographique et critique.
Ernest DESCLOZEAUX.

FIENTE, nom donné aux ex cr é m en t s de certains animaux, oiseaux et mammifères; la fiente, comme engrais animal, mérite toute l'attention des cultivateurs. Chez les oiseaux, les urines se rendent dans une poche commune avec les matières fécales, auxquelles elles se mêlent ; aussi leur fiente est-elle plus riche en principes actifs de végétation que celle des mammifères. Les cultivateurs expérimentés n'ignorent point ce fait ; ils prennent en conséquence le plus grand soin pour ne pas laisser perdre celle des oiseaux de basse-cour et des pigeons. Quelques sacs de cette matière mêlés au fumier augmentent de beaucoup ses qualités. Des expériences comparatives ont prouvé que la *colombine* et la *pouline* ne le cèdent en rien à la poudrette.
P. GAUBERT.

FIER À BRAS, homme dont les gestes, l'attitude et les discours appellent les disputes et les rixes. Parmi les querelleurs de profession, le fier à bras est un peu au-dessus du bravo, c'est-à-dire qu'il n'est pas placé bien haut dans l'estime publique. On représente ordinairement le fier à bras un pied en avant, une partie du corps effacée, et les manches de chemise retroussées. Du reste, il court de très-légers périls ; dans les combats qu'il affectionne, les armes à feu, l'épée, comme le sabre, sont prohibées : on ne se confie de part et d'autre qu'à la vigueur du poignet. Le fier à bras vieillit donc en général ; car, dans sa profession, les blessures ne sont que rarement dangereuses, et disparaissent bien vite. Le fier à bras a son véritable domicile dans tous les lieux publics de bas étage ; il se glisse même quelquefois jusque dans l'estaminet et le café ; enfin, il est une des variétés les plus brillantes du faubourien. Les étymologistes ont cherché à qui mieux mieux l'origine du mot *fier à bras* : selon les uns, il dériverait d'un Normand Guillaume Fier à Brach, homme très-courageux, et frère de Robert Guiscard ; d'autres doctes en *us,* tels que Bollandus et Heinschinius, soutiennent que le véritable fier à bras était Guillaume le Grand, duc de Guienne et comte de Poitiers. Quelle que soit, au reste, l'origine du mot, le fier à bras se civilise depuis que les professeurs de savate et de chausson portent la cravate blanche et chantent la romance. La vieille espèce s'en va disparaissant.
SAINT-PROSPER.

Fier à bras est aussi le nom d'un géant qui joue un grand rôle dans les anciens romans de chevalerie. Le plus ancien ouvrage qui nous ait conservé le récit des prouesses de ce héros est une épopée en dialecte provençal ; elle compte 5054 vers de douze syllabes. Composée au douzième siècle, elle a été pour la première fois publiée en 1829, par les soins de M. II. Bekker. S'emparant de quelque autre poëme français sur le même sujet, les conteurs du quinzième siècle en firent un roman en prose, dont l'édition originale porte la date de Genève, 1478. C'est un in-folio de 115 feuillets, dont la rareté est excessive, et dont un exemplaire s'est payé jusqu'à 51 livres sterling (1,300 francs) à la vente des collections d'un bibliophile anglais, sir Richard Heber. Cette édition fut, dans l'espace de vingt ans, suivie de huit autres. Traduite et plusieurs fois réimprimée en Allemagne, elle donna lieu à un poëme italien (*Il cantare di Fierabraccio*), à une épopée anglaise (*Sir Ferumbras*), à un roman espagnol, de ceux que don Quichotte aimait tant et dont on a tant de peine à trouver aujourd'hui vestige. Les guerres de Charlemagne avec les Sarrasins d'Espagne forment le sujet de ce livre. Fier à bras, adversaire des chrétiens, qui ont souvent senti le poids de son épée, finit par se convertir : d'éclatants miracles lui démontrent l'absurdité de la loi de Mahomet ; il reçoit le baptême, il arrive même au rang des saints. Sa sœur, Floripur, abjure en même temps que lui. Cette terrible héroïne précipite sa duègne dans la mer ; elle assomme son geôlier d'un coup de bâton ; elle est éprise de Guy de Bourgogne, et sa passion s'exprime avec une véhémence, une impétuosité qui ne rappelle en rien ces sentiments délicats que la galanterie chevaleresque mettra plus tard en honneur. Un vieil émir, père de Fier à bras et de Floripur, ne veut point suivre l'exemple de ses enfants : il s'obstine à rester fidèle à l'islamisme ; les plus forts arguments ne pouvant triompher de sa résistance, on prend le parti de le tuer. En somme, cette épopée, rédigée à l'époque des croisades, d'après des traditions obscures, présente le tableau le plus curieux des opinions, et des habitudes de la société de ce temps. G. BRUNET.

FIERTE. Vieux mot, tiré du latin *feretrum*, cercueil, châsse, et exclusivement usité pour désigner la châsse de saint Romain, archevêque de Rouen, au septième siècle. Le chapitre de la cathédrale, possesseur des reliques du saint, avait obtenu des ducs de Normandie, vers le milieu du douzième siècle, le privilège de délivrer chaque année, au jour de l'Ascension, un prisonnier condamné à mort. Pour jouir de cette immunité, le criminel, choisi par les chanoines, devait, après s'être confessé, prendre la châsse du saint et la soulever trois fois, ce qui s'appelait *lever la fierte* : après quoi, il la portait au milieu d'une procession solennelle, couronné de fleurs, avec *festins*, *danses momeries*, *mascarades*. Puis, le lendemain, si ses ennemis ne lui faisaient pas un mauvais parti, il était renvoyé libre et absous, avec ses complices. Les crimes de lèse-majesté, d'hérésie, de viol, d'homicide avec guet-apens, n'étaient pas *fiertables*. Tant que le privilège de saint Romain exista, il fut un sujet éternel de disputes entre l'église de Rouen et les magistrats séculiers. Le chapitre prit, en 1473, avec succès et énergiquement, sa défense contre Louis XI ; mais à dater de 1499, époque de l'établissement permanent d'un échiquier dans cette ville, les chanoines éprouvèrent plus d'obstacles dans l'exercice de leur privilège. Cependant, sous François Ier, le tribunal dut en passer par où les chanoines voulurent, dans la crainte d'une émeute populaire. Henri IV, étant à Rouen pendant la tenue de l'assemblée des notables, en 1597, signa une déclaration qui restreignait de beaucoup ces monstrueux abus. Ce ne fut qu'en 1790, un an après l'abolition des autres privilèges par l'Assemblée nationale, que celui-ci fut exercé pour la dernière fois : le ministre Dupont en notifia, en 1791, la suppression au tribunal de Rouen.

FIERTÉ. Ce n'est pas là un vice, cela tient bien des circonstances, c'est plutôt un sentiment involontaire, qui double la force, comme la grandeur de l'homme ou du citoyen. Le moraliste le plus sévère ne condamnera donc la fierté que suivant les objets qui la feront naître. Tous ceux qui sont placés très-haut, soit par la naissance, soit par la fortune, loin de déployer de la fierté, doivent désarmer l'envie par des manières douces et bienveillantes : ce n'est pas assez que les bienfaits rapprochent l'intervalle, il faut que l'épanchement et la cordialité le remplissent. Dans certaines occasions, on se sauve des périls les plus extrêmes par l'emploi subit d'une légitime fierté : elle vous commande tant de devoirs, et vous montre prêt à tant de sacrifices, qu'elle fait reculer jusqu'à l'insolence de la force intimidante. Au milieu des plus grands désastres de sa vieillesse, Louis XIV a eu une inspiration de fierté qui a maintenu la France à sa place : on l'a blessée, mais on ne l'a pas vaincue dans son indépendance. Les femmes avaient jadis une si haute idée des vertus qui sont les plus essentiellement recommandées à leur sexe, qu'elles en faisaient l'objet d'une continuelle fierté. Dans ce sens, elles avaient aussi leur gloire. « La fierté de l'âme sans hauteur, a dit Voltaire, est un mérite compatible avec la modestie. » SAINT-PROSPER.

FIESCHI. Ce nom passera à la postérité. Déjà il grossit la liste de ceux des grands coupables qu'enregistre à regret l'histoire, et le but du Corse est atteint ; car, ainsi que l'a dit un homme de sens et d'esprit, « Fieschi a voulu être l'Érostrate de la poudre à canon. » On a beaucoup recherché la cause et le but de son attentat. Elle est inscrite, ce nous semble, dans chaque page de sa vie, et l'homme qui disait à tout propos : « Vous entendrez parler de moi ; quelque chose me dit que je passerai à la postérité, » avec son caractère d'orgueil et de fausse ambition, devait, à défaut de talents, d'heureuse chance et de vertu, trouver la célébrité dans le crime.

Joseph FIESCHI avait été baptisé à Murato (Corse), le 3 décembre 1790. Tant qu'il demeura en Corse, il fut berger, comme l'avait été son père. A l'âge de dix-huit ans, le 15 août 1808, il s'engagea volontairement dans un bataillon qui allait en Toscane au service de la grande-duchesse Élisa Napoléon. Il fit ensuite la campagne de Russie, passa au service de Murat, roi de Naples, entra dans le régiment provincial corse, fut fait sergent, décoré de l'ordre des Deux-Siciles, et accompagna enfin Murat dans son aventureuse expédition sur ses anciens États. On connait la sanglante catastrophe qui dénoua ce drame. Fieschi, condamné à mort avec ses compagnons d'infortune, fut remis au gouvernement français, qui le jugea à son tour, l'acquitta et le remit en liberté. Il revint en Corse, et s'y fit condamner à dix ans de réclusion et à l'exposition pour vol d'un bœuf, faux en écriture privée et fabrication du sceau d'une commune. Fieschi, après l'arrêt, fut transféré dans la maison centrale d'Embrun, où il se lia avec Laurence Petit, veuve Lassave, femme Abot, condamnée comme lui. A l'expiration de sa peine, il alla travailler dans les fabriques de Lodève, Sainte-Colombe, Givors, et se présenta au sergent-major de la compagnie des sous-officiers sédentaires à Paris, porteur d'un ordre du général commandant, pour être reçu en subsistance. A l'inspection générale, on lui proposa d'entrer dans un régiment avec le grade de sergent. Il refusa, il voulait être nommé sous-lieutenant. Admis dans la compagnie de vétérans employée à la garde d'une maison centrale, il se plaignit de son éloignement, et revint à Paris, où il rentra dans les sous-officiers sédentaires. Là il fit la rencontre de Laurence Petit, qui avait perdu son second mari, et qui « s'abaissa jusqu'à lui pour l'élever jusqu'à elle, » suivant ses propres expressions. Nous les retrouvons tous deux, plus tard gardiens du moulin de Croullebarbe, acquis par la ville de Paris. La ville de Paris avait acheté en 1827, pour faciliter les travaux de canalisation de la Bièvre, les quatre moulins établis sur cette rivière et situés *intra muros*. Il était devenu nécessaire d'y constituer deux gardiens : à la demande et sur la recommandation du général Franceschetti, M. Caunes donna, à la fin de 1831, à Fieschi une de ces places, celle de gardien du moulin de Croullebarbe, qui se trouvait disponible.

Abusant des circonstances antérieures de sa vie, Fieschi, qui avait été admis, par une décision du ministre de la guerre, en date du 21 septembre 1830, à la solde de sous-lieutenant d'état-major, sans accessoires, racontait aux uns qu'il avait été condamné à mort pour crime politique, et gracié après une longue détention ; aux autres, qu'il avait joué un rôle important dans la conspiration de Didier à Grenoble. Il entra à cette époque dans la société des *Amis de l'Égalité*. M. Baude était préfet de police ; il employa Fieschi. Paris s'agitait, le sang coulait ; Fieschi brava le danger pour rapporter des renseignements ; son amour-propre, exalté par la confiance qu'on lui témoignait, le pénétra de reconnaissance. Les rapports qu'il avait avec le préfet de police n'étaient connus toutefois que de celui-ci et de son secrétaire. Cependant, la chambre des députés avait adopté la proposition, faite par M. Baude, d'accorder des secours aux condamnés politiques. Fieschi le pria de s'intéresser à lui pour le faire participer à ces secours. Il obtint une allocation de 30 à 40 fr. par mois. Les sanglantes journées des 5 et 6 juin 1832 éclatèrent; Fieschi fut alors tenté de se jeter dans les rangs de la révolte et de *prendre un fusil comme les autres*. Il résista à cette impulsion.

Au commencement de 1835, la jeune Nina Lassave avait dû quitter le domicile commun de sa mère et de Fieschi pour entrer à la Salpétrière. Fieschi, à cette époque, se portait contre sa concubine, la femme Petit, aux plus graves excès, et la violence de son caractère l'avait rendu la terreur de son voisinage. Sur ces entrefaites, les mensonges de Fieschi furent découverts; ses pensions et son traitement furent suspendus. Il fut inculpé d'avoir créé de fausses pièces et de faux certificats, d'avoir apposé de fausses signatures sur ces actes, et d'en avoir fait usage sciemment. Une procédure s'instruisit sur la plainte du ministère public. Alors il s'écria d'un ton de menace : « qu'il ne souffrirait pas toujours, mais qu'avant de mourir...! » Et il ajouta que « s'il arrivait quelque sédition, il serait le premier aux Tuileries pour assassiner le roi et les princes! » Bientôt Laurence Petit rompit ouvertement avec lui : cette rupture et les torts qu'il imputait à cette femme paraissent avoir exercé une grande influence sur ses déterminations. Ancien militaire, sans grade ni retraite, ouvrier sans occupation, dépouillé de la pension qu'il avait usurpée, expulsé d'un domicile qu'il prétendait être le sien, repoussé par la femme qu'il avait choisie, possédé d'une passion violente pour une jeune fille, sous le poids d'une inculpation grave et de menaçantes poursuites judiciaires, Fieschi, au profond de disgrâce, se trouvait, au commencement de l'année 1835, à la veille de perdre son dernier emploi et sa dernière ressource : le 27 janvier, un arrêté du préfet du département de la Seine, en supprimant le poste de gardien du moulin de Croulebarbe, consomma sa ruine et détruisit ses dernières espérances.

Alors, soucieux, préoccupé, rêveur, il se cache sous les noms d'Alexis, de Bescher; il a recours à mille ruses pour se soustraire aux investigations de la police. Il cherche un asile tour à tour chez Boireau, chez Morey, chez Pépin, et ne sort jamais, dans ces jours de détresse, sans joindre au poignard qu'il porte toujours, ce fléau redoutable dont il est encore armé dans sa fuite le 28 juillet, et à l'aide duquel il prétend se défaire de vingt assaillants. C'est alors qu'il conçoit le plan de sa machine infernale. Sans conviction et même sans passions politiques, Fieschi paraît être disposé à les exploiter toutes à son profit. Dans son profond dédain pour tous les partis, poussé par ses dispositions aventureuses et ce mépris de la vie qu'il portait au plus haut degré, ce qu'il désirait surtout, c'était un grand bouleversement social, au sein duquel il pût développer ses facultés intellectuelles, dont il se formait une si haute idée, et la rare énergie de son caractère.

Le mardi 28 juillet, second jour du cinquième anniversaire de la révolution de 1830, le roi Louis-Philippe passait la revue de la garde nationale et de la troupe de ligne, accompagné des trois princes ses fils aînés. La police de Paris avait été mise en éveil dès le jour précédent; divers avis l'avaient prévenue que des armes à feu dirigées sur la personne du roi devaient faire explosion de l'intérieur d'une maison que l'on désignait vaguement. Le quartier était surveillé avec soin. Dès trois heures du matin, il avait été exploré en tous sens, et au moment de la revue un détachement d'agents de police, munis d'armes, et placés en dehors de la ligne militaire, précédait le roi de quelques pas et avait pour consigne d'examiner attentivement les croisées et d'arrêter la marche du cortège au moindre signe menaçant. Le roi achevait de parcourir les rangs de l'infanterie. Il arrivait au boulevard du Temple, en avant de son escorte de plus d'une longueur de cheval. Tout à coup une forte détonation retentit : un grand vide se fait autour du roi; le pavé est inondé de sang, jonché de morts, de blessés, de chevaux. Le maréchal Mortier, duc de Trévise, six généraux, deux colonels, neuf officiers, grenadiers et autres citoyens faisant partie de la garde nationale, un officier d'état-major, de simples spectateurs, hommes, femmes, enfants, au nombre de vingt-et-un, sont frappés, onze tombent sans vie, sept ne survivent que peu de jours. Le roi cependant n'avait été que légèrement atteint d'une balle à la surface du front; son cheval avait été frappé à la partie supérieure de l'encolure; les chevaux du duc de Nemours et du prince de Joinville avaient été blessés, l'un au jarret et l'autre au flanc.

Toutefois, au moment de la détonation, on avait vu se soulever la jalousie d'une fenêtre située au troisième étage d'une maison du boulevard, n° 50; d'épais tourbillons de fumée s'en étaient échappés. C'était de là qu'étaient partis les coups meurtriers. Presque aussitôt, un homme couvert de sang, blessé au visage, en chemise, et n'ayant pour tout vêtement qu'un pantalon de toile écrue, s'était élancé d'une fenêtre placée à l'extrémité de cette maison, du côté opposé donnant sur la cour; et, saisissant une double corde, il s'était laissé glisser jusqu'au niveau d'un petit toit appartenant à la maison voisine; mais il avait été découvert dans sa fuite. La foule accourait : un garde national somma le fugitif de se rendre, le menaçant de tirer sur lui s'il hésitait. Celui-ci, écartant de sa main droite le voile de sang qui se répandait sur ses yeux, gagna, sans tenir compte de la menace, une fenêtre qui donnait sur le petit toit, et s'élança dans une pièce dépendant de l'appartement du second étage de la maison voisine. Une femme se trouvait là : tremblante, éperdue à la vue de cet homme tout couvert de sang, elle se précipitait vers la porte en jetant des cris : « Laissez-moi passer, » lui dit le fugitif, en la poussant rudement d'une main, tandis que de l'autre il essuyait le sang qui l'aveuglait et l'empêchait de diriger ses pas. Bientôt il trouva l'escalier, et le franchit d'un bond rapide, laissant partout sur son passage des traces d'un sang noir : déjà il se trouvait dans la cour. C'était trop tard, la fuite était impossible. La garde nationale veillait aux deux issues de la maison; elle se saisit de l'homme, et le conduisit au poste du Château-d'Eau.

Au moment de l'explosion, la maison d'où les coups étaient partis avait été envahie. La force avait été nécessaire pour s'introduire dans l'appartement; et la porte n'avait cédé qu'à l'effort des crosses de fusil. Un nuage de fumée exhalant une forte odeur de poudre empêcha d'abord d'avoir une perception exacte des objets. Malgré la chaleur de la saison, de l'heure et du jour, un feu très-ardent brûlait dans la cheminée. De la paille enflammée, un tison fumant gisaient sur le plancher; le sol, couvert de morceaux de verre et de fragments de canons de fusils, était souillé d'un sang fluide fraîchement répandu. Dans un endroit voisin du mur, et près de la porte, une mare de sang en caillots semblait indiquer qu'un homme grièvement blessé y était tombé. Les vitres étaient brisées, le châssis de la jalousie démonté; une large traînée sanglante, longue de six pieds, souillait le papier de tenture, et le mur mis à nu portait l'empreinte des balles, dont les fragments de canon de fusil, et même des vis qu'il avaient récemment endommagé. Devant la fenêtre, un bâtis en bois de chêne, de trois pieds et demi de hauteur, s'élevait sur quatre montants ou chevrons à vis, munis de sept traverses. La plus haute, placée derrière, pouvait s'élever ou s'abaisser, selon la direction qu'on voulait donner à la machine. Cette machine avait supporté vingt-quatre canons de fusil, disposés en plan incliné vers la rue, vers le boulevard. Quinze canons fumants, brûlants, ensanglantés, étaient encore dans leurs embrasures; sept crevés au tonnerre ou éclatés vers la culasse, gisaient à terre, fracassés; deux n'avaient pas fait feu. Ce lieu de désolation était désert : un seul indice pouvait faire connaître le nom du coupable : dans l'alcove, on voyait un matelas; sur un des coins, on lisait *Girard*. C'était le nom sous lequel il était connu du propriétaire et du

FIESCHI — FIESOLE

voisinage : une heure après tout Paris retentissait de ce nom.

L'homme arrêté dans sa fuite était blessé, et ses blessures paraissaient extrêmement graves. Au-dessus de la partie extrême du sourcil gauche, une plaie oblique, irrégulière, à bords déchirés, pénétrait jusqu'aux os. Ceux-ci étaient fracturés, et les bords de la fracture laissaient entrevoir les mouvements du cerveau. De la lèvre supérieure, une autre blessure s'étendait jusqu'au cou. Les bords de cette plaie étaient irréguliers et déchirés, la lèvre fendue dans toute son épaisseur, l'os de la mâchoire mis à nu. Trois doigts de la main gauche, l'indicateur, l'annulaire et le petit doigt étaient couverts de plaies irrégulières, à bords meurtris, le petit doigt et l'annulaire avaient chacun deux phalanges brisées. Le blessé ne pouvait parler qu'avec une difficulté extrême. On trouva sur lui un fouet ou fléau à manche de bois, portant trois branches composées de lanières en cuir tressé, garnies à leur extrémité de fortes balles de plomb ; un couteau à plusieurs lames et de la poudre fine environ la charge de quatre cartouches. Il avait conservé assez de calme pour jeter furtivement sous le lit de camp un poignard dont il était armé.

L'attentat avait mis Paris en émoi ; de nombreuses arrestations en avaient été immédiatement la conséquence. Partout on parlait de complots ; on ne considérait le coupable que comme un obscur instrument, et la crainte de le voir mourir avant d'avoir révélé ses complices préoccupait tous les esprits. Il avait été transporté à la Conciergerie, et tous les soins de l'art lui étaient prodigués. Il n'était connu que sous le nom de Girard, et persistait à déclarer que seul il avait conçu le crime et seul l'avait exécuté. Nul indice ne prouvait encore le contraire, lorsque l'on apprit que quelques jours auparavant il avait enlevé une malle de son domicile, et qu'à la suite de longs détours cette malle était parvenue dans les mains de Nina Lassave, la fille de Laurence Petit. Les dépositions de Nina ne tardèrent pas à faire connaître, quoique vaguement, les rapports du coupable avec Pépin et Morey. Bientôt on sut le véritable nom du faux Girard ; l'inspecteur général des prisons le reconnut, ainsi que M. Ladvocat, et il avoua se nommer *Fieschi*. De ce jour l'instruction du procès, dont une ordonnance du roi avait déféré la connaissance à la chambre des pairs, devait suivre une marche régulière et rapide. Pépin, qui ne tarda pas à tomber, entre les mains de la justice, Morey, qui ne tenta pas même de fuir ; Boireau, dont les confidences avaient, dès la veille de l'attentat, été reportées à la police ; un ouvrier, Bescher, à l'aide de qui Fieschi s'était soustrait aux poursuites, furent tous quatre renvoyés devant la cour des pairs.

L'attitude de ces quatre accusés devait être aux débats aussi différente que l'était leur position. Fieschi se posait seul accusateur de ses complices. Pépin, selon lui, avait connu ses projets, et lui avait fourni les sommes nécessaires à leur réalisation. Morey l'avait encouragé dans son entreprise et l'avait même aidé à charger les canons, dont, par une prévoyance perfide, il avait traîtreusement préparé l'explosion. Boireau avait reçu ses confidences, et avait eu connaissance de tous les détails. A ces accusations Pépin répondait par de vives récriminations, discutant avec chaleur les charges élevées contre lui, et protestant de son innocence. Morey se contentait de nier, et pas une parole de colère, pas une expression de trouble ne décelait de faiblesse n'échappait à ce vieillard, accablé par la maladie. Boireau faisait des demi-aveux. Dès le premier jour l'innocence de Bescher avait été établie. Ce procès avait excité l'attention et l'intérêt de la France entière ; l'arrêt de la cour était attendu avec impatience. Il fut rendu après dix-sept jours de débats. Fieschi était condamné à la peine de mort et au supplice des parricides ; Pépin et Morey devaient également subir la peine capitale ; Boireau était condamné à vingt ans de détention dans une maison de force ; Bescher était acquitté.

Fieschi s'attendait à son sort : il ne témoigna aucun trouble, aucune émotion. En entendant la lecture de l'arrêt, quand les dispositions qui le concernaient lui eurent été signifiées : « Mes complices, dit-il, ont-ils été du moins épargnés ? — C'est dommage, ajouta-t-il, non pas pour Morey, dont la vie s'achève, mais pour Pépin, qui a une femme et quatre enfants…. Mais je n'ai dit que la vérité, continua-t-il. Ils sont coupables comme moi ; ma tête apparemment ne suffit pas ? » Depuis ce lugubre moment, Fieschi s'occupa presque constamment à écrire : on avait permis à la jeune Nina Lassave de pénétrer dans sa cellule, et ce fut pour lui, dit-il, la plus douce des consolations que de revoir avant de mourir cet enfant qu'il avait élevée. Le 16 janvier 1836 l'arrêt de la cour des pairs reçut son exécution. Pépin et Morey montèrent successivement sur l'échafaud avec un égal courage. Le tour de Fieschi venu : « Je vais paraître devant Dieu, s'écria-t-il, en s'adressant à l'immense concours de peuple assemblé pour son supplice ; j'ai dit la vérité, je meurs content ; j'ai rendu service à mon pays en signalant mes complices ; j'ai dit la vérité, point de mensonge, j'en prends le ciel à témoin : je suis heureux et satisfait. Je demande pardon à Dieu et aux hommes, mais surtout à Dieu ! Je regrette plus mes victimes que ma vie ! » Cela dit, il se retourna vivement, et se livra aux exécuteurs. — Telle fut la fin de cet homme poussé au crime par la soif de la célébrité plutôt que par celle de l'or : « Tu entendras parler de Fieschi ! disait-il un jour. » Son caractère, son crime, sont tout entiers dans ces mots. WOLLIS.

Après la mort de Fieschi, la fameuse Nina Lassave, à l'exemple de Mme Manson (*voyez* FUALDÈS), s'avisa de louer sa triste célébrité au café : elle tint un comptoir, et la foule arriva pour la voir. Mais la foule se lassa, et Nina alla recommencer l'exhibition à Londres. En 1842 *Le Constitutionnel* s'avisa de la faire mourir ; elle était tombée, disait-il, dans la misère et avait dû chanter dans les rues. Mais Nina, *accompagnée de sa mère*, vint elle-même donner un démenti au journal ; loin d'être tombée dans le dénûment, c'est là qu'il se trouvait, a-t-elle dit, dans une excellente position de fortune ; elle s'était mariée et était devenue mère de famille.

D'un autre côté, l'auteur de la machine infernale laissait un fils, nommé *Pierre Fieschi*, qui est mort obscurément, à l'âge de vingt-et-un ans, à l'hospice des aliénés d'Aix, au mois de février 1853 : depuis longtemps ce malheureux était privé de sa raison.

Dans le temps on racontait que Fieschi avait eu deux frères, dont l'aîné, *Thomas*, surnommé *Nistone*, avait été tué à la bataille de Wagram ; le second, *Antoine*, muet de naissance, habitait Murato, où il se faisait remarquer par son intelligence, sa bonne conduite, ses goûts laborieux et son amour pour sa vieille mère. L. LOUVET.

FIESOLE (Fra GIOVANNI DA), nom que reçut en entrant en religion *Santi Tosini*, surnommé par la suite *Angelico* ou *il Beato*, l'un des plus célèbres peintres italiens de la renaissance. Né en 1387, à Mugello, non loin de Florence, il entra en 1407 dans l'ordre des dominicains, où, avec son frère, il s'occupa de peinture, mais uniquement pour des sujets de piété. C'est ainsi qu'il commença par orner de miniatures des livres d'église ; et cette direction première donnée à son talent se reconnaît facilement dans ses œuvres postérieures, à la manière dont il aime à prodiguer les dorures, à la vivacité de son coloris, au fini qu'il apporte dans l'exécution des moindres ornements. Après avoir exécuté de grandes peintures à fresque pour son couvent, et plusieurs grands tableaux dans d'autres monastères, il fut chargé par Côme de Médicis de la décoration du couvent de Saint-Marc et de l'église de l'Annonciade. Il orna chacune des cellules du couvent de Saint-Marc d'une grande figure à fresque, et parmi plusieurs tableaux exécutés par lui sur les murailles, on remarque encore aujourd'hui une *Annonciation*. Ces différents travaux lui firent une si grande réputation, que le pape Nicolas V le manda à Rome et le chargea d'exécuter dans sa chapelle particulière au Vatican, la chapelle Saint-Laurent, une série de scènes de la vie de ce saint. Fiesole n'acceptait pas de travaux pour d'autres couvents ou pour des particuliers sans en avoir obtenu la permission de ses supérieurs, et il leur remettait intégralement le prix de tous ses tableaux. Après avoir refusé l'archevêché de Florence, il mourut en 1454, à Rome, où il peignit encore la chapelle du Saint-Sacrement, dans le Vatican, et fut béatifié en raison de sa grande piété et de l'extrême pureté de ses mœurs.

La galerie de Florence possède de Fiesole plusieurs tableaux de chevalet, dont le coloris éclatant n'a point faibli, et parmi lesquels une *Nativité de saint Jean-Baptiste* se fait surtout remarquer par la grâce naïve de sa composition. L'une de ses plus grandes et plus belles toiles, représentant *le Couronnement de la Vierge Marie, au milieu d'un grand nombre d'anges et de saints*, et *les Miracles de saint Dominique*, qui ornaient autrefois l'église de San-Domenico, près de Fiesole, font aujourd'hui partie de notre collection du Louvre. Fiesole et sa manière sont de nos jours dans le monde artiste l'objet des plus vives discussions, depuis que plusieurs romantiques l'ont pris pour modèle, en opposition expresse à Michel-Ange et aux productions les plus puissantes et les plus mûries de Raphaël. Il basent leur opinions sur ce que l'art a un but plus grand et plus noble encore que le beau, et qu'il doit en outre servir à la piété. L'espèce de culte dont Fiesole a longtemps été l'objet commence, il est vrai, à se refroidir. Cependant, tant qu'il existera un tableau de cet artiste, les connaisseurs iront l'admirer religieusement et rendre hommage à l'âme noble et pure qui s'y manifeste.

FIESQUE (Conjuration de). *Giovanni-Luigi* FIESCO ou plutôt DE' FIESCHI, comte de Lavagna, né à Gênes, en 1524 ou 1525, hérita fort jeune encore, par la mort de son père, d'une fortune considérable : sa famille occupait le premier rang dans la hiérarchie féodale de Gênes. Jean-Louis était ambitieux, capable de concevoir et d'exécuter les plus audacieux projets; et dès l'âge de onze ans on l'avait vu prendre part contre la république de Gênes à une entreprise qu'il eût payée de sa vie si l'on n'avait pas eu pitié d'un enfant. A vingt ans il brillait entre tous les membres de la jeune noblesse génoise par ses grâces extérieures, son affabilité, son courage et sa fortune. Son palais était ouvert à toutes les notabilités, sa bourse à toutes les infortunes. Homme d'avenir, il se voyait pourtant relativement dans une humiliante obscurité, tant que les Doria resteraient maîtres du gouvernement. Une de ces insultes qu'on ne se pardonne point entre jeunes gens, et dont s'était rendu coupable à son égard le neveu du doge, Giovanni Doria, vint encore ajouter à sa haine pour cette toute-puissante famille, dont il résolut la perte, d'accord avec ses trois plus intimes amis, Vincenzo Calcagno, Giovanni Verina, et Raphaël Sacco.

Les fileurs de soie composaient la plus grande partie de la population ouvrière de Gênes. Les guerres que la république avait eu à soutenir avaient considérablement diminué la consommation intérieure et interrompu les relations commerciales de la république. Fiesque fit venir dans son palais les plus influents de ces ouvriers, leur distribua avec profusion de l'argent et des vivres, en leur recommandant le silence le plus absolu sur ses bienfaits. Il bornait, disait-il, toute son ambition à être obscurément utile à ses malheureux concitoyens, et s'assurait ainsi de leur dévouement. Leur concours ne pouvait seul garantir le succès de sa conjuration. Il parcourut ses domaines, s'assura de ceux de ses vassaux en état de porter les armes, et les réunit pour les accoutumer à la discipline militaire. Le duc de Plaisance lui avait promis deux mille hommes de ses meilleures troupes. Il acheta quatre galères. Il en fit d'abord entrer une dans le port, sous le prétexte d'une expédition en course dans l'Orient. Il fit entrer en même temps une partie des gens de guerre qu'il avait recrutés dans ses domaines et les soldats du duc de Plaisance, et eut ainsi bientôt à sa disposition près de dix mille hommes, qui ignoraient encore leur destination. L'exécution de son projet fut fixée à la nuit du 1er au 2 janvier (1547), et son palais devint un arsenal. Pour écarter les soupçons dont il aurait pu être l'objet, le soir même, au palais Doria, il prodigua les caresses les plus affectueuses aux enfants de Giovanni Doria. Il rentra chez lui avec trente gentilshommes qu'il avait invités à souper. Mais au lieu d'un festin préparé, ils ne trouvèrent que des armes et des soldats. Fiesque leur dévoila alors le secret de la conjuration. Deux seulement refusèrent de s'associer à son dessein ; bientôt je ne serai plus, ou vous verrez dans Gênes toutes choses au-dessous de vous. » Il fit ses dernières dispositions, assigna à ses gens les postes qu'ils devaient occuper ; et un coup de canon donna le signal convenu.

Giovanni Doria, réveillé par le bruit, se leva, et sortit accompagné d'un seul page, qui portait un flambeau : reconnu par les conjurés, il tomba percé de coups. Les domestiques du vieux doge Doria se réunissent, ils le font monter à cheval. Plus heureux que son neveu, il échappe aux conjurés, et parvient à se réfugier au château de Masone, à huit lieues de Gênes. Maître de la ville, Fiesque place des corps de garde dans les postes les plus importants, et se dirige vers le port, mais en mettant le pied sur une planche pour entrer dans une galère, il tombe à la mer. Dans le tumulte, ses cris ne sont point entendus, personne ne vient à son secours, et il se noie, retenu au fond de l'eau par le poids de son armure. Il n'était déjà plus, quand les conjurés, parcourant la ville en vainqueurs, criaient partout ; *Fiesque et liberté !* Au milieu de l'obscurité de la nuit, du tumulte et des désordres inséparables d'une insurrection, ils semblaient avoir oublié leur chef. Tous les citoyens tremblants s'étaient enfermés dans leurs maisons. Les nobles n'osaient se rendre au palais de la république; ils craignaient que pendant leur absence les insurgés ne pillassent leurs hôtels. Mais à la nouvelle de la mort de Fiesque, qui se répandit dès la pointe du jour, le sénat osa se montrer. L'ardeur des conjurés faiblit ; le plus grand nombre se dispersa ; et la révolution avorta d'autant plus complètement qu'une amnistie générale assura tout aussitôt le pardon et l'oubli du passé à tous ceux qui avaient pu se compromettre dans cette échauffourée. Mais plus tard le vieil André Doria sut bien décider le sénat à revenir sur cet acte de modération; et toute la famille de' Fieschi ainsi que les principaux conjurés furent bannis à perpétuité du territoire de la république, en même temps que leurs propriétés étaient confisquées. Les frères de Fiesque, *Hieronimo* et *Ottobani*, furent punis de mort ; le premier, après avoir soutenu un siège de quarante-deux jours dans le château de Montolio, où il s'était retiré, le second, seulement huit ans plus tard. Il n'avait trempé en rien dans la conspiration ; mais son grand crime était de porter le nom de Fiesque. Entré au service de France, il fut fait prisonnier par les Espagnols, qui le livrèrent lâchement à la vengeance de Doria. La veuve de Fiesque fut seule exceptée de la proscription qui frappa sa famille, et elle se remaria avec le général Chiappino Vitelli, qui plus tard exerça pour l'empereur un commandement important dans la guerre contre les révoltés des Pays Bas.

DUFEY (de l'Yonne).

FIÉVÉE (JOSEPH), littérateur et écrivain politique, naquit à Paris le 8 avril 1767. Ayant perdu son père dès son bas âge, il fut élevé à Soissons, où sa mère avait épousé en secondes noces le directeur des postes. De retour à Paris, il embrassa l'état d'imprimeur, qu'il continua d'exercer tout en se livrant à la littérature et à la politique. Arriva la révolution de 1789, dont il avait adopté les principes. Il débuta par être l'un des collaborateurs de Millin, de Condorcet, etc., à la rédaction de la *Chronique de Paris*, et par *Les Rigueurs du Cloître*, pièce en deux actes, représentée, en 1790, au Théâtre-Favart, où elle dut principalement son succès au talent de Mme Saint-Aubin et à la musique de Berton. Le bris de ses presses en 1793 et les excès du régime de la Terreur ayant refroidi son enthousiasme et modifié ses idées, il se rangea parmi les ennemis de la Convention. Doué d'un extérieur avantageux, d'un bel organe et des qualités qui constituent l'homme éloquent, il acquit une grande influence dans les assemblées sectionnaires de Paris par une brochure qu'il publia *Sur la nécessité d'une religion* (1795), et par un discours en faveur des députés proscrits au 31 mai. Il était alors président de la section du Théâtre-Français (depuis Odéon); il y occupa le fauteuil dans les circonstances orageuses qui amenèrent la journée du 13 vendémiaire (octobre 1795); obligé de s'éloigner de Paris pour se soustraire aux poursuites des révolutionnaires, il rentra cependant bientôt dans la capitale, et y continua la rédaction de la *Gazette française*, l'un des journaux royalistes les plus remarquables de l'époque. Proscrit de nouveau après le 18 fructidor, il parvint à se soustraire au décret de déportation, et vécut quelque temps à la campagne, où il composa deux romans : *La Dot de Suzette, ou histoire de Mme de Senneterre* (1798), composition pleine de grâce et de fraîcheur, et *Frédéric* (1799); mais deux lettres que, pendant sa retraite, il écrivit aux commissaires du roi, à Paris, et qu'on saisit entre leurs mains, provoquèrent son arrestation, en janvier 1799, par ordre de Fouché, et son incarcération au Temple, où il demeura environ dix mois. Il dut sa mise en liberté à la révolution du 18 brumaire et à Bonaparte, dont la police fit depuis imprimer ces deux lettres dans un volume intitulé : *Correspondance anglaise*.

Fiévée reprit à Paris la direction de la *Gazette de France*, et coopéra, avec Laharpe, Fontanes, etc., à la rédaction du *Mercure*. Plusieurs de ses articles, et surtout sa brochure *le Dix-huit Brumaire opposé au système de la Terreur* (1802), publiée en réponse à une autre intitulée : *l'Art de rendre les révolutions utiles*, ayant frappé le premier consul, lui persuadèrent que Fiévée avait pris parti pour son gouvernement; il lui fit donc proposer, par Rœderer, un voyage en Angleterre. Parti en 1802, Fiévée n'adressa de Londres, a-t-il dit, que trois notes à Bonaparte, tandis qu'il envoyait au *Mercure* de longues lettres qu'à son retour il réunit et publia sous ce titre : *Lettres sur l'Angleterre et Réflexions sur la philosophie du dix-huitième siècle* (1802). Comme l'auteur y jugeait sévèrement le pays qu'il venait de visiter, elles furent vivement critiquées dans plusieurs journaux, surtout dans l'*Edinburgh-Review*. Après avoir publié six Nouvelles, *la Jalousie, l'Égoïsme, l'Innocence, le Divorce, le Faux révolutionnaire, l'Héroïsme des femmes* (1803), il se livra de nouveau à la rédaction des journaux, et par ordre exprès de l'empereur, mécontent des frères Bertin, fut pendant plusieurs années directeur et l'un des propriétaires du *Journal des Débats*, qui prit le nom de *Journal de l'Empire*. En 1807 Étienne le remplaça. Nommé chevalier de la Légion d'Honneur, puis maître des requêtes, il fut envoyé à Hambourg en 1810, pour y opérer la liquidation des départements anséatiques, dont la comptabilité offrait plusieurs personnages. Sur l'instance de Napoléon, il avait continué avec lui la correspondance commencée à Londres, à la condition expresse qu'il lui dirait la vérité et qu'il ne s'en formaliserait pas. L'empereur resta fidèle à cet engagement lors même que Fiévée blâma le meurtre du duc d'Enghien; et l'écrivain, prédisant à l'ambitieux monarque sa chute prochaine des mars 1813, cessa à cette époque de correspondre avec lui.

Fiévée venait d'être nommé à la préfecture de la Nièvre, qu'il conserva sous la première restauration, après avoir adressé à ses administrés, le 9 avril 1814, une proclamation, reproduite dans le *Journal des Débats* du 14, dans laquelle, sans démentir les sentiments de sa correspondance, il donnait des éloges trop exagérés à la générosité des puissances étrangères et au bonheur que leurs armées avaient apporté en France. Il perdit sa préfecture le 22 mars 1815, au retour de Napoléon, ne la recouvra pas sous la seconde restauration, ne fit plus partie d'aucune administration et n'écrivit que pour le public. Il ne cessa point, dans *La Quotidienne, Le Conservateur, le Journal des Débats*, de lutter avec talent et conviction contre les divers ministères de cette époque. Un des ouvrages qui contribuèrent le plus alors à sa réputation fut sa *Correspondance politique et administrative de mai 1814 à 1819*, dédiée au duc de Blacas d'Aulps. La hardiesse de ses attaques le fit traduire en police correctionnelle, en 1818, et condamner à trois mois de prison et à 50 fr. d'amende. Ses articles dans le *Journal des Débats* étaient signés T. L., initiales du nom de son ami Théodore Leclercq. Depuis, il écrivit dans *le Temps*, et aussi, dit-on, dans *Le National*, sous le pseudonyme de Lacroix. Ses articles du *Journal des Débats* ne contribuèrent pas peu à la chute du ministère Villèle.

Fiévée, mort à Paris, le 7 mai 1839, dans sa soixante-treizième année, laissant une veuve et un fils, n'avait pas joui, sous le rapport moral, d'une réputation intacte. Il avait édité avec Petitot le *Répertoire du Théâtre Français* (1823, 23 vol. in-8°), coopéré à *Bibliothèque des Romans* (1799 et années suiv., 112 vol in-12), et fourni de nombreux articles à la *Biographie universelle*. H. AUDIFFRET.

FIÈVRE (du latin *febris*, dérivé de *fervor*, chaleur). On donne ce nom à des maladies très-variées dans leur marche, dont les symptômes les plus constants sont la fréquence du pouls et l'augmentation de la chaleur animale; ces symptômes sont ordinairement précédés de frisson, et accompagnés de la lésion des diverses fonctions, et notamment de la diminution des forces musculaires. La fièvre est elle-même le symptôme de beaucoup de phlegmasies, de névroses, d'affections catarrhales, etc. Celles qui ont été regardées comme *essentielles* ou *primitives* se présentent avec des phénomènes si variés, que les pathologistes en ont admis plusieurs ordres ou classes, qui sont aujourd'hui très-restreintes. On ne sait pas si Hippocrate et les autres médecins grecs considéraient la fièvre comme un symptôme remarquable dans les maladies, ou s'ils en faisaient une maladie essentielle. Des auteurs recommandables, sincères admirateurs des anciens, se sont prononcés pour la négative : ils croient, par exemple, que les expressions de *fièvres lingodes, phricodes, lypriennes, épiales*, etc., ne désignent point autant de fièvres distinctes, mais des phénomènes dont il paraissait nécessaire de faire une mention spéciale. Quoiqu'on ait cité avec un enthousiasme mérité les belles descriptions des épidémies d'Hippocrate comme des exemples de fièvres essentielles, cela ne prouve pas du tout qu'il considéra ces maladies sous le même point de vue que les modernes. Il est bien présumable qu'eux seuls en ont fait une classe d'affections distinctes.

Les médecins hippocratiques de l'ancienne Rome ne pensèrent pas non plus à faire des fièvres une classe de maladies spéciales et à en noter les diverses variétés. Arétée, le plus illustre d'entre eux, se borne presque exclusivement à tracer l'histoire générale de la fièvre ardente appelée *causon*, dont il fit d'ailleurs le tableau le plus frappant et le plus animé. « On trouve peu de lumières, dit Pinel, sur la doctrine des fièvres dans les écrits de la plupart des anciens médecins, quoique formés par la lecture assidue et la méditation des écrits d'Hippocrate, comme Cœlius Aurelianus, Alexandre de Tralles, Celse, Galien, Oribase, etc., dont on ne peut citer aucune série d'observations particulières, qui semblent s'être bornés en grande partie, sur ces objets, à quelques notes générales, à des souvenirs superficiels de ce qu'ils ont cru voir, ou à de pures compilations. »

Il faut remonter jusqu'au seizième siècle, où le célèbre Forestus forme à lui seul une époque mémorable, pour l'histoire des fièvres. Sans faire une classification méthodique de ces maladies, il en donna une description d'une admirable exactitude. Si cet auteur se perd d'un côté dans d'étranges divagations au sujet des fièvres intermittentes, qu'il fait dépendre des vices de la bile, de la pituite et de la mélancolie, d'un autre côté, il reprend tous ses avantages en traitant d'une manière lumineuse de la *fièvre hectique*, et fait preuve à cette occasion d'une rare sagacité dans l'art de dessiner les symptômes, d'en tracer l'ensemble et la succession, et de remonter aux circonstances antérieures qui ont pu concourir à les produire, etc. Bien que Forestus, ainsi que nous l'avons déjà dit, n'ait point composé une *pyréthologie* proprement dite, il est impossible de méconnaître les progrès qu'il fit faire à la doctrine des fièvres, soit par une distribution nouvelle des histoires particulières, suivant l'ordre de leur affinité respective, soit par les nouvelles lumières qu'il répandit sur la fièvre hectique et certaines fièvres intermittentes, comme celles appelées *hémitritées, pernicieuses*, etc.

La doctrine des fièvres était à peine affranchie du joug des théories galéniques, qui avaient pesé sur elle pendant le seizième et le dix-septième siècles, qu'elle tomba, comme toutes les autres maladies, sous celui des systèmes physico-mécaniques ou mathématiques, auxquels les noms à jamais célèbres de Boerhaave et de Frédéric Hoffmann ont donné tant d'éclat au commencement du dix-huitième siècle. L'un sut, à l'aide d'une éloquence entraînante, enchâsser adroitement les principes de la médecine grecque avec l'appareil scientifique du mécanisme; l'autre, moins brillant, crut devoir étayer sa théorie subtile des spasmes nerveux et vasculaires dans les maladies fébriles d'un grand nombre de faits exactement observés, et par cela seul il rendit un hommage tacite à la médecine hippocratique, dont il s'était écarté comme un illustre contemporain : destinée inévitable des esprits supérieurs, de laisser échapper des traits de lumière et des étincelles de raison du milieu même d'un amas confus d'erreurs et de faux jugements!

Stahl, autre chef d'une célèbre école allemande, confia la direction des mouvements fébriles à son *âme prévoyante*, à laquelle il donna des intentions, des prévisions même; qu'il chargea en quelque sorte de modifier les humeurs, de leur imprimer une série successive d'actions combinées et dirigées dans des vues spéciales de salut et de conservation. Mais ce qui est remarquable dans cet auteur, c'est qu'à peine a-t-il sacrifié au goût dominant de son siècle pour les hypothèses qu'il revient au résultat sévère de la médecine d'observation. Il parle alors des symptômes fondamentaux de la fièvre connus depuis la plus haute antiquité; il rappelle les périodes d'invasion, d'accroissement, de persistance et de déclin des fièvres, leurs alternatives de paroxisme et de rémission, leurs crises ou leur solution insensible, leurs types de continuité et d'intermittence, leur marche lente ou accélérée, etc. Les fièvres dont Stahl a tracé les tableaux les plus animés dans son *Collegium casuale* sont la *fièvre hectique*, l'*éphémère*, la *continente synoque*, l'*ardente*, la *fièvre intermittente tierce* et *quarte*, dont il a noté d'ailleurs avec un soin scrupuleux les diverses causes, en même temps qu'il a recueilli avec exactitude et rapproché avec une grande habileté toutes les notions accessoires de l'histoire de ces maladies.

L'impulsion communiquée à la médecine par les écoles célèbres dont nous venons de parler devait changer presque entièrement la face de la pyréthologie en faisant naître l'idée et le besoin d'une classification méthodique des fièvres, à laquelle préludèrent avec un immense avantage les travaux des deux célèbres chefs de l'école clinique de Vienne (de Haën et Stoll). L'un chercha avec une sagacité rare à éclaircir plusieurs points de la pyréthologie, comme les terminaisons critiques des fièvres en général, la nature des fièvres dites *malignes*; il répandit aussi de nouvelles lumières sur ce qu'on appelait alors les *fièvres exanthématiques, pétéchiales, miliaires*. Il essaya quelques rapprochements sur les divisions et les divers genres de fièvres, etc. L'autre, célèbre par le talent avec lequel il a tracé, saison par saison, mois par mois, les constitutions épidémiques régnantes, fut le premier à entrevoir, à travers le chaos de la doctrine des fièvres, qu'elles pouvaient être réduites à certains genres primitifs, propres à devenir la base solide d'une classification régulière; il fit faire ainsi de véritables progrès à la doctrine des fièvres. La publication des *Rudiments de pyréthologie* de Selle révéla bientôt ces progrès, en même temps qu'elle fit connaître la classification la plus méthodique qui eût encore paru des fièvres, considérées comme maladies essentielles. Le principal reproche qu'on fit à ce nosologiste fut d'avoir compris dans les mêmes genres, les mêmes espèces, les fièvres et les phlegmasies, et d'avoir négligé de recourir à l'instrument de l'analyse, qui fait découvrir les caractères distinctifs des maladies et détermine le degré de leur affinité respective.

C'est principalement à éviter ce défaut, qu'on croyait alors capital, que s'attacha Pinel, auquel la doctrine des fièvres est redevable d'un progrès immense, progrès qui, quoi qu'on ait dit, a eu une grande influence sur le reste de la pathologie. Tout en admettant l'existence des fièvres comme maladies essentielles, il en réduisit singulièrement le nombre, et de plus chercha à en préciser le siége. Voilà, à notre avis, les deux plus grands services qu'on pouvait rendre alors à la science, services que ceux qui ont été, par leur position, les successeurs de Pinel dans l'enseignement médical, et les ouvrages destinés à l'instruction des élèves, ont méconnus. Si on examine les principes qui dirigèrent cet auteur dans sa classification méthodique des fièvres, on voit qu'ils reposent sur deux pivots solides auxquels viennent se ranger toutes les recherches, toutes les inductions philosophiques de ce grand médecin, savoir : l'observation exacte et rigoureuse des phénomènes extérieurs, à la manière d'Hippocrate, et l'analyse de ces mêmes phénomènes dirigée dans la vue de grouper les genres, les espèces et les variétés dont ces phénomènes sont l'expression. Cet illustre nosographe, en préconisant la méthode des naturalistes et en l'appliquant trop rigoureusement, il faut bien le dire, aux maladies qui ne sont pas des êtres naturels, ne négligea pas entièrement d'appliquer l'analyse, qu'il maniait avec tant d'art, à la recherche des causes matérielles et du siége des affections morbides ; mais il n'y attacha pas assez d'importance en ce qui concerne les fièvres. Dominé par l'idée vague et indéfinissable d'état fébrile primitif, il ne fit entrer qu'en seconde ligne et que comme accessoires certaines lésions cadavériques. Le tort fut celui de son époque. Chacun sait que Pinel admit six ordres dans la classe des fièvres : les fièvres inflammatoires (*angioténique*), bilieuse (*gastrique*), muqueuse (*méningo-gastrique*), adynamique, ataxique et adéno-nerveuse ; auxquelles il plaçait successivement leur siége dans les appareils circulatoire, gastrique, nerveux, musculaire, folliculaire et glanduleux.

Aucun ouvrage un peu considérable de notre langue n'avait paru sur les fièvres depuis 1798, lorsqu'un médecin de Saumur publia, en 1811, un *Traité analytique des fièvres essentielles*, dans lequel il cherchait à localiser de plus en plus ces affections, mais en leur assimilant plusieurs autres affections, comme les hémorrhagies, les hydropisies, etc. : marche qui semblait à la fois progressive et rétrograde, puisqu'elle tendait d'un côté à nous faire connaître le siége de ces fièvres, et que de l'autre elle les confondait avec des affections dont l'analyse les avait séparées. Cafin, auteur de cet ouvrage, admettait cinq genres de fièvres : les glanduleuses, les folliculeuses, celles des organes exhalants, des capillaires sanguins, muqueux et parenchymateux, enfin celles des organes nerveux. Cet ouvrage, mélange un peu confus, assemblage de diverses théories, ressemblait trop à celui de Selle, que la *Nosographie philosophique* avait fait oublier, pour faire quelque sensation : aussi y lit-on peu d'attention; mais on se le rappela plus tard, lorsque Broussais attaqua si vivement la doctrine des fièvres *essentielles*, et voulut supprimer de sa nosologie cette classe de maladies, qu'il rapporte, comme chacun le sait, aux phlegmasies du canal intestinal.

La question actuelle, par rapport à la doctrine et à l'histoire des fièvres, n'est pas de rechercher si les fièvres dites *essentielles* ont une cause matérielle; car certes il n'y a pas d'effet sans cause; mais si cette cause matérielle est quant à présent appréciable, et, d'un autre côté, si elle ne peut pas être générale, au lieu d'être locale, comme on le prétend aujourd'hui; et par *générale* nous n'entendons pas une cause qui affecterait un appareil ou plutôt un des systèmes généraux de l'économie animale, comme le sanguin, le nerveux, le musculaire, etc. Or, nous soutenons d'abord que cette question n'est en aucune manière résolue, en second lieu nous pensons que les fièvres fort mal nommées sans doute *essentielles* peuvent dépendre d'altérations autres que les phlegmasies; que ce que les auteurs exacts et judicieux ont appelé *fièvres ataxiques pernicieuses* consiste dans des lésions profondes du système nerveux; que les fièvres intermittentes sont pareillement des affections du même système, qui n'ont pour l'ordinaire aucun rapport de causalité avec les inflammations; que dans ce qu'on a appelé *fièvres adynamiques* il paraît y avoir à la fois altération profonde du système nerveux et atteinte portée aux forces musculaires par une lésion, quelle qu'elle soit; qu'enfin, s'il est vrai que les phlegmasies puissent produire souvent une adynamie apparente, il l'est pareillement que cette adynamie est quelquefois le produit d'un épuisement de la plupart des organes, d'un défaut de nutrition, et d'affections vives de l'âme, comme des chagrins prolongés. Du reste, il nous paraît urgent de rayer les mots *fièvres essentielles* du cadre nosologique, parce que la fièvre, n'étant que l'expression d'un état morbide, ne peut pas être la dénomination générique de cet état morbide, quel qu'il soit, connu ou inconnu. Il vaudrait donc beaucoup mieux donner aux fièvres ataxiques, adynamiques, qu'on appelle aujourd'hui *typhoïdes*, le nom d'*adynamie*, d'*ataxie*, comme on donne le nom de *pneumonie* à l'inflammation des poumons, sauf à adopter plus tard des dénominations plus régulières quand la nature de ces affections sera mieux connue. De même, nous pensons que la fièvre muqueuse, appelée aussi *mésentérique*, sera beaucoup mieux dénommée *dothinentérie*.

D' BRICHETEAU.

FIÈVRE CÉRÉBRALE, nom vulgaire de diverses maladies du cerveau et de ses enveloppes, rentrant dans l'*encéphalite* ou *inflammation des diverses parties de l'encéphale*. Les symptômes propres à l'inflammation de chaque partie de l'encéphale, soit des méninges, soit du cerveau, sont très-obscurs; la plupart sont communs, et il y a une difficulté extrême, pour ne pas dire de l'impossibilité, pour le praticien d'en déterminer la différence. Une inflammation de l'encéphale ne se limite presque jamais à une seule de ses parties, et dès lors il n'a pas été facile aux écrivains de la traiter distinctement et avec précision dans ses différentes parties. Il a fallu une longue suite d'observations et d'expériences, et des idées plus justes qu'on n'en avait eu jusqu'ici sur la physiologie et la pathologie du cerveau, avant d'avoir pu établir avec quelque exactitude la différence des signes propres à chaque espèce d'inflammation cérébrale. À présent même il règne beaucoup de confusion dans les idées, dans les principes et dans les doctrines de l'encéphalite, et le physiologiste voit continuellement avec surprise attribuer, par exemple, le délire à l'inflammation des méninges, et spécialement à celle de l'arachnoïde, membranes entièrement passives dans les fonctions de la pensée, mais qui dans leurs inflammations peuvent comprimer et irriter le cerveau, et causer ainsi le délire. Nous traiterons dans cet article de l'inflammation des méninges, ainsi que de celle du cerveau, ne pouvant pas entrer dans les détails des symptômes qui appartiennent plutôt à l'une qu'à l'autre inflammation. Au surplus, si les signes distinctifs sont équivoques ou obscurs, le traitement qui convient à ces inflammations est toujours le même.

Les phlegmasies de l'encéphale se présentent sous des formes très-variées, et ces modifications sont dues au siège différent de l'inflammation, à son degré d'intensité, et au mode de terminaison. Les symptômes principaux des inflammations encéphaliques sont, en général, la fièvre, l'insomnie, la céphalalgie intense, la difficulté de supporter la lumière, et le délire. Plus fréquemment, les méninges sont primitivement affectées, et la céphalalgie et la fièvre sont les signes qui lui sont propres; le cerveau ne participe que par la suite de l'inflammation de ces membranes. Il y a cependant des cas d'inflammation cérébrale où il n'y a ni fièvre ni douleur; seulement, on remarque un désordre imperceptible dans les facultés affectives et intellectuelles, de l'impatience dans le caractère, etc.; puis viennent l'agitation, l'insomnie, le délire plus ou moins grave, et une véritable aliénation mentale. La manie aiguë avec fureur doit être conséquemment regardée comme une véritable *cérébrite*. Cette sorte d'inflammation est plus trompeuse que celle qui commence par les membranes, parce qu'elle est difficilement aperçue dans son origine et dans ses progrès, et les médecins mêmes généralement la méconnaissent.

Lorsque l'inflammation attaque profondément le cerveau, et spécialement les parties qui approchent la moelle allongée, il y a des convulsions plus ou moins fortes, qui sont suivies promptement du coma ou de la paralysie. Les fonctions des sens extérieurs, dans l'encéphalite, sont généralement perverties : c'est le strabisme avec injection des yeux, ou la perte de la vue; c'est le tintement des oreilles, la perte du goût, la difficulté de la parole, l'insensibilité du toucher; on observe très-souvent de graves altérations dans les traits de la face, du spasme dans ses muscles, ou des contractions involontaires. Le signe le plus constant de l'inflammation de la dure-mère, nous avons dit que c'est la douleur locale et l'absence du délire et des altérations des facultés intellectuelles. Souvent les vomissements accompagnent les inflammations du cerveau; le pouls est d'ordinaire petit, serré, et très-fréquent, mais quelquefois il est aussi au-dessous de son rhythme normal. L'affaiblissement de l'action musculaire est un des symptômes propres de l'encéphalite, et les fonctions de la vie organique sont souvent peu altérées. L'inflammation du cervelet est bien souvent accompagnée de priapisme. Les *méningites* se présentent ordinairement avec des convulsions chez les enfants, et avec une vive céphalalgie, une forte fièvre, et un certain degré d'abattement chez les adultes. Ces phénomènes s'expliquent par la chaleur, la pression et la perturbation que les membranes enflammées doivent exercer sur la moelle allongée et les nerfs à leur sortie du cerveau. L'inflammation des parties les plus centrales du cerveau, du corps calleux, du septum-lucidum et de la membrane qui revêt les parois des ventricules embrasse les diverses formes de maladie que les auteurs ont traitées sous la dénomination d'*hydrocéphale aiguë*. Cette sorte d'inflammation se termine par le ramollissement des parties affectées, ou par un épanchement séreux dans les ventricules du cerveau. On a vu la maladie parcourir toutes ses périodes sans que le malade se soit plaint de la moindre douleur, et sans qu'il se manifestât des symptômes graves indiquant le danger, jusqu'à l'invasion inopinée du coma profond, suivi de la mort. La marche de cette espèce d'encéphalite doit mettre le médecin en garde dans ses pronostics sur les maladies cérébrales.

Les causes qui déterminent, en général, les inflammations, peuvent produire l'encéphalite; mais celles qui lui sont plus propres sont les commotions, les coups portés à la tête; l'usage des boissons stimulantes, alcooliques, l'opium, etc., et surtout l'action du soleil sur la tête; la contention de l'esprit, les veilles prolongées, les émotions violentes, la répercussion d'une affection cutanée, et l'action de certains virus contagieux, comme sont celui du typhus, de la fièvre vérole, de la scarlatine, et plusieurs autres. La forme de cette dernière espèce d'encéphalite exige des vues particulières de la part du médecin sous le rapport du diagnostic et du traitement.

La constitution du malade modifie beaucoup la forme de

FIÈVRE CÉRÉBRALE — FIÈVRE INTERMITTENTE   425

la maladie, et donne lieu à un degré d'inflammation plus ou moins intense. Quelquefois l'encéphalite présente les signes d'une inflammation aiguë; d'autres fois elle est lente et faible, comme sont les phlegmasies scrofuleuses. La terminaison de l'encéphalite peut avoir lieu par la résolution, c'est-à-dire par la guérison; elle peut se terminer par la mort dans la période inflammatoire, ou bien par un épanchement de sérosité, ce qui constitue l'hydrocéphale, ou par le ramollissement du cerveau, ou par la suppuration ou par la formation de fausses membranes, ou par l'endurcissement du cerveau. Quand la résolution a lieu, les symptômes cessent peu à peu, mais les forces musculaires ont de la peine à se rétablir, et les fonctions intellectuelles ne reviennent que lentement, avec difficulté ou imparfaitement. L'encéphalite étant une maladie très-grave et généralement mortelle, le premier soin du médecin doit être d'arrêter l'inflammation dès son commencement, et de s'y prendre de la manière la plus énergique s'il veut prévenir la formation de l'épanchement séreux qui suit l'inflammation, et empêcher le ramollissement du cerveau, qui est une des plus fréquentes terminaisons des phlegmasies cérébrales, particulièrement quand elles ont attaqué les parties internes du cerveau. On a mis en doute si l'absorption du fluide séreux répandu dans les cavités cérébrales peut s'opérer; nous avons des faits qui nous portent pour l'affirmative, pourvu qu'on emploie un traitement convenable. De toute manière, le traitement de l'inflammation cérébrale et des altérations qui peuvent en être la suite doit être continué avec persévérance; on peut toujours espérer ou d'éloigner ou d'empêcher la terminaison fatale de la maladie.

Les moyens les plus propres pour arrêter toute espèce d'encéphalite sont les saignées générales et locales : c'est le souverain remède. Il faut employer en même temps les purgatifs les plus actifs, tels que le croton-tiglium, la gomme-gutte et le jalap ; mais parmi les médicaments internes, nous donnons la préférence au tartre stibié. Nous l'avons employé très-souvent, à hautes doses et avec le plus grand succès. On obtient aussi, dit Abercrombie, de l'avantage des antimoniaux, et dans quelques cas de l'usage de la digitale. En effet, ce médicament est utile, non-seulement pour ôter l'inflammation, mais encore pour dissiper les épanchements séreux qui se forment à la suite de l'inflammation. Les vésicatoires sont de quelque efficacité après que les premiers symptômes inflammatoires ont été vaincus, et contribuent, comme la digitale, à dissiper les altérations causées par l'inflammation. L'efficacité du mercure nous parait moins évidente, mais nous le croyons un bon remède dans l'encéphalite lente et chronique. L'application du froid est l'un des meilleurs moyens à associer à la saignée et aux purgatifs. Ordinairement on l'applique au moyen d'une vessie à moitié remplie de glace pilée. Si ce moyen est utile, il ne faut pas non plus en abuser. Les bains froids de tout le corps, les douches et les affusions froides conviennent dans plusieurs cas d'encéphalite ; mais nous les recommandons spécialement dans le délire et la manie.   Dr FOSSATI.

FIÈVRE CHAUDE. Voyez CHAUD.
FIÈVRE HECTIQUE. Voyez FIÈVRE et HECTIQUE.
FIÈVRE INTERMITTENTE. On désigne de la sorte une maladie fébrile, essentiellement constituée par des accès revenant à des intervalles à peu près égaux entre eux, et entre lesquels il existe chez le malade une apyrexie complète. Chaque accès de fièvre intermittente se compose de trois périodes se succédant dans un ordre régulier : la première, caractérisée par le frisson et un refroidissement général ; la seconde, par la chaleur ; la troisième, par la sueur. La durée de la première varie depuis une demi-heure jusqu'à cinq et six heures ; la seconde dure communément plusieurs heures, mais quelquefois une demi-heure au plus ; la troisième, enfin, ne dépasse guère trois à quatre heures. Lorsque l'accès est terminé, toute trace de symptômes fébriles a disparu, et si la fièvre intermittente est exempte de complications, il n'existe, dans les premiers temps du moins, aucun phénomène morbide pendant les intervalles qui séparent les accès. Les malades, surtout ceux qui sont doués d'une constitution robuste, se sentent si bien portants qu'ils se livrent immédiatement à leurs occupations, et ne peuvent croire que de nouveaux accès puissent les frapper. Quelques-uns conservent cependant un peu de malaise et de courbature dans les membres ; leur appétit ne se rétablit pas complètement, ils restent faibles : on a lieu de le remarquer plus particulièrement quand les accès sont rapprochés. Les fonctions se rétablissent, au contraire, plus complètement quand l'intervalle qui sépare le retour des accès est de deux ou trois jours. C'est d'après ces intervalles apyrétiques qu'on a établi dans cette espèce de maladie les classifications suivantes : la *fièvre quotidienne*, dont les accès reviennent tous les jours après une période égale, et la *quotidienne doublée*, qui produit chaque jour deux accès à des heures correspondantes ; la *fièvre tierce*, qui a deux accès en trois jours, avec un jour intercalaire complètement apyrétique : on la nomme *tierce doublée*, quand le jour pyrétique est marqué par deux accès, et *double tierce* lorsque le malade éprouve tous les jours des accès alternativement inégaux, se correspondant réciproquement (cette corrélation des accès de deux en deux jours est le symptôme qui distingue la fièvre tierce de la fièvre quotidienne) ; la *fièvre quarte*, caractérisée par des accès se reproduisant chaque quatrième jour, en laissant entre eux deux jours pleins : on l'appelle *quarte doublée*, lorsque le jour de fièvre présente deux accès, et *quarte triplée*, s'il y en a trois. Ce qui constitue la *double quarte*, c'est un accès revenant deux jours de suite, et manquant le troisième jour, l'accès du premier jour ressemblant à celui du quatrième, et celui du deuxième jour à l'accès du cinquième.

Nous venons d'énumérer les fièvres intermittentes les plus communes. Quelques auteurs font mention de *fièvres quintaines, sextanes, hebdomadaires, octanes, nonanes*, etc., voire même de *fièvres mensuelles, trimestrielles, annuelles*, mais l'existence de la plupart de ces dernières formes que prendrait la fièvre intermittente n'est pas positivement démontrée. La durée de ces fièvres varie comme leurs symptômes ; il n'est pas rare d'en voir un certain nombre disparaître par les seuls efforts de la nature, après cinq ou six accès. On voit les fièvres tierces et doubles tierces soumises au traitement le plus simple cesser avant le onzième accès. Mais les fièvres quotidiennes, quartes ou erratiques, se prolongent, au contraire, le plus souvent pendant des mois entiers, et entraînent divers accidents fâcheux. Lorsque la fièvre intermittente a duré longtemps, elle est quelquefois rebelle à toutes les ressources de la matière médicale. Mais s'il survient une fièvre continue, elle peut disparaître par suite de ce seul épiphénomène. C'est ainsi qu'elle cède quelquefois à un accès de colère, à un transport de joie, à un exercice très-violent, à l'ivresse, lorsque ces diverses circonstances peuvent déterminer une fièvre continue. On en trouve une foule d'exemples dans les recueils d'observations. Les médecins qui savent à propos produire une fièvre continue artificielle en retirent de grands avantages dans quelques cas de fièvre intermittente.

Certaines fièvres intermittentes sont dites *pernicieuses*, parce que leurs symptômes sont tellement graves et leur marche tellement rapide, que les malades succombent souvent au quatrième, au cinquième accès, quelquefois au troisième ou au second. Ces fièvres affectent ordinairement le type tierce ou double tierce, moins souvent le type quotidien, bien plus rarement encore le type quarte. Dans les fièvres intermittentes pernicieuses, il y a toujours un ou plusieurs organes importants qui deviennent brusquement le siége d'une douleur insupportable, et du côté desquels se manifestent les accidents les plus graves. C'est d'après ces symptômes prédominants qu'on a divisé les fièvres intermittentes pernicieuses en : *céphalalgiques*, lorsque la douleur a son siége à la tête ; *pleurétiques*, lorsqu'il se développe une douleur de côté tellement aiguë, que le malade croit à chaque instant qu'il va étouffer ; *cardialgiques*, lorsque la douleur est fixée sur le cœur ; *cholériques* ou *dyssentériques*, lorsque des douleurs vives existent dans le ventre et sont accompagnées d'évacuations abondantes; *tétaniques, convulsives, soporeuses, paralytiques,* lorsqu'au lieu d'une simple douleur de tête, il existe plus particulièrement des désordres nerveux.

On a remarqué que les accès des fièvres intermittentes arrivent le plus souvent avant le coucher du soleil ; quant aux heures d'invasion, elles varient infiniment suivant les circonstances. Les hommes de l'art n'ont, du reste, encore pu jusqu'à ce jour s'accorder sur le véritable siège des fièvres intermittentes. Quant à leurs causes, on les attribue plus généralement aux effets délétères produits par la trop grande chaleur sur l'économie animale; car très-fréquentes en été, elles sont rares en hiver. Cette action délétère de la chaleur est d'ailleurs puissamment secondée par l'abus du vin ou des liqueurs alcooliques, qui rend ces maladies fréquentes dans des classes où elles seraient rares si les règles de la tempérance étaient plus strictement observées, et si on s'abstenait de faire des travaux pénibles à l'ardeur du soleil. Les exhalaisons marécageuses doivent aussi être comptées au nombre des causes des fièvres intermittentes ; du moins on a remarqué que les pays où ces fièvres sont endémiques sont tous entourés de marais.

Le quinquina est de tous les remèdes celui qui a le plus de succès dans le traitement des fièvres intermittentes. Sa dose varie suivant l'âge et la force du malade. La meilleure manière de l'administrer est de le donner en dissolution dans de l'eau légèrement acidulée. On doit en général le donner aussitôt que l'accès est fini. Pendant l'accès, il n'y a qu'à prendre quelques précautions, telles que de changer le malade si la sueur est trop abondante. Cependant, dans les fièvres qui ont un caractère pernicieux, l'accès est souvent accompagné d'accidents graves, auxquels il faut porter remède. Ainsi, s'il survient une violente congestion sanguine vers la tête, on appliquera deux à quinze sangsues derrière les oreilles, et des sinapismes aux pieds. Il importe aussi de faire remarquer que si une fièvre intermittente simple guérit souvent toute seule, ou par le seul fait d'un changement de lieu, jamais une fièvre pernicieuse bien déclarée ne guérit sans le secours de l'art et par le seul bénéfice de la nature.

FIÈVRE JAUNE. La *fièvre jaune* (*mal de Siam* des anciens historiens des Antilles, *typhus d'Amérique, synochus icterodes, typhus icterodes,* à raison de la coloration du corps en jaune chez presque tous les individus atteints de cette maladie ; *fièvre gastro-adynamique* de Pinel, *vomito negro* des Espagnols) est, selon ses différents degrés d'intensité, une simple inflammation de l'estomac (*gastrite*), de tout le canal digestif (*gastro-entérocolite*), le plus souvent l'inflammation du foie (*hépatite*), celle des reins (*néphrite*), celle du cerveau (*encéphalite*), de ses enveloppes (*arachnoïdite*, etc.), se joignent à la *gastrite*, à la *gastro-entérite*, dans le tableau que nous présente cette maladie terrible. L'étude attentive des symptômes, celle des lésions cadavériques, ont prouvé jusqu'à l'évidence sa nature inflammatoire. Elle s'est développée dans le Nouveau Monde sous l'influence de causes existant dans les lieux mêmes de son apparition, et jamais par suite de l'action spécifique de miasmes importés par des individus sains ou malades ou par des vaisseaux. Les immenses recherches du docteur Chervin, les témoignages nombreux des médecins les plus éclairés en faveur de l'opinion de ce savant, permettent d'affirmer que cette maladie n'est point *contagieuse,* mais qu seulement elle se transmet par *infection,* c'est-à-dire que des hommes bien portants en rapport avec les malades atteints de la fièvre jaune en plus ou moins grand nombre, sans qu'ils puissent la transporter au delà du lieu infecté, ni par leur déplacement, ni par aucun effet à leur usage.

Une chaleur excessive et constante, une humidité considérable, agissant sur des débris plus animaux que végétaux, produisent des gaz, des miasmes vénéneux, dont l'application aux organes vivants, surtout chez les sujets non acclimatés, est rapidement suivie des symptômes de l'empoisonnement miasmatique : nous avons donc déjà dans l'étude des *causes* (chaleur et humidité excessives, miasmes putrides zoophtiques, non acclimatement) un moyen de différencier cette *gastro-entérite* des autres qui sont simples, en disant qu'elle provient de *causes spécifiques.* Aucun de ces symptômes, pris séparément, n'est caractéristique . la fièvre jaune se reconnaît à la co-existence de plusieurs d'entre eux ; car les vomissements noirs, l'ictère, la suppression des urines, les douleurs de la tête et des lombes, qui *réunis* la différencient de toutes les maladies, appartiennent *isolément* à d'autres affections. Les nausées, les rapports, les hoquets, la fréquence ou la rareté des déjections, la gêne et la douleur épigastrique, les douleurs ombilicales, et, dans la région du colon, la tension du ventre, l'ardeur brûlante de l'estomac, de la gorge et de l'œsophage ; les soupirs, oppressions, palpitations épigastriques, toux stomacale ; le visage vultueux, l'injection des conjonctives, le malaise, l'anxiété, la faiblesse apparente, l'accablement, le délire, les soubresauts des tendons ; la fréquence, la plénitude et la force du pouls, etc., se rencontrent dans la fièvre jaune aussi bien que dans la gastro-entérite violente de nos pays. C'est cette même maladie à laquelle le climat et les causes locales donnent une physionomie particulière.

La gravité du pronostic dépend de l'intensité des symptômes, de leur nombre et de la rapidité de leur succession : si les vomissements sont violents et répétés dès le début, si leur coloration noire indique le mélange du sang épanché et altéré avec les fluides contenus dans le viscère, si la coloration en jaune de la peau vient du premier au deuxième jour, si les douleurs des reins sont violentes, etc., le cas est grave et le pronostic fâcheux. Que la mort survienne rapidement du troisième au cinquième jour, ou qu'elle se fasse plus attendre, l'inspection des cadavres montre constamment des lésions en rapport avec les symptômes plus ou moins nombreux observés pendant la vie. Dans les cas les plus simples, l'estomac seul offre des traces d'inflammation, fort variables pour l'étendue et l'intensité ; plus souvent, les signes d'inflammation s'étendent aux intestins, qui paraissent phlogosés en plusieurs points de leur étendue, à la vésicule biliaire, aux reins, à la vessie, aux épiploons, au foie, au cerveau ou à ses membranes. Toutefois, la corrélation entre l'intensité des symptômes et la gravité des lésions n'est point exacte et constante, et même, dans les cas où les sujets sont comme foudroyés par la violence des miasmes putrides, l'innervation est trop rapidement anéantie pour que les organes présentent dans leur texture une altération profonde, altération qui résulte en grande partie de la turgescence inflammatoire des tissus longtemps prolongée. Un second fait relatif aux cas où la mort est prompte, c'est le peu d'altération qui s'observe dans l'habitude extérieure du corps ; la maigreur n'est pas considérable, la couleur même de la peau peut bien n'être pas très-changée, quoique le plus souvent elle soit teinte en jaune plus ou moins foncé, entremêlé de vergetures livides et violacées, surtout à la face, au cou et au tronc.

Il est rare que cette maladie ait d'elle-même une terminaison heureuse ; lorsqu'elle est le moins intense, la jaunisse est à peine sensible et bornée aux parties supérieures du corps ; le pouls ne conserve ni sa plénitude ni sa fréquence ; la peau reprend sa chaleur naturelle, elle devient souple et moite ; les symptômes gastriques diminuent ; à l'état soporeux, s'il a existé, succède un sommeil réparateur ; l'agitation, le malaise, ou bien la prostration, sont remplacés par un sentiment de bien-être ; les défaillances n'ont plus lieu. Ce changement favorable peut résulter de phénomènes critiques, tels que déjections alvines abondantes, sueurs, retour des urines, etc. ; il peut survenir sans crise marquée, le plus souvent du quatrième au septième ou huitième jour.

Dans la fièvre jaune, plus qu'en aucune autre maladie,

le succès des moyens employés dépend surtout de la promptitude de leur application. Le médecin emploiera d'une manière énergique et soutenue, dans la première période, les antiphlogistiques de toute espèce : saignée, sangsues, bains tièdes, boissons tempérantes, émollientes, fomentations de même nature, applications froides; les révulsifs dans le dernier stade, lorsque les malades sont dans le coma et l'insensibilité, que la peau est froide, le pouls misérable, etc. ; frictions avec les tranches de citron ou avec les teintures aromatiques, vésicatoires camphrés, sinapismes aux pieds, aux mollets, aux cuisses, quelquefois même à la nuque. Un point d'une haute importance dans la pratique, c'est de ne point confondre la prostration qui résulte de l'excès d'inflammation avec l'état véritablement adynamique, dans lequel les stimulants convenablement administrés, peuvent être d'un grand secours.   Paul GAUBERT.

FIÈVRE MILIAIRE. *Voyez* MILIAIRE (Fièvre).

FIÈVRE PERNICIEUSE. *Voyez* FIÈVRE INTERMITTENTE.

FIÈVRE TYPHOÏDE, DOTHINENTÉRIE ou mieux DOTHIÉNENTÉRIE (de δοθιήν, clou, furoncle, et ἔντερον, intestin). De ces dénominations de la même maladie, l'une rappelle l'éruption intestinale, et l'autre l'état de stupeur ainsi que la ressemblance, l'identité peut-être avec le *typhus*.

Est-ce là une maladie nouvelle ou nouvellement découverte ? Les noms variés sous lesquels on la désigne le feraient supposer à tort. Il suffit en effet de feuilleter les anciens auteurs pour en rencontrer de nombreuses observations; et sans remonter à Hippocrate (Épid., liv. I, 2e malade, Silenus), ce qui pourrait donner lieu à contestations, les écrits de Fracator (1505), de Chirac (1742), etc., ne laissent aucun doute à ce sujet. L'attention a été particulièrement appelée sur le siège de la lésion principale par Rœderer et Wagler (1762), Prost (1804), MM. Petit et Serres (1813), Broussais (1814), et plus encore par M. Bretonneau (1826). A M. Louis (1829) revient le mérite d'avoir prouvé que la fièvre typhoïde renfermait toutes les *fièvres essentielles* dites *inflammatoire, bilieuse, muqueuse, putride* et *maligne*, admises jusqu'alors; vérité confirmée par les travaux de MM. Chomel, Bouillaud et Andral.

En quoi consiste la fièvre typhoïde et quelle est sa cause ? Nous savons que celle-ci est spécifique et agit surtout sur l'organisme; qu'elle a pour élément principal une altération spéciale des follicules de la membrane muqueuse de l'intestin grêle (glandes de Peyer et de Brunner). On sait que cette affection, rare avant la cinquième et plus encore après la cinquantième année, sévit particulièrement entre dix-huit et trente ans. Les causes débilitantes, le séjour récent dans les grandes villes ont été considérés comme des prédispositions, mais sans preuves suffisantes : l'encombrement dans des chambres mal aérées paraît avoir plus d'action; mais *en quoi consiste la cause essentielle ?* Tour à tour elle a été cherchée dans les liquides et dans les solides; dans la bile, dans la rate, dans les centres nerveux, dans l'altération primitive du sang, dans l'inflammation de la membrane muqueuse gastro-intestinale, dans l'exanthème intestinal, qui ne se rencontre dans aucune autre maladie. Récemment on a présenté cette même éruption comme la rétrocession du principe de la petite vérole comprimé par le vaccin, oubliant que journellement on observe la fièvre typhoïde sur des individus portant de nombreuses cicatrices de variole. L'espace nous manque pour discuter ces causes plus ou moins hypothétiques, et aussi pour nous arrêter sur l'*antagonisme* cherché entre les fièvres intermittente et typhoïde. Il suffira de dire que cette dernière procède comme la scarlatine, la variole, etc., d'une cause spécifique; qu'elle se développe presque nécessairement une fois dans la vie et une seule fois. D'autres caractères la rapprochent encore des maladies éruptives : ainsi la forme *épidémique*, la *contagion* (possible seulement dans certaines circonstances), etc.; et comme elles, cette fièvre ne peut avorter sous l'influence d'un traitement énergique. Heureux encore le médecin s'il parvient à modérer certains phénomènes morbides et à diminuer la durée du mal, succès important, car en se prolongeant l'affection typhoïde détermine, outre les lésions primitives, des ulcérations, des plaques gangréneuses et des complications multipliées et dangereuses.

Bien que le *début* de la dothiénentérie soit nettement caractérisé et parfois subit, le plus souvent quelques troubles de fonctions la précèdent de un à quinze jours, puis apparaissent les frissons, la céphalalgie frontale, des épistaxis, des coliques, la diarrhée et une faiblesse telle que dès l'invasion les malades sont contraints à cesser tout travail. Dans cette *première période*, que signalent également l'altération des traits, le trouble de l'intelligence, la démarche chancelante, les bourdonnements d'oreille, les vertiges, la perte de l'appétit, la soif vive, la langue blanche et poisseuse, parfois des vomissements, le ventre est météorisé et douloureux, particulièrement dans la fosse iliaque droite, où la pression détermine des gargouillements; la rate est trouvée, à la percussion, plus volumineuse; le pouls bat plus de cent fois par minute; l'auscultation de la poitrine y fait reconnaître un râle sibilaire et ronflant inégalement disséminé des deux côtés, sans dyspnée ni toux proportionnée à cet état; le sommeil est nul ou interrompu par des rêves pénibles; l'intelligence se trouble : enfin, c'est souvent vers la fin de ce septenaire que paraît l'éruption typhoïde de taches rosées, lenticulaires, peu saillantes, s'effaçant sous le doigt, sur l'abdomen, la poitrine et parfois sur le dos et les membres.

Dans la *seconde période*, bien que la céphalalgie cesse ou diminue, tous les autres symptômes s'aggravent, particulièrement du côté du système nerveux, la stupeur, la surdité, les spasmes, le délire, les selles involontaires, la rétention d'urine et la déglutition difficile des liquides. La peau se couvre souvent sur quelques points de vésicules incolores (*sudamina*), de rougeurs, d'escarres et d'ulcérations, rarement de pétéchies. Enfin, survient la *troisième période*, variable suivant le mode de terminaison : dans les cas funestes, marquée par les sueurs visqueuses, l'embarras de la respiration et le coma, et en cas de guérison par la diminution du météorisme, le ralentissement du pouls et le retour du sommeil.

Chez les enfants, la fièvre typhoïde conserve, mais avec moins de gravité, ses caractères. Nous n'entrerons pas dans des détails sur les *formes inflammatoire, bilieuse, muqueuse, adynamique* ou *putride, ataxique* ou *maligne*, ou encore *cérébrale*; il suffira de noter que la prédominance de certains symptômes motive ces dénominations. L'absence ou l'amoindrissement de la plupart des phénomènes morbides, au contraire, motive la désignation de *fièvre typhoïde latente*. La dothiénentérie peut se compliquer de plusieurs accidents. Les hémorrhagies intestinales, les inflammations des voies aériennes, l'érysipèle, les escarres nombreuses, des abcès, viennent trop souvent aggraver la maladie quand elle se prolonge. Mais la plus grave de toutes ces complications est la péritonite consécutive à la perforation intestinale, accident que rien ne peut faire prévoir ni empêcher, et qui est au-dessus des ressources de l'art.

Le pronostic est toujours grave, et l'on ne doit jamais oublier qu'il est impossible d'affirmer quelle sera l'issue de la fièvre typhoïde même la plus bénigne en apparence. Les *rechutes* sont très à redouter. Quant aux récidives, nous avons déjà dit que la maladie n'affecte généralement, comme la scarlatine, la variole, etc., qu'une seule fois le même individu. La *durée* de cette affection, presque toujours fort longue, est rarement de moins de vingt jours. La mort même arrive très-rarement avant le septième jour. La *convalescence*, ordinairement longue et difficile, demande beaucoup de surveillance et de soins. Le *diagnostic* n'est point toujours aussi facile que l'on pourrait le supposer, et souvent le début d'une variole et de quelques affections des centres nerveux peut entraîner une erreur.

Si la cause essentielle de la maladie était connue, le *traitement* devrait sans doute être dirigé contre elle. Il tendrait, si elle se rattachait à l'exanthème intestinal, à modérer l'éruption et plus tard à faciliter la cicatrisation des ulcères. Mais dans cette maladie toute fonction est troublée, tout l'organisme souffre. Des diverses théories qui se sont succédé est résulté l'emploi des saignées larges et répétées, des évacuants, des toniques, etc. Mais généralement les émission sanguines sont, à moins de contre-indication, employées au début, en même temps que les bains, les lotions générales, acidulées, les applications émollientes sur le ventre, chaudes aux extrémités et froides sur le front, les lavements, les boissons gazeuses, acidulées, l'eau pure. On prescrit souvent aussi et un vomitif et des purgatifs, qui semblent abréger la durée du mal. Est-il nécessaire d'ajouter que la plus grande importance doit être attachée aux soins hygiéniques, à la propreté, au renouvellement de l'air? Les formes inflammatoire, bilieuse, adynamique, ataxique, font insister davantage sur tel ou tel mode de traitement. Il en est de même de quelques phénomènes morbides et des complications. La convalescence elle-même réclame non-seulement une surveillance très-grande pour prévenir les rechutes, mais encore des soins particuliers pour diminuer les sueurs ou le dévoiement, rappeler le sommeil, etc. Inutile de parler d'un traitement prétendu préservatif, qui en tous cas se bornerait à prévenir la contagion, l'infection, par des précautions hygiéniques, et particulièrement en s'opposant à l'encombrement des malades.

D' Auguste GOUPIL.

FIFE, l'un des comtés les plus riches et les plus peuplés de l'Écosse, sur la côte septentrionale, comprenant la presqu'île située entre le golfe de Forth et le golfe de Clyde, et borné à l'ouest par les comtés de Perth, de Kinross et de Clackmannan, présente une superficie de 15 myriamètres carrés avec une population de 153,000 habitants, appartient pour sa plus grande partie aux Basses-Terres de l'Écosse. La partie nord-ouest présente une succession de collines et de montagnes, et atteint son point extrême d'élévation aux *Lomond-hills*, sur les limites du comté de Kinross, où l'*East-Lomond* a 358 mètres de haut. Le sol y est le plus souvent marécageux et stérile. La partie sud-est est généralement plate et fertile. La vallée de l'Éden, appelée *How of Fife* et située au centre du comté, est plate aussi et fertile. Indépendamment de l'Éden, le Leven et l'Ore vont se jeter à l'est dans la mer du Nord. Au total, les deux cinquièmes de ce comté sont aussi bien cultivés que quelque autre partie de l'Écosse sans l'être. On y récolte beaucoup de froment et d'orge, mais surtout de l'avoine, de même que beaucoup de navets, de pommes de terre et de haricots. On y élève aussi une grande quantité de bétail, et la pêche, tant fluviale que maritime, est fort importante. La race des bœufs du comté de Fife, tachetés de noir et de gris, à petites cornes droites, est surtout célèbre. L'élève des moutons et le perfectionnement de la race chevaline y ont fait dans ces derniers temps de grands progrès. En fait de minéraux, on y trouve de la houille en abondance, un peu de plomb, de cuivre et de zinc, d'excellente pierre calcaire et du marbre gris à Kingsbarns, village de la côte. Dans les collines qui séparent le bassin de l'Éden de celui du Tay, il existe de la cornaline, de l'agate et un peu de jaspe; à Élie on trouve une espèce de grenat connue sous le nom de *rubis d'Élie*. L'industrie manufacturière embrasse surtout la fabrication des différentes espèces de toiles, qui y a acquis un remarquable degré de perfection. Les services de table de Dumferline sont surtout renommés. On y fabrique aussi des draps, du savon et des chandelles. Les brasseries, les briqueteries y abondent, et la construction des navires a pris dans quelques ports de larges proportions. Les principaux articles d'exportation sont les produits manufacturés, et notamment les toiles.

Ce comté renferme 61 paroisses, 13 bourgs royaux, une université (*Saint-Andrews*), la plus ancienne de l'Écosse, et envoie quatre députés au parlement. Il a pour chef-lieu *Cupar* ou *Cupar-of-Fife*, sur l'Éden, avec 5,700 habitants, des fabriques de toiles et quelques autres grandes industries, et un collège. La ville la plus peuplée est *Dumferline*, avec les points les plus importants : *Dysart* (8,000 hab.), *Saint-Andrews* (5,100 hab.), *Kirkaldy* (1,800), et *Burntisland* (2,300).

FIFE, famille écossaise, qui prétend descendre de Macduff, *thane* de Fife, le célèbre rival de *Macbeth*, quoiqu'il lui serait peut-être fort difficile de produire des preuves historiques de cette origine.

William DUFF, de Balverie-Castle, fut créé en 1734 baron Braco, en 1759 vicomte Macduff et comte de Fife, et mourut le 3 septembre 1763.

James DUFF, vicomte Macduff, comte de Fife, chef actuel de la famille, petit-fils du précédent, est né le 6 octobre 1776. En 1798 il assista au congrès de Rastadt, et fut ensuite chargé de diverses missions près les cours de Berlin et de Vienne. Il combattit plus tard en Espagne les Français, fut nommé par les cortès général-major, et reçut des blessures en 1809, à la bataille de Talavera, et en 1810 à l'affaire du fort Matagorda. A la mort de son père (17 avril 1811), il hérita de ses biens et de ses titres, et fut nommé en 1827 pair d'Angleterre Guillaume IV le choisit pour chambellan, fonctions dans l'exercice desquelles il eut occasion de bien mériter de l'art dramatique. Il remplit aussi celles de lord-lieutenant du comté de Banff. Il a pour héritier de son nom un neveu, le fils de feu son frère, le général sir Alexander Duff, *James* DUFF, né en 1814, qui depuis 1837 représente au parlement le comté de Banff, et qui en 1846 y vota en faveur de l'abolition des *corn-laws*. Il est marié depuis 1846, à lady *Georgeana Elisabeth* HAY, fille du comte d'Erroll, et petite-fille du roi Guillaume IV.

FIFRE, instrument de musique militaire emprunté des Suisses, et dont le nom est originaire de la langue allemande. Le fifre est une petite flûte traversière percée de six trous; elle a été en usage dans l'infanterie française à partir du règne de Louis XI. Les dragons et les mousquetaires s'en sont servis depuis leur création jusqu'à l'époque où ils ont renoncé aux tambours. Quant à l'infanterie, elle a tour à tour abandonné et repris le fifre, suivant que l'ont voulu les règlements ou la mode. Il ne s'en est vu depuis les guerres de la révolution dans quelques corps, et seulement par le fait du caprice des colonels : ainsi, il y en a eu dans la garde du Directoire et des consuls, dans la garde impériale et dans celle de Paris, dans les cent-suisses etc. Longtemps cette petite flûte, comparable à l'ancien galoubet quant à l'usage, sinon quant à la forme, a été musicalement le dessus du tambour. Le mot *fifre* est un de ceux que la langue militaire a adoptés à tort, puisque sa fâcheuse homonymie confond l'instrument joué et l'homme qui le joue. Si on prend le terme sous la première acception, et comme objet inanimé, il a été synonyme de *arigot*; si on le conçoit comme un être animé, il a été synonyme de *pifre*; il produit, en souvenir de l'intempérance des musiciens, le verbe populaire *s'empifrer* et la triviale location *boire à tire l'arigot*. Il y avait à la bataille de Marignan des fifres qui accompagnaient les tambourins, les tambouriniers; mais la coutume de jouer du fifre a régné surtout sous Henri IV, Louis XIV et Louis XV. Dans le principe, le fifre glapissait tant que battait le tambour; quand le haut-bois s'y adjoignit, il concertait de même en *tutti*; mais quand le haut-bois devint clarinette, il joua à part, et fut comme le moyen de repos et d'alternation de la musique de haut bruit, qui continua à se composer des bruits simultanés des caisses et des fifres. Dans son *Dictionnaire de musique*, Jean-Jacques témoigne le regret qu'il éprouvait de l'abolition des fifres. Les musiques allemande, anglaise, prussienne, etc., ont encore des fifres.

Gal BARDIN.

FIGARO. *Voyez* BEAUMARCHAIS, tome II, p. 673.

FIGUE. *Voyez* FIGUIER.

FIGUE (Faire la), traduction de l'italien *far la fica*. On raconte que les Milanais s'étant révoltés contre Frédéric, et ayant chassé de leur ville l'impératrice son épouse, montée sur une vieille mule nommée *Tacor*, et le visage tourné vers la queue, Frédéric les subjugua, fit mettre une figue dans le derrière de Tacor, et obligea tous les Milanais captifs d'arracher publiquement cette figue avec les dents, et de la remettre au même lieu sans le secours de leurs mains, à peine d'être pendus sur-le-champ. Pendant longtemps la plus grande injure qu'on pût faire aux Milanais était de leur *faire* la figue, en montrant le bout du pouce serré entre les deux doigts voisins. De là on emploie cette locution d'une manière générale pour dire : Mépriser quelqu'un, le braver, le défier, se moquer de lui.

FIGUE BANANE. *Voyez* BANANIER.
FIGUE DE BARBARIE, FIGUE D'INDE. *Voyez* RAQUETTE.

FIGUEROA (FRANCISCO DE), l'un des poètes espagnols les plus renommés du seizième siècle, né vers 1540, à Alcala de Hénares, suivit d'abord les cours de l'université de sa ville natale, puis prit du service, et alla rejoindre l'armée espagnole, alors en Italie. Son goût pour la vie des camps ne l'empêcha pas de continuer à cultiver les lettres ; et ses succès de poète lui valurent le surnom de *divin*. Comme il passait à bon droit pour l'un des hommes les plus distingués qu'il y eût alors en Espagne, don Carlos d'Aragon, premier duc de Terranova, l'engagea en 1579 à l'accompagner en Flandre avec le titre de gentilhomme d'honneur. Mais il ne paraît pas avoir fait long séjour dans ce pays, et les dernières années de sa vie se passèrent dans sa ville natale, où il mourut, vers 1620. Son extrême modestie le porta, peu de temps avant sa mort, à faire brûler tous ses poèmes ; mais quelques amis en avaient conservé des copies, que don Louis Tribaldos de Tolède put faire imprimer, en 1625. Ils ont été réimprimés depuis dans la collection de Ramon Fernandez (Madrid, 1785 et 1804), et se composent de sonnets, de canzones, d'élégies et de l'églogue si célèbre intitulée *Tirsi*, le principal titre de gloire de Figueroa, et qui lui a valu une place dans la *Galatea* de Cervantès. Avec Boscan et Garcilaso, il fut un de ceux qui contribuèrent à introduire le goût italien dans la poésie espagnole ; et il versifiait également bien en italien et en espagnol.

FIGUIER, genre de la famille des morées, ayant pour type le *figuier commun* (*ficus carica*, L.), arbre originaire des pays méridionaux de la Grèce : la Phocide, la Béotie, l'Attique, l'Argolide et la Laconie en étaient couvertes ; mais les anciens estimaient par-dessus tout le fruit du figuier qui croissait dans l'île de Naxos, le long du Biblinus. Aujourd'hui le figuier est naturalisé dans tous les climats chauds de l'Europe ; en Afrique, dans toutes les contrées qui avoisinent le rivage de la mer ; en Amérique, dans toutes les provinces du midi, et dans la plupart des grandes îles dont la température a quelque rapport avec le ciel d'Italie ou d'Espagne. Ses produits sont très-lucratifs pour les Provençaux et les habitants du Languedoc, qui le cultivent en champs comme l'olivier. On prétend qu'il a été apporté dans ces contrées, 600 ans avant J.-C., par les Phocéens, fondateurs de Marseille.

Le figuier s'élève en France, en Espagne, en Italie, de cinq à huit mètres. Sa cime s'arrondit de dôme comme celle du pommier, et répand autour de sa base un large cercle de fraîcheur qui protège les racines contre l'ardeur du soleil et la sécheresse. Cet arbre, dans les pays chauds, croît d'un seul jet, comme nos arbres fruitiers, et n'étale ses rameaux qu'à une certaine hauteur. On en a vu en Provence de plus de deux mètres de circonférence ; mais transporté sous un climat moins favorable, comme dans le nord de la France, il dégénère, et ne forme plus qu'un buisson épais, de la hauteur de trois à quatre mètres au plus, branchu à partir des racines, et dont les rameaux les plus vigoureux atteignent avec peine la grosseur du bras. L'écorce du figuier est lisse, d'un vert foncé sur le tronc, mais d'un vert moins foncé, et rude au toucher, sur les jeunes pousses ou rameaux, qui, comme le dessous des feuilles, sont couverts de poils courts et nombreux. La graine que produisent ses fleurs, monoïques, est comprimée, approchant de la grosseur et de la forme d'un grain de poudre de chasse ordinaire, et entourée d'une pulpe. C'est la réunion de ces graines en nombre, dans l'intérieur de l'involucre, qui forme le fruit connu sous le nom de *figue*, qui, soit dit en passant, mûrit parfaitement sans qu'il soit besoin de recourir à la caprification. Les figues qui occupent le bas des ramules sont les plus précoces et en général les plus grosses ; en Provence, on les appelle *figues-fleurs* ; celles qui naissent vers l'extrémité des ramules mûrissent deux à trois mois plus tard que les autres. La feuille du figuier a dans sa forme quelque chose d'élégant : elle est longue environ comme la main étalée, échancrée en cœur à sa base, munie d'un pétiole, et évidée régulièrement sur ses bords en trois ou cinq lobes presque obtus ; aussi, les anciens la prenaient ils souvent comme modèle pour des ornements d'architecture.

Le figuier est un arbre spongieux, lactescent et très-poreux ; il laisse échapper l'été de ses rameaux, quand il n'est pas tourmenté par la sécheresse, une grande surabondance de liqueur, qui se condense à l'air et forme une espèce de gomme élastique semblable au caoutchouc. Le figuier exige peu de culture ; il suffit de lui donner un labour au printemps, de le renouveler avant l'hiver, et de jeter de temps en temps autour des racines, sans les en couvrir, quelques mannes de bon fumier. Cependant, comme il est sujet au froid et à dépérir quand il est pris de sécheresse, il faut l'été l'arroser souvent, et à l'approche de l'hiver, s'il menace d'être rigoureux, lui garantir le tronc avec de la longue paille et en jeter aussi sur les racines, en le recouvrant de terre. On cite comme une exception remarquable le célèbre *figuier de Reculver*. C'est dans l'île anglaise de Thanet, contrée peu favorable à la longévité d'un arbre aussi délicat que le figuier, que cet arbre, planté par les Romains, a vécu de treize à seize siècles.

En Provence et dans les pays où l'on cultive le figuier par grandes exploitations, on fait sécher les figues, et on en fait des envois considérables dans toutes les provinces du globe. Les figues ont été regardées en tout temps comme un aliment très-sain et très-favorable au corps. Les athlètes autrefois s'en alimentaient. Zénon et quelques pythagoriciens, qui en avaient fait longtemps leur nourriture exclusive, prétendaient que leur usage était propre aux méditations philosophiques et à la conservation des bonnes mœurs. Les figues fraîches sont plus faciles à digérer que les figues sèches, mais ce sont ces dernières qui jouent le plus grand rôle dans la médecine moderne. On les conseille, soit par décoctions légères, soit dans de l'eau ou du lait, dans les phlegmasies aiguës, les toux sèches, les pleurésies, les péripneumonies, les douleurs néphrétiques, l'esquinancie, les fluxions aiguës des gencives, la petite vérole et la rougeole ; en un mot, dans toutes les affections pathologiques contre lesquelles il est nécessaire de diriger une puissance médicale émolliente. On s'en sert aussi comme cataplasmes pour les tumeurs inflammatoires. L'expérience a démontré à nos médecins modernes que si l'usage des figues, comme aliment, était salutaire aux hommes secs et ardents, et en général à tous les peuples des pays chauds, il était peu favorable aux personnes faibles et cachectiques, aux femmes chlorotiques, aux vieillards décrépits, aux hommes atteints de profonds chagrins, ou livrés à une vie sédentaire ; enfin, aux habitants, en général, des contrées froides et des pays bas et humides.

Le figuier a joui longtemps dans l'antiquité d'une grande célébrité ; tous les peuples de la Grèce, les Carthaginois et les Romains lui avaient voué une espèce de culte : les uns le regardaient comme un présent des dieux, et l'avaient consacré à Mercure, à Saturne et à Bacchus ; les autres en couronnaient la plupart de leurs statues, et s'en ceignaient le front dans les fêtes publiques.

Le bois du figuier est sans aucune valeur dans le commerce. Cependant les serruriers et les armuriers s'en servent pour polir leurs ouvrages, parce qu'il s'empreint facilement, à cause de sa nature spongieuse, d'huile et de poudre d'émeri. Les anciens en faisaient si peu de cas, qu'ils ne l'employaient que pour élever des statues à leurs dieux subalternes. Le suc âcre et laiteux du figuier sert à la coagulation du lait pour faire le fromage, et à la composition de plusieurs encres sympathiques. On se sert aussi de la liqueur blanche du figuier pour faire disparaître les cors et les verrues, et on l'emploie contre la lèpre et autres exanthèmes chroniques. Cette liqueur est très-corrosive.

Le nombre des autres espèces du genre *figuier* s'élève à plus de cent. L'une des plus curieuses est le *figuier indien* (*ficus indica*, L.), à cause de son mode de propagation. Il pousse de ses branches de longs jets pendants qui atteignent la terre, s'y enracinent, et forment de nouveaux troncs; ceux-ci en produisent d'autres de la même manière, de telle sorte qu'un seul arbre, s'étendant et se multipliant ainsi de tous côtés sans interruption, offre une cime d'une étendue prodigieuse, reposant sur un grand nombre de troncs, comme la voûte d'un vaste édifice, soutenue par quantité de colonnes. Mais les fruits du figuier indien, globuleux, rouges dans leur maturité, d'un goût fade, douceâtre, ne sont guère recherchés que par les oiseaux.

Deux autres figuiers des Indes méritent d'être cités : ce sont le *figuier élastique* (*ficus elastica*), grand arbre à feuilles elliptiques, épaisses, entières, dont le suc laiteux donne du caoutchouc en abondance; et le *figuier des pagodes* (*ficus religiosa*, L.), encore nommé *bogon* ou *arbre de Dieu*, parce que les Indiens croient que Vichnou est né sous cet arbre, qu'ils regardent en conséquence comme sacré; ce dernier donne de la laque.

FIGUIER ou SYLVICOLE, genre d'oiseaux américains de l'ordre des passereaux. Séparés par Buffon des fauvettes et des mésanges, auxquelles Linné les avait réunis, les figuiers n'ont été bien caractérisés que par Swainson. Leurs narines découvertes les éloignent des mésanges. Comme elles, ils vivent en troupes ; comme elles, ils se suspendent aux rameaux, voltigeant sans cesse de branche en branche, d'arbre en arbre, de broussaille en broussaille, pour y chercher leur nourriture, qui consiste principalement en insectes et en fruits mous, tels que les bananes, les goyaves et les figues: Ces oiseaux vifs, légers, confiants, fréquentent les lieux habités. Quelques-uns ont un ramage assez agréable.

On nomme encore *figuier* ou *sucrier figuier* une espèce du genre *soui-manga*.

FIGUIER D'ADAM. Voyez BANANIER.

FIGUIÈRES (*Figueras*), ville de la Catalogne, d'environ 5,000 âmes, justement célèbre par sa citadelle, appelée *Castello de San-Fernando*, construite au milieu du dix-huitième siècle par le roi Ferdinand VI et regardée comme l'une des plus fortes de l'Europe. Prise le 27 novembre 1794 par les Français, aux ordres du général Pérignon, et qui y trouvèrent un matériel immense, elle fut reprise le 14 juillet suivant par les Espagnols.

FIGURANT, FIGURANTE. Le figurant est cet être qui, au théâtre, semble plutôt faire partie du mobilier de la scène et de la décoration que de l'action. Cette famille d'accessoires vivants se compose de trois variétés distinctes, les *choristes*, les *figurants* et les *comparses*; le figurant occupe la région mitoyenne; il n'a ni l'art du choriste ni l'inertie du comparse ; mais il est soumis à des devoirs complexes et multipliés. Il faut qu'il se plie à toutes les conditions de la vie dramatique; sa forme varie à l'infini, et l'imagination recule devant la diversité et le nombre des transfigurations qu'il doit subir. Depuis la nudité et les haillons jusqu'à la pourpre, le figurant endosse les costumes de tous les temps et de toutes les conditions ; tous les âges de la vie, il les reproduit sur ses traits; il se mêle à tous les faits et il parcourt successivement tous les degrés du crime et de la vertu; chez lui l'habit, le caractère, le maintien, le geste et le langage, sont soumis à de perpétuelles variations. Les métamorphoses gaies ou sérieuses, terribles ou plaisantes, basses ou élevées, vieilles ou jeunes, s'accumulent sur lui, non pas seulement dans la même soirée, mais dans la même pièce. Les figurants des scènes de vaudeville chantent. Dans les troupes nomades, les acteurs, lorsqu'ils ne jouent pas, sont obligés de *figurer*. Dans la hiérarchie de la scène, le figurant est placé fort bas; il s'habille en commun, et il a ordinairement un foyer séparé de celui des comédiens. Cependant, les localités ne permettent pas toujours cette séparation ; mais la morgue des comédiens rétablit les distances. Il faut en convenir, l'aspect des figurants, qui dans le jour exercent toutes sortes d'états, est généralement peu attrayant et toujours voisin du ridicule. Plus la scène est élevée, plus le danger s'accroît par la comparaison; c'est là le secret de l'incommensurable hilarité qu'excitait jadis si fréquemment l'arrivée des figurants au Théâtre-Français.

Ce que nous venons de dire des figurants peut s'appliquer aux *figurantes*, mais seulement en ce qui concerne le travail commun ; les figurantes, les plus jeunes du moins, aspirent toutes à devenir actrices, et à regardent leur position que comme provisoire. Leur tenue est plus élégante que celle des figurants, qu'elles dédaignent. Souvent elles rivalisent de luxe avec les comédiennes ; quand elles sont aimables et jolies, elles reçoivent les hommages des visiteurs et des habitués des coulisses. Un auteur en crédit, un directeur séduit par leurs charmes, peuvent les élever tout à coup. En un mot, presque toutes ont des ressources et des espérances que n'ont pas les figurants. En scène, plus sont coquettes et provocantes, elles disputent aux actrices les œillades des lorgnettes de l'avant-scène. C'est par les figurantes que débutent les Lovelaces des coulisses et les roués en herbe. Il y a eu à l'Opéra une variété de figurantes appelées *marcheuses*; elles étaient de la création de M. Duponchel; elles portaient gravement le manteau, la robe de cour à queue traînante. Une dernière classe de figurants et de figurantes, qu'on ne trouve qu'à l'Opéra, est destinée à *figurer aux lointains* et aux *espaliers*, ce que dans le monde on appelle *faire tapisserie*. Il est sorti du corps des figurantes quelques actrices aimées du public. Eugène BUFFAULT.

FIGURE. Ce mot, appliqué aux arts du dessin, est spécialement consacré à la représentation de l'homme; cependant, on dit qu'un paysage est enrichi de *figures d'hommes* et d'*animaux*. La figure de l'homme étant l'objet le plus beau et le plus digne que les arts puissent représenter, l'artiste doit surtout s'exercer à dessiner et à peindre la *figure*, parce que c'est elle qui donne à son ouvrage le plus de charmes, et qui peut lui attirer le plus haut degré d'admiration. Comme la beauté de la *figure* se retrouve principalement dans le nu, c'est cette partie que l'artiste doit principalement étudier, et c'est là qu'il doit surtout tâcher d'atteindre la perfection : pour y parvenir, il est nécessaire qu'il se livre à des études anatomiques. On dit d'un élève qu'il fait la *figure*, lorsque après avoir exécuté des têtes et des études de pieds et de mains, il dessine enfin une figure entière, qui souvent reçoit le nom d'*académie*, parce qu'elle est tracée d'après le modèle posé dans une des salles de l'académie. Dans un tableau, on désigne comme *figure principale* celle qui en fait le sujet, et autour de laquelle les autres figures viennent se grouper en quelque sorte comme accessoires. Un sculpteur fait des *figures* en terre, en plâtre, en bronze ou en marbre.

On emploie généralement le mot *figures* pour désigner toute espèce de sujet gravé, servant à l'ornement d'un livre; ainsi, on dit : les œuvres de Racine ou de Boileau avec *figures*; un livre de machines ne peut bien servir que lorsqu'il a des *figures*; un grand nombre d'ouvrages de botanique ont été publiés avec *figures*.

En termes de blason, *figure* se dit des pièces dont un

écu est chargé, et qui représentent une face humaine, une tête d'ange, le vent, le soleil.

Le mot *figure* sert à désigner toute espèce de dessin de fleurs ou d'ornements représentés dans du linge damassé, dans les velours ciselés, ou dans les étoffes brochées ou brodées.

En astrologie, le mot *figure* sert à désigner la position de différents astres à certaine heure. En géomancie, en nécromancie, on emploie aussi le mot *figure* pour désigner, dans l'une, la suite de points jetés au hasard, et dont on croit pouvoir tirer quelque horoscope; dans l'autre, la représentation, soit en cire, soit en laine, soit en toute autre matière, de la personne sur laquelle on voulait jeter un maléfice ou à laquelle on désirait porter bonheur.

DUCHESNE aîné.

Figure se dit, en général, de la forme extérieure d'un corps. On dit la *figure* de la terre, une étrange *figure* d'homme, Minerve cachée sous la *figure* de Mentor. En un sens particulier, c'est le visage de l'homme : il est bien de *figure*; jolie *figure* d'enfant (*voyez* FACE). Par extension, on le dit de la contenance, de l'air, des manières : J'y ferais une étrange *figure*. Il signifie aussi l'état bon ou mauvais dans lequel se trouve quelqu'un relativement à ses affaires, à son crédit : Cet homme fait une bonne *figure* dans le monde. Dans le langage de la chaire : La *figure* du monde passe, se dit pour exprimer la courte durée des choses de ce monde. Dans le sens purement mystique, *figure* désigne ce qui est regardé comme image symbolique ou allégorique : Joseph et Salomon sont des *figures* de Jésus-Christ; l'Agneau pascal était une *figure* de l'Eucharistie.

FIGURE (*Grammaire et Rhétorique*), manière de parler qui a pour objet de donner aux sentiments et aux pensées plus de force, plus de vivacité, plus de noblesse, ou plus d'agrément. L'abus que les déclamateurs ont fait des *figures*, les noms pédantesques qu'ils leur ont donnés, les subdivisions qu'ils ont introduites à l'infini dans leur classification, et, par-dessus tout, l'ignorance, la frivolité du vulgaire, ont contribué à discréditer, à ridiculiser même l'emploi de ces différentes formes de style. Souvent, pour jeter de la défaveur sur une composition oratoire, il a suffi de dire que ce n'était qu'un tissu de *figures de rhétorique*. Et cependant, ces *figures*, dont on se fait une sorte d'épouvantail, sont les principaux organes de l'art d'écrire et de parler; c'est la nature seule qui les a créées; la rhétorique n'a fait que leur donner des noms, pour qu'il devînt plus facile de les distinguer les unes des autres.

Dans l'enfance des langues, les hommes, pour se faire comprendre, étaient forcés de joindre le langage d'action et celui des images sensibles aux sons articulés de leur idiome imparfait : de là un langage nécessairement figuré. Ainsi, l'on a dû prendre au besoin, et par analogie, l'expression d'une foule d'objets matériels, et l'on a à revêtu de ces idées pour lesquelles on manquait de termes. Cet usage, établi par la nécessité, devint si familier par suite de la facilité avec laquelle il matérialisait les choses même les plus abstraites, qu'un grand nombre de mots primitivement inventés pour exprimer des objets sensibles ont passé de cette sorte dans le langage usuel, et, par l'empire de l'habitude, sont devenus insensiblement des termes simples et primitifs. Ce qui prouverait que l'origine des *figures* est toute naturelle, c'est que le paysan le plus grossier, l'homme du peuple le plus ignorant, ne sauraient ouvrir la bouche sans faire usage du style figuré : l'un dira : *ma maison est triste*! l'autre : *Cette campagne est riante*! Et chacun fera une *figure*, sans s'en douter. Dumarsais était persuadé qu'il s'en faisait plus un jour de marché, à la halle, qu'en plusieurs séances académiques. Dans la conversation la plus indifférente, tout le monde fait continuellement des *figures* sans y songer, comme le bourgeois gentilhomme de Molière faisait de la prose sans le savoir.

Ces *figures* si décriées ne sont donc pas une futile invention de l'art. Mais l'art, fidèle imitateur de la nature, a dû naturellement s'en emparer comme d'une précieuse ressource pour donner de la force et de la vivacité à l'expression du sentiment et de la pensée. En effet, que seraient l'éloquence et la poésie sans le secours des *figures*? Que resterait-il dans la Bible, dans les poèmes d'Homère et de Virgile, dans les discours de Démosthène et de Cicéron, si l'on venait à les en dépouiller? Les *figures* sont une partie essentielle de l'*élocution*; non-seulement elles servent de parure aux pensées, mais aussi elles leur prêtent un corps, elles leur impriment du mouvement, elles leur donnent la vie. Longtemps après que la poésie et l'éloquence eurent fait un merveilleux emploi des *figures*, vinrent les rhéteurs, qui, voulant exposer la partie théorique de l'art d'écrire, eurent à chercher, avec la loupe de l'analyse, ces différentes formes de style, à les appuyer d'exemples bien choisis, à les classer, à leur donner des dénominations précises et caractéristiques. La langue grecque, si riche en mots heureusement combinés, leur fournit en abondance des termes propres à établir la classification des *figures*. Peut-être abusèrent-ils quelquefois de cette facilité d'appellation; peut-être multiplièrent-ils trop minutieusement des distinctions oiseuses, ou du moins très-subtiles. Quoi qu'il en soit, il nous semble qu'il y aurait eu plus de justice à leur savoir gré de leurs travaux consciencieux qu'à leur faire un reproche d'avoir imposé des noms savants aux *figures* qu'ils ont remarquées. Dans toutes les sciences et dans tous les arts, n'est-il pas des termes consacrés, inconnus aux personnes auxquelles ces sciences et ces arts sont étrangers?

On distingue les *figures de mots* des *figures de pensées*. Les premières dépendent essentiellement du matériel des mots; les secondes n'ont besoin des mots que pour être énoncées. Si dans « e *figure* de mots on retranche tel ou tel terme, la *figure* disparaît; mais la *figure* de pensée subsiste toujours, quels que soient les mots que l'on emploie pour l'exprimer.

Les *figures* de mots sont très-nombreuses : il y en a qui consistent en changements qui s'opèrent dans les lettres ou dans les syllabes des mots, comme la syncope; d'autres qui se rapportent à la construction de la phrase, comme l'ellipse, le pléonasme, la syllepse, l'hyperbate; d'autres, appelées tropes, au moyen desquelles les mots prennent des significations différentes de leur sens primitif, comme la catachrèse, la métonymie, la métalepse, la synecdoque, l'antonomase, la litote, l'hyperbole, l'hypotypose, la métaphore, l'allégorie, l'allusion, l'ironie, l'euphémisme, la périphrase, l'onomatopée.

Les *figures* de pensées sont celles qui consistent dans la pensée, dans le sentiment, dans le tour d'esprit, indépendamment des paroles dont on se sert pour les exprimer. Leur fonction est de représenter fidèlement les attitudes, pour ainsi dire, et les divers mouvements de l'esprit et de l'âme de celui qui écrit ou qui parle. Les plus notables sont l'antithèse, l'apostrophe, la prosopopée, l'exclamation, l'interrogation, la concession, la gradation, la suspension, la réticence, l'interruption, l'optation, l'obsécration, la communication, l'énumération, etc.

On distingue enfin une dernière sorte de *figures*, qu'il ne faut confondre ni avec les *tropes* ni avec les *figures de pensées*, puisque, d'une part, elles conservent aux mots leur signification propre, et que, de l'autre, ce n'est que des mots qu'elles tirent leur qualification : par exemple, dans la *répétition*, le mot se prend dans sa signification ordinaire; mais si l'on ne répète pas le mot, il n'y a plus de figure qu'on puisse appeler *répétition*.

Afin de rendre plus sensible ce que nous venons de dire sur les *figures*, nous emprunterons à Marmontel un exemple, où la plupart de ces formes de style sont employées par un homme du peuple en colère contre sa femme : « Si je dis oui, elle dit non; soir et matin, nuit et jour, elle gronde (*antithèse*). Jamais, jamais de repos avec elle (*répétition*). C'est une furie, un démon (*hyperbole*). Mais, malheureuse, dis-moi donc (*apostrophe*), que t'ai-je fait (*interrogation*)? O ciel ! quelle fut ma folie en t'épousant (*exclamation*)! Que ne me suis-je plutôt noyé (*optation*)! Je ne te reproche ni ce que tu me coûtes, ni les peines que je me donne pour y suffire (*prétérition*); mais, je t'en prie, je t'en conjure, laisse-moi travailler en paix (*obsécration*)! ou que je meure si... Tremble de me pousser à bout (*imprécation* et *réticence*). Elle pleure. Ah! la bonne âme! vous allez voir que c'est moi qui ai tort (*ironie*). Eh bien! je suppose que cela soit. Oui, je suis trop vif, trop sensible (*concession*). J'ai souhaité cent fois que tu fusses laide. J'ai maudit, détesté ces yeux perfides, cette mine trompeuse qui m'avait affolé (*astéisme*, ou louange en reproche). Mais! dis-moi si par la douceur il ne voudrait pas mieux me ramener (*communication*)? Nos enfants, nos amis, nos voisins, tout le monde nous voit faire mauvais ménage (*énumération*). Ils entendent tes cris, tes plaintes, les injures dont tu m'accables (*accumulation*). Ils t'ont vue, les yeux égarés, le visage en feu, la tête échevelée, me poursuivre, me menacer (*description*). Ils en parlent avec frayeur : la voisine arrive, on le lui raconte; le passant écoute, et va le répéter (*hypotypose*). Ils croiront que je suis un méchant, un brutal, que je te laisse manquer de tout, que je te bats, que je t'assomme (*gradation*). Mais non, ils savent bien que je t'aime, que j'ai bon cœur, que je désire de te voir tranquille et contente (*correction*). Va! le monde n'est pas injuste; le tort reste à celui qui l'a (*épiphonème*, ou *sentence*). Hélas! la pauvre mère m'avait tant promis que tu lui ressemblerais. Que dirait-elle? que dit-elle? Car elle voit tout ce qui se passe. Oui, j'espère qu'elle m'écoute, et je t'entends qui te reproche de me rendre si malheureux. Ah! mon pauvre gendre, dit-elle, tu méritais un meilleur sort (*prosopopée*)! »

Le comble de l'art est de savoir cacher la hardiesse des *figures* sous une élocution si naturelle en apparence qu'elles ne soient en quelque sorte perceptibles qu'à la seule réflexion. C'est là le grand talent de nos plus illustres écrivains. Dans l'emploi des figures on ne saurait se passer du concours d'un jugement sain et d'un tact exquis : sans quoi, ainsi que le remarque Voltaire, le style *figuré*, qui, par des tours et des expressions convenables, devrait figurer les choses dont on parle, les défigure par l'usage de tours et d'expressions manquant de justesse. CHAMPAGNAC.

FIGURE (*Danse*). Les *figures* d'un ballet sont les mouvements, les évolutions symétriques qu'exécutent les chœurs de danse de manière à former un tableau agréable à l'œil du spectateur. Le *ballet dansant*, sauf quelques exceptions fort rares, avait entièrement perdu dans le dix-huitième siècle l'importance qu'il avait acquise comme pantomime chez les anciens, et que l'on chercha, avec assez de maladresse, à lui rendre, en France, sous Henri IV, Louis XIII et Louis XIV, en essayant de lui faire représenter des actions mythologiques, héroïques, et même comiques. Quand les vers que Racine introduisit dans Britannicus eurent décidé, dit-on, Louis XIV, âgé de plus de trente ans, à cesser de monter sur le théâtre, et d'y danser des ballets, cette sorte de spectacle ne fut plus considérée à l'Opéra que comme un accessoire, ou un intermède. Elle devint alors la représentation froide et inanimée d'un bal donné pour la réception d'un héros, pour la célébration d'un mariage, etc., et participa de toute la roideur, de toutes les grâces affectées de l'époque. Bientôt, la science du compositeur de ballets se borna à régler, pour ses *premiers sujets*, des *pas de trois*, de *cinq*, de *sept*, que l'on nommait *entrées*, et à coordonner des pas de progression, propres à ouvrir et clore le ballet, auquel prenaient part les coryphées et les choristes de la danse. C'est l'agencement de ces pas entre eux, la formation des groupes, leurs divers mouvements, chaînes et entrelacements, que l'on nomma *figures*. L'une de leurs nécessités classiques fut la symétrie, et durant plusieurs siècles le nombre de figurants tapissant l'un des côtés de la scène dut se trouver non-seulement répété avec exactitude de l'autre côté, mais encore il fallut que les pas, les mouvements, les gestes des bras et de tout le corps fussent identiques et simultanés. Ces chœurs de danseurs ne paraissaient appelés sur la scène que pour occuper les yeux du spectateur, dans l'intervalle de repos des premiers sujets dansants. Dès lors, le maître de ballets dut savoir que la danse ne possède que sept pas fondamentaux, à l'exemple de la musique, qui n'a que sept notes, et de la peinture, qui n'a que sept couleurs. Pour le premier de ces arts, comme pour les deux autres, ces éléments, ou rudiments, au nombre de sept, formèrent, par un heureux mélange, une foule de *temps*, de *demi-temps*, d'*enchaînements* et de *mouvements*, en nombre incalculable, qui constituaient la danse et les figures qui en résultaient.

Ce n'est que vers la fin du siècle dernier que l'on s'avisa de penser que le ballet à lui seul peut peindre une action. Noverre, le premier, sentit que, rentrant dans la danse pantomime des anciens, il doit procéder autrement que par *entrées*, que par des pas de trois ou de cinq, où ce nombre d'individus viennent étaler des grâces de convention et pirouetter en mesure, jusqu'à ce que la lassitude les oblige à faire place aux comparses, qui forment en chœur des figures régulières, plus ou moins agréables à l'œil, mais dont les combinaisons sont bientôt épuisées, et qui n'ont aucun rapport à l'action. Il pensa que ce n'était pas par des sauts précipités, par des tourbillons violents, par des gestes furieux, des gargouillades, des entrechats, et des *flic-flac* que l'apparition des Euménides produisait sur le théâtre des Grecs ces effets prodigieux dont la mémoire est venue jusqu'à nous. Noverre recommanda donc aux maîtres de ballets de substituer aux pirouettes, qui ne disent rien, des gestes qui parlent; aux entrechats, les signes que les passions impriment à la physionomie; aux *figures* symétriques et régulières, des tableaux pittoresques et vrais. Quelques chorégraphes ont répondu à cet appel. Mais sur la scène du grand opéra le ballet d'action n'atteindra à la perfection que quand les acteurs, appelés à le représenter, oublieront avant tout qu'ils sont des *danseurs*, pour se rappeler qu'ils sont seulement des *mimes*, des acteurs, et qu'ils se déferont entièrement de ces manières guindées, de ces poses académiques et de convention, qui prêtent à croire au spectateur qu'ils vont passer un *six* au moment souvent le plus pathétique de l'action. VIOLLET-LE-DUC.

La danse de société a aussi ses *figures*, connues de tout le monde, et que la vieille contredanse, *qui s'en va*, a pris à peine le soin de varier une ou deux fois dans sa longue carrière. A chaque quadrille, vous avez toujours le *pantalon*, *l'été*, la *poule*, la *trénis*, la *pastourelle*, l'*avant-deux*, la *chaîne anglaise*, la *chaîne des dames*, le *moulinet*, le *balancé*, le *chassé-croisé*, le *galop*, et l'éternelle *queue du chat*. Heureusement la *valse*, *schottisch*, la *polka* la *redowa*, la *mazurka*, la *varsovina*, la *sicilienne*, et une foule d'autres tourbillons, plus ou moins exotiques, sont venus, depuis quelques années, essayer de varier l'antique répertoire de nos salons, en rejetant enfin sur le second plan la contredanse surannée et ses *figures* centenaires.

FIGURE (*Géométrie*). Carnot se prend dans deux acceptions différentes. Dans la première, il signifie en général un espace terminé de tous les côtés, soit par des surfaces, soit par des lignes. S'il est terminé par des surfaces, c'est un solide; s'il est terminé par des lignes, c'est une surface. Dans ce sens, les lignes, les angles, ne sont pas des *figures*. La ligne, soit droite, soit courbe, est plutôt le terme et la limite d'une figure, qu'elle n'est une figure. Au reste, on applique plus souvent le nom de *figure* aux surfaces qu'aux solides, qui conservent pour l'ordinaire ce dernier nom. La géométrie considère les *figures égales*, *semblables* (*voyez* SIMILITUDE), *équivalentes*, etc. Les figures, ou plutôt les surfaces, se classent en *planes* et *courbes*. Les surfaces planes sont dites *rectilignes*, *curvilignes*, ou *mixtilignes*, suivant qu'elles sont terminées uniquement par des lignes droites, uniquement par des lignes courbes, ou partie par des lignes droites, partie par des lignes courbes.

Figure, pris dans la seconde acception, signifie la représentation faite sur le papier de l'objet d'un théorème, d'un problème, pour en rendre la démonstration ou la solution plus facile à concevoir. En ce sens une simple ligne, un angle, etc., sont des *figures*, quoiqu'ils n'en soient point dans le premier sens. D'ALEMBERT, de l'Acad. des sciences.

FIGURÉ (Sens). *Voyez* SENS.

FIGURÉS (Nombres). On nomme ainsi des suites de nombres que l'on obtient de cette manière : ayant écrit les nombres 1, 2, 3, 4, 5, etc., on ajoute successivement chaque terme à tous ceux qui le précèdent ; on a les nombres 1, 3, 6, 10, 15, etc. ; opérant de même sur ceux-ci, on obtient la nouvelle suite 1, 4, 10, 20, 35, etc. ; on continue ainsi indéfiniment.

Les nombres 1, 3, 6, 10, 15, etc., ont été appelés *figurés*, en considération d'une analogie géométrique facile à saisir : on peut toujours former une même *figure* (un triangle) avec autant de points qu'ils contiennent d'unités ; ce qui ressort évidemment du tableau ci-dessous :

```
1     3       6        10           15
•     • •    • • •    • • • •      • • • • •
           • • •     • • • •      • • • • •
                    • • • •      • • • • •
                                 • • • • •
```

que l'on prolongera autant qu'on le voudra ; ces nombres figurés sont dits *triangulaires*. Ceux de la suite 1, 4, 10, 20, 35, etc., sont dits *pyramidaux*, parce que l'on peut, avec autant de points qu'ils ont d'unités, former des pyramides, comme nous venons de former des triangles avec les précédents. Les nombres triangulaires et pyramidaux méritent seuls le nom de *figurés*, car il n'y a pas de figure qui ait plus de trois dimensions. Ce n'est donc que par une nouvelle analogie que l'on a appelé *figurés* les nombres qui suivent les pyramidaux. On appelle encore *nombres figurés du premier ordre*, les nombres naturels ; *du second ordre*, les nombres triangulaires ; *du troisième ordre*, les nombres pyramidaux ; *du quatrième ordre*, ceux qui viennent après ; etc.

Ces suites ont beaucoup occupé d'illustres analystes, particulièrement Pascal, L'Hôpital, Jacques Bernoulli, parce qu'elles ont la propriété de donner les coefficients des diverses puissances d'un binôme, et, par suite, de servir à déterminer le nombre de combinaisons d'une classe donnée ; ce sont ces suites qui constituent le fameux triangle arithmétique de Pascal. Mais elles n'ont plus aucune importance depuis la découverte de la loi connue sous le nom de *binôme de Newton*.

Les nombres polygones ont quelquefois été confondus avec les nombres figurés ; mais ils en diffèrent en ce qu'ils ne dérivent pas comme ceux-ci d'une même progression arithmétique. E. MERLIEUX.

FIGURE DE LA TERRE. *Voyez* TERRE.

FIGURES DE LICHTENBERG. *Voyez* ÉLECTRICITÉ, tome VIII, p. 463.

FIGURINE. Quelquefois en emploie ce mot pour désigner des figures de très-petites dimensions, placées dans un tableau, ou plutôt encore pour de petites statues antiques, ordinairement en bronze, représentant des divinités des anciens. L'usage est maintenant de les désigner sous le nom de *statuettes*. On appelle encore *figurines* ces petites statuettes en plâtre que vendent les mouleurs, et surtout des Italiens dits *marchands de figurines*.

Figurine est aussi le nom que l'on donne à de petites estampes représentant divers objets, au bas desquelles sont tracés les initiales ou même les noms entiers de ces objets. Ces espèces de *figurines* servent à apprendre à lire aux enfants.

FIL, corps cylindrique, souple et plus ou moins délié. Beaucoup de corps sont susceptibles d'être transformés en fils par l'opération du filage ; mais les matières que l'on emploie le plus ordinairement à cet usage sont le lin, le chanvre, le coton, la laine, la soie, le poil de plusieurs animaux, etc. Un fil bien confectionné casse sous le même poids, quelle que soit sa longueur. Sa force se mesure par le poids qui le fait rompre. Sa finesse s'apprécie par le rapport du poids d'une certaine quantité de fil à sa longueur ; de là résulte le *numérotage*. Comme nous l'avons dit à l'article DÉVIDOIR, le fil, en sortant des métiers en fin, est mis en écheveaux ; chaque écheveau renferme 10 écherettes de 100 mètres, par conséquent 1,000 mètres ; après les avoir pesés on met ensemble tous les écheveaux qui ont le même poids, et le nombre qu'il en faut pour former un demi kilogramme donne le numéro du fil : ainsi, un fil de coton étant au n° 150, cela veut dire que 150,000 mètres de ce fil pèsent une livre ; le plus haut numéro indique donc le fil le plus fin. On est arrivé en Angleterre jusqu'au n° 400.

Les fils se distinguent en *simples* et en *retors*, en *écrus*, *blanchis* et *teints*.

Les fils de coton au-dessous du n° 143 et les fils de laine blanche ou teinte sont prohibés et les fils d'un numéro supérieur sont tarifés à 40 ou 50 pour 100 de leur valeur. Jusqu'au mois de juin 1834 la prohibition sur les fils de coton de tout genre avait été générale. L'Angleterre, qui avait eu la première l'avantage d'employer sur une grande échelle les procédés mécaniques pour la filature du lin, avait fini par acquérir sous ce rapport une immense supériorité : aussi les importations de fil en France s'étaient-elles accrues avec une rapidité effrayante. De vives réclamations s'élevèrent alors, mais restèrent sans résultat pendant plusieurs années. En 1841 il fallut aviser, et une loi éleva à 11 et 12 pour 100 de la valeur des droits sur les fils. Cette mesure demeura impuissante. L'importation anglaise ne se développa pas moins dans les plus grandes proportions. Le 26 juin 1842 une ordonnance, signée d'urgence, porta les droits du tarif à 20 pour 100 de la valeur. Cependant on y dérogea en faveur de la Belgique, qui continua par exception à ne payer que le tarif de 1841.

FIL (*Coutellerie*), en parlant d'un instrument tranchant, se dit de la propriété qu'on donne à un couteau à un rasoir, etc. de diviser plus ou moins facilement certaines matières en rendant l'angle que forment ses deux plans aussi aigu que possible. C'est presque toujours au moyen de pierres à aiguiser qu'on donne le *fil* aux tranchants. Quelquefois on renverse le fil d'un ciseau en le frottant du même côté au moyen d'un morceau d'acier trempé. Les ébénistes, les tourneurs, etc, renversent souvent le fil de quelques-uns de leurs outils, ce qui les rend propres à terminer certains ouvrages avec plus de netteté. Le *morfil* est une pellicule sans consistance, laquelle pend à l'extrémité d'un tranchant qui vient d'être passé sur la meule. On détache le morfil avec la pierre à aiguiser.

Passer au fil de l'épée, c'est tuer des hommes à coups d'épée : cette expression ne serait plus exacte aujourd'hui ; nos épées, de forme triangulaire, ne sont dangereuses que par la pointe.

FILAGE, manière de filer toute substance filamenteuse, telle que le chanvre, le lin, la laine, le coton, la soie, etc. L'art d'exécuter le filage ou de filer remonte à la plus haute antiquité, car plusieurs nations réclament l'invention du fuseau. Ils est si utile à l'homme que les Grecs en ont attribué l'invention à Minerve, les Lydiens à Arachné, les Chinois à leur empereur Yao, etc. Il consiste en général à former avec les éléments ou les brins d'une matière filamenteuse quelconque un cylindre plus ou moins gros, plus ou moins fin, et d'une longueur indéterminée. Ces brins sont distribués à côté et à la suite les uns des autres, et sur une machine qui les tortille ensemble pour réunir tous les fils en faisceau. Lorsque le fil n'est pas défectueux, tous ces cylindres formés doivent avoir le même poids. Il faut aussi avoir égard à la couleur du fil, à sa blancheur et surtout à sa force.

Le mode du *filage* varie selon la matière à laquelle on

l'applique. Celui du chanvre et du lin se fait de la même manière, à cause de l'analogie des substances; mais, comme le lin est beaucoup plus souple, plus fin, on le file à un degré ou numéro beaucoup plus élevé. Le produit du tissage du lin sert à la dentelle, à la batiste, tandis que celui du chanvre est employé aux toiles à voile, aux cordages et à tous les tissus qui exigent de la force.

On a quatre moyens pour opérer ce filage, le *fuseau*, le *rouet de la bonne femme*, le *rouet du cordier*, et les machines d'invention plus récente. On sait que la première manière consiste à disposer les matières à filer sur une *quenouille* que la fileuse place à ses côtés; avec une main elle distribue également les brins du fil, et avec l'autre elle fait tourner le fuseau pour donner au fil le *tors* convenable. Ce fil s'envide autour de lui; et pour l'unir, la fileuse le mouille, soit avec de la salive, soit avec de l'eau contenue dans un gobelet. On ne penserait pas que ce moyen procure un très-beau fil. C'est cependant celui qui est préféré pour coudre et pour faire de la dentelle. Il se vend de 2 fr. à 3,000 fr. la livre. Le *filage au rouet* est très connu. Une roue met en mouvement une broche, autour de laquelle s'enroule le fil. L'Anglais Spence l'a perfectionné, en ce que sur le sien le fil se roule également sur toute la longueur de la bobine. Le *filage au rouet de cordier* ne s'applique qu'au *fil de carret*. Le *filage avec les machines* est une opération tout à fait mécanique dont l'usage est presque universel. On a obtenu un plein succès pour filer à la mécanique le coton et la laine cardée, et on a cherché à en avoir une semblable pour le lin et le chanvre. Le problème était très-difficile, et pour aider à vaincre tous les obstacles, Napoléon avait proposé le prix d'un million. Les premières recherches n'ont pas été satisfaisantes, mais la persévérance des mécaniciens est venue à bout des principales difficultés. Les frères Girard, qui ont été s'établir en Autriche, ont le plus approché du but. Leur système de machine se compose de peignes continus qui se modifient de beaucoup de manières, et qui, placés entre deux paires de laminoirs étireurs, agissent sur la matière: on découpe plus les matières filamenteuses, et on leur laisse toute leur force.

Quel que soit le système de filage qu'on adopte, le but principal qu'on se propose d'atteindre, c'est d'obtenir une mèche d'une grosseur uniforme, un fil très tendu, et dans laquelle tous les éléments du fil ou les brins soient dans une direction parallèle. Divers systèmes amènent ces résultats au moyen de machines à filer le lin. Toutes ces machines se composent d'un assez grand nombre de pièces dont on peut cependant résumer ainsi l'énumération : 1° tambour étaleur, ou système de peignes continus, ces deux machines jointes ensemble ; 2° machine à doubler et à étirer les rubans ; 3° un boudinoir ; 4° un bobinoir, et 5° machine à filer en fin.

Dans le *filage du lin et du chanvre*, il faut que les peignons soient du même poids. La première opération a pour but d'obtenir un premier ruban d'une grosseur trégulière, mais sa longueur et son poids sont constants. Le tambour de la machine peut recevoir quatre de ces rubans. Lorsqu'ils sont finis, on les rompt près de la lisière et on les porte aux machines à étirer, après les avoir mis dans des pots de fer-blanc. Les rubans continus sont modifiés de plusieurs manières, et l'on doit à M. Lagorsay un modèle qui présente de grands avantages. Après que les peignes ont rempli leurs fonctions, vient l'opération de l'*étirage et doublage*, qui a pour objet de rendre le ruban parfaitement égal de grosseur partout ; ensuite celle du *boudinage*, dont l'objet est de donner une légère torsion au ruban final. Dans les machines à filer en fin, les gros numéros sont filés sans passer la mèche au boudinoir, et quant au filage en fin, il ne présente pas autant de difficultés que les préparations. Le fil qui provient du filage des étoupes sert à faire des toiles d'emballage, de tenture, etc. C'est aux Anglais qu'on doit les meilleures machines pour filer les étoupes.

Dans le filage de la laine grasse ou cardée, la laine étant déjà lavée, épluchée et triée, et prête à subir l'opération du filage, la première opération est le *battage* et le *démêlage*. On passe la laine à la machine à ouvrer, ou *diable*; ensuite, on lui fait subir un second battage ou démêlage, et on la ventile. Après, on huile la laine avec de l'huile d'olive de médiocre qualité, dont on met un quart. La carde en fin ou à loquette produit des boudins d'une longueur très-bornée. On emploie des enfants à les souder bout à bout, et à les placer derrière la machine qui sert à filer en gros ou en doux. Pour filer en gros, une machine appelée *jeannette* suffit ; si l'on veut filer en fin, il en faut deux. C'est à James Hargreaves qu'on en doit l'invention. Le métier enfin ne diffère point de la machine précédente. Il est seulement alimenté par la mèche préparée à la machine en gros.

Pour le filage de la laine peignée, les procédés diffèrent essentiellement. Il faut ici que le fil soit uni et formé de brins parallèles, comme le sont les fils de coton et de lin. M. Dabo, de Paris, est le premier qui ait mis au activité de bonnes machines à filer la laine peignée ; sont venus ensuite MM. Declanlieux, Laurent, J. Collier, etc. Actuellement, on a des machines qui filent parfaitement la laine de cachemire, la bourre de soie mêlée à la laine et tout autre mélange de matières filamenteuses, soit qu'on les présente peignées ensemble ou séparément. Les Anglais ont des métiers fort simples pour faire les mêmes opérations.

Le filage du coton nous est venu de l'Orient, et principalement des grandes Indes, où les enfants même sont fort adroits pour exécuter ce travail, car avec la quenouille et le fuseau seulement ils filent le coton avec une finesse telle que nos machines d'Europe ne peuvent pas l'atteindre. Cet art fut transporté en Italie, ensuite dans les Pays-Bas, d'où il passa en Angleterre. Ce fut là que se firent les perfectionnements, dont le plus important fut celui de Arkwright. Dès ce moment le *filage au laminoir* fut découvert. Au reste, le coton se file comme la laine, en gros ou en doux, et en fin. C'est au moyen de *mull-jennys* que se font les deux opérations ; s'il s'agit du filage en fin, on peut aussi le faire par continu. C'est par un autre procédé qu'on tire le fil de soie des cocons. Y. DE MOLÉON.

FILAGE (*Corderie*). *Voyez* CORDE.

FILAGRAMME. *Voyez* FILIGRANE.

FILAIRES, vers intestinaux, qui ont pour caractères génériques un corps cylindrique filiforme, élastique, égal, lisse, ayant une bouche terminale plus ou moins perceptible, simple, à lèvres arrondies. Les filaires, que l'on rencontre dans toutes les parties des animaux, sont extrêmement abondants dans la nature, car on ouvre peu de quadrupèdes et d'oiseaux sans en rencontrer ; les insectes même en sont fréquemment infectés. Ils paraissent plus rares chez les poissons et les reptiles. On en a observé dans le ventre et autres cavités du cheval, dans les intestins du lion, de la marte, du lièvre, dans l'abdomen du faucon, la tête de la chouette, la poitrine de la corneille, dans les intestins de la poule et de la couleuvre, dans les cavités des scarabées, des grillons, des chenilles, etc. Sur trois espèces de filaires parasites de l'espèce humaine, deux sont bien peu connues : ce sont le *filaria bronchialis* et le *filaria oculi*, dont le nom rappelle les organes qui on les a rencontrés ; il n'en est pas de même du *filaria medinensis*, vulgairement *ver de Médine*, *ver de Guinée*, ou encore *dragonneau*. Ce dernier vit principalement sous la peau, où il occasionne souvent un énorme abcès, et se trouve surtout chez les enfants qui habitent les contrées chaudes de l'ancien monde, l'Abyssinie, la Guinée, l'Arabie Pétrée, les bords du golfe Persique, de la mer Caspienne et du Gange. Sa longueur atteint quelquefois jusqu'à quatre mètres, mais son épaisseur ne dépasse pas 3 ou 4 millimètres. Pour extraire le parasite, on saisit l'une de ses extrémités, et on l'enroule autour d'un corps allongé, à l'axe duquel on fait opérer chaque jour un certain nombre de rotations, suivant la partie du ver qui peut être mise à l'extérieur. On ne saurait trop prendre de précautions dans cette opération, car les filaires de Médine sont vivipares, et comme c'est ordinairement la femelle que l'on trouve parasite de l'homme, si on la brise en la retirant, les jeunes filaires qui restent alors en grand nombre dans la plaie y occasionnent de violentes douleurs, et, loin d'avoir été enlevé, le germe de la maladie a été au contraire multiplié à l'extrême.

Comment ces filaires s'introduisent-ils dans les tissus de l'homme? Ce fait est encore inexpliqué. En Afrique, suivant l'opinion vulgaire, on en prendrait le germe dans les endroits marécageux lorsqu'on va s'y désaltérer. « En serait-il de ces helminthes, ajoute M. P. Gervais, à qui nous avons emprunté la plupart de ces détails, comme des *gordius*, des *mermis* et de certains filaires, qui sont certainement extérieurs pendant une partie de leur existence et parasites des insectes pendant une autre? »

FILAMENT, substantif employé pour désigner en botanique ou en anatomie des fibres tellement petites que l'œil peut à peine les distinguer. C'est donc un synonyme de *fibrille*; on dit : *filament nerveux*, *filament charnu* et *tissu filamenteux*, c'est-à-dire composé de petites fibres. On appelle du même nom des filets glaireux ou mucilagineux que l'on trouve dans l'urine des calculeux ou dans le produit d'organes sécrétoires atteints de relâchement.

FILANGIERI (GAÉTAN), l'un des publicistes les plus distingués du dix-huitième siècle, naquit à Naples, le 18 août 1752, de César, prince d'Araniello, et de Marianne Montalto, fille du duc de Fragnito. Filangieri fut destiné dès l'enfance par son père à la carrière des armes : à l'âge de de sept ans il avait un grade dans un des régiments du roi, et il commença son service à quatorze. Pendant longtemps on le crut incapable d'aucune étude littéraire, parce qu'il n'avait fait aucun progrès dans la langue latine; mais il prouva bientôt que le dégoût qu'il avait montré d'abord pour cette langue tenait au vice des méthodes, et non à la pauvreté de son intelligence. En effet, un jour il aperçut une erreur qu'avait commise le précepteur de son frère aîné dans la solution d'un problème de géométrie; il la démontra au maître. Encouragé par ce premier succès, il quitta le service pour se livrer aux sciences et à la philosophie, si bien qu'à vingt ans il savait le grec, le latin, l'histoire ancienne et moderne, les principes du droit naturel et des gens, les sciences mathématiques, etc.

Dès lors il ne songea plus qu'à se créer un nom parmi les publicistes : il débuta par le projet de deux ouvrages, l'un sur l'éducation publique et privée, l'autre sur la morale des princes, fondée sur la nature et l'ordre social. Ces deux ouvrages ont à peine été commencés; mais les idées qu'ils devaient contenir ont trouvé leur place dans le grand travail auquel Filangieri doit sa renommée. La direction nouvelle de son esprit le jeta dans la carrière du barreau, où il obtint bientôt de nombreux succès. Toutefois, le mouvement et l'activité des affaires ne lui firent pas perdre de vue les grands travaux auxquels il avait résolu de se consacrer tout entier. Filangieri, comme Beccaria, son contemporain, s'était de bonne heure enthousiasmé pour les principes de la philosophie française, et l'occasion de les proclamer se présenta bientôt. Filangieri prit chaleureusement la défense d'une ordonnance royale ayant pour but d'améliorer la justice, et qui enjoignait aux juges de motiver leurs sentences; la magistrature et le barreau jetaient les hauts cris contre cette réforme, dont il démontra les bienfaits. L'écrit qu'il publia à cette occasion dénotait une étude profonde et bien sentie de Montesquieu. Le ministre Tannucci, à qui l'ouvrage était dédié, voulut témoigner sa reconnaissance à son jeune défenseur, et l'attira à la cour. Dès ce moment, Filangieri quitta le barreau pour se partager entre différentes fonctions de cour, qu'il remplit successivement, et les travaux de la science, qu'il n'abandonna jamais, et qu'il déposa dans le grand ouvrage qui fait aujourd'hui sa gloire, sous le titre de la *Science de la Législation*.

Voici comment Filangieri lui-même, dans son préambule, en explique le plan. « Cet ouvrage sera divisé en sept livres. Dans le premier, j'exposerai les règles générales de la science de la législation; dans le second, je parlerai des lois politiques et économiques; dans le troisième, des lois criminelles; je développerai dans le quatrième cette partie de la science de la législation qui regarde l'éducation, les mœurs et l'instruction publique; le cinquième aura pour objet les lois relatives à la religion; le sixième, les lois relatives à la propriété; le septième, enfin, sera consacré à parler des lois qui ont rapport à la puissance paternelle et au bon ordre de la famille. »

Les deux premiers livres parurent en 1780, et le troisième en 1783. Filangieri, qui venait d'épouser Caroline de Frendel, noble hongroise, directrice de l'éducation de l'infante, seconde fille du roi, se démit de ses emplois militaires et de ses charges à la cour, pour se livrer entièrement aux jouissances de l'étude et du bonheur domestique. Il se retira dans la petite ville de Cava; et ce fut là qu'il écrivit son quatrième livre, publié en 1784. Il se mit aussitôt avec ardeur à la rédaction du cinquième; mais ses forces déjà épuisées par des efforts excessifs, ne lui permirent pas de continuer avec la même activité; sa santé l'obligea à laisser dans son travail de fréquentes lacunes; et il n'avança plus qu'avec lenteur. D'autres interruptions lui survinrent. En 1787, le nouveau roi Ferdinand IV l'appela dans son conseil suprême des finances; et dès ce moment les fonctions administratives l'absorbèrent tout entier. Sa santé s'altéra de plus en plus; une maladie grave de son fils aîné et une couche malheureuse de sa femme l'affectèrent profondément, et il prit le parti de se retirer, avec toute sa famille, à Vico-Equense, qui appartenait à sa sœur; mais il n'y jouit pas long temps du repos qu'il s'était promis : après vingt jours d'une douloureuse maladie, il succomba le 21 juillet 1788, âgé seulement de trente-six ans. La première partie du cinquième livre, qu'il avait rédigée avant de mourir, a été imprimée à la suite des quatre premiers; on n'a retrouvé de la seconde partie que la division par chapitres.

Filangieri eut le sort de tous ceux qui tentent des innovations : certains passages de son livre furent malignement interprétés, et la *Science de la législation* fut mise à l'*index* par un décret du 6 février 1784. L'ouvrage de Filangieri se signale par des études profondes et consciencieuses, et l'on s'explique l'immense succès qui l'accueillit dans toutes les parties de l'Europe. La *Science de la législation* est bien supérieure à l'œuvre, plus restreinte, de Beccaria. Ces deux ouvrages, empreints du même esprit et sortis de la même école, ont eu sur les esprits et sur la législation une action qu'on ne saurait nier. C'est là encore une belle gloire; ajoutons que dans cette gloire commune, la plus grande et plus solide part appartient de droit à Filangieri.

Filangieri avait encore projeté deux ouvrages, qu'il comptait publier dans la suite. Le premier devait être intitulé : *Nuova Scienza delle Scienze*; son objet eût été de découvrir dans chaque science les vérités primitives, et de les ramener à une vérité plus générale et supérieure à toutes les autres : projet éminemment philosophique, et peut-être-audessus des forces de l'intelligence humaine. Le second ouvrage devait être intitulé : *Histoire civile, universelle et perpétuelle*; il était destiné, à propos des histoires particulières de toutes les nations, à développer l'histoire générale et constante de l'homme, de ses facultés, de ses penchants et des conséquences qui en résultent dans la variété infinie des constitutions civiles et politiques : projet plus vaste encore que le premier, mais qui atteste, comme l'autre, un esprit supérieur et une tendance philosophique peu commune.

E. DE CHABROL.

FIL A PLOMB. *Voyez* APLOMB et NIVEAU.

FILASSE, rebut du peignage du chanvre ou du lin. L'écorce des tiges filamenteuses est tapissée à l'intérieur de libres courtes et moins textiles que celles qui recouvrent immédiatement le bois. Ces filaments courts et plus roides sont agglutinés et comme collés à l'écorce par une espèce de glu gommo-résineuse. L'opération du rouissage altère beau-

28

coup cette substance, et alors les fibrilles peuvent se détacher. On sérance la filasse, on la peigne, et elle prend alors le nom d'*étoupe*. Dans cet état, elle jouit de propriétés qui l'éloignent un peu du chanvre et du lin de choix, mais la rapprochent d'autant du coton. La filasse, ou étoupe, est fort en usage dans la fabrication des cordages qui n'exigent pas pour leur emploi un grand degré de force et de ténacité. On en fait aussi des toiles grossières et de peu de durée. On a soumis l'étoupe à de nombreux procédés mécaniques et même chimiques, pour la rapprocher de plus en plus de la texture du coton et même de la soie. Nous avons vu prendre plusieurs brevets d'invention pour tous ces procédés; mais il ne paraît pas que le succès ait complètement répondu aux espérances qu'on avait conçues. PELOUZE père.

FILATURE, manufacture où l'on fabrique des fils à l'aide de machines (*voyez* FILAGE). Les filatures sont les grands établissements industriels les plus nombreux en France; elle en possède près de mille. Les derniers documents officiels publiés en Angleterre portent le nombre des broches dans les filatures de coton du Royaume-Uni à un chiffre de 21 millions. Il y a quatre ans, on évaluait le nombre des broches existant en France à près de 5 millions. Quoiqu'il se soit notablement accru depuis cette époque, ce nombre n'arrive à peine encore qu'à 6 millions. L'Alsace, à elle seule, renferme au moins 1 million de broches; la ville de Lille en contient près de 500,000. La plus grande filature, non-seulement de France, mais de tout le continent, est à Mulhouse: 110,000 broches y sont en mouvement. Il est difficile de se faire une idée de ce gigantesque atelier. Mulhouse est d'ailleurs la cité reine de l'industrie du coton; c'est dans cette ville et dans le rayon dont elle est le centre que nos manufactures peuvent être comparées sans trop de désavantage aux plus belles fabriques du comté de Lancastre, en Angleterre. Isolés dans les montagnes, les vastes établissements de Guebwiller, Munster, Wesserling, dont le régime économique et moral est si curieux à étudier, réunissent de 50,000 à 90,000 broches, sans parler des ateliers de tissage et d'impression qui y sont annexés.

FIL D'ARCHAL. *Voyez* FIL DE FER.

FIL DE CARET. *Voyez* CARET, CORDE, CORDAGE, etc.

FIL D'ÉCOSSE, espèce particulière de fil de coton rond, imitant le grain du cordonnet et le brillant de la soie, ordinairement désignée dans le commerce sous le nom de *fils câblés*. Ce fil, qui demande à être fabriqué avec du coton de premier choix, est formé de 2 ou 3 fils très-retors, à la différence des autres fils de coton, qui n'ont que 2 ou 3 fils simples, et qu'on appelle *fils plats*. Il est doux au toucher, casse difficilement et s'évente peu. Comme il est de beaucoup préférable à toutes les autres espèces de fils de coton, il s'en fait une consommation immense. Le fil d'Écosse reçoit également bien toutes les couleurs qu'on veut lui donner; cependant le blanc et le noir l'emportent sur les autres nuances. Les bas et surtout les gants dits de *fil d'Écosse*, recherchés principalement à cause de leur durée et de la fraîcheur qu'ils procurent, attestent suffisamment les qualités précieuses de ce fil.

La dénomination de *fil d'Écosse* provient, suivant toute apparence, de ce que c'est l'Écosse qui la première s'est livrée à cette fabrication; comme tant d'autres appellations en usage dans le commerce, elle ne présente plus de sens depuis longtemps, car il existe aujourd'hui des fabriques de cette espèce de fil dans une foule de localités.

FIL DE FER. C'est une tige de fer tirée à travers les trous d'un outil appelé *filière*. Le fer en verges, pour être amené au degré de recuit et de douceur, de parfaite malléabilité, qui permet de le réduire ainsi en fils, doit supporter des *chaudes*, des *étirages* et des *martelages* répétés; nous le supposons ici amené à l'état convenable pour pouvoir être filé. Selon le diamètre des trous de la filière, dans lesquels le fer a passé pour la dernière fois, on obtient des fils plus ou moins gros, depuis celui qui a environ 13 millimètres de diamètre jusqu'au plus fin, qui porte dans le commerce le nom de *manicordion*. C'est ce dernier qui est employé pour les cardes fines à carder la laine, la soie et le coton; il s'en fait aussi une assez grande consommation pour les instruments de musique à cordes. La fabrication des fils de fer, principalement dans les échantillons de moyenne grosseur, est très-considérable en France et à l'étranger, surtout depuis les nombreux emplois qu'on fait des toiles métalliques. Les pays de fabrication les plus réputés à l'étranger sont la Suisse, l'Allemagne, principalement à Hambourg et aux environs de Cologne; en Belgique, à Liége. Celui de cette ville est parfait dans l'ordre de bonté. Vient ensuite celui de Suisse. C'est, pour la plus grande partie, de Cologne qu'on tire le *fil d'archal* très-délié. Les Anglais et les Hollandais nous en apportaient jadis de grandes quantités; mais le perfectionnement des fabriques françaises ayant permis de mettre des entraves à cette importation, qui faisait sortir beaucoup de numéraire de France, peu à peu nous nous sommes affranchis jusqu'à un certain point du tribut que nous avions accoutumé de payer à l'étranger pour le fil d'archal. Une grande partie du fil de fer que nous apportaient les Hollandais provenait du retour de leurs flottes de la mer Baltique.

En France, les principaux lieux de fabrication sont la Normandie, la Bourgogne, la Champagne et le Limousin. Les gros échantillons sont ordinairement de fabrique de Bourgogne et de Champagne; c'est en général le fil qui sert pour border les marmites, chaudrons, etc. Mais le fil d'archal de Normandie rivalise de finesse et, jusqu'à un certain point, de qualité avec celui d'Allemagne. Cette topographie du fil de fer ne doit s'entendre que de la fabrication en gros; elle ne serait pas rigoureuse pour les détails; car, depuis une trentaine d'années surtout, il s'est établi des *tréfileries* dans presque tous nos départements du Nord, de l'est et du centre, et même aux portes de Paris : nous pouvons citer entre autres l'établissement de Montataire près Senlis.

Ménage tire le nom du *fil d'archal* de *aurichalcum* (*voyez* ORICHALQUE). D'autres prétendent que Richard Archal fut le premier inventeur de la manière de tirer le fil de fer, et qu'il lui donna son nom. PELOUZE père.

FIL DE FER (Ponts en). *Voyez* PONTS.

FIL D'OR, **FIL D'ARGENT**, etc. *Voyez* FILS MÉTALLIQUES.

FILE, longue ligne de choses ou de personnes disposées l'une auprès l'autre. Boileau a dit:

Vingt carrosses bientôt arrivent à la *file*.
Ils sont en moins de rien suivis de plus de mille.

C'est un mot peu ancien, si on le prend sans un sens technique, et dans l'acception d'un nombre déterminé d'hommes de guerre placés les uns derrière les autres, à une distance déterminée, soit à pied, soit à cheval. Longtemps le mot *file* signifia troupe d'une dimension quelconque, disposée de manière à défiler aisément ou même sur une seule ligne. Telle n'est plus son acception. Aujourd'hui, dans l'usage général, une *file* d'infanterie est un assemblage de deux ou trois hommes presque jointifs, les uns devant les autres; une file de cavalerie, un ensemble de deux hommes à cheval, l'un devant l'autre. Dans le siècle dernier, des écrivains confondaient encore les termes *rang* et *file*; actuellement ils sont différents. S'ordonner par *file* pour le combat était inusité dans la chevalerie de France, parce que chaque chevalier, ne prenant d'ordre que de lui-même, se rangeait à sa guise. Quand la chevalerie se changea en gendarmerie, force lui fut de cesser d'être un frêle ruban : elle se vit obligée de restreindre son front pour la facilité de la transmission du commandement. En prenant ainsi de la profondeur, les hommes d'armes français imitèrent l'Allemagne et l'Espagne, dont les troupes à cheval se rangeaient à peu près en carré, à la manière antique. A cette époque, l'infanterie permanente prenait naissance; elle s'ordonna à l'instar des Suisses, en donnant à ses *files* autant de hauteur que son front et ses rangs avaient d'étendue. L'artillerie, qui alors sortait de l'enfance, fit bientôt repentir les gros bataillons de leur profondeur exagérée. Le *hérisson* helvétique perdit faveur, et les *files* allèrent s'accourcissant de tout ce qui allongea les rangs. Les *files* de dix hommes du commencement du règne de Henri IV s'amoindrirent progressivement; elles n'étaient plus que de quatre en 1755 ; elles s'arrêtèrent à trois en 1776.

Le règlement français de 1791, qui a été le rudiment de toutes les infanteries d'Europe, connaissait des *files* de guerre et des *files* de paix. Les premières étaient à trois, les autres à deux hommes. Cette alternative, ce système vicieux, puisque la paix doit être l'école de la guerre, ne fut pas longtemps mis en pratique, si tant est qu'on s'y soit jamais conformé. L'état perpétuel de guerre pendant un quart de siècle ne permit que l'ordre sur trois rangs. Les Anglais, qui depuis qu'ils ont abandonné l'arc n'ont jamais manœuvré qu'à la française, ne furent pas des derniers à s'emparer de notre règlement de 1791; mais, n'ayant fait la guerre continentale que fort tard, s'étant habitués au mécanisme des files de paix, aux fusils d'une dimension proportionnée à cette profondeur, ils ont dû continuer à combattre sur une hauteur de deux hommes. Un ordre du jour modifia, en 1808, dans ce sens, l'ordonnance ou régulation, par un *addenda*. Dans nos intervalles de paix, la routine nous faisait désobéir au règlement, et ranger nos fantassins sur trois rangs. Dans les intervalles de guerre, la routine des Anglais et le genre de confection de leur matériel les faisaient désobéir au règlement en combattant sur deux rangs. Au commencement du règne de Louis-Philippe, des novateurs, déplaçant le centre de gravité et l'équilibre des milices imitantes et imitées, proposèrent de ranger à l'anglaise les bataillons français. L'ordonnance de 1831, prononçant magistralement, promulgua même des dispositions dont voici sérieusement la traduction : « les *files* à trois peuvent être bonnes, les *files* à deux peuvent n'être pas mauvaises; l'infanterie adoptera les *files* binaires si elle n'adopte pas les *files* ternaires. » Depuis, on en est revenu aux *files* à trois ; cependant à l'armée d'Orient le maréchal commandant a fait prendre l'ordre par les files à deux de profondeur, se doublant au besoin. Gal BARDIN.

Le *chef de file* est l'homme du premier rang d'une *file*, qu'en bataille, comme dans la marche de front, les hommes de la file doivent couvrir exactement. Dans la marche de flanc, les hommes de la file marchent à hauteur de leur *chef de file*, qui leur sert alors de guide. En marine, le *chef de file* est le vaisseau qui est le premier de la ligne de bataille tenant la tête de l'armée. *Serre-files*, ce sont les officiers et sous-officiers placés derrière une troupe en bataille, sur une ligne parallèle au front de cette troupe. Dans la tactique navale, il se dit du vaisseau qui ferme la ligne, qui marche le dernier de tous. Le *feu de file*, c'est le feu d'une troupe qui tire par *file* sans interruption. Toutes les fois qu'une troupe est mise en mouvement par le flanc, elle marche par file. Pour la faire changer de direction, on lui commande par *file à droite* ou par *file à gauche*, et la première file accomplissant sa conversion dans un sens ou dans l'autre, toutes les autres files tournent successivement là où la première a commencé son mouvement. On compte la force des pelotons par le nombre de leurs files et non par celui des hommes. La file est l'unité du peloton.

FILER (marine). Pendant les manœuvres à bord, *filer en douceur*, c'est lâcher un cordage légèrement ; *filer en retour*, c'est le lâcher en le retenant à quelque point fixe, d'où il se déroule peu à peu; *filer à réa*, c'est le laisser couler avec vitesse, mais sans l'abandonner ; *filer en garant*, c'est le lâcher avec précaution et en le tenant en retour; *filer en grand ou en bande*, c'est tout lâcher, ou *larguer*, dans l'acception maritime. Lorsqu'on veut diminuer la trop forte tension d'un câble, d'un grelin, d'une manœuvre, on *file à la demande*, ou par saccades. Lorsque, dans les atterrages, on veut sonder pour connaître la distance et la nature du fond, on laisse descendre librement dans l'eau la ligne de fond, que le plomb entraîne jusqu'à ce qu'il porte sur le sol; c'est ce qu'on appelle *filer la ligne de sonde*.

Filer le loch, c'est laisser glisser la ligne du *loch* dans le sillage du navire, pour connaître la vitesse de la marche. Un navire file un nœud, deux nœuds, trois nœuds, quand dans l'espace de 30 secondes il parcourt une fois, deux fois, trois fois la longueur qui sépare les nœuds de la ligne de loch.

Filer le câble par le bout, c'est laisser aller tout le câble du bâtiment dans la mer, l'abandonner avec son ancre en cas d'appareillage urgent. Lorsqu'un vaisseau à l'ancre est tourmenté par du gros temps, on *file du câble* pour le soulager. MERLIN.

FILET, petit *fil*. Ce mot a un grand nombre d'acceptions : il signifie les petits filaments qui se voient dans le tissu des chairs, des plantes. Un *filet* d'eau, de vinaigre, etc., est un très-petit jet ou courant de ces liquides. *Filet* de voix, voix faible et délicate. *Filet* de bœuf, de chevreuil, la partie qui se lève le long de l'épine du dos de l'animal, quand il est abattu. En typographie, un filet est une petite règle de fonte qui produit une ligne noire sur le papier : il y a des *filets simples*, des *filets gras*, des *filets doubles*, des *filets anglais*, etc. *Filet* de vis, nervure roulée en hélice autour du cylindre qui sert d'axe. *Filets* d'or, d'argent, ornements circulaires ou rectilignes de ces métaux, qu'on applique sur les couvertures des livres, etc.; en orfèvrerie, ornements en saillie qu'on réserve sur certains ouvrages : on dit ainsi un couvert à *filets*. En architecture, les *filets* sont de petites moulures rondes ou carrées qui en accompagnent une plus grande.

FILET (*Pêche*). C'enom, d'une sorte de tissu à claire-voie fait de diverses matières, principalement de gros fils ou petites cordes, dont on fabrique des bourses, des gants, des châles, etc., est aussi celui de certains instruments, confectionnés de même, et dont on fait usage pour prendre des poissons, des oiseaux, et même des quadrupèdes. La forme, la grandeur de ces filets est prodigieusement variée : on en compte plus de deux cents espèces différentes. Les premiers filets dont on dut faire usage étaient apparemment des clayages d'osier. Mais comme ces appareils étaient nécessairement volumineux, lourds et difficiles à manœuvrer, on chercha à les remplacer par des tissus plus souples et moins pesants. Une toile dont le tissu était très-lâche pouvait servir, jusqu'à un certain point, à remplir cet objet ; mais les fils d'un semblable tissu pouvaient se déplacer par les mouvements, le choc du poisson, etc. On chercha donc le moyen de fixer ces fils d'une manière invariable à des distances convenables, de sorte que le filet présentât un certain nombre de carrés ou de losanges de même grandeur. Quoique aujourd'hui encore beaucoup de pêcheurs fabriquent eux-mêmes leurs filets, dès 1802 le gouvernement français accordait une prime de 10,000 francs à l'inventeur d'un métier propre à cette fabrication. D'autres machines ont paru depuis; mais aucune n'est aussi satisfaisante que celle de M. Pecqueur, que l'on a vue fonctionner à l'exposition de 1849.

Les filets les plus simples sont les *rets*. Il y a des filets cylindriques, d'autres qui prennent un sac conique; ces derniers portent, entre autres noms, celui de *verveux* sur les rivières; ceux qui servent à la mer sont dits *sacs* ou *caches*, *queues*, *manches*, etc. A la forme près, ces filets sont maillés comme les *seines*. Parmi les filets destinés aux oiseaux, on distingue les *halliers* et le *rafle*; ce dernier ne s'emploie que contre les merles, les grives et les petits oiseaux.

FILET (*Botanique*), partie de l'*étamine*, qui supporte l'*anthère*. Les filets sont quelquefois si courts qu'ils paraissent manquer, et alors on dit que les anthères sont *sessiles*. Ordinairement, ils sont plus ou moins allongés, cylindriques ou élargis en lance. Ils peuvent être libres ou soudés entre eux : s'ils sont soudés en un seul corps, comme dans la mauve, on dit les étamines *monadelphes*; s'ils le sont en deux ou trois faisceaux, les étamines sont *diadelphes*, *triadelphes*; ou enfin *polyadelphes*, s'il y a un plus grand nombre de faisceaux. Le filet prend le nom d'*androphore* lorsqu'il porte plusieurs anthères ; s'il n'en porte pas du tout, on le dit *stérile* ou *inanthéré*. BOITARD.

FILET ou **FREIN DE LA LANGUE**. Il est formé par la membrane muqueuse de la bouche, qui, après avoir quitté la partie postérieure de l'arcade alvéolaire inférieure et recouvert les glandes sublinguales, se porte à la face inférieure de la langue, en formant au niveau de la symphyse maxillaire un repli plus ou moins étendu, recouvrant les muscles génioglosses. Le frein de la langue se prolonge presque jusqu'à la pointe de cet organe, et laisse voir sur ses côtés les veines ranines. A droite et à gauche, ce repli est accompagné par deux franges denticulées, analogues à plusieurs autres franges membraneuses qui se trouvent en diverses parties du corps. Si le frein de la langue se prolonge trop, il empêche d'exécuter avec liberté les mouvements dont elle est susceptible ; quelquefois son étendue et sa disposition sont telles, que l'enfant nouveau-né ne saisit que difficilement le sein de sa mère, et ne peut point opérer la succion du mamelon avec assez de force pour faire couler le lait. Pour remédier à cet inconvénient, il suffit de soulever la langue avec la plaque fendue d'une sonde cannelée, et de couper avec des ciseaux ce repli membraneux dans une étendue convenable, de manière à ne point blesser les artères ranines ; car il se produirait une hémorrhagie qu'on devrait arrêter en cautérisant l'ouverture de l'artère au moyen d'un stylet rougi au feu. N. CLERMONT.

FILEUR, FILEUSE, celui ou celle qui file ou qui est employée aux diverses opérations du filage dans les manufactures. On donne aussi ce nom à l'un des ouvriers qui fabriquent de la corde. Le *fileur d'or* est l'ouvrier dont l'emploi est de coucher sur un fil de soie le fil d'or ou d'argent qui enlace le premier. V. DE MOLÉON.

FILEUSES ou ARANÉIDES. *Voyez* ARACHNIDES.

FILHEDA. *Voyez* BARDES.

FILIATION (fait du latin *filius*, de ὁμός, fils). Par filiation, on entend en général une suite continue de générations dans une famille, la ligne directe remontant des enfants aux aïeux, ou descendant des aïeux aux enfants. Mais dans la langue du droit, quand on parle de filiation, on n'envisage qu'un seul degré de parenté, celui de l'enfant relativement au père et à la mère. Le Code civil s'occupe dans ses articles 312 à 330 de la filiation des enfants légitimes et des preuves de cette filiation. Le mari est, aux yeux de la loi, le père de l'enfant, hors les cas où il peut intenter une action en désaveu de paternité ; la filiation légitime de l'enfant peut être attaquée lorsqu'il est né 310 jours après la dissolution du mariage. La filiation des enfants légitimes se prouve par les actes de naissance inscrits sur le registre de l'état civil ; la possession constante d'état d'enfant légitime suffit, à défaut de ce titre. La possession d'état s'établit par une réunion suffisante de faits qui indiquent le rapport de filiation et de parenté avec la famille à laquelle on prétend appartenir. Les principaux de ces faits sont que l'individu a toujours porté le nom du père auquel il prétend appartenir ; que le père l'a traité comme son enfant et a pourvu, en cette qualité, à son éducation, à son entretien et à son établissement ; qu'il a été reconnu constamment pour tel dans la société ; qu'il a été reconnu pour tel dans la famille. A défaut de titres et de possession constante, ou si l'enfant a été inscrit soit sous de faux noms, soit comme de père et mère inconnus, la preuve de filiation peut se faire par témoins, lorsqu'il y a commencement de preuve par écrit ou lorsque les présomptions ou indices résultant des faits dès lors constants sont assez graves pour déterminer l'admission de cette preuve. La recherche de la paternité étant interdite aux enfants naturels, la filiation naturelle remonte des enfants à la mère.

FILICAJA (VINCENT DE), poëte italien, né en 1642, à Florence, était fils du sénateur Braccio et de Catarina Spini. Ses premiers essais poétiques furent adressés à une maîtresse que la mort ravit bientôt à son amour. Plus tard il épousa la fille du sénateur Scipion Capponi. Retiré aux champs, il y composa un grand nombre de poésies en italien et en latin, que les instances de ses amis purent seules le déterminer à publier. Ses odes sur les différentes victoires remportées par Sobieski et le duc de Lorraine sur les Turcs, furent imprimées en 1684, et le firent regarder comme le premier poète italien de son temps. Cependant la gloire n'ajoutait rien à l'exiguïté de ses ressources et ce fut la reine Christine qui la première vint au secours de l'indigence du poète, en le nommant membre de l'académie qu'elle institua à Rome, et en se chargeant de pourvoir à l'éducation de ses deux filles. Plus tard, Filicaja devint aussi l'objet de la protection et des faveurs du grand-duc de Florence, qui le nomma sénateur et secrétaire du gouvernement de Volterra et ensuite de Pise. Quand la vieillesse vint, Filicaja, déjà vivement affecté par la perte de plusieurs de ses enfants, ne songea plus qu'à son salut. La mort le surprit le 24 septembre 1707, à Florence, au moment où il s'occupait d'une édition de ses œuvres complètes, que son fils Scipion fit paraître la même année sous le titre de *Poesie toscane*. On estime surtout dans ses œuvres ses *Canzoni* ; et au point de vue lyrique, quelques-uns de ses sonnets sont regardés comme des chefs-d'œuvre.

FILIÈRE, instrument dont on fait usage pour faire prendre aux métaux la forme de fils plus ou moins fins, ou de baguettes prismatiques, cylindriques, cannelées, etc. Il y a des filières simples, des filières composées : les filières simples consistent en une plaque d'acier trempé, dans laquelle sont pratiquées des séries de trous circulaires, carrés, de diverses grosseurs, mais semblables entre eux. S'agit-il de convertir un barreau de fer en fil d'archal, on le fait passer de force et successivement par tous les trous d'une série, à commencer par le plus gros : dans cette opération, il s'allonge, et son diamètre diminue. On opère d'une manière semblable quand on veut obtenir des baguettes métalliques cannelées, carrées, triangulaires, etc., pourvu que les trous de la filière aient la forme d'un carré, d'un triangle, etc. Pour les ouvrages délicats, tels que la fabrication des fils d'or employés dans la passementerie, on emploie des filières en pierre fine.

Les *filières composées* sont de plusieurs sortes, suivant l'usage auquel on les destine. On les fait ordinairement en acier et en fer. Si, par exemple, la filière doit régulariser des bandelettes de cuivre, soit lisses, soit cannelées, on la compose d'un cadre de fer ou d'acier, dans lequel monte et descend une coulisse que l'on presse à volonté, au moyen d'une vis : le barreau de cuivre que l'on veut régulariser et amincir est au-dessous de la coulisse ; on le saisit par un de ses bouts avec des tenailles, et on le tire avec force ; quand il est entièrement passé, on tourne la vis, la coulisse descend, et l'on fait passer le barreau dans la filière une seconde fois, et ainsi de suite. Ces sortes de filières se fixent sur l'extrémité d'un banc.

On donne encore le nom de *filières* à des outils bien différents, ceux qui servent à former les filets des vis. Les *filières simples*, dont on fait usage pour tailler des vis de métal, sont des plaquer d'acier trempé, percées d'un certain nombre de trous, dans lesquels on a introduit un taraud, qui leur a donné les propriétés de vis creuses, qu'on appelle *écrous*. Les filières simples sont aujourd'hui dédaignées des mécaniciens ; on n'en fait usage que pour tailler de petites vis.

Les filières pour vis en bois se composent d'une pièce de bois dur, tel que cormier, pommier, etc., dans laquelle on a pratiqué un écrou. Un fer coupant, qu'on appelle le V, parce que son tranchant présente la figure de cette lettre, est fixé à l'entrée de l'écrou, et disposé de sorte que si l'on introduit dans cette ouverture un cylindre de bois d'une grosseur convenable, le V le taille à vis dans une seule opération.

La *filière à vis métallique composée*, que les ouvriers appellent improprement *filière double*, est un outil formé d'un châssis de fer forgé, le plus souvent d'un seul morceau ; il est percé d'un trou rectangulaire plus ou moins long, dans lequel on introduit en coulisse des morceaux d'acier trempé, appelés *coussinets* : ce sont des moitiés d'écrou, ou plutôt des portions d'écrou moindres que la moitié, car deux coussinets rapprochés l'un contre l'autre présentent la forme d'un écrou ovale. La filière double porte deux manches plus ou moins longs, dont l'un, taillé en vis en partie, sert à presser le coussinet mobile contre la vis qu'on taille. La *filière double* a deux avantages sur les *filières simples* : d'abord, elle permet de tailler une vis sans crainte de la tordre ou de la courber; en second lieu, comme les coussinets, qui sont les coupants de cet outil, peuvent être rapprochés ou écartés l'un de l'autre à volonté, on a la faculté de tailler des vis de même pas de grosseurs différentes. Il faut autant de paires de coussinets qu'on veut avoir de pas différents.

TEYSSÈDRE.

FILIÈRE (*Blason*), sorte de bordure, mais qui n'a que le tiers de la bordure proprement dite; cette dernière ayant la septième partie de la largeur de l'écu, la filière ne doit en avoir que la vingt-et-unième partie. La filière se distingue de l'*orle* en ce qu'elle touche le bord de l'écu, tandis que l'orle en est détaché par un vide égal à sa largeur.

FILIÈRE (*Entomologie*). *Voyez* CHENILLE.

FILIGRANE. Dans le langage ordinaire, on confond souvent ce mot avec celui de *filagramme*. Les acceptions vraies sont pourtant bien différentes, car le filagramme indique les lettres, les figures et autres ornements que le fabricant dispose sur la toile métallique dont se composent les formes qui servent à faire le papier, tandis que le mot *filigrane* (tiré de l'italien *filigrana*, composé de *filum*, fil, et de *granum*, grain : filet à grains) désigne un ouvrage d'orfévrerie travaillé à jour et fait en forme de petit filet.

Pour la confection de cette sorte délicate d'ouvrage, il faut employer du fil d'or ou d'argent tiré à la filière. D'abord, l'ouvrier se trace un plan, puis il soude délicatement toutes les parties. Cette soudure est indispensable à la solidité de cette frêle construction ; mais elle exige une grande légèreté de main-d'œuvre et beaucoup d'adresse, car il faut, pour ainsi dire, qu'elle reste inaperçue par l'observateur. Des masses trop considérables ou pâtons de soudure feraient un très-mauvais effet. Le filigrane s'exécute beaucoup plus fréquemment en or qu'en argent, et en général la difficulté de la main-d'œuvre est telle que l'ouvrage lui emprunte un prix de beaucoup supérieur à la valeur du métal.

L'extrême difficulté, la désolante lenteur d'un travail dans lequel il s'agit de dissimuler à l'œil une quantité innombrable de soudures, a fait que beaucoup d'artistes se sont ingéniés pour trouver un procédé plus facile et surtout plus prompt. M. Michel, de Paris, a imaginé, pour atteindre ce but si désirable, le procédé suivant. On soude sur une planche de fer-blanc, en employant pour cela l'alliage dit de Darcet, fusible à l'eau bouillante, du fil de cuivre, très-fin, longue, contourné suivant les traits du dessin arrêté par l'artiste. Ceci forme une sorte de bas-relief. On moule ensuite ce bas-relief en terre qu'on fait cuire, et on coule dans ce creux du cuivre, de l'argent ou de l'or. De cette manière, on peut obtenir à bien moindres frais l'image parfaite du dessin, et le grain même du filigrane dans toute sa pureté. Il ne s'agit plus ensuite que de découper les dessins, qu'on applique sur un fond pour leur donner plus de relief.

On filigrane aussi le verre. PELOUZE père.

FILIPENDULE (*spiræa filipendula*). Le nom spécifique et vulgaire de cette plante lui vient de la forme de sa racine, composée de fibres déliées, *filiformes*, à laquelle sont attachées des tubercules, qui y sont comme suspendus. Ces tubercules sont arrondis, noirâtres en dehors et blancs dans leurs sections. La filipendule appartient au genre *spirée* (famille des rosacées), l'un de ceux qui ont fourni le plus d'espèces aux bosquets d'agrément. Comme sa tige n'est pas ligneuse; elle ne peut avoir la même destination ; mais, grâce aux soins des jardiniers, on a maintenant une variété de filipendule à fleurs doubles très-digne de figurer dans les parterres. Dans son état naturel, la filipendule plaît aux yeux par l'élégance de son port et de ses feuilles ailées et profondément découpées, par ses fleurs assez grandes, blanches en dedans et rougeâtres en dehors. Elle est moins grande que la *reine des prés*, sa congénère; mais elle paraît encore plus agréable, et l'on n'est point surpris qu'elle ait obtenu de préférence l'attention et les soins des jardiniers. FERRY.

FILIPEPI (ALESSANDRO). *Voyez* BOTTICELLI.

FILISTATE, genre établi par Latreille dans la famille des arachnides fileuses, section des tétrapneumones. Ce genre ne renferme qu'une seule espèce, qui est tubicole et lucifuge. On la rencontre dans l'Europe méridionale, ainsi que dans le nord de l'Afrique.

FILLE. On appelle ainsi l'enfant du sexe féminin, considéré quant à la filiation entre lui et ses père et mère; le nom de *fille* reste à la femme jusqu'à l'époque du mariage : de là les distinctions en *jeune fille* et *vieille fille*. En France, la fille peut se marier à quinze ans révolus, et même avant en obtenant des dispenses du chef de l'État. Elle peut à l'âge de vingt-et-un ans se marier sans le consentement de ses père et mère, en leur adressant des actes respectueux. La fille est majeure à vingt-et-un ans ; elle est émancipée de droit par le mariage, avant cet âge ; la mort du mari n'empêche point, malgré la minorité de la femme, cette émancipation d'être complète, imprescriptible. La fille, comme le fils, a dans la succession de ses ascendants le même droit que les autres enfants.

FILLES BLEUES. *Voyez* ANNONCIADES.

FILLES DE LA PASSION. *Voyez* CAPUCINES.

FILLES D'HONNEUR. *Voyez* DAME, tome VII, page 117.

FILLES-DIEU, monastère de filles, situé à Paris, d'abord sur l'emplacement de l'impasse de ce nom et de la rue Basse-Porte-Saint-Denis ; puis, rue Saint-Denis, là où ont été bâtis la rue et le passage du Caire. Guillaume III, évêque de Paris, étant parvenu à convertir un certain nombre de filles publiques, les réunit dans un hôpital hors de la ville, sur un terrain dépendant de Saint-Lazare. C'était en 1226 : l'abbé de Saint-Martin des Champs et le curé de Saint-Laurent mirent obstacle, dans le principe, à cet établissement, et il ne fallut rien moins que l'intervention de personnes puissantes pour les faire se désister de leur opposition. Le poète Rutebeuf, dans sa pièce des *Ordres de Paris*, tourne en ridicule le nom donné à ces pécheresses couverties, qui, dit la charte de fondation, *avaient toute leur vie abusé de leur corps, et étaient à la fin tombées en mendicité*. Saint Louis fut un de leurs bienfaiteurs. Leur nombre monta à plus de deux cents; mais bientôt le relâchement succéda parmi elles à la ferveur ; elles s'acquittèrent avec négligence et dégoût du service de leur hôpital. La peste de 1280 en ayant fait périr plusieurs, et le prix du pain étant devenu excessif, l'évêque de Paris en réduisit le nombre à soixante, et diminua leur rente de moitié, mais le roi Jean eut pitié d'elles, remit leur rente à l'ancien taux, et porta leur nombre à cent. Leur maison fut ravagée par les Anglais sous Charles V. Elles se réfugièrent alors dans la ville, rue Saint-Denis, dans un hôpital où l'on recevait, à la nuit, les mendiantes. Elles y firent bâtir des édifices convenables mais le désordre s'introduisit chez elles. Les bâtiments, à peine construits, tombaient en ruine, les religieuses s'en allaient, on ne célébrait plus le service divin dans leur couvent. Charles VIII donna, en 1482 cette maison et ses revenus à l'ordre de Fontevrault, qui y installa, en 1495, huit religieuses et sept religieux, ceux-ci devant obéir aux premières. En 1648, deux gentilshommes, les sieurs de Charmoy et de Saint-Ange, masqués, armés, pénétrèrent, de nuit, par violence, dans le bercail, avec une suite nombreuse, et s'y portèrent à de *graves excès*. A la face extérieure du chevet de l'église, il y avait un crucifix qu'on faisait baiser aux criminels qu'on allait exécuter à Montfaucon ; ils y recevaient, en outre, de l'eau bénite, trois morceaux de pain et un verre de vin. Sur l'emplacement du couvent, de l'église et des dépendances on a construit, en 1798, le passage et la rue du Caire, en mémoire de l'expédition d'Égypte.

FILLES DU CALVAIRE. *Voyez* CALVAIRE (Filles du).

FILLES PUBLIQUES, FILLES DE JOIE. *Voyez* PROSTITUTION.

FILLETTES (Coutume des). On désigna pendant longtemps ainsi, dans la Beauce, un droit particulier au petit pays appelé comté de Dunois, et en vertu duquel toute fille ou veuve, ou femme, qui était enceinte des œuvres d'un autre que son mari, était tenue, sous peine d'amende, d'en aller faire la déclaration à la justice. Les amendes infligées aux contrevenantes étaient concédées à ferme avec les autres fermes muables de ce comté; et Bacquet, dans son *Traité du Droit de Bâtardise*, nous apprend qu'en cas de contravention, le receveur fermier, averti de l'accouchement, se transportait avec un balai au domicile de la patiente, et n'en sortait pas qu'il n'eût reçu le montant de l'amende, laquelle était d'un écu.

FILLEUL, FILLEULE, termes corrélatifs de *parrain* et de *marraine*, et qui se disent de celui ou de celle qui ont été tenus sur les fonts baptismaux par rapport au parrain et à la marraine qui les y ont tenus. Il en résulte comme une parenté mystique entre le néophyte et l'homme et la femme qui dans cette circonstance solennelle lui servent de père et de mère devant Dieu. Autrefois le parrain et la marraine, qui dès lors ne pouvaient plus se marier entre eux, prenaient au pied des autels l'engagement solennel de traiter comme leur propre enfant, *le filleul*, enfant adoptif de cette union mystique (*quasi filiolus*). Son père et sa mère ne pouvaient le présenter eux-mêmes sur les fonts baptismaux. Si cette infraction était commise, ce n'était point le baptême, devenu irrévocable, qui en pouvait être vicié, c'était le mariage des père et mère qui se trouvait frappé de nullité.

Dans la primitive Église, le néophyte était un adulte, qui, en renonçant aux œuvres de Satan, connaissait la portée de l'engagement qu'il prenait. Les parrains, en nombre illimité, n'étaient que des témoins de son action, s'obligeaient à lui servir de guides et de soutiens dans les persécutions qu'il pourrait avoir à subir. Plus tard, quand l'Église, plus libre, songea à soustraire l'enfant nouveau né au danger de mourir avant d'avoir été reçu dans la communion des fidèles, le rôle du parrain changea : il n'y en eut plus qu'un, et il s'adjoignit une seule marraine, et l'enfant qu'ils tinrent sur les fonts baptismaux devint leur *filleul*. Aujourd'hui encore ils lui donnent le nom de quelque saint, qu'il doit se proposer pour modèle, et qui devient par là le *patron* ou le protecteur du nouveau chrétien.

FILLMORE (MILLARD), ancien président des États-Unis de l'Amérique du nord, né le 7 janvier 1800, à Cayuga, dans l'État de New-York, est le fils d'un farmer qui cultivait son petit fonds de terre de ses propres mains. Il grandit sans recevoir d'autre instruction que celle qu'il pouvait puiser dans les très-défectueuses écoles d'une contrée alors presque entièrement déserte, et à l'âge de quinze ans fut envoyé à Langstone pour y travailler dans une fabrique de draps : bientôt après, son père le mit en apprentissage d'un cardeur de laines de sa petite ville natale. Une bibliothèque publique, qu'on venait tout récemment d'y fonder, lui fournit la première occasion d'orner son esprit. Il était âgé de dix-neuf ans lorsqu'il fit la connaissance d'un juge appelé Wood, qui lui conseilla d'étudier le droit et lui fournit lui-même les ressources nécessaires à cet effet. Fillmore se consacra pendant deux années avec le zèle le plus infatigable à cette étude, remplissant en même temps les fonctions de maître d'école pour pouvoir dédommager son protecteur de ses sacrifices. En 1821 il se rendit à Buffalo, où il continua ses études, et où il gagna aussi sa vie en donnant en même temps des leçons jusqu'à ce qu'il eut été reçu en 1823, avocat à la cour suprême de l'État de New-York. Il se fit bientôt une brillante réputation au barreau, et fut élu en 1828, membre de la législature particulière de l'État, où il prit une part importante à la réforme de la loi relative aux dettes. En 1832 il fut nommé représentant de New-York au congrès, où, quoique son parti s'y trouvât en minorité, il parvint à y exercer une influence non moins grande que dans la législature particulière de son État natal. Élu une seconde fois en 1836, et une troisième fois en 1841, il devint, comme président du comité des finances, l'organe du gouvernement dans la chambre des représentants. Après les épuisants travaux d'une session orageuse, Fillmore se refusa aux honneurs d'une réélection nouvelle, pour songer à ses affaires particulières, du soin desquelles l'avait distrait son activité politique; et dans les cinq années qu'il consacra alors à la pratique de son état, il acquit une fortune suffisante pour la modestie de ses goûts. Il se mit alors sur les rangs comme candidat des whigs pour les élections à la vice-présidence, et obtint la majorité des suffrages en 1848. Il avait pris possession de ces hautes fonctions le 4 mars 1849, quand la mort du général Taylor l'appela, le 9 juillet 1850, au poste de président des États-Unis. Millard Fillmore est un homme d'opinions modérées : quoique ennemi en principe de l'esclavage, il n'a pas hésité à déclarer ouvertement qu'à son sens le pouvoir central n'avait pas le droit d'intervenir dans une question où il y allait des droits de certains États particuliers; et son administration fut si habile, qu'une fraction considérable du parti whig le porta de nouveau en novembre 1852 sur la liste des candidats pour l'élection présidentielle. Pendant son administration il s'opposa de toutes ses forces aux expéditions montées contre Cuba; mais il refusa de signer avec l'Angleterre et la France un traité qui garantissait la possession de cette île à l'Espagne.

FILLON (La), surnommée *la Présidente*, était appareilleuse, et fille d'un porteur de chaises. Le hasard en fit un personnage historique. Son nom se rattache en effet à l'un des événements les plus remarquables du commencement du dix-huitième siècle, la conspiration de Cellamare. Un des commis de l'ambassade d'Espagne, qui vivait avec une des filles de la Fillon, s'étant un jour attardé à un rendez-vous pris, dit pour s'excuser, à ce qu'on raconte, qu'il avait été retenu par l'expédition d'importantes dépêches pour l'Espagne, et qu'attendaient les deux courriers qui devaient en être chargés. La Fillon, qui avait ses grandes entrées chez le cardinal Dubois, alors premier ministre, se hâta d'aller prévenir de ce fait son éminence; le régent était à ce moment à l'Opéra. Dubois ne perdit pas un instant pour faire courir après les deux voyageurs. On les arrêta à Poitiers; leurs dépêches furent saisies et renvoyées à Paris. Le plan de la conjuration, la liste des conjurés, leur correspondance, tout était là. Le régent n'apprit l'événement que le lendemain à son lever, lorsque déjà les papiers de l'ambassadeur étaient entre les mains de Dubois, et Cellamare même consigné dans son hôtel. Suivant une autre version, les deux voyageurs auraient emmené avec eux un banquier en état de banqueroute, dont ils comptaient favoriser la fuite; mais les créanciers à la piste l'auraient rejoint à Poitiers, et en le faisant arrêter auraient mis la police au courant de la conspiration. Ce fait ne détruirait pas le service rendu par la Fillon, et la voiture aurait été arrêtée à Poitiers par les créanciers en même temps que par les agents de Dubois. Une autre version met un employé de l'ambassade espagnole en relation directe avec le ministre français.

L'histoire, comme l'exigeait sa dignité, s'est bornée à ce propos à enregistrer le nom de l'appareilleuse Fillon ; en revanche, les mémoires du temps se sont beaucoup occupés de sa personne. Sa vie aventureuse est de ce qu'il y a de plus vrai et le plus varié des mœurs de la régence. Mise en apprentissage chez une blanchisseuse, la Fillon devint mère à quinze ans. A sa sortie de l'hospice, son père lui proposa la main d'un porteur d'eau bien achalandé et à son aise. Elle refusa, et s'enfuit de Paris avec un clerc de procureur. Le jeune homme était Breton, et sa famille était une des plus honorables de Rennes. Délaissée bientôt par cet amant, la Fillon revint à Paris avec un nouveau compagnon de voyage. C'était un commis marchand, qui avait abandonné pour elle sa jeune épouse et ses enfants. La Fillon, peu après son retour dans la capitale, fonda un établissement dont nous ne pouvons pas écrire le nom. Elle épousa *le beau Suisse* de l'hôtel Mazarin, qui n'en garda pas moins son baudrier et sa hallebarde. Notre homme s'étant avisé d'être jaloux, battait souvent sa moitié, qu'il ne put néanmoins jamais déterminer à quitter son état. Il mourut enfin, et la Fillon convola en secondes noces avec le cocher du comte de Saxe, qui se montra aussi jaloux, aussi exigeant que le beau Suisse, et qui réussit à lui faire quitter son commerce. Elle céda ou parut céder son *fonds* à une de ses cousines, et parvint bientôt, grâce à ses *hautes* relations, à se débarrasser de son nouvel époux, qu'elle fit jeter dans ce qu'on appelait alors un *four*. Engagé malgré lui, à la suite de trop nombreuses et bien perfides libations, le pauvre diable dut partir, malgré qu'il en eût, et le sac sur le dos, pour un régiment. Devenue libre, elle reprit la direction de sa maison, rendez-vous habituel des plus grands seigneurs et des bourgeois les plus huppés. On comprend que l'existence d'un tel établissement devait entrer dans les vues de l'infâme cardinal Dubois et servir sa police secrète. Habile proxénète, la Fillon portait impunément le déshonneur et la désolation dans les familles des jeunes ouvrières du quartier du Palais-royal, et se vantait hautement de ses puissants protecteurs, qu'elle était toujours sûre, en effet, de voir venir à son aide quand elle avait maille à partir avec la police ou la justice.

Reconnaissant du service qu'elle lui avait rendu en venant lui rapporter l'indiscret propos tenu chez elle par le commis de l'ambassadeur d'Espagne, le régent lui fit compter 30,000 francs de gratification, et accorder, sous un nom d'emprunt, le brevet d'une pension viagère de 12,000 francs, à la condition expresse de se faire passer pour morte si elle voulait en toucher les arrérages. La Fillon, bonne fille en tout, consentit à assister incognito à ses propres funérailles. Les mémoires contemporains racontent encore que, grâce à la dot fort jolie qu'elle pouvait offrir, et sous le nom nouveau qu'il lui dut prendre une fois qu'elle fut officiellement *morte*, la Fillon trouva encore un troisième mari. C'était, ma foi, un comte, mais un vrai comte, qui vous l'emmena dans son manoir, situé en Auvergne. Il paraît qu'elle changea tout-à-fait de conduite, que la comtesse fit oublier *la présidente*, et qu'elle mourut haute et puissante dame, voire presque en odeur de sainteté, en 1742.

DUFEY (de l'Yonne).

FILON (*Minéralogie*), masse minérale remplissant les grandes fissures que l'on trouve dans les différentes couches solides du globe, fissures qui doivent elles-mêmes naissance aux dislocations, aux soulèvements que l'écorce minérale a éprouvés à diverses époques. Quant à la manière dont ces longues crevasses ont été remplies, on pense généralement que c'est tantôt par éruption, tantôt par sublimation des matières en fusion au centre de notre planète. Les filons sont composés tantôt de substances métalliques, tantôt formés de substances pierreuses, telles que le quartz, le granit, le porphyre, le basalte, etc. Ces derniers reçoivent en Angleterre le nom de *dykes*, qui a passé dans notre vocabulaire. Les filons métalliques sont ordinairement enveloppés d'une *gangue* (calcaire, quartz, baryte, etc.), laquelle est toujours d'une nature différente de la roche que ces filons traversent. Tantôt le métal forme des *veines*, tantôt il est en *grains*, en masses arrondies ou *rognons*.

En métallurgie, la partie supérieure du filon s'appelle le *toit* ; la partie opposée, le *mur* ; l'extrémité supérieure, la *tête* ou le *chapeau* ; les deux faces latérales, les *salbandes*.

On a remarqué que les filons dirigés dans un sens parallèle appartiennent à des formations contemporaines, tandis que ceux qui se croisent sont d'une époque différente. Lorsque deux filons se traversent, l'un est toujours interrompu par l'autre, qui se continue et qui doit nécessairement être postérieur au premier.

Dr SAUCEROTTE.

FILOSELLE, partie de la soie qu'on rebute au dévidage des cocons. La filoselle est à la soie ce qu'est la filasse ou étoupe au chanvre et au lin peigné. Mais la rareté et la grande valeur de la soie font attribuer à la filoselle un bien plus haut prix qu'à l'étoupe. On la file toute pour la fabrication des padous, des ceintures, des lacets, des bas et de certaines étoffes qui conservent en général une valeur moyenne entre celles de soie et celles de coton. On donne quelquefois à cette matière les noms de *bourre de soie* et *fleuret*. Autrefois les Italiens savaient seuls tirer un parti avantageux de la bourre de soie. Pendant longtemps, dans nos départements du midi, après avoir dévidé la soie vraie, on jetait les cocons au fumier, sans leur faire subir aucun autre traitement. On s'est ravisé, et on a eu raison. La matière de rebut des cocons est dure, sèche et cassante. Pour remédier à ces inconvénients, il faut la faire longtemps macérer dans l'eau ; la plus grande partie de la substance gommo-résineuse s'y dissout et laisse à nu la partie filamenteuse, qu'on soumet à l'action d'une forte presse pour en extraire la dissolution gommeuse qui l'imprègne encore. On répète les immersions et les séjours dans l'eau suivant le besoin. Après le dernier pressage, on fait sécher la filoselle, puis on la bat fortement et longtemps, après l'avoir humectée d'une très-petite quantité d'huile d'olive. Enfin, on la carde. Cette substance est susceptible d'être filée à la quenouille, au rouet ou au fuseau, à peu près comme la laine peignée. Mais comme, quelque soin que l'on prenne, ce fil n'acquiert jamais la finesse ni surtout la souplesse et le moelleux de la soie, il n'est guère possible de le faire servir que pour les étoffes grenées, connues sous les noms de *moires*, ou dans les petites étoffes appelées *satinades*, *brocatelles*, etc. Les procédés se sont étonnamment perfectionnés, et ont laissé bien loin le travail des Italiens, qu'autrefois nous désespérions d'imiter avec succès. Les fabricants de Lyon et de Nîmes nous ont fait voir tout ce qu'on peut attendre d'une persévérance intelligente et éclairée.

PELOUZE père.

FILOU, FILOUTERIE. Le *filou* est, d'après l'Académie, celui qui vole avec adresse, ou celui qui trompe au jeu. *Filouter*, c'est exercer l'une ou l'autre de ces coupables industries. La *filouterie* est l'action du *filou*. On a dit autrefois *filoutage*, et nous lisons dans les Mémoires du cardinal de Retz cette phrase remarquable : « Le cardinal Mazarin porta le *filoutage* dans le ministère. »

Quels que soient les progrès de la civilisation (ou plutôt à cause de ces progrès peut-être), les grandes villes abondent en individus qui, trop paresseux pour embrasser une honnête et utile profession, trop adroits, trop intelligents pour croupir sans murmurer dans la misère, adoptent le vol comme moyen d'existence et font à la propriété une guerre de tous les instants. Voler est devenu, grâce à eux, un art, une industrie qui a son vocabulaire et ses règles. Tous les jours, quoi qu'on dise, le règne du sabre et de la force brutale disparaît de nos mœurs ; les voleurs suivent le progrès. Qui maintenant assassine et tue ? Seulement le mauvais sujet que la nature a totalement privé d'adresse et d'esprit. Il suffit à cet être grossier et sans culture, d'un séjour de quelques mois dans une maison de réclusion pour lui apprendre qu'on peut faire d'aussi belles prises dans les boutiques, les promenades, les lieux publics, qu'au milieu d'une sombre forêt. Si le séjour des prisons a le triste inconvénient de former au vol de jeunes vagabonds, peut-être offre-t-il, d'un autre côté, l'avantage de faire enrôler parmi les filous des hommes que leur tempérament eût appelés à exploiter l'assassinat sur la grande route. D'ailleurs, chacun choisit le genre pour lequel il se sent le plus d'aptitude.

Passez-vous dans une rue détournée, le soir, un paquet à la main, votre parapluie de l'autre, et coiffé d'un chapeau qui vacille sur votre tête, le filou qui vous *allume* (observe), a bientôt calculé les chances de réussite, et un coup de poing asséné sur votre coiffure vous la fait entrer jusqu'aux oreilles. Pendant que vos mains se portent en avant pour repousser cette attaque imprévue, votre bourse a été *faite* (volée) *au renfoncement*. Le vol *à la rixe* n'est qu'une variété du vol au renfoncement. Il s'accomplit le plus souvent dans les circonstances suivantes : un ou plusieurs individus, qui feignent l'ivresse, vous heurtent, vous bousculent, vous frappent et vous dévalisent en un clin d'œil. Une des *ficelles* les plus usées consiste à demander au passant attardé l'heure qu'il est pour lui arracher sa montre, s'il a la bonhomie de la sortir de son gousset. N'allez jamais aux feux d'artifice, à la queue de l'Opéra; ne vous trouvez jamais sur le passage du bœuf gras ou de toute autre célébrité, sans avoir mis en lieu de sûreté ce qui pourrait tenter la cupidité des *grinches* (voleurs). Au milieu de la foule, à quelques pas du garde de Paris, protecteur des paisibles bourgeois, vous pourriez tout à coup vous sentir enlever de terre par des individus qui paraissent céder à l'impulsion de la foule ; bousculé, meurtri, étouffé, vous agitez vos bras en l'air et criez à vos voisins : Ne poussez donc pas si fort! C'est *Au voleur!* qu'il eût fallu crier, car cette bourrasque passagère, ce flux et ce reflux étaient calculés d'avance, et quand vous respirez plus à l'aise, vous vous apercevez, mais trop tard, de la disparition de votre montre, de votre chaîne, etc.; heureux si, profitant de votre absence, des voleurs armés de l'irrésistible *monseigneur* (levier de fer) n'ont pas mis votre boutique en état de siège et dévalisé votre comptoir! Vous vous trouveriez dans la même soirée enlevé *d'esbrouf* et *serri* par les *esquinteurs de boutanches*. Ce dernier vol n'est pas le seul qui menace le boutiquier, dont le zèle pour le service de la garde nationale devrait au moins l'exempter de pareils accidents. Croiriez-vous que ce sont précisément les jours où ce pacifique bourgeois monte la garde que choisit le peuple argotier pour pénétrer dans son domicile et escroquer à sa fidèle épouse soit de l'argent, soit une montre, qu'ils sont censés venir chercher de sa part! Les *détourneurs* viennent en flânant examiner l'étalage et font fréquemment des acquisitions sans bourse délier.

Les *carreurs* élégants et fashionables lui proposent de changer des pièces de cinq francs de la restauration, de Louis-Philippe ou de la république, pour de la monnaie à l'effigie de Napoléon III, empereur; et sous le prétexte de l'aider dans sa recherche, plongent familièrement la main dans son tiroir et en retirent de quoi s'indemniser largement des emplettes qu'ils ont été forcés de faire pour capter d'abord sa confiance. Malheur au changeur dont les pièces d'or et les billets de banque, négligemment étalés derrière un grillage de fer, font souffrir à l'*écorneur* le supplice de Tantale! Si la *rousse* (la police) ne veille pas dans l'intérêt du marchand, une pointe de diamant a bientôt livré passage à la main de l'écorneur et mis à sa portée la sébile qu'il convoite. Pendant que le changeur se reproche sa négligence, son garçon de recette est *chauffé* en plein jour dans les rues de Paris par les *monteurs de verre en fleurs*, les *flamblants du charriage, du vol à la graisse ou au pot*, ou les *faiseurs à l'américaine*, quatre classes de filous qui n'ont entre elles que de légères différences. Tous savent, au moyen de contes absurdes, faire passer sur les épaules d'un associé la sacoche du garçon de caisse, ou, à l'aide de circonstances qu'ils font naître, le décider à enterrer son argent dans un trou, qui est bientôt visité par un ami resté derrière.

Mais de ce qui précède il ne faut pas conclure que le magasin du négociant soit pour les voleurs une espèce de terre promise, à la conquête de laquelle ils bornent leur ambition. Les *carroubleurs* (voleurs avec fausses clefs) filent audacieusement devant la loge du portier, et grimpent lestement *débouder la lourde* (ouvrir la porte) du riche, qui passe l'été à la campagne, ou de l'employé célibataire qui sort à neuf heures du matin pour ne rentrer que le soir, circonstances dont le *carroubleur* est instruit par le plus ingénieux procédé : un cheveu, collé en travers de la porte qui doit être forcée, lui fait connaître les habitudes du locataire et la durée de ses absences. Les *bonjouriens* ou *cambrioleurs* entrent en campagne à l'heure où la moitié de Paris se repose des fatigues de la veille ; ils montent les étages d'une maison jusqu'à ce qu'ils rencontrent un logement dont l'imprudent locataire à laissé la porte entr'ouverte, ou la clef dans la serrure. Le bonjourien entre hardiment, vous salue du nom de *Monsieur un tel*; et pendant que vous êtes à moitié réveillé, surpris de voir au milieu de votre chambre une figure inconnue, il vous fait mille excuses, se retire à reculons, et pousse la précaution jusqu'à mettre entre votre montre, qu'il emporte, et vous un bon tour de clef. Le vol *à la roulotte* consiste à enlever les objets qui se trouvent sur les camions stationnant dans les rues, comme si l'on était un garçon ou un employé du magasin auquel on apporte les marchandises. Et cette ingénieuse combinaison par laquelle on fait tomber de l'impériale d'une voiture des paquets et des objets, aussitôt ramassés par un complice ! Et cette autre, plus difficile, où il s'agit d'enlever une malle à la force du poignet de dessus un fiacre qui marche, sans que le cocher et le *bourgeois* s'en aperçoivent !

On comprend que nous n'avons voulu seulement indiquer ici quelques-unes des ruses les plus habituelles des voleurs et les branches les plus importantes de leur industrie ; car il y a une foule d'autres genres de *travail* exploités par des esprits trop fiers pour se borner au simple rôle d'imitateurs. Il se crée ainsi des types particuliers de filous qui échappent à l'analyse, et même à l'œil vigilant de la police. Nous ne terminerons pas toutefois sans parler des *tireurs*, les plus adroits du métier, les plus habiles à calculer les chances de culpabilité; car le *tireur* sait son Code Pénal sur le bout du doigt. Aussi opère-t-il en plein jour, dans les promenades, au spectacle, au salon, partout où se trouve une réunion de montres, de foulards, etc. Avec lui, jamais d'attaques nocturnes, de port d'armes, de bris de boutiques, qui aggravent le délit aux yeux de la loi, et font expier par dix ans de galères à l'*esquinteur* maladroit l'enlèvement d'un bijou, que le *tireur* se procure pour la bagatelle de trois mois de prison. Le *maquilleur de brêmes*, c'est ce monsieur bien mis, au linge blanc, à la riche chevalière, qui vient s'asseoir à une table de bouillotte, où il n'a jamais besoin de faire *Charlemagne* pour emporter les napoléons de ses tenants. Personne de la maison ne le connaît ; le monsieur s'est lui-même invité, et, grâce au brouhaha de la fête, il *refile* chez lui, aussi paisiblement qu'il est venu, revêtir une blouse, un costume d'ouvrier, avec lequel il va sur les boulevards *roustir* au jeu des trois cartes un Jean Pacot, apprenti maréchal de France, qui s'en retourne au quartier le gousset vide des écus maternels. Il y a encore un vol dont l'auteur et la victime inspirent un égal mépris : c'est le *vol à la tante* ; de jeunes misérables sont lancés dans ces lieux écartés où souvent, à la faveur des ténèbres, se passent des scènes d'une honteuse turpitude. Les filous se font alors défenseurs de la morale publique, et tombent à l'improviste sur les deux individus pris *flagrante delicto*. Au nom de la police, dont ils se disent agents, ils s'emparent de la dupe, qui, craignant de voir divulguer son aventure, ne marchande pas sa liberté. Puis, le mignon de bas étage et les *monteurs de coups* vont ensemble boire à la santé de *la tante* qu'ils ont *fait chanter*, c'est-à-dire du honteux personnage auquel ils ont escroqué de l'argent.

C'est la civilisation, le climat d'un pays, qui déterminent la vocation. Tel est adroit filou en France qui né sous le beau ciel de Naples eût adopté la vie molle et oisive du lazzarone, bornant son ambition à vivre libre au soleil et à se bourrer de macaroni. Nos filous de Paris n'ont de dignes émules qu'à Londres, où l'industrie du *pick-pocket* a reçu pour le moins autant de développements que celle des soieries, des étoffes et des machines à vapeur.

Théodore TRICOUT.

FILS (du latin *filius*, qui vient lui-même du grec. ύιός). C'est l'enfant du sexe masculin, considéré quant à la filiation entre lui et ses père et mère. Autrefois le fils aîné était avantagé aux dépens de ses frères et sœurs; aujourd'hui que nous n'avons plus le *droit d'aînesse*, les droits des enfants dans la succession de leurs père et mère sont égaux. A Rome, on appelait *fils* ou *filles de famille* les enfants placés sous la puissance paternelle; cette dénomination est passée dans notre langue judiciaire.

FILS DE LA VIERGE ou **FILS NOTRE-DAME.** On voit souvent en automne, à l'époque des premiers brouillards, des filaments très-blancs et très-légers, transportés par l'air. On croyait autrefois qu'ils provenaient d'une espèce de rosée de nature terrestre et visqueuse, que la chaleur du soleil condensait pendant le jour. Plus tard, Hermann fils les attribuait à de petites espèces de ciron, qu'il nommait *brombidium telarium*, dont Linné faisait un *acarus*, et Latreille, ainsi que Fabricius, un gamase. Les observations les plus récentes ont péremptoirement établi que ces filaments sont produits par des arachnides.

FILS MÉTALLIQUES. L'or, l'argent, le platine, le cuivre, le fer, le zinc, le plomb, etc., sont susceptibles d'être transformés en fils de grosseur arbitraire. On en fait d'une telle finesse, qu'on peut en fabriquer des **toiles métalliques**. Le procédé de fabrication de ces fils est toujours le même, seulement il est rare que l'on en fasse en or ou pur; presque toujours les fils d'or ne sont que de véritables fils d'argent ou de cuivre recouverts d'une mince pellicule d'or; le plus souvent aussi les fils d'argent sont simplement des fils de cuivre argenté. A l'article DIVISIBILITÉ, nous avons dit par quel procédé on obtient des fils de platine d'une ténuité extrême.

Quoique le fil de fer soit encore le plus employé de tous les fils métalliques, on lui a substitué dans un certain nombre de cas le fil de zinc qui ne se détruit pas aussi rapidement dans les lieux humides.

Les fils d'or, d'argent et de cuivre, destinés à la fabrication de la passementerie, de la broderie, se mélangent souvent avec des fils de soie, de coton, de lin, de laine, etc. C'est dans cette catégorie que rentrent les cordes métalliques de nos instruments de musique.

FILTRATION, Comment qu'on emploie pour débarrasser un liquide de certaines matières qu'il tient en suspension ou avec lesquelles il est combiné. Il y a au moins deux manières d'opérer une filtration : 1° on purifie un liquide en le faisant passer à travers une toile, du papier, une pierre spongieuse, etc. : cette opération est purement mécanique; car le filtre, dans ces divers cas, fait les fonctions d'un tamis; 2° la matière filtrante agit quelquefois chimiquement : ainsi, par exemple, lorsqu'on fait passer de l'eau combinée avec des gaz méphitiques, des matières animales, à travers une couche de poussière de charbon, on la reçoit limpide et sans odeur, les fluides étrangers s'étant combinés avec le charbon. TEYSSÈDRE.

FILTRATION (Contrebande de). *Voyez* CONTREBANDE.

FILTRE (de *feutrum*, feutre). Quand on veut séparer d'un liquide les matières solides qu'il tient suspendues, on le *filtre*. A proprement parler, un *filtre* est une sorte de crible. On fait de ces filtres en toutes sortes de matières douées d'un certain degré de porosité : il y a des filtres en papier, drap, toile, pierre. Il y a aussi des filtres qu'on pourrait dire *composés* : on les fait en sable plus ou moins fin, en poussière de charbon, etc. Dans tous les cas, le liquide qui passe au travers d'un filtre ne doit avoir aucune action sur les matières qui le composent; voilà pourquoi on purifie les acides dans des filtres faits de cailloux non calcaires ou de verre pilé.

Pour accélérer le passage d'un liquide à travers un filtre, on peut faire usage de deux moyens : 1° en enlevant, au moyen d'une machine pneumatique, l'air qui est au-dessous de l'appareil : le poids de la colonne atmosphérique qui agit au-dessus du liquide, n'étant plus contre-balancé, forcera ce dernier à s'introduire dans les pores du filtre avec plus d'énergie que s'il n'y était sollicité que par son propre poids : ce moyen présente trop d'inconvénients pour qu'il soit généralement mis en pratique; 2° on obtiendrait une filtration plus rapide en augmentant la hauteur de la colonne du liquide. Cela se comprend : la couche qui formerait la base de cette colonne serait d'autant plus pressée que la hauteur de celle-ci serait plus grande.

La plupart des filtres agissent mécaniquement : ce sont des grillages à mailles plus ou moins serrées. Il y a aussi des filtres qui agissent en même temps chimiquement : tels sont ceux qui sont faits de charbon pilé; ils sont excellents pour clarifier les eaux, pour leur enlever les gaz et les matières animales, etc., qu'elles contiennent. Il existe à Paris des établissements où l'on filtre en grand les eaux au moyen du charbon : ce mode est de beaucoup préférable aux filtres en pierre ou en sable, qui laissent aux eaux leur mauvaise odeur ou leur mauvais goût, tandis qu'en sortant d'un *filtre-charbon*, elles sont d'une pureté parfaite. TEYSSÈDRE.

FILTRE, breuvage. *Voyez* PHILTRE.

FIN. On entend par *fin*, en philosophie, un résultat *voulu*, amené *avec intention, à dessein*, déterminé à avoir lieu par le fait d'une puissance intelligente qui s'est proposé ce résultat pour but. Si on considère l'organe de l'œil et son résultat seulement sous le rapport de causalité, on dira que le phénomène de la vision est le résultat de l'action de cet organe. Mais si on s'élève plus haut que le rapport de l'effet à la cause, si on fait intervenir l'idée de la puissance *intelligente* qui en créant cet organe a eu *l'intention*, le *dessein* de produire le phénomène qui en résulte, on dira que l'œil a été créé à *cette fin* que l'animal doué de cet organe pût connaître certaines qualités de la matière. Par opposition a l'idée de *fin*, on appelle *moyens* les agents ou le concours d'agents que la puissance créatrice a mis en œuvre pour produire le résultat qu'elle s'était proposé, agents que l'on a appelés, par opposition à l'effet qu'ils amènent, du nom impropre de *cause*. Ainsi, les mots *cause*, d'une part, de l'autre, *effet, résultat*, reçoivent le nom de *moyen* et de *fin* quand on les considère par rapport à la puissance intelligente qui s'est servie de l'un pour amener l'autre.

Comment arrivons-nous à croire d'abord que *tout ce qui existe a une fin*, ensuite que tout résultat produit est le fait d'une intelligence qui s'est proposé la fin produite *est une fin*? Nous puissons en nous l'idée de cause, en nous voyant donner lieu à certains mouvements, à certains actes qui n'eussent pas eu lieu sans notre volonté. Du moment où nous avons perçu le rapport qui existe entre nos actes et ses effets, nous généralisons ce rapport, c'est-à-dire que nous nous élevons à cette vérité générale : *tout fait a une cause*. Mais, quand nous considérons quelque temps l'idée de cause, que nous avons puisée en nous, nous remarquons que l'élément intellectuel y joue un rôle obligé, car nous savons que nous n'aurions pas produit tel acte si nous n'avions pas pensé à le produire et voulu le produire. Quand l'homme a donné à la cause le caractère d'*intelligente*, il s'élève à cette seconde vérité générale : un phénomène ne peut être déterminé que par une cause qui l'a produit *sciemment*, c'est-à-dire par une cause intelligente. Mais ce n'est pas tout : l'homme, après avoir ainsi attaché l'une à l'autre, par un indissoluble lien, les idées de cause et d'intelligence, a remarqué que quand il est véritablement cause d'un fait, il n'agit jamais sans intention, c'est-à-dire sans avoir conçu plus ou moins à l'avance le dessein de produire ce fait; il y a toujours un résultat auquel il a voulu parvenir. De la même nous élevons à cette vérité : il y a un but à toutes les actions d'une cause. Or, les objets de la création étant autant d'actes de la part du Créateur, tout ce qui a été créé a une fin; la puissance intelligente, cause de tous les êtres, a eu en les créant une intention, un but, et quand nous ne saurions pas quel est ce but; quand nous ne pourrions nous *rendre compte* de l'existence, du *pourquoi* d'une créature, nous ne croirions pas moins qu'elle a une fin.

Nous avons montré comment l'homme arrive à savoir que tout ce qui existe a une fin : maintenant, comment arrive-t-il à savoir quelle est la fin des différents êtres ou des différents agents de la nature? D'une manière bien facile : par la connaissance de leurs résultats. En effet, nous savons d'avance que tout dans la nature est créé pour amener un certain résultat. Du moment que nous nous sommes assurés que tel agent produit immédiatement tel effet, tel phénomène, et qu'il l'amène constamment, nous prononçons que ce phénomène est le résultat voulu par la nature, puisque ce résultat est toujours le même, et que d'ailleurs l'agent au moyen duquel il a été déterminé à paraître est dépourvu de l'intelligence et de la liberté qui lui seraient nécessaires pour en être lui-même cause. En un mot, la connaissance exacte des effets d'un agent de la nature est pour nous indentique avec sa fin.

Considérons maintenant l'idée de fin dans ses rapports avec celle de moyen. On donne le nom de *moyens* aux agents que la nature emploie pour produire les phénomènes dont le monde est le théâtre, parce qu'ils servent comme d'*intermédiaires* entre la cause créatrice et les résultats produits par elle, qu'ils sont comme les instruments qu'elle emploie pour exécuter ses desseins. Dans beaucoup de cas, ces desseins ne s'accomplissent que par un con urs d'agents, c'est-à-dire qu'il y a *plusieurs moyens* employés pour amener un seul résultat. C'est sutout en remarquant ce concours de moyens employés par la nature, que nous sommes frappés de l'évidence de l'intention du Créateur à produire tel résultat; car si nous voyons ce résultat amené, non par un seul agent, mais par un grand nombre, chacun d'eux vient déposer de l'intention du Créateur, et plus est grand le nombre de ces agents, plus nous avons de raisons de croire qu'il s'est proposé pour fin le phénomène à la production duquel tant de moyens viennent aboutir. Mais ce qui devient pour nous une nouvelle preuve d'intention de la part de la cause première, c'est l'ingénieux agencement de toutes les parties constitutives d'un organe. Il nous est démontré alors avec la dernière évidence que le fait qui résulte de cette savante combinaison devait être nécessairement dans la pensée de celui qui a déployé pour le produire une si profonde habileté, une si minutieuse sollicitude.

Nous venons de faire observer que la nature emploie un grand nombre de moyens pour atteindre une seule fin; nous pouvons également remarquer que souvent aussi un seul moyen lui suffit pour atteindre plusieurs fins différentes. Ainsi, dans les arbres, le bois nous fournit des matériaux pour la construction et un combustible pour nous garantir du froid, pour préparer nos aliments, pour forger et fondre les métaux, etc.; les feuilles entretiennent dans l'atmosphère une fraîcheur salutaire à la végétation, protègent la vue par leur douce verdure, reposent agréablement les animaux contre les ardeurs du soleil, enfin contribuent à engraisser le sol végétal et à en augmenter la masse.

Il est important aussi d'observer que ce que nous appelons *fin* ou *moyen* n'est pas invariablement fin ou moyen dans la nature, mais que tel fait, que nous regardons comme fin par rapport à un autre qui a servi à le produire par-t son tour nous apparaître comme moyen, si nous le considérons par rapport au résultat qu'il sert lui-même à amener. Mais, dira-t-on, si tout ce qui existe est à la fois fin et moyen, selon le point de vue sous lequel on l'envisage, n'est-il donc rien qui soit invariablement fin, et que Dieu se soit proposé comme dernier but de son sublime travail? Assurément l'homme nous apparaît comme placé à un rang très-élevé dans l'échelle des fins, puisque la nature semble créée en vue de lui, et aboutir à son être. Mais est-il bien vrai que le développement de ses facultés et l'accomplissement de sa destinée soit la pensée dernière du Créateur? était-il besoin pour que cette destinée s'accomplît des êtres qui peuplent l'espace? Ce vaste ensemble lui-même que nous appelons l'univers est-il cette fin définitive que nous cherchons? Est-ce en vue de l'univers seul que l'univers a été créé? Mais par cela même que cette vaste harmonie est une création, qu'elle est l'objet de la pensée et de l'action divine, elle aussi a une fin, et l'on peut se demander pourquoi elle existe. Or, comme au delà d'elle il n'y a que son Créateur, c'est

lui que nous sommes forcés de reconnaître comme la fin dernière de toutes choses, et de même que la raison nous oblige à remonter à une cause première audelà de laquelle nous ne pouvons en concevoir d'autre, de même elle nous oblige à nous arrêter au Créateur comme au but définitif où tout aboutit et qui n'a pas d'autre fin que lui-même, comme au seul être qui résume en lui toute son œuvre et est invariablement fin. C'est cette grande pensée qui inspirait les poëtes des premiers âges quand ils faisaient dire à la Divinité : « Je suis le principe et le but de toutes choses, le commencement et la fin : *ego sum alpha et ómega.* »

Il nous reste à envisager l'idée de fin par rapport à l'idée d'être créé. Il y a des créatures dont la mission s'accomplit par le fait seul de la nature, comme la plante ou la brute, qui ne peuvent manquer à leur destinée, qu'elles ne connaissent pas, et à laquelle elles sont poussées par une irrésistible puissance qui pense et agit pour elles. Mais il n'en est pas ainsi de l'homme : Dieu lui a donné pour attribut principal, disons mieux, lui a accordé comme privilége, d'aller *par lui-même* à sa fin, c'est-à-dire d'aider par son activité propre ses tendances à accomplir leur développement, de manière à atteindre le but auquel elles sont destinées. Comment donc découvrira-t-il sa fin et les moyens de l'atteindre? *par l'observation attentive des facultés dont il est pourvu et des rapports qu'elles ont entre elles*. En effet, les facultés dont l'a doué la nature ne sont autre chose que les moyens qui doivent le conduire à sa fin ; il ne peut donc remonter à cette fin qu'en étudiant les diverses tendances qui doivent l'y mener, en les suivant dans leur développement jusqu'aux derniers résultats où sa raison lui montre qu'elles doivent aboutir. Il existe entre nos facultés comme entre les organes du corps des rapports de subordination et de dépendance qui les rendent nécessaires l'une à l'autre; et de même que le bien du corps résulte du rapport harmonieux des fonctions organiques, de même le bien de l'âme résulte de l'heureuse harmonie qui existera entre toutes ses facultés. Ainsi l'homme qui pour éviter de faire le mal se séparerait de la société, et se retrancherait derrière un rempart qui le garantirait à jamais des dangers auxquels ses passions l'exposent, se priverait des moyens d'atteindre la fin qu'il poursuit, car il se ravirait la liberté, condition essentielle de l'accomplissement du bien moral. Aucun des penchants de notre nature ne doit donc être indifférent pour l'homme : il doit tous les regarder comme des moyens plus ou moins directs d'atteindre sa fin. Seulement, c'est à lui à remarquer quelle part y prend chacun d'eux, quel rôle il remplit à l'égard du but principal, afin de savoir quelle attention il mérite, dans quelle proportion il doit être développé, afin, en un mot, de pouvoir gouverner et concilier le plus heureusement possible tous ces ressorts qui, abandonnés à eux-mêmes, ne sauraient se mettre en harmonie, et n'amèneraient par leur jeu irrégulier que désordre et confusion.

C.-M. PAFFE.

FIN, FINET, FINAUD, FINASSIER. Ces mots ont des significations nombreuses, quelquefois même entièrement opposées. Appliqué à certaines matières précieuses, comme l'or, les diamants, les perles, *fin* signifie *pur, sans mélange, vrai naturel*, tandis qu'employé à qualifier une personne, il emporte certaine idée de duplicité, quelquefois même de perfidie. *Fin* est encore usité pour désigner ce qui est le plus recherché dans son genre, le plus délicat, le plus exquis, le mieux fait ; il est alors opposé à *commun*, à *grossier*. Une taille *fine* est une taille mince, svelte, dégagée, bien faite. On dit, dans le même sens, avoir la jambe *fine*. Un pinceau *fin*, un burin *fin*, une touche *fine* indiquent dans la peinture, la gravure, etc., des effets de touche remarquables par leur légèreté, leur grâce, leur délicatesse. On emploie la même épithète pour exprimer qu'une chose est l'élégance et de la délicatesse : Des contours *fins* et gracieux; les traits de la femme sont plus *fins* que ceux de l'homme. *Fin* indique encore ce qui est menu, mince, délié : papier *fin*, toile *fine*, dentelles *fines*.

Approprié aux choses de l'esprit, il veut dire *subtil, délicat, ingénieux* : Avoir le goût, le discernement, l'esprit *fin*, la raillerie *fine*. C'est avec cette signification qu'on l'applique aux sens, lorsqu'ils perçoivent exactement les moindres impressions : Avoir l'odorat, le tact *fin*, l'ouïe *fine*. Par analogie, on dira : Cet homme a l'oreille *fine*, pour exprimer qu'il est expert en musique.

Fin s'emploie, en parlant des personnes, dans le sens de rusé : c'est un *fin* matois. Il se dit également de certains animaux : Le renard est *fin* ; et des actions des hommes : Le tour est *fin*, sa conduite est *fine*. Pour désigner un homme habile à manier l'épée, on dit : C'est une *fine* lame. On appelle partie *fine* une partie de plaisir où l'on met quelque mystère. Dans le langage familier, on dit le *fin* fond, pour désigner l'endroit le plus profond, le plus reculé ; et le *fin* mot pour signifier le sens caché, le motif secret.

Fin s'emploie quelquefois substantivement. En parlant des monnaies, il désigne l'or ou l'argent mêlé à un alliage : Il y a tant de deniers de *fin* dans cette monnaie. Le *fin* d'une affaire est le point décisif et principal, la connaissance parfaite de tout ce qu'il y a de secret et de mystérieux dans dans cette affaire. Faire le *fin*, c'est se piquer d'adresse, de ruse, de finesse. Le *finassier* ou *finasseur* est celui qui use de petite ou de mauvaise finesse ; le *finaud* celui qui est rusé dans de petites choses. *Finet* est le diminutif de *fin* ; cependant, il s'écarte de son acception primitive quand il désigne celui qui fait le *fin*, le *rusé*, et ne l'est que médiocrement.

FINALE (*Grammaire*). C'est le nom que l'on donne à la syllabe qui termine un mot : ainsi, dans *générosité, encouragement, amour,* les syllabes *té, ment, mour* sont les finales. Ce n'est pas sans raison que les rhéteurs, pour répandre du nombre et de l'harmonie dans le discours, recommandent la plus grande attention dans le choix des mots par rapport à leurs *finales*. On peut voir dans nos grands écrivains, dans Massillon particulièrement, avec quel art ils savent employer alternativement les *finales* longues et brèves, les *finales* muettes et les *finales* sonores, pour donner plus de charme à l'élocution, et avec quel soin ils évitent de multiplier les mots dont les *finales* trop uniformes introduiraient des consonnances et des rimes que la prose doit toujours rejeter. En général, on ne saurait trop consulter la délicatesse de l'oreille pour allier heureusement les syllabes *finales* aux syllabes initiales qui viennent à leur suite, et les syllabes initiales aux syllabes *finales* qui les précèdent. L'e produit un grand nombre de *finales* muettes dans notre prose comme dans notre poésie ; mais, suivant Marmontel, loin que la multitude de ces *finales* soit nuisible à l'accent et à la mélodie, elle leur est très-favorable, pourvu que l'orateur, l'acteur ou le lecteur ait le sentiment de la prosodie.

CHAMPAGNAC.

FINALE (*Musique*). Les airs, les duos, ouvrent bien un opéra, et figurent ensuite avantage dans les premières scènes de chaque acte. Mais lorsque les récits de l'exposition ont tout expliqué, et que l'intrigue, marchant avec rapidité, tend à s'embrouiller ; lorsque le nœud de la pièce va se former ou se dénouer, et que tous les ressorts mis en jeu pour y parvenir amènent des incidents qui changent les situations, et font refluer vers la fin de l'acte les grands tableaux, les effets produits par l'expression du contentement, de l'ivresse, de la tristesse, de la fureur, du tumulte et du désordre ; lorsque le moindre récit frappe subitement des personnages dont l'agitation est au comble qu'ils ne peuvent l'entendre sans manifester soudain leurs sentiments ; lorsque l'action et les passions occupent tour à tour la scène, et à des intervalles si rapprochés qu'on ne saurait passer subitement du chant au récitatif ou du dialogue parlé, pour revenir ensuite à la mélodie, le compositeur traite toute cette fin d'acte en chant proprement dit, lie les scènes les unes aux autres, et fait une suite non interrompue d'airs, de duos, de trios, de quatuors, de quintettes, de sextuors, de chœurs même, en observant d'écrire en chant vocal tout ce qui exprime les passions, réservant la déclamation mesurée qui s'unit aux traits d'orchestre et le récitatif pour le dialogue en action et les récits. Ce morceau de musique, le plus long que la scène lyrique puisse nous offrir, s'appelle *finale*, mot emprunté de l'italien, et qui a dû garder chez nous son genre et son orthographe. C'est Lograscino, compositeur qui florissait du temps de Pergolèse, qui en est l'inventeur ; Paisiello est le premier qui l'ait introduit dans l'opéra sérieux. On ne rencontre point de finales dans nos anciens opéras. Ce genre de composition éminemment dramatique n'était cependant pas inconnu de nos devanciers, puisque les Italiens et les Allemands leur en fournissaient de très-beaux modèles. On avait entendu en 1771, celui de *La Bonne Fille*. Mais l'inexpérience des acteurs de ce temps empêchait de donner une certaine extension aux morceaux de facture, et nos compositeurs craignaient de s'aventurer dans des effets harmoniques que des chanteurs consommés auraient seuls pu rendre.

Philidor, Duni, Monsigny, Grétry terminaient leurs actes par des quatuors, des quintettes, des sextuors. Ces morceaux, composés avec la retenue, j'oserai dire la timidité qui accompagne la naissance de l'art et les premiers pas de l'artiste, n'ont point la marche progressive, rapide, intriguée, l'éclat, la chaleur, la fougue du finale. Si tous les actes des opéras de Gluck, de Piccini, de Salieri, de Sacchini, finissent par des chœurs, des trios, des duos, et même par de simples airs, c'est que les ballets et les divertissements suppléaient quelquefois au finale. D'ailleurs, on ne peut en imaginer de plus beaux que le chœur : Poursuivons jusqu'au trépas, d'*Armide*, et celui du second acte d'*Orphée*, qui, de la manière dont il est coupé par les solos et par le vif intérêt qu'il inspire, pourrait être considéré comme un véritable finale. La nouvelle école, suivant les glorieux exemples que nous donnaient les Mozart et les Cimarosa, introduisit le finale sur nos théâtres lyriques ; et nos compositeurs ont excellé dans ce genre brillant et passionné, qui présente tant de moyens pour produire de grands effets.

Les plus beaux finales sont ceux de *Don Juan*, des *Noces de Figaro*, de *Cosi fan tutte*, de Mozart ; du *Roi Théodore*, de Paisiello ; du *Mariage secret*, de Cimarosa ; des *Deux Journées*, de *la Vestale*, de Spontini ; d'*Élisa*, de Cherubini ; du 4e acte de *Robert le Diable*, de Meyerbeer. Le chœur des conjurés dans *Les Huguenots*, du même auteur, est assez intrigué pour former un beau finale ; mais il est suivi par un duo qui termine l'acte. Je mentionne Rossini le dernier, parce que ce compositeur est le plus fécond, et que l'on admire de superbes finales dans presque tous ses opéras ; je ne citerai pourtant que ceux de *Moïse*, d'*Othello*, de *La Pie voleuse*, de *Sémiramis*, de *La Dame du Lac*, de *Guillaume-Tell*, pour le genre sérieux ; et ceux du *Barbier de Séville*, de *Cenerentola*, de *La Pietra di paragone*, dans le style comique. Les plus courts de ces finales, ceux de *Don Juan*, de *La Pie voleuse*, durent quinze minutes ; il faut une demi-heure juste pour l'exécution du finale de *Sémiramis*, le plus long de tous.

CASTIL-BLAZE.

FINALES (Causes). Voyez CAUSALITÉ.

FINANCES. Les uns font dériver ce mot de *finatio* ou *finantia*, mot qui dans la basse latinité représentait l'idée d'une indemnité, d'une amende ; les autres le font venir de *finare*, corruption de *finiri*, terminer, conclure, arrêter un compte ; les autres encore du mot saxon *fine*, qui désignait un impôt, et signifie en anglais amende, forfaiture ; d'autres, enfin, prétendent que les agents du fisc et les hommes de finances faisant usage d'écritures différentes ; les premiers grossoyant et les seconds se servant de caractères plus fins, le mot finance aurait pris naissance de cette variété d'écriture. Nous ne contestons aucune de ces étymologies, de peur de les contester toutes. Quant à ce qui concerne les financiers, les finances ne sont autre chose que la connaissance des formes à employer pour obtenir les fonds des contribuables, et l'art de réduire ces formes aux règles et aux usages de la comptabilité. Quant aux contribuables, ce n'est que l'action du fisc sur les moyens à employer pour hâter les payements et l'emploi des formes plus ou moins rigoureuses qui aident à ce résultat. Quant aux ministres et aux agents du gouvernement, c'est la science de rejeter sur l'avenir les charges du présent, ou, en termes de tactique, la science de rester centre de mouvement, en regardant la recette comme aile droite, la dépense comme aile gauche. Matériellement considéré, c'est l'art, en raison des besoins, de créer des ressources, de solidifier la puissance mobile, et de suppléer à l'aide du crédit à tout ce qui manque d'effectif.

L'économie politique définit les finances : l'art de percevoir au moins de frais possible, en prenant pour objet de la perception les produits réels et immédiats de la terre, et en diminuant la matière imposable à l'effet de diminuer aussi les frais de perception. Une preuve que les finances ne sont point encore parvenues à la dignité de science, c'est que chacun des systèmes a tour à tour été essayé avec succès, et que les principes les plus opposés ont, dans une certaine mesure, obtenu les résultats désirés de leurs auteurs. La raison générale de ce fait est que, tant que le système a été dans le vrai, et qu'il n'a pas dépassé la limite de cette vérité, il a joui de tout le crédit qu'il était en droit d'obtenir et de conserver; mais chaque fois l'exagération du système l'a perdu.

Chez les Athéniens, les finances publiques étaient le produit du domaine de l'État, celui des amendes et confiscations et celui des concessions de mines, qui représentait la vingt-quatrième partie de leur produit, la capitation des étrangers et des affranchis, les droits de douanes, consistant en deux pour cent, quelques droits secondaires, entre autres sur les marchés, sur les maisons de prostitution, et enfin les tributs imposés à des villes ou à des îles conquises. Tous les revenus étaient affermés à des compagnies, par adjudication publique ; ces compagnies payaient le total de leur engagement le neuvième mois ; une garantie envers l'État, qui risquait fort peu avec elles, elles déposaient un cautionnement : comme les traitants, elles trouvaient moyen de se récompenser de leurs risques par de larges bénéfices. Quand les ressources ordinaires ne suffisaient pas, en temps de guerre par exemple, une taxe extraordinaire était établie sur tous les citoyens divisés à cet effet en deux classes de contribuables dont la première, celle des plus riches, répondait pour la seconde, la plus pauvre, et faisait même pour elle les avances de fonds nécessaires.

Les Romains, dont les dépenses étaient fort restreintes, se contentèrent d'abord de prélever de modiques tributs sur les nations qu'ils avaient soumises; mais, quand ils eurent une cour impériale, des légions de fonctionnaires, de ruineuses armées permanentes, ils durent se créer, en matière de finances, des ressources nouvelles. Alors, on vit surgir une multitude d'impôts divers, capitations, quote part sur le revenu territorial, péages, droit du vingtième sur les successions, droit sur les affranchissements. Comme chez les Athéniens, des compagnies affermèrent la plupart de ces impôts, et réalisaient sur leur produit de vastes bénéfices. Le sénat avait la surveillance des finances de l'État, excepté la caisse de l'empereur où venaient s'engouffrer les revenus de provinces entières, sans qu'il en fut jamais rendu compte.

Le Bas-Empire cherche, lui, des ressources financières dans l'impôt unique; l'impôt personnel représente à lui seul tous les autres impôts. Sous le régime féodal, les villes administraient leurs finances à leur manière, tandis que les seigneurs et les rois subsistaient du produit de leurs vastes domaines. Les Italiens nous apportèrent les premiers la science du fisc, que Venise avait parfaitement su pratiquer par l'établissement des contributions directes ou territoriales et des impôts indirects ou de consommation ; lors des guerres de leur pays, de Louis XII à François Ier, sous divers prétextes, et au fur et à mesure des besoins, ils se présentèrent pour offrir des ressources : celles de se faire régisseurs ou *fermiers*, moyennant un prix de ferme, ont été plus souvent proposées, et les besoins les ont fait accepter. Louis XII, par la vénalité des charges de magistrature, offrit un exemple dangereux. François Ier est venu, et le *gros garçon* a tout gâté; il a dépassé les limites que Louis XII avait posées; la taille a été plus odieuse; et sous prétexte de régulariser des produits, on a créé des fermes, toujours onéreuses aux contribuables, sans rendre davantage au trésor. Il est remarquable de voir que, pendant le quinzième et le seizième siècles, on a vingt fois recherché et puni avec une extrême rigueur, comme concussionnaires, les financiers; qu'on les a soumis à des amendes énormes, attachés au *pilori*; pourtant il s'est trouvé toujours des financiers qui ont vexé d'une manière plus ignoble encore les contribuables. La période de 1550 à 1589 ne présente que désordres politiques, désordres moraux et désordres financiers, plus grands encore. Sully, parvenu à la surintendance des finances, crut qu'il fallait déblayer la source pour qu'elle pût fournir abondamment; il rechercha la nature des abus et les moyens d'y remédier; il parcourut les provinces pour connaître les besoins; il fut le premier à comprendre le véritable système des finances, lequel consiste à laisser à ceux qui doivent payer une aisance suffisante pour leur en faciliter les moyens. Sa première opération fut la remise de 53 millions d'impôts sur les tailles dues par l'agriculture, et ce, malgré les embarras du trésor. Il comprit encore que c'est par la diminution des frais de perception qu'on peut diminuer le fardeau; enfin, qu'en regard des besoins, il faut toujours mesurer l'étendue des ressources, de manière à ce que celles-ci puissent être invoquées sans les épuiser.

Sous Louis XIII, les finances ne furent pas l'objet principal qui occupa le cardinal-ministre. Les financiers cependant augmentèrent leur action, et trouvèrent dans les fermes de nouveaux moyens de concussion; jamais on ne s'est permis, plus qu'à cette époque, de vexations, d'extorsions, de moyens abusifs de sacrifier les intérêts privés. Sous Louis XIV, Colbert créa une nouvelle ère financière. Ami essentiel de l'ordre, tout ce qui émana de lui porta ce cachet; ce fut lui qui éveilla l'attention du souverain sur l'administration de Fouquet, qui paraissait vouloir réaliser, comme Calonne, la maxime inverse de Caton et de Sully : *Il vaut mieux être que paraître*. Colbert, contrairement au système de Sully, et d'après les goûts de son maître, imprima à l'industrie un résultat productif, a la fois plus vif et plus éclatant, et lui donna la préférence sur l'action plus lente, mais plus assurée de l'agriculture. Afin de favoriser les manufactures, qui ne peuvent l'être que par l'abaissement des salaires et par la certitude d'avoir toute l'étendue du marché national, Colbert prohibe les grains, en avilit le prix lorsqu'il arrête leur exportation; mais en même temps, il porte l'impôt sur la consommation, et crée une masse énorme d'impôts indirects : les droits d'aide et d'octroi rendirent, par des combinaisons nouvelles, près du triple. L'augmentation onéreuse du taux du marc d'argent, dans l'intérêt du trésor, et au détriment des fortunes privées, facilita les grandes dépenses de Louis XIV. Qu'on ne s'y trompe pas, en augmentant par des emprunts ou de toute autre manière la masse du numéraire, l'opération n'est profitable au gouvernement que dans sa position de débiteur ; il n'y a pas un sou de production de plus ; mais cependant la réalité de la dette augmente en raison de l'accroissement du capital, car cet accroissement amène la rapidité de la circulation. Dans le cas actuel, ce numéraire est déjà en sus de la masse du numéraire total , et , si vous augmentez encore ce numéraire, vous changez les rapports. Mais il y a un inconvénient terrible, pas assez apprécié par les économistes actuels : l'importance des fortunes privées diminue d'autant, et de là survient la nécessité des fortunes colossales. Or, il ne s'en élève pas une sans qu'il ne surgisse en même temps une multitude relative de pauvres : c'est le crédit qui crée le paupérisme, et c'est le paupérisme qui tue les empires. Le grand roi, dans les soixante-douze ans de son règne, a dépensé l'énorme somme de dix-huit milliards.

Sous le régent, le système de Law se fit jour; on sait

quelles catastrophes il amena. Après la crise financière de Law, le gouvernement ne prit aucune précaution pour en diminuer les effets. Il laissa les événements à eux-mêmes; et avec le fardeau des rentes sur l'hôtel de ville, et celui des rentes viagères, qu'on diminua tout à coup, en les réduisant de quelques sous pour livre, on conduisit les affaires sans encombre jusqu'à l'époque du ministère du cardinal Fleury. La série des ministres des finances depuis 1720 jusqu'en 1750 offre quelques hommes habiles dans les détails, tels que Dodun, Orry et de Séchelles, et quelques hommes honorables par leur haute probité. Les affaires n'empirèrent pas sous l'une et l'autre influence, et si la guerre de 1743 n'avait pas exigé des ressources nouvelles, peut-être eussent-ils conduit le système financier sans augmenter le déficit et les besoins; mais cette guerre entraînait de grandes dépenses, des augmentations aux anciens subsides, des emprunts mal digérés, des anticipations, et par dessus tout le faux système qui substituait au crédit du trésor celui des fermiers; toutes ces causes réunies rendirent plus pénible encore la situation financière.

Vers cette époque commence une ère nouvelle. Les économistes discutent les moyens d'augmenter la richesse, de la distribuer dans des intérêts de la société, la nature de l'impôt, concluent qu'il ne doit être considéré comme juste et légal qu'autant qu'il aura été consenti par les contribuables eux-mêmes, médiatement ou immédiatement : on discute sur la préférence à donner à l'impôt direct sur l'impôt indirect; on compare, on apprécie les inconvénients de tous les modes de perception; on remonte à la source des priviléges, on en discute les titres, et on prépare ainsi un violent ébranlement. L'administration ne fut point sourde à la clameur universelle, elle ne fut point indifférente aux réclamations : elle voulut tenter quelques efforts; mais, en présence des besoins dont le fardeau l'accablait, ses tentatives furent impuissantes, et elle resta meurtrie du poids immense qui comprimait sa bonne volonté. Honneur à Bertin, qui, durant les trois années qu'il apparut au ministère des finances, prépara les moyens de les améliorer! Son projet était de reporter les douanes à la frontière, d'ôter aux aides leur action vexatoire; il projeta, dès son entrée au ministère, un tarif de douanes dont le taux, *ad valorem*, n'aurait pas dépassé, suivant les cas, 5, 10, 15 p. 100. Les intrigues de la cour, et plus encore celles des fermiers généraux, le forcèrent à donner sa démission, et son projet de tarif demeura enseveli dans les cartons.

Lorsqu'en 1774, à la voix de Louis XVI, Turgot arriva aux affaires, il trouva le trésor dans un état désespérant. L'inflexibilité de son caractère, le désir immodéré de faire prévaloir l'économisme, des mesures trop hâtées, quelques-unes éminemment fausses, imprimèrent à son ministère une grande défaveur pour les principes qu'il y avait apportés, et dont quelques-uns ont été consacrés par la révolution. Il faut pourtant rendre justice à ce philosophe, trop loué et trop blâmé : c'était un homme de bien, qui avait fui à ses principes; ses vues étaient droites, mais il connaissait trop peu les hommes. Il n'appela pas le temps comme auxiliaire, pour faire prévaloir ses opinions, et il quitta le ministère en perdant une grande partie de cette réputation d'habileté qu'il y avait fait arriver. Quand Necker parvint au ministère, l'immense fortune qu'il avait amassée comme banquier, le rigorisme de ses principes, la brusquerie de ses manières, son orgueil démesuré, son opiniâtreté même, tout fut moyen pour lui. Il sonda la profondeur de l'abîme, mit la plaie à découvert; mais, homme à vue courte, il n'aperçut dans les finances qu'une banque; il n'eut de moyen de crédit que l'emprunt, de moyen d'économie que cette parcimonieuse avarice qui ajoutée à la roideur de ses formes, à la mesquinerie de ses succès, le força à rentrer dans la vie privée après avoir occupé le ministère durant quatre ans. Calonne, intendant de Flandre, développa dans les six années qu'il fut ministre un système absolument nouveau. Le principe était vrai, mais poussé à sa dernière limite il prouva qu'aucun principe n'est absolu. Son système était que le mouvement imprimé au numéraire par la circulation double non le capital, mais le profit qu'on en peut retirer. Jamais l'agio, pris dans son acception propre, c'est-à-dire la différence entre l'argent en repos et celui en mouvement, ne fut plus actif et plus heureux. L'aisance dans toutes les affaires signala cette époque : la création de la caisse d'escompte, préférable à un emprunt, aida beaucoup Calonne. Son école s'est reproduite de nos jours sous le ministère du baron Louis. Le principe a eu le même succès; et nous devons ajouter, à la louange de ce dernier, qu'il a évité l'exagération de Calonne; et qu'en surveillant l'effet du principe, il a évité l'écueil.

La retraite de Calonne laissa à nu le piteux état des finances : vingt systèmes se succédèrent sans qu'elles fussent améliorées : la crise était inévitable; et un déficit, qu'aujourd'hui l'on regarderait comme sans importance, puisqu'il n'était que de 56 millions par an, eut pour résultat cette révolution terrible qui a englouti plus de capitaux que les dix siècles qui l'avaient précédée. La création des assignats sous la Révolution fut une de ces grandes idées qui peuvent sauver les empires. Par une hypothèque anticipée, disposer du capital de 1100 millions des biens du clergé, de 700 millions des biens du domaine, était un levier puissant; le levier était trouvé, et habilement placé, on eût pu remuer le monde. Un seul mot suffira pour caractériser les systèmes de finances qui se sont succédé depuis lors sous la Constituante et la Convention. Le génie de la nécessité inspira à Cambon et à Ramel, successivement, ce qu'ils crurent le mieux pour sauver la France du désordre dans lequel était tombée la fortune publique. On ne consultait plus les chances d'avenir, toujours nécessaires au succès des grandes opérations financières; il fallait vivre au jour le jour, et intéresser au maintien précaire d'une mesure, quelle qu'elle fût, par le sentiment de l'intérêt privé. Le projet de Cambon, d'uniformiser et de républicaniser la dette, fut une véritable inspiration. Sa création du grand-livre de la dette publique fut une bonne mesure, dont l'agio et l'emprunt doivent finir par ébranler la sécurité. Ramel connaissait les principes généraux, groupait admirablement les chiffres, séduisait par des rapports auxquels il eut le malheur de croire; mais fallait-il exécuter, rien n'était prévu, et les routiniers de l'ancienne finance suscitaient des entraves à chaque pas. Les assignats dépérissaient chaque jour : en multipliant ce signe de l'argent, on en favorisa encore la dépréciation.

Héritiers de la Convention, les députés du Conseil des Cinq-Cents sentirent la nécessité de sortir des abstractions et d'arriver à une réalisation des impôts. Le passage des assignats à l'argent se fit d'une manière miraculeuse : nulle secousse, nulle entrave et, sans que la législation s'en mêlât, la miracle fit l'ordre. En l'an vii Ramel était aux finances; il comprit la situation et mieux encore les ressources. Comme financier il a rendu d'immenses services. Il a recréé la machine, et c'est sur les lois de frimaire an vii, qui sont surtout son ouvrage, qu'il a basé le mode d'imposition actuel : on n'a fait que le continuer. Plus habile, il aurait voulu créer; mais appréciateur sage de ses moyens, il a rapproché les débris et emprunté aux anciennes impositions ce qu'elles avaient de tolérable pour le moment et d'après la position nouvelle. Napoléon était un homme d'ordre. Le premier soin qu'il prit fut de remonter la machine financière. Pour cela, il choisit des hommes selon son esprit, et surtout pour ses ministres des hommes d'une inattaquable probité. Son histoire financière a été écrite par Gaudin, duc de Gaète, qui eut souvent sa pensée. Les directions pour chaque nature d'impôt se régularisèrent. Les recettes, prévinrent les difficultés locales. Le payement seul par douzième des impositions directes eut ce grand avantage pour le trésor, de pouvoir affermer près des receveurs généraux et de réaliser pour une année la totalité de l'impôt; il eut pour la masse l'inconvénient de tripler les frais de perception et de voir le quart du sacrifice des peuples devenir la curée d'une nuée d'employés, dont l'abus est aujourd'hui regardé comme un droit. Une économie véritable est là : amenez la diminution des frais de perception, et vous aurez bien mérité des contribuables. Nous devons cependant signaler une administration exempte de tout reproche, celle des domaines : la perception s'y fait à raison de 10 p. 100 des produits ; tandis que pour les contributions directes, elle dépasse ce taux, et que pour les contributions indirectes, les douanes et les postes, les recouvrements ont lieu à raison de 30 p. 100.

Lorsque le trésor public fut confié à ses soins, Mollien y apporta l'ordre et l'intégrité qu'on devait attendre de son mérite et de son dévouement au pays. Il emprunta au commerce l'utile méthode de tenir les écritures en partie double, créa des moyens de représentation des valeurs sur tous les points de la France, de sorte que tous les fonds disponibles se trouvaient sous sa main, à l'aide de l'agio accordé, moyen connu dans le commerce sous le nom de commission de banque. C'est à ce système complet d'écritures, modifié et perfectionné par son bon esprit, que ce ministre dut de découvrir plusieurs erreurs qui avaient été commises avant lui et de les éviter à l'avenir. On a beaucoup blâmé l'opération de Villèle relative à la distribution du milliard. Le but *politique* est en dehors de notre discussion ; mais le moyen prouvait une haute capacité financière, et ses plus grands adversaires caressent peut-être un peu trop, dans l'intérêt de l'avenir, la pensée féconde qu'augmenter un capital en diminuant l'intérêt, c'est servir les finances et aider à leur mouvement. Depuis 1814, nous sommes irrévocablement jetés par la nécessité, la première des lois, dans la voie de l'emprunt. Les conséquences commencent à se faire voir aujourd'hui : la production a trouvé de nouveaux moyens d'action ; jamais elle n'a offert au marché une plus grande masse de produits, parce que l'immobilisation des capitaux a produit un nouveau capital, qui est l'intérêt. L'application de ce capital s'est partagée entre l'industrie agricole et l'industrie manufacturière. Mais en s'augmentant, mais en excitant l'émulation d'un grand nombre d'hommes qui se sont portés dans les affaires, on a changé les rapports de la consommation à la production. La consommation n'a pas augmenté en raison de la production : celle-ci a toujours été supérieure, de manière que le gain ou la rente d'un capital donné a toujours été en décroissant. Cet état de choses, dont se félicitent certains financiers, a pourtant aussi sa limite ; et si, comme on paraît le désirer, le taux de la rente arrive à 2 p. 100, alors, attendu que les salaires, sous peine de perturbation, auraient dû augmenter dans la proportion de la diminution de l'intérêt, la conclusion sera forcément que pour avoir de l'aisance il faudrait une énorme quantité de capitaux, qui, devenant de plus en plus rares, n'offriraient bientôt dans la société que deux classes d'hommes : ceux qu'un luxe effréné conduirait à une corruption plus effrénée encore, et ceux qui, par la médiocrité de leur fortune, ne pourraient plus atteindre aux nécessités de la vie. Si nous formons des vœux, c'est pour le maintien d'une portion intermédiaire de la société, dont la masse s'interpose toujours entre quelques riches et une effrayante multitude de pauvres.

Il serait superflu d'établir un parallèle entre les systèmes de finances qui régissent les divers États de l'Europe et de l'Amérique. Chaque peuple, comme chaque individu, pris isolément, s'applique à rechercher, dans sa position réelle ou relative, les meilleurs moyens d'arriver à la prospérité. Il serait d'autant plus imprudent à la France d'imiter sous ce rapport l'Angleterre, que les sources de leur crédit public sont complètement différentes. La fortune anglaise est toute en dehors d'elle-même ; ses ressources ne lui appartiennent que parce que son influence s'exerce sur des peuples esclaves. La France, au contraire, doit sa prospérité à son sol. L'industrie commerciale fait la principale force de l'Angleterre ; la nôtre semble devoir reposer plus spécialement sur l'industrie agricole.   V. DE MOLÉON.

FINANCES (Conseil des). *Voyez* CONSEIL D'ÉTAT.

FINANCES (Ministère des). Les attributions de ce ministère comprennent à la fois l'administration de toutes les branches du revenu public, l'établissement et le règlement du budget général de chaque exercice.

Pour suffire à cette tâche immense, il se partage en plusieurs grandes sections, dont chacune pourrait en quelque sorte faire un petit ministère.

L'administration centrale proprement dite comprend d'abord huit services principaux ou directions, savoir le personnel et l'inspection générale, le secrétariat général, le contentieux, le mouvement général des fonds, la dette inscrite, la comptabilité générale, la caisse centrale du trésor public, le contrôle central.

Les grandes administrations annexées au ministère des finances sont : l'administration des contributions directes, la direction générale de l'enregistrement et des domaines, la direction générale des douanes et des contributions indirectes, la direction générale des postes, l'administration des forêts. Il y ressortit encore d'importantes institutions, qui existent en dehors de son sein ; telles sont la commission des monnaies et médailles, la caisse d'amortissement, la caisse des dépôts et consignations, la cour des comptes. « La concentration dans une seule main de ces vastes attributions, dit M. Boulatignier, a sans doute des avantages : elle assure l'unité dans l'administration de la fortune publique, et cette unité est peut-être plus précieuse en France que dans tout autre pays, puisque notre organisation politique et administrative repose sur le principe de la centralisation. Toutefois, des publicistes et des hommes d'État ont regretté que la direction suprême de tout ce qui concerne l'assiette des revenus publics, laquelle exige surtout des connaissances économiques, ne fût pas séparée, comme elle l'a été longtemps, de la direction du service de la trésorerie, qui demande des études et des notions d'un autre genre, qu'un seul homme possède rarement ensemble. »

Nulle partie de l'administration gouvernementale n'a subi plus de changements que l'administration des finances. Sous les premières races, les rois n'avaient de revenus que ceux de leurs domaines, et les *missi dominici* sont les premiers officiers des finances dont l'histoire fasse mention. Ce ne fut que lorsque l'émancipation des communes et l'établissement des états généraux eurent mis un terme à l'anarchie féodale et relevé l'autorité royale, qu'un système d'administration des finances devint indispensable. Ce fut sans doute l'accroissement rapide des revenus de la couronne qui détermina alors les rois de France à investir spécialement un de leurs ministres de l'administration des finances. Auparavant, ces fonctions avaient été comprises dans les attributions du sénéchal.

La dignité de *surintendant des finances* fut alors créée. Enguerrand de Marigny paraît avoir le premier porté ce titre. Les états généraux de 1355 s'attribuèrent le choix des préposés à la perception des aides, nommèrent des élus, et désignèrent neuf *généraux* ou *superintendants des aides*, hauts fonctionnaires à l'institution desquels on peut rapporter l'origine de la *cour des aides*. Charles V réduisit à quatre le nombre des *généraux* ou *superintendants des finances* ; la France fut alors divisée en quatre arrondissements ou *généralités*. Les pays d'états continuèrent seuls à nommer les agents chargés du recouvrement des impôts votés par les assemblées provinciales. Dans tous les autres, les *élus* devinrent des officiers royaux, et ces pays prirent le nom de pays *d'élections*.

Cependant le trésor public, qui était en même temps trésor royal, conservait le modeste nom *d'épargne*, et le ministre celui *d'argentier*.

François 1er créa l'office de *trésorier de l'épargne* et celui de *receveur général des parties casuelles*. Seize receveurs généraux furent chargés de recueillir les produits de tous les impôts ; et ils rendaient compte au trésorier de l'épargne

Auprès de celui-ci on plaça comme surveillant de ses actes un *intendant des finances*. De cette institution utile sortirent, sous le règne suivant, les intendants des finances qui furent établis dans les provinces et, peu après, les surintendants d'abord, puis les contrôleurs généraux, qui eurent ensuite le gouvernement des finances.

Sous Henri II on institua dix-sept *commissaires départis pour l'exécution des ordres du roi* dans les dix-sept généralités alors existantes.

Henri IV supprima la place de surintendant des finances, et établit un conseil des finances, composé de huit membres. La tentative ne fut pas heureuse; car bientôt il écrivit à Sully : « Je me suis donné huit mangeurs au lieu d'un ! » Sully remplaça quelque temps après ce conseil dilapidateur, et garda la direction de la fortune publique jusqu'à la mort du roi. La surintendance des finances finit avec Fouquet. Son successeur Colbert prit le titre de *contrôleur général des finances*. Louis XIV n'avait pas voulu que le nouveau ministre pût jamais être comptable et ordonnateur, comme les anciens surintendants. Au delà de mille francs toutes les dépenses étaient seulement contresignées par lui, le roi se réservant de les signer et de les délivrer en son nom, afin d'exercer un contrôle de tous les instants sur l'emploi des deniers publics. Un conseil permanent des finances éclairait le contrôleur général de ses avis.

Vadée-Delessart fut le dernier contrôleur général ; Tarbé lui succéda en 1791, avec le titre de *ministre des contributions publiques*. La Convention, contrairement à son principe d'unité et de centralisation, partagea la direction de la fortune publique entre les trois membres du conseil des finances et des revenus nationaux. Mais le Directoire revint à l'unité administrative, et Faypoult fut nommé, en novembre 1795, ministre des finances, titre que tous ses successeurs ont porté depuis. Sous l'empire, le ministère du trésor public fut distrait du ministère des finances ; il a été supprimé depuis la Restauration.   W.-A. DUCKETT.

FINANCIER, celui qui manie les deniers de l'État ou qui fait des opérations de banque, de grandes affaires d'argent. Il se disait particulièrement autrefois de ceux qui avaient la ferme ou la régie des droits du roi. On dit aussi opérations *financières*, législation *financière*. L'écriture *financière* est une écriture en lettres rondes et fines. La Fontaine a dit :

Le savetier alors en chantant s'éveillait,
Et le *financier* se plaignait
Que les soins de la Providence
N'eussent pas au marché fait vendre le dormir.

FINANCIERS (*Théâtre*). On a désigné sous ce nom un des *emplois* de notre scène comique, qui comprend non-seulement les gens de finance, mais les divers rôles dans lesquels la rondeur, le laisser-aller, une bonhomie franche et gaie sont des qualités indispensables. Le Lysimon du *Glorieux* est cité comme le rôle le plus brillant de cet emploi ; Turcaret, de Le Sage, Orgon et plusieurs autres personnages de Molière sont également classés entre les *financiers*. Parfois aussi un ton bourru, des manières brusques, sont l'attribut de ce genre, comme dans le Commandeur du *Père de Famille*, et dans tous les marins de notre ancien théâtre classique. Molière excellait dans cet emploi, qui depuis a été tenu par Bonneval, Grandménil, Devigny, etc. Dans le siècle dernier, Desessarts joua les *financiers* à la Comédie-Française avec un succès dont les fastes dramatiques nous ont transmis le souvenir. La nature semblait l'avoir créé pour cette destination : sa rotondité physique, texte fécond des plaisanteries si connues de son camarade Dugazon, excitait, dès son entrée en scène, un rire que le comique de son jeu, le naturel de sa diction, rendaient bientôt plus flatteur pour son talent. À une époque récente, Michot, acteur plein de naturel et de vérité, a joué avec distinction plusieurs rôles se rattachant à l'emploi des *financiers*.
OURRY.

FIN COURANT, FIN PROCHAIN. *Voyez* BOURSE (Opérations de), tome III, page 603.

FIN D'AUTRUCHE. *Voyez* DUVET.

FIN DE NON RECEVOIR, exception, moyen de procédure. Au palais, on distingue encore les *fins de non procéder* et les *fins de non recevoir*. Les premières, véritables exceptions dilatoires, ne se rattachent qu'à des nullités de forme, qui n'empêchent point l'instance de se reproduire quand elles ont été adjugées. Les fins de non recevoir portent sur le fond même de l'instance ; et quand les moyens préjudiciels qui les constituent sont admis, l'instance ne peut plus se reproduire. Telles sont les exceptions d'incompétence, de nullité d'assignation, de péremption, de prescription, et en général toutes les exceptions connues en droit sous le nom d'*exceptions péremptoires*.

FIN DU MONDE. *Voyez* MONDE.

FINESSE. A ne l'envisager que sous le rapport moral, la *finesse* est une faculté ou plutôt une qualité qui tient à la fois de la pénétration, de la sagacité et de la ruse. Elle tient de la pénétration, en ce sens qu'elle fait apercevoir et reconnaître comme elle certains détails qui échappent à l'homme ordinaire ; mais la pénétration est quelquefois accidentelle, et ne s'acquiert pas comme la finesse : un homme ne sera pas toujours pénétrant ; il pourra être toujours fin. Au reste, la finesse ne fait apercevoir que certains détails spéciaux, tandis que la pénétration les néglige pour considérer les choses en grand. Aussi Marmontel a-t-il comparé la finesse à un microscope et la pénétration à un télescope. La finesse s'éloigne de la sagacité en ce sens que celle-ci, qui réside dans le tact de l'esprit, est moins sujette à l'erreur ; la finesse, au contraire, est plus superficielle, et se trompe aisément ; elle s'éloigne de la ruse, car elle n'est point offensive comme elle : souvent la finesse consiste seulement à éviter des pièges tendus par celle-ci ; la ruse n'est que la finesse jointe à l'artifice. « La finesse, a dit La Bruyère, n'est ni une trop bonne ni une trop mauvaise qualité : elle flotte entre le vice et la vertu. » « On ne se sert de finesse, ajoute La Rochefoucauld, qu'à défaut d'habileté. » La finesse des femmes, de ce sexe qui ne puise sa force que dans sa faiblesse, dégénère trop souvent en tromperie. Qu'est-ce que la finesse de la diplomatie, sinon la perfidie politique se couvrant d'un masque de convention, une fourberie maniérée se parant d'un nom d'emprunt pour se faire innocenter ? Qu'est-ce que la finesse de tant d'hommes d'esprit, sinon certaine malice de bon goût, certaine mauvaise humeur de bon ton, dégénérant délicatement en épigrammes, qu'on pourrait qualifier de penchant irrésistible à la satire ?

Considérée comme une qualité de l'esprit et des ouvrages d'esprit, la finesse est encore la sœur de la délicatesse : elle est le sentiment des vérités que tout le monde n'aperçoit pas ; la délicatesse est celui des convenances que tout le monde ne sent point. On a dit, avec assez de raison, que la finesse était la délicatesse de l'esprit, et la délicatesse la finesse de l'âme. Que de finesse n'y a-t-il point dans La Bruyère, La Rochefoucauld, Molière, Voltaire, La Fontaine ! Dans les productions littéraires comme dans la conversation, la finesse consiste à ne pas exprimer directement sa pensée, mais à la laisser deviner. Elle s'étend aux choses piquantes, au blâme, etc. Alors l'épigramme s'en empare ; et elle doit, pour réussir, en user avec la plus grande délicatesse.

On appelle *finesses* d'une langue ses élégances les plus exquises, ses nuances les plus délicates, les tours, les ellipses qui lui sont propres, les tons variés dont elle est susceptible, les caractères qu'elle donne à la pensée par le choix, le mélange, l'assortiment des mots. On dit dans le même sens les *finesses* du style.

Les *finesses cousues de fil blanc* sont les finesses grossières, auxquelles personne ne se laisse prendre.

FINGAL (FIN-MAC-COUL), père d'Ossian, vivait au troisième siècle de l'ère chrétienne, et était prince de Morven (ou Morbhein), province de l'ancienne Calédonie. Il résidait, dit-on, à Selma, qu'on place dans la vallée de Glenco, comté d'Argyle (Écosse); et dans toutes les parties de l'Écosse on rencontre des ruines et des cavernes (voyez l'article ci-après) qui portent son nom. Il doit son illustration guerrière surtout à ses luttes contre les Romains en Bretagne, où il entreprenait souvent des expéditions pour en rapporter comme butin de la cire et du vin. Quoi qu'en disent Gibbon, Macpherson et autres, il est très peu vraisemblable que le Romain qu'Ossian nomme *Caracoul* ait été Caracalla. Fingal osa souvent s'aventurer par mer jusqu'en Suède, en Irlande et aux Orcades, pays qu'Ossian désigne sous les noms de *Lochling, Innistore* et *Ullin*. Ossian célèbre épisodiquement la mort de Fingal, sans donner de détails sur sa vie. Il le représente comme le plus noble caractère.

FINGAL (Grotte de). L'extrémité sud-ouest de l'île de Staffa, l'une des Hébrides, porte entièrement sur des rangées de colonnes de basalte qui ont près de 20 mètres d'élévation, et qui, décrivant tous les contours du sol, forment en rentrant trois grottes, dont la plus remarquable a pris le nom de *Fingal*, parce qu'une légende populaire lui attribuait l'honneur d'avoir servi de demeure au héros chanté par les bardes; ce qui est fort peu vraisemblable, du reste. Si, en temps calme et à l'heure de la marée basse, on peut pénétrer dans la grotte en bateau, ou de côté, en marchant sur les débris entassés des prismes, cela devient à peu près impossible quand la mer agitée vient se briser en bouillonnant contre les colonnades. Mais au seuil de la grotte le voyageur jouit déjà d'un magnifique spectacle. Que l'on se représente un antre de 80 mètres de profondeur sur 19 de hauteur, 30 de largeur, figurant à son entrée un gigantesque portail gothique, et dont les parois, composées de colonnes verticales d'un seul jet, supportent une voûte formée de prismes entrelacés dans tous les sens, tandis qu'ils sont disposés dans le fond comme un vaste buffet d'orgues, et l'on n'aura qu'une faible idée de la beauté de ce spectacle, à l'effet magique duquel viennent ajouter la douteuse lueur de quelques rayons de lumière qui pénètrent dans les immenses profondeurs de la grotte et le mugissement de la houle, qui se brise avec fracas contre le roc, puis rejaillit en longues gerbes d'écume à chaque obstacle qu'elle rencontre.
D' SAUCEROTTE.

FINI, adjectif qui signifie *déterminé, borné, limité*, et qui se dit surtout des êtres physiques. Les partisans des idées innées, s'écartant de la voie simple de la nature et de la raison, ont prétendu que nous ne connaissions le *fini* que par l'idée innée que nous avions de l'*infini*, le *fini*, suivant eux, supposant l'infini et n'étant qu'une limitation de l'idée que nous nous en faisons, les êtres particuliers ne nous étant connus que parce que nous avons conscience de l'être en général. Plus on réfléchit à cette étrange hypothèse, plus on la trouve opposée à l'expérience et aux lumières du bon sens. Saint Paul, au lieu de nous dire que l'idée innée de l'*infini* nous révèle des créatures, nous enseigne, au contraire, dans son épître aux Romains, que « les perfections invisibles de Dieu, sa puissance éternelle et sa divinité sont devenues visibles depuis la création du monde par la connaissance que les créatures en donnent. » C'est par les idées particulières que nous nous élevons aux idées générales; ce sont les divers objets blancs qui frappent notre vue qui nous donnent l'idée de la blancheur; ce sont les divers animaux qui nous ont entourés depuis notre enfance qui nous ont donné l'idée générale de l'animal. Sur ce principe bien développé, et non ailleurs, reposent les bases d'une bonne et saine logique.

On appelle *grandeur finie* celle qui a des bornes ; *nombre fini*, celui dont on peut comprendre et exprimer la valeur ; *progression finie*, celle qui n'a qu'un certain nombre de termes, par opposition à la *progression infinie*, dont le nombre de termes peut être aussi grand qu'on voudra. Nous n'avons d'idées distinctes et directes que des grandeurs *finies* ; nous ne connaissons l'*infini* que par une abstraction négative de notre esprit. Il est si vrai que l'idée que nous nous faisons de l'*infini* n'est point directe, mais purement négative, que la dénomination même d'*infini* le prouve. Cette dénomination, qui signifie *négation du fini*, fait voir que nous concevons d'abord le *fini*, et que nous ne nous élevons ensuite à l'*infini* qu'en niant les bornes du *fini*.

FINI (*Beaux-Arts*). Lorsqu'un artiste commence un ouvrage, lorsqu'il fait son ébauche, il travaille avec prestesse, et ne pense qu'à l'effet, à la disposition générale, sans s'occuper aucunement des détails. Le peintre ne s'inquiète ni de la brosse qu'il tient à la main, ni des tons qui sont sur sa palette, ni de la pureté de son dessin. Le statuaire aussi ne pense qu'à la pose de sa figure, à son mouvement général, mais en avançant son travail, l'artiste apporte plus de soin, prend plus de précaution pour arriver à la perfection, qu'il veut toujours atteindre ; il cherche à *finir* avec attention, soit en réprimant la fougue de son imagination, soit en prenant tous les moyens possibles pour faire disparaître les taches, les rugosités qui pourraient déplaire aux yeux. C'est ce travail minutieux, cette attention, ce dernier soin, qui fait remarquer le beau fini d'un tableau. Au contraire, un tableau manque de fini quand l'artiste a négligé ces derniers moyens. Il est inutile de dire que le fini doit être en raison de la situation d'un ouvrage. Ainsi, un tableau historique de 10 mètres n'a aucun besoin d'avoir le fini que l'on recherche, que l'on exige dans un tableau de 40 centimètres. Les bas-reliefs du Parthénon, à Athènes, n'avaient pas le même fini que la statue de l'Amour grec et de la Vénus du Capitole. La *Descente de Croix* de Rubens ne peut avoir le même fini que les tableaux de Mieris et de Gérard Dow. Ce travail précieux et même minutieux n'est pas sans inconvénient : quelquefois le peintre qui s'y laisserait entraîner n'obtiendrait pour résultat qu'un ouvrage léché, sec et froid. Il faut donc éviter les excès ; car un tableau peut manquer de fini, ou bien l'être trop.
DOCHESNE aîné.

FINIGUERRA (MASO ou plutôt TOMMASO DI), célèbre sculpteur et orfèvre, à qui quelques auteurs attribuent l'invention de la gravure sur cuivre, vivait à Florence vers le milieu du quinzième siècle, et fut un des élèves de Lorenzo Ghiberti, sous la direction de qui il paraît avoir été employé à la construction de la seconde porte en bronze du baptistère de Saint-Jean-Baptiste à Florence, qui fut commencée en 1425 et terminée en 1445. Une plaque de métal qu'il exécuta pour l'église Saint-Jean de sa ville natale, et sur laquelle se trouve niellé le couronnement de la Vierge Marie, porte la date de 1452, et orne aujourd'hui le musée de Florence. Un hasard lui ayant conduit à prendre sur un linge mouillé une empreinte de cette plaque niellée, Finiguerra étendit la découverte en l'appliquant sur du papier, et, dit-on, inventa ainsi la gravure sur cuivre. Ce qu'il y a de certain, c'est que le cabinet des estampes de la Bibliothèque impériale à Paris possède une épreuve sur papier, de la plaque en question. Il en existe aussi diverses reproductions en soufre, qui jouissent d'une grande célébrité. La galerie de Florence possède aussi divers dessins à l'aquarelle de Finiguerra.

FINISTÈRE ou **FINISTERRE** (Cap), *Capo Finisterre*. C'est un nom donné au promontoire formant l'extrémité nord-ouest de l'Espagne, dans la province de la *Coruña* (Corogne), ancien royaume de Galice ; le *Promontorium Nerium* des anciens, devenu célèbre de notre temps par deux batailles navales. Dans la première, livrée le 14 juin 1745, une escadre anglaise, forte de dix-sept vaisseaux de ligne, et commandée par l'amiral Anson, enleva une escadre française de quatre vaisseaux de ligne et de cinq frégates, commandée par le marquis de Jonquière, convoyant plusieurs navires de la Compagnie des Indes Orientales et des bâtiments de commerce venus de la Martinique.

Le second engagement dont les eaux du cap Finistère furent témoins eut lieu le 9 juillet 1805, entre une escadre anglaise de quinze vaisseaux, commandée par l'amiral Calder, et une flotte combinée de France et d'Espagne, commandée par les amiraux Villeneuve et Gravina. Quatre vaisseaux anglais furent démâtés, et deux bâtiments espagnois, tombés dans la flotte anglaise, furent pris. Cette fois, le champ de bataille resta aux Français.

FINISTÈRE (Département du). Formé d'une partie de la basse Bretagne, il est borné à l'est par les départements des Côtes-du-Nord et du Morbihan, au sud et à l'ouest par l'Océan, au nord par la Manche.

Divisé en 5 arrondissements, dont les chef lieux sont Quimper, Brest, Châteaulin, Morlaix et Quimperlé, 45 cantons, 283 communes, il compte 617,710 habitants, envoie quatre députés au corps législatif, forme la troisième subdivision de la sixième division militaire, fait partie du vingt-troisième arrondissement forestier, est du ressort de la cour impériale et de l'académie de Rennes, et forme le diocèse de Quimper, suffragant de Tours. Son académie comprend un lycée et, cinq colléges communaux.

Sa superficie est de 666,705 hectares, dont 273,211 en terres labourables; 31,117 en bois; 268,573 en landes, pâtis, bruyères; 40,911 en prés; 4,525 en propriétés bâties; 10,035 en vignes, pepinières et jardins; 3,668 en étangs, abreuvoirs; 2,624 en rivières, lacs, ruisseaux; 2,089 en forêts, domaines non productifs; 28,495 en routes, chemins, places publiques, rues; 447 en cimetières, églises, presbytères, bâtiments publics. Le nombre des propriétés bâties est de 90,020, dont 87,712 consacrées à l'habitation; 2,217 moulins, 4 forges et hauts fourmaux; 87 fabriques et usines diverses. Le département paye 1,472,011 francs d'impôt foncier.

[Comme l'indique son nom moderne, cette partie de la Bretagne forme au sein de la mer le poste avancé de l'ancien continent. Quelle que soit l'aire de vent d'où la brise s'élève, les vagues dévorantes viennent assaillir nos grèves décharnées; et chaque jour emporte un lambeau de leur ceinture de roches. Découpées en mille festons, elles présentent un nombre infini de criques, de ports, de saillies rocheuses; mille écueils montrent leurs têtes noires bien loin dans les flots. Des îles violemment séparées de la terre ferme, des pans de murs à demi cachés sous les sables, des traditions de villes engloutis, il regrettent les progrès de l'Océan. Holocauste voué pour l'Europe, l'Armorique s'amoindrit sans cesse sous l'étreinte des flots. Les deux pointes du Raz et de Saint-Matthieu, comme deux antennes de granit, s'avancent au sein des mers, et soutiennent leurs premières attaques. Les roches de schistes, moins résistantes, ont cédé sous l'effort, et la vague se creuse au milieu d'elles la rade de Brest et la baie de Douarnenez. Un dernier chaînon du Ménéhom, enfant perdu des montagnes Noires, sépare ces deux bassins, et présente ses flancs quartzeux à l'outrage des courants. Lorsque les flots du *Gulfstream*, repoussés par le Nouveau Monde, et gonflés par les orages de l'ouest, se roulent vers nous en vagues menaçantes, le colosse immobile voit leur rage expirante écumer en vain sur ses noirs contours, et du milieu des tourbillons de vapeurs qu'ils vomissent dans l'air, son front chauve se dresse de 100 mètres audessus des fureurs de l'Atlantique. D'un bras, il abrite contre ses violences et fait vivre de ses bienfaits un peuple de pauvres pêcheurs; de l'autre, chargé par Vauban d'un bracelet de canons, il protège les vaisseaux de guerre de la France. Comme une borne éternelle au pouvoir de l'Océan, se dessine dans le fond de la presqu'île le Ranbras, aux formes géantes; génie tutélaire, une couronne de nuage se déploie sur sa tête, et dédaigneux du flot qui rugit à ses pieds, il laisse traîner sur la grève homme à ajoncs. Le Ranbras est un des points culminants de l'Armorique.

Deux chaînes de montagnes, à peu près parallèles, partagent le département sur toute sa largeur. Les montagnes d'Arès prennent naissance au fond de la rade de Brest, courent vers l'est, et leur plus grande élévation, au sommet du Saint-Michel, n'excède pas 400 mètres. Les montagnes Noires commencent à la pointe du Raz, se dirigent aussi dans la direction de l'est, et n'atteignent pas plus de 350 mètres au-dessus du niveau des basses marées. Les schistes argileux dont ces montagnes sont formées possèdent de grandes richesses minérales; et l'on reconnaît dans les débris organiques qu'ils recèlent des victimes d'une des premières révolutions du globe. Le Finistère se trouve ainsi divisé en trois parties bien distinctes, une vallée centrale, comprise entre les montagnes, et deux plateaux diversement inclinés : l'un, dont le sommet est formé par l'arête des montagnes Noires, plonge au sud vers l'Océan ; l'autre, appuyé sur les montagnes d'Arès, s'abaisse au nord vers la Manche. N'allez pas croire, cependant, qu'une pente égale vous conduise du Saint-Michel au rivage. Le relief que présente le sol n'est partout qu'une suite d'aspérités. Devant vous, toujours une colline qu'il faut gravir ou descendre : ses flancs sont creusés de ravins ; une couche légère de terre végétale n'a pas toujours recouvert son crâne de granit, et çà et là de blancs rochers de quartz, comme des spectres couverts de leurs linceuls, surgissent à travers les bruyères arides. Un ruisseau tourne péniblement les sinuosités du vallon, grandit à travers mille obstacles ; et quelques-uns de nos torrents ont usurpé le nom de rivière avant de se perdre sans retour. Leurs bords, escarpés, couverts de bois, ou taillés dans le roc, présentent à chaque pas des contrastes variés de sites gracieux ou sauvages. Pendant la belle saison, leurs eaux se dérobent sans bruit sur un sable étincelant de mica ; mais lorsque les pluies d'hiver commencent à suinter des veines de la montagne, à l'étroit dans leurs rives qu'elles rongent, elles s'élancent turbulentes au milieu des troncs d'arbres et des blocs énormes qu'elles roulent pêle-mêle dans leur fuite désordonnée.

Le cours d'eau le plus important du Finistère est la rivière d'Aulne ou rivière de la Peur. Elle prend naissance à la limite orientale du département, arrose le bassin compris entre les deux chaines de montagnes, et se jette dans la rade de Brest à travers une gorge de 100 mètres de profondeur. Elle reçoit dans son lit tout ce qu'il y a de torrents dans cette partie centrale ; et ses eaux, gonflées après chaque orage, allaient naguère heurter au hasard les vastes parois de rochers au milieu desquels s'est ouverte sa route tortueuse. Maintenant, au lieu de cette fougue aveugle à travers des écueils blanchis de son écume, elle s'avance gravement d'écluse en écluse et suit partout entre deux talus parallèles une marche calme et digne. Au bruit confus des galets a succédé la voix uniforme des cascades industrielles ; et rien ne manquerait à ce beau canal, qui joint les deux bouts de la province, s'il avait rendu la navigation possible. Les autres rivières du Finistère s'échappent encore libres du fond de leurs ravines ; et d'ordinaire quelques bourgades ont profité du bienfait de leurs eaux. Sur le versant méridional des montagnes Noires, Quimperlé s'élève au confluent d'Isole et d'Ellé. Le Ster et l'Odet marient leurs flots à Quimper, et vont ensemble les porter à l'Océan. Le plateau du nord est sillonné par plusieurs ruisseaux, dont les plus importants sont le Bosseyn et l'Élorn. Toutes ces rivières dépouillent près de leur embouchure leur caractère de violence. Le flux de la mer remonte à deux ou trois lieues dans les terres, et permet à leurs eaux de s'étendre à l'aise sur un lit plus commode. Le point où la rupture des marées, laissant encore remonter les navires, a cessé d'être un obstacle aux communications des riverains, paraît avoir décidé de la position de presque toutes nos villes. En jetant les yeux sur la carte, on est frappé de voir comme chaque petit centre de population est rigoureusement déterminé par les formes du pays qui l'entoure. Dans la plaine, l'homme a bientôt brisé les entraves que la nature lui donne et conquis les moyens de régner par elle. Au sein des montagnes, il n'est plus qu'un jouet sous sa main puissante, un à-propos de plus dans ce monde, dont les proportions l'écrasent ; et sa faiblesse se plie timidement aux exigences de chaque localité.

Les communications commodes ne furent ouvertes en Bretagne que par le duc d'Aiguillon, et nos arrière-grandspères n'avaient jamais vu de grandes routes. L'agriculture est la véritable et presque la seule industrie de nos contrées Le voyageur ne soupçonne guère, en traversant nos landes, les trésors agricoles de nos côtes. Qu'il s'approche de ces bords où la mer a doté de richesses nouvelles les enfants déshérités d'une terre ingrate, il verra le sol se cacher sous les épis de froment et les gras pâturages. Qu'il surmonte ses préventions et daigne interroger le vieux laboureur qui, de père en fils, se traîne dans l'ornière de la routine, il lui répondra que il retrouve après la moisson jusqu'à vingt-deux fois la semence qu'il enserre, et son modeste enclos n'envie rien aux plus belles cultures de France. Le Finistère échange l'excédant de ses grains pour des vins de Bordeaux. Il nourrit 40,000 juments poulinières; et 10 à 11,000 chevaux, plus renommés pour leur sobriété patiente et leur vigueur infatigable que par des formes élégantes; sont achetés tous les ans par des maquignons du Poitou et de la Normandie. Nous exportons en outre des bestiaux, des toiles, du poisson, du beurre, des ardoises. Tous les objets de luxe nous sont encore apportés, quoique l'industrie prenne chaque jour quelque développement. Nous avons des moulins à papier, des manufactures de poudre, de poteries et de briques. Des terrains que la mer avait envahis sont reconquis sur elle. Plusieurs machines à vapeur sortent d'une usine de Landerneau; et le cultivateur étonné demande quelle force inconnue fait voler sur les flots ces navires dépouillés, en dépit des courants et des orages. Des minerais de plomb et d'argent sont exploités près du Huelgoët.

On court bien loin de la patrie chercher des impressions nouvelles; on se presse aux pieds des Alpes, autour des cascades de la Suisse, dans les grottes de Caprée, et personne n'a vu nos grottes, plus belles que la grotte d'azur, nos grèves escarpées que l'Océan dévore, ni la cataracte de Saint-Dabot. Personne ne vient interroger ce recoin isolé de la terre, médaille bientôt effacée de peuples qui n'auront plus de souvenirs dans la mémoire des hommes. Et cependant, depuis ces îlots irrités, qui frémissent encore comme autrefois autour du berceau de l'enchanteur Merlin (l'île de Sein), jusqu'à l'humble demeure du premier grenadier de France (Carhaix); depuis les pierres énigmatiques de Carnac, jusqu'à la caverne du Dragon de Saint-Pôl (dans l'île de Batz, partout de vieilles traditions et de vieux monuments, des débris de tours féodales, d'abbayes désertes, de dolmens brisés, et parmi toutes ces ruines, l'habitant de nos campagnes, ruine vivante des temps fabuleux de la Gaule.

LOUIS DE CARNÉ.]

Le gibier abonde dans le département du Finistère; ses bois renferment des sangliers, des loups, des renards, et d'autres animaux sauvages. Les étangs sont poissonneux; la pêche est abondante sur les côtes; le chêne, le hêtre, le bouleau, le châtaignier sont les essences dominantes dans les forêts; le laurier, le figuier y viennent en pleine terre. Le règne minéral y produit du plomb, de la houille, du granit, du porphyre, de la serpentine, du marbre, de la litharge, du zinc, du bismuth, des pierres calcaires, des marbres, des ardoises, de l'argile blanche, du kaolin, etc.

L'agriculture y est arriérée ; on y récolte des céréales, des pommes de terre, des pommes que l'on convertit en cidre. On y élève beaucoup de chevaux, de bêtes à cornes, de porcs et de moutons; l'éducation des abeilles y produit des résultats assez notables.

Cinq routes impériales et onze routes départementales sillonnent le Finistère, où l'on compte 30 ports de mer, grands ou petits.

Parmi les localités remarquables, nous citerons *Quimper*, chef-lieu du département, *Brest*, *Morlaix*, *Landernau*, *Quimperlé*, et *Châteaulin* (*Castrolinum*), à 28 kilomètres de Quimper et à 559 de Paris, avec 2,594 habitants; cette petite ville n'est plus qu'une sous-préfecture; elle est située dans un vallon pittoresque, sur l'Aulne et le canal de Brest à Nantes; les ruines du château bâti en l'an 1000 par Budée, comte de Cornouailles, le dominent. *Concarneau*, chef-lieu de canton, à 20 kilomètres sud-est de Quimper, et 551 de Paris, compte 2,353 habitants; Concarneau fut pris, en 1373, par Du Guesclin, qui en passa la garnison au fil de l'épée; le vicomte de Rohan, en 1489, les protestants, le 17 janvier 1589, s'en emparèrent aussi; les catholiques en chassèrent ces derniers le même jour. Concarneau est défendu par un fort et d'anciennes murailles; c'est un bon port pour des navires d'un petit tonnage. *Pont-l'Abbé*, chef-lieu de canton, à 18 kilomètres sud-ouest de Quimper, compte 3,810 habitants; il y a un port d'échouage avec 200 mètres de quai en maçonnerie et 2 cales. *Le Conquet*, chef-lieu de canton, à 28 kilomètres de Brest et 628 de Paris, a été, dans les temps, une ville maritime importante; les Anglais la dévastèrent au quinzième siècle; on y voit encore quelques maisons gothiques, les seules qui furent épargnées dans le sac de la ville; Le Conquet ne s'est pas relevé de ce désastre. *Saint-Pôl-de-Léon*, chef-lieu de canton, à 20 kilomètres de Morlaix, est une très-ancienne ville, dont on fait remonter la fondation à une époque antérieure au christianisme. Les principaux chefs de la Bretagne y tinrent, en 645, une assemblée solennelle. Cette ville, qui a pour port Roscoff, était autrefois siège d'évêché et capitale du Léonais; elle compte aujourd'hui 7,059 habitants, et fait un commerce assez considérable en productions agricoles et manufacturées, chevaux et bestiaux du pays.

L'île d'*Ouessant* appartient aussi au département du Finistère, ainsi que l'île de *Batz*, située dans la Manche, à 35 kilomètres de Morlaix, et dont la population, toute maritime, s'élève à 1,132 habitants seulement.

FINLANDE, en finnois *Sonomenmaa*, c'est-à-dire pays de marais, grande principauté réunie à l'empire de Russie depuis la paix conclue en 1809 à Frederikshamm, mais qu'une législation particulière, une administration distincte et divers privilèges en différencient sous tous les rapports. En 1811, le *lœn* ou cercle de Viborg, incorporé depuis 1721 à la Russie, fut de nouveau réuni à la Finlande, dont la superficie totale se trouva ainsi portée à 4,788 myriamètres carrés. Cette contrée est l'un des pays du nord les plus richement arrosés. En effet, tandis que les lacs y occupent une superficie de 7,237,000 *tonneaux* ou arpents de pays, et les marais et marécages 35,095,000, au contraire les collines et élévations sablonneuses du sol n'en recouvrent que 7,680,000, les forêts de haute futaie que 22,744,000, et la terre arable avec les pâturages seulement 3,335,000. Il n'y existe pas du tout de montagnes, et on ne trouve d'élévations un peu considérables du sol qu'en Laponie, où le *Peldoiri* atteint une altitude de 666 mètres et l'*Ounastuntour* 643 mètres. Toute cette contrée est traversée par le *Maanselkœ* (c'est-à-dire *dos du pays*), succession non interrompue de collines sablonneuses, qui, continuant d'abord sous le nom de *Lapitountourit*, la crête rocheuse de la Norvège et traversant la Laponie jusqu'à *Talkounaoivi*, sur les frontières russes, se prolonge à partir de ce dernier point au sud, le long des frontières jusqu'à *Jonkerinkivi*, et de là à l'ouest au sud, en séparant la Bothnie orientale de la Karélie, de Savolaks, du pays de Tavast et de Salakounta, s'étend jusqu'au golfe de Bothnie, avec une hauteur moyenne de 100 à 200 mètres. Le *Maanselkœ*, en décrivant ce parcours, envoie dans la direction du sud divers embranchements, qui divisent la Finlande en cinq principaux systèmes hydrographiques : 1° le système septentrional, comprenant le lac d'*Enari*, qui se décharge dans la mer Glaciale, par le *Patsjoki*; 2° le système du nord-ouest ou de la Bothnie orientale, renfermant le bassin central du lac d'*Ulea* (*Oulonjœrvi*) et les fleuves appelés *Torniojouki* (il sort de frontière du côté de la Suède), *Kemijoki* (son parcours est de 46 milles de Suède) et *Ouloujoki* (servant de décharge au lac d'*Ulea*); 3° le système du sud-ouest, renfermant le lac central de *Pyrhæjœrvi*, lequel reçoit les eaux d'un grand nombre de lacs d'importance moindre et se jette dans le golfe de Bothnie, par le *Koumo-Elf*; 4° le système du centre, avec le grand bassin du *Paijœnne*, qui se jette dans le golfe de Finlande, par le kynijoki (*Kymmene-Elf*); 5° enfin, le système oriental, qui a plus de 50 milles de développement, et dont le lac central, appelé *Enonvesi*, après avoir reçu les eaux d'un grand nombre de lacs plus considérables du nord et du nord-est, se jette dans le célèbre lac Saima. A son tour, ce dernier se déverse dans le Ladoga, par la chute d'Imatra, haute de 38 mètres. Pour mettre ce système hydrographique en communication directe avec le golfe de Finlande, on a commencé en 1844, aux frais de la Finlande, la construction du canal de Saima, d'un développement total de 5 milles de Suède, entre Willmanstrand et Viborg, qu'on espérait pouvoir terminer dans le courant de la présente année 1854, et qui a dû l'être, à moins que la guerre actuelle ne soit venue paralyser les grands travaux publics.

D'après le recensement de 1850, la population totale de la Finlande s'élève à 1,636,915 habitants. Sur ce nombre, 1,462,371 Finnois, environ un millier de Lapons, 125,000 Suédois (Finlandais), 400 Allemands et 1,000 Bohémiens, par conséquent 1,589,771 individus, se rattachaient à l'Église luthérienne; l'Église grecque comptait pour adhérents 8,000 Russes et 39,144 Finnois répartis dans les *læn* de Viborg et de Kouopio. La population s'accroît en moyenne chaque année de 19,000 individus, c'est-à-dire de 1,23 pour 100. Les 32 villes, dont 20, situées sur les golfes de Bothnie et de Finlande, sont des ports de mer et des places de commerce, comptent ensemble 107,392 habitants. L'agriculture est la principale industrie de la Finlande; on y récolte annuellement environ 2,500,000 tonneaux de seigle, 1,500,000 t. d'orge, 800,000 d'avoine, 22,000 de froment, 15,000 de blé noir, 16,000 de pois et 1,500,000 de pommes de terre. L'élève du bétail donne chaque année 25 millions de kilogrammes de beurre et 2,000 quintaux de laine. Le goudron et les planches, produits des forêts et constituant avec la chasse et la pêche la principale richesse du pays, trouvent surtout des débouchés en Angleterre. Le règne minéral, quoique présentant des indices de cuivre, de plomb et de quelques autres métaux, a été fort négligé jusqu'à ce jour. Cependant, dans ces derniers temps on y a entrepris l'exploitation de diverses mines de fer. Les argiles à porcelaine, les marbres et les granits sont presque les seuls minéraux dont l'industrie finlandaise ait su tirer parti. Si le luxe fait quelque jour un plus grand emploi du granit, c'est à la Finlande qu'il devra demander cette matière de son nouveau besoin; aucune autre contrée n'en fournirait d'aussi beau. Dans celui-ci le feldspath rivalise avec l'opale, et le bleu du lapis qu'il contient n'est pas surpassé par celui que l'on tire de l'Asie pour la fabrication de l'*outre-mer*. Les 140 usines différentes qu'on compte dans le pays représentent ensemble un capital d'un million de roubles d'argent. La navigation, généralement fort active, avait employé en 1850 : 457 navires jaugeant 51,754 lasts, et portant 6,041 marins. A quoi il faut encore ajouter 10 bâtiments à vapeur, 927 barques employées au cabotage, jaugeant 25,000 lasts et montées par 1213 hommes d'équipage.

Sous le rapport administratif, la Finlande est aujourd'hui divisée en huit *læn* ou cercles, à savoir : 1° *Nylandt*, avec la capitale de toute la principauté, Helsingfors, et 160,252 habitants; 2° *Abo-Bjœrneborg* avec *Aland*, l'ancienne Finlande proprement dite, et *Satakounta*, population : 292,098 habitants; 3° *Tawastehus* (en Suédois *Tawastland*) en finnois, *Houmeenmaa*), avec 152,256 habitants ; 4° *Viborg* (Karélie du sud), avec 237, 011 habitants ; 5° *Saint-Michel* (Savolaks du sud), avec 148,039 hab. ; 6° *Kouopio* (Savolaks du nord et Karélie, en finnois *Karjala*), avec 196,155 hab. ; 7° *Wasa* (Bothnie du sud-est et Tawastland du nord), avec 257,824 hab.; 8° enfin, *Uleaborg* ou *Kajana* (toute la Laponie et la partie septentrionale de la Bothnie orientale, en finnois : *Pohjanmaa* et *Kajanien*), avec 157,010 habitants. Sous le rapport ecclésiastique ces cercles sont placés sous l'autorité de trois évêques (Abo, Borga, et Kouopio), avec des consistoires dont relèvent les 214 paroisses. En fait d'établissements d'instruction publique, il existe à Helsingfors une université dont les cours sont suivis par environ 600 étudiants, et dont Abo avait été le siège jusqu'en 1829, 5 gymnases, 32 écoles élémentaires du premier degré et 12 du second degré, 5 maisons d'éducation pour les filles

et une école militaire où l'on compte 120 élèves. L'autorité administrative supérieure de la province est le *sénat de Finlande*, composé de 16 indigènes, nommés par l'empereur et présidés par le gouverneur général de la Finlande. Tous les jugements et toutes les décisions administratives sont rendus au nom de l'empereur. Le gouverneur général ou son adjoint est chargé conjointement avec un procureur de veiller au maintien et à l'exécution des lois; et c'est lui qui commande les troupes stationnées en Finlande. Les revenus de la province, qui s'élèvent à environ 2,500,000 roubles, dépassent les dépenses d'environ 800,000 roubles, et cet excédant est employé à des entreprises d'utilité publique. Consultez Rein, *Description statistique du grand duché de Finlande* (en allemand, Helsingfors, 1839); le prince Gallitzin, *Notes recueillies en 1848 pendant une excursion de Saint-Pétersbourg à Tornea* (Paris, 1852).

Ce fut sous Gustave IV que la Suède perdit la Finlande. La population n'opposa point de résistance à la conquête. L'armée suédoise, mécontente et démoralisée par les extravagances du roi, manquait des ressources nécessaires. Sveaborg et la flotte furent livrés aux Russes par un général qui sacrifia sa patrie à son animosité contre Gustave; peut-être ne croyait-il pas, du reste, que l'ennemi retiendrait cette forteresse à la paix. Mais la Russie envahissait la Finlande pour l'ajouter aux autres provinces de la Baltique, et jusqu'à ces derniers temps elle possédait les deux fiefs de cet immense littoral, pouvant dominer sans rivalité une mer où le Danemark et la Suède sont trop faibles pour y contrebalancer sa puissance.

[La Suède ressentit vivement, en 1808, la perte de la Finlande à la suite des bouleversements causés par l'insatiable ambition de Bonaparte, perte qui l'affaiblissait réellement sans augmenter les forces de la Russie. Les Finlandais, qui n'avaient jamais pu devenir Suédois ni s'attacher à un gouvernement qui les traitait pourtant avec un extrême bienveillance, devaient être encore moins disposés à s'identifier avec les Russes : dans tous les temps, ils se regarderont comme étrangers à l'empire qui les possède par droit de conquête, et seront tentés de dire au tsar ce que l'orateur des envoyés scythes osait exprimer dans son discours au conquérant macédonien : « Quelles que soient ta grandeur et ta puissance, personne ne veut souffrir un maître qui ne soit pas de sa nation. » L'esprit national exclusif des Finlandais a résisté jusqu'à présent à toute influence extérieure, et il entretient dans les familles d'origine différente des inimitiés implacables, perpétue les assassinats et les vengeances héréditaires, à peu près comme dans la Corse. Cependant, l'instruction avait fait en Finlande autant de progrès que le comportent la nature du pays, l'isolement des habitations, le petit nombre de villes et leur faible population; l'université d'Abo, fondée par la reine Christine, dont la mémoire sera toujours chère aux lettres et aux sciences, avait répandu des connaissances utiles dans les classes aisées, et formé des savants distingués : il sera donc très-difficile de changer l'état moral d'un peuple parvenu à ce degré de civilisation sans que son caractère ait été modifié sensiblement. L'empereur Alexandre et ses conseils ne l'ignoraient point, lorsque après la conquête de la Finlande il fut question d'organiser cette nouvelle province de l'empire; cependant, on eut soin d'y laisser tout ce qui n'était pas absolument incompatible avec les formes du gouvernement russe, afin que le changement de domination pût s'accomplir sans froissement trop pénible. Le régime municipal fut conservé; la province fut rétablie dans son ancienne grandeur par l'adjonction du gouvernement de Viborg; les lois suédoises continuèrent à régir la nation. Mais le siège de l'administration générale fut transféré d'Abo à Helsingfors, plus à portée de Saint-Pétersbourg et surtout de l'excellente forteresse de Sveaborg, toujours bien pourvue d'une garnison russe. Dans ces derniers temps, l'empereur Nicolas serait, dit-on, revenu sur plusieurs des concessions accordées à la Finlande: la censure serait devenue plus dure contre la langue finnoise ; des levées d'hommes auraient été faites malgré l'exemption de recrutement donnée par l'empereur Alexandre ; enfin, il serait question de dissoudre le sénat finlandais. La Finlande doit jouer un certain rôle dans la guerre actuelle ; on a parlé de la rendre à la Suède si les événements permettent de l'arracher à la Russie. Et cependant, tout considéré, les Finlandais ne devraient pas matériellement avoir à se plaindre du sort que la Russie leur a préparé. Sous une protection plus puissante, leurs relations commerciales sont à la fois plus étendues et plus faciles. La Suède avait appréhendé d'y rendre les communications trop fréquentes en construisant des routes dans l'intérieur ; le gouvernement russe est au-dessus de cette défiance, et des routes militaires traversent sa nouvelle province, comme autrefois la puissance romaine fit multiplier ses voies sur toute l'étendue de sa domination. Voilà des améliorations très-réelles ; mais cela, nous le savons, ne rend pas la nationalité ! FERRY.]

FINLANDE (Golfe de), partie de la mer Baltique bornée au nord par la Finlande, au sud par l'Esthonie et Saint-Pétersbourg, d'une étendue d'environ 42 myriamètres, sur une largeur variant de 17 kilomètres à 110. La navigation de ce golfe est aussi difficile que périlleuse, à cause des nombreux bas-fonds et bancs de sable qu'on y rencontre, particulièrement entre Cronstadt et Saint-Pétersbourg, ainsi qu'à cause de la ceinture d'écueils et de rochers escarpés qui bordent de toutes parts la côte de Finlande. Ces dangers s'augmentent encore au printemps, et souvent même en automne, par suite des énormes masses de glace que les différents fleuves de la Finlande, et surtout la Newa, déversent dans les eaux du golfe, longtemps avant ou après le moment où une épaisse couche de glace recouvre sa surface tout entière. Le premier tiers du trajet de Cronstadt à Hogland offre surtout tant de dangers, que les pilotes doivent constamment veiller à se guider d'après les balises dont il est ordinairement parsemé, mais que l'épaisseur des brouillards du Nord n'empêche que trop souvent d'apercevoir. L'île de Hogland s'élève du sein des flots comme un immense bloc de granit, et avec ses formes gigantesques offre l'aspect le plus imposant. Tout autour sont rangées les îles de Lavensaari, Penisaari, Seskær, le grand et le petit Titters ; la dernière est celle de Cronstadt. Le golfe de Finlande est une des parties de la Baltique les plus fréquentées. Le commerce immense dont Saint-Pétersbourg est le centre attire chaque année dans ses eaux des milliers de bâtiments de toutes les contrées de l'Europe et même de l'Amérique ; ce mouvement s'accroît encore de toute l'activité des villes maritimes ou commerciales situées à peu de distance, comme Hapsal, Baltischport, Reval et Kounda en Esthonie ; Narwa, Viborg, Frederickshamm, Lowisa, Borga, Helsingfors, Ecknæs et Abo en Finlande. Presque toutes ces villes ont d'excellents ports ; Reval, Cronstadt, Ruotzinsalmi ou Rotschensalm, près Kymmengard et Sveaborg, près Helsingfors, servent de stations à des escadres entières de la flotte russe. Ces ports sont tous défendus par d'excellents ouvrages, et quelques-uns par des forteresses de premier ordre ; les plus importants sont les ports militaires de Reval, de Cronstadt, de Rotschensalm et de Sveaborg. Le golfe est pourvu de vingt phares, dont onze bâtis sur les côtes et neuf au milieu de la mer, sur les rochers dont elle est parsemée. De nombreux bateaux à vapeur, dont les uns mettent les provinces russes de la Baltique en communication avec l'Allemagne, la Scandinavie et le reste de l'Occident, et dont les autres font un cabotage entre les principaux ports des deux côtes, sillonnent incessamment les eaux du golfe de Finlande et contribuent singulièrement au mouvement d'animation extrême dont il est le théâtre pendant les mois où la navigation est libre.

FINNMARK, c'est-à-dire *Marche finnoise*, extrémité septentrionale de la Norvège et aussi de l'Europe, formant un bailliage particulier, celui de la *Laponie Norvégienne*, se compose d'un étroit pays de côtes de la nature des plateaux, avec une élévation moyenne variant entre 350 et 700 mètres, mais traversé par des montagnes couvertes de glaces et de neiges éternelles, échancré en outre par une innombrable quantité de baies ou *fjords*, et dont la pointe est dans la direction de la mer Glaciale, où ses rivages sont bordés de rochers horriblement escarpés et d'une ceinture d'îles de même configuration. Les baies les plus considérables sont les *fjords* d'Alten, de Parsanger, de Tana et de Waranger, et les fleuves les plus importants l'Alten et la Tana.

Le climat, quoique n'étant pas aussi excessivement froid que dans d'autres régions placées sous la même latitude géographique, et cela à cause de l'influence adoucissante qu'y exerce l'Océan, qui se trouve là libre de glaces, n'en est pas moins très-froid et très-rude. Ceci s'applique surtout au cap *Nord* d'Europe, situé par 71° 10' de latitude septentrionale, dans l'île de *Magerœ*, dont les côtes présentent les échancrures les plus tourmentées, en face du cap Nordkyn ou Kynrodden, point extrême de notre continent au nord. En cet endroit le soleil cesse d'être visible à partir de la mi-novembre jusqu'à la fin de janvier ; en revanche, depuis le milieu de mai jusqu'à la fin de juillet il ne disparaît jamais de l'horizon. La température moyenne du court été dont on jouit est de 5 degrés Réaumur. Ce n'est qu'en août que disparaissent les dernières neiges ; à ce moment s'épanouissent les fleurs de ce climat boréal, et d'innombrables essaims de cousins qui couvrent le sol. Les tempêtes d'hiver, dont la violence dépasse toute description, y sont bien plus redoutables que les froids de cette même saison, dont la température moyenne est de 4° Réaumur.

Le renne et l'hermine sont les seuls quadrupèdes qu'on rencontre à l'état sauvage dans l'île de Magerœ ; mais les ours et les loups, fort communs dans tout le reste de la Finnmark, n'y peuvent pas arriver à cause de la largeur du bras de mer. La végétation dans cette contrée dépérit à mesure qu'on s'avance davantage vers le nord. De riches dépôts de tourbe y suppléent à l'absence de bois. Ce n'est que dans quelques endroits favorablement exposés qu'il est possible de cultiver un peu de seigle, d'orge, de pommes de terre et quelques légumes. L'herbe, qui continue à végéter même en hiver, sous une épaisse couche de neige, fournit aux vaches et moutons une nourriture suffisante. Mais les rennes constituent la principale richesse de la population. La pêche est aussi d'une grande importance, et se fait avec une remarquable habileté. Dans la baie de Kaaf (*Kaafjord*) on exploite une riche mine de cuivre.

La population, à quelques exceptions près, se compose de Lapons, tribu finnoise ; et sur une superficie de 900 myriamètres on ne compte guère que 45,000 habitants. Le bailliage est divisé en deux prévôtés. Dans la prévôté de la Finnmark occidentale, on remarque, outre l'île *Magerœ* et son port, *Kielwig*, *Attengaard* sur la baie d'Alten (*Altenfjord*), ancien chef-lieu et résidence du bailli de la Finnmark, bourg qui ne se compose que de quelques habitations de pêcheurs, au milieu d'une forêt de pins, traversée par de belles routes, d'où l'on jouit d'une vue magnifique sur les montagnes qui entourent la baie ; en été, lieu de réunion d'un grand nombre de navires, qui viennent y échanger diverses marchandises contre des poissons secs. C'est le point extrême de la terre où le blé soit cultivé. Plus au nord encore, on rencontre Hammerfest, capitale de la Finnmark. De la prévôté de la Finnmark orientale dépend l'île de *Wardœ*, où se trouve la forteresse (assez peu importante d'ailleurs) la plus voisine du pôle Nord qu'il y ait en Europe, et où on ne compte guère que 600 habitants.

FINNOIS, appelés dans leur propre langue *Soucomalaines*, c'est-à-dire habitants des marais, et chez les russes *Tschoudes*, c'est-à-dire étrangers. Ce nom, d'origine germanique, est dérivé de *fen*, mot qui dans la langue scandinave signifie un marais ou plutôt une lagune boisée ; et on peut voir à l'article FINLANDE que tel en effet était le pays habité par les *Finnois*. Dans la plus étroite acception, ce nom est celui sous lequel on désigne un peuple habitant l'extrémité nord-ouest de la Russie d'Europe, les gouvernements d'Archangel et d'Olonetz, et surtout la grande principauté de Finlande. Dans un sens plus large, les Finnois sont, sous le rapport de la nationalité et de la langue, un des quatre principaux rameaux de la race altaïque (appelée aussi ouralienne-altaïque, scythe ou tatare). Cette race était autrefois et est encore aujourd'hui répandue dans tout le nord de l'Asie et de l'Europe, et même, en Europe, beaucoup plus bas encore vers le sud. Suivant les recherches de Castrèn, elle se divise en quatre familles de peuples : la famille *tungouse*, la famille *turque*, la famille *samoïède* et la famille *finnoise*.

La famille finnoise, celle qui s'est étendue le plus loin à l'ouest, constitue encore de nos jours la population du nord de l'Europe et du nord-ouest de l'Asie, et conquit même jadis une grande partie de la Scandinavie. A son tour, elle s'est subdivisée en quatre groupes distincts :

1° Le groupe OUGRE, composé des *Ostjaques*, des *Wogoules* et des *Magyares*. Toutefois, parmi les Ostjaques, dont la langue a été grammaticalement traitée par Castrèn (Saint-Pétersbourg, 1850), il n'y a que ceux de l'Obi qui se rattachent réellement par leur langue et par leurs mœurs aux Finnois. Les Ostjaques Kondiens et Poumpokoï, de même que les Inbatses, appartiennent à la famille samoïède. Les Wogoules, au nombre d'environ 30,000, habitent les gouvernements de Perm, de Tobolsk et de Tomsk. La race qui a le plus d'affinité avec eux est celle des Magyares ou Hongrois.

2° Le groupe BULGARE, comprenant les *Tchérémisses*, les *Mordwines* et les *Tchouwaches*. Les Tchérémisses, sur la langue desquels Wiedemann a publié un essai grammatical (Reval, 1847), sont au nombre d'environ 200,000, dont 85,000 habitent le gouvernement de Kasan. Gabelentz a donné dans le 2ᵉ volume du *Journal pour la connaissance de l'Orient* (*Zeitschrift für Kunde des Morgenlands*), une grammaire de la langue des Mordwines, qui sont au nombre de 392,000. Les Tchouwaches, au nombre de 450,000, habitent surtout le gouvernement de Kasan. Ils ont renoncé à leur langue nationale, au sujet de laquelle Schott a publié un essai (Berlin, 1841), pour adopter un dialecte tatare en même temps que la religion gréco-russe.

3° Le groupe PERMIEN, formé des *Permiens*, des *Syrjænes* et des *Wotjaques*. Les Permiens ou Permiæques, au nombre de 50,000 au plus, habitent les gouvernements de Wjætka, de Wologda et d'Archangel. Les Syrjænes, au nombre d'environ 30,000, habitent les gouvernements de Wjætka, de Wologda et d'Archangel. Leur langue a été grammaticalement traitée par Gabelentz (Altenburg, 1841), Castrèn (Helsingfors, 1845) et Wiedemann (Reval, 1847). Les Wotjæques, qui dans leur langue s'appellent *Moendi* (hommes), comptent à peu près 50,000 têtes. Dans le gouvernement d'Orenburg on trouve aussi les *Teptæres*, une souche finnoise, de nationalités très-diverses, formée des débris d'un grand nombre de peuplades différentes, au nombre d'environ 29,000, et dont la langue, les mœurs et la physionomie n'indiquent qu'à moitié une origine finnoise.

4° Le groupe FINNOIS proprement dit, comprenant, outre la nation finnoise proprement dite, fixée plus particulièrement en Finlande, et où, d'après le recensement de 1851, elle présentait un chiffre de 1,521,515 âmes, les *Esthiens* de l'Esthonie et de la Livonie septentrionale et orientale, au nombre d'environ 450,000 âmes; les *Lives*, habitants primitifs de la Livonie, réduits aujourd'hui à 5,000 au plus, habitant le cercle wende du gouvernement de Livonie, sur la côte d'Anger et près de Bansk en Courlande; les *Lapons*, au nombre d'environ 6,000, dont 1,000 en Finlande et le reste disséminé dans la Finmark norvégienne et dans le gouvernement d'Archangel; les *Ingres*, dans l'Ingrie, tout autour de Saint-Pétersbourg, très-rapprochés des Finnois proprement dits, mais fort peu nombreux aujourd'hui; les *Wesses* ou *Wotes*, dont il n'existe plus de traces, et les *Tchoudes* à peu près disparus aujourd'hui.

La souche finnoise peut être regardée comme un antique peuple agricole, dont on suit aisément la marche, depuis le mont Altaï, à travers l'Oural, jusqu'à la mer Blanche, dans les monuments qu'il a laissés en route (ses tombeaux dans la Sibérie méridionale, la teigne des Tchoudes dans les gouvernements d'Iékatérinbourg et de Werchoturie, les huttes tchoudes dans la Tondra), et qui de bonne heure eut des points de contact et des rapports avec les peuples historiques de l'ancien monde. Ce peuple était connu des Perses, de même que des Grecs et des Romains, sur le territoire desquels il s'était aussi établi. Il est très-vraisemblable que les Scythes, que les anciens distinguent des Sarmates, ne sont autres que les Finnois, par opposition aux peuples slaves, avec lesquels ils n'ont d'ailleurs rien de commun. Il en résulterait que les monts *Riphées*, la mer Caspienne, l'Iaxarte et l'Oxus, par conséquent les contrées où se rencontrent les monuments dont il vient d'être question, furent la première demeure connue des Finnois. Ils y habitaient déjà à l'époque de Cyrus; c'était une race pacifique et nomade, mais qui plus tard finit par cultiver la terre et par avoir une résidence fixe. Leur histoire se résume en mythes obscurs et en traditions qui n'ont rien d'authentique. Il paraît constant toutefois que c'est à la suite de la grande migration des peuples qu'ils vinrent plus tard s'établir dans les contrées plus occidentales de la Russie où nous les trouvons aujourd'hui. Ils émigrèrent déjà, à ce qu'il semble, vers l'époque de la naissance de Jésus-Christ, à l'approche des hordes des Goths; et les régions occidentales de l'Oural, notamment la contrée où le grand et le petit Volga confondent leurs eaux, devinrent leur seconde patrie. Mais dans les siècles suivants, et plus particulièrement au quatrième siècle, qui fut à bien dire l'époque de la grande cohue des peuples, ils furent encore refoulés plus à l'ouest et jusque dans leur patrie actuelle, c'est-à-dire jusqu'à cette extrémité nord-ouest de la Russie d'Europe, où, comme nous l'avons dit plus haut, se trouve encore de nos jours la souche principale de toute la race finnoise, bien que d'importants débris de cette race soient restés sur les bords du Volga, de l'Oka, de la Kama, aux sources de la Dwina, dans l'Oural et même jusque dans les monts Altaï, ou bien y soient revenus plus tard. De même que les Esthiens, rameau des Finnois (voyez ESTHONIE), devinrent la proie de divers peuples, la souche finnoise proprement dite fut alternativement tributaire des Norvégiens, des Suédois et des Russes. Il y eut cependant pour les différentes peuplades de la race finnoise une époque de splendeur et de prospérité où elles eurent entre elles des rapports mutuels et directs bien plus étroits et solides que ce n'est aujourd'hui le cas. Ainsi quand la grande route commerciale de l'Asie vers les contrées civilisées de l'Europe passait à travers la Bulgarie et la Permie (Archangel), des États indépendants s'étaient constitués parmi elles, qui eurent pendant quelque temps une importance historique, par exemple la Permie ou Biarmie, et le double royaume d'Oudorie et de Iougorie, lesquels d'ailleurs furent dès la fin du quatorzième siècle subjugués et convertis par les Russes à l'Église orthodoxe. Il ne fut pas longtemps question des tributs imposés par les Norvégiens dans la Marche laponne et dans la Marche finnoise (*Finmark*), où ceux-ci avaient pénétré de bonne heure; et ce qu'on appelle la Karélie, contrée voisine de la Bothnie orientale, près du golfe de Bothnie, en 1248 les victoires de Birger Jarl firent tomber au pouvoir des Suédois, ne tarda pas non plus à leur être reprise. En revanche tout le reste du territoire des Finnois, depuis le Volga jusqu'en Sibérie, se trouva, à partir de l'année 1571, sous la domination des Russes, dont bientôt les treize principales tribus finnoises reconnurent la souveraineté. Les victoires remportées plus tard par les Suédois au cœur même de la nationalité finnoise, et qui eurent pour résultat la conquête de la Finlande proprement dite, furent encore une fois annulées à partir du règne de Pierre le Grand, dont l'épée victorieuse avait soumis dès 1703 l'Ingrie, qui en 1711 conquit l'Esthonie et la Livonie, et qui en 1714 s'empara aussi de ce qu'on appelle aujourd'hui la Finlande orientale (Karélie); conquêtes que la paix conclue en 1721 à Nystadt assura pour toujours à la Russie. Un peu moins de cent ans après, la Finlande occidentale, toute l'étendue de côtes baignée par le golfe de Bothnie, de même que la Laponie proprement dite et le nord de la Finlande, étaient enlevées à la Suède par la Russie à la suite des événements de la guerre de 1808; et la paix de 1809 lui en confirma la possession.

En ce qui est de la conformation et de la physionomie des peuplades finnoises, on peut dire qu'elle sont d'ordinaire d'une constitution vigoureuse, et de stature moyenne, avec un crâne un peu déprimé, une face aplatie, et des pommettes saillantes. Les cheveux, d'un blond clair dans la jeunesse, prennent plus tard une belle teinte brune et bouclent naturellement. La barbe est clair-semée, les yeux généralement gris foncés, le teint blême et souvent jaunâtre. Les races les plus nobles parmi les tribus finnoises, telles que les Finnois proprement dits et les Esthiens, ne perdent jamais le type primitif; tandis que les Tchérémisses et les Tchouwaches offrent déjà plus de ressemblance avec le type tatare, les Wogoules avec les Kalmoucks, de même que sous le rapport de la constitution physique les Nordwines présentent beaucoup d'analogie avec les Russes. Le Finnois proprement dit est loyal, hospitalier, fidèle, serviable, brave, constant et laborieux; par contre, il est entêté, opiniâtre, querelleur, et couve longtemps le désir de la vengeance, qui souvent le porte aux actes les plus violents. Il y a aussi parfois chez lui une gravité, une modestie et une circonspection qui contrastent singulièrement avec la position opprimée où il se trouve. Un vieux proverbe des Finnois peint admirablement leur loyauté et leur bonne foi : « On prend l'homme par ses paroles, et le bœuf par ses cornes. » Les mœurs de ce peuple sont jusqu'à présent restées assez pures; il est doué d'un sentiment de religiosité des plus prononcés, mais on ne laisse pas que de pouvoir remarquer chez lui une certaine tendance à la superstition.

Les dons supérieurs de l'esprit ne lui font nullement défaut, comme le prouve l'état de civilisation avancée où il parvint de bonne heure. Dans toute cette race, il y a une disposition remarquable pour la poésie, surtout pour celle qui répète les mélancoliques accents de l'idylle. Les Finnois proprement dits possèdent une poésie populaire d'une richesse extrême, et qui dans ces derniers temps a appelé l'attention toute particulière des lettrés, non pas seulement dans les contrées mêmes où elle est nationale, mais encore à l'étranger, notamment en Allemagne. Le plus remarquable monument de la littérature finnoise est le grand poëme épique intitulé *Kalevala*. Parmi les savants contemporains qui se sont plus spécialement occupés de recherches sur la langue finnoise et les différents dialectes qui s'en rapprochent, il faut citer surtout Sjægrén, Castrèn, Kellgrén, Schiefner et Eurén en Finlande même, et en Allemagne Gabelentz et Schott. Le meilleur dictionnaire de la langue finnoise qu'on possède encore est le *Lexicon Linguæ Fennicæ* de Renvall (2 vol., Abo, 1826), et on a d'Eurén une très-bonne grammaire finnoise (*Finsk Spraklæra*, [Abo, 1849]). En fait d'essais et de recherches ethnographiques sur les tribus finnoises, nous mentionnerons en première ligne Sjægrén, qui pendant plusieurs années parcourut aux frais du gouvernement russe le territoire qu'elles occupent depuis la Courlande jusqu'à la mer glaciale, et qui les étudia surtout sous le rapport des langues et des dialectes; Erdmann (*Essais sur l'intérieur de la Russie* [en allemand , Riga, 1822; Leipzig, 1825]); et surtout les différentes notices de Castrèn insérées dans les *Bulletins de l'Académie de Saint-Pétersbourg*, de 1845 à 1851.

FINS. En procédure, on appelle *fins* le but, l'objet d'une demande : être débouté de *ses fins*, c'est être déclaré mal fondé, non recevable en sa demande. On appelle *fins ci-viles* toute demande qui se résout en une réputation pécuniaire pour un dommage éprouvé, et qui n'appelle sur le défendeur aucune autre pénalité. On disait autrefois des parties qu'elles prenaient leurs *fins et conclusions ;* et l'on dit encore aujourd'hui qu'en cour impériale il faut *conclure à toutes fins*, parce que c'est là le dernier degré de juridiction, après lequel aucune omission ne peut plus être réparée par la production de conclusions additionnelles ou subsidiaires.

Du droit, le mot *fins* est passé dans la langue usuelle, et on dit *arriver à ses fins, parvenir à ses fins*, pour annoncer que l'on a réussi dans ce que l'on entreprenait.

FINSTERMUNZ, défilé célèbre du Tyrol, dans le cercle de l'Inn supérieur, au point où l'Inn, à sa sortie de la vallée d'Engadin, canton des Grisons, atteint le territoire tyrolien. Avec ses anciennes fortifications et le fort qu'on y a tout récemment construit, il couvre la frontière autrichienne et ce qu'on appelle la *route haute*, conduisant d'Inspruck et de Landeck dans la vallée de l'Inn , puis par Nauders et la lande de Mals à Glurns dans la vallée supérieure de l'Adige. On y passe l'Inn sur un pont au milieu duquel se trouve une massive tour servant tout à la fois d'ornement et d'ouvrage de défense, et traversée par la grande route. Dans l'un des angles de ce défilé existe un avant-toit construit avec de massives poutres et sur lequel roulent dans l'abîme, sans causer le moindre dommage, toutes les pierres que les pluies détachent des parois du défilé. Cet antique édifice, les effroyables masses de rochers qui surplombent de la façon la plus menaçante au-dessus de cette profonde fondrière, les mugissements du torrent, tout cela donne à cette perle des Alpes le caractère éminemment romantique qui l'a rendue si célèbre.

Ce défilé occupe une place importante dans l'histoire des guerres, aussi bien dans celles du moyen âge que dans celles des temps modernes. En 1079, le duc Guelfe de Bavière se rendit maître de la forteresse de Finstermunz; et en 1799 ces mêmes lieux furent le théâtre de sanglantes luttes entre les troupes françaises aux ordres du général Lecourbe, et les Autrichiens commandés par Bellegarde.

FIN SURNATURELLE. *Voyez* CHUTE ORIGINELLE, tome V, p. 586.

FINTE. *Voyez* ALOSE.

FIONIE, en danois *Fyen*, après la Séelande l'île la plus considérable de l'archipel danois, est située entre la Séelande, dont la sépare le grand Belt, le Jutland et le Schleswig, dont la sépare le petit Belt, et forme avec Langeland et seize îlots de différentes grandeurs l'évêché de Fionie, dont la superficie totale est d'environ 42 myriamètres carrés, et la population de 190,000 âmes. La Fionie a elle-même 39 myriamètres de superficie; elle est échancrée au nord par le golfe de Stegestrand ou *Odensefjord ;* à l'ouest par le *Gamborg-fjord*, le *Fæns-Vig* et le *Tybring-Vig*, et présente dans la direction du sud à l'ouest quelques collines dont l'altitude varie entre 100 et 140 mètres. L'intérieur en est plat et fertile, notamment en blé. Il est arrosé par un grand nombre de petites rivières ; aussi avec ses champs de blé, ses pâturages et ses bois, cette île forme-t-elle l'une des plus belles parties du Danemark. Elle est divisée en 2 bailliages : Odensée et Svenborg, c'est de ce dernier que dépend l'île de Langeland. Le chef-lieu de la Fionie et de l'évêché est Odensée. *Middelfahrt*, petit port de mer avec 1,600 habitants, où on s'embarque pour Snoyhoi et Fredericia en Jutland, est célèbre par la pêche au marsouin. La ville de *Svenborg* ou *Svendborg*, avec un bon port et 4,000 habitants, une navigation fort active, des chantiers de construction, un commerce florissant et d'importantes tanneries, était jadis la résidence de Sven Gabelbart (*Suenon*), qui y fut élu roi, en 950. De son bailliage dépend la ville de *Nyborg*, sur la côte orientale, principal point de passage pour se rendre en Séelande, où l'on trouve un collége, des chantiers de construction, une population de 3,000 âmes ; centre d'un commerce considérable en céréales, et célèbre par une victoire que les troupes danoises, polonaises et brandebourgeoises y remportèrent le 14 novembre 1659 sur une armée suédoises.

FIORAVANTI (Baume de). *Voyez* BAUME.

FIORAVANTI (LÉONARD), célèbre empirique du seizième siècle, dont personne ne connaîtrait le nom, n'était le baume auquel ce nom est resté, et que vingt autres préparations analogues peuvent remplacer avec avantage. Sa vie n'eut d'ailleurs rien de remarquable. Fioravanti exerça successivement à Palerme, en 1548, puis à Rome et à Venise. Il a écrit en italien sur la chirurgie, la médecine et l'alchimie. Ses œuvres, pleines d'emphase, portent l'empreinte de son charlatanisme. Fioravanti, qui avait été proclamé à Bologne docteur, comte et chevalier, mourut le 4 septembre 1588. La brillante réputation qu'il s'était acquise par sa forfanterie, ne lui a pas survécu.

FIORAVANTI (VALENTINO), compositeur distingué de l'ancienne école italienne, né en 1764, à Florence, fit de sévères études musicales, d'abord à Rome sous Jannaconi, et ensuite à Naples, sous Cimarosa, Paesiello et Guglielmi. Il ne tarda pas à se montrer le digne élève de tels maîtres, et les opéras comiques qu'il fit paraître à partir de 1791, entre autres : *Il Furbo contra il Furbo, Il Fabbro parigino, Le Cantatrici villane*, ne firent pas seulement sensation à Naples, et furent bientôt joués sur toutes les scènes lyriques de l'Europe. Nommé vers 1800 directeur du théâtre italien de Lisbonne, il composa dans cette capitale un opéra, *Camilla*. A son retour, en 1807, il fut aussi parfaitement accueilli en France qu'en Espagne. Jusqu'à l'année 1815, il composa encore cinq partitions, parmi lesquelles celle de *I Virtuosi ambulante* obtint un succès européen. En 1816, le pape le nomma maître de chapelle à Saint-Pierre; et dès lors Fioravanti ne s'occupa plus guère que de musique sacrée, genre dans lequel un *Miserere* pour trois voix de soprani lui assure un renom durable. Il mourut le 10 juin 1837, dans un voyage de Naples à Capoue.

FIORITURE, trait que les chanteurs habiles improvisent pour orner la mélodie écrite par le compositeur. Ces traits, rapides ou lents, doivent être adaptés avec artifice au caractère de la phrase musicale, soit que le virtuose les place parmi les passages mesurés qu'il double et triple afin de les varier et de leur donner une allure plus brillante, soit qu'il les donne sur un repos, lorsque les symphonistes le laissent libre, en s'arrêtant après avoir frappé l'accord fondamental du trait à improviser. Le chanteur ramène alors le motif principal, et se livre à toute la fécondité de son imagination pour déployer les ressources de son organe et de son talent. Chaque chanteur ajuste ses fioritures d'après ses moyens d'exécution, et sait placer adroitement les traits dont il attend le plus de succès. Autrefois, ces fioritures étaient toujours l'œuvre improvisée de l'exécutant ; Rossini en a écrit beaucoup dans ses ouvrages, afin de guider l'inexpérience de quelques acteurs lyriques. Les grands virtuoses ne prennent de ce texte écrit que ce qui leur convient, et savent le broder richement en le recomposant à leur manière.

On dit les *fleurs* du discours, les *fleurs* de rhétorique ; c'est dans le même sens que les Italiens ont donné le nom de *fioriture* aux ornements ajoutées à la musique vocale et à la musique instrumentale par d'habiles exécutants. Nous avons adopté ce mot en abandonnant deux termes qui signifiaient la même chose. Nos anciens appelaient *doubles*, *diminutions*, les traits que nous désignons aujourd'hui sous le nom de *fioritures*; doubles , parce que l'exécutant doublait les notes en changeant les noires en croches , les croches en doubles croches; diminutions, parce qu'il diminuait les valeurs en donnant un plus grand nombre de notes d'une durée moindre. Lorsque l'on voit, dans des écrits du temps de Louis XIV, que tel chanteur a fait entendre un air et son double, cela signifie qu'il a dit le thème d'abord et les variations ensuite. CASTIL-BLAZE.

FIRDOUSI et mieux **FIRDAUSI** (ABOUL-KASEN-MANSOUR), le plus célèbre poète épique des Persans, vécut de l'an 940 à l'an 1020 de notre ère. Souvent il prit le nom de *Toúsi*, le *Toúsite*, parce qu'il était originaire des environs de la ville de Toús dans le Khoraçan. Il reçut le nom de *Firdousi* d'un petit domaine ainsi appelé, et dans lequel son père était jardinier. Suivant le récit de Djami, écrivain persan, le sultan Mahmoud de Ghasna le lui aurait donné parce que ses poèmes auraient transformé la cour de ce prince en un paradis, car Firdousi est aussi synonyme des mots paradis et délicieux.

Firdousi paraît s'être occupé de bonne heure de l'histoire des anciens rois de Perse. A Ghasna, à la cour du sultan Mahmoud le Ghasnévide, il se lia avec le poëte de la cour Anssari, qui le recommanda au sultan pour continuer le grand poëme historique sur les rois de Perse, commencé par Dakiki. Firdousi accepta ce travail, et acheva successivement dans l'espace de trente-cinq ans son grand poëme *Schâhnâmé* (c'est-à-dire Livre des Rois), qui contient environ 60,000 vers. Il y raconte, d'après d'anciennes chroniques et traditions, l'histoire et les hauts faits des souverains de la Perse depuis l'origine du monde, c'est-à-dire depuis le héros fabuleux Cayomers, qui disputa la terre aux génies (*div*), jusqu'à l'invasion des musulmans, sous Yezdjerd, dernier roi de la dynastie des Sassanides (632 après J.-C.). Le récit des prouesses du héros Roustem forme la partie la plus intéressante de ce poëme. Pendant qu'il le composait, Firdousi avait été calomnié auprès du sultan ; et lorsqu'il lui présenta son œuvre, il ne reçut de lui, au lieu de 60,000 *dinars* ou pièces d'or, qui lui avaient été promis, que 60,000 *dyrhem*, ou pièces d'argent, valant environ 40,000 fr. de notre monnaie. Firdousi, furieux de voir son travail si piètrement rémunéré, alla sur la grande place, y prit son bain, pour lequel il paya 20,000 *dyrhem*, en donna 20,000 autres pour se faire servir un sorbet, et distribua le reste aux pauvres. Il écrivit ensuite en secret une ampère satire contre le sultan, dans l'exemplaire même de son poëme qu'il lui avait remis, et prit la fuite. Par la suite le sultan regretta d'en avoir agi de la sorte avec Firdousi, et lui envoya en présent, à Toús, deux mille chameaux chargés de 60,000 pièces d'or. Cette réparation fut trop tardive : le convoi funèbre de Firdousi sortait de la ville au moment où le riche cadeau du schah y arrivait. La sœur du poëte refusa de le recevoir pour elle-même, et l'employa à construire un aqueduc.

Le *Schâhnâmé* offre sans doute de grandes beautés poétiques ; mais la moitié au moins de ce vaste ouvrage est plutôt une histoire en vers qu'un poëme. Il n'a d'autre mythologie que la démonologie des anciens perses. Lumsden en publia d'abord le commencement du texte persan original (Calcutta, 1811) ; Turner Macan donna ensuite une édition complète du poëme (4 vol. ; Calcutta, 1829) avec un glossaire et une biographie de Firdousi. M. J. Mohl a entrepris une édition critique de l'original, avec une traduction littérale en langue française (volumes 1 à 3; Paris, 1844).

FIRMAMENT. Ce mot, dans plusieurs passages de l'Écriture, veut dire *moyenne région de l'air*. Les anciens, par firmament (*firmamentum*, appui, soutien) entendaient le huitième ciel, celui où les étoiles semblent attachées. La terre était censée au centre du monde, et les cieux se suivaient dans l'ordre suivant ; 1° celui de la Lune, 2° de Mercure, 3° de Vénus, 4° du Soleil, 5° de Mars, 6° de Jupiter, 7° de Saturne, 8° enfin, le ciel des étoiles, ou firmament. Ceux qui l'avaient nommé ainsi le croyaient d'une matière solide. Aristote pensait que cet état de solidité était une condition attachée à la noblesse de la nature des cieux, et nécessaire à leur incorruptibilité. Les théologiens ayant néanmoins admis que la lumière devait passer à travers ce ciel, on le fit de cristal. Puisqu'on avait entre le firmament et la lumière du Soleil, et que les étoiles semblent faire venir la lumière directement de ce dernier corps; mais on, ne l'osa point : la lumière, d'après la *Genèse*, ayant été créée avant le Soleil et indépendamment de cet astre, on expliqua de la manière suivante le mouvement apparent du Soleil et la coïncidence de la lumière avec la présence de cet astre sur notre horizon : il retournait pendant la nuit au lieu d'où il s'était levé le matin ; et si on ne le voyait plus alors, c'était uniquement parce qu'il faisait nuit. Mais comme il est dans la nature de l'esprit humain de vouloir tout comprendre, tout expliquer, même les choses les plus inexplicables, on admit par de là le firmament, pour se rendre raison des mouvements diurnes annuels et autres des corps célestes, deux nouveaux cieux ou nouvelles sphères, nommées *premier* et *second mobile*, au-dessus desquels on en plaça encore un troisième, désigné sous le nom d'*empyrée*, ou *séjour des bienheureux*.

Ptolémée, désireux de faire concorder ce phénomène des corps célestes avec l'esprit de la philosophie de son époque, supposa, lui aussi, que la terre était immobile au centre de l'univers, et que la lune, Mercure, Vénus, Mars, Jupiter, Saturne, pivotaient autour sur des sphères solides, mais de matières transparentes. D'après cette première supposition, il imagina une huitième sphère, sur laquelle étaient placées les étoiles fixes, et qu'il appela le *firmament des étoiles fixes* ; puis, une autre enveloppe, qu'il nomma *premier mobile*, et tous ces globes emboîtés les uns dans les autres furent contenus dans un dernier, le *ciel* ou l'*empyrée*, absurdités astronomiques dont le temps devait faire justice.

Aujourd'hui le mot *firmament* est encore employé, mais il n'a plus de limites : il désigne tantôt la région des étoiles fixes, tantôt une région particulière des cieux.

FIRMAN ou **FERMAN** est le nom turc de tous les édits, ordonnances et décrets émanés de la Porte-Othomane. Il sont écrits en caractères *diwanys*. Chacun des ministres et des membres du divan a le droit de signer des firmans relatifs aux affaires de son ressort particulier ; mais c'est le *nichandji-efendi* qui est spécialement chargé d'y placer en tête le *thograï*, chiffre en lettres entrelacées contenant le nom du sultan, pour leur donner plus de force et d'authenticité. Quant aux firmans revêtus de la signature autographe du souverain, ou sur lesquels il écrit de sa propre main, au-dessus du thograï : *soit fait comme il est dit ci-dessous*, ils sont appelés *hatti-cherifs*. Les firmans de cette espèce sont en grande vénération chez les Turcs, qui les baisent en les touchant, et en essuient la poussière avec leurs joues.
H. AUDIFFRET.

FIRMIN, ancien sociétaire de la Comédie-Française, est né à Paris, vers 1790. Il s'essaya sur des scènes presque enfantines, et par le charme de ses premiers jeux promit un acteur d'élite. Il était l'enfant gâté du théâtre des Jeunes Élèves de la rue de Thionville. Il passa de l'enfance à la jeunesse par une suite d'études pratiques sans fatigues. Un commerce continuel des mœurs, des habitudes et des coutumes du théâtre, cette intimité de la vie dramatique, lui firent contracter de bonne heure une des plus aimables qualités de son jeu, et qui dans tout le cours de son existence de comédien a été le plus attrayant de ses mérites. C'était une aisance singulière et parfaite dans son geste, son débit et dans toute son attitude ; il avait une bonne grâce et une intelligence qui lui étaient propres, et que les années laissèrent intactes ; le théâtre était pour lui sa famille et son foyer ; il y trouva dès les premiers pas une sécurité et une confiance qui étaient un signe certain de sa vocation scénique.

Lorsque Firmin, *véritable enfant de la balle*, entra au théâtre de l'Impératrice, nom que portait alors la salle de l'Odéon, c'était un bel adolescent, qui exprimait à ravir les tendres sentiments des rôles d'*amoureux*, que l'on appelait déjà les *jeunes premiers*, et auxquels il s'était consacré. Picard, alors directeur et acteur de ce théâtre, distingua bientôt Firmin, et lui confia la partie jeune, passionnée et attrayante des principaux ouvrages du répertoire. Firmin devint l'idole d'un public épris de tous les dons qui paraient sa jeunesse. Napoléon, après l'avoir entendu, lui fit donner un ordre de début au Théâtre-Français. A cette époque les règlements du Théâtre-Français imposaient aux débutants l'obligation de jouer la tragédie et la comédie. Les essais de Firmin dans la tragédie ne furent ni blâmés ni approuvés. Il fut accueilli avec une honorable et paisible bienveillance. Plus tard, il obtint une bonne renommée dans deux rôles du répertoire que Talma appelait le *répertoire sacré* ; Séide, de *Mahomet*, et *Britannicus* lui firent beaucoup d'honneur. Dans la comédie, il sut se faire une place plus éminente ; il fut remarqué parmi des acteurs qui étaient en longue possession de la faveur publique. Fleury, Michelot, Armand furent ses maîtres bien plus que ses chefs ; Firmin était l'objet de toutes les affections, et l'on a pu dire de lui qu'il était l'élève chéri de la Comédie. Il se montra digne de cette honorable bienveillance ; ses progrès furent rapides et signalés, et ce fut en ce temps que ses dispositions se tournèrent manifestement vers la comédie. Reçu sociétaire, il vit grandir ses travaux et sa position au Théâtre-Français, et aussi sa renommée de comédien. En vingt années, la mort fit de larges ravages dans les rangs de la Comédie Française, et bientôt l'honneur du grand répertoire eut pour légitimes représentants Mlle Mars et Firmin.

Firmin a joué les premiers rôles en comédien zélé, éclairé et fervent ; il entrait dans l'ordre et dans la conscience de ses études de se livrer au travail des rôles importants, qu'il n'a d'ailleurs abordés qu'au moment où ses efforts étaient utiles. Dans le jeune répertoire, Firmin a eu des succès de bon aloi, et que l'on n'a jamais songé à lui contester : *Le Jeune mari*, *Un Mariage sous Louis XV*, *Mademoiselle de Belle-Isle* l'ont produit sous un aspect charmant. Lui seul pouvait montrer aux spectateurs la personne de Richelieu avec des agréments et des formes convenables ; il avait une courtoisie, une légèreté et une chaleur de maintien dont l'âge n'avait point altéré la vivacité et la souplesse. Un beau succès de drame, le rôle de *don Juan d'Autriche*, mit en relief ses étonnantes qualités ; il était impossible de donner à ce personnage une physionomie plus vaillante, plus chevaleresque et plus castillane que celle que Firmin avait composée avec un art admirable. Firmin eut le fortuné privilège de ne pas vieillir ; tandis que tout se flétrissait, il resta jeune et verdoyant ; après avoir accompli le temps de son contrat de sociétaire, il était de tournure et de force, à contracter un engagement de pensionnaire : il eut la modestie d'être le serviteur dans la maison dont il avait été un des maîtres ; mais sa supériorité n'en souffrit pas. Dans sa vie privée, Firmin était aimable comme à la scène ; il causait de sa profession avec goût et avec une expérience éclairée ; il se plaisait à réunir ses camarades, et ses soirées du dimanche avaient une délicieuse réputation. En le voyant se retirer du théâtre, on ne pouvait croire à cette résolution. Enfant, jeune, et dans l'âge viril, il avait traversé ces trois âges de la vie et de la scène avec toutes les qualités qui les caractérisent ; la vieillesse seule ne le trouva point prêt, et sa vigueur ne put point feindre les allures brisées contre lesquelles se redressait une nature rebelle. Il était toujours trop jeune ; il fit mentir le proverbe qui prétend que c'est un défaut dont on se corrige tous les jours. Firmin fut presque le dernier d'une génération de comédiens qui continuaient une race illustre ; il se retira du théâtre le 6 décembre 1845.
Eugène BRIFFAULT.

FISC, du latin *fiscus*, panier d'osier, où pendant longtemps, dans l'ancienne Rome, on déposa son argent : de là l'emploi de ce mot, pour signifier le trésor d'un particulier, et spécialement le trésor du prince. Sous l'empire, ce trésor fut distinct du trésor public (*aerarium*). Cette distinction est fondamentale dans les gouvernements constitutionnels des temps modernes ; le trésor de la liste civile, ou de la couronne, est celui du prince ; il ne dispose du trésor de l'État que pour les dépenses publiques prévues par les lois. A Rome, les mauvais empereurs, se croyant maîtres de la vie et des biens de tous les Romains, s'arrogeaient la libre disposition des deniers publics. Tant que notre monarchie a été absolue, le prince a disposé du trésor public comme du sien propre : il avait bien sa cassette particulière, mais c'était pour sa commodité. Les attributions du fisc ont presque toujours été exorbitantes. Pline le jeune, louant à cet égard l'humanité et la modération de Trajan, lui dit que la cause du fisc est toujours mauvaise sous un bon prince. On peut voir par les édits de Constantin, quand il voulut remédier aux vexations autorisées pour le fisc, à quel point ces cruelles exactions étaient portées : les effets même des naufragés étaient la proie du fisc. Constantin, en abrogeant cet infâme usage, proclama comme odieuse la pensée de tirer un lucre public d'un événement aussi déplorable.

Fisc, dans les anciens auteurs, signifie aussi quelquefois *fief* ou *bénéfice*, parce que dans la première institution des fiefs les princes donnaient quelquefois à leurs fidèles des terres fiscales ou patrimoniales à titre de bénéfice, souvent même à simple titre viager; et comme elles n'étaient point aliénées sans retour, on les regardait toujours comme faisant partie du domaine ou *fisc* du seigneur.

Aujourd'hui, en France, on désigne, dans le langage judiciaire et administratif, par le terme *fisc* le trésor de l'État, considéré comme personne morale, exerçant des actions, et contre qui on en peut exercer. Le fisc a droit aux biens vacants et sans maître; il recueille la succession de ceux qui meurent sans héritiers; il a une hypothèque légale sur les biens des comptables de deniers publics, et un privilège pour le recouvrement des contributions directes, des frais de justice, etc.

FISCAL, FISCALITÉ. Ces mots s'entendent comme indiquant une direction d'esprit ou des dispositions légales qui exagèrent les prétentions du fisc : ces dispositions sont le vice radical de nos systèmes de finance.

L'*avocat fiscal* ou *procureur fiscal*, c'était l'avocat ou procureur d'office d'un seigneur justicier et il était chargé, en vertu de ce titre, de soutenir les droits de son *fisc*. De là des fonctionnaires publics qui sous cette dénomination ont existé ou existent encore en France, en Espagne, en Allemagne, en Hollande, etc. En Allemagne, il y avait des *fiscaux* attachés à la chambre impériale de justice et au conseil aulique de l'Empire. En Hollande, il y avait des *fiscaux* ou baillis dans toutes les villes.

FISCHART (JEAN), dit *Mentzer*, le Rabelais de nos voisins d'outre-Rhin, naquit à Mayence ou à Strasbourg, de 1520 à 1530. Il fut reçu docteur en droit, puis avocat au tribunal de la chambre impériale; et vers 1586 il exerçait les fonctions de bailli à Forbach, près de Saarbruck, où il mourut, en 1590 ou 1591. En ce qui est de ses œuvres, écrites les unes en prose, les autres en vers, quelquefois mélangées de prose et de vers, publiées de 1560 à 1590, sous différents pseudonymes, et qui presque toujours d'ailleurs ont les titres les plus bizarres, nous devrions peut-être dire les plus *supercoquentieux*, dont il serait dès lors impossible de donner l'équivalent en français, il règne non moins d'ambiguïté et d'obscurité que dans celles du joyeux curé de Meudon. Fischart est inépuisable en saillies drôlatiques, gaies, spirituelles, mais parfois équivoques et même obscènes. Il connaît au mieux les travers et les folies de son siècle; tantôt il les ridiculise, tantôt il les flagelle, et toujours il s'en rit. Du reste, il traite la langue allemande avec l'irrévérence la plus grande, créant des mots, des tournures de phrases, selon qu'il lui convient et sans jamais le moins du monde s'inquiéter de l'analogie; ce qui ne l'empêche pas de prodiguer l'esprit et l'érudition au milieu de tout ce dévergondage de la pensée et de la langue. Il est demeuré inimitable dans le genre burlesque, ainsi que dans la grosse charge; et jusque dans les productions les plus désordonnées de son fécond génie dominent partout la gaieté la plus franche et la bonhomie la plus naïve. Au dire de Jean-Paul, il l'emporte à beaucoup d'égards, mais surtout pour le fini des portraits, sur Rabelais lui-même, qu'il égale d'ailleurs comme érudit et sous le rapport de la profonde connaissance des origines de la langue.

FISMES, ville de France, chef-lieu de canton, dans le département de la Marne, sur l'Ardre, à son confluent avec la Vesles. La population est de 2,425 habitants. On y prépare une liqueur dite *vin de Fismes*, pour colorer les vins rosés de champagne; on y fabrique de la poterie, des toiles et des briques. Aux environs de Fismes, on trouve une fabrique de vitriol à Bourg, une sucrerie de betteraves, à Beaurieu, une filature de laine aux Venteaux. Fismes existait déjà à l'époque de la domination romaine. Elle forma ensuite la limite de l'Austrasie et de la Neustrie, et c'est de là que lui vient son nom (du latin *fines*). Au commencement de ce siècle on y voyait encore un vieux monument qui avait été élevé pour marquer cette limite. Il s'y tint deux conciles en 881 et 935.

FISSIPÈDES (du latin *fissus*, fendu, et *pes*, *pedis*, pied). Ce nom a été donné par Blumenbach, par opposition à celui de *solipèdes*, à un ordre de mammifères dont le pied est divisé en deux ou quatre sabots. Latreille a appelé *fissipèdes* une famille de l'ordre des pachydermes; Schœffer, les oiseaux dont les doigts ne sont pas réunis par une membrane; Lamarck, une famille de crustacés homobranches macroures ayant les pattes bifides.

FISSIROSTRES (du latin *fissus*, fendu, et *rostrum*, bec), nom que G. Cuvier donne à une famille d'oiseaux, de l'ordre des *passereaux*. Elle est caractérisée par un bec court, large, aplati horizontalement, légèrement crochu, sans échancrure, et fendu très-profondément, en sorte que l'ouverture de la bouche est assez large pour permettre à ces oiseaux d'engloutir aisément les insectes qu'ils prennent au vol. A cette famille se rattachent les hirondelles, les martinets, les podarges, les engoulevents.

N. CLERMONT.

FISSURE (*Chirurgie*). Employé d'une manière générale, ce mot sert à désigner toute lésion de continuité dont la longueur est beaucoup plus considérable que la largeur; cependant, on n'applique guère cette dénomination qu'aux ulcérations linéaires qui siègent à l'anus, les autres recevant plutôt le nom de *gerçures*. Boyer a le premier décrit d'une manière un peu satisfaisante cette maladie comme une affection distincte. Il s'en faut cependant qu'elle doive être aussi négligée qu'on pourrait le croire au premier abord : les douleurs qu'elle produit sont souvent très-pénibles à supporter et sa guérison fort difficile à obtenir.

L'ulcération qui constitue la fissure à l'anus a ordinairement de six à neuf millimètres de longueur, sur deux environ de largeur; elle peut siéger au-dessus, au-dessous ou au niveau du muscle sphincter anal; mais sa situation la plus commune est en partie au niveau, en partie au-dessous de ce muscle; le plus souvent elle est cachée dans un des replis de la muqueuse, et il faut déplisser celle-ci pour l'apercevoir; elle est presque constamment unique, cependant quelquefois il en existe deux et même davantage. Lorsqu'elle est située au-dessous du sphincter anal, ou même au niveau de ce muscle, rien n'est plus facile que de la constater; mais quand elle siège plus haut, il est difficile de s'assurer de son existence autrement que par les symptômes qu'elle produit, lesquels sont : 1° des douleurs vives, quelquefois comme brûlantes, pendant les garderobes; 2° la constriction plus ou moins énergique du muscle sphincter anal en l'absence de toute lésion matérielle appréciable de ce muscle; 3° la présence de l'ulcération elle-même. Ces caractères indiquent qu'on ne doit point donner indistinctement le nom de *fissure* à toute ulcération allongée de l'anus; on observe en effet un bon nombre de ces ulcérations, et en particulier toutes celles qui se développent souvent sous l'influence de la syphilis, connues sous le nom de *bliogrades*, qui ne s'accompagnent que d'une très-légère douleur, et qui guérissent avec facilité.

Les douleurs et les constrictions du sphincter n'arrivent pas immédiatement à leur degré le plus élevé; dans presque tous les cas, les malades ne sentent d'abord que de légers picotements pendant la défécation; puis ces picotements augmentent de plus en plus, et dans un temps variable, mais qui est ordinairement de plusieurs mois au moins, elles arrivent à un point tel que plusieurs malades les comparent à la sensation que produirait l'application d'une pointe de ter rougie. La douleur existe rarement dans l'intervalle des garde-robes; elle diminue peu à peu après la défécation, et finit par cesser complétement une ou deux heures après. Cependant, chez certains malades, elle s'établit d'une manière permanente, ou au moins se développe sous une foule d'influences, et particulièrement sous l'influence des boissons excitantes, de la chaleur du lit, des efforts, d'un long séjour sur un siége chaud, etc.

La fissure est sans exemple chez les enfants, et même extrêmement rare au-dessous de vingt ans; les vieillards eux-mêmes en sont rarement atteints : c'est donc pendant la période moyenne de la vie que cette affection sévit spécialement. D'après les observations de plusieurs auteurs, elle serait plus fréquente chez la femme que chez l'homme. Parmi les causes qui agissent directement, et qu'on nomme *occasionnelles*, la **constipation** est peut-être la seule dont l'influence soit bien constatée. Lorsque la défécation ne s'effectue que de loin en loin, il en résulte ordinairement des dilatations considérables de l'anus, lesquelles produisent des déchirures qui guérissent d'abord facilement, mais qui deviennent de plus en plus opiniâtres, et finissent enfin par dégénérer en fistules. Il faudra donc, lorsque des déchirures se produiront pendant la défécation, avoir soin de régulariser les garde-robes et de les rendre plus faciles à l'aide de lavements émollients ou légèrement purgatifs. Presque jamais la fissure ne guérit spontanément, et le plus souvent même elle s'aggrave à mesure qu'elle devient plus ancienne.

Outre les moyens hygiéniques propres à diminuer la violence des accidents, comme la privation du café et des liqueurs, trois méthodes principales de traitement ont été mises en usage. La première, et aussi la plus efficace, consiste dans l'introduction de mèches dans le rectum; ces mèches, enduites ou non de substances médicamenteuses, sont renouvelées chaque jour après avoir préalablement évacué l'intestin par un ou plusieurs lavements. Ces mèches, quoique d'abord très-minces, sont très-difficiles à supporter; mais avec un peu de courage, dans les premiers jours, les malades s'y accoutument assez promptement, et l'on arrive beaucoup plus facilement qu'on n'aurait pu le prévoir à leur donner jusqu'à deux centimètres de diamètre. Quand on est arrivé à ce diamètre, les malades sont ordinairement très-soulagés, sinon complétement guéris. Dans l'un comme dans l'autre cas, il est nécessaire de persister dans l'usage de la mèche jusqu'à ce que la disposition du sphincter à une contraction exagérée soit entièrement détruite; mais on peut se dispenser de la laisser en permanence : quelques heures d'application par jour suffisent pour obtenir l'effet désiré, surtout si on peut lui donner une grosseur un peu forte. Quand on ne veut introduire qu'une mèche simple, on se contente d'enduire les brins de charpie qui la forment de cérat ou d'huile; dans les cas contraires, on les enduit avec de la pommade de belladone, avec du cérat opiacé, avec de l'onguent mercuriel, etc.

Lorsque le traitement précédent n'a pas suffi, après un certain temps, pour amener la guérison, on a recours à la cautérisation de la plaie avec le nitrate d'argent, sans cesser pour cela l'usage de la mèche. La cautérisation doit être répétée tous les quatre ou cinq jours, jusqu'à ce qu'il y ait un soulagement marqué : cependant, si après six semaines ou deux mois on n'avait obtenu aucun résultat avantageux, il faudrait renoncer à ce moyen. On pourrait alors essayer un caustique plus puissant, comme le caustique de Vienne; mais celui-ci ne devrait être employé qu'une ou deux fois, à cause des désordres graves qu'il pourrait occasionner si l'on en faisait usage trop longtemps.

L'incision du sphincter, proposée d'abord par Boyer, et adoptée ensuite par tous les chirurgiens, ne doit cependant être employée que lorsque tous les autres moyens ont échoué. Lorsque les bords de la fissure sont durs et calleux, il faut les inciser avec des ciseaux courbes, précaution sans laquelle on n'en obtiendrait probablement pas la cicatrisation. Boyer pensait qu'on pourrait indifféremment pratiquer l'incision sur tous les points de la circonférence de l'anus; mais il est évident qu'il est préférable de choisir le centre même de l'ulcération. Si la fissure est double ou triple, il est nécessaire de pratiquer autant d'incisions qu'il y a de lésions de continuité. Après que les incisions sont pratiquées, il faut panser les plaies comme dans l'opération de la fistule, et continuer pendant longtemps l'application des mèches, comme dans les cas où ce moyen est seul employé.

Dr CASTELNAU.

FISSURE (*Géologie*). On donne ce nom à des excavations terrestres, dont les dimensions en longueur et en largeur sont beaucoup plus considérables que la dimension en épaisseur : ce sont, à proprement parler, de vastes fentes. Quelquefois ces fentes sont vides, c'est-à-dire remplies seulement par des substances gazeuses, mais le plus souvent elles sont bouchées par différentes matières, en sorte que la fissure n'est réellement que fictive, et qu'on ne constaterait point l'existence si les substances qui l'oblitèrent n'étaient pas différentes de celles qui en forment les parois.

Les formes qu'affectent les fissures sont aussi variées que l'imagination peut les concevoir : tantôt ce sont des fentes uniques, tantôt des crevasses plus ou moins ramifiées, et dont les ramifications sont très-irrégulières; quelquefois on voit une fente principale traversée par des fentes moins étendues, qui forment avec elle plusieurs croix; d'autres fois ce sont des fentes qui rayonnent d'un point central à la manière d'une vitre cassée dite *étoilée*, etc., etc. Dans la forme très-variée que présentent les fissures, il y a une circonstance importante à remarquer, c'est leur écartement va toujours en augmentant, à mesure qu'elles deviennent plus profondes, tantôt, au contraire, en diminuant. Dans le premier cas, il est facile de voir que la fissure s'est effectuée de l'extérieur à l'intérieur de la terre, par suite d'un écartement produit lui-même par un tremblement de terre; dans le second cas, la fissure a été produite de l'intérieur à l'extérieur, par la projection de matières liquides qui se solidifient dans la cavité qu'elles ont formée, en exhaussant quelquefois, dans leur sein, des fragments détachés des roches qui les environnent. Les matières qui remplissent les fissures sont connues sous le nom de *filons*.

Les dimensions des fissures sont aussi variables que leur forme : la plupart, et surtout celles qui se forment de l'intérieur à l'extérieur, ont le plus souvent quelques mètres seulement de largeur ou même moins; parmi celles qui se forment en sens contraire, il y en a qui possèdent des dimensions vraiment effrayantes : ainsi, pendant les tremblements de terre qui désolèrent la Calabre en 1783, il s'en forma plusieurs dont quelques-unes n'avaient pas moins de 150 mètres de largeur.

Dr CASTELNAU.

FISSURELLE. Ce genre de mollusques gastéropodes, établi par Bruguière, conservé par Lamarck et par tous les autres conchyliologues, présente les caractères généraux suivants : Animal ayant une tête tronquée antérieurement : deux tentacules coniques portent des yeux à leur base extérieure; deux branchies, en forme de peigne dans leur partie supérieure, s'élèvent de la cavité branchiale, et forment une saillie de chaque côté du cou; perforation de la coquille à son sommet. Les espèces, assez nombreuses, sont généralement recouvertes de côtes rayonnantes et enrichies de vives couleurs; quelques-unes sont assez grandes; il en est qui n'ont que de trois à huit centimètres. On en connaît plusieurs espèces fossiles, trouvées en grande partie dans les terrains qui avoisinent Paris, mais toujours dans les couches les plus récentes du globe.

N. CLERMONT.

FISTULAIRES (*Ichthyologie*), genre de poissons, établi par Lacépède et conservé par Cuvier. Il présente une seule nageoire dorsale; les os intermaxillaires et la mâchoire inférieure sont garnis de petites dents. D'entre les deux lobes de la caudale sort un filament quelquefois aussi long que tout le corps; le tube du museau est très-long et déprimé; la vessie natatoire extrêmement petite; les écailles sont invisibles. On en trouve dans les mers chaudes des deux hémisphères. La *fistulaire pétimbe*, la seule espèce bien connue, parvient à un mètre de longueur. Son filament ressemble à un brin de far n de baleine; elle paraît vivre de petits animaux marins; sa chair est maigre et peu sapide. Elle est commune dans la mer des Antilles. N. CLERMONT.

FISTULAIRES (*Malacologie*), genre de mollusques établi par Bruguière et Lamarck, et appartenant à la famille des enfermés de Cuvier. Les fistulaires ressemblent aux tarets; ils vivent à peu près comme eux, dans le sable, le bois, les pierres; ils ne forment pas toujours des fourreaux calcaires, ou bien ils n'en ont que de très-minces. Quand il existe, ce tube est entièrement fermé par le gros bout, et ressemble plus ou moins à une bouteille ou à une massue. On en connaît cinq espèces vivantes, qui nous viennent toutes des côtes du Sénégal et de l'océan des grandes Indes. Defrance, dans le *Dictionnaire des Sciences naturelles*, en décrit trois espèces fossiles, que l'on trouve dans les couches de nos terrains secondaires. N. CLERMONT.

FISTULE (de *fistula*, chalumeau). Ce mot est usité en chirurgie pour désigner certains ulcères à bords calleux, à fausses membranes suppurantes, dont l'ouverture, ordinairement plus étroite que le fond, resterait indéfiniment béante si l'on n'y portait remède d'une façon particulière. Plusieurs circonstances peuvent donner aux plaies le caractère de fistule : ainsi, pour certaines plaies, le passage presque continu de matières autres que la suppuration; pour certaines autres, une forme ou une situation particulière, etc., suffit pour que l'ouverture extérieure de la plaie ne se ferme pas, qu'une fausse membrane s'organise et en tapisse tout le trajet, qu'au-dessous de cette fausse membrane, qui sécrète un pus comparable aux mucosités produites par les véritables membranes muqueuses, le tissu cellulaire prenne plus de consistance que dans l'état normal, devienne calleux, dur et moins facile à enflammer, toutes circonstances qui expliquent les fistules, comme il est facile de le prouver par des exemples. Un instrument piquant ou tranchant a pénétré jusqu'au conduit excréteur de la glande parotide, celle qui verse la salive dans la bouche, ou bien jusqu'à la vessie ; le chirurgien, malgré tous les soins qu'il s'y est donnés, n'a pu empêcher la salive, dans le premier cas, et dans le second cas l'urine, de passer continuellement par la plaie : il en résulte que ce corps étranger, remplissant alors le même rôle que la mèche de charpie joue dans un séton, s'oppose à l'adhésion que les deux lèvres de la plaie tendent à contracter l'un avec l'autre et les oblige à se couvrir d'une membrane qui les mette à l'abri de l'irritation continuelle dans laquelle ils sont tenus; de là une fistule salivaire, une fistule urinaire. Il est aussi fort commun de voir des fistules produites par des abcès qui surviennent aux environs du conduit excréteur : dans leur tendance à s'ouvrir, ces abcès finissent par percer le conduit excréteur, en même temps qu'ils s'ouvrent au dehors : de là un très-grand nombre de fistules, parmi lesquelles se trouvent principalement celles qui arrivent à l'anus, à l'angle interne de l'œil, aux environs de la trachée artère, dans les poumons, etc. La forme et la situation de la plaie ne contribuent pas moins à produire bon nombre de fistules dans d'autres cas encore. Par exemple, une suppuration ayant lieu dans un point quelconque du corps, le pus se répand dans les interstices des organes, et vient se faire jour plus ou moins loin de son lieu d'origine : ces fistules sont quelquefois d'autant plus fâcheuses qu'il est impossible de porter des remèdes de quelque efficacité sur le point de départ des accidents. Mentionnons enfin un dernier procédé par lequel des fistules s'établissent encore beaucoup trop souvent : quelque corps dur engagé dans un conduit excréteur, comme des calculs, des matières fécales endurcies et séchées, des os, appuient sur les parois de ce conduit, le confondent ou le compriment au point d'en déterminer la gangrène; de là séparation des parties frappées de mort, perforation du conduit, et par conséquent fistule s'ouvrant directement au dehors ou bien dans quelque organe voisin, à moins que le chirurgien ne trouve moyen, dès que l'accident primitif est arrivé, de prévenir l'épanchement fréquent ou continu des matières excrémentielles par la plaie qui vient de se faire.

On entend donc par *fistule* un trajet, un conduit anormal livrant passage à un écoulement contre nature, soit de liquides qui devraient passer par une autre voie, soit de liquides morbides créés sur place par la fausse membrane qui tapisse à la longue le trajet fistuleux. Toute fistule a pour caractère une fausse membrane avec sa sécrétion muqueuse purulente ; à quoi il faut ajouter, pour presque toutes, des indurations sous-jacentes à cette fausse membrane, et particulièrement vers les orifices du trajet fistuleux. On conçoit dès lors très-bien la ressemblance qu'un a trouvée de tout temps entre le creux d'un chalumeau et une fistule; et, ce qui est beaucoup plus important, on se fait une idée assez claire des difficultés que présente le traitement des fistules, puisqu'il faut non-seulement détourner du cours vicieux qu'elles ont pris les humeurs qui sortent par la fistule, mais encore détruire la fausse membrane et ramollir les indurations sur lesquelles elle siège, et enfin déterminer l'occlusion des orifices de la fistule, de manière à ne pas laisser accumuler dans le fond de la plaie des matières qui ne manqueraient pas de renouveler la maladie, dans un temps plus ou moins éloigné, mais qui ne serait jamais très-long si on s'y était mal pris.

Les fistules s'appellent *complètes* quand elles ont deux ouvertures, une à chaque bout de la fistule; on les nomme *borgnes* quand elles n'en ont qu'une : ce n'est, au reste, qu'une distinction de mots. Ajoutons que souvent le trajet d'une fistule se partage en divers embranchements, et qu'il en résulte souvent que, quand on n'y prend pas suffisamment garde en opérant, elle peut se renouveler ou persister, parce qu'on n'aura pas déterminé l'adhésion complète et universelle de tous les points du trajet fistuleux, dont quelques portions excentriques ont pu échapper aux moyens curatifs.

Les moyens curatifs employés contre les fistules ont toujours plusieurs effets communs : 1° on tâche d'empêcher l'écoulement du liquide dont le passage entretient la fistule, soit qu'on cherche à en tarir la source, comme dans les fistules provenant de quelques maladies des os ou de corps étrangers introduits dans le corps, soit qu'on cherche à présenter au liquide excrété un écoulement plus facile et toujours ouvert, soit qu'on travaille à lui établir une issue plus convenable et plus près de son origine; 2° on travaille à détruire la fausse membrane et à la remplacer par des bourgeons charnus, disposés à adhérer les uns aux autres et à servir de base à une bonne cicatrice ; 3° en même temps on détruit les indurations sur lesquelles s'est formée la fausse membrane : ces deux dernières indications sont ordinairement remplies par tous les procédés qui déterminent l'inflammation du trajet fistuleux ; 4° quand la fistule tient au rétrécissement morbide de quelque canal naturel, on travaille à lui donner une dilatation convenable ; 5° quand le trajet fistuleux a pour parois de la peau ou des tissus amincis et trop dénudés pour contracter avec les parties environnantes des adhérences parfaites, on cherche à redonner au sujet de l'embonpoint, et, autant que possible, on enlève toutes les parties amincies et trop dénudées ; 6° puis, enfin, on tâche, par la situation qu'on donne aux parties ou par la disposition des pièces d'appareil, d'obtenir la cicatrisation au fond de la plaie avant de penser à laisser fermer la partie la plus superficielle. Cette dernière indication est la plus importante de toutes, une fois qu'on a opéré, et il est fort rare, quand on sait s'y prendre, qu'on ne réussisse pas complétement à débarrasser le patient. Presque toujours la portion de la fistule qui se trouve comprise dans les incisions faites pour l'opération s'enflamme, comme tout le reste de la plaie; la fausse membrane change de nature; les petites indurations qui environnent la fistule se fondent ; tout rentre dans les conditions ordinaires de la plaie la plus simple. On est assez avancé aujourd'hui pour obtenir, même dans les cas les plus rebelles autrefois, une parfaite guérison, quand le mal principal se réduit d'ailleurs à la fistule; car il est des fistules qu'il ne faut pas essayer de guérir.

La *fistule lacrymale* succède ordinairement à la *tumeur lacrymale*. Cette tumeur occupe le bas de l'angle de l'œil qui est vers le nez; elle est peu douloureuse, peu volumineuse, et quand on la presse, elle se vide en versant, entre les paupières, par le point lacrymal inférieur principalement, un liquide blanchâtre; la narine du même côté est sèche, l'œil larmoyant; puis arrive un moment où la tumeur s'enflamme, s'abcède, et les larmes et le pus sortent ensemble par l'ouverture de l'abcès; il y a alors fistule lacrymale. On y remédie de différentes manières, en dilatant le conduit lacrymal par une sorte de séton fait de fils de soie, de lin, ou avec des cordes de boyau, ou avec des tiges métalliques de plus en plus volumineuses, qu'on y introduit; ou au moyen d'une canule métallique, qui agit à la fois et comme corps dilatant les voies lacrymales, et comme conduit pour diriger dans le nez le superflu des larmes. Il vaudrait mieux commencer par empêcher la tumeur lacrymale de s'abcéder, soit en opérant la dilatation des voies lacrymales avant l'abcès, ce à quoi les malades ne consentent pas facilement, soit en y faisant des injections de ces applications appropriées. Les auteurs sont pleins de succès obtenus de cette manière. Quand il y a fistule lacrymale, le procédé le plus sûr et le moins douloureux est sans contredit l'introduction d'une canule d'or ou d'argent dans le canal nasal. On fait peu maintenant de ces opérations compliquées auxquelles les chirurgiens d'autrefois se livraient pour guérir une maladie si peu grave, mais si désagréable. La pratique de Dupuytren n'a pas peu contribué, par sa simplicité et ses succès, à accréditer ce procédé, qui guérit plus vite, plus sûrement, moins douloureusement qu'aucun autre, et qui n'a pas plus de désavantage que les autres, sous quelque rapport qu'on l'envisage.

La *fistule à l'anus* est une maladie fort simple, qui consiste en ce qu'il s'est établi un trajet anormal entre un point plus ou moins élevé du rectum et la peau des environs de l'anus; quelquefois la fistule est *borgne interne*, d'autres fois *borgne externe*, plus souvent elle est *complète*. L'opération consiste à inciser toute la portion du rectum qui forme l'espèce de delta compris entre la fistule et l'anus. Cette incision peut se faire de différentes manières, avec le bistouri, avec des ligatures de différentes sortes; puis on travaille à cicatriser le fond de la plaie avant la superficie. L'incision simple est le procédé le plus employé, et avec raison; il a été connu et mis en usage de temps immémorial, et il réussit tous les jours parfaitement. Sans la fistule de Louis XIV, cette maladie, si peu grave en général, n'exciterait pas parmi les gens du monde le quart des appréhensions qu'elle y produit. Il est peu de maladies chirurgicales qu'on guérisse plus simplement. Aussi n'est-ce qu'à titre de curiosité que nous citerons le passage suivant, tiré du *Cours d'opérations* démontrées au Jardin-Royal par D IONIS, sur cette fistule, devenue à la mode depuis celle du roi, « tellement qu'il y a eu même des courtisans qui ont choisi Versailles pour se soumettre à cette opération, parce que le roi s'informait de toutes les circonstances de cette maladie. Ceux qui avaient quelque petit suintement ou de simples hemorrhoïdes ne différaient pas à présenter leur derrière au chirurgien pour y faire des incisions. J'en ai vu plus de trente qui voulaient qu'on leur fît l'opération, et dont la folie était si grande, qu'ils paraissaient fâchés lorsqu'on les assurait qu'il n'y avait point de nécessité de la faire. » Enfin, après un an de tentatives infructueuses sur de pauvres diables, qu'on soumettait à toutes sortes d'essais dans les chambres de la surintendance, sous la direction de tous les proposeurs de remèdes, les chirurgiens du roi et de M. de Louvois, le roi, convaincu qu'il n'y avait d'espérance de guérir que par l'opération, s'y détermina, et la subit le 21 novembre 1687. « La cure fut très-bien conduite, ajoute Dionis. S. M. récompensa en roi tous ceux qui lui rendirent service dans cette maladie : il donna à M. Félix (qui avait opéré) 50,000 écus, et à M. D'Aquin 100,000 livres; à M. Fagon 80,000 liv., à M. Bessières 40,000 liv. (ceux-ci avaient assisté seuls, avec M. de Louvois, à l'opération); à chacun de ses apothicaires, qui sont quatre, 12,000 liv., et au nommé La Raye, garçon de M. Félix, 400 pistoles. » Il ne fallait pas moins que la longue indécision de Louis XIV, l'empressement et les inquiétudes intéressées des courtisans, les essais authentiques et les magnifiques récompenses des gens de l'art, pour donner de l'importance à des choses si simples.

Dr S. S ANDRAS.

FITZ, ancien mot normand, qui a évidemment pour étymologie le mot latin *filius*, fils. De même que le *Mac* des Écossais, l'*O* des Irlandais ou le *Ben* des Orientaux, le mot *Fitz* ajouté à un nom propre indique une filiation se rattachant à ce nom; par exemple, les familles *Fitz-Allan*, *Fitz-Walter*, *Fitz-William*, *Fitz-Herbert* en Angleterre, *Fitz-Gerald*, *Fitz-Maurice*, *Fitz-Gibbon* en Irlande, les unes et les autres descendant de nobles assemblés. Quelquefois aussi le *Fitz* est un indice de bâtardise, quoique ce ne soit pas toujours nécessairement le cas. C'est dans ces derniers temps seulement qu'on s'en est servi pour dénommer les enfants naturels des rois et des princes, comme pour les familles *Fitz-Roy*, *Fitz-James* et *Fitz-Clarence*.

FITZ-GERALD (E DWARD , lord), fils puîné du duc de Leinster et l'un des martyrs de la liberté irlandaise, était né en 1763, à Carton-Castle, près de Dublin. A l'âge de seize ans, il entra au service dans un régiment que le gouvernement envoya prendre part à la guerre contre les insurgés de l'Amérique du Nord, et ne s'y fit pas moins remarquer par son courage que par ses talents précoces. Après la paix, il revint en Europe, et fut élu au parlement irlandais pour le bourg d'Athy; mais il reconnut bientôt combien seraient inutiles tous les efforts qu'il pourrait tenter dans cette assemblée, pour améliorer la situation de ses concitoyens. En 1787, il quitta donc, profondément découragé, les îles Britanniques pour aller faire en Espagne un voyage qui fut suivi, peu de temps après, d'une excursion plus lointaine. Des peines de cœur, causées par un amour contrarié, le déterminèrent en effet à s'embarquer pour l'Amérique du Nord, où il vécut deux ans d'une vie toute poétique, errant en canot sur les lacs et les fleuves, s'égarant dans de longues chasses au fond des forêts de l'Acadie. Mais le souvenir des misères de sa patrie le poursuivait parmi les sauvages de la Nouvelle-Écosse, dont il souhaitait le sort aux paysans d'Irlande. Une existence solitaire et contemplative ne pouvait suffire longtemps à un homme essentiellement organisé pour agir sur les autres hommes. De grands événements se préparaient dans notre hémisphère : lord Edward Fitz-Gerald se hâta de revenir en Europe (1790), et reprit même place au parlement d'Irlande. Ainsi que Fox, Shéridan et les principaux patriotes anglais, il avait salué avec enthousiasme la révolution française, comme l'aurore de la liberté universelle; il voulut en étudier de près la marche, et se rendit à Paris (1792). Ses liaisons et surtout sa conduite dans un banquet, où il porta publiquement un toast aux armées françaises, le firent alors rayer des contrôles de l'armée britannique.

Fitz-Gerald ne tarda pas à retourner en Irlande; mais il n'y revint pas seul : il avait épousé à Tournay une jeune personne dont la naissance était demeurée enveloppée de mystère, et que Mme de Genlis, alors gouvernante des enfants du duc d'Orléans, avait élevée avec les jeunes princes, sous le nom de *Pamela*, en la faisant passer pour une orpheline anglaise; mais beaucoup de gens croyaient être la fille naturelle du duc d'Orléans (*voyez* l'article ci-après). Quoi qu'il en soit, Edward et sa nouvelle épouse se fixèrent dans un petit domaine du comté de Kildare. Comme toutes les âmes simples et grandes à la fois, Edward Fitz-Gerald comprenait le bonheur domestique et les jouissances calmes du foyer : les lettres où il peint à sa mère sa paisible vie dans les campagnes de Kildare sont pleines d'une délicieuse fraîchœur de sentiment. Il devait bientôt abandonner cette tranquille félicité pour une existence de trouble et de péril.

Fitz-Gerald ne pouvait s'isoler dans son bonheur au milieu des souffrances publiques, dont le cri montait sans cesse jusqu'à lui. La plupart des patriotes irlandais, à quelque religion qu'ils appartinssent, ne virent plus alors d'avenir pour leur pays que dans une séparation absolue d'avec l'Angleterre. Tel fut le but vers lequel se dirigea la célèbre association des *Irlandais-Unis* qui, d'abord formée pour obtenir une réforme pacifique, basée sur la liberté civile, politique et religieuse, avait promptement reconnu l'impossibilité d'y parvenir, et avait changé tout à fait de caractère. Les cinq directeurs étaient Edward Fitz-Gerald, Arthur O'Connor, descendant des anciens rois d'Irlande, Olivier Bond, le docteur Mac-Nevin et Thomas Addis-Emmett. La France promit des secours; mais toutes ses tentatives échouèrent.

Vers la fin de février 1798, le directeur O'Connor fut arrêté à Margate, avec deux de ses amis, comme il essayait de se rendre en France. Ils jugèrent qu'il était temps d'agir. Tout se prépara donc pour la levée en masse. Malgré l'absence des secours français, ce peuple immense, se levant le même jour d'une extrémité à l'autre de l'île, eût infailliblement triomphé. La trahison seule pouvait sauver les oppresseurs de l'Irlande : cette trahison eut lieu. L'homme qui vendit la liberté de son pays et la vie de tant de généreux citoyens se nommait *Thomas Reynolds*, représentant du comté de Kildare, avec rang de colonel dans l'*Union*. C'était un marchand catholique de Dublin. Le prix du sang lui fut payé 5,000 liv sterling comptant, avec une pension de 1,500 liv. sterl. Le 12 mars, sur les dénonciations de Reynolds, les directeurs Emmett, Mac-Nevin et Bond, furent arrêtés, et tous les plans des patriotes tombèrent au pouvoir du gouvernement. Lord Fitz-Gerald fut averti à temps du malheur de ses collègues : on dit que le gouvernement tory hésitait à frapper en lui un membre de la plus haute aristocratie anglo-irlandaise, et l'eût laissé échapper, s'il eût consenti à quitter le pays; il s'y refusa. Caché dans Dublin même, il dominait toute l'Irlande du fond de son asile; les directeurs et les autres chefs arrêtés furent remplacés; la hiérarchie se rétablit, et le grand jour de la levée en masse fut fixé au 23 mai. Une seconde trahison, celle du capitaine de milice Armstrong, apprit au gouvernement et le jour de l'insurrection et les dispositions militaires arrêtées par Fitz-Gerald. La prise ou la mort de lord Edward devint dès lors le but de tous les efforts de la police. Une première fois, il faillit, le 11 mai, être arrêté dans les rues de Dublin; mais huit jours après, le 19 mai, il fut surpris chez un associé, nommé Murphy, dans Thomas Street, par un détachement à la tête duquel étaient le juge Swan, le major Sirr et le capitaine Ryan. Edward, armé seulement d'un poignard, tua le capitaine, blessa le juge, et se défendit avec une telle vigueur que ses amis eurent le temps d'accourir; les Irlandais-Unis commençaient à s'assembler, et peut-être Edward eût-il été délivré, si un coup de feu, parti de la main du major Sirr, ne lui eût fracassé l'épaule. Edward, hors de combat, fut emmené prisonnier au château de Dublin, et enfermé à la New-Gate.

Du 19 au 21, les deux frères Sheares et beaucoup d'autres personnages importants furent également saisis. Tout était perdu pour l'Irlande; néanmoins, l'organisation de la société était si puissante que l'explosion fut encore terrible. Le peuple des campagnes, sans ordres, sans chefs, presque sans autres armes que des piques et des bâtons, s'insurgea en masse dans tous les districts voisins de Dublin, et se porta sur la capitale dans la nuit du 23 mai; Fitz-Gerald du fond de sa prison put entendre gronder la fusillade dans toutes les directions; mais l'armée anglaise était partout sur ses gardes : les patriotes de Dublin ne purent seconder les paysans, et l'insurrection fut bientôt refoulée vers l'intérieur du pays, surtout vers le sud, où les Irlandais-Unis, tout désorganisés, tout privés de ressources militaires qu'ils fussent, soutinrent plusieurs batailles contre les forces anglaises, et ne succombèrent qu'après une résistance désespérée. Lord Edward ne fut pas le témoin des dernières convulsions de la société : la ruine de ses grands desseins, les calamités de sa patrie, aggravèrent sa blessure, et la rendirent mortelle : durant quinze jours d'une agonie solitaire, il lutta contre ses douleurs physiques et morales avec toute l'énergie de son âme; il se tira par son chirurgien la passion et la mort de Jésus-Christ, puis il expira le 4 Juin 1798, après avoir entendu le bruit des préparatifs de l'exécution de Clinch, l'un des associés, que l'on menait à l'échafaud. Henri MARTIN.

FITZ-GERALD (PAMÉLA ***, lady), regardée généralement comme une fille adultérine du duc d'Orléans Égalité et de Mme de Genlis, qui l'éleva bravement au milieu des enfants du prince son amant, en la faisant passer pour une jeune orpheline anglaise dont elle ne pouvait révéler la filiation, épousa en 1790, à Tournai, lord Edward Fitz-Gerald, sur le cœur duquel elle avait produit une impression des plus vives à cause de sa frappante ressemblance avec la belle et spirituelle mistriss Sheridan, dont ce noble Irlandais avait été autrefois très-épris, et eut de lui deux enfants. Après la mort tragique de lord Fitz-Gerald, Paméla se remaria avec un Américain appelé Pitcairn. Cette seconde union ne fut point heureuse, et une séparation volontaire en relâcha les liens. Paméla revint alors en France, où elle continua d'habiter le fond d'une province jusqu'à la révolution de Juillet, époque où elle crut pouvoir se rendre à Paris, pour se recommander à la bienveillance de l'ancien compagnon de son enfance qui venait de ceindre une couronne. Louis-Philippe refusa obstinément de la recevoir; et Paméla mourut dans un grenier, à la fin de l'année 1831, en proie à la plus navrante misère.

FITZ-HERBERT (Lady), belle Irlandaise, née en 1744, épousa d'abord un frère du cardinal Wold, puis en secondes noces lord Fitz-Herbert, à la mort de qui elle forma avec le prince de Galles, devenu plus tard Georges IV, une tendre liaison, qu'un mariage secret contracté à Rome aurait, dit-on, légitimé. Le mariage légal du prince de Galles avec la princesse Caroline de Brunswick rompit entre eux toutes relations. Mais lady Fitz-Herbert n'en conserva pas moins sa position dans le monde aristocratique, et mourut à Brighton, en 1837, objet des respects de tous ceux qui la connaissaient.

FITZ-JAMES, famille illustre, française à partir du maréchal de Berwick, mais qui était originaire d'Angleterre, et dont la souche est *James* ou *Jacques* STUART, d'abord duc d'York, puis roi d'Angleterre sous le nom de Jacques II. Berwick, son fils, né hors de mariage, fut le premier duc de Fitz-James.

Son fils, *François* DE FITZ-JAMES, né à Saint Germain en Laye, le 9 juin 1709, répudia, pour embrasser l'état ecclésiastique, les dignités de son père, auxquelles il devait succéder au lieu et place de *Henri*, son frère aîné. En 1727, il fut nommé par le roi abbé de Saint-Victor, puis évêque de Soissons en 1739, et mourut le 19 juillet 1764. Il est auteur de plusieurs ouvrages de piété et de controverse.

Le troisième frère, *Charles*, duc DE FITZ-JAMES, pair de France, né le 4 novembre 1712, fit ses premières armes sous les ordres de son père, à la tête du régiment de son nom, et assista aux sièges de Kehl et de Fribourg en 1733 et 1734. Il prit part à toutes les guerres de Bohême, de Flandre et d'Allemagne sous Louis XV, se trouva aux batailles de Fontenoy, d'Hastembeck et de Minden, et détermina en grande partie le succès de cette dernière journée en chargeant l'ennemi à la tête de la cavalerie française. Créé lieutenant général en 1748, il reçut le collier des ordres du roi en 1756, le bâton de maréchal en 1775, et mourut en 1787, laissant deux fils, dont le second, *Édouard-Henri*, maréchal de camp, serait en 1750, et mort en 1805 dans l'émigration, fut le père du dernier duc de Fitz-James, *Édouard*, ancien pair de France, né à Versailles en 1776.

Dès les premières tentatives de la révolution de 1789, il

protesta contre toute innovation tendant à affaiblir l'autorité royale, abandonna la France pour se retirer en Italie, et fit la campagne des princes en 1792, comme aide de camp du maréchal de Castries. Après le licenciement de l'armée de Condé, il se retira en Angleterre, et revint en France en 1801, sans vouloir accepter aucune des hautes fonctions que lui proposa le gouvernement impérial. Le 30 mars 1814, simple caporal de la première légion de la garde nationale de Paris, il s'éleva avec énergie contre la mesure prise par Joseph Bonaparte pour mobiliser la milice bourgeoise, et, malgré une vive opposition, son opinion prévalut; à l'exception de quelques individus, son bataillon resta immobile à son poste. Le lendemain, après la capitulation de Paris, il se réunit aux royalistes qui, après avoir arboré la cocarde blanche, allèrent exprimer leurs vœux pour la maison de Bourbon à l'empereur Alexandre. Louis XVIII le créa pair de France, et le comte d'Artois le choisit pour aide de camp et premier gentilhomme de sa chambre. Après les Cent-Jours et le retour de Gand, le zèle frénétique du duc de Fitz-James pour la légitimité ne connut plus de bornes. Dans le procès du maréchal Ney, il mit tout en œuvre pour enlever une condamnation à mort. Quand l'arrêt fatal eut enfin été rendu, dans la nuit du 6 décembre 1815, il s'empressa, avec une joie féroce, d'aller porter le premier cette *bonne nouvelle* aux Tuileries. Beau-frère du général Bertrand, inscrit sur une liste de proscription comme l'un des fauteurs et complices de la *conspiration* du 20 mars, il ne rougit pas d'aggraver la position de ce fidèle ami de l'empereur en publiant une lettre dans laquelle il déclarait que le général avait prêté serment de fidélité à Louis XVIII. Démenti par la famille de Bertrand, il répondit par une seconde lettre, dans laquelle il ne respectait ni les liens de famille ni les égards dus au malheur.

Quand le cabinet Decazes fut contraint par les nécessités mêmes de sa position politique de pencher vers un certain système de modération et de constitutionnalité, on vit le duc de Fitz-James se jeter dans une opposition des plus tranchées. C'est ainsi qu'il combattit la loi électorale de 1817; qu'il parla contre les lois d'exception du moment, après avoir si hautement préconisé celles de la *terreur* de 1815; qu'il fit la proposition formelle d'accorder une indemnité aux émigrés et de constituer une dotation en biensfonds au clergé; enfin que, dans l'intérêt de son parti, il défendit la liberté de la presse, pour laquelle il avait naguère montré moins de prédilection. Cette opposition lui attira des ennemis à la cour de Louis XVIII, et défense lui fut faite d'y paraître. Mais une fois M. de Villèle au ministère, et la réaction monarchique bien et dûment organisée, tout aux yeux du duc de Fitz-James fut pour le mieux dans le meilleur des mondes possibles.

A la révolution de Juillet, on fut généralement étonné de lui voir prêter serment à la dynastie nouvelle, alors que la branche aînée de la maison de Bourbon conservait tout son dévouement. Il ne fut pas néanmoins inconséquent; il n'était qu'adroit. En effet les séances de la chambre des pairs, devenues publiques en vertu de la charte nouvelle, lui offraient une tribune du haut de laquelle il pouvait tout à son aise protester contre l'ordre de choses issu d'une révolution qu'il détestait; et il ne se fit faute d'y manquer toutes les fois que l'occasion s'en présenta. Ses discours eurent un retentissement immense dans le pays, et popularisèrent un talent jusqu'alors resté inconnu aux masses. Convaincu cependant de la stérilité de ses efforts dans cette assemblée, il donna sa démission en 1832, puis il s'exposa aux chances du scrutin électoral, et fut nommé, en 1834, député par le collège *extra-muros* de Toulouse, qui lui continua son mandat aux élections de 1837.

Au palais Bourbon il ne se départit pas de la ligne de conduite qu'en 1830 il avait adoptée au Luxembourg, et prononça plusieurs beaux discours, un entre autres, en 1837, contre l'alliance anglaise au sujet de la quadruple alliance et de l'intervention en Espagne. C'était une nouvelle protestation violente, adressée au pays, à l'Europe, contre la révolution de 1830, en faveur des droits de Henri V, et l'effet en fut immense. Son éloquence avait on ne sait quoi de chevaleresque, d'aisé, de naturel, un élégant abandon qui ne semblait appartenir qu'à lui; et son sourire, sa parole, son geste, son regard exprimaient un sentiment de fierté qui n'était pas sans une fine nuance de dédain. « Il a, dit M. de Cormenin, dans son livre *Des Orateurs*, le laisser-aller, le sans-gêne, le déboutonné d'un grand seigneur qui parle devant des bourgeois... Son discours est tissu de mots fins, et quelquefois il est hardi et coloré... Il a des expressions familières qu'il jette avec bonheur et qui délassent la chambre des superbes ennuis de l'étiquette oratoire. On dirait qu'il veut bien recevoir la législature à son petit lever. » Le duc de Fitz-James mourut presque subitement, dans son château de Quévillon, près de Rouen, le 15 novembre 1838, médiocrement estimé, du reste, comme homme privé, dans son parti, qui, malgré tous ses services, ne lui pardonnait pas l'obscurité de quelques-unes de ses liaisons. Comme il était joueur, il lui arrivait trop souvent en effet d'oublier que sa place ne pouvait être que dans la grande et bonne compagnie. Son fils aîné ne lui a survécu que peu d'années. Il est mort en 1846.

FITZ-WILLIAM, famille anglaise, qui fait remonter son origine à *William* Fitz-Godric, cousin du roi Édouard le Confesseur, dont le fils *William* Fitz-William, accompagna Guillaume le Conquérant de Normandie en Angleterre, et combattit à Hastings. L'un de ses descendants fut créé comte de Southampton par Henri VII, mais mourut sans laisser d'héritiers mâles. Sir *William* Fitz-William, qui de 1560 à 1594, fut cinq fois *lord deputy* d'Irlande, qui possédait toute la confiance d'Élisabeth, et qui mourut en 1599, appartenait à une branche cadette. Son petit-fils, *William* Fitz-William de Milton, fut créé, en 1620, lord *Fitz-William de Lifford* en Irlande, et fut le grand-père de *William* (né en 1643, mort en 1719), créé en 1716 vicomte *Milton* et comte *Fitz-William*, *William*, troisième comte, fut créé pair d'Angleterre en 1742, et épousa en 1741 lady Anne Wentworth, sœur du dernier duc de Rockingham, de laquelle la famille prit désormais le nom de *Wentworth Fitz-William*.

A sa mort, arrivée en 1756, son fils *William*, né le 30 mai 1748, hérita de sa pairie, et pendant le cours de sa longue vie fut le type du gentilhomme libéral. Élevé à Éton, où il se lia d'amitié avec Fox, il termina ses études à Cambridge, voyagea ensuite sur le continent et vint prendre son siège à la chambre haute en 1769. Pendant toute la durée de la guerre d'Amérique, il fit la plus vive opposition au gouvernement, et quand son oncle Rockingham fut nommé, en 1782, premier lord de la trésorerie, il refusa d'entrer au ministère. Peu de temps après, la mort de cet oncle le fit hériter de son immense fortune. Sous l'administration de Pitt, il fit également partie de l'opposition; mais à la suite des événements dont la France devint le théâtre, et de la condamnation à mort de Louis XVI, il se sépara de Fox avec une partie des whigs pour se rattacher au gouvernement. En 1794 il fut nommé président du conseil privé, et l'année suivante il alla en Irlande remplir les fonctions de vice-roi; mais au bout de trois mois, il fut rappelé pour avoir appuyé un bill présenté par Grattan pour l'émancipation des catholiques. Fitz William justifia sa conduite dans le parlement; mais son désaccord avec le ministère, ou plutôt avec Georges III personnellement, prit un tel caractère d'aigreur qu'en 1798, on lui enleva même pour quelque temps les fonctions, purement honorifiques, de lord-lieutenant du *West-Riding* du Yorkshire. Après la mort de Pitt, il fut de nouveau nommé, en 1806, président du conseil privé; et il conserva ce poste jusqu'en mars 1807, époque où le refus du roi de consentir à l'émancipation des catholiques provoqua sa démission et celle de tout le cabinet. Depuis ce moment, lord Fitz-William ne prit plus qu'une faible part aux affaires publiques. Toutefois, il se vit encore une fois enlever, en 1819, son titre de lord-lieutenant du *West-Riding*, pour avoir énergiquement blâmé dans un *meeting* la conduite du gouvernement à propos des troubles de Manchester. Il mourut en 1833.

Son fils, *Charles-William* WENTWORTH FITZ-WILLIAM, né le 4 mai 1786, précédemment connu sous le nom de *lord Milton*, entra dès l'âge de vingt-et-un ans à la chambre basse, et s'y fit bientôt un nom comme orateur. Il prit une part des plus actives à l'enquête ordonnée en 1809 contre le duc d'York, et qui eut pour résultat de faire enlever à ce prince le commandement en chef de l'armée. Le duc ayant de nouveau été appelé à ce poste en 1811 par les ministres, lord Milton proposa à la chambre un vote de blâme; mais la chambre refusa de s'y associer. Par suite, il eut à diverses reprises d'opiniâtres luttes à soutenir pour conserver son *siège* au parlement comme représentant du *West-Riding*, et dans l'une de ces occasions les frais qu'il dut faire allèrent à plus de 50,000 liv. st. (1,250,000 fr.). En 1829 il parla et vota en faveur de l'émancipation des catholiques; en 1831 il fut élu à Northampton, et contribua au triomphe du bill de réforme. Entré à la chambre des pairs comme comte Fitz-William, à la mort de son père, son libéralisme sembla alors se refroidir quelque peu; et quoiqu'en 1846 il ait voté en faveur de l'abolition des *corn-laws*, il déclara expressément à cette occasion qu'il était loin d'approuver cette mesure dans tout son ensemble. Partisan du ministère whig, celui-ci lui a fait donner l'ordre de la Jarretière. Mais en février 1852, lors de l'arrivée d'un cabinet *conservateur* aux affaires, il se prononça pour les principes proclamés par lord Derby.

FIUME, en illyrien *Reka* ou *Rika*, en allemand *Sanct-Veit am Flaum*, en latin *Fanum Sancti-Viti ad Flumen*, chef-lieu du comitat du même nom, composé des cercles de *Buccari* et de *Delnicze*, et formé en partie de l'ancien pays de côtes ou *littoral* hongrois compris aujourd'hui dans le royaume de Croatie, et qui compte une population de 50,000 âmes répartie sur une superficie de 40 kilomètres carrés. Cette ville, siége d'un tribunal de première classe, d'un tribunal de cercle et d'une chambre de commerce et d'industrie, est située à l'embouchure de la petite mais très-poissonneuse rivière de Fiumara, dans le golfe de Quarnero, et se compose d'une vieille ville et d'une ville neuve, comptant ensemble 11,000 habitants. Les plus remarquables de ses églises et chapelles sont l'ancienne cathédrale de l'Assomption de la Vierge Marie, avec un beau portail dans le genre du Panthéon de Rome, et l'église de Saint-Veit (ancienne église des Jésuites), imitation de l'église *Maria della Salute* de Venise. Parmi ses autres édifices, on remarque le théâtre, l'ancienne raffinerie de sucre, le palais du gouvernement, l'ancien séminaire, l'hôtel de ville, etc. Cette ville possède un collége, une école supérieure, un couvent de bénédictins, auquel est adjointe une école pour les jeunes filles, une école de musique, une école de navigation, un lazaret, une société d'assurances maritimes et un grand nombre d'établissements d'utilité publique. On y trouve des manufactures de toiles, de draps et de cuirs, des distilleries de *rosoglio*, des brasseries, des fabriques de biscuit et de bougies, des blanchisseries de cire, des corderies, une manufacture de tabac, une raffinerie de sucre, une fonderie de cloches,.etc. Les moulins appartenant à la compagnie privilégiée connue sous le nom de *Stabilimento commerciale di farine* peuvent moudre 500 minots de grains par jour. La manufacture de papier de MM. Smith et Meynier produit par an 100,000 rames de papier, d'une valeur d'environ 500,000 florins.

Fiume possède des chantiers de construction, où règne une grande activité, plusieurs môles en pierres et en bois, et le long de la mer un beau quai construit en pierres de taille. Son port franc en fait l'une des villes maritimes les plus importantes de la monarchie autrichienne, par l'intermédiaire de laquelle l'intérieur de ses provinces orientales, dites *pays de la couronne*, participe au commerce général de l'Europe et du monde. Indépendamment du commerce intérieur qui a lieu par la route de Charles (*Karlstrasse*) entre Fiume et Karlstadt sur la Koulpa, le port de Fiume présente, tant à l'entrée qu'à la sortie, un mouvement annuel de plus de 160,000 tonnes de marchandises.

FIXE (Idée). On dit d'une idée qu'elle est *fixe* lorsqu'elle s'est tellement emparée de quelqu'un qu'elle absorbe en quelque sorte chez lui toutes les autres; qu'elle occupe constamment celui chez qui elle existe, et qu'il y rapporte tout le reste. Elle peut être également un signe, un commencement de folie, ou déceler l'opiniâtreté d'un génie qui a conçu quelque chose au-dessus de la portée moyenne des hommes. Pascal voyait sans cesse un précipice béant à ses côtés; Gaspard Barlée était convaincu que sa tête était de verre. L'*idée fixe* d'arriver au pouvoir absolu quitta peu sans doute Cromwell jusqu'à son élévation au protectorat d'Angleterre. Colomb, avant d'aborder l'Amérique, fut longtemps tourmenté de l'*idée fixe* de l'existence et de la découverte d'un nouveau monde.

FIXES (Étoiles). *Voyez* ÉTOILE.

FIXITÉ. Ce mot peut être pris au figuré et au propre, et dans les deux cas les définitions qu'on en donne doivent avoir ceci de fondamental et de commun, qu'elles indiquent des choses ou un système de choses, d'objets, arrêtés dans des positions, des limites, des rapports inamovibles et sous des formes invariables. Ceci toutefois ne saurait être vrai absolument, surtout dans l'ordre physique des êtres, où aucun corps n'occupe et ne peut occuper une place constante que d'une manière temporaire et relative dans les limites de l'espace où il a d'abord été *fixé*. En considérant le mot *fixité* sous ce point de vue, c'est-à-dire au sens propre, il s'applique à tout corps matériel destiné à occuper pendant un temps donné la place où on le *fixe*. Au figuré, on fait presque toujours abstraction, dans les cas où l'on applique ce mot, des conditions d'éternité, d'immuabilité, et il sert seulement à caractériser des choses ou des systèmes de choses qui doivent subsister plus ou moins de temps, d'après des rapports déterminés, sous des formes arrêtées: aussi n'y a-t-il souvent rien de plus variable que ce qui a été *fixé* par les hommes.

FLACCUS (CAÏUS VALERIUS), poëte latin contemporain de Vespasien et de Domitien, était né, suivant les uns, à Setia en Campanie, selon les autres à Padoue, où il passa la plus grande partie de sa vie dans un isolement complet, uniquement occupé de poésie, et où il mourut, à la fleur de l'âge, l'an 89 de J.-C. Quintilien prisait beaucoup les ouvrages de Flaccus, auquel il accordait de vifs regrets: *Multum in Valerio Flacco nuper amisimus*, dit-il, en parlant de sa mort récente. De tous ses ouvrages, nous n'avons plus qu'un poëme en huit livres, resté inachevé, ses *Argonautica*. Quoique la composition n'en soit pas dépourvue de mérite, il n'y a point de force épique, point de lueur de génie. Flaccus s'attache surtout à Hercule; il enrichit sa fable de beaucoup de personnages, dont il doit évidemment la connaissance à Hyginus. Du reste, il y a dans le style de l'emphase, de l'affectation; mais ce sont les défauts du siècle, et ils n'empêchent pas de reconnaître à l'auteur son mérite particulier, l'élégance et la pureté. Le Pogge est le premier qui ait découvert quelques livres de cet auteur. P. DE GOLBÉRY.

FLACCUS (QUINTUS HORATIUS). *Voyez* HORACE.

FLACCUS (VERRIUS). *Voyez* VERRIUS FLACCUS.

FLACON DE MARIOTTE ou **VASE DE MARIOTTE**. Cet ingénieux appareil, qui porte le nom de l'illustre physicien qui l'imagina, a pour but de produire un écoulement constant. On sait que lorsqu'un liquide s'écoule par une ouverture pratiquée dans la paroi d'un vase, la vitesse de l'écoulement diminue à mesure que le niveau du liquide s'abaisse (*voyez* ÉCOULEMENT DES LIQUIDES). Dans beaucoup de cas, il y aurait là un grave inconvénient; le vase de Mariotte a pour but d'y remédier. Pour cela on remplit d'eau un flacon muni d'un ajutage à sa partie inférieure, et dont la tubulure est exactement fermée par un bouchon que traverse un tube ouvert à ses deux bouts, tube dont l'extrémité inférieure plonge dans l'eau. En ouvrant le robinet de l'ajutage, on obtient un écoulement uniforme. Cela tient à ce que la portion du liquide placée au-dessus du plan horizontal mené par l'extrémité inférieure du tube, ne pourrait descendre en vertu de son poids qu'en occasionnant un vide dans la partie supérieure du flacon : cette partie du liquide est donc maintenue en équilibre par la pression atmosphérique, et n'opère aucune pression sur le liquide inférieur. La vitesse de l'écoulement est alors due à la différence de niveau qui existe entre l'extrémité inférieure du tube et l'orifice, et par conséquent elle est constante, car à mesure que l'écoulement a lieu, de l'air rentre par l'extrémité inférieure du tube; il permet au liquide supérieur de descendre, et par là les conditions de l'écoulement uniforme se trouvent maintenues. Cet appareil donne un écoulement aussi lent qu'on le désire en approchant convenablement du fond du vase l'extrémité inférieure du tube. La sortie du liquide peut même s'opérer goutte à goutte.

Le Verrier, de l'Académie des Sciences.

FLAGELLANTS (du latin *flagellum*, fouet). « Lorsque l'Italie entière était plongée dans toutes sortes de vices et de crimes, dit dans sa *Chronique* le moine de Sainte-Justine de Padoue, une superstition inouïe depuis un siècle se glissa subitement chez les *Pérusins*, ensuite chez les *Romains*, et de là se répandit presque parmi tous les peuples de la péninsule. » Ce passage se rapporte à la seconde apparition de la secte des flagellants, en 1349, au bruit de la venue du Sauveur et du jugement dernier, qui courut vers ce temps, après les ravages de la peste noire. Elle s'était montrée pour la première fois en 1260 à Pérouse, où un grand nombre d'hommes, poussés par un ermite, nommé Reinier, se mirent à marcher en procession, deux à deux, le corps découvert, se fouettant publiquement jusqu'au sang, pour implorer la divine miséricorde. Ils s'appelaient les *dévots*, et leur supérieur prenait le titre de *général de la dévotion*. Dans les commencements, une piété assez sincère s'unissait à cette bizarre pénitence : de nombreuses restitutions et réconciliations avaient lieu; mais l'autorité avait prévu les désordres qui devaient résulter d'une aussi singulière coutume; et les papes condamnèrent ces flagellations comme contraires aux bonnes mœurs et à la loi de Dieu. En 1349, ces énergumènes passèrent d'Italie en Allemagne, où ils causèrent de graves désordres, exhortant tout le monde à se flageller, et attribuant à la flagellation la même vertu qu'au baptême et aux autres sacrements. Les séditions, le meurtre, le pillage, le massacre des juifs, furent les suites de leur exaltation. Attaqués par les écrits de Gerson, condamnés par Clément VII, ils virent leurs chefs livrés au supplice par l'inquisition. Pourchassés par les princes et les évêques d'Allemagne, ils trouvèrent la France fermée devant eux par ordre de Philippe de Valois. Vers 1414, les mêmes excès et les mêmes erreurs se renouvelèrent dans la Misnie, dans la Thuringe, dans la basse Saxe, et cent de ces fanatiques furent brûlés par l'inquisition.

La coutume des flagellations, inconnue à l'antiquité chrétienne, a subsisté jusqu'à nos jours dans quelques communautés religieuses. En 1700 ou 1701, l'abbé Boileau, chanoine de la Sainte-Chapelle et frère du poëte, scandalisa les dévots par son livre de l'*Histoire des Flagellants*, où il prouve fort bien que les flagellations ont été inusitées dans l'Eglise avant le onzième siècle; qu'elles ne sont autorisées ni par l'Écriture ni par la tradition, et que, loin d'être favorables à une sincère pénitence, elles sont très-propres à exciter et à favoriser le libertinage. Malgré la solidité de ses raisons et la valeur des exemples qu'il cite, il fut attaqué par le théologien Thiers, dans une réfutation très-faible, et par les jésuites de Trévoux, à qui son frère répondit par l'épigramme qui se trouve dans ses œuvres :

Non, le livre des flagellants, etc.

Il faut avouer cependant que tout moral qu'il est, l'ouvrage de l'abbé Boileau renferme quelques termes peu convenables, mais on ne doit pas oublier qu'il a été écrit en latin, et que les expressions trop libres de la traduction ne sauraient être attribuées à l'auteur original.   H. Bouquinté.

On vit apparaître les flagellants à Paris, en 1583, dans la confrérie des Blancs-Battus, fondée par Henri III. Il l'avait composée de ses mignons, des grands de sa cour et de beaucoup de gentilshommes; il y fit entrer aussi les présidents et un nombre choisi de conseillers du parlement, de la chambre des comptes, et autres cours de juridiction, ainsi que certains bourgeois, les plus notables de Paris. Le monarque, qui professait une dévotion particulière pour la Vierge Marie, plaça les nouveaux frères sous son invocation en leur donnant le nom de *pénitents de l'Association de Notre-Dame*. Il fit dresser et imprimer les statuts de l'ordre, qui étaient, dit-on, assez rigoureux; aussi furent-ils mal observés. Ces nouveaux pénitents, qui étaient vêtus d'une robe blanche de toile de Hollande en forme de sac, portaient à la ceinture une discipline. Le vendredi 25 février 1583 ils vinrent en procession, dit le *Journal de L'Étoile*, sur les quatre heures de l'après-midi, au couvent des Augustins, marchant deux à deux, et de là se rendirent en la grande église de Notre-Dame. Le roi suivait à son rang, sans gardes ni différence aucune des autres confrères. Le cardinal de Guise portait la croix; le duc de Mayenne était maître des cérémonies, et frère Auger, jésuite, bateleur de son premier métier, avec un nommé Dupeirat, Lyonnais, conduisait le reste de la procession. Arrivés à Notre-Dame, ils chantèrent tous à genoux le *Salve, Regina*, en très-harmonieuse musique, et la grosse pluie qui dura tout le long du jour ne les empêcha pas de faire et achever, avec leurs sacs, tout mouillés et percés, leurs mystères et cérémonies. Cette indécente manifestation, loin de convaincre les esprits de l'attachement de Henri III en catholicisme, ne fit que l'avilir aux yeux du peuple en l'exposant aux brocards, qui commencèrent à pleuvoir sur lui du haut de la chaire. Le prédicateur Poncet, prêchant le Carême à Notre-Dame, traita les nouveaux flagellants d'athées et d'hypocrites ! « J'ai été averti de bon lieu, dit-il, qu'hier au soir, vendredi, jour de leur procession, la broche tournoit pour leur souper, et qu'après avoir mangé le gras chapon, ils eurent pour collation de nuit le petit tendron.... Ah, malheureux hypocrites ! c'est ainsi que vous vous moquez du bon Dieu et que vous portez par contenance un fouet à votre ceinture; ce n'est pas là que vous devriez le porter, mais sur votre dos, sur vos épaules, et vous en étriller bien, car il n'est pas un de vous qui ne l'ait mérité. » Le roi dit que Poncet était un fol, et se contenta de le faire conduire en coche à son abbaye de Melun. Il n'en continua pas moins ses processions même durant la nuit, un soir de jeudi saint, suivi d'un grand nombre de pénitents qui se fouettaient durant la marche. Ils allaient aussi faire de semblables pèlerinages à Notre-Dame de Cléry, près d'Orléans, pieds nus, couverts d'un sac, pour faire cesser la stérilité de la reine Louise de Lorraine. Au reste, la confrérie des *Blancs-Battus* dura à peine autant que le monarque qui l'avait fondée : la ligue l'étouffa, et son apologie fut publiée par le cordelier breton Cheffontaine, dans un livre devenu fort rare.

Saint-Prosper jeune.

FLAGELLATION, action de fouetter, de faire subir à quelqu'un le supplice du fouet, application sur le corps de coups de discipline. On se sert aussi de ce mot pour désigner les tableaux représentant la flagellation de Jésus-Christ. Cette peine était ou usage chez les Juifs; on l'encourait pour des fautes légères; aussi n'était-elle point infamante. On la subissait dans la synagogue : le pénitent était attaché à un pilier, les épaules nues. Trois juges assistaient à son supplice : l'un lisait le texte de la loi, le second comptait les coups, le troisième excitait l'exécuteur, qui était ordinairement le prêtre de semaine. La flagellation fut aussi connue chez les Grecs et chez les Romains. C'était un supplice plus cruel que la fustigation. On flagellait d'abord ceux qu'on devait crucifier; mais on ne crucifiait pas tous ceux qu'on flagellait. On attachait à une colonne dans le palais de la justice, ou l'on promenait dans les cirques, les patients qui étaient condamnés à la flagellation. Il était plus honteux d'être flagellé que battu de verges. Les fouets étaient quelquefois armés d'os de pieds de mouton ; alors le patient expirait d'ordinaire sous les coups.

On trouve dès l'an 503, dans une règle établie par saint Césaire d'Arles, la flagellation établie comme peine contre les religieux indociles. Plusieurs fondateurs en usèrent dans la suite; mais il ne paraît pas qu'il y ait eu de flagellation volontaire avant le onzième siècle ; car saint Guy et saint Poppon, qui se soumirent les premiers à ces macérations, moururent, l'un en 1040, et l'autre en 1048. Celui qui s'est le plus distingué dans la flagellation volontaire a été saint Dominique, surnommé *l'Encuirassé*, à cause de la chemise de mailles qu'il portait toujours, et qu'il n'ôtait que pour se flageller à outrance. Le pape Clément VI défendit les flagellations publiques. Le parlement de Paris les prohiba également par un arrêt de 1601.

FLAGEOLET, petit instrument à vent de buis, d'ivoire, de toute sorte de bois dur, qui a un bec par lequel on l'embouche. On varie les sons du flageolet au moyen des six trous dont il est percé, outre l'embouchure, la lumière et celui de la patte ou d'en bas.

C'est aussi un des jeux de l'orgue. Le tuyau est de la même largeur que ceux d'étoffe ; il est d'étain fin et ouvert. Le flageolet est ce qu'on appelle un jeu à bouche ou de mutation.

FLAGORNERIE, FLAGORNEUR. *Flagorner*, c'est flatter souvent et bassement, comme ces gens, dit Laveaux, qui font les bons valets pour s'insinuer dans l'esprit du maître, en tâchant d'y détruire tout concurrent par de faux rapports. Les inférieurs flagornent leurs supérieurs; les hommes riches ne sont entourés que de parasites qui les flagornent. La flagornerie est une flatterie basse et fréquente ; c'est par leurs flagorneries que les intrigants s'insinuent dans les bonnes maisons. Le *flagorneur* enfin (terme plus familier encore que le précédent), est celui qui flagorne ; et c'est rabaisser quelqu'un bien bas que de lui jeter à la face cette épithète.

FLAGRANT DÉLIT. Cette expression de la législation criminelle signifie le délit qui se commet actuellement, ou qui vient de se commettre ; la loi répute aussi flagrant délit le cas où le prévenu est poursuivi par la clameur publique, et celui où il est trouvé saisi d'effets, armes, instruments ou papiers faisant présumer qu'il est auteur ou complice, pourvu que ce soit dans un temps voisin du délit (Code d'Instruction criminelle, art. 41). La loi, en cas de flagrant délit, exige des officiers de police judiciaire moins de garantie que dans les circonstances ordinaires : c'est ainsi que les juges d'instruction et les procureurs impériaux peuvent agir l'un sans l'autre. Il y a plus : tandis qu'ordinairement ils ne peuvent agir seuls en cas de flagrant délit, les autres officiers de police judiciaire peuvent remplir personnellement les fonctions ordinairement attribuées aux procureurs impériaux et aux juges d'instruction (*ibid.*, art. 32, 49 et 59). Enfin, la circonstance de flagrant délit dispense de la garantie préliminaire du mandat d'amener ; de telle sorte que non-seulement ils sont dépositaires de la force publique, mais tout citoyen a le droit d'arrêter l'individu surpris en cas de flagrant délit (*ibid.*, art. 106).   E. DE CHABROL.

FLAHAUT DE LA BILLARDERIE (Famille de), originaire de Picardie, de noblesse et surtout d'illustration récentes, car la première ne remonte pas au delà des dernières années du dix-septième siècle, et l'autre ne date que du comte de Flahaut, ambassadeur à Vienne sous Louis-Philippe. Jusqu'à lui, nous trouvons trois lieutenants généraux, hommes de mérite sans doute, mais peu connus, et un maréchal de champ, le comte de Flahaut, son père, qui paya de sa tête son dévouement inébranlable au malheureux Louis XVI.

FLAHAUT (Auguste-Charles-Joseph, comte de) est né en 1785. Sa mère, plus généralement connue sous le nom de Mme de Souza, rentra en France, après le 18 brumaire, avec son fils, qui sur-le-champ s'enrôla dans un corps de cavalerie formé par Bonaparte, et s'attacha à ce grand homme avec une fidélité qui ne se démentit jamais et qui survécut à sa puissance. Il fit ses premières armes dans la campagne si glorieuse, si courte et si décisive de Marengo. D'Italie il passa en Portugal. Simple soldat dans un régiment de dragons, bientôt sous-lieutenant, lieutenant, capitaine, il devint aide de camp de Murat; et c'est en cette qualité que nous le retrouvons à Austerlitz. Il gagna de nouveaux grades en Espagne, celui de colonel à la bataille de Wagram, et, avec le titre de baron de l'empire, l'honneur, très-recherché, d'être admis dans l'état-major de Berthier. Cet état-major se recrutait de tout ce qu'il y avait de plus brillant dans l'aristocratie nouvelle et de tout ce qu'il y avait d'*infidèle*, c'est-à-dire de raisonnable, dans l'ancienne. Il excitait l'envie ; et les vieux grognards de la république ne trouvaient pas dans la rudesse énergique et pittoresque de leur langage assez de sarcasmes amers contre les allures pimpantes, les façons dégagées, le jargon prétentieux de l'état-major doré. M. de Flahaut en était *la fleur des pois*. Une tournure élégante, des manières distinguées, de l'esprit, de la grâce, une voix agréable, que les leçons du célèbre Garat avaient perfectionnée, ce je ne sais quoi du gentilhomme qui ne se perd pas, tous ces dons heureux, embellis du feu de la jeunesse, avaient fait de lui ce qu'on appelait alors *l'enfant chéri des dames* ; et son audace, comme celle des héros d'Homère, s'attaquait, dit-on, aux divinités elles-mêmes. Du reste, il faut dire à sa louange qu'il ne s'endormit pas dans ces délices ; le *myrte* ne lui fit pas négliger le *laurier* (style de l'empire). Il échangeait bravement les moelleux tapis du boudoir contre la paille humide du bivouac, et partout il se conduisait noblement et brillamment. Dans la campagne de 1812, il fut du petit nombre de ceux qui opposèrent une indomptable énergie aux âpres rigueurs de l'hiver, et qui montrèrent une invincible constance au milieu des lamentables désastres de la retraite. Il acquit alors le grade de général de brigade, et reçut celui de général de division à Leipzig.

Aide de camp de Napoléon, comte de l'empire, rien ne manquait à cette brillante et rapide carrière. Le retour des Bourbons interrompit brusquement le cours de ces prospérités, et celui de l'empereur ne le renoua que quelques instants. Dans les Cent-Jours, M. de Flahaut fut envoyé à Vienne pour en ramener Marie-Louise. Mais, arrêté à Stuttgart, il ne put exécuter cette honorable et difficile mission, et revint en France, où nous le voyons passer de la chambre des pairs à Waterloo, toujours dévoué à la cause de Napoléon. La Restauration le traita en ennemi. Trop jeune pour aimer l'ancien régime, il tenait au nouveau par caractère, par son éducation, par ses habitudes, par la position brillante qu'il y avait prise. Il préférait le présent au passé, parce qu'il devait plus à son mérite qu'à ses aïeux. Il quitta la France pour voyager en Suisse, puis en Angleterre, où, en 1817, il épousa miss Mercer Elphinstone, fille de lord Keith. Il vint enfin se fixer à Paris en 1827. La révolution de Juillet lui rendit son grade et la pairie.

Nommé ministre de France en Prusse, il ne resta à Berlin que six mois, et alla alors en la même qualité à Munich. L'année suivante, il accompagna le duc d'Orléans au siège d'Anvers ; et lorsque ce prince monta sa maison, il lui fit accepter la charge de premier écuyer. Le salon de Mme de Flahaut eut longtemps une certaine importance politique. En 1841 M. de Flahaut fut nommé à l'ambassade de Vienne, poste qu'il conserva jusqu'à la chute de Louis-Philippe. Le gouvernement provisoire le mit à la retraite ; et il ne demanda pas à rentrer dans les cadres de l'armée lorsque l'assemblée législative lui releva de cette déchéance. Au 2 décembre 1851, il se mit à la disposition de l'Élysée, et fit partie de la commission consultative.

FLAMANDE (École). *Voyez* ÉCOLES DE PEINTURE, tome VIII, p. 315.

FLAMANDES (Langue et Littérature). On ne désigne pas seulement sous le nom de *langue flamande* le dialecte particulier de la Flandre, mais l'idiome germano-belge en général. Cette langue se distingue, par ses inflexions nazales, de la langue hollandaise, avec laquelle elle a d'ailleurs tant d'affinités, mais dont les inflexions sont plus palatales. L'origine et la propagation de cet idiome s'expliquent par le mélange successif des populations qui dans les premiers temps du moyen âge occupèrent les contrées où il domine; et depuis lors il s'est maintenu sans modifications essentielles en regard de la langue romano-belge (le *wallon*). On commence à le parler aux environs de Gravelines, d'où il gagne en suivant diverses directions Bergues, Cassel, Bailleul, Messines, Menin en descendant la Lys jusqu'à Courtray, puis au delà d'Oudenarde jusqu'à Renaix, Grammont, Enghien, Hal, Bruxelles, Louvain, Tirlemont, Saint-Trond et Tongres jusqu'à Maestricht. Les plus anciens monuments de la langue flamande, à savoir, les documents brabançons et la Bible rimée, de même que le *Miroir historique* de J. de Maerland, remontent aux premières années du treizième siècle. Vint ensuite le *droit urbain* d'Anvers, de 1300, puis un grand nombre de chroniques et de légendes, dont la plus connue est celle des *Quatre fils Aymon*. De la domination de la maison de Bourgogne date l'introduction d'un grand nombre de mots français dans la langue flamande; cependant, même à cette époque, elle se trouvait encore loin de l'état d'abjection où elle en arriva à tomber, sous les tristes règnes des princes de la maison de Hapsbourg, alors qu'elle ne fut plus guère qu'un patois, dont toute la littérature se borna à des livres de prières, à des ouvrages et à des chants populaires. A partir du règne de Louis XIV surtout, l'usage de la langue française prédomina dans les villes, notamment dans la partie éclairée et instruite de la population; et tous les efforts tentés après 1815 par le gouvernement néerlandais pour rétablir le flamand dans ses anciens droits, échouèrent en raison de l'impopularité extrême qui s'attachait à tous ses actes. Le gouvernement belge semble mieux réussir aujourd'hui, dans la mise à exécution d'un plan à peu près identique; et on ne saurait nier que beaucoup n'ait été fait dans ce but. Des grammaires flamandes, des dictionnaires de la langue flamande ont pour la première fois été composés dans l'espoir de provoquer la naissance d'une littérature flamande, et tout au moins, en attendant, de pousser à la culture et à la mise en lumière des anciens monuments de la langue.

[La langue flamande est abondante, expressive, pleine de franchise et de vigueur. Moins travaillée que la hollandaise, qui en est un dialecte, elle a peut-être plus de naïveté et se tient plus près des origines communes aux idiomes du Nord. Depuis 1830 le flamand, ayant renoncé à son rôle de mécanisme bureaucratique, a été cultivé avec un succès qui n'avait pas encore eu d'égal. MM. Willems, Serrure, l'abbé David, Bormans, Snellaert, Lebrocquy, lui ont été particulièrement utiles, au point de vue grammatical et historique; d'autres se sont livrés à la poésie, et ont mérité des applaudissements, tels que MM. Van Ryswyck, Ledeganck, Rens, Van Duyse, F. Blieck, Mme Courtmans, etc. Le plus populaire des écrivains flamands et le plus connu à l'étranger est M. Conscience, dont l'imagination brille également en vers et en prose. Toutefois, le *Parnasse* flamand est bien petit; c'est un théâtre bien étroit pour le talent. En outre, la critique y est presque nulle ou puérile.

DE REIFFENBERG.]

FLAMANT ou **FLAMMANT** (*Ornithologie*). C'est le *phénicoptère* des anciens. La forme singulière de son bec, le peu d'épaisseur de son corps et l'excessive longueur de ses jambes, dégarnies de plumes, en feraient un oiseau remarquable, s'il ne l'était déjà par la beauté de la couleur que prend son plumage la seconde année. D'abord varié de gris et de blanc, il devient alors d'un rouge clair ou d'un blanc animé par une teinte de rose. Les plumes scapulaires sont d'un rouge éclatant, ce qui l'avait fait appeler par les Grecs oiseau aux ailes de *flamme*, et chez nous *flambant*, d'où, par corruption, on a fait *flammant* et *flamant*. Le flamant habite en général les contrées méridionales : on le trouve sur les côtes occidentales de l'Afrique et dans les régions de l'Amérique où la chaleur se fait le plus fortement sentir ; on le rencontre aussi sur notre continent, le long des côtes de la Méditerranée ; il recherche les lieux solitaires, et si l'on en a vu quelquefois dans l'intérieur des terres, c'étaient quelques individus égarés et hors de leur route. En France, les côtes qu'il fréquente le plus sont celles de Languedoc et de Provence, principalement vers les Martigues, Montpellier et les marais des environs d'Arles. Les flammants volent presque toujours en troupes nombreuses, en observant un ordre semblable à celui des grues : soit qu'ils se reposent ou qu'ils pêchent, ils se rangent sur une seule file ; il y a toujours chez eux quelques sentinelles pour donner l'alarme au besoin, par un cri semblable au son d'une trompette. La femelle niche dans les lieux marécageux, bas et noyés ; un amas de terre et de glaise, dont la partie basse est plongée dans l'eau et dont la partie supérieure, desséchée, creuse et déprimée, se trouve élevée, de cinquante centimètres environ, reçoit ses œufs, au nombre de deux ou trois. Les flamants se nourrissent de coquillages, de frai de poisson et d'insectes aquatiques. Les anciens estimaient beaucoup la chair de cet oiseau ; quelques tribus arabes ont conservé ce goût.

Le genre *phénicoptère* (de φοινικός, rouge, et πτερόν, aile), qui ne renferme que quatre espèces, appartient à l'ordre des échassiers.

FLAMBE et **FLAMME** ont, en vieux français, été synonymes; *flamme* est resté académique, *flambe* est resté technique. Ce dernier terme donnait l'idée d'un genre de lame d'arme blanche, dont la forme ondulée ressemblait à un rayon de feu ; il avait pour analogues : *flambard*, *flamard*, *flammard*, *flamberge*. Les peintres ont mis la flambe de 0^m, 60 à 1^m dans les mains de l'archange Michel, et sur l'épaule des gardiens du paradis terrestre. Les criss malais, les poignards indiens, sont des flambes de moyenne dimension. Quantité d'énormes épées à deux mains du moyen âge sont des flambes de 1^m, 60 à 2 mètres, qui demandent, pour être maniées, un poignet de géant ; mais il y avait aussi de petites flambes. Par allusion, les *narquois*, c'est-à-dire, des associations de filous, la plupart anciens soldats licenciés, avaient, sous Louis XIV, des statuts sous le nom de *gens de la petite flambe* ; ils hantaient même à Paris un quartier bien connu, la cour des Miracles. Ce nom de *petite flambe* leur était donné à raison de la paire de ciseaux dont ils se munissaient pour couper les bourses et les aumônières.

Gal BARDIN.

FLAMBE ou **FLAMME** (*Botanique*). Voyez IRIS.

FLAMBEAU (de *flamma*), flamme artificielle dont la lueur éclaire et sert de guide dans les ténèbres ; on a appelé également le soleil le *flambeau du monde*. Racine le fils a dit dans son poème de *La Religion* :

Toi qu'annonce l'aurore, admirable *flambeau*,
Astre toujours le même, astre toujours nouveau,
Par quel ordre, ô soleil, viens-tu du sein de l'onde?

On donne aussi abusivement le nom de flambeau aux chandeliers sur lesquels on place des bougies, des chandelles, etc.

FLAMBERGE, analogue de *flambe* ou *flamme* (*voyez* ESPADON). C'était aussi le nom de la grosse épée du chevalier Renaud de Montauban, l'un des quatre fils d'Aymon. Ce mot ne se dit plus aujourd'hui qu'en plaisantant ; encore n'est-ce guère que dans cette phrase : mettre *flamberge* au vent, pour tirer l'épée du fourreau.

FLAMEL (NICOLAS), l'une de ces célébrités étranges que la crédulité de leurs contemporains lègue à l'histoire, enveloppées d'une atmosphère mystérieuse, qui leur survit à travers les siècles. S'il ne se servit point de recettes alchimiques et de la pierre philosophale, comme on l'en a accusé bien gratuitement, il n'est pas moins vrai qu'il sut amasser une fortune assez considérable pour attirer sur lui les yeux des hommes de son temps et de la postérité. Né à Pontoise, il était venu exercer à Paris la lucrative profession d'écrivain et de libraire juré, à une époque, où l'imprimerie étant encore inconnue, les manuscrits étaient hors de prix, et ne pouvaient être achetés que par des personnes fort riches. Arrivé pauvre dans cette ville, il ne tarda pas à répandre de fastueuses aumônes, à fonder et à réparer des hôpitaux et des églises. D'où tirait-il ses richesses? On l'ignore, et à cet égard les divers historiens qui se sont occupés de lui sont très-divisés. Naudé et quelques autres ont prétendu qu'il en aurait été redevable aux juifs, dont il se serait chargé de recouvrer les créances, lors de leur expulsion de France, et à la confiscation de leurs biens, en 1394. Le président Hénault, Sainte-Foix, et plusieurs encore combattent cette opinion, dont ils démontrent l'absurdité. Enfin, les alchimistes essayent à leur tour d'en découvrir la source, et ne manquent pas de l'attribuer à la connaissance qu'il aurait eue d'un livre mystérieux, développant la science de la transmutation des métaux en or. Les inscriptions et figures hiéroglyphiques dont il avait décoré les maisons et les manuscrits qui lui appartenaient, celles qu'il avait fait graver au cimetière des Innocents, ne pouvaient à leurs yeux avoir d'autre but que la recherche de la pierre philosophale; et il l'aurait enfin trouvée, selon eux, dans son logis, au coin de la rue des Marivaux. Cette fable a eu de nombreux partisans. A diverses reprises, des fouilles ont été tentées dans cette maison pour y découvrir des trésors.

Ne pouvant expliquer cette fortune par des moyens naturels, on a fini par vouloir la réduire à des proportions très-modestes. L'abbé Vilain, dans son *Histoire critique de Nicolas Flamel et de Pernelle, sa femme*, ne la fait monter qu'à 5,300 livres tournois, à l'époque de son mariage, c'est-à-dire en 1397, somme équivalant, lors de la publication de son ouvrage, à 38,000 francs environ; elle se serait accrue depuis, et à la mort de Flamel, arrivée le 12 mars 1418, ses revenus auraient monté à 676 livres 5 sols tournois, ou 4,596 francs. En admettant l'exactitude de ces calculs, nul doute qu'on ne puisse raisonnablement nier les diverses fondations d'hôpitaux et d'églises, etc., que l'on a attribuées à Flamel, et qui, dans l'hypothèse de l'abbé, se borneraient aux portails de Saint-Jacques-la-Boucherie (du côté de la rue des Marivaux), de Sainte-Geneviève-des-Ardents, et la chapelle Saint-Gervais, au tombeau de sa femme, et à deux arcades du charnier des Innocents. Quelque considérables que pussent être alors ces constructions, il est fort douteux qu'elles eussent suffi pour donner à Flamel cette renommée populaire que la reconnaissance dispense à ceux-là seuls qui l'ont mérité par de véritables services. Quoi qu'il en soit, il n'est peut-être pas déraisonnable de croire que la connaissance qu'il avait du commerce, à une époque où peu de monde s'y livrait et savait y réussir, lui aura fait amasser des biens considérables qui lui permettaient ces grandes dépenses.

Flamel et Pernelle, sa femme, furent enterrés dans l'église Saint-Jacques-la-Boucherie, et non pas au cimetière des Innocents, comme on l'a dit. Ils étaient représentés sur le pilier, près de la chaire sur le petit portail, ainsi que dans une infinité de bas-reliefs disséminés dans l s églises auxquelles il fit travailler. S'imaginerait-on maintenant qu'un voyageur connu, Paul Lucas, ait avancé, quatre siècles plus tard, qu'un derviche lui avait assuré que Flamel n'était pas mort, qu'on avait enterré deux bûches à sa place et à celle de sa femme Pernelle, et qu'à l'époque où il écrivait, c'est-à-dire au dix-septième siècle, Flamel se trouvait aux Indes orientales, et avait encore six cents ans à vivre !

On a attribué à Flamel un très-grand nombre de livres sur l'*alchimie*, la *transmutation des métaux* et l'*explication des figures hiéroglyphiques du cimetière des Innocents*; mais tout porte à croire qu'il ne fut pas plus l'auteur de ces ouvrages que le possesseur de la pierre philosophale.

Napoléon GALLOIS.

FLAMINES, prêtres, sacrificateurs de certaines divinités particulières chez les Romains. Ils étaient au nombre de quinze, dont trois majeurs, tirés des familles patriciennes et jouissant de la plus grande considération; et douze mineurs. Les trois flamines majeurs étaient les flamines *dialis*, ou de Jupiter, *martialis*, ou de Mars, et *quirinalis*, ou de Romulus. Selon Tite-Live, le premier aurait été institué par Romulus, et les deux autres par Numa Pompilius. Les douze flamines mineurs étaient le *carmentalis*, ou prêtre de la déesse Carmenta, le *falacer*, sacrificateur du dieu Falacre, le *floralis*, prêtre de Flore, le *flamen pomonalis*, ou de Pomone, *virbialis*, ou de Virbius, que l'on prétend être le même qu'Hippolyte, *vulcanialis*, ou de Vulcain, *vulturnalis* ou du dieu Vulturne, et les flamines *furinalis levinalis*, *lucinalis* et *palatualis*, dont l'origine est inconnue. Par la suite, la flatterie donna des flamines à quelques empereurs, même de leur vivant. Tels étaient les flamines de Jules César, d'Auguste, d'Adrien, de Commode. Ceux-ci, bien que portant tous le même nom, ne formaient cependant pas une corporation. Chacun était spécialement affecté à une divinité particulière, et ne pouvait pratiquer le culte des autres divinités. Cependant, il y en avait un, *flamen divorum omnium*, qui se mêlait vraisemblablement du culte de tous les dieux. Les flamines étaient élus par le peuple réuni dans les curies, et sacrés ensuite par le souverain pontife. Leur sacerdoce était à vie; mais ils pouvaient en être privés quand ils avaient démérité. Le *flamen dialis*, ou de Jupiter, était le plus considérable de tous. Il avait seul le droit de porter l'*albogalerus*, ou bonnet terminé en pointe, recouvert de la peau d'une victime blanche, et d'immoler à Jupiter une victime blanche. Les flamines tiraient leur nom de leurs bonnets pointus, couleurs de feu, surmontés d'une grosse houppe de fil ou de laine.

On nommait aussi *flamines* ou *flaminiques* les épouses des flamines, ou les prêtresses particulières de quelques divinités. Celles qui ne rentraient pas dans cette dernière catégorie portaient l'ornement de tête et le surnom de leurs maris. La femme du *flamen dialis*, la flaminique par excellence, était astreinte, comme son mari, à un très-grand nombre d'obligations, qu'elle ne pouvait transgresser.

FLAMININUS (TITUS QUINTIUS) fut successivement questeur et consul, reçut la direction des opérations contre Philippe V, roi de Macédoine.

[Cette guerre durait déjà depuis trois ans (an de Rome 548), et ses deux prédécesseurs n'avaient rien fait d'important. Ce jeune général, qui sut bientôt acquérir une si belle réputation comme militaire et comme homme d'État, ouvrit sa première campagne en forçant les gorges d'*Antigonia*, où le roi Philippe s'était porté pour couvrir ses États. Ce défilé, formé par une coupure dans le mont *Mertchica*, que traverse l'*Aoüs* ou *Voyutza*, s'étend le long de ce fleuve entre *Clissura* et *Tepeleni* en Albanie. Philippe, battu, se réfugia à l'extrémité de la Thessalie, vers l'embouchure du Pénée, pour réorganiser une armée, et Flamininus alla en Phocide prendre ses quartiers d'hiver. Après ce premier échec, Philippe, craignant de s'exposer, en continuant la guerre, à de plus graves désastres, profita de ce temps de repos pour entrer en négociations avec Flamininus. Après avoir eu à cet effet trois conférences avec le proconsul et avec les chefs des alliés de Rome, le roi de Macédoine, ayant reçu leur ultimatum, obtint l'autorisation d'envoyer une ambassade au sénat pour régler les conditions de la paix, telles qu'il les espérait encore. Mais il ne put rien obtenir, et fut obligé de se préparer à une nouvelle campagne, pour laquelle il concentra ses troupes à Larissa.

Au commencement du printemps de l'an 549 de Rome, Flamininus quitta ses quartiers dans la Phocide, et s'avança avec son armée vers la Thessalie, où il comptait rencontrer l'ennemi. Après une tentative malheureuse contre Thèbes de Phthiotide (aujourd'hui Germiro, près de Volo), le proconsul s'avança à *Pheræ* (Velestin). Le roi de Macédoine, qui avait quitté ses quartiers d'hiver pour revenir au-devant des

Romains, se rencontra avec eux près de *Pheræ*; ce qui donna lieu à un combat de cavalerie dans lequel les Macédoniens subirent un échec. Mais les deux généraux, se trouvant dans un terrain coupé et masqué, qui n'était pas propre à une bataille, se décidèrent à changer le théâtre des opérations. Philippe se dirigea vers *Scoussa* (Bekirdgik), au sud de Larissa, dans le but de réunir des blés. Flamininus, qui avait deviné l'intention de l'ennemi, prit la même direction, dans le dessein de l'empêcher de s'approvisionner. Pendant trois jours, les deux armées marchèrent parallèlement sur les deux revers des Cynocéphales. Mais le quatrième jour un brouillard épais arrêta celle des Macédoniens, et la força à rester dans son camp, qui était couvert à gauche par un grand poste d'infanterie et de cavalerie, placé au haut de la chaîne de coteaux. Le même jour le proconsul avait poussé à sa droite une reconnaissance de 300 chevaux et de 1,000 hommes de pied, qui, ayant rencontré le poste ennemi, l'attaquèrent et le maltraitèrent. Philippe, voyant les siens en danger, les fit soutenir par un fort détachement, qui repoussa les Romains et les ramena jusqu'au pied des coteaux. Alors le proconsul fit sortir son armée, et la rangea en bataille. Ce mouvement obligea Philippe à accepter un combat sur lequel il ne comptait pas, et il s'y prit mal : s'étant rapidement porté en avant avec l'aile droite de sa phalange, il donna l'ordre à ses généraux de faire suivre l'aile gauche en colonne de route. En arrivant, Philippe s'engagea tout de suite avec l'aile gauche des Romains. L'avantage du terrain, le choc en masse et les armes de longueur de la phalange lui donnèrent d'abord l'avantage sur les cohortes romaines, qu'il fit plier et qu'il poussa devant lui. Flamininus, sans se déconcerter, se mit à la tête de son aile droite, et attaqua résolûment la phalange gauche des Macédoniens, alors encore en colonne de marche et embarrassée dans les anfractuosités des coteaux. Elle fut aisément culbutée et mise en désordre. Pendant la poursuite, un tribun légionnaire romain, se détachant à gauche avec vingt manipules, tourna la phalange de droite des ennemis, et, l'ayant attaquée à dos, la rompit et la mit dans un désordre pareil. Ce mouvement décida la victoire des Romains, qui fut complète.

Les Macédoniens perdirent 8,000 morts et 5,000 prisonniers, ainsi que leur camp et toutes leurs ressources; la perte des Romains ne s'éleva qu'à 700 hommes. Abattu par ce désastre, Philippe fut contraint de demander la paix aux conditions qu'il plairait aux vainqueurs de lui imposer.

Gal G. DE VAUDONCOURT.]

Philippe envoya des ambassadeurs à Rome ; le proconsul y députa de son côté. Le sénat décida que la paix serait faite à la condition que toutes les villes grecques, en Europe et en Asie, auraient la liberté et l'exercice de leurs lois, et que les garnisons des Macédoniens en seraient retirées. C'était au commencement de l'année 556. Les jeux isthmiques allaient se célébrer à Corinthe. Le concours des spectateurs était immense, lorsqu'un héraut s'avança au milieu de l'arène et proclama au nom du sénat et du peuple romain la liberté des Corinthiens, des Phocéens, des Locriens, de toutes les nations, enfin, qui avaient été assujetties par Philippe. L'enthousiasme fut alors si grand, que la foule se précipita autour de Flamininus pour lui baiser les mains et le couvrir de couronnes.

L'année suivante, la guerre fut résolue par les Romains contre Nabis, tyran de Sparte, qui s'était perfidement emparé d'Argos. Après avoir une première fois repoussé un assaut des Romains, Nabis dut s'estimer trop heureux d'obtenir la paix en renonçant à sa conquête.

Flamininus retourna alors triompher à Rome; le fils du roi de Macédoine et le fils du tyran de Sparte marchaient devant son char. Il revint ensuite en Grèce pour dissuader la ligue Achéenne d'embrasser la cause d'Antiochus, roi de Syrie; il y réussit. En 563, il fut nommé censeur; en 569, il remplit une mission auprès de Prusias, roi de Bithynie qui avait donné asile à Annibal. Neuf ans plus tard, il fit célébrer des jeux somptueux pour honorer la mémoire de son père, qu'il venait de perdre. Le consulat lui fut encore déféré en 601. A partir de ce moment, l'histoire ne parle plus de lui.

FLAMINIUS CAIUS, général doué de peu de moyens, mais d'un grand courage et de beaucoup d'opiniâtreté, fut nommé tribun du peuple en l'an 520 de Rome, et ne se signala dans ce poste que par la proposition d'une loi agraire. Il passa ensuite en Sicile comme préteur, et avec un commandement. Nommé consul en 527, avec P. Furius, il attaqua les Gaulois au delà du Pô, et fut vaincu. Le sénat rappela les consuls, ordre auquel Flaminius crut devoir résister, enhardi par une défaite qu'il fit à son tour essuyer aux Gaulois. On lui refusa le triomphe à son retour, ce dont il fut amplement dédommagé par de grandes démonstrations de la faveur populaire. Nommé censeur en 533, il fit construire un cirque et établir de Rome à Rimini un chemin qui porte encore son nom, *via Flaminia*. Appelé en 535 à un second consulat, après la malheureuse affaire de la Trebbia, il se rendit secrètement dans les provinces où il devait commander, et sans accomplir les cérémonies religieuses d'usage en pareil cas. Le sénat, irrité, le rappela en vain. Il passa l'Apennin avec son armée pour entrer dans l'Étrurie, où Annibal se rendait de son côté. Ce dernier, instruit du caractère de son adversaire, ne s'occupa qu'à l'irriter par le spectacle de la dévastation, du carnage et de l'incendie. Flaminius ne tint pas contre cette manœuvre, et résolut de combattre sans attendre son collègue. Les augures lui furent en vain contraires. Il marcha vers le lac de Trasymène, où Annibal, profitant des localités, lui avait préparé une embuscade. Au moment du combat, le général carthaginois, démasquant toutes ses forces, cachées jusque là par des plis de terrain, que Flaminius avait même eu l'imprudence de ne pas faire reconnaître, les Romains se virent complètement cernés. Ils ne s'en battirent pas moins avec la plus héroïque valeur, au point qu'ils ne s'aperçurent pas même d'un tremblement de terre qui eut lieu pendant l'action, renversa plusieurs villes d'Italie et détourna plusieurs fleuves de leur cours. Flaminius déploya surtout, mais en vain, le plus intrépide courage. Il fut tué par un cavalier ennemi, et échappa ainsi à la honte de survivre à sa défaite. Cette affaire désastreuse, qui porte dans l'histoire le nom du lac de Trasymène, près duquel elle se passa, eut lieu en l'an 535 de Rome.

BILLOT.

FLAMMANT. *Voyez* FLAMANT.

FLAMME (*Physique*). Lorsqu'un corps gazeux ou susceptible de se réduire en vapeur se trouve en contact avec l'oxygène à une température rouge, il brûle avec un dégagement plus ou moins vif de lumière et de chaleur, en produisant ce que les physiciens désignent sous le nom de *flamme*. Comme toutes les parties du gaz ou de la vapeur ne se trouvent pas immédiatement en contact avec l'oxygène, la flamme offre deux parties entièrement différentes par leur apparence et leur nature, que l'on distingue facilement dans la flamme d'une bougie ou d'une lampe, l'une extérieure très-lumineuse et très-chaude, et l'autre intérieure, obscure et à une température très-peu élevée. On peut même reconnaître l'existence de quatre couches concentriques dans la flamme d'une bougie : la première de ces couches d'inégale température est celle que l'on voit à la base et qui est d'un bleu sombre; la deuxième forme le cône obscur de l'intérieur de la flamme; la troisième est l'enveloppe blanche et brillante qui éclaire; enfin, la quatrième est une enveloppe gazeuse très-mince que l'on aperçoit autour de la troisième. Si on approche à quelques millimètres de la partie lumineuse un fil de platine très-fin, on le voit rougir immédiatement jusqu'au blanc ; ce qui donne la preuve de la haute température de ce point, et l'on s'assure du peu de chaleur de la partie intérieure en plaçant au-dessus de la flamme une toile métallique à mailles fines, que l'on abaisse successivement, et qui la déprime de manière à donner deux cônes creux, dont l'intérieur est obscur; et après avoir fixé la toile de manière à ce qu'elle ne varie pas, et disposé les choses pour que la flamme ne soit

,plus agitée, si on perce la toile avec un instrument convenable au-dessus du cône obscur, on peut porter dans celui-ci des grains de poudre à canon, du phosphore, de la poudre fulminante même, sans qu'ils brûlent. Pour se rendre compte de cet effet, il faut se rappeler que la lumière est produite par la combustion des gaz qui se dégagent et par la vapeur que forme la matière huileuse, la cire ou le suif ; l'air ne les touchant que par leur surface extérieure, celle-là seulement peut brûler, et par conséquent développer une grande quantité de chaleur ; la partie intérieure est préservée de la combustion, et n'est formée que de matières grasses volatilisées, ou de gaz combustibles. D'après cela, quand pour une surface donnée de mèche l'air n'agit que sur la surface extérieure, la lumière est beaucoup moins brillante que si les dispositions étaient telles que l'oxygène pût agir aussi sur la surface intérieure ; c'est ce dont on s'aperçoit facilement en examinant une lampe à double courant d'air ; alors on voit qu'au lieu d'une surface brillante, recouvrant une partie obscure, on a une lame obscure renfermée entre deux lames lumineuses, et cet effet peut être porté au point d'anéantir presque complètement la partie obscure, comme dans les becs de gaz connus en Angleterre sous le nom de *bath-wings* (ailes de chauves-souris), que l'on emploie en France sous celui de *papillons*.

Pour qu'une flamme donne une lumière brillante, il faut que le gaz ou la vapeur laisse un dépôt solide en quantité convenable ; l'hydrogène, qui développe la température la plus élevée parmi les corps simples, et l'alcool ne donnent qu'une lumière faible ; l'hydrogène carboné est d'autant plus éclairant qu'il renferme plus de carbone, dont une partie se disperse par la combustion ; et l'éther, qui renferme une plus grande proportion de ce principe que l'alcool, donne plus de lumière que le premier.

Quand on place, ainsi que nous l'avons dit précédemment, une toile métallique, convenablement serrée au-dessus de la flamme, on peut comprimer celle-ci sans qu'elle traverse le tissu, et si on présente obliquement cette toile à la flamme, on la coupe comme on pourrait le faire avec un couteau pour un corps solide, et l'on obtient deux portions de flamme séparées. Si dans la première expérience on approche un corps en combustion au-dessus du point occupé par la flamme, celle-ci se reproduit et forme ainsi une seconde partie indépendante de la première. Ces effets sont dus au refroidissement occasionné par la toile métallique, qui abaisse la température des matières combustibles au-dessous du point où elles peuvent brûler. Mais comme les gaz passent au travers du tissu, on peut les enflammer au-dessus par l'approche d'un corps d'une température convenable : si la toile s'élève assez fortement en température pour rougir, la flamme n'est plus interceptée. Un seul des gaz connus, l'hydrogène phosphoré, est susceptible de s'enflammer à la température de l'atmosphère par le seul contact de l'air : la toile métallique ne peut avoir aucune influence sur sa combustion, mais pour tous les autres, qui exigent une très-haute température, cette toile agit suivant la dimension de ses mailles et la grosseur des fils dont elle est composée ; par conséquent, suivant que le gaz est plus ou moins facilement combustible, la nature de la toile qui peut le préserver de combustion doit varier.

Il résulte de ces faits que si une atmosphère de gaz combustible, mêlée avec de l'air, est séparée en deux parties par une toile métallique convenable, l'une doit brûler sans que l'autre éprouve d'altération, et si par exemple une détonation avait lieu dans la première, elle ne se propagerait pas dans la seconde. Une des plus belles inventions auxquelles les recherches scientifiques aient donné lieu résulte de l'application que Davy a faite de ces connaissances à la lampe de sûreté, destinée à préserver les mineurs des accidents terribles auxquels ils sont exposés quand le gaz hydrogène carboné s'enflamme dans l'intérieur des mines.

Un corps solide et d'une dimension convenable pour qu'il s'élève à la même température que la flamme et ne la refroidisse pas peut augmenter l'intensité de la lumière à un degré dont il est difficile de se faire une idée : par exemple, un morceau de chaux sur lequel on fait tomber la flamme d'un mélange de deux volumes d'hydrogène et d'un volume d'oxygène, offre pour 30 centimètres de surface une quantité de lumière égale à celle de 30,000 lampes d'Argent.

Il est probable que cette propriété sera l'occasion d'importantes applications dans les arts. H. GAULTIER DE CLAUBRY.

FLAMME (*Art militaire*). *Voyez* FLAMBE.

FLAMME (*Marine*), longue bande de serge, ou d'autre tissu, qu'on hisse au haut du mât d'un vaisseau, et que le vent fait flotter dans une direction contraire à celle d'où il souffle. Peu large dans la partie qui est retenue au mât, elle va en se rétrécissant encore et se termine en pointe. Elle est ordinairement de la même couleur que le pavillon de la nation à laquelle appartient le vaisseau qui le porte. En France et chez les autres peuples qui ont une marine militaire, la flamme nationale est une marque distinctive, qui ne peut être arborée que par les bâtiments qui font partie de cette marine, si ce n'est en certaines circonstances, où, en l'absence de tout bâtiment de l'État, un vaisseau marchand, dont le capitaine a ou est censé avoir un droit de commandement sur les autres vaisseaux de la nation qui se trouvent en même temps que lui dans une rade, ou dans un port, arbore cette flamme en signe de commandement. Mais il est obligé de l'amener dès qu'un bâtiment de l'État entre dans la même rade ou le même port. Les flammes peuvent servir, comme les pavillons, de signaux au moyen desquels deux ou plusieurs vaisseaux se communiquent des ordres, des renseignements et établissent entre eux, jusqu'à un certain point un dialogue suivi. V. DE MOLÉON.

FLAMMES DU BENGALE. Cette composition pyrotechnique, qui, par la vivacité et la blancheur de la lumière qu'elle projette, a fait longtemps l'admiration des amateurs de feux d'artifice, et dont l'art de la mise en scène tire parti dans les pièces à spectacle toutes les fois qu'il s'agit de donner au spectateur une idée du radieux éclat du séjour des bienheureux, ou bien de les frapper par la représentation de quelque incendie ou apparition surnaturelle, se compose d'un mélange de vingt-quatre parties de salpêtre, de sept parties de fleur de soufre et de deux parties d'antimoine. Après avoir passé le tout dans un gros tamis de crin, on le fait entrer dans un vase de terre, dont on saupoudre la superficie avec du poussier sec ; après quoi on le recouvre d'une feuille de papier trouée en quelques endroits, et au dernier moment on l'amorce avec un porte-feu étoupillé. La connaissance exacte des proportions de ce mélange resta longtemps un secret ; quant à la dénomination de *flammes du Bengale*, qu'on lui donna dans l'origine, elle provient de ce qu'il nous est venu du Bengale, d'où les Anglais l'ont introduit en Europe.

FLAMSTEED (JOHN), un des astronomes les plus distingués du dix-septième siècle, était né le 19 août 1646, à Derby. Ses premiers travaux indiquèrent un observateur plein de zèle et de sagacité ; à peine âgé de vingt-cinq ans, il avait déjà déterminé de la manière la plus exacte les véritables bases de l'équation du temps. Lorsque Charles II fonda l'observatoire de Greenwich, il y appela, sur la recommandation du chevalier Moor, le jeune Flamsteed, qui s'appliqua jusqu'à sa mort, arrivée le 31 décembre 1719, à déterminer avec une précision scrupuleuse la position de toutes les étoiles. Le désir de perfectionner de plus en plus ce travail en retarda indéfiniment la publication, réclamée instamment par les amis de la science ; et il fallut un ordre formel de la reine Anne, joint à l'insistance de Halley, pour qu'on vît enfin paraître, en 1712, les deux livres de l'*Histoire céleste*. Une seconde édition, faite en 1725, en trois volumes in-folio, devait mettre le dernier sceau à la réputation de l'auteur. Le tome premier comprend les observations des étoiles, des planètes, des taches du soleil, des satellites de

Jupiter ; le second, les passages des étoiles et des planètes au méridien ; le troisième, des prolégomènes sur l'histoire de l'astronomie, la description des instruments de Tycho, le Catalogue de Flamsteed, appelé *Catalogue britannique*, les catalogues de Ptolémée, d'Oloug-Beg, de Tycho, d'Hévelius, du landgrave de Hesse, le petit Catalogue des étoiles australes de Halley, en un mot, tous les travaux entrepris depuis la renaissance de l'astronomie sur la position réelle des étoiles. La lecture de ce grand ouvrage est très-instructive, non pas seulement par l'importance des indications nouvelles qu'il renferme, mais en ce qu'il nous montre combien à la fin du dix-septième siècle on était encore peu avancé ; on commençait à peine à tenir compte de quelques observations de l'école arabe, et on ignorait entièrement une des périodes les plus intéressantes de l'histoire de l'astronomie.

Le *Catalogue* de Flamsteed donne la position de 2884 étoiles, et son *Atlas céleste* a été longtemps suivi par les astronomes. Indépendamment de son *Historia cælestis*, Flamsteed a donné de nombreux mémoires, épars malheureusement dans divers recueils : ainsi l'édition des œuvres posthumes d'Horroccius (Londres, 1672) contient les deux opuscules suivants : *Johannis Flamstedii Derbyensis De temporis æquatione diatriba*, et *Numeri ad lunæ theoriam horroccianam*.   L.-Am. SÉDILLOT.

FLAN, pâtisserie garnie de crème cuite ou de fruits en compote. Le flan de crème à la frangipane est le plus vulgaire. On dresse d'abord une croûte de pâte brisée, que l'on garnit de frangipane à la moelle, pour la faire cuire ensuite au four bien chaud, et la glacer avec du sucre en poudre avant de la servir. Le flan de fruits se prépare à peu près de la même manière ; seulement on met dans un vase des cerises, des pêches, des brugnons, des prunes ou des abricots, dont on a ôté les noyaux ; un les saute avec du sucre en poudre, on les dispose dans une croûte moulée, et l'on fait cuire le tout au four bien chaud. Des amandes de fruits, bien épluchées, sont posées sur le flan, qu'on arrose ensuite d'un peu de sirop. Le flan suisse demande d'autres soins, attendu qu'il entre dans sa composition du beurre, des jaunes d'œufs et plusieurs espèces de fromages. En général, cette pâtisserie ne se sert que comme entremets. Exceptons-en toutefois le flan du boulevard du Temple, dont le gamin de Paris est extrêmement friand, et qui seul compose souvent tout le menu de son repas en plein air. Plus d'un industriel a amassé, dit-on, une fortune à préparer cette friandise un peu lourde, mais éminemment populaire.

FLAN (*Numismatique*). C'est une pièce de métal coulée, arrondie et préparée pour recevoir l'empreinte. Plusieurs cabinets de médailles possèdent des flans antiques, dont la conformation démontre que les anciens faisaient saillir la matière, afin que la pièce eût un plus haut relief.

FLANC. On appelle ainsi le côté de l'homme et des animaux, la partie qui est depuis le défaut des côtes jusqu'aux hanches. A l'égard des femmes, il se prend pour le ventre, ou la partie du ventre qui est entre les deux flancs : les fils que mes *flancs* ont portés. Les poètes emploient fréquemment le mot flanc pour désigner le sein. Prêter le *flanc*, c'est donner prise sur soi ; Se battre les *flancs* pour quelque chose, c'est faire beaucoup d'efforts pour y réussir.

En termes de guerre, le *flanc* d'un bataillon, d'une armée, est le côté de ce bataillon, de cette armée. On a bon marché d'une armée qui prête le *flanc*. Par le *flanc* droit, par le *flanc* gauche, sont des commandements pour ordonner aux soldats de se tourner à droite ou à gauche.

Dans la marine, le *flanc* d'un vaisseau est le côté qui se présente à la vue, de la proue à la poupe.

En anatomie, on appelle *flanc* la région du corps qui s'étend sur les côtes depuis le bord inférieur de la poitrine jusqu'à la crête iliaque ; elle forme les parties latérales ou inférieures du bas-ventre, bornées en bas par la saillie des hanches, auxquelles on a aussi donné le nom d'*îles*.

FLANC (*Fortification*). C'est la partie du rempart qui réunit l'extrémité de la face d'un ouvrage à la gorge ou à l'intérieur de cet ouvrage. La partie qui joint la face à la courtine est le flanc du bastion. Son étendue en longueur et en largeur doit être proportionnée à celle des parties qu'il doit défendre et où l'ennemi peut s'établir pour le battre. On compte plusieurs sortes de *flancs* : 1° les *flancs bas*, ou *place basse*, parallèles au *flanc couvert*, et au pied de son épaulement : ils servent à augmenter la défense du *flanc* ; leur peu d'élévation ne permet pas à l'ennemi d'avoir prise sur eux, et leur feu rasant rend très-périlleux le passage du fossé ; 2° le *flanc rasant* : c'est celui qui est perpendiculaire à la ligne de défense, et d'où l'on voit directement la face du bastion voisin ; 3° le *flanc oblique* : il est oblique à la ligne de défense ; 4° le *flanc couvert*, qui est moins exposé aux assaillants : une partie de ce flanc rentre au dedans du bastion, et elle est couverte par l'autre partie vers l'épaule ; ce flanc a l'avantage de conserver quelques canons dans cette partie, placée de manière à contribuer beaucoup à la défense du fossé et du pied de brèches ; 5° le *flanc concave* : il est couvert et forme une courbe dont la convexité est tournée vers le dedans du bastion.

FLANCHIS. Voyez SAUTOIR (*Blason*).

FLANDRE (en flamand *Vlænderen*), province des Pays-Bas, appartenant aujourd'hui, partie à la Belgique, partie à la Hollande (extrémité méridionale de la province de Zeelande) et partie à la France (moitié occidentale du département du Nord, avec 588,000 habitants ; ainsi que le département du Pas-de-Calais ou ancien Artois, avec 685,000 habitants), aussi remarquable par son excellente agriculture, son commerce et son industrie, que par ce qu'offrent de particulier les éléments de sa population, moitié d'origine germanique (les Flamands), et moitié d'origine romane (les Wallons), de même que par son histoire. César y rencontra, comme principales tribus, les Morins-Belges, sur la côte occidentale ; près d'eux, au nord et à l'est, les Ménapiens-Germains ; et au sud-est, les Abrétates, tribu belge qui pratiquait l'agriculture en même temps que l'industrie ; et après la soumission de ces différentes nations, la contrée fut incorporée à la province romaine désignée sous le nom de *Belgica secunda*. Plus tard des *Læti*, c'est-à-dire des colons Slaves et Saxons, vinrent aussi s'y établir, plus particulièrement sur la côte septentrionale, et ne contribuèrent pas peu à germaniser le pays. Sous la domination franke, l'Escaut y forma la frontière entre la Neustrie et l'Austrasie ; ce qui fut de plus essentiel longtemps encore après le partage de l'empire des Carlovingiens, de sorte que la partie septentrionale et la partie sud-ouest de la Flandre, quoique essentiellement allemandes, firent partie de la France, et la partie sud-est, quoique généralement welche, fut comprise dans l'empire d'Allemagne à partir de 1007.

Le nom de cette contrée lui vint du *Vlændergau*, territoire situé autour de Bruges et de Sluis (*Pagus Flandrensis*), dont les comtes, lorsque, vers la fin du neuvième siècle, ils eurent été préposés au gouvernement de la région des côtes du nord de la France instituée pour servir de frontières et de *marche* contre les Normands, étendirent bientôt leur autorité jusque là et même sur quelques contrées allemandes limitrophes. On cite comme le premier de ces *margraves* (ou comtes de la marche) le comte Baudouin Bras-de-fer, qui enleva et épousa la belle Judith, fille de l'empereur Charles le Chauve et veuve du roi d'Angleterre Ethelwolf, et qui par suite obtint, en 864, de son beau-père, cette marche de création récente à titre de fief héréditaire. Aux *gaus* ou comtés allemands, qui jusque alors avaient existé dans la Flandre allemande, ne tardèrent point à succéder alors de moindres districts administrés par des vicomtes (*vice grafen*) et des burgraves ; tandis que dans la Flandre welche, par suite des empiétements des *rois de France*, plusieurs comtes conservèrent longtemps encore leur position. Parmi les successeurs du Baudouin 1er brillèrent sur-

FLANDRE

tout Arnoulf II, l'adversaire des Capétiens; Baudouin IV, ou *le Barbu* (988-1036), qui, à la suite de brillantes victoires remportées sur l'empereur Henri II, obtint de ce prince, en 1007, à titre de fiefs Valenciennes, le burgraviat de Gand, l'île de Walcheren et les îles Zéelandaises, et devint ainsi prince de l'Empire d'Allemagne; puis son fils Baudouin V ou *le Pieux* (1036-1067), qui augmenta ses possessions des territoires allemands situés entre l'Escaut et le Dender (*Alostesland*) et dépendant du duché de Basse-Lorraine, de Tournay, de la souveraineté sur l'évêché de Cambray, duquel le comté de Flandre ne cessa de dépendre en matières ecclésiastiques qu'à l'érection de l'évêché d'Arras, et du comté du Hainaut. Son fils cadet, Robert *le Frison*, hérita de ses nouvelles acquisitions; quant à la Flandre et au Hainaut, ils passèrent à son fils aîné, Baudouin VI, ou *le Bon*, dont les fils fondèrent de nouveau, en 1070, deux branches, celle de Flandre et celle de Hainaut.

Après la sanglante bataille livrée à Bavinghoven, en 1071, qui eut pour suite l'extinction de l'aînée de ces lignes, ce Robert recueillit tout l'héritage, et, de même que son fils, appelé comme lui, se fit un grand renom par ses voyages à la Terre-Sainte et par ses nombreuses luttes, tant contre ses voisins que contre l'empereur. A Robert II succéda en 1112 dans le *margraviat* (le titre de *margrave* tomba d'ailleurs de plus en plus en désuétude à partir de la fin du onzième siècle) son fils Baudouin VI, dit *à la Hache*, à cause de la sévérité avec laquelle il punissait les perturbateurs de la paix publique; et quand celui-ci mourut, en 1120, sans laisser d'enfants, il eut pour héritier universel son neveu, le prince Charles *le Bon*, fils de Knut 1er, roi de Danemark, et d'Adèle, fille de Robert le Frison, lequel fut assassiné en 1127, dans l'église de Saint-Donatien à Bruges. Six prétendants se disputèrent alors le margraviat, jusqu'à ce que le landgrave Dietrich d'Alsace, descendant collatéral au neuvième degré de Charles de l'ancienne maison de Flandre, parvint, en 1128, à se faire reconnaître sur tous les points du pays. Mais cette ligne mâle s'éteignit déjà en la personne de son fils Philippe, qui s'empara du Vermandois, mais se vit enlever, pour quelque temps du moins, par la France la contrée à laquelle on donna plus tard le nom d'*Artois*. Ce prince périt en 1191, devant Saint-Jean d'Acre; et alors la Flandre et le Hainaut se trouvèrent de nouveau réunis sous les mêmes lois par la sœur et héritière de Philippe, Marguerite, épouse de Baudouin VIII, de la ligne de Hainaut des anciens comtes de Flandre.

Le fils de cette princesse, Baudouin IX, fondateur de l'empire latin de Constantinople, laissa, en 1206, deux filles, dont l'une mourut sans enfants, et dont l'autre, Jeanne de Flandre, morte en 1280, légua à son fils, Jean d'Avennes, issu d'un premier mariage, le Hainaut, demeuré depuis lors séparé de la Flandre; et la Flandre à un fils issu de son second mariage, Gui de Dampierre. Le petit-fils de celui-ci, Louis 1er, en même temps seigneur de Nevers et de Rethel, par conséquent de tous les comtes de Flandre celui qui posséda les plus vastes domaines, provoqua en 1336, par la cruauté avec laquelle il traita quelques villes où des troubles avaient éclaté à la suite de mesures préjudiciables à leur industrie, l'insurrection générale dont pour chef le courageux brasseur de Gand Jacques d'Artevelde, et qu'appuya l'Angleterre. Chassé de ses États, le comte demanda des secours à la France; mais il n'y put réussir qu'après la mort d'Artevelde, en 1345. L'année d'après, il mourut à la bataille de Crécy. Sous son fils Louis II, dit de *Mæle*, caractère léger et insouciant, les villes qui de bonne heure avaient acquis de la richesse, de la puissance et de l'importance, Gand et Bruges notamment, se révoltèrent de nouveau. La paix conclue en 1348 avec l'Angleterre eut pour résultat de rétablir la tranquillité dans ces contrées; mais la lutte recommença avec plus d'acharnement dans les années en 1379, entre les bourgeois, enflammés de l'amour de la liberté, et les souverains, qui voulaient leur imposer des fers.

En 1384, l'héritière de ce dernier comte de Flandre, épouse de Philippe le Hardi de Bourgogne, réunit à la Bourgogne la Flandre, qui en partagea dès lors les destinées. Les ducs de Bourgogne réduisirent sous leur domination la plus grande partie de l'ancien duché de Basse-Lorraine, et posèrent ainsi la base de la ligne que formèrent plus tard les différentes contrées des Pays-Bas, ligue dans laquelle la Flandre joua toujours un rôle des plus importants. Lorsqu'à la mort de Charles le Téméraire, sa fille Marie porta ces contrées dans la maison d'Autriche, la France eut beau chercher, à diverses reprises, à faire prévaloir le droit de suzeraineté de la couronne de France sur la Flandre, tout au moins jusqu'à la rive gauche de la Lys et de l'Escaut, c'est-à-dire sur les limites de l'ancien margraviat de Flandre, prétention parfaitement fondée en droit; ces contrées n'en demeurèrent pas moins désormais affranchies des rapports contre nature qui les liaient à la France, et lors de la division de l'Empire d'Allemagne en cercles elles furent incorporées au cercle de Bourgogne. Mais après être échue à la ligne espagnole de la maison de Hapsbourg, en la personne de Philippe II, la Flandre subit de nombreuses réductions de territoire. En effet, aux termes de la paix de Westphalie les États généraux obtinrent ce qu'on appelle la Flandre hollandaise; et la France, à partir du règne de Louis XIV, s'empara d'une partie de la Flandre et du Hainaut, du Cambrésis et de l'Artois, dont les traités des Pyrénées, d'Aix-la-Chapelle, de Nimègue et d'Utrecht lui confirmèrent la possession définitive. Le dernier de ces traités et la paix de Rastadt rendirent à la maison d'Autriche ce qui restait des Pays-Bas espagnols.

A cette époque, il y avait une foule de manières de distinguer les diverses parties de la Flandre: on désignait comme *Flandre domaniale* celle au-delà de l'Escaut; la *Flandre espagnole* se trouvait placée entre la française et la hollandaise; la *Flandre flamande* ou *flamingante*, ou bien encore la *Flandre teutonique* ou *maritime*, était la partie où l'on parle flamand, ayant la mer pour bornes au nord-ouest et la Lys au sud-est. La partie conquise par Louis XIV, dont Lille était le chef-lieu, avait nom *Flandre française*, et forma un des grands gouvernements du royaume. La *Flandre wallonne*, et plus anciennement *gallicane*, était celle où la langue française était conservée comme vieux souvenir du berceau de la monarchie: Tournai en était la principale ville. La rive gauche du Bas-Escaut et l'île de Cadsandt portaient le nom de *Flandre hollandaise*. Enfin, il y avait encore les noms de *Flandre impériale*, *Flandre particulière* et *Flandre propriétaire*, qui s'adaptaient à des parties moins importantes.

Quoi qu'il en soit de toutes ces différentes dénominations et circonscriptions, les étrangers au pays nomment *Flandre* toutes les provinces qui ont jadis fait partie des anciens Pays-Bas catholiques; les Espagnols et les Italiens vont même plus loin : ils désignent sous ce nom tous les Pays-Bas. Dans le temps où des troubles religieux tourmentèrent ces provinces, on désigna les guerres qui en furent la suite par la qualification de *guerres de Flandre*, et les auteurs nationaux et étrangers ont donné tant de relations se conformèrent à l'usage général, qui est encore aujourd'hui observé.

A partir de 1794, la Flandre, de même que les autres provinces belges, fut incorporée à la république française et plus tard à l'empire français. Elle forma les départements de la Lys (province de la Flandre occidentale) et de l'Escaut (province de la Flandre orientale). Mais le congrès de Vienne attribua ces deux parties au nouveau royaume des Pays-Bas, dont elles continuèrent à faire partie jusqu'à la création du royaume de Belgique.

La partie belge de la Flandre est divisée aujourd'hui en province de la *Flandre orientale* (avec une population de 783,450 habitants, et les villes de Gand, Oudenarde, Alost, Dendermonde, etc.; superficie : 36 myriamètres carrés) et en province de la *Flandre occidentale* (631,000 habitants; villes principales : Bruges, Ostende, Ypres, Courtray, etc.;

superficie : 39 myriamètres carrés). Consultez Praet, *Histoire des comtes de Flandre et de l'origine des communes flamandes* (Bruxelles, 1828); Leglay, *Histoire des comtes de Flandre jusqu'à l'avènement des ducs de Bourgogne* (Paris, 1843); Kervyn van Lettenhoven, *Histoire de Flandre* (Bruxelles, 1851). *Voyez* FLAMANDES (Langue et Littérature).

FLANDRIN (AUGUSTE), né à Lyon, en 1804, entra en 1818 à l'école des beaux-arts de cette ville, et y fit de rapides progrès. Aîné d'une famille sans fortune, il se vit de bonne heure obligé de sacrifier à la nécessité ses penchants les plus irrésistibles pour faire au jour le jour du métier. Placé dans un atelier de lithographie, il y fit preuve d'une aptitude rare, et mit du goût dans des compositions qui d'ordinaire sont étrangères à l'art. Depuis les vignettes de romances jusqu'aux illustrations d'ouvrages, tout fut exécuté par lui avec intelligence. Son talent se manifesta aussi dans la reproduction de nos meilleurs sujets de gravure; mais tout cela lui prenait beaucoup de temps, et l'art lui réservait une meilleure place. En 1832, il vint à Paris, et travailla deux ans sous M. Ingres. Plus tard, avec ses deux frères, il parcourut en artiste, l'Italie depuis Pæstum jusqu'à Milan. Rentré à Lyon, il y devint chef d'école, et professa les doctrines de M. Ingres. Ce fut pour la jeunesse lyonnaise l'initiation à un grand progrès. Par un dessin correct, par un coloris pur et bien entendu, Auguste Flandrin s'acquit une honorable réputation, et obtint en 1841 la médaille d'or pour son tableau des *Baigneuses*, exposé la même année. Plusieurs sujets religieux et divers portraits en pied, d'un incontestable mérite, lui assuraient un brillant avenir, lorsque la mort l'arracha tout à coup à sa famille, à ses nombreux amis. Atteint par une fièvre typhoïde, il succomba en peu de jours à la violence de ce mal, en août 1842.

FLANDRIN (HIPPOLYTE), né en 1809, étudia d'abord sous MM. Legendre et Magnin, puis sous Revoil. En 1829, il partit avec son frère Paul pour Paris, et entra chez M. Ingres. En 1832, il remporta au concours le grand prix de Rome, et quitta la France pour l'Italie. Il arriva dans la ville pontificale au mois de janvier 1833, et se livra avec passion à l'étude des merveilles que l'art y a réunies. Son frère Paul vint le rejoindre un an après; Auguste le suivit bientôt, et tous trois eurent le bonheur de travailler de nouveau sous leur maître chéri, M. Ingres, nommé alors directeur de l'Académie de peinture à Rome. Vers la fin de 1834, les trois frères artistes rentrèrent en France; Hippolyte et Paul se fixèrent à Paris, travaillèrent dans le même atelier, firent les mêmes études et eussent suivi la même voie, sans les conseils de M. Ingres, qui les engagea à ne point courir les chances d'une dangereuse rivalité. Dès ce moment leur ligne fut tracée : Paul s'adonna au paysage, Hippolyte resta fidèle au genre historique, et marcha *crescendo* dans le chemin des légitimes succès. Ses principaux ouvrages sont : *Thésée reconnu dans un festin par son père*, sujet du grand prix; *Euripide écrivant ses tragédies*; *Dante dans le cercle des envieux*; *Saint-Clair guérissant des aveugles*; *le Christ et les petits enfants*. Ce dernier tableau et celui du Dante avaient été composés à Rome. La *Chapelle Saint-Jean*, dans l'église Saint-Séverin, à Paris, est encore une œuvre capitale d'Hippolyte Flandrin; elle fut terminée en 1840. En 1841, il exécuta pour le duc de Luynes trente-six figures décoratives au château de Dampierre. Il fallait tout le talent et l'imagination d'un peintre habile pour se tirer aussi heureusement d'un semblable travail.

En 1842, la chambre des pairs commanda à M. Hippolyte Flandrin un grand tableau : *Saint Louis dictant ses commandements*. Ce travail se distingue par la harmonie de l'ensemble, par la pureté du dessin, par la grâce des draperies. La ville de Dreux acquit pour sujet de vitrail, en 1843, le *Saint Louis prenant la croix pour la deuxième fois*. A l'exposition du salon de 1845, les amateurs admirèrent de lui une *Mater dolorosa*, tou-

chante figure empreinte de divine résignation. Parmi ses autres travaux, il faut encore citer les peintures qu'il a exécutées pour l'église de Saint-Germain-des-Prés, et la frise de l'entablement de la nef de l'église Saint-Vincent de Paul. En 1847 il avait exposé un *Napoléon législateur*, commandé par le ministre de l'intérieur pour le Conseil d'État; depuis, il n'exposa plus que des portraits. Chevalier de la Légion d'Honneur en 1841, et nommé officier du même ordre le 12 août 1853, il fut appelé presqu'en même temps à remplacer Blondel à l'Académie des Beaux-Arts de l'Institut.

FLANDRIN (JEAN-PAUL), frère des précédents, né à Lyon, en 1811, suivit le même enseignement que son frère Hippolyte. En 1834, il partit pour Rome, et, sous ce ciel inspirateur, il peignit d'après nature le paysage, sans pour cela renoncer à d'autres études d'un ordre différent. Dans ce but, il dessina la figure, tantôt d'après les maîtres, tantôt d'après nature, et fut chargé par M. Ingres de faire trois copies des *Loges* pour la collection des frères Balze. Jusqu'en 1838 Paul Flandrin partagea ainsi son temps entre deux ordres d'études qui devaient également porter leurs fruits. A cette époque ses deux frères et lui quittèrent l'Italie pour rentrer en France. Les principaux ouvrages de Paul Flandrin sont : *Les Adieux d'un proscrit*, grand paysage exécuté à Rome, et qui obtint au salon de 1839 la médaille d'or; *une Nymphe*, exécutée à Rome. Ces deux paysages donnent peu de prise à la critique et rendent l'éloge facile. Leur ensemble est bien entendu, et dans les détails, si négligés d'ordinaire, l'œil découvre des beautés, qui à elles seules, constituent un vrai mérite. *Les Pénitents de la campagne de Rome* et une *Vue de la villa Borghese*, furent terminés en 1840 et ne cèdent point en mérite à leurs aînés. Au château de Dampierre, Paul Flandrin a peint pour le duc de Luynes deux tableaux sur mur, dans la grande galerie. Il y a là aussi de lui une *Vue des Alpes*, tableau acquis par le même propriétaire. La reine Amélie acheta un charmant tableau de M. Paul Flandrin, représentant une *Vue de Rivoli*. La *Promenade du Poussin sur les bords du Tibre*; *Dans les bois* et *Dans la montagne* (1850); *La Rêverie* (1853), d'autres paysages moins importants, mais d'un fini parfait; quelques portraits frappants de ressemblance et les peintures du baptistère de Saint-Séverin, à Paris, telles sont les œuvres principales de Paul Flandrin. Il a été décoré de la Légion d'Honneur en 1852. Eugénie NIBOYET.

FLANELLE, étoffe fabriquée avec de la laine peignée ou cardée. Elle est légère, à tissu simple ou croisé. On en distingue de trois espèces, selon la manière dont elles sont fabriquées, avec des peignes, des cardes, ou avec les uns et les autres à la fois. Les premières ont la chaîne et la trame en fil de laine peignée. Elles sont rases, légères et sans apprêt; on les emploie à faire des doublures de gilets, des caleçons, des jupons, etc. Les secondes ont une qualité plus absorbante; et c'est pour cela qu'on les applique directement sur la peau. Elles sont aussi plus chaudes, plus garnies; elles se rétrécissent et se feutrent moins que les autres au lavage. La troisième espèce tient le milieu entre les deux dont nous venons de parler. Autrefois on enviait beaucoup la flanelle d'Angleterre. Sa supériorité était due au perfectionnement qu'apportaient les Anglais à l'art de filer la laine; mais aujourd'hui nos progrès ont été tels, que nous faisons aussi bien que nos voisins, et que nous n'avons plus rien à leur envier. V. DE MOLÉON.

FLÂNEUR. La dernière édition du *Dictionnaire de l'Académie* n'a point encore accordé à ce substantif et au verbe *flâner*, deux mots non-seulement plus que français, mais entièrement parisiens, leurs grandes lettres de naturalisation. Tous deux n'en font pas moins désormais partie de notre langage familier, aussi bien que *musard* et *musarder*, qui n'ont dû sans doute qu'à leur ancien emploi le brevet d'admission que leur a délivré notre sénat littéraire. Cette adoption, toutefois, ne devait point préjudicier à l'autre. Le *flâneur* est une variété distincte de l'espèce *musarde*, et cette catégorie elle-même se subdivise en diverses branches.

Ainsi, nous avons le flâneur politique, qui se porte sur tous les points où il soupçonne que pourront passer un prince ou une émeute ; le flâneur des bâtisses, inspecteur patient et bénévole des monuments publics ; c'est lui qui tous les jours, quand il fait beau, va voir où en sont les constructions de la galerie Louvre et de la rue de Rivoli.

Puis encore le flâneur lettré, dont les quais sont la promenade favorite, et que chaque étalage de bouquins arrête au moins un quart d'heure ; le flâneur des jardins publics, dont les simples jeux de l'enfance occupent pendant des heures entières l'innocente curiosité ; enfin, le flâneur des parades, dans les attributions duquel rentre aussi la lecture attentive es affiches de ; spectacles du jour, qui suffit amplement, avec les représentations en plein vent, à la satisfaction de ses jouissances dramatiques. Il nous serait impossible de suivre les traces de tous les flâneurs de la capitale ; car c'est pour eux principalement que Paris est *un pays de Cocagne*. Quelle foule de distractions surtout leur offrent ses boulevards, panorama si varié et renouvelé sans cesse ! La *flânerie* doit également beaucoup de reconnaissance à ces nombreux trottoirs qui lui permettent maintenant de stationner sans danger devant les magasins et les boutiques où quelque objet attire son attention. En général, les gens de lettres, les artistes sont flâneurs : c'est pour eux un moyen de faire reposer la pensée au profit de l'observation. La flânerie est la paresse des hommes d'esprit ; et ce n'est plus *paresseux*, c'est *flâneur avec délice* qu'aurait été Figaro à notre époque et dans notre pays. OURRY.

FLANQUE. Dans le blason, c'est une pièce formée par une ligne en voûte qui part des angles du chef et se termine à la base de l'écu. Les flanques se portent toujours par paires.

FLANQUÉ se dit, en termes de blason, des figures qui en ont d'autres à leurs côtés.

FLANQUER, verbe employé d'abord dans le langage de la fortification, avant d'être appliqué au mécanisme des armées sur le terrain. En poliorcétique, *flanquer*, c'est défendre ou pouvoir défendre par des troupes, par de petites armes, par des ouvrages, par des batteries, un flanc attaquable. Sur le champ de bataille, *flanquer* une troupe, une ligne, c'est combattre ou être prêt à combattre pour la protection de ses ailes, de ses flancs. Par une allusion facile à saisir, *flanquer*, c'est frapper dans le flanc un ennemi qui entreprend une offensive oblique. Gal BARDIN.

FLANQUEUR, nom qui a été donné à des troupes qui en campagne occupent ou sont censées occuper le flanc d'une armée et lui offrir protection et appui. Ce mot apparaît pour la première fois au commencement des guerres de la révolution. C'étaient des troupes à pied qui accomplissaient le service dont les chasseurs s'étaient acquittés depuis la guerre de 1756 ; elles jouaient le rôle d'appuis, ou de lignes brisées, que la tactique de l'armée prussienne avait appelées *potences*. Des hommes de cavalerie étaient aussi employés comme flanqueurs ; ils servaient à l'ancienne manière des éclaireurs, des coureurs d'estrade, et de ces corps qu'absolument parlant on nommait sous Charles VIII *escadrons*. Comme tout avait démesurément grandi sous l'empire, telle armée prit la dénomination de *flanqueurs* ; ainsi, dans la campagne de 1799, le général Vandamme commandait une armée de flanqueurs. Quand les noms désignatifs des genres de troupes furent épuisés, et qu'il fallut pourtant, dans un esprit plus politique que militaire, inventer des expressions neuves, il fut créé des *flanqueurs de la garde*, terme vide de sens en ce que ces braves corps n'ont pas plus flanqué que d'autres et ont combattu souvent étant flanqués eux-mêmes. Gal BARDIN.

FLASQUES. Dans le matériel du système d'artillerie de Gribeauval, les flasques étaient les principales parties en bois d'un affût. Ces deux pièces, coupées dans des madriers et réunies par des entretoises, s'encastraient dans le haut, pour recevoir les tourillons de la bouche à feu, et s'arrondissaient dans la partie posant à terre qu'on appelle *crosse*.

Dans les affûts de campagne, les *flasques* étaient dégagées dans leur partie inférieure, pour le placement du coffret : cette partie, plus mince, s'appelait *délardement de flasques*.

Dans le matériel nouveau, la partie supérieure des flasques a seule été conservée ; elles sont alors fixées, par des boulons d'assemblage, à une pièce de bois posant à terre, que l'on nomme *flèche de l'affût*. Les flasques de diverses dimensions, suivant qu'elles appartiennent à un affût de campagne, de siège, de place, de côte, de marine, etc., sont ferrées de bandes, boulons, clavettes, etc., de manière à résister à la commotion produite par le coup de feu.

Dans la marine, on donne le nom de *flasques* à certaines pièces de bois qui servent à assurer des mâts, etc. Ainsi, on distingue les *flasques d'un guindeau*, les *flasques du beaupré*, les *flasques du cabestan*, etc. MERLIN.

FLATTERIE. *Flatter,* c'est louer excessivement dans le dessein de plaire, de séduire ; on *flatte* par intérêt, par faiblesse, quelquefois aussi, mais le cas est bien rare, par aveuglement. Les étymologistes sont assez divisés sur l'origine de ce mot : les uns le font dériver de *flatare*, fréquentatif de *flo*, parce que les flatteurs soufflent toujours quelque chose à l'oreille de qui veut les entendre ; les autres, du grec πλάττειν, feindre, dissimuler. La *flatterie* est cette louange non méritée qu'on prodigue à certaines personnes, sans la croire juste. Elle est aussi ancienne que le monde, et de grands maux en ont toujours été le résultat, pour les peuples comme pour les familles. Jamais elle n'a su produire rien que de mauvais, et cependant elle est partout choyée ; quelque défiance qu'on mette à l'écouter, quelque maladroite qu'elle puisse être, elle ne s'en empare pas moins du cœur humain, pour y régner bientôt en souveraine absolue. Tel homme qui d'abord a trouvé les *flatteries* qu'on lui adressait insipides finit par s'y abandonner insensiblement ; bientôt elles ne sont plus à ses yeux qu'une justice rendue à ses mérites, et l'ami qui a la sagesse de ne point les redire est exclu de l'intimité. Pour arriver à ce résultat, la *flatterie* n'a même besoin de revêtir aucune forme, de marcher par aucune gradation ; il lui suffit d'être répétée, même sous, aussi brusque qu'au commencement. Quelquefois cependant elle emprunte ce vernis de politesse réservée et engageante qui appartient à notre nation ; elle a un ton de modestie qui ferait croire à sa candeur, des paroles mielleuses qu'on prendrait pour de la bienveillance, des éloges si artistement préparés qu'on est presque tenté de craindre qu'ils ne soient accompagnés d'une censure. C'est principalement sous ces dehors trompeurs que la *flatterie* cause le plus de ravages dans l'humanité.

L'amour-propre de l'homme qui subordonne sa raison au joug de la *flatterie* devient excessif ; sa modestie, si toutefois il possédait cette qualité, fait place à un orgueil démesuré, et malheur alors à qui le blesse ! Si la *flatterie* a su changer des brisées, sa part chez l'homme privé, combien son influence n'a-t-elle pas été plus grande sur les princes ! Placés à la tête de peuples, ils ont dû leur en faire sentir tout le poids : aussi, la *flatterie* qui vit dans l'atmosphère des cours a-t-elle justement été flétrie, et cependant, les princes ne l'ont jamais reconnue, tant elle sait bien s'offrir à eux sous l'apparence du dévouement et de la fidélité. Après la *flatterie* princière, n'oublions pas une autre variété, encore très-répandue : c'est cette *flatterie* qui préside aux partis qui se forment dans les beaux-arts et la littérature. Elle commence par gâter l'homme de génie, et finit par obscurcir son génie lui-même. Elle s'est tellement multipliée dans ces dernières années, que le nombre de nos célébrités inconnues qui se prosternent les unes devant les autres est devenu innombrable. Elle s'est même dépouillée de ce caractère odieux qui partout ailleurs accompagne la *flatterie* ; elle n'est plus que ridicule, non de ce ridicule qui fait rire, mais de celui qui afflige. La flatterie n'est pas moins de dangers pour les femmes : bien peu savent éviter ses pièges. Napoléon GALLOIS.

FLATTERS (N...), naquit le 18 novembre 1784, à Crefeld (Prusse rhénane). Son père, architecte et fabricant de meubles, lui fit commencer ses études sous ses yeux, et ui donna plus tard les premières notions du dessin. Mais quand l'élève eut atteint sa dixième année, il le confia à Menninger, peintre assez distingué. Le père de Flatters le destinait à sa profession. Le jeune homme fut envoyé à Paris, placé chez un ébéniste, et, après bien des tentatives, n'ayant pu produire, en preuve de ses dispositions, qu'une grossière commode en noyer, on le déclara inhabile à cette carrière. Placé ensuite, pendant plus d'un an, chez un mécanicien, il ne réussit pas mieux. Une circonstance inattendue vint à son secours : des dames qui recevaient de lui des leçons de dessin le détournèrent d'un labeur pour lequel il ne semblait pas être né, et un avocat, M. Malivoire, le conduisit chez le célèbre sculpteur Houdon, qui lui donna à copier un bas-relief, dont il fut très-satisfait. Mais Flatters n'avait aucun moyen d'existence. Un élève de l'Académie de Musique, nommé Heurard, lui-même peu fortuné, lui assura une petite pension de soixante-quinze centimes par jour, qui le fit vivre pendant dix-huit mois. Enfin, quelques médailles lui furent décernées par l'Académie des beaux-arts, et en 1813 il remporta le deuxième grand prix de sculpture. Mais bientôt épris d'une des filles du célèbre chanteur Laïs, qu'il devait épouser plus tard, il s'enrôle par dépit amoureux, devient sous-lieutenant, lieutenant adjudant-major, et ne rentre à Paris qu'après le désastre de Waterloo, pour se livrer, avec une nouvelle ardeur, à son art. Alors il produit successivement un bas-relief représentant *La Fausse Gloire*, maintenant en Allemagne; et les bustes de Louis XVIII, Grétry, Talma, le général Foy, Gœthe, Byron; il expose au salon un *Chasseur grec au repos*, *Hébé*, *Ganymède*, une statue du *Sommeil* en bronze, maintenant à Londres; une *Baigneuse*, un *Amour* en bronze, maintenant en Russie. La Prusse, Bade, plusieurs États de l'Europe, acquièrent de ses ouvrages pour leurs musées et galeries. Les Anglais surtout lui en achetèrent au poids de l'or.

Dès lors il crut pouvoir se présenter pour occuper un fauteuil à l'Académie des beaux-arts. Ayant échoué, il cria au scandale, écrivit à ses juges, aux ministres, à ses vieux amis, des lettres injurieuses, menaça de briser son ciseau, de fermer son atelier, de se retirer sous sa tente, comme Achille, ce qu'il fit en effet pendant une année ; mais la faim chasse le loup du bois. Flatters ressaisit le maillet, et livra bientôt à la critique les bustes de Cuvier, de Duchesnois et de quelques autres personnages de l'époque. Alors il se sentit blessé de l'appréciation des feuilles publiques, et son atelier se trouva fermé une seconde fois. « Console-toi, lui dit l'auteur de *Brutus*, du *Serment des Horaces* et de *Léonidas*, il vaut mieux qu'on te demande pourquoi tu n'as pas la croix, que si l'on te demandait pourquoi tu l'as... » Cette parole du grand peintre versa un peu de baume dans l'âme de Flatters, qui promit de ne plus se décourager et de forcer la fortune à coups de chefs-d'œuvre. *Endymion* naquit de cette résolution énergique; on trouva la statue un peu grêle, un peu étique. Pour la troisième fois, l'atelier du sculpteur, fut fermé... Il ne devait plus s'ouvrir en France. Le malheureux artiste se retira on ne sait où; tous ceux qui l'aimaient furent vivement alarmés de son absence. Tout à coup il reparaît, un rouleau sous le bras, arrêtant les passants dans les rues et leur montrant des compositions énergiques et suaves, gravées par nos artistes les plus célèbres, cherchant des souscripteurs pour son *Paradis perdu*. Les souscripteurs ne se montrèrent pas, découragés par l'inconstance des habitudes de Flatters. Aussi quand il vit que cette dernière ressource lui manquait, abandonna-t-il de nouveau son atelier, son ciseau, son maillet, ses amis, et partit pour l'Angleterre, où il espérait trouver un sort plus honorable. Hélas ! là-bas comme ici il frappa inutilement à la porte des puissants : les hauts personnages de la Grande-Bretagne refusèrent de poser devant lui. Cependant, il tailla à Londres quelques bustes de l'empereur, comptant que les souffrances subies par le grand homme à Sainte-Hélène serviraient de passeport à ses chefs-d'œuvre. Tous ses *Napoléons* moisirent dans son atelier; et le malheureux statuaire vécut sur les bords de la Tamise comme il avait vécu sur ceux de la Seine, pauvre et découragé. Il avait cependant une famille, une femme énergique et bien élevée, des enfants pleins d'espérance et d'avenir. Il couvait aussi dans son âme et dans sa tête quelque chose d'artistique qui aurait dû lui ouvrir le chemin de la fortune; mais son caractère sauvage, l'opinion démesurée qu'il avait de son mérite, son peu d'indulgence pour ses confrères, et surtout ses façons de vivre en désharmonie avec nos usages, lui aliénèrent tous les cœurs. Il vécut misérable à Londres, presque mendiant, ne sachant la veille s'il dînerait le lendemain. Convaincu enfin que sa patrie d'adoption lui serait moins marâtre, il repassa le détroit, obtint quelques secours du ministère, quelques témoignages d'affection de ses vieux camarades, et mourut en 1844, presque oublié.

FLATTEUR. Le flatteur est celui qui a sans cesse la louange à la bouche, vraie ou fausse, méritée ou non ; tous ses efforts tendent à séduire la personne qu'il encense, à se faire bien venir d'elle, à s'emparer de son esprit. En cela le *flatteur* a toujours en vue son intérêt personnel ; aussi toutes ses prévenances sont-elles pour des personnes que leur position place au-dessus de lui, ou dont il espère obtenir quelque chose ; car, ainsi que l'a dit le bonhomme :

. . . . tout *flatteur*
Vit aux dépens de celui qui l'écoute.

La *flatterie* entre égaux ne saurait exister. Mais, de tout temps les princes et les grands hommes ont eu des *flatteurs*; tous les ont écoutés, bien peu s'en sont défiés, quelques-uns seulement les ont méprisés. Les conseils qu'ils en ont reçus ont toujours été perfides. Ceux qui s'installent à poste fixe dans l'antichambre et les salons d'un prince sont les moins faciles à éloigner. Quelles que soient les faveurs qu'on leur jette en curée, ils n'en continuent pas moins leur rôle ; on serait parfois tenté de croire qu'ils le remplissent par habitude plutôt que par intérêt, s'ils ne se berçaient de l'espoir que l'avenir fera naître de nouvelles faveurs, auxquelles ils n'avaient pas encore songé. On leur a donné le nom de *courtisans*, soit parce qu'ils sont en quelque sorte inféodés à la cour, soit parce que, comme ceux qui courtisent les belles, ils ont sans cesse des mensonges louangeurs à la bouche : peut-être même est-ce à cause de ces deux motifs.

Détestables *flatteurs*, présent le plus funeste
Que puisse faire aux rois la colère céleste !

a dit Racine, mais on sait qu'il ne prit jamais trop cette véhémente apostrophe pour lui. Les *flatteurs* des étages inférieurs de la société sont moins inamovibles; dès qu'ils ont obtenu ce qui faisait l'objet de leurs vœux, ils tournent le dos, et vont offrir leur encens à d'autres ; sous ce rapport, les amants sont souvent des *flatteurs* achevés, car ils emploient les mêmes moyens pour réussir, et tiennent la même conduite après le succès. On s'imagine peut-être qu'après avoir dévoilé sa perfidie et abandonné ceux auxquels il a rendu une sorte de culte, le *flatteur* ne se représentera plus : erreur ! dès l'instant que la fortune leur revient, il revient, lui aussi, et la faiblesse de l'esprit humain est telle qu'il se sert presque toujours des mêmes armes, avec autant d'avantage que la première fois. Les poètes se sont fréquemment servis du terme *adulateur* pour désigner un *flatteur*. Ce mot est peut-être plus harmonieux, mais il est moins juste : en effet, l'*adulateur* est toujours à genoux, il se prosterne; le *flatteur* se courbe seulement; les mains sont souvent bien bas.

Napoléon GALLOIS.

FLATUOSITÉS. Ce mot, qui vient de *flatus*, souffle, vent, a été beaucoup employé dans l'ancienne médecine. On nommait *flatuosités* les gaz amassés dans les intestins, soit qu'ils y fussent retenus, soit qu'ils en sortissent par le haut ou par le bas, mais on donnait encore le nom de *flatulence* à un état de l'organisme dans lequel on supposait les organes en proie à des vents plus ou moins fâcheux; il y avait des maladies flatulentes. On désignait par la dénomination de *flatueux* les aliments qui produisent le plus, suivant des théories alors admises, l'état flatulent. On n'emploie plus le mot *flatuosités* que pour indiquer par euphémisme les gaz intestinaux, soit quand ils y causent des borborygmes au moment des excrétions liquides d'une indigestion ou d'une diarrhée, soit quand ils gonflent les intestins, comme il arrive quand les gaz assemblés dans cette cavité y sont retenus par une sorte d'occlusion, de rétrécissement, d'étranglement du conduit qui les renferme, comme il arrive encore souvent pendant la digestion chez les personnes éminemment nerveuses, dont le ventre se laisse alors distendre avec une rapidité si surprenante, etc.

FLAVACOURT (Marquise de). *Voyez* CHATEAUROUX (Duchesse de), tome V, p. 338.

FLAVIALES. *Voyez* CENTURION.

FLAVIEN (Saint), évêque d'Antioche, naquit dans cette ville, d'une famille illustre, au commencement du quatrième siècle. Il se montra de bonne heure ami des austérités et d'une pauvreté sévère. Uni à Diodore, qui gouverna depuis l'Église de Tarse, il résista à Léonce, évêque arien d'Antioche, qui s'efforça, par sa condescendance pour lui, de se rendre favorables les catholiques restés fidèles à l'orthodoxe Eusthate, banni depuis plus de vingt ans. La modération de Flavien entretint pendant quelque temps la paix entre les deux partis, mais les eustathiens zélés se séparèrent bientôt de lui et de Diodore son compagnon. Ceux-ci n'en restèrent pas moins les conservateurs de la foi, au milieu des vicissitudes qu'éprouva le siège d'Antioche sous l'épiscopat de saint Mélèce, que l'empereur Constance exila en 361. Elevés au sacerdoce par saint prélat, ils furent chassés de la ville par l'influence des ariens, mais ne cessèrent pas pour cela de nourrir de la parole divine le troupeau confié à leurs soins, qu'ils réunissaient sur les bords de l'Oronte. En 381, à la mort de Mélèce, que Flavien avait contribué à rendre à son siège lors de l'avénement de l'empereur Gratien, les évêques de Syrie, malgré les pères du concile de Constantinople, qui n'y consentirent que l'année suivante, et surtout malgré saint Grégoire de Nazianze, qui soutenait les droits de Paulin, le choisirent pour le remplacer, et le sacrèrent. Ce fut lui qui donna la prêtrise à saint Jean Chrysostôme, que saint Mélèce avait fait diacre. Il l'employait depuis deux ans à l'instruction des fidèles, lorsque le peuple d'Antioche, dans un moment de fureur, brisa les statues de Théodose et de ses deux fils. Là vengeance de l'empereur fut arrêtée par les prières de Flavien, qui courut à Constantinople et obtint la grâce de son troupeau par un discours que saint Jean Chrysostôme cita à la postérité. Après de longues luttes contre les eustathiens, il envoya des députés à Rome, où le pape Innocent le reçut dans sa communion. La paix qu'il goûta jusqu'à sa mort, arrivée en 404, fut encore troublée par l'exil de saint Jean Chrysostôme, auquel il portait une affection paternelle. H. BOUCHITTÉ.

FLAVIUS, nom d'une famille romaine (*gens Flavia*) qui vraisemblablement ne fut à l'origine qu'un sobriquet dérivé de *flavus*, blond.

Pireus FLAVIUS, de secrétaire d'Appius Claudius Cæcus, devint édile curule, l'an 34 avant J.-C., et en cette qualité désigna le premier les jours où les tribunaux pouvaient ou ne pouvaient point siéger (*voyez* FASTES), et le premier aussi recueillit sous la forme d'un manuel, appelé plus tard *Jus civile Flavianum*, les formules de plaintes et d'affaires.

Caius FLAVIUS FIMBRIA, l'un des plus farouches sicaires de Marius et de Cinna, après avoir vainement attenté aux jours du noble Quintus Mucius Scevola, lors des funérailles de Marius, l'an 86 avant J.-C., accompagna, en qualité de légat, le consul Caius Valerius Flaccus envoyé en Asie par le parti de Marius autant contre Sylla que contre Mithridate. Il souleva l'armée du consul, l'assassina lui-même à Nicomédie, prit alors le commandement en chef, et battit à diverses reprises les généraux de Mithridate, qui fut réduit à fuir devant lui. L'an 84 avant J.-C., Sylla, parti de Grèce pour aller à sa rencontre, mit un terme aux cruautés qu'il commettait à l'égard de ses partisans de même que sur tous ceux qui avaient pris fait et cause pour Mithridate. La destruction d'Ilion est demeurée célèbre parmi ces actes de barbarie dont il se rendit coupable. Assiégé dans Pergame, il se suicida.

Il existait à Reate (aujourd'hui *Rieti*), dans le pays des Sabins, une famille *Flavius*, qui parvint au trône impérial, en la personne de *Titus Flavius Vespasianus* (*voyez* VESPASIEN), et à laquelle se rattache, dit-on, les Comnène.

Un frère du Chérusque Arminius servit aussi sous ce nom de *Flavius* dans les armées romaines de Tibère et de Germanicus.

FLAVIUS JOSÈPHE. *Voyez* JOSÈPHE.

FLAXMAN (JOHN), l'un des plus célèbres sculpteurs qu'ait produits l'Angleterre, et de plus fort bon peintre, né le 6 juillet 1755, à York, suivit dès l'âge de quinze ans les cours de l'Académie royale, mais ne travailla jamais dans l'atelier d'un maître. En 1782 il épousa Anna Denman, qui ne tarda point à exercer la plus heureuse influence sur la direction de ses études. En 1787 il partit avec elle pour l'Italie, où peu à peu il attira à Rome l'attention de tous les amis des arts. A son retour à Londres, en 1794, les connaisseurs rendirent encore bien mieux justice à son talent; en 1800 il fut nommé membre de l'Académie royale, puis dix ans après professeur de sculpture dans cette école. Devenu veuf en 1820, il vécut dès lors plus retiré que jamais, et mourut le 9 décembre 1826.

Dans un laps de temps fort court, Flaxman exécuta des dessins admirables pour les œuvres d'Homère, d'Eschyle (destinés à orner une traduction anglaise des œuvres de ce poète) et du Dante, et pour le poème des *Travaux et des Jours*, ainsi que pour la *Théogonie* d'Hésiode (1807, 1 vol. in-fol.). Le musée du Luxembourg possède de lui un charmant tableau de *Pandore transportée sur la terre par Mercure*. Il publia aussi plusieurs suites aux dessins du *Bouclier* d'Achille, tel qu'il est décrit par Homère dans le 18ᵉ livre de l'*Iliade*, et ne termina cet immense travail qu'en 1818. En 1819 on publia le cours qu'il professait à l'Académie de Sculpture, espèce de *memorandum* peu digne de lui : on y sent en espèce la touche sèche et dure de l'homme qui ne connaît que son art. C'est un aperçu aride, dénué de tout ce qui peut rendre la science aimable; et quoiqu'il doive nécessairement ajouter aux lumières de l'élève, bien certainement il ne contribuera pas à lui faire saisir l'art dans sa largeur et sa poésie.

C'est sur la toile, sur la pierre, sur le marbre, qu'on retrouve Flaxman tout entier; c'est le crayon à la main qu'il faut savoir le saisir. La plupart de ses ouvrages sont remarquables par la noblesse et la pureté du style, et par le caractère vraiment grandiose de la composition. Il fut parmi les artistes modernes l'un des premiers qui, dociles à la voix de Winckelmann, pénétrèrent dans le véritable génie de l'antique, en opposition au faux goût classique qui dominait alors. L'étude attentive des vases et des peintures murales de Pompéi le conduisit à renoncer à la manière molle et efféminée de ses prédécesseurs, pour adopter un style grave et sévère; et on peut le considérer comme le créateur du relief moderne. Ses *six Prières*, son *Ugolin*, sont connus de l'Europe entière. Mais tout ce qu'il a produit n'est pas à la même hauteur. On regrette de retrouver parfois de la manière et des traits bâsardés, incorrects dans quelques-unes des esquisses qu'il exécuta un peu trop rapidement pour *Eschyle* et le *Dante*. Les plus remarquables de ses productions plastiques sont le baṡ-relief pour le monument élevé au poète Collin dans l'église de Chichester, le monument de lord Mansfield à Westminster, les mausolées d'Abercromby et de lord Howe, le ouste de Washington, les statues de Pitt et de Reynolds, etc.

FLÉAU (du latin *flagellum*), instrument dont on se sert dans un très-grand nombre de provinces pour battre le blé. Le fléau le plus simple, et nous en avons vu de tels, se compose d'une perche légère, au bout de laquelle est adapté un gros bâton au moyen d'attaches élastiques, de façon que l'instrument a les propriétés d'un fouet. Le fléau, dans toute sa perfection, se compose de deux bâtons, dont l'un, qu'on pourrait appeler le *manche*, est cylindrique et poli ; l'autre plus court, plus gros et raboteux, et que nous appellerons la *verge*, fait sortir le grain en tombant sur les épis. Les deux bâtons sont attachés, bout à bout, l'un à l'autre, au moyen d'un petit appareil en cuir et parchemin, aussi simple qu'ingénieux ; le bâton qui sert de manche porte un bouton en bois ou en fer, qui sert comme de centre aux mouvements de la verge : en effet, le batteur fait décrire à celle-ci un cercle entier chaque fois qu'il lève et qu'il abaisse le fléau. Jusqu'à présent, le fléau est l'instrument dont l'usage est le plus productif pour faire sortir le grain de l'épi, bien qu'on ait inventé beaucoup de machines à battre le blé.

On donne aussi le nom de *fléau* à la verge qui supporte les plateaux d'une balance.

FLÉAU, grand désastre, calamité publique. Ce mot ne doit s'employer que pour des genres de malheurs qui frappent à la fois des peuples, ou au moins des masses plus ou moins fortes, et non des particuliers ou même des familles. Ainsi, la guerre, la famine et la peste ont été longtemps regardées comme les principaux fléaux dont Dieu se servait pour punir les peuples coupables, par eux-mêmes ou en la personne de leurs rois. Il y a peu de sociétés qui ne soient tourmentées par divers fléaux, comme les guerres, les maladies épidémiques, ainsi qu'on l'a vu en Europe pour le choléra. On donne quelquefois aussi, par métonymie, le nom de *fléau* à la cause d'où dérive cette calamité publique, ou au moyen par lequel elle est produite. C'est ainsi que les ravages exercés par les hordes d'Attila firent surnommer ce conquérant le *fléau de Dieu* ; mais on a eu tort de donner à l'Arétin le surnom de *fléau des princes*. L'idée de fléau entraîne toujours celle d'un mal dont les résultats sont plus ou moins désastreux, tandis que tout le rôle de l'Arétin s'est borné à faire justice de quelques-uns des ridicules d'un rang qui, par sa nature et son élévation, offre, plus que tout autre, prise à la critique. BILLOT.

FLÈCHE (*Art militaire*), arme de jet, qu'on lance avec l'arc ou l'arbalète. De toutes celles dans lesquelles les premiers hommes ont cherché des moyens de défense ou de destruction, les flèches sont sans contredit les plus anciennes. Sur tous les points du globe, chez tous les peuples anciens, chez ces nations que découvrent de temps à autre quelques navigateurs dans l'immense espace qu'on a appelé Océanie, les flèches semblent résumer à elles seules la tactique militaire, offensive et défensive. Cette arme est composée d'une verge ou petit bâton, muni d'une pointe à son extrémité ; longue de 0^m65 à 2^m environ, elle est quelquefois empennée. Toutes les nations de l'antiquité s'en servaient. La langue romane et le français primitif l'appelaient *saëtte* (*sagitta*), *eslingue*, *passadoux*, *darde*, *gourgon*, *songnote*. Vinrent bientôt des archers génois, et des archers anglais qui se distinguèrent à Crécy. Aux premiers on prit les noms de *freccia*, *fréte*, *flesche*, *floiche* ; aux seconds, ceux de *fligt*, *flic*, *flick*, *flique*, *flis*, *flieque*, *flisc*. En prenant la partie pour le tout, c'est-à-dire le talon empenné pour l'arme elle-même, on appela la flèche *panon*, *penon*, d'où vint le verbe *espéner* pour dire frapper, blesser à coups de flèches. Il est souvent question de deux sortes de flèches dans l'histoire de France : la première nommée, *carreau* ou *garra* (en latin *quadrellus*), la seconde *vireton*. Les carreaux étaient empennés, et quelquefois empennés d'airain. Les *viretons* étaient de grandes flèches empennées, qu'on lançait au moyen de l'arc, et qui viraient ou tournaient en l'air. Le fer en était indistinctement arrondi, plat ou triangulaire. A toutes ces flèches le fer ne s'assujettissait pas de la même manière : inséré dans le manche ou cloué fortement quelquefois, il y tenait si peu d'autres fois qu'il demeurait toujours dans le corps du blessé. Sa longueur variait selon celle de l'arbalète qui devait le lancer. Le latin barbare appelait *flecharius*, *flechiarius*, et le français *fléchier*, *flégier*, le fabricant ou trafiquant de flèches. Elles ont eu leur talon garni de plumes d'oie, de lames en peau sèche, d'ailes en métal, garnitures, ou entées, ou collées, ou fixées avec de la cire. Les Numides, les Scythes, les Parthes, les Tyriens, excellaient à se servir de cette arme. Quelques peuples d'Asie passaient leurs flèches dans leurs cheveux, d'où elles sortaient en manière de rayons, comme dans certains bustes antiques.

Il y avait des flèches grecques, des *cestres*, qu'on lançait avec la fronde, et des flèches romaines ou byzantines, aux gros bout plombé, qu'on laissait debout sur le sol pendant la nuit, la pointe en l'air, en manière de chausse-trappes. César parle des *tragulaires*, ou jeteurs de *tragules*, qui, lancées à l'aide de chirobalistes, perçaient de part en part un homme couvert de son armure. Les Byzantins, au moyen de leur *anisocycle*, ressort en spirale, faisaient partir d'un seul coup des nuées de flèches : c'était la mitraille du temps. La flèche apparut en France avec les Huns, les peuples des Baléares, les Italiens et les Gascons. Une douzaine de flèches garnissaient leurs ceintures, et l'Église, au neuvième siècle ajoutait à ses *Libera* cette prière : « Des flèches du Hongrois, délivrez-nous, Seigneur ! » Les Espagnols, guerroyant dans les Pays-Bas, dirigeaient leurs grenades au moyen de flèches. Sans être aussi adroits qu'Aster, qui éborgna Philippe en lui décochant une flèche portant cette inscription : *A l'œil droit de Philippe !* ni que Guillaume Tell, qui abattit avec la sienne la pomme posée sur la tête de son fils, les chefs circassiens, montés sur un cheval au galop, atteignent et jettent bas sans peine un chapeau placé au bout d'une perche.

Des flèches asiatiques versaient le poison en faisant la blessure. Ce secret, connu dès Alexandre le Grand, se retrouve chez les Gaulois, qui empoisonnaient les leurs avec le suc du *caprifigus*, ou figuier sauvage. D'autres peuples européens se servaient pour le même usage de l'ellébore et de l'aconit. Des hordes sauvages, des peuplades d'Amérique et de l'Océanie, avant d'avoir connaissance du fer, savaient déjà infecter de venin le caillou tranchant, l'os taillé en pointe, l'arête de poisson, dont elles armaient leurs flèches. Le poison le plus subtil qu'elles employaient encore est le suc du macanilier, ou mancenilier, et le curare.

FLÈCHE (*Architecture*). C'est un assemblage pyramidal de charpentes ou de pierres offrant une construction solide, remarquable par sa légèreté et son élévation. Les églises modernes sont rarement ornées de flèches : cependant, l'architecte Nash en a fait une en pierre, il y a environ quarante ans, à l'une des nouvelles églises de Londres. Les architectes du quatorzième et du quinzième siècle qui ont construit les grandes églises d'architecture sarrasine ou mauresque, désignée si longtemps sous le nom de *gothique*, ne connaissant pas l'usage des dômes, surmontaient la plupart de ces édifices de flèches plus ou moins élevées, plus ou moins ornées. Dans beaucoup de petites églises, le clocher est une flèche en charpente, couverte en d'ardoises. Lorsque ces flèches étaient de grandes dimensions, elles étaient revêtues de plomb, telles que la flèche de la cathédrale de Rouen, incendiée par la foudre le 15 septembre 1822, et qu'on a reconstruite en fonte de fer, d'une manière si remarquable. La flèche de la Sainte-Chapelle de Paris était en charpente : incendiée en 1730, par la négligence d'un plombier, elle fut reconstruite immédiatement et abattue en 1790, puis relevée en 1853. La flèche de Notre-Dame de Paris fut aussi abattue à la même époque. On voyait autrefois à la cathédrale de Reims une flèche en charpente ; elle était placée sur le milieu de la croisée, et fut aussi incendiée en 1481. Il existe encore sur le chevet de cette église une jolie flèche, dite le clocher à l'ange, parce que sa pointe est sur-

FLÈCHE — FLÉCHIER 479

montée de la figure d'un ange en plomb doré. La cathédrale d'Orléans est ornée d'une belle flèche en charpente, recouverte en plomb. Elle a été construite en 1707, par l'architecte Decotte. Placée au centre de la croisée, sa hauteur est de 30 mètres au-dessus du comble. L'église d'Amiens est surmontée d'une flèche en charpente, revêtue de plomb. Elle a été élevée en 1529, par L. Coudon; sa hauteur est de près de 70 mètres.

D'autres flèches, construites en pierre, ornent différentes églises de la chrétienté : parmi les plus célèbres de France, nous remarquerons, à Autun, celle construite aux frais du cardinal Rollin, évêque de cette église. Elle a 85 mètres d'élévation depuis le sol. Celle qui existait anciennement, et qui était en charpente, avait été incendiée par la foudre en 1465. Les clochers de Chartres ont une grande célébrité. La flèche de Saint-Denis, frappée de la foudre, et reconstruite en pierre, dut être démontée pour éviter sa chute. Mais la flèche la plus renommée de toutes est celle de la cathédrale de Strasbourg : commencée en 1277, par Erwin de Steinbach, elle ne fut terminée qu'en 1439; sa hauteur est de 150 mètres. Une autre flèche également célèbre est celle de la cathédrale d'Anvers; sa hauteur est de près de 155 mètres. Commencée en 1422 par d'Appelman, elle ne fut terminée qu'en 1518. On cite encore à l'étranger celles de Fribourg en Brisgau et de Saint-Étienne à Vienne. DUCHESNE aîné.

FLÈCHE (*Fortification*). *Voyez* BONNETTE.
FLÈCHE (*Géométrie*). *Voyez* CORDE (*Géométrie*).
FLÈCHE (*Technologie*). Ce nom est employé dans beaucoup d'instruments d'arts ou de métiers. Ainsi, dans la grue et dans d'autres machines semblables, on donne le nom de *flèche* à l'arbre ou pièce principale sur laquelle tourne la machine. C'est aussi le nom d'une partie de la charrue, qu'on appelle encore l'*âge*. Dans les ponts levis, c'est le nom de la pièce partant du bas, sur laquelle est fixé le pivot, l'autre bout soutenant la chaîne au moyen de laquelle on lève ou baisse le pont. Dans la marine, on donne le nom de *flèche* à une pièce de bois, saillant hors de la proue, servant à fixer soit le beaupré, soit la civadière, ou voile penchante en mer. Les arpenteurs donnent le nom de *flèche* au piquet qu'ils fichent en terre chaque fois qu'ils transportent leur chaîne. Dans le jeu de tric-trac, on nomme *flèches* les séparations, ordinairement blanches et vertes, qui marquent les cases ou divisions sur la table en bois noir. *Flèche*, en agriculture, sert à désigner la pousse de la canne à sucre et de quelques autres plantes dont les tiges sont droites et fermes. On a donné au dauphin le nom de *flèche de mer*, à cause de la rapidité de ses mouvements. On dit aussi une *flèche de lard*, en parlant de la pièce levée sur l'un des côtés du porc, depuis l'épaule jusqu'à la cuisse.

FLÈCHE (La), ville de France, chef-lieu d'arrondissement dans le département de la Sarthe, à 30 kilomètres sud-ouest du Mans, sur la rive droite du Loir, avec une population de 7,048 habitants, un collége militaire, institué par ordonnance du 12 avril 1831 et destiné à l'éducation de fils d'officiers sans fortune ou de sous-officiers, caporaux ou brigadiers et soldats morts au champ d'honneur, amputés pour blessures reçues sous les drapeaux, retraités, ou libérés après vingt ans de services. Le collége militaire est établi dans le château royal, construit par Henri IV et donné par lui aux jésuites, qui y fondèrent un collége célèbre. Il possède une bibliothèque de 14,000 volumes. On trouve en outre à La Flèche une typographie, des fabriques de colles fortes ; le commerce consiste en poulardes et chapons dits du Mans, blés, fruits cuits, etc. Dès le dixième siècle La Flèche était une des principales villes de France, et possédait une forteresse redoutable dont on voit encore les restes au milieu du Loir. Mais au quatorzième siècle elle déchut considérablement, et ne se releva que sous Henri IV. Foulques le Rechin prit La Flèche d'assaut vers 1090. Le connétable de Richemont s'en empara en 1426. Les Vendéens y entrèrent en 1793, et les chouans firent d'inutiles efforts pour s'en rendre maîtres en 1799.

FLÉCHIER (ESPRIT), évêque de Nîmes, prélat disert et fleuri, qu'on a surnommé l'*Isocrate français*, naquit à Pernes, dans le comtat d'Avignon, le 10 juin 1632, d'une famille d'artisans, qui avait des prétentions à la noblesse. Son père ou son aïeul avait été marchand de chandelles. Il avait un oncle maternel, le père Hercule Audifret., supérieur général de la doctrine chrétienne, homme d'esprit et de mérite, qui cultiva soigneusement les heureuses dispositions de son neveu pour l'éloquence; mais il eut en même temps pour maître un rhéteur nommé Richesourse, homme aussi médiocre que présomptueux, vrai Scudéri de collége, qui lui-même se qualifiait *modérateur de l'académie des philosophes rhéteurs*. Heureusement le respect que lui portait Fléchier n'alla pas jusqu'à l'imiter : marchant d'après son propre instinct, il créa lui-même sa méthode, et s'ouvrit une route qui n'avait été entrevue par personne avant lui. Toutefois, on ne peut nier que l'affectation qui règne trop souvent dans ses discours ne soit le fruit des leçons de ce Richesourse, qui fut proclamé le premier écrivain de son siècle pour le galimatias. Fléchier affectionnait aussi la lecture des anciens sermonnaires, qui, dans la barbarie sauvage de leur éloquence burlesque, ont laissé échapper tant de traits heureux. Il les appelait ses *bouffons*, et les lisait, disait il, pour apprendre comment il ne faut pas écrire. Mais, en voulant se familiariser avec ces poisons de l'éloquence, il n'eut pas, selon la remarque de D'Alembert, le même succès que Mithridate pour les poisons physiques : il contracta, sans s'en apercevoir, cette affectation qu'il cherchait à éviter.

Suivant l'institut de la congrégation, dans laquelle il entra à l'âge de seize ans, il fut employé à l'enseignement : en 1659 il professa la rhétorique à Narbonne, et y prononça l'oraison funèbre de Claude de Rébé, archevêque de cette ville. Son discours, qu'il composa et qu'il apprit en dix jours, eut un très-grand succès; toutefois, on ne le trouve point dans les œuvres de Fléchier, sans doute parce que l'auteur ou ses éditeurs ont jugé cet heureux coup d'essai indigne de la renommée qu'il acquit depuis. Tant que son oncle vécut, Fléchier resta membre de la congrégation. Après la mort du père Audifret, le supérieur général qui lui succéda voulut assujettir ses confrères à de nouveaux règlements, et Fléchier quitta la doctrine chrétienne. Devenu libre, il se rendit à Paris. Sans fortune et sans protecteur, il fut d'abord réduit à l'emploi modeste de catéchiste dans une paroisse. Mais son penchant l'entraînait vers la culture des lettres. Il composa des vers latins, genre alors fort goûté du public. Une description du fameux carrousel donné par Louis XIV en 1662 lui fit surtout beaucoup d'honneur. En se révélant comme poète vulgaire, il se formait, sans le savoir, à cette diction pleine et harmonieuse qui devait donner à sa prose un charme qui n'a point été surpassé.

Fléchier était devenu précepteur de Louis-Urbain Lefèvre de Caumartin, depuis intendant des finances et conseiller d'État. Le père, dès son élève ayant été nommé par le roi pour la tenue des *grands jours* (commission extraordinaire) en Auvergne, le précepteur et le fils l'y suivirent; et Fléchier écrivit une relation de ces *grands jours*, tenus à Riom en 1665. La maison de Caumartin était fréquentée par ce qu'il y avait de plus considérable à la cour et à la ville. Les talents de Fléchier, son amabilité, la douceur et la régularité de ses mœurs, lui acquirent des amis dans cette société distinguée. Il fut admis aux cercles de l'hôtel de Rambouillet, fut lui-même a dit dans une de ses oraisons funèbres, avec plus d'emphase que de justesse, « qu'il y avait là je ne sais quel mélange de grandeur romaine et de civilité française ». Le duc de Montausier se déclara son Mécène, et le produisit auprès du dauphin, dont il était gouverneur, en lui procurant la place de lecteur du jeune prince. D'abord Fléchier, dont le caractère était pliant et doux, avait dû à Montausier, en lui adressant par politesse ces louanges que les hommes sont si généralement disposés à savourer. Il n'avait reçu pour tout remerciment que cette boutade sévère : « Voilà mes flatteurs! » La leçon ne fut pas perdue, et Fléchier, en parlant de Montausier avec toute franchise, obtint bientôt son amitié et sa confiance.

Cependant, il se livrait à la prédication ; ses sermons avaient du succès, mais la gloire l'attendait pour ses oraisons funèbres. La première qu'il composa fut, en 1672, celle de la duchesse de Montausier, cette Julie d'Angennes, pour laquelle tous les littérateurs alors en vogue avaient composé *la Guirlande de Julie*. Dans l'oraison funèbre de la duchesse d'Aiguillon, qu'il prononça en 1675, la matière était sèche et stérile ; néanmoins, comme dans la précédente, il sut intéresser par des vérités morales, utiles et touchantes, exprimées avec élégance et noblesse. Le succès de ces éloges lui ouvrit les portes de l'Académie, en 1675, à la place du savant Godeau, évêque de Vence. Reçu le même jour que l'auteur d'*Andromaque*, il parla le premier, et obtint de grands applaudissements, tandis que le discours de Racine fut à peine entendu et jugé défavorablement ; Fléchier n'avait dû son succès qu'à son débit brillant. Un sujet plus grand lui était réservé et devait mettre le comble à sa gloire : c'était l'oraison funèbre de Turenne, qui fut prononcée à Paris dans l'église Saint-Eustache, le 10 janvier 1676. Là, il s'éleva pour la première fois à toute la hauteur de la parole évangélique, et pour la première fois il put être mis en parallèle avec Bossuet. En 1679 il prononça le panégyrique du président Lamoignon. Les vertus du magistrat chrétien y sont décrites avec noblesse et gravité. L'oraison funèbre de Montausier a été mise à côté de celle de Turenne.

Fléchier s'est trouvé deux fois en concurrence avec Bossuet, dans les oraisons funèbres de Marie-Thérèse et du chancelier Le Tellier, et quoique celles de Bossuet soient ses moins belles, on y trouve encore assez de traits qui décèlent l'aigle de Meaux, pour que Fléchier ne l'atteigne pas. Ainsi que Bossuet, Fléchier fait souvent l'éloge de Louis XIV comme destructeur de l'hérésie ; mais Fléchier pousse les choses plus loin : il va jusqu'à appeler l'invasion de la Hollande *une guerre sainte, où Dieu triomphait avec le prince*. Il eut avec Bossuet et Massillon cette conformité, que leurs *panégyriques des saints* sont au nombre de leurs plus faibles compositions. « Les mieux faits, observe La Harpe, sont encore ceux de Fléchier, le premier des rhéteurs de son siècle. » Autre conformité entre Fléchier et Bossuet, c'est que leurs sermons sont très-inférieurs à leurs oraisons funèbres. On a surtout vanté dans Fléchier l'étude particulière qu'il avait faite de la construction des phrases et de l'arrangement des mots : notre langue lui a, dans cette partie, des obligations réelles : il s'est appliqué aux formes du langage une netteté, une régularité, une douceur, une élégance inconnues jusqu'à lui. On peut le citer comme un rhéteur sans égal ; mais il n'a pas su éviter l'abus de son art.

Fléchier s'est aussi exercé dans le genre historique. Son *Histoire de Théodose* (Paris, 1679), composée pour l'éducation du dauphin, se fait lire avec intérêt, quoiqu'elle soit écrite d'un ton trop éloigné de la vérité historique et qu'on l'accuse avec raison d'avoir beaucoup trop loué son héros. Cependant, observe D'Alembert, si le motif le plus louable peut excuser un historien peu fidèle, on doit pardonner à Fléchier d'avoir pallié les défauts d'un empereur qu'il voulait donner pour modèle au dauphin. Dans l'*Histoire du cardinal Ximénès* (Paris, 1693), il donne sur le même écueil sans pouvoir alléguer la même excuse. Il n'a point son héros que du bon côté : c'est le portrait d'un saint ; le ministre et le politique n'ont aucune part au tableau. Fléchier a composé, en outre, en latin, *la Vie du cardinal Commendon*, sous le pseudonyme Roger Akakia (Paris, 1669). Il en publia en 1671 une élégante traduction française, qui a eu plusieurs éditions.

Dès l'année 1670, les talents de Fléchier obtinrent leur récompense. Louis XIV lui avait donné d'abord l'abbaye de Saint-Séverin (diocèse de Poitiers), puis la charge d'aumônier de la dauphine ; enfin, en 1685, il le nomma à l'évêché de Lavaur : « Je vous ai fait un peu attendre une place que vous méritiez depuis longtemps, lui dit ce monarque ; mais je ne voulais pas me priver sitôt du plaisir de vous entendre. » De l'évêché de Lavaur, Fléchier fut transféré à celui de Nîmes, en 1687. Ce ne fut pas sans avoir résisté longtemps à cette translation. Il supplia le roi, par une lettre pressante, de le laisser à Lavaur, « pour y achever, disait-il, l'ouvrage qu'il y avait commencé, en entretenant et en augmentant les bonnes dispositions où il y voyait les nouveaux convertis de son diocèse. » Louis XIV ne vainquit sa répugnance qu'en lui représentant qu'il aurait beaucoup plus de bien à faire dans sa nouvelle église, où on lui offrait non de plus grandes richesses, mais un plus grand travail. L'édit de Nantes venait d'être révoqué ; la persécution violente que les réformés essuyaient échauffait toutes les têtes ; il était nécessaire de donner pour pasteur à ces âmes aigries un prélat dont les lumières, l'éloquence et la douceur fussent également propres à détruire leurs préjugés et à calmer leurs murmures. Personne n'en était plus capable que Fléchier ; et il fit plus de prosélytes par sa modération que l'intendant de la province, Basville, par sa rigueur. La sensibilité, l'indulgence, la charité, qui l'animaient, respiraient aussi dans les *Mandements*, les *Lettres pastorales*, les *Discours synodaux* qu'il adressait aux réformés. Là ne se retrouve plus cette élégance compassée qu'on a reprochée à juste titre à ses autres productions : c'est un père qui parle avec tendresse à ses enfants égarés. Sa conduite à la légard était méritoire ; car il vivait dans un siècle où la tolérance était condamnée comme de la tiédeur et presque comme une hérésie ; et ici l'on doit d'autant plus honorer la belle âme de Fléchier que ses opinions étaient conformes à celles de son siècle. Il était convaincu, comme presque tous les catholiques d'alors, que l'instruction n'était pas toujours le seul moyen de vaincre l'hérésie, et qu'on pouvait employer des motifs de crainte pour ramener les protestants au sein de l'Église.

Aussi, les protestants du Languedoc ont-ils toujours eu en bénédiction la mémoire d'un évêque qui se montrait si pénétré du véritable esprit de l'Évangile. Voltaire, D'Alembert et tous les philosophes du dix-huitième siècle sont à cet égard d'accord avec les calvinistes. Si l'on en croit d'Alembert, imitant Jésus pardonnant à la femme adultère, il tendit une main paternelle à une religieuse qui avait commis une faute, et réprimanda l'abbesse qui l'avait punie avec plus de barbarie que de justice. Sa charité était inépuisable. Dans la disette de 1709, il distribua des sommes immenses, auxquelles catholiques et protestants eurent une part égale. Il refusa d'employer à la construction d'une église les fonds destinés à des aumônes. « Quels cantiques, disait-il, valent les bénédictions du pauvre ? » Quand on lui représentait l'excès de ses charités : « Sommes-nous évêque pour rien ? répondait-il. » Trop intérieurement religieux pour admettre d'absurdes superstitions, il publia une éloquente lettre pastorale au sujet d'une croix de Saint-Gervais qu'on prétendait être miraculeuse. Prévoyant sa mort prochaine, et ne voulant pas avoir un tombeau fastueux, il donna des ordres à un sculpteur pour un modeste mausolée. Sa mort arriva peu de temps après ; il cessa de vivre à Montpellier, le 16 février 1710, âgé de soixante-dix-huit ans. Les devoirs de l'épiscopat n'avaient pas éteint en lui l'amour des lettres : il devint le protecteur de l'Académie de Nîmes ; et pour lui donner du relief, il obtint de l'Académie française qu'elle voulût bien s'associer cette modeste sœur de la province. — Charles Du Rozoir.

FLEETWOOD (Charles), colonel de cavalerie et membre du long parlement de 1640, ne vota pas, il est vrai, la mort de Charles Ier, mais contribua beaucoup à la victoire remportée, le 3 septembre 1651, à Worcester, sur Charles II par les indépendants. Il épousa une fille de Cromwell, veuve en premières noces du général Ireton, qui lui apporta en dot le gouvernement de l'Irlande ; mais les liens étroits qui le rattachaient au protecteur ne l'empêchèrent pas de s'opposer, de concert avec Disbrowe et Lambert, à ce que Cromwell, vivement sollicité à cet égard, prît le titre de roi. A la mort de son beau-père, il se déclara d'abord en faveur de son beau-frère Richard Cromwell, proclamé protecteur; mais quand il eut reconnu son incapacité pour un tel rôle, il contribua activement à le faire déposer. Malgré cela, Charles II lui garda rancune de la part qu'il avait eue à la journée de Worcester, et l'excepta formellement de l'amnistie par laquelle il inaugura sa restauration. Fleetwood mourut à peu de temps de là, dans l'obscurité.

FLEGMASIE. *Voyez* PHLEGMASIE.

FLEGME (*Médecine*). *Voyez* PHLEGME.

FLEGME (*Morale*). C'est ce calme parfait, inébranlable, que l'on conserve dans une foule de circonstances qui, en général, troublent et émeuvent les autres hommes. Sous ce rapport, le flegmatique a un grand avantage sur eux, parce que, maître de lui, il voit les choses telles qu'elles sont, tandis que les autres en sont dominés. On comprend, néanmoins, que lorsque le flegme se rencontre seul, il devient une qualité négative; car ce n'est rien d'avoir un coup d'œil juste, si l'*action* ne le fertilise pas. Le flegme est un don tout personnel, c'est-à-dire que s'il contribue beaucoup au bonheur de ceux qui en jouissent, en retour il jette dans la société une froideur mortelle. Les femmes, dans les rapports ordinaires de la vie, manquent de flegme; et c'est ce qui les rend si propres à réussir dans la société. Dans les moments de crise, elles parviennent cependant à se douer d'un flegme qui est alors infini, comme les devoirs qu'elles ont à remplir.

Le seul peuple en Europe qui soit célèbre par son flegme, c'est le peuple hollandais : toujours plein de sang-froid au milieu des revers et des périls, il a conquis sa liberté par soixante-douze ans de courage et de patience; mais depuis, sauf quelques victoires brillantes sur mer, ses annales ont été sans éclat; on n'y trouve qu'un bonheur terne, qui reflète le caractère national : là le flegme est partout.

SAINT-PROSPER.

FLEGMON. *Voyez* PHLEGMON.

FLEMMING (PAUL), l'un des poëtes les plus distingués de l'école littéraire dont Opitz fut le chef, et qui, au dix-septième siècle, tenta de relever la poésie allemande de l'état de décadence où elle était tombée, naquit le 5 octobre 1609, à Hartenstein, dans le pays de Schœneburg. Il entra d'abord à l'*École des Princes* de Meissen, puis à l'université de Leipzig. Ses poésies latines attestent qu'il avait fait des études classiques approfondies. Il s'était voué à la médecine; mais le bouleversement occasionné par la guerre de trente ans vint le saisir au milieu de ses premières études scientifiques, et l'obligea à se chercher d'autres moyens d'existence. Il se retira dans le Holstein. En 1635 le duc de Holstein envoyait une ambassade à son beau-frère le tsar de Russie : Flemming obtint d'en faire partie. Peu de temps après, le duc envoya à Ispahan une ambassade plus brillante encore, et le poëte s'y joignit. Les envoyés partirent le 27 octobre 1635, arrivèrent à Ispahan le 3 août 1637, y passèrent trois mois, et revinrent à Moscou au mois de janvier 1639. Flemming avait avec lui un de ses amis, Adam Olearius, qui a enrichi la littérature allemande de plusieurs excellents ouvrages, et qui le premier a traduit *Le Jardin des Roses*, de Saadi, et les fables de Lockman. Pendant que le poëte chantait le long de sa route ses diverses émotions, Olearius se faisait l'historiographe de la caravane. Il a laissé une relation très-détaillée et très-intéressante de ce long et curieux voyage. A son retour, Flemming, qui s'était fiancé à Réval, résolut de se consacrer de nouveau à la médecine. En 1640 il partit pour aller prendre ses grades à Leyde; mais arrivé à Hambourg, il mourut presque subitement.

Flemming s'était choisi Opitz pour modèle. Il a cherché à l'imiter dans son style, dans la construction de ses vers. Mais il avait, pour être poëte, plus que du goût et de la patience, il avait une imagination vive, une sensibilité vraie et profonde, un esprit religieux et élevé. La plupart de ses poésies se composent de pièces de circonstance, et ne présentent pas un grand intérêt. Un de ses recueils, intitulé *Forêts poétiques*, renferme de très-belles descriptions, des tableaux de mœurs et de pays, parfaitement bien sentis; mais sa véritable vocation était la poésie lyrique : c'est dans ce genre qu'il s'est essayé avec le plus de succès. C'est par là qu'il a mérité d'être compté au nombre des bons poëtes allemands. Il a laissé des chants pleins de grâce et de sentiment, des sonnets qui ont été pendant longtemps tout ce que l'Allemagne avait de mieux, et des cantiques qui sont restés dans la liturgie allemande. X. MARMIER.

FLEMMING (JACQUES-HENRI, comte DE), ministre d'État et feld-maréchal au service de l'électeur de Saxe, né le 3 mars 1667, descendant d'une famille flamande établie en Poméranie, qui a donné plusieurs hommes d'État et capitaines célèbres à la Suède, à la Pologne et à la Saxe, et dont les importantes possessions en Poméranie formaient tout un district appelé *cercle de Flemming*. Après avoir terminé ses études, il entra, en 1688, visiter l'Angleterre pour son instruction, et entra ensuite au service de l'électeur de Brandebourg, puis à celui de l'électeur George de Saxe, en qualité d'adjudant général. Nommé feld-maréchal par l'électeur Frédéric-Auguste et envoyé en ambassade à Versovie en 1697, quand ce prince se mit sur les rangs pour l'élection au trône de Pologne, il réussit à lui assurer la couronne, grâce à l'habileté avec laquelle il sut à propos distribuer les largesses de son maître parmi les nobles polonais. Il se distingua ensuite d'une manière toute particulière dans la guerre contre la Suède, et s'empara en 1699 du fort de Dunamünde, près de Riga, qu'il appela *Augustusburg*. Quand plus tard les troupes de Saxe furent obligées de battre en retraite, et que Charles XII, victorieux, exigea de l'électeur de Saxe qu'il lui livrât Flemming, celui-ci se réfugia en Brandebourg, où il dut rester quelque temps avant d'oser reparaître à Dresde. Lorsque la fortune devint infidèle à Charles XII, Flemming tenta vainement d'assurer à son maître la possession de la Livonie et de décider le roi de Prusse à déclarer la guerre au roi de Suède; et il ne fut pas plus heureux dans les tentatives qu'il fit pour étendre l'autorité royale en Pologne. Il mourut à Vienne, le 30 avril 1728. Une ambition sans bornes il joignait une bravoure à toute épreuve, une activité infatigable et une rare promptitude de conception.

FLENSBOURG, la ville la plus peuplée et la place de commerce la plus importante du duché de Schleswig, à l'extrémité d'un golfe de la Baltique pénétrant fort avant dans l'intérieur des terres, à 3 myriamètres au nord de Schleswig, et chef-lieu d'un bailliage de 12 1/2 myriamètres carrés, dont dépend la partie septentrionale du pays d'*Angeln*, est bâtie au pied de quelques hauteurs qui la protégent son port contre tous les vents. On y trouve quatre églises, trois marchés, un collége, une école de navigation, des chantiers de construction, des fabriques de sucre, d'huile, de tabac, de cuirs, de vinaigre, de savons et de chandelles, et d'importantes distilleries. Sa population, forte d'environ 16,000 âmes, fait un commerce considérable en céréales et graines. La fondation de Flensbourg remonte au douzième siècle; et elle tire son nom d'un certain chevalier *Flenes*, regardé comme son fondateur. Dès le treizième siècle elle était devenue une place très-importante.

FLÉOLE, genre de graminées très-voisin du genre *crypsis*, donnant des plantes surtout propres à être broutées par les bestiaux. Ses caractères sont une panicule resserrée en un épi ovale ou cylindrique dont les glumes sont tronquées et terminées par deux petites pointes, avec une glume courte dans le milieu; des épillets uniflores, trois étamines, deux styles. On trouve partout dans les prés la *fléole des prés* (*phleum pratense*, Linné), le *timothy-grass* des Anglais, dont on forme de bonnes prairies artificielles, qui, à raison des racines vivaces de cette plante, peuvent durer une douzaine d'années. Les chevaux sont très-friands de ce fourrage. Cette plante se montre de bonne heure, et peut être coupée trois fois dans l'été ; mais comme elle donne peu de fane, elle n'est multipliée avec profit que dans les prés un peu marécageux. La *fléole noueuse* (*phleum nodosum*, Linné) se distingue de la fléole des prés par ses racines, plus noueuses et comme bulbeuses, par ses tiges, en partie couchées et enracinées à leur nœud. Sa multiplication est prodigieuse dans les prés marécageux, au bord des fondrières et des fossés humides. Cette espèce est agréable aux troupeaux, et les cochons recherchent avec avidité ses racines. La *fléole des Alpes* (*phleum alpinum*, Linné) est destinée pour les hautes montagnes des Alpes, ainsi que pour les terrains sablonneux et maritimes. Les *phleum* de Linné, dont les glumes sont lancéolées et non tronquées à leur sommet, se trouvent rangés aujourd'hui dans le genre *crypsis* établi par Aiton.

FLERS (CAMILLE) doit figurer au premier rang parmi les paysagistes qui, rompant vers 1830 avec les traditions de la Restauration, abandonnèrent le style académique pour peindre naïvement la nature dans toute sa réalité. Né à Paris, le 15 février 1802, et élève d'un maître ignoré, il a su se faire une manière à lui ; et il occupe dans la nouvelle école un rang éminent. Moins bien placé dans l'estime des connaisseurs que Jules Dupré, Rousseau et Decamps, qui ont fait une révolution dans le paysage, M. Flers a cependant conquis un nom honorable par certaines qualités de couleur, de vérité et de poésie. Ses tableaux, déjà nombreux, sont dispersés chez les amateurs. Il envoya au salon de 1841 *Le Village de Pisserache*, début qui eut quelque retentissement. Depuis lors on a remarqué parmi les paysages qu'il a successivement exposés : *Le Moulin sur la Marne* (1833) ; *Vue de la Meilleraye* ; *Vue prise en Picardie* (1834) ; *Route en Normandie* ; *Environs de Dunkerque* ; *Animaux dans un pâturage* (1835) ; *Château d'Arques* (1836) ; *Environs de Compiègne* (1837) ; *Le Moulin de Loucque* ; *L'Île de Samois* (1838) ; *Le Marché de Toucques* (1841) ; *Les Bords de la Marne* (1843), et beaucoup d'autres encore. M. Flers, qui reçut en 1849 la décoration de la Légion d'Honneur, ne s'est pas borné à la peinture à l'huile, il a fait aussi des paysages au pastel, et dans ce genre il a obtenu d'assez beaux résultats. Le pastel, qui est d'ordinaire pâle et mou, a acquis sous sa main une vigueur inusitée. Enfin, abandonnant un jour pour la plume ses pinceaux et ses crayons, M. Flers a écrit dans *l'Artiste* (août 1846) un article plein d'intérêt, où il fait connaître les moyens qu'il a employés pour appliquer le pastel au paysage. M. Flers, nous l'avons dit, rend la nature telle qu'il la voit ; sa couleur, où l'on blâmerait peut-être l'abus des tons jaunes, est tout à fait harmonieuse et pleine de charme ; mais sa peinture a en général peu d'effet et sa manière est trop monotone. Lors des débuts de M. Flers, on n'a pas craint de le comparer aux Flamands, assimilation inexacte, puisqu'il manque surtout de finesse dans la touche, qualité distinctive des paysagistes de Flandre. Mais il sera beaucoup pardonné à M. Flers : n'est-il pas le maître du Cabat? P. MANTZ.

FLESSELLES (JACQUES DE), le dernier prévôt des marchands. Né en 1721, d'une famille de robe très-ancienne, nommé, très-jeune encore, maître des requêtes, il s'était attiré la triste faveur de la cour par son dévoûment au duc d'Aiguillon et ses persécutions contre La Chalotais. L'intendance de Lyon fut le prix que les pourvoyeurs des plaisirs de Louis XV jetèrent au complaisant magistrat. Ses mœurs douces et faciles, sa bienfaisance, le zèle qu'il déploya pour les intérêts de la seconde capitale de la France, firent oublier la tache de cette royale faveur. Des établissements importants furent créés par lui : il fonda même à ses frais, en 1777, un prix de 300 livres pour le perfectionnement de la teinture des soies en noir ; et, enfin, à la hauteur de son rôle, lorsqu'il fut nommé conseiller d'État et prévôt des marchands de la ville de Paris. Tout à coup la révolution éclata ; il fallait une main de fer pour tenir les rênes de la grande cité, et une de ces têtes qui découvrent à l'instant la voie à parcourir, et ne reculent plus. Flesselles n'était qu'un homme de plaisir, un caractère léger, incertain sans consistance. Un instant il crut que l'ancien conseil des échevins pouvait subsister à côté de la formidable assemblée des électeurs de l'hôtel de ville, ce pouvoir suprême qui allait bientôt devenir la Commune de Paris. Le 12 juillet il sentit qu'il fallait s'absorber dans la puissance révolutionnaire. Un comité central se forma, composé d'électeurs et d'échevins, et la présidence en fut déférée au prévôt des marchands, faible esprit, qui crut pouvoir de l'hôtel de ville continuer ses relations avec le farouche baron de Besenval. Le district des Mathurins, dès le 13 juillet, s'était déclaré *trompé d'une manière atroce*, dans la question d'armement, par Flesselles. Le prévôt des marchands jouait encore avec le peuple en furie, et le lendemain, c'était le 14 juillet, la Bastille était prise. De Launay était pendu à la lanterne de la rue de la Vannerie. Dans la poche du gouverneur de la Bastille avait été trouvé un billet, signé Flesselles, ainsi conçu : « J'amuse les Parisiens avec des cocardes et des promesses ; tenez bon jusqu'au soir, et vous aurez du renfort! » Cette lettre fut portée et lue au comité des électeurs. A cette lecture, le prévôt des marchands, interdit, ose à peine balbutier quelques mots. « Sortez, monsieur, s'écrie Garan de Coulon, l'un des membres du comité des recherches, homme austère et impassible ; sortez ! vous êtes un traître, vous avez abandonné la patrie, la patrie vous abandonne. »

La voix altérée du malheureux Flesselles se faisait à peine entendre ; la fureur était sur tous les visages. Soudain un cri s'élève de la foule : « Au Palais-Royal, là il se justifiera. — Eh bien, dit-il, au Palais-Royal ! » Et il s'avance éperdu, pressé de tous côtés par la foule menaçante. Sur la Grève, une multitude déguenillée, ivre du sang des invalides, attend dans un morne silence la suite de l'événement. Tout à coup un jeune homme, le pistolet au poing, fend les flots de la populace, arrive jusqu'au bas de l'escalier de l'hôtel de ville, et d'un coup tiré à bout portant étend le vieillard à ses pieds, en lui criant : « Traître, tu n'iras pas plus loin ! » La foule se précipite sur le cadavre ; sa tête blanchie, toute sanglante, est séparée du corps, placée au bout d'une pique, portée au Palais-Royal, et promenée dans les rues de Paris pendant que le corps est traîné dans la fange. Auguste PAILLARD.

FLESSINGUE (*Vlissingen*), ville très-forte, sur la côte méridionale de l'île de Walcheren, comprise dans la Zélande (royaume des Pays-Bas), à l'embouchure du bras de l'Escaut appelé le *Hondt*, est reliée avec Middelbourg par un canal de 4 kilomètres de développement. En y comprenant son faubourg, *Altvliessingen*, sa population est évaluée à 8,500 habitants. C'est un port militaire important, où stationne une partie de la flotte des Pays-Bas ; aussi y trouve-t-on tout ce qui est nécessaire à la construction des vaisseaux, à leur armement et à leur mise en réparation : des chantiers, des docks, des arsenaux, des magasins. La mer forme dans la ville deux canaux, où les vaisseaux peuvent arriver sans embarras avec toute leur cargaison.

Avant le quinzième siècle, ce n'était qu'une bourgade habitée par des pêcheurs, et d'où l'on s'embarquait pour la Flandre, la France et l'Angleterre. Le port en fut amélioré, en 1315, par le comte Guillaume III. C'est Adolphe de Bourgogne, bâtard de Philippe le Bon, lequel en était seigneur, qui fit entourer la ville de murailles. Depuis ce temps, elle n'a cessé de prendre de l'accroissement. L'hôtel communal a été construit, en 1594, sur le plan de celui d'Anvers. Flessingue, qui des premières avait reconnu Guillaume Ier, prince d'Orange, nuisit beaucoup à Anvers pendant les troubles du seizième siècle.

Les étymologistes *quand même* veulent que le nom de cette ville lui vienne de son *fondateur*, Ulysse (*Ulyssingue*) ! Au fait, pourquoi pas ? Cette étymologie-là ne vaut-elle pas bien celle qui le fait dériver de la légende de saint Willebrod, patron de l'église principale ; légende dans laquelle la

bouteille (*Flasse, flesch*) de ce saint joue un rôle important?
De Reiffenberg.

FLETCHER (John). *Voyez* Beaumont.

FLÉTRISSURE. Le sens primitif de ce mot, c'est l'altération que subissent la fraîcheur et l'éclat d'une fleur ou d'une couleur, la beauté et la délicatesse du teint ou de la peau. Au sens figuré, la *flétrissure* est cette tache indélébile faite à la réputation d'un homme, à la souillure, que rien ne peut enlever. Ce mot de *flétrissure*, imprudemment jeté en pâture aux passions politiques, joua un grand rôle dans l'affaire de Belgrave-square. Enfin *flétrissure* se prend aussi quelquefois pour toute condamnation qui emporte infamie de fait ou de droit; plus particulièrement encore on employait ce mot pour désigner la marque imprimée par le bourreau sur l'épiderme d'un criminel. Cette idée de flétrissure remonte aux temps les plus reculés. Les Romains l'appelaient *inscriptio*; ils marquaient au front, afin que l'ignominie devînt plus grande; et cette pratique fut en vigueur jusqu'à Constantin. Cet empereur défendit aux juges de faire imprimer sur le visage aucune lettre qui marquât le crime commis par un condamné, afin, disait-il, que la face de l'homme, qui est l'image de la beauté céleste, ne fût point déshonorée par cette flétrissure.

FLETTE. *Voyez* Bachot.

FLEUR. « La fleur, dit Chateaubriand, donne le miel; elle est la fille du matin, le charme du printemps, la source des parfums, la grâce des vierges, l'amour des poètes; elle passe vite, comme l'homme, mais elle rend doucement ses feuilles à la terre. Chez les anciens elle couronnait la coupe du banquet et les cheveux blancs du sage. Les premiers chrétiens en couvraient les martyrs et l'autel des catacombes; aujourd'hui, et en mémoire de ces antiques jours, nous la mettons dans nos temples. Dans le monde, nous attribuons nos affections à ses couleurs, l'espérance à sa verdure, l'innocence à sa blancheur, la pudeur à sa teinte de rose. » Les fleurs semblent chargées par la nature de répandre sur la vie de l'homme comme une rosée d'innocents plaisirs, de suavité, de douceur; et de là cette figure, si généralement admise, qui donne le nom de *fleur* à tout ce qui excelle en agrément, en fraîcheur : *fleur* de l'âge, *fleur* du style, *fleur* de nouveauté, etc.

On a mille fois comparé les femmes aux fleurs; on peut être cependant femme instruite, spirituelle, jolie, sans savoir précisément ce qu'on appelle *fleur* dans les plantes. Ceci n'est point un paradoxe, c'est une vérité positive. Parlez de fleurs dans un salon, il n'est presque personne qui n'entende par ce mot la seule partie dont la forme et la couleur flattent la vue. L'étamine, le pistil et le calice sont comptés pour rien. D'un autre côté, le savant nommera fleur l'étamine et le pistil dénués tout à la fois de corolle et de calice. Enfin, le vulgaire, en voyant ces organes mâles et femelles vêtus d'écailles dans les graminées, reconnaîtra des fleurs dans le blé, suivant sa manière particulière de voir. Prendre pour la fleur la partie colorée de la fleur, qui est la corolle, c'est risquer de se tromper : il y a en effet des bractées et d'autres organes autant et plus colorés que la fleur même, et qui n'en font point partie, comme on en voit dans le blé de vache, dans plusieurs amarantes et chénopodes. Il y a des multitudes de fleurs qui n'ont point de corolle, d'autres qui en possèdent sans couleur, et si petites et si peu apparentes, qu'il n'y a qu'une recherche minutieuse qui puisse les y découvrir. Lorsque les blés sont en fleur, y voit-on des pétales colorés? en voit-on dans les mousses, dans les graminées? en voit-on dans les chatons du noyer, du hêtre et du chêne, dans l'aune, dans le noisetier, dans le pin et dans ces multitudes d'arbres et d'herbes qui n'ont que des fleurs à étamines? Elles n'en portent pas moins cependant le nom de *fleurs* : l'essence de la fleur n'est donc pas dans la corolle. Elle n'est pas non plus séparément dans aucune des autres parties constituantes de la fleur, puisqu'il n'y a aucune de ces parties qui ne manque à quelques espèces; le calice manque, par exemple, à presque toute la famille de liliacées; et l'on ne dira pas qu'une tulipe ou un lis ne soit pas une fleur. S'il y a quelques parties plus essentielles que d'autres à une fleur, ce sont certainement le pistil et les étamines : mais dans toute la famille des cucurbitacées et même dans toute la classe des monoïques la moitié des fleurs sont sans pistil, l'autre moitié sans étamines; et cette privation n'empêche pas qu'on ne les nomme *fleurs* les unes et les autres. L'essence de la fleur ne consiste donc ni séparément dans quelques-unes de ces parties dites constituantes, ni même dans l'assemblage de toutes ces parties. En quoi donc consiste proprement cette essence? A cette question Rousseau répond : « La fleur est une partie locale et passagère de la plante qui précède la fécondation du germe, et dans laquelle ou par laquelle elle s'opère. »

Une fleur est dite *complète* quand elle est munie des organes sexuels mâles et femelles et d'un double périgone (calice et corolle); elle est *incomplète* quand il manque l'une ou l'autre de ces parties. Une fleur est *nue* quand ses organes sexuels n'ont aucune enveloppe, comme cela se voit dans le frêne. Une fleur est *hermaphrodite* quand elle présente les deux sexes à la fois, et *unisexuelle* quand elle n'offre que l'un des deux; si elle ne renferme que des étamines, elle est *mâle*; dans le cas contraire, elle est *femelle*; enfin, elle est *neutre* ou *stérile* lorque ces organes sexuels ne s'y sont pas développés.

On a improprement rapporté aux fleurs ce qui devait l'être à la plante entière, et l'on a appelé *monoïques* celles qui ont les sexes séparés sur le même pied, *dioïques* celles dont les sexes sont séparés sur des pieds différents, *polygames* celles où l'on trouve à la fois sur le même pied des fleurs unisexuelles et des fleurs hermaphrodites.

Les fleurs offrent des variétés infinies de forme, de grandeur, de coloration et d'odeur. Quant à la forme, qui a une grande influence sur la classification (*voyez* Botanique), elles sont *tubuleuses, campanulées, infundibuliformes, labiées, papilionacées, cunéiformes*, etc. Quant aux dimensions, on en rencontre de toutes les grandeurs, depuis celles du *myosotis arvensis*, d'une petitesse microscopique, jusqu'à celles d'une espèce d'aristoloche qui croît sur les bords du Rio-Magdalena, et dont les calices sont assez grands pour servir de coiffure. Les variétés de coloration sont encore plus étonnantes. On remarque que certaines familles tout entières excluent certaines couleurs. En général, les fleurs blanches prédominent dans les régions froides; les blanches et les jaunes sont également répandues dans les régions tempérées; les rouges et surtout les bleues deviennent de plus en plus communes à mesure qu'on approche de l'équateur; les vertes et les noires sont rares, surtout ces dernières. Au point de vue de l'odeur, la rose, le jasmin, la tubéreuse, la jonquille, le lis, la violette, etc., répandent de délicieux parfums, tandis que les émanations de la ciguë sont vireuses; celles de l'*arum* rappellent l'odeur de la chair putréfiée; l'*hyperium hircinum* a la puanteur du bouc; etc. La plupart des fleurs cessent d'être odorantes quand l'acte de la fécondation est complètement accompli; c'est pourquoi les *fleurs doubles*, dépourvues des organes de la génération qu'une nutrition surabondante a transformés en pétales, conservent plus longtemps leurs parfums que les *fleurs simples*, ou telles que la nature les produit.

Les plus belles fleurs, à l'exception des œillets, viennent originairement du Levant. Le goût des fleurs, dit Beckmann, a passé de la Perse à Constantinople, d'où il nous est venu en Europe dans le dixième siècle; mais l'art les a variées et embellies. Il ne faut plus aller à Constantinople pour voir ce qu'il y a de plus estimé en renoncules, en anémones, en tubéreuses, en narcisses, en hyacinthes. Les jardins de nos curieux offrent de quoi contenter les goûts les plus difficiles. C'est aux jardiniers hollandais que nous devons l'art de rendre les fleurs doubles, de varier et de panacher de différentes couleurs les œillets, les tulipes, etc.; de faire changer à d'autres fleurs leur couleur naturelle et

31.

de produire dans ce genre de véritables phénomènes. Depuis longtemps la chimie est en possession de tirer des fleurs diverses eaux odorantes, dont la toilette, la cuisine font un usage journalier. Les fleurs fournissent également à la médecine des moyens thérapeutiques.

FLEUR (*Chimie*). Les anciens chimistes donnaient ce nom aux substances réduites en poudre naturelles, ou artificielles, et surtout aux sublimés, qui se composent de parties fort déliées, comme la *fleur de soufre*, etc.

FLEUR (*Mégisserie, Tannerie*). *Voyez* CUIR.

FLEURANGES (Maréchal de). *Voyez* BOUILLON (Maison de).

FLEUR DE COUCOU, nom vulgaire de la *primula veris* (*voyez* PRIMEVÈRE).

FLEUR DE LA PASSION. *Voyez* GRENADILLE.

FLEUR DE VEUVE. *Voyez* SCABIEUSE.

FLEURET. En termes d'escrime, c'est une sorte d'épée à lame carrée, ou plutôt une baguette rectangulaire, sans pointe ni tranchant, terminée par un bouton garni en peau, et dont on se sert pour apprendre à faire des armes; sa longueur est d'environ un mètre; son étoffe, d'acier forgé, trempé et blanchi comme celle des épées. On dit qu'un tireur s'est fait *boutonner* par son adversaire, pour exprimer qu'il a été presque constamment atteint dans l'assaut par le bouton du fleuret de celui-ci. On dit aussi manier le fleuret, présenter, faire sentir, faire sauter le fleuret. Les meilleurs *fleurets* sortaient autrefois des fabriques d'Allemagne, entre autres de celles de Solingen; cette branche d'industrie est maintenant exploitée avec succès à Saint-Étienne (Loire). MERLIN.

Fleuret se dit d'une certaine espèce de fil faite de la matière la plus grossière de la soie (*voyez* FILOSELLE), et d'une sorte de ruban fabriqué avec le même fil. Dans le commerce, au contraire, on appelle *fleuret* de coton, de laine, de fil, le coton, la laine, le fil de choix. C'est encore une espèce de toile, nommée aussi *blancard*, et un instrument dont le mineur se sert pour percer des trous dans le roc. Enfin, les chorégraphes désignent sous ce nom un certain pas de danse.

FLEURETTE. Notre histoire, qui fut longtemps celle des rois plutôt que celle des peuples, n'a pas manqué de consacrer de nombreuses pages à leurs amours de haut rang, à leurs maîtresses titrées : ainsi le nom de Gabrielle d'Estrées s'y trouve lié à celui de Henri-IV, tandis qu'elle n'a pas daigné donner un souvenir à la pauvre Fleurette. Et pourtant, celle-là aima la première le *Béarnais*; elle l'aima pour lui-même, et lui sacrifia non-seulement son honneur, mais sa vie. Mais Fleurette n'était que la fille d'un jardinier de Nérac, et la tradition seule nous a conservé le peu que l'on sait de ses amours et de sa fin tragique. Éprise du jeune Henri, dans lequel la naïve enfant voyait moins un roi futur que le compagnon de ses promenades et de ses jeux, Fleurette céda à la fois aux instances du prince et aux désirs secrets de son cœur. Une fontaine, dans un bois voisin, était le lieu de rendez-vous; mais un jour, Henri ne s'y trouva pas, et il en fut de même les jours suivants, car déjà l'inconstance s'était glissée dans l'âme du *vert galant*. Fleurette n'était pas une dame de la cour, une maîtresse de bonne maison; elle prit la chose au sérieux, et cette fontaine, témoin de son bonheur, devint le tombeau de l'infortunée. Henri en éprouva une vive douleur, et plus d'une fois sans doute, au milieu de témoignages de tendresse intéressée ou ambitieuse, car déjà l'hypocrisie, le regretta la sincérité de ses premières amours.

FLEURETTES (Conter). Ce premier article du code de la galanterie n'a pas besoin de commentaire; son étymologie n'est pas aussi bien déterminée que sa signification. Ceux qui n'ont voulu la faire remonter qu'à la pauvre Fleurette n'ont pas réfléchi qu'on retrouve cette expression bien auparavant. La supposition la plus naturelle est que *fleurette* dérivant de *fleurs*, on a donné ce nom métaphorique aux propos galants, aux compliments flatteurs, accessoire obligé de l'offrande d'un bouquet à une femme. Mais cette explication était trop simple pour nos doctes. Ils ont donc cherché, compulsé et découvert qu'une ancienne monnaie française était gravée de petites fleurs, qui firent donner à ces pièces d'argent le nom de *fleurettes* (le nom de *florin* aurait eu à les en croire la même origine). Ainsi, suivant ces antiquaires, les fleurettes de métal étant regardées comme un puissant moyen de séduction, on commença par dire *compter* fleurettes; mais le dictionnaire des amants aurait modifié depuis ce verbe trop expressif. Cette opinion n'est point celle de l'*Encyclopédie*, qui, dans un article à la Dorat, dit que « les fleurettes sont les *armes légères* de l'amour; » très-légères en effet, dans un siècle aussi positif que le nôtre où deux questions seules sont à l'ordre du jour : *Qu'est-ce que cela prouve? qu'est-ce que cela rapporte?* OURRY.

FLEURI (Style). Il ne faut pas confondre l'élégance du style, cette qualité rare, qui prête un charme de plus aux chefs-d'œuvre des grands écrivains, avec ces ornements légers, d'un coloris brillant, mais éphémère, que l'art sème quelquefois à pleines mains, comme des fleurs, sur un sujet aride ou frivole, qui a besoin d'être relevé par quelque parure. Ces ornements sont ce qu'on appelle *style fleuri*. Mais il est bon que chaque chose soit à sa place. Le style fleuri, généralement destiné à faire valoir des bagatelles, des futilités, des riens, serait ridicule dans un sujet grave. L'homme de goût ne l'emploiera jamais dans un plaidoyer, ni dans un sermon, ni dans aucun livre qui ait pour objet d'instruire. Ce style n'est bien placé que dans les pièces de pur agrément, telles que le madrigal, l'idylle, l'églogue, les descriptions champêtres. Il figure bien aussi dans la plupart des harangues publiques, qui ne sont que des compliments, et dans le plus grand nombre des discours académiques, productions vides de pensées, vrais ballons remplis de vent. L'art dramatique ayant à s'occuper de grandes passions et d'intérêts puissants, ayant à peindre et à développer des caractères, à corriger des ridicules, on sent que le style fleuri doit en être sévèrement banni, à moins que ne soit dans quelques situations où le cœur n'a point de rôle à remplir. Dans la comédie, ce style affaiblirait le comique; dans la tragédie, il glacerait les spectateurs. Il trouve plus aisément sa place dans l'opéra, où d'ordinaire on effleure plutôt les passions qu'on ne les traite. Voltaire cite comme modèle du *style fleuri* ce charmant couplet de l'*Isis* de Quinault :

Ce fut dans ces vallons, ou, par mille détours,
Inachus prend plaisir à prolonger son cours,
Ce fut sur son charmant rivage,
Que sa fille volage
Me promit de m'aimer toujours.
Le zéphyr fut témoin, l'onde fut attentive,
Quand la nymphe jura de ne changer jamais ;
Mais le zéphyr léger et l'onde fugitive
Ont bientôt emporté les serments qu'elle a faits.

Mais l'abus de ce style introduirait dans la prose et dans la poésie un papillotage de couleurs, toutes vives et sans nuances, dont l'éclat serait fatigant. C'est de cet abus que provenait la *stérile abondance* du cardinal de Bernis, qui offrait une si terrible profusion de fleurs, que Voltaire l'avait surnommé *Babet la bouquetière*. CHAMPAGNAC.

FLEURIEU (CHARLES-PIERRE CLARET, comte de), l'un de nos plus savants hydrographes, naquit le 2 juillet 1738, à Lyon, entra dès l'âge de quatorze ans dans la marine, et fit de bonne heure preuve d'une rare habileté et d'un profond savoir. Après la guerre de sept ans, dont il fit quelques campagnes dans l'armée de terre, il se livra de nouveau à l'étude des travaux nautiques. L'horloge marine de son invention, qu'il fit fabriquer dans les ateliers de Ferdinand Berthoud pour l'employer dans le voyage qu'il exécuta en 1768 et 1769 à bord de la frégate l'*Iris*, dépassa toutes les espérances qu'on pouvait concevoir des longs travaux auxquels il s'était livré pour créer un instrument propre à déterminer aussi rigoureusement que possible les longitudes sur mer. La relation de ce voyage si important pour la science avait assigné au comte Fleurieu un rang si élevé parmi les hydrographes français, que le gouvernement crut devoir créer en sa faveur l'importante place de directeur des ports et arsenaux de France; et en cette qualité il rédigea tous les plans et projets relatifs à la guerre maritime de 1778, ainsi que les instructions pour les voyages de découvertes de La Peyrouse et d'Entrecasteaux, dont les idées principales furent indiquées par Louis XVI lui-même.

En 1790 Fleurieu fut nommé ministre de la marine, et quelque temps après chargé de la direction de l'éducation du dauphin; mais la tourmente révolutionnaire le contraignit bientôt à se retirer des affaires publiques. Il vécut dès lors dans une profonde obscurité et tout entier à la culture des sciences, jusqu'en 1797, époque où il fut appelé au Conseil des Anciens, à l'Institut et au Bureau des Longitudes. Par la suite, il fut nommé conseiller d'État, et, sous l'empire, sénateur, grand officier de la Légion d'Honneur et gouverneur du palais des Tuileries. Parmi ses nombreux écrits, on doit une mention spéciale à ceux dont les titres suivent : *Voyage fait par ordre du roi, en 1768 et 1769, pour éprouver les horloges marines* (2 vol. in-4°, Paris, 1773), dont il anéantit, dit-on, l'édition entière, à l'exception d'un seul exemplaire ; *Ordonnance du roi sur la régie et l'administration des ports et arsenaux de la marine* (1776 et souvent réimprimée; dernière édition, 1814); *Découvertes des Français dans le sud-est de la Nouvelle-Guinée* (Paris, 1790, in-4°); *Voyage autour du monde pendant les années 1791 et 1792*, par Étienne Marchant (4 vol. in-4°, Paris, 1798-1800); *Neptune des mers du Nord, ou Atlas du Cattégat et de la Baltique* (1794). Il mourut à Paris, le 18 août 1810.

FLEURON (*Botanique*). On donne ce nom à toute fleur entrant dans la composition d'un capitule, et offrant une corolle tubuleuse et régulière. Si les lobes sont inégaux, de manière à ce que la corolle soit déjetée latéralement en forme de *languette*, la fleur prend le nom de *demi-fleuron*. Cette distinction, facile à faire, est très-importante dans la classification de certaines familles, surtout dans celle des synanthérées.

FLEURON (*Beaux-arts*). En sculpture, un *fleuron* est une petite fleur, souvent idéale, dont on fait usage dans les ornements ou dans l'orfèvrerie. Les fleurons ont du rapport avec les rinceaux, dont ils diffèrent cependant en ce qu'ils sont détachés les uns des autres, et n'ont ni tige ni rameaux pour les unir entre eux. Les couronnes navales, ou autres, ayant souvent été formées d'ornements ou de fleurons emblématiques, on a prétendu que chacun d'eux pouvait représenter un attribut de la puissance ou de la souveraineté du prince.

Les imprimeurs ont continué de placer au frontispice d'un livre, ou bien pour remplir le bas d'une page, des ornements variés de formes et de goûts, qu'ils appellent *fleurons*. Ces ornements, quand ils prennent la forme d'un triangle dont le sommet est en bas, reçoivent la dénomination de *cul-de-lampe*. DUCUESNE aîné.

FLEURON (*Blason*), ornement des couronnes de monarques, de princes et de gentilshommes titrés. Ces fleurons, pour les rois de France, sont composés de fleurs de lis, dont seule forme le chef; d'autres bordant le cercle d'en bas de la couronne. Un cercle de fleurons compose celle des rois d'Espagne. Les feuilles d'ache et de persil des couronnes ducales s'appellent *fleurons refendus*.

Dans son acception au figuré, le mot *fleuron* ne s'applique qu'aux souverains. On dit d'un monarque qui a perdu un ministre instruit et dévoué, ou l'une des meilleures provinces de ses États, ou l'une de ses prérogatives royales, qu'il a perdu le plus beau *fleuron de sa couronne*.

DUFEY (de l'Yonne).

FLEURS (*Antiquité*). Les Grecs et les Romains employaient les fleurs à des usages aussi nombreux que variés. Lors des entrées triomphales que leurs généraux vainqueurs de l'ennemi étaient admis à faire dans la ville éternelle, les Romains jonchaient de fleurs les rues par lesquelles devait passer le cortége de l'heureux triomphateur. Il en était de même à l'occasion des funérailles d'hommes ou de femmes de distinction; dans ce dernier cas même, on couvrait souvent de fleurs le corps qu'on portait au bûcher, et l'on en parait les tombeaux. Cet usage se pratiquait tous les ans au jour anniversaire des funérailles du défunt; il arrivait fréquemment que ses dispositions testamentaires continssent l'affectation d'une certaine somme spécialement destinée à l'achat de ces fleurs, et son épitaphe avait grand soin d'en faire mention. Les Grecs, eux aussi, avaient coutume d'orner de plantes et de fleurs les tombes des morts. Ils regardaient comme plus particulièrement agréables aux morts les fleurs blanches ou rouges, comme l'amarante, fleur dont les Thessaliens ornèrent le tombeau d'Achille, le lis et le jasmin. On croyait aussi que la rose était fort agréable aux morts; voilà pourquoi, dans une de ses odes, Anacréon dit de cette fleur « qu'elle guérit les malades et protège les morts ». Il n'y avait pas jusqu'au myrte, exclusivement consacré pourtant à Vénus, qu'on ne fît servir à la décoration des tombeaux, auxquels on suspendait d'ailleurs des guirlandes et des couronnes faites de toutes sortes de fleurs.

Les fleurs jouaient également un grand rôle dans toutes les réjouissances des anciens, et leur servaient à exprimer les sentiments du cœur et de l'amour. Celui qui apportait quelque bonne nouvelle se couronnait de fleurs. Les amants ornaient de guirlandes et de couronnes la maison de leur maîtresse, honneur qui, à bien prendre, n'eût été dû qu'au dieu fils de Vénus; mais leur ardente imagination transformait bien vite cette habitation, si modeste qu'elle fût, en un temple de l'amour, et aujourd'hui encore chez les Grecs modernes les amants ont l'habitude d'orner de fleurs la porte de la maison de leur maîtresse, surtout le premier jour de mai. Quand la couronne d'un jeune homme était mal liée, cela voulait dire qu'il était épris d'amour; et en tressant soit une couronne, soit une guirlande, la jeune fille donnait à entendre que le jeune homme qui la courtisait ne lui était pas indifférent. Plusieurs épigrammes de l'anthologie grecque nous font connaître les fleurs qu'on employait le plus fréquemment pour en faire des couronnes et la signification de plusieurs d'entre elles. Ce n'est pas seulement la couleur, mais aussi l'odeur de chaque fleur, qui servait à établir ce langage symbolique. Le même recueil nous a conservé les plaintes qu'exhale un amant parce que la jeune fille à laquelle il adressait ses vœux a rejeté sa couronne. Les amants heureux se couronnaient de fleurs. Une rupture survenait-elle entre eux, la jeune fille arrachait les fleurs qui naguère lui servaient de parure, et elle les consacrait à quelque divinité. L'union des amants était-elle durable, la couronne de fiancée était soigneusement conservée jusqu'à la mort, et servait à orner le tombeau du couple modèle. Les fleurs de nos jours ont conservé cet usage de leurs pères; ils se présentent à l'autel avec des couronnes de fleurs, et le prêtre qui les unit échange les couronnes des mariés.

Les fleurs et les guirlandes servaient aussi à l'ornement de la table des anciens, et ajoutaient à la joie des festins. Les convives se couronnaient de fleurs; on plaçait des fleurs non-seulement sur la tête, mais autour du cou ainsi que sur la poitrine, et on transformait en quelque sorte la salle du banquet en un jardin, afin que le parfum des fleurs ajoutât aux jouissances de la bonne chère. L'idée d'orner ainsi le cou des convives d'une couronne de fleurs avait été suggérée par l'observation que les parfums de la couronne placée sur la tête étaient perdus pour celui qui la portait. A la fin du repas, on effeuillait quelquefois les fleurs des couronnes dans sa coupe, et on avalait les feuilles. Plutarque, dans un endroit où il parle de l'usage de se couronner de fleurs en buvant, dit que le lierre prévient l'ivresse, qu'il en est de même d'une certaine plante que les Grecs nommaient *améthyste*, que les exhalaisons des fleurs combattent victorieusement les effets enivrants du vin, que c'est là le mof pour lequel l'usage est venu de se couronner de fleurs dans les banquets, et que d'ailleurs ces couronnes de fleurs, ainsi fixées sur la tête, sont d'excellents préservatifs contre les maux de tête. Quand on donnait un repas en l'honneur d'une divinité, on s'y présentait orné des fleurs les plus agréables à ce dieu, et qui lui étaient spécialement consacrées. C'est ainsi que la rose, consacrée à Cupidon comme dieu du silence, était le symbole de la discrétion. C'est de là qu'était venue l'expression proverbiale *sub rosa*, de même que l'usage de suspendre des guirlandes de roses au-dessus de la table, afin que les convives se souvinssent que leur devoir était de ne répéter au dehors aucun des libres et joyeux propos qui se tiennent à table.

Parmi les premiers chrétiens les fleurs étaient regardées comme le symbole des dons du Saint-Esprit : c'est pourquoi à la Pentecôte on en jetait, du haut de la voûte des églises, sur l'assemblée des fidèles réunis dans la nef. A l'occasion de cette fête et de plusieurs autres, on ornait les murs des églises. Les fleurs étaient aussi regardées comme symbole des délices du paradis; on en voit souvent figurées sur les livres des premiers chrétiens, dont plusieurs ont été publiés par Buonarotti.

Les fleurs brillent encore aujourd'hui dans nos fêtes, nos festins, nos bals, nos réunions, particulièrement sous la forme de bouquets.

FLEURS (*Médecine*). On a donné quelquefois ce nom aux règles ou menstrues des femmes; on semble les avoir comparées dans cette conjoncture, avec assez de justesse, aux fleurs des plantes qui précèdent, annoncent les fruits et en sont une condition *sine quâ non*. C'est en faisant la même comparaison que Scot a dit : *De flore mulieris est ut arboris, quoniam fructum non portat nisi prius florescat*. Il ne faut pas confondre, comme on le fait souvent, le mot *fleurs* avec *flueurs*, qui a une tout autre étymologie.

Dr BRICHETEAU.

FLEURS (*Commerce des*). A ces mots, le nom de la Hollande se présente tout naturellement à l'esprit, car c'est dans ce pays que de temps immémorial la production et la vente des fleurs ont toujours été l'objet d'un commerce considérable. Elles constituent en quelque sorte une des branches de l'industrie nationale, et la ville de Harlem en fut pendant longtemps le centre le plus actif. Dans les années 1634 à 1637, on peut dire qu'il y eut en Hollande une véritable fureur d'agiotage sur les fleurs; on spéculait en effet à cette époque à la bourse d'Amsterdam sur les fleurs, et notamment sur les tulipes, tout comme on fait aujourd'hui sur les effets publics ou sur les actions de chemins de fer. On vendait à terme, et pour des sommes immenses, des oignons qu'on ne possédait pas, mais qu'on s'engageait à livrer à l'acquéreur à une époque déterminée. Pour un exemplaire unique du *semper Augustus*, on alla jusqu'à donner 13,000 florins (28,000 fr.). Trois exemplaires de la même tulipe furent payés ensemble 30,000 florins (66,000 fr.). On acheta deux cents graines de cette même fleur 4,500 florins (9,900 fr.); deux cents graines de l'*amiral Liefkenshoek* plus de 4,000 florins, l'*amiral Enkhuisen*, 5,000 florins, etc. Un *vice-roi* fut payé par un amateur 2 tonneaux de froment, 4 tonneaux de seigle, 4 bœufs gras, 8 cochons de lait, 12 moutons, 3 oxhoft de vin, 4 tonnes de bière à 8 florins, 2 tonneaux de beurre, 1,000 liv. pesant de fromage, un habillement complet et un gobelet d'argent. En moins de quatre mois un seul individu gagna à Amsterdam 68,000 florins (149,000 fr.) à ce commerce là; et rien que dans une ville, il ne fut pas vendu moins de 10 millions d'oignons de tulipe. Quelques acheteurs s'étant, en fin de compte, refusés à prendre livraison, et, encore bien plus, à solder les différences de ces marchés à terme, les états généraux déclarèrent, par une résolution en date du 27 avril 1637, que les dettes ainsi contractées étaient aussi valables et partant aussi exigibles que toutes autres. Le résultat de cette déclaration fut de calmer singulièrement la *tulipomanie*. Le prix des oignons baissa rapidement, et on finit par avoir pour 50 florins le fameux *semper Augustus*. Cependant la production d'espèces rares et nouvelles n'a pas laissé que de rapporter toujours, par la suite, des bénéfices assez importants, et les catalogues des fleuristes de Harlem contiennent encore aujourd'hui diverses espèces de tulipes rares cotées de 25 à 150 florins l'exemplaire.

Jusqu'à la révolution française les fleuristes de Harlem avaient été dans l'habitude de tirer leurs oignons de tulipes de Lille et d'autres villes de la Flandre, où les prêtres surtout s'adonnaient à leur éducation. Depuis lors ils ont réuni cette industrie à la leur, ce qui n'empêche pas que le commerce des tulipes ne soit plus aujourd'hui que l'ombre de ce qu'il fut jadis. Malgré cette décadence du commerce des tulipes, Alkmar a toujours conservé la réputation de posséder les plus grands connaisseurs et amateurs en fait de fleurs. De riches particuliers ont persisté à s'occuper de la culture des fleurs, et c'est de leurs jardins ou de l'étranger que les fleuristes ont tiré non seulement les jacinthes, mais encore les renoncules, les oreilles d'ours, les œillets, les anémones, etc., dont les demandes ont toujours été en augmentant. Ce commerce n'a pas cessé de gagner en importance, et Harlem a maintenu à cet égard son antique supériorité comme marché. C'est vers 1730 que les jacinthes devinrent à la mode; on paya cette année-là un *passe non plus ultra* 1,850 fl. (4,070 fr), et 275 fl. (605 fr.) un seizième d'*ophis*. Aujourd'hui on aurait l'oignon tout entier pour quelques sous. Dans ce siècle, ce fut en 1776 que la splendeur du commerce des fleurs atteignit à Harlem son apogée; on paya cependant encore en 1785 un exemplaire du *marquis de la Coste* 750 florins (1,650 fr.). Depuis lors le prix des jacinthes a aussi singulièrement baissé, comme il était advenu, dans le siècle précédent, aux tulipes; ce qui n'empêche pas qu'on ne trouve encore aujourd'hui quelques espèces de jacinthes doubles cotées dans les prix de 25 à 100 florins (55 à 110 francs). Ce qui contribue beaucoup à soutenir ce genre de commerce, c'est l'habitude généralement répandue en Hollande, même dans les plus humbles habitations, de cultiver en hiver, dans des pots ou dans des carafes, toute espèce de fleurs, surtout des jacinthes. Entre Alkmar et Leyde, plus de vingt hectares sont entièrement consacrés à la culture des jacinthes, fleur à laquelle convient parfaitement un sol léger et sablonneux.

Le nombre des marchands de fleurs fixés à Harlem ou dans les environs est très-grand. Ils expédient leurs produits, tels que tulipes, jacinthes, jonquilles, lis, iris, graines de toutes espèces, arbres fruitiers et plantes de serres chaudes, en Allemagne, en Russie, en Angleterre, etc., et jusqu'en Turquie et au cap de Bonne-Espérance.

La culture des roses nourrit un grand nombre de familles à Noord-Will, dans la Hollande méridionale, où l'on voit d'immenses champs de roses le long des dunes.

La culture et le commerce des fleurs ont pris en France dans ces derniers temps une extension à laquelle contribuent beaucoup les louables efforts de la Société d'Horticulture, dont les expositions deviennent de plus en plus remarquables; et ils ont acquis une importance dont on pourra se faire une idée en apprenant que dans la saison des bals et des fêtes la vente des bouquets seulement s'élève, chaque semaine, et rien qu'à Paris, à une somme de plus de 60,000 fr. (*voyez* FLEURS [Marchés aux]).

FLEURS (*Langage des*). Les fleurs ont un langage éloquent, qui révèle la création, qui élève l'âme jusqu'à des méditations sublimes; et ce langage est compris de tout le monde. Mais elles en ont aussi un autre plus mystérieux, qui s'adresse plus directement au cœur, et qui n'est connu que d'un certain nombre d'initiés. Après les premiers effets de la civilisation, lorsque les familles, devenues trop nombreuses, furent obligées de se disséminer sur la terre, les hommes sentirent que la parole seule n'était pas un moyen suffisant de communication. Ils cherchèrent à peindre la pensée aux yeux comme à l'oreille, et ils inventèrent les hiéroglyphes. Un épi de blé signifia la *moisson*, puis, par extension, l'abondance et la richesse. L'ivraie, qui croît dans les moissons et les empoisonne, fut le symbole du vice; la rose, la plus belle des fleurs alors connues, signifia la *beauté*. L'Écriture sainte est pleine de ces ingénieuses allégories. La civilisation, en se perfectionnant, créa une foule de nouveaux besoins, d'où la nécessité d'augmenter le vocabulaire écrit, et surtout de le rendre plus clair, plus précis. Les hiéroglyphes, devenus insuffisants, furent relégués chez les prêtres égyptiens, et les caractères en lettres furent inventés. Néanmoins, les Chinois ont conservé un alphabet dont toutes les lettres ont la figure d'une fleur ou de sa racine.

Les progrès de la civilisation amenèrent quelques vices. L'homme policé comprit sa force, et en abusa. Il soumit tous les êtres à sa domination, et celui que la nature avait créé son égal, celui qu'elle lui avait associé pour partager ses affections, pour jouir de son bonheur et l'augmenter, fut une des victimes de son injustice. Les femmes de l'Orient furent enfermées dans des harems; en Occident, elles furent soumises à des exigences dont le ridicule et l'injustice les rendirent quelquefois plus véritablement esclaves qu'en Asie. Mais le feu sacré de la liberté brûle dans le cœur d'une jeune fille comme dans celui de tous les êtres vivants. Les femmes, ne pouvant se soustraire à la tyrannie par la force, cherchèrent à lui échapper par la finesse, et trop souvent l'amour vint aiguiser les armes de la ruse. Il fallut trouver des moyens de se communiquer ses sentiments et sa pensée, sans qu'un geôlier pût en saisir les expressions au passage: le langage des fleurs fut retrouvé. Un jeune Persan, en passant près du harem, jette à une belle odalisque une tulipe, ou un balisier, qu'elle interprète ainsi: *Mon cœur est enflammé comme les pétales de cette fleur; si vous ne partagez pas ses feux, bientôt il sera consumé comme le centre charbonné de cette tulipe*. Les Orientaux donnent le nom de *sélam* à un bouquet dont les fleurs sont disposées ordinairement par les femmes d'un harem de manière à exprimer une pensée, un sentiment secret, soit en s'attachant à leur nom, soit en faisant allusion au caractère qu'on prête à chacune d'elles. M. de Hammer, dans ses *Mines de l'Orient*, a donné des explications sur les méthodes diverses qu'elles emploient. En Europe, une pauvre enfant, enfermée dans un cloître abhorré, jette à son amant un myosotis mouillé de ses larmes: « *Ne m'oubliez pas*, dit-elle. La politique s'est aussi quelquefois servie de ce langage mystérieux: ce fut le chardon en Écosse, la rose rouge et la rose blanche en Angleterre, en France le lis, puis un instant la violette. Il a parfois été utile à l'humanité. Le poète Saadi, étant esclave, rencontre un grand seigneur. Il lui présente une rose, et lui dit: « Hâte-toi de faire le bien tandis que tu le peux; car la puissance est comme cette fleur, elle ne dure qu'un instant. » Le grand seigneur le comprit, et lui fit rendre la liberté. Au temps de la chevalerie, lorsqu'une noble dame ne voulait ni accepter ni rejeter l'hommage d'un preux chevalier, elle couronnait son front de marguerites blanches, ce qui signifiait: *J'y songerai*. Mais, comme on voit dans le roman de *Penceforêt*, si elle plaçait sur sa tête un chapeau de roses, c'était lui dire: *Soyez heureux*. Oriane, prisonnière, fait connaître son malheur à l'invincible Amadis, en lui jetant une rose fanée du haut d'une tour.

Ronsard fut le premier de nos poëtes qui composa un bouquet allégorique.

Je vous envoie un bouquet que ma main
Vient de tirer de ces fleurs épanies.
Qui ne les eust à ce vespre treillies,
Cheütes à terre elles fussent demain.
. . . .
Le temps s'en va, le temps s'en va, madame,
Las! le temps, non, mais nous nous en allons,
Et tost serons estendus sous la lame,
Et des amours desquelles nous parlons,
Quand serons morts, n'en sera plus nouvelle.
Pour ce, aimez-moy, cependant qu'estes belle.

Dans le bon temps de notre littérature, parut *la Guirlande de Julie*, pièce de vers charmante, à laquelle tous les auteurs d'alors payèrent le tribut de leur muse. Enfin, nos poëtes modernes se sont emparés de ces gracieux emblèmes, et les ont parés de tout le charme de leurs brillantes inspirations. Bonnefons, en envoyant à sa maîtresse une rose blanche et une rose rouge, lui écrivait ces vers:

Pour toi, Daphné, ces fleurs viennent d'éclore.
Vois, l'une est blanche, et l'autre se colore
D'un vif éclat; l'une peint ma pâleur,
L'autre mes feux, toutes deux mon malheur.

L'infortuné Roucher charmait les ennuis de sa prison avec des fleurs. Peu de temps avant sa mort, il envoyait à sa fille deux lis desséchés, pour exprimer à la fois l'innocence de son âme et le triste sort qui l'attendait.

Quelques auteurs recueillirent les fragments épars de ce langage de l'amour et souvent du malheur, pour en composer un vocabulaire aussi complet que possible. Ils firent plus, ils l'assujettirent à des règles pour en préciser le sens. Par exemple, un souci signifie *peines, chagrins*; réuni à d'autres fleurs, il représente la chaîne de la vie mêlée de biens et de maux; avec une rose, il n'indique seulement qu'un chagrin d'amour; avec une marguerite, il veut dire: *Je songerai à vos peines*. Si une fleur se présente à la main, elle exprime littéralement la phrase composant sa devise; mais si on la renverse en la présentant, elle prend une signification absolument contraire: ainsi, une branche de myrte, qui veut dire: *Je vous aime*, signifiera: *Je vous hais*, si l'on tourne la fleur vers la terre.

On a publié beaucoup de livres sur le langage des fleurs; tous, sans en excepter le mien, ont un grave inconvénient, celui de détruire le charme d'un langage dont tout le mérite est dans le voile mystérieux qui l'enveloppe.

Élise LENEVEUX.

FLEURS (Marchés aux), à Paris. Si quelque chose au monde proteste contre l'agglomération excessive de la race humaine dans l'enceinte des villes, où elle ne reçoit l'air, l'eau et le jour qu'avec épargne, si la destination primitive de notre espèce, née au milieu des champs et des forêts et y trouvant l'aliment de sa vie, est attestée par quelques indices au sein même de ces vastes cités que parcourent des flots de population, certainement nous trouverons cette protestation et ces indices dans le goût général, nous pourrions dire universel, des citadins pour la culture des fleurs. Le simple ouvrier dans son rez-de-chaussée humide soigne une plante isolée, sur laquelle maintes fois s'arrêtent ses regards, pendant que d'un bras amaigri il pousse la varlope ou qu'il façonne la chaussure du riche; les balcons se couvrent de fleurs, et sous les combles, dans sa modeste mansarde, la jeune couturière cultive un œillet ou un rosier, doux soulagement de l'ennui de son travail; il n'est même pas rare de voir des jardins émaillés suspendus aux croisées de l'étage supérieur d'un hôtel; bien entendu que ce ne sont pas là les jardins de Babylone, mais seulement ceux d'une veuve ou d'un rentier sexagénaire, qui, désabusés d'un monde avec lequel ils n'ont plus de rapports, se bornent à vivre avec leurs géraniums, leurs lilas, leurs convolvulus et leurs giroflées, tant il est vrai que les cœurs les plus froissés des peines de la vie sentent encore le besoin d'appeler à leurs côtés quelques emblèmes d'animation! Les fleurs les donnent si bien; elles sympathisent avec la tristesse; elles parent la tombe comme les fêtes du village comme le banquet domestique; elles réveillent le souvenir de l'ami qui n'est plus, de la femme qu'on a aimée; on caresse de l'œil, avec une sorte d'attendrissement, celles qu'ils ont préférées.

C'est pour répondre à ces divers besoins que, depuis quelques années surtout, les fleurs sont devenues un objet de commerce assez important. On les a multipliées, importées, diversifiées, embellies par la culture, par une substitution de pollen, par le rapprochement des espèces analogues, par la variété des engrais. N'avons-nous pas vu des sociétés d'horticulture promettre des sommes énormes à l'heureux possesseur ou inventeur du *dahlia bleu!* Nous aimons à penser, pour l'honneur de notre espèce, que dans leur voisinage il n'y a pas de famille honnête et vertueuse dont la misère demanderait à être soulagée.

Quatre grands marchés sont ouverts dans Paris à la vente des fleurs. Tous les quatre sont heureusement placés : l'un près du Palais-de-Justice, et c'est le plus ancien de tous; il date du Consulat. Le second s'est établi presque spontanément au côté oriental du périptère de la Madeleine. Le troisième a aussi son étalage au pied d'un beau monument d'architecture, sous les ormeaux de la place Saint-Sulpice; et le dernier se voit auprès de la magnifique fontaine du Château-d'Eau, sur le boulevard Saint-Martin. L'effet produit par ces bazars meublés de fleurs diversement coloriées, à la proximité de colonnes ioniques ou corinthiennes, sous la protection d'un vert feuillage et de fontaines jaillissantes, arrête involontairement les pas du promeneur, surtout la veille des jours fériés ou des fêtes patronales.

Indépendamment de ces marchés ouverts au public, presque aucune des rues de Paris n'est si peu fréquentée qu'elle n'ait sa marchande de fleurs. Là, les personnes qui ne veulent pas se donner le plaisir d'une promenade printanière ou automnale, peuvent se pourvoir à des prix plus élevés, au risque d'emporter chez elles des plantes d'une végétation hâtée par une addition de chaux à la terre végétale, principe actif qui ne manque pas non plus du reste aux fleurs du marché.

Le commerce hebdomadaire des fleurs rapporte à la ville de Paris, ou plutôt à sa banlieue, au moins un revenu annuel d'un million de francs. Bien des personnes en vivent.

Les poëtes de l'antiquité grecque et romaine ont célébré leurs vendeuses de fleurs. Bion, Moschus, Anacréon, Ovide, Horace, Virgile, se sont plu à les placer dans leurs hémistiches. Pline le Naturaliste a dérobé aux ténèbres des vieux âges le nom de Glycère, et l'art avec lequel elle nuançait les couronnes destinées aux Alcibiades de son temps. Il nous apprend que le plus célèbre peintre de Sicyone, Pausias, l'a représentée ainsi occupée à tresser ses guirlandes; et l'annaliste latin n'oublie pas qu'entre les tableaux de cet artiste, transportés à Rome sous l'édilité de Scaurus, ce portrait, appelé par les uns *la Faiseuse*, par d'autres *la Vendeuse de couronnes*, tenait une des premières places. Ce qu'il y a de certain, c'est que Lucullus acheta au prix de deux talents une simple copie de ce tableau. S'il s'agit ici de talents d'argent, Lucullus aura déboursé une valeur de neuf mille livres de notre monnaie; si l'on parle de talents d'or attiques, la somme serait exorbitante : elle s'élèverait au moins à soixante mille livres, valeur actuelle. L'état de vendeuses de fleurs ne jouit pas chez nous de la faveur qui lui fut acquise dans les anciens âges. Nous avons peu de Néæra ou de Glycère. Cependant l'une d'elles a inspiré à M. J. Janin un de ses plus jolis feuilletons.

Certainement les anciens avaient leurs *marchés aux fleurs*; car elles jouaient un trop grand rôle dans leur vie voluptueuse pour n'être pas un objet de commerce et de culture spéciale. La déesse qui y présidait avait un temple à Rome (*voyez* FLORE); son culte était solennisé par des jeux publics (*voyez* FLORAUX [Jeux]), où les lois de la décence étaient peu respectées. KÉRATRY.

FLEURS (Ordre des). *Voyez* PEGNITZ.

FLEURS (Peinture des). Quoique considérée comme inférieure aux autres genres, la *peinture des fleurs* prend un caractère éminemment esthétique du moment où elle cesse d'être la froide imitation de la nature, et où elle intéresse par une douce chaleur de coloris, une grande légèreté de touche, un art et un choix heureux dans les accidents. Une extrême patience, un grand goût de propreté dans le travail, un génie un peu lent, des passions douces, un caractère tranquille, semblent être les premières qualités qu'on doive exiger chez l'artiste qui veut entreprendre d'imiter un des plus agréables ouvrages de la nature. C'est pourquoi la peinture des fleurs, qui comprend aussi les *fruits* et quelques accessoires, est de tous les genres celui que les femmes peuvent espérer traiter avec le plus de succès, et les expositions annuelles du Musée démontrent qu'il n'y en a point dont elles aiment tant à s'occuper. Cette branche de l'art, qui demande beaucoup d'intelligence, de la délicatesse, du goût, de la grâce surtout et la perfection du faire le plus fini, convient en effet particulièrement à ce sexe. « Pour n'avoir pas besoin d'études préliminaires longues et abstraites, dit un critique, la peinture des fleurs nécessite néanmoins une série de connaissances assez étendues; car il ne suffit pas d'arriver à une exacte représentation du modèle qu'on a choisi, il faut encore savoir composer un bouquet, l'éclairer convenablement, l'harmoniser, lui donner la vie. Là est l'art proprement dit, et c'en est un bien grand que d'assortir, de mélanger, de balancer sans froide symétrie et sans fatiguer l'œil, des fleurs variées de forme, de couleurs plus ou moins discordantes, et de former avec de pareils éléments un ensemble qui soit agréable, harmonieux et riche à la fois d'effet et de coloris. » C'est sous ce dernier rapport qu'il est exact de dire que le talent du peintre de fleurs participe de celui du coloriste.

On réussit également bien à peindre les fleurs à la gouache ou à l'huile sur de la toile. La première de ces manières exige plus de légèreté et de délicatesse, la seconde plus de vigueur et une fonte plus habile des couleurs. Les arabesques des bains de Titus et plusieurs peintures d'ornements trouvées à Herculanum prouvent que les anciens avaient aussi des artistes qui s'occupaient de la peinture des fleurs; mais c'est surtout vers le milieu du dix-huitième siècle que ce genre commença à jeter son plus vif éclat. Quoique, en fait de peintres de fleurs, l'Italie puisse se vanter de Jean d'Udine et de Bonzi de l'école romaine, de Domenico Levo et de Manzoni de l'école vénitienne, de Procaccini, de Maderno et de Maria di Crespini de l'école milanaise, de Mezzadro, de Zagnani, de Barbieri et de Cittadini de l'école bolonaise, le Hollandais Jean Van Huysum (né à Amsterdam, en 1682, et mort en 1749) restera toujours le modèle du genre. Après lui nous citerons Rachel Ruish, femme de Van Pool, et qui avant Van Huysum n'avait pas de rivale; Mignon, J. de Heem, Van Royen, Segbers et Verendael. La France peut à son tour citer avec orgueil Van Spaendonck, qui fut pendant longtemps professeur d'iconographie au Muséum d'Histoire Naturelle, Redouté, si connu par ses *Roses* et ses *Liliacées*, et M. Saint-Jean.

FLEURS ARTIFICIELLES, produits d'un art imitateur de la nature dans ce qu'elle offre de plus suave, de plus gracieux entre les richesses du règne végétal. Ses applications sont innombrables. Les fleurs artificielles ornent la chevelure, le sein, les vêtements de la beauté; elles embellissent nos banquets, elles se mêlent à nos fêtes, elles décorent les autels de la Divinité. C'est un moyen ingénieux créé par l'esprit des hommes pour perpétuer la plus agréable saison de l'année. Ici la créature, dans sa modeste sphère, complète l'œuvre inimitable du Créateur.

Cet art n'est pas nouveau. Il y a longtemps qu'on fabrique des fleurs artificielles à la Chine. Le vingtième volume des *Lettres édifiantes et curieuses* renferme une lettre du père d'Entrecolles, jésuite, sur l'adresse des Chinois dans cette riante industrie. Leurs fleurs ne sont ni de soie, ni d'aucune espèce de fil, de toile ou de papier, mais de la moelle d'un arbrisseau qu'ils coupent par bandes aussi fines que celles de parchemin ou de papier. L'art de placer des bouquets naturels ou artificiels dans les coiffures des dames était connu des modistes d'Athènes et de Rome. Les Italiens ont excellé longtemps avant nous dans la fabrication des fleurs artificielles; ils se servaient de ciseaux et non de fers à découper, invention moderne, qui est due à un Suisse. Ce ne fut qu'en 1738 que Séguin, natif de Mende, homme instruit en botanique et en chimie, commença à faire à Paris des fleurs artificielles qui rivalisaient avec celles de nos

FLEURS ARTIFICIELLES — FLEURS DE LIS

voisins. Il en fit auss à la manière chinoise, avec de la moelle de sureau; il confectionna encore le premier des fleurs en feuilles d'argent colorées, pour les ajustements de dames. De nos jours, cet art, comme tout ce qui exige du goût et de la grâce, a acquis le plus haut degré de perfection par l'ingénieuse imitation de la nature, et aujourd'hui aucune nation ne nous égale dans cette branche immense de commerce.

Nos essais ont commencé par l'emploi des *rubans* de diverses couleurs, qu'on faisait et qu'on assujettissait sur des fils de laiton, de manière à reproduire grossièrement les contours des fleurs. Sont venues ensuite les *plumes*, matières plus souples, plus délicates, mais qui ont offert de grandes difficultés pour les teindre de diverses couleurs. L'adresse seule des sauvages de l'Amérique surmonte cet obstacle ; car ils font avec des plumes des bouquets admirables. Les Italiens, en se perfectionnant comme nous, ont employé des cocons de ver à soie et de la gaze d'Italie. La première matière est préférable, en ce qu'elle n'est pas hygrométrique et qu'elle conserve longtemps les couleurs dont on la teint ; on a presque renoncé à la seconde : ses couleurs n'ont pas assez d'éclat et ne sont point assez brillantes. En France on a donné la préférence en définitive à la batiste et au taffetas de Florence. Avec la batiste la plus fine on fait les pétales, et avec le taffetas les feuilles. On a fait aussi des fleurs avec le *fanon de baleine*, que M. de Bernadière est parvenu à réduire en feuilles légères et à décolorer complètement, de manière à le rendre blanc mat, pour lui donner ensuite telle couleur qu'il désire. Ces fleurs ne s'altèrent pas aussi promptement que celles de batiste, et ne sont guère plus chères ; mais la mode en est passée. On en a fait avec des *coquilles bivalves*; mais leur lourdeur les a fait rejeter, et elles ne sont plus que des objets de curiosité. Quant aux fleurs faites avec de la cire, elles ne sont pas un produit manufacturier ; le débit n'en serait pas assez considérable : cette branche de l'art n'est cultivée que par quelques dames, mais elles l'ont poussée à un très-grand degré de perfection.

Pour fabriquer des fleurs on prend de la batiste la plus fine, on la soumet à la presse; on la calandre pour diminuer le grain, et on n'y passe jamais de gomme. Les pétales se peignent à la main : on les découpe avec des emporte-pièces qui varient de grandeur. Pour donner une idée précise des procédés de teinture, prenons par exemple une rose. Lorsque les pétales sont découpés, on les plonge dans une teinture faite avec du carmin délayé dans une eau alcaline. Chaque pétale est pris par son extrémité avec de petites pinces appelés *brucelles* : il est plongé dans la teinture, par la partie opposée, jusqu'à ce que le Lain arrive à quelques millimètres de la pointe du pétale; on le plonge ensuite dans de l'eau pure pour adoucir et unir la teinte; le pinceau sert à terminer le milieu, qui dans la nature est ordinairement plus foncé. S'il y a lieu à fixe nuance, on le fait également avec le pinceau. Pour rendre blanche la queue du pétale, on y verse une goutte d'eau, ce qui délaie la couleur; la teinte va alors en mourant. La première immersion se fait dans une couleur faible; on laisse sécher, et par des immersions successives on obtient la nuance qu'on veut. Le taffetas pour les feuilles se teint en pièce dans la couleur indiquée par la nature de l'objet. On le tend sur un grand châssis, après l'avoir teint, et on le laisse sécher. D'un côté, on donne du brillant des feuilles avec une teinte légère de gomme arabique ; de l'autre côté, on applique une eau d'amidon colorée. Si ce velouté doit être très-prononcé, on emploie de la tonture de drap réduite en poudre et teinte de la couleur choisie. Lorsque le taffetas est bien sec, avec divers emporte-pièces on découpe les feuilles en se servant d'un billot de bois ou d'un plateau formé avec un alliage de plomb et d'étain. On donne ensuite les nervures aux feuilles en se servant de *gaufroirs*, dont il est nécessaire que l'artiste possède une grande quantité. Par des procédés analogues, et dont l'explication exigerait trop de détails, on confectionne les *araignes*, les *boutons*, les *étamines*, qui constituent la rose. Quand ces diverses parties sont préparées, et qu'on veut former la fleur, on colle tout autour les folioles avec de la pâte et en plaçant les pointes en bas. On commence par les plus petites, et en augmente de grandeur au fur et à mesure qu'on s'éloigne du cœur ; le calice se place après, ainsi que les trois araignes. C'est sur du fil de cuivre que se montent les feuilles de trois en trois.

Les villes où l'on fabrique les fleurs avec le plus de perfection sont Paris et Lyon. Les plus belles sont expédiées en Russie, les plus communes en Allemagne. C'est l'objet d'un commerce très-productif, parce qu'il satisfait un besoin impérieux né de la coquetterie, et parce qu'il est douteux que jamais la mode affaiblisse ce besoin. Le matériel des fabriques est très-coûteux; mais les fleurs, surtout celles de première qualité, se maintiennent à des prix élevés, qui récompensent largement les avances et le travail de l'artiste.

V. DE MOLÉON.

FLEURS BLANCHES. Voyez LEUCORRHÉE.

FLEURS DE LIS. C'était autrefois le blason , l'emblème connu de la maison de France. Les plus profondes recherches, les plus contradictoires opinions, quant à l'antiquité vraie des fleurs de lis, témoignent que cette question de science héraldique est loin d'être éclaircie ; nous pensons même qu'elle ne le sera jamais. Elle ne peut être sérieusement étudiée que depuis l'époque où le blason est devenu une science : or, la science héraldique classique n'est pas antérieure aux croisades. Trop de plumes de courtisans et de romanciers se sont émoussées au sujet des fleurs de lis pour que la déduction de tant d'écrits et de rêveries il y ait moyen de faire sortir la vérité. Que d'autres décident si nos fleurs de lis nous viennent du lotus de l'ancienne Égypte, ou si elles rappellent les flambes qui croissaient spontanément sur les bords du Lis, alors que le royaume de France y était campé à l'entour du pavillon de Clovis. Que d'autres décident si la tombe de Childéric Ier, enterré à Tournay, contenait des broderies d'abeilles, ou des broderies de fleurs de lis. Il se peut que, comme l'affirme l'*Encyclopédie*, la couronne et le sceptre de Frédégonde, dont la statue décorait à Paris Saint-Germain-des-Prés, aient été ornés de fleurs de lis ; il est toutefois permis d'en douter. Certains écrivains ont prétendu que cet emblème fut pour la première fois adopté par Garcias IV, roi de Navarre, qui vivait en 1048, en reconnaissance de ce que dans le calice d'un lis il avait trouvé une image de la Vierge, qui l'avait guéri d'une maladie grave. Il semble plus authentique que Hugues Capet ait surmonté de fleurs de lis sa couronne, à moins que ce ne fussent des images de fers d'angon, ce qui n'est pas sans probabilité. Des historiens dignes de foi affirment que vers 1125 la bannière de France et l'oriflamme étaient semées de fleurs de lis, et que les monnaies, rares et frustes, de Louis le Jeune sont empreintes d'images pareilles. L'écu de France portait alors, sans nombre fixe, des fleurs de lis, que Charles V, ou Charles VI, ou Philippe de Valois, passent pour avoir réduites à trois.

Ceux qui ont combattu le système de la haute ancienneté des fleurs de lis se fondent sur ce que le lien qui en assujettit le pied n'est autre que la représentation de la clavette qui fixait à la hampe les lames de l'angon ; et ceux-là pourraient avoir raison. En traitant de ces questions, Voltaire dit, dans l'*Essai sur les Mœurs*, au sujet de la bataille de Bouvines : « Ce qui n'avait été longtemps qu'une imagination de peintre commençait à servir d'armoiries aux rois de France. » Ces données sur tous ces points d'antiquité sont si incertaines qu'en 1835, aux expositions du Musée, un tableau où il y avait erreur de deux siècles timbrait des trois fleurs de lis de Charles V l'armure de Louis le Jeune. Si le théâtre, les arts, les opinions hasardées, semblent ainsi lutter d'anachronismes et s'accorder pour nous induire en erreur, quelle foi ajouter à ce qui a été dit à l'égard des siècles plus reculés, où il n'y avait ni théâtre, ni beaux-arts, ni historiens ? Les fleurs de lis avaient l'avantage, quel qu fût l'objet qu'elles représentaient, d'être un symbole connu, consacré et souvent glorieux. A ce symbole, que l'émigration tua parce qu'elle voulut le conserver, la république substitua des épigraphes sèches, absolues, quelquefois acerbes, qui ne pouvaient être viables. Napoléon, au lieu de ressusciter les fleurs de lis, pour lesquelles la Vendée s'était battue si inefficacement, reprit l'aigle de Rome et les abeilles de Charlemagne. La Restauration en revint aux emblèmes démonétisés sous lesquels avait combattu l'armée de Condé; elle fit plus : les courtisans proposèrent à Louis XVIII de créer un ordre civil et militaire dont le signe serait un ruban blanc, auquel pendrait une fleur de lis en argent. Cette décoration, versée à pleines corbeilles dans le peuple, dans l'armée, jusque parmi les écoliers des colléges, cessa bientôt d'en être une. La chute de Charles X laissa quelque temps douter si le scel de France retournerait aux mains du graveur; mais le hasard, qui mène tout, et l'effervescence populaire, qui n'osait ni accuser ni amnistier l'empire et ses aigles, nous dotèrent d'un brave oiseau de basse-cour (*voyez* Coq), en mémoire d'un calembour latin qui était en vogue en 1701 : *Surgit nunc gallus ad astra.*

Gal Bardin.

FLEURUS (Batailles de). Fleurus est un bourg du Hainaut, situé près de la frontière de France, à l'entrée de la Belgique, sur la rive gauche de la Sambre, à 11 kilomètres de Charleroi, avec une population de 2,370 âmes, des fabriques de gros lainages, des tanneries, des raffineries de sel. On y prépare du lin et l'on y ramasse des cailloux roulés de quartz hyalin, recherchés pour leur belle eau et dit *diamants de Fleurus.* Cette localité a donné son nom à quatre batailles mémorables.

La première y fut livrée le 30 août 1622, entre les Espagnols, sous les ordres de Gonzalès de Cordoue, général de la ligue catholique et l'un des principaux lieutenants de Philippe IV, et les troupes de l'union protestante, commandées par le duc de Brunswick et le duc de Saxe-Weimar. L'avantage resta à ces dernières qui, après avoir traversé le Brabant, opérèrent leur jonction avec le prince d'Orange, qu'elles aidèrent à dégager Berg-op-Zoom, assiégé par Spinola.

La seconde fut gagnée le 1er juillet 1690 par le maréchal de Luxembourg sur le prince de Waldeck, qui commandait les Espagnols et les Hollandais. Waldeck était à la tête de 50,000 hommes, tandis que Luxembourg n'en comptait que 35,000. Mais celui-ci avait pour lui la supériorité du génie; il osa passer la Sambre, le 29, en présence de son ennemi, qui se contenta de le faire observer par un corps de cavalerie sous les ordres du comte de Berlo. Cette avant-garde fut détruite; son chef perdit la vie dans la mêlée, et le lendemain les masses d'infanterie hollandaise furent attaquées dans leurs positions de Fleurus, où le prince de Waldeck les avait imprudemment arrêtées. La cavalerie, repoussée la veille, ne fit pas une meilleure contenance. Mais l'infanterie hollandaise se couvrit de gloire. Son chef répondit à la sommation du maréchal français : qu'en mourant les armes à la main, il voulait mériter l'estime d'un aussi grand homme. Cette milice intrépide fut taillée en pièces. Les alliés perdirent 6,000 hommes tués, et 8,000 prisonniers, 120 drapeaux ou étendards, 90 canons et une grande quantité de bagages. Les historiens anglais réduisent la perte en hommes à 5,000 morts et à 4,000 prisonniers. Celle des Français monta à 4,000 hommes. Mais la jalousie de Louvois mit Luxembourg dans l'impuissance de profiter de sa victoire, en ordonnant à Boufflers de ramener vers les côtes de Flandre les 10,000 hommes qui étaient venus prendre part avec lui à cette journée.

La troisième bataille de Fleurus, la plus importante de toutes, fut celle que les Français livrèrent aux Autrichiens le 26 juin 1794 (8 messidor an II). Ceux-ci, renforcés par les garnisons de Landrecies et de Valenciennes, avaient 90,000 hommes sous les armes; ils étaient commandés par le prince d'Orange, l'archiduc Charles et le prince de Co-

bourg, qui avaient sous leurs ordres les généraux Beaulieu, Kaunitz, Latour et Zwasdanowich. L'armée française, commandée par Jourdan, n'était forte que de 70,000 hommes, formant les divisions Marceau, Lefebvre, Morlot, Championnet, Kléber, Dauriez, Dubois, Hatry, Bernadotte, Duhesme, Montaigu, et occupant une position demi-circulaire en avant de Charleroi, le front défendu par de fortes redoutes, les ailes appuyées sur la Sambre, la droite sur la ferme de Lambusart, la gauche sur Landely, le centre à Gosselies.

L'action s'engagea le 26 juin, à la pointe du jour. Le prince d'Orange s'empara d'abord de Fontaine-l'Évêque, et se porta sur le flanc gauche de l'armée française jusqu'au château de Wesp. Mais là l'attendaient la division du général Dauriez et une brigade de la division. Montaigu, qui lui opposèrent une opiniâtre résistance et défendirent héroïquement leurs batteries, dont la mitraille l'écrasa. Vers le milieu du jour, le prince, ayant appris que Charleroi venait de tomber en notre pouvoir, se retirait après avoir éprouvé des pertes considérables, tandis que le corps d'armée du général Latour passait le Piéton et s'avançait vers Trazegnies.

Se voyant assaillie par des forces supérieures, la division Montaigu abandonne les plateaux et recule vers la Sambre. Une de ses brigades même repasse la rivière sur le pont de Marchiennes, prend position, avec son artillerie, sur la rive droite, et foudroie le corps de Latour. Les deux autres brigades, retranchées sur la rive gauche, opposent pendant cinq heures une résistance opiniâtre, et finissent par culbuter l'ennemi dans le village de Forchies. Kléber, avec sa division, tombe sur le flanc droit du corps de Latour et le met en déroute. L'aile droite de Jourdan est moins heureuse; les troupes de Marceau, trop disséminées, cèdent deux villages au corps de Beaulieu, et ne pouvant déjà plus se maintenir dans les jardins de Lambusart; la division Mayer, chargée par la cavalerie impériale, a repassé la Sambre en désordre à Pont-à-Loup. Celle de Marceau s'est heureusement ralliée; et le feu de son artillerie arrête enfin les progrès de cette colonne autrichienne. Mais un grand espace les sépare de la division Lefebvre, qui défend les hauteurs de Fleurus contre l'archiduc Charles; et ce prince, combinant son attaque avec celle de Beaulieu, redouble d'efforts pour couper l'armée française et pénétrer par là jusqu'à Charleroi, dont il ignore la chute. L'intrépide Lefebvre soutient en héros ces terribles attaques; il maintient, par les charges de sa cavalerie, par de forts détachements sur sa droite, ses communications avec Marceau; et lorsque celui-ci, accablé par le nombre, appuie aux troupes de Werneck et de Beaulieu, trois bataillons de Lefebvre arrivent à son secours au moment où Jourdan en détache trois autres de sa réserve pour le soutenir. Marceau tient bon alors dans Lambusart, et force l'ennemi à chercher d'autres combinaisons. Elles échouent encore, grâce à un ballon qui plane sur le champ de bataille, et d'où un officier observe les mouvements de l'ennemi.

Il avait vu les masses de Beaulieu et de l'archiduc Charles se porter sur l'espace qui sépare Lefebvre de Marceau. Jourdan y court avec la cavalerie du général Dubois, et la division Hatry, qui forme sa réserve. Les deux partis combattent sur ce point avec un acharnement incroyable. Bientôt les champs de blé, les baraques du camp sont enflammés par les explosions de l'artillerie. On lutte avec rage dans une plaine de feu. La flamme atteint des caissons français. Ils éclatent et jettent l'épouvante dans nos rangs. Jourdan les rassure : « Point de retraite aujourd'hui, » s'écrie-t-il ; et ses bataillons reprennent leur contenance et leur énergie. Cobourg et ses masses sont heureusement contenus sur un autre point par Morlot, qui arrête le général Kwasdanovich au pied des retranchements de Gosselies. Championnet a défendu contre Kaunitz les abords d'Hépignies, jusqu'au moment où un mouvement de la division Lefebvre lui donne des inquiétudes sur leurs communications. Championnet, se croyant tourné par sa droite, se mettait déjà en retraite, quand Jourdan, s'apercevant de cette faute, vole à son secours avec une brigade de la division Kléber. Championnet, honteux de son erreur, la répare par des prodiges d'intrépidité. Les colonnes ennemies sont foudroyées, mises en déroute ; et la cavalerie de Dubois s'empare de 50 canons abandonnés dans la plaine. Si le prince de Lambesc n'eût habilement profité du prolongement décousu de cette cavalerie ; s'il n'eût promptement rallié les cuirassiers impériaux, la seconde ligne des Autrichiens eût été enfoncée comme la première. Dubois et ses cavaliers furent à leur tour ramenés dans les retranchements français ; les canons ennemis furent repris par le prince de Lambesc. Mais Cobourg n'osa point poursuivre cet avantage.

L'hésitation de ses colonnes ranima sur toute la ligne l'ardeur de nos troupes. Lefebvre, laissant à la division Hatry le plateau de Fleurus, amena une de ses brigades au secours de Marceau, et la division Mayer revint à la hâte sur la rive gauche de la Sambre. Une dernière attaque, simultanément ordonnée sur tous les points, fut partout victorieuse et décisive ; et le prince de Cobourg opéra sa retraite sous la protection du corps de Kaunitz. Le champ de bataille resta aux Français, qui payèrent cette victoire du sang de 5,000 hommes. Mais les ennemis y laissèrent 7,000 morts, 3,000 prisonniers ; et les suites prodigieuses de cette journée feront la gloire éternelle du brave Jourdan. Nos frontières purgées d'ennemis, la Belgique délivrée, la Hollande envahie, les limites du Rhin conquises par nos armes, le refoulement de la guerre en Allemagne, furent les avantages immédiats de la troisième bataille de Fleurus ; et les légions de Jourdan, connues désormais sous le nom d'armée de Sambre et Meuse, devinrent une pépinière de héros et l'école de toutes les vertus militaires.

La quatrième bataille de Fleurus, plus généralement appelée bataille de L i g n y, fut livrée dans les mêmes champs par Napoléon, vingt et un ans après, le 16 juin 1815.

VIENNET, de l'Académie Française.

FLEURY (CLAUDE), sous-précepteur des enfants de France, l'un des quarante de l'Académie Française, prieur d'Argenteuil, né à Paris, le 6 décembre 1640, mort le 14 juillet 1723, est un des hommes qui, par leurs talents et leurs vertus, ont le plus honoré le clergé français, durant le siècle de Louis XIV. A la suite de brillantes études au collège de Clermont, il embrassa la carrière de son père, avocat distingué, se fit recevoir en cette qualité au parlement de Paris en 1658, et pendant neuf ans se livra tout entier à cette profession. Il existe même des mémoires imprimés et signés de lui. Mais à l'étude, à la pratique du droit civil, il joignait un goût prononcé pour l'histoire et les belles-lettres. Les sentiments religieux, fruit de sa première éducation, tournèrent ses pensées vers l'état ecclésiastique ; bientôt la théologie, l'Écriture Sainte, le droit canonique et les saints Pères devinrent l'objet exclusif de ses méditations.

Il y avait déjà quelque temps qu'il avait pris l'ordre de prêtrise, lorsqu'en 1672 il fut choisi pour être précepteur des princes de Conti, que le roi faisait élever auprès du dauphin, son fils. Témoin de la fidélité avec laquelle Fleury remplissait ses devoirs, Louis XIV lui confia l'instruction d'un de ses fils naturels, le prince de V e r m a n d o i s, grand amiral de France. Cette éducation ne fut point achevée ; le jeune prince étant mort, le monarque nomma Fleury à l'abbaye de Loc-Dieu, ordre de Cîteaux, diocèse de Rhodez ; et cinq ans après, en 1689, il jeta les yeux sur lui pour le faire sous-précepteur des ducs de Bourgogne, d'Anjou (depuis roi d'Espagne, sous le nom de P h i l i p p e V) et de Berry, ses petits-fils. L'abbé Fleury se trouva ainsi associé à F é n e l o n, et partagea les soins que cet illustre prélat donnait à ses augustes disciples. Enfin, en 1696, il fut appelé à l'Académie Française, pour succéder à La Bruyère. L'éducation des trois princes étant terminée, en 1706, le roi lui donna le prieuré d'Argenteuil, ordre de Saint-Benoît, diocèse de Paris. Fleury avait désiré ce bénéfice, qui, par sa proximité de Paris, lui offrait une retraite commode pour l'étude, sans le priver des lumières et des secours de la capitale. Mais, exact observateur des canons dont il avait fait une étude si particulière, il donna alors un rare exemple de désintéressement, en se démettant de l'abbaye de Loc-Dieu.

Dès ce moment, délivré des embarras de la cour, où il n'avait pas laissé de vivre dans la solitude, ne se mêlant que des devoirs sérieux de son emploi, et donnant tout le reste de son temps au travail du cabinet, il ne pensa plus qu'à employer ses talents et son loisir au service de l'Église. Il conçut et commença ce grand ouvrage de l'*Histoire Ecclésiastique*, qui, selon Voltaire, « est la meilleure histoire qu'on ait jamais faite ». Après la mort de Louis XIV, il fut, en 1716, rappelé à la cour par le régent, pour être le confesseur du jeune roi. En le nommant, ce prince lui dit : « Je vous ai choisi parce que vous n'êtes ni janséniste, ni moliniste, ni ultramontain. » Fleury remplit avec zèle et sagesse les fonctions de son nouvel emploi, dont il se démit en 1722, à cause de son grand âge : il avait quatre-vingt deux ans, et mourut quelques mois après.

Les graves études religieuses de l'abbé Fleury ne lui avaient pas fait perdre de vue la lecture des auteurs anciens. Il affectionnait particulièrement Platon, et, à l'exemple de ce grand philosophe, il avait avec des personnes choisies des conférences, qui roulaient sur Écriture Sainte C'était chez Bossuet qu'elles avaient lieu, et Fleury y tenait la plume. Ce fut vers ce temps-là qu'il traduisit en latin l'*Exposition de la Doctrine catholique* de Bossuet, ouvrage destiné à détromper les protestants sur les fausses idées qu'ils s'étaient faites de plusieurs dogmes de l'Église romaine. Cette traduction fut revue avec soin par Bossuet. Comme académicien, Fleury fut jusqu'à ses derniers jours un des plus exacts aux séances. Il remplit fréquemment les fonctions de directeur, et s'en acquitta avec une dignité dont sa simplicité naturelle relevait le prix. Dans le discours qu'il adressa à Massillon, il eut la noble franchise, en usant de toutes les formules de la politesse académique, de renvoyer dans son diocèse un évêque qu'aucune raison ne pouvait en tenir éloigné. *La place d'un évêque*, dit-il, *est dans son diocèse, et non ailleurs*. Jamais il n'avait ambitionné les dignités ni les richesses qu'auraient pu lui procurer l'estime et le crédit dont il jouit constamment auprès de Louis XIV et du régent. Jamais il ne sollicita d'évêché. La représentation épiscopale eût peu convenu à la simplicité de sa vie.

Tous ses ouvrages concernant la religion non-seulement sont au nombre des productions les plus estimables de notre langue, mais peuvent être regardés comme autant de services rendus à l'Église. Invinciblement attaché aux croyances vraiment chrétiennes, il ne se montre jamais crédule, et sa tolérance éclairée se fait jour dans maint endroit de son *Histoire Ecclésiastique*. Enfin, quoique élevé par les jésuites, il imita toujours l'indépendance des disciples de Port-Royal, en sachant se préserver de leurs écarts ; et personne de son temps, sans en excepter B a y l e, n'a porté plus de critique saine dans l'histoire. Quand vint l'affaire du q u i é t i s m e, il adopta la doctrine de Bossuet, sans perdre l'amitié de Fénelon ; ses lumières le préservèrent des pieuses erreurs de l'un, et sa modération de l'impétuosité de l'autre. Il avait débuté dans la carrière, en 1674, par une *Histoire du Droit français*, composée pour l'éducation d'André Lefèvre d'Ormesson, grand intendant de Lyon en 1684. On l'a réimprimée en 1692. On a encore de lui un ouvrage intitulé *Institution au Droit ecclésiastique*.

Cependant, il doit surtout son illustration à des écrits qui s'adressent à toutes les classes de chrétiens, même les moins instruites. Tel est son *Catéchisme historique*, publié en 1679 : c'est un chef-d'œuvre devenu classique ; il a été mille fois réimprimé. Fleury a traduit lui-même ce livre en latin. Les *Mœurs des Israélites* et les *Mœurs des chrétiens*, ouvrages publiés séparément, mais réunis depuis, ont eu le même sort : on les lit, on les lira tant que les lettres chrétiennes seront en honneur. On lui doit encore un *Traité du choix et de la méthode des études*, œuvre importante, qui est comme la clef de toutes celles qu'il a données au public; et pourtant il ne regardait cet ouvrage que comme une esquisse, comme une espèce de projet. Il n'a pas dédaigné de composer sur les *Devoirs des maîtres et des domestiques* un petit livre aussi solide qu'instructif. Mais de toutes ses productions la plus belle, la plus utile, la plus connue est son *Histoire Ecclésiastique*, qui renferme l'espace de quatorze siècles, depuis l'établissement du christianisme jusqu'à l'ouverture du concile de Constance. Dans sa modestie, Fleury hésita longtemps à entreprendre ce grand ouvrage, qu'il regardait comme au-dessus de ses forces; il s'était contenté d'en recueillir les matériaux pour son propre usage. Ses amis le pressèrent de les mettre en œuvre : « Je tâcherai, leur dit-il, de faire ce que vous désirez. — Savez-vous bien, ajouta Bossuet, qu'il est homme à tenir parole. » Et Bossuet ne se trompa point. On a fait à l'*Histoire Ecclésiastique* deux reproches : le premier, véritable éloge aux yeux du chrétien, est d'avoir rapporté trop de miracles; le second tombe sur la franchise avec laquelle il parle de certains scandales qui ont affligé l'Église; mais aux yeux du philosophe chrétien ce reproche n'est encore qu'un éloge indirect de l'impartialité de l'historien. Quant au style, « il semble dit D'Alembert, que Fleury se soit proposé pour modèle la simplicité des livres saints, et qu'il ait tracé la propagation du christianisme de la même plume dont les écrivains sacrés ont décrit sa naissance. » Il travailla plus de trente ans à cette histoire. Il en était au vingtième volume lorsque la mort vint l'interrompre. La continuation en a été faite par le père Fabre, de l'Oratoire, jusqu'en 1698, et par Alexandre Lacroix jusqu'en 1778. Ces suppléments sont loin de valoir l'ouvrage. On a publié dans le dix-huitième siècle plusieurs abrégés chronologiques de l'*Histoire Ecclésiastique*; ce sont, en général, des compilations assez médiocres. Quant à l'œuvre originale, il ne lui manquait qu'un honneur qu'elle obtint, ce fut d'être mise à l'*Index* à Rome.

On a réimprimé séparément les huit *discours* qui se trouvaient parmi l'*Histoire Ecclésiastique*, et qui avaient été composés pour en faire partie. Il y a été joint un neuvième *discours*, sur *les libertés de l'Église gallicane*, dans lequel l'auteur ne se montre pas moins bon Français qu'historien éclairé et chrétien plein de zèle, mais d'un zèle selon la science : il avait été écrit plus de trente ans avant la mort de Fleury; mais cette pièce, très-souvent réimprimée, n'a reparu qu'altérée selon les vues personnelles des éditeurs. Enfin, en 1807, l'abbé Émery, supérieur général de la congrégation de Saint-Sulpice, en publia le manuscrit autographe sous le titre de *Nouveaux Opuscules de l'abbé Fleury*. Déjà, en 1780, tous ses ouvrages, à l'exception de l'*Histoire Ecclésiastique*, avaient été recueillis par Rondez, sous le titre d'*Opuscules*. Dans les *Nouveaux Opuscules*, outre le *discours sur les libertés*, se trouvent d'autres pièces inédites. Il existe dans la bibliothèque de Cambrai une *Histoire de France* manuscrite que Fleury avait composée pour les enfants de France, et dont aucun biographe n'a parlé.

Charles Du Rozoir.

FLEURY (ANDRÉ-HERCULE, cardinal de), naquit à Lodève, le 22 juin 1653, d'une ancienne famille de Languedoc. Venu fort jeune à Paris, il fut élevé au collège de Clermont, d'où il passa à celui d'Harcourt. Entré dans l'état ecclésiastique, il s'y distingua de bonne heure par son goût pour le travail. Son esprit de conduite, sa modération et la sagesse de ses mœurs le firent distinguer par Louis XIV, qui lui donna l'évêché de Fréjus. Ce prince, avant de mourir, le nomma précepteur de son petit-fils. Il sembla accepter ces importantes fonctions avec répugnance, et affecta de dire que si le roi avait été en état de recevoir son refus, il n'aurait pas consenti à subir cette charge. Pendant la régence du duc d'Orléans, il se conduisit en ambitieux habile. Sans lutter ouvertement contre le régent, il conserva l'attachement du roi; et quoiqu'il eût abandonné véritablement le maréchal de Villeroi, il parut au prince avoir été lui-même victime du coup d'autorité qui éloigna cet homme orgueilleux et faible. Quand le duc d'Orléans mourut, Fleury ne crut pas le moment encore favorable pour se saisir de l'autorité. Il laissa expédier la patente de premier ministre au duc de Bourbon. Celui-ci, entraîné par ses passions, et sans capacité, devait céder à l'influence calme, mais soutenue de Fleury. On sait comment l'orgueil de la marquise de Prie enleva la couronne de France à une sœur du duc de Bourbon, et la donna à la fille du roi Stanislas Leczinski, déchu du trône de Pologne, où l'avait fait monter Charles XII. Le duc de Bourbon, croyant trouver un appui dans l'amour que Louis XV avait pour cette jeune reine, voulut éloigner Fleury du conseil ; mais celui-ci se retira à sa maison de campagne d'Issi, lieu de retraite, où plusieurs fois son ambition sembla fuir la cour. Il en fut rappelé; et le duc de Bourbon perdit son autorité.

Fleury, bientôt cardinal, commença à gouverner les affaires de son pays, à l'instant où d'ordinaire on cherche le repos. Il avait soixante-treize ans. Son administration fut calme et sans génie. Stanislas, beau-père de Louis XV, déjà nommé roi de Pologne en 1704, fut encore élu roi en 1733. La Russie ne voulut point le souffrir sur le trône, et le cardinal de Fleury ne soutint pas les droits qu'une élection libre donnait au père de la reine de France. Une petite armée de 1,500 hommes se rendit prisonnière à Dantzig, et le marquis de Plélo, ambassadeur de France en Danemark, qui l'avait conduite, mourut victime de la politique craintive de Fleury. Cependant, la guerre de 1735 vengea la France de cette défaite : cette guerre, courte et glorieuse, livra Naples et la Sicile à don Carlos; la Toscane fut promise au duc de Lorraine, et la Lorraine donnée à la France. Le roi Stanislas y régna avec une douceur qui le fit aimer des peuples auxquels il avait été imposé. Les dispositions pacifiques de Fleury n'empêchèrent pas la guerre de la succession de Charles VI. Il commença avec répugnance cette lutte, qui changea la face de l'Europe, donna naissance à une nouvelle puissance européenne (la Prusse), et affaiblit la France. Il n'en vit pas la fin; car il mourut en 1743, à près de quatre-vingt-dix ans. Il était membre de l'Académie Française, de celle des Sciences et de celle des Inscriptions et Belles-Lettres. Son administration intérieure avait été facile et tracassière. Il n'avait pas su dominer les querelles du clergé, et la suite des petits coups d'État qu'il se permit augmenta l'influence du parlement, qui pendant la régence avait plié sous la volonté du duc d'Orléans. Fleury est le troisième prêtre qui ait gouverné la France. Il n'avait ni les talents ni les vices de Richelieu et de Mazarin : il ne sut pas comme eux accomplir un but politique; son seul but était de vivre heureux et tranquille : il réussit; il mourut même à temps, et échappa aux reproches du pays, que sa faiblesse avait laissé entraîner dans une guerre désastreuse.

Ernest Desclozeaux.

FLEURY (JOSEPH-ABRAHAM BÉNARD, dit), l'un des meilleurs comédiens dont la scène française conserve le souvenir, était, comme l'on dit en style de coulisses, *un enfant de la balle*. Fils de deux des sujets de la troupe comique qui charmait à Lunéville les loisirs du bon roi Stanislas, il y naquit vers 1750, et dès sa septième année on le fit monter sur les planches pour jouer de petits rôles, dont il se tira fort bien. L'éducation du jeune acteur avait été très-négligée; en revanche, accueilli dans une société à laquelle appartenaient le ton les Tressan, les Boufflers, etc., il s'y forma de bonne heure à ces manières distinguées qu'il devait plus tard porter à un si haut degré. Après un noviciat heureux sur plusieurs théâtres de province, il vint débuter à la Comédie-Française, en 1772, dans l'Égisthe de *Mérope*. La tragédie n'était point son genre; il eut plus de succès dans les *Fausses infidélités*. Toutefois, son admission fut ajournée, et n'eut lieu que six ans plus tard. Reçu à notre premier théâtre pour y jouer un emploi où il avait devant lui Belcour, Molé et Monvel, Fleury sentit qu'un travail assidu devait seconder sa profonde intelligence; il sut dompter un organe rebelle, corriger une prononciation vicieuse, acquérir une aisance et une grâce sans égales. Bientôt, sans négliger les autres parties de son emploi, on le vit s'y créer une spécialité dans laquelle il se plaça hors de ligne : ce furent les rôles de petits-maîtres, de courtisans, de mauvais sujets de la grande société. On cite encore son persiflage de bon ton, son élégante fatuité, sa brillante impertinence dans *Le Chevalier à la mode*, *L'Homme à bonnes fortunes*, les marquis du *Cercle* et de *Turcaret*, et surtout dans celui de *L'École des Bourgeois*. Il ne fut pas moins supérieur dans quelques autres rôles d'un genre tout différent, entre autres dans celui du grand Frédéric des *Deux Pages*, où le prince Henri applaudit le premier à cette reproduction si parfaite de son illustre frère.

Fleury partagea les dangers et la détention de plusieurs de ses camarades du Théâtre-Français, sous le régime de la Terreur; il obtint néanmoins sa mise en liberté avant le 9 thermidor. Lui seul pouvait consoler le public de la retraite de Molé, par le talent avec lequel il joua, à son tour, le *Misanthrope*, le *Méchant*, le *Philosophe marié*, et les autres personnages du grand répertoire, tout en prêtant son appui à une foule de pièces nouvelles, dont plus d'une fois il fit seul le succès. De fréquents accès de goutte et les progrès de l'âge le déterminèrent à quitter la scène en 1818. Les regrets du public, l'estime qu'inspirait son caractère, le suivirent dans le modeste asile qu'il avait acquis près d'Orléans; il y est mort, plus que septuagénaire, le 5 mars 1822.

On a publié des *Mémoires de Fleury*, auxquels, à coup sûr, il n'a coopéré que par quelques notes trouvées dans ses papiers, et qui du reste, par leur variété assez amusante, sont plutôt ceux de la fin du dix-huitième siècle que les siens. OURRY.

FLEURY (AIMÉE, duchesse DE), était née *comtesse DE COIGNY*, et porta ce nom dans sa première jeunesse, ainsi que dans les dernières années de sa vie, préférablement à celui qu'elle devait à son mariage avec le duc de Fleury, arrière-petit-neveu du cardinal de ce nom, lequel, en 1736, avait fait ériger en duché-pairie, sous le titre de *Fleury*, la baronnie de Pérignan, appartenant à sa famille. C'était une personne d'esprit, qui fréquentait toutes les bonnes compagnies de son temps. Née à Paris, vers 1776, elle était déjà très-remarquée pour son esprit et sa beauté, lorsque la révolution, l'ayant trouvée noble et brillante sur sa route, la jeta, on ne sait sous quelle accusation, dans la prison de Saint-Lazare. C'était en 1794. Le poëte des *Mois*, Roucher, le peintre Suvée, et André Chénier, y étaient détenus à la même époque. André la vit, et fut vivement frappé de sa beauté, de sa grâce touchante, de sa noble candeur, et beaucoup aussi (à ce qu'il semble par les vers qu'elle lui inspira), de son naïf amour de la vie et des douces plaintes que tirait de son sein l'image de la mort, qu'elle se figurait planant menaçante sur sa tête, et qu'elle cherchait à éloigner par toutes sortes de raisons poétiques et charmantes. On connaît le beau chant dans le goût antique, qui était le goût aussi de Mlle de Coigny (elle lisait Horace en latin); on connaît cette ode, d'un rhythme inouï alors, où les plaintes que Chenier met dans la bouche de la jeune captive revêtent une pompe d'expression, une richesse de comparaisons et d'images, qui jettent un charme saisissant sur toute la pièce et en font un des monuments les plus distingués de la poésie française.

Mlle de Coigny n'est nulle part nommée dans ce poëme touchant. Comme Dante taisant le nom de sa Béatrix dans la *Vita nuova*, Chénier n'a fait désigner la Muse qui lui inspire ce dernier chant, qui est comme son chant du cygne. Mais il a peint assez bien pour que la tradition s'en soit discrètement conservée et transmise jusqu'à nous. *La Jeune captive* fut imprimée pour la première fois dans l'*Almanach des Muses* de l'an IV (1796) sur une copie communiquée par Mlle de Coigny à Népomucène Lemercier. André Chénier a encore adressé à Mlle de Coigny d'autres vers où respire bien tout le cœur du poëte. Ils sont datés, comme le chant immortel, de *Saint-Lazare*. Le poëte, on le sait, fut exécuté le 7 thermidor an II. Mme la comtesse de Coigny fut sauvée du sort de Chénier par le 9 thermidor, et rien ne faisait présager qu'elle dût bientôt mourir lors de la publication, en 1819, des œuvres du poëte qui l'avait si dignement chantée. Elle mourut néanmoins peu après, belle encore, aussi jeune par l'esprit et par le cœur qu'au temps de Saint-Lazare.

« La duchesse de Fleury, disait M. Lemercier, avait connu, par sa situation, tout ce que l'élégance, la délicatesse des bienséances, les grâces, donnaient de charmes à la cour de Versailles. Depuis que la séparation d'avec son époux lui avait fait reprendre le nom de son père, elle avait connu tout ce que la révolution avait fait naître de plus intéressant, de plus solide, de plus éclairé sur les affaires et sur les personnes qui les avaient dirigées. Ce mélange d'instruction mit en valeur les qualités naturelles et les avantages de son éducation, extraordinairement soignée. Également familière avec les belles-lettres françaises et latines, elle avait tout l'acquis d'un homme. Mais le savoir en elle n'était jamais pédant; elle resta toujours femme, et l'une des plus aimables de toutes. Sa conversation éclatait en traits piquants, imprévus et originaux : elle résumait toute l'éloquence de Mme de Staël en quelques mots perçants. On a d'elle un roman anonyme qui, sans remporter un succès d'ostentation, attache, parce qu'elle l'écrivit d'une plume sincère et passionnée. Elle a composé des mémoires de son temps et une collection de portraits sur nos contemporains les plus distingués par leur rang et par leurs lumières, qui réussirent mieux, étant vivement tracés et plus sincères encore. Nous l'avons perdue le 17 janvier 1820. »

Le roman de Mme la comtesse de Coigny dont parle Lemercier, publié sous le voile de l'anonyme, fut, comme ses *Mémoires* et ses *Portraits*, écrit pour un choix d'amis qui eussent tenu sa réputation dans la maison de Socrate, si l'on en juge par le chiffre du tirage de cette œuvre, devenue par là actuellement introuvable : *Alvar*, tel est le titre [2 vol. in-12, Paris, 1818, imprimerie de Firmin Didot] ne fut tiré qu'à vingt-cinq exemplaires. Cet opuscule est écrit avec beaucoup de simplicité, d'un style vif toutefois, ingénieux et passionné, qui rappelle celui de l'*Ourika* et de l'*Édouard* de Mme de Duras. Charles ROMEY.

FLEURY (ROBERT). *Voyez* ROBERT-FLEURY.

FLEUVE, RIVIÈRE. Suivant les géographes français, un *fleuve* est un courant trop considérable pour qu'on le nomme *ruisseau*, et dont les eaux sont versées immédiatement dans la mer. Tout courant de même grandeur, qui se terminerait à un autre courant, à un lac ou à tout autre réservoir qui ne serait pas une mer, porterait le nom de *rivière*. Cette distinction n'a pas été faite dans toutes les langues, et la nôtre ne l'observe pas toujours, même en géographie. Ainsi, par exemple, le Niger conserve le titre de *fleuve*, quoiqu'on ne lui connaisse point de communication avec l'Océan. Dans les relations des voyages de découvertes, les navigateurs nomment *rivières* tous les courants dont ils ont reconnu l'embouchure dans la mer, soit qu'ils ne les aient vus que de loin, soit qu'ils les aient remontés pour explorer l'intérieur du pays qu'ils arrosent. Il conviendrait peut-être de renoncer à l'emploi du mot *fleuve* comme terme scientifique et de le remettre à la disposition de la littérature, comme il l'était avant que la géographie s'en emparât.

En jetant les yeux sur les voies naturelles de la circulation des eaux sur la terre, on conçoit aisément pourquoi les plus grands canaux de cette circulation sont des *fleuves*, en attribuant à ce mot le sens adopté par nos géographes. On a représenté sur des tableaux synoptiques les plus célèbres de ces fleuves avec l'indication de leurs principaux affluents, en les plaçant par ordre de grandeur; mais il ne suffit point de les comparer entre eux quant à l'étendue de leur cours et à la superficie de leur bassin; on ne peut se dispenser de tenir compte des causes diverses qui contribuent à faire varier le volume des eaux qu'ils versent dans les mers. Comme il est bien prouvé que toutes les eaux courantes tirent leur origine des pluies qui tombent sur la terre, il faut que l'hydrographie mette en œuvre les observations météorologiques, et que pour chaque bassin de fleuve on sache quelle est la quantité moyenne des eaux atmosphériques répandues sur cette contrée. On n'aurait certainement qu'une très-fausse notion du fleuve des Amazones si pour le comparer à la Seine on se bornait au rapport entre les deux bassins : comme il tombe cinq à six fois autant de pluie sur le territoire arrosé par le fleuve américain que sur le sol de la France, on doit accroître proportionnellement le résultat de la première comparaison, et c'est alors que l'imagination s'étonne en essayant de se représenter le volume des eaux portées à l'Océan par un seul des fleuves du Nouveau-Monde. Tous les fleuves de l'Europe réunis dans un seul canal n'égaleraient pas, à beaucoup près, ce courant gigantesque dont la sonde ne peut atteindre le fond, à plusieurs centaines de lieues au-dessus de son embouchure. Quelle est donc la forme et l'immense profondeur du lit creusé par ces eaux venues de si loin, et dont la masse prodigieuse est entretenue par des pluies presque continuelles? On ne peut douter que les eaux de l'Océan ne remplissent en grande partie, et très-loin dans l'intérieur du continent, tout l'espace qui se trouve au-dessous de leur niveau : on sait qu'à plusieurs lieues au-dessus de l'embouchure des fleuves, tels que la Seine ou la Loire, les eaux douces coulent sur celles de la mer, qui, suivant les lois de l'hydrostatique, ont occupé la place que leur pesanteur spécifique leur assigne. Cette observation appliquée au fleuve des Amazones, et agrandie conformément aux dimensions des objets comparés, amène cette conclusion importante pour la géologie : dans le même temps, sur des terrains contigus, des eaux douces et des eaux salées superposées les unes aux autres, forment les produits qui les caractérisent, et qu'elles laisseront en témoignage de leur séjour prolongé sur ces terrains. Si quelque révolution de notre globe dessèche et met à découvert ces formations évidemment contemporaines, les géologues des temps futurs, raisonnant comme ceux d'aujourd'hui, essayeront peut-être d'intercaler des siècles, de découvrir un ordre de succession ; et la vérité sera précisément ce qu'ils ne pourront ni soupçonner ni regarder comme vraisemblable.

Il ne faut pas beaucoup de savoir minéralogique pour démontrer que les eaux courantes ont eu plus de part que les feux souterrains aux modifications successives de la couche superficielle de la terre. Leur action se manifeste clairement, et presque partout ; au lieu que celle des volcans est confinée dans quelques régions où l'on trouve aussi des preuves irrécusables du pouvoir que les courants y ont exercé. Mais ce pouvoir, dont la première œuvre fut le creusement du lit des rivières et des vallées, paraît occupé généralement, et depuis un grand nombre de siècles, à combler les profondeurs qu'il avait excavées, à exhausser par des atterrissements successifs les terrains dont il avait abaissé le niveau, tandis qu'il continue à dégrader les montagnes pour en transporter les débris sur les plaines et jusque dans le bassin des mers. Ce second travail des eaux courantes a fait de grands progrès dans notre continent ; mais il paraît moins avancé dans l'autre, qui justifie à cet égard son titre de *Nouveau-Monde*. Les fleuves de l'Amérique coulent entre des rives plus élevées que le fond de la vallée où leur lit est creusé, en sorte que les eaux débordées ne peuvent y rentrer, et forment de vastes marais où sont déposés annuellement de nouveaux atterrissements, des arbres déracinés, les végétaux qui couvraient les terres entraînées.

A une époque antérieure aux annales de toutes les nations, les fleuves de l'Europe furent dans l'état où nous voyons aujourd'hui les fleuves américains ; ce fut alors que de grands dépôts de lignites se formèrent près de leurs bords ; ces débris de l'ancienne végétation sont exploités en quelques lieux, et ceux de la Seine ont été reconnus jusqu'aux portes de Paris. Des couches épaisses de terre végétale, autre dépôt des eaux, couvrent maintenant ces bois enfouis et plus ou moins décomposés ; on parviendrait à fixer avec une assez grande probabilité le temps nécessaire pour opérer ces transformations du sol, si l'on s'astreignait à les observer durant une longue suite d'années aux lieux où les mêmes agents continuent à les produire.

La navigation sur les rivières exige aussi quelques applications des arts ; divers obstacles l'interrompent ; des périls cachés sous l'eau, fréquemment déplacés, et qu'il est impossible de signaler, ne lui laissent aucune sécurité. Mais on ne luttera peut-être jamais avec persévérance contre les difficultés de cette nature : le peuple qui couvrit l'Égypte de monuments gigantesques laissa subsister les cataractes du Nil ; il est probable que les bateaux ne franchiront point la *perte du Rhône* pour arriver sur le lac de Genève ; que la navigation du Rhin n'atteindra jamais le lac de Constance pour le joindre à l'Océan, etc. Cependant l'art des ingénieurs, qui s'avance à grands pas vers les perfectionnements dont il est susceptible, triomphera de la rapidité des courants, comme il a déjà surmonté les autres obstacles opposés aux transports par eau : les bateaux à vapeur réaliseront tout ce qu'on attend de la puissance de leurs machines.

Presque toutes les rivières ont eu besoin que l'on y fît quelques travaux pour que les bateaux pussent les parcourir facilement et sans périls : celles dont les eaux ne sont ni abondantes ni profondes ne peuvent servir qu'à une navigation artificielle, et par conséquent elles exigent des frais d'entretien ; il paraît donc équitable de soumettre la navigation à des taxes qui acquittent les dépenses qu'elle entraîne. Mais on demandera si dans un pays où les grandes routes sont faites et entretenues aux frais de l'État sans que le roulage ait à payer des droits pour l'usage qu'il fait de ces voies de transport, on ne devrait pas accorder la même faveur aux transports par eau ? Les rivières sont aussi des voies publiques : la nature en a fait presque tous les frais, et la navigation ne les dégrade point.

Toutes les observations attestent que dans notre continent le volume des eaux en circulation sur les terres a diminué considérablement, que des lacs ont disparu, que le bassin des mers intérieures n'a plus qu'une partie de son ancienne grandeur. Les progrès de ce desséchement graduel pourraient être ralentis par un bon emploi des eaux qui nous restent. Il s'agit d'augmenter, autant qu'il est possible, sur toute la surface de la terre, la consommation de ce liquide pour la production de végétaux utiles, qui restitueront directement à l'atmosphère, et non aux rivières et aux mers, l'eau qu'ils n'auront pas absorbée, et contribueront ainsi à la formation de nuages qui retomberont en pluies fécondantes. Les rivières et les fleuves ne nous rendent service que comme voies navigables et comme réservoirs fournissant à l'évaporation et à l'infiltration de l'eau dans les terres : pour ces trois sortes d'utilité, les rivières artificielles ne sont nullement inférieures aux courants naturels qui les alimentent, et la navigation leur donne, comme on le sait, une préférence bien méritée. Plus on multipliera les canaux destinés à une bonne distribution des eaux sur la terre, plus on verra décroître le tribut que les rivières portent aux fleuves, et celui que les fleuves payent aux mers, plus aussi l'agriculture sera florissante, la terre embellie et peuplée. Voilà ce que nous pouvons obtenir par les *irrigations* bien dirigées, exécutables presque partout, et qui récompenseraient amplement les populations qui auraient le courage de les entreprendre et assez de persévérance pour les achever.

FERRY.

FLEUVE (Passage d'un). Avant nos guerres de la Révolution, le passage d'un fleuve ou d'une rivière était considéré comme l'une des principales opérations d'une campagne. Franchir un fleuve, défendre ou prendre une place de guerre de premier ordre, suffisaient pour établir la réputation d'un chef. Les généraux de la République, en improvisant une nouvelle tactique, changèrent quelques-unes des vieilles dispositions relatives au passage des fleuves. On s'était accoutumé à emporter les positions formidables à la baïonnette, on s'habitua aussi à passer un fleuve sans hésitation ; et l'expérience démontra que ce système, suivi avec sagacité et prudence, épargnait un grand nombre d'hommes. Cet art, les anciens l'avaient possédé au plus haut degré. César eut le premier l'honneur de franchir le Rhin à la tête de son armée, malgré les nombreux obstacles qui semblaient s'opposer à cette entreprise audacieuse. Plus tard, d'autres passages non moins téméraires sur le même fleuve signalèrent la valeur des descendants de ces fiers Gaulois, vaincus par la tactique romaine. C'est ainsi qu'en 1672 nos armées se distinguèrent à Tolhuys, où les troupes de la maison du roi passèrent le Rhin à la nage et au gué; à Dusseldorff, en 1795; à Diersheim, à Neuwied et à Kelh, en 1797; à Reichlingen, en 1799. Pendant nos brillantes campagnes de 1793 à 1814, on peut encore citer les passages du Danube, de la Piave, du Tagliamento, du Pô, de la Sieg, de l'Adige, du Guadalaviar, du Niémen.

Une armée victorieuse franchit un fleuve ou une rivière pour pénétrer dans un pays ennemi et y combattre les troupes qui lui sont opposées. Une armée battue et en retraite effectue le même passage après la perte d'une bataille, ou lorsque l'ennemi se présente avec des forces supérieures. C'est souvent derrière cette barrière flottante qu'un général habile vient attendre des renforts. Cependant, il est des cas à la guerre où une retraite simulée oblige le général à repasser un fleuve pour mieux tromper son adversaire et l'envelopper dans un danger imminent; mais ces exemples sont rares; ils peuvent d'ailleurs compromettre le résultat d'une campagne commencée avec succès.

On a souvent mis en question la différence qui peut exister entre l'art de défendre et celui d'attaquer un fleuve. « Quoiqu'il soit plus facile, dit l'auteur de l'article *Passage* du dictionnaire militaire de l'*Encyclopédie méthodique*, de défendre le passage d'une rivière que de le forcer, parce que l'armée qui veut l'empêcher est bien moins gênée dans ses manœuvres et ses mouvements que celle qui veut la traverser, néanmoins il arrive que celui qui l'entreprend réussit presque toujours. La raison en est sans doute qu'on ignore la plupart des avantages de la défense, qu'on ne pénètre pas assez les desseins de l'ennemi, et qu'on se laisse tromper par les dispositions simulées qu'il fait dans un endroit, tandis qu'il effectue le passage dans un autre, sur lequel on ne porte aucune attention. »

Les armées ont à leur suite un matériel connu sous le nom d'*équipages de ponts*, uniquement destiné aux passages des fleuves et des rivières. En 1795, on a créé en France, sous la dénomination de *pontonniers*, un corps spécialement affecté à l'entretien des *ponts de bateaux* ou *pontons*. Avant l'institution des pontonniers, l'artillerie seule était chargée de ce service; mais cette arme, peu nombreuse alors, se voyait forcée d'y employer les habitants des villes ou villages situés sur les rives des fleuves. Ces auxiliaires étaient habituellement pris par la voie de réquisition; c'était une levée toujours très-difficile en pays ennemi, et qui avait l'inconvénient grave de compromettre souvent les opérations militaires d'une campagne. D'un autre côté, l'ancien matériel, très-lourd, présentait le double désavantage de gêner la marche des armées, d'offrir peu de solidité et de faire craindre les accidents : c'étaient des pontons de cuivre, portés sur des *haquets*, extrêmement lourds et traînés par une grande quantité de chevaux; des *ponts à chevalets*, des *ponts volants* sur des peaux de bouc, des *ponts de radeaux* sur des tonneaux, des *ponts à pilotis*, etc., etc. Tous ces inconvénients ont disparu peu à peu depuis l'organisation des pontonniers, dont l'habileté et l'instruction rendent d'immenses services. Jamais les équipages de ponts n'ont été aussi légers, aussi faciles à transporter et aussi bien servis.

Les passages de fleuves n'ont pas toujours été effectués par les moyens ordinaires. L'exemple de 1672 s'est renouvelé aux passages de la Piave et du Tagliamento. On a vu sur ces deux fleuves des lignes de nageurs former des chaînes d'une rive à l'autre pour couper le courant de l'eau et faciliter le passage, qui s'accomplissait sous le feu de l'artillerie de la mousqueterie ennemie. Le passage d'un pont exige une attaque brusque et vigoureuse, soutenue par de l'artillerie ; les masses avancent ensuite au pas de charge, et forcent le passage. Celui d'une rivière se fait au gué ou à l'aide de pontons; celui d'un fleuve est toujours plus difficile, parce qu'il exige de plus grandes précautions, un plus grand déploiement de forces et beaucoup plus de temps. Dans l'un et l'autre, on garnit la rive d'artillerie et de tirailleurs pour écarter l'ennemi qui défend le bord opposé. Au même instant, des embarcations chargées d'hommes d'élite passent de l'autre côté, chassent les postes et se portent en avant. C'est pendant ces dispositions que l'on jette les ponts.   SICARD.

FLEUVES et RIVIÈRES (*Législation*). *Voyez* EAUX, COURS D'EAU et NAVIGATION.

FLEXIBILITÉ. Cette qualité s'entend particulièrement des corps que l'on peut ployer sans les rompre; et, à parler d'une manière générale, tous les corps sont doués de cette propriété, qui ne varie que par le plus ou le moins, parce que tous doivent céder à une force finie. Tous les corps de la nature sont flexibles, parce que tous sont élastiques, ou, en d'autres termes, parce que dans tous la force de cohésion qui maintient unies leurs molécules peut être combattue par d'autres forces qui tendent à les rapprocher plus étroitement par la pression ou à les écarter par la traction.

Quelques mots suffiront pour expliquer le phénomène de la flexibilité : prenons une tige métallique droite ; si, fixant une de ses extrémités dans le sens vertical, nous inclinons l'autre extrémité vers la terre, de manière à courber la tige dans toute son étendue, on comprend que dans cet état les molécules de la partie supérieure de la tige éprouveront une forte tension, tandis que celles qui en forment le plan inférieur subiront une pression ou un rapprochement moléculaire non moins énergique; en sorte que d'un côté (le plan supérieur) il y aura attraction et de l'autre répulsion. Ces deux puissances égales, puisqu'elles se partagent tout le système de la barre métallique en deux plans égaux, combattraient jusqu'à rupture la force de flexion et en augmentant toujours proportionnellement à l'arc de courbure que nous leur imprimerions. Si, au contraire, nous abandonnons l'extrémité inclinée, la tige, obéissant à son élasticité, reviendra, par un mouvement rapide et violent, à la direction verticale, non pas d'un premier coup, puisqu'elle dépassera d'abord son but, mais par une suite d'oscillations pressées et toujours isochrones, dont l'effet sera de rendre l'équilibre aux deux forces combattues, l'attraction et la répulsion.

Tels sont les phénomènes que l'on observe dans tous les corps doués de flexibilité. Les formes de tiges allongées sont, comme on le voit, un moyen de développer cette propriété au plus haut degré, ainsi qu'une manière plus favorable pour en juger exactement. Les ressorts en effet, si heureusement appliqués à tant d'usages, ne sont autre chose que des tiges flexibles, roulées en spirales ou en volutes. Le spiral d'une montre en est un exemple digne de remarque : les aiguilles ne marchent que par un effort continuel de cette petite tige d'acier pour revenir à son état primitif, dont elle a été une fois écartée en la roulant de force sur un cylindre étroit.

On peut évaluer le degré de flexibilité d'un corps ou la quantité dont il se ploie avant de rompre, de deux manières : 1° soit en le suspendant par les deux bouts, et comprimant fortement son milieu par des poids jusqu'à ce qu'il se rompe, mesurant ensuite la flèche de sa courbure pour la comparer aux poids employés; 2° en comprimant fortement un corps jusqu'à ce qu'il se rompe, et mesurant la diminution que l'épaisseur du corps éprouve par la pression, en tenant compte des poids employés.   E. RICHER.

FLIBUSTIERS. C'est une histoire aussi curieuse que mal connue que celle de ces terribles hommes de guerre, que l'Europe n'a longtemps considérés que comme d'obscurs écumeurs de mer. Leur nom vient-il de l'anglais *flyboat* ou du français *flibot*, signifiant *bateau qui vole, qui voltige*? Vient-il de l'anglais *free booter* (franc butineur, fribustier)? C'est aux marins à nous l'apprendre. Des hommes de race anglaise et française, des déserteurs, des aventuriers, des marrons, ont été d'abord connus, dans les îles de l'Amérique méridionale, sous le nom de *boucaniers*, nous avons dit ailleurs pourquoi. Les Espagnols les ayant contrariés dans leur industrie, et ayant détruit leurs petits comptoirs, ils leur vouèrent une guerre à mort, changèrent de vie et se firent hommes de mer, *per fas et nefas*. C'est de ce moment surtout qu'ils s'appelèrent *flibustiers*, devinrent aussi redoutables sur un élément que sur l'autre, étonnèrent l'Amérique par une audace qui ne se démentit jamais, et se livrèrent avec autant de bravoure que de cruauté à la chasse aux Espagnols; ils les désolèrent dans les Indes occidentales, jusqu'aux époques où la France et l'Angleterre y eurent fondé des établissements stables. Les flibustiers humilièrent, par des expéditions brillantes, les ennemis du nom français. Leurs compagnies, de vingt-cinq à trente hommes, s'appelaient *matelotages*; ils s'intitulaient *frères de la côte*, et étaient qualifiés de *démons de la mer* par les Espagnols. Ils vivaient en une sorte de république à demi sauvage : tels matelotages ne possédaient pour toute fortune qu'un esquif; à mesure que les incursions réussissaient, ils agrandissaient la barque et allaient se recruter de nouveaux marrons à Saint-Domingue et à Cuba : ainsi telle de leurs embarcations devint forte de 150 hommes. Ils y voguaient à ciel ouvert. Quand elle ne pouvait plus les contenir, ils essaimaient en nouveaux matelotages. Ils se retiraient dans des rades inhabitées, peu connues, que les Anglais appelaient *keys*; ils y cachaient leurs prises et y enterraient leurs doublons, leurs dollars, quand ils n'avaient pas l'occasion, la facilité de les dissiper en orgies, en débauches, suivant la coutume des pirates. Plus d'un trésor est resté enfoui dans des îlots, loin des lieux où sont allés périr de pécunieux brigands, qui ne connaissaient qu'une tactique de mer, l'abordage; qu'une tactique de terre, l'assaut. Leurs lois avaient surtout en vue le partage du butin : leur histoire est un tissu des dissensions qui s'émouvaient à ce sujet.

Louis XIII nomma, en 1637, gouverneur de la Martinique le capitaine Duparquet, que les flibustiers s'étaient donné pour chef. Trois ans plus tard, des flibustiers venus de Normandie fondèrent Saint-Domingue. Un Dieppois, nommé Legrand, devenu possesseur, lui vingt-neuvième, d'un bateau armé de quatre mauvais canons, se jette sur le vice-amiral des galions, et rend maître de la frêle embarcation du matelotage en la quittant pour s'élancer sur le bord ennemi, et se rend maître, en quelques instants , d'un riche et puissant haut-bord. Pour de petites traversées, les flibustiers s'abandonnaient, dans une barque, aux caprices de la mer. Cinquante s'aventurent sur un simple canot dans la mer du Sud, portent le cap jusqu'en Californie, s'engagent dans les eaux de la mer du Nord, et accomplissent, sous des vents contraires, une traversée de plus de 2,000 lieues; ils changent de direction au cap de Magellan, filent vers le Pérou, prennent terre au port d'Iaucka, s'y emparent d'un bâtiment de guerre où plusieurs millions étaient embarqués, et se remettent en mer, possesseurs d'un vaisseau de premier rang. Maracaïbo fut une des premières villes qui se virent insulter par une armée de 400 flibustiers, troupe la plus considérable qu'ils eussent pu encore rassembler; ils emportèrent la place et la mirent à rançon. C'était l'époque où se rendaient célèbres les flibustiers anglais Mansfield et Morgan, Barthélemy, le portugais, Roe, David, Graff et Van der Horn, Hollandais, Michel, le Basque, et les Français Nau, l'Olonnais, Montauban, François Grandmont, et Monbars, dit *l'Exterminateur*; 1,200 flibustiers français se portent sur la Vera-Cruz, s'en rendent maîtres , en 1683, y saisissent 1,500 esclaves et les emmènent audacieusement à travers la flotte d'Espagne, sans qu'elle ose les inquiéter.

La puissance croissante de ces bandits leur permit de menacer le Pérou : un empire nouveau allait peut-être y être fondé par eux. Ils étaient parvenus à réunir, pour cette entreprise, 4,000 hommes; les Espagnols devenaient chaque jour plus inhabiles à leur résister, et se voyaient près d'être subjugués s'ils n'eussent eu pour auxiliaires les tempêtes, les naufrages et l'insalubrité du climat. Des actions sans utilité, de sanglantes dévastations, furent tout le résultat de cette entreprise, que firent avorter surtout l'indiscipline, de révoltants désordres, de hideuses débauches. Un flibustier français traverse, vers les mêmes époques, la mer du Nord, avec 1,000 soldats : Campêche et sa citadelle sont par lui insultés, pris, incendiés. Qu'on ne cherche pas dans les récits qui concernent ces loups de mer l'exactitude des dates, la précision des noms propres, la marche politique de ces boucheries : de pareils hommes, on le conçoit, n'avaient point d'annalistes, et vivaient au jour le jour. Mais au temps où nous arrivons les faits s'éclaircissent ; Louis XIV permet, en 1697, l'armement de plusieurs corsaires, qui partent des ports de France, protégés par sept vaisseaux de ligne; Carthagène était le but de l'expédition : c'était alors la ville la plus opulente et la mieux fortifiée du monde. L'escadre française en entreprend le siège, qui peut-être eût échoué si les flibustiers n'eussent été là pour décider le succès. A peine la brèche est-elle entamée, qu'ils s'y précipitent, gravissent tous les ouvrages, les couronnent et les franchissent. Ce fut la dernière palme cueillie par ces bandits indomptables, troupe sans approvisionnements, héros sans patrie, mais altérés du sang et de l'or espagnols. Avant de disparaître, ils accomplirent aux Indes ce que l'Angleterre, la France, la Hollande, avaient tenté vainement.
Gal BARDIN.

FLIC-FLAC, mot par lequel, on désigne un pas de danse ou un entrechat imitant le mouvement alternatif d'un fouet frappant l'air à droite et à gauche, et faisant entendre ou deviner un bruit très-faible, assez analogue à celui qui est exprimé par cette onomatopée. Aujourd'hui qu'on ne connaît plus que la contredanse *marchée* et tranquille, ou les emportements fougueux de la valse ou du galop, on ne peut plus parler du flic-flac que pour mémoire : les entrechats sont abandonnés aux danseurs et danseuses de théâtre.

FLINSBERG, bourg renommé par ses eaux minérales, est situé dans le cercle de Lœvenberg, arrondissement de Liegnitz, province de Silésie (Prusse), dans la vallée du Queis , à 444 mètres au-dessus du niveau de la Baltique, au pied de l'*Iserkamm*, montagne de 1,149 mètres d'élévation. En y comprenant le hameau d'Iser qui en dépend, sa population est de 1,700 habitants. On y trouve une église catholique et un temple protestant. Ses célèbres eaux ferrugineuses, connues dès le seizième siècle sous le nom de *Sources saintes* , ne furent recueillies qu'en 1754, et se prennent aujourd'hui sous forme de boisson et comme bains. On les recommande pour les maladies des femmes, l'hypocondrie, etc.

FLINT, l'un des petits comtés de la principauté de Galles, dont il forme l'extrémité nord-est, se compose de deux parties séparées par le comté de Denbigh, la plus grande au nord entre la mer d'Irlande, l'embouchure de la Dée et les comtés de Chester et de Denbigh, et la plus petite au sud entre les comtés de Denbigh, de Chester et de Shrop. Sa superficie est de 7 1/2 myriamètres carrés , et est divisée en 5 *hundreds* et 28 paroisses ; il compte 72,000 habitants et élit trois membres du parlement. Le comté de Flint est la partie la moins montagneuse du pays de Galles, et présente une agréable succession de collines rocheuses (la plus élevée, le *Garreq-Mountain*, n'a pas plus de 260 mètres de hauteur) et de vallées fertiles et pittoresques. Ses cours d'eau les plus importants sont la Dée à l'est, et l'Alen dans la vallée de Mold, ainsi que l'Elwyd à l'ouest. Dans les bas-fonds, les terres à froment alternent avec les pâturages et les bouquets de bois ; et, toutes proportions gardées, on peut dire que ce comté est le plus fertile du pays de Galles. Les produits du règne minéral forment l'une des principales sources de richesses de cette contrée. Le banc houiller qui se prolonge le long des rives de la Dée a pour base de la pierre calcaire carbonisée et des couches de 66 centimètres à 5 mètres d'épaisseur. Il y existe des hauts fourneaux autrefois célèbres; mais la concurrence des hauts fourneaux d'Écosse leur a fait beaucoup de tort. En revanche, on tire maintenant du cuivre et du vitriol des mines d'Holywell, et surtout du plomb de celles de Llan-y-Pander. On y trouve aussi de la calamine et de la fausse galène ou sulfure de zinc. Outre l'élève du bétail et l'exploitation des mines, la population a encore pour principales industries la fabrication des étoffes de coton, des poteries et la préparation du sel marin.

Flint, sur la Dée, chef-lieu de ce comté, est un bourg de 3,000 habitants, très-fréquenté, à cause de ses bains de mer, jadis fortifié, et au voisinage duquel on voit encore aujourd'hui les ruines du château où Richard II fut détenu et céda, en 1399, sa couronne à Henri IV. *Holywell*, ville de 10,000 âmes, est une localité autrement importante de ce comté; et ses habitants utilisent son petit port pour faire un commerce, qui prend toujours plus d'extension. *Mold* ou *Mould* est une industrieuse ville de 9,000 habitants. On en compte 6,000 à *Hawarden*, centre d'une importante fabrication de poteries. *Saint-Asaph*, dont les 2,000 habitants travaillent pour la plupart dans les mines de plomb du voisinage, est le siége d'un évêché, avec une belle cathédrale et un palais épiscopal.

FLINT-GLASS. Cette matière, dont le nom signifie en anglais *verre de caillou*, est un cristal artificiel, dont on fait les objectifs des lunettes achromatiques (*voyez* ACHROMATISME), les gobelets en cristal, les ornements des lustres, etc. Les Anglais sont les premiers qui aient fabriqué du *flint-glass* avec succès : jusqu'au commencement de ce siècle, nos opticiens tiraient de ce pays tout celui qu'ils employaient dans la confection de leurs objectifs. M. d'Artigues est le premier en France qui en ait obtenu des morceaux assez gros et assez purs pour en tirer des objectifs d'un décimètre de diamètre. Depuis, M. Guinand est parvenu à fondre des masses de flint-glass assez volumineuses et assez diaphanes pour fournir des objectifs ayant jusqu'à trois décimètres de diamètre.

MM. d'Artigues et Cauchois ont prouvé, par de nombreuses expériences, qu'on obtient souvent du flint-glass propre à faire des verres d'optique très-satisfaisants, en fondant ensemble : sable, 6 parties; minium, 5; potasse, 2. Le poids spécifique du cristal qui résulte de cette composition est 3,15 à 3,20. Thénard donne cette autre composition du flint-glass : sable blanc, 100 parties; oxyde rouge de plomb, 80 à 85; potasse calcinée ou peu *aérée*, 35 à 40; nitre de première cuite, 2 à 3; oxyde de manganèse, 0,06.

TEYSSÈDRE.

FLOC ou **FLOQUET.** *Voyez* COCARDE.

FLOCON (FERDINAND), membre du gouvernement provisoire et de l'assemblée nationale en 1848, ex-ministre du commerce, est né en 1802, à Paris. Attaché dès 1825 pour le compte-rendu des séances de la chambre à la rédaction du *Courrier Français*, et à partir de la révolution de Juillet à celle du *Constitutionnel*, il se résigna stoïquement à végéter ainsi pendant plus de vingt ans dans les bas-fonds de la presse périodique, successivement mêlé à divers complots bien ténébreux contre le gouvernement de la branche aînée ou celui de la branche cadette, toujours ourdis d'ailleurs avec assez de prudence par leurs principaux fauteurs pour pouvoir être déniés là leur où la police jugeait utile de les éventer; et il consacrait les loisirs que lui laissait sa profession de sténographe à faire de la propagande au profit de l'idée révolutionnaire parmi les classes de la population qui échappent à l'action directe de la presse. Tant d'abnégation d'une part et de dévouement de l'autre reçurent enfin leur récompense en 1845, époque où il fut appelé à prendre

la rédaction en chef de *La Réforme*, journal fondé alors par les meneurs de la fraction la plus avancée du parti démocratique, aux yeux de qui l'attitude gardée par *Le National* dans la fameuse question des fortifications de Paris était devenue une insigne trahison. *La Réforme* servit aussitôt d'organe aux colères et aux espérances des *culotteurs de pipes*; mais les efforts tentés pour étendre son cercle d'action et d'influence en dehors de cette clientèle toute spéciale demeurèrent inutiles. Ce n'était pourtant pas, certes, le patriotisme incorruptible et immaculé qui faisait défaut aux rédacteurs de la feuille nouvelle, tous écrivains plus remarquables sans doute par le débraillé essentiellement démocratique de leur costume, que par l'originalité de leurs pensées et de leur style ; en revanche, tous conspirateurs émérites, tous ayant figuré avec plus ou moins d'éclat dans quelque procès politique. Mais les convictions, si sincères qu'elles puissent être, si ardentes qu'on les suppose, ne sauraient suppléer le talent d'écrire. Aussi jamais les gens du roi ne purent-ils se décider à prendre le journal de M. Flocon assez au sérieux pour l'honorer d'une saisie. Toutes les poursuites judiciaires, messieurs du parquet les réservaient avec une révoltante partialité pour les *talons rouges* du *National*, journal rédigé par des muscadins faisant du foyer de l'Opéra et de celui des Bouffes leurs galeries habituelles, publicistes à la main toujours gantée, à la tenue irréprochable, chez qui une incontestable habileté compensait ce que leur passé avait d'équivoque en même temps qu'elle leur tenait lieu de foi politique. Quand, dans l'après-midi du 24 février 1848, ceux-ci se trouvèrent les arbitres des destinées de la France, ce ne fut pas sans une certaine hésitation ni même sans une vive répugnance, qu'ils se décidèrent à admettre les hommes de *La Réforme* au partage du pouvoir souverain ; et dans les premiers actes officiels publiés à ce moment, M. Flocon ne se trouve désigné que comme l'un des *secrétaires* du gouvernement provisoire. Dans cette dédaigneuse exclusion il y avait le germe de bien redoutables tempêtes : or, le besoin de l'union se faisait alors plus impérieusement sentir que jamais. On sacrifia donc de part et d'autre ses défiances et ses rancunes sur l'autel de la patrie. On s'embrassa fraternellement ; et M. Flocon, qui, en raison du notoire état de pénurie de la caisse de *La Réforme*, n'était pas bien sûr quarante-huit heures auparavant de percevoir à la fin de ce même mois de février le modeste traitement mensuel de 200 francs attaché à son titre de rédacteur en chef, appelé ministre au poste de ministre du commerce, eut en outre voix délibérative dans le gouvernement provisoire, tout comme son semillant rival M. Armand M a r r a s t. Une justice à lui rendre d'ailleurs, c'est qu'il se montra bien moins réacteur qu'on aurait pu s'y attendre. Ceux des employés de son département qui se mirent à crier bien fort *Vive la république !* (et on ne compta pas plus de cinq ou six voix discordantes) furent, aux différents degrés de la hiérarchie, amnistiés par lui de leur passé monarchique et maintenus dans leurs places ou leurs sinécures, comme s'il n'y avait eu rien de changé en France. Après cela, quelle pouvait lui faire un crime d'avoir chaudement recommandé à quelques-uns de ses collègues certains patriotes éprouvés dont, en raison de la spécialité si bornée de son département, il regrettait de ne pouvoir lui-même utiliser le zèle et le dévouement? Qui oserait lui reprocher, par exemple, de s'être souvenu de son père au milieu de ses grandeurs et de ses prospérités inespérées et d'avoir fait passer d'emblée ce vieillard directeur de l'administration des lignes télégraphiques, dans laquelle il occupait depuis près de quarante ans un modeste emploi?

A nos yeux, un tort plus grave de notre farouche réformateur, c'est d'avoir cru que tout était pour le mieux dans ce meilleur des mondes possible dès qu'il s'était vu appelé à tenir un portefeuille avec 80,000 fr. d'appointements et 12,000 fr. de frais d'installation. Il paraît que son optimisme si subit ne fut pas partagé, à beaucoup près, par tous ses anciens amis politiques. Il y eut alors en effet d'immenses désappointements, notamment parmi les habitués de l'estaminet

Sainte-Agnès, située rue J.-J. Rousseau, à peu de distance des bureaux de *La Réforme*, et fréquenté par les écrivains attachés à cette feuille. Le rédacteur en chef de *La Réforme* n'avait pas plus tôt été installé à l'hôtel de la rue de Varennes, que les *frères et amis*, quels que fussent leurs antécédents, s'y étaient bien vite rués à la curée des places auxquelles leur vieux patriotisme et leurs souffrances pour la patrie leur donnaient tant de titres. Mais la plupart s'en étaient vus impitoyablement repoussés, en vertu d'ordres supérieurs, par le suisse, transformé maintenant en modeste portier, mais demeuré aussi rébarbatif que s'il avait continué à tenir la hallebarde et à porter une formidable épée embrochée dans le large baudrier traditionnel. Les plus avisés, les plus fluets, qui, forçant la consigne, parvinrent jusqu'à l'antichambre, et de guerre lasse, arrachèrent la faveur de quelques minutes d'audience, ceux-là trouvèrent dans le *citoyen* Flocon un ministre tout aussi gourmé que pouvaient l'être ceux du régime précédent. Avec un indescriptible aplomb, il leur fit la morale sur le triste démenti que, dans un moment de faiblesse et d'égarement, ils donnaient à leur passé, si beau et si pur, en venant ainsi mendier des emplois publics; puis, les rappelant au respect d'eux-mêmes, et tempérant par de fraternelles poignées de main, ce que ses reproches avaient de paternellement sévère, il les renvoya, avec un sourire plein de bienveillance et en leur promettant le secret, à l'accomplissement de leur mission humanitaire et sociale. Honteux et confus, nos solliciteurs éconduits gardèrent d'abord le silence; mais peu à peu ils se firent réciproquement confidence de leur déconvenue. Il ne leur fut pas difficile de reconnaître qu'ils avaient été indignement bernés, et la rage de tous ne connut plus de limites. On déclara tout d'une voix le *citoyen* ministre traître à la nation; et, en attendant mieux, un mannequin à son effigie fut un soir brûlé dans le jardin de l'estaminet Sainte-Agnès aux cris mille fois répétés de *Vive la république!* Ce châtiment préparatoire parut encore insuffisant; et pour attacher un indélébile stigmate à son nom, désormais impur et proscrit, la fidèle *bouffarde* de Ferdinand Flocon fut solennellement détachée du râtelier commun dont elle était naguère l'un des plus beaux ornements, et clouée au-dessus du tableau d'ardoise à l'usage du grand billard, avec cette inscription : PIPE DU TRAÎTRE. On voit combien Mirabeau avait raison de s'écrier un jour que du Capitole à la roche Tarpéienne il n'y a qu'un pas.

Quoique frappé maintenant, parmi ses anciens complices, d'une impopularité profonde et méritée, M. Flocon n'en vit pas moins, lors des élections pour la Constituante, son nom sortir de l'urne avec une imposante majorité, comme il arriva du reste à tous ceux de ses collègues du gouvernement provisoire. Il brilla peu à l'assemblée; on trouva souverainement ridicules les phrases sentencieuses qu'il vint quelquefois prononcer à la tribune, devenue pour lui et tant d'autres le plus perfide des écueils. A ce propos, qui ne se rappelle le succès de rire fou qu'obtint une fois l'orateur par une digression assez mal habile, à l'aide de laquelle il fit pouvoir faire l'éloge de la sténographie et des incommensurables services que cet art divin devait un jour à la cause du progrès? La séance dut être suspendue pour quelques instants, lorsqu'on entendit l'orateur émettre, en manière de péroraison, le vœu de voir avant peu le ministre de l'Instruction publique créer des chaires spéciales de sténographie dans tous les lycées, dans toutes les facultés de la république, et en déclarer l'enseignement obligatoire pour tous.

A la suite des journées de juin, le général Cavaignac crut pouvoir se dispenser du concours de M. Flocon, qui ne quitta le banc des ministres que pour aller prendre place sur la crête de la Montagne. Les circonstances dans lesquelles il perdait son portefeuille lui valurent parmi les *frères et amis* le pardon de quatre mois d'égarements, qui après tout sans doute ne pouvaient complétement lui enlever le mérite d'avoir conspiré pendant plus de vingt-cinq ans, sous la royauté, pour ramener la république en France.

Un incident de ces terribles journées de juin auquel se trouva mêlé le nom de M. Flocon donna alors beaucoup à jaser. Il trônait encore à l'hôtel de la rue de Varennes et avait laissé son logement particulier, situé rue Thévenot, à la garde de son concierge. Au plus fort de la lutte, une visite domiciliaire y fut pratiquée par la garde nationale; et dans un meuble laissé négligemment ouvert, on trouva une somme de sept à huit mille francs en pièces d'or, toutes de pays étrangers : quadruples d'Espagne, ducats de Hollande, guinées d'Angleterre, etc. La découverte de ce petit trésor dans la modeste habitation de l'écrivain provoqua les plus étranges suppositions; mais M. Flocon y mit péremptoirement fin en déclarant, non sans embarras toutefois, que cet or n'était qu'un dépôt. Quelques jours auparavant, au moment où le rappel battait dans les rues et annonçait l'imminence de la grande bataille, ce dépôt avait été fait à Mme Flocon par des dames de ses amies qui avaient craint que le pillage de la capitale ne fût le résultat de la victoire du parti socialiste, et qui avaient espéré sauver leurs petites économies en les plaçant sous la protection d'un nom jouissant d'un certain crédit parmi ceux dont elles redoutaient si naïvement le triomphe.

Non réélu à la Législative, M. Flocon s'en alla rédiger à Colmar un journal démocratique et social. Les événements de décembre 1851 l'ont forcé à s'éloigner de France. On a de lui des *Balades allemandes tirées de Burger, Kœrner et Kosegarten* (Paris, 1827), et un roman de mœurs intitulé *Ned Wilmore*, que nous n'avons pas lu, nous l'avouons à notre honte, mais qui, nous dit-on, est consacré au développement de la thèse si paradoxale que M. Eugène Sue dans ses *Mystères de Paris*, et M. Alphonse Esquiros dans ses *Vierges folles*, ont soutenue après lui avec moins d'ingéniuité, mais avec plus de talent.

FLODOARD ou **FRODOARD**, historien et chroniqueur, naquit à Épernay, en 894. Il fit ses études à Reims. Ses heureuses dispositions pour la poésie, ses succès dans ce genre de littérature, ne l'empêchèrent point de se livrer à des travaux plus sérieux. Seulfe, archevêque de Reims, l'admit au nombre de ses chanoines, et lui confia la garde des archives de sa cathédrale. Flodoard conçut alors le plan de son *Histoire de l'Église de Reims*, dans laquelle il utilisa les précieux documents qu'il avait à sa disposition. Son œuvre n'était pas encore achevée lorsqu'en 936 il fut envoyé à Rome par l'archevêque Artaud; le pape Léon VII l'accueillit avec distinction. Flodoard était chargé de disputer la souverain pontife en faveur de ce prélat, auquel le jeune Hugues, fils d'Hebert, comte de Vermandois, disputait l'archevêché de Reims. Hugues, ayant triomphé, ne put pardonner à Flodoard son dévouement aux intérêts de son compétiteur; non content de le dépouiller de ses bénéfices, il le tint cinq mois en prison. L'historien, rendu à la liberté, n'en resta pas moins fidèle à la reconnaissance : il partit pour Soissons, où, devant le concile, il plaida avec tant de courage et de talent la cause d'Artaud, que celui-ci fut rétabli sur son siège. Flodoard recouvra ses bénéfices. Heureux d'avoir pu acquitter la dette de la reconnaissance, il résolut de s'affranchir des intrigues et de l'animosité des grands en se retirant dans un monastère d'Hautvilliers; mais il fut bientôt après élu évêque de Noyon et de Tournay. Toutefois, son élection, confirmée par les suffrages des deux églises, fut contestée par le doyen de Saint-Médard de Soissons, protégé par Louis d'Outre-mer. Il n'avait pour lui que ses vertus et ses talents. Regrettant toujours sa paisible solitude d'Hautvilliers, il donna son désistement en 954, trois ans après son élection, et mourut à Reims, le 28 mars 966, âgé de soixante-douze ans.

Il était poète, historien et orateur; ses poésies sacrées se divisent en dix-neuf livres. Le manuscrit en fut déposé dans la bibliothèque de la cathédrale de Trèves. Médiocres sous le rapport du style et de la pensée, elles sont remarquables par la profonde érudition de l'auteur. Son principal ouvrage, l'*Histoire de l'Église de Reims*, se divise en quatre livres

Il est écrit en un latin correct, élégant même pour l'époque. L'auteur combat la tradition qui attribuait la fondation de cette ville à Remus, frère de Romulus. Il soutient, sans aucune apparence de probabilité, que Sixte fut le premier évêque de Reims, et qu'il avait été envoyé dans cette partie de la Gaule par saint Pierre. Ce travail est encore surchargé de détails sans intérêt et sans vraisemblance sur saint Remi et la sainte ampoule. La meilleure édition est celle que publia Sirmond en 1611, et qui sort des presses de Sébastien Cramoisi. Sa chronique, *Chronicon rerum inter Francos gestarum*, commence en 919 et finit en 966; elle est justement estimée. Ces deux ouvrages figurent dans le *Recueil des historiens de France*, et M. Guizot les a traduits dans sa *Collection de Mémoires*.

DUFEY (de l'Yonne).

FLOR (ROGER DE). *Voyez* CATALANE (Grande Compagnie).

FLORAISON, dilatation et écartement naturel des enveloppes florales, et aussi époque où chaque espèce de plante fleurit : la floraison expose à l'action vivifiante de l'air, de la lumière, de la chaleur et de l'humidité les organes sexuels devenus adultes, et les rend ainsi propres à la fécondation. Elle est l'objet des travaux du jardinier fleuriste ; mais pour le cultivateur, qui veut des fruits et des graines, elle n'est qu'une époque critique dans la vie de ses plantes.

Les plantes fleurissent chacune en son temps : les unes sont *printanières*, les autres *estivales*, d'autres *automnales*, d'autres enfin *hiémales*, selon l'époque de leur floraison. Quoique l'humidité et la chaleur réunies hâtent l'apparition des fleurs, que le froid retarde, les variations, qui résultent de ces influences ne sont jamais très-grandes d'une année à l'autre, dans le même pays : chaque mois a ses plantes en fleur. Ce fait a servi de base pour former le *Calendrier de Flore*. De même, quelques végétaux ouvrent ou ferment leurs fleurs à des heures déterminées, de là l'*Horloge de Flore*.   Paul GAUBERT.

FLORAL, épithète donnée à ce qui appartient à la fleur ou l'accompagne. Les *enveloppes florales* sont le calice et la corolle ; les *feuilles florales* sont les feuilles placées à la base des fleurs ; les *glandes florales* sont les organes des fleurs placés dans l'épaisseur du parenchyme, etc.

FLORAUX (Jeux). Les fêtes de Flore se célébrèrent dans l'origine avec une certaine pompe, surtout sous Numa Pompilius, époque où cette déesse avait déjà des prêtres et des sacrifices. Elles commençaient vers la fin d'avril, et se prolongeaient jusqu'au mois de mai. Ses jeux, appelés *floraux*, ne furent établis qu'en l'an de Rome 513 ; mais l'époque de leur célébration ne fut invariablement fixée qu'en 580. Il y avait déjà longtemps que, d'abord innocentes et toutes rurales, elles étaient devenues un objet d'horreur pour les graves matrones, les filles pudiques et les vestales. Le 28 avril, le son des trompettes, ainsi que dans un camp, y appelait pêle-mêle, femmes, filles, vierges, courtisanes, plébéiennes ou patriciennes, et tout le peuple romain. Les saturnales, les mystères d'Adonis, de Bacchus, les danses de Priape même, ignoraient les dissolutions qui s'y succédaient sans relâche, la nuit, à la lueur des flambeaux, dans la rue Patricienne ou sur la colline *Hortulorum* (des Jardins). Caton, étant entré une fois dans le cirque de débauche, avant même le prélude de ces impurs sacrifices, baissa les yeux et sortit. Voici les conseils que les prêtres, Flore donnait à ses adorateurs : « Il est prudent de cueillir le bouton de la rose avant qu'il s'épanouisse ; il s'effeuille bien vite, et ne laisse aux doigts que des épines. » Nous avons dit à l'article ACCA LAURENTIA pourquoi ces fêtes, innocentes d'abord, avaient dégénéré en orgies et prostitutions. Il y eut aussi une autre Flore, courtisane célèbre, et d'une beauté si accomplie, que Cecilius Metellus, choisissant des statues et des tableaux d'un modèle irréprochable pour en orner le temple de Castor et de Pollux, y suspendit le portrait de Flore. Sa passion pour le grand Pompée, qui ne put se défendre de ses charmes, était si violente, qu'elle ne le quittait jamais, disait-elle, sans le mordre.   DENNE-BARON.

FLORAUX (Académie des Jeux). *Voyez* JEUX FLORAUX.

FLORE est la déesse des fleurs dans les mythes du paganisme ; *Chloris* (la Verdoyante) fut son nom chez les Grecs ; elle prit celui, non moins doux, de *Flora* chez les Latins. Les poètes l'ont fait naître dans l'une des îles Fortunées, les Canaries, îles de l'Océan Occidental, perdues depuis, et retrouvées par les Espagnols en 1344. C'est là que Zéphyre la reconnut parmi toutes les autres nymphes, à la fraîcheur de son teint, à son haleine, qui exhalait le parfum des roses ; c'est là qu'il la ravit sur ses ailes frémissantes d'amour. Les poètes ajoutent que pour rassurer sa nouvelle amante, qu'alarmait sa nature volage, il l'épousa, et au même moment arrêta pour elle le cours du temps : par ce moyen, il lui légua, avec l'immortalité, une éternelle jeunesse. L'empire des fleurs fut la dot de cette nymphe élevée au rang des déesses. Seulement, par un ressouvenir de son existence mortelle, elle pâlit au déclin de chaque année, dans la crainte que son volage époux ne l'abandonne.

Le culte de Flore était établi chez les Sabins avant la fondation de Rome : elle eut des autels dans l'antique cité de Marseille. Il est donc probable que ses fêtes passèrent de la Grèce en Italie et dans la Gaule. Cependant Winckelmann veut que cette divinité ait été inconnue aux Hellènes. D'après cela, quelle foi ajoutait-il donc à cette admirable statue de Flore de la main de Praxitèle, dont Pline fait mention ? Bien plus, ce juge de la statuaire antique prétend que plusieurs statues qu'on croit être celles de Flore ne représentent point cette divinité. Elle présidait chez les Romains à la floraison des blés ; la terre même portait quelquefois son nom, ce qu'attesterait une belle statue de Flore, couronnée de feuillages entrelacées de fleurs, et vêtue d'une longue tunique, sur laquelle se dessine un manteau frangé. Le sphinx, couché à ses pieds, et les hiéroglyphes de la base, la font confondre avec Isis, que les Grecs ont confondue eux-mêmes avec Cybèle, ou la Terre ; on sait en outre que Cicéron range Flore au rang des déesses mères. En général, elle est représentée dans tout l'éclat de la première jeunesse, avec un front doux et satisfait, une bouche gracieuse et demi-souriante. Légèrement vêtue, quoique avec décence, elle est couronnée de fleurs délicatement tressées, et tient de la main gauche une corne d'abondance, d'où retombent en grappes des fleurs et des fruits de toute espèce.   DENNE-BARON.

FLORE (*Botanique*), du latin *Flora*, nom donné par les botanistes à un catalogue descriptif de la plupart des plantes qui croissent dans un pays déterminé. C'est ainsi qu'on dit *la flore des Alpes*, *la flore des Pyrénées*, *la flore des environs de Paris*. « Linné, dit Decandolle, a le premier donné le nom de *flore* aux ouvrages destinés à présenter l'énumération des plantes d'un pays, et il a su en tracer un modèle excellent dans sa *Flore de Laponie*. Depuis cette époque, ce genre d'ouvrages s'est singulièrement multiplié ; presque tous les pays de l'Europe, et plusieurs des autres parties du monde, souvent les provinces, les cantons, les villes même de certains pays, possèdent des *Flores*, où leurs plantes sont indiquées. »

FLORE (*Astronomie*), planète découverte par M. Hind, le 18 octobre 1847. Sa distance moyenne au Soleil est à celle de la Terre au même astre comme 2,2 est à 1 ; Flore est donc plus éloignée du soleil que Mars et moins que Victoria. Son excentricité est représentée par 0,157. Sa révolution sidérale s'effectue en 1193 jours.

FLORÉAL (de *Flore*, déesse des fleurs). *Voyez* CALENDRIER RÉPUBLICAIN.

FLORENCE (en italien *Firenze*), capitale du grand-duché de Toscane, avec une population de 109,000 habitants, est située par 43° 46′ latitude nord et 8° 55′ de longitude est, dans une délicieuse contrée, sur les rives de l'Arno, qui y est endigué entre deux batardeaux (*pescaje*) et garni de quais, qui y a de 100 à 130 mètres de largeur et qui partage la ville en deux parties inégales. Dans l'intérieur, quatre ponts en pierre, dont le plus beau est celui *de la Trinita*, ouvrage d'Ammanati, servent à mettre les deux rives en communication ; et deux ponts suspendus, en fer, construits en amont et en aval, relient les faubourgs entre eux. La grande inondation de novembre 1844 enleva le premier ; mais la reconstruction en a été commencée en 1852. La ville de Florence a 7 *milles* d'Italie de circuit, 2 *milles* de diamètre et contient environ 8,800 maisons. Son mur d'enceinte actuel, le troisième qu'elle ait eu, fut achevé au commencement du quatorzième siècle. Il est percé de 15 portes, dont cependant 10 seulement sont ouvertes, et renferme dans son enceinte un grand nombre de vastes jardins et de terrains en culture. Deux citadelles protègent la ville ; la plus petite, appelée *Belvedere*, est située sur une hauteur qui la domine au sud ; la plus grande, dite *Forte de San Giovanni* ou *Fortezza da Basso*, à l'extrémité opposée, au nord.

Les rues sont généralement droites, quoiqu'il y en ait bon nombre de fort étroites, que les toits saillants des maisons rendent obscures et humides ; cependant la propreté, plus grande sans doute qu'à Rome, laisse encore singulièrement à désirer. Les plus belles rues sont la nouvelle *via Calzajoli*, au milieu de la ville, reliant la place de la cathédrale à la *piazza del Granduca*, et centre de la vie florentine ; la *via Larga*, la plus large de toutes et bordée de chaque côté de beaux palais ; les quais de l'Arno (*Lung' Arno*), *via Maggia*, *via della Scala*, etc. On trouve souvent les plus beaux palais accumulés un à un contre les autres dans les ruelles les plus sombres et les plus étroites. Depuis un temps immémorial le pavé de la voie publique se compose de grandes dalles de grès calcaire (*macigno*), formant mosaïque, qu'on tire depuis plus de mille ans des carrières de Fiesole. Parmi les nombreuses places, il en est dix-huit de plus remarquables que les autres par leurs proportions ; la plus grande et la plus régulière de toutes est la *piazza Maria-Antonia*, située dans le nouveau quartier du Parbano ; la *piazza del Granduca*, où sont situés le *palazzo Vechio* et la *loggia dei Lanzi*, est la plus animée et la plus riche en œuvres d'art. On y voit les statues colossales de David par Michel-Ange, et d'Hercule tuant Cacus, par Bandinelli ; une magnifique fontaine avec la statue colossale de Neptune, œuvre d'Ammanati, et des figures en bronze par Giambologno ; la statue équestre de Cosme Ier, etc. La *piazza della Santissima Annunziata* est entourée de portiques de trois côtés et de deux belles fontaines et de la statue équestre de Ferdinand Ier. Sur la place de *Santa-Maria-Novella*, que décorent deux obélisques, on célèbre la veille de la Saint-Jean, fête du patron de la ville, des courses en char à la manière antique et en costume romain. Il faut encore citer la place *Saint-Marc* et la place *de la Cathédrale*, les places *del Carmine* et *du Saint-Esprit*.

Florence abonde en palais ou hôtels ; mais ils sont construits d'un style grave ou même sévère, les façades généralement simples et sans goût, composées souvent d'énormes pierres à peine équaries (*rustico*). A l'intérieur, on y trouve le plus ordinairement une ou plusieurs cours carrées, entourées d'arcades d'où part un labyrinthe de corridors et d'escaliers conduisant aux appartements. Les creneaux qui surmontent un certain nombre de palais, leurs portes revêtues de lames de fer, leurs murailles d'un et de deux mètres d'épaisseur, et les tours qui de loin en loin les dominent, rappellent les sanglantes luttes des partis au moyen âge, alors qu'ils servaient de forteresses à leurs propriétaires et à leurs serviteurs. Le plus vaste et le plus beau de ces palais est celui du grand-duc, connu sous le nom de *palazzo Pitti*, et qui a plus de 100 mètres de développement en façade. La construction en fut commencée par Lucas Pitti, qui s'y ruina ; et ce n'est qu'en 1837 que les ailes latérales en ont été terminées. La partie de derrière, ouvrage du dix-septième siècle,

forme un hideux contraste avec le principal corps de bâtiment. Dans ses neuf cents pièces ou chambres, le palais Pitti renferme d'immenses richesses artistiques. On y remarque surtout la galerie de tableaux, propriété de l'État, et ouverte tous les jours au public. Dans ses cinq grands salons et ses nombreuses salles de moindres dimensions, se trouvent réunis les chefs-d'œuvre de la peinture de l'époque classique, par exemple la *Madonna della Sedia* et d'autres toiles de Raphael, des tableaux du Titien, du Pérugin, d'Andrea del Sarto, de Guido Reni, de Salvator Rosa, etc. La *Madonna del Granduca* par Raphael est la propriété particulière du grand-duc. La *Vénus* de Canova est aussi exposée dans cette galerie. Le beau et vaste jardin Boboli, avec ses bosquets d'arbres toujours verts, est très-riche en statues, mais elles appartiennent déjà en très-grande partie à la période de décadence. Dans le *Palazzo Vecchio*, autrefois siège de la *Signoria*, et aujourd'hui des différents ministères, on remarque surtout la salle des Cinq-Cents, l'une des plus vastes et des plus imposantes qu'il y ait en Europe, sans parler de sa richesse en œuvres d'art et de sa belle cour à colonnades. Une tour svelte, de 110 mètres d'élévation, porte le beffroi de la ville. A peu de distance de cet édifice, qui a tout l'air d'une forteresse, se trouve la célèbre *Loggia dei Lanzi* (salle des lansquenets), construite par Orcagna, renfermant une foule de chefs-d'œuvre de la sculpture, entre autres l'*Enlèvement des Sabines* de Giambologna, le *Persée* de Cellini, l'*Ajax portant le corps de Patrocle*, (groupe antique), etc., etc. Les *Uffzli* avoisinent aussi le *Palazzo vecchio*. C'est un bâtiment immense, construit par Vasari, qui renferme, dans deux ailes parallèles et d'égale longueur s'élevant au-dessus d'un péristyle à colonnes, la bibliothèque Magilabecchi, les tribunaux, les archives, et à l'étage supérieur la galerie *degli Uffizii*, qui occupe deux corridors de plus de 100 mètres de longueur chacun et 22 salles, avec l'une des plus riches collections d'objets d'art qu'il y ait au monde. Tableaux, gravures, sculptures, bronzes, vases, médailles, pierres précieuses et mosaïques, tout y est de la plus grande beauté. On y admire plus particulièrement la *tribune*, salle octogone contenant entre autres la *Vénus de Médicis*, l'*Apolino* et trois autres chefs-d'œuvre de la sculpture antique, six Raphael, diverses toiles du Titien (par exemple ses deux Vénus), du Corrège, de Rubens, de Michel-Ange, de Paul Véronèse, d'Andrea del Sarto, etc. Dans la salle de Niobé, on voit, indépendamment des statues de ce groupe célèbre, un grand nombre de tableaux de maîtres de l'école flamande. La collection contenant les portraits de plus de 400 peintres, la plupart peints par eux-mêmes, est unique au monde : consultez *Galleria fiorentina illustrata* (Florence, 1820) ; *Galerie de Florence* (13e édit., Florence, 1834). Une troisième galerie se trouve à l'Académie des Beaux-Arts, sur la place Saint-Marc ; elle est surtout riche en excellents tableaux de peintres célèbres, chronologiquement classés. Parmi les autres palais, il faut encore citer, à cause de leur grandeur et de la pureté de leur architecture, les palais Strozzi, Riccardi (aujourd'hui siège de diverses administrations publiques, et jadis résidence des Médicis) ; le *Bargello* ou palais du Podestat, servant tout à la fois de palais de justice et de prison, dans la magnifique cour duquel les plus nobles citoyens de Florence furent décapités par le bourreau ; la Douane, jadis aussi palais des Médicis ; le beau palais Nencini Pandolfini, construit sur les plans de Raphael ; les palais Corsini, Capponi, Gondi, Rucellai, etc. Le palais Corsini, sur le Lung'Arno, contient une remarquable galerie de tableaux, et il est peu de maisons particulières qui ne renferme aussi de riches productions de l'art.

Des cent soixante-dix églises ou chapelles qu'on compte à Florence, celle qui frappe le plus les regards, c'est la gigantesque cathédrale *Santa-Maria-dei-Fiore*, dont le vaisseau fut celui furent construits vers la fin du treizième siècle par Arnolfo di Lapo, sur l'ancienne église de *Santa-Reparata*. La double coupole qui la surmonte date d'un siècle et demi plus tard, et est l'œuvre de Brunelleschi. Ce monument a 166 mètres de long et la coupole en a 167 d'élévation. Le clocher ou campanile, tour carrée et isolée, peut-être le plus bel édifice de tout Florence, ornée d'un grand nombre de statues et de bas-reliefs, et construite au quatorzième siècle par Giotto et Gaddi, a 97 mètres de hauteur. La cathédrale et son clocher sont entièrement revêtus de marbre de différentes couleurs. Sur la façade seule cette matière est remplacée par une assez mauvaise peinture, à moitié effacée. En face de la cathédrale se trouve l'antique baptistère de San-Gievanni, où l'on voit les fameuses portes de bronze, œuvre de Ghiberti et d'Andrea Pisano. Les églises les plus considérables, après la cathédrale, sont : *Santa-Maria-Novella*, presque tout entière de style gothique, la seule grande église dont la façade soit entièrement en marbre, riche en fresques exécutées par les meilleurs maîtres de l'ancienne école florentine; *Santo-Spirito*, édifice grandiose et de bon goût, dans le style des basiliques, reconstruit par Brunelleschi à la suite d'un incendie; *Santa-Croce*, le Panthéon de Florence, renfermant les tombeaux du Dante, de Michel-Ange, de Galilée, de Machiavel, de Viviani, d'Alfieri, et de tant d'autres enfants de cette cité si féconde en grands hommes; *Santissima Annunziata*, d'une époque postérieure, très-riche en dorures et autres ornements de tous genres, et contenant un grand nombre de productions de la sculpture ancienne et moderne; *San-Lorenzo*, dans sa forme actuelle, œuvre de Brunelleschi et du style des basiliques, vaste édifice, très-riche en sculptures, avec deux chapelles, dont l'une contient quelques beaux tombeaux des anciens Médicis par Michel-Ange, et l'autre ceux des grands-ducs pour la décoration de laquelle on a employé avec profusion, mais sans goût, les marbres les plus précieux; *Or-San-Michele*, primitivement halle aux blés, puis bourse de commerce, transformée en église par Orcagna, avec de magnifiques fenêtres gothiques, douze statues et groupes, œuvres de Donatello, de Verochio, etc., placées à l'extérieur dans des niches, un célèbre tabernacle par Orcagna, etc. Entre les nombreux couvents d'hommes et de femmes régis par les règles les plus diverses, il faut surtout citer *Santa-Maria-Novella*, *Santa-Croce* et *San-Marco*, cause de leurs proportions grandioses et aussi des chefs-d'œuvre classiques de l'art qu'ils renferment. Indépendamment des belles fresques de Fiesole, San-Marco conserve le souvenir de Savoranole.

Le Museum d'histoire naturelle occupe la première place parmi les institutions scientifiques de Florence. Indépendamment des collections zoologiques, où l'ornithologie surtout est représentée d'une manière brillante, on y trouve les plus riches collections céroplastiques relatives à l'anatomie et à la zoologie, une foule de plantes reproduites en cire de couleur et de grandeur naturelles, un observatoire, un jardin botanique, etc. Des cours publics et gratuits y ont lieu, de même que dans d'autres endroits de la ville, sur toutes les branches des sciences naturelles. De l'université, fondée en 1438, il ne subsiste plus aujourd'hui qu'une faculté de droit. Tous les médecins, après avoir pris leurs degrés comme docteurs à Pise, sont tenus de suivre pendant deux années la clinique de l'hôpital de *Santa-Maria-Nuova*. En fait d'écoles, il faut surtout mentionner les *scuole pie*, les plus fréquentées de toutes, dirigées par des bénédictins (*scolopi*) et les *scuole di mutuo insegnamento* (écoles lancastériennes); du reste, les unes et les autres laissent encore beaucoup à désirer. Parmi les établissements artistiques, nous citerons de préférence le Conservatoire de Musique et l'Académie des Beaux-Arts. Des cinq bibliothèques, trois sont ouvertes tous les jours : la bibliothèque Médicis ou *Laurentiana* (120,000 volumes et 7,000 manuscrits), la *Magliabecchiana* (100,000 vol. et 8,000 manuscrits), et la *Marucelliana* (40,000 volumes); mais on obtient très-facilement l'accès des deux autres, la *Palatina* (propriété particulière du grand duc, située dans le palais Pitti) et la *Ricciardiana*. Les archives diplomatiques des Médicis présentent de précieux documents (7,000 volumes manuscrits, in-folio) à ceux qui se livrent à des investigations historiques; et il en est de même des archives *delle Reformagioni*. En fait de sociétés savantes ou artistiques, nous citerons surtout la célèbre *Academia-della-Crusca*, fondée en 1582, et qui fait autorité pour la langue italienne; l'*Academia del Georgofili*, qui rend de grands services à l'agriculture; la Société pour favoriser les progrès de l'art dramatique; la *Societa promotrice delle Belle Arti*, qui chaque année organise des expositions de peinture et de sculpture, et la *Societa Filarmonica*. Les neuf théâtres sont tous ouverts à l'époque du carnaval; mais aux autres époques de l'année ils ne le sont que partiellement; leurs représentations constituent d'ailleurs le plaisir favori de toutes les classes de la population. Le théâtre de la *Pergola* est le plus important de ceux où l'on joue l'opéra, et celui de *Cocomero* le premier pour la comédie. Deux (*Politeama* et *Arena Goldoni*) sont en même temps des théâtres de jour.

Florence est très-riche en institutions charitables. Au grand hôpital de *Santa-Maria-Nuova* sont adjoints trois autres hôpitaux, la maison des fous de *San-Bonifazio*, l'hospice des enfants trouvés, etc. La bienfaisante institution de la *Confraternita della Misericordia* jouit à bon droit d'un grand renom. Il n'est peut-être pas d'endroit au monde où l'homme pauvre et souffrant trouve d'aussi faciles et d'aussi larges secours que dans la capitale de la Toscane.

Florence fut, suivant toute apparence, fondée peu de temps avant l'ère chrétienne, par des colons venus de Fiesole. A l'époque de la domination lombarde et franke, gouvernée par des marquis et des ducs, la plus ordinairement de Lucques, sa prospérité date du commencement du onzième siècle, après la ruine de Fiesole, sa métropole et sa rivale. Devenue déjà l'une des plus puissantes villes de la Toscane à l'époque des Hohenstaufen, elle ferma souvent ses portes aux empereurs. Dans les effroyables et interminables luttes dont elle fut le théâtre, les guelfes l'emportèrent le plus souvent. Florence passait même alors en Toscane comme la place d'armes des guelfes, en antagonisme avec Pise et Sienne, villes toutes dévouées aux gibelins. Grâce à l'activité intelligente et au patriotisme de ses habitants, la richesse et la puissance de cette ville allèrent toujours en augmentant, malgré les luttes tant intérieures qu'extérieures auxquelles elle était en proie. Les différentes cités de la Toscane se soumirent un jour à l'autre, tantôt volontairement, tantôt par la force des armes, à la puissante république des bords de l'Arno. Son étoile s'éleva de plus en plus haut, à mesure que la puissance des gibelins et la prospérité de Pise, sa rivale, déclinèrent après la mort de Conradin. Mais, comme les autres républiques italiennes, Florence, épuisée par ses incessantes luttes civiles, finit aussi par tomber sous l'autorité d'une seule famille. Les Médicis étaient une famille de marchands enrichis. *Cosimo* (Cosme) l'ancien et *Lorenzo il Magnifico* la gouvernèrent encore sans titre, par l'ascendant de leurs richesses et de leur habileté, et en conservant les formes extérieures du gouvernement républicain. Sous leur administration, l'industrie et le commerce de la ville parvinrent à l'apogée de leur prospérité. Mais au commencement du seizième siècle, les Florentins, fatigués des caprices tyranniques d'Ippolyto et d'Alessandro Medici (*il Moro*), descendants de ces deux grands citoyens, les ayant expulsés de leurs murs, le dernier fut réintégré dans la ville à la suite d'un long siège par l'empereur Charles-Quint et par le pape Clément VII (*Giulio Medici*), et proclamé duc de Florence (1531). Son successeur, Cosme 1er, ajouta Sienne au territoire de Toscane, et prit le titre de *grand-duc de Toscane* (1569). Depuis cette époque la capitale partagea toujours les destinées du grand-duché (*voyez* TOSCANE).

La population actuelle de Florence est une race d'hommes gais, polis, amis de la paix et du plaisir, ayant le goût des arts, d'ailleurs modérés, aimables et bienveillants, mais manquant de constance et d'énergie, étrangers à l'esprit de spéculation et ne recevant qu'une instruction d'ordinaire fort superficielle. Ceci ne tient pas à leurs dispositions naturelles, mais à l'état déplorable où l'instruction primaire se trouve encore dans le pays. La domination énervante des Médicis a depuis longtemps fait disparaître toute trace de l'indomptable esprit d'indépendance qui était jadis le propre des habitants. L'industrie de la ville, jadis si florissante, a singulièrement déchu. On y fabrique aujourd'hui bien moins de chapeaux de paille et de bas de soie qu'autrefois. Les travaux qu'on y exécute en marbre, en albâtre, en mosaïque de Florence (il en existe une manufacture en grand, entretenue au moyen d'un riche fonds de création, etc.), sont toujours remarquables. Les étrangers qui affluent, surtout au printemps et en automne sont aussi une grande ressource pour les Florentins; on en a compté autrefois jusqu'à dix mille à la fois; mais le nombre en a depuis singulièrement diminué. Ils jouent d'ailleurs un rôle fort important dans la vie sociale des Florentins, surtout dans celle des classes supérieures, et lui ont communiqué une aisance et une liberté toutes particulières. Il est peu de villes aussi qui puissent se vanter d'avoir vu naître dans leurs murs autant d'hommes illustres. Nous nous contenterons de citer les Dante, Boccace, Michel-Ange, Machiavel, Améric Vespuce, Benvenuto Cellini, Giotto, Andrea del Sarto, Ghiberti, Brunelleschi, etc. Consultez les chroniques de Giovanni Villani et de ses continuateurs, de même que celles de Dino Compagni; les *Storie Fiorentine* de Barchi et de Machiavel; Delécluze, *Florence et ses vicissitudes* (Paris, 1837); *L'Osservatore fiorentino sugli edifici della sua patria* (Florence, 1821), et le *Nuova Guida di Firenze* (en italien et en français; Florence, 1853).

FLORENCE (Concile de). Alarmé des réformes déjà opérées par les Pères du concile de Bâle, Eugène IV, après une première tentative faite pour le dissoudre, l'année même de sa convocation (17 décembre), s'était vu forcé par l'empereur Sigismond d'en reconnaître l'autorité, le 15 décembre 1433, date de sa bulle. Le pontife en prononça enfin la dissolution définitive le 1er octobre 1437, et transféra l'assemblée d'abord à Ferrare, puis à Florence. Le prétexte de cette translation était le désir de mettre fin au schisme qui, dès le dixième siècle, avait séparé l'Orient de l'Occident, sur des articles importants de foi et de discipline, tels que le concours des deux premières personnes de la Trinité divine à la création de la troisième et le célibat des prêtres. Les empereurs grecs, dépouillés et menacés jusque dans leur capitale par les armes des Turcs, imploraient le secours de l'Occident, et crurent se l'assurer en se soumettant à l'Église romaine. Le pape, de son côté, avait compté par le triomphe sur l'Orient, les réformes qu'il redoutait. L'union offerte par l'empereur Jean III Paléologue, fut conclue à Florence, sous les auspices d'Eugène IV; l'acte en fut signé par l'empereur et par le patriarche de Constantinople le 5 juillet 1439. La Bibliothèque Impériale en conserve l'original. Mais cette transaction, effectuée au concile de Florence, ne mit fin ni au schisme d'Orient ni au schisme d'Occident : les Grecs la rejetèrent avec opiniâtreté; et après la conquête de leur capitale, le sultan Mahomet II se garda bien de reconnaître pour ses sujets chrétiens la suprématie romaine. Cet habile politique s'empressa de rendre aux Grecs leur patriarche. Quant au schisme d'Occident, le concile de Florence fut le signal d'une division nouvelle. Les prélats qui ne voulaient pas plier sous le joug de Rome demeurèrent à Bâle; ils déposèrent Eugène IV, et lui opposèrent un rival dans la personne de l'ancien duc de Savoie, Amédée VIII, qui prit le nom de Félix V. Mais la scission opérée par Eugène IV n'en porta pas moins ses fruits. Son rival ayant abdiqué, le concile de Bâle alla s'éteindre à Lausanne en 1449, et toute réforme de l'Église par elle-même fut pour toujours ajournée. AUBERT DE VITRY.

FLORENTINE (École). *Voyez* ÉCOLES DE PEINTURE, tome VIII, p. 311.

FLOREZ-ESTRADA (Don ALVARO), économiste espagnol, né, en 1769, à Polo de Somiedo, en Asturie, étudia le droit à Oviedo et à Valladolid. Nommé en 1808 procureur général de la province d'Asturie, il n'hésita pas à se déclarer le premier, en Espagne, contre les entreprises de Napoléon; de cette époque aussi datent ses débuts comme écrivain politique. Plus tard, dans sa *Representacion à Fernando VII en el año de 1818 haciendole ver todos sus estravios*, ouvrage qui fut traduit dans la plupart des langues de l'Europe, il s'exprima à l'égard de la réaction opérée par Ferdinand VII dès qu'il eut été rétabli dans la jouissance de ses droits, avec autant de franchise et de courage qu'il avait dénoncé les entreprises de Napoléon. A la suite de la révolution de 1820, il rédigea *El Tribuno del Pueblo*, feuille d'opposition paraissant à Cadix. Après la restauration opérée en 1823 par l'armée française, il dut chercher un refuge à l'étranger, et employa le temps que dura son exil en France à composer sur l'économie politique un livre intitulé : *Curso de Economia politica*, qui a rendu à bon droit son nom européen, et qui lui assure une place honorable autant que durable dans la science. Un abrégé de son ouvrage a paru sous le titre de *Elementos de Economia politica* (Madrid, 1841).

FLORIAN (JEAN-PIERRE CLARIS DE), naquit au château de Florian, dans les Cévennes, le 6 mars 1755. C'est dans ce pays pittoresque qu'il passa ses premières années, chez un aïeul qu'il eut bientôt la douleur de perdre. Le frère aîné de son père, ayant épousé une nièce de Voltaire, allait souvent faire sa cour à l'illustre habitant de Ferney; il sollicita la faveur de lui présenter son jeune parent, qui se trouvait en pension à Saint-Hippolyte. Voltaire fut enchanté de la gaieté spirituelle de Florian, qui eut la gloire de plaire à l'homme le plus difficile de son siècle. En 1768, âgé de quinze ans, il fut reçu parmi les pages du duc de Penthièvre. Au château d'Anet, Florian plut par les grâces d'un esprit élégant et railleur. L'illustre prince s'attacha beaucoup à son jeune page, qui le quitta cependant pour entrer dans le corps royal de l'artillerie, dont il existait à cette époque une école à Bapaume. Nommé, par l'influence de son protecteur, lieutenant dans le régiment des dragons de Penthièvre, il fut bientôt promu au grade de capitaine. Après avoir été quelque temps en garnison à Maubeuge, d'où il venait souvent à Paris, il obtint enfin une réforme, au moyen de laquelle son service comptait toujours sans qu'il fût obligé de retourner au corps. Devenu alors gentilhomme ordinaire du prince, il se livra tout entier à son goût pour les belles lettres. Versé dans la littérature castillane, admirateur de Cervantes, ayant, d'ailleurs, par sa mère, du sang espagnol dans les veines, il voulut tenter de peindre l'amour chevaleresque d'un autre âge. Doué d'un esprit fin, sensible au rhythme d'une prose élégante et facile, coloriste assez brillant, il lui aurait fallu pour faire revivre les héros de la renaissance, soit en France, soit au-delà des Pyrénées, une âme plus énergique, plus forte, plus virile.

Le roman de Galatée, qu'il publia en 1783, eut cependant une grande vogue, que le succès d'*Estelle* ne fit point oublier. On a reproché à ces productions de n'avoir rien de champêtre et de pastoral : c'était du Fontenelle, avec moins de recherche et pas plus de vérité. Thiard en a fait une très-fine critique, par ce mot si connu : *Il manque un loup dans les bergeries de M. de Florian*. *Numa Pompilius* faible inspiration de Télémaque, parut en 1786. L'auteur, prenant pour base historique de son fabuleux récit le poétique travail de Tite-Live, ne sut pas employer, comme il aurait pu le faire, les matériaux laissés par l'historien romain. Numa paraît froid, maniéré, faux, autant que Tite-Live est narrateur énergique et coloré. Les *Nouvelles*, écrites avec un certain sentiment, qui n'est pas toujours de bon aloi, plaisent davantage; l'absence de certaines qualités se fait beaucoup moins sentir dans des récits de courte haleine que dans des productions plus étendues. Le théâtre de Florian, imité des scènes comiques de l'Italie, a de l'attrait et un mérite véritable. « On a dit de lui, d'après La

Harpe, qu'il avait créé une nouvelle famille d'arlequins. Non, l'auteur de cette famille est Marivaux. Mais Florian a donné plus de charme à ses Arlequins qu'aucun de ceux qui l'avaient précédé ; il les a dotés d'une bonhomie naïve qui n'est altérée par aucun mélange, et tout l'esprit qui la relève n'est autre chose qu'un composé fort heureux de bon cœur, de bon sens et de bonne humeur..... Florian, dont le talent est surtout marqué par le bon goût, en se modelant sur Marivaux et Gessner, s'est approprié l'esprit de l'un, mais sans abus, la naïveté de l'autre, mais sans fadeur. Il a fait de son *Arlequin* le contraire de ce qu'a fait Beaumarchais de son *Figaro* : celui-ci est brillant dans son immoralité ; l'autre est charmant dans sa bonté. » Florian jouait quelquefois ses rôles chez M. D'Argental : il se faisait applaudir par un jeu à la fois comique et de bon ton.

Chargé de deux couronnes académiques, il prit, en 1788, rang parmi les quarante. En 1791, il publia *Gonsalve de Cordoue*, étude espagnole, trop semblable au poème de *Numa Pompilius*. Il revêtit d'un faux habit les ribauds et les chevaliers d'Isabelle ; il leur donna des pensées qu'ils ne pouvaient avoir, et une chevalerie française, qui ne naquit que plusieurs siècles après eux. Le style de *Gonsalve*, comme celui de *Numa*, a de la douceur et de l'éclat. Le *Précis historique sur les Maures*, qui sert d'introduction au roman espagnol, possède un mérite réel comme composition d'histoire et de littérature ; il sert, en outre, à prouver la conscience avec laquelle travaillait Florian. En 1792 parurent les *Fables*, la meilleure de ses productions, écrites avec une plume spirituelle, ornées d'une poésie facile. Quelques-unes d'entre elles sont dignes de figurer à côté des œuvres de La Fontaine. Florian fait même ressortir la moralité du récit avec plus de bonheur que le *fablier*. L'auteur de la fable de *La Sarcelle et le Lapin* est le second de nos fabulistes.

Banni en 1793 par le décret qui défendait aux nobles de résider à Paris, il alla s'établir à Sceaux, où il cherchait à oublier dans la science et l'étude l'orage qui agitait notre patrie, lorsqu'on vint l'arrêter pour le jeter dans la prison de la Bourbe (*Port-Libre*). Rendu à la liberté le 9 thermidor, il sortit de sa prison avec le manuscrit de *Guillaume Tell*, le plus mauvais de ses poèmes. De retour à Sceaux, il lut à ses amis *Éliézer et Nephtali*, ouvrage auquel il attachait la plus haute importance. Toujours malade depuis sa captivité, il mourut le 13 septembre 1794 : il n'était âgé que de trente-huit ans.

Après sa mort, parut sa traduction de *Don Quichotte*, œuvre traduite ou imitée avec un faux sentiment du chef-d'œuvre. Elle enlève au *chevalier de la triste figure* toute sa physionomie, à Sancho cette originalité piquante et hardie, charme principal de cette création de verve et de génie, au style, enfin, du romancier sa véritable couleur. Elle ne saurait donner la moindre idée de l'admirable livre de Cervantes.

Florian avait pris du duc de Penthièvre des habitudes de charité qui rendent sa mémoire respectable ; dans sa vie privée, il aimait à fronder les travers, et le sarcasme dans sa bouche était souvent une arme redoutable.

P.-F. Tissot, de l'Académie Française.

FLORIDA-BLANCA (Don José Monino, comte de), premier ministre sous le roi d'Espagne Charles III et homme de grands talents, naquit en 1728, à Murcie, où son père était notaire, fit ses études à Salamanque et se distingua bientôt tellement, qu'on lui confia les importantes fonctions d'ambassadeur près du pape Clément XIV, poste difficile, où il fit preuve d'une remarquable habileté, notamment lors de la suppression de l'ordre des jésuites et de l'élection de Pie VI. Charles III s'étant vu forcé de renvoyer son ministre des affaires étrangères, Grimaldi, choisit pour le remplacer, et d'après les conseils même de celui-ci, Monino, qui fut ensuite créé comte de *Florida-Blanca* et dont l'influence devint sans bornes lorsqu'à ses attributions on eut ajouté le département des affaires de grâce et de justice, la direction générale des postes, et celle des ponts et chaussées et des magasins publics. Il créa en Espagne quelques bonnes routes, y établit des services de diligences, dirigea son attention la plus spéciale sur les diverses branches de la police générale, notamment dans la capitale, qu'il embellit considérablement, et se montra en toutes occasions le protecteur zélé et éclairé des arts et des sciences. En 1785 il s'efforça de rétablir la bonne intelligence entre les cours d'Espagne et de Portugal au moyen d'un double mariage ; mais il échoua dans son projet d'assurer la succession en Portugal à un prince espagnol. Les expéditions militaires qu'il détermina son souverain à entreprendre, l'attaque d'Alger en 1777 et le siège de Gibraltar en 1782, eurent une issue malheureuse. Peu de temps avant la mort de Charles III, en octobre 1788, Florida-Blanca donna sa démission, et remit en même temps au roi un mémoire justificatif de son administration. Le roi approuva complètement sa conduite comme ministre, et refusa sa démission. Mais sous le règne de Charles IV les ennemis de Florida-Blanca, Godoy, duc d'Alcudia, entre autres, réussirent à le renverser en 1792. Il fut alors conduit prisonnier à la citadelle de Pampelune, puis rendu bientôt à la liberté et exilé dans ses biens. En 1808 il parut dans l'assemblée des cortès, et mourut le 20 novembre de la même année.

FLORIDE (en espagnol *Florida*, orthographe qui a été conservé par les Américains), celui des États-Unis de l'Amérique du Nord qui est situé le plus au sud, se compose dans sa partie orientale de la grande presqu'île du même nom, s'étendant avec une largeur variant entre 14 et 20 myriamètres entre l'océan Atlantique et le golfe du Mexique, au sud jusqu'au cap Sable, ou jusqu'au détroit de la Floride, dont la largeur est d'environ 60 myriamètres ; et dans sa partie occidentale, qui est aussi la moindre, de l'étendue de côtes qui forme, sur une profondeur de 7 à 14 myriamètres, l'extrémité méridionale de ce golfe. Indépendamment de la mer, ses frontières sont au nord les États de Géorgie et d'Alabama, et à l'ouest celui d'Alabama seul. La superficie totale est de 1,960 myriamètres carrés. Le sol est généralement plat, et dans ses points les plus élevés atteint à peine 100 mètres d'altitude au-dessus du niveau de la mer. Sur les deux côtes on trouve des lagunes de sable. Sur celle de l'est les ports ne sont guère accessibles pour la plupart qu'aux navires d'un faible tonnage. La côte occidentale, au contraire, est échancrée par un grand nombre de baies pénétrant fort avant dans l'intérieur des terres, telles que les baies de Gullivan, de Charlotte, de Tampa et de Vacasan, et la baie d'Appalachie sur la côte septentrionale du golfe du Mexique. Les cours d'eau sont plus considérables que ne le ferait supposer le peu d'élévation du sol. Les uns ont ceci de particulier qu'ils disparaissent tout à coup sous terre, tandis que d'autres en sortent subitement avec un puissant volume. Les fleuves principaux sont le Saint-Marys, vers les frontières de Géorgie, et le Saint-John, qui pendant 45 myriamètres coule dans la direction du sud au nord et dans un lit prenant souvent les dimensions d'un lac, puis, après avoir formé le lac Saint-George, va se jeter dans l'océan Atlantique. Sur le côté occidental, le Carlos, la Tampa, le Swasea, l'Appalachie, l'Appalachicola, le Saint-Joseph, le Saint-Andrew, le Choctawhatchie, le Pensacola et le Perdido forment de bons ports. Le dernier de ces fleuves sert de démarcation à l'État de la Floride et à celui d'Alabama ; et l'Appalachicola sépare la Floride orientale de la Floride occidentale. A partir du *cap de la Floride*, s'étend au sud-ouest, puis à l'ouest jusqu'aux Tortugas, à travers le détroit de la Floride, large de 30 myriamètres, la longue suite des *récifs de la Floride* ou *Keys*, qui rendent d'autant plus dangereuse la grande route commerciale entre la côte de la Floride, les îles Bahama et Cuba, qu'ils sont exposés à de fréquentes tempêtes et forment les périlleux contre-courants du golfe de la Floride. Ce n'est que depuis 1851 qu'on a exactement relevé ces côtes pour dresser de meilleures cartes marines, et qu'on a commencé à y augmenter le nombre des phares.

Le point le plus important parmi ces côtes, sous le rapport commercial comme sous le rapport militaire, est *West-key*, dont la ville et port du même nom (le seul qu'on rencontre entre Pensacola et la baie de Chesapeak, et où peuvent entrer en tout temps des navires tirant 22 pieds d'eau) a été très-fortifié par l'Union, de même que Tortugas, et constitue la principale station des intrépides pilotes lamaneurs de la Floride, *Florida-Wreckers*. Le sol de la Floride est d'une nature toute particulière. On en reconnaît quatre classes différentes. Les *High-Hammocks* sont couverts de chênes, de magnolias et de lauriers, et présentent beaucoup d'avantages pour la création d'établissements nouveaux ; les bas ou *Low-Hammocks*, au contraire, sont exposés aux inondations ; mais quand on les dessèche, ils se prêtent à la mise en culture. Les *savanes* ou prairies qui bordent les cours d'eau, surtout les savannes marécageuses, peuvent être transformées au moyen du dessèchement en contrées d'une fertilité extrême. Dans les immenses *Pine-Barrens*, ou terres à pin, viennent s'établir les petits planteurs qui n'ont pas les forces de quelques esclaves à leur disposition. Enfin, on y rencontre de vastes *swamps*, ou marais, et la partie méridionale de la presqu'île notamment est presque tout entière couverte d'eau. Ce qu'on appelle les *Everglades* s'y étendent depuis la rive du très-grand lac d'Okiebochie jusqu'à environ 15 myriamètres au sud, avec une largeur variant entre 4 et 72 myriamètres, comme un immense désert d'eau renfermant des milliers de petites îles entièrement plates, dont la plus grande partie, représentant une superficie de plus de 200 myriamètres carrés, sont constamment couvertes de 1 à 6 pieds d'eau, mais dont une partie aussi restent à sec pendant plusieurs mois de l'année, et qu'on pourrait à peu de frais transformer en pâturages et terres à blé. Le climat et la flore de ce pays ont un caractère essentiellement tropical. De magnifiques forêts, jusqu'à présent fort peu exploitées, fournissent d'excellents bois de construction pour la marine, notamment des chênes et des pins ; et du *palma-Christi* on extrait de l'huile. Le coton et le sucre constituent les principaux articles d'échange. La culture du riz et surtout du maïs y prend de plus en plus d'extension. L'ananas et le cacao y réussissent admirablement ; et il en est de même de tous les autres produits particuliers aux régions australes, cassave, indigo, guaves, bananes, tamarin, etc, qui déjà donnent lieu à un grand commerce d'exportation. Le chanvre-faucille y croît spontanément au sud et d'aussi bonne qualité que dans le Yucatan. Depuis quelques années on y cultive d'excellents tabacs, qui trouvent placement surtout à Brême. La faune n'est pas moins riche que la flore. On y rencontre beaucoup de gibier ; et les ours et les couguars sont les animaux féroces les plus dangereux. Dans toutes les eaux on rencontre l'alligator. Les richesses minérales du sol sont encore fort peu connues. Les *keys* fournissent du sel marin en abondance. La Floride, qui il y a quelques dizaines d'années n'était guère qu'un désert, se peuple de jour en jour davantage. Sur les 37,931,520 acres de terre que contient cet État, il y en avait déjà 342,422 de mis en culture en 1851. La population, qui en 1830 n'était que de 34,730 habitants, était parvenue en 1840 au chiffre de 54,477. Le recensement de 1850 a constaté un chiffre de 87,400 habitants. Cette population se compose, pour la plus grande partie d'Anglo-Américains venus s'y établir, de quelques Anglais et Allemands, d'un petit nombre d'Espagnols restés dans le pays, et bien moins nombreux dans la Floride orientale que dans la Floride occidentale, de quelques Indiens de la Floride, principalement de *séminoles* (nom qui est synonyme de *refugiés*), et d'une tribu de Creeks. L'agriculture constitue sa principale ressource. L'industrie est encore au berceau, et presque exclusivement limitée au coton. Le commerce est en voie d'accroissement remarquable ; en 1849 l'exportation s'élevait déjà à 2,518,027 dollars, et l'importation à 63,211.

La Floride, découverte par un des compagnons de Colomb, Ponce de Léon, en 1512, le dimanche des Rameaux, (*Pasqua Florida*), d'où le nom donné à cette terre, et conquise en 1539 par Hernandez Soto, eut pour premiers colons des Espagnols, qui fondèrent en 1564 Saint-Augustin et Pensacola en 1539. Les essais de colonisation tentés par les Français de la Louisiane échouèrent. Aux termes de la paix conclue à Fontainebleau en 1762, l'Espagne céda la Floride, qui ne lui avait jamais rapporté grand chose à l'Angleterre, qui donna le nom de *Floride occidentale* à la partie de territoire située à l'ouest de l'Appalachicola ; mais à la paix de Versailles, en 1783, remit l'Espagne en possession des deux Florides. Quand, en 1803, Napoléon eut vendu à l'Union américaine la Louisiane, cédée à la France en 1801, des contestations surgirent immédiatement pour la délimitation des frontières. Le président Madison ordonna, en 1810, l'occupation de la Floride occidentale jusqu'au Perdido. Le 22 février 1819, Ferdinand VII vendit les deux Florides, moyennant 5 millions de dollars, à l'Union. Celle-ci prit possession, le 25 juillet 1821, de ce pays, qui fut organisé comme territoire de l'Union le 31 mars 1822, et fut reconnu en 1845 comme État indépendant. Sa constitution date de 1838. Le gouverneur, qui touche un traitement de 2,500 dollars, est élu pour deux ans ; les 19 sénateurs pour quatre ans, et les 40 représentants pour deux ans. La Floride n'envoie encore au congrès qu'un seul représentant. En 1846 les revenus publics de l'État s'élevaient à 00,587 dollars ; les dépenses, qui s'élevaient encore en 1846 à 50,259 dollars, étaient réduites en 1849 à 45,000 dollars. La Floride n'a pas de dettes. Les églises des catholiques y sont en bien plus grand nombre que les temples protestants. Dans ces derniers temps, des soins tout particuliers sont donnés à l'instruction publique. En 1849 on comptait en Floride 20 académies ou collèges et 60 écoles gratuites. *Tallahassée*, son chef-lieu, ville fondée en 1822, située au nord de la baie d'Appalachicola, est reliée par un chemin de fer de 4 myriamètres de développement à Port-Léon, et ne compte que 3,000 habitants. Les autres villes de l'État sont *Appalachicola*, avec un important marché aux cotons, un arsenal et 4,000 habitants ; *Pensacola*, le principal port militaire que possède l'Union dans le golfe du Mexique, où existent d'importants chantiers de construction ; *Saint-Augustin*, sur la côte orientale, dont la fondation remonte à 1565, surnommée la *Nice de l'Amérique du Nord*, à cause de la douceur de son climat et de ses jardins d'orangers, avec 3,000 habitants et un port vaste, mais peu profond ; enfin *Jaksonville*, sur le Saint-John.

FLORIDE (Cap de la), cap formant l'extrémité sud-est de la péninsule américaine de la Floride, sur le golfe du Mexique, vis-à-vis de l'île de Cuba, par 25° de latitude septentrionale, et 83° de longitude occidentale.

FLORIDE (Détroit de la). *Voyez* BAHAMA.

FLORIFÈRE, qui porte des fleurs. Cette épithète s'applique surtout aux bourgeons à fleurs ou boutons.

FLORIN. Ce qu'on entend vulgairement par ce mot est une ancienne monnaie d'argent, réelle et de compte, dont les espèces, autrefois très-répandues, circulent encore aujourd'hui dans plusieurs États de l'Europe, dans le Hanovre et plusieurs autres parties des États germaniques, dans la Suisse et dans la Hollande. Le florin est également connu dans quelques-unes de ces contrées sous les noms de *gulden* et de *guilder*. Cependant, il a existé des florins d'or, mais en fort petit nombre, notamment en Allemagne, où ils ne forment plus maintenant qu'une monnaie de compte purement imaginaire. Le florin ou guilder d'or de Hanovre est le seul qui subsiste encore. Il équivaut à 8 fr. 54 cent. de France. Le guilder ou ancien florin de Hollande passe pour 2 fr. 10 c. Sur la face des anciens guilders est une femme appuyée d'une main sur un livre placé sur un autel, et tenant de l'autre une lance surmontée du bonnet de la liberté, avec cette légende : *Hanc tuemur, hac nitimur* (nous la défendons et nous dépendons d'elle) ; au revers, les armes des Provinces-Unies, le millésime, avec 1. G. (un guilder).

L'ancien nom se retrouve encore aujourd'hui dans le *fiorino* de Toscane, monnaie frappée en ce pays depuis 1826 et valant 1 lire 2/3, et dans le *florin* anglais, monnaie d'argent de la valeur de 2 shillings, frappée depuis 1849 en Angleterre.

FLORIN D'OR, en latin *florenus*, en italien *florino*, ancienne monnaie d'or fin de la grandeur d'un ducat actuel, frappée la première fois au treizième siècle à Florence, et qui était du poids de trois drachmes. On la reconnaît à l'effigie de saint Jean-Baptiste, patron de Florence, qu'elle porte d'un côté, et au lis qu'on y voit de l'autre. Les uns veulent que ce nom provienne de la ville même de Florence, où ces pièces furent frappées pour la première fois; les autres, de la fleur de lis qu'elles portent sur le revers, *fior* ou *fiorino di giglio*.

[Le florin d'or eut grand cours non-seulement dans les pays civilisés de l'Europe, mais en Afrique, en Asie, où les Italiens, maîtres des mers, faisaient jadis un grand commerce. Considéré comme une monnaie modèle, il fut imité par un grand nombre de princes : duc d'Autriche, Jean, roi de Bohème, le pape Jean XXII, Amédée VI, comte de Savoie, le marquis de Montferrat, la reine Jeanne de Naples et quelques prélats en firent frapper avec leur nom, mais à l'effigie du saint précurseur et avec la marque de la fleur de lis. Le florin d'or dont Le Blanc nous a donné la figure, et qu'il attribue mal à propos à Louis VI ou Louis VII, est une monnaie de saint Louis, ou plutôt de Louis le Hutin.

Les républiques de Gênes et de Venise, qui voyaient avec jalousie le grand crédit que le florin d'or avait acquis à la cour des soudans, frappèrent de leur côté des florins d'une valeur un peu plus forte que les florins de Florence. On les appela *florins ducats*. Sur la fin du quatorzième siècle, il y avait plusieurs espèces de florins, dont la valeur variait de 12 fr. 58 c. à 10 fr. 93 c. Les voici :

Florin ducat de Venise; florin ducat de Gênes, ou *genovino* d'or; florin ducat de camera (de la chambre apostolique); florin de Florence; florin d'Allemagne vieux; florin de bon poids (*boni ponderis*); florin Robert; florin de la reine; florin de petit poids (*parvi ponderis*) : ce dernier prévalut. Il servait de type pour mesurer la valeur des autres monnaies, et on peut dire que le sequin actuel de Venise et de Florence en est la continuation.

C^{er} Louis CIBRARIO, de l'Académie des Sciences de Turin.

FLORIS (FRANÇOIS), peintre brabançon, surnommé par ses contemporains *le Raphael flamand*, et dont le nom véritable était *de Vriendt*. Né à Anvers, en 1520, et destiné d'abord à la profession de sculpteur, ce ne fut que lorsqu'il eut atteint l'âge de vingt ans qu'il entra dans l'atelier de peinture de Lambert Lombard, et plus tard il fit un voyage en Italie, où il prit pour modèles les ouvrages de Michel-Ange et les antiques. Revenu dans sa ville natale, il y fonda une école, qui ne compta pas moins de cent vingt élèves, et qui contribua puissamment à rendre pendant longtemps sa manière dominante. Il se vantait d'être le plus intrépide buveur du Brabant, et proposait à ce sujet les défis les plus extravagants. Son intempérance ne l'empêchait pas cependant d'être un rude travailleur : aussi toutes les grandes galeries possèdent-elles quelqu'une de ses œuvres; sa meilleure toile, *La Chute des mauvais anges*, orne le musée d'Anvers. Il mourut à Anvers, en 1570. Son maître, Lambert Lombard, hésitait déjà entre l'ancienne manière flamande et celle de l'école romaine. Floris adopta complétement celle-ci. Il ne parvint au fond qu'à s'assimiler fort peu de chose du faire de Michel-Ange et de Raphael. Le sien est toujours faux et creux, ses compositions ne sont guère que des études sans vigueur ni caractère, et cependant pleines de prétentions, malgré le vide qu'on y remarque. Il lui arrivait quelquefois de vouloir faire passer pour le produit de l'inspiration des productions conçues et exécutées dans l'ivresse ; on se tromperait toutefois si l'on en concluait qu'il réussissait surtout à reproduire des sujets empruntés à une vie sensuelle. Les sujets mythologiques étaient ceux qu'il affectionnait le plus, et c'est ainsi que ses *Douze travaux d'Hercule* sont demeurés son œuvre capitale. Une de ses compositions les plus intéressantes est un projet d'arc de triomphe pour l'entrée de Charles-Quint et de Philippe II à Anvers.

Son frère, *Cornelius* FLORIS, fut architecte. L'hôtel de ville d'Anvers est de lui.

FLORUS (L. ANNÆUS), historien romain. A en juger par un passage de son introduction, il aurait vécu au temps de Trajan et d'Adrien : toutefois, ce passage est sujet à quelques discussions philologiques sur le nombre d'années qui y est exprimé : *Il n'y a pas beaucoup moins de deux cents ans depuis Auguste*, y est-il dit; et cependant il n'y a que cent vingt-quatre ans entre Auguste et le commencement de Trajan : même, en allant jusqu'à la fin de ce règne, on n'en trouve que cent quarante-trois. D'autres raisons de décider que Florus a réellement vécu sous Trajan et sous Adrien étant péremptoires, il faut bien qu'il y ait erreur dans la leçon des chiffres; aussi quelques critiques ont-ils proposé de lire CL. au lieu de CC. Il s'élève encore une contestation sur Florus, et l'on se sert d'un passage de Lactance pour attribuer à Sénèque les quatre livres d'*Histoire romaine* de Romulus à Auguste, dont on l'a proclamé l'auteur; mais c'est une erreur évidente : le passage transcrit par Lactance n'est point identique avec ce que nous lisons dans Florus. Sa division des âges de Rome est tout autre. Cependant, ajoute-t-on, si l'auteur n'est point Sénèque, il est au moins de la famille de Sénèque et de Lucain. C'est possible : beaucoup de manuscrits le désignent ainsi ; d'ailleurs, sous nom d'*Annæus* l'indique; il paraît que cette *gens* ou maison Annæa lui avait donné naissance, et que l'adoption en fit un Florus. On soupçonne que la tragédie d'*Octavia*, attribuée à Sénèque, est de lui ; mais il n'a rien de commun avec Julius Florus qui vécut sous Tibère : cependant, quelques critiques en ont fait l'aïeul de notre auteur. Dans tous les cas, Florus était, comme les Sénèques, originaire d'Espagne. Ceux qui disent qu'il n'a fait que l'extrait de Tite-Live commettent une erreur grave. Florus s'écarte souvent des récits de cette historien. C'est un écrivain élégant, fleuri; quelquefois pourtant il tombe dans la boursouflure ou dans l'affèterie. On cite encore de lui quelques vers à l'empereur Adrien , et une réponse de ce prince, le tout sur le ton de plaisanterie : *Je ne veux pas être César*, s'écrie l'auteur, *je ne veux pas courir le pays des Bretons, ni souffrir les brouillards de Scythie*, et Adrien répond : *Je ne veux pas être Florus, ni courir les cabarets*, etc., etc. Le reste n'est pas d'assez bonne compagnie pour être répété. Philippe de France, duc d'Orléans, frère de Louis XIV, avait traduit cet historien (Paris, 1656, in-8°).

P. DE GOLBÉRY.

FLOSS-DUR. *Voyez* FONTE.

FLOT est, en termes de marine, ce que la physique et l'hydrographie appellent le *flux* : c'est le temps que la mer met à monter, deux fois par vingt-quatre heures, en venant du large vers les côtes. Il est aussi , dans certaines acceptions, synonyme de *marée*. Ainsi, on dit le commencement ou la fin du *flot* , le demi-*flot*, pour exprimer le commencement, la fin de la marée, la moitié de la marée. Un navire profite du *flot* pour entrer dans une passe, pour sortir d'un chenal, etc. On dit qu'un bâtiment est à *flot* pour exprimer qu'il y a assez d'eau pour le supporter sans qu'il touche au sol. Le mettre à *flot*, c'est le relever lorsqu'il a touché ou qu'il est échoué. *Flot* est encore synonyme de *vague* ; mais les marins n'emploient jamais que le mot *lame* en parlant du mouvement de la mer ; la poésie emploie de préférence le mot *flot*. En termes de rivière, *flot* est le nom qu'on donne à un *train de bois* : il y a 2,000 cordes de bois à *flot*. Le *flot* commencera le mois prochain, pour dire que l'on jettera le bois à *flot* ; le *flot* est fini.

MERLIN.

FLOTARD (N....), l'un des fondateurs de la charbonnerie française, ex-secrétaire général de la préfecture de la Seine en 1848 et 1849, entra en 1814 dans l'octroi de

Paris, et y resta jusqu'en 1832, sauf une interruption de service de quelques mois, en 1822, époque où il se vit retirer momentanément son emploi parce que des rapports de police l'avaient à tort ou à raison signalé comme ayant, malgré son royalisme apparent, trempé fort avant dans la malheureuse affaire des sergents de la Rochelle (*voyez* BORIES). Moins d'une année après cette disgrâce, il réussissait à démontrer sa complète innocence et à se faire réintégrer dans les cadres de l'administration, où bientôt de pressantes recommandations venues de haut lieu lui firent regagner bien au delà de ce qu'avait pu lui faire perdre la légèreté de sa conduite. Personne plus que lui ne salua de cris d'enthousiaste admiration la glorieuse révolution de Juillet : aussi obtint-il, avec la décoration spéciale accordée aux douze mille héros des trois jours, la place de contrôleur en chef à la barrière de Bercy. Ayant eu l'imprudence, aux 5 et 6 juin 1832, de pactiser ouvertement avec l'insurrection, un exemple fut jugé nécessaire, et on le destitua. Mais indulgente et paternelle, l'administration du département de la Seine adoucit autant qu'il dépendait d'elle la rigueur avec laquelle elle avait dû traiter M. Flotard, en l'appelant à quelque temps de là à l'emploi de chef de bureau de l'instruction primaire à l'hôtel de ville; fonctions non moins bien rétribuées que celles qu'il venait de perdre, d'ailleurs beaucoup moins assujettissantes, et dans l'exercice desquelles le trouva la révolution de février 1848. Ce fut pour les vainqueurs une véritable bonne fortune que de trouver tout installé d'avance à la *Maison commune*, comme pour leur en faire les honneurs à leur arrivée, un homme tel que M. Flotard, au courant des détails du mécanisme administratif et dont les secrètes mais ardentes aspirations républicaines leur étaient connues de longue date. Il y devint aussitôt leur *factotum*; et le jour où on décida que l'administration du département de la Seine, jusqu'alors confiée au citoyen Marrast avec le titre de *maire de Paris*, rentrerait dans l'ordre normal et accoutumé avec un préfet à sa tête, on lui conféra le poste de secrétaire général, aux appointements de 15,000 fr. M. Flotard ne jugea pourtant pas que ce fût là une récompense à la hauteur du civisme dont il avait donné tant de preuves, et se mit sur les rangs pour l'assemblée nationale. Des milliers d'affiches apposées à tous les coins de rues de la capitale et de la banlieue et portant la formule consacrée : *Nommons Flotard!* produisirent sa candidature qui fut en outre chaudement appuyée par les hommes du pouvoir et par la coterie du *National*. Elle avait donc toutes chances de réussir, quand une perfide révélation vint l'enterrer à jamais. Le journal *La Presse* réimprima à ce moment quelques-unes des pièces de vers que de 1823 à 1830 M. Flotard n'avait jamais manqué d'envoyer au roi ainsi qu'aux princes et princesses de sa famille, au renouvellement de chaque année et au retour des anniversaires de leur naissance. Toute dénégation était impossible. Ces œuvres lyriques, fort remarquables sous le rapport de la forme, respiraient le monarchisme le plus ardent, et avaient chaque fois par ordre supérieur, valu à leur auteur des faveurs nouvelles de la part de l'administration à laquelle il était attaché. M. Flotard, protégé contre les mauvais propos des sceptiques par le témoignage de sa conscience eut le bon esprit de se taire, de laisser oublier sa mésaventure et, en attendant, de conserver sa place et ses appointements. Admis en 1849 à faire valoir ses droits à la retraite, après trente-quatre années d'utiles services, il consacre aujourd'hui ses loisirs, dit-on, à mettre la dernière main à une *Histoire de la Charbonnerie française*, depuis longtemps commencée et impatiemment attendue.

FLOTTAGE DES BOIS. C'est par le flottage au cours de l'eau que la plupart des bois de chauffage et même de charpente sont charriés aujourd'hui.

Vers le milieu du seizième siècle les forêts voisines de Paris commençant à s'épuiser, on put craindre que la capitale ne manquât sous peu de bois de chauffage. C'est alors qu'un bourgeois parisien, marchand de bois-de son état, Jean Rouvet, imagina de rassembler les eaux de plusieurs ruisseaux et rivières non navigables, d'y jeter les bois coupés dans des forêts éloignées, de les faire descendre ainsi jusqu'aux grandes rivières; là d'en former des trains, et de les amener à flot et sans bateau jusqu'à Paris.

Ce fut dans le Morvan que Jean Rouvet fit ses premiers essais, et qu'il abandonna avec confiance au courant des ruisseaux réunis de cette contrée une grande quantité de bois. Son projet, traité de folie avant l'exécution et entravé, comme c'est la coutume, ne fut porté à la perfection et ne reçut toute l'étendue dont il était susceptible, qu'en 1556, par René Arnoul.

L'opération du flottage des bois est conduite de la manière suivante : Après que l'on a amené les bois jusqu'aux bords des rivières et des ruisseaux flottables, on les y jette pêle mêle et bûche à bûche, chaque propriétaire ou marchand ayant eu soin de faire marquer son bois de son nom. A l'endroit où la rivière devient navigable, de nombreuses chaînes sont tendues par le travers, destinées à arrêter les bois. Alors on les trie, c'est-à-dire que chacun fait recueillir ceux qui portent sa marque. Puis on les assemble en *radeaux* ou *trains de flottage*. Les bûches sont fortement liées ensemble, de manière à pouvoir flotter longtemps sans se séparer. Les trains, ces longs serpents de bois qui descendent les fleuves, comme dit Victor Hugo, ont ordinairement 70 mètres de longueur sur 4 mètres et demi de large. On les gouverne au moyen de l'aviron et du pieu qui s'y trouvent fixés. A l'origine, c'étaient des hommes armés du plastrons de peau rembourrés qui guidaient les trains par la force de leurs bras.

Le flottage des bois occupe dans le département de la Nièvre une grande partie de la population, notamment dans les arrondissements de Château-Chinon et de Clamecy.

FLOTTAISON. En termes de marine, c'est la ligne que le niveau de l'eau trace sur la carène d'un bâtiment et qui en sépare la partie submergée de celle qui ne l'est pas. On dit la *ligne de flottaison*, le *plan de flottaison*. On conçoit que la ligne de flottaison d'un navire varie sur la surface extérieure, suivant qu'il est plus on moins chargé. Toutefois, la *ligne de flottaison* d'un navire se dit toujours en le supposant complètement chargé. L'expérience a produit des données tellement certaines à cet égard, que, sur les chantiers même, et avant qu'un navire soit lancé, on connaît, à une très-légère différence près, sa *ligne de flottaison* (*Voyez* DÉPLACEMENT). Dans les rivières, cette ligne de flottaison change. On sait en effet que la pesanteur spécifique de l'eau de mer est plus forte que celle de l'eau des rivières; donc dans celles-ci le déplacement est plus considérable, et par conséquent la *ligne de flottaison*, plus élevée. Dans les combats, on s'attache à frapper le navire ennemi au-dessous de la *ligne de flottaison*, afin de le faire couler, ou tout au moins d'occuper le plus de monde possible aux réparations urgentes, et de diminuer ainsi l'intensité du feu de son artillerie. MERLIN.

FLOTTANT, FLOTTANTE ce qui est porté sur un liquide sans aller au fond : Des arbres, des bâtons *flottants*; il signifie encore ce qui est mobile, ondoyant : Une robe *flottante*, un panache *flottant*. Il figuré, il indique l'irrésolution, l'incertitude : C'est un esprit *flottant*.

En matière de finances, on appelle *dette flottante* la portion de la dette publique qui n'est point consolidée.

FLOTTANTES (Iles). *Voyez* ILES FLOTTANTES.

FLOTTE. On donne en général ce nom à une grande quantité de navires de toutes espèces, rassemblés dans le but de naviguer plus ou moins longtemps ensemble, soit pour le commerce, soit surtout pour la guerre. Un convoi de bâtiments marchands, avec escorte de bâtiments de guerre, forment également ensemble une flotte. Toutefois, le mot *flotte* est le seul qui soit consacré par l'histoire, à l'occasion des armements des anciens : ainsi on dit la *flotte* de Xerxès, la *flotte* de César, etc. Les plus anciennes flottes dont l'histoire fasse mention sont celles des Phéniciens. Longtemps elles furent maîtresses du commerce de la Méditerranée, et vers l'an 1250 avant J.-C. elles franchirent le détroit, et firent irruption dans l'Océan. Ce ne fut que six cents ans après que les Égyptiens, sous le règne de Bocchoris, se créèrent une marine. Le successeur de ce prince, Néchos, son fils, après avoir fait construire un grand nombre de vaisseaux, expédia des bords de la mer Rouge une *flotte* qui, par ses ordres, fit le tour de l'Afrique, et retourna en Égypte en rentrant dans la Méditerranée par le détroit de Gibraltar. Cette entreprise maritime fut exécutée par les Phéniciens dans l'espace de trois années. Ce fut vers la même époque que parurent les premiers armements maritimes militaires. Depuis la bataille navale de Corfou, dont parle Thucydide, les Corinthiens, les Grecs, les Romains armèrent successivement des *flottes* considérables. A Actium, les deux flottes ennemies se composaient de 260 vaisseaux du côté d'Octave, et de 220 sous les ordres d'Antoine. La flotte la plus formidable des temps modernes fut celle que prépara pendant trois ans Philippe II, roi d'Espagne, pour détrôner la reine Élisabeth d'Angleterre, et à laquelle il donna le nom d'*invincible armada*. On sait quel fut son sort et comment le désastre qui s'ensuivit fit perdre sans retour à l'Espagne sa prépondérance maritime. L'année suivante Élisabeth, envoyant par représailles une flotte contre les Espagnols, remportait sur eux des avantages considérables.

On a sagement remarqué, du reste, que ces prodigieuses armées navales n'ont presque jamais réussi dans leurs expéditions. L'empereur Léon 1er, qui avait envoyé contre les Vandales une flotte composée de tous les vaisseaux d'Orient, sur laquelle il avait embarqué 100,000 hommes, ne put conquérir l'Afrique, et fut sur le point de perdre l'empire. L'histoire a consacré la valeur de la flotte française au mois de prairial an II, et l'héroïque épisode du *Vengeur* pour assurer l'arrivée en France du convoi de grains expédié des États-Unis d'Amérique. On emploie aujourd'hui spécialement le mot *flotte* pour désigner la totalité des bâtiments de guerre d'un État. Ainsi l'on dit : la flotte de l'Angleterre se compose de tant de vaisseaux, de tant de frégates, etc. Chez nous, on est allé même plus loin et, dans le langage officiel, on a adopté le mot *flotte* tout court. Les tableaux du ministère de la marine portent : *État des bâtiments de tout rang composant la flotte* (*voyez* MARINE). Dans plusieurs pays étrangers, en Angleterre surtout, on se sert encore du mot *flotte*, dans son sens primitif, pour désigner une armée navale, une forte escadre, l'ensemble des bâtiments de guerre réunis dans un port, sur une rade; et l'on dit : La flotte de Plymouth, la flotte de la Méditerranée, etc. C'est dans la transcription des signaux de mer que le mot *flotte* est le plus fréquemment usité, pour désigner un ensemble de bâtiments paraissant naviguer ensemble et qu'on ne peut encore reconnaître.

On nomme aussi *flotte* des barriques vides, élingées pour soutenir un câble au niveau de l'eau, ou seulement l'élever au-dessus d'un fond de roches ou de corail, qui le raguerait sans cette précaution.

Enfin, en termes de pêche, on donne le nom de *flotte* à un morceau de liège, de bois léger, de plume, etc., troué, dans lequel passe la ligne ou la seine, et qui flotte pour tenir la ligne à la surface de l'eau, et découvrir si quelque poisson mord à l'hameçon. MERLIN.

FLOTTÉ (Bois). *Voyez* BOIS, tome III, p. 359.

FLOTTE D'ARGENT. *Voyez* GALION.

FLOTTER, en termes de marine, se dit des corps qui restent à la surface de l'eau lors de leur immersion : un corps, un objet *flotte* lorsque son volume est plus grand que celui de la quantité d'eau qu'il déplace. *Flotter* signifie aussi s'*agiter*, *voltiger* en sens divers : un pavillon, une flamme *flotte*; on fait *flotter* un pavillon, lorsqu'on le laisse en rade ou en mer pour se faire reconnaître.

FLOTTILLE, nom que les Espagnols donnaient autrefois à quelques vaisseaux qui devançaient leur *flotte* de la Vera-Cruz, au retour, et venaient donner avis en Espagne de son départ et de l'importance de son chargement. Maintenant, on nomme *flottille* non pas une petite flotte, une flotte peu considérable, mais une réunion plus ou moins nombreuse de bâtiments de guerre légers, de canonnières, comme celle qu'entretient la Russie dans la Baltique sur les côtes de la Finlande. On n'a pas oublié l'armement de la fameuse flottille de Boulogne au commencement du siècle, dans le but d'opérer une descente en Angleterre, et la frayeur que ces préparatifs inspirèrent à nos voisins d'outre-Manche. Un arrêté du premier consul, du 12 juillet 1801, organisa la flottille de Boulogne en neuf divisions de bâtiments légers, sous le commandement du contre-amiral Latouche-Tréville. Ces embarcations, construites, équipées et armées sur les différents points des côtes de France, arrivèrent successivement au rendez-vous. Aussi, dès son retour de l'expédition contre Copenhague, l'amiral Nelson en décida-t-il une nouvelle contre le port de Boulogne. Son but était d'incendier la flottille française, en la surprenant en rade. Mais ses attaques réitérées ne réussirent pas. La paix d'Amiens, signée le 27 mars 1802, mit fin pour quelque temps aux armements des deux puissances belligérantes. Toutefois, après sa rupture, Bonaparte reprit son projet de descente, et cette fois sur un plan plus vaste que celui de 1801. 160,000 hommes furent dirigés sur les côtes de la Manche; ils devaient être embarqués sur 2,000 bâtiments de petite dimension, offrant peu de prise aux boulets, et manœuvrant principalement à la rame. La flottille de Boulogne se composait de *prames, chaloupes canonnières, bateaux canonniers, péniches et caïques* : elle avait coûté de 26 à 27 millions de francs. Après le départ de la grande armée pour la campagne d'Austerlitz, la flottille, désormais sans destination, fut démolie, fut employée au service des côtes, et les équipages, mis à terre, formèrent cinquante bataillons de flottille, qui prirent une part glorieuse, notamment en Espagne, à tous les succès et les revers de nos armes.

On donne encore le nom de *flotille* à une réunion d'embarcations à voiles, ou à vapeur, de dimension forte, que l'on réunit dans les rades des ports militaires pour exécuter les grandes évolutions de ligne, dans l'intérêt de l'instruction militaire des équipages et des officiers. MERLIN.

FLOU, expression vague, sur le sens de laquelle il est difficile d'être bien d'accord. Elle était fort en usage dans le siècle dernier. On a prétendu qu'elle venait du latin *fluidus*, et qu'elle exprimait la douceur, le goût moelleux, tendre et suave qu'un peintre habile met dans son ouvrage. Peindre *flou* est le contraire de peindre *durement* et *sèchement*. Cependant, cette expression ne pourrait plus maintenant se prendre en bonne part. DUCHESNE aîné.

FLOURENS (MARIE-JEAN-PIERRE) est né en 1794, à Maureilhan, canton de Campestang, près de Béziers, patrie de D. de Mairan, qui lui-même fut longtemps secrétaire de l'Académie des Sciences. En 1813 M. Flourens fut reçu docteur en médecine à la Faculté de Montpellier, n'ayant que dix-neuf ans. Il partit deux ans après pour Paris; il est de tradition que les médecins du midi viennent y parfaire leurs études. M. Flourens se lia avec les savants et les écrivains philosophes beaucoup plus qu'avec les médecins. Il vécut d'abord dans la familiarité de quelques célèbres débris de la société d'Auteuil, cultiva surtout la bienveillance de Destutt-Tracy, tout en cherchant à s'assimiler sa philosophie idéologique. Bientôt il connut G. Cuvier et Geoffroy Saint-Hilaire, dont son esprit sérieux et réservé lui concilia le bon vouloir. Mais en fait d'amis sincères, il n'en compta pas de plus dévoués que Chaptal, Frédéric Cuvier et le médecin Itard. Son premier écrit, publié en 1819, opuscule dont la clarté contrastait singulièrement avec le style de quelques professeurs, avait pour objet l'analyse de la philosophie anatomique de Geoffroy Saint-Hilaire. On y remarqua surtout le passage dans lequel, parlant des propriétés vitales admises par l'école de Bichat et l'école de Montpellier, l'écrivain disait : « C'est un rideau qui cache un vide. » Cette publication fit fortune, et dès lors, collaborateur à la *Revue encyclopédique* et au *Dictionnaire classique d'Histoire naturelle*, M. Flourens vit tous ses désirs peu à peu comblés, non sans constance, mais sans obstacles et sans efforts : pas un livre ne fut publié au Muséum sans que M. Flourens à cette époque, ne fût prié d'en rendre compte. Son premier ouvrage original eut pour sujet *Vénus hottentote*; cet écrit, de médiocre étendue, fut publié dans un journal de médecine édité par Panckoucke. Mais l'ouvrage qui fonda solidement sa réputation fut l'analyse des organes nerveux et des facultés départies à chacun de ces organes. Ce que le docteur Gall, alors à l'apogée de sa célébrité, n'avait envisagé que par régions et par reliefs, M. Flourens voulut l'analyser par catégories, et dans une suite de mémoires à l'Institut il rendit compte d'expériences tentées sur les nerfs, sur le cerveau, le cervelet, la moelle allongée, la moelle épinière, etc., c'est-à-dire sur les organes des sensations, de la perception, du vouloir et des mouvements arbitraires. Il mit au service de cette entreprise difficile un esprit très-fin, très-ingénieux, une sagacité pénétrante et une plume déjà fort exercée, à l'habileté de laquelle on se plut à attribuer de la majeure partie d'un succès fort grand. Sans doute les déterminations fonctionnelles qu'établit alors M. Flourens ne sont pas toutes restées entières ; mais sa méthode excellente a porté dans la science des germes féconds, que l'expérience a développés sans relâche et en plus d'un point transformés.

Voici ce que l'auteur a dit lui-même de ces travaux :
« .... Nul physiologiste encore n'avait vu ce qu'il fallait faire pour porter la précision dans les expériences sur l'encéphale. On n'isolait point les unes des autres les parties soumises à l'expérience. On n'avait donc que des expériences confuses; et par ces expériences confuses, que des phénomènes complexes, et par ces phénomènes complexes, que des conclusions vagues et incertaines. Une autre cause d'erreur était de borner l'expérience à certaines parties du système nerveux, et d'attribuer ensuite à l'ensemble du système des effets qui presque toujours n'appartenaient qu'à telles ou telles de ses parties. »

L'analyse psihychologique de M. Flourens se fonde sur l'analyse physiologique des actes sensitifs, des facultés de l'âme et de l'esprit, et l'on doit comprendre qu'il est plus facile de classer des facultés abstractives que de préciser sans erreur à quels organes s'en rattache l'effective réalisation. Cependant, voici à peu près comment se résume le système de l'auteur : un nerf excite des contractions; la moelle épinière lie les contractions partielles en mouvements d'ensemble ; le cervelet coordonne ces mouvements d'ensemble en mouvements réglés; enfin, par les lobes cérébraux ou hémisphères, l'animal perçoit et veut... Charles Bell à cette époque n'avait pas encore indiqué et découvert dans la moelle épinière les instruments distincts du sentiment et du mouvement.

Quant aux mouvements dits de conservation, M. Flourens rechercha quel en pouvait être le premier mobile et le régulateur, et il crut voir qu'il existe « dans la moelle allongée (c'est lui-même qui parle) un point très-circonscrit, lequel est tout à la fois et le point premier moteur du mécanisme respiratoire, et le point central et vital du système nerveux. Déjà Lorry avait vu qu'il y a dans la moelle épinière un point de la section de cette moelle produit subitement la mort. Le Gallois avait vu que ce point répond à l'origine de la huitième paire, j'ai déterminé les limites précises de ce point, et j'ai fait voir que dans les animaux de petite taille, dans le lapin par exemple, il a trois lignes à peine d'étendue. Ainsi donc, poursuit M. Flourens, c'est d'un point, et d'un point unique, et d'un point qui a quelques lignes à peine d'étendue, que la respiration, l'exercice de l'action nerveuse, l'unité de cette action, la vie entière de l'animal, en un mot, dépendent. »

Ce sont là des résultats mémorables, qu'on a pu essayer de contredire, qu'on a pu envier et critiquer, mais sans faire le moindre tort au savant célèbre qui les expose avec une simplicité de si bon goût et une clarté si parfaite.

Une fois qu'il eut communiqué à l'Institut ses principales expériences, M. Flourens se retira dans sa province, et il ne la quitta qu'aux sollicitations instantes de ses amis, qui le nommèrent peu de temps après, en 1828, membre de l'Académie des Sciences, en remplacement de Bosc, dans la section de l'économie rurale. En 1833, une année après la mort de G. Cuvier, il lui succéda médiatement (car Dulong l'avait précédé) en qualité de secrétaire perpétuel. Pour l'accomplissement des devoirs imposés par cette charge si brillante, M. Flourens a prononcé plusieurs éloges remarquables, en particulier ceux de G. Cuvier, de Laurent de Jussieu, de Desfontaines, de De Candolle, de Geoffroy de Saint-Hilaire, de B. Delessert, et récemment celui de M. de Blainville, dernier discours où l'auteur a fait infraction à ses habitudes d'indulgence comme aux traditions académiques, en donnant au panégyrique de son confrère les formes du blâme et plus d'une fois les vives allures de la satire. On devine assez que M. de Blainville avait dû mériter ou venger de son vivant l'éloge équivoque dont il saluerait sa mémoire.

M. Flourens en 1840 fut élu membre de l'Académie française en remplacement de M. Michaud, et il eut la gloire ce jour-là de l'emporter sur M. Victor Hugo. Nommé pair de France en 1846, M. Flourens a vu cette haute magistrature se séparer de lui sans en paraître affecté, et très-certainement ses travaux et sa réputation n'ont fait que s'en accroître. Il a publié sur Buffon, Fontenelle, Gall et Cuvier des ouvrages estimés. Il a dernièrement annoté une édition de Buffon, publié des leçons sur la génération et l'ovologie, un bel ouvrage sur la formation et le développement des os et des dents, et une histoire critique de la circulation du sang, comme aussi une seconde édition de ses *Recherches sur le système nerveux*. Il a de plus fait connaître et soigneusement exposé les idées de Frédéric Cuvier sur l'instinct des animaux. La chaire de physiologie comparée que le gouvernement avait créée au Muséum en faveur de ce digne frère de Cuvier, c'est M. Flourens qui l'occupe. Enfin, ce fécond auteur, homme de beaucoup d'esprit, prépare ou a déjà publié beaucoup d'autres travaux, la plupart paraissent par chapitres détachés dans le *Journal des Savants*, épreuve inestimable qui leur confère une plus prompte perfection. ISIDORE BOURDON.

FLOUVE, genre de plantes de la famille des graminées ainsi caractérisée : épillets triflores, ayant les deux fleurs inférieures neutres et la supérieure hermaphrodite; deux glumes carénées, dont l'inférieure plus courte, uninerve, et la supérieure trinerve ; deux étamines; ovaire sessile ; deux styles. Le nom latin de ce genre est *anthoxanthum* (de ἄνθος, fleur, et ξανθός, jaune pâle); l'origine de son nom vulgaire est inconnue. L'espèce de ce genre, qui abonde dans nos prairies, est la *flouve odorante* (*anthoxanthum odoratum*, Linné), qui ne plaît pas moins au goût qu'à l'odorat, et que tous les herbivores broutent avec avidité. C'est à cette plante que l'on attribue l'odeur agréable du foin récemment coupé et séché. Cependant, quelques médecins ont prétendu que les émanations de ses fleurs sont malsaines , et même dangereuses ; d'autres, au contraire, soutiennent que tout est balsamique dans la flouve odorante, et si, pour la redouter son parfum, d'ailleurs très-faible, on ferait bien de le respirer pendant les beaux jours qui précèdent la récolte des foins.   FERRY.

FLUATE. Voyez FLUORURE.

FLUCTUATION. Ce mot vient évidemment de l'aspect qu'offrent les ondulations d'une grande masse d'eau agitée par les vents ou par toute autre cause, quoiqu'il ne soit pas usité dans ce cas. Le célèbre chirurgien Dionis paraît le premier l'avoir employé au propre pour désigner le phénomène par lequel on reconnaît dans un abcès la présence de la matière purulente. L'application de quelques doigts sur une partie de la tumeur et la percussion avec l'index ou deux doigts de l'autre main sur différents points de cette même tumeur inpriment au liquide qu'elle contient une sorte d'ondulation qui en fait reconnaître la présence : c'est ce que Dionis appelait *fluctuation du pus*. Ce mot, pris au propre, et dans un sens plus général, doit s'appliquer aux mouvements ondulatoires de tout liquide renfermé dans une poche ou cavité à parois molles et mobiles. Ainsi, dans l'hydropisie ascite, la cavité abdominale se remplit d'un liquide dont on reconnaît la présence à ses mouvements de fluctuation, et il y a quelques cas où il faut un bien grand tact pour distinguer ce phénomène de celui de l'espèce de rénitence élastique produite dans divers météorismes de l'abdomen. La fluctuation dans les épanchements d'un liquide sanguin ou séreux dans le thorax est plus difficile encore à reconnaître par la percussion. Ce genre de diagnostic est tout à fait inapplicable aux épanchements dans la cavité cérébrale, à moins que les progrès de la maladie, comme il arrive quelquefois, n'aient été poussés au point que les parties constituantes de cette boîte osseuse ne se soient trouvées, par l'accumulation continuelle du liquide, forcément séparées les unes des autres, au point de laisser entre les sutures un intervalle plus ou moins grand : phénomène qui ne peut guère s'observer qu'à certaines époques de la vie.

Les mouvements alternatifs d'élévation et d'abaissement qu'offrent les phénomènes de la fluctuation ont fait attacher à ce mot un sens figuré : c'est ainsi qu'on exprime quelquefois par cette expression la hausse ou la baisse des effets publics. On dit aussi la *fluctuation* des opinions, des idées, pour indiquer leurs différentes variations, leur peu de stabilité ou plutôt d'agitation continuelle. BILLOT.

FLUÉ (NICOLAS DE), *Nicolaus von der Flue*, connu comme ermite sous le nom de *frère* CLAUS (abréviation de *Nicolaus*), naquit en 1417, à Saxeln, petit bourg du bas Valais. Il passa sa jeunesse à garder et à soigner le bétail, se maria et donna le jour à cinq garçons et à cinq filles. Cependant, il avait toujours mené une vie contemplative, pure et religieuse. Il avait déjà cinquante ans lorsque sa femme, Dorothée Wysling, consentit à ce qu'il se retirât dans la solitude. Jusque là il s'était rendu utile à l'administration de son pays, quoiqu'il ne sût pas même lire ; il avait l'intelligence des affaires, et les conduisait toujours à bonne fin ; mais il ne voulut pas être landamman. Dans sa retraite, il se fit une telle habitude de l'abstinence, que le bruit populaire généralement accrédité était que la sainte hostie qu'il recevait tous les mois suffisait à sa nourriture, et qu'il vécut vingt ans sans autres aliments. Quant à lui, il ne parlait de ses abstinences que comme d'une faculté naturelle, et ne s'en faisait pas un mérite. Il n'imposait à personne l'obligation de l'imiter ; il regardait la vie comme un rêve : il espérait un réveil dans des régions que son génie contemplatif semblait entrevoir. Quiconque avait besoin de conseils, évêques, guerriers, seigneurs, tous admiraient sa gravité et sa simplicité ; les réponses de Nicolas de Flue étaient dans leur concision de véritables oracles. Un jour, la confédération paraissait à la veille de se dissoudre ; on se disputait à l'assemblée de Stanz sur l'admission de Fribourg et de Soleure, sur la manière de compter les suffrages, sur le partage du butin. On criait dans les rues de Stanz : *Ce que n'ont pu ni l'Autriche ni la Bourgogne est accompli par nos désordres !* Averti par le vénérable curé, Nicolas de Flue s'appuie sur son bâton et se dirige vers la ville. Il avait combattu à Winterthur, à Diessenhofen, à Rugatz. C'était un homme de haute taille, au visage maigre et décharné, mais d'une expression douce et bienveillante. A son aspect, toute l'assemblée se leva, ses paroles concluantes apaisèrent tous les esprits ; de Stanz au Saint-Gothard, de Zurich au Jura, retentirent des airs d'allégresse. On établit la confédération sur de nouvelles bases. Le Frère *Claus* retourna dans sa cellule, où il mourut, le 22 mai 1487, entouré de sa famille. L'on conserve aujourd'hui ses ossements dans un cercueil précieux, qui attire beaucoup de pèlerins. En 1671 le pape Clément le mit au nombre des saints. DE GOLBÉRY.

FLUENTE. *Voyez* FLUXION (*Mathematiques*).

FLUEURS (*fluores*, dérivé de *fluere*, couler), terme générique par lequel on désigne les écoulements ou flux qui surviennent dans diverses maladies, mais qui s'applique spécialement à l'écoulement blanc des parties génitales, affectant un grand nombre de femmes.

FLUEURS BLANCHES. *Voyez* LEUCORRHÉE.

FLUIDE (de *fluere*, couler). Ce mot, opposé à *solide*, sert à qualifier l'état d'un corps dont les molécules sont assez indépendantes pour glisser les unes sur les autres. Il s'emploie aussi substantivement : les *fluides* se subdivisent : 1° en *liquides*, 2° en *gaz* et *vapeurs*. Ce qui distingue cette seconde catégorie, c'est sa compressibilité, que ne possède pas la première ; aussi les corps qui la composent sont-ils souvent désignés sous le nom de *fluides élastiques*; on les nomme encore *fluides aériformes*, parce qu'ils offrent en effet l'apparence de l'air, avec lequel les anciens chimistes les ont longtemps confondus. Les physiciens du siècle dernier ont abusé du mot *fluide* en l'appliquant à tous les corps réduits en une poussière impalpable, dont toutes les parcelles, glissant les unes sur les autres à la manière des liquides, font prendre à la masse la forme des vases qui les renferment, et se nivellent d'une manière plus ou moins imparfaite. Mais quelle que soit la finesse de ces parcelles pulvérulentes, chacune d'elles est encore un corps trop grossier pour pouvoir être comparé aux molécules des liquides et des gaz.

La principale cause de la *fluidité* des corps est l'accumulation du calorique entre leurs molécules. Cet agent hypothétique a été un tour regardé comme un *fluide impondérable*, c'est-à-dire sans influence appréciable sur les instruments qui servent à mesurer les poids des corps. Quand on peut soustraire à un fluide une quantité suffisante de calorique, il passe à l'état solide : Ainsi, l'eau, le mercure, et beaucoup d'autres liquides, se solidifient par le refroidissement ; de même, un gaz, l'acide carbonique, et un grand nombre de vapeurs, ramenées d'abord à l'état liquide, sont ensuite solidifiés. Les physiciens pensent donc que le calorique est la seule substance fluide par elle-même, et que sans elle, rien ne contrebalançant l'attraction des particules matérielles, elles ne formeraient qu'un agrégat à l'état solide.

Cependant, dans l'état de la science, il faut encore admettre deux fluides impondérables, le *fluide électrique* et le *fluide magnétique*. Malgré les analogies qu'on a remarquées dans les phénomènes de la chaleur, de l'électricité et du magnétisme, rien ne permet de conclure que les effets divers que produisent ces causes aient leur source dans un fluide unique. Les fluides impondérables ne sont donc encore que des hypothèses ingénieuses à l'aide desquelles on a établi la théorie des phénomènes connus. La même observation s'applique au *fluide nerveux*, dont les sciences biologiques n'ont pas encore démontré l'existence, sur laquelle repose la doctrine du magnétisme animal. Dans ces derniers temps, alors que les tables tournantes étaient dans toute leur vogue, leurs fanatiques attribuaient la non-réussite de certaines expériences au *manque de fluide* des expérimentateurs !

FLUO-BORIQUE (Acide). *Voyez* FLUORURE.

FLUOCÉRINE, fluorure de cérium, substance jaune ou rougeâtre, à texture cristalline, infusible et noircissant au feu. La fluocérine se trouve dans les mêmes gisements, l'yttrosérite.

FLUOR ou **PHTHORE**. C'est un corps élémentaire, que la nature n'a jamais présenté à l'état de liberté. Il n'a même jamais été séparé de ses composés : toute tentative à cet égard n'a servi jusqu'à présent qu'à lui faire produire de nouvelles unions, soit avec les agents que l'on emploie, soit avec la matière des vases où l'on tente l'opération, tant ses affinités sont énergiques ; mais s'il n'a pu être isolé de ses combinaisons, d'un autre côté les analogies prochaines et multipliées que présente la comparaison de ses composés avec ceux de chlore donnent sur l'existence du fluor des présomptions qui semblent avoir, à peu de choses près, les caractères de la certitude. Il existe en combinaison avec le calcium ; on le trouve ainsi naturellement en France, en Suisse et en Angleterre. Ce fluorure ou phthorure de calcium (voyez FLUORINE, était autrefois connu des minéralogistes, sous le nom de *spath-fluor*, par opposition au sulfate de baryte, que l'on nommait alors *spath pesant*. Le mot *spath* indiquait à cette époque des substances offertes par la nature à l'état de cristaux.

D'après ce qui vient d'être dit, le fluor ne peut être étudié que dans ses composés, tels que l'acide fluorhydrique et les fluorures. COLIN.

FLUORHYDRIQUE (Acide). Cet acide portait jadis le nom d'*acide fluorique*; c'est qu'alors on ignorait si l'hydrogène ou l'oxygène était l'un des principes élémentaires. La nouvelle désignation indique qu'il est uniquement composé de fluor et d'hydrogène, et si le fluor est nommé le premier, c'est qu'il est le plus électro-négatif des deux composants.

L'acide fluorhydrique se présente sous la forme d'un liquide blanc, très-fumant, très-évaporable, fortement acide, attaquant vivement la silice, libre ou combinée, qu'il gazéifie, en donnant naissance à de l'eau et à un gaz, appelé par les uns *acide fluosilicique*, et par les autres *fluorure de silicium*. Ce dernier composé, formé de silicium et de fluor, est sans action sur le verre, c'est-à-dire sur la combinaison de la silice avec la potasse ou la soude. On peut graver le verre, au contraire, au moyen de l'acide fluorhydrique, en recouvrant celui-là d'un vernis composé de cire et d'essence de térébenthine, soit en faisant un petit rebord de même matière, et en y versant l'acide, qui creuse la matière vitreuse aux points où le vernis a été préalablement enlevé, soit simplement en exposant le verre ainsi préparé aux vapeurs qui s'exhalent d'un mélange d'acide sulfurique concentré et de fluorure de calcium en poudre ténue, car, c'est de ce mélange que l'on retire l'acide fluorhydrique, par l'application d'une douce chaleur. Les appareils que l'on emploie pour obtenir cet acide et les vases dans lesquels on le conserve sont en plomb; il vaudrait mieux qu'ils fussent de platine. La cornue de plomb qui sert à l'extraire est de deux pièces, la panse et le chapiteau; elles s'emboîtent l'une dans l'autre comme un étui et son couvercle. Le bec du chapiteau se rend dans un récipient de plomb en forme de croissant, et qu'environne latéralement un mélange refroidissant, formé de glace et de sel marin pulvérisés. La pâte d'acide sulfurique et de fluorure de calcium s'applique sur la porcelaine pour enlever les peintures qui s'y trouvent et permettre au peintre de réparer son ouvrage lorsque le feu a fait couler les matières colorantes, ou qu'il leur a donné une teinte trop forte.

Seul entre tous les corps doués de l'acidité, l'acide fluorhydrique attaque à la température ordinaire le verre et toutes les substances siliceuses ; il ne donne point de chlore lorsqu'on le met en contact avec l'oxyde noir de manganèse, ce qui le distingue de l'acide chlorhydrique, avec lequel il a des analogies dans son odeur et dans son action sur les métaux et sur les bases. Effectivement, l'un et l'autre laissent dégager de l'hydrogène, quand ils réagissent sur le potassium, le fer et plusieurs autres métaux. En second lieu, l'acide chlorhydrique forme avec les oxydes salifiables des chlorures métalliques, et avec l'ammoniaque un chlorhydrate ammoniacal ; de même que l'acide fluorhydrique donne avec les oxydes de calcium, de fer, de plomb, etc., des fluorures de calcium, de fer, de plomb, et un fluorhydrate d'ammoniaque avec l'alcali de ce nom. Troisièmement, enfin, l'acide chlorhydrique mêlé à l'acide azotique dissout l'or et le platine, et le mélange d'acide azotique et d'acide fluorhydrique dissout non-seulement ces substances, mais encore le titane et le silicium, corps sur lesquels le premier mélange est sans action. Cependant, ni l'un ni l'autre de ces trois acides ne peuvent, lorsqu'on les prend isolément, dissoudre ni attaquer aucun de ces corps simples. COLIN.

FLUORINE. La *fluorine* (*chaux fluatée*, *spath fluor*, *spath fusible* des anciens minéralogistes) est un fluorure de calcium, composé d'un atome de calcium et de deux atomes de fluor. C'est le plus utile et le plus abondant des fluorures naturels; il sert de gangue aux mines d'étain et de zinc, et il accompagne fréquemment les filons d'argent et de plomb. On en trouve de très-diversement colorés; les couleurs qu'il affecte le plus ordinairement, et qui semblent dues aux différents oxydes de fer, sont le jaune, le rose, le bleu, le violet et le vert : ce dernier est le plus commun, le blanc est le plus pur et le plus rare. Le fluorure de calcium se présente tantôt en masses amorphes et compactes, tantôt sous forme terreuse, comme dans la terre dite le *marmorose*; mais on en trouve aussi beaucoup en cristaux réguliers, le plus ordinairement cubiques. Pulvérisé et projeté sur des charbons ardents, il décrépite à la manière du sel marin, mais avec moins de violence, et il s'entoure d'une auréole lumineuse et violacée. Il se fond à une température de 51° de Wedgwood, et produit un verre transparent; de là les dénominations de *spath fluor* et de *spath vitreux*. On s'en sert quelquefois comme d'un flux assez actif dans les traitements métallurgiques; il est inaltérable à l'air, sans saveur et insoluble à l'eau. Il y a des variétés de fluorure de calcium fort intéressantes sous le rapport d'emploi dans les arts, et qui imitent les gemmes précieuses : ce sont principalement les variétés de chaux fluatée cristallisée, qui sont connues des amateurs, et que l'on travaille pour en faire des socles, des pyramides, des œufs, des vases, des tablettes, des colonnes, et dont les couleurs vives et nuancées à l'infini font un joli effet. Lorsque ces cristaux ont beaucoup de netteté, certains marchands de pierres précieuses en abusent, et leur donnent les noms de *fausse émeraude* ou *prime d'émeraude*, *fausse améthyste*, *fausse topaze*, suivant qu'ils sont verts, violets ou jaunes; il y en a aussi de bleus, de rouges, de ponceaux et d'incolores, et on a donné quelquefois à ceux des deux premières couleurs les noms de *faux saphir* et de *faux rubis balais*. Ces cristaux ont généralement de l'éclat, et se présentent habituellement, comme nous l'avons dit plus haut, sous forme de cubes, mais presque toujours implantés dans leur gangue, ou rentrant les uns dans les autres par leur base. Ce sont des groupes de cristaux où plusieurs nuances se trouvent réunies, et non des cristaux isolés, que l'on taille. Des veines de fer sulfuré et de galène, ou plomb sulfuré, les traversent quelquefois, et augmentent beaucoup l'effet agréable des ouvrages de spath fluor. Ces objets viennent du Derbyshire (Angleterre), où l'on trouve abondamment de beaux cristaux de chaux fluatée; on en trouve aussi en France, dans le département de la Loire, de l'Allier, du Puy-de-Dôme, de Saône-et-Loire; enfin; ils sont assez abondants dans les Alpes, en Saxe et dans les mines du Hartz.

La chaux fluatée est encore bien plus commune sans formes déterminées, ou en masses, tantôt testacées, tantôt un peu compactes, tantôt terreuses; enfin, on a donné le nom d'*albâtre vitreux* à la chaux fluatée concrétionnée, qui offre des zones parallèles, et qui est fort commune. Une variété violacée, avec des taches verdâtres, qui se trouve dans la Sibérie orientale, a été surnommée *chlorophane*. Celle-ci répand une lueur blanchâtre, pour peu qu'on la chauffe, et une lumière verte ou même bleue quand on la chauffe plus fortement. A la suite de toutes ces variétés, les minéralogistes placent la *chaux fluatée aluminifère*, que l'on trouve près de Buxton, en Angleterre, lieu où l'on travaille les plus belles variétés cristallisées : celle-ci se présente en cubes opaques, et n'a jusque ici été d'aucun usage.

PELOUZE père.

FLUORIQUE (Acide). Voyez FLUORHYDRIQUE (Acide).

FLUORURE. La composition des fluorures est analogue à celle des chlorures. Désignés longtemps, à tort, sous le nom de *fluates*, tous les fluorures sont fusibles à une température plus ou moins élevée. Ceux que l'on prépare principalement dans nos laboratoires sont le *fluorure* de bore (acide *fluo-borique*) et le *fluorure de silicium* (*acide fluo-silicique*).

Les fluorures naturels se partagent en deux tribus d'après les différences de systèmes cristallins : les *fluorures cubiques*, renfermant les espèces *fluorine* et *yttrocérite*; et les *fluorures rhombiques*, comprenant la *fluocérine* et la *cryolithe*.

FLUO-SILICIQUE (Acide). *Voyez* FLUORHYDRIQUE (Acide) et FLUORURE.

FLÛTE (*Musique*), instrument à vent. Son origine se perd dans la nuit des temps. Qu'elle soit due au hasard, comme le prétendent les poëtes, ou qu'on en soit redevable à l'industrie humaine, c'est ce qu'il est impossible de vérifier.

La *flûte primitive*, ou *flûte de Pan*, fut d'abord formée de sept tuyaux de roseaux d'inégale longueur. Ces tuyaux étaient joints ensemble par de la cire. Plus tard, on substitua à ce simple et rustique assemblage de roseaux la flûte à un seul tuyau, soit qu'elle fût tout d'une pièce, ou de plusieurs corps joints l'un à l'autre, comme nos flûtes modernes. On employa d'abord à la confection de cette flûte les os de biche, apparemment le tibia, de même que celui de l'âne. Il y en avait aussi en métal. Néanmoins, on ne tarda pas à substituer à ces matières, difficiles à mettre en œuvre, le bois, jugé plus facile. Dans le principe, la flûte fut simple, percée de peu de trous. Varron assure qu'ils étaient au nombre de quatre seulement. Ovide, dans ses *Fastes*, nous apprend que le bois dont on se servait était le buis. Cette espèce avait beaucoup de rapport pour la forme avec nos hautbois et nos clarinettes, sauf le bec de l'embouchure, qui paraît avoir été d'airain. Il semblerait, d'après les anciens eux-mêmes, que cet instrument n'était rien moins que pastoral, car nous voyons que les *joueurs de flûte* aux jeux pythiques s'évertuaient à imiter les aigres sifflements du serpent Python. Horace, dans son *Art poétique*, nous donne quelques détails sur la flûte dont on faisait usage à Rome dans les chœurs. Elle était alors *rivale de la trompette* et composée de plusieurs pièces, unies ensemble avec l'orichalque. Ainsi, chez les Romains, de même que chez les Grecs, la flûte était un instrument bruyant. Nous ajouterons que les *flûtes antiques* étaient quelquefois jumelles, assez semblables à nos doubles flageolets. De là l'expression, assez communément employée par les anciens, *jouer des flûtes*.

Apulée dit formellement, dans *l'Ane d'Or*, que pendant la cérémonie de son initiation aux mystères du grand dieu Sérapis, des prêtres placés à ses côtés exécutaient des airs religieux sur leurs *flûtes traversières*. L'expression dont il se sert, *allant de gauche à droite*, ne laisse aucun doute à cet égard. D'après l'examen réfléchi que nous en avons fait, cet instrument, d'origine égyptienne, n'était, à proprement parler, qu'un *fifre*; mais il n'en a pas moins été le type de nos flûtes modernes. Modifiée par les peuples d'Allemagne, naturellement musiciens et industrieux, la *flûte traversière* est devenue la *flûte allemande*.

Nous voyons dans Rabelais, au seizième siècle, que « Gargantua jouait de la flûte d'Alleman à neuf trous. » Si les petites clefs, qu'on a inventées depuis pour améliorer l'instrument, avaient été en usage, le curé de Meudon n'eût pas manqué de les mentionner. Ainsi, l'heureuse et ingénieuse application de petites clefs, à l'effet d'établir une indispensable égalité entre les *tons* et les *semi-tons*, ne remonte certainement pas à un siècle; seulement, il est hors de doute que nous sommes redevables aux Allemands de cette précieuse découverte, ainsi que de celle d'une *patte* (ou corps), qui donne deux notes de plus dans le grave de l'instrument. Ces deux notes sont *ut* dièze et *ut* naturel.

La *flûte moderne* est en *ré* ou en *ut* ; pour parler plus correctement, l'une descend au *ré* au-dessous du cinq portées, et la deuxième à l'*ut* naturel. Les Allemands, les Anglais et les Italiens ont depuis bien des années renoncé à la flûte à *patte de ré*, comme trop mesquine. En France, on y a mis plus de temps. La flûte moderne est de forme cylindrique. Elle se compose de quatre *tubes* ou *corps*, creusés et séparés. On les ajuste les uns dans les autres au moyen d'*emboîtures* et de *tenons*. Le premier corps se nomme *tête*; il est percé à la surface d'un trou unique : on le nomme *trou de l'embouchure*; le deuxième corps s'emboîte dans le premier : il est percé de trois trous à sa surface; il s'emboîte aussi dans le troisième, qui est également percé de trois trous à la surface comme le précédent. Celui-ci, à son tour, s'emboîte par son extrémité inférieure dans le quatrième corps ou *patte*, soit de *ré* ou d'*ut*, ou de toute autre. Le premier, le troisième et le quatrième corps sont garnis de *viroles* d'ivoire ou d'argent. La *patte en ré* est percée d'un seul trou assez large; il est fermé par une clef qu'on fait agir avec le petit doigt de la main d'en bas. La *patte en ut*, outre ce trou dont nous venons de parler, en a encore deux autres, l'un pour l'*ut* naturel, l'autre pour l'*ut* dièze. Les clefs sont en sens contraire à celle de *ré* dièze : elles restent ouvertes, et ce n'est qu'en les bouche chaque fois qu'on veut obtenir les deux notes pour lesquelles elles sont établies. C'est encore par le moyen du petit doigt, toujours d'en bas, que ces clefs jouent. Les différentes espèces de bois dont on se sert pour les flûtes sont le *buis*, l'*ébène noire*, l'*ébène dite de portugal*, de couleur un peu rougeâtre, et le *grenadille*. Le premier est à peu près abandonné, comme trop poreux : le son qu'il produit a peu de timbre; le second est infiniment préférable, ainsi que le troisième; mais le bois par excellence est celui que nous appelons *grenadille* et les Anglais *coco*. Le son en est ferme, argentin, brillant, et porte fort loin.

La *flûte parfaite* est la *flûte à patte d'ut*. Elle doit être armée de *sept clefs* au moins : c'est de toute rigueur. Ces clefs sont, à partir du second corps, celle d'*ut* naturel, indispensable pour compléter une bonne gamme chromatique dans la première octave; celle de *si* bémol (ou *la* dièze), qu'on fait agir avec le pouce de la main haute; celle de *fa* bémol (ou *sol* dièze), qui obéit au petit doigt de cette même main ; ensuite, sur le deuxième corps, la clef de *fa* naturel (ou *mi* dièze), que l'on fait agir avec le troisième doigt de la main d'en bas. On met assez souvent une deuxième clef de *fa* : elle sert à hausser le *fa* dièze, toujours un peu bas sur nos flûtes, et de plus, à *lier*, pourvu que ce ne soit pas dans un mouvement rapide, le *mi* bémol au *fa* naturel. Dans les flûtes à larges trous, comme celles d'Angleterre et même d'Allemagne, cette *double clef de fa* devient indispensable. Néanmoins, son usage en est très-gênant dans une infinité de passages, où il faut couler avec rapidité le *mi* bémol au *ré* naturel, et *la* bémol. Notre système de *perce*, sous ce rapport, a un avantage incontestable, en ce que nous pouvons nous servir du *doigté* vulgairement appelé *fourche* pour ce *fa* naturel, source d'une très-grande facilité pour les genres de traits liés ensemble. Il y a aussi des *flûtes à pattes de si* et de *la*.

Il y a de *petites flûtes* ou *octaves*, ainsi nommées parce qu'elles donnent l'octave supérieure de la flûte ordinaire. Celle-ci est désignée, par opposition dans les partitions, par le nom de *grande flûte*. Cependant, pour que cette dénomination d'*octave* fût exacte, il faudrait qu'il n'y eût qu'une seule espèce de petite flûte, ce qui n'est pas. Elles peuvent être en *si*, en *ut*, en *ré*, en *mi* bémol et en *fa*. Toutes ces petites flûtes dans des *tons* différents sont connues sous le nom générique de *petite flûte* ou *octave*. Cet instrument est armé de clefs comme la flûte ordinaire. On ne l'emploie que dans la musique militaire ou dans les situations dramatiques. Il y avait jadis la *flûte à bec*, espèce de, gros flageolet, dont le nom seul est resté.

Nous avons aussi des flûtes en verre coulé, dit *cristal*, dont l'invention fait honneur à M. Laurent. Le timbre qu'on en obtient n'est point tel qu'on se le figurerait d'abord; clair, argentin; au contraire, il est un peu couvert, surtout lorsqu'on en joue trop longtemps de suite. Néanmoins, il a de la rondeur et de la sonorité. Nous ne parlerons point des flûtes en ivoire, elles sont excessivement rares, et ne valent d'ailleurs absolument rien.

On dit assez communément d'un virtuose : c'est une excellente flûte. Je pense que l'épithète de flûtiste doit prévaloir dans cette acception. Joueur de flûte a toujours été pris et est pris encore en mauvaise part. T. BERBIGUIER.

FLUTE (Marine), grand bâtiment à trois mâts, du port de 600 à 1,200 tonneaux et plus, destiné à recevoir de forts chargements de vivres, d'approvisionnements de toutes espèces, et à transporter des troupes dans les colonies, ou d'un port à l'autre, etc. Sa marche n'est pas très-rapide, et dément son nom anglais de flight, qui exprime la rapidité du vol, sans doute par antiphrase. Les flûtes doivent avoir une capacité beaucoup plus grande que les navires de guerre, de même dimension apparente; elles doivent encore bien se comporter à la mer et marcher passablement; elles portent ordinairement une batterie de 12 à 24 canons ou caronnades, et quelques bouches à feu sur les gaillards. En France, on donne généralement aux flûtes des noms de fleuve ou de rivière, tels que La Seine, La Loire, Le Golo. Les gabarres ont la même destination; mais elles sont de moindre dimension, et ne portent pas au delà de 550 tonneaux. Quelquefois, un vaisseau, une frégate, etc., reçoivent par extraordinaire un plus grand chargement; alors on en réduit l'armement et l'équipage : c'est ce que l'on appelle vaisseau, frégate, etc., armés en flûte (voyez ARMEMENT). Les Hollandais construisent de très-grandes flûtes, qui voyagent sur toutes les mers : ce sont de gros navires, à trois mâts, lourds de forme, à mâture courte, très-solidement construits, et qu'on nomme aussi galiotes. Leur navigation est lente, mais sûre; elles résistent avec succès aux coups de mer, et se manœuvrent avec peu de monde. Elles portent de 300 à 1,000 tonneaux. MERLIN.

FLÛTE BOUCHÉE, FLUTE OUVERTE, Voyez ORGUE.

FLUX, évacuations accidentelles et anormales dans plusieurs des maladies du corps humain. Les flux morbides ont paru assez importants à un grand nombre de nosologistes pour les décider à imposer ce nom générique à une classe nombreuse de maladies analogues, pouvant être rapprochées entre elles. C'est ainsi que Linné, Sagar, Cullen, Sauvages, ont réuni et compris dans la classe dite des flux un grand nombre d'affections qui en réalité, n'ont de commun qu'un résultat d'irritations fort diverses, affectant des organes entièrement différents. C'est de cette manière qu'ils ont rassemblé dans un même cadre des diarrhées, des hémorrhagies, des flux de salive, de mucus, de sérosité, de bile, d'urine, de sueur, etc. Il serait inutile de signaler les inconvénients d'un pareil mode de classification, d'ailleurs, depuis longtemps tombé en désuétude; c'est la nature présumée des maladies qu'on prend pour guide en pareil cas, et non les symptômes qu'elles présentent.

Le mot flux ne figure donc plus aujourd'hui que dans l'historique des dénominations. Flux de ventre se dit de la diarrhée qui survient dans beaucoup de maladies. La dysenterie a reçu souvent le nom de flux de sang; la lienterie celui de flux lientérique. On appelle les hémorrhoïdes du nom de flux hémorrhoïdal; les règles ont reçu celui de flux menstruel. On dit aussi flux bilieux, muqueux, pour caractériser les déjections de mucus ou de bile, communes dans plusieurs maladies. De même aussi, on qualifie de flux de semence, d'urine, de salive, etc., les pertes surabondantes de ces fluides animaux. Les évacuations excessives en tout genre ont reçu quelquefois le nom de flux colliquatifs; et par là on a voulu exprimer une sorte de fonte des organes. Les anciens donnaient le nom de flux hépatique à toute espèce de diarrhée, qu'ils supposaient provenir d'altérations du foie. Le nom de flux cœliaque ou céliaque a été appliqué tantôt à une excrétion de chyle, tantôt à un écoulement de pus, quelquefois enfin à des déjections muqueuses puriformes, à des évacuations laiteuses, lochiales, etc. Dr BRICHETEAU.

FLUX (Jeux), ancien jeu de cartes. Être à flux se dit, à l'hombre, du joueur qui n'a que des triomphes et qui ne peut que lâcher.

FLUX (Métallurgie). Voyez FONDANTS.

FLUX et REFLUX. Le flux est l'élévation périodique, et le reflux l'abaissement également périodique des eaux de la mer, dans le phénomène auquel on donne le nom de marée. Les marins remplacent ces dénominations par celle de flot et de jusant.

FLUXION (Médecine). Ce mot, qui appartient exclusivement aux théories humorales, dérive de fluere, couler. Il a été appliqué, dans le temps du règne de ces théories, à une foule de maladies qu'on supposait provenir d'une humeur prenant cours vers certains organes. Non-seulement le vulgaire est toujours imbu de ce qu'on lui a gravement débité pendant si longtemps; pour lui, la plupart des maladies sont causées par une humeur qui se porte capricieusement, tantôt sur un organe, tantôt sur un autre; mais la science a même encore conservé la théorie des fluxions dans un très-grand nombre de points. Quant au mot fluxion lui-même, il désigne encore le gonflement de la joue, qui survient ordinairement à la fin des douleurs de dents; mais c'est la seule maladie pour laquelle il soit encore scientifiquement employé. Il est vrai de dire que ce mot n'est pas plus mauvais pour désigner ce gonflement particulier que tout autre terme à peu près insignifiant. On dit bien encore un peu fluxion de poitrine, pour se mettre à la portée des gens du monde, qui croient mieux comprendre ce terme que ceux de péripneumonie, ou de pneumonie, ou de pleuramonie. Partout ailleurs fluxion est un terme à peu près complètement effacé de langue de la médecine.

Il faut dire pourtant que s'il est sage et bon de rayer le mot, comme représentant une doctrine générale, il est impossible de méconnaître l'existence de la chose, resserrée dans de justes limites. Ici, comme souvent ailleurs, beaucoup d'erreurs et un peu de vérité faisaient la vérité du vulgaire : en fait, toutes les fois qu'un organe souffre, il se fait vers cet organe un afflux d'humeurs; il y a vers lui fluxion, non pas entendue comme dans les théories des humoristes, mais appel, accumulation véritable de sang, etc. Il y a plus : dans quelques maladies dont la nature essentielle est encore impénétrable pour nous, et que nous continuons à désigner par les noms humoristiques de rhumatisme et de goutte, le mal consiste principalement en un afflux considérable des fluides vers le point affecté; il faut ajouter aussi que nous voyons souvent ces maladies se transporter avec leur fluxion d'un point à un autre, comme s'il n'y avait qu'un simple déplacement de fluides; mais ces phénomènes, qui se rapprochent véritablement de ce qu'on entendait par les fluxions chez une certaine partie de nos prédécesseurs, si loin de constituer à eux seuls la maladie; quelque apparents, grossiers et matériels qu'ils soient, ils n'ont pas même été envisagés comme locaux par l'anatomisme de nos jours; et on ne peut s'empêcher de reconnaître qu'il y a là quelque chose que la localisation moderne n'explique pas mieux que les anciennes fluxions ne l'expliquaient. S. SANDRAS.

FLUXION (Mathématiques), nom que Newton avait donné à ce que nous appelons différentielle. Le mathématicien anglais considérait le point comme générateur de toute figure, lignes, surfaces ou solides, c'est-à-dire que par un mouvement d'écoulement, de fluxion, le point engendre la ligne, dont les points, par leur fluxion, engendrent la surface, qui elle-même, par un même artifice de formation, donne naissance au solide. On peut donc conclure de cette généalogie, que la fluxion n'est que l'accroissement momentané d'une grandeur ; et c'est l'évaluation des lois que suivent les quantités dans leur accroissement qui constitue la *méthode des fluxions*, qui porte le nom de *calcul différentiel*, la métaphysique et la notation de Leibnitz (*voyez* CARACTÉRISTIQUE) ayant été avec raison préférées à celle de Newton.

La *méthode inverse des fluxions* de Newton a pour objet de remonter aux quantités dont les fluxions sont données, ou de trouver ce qu'il appelle les *fluentes* de ces fluxions; ce n'est donc autre chose que le calcul i n t é g r a l.

FLUXION DE POITRINE. *Voyez* FLUXION et PNEUMONIE.

FO. C'est, en Chine, le nom de Bouddha.

FOARE. *Voyez* ÉTAPE.

FOC, petite voile latine, de forme triangulaire, qui se hisse sur le petit mât de h u n e et sur celui de perroquet, et qu'on serre sur le beaupré et sur le mât de foc. On considère en général les focs comme des voiles d'étai, puisqu'elles sont établies dans la direction des étais. Elles sont d'un usage utile lorsque le bâtiment navigue au plus près du vent. On distingue quatre *focs* principaux : le *petit foc*, le *faux foc*, le *grand foc*, le *clin foc* ; les grands vaisseaux en gréent deux de plus, qui sont le *foc védette* et le *foc en l'air*. Dans les mauvais temps, et lorsque la misaine est serrée, on grée sur l'étai de misaine un *foc* du nom de *trinquette* ou *tourmentin*. On donne quelquefois le nom de *foc d'artimon* à la voile d'étai d'artimon, qui est envergée sur une corne orientée dans le sens de l'étai du mât d'artimon : cette acception est impropre, et doit être évitée.   MERLIN.

FOE (DANIEL DE), dont on trouve aussi quelquefois le nom écrit en un seul mot, *Defœ*, écrivain politique qui joua de son temps un rôle important, mais qui s'est fait une réputation autrement universelle et durable par son roman de *Robinson Crusoé*, traduit dans toutes les langues et lu avec avidité dans tous les pays, naquit à Londres, en 1661. Fils d'un boucher, dissident zélé qui lui avait fait donner de l'éducation, il avait d'abord suivi la carrière des affaires et entrepris un commerce de bonneterie, mais il fut peu heureux à ce qu'il paraît, puisque force lui fut d'entrer en arrangement avec ses créanciers. Toutefois, De Foe sut leur prouver que le malheur seul l'avait empêché de remplir ses engagements. Dès l'âge de vingt et un ans, il avait débuté comme écrivain par un *Traité contre les Turcs* ; et bientôt il se trouva mêlé aux agitations politiques de son époque. Assez imprudent pour s'être compromis dans la levée de boucliers du duc de Monmouth, il fut assez heureux pour échapper à toute poursuite, et put continuer sans encombre ses travaux littéraires et ses affaires commerciales. Un poëme intitulé : *le Véritable Anglais* (1699), dans lequel il avait plaidé avec talent la cause de la révolution de 1688 et du roi Guillaume III contre un écrivain satirique, lui ayant valu, avec la reconnaissance de ce prince, des gratifications et des emplois lucratifs, De Foe s'empressa de mettre à profit les faveurs de la fortune pour s'acquitter envers ceux qu'il n'avait pas pu intégralement payer. S'il fit alors preuve de probité, il ne se montra pas avec moins de courage patriote énergique et dévoué, en subissant avec fermeté, sous la reine Anne, la prison, une amende qui le ruinait complètement, et même l'exposition au pilori, pour avoir dans un éloquent pamphlet, intitulé *The shortest way with the dissenters* (1702), défendu les droits des communions dissidentes, et attaqué l'intolérance de l'Église anglicane. Il prit sa revanche contre ses persécuteurs, en les stigmatisant, dans un *Hymne au pilori*, avec les traits d'une verve mordante. C'est pendant les deux années d'emprisonnement qu'il dut subir à cette occasion qu'il commença la publication d'un recueil périodique intitulé *The Review* (9 vol. in-4°, de 1704 à 1713), devenu aujourd'hui d'une rareté extrême, et dont le succès fut très-grand. Il y a quelques années, une de nos Revues parisiennes qui s'était donné pour mission d'exploiter les sources historiques inconnues ou peu connues, publia un article extrêmement curieux écrit par De Foe dans sa *Review*, et où jetant un coup d'œil perçant sur l'état de la France à la fin du règne de Louis XIV, il signalait dans ce pays, avec une rare pénétration, tous les éléments d'une révolution qu'il prophétisait pour la fin du siècle. Sous ce titre : *De jure divino* (1706), De Foe publia aussi vers ce temps une spirituelle satire contre la doctrine du droit divin.

Sous le règne de la reine Anne, la célébrité qu'il avait acquise par ses écrits politiques lui valut quelques missions délicates, entre autre celle qu'on lui donna en Écosse pour y préparer les esprits à l'union projetée avec l'Angleterre. Il composa pour cette circonstance son poëme *Caledonia*, et publia ensuite l'histoire de cette union, depuis lors réimprimée deux fois.

Un second emprisonnement et une condamnation à 800 livres sterling d'amende, que lui valurent d'autres pamphlets publiés en faveur de la succession dans la maison d'Hanovre, et surtout l'ingratitude et l'oubli de ceux qu'il avait défendus, le dégoûtèrent, à la fin, de la carrière politique, et depuis cette époque, voué exclusivement aux lettres, il y trouva à la fois le repos et une plus durable renommée. En 1714, il avait déjà publié sous le titre de *The family instructor* un ouvrage de morale, qu'il continua plus tard (1726) dans son *Religious courtship*, lorsqu'en 1719 il fit paraître le livre qui a popularisé son nom dans tous les pays civilisés, son célèbre roman de *Robinson*, dont nous rapporterons ici le titre primitif : *The life and strange adventures of Robinson Crusoé of York*. On sait que c'est le seul livre dont J.-J. Rousseau permette d'abord la lecture à Émile. Quoique l'esclavage, ce grand crime social, s'y trouve en quelque sorte introduit dès l'origine de la société où De Foe nous montre l'homme assujetti à l'homme, ce livre n'en est pas moins le tableau le plus naïf et le plus attachant de la situation d'un individu réduit à tirer toutes ses ressources de lui-même ; et quant aux rapports de *Robinson* et de *Vendredi*, De Foe du moins adoucit ce que la peinture du despotisme patriarcal a de révoltant, en nous les présentant comme ceux d'une affection réciproque. Personne n'ignore que l'auteur a pris l'idée de son roman dans les détails que contenait la relation des voyages du capitaine Wodes-Rogers (1712) sur un marin écossais nommé Alexandre Selkirk, que cet officier avait trouvé dans l'île de Juan-Fernandez, où Selkirk avait vécu seul pendant plus de quatre ans, et d'où ce navigateur le ramena en Angleterre.

Encouragé par l'immense succès de son *Robinson Crusoé*, De Foe publia une série de voyages et d'aventures imaginaires du même genre, par exemple : *Le colonel Singleton*, *Moll Flanders*, *Le colonel Jack*, etc., etc. Nous mentionnerons encore parmi les autres ouvrages dont on lui est redevable, et il en est qui traitent de matières rentrant dans ce qu'on appelle aujourd'hui l'économie politique, le spirituel livre qui a pour titre : *Political history of the Devil* (1726). Il mourut en avril 1731, à Londres, en proie à une grande pauvreté. Au reste, tel avait presque constamment été sa vie, en dépit d'une infatigable fécondité, grâce à laquelle il avait pu écrire 210 volumes ou brochures qui presque tous avaient été accueillis par le public avec la plus grande faveur. Au commencement de la présente année 1854, les journaux de Londres nous ont appris qu'on venait de découvrir, dans un des faubourgs de cette capitale, une arrière petit-fils de l'auteur de *Robinson Crusoé*, âgé de soixante-dix ans et dans une profonde détresse. Une souscription ouverte immédiatement par les soins du libraire Knight produisit une somme suffisante pour lui assurer une rente viagère de 24 livres sterling (600 fr.).

Les fables qu'imagine De Foe intéressent encore aujourd'hui pour la plupart, parce que son style est naturel et qu'il sait mettre beaucoup de vérité dans son exposition. Son *History of the great Plague in London* et ses *Mémoires of a Cavalier* ont souvent été pris pour des mémoires authentiques de l'époque qu'il y a voulu peindre. Il fut le précurseur de Richardson et de Fielding, et peut être considéré comme le créateur d'un genre de littérature dont Dickens et Thackeray sont aujourd'hui les brillants représentants. Une édition complète des œuvres de De Foe, en vingt volumes in-8°, a encore paru à Londres en 1840.

FOEHR ou **FŒHRDE**, île de la mer du Nord, sur la côte occidentale du Schleswig, d'une superficie d'environ 8 kilomètres carrés, avec une population de 5,000 habitants, et dont la partie orientale, dite *Osterland Fœhr*, fait partie de cette province allemande de la monarchie danoise, tandis que l'autre partie, appelée *Westerland Fœhr*, dépend du Jutland, terre tout à fait danoise. Les habitants, pour la plus grande partie descendants des anciens Frisons, portent encore aujourd'hui le costume qui était particulier à ce peuple au moyen âge. Le cabotage, la fabrication du fromage et de quelques articles de bonneterie, mais surtout la pêche et la chasse des oiseaux aquatiques sont leur principale industrie. Ces oiseaux, après avoir été cuits dans du vinaigre, s'exportent au loin, et on peut juger de l'importance de ce commerce en apprenant que la moyenne des canards sauvages qu'on prend à Fœhr année commune ne s'élève pas à moins de 50,000. Cette île est aussi très-fréquentée en été par les baigneurs, à cause d'un bel établissement de bains de mer qui y a été fondé en 1819, et qu'on appelle *Bains de Wilhelmine*. Wyk, bourg de 700 âmes, construit dans le goût hollandais, et pourvu depuis 1806 d'un bon port, est le chef-lieu de l'île de Fœhr, qu'un service de bateaux à vapeur met en communication régulière avec Kuxhaven depuis 1833.

FOETUS. Nous avons dit à l'article EMBRYON ce qu'il faut entendre par ce mot *fœtus*, et quels sont ceux des jeunes êtres organisés qu'il désigne plus particulièrement. Nous avons aussi retracé les premiers accroissements du fœtus humain jusqu'à l'âge de quatre mois environ. Il nous reste à exposer ses progrès ultérieurs jusqu'à la naissance.

Petite masse oblongue, molle, et presque incolore dans ses commencements, le jeune fœtus ressemble d'abord à un ver : on dirait d'un corps homogène et inerte. Mais successivement on voit apparaître la tête, le tronc, les membres, et d'abord les supérieurs : ce n'est guère qu'à quatre mois que les organes sexuels commencent à manifester des caractères moins ambigus; jusque là il est souvent fort difficile de distinguer quel est le sexe du jeune être. A cet âge, les fontanelles sont fort larges; le foie est excessivement volumineux, et les reins sont encore composés de 15 à 18 lobes, formant grappe. Ce n'est guère qu'à quatre mois et demi, que le pylore devient visible. Les petits testicules sont alors renfermés dans le ventre, comme ceux des oiseaux et des rats, et ce n'est qu'à sept mois qu'ils descendent vers le scrotum, en passant par le canal inguinal, issue la plus ordinaire des hernies. Les cheveux et les ongles apparaissent à cinq mois, et la graisse leur est contemporaine. C'est alors aussi que la peau s'épaissit et se colore, et que le sternum commence à s'ossifier. Le fœtus a environ 27 centimètres à cet âge; il en a ordinairement 32 à six mois. A cette dernière époque de six mois, le milieu du fœtus tombe précisément exactement au bas du sternum. Alors aussi la bile est encore sans consistance, sans couleur et sans amertume. Vers la fin du septième mois, les paupières deviennent libres par le décollement de leurs bords, et la membrane pupillaire se rompt; de sorte que l'œil devient apte à voir. Jusque là deux voiles bouchaient la prunelle, savoir : 1° les paupières encore collées; 2° la membrane pupillaire. C'est aussi à la même époque que les valvules conniventes de l'intestin grêle. Ainsi, la descente des testicules, l'apparition des valvules servant à séparer et à pomper le chyle, l'ouverture des paupières et de la prunelle, voilà à quels signes essentiels on reconnaît qu'un fœtus est âgé au moins de sept mois, c'est-à-dire *viable*, ou capable de suivre sa *voie*, sa carrière de vie. A huit mois, la peau commence à se couvrir d'un enduit comme suiffeux. Le cerveau, partout lisse jusqu'à cette époque, commence à présenter de petites éminences séparées çà et là par des sillons.

A neuf mois, terme de la gestation, temps marqué pour l'accouchement, le fœtus a le plus ordinairement 48 centimètres de long ; il pèse environ 3 kilogrammes. On a vu des fœtus à terme qui pesaient 6 kilogrammes, on en a vu qui avaient 67 centimettes de long; mais cela est rare. Trois kilogrammes et 50 centimètres, voilà les termes les plus ordinaires. Les fontanelles sont alors rétrécies, et les cheveux sont longs d'environ 22 à 26 millimètres. Mais ce qui caractérise plus essentiellement un fœtus de neuf mois ou à terme, c'est que l'ombilic occupe le juste milieu de tout le corps, ce qui signifie qu'il se trouve aussi éloigné du sommet de la tête que de l'extrémité des pieds. Toutefois, même à cette époque, le fœtus porte plusieurs caractères qui le différencient d'avec l'enfant nouveau-né qui aurait déjà respiré plusieurs jours : le trou de Botal existe encore, c'est-à-dire que les oreillettes communiquent directement, de sorte que le sang veineux se mêle avec le sang artériel par la fenêtre dont reste momentanément percée la cloison des oreillettes. Alors aussi le canal artériel et les vaisseaux ombilicaux sont librement perméables ; le thymus, ou *ris*, organe temporaire dont l'usage n'est point connu, a beaucoup de volume ; le foie, alors très-gros, a le lobe gauche presque aussi large et aussi pesant que le lobe droit; la bile est amère et colorée, et les capsules surrénales sont très-évidentes. Je répète que c'est à ces différents caractères qu'on reconnaît si le jeune être est venu à terme, et approximativement depuis combien de temps il est né. La légèreté spécifique des poumons témoigne s'il a respiré. La longueur du fœtus est sujette à varier; cependant, il est de règle assez constante qu'il ait 24 centimètres à quatre mois et demi, après quoi il grandit environ de 27 millimètres par quinzaine, ou de 54 millimètres par mois, ce qui s'accorde bien avec la mesure de 48 à 50 centimètres qu'ont la plupart des fœtus à terme. M. Chaussier avait inventé, pour mesurer le fœtus, un instrument qu'il nommait *mécomètre* : souvent même il le portait avec lui, et s'en servait comme d'une canne.

A se fonder sur l'apparence, tous les organes du jeune être ne sont pas contemporains. Ils se manifestent en des temps différents. La moelle épinière est un des premiers organes visibles. Or, c'est de cette moelle que le cœur reçoit son impulsion. On voit le cœur avant les poumons, le foie avant la rate, le cerveau avant l'estomac et avant les reins, les artères avant les os. Mais telle est la mutualité nécessaire des principaux agents de la vie, qu'il serait difficile de décider duquel procède la première impulsion vitale. Comment agirait le cœur sans le concours de la moelle épinière? Comment influerait la moelle épinière, si déjà le cœur ne lui avait envoyé du sang?

Une autre difficulté tout aussi insoluble, ce serait de décider avec certitude si les organes précèdent les actes, ou si ce sont les actes qui précèdent les organes. On est d'abord surpris que ce soit là une difficulté, et l'on se prend à douter qu'elle existe. Mais qu'on essaye de concevoir la formation d'un seul organe sans le préétabli d'autres organes ? Un pareil problème découragerait l'investigation et la sagacité. On ne peut en effet comprendre le mécanisme vital sans organes préexistants. Il y a là des mystères incompréhensibles.

Non-seulement tous les organes ne sont pas contemporains; non-seulement il en est qui se confondent et d'autres qui se transforment, mais on en voit qui disparaissent avec l'âge. Le thymus, par exemple, après s'être accru pendant vingt et quelques mois, s'atrophie et s'anéantit au bout de dix on douze ans. Le trou de Botal, le canal artériel (qui va directement de l'artère pulmonaire à l'aorte), les vaisseaux ombilicaux et l'ouraque s'oblitèrent, les capsules surrénales se dessèchent. Tous les organes du fœtus n'ont donc pas la même durée : il en est qui ne sont pour ainsi dire que des pièces d'échafaudage dont se sert la nature pour construire l'édifice vivant.

Le fœtus humain dans ses progrès offre le modèle passager de tous les genres d'organisation. On lui voit successivement quelques traits de ressemblance avec les autres classes d'animaux, en commençant par les plus simples. De sorte que les commencements de l'homme sont comme l'image réduite, mais ressemblante, de tout le règne animal.

Il ressemble d'abord aux polypes et aux méduses par sa peau molle et nue, sans organes distincts. L'ouverture médiane du ventre le rapproche ensuite des huîtres, dont le manteau demeure ouvert toute la vie; il a des muscles sans tendons, comme les vers et les mollusques. Ses os commençants ont autant de points isolés d'ossification que les mêmes os ont de pièces persévérantes dans les oiseaux et les reptiles : son sternum ressemble à celui d'une tortue adulte. Son cœur est d'abord invisible, comme dans les vers; il n'a ensuite qu'une cavité comme celui des crustacés, puis deux, comme celui des poissons et des grenouilles. Il prend ensuite trois cavités, comme il les a permanentes dans les serpents ; enfin, tant que le trou de Botal subsiste, le cœur du fœtus ressemble à celui des phoques, qui sont des mammifères. Mais ce qui complète ces similitudes successives, c'est que ceux des organes qui n'existent que dans les animaux vertébrés, comme les vertèbres, le sternum, la rate, etc., sont les derniers à se manifester dans le fœtus humain. Ceux, au contraire, qui ne sont que temporaires, sont toujours les premiers visibles. Ainsi, le fœtus humain n'a d'ouïes comme les poissons qu'à une époque rapprochée de la conception; et l'espèce de queue qu'on lui voit pendant environ dix jours apparaît dès le quarantième jour. Et quant aux organes génitaux internes, ils sont d'abord bifurqués latéralement, comme ceux des lièvres; ceux du dehors manquent dans les premiers temps, comme dans les animaux inférieurs. Quand ils commencent à paraître, ils sont imperforés, comme le sont persévéramment ceux des oiseaux et des reptiles; il est un âge où tous les fœtus humains paraissent femelles; un autre où tous semblent hermaphrodites, à raison de certaines coïncidences bizarres, caractère permanent des mollusques.

Les correspondances sont analogues pour les organes des sens : d'abord la bouche est sans lèvres, et le palais fendu comme dans les oiseaux et les reptiles ; l'oreille, d'abord privée de conque, comme chez les reptiles et les cétacés; l'œil nu et sans paupières, comme il est toujours dans les poissons et les insectes, etc. Enfin le corps est d'abord privé de membres, comme celui des serpents; ensuite les membres paraissent, mais incomplets et tronqués comme ceux des cétacés ; et le prolongement caudal, qui est éphémère, donne au fœtus un trait de ressemblance avec un quadrupède.

Avouons toutefois que ces similitudes, toujours partielles, sont insuffisantes pour motiver soit la chaîne universelle de Ch. Bonnet, soit la filiation directe et successive de De Maillet ou de Lamarck, soit, enfin, l'admission de cette loi d'identité organique qu'ont prêchée de nos jours quelques savants.

Quant aux fonctions vitales du fœtus, c'est principalement aux dépens du système maternel qu'il se nourrit; là est la source essentielle de l'accroissement. Le sang veineux qui retourne de l'enfant au placenta est fort différent du sang artériel qui va de la mère au fœtus. On a lieu de penser que le jeune être tire de même quelques éléments nutritifs et de l'eau de l'amnios dans laquelle il est plongé, et de la vésicule ombilicale, corps analogue au vitellus ou jaune d'œuf des oiseaux. On voit en effet cette vésicule diminuer peu à peu de volume à mesure que le fœtus grandit.

L'espèce de respiration qu'effectuent les œufs les embryons d'oiseaux et d'autres ovipares, ne saurait avoir lieu pour le fœtus des mammifères et pour le fœtus humain. L'air ne peut s'introduire dans l'utérus. Le fœtus reçoit de sa mère un sang tout respiré. Ce qu'on a dit des cris du fœtus dans le sein maternel ne peut être attribué qu'à des illusions. Des savants allemands ont prétendu que le fœtus respirait à la manière des poissons, durant le peu de jours qu'il est pourvu d'ouïes. A l'égard de la circulation du sang, elle s'effectue dans le fœtus comme chez l'enfant et l'adulte, au moins quant au principal. C'est au placenta qu'elle commence et qu'elle aboutit, au moyen des vaisseaux ombilicaux. Le sang artériel arrive au jeune être par la veine ombilicale, qui se répand en partie dans le foie; et ce sang retourne veineux et épuisé au placenta et à la mère, au moyen des deux artères ombilicales. Le cordon ombilical est formé de ces trois vaisseaux. Le sang d'arrivée ne traverse point les poumons, alors inactifs; il les élude, grâce au canal artériel et au trou de Botal, qui n'existent qu'à ce premier âge, et qui deviennent superflus aussitôt que la respiration s'effectue. A l'encontre de ce qu'on voit chez l'adulte, dans le fœtus il y a mélange du sang des deux oreillettes, et du sang des deux ventricules dans les deux grandes artères ; comme, en outre, ce sang s'était déjà mêlé dans le foie avec le sang de la veine-porte et avait déjà traversé la matrice et le placenta, on a lieu d'inférer de ces dispositions de retard, que la nature avait intérêt à rendre le sang du jeune être le plus veineux possible.

Le *méconium* est une sécrétion spéciale du canal intestinal ; il ne provient, comme on l'avait cru, ni des eaux de l'amnios, mer où nage le fœtus, ni de la bile. Alors que l'intestin est obstrué, le méconium n'en existe pas moins au-dessous comme au-dessus de l'obstacle : preuve que la source en est locale. A l'égard de l'enduit sébacé ou suiffeux dont est couverte la peau du jeune être aux derniers temps de la gestation, elle provient des petites glandes de la peau, en un point d'un dépôt des eaux de l'amnios.

Le fœtus est moins chaud que sa mère d'environ 2°, 6 ; quelquefois la différence est plus grande, et elle persévère après la naissance.

On voit battre le cœur des jeunes mammifères du quatorzième au vingtième jour de la conception. Mais on pense qu'il battait déjà avant l'époque où il est possible de l'apercevoir. Le pouls du fœtus humain bat alors au moins 160 fois par minute; et l'oreille peut entendre ses pulsations à travers les parois du ventre et de la matrice, preuve certaine de grossesse après cinq mois, et preuve acquise que le fœtus est vivant.

Les premiers mouvements musculaires du jeune être ont été vus ou sentis dès le quarantième jour de la conception, et même plus tôt dans les fœtus mâles; mais ces premiers mouvements, difficiles à constater, doivent avoir été fréquemment illusoires dans l'espèce humaine. A cette époque en effet les muscles du fœtus sont à peine discernables, et le squelette non encore ébauché, en sorte que ces prétendus mouvements ne sauraient être que vermiculaires. Sans leviers, quels mouvements appréciables pourraient exister ? Les mouvements du fœtus ne sont bien sensibles qu'au quatrième ou cinquième mois de la gestation, alors que le squelette a déjà fait quelques progrès.

Comme ces mouvements, qui indiquent sûrement la vie, sont de même de sûrs indices de la volonté en des êtres plus parfaits ou plus accrus, on a assigné à la volonté et à la conscience des manifestations de l'âme, et à l'âme elle-même une origine contemporaine à ces mouvements spontanés de l'embryon. Mais nous avons montré dans notre *Physiologie médicale* que les mouvements musculaires, bien loin de désigner incontestablement le règne de la volonté, ne sont même pas toujours de sûrs indices de la vie, puisqu'ils persévèrent encore après sa complète extinction . et de là nous avons conclu que nous ne savons rien de précis touchant l'origine sensible de la vie, et absolument rien quant à l'origine de l'âme. Les Romains punissaient de mort quiconque avait criminellement procuré la mort d'un fœtus déjà formé et animé, selon les termes de la loi; et ils fixaient à quarante jours l'époque de l'animation du fœtus, ce qui concorderait assez avec ce qu'on a dit des premiers mouvements du jeune être. Sans doute cette rigueur des lois était juste; mais il faut dire qu'elle l'eût été, pour les premiers jours de la grossesse tout autant que pour le quarantième jour. Effectivement, si l'on met de côté les chances d'anéantissement ou d'expulsion prématurée du fœtus, il est évident que le germe une fois fécondé, une fois conçu, possède en lui toutes les conditions de son développement futur ; être parfaitement existant dès les premiers jours, il ne lui faut que du temps pour se parachever : sa destruction serait donc alors tout aussi condamnable que s'il était complètement accru. Il n'en est pas des œuvres de la nature comme des ouvrages des hommes : la nature n'ébauche aucun être qui n'ait d'abord en soi les éléments de son perfectionnement ultérieur ; ses intentions sont pour ainsi dire déjà réalisées dès qu'elle commence à les manifester.

Dr Isidore BOURDON.

FOGARAS, district de Transylvanie dépendant du pays des Hongrois, et cependant situé dans le pays des Saxons, borné au nord par trois siéges saxons, à l'est par le *siége* de Kronstadt, à l'ouest par celui d'Hermanstadt, et au sud par la Valachie. Sa superficie est de 22 myriamètres carrés, et il renferme un bourg à marché et soixante-quatre villages. Le sol est partout montagneux, le climat sain, mais froid, et dès lors peu favorable à l'agriculture. L'élève du bétail, celle des porcs surtout, constitue la principale occupation de la population, dont le commerce et l'industrie n'ont aucune importance. Ceci tient surtout sans doute à l'esprit indolent des habitants, au nombre d'environ 65,000, et complétement Valaques d'origine, à l'exception de 2,000 Saxons et de 1,000 Hongrois. Le chef-lieu du district de Fogaras est le bourg du même nom, situé sur la rive gauche de l'Aluta, où l'on trouve 5,100 habitants, Valaques pour le plus grand nombre; cinq églises, un gymnase protestant, un couvent de franciscains et la Maison Commune. Le centre du bourg est occupé par une forteresse d'une haute importance, en cas d'invasion tentée de la Valachie, dont la construction date du treizième siècle, que Bethlen-Gabor fit reconstruire en 1613, et qui a toujours joué un rôle important dans les luttes contre les Turcs, de même que dans les troubles intérieurs de la province. Le 12 juillet 1849, le général Bem y perdit, à la tête de ses Hongrois, une bataille contre les généraux russes Engelhardt et Luders.

FOGGIA, chef-lieu de la province du royaume de Naples appelée *Capitanata*, dans l'ancienne Apulie, est le siège d'un tribunal de première instance, d'un tribunal de commerce, et le principal entrepôt de toutes les marchandises des provinces orientales de la monarchie. C'est une ville bien bâtie, régulière, située sur les bords de la Cervara, petite rivière qui traverse une belle plaine, et point de jonction des routes de Naples, de Manfredonia, de Brindisi et de Pescara. Elle renferme un grand nombre d'églises remarquables, quelques antiquités, un beau bâtiment de la douane, de vastes magasins à blé, un théâtre, un chapitre de jeunes filles nobles et une bibliothèque publique. Elle compte 21,000 habitants, et il s'y tient annuellement une foire fort importante. Ses habitants font un commerce considérable en vins, huiles, laines, grains, bestiaux et câpres. En 1240, l'empereur Frédéric II tint un parlement à Foggia, et sa femme Isabelle y mourut, en 1241. Le 2 décembre 1254, Manfred, avec l'aide des Sarrasins, battit sous les murs de cette ville les bandes à la solde du pape Innocent IV. Quand Manfred fut vaincu et trouva la mort sous les murs de Bénévent (1266), Charles d'Anjou punit Foggia de l'attachement qu'elle avait témoigné pour la cause de Conradin, en l'abandonnant aux dévastations de ses troupes.

FO-HI ou **FOU-HI**, le plus célèbre des héros chinois, est un de ces êtres à moitié mythologiques qui ont peut-être existé, mais dont il serait difficile de préciser l'époque (suivant les Chinois, ce serait entre l'an 3468 et l'an 2952), et sur qui la tradition accumule tous les attributs propres à rendre sensible l'idée dont ils sont la personnification. C'est ainsi qu'on attribue surtout à Fo-hi une origine et une forme surnaturelles, et qu'on raconte de lui mille choses surprenantes. Son règne succéda à celui du ciel. Il est l'inventeur des sciences, et le premier législateur de la société humaine. C'est lui qui inventa les armes, les instruments à cordes, les règles de la musique et les caractères d'écriture ; enfin, c'est lui qui le premier écrivit le Y-king (*voyez* CHINE, tome V, p. 486). On lui doit l'institution du mariage et l'établissement des sacrifices offerts aux esprits du ciel et de la terre. Il partagea le ciel en degrés, trouva la période cyclique de 60 ans, qui existe encore aujourd'hui parmi les Chinois, et construisit le premier calendrier. Il régla le cours des eaux, entoura les villes de murailles, et initia les hommes à la connaissance des métiers. Mais le plus important des services qu'il rendit à ses semblables, c'est que le premier il institua parmi eux un gouvernement, en chargeant des fonctionnaires publics de l'administration du pays, ainsi que de la direction du peuple, au milieu duquel il fit régner l'ordre et le calme.

FOI (du latin *fides*). On donne ce nom tantôt à ce que l'on croit, et l'on dit dans ce sens la *foi religieuse*, la *foi chrétienne*, la *foi catholique*, la *foi protestante*, tantôt à une certaine nuance de ce qu'on tient pour vérité. En philosophie, la foi est une croyance sans motifs selon la raison, ou dont les motifs ne sont pas suffisants pour produire la conviction, ou la croyance avec certitude absolue. Dans le domaine des sciences, c'est la croyance accordée à certaines propositions sur la parole des savants, qui en ont fait la démonstration ou l'expérience. Quant à la foi à l'autorité (que cette autorité soit vraie ou fausse), elle présuppose la foi à la connaissance purement personnelle ; pour que l'homme en effet croie à un enseignement quelconque, il faut d'abord qu'il croie au témoignage de ses propres sens ; c'est ce témoignage des sens, externe ou interne, c'est la confiance en la vérité des conceptions de la raison pure, primitives ou déduites, c'est en un mot la foi à l'intelligence humaine, qui mérite par excellence le nom de foi philosophique. Toutes nos croyances primitives sont admises sans motifs (*a priori*) ; car ces motifs, s'ils existaient, seraient d'autres idées, d'autres jugements, qui deviendraient aussitôt des connaissances véritablement premières. Et alors, de deux choses l'une : où elles seraient crues sans motifs, comme nous le prétendons, ou elles auraient, à leur tour, des motifs, qui remonteraient à d'autres, et ainsi à l'infini, sans pouvoir arriver à une croyance primitive.

Il n'est donc pas de système plus sceptique que celui des motifs de certitude des connaissances primitives ; et toute connaissance qui n'a pas d'autre raison connue qu'elle même est sans motif. La foi philosophique apparaît dans toutes nos connaissances primitives, empiriques ou rationnelles ; elle apparaît encore dans la conception du rapport des connaissances dérivées à celles qui leur servent de prémisses ou de principes. Si nous ne voulons pas croire aveuglément tout ce que disent les hommes, soit en matière de faits, soit en matière de raisonnements, il faut bien, après tout, que nous discutions, à part nous, leurs titres à notre créance, et ainsi notre foi à l'autorité même repose sur nos connaissances et sur nos croyances primitives personnelles. Une autorité ne saurait donc être une autorité à nos yeux qu'à la condition que nous serons à nous-mêmes une première autorité. Mais de ce qu'une autorité est reconnue, ce n'est pas un motif pour que quiconque croit en elle abdique sa qualité d'être raisonnable et croie sans intelligence.

Telle est la foi philosophique proprement dite. Si nous passons maintenant à la foi religieuse, elle nous apparaîtra sous un autre aspect, reposant sur une intuition primitive, sur un sentiment intime fondamental, sur le besoin inné d'admettre comme vraies, *ab ovo*, des idées dont notre raison n'a aucune espèce de certitude, qu'il lui est défendu non-seulement de combattre, mais même d'examiner, sur lesquelles il lui est interdit enfin d'émettre le moindre doute, idées que les adeptes subissent néanmoins comme nécessaires à leur existence, à leur dignité, à leur repos, et dont ils ne balancent pas même à devenir au besoin les martyrs. Les uns y voient une révélation intérieure, qui se transmet héréditairement d'homme à homme ; d'autres n'y veulent

FOI — FOIE 517

reconnaître que le résultat de l'éducation, des doctrines transmises, des habitudes invétérées, ou d'une grande paresse intellectuelle. Cette disposition à croire ou à remplacer la certitude par la foi, est la base de la r e l i g i o n, qui n'est elle-même que la foi embrassant un enseignement quelconque sur l'infini et sur les intelligences qui y président.

Dans ce cercle d'idées, qu'est-ce que la foi? « C'est, nous dira saint Paul, la conscience de la réalité des choses qu'on doit espérer et la raison de celles qu'on ne voit point. » — « La foi parfaite, nous dira Pascal, c'est Dieu sensible au cœur. Tout ce qui est incompréhensible ne laisse pas d'être, et la dernière démarche de la raison est de reconnaître qu'il y a une infinité de choses qui la surpassent. » — « L'incompréhensible, nous dira Frédéric le Grand, n'est ni l'impossible, ni l'absurde. » — « La foi, ajoutera Voltaire, est l'incrédulité soumise; c'est le respect pour des choses incompréhensibles, en vertu de la confiance qu'on a dans ceux qui les enseignent. » — « Il y a, répliquera Leibnitz, une distinction qu'il ne faut jamais oublier entre ce qui est *au-dessus* de la raison et ce qui est *contre* la raison; car ce qui est *contre* la raison est *contre* les vérités certaines et indispensables, tandis que ce qui est *au-dessus* de la raison est contraire seulement à ce que l'on a coutume d'expérimenter. »—

« Le monde intellectuel, poursuit Jean-Jacques Rousseau, sans en excepter la géométrie, est plein de vérités incompréhensibles, et pourtant incontestables, parce que la raison qui les démontre existantes ne peut les toucher, pour ainsi dire, à travers les bornes qui l'arrêtent, mais seulement les apercevoir. » — « La foi, dit Malebranche, n'est pas contraire à l'intelligence de la vérité; *elle y conduit;* elle unit l'esprit à la raison, et rétablit par elle, pour jamais, notre société avec Dieu. » — « La véritable élévation de l'esprit, dit enfin Massillon, c'est de pouvoir sentir toute la majesté et toute la sublimité de la foi. Les contradictions et les abîmes de l'impiété sont encore plus incompréhensibles que les mystères de la foi. »

Passant aux contemporains: « Sans foi religieuse, nous dira Lamartine, l'homme n'a ni la résignation, ni le courage, ni le bonheur, pas même l'espérance au jour des déceptions cruelles de la vie. » — « Otez la foi, ajoutera La Mennais, et tout meurt; elle est l'âme de la société et le fonds même de la vie humaine. La foi dirige et précède nécessairement toutes nos actions; elle est dans la nature de l'homme, et c'est la première condition de son existence. » — Enfin, M. Pagès (de l'Ariége) s'exprime à peu près en ces termes: « Sans foi religieuse, sans foi morale, sans foi politique, que reste-t-il à un peuple? Il doit voir incessamment tomber toutes les hiérarchies humaines; la famille même doit disparaître. L'homme doit rester seul avec son égoïsme et son intérêt. Ces deux vices deviennent alors des vertus. Comme la science de l'homme, par l'homme, et sans Dieu, le conduit à l'isolement, il faut qu'il s'aime seul, puisqu'il est seul. Comme il a brisé tous les liens qui rattachent le fini à l'infini, il ne reste de l'homme que ce qu'il a de terrestre et de grossier; et dès lors le bien-être matériel et l'or qui le procure sont le but unique d'une existence qui sort du chaos et retourne au néant. Comme il croit à l'intelligence, et non à l'âme, le cri de la conscience, l'attrait de la sympathie, tous ces trésors de joie et de larmes qui surgissent de la sensibilité, cèdent la place à ces émotions grossières de la sensation qui pousse au plaisir et repousse la douleur. »

La foi n'est pas seulement, comme subjective, un penchant, une disposition, un sentiment, une intention; elle est encore, comme objective, la matière, l'objet d'une croyance. Sous le premier point de vue, on dit : *Ma foi est en Dieu*; sous le second : *Il a embrassé la foi du Christ. C'est la foi qui sauve*, dit le proverbe; oui, mais à condition qu'elle ne sera pas stérile, qu'elle produira de bonnes œuvres, ou au moins de bonnes et nobles pensées, car, dit saint Paul : « Quand j'aurais toute la foi nécessaire pour transporter des montagnes, si je n'ai point la charité, je ne serai rien. »

En théologie, on appelle *profession de foi* une formule qu'on fait lire et jurer aux personnes qui abjurent leur religion pour embrasser le christianisme, ou qui entrent dans les dignités ecclésiastiques. Dans une autre acception, plus commune, faire *profession de foi* signifie exposer ses principes. L'Inquisition croyait faire *acte de foi* le jour où elle envoyait au supplice ceux qu'elle avait condamnés comme hérétiques (*voyez* AUTO-DA-FÉ); mais depuis que l'inquisition n'existe plus, *acte de foi* ne sert plus qu'à désigner une courte prière que les fidèles doivent réciter surtout avant de recevoir certains sacrements. On nomme *article de foi* chaque point de la croyance en matière de religion, chacune des vérités que Dieu a révélées à son église. Ainsi, tout ce qui est dans le symbole des Apôtres est article de foi. Un catholique doit croire tout ce que l'Église qualifie article de foi.

Si maintenant nous quittons les acceptions religieuses du mot *foi*, nous verrons que celles qui sont usitées dans le langage ordinaire sont encore plus nombreuses. La *foi* est la fidélité, l'exactitude à tenir sa parole, ses engagements, ses promesses, ou l'assurance donnée de ne pas les enfreindre : C'est un homme de peu de *foi*, donner sa *foi*. On appelle *foi conjugale* la promesse de fidélité que se font le mari et la femme en s'épousant; *Foi* des traités, des serments, l'obligation que l'on contracte par les traités, les serments. Ajouter *foi*, avoir *foi* aux promesses; faire *foi* d'une chose, c'est en donner la preuve, le témoignage, l'assurance. On jure souvent sur sa foi : *Foi d'honnête homme, foi de gentilhomme*.

Dans l'art héraldique, on appelle *foi* deux mains jointes ensemble, comme symbole d'alliance et de fidélité : il porte des gueules à la *foi* d'argent; en peinture et en sculpture, ce mot a la même acception.

FOI (Œuvre de la Propagation de la). *Voyez* PROPAGATION DE LA FOI.

FOI (Bonne ou Mauvaise). La *bonne foi* est une conviction intérieure que l'on a de la justice de son droit ou de sa possession. Il y a *mauvaise foi*, au contraire, lorsqu'on fait quelque chose quoiqu'on sache que ce qu'on fait n'est pas licite. La bonne et la mauvaise foi influent sur l'appréciation des actions des hommes, et sur leurs conventions et sur leurs effets. Ainsi, celui qui, ignorant le vice d'une vente qui lui est faite de la chose d'autrui, possède de bonne foi l'objet vendu en vertu de l'acte qui lui en transmet la propriété, en fait les fruits siens jusqu'au moment où le vice lui est manifesté; en ce cas il n'est tenu qu'à restituer la chose ou le prix qu'il en a reçu lorsqu'il l'a vendue; tandis que s'il y avait mauvaise foi de sa part, non-seulement il devrait rendre les fruits ou intérêts qu'il en aurait reçus pendant la durée de sa possession; mais il serait tenu aussi des détériorations qu'elle pourrait avoir éprouvées et même de la perte par cas fortuit. La bonne foi se présume toujours; et elle ne cesse que du jour où a lieu la demande en revendication. Celui qui s'est mis en possession réelle et de bonne foi d'un objet mobilier qui a été vendu par celui à qui il appartenait, et qu'un autre avait déjà acquis du même propriétaire avant lui, est préféré à ce dernier, quoique son titre soit postérieur en date. Le payement fait de bonne foi au possesseur d'une créance est valable quand même ce possesseur serait ensuite évincé. La bonne foi apportée dans un mariage, dont la nullité a été prononcée pour une des causes déterminées par la loi, lui fait produire les effets civils tant à l'égard des époux qu'à l'égard des enfants; mais lorsqu'un seul des époux a été de bonne foi, il n'y a que lui et les enfants du mariage qui en recueillent les effets.

FOIE. C'est l'organe sécréteur de la bile ou du fiel. Le foie est la plus grosse glande du corps : à lui seul il remplit presque le quart de l'abdomen ou ventre; son poids chez l'homme adulte, est de trois à quatre livres. Situé dans l'hypocondre droit, et dépassant rarement les côtes de plus de deux doigts, alors même que le corps est dans une position verticale, il remplit toute la portion droite et supérieure du ventre; il s'adapte et adhère à la concavité du muscle di a-phragmo, dont il suit tous les mouvements, mouvements qui se réitèrent avec constance, jusqu'à la mort, de quinze à vingt fois par minute ; il recouvré aussi l'estomac, auquel il est contigu, de sorte qu'il se trouve soulevé par lui lorsqu'il est plein d'aliments. La rate l'avoisine à gauche, et quelquefois il s'étend jusqu'à elle; en bas, il est contigu à l'intestin colon et à l'épiploon; près de lui, et plus en arrière, est le pancréas; près de lui est le duodénum, dans lequel le conduit cholédoque verse la bile que le foie compose. Le pylore en est aussi assez rapproché pour que les maladies de l'un de ces organes se transmettent à l'autre par contiguïté. En arrière, il touche à l'aorte, aux piliers du diaphragme, à la colonne vertébrale, au rein droit, à la veine cave inférieure. Il n'est séparé de la plèvre droite, du poumon droit, du péricarde et du cœur que par la mince cloison du diaphragme ; de sorte que les maladies de ces différents organes rejaillissent quelquefois de l'un sur l'autre, non-seulement par les voies vitales, mais aussi en raison du voisinage, de la contiguïté. Il communique avec l'aorte et les cavités gauches du cœur par l'artère hépatique ; avec la veine cave et les cavités droites du cœur, par les veines hépatiques, qui le font aussi communiquer avec l'artère pulmonaire et les poumons, dans lesquels le cœur pousse et répand le sang veineux. Il commerce avec l'estomac et les intestins par le duodénum, dans lequel la bile est versée, de là avec les mêmes organes et la rate par les vaisseaux sanguins. En outre, tous les organes digestifs, l'intestin, l'estomac, la rate et le pancréas, communiquent avec lui, puisqu'il en reçoit le sang veineux par l'intermédiaire de la veine porte, le seul vaisseau sanguin qui serve d'intermédiaire aux deux ordres de vaisseaux capillaires. Les vaisseaux lymphatiques et chylifères le mettent aussi en relation avec le canal thoracique et le réservoir de Pecquet.

Les filets nerveux qu'il reçoit du plexus solaire, du nerf de la dixième paire ou *pneumo-gastrique* et du nerf diaphragmatique, le font communiquer avec le nerf grand-sympathique, avec le cerveau et la moelle épinière. Jugez d'après de nombreuses connexions, si l'on doit s'étonner que les maladies du foie aient de si prompts effets sur la santé, sur l'humeur et le caractère, et s'il est surprenant que les maladies des autres organes aient de si notables rejaillissements sur lui. Rouge, brune, souvent jaunâtre et quelquefois blanchâtre, quelquefois violacée ou verdâtre, la substance du foie est grenue comme celle des autres glandes; chaque grain du foie est un composé très-complexe, ayant pour première trame un tissu celluleux formant parenchyme. C'est là qu'aboutissent un rameau de l'artère hépatique, un rameau de la veine-porte, un rameau des vaisseaux lymphatiques, des filets de nerfs provenant des trois sources que nous avons indiquées ; de là naissent également un rameau des veines hépatiques, un rameau des canaux biliaires. Chaque grain ou lobule du foie est revêtu d'une portion de la membrane celluleuse qui accompagne chaque division des vaisseaux, et qui en outre revêt et protège toute la masse du foie sous le nom de *capsule de Glisson*. De plus, le péritoine fournit à tout le foie, en revêtant sa capsule celluleuse, une sorte de robe diaphane, entre les plis duquel s'introduisent ou sortent les vaisseaux sanguins, lymphatiques ou biliaires, de même que les nerfs. De ces plis surnommés *ligaments*, deux sont latéraux; un autre, le plus considérable de tous, unit lâchement le foie aux parois du ventre jusqu'à l'ombilic, et ce dernier a reçu le nom de *grande faux du péritoine* ou *ligament suspenseur du foie*. La base de ce ligament loge et protège la veine ombilicale du fœtus, veine qui apporte au nouvel être le sang de sa mère, et qui, après s'être ramifiée partiellement dans la substance du foie, va finalement aboutir, d'un côté dans le sinus de la veine-porte, et d'un autre côté dans la veine cave inférieure, par un prolongement direct, nommée *canal veineux*. Le foie est attaché au diaphragme plus solidement qu'à tout le reste.

Aminci à gauche chez l'adulte, épais et arrondi à droite, là où il est recourbé dans l'hypochondre, plus épais à son bord postérieur qu'à l'antérieur, le foie offre presque partout une surface lisse et onctueuse, dont il est redevable à un feuillet du péritoine. Convexe à sa face supérieure, là où il est adossé au diaphragme, il offre en dessous beaucoup d'inégalités, sillons, scissures, échancrures et dépressions, séparés par des proéminences, pour loger les veines, les artères, les nerfs, les vaisseaux lymphatiques, la vésicule et les vaisseaux biliaires. Une de ces scissures est longitudinale, pour l'introduction de la veine ombilicale ; une autre est transversale pour recevoir la veine-porte et l'artère hépatique; la veine cave est logée dans une échancrure en arrière, vers le diaphragme, et une fossette reçoit la vésicule biliaire près du bord antérieur. Outre les deux lobes principaux, le droit et le gauche, on doit spécifier aussi le petit lobe, ou *lobe de Spigel*, et les deux éminences-portes.

Le foie est proportionnellement plus volumineux dans l'enfant que dans l'adulte, et absolument plus gros dans le fœtus que dans l'enfant. Déjà apparent, dans les jeunes mammifères et dans le fœtus humain, quinze à vingt jours après la conception, il compose à lui seul, au bout de quelques semaines, presque la moitié du poids total du fœtus; et comme il n'y a alors ni digestion, ni sécrétion de bile, il est permis d'inférer de ce grand volume du foie que cet organe remplit alors d'autres usages. Il est visible dès le quatrième jour de l'incubation dans un jeune poulet ; la vésicule biliaire n'apparaît que le huitième jour. Le foie est l'organe qu'on retrouve le plus constamment dans la longue série des animaux, depuis l'homme jusqu'aux insectes inclusivement : on retrouve le foie dans des animaux qui n'ont ni rate, ni pancréas, ni cœur, ni cerveau. On remarque qu'il devient proportionnellement plus gros à mesure qu'on descend des mammifères vers les animaux les plus inférieurs : il n'y a que les infusoires, les radiaires et les vers qui n'offrent rien d'analogue au foie et aux vaisseaux biliaires. Composé de vaisseaux aveugles dans les insectes, de petits tubes dans les crustacés, où il prend le nom de *farce*, il entoure de toutes parts l'estomac des mollusques, dans plusieurs desquels les vaisseaux biliaires offrent des stylets cristallins fort singuliers (Poli, Cuvier, Milne-Edwards). Très-gros dans les mollusques et dans les poissons, il est dans les uns et dans les autres autant placé à gauche qu'à droite, et quelquefois même davantage; il en est de même dans beaucoup d'oiseaux et beaucoup de reptiles. Il reçoit une sorte de veine-porte dans les mammifères, dans les oiseaux et les poissons, et même dans les reptiles, eux pourtant dont le sang artériel est déjà si veineux, à cause du mélange des deux sangs dans leur cœur, qui est si imparfait. Il est différemment chez les mollusques : leur foie ne reçoit que des vaisseaux artériels ; et c'est le sang rouge qui chez eux alimente la sécrétion biliaire ; ils n'ont point de veine-porte. Les insectes, n'ayant ni circulation sanguine, ni cœur, ni vaisseaux ramifiés, ont pour foie un composé de vaisseaux indépendants, ainsi qu'il résulte des observations de Malpighi, de Marcel de Serres et de Strauss.

Quant aux vaisseaux biliaires, ils existent partout où il y a un foie; mais la vésicule biliaire ou le réservoir du fiel n'a pas la même constance ; on ne la trouve ni dans les insectes, ni dans les crustacés, ni chez les mollusques ; elle manque aussi chez un grand nombre d'animaux des classes supérieures, principalement chez les herbivores ou granivores. Il paraît que l'intervention de la bile est surtout nécessaire aux animaux carnassiers. La vésicule biliaire ne se trouve ni dans l'éléphant, ni dans les chameaux, ni dans les rhinocéros, ni dans les cerfs, ni chez le cheval, ni dans le dauphin; parmi les oiseaux, l'autruche, le coucou, le perroquet et le pigeon en sont privés : la chose est même devenue proverbe quant au pigeon. Les lamproies et la perche du Nil sont presque les seuls poissons en qui l'on ait constaté l'absence de la vésicule biliaire; mais tous les reptiles en sont pourvus.

La bile est évidemment l'ouvrage du foie. Soit qu'il la sépare du sang dont il est pénétré, soit qu'il en trie les matériaux confondus dans la masse sanguine, ou qu'il la compose de toutes pièces en vertu d'une puissance cachée, toujours est-il que la bile vient de lui. Les éléments de cette bile paraissent sortir du sang de la veine-porte; au moins les injections démontrent-elles les communications directes de cette veine avec les vaisseaux biliaires. Un foie sain compose environ deux gouttes de bile par minute. Un petit vaisseau biliaire provient de chaque grain glanduleux du foie, et tous ces petits rameaux se réunissent ensuite de proche en proche comme les veines, jusqu'à ce qu'ils ne forment plus qu'un tronc commun : c'est le *conduit hépatique*, qui provient du foie. Ce canal de la bile communique avec la vésicule biliaire en ceux des animaux où cette vésicule existe, et directement aussi avec le canal cholédoque, qui vient de la vésicule biliaire. Alors la bile tantôt coule sans s'arrêter du conduit hépatique dans l'intestin, par l'intermédiaire du canal cholédoque, tantôt elle est portée totalement ou en partie dans la vésicule biliaire, réservoir où elle s'épaissit et se colore davantage avant d'être versée dans l'intestin.

C'est par infraction aux lois des sécrétions que le foie compose la bile aux dépens du sang noir ou veineux : toutes les autres glandes composent leurs liqueurs respectives avec le sang rouge ou artériel. Le lait, la salive, les urines, le suc pancréatique, le fluide fécondant et les larmes proviennent du sang des artères. Un autre fait remarquable, c'est que la veine-porte, qui se répand dans le foie comme une artère sans moteur, sans impulsion provenant du cœur, cette veine-porte reçoit le sang veineux de tous les organes digestifs sans exception. Il est sans doute fort singulier de voir une veine réunir en elle tout le sang noir des organes qui élaborent la nourriture et composent le chyle, répandre et mêler ce sang dans la substance du foie, pour mieux le rendre identique, et composer avec ce sang, qui a présidé à la formation du chyle, et qui sans doute en contient quelques vestiges, composer, dis-je, avec lui cette bile qui elle-même doit servir à l'élaboration du nouveau chyle.

Ceux qui pensent que le foie est l'organe auxiliaire des poumons ou des branchies trouvent très-naturel que le foie du fœtus soit plus gros que celui de l'enfant qui a respiré; ils expliquent également très-bien pourquoi les animaux ont le foie d'autant plus gros que leur respiration est plus imparfaite, et pourquoi le foie s'altère et devient malade chez la plupart des phthisiques. Ce que les poumons ne font point, il faut bien, disent-ils, que le foie l'effectue. La même théorie sert à expliquer pourquoi le foie reçoit du sang veineux presque autant que les poumons. Un jeune médecin, tout récemment, a poussé ces idées-là beaucoup plus loin : il considère le foie comme un organe purement *éliminatoire*, chargé d'extraire du sang veineux l'excès de carbone et d'hydrogène dont il est surchargé. Un autre médecin, physiologiste d'un vrai mérite, a considéré le foie comme organe producteur de matières sucrées, non-seulement chez l'homme, mais chez les animaux, nouvelle fonction qui aurait de même pour effet de déshydrogéner, de décarboniser le sang, et de faire du foie l'auxiliaire et comme le vicaire des poumons, mais d'une autre manière que l'avait compris Fourcroy. Ce qui semblerait prouver que la bile est une humeur destinée principalement à être rejetée, c'est qu'il existe des animaux (les *doris*) où le canal cholédoque s'ouvre à l'extrémité de l'intestin, près de l'anus.

Tel est le nombre, telle est l'importance des vaisseaux qui se distribuent dans le foie, que cet organe devenant engorgé, enflammé, malade, presque aussitôt il en résulte, soit des hémorrhoïdes, soit une hydropisie, ascite, ou l'œdémate des jambes; alors aussi les organes inférieurs sont plus froides, pâles ou jaunâtres, et les conjonctives ictériques. Les douleurs qu'on ressent au côté droit après avoir couru et quand on fait effort dépendent principalement de la fatigue du diaphragme, obligé de supporter tout le poids du foie; elles proviennent aussi de la plénitude de la veine cave inférieure, qui n'admet que difficilement le sang veineux qui sort du foie par les veines hépatiques. De pareilles douleurs se font sentir dans le frisson de la fièvre et durant les convulsions; mais ces douleurs ne sont jamais plus vives que durant un rire excessif, à cause du reflux du sang, et après une course rapide, parce qu'alors le cours du sang est trop accéléré dans les artères pour ne pas, à son retour, engorger la veine cave, le foie et la rate (car la rate aussi devient alors douloureuse).

Par son poids considérable, qui est de plusieurs livres, le foie entrave l'ascension du diaphragme : il empêche ainsi l'expiration d'être aussi profonde; de sorte que, grâce au foie, il reste toujours beaucoup d'air dans les poumons, et de là résulte que l'acte de la respiration continue de s'accomplir, même pendant l'expiration de l'air. Mais si le foie limite l'ascension du diaphragme, en revanche il aide au mouvement contraire, lequel a pour effet l'inspiration, et c'est ainsi qu'il concourt utilement au soupir. Quand le foie est malade, lorsqu'il est douloureux, alors les mouvements du diaphragme sont entravés, comme enchaînés : aussi observe-t-on que les maladies du foie donnent souvent lieu à de la toux, à une sorte de dyspnée, quasi comme les maladies de poitrine; il faut même remarquer que le vulgaire s'y trompe souvent. Si la presque universalité des hommes contractent l'habitude de se coucher sur le côté droit plutôt que sur le gauche, cela est dû à la situation et au volume du foie, peut-être autant qu'à la situation du cœur et à ses continuels mouvements. Or cette habitude a pour conséquences un plus grand nombre d'inflammations et de plus fréquentes hémorrhagies du côté droit, plus de paralysies, plus de tubercules et d'ulcères du côté gauche, etc.

Les anciens regardaient le foie comme le siège de la haine, de la colère, des passions tristes et profondes, et le peuple a hérité des anciens. Les hommes colères et passionnés; ces caractères ardents qui n'aiment ni ne haïssent à demi; ces esprits emportés qui iraient au bout du monde chercher l'accomplissement d'un désir ou la satisfaction d'une offense, tous ces hommes d'un vouloir puissant ont le teint hâve comme Brutus; ils sont tous bilieux comme César. Or, pourquoi est-on bilieux? Apparemment par l'abondance de la bile ou l'embarras du sang cours; et d'où vient la bile, si ce n'est du foie? Ainsi donc s'explique un préjugé qui sans doute remonte à Caïn, le premier bilieux qui ait vécu sur terre (*voyez* TEMPÉRAMENTS).

Dr Isidore BOURDON.

FOI ET HOMMAGE. Ces termes de jurisprudence féodale indiquent la reconnaissance que le vassal devait à son seigneur. On entendait par le premier de ces mots le serment ou la promesse de fidélité du vassal, et par le second la déclaration qu'il faisait à son seigneur que ses terres relevaient de lui. Le serment de fidélité se faisait debout, en jurant sur les saints Évangiles; l'hommage avait lieux à genoux. Le vassal, tête nue, mettait sa main dans celle de son seigneur, qu'il baisait, et lui promettait de le servir, ainsi que son devoir le lui prescrivait. Il donnait de cette promesse un acte par écrit; et cette cérémonie se renouvelait à toutes les mutations. On devait ordinairement ensemble à son seigneur la foi et l'hommage. Cependant, celui qui ne tenait un héritage qu'à terme de vie devait le serment de fidélité, mais non pas l'hommage. Les évêques faisaient la foi au roi pour le temporel de leurs bénéfices, mais non pas l'hommage.

Il y avait des hommages de plusieurs espèces. L'hommage lige était très étendu : c'était celui que rendaient les vassaux qui relevaient de leur seigneur, non-seulement par leurs terres, mais encore par leurs personnes. Il consistait à promettre au seigneur que l'on consentait à devenir *son homme*; qu'on défendrait son honneur, son nom, sa famille; enfin, qu'on l'aiderait à la guerre, envers et contre tous.

excepté contre le roi. Il se faisait sans ceinture, sans épée, sans éperons. Le premier exemple qu'on en connaisse est celui de Foulques, lors de son investiture du comté d'Anjou par Louis le Gros.

Ordinairement le vassal était obligé, pour faire son acte de foi et hommage, de se transporter au principal manoir du fief dominant, et de remplir son devoir en personne ; quelquefois, cependant, il pouvait se faire représenter par un procureur. En l'absence du seigneur, il devait rendre son hommage devant la porte du château, et se faisait accompagner d'un notaire, qui dressait procès-verbal des cérémonies. Comme les seigneurs suzerains étaient maîtres de régler ces dernières, elles durent quelquefois être fort burlesques : on cite, entre autres, l'obligation d'un vassal, relevant d'un fief du Maine, de contrefaire l'ivrogne pour toute prestation de foi et hommage ; une autre obligation, dit-on, était de courir la *quintaine*, tenant d'une main un chapeau au lieu de dard, et de l'autre une perche au lieu de lance. Dans l'Orléanais, les métayers des seigneurs du canal de Briare devaient, à chaque mutation de receveur, apporter à cet employé, qui représentait ses maîtres, cinq sols ou une paire de poulets. Ils devaient, en outre, lui chanter une chanson.

La plupart des seigneurs relevaient souvent de seigneurs plus puissants qu'eux pour certains de leurs fiefs ; vis-à-vis de ceux-ci ils devaient accomplir toutes les obligations de vasselage qu'ils exigeaient ailleurs, et lui rendaient foi et hommage. C'est ainsi que Henri III et quelques autres rois d'Angleterre firent hommage-lige aux rois de France, pour les provinces qu'ils avaient sur le continent, et que plusieurs de nos rois furent vassaux de leurs propres sujets. Louis le Gros, par exemple, faisait rendre hommage par son procureur à l'évêque de Paris.

Achille JUBINAL, député au Corps législatif.

FOI MENTIE. En termes de droit féodal, *mentir à la foi*, c'était refuser de remplir les obligations de vasselage qu'on avait juré d'accomplir : la confiscation du fief punissait ce crime irrémissible, que les seigneurs pardonnaient rarement. Par extension, les reproches de *foi mentie* entre nobles et chevaliers était la plus sanglante de toutes les injures ; le duel était au bout de cette accusation de ne pas avoir tenu une parole donnée, qui n'avait plus aucun rapport avec la foi due au suzerain.

FOIN. C'est l'herbe des prés *fauchée* et *fanée*. Le foin convenablement préservé de l'intempérie des saisons, du contact de l'air et d'une chaleur trop vive, se conserve facilement d'une année à l'autre, sans perdre rien de sa saveur ni de son odeur. Dans les meules faites avec soin, dans les fenils couverts en chaume, il reste d'une qualité supérieure à celui qu'un toit de briques abrite imparfaitement. Il est de première nécessité pour les animaux qui partagent le travail de l'homme : car dépourvu de la plus grande partie d'humidité que contient l'herbe verte, il offre, sous un moindre volume, plus de principes de nutrition : c'est un fait d'observation, que les bêtes de somme, de trait ou de labour, et surtout les chevaux, perdent rapidement de leurs forces par l'usage des fourrages verts, saturés de toute leur eau de végétation. Le foin est plus profitable lorsqu'il a éprouvé, après l'entassement, le degré de fermentation qui développe les principes sucrés. Mais ce degré est difficile à saisir ; car, l'humidité étant nécessaire dans toute fermentation, si les foins sont rentrés trop secs, toute action chimique est impossible ; si, au contraire, ils sont trop humides, ils sont détériorés par la pourriture, la moisissure ou l'inflammation. L'expérience est le guide le plus certain à cet égard. L'habitude où l'on est encore, dans plusieurs départements, de ménager dans les tas de foin des courants d'air, au moyen de lits de fagots ou de cheminées, tend à diminuer la qualité du fourrage.

« Pour faire le *foin brun*, dit Matthieu de Dombasle, on entasse en meules bien serrées l'herbe à moitié fanée ; bientôt elle s'échauffe considérablement ; toute la masse sue et s'affaisse de manière à se réduire à un volume beaucoup moindre ; elle ne tarde pas alors à se dessécher, et le foin se trouve comprimé en une masse brune, dure, et qui ressemble à de la tourbe : on le coupe, pour l'usage, avec des bêches ou des haches. » Quelque nombreux que soient les éloges prodigués à cette espèce de pâte végétale, je la crois fort inférieure au foin vert pour la nourriture et l'engraissement des bestiaux, et sa confection ne peut être justifiée que par des circonstances dépendant des lieux ou des saisons ; car l'herbe n'est amenée à cet état que par une altération profonde et une véritable décomposition.

Paul GAUBERT.

FOIRE (du latin *forum*). Autrefois les foires étaient des réunions de la plus haute importance pour les acheteurs et les vendeurs ; nous ajouterons, et pour les seigneurs qui les autorisaient et qu'elles enrichissaient. Alors, dans ces espèces de *forum mercantiles*, chacun ne venait pas seulement pour vendre ou acheter ; le plaisir était surtout l'appât qui attirait sur un seul point la foule des environs, car les foires étaient de grandes fêtes patronales où se donnaient rendez-vous les serfs et paysans pour se délasser de leurs pénibles travaux ; les bourgeois des cités voisines, qui venaient y faire leurs provisions, voir les curiosités, et prendre part aux divertissements. La noblesse même ne dédaignait pas ces assemblées. Aujourd'hui, que les privilèges sont abolis pour les foires comme pour beaucoup d'autres choses, aujourd'hui, que le serf a disparu de notre patrie, et que le paysan, le bourgeois et le noble se donnent la main sur le *forum* politique ; aujourd'hui, que la liberté commerciale est avouée dans toutes les villes et répand partout ses nombreux bienfaits, les foires ont perdu la plus grande partie de leur influence et de leurs avantages. Le marchand n'y va plus exposer ses produits que par habitude ; et la foule que l'on y trouve n'y est attirée que par le désœuvrement, qui annuellement jette sur les champs de foire une masse de promeneurs. Cependant, quelques foires, destinées à la vente de produits spéciaux, jouiront encore longtemps du droit d'attirer les acheteurs : ainsi, les foires de Caen pour les toiles et les chevaux de carrosse ; de la Chandeleur, à Alençon, pour les chevaux de selle ; de Guibray, pour les chevaux normands ; de Beaucaire, pour les produits industriels de la Provence et du midi de la France, et la foire de Leipzig, pour la librairie et les échanges des produits du Nord contre ceux du Midi ; celle de Sinigaglia pour l'Italie ; de Novgorod, où il se fait d'immenses échanges entre l'Europe et l'Asie, resteront longtemps des marchés indispensables, où l'on sera forcé d'aller s'approvisionner.

Des chroniqueurs font remonter l'origine des foires au roi Dagobert, qui institua celle appelée du *landi* à Saint-Denis. Est-ce à dire qu'avant cette époque il n'y eût point en France, comme partout et depuis un temps très-reculé, des réunions nombreuses de marchands sur un point déterminé, des marchés considérables attirant les vendeurs et les acheteurs étrangers ? Non ; mais la périodicité à jour fixe de ces réunions n'existait pas ou n'était pas régularisée. Les foires entraînaient pour les marchands qui s'y rendaient, pour les habitants du lieu où elles se tenaient certaines franchises ; pour les habitants, le droit de tenir auberge et de donner à boire et à manger pendant leur durée ; pour le marchand, la garantie contre toute saisie pour dettes, excepté dans le cas où il prendrait ou serait soupçonné vouloir prendre la fuite sans payer, dans celui où il aurait commis un délit, et enfin dans celui où la dette aurait été contractée en foire. Aujourd'hui la police des foires appartient à l'autorité municipale des localités où elles se tiennent ; elles ne peuvent être instituées que par un décret, après requête du préfet et décision du conseil général.

FOIRE (Théâtre de la). Ce spectacle, berceau de l'Opéra-Comique, devait son nom à deux foires célèbres qui ont existé à Paris, depuis le douzième siècle jusqu'à la révolution de 1789. L'une, la foire Saint-Germain, se tenait sur l'emplacement d'abord occupé par la maison de plaisance des rois de Navarre, issus de Philippe le Hardi, et cédée ensuite à l'abbaye Saint-Germain. Cette foire, dont l'époque et la durée varièrent souvent, fut fixée enfin au 3 février, et la clôture au samedi veille des Rameaux. La foire Saint-Laurent, qui durait du 9 août au 29 septembre, se tenait sur le terrain des lazaristes, dans le quartier de l'église Saint-Laurent, au faubourg Saint-Denis. Dès l'année 1595, des comédiens de province élevèrent un théâtre dans l'enclos de la foire Saint-Germain, et y furent maintenus juridiquement malgré l'opposition des *confrères de la Passion* et des acteurs de l'*Hôtel de Bourgogne*, auxquels ils furent obligés de payer une redevance annuelle de deux écus ; mais ils ne se soutinrent pas longtemps. En 1650, B r i o c h é établit à la foire un théâtre de m a r i o n n e t t e s. On y vit ensuite des animaux féroces, des géants, des nains, des chiens, des singes, des sauteurs, des escamoteurs, des funambules, et jusqu'à des rats qui dansaient sur la corde en tenant un balancier. Mais les différentes troupes de sauteurs y avaient joué quelques pièces, dont les trois premières ont pu donner l'idée du vaudeville en action : *La Comédie des chansons* (1640), *L'Inconstant vaincu*, pastorale en chansons (1661), *La Nouvelle Comédie des chansons* (1662) et *Les Forces de l'Amour et de la Magie*, mélange de danses, de sauts, de machines et de bouffonneries (1678). Le directeur de l'un de ces spectacles forains ayant substitué à ses marionnettes, en 1690, une troupe de jeunes gens des deux sexes, les Comédiens français, en vertu de leur privilège, obtinrent la démolition de la baraque. Mais la clôture du T h é â t r e I t a l i e n, en 1697, releva les spectacles forains, qui, héritiers de ses dépouilles, jouèrent des fragments de farces italiennes.

Sur les réclamations des Comédiens français, on défendit aux trois troupes foraines, en 1703, les comédies dialoguées : prenant le jugement à la lettre, elles représentèrent des scènes dialoguées, dont chacune formait une action particulière. Ce genre de spectacle fut encore prohibé en 1707 ; et malgré la protection du cardinal d'Estrées, abbé de Saint-Germain, les forains, ses locataires, furent réduits aux monologues ; mais ils éludaient la défense en piquant la curiosité du public. Tantôt un acteur parlait seul sur la scène ; et ses camarades lui répondaient par signes ; tantôt un autre répétait tout haut ce que son interlocuteur avait feint de lui dire tout bas. Souvent on répondait dans les coulisses à l'acteur qui parlait sur le théâtre. Lassés de tant de tracasseries, deux des entrepreneurs achetèrent de l'Opéra *la permission de chanter*. Les autres passèrent une vente simulée à deux Suisses de la garde du duc d'Orléans, ce qui n'empêcha pas que le menuisier de la Comédie-Française, escorté de la force armée, en exécution d'un arrêt du parlement, ne commençât le 20 février 1709, la démolition de leur salle. L'arrivée d'un huissier porteur d'un arrêt contradictoire du grand conseil interrompit cette opération. Les dégâts furent réparés ; mais, le théâtre ayant été de nouveau abattu, les directeurs forains obtinrent 6,000 francs de dommages-intérêts de la Comédie-Française. Pour prévenir de nouvelles attaques, ils jouèrent des pièces *à la muette*, entre autres *Les Poussins de Léda*, parodie des *Tyndarides*, tragédie de Danchet. Ils s'attachaient surtout, dans ces parodies, à offrir la caricature des Comédiens français, par le geste, la v o i x et la manière de déclamer. Les deux prête-noms, condamnés par un arrêt du conseil d'État, en 1710, renoncèrent à leur entreprise, et les autres directeurs forains aussi réduits au silence par l'administration de l'Opéra.

L'admission d'un fils du fameux Dominique Biancolelli dans une de ces troupes lui valut plus d'indulgence ; mais l'autre, pour faire comprendre au public la pantomime de ses acteurs, imagina les *é c r i t e a u x*. Le genre de pièces *par écriteaux*, soit en prose, soit en vaudevilles, fut généralement adopté aux spectacles forains, et s'y maintint exclusivement depuis 1710 jusqu'en 1714. Ce fut ainsi que parurent, en 1712, les premiers essais de Le S a g e et de ses collaborateurs Dorneval et F u z e l i e r. Le Sage fut le véritable réformateur du théâtre de la foire ; et l'on doit le regarder comme le fondateur de l'opéra-comique. En effet, les deux troupes foraines qui existaient en 1713, s'étant associées sans se réunir, prirent toutes deux le titre d'Opéra-Comique en 1714, et ce titre leur fut confirmé l'année suivante, par une permission plus ample que leur vendit l'Académie Royale de Musique. Depuis 1762, époque de la réunion de l'Opéra-Comique à la Comédie-italienne, il n'y eut plus de *théâtre de la foire* proprement dit ; mais les spectacles d ' A u d i n o t et de N i c o l e t, ainsi que tous ceux qui s'établirent depuis sur le boulevard, étaient astreints à donner des représentations pendant la tenue des foires Saint-Laurent et Saint-Germain. Ces représentations, peu suivies dans les dernières années, cessèrent en 1788. Dans cet intervalle, L'Écluse avait obtenu le privilège de jouer ses parades à la foire Saint-Germain, avant d'aller s'installer dans la nouvelle salle bâtie en 1777, qui porta son nom, et qui prit ensuite celui de *Variétés Amusantes*. Les bouffons italiens et les comédiens de la troupe de *Monsieur* quittèrent le château des Tuileries en octobre 1789, pour venir jouer dans une des salles de la foire, jusqu'à la fin de décembre, où ils se fixèrent à F e y d e a u. Deux spectacles s'établirent, en 1791, à la foire Saint-Germain, l'un sous le titre de *Variétés comiques et lyriques*, l'autre sous celui de *Théâtre de la Liberté* : tous deux firent faillite au bout de quelques mois, bien que le second eût réuni quelques acteurs passables. Le premier rouvrit, vers la fin de l'année, sous une autre direction, et s'intitula *Théâtre nouveau des Variétés*, sans obtenir plus de succès quoiqu'il ne jouât que les dimanches et fêtes. Il se reparut, en 1792, sous son même titre ; mais il n'eut qu'une existence éphémère. Des comédiens ambulants, des acteurs de société, des apprentis comédiens, jouèrent en diverses occasions sur ces deux théâtres pendant les dernières années du dix-huitième siècle et les premières du dix-neuvième ; mais ces vilaines salles furent enfin démolies, et sur les ruines de la foire Saint-Germain s'éleva, en 1813, le beau marché Saint-Germain, dont l'ouverture eut lieu en 1818. H. A u d i f f r e t.

FOIX (*Fuxium, Castrum Fuxiense*), ville de France, chef-lieu du département de l'A r i è g e, à 770 kilomètres de Paris ; population, 4,684 habitants. Siège d'un tribunal de première instance, Foix possède un collège communal, une bibliothèque, riche seulement en livres de théologie, une petite salle de spectacle, une jolie promenade ; son commerce consiste surtout en fers, laines, bestiaux et gros draps ; elle a des minoteries, des tanneries, des foulonneries ou martinets à fer, et dans ses environs, qui sont très-pittoresques, plusieurs forges à la catalane et la première fabrique de faux qui ait été établie en France. Entourée de montagnes, qui forment comme un entonnoir au fond duquel elle s'agglomère, baignée d'un côté par l'Arget et de l'autre par l'Ariège, qui ont leur confluent au pied d'une ancienne abbaye, aujourd'hui l'hôtel de la préfecture, Foix, comme la plupart des villes du midi, est assez mal bâti : ses rues sont en général mal percées, peu larges, tortueuses. Sa partie la plus considérable est située sur la rive gauche de l'Ariège ; elle communique au quartier de la rive opposée par un pont, qui était remarquable à l'époque où il fut construit, et dont on a fait depuis un pont large et facile. Commencé au douzième siècle, par Roger, dit Bernard le Gros, comte de Foix, il fut achevé au quinzième par Gaston, fils de Jean et de Jeanne d'Albret. Il n'a que deux arches.

L'ancien château de Foix se compose de trois tours, deux carrées et une ronde, élevées sur la cime d'un immense roc, autrefois inaccessible. Quelques chroniques locales ont voulu faire remonter aux Romains la construction de ce château ; il est plus probable que la première, la tour carrée, a été construite sur des substructions anciennes, à la fin du dixième siècle, par Bernard de Carcassonne, souche des comtes de Foix ; la seconde, dans le commencement du douzième siècle, par Roger II, quatrième comte de Foix ; la troisième, par Gaston Phœbus. En 1272, Philippe le Hardi vint à assiéger Roger Bernard, neuvième comte de Foix, et en fit faire l'escarpe. Ces débris encore debout de la féodalité qui n'est plus dominant de toute leur hauteur majestueuse le petit chef-lieu de préfecture moderne, qui se cache à leur pied ; malheureusement, il s'est trouvé dans le pays un architecte assez vandale pour tirer un rideau devant ces vénérables ruines du moyen âge, pour maçonner de sa lourde truelle une construction moderne, qui cache à moitié les vieilles tours et détruit le prestige qu'y trouvait l'imagination. Les tours de Foix, habitées jusqu'au seizième siècle par les comtes, servaient à la fois de palais et de prison. Cette dernière destination leur est restée. Une caserne assez vaste, récemment bâtie sur une jolie promenade, et l'église, dont la voûte est très-belle, méritent encore d'attirer les regards.

L'époque de la fondation de Foix est incertaine. D'Expilly et plusieurs autres géographes, adoptant une opinion assez répandue, en ont fait honneur à des émigrés phocéens contemporains de ceux qui fondèrent Marseille. Ces étrangers auraient donné à la ville qu'ils élevaient au milieu des Pyrénées le nom de leur mère patrie, Phocée, d'où, par corruption, on a fait *Fuxum*. Le trident qui se voit dans les armes de la ville, et qui n'appartient qu'à des peuples maritimes et navigateurs, les mots nombreux empruntés à la langue grecque qu'on retrouve dans le dialecte des habitants de Foix, et enfin les nombreuses médailles et monnaies phocéennes trouvées récemment à Saint-Jean-de-Vergès, à six kilomètres de Foix, sembleraient confirmer cette opinion. M. Garrigou la combat, dans ses *Études historiques sur le pays de Foix*, et fait plutôt dériver ce nom du mot *fouicho, fourcho*, de la fourche formée par le confluent des deux rivières. Nous n'adoptons pas cette opinion ; car, si elle était fondée, on devrait trouver dans les contrées méridionales une multitude de villes qui, en raison de leur position topographique, porteraient le même nom. Si les Phocéens fondèrent Foix, ils durent l'abandonner sans doute ; car on ne retrouve plus dans les souvenirs historiques de la contrée que des populations barbares, qui se signalèrent dans le cinquième siècle de notre ère par le martyre de saint Volusien. Il existe une pièce de monnaie représentant un triens sur lequel on lit, d'un côté, autour d'une croix, RANEPERTO, et de l'autre, autour d'une tête, tournée à droite, CASTRO FUSII. Le château de Foix existait donc sous les Mérovingiens. Quant à la ville, elle existait incontestablement sous Charlemagne, puisqu'il y fonda l'abbaye de Saint-Volusien. En 982, la terre de Foix est érigée en seigneurie. Au dixième siècle, la ville prend de l'importance, et semble croître à l'ombre de son château à mesure que celui-ci se fortifie et s'agrandit. Les abbés commendataires de Saint-Volusien étaient, dans le principe, maîtres de la ville, et comtes du château.

En 1211, Simon de Montfort vint mettre le siège devant le château de Foix, après avoir dévasté les abords de la ville ; mais le jugeant trop fortifié, il se retira, après d'infructueuses tentatives. Il revint cependant à la charge en 1213, saccagea, réduisit en cendres le bas de la ville, mais n'osa pas davantage attaquer le château. Lors de la soumission de Raymond Roger, les croisés occupèrent le château de Foix: en 1215, il fit fortifier la ville. Dans les luttes soutenues par ses comtes contre l'autorité royale, Foix lutta constamment pour résister aux empiétements de cette autorité ; on voit, sous Gaston 1er, les habitants s'insurger, parce que le roi veut lever sur eux des subsides pour la guerre ; on les voit s'opposer à un dénombrement des feux du comté au nom du roi. Vers le milieu du seizième siècle, il y eut beaucoup de protestants à Foix, comme il y avait eu beaucoup d'Albigeois au commencement du douzième ; les religionnaires y commirent, en 1561, de grands, de sanglants excès ; ils y pillèrent le couvent des Jacobins, l'abbaye de Saint-Volusien, et l'église de Mongauzy, située à ses portes et où s'est élevée aujourd'hui une école normale monumentale. Sous Louis-Philippe le sang coula à Foix dans une émeute à l'occasion de droits établis sur une foire.   Napoléon GALLOIS.

FOIX (Comté de). Le territoire qu'avaient occupé les Phocéens dans cette partie de la Gaule passa plus tard sous la domination des Romains et des empereurs d'Orient. Sous Honorius, il se trouvait compris dans la première Lyonnaise. Plus tard, il fit partie du royaume des Goths, et tomba enfin au pouvoir des Franks, pour obéir ensuite aux premiers ducs d'Aquitaine, aux Sarrasins, aux comtes de Toulouse, et passer enfin sous l'autorité des comtes de Carcassonne. Le brave et pieux Roger, l'un d'eux, parvenu à une longue vieillesse, fit le partage de ses domaines entre ses enfants. L'aîné, Raymond, eut le comté de Carcassonne, avec une grande partie du Rasez et le pays de Queille, le château de Saissac avec sa châtellenie, le Minervais ; Bernard eut le Couserans, le Comminge et le *pays de Foix*. Il vint résider à Foix. Dès lors, cette ville eut ses comtes particuliers. Cet événement, placé par quelques historiens en 1062, a été fixé par Marca en 1012. On voit, d'après cette répartition, que les domaines de Bernard comprenaient la plus grande partie du département de l'Ariége et une portion de celui de la Haute-Garonne. Il y réunit encore la Bigorre par son mariage avec Garsinde, fille du comte de ce pays, qui le lui apporta en dot. De ce mariage naquirent trois fils : Bernard, Roger et Pierre, et deux filles. L'aîné eut le Bigorre, qu'il transmit à ses descendants ; le second, le comté de Foix, où il régna sous le nom de *Roger I*er ; le troisième fut comte de Couserans. Quant aux deux filles, Garsinde et Stéphanie, l'une épousa Ramire, roi d'Aragon, et l'autre Garcias, roi de Navarre ; de sorte que la postérité des comtes de Carcassonne régnait à la fois sur les deux versants des Pyrénées. Tout le pays situé sur les deux rives de l'Ariége, depuis le confluent du Lers avec cette rivière, jusqu'à Puycerda, en Espagne, dépendait de la maison de Foix. Le comté, divisé en haut et bas, avait pour limite commune le Pas de la Barre, à 2 kilomètres au-dessus de Foix. Les points les plus importants étaient d'une part Foix, Tarascon, Ax, le château de Castelpenent, celui de Lordat, dont il existe encore quelques fragments de murailles, cramponnés aux rochers qui dominent la vallée de l'Ariége, et de l'autre Pamiers, Saverdun, Mirepoix, Lesat, le Mas d'Azil, Mazères, avec son château, résidence favorite des comtes.

Tel fut le domaine dont *Roger II* hérita à la mort de son père, en 1036 (1050, selon Marca). A cette époque, l'auréole de gloire et de puissance qui environnait le trône des kalifes d'Espagne commençait à pâlir : il en profita pour asseoir sa puissance au pied de l'immense boulevard qui le protégeait contre eux. Devenu, par sa situation, comme la sentinelle avancée de l'Europe chrétienne, il prit souvent part aux guerres de ses voisins d'Espagne contre les Maures. *Roger III*, son successeur et son neveu, porta la guerre dans le comté de Carcassonne, possédé par Ermengarde, sa cousine, tutrice de Bernard Aton, son fils. Il réclamait la possession de ce domaine comme fief masculin. Leurs démêlés duraient encore quand la voix de Pierre l'Ermite retentit en France et appela les chrétiens à la délivrance du tombeau du Sauveur. Roger III n'avait pas d'enfants. Par un acte du 10 avril 1095, il convint avec Ermengarde que s'ils mouraient sans postérité, le survivant prendrait possession de l'héritage de l'autre. Des flots de chrétiens se précipitaient vers l'Asie. Au nombre des seigneurs du midi de la France qui marchaient en tête de la croisade, figurait le comte de Foix. Un puissant motif le poussait à ce grand acte de piété : c'était l'excommunication lancée contre lui par le pontife de Rome pour crime de simonie, c'est-à-dire de trafic et de vente de biens ecclésiastiques. L'anathème était resté. Pourtant, Roger ne se dessaisit pas de sa proie. Il crut donner le change à Dieu et à son vicaire en prenant une part active à la croisade. On accepta son épée, mais on ne laissa partir sans lui donner l'absolution. On ne trouve dans l'histoire des croisades aucune trace de ses exploits. Pamiers seul, dont il jeta les fondements à son retour, nous fournit une preuve de son séjour en Orient, en rappelant à l'esprit le nom de la ville d'Antigone (*Apamea*.), capitale de la seconde Syrie. Roger termina ses jours en 1121, sous le règne de Louis le Gros. Un an auparavant, il avait acheté le pardon de l'Église par de riches donations. Il laissa quatre enfants, dont l'aîné, *Roger IV*, lui succéda dans le comté de Foix. De 1141 à 1222, le comté eut pour seigneurs *Roger-Bernard Ier et Raymond-Roger.* Celui-ci accompagna Philippe-Auguste à la Terre-Sainte, en 1191, et se signala à la prise d'Ascalon et au siège de Saint-Jean-d'Acre. De retour en France avec le monarque, il prit parti pour les Albigeois, fut battu en diverses rencontres et dépouillé de ses États. Il se disposait à les reconquérir, lorsqu'il mourut en 1222, laissant cette tâche à *Roger-Bernard II*, dit *le Grand*, qui releva la splendeur de sa maison.

Roger V, qui prit possession du comté en 1241, eut pour successeur en 1264 *Roger-Bernard III*, un des meilleurs poëtes du treizième siècle, souverain plus favorisé des Muses que de la fortune. Très-jeune, il vit commencer la guerre entre les maisons de Foix et d'Armagnac, et se ligua ensuite avec ses voisins contre le roi Pierre III d'Aragon, qui le fit prisonnier. L'heure de sa délivrance fut celle de la mort de son vainqueur. L'histoire mentionne après lui *Gaston Ier*, *Gaston II* et *Gaston III*, dit *Phœbus*, puis *Matthieu*, fils de Roger-Bernard III de Castelbou, qui mourut sans postérité. Isabelle, sa sœur, comtesse de Foix, vicomtesse de Béarn et de Castelbou, porta ce riche héritage dans la maison des seigneurs de Grailly, par son mariage avec Archambault de Grailly, captal de Buch. Celui de son fils, *Gaston IV*, avec Éléonore, reine de Navarre, agrandit encore ses possessions. L'un des successeurs de ce dernier épousa Madeleine de France, fille de Charles VII, et une autre, Marguerite-Victoire de Béarn. C'est ainsi qu'en 1512 les deux pays se trouvèrent encore réunis. Henri IV, en ayant hérité, les incorpora à la monarchie française; mais ils ne le furent définitivement que sous Louis XIII, en 1607, sans que pour cela la ville de Foix cessât de donner le titre de comté à un grand nombre de personnages plus ou moins célèbres.

Au moment de la Révolution, l'ancien comté de Foix formait un gouvernement particulier, dépendant du Roussillon pour l'administration, et du parlement de Toulouse pour la justice. Il renfermait le *pays de Foix* proprement dit, le pays de Donnezan et la vallée d'Andorre, dont depuis 1278 les comtes de Foix (et aujourd'hui sous les préfets de l'Ariége) et l'évêque d'Argel ont eu jusqu'à présent, par indivis, le gouvernement supérieur. C'était un pays d'états; et l'évêque de Pamiers en était le président né. On n'y payait pas de taille, mais seulement un don gratuit au roi.

Oscar MAC-CARTHY.

FOIX (GASTON DE). *Voyez* GASTON.

FOIX (FRANÇOISE DE). *Voyez* CHATEAUBRIANT (Comtesse de).

FOIX (MARGUERITE DE). *Voyez* MARGUERITE DE FOIX.

FOIX (LOUIS DE) est le seul ingénieur un peu important que la France ait eu au seizième siècle; et cependant les détails biographiques qui nous ont été transmis sur lui sont peu nombreux, pour la plupart même incertains ou controuvés. On ignore la date de sa naissance et celle de sa mort; on ignore également le lieu qui le vit naître, bien que quelques auteurs aient vaguement joint à son nom la qualification de Parisien.

Longtemps ç'a été un fait regardé comme avéré que De Foix avait construit la maison royale de l'Escurial. On prétendait qu'à la suite d'une sorte de concours, provoqué par Philippe II, et auquel auraient pris part vingt-deux des plus célèbres artistes de l'époque, le projet de Vignole aurait été choisi, mais que cet architecte, déjà vieux, n'ayant point voulu quitter l'Italie, les plans fournis par De Foix auraient été acceptés, et qu'il serait en conséquence passé en Espagne pour en surveiller l'exécution. Sans nier positivement ce qu'il peut y avoir de vrai dans ce récit, et la participation de De Foix aux ouvrages considérables et de toutes espèces que nécessita la construction de l'Escurial, nous dirons seulement qu'il paraît établi aujourd'hui que ce monument fut élevé sur les plans et sous la direction de Jean-Baptiste de Tolède, auquel avait été adjoint comme conseil un religieux, nommé Antoine de Villa-Castra, et qu'à la mort de cet architecte, arrivée en 1567, les travaux furent continués par son élève, Jean de Herrera, dont les dessins existent encore dans les archives du couvent. Rien de moins prouvé également que les relations de notre artiste avec l'infant don Carlos, et la part qu'il aurait eue dans la fin tragique de ce jeune prince. Mais si nous devons refuser à De Foix l'honneur d'avoir présidé à la construction d'un des édifices les plus considérables qui aient jamais été élevés, il n'en est pas de même pour deux ouvrages non moins célèbres auxquels son nom est resté attaché. Le premier est le pont de Bayonne : pour construire ce pont, De Foix ne craignit pas d'entreprendre de combler le lit de l'Adour, et de creuser aux eaux du fleuve un canal aboutissant à la mer. Malgré des difficultés que l'on pouvait croire insurmontables, il termina son œuvre avec le plus grand succès, en 1570. Le second ouvrage important de cet architecte est la fameuse tour de Cordouan, bâtie sur un écueil, à l'embouchure de la Garonne, à 26 kilomètres de Bordeaux. Elle sert non-seulement de fanal pendant la nuit, mais encore de signal pendant le jour, à ceux qui naviguent dans ces mers pleines de rochers et de bancs de sable. Commencé en 1584 et terminé 1610, ce phare, haut de 55 mètres, y compris la lanterne, est encore regardé comme un des mieux construits et des plus heureusement disposés qui existent. C'est en même temps un morceau d'architecture remarquable; il est de forme circulaire et décoré de trois ordres superposés, savoir : le toscan, le dorique et le corinthien.

FO-KIEN. C'est le nom que les Anglais donnent à la province de Chine que nous appelons *Fou-kid n.*

FOL APPEL. Dans l'ancien langage judiciaire on appelait *fol appel* celui qui n'avait pas été admis par la juridiction devant laquelle il était porté. Cette locution est tombée à peu près dans l'oubli; mais le fait auquel elle donnait lieu est demeuré : la partie qui succombe dans son appel est encore condamnée à une amende. L'institution de l'amende de fol appel date du moyen âge.

FOLARD (JEAN-CHARLES, chevalier DE), naquit à Avignon, le 13 février 1669, d'une famille peu aisée. Son père n'avait pu lui léguer qu'un vain titre de noblesse; aussi, comprenant que son avenir dépendrait tout entier de lui, montra-t-il de bonne heure un goût décidé pour la carrière des armes, et ce goût se développa d'une manière remarquable par la lecture des *Commentaires de César*, qu'il reçut en prix à l'âge de quinze ans. A seize, il contractait, à l'insu de ses parents, un engagement volontaire dans une compagnie d'infanterie, de passage à Avignon. Arrêté sur la demande de sa famille, et enfermé dans un cloître, il s'en échappe à dix-huit ans, et s'engage de nouveau dans le régiment de Berry. Ils'y fit remarquer par sa conduite, par son zèle, et le brevet de sous-lieutenant en fut bientôt la récompense. En cette qualité, il prit part à la campagne de 1688. Le marquis de Guébriant, qui avait su apprécier son mérite, le prit en amitié, et lui fit avoir une lieutenance. Le duc de Vendôme le demanda pour aide-de-camp pendant l'expédition de Naples, dont son régiment faisait partie, et le gratifia d'un brevet de capitaine. A cette époque, le frère de Vendôme, connu sous le nom de *grand-prieur*, commandait les troupes françaises en Lombardie; il s'attacha Folard, et c'est surtout sous les ordres de ce général que ses talents militaires et sa bravoure se développèrent. Il se distingua à la prise des postes de Rovère, d'Ostiglia et à la défense de la Cassine de la Bouline, qui lui valut la croix de Saint-Louis. Sa conduite ne fut pas moins brillante, en 1705, à l'affaire de Cassano, où il reçut deux blessures.

Après cette bataille, le duc de Vendôme ayant reçu l'ordre de se porter en Flandre, laissa au duc d'Orléans le commandement de l'armée d'Italie. Ce prince accueillit Folard avec distinction et reçut ses conseils avec empressement; mais la jalousie devait bientôt l'en éloigner il reçut, en 1706, l'ordre d'aller s'enfermer dans Modène, et alla, après la reddition de cette place, rejoindre le duc de Vendôme. A son passage à Versailles, il fut reçu par le roi, qui lui donna une pension de 400 livres. Le duc de Bourgogne était campé en face de l'île de Cadsan lorsque Folard arriva, en 1708, à l'armée de Flandre. Il conseilla à Vendôme d'assaillir cette position et de s'en emparer, se mit à la tête de l'attaque et la fit complétement réussir. Cette petite expédition lui valut le commandement de la place de Lettingue. Sa conduite à Malplaquet ne fut pas moins belle : il s'y fit remarquer par son sang-froid, et y reçut une grave blessure. A cette occasion, le ministre lui envoya le brevet d'une nouvelle pension de 600 livres. A quelque temps de là, il remit au maréchal de Villars le plan d'un mouvement qui devait compromettre les opérations des alliés; et ce plan fut exécuté en entier tel qu'il l'avait conçu. Envoyé près de Guébriant, que l'ennemi menaçait dans la place d'Aire, il fut fait prisonnier sur sa route et présenté au prince Eugène, qui fit inutilement tous ses efforts pour l'engager à rester au service de l'empereur. Échangé par les soins du duc de Bourgogne, il fut nommé au commandement de la place de Bourbourg, qu'il conserva jusqu'à sa mort.

Après la paix d'Utrecht, Folard avait commencé son histoire et ses commentaires sur Polybe; en 1714, son goût pour les armes le détermina à quitter ce travail pour se rendre à Malte, menacée par les Turcs. Le grand-maître lui fit un brillant accueil ; mais, bientôt en opposition avec les ingénieurs français qui avaient été offrir leurs bras et leurs talents aux chevaliers de l'ordre, il abandonna cette île, et rentra en France. La renommée publiait à cette époque les exploits de Charles XII. Folard se dirigea vers la capitale de la Suède, où il arriva, après avoir échappé à un naufrage. Le roi l'accueillit avec bonté, reçut ses avis et adopta ses idées. Malheureusement il fut tué au siège de Frédéricshall, au moment où il allait les mettre à exécution. Folard revint en France, et fut nommé mestre-de-camp à la suite dans le régiment de Picardie. Dans la guerre de la succession, il avait servi la France sous les Vendôme et sous les Villars; il la servit en 1719 contre l'Espagne, sous les ordres du maréchal de Berwick : ce fut sa dernière campagne. La paix générale l'ayant condamné au repos, il en profita pour se livrer tout entier à ses travaux littéraires, et publia, en 1724, son livre des *Nouvelles Découvertes sur la Guerre* (Paris, in-12.). Il reprit ensuite ses commentaires sur Polybe, qui, malgré quelques taches, offrent encore aux militaires de précieuses leçons. On lui a beaucoup reproché la trivialité de son style, ses idées sur la stratégie, sur les machines de guerre des anciens comparées à l'artillerie, enfin sur son système d'attaque et de défense des places ; mais ces reproches ont été fort exagérés, et celui qu'on a surnommé [le *l'égèce français* mérita un jugement plus impartial de ses compatriotes. Le grand Frédéric, comme écrivain militaire, qui ne l'a cependant pas ménagé, lui rend le juste tribut d'éloges auquel il a droit. Il fut en même temps littérateur, ingénieur et dessinateur : la plupart des plans qui figurent dans ses œuvres ont été levés par lui.

Sur ses vieux ans, l'exaltation religieuse se mêlant à sa bizarrerie de caractère, il affronta, comme adhérant à la secte des convulsionnaires, le ridicule des prétendus miracles du diacre Pâris : « Savez-vous, s'écriait-il un jour en ouvrant la Bible, que Moïse était un grand capitaine : il avait découvert ma colonne. » Il mourut à Avignon, sa ville natale, le 23 mars 1752, à l'âge de quatre-vingts ans. Sa santé avait été considérablement altérée par ses travaux littéraires et par les diverses polémiques auxquelles ils donnèrent lieu. On a de lui, indépendamment des ouvrages que nous avons cités: un *Traité de la Défense des Places*; un *Traité du métier de Partisan*; *Fonctions et devoirs d'un officier de Cavalerie* (Paris, 1733, in-12.). SICARD.

FOLENGO (THÉOPHILE), né le 8 novembre 1491, dans un faubourg de Mantoue, appelé Cipada, à une époque et dans un pays de civilisation excessive, que la renaissance des études grecques et latines poussait à un paganisme renouvelé, et où la philosophie et l'art atteignaient les limites du scepticisme en se perdant dans la moquerie de toutes choses, essaya un nouveau genre d'ironie, et fonda une bizarre école, qui n'a pas été sans disciples illustres, puisque Rabelais en fait partie. Après une jeunesse dissipée, des amours vulgaires et le froc de bénédictin tour à tour pris, quitté, repris et jeté aux orties, il persifla les cicéroniens, les poëtes épiques, les versificateurs à la façon de Virgile, les grands, les ecclésiastiques, la science, l'étude et l'ambition, dans une espèce de roman fantasque, gigantesque et féerique, mêlé de trivialités et d'inventions extraordinaires, écrit en mètre virgilien et dans une langue créée tout exprès pour cet usage, avec la syntaxe latine appliquée à tous les patois de l'Italie. Le fond de l'œuvre, la pensée de l'auteur, étaient, comme chez le curé de Meudon, qui l'imita et l'étudia curieusement, la destruction des théories spiritualistes, l'apothéose de la gastronomie et l'éloge de la cuisine ; aussi, prenant le nom d'un sorcier et d'un cuisinier, comme s'il n'y avait au monde de science occulte et sublime que « l'art de le gueule, « se nomma-t-il le *cuisinier Merlin* (Merlinus coccaius), et donna-t-il à son entreprise le nom du mets favori des Italiens, le macaroni. Tel est le sens réel et évident de cette poésie *macaronique*, d'une valeur assez mince sous le rapport littéraire, mais qui tient sa place dans l'histoire des idées. Après quelques aventures de couvent, assez peu importantes, entre autres une querelle avec des religieuses, qu'il devait fort mal diriger, cet étrange bouffon monacal, dont la génération intellectuelle fut plus grande que lui-même, mourut sur les bords de la Brenta, le 9 novembre 1544. Philarète CHASLES.

FOLIATION ou FEUILLAISON. On appelle ainsi le moment où les boutons commencent à bourgeonner et à développer leurs feuilles. Ce moment varie suivant la latitude, et sous la même latitude il varie encore suivant les espèces, ainsi qu'on peut le voir par la table suivante, dressée sous le climat de Paris par Adanson, d'après la moyenne de dix années d'observations sur un certain nombre d'arbres : Sureau, chèvre-feuille, 16 février; groseillier épineux, lilas, aubépine, 1er mars; groseillier fusain, troène, rosier, 5 mars; saule, aune, coudrier, pommier, 7 mars; tilleul, marronnier, charme, 10 mars; poirier, prunier, pêcher, 20 mars; nerprun, bourgène, prunellier, 1er avril; charme, orme, vigne, figuier, noyer, frêne, 20 avril; chêne, 1er mai. Non-seulement l'époque de la foliation des arbres varie d'espèce à espèce, mais encore, dans la même espèce, d'individu à individu. Toutes choses égales, la foliation dans une espèce donnée a lieu en raison de l'intensité de la chaleur et du temps durant lequel cette chaleur agit.

FOLIE, maladie apyrétique du cerveau, ordinairement de longue durée, dans laquelle les idées ou les sensations, soit généralement, soit partiellement, ne s'accordent ni avec les lois des fonctions d'une organisation régulière ni avec l'état réel des choses extérieures. Dans cette maladie, les organes du mouvement volontaire et ceux des fonctions de la vie automatique ou végétative ne sont pas ordinairement altérés, et par conséquent les aliénés marchent, agissent, mangent et digèrent, etc., comme dans l'état de santé.

Tant que les métaphysiciens les moralistes, les philosophes, les médecins même et les physiologistes considérèrent la folie comme une maladie de l'âme, et rapportèrent à cet être spirituel, invisible et impalpable, tous les dérangements des facultés morales, intellectuelles et affectives, ils méconnurent entièrement cette maladie. De là le langage obscur, confus et embarrassé de phrases insignifiantes, ou rempli d'idées contradictoires, qu'on rencontre dans les ouvrages écrits anciennement sur la folie. La plupart des écrivains, jusqu'à nos jours, confondirent dans la même catégorie différents genres d'altérations cérébrales qui doivent être définies et traitées séparément. C'est ainsi que nous trouvons dans les traités sur la folie, confondus dans la même description et sous la même dénomination, l'*idiotie* ou *idiotisme*, l'*imbécillité*, la *démence*, la *manie*, la *monomanie*, la *mélancolie*, l'*hystérie*, l'*hypochondrie*, la *nostalgie*, le *suicide*, l'*épilepsie*, le *délire*, etc. Mais il est facile de comprendre la différence qu'il y a entre ces différents genres d'affections cérébrales, et ce que l'on entend par *folie*. D'après nos connaissances physiologiques, nous ne pouvons plus considérer les différents désordres dans la manifestation des facultés *intellectuelles* (raison), *morales* (sentiments) et *affectives* (penchants) que comme autant d'affections spéciales du cerveau. Rappelons-nous que le cerveau seul est l'organe exclusif, indispensable pour la manifestation des facultés de l'âme ou de l'esprit. Admettons, en outre, qu'il n'est pas un organe unique, mais une agrégation de plusieurs organes, dont chacun a des qualités communes, telles que la sensation, la perception, la mémoire, le jugement, l'imagination, etc. et des qualités propres et spécifiques, telles que l'instinct de la génération, celui de la propre défense, le sens du rapport des sons ou des couleurs, les sentiments de la bienveillance, la circonspection, etc. Or, en admettant seulement ces deux principes, qui sont pour nous des vérités démontrées, il sera facile, sans être philosophe ou médecin, de comprendre que la folie ne peut être que la suite d'une altération du cerveau ou de quelqu'une de ses parties. Par exemple, nous avons dit que la *démence* est la perte des facultés, c'est-à-dire la cessation plus ou moins complète des fonctions du cerveau. Or, si le cerveau n'avait jamais pu manifester ses fonctions, soit par suite de maladie, soit par suite de son développement imparfait, qu'en résulterait-il? L'*idiotie* absolue. Mais s'il y avait quelque partie seulement du cerveau du malade non suffisamment développée, qu'en résulterait-il encore? L'impossibilité de la manifestation de telle ou telle qualité, conséquemment l'*imbécillité* plus ou moins générale, plus ou moins spéciale. Si le cerveau, après avoir atteint son développement ordinaire, et avoir exercé ses fonctions régulièrement, était excité généralement dans ses parties, à quel genre de désordre donnerait-il lieu? Il y aurait *délire* ou *manie*, selon que la cause serait passagère ou permanente, légère ou profonde. La *monomanie* sera conséquemment la suite du désordre des fonctions d'une ou de quelque partie seule du cerveau, tandis que les autres parties ou organes seront restés dans leur état d'intégrité normale. L'*hypochondrie*, l'*hystérie*, la *mélancolie*, sont aussi des maladies du cerveau, qui peuvent être considérées comme des espèces de folie. Il en est de même de la *nostalgie*, du *suicide* longuement préméditée et de plusieurs autres genres d'aliénations mentales. Ceci suffira pour faire comprendre comment l'on doit considérer la folie dans sa généralité. Il ne faut pas croire que dans les manies partielles, ou monomanies, le dérangement de la faculté soit limité d'une manière absolue à la fonction d'un organe seul, et que ces aliénés soient parfaitement raisonnables sous les autres rapports, et se lie et s'enchaîne dans l'organisme. Plus souvent cette folie est d'un genre mixte : après le trouble des fonctions d'une faculté suit le trouble de quelque autre, et plus tard encore elle passe à la manie générale, qui finit ordinairement par la démence.

Les organes de notre cerveau sont destinés les uns à la manifestation des penchants, des talents et des sentiments déterminés; les autres sont destinés à la manifestation des facultés intellectuelles. Quand la monomanie se porte sur les premiers et que les facultés intellectuelles sont intactes, il y a perversion de goût, de penchant, d'affection; mais pour le reste, on raisonne très-bien. C'est ce qui a fait appeler ce genre de folie *folie raisonnante*. Il y a aussi des folies d'une autre espèce, qui se rapportent à des idées ou à des sensations tout à fait isolées : tels sont ces aliénés qui croient avoir un serpent ou une grenouille vivante dans le corps, ceux qui croient être possédés par le démon, qui croient avoir la tête ou les jambes de verre, etc. : ceux-ci raisonnent très-bien sur tout ce qui n'est pas en opposition avec leur idée fixe. Un autre genre de folie plus remarquable, et qui n'a pas encore fixé l'attention des physiologistes, est celle qui résulte du dérangement seul de quelqu'un des organes des facultés intellectuelles, tandis que les autres restent intacts : ceci constitue la folie innocente de ces pauvres raisonneurs qui croient faire de la science en s'élançant dans le monde imaginaire, et créer des systèmes, des projets, des théories ou des doctrines, uniquement fondées sur des mots qu'ils inventent, interprètent ou appliquent à leur manière, et qui parviennent quelquefois même à écrire des ouvrages que les personnes sensées ne peuvent aucunement comprendre. Ce genre de folie est la suite du défaut ou du désordre de l'organe de la causalité; elle passe souvent inaperçue : les personnes qui en sont atteintes n'étant pas généralement nuisibles dans la société, on les laisse s'exercer dans leurs rêves, et on les a vues réussir à passer auprès d'une certaine classe de personnes pour des savants profonds. Ce n'est donc pas à tort qu'on a dit que le génie est à deux pas de la folie. Dryden a déjà écrit que les hommes de génie et les fous se tiennent de très-près, en ce sens que l'activité cérébrale de l'homme de génie est très-près de le dominer exclusivement, et de troubler les fonctions régulières de son cerveau.

De la manière dont nous avons expliqué les différents genres d'aliénation mentale, l'on a pu comprendre qu'il y aura *folie générale* lorsque les fonctions de toutes les facultés cérébrales seront troublées, et qu'il y aura *folie partielle* lorsque ce dérangement n'aura lieu que dans un ou plusieurs organes. Toutes ces aliénations peuvent être *continues* ou *intermittentes*. Quant aux premières, elles se manifestent d'une manière si visible qu'il est très-facile de les reconnaître : il n'en est pas de même quand la folie générale est périodique et que les accès, après avoir cessé entièrement, renaissent, ou quand l'aliénation est partielle et en même temps intermittente. Les formes diverses d'aliénation rendent très-difficiles les jugements que l'on doit porter sur l'innocence ou la culpabilité de certaines actions. Comment prévoir le retour d'un accès quand l'approche d'évacuations accidentelles ou périodiques, l'influence des saisons, la nourriture et une infinité d'autres causes peuvent en déterminer la crise?

Les auteurs font des distinctions entre les causes générales et particulières, physiques et morales, primitives, secondaires, prédisposantes, constantes, etc., de la folie. Toutes ces divisions ne nous paraissent pas d'une grande utilité. Quant à nous, sachant que la folie est une affection du cerveau, nous dirons simplement que tout ce qui agit puissamment physique comme au moral sur cet organe peut devenir une cause de la folie. Les dispositions héréditaires et une mauvaise organisation cérébrale doivent être considérées comme les causes les plus communes. Il paraît prouvé que dans les climats tempérés il y a plus de fous qu'ailleurs, et que, d'autre part, dans les pays marécageux l'on observe plus facilement l'idiotie et la démence. Nous pensons aussi que certaines dispositions de l'atmosphère, ainsi que les différentes saisons, doivent exercer une influence marquée sur la folie. En effet, les changements atmosphériques agissent évidemment sur les dispositions de notre esprit dans l'état ordinaire de la meilleure santé; à plus forte raison les mêmes causes agiront donc lorsque le cerveau est déjà surexcité : du reste, il n'y a qu'à visiter un hospice d'aliénés pour reconnaître la différence marquée qui se manifeste sur ces malheureux par un seul changement de vent ou dans l'état électrique de l'atmosphère. Des observateurs ont noté que les aliénés sont plus agités dans la pleine lune : nous ne réprouvons pas ces observations, quoiqu'elles aient rencontré beaucoup d'incrédules. Il est constant que cette planète exerce quelque influence sur certaines fonctions périodiques des corps humains; dès lors nous ne voyons pas pourquoi la lune n'exercerait pas sur l'atmosphère une action capable de réagir sur le système nerveux et le cerveau. Dans l'enfance, on observe l'idiotie, l'imbécillité, mais pas de folie. La raison en est claire : le cerveau n'ayant pas acquis sa consistance nécessaire, et ses fonctions ne s'étant encore manifestées que d'une manière très-imparfaite, elles ne peuvent conséquemment être troublées par un excès d'activité. La folie commence avec l'âge de la puberté ; et à cette époque ce sont les folies érotiques ou celles de la vigueur qui dominent; dans l'âge mûr, ce sont les différentes espèces de mélancolie, celles qui prennent leur source dans les organes de la vanité, de l'orgueil, de la circonspection, etc.; dans la vieillesse, c'est la démence. Par rapport aux sexes, l'on observe, d'après Esquirol, plus de femmes aliénées que d'hommes, particulièrement en France. Nous avons remarqué que la plupart des folies chez les femmes ont pour base la vanité : nous pensons que dans l'éducation l'on tient ordinairement dans une activité trop permanente l'organe de l'amour de l'approbation, sentiment qui dégénère en vanité s'il n'est pas soutenu par des facultés intellectuelles supérieures, et dès lors il passe facilement à la folie.

Les monomanies occasionnées par la vanité sont les plus fréquentes : aussi ceux qui, par leur état, sont souvent flattés par le parfum de l'approbation tombent facilement dans la folie. C'est ainsi que l'on voit souvent parmi les aliénés des peintres, des poètes, des musiciens, etc. Tout ce que les auteurs nous disent sur l'influence des tempéraments est exagéré ou erroné : la doctrine même des tempéraments est encore trop mal assise pour que l'on puisse venir à l'application de ses principes sans tomber dans les plus grandes contradictions ou dans une véritable confusion d'idées. Toutes les fois qu'on mettra en activité le cerveau, et que par le travail même cet organe se trouvera surexcité, il y aura prédisposition à la folie : l'étude et la méditation prolongées sont donc des causes très-fréquentes de folie. C'est le tort surtout de pousser aux travaux de l'esprit ceux qui ne sont pas naturellement organisés pour cela. Bien souvent, au lieu d'avoir un savant de plus, on aurait un fou de moins et un meilleur ouvrier de plus. Les riches et les grands personnages sont plus souvent sujets aux différents genres de mélancolie que les pauvres. Tous ceux qui vivent dans le grand monde, qui sont dans une espèce de tension intellectuelle permanente, comme les négociants, les hommes d'État, les militaires d'un rang supérieur sont sujets à tomber dans l'aliénation mentale. Ceux qui passent rapidement d'une très-grande occupation à une vie tranquille, sont exposés au même désordre. Cet aperçu suffira pour pouvoir évaluer les autres causes très-variées qui peuvent agir, ou directement ou indirectement, pour troubler les fonctions du cerveau.

On s'est disputé beaucoup sur le siège de la folie, parce qu'on ne connaissait pas assez, avant les recherches de Gall, l'anatomie et la physiologie du cerveau, et on ne pouvait déterminer avec exactitude les vices, les lésions et les maladies de cet organe, comme on n'était pas généralement assez instruit pour bien juger des altérations des différentes facultés cérébrales, et le rapport qui existe entre les vices, les maladies et les lésions de l'encéphale, et la manifestation de ces mêmes facultés. Quelles contradictions dans l'opinion des médecins ! l'un pensait que la manie avait son siège dans l'estomac, l'autre la plaçait dans le foie, un autre dans les viscères ou dans le système nerveux du bas-ventre, etc.; maintenant on est généralement d'accord à reconnaître le cerveau comme le siège immédiat de cette maladie. Les observations des médecins les plus distingués ont prouvé que les lésions à la tête ont souvent amené la manie ou la démence dont l'explosion n'a eu lieu souvent que quelques années plus tard. Ils ont trouvé généralement, à l'ouverture des cadavres, une altération sensible dans le cerveau et dans le crâne. Les autopsies décrites par Morgagni, Ghisi, Bonnet, sans compter toutes celles faites de nos jours, démontrent jusqu'à l'évidence que dans la manie, et surtout dans la démence, il y a altération de la substance cérébrale.

On rencontre des changements remarquables dans la consistance du cerveau : tantôt il est plus dur, tantôt plus mou, tantôt d'une consistance inégale dans ses parties ; quelquefois on a trouvé des squirrhes, des calculs, des épanchements d'humeurs puriformes, sanguinolentes ou d'autre nature. On a encore rencontré, à la suite de la folie, des altérations encéphaliques d'une autre nature : par exemple, des dépôts de matière osseuse sur la surface interne du crâne, des excroissances, des vaisseaux ossifiés, etc.

Les causes de la manie, que nous avons énumérées plus haut, sont celles qui agissent immédiatement sur le cerveau. Lorsqu'elle a duré plusieurs années, la masse cérébrale diminue, la cavité du crâne se rapetisse, et la démence incurable s'ensuit. Greding, Gall et quelques autres ont observé que les os du crâne dans ces cas sont devenus épais, durs et compactes comme l'ivoire, au lieu d'être légers comme ils le sont dans la vieillesse. Toutes ces observations prouvent donc que le siége de la folie est uniquement dans le cerveau. Que si dans quelques maladies mentales on ne trouve pas dans l'encéphale de vice qui saute aux yeux, cela ne prouve pas qu'il n'existe réellement aucune altération. Nous n'avons pas de moyens pour juger des changements imperceptibles, intimes, qui doivent avoir lieu nécessairement dans la texture des fibres du cerveau ou dans celle des nerfs, quand ces parties sont affectées d'une maladie quelconque.

La guérison de la folie est toujours incertaine et difficile, quel que soit le traitement qu'on emploie pour cet effet, bien souvent les guérisons sont incomplètes et les rechutes très-fréquentes. La folie héréditaire, celle des personnes âgées ou épuisées par des excès, ou mal organisées dans leur cerveau, sont presque incurables, ainsi que les monomanies qui dépendent d'un développement trop considérable d'un organe cérébral déterminé. Dans ce cas, il est presque impossible d'affaiblir son activité par un traitement quelconque. Les folies qui reconnaissent une cause accidentelle, la frayeur, la colère, l'accouchement, celles dont l'invasion est subite, etc., sont plus faciles à guérir. Esquirol, qui a fait beaucoup de recherches sur la statistique des aliénés, a trouvé que l'âge le plus favorable pour la guérison est de vingt à trente ans ; passé les cinquante ans, les guérisons sont rares. Il a observé qu'elles ont lieu plutôt au printemps et à l'automne que dans les autres saisons, et que la folie qui est la suite du scorbut, de la paralysie, de l'épilepsie, est incurable. Georget, qui a fait de sages observations sur la folie, dit que dans ces établissements bien tenus on guérit au moins le quart et souvent plus du tiers des aliénés mis en traitement; que l'on guérit plus de fous en France et en Angleterre, puis en Allemagne, que dans tous les autres pays ; et il rapporte, d'après Esquirol, le nombre comparatif des guérisons obtenues dans divers établissements étrangers. Nous avons pu nous convaincre que tous ces calculs statistiques sont fondés sur des données erronées, sur des éléments qui ne peuvent pas être comparés entre eux ; et conséquemment les conclusions qu'on en tire ne sont pour nous d'aucune valeur.

Après ce qui a été dit en parlant de la démence, il ne nous reste rien à dire pour le traitement d'une telle maladie. Il en est de même de l'idiotie et de l'imbécillité de naissance. Quant à la manie, elle est guérissable, et il faut le plus promptement possible employer les secours de l'art, si on veut la guérir. Nous pouvons mettre deux moyens en usage à cet effet : ceux qui modifient le cerveau par l'exercice de ses fonctions, et ceux qui appartiennent directement à la thérapeutique. Que l'on fasse attention que les aliénés conservent la sensation, la perception, la mémoire, le jugement pour plusieurs facultés, qu'ils conservent la plus grande partie des connaissances acquises, et que les qualités de leur esprit sont seulement altérées, mais ne sont pas détruites. L'art donc doit s'occuper à redresser ces égarements. Pour le traitement de la folie, l'isolement du malade est de la première importance ; il doit être séparé de ses parents, de ses domestiques et de tous les objets qui ont déterminé l'aliénation, ou qui l'entretiennent et l'aggravent. Nous insistons sur ce moyen, et nous le recommandons comme indispensable.

Les aliénés ne sont en général bien traités que dans les hospices destinés au traitement de ces maladies. Nous voudrions nous étendre sur ce sujet ; mais nous devons nous contenter d'indiquer simplement comme mesure générale les dispositions suivantes. Un hospice d'aliénés doit avoir, outre les divisions principales pour les sexes, un quartier isolé pour les aliénés agités et bruyants; un pour ceux qui sont en démence et pour les imbéciles, et un enfin pour ceux qui seraient attaqués de maladies communes accidentelles. Une cour, un jardin, seraient nécessaires pour chaque division ; il faudrait que les habitations, du moins pour les aliénés agités, fussent au rez-de-chaussée, et que leurs loges fussent bien aérées, garnies d'un lit solide fixé au sol; il faudrait que l'eau pût s'y trouver en abondance, pour entretenir partout la plus grande propreté possible; il faut que le directeur, les surveillants et les serviteurs, soient des personnes habiles et bien instruites dans le traitement des aliénés, pour savoir se les attacher, et exercer sur les malades l'influence nécessaire. Un règlement sagement combiné doit apporter l'ordre dans le service de l'établissement. Lorsque les fous sont furieux ou qu'ils ont un penchant au suicide, ou bien quelque mauvaise habitude, il est nécessaire de les contenir avec la camisole, pour empêcher qu'il ne leur arrive du mal, ou bien qu'ils n'en fassent. Les injures, les mauvais traitements, les violences et les chaines doivent être bannis pour toujours du traitement des aliénés. Georget, dans son excellent ouvrage sur la folie, observe sagement qu'on peut rapporter à trois principes toutes les modifications qu'on doit chercher à faire naître dans l'exercice de l'intelligence chez les aliénés : 1° ne jamais exciter les idées ou les passions de ces malades dans le sens de leur délire; 2° ne point combattre directement les idées et les opinions déraisonnables de ces malades par le raisonnement, la discussion, l'opposition, la contradiction, la plaisanterie ou la raillerie; 3° fixer leur attention sur des objets étrangers au délire, communiquer à leur esprit des idées et des affections nouvelles par des impressions diverses.

Pour le traitement de la manie partielle, que nous regardons comme le résultat de l'activité et de l'exercice involontaire d'un organe cérébral surexcité, voici ce qu'il y a à faire. C'est Gall même qui nous éclaire sur ce sujet. Du moment, dit-il, qu'un médecin s'aperçoit qu'une personne est menacée d'une manie partielle, il faut lui conseiller de renoncer à ses occupations ordinaires, de se distraire, d'entreprendre un voyage, de se faire une nouvelle occupation favorite : par ce régime les organes trop fortement irrités trouvent l'occasion de se refaire pendant que d'autres organes remplissent leurs fonctions avec plus d'activité. Lorsque l'exaltation d'un organe est parvenue au point qu'une action devient involontaire, tous les conseils que l'on donne au malade sont inutiles. C'est alors qu'il appartient au médecin et aux proches de le transplanter dans un monde nouveau de sentiments et d'idées, et de réveiller l'activité des organes qui jusque là étaient restés presque dans l'inaction; de provoquer en lui des passions nouvelles; de lui faire prendre un goût décidé pour des occupations qui jusque là lui étaient étrangères, et de donner ainsi aux organes trop fortement irrités et affaiblis le temps de reprendre leur ton naturel et de rentrer sous l'empire de leur action régulière. Les aliénés n'ont pas besoin d'un régime alimentaire particulier. Il y a des aliénés qui refusent toute nourriture par des motifs imaginaires : ceux-ci doivent être nourris malgré eux, moyennant une sonde introduite dans l'œsophage, par laquelle on fera passer des substances liquides nourrissantes. Il y a des malades qui vomissent à volonté les aliments qu'on leur fait passer ainsi dans l'estomac : ceux-ci sont irréparablement perdus. Les aliénés doivent être vétus; les turbulents seront contenus par la camisole ou les entraves aux pieds. Il est utile en général que les aliénés se promènent et fassent du mouvement.

Quant au traitement interne ou thérapeutique, nous sommes forcé de dire que presque tous les médecins se sont conduits jusque ici comme des aveugles ; ils ont essayé de tout, et de toutes sortes de médicaments, et toujours sans être dirigés par des principes solides, ayant jusque ici méconnu la nature de la maladie ou la manière véritable d'agir des substances médicinales sur nos fonctions vitales. Nous dirons peu de mots à ce sujet. Les observations et les recherches les plus récentes nous portent à considérer la folie dans son commencement comme la suite d'une surexcitation ou d'une sorte d'inflammation du cerveau, ou de quelqu'une de ses parties. Nous devons considérer ensuite la démence qui suit la manie ou la monomanie comme la conséquence de l'inflammation qui a précédé, comme le résultat positif d'une altération organique de l'encéphale. Ces principes admis, nous aurons un guide dans le traitement de la folie. La saignée sera donc utile, presque toujours, au commencement de la manie ou de la monomanie, particulièrement sur les individus pléthoriques et fous ; et on pourra la répéter plusieurs fois très-utilement. Dans la démence, elle sera généralement inutile ou dangereuse. Le lecteur entendra facilement maintenant pourquoi précisément dans ces cas elle n'a pas réussi, et comment les praticiens ont pu abuser de ce moyen salutaire. Les mêmes principes doivent diriger le médecin dans l'emploi des bains : il lui sera facile de se rendre compte de l'utilité générale des bains tièdes et de l'utilité de l'application de l'eau froide ou de la glace sur la tête du malade, comme il reconnaîtra l'absurdité de l'usage de ces douches violentes, par lesquelles plus souvent on nuit aux malades en donnant une trop forte secousse à leur cerveau. Les boissons aqueuses ou acidulées, données abondamment, sont utiles dans la manie. Les purgatifs sont conseillés dans le plus grand nombre de cas par tous les médecins. Nous croyons qu'il n'y a pas de médicament plus efficace que les purgations dans le traitement de toute sorte d'aliénation. On a trouvé les vomitifs souvent utiles ; et ils peuvent être employés avec beaucoup de succès. Cox fit prendre à des aliénés plusieurs grains d'émétique par jour à doses fractionnées : après les vomitifs, il place la digitale comme le meilleur remède contre la folie. Nous avons eu l'occasion d'en constater l'utilité, et nous la recommandons aux praticiens. L'opium, vanté par quelques-uns, a été trouvé nuisible par la plupart des praticiens, ainsi que le camphre, le musc et plusieurs autres substances de la même nature. L'ustion, qui a pu être utile quelquefois, a été encore plus souvent inutile ou nuisible : il en est de même du pirouettement et de quelques autres moyens mécaniques que nous avons vu prôner avec enthousiasme et tomber en oubli presque en même temps. Dr FOSSATI.

FOLIE. Il y avait autrefois dans Paris un assez grand nombre de maisons de plaisance entourées de jardins, que l'on avait baptisées de ce nom : telles étaient la Folie Beaujon, la Folie Méricourt, la Folie Richelieu, la Folie de Chartres, la Folie Genlis, etc., soit parce que c'étaient pour la plupart des petites maisons où se faisaient pas mal de folies, soit parce que leur construction et leur ameublement avaient coûté des sommes folles.

FOLIGNO ou **FULIGNO**, ville et évêché de la délégation de Perugia (États de l'Église), dans la charmante et fertile vallée du Topino et au point de jonction des routes conduisant de Florence à Perugia, de Fano et d'Ancône à Rome. Les rues en sont fort régulières, et on y voit quelques beaux édifices, par exemple le palais Barnabo, le théâtre, l'hôtel de ville, la ci-devant église des Franciscains et l'église des Augustins. Les 9,000 habitants, indépendamment d'autres industries, produisent beaucoup de soie et font un commerce important, notamment en papier, pour la fabrication duquel cette ville est renommée, et aussi en soie, qui, avec celle de Fossombrone, passe pour être la meilleure qu'on récolte dans tous les États de l'Église. Les confitures de Foligno sont également en grande réputation. Les anciens remparts de cette ville ont été transformés en promenades. L'église San-Nicolo possède quelques bonnes toiles de Nicolo Alunno; la *Madonna di Foligno*, par Raphaël, qu'on y voyait autrefois, orne aujourd'hui le Vatican.

Foligno, dans l'antiquité *Fulginii* en Ombrie, devenu plus tard municipe romain, appelé au moyen âge *Fulignum*, fut détruit en 1281 par les habitants de Perugia. Quand cette ville eut été reconstruite, elle demeura sous la domination de la famille Trinci jusqu'à ce qu'en 1439 le cardinal Vitelleschi l'eut soumise au saint-siège. Au printemps de 1832, elle souffrit beaucoup d'un tremblement de terre. A Palo, village voisin, sur la route d'Ancône, on voit une grotte renfermant de remarquables stalactites.

FOLIIFÈRE (de *folium, folii*, feuille, et *fero*, je porte), qui porte des feuilles. Cette épithète s'applique surtout aux **bourgeons à feuilles.**

FOLIO, expression italienne, ou empruntée du latin, que l'on a traduite en français par le mot *feuillet*. Le *folio* se compose, dans les imprimés et les manuscrits, de 2 pages, dont la première s'appelle *recto*, et la deuxième *verso*. Cette expression s'applique surtout aux livres de commerce. On appelle aussi *folio*, en style typographique, le chiffre qu'on met au haut de chaque page.   DUFEY (de l'Yonne).

FOLIO, (In-). *Voyez* FORMAT.

FOLKESTONE, paroisse et bourg, l'un des Cinque-Ports d'Angleterre, dans le comté de Kent, à dix kilomètres sud-ouest de Douvres, sur les bords du Pas-de-Calais, avec une population d'environ 4,500 habitants. Il y a un bureau de douane; son petit port ne peut pas contenir des bâtiments jaugeant plus de 300 tonneaux. Il s'y fait une pêche active de poissons recherchés. Folkestone est défendu par de petits forts, et ses beaux établissements de bains de mer sont très-fréquentés. Communications régulières, au moyen de paquebots à vapeur, avec la France par Boulogne; chemin de fer pour Londres.

FOLLE ENCHÈRE, enchère qui a lieu quand l'adjudicataire d'une enchère précédente ne peut satisfaire à ses conditions; cette nouvelle enchère est faite à ses risques et périls; les frais en sont à sa charge; et si l'adjudication a lieu à un prix moindre que celui qu'il avait offert, il est responsable par toute voie de droit, même par l'exercice de la contrainte par corps, de la différence envers les créanciers poursuivant l'expropriation. Celui qui a mis légèrement, *follement* son enchère, soit parce qu'il espérait qu'elle serait couverte, soit parce qu'il avait trop présumé de ses ressources, doit en effet être responsable du tort qu'il occasionne. Si, au contraire, la seconde enchère monte au-dessus de la première, le fol enchérisseur ne peut en profiter; le surplus appartient aux créanciers de la partie saisie, ou s'ils sont désintéressés, à la partie saisie elle-même. La folle enchère peut être poursuivie lorsque, dans les vingt jours qui suivent l'adjudication, l'adjudicataire ne justifie pas qu'il a payé les frais de la poursuite et satisfait aux conditions et charges de l'adjudication; un certificat du greffier peut constater le non-accomplissement de ces conditions. Si dans l'intervalle de l'adjudication préparatoire à l'adjudication définitive à *folle enchère*, le fol enchérisseur vient justifier de l'accomplissement des conditions et consigne les frais auxquels il a donné lieu, l'adjudicataire éventuel est déchargé, et le fol enchérisseur demeure en possession définitive. La vente à folle enchère résout complétement les droits du fol enchérisseur sur la propriété adjugée : les charges dont il a pu la grever sont annulées par cela même, sauf cependant les baux faits sans fraude et de bonne foi, les congés donnés aux locataires ou fermiers.

Tous ces principes sont applicables aux ventes mobilières; mais dans le cas de non-payemen immédiat la revente a lieu dans la même séance.

FOLLET (Feu). *Voyez* FEU FOLLET.

FOLLETS (Esprits). *Voyez* ESPRITS, ELFES, LUTIN, DJINNS, FEU FOLLET.

FOLLETTE. *Voyez* ARROCHE.

FOLLIE VIE (Femmes, Filles de). *Voyez* PROSTITUTION.

FOLLICULAIRE, écrivain de *feuilles*, de journaux. Ce mot ne s'emploie que d'une manière ironique et par mépris. Il n'est guère d'usage que depuis une soixantaine d'années, et ne se trouve que dans les lexiques modernes. Il est probable que si du temps de Voltaire l'expression *folliculaire* fût déjà passée dans le langage, il eût donné ce titre à son Frélon de L'*Écossaise*, qu'il qualifie simplement d'*écrivain de feuilles*, expression peu précise et peu nette. Dans cette comédie, qui n'était qu'un vrai libelle contre Fréron, on trouve cette définition de l'*écrivain de feuilles* faite par lui-même : « Si vous avez quelque ami à qui vous vouliez donner des éloges, ou quelque auteur à protéger ou décrier, il n'en coûte qu'une pistole par paragraphe. » Le folliculaire est au journaliste ce que le *pamphlétaire* est à l'auteur. Un folliculaire est un auteur périodique, à la fois ignorant, léger et impudent. Dans les journaux écrits durant notre première révolution, les écrivains de parti se sont renvoyé jusqu'à satiété cette épithète ; et il faut avouer que de part et d'autre ils la méritaient assez. Les auteurs critiqués par le fameux Geoffroy l'ont plus d'une fois traité de *folliculaire*. Malheureusement, ses attaques frappaient toujours juste; et malgré leur légèreté matérielle, les feuilles sur lesquelles il les écrivait avaient du poids comme œuvre de goût. Joseph Lingay, élève et ami du professeur Luce de Lancival, l'auteur de la tragédie d'*Hector*, outrageusement critiquée par Geoffroy, a fait contre ce dernier un poème satirique intitulé *Folliculus* (1815).   Charles Du Rozoir.

FOLLICULE (de *folliculus*, petit sac). En anatomie, ce mot est synonyme de *crypte*. En botanique, on appelle *follicule* tout fruit formé d'une valve pliée dans sa longueur et soudée par ses bords, comme dans les asclépiades. Les graines sont fixées tout le long de la suture sur un placenta, qui se détache à l'époque de la maturité. C'est donc improprement qu'on a donné le nom de *follicule* à la silique du chêne.

FOLQUET DE MARSEILLE. *Voyez* FOULQUES.

FOLZ ou **VOLZ** (HANS), célèbre *meistersænger* de la seconde moitié du quinzième et du commencement du seizième siècle, originaire de la ville de Worms, vécut à Nuremberg, où il exerçait la profession de barbier. Il fut des premiers qui introduisirent dans la littérature allemande le genre dramatique désigné sous le nom de *Gespræchspiele* (dialogues comiques), en donnant aux noëls une forme parfaite. On a conservé quatre de ces pièces qui furent imprimées à Nuremberg, de 1519 à 1521. Folz prit une part active à la propagation de l'invention de l'imprimerie, ainsi qu'à celle des réformes introduites dans l'Église par Luther.

FOMENTATION. On désigne par ce nom, dérivé du verbe latin *fovera*, échauffer, fomenter, étuver, une médication extérieure très-variée, et qui ne justifie pas toujours l'étymologie que nous venons d'indiquer. La fomentation proprement dite consiste dans l'emploi d'un liquide chaud, avec lequel on arrose, on lave, on baigne une partie malade. C'est une sorte de bain local, dont l'action se rapproche beaucoup de celle du cataplasme, surtout quand on laisse à demeure sur la partie les linges dont on s'est servi pour pratiquer cette opération. Le lait tiède, les décoctions de graine de lin, de racine de guimauve, sont ainsi fréquemment employées dans les inflammations de l'estomac et du ventre. Le bain modifie l'état de la peau sous plusieurs rapports , et il est un auxiliaire utile au traitement général. On peut employer ainsi un grand nombre de substances médicinales; et les fomentations, au lieu d'être émollientes comme les précédentes, peuvent être toniques, astringentes, stimulantes, etc. ; d'autant mieux que le vin, l'eau-de-vie, peuvent servir de véhicule comme l'eau. Au lieu d'employer des liquides chauds pour pratiquer les fomentations, on les emploie aussi à froid, et même à l'état de glace : c'est même une médication énergique.

On peut aussi considérer comme fomentations les applications de sable, de son chauffé, qu'on emploie pour rappeler la chaleur sur une partie refroidie : c'est une ressource dont on a fait un grand usage pour réchauffer les cholériques. Si une partie était devenue insensible par l'action du froid, qu'elle fût congelée, il faudrait bien se garder de chercher à y rappeler la chaleur par des fomentations chaudes et stimulantes.
Dr CHARBONNIER.

FONCEMAGNE (ÉTIENNE LAURÉAULT DE), membre de l'Académie Française et de l'Académie des Inscriptions et Belles-Lettres, né en 1694, à Orléans, fit quelque temps partie de l'Oratoire, et devint sous-gouverneur du duc de Chartres en 1753. Ce fut lui qui présida à la publication du *Testament du cardinal de Richelieu* (2 vol in-8°, 1764). Il soutint que ces mémoires étaient authentiques, contre l'opinion de Voltaire, qui les attribuait à l'abbé de Bourzéis. « Nous ignorons, dit Sabathier, si Foncemagne a fait d'autres ouvrages que ses *Lettres à M. de Voltaire au sujet du Testament politique du cardinal de Richelieu*; mais ces lettres, écrites avec autant de politesse que de jugement, donnent une idée avantageuse de son esprit, de son érudition et de la facilité de son style. Il n'y a peut être que M. de Voltaire, dans le monde, capable de persister, après les avoir lues, nous ne disons pas à croire, mais à soutenir que le ministre de Louis XIII n'est pas l'auteur du *Testament* qui porte son nom. » Foncemagne jouissait d'une grande autorité à l'Académie des Inscriptions et Belles-Lettres; on le consultait sur toutes les décisions à prendre. Il possédait de grandes connaissances en bibliographie. Quoique janséniste de conviction, il se recommandait par une grande douceur de caractère et par une conversation d'un charme inexprimable, qui attira chez lui les personnes des deux sexes les plus distinguées de son temps. Il mourut à Paris, le 26 septembre 1779.
CHAMPAGNAC.

FONCIER, FONCIÈRE, s'emploie pour désigner tout ce qui est relatif aux fonds de terre, aux immeubles, au sol; ainsi, on dit en ce sens *propriétaire foncier*; la *propriété foncière*, c'est celle qui est établie sur le fonds d'une terre; *l'impôt foncier ou contribution foncière*, c'est celui qui est établi sur les immeubles, sur les biens-fonds de cette nature; le *crédit foncier* s'entend des institutions de crédit dont on a voulu doter cette propriété, si souvent dévorée par l'usure.

FONCIÈRE (Contribution), une des quatre contributions directes principales. Elle frappe tous les immeubles, propriétés bâties et non bâties. Sont exceptés de la contribution foncière : 1° les voies publiques, les rivières, les ruisseaux, les édifices affectés au service public qui appartiennent à l'État, aux départements et aux communes; 2° les montagnes et les dunes en voie de reboisement, les terres incultes et les marais dont on entreprend le défrichement et le dessèchement.

Les immeubles sont soumis à l'impôt foncier d'après leur revenu moyen, calculé sur un certain nombre d'années. La contribution foncière est un impôt de répartition. Les répartiteurs opèrent d'après les résultats fournis par le cadastre. La fixité des contingents fonciers est admise par l'usage; cependant ils sont augmentés ou diminués chaque année à raison des maisons et usines nouvellement construites ou démolies.

FONCTION (*Mathématiques*). Toute quantité qui est exprimée au moyen d'une ou de plusieurs autres quantités est une *fonction* de ces dernières. Ainsi, quand on dit que la surface d'un rectangle est égale au produit de sa base par sa hauteur, on donne la valeur de cette surface en *fonction* de ses deux dimensions. Pareillement, si on pose l'égalité $y = a + bx + cx^2$, y est une fonction de la variable x et des constantes a, b, c. On représente d'une manière générale la relation qui unit une fonction avec une variable, par l'une des notations suivantes : $F(x), f(x), \varphi(x)$, etc., qui s'énoncent toutes également *fonction de* x, à moins que plusieurs d'entre elles ne se trouvent dans le même calcul, cas dans lequel on fait suivre le mot *fonction* du nom de la caractéristique employée, soit F, soit f, soit φ, etc. Les notations $z = F(x, y)$, $u = f x y, z$), etc., indiquent; la première, que z est une certaine fonction des deux variables x et y; la seconde, que u est une autre fonction des trois variables x, y et z, etc.

Regarder une quantité comme fonction d'une autre, c'est admettre que les variations de la première dépendent des variations de la seconde. Prenons pour exemple $y = 3x - 2$; y est ici exprimé en fonction de x; si l'on fait successivement x égal à 1, 2, 3, 4, etc., on a pour y les valeurs 1, 4, 7, 10, etc. Mais cette relation entre x et y étant considérée comme une équation, résolvons-la par rapport à x; il vient $x = \frac{y+2}{3}$; on peut alors dire que x est une fonction de y, et si l'on donne à y les valeurs 1, 2, 3, 4, etc., on trouve pour x, 1, $\frac{4}{3}$, $\frac{5}{3}$, 2, etc. La seconde fonction est dite *réciproque* de la première. Toute équation à deux inconnues donne lieu à la même remarque. C'est ainsi que, dans l'équation d'une courbe, on peut prendre soit l'abscisse en fonction de l'ordonnée, soit l'ordonnée en fonction de l'abscisse.

Les fonctions sont *explicites* ou *implicites* : $u = F(x, y, z)$, est le type de la *fonction explicite*, c'est-à-dire qu'on en peut déduire immédiatement la valeur de celles qu'on attribue aux variables; au contraire, $f(x, y) = 0$ est une *fonction implicite*, car pour avoir l'une des variables en fonction de l'autre il faut résoudre l'équation. Considérées sous un autre point de vue, les fonctions se divisent en *algébriques* et *transcendantes* : les *fonctions algébriques* sont formées par les opérations élémentaires, addition, soustraction, multiplication, division, élévation aux puissances, extraction de racines; les *fonctions transcendantes* sont celles où la variable est engagée dans des quantités exponentielles, logarithmiques, trigonométriques, différentielles, etc.

Les fonctions algébriques explicites se subdivisent en *fonctions rationnelles* et en *fonctions irrationnelles*, les unes ne contenant que des puissances entières de la variable, les autres renfermant des termes où la variable est affectée d'un radical ; $x^2 + px$ est une fonction rationnelle de x; $x + \sqrt{x}$ est une fonction irrationnelle de la même variable. Les fonctions rationnelles se distinguent en *entières* (par rapport à la variable), comme $a + bx + cx^2$, et en *fractionnaires*, comme $\frac{a+bx}{c+dx}$. L'étude des propriétés de ces diverses fonctions est l'un des principaux objets de l'algèbre supérieure. Dans sa *Théorie des fonctions analytiques*, Lagrange a même cherché à obtenir de cette science les résultats que donne le calcul différentiel Cette tentative, qui a été considérée comme un véritable non-sens philosophique, a cependant amené l'introduction des *fonctions dérivées* dans le domaine de l'algèbre.

Parmi les fonctions transcendantes, il en est un certain nombre qui ont longtemps exercé la sagacité des analystes ; quelques-unes ont illustré ceux qui les ont soumises aux procédés du calcul infinitésimal ; les unes et les autres ont reçu des noms particuliers. Telles sont les *fonctions circulaires*, *elliptiques*, *abéliennes*, etc. Les *fonctions circulaires*, ainsi nommées parce qu'elles dérivent immédiatement d'un arc de cercle, sont : sin x, cos, tg x, etc.; leur théorie est aujourd'hui très-avancée. Les *fonctions elliptiques*, dont nous avons donné la forme à l'article ELLIPSE, ont surtout été l'objet des travaux de Maclaurin, de D'Alembert, de Fagnano, d'Euler, de Lagrange, de Landen, de Legendre, d'Abel, de Jacobi, etc. E. MERLIEUX.

FONCTIONNAIRES. On appelle ainsi ceux qui remplissent des fonctions publiques, qui font, à un titre rétribué et avoué, partie des rouages de la machine gouvernementale; les plus humbles se contentent de porter le titre modeste d'*employés*; ceux qui sont plus en vue, dont les fonctions sont plus importantes, plus rétribuées, prenent le titre sonore de *fonctionnaires publics*; enfin, les chefs administratifs s'intitulent *hauts fonctionnaires*. Le fonctionnaire naît, croît, vit et meurt à l'ombre du budget; il est en général fils de fonctionnaire de génération en génération; à peine sorti des bancs du collège et de l'épreuve du baccalauréat, le voilà aspirant ou surnuméraire dans une administration, attaché à un ministère. Bientôt vient le moment où les appointements commencent pour lui; quand l'heure de la retraite est venue, le budget le pensionne encore. Aussi, le fonctionnaire est-il généralement, avant tout, par-dessus tout, attaché à ses fonctions, c'est-à-dire à ses appointements. Les fonctionnaires prêtaient autrefois serment de fidélité au roi; ils prêtent aujourd'hui serment de fidélité à l'empereur. La constitution de l'an VIII les a, dans son article 75, protégés avec une touchante sollicitude contre les abus de pouvoir qu'ils sont trop souvent disposés à commettre; elle a décidé qu'ils ne pourraient être poursuivis pour les crimes et délits commis par eux dans l'exercice de leurs fonctions et relatifs à leurs fonctions qu'après une autorisation préalable du conseil d'État. Une loi sur la responsabilité des fonctionnaires publics a été vainement demandée pendant les dix-huit ans du règne de Louis-Philippe, bien qu'elle eût été solennellement promise par la charte de 1830. cette loi est toujours à faire.

En attendant que cette loi se fasse, les fonctionnaires ne sont jugés que d'après les règles tracées par nos Codes. Nous allons les transcrire sommairement. Le dépositaire des deniers publics qui les aurait soustraits ou détournés de leur destination est passible des travaux forcés à temps pour les sommes au-dessus de 3,000 fr., et même quelle que soit la valeur des deniers soustraits, si elles dépassent le tiers de la recette ou du dépôt, et d'un emprisonnement de deux à cinq ans, avec interdiction des droits civiques, si la somme est au-dessous de 3,000 fr. Les juges, administrateurs, fonctionnaires, qui détruiraient, soustrairaient, détourneraient les titres dont leurs fonctions les ont rendus dépositaires sont également passibles des travaux forcés à temps. Les fonctionnaires qui auraient reçu un intérêt dans les actes, régies ou adjudications dont ils ont la surveillance, sont passibles de six mois à deux ans d'emprisonnement et d'une amende qui ne peut être au-dessous du douzième des restitutions, et n'excéder le quart. Les généraux, préfets ou sous-préfets qui se livreraient à certaines branches de commerce spécifiées dans le code, sont passibles d'une amende de 500 fr. au moins et 10,000 fr. au plus, et de la confiscation des denrées de ce commerce. Le fonctionnaire qui exercera ses fonctions au delà du terme qui lui a été assigné est passible d'un emprisonnement de six mois à deux ans, d'une amende de 100 à 500 fr., et de cinq à dix ans d'interdiction des droits civiques. Les fonctionnaires qui participeraient à des crimes qu'ils seraient chargés de surveiller ou de réprimer sont passibles de la peine la plus forte applicable à ce crime. La loi a particulièrement distingué les cas d'*abus de pouvoir*, de *concussion*, de *corruption*, de *forfaiture*, de *malversation*. La jurisprudence a fixé quelques points que nous allons préciser sur la mise en jugement des fonctionnaires. Les maires et adjoints ne peuvent être mis en jugement sans l'autorisation du conseil d'État, en tant qu'agissant sous les ordres de l'administration générale; mais comme officiers de police judiciaire et comme officiers, de l'état civil ils peuvent être cités directement sans autorisation préalable. Comme officiers judiciaires, ils sont jugés par la cour impériale. Les directeurs généraux de l'enregistrement, des domaines, des postes, des forêts, l'administrateur des poudres, celui des monnaies, peuvent faire traduire directement leurs subordonnés devant la justice pour faits relatifs à leurs fonctions; les préfets ont le même droit à l'égard des percepteurs des contributions.

Il est cependant quelques catégories de fonctionnaires qui peuvent être poursuivis sans autorisation préalable; ce sont les conseillers municipaux, greffiers de mairie, gardes champêtres, les employés des contributions indirectes, et enfin les receveurs, percepteurs, et tous autres individus qui auraient fait des perceptions illégales.

Les fonctionnaires publics en prêtant serment de fidélité au chef de l'État, prêtent aussi celui de remplir honnêtement et consciencieusement leurs fonctions. Ceux qui sont chargés d'un maniement quelconque des deniers publics sont astreints à verser un *cautionnement* dont le chiffre varie d'après l'importance de ce maniement.

FONCTIONS (*Physiologie*). Ce sont les actes divers qui résultent de l'activité d'un organe ou d'une série d'organes destinés pendant la vie à accomplir d'une manière distincte et spéciale l'office pour lequel la nature les a créés. Cette définition s'applique à tout ce qui a vie, depuis les végétaux les plus simples jusqu'aux animaux les plus parfaits, et à l'homme, qui exerce, par les dispositions particulières de son système nerveux, les fonctions les plus compliquées et les plus admirables qu'on puisse observer parmi les êtres vivants placés sur la terre. Il y a des corps organisés résultant de l'opération naturelle appelée *cristallisation*, qui n'exercent pas de fonctions : les cristaux, quoiqu'ils présentent une sorte d'organisation, ne sont pas des êtres vivants.

Toutes les fonctions dans les êtres vivants ne peuvent avoir lieu que sous des conditions déterminées. Avant tout, il faut que l'organe ou les organes au moyen desquels les fonctions s'exécutent soient parvenus à leur maturité, c'est-à-dire aux degrés de développement et de consistance nécessaires; en second lieu, il faut que l'organe soit dans son état d'intégrité normale. En effet, si l'organe est altéré dans sa texture, ses dispositions matérielles, les fonctions qui en dépendent seront plus ou moins dérangées. C'est ainsi que nous voyons que lorsque l'estomac est malade, l'appétit s'en va, ou que l'on digère très-mal; que lorsque le poumon est affecté d'une maladie, on respire mal; et que lorsque le cerveau est irrité ou altéré dans ses dispositions organiques, on ne pense plus, on délire, ou l'on s'assoupit.

Les fonctions des végétaux font partie de la physiologie végétale, et nous n'en parlerons pas ici. Les grandes fonctions des êtres animés sont nombreuses et très-variées. Quatre de ces principales fonctions, ou de ces systèmes organiques de fonctions, sont particulièrement destinés à la préhension, à la distribution, à l'élaboration des éléments nutritifs, et ils ont pour but l'accroissement ou la nutrition de l'individu : les physiologistes les distinguent par les mots d'*absorption*, de *circulation*, de *respiration* et de *sécrétions*. Une cinquième grande fonction est relative à la reproduction des êtres : c'est la *génération*. Ces fonctions sont communes, à des degrés très-différents, à tous les êtres vivants. Mais les fonctions qui caractérisent spécialement les animaux sont celles du système *nervoso-musculaire*. Celles-ci ont un double objet : percevoir et faire connaître à l'animal les qualités des corps environnants; lui donner la force ou le pouvoir du mouvement. Les deux facultés qui correspondent à ces doubles fonctions sont appelées *sensibilité animale* et *contractilité volontaire*. Une septième espèce de fonction dans l'animal, laquelle n'est en quelque sorte qu'une modification de la simple absorption des végétaux, mais qui subit l'influence du système nerveux dans tout l'organisme, c'est la *digestion*. Ces sept systèmes d'organes et de fonctions ont pour résultat la nutrition, la reproduction et les relations des êtres avec le monde extérieur. Dans l'organisme, chaque organe spécial est destiné à une fonction particulière et déterminée : « Tous les organes jouissent des mêmes propriétés générales, dit Georget, et la différence des effets et des résultats observés dans chacun ne tient absolument qu'à la différence primitive d'organisation, et à la destination différente de chacun. » Il est prouvé que les mêmes lois physiologiques générales sur les fonctions sont également applicables aux organes cérébraux chez l'homme et chez les animaux. Dr FOSSATI.

FONCTIONS PUBLIQUES. Les fonctions sont de l'ordre civil, ou de l'ordre militaire, ou de l'ordre ecclésiastique. Parmi les fonctions civiles, on distingue encore les fonctions administratives et les fonctions judiciaires. Tous les Français sont aptes à remplir des fonctions publiques, sauf les cas d'incapacité ou d'indignité. En général la loi a fixé un âge (ordinairement celui de la majorité civile) qu'il faut avoir atteint pour remplir les fonctions publiques.

Les formes de la nomination aux fonctions et leur durée varient suivant les formes mêmes du gouvernement; ces nominations sont tantôt le produit de l'élection pure, tantôt elles doivent être sanctionnées par le chef de l'État, tantôt encore c'est à lui seul qu'elles appartiennent; ici elles sont temporaires, là elles sont inamovibles. Il y a des États où, loin d'être salariés, les fonctionnaires publics acquittent au contraire une redevance au fisc; mais ce système, qui semble économique, est le pire de tous, et les redevances et contributions prélevées directement par ces fonctionnaires sont plus onéreuses pour les contribuables que le modique surcroît d'impôt dont le gouvernement leur aurait fait payer le même service. Ajoutez à cela que la transmission des offices et la vénalité des charges, conséquences inévitables de ce système, sont trop souvent pour les États une puissante cause de démoralisation.

Tous les fonctionnaires publics, depuis le rétablissement de l'empire, sont astreints à porter un costume, mesure qui a été généralement appréciée comme elle le méritait. Dans l'exercice de leur autorité ils jouissent de certaines prérogatives, honneurs et préséances.

FOND. C'est l'endroit le plus bas d'une chose creuse, la partie la plus reculée d'un espace déterminé : ainsi, on dira : le *fond* de la mer, d'une rivière, d'un sac, d'un tonneau, etc.; et figurément : le *fond* d'un bois, d'un désert, d'une province. Avec un *s* au singulier ce mot a un sens bien différent (*voyez* FONDS).

FOND (*Beaux-Arts*). Ce mot a deux significations distinctes dans le vocabulaire des beaux-arts : matériellement parlant, le *fond* est la substance recouverte par l'enduit, ou même l'enduit sur lequel l'artiste exécute son œuvre; dans son acception relative à la disposition graphique du sujet représenté, le *fond* est le composé des parties locales ou secondaires au-devant desquelles l'action principale a lieu. Nous allons sommairement examiner ces deux acceptions dans leurs généralités.

Le choix et la préparation des *fonds* exigent des soins intelligents. Le bois mal travaillé se voile par l'effet de la chaleur; il se dilate ou se resserre en raison du plus ou moins d'humidité qu'il absorbe. Le cuivre s'oxyde aisément. La pierre tombe en poudre, ou se détruit par écailles. Le salpêtre soulève et fait détacher la peinture des parois des murs non acrés. La toile, quand elle est convenablement tissue, est infiniment préférable à toute autre base, à la raison que la couche à l'huile dont on empreint sa surface neutralise sa propriété hygrométrique. La préparation dont on recouvre les fonds mérite une attention particulière : elle doit être modifiée selon la nature du corps destiné à la recevoir. La mixtion la plus ordinaire est faite avec du blanc de plomb, coloré légèrement avec un peu d'ocre et de gris, de façon que le crayon blanc, servant à esquisser les traits, puisse apparaître assez lisiblement sur elle. Du temps du Poussin, on y introduisait un rouge vif. Ce mode est abandonné depuis que le temps a prouvé combien cette teinte *absolue* altérait en le *repoussant* l'ensemble du ton général. C'est un mortier de chaux et de sable que l'on étend sur les murailles pour la peinture à fresque, et successivement, selon l'habileté du peintre; car c'est pendant que le mélange est encore frais que l'on peut seulement appliquer chacuns les tons dont on doit en quelque sorte le saturer, pour assurer à l'ouvrage une longue durée. La calotte interne de la coupole du Panthéon, décorée par Gros, a été disposée à recevoir l'un des chefs-d'œuvre de l'école française, à l'aide d'un mastic inventé spécialement pour cette destination.

Plusieurs peintres se sont servis d'ardoise pour portraits de petite dimension, mais rarement quand ils ont eu des sujets plus développés à traiter. Le marbre blanc a souvent recueilli des groupes de fleurs ou de fruits, échappés au suave pinceau de Van Spaendonck.

Sous le rapport de la composition, le fond est une partie intéressante de la disposition artistique. Comme ton, il est le point de départ de la gamme chromatique; comme arrangement, il concourt puissamment à l'entente de la scène, en la faisant valoir par le secours des accessoires ou des oppositions. L'emploi de chacun de ces moyens isolément ou simultanément est difficile, et demande de la part de l'auteur un tact sûr et judicieux. Il est des circonstances où l'on peut avec avantage opposer à la représentation d'un événement fortuit les particularités des lieux où le drame se déploie, parce que le contraste frappe vivement l'esprit; mais l'abus de ce système amène un effet disparate, dont on doit sévèrement s'abstenir. Dans d'autres occasions, loin d'avoir besoin d'une secousse rapide, afin d'être convenablement émue, l'âme préfère s'identifier avec recueillement au motif du tableau. Dans ce dernier cas, c'est par l'harmonie de toutes les fractions de l'ensemble que l'artiste doit procéder pour obtenir un résultat complet. Le fond alors contribuera par son homogénéité plutôt à étendre le sentiment du fait dominant qu'à l'isoler pour le circonscrire aux regards du spectateur. Les grands maîtres n'ont pas toujours usé de ces puissantes ressources, soit qu'ils en aient dédaigné l'appui, soit qu'ils n'y aient point attaché d'importance. Raphael a presque constamment négligé ses fonds; son paysage est souvent mesquin, et n'offre pas l'analogue des délicieux lointains dont le Poussin a enrichi ses admirables productions. Les fonds de Michel-Ange manquent de cette perspective aérienne indispensable à l'agrandissement fictif du champ du tableau. Le *fond* des *Noces de Cana*, par Paul Véronèse, est au contraire d'une rare magnificence et d'un coloris harmonieux, imprégné du vague de l'air d'un ciel vivant et brillant.

Au théâtre, le fond est la toile qui vient immédiatement après les dernières coulisses, qu'elle continue, en paraissant se confondre avec le sol de la scène, ou servir de limite extrême à un intérieur, s'il s'agit d'un espace borné. C'est là surtout que l'on est à même d'apprécier tout ce que la pompe du spectacle gagne à ces merveilleuses illusions de l'optique, trompant l'œil au point de lui faire douter de la réalité d'un prestigieux mensonge.

J.-B. DELESTRE.

FOND (*Droit*). On nomme *fond* d'un procès l'objet même de la contestation. Les *moyens du fond*, servent de base au jugement définitif; ainsi *conclure au fond*, c'est prendre des conclusions tendantes à ce que décision soit rendue sur les droits des parties qui les mettent hors de cause et de procès. Les tribunaux ne doivent statuer sur les moyens du fond qu'après avoir prononcé sur tous les *moyens de forme* et *exceptions* de procédure qui leur sont proposés; ils peuvent évoquer le fond et rendre une décision définitive lorsque à la suite de l'appel d'un jugement interlocutoire le jugement est infirmé et que la matière s'y trouve disposée; il en est de même dans les cas où les tribunaux d'appel infirment, à raison d'un vice de forme ou pour toute autre cause, un jugement définitif.

Cette expression *la forme emporte le fond* signifie que les exceptions préjudicielles empêchent souvent la discussion du fond.

Dans un fonds de terre on distingue quelquefois le *fond* de la *superficie*, et cette distinction sert de base à une notable partie du droit, le *droit superficiaire*, qui comprend l'usufruit, etc. C'était un des caractères saillants du droit féodal que la réserve expresse du fond et des droits s'y rattachant, presque toujours faite par les seigneurs concessionnaires des *biens-fonds*; ils gardaient *le fond et le très-fond*. C'est donc à tort que le Dictionnaire de l'Académie écrit *le fonds et le très-fonds* d'une affaire.

34.

FOND (*Marine*). Les marins appliquent ce mot tantôt à la profondeur de la mer, tantôt à la nature du sol qu'elle couvre. Ils disent également : jeter l'ancre sur un *fond* de vingt brasses, mouiller sur un bon *fond*. Dans le premier cas, *fond* doit s'entendre de la profondeur de l'eau là où l'ancre a été jetée; dans le second, il se rapporte, abstraction faite de la profondeur, à la nature même du sol sur lequel s'est arrêtée l'ancre. La mer varie en profondeur, par suite d'une infinité de circonstances plus ou moins dépendantes de la configuration de la partie solide du globe terrestre, de l'éloignement ou du rapprochement des rivages, de la nature géologique de ces rivages mêmes, etc. Presque partout à une petite distance des côtes la mer a assez peu de profondeur pour qu'il soit possible de la mesurer au moyen de la sonde, mais dès qu'on s'en éloigne, cette profondeur augmente, et l'on n'a jusqu'à présent imaginé aucun instrument, découvert aucune méthode, pour la connaître avec quelque certitude dans la vaste étendue des mers, où la sonde la plus longue n'arrive point au fond. La profondeur de la mer, partout où elle peut être sondée, est très-importante à connaître, et toutes les nations qui ont une marine ont fait sonder non-seulement les mers qui les avoisinent, mais, autant qu'elles l'ont pu, celles plus éloignées que fréquentent leurs vaisseaux. L'utilité des sondes est encore plus grande quand avec la profondeur de l'eau elles indiquent la nature du sol. Cette double indication sert aux navigateurs à savoir non-seulement s'ils peuvent avec quelque sécurité jeter l'ancre dans l'endroit où ils se trouvent, mais encore à quelle distance ils sont de la terre qu'ils n'aperçoivent pas encore et du port vers lequel ils se dirigent. La nature du fond de la mer influe beaucoup sur la sûreté d'un mouillage. Les *fonds* formés par des rochers sont toujours mauvais et dangereux; ceux où il ne se trouve qu'une vase très-molle ne valent rien; les meilleurs sont formés de sable plus ou moins fin, ou de vase un peu ferme. Sur ces derniers fonds les ancres tiennent sans être trop difficiles à retirer, et les câbles ne courent pas le risque d'être coupés, comme sur les aspérités des roches de pierre ou de corail.
V. DE MOLÉON.

FONDANTS (*Médecine*). On a désigné par ce nom diverses substances médicales auxquelles on attribuait la propriété de diminuer la consistance du sang et de la lymphe, de résoudre les tumeurs, les obstructions, etc. La liste de ces agents thérapeutiques était autrefois très-considérable, et réunissait les substances les plus contraires, soit par leur composition, soit par leur mode d'agir. Aussi telle substance réputée fondante dans plusieurs livres de médecine populaire produit communément des effets contraires au but qu'on se propose (*voyez* DISSOLVANT).

FONDANTS ou **FLUX** (*Métallurgie*), corps qui forment avec d'autres matières des combinaisons fusibles; il en est qui jouent en même temps le rôle de réactifs oxydants ou réductifs. Les principaux fondants employés par la métallurgie sont le borax et la silice. Le spath fluor sert au même usage dans la plupart des usines à plomb et à cuivre de l'Angleterre. Les carbonates alcalins, le nitro, sont encore des fondants énergiques.

On donne le nom de *flux noir* à un réactif à la fois réductif, désulfurant et fondant des plus employés. C'est un mélange de carbonate de potasse et de charbon. Convenablement préparé, il sert surtout pour les essais de plomb et de cuivre.

FONDATIONS, FONDEMENTS (*Architecture*). La durée de toute bâtisse dépend non-seulement de sa bonne construction, mais encore de l'assiette de ses fondements, suivant qu'elle est, toutes choses égales d'ailleurs, plus ou moins pesante : une muraille de jardin se tiendra debout sur une base qui fléchirait à l'instant sous le poids d'un temple, d'un palais. Les fondements ont toujours été l'objet d'une attention toute particulière de la part des architectes ; car une construction qui est assise sur des fondements vicieux se lézarde, perd son aplomb, et s'écroule même avant d'être achevée.

On peut diviser les fondements en *naturels* et en *factices*; les premiers sont le roc, les bancs de pierre qui n'ont pas de vides au-dessous d'eux; on fonde bien sur des couches de sable, de gravier bien compactes; les tufs, les terrains qui contiennent beaucoup de cailloux offrent aussi de bons fondements naturels. Les fondements factices s'établissent sur des terrains mouvants, compressibles, marécageux, ou qui, étant couverts d'eau, ne peuvent pas être fouillés commodément.

Nulle difficulté pour élever une bâtisse sur de bons fondements naturels : si c'est un roc, on le dresse, afin que les matériaux qui poseront dessus ne puissent pas se séparer, en glissant les uns d'un côté, les autres de l'autre. Lorsqu'on fonde sur un lit de sable, de gravier, de tuf, il est nécessaire que la première assise soit formée de *libages*, pierres dont on ne dresse que le dessus et le dessous. Si le sol a été réuni, ou s'il est composé de matières qui cèdent à la pression, on le bat d'abord fortement au moyen du mouton ou de toute autre machine, puis on bâtit dessus; quand la construction n'est pas d'une grande importance, on enfonce de gros pieux, de distance en distance ; on pose des poutres sur leurs têtes, puis on élève les murs sur ces fondements, qui, pour être susceptibles d'une certaine durée, doivent être entièrement sous terre : dans les terrains marécageux ou sablonneux, on établit les fondations sur pilotis, et l'on contient les mouvements du terrain, vers les côtés, avec des barrières formées de planches enfoncées dans le sable. Il y a des terres, telles que la glaise, dans lesquelles il n'est pas prudent d'établir des fondements, même sur pilotis; alors on a recours à un autre expédient : on forme un grillage de pièces de charpente, assemblées avec soin et solidité ; ce grillage est ensuite recouvert d'un fort plancher; le tout est enterré dans la glaise ; on pose un premier lit de *libages* sur le plancher, etc. Dans ce genre de construction, on a soin d'élever, pour ainsi dire, de front toutes les parties de la bâtisse, afin qu'il ne se forme pas de tassements inégaux ; car il est évident qu'un mur élevé sur un lit de glaise doit s'enfoncer, par l'effet de son poids, d'une certaine quantité. Il importe donc beaucoup que cet abaissement ait lieu d'une manière uniforme.

Les fondements sous l'eau s'exécutent de plusieurs manières ; la plus simple consiste à jeter des pierres dans la rivière ou dans la mer jusqu'à ce que le tas qu'elles forment s'élève au-dessus du niveau des eaux : c'est sur cette base informe qu'on bâtit. Veut-on fonder les piles d'un pont dans une rivière peu profonde, on forme autour de l'emplacement une enceinte en bois, qu'on appelle *bâtardeau* : on enlève l'eau qui est contenue dans cette enceinte, et l'on construit ensuite, comme si l'on était en rase campagne. Quelquefois on bâtit dans des caisses imperméables à l'eau, qui s'enfoncent à mesure qu'on les charge : ce sont des sortes de bâtardeaux mobiles. Les fondements sur pilotis reposent sur des pieux ferrés, enfoncés en terre avec le mouton, et dont les têtes, égalisées, au moyen d'une scie, sont recouvertes d'un plancher de charpente. Les murs des puits s'établissent sur une roue sans rais ni moyeu, placée horizontalement. Enfin, au tunnel de Londres, qui passe sous la Tamise, on a construit des tours énormes en briques, qu'on a enfoncées en terre, à mesure qu'on les bâtissait ; un cercle de fonte de fer servait comme de semelle au mur circulaire, et pour enfoncer la tour on enlevait la terre au-dessous du cercle, pendant que les maçons continuaient à bâtir par le haut; à l'aide de ce moyen, on n'avait pas d'éboulement à craindre.
TEYSSÈDRE.

FONDATIONS. (*Économie sociale*). Il y a deux sortes de *fondations*. Tantôt c'est la création même d'un établissement religieux ou laïque, affecté à un service public ou privé, tantôt c'est seulement la dotation faite à un établissement déjà existant d'un immeuble, d'un capital ou d'une rente perpétuelle à charge d'un service. On distingue encore les fondations

FONDATIONS

civiles et les fondations *religieuses;* les premières s'appliquant à des actes de pure bienfaisance, les autres à des actes de religion. Plus spécialement encore on appelle fondations *pies* ou *pieuses* celles qui se rapportent à des œuvres de piété pure, comme de faire dire des messes, services et prières, de faire des aumônes, de soulager les malades, etc. On appelait autrefois *fondations royales* celles qui étaient dues à la libéralité du souverain et aux bénéfices duquel il avait seul droit de nommer. Tels étaient les évêchés et la plupart des abbayes.

Il serait trop long d'énumérer ici toutes les sortes de fondations civiles; les créations d'écoles, d'hôpitaux, de salles d'asile, d'ouvroirs, de crèches, de maisons de refuge, de bourses dans les collèges, de lits dans les hospices, les prix décernés par les sociétés savantes et par les sociétés d'encouragement, les legs faits aux bureaux de charité, sont autant de fondations de cette espèce. Parmi les plus illustres créateurs de fondations nous citerons en France Montyon, le baron Gobert, et en Allemagne Francke de Halle, etc.

Les fondations religieuses sont les plus anciennes; elles remontent à l'époque où Constantin et Licinius permirent aux ministres du culte chrétien d'acquérir et de posséder, et ce fut tout aussitôt une des principales sources des biens ecclésiastiques.

La première intervention de l'État en matière de fondations en France ne date que du règne de Henri II; encore l'édit de ce prince ne fut-il que comminatoire. Cependant les fondations se multipliaient chaque jour davantage, en même temps que s'exécutaient de moins en moins les obligations qui y étaient attachées. L'impôt foncier diminuait rapidement à mesure que s'augmentaient les biens ecclésiastiques, exempts de toute contribution. Henri IV créa une *chambre de charité*, spécialement chargée de réformer les abus des fondations charitables. Cette chambre sous Louis XIII prit le nom de *chambre de réformation* et plus tard celui de *chambre de charité chrétienne*. De leur côté, les parlements se montrèrent constamment disposés à réprimer l'extension immodérée de ces diverses institutions. Enfin, un édit royal de 1749 ordonna que la fondation d'établissements séculiers ou ecclésiastiques, comme églises, abbayes, monastères, collèges, hôpitaux, serait subordonnée à l'autorisation du roi, et que cette autorisation ne serait accordée qu'après une enquête publique sur l'utilité de la fondation projetée.

A la même époque, l'*Encyclopédie* se faisant l'écho de l'opinion publique, qui depuis longtemps s'était prononcée contre les conséquences désastreuses des fondations, traita cette question avec une hauteur de vues remarquable. Diderot, auteur de l'article, établit d'abord qu'un fondateur étant un homme qui veut éterniser l'effet de ses volontés, la société avait toujours le droit, en lui supposant même les intentions les plus pures, de se défier de ses lumières. Puis, examinant les résultats de la charité, « Faire vivre gratuitement un grand nombre d'hommes, ajoutait-il, c'est soudoyer l'oisiveté et tous les désordres qui en sont la suite ; c'est rendre la condition du fainéant préférable à celle de l'homme qui travaille ; c'est par conséquent diminuer pour l'État la somme du travail et des productions de la terre. » Il montrait l'impossibilité de maintenir à perpétuité l'exécution d'une fondation, de celles qui consistent en argent en rentes surtout, à cause de la diminution successive de la valeur de l'argent et du taux de l'intérêt. Il prouvait que les besoins des sociétés changent continuellement, que le temps amène de nouvelles révolutions, une organisation différente des peuples et d'autres distributions de la propriété ; ce qui fait disparaître l'utilité que des fondations pouvaient avoir à l'origine. Discutant leur principe même, il démontrait victorieusement qu'elles n'atteignaient aucun des buts qu'elles se proposaient.

Pour ce qui est des besoins généraux de l'humanité, la nourriture matérielle et la nourriture spirituelle, l'éducation, le bien général doit être le résultat du travail et des efforts de chacun pour son propre intérêt ; et en passant il déterminait avec une grande netteté le rôle que doit jouer l'État : « Ce que l'État doit à chacun de ses membres, c'est la destruction des obstacles qui les gêneraient dans leur industrie ou qui les troubleraient dans la jouissance des produits qui en sont la récompense. »

Quant aux besoins accidentels des sociétés, lorsqu'il s'agit, par exemple, de remédier aux maux d'une disette, d'une épidémie, l'association libre et les souscriptions volontaires doivent être préférées aux fondations, parce que de cette sorte les ressources ne sont point éternelles pour des besoins passagers.

Enfin, Diderot établissait le droit incontestable du gouvernement, dans l'ordre civil, du gouvernement et de l'Église dans l'ordre de la religion, de disposer des fondations anciennes, d'en diriger les fonds à de nouveaux objets ou de les supprimer tout à fait. Et il terminait par cette vigoureuse apostrophe : « L'utilité publique est la loi suprême, et ne doit être balancée ni par un respect superstitieux pour ce qu'on appelle l'intention des fondateurs, comme si des particuliers ignorants et bornés avaient eu le droit d'enchaîner à leurs volontés capricieuses les générations qui n'étaient point encore ; ni par la crainte de blesser les droits prétendus de certains corps, comme si les corps particuliers avaient quelques droits vis-à-vis de l'État ! »

Cette dernière phrase, la voix puissante de Mirabeau la répéta à la tribune de l'Assemblée constituante, lors de la réunion des biens du clergé au domaine de l'État. Cette grande mesure fit cesser l'effet de la majeure partie des fondations. Cependant la constitution civile du clergé maintenait provisoirement les fondations de messes et autres services pieux.

« A cette époque, dit l'archevêque Affre, dans son *Traité de l'Administration du Temporel des Paroisses*, le nombre des fondations religieuses était immense; les archives des établissements catholiques, depuis les églises métropolitaines jusqu'aux églises des plus humbles villages, depuis l'université de Paris jusqu'à l'école de la dernière paroisse, en contenaient une multitude incroyable. Il n'y avait presque pas de paroisses en France qui ne possédassent quelques fondations ; même parmi les plus pauvres et les moins peuplées, il y en avait peu qui n'en possédassent plusieurs. L'objet le plus fréquent de ces fondations était les obits. »

A la suite du concordat, la plupart des biens qui avaient été régulièrement donnés ou légués aux fabriques dans un but charitable leur furent rendus. Puis vinrent la loi du 2 janvier 1817 et l'ordonnance royale du 2 avril de la même année qui forment encore actuellement la législation en vigueur pour les fondations pieuses ou charitables faites à des établissements religieux ou laïques. Tous les établissements ecclésiastiques légalement reconnus peuvent accepter, avec l'autorisation du chef de l'État, tous les biens meubles et immeubles, ainsi que les rentes, qui leur sont donnés par actes entre vifs ou de dernière volonté, et acquérir les dits biens et rentes sous la même condition. Les biens immeubles ainsi acquis ou donnés sont inaliénables de droit, à moins d'une autorisation du chef de l'État. Les établissements ecclésiastiques qui peuvent être autorisés à recevoir des dons et des legs et à acquérir sont les églises, les archevêchés et évêchés, les chapitres, les grands et petits séminaires, les cures, les succursales, les fabriques, et les congrégations religieuses reconnues par la loi. Parmi les établissements publics laïques auxquels la même autorisation peut être accordée, nous citerons les bureaux de bienfaisance, les hôpitaux, les lycées et collèges communaux, les départements, les communes et toutes les associations charitables, littéraires, scientifiques, etc., qui ont le titre et le privilège d'établissements d'utilité publique.

Voici la statistique des legs ou dons faits au profit des établissements de charité laïques, non compris ceux qui ont été acceptés en vertu des décisions des préfets, lesquels jusqu'en 1816 pouvaient autoriser les libéralités s'élevant à moins de 300 francs, minimum élevé depuis à 3,000 francs. Sous le consulat et l'empire (de l'an IX au 26 mars 1814) ils s'élevèrent à près de 15 millions, soit un peu plus d'un million par an. Les dons immobiliers figurent dans ce chiffre pour un tiers. Sous la Restauration, ils atteignirent le chiffre de 51 millions, soit plus de 3 millions par an. Les libéralités immobilières figuraient dans cette somme pour près du quart. Enfin, du 1er août 1830 au 1er janvier 1847, ils montèrent à 61 millions ou 4 millions par an, et la proportion des immeubles aux capitaux mobiliers descendit du quart au cinquième.

La statistique des dons faits aux établissements ecclésiastiques depuis la même époque serait très-curieuse à connaître (et les éléments en ont été réunis, au moins quant aux immeubles, par l'administration des finances, chargée de préparer l'assiette de l'impôt sur les biens de main morte, voté en 1849). Bien que les chiffres n'aient pas été publiés, c'est une chose de notoriété publique que l'accroissement de ces sortes de dons et fondations a eu lieu dans des proportions bien autrement considérables que pour les établissements laïques.

Tout le monde sait en effet que la plupart du temps on se passe de l'autorisation du gouvernement pour ces sortes de donations, et qu'elles sont faites à des personnes interposées, par exemple à l'un des membres d'une congrégation, au lieu de la faire à la congrégation elle-même.

Déjà les meilleurs esprits prévoient le retour des énormes abus et des graves inconvénients qui existaient avant la révolution de 1789 et constatent avec inquiétude l'accroissement des biens de main morte.

Déjà à plusieurs reprises, sous le régime parlementaire et sous le régime républicain, de singulières révélations et de solennels avertissements ont été portés à la tribune. On se rappelle le scandale que produisit un jour l'interruption d'un député du centre gauche, qui pour faire cesser les craintes exprimées à ce sujet par un de ses collègues s'écria : « Laissez-les amasser ; quand nous aurons besoin de ces biens, nous les prendrons. »

En résumé, sans proscrire absolument toute espèce de fondation, concluons que ce n'est pas par ces créations, trop souvent stériles, de la bienfaisance publique ou privée que doivent se guérir les plaies des sociétés modernes, mais bien plutôt par une meilleure organisation générale, par l'extension illimitée des institutions de prévoyance et de crédit.

W.-A. DUCKETT.

FONDEMENT (du latin *fundamentum*). Ce mot a assez d'analogie avec le mot *fondation* ; mais il s'entend plutôt de la masse de pierres ou portion de muraille bâtie d'abord dans la terre, pour soutenir le reste de l'édifice, tandis que *fondation* comprend tout ce qui s'applique à ce genre de travail, comme l'action de tracer, de creuser la fosse qui doit recevoir le fondement, les dimensions, l'élévation de ce dernier, etc. Au figuré ces deux mots ont dans plusieurs cas le même sens, mais celui de *fondement* est néanmoins beaucoup plus étendu. Il peut s'employer pour les choses qui servent de base, comme justice, cause, lois, principe, assurance, raison, preuve, fait, etc. : « La justice et les lois sont les plus sûrs *fondements* d'un gouvernement, etc. » Le verbe *fonder* ne s'emploie pas en français au propre, sous la forme de verbe : mais il est très-commun au figuré.

BILLOT.

FONDERIE. Toutes les fois qu'un métal ou un alliage se fondent avec facilité, on peut les obtenir sous toutes les formes désirables, en les coulant dans des moules : ainsi, la fonte de fer, le bronze, le laiton, le cuivre, l'or, l'argent, sont convertis en vases, ornements, ustensiles divers, destinés à un grand nombre d'usages. L'or et l'argent ne sont employés que pour des objets d'une grande valeur ; leur travail constitue l'art de l'orfèvre. Nous n'avons pas à nous en occuper ici ; les procédés du *fondeur* ne s'appliquant qu'au moulage de la fonte de fer, du cuivre, du bronze et du laiton.

Les objets qu'il s'agit de produire par le moyen du moule pouvant avoir des formes très-variées, leur exécution présente par là même de grandes différences. Lorsqu'il s'agit de mouler des plaques dont l'une des surfaces seulement doit être unie ou couverte d'ornements, quels qu'ils soient, il suffit d'en tracer les dimensions dans du sable ou de la terre, et d'y couler la matière qui doit les composer ; mais dans le plus grand nombre des cas, les formes des pièces exigent que le métal de l'alliage soit introduit dans des moules où il se trouve enveloppé de toutes parts, et dont la confection demande beaucoup de précautions. Le moulage peut être opéré dans des moules en terre, dans du sable non desséché, ou en sable qui a été exposé à l'action de la chaleur, pour lui enlever toute l'eau qu'il renfermait. Le moulage en terre est beaucoup moins employé maintenant qu'il ne l'était autrefois ; il y a cependant un assez grand nombre de pièces que l'on ne peut avantageusement obtenir que par ce moyen, telles que de grandes pièces creuses, comme des cylindres de machines à vapeur, par exemple. On applique encore ce mode au moulage d'ustensiles en fonte de fer, tels que chaudières à cuire les aliments. Dans tous les cas, lorsqu'on veut épargner la confection d'un modèle, pour le moulage d'une pièce creuse, il est nécessaire d'établir un noyau, que l'on dispose de telle sorte qu'entre lui et la partie du moule qui forme le creux puisse s'introduire le métal. Suivant les dimensions, on construit le noyau en terre ou en briques recouvertes d'une couche de terre légèrement argileuse, convenablement humectée, à laquelle on donne la forme voulue par le moyen d'un profil en bois, le long duquel le noyau peut tourner. On fait ensuite dessécher la terre, et on y applique une couche de charbon en poudre délayé dans l'eau, que l'on dessèche bien, et qui empêche l'adhérence de la nouvelle couche de terre que l'on applique à la surface, et dont l'épaisseur est un peu plus forte que celle de la couche de métal qui constituera la pièce. Après avoir recouvert cette nouvelle couche de charbon délayé, on construit l'enveloppe extérieure ; après avoir retiré cette dernière, on détruit la couche intermédiaire ; on fait sécher le moule avec soin, on replace les deux parties du moule, et on y coule le métal qui doit servir à confectionner la pièce.

Les moules en terre sont préparés d'une manière toute différente. On choisit une terre un peu maigre, que l'on humecte de manière à en former une pâte solide ; on commence par en former, dans un châssis en bois ou en fonte, une couche dans laquelle on enfonce le modèle jusqu'à moitié de sa hauteur ; on bat fortement autour la terre employée, de manière à lui donner autant de solidité que possible, et après avoir saupoudré la surface de la terre avec du sable fin, dont on a bien soin de ne recouvrir aucune partie du modèle, on place un second châssis sur le premier, et on y tasse de la même manière la terre qui doit prendre la forme de la partie supérieure de celui-ci ; après avoir enlevé le dernier châssis, on retire le modèle en l'ébranlant avec soin.

L'introduction du métal dans les moules exige des dispositions particulières pour faciliter la sortie de l'air, empêcher la détérioration du moule, et permettre au métal de pénétrer dans tous les détails sans avoir perdu de sa liquidité. La couche de métal pratique pour cela à l'extérieur du châssis pénètre par un seul point, et se divise en un plus ou moins grand nombre de branches, qui portent le métal liquide dans les diverses parties du moule. Quand la pièce a une hauteur peu considérable, le métal se répand facilement dans le moule sans en altérer les formes ; mais s'il s'agit de couler un objet de quelques décimètres seulement de hauteur, la chute du métal détruirait plus ou moins la partie inférieure du moule. Pour éviter cet accident, on pratique alors un siphon renversé, qui porte le métal dans la partie inférieure du châssis, de sorte qu'en montant avec lenteur, il risque peu de produire une altération très-sensible. Cependant, les pièces d'une grande hauteur, comme les cylindres de laminoirs, qui doivent être parfaitement sains dans toutes leurs parties, risquent encore de ne pas présenter le degré de perfection désirable, parce que le métal, en remontant dans le moule, entraîne des grains de sable ou quelques portions de crasse qui, s'arrêtant dans leur marche, produisent des défauts dans la pièce. On est parvenu à éviter ce grave inconvénient en faisant arriver le métal par un jet incliné relativement à la cavité du moule ; le mouvement de rotation que prend alors le métal ramène à la surface toutes les matières étrangères, et la perfection de la pièce est bien plus assurée.

Toutes les fois qu'un objet coulé doit avoir une hauteur de quelques décimètres seulement, il est indispensable que le moule soit surmonté d'une cavité que l'on remplit de métal, et qui est destinée à comprimer celui-ci dans le moule : cette partie, que l'on désigne sous le nom de *masselotte*, est particulièrement indispensable pour les canons et les cylindres de laminoirs ; son volume dépend de la dimension et de la nature de la pièce. Lorsque dans le moulage en sable, les pièces doivent avoir des noyaux, ceux-ci sont préparés avec le même soin que les châssis, et, pour retenir le sable, on fixe sur l'axe des fils de fer qui lui donnent de la solidité. De quelque manière que les moules soient préparés, il est indispensable de donner une issue facile à l'air, qui comprimé ferait briser les moules : pour la déterminer, on en perce les diverses parties avec une mèche fine; les très-petites ouvertures qui en résultent sont insuffisantes pour laisser pénétrer le métal, mais permettent à l'air de s'échapper.

Quand les moules sont terminés, on y verse le métal, après en avoir réuni les diverses parties, si le moulage a lieu en *sable vert* ou humide ; mais dans un très-grand nombre de cas les moules sont exposés à une assez forte chaleur pour en dissiper toute l'humidité : ce moulage en *sable d'étuve* était à peu près le seul qui fût employé autrefois pour la fonte de fer, quand on voulait avoir des pièces susceptibles d'être réparées. Depuis assez long temps on y avait substitué, en Angleterre, le *sable vert*; maintenant, en France, on est parvenu à des résultats analogues. Le moulage en *sable vert* est plus facile et beaucoup moins coûteux que celui en *sable d'étuve*; quand il est pratiqué avec soin, il donne des pièces aussi parfaites. La dessiccation des moules s'opère dans des étuves lesquelles on brûle du coke, ou dans des fourneaux à réverbère, qui peuvent être chauffés au moyen de la houille, parce que la fumée s'y trouve suffisamment brûlée; le sable ne doit pas être trop fortement calciné, parce qu'il perdrait de sa ténacité. Au moment où l'on fait pénétrer le métal dans les moules, il se dégage des gaz, que l'on enflamme par l'approche d'un bouchon de paille ou d'un morceau de bois allumé; une légère détonation a lieu au moment de leur inflammation, mais ils brûlent ensuite tranquillement.

Quelques objets peuvent être coulés dans des moules métalliques : ce sont particulièrement les bombes et les boulets que l'on fabrique de cette manière. Les moules sont formés de deux coquilles, que l'on réunit d'une matière convenable, et qui sont ensuite séparées pour l'extraction de la pièce moulée. La fonte prend dans cette circonstance une grande dureté, surtout à la surface, par le refroidissement rapide qu'elle a éprouvé, ce qui n'a aucun inconvénient pour des objets de cette nature. Dans le moulage en *sable d'étuve* ou en *terre*, cet inconvénient ne se présente pas, et c'est pour des pièces de machines, par exemple, une chose indispensable, puisqu'elles doivent subir un travail ultérieur, soit au burin, soit à la lime.

Le cuivre, le bronze, le laiton et la fonte de fer ne deviennent liquides qu'à une température assez élevée ; leur fusion peut s'opérer par divers moyens. Le bronze et le cuivre sont toujours placés dans des fours à réverbère, quand on opère sur de grandes quantités ; on les fond au creuset lorsqu'ils sont en petite proportion. Le laiton n'est ordinairement fondu qu'au creuset. Quant à la fonte, on la traite au four à réverbère ou au creuset, comme les premiers; mais le plus souvent on la place dans une espèce de fourneau, qui, du nom de son auteur, porte le nom de *fourneau à la Wilckinson*, cubilot ou cuvelot dans lequel on la jette par la partie supérieure, avec le coke destiné à en élever la température, et dont on détermine la fusion au moyen d'air introduit par une machine soufflant à la partie inférieure. Au-dessous de ce point est disposée une cavité ou creuset dans lequel la fonte vient se réunir avec les scories qui en proviennent. Une ouverture placée à la partie la plus basse permet l'écoulement de la fonte et des scories ; bouchée pendant l'opération par un tampon de terre, on l'ouvre quand le creuset contient assez de fonte en arrêtant momentanément la soufflerie. La fonte, reçue dans des chaudières en fonte, recouvertes intérieurement d'une couche de terre à four, est alors versée dans les moules. Aux fours à réverbère, dont la sole est inclinée vers l'extrémité, se trouve aussi adapté un bassin pour l'écoulement du métal, auquel on donne issue par le moyen d'une percée. Quant aux creusets, on les retire du feu pour les vider dans les moules, ou bien on y puise par le moyen de grandes cuillères en fer recouvertes de terre.

De quelque manière que l'on procède, il faut enlever avec le plus de soin possible les crasses ou scories qui se trouvent à la surface, et dont l'introduction dans les moules présenterait les plus graves inconvénients. Plus légères que le métal, elles nagent à la surface; on les écarte au moyen d'un morceau de bois, et une fois que le jet de métal est bien formé par l'inclinaison du vase qui le renferme, il est facile de les empêcher de tomber. Quelquefois on détermine l'ascension des parties qui nagent encore dans le liquide en y plongeant à diverses reprises le morceau de bois, dont la décomposition donne des produits volatils qui, en se dégageant au travers de la masse, réunissent les petites parties de scories et les ramènent à la surface.

Si les moules dans lesquels le métal pénètre n'étaient pas convenablement desséchés, le métal que l'on y introduit, déterminant instantanément la vaporisation de l'eau qu'il y rencontrerait, pourrait être projeté avec violence en brisant le moule, et exposer les ouvriers et les assistants aux plus graves accidents : on pourrait en citer un grand nombre de ce genre arrivés dans des ateliers.

Les pièces retirées du moule offrent à leur surface des bavures provenant des points de jonction des diverses parties de celui-ci, et peuvent, en outre, contenir des grains de sable ou de scories. Les bavures s'enlèvent facilement, et ne donnent pas lieu à l'altération des formes ; il en est tout autrement des grains, qui peuvent être la cause de la perte d'une pièce, suivant leur nombre et les parties auxquelles ils sont fixés. On voit, d'après cela, combien sont importants les soins que nous avons rapidement indiqués.

H. GAULTIER DE CLAUBRY.

FONDEUR. L'art de couler des alliages de cuivre fut découvert, suivant Aristote, par un Lydien, nommé Seyles, et suivant Théophraste, le Phrygien Delas. Théodore et Rhœcus de Samos, qui vivaient environ 700 ans avant Jésus-Christ, sont regardés comme ayant fondu les premières statues en bronze. Cet art, porté chez les Grecs à une haute perfection, déclinait déjà aux beaux temps de la république romaine ; il se perdit presque entièrement vers la fin du siècle qui fut témoin de la chute du Bas-Empire. Du reste, on suppose que les anciens ne connaissaient pas la fonte de fer. Tout au plus mêlaient-ils l'airain et le fer, comme Pline l'assure positivement à l'égard d'une statue de Thèbes, ouvrage d'Aristonide, représentant Athamas furieux, et qui existait encore de son temps.

Dès le treizième siècle, tous les *fondeurs* en métaux de France, placés sous le patronage de saint Éloi, étaient réunis en une communauté, dont les statuts furent renouvelés, augmentés et confirmés par lettres patentes de Charles IX. Louis XIV y fit aussi quelques additions en 1691. Avant cette époque, l'art de jeter en fonte de grandes masses métalliques était tellement imparfait chez nous que les statues étaient fondues hors du royaume. Mais dès que Louvois fut pourvu de la surintendance des bâtiments, en 1685, il établit les fonderies de l'arsenal, et en donna l'inspection à Jean-Balthazar Keller, de Zurich, commissaire général des fontes du royaume. Les frères Keller sont encore, sans contredit, les fondeurs les plus habiles que l'on puisse citer. Cependant, plus tard, les sculpteurs Girardon, Lemoine, etc., et depuis le fondeur Soyer, se distinguèrent dans l'art de couler les métaux.

FONDEUR EN CARACTÈRES. Le premier qui produisit en quantités illimitées des caractères mobiles en métal fut, dit-on, Pierre Schœffer, gendre de Fust, entrepreneur copiste ou typographe de Mayence, vers l'an 1440. D'autres font honneur de cette belle découverte à Jean Gutenberg, riche gentilhomme allemand. Le véritable auteur des caractères, celui qui à bon droit peut en revendiquer tout le mérite, c'est l'artiste qui en grave les *types*, connus sous la dénomination vulgaire de *poinçons*. Un poinçon consiste en un prisme d'acier à bases quadrangulaires. Sur l'un de ses bouts, le graveur forme en relief la figure d'une lettre tournée en sens contraire : ainsi le relief qui figure la lettre B, par exemple, la représente le ventre tourné vers la gauche, comme se voit ᙠ. Le poinçon étant bien dressé à la lime sur toutes ses faces, est paré, trempé, recuit, bruni. Avec le poinçon, on imprime en creux la lettre dont il porte le relief, sur des lames de cuivre rouge d'environ 38 millimètres de longueur sur 8 d'épaisseur. Ces lames, ainsi empreintes, s'appellent *matrices* ; ce sont autant de moules destinés à reproduire un très-grand nombre de lettres toutes pareilles ; et comme un poinçon heureusement trempé peut sans se détériorer sensiblement, imprimer sa figure dans une multitude de matrices, l'on comprend qu'un tel outil est ordinairement le père, en quelque sorte, d'une quantité prodigieuse de lettres qui se procurent diverses imprimeries. Voilà pourquoi un assortiment de poinçons exécutés par un graveur habile est payé au poids de l'or, et conservé avec autant de soin que l'objet le plus précieux. Le fondeur commande toujours les poinçons au graveur, qu'il traite en *artiste*. Il les trempe lui-même quelquefois, et frappe les empreintes des matrices.

Le moule du fondeur en caractères est très-compliqué, car il se compose d'environ cinquante pièces : cela ne surprendra point quand on saura que ce même appareil est susceptible de recevoir autant de modifications qu'il en faut pour que le commun des matrices, quelles soient leurs dimensions, puissent être reçues sans intérieur. Au moyen de ces dispositions, ce moule devient un reproducteur universel de caractères. C'est l'empreinte de la matrice qui donne l'œil de la lettre; les autres parties du moule, que l'on rapproche ou que l'on écarte suivant qu'il en est besoin. La matière dont on fait les caractères est composée de régule, de plomb et d'un peu d'étain ; communément, l'alliage contient de 15 à 25 de régule sur 100 de plomb ; on fond plusieurs fois ces métaux ensemble, afin d'en opérer la combinaison aussi intimement que possible.

Quand on se dispose à couler les caractères, on fait fondre l'alliage dans une espèce de marmite de fer. Tout autour de ce vase se rangent les ouvriers fondeurs, tenant le moule d'une main et une petite cuiller de fer de l'autre, avec laquelle ils puisent de la matière contenue dans la marmite, la versent immédiatement dans le moule, et tout aussitôt ils impriment à ce dernier une secousse de bas en haut, afin que le métal, encore liquide, en remplisse bien le creux. Au sortir du moule, les lettres ou caractères passent dans les mains de femmes qui les frottent sur une pierre de grès bien dressée, pour en ôter les aspérités ; elles les rangent ensuite entre deux règles de fer de 5 à 6 décimètres de long, après quoi un homme les place, l'œil de la lettre en dessous, entre deux règles de fer sur lesquelles court un rabot dont le coupant retranche tout ce qui reste des jets au sortir du moule. Dans cette opération, tout est disposé de façon que lorsqu'on retire les caractères de la machine, ils ont tous rigoureusement la même hauteur.

Les grosses lettres capitales se coulent dans des moules particuliers, ainsi que les bandes qui servent à faire des *filets*, des *interlignes*, etc., etc.
TEYSSÈDRE.

FONDOUCK, espèce de redoute qu'occupaient les détachements turcs de la régence d'Alger sous le dey Husseïn et qui, située auprès de l'emplacement du marché du Khamis, à l'est de la province d'Alger, servait plutôt au prélèvement arbitraire des impôts qu'à la protection du commerce invoquée par tous les marchands indigènes qui le fréquentaient. Immédiatement après que l'occupation effectuée de la partie de la Mitidja réservée à notre autorité par le traité de la Taffna eût été complétée, nous établîmes plusieurs camps pour défendre nos lignes ; ce furent ceux d'Oued-el-Aleg, à une lieue de la rive droite de la Chiffa, dans l'ouest de la province, ceux du Fondouck et de Cara-Mustapha, à une lieue et demie l'un de l'autre, sur les collines de la rive gauche du Boudouaou, près du point où cette rivière quitte le nom d'Oued-Kaddara qu'elle porte dans la montagne, et le camp de l'Oued-el-Akra, qui fut bientôt après abandonné. Ces camps furent reliés entre eux par des blockhaus et autres postes intermédiaires, de manière à diriger les troupes partout où besoin serait et de les mettre à même de recevoir toujours des renforts et des secours. Une route entreprise en même temps que le camp du Fondouck assura une communication constante avec la limite de nos possessions. Cette route poussée jusqu'à l'Oued-Kaddara fit de ce camp la première station d'une suite de postes défensifs échelonnés sur la route de Constantine. Cette position était indispensable pour assurer la paisible possession de l'est de la Mitidja, et les constructions provisoires qui y avaient été élevées à la hâte, durent être promptement remplacées par des constructions en maçonnerie, telles qu'une manutention, un magasin de vivres pour mille hommes pendant quarante jours, sept corps de caserne d'infanterie pour neuf cents hommes et un quartier de cavalerie pour quatre-vingts chevaux. L'exécution de ces travaux fut poussée avec d'autant plus de vigueur, que les troupes du Fondouck étaient les seules qui pussent assurer la tranquillité de cette partie du pays, la Maison-Carrée n'étant habitable qu'une moitié de l'année, et le poste de Kouba ayant été en partie cédé aux colons arrivés de France. L'histoire du camp du Fondouck est celle de tous les points où nos armes se sont portées ; des combats meurtriers, des fatigues incessantes, des privations cruelles, une patience, une force d'esprit et de cœur surnaturelles : tel était le noble partage de ceux à qui était dévolue cette tâche pénible.

FONDRIÈRE, terrain marécageux et sans consistance, où des corps d'un volume assez considérable peuvent s'enfoncer et disparaître sous la vase. Les circonstances nécessaires pour la formation des terrains de cette nature sont : 1° des excavations pour recevoir et contenir les matières terreuses délayées, les débris de végétaux et tout ce qui constitue un sol marécageux ; 2° des eaux qui, sortant du fond de ces cavités, tendent à s'élever jusqu'à la surface à travers les matières déposées, dont elles empêchent ainsi la consolidation. Les marais de quelque étendue renferment ordinairement des fondrières non apparentes, dont la surface est cachée sous des mousses ou d'autres plantes qui s'accommodent d'un sol toujours humide : ce sont des pièges tendus sous les pas des visiteurs imprudents. Un marais de l'Amérique a déjà restitué le squelette d'un mammouth qui avait péri dans une de ces fondrières, où ce pesant animal était tombé la tête en avant, ses pieds de derrière étant encore sur terrain un plus solide. L'étude des terrains marécageux est indispensable pour nous faire connaître les transformations que la surface de la terre a éprouvées par le séjour des eaux douces stagnantes. Les fondrières desséchées forment la plus grande partie de nos champs, de nos jardins, de nos diverses cultures.
FERRY.

FONDS. Ce mot vient du latin *fundus*, qui signifie bien. Il s'est d'abord pris pour désigner toutes sortes de biens meubles ou immeubles ; aujourd'hui son acception est a peu près restreinte aux immeubles réels, tels que les terres, les maisons, qu'on appelle également *biens-fonds*. On l'emploie néanmoins aussi, pour désigner des valeurs purement mobilières ; ainsi l'on dit *avoir des fonds en caisse*, un *fonds de commerce*, un *fonds social*.

Au figuré, l'on dit un *fonds d'honneur, de probité, de vertu*, etc.

FONDS, FONDS DE TERRE (*Économie politique*). Le fonds de terre est, à proprement parler, le sol qui travaille à la *production*, de concert avec l'*industrie* humaine et avec un *capital*. Mais la force productive de la nature se manifestant autrement que dans la végétation, on a quelquefois été contraint d'étendre la signification de cette expression jusqu'à désigner la force productive de la nature en général, telle que l'action du soleil sur la végétation, celle de l'eau comme produisant spontanément des poissons, ou bien comme moteur, ou simplement comme véhicule. Il serait plus raisonnable d'appeler *fonds naturel* l'ensemble des *instruments naturels* dont l'action rend cette espèce de *services productifs*. Ce nom serait en opposition avec ceux de *fonds de facultés industrielles* et *de fonds capital*, qui agissent conjointement avec lui.

Entre tous les fonds naturels, les terres s'étant trouvées susceptibles de devenir des propriétés, ceux qui s'en sont emparés n'ont pas cédé gratuitement leur service productif. C'est la vente de ce service productif qui forme le revenu du *propriétaire foncier*. Quelques publicistes soutiennent qu'il n'y a point de revenu foncier ; que la rétribution que le propriétaire reçoit comme revenu foncier n'est que l'*intérêt* du *capital* employé à défricher la terre, et à la garnir de moyens d'exploitation. Cela se trouve vrai dans quelques cas, mais ce n'est pas dans les lieux où une terre absolument inculte a néanmoins une valeur vénale ou locative, puisque le *prix* de cette terre est une avance qu'il faut joindre aux avances qu'exige son exploitation, pour parvenir à en tirer quelques *produits*. Au surplus, cette discussion n'influe en rien sur la solidité des principes. Si le service de la terre ne coûte rien, c'est un présent que la nature fait aux *consommateurs* de ses produits, comme elle leur fait présent de l'action des rayons solaires et de beaucoup d'autres instruments naturels ; si le service de la terre coûte, c'est un présent fait par la nature au propriétaire ; présent consacré par la législation de tous les peuples policés, et très-favorable à la production en général. Il y a des fonds de terre qui ne donnent point de produits ruraux, mais qui sont productifs d'utilité et d'agrément, d'un produit immatériel qui n'est pas susceptible d'*épargne* ni d'*accumulation*.

On peut distinguer les fonds productifs en fonds industriels, ou fonds de *facultés industrielles* ; et en fonds d'*instruments de l'industrie*. Les fonds industriels se composent des facultés industrielles des *savants*, ou dépositaires des connaissances utiles ; des facultés industrielles des *entrepreneurs d'industrie* (cultivateurs, manufacturiers, ou commerçants) ; et enfin des facultés industrielles des *ouvriers* et autres agents des entrepreneurs. Les fonds d'instruments de l'industrie se divisent en *instruments appropriés* et en *instruments non appropriés*. Des fonds naissent les *services productifs*. Ces services, ou le prix qu'on en tire, sont le *revenu du fonds*, c'est-à-dire du propriétaire du fonds. Quand ce service est *consommé* pour la satisfaction du *consommateur*, comme dans le cas où l'on consomme le service d'une maison d'habitation en l'habitant, il est simplement productif d'utilité ou d'agrément. Lorsqu'il est consommé pour produire une valeur nouvelle, c'est un service productif proprement dit. Il tire sa *valeur* de l'un ou l'autre de ces usages ; et cette valeur s'établit en raison directe de la demande qu'on fait des services, et en raison inverse de la *quantité* de services qui est *offerte*.

La fortune de chaque homme se compose de la valeur des fonds qui sont en sa possession, et qui, s'ils n'ont pas une valeur échangeable, peuvent du moins s'évaluer par le revenu qu'on en tire. Le talent d'un artiste, d'un avocat, fait partie de leur fortune, mais, ne pouvant s'échanger, ne peut être évalué que par le revenu viager qu'ils en tirent.

J.-B. SAY.

FONDS DE COMMERCE. Un fonds de commerce se compose tout à la fois des marchandises qui se trouvent dans un établissement commercial, des choses nécessaires à son exploitation et de l'achalandage ou clientèle qui en dépend, avec le bail des lieux.

Les fonds de commerce se vendent et s'achètent comme choses immobilières. Leur vente emporte encore pour l'acheteur, sauf réserve expresse de la part du vendeur, le droit de faire usage des enseignes de ce dernier et de se dire son successeur. Ordinairement on a soin d'interdire au vendeur d'élever un nouvel établissement du même genre, et dans le cas où il s'est réservé ce droit, on exige qu'il ne forme cet établissement qu'à une certaine distance de celui qu'il a vendu.

Bien que cette formalité ne soit pas obligatoire, les ventes de fonds de commerce sont fréquemment passées devant notaires, et on prend en outre la précaution de déposer tout ou partie du prix de la vente entre mains sûres, pendant dix jours, afin que les intéressés, avertis de la vente, puissent faire valoir leurs droits.

S'il survient une *faillite*, comme le fonds de commerce est toujours la valeur la plus claire de l'actif, le vendeur d'une part et la masse des créanciers de l'autre s'en disputent la possession. La loi ne s'explique pas sur cette difficulté, et la jurisprudence n'est pas même fixée.

FONDS PERDUS. Cette expression s'entend d'une vente ou d'un placement fait pour une *rente viagère*.

FONDS PUBLICS. C'est le nom général des valeurs numéraires, métalliques ou en papier, appartenant à l'État ; mais dans l'usage on le réserve aux titres de rentes sur l'État, aux titres de la dette flottante, sur lesquels la spéculation s'exerce sans cesse à la Bourse. On se rendra aisément raison de la faveur dont jouissent les placements sur fonds publics, si l'on considère qu'outre la sécurité que l'on trouve dans un débiteur qui offre pour hypothèque de ses engagements toute la fortune mobilière et immobilière de la nation, divers privilèges sont encore attachés à ces sortes de placements. Ainsi, les fonds publics ne sont passibles d'aucune contribution ; la transmission en est affranchie des droits et des formalités qui accompagnent celle de tant d'autres propriétés. Ils sont insaisissables, ainsi que la rente à laquelle ils donnent droit. Veut-on réaliser, il suffit pour cela de vingt-quatre heures. Voici ce qui explique ces dérogations au droit commun. L'État était sans crédit ; pour en trouver, il lui fallait exciter la cupidité et compenser par des avantages réels les chances de banqueroute que courait un de ses prêteurs. Aussi bien comme les capitaux, en général, sont exempts de toute contribution, faute d'une base d'imposition certaine et déterminée, il fût arrivé sans cela que celui qui prêtait à l'État eût été moins favorablement traité que celui qui, en prêtant à un simple particulier échappe à tout contrôle de la part du fisc.

FONDS SECRETS, expression consacrée par l'usage pour désigner dans le budget de l'État certaines dépenses dont l'intérêt général ne permet pas de divulguer l'emploi, et qui le plus souvent se composent de frais de police et d'espionnage. On conçoit facilement que le budget du ministre des affaires étrangères contienne un chapitre intitulé *fonds secrets*, que la diplomatie vit de mystères et d'intrigues occultes ; et, indépendamment des agents officiellement accrédités dans les pays étrangers avec l'effet d'y protéger les intérêts de ses nationaux, un État doit encore, pour sa propre sécurité, y entretenir des agents secrets, chargés d'arriver par la ruse ou de la corruption à la connaissance de ces faits que tout gouvernement s'efforce de dérober à la connaissance de ses rivaux, et qui influent d'une manière plus ou moins directe sur la politique générale. Ce serait évidemment se priver d'une ressource utile que de donner de la publicité au compte de ces dépenses, car il deviendrait dès lors impossible de trouver des agents qui acceptassent ce rôle bas et odieux, sans compter qu'une fois connus comme tels, toutes les portes leur seraient fermées. Le ministre de l'intérieur, pour justifier dans son budget la présence d'un chapitre également intitulé *fonds secrets*, met en avant des motifs puisés dans des considérations d'intérêt général, et affecte soigneusement de faire dépendre la sécurité intérieure de l'État du vote de confiance qu'il vient chaque session demander à cet égard au pouvoir législatif. La nécessité de surveiller les menées criminelles et secrètes des factions ennemies de la paix publique est le prétexte constamment employé pour légitimer cette dépense. Sous le gouvernement constitutionnel, cette allocation était scindée en deux parties. Il y en avait une au budget ordinaire, et le ministre venait demander l'autre comme *crédit supplémentaire*. C'était un moyen convenu d'amener chaque année devant les chambres la *question de confiance*. Dans les derniers temps, ce crédit était d'un million. A cette occasion, l'opposition ne manquait jamais de tenter les chances d'une grande lutte de tribune, et de poser la *question de cabinet* en présentant un amendement ayant pour but de réduire le crédit demandé d'une somme insignifiante, comme vingt-cinq ou cinquante mille francs. Le ministère, de son côté, bien sûr de sa majorité, acceptait hardiment le combat; il frappait d'estoc et de taille sur les *ennemis de l'ordre public*, sur les *mauvaises passions*, sur les *factions*, et se décernait, à grand renfort de boules blanches déposées dans l'urne par ses fidèles, les faciles honneurs d'un éclatant triomphe. La farce parlementaire était une fois jouée et le budget voté, la toile tombait, et les honorables législateurs s'en retournaient dans leurs départements respectifs recueillir les ovations de leurs commettants, qui ne manquaient jamais de les féliciter avec un enthousiasme égal, à quelque nuance d'opinion qu'ils appartinssent d'ailleurs. Et en effet il y avait de quoi, car tous ces gens-là *sauvaient* périodiquement la France, les uns en défendant les écus des contribuables, les autres en les donnant, sans trop compter, à ce pouvoir, tant calomnié et si pur. Aujourd'hui les fonds secrets sont plus lourds, mais sans doute plus nécessaires; et comme le ministère est indépendant du pouvoir législatif, ils sont votés d'emblée avec le budget.

Personne n'ignore, du reste, qu'autrefois les fonds secrets attribués au budget de l'intérieur servaient presque entièrement à subventionner des presses ministérielle de Paris et des provinces, et ce n'était pas là certes l'un des moindres scandales du régime représentatif, ainsi que l'un des plus justes griefs de l'opinion publique contre le gouvernement de Louis-Philippe Et cependant, il y avait progrès dans les mœurs politiques depuis la révolution de Juillet. On ne citait plus guère que des écrivains (et quels écrivains!) qui allassent encore puiser à la caisse des fonds secrets, tandis que sous la Restauration les députés eux-mêmes participaient sans vergogne à cette prostitution. A l'une des dernières audiences accordées par Charles X à la chambre des députés, représentée par une grande députation, ce prince abordant un membre du centre droit, lui demanda naïvement si les douze mille francs qu'il venait de lui faire allouer sur les fonds secrets suffiraient à le défrayer de ses dépenses à Paris. Cette royale indiscrétion produisit un grand scandale. Un journal, *Le Courrier des Électeurs*, ne craignit pas de le révéler et de nommer hautement les coupables. La personne du monarque était évidemment mise en cause par cette révélation; il y avait là un gros procès et, par suite, une grosse amende pour le journal oseur. Le roi, se reconnaissant fautif, eut la loyauté de ne pas permettre qu'on poursuivit le journaliste, sur la tête duquel grondèrent un instant toutes les foudres du parquet, mais qui en fut quitte pour la peur et aussi pour la *gloire* d'avoir signalé un fait reconnu dès lors pour constant et authentique.

Rappelons, en terminant, que sous la Restauration le chapitre des *fonds secrets* se grossissait assez notablement du produit d'un impôt ignoble prélevé sur la prostitution dans Paris, et qui ne rendait pas moins de 2 à 300,000 francs, bon an mal an. Mais il n'y avait pas centralisation au trésor des recettes provenant de cette taxe spéciale acquittée par les filles, et dont la pudeur publique ne put obtenir la suppression que sous l'administration de M. Debelleyme; elles restaient à la caisse de la préfecture de police, à la disposition du ministre de l'intérieur. Ce *revenant-bon* passait entièrement à récompenser la *vertu*, c'est-à-dire les écrivains défenseurs habituels *du trône et de l'autel*. Dans les pamphlets de l'époque, on trouve souvent de piquantes allusions aux pensions assignées sur *les jeux et les ris* aux dévots publicistes que la police d'alors tenait à ses gages. Ces messieurs, comme Vespasien, n'éprouvaient pas la moindre répugnance à toucher l'argent provenant de cet égout. Au nombre de ceux qui par dévouement consentaient à émarger, n'oublions pas M. de Bonald, l'auteur de la *Législation primitive*, le fougueux publiciste du *Conservateur* et du *Drapeau blanc*, lequel allait palper fort régulièrement, à la caisse de la rue de Jérusalem, sa petite pension de 6,000 fr.

FONDS SOCIAL. C'est la masse des apports particuliers faits par les membres d'une s o c i é t é et destinés à une commune exploitation. Ce fonds social ne consiste pas toujours dans une somme d'argent; on peut y faire entrer, en tout ou en partie, des valeurs immobilières, des droits immatériels, tels, par exemple, que celui d'exploiter un brevet, l'industrie d'un ou de plusieurs des coassociés, etc.

FONFRÈDE (JEAN-BAPTISTE-BOYER), né à Bordeaux, en 1766, d'une des familles commerciales les plus importantes de cette ville, rêva d'abord la carrière sacerdotale et les travaux du missionnaire, se maria ensuite, contre la volonté de ses parents, et alla passer quelques années en Hollande. La révolution de 1789 ayant éclaté, il revint à Bordeaux, et se prononça fortement contre la royauté; aussi les électeurs de la G i r o n d e ne manquèrent-ils pas de l'envoyer à la Convention. Il y vota la mort du roi sans appel et sans sursis, attaqua souvent Marat, et le couvrit de mépris; le 10 mars, il contribua à l'introduction des *jurés au tribunal révolutionnaire*, révéla un comité secret dans la Montagne (celui de Charenton), et demanda inutilement sa punition. Le 5 avril, il proposa l'emprisonnement du duc d'Orléans et de tous les Bourbons, pour servir d'otages aux députés livrés par D u m o u r i e z. Le 15 du même mois, quand trente-cinq sections de Paris vinrent réclamer l'arrestation des girondins, il les traita avec dédain, et leur cria : « Pourquoi n'avez-vous pas mis mon nom sur ces listes? je vous aurais payé généreusement ce témoignage d'estime. » Membre de la *commission des douze*, il défendit ses opérations. Au 31 mai, Bourdon demanda son arrestation; on lui fit grâce, parce qu'il n'avait pas signé les ordres du comité des douze, et peut-être à cause de son courage. Depuis ce jour-là, il réclama sans cesse le rapport du décret de proscription de ses collègues. Le 3 octobre, Billaud-Varennes et Amar le firent décréter d'accusation comme girondin, et Albitte, Billaud et Bentabolle s'opposèrent à ce qu'on entendît sa justification. Il fut condamné à mort par le tribunal révolutionnaire, et exécuté avec vingt-deux députés de son parti : il avait vingt-sept ans. Il alla à l'échafaud en chantant :

Plutôt la mort que l'esclavage,

et mourut avec une douceur et une fermeté admirables. Comme orateur, il avait du feu, de l'imagination, des mots subits et saisissants, des illuminations dans l'attaque. A cela il joignait un esprit charmant, et de ces sentiments élevés, qui dans les révolutions font d'un homme généreux une victime immanquable. Ce fut peut-être le seul *girondin* qui comprit la révolution, et que la Montagne consentît à écouter. Il était beau, riche, charitable, aimant; il laissa une jeune femme, qu'il adorait, et un fils; il mourut avec ce jeune et spirituel Ducos, qu'il aimait tant, son frère d'alliance.

Frédéric FAYOT.

FONFRÈDE (Henri), fils du précédent, né à Bordeaux, le 21 février 1788, après avoir été élevé à l'école centrale de sa ville natale, vint faire son droit à Paris, dans l'intention de suivre la carrière du barreau ; mais une maladie grave, qui mit sa vie en péril, le força de rentrer dans ses foyers et de devenir commis dans une maison de commerce, où il fut spécialement chargé de la correspondance. Plus tard, il fonda avec son oncle, Armand Ducos, frère du conventionnel mort sur le même échafaud que son père, une maison qui subsista quelques années sous la raison H. *Fonfrède et A. Ducos*. En 1819, profitant du régime de liberté fait à la presse par l'abolition temporaire de la censure, il créa à Bordeaux, sous le titre de *La Tribune*, un journal qui, par la hardiesse de son opposition quasi-républicaine, d'autant plus remarquable qu'elle se manifestait dans la *ville du 12 mars*, éveilla tout aussitôt l'attention du parquet. H. Fonfrède se défendit lui-même contre Martignac, chargé de porter la parole au nom du ministère public. Le tribunal acquitta le journaliste ; mais l'opinion se montra plus sévère, et les numéros incriminés furent lacérés et brûlés au foyer du théâtre. En présence d'une pareille manifestation, Fonfrède comprit que les temps n'étaient pas encore venus ; et la censure ayant été rétablie bientôt, il se résigna à garder le silence jusqu'en 1826, année où *L'Indicateur de Bordeaux* lui ouvrit ses colonnes, et devint, sous sa direction, habile et ferme, un des plus importants organes de l'opposition dite *constitutionnelle*.

A la nouvelle des ordonnances de Juillet, Henri Fonfrède ne fut que conséquent avec ses principes en donnant le signal de la résistance à ce coup d'État, et en arrêtant, par sa contenance ferme et décidée, les entreprises des agents chargés de l'autorité d'apposer les scellés sur les presses de *L'Indicateur*. Lors de l'avènement au trône du chef de la famille d'Orléans, l'homme qui naguère développait dans la presse des thèses évidemment empreintes de tendances républicaines devint subitement l'avocat zélé du pouvoir, qu'il défendit désormais avec une verdeur de style telle que la presse parisienne elle-même, malgré sa morgue aristocratique, consentit à compter avec la publiciste bordelais. Ce succès fit croire aux amis politiques de H. Fonfrède que sa place était à Paris. On l'y appela donc en 1836, et l'on s'empressa de mettre successivement à sa disposition diverses feuilles dévouées à la dynastie de Juillet ; mais jamais on ne vit mieux se confirmer la vérité du vieil adage :

Tel brille au second rang, qui s'éclipse au premier.

Les efforts de Fonfrède pour galvaniser le *Nouveau Journal de Paris*, avorton politique mort-né entre les mains de M. Léon Pillet, et *La Paix*, feuille au format monstre, créée à grand bruit par des *enragés de modérés*, échouèrent complètement. On cessa de s'occuper de sa polémique du moment où on la reçut toute chaude chaque matin ; et la déconfiture successive de ces organes du parti conservateur le décida à s'en retourner dès 1837 dans sa ville natale, où il fonda *Le Courrier de Bordeaux*, qu'il continua de rédiger jusqu'à sa mort, arrivée le 22 juillet 1841. Un jour, des électeurs du collège *extra-muros* du chef-lieu de la Gironde s'étant porté sur lui, il fit acte d'une rare probité politique en refusant de se prêter à quelque complaisant mensonge qui l'eût mis en règle à l'égard de la loi électorale.

FONGIBLE (Chose), du latin *fungi*, remplir une fonction. On appelle ainsi, dans la langue du droit, toute chose qui se consomme par l'usage et peut être exactement remplacée par une autre de même nature et de même espèce. Ainsi du blé, du vin, sont choses *fongibles*, une montre est une chose *fongible*, à moins qu'on n'y attache un prix en dehors de sa valeur, si c'est un souvenir d'affection par exemple. Au reste, la convention des parties peut rendre toute chose fongible. Le Code s'occupe des choses fongibles relativement à l'usufruit, au prêt à usage et au prêt de consommation.

FONGUS (de *fungus*, champignon), excroissance molle et spongieuse, s'élevant à peu près en forme de champignon, sur différentes parties du corps, et particulièrement sur les membranes muqueuses et sur la membrane dure-mère. Le même nom a été souvent appliqué aussi à un boursouflement particulier de la substance cérébrale, que l'on observe quelquefois dans les plaies de tête avec perte de substance au crâne et à la dure-mère ; à des tumeurs variqueuses, puis enfin aux végétations plus ou moins volumineuses de certaines plaies et de quelques ulcères, notamment des ulcères cancéreux. Le mot *fongus* est donc, dans l'état actuel de la science médicale, une expression très-vague, à moins qu'on n'y joigne une épithète qui désigne d'une manière positive la nature de la maladie. Il y a des fongus cancéreux, excroissances particulières au cancer ; des fongus *hématodes*, sorte de végétations d'un caillot sanguin ; puis des productions de natures diverses, qui ressemblent exactement à ce qu'on nomme *fongus*, et qui ont reçu des noms particuliers ; tels sont : les é pulies, fongus des gencives ; certains sarcômes et ostéo-sarcômes, fongus des tissus cellulaires, ligamenteux et osseux ; certains polypes, fongus des méninges et des membranes muqueuses vers les confins de celles-ci et de la peau.

Les fongus les plus connus sont ceux du sinus maxillaire, qui exigent si souvent des opérations douloureuses ; ceux de la dure-mère, qui usent les os du crâne, compriment le cerveau, et par là donnent lieu à des accidents cérébraux fort graves et fort variés, auxquels les chirurgiens les plus habiles et les plus hardis ont cherché à peu près vainement jusqu'ici à porter remède au travers de la voûte du crâne, ouverte par la nature ou par l'art ; enfin, les fongus de la vessie, qu'il est quelquefois si difficile de reconnaître, et qu'il est presque toujours impossible d'atteindre d'une manière efficace, même quand on les a le mieux reconnus.

Le peu que nous venons de dire suffit pour faire connaître toute la gravité de ces fongus, considérés comme maladie essentielle ; mais tous les fongus ne sont pas l'avocat d'une mauvaise nature, puisqu'on donne le même nom à des maux très-divers : ainsi, par exemple, les fongus ont beaucoup moins d'importance quand ce sont de simples boursouflements, des bourgeons charnus d'une plaie ou d'un ulcère non cancéreux ; presque toujours cette sorte de fongus, à laquelle on donne encore, pour la distinguer de ceux dont nous venons de parler, le nom de *fongosité*, cède à un traitement approprié et fait place plus ou moins vite, mais presque toujours exempte, à des bourgeons charnus de bonne nature, sur lesquels s'établit une cicatrice solide et définitive, et qui a rarement lieu pour les vrais fongus que nous avons indiqués. D' S. SANDRAS.

FONK (Affaire). Ce procès criminel, remarquable par son obscurité et par les nombreux incidents qui vinrent le compliquer, occupa vivement l'attention publique en Allemagne pendant plus de six années, donna lieu aux publications les plus passionnées sur la question de savoir laquelle de la procédure écrite ou de la procédure orale mérite la préférence en matière criminelle, et nous offre un nouvel et frappant exemple de l'incertitude des jugements humains.

Pierre-Antoine Fonk, négociant à Cologne, était né vers l'année 1781, à Goch, près de Clèves. Après avoir été d'abord associé d'une maison de Rotterdam, il vint, en 1809, s'établir à Cologne, où il épousa la fille du sieur Foveaux, riche fabricant de tabac. En 1815 il liquida et abandonna une fabrique de céruse, qu'il avait jusque alors exploitée, pour entreprendre le commerce des eaux-de-vie et liqueurs de compte à demi avec un sieur Schrœder, pharmacien à Crevelt. Mais la mésintelligence ne tarda pas à éclater entre les deux associés au sujet de leurs comptes respectifs. Schrœder envoya à Cologne un jeune négociant de Crevelt, appelé Cœnen, avec mission de vérifier les écritures de la société. Cœnen, qui avait motif de croire à l'existence d'une large fraude, commença par comparer les recettes faites par Fonk avec le brouillard et le livre de caisse, et les trouva exactement portées. Mais quand il demanda la communication du grand-livre et du journal, Fonk refusa de les produire, rompit les conférences, et chercha à transiger avec Schrœder sans l'intervention de Cœnen. Schrœder, mis en garde par Cœnen, refusa de prêter l'oreille à toute espèce d'accommodement, et se rendit lui-même à Cologne, où Fonk l'avait précédé. A quelques jours de là, Cœnen fut chargé de transmettre à Fonk, de la part de Schrœder, un projet de transaction, aux termes duquel le bénéfice fait par la maison sur les eaux-de-vie et porté par Fonk sur l'inventaire pour une somme de 20,000 thalers, serait augmenté de 8,000 thalers, en même temps que dans la liquidation il lui serait fait en outre abandon gratuit de diverses marchandises invendues, ainsi que de quelques objets du mobilier industriel.

Fonk et Schrœder eurent ensemble une entrevue le 9 novembre 1816, en présence du teneur de livres Hahnenbein et de Cœnen, dans la maison de Fonk, et celui-ci consentit, dans cette conférence, à faire figurer les 8,000 thalers en litige au compte des bénéfices. Rien cependant ne fut encore signé, parce que Schrœder manifesta le désir de conférer encore en particulier avec Cœnen sur quelques points. On se sépara dans la soirée, sur le coup de huit heures, en prenant un nouveau rendez-vous pour le lendemain 10, à neuf heures du matin. Mais dans la nuit du 9 au 10 Cœnen disparut. Cette subite disparition fit naître l'idée qu'il avait péri victime de quelque vengeance particulière : or, Fonk était le seul homme à qui l'on pût supposer un intérêt ou un motif pour désirer sa mort. Les soupçons dont il était tout aussitôt devenu l'objet prirent une nouvelle consistance lorsque, le 19 décembre, le cadavre de Cœnen, portant la trace d'une profonde blessure et de diverses contusions, fut retrouvé dans le Rhin. Dès qu'on en reçut la nouvelle à Cologne, Fonk fut d'abord exactement surveillé dans sa maison par des gendarmes, puis bientôt arrêté avec son teneur de livres Hahnenbein, et on commença contre eux une instruction. Christian Hamacher, son garçon de cave, soupçonné aussi de l'avoir secondé dans la perpétration du crime, fut arrêté également. On recueillit avec soin les moindres propos que celui-ci tint dans la prison, on plaça près de lui un autre détenu, chargé de jouer le rôle de *mouton* et de gagner sa confiance; on l'enferma dans un cachot noir et humide, et enfin, le 10 mars 1817, il commença à faire des révélations au procureur général Sandt, avouant que Fonk avait réellement assassiné, dans la soirée du 9 novembre, Cœnen dans sa maison, et qu'il lui avait aidé à commettre ce crime. Ce ne fut que le 16 avril 1817 que les déclarations de Hamacher furent régulièrement consignées par écrit. Le 9 mai il les réitéra encore ses aveux; mais à quelque temps de là il commença à hésiter, puis finit par se rétracter complètement, prétendant que ses déclarations lui avaient toutes été dictées par le procureur général. L'instruction de l'affaire se trouva ainsi toute déroutée, et le 4 octobre 1817 l'autorité supérieure, redoutant que la marche de la justice ne fût entravée par les influences de la famille de Fonk, qui jouissait de beaucoup de crédit et de considération à Cologne, transféra l'affaire au tribunal du cercle de Trèves. Le nouveau juge d'instruction envisagea l'affaire à un point de vue qui était la condamnation de la procédure arbitraire, et souvent illégale, instruite à l'origine par le procureur général Sandt, et il en résulta que les charges qui pesaient sur Fonk et ses coaccusés s'affaiblirent singulièrement. En conséquence, un jugement rendu le 23 juin 1818, tout en maintenant l'accusation à l'égard de Hamacher, mit Fonk et Hahnenbein hors de cause. De nouveaux soupçons n'ayant pas tardé à s'élever contre Fonk, celui-ci fut mis une seconde fois en prévention; mais un jugement rendu par la chambre des mises en accusation de Cologne ordonna encore une fois sa mise en liberté. L'instance pendante contre Hamacher fut soumise à la cour d'assises de Trèves, laquelle rendit, le 31 octobre 1820, un arrêt qui déclarait Hamacher *complice*, avec préméditation, de l'assassinat commis le 9 novembre sur la personne de Cœnen;

en conséquence, l'accusé fut condamné à seize ans de travaux forcés.

Le 3 novembre suivant, Fonk fut pour la troisième fois mis en état d'arrestation; et une nouvelle instruction se poursuivit jusqu'au mois de juin 1821. Le 22 avril 1822, l'affaire revint de nouveau devant la cour d'assises de Trèves, laquelle, le 9 juin, rendit, à la majorité de sept voix contre cinq, un arrêt qui déclarait Fonk coupable d'assassinat commis avec préméditation, dans la nuit du 9 au 10 novembre 1816, sur la personne de Cœnen, et qui le condamnait en conséquence à la peine de mort. Fonk se pourvut en cassation contre cet arrêt; mais la cour de révision de Berlin rejeta son pourvoi. Cependant, comme rien dans les débats n'était venu démontrer que Cœnen fût mort assassiné, un ordre de cabinet du roi de Prusse, en date du 23 août 1823, ordonna la mise en liberté de Fonk et de Hamacher. Un autre décret royal, en date du 9 octobre, leur fit remise des frais du procès, qui s'étaient élevés à plus de 150,000 francs.

Fonk mourut le 9 août 1832, à Goch, lieu de sa naissance, où il avait obtenu un petit emploi; mais aucun fait nouveau n'est venu depuis lors aider à élucider cette mystérieuse affaire. Les journaux allemands annoncèrent bien en 1834 qu'une fille publique, native de Florence, venait de mourir à Paris dans un hôpital, et qu'en mourant elle aurait déclaré avoir été l'un des auteurs du meurtre commis dans la nuit du 9 au 10 novembre 1816 à Cologne, dans une maison de tolérance à laquelle elle était alors attachée, sur la personne de Cœnen, l'un des habitués de ce bouge; mais rien n'est venu confirmer cette donnée.

FONTAINE (du latin *fons, fontis*). On appelle ainsi les courants d'eau qui sortent de la terre, et qui, en se réunissant, forment les ruisseaux, les rivières, etc. On a beaucoup disputé sur la manière dont les fontaines sont alimentées; on a d'abord soutenu qu'il existe dans l'intérieur des montagnes d'immenses réservoirs qui communiquent avec l'Océan par des conduits souterrains et fournissent en même temps de l'eau aux *sources*. Cette hypothèse, qui a été celle de Sénèque, de Descartes, de La Hire, ne peut être soutenue aujourd'hui. Comme le niveau de l'Océan est de beaucoup inférieur à la surface des hautes montagnes où l'on trouve des fontaines, Descartes, pour expliquer l'élévation des eaux de la mer dans les réservoirs, s'est obligé de supposer qu'il règne dans les cavernes qui se trouvent dans le sein de la terre, vers la base des montagnes, une chaleur capable de convertir les eaux en vapeurs; dans cette opération elles perdent leur salure, s'élèvent vers les parois supérieures des souterrains, s'y condensent et coulent au dehors par des fissures. D'autres expliquent l'ascension des eaux de la mer dans le sein des montagnes par la capillarité, comme si un liquide qui monte dans un tube capillaire pouvait s'écouler au dehors par son orifice supérieur. D'ailleurs, l'eau de la mer qui coule au travers des sables même les plus fins ne perd point sa salure.

L'opinion la plus raisonnable attribue l'origine des fontaines aux vapeurs aqueuses qui sont suspendues dans l'atmosphère; qui, condensées par une cause quelconque, tombent en brouillards, en pluies sur la terre, s'y infiltrent pour venir alimenter les réservoirs qui fournissent les eaux des sources. D'après quelques observations qu'on a faites dans certains lieux, il s'est trouvé des savants qui ont prétendu que les eaux qui tombent du ciel coulent sur la surface de la terre, et qu'elles ne pénètrent pas à d'assez grandes profondeurs ni en assez grande quantité pour alimenter les courants souterrains. Il est très-vrai qu'il existe des cavités peu éloignées de la surface du sol dans lesquelles on n'observe aucune infiltration; que s'en suit-il ? Qu'il y a des couches qui sont imperméables à l'eau; cela est incontestable. Mais il existe des preuves innombrables que les eaux peuvent s'infiltrer et se répandre dans l'intérieur de la terre; l'eau des puits salés que l'on creuse à des distances considérables de la mer est évidemment fournie par celle-ci; on observe souvent des infiltrations dans les caves, etc.

D'autres ont dit : Est-il vraisemblable que des courants perpétuels si nombreux soient alimentés par les eaux qui tombent du ciel, dont la très-grande partie va grossir, à mesure qu'elle tombe, les ruisseaux et les rivières, dont une autre partie est absorbée par les végétaux, et une troisième, convertie en vapeurs, se dissipe dans l'atmosphère? Il est facile de répondre à cette objection par des expériences et des calculs incontestables, qui établissent que la quantité de pluie qui tombe annuellement sur la surface du globe est bien supérieure à ce que charrient les fleuves, et par conséquent plus que suffisante pour alimenter les sources, fournir l'humidité nécessaire à la végétation, etc. Il est d'ailleurs digne de remarque que les fontaines sont très-rares dans les contrées où il ne tombe jamais ou presque jamais de pluie. Il y a des pays qui, au rapport de l'histoire, étaient autrefois arrosés par des rivières et des sources qui aujourd'hui sont à sec en grande partie, parce que les bois qui couvraient jadis les montagnes de ces contrées ont disparu; et les bois ont, comme on sait, la propriété d'attirer les vapeurs aqueuses de l'atmosphère et de provoquer la chute des pluies ; enfin, chacun a pu faire l'observation que dans les années de sécheresse l'eau baisse dans les puits, dont plusieurs tarissent. Les sources, en général, fournissent moins d'eau à ces époques que pendant les années humides, etc. Tout porte donc à croire que les fontaines sont le produit des vapeurs ou des eaux de pluie qui sont absorbées par les montagnes, les collines, etc. Toute fontaine, cela va sans dire, a sa source dans des lieux plus bas que le niveau des réservoirs qui lui fournissent des eaux.

Il y a des fontaines naturelles qui se font remarquer par la singularité de leur cours, la qualité des fluides qui les alimentent, etc. On connaît les plus curieuses sous les noms de *périodiques* ou *intermittentes*, *intercalaires*, *jaillissantes*, *salées*, *bitumineuses*, *ardentes*.

Les *fontaines périodiques* sont ainsi nommées parce qu'elles tarissent pendant un certain espace de temps, après lequel elles recommencent à couler, pour tarir de nouveau, et ainsi de suite. Ce jeu est facile à expliquer. Supposons dans le flanc d'une montagne une cavité qui se remplit lentement par des filtrations intérieures, et dont l'eau, ne pouvant s'échapper que par un canal qui ait la forme d'un s i p h o n, s'écoule par ce conduit plus rapidement que le réservoir ne se remplit par les filtrations qui l'alimentent : l'écoulement, une fois commencé, continuera aussi longtemps que le niveau de l'eau se maintiendra au-dessus de la branche la plus courte du siphon qui plonge dans le réservoir dont nous avons supposé l'existence ; mais une fois l'eau plus basse, il s'arrêtera pour ne recommencer qu'après que le niveau de l'eau sera remonté au-dessus du sommet du siphon. Remarquons cependant, tant au sujet des fontaines périodiques que de celles dont nous allons parler, remarquons que, quelque plausible que soit cette explication, elle demande à être corroborée par des fouilles bien dirigées : la nature en effet est assez féconde pour avoir à sa disposition d'autres moyens de produire la périodicité ou l'intermittence des fontaines.

Les *fontaines intercalaires* diffèrent des fontaines périodiques en ce qu'elles donnent constamment de l'eau, mais en moindre quantité, pendant un certain espace de temps, puis coulent avec plus d'abondance pendant quelques jours, quelques heures, etc. On peut facilement se faire une idée des causes qui donnent lieu à ces inégalités d'écoulement : supposons que la fontaine intercalaire soit alimentée par deux sources, dont une est continue et l'autre périodique : quand celle-ci cessera de donner de l'eau, la fontaine alimentée par la première seulement, coulera, avec moins d'abondance. On peut encore se figurer que le réservoir d'une fontaine intermittente a deux issues, une vers le bas et l'autre plus haut, et que la première ne peut dépenser qu'une partie de l'eau de la source; d'où il suit que le réservoir se remplit et se vide par un siphon. On pourrait encore supposer d'autres moyens, parmi lesquels le siphon jouerait toujours le premier rôle. On connaît un grand nombre de fontaines périodiques et intercalaires ; les plus célèbres sont celle de Comar en Provence, celles de Fronzanches en Languedoc, de Bouledon sur la rive gauche du Gardon, de Bullerborn en Westphalie, la fontaine près Torbay en Devonshire, celle de Buxon dans le comté de Derby, celle d'Ensgler dans le canton de Berne.

Les *fontaines jaillissantes* sont des jets d'eau naturels, qui ont lieu quand le conduit est contourné en siphon renversé, et que l'orifice par lequel l'eau s'échappe à l'extérieur est plus bas que le réservoir qui la fournit. Parmi les plus célèbres des fontaines jaillissantes, on cite celle de Vaucluse en France, dont les eaux en hiver forment une rivière jaillissante, et le G e y s e r (le Furieux), en Islande. Il y a des puits artésiens qu'on peut regarder comme des fontaines jaillissantes dont le conduit a été ouvert en partie par la main des hommes.

Il existe dans plusieurs contrées des mines de sel gemme d'une grande étendue ; il peut donc se faire qu'un courant d'eau douce, traversant des bancs de cette nature, aille surgir en fontaine salée à l'extérieur. Nous avons en France les fontaines de *Salies*, près d'Orthez, de *Salies*, près de Toulouse, de *Salins*, à Mont-Morot (Jura), de *Salts* (Bas-Rhin), etc. Les eaux de ces diverses fontaines contiennent en général le sixième ou le septième de leur poids en sel.

Il est certes fort difficile d'expliquer l'origine des *fontaines bitumineuses* : d'abord les naturalistes ne sont pas d'accord sur la formation du b i t u m e, et quand bien même on connaîtrait les causes qui le produisent, quelle raison pourrait-on donner de ces fontaines qui en fournissent depuis un grand nombre de siècles sans interruption. Quoi qu'il en soit, on trouve en France et dans d'autres pays des sources bitumineuses. Il en existe une dans le département du Puy-de-Dôme, que les habitants appellent *fonoue de la Pége*(fontaine de la Poix).

Les *fontaines ardentes* sont d'une autre nature. Il se trouve au-dessous du sol des vides qui, on ne sait pourquoi, sont remplis de gaz hydrogène. Si donc ce fluide trouve un conduit qui s'ouvre sur le sol, il s'élèvera en jet, à cause de sa légèreté relative ou de la pression que certaines causes exercent sur le réservoir. Ce jet de gaz formera une fontaine ardente, lorsqu'on le mettra en contact avec du feu. Il y a aussi des fontaines bitumineuses qui deviennent ardentes quand on approche un flambeau de leur source. Enfin, on a vu des puits artésiens qui lançaient des colonnes de gaz inflammable.

Telles sont les fontaines naturelles les plus dignes d'attention : les *e a u x m i n é r a l e s* ont été l'objet d'un article particulier.

En économie domestique, on donne le nom de *fontaines* à des sortes de réservoirs où l'on conserve de l'eau. Les plus simples sont dépourvues de robinets : on y puise l'eau avec un vase ; ce qui a un avantage et un inconvénient : l'eau étant puisée à la surface est nécessairement plus limpide que si on la tirait par un robinet placé vers le fond de la fontaine ; mais si l'extérieur du vase avec lequel on la puise est couvert d'impuretés, ce qui arrive souvent, on éprouve quelque répugnance à boire de l'eau que l'on voit puiser de cette manière. Mais aujourd'hui la plupart des fontaines sont pourvues de f i l t r e s propres à épurer l'eau. Comme il existe des grès assez spongieux pour laisser passer plus ou moins facilement l'eau à travers leurs pores, on fait depuis longtemps des fontaines domestiques dans lesquelles on ménage vers le bas une petite chambrette, formée ordinairement de deux tablettes de grès spongieux. Afin que l'air puisse sortir de cette capacité à mesure que l'eau y entre, on la fait communiquer avec l'air extérieur, au moyen d'un petit tuyau vertical. On fait encore beaucoup de ces fontaines en marbre, en pierre de liais, etc. Les tables qui les composent sont jointes ensemble par des crampons et du mastic. Les matières les plus propres à contenir de l'eau sans la corrompre sont la pierre de liais, le granit et le grès ; quant aux matières pierreuses qui font les fonctions de filtres, elles retiennent assez bien les saletés qui rendent l'eau trouble à la vue, mais n'exercent aucune action chimique sur les liquides ou les gaz qui peuvent être combinés avec elles ; d'ailleurs, ces filtres ont besoin d'être nettoyés souvent, car leurs pores sont bientôt obstrués par les matières solides que l'eau tient en suspension.

Les *fontaines publiques* ont souvent demandé les secours de l'architecture et de la sculpture. Sous ce point de vue, on cite à Rome celles de Trevi, de Paolina, de la place Navone, de la place du Vatican. A Paris, nous avons celles des Innocents, de la place de la Concorde, des Champs-Élysées, de la place Louvois, la fontaine Molière, celle de Notre-Dame, de la rue de Grenelle, de la place du Châtelet, etc.   TEYSSÈDRE.

FONTAINE (PIERRE-FRANÇOIS-LÉONARD), architecte des bâtiments de la couronne sous le premier empire et sous Louis-Philippe, auteur de l'arc-de-triomphe qui décore la place du Carrousel, monument qui lui valut, en 1810, le grand prix d'architecture, naquit à Poitiers, le 2 septembre 1762. Après avoir été pendant une grande partie de sa vie le collaborateur de Percier, et avoir été employé, sous sa direction, aux grands travaux de construction entrepris par ordre de Napoléon, au Louvre, aux Tuileries, à Compiègne, à l'Élysée, à Saint-Cloud, à Fontainebleau, à la Malmaison, etc., il fut, dans les premières années de la Restauration, choisi par Louis-Philippe, alors duc d'Orléans, pour son architecte particulier, et ce fut lui qui, en cette qualité, dirigea et ordonna les importants travaux exécutés par ordre de ce prince au Palais-Royal, à Eu, à Neuilly. A la même époque il donnait les plans de la chapelle expiatoire élevée à la mémoire de Louis XVI, rue de l'Arcade. Quand Louis-Philippe, élu roi des Français, put donner plus largement carrière à sa passion pour les travaux d'architecture, Fontaine se trouva tout naturellement investi d'un véritable *portefeuille*, ayant bien aussi son importance, et pour la tranquille possession duquel il n'eut jamais à redouter les rivalités des intrigants politiques. On est en droit, par conséquent, de lui reprocher la complicité qu'il accepta dans les travaux entrepris aux Tuileries pour agrandir cette demeure royale en supprimant la terrasse qui séparait le pavillon de l'horloge de la chapelle, et d'avoir ainsi détruit, pour complaire à un ami auguste, mais jugé assez incompétent en matière d'art, quoi qu'on dise, la gracieuse harmonie du plan primitif de Philibert Delorme. La transformation du palais de Versailles en musée une fois acceptée pour bonne et convenable, force est de convenir que les travaux d'appropriation entrepris sous la direction de Fontaine dans cette ancienne résidence de nos rois ont été conduits avec autant de vigueur que d'intelligence.

Fontaine, membre de l'Institut depuis 1811, avait, comme on le voit, déjà gagné son bâton de maréchal sous l'empire ; c'est aussi de cette époque que datent les ouvrages qu'on a de lui et dont voici les titres : *Description des cérémonies et fêtes qui ont eu lieu à l'occasion du mariage de Napoléon avec l'archiduchesse Marie-Louise*, livre médiocre au total, mais exact pour les costumes, et officiel quant au texte; *Maisons et autres édifices modernes dessinés à Rome* (Paris, 1798; nouvelle édition, 1810-13, 1 vol. in-fol) ; *Recueil de décorations intérieures pour tout ce qui concerne l'ameublement* (1812). Fontaine mourut à Paris, le 10 octobre 1853.

FONTAINE (La). *Voyez* LA FONTAINE.
FONTAINE ARDENTE (La). *Voyez* DAUPHINÉ.
FONTAINEBLEAU, ville de France, chef-lieu d'arrondissement dans le département de Seine-et-Marne, à 57 kilomètres sud-est de Paris, au milieu de la forêt de son nom, à 3 kilomètres de la rive gauche de la Seine, avec 10,365 habitants, deux hôpitaux, un collège, un théâtre, des bains publics, une manufacture de poterie et une de porcelaine. Le grès des environs de la ville fournit la majeure partie du pavé de Paris. On y remarque l'hôtel de ville, deux casernes et un obélisque érigé lors de la naissance du dauphin fils de Louis XVI, au centre de l'étoile qu'on aperçoit en sortant par l'avenue méridionale de la ville. C'est une station du chemin de fer de Lyon. En arrivant à la station, le visiteur aperçoit un splendide viaduc de trente arches. Sur la place du Palais de Justice on voit une statue en bronze du général Damesme, une des victimes des journées de juin 1848. Mais ce qui rend européen le nom de Fontainebleau, c'est son palais, sans rival pour la magnificence, et la pittoresque forêt qui l'entoure.

La forêt de Fontainebleau était dans l'origine appelée *Forêt de Bierre*, du nom d'un guerrier normand, *Bierra*, surnommé *Côte de Fer*, qui en 845 s'arrêta en cet endroit avec son corps d'armée après avoir commis d'effroyables ravages. Son nom actuel, suivant Piganiol de La Force, Duchesne et Dulaure, vient des eaux vives et abondantes qui l'entourent, et ce serait une corruption de *Fontaine-Belle-Eau* ; mais les anciennes chartes n'autorisent pas cette interprétation, car elles font mention de la ville sous le nom de *Fons Blealdi* ou *Eblaudi*. L'époque où ce lieu devint résidence royale est tout aussi incertaine. Quelques-uns croient que c'est sous le règne du roi Robert le Pieux, au onzième siècle ; mais on ne peut le dire en toute certitude qu'à partir du siècle suivant, plusieurs actes ayant été promulgués en cet endroit par Louis VII. Philippe-Auguste résida également à Fontainebleau. Philippe le Bel y naquit et y mourut, et son tombeau se voit dans la petite église du hameau d'Avon, contigu au parc. Louis IX, qui appelait Fontainebleau ses *chiers déserts*, chassait souvent dans la forêt ; il y fonda un hôpital, et bâtit la chapelle de la Sainte-Trinité. Ce ne fut cependant qu'au seizième siècle que le château actuel fut commencé par François 1er et devint la résidence favorite de ce monarque et de ses successeurs immédiats.

Beaucoup d'événements remarquables de l'histoire de France se sont accomplis au palais de Fontainebleau. En 1539, François 1er y reçut et y fêta Charles-Quint, à son passage en France. En 1602, Henri IV y fit arrêter le maréchal de Biron. En 1650, le marquis de Monaldeschi, secrétaire et favori de la reine Christine de Suède, y fut assassiné par ses ordres. En 1685, Louis XIV y signa la révocation de l'Édit de Nantes ; et l'année suivante, le grand Condé y mourut. La cour ayant été transférée par Louis XIV à Versailles, Fontainebleau fut négligé ; à la Révolution on le dépouilla de son riche ameublement, et il tomba bientôt presque en ruines. Sous Napoléon, cependant, il fut en partie restauré, et devint une fois encore le théâtre d'événements historiques. En 1808, Charles IV, roi d'Espagne, y fut détenu pendant vingt-quatre jours. En 1809, le divorce de l'empereur et de Joséphine y fut prononcé, et trois ans après le pape Pie VII vint, de par la volonté de Napoléon, habiter ce palais pendant dix-huit mois. C'est encore là que Napoléon signa son abdication et prit congé des aigles impériales. Il ne s'y passa rien de mémorable pendant la Restauration ; Louis XVIII et Charles X ne firent que peu de chose pour l'embellissement de cette résidence. Mais en 1831 Louis-Philippe commença sa complète restauration ; les travaux furent poussés avec une grande activité, et les dépenses montèrent à une somme considérable. Les premiers artistes de France furent employés à sa décoration, et on apporta la plus scrupuleuse attention dans la restauration de chaque chose conformément à son style primitif ; l'ameublement fut choisi avec un goût parfait, et le palais se trouva être plus splendide qu'il ne l'avait jamais été. Les derniers événements dont Fontainebleau ait été le théâtre, sont le mariage du duc d'Orléans, la réception de la reine Marie-Christine d'Espagne, et l'attentat de Lecomte sur la personne de Louis-Philippe.

Le palais est un vaste assemblage de bâtiments, où quatre époques ont chacune imprimé leur sceau particulier. François Ier fait augmenter ou plutôt recommencer et embellir l'ouvrage primitif de Louis VII ; Henri IV y ajoute de nouveaux bâtiments ; Louis XIII élève la façade du milieu de la cour du Cheval Blanc ; et sous Louis XIV on y ajoute les deux ailes de droite et de gauche. Cependant, tout cela a un air imposant de grandeur et de majesté qui annonce la demeure d'un puissant monarque. « Voilà, disait Napoléon à Sainte-Hélène, en parlant de Fontainebleau, la vraie demeure des rois, la maison des siècles ; peut-être n'est-ce pas rigoureusement un palais d'architecte, mais bien assurément un lieu d'habitation bien calculé et parfaitement convenable. C'est ce qu'il y a sans doute de plus commode, de plus heureusement situé en Europe pour le souverain... Fontainebleau, ajoutait-il encore, est en même temps la situation politique et militaire la plus convenable. »

L'entrée principale du château est par la vaste *cour du Cheval Blanc*, ainsi nommée d'une statue équestre en plâtre qu'on y voyait autrefois. Le palais contient encore quatre autres cours : *la cour de la Fontaine*, dans laquelle on voit une belle statue d'Ulysse par Petitot ; la *cour ovale* ou *du Donjon*, où se trouvait autrefois le donjon du vieux château ; la *cour des Princes*, ainsi nommée des appartements y donnant, qui avaient été assignés aux princes de Condé et au duc de Bourbon ; enfin, la *cour des Cuisines* ou *de Henri IV*. La cour du Cheval Blanc fut construite d'après les plans de l'architecte Serlio ; elle était autrefois divisée en quatre parties, pour les joûtes et les tournois. La belle grille qui la sépare de la place de Ferrare date du règne de Napoléon.

La façade du château se compose de cinq pavillons portant les noms de *Pavillon des Aumôniers* ou *de l'Horloge*, *Pavillon des Ordres*, *Pavillon du Milieu* ou *des Peintures* : on y voit un buste de François Ier, placé là par l'ordre de Louis-Philippe ; *le Gros Pavillon* ; enfin, le *Pavillon des Armes* ou *des Poêles*, ainsi nommé de poêles d'Allemagne que François Ier y avait fait établir. Au centre est une double rampe de degrés, connue sous le nom d'*Escalier du Fer à cheval*, construite par Lemercier, sous Louis XIII. C'est à quelques mètres en avant de ces degrés que se passa la scène émouvante des *adieux de Fontainebleau*.

La *Chapelle de la Trinité* fut construite par François Ier, sur l'emplacement d'une plus ancienne, bâtie par saint Louis ; un fragment de la construction primitive, un arc dorique au fond de la nef, subsiste encore. La chapelle a 39 mètres de long, sur 7 m, 80 de large, sans compter les bas côtés. Les compartiments de la voûte sont peints par Fréminet. L'autel, du temps de Louis XIII, est de Bordoni. Quatre anges en bronze et les statues de Charlemagne et de saint Louis sont de Germain Pilon.

La *Galerie des Fresques* est remarquable par ses panneaux, contenant des sujets allégoriques peints par Ambroise Dubois. Le lambris est décoré de quatre-vingt huit superbes médaillons de porcelaine de Sèvres, représentant les principaux monuments de la France et différents sujets relatifs à l'histoire de Fontainebleau. On pénètre ensuite dans la *galerie de François Ier*, que l'on est en train de réparer. M. Couder est chargé de la majeure partie de ce travail ; c'est là que se trouvent les fresques du Rosso et du Primatice. Les appartements qui suivent sont ceux qu'ont habités Pie VII et la duchesse d'Orléans.

Dans le *Cabinet particulier*, où l'empereur signa son abdication, on voit sous une cage de glace la petite table sur laquelle il écrivait ; cette précaution a été nécessitée par l'indiscrétion des visiteurs, qui ne se faisaient pas faute d'en détacher des morceaux. La *salle du Trône*, richement décorée, possède un portrait de Louis XIII par Philippe de Champagne. On y voit la table du serment, où les maréchaux de France prêtaient serment d'allégeance. Le trône lui fait face. La *galerie de Diane*, longue de 100 mètres, est d'architecture dorique ; elle fut en partie restaurée sous Napoléon, et achevée sous Louis XVIII.

Les appartements de réception comprennent l'*antichambre de la Reine*, le *salon de François Ier* et le *salon de Louis XIII*. La plus ancienne partie du château est le *salon de saint Louis*, autrefois habité par lui, mais qui a subi de nombreuses métamorphoses depuis et même a été reconstruit à différentes époques, sous les règnes de François Ier et de Louis-Philippe. On arrive ensuite à la *salle des Gardes*, construite sous le règne de Louis XIII. On y voit une belle cheminée de marbre blanc, deux statues de la Force et de la Paix par Francarville, et un buste de Henri IV. La *salle de Spectacle* fut construite au temps de Louis XV, qui la fit élever pour amuser Mme de Pompadour.

L'*escalier d'honneur* nous offre des fresques du Rosso, restaurées par M. Abel de Pujol. Il conduit à la plus belle salle de tout le château, la *galerie de Henri II* ou *la salle de Bal*, que ce prince fit bâtir pour plaire à Diane de Poitiers. On y voit des peintures du Primatice et de Niccolo, restaurées par M. Alaux. Au rez-de-chaussée se trouve la *chapelle de Saint-Saturnin*, bâtie primitivement par Louis VII et consacrée par Thomas Becket en 1169. Elle a été restaurée et décorée d'abord par François Ier, de nouveau par Louis XIII, et en dernier lieu par Louis-Philippe ; sa fille, la princesse Marie d'Orléans, a composé les dessins des vitraux. La *galerie des Colonnes* est la répétition pour les dimensions de la *galerie de Henri II*, à l'étage supérieur.

La *porte Dorée* donne dans la *Cour ovale* ; elle fut construite par François Ier, en 1528, et ornée de huit belles fresques de Niccolo, d'après les dessins du Primatice, restaurées par Picot. Le *vestibule de saint Louis*, dans la plus vieille partie du château, restauré et décoré par Louis-Philippe, contient les statues de saint Louis, de Philippe-Auguste, de François Ier, d'Henri IV, qui tous ont pris part à la construction du château. La *Cour ovale* a 77 mètres de long, sur 38. C'est une colonnade toute ronde qui se termine par les restes d'un pavillon et d'une tourelle qu'on dit avoir été autrefois habitée par saint Louis. Cette cour communique avec la *cour de Henri IV* par la *porte Dauphine*, construction digne d'attention et surmontée d'une coupole.

La *Bibliothèque*, autrefois *Chapelle haute*, est un beau spécimen du talent de Serio, son architecte, qui la construisit par ordre de François Ier. Les appartements de Mme Maintenon se composent de quatre pièces. Les petits appartements, formés de l'ancienne *galerie des Cerfs*, renferment douze pièces ; dans l'une d'elles on voit un tableau qui représente l'assassinat de Monaldeschi ; l'impératrice Marie-Louise et l'empereur lui-même y occupaient un appartement ; Mme Adélaïde et la princesse Clémentine, duchesse de Saxe-Cobourg-Gotha, y logèrent ensuite. Les appartements de l'*Aile neuve* furent successivement occupés par la princesse Borghèse, Mme Lætitia, et la duchesse de Nemours.

Le *Jardin anglais* s'étend le long de la façade du château appelée *l'Aile neuve* ou *de Louis XV*, qui forme un des côtés de la *cour du Cheval Blanc*. La variété de ses aspects, les sinuosités de la rivière qui le traverse, mille effets charmants de l'art, tout contribue à faire de ce jardin un endroit enchanteur. Le *Parterre*, dessiné par Le Nôtre, est dans le style français. Un autre jardin, le *Jardin particulier*, fait face aux derniers appartements royaux. L'*Étang* est une grande pièce d'eau, de forme triangulaire, longue de 333 mètres sur deux de ses côtés et de 233 sur l'autre. Il est peuplé d'un grand nombre d'énormes carpes, dont quelques-unes sont très âgées. Un divertissement très en vogue à Fontainebleau consiste à jeter à ces carpes des pains tout entiers et à les regarder engloutir en quelques instants par ces voraces animaux. Au milieu on voit un élégant petit pavillon octogone, qu'on appelle le *cabinet du Roi*, et qui fut primitivement construit par François Ier. Le *Parc* est très vaste ; il est traversé dans toute sa longueur par un magnifique *canal*, long de 1,333 mètres, sur 43 de large, et alimenté par une fontaine qui forme une *cascade artificielle*. C'est là que le visiteur admirera la fameuse *treille du Roi*, qui s'appuie sur un mur l'espace de plus de 1,700 mètres, et qui produit du chasselas de qualité supérieure. Du reste, Fontainebleau, ou plutôt le petit village de Thomery, à 10 kilomètres de la ville, jouit d'une réputation européenne pour ses raisins. Les plants de cette excellente espèce ont été introduits dans le pays par François 1er. Les seules constructions qu'il y ait dans le parc sont la maison du gardien en chef, et à son extrémité méridionale une grande construction qui servait en dernier lieu d'écuries au roi, et qu'on appelle les *Héronnières*, parce qu'on y logeait autrefois les faucons destinés à la chasse du héron.

La *forêt de Fontainebleau* a 53 kilomètres de circuit, et contient 19,736 hectares de superficie. Peu de forêts offrent une aussi grande variété d'aspects, de sites pittoresques : roches, ravines, plaines, vallées, le paysage gracieux, le paysage abrupte et désolé, s'y trouvent réunis à quelques pas de distance. Les plus belles vues se rencontrent dans la partie de la forêt qu'on nomme *Platières*, et à quelque intervalle les unes des autres. Parmi les endroits les plus dignes d'attention, nous citerons seulement le *Mont Ussy* et le *Nid de l'Aigle*, la *Vallée de la Sole*, et le *Rocher des Deux Sœurs*, près duquel se voit la *Roche cristallisée de Saint-Germain*; la *Gorge* et le *Vallon d'Apremont*, avec ses vieux arbres séculaires au feuillage sombre; la *Caverne des Brigands*, qu'habitait au siècle dernier un voleur de grands chemins, nommé Tissier, la terreur des environs; l'*Ermitage de Franchard*, distant de 4 kilomètres de Fontainebleau, au milieu des rochers et des sables, dans un endroit qui a tout à fait l'aspect d'un désert, et qui était autrefois le siège d'un fameux et florissant monastère, fondé par Philippe-Auguste. C'est là qu'on voit la célèbre *Roche qui pleure*; le vulgaire attribua longtemps à l'eau qui découle de sa voûte la vertu de guérir tous les maux. On y venait de très-loin en pèlerinage. Le monastère fut supprimé sous Louis XIV. La *Gorge du Houx* conduisant au *Mont Aigu*, et retournant par la *Faisanderie* à Fontainebleau; la *Croix du Grand Veneur*, carrefour où se trouve un obélisque, et qui doit son nom à la légende d'un chasseur fantastique, qui, dit-on, chassait jadis la nuit dans la forêt, avec meute nombreuse et chevaux plus rapides que le vent; on va même jusqu'à raconter qu'Henri IV fut une fois témoin de cette apparition.

Là se trouvent aussi la magnifique *Promenade de la Reine*, le *Rocher d'Avon*, près de la route de Fontainebleau, la *Gorge aux Loups*, le *Long-Rocher*, non loin du village de Montigny, et la *Mare aux Evées*, endroit des plus pittoresques, sur la route de Melun. Mentionnons encore, pour les personnes qui n'ont qu'un temps extrêmement limité à consacrer à leur visite de la forêt, la *Promenade du chemin de fer*, qui s'étend depuis la station à la barrière de Melun, et qui comprend le *Mont Calvaire*, d'où l'on jouit d'une magnifique vue de la ville et de la forêt, le *Rocher des Marsouins*, le *Rocher au puits des Écureuils*, la *Roche de Léviathan* et du *Diable*, la *Grotte de Georgine*, et une partie de la *Promenade de la Reine*.

La forêt de Fontainebleau abondait autrefois en gros et en petit gibier; mais on a presque tout détruit lors de la révolution de 1830. Au printemps et en automne, elle est le rendez-vous des artistes, qui y viennent faire des études de paysages. Il n'y a pas de forêt en France qui possède de plus beaux arbres et de plus d'essences différentes. Malheureusement on y fit il y a quelques années d'énormes et regrettables abattis.

FONTAINE DE CIRCULATION. À proprement parler, ce n'est pas une fontaine, puisque le liquide que contient l'appareil n'en sort pas. Deux vases, A, B, en verre communiquent ensemble par deux tubes *a*, *b*; le premier est droit, l'autre est contourné. L'appareil est hermétiquement fermé; il contient de l'air et une certaine quantité d'un liquide coloré. Supposons que le liquide se trouve dans le vase A; il tendra à descendre dans le vase inférieur B par le tube *a*, lequel se termine en pointe recourbée, dont le bout répond au-dessous de l'orifice du tube *b*. Une partie du liquide jaillit dans ce dernier tube, le reste tombe dans le vase B, et l'air que contient ce vase s'échappe peu à peu par le tube *b*, de sorte qu'il se forme dans ce tube un courant ascendant composé de liquide et d'air. Le poids de la colonne de liquide contenue dans le tube *a* étant spécifiquement plus grand que celui de la colonne composée de liquide et d'air, le courant ascendant continue tant qu'il y a du liquide dans le vase supérieur A et de l'air dans le vase B. Le tube *b* est contourné, et présente des spirales et d'autres figures singulières et bizarres, de sorte que le courant ascendant imite le mouvement et les contorsions d'un serpent. Le jeu de cette fontaine dure pendant un temps assez considérable, vu que le courant ascendant restitue au vase supérieur une partie du liquide qu'il perd par le tube *a*. Pour remonter l'instrument, il suffit de le renverser; le liquide passe de B en A par le tube *b*, etc. TEYSSÈDRE.

FONTAINE DE COMMANDEMENT. La *fontaine de Sturmius*, ou *fontaine de commandement*, est l'un des appareils au moyen desquels on pensa d'abord pouvoir expliquer l'intermittence de certains écoulements naturels. Cet instrument est ainsi composé : Au sommet d'une colonne creuse est fixé un vase fermé, portant vers le bas et tout autour un certain nombre de robinets dont les orifices sont très-petits; supposez que le vase soit plein d'eau, elle ne coulera point au dehors, quoique les robinets soient ouverts; mais si, par une disposition facile à imaginer, l'air peut s'introduire dans le vase par la colonne creuse, dont la base occupe le centre d'un petit bassin, l'écoulement s'établira infailliblement; il cessera un peu après que l'eau écoulée se sera élevée dans le bassin, qui porte la colonne un peu au-dessus de l'ouverture pratiquée vers le bas de celle-ci, et par laquelle s'introduit l'air qui se rend dans le vase fixé à son sommet. Or, le bassin est aussi muni d'un robinet, dont l'orifice est moindre que la somme de ceux de tous les robinets qui sont autour du vase supérieur. Cependant, quand l'écoulement des robinets de ce dernier a cessé, le bassin inférieur se vide, et l'eau, descendant au-dessous de l'ouverture qui est au bas de la colonne creuse, une nouvelle quantité d'air se rend au-dessus de l'eau contenue dans le vase supérieur; il y fait ressort, et l'écoulement recommence. Comme, avec un peu d'attention, il est aisé de prévoir l'instant où ces alternatives doivent se reproduire, les charlatans ont donné à cet appareil le nom impropre de *fontaine de commandement*. Mais, quelque ingénieux qu'il soit, l'explication des écoulements périodiques que nous avons donnée à l'article FONTAINE semble être plus près de la vérité.

FONTAINE DE COMPRESSION. Cet instrument de physique serait mieux nommé *fontaine à gaz comprimé*. Son principe est l'élasticité des gaz, dont on augmente le ressort en les foulant dans un espace fermé de tous côtés. Cet appareil se compose d'un vase de cuivre et d'un tube dont l'orifice s'ouvre un peu au-dessus du fond du vase. En haut du vase est une soupape qui ouvre en dedans. Le vase étant rempli d'eau en partie, on foule de l'air dans son intérieur par l'ouverture de la soupape au moyen d'une pompe, l'orifice supérieur du tube étant bouché. Quand on a cessé de faire jouer la pompe, la soupape se ferme, et si l'on ouvre l'orifice supérieur du tube, l'eau, pressée par le ressort de l'air, jaillira par cette ouverture à une certaine hauteur; le jet cessera quand le ressort de l'air sera égal au poids de l'atmosphère. TEYSSÈDRE.

FONTAINE DE HÉRON. Cet appareil a reçu le nom de son inventeur, Héron d'Alexandrie. Ce n'est autre chose qu'une fontaine de compression dans laquelle l'eau elle-même est employée comme moyen de compression. L'appareil a pour pièces principales deux vases en cuivre de forme sphérique, ajustés verticalement l'un sur l'autre. Le vase supérieur est rempli d'eau aux deux tiers, et est surmonté d'un bassin au centre duquel se trouve un tuyau avec un ajutage; ce tuyau, comme dans la fontaine de compression, plonge par une ouverture dans le vase de cuivre de dessous jusqu'à deux millimètres de son fond. Dans le même bassin, à côté de ce dernier tube, au niveau du fond, se trouve l'ouverture d'un tuyau qui, en traversant le premier globe de cuivre, va s'ouvrir au fond du vase inférieur, qui doit être plein d'air avant que la machine commence à fonctionner, et qui est muni d'un autre tuyau, dont l'ouverture est à son sommet et en ayant une seconde dans le vase de cuivre supérieur, au-dessus du niveau de l'eau qui s'y trouve. Si, les choses étant ainsi disposées, on verse de l'eau dans le bassin qui domine tout l'instrument, seulement jusqu'à la hauteur de l'ajutage, elle se précipitera dans ce vase inférieur, et forcera l'air qu'il renferme à se rendre dans le vase supérieur pour y exercer une pression sur la surface libre de l'eau contenue dans ce même vase, ce qui fera, comme la fontaine de compression, jaillir celle-ci par le tuyau qui touche presque son fond et va s'ouvrir à la hauteur des bords du bassin supérieur.

FONTAINE FRANÇAISE. *Voyez* CÔTE-D'OR (Département de la).

FONTAINE VINEUSE (La). *Voyez* DAUPHINÉ.

FONTAINIER. Il y a deux classes de *fontainiers*, ou constructeurs de fontaines : la première se compose de ceux qui vont à la recherche des sources, qui en réunissent les eaux, et les conduisent d'une manière ou d'autre au lieu de leur destination. Ce sont de véritables ingénieurs. La deuxième classe de *fontainiers* se compose de ceux qui fabriquent des fontaines domestiques, mobiles et portatives. Il y a aussi des fontainiers ambulants, *raccommodeurs de fontaines*, remetteurs de robinets, qui signalaient autrefois leur passage dans les rues de Paris au bruit du cor, du cornet, et de la trompette, mais qu'une ordonnance de police a réduits au silence ou plutôt au jeu du porte-voix et du robinet.

FONTAINIER (Pouce). *Voyez* POUCE.

FONTANA (DOMINIQUE). Ce célèbre architecte et ingénieur naquit en 1543, au village de Mili, près du lac de Côme. Il vint à Rome, à l'âge de vingt ans, étudier l'architecture, et ses progrès furent rapides. Le cardinal de Montalto (depuis Sixte-Quint) lui confia la construction de la chapelle *del Presepio*, à Sainte-Marie-Majeure. Un acte de désintéressement de Fontana à cette époque fut la source de la fortune à laquelle il parvint plus tard. Grégoire XIII, ayant supposé de très-grandes richesses au cardinal de Montalto, d'après les dépenses qu'il faisait à cette chapelle, lui supprima ses pensions. Mais le futur pontife n'était pas aussi opulent qu'on le supposait Grégoire; les travaux allaient donc être suspendus, si Fontana n'eût consacré à les continuer toutes les sommes que ses économies lui avaient permis d'amasser.

Quand il fut appelé au trône de saint Pierre, Sixte-Quint nomma Fontana son architecte, et, en récompense de ses travaux, lui accorda plus tard une pension de 2,000 écus d'or, des gratifications considérables, des décorations et des lettres de noblesse. A la mort de son protecteur, Fontana vit sa fortune changer de face. Accusé par ses ennemis d'avoir détourné à son profit des sommes considérables destinées aux travaux publics, il perdit son emploi, et se retira à Naples, où il fut nommé, par le vice-roi, architecte et premier ingénieur du royaume. Il mourut dans cette ville, en 1607.

On lui doit, outre la chapelle *del Presepio*, le palais du pape, connu depuis sous le nom de *Villa Negroni* ; le palais pontifical de *Montecavallo* ; la fontaine di *Acqua felice*, qui amène à Rome l'eau d'une montagne éloignée d'environ cinq lieues; celle de la place *Termini*; la bibliothèque du Vatican et la partie extérieure de ce palais qui regarde la place de Saint-Pierre et la ville de Rome; la façade et la basilique de Saint-Jean de Latran, etc., etc. Un travail gigantesque, que Sixte-Quint hésita long temps à lui confier, fut le redressement et le transport de l'o bé li squ e du Vatican. Ce monument, remarquable par sa belle conservation, était encore debout sur sa base, ensevelie à une très-grande profondeur sous les décombres du terrain. Il fallait le placer devant la nouvelle basilique de Saint-Pierre. Fontana entreprit et acheva avec succès cette œuvre immense; l'énorme masse, pesant, avec les cercles de fer et l'enveloppe dont on l'avait entourée, 750,000 kilogrammes, fut soulevée, descendue de son piédestal, couchée dans un chariot, relevée et redressée sur son nouveau piédestal. Après cette opération, aussi grandiose que hardie, Fontana releva trois autres obélisques, entre lesquels on cite celui de la place du Peuple et celui de Saint-Jean de Latran, et transporta des thermes de Constantin à la place de Montecavallo les énormes colosses qui s'y trouvent aujourd'hui. Rome doit encore à Fontana la restauration des colonnes triomphales de Trajan et d'Antonin.

Les monuments et les travaux dont la ville de Naples lui est redevable suffiraient à sa réputation : ce sont le palais du roi, dont plusieurs changements sont venus modifier les plans et les premières dispositions ; la fontaine *Medina*, les mausolées de Charles Ier, de Charles Martel, et de Clémence, sa femme, à l'archevêché. Il donna le plan du port de Naples, qui fut exécuté plus tard, et traça le plan de grands travaux hydrauliques, dont s'enorgueillit le royaume des Deux-Siciles, etc.

Jean FONTANA, son frère, quoique moins connu, n'en fut pas moins un architecte recommandable, ainsi que *César* FONTANA, fils de Dominique, et un autre FONTANA (*Charles*), qui florissaient à la fin du dix-septième siècle.

FONTANA (FELICE), savant physicien italien, né le 15 avril 1730, à Pomarole, près de Roveredo, dans le Tyrol italien, fut nommé par le grand-duc François, devenu plus tard empereur d'Allemagne, professeur de mathématiques et de physique à l'université de Pise, puis appelé en la même qualité à Florence par le grand-duc Léopold II, devenu plus tard aussi empereur d'Allemagne. C'est sous sa direction que fut exécutée la collection de modèles en cire d'objets d'histoire naturelle qui est encore aujourd'hui l'une des curiosités de cette capitale. La collection de préparations anatomiques en cire que l'on voit à l'Académie de chirurgie de Vienne fut également exécutée sous sa direction. On lui doit plusieurs découvertes relatives à la nature des gaz et aux propriétés de l'acide carbonique, et notamment sur la théorie de l'irritabilité. Il les a consignées dans son ouvrage intitulé : *Ricerche filosofiche sopra la fisica animale* (Florence, 1781, in-4°). Il mourut le 9 mars 1805, et fut enterré dans l'église de Santa-Croce, à côté de Galilée et de Viviani.

Son frère, *Gregorio* FONTANA, né le 7 décembre 1735, fut professeur de mathématiques et de philosophie, d'abord à Milan, puis à Pavie, et mourut à Milan, au mois d'août 1803, membre du conseil législatif. On a de lui de remarquables dissertations sur différentes questions de physique et de mathématiques, mais dispersées toutes dans de grands recueils.

FONTANA (FRANCESCO), cardinal, naquit en 1750, à Casalmaggiore, dans le Milanais. Il avait seize ans à peine, et venait de terminer ses études théologiques, lorsqu'il entra dans la congrégation des Barnabites, et y prononça ses vœux. Il devint successivement par la suite procureur général de son ordre, provincial à Milan, puis général à Rome. Désigné en 1772 par l'impératrice Marie-Thérèse à l'effet de visiter les mines de Hongrie de concert avec un autre savant, le père Hermenegild Pini, et de lui présenter un rapport sur l'état et les ressources de ces divers établissements, il se lia à Vienne avec Métastase et quelques autres gens de lettres. Ce voyage scientifique dura un an, et à son retour en Italie il alla seconder son frère dans la direction du collége de Saint-Louis de Bologne. Peu de temps après il fut appelé à occuper la chaire d'éloquence dans le grand collége de Milan, et ces fonctions lui permirent de faire apprécier ses rares connaissances littéraires et scientifiques.

Appelé à Rome par le cardinal Gerdil, il vit bientôt s'ouvrir une nouvelle carrière devant lui. Le saint-siége prit même ses conseils lors de la conclusion du concordat avec la France. Quand le saint-père se décida à venir en personne sacrer Napoléon à Paris, Fontana l'y accompagna. Quelques années plus tard, Napoléon ayant résolu de faire casser son mariage avec Joséphine, Fontana vint encore une fois à Paris, où l'avait mandé l'empereur, ainsi que les autres chefs d'ordre, dans l'espoir d'obtenir d'eux un avis favorable à cette mesure, beaucoup plus politique que religieuse. Mais, pour ne pas se compromettre, Fontana feignit, tout en arrivant dans la capitale, une maladie qui le dispensa de prendre part aux conférences ouvertes à l'effet d'examiner les questions relatives au divorce. On suppose qu'il fut alors l'âme d'une intrigue qui aurait voulu faire payer fort cher à Napoléon le consentement du saint-siége à l'annulation de son premier mariage. Ce projet de transaction, qui aurait eu pour résultat de rendre à la cour de Rome une grande partie des priviléges que la force des choses lui avait enlevés, échoua contre la volonté obstinée de quelques théologiens rigoristes, et Napoléon, fatigué des lenteurs de la négociation, trancha la question en déclarant que le consentement des évêques et docteurs français lui suffisait. La nomination du cardinal Maury à l'archevêché de Paris, sans qu'on eût au préalable sollicité pour lui une bulle d'institution auprès de la cour de Rome, acheva la rupture entre les deux gouvernements. Fontana et Grégorio, chargés de notifier à l'homme qu'un décret impérial avait institué de fait le chef de l'Église gallicane le fameux bref du pape en date du 5 septembre 1810, furent arrêtés par ordre de Fouché et jetés dans le donjon de Vincennes. On finit par se relâcher quelque peu des rigueurs dont l'empereur, dans un premier mouvement de colère, avait voulu qu'ils fussent l'objet. Fontana, transféré d'abord au fort de Joux, obtint enfin d'habiter une petite ville de province, où il continua de rester en surveillance jusqu'à la chute de l'empire. Pie VII, rendu à la liberté, n'oublia pas l'homme qui lui avait prouvé tant de dévouement; il le nomma secrétaire de la congrégation des affaires ecclésiastiques, et en 1816 il le promut au cardinalat. L'année suivante, Fontana fit partie d'une commission instituée pour rédiger le code de l'inquisition ainsi qu'un nouveau plan d'organisation pour l'instruction publique, et plus tard il fut nommé président de la propagande. Il mourut le 22 mars 1822.

Son frère, le père *Mariano* FONTANA, né en 1746, mort à Milan, le 17 novembre 1808, s'est fait un nom comme mathématicien, par son *Cours de Dynamique* (Paris, 1792, 3 vol. in-4°).

FONTANELLE (de la basse latinité *fontanella*, petite fontaine), en anatomie, désigne un petit espace quadrangulaire situé en haut et en avant de la tête, où l'on voit et où l'on sent chez les enfants nouveau-nés des pulsations causées par le mouvement d'expansion et d'élévation que la circulation communique au cerveau. Les os qui forment la voûte du crâne, les deux pariétaux et les deux moitiés du frontal, dont l'ossification n'est pas encore complète, laissent entre eux un intervalle membraneux, qui sera plus tard ossifié : c'est cet intervalle membraneux que l'on nomme *fontanelle* ; dans la pratique des accouchements, il est utile de bien reconnaître ce point quand on touche, pour savoir si c'est la tête de l'enfant qui se présente, et dans quelle position elle se trouve.

FONTANES (Louis-Marcellin de), de l'Académie Française, premier grand-maître de l'université impériale, naquit à Niort, en 1761. Fils d'un mariage mixte, il suivit la religion de sa mère, qui était catholique, et fit ses études chez les jésuites. Son goût pour la poésie l'amena à Paris, où il se lia avec les littérateurs en renom, qui l'admirent à la rédaction du *Mercure* et de l'*Almanach des Muses*. Après un séjour en Angleterre, où il commença la traduction de l'*Essai sur l'Homme*, de Pope, il revint l'achever à Paris, où il publia successivement le poème du *Verger*, *Le Cloître des Chartreux*, des fragments traduits de Lucrèce, *La Journée des Morts*, une *Épître sur l'édit en faveur des non-catholiques*, etc. C'était froid et pâle ; c'était de l'école de Delille, mais fort au-dessous du maître. Ami d'une sage liberté, Fontanes fit paraître en 1790 un *Poëme séculaire* pour la fête de la Fédération, et s'associa à la rédaction du *Modérateur*. Mais, effrayé des dangers de la capitale, il alla se marier à Lyon, s'enfuit, avec sa femme, de cette ville assiégée, et, rentré dans Paris peu après le 9 thermidor, y fut nommé membre de l'Institut pour la classe de la langue et de la littérature (ancienne Académie Française) et pourvu d'une chaire à l'école centrale des Quatre-Nations. La Convention fut si satisfaite de son cours et surtout de ses opinions, qu'elle lui alloua une gratification de 3,000 francs ; « mais, en dépit des pompeuses déclamations du professeur républicain, l'homme restait monarchique, aristocrate, et il portait en lui-même, dans les plis les plus cachés de son cœur, a dit M. Laurent (de l'Ardèche), toutes les qualités qui devaient distinguer le sénateur de l'empire et le pair de la Restauration. »

Proscrit le 18 fructidor, comme affilié au fameux club de Clichy, il se réfugia en Allemagne, à Hambourg, et alla s'établir à Londres, où il se lia avec Châteaubriand et bon nombre d'émigrés. Mais vint le 18 brumaire, et Fontanes se hâta de rentrer en France pour y jouir du rétablissement de la paix publique. Les agréments de son esprit et l'élégance de ses manières le firent réussir auprès des femmes, et le salon d'une sœur du premier consul (*Élisa Bonaparte*) devint le berceau de sa fortune politique. Il y fit la rencontre et y gagna l'estime de Lucien, alors ministre de l'intérieur, qui lui donna une division dans son département. Washington venait de mourir ; son éloge funèbre devait être prononcé dans l'église des Invalides, alors le *Temple de Mars*. Fontanes fut chargé de cette mission, et s'en acquitta avec moins de talent que d'adresse. Il devint dès lors l'orateur à la mode, et brilla au premier rang parmi les courtisans du génie et de la gloire. Nommé au corps législatif, il fut porté au fauteuil de la présidence. Constamment on l'entendit, dans ces fonctions, célébrer les avantages du régime monarchique et les merveilles de l'empire. Le premier il transforma les représentants de la nation en *très-fidèles sujets* du prince, faisant insérer au procès-verbal que cette formule était celle de la chambre des communes d'Angleterre. À chaque anniversaire, enfin, on le retrouvait, président inamovible des députés de la France, portant au pied du trône les sentiments d'admiration et de reconnaissance dont elle était animée pour l'homme qui dirigeait ses destinées.

Napoléon récompensa l'inépuisable faconde de son thuriféraire en l'appelant aux fonctions de grand-maître de l'université, tout en lui continuant par un décret la présidence du corps législatif. Au commencement de 1810 il l'admettait dans le sénat. Quand vint la Restauration, Fontanes ne put se beau reporter sur les fils de saint Louis, sur les bienfaits de la paix, sur la magnanimité des monarques alliés, l'inépuisable encens dont il avait été si prodigue pour l'empereur, sa participation à la déchéance du grand homme, ses obséquieuses harangues au comte d'Artois et à Louis XVIII ne purent le maintenir longtemps à la tête de l'université. Seulement, pour rendre sa disgrâce moins éclatante, on ne lui donna point de successeur, on supprima la place. Il reçut en outre, pour dédommagement, le grand-cordon de la Légion d'Honneur. Au retour de l'île d'Elbe, Napoléon ne retrouva plus près de lui son infatigable thuriféraire : retiré à la campagne, il se tint à l'écart durant les cent jours.

Lors de la seconde restauration, il présida le collége électoral des Deux-Sèvres, et fut nommé ensuite ministre d'État et membre du conseil privé. En sa qualité de pair de France, il prit part au jugement et à la condamnation du maréchal Ney. « On assure, dit M. Laurent (de l'Ardèche), qu'il avait voté pour la mort au premier tour de scrutin, mais qu'il opina au deuxième pour la déportation, sur les instances de son ami Lally-Tolendal. » La chambre des pairs lui conserva l'honneur dont le corps législatif et le Sénat l'avaient fait jouir sous l'empire, celui de répondre aux discours du trône par des adresses respirant la même adulation. Les solennités académiques lui fournirent l'occasion de déployer les mêmes talents.

De 1815 à 1819 il suivit le drapeau des royalistes modérés ; mais les triomphes du parti libéral dans les élections le rejetèrent dans l'aristocratie réactionnaire. Il vota pour la proposition Barthélemy contre la loi électorale et pour toutes les mesures exceptionnelles soumises aux chambres après l'assassinat du duc de Berry. Il y avait à cette époque parmi les écrivains royalistes un officier, fils naturel de Fontanes, M. de Saint-Marcellin. Un duel politique ayant tranché prématurément les jours de ce jeune homme, Fontanes, inconsolable, fut frappé d'apoplexie, le 17 mars 1821. Son éloge funèbre fut prononcé sur sa tombe par Roger, à l'Académie par M. Villemain, à la chambre des pairs par Pastoret. Outre les ouvrages que nous avons cités, il laissait en portefeuille un poëme intitulé : *La Grèce délivrée*. Ses œuvres ont été rassemblées et publiées en 1839 par les soins de M. Sainte-Beuve, 2 volumes in-8°, d'après les manuscrits conservés dans sa famille.

FONTANGES (MARIE-ANGÉLIQUE DE SCORAILLE DE ROUSSILLE, duchesse DE), naquit en 1661, en Auvergne, d'une des plus anciennes familles de cette province. Elle n'avait que dix-sept ans lorsqu'elle parut à la cour, pour y occuper la place de fille d'honneur de madame Henriette d'Angleterre, épouse de Monsieur, frère du roi. « La cour, dit l'auteur des *Anecdotes des Reines et Régentes*, n'avait rien vu qui eût autant d'éclat que la beauté de Mlle de Scoraille : son teint était celui de la blonde la plus accomplie. Le brillant de ses yeux était tempéré par cette langueur intéressante qui, sans promettre beaucoup d'esprit, annonce au moins beaucoup de tendresse ; sa bouche bien coupée, des dents parfaites, tous ses traits réguliers, présentaient le tableau de ces grâces auxquelles l'antiquité a donné le nom de *décentes* et d'*ingénues*. Ses cheveux tiraient un peu sur le roux, mais il est facile de réparer ce défaut et de paraître blonde avec tant de charmes ! Sa taille accomplie était au-dessus de la moyenne, et lui donnait une démarche noble et un port de reine. Son caractère était la douceur même, et son humeur un peu mélancolique. » L'abbé de Choisy est plus concis et moins galant : « Elle était, dit-il, belle comme un ange et sotte comme un panier. »

La fière Montespan, qui croyait ne pouvoir jamais rencontrer de rivale, présenta elle-même à son royal amant celle qui devait lui enlever le sceptre de la faveur. Elle avait ménagé une première entrevue dans une chasse. La jeune fille, étonnée, éblouie, perdit contenance et rougit ; le roi fut enchanté. Le duc de Saint-Aignan reçut les premières confidences, et le triomphe de la nouvelle favorite fut aussi rapide que brillant. Mme de Montespan, encore plus humiliée que surprise, songea plus qu'à se venger à tout prix de la rivale qu'elle s'était imprudemment donnée. Elle ameuta contre elle tous les courtisans mécontents. Il faut dire que Mlle de Fontanges blessait tout le monde par son insolence et sa vanité ridicule qui s'oubliait même au point de ne pas saluer la reine. « Représentez-vous-la, dit Mme de Sévigné, précisément dans le caractère de Mme de la Vallière, si honteuse d'être maîtresse, d'être mère, d'être duchesse..... »

Le duc de Mazarin, si fameux par son ridicule procès contre sa femme, la belle Hortense Mancini, et par sa singulière affectation de piété, dit au roi, d'un ton d'inspiré, que Dieu lui avait révélé que l'État était menacé d'une révolution effroyable et prochaine s'il ne renvoyait promptement *la Fontanges*..... Et moi, lui répondit le roi, je me crois obligé de vous donner avis du prochain renversement de votre cerveau si vous n'y mettez ordre ; et il tourna les talons pour aller rire avec sa maîtresse du sermon du duc devenu missionnaire. Un évêque hasarda la même tentative, et ne fut pas plus heureux ; et la veuve Scarron, s'adressant à la nouvelle favorite, ne reçut d'elle, après un sermon de deux heures, que cette naïve réponse : « A vous entendre, ne dirait-on pas qu'il est aussi facile de quitter un roi que de quitter sa chemise ? » Jamais favorite n'avait été aussi vivement attaquée. On était parvenu à faire écrire au roi par le pape une lettre menaçante. Le roi ne s'en effraya pas le moins du monde. Il fallut enfin que Mme de Montespan se résignât à subir une préférence décidée.

Le roi donnait à sa maîtresse, qu'il avait dotée du titre de duchesse de Fontanges en 1679, 300,000 livres par mois, des ameublements, des équipages magnifiques et beaucoup de diamants. Insouciante de son avenir, elle prodiguait autour d'elle et l'or et les grâces dont elle disposait. Jamais la cour n'avait été plus fastueuse ; chaque jour était marqué par de nouvelles fêtes. Mlle de Fontanges parut à une partie de chasse en costume d'amazone richement brodé ; une coiffure de fantaisie, composée de quelques plumes, relevait l'éclat de son teint. Le vent s'étant élevé vers le soir, elle avait quitté sa capeline, et s'était fait attacher les cheveux avec un ruban dont les nœuds retombaient sur le front. Cet ajustement plut extrêmement au roi, et dès le lendemain toutes les dames se coiffèrent à la *Fontanges* ; la mode passa de la cour à la ville, et fut adoptée, comme de juste, par les pays étrangers. Cette coiffure a duré longtemps, et le nom de Fontanges figurait encore dans le vocabulaire des toilettes à la fin du dix-huitième siècle.

Mlle de Fontanges allait devenir mère ; elle n'en fut que plus chère au roi. Elle accoucha heureusement d'un fils, mais elle tomba bientôt dans un état de langueur qui la rendit méconnaissable. Elle se survivait à elle-même. Elle demanda et obtint la permission de se retirer de la cour. On dit que Louis XIV la lui accorda sans peine, parce qu'il soupçonnait sa fidélité ; mais ce n'est rien moins que prouvé. Le couvent de Port-Royal fut le lieu qu'elle choisit pour sa retraite ; elle se sentait mourir. Elle avait perdu son enfant, et ne formait plus qu'un vœu, celui de voir une fois le prince qu'elle avait aimé. Le roi ne se détermina qu'avec peine à cette douloureuse entrevue ; il la vit, et ne put retenir ses larmes. « Je meurs contente, puisque mes regards ont vu pleurer mon roi. » Telles furent les dernières paroles de Mlle de Fontanges. Les circonstances de sa maladie et de sa mort ont donné lieu à de sinistres soupçons ; et quelques historiens attribuent cette mort prématurée au poison, en insinuant que Mme de Montespan n'aurait pas été étrangère à la mort de sa jeune rivale ; mais aucune preuve ne confirme ces conjectures, au moins très-hasardées. Elle mourut le 28 juin 1681 ; elle n'avait que vingt ans. Son corps fut transporté à Chelles, où elle avait une sœur religieuse. Le roi ayant vendu trois ans après Mlle de Fontanges ; ses ennemis ont prétendu que durant ce court espace de temps elle avait coûté onze millions à la France. DUFEY, (de l'Yonne).

FONTE, fer fondu impur. On connaît dans les arts les fontes *blanche*, *blanche argentine*, *blanche matte*, *blanche truitée*, *blanche vive*, *grise*, *grise claire*, *grise noire*, *grise truitée*, *manganésifère*, *surcarburée*, *surcarburée tendre*. Ce que dans le commerce on appelle, d'après les Anglais, *fine-metal* est aussi de la fonte ; mais elle a reçu dans le mazage une première préparation, un degré d'épuration qui précède la conversion définitive en fer malléable ou forgé : c'est ce qu'on appelle encore plus généralement de la *fonte mazée*. Quand la fonte a été convertie en ustensiles de toutes espèces, en pièces de mécanique, en grilles, en balcons, en plaques de cheminée, en tuyaux pour la conduite des eaux, etc., etc., elle prend dans le commerce la dénomination de *fonte moulée*. Les opérations que la fonte subit dans le moulage des pièces de toutes espèces, s'exécutent à l'aide de moules dits, 1° *moules à découvert*, 2° *moules en métal*, 3° *moules en terre*, 4° *moules en sable*. Après le moulage par l'un de ces procédés, les pièces de fonte sont soumises à des *habillages*, qui complètent le travail. Les morceaux ou *saumons* de fonte brute sont connus dans le commerce sous le nom trivial de *gueuses*. La fonte est susceptible d'*adoucisse-*

ment ; elle peut être rendue docile à la lime et au foret. On appelle *blettes* les feuillets minces de fonte levés dans l'opération du *mazage* ; *bogue*, le gâteau épais de fonte qu'on lève dans le travail de l'acier dit *naturel* ; *brassage*, le travail de la fonte à l'aide de ringards ; *calotte*, *cochon*, les masses de fonte qui s'amassent dans l'intérieur des fourneaux et les engorgent ; *carcas*, celles de fonte en partie *affinée* restées sur l'autel des fourneaux de réverbère ; *coulée de la fonte*, l'opération de vider des hauts fourneaux ; *culots de fonte*, les petites masses qu'on obtient au fond des creusets d'essai des minerais de fer ; *floss-dur*, la fonte surcarburée (mot importé de l'Allemagne) ; *gâteau de fonte*, morceau de fonte percé de nombreux trous, levé, pour faire de l'acier naturel, dans la méthode tyrolienne ; *gentilshommes*, les pièces de fonte posées sur la dame, et le long desquelles s'écoulent les laitiers ; *gouttes de fonte*, ce qui tombe de l'ouvrage dans le creuset des hauts fourneaux ; *gueusat*, les gueuses de fonte de petite dimension ; *harts-floss*, la fonte dure, aciéreuse ; *hornian*, la grosse masse de fonte impure qui se dépose au fond des fourneaux mal construits où qui se durcit quand les fourneaux se refroidissent et s'engorgent ; *loup de fourneau*, la masse de fonte qui s'y rassemble et qui s'y durcit ; *macération*, la fonte restée en bain liquide pendant un certain temps ; *fontes marchandes*, toutes celles qui ne sont pas destinées à être converties en fer malléable ; *masselotte*, la masse de fonte qui excède dans le moulage la matière nécessaire (ce mot s'applique plus particulièrement, dans la coulée des canons, à l'excès de matière, que l'on rend très-considérable dans la vue de comprimer le métal et d'empêcher les soufflures) ; *matte*, la première fonte impure d'un minerai ; *mazeau*, une gueuse de fonte obtenue dans le mazage ; *mazette*, la fonte coulée sur scories dans l'affinage à la bergamasque ; *renard*, une masse de fonte en partie affinée qui reste dans les creusets des hauts fourneaux ; *stuck*, la masse de fonte retirée du traitement des minerais par une méthode allemande ; *vives fontes*, les fontes de mines qui sont très-coulantes.

Les opinions sont fort diverses sur la nature de la fonte. Sans remonter jusqu'aux hypothèses obscures et quelquefois contradictoires de Stahl, de Réaumur, de Bergman, de Rinman, arrêtons-nous à la théorie de Monge, Berthollet et Vandermonde. Ces trois chimistes ont considéré la fonte comme « un régule dont la réduction, n'étant pas complète, retient une portion de l'oxygène du minéral, et qui en contact immédiat avec le charbon absorbe une certaine dose de ce combustible, dont l'affinité pour le métal ne laisse aucun doute ; d'après cela, ce seraient les proportions de ces deux substances qui feraient varier la nature du fer cru. La fonte deviendrait blanche quand elle contient peu de charbon et beaucoup d'oxygène ; elle serait grise dans le cas contraire. Le fer parfaitement affiné serait celui qui ne contiendrait ni oxygène ni charbon, ni aucune autre substance étrangère. A la vérité, il n'en existe pas de tout à fait semblable dans le commerce, car le meilleur fer de Suède conserve une partie d'oxygène, et s'imprègne toujours d'une dose de charbon, très-petite à la vérité, mais encore assez grande pour en altérer constamment les propriétés. » D'ailleurs, cette théorie reste sujette à bien des objections : la première, la plus insurmontable peut-être, est la coexistence supposée de l'oxygène et du charbon dans une masse soumise à la fusion, à divers degrés d'une température portée jusqu'à ses dernières limites, sans qu'il résulte une combinaison de ces deux substances, douées de tant d'affinité l'une pour l'autre, et sans production de certains gaz eux, tels que l'oxyde de carbone ou l'acide carbonique.

La théorie de l'affinage, déduite de l'opinion de Monge, Berthollet et Vandermonde, se trouve d'ailleurs, sur plusieurs autres points, en opposition directe et manifeste avec les faits d'expérience les plus ordinaires et en même temps les plus importants. Selon eux, « dans l'acier de cémentation, le fer est complètement réduit ; il ne renferme plus du tout d'oxygène (pourquoi plutôt dans l'acte de la cémentation que dans la fusion dans les hauts fourneaux ?) ; il doit se surcharger de carbone pour acquérir une qualité déterminée, et cette dose surpasse presque toujours la quantité de carbone contenue dans la plupart des fontes blanches. Sous le rapport de la réduction, l'acier est donc un métal à part, plus pur que le fer ; et sous le rapport de la quantité de charbon qu'il contient, il n'a point de relation constante avec la fonte. » Cependant, il ne paraît guère qu'il en puisse être absolument ainsi. La fonte grise, tenue longtemps en bain et soumise à une faible influence de l'air atmosphérique, s'affine en partie, acquiert un certain degré de malléabilité, et ressemble alors au mauvais fer, sans jamais se rapprocher de l'acier autant que la fonte blanche mise dans la même circonstance, ou grillée seulement en contact avec l'air atmosphérique. La fonte grise exige un travail très-laborieux et très-pénible pour être convertie en acier, tandis qu'il est bien plus facile de l'affiner pour fer, au lieu que la fonte grise lamelleuse, celle que Monge et Berthollet supposaient peu carbonée, donne aussi promptement et aussi facilement, soit de l'acier, soit du fer.

Karsten remarque d'ailleurs qu'il est facile de prouver directement que la différence de la fonte grise à la fonte blanche n'est pas due aux proportions respectives des parties constituantes de ces deux espèces de fer cru, puisque l'une se transforme en l'autre sans addition d'aucune substance étrangère. La fonte blanche, refondue dans un creuset, à l'abri du contact de l'air et du charbon, soumise à un haut degré de température et refroidie avec beaucoup de lenteur, devient parfaitement grise. La fonte grise, au contraire, se change en fonte blanche si, étant à l'état liquide, elle se trouve refroidie d'une manière subite. De plus, la fonte blanche obtenue par un refroidissement subit jouit en tous points des propriétés physiques et chimiques de la fonte blanche naturelle, telles que la couleur, la texture, la dureté, l'aigreur, la même pesanteur spécifique, la manière de se conduire au feu et dans les diverses opérations métallurgiques. Il s'ensuit qu'elles ne peuvent différer entre elles ni par la nature ni par les proportions de leurs éléments caractéristiques. Karsten conclut de tout ceci qu'il est hors de doute que la fonte grise subit, sans absorber ni perdre aucune substance, une révolution chimique par le refroidissement instantané. Or, l'analyse indique la nature de cette révolution, en ce qu'elle montre que le carbone contenu dans la fonte grise à l'état de graphite, et que dans la fonte blanche il reste combiné avec toute la masse du fer. PELOUZE père.

FONTE (*Imprimerie*). On entend par ce mot un assortiment complet des différents caractères nécessaires pour imprimer un ouvrage, tels que lettres majuscules, minuscules, accentuées, points, chiffres, cadrats, espaces, etc., etc., et fondus sur un même corps par un fondeur en caractères. Les fontes sont grandes ou petites, suivant les besoins de l'imprimeur, qui les commande par 100 kilogrammes ou par feuilles. En demandant à un fondeur une fonte de 250 kilogrammes, l'imprimeur entend recevoir un assortiment de lettres, points, espaces, cadrats, etc., faisant en tout ce poids. Quand il commande une fonte de dix feuilles, cela signifie qu'on aura à lui livrer une fonte avec laquelle il pourra composer dix feuilles ou vingt formes, sans être obligé de *distribuer*. Le fondeur prend ses mesures en conséquence. Il compte 60 kilogrammes à la feuille, y compris les cadrats, etc., et 30 kilogrammes pour la forme, qui n'est que la moitié d'une feuille. Non pas d'ailleurs qu'une feuille composée pèse toujours 60 kilogrammes, ou la forme 30 kilogrammes ; le poids total varie beaucoup suivant la grandeur de la forme. On appelle *police* la proportion à établir entre les diverses espèces de caractères dont la réunion forme ce qu'on appelle une fonte.

FONTENAY ou **FONTENAI**, nom de plusieurs villes et localités en France, parmi lesquelles nous citerons :

FONTENAY-AUX-ROSES, village du département de la Seine, à un kilomètre au nord de Sceaux, avec 1,176 habitants. C'est une station du chemin de fer de Paris à Sceaux. Fontenay ne consiste guère qu'en une seule rue, étroite, tortueuse, mal pavée et bordée de vieilles constructions ; mais il est situé au sommet d'un coteau, et ses environs sont charmants ; les collines boisées d'Aulnay, de Bagneux, de Sceaux, du Plessis-Piquet, et plus loin les bois de Verrière, lui forment comme un cadre de verdure. On est vraiment surpris de rencontrer une si belle campagne à quelques kilomètres seulement de l'enceinte des fortifications ; hier encore elle était presque ignorée, et les quelques bourgeois de Paris qui y possédaient des maisons de campagne gardaient bien le secret de ces vallons paisibles, de ce calme paysage. Mais dans ces derniers temps, elle aussi, elle n'a pu résister au torrent envahisseur des Parisiens du Dimanche. L'industrie avait cru lui faire un beau présent en la dotant d'un chemin de fer, et voilà que le premier résultat de ce cadeau néfaste fut de porter la désolation dans ces sentiers fleuris. On construisit des cabarets et des cafés au pied des châtaigniers séculaires ; on logea même, et c'est le comble de la profanation, entre leurs robustes branches de petits videbouteilles où le vin bleu et la petite bière coulèrent désormais à flots ; et cela s'appela *Robinson*, à la grande joie des grisettes et des jeunes gens de la nouveauté. Bref, aujourd'hui l'homme qui aime la campagne pour la campagne elle-même est obligé d'aller une ou deux lieues plus loin, afin d'échapper aux marchands de macarons, aux orgues de Barbarie et aux tirs à la cible.

Fontenay-aux-Roses doit son nom à la culture des roses, qui s'y faisait autrefois en grand ; aujourd'hui elle y est presque entièrement abandonnée et remplacée par celle des fraises. Le village avait jadis le privilége de fournir d'un bouquet de roses chaque membre du parlement de Paris à l'assemblée solennelle du mois de mai.

FONTENAY-LE-COMTE ou FONTENAY-VENDÉE, cheflieu d'arrondissement dans le département de la Vendée, près de la rive droite de la Vendée, avec 7,960 habitants, un collége de plein exercice, une fabrication de toiles, draps communs, brasseries, tanneries, un commerce de bois de construction et à brûler, de merrain, de cordes et charbon de bois apportés par la Vendée jusqu'à Maran. C'est un entrepôt pour les vivres et les denrées du midi. Placée en amphithéâtre sur un coteau, entourée de ses faubourgs et de plaines immenses, dominée par la flèche, haute de 95 mètres, de sa belle église de Notre-Dame et par les clochers de Saint-Jean, cette ville est d'un aspect assez pittoresque.

Fontenay doit son origine à une petite bourgade gallo-romaine, dont on retrouve encore quelques débris. Au dixième siècle, il fut le siége d'une viguerie. Au commencement du douzième, les comtes de Poitou le cédèrent aux vicomtes de Thouars. Il passa ensuite entre les mains de la famille de Mauléon. Geoffroy de Lusignan s'en empara presque aussitôt ; mais, en 1242, saint Louis s'en rendit maitre, et le donna à son frère Alphonse. C'est alors que la ville prit le nom de *Fontenay-le-Comte*. Après sa mort, cette châtellenie retourna au domaine de la couronne, dont elle fut séparée deux fois, en 1311 pour être donnée à Philippe le Long, et en 1316 pour faire partie de l'apanage de Charles le Bel, comte de la Marche. La ville passa ensuite sous la domination des Anglais, en vertu du traité de Brétigny. Duguesclin la reprit en 1372, et Charles V le récompensa par le don de cette nouvelle conquête. En 1377, il la vendit à Jean de Berry, comte de Poitou. Après divers changements, elle passa entre les mains d'Arthur de Richemont. En 1469, elle fut érigée en comté ; mais, en 1477, Louis XI en céda la seigneurie à Pierre de Rohan, maréchal de Gié. En 1487, Charles VIII la racheta de ce nouveau maitre. Plus tard François des Cars, sieur de La Vauguyon, reçut de François Ier la jouissance du revenu et le titre de seigneur de Fontenay ; mais la ville conserva ses privilèges. En 1544, le siége royal devint comté et sénéchaussée. Lors des guerres de religion, Fontenay fut pris et repris sept fois par les deux partis.

La révocation de l'édit de Nantes lui porta un coup dont il ne se releva jamais. A la Révolution, l'Assemblée nationale en ayant fait le chef-lieu du département de la Vendée, il joua un rôle important dans la guerre civile.

FONTENAY-SOUS-BOIS, village du département de la Seine, à 2 kilomètres de Vincennes, avec 3,173 habitants et une jolie église gothique. Le fort de Nogent en est voisin.

FONTENAY ou FONTENAILLES (Bataille de). Les historiens ne sont d'accord ni sur la date ni sur les principales circonstances de cette bataille fameuse. Nithard, écrivain contemporain, en a fixé le premier la date au 25 juin 841 ; or, Nithard était du nombre des combattants, et son témoignage est d'un grand poids. L'abbé Lebeuf, s'appuyant sur le texte de Nithard, place le théâtre de cette bataille, l'une des plus importantes et des plus meurtrières du moyen âge, dans l'Auxerrois et près de la capitale de ce comté. Les quatre armées de l'empereur Lothaire, du jeune Pepin, roi de l'Aquitaine, de Charles le Chauve et de Louis de Bavière, toutes quatre très-nombreuses, devaient occuper une grande étendue de pays. On évalue à 300,000 hommes les combattants qui se rencontrèrent dans cette sanglante mêlée pour soutenir les prétentions de ces frères ennemis, se disputant l'héritage de leur père. Lothaire et Pepin furent vaincus. Le carnage avait été si grand, que les évêques furent consultés sur la question de savoir si Louis et Charles avaient pu en conscience livrer bataille à Lothaire, leur frère : les prélats, comme de raison, décidèrent en faveur des vainqueurs. DUPEY (de l'Yonne).

FONTENELLE (BERNARD LE BOVIER, et d'abord LE BOUYER, DE), l'homme le plus universel de son siècle, né à Rouen, le 11 février 1657, mort à Paris, âgé de cent ans moins vingt-neuf jours, le 9 janvier 1757, avait eu pour mère Marthe Corneille, sœur des deux poëtes de ce nom. Ce fut sous les auspices de son oncle Thomas Corneille, alors chargé de la rédaction du *Mercure*, avec De Visé, qu'à l'âge de dix-neuf ans il fit ses premières armes dans la carrière des lettres. Comme son oncle Pierre Corneille, il quitta le barreau pour les muses. Des poésies légères, les opéras presque entiers de *Psyché* et de *Bellérophon*, puis l'infortunée tragédie d'*Aspar*, qui n'est connue que par l'épigramme de Racine, furent ses coups d'essai. Les *Dialogues des Morts* (1683), la *Vie du grand Corneille*, la *Pluralité des Mondes* (1686), l'*Histoire des Oracles*, écrite d'après l'épais et savant ouvrage de Van Daele, des *Églogues* (1688), ouvrirent enfin, en 1691, au neveu des Corneille les portes de l'Académie française. Les adversaires que lui avaient suscités son *Discours sur la nature de l'églogue* et sa *Digression sur les anciens et les modernes* l'avaient écarté quatre fois du fauteuil. Cette grande querelle, qui divisa alors toute la littérature, il s'était prononcé, avec Perrault et Lamotte-Houdart, pour la supériorité des modernes, contre Mme Dacier, qui, avec Boileau et Louis Racine, soutenait la prééminence des anciens.

Avant ses meilleurs écrits, Fontenelle avait publié le plus faible de tous, les *Lettres du chevalier d'Her****, ouvrage insipide, qu'il n'avoua ni ne désavoua, et qui n'eût pas dû trouver place dans ses œuvres. Ses *Dialogues des Morts*, sévèrement appréciés par lui-même dans le *Jugement de Pluton*, qu'il y ajouta, sont loin de pouvoir soutenir le parallèle avec ceux de Fénelon. L'opéra de *Thétis et Pelée*, joué avec succès en 1689, repris soixante-trois ans après, en 1752, avec la même faveur, et celui d'*Énée et Lavinie*, donné en 1690, furent en quelque sorte les adieux de Fontenelle à la poésie et à la littérature de pur agrément.

La suite de sa carrière fut vouée à la culture des sciences, et surtout au soin de les mettre à la portée de toutes les classes auxquelles l'instruction n'est point étrangère. La préface de l'*Analyse des infiniment petits*, du marquis de L'hôpital, fut, depuis la *Pluralité des Mondes*, le premier pas de l'auteur dans cette nouvelle carrière. Appelé bientôt après, en 1697, aux fonctions de secrétaire perpétuel de l'Académie des Sciences, il y signala son but et sa haute capacité par l'histoire de cette Académie, de 1666 à 1699. Ses éloges des savants, parmi lesquels on compte Malebranche, Leibnitz, Newton, etc., sont certainement le titre le plus éminent de Fontenelle à l'estime de la postérité. On ne peut évaluer trop haut le prix de la noble simplicité, de l'élégance ingénieuse, mais ordinairement exempte de recherche, qui caractérisent le style de ces éloges. On sait aussi avec quel talent il a su intéresser ses lecteurs à la vie de tous ces savants, presque toujours vouée à l'étude et à la retraite, par la peinture naïve de leurs mœurs, de leurs habitudes et de leur caractère. Les *Éléments de la géométrie de l'infini*, publiés en 1727, estimés des hommes habiles, sont le seul ouvrage que Fontenelle ait fait paraître, avec ses éloges des savants, pendant les quarante-quatre ans qu'il remplit les fonctions de secrétaire de l'Académie des Sciences. Il y obtint la vétérance à la fin de l'année 1740, et fut remplacé par Maine de Mairan; mais il assista fréquemment à ses séances, auxquelles il ne cessa pas de prendre intérêt, jusqu'à l'époque où son grand âge le priva du l'ouïe. En 1741, son jubilé de cinquante ans à l'Académie Française, dont il était le doyen, fut célébré avec solennité. Il avait été reçu en 1701 à l'Académie des Inscriptions.

La modération forma toujours le fond du caractère de Fontenelle. Cette qualité assura la tranquillité et le bonheur de sa vie. Doué d'une physionomie aimable et de tous les agréments de l'esprit, prémuni contre les passions nuisibles par une complexion délicate, d'une sage prudence sut habilement ménager, il évita tout ce qui pouvait altérer son repos, jouissant des plaisirs de la société, où il fut toujours recherché, et sachant se rendre, par les grâces de son esprit et de sa conversation, agréable aux femmes, dont il aimait le commerce, et qui le choyèrent jusqu'à la fin de sa vie. Parmi celles qu'il fréquentait, on cite Mme de Frogeville et la marquise de Lambert. Toutes deux ont esquissé son portrait. Celui de Mme de Frogeville est d'une main amie; le cœur de Fontenelle est plus sévèrement traité par Mme de Lambert. Cependant, mille traits généreux et délicats témoignent de la bonté de son âme. Les mille écus qui composaient tout son avoir, et qu'il allait placer, envoyés par lui à Brunel, sur sa demande, qui ne contenait que ces mots : « Envoyez-moi vos mille écus »; les 600 francs adressés sans hésiter à Beauzée, sur le simple exposé de son dénûment, au moment où une demande faite par celui-ci à un seigneur son ancien élève n'éprouvait qu'un refus, témoignent assez que l'âme noble de l'illustre philosophe n'était fermée ni à l'amitié ni à la compassion pour les peines d'autrui.

Quant à l'écrivain, s'il n'est point irréprochable aux yeux du goût, il n'en est pas moins recommandable par les éminents services qu'il a rendus à la philosophie et aux sciences. C'est Fontenelle qui le premier a su les rendre accessibles, et même agréables à la masse des lecteurs. Si la nature ne lui avait pas départi l'énergie et la chaleur de l'âme, elle lui avait donné une haute raison, un esprit aussi souple que pénétrant et étendu. Ses écrits attachent par la grâce, à la vérité non toujours exempte d'afféterie; par des traits ingénieux, par des vues neuves et présentées d'une manière piquante, et enfin par un style toujours clair et élégant. *Justice* et *justesse* étaient sa devise, et il lui fut toujours fidèle. Un jour, qu'on lui demandait par quel art il avait su se faire tant d'amis et pas un ennemi : « Par ces deux axiomes, dit-il : *Tout est possible* et *tout le monde a raison.* » Quelquefois il disait : « Les hommes sont sots et méchants; mais tels qu'ils sont, il faut à vivre avec eux, et je me le suis dit de bonne heure. »

On ferait un volume, si on compilait tous ces mots heureux et de spirituelles reparties échappés à ce sage aimable. Tous portent l'empreinte de la bienveillance, de la grâce et de cette fleur de galanterie qui n'est pas de la fadeur. Un jour, il avait adressé à Mme Helvétius d'agréables compliments, et un instant après il passa devant elle sans paraître la remarquer. Elle lui en fit un doux reproche : « Ah! madame, repartit le vieillard, si je vous avais regardée, je n'aurais point passé. » Ami d'un repos égoïste, il disait : « Si je tenais toutes les vérités dans ma main, je me garderais de l'ouvrir. » Cet autre mot est plus philosophique : « Le sage tient peu de place et en change peu. » Au terme de sa longue vieillesse, il disait : « Si je recommençais ma carrière, je ferais tout ce que j'ai fait. » Presque centenaire, il prenait beaucoup de café « C'est du poison, » lui faisait-on observer. « Oui, répondait-il, un poison lent. » Un jour qu'on le félicitait sur son grand âge : « Ne parlez pas si haut, dit-il, la Mort m'a oublié, vous la feriez penser à moi. » Chéri et protégé par le régent, qui n'eût pas mieux demandé que de faire sa fortune et de lui donner des dignités et des titres, il refusa même la place de président perpétuel de l'Académie des Sciences, en disant : « Monseigneur, ne m'ôtez pas la douceur de vivre avec mes égaux. » On connaît le mot de l'auteur des *Mondes* sur l'*Imitation*, qu'il appelait le plus beau des livres sortis de la main des hommes, puisque l'Évangile n'en est pas, et nous ne croyons pas qu'il parlât ainsi par respect humain. Piron, voyant passer le convoi de Fontenelle, s'écria : « Voilà la première fois qu'il sort de chez lui pour ne pas aller dîner en ville. » Ses œuvres ont été publiées en 1758, en 1790 et en 1825.

AUBERT DE VITRY.

FONTENOI (Bataille de). La campagne de Flandre en 1745 s'ouvrit par le siège de Tournai, que le maréchal de Saxe investit à la fin d'avril, avec une armée française de 10 bataillons et de 172 escadrons. Il était impossible aux Hollandais de rester spectateurs oisifs de la prise d'une ville aussi importante. Leur armée reçut l'ordre de se rapprocher de la place, et le 5 mai elle vint prendre position à sept lieues de Tournai. Tout annonçait une bataille, à laquelle Louis XV voulut assister, et le 6 mai il partit de Versailles avec le dauphin et une suite nombreuse. La journée du 10 et la nuit suivante se passèrent à compléter les dispositions de la bataille. Le maréchal de Saxe ayant laissé 18,000 hommes devant Tournai et 6,000 à la garde des communications, se trouvait encore à la tête de 55 bataillons et 91 escadrons, faisant environ 56,000 hommes. Le centre du champ de bataille qu'il avait choisi, en peu largement sans doute, était le village de Fontenoi, et les dispositions qu'il avait prises se ressentaient de l'état encore imparfait de l'art militaire à cette époque. Du reste, les points importants avaient été plus ou moins bien fortifiés, et les ponts jetés sur l'Escaut devaient faciliter la retraite des troupes en cas de malheur.

L'armée ennemie se composait de 25 bataillons et 42 escadrons anglo-hanovriens, sous les ordres du duc de Cumberland, qui portait le titre de généralissime; de 26 bataillons et de 40 escadrons hollandais, commandés par le jeune prince de Waldeck, et de 8 escadrons autrichiens, que conduisait le vieux général Kœnigseck, destiné à être le modérateur des deux autres, et dont il n'est fait aucune mention pendant la bataille. Cette force totale s'élevait à environ 50,000 hommes. L'action s'engagea le 11 mai, à six heures du matin, par une violente canonnade, qui s'étendit sur toute la ligne et dura trois heures. Louis XV, ayant passé l'Escaut dès quatre heures, était venu se placer en avant de Notre-Dame-du-Bois, avec son fils et toute sa cour, afin de mieux jouir du spectacle de la bataille. Vers six heures, les troupes alliées se mirent en mouvement. On connaît la prétendue manière courtoise dont l'ennemi, d'après les récits de l'époque, aurait abordé les gardes françaises : les officiers se seraient salués réciproquement à cinquante pas de distance: « Tirez, messieurs des gardes françaises, » aurait crié lord Hay. « Messieurs, aurait répondu le comte d'Auteroche, tirez vous-mêmes; nous ne tirons jamais les premiers. » Les Hollandais, deux fois repoussés dans leur attaque sur Antoing, durent reprendre leur première position, et ne la quittèrent plus pendant la bataille. Trois attaques tentées par les Anglais sur le bois de Barri furent également malheureuses.

Enfin, le duc de Cumberland, irrité de cette perte de temps, se détermina à une entreprise audacieuse, qui devait, par le fait, décider de la victoire : il résolut de passer le ravin de Fontenoi, malgré le feu des redoutes et du village, et de percer par là le centre de l'armée française. L'infanterie anglo-hanovrienne s'avança donc en trois divisions, chacune sur trois lignes, ayant avec elles douze canons de campagne, et formant un total d'environ 20,000 hommes. Malgré les éclaircies que faisaient dans leurs rangs les canons de Fontenoi, elles abordèrent le ravin, le franchirent et culbutèrent, par la supériorité de leur feu et le poids de leur masse, les douze bataillons français qui leur étaient opposés. Dans ce moment, à en juger par le désordre des opérations qui eurent lieu, il paraît que chacun perdit la tête.

Jamais n'éclata davantage l'esprit d'insubordination, de valeur aveugle et d'ignorance qui caractérisa si longtemps la noblesse française et nous valut, entre autres, les désastres de Crécy, de Poitiers, d'Azincourt. Chacun commandait au hasard, et personne n'obéissait ; le maréchal de Saxe, malade, ne pouvait, au milieu de ce désordre, que se faire porter en litière çà et là, exhorter les troupes et les chefs, donner des ordres, qui n'étaient pas toujours suivis ou qui l'étaient mal. Les divisions ennemies, serrées l'une contre l'autre par le rétrécissement du terrain, et voulant mieux résister aux différents chocs, formèrent, après avoir dépassé Fontenoi, une masse compacte, qui avait plus de profondeur que de front. Aucune attaque combinée et raisonnée ne fut dirigée contre cette colonne, les régiments d'infanterie de droite et de gauche, ceux de la maison du roi et du restant de la cavalerie, la heurtèrent successivement et individuellement, et se brisèrent contre elle, sans pouvoir l'arrêter. Déjà elle menaçait de couper les deux ailes de notre armée.

Si les Hollandais eussent alors renouvelé leur attaque, le désastre aurait été pareil à celui de Crécy ou d'Azincourt. On vit en ce moment ce qu'il doit en coûter de n'avoir pas une réserve disponible d'infanterie avec du canon. Les troupes de Fontenoi manquaient de munitions ; l'artillerie était employée ailleurs. Le maréchal de Saxe, jugeant la bataille perdue, allait faire retirer les canons des retranchements. Heureusement, la colonne ennemie n'était pas appuyée par sa cavalerie (42 escadrons), restée, on ne sait pourquoi, en arrière ; plus heureusement encore, au milieu des courtisans, qui portaient le trouble partout, et qui, afin de contrecarrer les ordres du maréchal, en demandaient au roi, qui n'entendait rien à la guerre, il s'en trouva un doué d'un coup d'œil militaire, le duc de Richelieu. Il proposa de réunir quelques régiments d'infanterie et du canon contre la colonne ennemie, qui, se voyant isolée, s'était arrêtée et témoignait de l'irrésolution, de l'entamer par le feu de l'artillerie, et de tenter ensuite une charge de cavalerie en masse. La proposition fut agréée par le roi, qui ne consulta pas, à ce qu'il paraît, le maréchal de Saxe. Quatre canons soutenus par quelques troupes furent mis en batterie devant la colonne des coalisés, où l'on jeta l'ébranlement et le désordre. Alors une charge générale de la cavalerie de la maison du roi et de quelques autres régiments de cavalerie et d'infanterie l'enfonça et la dispersa. Le duc de Cumberland, ayant rallié ses troupes le mieux qu'il put, sous la protection de sa cavalerie, quitta le champ de bataille en assez bon ordre. Cette journée coûta aux alliés 7,000 morts ou blessés, 2,000 prisonniers, 40 canons et 150 voitures d'artillerie ; l'armée française perdit 1,700 morts et 3,500 blessés. Les fruits de la victoire furent la prise de Tournai et la conquête des Pays-Bas.

Gal G. DE VAUDONCOURT.

FONTEVRAUD ou **FONTEVRAULT**. L'ordre de Fontevraud, composé de couvents d'hommes et de couvents de femmes, relevait tout entier de l'abbesse de Fontevraud, et était exempt de la juridiction des ordinaires. Cette singularité, qui soumettait des hommes à l'autorité d'une femme, avait pour but, dans l'esprit de son pieux fondateur, Robert d'Arbrissel, de rappeler la soumission qu'avait témoignée l'apôtre bien aimé à la mère du Sauveur.

Après la mort de Robert d'Arbrissel, qui, outre les couvents du vallon de Fontevraud, sur les confins de l'Anjou et du Poitou, avait encore établi de nombreux monastères dans diverses localités, ceux des Loges, de Chantenois, de l'Encloître, de la Puie, de la Lande, de Tuçon en Poitou, d'Orsan dans le Berry, et de la Madeleine d'Orléans, sur la Loire, de Boubou, le prieuré de la Gasconière, le couvent de Cadouin, et enfin celui de Haute-Bruyère au diocèse de Chartres, d'autres couvents de cet ordre s'établirent bientôt en Espagne et en Angleterre, et se multiplièrent en France dans toutes les provinces du royaume. La maison des Filles-Dieu, fondée à Paris par saint Louis, et réduite à deux ou trois religieuses, fut donnée à l'ordre de Fontevraud par Charles VIII, en 1483, sous le gouvernement de l'abbesse Anne d'Orléans, sœur de Louis XII.

Parmi les nombreux privilèges qui furent accordés à cet ordre par les souverains pontifes, nous devons en remarquer un, de l'an 1145, par lequel Eugène III affranchit les religieux des épreuves de l'eau bouillante et de l'eau froide, du fer chaud et des autres, ordonnant qu'ils ne seraient plus obligés à justifier leur prétention que par la voie de témoins.

Les religieux de Fontevraud, soumis d'abord à la règle de Saint-Benoît, se qualifiaient néanmoins de chanoines réguliers, et avaient embrassé celle de Saint-Augustin, lorsqu'une réforme, sollicitée par Marie de Bretagne, vingt-sixième abbesse, porta, en 1459, quelque remède au désordre. Mais cette tentative n'ayant point satisfait la piété de l'abbesse, d'Avranches, elle se retira à l'abbaye de la Madeleine d'Orléans, pour y établir une réforme plus sérieuse. Aidée des religieux des ordres de Saint-François, des Chartreux, et des Célestins, elle puisa dans les constitutions de Robert d'Arbrissel, dans les règles de Saint-Benoît et de Saint-Augustin, et en forma une règle nouvelle, qui, approuvée par le pape Sixte IV, en 1475, s'établit malgré de nombreuses résistances dans toutes les maisons de l'ordre, sous le gouvernement d'Anne d'Orléans et de Renée de Bourbon, de 1475 à 1507. Cette dernière abbesse avait donné l'exemple de l'observation de la règle en faisant, entre les mains de Louis de Bourbon, évêque d'Avranches, en 1505, vœu de clôture. Son autorité, ébranlée quelques instants par les religieux, qui l'avaient forcée à se soumettre à leur surveillance malgré les statuts de l'ordre, fut rétablie par arrêt du grand conseil, en 1520, et confirmée par le pape Clément VII, en 1523.

De nouvelles tentatives eurent encore lieu sous le gouvernement de Jeanne-Baptiste de Bourbon-Lavedan, pour établir au profit des religieux de cet ordre une sorte d'indépendance envers l'abbesse ; mais, malgré une bulle d'Urbain VIII, la nouvelle règle ne fut point mise à exécution, et un arrêt de Louis XIII, du 8 octobre 1641, rétablit et confirma la réforme de 1475, approuvée par Sixte IV, ordonnant qu'un factum composé par les religieux, et injurieux à l'ordre, fût lacéré.

Il était passé en usage que l'on envoyât à Fontevraud les filles de France, pour y être élevées dans leur jeunesse. L'abbesse appartenait presque toujours, par des liens légitimes ou illégitimes, au sang royal. Mme de Pardaillan d'Antin, arrière-petite-fille de Mme de Montespan, qui était en 1789 abbesse de Fontevraud, tirait de ce bénéfice plus de 100,000 livres de rente. Ce riche et puissant institut était divisé en quatre provinces : France, Aquitaine, Auvergne et Bretagne. La première renfermait quinze prieurés, la seconde quatorze, la troisième treize, la quatrième treize.

La royale abbaye de Fontevraud est transformée depuis 1804 en une maison centrale de détention. Des cinq églises qu'elle renfermait, il n'en reste plus qu'une, la plus grande de toutes, remarquable monument du douzième siècle. On rapporte à la même époque la construction de la tour d'Édouard, qui s'élève encore dans la seconde cour, au milieu des bâtiments modernes, avec ses murs noircis et sa

H. BOUCHITTÉ.

masse pyramidale. C'était autrefois, à ce que l'on croit, une chapelle sépulcrale, placée au milieu d'un cimetière. Quatre statues mutilées de Henri II, roi d'Angleterre, d'Éléonore de Guyenne, sa femme, de Richard Cœur de Lion et d'Élisabeth, femme de Jean sans Terre, voilà tout ce qui reste du fameux cimetière où dormaient les Plantagenets.

Le bourg de Fontevraud est entouré de bois ; il est peuplé de 1,500 individus, se trouve à 12 kilomètres de Saumur, et fait partie du département de Maine-et-Loire.

FONTICULE (de *fonticula*, diminutif de *fons*, fontaine). *Voyez* CAUTÈRE.

FONTIS. *Voyez* CARRIÈRE.

FONTS, FONTS BAPTISMAUX, FONTS DE BAPTÊME, FONTS SACRÉS, vaisseau de pierre, de marbre ou de bronze, qu'on trouve dans les églises paroissiales et succursales, contenant l'eau bénite dont on se sert pour le baptême. Autrefois ces *fonts* étaient dans un bâtiment séparé, qu'on nommait le *baptistère*. On les place maintenant dans l'intérieur de l'église, près de la porte, ou dans une chapelle. Lorsque le baptême était administré par immersion, les *fonts* étaient en forme de bain ; depuis qu'il s'administre par infusion, il n'est plus besoin d'un vaisseau de si grande capacité. Les légendes, les chroniques, racontent que dans les premiers siècles de l'Église il était assez ordinaire que les *fonts* se remplissent miraculeusement à Pâques, temps où l'on baptisait les catéchumènes. Possevin, évêque de Lilybée, prétend qu'en 417, sous le pontificat de Zozime, il y eut erreur pour la célébration de la Pâques, et qu'on chôma cette fête à Rome le 25 mars, tandis qu'on la chômait le 22 avril à Constantinople. Mais Dieu démontra cette erreur dans un village du patrimoine de saint Pierre, où les *fonts*, au lieu de se remplir à la première époque, ne se trouvèrent pleins qu'à la seconde. Grégoire de Tours, Baronius, Tillemont, rapportent de nombreux exemples de ces *fonts* miraculeux. Dans l'église romaine on fait solennellement, deux fois l'année, la bénédiction des *fonts*, la veille de Pâques et la veille de la Pentecôte. Les oraisons qu'on y récite sont une profession de foi très-éloquente des effets du baptême et des obligations qu'il impose. L'Église demande à Dieu de faire descendre sur l'eau baptismale la vertu du Saint-Esprit, de lui donner le pouvoir de régénérer les âmes, d'en effacer les souillures, de leur rendre leur primitive innocence. On mêle à cette eau du saint chrème, symbole de l'onction de la grâce, et de l'huile des catéchumènes, symbole de la force du baptisé ; on y plonge le cierge pascal, qui par sa lumière rappelle l'éclat des vertus et des bonnes œuvres. Cette bénédiction des *fonts* est de la plus haute antiquité : saint Cyprien dit qu'elle était en usage au troisième siècle ; et saint Basile, au quatrième, la cite comme une tradition apostolique.

FOOTE (SAMUEL), écrivain satirique, auteur dramatique et acteur anglais, surnommé le *nouvel Aristophane*, né en 1719, à Turo, dans le pays de Cornouailles, inventa un genre de pièces aussi commodes à créer qu'à représenter, et qui lui ont valu, à la fin du dix-huitième siècle, une célébrité égale à son impudence et bien supérieure à son talent. Dissipateur ruiné, n'ayant voulu profiter d'aucune des facilités que son père, membre des communes, lui avait données pour entrer dans la carrière du barreau ou de la politique, il se vit réduit, en 1744, à embrasser la profession de comédien, et débuta sans succès dans le rôle d'*Othello*. Trois ans plus tard, il imagina d'exploiter, au profit de sa fortune détruite et de ses autres plaisirs, la faculté mimique que la nature lui avait départie. En effet, il savait très-bien contrefaire la voix, le ton, le style, la déclamation, la conversation, les attitudes des personnes qu'il avait vues. Après avoir passé quelque temps à Bath au milieu des joueurs, et quelques mois dans une prison pour dettes, où il expia ses plaisirs passés, il prit la direction du théâtre de Hay-Market, et il consacra désormais exclusivement à la parodie de ses amis, de ses ennemis et des indifférents, et dont il se chargea d'alimenter la scène avec des ouvrages de sa façon, dans lesquels il jouait lui-même le rôle principal. Il ne se donnait la peine ni d'inventer des situations ni de créer des dialogues : tout se bornait à une caricature très-accentuée de certains personnages connus. On était en 1747. Les mœurs nouvelles, mœurs semi-démocratiques, autorisaient et protégeaient cette licence. Foote ne respectait ni le malheur, ni la vertu, ni l'amitié ; les mœurs constitutionnelles et commerciales ne sont pas de leur nature amusantes : on alla chercher une distraction cynique et un peu grossière chez Foote, qui, enhardi par ce succès, devint effréné dans ses attaques ; bientôt il les transforma en spéculation mercantile, et fit circuler d'avance la terreur des parodies qu'il se promettait de mettre en scène ou qu'il répétait à huis clos. Ce moyen de faire transiger les timides et d'ouvrir la bourse de ceux qui voulaient que Foote les laissât en paix réussit auprès d'un grand nombre de dupes ; mais l'autorité finit par faire fermer sa salle.

A partir de 1752, Foote joua alternativement à Londres et à Dublin. Le seul de ses nombreux ouvrages qui soit resté au répertoire est *The Mayor of Garriat*. Malgré l'amputation d'une jambe, qu'il lui fallut subir par suite d'une chute de cheval (1766), il n'en resta pas moins comédien, et se fit des rôles dans lesquels sa jambe de bois trouvait un utile emploi. D'ailleurs, il ne laissa pas non plus que d'éprouver quelques désagréments et quelques défaites dans ses œuvres de *chantage* dramatique. George Faulkner, libraire de Dublin, avait une jambe de bois ; son infirmité ayant été mise en scène par l'audacieux bouffon, il le traîna à son tour devant les tribunaux, qui lui allouèrent des dommages-intérêts considérables. La célèbre duchesse de Kingston, dont la bigamie et la beauté firent tant de bruit, repoussa de même les obsessions et les menaces de Foote, qui lui offrait de supprimer, moyennant finances, la caricature de la duchesse sous le nom de Lady Kitty Crocodile.

Le scandale public provoqué par un procès que lui intenta un domestique congédié, et qui l'accusa de lui avoir fait de honteuses propositions, acheva de perdre de réputation ce prétendu Aristophane, qui se disposait à aller cacher sa honte dans quelque ville du midi de la France, quand une attaque de paralysie l'enleva, le 21 octobre 1777, à Douvres. La haute société, qui se plaisait à cette impudence, lui a fait élever un cénotaphe à Westminster. La vivacité et l'esprit qui le distinguaient n'atteignaient ni le génie ni même ce degré de talent qui, sans effacer le souvenir des torts et des immoralités, peut laisser une trace dans l'histoire littéraire des peuples. Les *Mémoirs of Samuel Foote* publiés par Cooke (Londres, 1805) abondent en piquantes anecdotes sur cet écrivain, dont les *Œuvres complètes* ont été réimprimées à diverses reprises.   Philarète CHASLES.

FOQUEXUS, secte japonaise, qui adore spécialement le dieu Xaca, et dont la règle se rapproche de celle de nos moines. Ils vivent en commun, et se lèvent la nuit pour chanter des hymnes ou réciter des prières en l'honneur de leur idole.

FOR (du latin *forum*), place publique où l'on rendait la justice. C'est de là qu'à Paris la place où s'exerçait jadis la justice temporelle de l'archevêque, et qui était devenue l'une des prisons de la capitale, s'appelait le *For-l'Évêque* (*Forum Episcopi*). Ce mot, qui n'est guère employé qu'en jurisprudence, signifie *juridiction*, tribunal particulier. C'est dans ce sens que l'on dit le *for intérieur*, le *for extérieur*. Celui-ci n'est autre chose que l'autorité de la justice, qui s'exerce sur les personnes et sur les biens avec plus ou moins d'étendue, selon la qualité de ceux à qui elle en est confié ; tandis que le for intérieur est, par opposition, le tribunal de la conscience, la voix intime qui ne fait qu'indiquer ce que la vertu prescrit ou défend.

FORAGE. Lorsqu'il s'agit de creuser dans une matière quelconque une capacité cylindrique d'un diamètre déterminé, on la *fore*, au moyen d'un instrument nommé *foret*, dont le tranchant est de la largeur du diamètre du cylindre.

L'*âme* des bouches à feu, des canons et des canons de fusil reçoit du *forage* sa forme et ses dimensions : il faut donc que les grandes fabriques d'armes soient pourvues de mécanismes pour exécuter cette opération ; ces mécanismes sont des *foreries*, mises en mouvement soit par des roues hydrauliques, soit par d'autres moteurs plus puissants que les bras des hommes qu'on pourrait employer au même travail. De quelque manière que les foreries soient construites, elles doivent imprimer un mouvement de rotation autour de l'axe du cylindre qu'il s'agit de creuser, et un mouvement de translation suivant le même axe. Pour le forage des bouches à feu, c'est ordinairement la pièce à forer que l'on fait tourner, et le foret que l'on fait avancer en le dirigeant dans le sens de l'axe, et en le soumettant à une pression, assez forte pour que l'opération ne dure pas trop longtemps ; l'expérience seule peut donner la mesure de cette pression, qui ne doit pas excéder les limites de la résistance du foret, ni ralentir le mouvement de rotation au préjudice du résultat que l'on veut obtenir. L'opération est bien conduite si la quantité de métal enlevée par le foret dans un temps donné est la plus grande qu'il soit possible d'obtenir : or, il est évident que l'on peut exercer sur le foret une pression telle que cet instrument casserait, ou que le mouvement s'arrêterait, et que par conséquent l'effet serait nul.

Dans les foreries de canons de fusil, le mouvement de rotation est imprimé aux forets; et ce sont les canons à forer qui avancent, suivant l'axe de rotation, à mesure que l'excédant de métal est enlevé. Comme cet excédant est peu considérable, les bras d'un enfant appliqué à l'extrémité d'un levier suffisent pour opérer à la fois la pression et le mouvement de translation dont on a besoin; en sorte que ces foreries peuvent donner de l'occupation à presque tous les individus d'une famille d'ouvriers. Cet avantage est acheté au prix d'assez graves inconvénients qu'il faut supporter, tels qu'un séjour prolongé dans un air humide et chargé d'émanations d'huiles rances, l'inévitable malpropreté des vêtements, l'attitude toujours la même que ces enfants doivent garder durant tout le travail, etc.

Lorsqu'on est dans le cas d'exécuter des forages sans mécanismes destinés spécialement à ce travail, le foret est chargé du double mouvement de rotation et de translation, la pièce à forer étant fixe. Les bras des ouvriers sont alors la seule force motrice que l'on puisse employer. Les mécaniciens ont souvent besoin de forer ainsi les divers matériaux dont ils font usage.

Le *forage* des puits artésiens, que l'on pourrait nommer *puits forés*, n'est qu'un forage prolongé jusqu'aux eaux souterraines qui peuvent être ramenées à la surface du sol et la mise en place d'un conduit pour maintenir l'écoulement de ces eaux. FERRY.

FORAIN, qualification qui dans l'ancien droit français était souvent synonyme d'*étranger* : ainsi, l'on disait indifféremment forains ou aubains. Par marchands *Forains*, on entendait soit les marchands étrangers, soit ceux qui se rendaient à une foire. On appelait *traites foraines* les droits perçus à l'importation ou à l'exportation. Au Châtelet de Paris il existait une chambre désignée sous le nom de *chambre foraine* ou de *tribunal forain*, dont les séances se tenaient avant celles de la chambre civile, dans la même salle et avec l'assistance des mêmes juges. C'était une juridiction sommaire, établie pour connaître des demandes et contestations se rapportant au commerce des bourgeois de Paris avec les étrangers. Elle avait son importance, puisque l'usage accordait aux bourgeois des villes d'*arrêt* la contrainte par corps contre leurs débiteurs *forains*. Aujourd'hui, le mot *forain* n'a plus, à beaucoup près, une signification aussi étendue. Nous appelons encore *marchands forains* les colporteurs achetant dans un lieu pour revendre dans un autre, le producteur qui transporte, pour les vendre, les denrées qu'il a récoltées ou les marchandises qu'il a fabriquées, mais surtout une classe d'hommes ne s'occupant qu'à rassembler, par des achats partiels faits immédiatement aux producteurs, de fortes quantités de denrées, de comestibles, qu'ils transportent ensuite, pour les revendre dans les bourgs et villes le plus à leur portée.

FORAMINIFÈRES (de *foramen*, trou, et *fero*, je porte). Ce nom, qui signifie *porte-trous*, a été donné à des coquilles polythalames sans siphon, offrant une ou plusieurs ouvertures, qui sont en général de petite taille, excepté les nummulites, dont la grandeur est monstrueuse relativement aux autres. On avait cru, à cause de la polythalamité de leur test, pouvoir les rapprocher des mollusques céphalopodes, sous le nom de *cephalopodes microscopiques*. La description, fort inexacte d'abord, de l'animal a été faite avec beaucoup de soin par M. Dujardin. Il résulte de ses recherches que ce groupe d'espèces d'animaux très-curieux ne doit plus figurer dans la classe des mollusques, et que la place qu'il convient de lui assigner doit être dans les dernières familles du règne animal. Les foraminifères comprennent des espèces vivantes et d'autres fossiles. Ces dernières constituent à elles seules des masses immenses de sables et de vastes couches qui abondent surtout dans les terrains tertiaires; on en trouve aussi dans les terrains secondaires, dans la craie de Meudon, le calcaire de Caen, le calcaire jurassique, et dans les sables de pays fort éloignés, en Égypte, dans l'Inde, dans l'Océanie, en Amérique, etc. Les espèces vivantes ne sont pas encore assez bien connues. Les foraminifères ont été élevés par M. A. d'Orbigny au rang de classe, et divisés en cinq ordres, qui ont été appelés les *monotègues*, les *stichostègues*, les *hélicostègues*, les *entomostègues*, les *enallostègues*, les *ogathistègues*. Chacune de ces familles renferme plusieurs genres. En raison de la simplicité de l'organisation de ces animaux et de la manière dont se fait leur progression, M. Dujardin a donné le nom de *rhyzopodes* et d'*infusoires*. L. LAURENT.

FORBAN. *Pirate, forban* sont deux mots presque partout employés comme synonymes. Il y a pourtant une différence entre le forban et le pirate. Tout le monde comprend la signification du mot *pirate* : il a sa racine dans l'antiquité ; mais *forban* est plus moderne, il date du moyen âge. Aux beaux jours de la féodalité, la guerre maritime n'était qu'une lutte de corsaires ; les petits princes en hostilité publiaient la guerre par un *ban* ou proclamation, et la course s'organisait... Or, représentez-vous ce qu'étaient ces équipages, « juraient devant un prêtre que de tout ce qu'ils pourraient prendre ou dérober, or, argent, bijoux et autres choses de valeur, ils n'en révéleraient aucune chose à la justice, ni aux propriétaires armateurs, ni à d'autres, et qu'ils en feraient le partage entre eux. » Quand les hostilités avaient cessé, on proclamait le *ban de paix*, qui supprimait la course et déclarait *hors-ban*, *fors-ban* ou *forban*, flétrissait et condamnait à mort le corsaire qui soudain ne déposerait pas les armes pour rentrer dans la vie civile. Mais les lois ne peuvent opérer des miracles ; leur voix se perdait dans le vague, et mille écumeurs de mer continuaient la course d'après l'impulsion acquise; ils pillaient l'ennemi qu'ils avaient l'habitude de piller, et ils n'étaient plus que des *forbans*! Ce que donc qu'un forban ? Un corsaire dont les lettres de marque ont cessé d'avoir leur effet. L'histoire des *flibustiers* est une histoire des forbans. Ainsi qu'après une pluie d'orage on voit des myriades de reptiles couvrir, comme une nuée, la terre dans le voisinage des marais, ainsi après une guerre maritime, surgissent tout à coup dans certains lieux des multitudes de forbans. Il y a des parages qui semblent les repaires naturels de ces corsaires déchus : ce sont certaines îles de l'Amérique, les flots du banc de Bahama, quelques points du golfe du Mexique, et dans les Indes orientales les nombreux archipels que traverse jusqu'à la Chine et au Japon le commerce maritime des deux mondes.

Théogène PAGE.

FORBIN (Famille de). La maison de Forbin à tenu le premier rang parmi les plus illustres de Provence par son ancienneté et par les grands personnages qu'elle a produits. Au premier rang il faut compter le comte de Forbin, grand homme de mer sous Louis XIV, à qui nous consacrerons une notice spéciale. Les généalogistes donnent à la maison de Forbin une origine commune avec les seigneurs de Forbes, lords et premiers barons d'Écosse, qui tirent leur nom d'une seigneurie du comté d'Aberdeen. Ce qu'il y a de mieux établi, c'est qu'elle était déjà considérable au temps du roi René, qui la caractérisait par ce dicton : *vivacité d'esprit des Forbins*. Cette maison a produit une foule de branches, dont les principales étaient celles de *Forbin-Janson*, d'*Oppède*, de *Forbins des Issarts*, et des *Gardanne*.

Palamède DE FORBIN, dit *le Grand*, seigneur de Soliers, gouverneur de Provence et lieutenant du roi en Dauphiné, se signala par une grande habileté et une rare expérience. Louis XI ne négligea rien pour se l'attacher, et Palamède usa de l'influence qu'il avait sur l'esprit de Charles IV, duc d'Anjou, comte de Provence et roi de Naples, pour le décider à laisser ses Etats au roi de France. Louis XI, reconnaissant, le nomma son gouverneur et lieutenant général en Provence, le chargeant d'en prendre possession et de recevoir le serment de fidélité des gentilshommes et officiers. La faveur royale lui valut bon nombre d'envieux et d'ennemis. Les attaques de la calomnie échouèrent, il est vrai, contre lui pendant le règne de Louis XI; mais elles triomphèrent sous celui de Charles VIII, et Forbin fut obligé de résigner toutes ses fonctions. Il mourut en 1508.

Louis-Nicolas-Philippe-Auguste, comte de FORBIN, né en 1777, au château de la Roque d'Antheron, en Provence, fut reçu en naissant dans l'ordre de Malte, et vit périr sous ses yeux son père et son oncle après le siége de Toulon en 1793. Dénué de ressources, il trouva un asile chez Boissieu, habile dessinateur lyonnais. Son goût pour la peinture fut contrarié, à diverses reprises, par la nécessité de prendre du service; mais sa vocation devait triompher des obstacles. Nommé chambellan de la princesse Pauline, il jouit quelque temps d'une grande faveur à la cour impériale. Il est auteur des paroles de la romance *Partant pour la Syrie*, dont la musique est de la reine Hortense. Désireux de reprendre son indépendance, il alla se fixer à Rome. En 1817 et 1818, il voyagea en Grèce, en Syrie et en Égypte. A son retour, il fut chargé de l'inspection générale des beaux-arts, et obtint ensuite la place de directeur général des musées de France, qu'il conserva jusqu'à sa mort, arrivée en février 1841. Il était lieutenant-colonel d'état-major et membre libre de l'Académie des Beaux-Arts.

FORBIN (CLAUDE, comte DE), naquit le 6 août 1656, au village de Gardanne, près d'Aix en Provence. Il fit ses premières armes dans la Méditerranée, comme garde-marine, sous les ordres du maréchal de Vivonne, puis il se trouva parmi les mousquetaires au siège de Condé. Après quelques mauvaises affaires où l'avait jeté sa vivacité, il rentra dans la marine, avec le grade d'enseigne de vaisseau, et fit la campagne du comte d'Estrées sur les côtes de l'Amérique, dans laquelle il apprit réellement le métier de marin; enfin, en 1682, il assista au bombardement d'Alger par Duquesne. Il avait bien servi; mais pour obtenir une récompense il fallait autre chose que du mérite. Forbin, intelligent et fin, sentit qu'une campagne à Paris serait plus fructueuse pour sa fortune militaire que dix ans de combats et de courses lointaines, il voulut donc solliciter les faveurs de la cour, et, à l'aide d'une protection ecclésiastique, il obtint le grade de lieutenant de vaisseau. Ensuite, il partit pour Lisbonne. Là, pestant toujours contre le mauvais état de ses finances, il spécula sur la misère d'une famille juive proscrite, et lui fit payer la protection du pavillon national ; puis, avec l'argent qu'il se procura par ce moyen, il tenta un coup de commerce et de contrebande sur le tabac. Un naufrage fit justice de ce bien mal acquis.

Vers cette époque, le roi de Siam envoya une ambassade à Paris avec des présents et l'offre d'un établissement sur le fleuve de Siam. Louis XIV rendit ambassade pour ambassade, dépêcha à Siam des abbés, des moines, des pères jésuites ; le jeune *chevalier de Forbin* partit avec cette caravane en qualité de major de l'ambassade, et passa au service de sa majesté siamoise. Dégoûté bien vite des fourberies du ministre favori, qui souvent attenta à sa vie, il parvint à s'enfuir, et reprit en 1688 son rang dans les cadres de la marine française. En ce moment la guerre éclata entre la France et l'Angleterre ; on lui confia le commandement d'une frégate, sur laquelle il se rendit dans la Manche, sous les ordres de Jean Bart. Il soutint avec lui un rude et sanglant combat, et avec lui aussi fut fait prisonnier et traîné en Angleterre. Quand ils reparurent ensemble en France, leur fuite aventureuse des prisons d'Angleterre fixa sur eux les yeux de Louis XIV, qui, sollicité par les amis de Forbin, l'éleva au grade de capitaine de vaisseau. Se trouvant alors sans emploi, il arma en course, et alla croiser dans les mers d'Irlande, où il fit plusieurs prises; puis il servit de nouveau avec Jean Bart dans la mer du Nord. Il commandait un vaisseau au combat de La Hogue; ce fut un jour de désastreuse mémoire : Tourville y fut brave, mais, comme amiral en chef, la science de la guerre navale fait peser sur ses fautes la ruine presque totale de notre malheureuse flotte; Forbin sauva son vaisseau. Les ordres de la cour l'appelèrent dans la Méditerranée, où il fit de longues croisières, soit comme chef, soit en sous-ordre. Un guet-apens de galanterie jeta du trouble sur sa vie, et faillit lui imposer une femme indigne de son alliance.

Dans la guerre de la succession d'Espagne, on lui confia le commandement d'une division de bâtiments légers, avec lesquels il fut chargé de croiser dans l'Adriatique pour intercepter les secours en vivres que les villes situées sur le golfe, et principalement Venise, pourraient faire passer à l'armée du prince Eugène, en Italie. La mission s'offrait d'autant plus difficile que, la république étant en paix avec la France, il fallait la ménager, tout en l'empêchant de favoriser l'empereur; Forbin s'en tira en homme habile. Dans cette croisière, il tenta un coup audacieux, qui fait l'éloge de sa haute entente des choses de la guerre plus encore que de son courage. Suivi seulement de deux embarcations, il alla mettre le feu à un vaisseau amarré dans le port de Venise. C'était une action digne des plus hardis flibustiers ; après, avant d'y clouer la chemise soufrée qui l'embrasa, il l'avait enlevé à l'abordage le sabre au poing. Dans cette campagne longue et pénible, Forbin avait montré comme chef une supériorité incontestable; comme homme de cœur, il méritait des éloges et des récompenses : mais il n'avait pas la faveur du ministre, et les services les plus éclatants n'ont par eux-mêmes aucune valeur. Il voulut en demander le prix, il lui fut refusé. Jamais il ne put franchir le grade de contre-amiral. Le ministère tira tout ce qu'il put de son activité et de sa capacité : on lui donna des escadres à commander dans la mer du Nord ; il fit de rudes campagnes; il exposa souvent sa vie, altéra sa santé, épuisa ses forces, et d'autres recueillirent les grâces. Enfin, des désappointements multipliés brisèrent son ambition ; il reconnut la vanité des services réels, et se retira dans une maison de campagne près de Marseille, où il mourut, le 4 mars 1733.

Théogène PAGE, capitaine de vaisseau.

FORBIN DES ISSARTS (CHARLES-JOSEPH-LOUIS-HENRI, marquis DE), ancien pair de France, né à Avignon, en 1770, émigra et passa au service d'Espagne. Rentré en France en 1803, il vécut dans la retraite jusqu'à la Restauration, où il se signala par son dévouement aux Bourbons. Il fit entendre un des premiers le cri de *vive le roi !* dans les rues de la capitale. Jeté à bas de son cheval, maltraité par le peuple furieux, il n'échappa que par miracle à un danger plus grave. Lieutenant des gardes du corps et chevalier de Saint-Louis, il fut envoyé à la chambre des députés par le collège électoral de Vaucluse en 1815, et s'y fit remarquer par une exaltation de principes que lui avaient inspirée sans doute les tristes souvenirs de la révolution, qui lui avait enlevé une partie de sa fortune et avait fait monter deux de ses frères sur l'échafaud. Il eut un duel avec Benjamin Constant, au mois de juin 1822. Son dévouement ultra-royaliste et sa conduite dans la commission chargée d'examiner la proposition tendant à exclure Manuel de la chambre lui valurent les honneurs de la pairie en 1827. La révolution de Juillet l'éloigna du Luxembourg et le fit rentrer dans la retraite. Il était déjà maréchal de camp, conseiller d'État et membre du comité de la guerre. Il mourut en 1851.

FORBIN-JANSON. Cette branche de la famille de Forbin a produit deux prélats.

FORBIN-JANSON (TOUSSAINT DE), cardinal, naquit en 1625, et fut successivement évêque de Digne, de Marseille et de Beauvais. C'était, au rapport des historiens du siècle de Louis XIV, un homme fort adroit en politique et d'une grande finesse en diplomatie. Aussi ce prince le nomma-t-il son ambassadeur, d'abord en Pologne, puis en Toscane, et enfin près la cour de Rome. Ce fut en grande partie à son habileté que Sobieski dut le trône. Il lui en témoigna sa reconnaissance en disposant en sa faveur de son droit de présentation au cardinalat. Louis XIV le nomma en 1706 grand-aumônier de France. Il mourut à Paris, en 1713.

FORBIN-JANSON (CHARLES-AUGUSTE-MARIE-JOSEPH), comte DE), évêque de Nancy, l'un des hommes qui par l'exagération de leur zèle religieux contribuèrent le plus à compromettre le gouvernement de la branche aînée de la maison de Bourbon, naquit à Paris, le 3 novembre 1785. Son père, le marquis de Forbin-Janson, lieutenant général, émigra avec toute sa famille, et ne put revoir la France que lorsque Napoléon en rouvrit les portes aux royalistes. Il rentra alors avec ses deux fils. L'aîné, né en 1783, obtint, malgré son extrême jeunesse, une charge de chambellan à la cour de l'électeur, devenu plus tard roi de Bavière par la grâce de Napoléon, et ne quitta le service de ce prince qu'en 1814. A cette époque, il accepta de l'empereur le commandement d'un corps de partisans, avec lequel, pendant la campagne de France, il opéra habilement sur les derrières de l'armée autrichienne en Bourgogne, et, témoin des prodiges de génie accomplis par le grand capitaine, conçut pour lui une admiration et un dévouement que la chute de l'empire ne put refroidir. Aussi, au retour de l'île d'Elbe, fut-il un des premiers à s'attacher à la fortune de Napoléon, qui le nomma d'abord son chambellan, puis pair de France, et qui, au moment de partir pour Waterloo, l'attacha à son état-major général avec le grade de colonel. A quelques jours de là, il était frappé d'un arrêt de proscription qui ne lui permit de reparaître en France que sur la fin de 1821.

Son frère puîné, l'ancien évêque de Nancy, admis dès 1805 au conseil d'État avec le titre d'auditeur, semblait appelé à figurer quelque jour dans l'état-major de l'armée administrative de l'empire; mais une vocation subite le porta, en 1809, à entrer au séminaire de Saint-Sulpice pour s'y préparer à recevoir le sacerdoce. En 1811 il fut ordonné prêtre par l'évêque de Gap, et nommé immédiatement grand-vicaire du diocèse de Chambéry. Il s'y fit remarquer bientôt par l'ardeur qu'il mit à propager sous le manteau les bulles à l'aide desquelles Pie VII, détenu à Fontainebleau, essayait de lutter contre le dominateur de l'Europe. Quand vinrent les événements de 1814, il fut un des premiers à s'enrôler dans ces bandes de convertisseurs nomades qui parcouraient alors en tous sens la France sous le titre de *missionnaires*. Pendant les cent jours, il fut choisi pour servir d'aumônier à l'armée de chouans qui essaya un instant de s'organiser dans la Vendée. Au retour des Bourbons, les caravanes des prédicants recommencèrent de plus belle en 1817, 1818, et surtout 1819.

Louis XVIII récompensa le zèle de Forbin-Janson en l'appelant à l'évêché de Nancy, en 1824. La froideur de l'accueil que reçut le jeune évêque dans son diocèse lui fut peut-être un motif pour ne pas se consacrer uniquement à ses ouailles; il demeura donc le chef réel de l'*œuvre* des missions, et acheta pour elle une partie de la hauteur, voisine de Paris, connue sous le nom de Mont-Valérien, qu'il résolut de transformer en un *calvaire*, servant de but de pèlerinage aux pêcheurs convertis de la grande ville. Des constructions gigantesques furent commencées pour convenablement loger ces *pauvres* missionnaires; et on réserva près de la chapelle un terrain d'une vaste étendue, qu'on résolut d'exploiter comme cimetière *privilégié*, comme cimetière vraiment *catholique* à l'usage des gens bien nés et bien pensants. Cependant, malgré la prospérité notoire de l'entreprise, on se trouva un beau jour en présence d'un gouffre, le *déficit*. Ce fut un grand scandale.

Toutefois, en dépit de ces désagréments, dont la presse eut dans le temps beaucoup à s'occuper, la place eût encore été tenable pour Forbin-Janson, malgré la répulsion profonde qu'inspirait à ses ouailles son fanatisme sombre et ardent, s'il n'avait pas eu à leurs yeux le tort, bien autrement grave, de mettre son influence d'évêque au service des passions politiques du moment, et de publier au profit du pouvoir d'étranges mandements électoraux. Quand la nouvelle des ordonnances de juillet 1830 parvint à Nancy, le prélat venait d'ouvrir une retraite pastorale dans son palais épiscopal, et personne ne douta que ces réunions de prêtres à l'évêché ne fussent de véritables conciliabules tenus contre les libertés publiques. Aussi la multitude s'y porta-t-elle en masse, et des scènes de dévastation et de pillage effrayèrent le pays. Forbin-Janson prit la fuite, et en 1834 le gouvernement de Louis-Philippe, obtint par l'entremise du pape, qu'il consentit à laisser administrer par un coadjuteur son siège vacant de fait. Il mourut oublié, en 1845, chez son frère, aux Aigualades près de Marseille. Il avait refusé un legs de 12,000 francs fait par l'abbé Grégoire, ancien évêque de Blois, à la paroisse d'Embermesnil, dont il avait commencé par être le curé, et destiné à la fondation à perpétuité d'une messe pour le repos de l'âme de son père et de celle de sa mère, et aussi pour que lui-même y fût recommandé aux prières des fidèles.

FORBONNAIS (FRANÇOIS-LOUIS VÉRON DE), naquit au Mans, le 2 septembre 1722, et mourut en l'an VIII (1800). La maison Véron était une des grandes notabilités manufacturières de la France. L'un des ancêtres de Forbonnais avait fondé une fabrique de draps connus dans le commerce européen sous le nom de *vérones*; il s'en faisait une exportation considérable, surtout pour l'Espagne et l'Italie. Le jeune Forbonnais se trouva donc dès l'enfance initié aux grandes affaires commerciales. Aussi c'est vers cette direction qu'il porta l'activité de son esprit. En 1752 il présenta au gouvernement des projets de réforme financière, qui ne furent pas goûtés. En 1756 il devint inspecteur général des monnaies, et en 1758 il publia son ouvrage le plus remarquable, ses *Recherches et considérations sur les finances de la France depuis 1595 jusqu'à 1721*. Il y fit preuve d'une intelligence assez forte pour dominer la matière sans se perdre dans les détails, en même temps que son style clair et précis fait trouver du charme aux questions les plus arides. Aussi plus d'un économiste moderne en renom a-t-il puisé dans le travail de Forbonnais, sans le citer, bien entendu. Silhouette, contrôleur général de France, l'attacha ensuite à son administration, et Forbonnais prit une grande part aux mesures financières de ce ministre. Cette tentative de réforme échoua devant le mauvais vouloir des classes privilégiées, qu'il s'agissait de faire participer aux charges publiques, et se termina par une banqueroute. En 1763 Forbonnais tenta un nouvel effort auprès des ministres pour faire adopter ses plans de réforme; mais les intérêts puissants qu'il menaçaient depuis dix ans l'emportèrent, et il fut exilé au Mans.

C'est là qu'il vécut dans la retraite jusqu'à la Révolution; en 1790, ayant été consulté par le comité des finances de l'Assemblée constituante, il prit part à ses travaux relatifs aux monnaies. Puis, les jours orageux étant venus, il se retira à Paris. Plus tard il fut appelé à l'Institut, et quelque temps après il terminait sa laborieuse carrière, à l'âge de soixante-dix-huit ans. Comme publiciste, Forbonnais se place, par la nature de ses idées comme par le temps où il les publia, entre Law et l'école de Quesnay.

FORCALQUIER, ville de France, chef-lieu d'arrondissement, dans le département des Basses-Alpes, avec 3,053 habitants, un tribunal de première instance, un collège et un petit séminaire, des fabriques de cadis, de chapellerie, de poterie, des filatures de soie et de laine; un commerce d'amandes, graines, miel et cire jaune. Cette ville ancienne était autrefois fortifiée; elle fut le siège d'un comté démembré en 1054 du comté de Provence, auquel il fut réuni de nouveau en 1209. Au dix-huitième siècle ce comté ne comprenait que les villes et territoires de Forcalquier, Sisteron, Perthuis, Apt, Sault, Grignan et Montdragon.

FORÇAT, homme condamné pour un temps limité, ou pour la vie, aux *travaux forcés*. Ce mot vient de l'italien *forzato* ou de l'Espagnol *forçado*. On a donné le nom de *forçats* aux *galériens* pour les distinguer des individus qui servaient volontairement sur les galères. Les *forçats libérés* sont ceux qui ont subi leur peine ou ont été graciés.

FORCE, FORCES, mot qui dérive de *fortis*, et exprime la puissance, l'intensité ou l'énergie d'action d'une chose, soit physique, soit morale et intellectuelle. La *force* se dit également de la résistance et de la fermeté, ou même de l'inertie et de l'immobilité des corps, comme de celles de l'esprit; elle qualifie aussi la nécessité, non moins que la vertu et le courage. Il y a les *forces vives* des corps en mouvement, telles que les appelle Leibnitz, et des *forces mortes*, quand elles sont anéanties par le choc de deux corps durs, égaux en masse et en vitesse. Aiǹ, deux billes venant se rencontrer, mues d'une force pareille, doivent rester immobiles sur le coup : leur énergie mutuelle est amortie ou soudain détruite. De même, en chimie, des affinités contrastantes d'un acide et d'une base peuvent se saturer réciproquement et constituer un composé neutre ou même inerte, comme le sulfate de baryte. Les polarités opposées de l'électricité, du magnétisme, développent des forces d'autant plus intenses que leur inégalité est plus considérable; mais par leur équilibration parfaite ces efforts deviennent quiescents.

Dans l'univers, les forces et le mouvement qu'elles mettent en jeu constituent donc diverses inégalités de pondération des corps, puisque ceux-ci, arrivant à leur point d'équilibre, s'arrêtent dans le repos. La grande force de gravitation, qui pénètre toutes les matières du monde, tendrait à les ramener à une seule masse inerte, dans leur cohésion, si les divers degrés de pesanteur ou d'attraction des éléments qui la constituent n'établissaient pas un cercle perpétuel de combinaisons et de destructions opposées, en sorte que la vie de l'un résulte de la mort de l'autre. De là suit ce *circulus æterni motus*, dont les réactions entretiennent l'activité et l'énergie universelles, en sorte que nulle part le repos absolu n'existe, si ce n'est relativement à des actions ou à des forces plus vives.

En considérant cette activité éternelle qui change ou renouvelle toutes choses, les philosophes se sont demandé si toute la matière qui compose le monde, ou si chacune de ses molécules possède en effet une *force active* en propre et inhérente à sa nature, quelle que soit la dépouille, quelque forme que subisse cette molécule ou cette matière. Cette question est fondamentale; car si la matière jouit de la propriété intrinsèque de se mouvoir, elle pourra tout produire d'elle seule, comme les atomes d'Épicure, s'accrochant diversement entre eux pour constituer les soleils, les mondes, les animaux, etc. Dans l'hypothèse de l'inertie primitive des éléments, leur force serait le don d'un être tout-puissant et organisateur, auteur de l'ordre et de tous les mouvements de l'univers, et en dehors de la matière qu'il domine.

Newton a surtout combattu l'hypothèse d'une force inhérente à la matière par le raisonnement suivant : supposez une sphère creuse, d'immense étendue, et exempte de toute influence extérieure d'attraction ou d'action quelconque; si vous y placez une ou plusieurs particules, il est évident que n'étant sollicitées en aucun sens, ces particules resteront éternellement inertes par elles seules; car, je vous le demande, iront-elles plutôt d'un côté que de l'autre, lorsqu'il n'y a ni haut, ni bas, ni rien qui les attire en aucun sens? Et lors même qu'on leur attribuerait un désir, une volonté d'action, comme aux monades de Leibnitz, l'égal équilibre en tous sens où elles seraient nécessairement ne les empêcherait-il pas de sortir de l'état d'inertie tant que rien d'extérieur ne viendrait les en tirer? Euler et les physiciens modernes ont aussi constaté que la tendance à l'équilibre de toutes les parties de la matière, même les plus actives (comme le feu et l'électricité), et la perte du mouvement dans les corps environnants, n'auraient pas lieu si chaque matière était douée d'une énergie intrinsèque. La gravitation elle-même s'affaiblit en raison directe du carré des distances, car il arrive un tel point d'éloignement que le Soleil et les plus énormes sphères n'ont plus aucune pesanteur dans l'immensité des cieux. De là l'immobilité des grands luminaires ou des étoiles fixes de l'empyrée, comme le remarque fort bien Leslie, d'après W. Herschell. La matière étant donc considérée comme radicalement inactive, il faut qu'elle ait reçu sa force, ou l'impulsion et le mouvement, d'une cause extérieure primordiale. Newton croyait même que cette grande puissance initiale finissant par s'éteindre graduellement, un jour le suprême artisan des mondes aurait besoin d'y apporter une main réparatrice : *manum emendatricem*.

Il suit de là que la force étant une qualité très-distincte de la matière, et qui ne lui est nullement inhérente (témoin le mouvement imprimé, lequel se perd dans tout corps plus ou moins promptement), nulle force n'est matérielle. On ne peut pas soutenir que l'attraction lunaire, qui soulève périodiquement, deux fois en vingt-quatre heures, les eaux de l'Océan, de concert avec l'attraction du Soleil, opère à de si vastes distances au moyen d'une matière traversant instantanément les espaces célestes. Ces influences d'attraction entre des masses effroyables, qui circulent à tant de milliards de lieues d'éloignement, sont les forces pures, quoique proportionnelles à ces masses, et dont rien n'intercepte l'action. Si ces forces restent fixes et calculables dans les substances minérales, elles ont une mobilité et une variété prodigieuses dans les êtres vivants, suivant les âges et beaucoup d'autres modifications organiques.

Kepler eut le mérite de reconnaître l'un des premiers plusieurs lois de l'attraction; Huyghens découvrit ensuite la loi des forces centrales dans le cercle et la théorie des développées. On voit que le problème général avançait vers la solution, puisqu'en réunissant ces deux théories, on en obtient facilement la loi des forces centrales dans une courbe quelconque. Newton vint, qui, généralisant cette théorie d'Huyghens, sut développer le théorème général des forces centrales, et fut ainsi conduit à la découverte du vrai système du monde. Par la même raison que la matière possède une force d'inertie qui la fait résister au mouvement si elle est en repos, cette même force la fera de même persévérer dans le mouvement si rien ne vient à le lui enlever. Tel est le principe de la conservation des *forces vives* et de l'accélération des mouvements, principe de dynamique bien observé, soit par Huyghens, soit par Daniel et Jean Bernoulli, soit aussi pour l'accélération et la chute des eaux, par D'Alembert, dans son *Traité de l'équilibre et du mouvement des Fluides*. Ces vérités ont été développées aussi par des géomètres plus récents. Dans ses savantes recherches sur la mécanique céleste, l'illustre Laplace a de plus démontré que les petites perturbations résultant des mouvements des corps célestes se compensaient réciproquement dans des périodes plus ou moins prolongées et même séculaires, et qu'une stabilité générale résultait, en totalité, de ces diverses équilibrations partielles.

De nos jours, l'on s'est surtout occupé des forces créées

pour l'industrie, ou développées par l'action du calorique, surtout par la vapeur de l'eau en expansion. La célèbre marmite de Papin, lequel était parvenu à faire rougir au feu de l'eau renfermée dans un vase très-épais, ce redoutable autoclave, qui se brisait en éclats meurtriers, est devenu, entre les mains savantes de James Watt, la puissante machine à vapeur, nouveau moteur destiné à changer la face de la mécanique industrielle des nations. A part ces grandes forces, dont l'homme s'est approprié le secret, ces compositions fulminantes qui font sauter les rochers en éclats, comme la poudre à canon, ou les poudres détonant par percussion, l'or et l'argent fulminants, le chlorate de potasse, etc., nous pourrions rappeler l'emploi de l'air comprimé, celui du vent, celui de la chute des eaux, pour les moulins comme pour d'autres machines, celui des gaz pour s'élever dans l'atmosphère, etc. Les forces de compression, d'expansion, de répulsion, celles que produit l'électricité foudroyante, le magnétisme, etc. ; le froid qui resserre, la chaleur qui dilate, offriraient une foule de considérations ; mais elles trouvent leur place dans d'autres articles. Nous devons descendre à des genres de forces attractives plus intimes : telles sont les forces moléculaires, dites *affinités* ou *attractions-chimiques*.

Si nous considérons maintenant les forces qui animent les corps vivants, nous remarquerons d'abord que les matières inorganiques ou minérales possèdent des forces simples et uniformes dans leur nature originelle : c'est pourquoi elles sont évaluables par le calcul. Il n'en est point ainsi des êtres vivants et organisés. Puisque leur vie dépend d'un concours d'éléments toujours mobiles ou variables dans leur association, suivant les âges, les sexes, les tissus sans cesse renouvelés par un mouvement de composition et de décomposition ; puisque les molécules composant le corps se réparent et se détruisent continuellement ; que tel être engendre, l'autre meurt, l'un croît, l'autre décroît, il y a des alternatives inévitables d'énergie et de faiblesse : c'est un cercle d'actions qui s'enchaînent. D'ailleurs, le même corps d'animal ou de végétal éprouve des variations dépendant des saisons, des climats, en été : en hiver, les forces végétatives se déploient par la chaleur vivifiante, ou se dépriment par l'engourdissement du froid. Il y a même un ce genre d'actions modifications telles que le froid modéré fortifie une espèce animale et affaisse telle autre espèce : il y a des plantes que la chaleur de la zone torride tuerait, et qui fleurissent sous la neige, etc.

Les forces animatrices des corps vivants constituent de plus un système harmonique en rapport avec nos éléments ambiants, l'air, l'eau, la chaleur, la lumière, l'électricité, etc. Il y a des *forces digestives* pour les viscères intestinaux, des *forces propagatrices*, des *forces dépuratrices*, séparant l'urine ou autres matériaux superflus ; chaque genre de sécrétion, lait, bile, salive, etc., résulte de ces forces propres : les unes peuvent agir sans les autres, ou trop peu par rapport à leurs antagonistes. L'action nerveuse, ou de l'appareil général des nerfs, est subordonnée à une foule de modifications : sa force a la propriété de s'accroître pour tendre le système musculaire avec une vigueur inouïe dans la fureur ; elle peut aussi tomber soudain par la terreur. Tantôt le vin ou les liqueurs spiritueuses l'exaspèrent, tantôt l'opium la plonge dans le sommeil. Passions, besoins, aliments, air, température, tout diversifie les puissances de l'économie organique : la plante qu'on multiplie trop de boutures par ses racines perd sa force propagatrice dans ses semences, qui avortent : tel animal, abusant trop de certaines fonctions, devient faible pour d'autres, comme l'homme de cabinet, qui ramasse toutes ses facultés au cerveau, devient incapable de lutter en énergie musculaire avec le fort de la halle.

La force vitale de chaque être peut d'ailleurs être consommée plus ou moins rapidement ou économisée : il est tel enfant dont on hâte avec imprudence ou témérité le déploiement des facultés ; mais voyez ces petits prodiges de savoir, de précocité et d'esprit : avortons pubères à peine, on les produit dans le monde, on les précipite à leur grand dommage dans des plaisirs prématurés, qui les énervent avant l'âge ; on en veut faire des hommes, et ils ne sont que des adolescents déjà usés. Aussi, une vieillesse anticipée vient-elle flétrir leurs jeunes années : ils restent petits, chétifs, épuisés dès trente à quarante ans, et bientôt immolés. Mais l'homme qu'une prudente réserve laisse longuement mûrir dans une sage virginité recueille cette mâle vigueur ou une forte constitution qui lui promet une carrière séculaire.

La force dépend donc de la conservation des principes de la vie. Elle fut départie aux animaux en proportion de leurs habitudes ; elle se ramasse plus vigoureuse dans les petits corps, puisqu'un éléphant, une baleine, sont déjà embarrassés de leur masse ; les plus gros arbres, tels que le baobab, ayant un tissu mou et spongieux, manquent aussi de résistance : ils croissent trop rapidement. Les bois compactes, le chêne, le *sideroxylon* (bois de fer), plus solides, sont lents à croître.

Lorsque enfin ce concert d'actions qui constitue la vie est attaqué par des causes morbifiques, un instinct conservateur, ou, si l'on aime mieux, la *force médicatrice* de la nature, qui protège sa demeure corporelle, s'insurge et combat pour en défendre l'intégrité. Tantôt l'estomac se soulève pour rejeter un poison ingéré, tantôt d'autres mouvements dépuratoires expulsent les matières nuisibles. La fièvre qui s'allume est d'ordinaire un travail préparatoire, un concours d'efforts salutaires pour dompter le mal : c'est ainsi que s'opère le travail de la cicatrisation des plaies, de la consolidation du cal dans les os fracturés, la séparation ou séquestre de la partie nécrosée ou gangrenée, pour mettre à l'abri les parties vivantes, etc. Il y a donc dans les corps animés une faculté prévoyante, active, préservatrice, qui veille à leurs besoins, même dans le sommeil, puisque cet instinct secret se ranime à la moindre piqûre, à tout ce qui peut blesser un individu : preuve d'une puissance spéciale d'une force cachée, *vis abdita quædam*, laquelle a été départie par la nature à l'existence de toutes ses créatures. C'est encore à cette cause instinctive qu'il faut rapporter ces sympathies entre parents, qui font qu'on se reconnaît et qu'on se pressent mutuellement ; c'est ce qu'on a nommé la *force du sang*.

Non-seulement l'expression de *forces* s'applique à toutes les puissances physiques et mesurables, mais encore à des actes purement intellectuels. Sans doute on peut augurer, par l'examen des symptômes extérieurs, chez l'homme, l'intensité d'une passion explosive, la colère, la frayeur, l'amour, etc. ; cependant, il est parfois de l'intérêt de la personne qui les éprouve d'en dérober au public les apparences. Il est des scélérats consommés tellement endurcis au crime qu'ils ne parlent qu'en présence d'une mort redoutable ; comme aussi l'innocence a sa force, capable de braver les tortures et les bourreaux. Caton, qui ouvre ses entrailles pour ne pas subir le joug d'un maître, avait une âme magnanime, comme Socrate, buvant volontairement la ciguë. Nous avons vu, dans nos discordes civiles, de vertueux exemples de grandeur d'âme et de *force de caractère*. On a dit avec bien de la raison que s'il faut de l'énergie de caractère pour supporter l'adversité, il en faut davantage encore pour soutenir dignement la haute fortune.

La vigueur ou l'intensité de la puissance mentale n'est pas moins difficile à mesurer. En général, les puissances intellectuelles s'augmentent par l'attention, par la contemplation plus ou moins profonde. Il est cependant des esprits que Montaigne appelle *prime-sautiers*, qui saisissent d'un seul bond les questions. La force du raisonnement et de l'éloquence s'emprunte et s'échauffe souvent aux passions : *Pectus est quod disertos facit et vis mentis*, comme l'affirme Quintilien ; de là vient aussi le mot de Vauvenargues, que *les grandes pensées viennent du cœur*. Les forces de l'intelligence ne s'accroissent point en proportion de leur association avec d'autres. Ainsi, un ouvrage fait en commun, quoique soumis à l'unité, ne présente guère que des fragments individuels réunis. Mais c'est au moyen de la réunion morale des volontés en une seule, soit dans la religion, soit dans les institutions politiques, que naît cette grande puissance des États et des peuples, par le patriotisme ou par le fanatisme. C'est à l'aide de cette énergie que les empires subsistent; car si vous brisez le lien religieux et la foi politique, les nations se dissolvent dans une dévorante anarchie. Supprimez l'autorité du magistrat, ouvrez les prisons, les *maisons de force*; que les lois perdent leur souveraineté avec la justice, et bientôt une confusion horrible ôtera tout moyen de résistance, au dedans contre les passions et les intérêts privés, au dehors contre l'ennemi : plus de *forces de terre* ni *de mer*, aucune puissance productrice et commerciale.

La force des États se mesure sous différents aspects. Si les institutions sont jeunes, puissantes dans l'opinion et l'amour des citoyens, le lien social sera énergique : c'est ainsi que Polybe avait prévu que Carthage devait succomber sous Rome, fanatisée de cet ardent patriotisme qui exaltait Régulus, tandis que l'or était plus puissant dans la république commerçante des Phéniciens, et que la perfidie punique était proverbiale. Une nation agricole se défend mieux chez elle qu'un peuple maritime ou industriel. Tout État pauvre, mais resserré, compacte, est plus résistant que s'il est riche et très-vaste. Les pays libres déploient plus d'énergie que les empires asservis. Les insulaires, les montagnards, montrent plus de cohérence et d'âpreté d'action que les habitants des plaines ouvertes et continentales. Les peuplades errantes, comme les hordes de Tatars dans leurs steppes, ou les tribus d'Arabes dans leurs déserts, sont essentiellement indomptables : celles qu'on soumet un jour échappent bientôt à l'asservissement. Les peuples navigateurs, puissants par leurs colonies, leurs vaisseaux, leur immense commerce, sont forts à la circonférence, faibles au centre; c'est le contraire pour les pays sans relation ou concentrés en eux-mêmes. Les vieilles nations, amollies et civilisées, peuvent être vaincues assez facilement; mais elles absorbent leur vainqueur, et triomphent souvent, par les arts, de la barbarie qui les foule : ainsi, le Chinois a civilisé les Mantchoux, et le Grec les anciens Romains, si farouches. Les forces d'un État ne sont donc point seulement celles des finances, ni même le nombre immense des troupes, les places fortes, les armes de toutes natures, s'il n'y a point unanimité d'action, amour de la patrie, zèle pour le maintien des lois et institutions, dévouement et désintéressement. L'estime pour les vertus civiques, l'ardeur pour soutenir l'honneur national, de justes récompenses décernées au mérite, non moins que la répression des vices bas et lâches, voilà les vrais éléments de la vigueur des peuples, les symptômes d'une longue vitalité dans un État.   J.-J. VIREY.

Force se dit également, au propre et au figuré, de l'énergie, de l'activité, de l'intensité d'action : la *force* d'un poison, d'un mal, d'une passion. Dans ce sens, La *force* est une qualité du style que les poëtes dramatiques surtout doivent rechercher; c'est aussi dans la même acception qu'on se sert de ce mot pour tout ce qui se rattache à la logique : *Force* d'un raisonnement, d'un argument, d'une objection, d'une preuve.

Force signifie aussi violence, c o n t r a i n t e ou pouvoir de contraindre : Céder à la *force*, opposer la *force à la force*.

En parlant des choses, *force* signifie tantôt leur solidité, le pouvoir qu'elles ont de résister : La *force* d'un mur, d'une digue; tantôt leur impétuosité : La *force* de l'eau, du courant, du vent; tantôt encore la propriété qu'ont quelques-unes d'imprimer à d'autres une impulsion plus ou moins grande, de les mettre en mouvement : La *force* de la poudre, d'une machine à vapeur, d'un levier, etc.; ou enfin l'impulsion que reçoit le corps poussé, lancé, jeté : La *force* d'une balle, d'un boulet. Appliqué à certaines autres choses, comme les lois, la vérité, l'éloquence, l'évidence, etc., le mot *force* est synonyme d'influence, d'autorité.

En termes de marine, faire *force* de voiles, c'est se servir de toutes les voiles afin de prendre plus de vent et d'aller plus vite; faire *force* de rames, c'est ramer autant et aussi vite que possible. Les couteliers appellent *forces* une espèce de grands ciseaux.

En peinture et en sculpture, la *force* est le caractère ressenti dans les formes; la *force* du coloris est l'emploi des couleurs les plus vigoureuses, distribuées avec intelligence; quand on applique ce mot à l'effet total d'un tableau, on exprime par là que les ombres les plus vigoureuses sont opposées aux lumières les plus brillantes, effet qui donne du mouvement et de la saillie aux objets.

FORCE ou PUISSANCE (*Mécanique*), action qui produit ou tend à produire le mouvement d'un corps en repos, à modifier la vitesse d'un mobile ou à l'arrêter. Ainsi, un coup de marteau ou de toute autre masse en mouvement, la détente d'un ressort, la pesanteur qui entraîne vers la terre tous les corps qui n'en sont pas trop éloignés, l'impulsion d'un courant d'eau, celle du vent, la réaction d'un fluide élastique comprimé, etc., sont des *forces*. D'après leur définition, elles doivent être mesurées par leur effet, c'est-à-dire par le mouvement qu'elles impriment ou qu'elles tendent à imprimer, l'accélération ou le retard qu'elles produisent, et en général d'après les modifications qu'en sont évidemment le résultat. Comme la notion de mouvement renferme celle de vitesse et de direction, elles sont aussi comprises dans la notion de force : de plus, comme le raisonnement et l'expérience nous apprennent qu'il faut une plus forte action pour faire mouvoir une plus grande masse, on conçoit que la mesure de la force exige aussi celle de la masse à mettre en mouvement.

On distingue deux sortes de forces, suivant la nature de leur effet : celles qui produisent une pression, telles que la pesanteur, la tension d'un ressort, l'élasticité d'un fluide comprimé, l'énergie des muscles des animaux, etc.; toutes celles-là sont comparables entre elles, et peuvent être contre-balancées l'une par l'autre : ainsi, l'une d'entre elles peut servir à mesurer toutes les autres, et la pesanteur ayant été choisie, l'instrument de mesure est une sorte de balance, que l'on nomme d y n a m o m è t r e. Mais les forces de percussion, telles qu'un coup de marteau, ne sont mises en équilibre par aucun poids, quelque grand qu'il soit et quelque petite que soit la force qu'on lui opposerait. Une thèse de mécanique, dont l'histoire des mathématiques conservé le souvenir, avait cette épigraphe : *Pulex in terram insilens eam repellit*, et démontrait cette assertion. Il faut donc pour les forces de percussion une autre unité de mesure que pour les pressions; et comme ces forces ne sont autre chose que l'action d'une masse en mouvement, on a besoin d'une unité de masse et d'une autre de vitesse. Conformément à notre système de mesure, on a proposé d'adopter, en France, le mètre cube d'eau comme unité de masse, et l'espace d'un mètre parcouru en une seconde comme unité de vitesse. Ce choix aurait l'inconvénient de ne donner lieu que très-rarement à l'emploi de l'unité principale, tandis que ses subdivisions seraient introduites habituellement dans le calcul. En effet, le *dyname*. (nom imposé à cette *unité* gigantesque) équivaudrait à la traction de plus de treize chevaux de roulage.

Les ingénieurs ont contracté l'habitude d'évaluer la puissance des divers moteurs en *forces de cheval*, unité du mesure qu'ils supposent équivalente à l'effort qu'il faudrait faire pour élever en une seconde un poids de 75 kilogrammes à la hauteur d'un mètre. Pour un travail continué pendant quelques heures, ils estiment que la force de l'homme n'est que la cinquième de celle du cheval, et pour l'application momentanée de l'énergie musculaire très-improprement dite *coup de collier*, l'homme ne produit pas même la septième partie de l'effet dont le cheval est capable : c'est une observation constatée par le dynamomètre; mais cet instrument semble destiné à donner aux peuples des avertissements d'une plus haute importance que des évaluations inécaniques. En réduisant à une mesure moyenne les expériences dynamométriques faites dans un pays, on apprécie assez exactement la *force moyenne* des habitants : on s'est assuré de cette manière que l'Anglo-Américain des États-Unis est un peu plus fort que l'Anglais, et celui-ci un peu plus que le Français. On devait s'attendre que cette observation serait confirmée par la mesure du travail journalier dans ces trois pays. En recherchant la cause de ces différences, que l'on ne peut attribuer au climat, au sol, aux caractères distinctifs des races d'hommes, etc., on est bientôt mis sur la voie qui la fait découvrir : on ne doute point que le régime alimentaire des ouvriers ne favorise et n'entretienne plus ou moins l'action musculaire, et celui des Français n'est certainement pas le meilleur. Les médecins n'épargnent pourtant pas leurs sages remontrances ; mais l'habitude est plus forte que la sagesse, elle triomphe et se maintient. FERRY.

La cause de mouvement que l'on appelle *force* nous est inconnue, quant à son essence, mais nous pouvons mesurer ses effets. Lorsqu'une force agit sur un corps quelconque, sa direction à un moment donné peut toujours être figurée par une ligne droite ; bien plus, on représente son intensité plus ou moins grande en donnant à cette droite une longueur plus ou moins considérable. On ramène ainsi les problèmes de mécanique à n'être plus qu'une application de la géométrie.

Un corps ou système de corps étant sollicité par de certaines forces données, trouver le mouvement que ce corps prend dans l'espace ; réciproquement, quelles doivent être les relations des forces qui agissent sur un système, pour que ce système prenne dans l'espace un mouvement donné ? Tel est le problème que se propose de résoudre la mécanique. Or, on démontre, en général, que lorsqu'un corps est soumis à l'action de plusieurs forces, on peut remplacer toutes ces forces en un moment donné par une seule de grandeur et de direction convenables, et produisant le même effet ; cette seule force qui tient lieu de toutes les autres en est dite la *résultante*. Le cas particulier où cette résultante est nulle, c'est-à-dire où les forces se font équilibre, est l'objet de la partie de la mécanique qui a reçu le nom de *statique*. L'autre partie, la *dynamique* ou science du mouvement, s'en déduit facilement.

Dans le problème de la *composition des forces*, celles-ci étant représentées par des droites de longueur proportionnelle à leur intensité, on distingue d'abord les forces qui agissent suivant des directions parallèles de celles qui concourent en un même point. On reconnaît que deux forces parallèles dirigées dans le même sens ont une résultante égale à leur somme, parallèle à leur direction, et passant par un point qui divise la droite qui unit leurs points d'application en parties inversement proportionnelles à leur grandeur. Il en est de même dans le cas où les deux *composantes* sont dirigées en sens inverse ; seulement, la résultante est égale à la différence des deux composantes et dirigée dans le sens de la plus grande. Cependant, il est un cas particulier où l'on ne trouve pas de résultante unique ; c'est celui où les deux forces dirigées en sens inverse deviennent égales ; on a alors un c o u p l e qu'une seule force ne peut remplacer. La théorie des forces parallèles sert de base à celle de la p e s a n t e u r, qui n'en est qu'un cas particulier ; car il n'y a pas d'erreur appréciable à regarder comme parallèles les directions de la pesanteur agissant sur les diverses molécules d'un même corps. Dans cette application, on trouve que la résultante de toutes les forces de la pesanteur passe continuellement par le c e n t r e d e g r a v i t é du corps soumis à son action.

La théorie des *forces concourantes* repose sur cette proposition : La résultante de deux forces concourantes est représentée en grandeur et en direction par la diagonale du parallélogramme construit sur les droites qui représentent les deux forces en grandeur et en direction. Si l'on a plus de deux forces concourantes, on cherchera la résultante des deux premières, puis on composera cette résultante partielle avec une troisième force, et ainsi de suite.

Au moyen de la théorie des couples, on détermine aussi la composition de forces quelconques non situées dans un même plan. Mais dans ce cas on ne trouve pas toujours une résultante unique.

La *décomposition des forces* est une opération inverse de la précédente ; mais elle offre une indétermination que celle-ci ne présentait pas.

FORCE (*Théologie*). Les théologiens catholiques ont considéré la *force* comme une vertu c a r d i n a l e. Ils entendent par là cette disposition réfléchie de l'âme qui, se fondant sur l'espérance de la vie future et la juste nécessité de se soumettre à la volonté de la Providence, attendu qu'elle connaît mieux que nous les moyens de nous purifier par les épreuves, nous fait accepter sans murmurer les contradictions et les peines de cette vie. Il faut en effet une force réelle et persévérante pour nous soutenir au milieu de tous les motifs de découragement qui viennent assaillir l'homme décidé à ne considérer que son devoir. La force est également éloignée de la t é m é r i t é et de la f a i b l e s s e. Aussi on lui oppose ces deux vices, qui cependant prennent naissance en elle, l'un par excès, l'autre par défaut. Elle est une des vertus que développe dans le chrétien le sacrement de c o n f i r m a t i o n. H. BOUCHITTÉ.

FORCE (La), ancienne prison de Paris, remplacée par la prison Mazas, qu'on appelle aussi *Nouvelle Force*. La Force a été démolie en 1850. Elle était située dans les rues du Roi de Sicile et Pavée, entre la rue Saint-Antoine et la rue des Francs-Bourgeois. Sur son emplacement s'élevait au treizième siècle la demeure de Charles d'Anjou, frère de saint Louis. Ce palais passa ensuite successivement aux comtes d'Alençon, aux d'Orléans-Longueville, comtes de Saint-Paul, et aux rois de Navarre. René de Birague le fit entièrement reconstruire. Le duc de La Force, qui en devint ensuite propriétaire, lui donna son nom. A la fin du règne de Louis XIV, cette demeure fut partagée en deux parties : l'une forma l'hôtel de Brienne, l'autre fut acquise en 1715 par les frères Pâris, qui la cédèrent au ministre d'Argenson pour le compte du gouvernement. On voulait y établir une école militaire ; mais plus tard, sur la proposition de Necker, on en fit une prison, pour remplacer celles du For-l'Évêque et du Petit Châtelet.

Les prisonniers y furent transférés au mois de juin 1782. Cette prison se divisait en *grande* et en *petite Force* ; cette dernière partie se rapportant au ci-devant hôtel de Brienne. « On y renfermait, dit Dulaure, les prisonniers détenus pour défaut de payement des mois de nourrice de leurs enfants, les débiteurs civils, les prisonniers de police, les filles publiques ; elle servait aussi de dépôt de mendicité. » C'est à La Force que périt l'infortunée princesse de L a m b a l l e.

FORCE (Camisole de). *Voyez* CAMISOLE DE FORCE.
FORCE (Jambes de). *Voyez* JAMBES DE FORCE.
FORCE (Maison de). *Voyez* PRISONS.
FORCE (Tour de). *Voyez* TOUR.
FORCE (Famille de LA). *Voyez* LA FORCE.

FORCE ARMÉE. Les législateurs ont pour la première fois parlé de force armée il y a soixante-dix ans ; encore, distinguaient-ils la *force armée* de la *force publique*, et concevaient-ils la force armée, c'est-à-dire l'armée de ligne, par opposition à la garde nationale, l'une et l'autre étant une partie de la force publique. Mais ces distinctions n'ont pas eu de durée ; la loi a pris le mot dans une acception plus intime : pour elle, patrouille et force armée sont devenues une seule et même chose ; crier à la garde, c'est invoquer la force armée. Des écrivains ont employé le terme *force armée* comme synonyme de *force militaire* : cette dernière expression vaut un peu mieux, mais elle peint surtout l'idée d'un moyen de puissance et d'action, auquel concourt une énergie intelligente et morale, tandis que *force armée* représente plutôt une force numérique ou physique, regardée, par une fiction convenue, comme étant à la disposition du gouvernement. La féodalité a été la force armée du moyen âge ; les armées permanentes sont devenues la force armée des siècles modernes. En France, la force armée n'est devenue nationale que depuis la conscription et les appels, surtout depuis les discussions du budget.

Gal BARDIN.

FORCE CENTRIFUGE. *Voyez* CENTRIFUGE (Force).
FORCE CENTRIPÈTE. *Voyez* CENTRIPÈTE (Force).
FORCE DE CHOSE JUGÉE. *Voyez* CHOSE JUGÉE.

FORCELLINI (EGIDIO), célèbre philologue italien, naquit en 1688, de parents pauvres et obscurs, dans un village peu éloigné de Feltre, dans l'ancien État de Venise. Admis par charité au séminaire de Padoue, ses progrès dans l'étude des langues anciennes furent si rapides et si extraordinaires, que F a c c i o l a t i, son maître, ne tarda pas à l'admettre à partager ses travaux lexicographiques. En 1718, ils conçurent le projet de publier un d i c t i o n n a i r e complet de la langue latine; mais Forcellini ayant été envoyé à Ceneda, comme professeur de rhétorique et directeur du séminaire, les deux amis en suspendirent l'exécution, qu'ils ne purent reprendre qu'en 1731, quand Forcellini fut rappelé à Padoue, grâce à l'appui de l'évêque de cette ville, Rezzonico, et qui se continua dès lors sans interruption sous la direction de Facciolati. Forcellini mourut en 1768, avant l'impression de l'œuvre à laquelle il avait travaillé avec tant de persévérance, et qui parut plus tard sous le titre de : *Totius latinitatis Lexicon, consilio et cura Jac. Facciolati, opera et studio Ægid. Forcellini lucubratum* (4 vol., Padoue, 1771; 2° éd., 1805), ouvrage que chacun reconnut aussitôt pour le recueil le plus complet qu'on possède en ce genre, et qui jouit d'une grande et légitime réputation. Furlanetto en a publié le complément sous le titre d'*Appendix* (Padoue, 1816, in-fol.); le même philologue a publié aussi une nouvelle et plus complète édition de l'œuvre commune de Facciolati et de Forcellini (Padoue, 1828), laquelle a été réimprimée en Angleterre et en Allemagne par Voigtlænder et Hertel.

FORCE MAJEURE. On appelle *force majeure* l'événement imprévu qu'on n'a pu empêcher. Nul ne répond de la force majeure. L'autorité souveraine, dans ses volontés arbitraires, sous les empires despotiques, est encore une force majeure et irresponsable. Il y a cette différence entre la force majeure et le c a s fortuit, que ce dernier suppose presque toujours un fait matériel, par exemple, l'impétuosité des flots, les incendies, les chutes des rochers ou des édifices, les naufrages, etc., tandis que la force majeure emporte le plus ordinairement l'idée d'une volonté humaine.

FORCEPS, instrument en forme de pince, qui sert dans la pratique des a c c o u c h e m e n t s. On en attribue l'invention à un chirurgien nommé Chamberlayn, qui exerçait à Londres vers le milieu du dix-septième siècle. Palfin présenta à l'Académie des Sciences de Paris, en 1721, un instrument qu'il appelait *mains*; depuis cette époque, il a été modifié dans ses dimensions, ses courbures, sa forme, si bien que jusqu'à nos jours on peut en compter près de cent, quoiqu'il soit bien difficile de croire que, dans un si grand nombre, plusieurs n'aient entre eux beaucoup de ressemblance. De nos jours on a adopté presque généralement celui de Levret, avec quelques modifications. Cet instrument est composé de deux branches de cinquante centimètres de longueur, aplaties transversalement et divisées en trois parties. L'antérieure se nomme *serre* ou *cuillère* : elle présente en effet cette dernière forme, excepté que le centre est évidé dans une grande étendue elliptique ; la partie postérieure sert de manche à l'instrument ; et la moyenne est le point de jonction des deux branches, qui se séparent avec la plus grande facilité.

Comme tous les instruments, comme tous les procédés opératoires, le forceps a eu son temps de vogue et son temps de proscription. On l'a vu employé dans presque tous les accouchements où le travail ne se présentait pas de la manière la plus ordinaire, puis entièrement abandonné par des chirurgiens effrayés de quelques résultats funestes.

Mais quel est l'instrument qui manié par des mains inhabiles ne devrait être soumis au même reproche? Les tables statistiques des hôpitaux de Paris et de Londres démontrent que de nos jours on ne se sert guère du forceps que dans la proportion d'une fois sur deux cents accouchements. Tel accoucheur s'est cru dans l'obligation de s'en servir pour n'avoir pas attendu assez longtemps le travail de la nature, qui plus d'une fois est venue au secours de l'accoucheur au moment où il se disposait à employer cet instrument.

Baudelocque et d'autres chirurgiens d'un mérite reconnu avaient coutume, lorsqu'ils étaient forcés de se servir du forceps, non-seulement de ne pas le cacher aux femmes, mais de leur en démontrer l'utilité et la manière d'agir; ils leur en faisaient toucher les branches, les montaient et les démontaient devant elles, expliquaient que la tête seule de l'enfant serait saisie entre les deux cuillères, que cette pression serait favorable pour l'amener au dehors au moyen de tractions douces et bien ménagées, nullement dangereuses pour lui, les os de la tête cédant de plus d'un centimètre et demi à l'époque de la naissance. Cependant, il est certaines femmes craintives pour lesquelles cette méthode ne réussirait pas : elles seraient bien plus inquiètes ; le chirurgien doit dans ce cas tâcher d'opérer à leur insu. Entre les mains d'un praticien exercé, le forceps est d'une innocuité telle, que beaucoup de femmes ont avoué que des accouchements avaient été pour elles plus douloureux que ceux dans lesquels on avait été dans la nécessité de l'employer ; enfin, bien souvent les femmes ne se sont pas aperçues qu'on s'en était servi sur elles.   L. BOIS DE LOURY.

FORCES CENTRALES. *Voyez* CENTRALES (Forces).
FORCES EXPANSIVES. *Voyez* EXPANSION.

FORCLUSION (du latin *a foro exclusio*, exclusion du tribunal). Ce terme ne s'emploie qu'en procédure, pour désigner la déchéance d'un droit ou d'une faculté qui n'a pas été exercée en temps utile (*voyez* FINS DE NON RECEVOIR). On emploie surtout cette expression pour exprimer la déchéance du créancier hypothécaire qui n'a pas produit à l'o r d r e avant la clôture du procès-verbal.

FOREIGN-OFFICE (mot à mot *Bureau étranger*), nom que nos voisins donnent à celui de leurs départements ministériels qui répond à notre ministère des affaires étrangères. Il est situé dans une rue de Londres appelée *Downing street*, et, dans le langage des journaux anglais, *parler de ce qui se trame et de ce qui se projette dans Downing street*, c'est fort clairement désigner le *Foreign-Office*.

FORESTIER, titre par lequel on désignait certain officier employé dans les forêts. Jusqu'à Charles le Chauve les gouverneurs francs d'une partie de la Flandre portèrent le nom de *forestiers*, parce que ce pays était alors couvert de forêts suivant les uns; d'autres y voient la traduction altérée d'un vieux mot germanique désignant une fonction militaire : la Flandre ayant alors été érigée en comté, ses *forestiers* prirent le titre de *comtes*.

FORESTIER (Agent, Garde). *Voyez* FORÊTS (Administration des).

FORESTIER (Code). C'est le nom que l'on donne à la loi du 31 juillet 1827, qui règle en France toutes les parties de l'administration f o r e s t i è r e sans exception. Elle se compose de 225 articles, divisés en 15 titres, qui traitent : 1° du régime forestier ; 2° de l'administration forestière; 3° des bois et forêts qui font partie du domaine de l'État; 4° de ceux qui font partie du domaine de la couronne; 5° de ceux qui sont possédés à titre d'apanage ou de majorats réversibles à l'État ; 6° des bois des communes et des établissements publics ; 7° de ceux qui sont possédés indivis avec l'État; 8° des bois des particuliers ; 9° des affectations spéciales des bois à des services publics ; 10° de la police et de la conservation des bois et forêts ; 11° des poursuites en réparation de délits et de contraventions ; 12° des peines et condamnations pour tous les bois et forêts en général ; 13° de l'exécution des jugements; 14° et 15° de dispositions transitoires et générales.

Loi toute de prévoyance et de conservation, le code forestier a pour but de mettre le sol forestier de la France à l'abri des dilapidations qui trop longtemps ont menacé de l'anéantir, ainsi que d'assurer à l'État certains droits sur les bois et les plantations des particuliers dans la mesure de l'intérêt général.

Le sol planté d'arbres se divise en deux catégories, dont l'une comprend celui qui est soumis au régime forestier : tels sont les bois que l'État, la couronne, les apanagistes, les communes et les établissements publics possèdent, soit en entier, soit par indivis, avec des particuliers ; tandis que l'autre renferme tous les autres bois, c'est-à-dire tous ceux qui appartiennent en entier aux simples citoyens.

Le régime forestier consiste en une série de règles qui ont pour but d'empêcher toute usurpation du sol boisé et d'assurer la perpétuité de ses produits au moyen d'un aménagement déterminé pour chaque localité par une ordonnance du chef de l'État. En déterminant les conditions auxquelles les droits d'usage et d'affectation peuvent être exercés par ceux qui en sont investis, et en donnant à l'État la faculté de les circonscrire à un cantonnement, il met obstacle aux dévastations qu'ils amenaient jadis, et affranchit la très-grande partie des forêts nationales de ces ruineuses servitudes. En outre, toute concession de ce genre est interdite pour l'avenir; d'autres servitudes sont encore prescrites au détriment des particuliers pour la conservation de la richesse publique, par exemple la prohibition d'établir certaines usines à une distance moindre de 1 ou 2 kilomètres, et même une ferme ou une simple habitation à moins de 500 mètres.

Quant aux bois des particuliers, tout en leur laissant le droit d'en jouir comme ils l'entendent, elle leur interdit le défrichement. Cette défense devait expirer en 1847; elle a été plusieurs fois prorogée depuis. Par contre, le dernier article du Code Forestier exempte de tout impôt pendant vingt ans les semis et plantations tentés pour reboiser les montagnes. Les particuliers possesseurs de bois sont associés aux avantages du régime forestier en ce qui touche la réduction des droits d'usage en cantonnements, la répression des délits forestiers, etc.

Le droit de martelage, en vertu duquel le département de la marine pouvait marquer et retenir, ou le payant après estimation contradictoire tous les pieds d'arbre qui lui convenaient parmi ceux qu'un propriétaire se disposait à faire abattre, n'existe plus depuis 1837. Relativement aux bois soumis au régime forestier, ce même droit a été indéfiniment suspendu par des ordonnances royales des 14 décembre 1838 et 1er janvier 1839. Une autre servitude qui est encore imposée aux propriétaires, mais servitude circonscrite à une localité restreinte, est relative à l'endiguage et au fascinage du Rhin.

FORESTIÈRES (Écoles). On appelle ainsi des établissements d'instruction publique dans lesquels la science forestière est enseignée dans tous ses détails. Jadis l'instruction d'un forestier était très-insuffisante. Le grand point, c'était de devenir bon chasseur. A mesure que les forêts diminuèrent et que la population s'accrut, on reconnut la nécessité d'une culture et d'un aménagement des forêts plus conformes à la science, et par conséquent il fut chargé des forestiers ayant reçu l'instruction spéciale que réclame une telle mission. En raison du petit nombre de préceptes que la théorie trouvait dans le passé, on dut naturellement commencer par choisir la voie d'une instruction toute pratique; dès lors l'enseignement forestier fut confié à d'habiles et expérimentés praticiens. C'est ainsi que Zanthier, au milieu du siècle dernier, fonda dans le Harz la première école forestière pratique; et à sa mort, arrivée en 1778, on vit se créer d'autres établissements du même genre, par exemple, en 1780, celui de Haase à Lauterberg : en 1790, celui d'Uslar à Herzberg, tous deux dans le Harz; en 1791, cel d'Hartig à Hungen; en 1795, celui de Cotta à Zillbach; en 1799, celui de Drais à Forzheim, etc., etc. Le plus souvent le fondateur était l'unique professeur; plus tard seulement, Cotta s'adjoignait des collaborateurs pour donner à ses élèves des leçons de mathématiques et d'histoire naturelle. La première école forestière publique fut fondée en 1770 à Berlin, sous la direction de Gleditsch. Mais Gleditsch était médecin et botaniste, et nullement forestier. L'institution ne subsista pas longtemps, parce qu'elle ne répondait sous aucun rapport à ce qu'on était en droit d'en attendre. Comme on comprit qu'un enseignement théorique plus élevé était indispensable, l'enseignement forestier fut adjoint vers la fin du siècle dernier aux écoles d'administration fondées à Mayence, à Manheim et à Lauter. Mais on reconnut aussi l'insuffisance de ces écoles, et on s'aperçut que l'enseignement forestier exigeait la réunion de la pratique à la théorie. Le duc Charles de Wurtemberg fit en 1783 le premier essai de ce genre, en fondant l'Institut forestier d'Hohenheim. Divers établissements analogues ne tardèrent point à être créés, par exemple celui de Kiel en 1785, celui de Fribourg en Brisgau en 1787, celui de Drèissigacker en 1801, etc. Tous étaient des établissements publics, et prirent bientôt les développements les plus larges. De nos jours, indépendamment de l'enseignement spécial que donnent tous ces établissements, on y étudie les mathématiques et les sciences naturelles; et on a reconnu l'indispensable nécessité qu'à chacun d'eux fût adjointe une portion de forêt assez vaste pour qu'on y pût élucider la théorie par des leçons pratiques données en pleine forêt. L'Allemagne possède aujourd'hui des écoles forestières supérieures à Neustadt, Eberswald, à Mariabrunn, près de Vienne, à Aschaffenbourg, à Aussée en Moravie, et à Eisenach. Aux écoles forestières de Tharand et d'Hohenheim sont adjointes des écoles d'agriculture; à celles de Carlsruhe et de Brunswick, des écoles polytechniques. La France a une école forestière à Nancy, la Russie à Moscou et à Saint-Pétersbourg, la Suède à Stockholm, et l'Espagne aux environs de Madrid.

L'école forestière établie à Nancy, depuis le 1er janvier 1825, est destinée à fournir des sujets à l'administration et à propager dans ses rangs les bonnes méthodes de culture et d'aménagement. Le nombre des élèves à admettre à l'école est fixé chaque année par le ministre des finances en raison des besoins de l'administration des forêts, et d'après un concours public. La durée des cours est de deux ans. A la sortie de l'école, les élèves qui ont passé un examen satisfaisant sont envoyés dans les inspections forestières les plus importantes, en qualité de gardes généraux stagiaires, et sont ensuite nommés, au fur et à mesure des vacances, à des cantonnements de gardes généraux.

FORESTIÈRES (Villes). On désigne sous ce nom plusieurs villes allemandes situées sur le Rhin et comprises autrefois dans la Forêt-Noire, qui à présent ne s'étend plus jusque-là ; ce sont : Laufenbourg, Rheinfelden, Seckingen, Waldshut et Ensisheim. On a aussi donné ce nom à quatre villes de Suisse, voisines du lac de Lucerne, savoir : Lucerne, Schwitz, Altorf et Stanz.

FORESTIERS (Arbres). *Voyez* Bois (*Sylviculture*).

FORESTIERS (Délits). Les délits forestiers sont les infractions aux règles prescrites commises par les propriétaires dans leurs propres bois, comme le défrichement sans autorisation, par les adjudicataires de coupes dans les bois soumis au régime forestiers, et enfin par les usagers dans les bois en général. Il y a en outre des délits et des contraventions portant atteinte au droit de propriété qui ne sont pas punis comme les autres vols, mais entraînent des amendes et des peines particulières graduées suivant l'importance du dommage. Ces délits et contraventions sont de deux sortes, ceux qui ont pour objet les coupes et enlèvements de bois et les délits de pâturage. La constatation et la poursuite des délits forestiers commis dans les bois soumis au régime fonstier sont confiées aux agents et gardes; les gardes des particuliers sont également chargés de la poursuite des délits et contraventions dans l'intérêt des particuliers. Toutes les poursuites exercées au nom de l'administration générale des forêts se portent devant les tribunaux correctionnels. Il en est de même pour les délits commis dans les bois des particuliers, si la peine qu'ils entraînent s'élève au-dessus de cinq jours d'emprisonnement ou de 15 francs d'amende. Au-dessous, c'est le juge de paix qui en connaît. En matière forestière la prescription est de trois mois si les prévenus sont désignés dans le procès-verbal, de six mois dans le cas contraire.

Les délits forestiers étaient jadis punis de peines beaucoup plus sévères. A ce sujet, M. Dupin signale plusieurs dispositions singulières de quelques anciennes coutumes :
« Le fait de couper plein la main des verges pour le service des charrues n'est point considéré, dit-il, comme un délit. Celui qui a pris du bois dans les coupes peut être suivi jusqu'à deux lieues à la ronde; mais le coupable d'un délit forestier ne peut plus être arrêté lorsqu'il a passé les premières maisons du village : on voit qu'il avait intérêt à marcher vite.

« L'amende est différente, selon l'essence des bois et l'âge auquel ils étaient parvenus. Suivant l'art. 47 de la coutume de Beauquesne, le chêne est défensable quand il est assez gros pour être percé d'une tarière. Mais cette désignation est bien équivoque, car il y a de grosses et de petites tarières. Dans un weisthum rapporté par Grimm, le chêne est défensable quand il a atteint assez de force pour que l'épervier y puisse dépecer un moineau. On comprend combien tous ces modes d'appréciation pouvaient prêter à l'arbitraire; il eût mieux valu, comme on l'a fait dans les lois modernes, se décider par le degré de rotondité.

« En Allemagne, où le chêne était considéré, à raison du glandage et de sa valeur pour les constructions, comme l'arbre par excellence, la loi forestière le protégeait par des peines les plus atroces; M. Bouthors en rapporte quelques exemples extraits des weisthumer de Grimm. Il faut le lire pour y croire. Ainsi, dans la marche de Belber, si quelqu'un s'avisait de couper un chêne et qu'il se laissât prendre en flagrant délit, il subissait une espèce de talion, car on lui coupait la tête sur la souche, où elle devait rester jusqu'à ce qu'il se formât de nouvelles tiges. A celui qui enlevait l'écorce, soit à un chêne, soit à un hêtre portant fruit, si on pouvait le prendre sur le fait, le weisthum autorisait à lui ouvrir le ventre, et après lui avoir tiré hors du corps l'intestin, dont on attachait l'extrémité sur la plaie, on lui faisait faire le tour de l'arbre jusqu'à ce que la place écorchée fût entièrement recouverte. Un vieux weisthum de Schaumbourg condamnait le délinquant à une peine non moins extraordinaire. Au lieu de l'intestin, c'est la partie secrète de sa personne qui devait être clouée sur le tronc de l'arbre mutilé. En même temps qu'on lui infligeait cette peine, on lui attachait la main droite sur le dos, et on lui mettait dans la main gauche une petite hachette pour qu'il pût se délivrer quand bon lui semblerait.

« Ces peines ont-elles jamais été appliquées ? se demande encore M. Dupin. N'étaient-elles pas simplement comminatoires et susceptibles d'être rachetées par des amendes ? N'en était-il pas de ces atroces prescriptions du législateur allemand comme de cette disposition de la loi des Douze Tables qui chez les Romains autorisait les créanciers d'un débiteur insolvable à le dépecer par morceaux et à se le partager au prorata de leurs créances ? »

FORET, outil d'acier trempé dont on se sert pour percer, surtout les métaux (voyez FORAGE), en lui imprimant un mouvement de rotation, ordinairement alternatif, à l'aide d'un archet. Il faut avoir soin de ne pas trop précipiter le mouvement; sans cette précaution, on s'expose à détremper le foret. La vitesse peut cependant atteindre de 35 à 40 tours par minute pour des trous dont le diamètre ne dépasse pas 25 millimètres; elle doit diminuer à mesure que le diamètre augmente.

Les forets destinés à recevoir un mouvement de rotation alternatif ont leurs bouts aplatis et taillés en grain d'orge, avec deux biseaux qu'on fait sur la meule après la trempe. Les tranchants des forets qui percent en tournant toujours dans le même sens sont également à pointes angulaires plus ou moins obtuses; mais ils sont à biseau simple. Lorsqu'un foret a pour objet d'agrandir un trou, on fait précéder son tranchant d'un goujon du calibre du premier trou; il prend alors le nom de *foret* ou *mèche à goujon*.

On se sert ordinairement d'huile pour forer le fer et l'acier. La fonte, le cuivre, le bronze, la pierre, etc., se forent à sec.

Les forets sont généralement emmanchés dans une bobine sur laquelle s'enroule la corde de l'archet. Pour les grosses pièces de serrurerie, on se sert d'un appareil dans lequel le foret est mis en mouvement par une sorte de vilbrequin, et une vis donne la pression. Enfin, dans ces derniers temps on a vu paraître des forets à système de vis d'Archimède mis en mouvement au moyen d'une sorte d'anneau qui monte et descend le long d'un manche cannelé en spirale, et au bas duquel est fixé l'outil coupant.

On donne aussi le nom de *foret* à une sorte de pointe emmanchée en croix qui sert à déboucher les bouteilles.

FORÊT DE BOHÊME. *Voyez* BOEHMERWALD.

FORÊT-NOIRE (*Schwarzwald*), nom d'une chaîne de montagnes qui traversent le grand-duché de Bade et le royaume de Wurtemberg. A l'ouest de la Souabe, cette chaîne suit en ligne droite le cours du Rhin, après le grand arc qu'il forme à Bâle, dans la direction du sud au nord, souvent séparée de ce fleuve seulement par quelques myriamètres. Elle a pour limites au sud le Rhin, au nord la plaine située entre l'Enz et l'embouchure du Neckar dans le Rhin. Son étendue extrême est de 12 myriamètres, tandis que sa largeur de l'est à l'ouest n'est guère que de 6 myriamètres et même, au nord, seulement de 3 myriamètres. Les cours d'eau qui sourdent de son versant occidental, tels que le Wiesen, l'Elz, la Kinzig, la Murg, le Neckar, la Nagold, viennent se jeter dans le Rhin; et ceux de son versant oriental, dans le Danube, fleuve qui y prend également sa source. La *Forêt-Noire* atteint son point culminant à l'est de Fribourg, dans la contrée où se trouvent situés la source du Wiesen et le défilé fameux appelé *Hoelle* (val d'Enfer), étroite vallée tout entourée de hautes montagnes, aux environs de Neustadt, sur la route de Fribourg à Donaueschingen. Cette montagne se compose plutôt de plateaux que de pics isolés, dont les plus importants sont le *Felsberg* (1537 mètres), le *Belken* (1478 mètres), le *Katzenkopf* (1358 mètres) formant la ligne de démarcation entre le territoire Wurtembergeois et le territoire Badois, le *Kandel* (1301 mètres), et le *Hundsrüken* (1272 mètres). La pente de la *Forêt-Noire* vers le Rhin est très-abrupte; tandis que du côté du Danube et du Neckar, elle est douce et presque insensible. Parmi ses nombreuses vallées, celle de la Murg est surtout célèbre, par ses beautés naturelles.

L'aspect triste et escarpé de la Forêt-Noire, augmenté par les épaisses et sombres forêts de sapins qui en couvrent les flancs, lui a sans doute valu le nom qu'elle porte. Les Romains la connaissaient sous le nom de *silva Maritana*. Le climat y est assez rude. Pendant près de huit mois, les sommets élevés sont couverts de neige, et on n'y rencontre quelque verdure qu'à l'époque des plus grandes chaleurs; aussi sont-ils dénués de bois. Plus bas, on aperçoit le pin, le hêtre, l'érable, le sorbier des oiseleurs; et enfin le sapin blanc se presse de toutes parts dans les parties basses et moyennes. Avec le moindre instrument tranchant, l'habitant de la Forêt-Noire confectionne tous ces jouets en bois que le commerce répand au loin pour l'amusement des jeunes générations, surtout des horloges en bois, objet d'un commerce important, dont le centre est à Neustadt et à Furtwang, et qui trouvent des débouchés avantageux jusqu'en Amérique. On estime à 180,000 le nombre, et à environ un million de francs, la valeur des horloges en bois que l'on expédie annuellement de la Forêt-Noire, dans les différentes contrées du globe, et dont beaucoup sont à sonnerie et à musique. A cette industrie il faut encore ajouter celle de la fabrication des chapeaux de paille et des petits miroirs. On trouve peu de villes et de bourgs dans ces montagnes; les habitants y vivent dispersés, dans de petites métairies dont l'architecture a une physionomie toute particulière. L'agriculture se borne à peu près à la culture du seigle, de l'avoine et des pommes de terre; l'élève du bétail est beaucoup plus productive. L'exploitation des forêts constitue aussi une grande ressource pour l'habitant de la Forêt-Noire; sous sa cognée, l'altier sapin tombe pour former les radeaux qui se disputent souvent en grandeur aux îles du Rhin, dont ils côtoient les rives. Ces trains sont en grande partie destinés à la Hollande, et la plus belle espèce de sapins a même pris de là le nom de *sapin hollandais*. On réunit les arbres abattus en radeaux, dont on forme ce qu'on appelle une *flotte*. Ils descendent dans le Rhin, par les différents cours d'eau que nous avons déjà nommés. Tous les trains se réunissent à Manheim. Ceux du versant occidental forment ordinairement huit *flottes*, auxquelles on donne le nom collectif de *train hollandais*. Plus bas, assez communément près de Cologne, cette immense masse de bois s'augmente encore, et finit par ressembler à une île flottante, dont la valeur est quelquefois de plus de 200,000 francs.

Les roches principales qui constituent la base des montagnes de la Forêt-Noire sont le granit, le gneiss, le porphyre et le grès rouge. Il y existe des mines d'argent, de cobalt, de cuivre, de fer et de plomb, ainsi que des sources minérales et thermales, dont les plus fréquentées sont celles de Baden et de Wildbad.

Deux défilés de la Forêt-Noire ont acquis une grande réputation à l'époque de la révolution française : le *Kniebis* et le val d'*Enfer*. Le premier, situé sur les frontières du Wurtemberg et du grand-duché de Bade, aux sources de la Murg, fut enlevé à deux reprises par nos troupes, en 1796 et 1797 ; le second est célèbre dans la retraite de Moreau, en 1796.

FORÊTS (*Économie rurale, Droit administratif, Histoire*). La France, il y a quelques siècles, était couverte de forêts, dont l'étendue se trouvait tout à fait hors de proportion avec les besoins de la population qu'elle avait alors. On abattait, on coupait indifféremment, partout où la nécessité s'en faisait sentir, les bois employés à la consommation. Les capitulaires du neuvième siècle avaient bien ordonné quelques précautions conservatrices, mais c'était en faveur du gibier, et non pas des bois. Il faut descendre jusqu'au treizième siècle pour trouver des règlements forestiers, qui encore, pour la plupart, ne furent jamais exécutés. Avant l'ordonnance de Louis XIV sur les eaux et forêts, la France était donc, sous le rapport forestier, à peu près dans la situation où sont actuellement les États-Unis, c'est-à-dire dans cette première période qui se présente chez tous les peuples et où dominent le désordre et l'imprévoyance, quant à l'usage des richesses forestières. Frappé de l'état désastreux dans lequel se trouvaient les forêts, par suite des guerres civiles, de l'ignorance des propriétaires et de la négligence de leurs agents, Colbert nomma une commission de vingt-et-un membres chargés de parcourir la France et de faire une enquête dont le résultat fut l'ordonnance de 1669 que nous venons de citer.

A partir de cette époque commence la seconde période, ou celle de conservation et d'aménagement des forêts. Les bois sont mis en coupes réglées, on défend de pacager qu'après un certain temps, qui met les jeunes pousses hors de leur atteinte; l'aménagement est fixé pour l'exploitation; les *défrichements* ne peuvent avoir lieu qu'en vertu de permissions expresses.

La troisième période est celle de la culture forestière et des repeuplements, pendant laquelle on élague soigneusement les arbres, on favorise les essences les plus utiles, on repeuple les clairières par des semis ou des plantations,

on creuse des fossés d'assainissement ou de dessèchement ; on fait des routes d'exploitation; on accroît, enfin, par une culture plus savante, la production sur une étendue de terrain donné, en obtenant des arbres plus nombreux, plus beaux et par conséquent plus chers. Les propriétaires français sont entrés dans cette période vers 1800, lorsque après la Révolution, pendant laquelle les bois avaient beaucoup souffert, on put en tirer un plus grand parti en raison de l'augmentation du nombre des manufactures.

La quatrième période, dans laquelle les Allemands nous ont précédés, est celle des forêts artificielles. Ainsi que le croit Mathieu de Dombasle, ce nouveau mode de culture produira dans l'économie forestière la même révolution que les p r a i r i e s a r t i f i c i e l l e s ont opérée dans l'économie rurale. Lorsqu'on est entré dans cette voie d'amélioration, on ensemence les landes, on plante sur les dunes, sur les montagnes et en général partout où l'on ne peut pas obtenir d'autres produits. On choisit les essences d'arbres qui conviennent le mieux aux terrains dont on dispose.

Vers le milieu du siècle dernier le marquis de Mirabeau, dans sa *Théorie de l'Impôt*, estimait la superficie des forêts de la France à 30 millions d'arpents ou environ 15 millions d'hectares. Chaptal, faisant en 1819 l'inventaire de nos richesses territoriales dans son ouvrage sur *l'Industrie française*, portait l'étendue de nos forêts à 7,072,000 hectares. D'après le rapport présenté le 15 février 1851 par M. Beugnot à l'Assemblée nationale législative, sur le déboisement, la contenance du sol forestier était en 1850 de 8,860,133 hectares, ce qui ne fait pas le sixième de la superficie totale de la France. Ce chiffre se décompose ainsi : l'État à 1,226,453 hectares de bois; les communes et établissements publics 1,874,909 hectares; les particuliers 5,758,771 hectares.

En raison des immenses progrès faits depuis un siècle dans la partie de l'agronomie qui se rapporte aux forêts, et après les beaux travaux de Buffon, de Réaumur et de Duhamel, on ne s'éloignerait pas de la vérité en avançant que ces 8,860,133 hectares rapportent aujourd'hui plus que les 15 millions que possédait la France à l'époque où écrivait le marquis de Mirabeau.

Parmi les plus beaux massifs, on cite les quinze suivants, la forêt d'Orléans (43,550 hectares); l'Esterel, dans le département du Var (26,847 h.) ; Chaux, dans le Jura (19,503) ; Fontainebleau (17,000); Haguenau, dans le Bas-Rhin (14,791); la Harth, dans le Haut-Rhin (14,764); Compiègne (14,385) ; Dabo, dans la Meurthe (13,724); Rambouillet (12,818); Laruns, dans les Basses-Pyrénées (12,000) ; Baygory, dans les Basses-Pyrénées (11,870); Villers-Cotterets (11,137); Vercors, dans la Drôme (9,613); Tronçais, dans l'Allier (9,508); Barousse dans les Hautes-Pyrénées (9,000).

La plus grande partie de nos bois soumis au régime forestier sont dans les départements de l'est, à l'exception cependant des Pyrénées et des environs de Paris. Les départements du centre, de l'ouest et du midi sont peu boisés. On y remarque même à peine de vastes landes incultes, qui servent à la nourriture de misérables troupeaux, et des montagnes arides, que les pluies dévastent, en entraînant le peu de terre végétale qui les couvre.

Les six départements qui contiennent le plus de superficie boisée sont : la Côte-d'Or (242,525 hectares); les Vosges (221,727 hectares); la Haute-Marne (211,783); la Nièvre (184,170); la Meurthe (182,225); la Meuse (180,759). Les six qui en offrent le moins sont : la Manche (15,985); le Finistère (14,576); le Morbihan (13,848); la Corrèze (13,760); le Rhône (11,800); la Seine (2,180).

Le domaine forestier de l'État en Algérie, actuellement connu, comprend une étendue de 1,108,000 hectares. Les forêts de chênes-lièges composent la plus grande richesse forestière de cette contrée.

FORÊTS (Administration des). L'administration des forêts, et non plus des e a u x et f o r ê t s, comme elle s'appelait sous l'ancien régime, est placée sous la direction du ministre des finances. Le personnel de l'administration centrale se compose d'un directeur général, de deux administrateurs, de chefs de bureau, de sous-chefs et de commis. Le territoire français, y compris la Corse, mais sans compter l'Algérie, est divisé en trente arrondissements forestiers, à la tête desquels se trouve un *conservateur*, qui correspond directement avec l'administration et a sous ses ordres un nombre plus ou moins grand d'*inspecteurs* et de *sous-inspecteurs*. Au dessous de ceux-ci se trouvent les *gardes généraux*. Le titre d'*agent forestier* appartient à ces fonctionnaires, depuis le conservateur jusqu'au garde général inclusivement; au-dessous, ce ne sont que de simples *préposés* : tels sont les arpenteurs, les gardes à cheval, et enfin les gardes à pied. Les uns comme les autres prêtent serment devant le tribunal de première instance de leur résidence avant d'entrer en fonctions. Nul ne peut exercer un emploi forestier, s'il n'est âgé de vingt-cinq ans; néanmoins les élèves sortant de l'Ecole Forestière peuvent obtenir des dispenses d'âge. Les emplois de l'administration des forêts sont incompatibles avec toutes autres fonctions, soit administratives, soit judiciaires. En France, l'État emploie 32 conservateurs, 200 inspecteurs, 100 sous-inspecteurs et 500 gardes généraux.

Les agents forestiers et les préposés sont chargés, chacun suivant son grade, de la direction, de la surveillance et de l'exécution de toutes les opérations relatives à la délimitation, à l'aménagement, à la conservation, à la vente et à l'exploitation des bois soumis au régime forestier. Les agents forestiers exercent, au nom de l'administration, les poursuites en réparation de tous délits et contraventions, après les avoir constatées par procès-verbaux ; mais, à la différence de ceux des gardes, leurs procès-verbaux n'ont pas besoin d'être affirmés.

FORÊTS (Eaux et). *Voyez* EAUX ET FORÊTS.

FORÊTS SOUS-MARINES. On donne ce nom à des amas de débris de végétaux que l'on trouve sur un assez grand nombre de points des côtes de l'Angleterre, de l'Écosse et de la Normandie, etc. Ainsi, à Liverpool on observe que les terres situées au fond de la mer avaient été autrefois cultivées et habitées. A 65 mètres au-dessous de la hauteur moyenne des marées, il y a un cimetière et des dépôts de tourbe. Les végétaux qui composent ces amas sont identiques à ceux qui existent aujourd'hui dans la contrée; ce sont des feuilles, des tiges, des racines de graminées, de sapin, de bouleau, de chêne, d'orme, de noisetier, etc.; quelques insectes y sont mêlés, quelques tiges ont encore 3^m,25, sur 0^m,16 de diamètre. Tous ces végétaux sont passés à l'état de tourbe. C'est à l'embouchure des vallées, dans des terrains d'alluvion, composés d'argile, de sable et de vase, qu'on rencontre surtout ces débris: ils sont recouverts ou même ensevelis au milieu de ces matières alluviales; les tiges sont brisées; mais les feuilles existent encore, preuve évidente qu'il n'y a pas eu grand bouleversement dans la formation du dépôt; on peut ajouter aussi que les tiges sont souvent verticales.

Ces faits montrent bien que les végétaux dont il s'agit n'ont point été roulés; qu'ils croissaient là où ils sont aujourd'hui, et que les invasions de la mer, la vase déposée par ses flots ou un affaissement du sol sont les seules causes qui ont produit les forêts sous-marines. L. DUSSIEUX.

FOREZ (en latin *Forisium*, *Comitatus Forensis* ou *Forisiensis*), ancienne province de France, bornée au midi par le Vivarais et le Velai, à l'ouest par l'Auvergne, au nord par le Bourbonnais et la Bourgogne, et à l'est par le Beaujolais et le Lyonnais, dans le gouvernement duquel elle était comprise avant la révolution. Le Forez tire son nom de celui de la ville de Feurs, en latin *Forum Segusianorum*, capitale de la province gauloise de Ségusie, sur le territoire de laquelle les Romains fondèrent Lyon. A l'époque de l'invasion des barbares, la Ségusie fut occupée par les Bourguignons. Plus tard, les Sarrasins ravagèrent le pays durant plusieurs années.

Quand la féodalité se fut constituée, on vit paraître de nouvelles divisions de territoire, lesquelles empruntèrent à des lieux principaux leurs noms de Lyonnais, Forez et Beaujolais. Ces pays furent longtemps encore réunis sous l'autorité de comtes amovibles; mais Guillaume de Forez, qui, vers la fin du neuvième siècle, fut nommé à la place du célèbre Gérard de Roussillon, obtint l'hérédité de sa charge pour ses fils ; Guillaume, l'aîné, eut le Lyonnais, Arthaud le Forez et Béraud le Beaujolais. Depuis lors, ces fractions du territoire ségusiden revinrent souvent sous la même autorité ; mais elles tendirent toujours à s'isoler. Les descendants de Guillaume se virent réduits au Forez, malgré la rude et persévérante guerre qu'ils firent aux archevêques pour reconquérir Lyon, ce beau fleuron de leur couronne comtale, cette ville puissante, dans laquelle ces derniers avaient usurpé insensiblement le pouvoir temporel.

La première race des comtes de Forez se compose de douze seigneurs, presque tous nommés Guillaume ou Arthaud. *Guillaume* surnommé *l'Ancien*, après avoir fondé un hôpital dans Montbrison, que les comtes, chassés de Lyon, avaient choisi pour leur résidence habituelle, partit avec Godefroi de Bouillon pour la croisade de 1096, où il mourut, devant Nicée. *Ide-Raimonde*, sœur de Guillaume l'Ancien, porta le comté à son fils Gui, qu'elle avait eu de Gui-Raimond, fils de Gui V, comte de Viennois et d'Albon.

Ainsi commença la seconde race des comtes de Forez. Ceux-ci placèrent le dauphin dans leurs armes, comme ceux de la première y avaient placé un lion, par allusion au nom de la ville, qui faisait partie de leur apanage. *Gui Ier* mourut en 1137. *Gui II*, son fils, lui succéda. Il combattit avec succès le comte de Nevers, qu'il fit prisonnier, et guerroya pendant trente ans contre l'archevêque de Lyon. Enfin, en 1173, les deux partis conclurent un accord définitif, qui fut approuvé par le pape, l'empereur et le roi de France. Le comte de Forez abandonna pour toujours aux archevêques et aux chanoines de l'église de Lyon l'autorité temporelle dans le Lyonnais, moyennant une somme de 1,100 marcs d'argent et la remise de quelques seigneuries. En 1188, Gui alla se croiser dans l'abbaye de Cîteaux, et partit avec l'évêque d'Autun. Il revint deux ans après. En 1199, il abandonna entièrement le comté à son fils, et se retira dans l'abbaye de Bénissons-Dieu. Il vécut encore environ douze ans.

En 1202, son fils *Gui III* partit pour la croisade, où il mourut, ne laissant que des enfants en bas âge.

Gui IV, l'aîné, lui succéda, sous la tutelle de son grand-père et de son oncle Renaud, archevêque de Lyon. C'est à ce comte que la province du Forez doit sa véritable constitution. Il fut le premier qui accorda des lettres de franchise à ses vassaux immédiats; ce fut aussi lui qui organisa le bailliage du Forez, auquel il confia le jugement de tous les grands criminels. Le tribunal prononçait selon le droit écrit, n'abandonnant aux justices seigneuriales que de simples délits.

Gui V, fils du précédent, ne parvint pas sans difficulté au comté, qui lui fut disputé par son cousin le seigneur de Baffie. Mais celui-ci finit cependant par y renoncer, moyennant la cession de quelques fiefs. Gui V fit deux fois le voyage de la Terre Sainte, la première au commencement de son règne, et la seconde en 1252. Il mourut en 1259. Son frère *Renaud* lui succéda, et mourut également bientôt après.

Gui VI, fils aîné de Renaud, comte de Forez, vécut peu, et laissa le comté à son fils *Jean Ier*, âgé seulement de deux ans. Ce prince recula considérablement les bornes de ses domaines, prit part à toutes les guerres de son temps, fixa sa résidence à Paris, où il fit bâtir dans la rue de la Harpe, « un *hostel de Foures* en un lieu appelé Outre-Petit-Pont », et jouit à la cour d'un crédit mérité.

Gui VII, fils et successeur de Jean Ier, fut un des chefs de l'armée que Philippe de Valois donna à Jean, roi de Bohême, pour l'aider à faire la conquête de la Lombardie. Cette expédition n'eut aucun succès, et se termina promptement, à la honte de la noblesse française, dont une grande partie fut faite prisonnière. Le comte, qui avait épousé Jeanne de Bourbon, se signala ensuite dans les guerres contre les Anglais. Louis I*er*, son fils, lui succéda en 1359. Il fut tué à la bataille de Brignais. Son frère Jean, qui lui succéda, étant tombé en démence, le Forez passa à Louis II, duc de Bourbon, héritier du comté par son mariage avec Anne, dauphine d'Auvergne, seul rejeton de cette famille.

Depuis lors cette province forma l'apanage des femmes des ducs de Bourbon (comme plus tard le douaire de plusieurs veuves des rois de France) ou leur servit de retraite. Mais l'éloignement des nouveaux maîtres et la nécessité où l'on se trouvait d'avoir recours aux gens de guerre pour repousser les Anglais qui ravageaient le Forez, donnèrent occasion aux petits seigneurs d'étendre leurs priviléges au préjudice des libertés publiques. Le Forez fut réuni à la couronne après la défection du connétable de Bourbon, en 1531.

Dans le cours du seizième siècle, cette province fut cruellement éprouvée par des calamités de toutes espèces. Le baron des Adrets, pour les protestants, et le féroce Christophe de Saint-Chamond s'y signalèrent à l'envi par les plus grandes atrocités. A partir de la Saint-Barthélemy, la guerre y prit encore un plus horrible caractère de barbarie : ce fut une lutte incessante de château à château, de maison à maison. Au milieu de ces désordres naquit la Ligue. Les catholiques foréziens se divisèrent alors en royalistes, ligueurs et partisans du duc de Nemours, qui voulait se créer un État indépendant à Lyon, avec les provinces voisines. Le roi Henri IV sut profiter de cette désunion, et ne tarda pas à être reconnu par toute la province. Cette dernière crise passée, il n'y eut dans le Forez rien de bien important en politique jusqu'à la révolution. L'industrie y prit beaucoup d'activité, et donna naissance à la ville de Saint-Étienne. A cette époque le Forez fut uni au Lyonnais et au Beaujolais, pour former le département de Rhône-et-Loire; mais la révolte de Lyon, à laquelle la province du Forez prit une part trop active, fit sentir à la Convention la nécessité de diviser cette agglomération homogène, et le département de Rhône-et-Loire fut partagé en deux départements, qui prirent chacun le nom de l'un de ces fleuves.

Le Forez fait partie du département de la Loire.

FORFAIT. En matières civiles, ce mot se dit de l'obligation que l'on prend de faire une chose, ou du traité que l'on fait à l'occasion d'un droit éventuel, moyennant un certain prix, à perte ou à gain; par exemple lorsque dans la stipulation de la communauté entre époux il est dit que l'un d'eux ou ses héritiers ne pourront prétendre qu'à une certaine somme pour tous droits, la communauté, qu'elle soit bonne ou mauvaise, doit toujours payer la somme convenue : lorsqu'un architecte ou entrepreneur s'est chargé de la construction d'un bâtiment, d'après un plan convenu avec le propriétaire du sol, et pour un prix déterminé, il ne peut demander aucune augmentation sous prétexte de changement ou d'augmentation dans le plan, ou de renchérissement de la main-d'œuvre ou des matériaux. Le propriétaire peut résilier par sa seule volonté le marché à forfait, quoique l'ouvrage soit déjà commencé, en dédommageant l'entrepreneur de toutes ses dépenses, de tous ses travaux et de tout ce qu'il aurait pu gagner dans son entreprise.

Forfait est encore synonyme de *crime* et dit même plus que ce dernier mot. Autrefois le verbe *forfaire* s'employait pour délinquer, commettre un délit. C'est dans ce sens qu'on dit encore *forfaire à l'honneur.*

FORFAITURE. La forfaiture est le crime dont se rendent coupables les fonctionnaires publics de l'ordre civil et de l'ordre judiciaire qui prévariquent dans l'exercice de leurs fonctions. La loi répute tels les magistrats et officiers de police judiciaire qui exerceraient des poursuites personnelles contre des ministres, des membres du sénat, du conseil d'État ou du corps législatif, ou qui en auraient ordonné l'arrestation, hors le cas de flagrant délit, sans les autorisations prescrites; ceux qui auraient retenu ou fait retenir un individu hors des lieux déterminés par le gouvernement ou par l'administration publique, ou qui auraient traduit un citoyen devant une cour d'assises, avant qu'il eût été mis légalement en accusation; ceux qui auraient mis obstacle d'une manière quelconque à l'administration de la justice ou à l'exécution des lois, etc., des ordres émanés de l'autorité administrative, qui auraient persisté à retenir les matières attribuées à cette autorité, nonobstant le conflit qui leur aurait été notifié, ou l'annulation de leur jugement; qui se seraient immiscés dans l'exercice du pouvoir législatif; les juges et administrateurs qui, dans les contestations à eux soumises, se seraient décidés par faveur pour une partie, ou par inimitié contre elle : ce crime est puni de la d é g r a d a t i o n civique; les poursuites auxquelles il donne lieu contre ses auteurs sont soumises à des formalités particulières qui sont tracées au Code d'Instruction criminelle, art. 448 et suivants.

FORFANTERIE. C'est le dernier excès de la vanterie dans ce que nous présumons devoir tourner à notre éloge ou répandre un certain éclat sur notre personne. Il est à remarquer que nulle vue d'intérêt n'entre dans la forfanterie : ce n'est donc point un vice qui soit bas; c'est simplement un travers d'esprit infiniment ridicule. Il suppose, en général, une absence complète de toute éducation, au moins de celle que donne le monde; aussi n'est-il, en général, l'apanage que des gens appartenants aux dernières classes de la société : c'est, à bien dire, une habitude de mauvais ton. On a cependant vu quelques hommes de guerre, parvenus à la première dignité de leur noble profession, ne pouvoir se défaire d'une sorte de forfanterie continuelle : tel fut le maréchal de Villars; tels furent bien d'autres maréchaux de France. La forfanterie, sans exclure d'ailleurs le courage le plus brillant, n'en est pas toujours la compagne; loin de là, elle est presque toujours l'indice d'une lâcheté sans remède. On voit sans cesse les gens qui font sonner le plus haut leur forfanterie, s'effacer aussitôt à l'arrivée de ceux qui ont une renommée de bravoure incontestablement établie, et esquiver avec eux la plus légère discussion, crainte des suites; c'est ce qu'on appelle en style familier *filer doux.*

SAINT-PROSPER.

FORFAR ou ANGUS, riche comté de l'Écosse centrale, riverain de la mer du Nord, offre une superficie de 29 myriamètres carrés, avec une population de 175,000 habitants. Près de la moitié de ce pays, sa partie septentrionale, est parcourue par des ramifications des monts Grampians, plus *Braes of Angus,* s'élevant en une suite de belles terrasses dans la direction du nord jusqu'aux limites du comté d'Aberdeen, arrondies pour la plupart et couvertes de marais, de bruyères ou bien encore d'assez misérables taillis, et offrant parfois, surtout à Glen-Clova, les plus effrayantes anfractuosités recouvertes d'une sombre verdure. Les points les plus élevés en sont le *Bannock* (153 m.) et le *Glen-Dole* (967 m.). Les *Sidlaw-Hills,* hauts de plus de 433 mètres, aux pitons coniques, comme le célèbre *Dunsinane-Hill,* se prolongent plus au sud parallèlement aux Grampians, tantôt couverts de bruyères, tantôt complétement nus et arides. Ces deux embranchements de montagnes sont séparés par le *How of Angus,* partie de la grande vallée de Strathmore, et forment une contrée des plus pittoresques, où se succèdent les terres à blé, les plantations et les métairies. Entre les *Sidlaw-Hills,* le golfe de Tay et la mer, s'étend une vaste plaine, d'une superficie de 7 à 8 myriamètres carrés, parfaitement cultivée, à peu d'exceptions près du moins, et d'une grande fertilité. Les rivières les plus importantes de ce comté sont l'*Isla,* le *North-Esk,* et le *South-Esk.* Le climat, très-froid sur les plateaux, est tempéré dans les vallées. Toutes les méthodes employées pour améliorer le sol et perfectionner l'agriculture ont fait de grands progrès dans le comté de Forfar. Les basses terres produisent de riches récoltes en froment; la culture des pommes de terre et des raves s'y fait aussi sur une très-large échelle. Le règne minéral n'y offre pas de produits bien importants, sauf la pierre à chaux. En revanche, la pêche, la navigation, le commerce et surtout l'industrie manufacturière y ont pris une extension considérable. Ce comté est le grand centre de la fabrication des toiles, genre d'industrie, remontant à un temps immémorial, qui était déjà des plus prospères il y a un siècle, mais qui depuis les perfectionnements apportés à la machine à filer le lin, est parvenu à une importance inconnue jusqu'alors.

Ce comté a pour chef-lieu *Forfar*, ville d'environ 10,000 âmes, dans la vallée de Strathmore ; la fabrication des chaussures et celle des toiles constituent les principales industries de cette population. Les autres localités les plus considérables, toutes reliées entre elles par des chemins de fer, sont, après Dundee, *Arbroath* ou *Aberbrothok*, avec 17,000 habitants, une importante fabrication de toile à voiles, des corroieries, des chantiers de construction, un port, en face duquel s'élève le Mont-aux-Cloches ou *Bell-Rock*, avec son célèbre phare ; et *Montrose*, ville de 15,000 âmes, pourvue d'un bon port, centre d'un commerce important, et dont les pêcheurs vont principalement à la pêche sur les côtes du Groenland.

FORFICULE, genre d'insectes de l'ordre des orthoptères ; on en compte de quinze à dix-huit espèces, dont deux sont particulières à notre continent : la *forficula auricularia*, vulgairement appelée *perce-oreille*, et la *forficula minor*. Les caractères essentiels qui distinguent ces animaux sont des antennes filiformes, deux ailes repliées et cachées sous des élytres très-courtes, une tête large, un peu aplatie, unie au corselet par un col mince ; des yeux arrondis, peu saillants, des mandibules cornées, courtes, des mâchoires cornées, arquées et minces, un abdomen très-long, tronqué, terminé par deux pièces mobiles, cornées, dont la longueur varie, plus développées et quelquefois différemment conformées chez les mâles. La *forficule auriculaire* ne vole guère que la nuit, et il est assez difficile de lui faire ouvrir ses ailes le jour. La femelle dépose ses œufs, qui sont assez gros, ovales et de couleur blanchâtre, et qui éclosent au mois de mai, sous les pierres, dans une situation qui les défend et contre la trop grande chaleur et contre la sécheresse. Elle partage d'abord sa progéniture avec une sollicitude égale à celle de la poule pour ses petits. Ces insectes, qui se nourrissent en général de fruits gâtés, s'entre-dévorent lorsque la subsistance habituelle vient à leur faire défaut. Gmelin, qui les avait étudiés avec soin, semble partager le préjugé populaire qui leur a fait donner le nom de *perce-oreille*, et d'après lequel ils aimeraient à se glisser dans l'oreille de ceux qui dorment en plein air, pour de là aller attaquer le cerveau ; mais ce n'est qu'une erreur, sans aucune raison avec les notions d'anatomie les plus élémentaires. Certes, il n'est pas impossible que dans telle ou telle circonstance, un de ces insectes s'introduise par hasard dans l'oreille ; mais on l'y tuera bientôt au moyen d'une légère injection d'huile, qu'on pourra même remplacer tout simplement par de l'eau tiède, et rien de plus facile alors que de l'en extraire.

FORGE (Petite). A l'article Forges (Grosses), nous aurons à envisager l'établissement qui a pour objet de convertir les minerais de fer, d'abord en fonte, et celle-ci en fer malléable ; ici nous devons parler de l'atelier dans lequel les barres de fer de toutes dimensions sont réchauffées, martelées et converties en pièces d'usage. Cet atelier porte le nom de *forge d'œuvre* ou *du maréchal*. Les travaux qu'on y exécute se divisent en simple *martelage* et en martelage suivi de *limage*. Cette deuxième partie se rapporte à la maréchalerie, à la serrurerie de tous genres et à la construction des machines. Notre spécialité actuelle est le martelage, c'est la besogne du forgeron proprement dit. Si celui-ci ne s'élève pas jusqu'aux conceptions du mécanicien, comme le *serrurier*, il ne faut pas cependant croire que l'intelligence et l'adresse ne soient pas chez lui des qualités essentielles. Un habile forgeron est un ouvrier précieux nous ne parlons ici des *brûle-fer*, mais de ces hommes à la fois robustes et adroits à qui le raisonnement et une longue habitude de la forge ont donné une puissance vraiment étonnante sur le fer. Nous avons bien des fois admiré, principalement dans les établissements de la marine et de l'artillerie, avec quelle aisance, quelle précision, les masses de fer se transformaient sous leur marteau, et avec le moins de déchet possible, en pièces de grande dimension, et souvent compliquées dans leurs formes, auxquelles il ne manquait plus que le travail de la lime pour en faire des chefs-d'œuvre. Le grand art du forgeron est, 1° d'éviter les déchets dans le métal et la consommation superflue de combustible ; 2° de conserver au fer qu'il met en œuvre les qualités dont il était doué à l'état de barres.

Le fer a été rangé encore mou par l'action de la chaleur, venant à se refroidir avec lenteur, prend un aspect plus ou moins lamelleux, dont les lames superposées n'ont entre elles que peu de cohésion, et la masse qu'offre leur ensemble est cassante. Mais si, tandis que le fer est encore chaud, l'ouvrier, avant que les lames aient pris systématiquement l'arrangement dont elles sont susceptibles, sait à propos le comprimer par le forgeage sur l'enclume, les molécules du fer, fortement rapprochées sous le choc du marteau, éprouvent une espèce de pénétration mutuelle ; elles se réunissent par les faces correspondantes, et le faisceau qui en résulte est alors doué de ténacité. Mais cette compression, si éminemment utile pour ajouter à la qualité du fer d'usage, doit être faite avec précaution, et elle exige une température qui favorise le mouvement de translation et le rapprochement des particules du métal. Trop fortement échauffées, les particules s'écartent les unes des autres à une trop grande distance ; elles jaillissent en quelque sorte, et la compression, loin de rapprocher, désunit, sépare et disperse les molécules du métal ; trop peu chauffées, au contraire, les molécules n'obéissent pas à la force d'une traction uniforme et douce, elles résistent comme par saccades, et il en résulte des déchirements intérieurs, dont la multiplicité porte le fer à l'état filamenteux. Si cet effet est poussé trop loin, et que l'allongement soit excessif, le fer devient cassant en perdant de sa ténacité : on ne peut dans ce cas lui faire reprendre sa ténacité qu'en le chauffant de nouveau, pour souder, par l'effet de la chaleur et d'un commencement de fusion, les filaments détachés ; mais alors il faut chauffer avec lenteur et longuement, de manière à en bien régénérer les lames : or, il est évident qu'un ouvrier qui tâtonne ainsi son fer, qui ne sait pas juger tout d'abord de la chaude qui lui convient, qui s'expose à revenir sur ses pas, doit occasionner, dans le cours de cette opération prolongée, l'oxydation d'une partie du fer et sa conversion en protoxyde, battitures ou écailles.

Une *forge d'œuvre*, indépendamment d'une foule d'outils et d'ustensiles qu'il serait trop long de détailler, doit offrir un feu, des soufflets avec leur tuyère, des marteaux pour la compression, et un tas ou enclume.

La température à laquelle doit être élevé le fer pour le marteler varie suivant sa nature. C'est encore cette considération qui est utile et précieuse l'expérience d'un forgeron. Les fers dits *de couleur* sont forcément chauffés à une température bien supérieure à celle qui les amène à la couleur qui les fait devenir brisants, et cela afin qu'on puisse les forger avant que les pièces soient ramenées à la couleur qui leur est défavorable : alors il faut suspendre un instant le travail, pour le reprendre ensuite aussitôt que le fer de couleur peut supporter la compression.

Pour que toutes les parties du fer puissent se réunir complétement, il faut que les faces en contact soient nettes et désoxydées. Lorsqu'il se rencontre entre deux faces qui doivent être soudées une légère couche d'oxydule (battiture), et que le métal n'est pas assez chaud pour dissoudre cet oxydule, celui-ci, étant interposé, empêche les deux faces de se réunir, et il se forme entre elles un vide, auquel on donne le nom de *moine* ou de *loup*, lorsque la couche de fer qui le recouvre est un peu épaisse, et le nom de *paille* si la couche est très-mince.

On a assez généralement l'habitude de forger le fer à chaud et de *parer* à froid ; et l'on en donne pour raison, 1° que les surfaces sont plus unies quand il a été martelé pendant son refroidissement : cette raison peut être bonne en tant que les consommateurs tiendraient à une qualité qui n'est propre qu'à satisfaire l'œil, sans ajouter réellement à la valeur ; 2° on dit encore que par ce mode le fer acquiert du nerf ; mais le nerf que l'on peut donner au fer par le martelage, et indépendamment de sa qualité naturelle, n'est encore qu'un perfectionnement apparent ; et pour peu même qu'il ait été forcé, le fer a été détérioré en réalité ; ce nerf, très-visible, et qui satisfait le préjugé, n'est qu'un déchirement, un véritable écartement des faisceaux fibreux du métal, qui les isole aux dépens de la solidité qu'avait la masse. Il est assez probable que ce qui a pu donner tant de prix à un fer *nerveux*, aux yeux de beaucoup de monde, et inspirer tant de confiance en sa qualité, c'est que plusieurs fers auxquels il est impossible de donner ce nerf pèchent d'ailleurs par le défaut qu'ils ont d'être cassants à froid ; mais c'est à tort que l'on conclurait d'une apparence à un défaut réel. Les fers cassants ne peuvent être martelés à froid, et par conséquent il est impossible de leur donner l'aspect nerveux ; mais cet aspect s'obtient très-facilement avec les fers brisants à chaud, et qui pour cela n'en deviennent pas meilleurs. Les ouvriers, connaissant le préjugé des acheteurs, ne manquent pas de marteler ces fers brisants, et ils cachent ainsi à des yeux prévenus, par cette disposition particulière du tissu du métal, l'un des plus grands défauts dont le fer puisse être affecté.

Pelouze père.

FORGES (Grosses). C'est le nom qu'on donne aux usines à fer, c'est-à-dire aux établissements dans lesquels les minerais de ce métal sont fondus pour être convertis en fer malléable ou *forgé*. La connaissance approfondie des combustibles employés à la fusion et à la réduction du minerai est un objet des plus importants, principalement dans la métallurgie du fer. On doit les choisir, en général, d'après l'espèce de fourneau dont on veut se servir. Chacun sait que la combustion ne peut avoir lieu sans la présence de l'air atmosphérique. Les hauts fourneaux reçoivent l'air par un conduit particulier (la tuyère). Dans les temps très-reculés, on ne connaissait pas de procédés pour recueillir l'air atmosphérique, le comprimer, le diriger et le porter dans un espace donné, ou du moins, si l'on en connaissait, ils étaient extrêmement imparfaits. Alors, on dilatait l'air atmosphérique dans la cuve en allumant le combustible, ce qui devait exciter un courant de dehors en dedans ; par cette méthode très-simple, et moyennant plusieurs ouvertures pratiquées dans le muraillement du fourneau, on attirait le fluide qui devait servir à la combustion. Les machines soufflantes en usage actuellement sont absolument nécessaires aux grands fourneaux à cuve. La construction plus ou moins parfaite dépend en grande partie du succès des travaux sidérurgiques.

Lorsqu'à la fin du quinzième siècle on connut les hauts fourneaux pour fondre les minerais, on s'aperçut bientôt que l'on pouvait fabriquer avec ces foyers, joints aux bas fourneaux, des aciers d'une plus grande pureté que ceux qu'on obtenait immédiatement au moyen du traitement des minerais de fer dans les méthodes dites *catalanes*. On profita de ce fait d'expérience ; mais comme on faisait usage du même procédé pour se procurer et le fer et l'acier, il faut admettre que même à cette dernière époque il n'existait aucune manière certaine et constante pour obtenir de l'acier de forge. On avait l'un et l'autre produit par les mêmes méthodes, et on les obtenait en même temps, comme c'est encore le cas dans les pays où la métallurgie du fer n'a fait que peu de progrès.

L'emploi du coke dans les hauts fourneaux date de 1720 : cette précieuse découverte passa d'Angleterre en Silésie, dans l'année 1795, par les soins du comte de Redern, ministre d'État du roi de Prusse. Ce fut en 1784 qu'en Angleterre on fit pour la première fois l'essai de l'affinage de la fonte et de sa conversion en fer malléable, dans les fourneaux à réverbère ou à *puddler*, en employant pour combustible la houille crue. Ce procédé, appliqué depuis sur la plus vaste échelle, a été pour la nation anglaise une abondante source de prospérité, et pour tous ceux qui ont besoin d'obtenir le fer à bon marché, un bienfait inappréciable.

La fonte s'affine dans les ateliers plus spécialement appelés *forges*, dépendant quelquefois des hauts fourneaux, mais formant souvent aussi des usines particulières. Le but principal de l'affinage est de séparer, par des oxydations successives et par la compression répétée, le carbone avec lequel le fer se trouve en combinaison, ainsi que d'autres substances alliées au métal, telles que les scories, le soufre, etc. L'affinage sera donc plus ou moins prompt, suivant la proportion de ces matières étrangères contenues dans la fonte ; mais c'est surtout l'état particulier du carbone en combinaison qui accélère ou retarde l'affinage : ainsi, lorsque le carbone est disséminé dans la fonte en combinaison avec toute la masse du fer, comme c'est le cas dans la fonte blanche, l'affinage est facile ; il est au contraire très-lent quand le carbone est à l'état de graphite, comme dans la fonte noire. Dans ce dernier cas, le charbon ne brûlant presque qu'à la surface du bain, la fonte doit être soumise bien plus longtemps à l'action oxydante de l'air.

Une forge se compose donc d'un ou plusieurs feux d'affinerie, des machines soufflantes nécessaires, et des marteaux employés pour comprimer le fer. L'aire du foyer de ces feux est élevée de 30 à 40 centimètres au-dessus du sol ; les dimensions sont généralement de $1^m,80$ de longueur sur 1 mètre de largeur. Ce *feu* est surmonté d'une cheminée qui repose sur des piliers ; la surface est recouverte de plaques de fonte dans un coin desquelles est ménagée une ouverture où l'on construit le creuset. On pratique un canal au-dessous du creuset pour l'assécher. La fonte blanche exige des feux d'affinerie plus profonds que la fonte grise. Les quatre côtés du creuset ont reçu des noms particuliers : celui de la tuyère s'appelle *varme* ; celui qui lui est opposé est le *contre-vent* ; la face du devant est celle du *chio* ou *laiterol* ; enfin le côté de derrière, sur lequel est ordinairement placée la pièce de fonte à affiner, s'appelle la *rustine*. Ces côtés sont revêtus de plaques de fonte rectangulaires ; la plaque de devant est percée de plusieurs trous, par lesquels les scories peuvent s'écouler pendant le travail. La direction du vent et sa force sont les deux choses qui influent le plus sur la promptitude et le succès de l'affinage, non-seulement sous le rapport de l'économie de fonte et de combustible, mais pour la qualité du fer. La tuyère est rarement placée horizontalement ; elle plonge vers le fond du creuset ; l'angle qu'elle doit faire avec l'horizon varie suivant la qualité de la fonte. Plus la tuyère est plongeante, plus longtemps le métal reste liquide ; plus elle approche de la direction horizontale et plus tôt la fonte passe à l'état de fer ductile ; il s'ensuit que la fonte blanche exige un vent plus plongeant que la grise.

Pour exécuter l'opération de l'affinage, on garnit la surface du creuset de petits charbons ou *fraisil* ; on en recouvre aussi le fond, et on remplit le creuset de charbon ; la gueuse à affiner, placée sur des rouleaux, pour la facilité de la manœuvre, est avancée dans le creuset ; lorsque c'est de la fonte grise, on la place à 0^m,16 de la tuyère ; la fonte blanche doit en être tenue à une plus grande distance. On met ordinairement dans le creuset de la *sorne* (scorie qui adhère à la loupe) provenant d'une opération précédente ; on recouvre la fonte d'une certaine quantité de charbon, et on met en jeu les soufflets. La fonte, ainsi exposée à la chaleur, s'épure peu à peu, et se rend dans le creuset ; pendant cette fusion, le métal étant exposé à l'air, une partie du charbon qu'il contient est brûlée ; à mesure que la gueuse se liquéfie à son extrémité, on l'avance dans le creuset. Les scories s'accumulent dans le fourneau, et le fondeur doit les faire écouler s'il reconnaît que leur quantité devient gênante. Il faut cependant qu'il ait soin d'en laisser une partie dans le feu, pour empêcher l'oxydation et diminuer le déchet. Si la masse fondue est un peu dure, l'affineur augmente le vent ; dans le cas contraire, il tâche de soulever la fonte près du contre-vent avec un ringard : quand on a ainsi fondu une quantité suffisante de métal pour une pièce, on commence le travail de la loupe, opération qui présente deux périodes distinctes : dans la première, on soulève la masse à plusieurs reprises ; dans la seconde, qu'on appelle *avaler* la loupe, on soulève le métal, qui, déjà en partie épuré, fond en bouillonnant. La partie chimique de l'épuration du fer étant terminée, il ne s'agit plus que d'étirer le métal en barres par des opérations purement mécaniques, au moyen de marteaux. Le marteau doit peser au moins 200 kilogrammes, et battre de 90 à 100 coups par minute ; sa panne doit se confondre avec la table de l'enclume, qui doit avoir une légère inclinaison de devant à l'arrière.

Quand on n'a pas divisé la loupe en *lopins*, en enfonçant une barre de fer froide dans la masse du métal, à laquelle barre il s'attache (ce qui a fait donner à cette opération le nom d'*affinage par attachement*), on profite de la chaleur de la loupe pour lui donner une forme régulière et pour la couper en plusieurs parties qui puissent être maniées et forgées en barres avec facilité : on saisit ces lopins avec une grande tenaille appelée *écrevisse*, et on les traîne près de l'enclume. On soulève la loupe et on la place sur la table de l'enclume, de manière que la partie qui était tournée vers la varme soit couchée sur l'enclume, et que le côté opposé, dont le fer est moins dense et moins bien soudé, éprouve d'abord l'action du marteau. Les coups de ce marteau se succèdent d'abord lentement, pour aplatir la loupe et en faire sortir le laitier ; bientôt on accélère le mouvement. Le forgeron avance alors, retire ou tourne la pièce, de telle sorte que la surface en devienne uniforme : cette opération s'appelle *cingler la loupe*. Cette loupe est ensuite divisée en *lopins*, qu'on rechauffe pour en former des *maquettes*, qui sont à leur tour exposées au choc du marteau, etc., etc. Les maquettes sont plus tard réchauffées et étirées en barres. Le déchet, qui est très-variable, dépend de la nature de la fonte, et aussi en partie de l'adresse de l'ouvrier ; il peut s'élever jusqu'à 40 pour 100 du poids de la fonte employée ; mais le plus souvent il n'est que d'environ 26 pour 100.

Le charbon de bois étant fort rare en Angleterre, et la houille y étant au contraire extrêmement abondante, les Anglais sont les premiers qui aient essayé d'employer ce combustible minéral dans l'affinage de la fonte. Des essais nombreux leur ayant appris que l'on ne pouvait affiner entièrement le fer dans les feux d'affineries ordinaires, au moyen du coke substitué au charbon de bois, parce que ces cas de fer qu'on obtenait était toujours rouverin et se soudait très-mal, ils ont substitué aux feux d'affinerie les fours de réverbère. Toutefois, comme la fonte très-grise que produisent les hauts fourneaux anglais serait difficile à traiter, et qu'ainsi elle exigerait trop de feu et subirait un très-grand déchet, on a divisé l'affinage en trois opérations : la première s'exécute dans des fourneaux analogues aux affineries ordinaires (les Anglais leur donnent le nom de *fineries*) ; les deux autres opérations, dans des fourneaux de réverbère.

Les *fineries* (*refinery furnaces*) sont composées d'un massif de maçonnerie de 1 mètre au-dessus du sol ; le creuset placé au milieu de ce massif a 0^m,80 de profondeur. Il est rectangulaire ; ses autres dimensions sont ordinairement de 1 mètre sur 0^m,60 ; il est formé de plaques de fonte recouvertes d'argile. La cuve se rétrécit au-dessus de la tuyère, et cette forme augmente l'effet du combustible. Ce creuset porte sur le devant un trou par lequel on fait couler les scories et le métal fondu. Un mur en brique est construit du côté de la tuyère ; quant aux autres faces, elles sont fermées avec des portes en tôle fixées dans les piliers en fer qui soutiennent la cheminée dont les fineries sont surmontées. Nous avons donné en France le nom de *fourneaux de mazerie* à ces feux d'affineries. La tuyère est placée à la hauteur du foyer ; son embrasure est garnie de plaques de fonte doubles, entre lesquelles circule un courant d'eau, pour éviter que la tuyère ne brûle ; souvent aussi il y a deux tuyères, et cette disposition paraît avantageuse. Les tuyères sont inclinées de 20 à 25° vers le fond du creuset, de manière à plonger sur le bain. La quantité d'air lancé est à peu près de 20 mètres cubes par minute.

Pour cette première opération, après avoir nettoyé le creuset, on le remplit de coke, sur lequel on pose des morceaux de fonte de 20 à 25 kilogrammes, que l'on recouvre en dôme avec du coke ; on met le feu ; au bout d'un quart d'heure, quand il s'est communiqué partout, on donne le vent ; à mesure que le coke brûle, on en ajoute de nouveau. Il faut que la fonte soit tenue constamment à l'état de liquidité. Lorsqu'elle est toute en fusion, on ouvre la percée, et le métal coule dans un emplacement pratiqué sur le devant du fourneau, de manière à y former une plaque de 5 à 6 centimètres d'épaisseur ; une couche de scorie le recouvre ; on jette de l'eau sur cette plaque pour la refroidir promptement. La fonte, qui prend alors le nom de *fine-métal*, est devenue très-blanche, souvent irisée ; sa cassure est rayonnée, et quelquefois cette fonte est très-caverneuse. La fonte, par cette première opération, a déjà subi un commencement d'épuration ; mais l'objet essentiel, c'est qu'elle a éprouvé un changement dans le mode de combinaison du fer avec le carbone. Une charge varie de 12 à 1,500 kilogrammes ; la perte est évaluée de 13 à 15 p. 100 ; la durée de l'opération est de deux à trois heures. Quelquefois cependant, mais à tort peut-être, on omet cette première opération, ou *mazage* de la fonte, et celle-ci, encore brute, est soumise immédiatement au puddlage dans les fourneaux de réverbère.

Le *puddlage*, ou seconde opération de l'affinage du fer par le procédé anglais, s'exécute dans une sorte de four de réverbère, appelé par les Anglais *puddling-furnace*. Ces fourneaux à puddler ne diffèrent des fours de réverbère ordinaires que par la forme de la sole, qui est presque horizontale, et par leur moindre tirage. Le fourneau étant échauffé par des opérations antérieures, on place des morceaux de fine-métal sur une des croisillons, de manière à fermer les piles qui montent jusqu'à la voûte. Au bout de vingt minutes environ, le fine-métal est au rouge-blanc ; il tombe bientôt des gouttelettes de fonte liquide sur la sole ; l'ouvrier ouvre la porte, et en changeant la position des pièces, il en accélère la fusion ; tout entre en fonte épaisse ; il faut alors abaisser la température du fourneau, puis brasser continuellement le métal fondu à l'aide d'un ringard. Cette agitation le réduit en petits grains qui imitent la sciure de bois ; alors on rétablit le feu, la température augmente peu à peu, la masse se ramollit de nouveau, et, à l'aide d'une spadelle, le puddleur la divise en plusieurs loupes du poids de 30 à 35 kilogrammes chacune ; au moyen d'une forte tenaille, l'ouvrier les enlève successivement et les entraîne, soit sous le marteau, soit sous les cylindres dégrossisseurs. La compression qu'éprouve le fer est si grande que les scories s'en échappent avec violence. Les cylindres cannelés présentent des rainures dont la surface diminue successivement : la première cannelure sur laquelle on passe la balle au sortir du fourneau est ellipsoïdale ; elle ne se prolonge pas sur tout le tour du cylindre. L'un d'eux porte un plan incliné, qui oppose une résistance sur laquelle la balle s'appuie pour s'allonger. Un ouvrier la met entre les cylindres, un second, placé de l'autre côté, la reçoit et l'introduit de nouveau entre eux ; il la passe ainsi cinq à six fois, en ayant soin de rapprocher chaque fois les cylindres au moyen d'une vis de pression. On fait ensuite passer la pièce entre les autres rainures, de manière que le fer soit étiré en barres plates d'un demi-pouce d'épaisseur et de trois pouces de largeur. Dans un grand nombre d'usines, et en général dans celles du Staffordshire, les marteaux sont encore en usage pour commencer à forger la loupe et la transformer en pièce, mais celle-ci est immédiatement étirée en barres sous les cylindres.

Dans ce qui précède, sur le travail du fer aux forges à l'anglaise (*laminage*), nous nous sommes arrêtés à la fabrication du fer dit *marchand* ; mais souvent on a besoin d'amener le métal à un état de plus grande pureté : c'est là l'opération du *ballage*. Elle consiste à couper à froid les barres à la cisaille ; les morceaux, longs d'environ 0^{m}80, sont croisés les uns sur les autres pour former une masse d'une vingtaine de kilogrammes ; cela compose une trousse, qu'on place sur la sole d'un fourneau à réchauffer (*balling furnace*), espèce particulière de réverbère. Quand la trousse est au blanc soudable, on la soumet au martinet ; on en fait un *mastiau*, qui est immédiatement laminé de nouveau et réduit en barres. Il y a certains fers d'un prix élevé qui ont subi jusqu'à trois ballages successifs. Chacun de ces ballages occasionne un déchet de moins en moins considérable, à mesure que le fer s'épure. Les battitures produites à chaque ballage se recueillent pour les mêler avec la fonte dans les fours à puddler, ce qui diminue un peu le déchet réel.

P<small>ELOUZE</small> père, ancien directeur des fonderies du Creuzot.

FORGES (Eaux de). Petit bourg de 1,200 habitants, Forges-en-Bray est un chef-lieu de canton du département de la S e i n e - I n f é r i e u r e, situé à 114 kilomètres de Paris. La belle forêt de Bray avoisine et abrite Forges du côté du sud, et trois rivières ont leur source dans les environs. Quant au nom de *Forges*, cette bourgade le dut aux forges qui existèrent dans le voisinage jusqu'en 1500. La source minérale de Forges fut découverte peu de temps avant l'an 1500 : alors elle était unique, et portait le nom de *Fontaine Saint-Éloi, ou de Jouvence*. Le médecin de Marie de Médicis, le docteur Martin, se rendit à Forges vers l'an 1599, et dut à l'eau de Jouvence la prompte guérison d'une fistule. Cette cure fit beaucoup de bruit à Paris, à Blois et à Saint-Germain ; et voilà sans doute ce qui engagea Louis XIII, alors malade et fort affaibli, à se rendre à Forges, en 1632. Cette même année, et par les ordres du roi, les sources furent nettoyées, distribuées en trois fontaines, comme on les voit à présent. Louis XIII se rendit à Forges avec Anne d'Autriche et le cardinal de Richelieu. Les sources de Forges ont depuis gardé le nom de ces trois personnages : l'une s'appelle la *Reinette*, l'autre la *Royale*, la troisième porte le nom de *Cardinale*, et celle-ci est la plus forte des trois. Les trois sources marquent 10 à 12 degrés centigrades : ce sont des eaux froides. Elles contiennent des dépôts ocreux, jaunes ou rouges, et à la surface des trois fontaines est couverte et irisée. La Reinette se trouble et charrie des flocons jaunâtres au moment où le soleil vient de se lever, et une heure après qu'il a disparu de l'horizon. Le même phénomène se montre lorsqu'il doit faire orage ou pleuvoir abondamment ; deux jours avant la pluie ou l'orage, la fontaine devient trouble et bourbeuse. C'est une espèce de baromètre dont les présages sont certains. Les deux autres fontaines n'offrent rien de pareil, quoique le fer et les sels y soient plus abondants. L'eau de Forges contient des carbonates de chaux et de fer, des muriates de soude et de magnésie, du sulfate de magnésie (sel d'Epsom), un peu de silice et très-peu de gaz acide carbonique. La source *Cardinale* est la plus chargée de fer et de principes salins ;

c'est aussi la plus gazeuse des trois. Elle renferme par litre environ 20 centigrammes de sels, dose totale dans laquelle le carbonate de fer n'entre guère que pour un quart. La *Reinette* ne contient par litre que 7 à 8 centigrammes de sels divers, dont le fer compose à peine la douzième partie. Ces eaux ont néanmoins un goût de fer assez marqué. L'impression en est d'abord fraîche, puis astringente : *elles sentent un peu le vitriol*, comme disait Cousinot à Louis XIII. Toniques et apéritives, elles fortifient, *débouchent* et *désopilent*, suivant le langage des vieux médecins ; mais elles sont surtout emménagogues. On les conseille dans l'atonie de l'estomac, dans les gastralgies, dans les maux de nerfs, les flueurs blanches et les pâles couleurs. Elles conviennent encore dans quelques coliques et migraines, dans certains maux d'yeux ou de vessie. Plus d'une fois elles ont réhabilité des constitutions délabrées, des corps fatigués d'excès, ou mis fin à de pénibles convalescences. Elles ont quelquefois interrompu des vomissements nerveux et fait cesser des pollutions nocturnes. Il paraît même qu'elles conviennent dans la plupart des flux chroniques, quand il ne s'y joint aucune inflammation. Lepecq de la Clôture, qui a écrit sur les épidémies, employa les eaux de Forges avec succès contre les diarrhées sans fièvre qui régnèrent en 1768. Ce savant médecin normand les conseillait aussi contre l'œdème et dans quelques hydropisies. Leur influence est telle sur quelques fonctions importantes et dans certaines infirmités des femmes, qu'on ne saurait nier qu'elles ne puissent favoriser indirectement la fécondité. Toutefois, quant à la stérilité d'Anne d'Autriche, il faut remarquer que Louis XIII, lorsqu'il prit les eaux de Forges, en 1632, était marié, il est vrai, depuis dix-huit années, mais que Louis XIV ne vint au monde que six ans après le voyage de Forges, en 1638.

En 1700, le duc d'Orléans, depuis régent, fit bâtir une maison aux capucins, administrateurs de Forges, et leur donna un beau salon, où se tinrent depuis les réunions. La république, en 1793, vendit cette propriété monacale. On y trouve aujourd'hui un établissement complet et commode.

Dr Isidore B<small>OURDON</small>.

FORIOSO (P<small>IERRE</small>), fameux funambule du temps de l'empire, qui a dansé sur la corde devant tous les souverains de l'Europe. On le vit à Paris, notamment au théâtre de la Cité et plus tard à Tivoli. En 1814 il se retira à Bagnères, où il mourut, en juin 1846, à l'âge de quatre-vingts ans.

FORLANA, nom d'une danse aux mouvements rapides et expressifs, particulière au Frioul, et que les gondoliers de Venise et les paysans des États Vénitiens ont aussi l'habitude d'exécuter sur un air à six-huit.

FOR-L'ÉVÊQUE, nom dérivé de *Forum Episcopi*, place de l'évêque, et non pas de *furnus episcopi*, le four de l'évêque, suivant Adrien de Valois, qui prétend que les vassaux de l'évêque de Paris envoyaient cuire leur pain au four banal qui occupait une partie du bâtiment appelé jusqu'à nos jour For-l'Évêque, et non point *Fort-l'Évêque* ni *Four-l'Évêque*, comme prononçait le peuple. Cet édifice, situé dans la rue *Saint-Germain-l'Auxerrois*, avait une entrée sur le quai de la Mégisserie, près de la fameuse arche Marion. C'était le siège de la juridiction temporelle de l'évêque de Paris, la résidence de son prévôt et la prison de ses justiciables.

Cette prison fut en grande partie reconstruite en 1652. Réunie au Châtelet, par édit de février 1674, elle fut réservée aux débiteurs pour *dettes* et aux comédiens qui avaient manqué au public ou désobéi à l'autorité. C'était aussi le lieu de détention provisoire des jeunes gentilshommes surpris par le guet dans des lieux suspects. On y était envoyé sans jugement, suivant le caprice ou l'ordre d'un ministre, du lieutenant général de police, d'un premier gentilhomme de la chambre du roi. Les notabilités dramatiques, les talents supérieurs, n'étaient pas exempts de cette correction illégale et arbitraire. Le 16 avril 1765, B r i z a r d, D a u b e r v a l, M o l é, L e k a i n, furent conduits au For-l'Évêque pour avoir refusé de jouer dans *Le Siège de Calais*, avec Dubois, qui s'était rendu coupable d'une bassesse, mais qui était protégé par la favorite d'un premier gentilhomme de la chambre. Deux jours après, la superbe Clairon subit la même peine; mais ce fut pour elle une sorte de triomphe. Conduite en prison dans la voiture et sur les genoux de la femme de l'intendant de Paris, elle y reçut les visites de la cour et de la ville. Le soir on faisait sortir les prisonniers pour jouer les marquis et les rois au théâtre, et on les ramenait après la représentation. Vestris et d'autres ont fait aussi un séjour plus ou moins long au For-l'Évêque.

Sur un rapport du ministre Necker, une ordonnance de Louis XVI, du 30 août 1780, supprima cette prison et celle du petit Châtelet, et les détenus furent transférés à l'hôtel de la Force, qui fut alors converti et disposé en prison plus vaste et plus salubre. Mais le For-l'Évêque ne fut démoli que dans les premières années du dix-neuvième siècle.

H. AUDIFFRET.

FORLI (le *Forum Livii* des Anciens), chef-lieu de la délégation du même nom (superficie : 39 myr. carrés; population : 202,000 âmes), dans la légation de la Romagne (États de l'Église) sur l'ancienne voie Émilienne, entre Bologne et Rimini, le Ronco et le Montone, est le siége d'un évêché, possède une école préparatoire pour les études universitaires, une Académie des Sciences, diverses autres sociétés savantes et une population de 15,000 habitants dont la filature de la soie et le blanchissage des cires constituent les principales industries. C'est une ville bien bâtie et où l'on voit quelques édifices remarquables. La place du marché est une des plus belles places publiques de l'Italie. La salle des séances du conseil municipal, à l'hôtel de ville, est ornée de peintures exécutées par Raphaël. Parmi les nombreuses églises, les plus remarquables sont la cathédrale, dont on admire la belle coupole, tout ornée de peintures par Carlo Cignano et où se trouve le tombeau de Torricelli, et l'église San-Girolamo, où est enterré le roi Manfred.

Forli, fondé, dit-on, par le consul Marcus Livius Salinator, après la victoire qu'il remporta sur Asdrubal aux bords du Metaurus, l'an 207 avant J.-C., fut nommé d'après lui. Au moyen âge, cette ville forma une république, et changea fréquemment de maîtres à l'époque des guerres des Guelfes et des Gibelins. Les premiers y dominèrent jusqu'en 1315 ; la famille Ordelaffi y succéda à leur puissance, qu'elle conserva jusqu'à la fin du quinzième siècle. En 1502 César Borgia s'empara de Forli et le rendit à la Romagne; mais dès 1503 cette contrée se soumettait au pape Jules II, et depuis lors elle n'a pas cessé de faire partie des États de l'Église.

FORMALISME. C'est un attachement excessif et minutieux aux formes, soit en matière de légalité, soit en matière d'étiquette et de bienséance. Cette prépondérance accordée aux règles extérieures suppose en général qu'on donne beaucoup moins d'importance au fond. Le *formaliste* est d'ordinaire un homme façonnier, vétilleux dans les plus petits détails de la vie sociale. Ce caractère rend souvent les gens difficiles à vivre. Les allures libres d'un esprit indépendant les offusquent, les moindres infractions aux convenances qu'ils imposent comme des lois sont souvent plus choquantes à leurs yeux que certaines violations de la loi morale. Le commerce réclame dans les rapports mutuels un degré d'aisance et de liberté qui fait du *formalisme* un défaut incommode et gênant pour le plus grand nombre. ARTAUD.

FORMALITÉS. Ce mot pour bien des gens est synonyme d'*entraves*; et il est vrai de dire qu'en justice, en administration, les formalités sont une mine féconde de bénéfices pour les notaires, huissiers et gens de loi, auxquels il faut sans cesse avoir recours pour triompher de mille obstacles qui sous le nom de formalités se dressent autour de la plus petite affaire. On conçoit qu'il a bien fallu, cependant, pour empêcher la fraude et les erreurs de la négligence, établir des formes expresses de procéder. Dans toute affaire importante, les formalités sont des garanties d'exactitude et même de justice. En matière criminelle, l'accomplissement rigoureux de celles qui sont prescrites par la loi n'est-il pas la sauvegarde du droit de l'accusé ? Plus d'un innocent dut la vie à des vices de forme qui firent casser l'arrêt des premiers juges. Ainsi, les formalités viennent au secours de la faiblesse et de l'incertitude des jugements humains.

Dans l'ancienne législation, les formalités judiciaires étaient bien plus multipliées qu'aujourd'hui; et on sait la maxime d'alors : *Locus regit actum*, qui fait assez comprendre que chacune de nos anciennes et nombreuses coutumes avait des formalités qui lui étaient propres. Maintenant, la loi définit le plus souvent celles dont l'inobservation entraîne la nullité des actes.

En administration, les formalités auxquelles on soumet le public sont quelquefois vexatoires et hors de toute proportion avec l'importance de l'affaire dont il s'agit. C'est avec des formalités qu'on écarte des demandes auxquelles on ne veut pas satisfaire, moyen gouvernemental et poli d'éconduire les importuns qui sera toujours de mode.

On conçoit que les affaires de ce monde soient hérissées de formalités et d'entraves ; mais celles de l'autre !.. Est-il donc vrai que l'homme ait été mettre son cachet mondain jusque sur les choses du ciel et que le salut des âmes ait aussi ses formalités ?

Théodore TRICOUT.

FORMAT, dimension de l'impression d'un livre, quant à la proportion matérielle, à la marge, au caractère. Chaque format prend son nom du nombre de feuillets que présente chaque feuille imprimée quand elle est pliée, quelle que soit d'ailleurs sa dimension, à sorte que la feuille donne un nombre de pages double du chiffre dont elle tire son nom. Aussi l'in-plano a 2 pages; l'in-folio, 4 ; l'in-4, 8 ; l'in-8, 16; l'in-12, 24; l'in-16, 32; l'in-18, 36 ; l'in-24, 48 ; l'in-32,64 ; l'in-48, 96 ; l'in-64, 128 ; l'in-72, 144 ; l'in-96, 192.

On employait jadis, pour de très-petits almanachs, un format encore plus exigu, qu'on appelait *pouce*. Depuis qu'on a trouvé les moyens de confectionner du papier de toutes grandeurs, on se sert, pour les affiches, de feuilles dont l'immense dimension dépasse toutes les proportions connues autrefois.

DUFEY (de l'Yonne).

FORMATION (*Art militaire*), mot vague, et jusqu'ici mal défini, comprenant plusieurs acceptions. Autre chose est la formation qui est une réalisation des lois organiques, un résultat de la constitution des troupes d'une puissance; autre chose est ce mécanisme tactique qui leur donne sur le terrain leur forme, leur figure géométrique.

La formation que nous appellerons *constitutive* est mentionnée pour la première fois dans les règlements de 1791; mais ils confondent *composition* et *formation*, tandis que des règlements de 1820 emploient ces deux substantifs dans des sens distincts. En effet, la *formation* est cet acte de l'autorité qui assemble et classe des militaires ou des recrues conformément à des principes de *composition*. Si telle n'est pas la lettre de nos règlements, si peu explicites, c'en est du moins l'esprit.

Quant à la formation que nous appellerons *tactique*, celle-ci se présente un peu mieux caractérisée : il est facile de discerner que la formation en bataille est autre que la formation en colonne; que l'une et l'autre se prennent à part de la formation par rang de taille. L'art de la formation en bataille était si peu avancé du temps de Turenne, qu'on s'y préparait dès la veille, et qu'on n'osait y procéder que loin de l'ennemi, bien qu'alors les armées fussent peu nombreuses comparativement à ce qu'elles sont devenues. Des abus, des préjugés, contrariaient les formations. Le droit au poste d'honneur, les prétentions des corps privilégiés, la mutinerie des chefs de corps, l'ignorance des officiers d'état-major, plus hommes de cour que de guerre, étaient autant de causes de retard, de débats, d'hésitation et d'irrégularités. Si un corps tardait à arriver ou arrivait sans être attendu, il fallait ou suspendre la formation, ou la recommencer. Maintenant, si nous ne sommes guère plus avancés dans le choix et l'emploi des termes désignatifs de la chose, nous savons du moins un peu mieux l'exécuter; nous y trouvons moins d'entraves et d'opposition. Gal BARDIN.

FORMATION (*Géologie*). On désigne par ce mot deux choses fort différentes : ou le terrain, ou l'origine du terrain : ainsi l'on dit la formation crayeuse, pour le terrain crayeux, ou bien l'on dit que le terrain crayeux est de formation marine, indiquant ainsi qu'il a été formé par les eaux de la mer. Cette dernière acception, qui paraît être la meilleure, est adoptée généralement. Le mot *formation* est donc considéré comme synonyme d'origine.

On peut diviser les terrains en terrains de *formations*

Neptuniennes { marines { pélasgiques.
{ { de rivage.
{ d'eau douce { fluviatiles.
{ { lacustres.

Plutoniennes { d'éruption.
{ d'épanchement.

Mixtes { pluto-neptuniennes.
{ neptuno-plutoniennes.

Les terrains de formation neptunienne ont été formés par les eaux de la mer, sur les rivages, à l'embouchure des fleuves, en pleine mer, ou sur les rives des fleuves, dans le lit des lacs : ce sont les terrains intermédiaires, secondaires, tertiaires, diluviens, etc. Les terrains volcaniques ou d'origine plutonienne sont composés de matières vomies par les volcans, comme les laves, les basaltes, les trachites, etc., ou sorties par épanchement, comme les granits, les porphyres, etc. Enfin, des dépôts plutoniens ont été remaniés par les eaux, et ont formé de nouveaux dépôts pluto-neptuniens (conglomérats volcaniques); des dépôts neptuniens ont été remaniés, au contraire, par des dépôts plutoniens, qui les ont altérés, comme des argiles qui ont été cuites par des courants de lave; on a alors des roches neptuno-plutoniennes. L. DUSSIEUX.

FORMATION DES ÊTRES. *Voyez* CRÉATION, BIOLOGIE, FORME, etc.

FORME, de *forma*, terme dérivé, par métathèse, du grec μορφη, qui a la même signification chez les Grecs. Toute matière tombant sous nos sens présente une forme quelconque, c'est-à-dire se montre plus ou moins limitée par des surfaces et des contours qui en constituent un ou plusieurs objets. Cependant, il est aussi des substances *informes*, ou variables, sans configuration fixe, telles que les nuages et vapeurs, les ondes ou autres matières gazéiformes, volatiles, les liquides prenant toutes sortes de figures, comme on l'a dit de Protée. A cet égard, les philosophes considèrent en général la matière du monde comme tellement transmuable par la génération et la décomposition universelle de ses divers éléments, qu'elle n'offre point de forme durable et éternelle qui lui soit propre. Tout au plus peut-on la regarder comme constituée d'atomes ou molécules indivisibles dans leur excessive petitesse, mais donnant naissance, par des agrégations et organisations diverses, à tous les êtres de la nature. Tel était le chaos, *rudis indigestaque moles*, qui a dû précéder, selon les philosophes, l'établissement de l'ordre actuel des mondes.

Or, le développement des formes de tous les corps, ou des figures et des attributs qui en résultent, dans l'origine des choses, est devenu la grande question de toutes les philosophies livrées aux seuls efforts de la raison humaine. La religion trancha le nœud, en reconnaissant l'intervention d'une suprême sagesse, ou de la Divinité, formatrice de toutes créatures, et cette explication emprunte sa justification aux preuves éclatantes d'intelligence que manifeste la structure des animaux, des végétaux, à l'harmonie sublime qui préside à cet univers.

Aristote posa pour principes la *forme*, qu'il appela *entéléchie*, puis la *matière* et la *privation* agissant sur les quatre éléments avec une cinquième essence, l'*éther immuable*. Dans le moyen âge, les philosophes scolastiques, admirateurs exclusifs d'Aristote, ne manquèrent point de disputer sur la nature de la forme, ou l'entéléchie considérée comme l'âme et le principe formateur interne des êtres vivants. De là ces distinctions, ridiculisées par Molière, entre la *forme substantielle* et la *figure*, qui font qu'on ne doit pas dire, selon ces philosophes, la *forme* d'un chapeau, mais bien la *figure* d'un chapeau, tandis qu'il faut dire la *forme* d'un animal, et non pas la *figure*. Ce dernier terme devait être réservé, selon eux, pour les corps inertes, qui ont reçu leur construction soit de la main de l'homme, soit de causes externes, comme serait une pierre taillée, une machine fabriquée, etc. Au contraire, le mot *forme*, dans le sens philosophique, serait le résultat d'une puissance vivifiante des animaux, des végétaux, qui leur attribue une structure déterminée, pour un but quelconque, avec prévision et sagesse. Ainsi, dans le germe d'une graine de plante ou d'un œuf d'animal réside cette entéléchie, cette sorte d'âme préformatrice ou informante, qui fait développer peu à peu tous leurs organes, qui prépare des yeux, des oreilles, des dents, des griffes ou autres armes, avec l'instinct directeur pour mettre en jeu cet ensemble d'organes destinés à parcourir la carrière de la vie, à croître, engendrer, puis périr à son tour. Or, cette forme, ce moule intérieur, comme l'appelle Buffon, cette âme corporelle, selon les anciens, qui constitue chaque espèce, la rend constante, empêche qu'elle ne dévie ou ne se confonde par des unions adultères avec ses voisins; elle existait en essence dans le germe ou la graine avant d'apparaître. Le corps de l'animal ou de la plante ne fait donc que remplir sa capacité vide avant que la naissance. Cette forme essentielle ne périt pas même avec l'individu, et bien qu'après la mort et la destruction du corps, elle perde toute substance matérielle, tangible, apercevable, elle peut subsister, selon certains philosophes, sous le nom de *manes* (qui vient de *manere*), comme les émanations, etc. La forme substantielle, d'après les scolastiques, était donc le principe matériel de la structure des êtres vivants. A l'égard de l'homme, c'était la forme raisonnable qui constituait la forme substantielle du corps humain, selon la décision expresse du concile général de Vienne. J.-J. VIREY.

Considérée dans son acception la plus littérale, la *forme* est l'apparence extérieure, la configuration des corps telle qu'elle se présente à l'œil. Au pluriel, *formes* se dit des contours des objets, et s'emploie aussi figurément.

Formes s'emploie encore, au pluriel, pour désigner la manière d'être, la façon d'agir d'une personne : des *formes* rudes, grossières, polies; et en ce sens, quand il n'est accompagné d'aucune épithète, il désigne toujours des formes polies : Avoir des *formes*, mettre des *formes* (*voyez* CONVENANCE), etc.

Dans quelques arts, on appelle *forme* le modèle qui sert à donner à certains objets la configuration qu'ils doivent avoir.

En termes d'imprimerie, *forme* se dit d'un châssis de fer qui contient un nombre de pages plus ou moins grand, selon le format : il faut deux *formes* pour faire une feuille.

En termes de papeterie, *forme* est un châssis de bois, garni d'un tissu métallique, servant à fabriquer le papier.

FORME (*Beaux-Arts*). La forme est l'aspect tangible des corps; c'est par elle principalement que l'on constate leur caractère particulier. Aux yeux du peintre, la forme est le résultat de l'effet produit par la lumière et l'ombre sur un objet quelconque; l'œil seul, alors, est compétent pour juger de l'exactitude de la représentation pittoresque. Pour comparer son œuvre au modèle, le sculpteur de ronde-bosse a pour moyens l'appréciation du regard, mais le toucher lui vient encore en aide. Aussi, la statuaire, à cause de l'étendue même de ces moyens positifs, supporte moins un modèle défectueux que la peinture, qui peut voiler, sous le prestige d'un riche pinceau, les incorrections d'un crayon inhabile.

Envisagée sous le rapport de la construction de la machine humaine, la forme, toujours soumise à des lois génériques, suit des phases remarquables, selon le sexe, l'âge, le tempérament, l'état de santé, en un mot, selon l'énergie des modificateurs au milieu desquels l'humanité s'agite. Les formes masculines l'emportent en puissance sur celles de la femme, douée de plus d'élégance et de souplesse. Arrondie, alors que l'enfant s'élance au-devant de la vie, la forme s'etend dans l'adolescence ; elle se fortifie avec l'homme, et perd sa saillie au temps de l'inertie des fluides chez le vieillard. La grâce se pare de formes oblongues ; les formes ramassées appartiennent davantage à la vigueur athlétique. La forme impressionne le spectateur par les idées qu'elle développe en lui. Pure et suave dans la statue de la Vénus de Médécis, la forme séduit par les voluptueux contours de cette admirable figure ; grande et soutenue, la forme frappe, étonne, impose dans le groupe de l'Ajax antique ; elle fait rêver délicieusement au sortir du pinceau divin de Raphael, pour s'attendrir sous les traits d'une pudique et céleste madone. La forme terrifie sous le crayon fier et savant de Michel-Ange, quand elle reproduit les tortures du vice en présence d'un juge inexorable, appelant à son tribunal suprême les races humaines épouvantées. Chaque maître a été poussé par son génie à préférer une nature de formes appropriée à sa faculté de sentir. Ceux dont le nom n'a fait que grandir jusqu'à nous ont été les observateurs les plus sévères des enseignements de l'anatomie. Cette science, dirigée par le goût, est effectivement la base rationnelle de la connaissance de la forme spéciale à chaque être vivant : l'anatomie seule peut rendre compte des changements subis par la forme dans les divers mouvements dont le corps animal est susceptible ; c'est là qu'il faut en chercher les principes determinants, après avoir étudié les passions, qui en sont les premiers mobiles.

La forme de tout ce dont l'homme a fait usage se lie à ses mœurs. Il y a toujours harmonie entre ces termes. Ne retrouve-t-on pas toute l'austérité des républiques anciennes dans l'ameublement sévère des citoyens désintéressés des premiers jours de Sparte et de Rome? Le maniéré des ornements sous Louis XV n'est-il pas le reflet exact de l'esprit prétentieux d'une noblesse blasée sur toutes les jouissances de l'intérieur? La magnificence de l'Orient dans l'ampleur et la richesse de ses étoffes, dans la coupe de ses habillements, dans la forme de ses ustensiles, est la conséquence d'un climat qui invite l'opulent à suivre les inspirations d'une vaniteuse mollesse. Le Nord, au contraire, méprise un luxe inutile : ce qui l'entoure se ressent de l'âpreté de son ciel froid et nébuleux.   J.-B. DELESTRE.

FORME (*Droit*). On entend par ce mot la disposition, l'arrangement de certaines clauses, termes, conditions et formalités que la loi exige pour la régularité et la validité des actes. Il arrive souvent de confondre la forme avec les formalités ; cependant le mot *forme* a plus d'étendue que le mot *formalité* : il embrasse tout ce qui sert à constituer l'acte, au lieu que les formalités proprement dites ne sont que les conditions isolées qu'on doit remplir pour sa validité. Par exemple, l'article 61 du Code de Procédure civile détaille tout ce qu'un exploit d'ajournement doit contenir pour être valable : chacune des conditions que cet article prescrit est une *formalité* ; mais toutes ces formalités constituent, dans leur ensemble, la *forme* de l'exploit.

La procédure en France a toujours été environnée de formes trop multipliées ; et le Code de Procédure actuel, rédigé par d'anciens praticiens, se ressent trop de cette origine. Aussi les nations qui nous ont adopté nos lois ont-elles eu soin de simplifier ces formes, qui ne sont bonnes qu'à augmenter les frais du procès, à en ralentir la marche et à offrir un aliment à l'esprit de chicane. Une réforme radicale sur ce point est indispensable. L'existence des formes et leur exécution scrupuleuse garantissent la conservation du fond ; mais ce qui est impérieusement réclamé par le bons sens et la conscience publique, c'est l'abaissement des tarifs et la simplification des formalités ; et puisqu'il est vrai que *la forme emporte le fond*, il faut au moins que ce soit le plus rarement possible. Il y a des actes qui ne peuvent absolument se faire qu'avec des *formes*, qui constituent leur substance même, par exemple les testaments et les donations. Mais lorsque la forme n'est pas essentielle, qu'elle ne constitue pas la substance des actes et qu'elle est seulement un moyen pour parvenir au but que la loi s'est proposé, alors la *forme* indiquée par la loi peut être suppléée par une autre équivalente et telle que l'on arrive au même but.

C'est en matière criminelle surtout que la forme doit être exactement observée ; la marche des procédures est tracée rigoureusement : il n'est pas permis aux magistrats de supprimer ou de changer des formalités, qui toutes ont pour but d'assurer des garanties contre l'arbitraire ou la précipitation, et l'on peut se convaincre en lisant les motifs, quelquefois frivoles en apparence, qui donnent lieu à la cassation des arrêts des cours d'assises, de tous les soins que le législateur a pris et de ceux que la cour suprême apporte chaque jour pour empêcher les erreurs judiciaires.

FORME, FORMIER (*Technologie*). Les *formes* sont des sortes de moules en bois imitant à peu près le pied, et sur lesquels se montent les souliers, les chaussons, les bottines, etc. Pour les bottes, les cordonniers emploient des *embouchoirs* qui ont de plus la forme de la jambe. Les *formes brisées* sont, comme les embouchoirs, composées de plusieurs morceaux, qu'un mécanisme quelconque permet d'écarter à volonté. L'ouvrier qui fabrique ces diverses formes se nomme *formier* ; pour dégrossir les formes, il fait glisser convenablement un morceau de bois brut sur une surface plane fixée à un établi ; il termine son ouvrage en le polissant avec du papier de verre de plus en plus fin. Le formier fait aussi des formes pour les chapeaux d'homme.

FORMENTERA, l'une des *Pityuses*. *Voyez* BALÉARES.

FORMEY (JEAN-HENRI-SAMUEL), polygraphe érudit, né à Berlin, le 31 mai 1711, d'une famille de réfugiés, se consacra à l'étude de la théologie, et obtint dès l'âge de vingt ans le titre de pasteur de l'Église française réformée, à la résidence de sa ville natale. En 1737 la chaire d'éloquence au collège français de Berlin lui fut accordée. Deux années plus tard, on le chargea aussi d'y professer la philosophie. Quoique d'une très-faible constitution, Formey ne laissa pas que de faire preuve d'une grande activité littéraire. Outre une foule de traductions, il publia à partir de 1733, en société avec Beausobre, puis avec Mauclerc, la *Bibliothèque Germanique* (25 volumes), puis la *Nouvelle Bibliothèque Germanique* (25 vol). La publication de ces deux recueils successifs lui avait laissé assez de loisirs pour donner en 2 volumes un *Journal littéraire d'Allemagne*, une feuille intitulée *Minerve et Mercure* ; puis pour faire paraître le *Journal de Berlin, ou nouvelles politiques et littéraires*, feuille périodique, qu'il abandonna parce que Frederic II, qui, à son avénement au trône, lui en avait inspiré l'idée en promettant d'alimenter cette gazette d'écrits et de documents curieux, n'envoyait pas ces matériaux assez exactement. Formey n'avait pas, en agissant ainsi, perdu sa faveur auprès de Frédéric. Lors de la réorganisation de l'Académie des Sciences de Berlin, Maupertuis le proposa pour y remplir les fonctions de secrétaire et d'historiographe ; et quand, en 1748, les différents secrétariats furent réunis, Formey en fut nommé le directeur, avec le titre de *secrétaire perpétuel*. Frédéric II l'estimait beaucoup, et ne lui reprochait qu'une seule chose : c'est, dans les querelles de Maupertuis et de Voltaire, de n'avoir pas pris parti pour celui-ci. En général on peut dire que Formey se montra peu favorable à la philosophie de Voltaire, et que ses nombreux écrits ont tous plus ou moins une tendance chrétienne. Il écrivit sur l'histoire ecclésiastique (1763), sur la physique (1770), un *Anti-Émile* (1764), des mémoires qui ont pu servir à l'histoire de l'Académie de Berlin (4 vol. 1761), etc.

En 1778, la princesse *Marie-Henriette* de Prusse, retirée au château de Kœpenick, le fit son secrétaire, sinécure brillante, qui ne l'empêcha pas d'accepter une place au grand consistoire français, et, en 1788, la haute dignité de directeur de la classe de philosophie à l'Académie de Berlin. Formey mourut le 7 mars 1797, et jusqu'à sa mort, travailleur infatigable, il ne cessa d'écrire et de publier des ouvrages. La liste en est immense : nous nous contenterons de citer les principaux. Ce sont : les *Mémoires pour servir à l'histoire et au droit public de Pologne*; *La belle Wolfienne, ou abrégé de la philosophie wolfienne* (1774, 6 vol. in-8°.); *Conseils pour former une bibliothèque peu nombreuse, mais choisie* (1746, in-12), ouvrage que Formey se complut à travailler et à revoir toute sa vie; *La France littéraire, ou dictionnaire des auteurs français vivants* (1757, in-8°); *Souvenirs d'un Citoyen* (1789, 2 vol. in-12). Formey fut en outre éditeur d'un grand nombre de livres, parmi lesquels il faut remarquer : *Traité des Tropes*, de Dumarsais, le *Journal de Pierre le Grand*, et les *Œuvres de François Villon*, avec des remarques, savantes quelquefois, mais plus souvent erronées.

Édouard FOURNIER.

FORMICA-LEO. *Voyez* FOURMI-LION.

FORMIGNY (Bataille de). Formigny est un village du département du Calvados, à 15 kilomètres de Bayeux, peuplé de 500 habitants, célèbre par une victoire remportée par les Français sur les Anglais en 1450. Les succès que les troupes de Charles VII venaient d'obtenir dans la Normandie avaient fait concevoir l'espoir d'une prompte soumission de cette province, lorsqu'en avril 1450 le comte de Clermont apprit que le général anglais Thomas Kyriel, qui avait débarqué depuis peu à Cherbourg, se dirigeait, après avoir repris Valogne, à la tête de six à sept mille hommes, sur le village de Formigny, situé entre Bayeux et Carentan. Le 15 le général français marchait en toute hâte contre l'ennemi ; mais bientôt, attaqué par des forces supérieures, il fut obligé de battre en retraite et d'abandonner deux couleuvrines. Il s'occupait du choix d'une position, lorsque le connétable de Richemont apparut avec un renfort. Les deux petites armées françaises réunies présentaient alors un effectif de 3,500 combattants. Le sénéchal de Brézé reçut ordre de se porter en avant et de reprendre l'offensive. L'ennemi, vigoureusement attaqué, abandonna les deux pièces dont il s'était emparé, et se replia derrière un ruisseau, où il ne tarda pas à être assailli par toutes les forces dont le comte de Clermont pouvait disposer. L'action devint générale, et s'engagea de part et d'autre avec un égal acharnement. Enfin, après trois heures de combat, les Anglais furent repoussés et mis en déroute avec une perte de 3,774 hommes tués et de 1,400 prisonniers, au nombre desquels étaient Kyriel et plusieurs officiers de marque. Cette victoire amena la reddition de Caen, acheva la conquête de la Normandie, et facilita, l'année suivante, celle de la Guyenne.

FORMIQUE (Acide). Cet *acide organique* doit son nom à son existence dans les fourmis, où Margraff constata sa présence d'une manière certaine, en 1749. Il ressemble beaucoup à l'acide acétique, avec lequel on l'avait d'abord confondu. Il est liquide, incolore, fumant légèrement à l'air et bouillant à 100°. Il cristallise au-dessous de 0°, en lamelles brillantes. Sa densité est 1,2352. Sa vapeur brûle avec une flamme bleue. L'acide formique se produit dans beaucoup d'opérations, par exemple lorsqu'on traite une substance organique par l'acide sulfurique et le peroxyde de manganèse. C'est ainsi qu'on obtient une grande quantité d'acide formique en distillant un mélange composé d'une partie de sucre, de deux parties d'eau, de trois parties de peroxyde de manganèse et de trois parties d'acide sulfurique. On le prépare également, d'après l'ancien procédé, en distillant légèrement avec de l'eau des fourmis écrasées. Pour le concentrer, on le fixe sur une base, telle que l'oxyde de plomb; on obtient ainsi un *formiate* de plomb, que l'on chauffe pour lui faire perdre de l'eau ; on le décompose ensuite par l'hydrogène sulfuré, qui enlève le plomb à l'état de sulfure et laisse l'acide formique soluble. Dans son plus grand état de concentration, l'acide formique renferme toujours un équivalent d'eau ; il a alors une saveur brûlante et une odeur de fourmis extrêmement forte; sa composition s'exprime par la formule : $C^2HO^3 + HO$.

FORMOSE (Ile), grande terre des mers de Chine. D'un côté, ses rivages plongent dans la mer de l'Orient, et de l'autre dans celle du Midi. Le point le plus rapproché de la province de Fou-Kian s'en trouve à environ 24 myriamètres. Son étendue est évaluée à plus de 700 myriamètres carrés. Une chaîne de montagnes à cimes élevées, couvertes de neige pendant une grande partie de l'année, la traverse du nord au sud, c'est-à-dire dans le sens de sa longueur, en projetant à droite et à gauche de nombreuses ramifications, dont les vallées, arrosées par une multitude de rivières et de ruisseaux, offrent les sites les plus pitoresques. Si à cela l'on joint cette végétation brillante et vigoureuse d'un climat exposé à l'influence directe du tropique du Cancer, qui la traverse, on aura à l'origine de son nom actuel. En effet, les Portugais, qui la virent les premiers, la nommèrent à juste titre *a Formosa* (la belle) ; quant aux Chinois, ils l'appellent *Taï-ouan*.

On y recueille du riz, dont il se fait deux récoltes annuellement, des cannes à sucre en grande quantité, du millet, du maïs, des légumes, des truffes, beaucoup d'arums à racines comestibles (*arum esculentum*), tous les fruits de l'Inde et la plupart de ceux de l'Europe, du tabac, du poivre, du camphre, du gingembre, de l'aloès, mais ni coton ni soie ; du thé vert, qui en Chine sert de médicament, des fleurs de jasmin, que l'on mêle au thé pour lui donner une odeur suave, etc. Dans les pâturages on nourrit beaucoup de chevaux, d'ânes, de chèvres, de bœufs et de buffles, employés pour les travaux agricoles; et dans les fermes, l'oie, le canard, la poule, le porc et le mouton, ces deux derniers en très-petit nombre. Le bois de charpente et le bois à brûler y sont communs, mais le bois de construction ne se tire seulement des districts septentrionaux. Il paraît exister dans la partie orientale des mines d'or et d'argent. Les routes y sont généralement bonnes et bien entretenues, et parmi ses ports, on cite ceux de *Taï-ouan*, *Ton-choukiang* et *Ki-loung*, à l'extrémité septentrionale de l'île, aujourd'hui l'une des stations de la marine impériale chinoise.

L'île de Formose fut d'abord conquise par les Tatars et les Japonais, auxquels elle obéit pendant longtemps. Les Portugais, les Anglais, et principalement les Hollandais, y formèrent successivement des établissements, dont le plus connu est le fort *Zelandia*. Ces derniers, chassés par les naturels du pays, obtinrent de l'empereur du Japon, lorsqu'ils s'emparèrent de cette île, la permission d'y faire le commerce. Depuis 1683, Formose est sous la domination des Chinois, qui n'occupent toutefois que la partie occidentale de l'île, où ils entretiennent un *kouan* ou vice-roi, et où ils ont à peu près exterminé la race aborigène, demeurée en revanche en possession du reste de l'île. La langue des peuplades indigènes semble être d'origine malaise ; tandis que par la conformation particulière de leur corps elles semblent plutôt appartenir aux races nègres de l'Australie. Leur nourriture se compose de riz et de fruits, auxquels ils joignent toutes les espèces de poissons de rivière (la crainte qu'ils ont de la mer les empêchant de tirer aucun parti de ses produits), la chair de volaille et le petit gibier ; mais ils ne mangent jamais de cerf, de daim, de bœuf, de mouton, d'agneau, par suite de leur croyance à la métempsychose, croyance qui ne les empêche cependant pas de se livrer à l'anthropophagie. Il paraît aussi que dans les calamités publiques on apaise les divinités sanglantes de ces bords inhospitaliers par le sacrifice de jeunes enfants. Les plus civilisés ont aujourd'hui adopté le costume chinois ; mais les autres font une guerre d'extermination à ces étrangers. Aussi la cour de Péking se voit-elle obligée d'entretenir à Formose une force militaire imposante, et qui s'élève à environ 16,000 hommes.

Formose, qui forme un département dépendant de la province de Fou-kian, est divisée en quatre districts, et a pour chef-lieu la ville de *Taï-ouan*, sur une belle baie de la côte orientale. Elle est environnée d'un rempart épais, protégé par un fossé. Les rues principales, qui se coupent à angles droits, ont de 10 à 13 mètres de large; en été, on les recouvre de toile pour garantir les piétons des rayons du soleil. La plupart des maisons sont bâties en bambou et en terre, et recouvertes en paille. L'édifice le plus remarquable est l'ancien comptoir hollandais. C'est dans une île à l'entrée du port que se trouvait le fort *Zelandia*.

Oscar Mac-Carthy.

FORMOSE, pape, naquit vers l'an 816. Nommé en 864 évêque de Porto par le pape Nicolas Ier, il fut envoyé deux ans après, à Borgoris, roi des Bulgares, pour l'aider à convertir son peuple, et il assura par sa parole le succès de cette mission. On est surpris de le retrouver en 876 au nombre des conspirateurs qui mirent en péril les jours de Jean VIII. Formose s'étant échappé de Rome avec ses complices, le pape fit prononcer sa déposition par plusieurs conciles. Il n'obtint quelque repos qu'après avoir juré de ne jamais rentrer dans Rome ni dans son évêché. Mais Martin II, successeur de Jean, le délia d'un serment arraché par la violence, le rétablit dans son église en 883, et, après les pontificats d'Adrien III et d'Étienne VI, il fut élevé, le 19 septembre 891, sur le saint-siège. Cependant, un prêtre indigne, Sergius, était élu en même temps par un autre parti, et cette double élection devenait une source de larmes pour l'Église. Enfin, Formose, reconnu par la chrétienté seul possesseur de la tiare, signala son avénement par l'envoi à Constantinople de légats chargés d'exécuter la condamnation de Photius, que l'empereur Léon le Philosophe avait banni de son siége. C'est lui qui mit la couronne impériale sur la tête de Gui, duc de Spolette, et de son fils Lambert.

La faction de Sergius ne cessait pourtant de le calomnier et de conspirer contre lui; Lambert de Spolette, le payant de la plus noire ingratitude, s'unit à cette faction. Pour se garantir de tant d'ennemis, il appela à son aide Arnoul, roi de Germanie, qui vint assiéger Rome, où le pape n'était déjà plus le maître. La ville fut prise d'assaut en 896, et l'octogénaire Formose, qui, en attendant, avait couronné Bérenger, duc de Frioul, pour l'opposer à Lambert, abandonna ce faible protecteur, pour décerner l'empire à Arnoul, dont les armes venaient de le préserver des vengeances d'une faction ennemie. Celui-ci poussa les siennes un peu trop loin. Sa férocité révolta les Romains, qui l'empoisonnèrent; mais sa vie languissante dura trois ans de plus que celle du pape Formose, qui mourut le 4 avril de cette même année. Ses ennemis s'acharnèrent après sa mémoire, et Étienne VII, nommé par la faction de Sergius, fit déterrer son cadavre. Apporté au milieu d'un concile, interrogé par ce misérable pontife, ridiculement condamné par ses stupides complices, il fut mutilé, décapité et jeté dans le Tibre. Des pêcheurs le retrouvèrent et le rapportèrent dans la basilique de Saint-Pierre. Étienne cassa toutes les ordinations de Formose et déposa même l'empereur Arnoul. Mais, après le châtiment et le supplice de ce monstre, le pape Romain, son successeur, abolit tous les décrets lancés contre lui. Le pape Théodore II rétablit tous les clercs qu'il avait ordonnés, et Jean IX assembla un concile pour réhabiliter sa mémoire.

Viennet, de l'Académie Française.

FORMULAIRE. En médecine, on donne ce nom aux recueils de médicaments simples ou composés dont les médecins font journellement usage dans le traitement des maladies (*voyez* Codex).

En général, ce terme désigne un livre, un recueil, qui contient des formules. Aussi, outre les *formulaires* pharmaceutiques, compte-t-on les *formulaires* des notaires, des actes de procédure. Tout ce qui contient quelque formule, quelque formalité à observer, quelque profession de foi, prend aussi le nom de *formulaire*. Il y a des *formulaires* de dévotion, de prières. Il y a le *formulaire* de l'abjuration.

Le nom de *formulaire* a été donné d'une manière particulière et absolue au bref du pape Alexandre VII, publié en 1665 contre le livre de Jansenius et sa doctrine de la grâce.

FORMULE (*Droit, Diplomatique*). Par ce mot on doit entendre généralement le modèle des actes, la manière dont ils sont rédigés habituellement. Il ne faut pas confondre la *formule* avec la *formalité* : la *formule* n'est que la *forme* de l'acte, la *formalité* en est la chose essentielle, indispensable. La loi déclare nuls les actes qui ne remplissent pas les formalités qu'elle indique; mais elle ne prescrit pas absolument la forme des actes. Une fois qu'elle a dit ce qu'ils devaient contenir, elle ne s'inquiète pas de quelle manière il peut plaire de les confectionner : la formule appartient à celui qui rédige. On voit par là que la *formule* des actes n'est que l'expression de la *formalité*, et qu'elle peut être essentiellement variable, quoique cela ne se rencontre guère dans la pratique.

Le mot *formule* proprement dit s'entend de la procédure formulaire qui remplaça chez les Romains les a c t i o n s de la loi.

Au moyen âge les formules variérent à l'infini, selon l'esprit du siècle, le goût particulier de l'écrivain chargé de la rédaction de l'acte, les préoccupations religieuses ou politiques de l'époque, et aussi suivant les mœurs et le génie des différents peuples. L'étude de ces formules constitue une des branches les plus importantes de la d i p l o matique. C'est dans les volumineux recueils connus sous les noms de Marculphe, de Bignon, de Sirmond, de Baluze, et dans les Angevines qu'on retrouve les modèles les plus dignes de foi des priviléges, lettres patentes, donations, bulles pontificales et de tous autres actes émanés de l'autorité des rois, des princes, des grands seigneurs et des prélats. Dans les ouvrages didactiques sur cette matière, on a classé les formules sous un certain nombre de chefs ou de chapitres, tels que l'*invocation*, la *suscription*, le *préambule*, le *salut*, les annonces ou précautions, la *salutation finale*, la *date*, la *souscription*, etc.

FORMULE (*Mathématiques*), expression du résultat d'une démonstration exprimée en caractères algébriques. On peut considérer une formule comme une règle générale, par laquelle on résout plusieurs questions de même nature. Nous en avons donné un exemple à l'article Algèbre, t. I, p.304.

FORMULE (*Médecine et Pharmacie*), exposé écrit des substances qui doivent entrer dans la composition d'un médicament. Cet exposé doit contenir en outre la quantité qu'il faut mettre de chacune, la forme qu'il faut donner au médicament, soit solide, soit liquide, etc., pour en composer des *pilules*, une *potion*, un *looch*, un *onguent*, etc.; il doit aussi contenir la manière dont il faut l'administrer.

On distingue ordinairement, dans toute formule composée la *base*, l'*auxiliaire* ou l'*adjuvant*, le *correctif*, l'*excipient* et l'*intermède*. La base est la substance la plus active, celle dont les propriétés sont les plus essentielles; on doit penser, d'après cela, que son poids n'est pas celui qui domine. Certains médicaments très-composés, tels que la *thériaque*, le *catholicon double*, dont Molière s'est tant amusé dans ses comédies, ont plusieurs bases. L'*auxiliaire* est nommé aussi *stimulant*, parce qu'il augmente l'activité de la base : ainsi, dans une médecine composée de séné, de sel de Glauber, de rhubarbe, de manne, de suc de citron et d'un décocté de chicorée, le séné et le sel sont les *bases*, la rhubarbe l'*adjuvant* ou l'*auxiliaire*, la manne le *correctif*, servant ici d'*intermède*, le suc de citron le *correctif*, et le décocté de chicorée l'*excipient*. L'*intermède*, que l'on confond quelquefois avec le *correctif* et l'*excipient*, s'en distingue en ce qu'il ne s'emploie que pour lier ou unir les corps qui sont peu ou point miscibles entre eux : ainsi, par exemple, de l'eau et de l'huile ne peuvent se mêler. Il faut, pour y par-

FORMULE — FORNOUE 575

venir, employer une autre substance, et cette substance sera l'*intermède*; plusieurs peuvent servir dans ce cas : ce sera ou de la gomme ou un jaune d'œuf, etc. On voit parce qui vient d'être dit qu'il n'est pas toujours facile de distinguer le rôle que joue chaque substance dans une formule, parce que toutes peuvent avoir des propriétés analogues à des degrés différents.

Lorsqu'on écrit une formule médicale pharmaceutique, on est dans l'usage de la faire précéder de la lettre *R*, qui veut dire *recipe*, ou de celles *Pr.*, qui veut dire *prenez*; puis on inscrit les diverses substances les unes au-dessous des autres, jamais deux sur la même ligne; on doit de préférence employer la langue latine, surtout quand on veut cacher au malade les remèdes qu'on lui administre, et, chose essentielle écrire lisiblement, pour ne pas exposer les pharmaciens à commettre des erreurs, dont ils ne sauraient être raisonnablement responsables; éviter aussi les termes techniques qui ne sont point encore d'un usage habituel, afin d'être compris sans quiproquo par le pharmacien le moins intelligent. Enfin, à la suite de chaque substance, on met la quantité qui doit en entrer. Autrefois on employait des signes particuliers pour les poids ; aujourd'hui on ne se sert du gramme. Pour la poignée, on met *M.* (*manipulus*); pour la pincée, *Pug.* (*pugillus*); pour la cuillerée, *Cochl.* (*cochlearium*); pour la goutte, *Gutt.* (*gutta*); pour le nombre, *N°.* (*numerus*); quantité suffisante, *Q. S.* (*quantum sufficit*). On place encore au bas de la formule plusieurs lettres près les unes des autres, et qui ont une signification, par exemple celle-ci : *M. F. S. A.* : la lettre *M.* veut dire *mêlez* (*misce*); et *F. S. A.*, *faites selon l'art* (*fiat secundum artem*). La formule étant terminée, le médecin inscrit la manière d'en faire usage, la dose du remède qu'il faut prendre à la fois, et le temps qu'il faut mettre entre chaque prise, ce que le pharmacien doit transcrire sur l'étiquette du médicament. Enfin, il signe, date la formule, et met le nom du malade autant que possible. LEDUC.

FORMULE (*Chimie*). La *formule* d'un corps est l'ensemble des signes à l'aide desquels on représente sa composition en équivalents chimiques. L'équivalent d'un corps simple s'exprime ordinairement par la lettre initiale du nom latin de ce corps (O est le signe de l'oxygène, H celui de l'hydrogène, etc.), quelquefois suivie d'une des autres lettres de ce nom, lorsqu'il pourrait y avoir confusion (Mg, Mn, Mo, représentent respectivement un équivalent de magnésium, de manganèse, de molybdène). Dans toute formule, le nombre d'équivalents de chaque corps simple est exprimé par un exposant : ainsi SO^3, formule de l'acide sulfurique, indique que cet acide se compose de trois équivalents d'oxygène pour un équivalent de soufre. Comme l'oxygène se rencontre dans un très-grand nombre de composés, quelques chimistes, pour abréger leurs formules, représentent son équivalent par un point : par exemple, ils écrivent Pb, au lieu de Pb O, pour la formule de protoxyde de plomb.

FORMULE DE CONCORDE (*Formula concordiæ*). On appelle ainsi un des livres symboliques de l'Église protestante, dont l'autorité n'est d'ailleurs point généralement reconnue dans cette communion. Il avait pour but de mettre un terme aux divisions survenues à la mort de Luther entre les théologiens, parce que la Saxe électorale suivait la direction à moitié *catholicisante* à moitié calviniste de Mélanchthon, tandis que la basse Saxe et le Wurtemberg demeuraient rigoureusement attachés aux doctrines de Luther. En 1574, l'électeur Auguste, trompé sur le secret calvinisme de ses théologiens, ne vit de salut pour le protestantisme que dans la rédaction d'un nouveau symbole, qu'il fit discuter et rédiger en 1576 par une assemblée de théologiens convoquée par lui à Torgau, auquel il fut encore modifié dans une réunion plus nombreuse, tenue l'année suivante au cloître de Bergen près de Magdebourg. Il reçut alors la dénomination de *livre de Berg*, ou *Formule de concorde*, et fut adopté dans la Saxe électorale, dans le Brandebourg, dans 20 duchés, 24 comtés et 35 villes impériales. Par contre la Hesse, le pays de Deux-Ponts, Anhalt, le Holstein, le Danemark, la Suède, les villes de Nuremberg, de Strasbourg, etc., le rejetèrent. L'électeur Auguste, qui pour cette affaire n'avait pas dépensé, dit-on, moins de 80,000 thalers, fit imprimer cet ouvrage, et le fit publier en 1580 avec les anciens livres symboliques de l'Église protestante. La *Formule de concorde*, rédigée primitivement en allemand, et composée de douze articles, fut postérieurement traduite en latin par Osiander. Il ne faut par la confondre avec le *Livre de concorde*, terme qui comprend l'ensemble et la réunion de tous les livres symboliques luthériens, à savoir : 1° les trois symboles œcuméniques; 2° la confession d'Augsbourg originale; 3° l'Apologie; 4° les deux catéchismes de Luther; 5° les articles de Schmalkalde; 6° la Formule de concorde, telle qu'à la suite de longues délibérations, elle fut publiée, le 25 juin 1580, à Dresde, à l'occasion du cinquantième anniversaire de la confession d'Augsbourg, et qui depuis lors a toujours été considérée comme le *Corpus doctrinæ lutheranæ*.

FORNOUE (Bataille de), livrée le 7 juillet 1495. Fornoue (en latin *Forum novum*, en italien *Fornovo*), est un bourg du duché de Parme, situé à 22 kilomètres sud-ouest de la capitale, près la rive droite du Tanaro, au pied des Apennins. Le pape, le roi d'Espagne, le roi des Romains, le duc de Milan et la république de Venise s'étant ligués pour chasser Charles VIII de l'Italie, une moitié de l'armée française resta à Naples, et l'autre, commandée par le roi, reprit le chemin de la France. Cette retraite fut hérissée de fatigues et de périls; les Suisses, avec une patiente énergie, traînèrent à bras, au travers de l'Apennin, cette pesante artillerie, naguère la terreur de la péninsule : mais tout ce qui résulta de ce prodigieux effort, ce fut de se trouver aux portes de la Lombardie en face d'un ennemi de beaucoup supérieur. Charles demanda le passage; on le lui refusa, et alors s'engagea une bataille à jamais glorieuse pour les armes françaises.

L'armée lombardo-vénitienne, forte de 40,000 hommes, était commandée par Gonzague, marquis de Mantoue. 9,000 Français et Suisses, harassés de fatigue, n'hésitèrent pas à se frayer un passage à travers ces masses épaisses. L'avant-garde, sous les ordres du maréchal de Gié, composée de 400 lances, de 100 Suisses, de 300 archers à pied et de 100 arbalétriers à cheval de la garde du roi, franchit le Tanaro, grossi par les pluies d'un récent orage. Le roi, qui commandait le corps de bataille, ne le suivait qu'à un long intervalle, et l'arrière-garde la cohue des bagages et des valets, sous les ordres du comte de Foix, restait loin derrière, dans un grand désordre. Le marquis de Mantoue, après avoir pourvu à la sûreté de son camp, passa le torrent un peu plus haut, pour tourner cette arrière-garde, sur laquelle il tomba avec 600 gens d'armes, 500 fantassins, une masse de stradiots et quelques chevau-légers.

Il avait laissé sur la rive opposée un corps nombreux, commandé par Antoine, fils naturel du duc d'Urbin, auquel il avait prescrit d'attendre de nouveaux ordres. Charles, s'étant aperçu du mouvement du marquis de Mantoue, fit avancer son corps de bataille au secours de l'arrière-garde. Les stradiots, au lieu de combattre, se mirent à piller. Les autres coalisés les imitèrent. Ils étaient là 15 à 16,000. Le roi ne balance pas à les attaquer avec 3,000 hommes : « Le petit roi, dit Comines, n'était pas reconnaissable, tant il était grand, ferme et audacieux. » Sa noblesse faisait merveille autour de lui. La mêlée dura à peine un quart d'heure : l'ennemi, culbuté, taillé en pièces, poursuivi jusqu'à son camp, laissa plus de 3,000 hommes sur le champ de bataille, tandis que le corps d'armée, chargé d'attaquer l'avant-garde française, tournait bride sans rompre une lance.

Accablés sous le poids de leur armure, les Italiens, renversés au premier choc, étaient aussitôt tués à coups de hache; il en fut fait un massacre épouvantable. Les Français, qui n'avaient perdu que 200 hommes, restèrent stupéfaits de leur victoire et hésitèrent à la poursuivre, ne pouvant comprendre qu'une aussi puissante armée se fût si miraculeusement dispersée devant eux. Cette belle journée pouvait donner l'Italie à la France; mais Charles VIII, pressé de revoir son royaume, manqua cette fois encore à sa fortune. Il parvint aux portes d'Alexandrie, alla passer à gué le Tanaro, et entra dans Ati huit jours après la bataille de Fornoue.

Eugène G. DE MONGLAVE.

FORSKAL (PETER), botaniste suédois, disciple de Linné, né en 1736, fit ses études à Gœttingue, où sa thèse d'inauguration, dirigée contre la philosophie de Wolff, alors dominante, et intitulée : *Dubia de principiis philosophiæ recentioris*, lui attira un grand nombre d'ennemis. Une thèse *Sur la liberté civile*, qu'il soutint ensuite devant l'université d'Upsal, lui valut de sévères admonitions de la part du pouvoir. A quelque temps de là, il fût appelé à occuper une chaire à l'université de Copenhague, d'où il partit en 1761, attaché, à la recommandation de Linné, à l'expédition scientifique entreprise en Arabie d'après les ordres et avec la protection du roi de Danemark, Frédéric V, par Carsten, Niebuhr, de Haven et Kramer. Attaqué de la peste en Arabie, il mourut en 1763, à Djerim. Linné a nommé d'après lui *forskalea* une plante provenant de graines envoyées par ce voyageur : on en connaît trois espèces, dont Linné a désigné la première par l'épithète de *tenacissima*, par allusion au caractère de son élève. Niebuhr se fit l'éditeur des travaux manuscrits laissés par ce savant, à savoir *Descriptiones animalium, avium, amphibiorum, piscium, insectorum, quæ in itinere orientali observavit P. Forskal* (Copenhague, 1775); *Flora Ægypt., Arabica*, etc. (Copenhague, 1775); enfin, *Icones rerum naturalium quas in itinere orientali depingi curavit Forskal* (Copenhague, 1776, avec 48 planches).

FORST (Vin de), en allemand *Forsterwein*, célèbre produit des vignobles du mont Hærdt, en Bavière, qu'on récolte sur le territoire de la commune de Forst, au centre d'un vallon semi-circulaire protégé contre les vents froids par d'assez hautes collines. Le meilleur crû de ce canton est le terroir appelé *Kirchenhuckel*, où les vignes se vendent de 600 à 1,000 florins les cinq verges carrées. La vigne mûrit d'ordinaire huit jours plus tôt à Forst que dans tout le reste du pays. Les vins de Forst jouissent en Allemagne d'une grande réputation ; mais c'est à peine si la dixième partie des produits qui se vendent sous ce nom en crédit provient réellement des vignobles de Forst.

FORSTER (FRANÇOIS), graveur en taille-douce, membre de l'Institut, né à Locle (principauté de Neufchâtel), le 22 août 1790, fut naturalisé français en 1828. Venu à Paris en 1805, il entra dans l'atelier de P.-G. Langlois, et suivit en même temps les leçons de l'école de peinture. Admis en 1809 au concours de l'Institut, il y remporta le second grand prix de gravure en taille-douce, et le premier grand prix en 1814. Le roi de Prusse était alors à Paris ; il adressa au jeune lauréat une médaille d'or et une pension de 1,500 fr. pour deux années. Forster sollicita la même faveur pour Léopold Robert, son compatriote, et l'obtint : les deux artistes restèrent liés de la plus grande intimité jusqu'à la mort de ce dernier.

M. Forster fit d'abord bon nombre de planches pour ses collections, puis s'adonna à la grande gravure. Son burin est clair et pur; son dessin irréprochable; sa touche est suave et délicate : aussi a-t-il été un magnifique interprète de Raphael. On cite parmi ses estampes *Aurore* et *Céphale*, d'après Guérin ; *Énée et Didon*, d'après le même ; *François Ier et Charles-Quint*, d'après Gros ; *la Vierge au bas-relief*, d'après Léonard de Vinci ; *la Vierge d'Orléans*; *les Trois Grâces*, d'après Raphael ; *Sainte Cécile*, d'après Paul Delaroche ; *la Vierge à la légende*, d'après Raphael ; le portrait d'Albert Durer, d'après ce peintre ; deux portraits de Raphael, d'après lui-même ; le portrait de Henri IV, d'après Porbus; enfin, le portrait en pied de Wellington, d'après Gérard. L'Académie des Beaux-Arts a choisi M. Forster en 1844 pour remplacer P.-A. Tardieu, qu'elle venait de perdre.

L. LOUVET.

FORT (*Art militaire*). Ce mot, longtemps générique dans les usages des armées, est devenu spécial dans l'idiome de la fortification. Une position est-elle située de manière à protéger sur la frontière, ou aux bords de la mer, une assez grande étendue de pays, un défilé, un passage de rivière, une route, pour en assurer la conservation, on y porte des troupes, on y réunit des armements, des munitions, des vivres, et afin de les mettre à l'abri d'une surprise, on les enferme dans un ouvrage qui puisse, pour un temps déterminé, se suffire à lui-même. C'est ce qu'on appelle un *fort*. C'est une œuvre de fortification isolée. Les blockhaus, châteaux, dehors, ouvrages permanents, palanques, pâtés, réduits, étaient originairement des *forts*. Depuis Vauban, un *fort* est une forteresse de troisième ordre, dont la ligne de défense est de 240 mètres ; c'est une forteresse en miniature, qui n'a pour habitants que les militaires de sa garnison, mais qui est soumise à un commandant, ou gouverneur, qui en dirige la défense et répond de la conservation de la place. Elle s'entoure de fossés et de ponts-levis. Elle renferme des casernes, des corps-de-garde, des magasins, parfois des casemates voûtées, à l'épreuve de la bombe, qui peuvent servir d'asile à la portion de la troupe qui n'est pas de service, aux malades et aux blessés. Il y a des forts dépendant d'une ville forte : ils prennent le nom de citadelles ; il y en a d'indépendants et comme abandonnés à leurs propres ressources. Il y a des forts de terre et des forts maritimes. On en emploie quelquefois à défendre une ville d'une étendue considérable en les espaçant sur tout son pourtour. On les désigne alors sous le nom de *forts détachés*. Enfin, il arrive souvent en campagne qu'un corps d'armée est destiné à conserver pour un certain temps une position, d'où il doit plus tard se porter en avant, et qui peut couvrir, jusqu'à un certain point, sa retraite. Sur cette position on établit alors *un fort de campagne*, qui la protège et met sa garnison à l'abri d'une surprise. Des sortes d'ouvrages, construits légèrement et avec rapidité, sont soumis, pour leur tracé, aux principes de l'art de la fortification. On les emploie à la défense d'un village, d'une rivière, d'un défilé, d'une route. Souvent même on transforme en *fort de campagne* un château, une église, un cimetière, une maison. Pour cela il suffit d'en barricader les portes, d'en créneler les murs et d'élever en arrière, sur leur appui, une banquette en terre.

Gal BARDIN.

FORTALEZA. *Voyez* CEARA.

FORT DENIER. On appelait ainsi dans un payement le denier ou les deux deniers qu'un débiteur était obligé de donner en sus de ce qu'il devait, à défaut d'une monnaie avec laquelle il pût exactement parfaire la somme qu'il avait à payer. L'usage de faire payer le *fort denier* était venu de ce que le denier avait cessé d'avoir cours. Divers arrêts du conseil avaient réglé que quand il serait dû au fermier du roi un ou deux deniers, il serait payé trois (c'est-à-dire un liard) par le débiteur. Aujourd'hui, il existe une disposition analogue dans la loi du 22 frimaire an VII sur l'enregistrement, article 5 : « Il n'y a point de fraction de centime dans la liquidation du droit proportionnel : lorsqu'une fraction de somme ne produit pas un centime de droit, le centime est perçu au profit de l'État. »

On appelait aussi prêter au *denier fort*, c'est-à-dire prêter à un taux qui n'est pas toléré par la loi. Ceux qui prêtent au *denier fort* sont réputés usuriers.

FORT DÉTACHÉ. *Voyez* FORT et FORTIFICATIONS DE PARIS.

FORTE, adverbe italien qui signifie *fort*, est employé dans la musique par opposition au mot *piano*, pour indiquer qu'il faut augmenter le son ou chanter à pleine voix. Le *forte-piano* fut ainsi nommé parce qu'on pourrait faire entendre sur cet instrument ces deux degrés d'expression.

FORTEGUERRA (NICOLO), poëte italien, qui s'est surtout fait un nom par son épopée satirique de *Ricciardetto*, né en 1674, à Pistoie fut élevé dans sa ville natale, embrassa la carrière ecclésiastique et se fixa à Rome, où il devint l'un des prélats de la cour du pape Clément XI. Mais, comme tant d'autres avant et après lui, il fit preuve de bien plus de zèle pour les sciences et les beaux-arts que pour les devoirs de son état. Il mourut à Rome, le 17 février 1735. Ses *canzone* n'ont rien de remarquable. Pour héros de l'épopée comique qui l'a rendu célèbre, et dans laquelle il bafoue surtout les mœurs corrompues du clergé, il prit l'un des quatre fils Aymon, Richardet ; et il en lut les différents chants au pape Clément XII au fur et à mesure qu'il les composa. Ce poeme ne fut imprimé que deux ans après la mort de l'auteur, sous le nom de *Carteromaco*, qu'avait déjà pris le grand-père de Forteguerra en grécisant son nom de famille. La première édition porte la date de Venise 1738 ; et il en a été fait plusieurs depuis lors.

Les autres poëmes de Forteguerra furent imprimés à diverses reprises, à Gênes, à Florence et à Pescia. Une magnifique édition de sa traduction de Térence, en *versi sciolti*, parut en 1736, à Urbino.

FORTE-PIANO. Voyez PIANO.

FORTERESSE, terme générique, qui s'emploie pour désigner toute espèce de place forte, quelle que soit son importance. Il a eu quantité de synonymes, dont nous ne reproduirons que le plus curieux, le plus oublié : c'est le mot *roc*, *roce*, *roche*, d'où sont venus *rocantin*, vieux défenseur, vieille morte-paye, et *roquer*, verbe connu des joueurs d'échecs, pour signifier l'action de placer la tour, la forteresse, le roc, la roce. La langue militaire, plus capricieuse que logique, appelle *place* ce qu'ici nous nommons *forteresse*. Les ordonnances ne pouvaient guère choisir plus mal ; aussi faut-il souvent, pour se faire comprendre, dire : *place d'armes* ; ce qui présente une nouvelle équivoque ; ou bien dire : *place de guerre*, *place forte*, *place fortifiée*, locutions qui toutes ne valent pas mieux, ne fût-ce que par leur prolixité. Les meilleurs écrivains, au contraire, se sont servis de l'expression *forteresse* en l'appliquant aux plus grandes villes fortes, tandis que les ingénieurs militaires ont amoindri l'acception en appelant plutôt *forteresses* de petites villes fortes, ou même de simples *forts*. Une forteresse, le Capitole, couronnait Rome, qui avant d'être une ville était un royaume. Les camps romains des empereurs étaient autant de forteresses. Carthage, suivant Appien, Marseille et Bourges, suivant César, étaient d'admirables forteresses. Tour à tour les Romains et les barbares ont changé en forteresses les arènes, les cirques, les théâtres. Alexandrie, défendue par César, Sidé, dans l'Asie Mineure, Orange et Nîmes, en sont des témoignages ; les vestiges de leur destruction sont le désespoir des antiquaires.

Les Francs, peuple de soldats campés, nation de dévastateurs, longtemps étrangère à l'art de fortifier, ne dominèrent la Gaule qu'après avoir rasé les forteresses nombreuses dont elle était savamment parsemée. Byzance conserva longtemps de respectables fortifications : l'œil s'efforçait en vain, dit Hérodien, d'y distinguer la liaison des assises. Charlemagne, imitateur de son père, renversait d'une main les forts que les seigneurs français prétendaient élever, et de l'autre il édifiait les puissantes barrières par lesquelles il bridait les Saxons. Les irruptions normandes contraignent la noblesse française à hérisser de forteresses ses domaines ; elles deviennent, après le départ de ces brigands du Nord, ou pendant les armistices, le repaire d'un brigandage nouveau. La féodalité en fait ses places d'armes, ses recepts (*receptacula*), c'est-à-dire le siége du recèlement des richesses dont les suzerains s'entre-dépouillent. Des lieux éminents étaient généralement choisis pour l'emplacement du donjon de ces principautés toujours guerroyantes ; de là les noms de tant de villes où se mêlent les mots roc, roque, mont, telles que Montlhéry, Roquefort, Rochefort, etc. Velly affirme, mais nous nous refusons à y croire, qu'en 1356 il y avait dans la seule Aquitaine trois mille forteresses. Dans un temps où l'art et l'administration étaient si peu avancés, les places ne pouvaient guère être réduites que par famine, par circonvallation ; mais faute de vivres et de temps, la guerre ne consistait presque partout qu'à faire du dégât à l'entour des murailles du lieu fort. Quand les grands connétables, dans leur intérêt propre, commencèrent à restaurer le pouvoir suprême, si longtemps tenu en échec par la féodalité et ses forteresses, ils leur opposèrent les forteresses de la royauté. Le connétable de France en avait la surintendance ; des connétables en sous-ordre en avaient le gouvernement, et les généraux du roi faisaient, sans forme de procès, accrocher aux créneaux les castellans qui au premier coup de fauconneau ne venaient pas déposer leurs clefs aux pieds du représentant du suzerain. La poudre rendit inhabitables ces manoirs féodaux sans approvisionnement, sans artillerie, et dont le système de fortification devenait un contresens.

Aussi, d'exhaussées qu'elles étaient, les murailles descendirent-elles jusqu'à s'enterrer ; les *machicoulis*, les *archières* devinrent plutôt un embarras qu'une ressource ; les *bretèches* s'abaissèrent en *courtines* ; les *tourelles*, les *torrions* s'accourcirent en bastions ; les créneaux cédèrent le pas aux batteries ; et les *douves*, les *bailles* firent place à un large fossé. Trop de travaux, de peine, de temps, d'argent, eussent été nécessaires pour coordonner à ce système nouveau d'antiques et solides bâtisses, dont la construction avait été arrosée, à maintes reprises, des sueurs d'un long servage ; lors donc que partout ce servage tendit à briser ses chaînes, lors donc que partout les grandes fortunes nobiliaires tendirent à s'éteindre, les forteresses seigneuriales s'écroulèrent ou devinrent désertes.

Demarchi, Vauban, Coehoorn, profitèrent des vieilles formes de quelques-unes, mais en élevèrent bien plus qu'ils n'en réparèrent, et conformèrent ces nouvelles constructions aux exigences des temps. Jadis le pouvoir, sous quelque titre qu'il se manifestât, pouvait, à sa guise, *s'incasteller*, comme on disait alors ; Louis XI fut inhabile à s'y opposer ; Henri IV et Louis XIV s'efforcèrent d'y parvenir en se réservant le droit d'asseoir des boulevards. L'année 1791 vit passer du domaine de la royauté dans celui de la législature la propriété, l'administration, l'entretien, la police des places fortes : ce fut l'une des premières et des principales restrictions imposées au pouvoir exécutif. Napoléon en tint peu compte, parce qu'il était en même temps la loi et le roi : ce que l'un voulait, l'autre l'accomplissait ; mais ce grand capitaine, quelque absolu qu'il fût, se trouva enlacé par les patientes et sourdes volontés du corps du génie : il projeta, sans pouvoir l'accomplir, la réduction du nombre des forteresses, leur abandon, et reconnut trop tard qu'il eût prévenu peut-être sa chute s'il eût été moins riche en places fortes. La charte de Louis XVIII rendit au commandement militaire le droit de prononcer sur la classe, le nombre, l'emplacement, les dépenses d'entretien des forteresses, parce qu'on regarda cette attribution comme inhérente au droit de paix et de guerre. Les débats parlementaires soulevés sous le règne de Louis-Philippe à l'occasion des fortifications de Paris, la polémique des journaux qui les précéda et les suivit, prouvèrent surabondamment combien les règles gouvernementales étaient encore incertaines à cette époque.

Passant à un autre ordre d'idées, formulons dubitativement la partie spéculative de la question des forteresses. La quantité de places qu'on a détruites, laissé tomber, ou reconnu inutiles, ne témoigne-t-elle pas combien est devenu peu national l'intérêt qui avait fait construire pour la plupart ? Les fortifications, en un mot, sont-elles nécessaires, oui ou non ? La démolition des remparts ne serait-elle pas profitable que leur conservation aux habitants de la France, à son industrie, à son agriculture ? C'est, si l'on en croit le *Memorial de Sainte-Hélène*, ce que semblait penser, en partie du moins, Napoléon dans son exil, quand il disait : « Le génie avait un vice radical sur cet objet ; il avait coûté des sommes immenses en pure perte. » Le nord de la France, sur chargé d'une triple ligne, fort dispendieuse, de forteressses, qui absorbent de nombreuses garnisons, et entre lesquelles l'ennemi peut passer pour marcher droit sur Paris, ne deviendrait pas en ce moment-là un grave embarras pour le gouvernement, sans parler d'autres lignes de frontières qui restent ouvertes? Doit-on regarder comme utiles les places d'une petite capacité, qui ne sauraient devenir des bases d'opérations ni offrir un appui quelconque à une armée défensive? Et quant aux places de forte dimension, peuvent-elles opposer une longue résistance, compensant les désavantages qui y sont attachés, si les bourgeois qu'elles renferment tiennent sans cesse le gouverneur en alarmes, et si les bouches inutiles qu'elles contiennent le mettent dans l'alternative de les expulser, si l'assiégeant le permet, ou de condamner des milliers de malheureux à mourir de faim, si l'assiégeant leur barre le passage? Que des questions non moins ardues pourraient êtres traitées ici ! Et cependant, qui oserait contester le rôle important qu'ont souvent joué les forteresses? Leur utilité n'est-elle pas suffisamment prouvée par l'histoire? Et pour n'en citer qu'un exemple, si Alger eût été édifié par des mains plus habiles, si des ingénieurs savants et dévoués, si des troupes mieux disciplinées eussent défendu ce boulevard de la piraterie, est-il bien certain qu'il n'eût pas bravé en 1830 et battu peut-être notre vaillante armée de siège?

Gal BARDIN.

FORTESCUE (JOHN), un des plus célèbres publicistes de l'Angleterre, naquit dans les dernières années du quatorzième siècle. Issu d'une ancienne famille française établie dans la terre seigneuriale de Wear-Giffard, comté de Devon, propriété toujours restée depuis aux mains des Fortescue, il fut élevé à Oxford, et termina à Lincoln's Inn ses études de droit. Nommé professeur à cette dernière école, vers 1429, il devint avocat du roi en 1441. L'année suivante il fut élevé à la charge de lord chef de justice de la cour du Banc du Roi, office dans lequel il déploya la plus haute habileté.

Lorsqu'en 1450 commencèrent les luttes sanglantes de la *guerre des Deux Roses*, John Fortescue embrassa le parti de la maison de Lancastre, et prit une part active dans ce sanglant débat. Quoique déjà avancé en âge, il déploya, dit-on, la plus haute valeur à la bataille de Towton (1461), et il y vit tomber à ses côtés un grand nombre de ses amis. Lorsque après cette fatale journée la couronne royale eut été posée sur la tête d'Édouard IV, le lord chef de la justice de la cour du Banc du Roi refusa son adhésion au nouveau souverain. Bientôt même, plusieurs chefs du parti de Henri VI, il fit dans le comté de Durham une nouvelle et infructueuse tentative en faveur de la famille déchue. Mis en accusation, ainsi que les principaux instigateurs du mouvement, par un parlement yorkiste, Fortescue fut déclaré atteint et convaincu du crime de haute trahison.

Il suivit la famille royale, lorsqu'elle se réfugia en Écosse. C'est là, dit-on, qu'il reçut le titre de chancelier. En 1463, fidèle au parti du malheur, il prenait avec la famille de Lancastre le chemin de l'exil, et passait en Hollande, d'où il devait bientôt se rendre en France. Il fut chargé sur la terre étrangère de l'éducation du jeune prince, héritier de la maison de Lancastre, le malheureux Édouard. Fortescue, qui comptait bien voir un jour son élève sur le trône d'Angleterre, avait pensé qu'il remplissait un devoir noble en formant le caractère de celui qui devait gouverner son pays, en inculquant au jeune héritier du trône les véritables principes d'une royauté patriotique et populaire. Il composa donc pour son royal élève un des meilleurs livres de droit politique qu'ait encore aujourd'hui l'Angleterre : *De Laudibus Legum Angliæ*. Dans ce commentaire sur les lois de la Grande-Bretagne, la science historique, le sens profond et intelligent de la législation anglaise se montrent constamment à côté de la pensée politique la plus élevée. Cet important ouvrage fut imprimé pour la première fois sous le règne de Henri VIII. Au dix-septième siècle, un des plus grands jurisconsultes de l'Angleterre, Selden, y ajouta des notes. Enfin, le travail de Fortescue, traduit en anglais dans la première moitié du dix-huitième siècle, est resté jusqu'à nos jours un des livres fondamentaux du droit britannique.

Quand Marguerite crut, en 1471, le moment venu de reconquérir son royaume, Fortescue suivit en Angleterre la famille proscrite, comme il l'avait suivie en Hollande et en France; et il eut le désespoir de voir assassiner son élève dans la fatale journée de Tewesbury, qui (Henri VI étant mort peu de temps après son fils) ruina irrémédiablement les espérances des Lancastriens. Très-avancé en âge à cette époque, sans doute Fortescue désirait rester désormais dans cette terre de la patrie, où il est si doux de mourir. Mais Édouard IV n'accorda le pardon qu'à de dures conditions ; il exigea que le vieux légiste, qui précédemment avait écrit en faveur des droits de la famille de Lancastre, composât, pour gage de sa soumission, un nouveau traité dans lequel seraient défendus à leur tour les droits de la famille d'York. Affaibli par l'âge, le publiciste céda au désir de son souverain. Cet acte de la faiblesse fut suivi du pardon du vieillard. Ce pardon, pour être valable, dut être consenti par les deux chambres, comme par le roi, et il eut la forme d'un statut. Après l'avoir reçu, le publiciste se retira dans son domaine d'Eberton, dans le comté de Glocester. Il y mourut en paix, à l'âge de quatre-vingt-dix ans.

Comme magistrat, dit lord Campbell « dans les *Vies des Grands Chanceliers d'Angleterre* (Londres, 1845), Fortescue est hautement vanté par les écrivains contemporains, et il semble avoir été un des magistrats les plus instruits et les plus intègres qui jamais aient siégé à la *cour du Banc du Roi*. Il contribua puissamment à établir les premières bases de ces droits parlementaires qui forment une si grande partie des libertés de la Grande-Bretagne. Il eut la sagacité de voir que si les questions concernant les privilèges du parlement pouvaient être soumises à des juges pris hors de son sein, ou bien à la couronne seule, ces privilèges seraient bientôt détruits, et que de cette destruction sortirait le despotisme ; il arriva donc à cette conséquence, que les deux chambres seules pourraient décider de toutes les questions ou leurs privilèges seraient en cause. » Comme écrivain, Fortescue, bien que hérissé çà et là des termes barbares de l'école, n'est pas dépourvu d'élégance; d'ailleurs, les principes de liberté qu'il expose et professe, à une époque où si peu de gens comprenaient la liberté politique, donnent à ses écrits une importance bien supérieure à celle de la forme littéraire. On a en outre de lui divers ouvrages restés manuscrits jusqu'à ce jour, et un traité sous ce titre : *Différence entre la monarchie absolue et la monarchie limitée*. Ce dernier ouvrage, a été publié en 1714, par un descendant direct du publiciste, sir John Fortescue, lequel y a ajouté des notes importantes. Une nouvelle édition en a été faite en 1719.

Pauline ROLAND.

FORTIA D'URBAN (AGRICOL-JOSEPH-FRANÇOIS-XAVIER-PIERRE-ESPRIT-SIMON-PAUL-ANTOINE, marquis DE), naquit à Avignon, le 18 février 1756, d'une famille qui prétendait remonter à saint Louis ; et comme son père était viguier d'Avignon, il fut tenu sur les fonts baptismaux par les consuls de cette ville, qui lui donnèrent ses nombreux prénoms. En 1764, il fut envoyé à Paris, obtint, à la fin de 1765, une place gratuite au collége de La Flèche, et après y avoir achevé sa rhétorique et remporté plusieurs prix, il entra, vers la fin de 1770, à l'École royale militaire de Paris. En 1773 il fut nommé sous-lieutenant en second dans le régiment du Roi infanterie. Doué d'un physique avantageux et robuste, mais d'un caractère froid, impassible et pacifique, Fortia d'Urban avait peu de goût pour l'état militaire, pour la vie de garnison et les plaisirs du grand monde, auxquels il préférait ceux de la lecture, de l'étude et de la retraite. Un procès considérable, dont devait dépendre sa fortune, le fit aller à Rome, en 1777. Il s'y lia avec le cardinal de Bernis, ambassadeur, avec Charles Pougens, avec le père Jacquier, et partagea son temps entre les soins qu'exigeait son affaire, les plaisirs délicats, et l'étude des beaux-arts, des antiquités et des mathématiques.

Le procès traînant en longueur, Fortia d'Urban envoya sa démission à son colonel, quitta le service de France, et fut nommé par le pape colonel de ses milices d'infanterie dans le comtat Venaissin. Après le gain complet de sa cause, il revint en France, revit Paris, et y forma de nouvelles liaisons d'amitié, entre autres avec D'Alembert. De retour dans sa ville natale, Fortia s'y maria, le 11 janvier 1784, avec l'aînée des trois filles du marquis des Achards de Sainte-Colombe, qui avait peu de fortune. Le bonheur qu'il trouva dans cette union fut troublé par la révolution. Quoique son père eût péri, le 21 mai 1790, victime d'outrages révolutionnaires, dans sa retraite champêtre de Lampourdier, il ne prit aucune part à la journée du 10 juin de la même année, qui entraîna la déroute du parti noble opposé à la révolution, l'expulsion du vice-légat du pape et la perte d'Avignon par la cour de Rome. Bien plus, il accepta les fonctions auxquelles il fut alors appelé par les suffrages de ses concitoyens dans la seconde municipalité constitutionnelle de cette ville. Il y vota la députation à l'Assemblée constituante pour demander la réunion à la France, et figura dans toutes les fêtes et cérémonies nationales qui eurent lieu à cette époque. Cependant la modération de ses principes et plus encore son caractère le maintinrent fidèle dans l'opposition que la majorité de ses collègues et des chefs de la garde nationale d'Avignon manifestèrent contre les dévastations commises dans le comtat par l'armée des *braves brigands de Vaucluse*. Après qu'elle fut rentrée dans Avignon, il eut le bonheur d'échapper aux arrestations du 21 août 1791 et aux massacres de la Glacière, les 16 et 17 octobre suivants; mais il n'émigra point, et vécut dans la retraite pendant la terreur, s'occupant de littérature. Sa mère, incarcérée à Avignon en 1793, n'échappa à la mort et ne recouvra la liberté qu'après le 9 thermidor. En juillet 1795, il se fixa à Paris, et, profitant de la décadence des assignats et du discrédit public, il y acheta à vil prix, dans la rue, alors déserte, de La Rochefoucauld, un vaste terrain avec un hôtel qu'il ne cessa pas d'habiter avec son épouse, et que ses héritiers ont, après sa mort, vendu près de deux millions.

Lorsque, sous le Consulat et l'Empire, la paix et la sûreté eurent été rétablies en France, Fortia pouvait se distinguer dans les hautes fonctions administratives, et surtout dans la diplomatie, pour laquelle il avait toujours eu plus de goût et de dispositions naturelles que pour l'état militaire; mais, dépourvu d'ambition, satisfait de son opulente position, habitué d'ailleurs à la retraite et à la vie studieuse, il préféra se livrer exclusivement à son amour ou plutôt à sa manie pour la science et l'érudition. Une heureuse mémoire, une bibliothèque plus nombreuse à la fois que bien choisie, des connaissances étendues et variées, une santé robuste, entretenue par l'extrême régularité de son régime et de ses mœurs, lui offraient les éléments et les moyens de composer à loisir quelque ouvrage monumental, qui, soutenu par le rang, la fortune et l'honorable caractère de l'auteur, aurait transmis son nom à la postérité. Malheureusement, il ne sut pas choisir. On a de lui des ouvrages sur les mathématiques, la littérature, la morale, la géographie, l'histoire, la chronologie et les antiquités, dont il était plutôt l'arrangeur que l'auteur. Il reçut en 1811 la croix de la Légion d'Honneur, devint membre d'une foule d'académies, et arriva en 1830, comme associé libre, à l'Académie des Inscriptions, qui l'appela dans son sein moins comme littérateur érudit que comme opulent amateur des lettres. Il est mort en 1844, laissant inachevée une nouvelle édition de *l'Art de vérifier les dates*. On a encore de lui une *Vie de Crillon* (3 vol. in-8°, 1835); l'*Histoire du Hainaut*, par Jacques de Guyse, avec le latin en regard (Paris, 1826 et années suivantes); une *Histoire générale du Portugal* (10 vol. in-8°, 1828-1836), etc., etc.

FORTIFIANT. *Voyez* CORROBORANT, TONIQUE.

FORTIFICATION. Au singulier, *fortification* est une science ou une opération de cette science; au pluriel, c'est un ensemble de constructions, soit en bâtisse, soit en terrassement, ou une combinaison de massifs et d'ouvrages disposés de manière à former la défense d'un point militaire. Cette synonymie fâcheuse, ce vicieux emploi du même mot n'existait pas au moyen âge; les travaux ou accidents *fortificatoires* s'appelaient alors *hordis, munitions, parement, warnesture*. L'idée mère de la fortification respire dans ce problème proposé par Montecuculli : faire en sorte qu'un petit nombre de troupes puisse se défendre contre un plus grand. Les villes eurent d'abord pour enceinte régulière une simple muraille; mais on ne tarda pas à s'apercevoir que le pied en était caché aux défenseurs, et on la couronna de m a c h i c o u l i s. Toute imparfaite qu'elle était, cette disposition rendait la défense bien supérieure à l'attaque. On ne connaissait pour prendre les villes que deux moyens, l'e s c a l a d e, et beaucoup plus tard, la m i n e; les assauts étaient fort meurtriers, et ne réussissaient que rarement; aussi les sièges duraient-ils souvent des années entières.

L'usage des b a l i s t e s et des c a t a p u l t e s rendit pour un temps la supériorité à l'attaque. Cela venait de l'insuffisance des machicoulis, qui ne laissaient découvrir qu'imparfaitement le pied des murs. On leur substitua des tours carrées, puis demi-circulaires, adossées à l'enceinte, et permettant de surveiller toute l'étendue qu'elles embrassaient; et l'on paralysa l'action des machines de guerre qu'on faisait avancer jusqu'à la base des remparts, en les bordant d'un fossé large et profond.

L'Égypte, en colonisant la Grèce, y avait importé la fortification, que les Étrusques en reçurent et qu'ils enseignèrent aux Romains. Ceux-ci, conquérants par système et par instinct, firent une étude approfondie de l'attaque des places; mais ils échouèrent devant les tours flanquantes et les fossés; et durant cette période de supériorité resta à la défense. La fortification flanquée de tours présente dès lors partout ce type simple et uniforme dont l'origine se perd dans l'antiquité. Contemporaine de la féodalité, devenue plus raffinée depuis les croisades, elle ne se compose ou ne s'orne que de pièces hautes.

L'invention de la poudre et l'emploi des armes à feu, qui commence en 1330, sous Charles V, amènent une révolution dans l'art de la guerre. De la date le second âge de la fortification. Mais ce n'est que vers 1500, sous Charles VIII, que l'artillerie commence à être employée pour la réduction des places. Bientôt elle joue le principal rôle dans les s i é g e s. En 1487 on avait employé pour la première fois la poudre dans les mines de guerre. La défense chercha à en utiliser et à en paralyser les effets. Aux c r é n e a u x, aux machicoulis, on substitua des parapets en terre, à l'épreuve des boulets. Ces masses épaisses, les batteries, le recul des pièces, obligèrent à élargir les remparts. L'assiégé imagina de couvrir les portes et les issues des villes et des faubourgs par des boulevards, des bailles, des barbacanes, des ouvrages en terre, soutenus par de la maçonnerie et de la charpente. De son côté, l'assiégeant garantit son camp des sorties en protégeant ses batteries par des bastilles, forts en terre semblables aux bailles ou boulevards.

Il y avait dans le système des tours un vice radical, que mit en évidence l'invention de la poudre : en avant de chaque tour il existait un espace qui n'était pas vu de la place, et qui en compromettait la sûreté, en permettant ou d'attacher le mineur au pied de l'escarpe, ou de tenter l'escalade. On obtint la solution simple et complète de ce problème en remplaçant la face antérieure de la tour par un r e d a n, dont les faces prolongées tombèrent sur la courtine. L'ensemble des deux faces du redan et des deux flancs de cette tour pentagonale fut appelé b a s t i o n. Deux demi-bastions, unis par une courtine, formèrent un *front*. Cette amélioration importante, dont l'histoire ne nomme pas l'inventeur, date de 1500. En 1527 San-Michelli bastionnait Vérone; en 1543 Hesdin et Landrecies se dressèrent bastionnées.

A peine le bastion fut-il trouvé, que de grandes querelles s'élevèrent entre les faiseurs de systèmes et la vertu merveilleuse de telles ou telles combinaisons de leurs gaules. Pagan a prouvé la vanité de ces disputes en démontrant que si l'on ne peut pas donner moins de 60° aux angles flanqués, à cause de la facilité qu'on aurait à les battre en brèche, leur ouverture au-dessus de ce nombre de degrés dépend uniquement de la grandeur et de la forme du terrain à enceindre, et qu'on ne peut regarder comme fixes que les angles flanquants : c'est l'opinion du général Valazé, juge si compétent en pareille matière.

Une autre innovation heureuse remonte à la même époque. L'espace en avant d'un bastion ne recevait que de très-loin les feux des bastions voisins ; en outre, les portes des villes, placées avec raison dans l'espace rentrant compris entre deux bastions, se trouvaient découvertes, ce qui donnait à l'ennemi la facilité de les abattre de loin. Pour remédier à cet inconvénient, on plaça en avant des portes un petit redan, nommé ravelin, dont les faces dirigées sur les saillants des bastions latéraux leur permettaient des feux rapprochés. Bientôt on plaça un ravelin sur tous les fronts ; on les agrandit insensiblement ; et ils prirent le nom de demi-lunes.

Après l'adoption du front bastionné, importé en France par Errard, de Bar-le-Duc, l'art de la fortification s'arrête pendant un siècle : on cherchait quelle était la meilleure combinaison des formes de chaque pièce et de toutes les pièces d'une place. Alors on vit paraître une foule de systèmes de fortification ingénieux ou bizarres. Au temps de Rabelais on ne connaissait en France cet art que par ce qu'on en avait étudié dans les livres italiens : c'est là que le curé de Meudon, le plus savant ingénieur théoricien de son temps, avait appris ce qu'il en débite dans le prologue de son troisième livre. N'est-il pas curieux que le savoir le plus grave ait eu pour point de départ une production telle que *Gargantua?* Les plus célèbres auteurs italiens qui se soient exercés sur cette matière de 1554 à 1638 sont Cataneo, Castriotto, Maggi, Marchi, Delle Valle et Sardi ; en Allemagne et dans les Pays-Bas, de 1527 à 1672, Albert Durer, Speckle, Stevin, Freitag, Dilic et Rimpler; en France, de 1595 à 1645, outre Errard, le chevalier de Ville, le comte de Pagan, etc. L'Angleterre seule ne donne pas signe de vie au milieu de ce mouvement général des esprits. Enfin, Vauban paraît, et, selon l'heureuse expression de Fontenelle, la première place forte qu'il voit la crée ingénieur. En même temps s'élève dans les rangs ennemis un rival, qui parvient sinon à balancer sa renommée, du moins à diminuer l'influence qu'il exerce sur les événements de la guerre. C'est le Hollandais Coehoorn.

Parmi les disciples et les successeurs de Vauban, Cormontaigne est celui qui a le plus ajouté aux moyens de défense des places fortes. Le dix-huitième siècle vit éclore sur ce sujet divers systèmes, dans lesquels on chercha à ramener l'attaque et la défense à l'équilibre rompu par Vauban. Les Allemands et quelques Italiens se signalèrent par leurs efforts dans cette lutte, assemblant, suivant des combinaisons nouvelles, les casemates et le tracé à tenailles, éloignant et multipliant les ouvrages extérieurs pour concentrer des feux de revers d'un grand nombre de pièces latérales, substituant enfin, pour résister à l'assiégeant entré dans la place, aux enceintes continues, des bastions fermés ou des forts indépendants, liés par des retranchements ou des casernes défensives, systèmes nombreux, publiés, en 1713, par Landberg et Voigt, et de 1731 à 1735 par Rosart et le roi de Pologne Auguste III. Enfin, de 1744 à 1757, Bélidor et le maréchal de Saxe modifient le tracé ordinaire, et introduisent des casemates dans le relief, tandis que la plupart des ingénieurs français condamnent les casemates et renoncent aux tours bastionnées, en multipliant contre la bombe les souterrains et agrandissant les bastions et les ouvrages extérieurs.

La *Fortification perpendiculaire* de Montalembert paraît en 10 volumes in-4°, de 1776 à 1786 ; Fourcroy la réfute en 1786, et répond à des exagérations inouïes par des exagérations qui ne le sont pas moins. D'Arçon, déjà connu par ses batteries flottantes, se signale par de neuves et ingénieuses idées dans ses *Considérations militaires et politiques sur les fortifications*, ouvrage qui paraît en 1795. Les guerres de la Révolution fournissent de fréquentes occasions d'apprécier la véritable valeur des forteresses pour la défense des États ; et cependant, se rappelant que Joseph II a fait démanteler en 1782 toutes les places du Brabant et de la Flandre, on fait un crime à Louis XIV d'en avoir bâti et réparé plusieurs et à Vauban d'y avoir enfoui les trésors de la France.

[Approprier l'art au terrain, en n'élevant que des fortifications utiles, tel est aujourd'hui l'objet de cette science, si profonde dans ses principes, quoique si souvent futile dans ses applications. Il y a deux sortes de fortifications, l'offensive et la défensive : la première est ordinairement passagère, presque toujours artificielle ; la seconde est permanente et quelquefois naturelle ; la fortification est la plaie des États, comme l'entretien des murs d'un parc est la plaie des propriétaires de châteaux ; mais du moins le possesseur châtelain a la satisfaction de voir enclos son promenoir, tandis qu'il est des gouvernements dont les frontières, surchargées sur quelques points de fortifications sans objet, sont privées dans beaucoup d'autres d'une enceinte dont la civilisation fait de plus en plus comprendre l'inutilité.] Gal BARDIN.

FORTIFICATIONS (Dépôt des). Cet établissement, qui existait à Paris dès 1744, sous le ministère de Voyer d'Argenson, a subi depuis lors de nombreuses modifications. Réuni au dépôt de la guerre, il en fut distrait par la loi du 10 juillet 1791, qui l'attacha au comité des fortifications, qu'elle fondait. Le dépôt a pour but de faciliter les opérations de ce comité et de mettre à la disposition de chacun de ses membres les mémoires et documents qui peuvent lui être nécessaires. On y a rassemblé, en outre, ce qui se trouvait dans les archives du génie, réunies à celles du département de la guerre à Versailles, et l'on y a ajouté des copies de toutes les pièces de France, des atlas, des cartes, des plans, etc. Ce dépôt s'enrichit chaque jour de projets, rapports, mémoires sur la fortification et sur la défense des frontières. Un règlement du 25 avril 1792 détermine ses relations avec le dépôt de la guerre et avec le corps des ingénieurs des ponts et chaussées. Il publie chaque année un recueil fort important, intitulé *Mémorial du Génie*. De lui dépend depuis 1801 le dépôt des plans en relief des places fortes de France, commencé en 1660 par Louis XIV, placé d'abord au Louvre, transféré, en 1777 à l'Hôtel des Invalides. Au dépôt des fortifications est également annexée une bibliothèque nombreuse, journellement ouverte à tous les officiers du génie en résidence ou de passage à Paris.

FORTIFICATIONS DE PARIS. A diverses reprises Paris a été fortifié par des enceintes garnies de tours. Mais à chaque agrandissement de la capitale ses murs disparurent. Elle était sans défense quand les alliés y entrèrent en 1814 et 1815. La Restauration ne songea guère à l'enclore de murs fortifiés ; mais après la révolution de Juillet la pensée de fortifier Paris se révéla aussitôt ; en 1831 on fit exécuter quelques travaux en terre, et l'on demanda pour des forts détachés l'approbation du comité des fortifications ; enfin, le 3 avril 1833, un projet de loi sollicitait des chambres un premier crédit de 35,000,000 pour l'exécution de ces forts. L'opinion publique se souleva à l'idée de voir autour de Paris une ceinture de citadelles, et les cris de réprobation sortis des rangs de la garde nationale forcèrent le pouvoir à abandonner momentanément des projets auxquels il tenait plus que jamais. Dès 1836 le maréchal Maison soumettait de nouveau ces plans au comité de défense ; mais on n'osa pas alors les reproduire une nouvelle fois devant la chambre ; enfin, en 1840, cette commission, consultée de nouveau, se prononça pour une enceinte continue, bastionnée, et pour qu'il fût construit en avant et autour de cette enceinte, notamment sur la rive droite, des ouvrages en état de soutenir un siège et *fermés à la gorge*. C'était concilier les deux systèmes opposés du général Valazé et du général Bernard. Le premier avait proposé surtout d'appuyer la défense extérieure sur une enceinte continue, embrassant toute la circonférence de Paris et pouvant être gardée par la population elle-même. Son projet fut d'abord accueilli, mais plus tard d'autres idées prévalurent. Le général Bernard fit adopter un plan qui consistait à défendre Paris par une ceinture de forts détachés construits sur les hauteurs qui en couronnent le pourtour. Ce plan séduisit quelques militaires, qui ne tenaient compte que de la question stratégique, et qui dans la question stratégique ne tenaient compte que de l'armée active ; il plut à des personnages haut placés, mais il offrait des inconvénients graves : il annulait, pour la défense de Paris, la réserve parisienne ; il inquiétait, par la construction de quinze ou vingt forts dominant la capitale, une population que 1830 avait dû rendre ombrageuse.

À peine la commission venait-elle de se prononcer, que le traité du 15 juillet, conclu à l'exclusion et à l'insu de la France, pour trancher contre ses vœux et ses intérêts la question d'Orient, vint éclairer le pays sur les dispositions malveillantes des puissances du Nord et susciter l'explosion du sentiment national. Alors fut rendue l'ordonnance du 10 septembre pour la fortification de Paris. Immédiatement les travaux commencèrent ; ils étaient en cours d'exécution, lorsque le cabinet du 1er mars s'étant retiré, celui du 29 octobre se forma, sous la présidence du maréchal Soult. Mais la question de défendre Paris était quelque chose de plus qu'une question de ministère, et la pensée du 1er mars ne fut point abandonnée. La loi qui devait la réaliser fut présentée à la chambre des députés le 12 décembre 1840. La commission nommée pour l'examiner se composait de MM. Billault, le général Bugeaud, Mathieu de la Redorte, Allard, Liadières, le général Dogneureau, Odilon Barrot, Bertin et Thiers ; ce dernier, chef du cabinet déchu, fut rapporteur. La commission se déclarait unanime pour l'adoption du projet de la loi, du moins dans tout ce qu'il y avait de fondamental. Ce fut le 21 janvier que les débats s'ouvrirent. La discussion offrit un singulier spectacle. Mollement soutenue par les ministres qui l'avaient proposée, défendue d'une façon plus qu'équivoque par le ministre spécial chargé de la présenter, elle fut puissamment appuyée par la majorité de l'opposition, dont les chefs siégeaient dans la commission.

Nous essayerons de résumer ici les principales objections qui furent dirigées contre le projet et les réponses qui leur furent opposées. Soutenir un siège dans Paris, disaient les adversaires de la fortification, est une prétention insensée. Comment exposer aux calamités d'un siège, aux horreurs d'une prise d'assaut la capitale du monde civilisé, ses monuments, ses richesses, sa population d'un million d'habitants ? Où trouver des légions pour garnir tous les points de cette enceinte immense ? Comment nourrir cette masse d'hommes, que viendront grossir encore d'innombrables réfugiés ? Comment le faire surtout quand l'enceinte sera bloquée, ou quand les coureurs ennemis battront incessamment les campagnes environnantes ? Comment contiendrez-vous cette multitude ? Qu'opposerez-vous aux paniques, aux séditions, presque inévitables, parmi ce grand concours d'hommes prêts à crier à la famine ou à la trahison ? D'ailleurs, le génie français est fait pour l'attaque, et non pour la défense ; c'est sur les champs de bataille, c'est à la frontière qu'il faut défendre Paris. Songez encore aux dangers que peut entraîner pour la liberté, pour nos institutions, cette ceinture de bastilles enveloppant de leurs feux la cité qui représente la France tout entière ? Fortifier Paris n'est pas seulement une illusion, c'est une menace, c'est un danger ; et c'est à ces illusions dangereuses que vous allez sacrifier des capitaux dont le chiffre, impossible à fixer d'avance, est effrayant dans toutes les hypothèses ; dépense stérile et funeste, qu'il ne tiendrait qu'à vous de rendre fructueuse en consacrant les mêmes fonds à des dépenses productives, routes, canaux, chemins de fer, navigation à vapeur !

Vous vous méprenez, répondaient les défenseurs du projet, sur la conséquence de la fortification ; loin d'appeler sur Paris les malheurs d'un siège, elles les écartent à jamais. Avec la nouvelle stratégie, enfantée par la révolution française, la France est de tous les États européens le plus exposé ; sa capitale est à peine à six jours de marche de la frontière ; la centralisation, qui résume dans Paris toutes les forces impulsives du pays, la rend sans égale dans l'action, mais une fois Paris tombé lui interdit la résistance. Paris forcé en 1814 et en 1815, la France s'est rendue, et peut-être pour amener en 1792 un pareil résultat n'eût-il fallu qu'un peu plus d'audace aux chefs de l'armée prussienne. C'est Paris ouvert qui appelle les ennemis ; ils y accourent frapper un coup décisif et terminer la guerre en un jour. Paris mis en défense, la guerre de pointes devient impossible ; il faut revenir à la tactique régulière, faire tomber les places frontières, assurer ses communications avant de s'aventurer dans l'intérieur du pays ; il faut préparer ses approvisionnements pour le cas d'une résistance prolongée ; il faut amener de l'artillerie de siège, chose difficile et lente. En un mot, ce qui n'est aujourd'hui qu'un coup de main devient une entreprise aussi considérable que hasardeuse. Ainsi, le résultat certain de la fortification est d'éloigner la guerre de Paris et de la reporter sur la frontière. Que si pourtant, un jour, Paris pouvait être assiégé, doutez-vous qu'il ne sût se défendre ? Lille, Valenciennes, Mayence, Dantzig, Hambourg, Huningue, Strasbourg, sont là pour vous attester que le génie français n'est pas moins propre aux sièges qu'aux batailles. Vous demandez comment on pourra nourrir Paris : demandez plutôt comment on nourrira l'armée qui fera le siège de Paris. En temps ordinaire, Paris est approvisionné pour cinq semaines au moins ; une facile prévoyance peut, en cas d'invasion, élever l'approvisionnement à deux mois ; dites-nous quelle armée de deux ou trois cent mille hommes, comme il la faudrait pour un tel siège, pourrait vivre seulement un mois, concentrée sur un tel espace. D'ailleurs, comment bloquer Paris, dont la fortification aura neuf myriamètres de circonférence ? Il faudrait que l'armée de siège s'étendît sur un front de onze myriamètres, coupé en amont et en aval de Paris par le grand cours d'eau de la Seine : ce serait de la démence. Les terreurs, les paniques, les défiances ? Mais avant que la première ligne d'ouvrages extérieurs soit emportée, Paris sera presque certainement délivré : ou l'armée reformée ou le manque de vivres auront contraint l'ennemi de s'éloigner. Les dangers pour la liberté ? Où trouver un tyran assez follement barbare pour faire tirer sur sa capitale, pour confondre, dans sa colère, ses amis avec ses ennemis ! Le faire, ce serait avoir abdiqué. Reste l'objection de la dépense. Or, en forçant tous les calculs, vous arrivez à peine au chiffre de 140 millions. Qu'est-ce que ce chiffre, comparé aux milliards que deux invasions ont coûté à la France ?

Dans la séance du 1er février, le projet, amendé dans quelques dispositions de détail, complété par quelques garanties, fut adopté par 237 voix contre 162. Son adoption fut principalement l'œuvre de l'opposition : elle composait la majorité de la commission. Elle nomma le rapporteur, qui soutint la discussion avec autant de persévérance que de talent. Le chef de la gauche, M. Odilon Barrot, défendit à la tribune le projet de loi. L'opposition républicaine ou radicale, qui aurait pu aisément exploiter contre le projet de 1840 l'impopularité du projet de 1833, eut la loyauté de s'en abstenir dans une question relative à la défense du pays. Elle fit plus : elle combattit, par son principal organe, *Le National*, les prétentions soulevées contre la fortification. Un orateur de l'extrême gauche, M. Arago, défendit, dans un remarquable discours, le système de l'enceinte continue.

Portée le 11 février à la chambre des pairs, la loi y fut également adoptée le 11 avril suivant, à la majorité de 147 voix contre 85, sur le rapport de M. le baron Mounier, et après une discussion lumineuse, où se firent entendre les principaux orateurs de cette assemblée.

Cette loi portait allocation d'une somme de 140,000,000 fr.

pour les travaux des fortifications de Paris, et la construction simultanée 1° d'une enceinte continue, embrassant les deux rives de la Seine, bastionnée et terrassée, avec 10 mètres d'escarpe; 2° d'ouvrages extérieurs casematés. La loi ainsi votée, on reprit immédiatement les travaux, qui furent poursuivis avec autant d'activité que d'intelligence. Le terme de cinq années fixé pour leur achèvement ne fut pas dépassé d'un seul jour, et le chiffre de la dépense n'a pas tout à fait égalé le chiffre du crédit, circonstances peut-être sans exemple en matière de travaux publics.

L'enceinte continue a une longueur de 33,000 mètres, représentant 380,000 mètres carrés de maçonnerie. Les forts détachés sont, en commençant par le nord, la forteresse du *Mont-Valérien*, place forte de premier ordre, au dire de tous les juges compétents; le fort projeté de *Gennevilliers*, les forts *La Briche*, le fort *Saint-Denis*, le fort d'*Aubervilliers*, le fort de *Romainville*, le fort de *Rosny*, le fort de *Nogent*, et le château de *Vincennes*, dont le système de défense a reçu une extension considérable, et qui se relie avec *Canonville*, dépôt général de munitions et de matériel de guerre encore à l'état de projet; au sud, le fort de *Charenton*, le fort d'*Ivry*, le fort de *Bicêtre*, le fort de *Montrouge*, le fort de *Vanvres*, et enfin celui d'*Issy*.

Plus tard le ministère demanda un crédit pour l'armement des fortifications. Ce crédit fut voté; on inséra dans la loi la clause de laisser les canons à Bourges.

FORTIN, nom par lequel on désigne en fortification un petit fort de campagne, construit à la hâte. Il y en a de triangulaires, de carrés; il y en a aussi à étoiles. Ceux-ci sont entièrement fermés; les autres, appuyés à une rivière, à un marais, etc., restent ouverts à la gorge et servent à couvrir un camp, une position, un passage, ou à favoriser une retraite : ils sont alors soutenus sur leurs flancs par des batteries placées en arrière. Ces sortes d'ouvrages, qui ne sont bons que contre un coup de main, ne peuvent servir que momentanément; on ne les emploie même d'ordinaire que pour quelques jours à peine, ou, tout au plus, pendant le cours d'une campagne. Quand ils doivent avoir une existence plus longue, il faut les construire avec plus de solidité, avec tout le soin qu'on apporte à l'édification d'œuvres plus sérieuses, et alors ils deviennent de véritables forts. Aujourd'hui on n'élève plus que fort peu de *fortins*; les redontes les ont presque complètement détrônés, quoique leur feu ne soit pas de nature à porter aussi bien dirigé.

FORTS DE LA HALLE. C'est le nom qu'on donne à Paris aux portefaix ou hommes de peine en possession de charger et décharger les marchandises à vendre ou vendues aux halles; ils sont placés sous la direction des facteurs et sous la surveillance de syndics. Leur nombre n'est limité par aucune ordonnance de police, mais il est à peu près par l'usage. Ils forment toujours une espèce de corporation, et portent un costume uniforme, composé d'un large pantalon, d'une veste ronde et d'un chapeau à très-larges bords. En outre, ils doivent toujours tenir en évidence la plaque qui leur est délivrée par la police. Ces hommes, au langage rude et grossier, sont généralement estimés pour leur probité à toute épreuve. Par un arrêté de 1854, le préfet de police a décidé qu'une pension de retraite annuelle et viagère de 600 francs serait accordée aux forts de la halle reconnus incapables, par l'âge ou les infirmités, de continuer leur service, lorsqu'ils l'auraient d'ailleurs convenablement rempli pendant un certain nombre d'années.

FORTUIT, adjectif dérivé du latin *fors*, équivalent du mot *hasard*, et caractéristique d'un événement imprévu (voyez CAS). Peut-être pourrait-on avec raison raisonnable à ce mot faudrait-il l'appliquer à toute espèce de faits, à tout ordre d'événements qu'on n'a pu ni empêcher ni prévoir, ou dont la cause, le motif, l'influence échappent à notre capacité. Mais cette cause, quelque ignorée qu'elle soit, n'en existe pas moins; car tout se lie, s'enchaîne dans la nature, au physique comme au moral, et l'imperfection seule de nos facultés intellectuelles nous empêche de suivre cet enchaînement et de prévoir un fait par un autre. BILLOT.

FORTUNAT (VENANTIUS HONORIUS CLEMENTIANUS FORTUNATUS), poëte latin de la fin du sixième siècle, naquit en Italie, à San-Salvadore, entre Trévise et Ceneda. Il fut élevé à Ravenne, où il se distingua dans l'étude de la grammaire, de la rhétorique et de la poésie. Pendant son séjour dans cette ville, souffrant d'une ophthalmie, il se rendit à la basilique de Saint-Paul et Saint-Jean, se frotta les yeux avec de l'huile de la lampe qui brûlait devant la chapelle de Saint-Martin, et fut guéri. Il en conçut une telle vénération pour ce saint, qu'il abandonna sa patrie pour venir dans les Gaules visiter le tombeau et les reliques de son libérateur. C'était en 562 : Sigebert 1er régnait alors en Austrasie; il accueillit avec honneur le savant étranger, qui sut, du reste, se concilier bientôt la faveur des princes, des évêques et des grands en consacrant des vers à leurs louanges. Il y avait alors à Poitiers un monastère de femmes, fondé par Radegonde, épouse de Clotaire, qui en avait donné la direction à une abbesse qu'elle chérissait comme sa fille. La princesse attacha Fortunat d'abord à sa personne, comme secrétaire, puis au couvent, comme aumônier, dès qu'il eut reçu les ordres. La fondatrice et l'abbesse oublièrent souvent les ennuis du cloître dans la société de l'Italien. Dans sa vieillesse, en 599, après la mort de son ami Grégoire de Tours, il parvint à l'évêché de Poitiers, et finit saintement ses jours, en 609, dans cette ville, qui célèbre sa fête le 14 décembre.

Ses nombreux écrits en vers et en prose nous ont été presque tous conservés. Parmi les poésies, ses *Hymnes à la sainte Croix* sont les plus célèbres, et l'Église en a fait passer une partie dans ses offices, notamment le *Vexilla regis*. On lui doit encore un poëme sur la destruction du royaume de Thuringe, et un autre sur la vie de saint Martin; plusieurs biographies, entre autres celles de sainte Radegonde, de saint Martin de Tours, de saint Germain, évêque de Paris, de saint Remi, évêque de Reims, etc., etc. Son style est certes loin de la pureté de celui des écrivains du siècle d'Auguste; ses œuvres, souvent imprimées, ont pourtant un mérite, celui d'être, en quelque sorte, le complément des œuvres de son contemporain Grégoire de Tours.

FORTUNE. Dans son acception la plus exacte, c'est un excédant de revenus, de recettes, qui nous reste, tous les besoins ou toutes les dépenses de notre position sociale complètement satisfaits. Il n'y a donc rien d'absolu dans la fortune : ce qui peut faire vivre un individu à l'aise pendant une année suffit à peine pour faire passer quelques jours à un autre. Le moraliste se garde en conséquence de déclamer contre la fortune : il aime mieux en faire dans ses divers degrés l'objet d'une appréciation consciencieuse, car il est à remarquer que relativement à ses effets rien ne ressemble moins à une fortune médiocre qu'une fortune immense. Cette dernière, en général, est féconde en inconvénients de tous genres; souvent encore elle est pour celui qui la possède la source d'une foule de vices, puisqu'elle le condamne tôt ou tard, par une sorte de désordre d'imagination involontaire, à vouloir dans tous les genres, même au delà de ce qu'il peut réaliser. Qu'arrive-t-il? C'est que pour y parvenir rien ne l'arrête plus : il se montre, surtout dans les grandes villes, celui qui, jeune, recueillait d'une manière inattendue une fortune considérable. Parvient-il à régler son imagination? Il savoure si vite et si avidement toutes les jouissances, qu'il en tombe desséché avant le temps. Mais il est d'autres rapports sous lesquels une très-grande fortune est funeste à celui qui la reçoit. Comment avoir une idée des obstacles qui se rencontrent dans la vie, lorsqu'il suffit dans mille circonstances de commander pour être obéi? Comment n'être pas indifférent à la misère des autres lorsqu'on nage dans l'abondance? Comment être plein de respect pour les mœurs lorsque, argent comptant, il est loisible d'acheter le plaisir? Quant aux connaissances qui s'acquièrent par l'étude, elles exigent des fatigues que tiennent à s'épargner ceux qui sont très-riches : aussi, à moins d'une aptitude particulière ou d'une facilité remarquable, sont-ils dépourvus de savoir. Mais le plus grand désastre de leur position, c'est l'ennui continuel qui les dévore : en effet, pour que l'homme prenne plaisir à exister, il faut que par l'esprit, que par le cœur, il soit intéressé ou ému.

Il est incontestable que le pays du monde où l'on compte pour ainsi dire un *peuple* de gens immensément riches, c'est l'Angleterre, puisqu'on y trouve au moins quinze cent individus ayant 300,000 livres de rente ; mais aussi c'est la contrée du globe où foisonnent le plus les bizarreries, les extravagances et les suicides. Cependant, les individus doués d'une grande fortune, surtout quand elle est héréditaire, ont aussi leurs compensations : menés de très-bonne heure dans la société, ils y recueillent jour par jour une foule d'observations, d'autant plus importantes qu'elles ont à chaque instant leur application. Restent-ils sédentaires sur les domaines de leurs pères, la vie de château leur imprime un certain nombre de vertus, entre autres la bonté ; sont-ils jetés dans une carrière très-active, la carrière militaire par exemple, le mouvement qui règne autour d'eux les entraîne. Ils sont donc pleins de convenances dans le monde, compatissants ; on les bénit dans leurs terres. Ils se font en outre remarquer comme intrépides généraux ou adroits diplomates ; seuls encore ils peuvent, par les encouragements qu'ils prodiguent, soutenir la splendeur des arts. Enfin, la gravité de certaines professions est maintes fois plus puissante sur les riches que tous les genres de sensations qui marchent à la suite d'une fortune prodigieuse : l'ancienne magistrature française a fourni dans ce genre d'admirables exemples.

Mais si le moraliste a pour mission de signaler les écueils où peuvent se perdre les grandes fortunes, il doit, en retour, faire sentir les avantages, comme aussi les misères, qui découlent des fortunes médiocres. Il conviendra d'abord qu'en général c'est là que se trouve le type de la perfection humaine. Une fortune médiocre, lorsqu'elle est de vieille date dans la même famille, surtout dans nos provinces, assure de l'instruction. Cette même famille renferme-t-elle plusieurs enfants, chacun d'eux se charge de son propre avenir, et, jeune, contracte alors l'habitude du travail, cette grande route de toutes les vertus. On est, d'un autre côté, trop près du reste des hommes pour ne pas compatir à leurs maux ; on n'a pas besoin de les deviner : ils frappent vos regards. Une fortune médiocre donne ce commencement d'indépendance qui dans les rapports ordinaires vous permet de suivre les inspirations de votre conscience. Enfin, le génie des arts, des sciences ou des lettres, fait-il battre votre cœur, vous pouvez élever un monument qui éternisera votre nom, parce que vous avez de quoi faire face aux besoins les plus pressants de la vie ; au lieu d'éparpiller votre puissance, vous la concentrez dans une seule idée. Maintenant, voici dans notre siècle quelles sont les misères qui s'attachent à une fortune médiocre : une certaine masse de connaissances et de lumières étant à la portée des classes intermédiaires, où se trouve une certaine mesure d'aisance, ces mêmes classes sont saisies de prétentions en tous genres qui troublent leur bonheur ; elles aspirent donc à effacer ce qui est au-dessus d'elles. Ce n'est pas tout, elles veulent régir la société en la proportionnant à leur taille ; elles sèment tous genres de désastres pour augmenter les jouissances de leur amour-propre. Il advient encore que les habitudes d'ordre journalier qui animent les possesseurs de fortunes médiocres les font reculer devant ces sublimes dévouements qui ruinent momentanément un pays pour assurer plus tard son indépendance. De nos jours, les livres et les journaux n'entretiennent toutes les classes de la société que des moyens de faire une immense fortune : il semble que tel est désormais le but unique de l'existence. Ce qu'il faudrait, au contraire, nous enseigner, ce serait de réduire nos besoins : c'est le seul genre d'indépendance qui soit positif, puisque nous l'avons à chaque instant à notre disposition, et que nous pouvons nous le donner nous-mêmes, tandis que les autres s'achètent. Les gens livrés au commerce de détail ne respirent que pour édifier le commencement de leur fortune ; ce point obtenu, ils veulent porter leurs richesses jusqu'à l'infini : c'est un but qu'il leur est donné quelquefois d'atteindre ; l'ont-ils touché, ils se retirent des affaires, pour mourir au bout de quelques mois de l'ennui d'un repos concentré. Ce sont des *machines à argent*, qui se détraquent du moment où elles cessent de sentir le *contact de l'écu....* SAINT-PROSPER.

FORTUNE (*Mythologie*), en grec Τύχη, en latin *Fortuna*. Son nom vient de *Fors*, sort, destin. Cette divinité, qui présidait aux destinées des humains, et en général à tous les événements de la vie, ne pouvait manquer d'avoir sa place dans l'Olympe païen. Il paraît, cependant, qu'elle y eut accès assez tard ; car Homère, dans ses poèmes, Hésiode, dans sa *Théogonie*, n'en font pas mention : on la confondait même souvent avec le Destin. Plus tard on l'en sépara, et la Fortune eut un culte et des autels, où elle paraissait sous diverses formes et divers attributs. Ainsi, chez les Béotiens et les Athéniens on la représentait tenant Plutus dans ses bras ; chez les autres nations grecques, on la voyait, tantôt avec le soleil et le croissant de la lune sur la tête, annonçant ainsi que, comme ces deux astres, elle préside à tous les événements de ce monde, tantôt tenant un gouvernail, une rame, ou une voile, et le pied posé sur une proue de vaisseau. Si la Fortune est représentée le plus ordinairement sous les traits d'une jeune et belle femme, certains artistes, moins galants, la peignent, au contraire, chauve, aveugle, debout, avec des ailes aux deux pieds, l'un posé sur une roue, l'autre en l'air. Les Romains l'admirent dans leur Panthéon. Tullus Hostilius lui fit bâtir un temple, et son culte ayant eu de nombreux adeptes, la petite ville d'Antium finit par lui en élever huit, tandis qu'à Rome elle en possédait vingt-six, c'est-à-dire un plus grand nombre que Jupiter lui-même. La plupart des médailles des empereurs romains portent en même temps l'effigie de la Fortune, caractérisée par des attributs, lesquels sont expliqués par une épithète : ainsi la Fortune permanente (*Fortuna manens*) est désignée par une dame romaine appuyée de la main gauche sur une corne d'abondance, et arrêtant de la droite un cheval par la bride ; la Fortune victorieuse (*Fortuna victrix*) est penchée sur un timon et tient une branche de laurier. On retrouve encore la figure de la Fortune sur des bas-reliefs antiques et sur des médailles d'Adrien, d'Antonin le Pieux, de Commode, de Geta, etc. Elle a été chantée par plusieurs grands poètes : il faut à cet égard citer l'ode d'Horace et l'ode, non moins célèbre, de J.-B. Rousseau.

Comme leurs devanciers, les artistes modernes ont usé du privilège de représenter la Fortune au gré des caprices et des inspirations de leur génie. A la villa d'Este, on la voit à califourchon sur une autruche ; le peintre ayant voulu faire entendre qu'elle sert la sottise de préférence au mérite. Au Capitole, le Guide la montre courant sur un globe, les doigts passés dans une couronne, qu'elle fait tourner en se jouant. La mauvaise Fortune avait aussi des temples ; on l'invoquait sous les traits d'une femme exposée à la tempête et sur un navire sans mât et sans timon. On a encore imaginé de la mettre sur un globe gonflé de vent ; mais cette allégorie, aussi juste que piquante, n'appartient pas à l'antiquité. Au reste, si la Fortune, divinisée durant tant de siècles, n'a plus aujourd'hui ni pontifes ni autels, elle a de nombreux sectateurs, toujours prosternés devant ses arrêts, et l'adorant dans ses favoris. SAINT-PROSPER jeune.

FORTUNÉ, ce qu'il y a de plus grand, de plus rare, de plus inattendu, comme de plus excessif dans le bonheur. Toutes les combinaisons de la politique, tous les efforts du raisonnement, ne parviennent pas nécessairement à vous placer sous une position *fortunée*, parce qu'il y a dans les événements une foule de détails qui échappent à la prudence comme à la perspicacité humaines : l'imprudence, à elle seule, réussit quelquefois mieux ; mais malheur à qui s'y fie.

FORTUNE DE MER, expression souvent employée par les historiens et les poëtes anciens pour désigner les mauvais temps sur mer. On en trouve la définition suivante dans le Voyage à Jérusalem de Bernard de Breydenbach : *Nisi forsitan tempestas maris*, fortuna *appellata*... Au seizième siècle on appelait *fortune de vent* un gros temps à vent forcé ; et on entendait par *fortune de mer*, indépendamment des accidents et avaries causés par la tempête, une rencontre de pirates, une voie d'eau subitement déclarée, l'abordage sous voiles et au large, en un mot tout ce qui pendant un voyage forçait l'équipage à jeter à la mer les marchandises placées à bord afin de sauver tout au moins le navire. Aujourd'hui encore les compagnies d'assurances maritimes assurent les navires contre toute *fortune de mer*.

Les marins nomment *mât de fortune* un mât employé accidentellement et provisoirement pour remplacer celui qui a été rompu dans un mauvais temps ou par une *fortune de mer* quelconque.

FORTUNÉES (Iles). Voyez CANARIES (Iles).

FORUM. On appelait ainsi chez les Romains une grande place disposée pour la vente des denrées de diverses natures, pour la tenue des tribunaux, pour les assemblées du peuple, en un mot la place du marché. Le premier Forum, à Rome, situé dans l'emplacement qui porte aujourd'hui le nom de *Campo-Vaccino*, appelé *Forum Romanum* et plus tard aussi *Magnum*, s'étendait du nord-ouest au sud-ouest depuis le pied du mont Capitolium, où était situé l'arc de triomphe de Septime Sévère, jusqu'à la colline appelée *Velia*, où s'elevait l'arc de Titus, avec un développement total de 210 mètres de long ; sa largeur à son extrémité occidentale était de 163 mètres, et à l'extrémité opposée de 36. Il était borné par des rues, notamment à l'est et au nord par la *via Sacra*, dont le côté intérieur était vide et dont le côté extérieur était bordé de magasins et de boutiques, telles que celles des *argentarii* ou changeurs, lesquelles plus tard furent en grande partie remplacées par des basiliques (d'abord la *Basilica Porcia*, bâtie l'an 185 av. J.-C.) et des temples. C'est dans la partie orientale de cet espace que se tinrent les plus anciens comices des Romains, les *comices par curies* ; de là le nom de *Comitium*, qu'on lui donnait pour la distinguer du Forum proprement dit. Il est probable que celui-ci cessa de servir de lieu de vente lorsque, l'an 472 av. J.-C., il devint le lieu de réunion des comices par tribus. Les *Fora*, où se fit postérieurement la vente des vivres et objets de consommation, reçurent des désignations caractéristiques ; telles que le *Forum Boarium*, au bord du Tibre, le *Forum Suarium, Piscatorium, Olitorium*, etc. Aux temps de la république, les banquets publics du peuple et les combats de gladiateurs se célébraient dans le *Forum Magnum*. Dans le *Comitium* comme dans le Forum se trouvaient des monuments d'espèces différentes ; par exemple, on voyait dans ce dernier la colonne rostrale de Duilius. La curie hostilienne, lieu ordinaire de réunion du sénat, était contiguë au Comitium, où se trouvait le tribunal du préteur urbain. A l'extrémité occidentale du Forum, près de la montée conduisant au Capitole, le *Clivus Capitolinus*, se trouvait le temple de Saturne, avec le trésor (*ærarium*) et les archives (*tabularium*) de l'État. Du côté du nord étaient situés trois édifices percés de galeries ou passages, *Jani*, dont celle du milieu, *Janus medius*, était l'endroit où se traitaient le plus grand nombre des affaires d'argent et peut dès lors être considéré comme ayant été pour ainsi dire la Bourse de Rome. La limite séparant le Forum du Comitium était marquée par les *Rostra*, la tribune aux harangues.

A partir de Jules César et d'Auguste le *Forum Romanum* perdit le sens qu'il avait eu au temps de la république, comme centre de la vie politique des Romains ; mais on prit soin dès lors constamment de l'embellir par les édifices dont on le borda, tels que la *Basilica Julia*, et par des monuments dont le dernier fut la célèbre colonne, encore existante aujourd'hui, que l'exarque Smaragdus fit élever en l'an 608 de notre ère à l'empereur Phocas. Mais les divers *Fora* établis à partir de Jules César par différents empereurs, et qu'on destina surtout à la tenue des tribunaux, furent organisés avec bien autrement de magnificence. Dans ceux-ci, il ne s'agissait pas d'un vaste emplacement libre, qui, tout au contraire, pouvait complétement faire défaut, mais d'édifices ; aussi le *Forum* de Julius, ceux d'Auguste, de Nerva (appelé aussi *Transitorium*, parce qu'il servait de passage), le *Forum* de Trajan, orné de la célèbre colonne Trajane, constituèrent-ils peu à peu au nord de l'ancien Forum une suite des plus magnifiques constructions. Plusieurs localités portaient aussi ce nom de *Forum*, qui emportait toujours avec lui l'idée de production et le droit de marché, et auquel d'ordinaire est ajouté le nom d'un Romain, ou bien telle autre désignation plus particulière, par exemple : *Forum Appii*, dans les marais Pontins, sur la voie *Appia* ; *Forum Flaminii*, en Ombrie, sur la voie *Flaminia* ; *Forum Hadriani*, chez les Bataves (aujourd'hui *l'oorburg*); *Forum Julii*, aujourd'hui Fréj us, près Marseille, ou encore le Frioul actuel ; *Forum Livii*, aujourd'hui Forti, près Faenza ; *Forum Sempronii*, en Ombrie, aujourd'hui Fossombrone. Plusieurs localités portent le nom de *Forum Novum* ou bien le nom de la peuplade dans le territoire de laquelle elles se trouvent, par exemple : *Forum Bibalorum*, en Espagne ; *Forum Gallorum*, entre Mutina et Bononia ; *Forum Segusianorum*, en Gaule ; *Forum Vulcani*, le marché de Vulcain : tel était le nom qu'on donnait au centre des Champs Phlégréens, aujourd'hui la Solfatare.

FOSCARI (FRANÇOIS), quarante-cinquième doge de Venise, fut promu à ce poste éminent le 15 avril 1423, à la mort de Thomas Moncenigo. Il demeura trente-quatre ans à la tête de la république, et pendant tout ce temps Venise ne cessa de combattre. Le sultan Amurat ayant mis le siège devant Salonique, le doge expédia à cette ville des secours, qui en chassèrent les troupes du croissant. Puis Foscari s'engagea dans des hostilités avec les ducs de Milan, Philippe Visconti et François Sforza, et conquit sur eux Brescia et son territoire, le Bergamasque et une partie du Crémonais. La médiation du pape devint promptement nécessaire pour arrêter la marche des Vénitiens ; les Milanais durent en souscrire aux conditions du vainqueur.

« Mais le conseil des Dix, dit Sismondi dans son *Histoire des Républiques italiennes*, plein de défiance contre le chef de l'État, en raison du crédit qu'il lui voyait acquérir par ses talents et sa popularité, veillait sans cesse sur Foscari pour le punir de sa fortune et de sa gloire. Un fils Jacob fut accusé, en 1445, d'avoir reçu du duc Philippe, des présents d'argent et de joyaux par les mains des gens de sa maison. Telle était l'odieuse procédure adoptée à Venise, que sur cette accusation secrète, le fils du doge, du représentant de la majesté de la république, fut mis à la torture. On lui arracha par l'estrapade l'aveu des charges portées contre lui, et il fut relégué à Trieste. Almoro Donato, chef du conseil des Dix, ayant été assassiné, les inquisiteurs d'État portèrent leurs soupçons sur Jacob Foscari, et on le mit encore à la torture sans réussir à en tirer aucune confession ; mais les horribles douleurs qu'il avait éprouvées troublèrent sa raison. On l'envoya à la Canée, dans l'île de Candie, où il était obligé de se présenter chaque jour au gouverneur. Son père voulut abdiquer alors une dignité si fatale à sa famille et à lui-même ; mais on le retint forcément sur le trône. Sur ces entrefaites, on découvrit le véritable assassin de Donato ; Jacob demanda sa grâce au conseil des Dix, mais, il n'en pouvait obtenir aucune réponse. Le désir de revoir son père et sa famille, arrivés tous deux au dernier terme de la vieillesse, le désir de revoir une patrie dont la cruauté ne méritait pas un si tendre amour, se changèrent chez lui en une vraie fureur. Ne pouvant retourner à Venise pour y vivre libre, il voulut du moins y aller chercher un supplice : il écrivit au duc de Milan à la fin de mai 1456, pour implorer sa protection auprès du sénat ; et sachant qu'une telle lettre serait considérée comme un crime, il l'exposa lui-même dans un lieu où il était sûr qu'elle serait saisie par les espions qui l'entouraient. En effet la lettre étant déférée au conseil des Dix, on l'envoya chercher aussitôt. Jacob Foscari ne nia point sa lettre, il raconta en même temps dans quel but il l'avait écrite, et comment il l'avait fait tomber entre les mains de son délateur. Malgré ces touchants aveux, il fut remis à la torture et on lui donna trente tours d'estrapade. Les juges permirent alors à son père, à sa mère, à sa femme et à ses fils d'aller le voir dans sa prison. »

Jacob fut ensuite renvoyé à la Canée; mais à peine eut-il touché le sol de l'exil, qu'il y mourut de douleur, regrettant toujours son ingrate patrie. Rien n'avait pu émouvoir les odieux politiques du conseil des Dix, ni les services du pères, ni l'innocence du fils.

Le vieux doge, accablé d'années et de chagrins, survécut encore quinze mois à son fils; mais il ne pouvait plus remplir aucune des fonctions de sa dignité. Il ne paraissait plus à aucune assemblée du conseil ni du sénat, et demeurait tout le jour plongé dans une sorte de torpeur et d'insensibilité. Il était alors âgé de quatre-vingt-cinq ans, et sa mort semblait prochaine; mais une dernière humiliation lui était réservée : le conseil des Dix lui fit proposer, en 1457, d'abdiquer, et sur son refus il le délia de son serment ducal et lui ordonna d'évacuer en trois jours le palais et de déposer les ornements de sa dignité; il obéit. « Mais le peuple entier, dit encore Sismondi, parut indigné de tant de dureté contre un vieillard qu'il respectait et qu'il aimait, le conseil des Dix fit alors publier une défense de parler de cette révolution, sous peine d'être traduit devant les inquisiteurs d'État. » Pasqual Malipieri lui succéda; et le vieux Foscari entendant les cloches qui sonnaient en action de grâce pour l'élection nouvelle, mourut d'un anévrisme, trois jours après sa déposition.

FOSCOLO (Nicolo Ugo), célèbre poëte italien, né en 1777, à Zante, d'une famille vénitienne, crut de bonne heure à la possibilité d'une régénération politique de l'Italie, et consacra à la réalisation de ce beau rêve toutes les forces de son intelligence. La révolution française ne l'eut pas plus tôt emporté à Venise (1796), en y détruisant à jamais l'odieux gouvernement oligarchique qui y avait dominé pendant tant de siècles, que Foscolo faisait représenter sur le théâtre de cette ville une tragédie, *Tieste*, qui n'offrait sans doute pas tout l'intérêt qu'on recherche dans une œuvre destinée à la scène, mais dans laquelle la vigueur de la pensée et l'éclat du style annonçaient un talent original. Le traité de Campo-Formio, en plaçant Venise sous la domination de l'Autriche, ainsi dédommagée de la perte du Milanais, détruisit à jamais les espérances que les patriotes italiens avaient pu nourrir jusque alors. En présence d'un acte aussi infâme, Foscolo, moins que tout autre, ne pouvait plus conserver d'illusions; et dans ses *Ultime Lettere di Jacopo Ortis* (Milan, 1802), ce roman si passionné et le meilleur ouvrage que lui inspira son attachement malheureux pour la belle Isabelle Rancioni, mariée plus tard au marquis de Bartolommei, on le voit confondre ses plaintes d'amour avec l'expression de l'amère douleur que lui inspire l'aspect du profond abaissement où se trouve réduite l'Italie. Son patriotisme, éclairé avant tout, lui fit comprendre une loi de s'enrôler à ce moment dans l'armée de la république cisalpine, aujourd'hui aux ordres de l'étranger, il est vrai, mais qui demain pouvait être appelée à défendre la grande patrie italienne. Désigné à quelque temps de là pour faire partie de l'assemblée des notables de la république cisalpine, convoquée à Lyon par Bonaparte sous le nom de *consulta*, il y fit entendre de nobles et courageuses paroles, et traça le plus sombre tableau des vices et des abus du gouvernement militaire établi au delà des monts par les vainqueurs, au lieu du gouvernement libre qu'ils avaient promis aux populations. Son discours ne dura pas moins de trois heures, et produisit la plus vive impression sur l'auditoire. Il a été imprimé depuis sous ce titre : *Orazione a Bonaparte* (Lugano, 1829).

Foscolo remplaça alors pendant quelque temps Monti dans sa chaire de littérature à l'université de Pavie; mais son cours ne tarda pas à être interdit. En 1803 il publia sa traduction du petit poëme de *La Chevelure de Bérénice* par Callimaque, avec un grand commentaire où il persifle spirituellement les lourds et pédants commentateurs qui font un pompeux étalage d'une érudition dénuée de critique. En 1805, nous le retrouvons au camp de Boulogne; car encore une fois il lui était arrivé de se croire une vocation véritable pour la carrière des armes. Mais ses velléités guerrières durèrent peu; les Muses, comme on disait alors, l'emportèrent décidément dans son cœur sur Bellone, et il revint pour toujours à leur culte. De retour à Milan, il y publia sa belle édition de Montecuculli, ainsi que son poëme *I Sepolcri* (Les Tombeaux), composition empreinte d'une mélancolie solennelle et respirant un parfum antique. Il y fit jouer aussi sa tragédie d'*Ajace*, qui lui valut un exil de la part du viceroi Eugène Beauharnais, à cause des allusions qu'on crut y apercevoir à la politique de Napoléon, appuyant son despotisme sur l'influence des prêtres. Il se retira alors à Florence, où il donna sa tragédie de *Ricciarda*, pièce où il exprimait encore plus clairement les espérances qu'il conservait sur la résurrection de l'indépendance italienne, et qui parut, imprimée à Londres, en 1820. C'est pendant son séjour à Florence qu'il traduisit le *Voyage sentimental* de Sterne, publié à Pise en 1813. L'année suivante, quand s'écroula l'empire de Napoléon, Foscolo crut un instant que les puissances songeaient à constituer au nord de l'Italie un État indépendant. Devenu l'un des aides de camp du général Pino, il s'efforça de faire partager ses idées à la garde nationale de Milan, ne fit par là qu'exciter les défiances des nouveaux maîtres de l'Italie, les Autrichiens, et dut encore une fois se condamner à l'exil. Il se retira d'abord en Suisse, qu'il abandonna en 1817 pour aller habiter l'Angleterre, où il mourut, à Londres, le 11 septembre 1827.

Pendant son séjour dans ce pays, il écrivit pour la *Revue d'Édimbourg* divers articles du plus haut intérêt sur le Dante, Pétrarque, Boccace, etc., et se chargea de surveiller et de diriger une édition critique des quatre grands poëtes italiens, que la maladie, les souffrances et le découragement l'empêchèrent de terminer. Cependant, il avait mené le travail de son édition du Dante assez loin pour que Rolandi lui en payât le manuscrit 400 liv. sterling. Cette édition de la *Divina Commedia* parut à Londres, en 1825, avec un grand luxe de typographie et de gravure. Jamais encore, on peut le dire, le Dante n'avait été si bien jugé. Foscolo éclaircit les difficultés et les obscurités de la *Divine Comédie* avec une saine érudition et avec une sagacité toute philosophique. Il avait conçu le plan de plusieurs grands ouvrages, entre autres d'une *Storia (dell') Arte di Guerra*, mais dont il n'a rien paru. On n'a non plus qu'un fragment des *Inni italiani*, qu'il avait commencés. Ses *Lezioni di Eloquenza* (Venise, 1830) ont été composées par une main étrangère sur ses notes manuscrites et d'après ses ouvrages. Les *Discorsi storici e letterarj* publiés à Milan en 1843 ne sont que la traduction en italien des divers articles qu'il donna aux journaux et aux revues pendant son séjour à Londres. Vicozzi a publié son *Saggio sopra Petrarca* (Londres, 1824). Consultez Pecchio, *Vida di Ugo Foscolo* (Lugano, 1833).

FOSSE, excavation pratiquée dans la terre, de forme carrée ou rectangulaire, le plus ordinairement. On fait des fosses pour planter des arbres, proviguer les ceps, enterrer les hommes ou les animaux, pour recevoir les fumiers, les engrais artificiels, pour conserver les grains (*voyez* SILO), pour recueillir les excréments de l'homme (*voyez* FOSSE D'AISANCES), etc.

Dans les cimetières, on distingue la *fosse commune* et les *fosses particulières* : à Paris, la fosse commune est une grande tranchée dans laquelle on presse les uns contre les autres les morts qui ne payent pas de droits pour être séparés, et où on leur laisse à peine le temps de se décomposer (cinq années environ), pour donner aussitôt leur place à d'autres. Les fosses particulières sont des concessions temporaires ou perpétuelles. Les concessions temporaires n'ont guère plus de durée que les fosses communes ; mais le mort occupe une fosse de deux mètres carrés à lui seul. La concession perpétuelle ne l'est pas autant que son nom semble l'indiquer, puisque aux termes d'un arrêté récent chaque quarante ans il sera fait reprise des concessions perpétuelles dont les ayants droit ne se feront pas connaître. Sur ces concessions perpétuelles on peut bâtir de profonds caveaux et y inhumer des douzaines de cadavres sans payer plus cher que les deux mètres superficiels de terrain nécessaires à un seul mort (la maçonnerie à part, bien entendu), de sorte que là encore, comme toujours, le riche peut faire des *économies* et réaliser des *bénéfices* interdits au pauvre diable.

On nomme *basse fosse* un cachot obscur dans une prison.

FOSSE (*Anatomie*). On donne ce nom, en ostéologie, à plusieurs cavités situées à l'extérieur du corps, et qui servent, soit à loger divers organes, soit à donner attache à des muscles. Tantôt elles sont formées par un seul os : telles sont les *fosses iliaque, occipitale, scapulaire*, etc. ; tantôt par plusieurs : telles sont les *fosses temporales, palatine*, etc. On ne donne pas le nom de *fosses* aux cavités articulaires qui reçoivent la tête des os. D'un autre côté, on l'attribue à des cavités qui ne sont plus que de simples enfoncements, comme les *fosses nasales*, lesquelles communiquent antérieurement avec les narines et postérieurement avec le pharynx. Situées au dessous de la base du crâne, au-dessus de la voûte palatine, ces cavités séparées entre elles par une cloison verticale, dirigée d'avant en arrière et tapissée par une membrane dite *pituitaire*, de la nature des muqueuses. Leurs parois sont formées par plusieurs os et par les cartilages du nez. A la paroi extérieure s'insèrent trois lames osseuses, minces, recourbées sur elles-mêmes, et qui ont pris pour cela le nom de *cornets nasaux*. Les fosses nasales communiquent en outre avec des *sinus* creusés dans divers os environnants, notamment avec l'os frontal, d'où la douleur que l'on ressent vers cette région dans l'inflammation de la pituitaire, ou *coryza*. Cette membrane, siège de l'odorat, est constamment traversée par l'air qui se rend dans les poumons pour la fonction de la respiration. D' SAUCEROTTE.

FOSSÉ, fosse prolongée. Que les fossés soient destinés à servir de limites ou de moyen de clôture et d'écoulement pour les eaux, il est des règles que l'on ne doit point négliger dans leur construction. Ces règles communes dépendent de la nature du sol ; s'il est compacte, argileux, les parois intérieures seront selon un plan plus ou moins rapide, jamais perpendiculaire cependant, à moins que les fossés ne reçoivent à l'intérieur un revêtement en pierres ou en briques ; s'il est léger, sablonneux, mobile, la pente sera plus douce ; le terme moyen pour leur construction est de donner à leurs talus une pente équivalant au moins à une fois et demie leur profondeur ; construits d'après ces données, ils entraînent des dépenses moindres pour leur entretien, et durent plus longtemps. Des haies vives maintiennent les terres de la berge et donnent de la solidité aux parois. Les fossés sont donc de certains cas de *première nécessité* ; ils rendent la fertilité à de vastes plaines demeurées stériles par la stagnation pénible des eaux. P. GAUBERT.

FOSSÉ (*Fortification*), partie excavée entre l'enceinte d'un lieu défendu et la campagne ; la terre retirée du fossé s'emploie à la construction du rempart. L'idée de ce moyen de défense est simple ; l'usage en est antique : Rome avait un fossé d'enceinte, dont la largeur et la profondeur, d'égale mesure, étaient prodigieuses, et que Denys d'Halicarnasse a décrit. Dans les camps romains, aux beaux temps de cette milice, étaient environnés d'un fossé, à moins que le temps nécessaire pour le creuser manquât aux légions ou aux cohortes campées. Les villes sans fossés, mais à murailles sur un sol uni, redoutaient surtout le bélier et la tortue ; les villes à fossé n'étaient attaquables qu'à l'aide des musculus et des machines destinées à le combler. Les fortifications du moyen âge, situées, en général, sur des éminences et dominant le terrain d'attaque, étaient souvent sans fossé, parce que la terre qu'on en eût tirée n'aurait été qu'un embarras, puisque les murailles étaient non un terre-plein revêtu, mais une maçonnerie épaisse. Les machicoulis avaient pour objet de défendre l'approche du pied de la muraille, comme les fossés modernes défendent le pied de l'escarpe. La fortification moderne a toujours recours à des fossés, tant à l'entour des dehors que du corps de la place ; quelquefois même on pratique des avant-fossés. La paroi extérieure des uns et des autres s'appelle *contrescarpe*. On donne le plus généralement vingt-quatre mètres de largeur aux fossés les plus éloignés de l'enceinte, et trente-six mètres aux fossés de l'enceinte. Suivant que les fossés sont secs ou inondés, leur profondeur a varié entre six et deux mètres. Une cunette ajoute à la profondeur des fossés inondés. Des ponts-levis, des escaliers, des communications, des prames, permettent le passage du fossé aux troupes de la garnison ; un chemin couvert en défend la contrescarpe ; des ouvrages y plongent ; des caponnières, des contre-mines, les traversent ; leur attaque, leur défense, font partie des importantes et savantes études du corps du génie. Gal BARDIN.

FOSSE AUX LIONS. *Voyez* CALE.

FOSSE D'AISANCES, espèce de réservoir ou de citerne que l'on creuse d'ordinaire au-dessous de l'une des caves des habitations particulières, destinée à recevoir les matières fécales au moyen de tuyaux de conduite partant des étages supérieurs, et dont l'art de l'architecte est de bien choisir l'emplacement, afin de rendre l'opération de la vidange aussi facile et le moins incommode que possible. Autrefois ces tuyaux de conduite étaient le plus souvent en terre cuite et défendus contre les chocs extérieurs par une simple couche de plâtre ; mais leur extrême fragilité amenait bien des graves inconvénients dans la plupart des maisons, à cause des infiltrations fétides qu'elle favorisait. On ne se sert plus guère aujourd'hui que de tuyaux en fonte, et la salubrité générale a singulièrement gagné à cette amélioration, si simple, apportée dans le système d'édification de la plupart des grandes villes, parisiennes. Dans la plupart des grandes villes, le système de construction des *fosses d'aisances* est soumis à l'observation de certaines règles prescrites par la police à l'effet de diminuer autant que possible les inconvénients des émanations fétides qui s'en échappent ainsi que les infiltrations liquides dans les caves voisines et les puits. Ces inconvénients sont tels qu'on préfère généralement aujourd'hui employer le système des fosses dites *mobiles* et *inodores*, et consistant tout simplement en tonneaux d'une capacité plus ou moins grande, qu'on place sous une cave à l'extrémité des tuyaux de conduite, et qu'on enlève quand ils sont pleins, pour les remplacer par d'autres tonneaux vides.

FOSSETTE, diminutif de *fosse*. Ce mot ne s'emploie que dans deux acceptions différentes. Dans la première, il rappelle des souvenirs bien chers à l'enfance : nous avons tous, dans nos premières années, joué à la *fossette* : ce jeu consiste à jeter et à réunir des noix, des billes, etc., dans un petit trou creusé en terre à une certaine distance. Dans la seconde acception, il désigne le petit creux que certaines personnes ont au menton, ou ceux qui se dessinent sur les joues quand on rit. Celles-ci impriment presque toujours quelque chose d'agréable, de gracieux à la physionomie ; aussi les femmes les considèrent-elles comme des traits de beauté, dont elles sont fières ; de *jolies fossettes* sont un avantage qui les fait souvent triompher d'une rivale.

En anatomie, on a appelé *fossette* du cœur une dépression qui existe à la partie antérieure et inférieure de la poitrine, au niveau de l'appendice xiphoïde du sternum.

FOSSILES. Ce nom désigne les corps organisés ou leurs débris enfouis dans les terrains déposés par les eaux. On ne peut douter de l'origine des fossiles : il est aujourd'hui incontestable que ce sont des débris d'êtres organisés. Les anciens avaient des idées peu étendues, mais justes, sur l'origine des fossiles. Ce n'est que vers l'époque de la renaissance des sciences (quinzième siècle) que s'établit cette idée singulière que les fossiles étaient des jeux de la nature, des formes de la matière, les ébauches d'une force plastique intérieure et cachée. Cela devint même article de foi. Bernard de Palissy fut le premier et le seul pendant longtemps qui protesta contre ces absurdités, et qui expliqua raisonnablement l'origine des fossiles ; mais on craignit de compromettre la religion catholique, déjà violemment attaquée par la réforme, et, en voulant faire concorder les fossiles avec la doctrine d'un seul déluge, on en vint à faire des théories incroyables. Ainsi, Tournefort admit la végétation des pierres ; d'autres dirent que la terre, à l'époque du déluge, devint molle par l'action des eaux, et que les poissons déposèrent leur frai, les végétaux leurs graines, dans cette espèce de bouillie, puis que par l'effet de la chaleur centrale ce frai et ces graines se développèrent, et qu'ainsi ces corps naquirent dans le sein de la terre, où ils se trouvèrent tout enfouis. Si quelques théologiens avaient fait leurs efforts pour établir la concordance du déluge et de l'origine probable des fossiles, les philosophes voulurent prouver le contraire. Voltaire prétendit que les coquilles fossiles trouvées au sommet du mont Ararat y avaient été apportées par les pèlerins ; que les ossements de poissons étaient les restes du festin de quelque Apicius. Les découvertes modernes, et surtout celles de Cuvier, ont fait justice de ces erreurs.

On en est revenu à regarder les fossiles comme des débris d'êtres organisés. Les fossiles se présentent de différentes manières, conservés en nature, remplacés par une autre substance, ou bien on ne trouve plus que l'empreinte d'un corps ou la place vide occupée par ce corps, qu'une cause destructrice a fait disparaître. Beaucoup de fossiles des terrains récents sont dans un état de conservation presque intacte ; dans les animaux, la partie gélatineuse a disparu, mais la partie calcaire, ou au moins les parties cornées, existent encore ; dans les végétaux, les parties charbonneuses et bitumineuses sont conservées le plus souvent. Quelquefois le corps organique a été remplacé par une substance minérale étrangère : généralement, c'est la silice ou la chaux, la pyrite, le talc, le fer hydraté, etc. Ce remplacement s'est fait lentement, molécule par molécule, si bien que la matière qui pétrifiait le corps a imité ses caractères les plus délicats : les bois fossiles silicifiés et agatisés présentent de beaux exemples de ce phénomène. Quelquefois, au contraire, un corps a disparu complètement et a été remplacé en masse par la matière pétrifiante : on n'a plus de ce corps que la forme extérieure. On conçoit que si cette cavité n'est pas remplie, il restera un vide qui représentera exactement la forme extérieure du corps détruit. Les fossiles, surtout les végétaux, sont souvent à l'état d'empreintes, en creux ou en relief.

Rarement les fossiles ont été enfouis par un cataclysme, par une catastrophe subite : c'est toujours lentement que la fossilisation s'est opérée. De nos jours, nous voyons ce phénomène s'accomplir ainsi. Sur les bords de la mer, l'animal d'une coquille étant mort, cette coquille reste sur la vase ; peu à peu elle est recouverte par des dépôts qui se placent sur elle. Si ces dépôts sont formés de galets, si la mer agite, cette coquille sera bientôt détruite. Dans nos rivières, il en est de même pour les poissons, pour tous les animaux qui y vivent ou qui ont été, par une certaine cause, jetés dans leurs eaux. Les végétaux comme les animaux sont soumis aux mêmes lois pour devenir fossiles, *tranquillité* et *temps*, sinon le corps est détruit. Voilà pourquoi on ne trouve que les parties les plus solides des êtres organisés, car les plumes, les fleurs, les fruits, les œufs, sont très-rares.

Si on doutait encore que les fossiles doivent leur origine à un cataclysme général qui se serait répété plusieurs fois, il faudrait supposer que par toute la terre on devra trouver sans aucune interruption les mêmes dépôts. Or, il n'en est rien. Il est donc évident que la mer n'a jamais couvert la surface de la terre tout entière d'une seule fois, car les dépôts laissés par les eaux ne sont pas continus, et viennent attester que toujours il y a eu des parties émergées où ne se formaient pas de dépôts, et des parties submergées où se formaient des dépôts. Une fois ces deux conditions exposées, il faut observer que si le corps organisé, végétal ou animal, reste exposé à la décomposition, il se détruit : or, il n'y a guère que l'enfouissement dans la vase qui conserve au moins les parties solides. Voilà pourquoi les animaux qui habitent les forêts, les déserts, en un mot qui vivent loin des grands dépôts d'eau, comme les oiseaux, les singes, les gazelles, les antilopes, etc., etc., sont rarement trouvés à l'état fossile, non pas parce que ces espèces sont de nouvelle création, mais parce qu'elles n'ont jamais vécu dans des circonstances favorables à la fossilisation, comme l'hippopotame, par exemple.

Dans l'état actuel de la science des fossiles, il est dangereux de trop généraliser, car le lendemain une découverte renverse tout l'échafaudage de la théorie. Ainsi, on a voulu prouver le déluge par les fossiles, et on a échoué ; on a voulu le nier, et on a vu, quelle qu'en soit la cause première, qu'il y en avait eu plusieurs, non généraux, il est vrai, mais partiels. On a voulu encore établir la théorie suivante, qui est cependant renversée tous les jours par de nouvelles découvertes. On avait dit : les êtres formant une espèce d'échelle sous le rapport de la complication et de l'organisation, et ayant dû être créés du plus simple au plus composé, il est certain que l'on devra trouver les êtres organiques, animaux et végétaux, les moins composés dans les terrains le plus anciennement déposés par les eaux, et qu'à mesure que les terrains seront plus récents, les animaux seront plus complets. Les premiers résultats des recherches des géologues semblaient confirmer ces théories. Ainsi, on n'avait rencontré dans les terrains anciens que des végétaux phanérogames monocotylédones, et aussitôt la théorie dit qu'ils avaient été créés avant les végétaux phanérogames dicotylédones. Il est démontré aujourd'hui que ces deux classes ont existé de tout temps et ensemble, avec des agames et des cryptogames. On avait voulu établir que les reptiles étaient postérieurs aux poissons, les insectes et les oiseaux aux reptiles, les mammifères aux oiseaux et l'homme aux mammifères : eh bien, les reptiles se retrouvent avec les poissons. Dans le terrain houillier d'Angleterre, il y a déjà des insectes. Les mammifères n'auraient été créés que pendant l'époque tertiaire, et l'on trouve des didelphes dans le terrain jurassique d'Angleterre. Quant à l'homme, qui n'avait paru qu'après le grand dépôt des alluvions anciennes et après la création des mammifères, on trouve ses restes avant les alluvions anciennes, et mélangés avec ceux des mammifères. On voit donc, philosophiquement parlant, qu'aujourd'hui on ne peut rien dire de positif sur ces questions élevées, avant que le nombre des faits observés soit plus considérable. Ce qui paraît être incontestable cependant, c'est qu'en raison de la haute température dont le globe a été doué jadis, les êtres ont dû paraître à mesure que la température et l'atmosphère leur permettaient d'exister, et qu'en général les êtres simples ont commencé à peupler le globe, et que successivement ont paru des êtres à organisation plus développée, sans qu'on puisse encore préciser les époques certaines de leur apparition. Néanmoins, l'étude des fossiles, telle qu'elle est, est très-utile pour le géologue, qui tire un grand parti des fossiles caractéristiques pour la détermination des terrains.
L. DUSSIEUX.

On trouve dans les couches de la terre de nombreux débris de végétaux : presque toujours la substance ligneuse a disparu pour faire place à des matières minérales ; mais les formes de l'organisation se sont conservées dans leurs détails les plus délicats. A voir les zones concentriques des bois, les nervures des feuilles, les contours des corolles si nettement dessinés, on dirait que la nature a voulu former un herbier en témoignage de son antique fécondité.

Les végétaux fossiles se trouvent à divers états. Ils sont ordinairement tourbeux ou carbonisés, pétrifiés ou minéralisés. Dans quelques circonstances, ils n'ont pas subi de décomposition, ou ne sont que faiblement altérés. Telles sont les forêts sous-marines, que l'on connaît sur plusieurs points des côtes de France ou d'Angleterre. La tourbe, les lignites, la houille, l'anthracite, ces charbons de terre si connus pour leurs usages calorifiques, ne sont que des amas de végétaux enfouis, et plus ou moins altérés par l'action des eaux ou du feu. Le jayet et le bois bitumineux appartiennent au même ordre de phénomènes. L'inégalité de force des causes qui ont produit l'enfouissement, l'éloignement de l'époque à laquelle il a eu lieu, et la nature des bouleversements qui ont plus tard remanié ces dépôts, rendent raison des grandes différences physiques qu'ils présentent. Les plus anciens sont ceux dont la carbonisation est la plus parfaite et la densité la plus grande. Il semble qu'à mesure qu'on s'éloigne de l'origine des choses, la texture de ces amas devient plus lâche et plus ligneuse, et dans les formations voisines de l'époque actuelle, on les trouve souvent à l'état de terre ou de vase. Les tourbières sont dans ce cas, et près de Cologne, sur les bords du Rhin, on exploite sous le nom de *terre de Cologne* d'énormes amas de bois changés en terreau, et recouverts seulement d'une couche de cailloux roulés, amas qui ont jusqu'à seize mètres d'épaisseur. Les amas de houille étaient aussi de vastes tourbières, que la superposition de plusieurs lits de grès et d'argile ont dû amener successivement à un état plus compacte, puis à l'état de lignite peut-être. Puis sont venues les éjections de porphyres et mélaphyres; et c'est sans doute à l'action de ces roches en fusion qu'est due la carbonisation complète des anciens amas de végétaux. On sait en effet, par les exemples que l'en offre l'Auvergne, que des lignites recouverts par des coulées et des déjections volcaniques ont pris l'apparence de la houille ou de l'anthracite.

Les végétaux pétrifiés sont communs dans presque tous les terrains de sédiments supérieurs; le plus souvent la silice, sous la forme de jaspe, d'agate, d'onyx et surtout de silex, a remplacé le ligneux antérieurement à l'enfouissement des végétaux dans le milieu où on les trouve aujourd'hui. Ainsi, dans les gypses des environs de Paris il y a des palmiers changés en silex. Dans le Wurtemberg, on connaît aussi une forêt entière de palmiers pétrifiés. La transformation du ligneux en calcaire, en gypse et en argile est plus rare. Quelquefois au ligneux se sont substituées des matières et des minerais métalliques. On peut citer les épis imprégnés de cuivre, d'argent et d'autres métaux trouvés en Suisse et près de Frankemberg en Hesse, les arbres convertis en minerai de cuivre des monts Ourals, les végétaux changés en sulfure de plusieurs tourbières; en Bretagne et à Versailles, convertis en tripoli. Enfin, les minerais de fer qui gisent en amas dans les landes de Gascogne ont pour matrices d'innombrables fragments de bois agglutinés.

L'organisation fermentescible des fruits en fait le produit le plus sujet à destruction du règne végétal; quelques-uns cependant ont conservé leurs formes par la pétrification. Ainsi, de la terre de Cologne on retire parfois des fruits que l'on croit appartenir au palmier areca. Il n'est pas jusqu'aux résines qui n'aient laissé des témoins de leur existence dans les terrains de sédiments. Il suffit de citer le caoutchouc fossile du Derbyshire (*voyez* ÉLATÉRITE), et le succin des côtes de la Baltique et des lignites parisiens.

La présence des végétaux fossiles dans les couches de la terre n'avait pas attiré l'attention des anciens. On ne paraît s'en être occupé qu'à la renaissance des lettres. Alors on remarqua les bois fossiles, et surtout les grands troncs d'arbre répandus dans toutes les parties du monde. Quelques naturalistes n'y virent que des jeux de la nature; d'autres, plus nombreux et plus près de la vérité, soutinrent que c'étaient les restes d'arbres détruits par le déluge. Pendant le dix-septième siècle, plusieurs ouvrages traitèrent des végétaux fossiles. Le plus remarquable est celui de Scheuchzer (1709) intitulé : *Herbarium diluvianum*. En 1718, l'illustre Bernard de Jussieu remarquait avec sagacité que les végétaux des houillères diffèrent beaucoup de ceux de nos climats, et se rapprochent davantage de ceux de la zone équatoriale. Toutefois, l'imperfection de la botanique et la nullité de la géologie à cette époque ne permettaient pas d'élever ces études jusqu'à des généralités. C'est seulement depuis que Cuvier eut montré l'importance des recherches sur les êtres organisés fossiles pour la chronologie du globe, et surtout depuis 1820, que l'étude des végétaux fossiles a pris un grand élan. Nous devons dire à la gloire de la France que M. Adolphe Brongniart a été le plus habile et le plus heureux des savants qui ont cherché à reconstruire l'histoire du monde primitif au moyen des diverses périodes de la végétation.
A. Des Geneyez.

FOSSOMBRONE (*Forum Sempronii*), ville et siège d'évêché dans la délégation d'Urbino et de Pesaro (États de l'Église), sur la route de Fano à Rome, l'ancienne *Via Flaminia*, est située dans une étroite vallée, sur les revers du Metauro, dans une charmante contrée. On y compte 4,000 habitants, qui récoltent beaucoup de soie, sous le nom de *seta della merca*, elle passe pour la meilleure qu'on récolte en Europe. Au nombre des curiosités que renferme Fossombrone, il faut mentionner la cathédrale, où l'on remarque beaucoup d'inscriptions, et le vieux château bâti sur la hauteur qui la domine. En fait de monuments remontant à l'époque des Romains, on y voit les ruines d'un théâtre et l'arche d'un pont. L'an 207 avant J.-C., Asdrubal fut complètement battu par les Romains près de Fossombrone. Cette ville fut détruite par les Goths, puis rebâtie dans une situation plus commode, non loin de son premier emplacement.

FOSSOYEUR (du mot latin *fossarius*). C'est celui qui fait les fosses pour enterrer les morts. Dans le midi de l'Europe, il existe encore des confréries qui, par un admirable esprit de charité, creusent de leurs mains la tombe de leurs semblables. Il paraît certain que déjà du temps des apôtres il y avait des hommes qui se vouaient sans rétribution à ce pieux office. Auparavant, Tobie emmené en esclavage chez les Assyriens, enterrait en secret les corps de ses frères les Hébreux. Constantin forma un corps particulier de fossoyeurs, qu'il porta au nombre de *neuf cent cinquante*; ils furent tirés des différents collèges de métiers, divisés par dixaines, et exemptés d'impôts. Le génie anglais, qui ose tout peindre, a mis en scène des fossoyeurs : Shakspeare leur a donné place dans le cinquième acte de son *Hamlet*. Dans nos campagnes françaises, c'est le bedeau qui ordinairement sert de fossoyeur et fournit la bière.
Saint-Prosper.

FOTHERGILL (John), l'un des plus célèbres médecins qu'ait produits l'Angleterre, né le 8 mars 1712, à Carrend, dans le comté d'York, appartenait à la secte des quakers. Après avoir étudié la médecine à Édimbourg, il y soutint, en 1737, sa thèse pour le doctorat : *De emeticorum usu in variis morbis*, comprise par W. Smellie dans son *Thesaurus medicus*, et obtint ensuite un emploi à l'hôpital de Saint-Thomas, à Londres. Après un voyage scientifique en Hollande, en Allemagne et en France, il s'établit à Londres, où il eut bientôt acquis la réputation et la considération dont il jouit constamment jusqu'à sa mort, arrivée le 16 décembre 1780. En 1748, la maladie connue sous le nom d'*angine couenneuse* ayant pris un caractère épidémique à Londres, Fothergill la traita d'après une méthode à lui, employant avec succès les vomitifs et les acides minéraux; et la dissertation dont elle lui fournit le sujet, *An account on the putrid sore throat*, obtint les honneurs de la traduction dans plusieurs langues. Il en combla à sa réputation par la description exacte qu'il donna d'une affection nerveuse de la face, à laquelle on a donné son nom, ainsi que par la manière heureuse dont il la traita. Consultez à cet égard sa monographie intitulée : *A concise and systematic view on a painful affection of the nerves of the face* (Londres, 1805).

Fothergill s'occupa aussi beaucoup de botanique ; en 1762, il acheta une vaste propriété à Upton, et y établit un jardin botanique. Il employa les meilleurs artistes de Londres à en dessiner les plantes, et à sa mort plus de 1200 de ces dessins furent achetés pour le compte de la Bibliothèque impériale de Saint-Pétersbourg. Sa collection zoologique et son cabinet de minéralogie étaient comptés parmi les plus riches qu'il y eût en Angleterre. Il fonda à ses frais une grande école pour les enfants des quakers pauvres. Il s'associa aux plans philanthropiques d'Howard pour améliorer la misérable condition des détenus, et prit une part active aux efforts faits pour faire supprimer la traite des nègres. Il existe diverses éditions de ses œuvres complètes.

FOU. *Voyez* Folie et Aliénation mentale.

FOU (*Jeu d'échecs*). Dans ce jeu, où tout le monde s'est accordé à reconnaître l'image de la guerre, les *fous* sont des pièces très-importantes : les Grecs les nommaient *aréiphiles*, c'est-à-dire favoris de Mars, parce qu'ils provoquent les hostilités. Les Orientaux, qui personnifiaient le *fou* sous la figure d'un éléphant, l'appelaient *fil* ; les Italiens lui ont donné le nom d'*alfiere* (sergent de bataille, sous-lieutenant) ; l'auteur du roman de *la Rose*, voulant peut-être rapprocher ce mot de son étymologie orientale, *fil*, a appelé cette pièce *fou*, et le nom lui est resté. On compte au jeu d'échecs deux fous dans chaque camp, le *fou* du roi et celui de la reine ; ils ne peuvent marcher qu'obliquement sur des cases de la couleur de celle où ils se trouvent primitivement placés.

FOU (*Ornithologie*), genre d'oiseaux palmipèdes, dont les doigts sont unis par une membrane commune. Ils ont un bec robuste, plus long que la tête, droit, conique, et crochu vers le bout, les jambes avancées vers le milieu du corps, en dehors de l'abdomen, les ailes très-longues et une queue qui les dépasse rarement ; leur cri est fort, et participe de celui de l'oie et du corbeau. Ces oiseaux vivent de poisson, qu'ils saisissent au moment où il paraît à la surface de la mer ; ils sont excellents nageurs ; leur vol est rapide et soutenu. Les voyageurs s'accordent à dire qu'ils ne s'éloignent pas à de très-grandes distances des terres, que leur présence annonce toujours : cependant on en a trouvé à plusieurs centaines de kilomètres au large, et de célèbres navigateurs sont loin de croire qu'ils soient des sûrs avant-coureurs de la terre. L'instinct borné de ces oiseaux leur a fait donner les noms de *boubie*, *booby* en anglais, *bobos* en portugais, qui tous signifient *niais*, *fous*, *stupides*. Il semble en effet qu'ils soient tout au plus aptes à la procréation et à la recherche de leur nourriture : quelle que soit la force dont les a doués la nature, ils n'ont pas le courage de se défendre contre la frégate, ennemi qui leur est bien inférieur. Celle-ci poursuit le fou dans les airs à coups de bec ; elle le force à regorger le poisson qu'il vient de prendre, et qu'elle saisit au vol. Les fous n'ont pas même l'instinct de la conservation : chaque jour les marins en tuent à coups de bâton, sur les vergues des navires, sur les terres ou les rochers où ils vont se poser ; la présence de l'homme, le bruit de ses armes, le massacre même qu'il fait de leurs semblables, ne peuvent les décider à s'enfuir. Ils se laissent approcher, prendre et assommer les uns après les autres. Peut-être n'en est-il ainsi que dans les lieux où ils n'ont pas encore appris à craindre ce redoutable ennemi, et c'est là l'opinion de Buffon et de plusieurs autres naturalistes.

Les fous, quoique palmipèdes, perchent ; car ils ne peuvent facilement prendre leur vol que d'un point élevé. La femelle ne pond qu'un ou deux œufs ; et l'on a remarqué qu'à l'époque de la couvée, ces oiseaux se tiennent beaucoup plus dans le voisinage de la terre. On a classé les fous en trois espèces, dont la grosseur varie depuis celle d'une oie jusqu'à celle d'un canard : nous n'en avons qu'une en Europe : c'est le *fou blanc* ou *fou de Bassan* (*sula bassana*), qui doit ce dernier nom à son abondance dans une petite île du golfe d'Édimbourg. Les deux autres espèces sont le *sula dactylatra*, vulgairement *manche de velours* des navigateurs, commun dans l'île de l'Ascension, et le *fou brun* (*sula fusca*), *cordonnier* de Commerson, appartenant à l'Amérique méridionale.

FOUAGE ou **AFFOUAGEMENT** (en basse latinité *focagium*, puis *foagium*, de *focus*, foyer, feu). C'était un impôt perçu autrefois par le roi et par les seigneurs sur chaque feu ou ménage. L'origine de cette taxe est fort ancienne. Landulphe rapporte que l'empereur Nicéphore exigeait un tribut sur chaque famille : *Per singulos focos census exigebat*. En France, le fouage a existé dès le temps de la première race. Le taux du fouage a varié selon les temps et les localités. Ici, il était de cinq sols par chaque personne mariée ou veuve ; là, il était d'un franc ; ailleurs, il s'élevait jusqu'à quatre livres. Le fouage était un impôt direct et personnel ; il était le même pour tous, le *fort portant le faible*. En cela il différait de l'*aide*, qui était un impôt de consommation. Dans certaines localités on fixait une somme à lever sur la totalité du bourg ou du village, et cette somme était répartie entre tous les feux de l'endroit. Anciennement, le fouage était un impôt extraordinaire, c'est-à-dire qu'on n'y avait recours que dans le cas de nécessité. Charles V en fit lever un pour la solde de ses troupes. Le roi Charles VII rendit cet impôt perpétuel, et depuis ce temps on le désigna sous le nom de *taille*. La dénomination de *fouage* subsista seulement dans les localités où les seigneurs avaient établi ce droit. En général, les habitants s'y étaient soumis pour obtenir de leurs seigneurs que les monnaies ne seraient pas changées.

FOUCHÉ (Joseph), duc d'OTRANTE, naquit à Nantes, le 29 mai 1763, d'un capitaine de navire marchand, et non pas d'un boulanger, comme on l'a dit. Fouché avait été élevé à l'Oratoire. Destiné d'abord, comme son père, à la marine, il fut obligé de renoncer à cette carrière. Sa complexion délicate lui en fermait l'accès. Il se livra donc avec ardeur à l'étude. Ses efforts furent couronnés de succès ; il se voua alors à l'enseignement public, et professa successivement aux collèges de Juilly, d'Arras, et à l'école militaire de Vendôme. A vingt-cinq ans il occupait la place de préfet du collège de Nantes ; ce fut là que le trouva la révolution française, dont il embrassa la cause avec exaltation. En 1792, la popularité qu'il s'était acquise appela sur lui la majorité des suffrages du collège électoral de la Loire-Inférieure, qui l'envoya à la Convention nationale.

Lors du procès de Louis XVI, il vota constamment avec la Montagne ; mais il se sentait peu propre à la carrière oratoire, celle des emplois lui souriait plus. En juillet 1793, il fut envoyé dans l'Aube, et il y montra tout ce dont il était capable en fait de négociations délicates. A sa voix, on vit marcher aux armées la jeunesse de ce département qui jusque là s'était montrée tout à fait contraire au recrutement. Deux mois après, il était appelé à une mission nouvelle dans le département de la Nièvre, et le 2 brumaire an II (novembre 1793), il accompagnait à Lyon Collot d'Herbois, chargé de faire exécuter le décret qui ordonnait la destruction de cette ville. De graves dissentiments éclatèrent bientôt entre les deux collègues, et Fouché, de retour à Paris, se vit poursuivi à outrance par Couthon et Robespierre, amis de Collot d'Herbois, et tout-puissants alors dans le comité. Ici nous ne pouvons passer sous silence les nombreuses accusations de cruauté que ces deux missions suscitèrent à Fouché. Fidèle à notre plan, nous nous bornerons à les constater, sans chercher à les appuyer ni à les combattre. Le 16 prairial suivant (4 juin), il fut appelé à la présidence du club des Jacobins ; mais, toujours en butte à l'animosité de Robespierre, son nom, peu de temps après, fut rayé de la liste des membres. C'était, comme l'a dit un biographe, un premier pas vers l'échafaud ; aussi Fouché fut-il dès lors un de ceux qui poussèrent le plus à la révolution du 9 thermidor.

Il n'en fut pas moins décrété d'arrestation dans la séance du 9 août 1794 ; mais il fut compris peu de temps après (le 26 octobre) dans l'amnistie politique arrêtée par la Convention dans sa dernière séance. Il se retira à Montmorenci avec sa famille, et y vécut paisiblement jusqu'au mois de septembre 1795; un décret du Directoire l'appela alors à l'ambassade de la république française près de la république cisalpine. Là il s'entendit avec Joubert, qui avait remplacé le général Brune dans le commandement de l'armée d'Italie, et se lia intimement avec lui. Toutefois, l'énergie qu'il déployait en faveur du pays déplut à la majorité du Directoire; il reçut son ordre de rappel, mais il ne se hâta pas d'obéir, fort qu'il était de la protection de Barras et de l'appui de Joubert. De retour à Paris, rentré de nouveau dans la vie privée, il en sortit encore pour remplir successivement une mission en Hollande et les fonctions de ministre de la police, en remplacement de Bourguignon.

Ici commence pour Fouché une carrière nouvelle. La république se trouvait dans une position compliquée, difficile. On sentait partout la nécessité de remettre les rênes de l'État aux mains d'un seul homme. La mort venait de ravir Joubert aux espérances de la patrie ; tout à coup le géant des Pyramides apparaît sur les rives de la Provence. Il venait de quitter l'Égypte; en une enjambée, il est à Paris, et bientôt il s'installe au pouvoir. Toutes les idées de Fouché se concentrèrent sur l'homme que la France venait d'élever si haut : il lui rendit de nombreux services ; mais le vainqueur balançait toujours à lui accorder sa confiance. Quelques mois après la signature du traité d'Amiens, le premier consul, subjugué par les mêmes influences, et croyant son pouvoir mieux affermi, supprima le portefeuille de Fouché, réunit ses attributions à celles du grand-juge, et le nomma sénateur titulaire de la sénatorerie d'Aix. Son éloignement des affaires dura vingt et un mois. Mais déjà Napoléon songeait à placer la couronne impériale sur sa tête : il crut devoir s'attacher de nouveau l'ancien ministre de la police. Fouché fut réinstallé dans ses fonctions en juillet 1804 ; il les remplit jusqu'en 1809, époque où Napoléon lui confia aussi le portefeuille de l'intérieur. Dans ce laps de temps assez long, l'empire, par ses soins, jouit d'une tranquillité profonde : « Jamais, dit le biographe déjà cité, police ne fut plus absolue ni plus arbitraire ; mais aussi il n'en exista jamais de plus active, de plus protectrice, de plus ennemie de la violence ; il n'en exista jamais qui pénétrât, par des moyens plus doux, dans le secret des familles, et dont l'action, moins sentie, se laissât moins apercevoir…. L'un des moyens qui lui réussit le mieux fut une extrême loyauté dans les engagements : il n'abandonna jamais ceux à qui il avait promis une fois son appui. » C'est pour le récompenser des services qu'il lui avait rendus pendant la campagne d'Allemagne, que Napoléon lui conféra le titre de duc d'Otrante et une dotation dans le royaume de Naples.

La guerre venait d'éclater de nouveau entre la France et l'Autriche, lorsque Fouché prit le portefeuille de l'intérieur, et l'Angleterre saisit ce moment pour diriger une expédition contre la Hollande, qui fut sauvée par la valeur du général Bernadotte et par l'adroite activité du ministre. Une nouvelle disgrâce l'attendait à son retour à Paris : après la paix de Vienne (octobre 1809), Napoléon lui retira le ministère de l'intérieur, et peu de mois après (3 juin 1810), le ministère de la police, dans lequel il fut remplacé par le duc de Rovigo. On s'est épuisé en conjectures sur les causes de cette chute inattendue. Chacun a cru deviner le mot de l'énigme, et personne peut-être ne l'a soupçonné. Fouché reçut en même temps sa nomination à la place de gouverneur général de Rome, place dont il n'exerça jamais les fonctions. Le duc d'Otrante se retira à Ferrière, à six lieues de Paris ; une mesure de police le força de s'en éloigner. Il se rendit en Italie, à la cour de la grande-duchesse d'Étrurie, et peu après, à Aix, au sein de sa famille. Napoléon l'ayant appelé à Dresde, après la désastreuse retraite de Moscou, lui confia le gouvernement général des provinces illyriennes, où il arriva le 29 juillet 1813 ; mais il quitta bientôt ce poste, alors fort difficile à conserver, pour se retirer à Naples auprès de Murat. En revenant en France, il fit quelque séjour à Florence et à Turin, et arriva à Lyon, d'où il chercha à gagner Paris pour assister à la création du gouvernement provisoire ; mais les armées alliées l'en empêchèrent ; et il n'arriva dans la capitale que vers les premiers jours d'avril. Il n'y passa que quelques semaines, et partit pour son château de Ferrière, après avoir écrit à Napoléon une lettre dans laquelle il lui conseillait d'aller demander un asile aux États-Unis. Enfin, le débarquement de l'empereur sur la côte de France ayant donné de vives inquiétudes aux Bourbons, ils pensèrent d'abord à rattacher le duc d'Otrante à leur cause désespérée, et projetèrent ensuite de le faire enlever pour s'en faire un otage. Mais leurs mesures de police furent si mal prises, que Fouché eut le temps de s'échapper. Le 21 mars il reprit les rênes de cette administration, et les conserva jusqu'en juin 1815, époque de l'abdication de Napoléon. Le duc d'Otrante fut élu membre, puis choisi pour président de la commission de gouvernement érigée alors. Des négociations s'ouvrirent : on en sait le résultat. Le 3 juillet 1815 une capitulation fut conclue à Saint-Cloud. L'en de temps après son retour, Louis XVIII appela le duc d'Otrante à son conseil, et lui rendit le département de la police générale.

Ce passage subit du ministère de l'Empire au ministère de la Restauration a soulevé contre Fouché de nouvelles accusations fort graves, des accusations de trahison. Le peuple s'est obstiné à y voir la trop prompte récompense de quelque grand service secret. Lucien Bonaparte s'est efforcé de justifier Fouché. Un personnage de la Restauration a, de son côté, longuement établi, dans *La Quotidienne*, que Fouché traitait avec les Bourbons avant d'accepter les fonctions qu'il a remplies durant les cent jours. Quinze jours après l'admission du duc d'Otrante aux conseils de la seconde restauration, parut la fatale ordonnance du 24 juillet.

Veuf depuis deux ans de sa première femme, il épousa, en août 1815, Mlle de Castellane, dont il avait connu la famille en 1810, pendant son exil à Aix. A la fin du même mois et au commencement du mois de septembre parurent deux documents qui produisirent dans le public une impression profonde : c'étaient deux rapports du ministre sur la situation de la France ; ils décidèrent sa retraite. Le jour même où sa démission était acceptée par le roi, il fut nommé ministre plénipotentiaire de France à Dresde, où il ne passa que trois mois. Frappé par la loi du 12 janvier 1816, qui avait particulièrement pour but de l'atteindre, il fixa d'abord son séjour à Prague ; puis il obtint du gouvernement autrichien, vers le milieu de 1818, l'autorisation de se rendre à Lintz, d'où il passa à Trieste. C'est là que, deux ans après, en 1820, s'éteignit obscurément, dans l'exil et l'abandon, un homme dont le nom avait été mêlé à tous les grands événements de notre histoire contemporaine.

Eug. G. de Monglave.

Quand je vis le duc d'Otrante en Illyrie, en 1813, il n'avait que cinquante ans ; mais il annonçait davantage. Sa taille, peu élevée au-dessus de la moyenne, était d'ailleurs extrêmement grêle et même un peu cassée, quand il se laissait surprendre par la fatigue ou par l'ennui. Sa constitution osseuse et musculeuse, qui se manifestait par de vives saillies dans tous les endroits apparents, ne manquait pas de vigueur ; mais il ne portait plus rien de ce luxe de santé auquel on reconnaît les heureux de la terre, les égoïstes, les paresseux et les riches. Il n'y avait pas un trait dans sa physionomie, pas un linéament dans toute sa structure, sur lequel le travail ou le souci n'eussent laissé une empreinte. Son visage était pâle d'une pâleur particulière, qui n'appartenait qu'à lui, et que je serais embarrassé de définir. Ce n'était pas la lividité qui trahit l'action permanente d'une hile réprimée avec effort ; ce n'était pas cette couleur malade et *blémissante* qui révèle un sang pauvre et une organisation étiolée. C'était un ton froid, mais vivant, comme celui que le temps donne aux monuments. La puissance de ses yeux bien enchâssés prévalait, au reste, en peu de temps, sur toutes les impressions que son premier aspect aurait pu produire. Ils étaient d'un bleu très-clair, mais tout à fait dépourvus de cette lumière du regard que lui donne le mouvement des passions et jusqu'au jeu de la pensée. Leur fixité curieuse, exigeante et profonde, mais immuablement terne, et que rien n'aurait détournée d'une question ou d'un homme, tant qu'il lui plaisait de s'en occuper, avait quelque chose de redoutable qui m'a fait tressaillir plus d'une fois. J'ai souvent raconté au duc d'Otrante des événements flatteurs et inespérés ; j'étais près de lui, et seul avec lui, à l'arrivée de plus d'un message désolant, et je n'ai jamais vu se démentir d'un clin d'œil l'impassible immobilité de ses yeux de verre. Je me demandais par quelle incroyable opération de la volonté on pouvait parvenir à éteindre son âme, à dérober à la prunelle sa transparence animée, à faire rentrer le regard dans un invisible étui comme l'ongle rétractile des chats.

La tenue du duc d'Otrante était d'une extrême simplicité, à laquelle ses mœurs le portaient naturellement, mais qui pouvait avoir alors un motif politique, tout à fait d'accord avec ses penchants. Le duc d'Otrante, en redingote grise, en chapeau rond, en gros souliers ou en bottes, se promenant à pied au milieu de ses enfants, la main ordinairement liée à la main de sa jolie petite-fille, saluant qui le saluait, sans prévenance affectée comme sans morgue et sans étiquette, et s'asseyant bonnement où il était fatigué, sur le banc d'une promenade ou sur le seuil d'un édifice ; cet extérieur de vie bourgeoise, de bonhomie patriarcale et d'inclinations populaires, qu'on avait regardé jusque alors comme incompatible avec le caractère français, et qu's'était manifesté rarement, à la vérité, chez les hommes de la conquête ; tout ce qu'il y avait de nouveau et de saisissant dans cet exercice familier, et comme facile, d'un pouvoir absolu qui ne s'était jamais montré qu'à travers la pompe des cours, la cohue dorée des cérémonies, et le tumulte des gens de guerre, éveillèrent plus de sympathie que nous n'en avions obtenu en plusieurs années d'occupation. Ce sentiment contribua beaucoup à diminuer les embarras et les périls du départ pour une armée innombrable d'employés venus à la suite des baïonnettes, et qui n'avaient plus de baïonnettes pour les défendre, quand arriva cette catastrophe inévitable de l'évacuation, qui est le quart d'heure de Rabelais des triomphateurs.

C'est à moi qu'il adressa ce mot mémorable qu'on a rapporté depuis dans des mémoires très-apocryphes, mais éclairés cette fois par d'excellents renseignements. La cour impériale venait de déposer sur son bureau le dossier d'un arrêt en suspens qui attendait son aveu. C'était celui de ce fameux Jean Sbogar, dont les journaux de Paris ont si bien prouvé que j'avais volé le type à père Byron, par anticipation, sans doute. « Quel est cet homme, me dit le gouverneur ? — Un bandit systématique, répondis-je ; un homme à opinions exaltées, à idées excentriques et bizarres, qui s'est acquis au fond de la Dalmatie une réputation d'énergie et d'éloquence, accréditée par des manières distinguées et une figure imposante. — A-t-il tué ? — Peut-être, mais à son corps défendant. Au reste, je n'en répondrais pas. Tout ce que je sais de lui, c'est que c'est un brigand fort intelligent et fort résolu, dont le nom revient souvent dans les conversations du peuple. — Assez, reprit le duc d'Otrante en jetant le dossier dans la corbeille des rebuts, il y a des circonstances où ce bandit peut rendre de plus grands services que la cour impériale. » Cela, c'était la moindre des énigmes du logogryphe, et il ne fallait pas être bien fin pour y lire distinctement le secret d'une dissolution prochaine dans le grand réseau de l'empire.

Charles Nodier, de l'Académie Française.

FOUDRE (en latin *fulmen*), désigne un fluide enflammé, électrique, qui sort de la nue avec éclat et violence. *Foudre* vient aussi de *fulgere*, briller, brûler. La foudre est en effet un feu très-vif, qui éclate contre quelque objet terrestre, et qui est capable de suffoquer les animaux et de les faire périr en un instant. Ses effets sont terribles quand rien ne s'oppose à ses ravages (*voyez* Paratonnerre) ; elle renverse les édifices le plus solidement construits, pénètre partout, brise, brûle et fond les corps les plus durs. Le nom d'*éclair* s'applique à la lumière qui accompagne ordinairement le phénomène ; *tonnerre* se dit du bruit causé par l'explosion.

La plupart des physiciens reconnaissent deux espèces de foudre, la foudre ascendante (*fulmen ascendens*) et la foudre descendante (*fulmen descendens*). La première désigne l'électricité ou matière du tonnerre, qui paraît sortir de la terre et se porter sur sa surface. Quoiqu'il fût généralement reconnu que la foudre s'élançait des nuages et venait frapper les corps terrestres, Maffei, en 1747, avança que la foudre s'élevait toujours de la terre et que jamais elle ne pouvait y tomber. Cette opinion fixa l'attention de plusieurs physiciens, et entre autres de l'abbé Jérôme Luoni de Cada, du général Marcilli, de Corradi, de Cassini, Lavoisier, etc., qui tous observèrent et constatèrent unanimement les foudres ascendantes. On voit assez communément cette espèce de foudre se former dans les cratères des volcans en activité ; dans les éruptions du Vésuve, de l'Etna, on a aperçu, par exemple, des sillons électriques sortir impétueux de la bouche de ces volcans, pénétrer la colonne de fumée qui s'élevait de leur cratère, s'élancer sur les objets voisins, et y produire les effets ordinaires de la foudre. Le chevalier Hamilton en rend témoignage dans sa belle description de l'éruption des volcans en 1777, 1779 et 1783.

La foudre descendante désigne la chute du tonnerre. On sait que l'électricité se développe dans l'atmosphère, que le tonnerre gronde dans les nuages, et que la foudre n'est en effet que la chute du tonnerre.

Au figuré, le mot *foudre* signifie le courroux de Dieu, l'indignation des souverains, etc. On se sert de cette expression en parlant d'un grand capitaine, d'un conquérant habile, et l'on dit : c'est un *foudre* de guerre. Un grand orateur se nomme également un *foudre* d'éloquence. Enfin, on emploie le mot *foudre* pour figurer l'excommunication, et l'on dit : les *foudres* de l'Église, les *foudres* du Vatican, c'est-à-dire les anathèmes et les châtiments que le pape lance contre ceux qui contreviennent aux dogmes de la religion catholique.

En mythologie, le mot *foudre* exprime une sorte de dard enflammé, dont les peintres et les poètes ont armé Jupiter. Cœlus, père de Saturne, ayant été délivré par Jupiter, son petit-fils, de la prison où le retenait Saturne, il fit présent de la foudre à son libérateur pour le récompenser. Ce fut ce don qui rendit Jupiter le maître des dieux et des hommes. C'était aux cyclopes qu'était accordée la faveur de forger les foudres ; de là père des dieux, le puissant Jupiter, lançait souvent sur la terre. Chaque foudre renfermait trois rayons de grêle, trois de pluie, trois de feu et autant de vent ; dans la trempe des foudres, les cyclopes mêlaient les terribles éclairs, les vents affreux, les traînées de fumée, la colère du maître de l'Olympe et la frayeur des mortels. Le foudre de Jupiter est figuré de deux manières : l'un est une espèce de tison flamboyant par les deux bouts, l'autre une machine pointue armée de deux flèches. Un *foudre* ailé est ordinairement le symbole de la puissance souveraine et aussi de la vitesse ; Apelles avait représenté Alexandre, dans le temple de Diane à Éphèse, tenant une foudre à la main, pour désigner une puissance à laquelle on ne pouvait résister.

Les effets de la foudre ont fourni dans l'antiquité une ample matière à la superstition des peuples. Les Romains admettaient deux espèces de foudres, les foudres de jour et celles de nuit ; les premières appartenaient, selon eux, à Jupiter, et les secondes aux dieux Sommanus ou Pluton.

Quant à celles qu'ils désignaient par ces mots : *foudres entre jour et nuit* (*fulgur provorsum*), ils les attribuaient à tous les deux. Lorsque la foudre partait de l'orient et y retournait après avoir seulement effleuré la terre, c'était le signe d'un bonheur parfait, de même que celle qui tombait à droite (*dextra*). Les foudres à bruit (*vana et bruta fulmina*) annonçaient la colère des dieux, de même que celles qui tombaient à gauche (*lœva*) : ainsi, par exemple, la foudre qui tomba au camp de Crassus. Pour les Romains, la foudre dans certains cas annonçait les événements dans un avenir très-éloigné; sa puissance de prédiction pouvait s'étendre jusqu'à trois cents ans. Lorsque le tonnerre se faisait entendre, on cessait à Rome les délibérations publiques, on n'entreprenait aucune guerre, et on remettait toute décision. Dans l'antiquité, les endroits frappés de la foudre étaient réputés sacrés, c'est-à-dire qu'on pensait que les dieux en avaient pris possession; aussi y élevait-on des autels avec cette inscription : *Deo fulminatori*. On nommait le lieu purifié par les aruspices, *bidental*, parce que l'on y avait immolé une brebis noire. V. DE MOLÉON.

FOUDRE, au masculin, désigne un grand tonneau contenant plusieurs muids de vin. En France, on laisse rarement le vin vieillir en foudre, mais en Allemagne l'on ne vide point ces sortes de futailles, et chaque année on met du vin nouveau sur le vin vieux; c'est surtout dans les années de grande abondance que l'on sent l'utilité des foudres, qui contiennent pour le moins de 5 à 6 tonneaux (mesure de Bourgogne), et au plus de 24 à 30. Souvent il arrive de remplir de vin les cuves, puis de les foncer, et alors la cuve devient foudre. V. DE MOLÉON.

FOUDRE (Pierre de). *Voyez* AÉROLITHE.

FOUET. Dans son acception la plus ordinaire, ce mot désigne une cordelette de chanvre et de cuir qui est attachée à une baguette, à un bâton, et dont on se sert pour conduire et châtier les chevaux et les autres animaux. *Fouet* exprime aussi une ficelle fine et plus serrée que la ficelle ordinaire, avec laquelle on fait habituellement la mèche, c'est-à-dire le bout de la corde du *fouet*. Enfin, il se dit encore de tout instrument de correction ou de mortification, comme verge de bouleau, de genêt, de parchemin tortillé, de cordes nouées. Le *fouet* est l'attribut distinctif des charretiers, âniers et autres conducteurs d'animaux. Un des spectacles les plus désolants que présentent les rues de ce Paris, si bien nommé l'*enfer des chevaux*, est l'abus que les charretiers et cochers de place font du *fouet*. Ce dicton, *faire claquer son fouet*, on peut bien le leur appliquer, tant au positif qu'au figuré. Les excellents personnages qui en Angleterre s'occupent d'améliorer la condition des animaux domestiques, et après eux en France les membres de la société qui s'est imposé la même mission, sont unanimement d'avis de supprimer le *fouet* pour les chevaux : au surplus, philanthropie ou plutôt *zoophilie* à part, un bon cocher, un bon cavalier, emploient rarement le *fouet* ou l'éperon; ils se servent spécialement de la bride et se gardent d'en abuser. Les *valets de chiens* sont toujours armés de *fouets*; et c'est par le *fouet* que trop souvent se dresse un bon chien de chasse. Une loi a en France comme en Angleterre qualifié de délit l'emploi abusif du fouet contre les animaux domestiques, et une ordonnance de police rendue par M. Carlier a proscrit l'emploi de tout fouet qui ne serait pas monté en cravache et d'une longueur déterminée.

Aux fêtes de Bacchus et de Cybèle, dans l'Asie Mineure, le *fouet* jouait un grand rôle. Les prêtres faisaient une espèce d'harmonie en frappant l'air de leurs *fouets*. Chez certaines peuplades tatares ou cosaques, on manie si bien le *fouet*, que les sons qu'il produit sur trois tons différents, tiennent lieu de trompette. Dans l'antiquité, le *fouet* était employé aussi fréquemment pour châtier les hommes que les animaux. Hérodote nous montre, à la bataille de Salamine, une partie de l'armée de Xerxès occupée à faire avancer l'autre à coups de *fouet* contre l'ennemi. C'est encore Xerxès, qui, selon le même historien, fit battre la mer à coups de *fouet*, pour la punir de n'avoir pas respecté sa flotte. Les esclaves chez les anciens étaient châtiés à coups de *fouet* ; il en est de même dans nos colonies modernes, où les pauvres nègres ne connaissent que trop le *fouet* du commandeur. Chez les Romains dans l'origine il était permis, pour certains délits, de battre de verges, de *fouetter* un citoyen; mais plus tard ce châtiment fut exclusivement réservé aux esclaves; et l'un des plus grands crimes que Cicéron reproche à Verrès, c'est d'avoir fait *fouetter* un homme qui avait le droit de s'écrier au milieu des tortures : *Romanus sum civis* (Je suis citoyen romain). Le *fouet* était un instrument que les chevaliers romains, collecteurs d'impôts (*publicani*), employaient fréquemment pour forcer les malheureux alliés et tributaires de céder à leurs extorsions, de satisfaire leur avidité. Le grand-pontife romain avait le droit de *fouetter* les vestales qui s'écartaient de leurs devoirs. Dans les premiers temps du christianisme, le *fouet*, qui n'épargna point Jésus-Christ, fut constamment employé contre ses sectateurs. A leur tour, les chrétiens ont fréquemment usé du *fouet* contre les hérétiques. Les pénitents ne se le sont jamais épargné (*voyez* DISCIPLINE). Saint Jérôme est représenté un *fouet* à la main. Dans les processions par lesquelles le dernier des Valois, Henri III, profanait la religion en croyant la rendre plus auguste, le *fouet* jouait toujours un grand rôle (*voyez* FLAGELLANTS). Il s'employait dans l'ancien temps pour châtier les enfants, les pages, les domestiques. Il s'est maintenu dans les écoles jusqu'à la révolution de 1789. Rabelais nous a conservé le souvenir de Tempeste, « qui estoit un grand *fouetteur* d'escholiers au collége de Montaigu ». Le *fouet* avec la main est une correction maternelle fort usitée. Qui, en voyant *Le Malade imaginaire*, n'a ri du *fouet* donné par Argant à sa petite-fille? C'est la nature prise sur le fait. On ne saurait dire à combien d'expressions et de locutions proverbiales ont donné lieu les mots *fouet* et *fouetter*. Faire claquer son *fouet* signifie se bien faire valoir, faire valoir son autorité, son crédit. En termes d'artillerie, on entend par coup de canon tiré de *plein fouet* un coup de canon tiré horizontalement. Le *fouet* de l'aile signifie le bout de l'aile d'un oiseau. *Fouetter* ne s'emploie pas moins heureusement en poésie que *fouet*. Il se trouve dans l'un des plus beaux vers de Gilbert :

Fouetter d'un vers sanglant ces grands hommes d'un jour.

On connaît cette expression consacrée : le *fouet de la satire* (*voyez* FÉRULE). Proverbialement, Il n'y a pas de quoi *fouetter* un chat, signifie : La faute est des plus légères; J'ai bien d'autres chiens à *fouetter*, veut dire : J'ai bien d'autres choses plus importantes à faire; de la crème *fouettée*, c'est une chose qui a belle apparence, mais peu de fond.
Charles DU ROZOIR.

La peine du *fouet* remonte à une haute antiquité, puisque les Juifs, les Grecs et les Romains l'ont infligée aux coupables. Elle différait chez les derniers de la peine du bâton, réservée au soldat qui abandonnait ses enseignes, son poste, ou dérobait quelque chose dans le camp, ainsi qu'aux faux témoins : non infamante par elle-même, elle pouvait le devenir si la faute qui la motivait était elle-même infamante. Dans l'ancienne jurisprudence française, il y avait deux sortes de peines du fouet; l'une infamante, toujours accompagnée de la flétrissure et du bannissement des galères, et qui s'infligeait publiquement par la main du bourreau; l'autre non infamante, qu'appliquait le questionnaire ou le geôlier dans l'intérieur de la prison, *sub custodia*. Les femmes étaient fustigées par une personne de leur sexe : nous en avons la preuve dans l'ordonnance de 1264, rendue par saint Louis contre les blasphémateurs. L'Église flagellait aussi ses pénitents jusqu'au pied des autels : ce fut la peine que subit Raymond, comte de Toulouse, soupçonné de favoriser les Albigeois.

Jusqu'au seizième siècle, la législation ne fournit aucune trace de cette peine dans les armées françaises. Ce n'est que sous François 1er que l'histoire en offre quelques exemples.

On ne l'infligeait jamais à un soldat sans l'avoir préalablement dégradé et banni. Il n'était livré au bourreau que dépouillé de ses armes et ayant cessé de faire partie de l'armée : il eût été au-dessous du prévôt de remplir de semblables fonctions ; la troupe n'assistait même pas à ce supplice : on eût cru déshonorer le drapeau. L'ordonnance du 1er juillet 1786 avait créé pour les déserteurs une espèce particulière de flagellation, qu'on infligeait à l'aide de baguettes d'osier, de bretelles de fusil, de courroies de cheval, suivant le corps auquel le coupable appartenait.

Le fouet, banni depuis longtemps du code de l'armée française, qui le regarde avec raison comme une peine plus que dégradante, devant être retranchée de la législation pénale de toute nation civilisée, figure toujours en Angleterre au nombre des peines militaires contenues dans le *mutiny act* de 1689 et dans les *articles war*, qu'on revise chaque année. On l'inflige aux soldats et même aux officiers *non commissionnés* (sous-officiers) ; mais ce n'est point une peine infamante : on ne la considère que comme une simple punition de police. La fustigation existe aussi dans beaucoup d'autres constitutions militaires de l'Europe. Nous parlerons spécialement ailleurs de l'horrible peine du knout, qui joue un si grand rôle dans la civilisation de la Russie.

Mais un châtiment qui avait cessé depuis longtemps d'être en usage dans les rangs des armées françaises s'était maintenu, pour notre honte, à bord de nos vaisseaux de guerre et de commerce, et ne fut supprimé que par la république de 1848. Malgré l'abolition de l'esclavage des noirs dans nos colonies, on y retrouve encore aussi dans bien des habitations, en dépit de la surveillance des autorités, la peine ignoble de la fustigation appliquée avec des circonstances qui excitent l'indignation et le dégoût.

FOUET D'ARMES. C'était au moyen âge une arme offensive meurtrière, nommée encore *fléau d'armes*, composé d'un manche très-court, à l'extrémité duquel pendaient plusieurs chaînettes, ou plusieurs lanières de cuir ou de parchemin, terminées par des boules de fer ou de cuivre, qui étaient même quelquefois hérissées de pointes. De là les noms de *star*, *morning star* (étoile, étoile du matin) adoptés par les Anglais, qui attribuent aux Normands l'introduction de cette arme chez les Gaulois.

On remarque un *fouet d'armes* à la main droite d'une figure en bas-relief de la cathédrale de Vérone, qu'on a cru représenter Roland, et que certains antiquaires font remonter au neuvième siècle. On en conservait deux semblables à l'abbaye de Roncevaux, si l'on en croit le Père Daniel. Ils ont depuis longtemps disparu. On retrouve quelques *fouets d'armes* dans des collections et surtout dans celle du Musée d'Artillerie de Paris.

FOUETTE-QUEUE, *stellion bâtard* de quelques auteurs. Ce sous-genre de reptiles appartient à l'ordre des sauriens, au genre des stellions ; les fouette-queues n'ont point la tête renflée ; toutes les écailles de leur corps sont petites, lisses et uniformes ; celles de la queue sont plus grandes et plus épineuses que dans le stellion ordinaire ; mais elles n'existent pas en dessous. Il y a une série de pores sous les cuisses de ces sauriens. L'espèce la plus remarquable est le *fouette-queue d'Égypte*, appelé *caudiverbera* par Ambrosinus. Ce reptile a été depuis longtemps décrit par Belon, qui a dit, mais sans preuves, que c'est le crocodile terrestre des anciens ; le même auteur ajoute que cet animal, suivant la croyance vulgaire, se défend avec sa queue, dont il donne des coups atroces (*cauda atrocissime diverberare creditur*) ; il est long de 0m,60 à 1 mètre : son corps est renflé, tout entier d'un beau vert de pré ; il habite moins l'Égypte que les déserts qui entourent cette province.

FOUGASSE, mot d'origine italienne, qui désigne une mine de la moindre espèce ; on a employé comme un de ses diminutifs le substantif *fougette*, qui a désigné depuis peu d'années un genre de fusées de guerre. L'art des sièges défensifs recourt à l'emploi des *fougasses* ; elles servent à la protection de certains ouvrages de campagne, ou bien à la défense des brèches, des passages de fossé ou de chemin couvert ; on les fait sauter, ou isolément, ou simultanément ; elles sont moins profondément enfoncées que les fourneaux ordinaires, et ne plongent que de 1m,60 à 3m,25 sous terre ; elles contiennent de la poudre à canon dans un caisson d'artifice ; c'est une caisse cubique, un genre de fourneau portatif, dont la capacité et le contenu se proportionnent au degré de résistance que présente, suivant sa nature, le sol excavé. De la paille nattée, des enveloppes d'étoffes goudronnées, servent à préserver des ravages de l'humidité les fougasses qui seraient de nature à rester longtemps sans servir. On en emploie qui demandent moins de précautions : ce sont des bombes, des projectiles creux, qu'on enterre en manière de fougasses factices, et qu'on enflamme de même au moyen d'un saucisson ou d'un auget.

Gal BARDIN.

FOUGÈRE, famille de plantes cryptogames, comprenant un grand nombre de genres remarquables par leur foliation, et surtout par les parties de la fructification. Cette fructification très-indistincte, bien qu'apparente, a pour organes de petites coupes, de petites capsules, ou plutôt des follicules uniloculaires, recouvertes par une membrane, et s'ouvrant presque toujours transversalement en deux valves, souvent réunies par un anneau élastique, ou cordon à grains de chapelet quelquefois nus. Ces follicules, tantôt placées sur la partie inférieure du feuillage, et réunies sous des formes différentes, et tantôt distinctes et séparées, renferment les graines dont la fécondation s'est faite à l'intérieur, et servent pour établir les caractères des genres.

Les fougères sont ou herbacées ou frutescentes. Toutes celles qui croissent en Europe sont dans la première classe : leurs feuilles prennent immédiatement naissance sur la racine ; elles commencent par être roulées en forme de crosse, du roman à la base. Elles sont parfois écailleuses dans leur partie inférieure. Les fougères des tropiques ressemblent assez, par leur port, leur organisation, à des palmiers, et ce qu'on a dit du mode de végétation de ces arbres peut également s'appliquer à elles. Leur racine s'élève de terre, comme une tige droite, nue, et garnie à son sommet de quelques feuilles, dont la première forme est celle de la volute d'un chapiteau ionique. Elles sont hérissées d'écailles membraneuses, roussâtres, et suivent, dans leur développement, une direction verticale.

Les feuilles des fougères forment une excellente litière : quelques espèces européennes servent à la nourriture des chevaux et des bœufs, et leur racine est recherchée par les porcs. Sous les tropiques, ces racines, si l'on en croit quelques voyageurs, constituent l'aliment ordinaire de l'homme, et les habitants d'une contrée septentrionale, les Norvégiens, mangent les jeunes pousses de ses feuilles. Ces plantes, très-peu succulentes, sont âcreté, mucilagineuses, et d'une saveur douceâtre ou légèrement amère, sont apéritives, incisives, pectorales et un peu astringentes. Les anciens leur accordaient un très-grand nombre de vertus médicinales, fort restreintes aujourd'hui. L'espèce la plus employée en thérapeutique est connue sous le nom de *capillaire*.

La famille des fougères est celle qui présente le plus grand nombre de représentants à l'état fossile dans la série entière des formations géologiques. On en connaît plus de 200 espèces, réparties pour la plupart dans les terrains houillers de l'Europe et de quelques parties de l'Amérique septentrionale.

FOUGUE, mouvement abrupte, impétueux, précipité, que la raison ne règle pas. La fougue tient à la jeunesse ; au défaut d'éducation, à l'inexpérience de la vie. Dans le premier cas, elle n'est pas sans remède, et se passe avec les années ; dans le second, c'est une maladie incurable, qui tourne en une brutalité de tous les instants ; quant au défaut d'expérience de la vie, les contrariétés, les caprices de la fortune, le malheur enfin, attaquent à sa base la fougue, et la déracinent du caractère. Au moyen âge, où chacun s'abandonnait à son impulsion naturelle, tout dans la société était fougue : les gens de guerre, surtout en France, s'y abandonnaient sans réserve. Il en résultait que s'ils avaient à combattre des adversaires qui se soumettaient à certaines règles du commandement militaire, ils étaient vaincus. Toutes les grandes batailles qui ont répandu le deuil sur notre pays ont été perdues par la fougue des races chevalières. Dans le monde, la fougue arrive vite à donner tort même à ceux qui ont le plus raison; elle les prive de ce sang-froid, de cette politesse, qui sont indispensables dans les salons. Il est cependant quelques circonstances, celles qui touchent à l'honneur, où certaine fougue de vertu entraîne tous ceux qui vous entourent.

En littérature, la fougue ne doit apparaître que par exception, et encore faut-il qu'elle reconnaisse certaines règles : un ouvrage où la fougue dominerait seule serait d'une lecture insupportable, à moins qu'il ne fût très-court.

Saint-Prosper.

FOU-HI. *Voyez* Fohi.

FOUILLE se dit, en architecture, de toute ouverture pratiquée en terre, soit pour creuser un canal, soit pour former une pièce d'eau, soit pour bâtir des fondations. La *fouille couverte* est celle qui se fait habituellement sur un plan horizontal dans un massif, pour le passage d'un aqueduc, par exemple ; telles sont encore celles que font les mineurs. En archéologie, on appelle *fouilles* les recherches faites à dessein dans certaines couches du sol, dans des décombres, dans le lit des fleuves, pour découvrir des monuments, aux endroits où l'on suppose qu'il peut y en avoir d'enfouis. C'est presque toujours en labourant, en ouvrant la terre pour faire des fossés, pour construire des murs, pour faire de grands travaux, que des paysans, des manœuvres, ont exhumé ces précieux vestiges de l'antiquité, dont la science a enrichi tous les musées d'Europe. De magnifiques découvertes dues, il est vrai, pu par l'effet du hasard ; mais il en est d'autres, non moins importantes pour les arts et pour la connaissance des temps passés, qui ont été le résultat d'investigations savamment dirigées par des artistes et des antiquaires. Les *fouilles historiques* sont malheureusement trop coûteuses; il est rare qu'elles ne soient pas promptement abandonnées si les premiers efforts ne sont pas sur-le-champ couronnés de succès. Il est à regretter aussi que personne n'ait tenté de coordonner en un traité spécial l'histoire des opérations que l'on a exécutées jusqu'ici, en différents pays, pour déterrer des antiques.

Les fouilles de Herculanum et de Pompéi ont fait faire à l'archéologie un pas immense; cependant, comme l'observe Millin, quoique établies sur un grand pied et entretenues par des bourses royales, elles n'ont pas satisfait pleinement l'avide curiosité du monde savant : ces deux mines eussent été bien plus fécondes si l'on avait pris toutes les mesures convenables. C'est en Grèce, en Égypte, en Italie, que les fouilles se font avec le plus de succès. Dans ces contrées, si chères aux artistes, terres classiques de la haute antiquité, la superficie du sol est encore jonchée d'objets précieux; il n'est pas un touriste qui veuille quitter Rome sans rapporter avec lui des médailles, des figurines, trouvées en sa présence par des faiseurs de fouilles. Mais cette manie, particulière aux Anglais surtout, a donné lieu à une industrie bien connue de nos jours : des faussaires enterrent d'avance aux environs d'une ruine célèbre les objets qu'ils veulent vendre cher; à une heure donnée, ils conduisent les étrangers au lieu qu'ils ont marqué, ils feignent de piocher péniblement, et, après quelques moments d'angoisses et d'impatience, l'heureux voyageur voit sortir de terre un monument apocryphe qu'il emporte avec joie, et qu'il paye au poids de l'or. Les musulmans ont longtemps empêché les fouilles, tant en Grèce qu'en Égypte; et ce n'est pas sans peine qu'on est parvenu à vaincre leurs scrupules à cet égard. Les principales découvertes archéologiques faites en Orient, celles de Ninive, toutes récentes, entre autres, sont dues généralement à des Français; mais il est à remarquer qu'ils ont souvent tiré les marrons du feu pour nos amis les Anglais.

Fouiller, en termes de sculpture, c'est évider ; on se sert aussi de ce terme en peinture : une draperie bien fouillée est une draperie dont les plis sont grands et semblent être creux et enflés.

FOUINE. Selon les naturalistes méthodistes, la fouine est une espèce du genre *marte*, ordre des *carnassiers*, tribu des *carnivores*, famille des *digitigrades*. Ses caractères distinctifs, au milieu des autres espèces de ce genre, sont une couleur fauve noirâtre, une grande tache blanche sous la gorge, des doigts bien divisés. Elle est longue d'environ 37 centimètres, et sa queue en a 24. L'apparence extérieure, la pose de la fouine, annonce un animal fureteur et rapace; son corps allongé et bas sur pattes, ses mouvements souples, la rapprochent du chat, mais elle est d'une forme plus effilée que lui; son museau est plus long, sa tête plus plate et plus petite. A la prépondérance de son train de derrière sur son train de devant, on peut juger que la fouine saute légèrement. Au développement de ses dents canines et de ses ongles pointus, que portent des doigts longs et flexibles, on peut présumer qu'elle vit de proies, qu'elle attaque des animaux vivants; elle est armée en guerre. La longueur et la force des muscles de son cou lui permettent d'emporter la proie dont elle s'est emparée, et de relever assez sa tête, en marchant chargée de ce lardeau, pour ne point être embarrassée malgré la brièveté de ses membres antérieurs : on peut donc même, avant d'avoir observé ses habitudes, penser qu'elle ne dévore pas toujours sa proie sur le lieu même où elle l'a saisie, mais qu'elle l'emporte dans quelque retraite pour savourer à loisir et sans inquiétude le sang de sa victime. Pour compléter le portrait de la fouine, ajoutons que ses oreilles longues et arrondies, dépourvues de poils en dedans, ses moustaches fortes et bien mobiles, la rendent propre à vaguer dans l'obscurité, et que sa queue longue, assez grosse, et garnie d'un poil bien fourni, doit perfectionner les moyens qu'elle a pour sauter. Souple, adroite et légère, la fouine bondit plutôt qu'elle ne marche; elle chasse la nuit ; elle se nourrit de petits oiseaux qu'elle surprend endormis, ou, jeunes encore, dans leurs nids ; les petits quadrupèdes, tels que les mulots et les taupes, sont fréquemment ses victimes. Au besoin, elle se contente de grenouilles ou d'œufs d'oiseaux; mais si elle pénètre nuitamment dans un poulailler, elle massacre tout ce qui tombe sous sa griffe, et aux débris qu'elle abandonne, on voit qu'elle est particulièrement friande de la cervelle des animaux. La fouine fréquente volontiers les habitations rurales; elle devient presque un commensal du chat, dont elle est cependant ennemie déclarée, car elle est sa rivale dans les greniers, qu'habitent les souris et les rats. C'est fréquemment dans ces greniers qu'elle dépose sa portée, de trois à sept petits, sur un lit de foin.

L'organisation intérieure de la fouine présente, comme notables, l'absence de cœcum et la présence de glandes anales, dont le produit lui donne, et surtout à ses excréments, une odeur légèrement musquée. Nommée par Linné *mustela fouina*, par Gessner *martes domestica*, et quelquefois désignée sous les noms de *foyna*, *gainus*, *schismus*, la fouine habite l'Europe; et si l'Afrique et l'Asie nous envoient quelques peaux d'espèces voisines de notre fouine, quoiqu'elles en diffèrent assez pour être considérées comme des espèces distinctes, plutôt que comme de simples variétés.

Baudry de Balzac.

Les fourreurs donnent également le nom de *fouine* à la fourrure noire et luisante de cet animal, qu'ils font venir à grands frais des autres parties du monde.

On appelle aussi *fouine* un instrument de fer, à deux ou trois fourchons fort aigus, qu'on emmanche au bout d'une perche, et qui sert à élever sur le tas les gerbes qui sont dans une grange; on l'emploie également, comme un trident, à percer et à prendre de gros poissons.

FOUISSEURS (de *fodere*, fouir), mammifères et insectes qui, par instinct, aiment à se creuser des retraites dans le sein de la terre. Les premiers appartiennent à plusieurs ordres; ce sont, parmi les insectivores, les **taupes**; parmi les rongeurs, les spalax, les bathyergues, etc.; parmi les pangolins, les **tatous** et les oryctéropes; parmi les monotrèmes, les **échidnés**. Mais Latreille donne spécialement le nom de *fouisseurs* aux insectes de la seconde famille des hyménoptères porte-aiguillon, correspondant au genre *sphex* de Linné.

FOU-KIAN ou **FO-KIEN**, province située dans la partie orientale de la Chine, bornée au nord par la province de Tche-Kiang, à l'ouest par celle de Kiang Si, et au sud par celle de Kouang-Toun, se divise en dix départements, qui sont : Fou-Tcheou, Hing-Hoa, Tsiouan-Tcheou, Tchang-Tcheou, Yan-Phing, Kian-Ning, Chao-Wou, Ting-Tcheou, Fou-Ning et Thaï-Ouan (Formose). Ces départements se subdivisent en cinquante-huit districts, dont dix seulement pour Fou-Tcheou. Son étendue en milles carrés est de 53,482; sa population est de 2,312,000 habitants.

Le chef-lieu du Fou-Kian est *Fou-Tcheou*; les villes principales sont *Yan-Phing*, *Hing-Hoa* et le port d'E-Moï (en chinois *Hia-Meu*). Fou-Tcheou est une ville grande, bien peuplée et la résidence ordinaire d'une foule de lettrés. Le climat de cette province est chaud, mais tempéré par les brises des montagnes et de la mer. Une de ses montagnes, le Siné-Foung-Chan, reste couverte de neige une grande partie de l'année. C'est dans cette province qu'on recueille le thé noir; le thé vert vient du Kian-Kian. Les Espagnols de Manille (capitale des îles Philippines) trafiquent seuls avec les Chinois du port d'E-Moï, où ils vont chercher des nankins et des toiles. Ils y portent du tripang ou holothurie de mer et des nids d'oiseaux (*hirundo esculenta*, espèce d'alcyon). L'idiome du Fou-Kian, ainsi que celui de Canton, est un dialecte de la langue chinoise. La langue régulière et polie se parle à Nanking; car la prononciation même de Peking, capitale de cet immense empire, s'est déjà altérée par le séjour de la cour au milieu des Mandchous, confondus mal à propos avec les Tatars. On trouve dans cette province des juifs, des musulmans et quelques chrétiens. Selon Marco-Polo, ses habitants étaient encore antropophages au treizième siècle. G.-L.-D. DE RIENZI.

FOULAGE. Fouler, c'est comprimer avec un pilon, un maillet, des matières molles et compressibles : on *foule* la terre pour lui donner de la fermeté et la rendre plus propre à supporter une muraille, etc. Le *foulage* est l'action de *fouler*. Au figuré, *fouler* signifie vexer, opprimer : *fouler* une province, l'accabler d'impôts; *fouler* aux pieds, maltraiter avec le plus profond mépris.

En termes d'agriculture, on dit *fouler* le blé, pour indiquer l'opération par laquelle on extrait le grain des épis en faisant courir dessus des chevaux, des bœufs, etc. *Fouler* un chapeau, c'est le feutrer. Le *foulonnier* est l'ouvrier qui donne une sorte de feutrage aux étoffes de laine, en les pressant et les retournant en tous sens, soit avec les pieds, les mains, ou à l'aide d'une machine appelée *moulin à foulon*.

Les tissus de peu d'étendue, tels que gants, bas, bonnets, se *foulent* à la main. Les grandes pièces sont foulées par des moulins qui sont de deux sortes, ceux à *pilons* ressemblant aux machines dont on fait usage pour réduire en poussière les matières qui entrent dans la composition de la poudre, et les foulons à *maillet*. Les pilons et les maillets sont élevés à une hauteur convenable par les cames d'un arbre cylindrique horizontal, qu'une force quelconque, une chute d'eau... entretient en mouvement. Les étoffes qui doivent éprouver l'action des pilons ou des maillets sont placées dans des auges de bois, où les font entrer les têtes des pilons et les maillets. Il importe que la course de ces têtes soit limitée de sorte qu'elles n'atteignent pas le fond des auges; sans cette précaution, elles pourraient endommager les étoffes. Pour accélérer l'opération du foulage, on met, avec les étoffes, suivant leurs qualités, de l'urine, du savon, de l'argile, dite *terre à foulon*, etc. Les pièces d'étoffe doivent être retournées en tous sens. La chaleur et l'humidité sont en outre nécessaires pour faciliter le feutrage.

Pour le *foulage des draps*, voyez DRAP.
TEYSSÈDRE.

FOULAHS, nom d'une nombreuse tribu de la race nègre, répandue dans tout le haut Soudan. On la croit originaire de la contrée montagneuse située vers l'extrémité orientale de la Sénégambie et au nord du cours supérieur du Sénégal, connue sous le nom de *Fouladou*, et qu'elle habite encore aujourd'hui à l'état de peuple sauvage et chasseur. Les Foulahs qui sont fixés sur le plateau de Timbou et le long des rives du Niger jusqu'à la côte de Sierra-Leone se distinguent, au contraire, par leur état de civilisation déjà assez avancée. Ils se bâtissent des villes, cultivent la terre, élèvent les bestiaux, exercent des métiers, et sont très-propres au commerce. Tous les voyageurs qui ont visité leur pays s'accordent à vanter la sociabilité de ces peuples. Ils nous les représentent comme une nation de mœurs douces et paisibles, vivant en général du produit de la culture des terres et de l'élève des bestiaux. Cependant ils sont aussi dans l'usage de descendre par bandes nombreuses dans les pays plats; mais ils s'empressent de retourner dans leurs montagnes dès qu'ils ont pu gagner quelque chose, grâce aux industries multipliées qu'ils exercent. Ils s'entendent parfaitement à travailler le fer et l'argent, confectionnent avec beaucoup de délicatesse une foule d'objets en cuir et en bois, et fabriquent d'excellentes étoffes. Leurs habitations sont parfaitement construites; ils professent la religion mahométane, et, dans presque toutes leurs villes, on voit des mosquées et des écoles. Ils ne font d'esclaves qu'en guerre. En 1821, leur roi conclut avec le gouverneur de Sierra-Leone une convention pour la suppression de la traite des nègres. De toutes les langues parlées par les nègres, celle des Foulahs est la plus harmonieuse, surtout le dialecte de *Sousou*, dans lequel la société des missions protestantes, en Afrique et en Orient, a fait imprimer une série d'ouvrages relatifs aux doctrines du christianisme.

Notre compatriote Mollien nous apprend dans son *Voyage* qu'ils prennent autant de femmes qu'ils en peuvent nourrir; que celles-ci sont jolies et coquettes, et qu'elles savent profiter de leurs charmes pour exercer une sorte d'autorité sur leurs maris. Un visage un peu allongé, des traits pleins de douceur, des cheveux longs, qu'elles tressent autour de leur tête, un petit pied et un embonpoint moins volumineux que celui des autres négresses, sont les traits caractéristiques de ces femmes, auxquelles on peut cependant reprocher des jambes un peu arquées. Du reste, leur vertu résiste rarement à un grain de corail.

Les FELLATAHS, Nègres qui habitent, non pas le haut Soudan, mais les terres situées en deçà du Niger et formant l'extrémité nord-ouest du plateau de l'Afrique, constituent une tribu distincte des Foulahs. Ces Fellatahs sont une nation belliqueuse et conquérante, habituée à commettre de grandes dévastations dans la vallée du Niger. Leur territoire est situé dans le pays d'Haoussa, à l'ouest du cours inférieur du Niger. Le chéick Othman, appelé aussi quelquefois Danfodir, l'agrandit considérablement par ses conquêtes. Son fils, le sultan Bello, qui lui succéda en 1816, fixa sa résidence à Saccatoo, sur la rivière Zirmi, l'un des affluents du Niger; c'est là que Clapperton le rencontra en 1823. Cano, ville où se fait le commerce du pays, est un marché important pour les grains, le riz et le bétail.

FOULARD. On nomme ainsi des mouchoirs en soie, dont l'usage est commun parmi les personnes aisées. Le moelleux de l'étoffe, son éclat, sa propreté, sa durée, ont dû lui faire bien vite remplacer les mouchoirs de coton et de toile, ou de couleur, dont se servaient nos grands-pères, et qu'on retrouve encore chez les villageois et dans les classes moins aisées. Les foulards servent encore de

38.

cravates pendant le jour, et ils ont détrôné les bonnets de coton pendant la nuit.

Le commerce des foulards est une branche considérable d'industrie manufacturière; les plus estimés nous viennent des Indes ; en France, nos fabriques de soieries de Lyon et du midi en produisent une assez grande quantité, mais ils n'ont pu rivaliser encore avec les premiers.

Si le nombre des ouvriers que la fabrication des foulards fait vivre est considérable, si celui des négociants qui s'occupent de leur vente l'est aussi, il existe encore une classe d'industriels dans la société qui bénissent l'invention des foulards, et qui en tirent des moyens d'existence peu licites : ce sont ces modestes filous qui ne poussent point leur ambition jusqu'à la montre ou la bourse. N'osant attaquer de front les poches de devant, ils glissent et insinuent dans celles de derrière une main subtile que le promeneur ne sent pas; quelques minutes après, celui-ci veut se moucher; il est trop tard : un filou en passant a *fait son foulard.*

On fabrique aussi maintenant *façon foulard* des étoffes pour robes et l'on fait même du *foulard de laine*, sans parler des *foulards de coton.*

FOULD (Achille), riche financier israélite, ancien membre de la chambre des députés sous Louis-Philippe, élu en septembre 1848 représentant du peuple à l'Assemblée nationale par les électeurs de Paris, qui en juillet de l'année suivante l'envoyèrent encore siéger à l'Assemblée législative, aujourd'hui ministre d'État et ministre de la maison de l'empereur, est né en 1799, à Paris, où son père, avant de fonder la maison de banque connue sous la raison de *Fould-Oppenheim et Cie*, avait longtemps fait le commerce des rouenneries et des toiles peintes. M. Achille Fould, qu'il ne faut pas confondre avec son frère, M. Benoît Fould, chef actuel de la maison Fould-Oppenheim et Cie, fut nommé, en 1839, membre du conseil supérieur du commerce et des manufactures, et réussit, en 1842, à se faire élire dans le département des Basses-Alpes membre de la chambre des députés, où il vota en toute occasion avec la majorité ministérielle et où il eut maintes fois occasion, à propos de questions financières et d'économie politique, de faire preuve de connaissances toutes pratiques et fort étendues. A l'Assemblée nationale, comme à l'Assemblée législative, il fit partie de la majorité conservatrice et du club parlementaire désigné sous le nom de *réunion de la rue de Poitiers.* Lors de la constitution du cabinet du 31 octobre 1849, il accepta le portefeuille des finances, qu'il conserva dans la modification de ministère survenue en janvier 1851, de même que dans le ministère définitif du 11 avril suivant, jusqu'au 14 octobre, époque où tous les membres du cabinet donnèrent leur démission. Quelques jours après le coup d'État du 2 décembre 1851, il reprit le portefeuille des finances et le déposa de nouveau à la suite des décrets du 22 janvier 1852 relatifs aux biens de la maison d'Orléans. Quoique cette démission, donnée avec éclat, impliquât dans de semblables circonstances, une désapprobation formelle de la mesure qui l'avait provoquée, et fût plus tard de se faire ranger parmi les partisans secrets de l'ex-famille régnante, il n'en fut pas moins compris à quelque temps de la liste la première liste de formation du sénat. Il a succédé, en 1853, à M. Casabianca dans les hautes fonctions qu'il occupe aujourd'hui auprès de l'empereur.

FOULE. Ce mot désigne, en général, une agglomération, plus ou moins grande, de choses ou de personnes. De tous les inconvénients inhérents aux grandes cités, la foule n'est pas le moindre; la foule y fournit de nombreux moyens d'existence à une multitude de *tireurs*, de *filous*, qui ont compris tout ce que son exploitation pouvait procurer d'avantages à une main exercée. Heureux les habitants des petites villes de province! Là du moins les tabatières, les montres, les foulards, etc., sont plus en sûreté que dans les réunions compactes de nos capitales. A Paris, la foule est l'agrégation, dans un but indéterminé, de tous les badauds, de tous les oisifs, de tous ceux qui cherchent des distractions. On la rencontre autour de deux ivrognes qui se battent et au pied de l'arbre où se perche un serin échappé, dans l'antichambre des hauts fonctionnaires et devant les cages du Jardin des Plantes, vis-à-vis le tréteau d'un saltimbanque et à la suite d'un ambassadeur turc ou persan. Y a-t-il émeute, la foule y accourt comme au spectacle, pour se retirer en désordre, culbutée, pressée, écrasée, si toutefois le mal n'est pas encore plus grand. Au milieu des plaisirs même, la foule cause parfois de graves accidents, comme on l'a vu aux fêtes du mariage du dauphin, depuis Louis XVI, avec Marie-Antoinette, sur la place de la Concorde, et à la fête du mariage du duc d'Orléans, au Champ de Mars. Mais les beaux jours de la foule sont ceux du carnaval, des réjouissances publiques, des revues, etc. Elle se déploie alors dans des espaces immenses. Quoi qu'il en soit, cet être collectif, aux six cent mille têtes, qu'on appelle la foule, n'a qu'une pensée, le plaisir; qu'un caractère, l'absence de toute réflexion. Ceux qui vont, de gaieté de cœur, se faire froisser, déchirer, dépouiller, étouffer, dans ces gigantesques caravanes qui couvrent le pavé de la capitale, rentrent chez eux le soir fort satisfaits de leur journée.

FOULE-CRAPAUD. *Voyez* Engoulevent.

FOULON (Moulin à). *Voyez* Foulage.

FOULON (Joseph-François), l'une des premières victimes de la révolution de 1789, était né à Saumur, en 1715, d'une famille noble de l'Anjou. Il entra dans la carrière administrative, sous le ministère du duc de Choiseul. Tour à tour commissaire des guerres, intendant de l'armée, conseiller d'État, il en remplissait les fonctions, lorsque le 12 juillet 1789, après la retraite de Necker, il fut nommé contrôleur général des finances. Le choix de cet administrateur, qui depuis longtemps était fort impopulaire, excita une vive irritation.

Huit jours après la prise de la Bastille, le 22 juillet, vers cinq heures du matin, un homme pâle, tremblant, un vieillard les mains liées derrière le dos, une couronne d'orties sur la tête, une poignée d'orties en forme de bouquet, à la boutonnière de l'habit, derrière le dos une botte de foin, du foin encore dans la bouche, était traîné par des paysans ivres et furieux sur la place de Grève. Ce malheureux était Foulon. La cour vantait son zèle, ses connaissances étendues en finances; mais on lui avait entendu dire hautement que la banqueroute était le véritable, le seul moyen de rétablir les finances. Puis, tant de haines s'étaient amoncelées sur cet homme dur, inflexible et brutal! Il résonnait encore ce mot horrible qu'il avait jeté devant ses domestiques aux misères du peuple affamé : « Eh bien! si cette canaille n'a pas de pain, qu'elle mange du foin. »

Foulon non encore installé à l'hôtel du contrôle général, s'était enfui de Paris dans la nuit du 14 juillet et avait été se cacher au château de Vitry, où Sartines lui avait offert un asile. Il avait raison en effet de trembler : dès les premiers jours de juillet, le Palais-Royal l'avait jugé et condamné, dans ses sanguinaires parodies, avec le comte d'Artois, les princes de Condé et de Conti, et Mme de Polignac, son propre gendre Berthier de Sauvigny. Plus tard, il avait reçu lui-même, par une atroce ironie, la copie d'une de ces promesses de mort écloses de l'orgie. Sa tête se perdit. Il fit répandre le bruit de sa mort; il fit prendre le deuil à ses domestiques ; un de ses valets venait de mourir, il lui fut fait sous son nom de magnifiques funérailles. Mais bientôt son secret fut trahi; des vassaux furieux, des paysans échauffés par les cris de haine et les cris de liberté vinrent l'arracher de son asile, et le conduisirent à Paris. Attaché à son dos, un écriteau rappelait le propos qui allait devenir son arrêt. Les bourreaux de Flesselles et de De Launay le traînèrent en prodiguant à ce vieillard, mal protégé par les gardes nationales, les outrages et les cruautés jusqu'à l'hôtel de ville. Vers neuf heures, le comité assemblé décida qu'il serait enfermé à l'Abbaye. Lafayette, chargé de l'exécution de cet ordre, n'arrivait pas. Le peuple s'impatientait; des cris de mort se firent entendre; la foule se rua dans la grande salle. Alors commença ce sinistre dialogue : M. de la Poize, électeur : « Messieurs, tout coupable doit être jugé. — Oui, jugé tout de suite et pendu. — Messieurs, dit M. Osselin, pour juger, il faut des juges. — Jugez vous-mêmes, jugez toutde suite. » Et la foule choisit ses juges. Et, procureur de sa propre justice, le souverain en haillons hurla son acte d'accusation. Les électeurs hésitaient toujours ; un effroyable tumulte régnait dans la salle. Enfin, Lafayette arrive. Il se place au bureau parmi les électeurs. Il supplie le peuple de s'épargner une honte qui flétrirait et Paris et son général ; plus Foulon est coupable, plus les formes doivent s'observer à son égard : « Ainsi, dit-il en finissant, je vais le faire conduire à l'Abbaye. — Oui, oui, en prison! — A bas! à bas! » répond le peuple dans la salle. On applaudit : hébété de terreur et d'espérance, Foulon lui-même bat des mains. Aussitôt des huées, d'implacables clameurs partent de la place de Grève : « Il y a connivence ici ; qu'on nous le livre, qu'on nous le livre, et que nous en fassions justice ! » Foulon est saisi, traîné par mille bras sous la fatale lanterne de la rue de la Vannerie, pendu à la corde rougie du sang de De Launay. Deux fois elle casse. Pas de grâce! il expire. Sa tête est coupée ; les Tristans de la populace mettent un bâillon et une poignée de foin dans cette bouche inanimée, et portent le hideux trophée au Palais-Royal. Auguste PAILLARD.

FOULONNIER. *Voyez* FOULAGE.

FOULQUE. Sous ce nom, et sous celui, plus populaire, de *morelles*, on désigne un genre particulier d'échassiers, aux longs doigts ou *macrodactyles*, que caractérisent entre leurs congénères la plaque cornée qui recouvre leur front chauve et la membrane festonnée qui garnit leurs doigts. Ce sont des oiseaux aquatiques, au plumage lustré et imperméable à l'eau, offrant plusieurs analogies avec les poules d'eau, excellents nageurs et passant leur vie sur les marais et les étangs. Nous n'en possédons en Europe qu'une espèce : la *foulque macroure* (*fulica atra*, Lin.), longue de 40 à 50 centimètres, de couleur ardoise, foncée en dessus, plus claire en dessous, avec du blanc aux ailes, la tête noire et la plaque du front blanche. Elle vit pendant l'hiver en troupes nombreuses, se disperse en petites bandes pendant l'été ; rarement elle pose à terre. Lorsqu'un chasseur la poursuit, la foulque se borne ordinairement à se diriger vers un autre point de l'étang qu'elle habite ; aussi est-il facile de la prendre. La femelle niche au milieu des roseaux, et pond de 8 à 14 œufs d'un blanc varié de brun, avec des points rougeâtres. On rencontre cette espèce aux environs de Paris.
Dr SAUCEROTTE.

FOULQUES ou FOLQUET DE MARSEILLE, troubadour de la fin du douzième siècle, moins célèbre par ses poésies, qui ne sont pourtant pas sans mérite, et dont il nous reste environ vingt-cinq pièces, que par les violences de son fanatisme religieux, alors qu'élevé au siége épiscopal de Toulouse, il se fit remarquer par son acharnement contre Raymond VI, son bienfaiteur, auquel on ne fit imputer bassement des torts imaginaires pour colorer sa rébellion et seconder plus efficacement les atrocités de l'odieux Simon de Montfort, dont il se déclara le plus effréné partisan dans sa guerre d'extermination contre les *Albigeois*. La vie de Folquet de Marseille se divise donc en deux parties bien distinctes. Dans la première, poète courtois et passionné, il consacre ses vers et ses hommages aux femmes les plus illustres et les plus belles de son temps. Dans la seconde, il s'abandonne sans retenue à la cause du vandalisme, de la spoliation et d'une impitoyable intolérance. Tel était toutefois l'aveuglement des esprits à cette époque, que le féroce apôtre des campagnes et des villes du Languedoc, devenues des solitudes épouvantables, ce fougueux apôtre de l'inquisition naissante fut presque vénéré comme un saint. Dante le place dans son *Paradis*, et Pétrarque prétend qu'en se donnant le nom de Folquet de *Marseille*, il a illustré cette ville et privé celle de Gênes d'un honneur qu'elle méritait.

Sa famille était en effet originaire de Gênes. Fils d'un négociant qui était venu s'établir à Marseille, et qui lui laissa en mourant une riche succession, Folquet, né vers 1155 ou 1160, préféra, jeune encore, la vie du poëte aux travaux du commerçant, et se fit troubadour. Ce rôle lui donna un libre accès auprès des plus grands seigneurs de son siècle : on le vit tour à tour briller par les grâces de sa personne et par l'éclat de ses poésies dans les cours de Provence, de Montpellier, de Toulouse, et plus tard dans celles du roi Richard Cœur-de-Lion, d'Alfonse II, roi d'Aragon, et d'Alfonse IX, roi de Castille. La femme du vicomte de Marseille, Azalaïs de Roquemartine, devint l'objet de ses chants et de ses hommages passionnés, auxquels toutefois elle ne répondit que par des rigueurs, et en lui donnant congé. Folquet, désespéré, jura de ne plus faire de vers ; mais, à la cour de Guillaume VIII, vicomte de Montpellier, il vit sa femme, Eudoxie Comnène, fille de Manuel, empereur de Constantinople, et cette nouvelle passion fut pour lui une source de chants nouveaux. Dans de plus énergiques sirventes, il reproche hautement aux princes, aux barons et aux peuples leur coupable léthargie, et les somme de courir à la défense de la chrétienté. Ayant perdu tous les personnages illustres auxquels il avait été attaché, il prit la détermination de quitter le monde et d'entrer dans l'ordre de Cîteaux. Il y fit recevoir également sa femme et ses deux fils, et peu de temps après, en 1205, il fut élu évêque de Toulouse. Nous ne suivrons pas les événements dont fut marquée cette seconde moitié de la vie de Folquet, qui dès lors prit le nom de Foulques. Parmi les actes si tristement célèbres de son épiscopat, on remarque l'institution des frères Prêcheurs à Toulouse, par saint Dominique, en 1215, sous la protection et les soins fougueux du prélat, qui tour à tour poëte, homme de cour, missionnaire, guerrier, se montra constamment passionné, turbulent, ambitieux et fanatique. Il mourut le jour de Noël de l'an 1231, et fut inhumé dans le monastère de Grand-Selve, abbaye de l'ordre de Cîteaux.
PELLISSIER.

FOULQUES, FOUQUET ou FULQUOIS (Gui). *Voyez* CLÉMENT IV.

FOULURE. *Voyez* ENTORSE.

FOUQUÉ (LA MOTHE). *Voyez* LA MOTHE-FOUQUÉ.

FOUQUET (NICOLAS), marquis DE BELLE-ISLE, conseiller au parlement de Paris, procureur général de la même cour, dernier surintendant des finances sous Louis XIV, naquit en 1615. Son père, *François* FOUQUET, vicomte de Vaux, était conseiller d'État. Le fils destiné à la haute magistrature, fut reçu à vingt-ans maître des requêtes. Dès ses premiers pas dans cette carrière, il fit preuve d'une rare capacité, et obtint, malgré son âge, une grande influence sur sa compagnie. Il acheta bientôt la charge de procureur général au parlement de Paris, mais son ambition n'était pas satisfaite. Frondeur par calcul plus que par conviction, il était l'un des membres les plus assidus des réunions secrètes du cardinal de Retz, mais il n'en rendait pas moins d'éminents services à Paris, qu'il avait Anne d'Autriche ne l'avait pas oublié : au moment du danger, elle parut d'abord vouloir le protéger ; mais elle recula devant le premier obstacle. Tant qu'avait vécu le cardinal Mazarin, et après l'échauffourée de la Fronde, Nicolas Fouquet s'était hautement dévoué aux intérêts de la cour : il espérait succéder à son patron dans la direction générale des affaires. « Fouquet, dit l'abbé de Choisi, pendant être premier ministre sans perdre un moment de ses plaisirs. Il feignait de travailler seul dans son cabinet, à Saint-Mandé, et pendant que toute la cour, prévenue de sa future grandeur, était dans l'antichambre, louant à haute voix le travail infatigable du *grand homme*, il descendait par un escalier dérobé dans son petit jardin, où des nymphes lui venaient tenir compagnie au poids de l'or. Il se flattait d'amuser le jeune roi par des bagatelles, et ne lui proposait que des parties de plaisir, se voulant même donner le soin de ses nouvelles amours, ce qui déplut à Louis XIV, qui, n'ayant alors de confident que lui-même, se faisoit un plaisir du mystère, et vouloit d'ailleurs commencer tout de bon à être roi. Mais ce qui acheva de le perdre, c'est qu'il se laissa aller à des airs de supériorité avec les autres ministres, qui en furent offensés, et se liguèrent contre lui. Ses vues particulières lui faisoient négliger le bien de l'État. Il donnoit pour quatre millions de pensions à ses amis de cour, qu'il croyoit ses créatures, et étoit d'assez bonne foi pour compter sur eux et pour les juger capables de le soutenir dans un changement de fortune, qu'il croioit fort possible... »

Si Fouquet prodiguait aux courtisans et aux belles dames de la cour les trésors de l'État, il faisait aussi largement sa part : il avait dépensé des sommes énormes à son château de Vaux, dont la magnificence effaçait celle des résidences royales. Il avait fait fortifier et garnir d'artillerie et de munitions de guerre son château de Belle-Isle, en Bretagne. Afin de dissimuler ses prodigalités pour les autres et pour lui-même, il ne présentait au monarque que des comptes exagérés quant aux recettes, et fort au-dessous de la réalité quant aux dépenses. Il ignorait que le roi contrôlait ses comptes avec la plus sévère, la plus minutieuse sévérité, secondé par Colbert, qui lui en signalait toutes les erreurs. Louis XIV ne lui en faisait pas moins bon accueil; et la disgrâce de Fouquet se fût bornée à la perte de son portefeuille s'il n'avait doublement blessé son amour-propre par son faste plus que royal, et surtout par ses prétentions sur Mme de la Vallière. Il se perdit enfin par un excès de flatterie irréfléchie : la fête qu'il donna, le 20 août 1661, au monarque, à son château de Vaux, surpassa en magnificence celles de la cour, et, dans un premier mouvement de dépit et de colère, le roi eût fait arrêter le surintendant, si Anne d'Autriche, qui le protégeait, ne l'en eût détourné. Fouquet n'avait rien négligé pour rendre cette fête agréable à Louis XIV : on y joua *les Fâcheux* de Molière, précédés d'un prologue en l'honneur du prince, composé par Pélisson. Sur tous les ornements on voyait les armes du surintendant, un écureuil, avec cette devise : *quò non ascendam?*

Cependant, le roi n'avait cédé qu'à regret à l'avis de sa mère, et sa vengeance, pour être différée, ne fut que plus implacable. On supposait d'ailleurs à Fouquet un puissant parti à la cour, ainsi que dans la haute magistrature, et il fut convenu qu'on l'attirerait en Bretagne. Des troupes furent dirigées sur cette province sous le prétexte de mouvements séditieux. Louis XIV partit bientôt après ; Fouquet, retenu dans son lit par une fièvre violente, n'hésita pas néanmoins à suivre le monarque : Colbert et lui s'embarquèrent sur la Loire dans deux bateaux différents. Les courtisans, en voyant naviguer les deux esquifs, disaient : *l'un coulera l'autre*; mais leurs prévisions étaient en faveur du surintendant. Arrivé à Nantes, Fouquet, au lieu de se rapprocher de la résidence royale, alla occuper une maison fort éloignée du château. On a prétendu depuis que cette maison communiquait avec la Loire par un souterrain; qu'au point où ce passage secret aboutissait, était amarrée une barque tout équipée, pourvue d'excellents rameurs, et en état de se diriger rapidement sur Belle-Isle ; que des courriers, disposés de distance en distance, devaient informer le surintendant au moindre péril et lui laisser le temps de pourvoir à sa sûreté. Ces estafettes lui servaient ordinairement pour ses affaires particulières ou pour ses plaisirs ; mais il parait que dans cette circonstance, ce service avait été au moins négligé : il ne se doutait point du danger de sa situation. Le 5 septembre, quinze jours après la malencontreuse fête de Vaux, il sortait du château, lorsqu'en tenant le conseil, lorsqu'un ami le prévint qu'il allait être arrêté : il quitta brusquement sa voiture, et déjà il se perdait dans la foule, quand d'Artagnan, commandant des mousquetaires, le saisit au détour d'une rue, le fit monter dans un carrosse et, sans s'arrêter un seul instant, le mena au château d'Angers. Sa femme et ses enfants furent conduits à Limoges, et des courriers expédiés pour ordonner la saisie de ses papiers dans toutes ses maisons. Cependant, un de ses hommes de confiance, témoin de l'enlèvement, était parti aussitôt et avait précédé les courriers du roi de douze heures. On avait pu soustraire les papiers les plus compromettants; l'abbé Fouquet, toujours violent, avait proposé de mettre partout le feu et d'anéantir ainsi jusqu'au dernier brouillon, bon ou mauvais.

Le prisonnier fut successivement transféré du château d'Angers à celui d'Amboise, où il resta jusqu'à la fin de décembre 1662, et de là à Vincennes, à Moret, à la Bastille. Il avait été dangereusement malade à Angers : il demanda un confesseur, qui lui fut refusé. La chambre de justice nommée pour le juger lui permit par deux arrêts de fournir ses moyens de défense. Tout en protestant contre l'illégalité de la commission, il rédigea des notes et des observations en marge des cahiers, des arrêts et des procès-verbaux faits chez lui et chez ses principaux commis ; il pria son conseil de les rendre publiques ; mais à peine avait-on commencé l'impression des deux premiers cahiers, que Colbert les fit saisir et enlever. La procédure, commencée à Vincennes, se continua à la Bastille, où le prisonnier avait été transféré le 18 juin 1663. Il parut pour la première fois devant la chambre de justice, à l'Arsenal, le 14 novembre suivant. Il se mit sur la sellette, quoiqu'on lui eût préparé un siège à côté, et renouvela ses protestations sur l'incompétence ; il subit onze à douze interrogatoires jusqu'au 4 décembre. Le chancelier lui exhiba un papier contenant des notes dans lesquelles le cardinal Mazarin et le roi étaient peu honorablement traités. Fouquet répondit les avoir écrites dans un moment d'irritation contre le cardinal, qui avait oublié tout ce qu'il avait fait pour préparer son retour en France ; il invoqua pour sa justification des lettres du cardinal et de la reine mère qui lui avaient été soustraites avec d'autres papiers fort importants pour sa justification. Le chancelier lui parla de son déficit ; il lui reprocha le chiffre des dépenses de son intendant, qui s'élevait à 18 millions en deux ans. Fouquet répondit qu'indépendamment des dépenses de sa maison, son intendant payait de fortes sommes pour le service du roi. Il parait qu'en effet, une grande partie de ces sommes avait été remise par Fouquet lui-même à la reine mère, qui nia les avoir reçues.

Cette immense procédure, si compliquée, si surchargée d'incidents, dura trois années. Les procureurs généraux Talon et Chamillard avaient conclu à la peine capitale, pour crime de péculat et de lèse-majesté. Sur vingt-deux juges, neuf opinèrent pour la mort, treize pour un bannissement perpétuel. Le roi, plus sévère que la majorité, commua le bannissement en une prison perpétuelle. Les accusations de révolte, de collision avec les Anglais, auxquels Fouquet aurait résolu de livrer la place de Belle-Isle, le dessein arrêté de se faire duc de Bretagne, tous ces griefs si graves, et dont on avait fait tant de bruit au commencement de cette monstrueuse procédure, furent abandonnés, et ne purent soutenir l'épreuve d'une première information. Fouquet trouva des défenseurs au tribunal de l'opinion, et même devant ses juges. Pélisson, moins surveillé que lui dans sa prison, se dévoua pour le sauver : il obtint, non sans peine, d'être confronté avec le surintendant. Son but était de l'éclairer sur un point important de sa défense. Amené devant lui, il prit le rôle et l'accent d'un accusateur. Fouquet était surtout fort inquiet au sujet de la confiance qu'il avait laissée à son château de Saint-Mandé. Pélisson interrompit ses dénégations en lui disant : « Vous ne nierez pas avec tant d'assurance si vous ne saviez pas que vos papiers ont été brûlés. » Ces mots apprirent à Fouquet tout ce qu'il lui importait de savoir : il avait retrouvé un ami dans celui qu'il regardait comme un délateur. Il fut, aussitôt après la lecture de l'arrêt et de l'ordre du roi qui l'avait modifié, transféré à Pignerol. Quelques jours après sa détention, le tonnerre tomba en plein midi sur son logement et en abattit une partie ; il resta seul, sain et sauf, dans l'embrasure d'une croisée. Arrivé dans cette place forte en 1665, il y mourut en mars 1681. Son corps fut transporté à Paris et déposé dans l'église de la Visitation, rue Saint-Antoine. L'acte d'inhumation est du 20 mars 1681.

Abandonné de tous les courtisans qu'il avait enrichis,

Fouquet ne le fut point des gens de lettres, qu'il avait protégés et dotés de modiques pensions bien méritées. Le savant Lefèvre, père de Mme Dacier, lui dédia un livre pendant sa captivité ; La Fontaine lui exprima sa reconnaissance par une touchante élégie, et perdit sa pension ; Mlle Scudéri resta fidèle au malheur ; le médecin Pecquet proclamait hautement son entier dévouement à son ami dans les fers ; Brebeuf tomba malade de chagrin ; Jean Loret, auteur d'une gazette en vers, publia les bienfaits qu'il avait reçus de Fouquet ; et sa pension lui fut supprimée. On trouva dans les papiers du surintendant beaucoup de lettres de grands seigneurs, dont il avait payé les dettes, et qui sollicitaient de nouveaux services. Il y en avait aussi de grandes dames qui avaient eu une large part à ses prodigalités. Dans la correspondance de ces dames, si complaisantes et si peu scrupuleuses, figurent des lettres de la veuve Scarron ; elle était loin alors de prévoir le brillant avenir qui l'attendait.
DUPEY (de l'Yonne).

FOUQUIER (Pierre Éloi), médecin de l'hôpital de la Charité, professeur à la Faculté de Médecine de Paris, médecin consultant de Charles X, premier médecin du roi Louis-Philippe après la mort du docteur Marc, membre de l'Académie de Médecine, commandeur de la Légion d'honneur, etc., naquit à Maissemy (Aisne), en 1776. Il étudia sous Corvisart, fut reçu médecin en 1802, et succéda à Desbois de Rochefort comme médecin de la Charité, après avoir été quelque temps chirurgien militaire dans l'armée républicaine. Praticien attentif et prudent, observateur impartial et non systématique, sa visite publique d'hôpital attira de bonne heure la foule des jeunes médecins. Toutefois, il ne commença guère à professer qu'en 1816. Il avait composé sa thèse doctorale sur les *Avantages d'une constitution débile*, et ce sujet semblait parfaitement choisi au point de vue des valétudinaires. M. Fouquier eut, comme praticien, des succès flatteurs et honorables. Il inspirait une grande confiance, bien que paraissant toujours hésiter, toujours incertain, bégayant et craintif. Il avait l'air d'un homme qui cherche avec intérêt, soit le mal lui-même, soit la cause de ce mal et son remède, mais qui ne les trouvant pas s'en attriste.

En 1820 il fut nommé à la Faculté professeur de clinique médicale, place qui lui permettait de continuer sans distraction et sans surcharge son service d'hôpital ; mais quand le célèbre Pinel vint à mourir, il eut quelque temps la fantaisie d'occuper sa chaire de pathologie, quittant pour elle la clinique. Il ne tarda pas à se repentir de cette mutation; son esprit, positif et peu généralisateur, ne pouvait s'adapter à un enseignement qui réclame toujours des aperçus et quelques systèmes. Il reprit en conséquence sa chère clinique, et ne quitta plus la Charité, dont il s'était fait comme un second domicile. A quelque temps de là, il publia, avec le docteur Félix Ratier, une traduction française de Celse, et avec M. Isidore Bourdon un Mémoire sur les affections chroniques de l'estomac et des autres viscères de l'abdomen. Sa part de collaboration consistait, comme de raison, à tenir largement ouverts ses riches cartons d'observateur et de praticien. Plusieurs fois on le chargea de missions sanitaires en province, dans des cas de graves épidémies, et c'est ainsi qu'il fut d'abord décoré.

Personne n'a mieux éprouvé tout ce que valent la justesse de l'esprit, la dignité de la vie, un savoir restreint au nécessaire sans efforts de profondeur ni visées de progrès, et surtout la pleine satisfaction des convenances reçues et des devoirs. Sa mission pour Blaye, en 1833, près la duchesse de Berry, alors fort malheureuse, avança beaucoup sa fortune, particulièrement à la cour ; tant la parfaite mesure de ses procédés sembla contraster avec le ton cavalier et immodeste de ceux qui l'avaient précédé. Ce fut Fouquier qui, vers 1816, et à l'imitation du docteur Desportes, employa publiquement la noix vomique contre la paralysie de membres, et qui fut des premiers à observer que ce remède a it d'une manière plus marquée sur les membres supérieurs que sur les inférieurs. Il fut de même des premiers à employer la strychnine dès que Pelletier et Caventou l'eurent découverte (1818). On le vit aussi essayer de l'acétate de plomb pour modérer les sueurs si énervantes et si destructives des phthisiques. Il composa de bons mémoires sur différents médicaments héroïques tirés du règne végétal. Dès sa jeunesse, il avait traduit Brown. Il s'était ainsi exposé, sans l'avoir prévu, aux traits accablants que Broussais réservait aux browniens. Le docteur Fouquier mourut au mois d'octobre 1850. Il destina à l'Académie de médecine ceux des ouvrages de sa bibliothèque qui manqueraient à celle de ce corps savant. MM. Piorry et Requin ont l'un et l'autre dignement fait son éloge.
Dr Isidore BOURDON.

FOUQUIER-TINVILLE (Antoine-Quentin) naquit aux environs de Saint-Quentin, au village d'Hérouel, en 1747, de pauvres cultivateurs. Après quelques études préliminaires, il vint à Paris, où il acheta, avec ses économies, une charge de procureur au Châtelet, et malgré beaucoup d'activité, d'intelligence et une grande facilité d'élocution, il ne réussit pas. Des vers musqués, sans idées surtout, adressés par lui à Louis XVI à l'occasion de son mariage, prouvent qu'il n'avait pas le moindre sentiment de la poésie ; le ministre à qui il les envoya les goûta très-peu, et n'en remercia pas même l'auteur. La misère le reprit, mais il ne se découragea pas : voyant s'avancer de graves événements, il en espéra davantage, et les attendit de pied ferme : sans opinions généreuses et sans rêves, arrivé à quarante-six ans, dégoûté de tout, il se rangea violemment du côté des plus hardis démocrates et se fit remarquer tout de suite par la rigidité et la fermeté de sa marche. Danton vit cet *organisateur* d'anarchie dans les groupes, et jugea à sa parole amère et triste que c'était un homme à essayer. Alors sa fortune commença ; on était près du 10 août. Le 9 Fouquier passa la nuit à la Commune, et à Paris, quoique sans position et sans caractère politique, d'énergiques conseils. Mêlé, dès cet instant, aux hommes révolutionnaires du premier ordre, il quitta le pavé des rues, et accepta plusieurs missions. Il réussit, sortit de ses embarras, et demanda un *poste difficile*, dans lequel il ferait preuve de fermeté, d'intégrité. Robespierre et Danton le firent nommer, dès le 10 mars 1793, *juré au tribunal révolutionnaire*: c'est la date de l'institution de ce tribunal.

On le remarqua de nouveau ; sa tenue, son esprit de saillie, beaucoup de décision, de froideur, le firent arriver rapidement à la place d'*accusateur public*. Il y passa sans hésiter, mais sans joie non plus, ne se dissimulant pas les périls qui entouraient ce poste, mais se promettant d'y rester à force de soins, de rapidité dans le travail et de dévouement à ses fonctions, quels que fussent les hommes auxquels il aurait affaire. Cette place parut suffire à son ambition. Il ne se sentait pas capable de prendre l'initiative des grandes décisions, quoiqu'il se trouvât la force de tout faire au nom de l'affreuse dictature du moment. L'interrogatoire de Fouquier à son parquet était bref et d'une froide politesse ; mais en général il était peu inquisiteur dans ses questions, qui rentraient presque toutes dans la même série de faits. On voyait qu'au fond il n'interrogeait pas sincèrement, qu'il faisait tout simplement de la police politique, et que ses recherches avaient pour objet, non d'assurer la sauvegarde générale, mais d'éclairer le *Comité de salut public*, quelquefois même d'éviter des méprises, telles que d'envoyer des *frères jacobins au tribunal*. Le soir, vers dix heures, il allait rendre compte du *comité* de ce qui avait été fait à l'*audience* du jour : c'était à Robespierre, à Billaud ou à Collot qu'il s'adressait. Il exposait ses idées, ses conjectures, ses recherches, et revenait avec des ordres définitifs qu'il faisait exécuter le lendemain. Les jurés l'attendaient, et il donnait le *mot d'ordre* à la *section* en activité ; c'était de frapper ou d'acquitter, et on s'y conformait ; la discussion n'était qu'une forme. Il étendait sa mission, dans sa froide rage, jusqu'à donner des ordres à l'exécuteur des jugements, qu'il appelait à son parquet. Ainsi, il avait la direction secrète et spéciale du jury permanent. Il était logé au Palais-de-Justice, près de la Conciergerie, et ne sortait guère de chez lui que pour aller au comité. Très-actif, très-exact dans son travail, minutieux même, ses accusations étaient écrites d'un style fort négligé, commun; mais alors cela suffisait. L'homme, pourtant, était supérieur à cette besogne. Dans ses fonctions, rien ne l'ébranlait, ni sourds murmures, ni menaces violentes anonymes, ni responsabilité morale de ses actes, et pourvu qu'il eût un ordre, il agissait; il obéit longtemps à tout ce que voulut Robespierre. Quelquefois il se rendait à pied, dans la nuit, du Palais-de-Justice au comité.

Ce fut devant lui, au mois d'avril, qu'on traduisit Marat. Il demanda l'acquittement (24 avril 1793), mais il méprisait cette bête féroce. Il dénonça à la Convention l'indulgence de Montane, juge à son tribunal, qui avait, disait-il, laissé voir des *sentiments girondins* dans le procès de Charlotte Corday. Ce fut lui qui, plus tard, accusa et fit condamner à mort Hebert et toute la *Commune*; ce fut lui qui requit la mort contre Danton et ses amis; par instants, dans cette affaire, il parut très-embarrassé, et en référa à Saint-Just. Lorsqu'en vertu de la loi du 22 prairial an II, on réorganisa le tribunal, il fut maintenu dans ses fonctions, ainsi que Dumas, Coffinhal, Herman, etc. Le 9 thermidor il resta à son poste; le 10 il eut à constater l'identité de Robespierre, de Dumas, etc., ses chefs, mis hors la loi et amenés à sa barre; mais c'est visiblement ému qu'il remplit cette tâche; pourtant il avait dit la veille : « Tout cela ne nous regarde pas, nous, hommes de justice : *c'est de la politique*; la justice doit avoir son cours. »

Le 12 thermidor, Barrère, dans un rapport sur la nécessité de continuer les *pouvoirs du Comité*, proposa de maintenir Fouquier dans ses terribles fonctions, mais des murmures universels éclatèrent aussitôt; et l'on prit la décision contraire : on décréta qu'il serait jugé; il demanda à comparaître à la barre de la Convention pour s'expliquer, et y vint le 21; il s'y défendit mal, et rejeta tous ses actes sur Robespierre; l'accusation contre lui fut maintenue, il alla alors se constituer prisonnier. L'instruction traîna en longueur. On espérait tirer de lui des révélations sur les *hommes et le gouvernement de la Terreur*. Il publia en effet un *Mémoire* in-4°; il rapporte des pièces importantes, des détails affreux sur la *justice révolutionnaire* et la marche du tribunal : la responsabilité de beaucoup d'actes est renvoyée à leurs auteurs, qu'on ne connaissait pas; mais de secrets positifs, on y en apprend peu, soit que le comité les eût cachés à son agent, soit plutôt que celui-ci ne voulut pas dans le moment même les révéler. Ce *Mémoire* est bien fait et offre beaucoup d'intérêt; mais il y a nombre de mensonges.

Quand on jugea Fouquier, le tribunal se déclara en permanence; son procès occupa une dizaine de séances, dans lesquelles le terrible agent des dictateurs fut condamné pour s'être livré à des fureurs personnelles, et pour avoir fait mourir des individus avant que toutes les formes légales fussent épuisées. Dès qu'il entrevit son arrêt, il prit sur la sellette l'attitude qui lui convenait, et se fit pardonner des siens les lâchetés de sa défense écrite. Répondant avec fermeté à ses juges, il puisa dans l'excès même de son désappointement un fonds de logique, de sarcasmes, d'éloquence naturelle, qui firent écouter avec intérêt. Il demanda qu'on ne le fit mourir sur-le-champ, et, « Je vous souhaite mon courage, si vous venez jamais ici », dit-il à ses juges. Il fut jusqu'au dernier moment très calme et dédain au supplice. Sur son passage, quelques personnes du peuple lui ayant rappelé ironiquement son : « Tu n'as pas la parole (du tribunal) », il leur répliqua : « Et toi, canaille imbécile, tu n'as pas de pain. » (C'était un moment de disette. 24 avril 1795.)

Fouquier était, dans les rapports privés, un homme sûr, mais de peu d'expansion; il aimait la vie aisée, élégante, et la recherchait sans cesse comme un but. Son costume était simple, sévère, mais soigné. Personne n'eût pu se créer plus facilement que lui une fortune; mais l'idée ne lui en vint jamais. En particulier, il laissait paraître plus de douceur que d'irritabilité. Son style était rude, diffus, barbare, privé de ces tours coulants, de ces idées abondantes qui distinguent les orateurs; son réquisitoire n'était qu'un protocole rocailleux, spécieux pourtant. Les débats de son procès révélèrent un fait affreux de fièvre révolutionnaire. Voulant suffire à la vengeance des temps, il offrit, dit-on, au *Comité de salut public* de faire agrandir la salle du tribunal, pour qu'on pût y condamner et y exécuter en même temps. Un modèle même de la machine y fut placé; mais son ami Collot d'Herbois survint, le fit retirer, et lui dit avec énergie : « Mais tu veux donc démoraliser le supplice? »

En 1829, une femme mourait dans une mansarde de la rue Chabannais. Nul ne se présenta pour recueillir l'héritage, pas même sa fille, pauvre demoiselle de comptoir à Château-Thierry. Le gouvernement hérita donc et fit vendre le mobilier, qui rapporta 253 francs. Il y avait quelques vieux meubles, quelques papiers, deux ou trois livres de piété, un Christ, une relique, un portrait gravé, et une médaille de cuivre. Ce portrait était celui de Fouquier. A la médaille pendait un papier sur lequel on lisait : « Il la portait au cou lorsqu'il fit condamner la veuve Capet. » La pauvre femme qui laissait cet héritage au fisc royal était la veuve Fouquier-Tinville.

Frédéric FAYOT.

FOUR. Ce nom s'applique principalement au *four à cuire le pain* et au *four à chaux* ou *chaufour*. Nous ne parlerons ici que du premier.

Le *four de boulanger* était connu des anciens, puisqu'on en retrouve dans les ruines de Pompéi. Cet appareil a gardé presque toute sa simplicité antique. Ses diverses parties sont l'*âtre*, la *voûte*, nommée aussi *dôme* ou *chapelle*, la *bouche* ou *entrée*, la *cheminée*, et les *houras*. On établit d'abord le massif du four dans lequel on pratique parfois un espace voûté, nommé *dessous du four*, destiné alors à sécher du bois; mais les boulangers le préfèrent plein, le four perdant moins de calorique. Si l'on bâtit une voûte, elle doit avoir au moins 0^m,55 d'épaisseur. On trace après lui une aire bien dressée la forme elliptique que l'on donne ordinairement à l'*âtre*, qui se compose de carreaux réfractaires établis sur un lit de sable sec, et offrant une pente de 12 à 16 centimètres par mètre, à partir du fond jusqu'à la bouche. La *voûte* se construit sur un moule en terre bien damée, ou sur des cercles en bois que se réunissent sur un poinçon au centre du four. On en couvre l'extrados avec une couche de terre grasse de 35 à 40 centimètres d'épaisseur. La *bouche*, placée sur le grand axe de l'âtre, a ordinairement $0^m,65$; elle se ferme hermétiquement par une plaque en fonte, maintenue dans une feuillure; au-devant est une tablette en pierre de taille, nommée *autel*. Enfin, les *houras* sont des conduits carrés que l'on fait dans la chapelle pour faciliter la combustion, et qui, passant sous la voûte, vont communiquer avec la cheminée; c'est une amélioration toute moderne, et la principale qui ait été faite pour le chauffage du four ordinaire; dans les petits fours, deux houras suffisent; il en faut trois dans les grands.

On a déjà fait d'importantes améliorations aux fours de boulangerie, on parviendra certainement dans les grandes villes à cuire le pain pendant que le four chauffe, et non après qu'on l'a chauffé : par ce moyen, la perte de temps et la consommation de combustible seront considérablement diminuées. Ce sera probablement par l'emploi de la fonte de fer que l'on obtiendra la solution la plus complète de ce problème technique; mais celui de l'architecture rurale appliquée au même objet, reste encore à résoudre, et n'opposera pas moins de difficultés à ceux qui entreprendront de faire ce présent aux campagnes. Une des conditions auxquelles il faut satisfaire est l'économie la plus sévère : il faut une construction qui coûte très-peu, qui dure longtemps et ne brûle pas autant de bois que les fours actuels. On trouvera sans doute, mais par une autre voie que celle que l'on a suivie pour le perfectionnement des fours dans les grandes villes, car ceux-ci coûtent nécessairement assez cher, et ne conviennent qu'aux grandes entreprises de boulangerie.

Dans l'art culinaire, on nomme *four de campagne* une sorte de couvercle en tôle ou en cuivre sur lequel on met du charbon embrasé, et que l'on pose sur les plats dont la confection exige du feu dessus et dessous, comme les petits pots de crème.

Les architectes ont donné le nom de *cul-de-four* à une espèce de voûte cintrée en élévation, dont le plan est circulaire ou ovale; nom qui lui est sans doute venu de ce que le plus communément on faisait ainsi les voûtes de four.

Autrefois on appelait *four*, à Paris, une maison où des soldats attiraient et poussaient les gens, les y retenant prisonniers, afin de les enrôler par force. On lit à ce sujet dans le *Journal de la cour de Louis XIV* : « Il y avait plusieurs soldats et même des gardes du corps qui, dans Paris et sur les chemins voisins, prenaient par force des gens qu'ils croyaient en état de servir, et les menaient dans des maisons qu'ils avaient pour cela dans Paris, où ils les enfermaient, et ensuite les vendaient malgré eux aux officiers qui faisaient des recrues. Ces maisons s'appelaient *des fours*. Le roi, averti de ces violences, commanda qu'on arrêtât tous ces gens-là et qu'on fît leur procès.... On prétend qu'il y avait vingt-huit de ces *fours* dans Paris. » On voit que ce n'était là qu'une imitation, au profit de quelques individus, de la *presse* anglaise.

Proverbialement, on dit par dérision à une personne : Ce n'est pas pour vous que le *four* chauffe, pour lui faire entendre que ce n'est pas pour elle que telle chose est préparée.

Dans l'argot des comédiens, faire *four*, c'est, au lieu de jouer, être obligé de renvoyer les spectateurs trop peu nombreux pour couvrir les frais. Les théâtres de Paris ne font plus *four*; à moins de relâche officiellement annoncée, ils jouent constamment, ne fût-ce que devant l'orchestre, les banquettes, le pompier et le garde de Paris.

FOUR BANAL ou **FOUR A BAN**, c'est-à-dire *four de fief*. C'était le four où le seigneur obligeait tous les habitants de sa seigneurie soumis à la banalité à faire cuire leur pain moyennant redevance. Quiconque étant soumis à la banalité avait un four chez lui encourait l'amende et la confiscation. Le droit à payer au seigneur pour le service du four était réglé amiablement ou par voie d'expertise. Le four devait être établi dans le milieu du bourg de la seigneurie, afin qu'il fût à la portée du plus grand nombre. Il devait être en bon état, et cuire assez souvent pour suffire aux besoins de tous. Il était ordonné aux fourniers de cuire le pain comme il convient, sinon de payer ce que le blé avait coûté et le quart en outre pour l'intérêt. Ils faisaient savoir à cri public que le four était au degré de chaleur convenable.

On sent que cette obligation de banalité était une gêne énorme, surtout pour le commerce de la boulangerie. Une ordonnance de Philippe le Bel de 1305 permet aux boulangers de Paris, où il y avait des fours à ban, de cuire librement chez eux le pain destiné à être vendu. Cette exception fut plus tard étendue à tous les boulangers du royaume. En général, les nobles, les ecclésiastiques, les maisons religieuses, collèges, hôpitaux, étaient exempts de la banalité; mais ils payaient au seigneur une indemnité à raison de cette exemption.

FOURBERIE. C'est la réunion de tous les moyens qui constituent la t r o m p e r i e dans ce qu'elle a de plus fortement tissu. La fourberie suppose donc un plan bien conçu, un sang-froid impertubable, une mémoire qui n'oublie rien, et le tout pour n'arriver souvent qu'à un succès unique dans la vie. En effet, dès l'instant où l'on est entaché du renom de fourberie, il n'est plus possible de retomber dans la récidive, du moins dans le même lieu; il faut, en outre, inventer tant de ressources, créer tant de machines, que la droiture est en définitive la route la meilleure, à ne la considérer même que sous le rapport des inquiétudes et des fatigues qu'elle évite. La fourberie présente à travers tous les siècles un caractère invariable de dégradation. Dans les comédies qui nous viennent de l'antiquité, les intrigues sont toujours menées par des esclaves; ils avaient de toute nécessité l'instinct de la fourberie, puisque leurs maîtres exerçaient sur eux le droit de vie et de mort; d'un autre côté, élevés dans l'intérieur de la maison, où ils avaient vu naître les enfants, ils devenaient de droit leurs confidents, puis leurs complices, et surtout leurs conseillers. Quoique dans notre société moderne, la domesticité soit, à bien des égards, différente de l'esclavage, les auteurs comiques ont à juste titre représenté les valets comme le type vivant de la fourberie, puisque jusqu'au milieu du siècle dernier ils ont fait partie de la famille, surtout dans les classes intermédiaires. Par une conséquence inévitable, ils appartenaient sans cesse au parti des enfants. Les fourberies de Scapin ne seraient pas aujourd'hui possibles. Dans nos mœurs actuelles, les valets, relégués dans le cercle de leurs humbles travaux, ne font plus que louer l'emploi de leur temps; désormais ils sont neutres au milieu des intérêts comme des passions de ceux sous le toit desquels ils vivent.

A la façon dont le monde est maintenant organisé, la *fourberie* a cessé d'être généralement répandue; en retour, nous sommes devenus un peuple de gens d'affaires; nous avons de l'adresse, de la ruse et de l'astuce; mais quant à la fourberie, à quoi bon y recourir? Il entre dans ses succès un certain esprit d'audace et de hasard que ne compense pas ce qu'elle rapporte : c'est un genre de spéculation où les triomphes n'enrichissent pas assez.   SAINT-PROSPER.

FOURBIR, FOURBISSEUR. *Fourbir* signifie *polir*. Anciennement, on appelait *forbisseurs* tous ceux qui s'occupaient de la confection des armes. Depuis l'invention de la poudre à canon, on a distribué les fabricants d'armes en plusieurs classes; tels sont les a r m u r i e r s ou arquebusiers, qui fabriquent et vendent des fusils de chasse, des pistolets. Dans les manufactures d'armes du gouvernement, il y a des fabricants qui se bornent à la confection d'une seule pièce; tels sont les canonniers, ceux qui font et polissent les cuirasses, etc. Les fourbisseurs tiennent spécialement des armes blanches, comme sabres de luxe, épées, poignards, fleurets, dont ils tirent les lames de certaines fabriques. Les fourreaux et les ornements dont ces objets sont décorés sont l'ouvrage de leurs mains.

Quant à la manière de *fourbir* une arme, elle ne diffère en rien des procédés qu'on suit en général pour polir le fer et l'acier : on enlève les aspérités les plus saillantes sur la meule, ou avec des limes d'une taille plus ou moins fine, et l'on termine avec de l'émeri et autres poudres.
        TEYSSÈDRE.

FOURBURE, FOURBU. La *fourbure* est une maladie à laquelle sont sujets les chevaux, les mulets et les autres bêtes de somme. L'animal atteint de cette maladie, l'animal *fourbu*, a de la peine à marcher; il lui est extrêmement difficile de reculer. La fourbure est une fluxion qui tombe principalement sur les nerfs du cheval; elle les lui rend tellement roides que ses extrémités semblent d'une seule pièce; toutes ses articulations sont en quelque sorte soudées les unes aux autres; celles des pieds s'affectent surtout : aussi le mouvement est-il alors presque impossible. La couronne devient d'une grande sensibilité, et se tuméfie. Chez quelques chevaux, la sole de la corne prend une forme convexe; chez d'autres, la muraille acquiert plus d'épaisseur. Nous devons signaler ici les causes de la fourbure, afin qu'on puisse les éviter : elles consistent principalement dans le séjour dans les lieux humides, dans l'excès du repos ou du travail, dans un refroidissement trop subit quand l'animal a très-chaud.

FOURCHE, outil en fer, composé d'une douille et de deux ou trois branches pointues, emmanché d'un bâton. Les fourches en bois n'ont que deux fourchons formés naturellement par la jonction de deux branches parallèles, et longues de 30 à 45 centimètres, terminées en pointe.

La *fourche-fière*, appelée ainsi par corruption de *ferrée*, est une fourche de fer à huit pointes : c'est le trident, dans le style mythologique.

La *fourche de jardinier* est de même forme que la précédente, avec cette différence, que les fourchons sont plus ou moins recourbés en dedans. On l'emploie pour charger la hotte ou le bât, faire les couches, rompre les mottes de terre ou introduire les semences au-dessous de la superficie du terreau.

Le mot *fourche* s'applique encore à divers outils employés dans les fabriques de tissus légers.

DUFEY (de l'Yonne).

FOURCHE (Mont de la), montagne de 4,373^m33 au-dessus du niveau de l'Océan, à l'extrémité nord-est du canton du Valais. C'est le plateau le plus élevé de la chaîne du Saint-Gothard, qui forme le point central des grandes Alpes; il est constamment couvert de neige, et on y jouit d'une vue admirable. Une auberge y a été construite en 1852. Ce nom de mont de la Fourche, en italien et en allemand *furca* vient, suivant toute vraisemblance, de la configuration particulière des pics les plus élevés de cette chaîne.

FOURCHES-CAUDINES (en latin *Furculæ Caudinæ*), appelées aussi *valle caudina*, ou *stretto di Arpaia*, défilé de la chaîne de l'Apennin, dans le royaume de Naples (province de la Terre de Labour), à 22 kilomètres nord-est de Naples, sur la route de cette ville à Bénévent. Rome marchait à grands pas vers la conquête du monde. Elle était à peine remise de la terreur que lui avaient inspirée les Gaulois, que déjà la plupart des peuples environnants subissaient son joug. Parmi ceux qui tentèrent vainement de s'opposer à ses agrandissements rapides, on distingue tout d'abord les Samnites, déjà vaincus à plusieurs reprises. Un stratagème mit entre leurs mains la fortune de l'ennemi ; et au lieu de savoir en profiter, ils lui firent subir l'affront le plus sanglant que puisse endurer une nation vaincue. Ce n'est pas lorsque les peuples sont jeunes qu'il faut songer à les humilier : les Samnites en firent la triste expérience; leur extermination totale put à peine effacer la honte dont ils avaient couvert le nom romain. Les hostilités venaient de commencer (l'an 321 avant J.-C, de Rome 433). Pontius, général des Samnites, était allé camper le plus secrètement possible près de Caudium (aujourd'hui *Arpaia*). De là, dit Tite-Live, il envoie à Calatia (*Cajazzo*), où il sait que les consuls romains ont assis leur camp, dix soldats déguisés en bergers : il leur prescrit de mener paître leurs troupeaux, chacun d'un côté différent, à peu de distance des postes romains, et lorsqu'ils tomberont au milieu des fourrageurs, de leur dire tous que les légions des Samnites sont dans l'Apulie; qu'elles assiègent Luceria (*Lucera*), ville de la Capitanata), et qu'elles ne tarderont pas à l'emporter de vive force. Déjà même ce bruit, répandu à dessein, est parvenu aux Romains; mais les prisonniers y donnent d'autant plus de poids qu'ils s'accordent tous à dire la même chose. Il était hors de doute que les Romains porteraient secours aux Lucériens, qui étaient de bons et fidèles alliés. La délibération eut donc pour objet unique de décider quelle route on prendrait. Deux chemins conduisaient à Lucérie, l'un facile et ouvert, qui longeait les côtes de la mer Supérieure (*mer Adriatique*), plus long à la vérité, mais plus sûr; l'autre, plus court, à travers les Fourches-Caudines. Or, voici quelle est la nature de lieu : là, deux défilés profonds, étroits et couverts de bois, entre lesquels s'étend une petite plaine. Les Romains franchissent sans obstacle le premier et la plaine; mais arrivés au second, ils le trouvent fermé par des arbres abattus et par des masses énormes de rochers. Ils reconnaissent l'artifice de l'ennemi, et aperçoivent un corps de troupes sur la hauteur qui commande le défilé. Se hâtant de revenir sur leurs pas, ils se mettent en devoir de reprendre le premier défilé; mais ils se trouvent aussi arrêtés de ce côté, et par les difficultés du lieu, et par les armes qu'on leur oppose. Alors, ils suspendent leur marche, et leurs esprits sont plongés dans la stupeur.

Les Romains, après avoir essayé de se fortifier, abandonnent ce projet impraticable, et demandent à leurs chefs une assistance qu'auraient à peine pu, dit l'historien latin, leur porter les dieux eux-mêmes. On était plus occupé à se plaindre qu'à délibérer; et la nuit se passa à émettre des avis, sans que l'on songeât même à prendre du repos et quelque nourriture. De leur côté, les Samnites, étonnés d'un succès qu'ils ne devaient qu'à la ruse, et auquel ils n'étaient pas accoutumés, ne pouvaient venir à bout de prendre un parti. Ils résolurent de consulter Herennius Pontius, père du général; ses sages conseils furent rejetés. Les Samnites se décidèrent enfin à faire subir aux vaincus le droit de la guerre. Les Romains, après avoir tenté d'inutiles efforts pour sortir de leur position fâcheuse, demandèrent la paix. « La guerre est terminée, dit Pontius; avouez votre mauvaise fortune, et passez sous le joug des armes, couverts d'un simple vêtement; les colonies établies sur le territoire samnite seront évacuées, et les deux peuples vivront dans la concorde, en vertu d'une convention basée sur la justice. Dans le cas où l'une de ces conditions ne vous conviendrait pas, je défends à vos députés de se représenter devant moi. » Cette réponse si dure et si hautaine, rendue aux soldats, leur fit pousser des cris lamentables, et les plongea dans une consternation plus grande que si on leur eût annoncé qu'il fallait se décider à subir la mort. Tout ce que la république avait de forces se trouvait là : en les sauvant, on sauvait la patrie; quant à l'honneur, qui n'était pas moins cher, on pouvait se venger plus tard. Le traité fut donc accepté, et l'armée romaine passa sous le joug. Que de lauriers flétris en un jour ! que de nations vengées !

Peu de temps après cet événement si mémorable, le traité signé par les consuls fut rompu à l'aide d'une transaction où la foi romaine ne brille pas d'un éclat très-pur. Il est vrai que ce traité n'en était pas un, puisqu'il avait été conclu sans les féciaux, dont la présence était absolument nécessaire pour ces sortes d'actes.

OSCAR MAC-CARTHY.

FOURCHES PATIBULAIRES. On appelait ainsi le gibet auquel on suspendait autrefois les cadavres des suppliciés, pour qu'ils y fussent mangés par les bêtes, ou desséchés et dispersés par les vents. Ce gibet se composait de deux colonnes de pierre, sur lesquelles s'appuyait transversalement une pièce de bois soutenant plusieurs chaînes de fer. En général, ces hideux appareils étaient placés hors des villes, bourgs et villages, et près de quelque grand chemin pour porter au loin l'épouvante. Le nom de *fourches* était venu de ce que dans les temps reculés on se servait de deux grandes fourches au lieu de colonnes de pierre. L'origine des fourches patibulaires remonte aux temps de la république romaine. Suétone raconte qu'à Rome, lorsqu'un individu était condamné à périr sous les verges, on l'attachait à un morceau de bois qui se terminait en fourche; sa tête était fixée à l'extrémité, et dans cet état on le fouettait jusqu'à ce qu'il expirât. En France, la suspension aux fourches patibulaires était une aggravation à la peine de mort. En général, elle n'était infligée qu'aux criminels de basse extraction : Enguerrand de Marigny, pendu au gibet de Montfaucon, près de Paris, qu'il avait lui-même fait élever, est une des rares exceptions qu'on pourrait citer. Les femmes n'étaient que très-rarement envoyées aux fourches patibulaires.

Le droit de fourches patibulaires n'appartenait qu'aux seigneurs hauts-justiciers. Pour cette raison, on les appelait en style féodal *justices*. Il y en avait de cinq classes : le simple haut-justicier ne pouvait avoir que deux piliers ; le châtelain trois, le baron ou vicomte quatre, le comte ou duc six : le roi, comme souverain, pouvait en élever autant qu'il lui plaisait. Aussi, sous le règne de Charles IX, y avait-il à Montfaucon seize piliers, entre lesquels on voyait habituellement cinquante à soixante corps mutilés. Il paraît que cet horrible spectacle n'empêchait pas les Parisiens de venir faire la débauche autour de ce gibet. Les fourches patibulaires n'existent plus. La peine de la potence a été abolie en France par le code pénal de 1791. Tous les raffinements de supplices sont pour jamais rayés de nos lois. Les cadavres des suppliciés sont aujourd'hui délivrés à la famille, si elle le demande, ou inhumés sans appareil par les soins de l'administration.

FOURCHETTE. Une des premières mentions qu'il soit faite de ce petit instrument est dans un inventaire de l'argenterie de Charles V, roi de France, daté de 1379. Encore ces fourchettes ne ressemblaient-elles pas aux nôtres ; elles étaient petites, n'avaient que deux branches comme une fourche, ce qui leur fit donner le nom qu'elles portent. Elles furent plus communes au quinzième et au seizième siècle, et nous voyons dans le cabinet de nos amateurs d'antiquités nationales de petites fourchettes en ivoire ou en bois qui s'adaptent à une cuillère assez large, sans manche, et forment ainsi un couvert complet. Dans les deux derniers siècles, ce meuble de table se multiplia, s'agrandit ; de nos jours, on le rencontre partout, et en France il est toujours composé de quatre branches. Le Roux de Lincy.

En anatomie, on appelle *fourchette* certaines parties du corps humain, telles que la commissure postérieure des grandes lèvres, l'appendice xiphoïde du sternum, parce qu'elle est quelquefois bifurquée. Les médecins vétérinaires appliquent cette dénomination à l'espèce de *fourche* que forme la corne dans la cavité du pied chez le cheval : on la dit *grasse* quand elle est trop nourrie, et *maigre* quand elle ne l'est pas assez.

Un petit instrument de chirurgie, ressemblant assez à une fourche, et dont les branches sont aplaties, mousses et très-rapprochées l'une de l'autre, s'appelle aussi *fourchette*. Il sert à soulever la langue, à tendre le filet qui l'unit à la paroi inférieure de la bouche, afin d'en faire la section.

En architecture, l'endroit où les deux petites noues de la couverture d'une lucarne se joignent à celle d'un comble porte le nom de *fourchette*. Les carrossiers appellent ainsi un long morceau de bois, à deux pointes de fer, qui est attaché à la flèche d'un carrosse : on le baisse quand le carrosse se trouve sur une côte dure à gravir, afin de l'empêcher de reculer. En termes de mécanique, une *fourchette* est une partie d'un engin. En serrurerie, c'est un instrument de fer servant à tourner les brequins, les tarières, les canons, etc.

Les soldats se servaient autrefois d'un bâton ferré, d'un fer fourchu, nommé *fourchette*, sur lequel ils appuyaient leur mousquet en tirant, afin d'en diminuer la pesanteur et de le faire porter plus juste. On appelait aussi *fourchette* d'arbalète deux petits morceaux de fer, en forme de petit bâton, au bout de la monture de l'arbalète, au milieu desquels était un fil où l'on mettait un grain pour guider l'œil.

FOURCROY (Antoine-François de), membre de l'Institut, professeur de chimie au Muséum d'Histoire Naturelle, à l'École de Médecine et à l'École Polytechnique, etc., naquit à Paris, le 15 janvier 1755. Son père, issu d'une famille noble, mais pauvre, exerçait la profession de pharmacien, en vertu d'une charge qu'il avait dans la maison d'Orléans ; mais, par suite des efforts de la corporation des apothicaires de Paris, cette charge fut supprimée. A quatorze ans Fourcroy quitta le collège d'Harcourt, aussi peu instruit qu'il y était entré. L'adversité l'attendait : elle devint pour lui un maître utile. Passionné pour la musique et les beaux arts, auteur de quelques pièces de théâtre, il eut un moment l'idée de se faire comédien. Toutes ses mesures étaient prises. Le mauvais succès d'un de ses amis, qui l'entraînait dans cette carrière, et qui voulait le faire débuter après lui, le guérit pour jamais de son goût pour la comédie et de la folle passion de vaine gloire qui l'avait séduit quelques instants. Ses vues se tournèrent alors vers le commerce. Il prit des leçons d'écriture, étudia les changes étrangers et accepta un emploi dans le bureau d'un commis du sceau, ami de sa famille. Il se fit bientôt, du produit de ses honoraires et des leçons d'écriture qu'il donnait en ville, un petit revenu.

Au bout de deux ans, outré de l'injustice qu'on lui fit éprouver en le privant, en faveur d'un nouveau venu, d'un avancement auquel il avait des droits incontestables, il sortit du bureau pour n'y plus reparaître. Il retomba pour la troisième fois dans son incertitude sur le choix d'un état. Heureusement pour lui, le célèbre Vicq d'Azyr s'était mis en pension chez son père. Ses conseils, son exemple, les facilités et les secours qu'il offrait à son jeune protégé, déterminèrent celui-ci à étudier la médecine. Son ardeur fut telle dans ses études scientifiques que deux années après Fourcroy publia une traduction de Ramazzini, sur les *Maladies des Artisans*, enrichie de notes et d'éclaircissements puisés aux sources d'une chimie toute nouvelle. Cet ouvrage avait paru sous les auspices de la Société royale de Médecine, instituée par Vicq-d'Azyr. L'ancienne faculté, jalouse de ce nouveau corps scientifique, se vengea en refusant de recevoir gratuitement Fourcroy dans son sein. Après les instances de Buquet, elle revint sur sa détermination ; mais Fourcroy refusa à son tour, et trouva dans la générosité de ses amis plus qu'il ne fallait pour suffire à tant de dépenses. Il fut reçu en 1780. Il n'était pas seulement médecin, c'était un chimiste distingué. Élève de Roux, de Macquer et surtout de Buquet, dont il était devenu au moins l'égal, il attirait une foule prodigieuse à ses cours de chimie.

En 1784, Macquer vint à mourir, et la chaire de chimie au Jardin du Roi fut vacante. Buffon devait nommer à cette place. Fourcroy se mit sur les rangs. Son concurrent était un grand chimiste, protégé par un grand prince ; mais les recommandations nombreuses de personnages considérables du monde et des sciences l'emportèrent, et Buffon nomma Fourcroy. Du reste, l'homme de génie auquel un talent séduisant fut alors préféré, comme l'a dit Cuvier, s'est applaudi depuis d'avoir, en perdant sa place, gagné un si heureux propagateur de ses découvertes. L'année suivante, un fauteuil devint vacant dans le sein de l'Académie des Sciences ; Fourcroy fut élu. Il entra dans la section d'anatomie, d'où il sortit ensuite pour passer dans celle de chimie, à laquelle il appartenait plus naturellement.

La chimie allait prendre une face nouvelle par le changement qu'on faisait subir à sa nomenclature. En 1782, Fourcroy eut l'honneur de participer aux conférences tenues chez Lavoisier. De 1786 à 1787 on y jeta les fondements de la nouvelle nomenclature. Dans le courant de l'année 1787 Fourcroy publia le résultat de ce beau travail, le mieux raisonné sans doute, à quelques défauts près, qui ait jamais signalé les sciences naturelles, en ce qu'il est parfaitement historique. Avec une telle célébrité, Fourcroy ne pouvait rester étranger aux événements qui signalèrent l'année 1789. Avant le 14 juillet, il fit partie de la réunion des électeurs qui secondèrent le mouvement de l'Assemblée nationale. En septembre 1789, porté au corps électoral, il fut nommé malgré lui septième suppléant de Paris, quoique l'on ne l'eût vu figurer ni dans les tribunes, ni dans les journaux, ni dans les affiches, ni dans aucun acte public. Après avoir travaillé jour et nuit, pendant dix-huit mois, à l'extraction et à la purification du salpêtre, au comité de salut public il fut appelé, en juillet 1793, à la Convention. Il s'aperçut dès le premier jour qu'il n'y avait rien à faire contre l'affreux despotisme qui dominait l'assemblée. Il se cacha, en quelque sorte, dans le comité d'instruction publique, où il fit tout le bien qu'il pouvait faire, en empêchant le plus de maux qu'il lui fut possible. Il réussit à arracher Desault, chirurgien de l'hôtel-Dieu, aux prisons, ou plutôt à la mort. Il parvint à soustraire Chaptal à l'accusation de fédéralisme, en le faisant appeler, de Montpellier à Paris, pour l'occuper au salpêtre. Il prit la défense de Darcet, déjà porté sur les tables de proscription de Robespierre, et eut le bonheur de le sauver. Et c'est lui, c'est Fourcroy qu'on a signalé comme l'auteur de la mort de Lavoisier, dont le sort avait été impitoyablement fixé avec celui de tous les fermiers généraux ! La calomnie a donné à l'impuissance, ou au moins à la timidité, le caractère du crime le plus lâche, le plus infâme ! Cette odieuse inculpation, qui empoisonna le reste des jours de l'illustre chimiste, a été victorieusement réfutée.

Au 9 thermidor, Fourcroy fut appelé au comité de salut

public. Il s'y montra étranger à tout parti, à toute intrigue, partagea tous les malheurs et les dangers d'une disette factice, provenant de la chute du papier, que la main de fer du gouvernement précédent avait soutenu malgré son accroissement, manqua lui-même de pain pendant cinq mois, et fut réduit à vivre, lui et cinq personnes de sa famille, de pommes de terre. Non-seulement Fourcroy organisa l'École Polytechnique, qui n'était alors que l'école des travaux publics, mais encore il fit créer trois écoles de médecine, et rétablit l'instruction sur ses premières bases, en obtenant des arrêtés de la Convention. Il donna la première idée de cette École Normale, supprimée trop tôt et contre son vœu, réinstituée sous l'autorité impériale, et détruite pendant quelques années, puis enfin rétablie. Lors de la rédaction de la constitution de l'an III, ce fut grâce à lui que l'instruction publique et l'Institut furent compris dans l'acte constitutionnel. Sorti du Conseil des Anciens, où il siégea pendant deux ans, il reprit ses cours publics, et rédigea son grand ouvrage intitulé : *Système des connaissances chimiques*, le plus grand monument élevé à la gloire de la chimie française.

Six semaines après la révolution du 18 brumaire, il reçut du premier consul l'invitation de se rendre au château du Luxembourg. Le soir même, le conseil d'État était assemblé dans une salle du château; Fourcroy fut retenu par Bonaparte, qui lui fit prendre place au conseil, et le consulta sur les affaires qu'on y traitait, faveur inopinée qui fut pour Fourcroy une occasion nouvelle de reprendre ses travaux sur l'éducation. Nommé directeur général de l'instruction publique, il créa des lycées dans toute l'étendue de la France, et rendit ces écoles florissantes jusqu'à l'époque où, par l'érection de l'université impériale, elles reçurent toute la perfection à laquelle elles pouvaient atteindre. Dans cette circonstance, Fourcroy a encouru quelque blâme. « Le gouvernement, dit M. Chasles, qui ne craignit pas de demander l'abolition de la liberté de l'enseignement (loi du 11 floréal an X, art. 6 et 8), n'osa cependant pas révéler toute sa pensée et laisser entrevoir la résurrection prochaine de tout ce que la révolution avait détruit; et quand un tribun, placé peut-être plus avant dans la confidence du premier consul que l'orateur du gouvernement, proposa de recréer un corps enseignant, le conseiller d'État Fourcroy repoussa vivement cette idée, comme incompatible avec les progrès de la raison publique et de l'esprit humain. Fourcroy porta bientôt la peine de sa maladresse : Napoléon lui infligea plus tard la mission d'aller devant la même assemblée présenter et défendre le projet de loi qui créait l'université impériale; il dut, réfutant ses propres paroles, glorifier ce qu'il avait condamné, et démontrer les avantages de l'institution dont il avait signalé les dangers. Son apostasie ou sa conversion ne désarmèrent pas la rancune impériale; et quand il fallut donner un grand-maître à l'université, Fontanes fut investi de cette haute magistrature, que l'opinion publique avait destinée au savant Fourcroy. »

Déçu de ses espérances, Fourcroy se crut disgracié. Sa gaieté naturelle l'abandonna; sa santé, déjà altérée par l'agitation des affaires, les devoirs de ses places, les méditations et les veilles du cabinet, devint de plus en plus chancelante; le 16 décembre 1809 il fut subitement frappé d'une attaque d'apoplexie, et expira. L'empereur venait de signer sa nomination à la direction des mines.

Fourcroy fut un professeur distingué. « Il était né pour le talent de la parole, comme le dit Pariset dans son éloge, et ce talent, il l'a porté au plus haut degré : ordre, clarté, expression, il avait toutes les parties d'un orateur consommé, ses leçons tenaient de l'enchantement. A peine avait-il ouvert la bouche, que le cœur était saisi par les sens et l'esprit captivé par l'attente. Les phénomènes les plus subtils, les théories les plus abstraites et les plus compliquées prenaient, à mesure qu'il parlait, une évidence et une simplicité qui jetaient dans la surprise et le ravissement. Son élocution, vive facile, variée, élégante, et pourtant familière semblait se jouer avec les obstacles, et faisait tomber, pour ainsi dire, en courant, les voiles sous lesquels la nature s'est enveloppée : tout cet éclat, soutenu par les accents d'une voix sonore et flexible, et par le jeu d'une physionomie qui se prêtait à mille expressions et s'animait du feu de la parole, donnait à ses démonstrations tout le prestige et j'oserais presque dire toute la passion d'une scène dramatique. » Outre son *Système des connaissances chimiques*, on a de lui des *Tableaux synoptiques de chimie* et un grand nombre de mémoires insérés dans les principaux recueils scientifiques de l'époque.
Adolphe Laugier.

FOUR DE CAMPAGNE. Parmi les peuples modernes, les Anglais sont les premiers qui se soient occupés de l'administration des vivres de leurs troupes de terre en campagne. Au milieu du quatorzième siècle, leurs guerres de tous les jours au sein des provinces ruinées de la France leur démontrèrent la nécessité d'un système qui assurât la subsistance de leurs armées : elles ne marchaient qu'accompagnées d'un nombre de fours proportionné à leur force. Les défaites si fréquentes de nos ancêtres tinrent en partie à l'absence de toute précaution de ce genre. Coligny le premier sentit la nécessité d'organiser une administration nourricière; et des boulangers commencèrent à accompagner par ses ordres les compagnies d'hommes d'armes; mais ce fut Louvois qui conçut et réalisa le projet de donner aux armées des fours portatifs. Les uns marchaient tout confectionnés, mais ils étaient de peu de capacité; d'autres, plus grands, étaient répartis sur des chariots, ayant leur carcasse à part de leurs matériaux; ceux-là se construisaient sur place, et étaient susceptibles de cuire 500 rations de pain, ou du biscuit en proportion. Ce fut surtout dans les dernières années du dix-septième siècle, qu'à cet égard les essais et les expériences furent poussés le plus loin ; on prétendit même faire cuire, chemin faisant, dans des fours portés sur quatre roues et chauffés au moyen d'un feu de réverbère; mais le besoin de réparations continuelles et des difficultés de toutes espèces rendaient presque impraticable cette opération. D'Argenson et Choiseul s'appliquèrent à leur tour à favoriser la panification en campagne : les commissaires ordonnateurs qu'ils en chargèrent tirèrent peu de ressources de leurs tentatives. La guerre de la révolution n'avança guère plus le savoir-faire de la boulangerie militaire. Les commissaires des guerres, quand le temps leur en était donné, mettaient en réquisition les fours existants, ou bien ils en faisaient construire par des corvées, par des appels faits aux soldats des régiments ou aux ouvriers du pays; mais cela s'exécutait sans principes arrêtés, sans règles fixes, sans savoir sur quels fonds imputer les dépenses ; les administrations de la garde impériale y procédèrent seules avec un peu plus de méthode et d'habileté. Une distribution de moulins à bras, ordonnée par Napoléon, en Espagne et en Russie, n'obtint guère plus de succès, mais prouva, ainsi que quelques documents authentiques mais transitoires, de 1812, que ce grand capitaine avait apprécié, quoiqu'un peu tard, l'importance de ce genre : ce furent des efforts en pure perte. Un règlement du 1er septembre 1827 fut un des premiers à traiter de ce sujet. Dans ces derniers temps, des essais ont été tentés sur différentes formes de fours de campagne. Notre armée d'Orient en possède plusieurs.
Gal Bardin.

FOURGON, espèce de coffre en planches d'une assez grande capacité, et fermé par un couvercle demi-cylindrique. Ce couvercle est muni le plus souvent d'une toile cirée ou peinte, afin de mettre à l'abri de la pluie les vivres que d'ordinaire on entasse dedans pour le service de l'armée. Il sert aussi au transport des bagages. A cet effet, on y attelle deux ou quatre chevaux, et on en confie la conduite aux soldats du train des équipages.

Ce nom est également donné à l'instrument dont le boulanger se sert pour remuer la braise et le bois dans le four, et à un bout de fer courbé en crochet pour attiser le charbon de terre dans les poêles de fonte. V. de Moléon.

FOURIER (JEAN BAPTISTE-JOSEPH), baron de l'empire, secrétaire perpétuel de l'Académie des Sciences, un des quarante de l'Académie Française, naquit à Auxerre, et se distingua dès sa jeunesse par son goût pour la littérature et les sciences. A dix-huit ans, il avait déjà composé un Mémoire sur les mathématiques. La révolution française l'ayant empêché d'entrer dans l'ordre des Bénédictins, il ne tarda pas à se rendre à Paris. Il y servit la patrie avec zèle, fit partie de la plus importante des assemblées populaires, et y obtint quelques succès par son éloquence. Jeté en prison pendant la terreur, il fut condamné à mort.

Lorsque le calme se rétablit, Fourier se livra de nouveau aux sciences, et suivit le cours de l'École Normale. Professeur à l'École Polytechnique, il contribua aux premiers succès de cette institution. Il fit partie des savants qui accompagnaient l'expédition d'Égypte; et ceux-ci, en fondant leur mémorable institut, nommèrent Fourier leur secrétaire perpétuel. Le général en chef lui accorda aussi sa confiance et les fonctions de commissaire du gouvernement près du divan du Caire. Il était à la tête d'une des deux expéditions scientifiques qui remontèrent les rivages du Nil pour en explorer les monuments. Le discours préliminaire qui précède le grand ouvrage sur l'Égypte fut encore l'œuvre de Fourier. Lorsque l'armée eut perdu son premier général en chef, Fourier s'occupa des affaires avec ardeur, et prêta un puissant secours au général Kléber. Le traité conclu avec Mourad, le plus redoutable des chefs des Mamelucks, fut en partie son ouvrage. Enfin, quand Kléber tomba sous le fer d'un assassin, Fourier fut l'interprète de la douleur de l'armée, en rendant hommage à la mémoire du héros dans un discours touchant qu'il prononça sur sa tombe.

Revenu en France sur le brick anglais le *Good-Design*, il fut nommé, en 1801, préfet de l'Isère. Fourier remplit la partie la plus délicate de sa mission en ralliant toutes les opinions par sa modération. Mais les détails d'une administration paisible convenaient peu à son esprit scientifique : il abandonna souvent le soin des affaires aux hommes éclairés qui l'entouraient. Ce fut sous lui qu'eut lieu le desséchement des marais de Bourgoin : cette opération rendit à l'agriculture quarante communes. Fourier perdit sa préfecture en 1814, l'occupa de nouveau pendant les cent jours, et quitta enfin Grenoble, pauvre comme il y était entré, pour venir se fixer à Paris. L'Académie des Sciences le choisit, en 1815, pour un de ses membres; mais cette élection ne fut pas approuvée. Une nouvelle élection, dans laquelle il obtint, en 1816, tous les suffrages, reçut la sanction royale; plus tard, il fut nommé secrétaire perpétuel.

Les travaux scientifiques les plus remarquables de Fourier, indépendamment de la part qu'il a prise au grand ouvrage sur l'Égypte, sont relatifs à la résolution des équations algébriques et à la théorie mathématique de la chaleur, dont il a le premier fait connaître les équations fondamentales. Dans l'intégration de ces équations, il donna pour le développement des fonctions, en séries de cosinus d'arcs multiples de la variable, une formule qui a été employée depuis avec succès par les géomètres dans beaucoup de questions de physique mathématique. Fourier négligea longtemps de mettre en lumière ses recherches sur la résolution des équations, et à peine avait-il commencé à s'occuper de leur publication qu'il fut surpris par la mort, le 16 mai 1830. Navier se chargea du soin de la continuer et de prouver qu'à Fourier appartenait véritablement l'honneur d'avoir ouvert la route qui a conduit au perfectionnement de la résolution des équations algébriques.

LE VERRIER, de l'Académie des Sciences, sénateur, etc.

Fourier était né le 21 mars 1768. Outre la *Théorie analytique de la chaleur* (Paris, 1822, in-4°) et les autres ouvrages dont il vient d'être parlé, on lui doit : *Rapport sur les établissements appelés tontines* (Paris, 1821, in-4°); *Rapports sur les progrès des sciences mathématiques*. Comme secrétaire perpétuel de l'Académie des Sciences, Fourier a prononcé les éloges de Delambre, de W. Herschell, de Bréguet, etc. Il a aussi écrit pour la *Biographie-Michaud* quelques articles signés Z.

FOURIER (CHARLES), fondateur de la secte socialiste qui se qualifie d'*École sociétaire*, et à l'ensemble des doctrines de laquelle on donne le nom de *fouriérisme*, naquit à Besançon, le 7 avril 1772. Son père, qui était marchand de draps, l'envoya d'abord suivre les classes du collège de sa ville, et lui fit ensuite embrasser la profession qu'il avait toujours exercée lui-même avec honneur et probité. Charles Fourier, nous dit-on, obéit respectueusement à la volonté paternelle, et se condamna ainsi à végéter toute sa vie dans les occupations subalternes et presque mécaniques d'une carrière pour laquelle il s'était toujours senti la répugnance la plus prononcée, tandis que les tendances naturelles de son esprit le portaient irrésistiblement vers les spéculations les plus ardues de la philosophie. En 1830 il tenait encore les livres dans une importante maison de commission de la rue du Mail, en relations habituelles d'affaires avec l'Amérique. Précédemment, et pendant de longues années, il avait occupé le même emploi tour à tour à Rouen, à Marseille, à Lyon; et partout, a-t-on soin d'ajouter, il avait mérité et obtenu par son zèle et son exactitude la confiance et l'estime de ses patrons. Nous n'avons aucun motif pour suspecter la sincérité de ce certificat de bonnes vie et mœurs; mais jusque ici, comme on voit, l'histoire de Fourier est celle de tant d'honnêtes gens qui, demandant résolûment au travail leurs moyens d'existence, vivent et meurent inconnus, sans se soucier de laisser autrement traces de leur passage ici-bas. Telle n'était pourtant pas, en réalité, la disposition d'esprit de Charles Fourier, qui, parce que son père avait fait violence à ses inclinations, s'était cru autorisé à faire sournoisement contre le commerce le serment d'Annibal. Tout autre, à sa place, vous eût bien vite planté le *brouillard*, le *grand-livre*, le *répertoire*, le *livre de caisse*, etc., et au lieu de rester derrière un comptoir, s'en fut allé, faute de mieux, défendre la patrie, menacée alors par les hordes étrangères. Certes en 1792, et plus tard encore, l'occasion était belle pour se soustraire avec gloire et profit à un joug abhorré. Charles Fourier en agit d'une autre façon; mais s'il se serra plus étroitement le licol autour du cou, ce fut avec la résolution de consacrer désormais silencieusement la puissance de ses facultés intellectuelles ainsi que les loisirs que lui laissaient des occupations toutes machinales à la recherche d'un moyen sûr d'en finir pour toujours avec une organisation sociale dans laquelle il ne lui avait pas été donné de pouvoir suivre librement sa vocation naturelle, d'en finir surtout avec le système commercial actuel, qui a pour bases l'*infâme* capital, le monopole, si nuisible aux intérêts généraux, le dol, l'astuce et la fraude. Il y a tout lieu de penser que quelque petit drame bien vulgaire de sa vie intime (au sujet de laquelle ses adeptes n'ont eu garde de nous fournir le moindre renseignement) ne fut pas sans influence sur cette direction donnée à ses idées, et que des infortunes réelles ou des souffrances de vanité contribuèrent beaucoup à égarer sa misanthropie dans les rêves d'une rénovation complète de l'humanité. Quoi qu'il en ait pu être, en 1808, ne doutant point qu'il n'eût enfin trouvé le grand arcane objet de ses incessantes investigations, il publia, sans que personne y prît garde d'ailleurs, sa *Théorie des quatre mouvements* (1 vol. in-8°), espèce de prospectus de son inappréciable découverte. Loin de se laisser décourager par l'indifférence absolue que rencontrèrent les idées, du reste fort peu intelligibles, qu'il exposait dans ce livre, il fit paraître quatorze années plus tard, en 1822, son *Traité de l'association domestique agricole* (2 gros volumes in 8°); ouvrage lourd et diffus, d'une obscurité souvent calculée et qu'accroît encore une terminologie toute particulière et vraiment baroque, offrant sans doute à côté d'une masse énorme de folies et d'absurdités quelques observations justes et sensées, et contenant l'exposé complet d'une théorie dont l'abolition de la propriété, la promiscuité des femmes et bien d'autres indignités, franchement avouées et défendues depuis par ses disciples, étaient la conséquence naturelle et nécessaire. Les quelques amis auxquels Fourier fit cadeau de son œuvre ne purent que gémir de l'espèce particulière de dérangement d'esprit qu'elle dénotait de la part d'un homme en qui jusqu'à ce moment ils avaient toujours constaté un jugement sain et des idées raisonnables sur tout ce qui avait trait à ses occupations habituelles, et qui, pour se donner ainsi la satisfaction d'amour-propre de voir imprimées les hallucinations de son cerveau, évidemment malade, avait dû s'imposer de longues et pénibles privations.

Il fallut la révolution de 1830 et l'ébranlement général qu'elle communiqua à toutes les intelligences, pour qu'il pût être question des livres bizarres dont nous avons rapporté les titres plus haut, et pour que leur auteur pût être regardé par un certain nombre de croyants fanatiques comme appelé par Dieu lui-même à renouveler les destinées de l'humanité. C'est à ce moment en effet que le penseur étrange auquel on est redevable de la *Théorie des quatre mouvements*, etc., se trouva un beau matin signalé à l'admiration de ses contemporains et à l'éternelle reconnaissance des âges futurs comme le véritable sauveur et législateur du monde. S'il avait été oublié, méconnu, pendant quarante ans, Charles Fourier, plus heureux que Saint-Simon, qui ne passa décidément prophète qu'après sa mort, eut alors la consolation d'assister vivant à sa propre apothéose.

Le tribunal de police correctionnelle de la Seine venait de condamner prosaïquement à la prison tout le sacré collége saint-simonien; c'en était fait de la religion nouvelle que le père Enfantin, le *cardinal* Michel Chevalier et autres réformateurs sociaux avaient tenté de fonder. Mais comme alors la France avait avant tout besoin de distractions, on vit aussitôt surgir l'*école sociétaire*, dont les excentricités ne cessèrent plus dès lors de tenir l'attention publique en haleine jusqu'à la fin du règne de Louis-Philippe. L'un de ses principaux fondateurs, ou pour mieux dire son véritable fondateur, fut M. Victor Considérant, qui, vers la fin de 1832, renonça à la carrière militaire pour pouvoir se vouer sans contrainte auprès de la vulgarisation et à la propagation des idées du singulier philosophe dont les œuvres lui étaient fortuitement tombées sous la main. C'est alors, et surtout grâce à ses efforts, qu'on entendit parler pour la première fois de la fameuse théorie de l'*industrie attrayante et passionnelle* de Fourier, de sa *loi sériaire* avec ses *pivots*, de sa division des passions humaines en *composite*, *cabaliste* et *papillonne*, de l'*unitéisme*, du *garantisme* et de l'*édénisme*, de la correspondance précise existant entre les *passions animiques* et les *sept rayons élémentaires*, à savoir: Amitié — *violet*; Ambition — *rouge*; Amour — *bleu*; Famille — *jaune*; Composite — *orangé*; Cabaliste — *indigo*; Papillonne — *vert* — UNITÉISME — BLANC. Bons en passions, et des meilleurs! Mais comme le vent était alors aux réformes sociales, comme sous ce prétexte les idées les plus folles et les plus saugrenues avaient toute liberté de se produire, les docteurs de l'école nouvelle, héritiers directs des saint-simoniens, ne tardèrent pas à être comptés pour quelque chose dans le monde des réformateurs sociaux, auquel ils firent d'autant plus facilement accepter leurs utopies que, à la différence de leurs prédécesseurs immédiats, ils évitaient avec soin tout ce qui de leur part eût pu indiquer une tendance à constituer une religion, un culte quelconque.

Au bout de quelques mois, on vit sur divers points de la France des disciples de Fourier, tout aussi diserts, tout aussi ardents et convaincus que pouvaient le paraître naguère les disciples de Saint-Simon, tenir, avec l'agrément de l'autorité, des conférences publiques pour initier la foule aux doctrines de leur maître et lui exposer les incomparables bienfaits que leur adoption comme principe social vaudrait, non pas au pays seulement, mais à l'humanité tout entière. Divers journaux furent en outre fondés pour les populariser, et ne laissèrent pas que de faire un assez grand nombre de recrues à l'*école sociétaire*. Du reste, Fourier n'eut ni le temps ni les moyens de réaliser ses rêves. Il mourut le 10 octobre 1837, ne laissant point de famille après lui, car il n'avait jamais été marié. La foi qu'il avait lui-même dans l'immanquable et prochaine réalisation de ses *utopies humanitaires* était si profonde que, pendant les dernières années de sa vie, il ne lui arrivait jamais de rentrer chez lui sans presser vivement le pas, dans la pensée qu'il y était sans doute impatiemment attendu depuis longtemps par quelque millionnaire subitement converti à son système, et qu'il y aurait mauvaise grâce à laisser se morfondre davantage un homme qui venait mettre à sa disposition les importants capitaux nécessaires à l'*école sociétaire* pour passer enfin de la théorie et de ses nuages à la pratique et à ses résultats positifs.

Il nous serait facile de rendre piquante une exposition du *système de Fourier*, des *idées fouriéristes*, en y ajoutant un aperçu des bouffonneries auxquelles maître et disciples avaient fini par arriver, en racontant, par exemple, qu'ils enseignaient avec le plus grand sérieux du monde qu'une des améliorations *sociales* que l'adoption du Système devait réaliser dans un temps donné consisterait dans une longue queue terminée par un œil dont le corps de l'homme finerait par se trouver enrichi. On croirait que nous plaisantons. Or, telle n'est pas notre intention. Au lieu donc de suivre le réformateur dans les divagations de sa *papillonne*, nous nous en tiendrons à la partie de son système à laquelle on ne saurait dénier une apparence philosophique ainsi qu'une tendance politique et sociale nécessitant de notre part une exposition sérieuse.

Le point de départ de Fourier, c'est l'analogie constante et l'unité générale existant entre l'homme et l'univers; c'est le dualisme de l'âme immortelle et de la matière, de la matière également immortelle et se reproduisant à l'infini dans l'homme, âme et corps tout à la fois. Ce qui le frappe ensuite, c'est l'organisme *passionnel* de l'homme. L'homme naît avec des goûts, des penchants, des passions qui dérivent de sa nature même et en sont la conséquence aussi naturelle que ses facultés physiques et intellectuelles. Toutes les relations sociales doivent donc leur source dans le *système passionnel*.

Le mal n'est nullement dans la nature de l'homme, ni dans ses penchants natifs; il n'est que dans les circonstances sociales qui, au lieu de ménager à ces penchants un essor heureux et juste, ne leur offrent le plus souvent que des voies de fraude, de lutte et d'iniquité. Les passions de l'homme étant toujours les mêmes, et puisqu'on ne peut changer sa nature, il faut modifier le milieu social de telle sorte qu'il favorise le développement des passions. Au lieu de s'occuper à les comprimer et à les réprimer, mille fois mieux vaut les *utiliser*. Dieu, qui a fait briller dans l'homme de *l'organisme matériel* de l'homme une intelligence qui confond la pensée, doit avoir tout aussi admirablement disposé *l'organisme passionnel*. En créant nos passions, il a dû leur assigner un emploi et les destiner à une société dans laquelle elles produiront par leur accord une *harmonie* aussi puissante que sont terribles les conflagrations qui résultent de leurs chocs dans nos sociétés *mal organisées*.

Arrivant ensuite à la destinée de l'homme et à l'unité universelle, à l'*unitéisme*, Fourier proclame l'*attraction* comme loi générale et suprême d'ordre et d'harmonie. C'est l'*attraction matérielle* qui retient les sphères célestes dans leurs orbites et préside à l'admirable équilibre de leurs mouvements; c'est l'*attraction passionnelle* qui devra être la loi régulatrice des destinées des sociétés quand l'humanité sera entrée dans sa véritable voie. Les fausses institutions sociales que l'homme s'est données jusqu'à ce jour l'ont empêché de jouir du bonheur dont Dieu a voulu faire son lot ici-bas, et que Fourier se fait fort de lui rendre. Or, quand Fourier et l'école sociétaire parlent de *bonheur* uni *versel*, ils n'entendent pas un bonheur pâle, monotone, négatif ; ils n'entendent pas seulement nous mettre à l'abri de la faim, des besoins, des soucis et des inquiétudes qui assiégent depuis si longtemps les pauvres humains : la vie qu'ils nous réservent est une vie de plaisirs actifs, variés, sans cesse renaissants ; une vie pleine, changeante, intriguée, joyeuse, *passionnée*, un bonheur inconnu sur la terre, un bonheur dépassant la limite de l'imagination et des désirs ... C'est à faire honte à tous les paradis.

Le *morcellement*, base de l'organisation sociale actuelle, est le grand obstacle aux ineffables félicités réservées à l'homme. Le morcellement, l'isolement, en divisant les forces productives, en les opposant les unes aux autres, devient la cause des complications les plus fâcheuses, et par suite occasionne toujours de grandes déperditions contraires à l'accroissement de la production. Il exerce sur la culture l'influence la plus funeste ; le sol, grâce à l'influence du morcellement, ne produit peut-être pas le quart de ce qu'une culture *combinée* pourrait obtenir. Le morcellement nuit aux travaux du ménage, il a surtout la propriété de les rendre très-dispendieux. Si les hôtes des Invalides étaient obligés de vivre en ménages isolés, ils seraient loin sans doute d'être servis et soignés comme ils le sont dans l'hôtel que leur a fait construire Louis XIV. Donc, à nos villages *morcellés*, où chaque famille a son habitation, son ménage à part, dans lequel elle travaille, produit et consomme isolément, substituons bien vite d'immenses et splendides édifices, à l'instar du château de Versailles ou de l'hôtel des Invalides de Paris, construits au milieu de riches plaines et de riants vallons, ne formant plus qu'un seul domaine soumis aux règles, non de la *communauté*, mais de l'*association*. La *communauté*, par cela qu'elle opère sur une grande échelle, offre bien, il est vrai, quelques-unes des propriétés économiques de toute grande exploitation ; mais, voyez-vous, elle a un vice qui la rendra éternellement un détestable régime de société : c'est de passer le niveau de l'égalité sur toutes les têtes, d'assujettir toutes les natures au même travail, sans distinction des aptitudes, sans distinction des genres de services. Une pareille manière de procéder est souverainement injuste. L'*association* a toutes les propriétés économiques de la communauté. Mais en réunissant les individus, elle ne les assujettit point comme celle-ci à la même règle, à la même tâche. Elle tient compte des inégalités établies par la nature ; le travail qu'elle affecte à chacun est relatif à ses facultés, à ses aptitudes spéciales. La part qui lui attribue dans le produit du travail général est proportionnelle à celle pour laquelle il concourt à la production ; et l'on concourt à la production par son *capital*, par son *travail*, par son *talent*.

Nous appellerons *phalanstère* cet édifice, ce palais, destiné à abriter une commune ou *phalange* de l'École *sociétaire*, groupe composé de 15 à 1,800 individus de tout sexe et de tout âge, qui naguère formaient la population *morcelée* de la bourgade, mais qui maintenant, réunis et *associés*, commodément logés, ne constitueront plus qu'un seul grand ménage, offrant toutes les facilités désirables pour l'exécution la plus économique et la plus avantageuse possible de tous les travaux, nécessités par l'agglommération d'une telle population.

« A ces quatre cent familles naguère isolées, nous dit M. Victor Considérant, il fallait quatre cent ménagères pour préparer leurs aliments. Vingt ou trente femmes suffiront aujourd'hui à tous les travaux de la cuisine. Pareille économie s'étendra à tous les autres travaux domestiques. Le village morcelé était presque exclusivement agricole : la *phalange* groupée dans le *phalanstère* utilisera les bras nombreux auxquels les soins du ménage ont ainsi donné congé en créant des manufactures et des ateliers de tous genres, dans lesquels une foule d'individus s'appliqueront à mille travaux d'industrie, sans que pour cela l'agriculture soit le moins du monde négligée, abandonnée. Bien au contraire, elle va prendre un développement inouï, encore inconnu ; car les champs du village *morcelé* étaient coupés, .acrés, par une multitude de haies, de sentiers, etc., divisés en une multitude de parcelles, dont les propriétaires étaient toujours en guerre, toujours en procès les uns avec les autres. A présent toutes ces parcelles sont réunies, et ne forment plus qu'un seul grand domaine, à l'exploitation duquel se consacrent seuls les agronomes les plus habiles, et dont le sol produit vingt fois plus. Et dans tout cela rien qui ressemble à la *communauté* ? La propriété individuelle n'a point été anéantie. Tout au contraire. Elle a seulement été mobilisée, et est représentée par des titres d'actions et des coupons d'actions attribués à chaque ménage *sociétaire* au prorata de son apport social......

« L'*association* architecturale et la combinaison *unitaire* de tous les éléments disjoints de la commune actuelle produisent, au lieu de la triste et misérable bourgade que vous avez de tous côtés sous les yeux, un *palais splendide* le village se transforme en *phalanstère*, et les villes qui sont aujourd'hui de mille, deux mille, dix mille maisons..., se forment par la combinaison de deux, quatre, vingt palais reliés par des galeries, traversant des cours, des jardins rafraîchis par des jets d'eau, des fontaines, ornés de statues et présentant les plus belles dispositions, les aspects les plus riches et les plus magnifiques. »

« Le *phalanstère*, manoir de la *phalange* ou commune *sociétaire*, se divise en deux parties bien distinctes : le grand palais pour l'habitation et les relations générales, et les constructions rurales, placées en face. Ici encore tout prend un caractère *harmonique* et monumental. Les constructions rurales, qui ménagent leurs plus beaux aspects pour points de vue au palais, au phalanstère proprement dit, en sont séparés par la *grande cour d'honneur*, ou place de parade industrielle. C'est là que les compagnies et les bataillons de travailleurs s'assemblent aux sons des fanfares autour de leurs drapeaux respectifs et de leurs *officiers*, pour se rendre avec leurs équipements, leurs voitures, leurs chevaux et leur armement industriel, aux expéditions agricoles qu'ils vont faire avec tant de gaieté, d'entrain, d'animation et d'ensemble, dans les belles et riches campagnes qui environnent les phalanstères ; pendant que les femmes et les enfants se répandent dans les jardins, les parterres, et vaquent joyeusement aux soins des volières, des basses-cours et de l'intérieur. Les jardins de Versailles et de Fontainebleau sont bien monotones, bien plats et bien tristes à côté des jardins pleins de vie, de mouvement et de bruit au milieu desquels s'étaient les palais des phalanges, et qu'animent leurs populations, fortes, actives, libres, *passionnées* heureuses... »

Le *phalanstère* construit, reste à organiser la *phalange* ; et c'est dans cette organisation que Fourier et ses disciples se montrent infiniment moins poètes qu'ils l'ont été dans leur travail architectural, et qu'ils prêtent surtout le flanc à la critique. Ils divisent la population du phalanstère en *séries* de travailleurs associés, séries qui se subdivisent en classes, puis en groupes composés de sept à neuf individus, et où chacun prendra place dans les diverses aptitudes, les diverses intelligences, suivant l'attraction *passionnelle* qui les attire vers tel genre de travail et d'occupation qui leur sourit le plus. De la sorte, toutes les variétés de goûts, de penchants et de caractères trouveront à s'*harmoniser* et à se *satisfaire*, attendu que tout sociétaire sera libre de se faire inscrire dans plusieurs groupes ou séries, et de passer à chaque heure du jour ou seulement toutes les deux heures, d'un groupe à un autre, en d'autres termes de changer d'occupation. Toutes les aptitudes trouveront ainsi leur emploi et leur développement, en même temps que de rapides alternatives et changements d'activité contribueront à la conservation de la santé, à la force d'expansion d'esprit et de caractère de chacun des membres de l'association. Il n'y aura pas au phalanstère un seul genre de travail qu'on ne parvienne à rendre attrayant. « Le curage des fosses d'aisances, nous apprend un des plus fervents disciples de Fourier, M. Victor Hennequin, sera d'abord proposé à la jeunesse comme but sublime de son dévouement; mais la véritable *harmonie* cherchera et ne manquera pas de trouver les moyens de simplifier, d'assainir (et dès lors sans doute de rendre *attrayants* pour certains *organismes passionnels*) le travail des vidangeurs. » On voit que le système sociétaire prévoit tout, a réponse à tout et descend jusque dans les infiniment petits de l'organisation sociale. Quant au gouvernement du phalanstère, rassurez-vous, ô vous qui jusqu'à présent ne voyez nulle part ici de règle ou d'autorité; quant au pouvoir exécutif, disons-nous, il sera aux mains d'*anciens*, qui dans les élections annuelles réuniront au moins les sept huitièmes des suffrages.

Jusqu'à présent, il n'a encore été question que des adultes. Gardez-vous de penser que Fourier oublie les enfants dont sa commune sociétaire ! Bien loin de là, il veille sur eux dès leur entrée dans la vie. Il débarrasse les pères et mères des tracas et des soucis de l'éducation physique et morale : ces soins-là regarderont d'abord la *série* des nourrices *passionnelles*, et plus tard la classe ou le groupe des instituteurs *passionnels*, sous la direction de qui la jeunesse des deux sexes se formera à la pratique de tous les travaux propres à son âge et rendus non moins *attrayants* que ceux qui incombent aux adultes...

Dans cette bien rapide analyse , nous avons jugé hors de propos de nous appesantir sur les détails d'un système dont le ridicule et le faux sautent à tous les yeux. Il est inutile aussi que nous en signalions le grossier matérialisme. Qui ne comprend que l'*attraction passionnelle*, la satisfaction offerte et donnée à l'*organisme passionnel*, c'est la réhabilitation de tous les penchants, la sanctification de tout le appétits, la négation de toute idée morale ! Nous nous contenterons, en terminant, de rappeler que les diverses tentatives faites pour créer des phalanstères et réaliser l'utopie *fouriériste* ont toujours échoué; et n'ont eu d'autre résultat que d'engloutir la fortune des niais qui s'étaient laissé griser par les prédications des apôtres de la nouvelle doctrine.

FOURIÉRISME. *Voyez* FOURIER.

FOURMI, famille d'insectes de l'ordre des hyménoptères. On connaît plus de 125 espèces différentes de fourmis. Dans chacune d'elles, indépendamment des mâles et des femelles, il existe une sorte de fourmis à laquelle la nature a refusé la faculté de concourir à la reproduction, mais dont les soins actifs et vigilants sont indispensables à sa conservation. La ressemblance de ces fourmis avec les femelles est telle, sous certains rapports, que les entomologistes les plus célèbres n'hésitent point à les regarder comme des femelles impuissantes, dont les organes n'auraient point acquis leur entier développement. Leur nombre est beaucoup plus considérable que celui des mâles et des femelles. On les désigne généralement sous le nom d'*ouvrières*, parce que ce sont elles qui exécutent tous les travaux , et pourvoient à tous les besoins de la république dont elles font partie. Lorsqu'une peuplade de fourmis s'est organisée en société, ce sont les ouvrières qui bâtissent les logements nécessaires à la communauté. Les unes élèvent, au milieu des bois, un petit monticule de chaume renfermant des étages nombreux au-dessus et au-dessous du sol, et dans lequel, grâce à l'habileté de la construction, les eaux pluviales ne peuvent pénétrer; plusieurs avenues conduisent jusqu'au fond de cette cité souterraine, et, par une police bien réglée, les portes en sont fermées pendant la nuit et gardées pendant le jour. Les autres, vraies maçonnes, édifient avec de la terre humectée par l'eau de pluie et séchée par le soleil; elles bâtissent des murs, des plafonds, des voûtes, élèvent étage sur étage, et distribuent leurs logements avec convenance, quoique avec peu de régularité. D'autres choisissent un tronc d'arbre et creusent dans l'intérieur de vastes salles et un grand nombre de loges, avec des étages, des colonnades, des corridors, qui permettent de circuler partout aisément. Aucun insecte, en un mot, ne présente autant de variété dans ses constructions que la fourmi et ne sait employer avec plus d'intelligence les différents matériaux que le hasard place à sa portée.

Pour mieux exposer les phénomènes de la vie naturelle de la fourmi, prenons-la *ab ovo*. Dès que les femelles d'une *fourmilière* ont pondu leurs œufs, comme si elles avaient assez fait pour la communauté en mettant au monde ces germes des générations futures, elles abandonnent aux fourmis ouvrières tous les devoirs de la maternité. Celles-ci les acceptent avec joie, et veillent avec la plus vive sollicitude sur le dépôt précieux qui leur est confié. Le soleil vient-il répandre ses rayons sur la fourmilière, aussitôt les ouvrières se précipitent dans les profondeurs de leurs demeures, se chargent chacune d'un œuf, et courent le porter dans l'étage le plus élevé, afin qu'il puisse recevoir la bienfaisante influence de la chaleur solaire. Cette chaleur s'accroît-elle outre mesure ou disparaît-elle, aussitôt les ouvrières, reprenant les œufs, les redescendent d'étage en étage jusqu'à ce qu'elles aient trouvé la température qui leur convient. De l'état d'œuf l'insecte passe à l'état de larve. Même sollicitude de la part des mères adoptives. Chaque jour les voit aller à la picorée, et revenir l'estomac plein d'un liquide nutritif, dont elles donnent une partie à leur nourrisson, toutes les fois que ceux-ci, semblables aux petits des oiseaux, demandent la *becquée*. Lorsque l'insecte a subi sa troisième transformation, qu'il est à l'état de chrysalide, la fourmi ouvrière continue à veiller sur lui ; enfin, elle met le comble à ses soins en déchirant elle-même l'enveloppe qui le retient captif. Bientôt apparaît la nouvelle génération. Les mâles et les femelles sont pourvus d'ailes, qui ne doivent pas tarder à les emporter loin de leur berceau ; les autres fourmis, nées environ quinze jours après, en sont privées, signe non équivoque de la destinée laborieuse qui leur est réservée. Lorsque la température extérieure a atteint 15 à 16° Réaumur, les mâles et les femelles s'élancent en foule aux portes de la fourmilière pour prendre leur essor. Leurs mères adoptives les suivent avec inquiétude, s'empressent autour d'eux, les caressent de leurs antennes, leur donnent de la nourriture , et semblent vouloir, par l'excès de leur tendresse , les dissuader de s'éloigner. Vains efforts ! L'essaim prend son vol, voltige, tournoie et disparaît à leurs yeux. La plupart des femelles, fécondées avant le départ, sont néanmoins retenues par les ouvrières, qui n'hésitent point alors à employer la violence pour se conserver cet unique moyen de repeupler leur fourmilière.

Cependant l'essaim de fourmis ailées a continué de s'éloigner. C'est dans cette course aérienne que s'opère le rapprochement des sexes, et le sol ne tarde pas à être jonché de couples étroitement unis, que leurs ébats y ont précipités et où s'achève l'œuvre mystérieuse de la fécondation. Les mâles, nés en quelque sorte uniquement pour procréer et mourir, le doivent et expirent et là de la faim et de misère. Il n'en est pas de même des femelles : elles n'ont pas plus tôt conçu qu'elles se dépouillent volontairement de leurs ailes, fardeau désormais inutile , puisqu'elles ne doivent plus convoler à de nouvelles amours. Puis, elles s'occupent en commun de jeter les fondements d'une nouvelle cité et de préparer, pour elles et pour les êtres qui leur devront l'existence, des cellules et des abris, qu'entretiendront et augmenteront plus tard les fourmis ouvrières. C'est alors que les matrones s'abandonneront au repos et laisseront même à ces dernières le soin de les nourrir.

La manière dont plusieurs espèces de fourmis se procurent leur nourriture est extrêmement curieuse. Lorsqu'il existe des pucerons sur les plantes de leur voisinage, elles se rapprochent des ces insectes, flattent avec leurs antennes ceux qui sont le plus gorgés de sucs végétaux, et les amènent à excréter par le ventre une gouttelette de ces sucs, qu'elles se hâtent d'avaler. Cette condescendance de la part du puceron ne paraît ni le fatiguer ni lui déplaire, et la fourmi profite de sa bonne volonté tant qu'il peut fournir le précieux liquide. Il y a même certaines fourmilières où les pucerons, soit de gré, soit de force, ont consenti à se fixer; et les habitants du lieu paraissent en tirer le même parti que nous de nos vaches laitières. Quels que soient, au reste, l'intelligence de la fourmi et son esprit de prévoyance, c'est tout à fait à tort que l'on a prétendu, et notre grand fabuliste lui-même d'après les anciens, qu'elle amassait pendant l'été les provisions nécessaires à sa nourriture pendant l'hiver : il est aujourd'hui démontré que durant cette dernière saison la fourmi demeure dans un état d'engourdissement qui suspend tous ses besoins.

Les mœurs intelligentes de ce curieux insecte ont amené à penser qu'il devait nécessairement posséder un moyen quelconque de communiquer ses idées. Les meilleurs observateurs, parmi lesquels nous citerons Huber et Latreille, s'accordent à reconnaître qu'il trouve cette faculté dans le jeu de ses antennes. Un événement imprévu vient-il se manifester à plusieurs fourmis, on les voit en effet courir en hâte, arrêter celles de leurs compagnes qu'elles rencontrent, et frotter légèrement leurs antennes contre le corselet de ces dernières. La même action est répétée de proche en proche par d'autres fourmis, et la nouvelle ne tarde pas à être sue de toute la fourmilière.

Si la fourmi semble douée de l'esprit de sociabilité qui distingue l'homme, elle paraît livrée aussi aux cruelles passions qui le désolent. Des guerres meurtrières éclatent souvent entre deux peuplades. Ces petits êtres y font preuve d'une tactique et d'une science stratégique vraiment remarquables. Il y a même une espèce de fourmis que l'amour de la guerre semble dominer presque exclusivement, et à laquelle on a donné pour cela le nom de *fourmi amazone* ou *légionnaire*. Le besoin de détruire n'est pourtant pas ce qui la guide dans ses expéditions martiales. Lorsqu'elle attaque une fourmilière, c'est seulement aux œufs qu'elle en veut ; elle en pille autant qu'elle peut, les rapporte dans la cité où elle réside, les livre à des fourmis esclaves nées d'œufs semblables, pour en prendre soin jusqu'au moment où ils doivent éclore, et recrute ainsi sans cesse une population d'esclaves, qui la sert, la nourrit, la porte même au besoin, et se charge d'élever sa progéniture.

Après des traits d'intelligence aussi frappants, après les preuves de réflexion qui ressortent de la conduite des fourmis, après l'accord des vues, la simultanéité d'efforts qui président à l'exécution de leurs travaux, est-il permis de penser que l'auteur de la nature n'ait pas voulu les élever au-dessus des autres animaux ? Ne devons-nous pas croire plutôt qu'il a concédé à l'intelligent insecte une parcelle de cette raison dont il a réservé à l'homme seul l'entière possession ?
Paul TIBY.

FOURMI BLANCHE, nom vulgaire des termites.

FOURMILIER, quadrupède qu'on ne trouve que dans l'Amérique méridionale. On l'a classé dans l'ordre des édentés. Son corps est recouvert de poils, sa tête allongée et terminée par une bouche peu ouverte ; il n'a pas de dents ; sa langue, très-longue, cylindrique, extensible, lui sert à prendre sa nourriture. Ses oreilles sont courtes, arrondies ; il a tantôt quatre doigts antérieurs et cinq postérieurs, tantôt deux antérieurs et quatre postérieurs, armés d'ongles très-forts. Ses espèces sont peu nombreuses : la plus grande a de $1^m,60$ à deux mètres de longueur, depuis le museau jusqu'à l'extrémité de la queue, dont $0^m,60$. Entre celles qui nous sont les plus connues, on remarque le *tamanoir*, la plus grande de toutes, ne se nourrissant que de termites ou de fourmis, qu'il prend dans les immenses fourmilières dont est couvert le sol de l'Amérique méridionale. Les fourmis adhèrent à l'humeur visqueuse et gluante dont cette langue est enduite, et en la retirant il les avale. Sa tête est en forme de trompe tronquée, et dans sa plus grande largeur ne l'égale pas la grosseur de son cou. Sa queue est recouverte de poils extrêmement rudes, disposés en panache, qui peuvent atteindre jusqu'à $0^m,33$ de longueur. Les ongles qui garnissent ses pieds antérieurs sont de très-fortes armes, dont il se sert avec avantage pour sa défense : le jaguar lui-même ne peut le vaincre. On s'accorde à reconnaître au tamanoir la faculté de grimper sur les arbres.

Beaucoup moins grand que le tamanoir, le *tamandua* (seconde espèce) est recouvert de poils durs, courts, luisants, d'une couleur jaunâtre ou roussâtre ; son museau est beaucoup moins allongé que celui des deux autres espèces ; ses jambes n'ont que $0^m,08$ de hauteur et ses pieds sont plutôt faits pour grimper et saisir que pour marcher. Ce petit animal se nourrit de fourmis, qu'il prend en introduisant sa langue dans les fourmilières et sous l'écorce des arbres. On le trouve à la Guyane, où les naturels lui ont donné le nom d'*ouatiriouaou*.

Le *fourmilier* proprement dit (*myrmecophaga*) n'a que $0^m,15$ à $0^m,18$ depuis la tête jusqu'à l'origine de la queue, longue de $0^m,18$ et très-forte à sa base ; son museau est

Dans les mêmes contrées où les fourmis sont si nombreuses se trouvent un assez grand nombre de variétés d'oiseaux appelés *fourmiliers*, et formant le genre *myiothera* de l'ordre des passereaux dentirostres ; ils tiennent de très-près aux bataras et aux pies-grièches. Ils se réunissent en sociétés et ne se nourrissent que de fourmis.

FOURMILIÈRE. *Voyez* FOURMI.

FOURMI-LION (*Formica-leo*), genre d'insectes de l'ordre des névroptères. Son nom indique assez que la larve de ses diverses espèces est la terreur des fourmis ; cependant elle ne dédaigne aucune des proies qu'elle peut atteindre. Elle ne subsiste que du produit de sa chasse ; mais si son industrie ne suppléait pas aux ressources que la nature lui a refusées, il lui serait impossible de vivre. Un chasseur qui marche lentement et toujours à reculons doit attendre le gibier et lui tendre des pièges. Le fourmi-lion ne peut imiter l'araignée ; il ne file qu'à la fin de son existence, dans l'état de larve, en passant à celui de nymphe ; il lui faut donc un autre expédient, et voici celui dont il fait usage. La larve du fourmi-lion est à peu près de la forme et de la taille d'un cloporte, et de même couleur. Sa tête est armée de deux cornes mobiles : ce sont des pinces pour saisir sa proie et la porter à sa bouche ; mais l'animal s'en sert aussi pour lancer, dans quelques occasions, une grêle de sable, afin d'arrêter un fugitif prêt à lui échapper ; deux de ses six pattes dont il est pourvu sont organisées pour qu'il puisse se cramponner dans un sable mobile, tandis qu'il trace avec l'extrémité de son corps un sillon en spirale, rejetant avec sa tête et ses cornes, une partie de ce sable, afin d'approfondir de plus en plus la cavité qu'il forme, jusqu'à ce que les parois prennent leur talus naturel : il en résulte un entonnoir dont le fourmi lion occupe le fond, entièrement plongé dans le sable, à l'exception de ses deux cornes. Malheur alors à la fourmi qui vient errer sur le bord de ce précipice ! Son poids, quelque léger qu'il soit, suffit pour déterminer un éboulement qui entraîne le malheureux insecte jusqu'au fond, entre les deux cornes qui le saisissent et le retiennent. Le dégât occasionné par l'éboulement et le mouvement du chasseur dans le fond de l'entonnoir est promptement réparé : le précipice reprend sa forme, et le fourmi-lion sa place et son attitude. Si un insecte ailé vient heurter les parois de cet abîme et les ébranler, le chasseur, averti de ce mouvement, ne laisse pas à sa proie volante le temps de faire usage de ses ailes ; lançant à la hauteur de plus de cinq centimètres au-dessus du sol plus de sable qu'il n'en faut pour entraîner la chute d'un tel gibier, il parvient presque toujours à s'en rendre maître. On voit que cet insecte doit naître et vivre dans un sable très-mobile, et maintenu sec par quelque abri ; et c'est en effet dans ces lieux qu'on peut être témoin de toutes ses manœuvres.

A l'époque où il va changer d'état et se transformer en nymphe, le fourmi-lion ne creuse plus d'entonnoir ; il s'enterre en quelque sorte dans le sable et s'enveloppe d'un tissu très-fin et très-lustré, mélangé de quelques grains de sable, habillé ment plus magnifique et beaucoup plus fin que celui de la nymphe du ver-à-soie. C'est dans cette robe de luxe que la dernière forme est préparée et conduite jusqu'à la fin ; le corps de l'insecte parfait y est roulé ainsi que ses quatre ailes; et lorsque celui-ci s'est ouvert un passage très-étroit à travers son enveloppe, il en sort en se déroulant. Sa longueur est alors d'environ trente-cinq millimètres. En cet état, les fourmis-lions ressemblent assez aux libellules ; mais leurs antennes et leurs palpes les en font aisément distinguer. FÉRY.

FOURNEAU, capacité disposée pour contenir un combustible embrasé, et diriger l'activité du feu sur les matières auxquelles elle doit être appliquée. La forme et la grandeur de ces appareils varient suivant leur destination; il y a des fourneaux mobiles portatifs, et d'autres qui sont des masses de maçonnerie très-solides, des édifices d'une grandeur imposante. Quelques-uns portent des noms particuliers, ou sont désignés par leur usage ou par quelque propriété qu'on leur attribue : les arts métallurgiques ont multiplié ces dénominations, et les arts chimiques ont accru le nombre des variétés de formes de ces appareils actuellement en usage. On construit des fourneaux sous les chaudières des machines à vapeur; il en faut dans les brasseries pour torréfier l'orge et cuire le malt, etc.; on connaît généralement ceux qui servent à l'art des cuisiniers. Pour tous ceux-là la forme dépend de celle des vases qu'il s'agit de chauffer, et quelquefois elle n'est assujettie à aucune condition. Le combustible est ordinairement déposé sur une grille ; mais souvent aussi on se contente de le mettre sur un âtre.

Les *fourneaux domestiques* sont disposés le plus ordinairement en un parallélipipède plus ou moins allongé, d'une hauteur de 0^m,80. Dans la surface supérieure, carrelée en faïence dans les maisons, et couverte en fonte dans les grands établissements, sont percés des trous de plusieurs dimensions, garnis d'une chemise en fonte. Le dessous est vide, avec une séparation qui sert de cendrier. Le cendrier est muni de portes en tôle ou de bouchons de un à deux décimètres carrés en terre cuite, qui permettent de régler à volonté la combustion. Tout l'appareil est placé sous un manteau de cheminée, avec un appel, quand cela est possible.

Quand le combustible employé est de la houille ou du bois, il faut changer le système précédent, qui ne convient qu'au charbon de bois. Le fourneau présente alors un seul foyer muni d'une grille et d'un cendrier servant au moins pour deux trous sur lesquels se placent des chaudières. Entre ces deux trous, au-dessus du foyer, est une plaque en fonte pouvant recevoir quelques casseroles légères; une grande bouilloire est dans le fond, vers la cheminée; et dans les parties latérales sont parfois pratiqués de petits fours. Les dispositions de ces fourneaux peuvent varier à l'infini : le principe sur lequel repose leur construction consiste à tirer le plus grand parti possible du feu, en faisant circuler autour des marmites la flamme et même la fumée avant même qu'elles arrivent à la cheminée.

La construction des fourneaux domestiques doit de nombreux perfectionnements à Rumford et à D'Arcet. Il faut citer aussi les appareils *fumivores* et le *caléfacteur* de Lemare.

FOURNEAU (Haut). On nomme ainsi les fourneaux où le minerai de fer est *réduit* et fondu, ce qui produit la *fonte de fer*. Leur élévation est communément au-dessus de huit mètres, et on la porte jusqu'au-delà de quatorze mètres. Leur capacité intérieure a la forme de deux pyramides tronquées, réunies par leur base, qui est ordinairement carrée, pour rendre la construction plus facile; mais il vaudrait mieux supprimer les angles droits, et se rapprocher de la forme conique. Tout l'intérieur du fourneau doit être construit en briques très-réfractaires, ou en pierres, capables de résister à la plus haute température et à l'action prolongée des matières vitreuses liquéfiées avec lesquelles elle est en contact : mais comme on ne peut empêcher que cette enveloppe ne soit entamée et ne s'use au point de devenir trop mince pour préserver d'une trop forte chaleur le reste de la maçonnerie, construit avec des matériaux non réfractaires, on a soin de ne point établir de liaison entre ces deux sortes de matériaux, en sorte que la *chemise* (enveloppe intérieure) puisse être renouvelée sans que les gros murs, qui la soutiennent par dehors, aient besoin d'aucune réparation.

Une *machine soufflante* fournit l'air nécessaire pour la combustion rapide qu'il s'agit de produire. Cet air doit être condensé, animé d'une grande vitesse à son entrée dans le fourneau, au sortir des tuyères qui l'y introduisent. La machine soufflante doit satisfaire aux conditions suivantes : continuité dans le travail, uniformité de la vitesse du *vent* produit, moyen de faire varier au besoin l'introduction de l'air. Lorsque le fourneau est en activité, le combustible et le minerai à fondre sont versés par le *gueulard* (couverture supérieure) et, suivant la nature du minerai, on ajoute un *fondant* pour faciliter la fusion de la *gangue*, matières terreuses, qui mêlées au fer oxydé constituent le minerai. Ces matières descendent lentement à mesure que le charbon se consume ; elles sont exposées à une chaleur toujours croissante ; le fer est d'abord *réduit*, c'est-à-dire séparé de l'oxygène qu'il contenait, puis *carburé* plus ou moins par le charbon, avec lequel il se combine en quantité plus ou moins grande. De plus, comme il est en contact avec les matières terreuses vitrifiées et devenues liquides, il en absorbe aussi une petite portion, et la fonte est formée. Le fer y est la matière dominante, et les deux autres, dont les proportions peuvent varier, donnent au composé les propriétés qui le distinguent du fer pur, et font aussi différer les unes des autres les fontes obtenues, soit à des intervalles rapprochés, soit à des époques plus éloignées. L'art de diriger le travail consiste donc dans la connaissance et l'emploi des moyens de rendre les produits sensiblement uniformes. La fonte est formée dans le fourneau par gouttes, qui tombent en pluie métallique, et vont remplir le *creuset* préparé pour le recueillir. D'autres gouttes de verre terreux en fusion tombent en même temps ; et ces deux substances sont superposées l'une à l'autre dans l'ordre de leur pesanteur spécifique; la fonte occupe le fond et le laitier surnage. Comme il est en plus grande quantité que la fonte, on a soin de l'enlever de temps en temps par une ouverture, pratiquée pour ce travail. Enfin, lorsque le creuset est rempli, on la fait écouler par une autre ouverture, que l'on avait tenue fermée jusqu'à ce moment, mais le travail du fourneau n'est pas interrompu; les *charges* de charbon et de minerai sont versées dans le gueulard avec la même régularité, et l'on prépare la coulée suivante. L'activité d'un fourneau peut être maintenue non-seulement pendant plusieurs mois, mais au-delà d'une année, lorsqu'il n'arrive point d'accident, et que les briques de l'intérieur sont très-réfractaires et d'une grande résistance.

Ainsi, l'établissement d'un haut fourneau suppose que l'on est à portée des matières qui alimenteront son activité, c'est-à-dire du minerai de fer, du combustible (charbon de terre ou de bois), des fondants qu'il faut presque toujours y ajouter, et de plus il faut pour la machine soufflante un moteur qui ne peut être qu'une roue hydraulique ou une machine à vapeur, puisque son service ne souffre point d'interruption. Outre le corps du fourneau, dont la construction doit être très-solide, il faut un plan incliné pour porter à la hauteur du gueulard les matières qui y seront projetées successivement, des halles pour contenir et mettre à couvert le charbon, et si la fonte est destinée à des moulages qui n'exigent pas une refonte, il faut une *moulerie* et ses dépendances. Alors un haut fourneau devient une *usine* où des ouvriers de plusieurs métiers sont réunis sous une direction commune. Le produit des hauts fourneaux en fonte dépend de leur capacité et de la richesse du minerai. Quelques-uns ne donnent pas plus de dix-huit quintaux métriques par jour, ou moins encore, tandis que d'autres vont jusqu'à soixante quintaux et au-delà. Le volume d'air que la machine soufflante doit leur fournir n'est pas en raison de la capacité, en y comprenant la hauteur, mais seulement de la section horizontale, ou de la base commune des deux pyramides. FERRY.

FOURNEAU À RÉVERBÈRE. Le nom de cette forme de fourneaux semble indiquer que le feu n'y est pas appliqué directement à la matière sur laquelle il doit agir ; cependant la flamme enveloppe réellement autant qu'il est possible la masse de cette matière. Le combustible que l'on y emploie doit être propre à donner une flamme vive et prolongée ; le bois et la houille *grasse*, c'est-à-dire bitumineuse, ont cette propriété et servent seuls à chauffer les fourneaux à réverbère. Le foyer est à une extrémité ; le combustible y est placé sur une grille d'une assez grande étendue, sous laquelle l'air puisse affluer librement. Entre le foyer et la cheminée se trouvent l'*autel* et le *creuset*, couverts l'un et l'autre, ainsi que le *foyer*, par une voûte que la flamme parcourt dans toute son étendue avant d'arriver à la cheminée, qui doit être très-élevée, afin que le *tirage* (aspiration produite par l'air dilaté, et qui s'élève en raison de sa légèreté spécifique) suffise pour faire passer à travers la grille du foyer un courant capable d'entretenir une combustion rapide, afin que tout l'intérieur du fourneau soit continuellement rempli de flammes. Il faut des *ouvreaux* pour les opérations diverses à faire dans ces fourneaux, et des *portes* pour fermer ces ouvertures, lorsqu'on n'a pas besoin d'exécuter quelque manœuvre dans l'intérieur ; le foyer a son ouvreau ; l'*autel* sur lequel on place la *charge*, c'est-à-dire les matières à fondre, a aussi le sien, ainsi que le creuset, et cette partie du creuset qui contient la matière fondue est percée à sa partie la plus basse d'un trou que l'on tient bouché jusqu'au moment de *couler*. L'ouvreau du creuset sert principalement à *brasser* la matière fondue, c'est-à-dire à l'agiter fortement avec des *ringards* (barres de fer), afin de la rendre plus homogène, dans le cas où elle serait composée d'éléments non combinés et distribués inégalement dans la masse.

Le principal emploi des fourneaux à réverbère est pour la fusion des métaux destinés au moulage. On en fait d'assez grands pour fondre jusqu'à trente quintaux métriques de métal, et même plus. Si le moulage que l'on veut faire exige de plus fortes masses, on réunit le produit de plusieurs fourneaux chauffés en même temps. FERRY.

FOURNEAU D'APPEL, appareil de chauffage, qui, placé sous le manteau ou dans le tuyau d'une cheminée, en échauffe l'air, lui donne une plus grande légèreté spécifique, et en détermine ainsi l'ascension. Un asile, un hôpital, un établissement quelconque, étant pourvu d'un fourneau d'appel convenable, l'air s'y trouve continuellement renouvelé. Cet appareil est donc de la plus grande importance pour assainir les lieux où se dégagent des miasmes, pour donner une quantité suffisante d'air frais à une grande réunion d'hommes.

FOURNEAU DE MAZERIE. *Voyez* FORGES (Grosses).

FOURNEAU DE MINE, chambre où s'opère l'explosion d'une mine de guerre. Cette chambre est pratiquée à l'extrémité d'une galerie souterraine, ou d'une conduite qu'on nomme *puits de mine*. Une fusée, une saucisse, y communiquent l'inflammation au coffre, c'est-à-dire à la caisse de bois qui contient la charge, ou les charges, s'il s'agit d'une mine en araignée. On s'est beaucoup occupé dans ces derniers temps des moyens d'allumer les fourneaux de mine à l'aide de l'électricité. Des mines pratiquées pour la défense d'une place assiégée sont dirigées vers les dehors de la forteresse, de manière à aboutir aux gorges des ouvrages. Autrefois, l'attachement du mineur, opération maintenant abandonnée, avait pour but de percer le trou du mineur au pied de l'escarpe d'un bastion, propos que là cet ouvrier poussait une mine destinée à tourmenter le massif et à préparer ou agrandir le travail de la brèche Entre plusieurs mines qui ont joué, l'espèce de cône de terre qui reste debout, s'appelle *dame*. Il y a, suivant la profondeur où la mine est ménagée, des fourneaux de premier et de second ordre. Les globes de compression sont un moyen de combat de mineurs à mineurs destiné à crever les galeries, à éventer les chambres, à étouffer les mineurs ennemis. Compasser les feux, c'est ne faire éclater que progressivement et à des intervalles combinés, les charges de plusieurs mines ou d'une mine à plusieurs fourneaux. Quand une capitulation vient d'être signée, les bouches de puits et les fourneaux de mines, disposés pour la continuation de la défense, sont livrés avec leur charge aux troupes qui prennent possession de la forteresse. Gal BARDIN.

FOURNÉE. On désigne proprement ainsi le nombre de pains qu'on fait cuire à la fois dans un four, d'où il résulte qu'il peut y avoir de grosses *fournées*, de petites *fournées*, une première, une seconde *fournée*, etc. Ce mot, par extension, et toujours au propre, a été appliqué à l'ensemble de toute espèce de corps qu'on peut faire chauffer à la fois dans un four. Le même mot est employé figurément pour désigner à la fois toute collection d'individus qu'on fait participer en même temps à des nouvelles et mêmes fonctions, qu'on élève ensemble à un même et nouveau rang. Cette expression, comme on le conçoit, est alors un signe de mépris. On se rappelle la *fournée de pairs* de 1827, sous le ministère Villèle.   BILLOT.

FOURNIER (CLAUDE), surnommé *l'Américain*, né en Auvergne, en 1745, partit pour Saint-Domingue vers 1772, y devint, par son industrie et son activité, propriétaire de plusieurs habitations, et acquit une immense fortune. De retour en France en 1785, il était détenu, lors de la prise de la Bastille, qui lui valut la liberté et le commandement d'un corps de volontaires. Dès lors, il se lia avec tout ce qu'il y avait de plus énergique dans le parti nouveau, et se fit remarquer par une grande exaltation. A Avignon, il fut le compagnon et l'ami du fameux Jourdan *Coupe-tête*. Revenu à Paris après le retour de Varennes, il devint un des promoteurs de l'assemblée du Champ de Mars, et mit en joue Lafayette, qui faisait tirer sur les pétitionnaires demandant la déchéance du roi. L'amnistie qui suivit la journée du 17 juillet 1791 lui valut de n'être pas inquiété. Au 10 août, Fournier commanda une compagnie de fédérés marseillais, se battit avec une intrépidité remarquable, et contribua à sauver des habitants du château auxquels la colère du peuple menaçait de devenir funeste. Quelque temps après, il commandait l'escorte des prêtres prisonniers que l'on conduisait à Orléans ; c'était peu de temps après les tristes journées de septembre ; le 9 ces prêtres étaient massacrés à leur tour, et Fournier pour avoir voulu protéger leur vie fut assailli et renversé de cheval. Le 12 mars 1793, une députation de la section Poissonnière, dont faisait partie Fournier *l'Américain*, vint demander à la Convention l'arrestation de Dumouriez, contre lequel pouvaient germer des défiances, mais qu'aucune voix accusatrice ne dénonçait encore à la vindicte nationale. Marat s'éleva contre la proposition de la section Poissonnière, et il ajouta : « Je dénonce un nommé Fournier, qui s'est trouvé à toutes les émeutes populaires, le même qui a l'affaire du Champ de Mars a porté le pistolet sur la poitrine de Lafayette, et qui est resté impuni, tandis que des patriotes étaient massacres. — Cet homme, reprit Billaud-Varennes, se promenait dans Paris, tandis que des patriotes gémissaient dans les prisons. Il présidait aux massacres de septembre, s'écrie un autre conventionnel. — Il y a deux jours, dit à son tour Bourdon (de l'Oise), que ce même Fournier a dit à trois ou quatre scélérats de me suivre ; Si vous aviez voulu me suivre, j'aurais tiré un coup de pistolet à Pétion. »

Mis en accusation sur la motion de Marat, il parut à la barre, et se disculpa si complètement qu'il fut relaxé, après avoir nié le propos que lui avait prêté Bourdon. Il se réfugia alors dans les rangs les plus obscurs des sociétés populaires, et s'agita encore de temps à autre, en plusieurs circonstances, pas assez cependant, pour se compromettre, mais assez pour se mettre en évidence, ce qui lui attira en l'an v une dénonciation de Boissy-d'Anglas, l'accusant du massacre des prisonniers d'Orléans. En l'an vii, Fournier donna encore signe de vie en signant une pétition contre la validité de l'élection de Sièyes au Directoire. Son exaltation déplut au premier consul, qui le condamna une première fois à la déportation; peine qu'il commua en surveillance; puis, lors de l'attentat du 3 nivôse (machine infernale), dont il voulait faire peser sur le parti jacobin toute la responsabilité, il le fit définitivement déporter aux îles Seychelles. Tous ses compagnons d'exil y périrent; lui seul survécut, et gagna la Guadeloupe, où Victor Hugues, son ancien ami, qui y commandait pour l'empereur, l'employa sur les corsaires. Il s'y distingua par des actions d'éclat, et revint en France avec un grade supérieur quand la colonie eut passé sous la domination anglaise, en 1808. La restauration ne lui fut pas plus favorable que les gouvernements qui l'avaient précédée. Arrêté en 1815, par mesure de sûreté générale, il demanda encore des juges, et fut mis en liberté. Depuis, accablé d'années, de misère, de blessures et d'infirmités, il traîna son existence jusqu'en 1823, réclamant justice et refusant tout secours, lui qui avait possédé des millions. On lui doit plusieurs écrits politiques. Napoléon GALLOIS.

FOURNIL. Dans les maisons riches qui contiennent un grand nombre d'habitants, on appelle de ce nom une pièce située ordinairement auprès des cuisines, dans laquelle se trouve le four où l'on cuit le pain, la pâtisserie, etc.

FOURNIMENT. C'est le nom qu'on donnait à un étui de bois ou de corne dont les mousquetaires à pied se servaient dans le dix-septième siècle pour mettre leur poudre. Ce mot a maintenant une acception nouvelle : il se dit de certains objets à l'usage du soldat, formant son équipement; il s'applique plus spécialement encore à la bufflèterie : aux baudriers, aux ceinturons, et même aux fourreaux de sabre et de baïonnette.

FOURNISSEUR, FOURNITURE. Dans son acception générale, le premier de ces mots, est d'une origine assez nouvelle, signifie toute personne qui fournit ou approvisionne; mais on est convenu d'appeler plus particulièrement les entrepreneurs chargés de pourvoir à l'entretien des corps d'armée et à l'approvisionnement des places fortes. Ce sont les *traitants* de l'ancien régime. A certaines époques, il se fait au ministère de la guerre une adjudication pour l'entreprise des fournitures à faire à l'armée. L'adjudicataire s'engage à livrer aux troupes ces fournitures à un prix déterminé, qu'il ne peut augmenter : on conçoit cependant que ce prix variera pour les temps de guerre. L'entrepreneur doit fournir aux troupes des vivres de bonne qualité et en quantité suffisante. Malheureusement il arrive que beaucoup d'entre eux profitent des difficultés réelles des pays et de la mauvaise volonté des peuples pour ne tenir qu'une partie de leurs engagements. Ainsi en y souvent, dans les guerres qu'a eues à soutenir la France depuis 1789, surtout au temps du Directoire, les soldats manquèrent des choses les plus essentielles, même de vivres, qui ne leur étaient fournis souvent qu'en trop petite quantité et en qualité plus que douteuse. L'abus en fut porté si loin que Napoléon ne crut pouvoir mieux faire que de frapper rudement sur ces lâches exploiteurs; mais, quelque sévérité qu'apportât en cela le général Bonaparte, il fut impuissant à empêcher ces hommes avides d'exploiter indignement la république. L'époque du Directoire fut surtout pour eux la plus heureuse et la plus fertile. Le calme qui venait de succéder aux orages politiques, laissait un libre cours aux intrigues : ils surent en profiter. Ils corrompirent ce qu'il y avait encore à corrompre, et il n'y eut que quelques rares vertus qui résistèrent à leur influence. On vit alors des hommes probes jusque là céder à l'instinct du mal et imiter ceux qui les entouraient. Cette lèpre s'étendit partout : elle envahit l'armée, mais elle s'arrêta aux pieds du général Bonaparte. Dès qu'il fut le maître, il mit bon ordre à tous les ripotages qui avaient rendu fameux les salons de Barras;

les fournisseurs furent surveillés de près et punis sévèrement.

Mais il restait encore aux fournisseurs le moyen de faire une rapide fortune, sans que les troupes eussent à souffrir de leur cupidité. On conçoit en effet que si un entrepreneur fournit au gouvernement à raison de 25 centimes la ration ce qui ne lui en coûte que 15, pour peu que dans les fournitures il fasse un gain proportionnel au chiffre que nous venons de poser, ce qui n'est certainement pas exagéré, il peut en très-peu de temps arriver à une fortune colossale. Les fournisseurs achètent souvent les denrées à vil prix. Les peuples n'osent point refuser de céder pour une modique rétribution ce qu'ils sentent qu'on pourrait exiger d'eux par la force. Quant aux fournisseurs qui, non contents des gains dont nous venons de parler, s'aviseraient de frauder sur la nature des vivres, ou apporteraient dans leur livraison retard ou négligence, nos lois les punissent d'un emprisonnement de six mois au moins et de dommages-intérêts. S'ils ont fait cesser le service dont ils étaient chargés sans y avoir été contraints par un cas de force majeure, elles statuent contre eux la réclusion et une amende d'au moins 500 francs, ainsi que des dommages-intérêts. Malgré la sévérité de ces lois, il n'est pas rare de trouver des fournisseurs en faute.

L'acception générale du mot *fourniture*, comme celle du mot *fournisseur*, doit s'entendre de toute chose fournie ; ainsi on dit une *fourniture* de tailleur, etc.; les cuisiniers appellent *fourniture* quelques herbes menues qu'ils mêlent à la salade. Il y a aussi des *fournitures* que le Code civil déclare privilégiées ; ce sont les fournitures de subsistances faites au débiteur et à sa famille, savoir pendant les six derniers mois, par les marchands en détail, tels que boulangers, bouchers et autres, et pendant la dernière année, par les maîtres de pension et marchands en gros.

FOURRAGE. Dans son acception la plus étendue, ce mot comprend tous les végétaux qui servent de pâture à nos herbivores ; mais souvent on ne l'emploie que pour désigner les récoltes des prés et des prairies artificielles, et encore ce nom est-il réservé dans plusieurs départements aux produits des prairies artificielles seulement. Tous les genres de fourrages peuvent être rangés dans trois sections : 1° *fourrages verts*, 2° *fourrages secs*, 3° *racines et tubercules*.

Fourrages verts (céréales et vesces coupées en vert, herbes des prés et des prairies artificielles, feuilles et tiges du maïs, etc., consommées avant leur dessication). Sous un volume donné, ils offrent beaucoup moins de principe nutritifs que les fourrages secs; de leur usage exclusif résulte une diminution dans la force et la vigueur des animaux de travail, la quantité trop grande d'eau qu'ils introduisent dans la circulation faisant perdre au sang une partie de son action stimulante sur la fibre musculaire et les centres nerveux. D'ailleurs, comme les animaux ne peuvent trouver une alimentation suffisante que dans un volume considérable de plantes vertes, le résultat de leur usage est le développement considérable des organes contenus dans la cavité abdominale, et par suite les mouvements lents, lourds, et la difformité. Distribués aux bœufs et aux chevaux en même temps que les grains et les fourrages secs, ou bien seuls avec la paille et les grains (orge, avoine, blé, etc.), pendant les mois d'avril et de mai, ils leur sont d'une grande utilité, et contribuent à les maintenir en bonne santé. De graves accidents, la mort même, résultent de leur abus ; le danger est d'autant plus grand, toutes choses égales d'ailleurs, qu'ils sont plus aqueux, plus saturés de rosée. Tout le monde a vu des bœufs, des vaches et des moutons surtout, saisis de coliques et de météorisme après avoir mangé du trèfle vert et mouillé.

Fourrages secs (foin, trèfle, luzerne, vesces, céréales fanées, pailles d'orge, d'avoine, de seigle, de froment, etc.). Ils sont alimentaires à différents degrés, et chacun renferme une proportion plus ou moins grande de principes nutritifs, selon qu'il a été abattu à une époque plus rapprochée de la pleine floraison : ainsi, coupés longtemps avant la fleur ou lorsqu'ils se sont desséchés sur pied , ils nourrissent peu ; les pailles des céréales sont dans ce dernier cas. Les fourrages secs, tels que le f o i n , le trèfle, la luzerne, tiennent en bon état les herbivores de la ferme ; cependant , ceux qui travaillent tous les jours, et les chevaux surtout, ont besoin de grains (avoine , orge , fèves, etc.), dont la quantité est proportionnée à la nature des fourrages. Le cultivateur qui voudra nourrir ses chevaux avec de la paille seulement devra donner une ration de grains double de celle qui est nécessaire avec le foin. Fanés et récoltés pendant une saison pluvieuse , les fourrages s'avarient, contractent, malgré tous les soins, un commencement de moisissure, et sont peu profitables ou même nuisibles aux animaux, qui ne les mangent que par nécessité ; mais dans cet état on leur fait perdre leur insalubrité , on les rend même appétissants par la manipulation suivante : la ration pour deux ou trois jours retirée de la meule, secouée et ventilée convenablement , le fourrage est disposé par couches minces, superposées; chaque couche est arrosée et salée très-légèrement, puis réservée pour l'usage.

Racines et tubercules (betteraves, carottes, turneps, navets, topinambours, pommes de terre). Cette dernière section fournit sans contredit les fourrages les plus propres à nourrir et engraisser les bestiaux , mais , nous devons le dire, elles sont le *nec plus ultrà* de la grande culture ; les frais qu'elles entraînent comme récoltes binées , sarclées et buttées , en font un fourrage toujours cher ; la beauté et l'abondance des récoltes qui suivent sont bien une compensation, mais avant de demander à notre agriculture dans l'enfance ce haut degré de perfection , prêchons-lui d'abord la culture des prairies artificielles, qui demandent des dépenses beaucoup moindres. Le régime le plus propre à maintenir les animaux en bonne santé et à les engraisser résulte d'une combinaison intelligente des différentes espèces de fourrages ; de leur quantité, de leur qualité et de leur variété dépend la véritable richesse du cultivateur.   P. GAUBERT.

FOURRAGEURS, FOURRAGER. Le mot *fourrager* signifie l'action de plusieurs cavaliers réunis allant, en ordre et en temps de guerre, chercher ou *faire du fourrage*, ou , en d'autres termes, prendre du foin, de la paille , des herbes et des grains pour la nourriture des chevaux. Les hommes commandés pour cette corvée marchent accompagnés d'une escorte proportionnée aux périls dont la position de l'ennemi les menace. Le fourrage se prend dans les champs, dans les villages, dans les fermes. Le jour et le lieu où il doit être fait sont indiqués par le général. On distingue deux espèces de fourrages , le *grand* et le *petit*. Le grand fourrage est celui qui se fait au loin pour toute la cavalerie d'une division, d'un corps d'armée ou d'une armée; le petit fourrage se fait pour un escadron, un régiment ou une brigade, et le plus souvent aux environs du camp par distribution régulière. On distingue aussi le *fourrage en vert*, lorsqu'il est pris sur place, ou le *fourrage en sec*, lorsqu'il est pris dans les granges ou dans les meules. Les règlements militaires font connaître toutes les précautions à prendre dans les deux cas, l'ordre de la marche, celui de l'exécution et celui du retour au camp. Des officiers accompagnent les hommes de corvée, les surveillent et empêchent qu'ils ne s'écartent ou ne commettent des désordres.

On appelle *fourrageurs* les cavaliers qui travaillent à couper le foin, à enlever le fourrage dans les granges, à l'entasser et à réunir dans des sacs les grains qu'ils ont pu se procurer. On donne aussi ce nom aux maraudeurs qui parcourent les campagnes pour leur propre compte. Ceux-ci encourent les peines prévues par le code militaire.

FOURREAU. C'est le nom qu'on donne à une sorte de gaîne , d'étui ou d'enveloppe servant à couvrir , à conserver un objet quelconque. C'est ainsi qu'on a dit un *fourreau d'épée*, de baïonnette ; des *fourreaux* de pistolets, et , en parlant de meubles, des *fourreaux* de chaises, etc., pour désigner les housses qui les préservent de la poussière, sans y être assujetties par des clous.

En botanique , on a donné le même nom aux enveloppes, etc., qui recouvrent l'épi du froment, du seigle , etc., avant qu'il soit parvenu à sa maturité.

FOURRÉES (Médailles), pièces dont l'âme est d'un métal de peu de valeur et que revêt une feuille de cuivre , d'argent ou d'or. Ce sont de fausses monnaies antiques. Un passage de Démosthène contre Timocrate rapporte que Solon était persuadé que beaucoup de villes mettaient de l'étain, du cuivre ou du plomb dans les monnaies qu'elles frappaient, et qu'elles les altéraient par ce mélange frauduleux. Les fausses monnaies fourrées recouvertes d'or sont rares, parce que leur trop grande légèreté les eût fait reconnaître, le poids des autres métaux étant fort différent de celui de l'or. Les monnaies fourrées, d'argent, au coin grec, sont peu nombreuses, tandis qu'on n'a pas de peine à en trouver de ce métal au coin romain , jusqu'au règne de Septime Sévère, époque où l'argent fut altéré et où la fraude s'exerça sur le titre même de ce métal.

FOURRIER. Les savants sont partagés sur la question de savoir quelle est l'origine du mot *fourrier*, et pourquoi ce terme s'est primitivement écrit *feurrier, forrier, fuerrier, furier*. Ces substantifs divers viennent-ils du latin *fodrarius*, signifiant employé des fourrages, ou de *forrerius, forrator*, homme qui recueille, qui recherche le fourrage ? ou bien procède-t-il de l'italien *foriere*, avant-coureur ? Nous supposons qu'aux époques où l'infanterie n'était rien, où la cavalerie était tout, le *forrerius* du bas-latin, le *forrier* du français naissant, ce *forrier*, dégénéré en *feurrier*, par une prononciation de paysan, équivalait au mot *vivrier d'armée*, parce qu'alors il n'y avait à s'occuper administrativement que de l'approvisionnement des chevaux. Chaque cavalier se chargeait personnellement de la recherche ou du transport de ses comestibles, soit qu'il les achetât, ce qui était rare, soit qu'il s'en prémunît, ce qui ne satisfaisait qu'à une courte durée de temps, soit qu'il les pillât , ce qui était ordinaire. Les aventuriers d'Italie, espèces de peuplades nomades de soldats qui ont été les créateurs primitifs de la langue militaire de l'Europe, obligés d'envoyer à l'avance, pour chaque déplacement, pour chaque expédition, un collecteur de fourrages, se sont habitués à à prendre comme synonymes *avant-coureur* et *fourrageur*, exprimés par le substantif *foriere*. Dans un édit rendu en 1306, Philippe le Bel fait mention de fourriers chargés de départir le logis : ainsi, ce n'étaient pas des fourriers de fourrage, c'étaient des fourriers de logement. Les incursions des Français en Italie les ont habitués à appliquer aux usages militaires et à l'administration alimentaire le mot *fourrier* ; aussi est-ce dans la constitution des légions de François 1er qu'on le voit apparaître pour la première fois, comme un désignatif d'un emploi permanent ou d'un grade fixe.

Dans les usages civils, dans le langage officiel et légal, le *fuerier*, le *feurrier*, étaient connus bien plus anciennement : ainsi, ils levaient autrefois au profit de la maison du souverain un impôt nommé : *fodrum, foderum*. Ils étaient chargés aussi de marquer à la craie les logements : à raison de cette fonction, on les confondait avec les maréchaux des logis. Les *fourriers*, avant qu'ils devinssent dans les régiments français des hommes compris au nombre des combattants, n'étaient dans les divers pays considérés que comme des administrateurs; de là vient cet usage allemand, qui existait encore dans nos dernières guerres , de ne point ranger dans les actes de capitulation les *fourriers* au nombre des prisonniers de guerre : ils étaient, après la reddition des places fortes, rendus à la liberté ou renvoyés dans leur pays comme des particuliers non guerroyants. Depuis Louis XIII jusqu'à Louis XV, un grade de *fourrier de l'armée* existait ; ce fonctionnaire, espèce d'officier général, était sous les ordres du maréchal général des logis. L' lui était prescrit, quand le roi était à l'armée, de n'employer, pour marquer les logis que de l'ocre jaune, parce que la craie blanche était réservée comme marque des logis du roi et de la cour.

Le titre, jusque là important, de *fourrier* s'est rapetissé considérablement depuis la création des états-majors : ce sont les officiers d'état-major qui sont devenus en grand les fourriers et les maréchaux des logis; il n'y a plus pour *fourriers* que des militaires de grade très-subalterne, et leur création dans la hiérarchie légale et positive ne date , dans l'infanterie, que de la première moitié du siècle dernier; ils ont succédé titulairement aux sergents d'affaires, ou plutôt le sergent d'affaires, ou dernier sergent, a pris dans chaque compagnie le nom de *sergent-fourrier*; une nouvelle organisation transforma, en 1782, les *sergents-fourriers* en sergents-majors, ou premiers sergents; en 1788, il fut donné pour aide, pour secrétaire, au sergent-major, un *caporal-fourrier*. C'était le plus jeune, le plus lettré parmi les caporaux; aussi le rang de caporal a-t-il paru bientôt à ce sous-officier trop au-dessous de son savoir-faire et ne plus répondre à une tenue que quelques revenants-bons rapprochaient de celle des sergents. Le *caporal-fourrier*, désigné ainsi par la loi, à force de ne vouloir s'appeler que *fourrier* tout court, amena la loi à y consentir; de dernier caporal qu'il était, il devint premier caporal, et sous la Restauration le fourrier, de caporal qu'il était, redevint sergent. Aujourd'hui, selon le caprice du colonel, il y a dans chaque régiment des *sergents-fourriers*, qui sont sous-officiers, et des *caporaux-fourriers*, qui ne le sont pas. Jusqu'au commencement de notre siècle, le grade de *fourrier* était inconnu à l'hôtel des Invalides, parce que les édits qui avaient ordonné la monacale et routinière institution des invalides étaient antérieurs aux ordonnances qui avaient reconnu les *fourriers*.

Gal BARDIN.

FOURRIER, FOURRIÉRISME. *Voyez* FOURIER.

FOURRIÈRE. Ce terme, qui a la même étymologie que le mot *fourrage*, désigne une saisie de bestiaux, qu'on prend en délit dans des terres ensemencées, dans des vignes, des bois, etc., et qu'on met, par forme de séquestre, en garde dans une écurie ou étable désignée comme lieu de dépôt par la municipalité, où ils sont nourris aux dépens du maître auquel ils appartiennent, afin d'obliger ce dernier à payer le dommage qu'ils ont causé. Il est satisfait aux dégâts par la vente des bestiaux, s'ils ne sont pas réclamés, ou si le dommage n'a point été payé, dans la huitaine du jour du délit (loi du 28 septembre 1791, titre II, art. 12). A Paris et dans les grandes villes il existe une *fourrière* où sont envoyés tous les animaux et voitures saisis en contravention.

FOURRURE. *Voyez* PELLETERIE.

FOUS (Fête des). Mélange grotesque de bouffonnerie et de piété, cette fête fut durant plusieurs siècles du moyen âge un long scandale, que le gouvernement, plus faible encore que l'Église, s'efforça vainement de faire cesser, même en s'appuyant de l'autorité des conciles et de l'éloquence des docteurs de la foi. Elle consistait dans des réjouissances extravagantes auxquelles les clercs, les diacres et même les prêtres, se livraient immodérément dans plusieurs églises, depuis Noël jusqu'à l'Épiphanie, et principalement le jour de Saint-Étienne et le premier jour de l'an. Cette coutume bizarre, déjà pratiquée du temps de saint Augustin, qui en condamna les excès, paraît avoir pris une grande extension dans l'Église grecque, sous le Bas-Empire. Pendant plusieurs siècles à Constantinople le peuple et le clergé aux fêtes de Noël ou de l'Épiphanie se livraient à toutes sortes d'excès. La fête des Fous était déjà introduite en Angleterre au douzième siècle, puisqu'elle y fut proscrite à cette époque sous peine d'excommunication. Elle existait alors en France depuis longtemps, et s'y célébrait de préférence dans les villes de Beauvais, Sens, Autun, Rouen, Dijon, Beaune, Paris, Nevers, etc.

La première cérémonie consistait dans l'élection de l'*abbé*, choisi parmi les membres du bas clergé, et ensuite, selon les localités, dans l'élection soit d'un évêque ou archevêque, soit d'un pape des fous, qu'on prenait parmi le peuple. Dans les églises cathédrales, on élisait un évêque ou archevêque ; mais dans les églises qui relevaient directement du saint-siège, et qu'on appelait *exemptes*, on élisait un pape, et on lui prêtait tous les attributs de la tiare. Quant à l'abbé des fous, son élection se faisait dans toutes les églises par les jeunes chanoines, les clercs et les enfants de chœur, qui proclamaient leur choix par un *Te Deum*, et prenant ensuite l'élu sur leurs épaules, le portaient en triomphe jusque dans sa demeure, où le chapitre venait s'assembler; là on le faisait asseoir sur une estrade préparée pour le recevoir. A son entrée, tout le monde se levait, même l'évêque, s'il était présent. On lui faisait de grandes salutations; on lui offrait du vin et des fruits ; il buvait, et commençait à chanter. Aussitôt tous les assistants, le haut chœur d'un côté et le bas chœur de l'autre, répondaient en élevant progressivement la voix et en finissant par lutter à qui crierait le plus fort, dirait le plus de facéties, gesticulerait de la manière la plus grotesque. On sifflait, on raillait, on hurlait; c'était un *crescendo* assourdissant. Quand les forces de chacun étaient épuisées, l'huissier, dans plusieurs églises du midi, prenait la parole, et disait en langue romane : « De port mossenhor l'abat e sos cossellier, vos fam assabar que tot hom lo segua lay on volra anar, e aquo sus la pena de taihar la brala, *sous peine d'avoir le haut de chausses coupé*. » On sortait alors tumultueusement et on parcourait la ville en continuant à se livrer à mille extravagances. La description de ces excès a fourni à Walter-Scott un de ses plus beaux passages dans son roman de *l'Abbé*.

Indépendamment de cet abbé, nous avons dit que les églises cathédrales et celles qui relevaient directement du saint-siège élisaient un évêque ou un pape des fous. Ce choix était fait parmi le peuple, au milieu de l'appareil plus burlesque. L'élu était revêtu d'habits pontificaux, et, précédé de jeunes ecclésiastiques portant sa mitre et sa crosse, sa croix archiépiscopale ou sa tiare, entouré d'un clergé nombreux, affublé de déguisements divers, les uns masqués ou barbouillés de lie, d'autres déguisés en femmes, il était porté sur leurs épaules jusque dans sa maison. A son arrivée, on ouvrait toutes les portes et toutes les fenêtres ; on plaçait un tonneau défoncé sur une des croisées ; l'évêque ou le pape entrait dedans, et de là il donnait sa bénédiction à la multitude. Puis on se rendait processionnellement dans le chœur de l'église, où l'on chantait des couplets que l'impudicité des gestes rendait encore plus obscènes. Pendant cette dégoûtante parodie du service divin, les diacres et sous-diacres mangeaient sur l'autel, près du célébrant, des boudins et des saucisses, jouaient aux dés et aux cartes, et mettaient dans l'encensoir des morceaux de vieilles semelles, dont l'exhalaison infecte obscurcissait l'église et provoquait les contorsions joyeuses des assistants. La messe terminée, ils parcouraient le chœur en sautant et gambadant. Puis, ils se faisaient traîner par toute la ville dans des tombereaux remplis d'ordures, cherchant à qui mieux mieux à se faire remarquer par de plates bouffonneries et d'ignobles provocations. Le roi de la fête, évêque, archevêque ou pape, apparaissait sur un brancard porté solennellement par quatre hommes revêtus d'habits chamarrés. Il faisait sur cette espèce de pavois toutes les singeries qui pouvaient exciter le rire des spectateurs, et recevait ensuite du chapitre un fromage pour prix *de ses peines et services*. Pendant les trois jours de Saint-Étienne, de Saint-Jean l'Évangéliste et des Innocents, l'évêque fou, revêtu de ses habits pontificaux, la mitre en tête, la crosse à la main, et suivi de son aumônier en chape et coiffé d'un petit coussin au lieu de bonnet, venait s'asseoir dans la chaire épiscopale, assistait à l'office et y recevait gravement les mêmes honneurs que le véritable évêque. A la fin de l'office, l'aumônier criait à pleine voix : *Silete, silete; silentium habete!* et le chœur répondait : *Deo gratias!* Puis l'évêque donnait sa bénédiction, après quoi l'aumônier distribuait aux assistants des indulgences burlesques.

Cette fête subissait des modifications dans les divers pays où on la célébrait; elle a eu même des noms différents suivant les localités, ou par suite des cérémonies bizarres qu'on y ajoutait. Ainsi, on l'a confondue avec la fête des *Anes*, avec celles des *Hypodiacres*, ou diacres saouls, des *Conards* ou *Cornards*, des *Innocents*, etc. On y chantait une antienne composée de commencements de psaumes, où l'on répétait, de deux vers en deux vers, l'exclamation bachique et profane d'*evohe*. Ensuite, le célébrant entonnait les vêpres. Il chantait le *Deus in adjutorium*, et le chœur le terminait par un *alleluia*, séparé par vingt-deux mots de la manière suivante :

ALLE. Resonent omnes ecclesiæ
Cum dulci melo symphoniæ...
Unde Deo dicamus. LUIA

Alors deux chantres annonçaient à haute voix l'office par ces trois vers :

Hæc est clara dies, clararum clara dierum ;
Hæc est festa dies, festarum festa dierum,
Nobile nobilium, rutilans diadema dierum.

Pour mieux supporter la durée de cet office, qui devait être très-long, les chantres et les assistants s'interrompaient de moment à autre pour se désaltérer par de copieuses libations. On chantait enfin le *Magnificat* sur l'air de :

Que ne vous requinquez-vous, vieille,
Que ne vous requinquez-vous donc !

Puis, la bande joyeuse se rendait sur un théâtre dressé à cet effet devant l'église, et y exécutait, en présence de toute la ville, les farces les plus lascives et les plus ignobles. On les terminait par des seaux d'eau qu'on versait à profusion sur la tête du préchantre et sur les hommes nus qui ne manquaient jamais à la fête, le tout aux bruyants éclats des assistants et des acteurs ravis et transportés de joie.

De tout temps l'Église tenta de réprimer les excès de cette fête. Il en a été de même du pouvoir temporel. Plusieurs conciles s'élevèrent contre les désordres de ces saturnales. La pragmatique sanction de Charles VII reproduit un canon qui menace de toutes les foudres de l'Église les acteurs et fauteurs de la fête des fous. On retrouve les mêmes prohibitions dans plusieurs arrêts des parlements et, entre autres, dans l'arrêt rendu en 1552 par celui de Dijon. Rappelons toutefois que les tentatives réitérées de l'Église se bornèrent plutôt à modifier les cérémonies de cette fête dans ce qu'elles avaient de plus bizarre et de plus choquant, qu'à les détruire entièrement. A la vérité, Maurice, évêque de Paris, mort en 1196, avait tenté d'abolir la fête des fous, et son successeur, Eudes de Sully, avait voulu également, avec l'aide du cardinal Pierre de Capoue, légat du pape, essayer de proscrire, en 1199, « ces restes d'une superstition païenne, plus dignes d'horreur que d'imitation, pendant lesquels l'église se trouve remplie de gens masqués, qui la profanent par des danses, des jeux, des chansons infâmes, des bouffonneries sacrilèges, et par toutes sortes d'excès, quelquefois même jusqu'à effusion du sang ; » mais il est certain que ces prélats ne purent y parvenir, puisque l'auteur de l'*Office des Fous* mourut en 1222. Odon, évêque de Sens, obtint en 1245, dans son diocèse, la suppression des travestissements dont s'affublaient les acteurs de cette farce dégoûtante ; mais il ne crut pas pouvoir la défendre entièrement. Telle était encore en 1406 la puissance de cette coutume qu'un jeune homme du Vivarais, élu évêque des fous, s'étant refusé à faire les dépenses que lui imposait son élection, fut cité en justice devant l'official ; la question fut longtemps débattue ; enfin, on nomma pour arbitres trois chanoines qui rendirent contre l'élu réfractaire une sentence fort curieuse.

La fête des fous se célébrait encore avec beaucoup d'éclat en 1444, comme le prouve l'épître encyclique de la Faculté de théologie de Paris, adressée le 12 mars de la même année à tous les prélats et chapitres à l'effet de la condamner et de la détruire. Néanmoins, les actes des conciles qui se tinrent en 1460 et en 1485 se bornent à signaler les principaux abus, qu'ils sont d'avis d'en retrancher. Les mêmes dispositions se retrouvent à peu près dans les capitulaires de Sens. Depuis cette époque, la fête des fous fut tantôt défendue, tantôt tolérée, mais avec des modifications qui tendaient toujours à la réforme des obscénités et des profanations dont elle était remplie. Sa suppression n'eut lieu qu'à la fin du seizième siècle ; encore en trouve-t-on à une nier exemple dans celle qui fut donnée à l'occasion de la naissance de Louis XIV, par ce qu'on appelait l'*infanterie dijonaise*.   PELLISSIER.

FOUS (Ordre des). Sous ce titre fut instituée, en 1380, par Adolphe, comte de Clèves, une société dont le but paraissait être de maintenir l'union entre les gentilshommes du pays. Ses membres étaient au nombre de trente-cinq, tous choisis dans la noblesse : le premier dimanche après la Saint-Michel, un banquet splendide les réunissait ; ils s'empressaient d'abord de faire cesser les divisions qui pouvaient être survenues entre eux. La marque distinctive qui servait à les faire reconnaître était un *fou* d'argent brodé sur leurs manteaux ; ce fou était vêtu d'un petit justaucorps et d'un capuchon tissu de pièces jaunes et rouges, avec des sonnettes d'or, des chausses jaunes, des souliers noirs : il tenait à la main une petite coupe pleine de fruits.

FOUS DE COUR. Leur type se retrouve dans la mythologie des Grecs et des Romains : Momus était le *Triboulet* du grand Jupiter, et ses facéties égayaient l'Olympe. A Rome comme à Athènes les personnages opulents admettaient à leur table des parasites et des bouffons (*scurræ*) chargés de les faire rire, et dont les auteurs dramatiques et satiriques ont peint avec vivacité la dégradation morale. Dans Plaute, les rôles d'Ergasile, de Curculion, d'Artotrogue, de Saturion et de Gélasime ; dans Térence, ceux de Ganton et de Phormion, nous montrent toute la misère de ces plaisants de bas étage, et la mordante hyperbole de Juvénal ajoute à ces tableaux des traits plus vigoureux encore. Cependant, ce n'est à proprement parler que le Bas-Empire et le moyen âge qui nous présentent des bouffons en titre, des farceurs officiels, couchés sous l'état des grandes maisons et des cours, ayant leur place marquée et leurs prérogatives nettement spécifiées. En 449, Théodose le jeune, empereur d'Orient, envoie une ambassade à Attila. Un fou figure dans la réception des Romains, et fait éclater de rire tous les assistants. Le terrible conquérant seul garde son sérieux, quoique M. Guizot introduise, en outre, à sa cour un arlequin, dans la personne du Maure Zerchon. Théophile, empereur de Constantinople en 829, s'amusait des folies de Danderi, dont l'indiscrétion pensa devenir funeste à l'impératrice Théodora, qui récitait ses prières dans un oratoire orné d'images qu'elle cachait avec soin, de peur que Théophile, impitoyable iconoclaste, n'en eût connaissance.

La coutume d'entretenir près de soi des serviteurs obligés d'avoir de la gaieté et de l'esprit pour tout le monde se répandit sous le régime de la féodalité. Isolés dans leurs châteaux, passant la journée sur les grands chemins, rudes, sauvages, les nobles paladins, en dépit des romans, étaient des personnages aussi maussades que redoutés. Ne voyant dans leurs égaux que des ennemis, avec lesquels ils badinaient toujours l'épée au côté, ils auront admis quelques-uns de leurs vassaux à l'honneur de les distraire un moment et de les arracher à la monotonie de leur grandeur. Mais la finesse des propos, la délicatesse des pensées, n'avaient guère de cours chez eux, la plaisanterie devait ressembler à l'impertinence, la liberté à la licence. Or, il arrivait que l'épigramme allait souvent plus loin que ne le désirait un patron fier et irascible. Afin de conserver la dignité du maître, il fut réglé qu'on ne pourrait lui dire de bonnes vérités sans être réputé fou. Un vêtement particulier, un titre significatif, furent attribués aux diseurs de bons mots, pour avertir que leurs sarcasmes ne tiraient pas à conséquence et qu'on risquerait à les imiter. Les flatteurs, ceux qui trafiquaient de mensonges, n'eurent garde alors de croire qu'ils n'étaient pas les sages. Les évêques adoptèrent la coutume des seigneurs laïques. Le concile tenu à Paris en 1212 défend aux prélats d'avoir des *fous pour les faire rire*; mais en 1624 Sanderus reproche encore à ceux de son temps d'aimer mieux s'amuser avec des bouffons (*morionibus*) et des filles de joie que de se délasser au sein de l'étude.

Voici une liste de quelques fous en titre dont l'histoire nous a conservé le souvenir. Presque tous paraissent avoir une grande ressemblance avec le *Davie Gellatley* que Walter Scott attache au baron de Bradwardine : cerveaux timbrés, incapables d'une occupation régulière, ils avaient assez de jugement pour tirer parti de leur folie, assez de saillies pour ne point être taxés d'idiotisme. Quelques-uns prouvèrent même, dans plus d'une occasion, une haute intelligence, et des qualités morales qui ne s'allient pas toujours à la raison la plus sévère. Robert Wace et Guillaume de Jumiéges rapportent que Guillaume le Bâtard, duc de Normandie, fut averti par son fou, *Golet* ou *Gallet*, natif de Bayeux, d'un danger qu'il courait. Ce Golet n'était pas moins fidèle que le bon *Wamba*, personnage imaginaire, mais plein de vie, de l'admirable épopée d'*Ivanhoé*. Charles *le Téméraire* avait un fou que l'auteur de *Quentin Durward* n'a pas oublié non plus, et qui s'appelait *Le Glorieux*. Le fou de Charles-Quint a été mis en scène par Scarron, sous le nom imposant de *don Japhet d'Arménie*. Alphonse d'Este, duc de Ferrare, le même dont les persécutions troublèrent la raison du Tasse, avait un fou que Varillas appelle *Gonelle*.

Parlons maintenant des fous de la cour de France, où de mauvaises langues ne manqueront pas de dire qu'à part la patente, la marotte, l'habit mi-parti, les grelots et le bonnet à longues oreilles, ils pullulent encore aujourd'hui. Dreux du Radier, dans ses *Récréations historiques*, a abordé ce sujet *ex professo*; mais il est loin de l'avoir traité à fond, et il a oublié plus d'une illustration des fastes de la folie. Le premier fou dont il parle est *Thévenin de Saint-Légier*. Il avait appartenu à Charles V, surnommé *le Sage*, qui lui fit élever un tombeau dans l'église de Saint-Maurice de Senlis. Le même roi fit inhumer un autre de ses fous dans l'église de Saint-Germain-l'Auxerrois à Paris. *Thevenin* mourut le 11 juillet 1374. Duverdier cite encore une lettre de Charles V annonçant aux maires et échevins de Troyes la mort de son fou et leur ordonnant de lui en envoyer un autre, *suivant la coutume*. Il y a la preuve que l'usage des fous est très-ancien à la cour se tire, suivant Du Radier, du jeu des échecs, très-connu sous Charlemagne, et qui a suggéré ce vers au satirique Regnier :

Les fous sont aux échecs les plus proches du roi.

Rabelais cite plusieurs fous, parmi lesquels *Seigni Joan* ou *Jouan*, que Du Radier a passé sous silence. Il paraît qu'il y a eu deux bouffons de ce nom. Celui-ci, selon le Duchat, était l'ancien (*Seigni* ou *Senior*) ; La Monnoye veut, que *Seigni Joan* signifie tout simplement le *seigneur Joan*, dans le patois du Rouergue, ce qui lui fait soupçonner que *Joan* était de ce pays. *Le vaisseau des Fous*, poème allemand de Sébastien Brandt, qui, traduit en rimes françaises par Pierre Rivière et imprimé à Paris en 1497, in-fol., nous apprend que *Seigni Joan* vivait cent ans avant un autre fou, appelé *Caillette*, dont Badius, qui a traduit l'ouvrage de Brandt en vers latins, parle, en 1496, comme d'un personnage vivant. En tête des feuillets 3 et 4 de la version française, on voit le portrait de *Seigni Joan* et celui de *Caillette*. Rabelais appelle *Joan* le bisaïeul de *Caillette*, plutôt sans doute par considération de chronologie que par consanguinité, de sorte que *Seihni Joan* pourrait bien avoir vécu sous Charles VI et sous Charles VII. Dans aucun cas, il ne saurait être le même que le *Jouan*, *fou de Madame*, dont Clément Marot a composé l'épitaphe.

Quant à *Caillette*, il appartient aux règnes de Louis XII et de François Ier. *Thony* eut la qualité de fou d'Henri II. Il était Picard, et avait d'abord appartenu au duc d'Orléans, qui l'obtint avec peine de sa mère, parce qu'elle le destinait à l'Église, afin qu'il priât pour deux de ses fils, morts fous, et dont l'un avait été à ce titre au cardinal de Ferrare. *Thony* était presque un personnage politique ; il excellait dans le métier de courtisan, et le connétable de Montmorency, empressé de plaire en tout à son maître, montrait aussi beaucoup d'amitié à ce bouffon, qui l'appelait *père*, sans que le connétable s'en formalisât. *Sibilot* n'acquit pas moins de réputation sous Henri III. Le règne d'Henri IV se vante de deux fous, *Maître Guillaume* et *Chicot*, et de la folle *Mathurine*. Angoulevent, le *prince des sots*, qui exerçait de ce chef une certaine surintendance sur les troupes d'acteurs, est de la même époque. Seulement il ne paraît pas qu'il fut attaché particulièrement à la cour. Le titre de *fou du roi* perdit de son lustre à mesure que les mœurs se polirent et que les plaisirs devinrent plus variés et plus délicats. On commença à renoncer alors au triste amusement que procuraient les plaisanteries d'un malheureux qui, se ravalant pour plaire, était d'autant plus applaudi qu'il s'écartait des convenances et de la raison. Néanmoins, nous voyons encore un fou sous le sérieux Louis XIII. *L'Angeli* conservait ce titre sous Louis XIV. Avec lui finissent en France les annales de la folie patentée. Une foule de courtisans se disputèrent à qui les remplacerait, et il n'a pas manqué de chambellans ni de grands-officiers pour recueillir leur succession.

Walter Scott, outre *Wamba*, *Le Glorieux* et *Gellatley*, s'amuse à tracer, dans son *Richard en Palestine*, la caricature du Hofnarr, ou fou de cour de Léopold, duc d'Autriche. Le *Liebetraut*, qui, dans le *Gœtz de Berlichingen* de Gœthe, amuse l'évêque de Bamberg, est un dignitaire du même rang. Un roman de mœurs russe, le *Haidamakah* ou *Le Brigand*, commence par la description détaillée de l'accoutrement du *lustig* officiel d'un grand seigneur russe, il y a un siècle : « C'est un petit homme trapu, avec une longue barbe pendante ; il est couvert de vêtements singuliers. Une des basques est bleue, l'autre verte, la partie supérieure d'un rouge foncé et la manche d'un jaune brillant. Son bonnet n'est pas moins singulier : la fourrure qui le borde est en partie de mouton noir d'Astracan, en partie de blanche laine d'agneau, et la pointe qui en retombe, à la manière hongroise, est également chargée de lambeaux de couleurs différentes. Ses culottes sont taillées dans le même système, et ses bottes, l'une de cuir jaune, l'autre de cuir rouge, complètent l'ajustement de ce grotesque personnage. » Les fous des autres parties de l'Europe ont été trop souvent représentés pour qu'il soit nécessaire d'en décrire le costume.

DE REIFFENBERG.

FOVILLA. On donne ce nom aux granules contenus dans la matière mucilagineuse que renferment les grains de pollen. Les observations de Gleichen, de Brongniart, Mirbel et du docteur Unger, ont fourni les résultats suivants : ces granules ou corpuscules, mis dans l'eau, se meuvent dans tous les sens ; on les voit monter, descendre, se rapprocher, le tout avec une vélocité très-remarquable, ce qui a déterminé ces observateurs à les considérer comme des animalcules semblables à ceux du sperme, d'où par analogie le nom de *phytospermes*, que quelques botanistes leur ont donné, et qui correspond à celui de *zoospermes*.

L. LAURENT.

FOX (GEORGE), fondateur de la secte des *quakers*, né en 1624, à Drayton, dans le comté de Leicester, était le fils d'un tisserand presbytérien. Placé en apprentissage d'abord chez un cordonnier, puis chez un marchand de laine de Nottingham, il fut chargé par ce dernier patron de garder ses moutons. La solitude, le caractère profondément réfléchi de son esprit et les troubles religieux de son temps, que personne ne déplorait plus vivement que lui, développèrent peu à peu chez lui les idées mystiques qui l'amenèrent à penser que dans tout ce qui est extérieur il n'y a rien qui puisse conduire au salut, et que c'est l'Esprit-Saint ou Jésus-Christ qui seul nous donne la grâce. En 1647 il commença à prêcher la religion intérieure de l'esprit, avec un courage et une résolution que Cromwell lui-même fut impuissant à ébranler, et avec une ardeur que ne purent refroidir ni les incarcérations ni les châtiments corporels. Sous le nom de *Société des Amis* il fonda une communauté religieuse particulière, et alla parcourir la Hollande, l'Allemagne et l'Amérique du Nord, à l'effet d'y recruter des adhérents à ses doctrines. Mais l'époque florissante du *quakérisme* ne commença cependant qu'après sa mort, arrivée en 1691. Consultez son journal, *Historical account of the life, travels and sufferings of George Fox* (Londres, 1691); et Marsh, *Popular life of G. Fox* (Londres, 1847).

FOX (CHARLES-JAMES), l'un des plus grands orateurs et des plus célèbres hommes politiques qu'ait produits l'Angleterre, arrière-petit-fils par sa mère du roi Charles II, était né le 24 janvier 1748. Son père *Henri* Fox, premier lord Holland, secrétaire d'État sous Georges II, dirigea vers la politique les capacités extraordinaires qu'annonçait ce plus jeune de ses fils, et en même temps lui fit donner une éducation soumise à si peu de contrainte que chez lui l'effervescence de la jeunesse provoqua l'éruption des plus violentes passions, notamment de celle du jeu, qu'il poussa jusqu'à ses dernières limites. Après de brillantes études faites à Eton et à Oxford, Fox alla voyager sur le continent. Dès l'année 1768, grâce aux influences de sa famille, il fut élu par le bourg de Midhurst membre de la chambre des communes, où ses débuts comme orateur eurent lieu dans les discussions relatives à Wilkes, qui, détenu à la prison du Banc du Roi, réclamait avec force sa place au parlement, où il représentait les électeurs de Middlesex. Dans cet important débat, Fox prit le parti du pouvoir, défendit énergiquement ses doctrines, et, sous des formes gracieuses, tenant même peut-être trop du dandysme, fit preuve de remarquables talents. C'était là une recrue précieuse que faisait le parti ministériel; aussi lord North s'empressa-t-il de confier à Charles Fox un des emplois supérieurs de l'amirauté, celui de payeur de la caisse des veuves et des orphelins, et à la fin de la même année lui conféra-t-il les fonctions de lord de la trésorerie. Jusqu'en 1772 Fox appuya les ministres; mais dans quelques questions il ne le fit qu'en hésitant et avec des réserves. De plus, il ne craignit pas de voter par moments avec plusieurs illustres membres de l'opposition, et surtout avec Burke, notamment peu de temps après la mort de son père (1774), dans une question de tolérance religieuse, à propos d'une motion ayant pour but l'abrogation du serment du test. Lord North en fut blessé, et adressa à Fox, séance tenante, des observations sévères, qui furent assez mal reçues. Sa destitution ne se fit pas attendre; le fougueux premier ministre la lui notifia au milieu des communes, et Fox, dans un moment où il allait parler, la reçut par le billet suivant : « Sa Majesté a jugé à propos de faire expédier une nouvelle commission des lords de la trésorerie, sur laquelle je ne vois pas votre nom. » Fox, vivement ému en parcourant ces lignes, cacha pourtant sa blessure; il renonça à la parole. Il attendait sans doute sa destitution, mais d'une manière moins acerbe; aussi qualifia-t-il l'acte et le message « de lâcheté ».

Fox à ce moment parut chercher à s'étourdir sur la cruelle mortification que l'orgueilleux et despotique fils de lord Guilford venait d'infliger à son amour-propre. Plus que jamais il se jeta dans une vie d'excès de tous les genres. Ses fautes et ses scandaleux désordres détruisirent avec une effrayante rapidité la belle fortune que lui avait laissée son père; il se couvrit de dettes, et perdit de gaieté de cœur l'estime publique et la confiance des whigs. Pour le rappeler à lui-même, pour réveiller son génie politique, il fallut la fâcheuse tournure que prirent alors les rapports des colonies de l'Amérique du Nord avec la métropole. Lorsqu'il était au pouvoir, cette question l'avait trouvé éclairé et généreux; donc il n'eut pas de précédents à renier en l'épousant avec chaleur. S'appuyant sur l'esprit et la lettre de la constitution anglaise, il reconnut aux colons le droit de se taxer eux-mêmes, et attaqua le bill de Boston avec une netteté d'arguments, une connaissance de la situation, une verve amère, qui permirent au banc de la trésorerie d'apprécier l'immense perte qu'il avait faite : jamais esprit plus brillant et plus vaste n'avait encore fait retentir les voûtes de Westminster. « Alexandre le Grand, s'écriait-il un jour, n'a pas conquis autant de pays que lord North aura eu le temps d'en perdre dans une seule campagne. » Cette discussion mit Fox hors de ligne; l'Angleterre compta un grand orateur de plus. Assis près de Burke, il devint le chef effectif de l'opposition; et dès lors on le vit repousser systématiquement par sa parole et son vote, par ses amis, par la presse et l'opinion, qu'il enflamma, toutes les mesures coércitives proposées contre les colons par le gouvernement. Il montrait dans une prompte paix et dans une politique de large réconciliation la seule planche du salut qui restât à l'Angleterre. Cette attitude dans le parlement lui fit regagner dans les sympathies et l'opinion publiques bien au delà de ce qu'il avait pu y perdre précédemment. Le peuple ne vit plus en lui que l'éloquent et énergique défenseur de ses droits; et en 1780, lors des élections générales qu'amena la dissolution du parlement, il fut élu à Westminster même, en dépit de tous les efforts faits par le ministère pour empêcher sa réélection.

En février 1782, une administration whig fut prise dans la nouvelle majorité; le marquis de Rockingham en devint le chef, et Fox fut nommé secrétaire d'État des affaires étrangères. La mort subite du marquis de Rockingham et l'insuccès des efforts tentés par Fox pour conclure la paix avec les États-Unis sans y comprendre la France, amenèrent la dissolution du cabinet. Fox dut donner sa démission, et fut remplacé par le jeune Pitt, contre lequel il commença dès lors une lutte demeurée à jamais célèbre dans les fastes parlementaires; lutte pendant laquelle les deux illustres rivaux soulevèrent et traitèrent, chacun à son point de vue particulier, toutes les grandes questions qui se rattachent non-seulement à la constitution, mais encore à l'existence politique de la nation anglaise, et qui dura autant que leur vie. Fox, d'ailleurs, ne fut pas plus tôt revenu prendre sa place sur les bancs de l'opposition, qu'il en groupa tous les éléments pour entreprendre contre le cabinet présidé par le marquis de Lansdowne la guerre la plus acharnée. Lord North lui-même, malgré le discrédit qui se rattachait à son nom, fut accueilli comme une recrue précieuse dans les rangs de la coalition, qui, en 1783, réussit en effet à provoquer la retraite du ministère Lausdowne. Un nouveau cabinet, dans lequel entrèrent Portland, North et Fox, se forma (1783), et s'empressa de signer la paix générale d'après les bases mêmes proposées précédemment par Shelburne et qui avaient valu à cet ancien membre de l'administration Rockingham de si violentes attaques.

Toujours prêt à sacrifier sa popularité aux exigences d'une politique élevée, Fox présenta au parlement le célèbre *India-bill*, qui mettait à nu les énormes abus existant dans le régime administratif de la Compagnie des Indes, et qui avait pour but de concentrer désormais toute l'administration des colonies entre les mains du ministère. A la voix puissante de Fox, ce bill, malgré d'habiles objections présentées par Pitt et Dundas, passa à une grande majorité dans la chambre des communes ; mais le roi refusant de s'associer à la politique hardie de son ministre, la contrecarra à l'aide de tous les moyens dont il pouvait disposer, et fit rejeter le bill par la chambre haute. Ce vote amena la dissolution du cabinet, et Pitt fut alors chargé de composer une administration nouvelle. Pour qu'elle ne fût point à lutter dans la chambre des communes contre une majorité évidemment hostile, George III convoqua un nouveau parlement, et en appela à des élections générales.

Cette fois le parti de Fox perdit plus que le pouvoir; il perdit sa popularité. Les choses en vinrent même à ce point, qu'il dut craindre un instant que son chef ne pût rentrer au parlement que par une élection de bourg-pourri. Toutefois, après de vives explications avec les électeurs et des engagements pris, la majorité de Westminster revint à Fox (1784); mais ce fut à grand'peine. Pour assurer sa réélection, les whigs durent dépenser des sommes immenses; dans cette occasion décisive, de grandes et belles dames ne dédaignèrent même pas de payer de leur personne et d'aller de boutique en boutique quêter des voix pour le candidat au triomphe duquel leurs maris attachaient à bon droit tant d'importance. La session qui s'ouvrit ensuite occupe une place des plus importantes dans l'histoire parlementaire de nos voisins, et jamais opposition ne brilla d'un aussi vif éclat que celle qui comptait alors dans ses rangs Burke, Fox, les Grey, les Whitebury, les Sheridan et autres hommes célèbres. Une fois rentré au parlement, Fox recouvra bien vite les sympathies de l'opinion. Il repoussa avec un talent grandi par les épreuves les taxes demandées par le gouvernement, et signala les défauts du nouveau bill de l'Inde rédigé par Pitt, qui transférait à la couronne la nomination du comité supérieur des Indes. Il se mêla d'ailleurs avec sa haute raison et sa puissante dialectique à toutes les autres discussions dont la chambre fut le théâtre, et y apporta d'utiles lumières. On comptait sur les bancs qui votaient avec lui des hommes nés avec le génie de la parole et du gouvernement; des supériorités différentes s'y pressaient, mais il les primait toutes par la profondeur et la sagacité de ses vues politiques. C'est ainsi que dès 1787 il proposa formellement l'abolition de la traite des nègres, et démontra que c'était là une mesure qui ne pouvait en définitive qu'être éminemment utile aux colonies anglaises. Quand, l'année suivante (1788), George III ressentit une première atteinte d'aliénation mentale, Fox et Burke défendirent avec une grande énergie les droits du prince de Galles à exercer la régence pendant la maladie de son père. Pitt, qui avait d'autres projets, voyant que le parlement se rangeait à l'avis de l'opposition, se hâta de clore les débats en annonçant que le roi était entré en convalescence; et son rival lui fit encore essuyer une autre défaite grave, quand il l'empêcha de déclarer la guerre à la Russie, à l'occasion des fortifications formidables élevées par cette puissance à Oczakoff. Pitt, en y voyant un danger pour l'Angleterre, en démêlant les projets secrets conçus dès lors par le cabinet de Saint-Pétersbourg contre l'existence indépendante de la Turquie, était pourtant dans le vrai.

La révolution française vint, à quelque temps de là, provoquer une profonde division dans les rangs du parti whig. Sans se faire illusion sur ses tendances anarchiques, Fox la salua avec raison comme un immense progrès, comme une décisive victoire remportée sur le génie du despotisme par l'esprit d'émancipation et de liberté; bien différent en cela de Burke et de plusieurs autres de ses anciens amis politiques, auxquels l'élément démocratique de cette révolution inspira tout aussitôt la haine la plus fanatique. Cette profonde divergence de vues et d'idées à propos d'une question si instante contenait évidemment le germe d'une complète et rapide désorganisation du parti whig, dans lequel l'élément aristocratique ne donne pas moins, comme on sait, que dans le parti tory. Fox fit tout pour éviter une scission qui devait profiter avant tout à la politique ministérielle. Mais la rupture publique, décisive, irréconciliable, entre Burke et lui, qu'il eût à tout prix voulu prévenir, éclata incidemment à propos de la discussion d'un bill relatif à l'organisation de la colonie de Québec (1790). Burke fut au fond dur et violent, tout en affectant d'abord de conserver extérieurement les formes de discussion qu'exigeait une si vieille et si constante amitié; et il adjura en termes pathétiques son ami d'abandonner la cause de la révolution française. Fox parut un moment ébranlé; mais, revenant bientôt à sa nature d'orateur, il ressaisit tous ses avantages pour prendre la défense des gouvernements libres contre les attaques dont ils se trouvaient tout à coup aujourd'hui l'objet de la part d'hommes qui avaient jusque alors professé tous les principes proclamés par d'autres peuples comme la base des institutions nouvelles qu'ils entendaient se donner. Cette réponse amena de la part de Burke une nouvelle attaque, plus emportée. Fox la repoussa avec une remarquable vigueur, et termina sa réplique en rappelant à la chambre des communes que c'était à Burke lui-même qu'il devait les principes politiques qu'il défendait à ce moment et qu'il ne cesserait de défendre tant qu'il vivrait. Burke, profondément blessé par ce reproche, si mérité, d'inconstance dans ses idées, répliqua assez bas qu'il ne s'expliquait ni le but ni même la convenance de ces révélations d'anciennes conversations intimes. Mais Fox, de plus en plus échauffé, ajouta, d'un ton ému, qui tempérait le fond de ses reproches, qu'il y était poussé par ce que les attaques de son illustre ami contre des alliés et des principes sacrés avaient d'insolite dans l'espèce, d'ingrat, de dangereux pour la liberté; et il dit qu'une profession de foi nouvelle lui avait paru nécessaire pour affermir le courage de ceux qui persévéraient dans les mêmes principes; « mais ce n'est pas une rupture d'amitié, » ajouta-t-il assez haut pour être entendu de Burke. — « Si fait, c'est une rupture d'amitié, » répondit celui-ci; puis, s'arrêtant dans sa vive émotion, il dit encore : « Je sais ce qu'il m'en coûte, mais je fais mon devoir; notre amitié est finie. » Partant de là, Burke fit sur-le-champ une magnifique digression sur les talents de Fox et de Pitt, qui pouvaient être si utiles à leur patrie, et sur le danger des réformes par les révolutions, puis se rassit tout agité. On comprend ce qu'il y avait de solennel dans cette scène parlementaire. La chambre tout entière palpitait d'émotion. Sous le coup de cette foudroyante et théâtrale déclaration, Fox essaya encore de se lever et de prendre la parole. Sa poitrine était haletante, il étouffait; en signe de dernier adieu, il jeta un regard attendri sur l'illustre ami qui s'éloignait si brusquement de lui après tant d'années d'intimité, et de grosses larmes tombant sur ses joues le soulagèrent. Sheridan mit fin à cet émouvant incident, mais aigrit encore plus les deux adversaires par ses observations ironiques. Dès ce moment, tous liens entre Burke et Fox furent brisés; et une fraction considérable du parti whig suivit Burke dans le camp ministériel.

Peu de temps après, une formidable majorité repoussait une motion proposée par Fox à l'effet de prévenir une guerre entre la France et l'Angleterre en entamant des négociations avec la Convention nationale. Ses efforts dans l'intérêt du maintien de la paix furent mal jugés; et il n'y eut point de calomnies auxquelles ne recourussent ses adversaires pour compromettre sa popularité. Il en fit justice dans un pamphlet énergique, intitulé *Lettre aux dignes et indépendants électeurs de Westminster*, où il signalait tous les dangers dont la coalition formée contre la France menaçait la cause générale du progrès et de l'humanité. De 1792 à 1797, Fox représenta presque à lui tout seul l'opposition dans le parlement, et sut se tenir à la hauteur d'un tel rôle. Plus les rangs de ses amis s'éclaircissaient, et plus il déployait d'énergie dans la lutte engagée entre lui et le ministère, se rapprochant toujours davantage des principes de la démocratie pure. C'est de la sorte qu'il fut conduit à l'idée de la réforme parlementaire, dont le triomphe ne devait avoir lieu qu'une trentaine d'années plus tard. Enfin, en 1797, reconnaissant que le ministère puisait de nouveaux éléments de force et de durée dans les attaques acharnées qu'il dirigeait contre lui, il jugea plus utile à sa cause de s'abstenir momentanément, à Saint-Ann's-Hill, maison de campagne qu'il possédait près de Chertsey, où il partagea ses loisirs entre les occupations des champs et quelques travaux littéraires, et où, notamment, il commença son *History of the early part of the reign of James II, with an introductory chapter* (Londres, 1808); ouvrage demeuré inachevé, pour la composition duquel il s'efforça de puiser aux sources les plus sûres, et qui est un brillant plaidoyer en faveur de la révolution de 1688. Après la paix d'Amiens, il se rendit à Paris, où il fut accueilli avec une grande distinction par le premier consul et où il continua ses recherches historiques relatives aux Stuarts ; travail pour lequel les archives du ministère des relations extérieures lui furent obligeamment ouvertes. Fox trouva son buste à la Malmaison quand il s'y présenta ; il le trouva aussi au sénat. Il eut tous les jours de longs entretiens dans le cabinet du chef de l'État. Ces deux hommes se plurent réciproquement, et se firent confidence de vues que la mort de Fox, arrivée cinq ans plus tard, fit seule avorter.

Quand il revint en Angleterre, le ministère Addington (lord Sidmouth) était à la veille de recommencer la guerre. Fox crut le moment propice pour tenter une grande réconciliation dans les rangs du parti whig ; et par l'intermédiaire de son nouvel ami, lord Grenville, il alla même jusqu'à essayer d'un rapprochement avec Pitt, le plus implacable de ses adversaires. Cette coalition amena, il est vrai, la chute du ministère Addington ; mais le roi, en dépit des efforts de Pitt pour triompher de ses répugnances, refusa de laisser Fox entrer dans la nouvelle administration qui se forma alors. Force fut donc à celui-ci de reprendre sa place accoutumée sur les bancs de l'opposition, où, comme par le passé, on le vit lutter sans cesse pour détourner Pitt de faire cause commune avec les puissances continentales contre la France ; coalition monstrueuse, qui ne pouvait, suivant lui, que profiter en définitive au pays qu'elle avait pour but d'asservir. On sait que la nouvelle de la bataille d'Austerlitz tua littéralement Pitt, qui ne put que survivre peu de jours à cet échec décisif subi par sa politique au moment même où tout semblait en assurer le triomphe. Au mois de janvier 1806, le prince-régent confia à lord Grenville et à Fox le soin de constituer un nouveau cabinet, en remplacement de celui dont la mort de Pitt avait amené la complète dislocation. Son illustre prédécesseur lui avait légué le poids d'une dette écrasante, une guerre nationale et une confusion générale dans les relations des divers États de l'Europe. Les difficultés qu'il avait à vaincre étaient immenses. Pendant les quelques mois qu'il dirigea les affaires étrangères, Fox rouvrit avec le cabinet des Tuileries des négociations pour la paix auxquelles lord Yarmouth servit d'intermédiaire, et en même temps démontra au parlement la nécessité d'attaquer la Prusse, qui avait envahi le Hanovre, l'ancien patrimoine de la maison régnante. C'est au moment où tout se réunissait pour permettre d'espérer qu'allait finir la longue et sanglante querelle entre la France et l'Angleterre, que la mort vint frapper Fox, le 13 septembre 1806. Il succomba à une hydropisie de poitrine qui remontait déjà à plusieurs mois. Cette mort fut une véritable calamité publique ; car les négociations entamées furent bientôt rompues par son successeur, lord Lauderdale.

Dans les dernières années de sa vie, Fox avait épousé une certaine mistress Armstead. Complétement ruiné par la fatale passion pour le jeu qu'il conserva jusqu'à un âge fort avancé, il n'avait depuis longtemps d'autre ressource pour vivre qu'une pension de 3,000 liv. sterl. (75,000 fr.), produit d'une souscription ouverte dans les rangs du parti whig. Comme homme privé, personne n'était plus simple, plus modeste, plus naïf même, et dès lors plus aimable. A la chambre des communes, il ne prenait jamais la parole sans éprouver d'abord un visible embarras ; mais peu à peu il s'animait, et alors l'éloquence jaillissait à flots de sa large poitrine. Il dormait peu, et se levait de bonne heure ; après une promenade à pied d'une demi-lieue, la matinée était consacrée à l'étude ; quelquefois il faisait une course à cheval dans les champs ; d'ordinaire sa tenue était des plus négligées. Passé quarante ans, il aima beaucoup la campagne et les simples plaisirs de l'intimité, et sa passion pour l'étude redoubla ; il récitait tout haut en grec dans ses jardins de Strasbourg d'Homère. Il était blond, vif dans ses manières, d'une taille un peu plus que moyenne ; au déclin de sa vie, il grossit, mais sa belle et mâle figure garda toujours beaucoup de finesse et d'expression. Le sculpteur Nollekens a exécuté vingt-deux fois son buste. Ses discours à la chambre des communes ont été recueillis et publiés en six volumes (Londres, 1815).

En 1816 les admirateurs de son génie lui élevèrent une statue dans Bloomsbury-square, à Londres, et lui érigèrent en outre, en 1818, un monument dans l'abbaye de Westminster, ce Panthéon de l'Angleterre. Consultez Walpole, *Recollection of the life of Charles James Fox* (Londres, 1806).

FOX (WILLIAM-JOHNSON), orateur et philanthrope anglais, est né en 1786, à Uggleshall, près de Wrentham, dans le comté de Suffolk. Son père, qui était fermier, s'établit plus tard comme tisserand à Norwich, où le jeune Fox reçut sa première éducation. Comme il annonçait de bonne heure du talent, on le destina à l'état ecclésiastique, et on l'envoya faire ses études au collège fondé par les Indépendants à Homerton. Mais les sévères idées puritaines du milieu dans lequel il vivait convenaient peu aux dispositions de son esprit ; il se rapprocha des doctrines des unitaires, et prêcha pendant une suite d'années dans une chapelle de cette secte à Finsbury. Il déposa ses idées théologiques et philosophiques dans son ouvrage *On the religious ideas*. Quand commença l'agitation contre les *corn-laws*, Fox, qui voyait dans l'existence de la législation relative aux céréales la principale source de la misère des classes inférieures, se jeta avec ardeur dans le mouvement, et devint bientôt un des orateurs les plus populaires de la ligue. Son style imagé, dans lequel se montre la chaude imagination d'un poète, sa mordante ironie et l'énergie de ses invectives, arrachaient à ses auditeurs les plus bruyants applaudissements. Ses *Letters of a Norwich weaver Boy* (Lettres d'un apprenti tisserand de Norwich), qui parurent à la même époque, obtinrent une immense circulation, et ne contribuèrent pas peu au succès de la cause qu'il avait embrassée. En même temps, il s'occupait de l'amélioration de l'éducation du peuple, et il publia sur ce sujet l'ouvrage qui a pour titre : *On the educational clauses of the bill for regulating the employement of factory children* (Londres, 1843). Pendant plusieurs années, il fit des cours pour l'instruction des classes laborieuses ; et ses leçons ont été publiées sous le titre de *Lectures to the working classes* (4 vol., Londres, 1844-1849). En outre, il prit part à la rédaction d'un journal politique, le *Weekly Dispatch*, qui, avec sa collaboration, devint un des organes les plus importants du parti libéral. En 1847, après le triomphe du principe de la liberté du commerce des grains, il fut élu membre du parlement à Oldham, et y fit partie de la fraction extrême du parti radical.

FOY (MAXIMILIEN-SÉBASTIEN), général, naquit à Ham, le 3 février 1775. Son père était un vieux soldat de Fontenoi. Il haranguait le maréchal de Saxe chaque fois qu'il traversait sa ville. Rien de plus spirituel que l'enfance de Maximilien. Grâce à une mémoire prodigieuse, il posséda de très-bonne heure les éléments de la langue latine : à neuf ans, sa plume avait une certaine élégance ; à quatorze, il achevait ses études au collège de l'Oratoire, à Soissons ; à quinze, il entrait comme aspirant d'artillerie à l'école de La Fère, et nommé lieutenant en second en 1790, lieutenant en premier en 1793, il faisait les campagnes de Flandre et de Belgique sous Dumouriez, Dampierre, Jourdan, Pichegru et Houchard. Emprisonné et traduit devant le tribunal révolutionnaire, il ne dut sa liberté qu'au 9 thermidor. Il était capitaine ; on le retrouve en 1795, 1796, 1797, à l'armée de Rhin et Moselle, sous les ordres de Moreau et de Desaix ; il se distingue aux passages du Rhin et du Lech, aux combats d'Offenbourg et de Schweighausen, à la défense de la tête du pont de Huningue. Nommé chef d'escadron en 1798, il employa les loisirs de la paix de Campo-Formio à étudier le droit public des nations sous le célèbre professeur Koch, de Strasbourg. Il faisait avec lui régiment partie du camp de Boulogne, quand le vainqueur de l'Italie, sur la demande de Desaix, le nomma son aide de camp. Il refusa, et faillit ainsi peut-être à une plus haute fortune militaire. Bientôt il se signala à l'armée de Suisse, sous les ordres d'Oudinot, et de Schauenbourg, puis à celle du Danube sous Masséna.

Nommé adjudant général après cette campagne, il passa d'abord, en 1800, à l'armée du Rhin, sous le commandement de Lecourbe, puis à celle d'Italie, sous les ordres de Moncey. En 1801, il commanda la place de Milan, et s'y livra à toute l'ardeur de son goût pour l'étude. La paix d'Amiens le vit rentrer en France à la tête d'un régiment d'artillerie à cheval. Il se trouvait à Paris en 1804, lors du procès de Moreau, en faveur de qui il s'exprima avec une chaleureuse indignation, se refusant à croire qu'un général illustre eût pu frayer avec des assassins. Un mandat d'arrêt fut lancé contre l'imprudent officier, qui était heureusement parti la veille pour aller reprendre ses fonctions de chef d'état-major d'artillerie au camp d'Utrecht. Là il refusa de signer une adresse de félicitations sur l'heureuse issue des complots. Le gouvernement ajourna sur ces entrefaites passé du consulat à vie à l'empire, fidèle à ses principes, comme Carnot il s'abstint de voter pour la nouvelle élévation de Bonaparte. Napoléon n'en employa pas moins Foy; mais, le grade d'adjudant général ayant été supprimé, il resta long-temps colonel; et c'est en cette qualité qu'en 1805 il fit la campagne d'Autriche. En 1806 il commandait l'artillerie du corps stationné dans le Frioul.

Foy part en 1807 pour Constantinople, avec 1,200 canonniers que l'empereur envoie au sultan Sélim pour l'aider à résister à la Russie et à l'Angleterre. Sur la fin de la même année, il passe en Portugal, où il fait les campagnes de 1808, 1809 et 1810. Deux fois blessé, il court risque d'être égorgé à Porto, qu'il est allé sommer de se rendre au nom du maréchal Soult. Plongé dans un cachot et destiné à la mort, il est sauvé le lendemain par l'entrée de nos troupes. Promu au grade de général de brigade en 1808, il se distingue dans toutes les affaires auxquelles il prend part. Mais la campagne de 1810 ne fut pas heureuse. Masséna vint échouer devant les lignes de Torres Vedras. Inquiet de la manière dont l'empereur apprendrait sa défaite, il fit partir pour la France le général Foy, qui à travers les guerillas et les coups de feu arriva presque nu à la frontière. En entrant à Paris, il dut acheter un habit de son grade pour se présenter aux Tuileries, où Napoléon le nomma général de division et lui accorda une gratification de 20,000 francs pour l'indemniser de ses pertes.

Pendant les campagnes de 1811 et de 1812, Foy commanda presque toujours, soit en Espagne, soit en Portugal. A la bataille de Salamanque, le maréchal duc de Raguse et les généraux Bonnet et Clausel ayant été blessés, il couvrit la retraite, dans laquelle il déploya de grands talents militaires. Il se distingua encore à Posa, à Plasencia, au passage du Duero, à Tordesillas. Il fit en 1813 une honorable campagne en Galice et en Biscaye. Vingt-quatre heures après la perte de la bataille de Vittoria, il réunissait 20,000 hommes restés sans chef et sans direction, battait l'aile gauche des ennemis, et attaqué par des forces supérieures, accomplissait une admirable retraite. Pour défendre la France, il renouvelle ses prodiges de valeur jusqu'en février 1814, où, blessé presque mortellement à la bataille d'Orthez, il apprend sur son lit de souffrance, l'abdication de l'empereur et la rentrée des Bourbons.

A la première restauration il fut nommé grand-officier de la Légion d'Honneur et général inspecteur d'infanterie. A Waterloo, il se montra digne de lui-même, reçut sa quinzième blessure, et ne quitta pas le champ de bataille. En 1819 il était chargé d'une nouvelle inspection dans les 2ᵉ et 16ᵉ divisions militaires; mais ses concitoyens l'envoyaient à la chambre des députés. Il commença dès lors à déployer à la tribune nationale le courage et le patriotisme dont il avait donné tant de preuves éclatantes sur les champs de bataille et, en outre, des talents oratoires qui ont placé son nom à la suite de ceux de Démosthène, de Mirabeau et de Fox. Jamais les libertés nationales et la gloire des armées françaises n'eurent de plus éloquent défenseur; jamais le système corrupteur de Villèle et les fauteurs de l'absolutisme ne rencontrèrent d'adversaire plus infatigable. Mais ses travaux de tribune et de cabinet, les discussions dans lesquelles il mettait toute son âme, dévoraient de plus en plus sa vie. Il était atteint d'un anévrisme, qui devait rapidement le conduire au tombeau. La mort le ravit à la France le 28 novembre 1825, au moment où elle avait peut-être le plus besoin de son appui. Il succomba avant l'âge, *dévoré par la tribune*. La France entière assista de cœur à ses funérailles; elle adopta ses enfants, et une souscription ouverte en leur faveur rapporta plus d'un million. Un monument fut, en outre, élevé à sa mémoire. Foy a laissé deux volumes de discours et une histoire inachevée de la guerre d'Espagne, qui a été publiée par les soins de l'académicien Tissot. Il écrivait avec élégance et chaleur; mais c'est surtout comme orateur qu'il mérite une place à part. Il saisissait bien une question, il s'en rendait maître, il ravissait surtout l'assemblée par des traits imprévus. Son attitude était animée; ses yeux étincelaient; il parlait avec facilité. Plus correct que Cazalès, il avait quelque chose de la couleur chevaleresque et des élans inattendus de ce brillant défenseur de la monarchie expirante. Cependant, il n'improvisait pas à la tribune : soit timidité, soit défiance de lui-même, il n'osait pas, comme Barnave et Vergniaud, se livrer à son démon familier, et courir avec lui les hasards de la parole non préparée. Ses discours, médités dans sa tête, composés et dictés en même temps, confiés ensuite à une imperturbable mémoire, y restaient en dépôt jusqu'à l'heure où ils devaient en jaillir avec tous les caractères apparents de l'improvisation. Sa voix, ses gestes, sa déclamation, par fois emphatique, l'allure tour à tour cassante et solennelle de sa personne, complétaient l'illusion. Trop loué peut-être de son temps comme orateur, Foy est loin certes de mériter le dédain de la génération actuelle.

FOYATIER (Denys), né en 1793, à Bussière (Loire), au sein d'une famille très-pauvre, sentit dès l'enfance qu'une irrésistible vocation l'appelait vers la sculpture. Il passa ses premières années à la campagne, s'essayant à tailler avec un couteau de grossières figures de bois. Le curé de son village ayant remarqué ses dispositions précoces l'envoya à Lyon, chez le sculpteur Marin, qui lui donna quelques leçons. Pour satisfaire aux exigences de la vie, il dut continuer à modeler des saints et des christs, qui se vendaient dans les foires des environs. Après avoir remporté un prix de sculpture à Lyon en 1816, M. Foyatier vint à Paris, entra dans l'atelier de Lemot, et débuta au salon de 1819 par la statue d'un *jeune faune*. Des bustes, des figures allégoriques suivirent bientôt en grand nombre; enfin, il exposa au salon de 1827 une *Amaryllis* dont on loua beaucoup la grâce, et le modèle en plâtre de son *Spartacus*, qui ne fut exécuté en marbre qu'en 1830. Cette statue ayant été achetée par le roi et placée dans le jardin des Tuileries, M. Foyatier se réveilla célèbre du jour au lendemain. La pensée politique qui préoccupait alors les esprits ne fut pas étrangère au succès de cette œuvre. On voulut voir dans cette figure de l'esclave révolté et brisant ses fers (elle est datée du 20 juillet 1830) une glorification anticipée du grand mouvement qui éclata sept jours après. Étrange erreur des partis! M. Foyatier n'avait voulu faire qu'une étude d'anatomie et de dessin, et il n'a pas fait autre chose. Quoi qu'il en soit, indépendamment de la pensée, on applaudit dans le *Spartacus* l'énergique simplicité du mouvement, l'expression de la tête, la solidité et la force des membres. On ne s'aperçut que plus tard, et lorsque l'enthousiasme irréfléchi fit place à la critique de sang-froid, que le type reproduit par M. Foyatier manquait tout à fait de noblesse, et que le visage du prince de Thrace, aussi bien que le torse, les reins et surtout les épaules, étaient empreints de l'exagération la plus vulgaire. Malgré ces défauts, le *Spartacus* est demeuré le chef-d'œuvre de l'auteur.

M. Foyatier exposa en outre, en 1831, *La Jeune fille au chevreau*, gracieux groupe de marbre; un buste du roi, et *La Prudence*, modèle d'une statue destinée à la Chambre des Députés; en 1833, l'athlète *Astydamas* sauvant Lucilia pendant l'incendie d'Herculanum, groupe colossal, auquel on reprocha d'être bien plus dans les conditions de la peinture que de la statuaire; en 1834, la *Siesta*, qui lui valut le ruban de la Légion d'Honneur; en 1843, la *Sainte Cécile*, figure mesquine et sans gravité; enfin, diverses statues qui sont aujourd'hui placées dans les musées ou les monuments publics. On voit aussi de M. Foyatier, dans les galeries de Versailles, l'*abbé Suger* (1837) et *le Régent*; au jardin des Tuileries, le *Cincinnatus*; au sénat, la statue d'Étienne Pasquier; à l'hôtel de ville, *Turgot*; dans l'hémicycle de la Madeleine, un groupe d'apôtres, et à Notre-Dame-de-Lorette, la figure de *la Foi* placée sur le fronton. Enfin, M. Foyatier est encore l'auteur de la statue de Martignac à Miramont, et l'on verra bientôt de lui sur la Place d'Orléans la statue équestre de Jeanne d'Arc. Son *Cincinnatus* est surtout remarquable par l'adresse avec laquelle le marbre est travaillé; mais les chairs molles et sans consistance semblent appartenir bien plus au corps délicat d'un jeune Endymion qu'à la robuste nature de l'héroïque laboureur. L'excessive mollesse et la vigueur exagérée ont tour à tour été le défaut de M. Foyatier; son exécution est celle d'un homme familier avec les difficultés de la sculpture, mais il n'a jamais eu cette qualité suprême qui fait vivre les œuvres d'art et qui s'appelle le style. Paul MANTZ.

FOYER (en latin *focus*), lieu où l'on fait du feu, que ce soit dans un endroit couvert ou en plein air. On trouve dans la seconde édition du *Petit Fumiste*, par l'auteur de cet article, la description d'un foyer de son invention : il consiste en ce que les chenets et le combustible sont contenus dans une espèce de tiroir métallique, que l'on pousse dans le fond ou qu'on tire au-devant de l'âtre de la cheminée à volonté. Le *foyer mobile* occupe le fond de l'âtre pendant que le combustible produit de la fumée. Quand on juge que la braise est, pour ainsi dire purifiée, on amène le foyer mobile en avant et en dehors plus ou moins de l'âtre, afin que le calorique se répande dans l'appartement. Le *foyer mobile* a donné lieu à un procès entre les sieurs Bronzac et Millet : le premier de ces fabricants de cheminées trouva, quatre ans après la publication du *Petit Fumiste*, la Société d'Encouragement assez bonne pour lui en attribuer l'invention. TEYSSÈDRE.

FOYER (*Géométrie*). On donne ce nom à des points remarquables de certaines courbes, particulièrement des sections coniques. D'une manière générale, on définit les foyers en disant que ce sont les points tels que leur distance à un point quelconque de la courbe s'exprime en fonction rationnelle de l'abscisse de ce point. En appliquant les procédés de la géométrie analytique, on trouve que l'ellipse a deux foyers situés symétriquement sur son grand axe et à une distance du centre égale à $\sqrt{a^2-b^2}$, a représentant le demi-grand axe, et b le demi-petit axe. On les déterminera donc par l'intersection du grand axe et de la circonférence décrite d'une des extrémités du petit axe comme centre avec le demi-grand axe pour rayon. Les foyers de l'ellipse servent dans la pratique à tracer cette courbe, en s'appuyant sur la propriété qu'ont les rayons vecteurs menés de ces points à un même point de la courbe de donner constamment une somme égale au grand axe. On peut encore se servir dans le même but de la propriété suivante : Les distances de chaque point de l'ellipse à l'un des foyers et à la directrice voisine de ce foyer sont entre elles comme l'**excentricité** est au demi-grand axe.

L'**hyperbole** a également deux foyers, qui jouissent de propriétés analogues à celles des foyers de l'ellipse. La **parabole** n'en a qu'un.

L'existence des foyers n'est pas limitée aux sections coniques; elle s'étend même aux surfaces courbes, telles que les paraboloïdes, les ellipsoïdes, etc.; mais c'est surtout dans l'ellipse que ces points ont une grande importance, aujourd'hui qu'il est établi que les planètes et les comètes se meuvent suivant des sections coniques dont le soleil occupe toujours l'un des foyers.

Dans toutes les sections coniques, les rayons vecteurs issus des foyers font des angles égaux avec la tangente menée au point de la courbe où ils se terminent. De là les propriétés optiques et acoustiques des surfaces elliptiques et paraboliques. Ainsi s'explique la propagation du son d'un foyer à l'autre d'une voûte elliptique. E. MERLIEUX.

FOYER (*Optique*). Lorsque plusieurs rayons lumineux parallèles à l'axe d'un miroir concave tombent sur ce miroir, ils se réfléchissent pour se réunir en un point qui prend le nom de foyer. Si le miroir est parabolique, ce foyer optique coïncide avec le foyer géométrique (*voyez* ci-dessus) de la surface réfléchissante; si c'est une petite portion de sphère, ce point se trouve sensiblement au milieu du rayon dirigé suivant l'axe du miroir. Une construction géométrique rend compte de ces faits, qu'on peut d'ailleurs constater par l'expérience : pour employer le premier mode de démonstration, il suffit de représenter la marche des rayons lumineux en leur appliquant les lois de la réflexion; veut-on recourir à l'expérience, on n'a qu'à faire mouvoir, en l'éloignant graduellement du miroir, un écran perpendiculaire à son axe, et l'on reconnaît à sa vive lumière le point où se réunissent les rayons lumineux parallèles ou que l'on peut regarder comme tels, par exemple ceux que nous envoie le soleil.

Ce foyer est dit *foyer principal*, pour le distinguer d'autres foyers que l'on obtient de la même manière, avec cette différence qu'au lieu de prendre des rayons parallèles à l'axe du miroir, on suppose ceux-ci d'un point situé sur cet axe. Le point lumineux et le point de convergence reçoivent le nom de *foyers conjugués*, parce qu'ils peuvent se remplacer mutuellement. Pour ne parler que des miroirs concaves sphériques, on voit qu'à mesure qu'un point lumineux, situé d'abord à l'infini se rapproche du centre de la sphère, le foyer, placé originairement au milieu du rayon (*foyer principal*), s'en rapproche également. Quand le point lumineux atteint le centre, tous les rayons qui en émanent sont normaux à la surface du miroir; ils se réfléchissent donc en reprenant la même direction et reviennent se réunir à leur point de départ. Le point lumineux étant entre le centre et le foyer principal, le foyer passe par les diverses positions que le point lumineux occupait tout à l'heure, depuis le centre jusqu'à l'infini. Mais si le point lumineux est placé entre le foyer principal et la surface du miroir, les rayons réfléchis divergent de plus en plus, et leurs directions tendent à se réunir derrière le miroir; on aperçoit alors à travers ce miroir un point lumineux; mais c'est un *foyer virtuel*, c'est-à-dire qui n'existe réellement pas et dont l'image lumineuse ne peut être recueillie sur un écran. Remarquons que pour tous les miroirs convexes, quelle que soit la position du point lumineux, le foyer est toujours virtuel. Les propriétés des foyers sont utilisées dans la construction des **phares**.

Le foyer d'un verre lenticulaire est le point où les rayons lumineux vont se réunir après s'être réfractés en le traversant : lorsqu'on met le feu, au moyen d'une loupe et des rayons solaires, à un morceau d'amadou, on observe un foyer lumineux d'une blancheur et d'un éclat extraordinaires : c'est là qu'est le foyer de la loupe. Des effets analogues sont produits dans les miroirs convenablement disposés. Ils sont dus au **calorique** qui accompagne les rayons de lumière. E. MERLIEUX.

FOYER (*Théâtre*). C'est ainsi que l'on nomme les pièces ou salons, faisant partie de l'édifice consacré à un spectacle, dans lesquels on se chauffe pendant l'hiver, et qui sont le lieu de réunion en tout temps. Chaque théâtre a deux foyers : celui des acteurs, voisin de la scène, où ils attendent le moment d'y paraître, et celui du public où les spectateurs viennent s'asseoir ou se promener pendant les entr'actes.

Le foyer des comédiens de l'ancien Théâtre-Français, où l'élite de ses auteurs engageaient d'ingénieuses discussions ou des conversations piquantes, dans lesquelles les Préville, les Dazincourt, les Dugazon, tenaient aussi fort bien leur partie, fut renommé jadis pour l'attrait de ses causeries. Le malin et spirituel Hoffman fit souvent le charme du foyer public de l'Opéra-Comique, où chaque soir on assistait, grâce à lui, à une sorte de cours de bonne plaisanterie et d'amusantes narrations.

Le foyer de l'ancien théâtre Montansier, au Palais-Royal, était un rendez-vous d'une autre espèce, et une sorte de bazar, où venaient exposer leurs charmes les plus jolies courtisanes de Paris. Le foyer du théâtre des Variétés, après celui de l'Opéra, est le plus grand et le mieux décoré parmi ceux des spectacles de la capitale.

Le foyer du public, placé ordinairement près des premières loges, quelquefois aussi au niveau des secondes, offre dans quelques grands théâtres, particulièrement à l'Opéra-Comique, les bustes de leurs auteurs ou compositeurs les plus célèbres. Le buste du prince régnant, sur la vaste cheminée du local, et une pendule plus ou moins riche, font aussi partie du mobilier, que complètent les comptoirs du limonadier et du libraire attachés au théâtre.

Dans le foyer des acteurs, on ne trouve guère que la pendule régulatrice des heures de répétitions et de représentations, et un cadre grillé dans lequel le régisseur place chaque jour l'affiche manuscrite du spectacle du lendemain. Il n'est pas rare de voir ce foyer particulier plus peuplé que celui du public. Les auteurs, les actionnaires de l'établissement, les mères des actrices, les amants *utiles* et les amants de cœur de ces dames en augmentent considérablement le personnel.

OURRY.

FRA, mot italien, diminutif de *frate*, se joint à un nom propre pour désigner un religieux, un moine, et répond à notre expression française de *frère*, prise dans le même sens. Quant au lien de parenté unissant entre eux les enfants d'un même père, les Italiens l'expriment par le mot *fratello*. C'est encore là une nuance qui manque à notre langue, *cette gueuse qui fait la fière*.

FRA BARTOLOMEO. Voyez BARTOLOMEO DI SAN-MARCO.

FRACAS (du latin *fragor*). Les différents dictionnaires s'accordent à définir ce mot : *rupture, fracture opérée avec bruit et violence*. Quoiqu'il vienne très-vraisemblablement de *frangere*, briser, cette définition n'est ni complète ni même vraie, en ce qu'elle semble circonscrire sous un seul point de vue une acception qui peut s'appliquer à des circonstances fort variables. *Fracas* peut désigner simplement un bruit d'une nature particulière (*fragor*), mais sans rupture, ou dégât d'aucune sorte. Il ne s'applique guère en ce cas qu'aux détonations successives et répétées de la foudre pendant un orage, sans qu'elle atteigne entre deux cela la terre, ou qu'en l'atteignant elle y cause quelque dégât. L'action d'un corps en mouvement peut causer du *fracas*, ou en *fracasser* un autre, ce qui revient au même sans que cette opération soit accompagnée d'un bruit sensible : telle peut être l'action d'un boulet sur les os de la tête, de la jambe d'un homme.

Fracas se prend aussi au figuré, pour exprimer les démarches d'un homme qui se présente avec beaucoup d'appareil, ou bien quand on parle d'une opération préparée à grands frais, à grand bruit, enfin avec tout l'éclat possible : telle fut l'invasion de la Champagne par les Prussiens, lors de la première coalition contre la France, en 1792, opération qui mit toute l'Europe en émoi, dont l'annonce et le début se firent avec le plus grand *fracas*, et qui, semblant d'abord devoir tout renverser devant elle, se termina à Valmy et au camp de la Lune, par la retraite honteuse des vieilles bandes du grand Frédéric devant quelques bataillons de volontaires.

BILLOT.

FRACASTOR (JÉRÔME), médecin et poète, naquit à Vérone, en 1483. Il se distingua par une érudition précoce : à dix-neuf ans il enseignait la philosophie à l'université de Padoue. Doué d'une extrême facilité pour toutes les sciences, il cultiva la médecine, et s'y distingua bientôt. Il devint par la suite médecin du pape Paul III. Il s'adonna également à une science alors en vogue, l'astrologie, et il passa pour y être habile. On assure même qu'elle lui fournit le moyen de se rendre agréable au pape. Le fameux concile de Trente était assemblé depuis deux ans dans cette ville du Tyrol, qui avait été choisie pour sa position intermédiaire entre l'Italie et l'Allemagne. Cependant le souverain pontife, qui n'était pas toujours en parfaite intelligence avec Charles-Quint, crut qu'il exercerait une action plus directe sur ce concile s'il le faisait transférer dans une ville plus dépendante du saint-siège. Il eut, dit-on, recours à Fracastor, qui consulta les astres, et ne manqua pas d'y lire les présages d'une peste prochaine, qui menaçait particulièrement la ville de Trente. Aussitôt, un grand nombre de cardinaux et des pères du concile, effrayés par ce funeste augure, se hâtent d'abandonner la ville de Trente et de se réfugier en Italie. Ce qu'il y a de certain, c'est que la neuvième et la dixième session du concile se tinrent à Bologne au mois d'avril et au mois de juin de l'année 1547.

Fracastor n'avait pas moins de talent pour la poésie que de goût pour les sciences. Mais au siècle de l'érudition, au temps où florissaient les Bembo, les Sannazar, les Sadolet, ce fut en latin qu'il écrivit la plupart de ses ouvrages et le poème auquel il a dû surtout sa réputation. Ce poème, intitulé : *Syphilis, seu de morbo gallico*, fut dédié par lui au cardinal Bembo, son ami. Sannazar, avec une rare modestie, mit l'ouvrage de Fracastor au-dessus du poème qu'il avait composé lui-même, *de Partu Virginis*, et auquel il avait consacré vingt années. La maladie rapportée en Europe par les compagnons de Christophe Colomb a conservé le nom que lui avait donné Fracastor. Cet ouvrage, dans lequel l'auteur a su répandre les agréments de la poésie sur un sujet qui n'en paraissait pas susceptible, a eu de nombreuses éditions. Il a été traduit en plusieurs langues, et notamment en français. Fracastor mourut d'apoplexie, le 6 août 1553. La meilleure édition de ses œuvres est celle de Padoue, 1739, 2 vol. in-4°.

ARTAUD.

FRACTION (de *frango*, je brise, je mets en morceaux). On appelle *fraction* un nombre obtenu en divisant l'unité en plusieurs parties égales, et prenant une ou plusieurs de ces parties : *deux tiers, un quart*, sont des fractions. Deux nombres sont nécessaires pour écrire une fraction : l'un, le *dénominateur*, exprime en combien de parties égales l'unité a été divisée; l'autre, le *numérateur*, indique combien la fraction renferme de ces parties; collectivement, ces deux nombres sont dits les deux *termes* de la fraction. Celle-ci s'écrit en plaçant le dénominateur sous le numérateur, et en les séparant par un trait horizontal; ainsi, les deux fractions énoncées sont représentées par $\frac{2}{3}, \frac{1}{4}$; dans le commerce, on remplace habituellement le trait horizontal par un trait oblique allant de droite à gauche, et l'on écrit $^2/_3, ^1/_4$. Pour énoncer une fraction, on lit d'abord le numérateur, ensuite le dénominateur que l'on fait suivre de la terminaison *ième*; $\frac{2}{5}$ se lit donc *deux cinquièmes*; il n'y a d'exception que pour les fractions qui ont pour dénominateur 2,3 ou 4 : on dit *demie, tiers, quart*, en non *deuxième, troisième, quatrième*.

Toute fraction peut être considérée comme le quotient de la division de son numérateur par son dénominateur. Par conséquent, si le numérateur égale le dénominateur, la fraction équivaut à l'unité. Si le numérateur est plus grand que le dénominateur, la fraction renferme un ou plusieurs entiers; on la nomme alors *expression fractionnaire*. Lorsqu'un nombre entier est accompagné d'une fraction, on donne à l'ensemble le nom de *nombre fractionnaire*.

Comme les nombres entiers, les fractions peuvent être combinées par voie d'addition, de soustraction, de multiplication, etc. Le mécanisme de ces diverses opérations est fondé sur les principes suivants : 1° Si l'on multiplie ou si l'on divise le numérateur d'une fraction par un nombre entier, sans changer le dénominateur, la fraction est rendue autant de fois plus grande ou plus petite qu'il y a d'unités dans ce nombre entier; 2° si l'on multiplie ou si l'on divise le dénominateur d'une fraction par un nombre entier, sans changer le numérateur, la fraction est rendue autant de fois plus petite ou plus grande qu'il y a d'unités dans ce nombre entier ; 3° si l'on multiplie ou si l'on divise à la fois les deux termes d'une fraction par un même nombre, cette fraction ne change pas de valeur. Remarquons qu'il n'en serait pas de même si l'on augmentait ou si l'on diminuait les deux termes de la fraction d'un même nombre : la fraction changerait de valeur, s'approchant de l'unité dans le premier cas, s'en éloignant dans le second.

Du troisième principe énoncé ci-dessus il résulte qu'une fraction quelconque peut être exprimée d'une infinité de manières différentes : ainsi, $\frac{2}{3}, \frac{4}{6}, \frac{6}{9}, \frac{8}{12}$, etc., sont des fractions équivalentes, car elles dérivent toutes de la première, dont les deux termes ont été successivement multipliés par 2,3,4, etc. Or, plus les nombres entiers qui représentent les deux termes d'une fraction sont petits, plus il est facile de se faire une idée de la grandeur de cette fraction ; il y a donc avantage à *réduire une fraction à sa plus simple expression*. On y parvient en divisant ses deux termes par leur plus grand commun diviseur; la fraction que l'on obtient ainsi est *irréductible*, en vertu de ce théorème : Toute fraction dont les deux termes sont premiers entre eux est irréductible.

Lorsque l'on veut ranger plusieurs fractions par ordre de grandeur, si elles ont même dénominateur, on n'a qu'à comparer leurs numérateurs. Dans le cas contraire, il faut commencer par *réduire les fractions au même dénominateur*. Un moyen se présente immédiatement : c'est de multiplier les deux termes de chaque fraction par le produit des dénominateurs de toutes les autres. Mais cette règle générale conduit souvent à des calculs que l'on préférerait abréger : alors si les dénominateurs des fractions proposées ont un plus petit multiple commun différent de leur produit, on le prend pour dénominateur commun ; par exemple, soient les fractions :

$$\frac{2}{15}, \frac{3}{10}, \frac{5}{6}, \frac{3}{4}, \frac{7}{9} \quad (1);$$

la règle générale exigerait que l'on prît pour dénominateur commun $15 \times 10 \times 6 \times 4 \times 9 = 32400$, et les numérateurs des fractions équivalentes aux proposées auraient des grandeurs proportionnelles à un tel dénominateur. Mais les nombres 15,10,6,4,9, ont pour plus petit multiple commun 180 ; prenons ce nombre pour dénominateur commun, ce que nous pouvons faire, puisque c'est un multiple de tous les dénominateurs ; pour cela, divisons 180 par 15, dénominateur de la première fraction ; le quotient, 12, nous apprend qu'il faut multiplier le numérateur 2 par ce nombre 12, pour que la valeur de la fraction ne change pas. En opérant de même sur les autres fractions, elles se transforment en

$$\frac{24}{180}, \frac{54}{180}, \frac{150}{180}, \frac{135}{180}, \frac{140}{180} \quad (2).$$

L'addition et la soustraction des fractions ne peuvent maintenant offrir aucune difficulté. Si les fractions données ont même dénominateur, on exécute les opérations sur les numérateurs. Si les dénominateurs sont différents, on n'a qu'à ramener d'abord les fractions au même dénominateur. Soit, par exemple, proposé d'ajouter les fractions (1) ; nous leur donnons la forme (2), et nous trouvons pour résultat :

$$\frac{24+54+150+135+140}{180} = \frac{503}{180} = 2 + \frac{143}{180} \quad (3).$$

La multiplication d'une fraction par un nombre entier est basée sur notre premier principe fondamental. A l'aide d'un raisonnement très-simple, on trouve que l'on multiplie une fraction par une fraction, en multipliant numérateur par numérateur et dénominateur par dénominateur. Il est à remarquer que lorsqu'il s'agit de fractions proprement dites, le produit est nécessairement plus petit que chacun des facteurs ; ce qui ne doit pas étonner, en se reportant à la définition générale de la multiplication. Enfin, pour multiplier un nombre fractionnaire, il faut d'abord réduire les entiers en fraction de l'espèce de celle qui les accompagne, puis continuer le calcul comme ci-dessus ; exemple :

$$\left(4+\frac{2}{5}\right) \times \left(3+\frac{6}{7}\right) = \frac{22}{5} \times \frac{27}{7} = \frac{22 \times 27}{5 \times 7}$$
$$= \frac{594}{35} = 16 + \frac{34}{35} \quad (4).$$

La division d'une fraction par un nombre entier dérive du second principe. On démontre de diverses manières que, pour diviser une fraction par une autre, il faut multiplier la fraction dividende par la fraction diviseur renversée. Quant aux nombres fractionnaires, leur division donne lieu aux mêmes remarques que leur multiplication.

L'observation de la règle de la multiplication suffit pour élever une fraction à une puissance quelconque ; on reconnaît tout de suite qu'il faut élever le numérateur et le dénominateur à la puissance indiquée. L'extraction des racines s'effectue par des règles analogues à celles que nous avons données pour la racine carrée.

Consacrons quelques mots à une espèce particulière de fractions, qui a acquis une grande importance depuis l'adoption du système décimal. Les *fractions décimales* peuvent être définies des fractions ayant pour dénominateur une puissance quelconque de 10, comme $\frac{7}{10}, \frac{3}{100}, \frac{19}{1000}$, etc. Mais ce qui simplifie considérablement leur calcul, c'est qu'en étendant le principe de notre numération écrite on peut remplacer leur dénominateur par une notation plus commode et écrire, au lieu des fractions précédentes : 0,3, 0,07, 0,019, etc. Addition, soustraction, multiplication, division de fractions décimales, se ramènent alors à de simples opérations sur des nombres entiers.

Dans la pratique, il y a donc souvent avantage à transformer une fraction ordinaire en fraction décimale. Pour cela, on effectue la division du numérateur par le dénominateur. On trouve ainsi : $\frac{2}{5}=0,4; \frac{3}{8}=0,375; \frac{7}{40}=0,175$; etc. Mais souvent il arrive que l'opération ne se termine pas ; proposons nous, par exemple, de convertir $\frac{5}{27}$ en fraction décimal

```
 50  | 27
230  |————
140  | 0,185
 50
```

Après trois divisions, nous retrouvons le même dividende 50 ; nous avons donc de nouveau le quotient 1 et le reste 23 ; et ainsi de suite indéfiniment. Donc $\frac{5}{27}=0,185185185...$, cette fraction décimale étant supposée prolongée à l'infini. Les chiffres 185 qui se reproduisent continuellement forment ce que l'on nomme la *période* ; la fraction elle-même est dite *périodique*. Suivant que la période commence immédiatement après la virgule ou bien qu'elle est précédée de chiffres non périodiques, la fraction périodique est *simple* ou *mixte*.

Étant donnée une fraction décimale, la convertir en fraction ordinaire, tel est le problème inverse de celui que nous venons de résoudre. Si la fraction décimale est limitée, il suffit de rétablir le dénominateur : par exemple $0,375=\frac{375}{1000}=\frac{3}{8}$, en réduisant la fraction à sa plus simple expression. Si la fraction est périodique, on trouvera sa *génératrice* par l'une des deux règles suivantes : 1° La génératrice d'une fraction périodique simple a pour numérateur la période et pour dénominateur un nombre formé d'autant de 9 qu'il y a de chiffres dans la période ; ainsi 0,185185185... a pour génératrice $\frac{185}{999}$, qui équivaut bien à $\frac{5}{27}$; 2° La génératrice d'une fraction périodique mixte a pour numérateur l'ensemble de la partie non périodique et de la période diminué de la partie non périodique, et pour dénominateur un nombre formé d'autant de 9 qu'il y a de chiffres dans la période suivis d'autant de zéros qu'il y a de chiffres dans la partie non périodique; ainsi 0,19318**1818**..., dont la partie non périodique est 193 et la période 18, a pour génératrice $\frac{19318-193}{99000} = \frac{19125}{99000} = \frac{17}{88}$, ce que l'on peut vérifier.

En appliquant à la conversion des fractions ordinaires en fractions décimales quelques principes empruntés à la théorie de la divisibilité, on trouve que la fraction proposée étant réduite à sa plus simple expression, si son dénominateur ne renferme pas d'autres facteurs premiers que 2 et 5, elle se réduira exactement en décimales ; s'il en est autrement, la fraction décimale sera périodique, simple dans le cas où le dénominateur ne renfermera que des facteurs premiers autres que 2 et 5, mixte dans le cas contraire.

En algèbre, on a aussi très-souvent des fractions ordinaires; leur calcul n'offre rien de particulier; il se fait comme celui des fractions numériques. Parmi les formes de fraction qui appartiennent à la fois à l'algèbre et à l'arithmétique, il faut mentionner les *fractions continues* : on nomme ainsi une espèce particulière de fraction dont le dénominateur est composé d'un nombre entier et d'une autre fraction qui a également pour dénominateur un nombre entier plus une fraction, et ainsi de suite. Il y en a de périodiques. En arithmétique, les fractions continues servent à trouver des valeurs approchées de quantités données; en algèbre, on les emploie pour résoudre certaines équations. D'après la définition que nous venons d'en donner, la forme générale d'une fraction continue est :

$$a + \cfrac{b}{m + \cfrac{c}{n + \cfrac{d}{p + \cdots}}}$$

mais on ne considère ordinairement que celles où les numérateurs b, c, d, etc., sont égaux à l'unité. Pour réduire une fraction ordinaire en fraction continue, on opère comme si l'on cherchait le plus grand commun diviseur entre les deux termes de la fraction.

En algèbre, on appelle *fractions rationnelles*, les expressions de la forme,

$$\frac{Ax^m + Bx^n + \cdots}{ax^p + bx^q + \cdots},$$

où les exposants $m, n, \ldots, p, q, \ldots$ etc., sont supposés entiers. On a souvent besoin, dans le calcul intégral, de décomposer une fraction rationnelle en une somme d'autres fractions dont le dénominateur soit du premier ou du second degré. Cette opération est aujourd'hui sans difficulté, grâce aux travaux de Leibnitz, de Cotes, de Moivre, d'Euler, de Simpson, de Lagrange, etc.   E. MERLIEUX.

FRACTURE. On appelle ainsi la solution de continuité d'un ou de plusieurs os. Les fractures diffèrent entre elles suivant l'os qu'elles affectent, l'endroit où il est brisé, suivant la direction de la fracture, et les complications qui l'accompagnent. Elles sont plus fréquentes dans les os longs que dans les os plats et courts, tant à cause des mouvements étendus qu'ils opèrent que parce qu'ils se trouvent plus souvent exposés aux violences extérieures. Les fractures peuvent être transversales; elles sont alors dirigées perpendiculairement à l'axe de l'os : elles ont ordinairement une obliquité plus ou moins prononcée; d'autres, fort rares, et dont l'existence même a longtemps été contestée, sont longitudinales, c'est-à-dire parallèles à la longueur de l'os : ces dernières sont causées le plus ordinairement par suite de coups d'armes à feu. Enfin, un os peut présenter un fracture incomplète; il peut être fracturé, au contraire, dans plusieurs endroits, et plusieurs os d'un membre être lésés en même temps. Une fracture accompagnée de plaie, de perte d'une portion d'os ou d'esquilles, d'hémorrhagie, de luxation, est beaucoup plus grave : on la nomme *fracture compliquée*.

Un coup, une violence extérieure, les projectiles des armes à feu, sont les causes les plus ordinaires des fractures; quelquefois la cause n'est pas directe, elles est alors par contre-coup : ainsi, une chute sur la paume de la main produira la fracture du radius, une chute sur le moignon de l'épaule celle de la clavicule; la fracture du fémur a souvent eu pour cause une chute sur la plante du pied ou sur le genou. Celles de la rotule et de l'olécrâne ne reconnaissent guère d'autre cause que la contraction des muscles qui y prennent leur insertion. Si les os longs sont rarement fracturés de cette manière, il y a cependant des exemples d'humérus cassés dans l'action de lancer une pierre, de porter un coup de poing, de soulever un pesant fardeau; on a même vu le fémur fracturé dans une violente extension de la cuisse.

Les anciens croyaient que le froid contribue à rendre les os plus fragiles; mais les chutes sont plus communes en hiver, elles ont lieu sur un sol plus résistant : de là cette plus grande fréquence. L'âge avancé est une cause prédisposante, parce que les os, plus chargés de phosphate calcaire, sont plus dépouillés de substance animale. Enfin, les affections siphylitiques et cancéreuses, portées au plus haut degré, le rachitisme, prédisposent aux fractures d'une manière si funeste, que l'on a vu des malades se fracturer un os dans la simple action de se retourner dans leur lit. Béclard nous racontait qu'un enfant rachitique, portant déjà plusieurs fractures, eut l'humérus fracturé en donnant la main à ce chirurgien qui la lui prenait avec intérêt. Nous possédons à la faculté des squelettes de rachitiques dont tous les os ont été fracturés; il y en a un dont plusieurs os portent les traces de fractures multiples.

Les fractures présentent pour signes les caractères suivants : le malade éprouve au moment de l'accident une violente douleur à l'endroit fracturé; elle peut s'étendre à tout le membre; souvent il a entendu à ce moment une espèce de craquement. Le mouvement est ou impossible ou au moins difficile, à cause du déplacement qui s'opère dans les fragments. Dans quelques cas, ce déplacement n'a pas lieu tout de suite; les mouvements sont alors possibles pendant quelque temps. Les fragments de la fracture se déplacent par la contraction des muscles, qui tendent à les faire chevaucher; en même temps le membre perd la forme et la direction qui lui sont propres. Mais la plupart des symptômes que je viens d'énumérer d'une manière générale sont communs à d'autres lésions, aux luxations. Il est un dernier phénomène qui est caractéristique des fractures, c'est la crépitation produite par le frottement des fragments. Cette crépitation, facile à obtenir dans les os superficiellement placés, devient souvent fort obscure dans les fractures des os placés au milieu des masses charnues, comme l'os de la cuisse; le stéthoscope appliqué dans ces occasions n'a jamais manqué son but, en rendant le bruit de la crépitation sensible.

Les fractures sont toujours des affections graves; elles exigent pour leur guérison un repos absolu, soit de tout le corps, soit du membre, avec le concours des appareils ou des soins d'un homme de l'art. Les fractures qui guérissent le plus facilement entraînent au moins quarante jours de repos. Rien n'est plus variable que leur pronostic. Le même os, s'il est fracturé obliquement, sera beaucoup plus difficile à maintenir dans l'appareil, et sa consolidation sera attendue plus longtemps que s'il était fracturé transversalement; et malgré tous les secours, on n'obtiendra peut-être pas la guérison sans qu'un déplacement, un raccourcissement ou une déviation du membre ne soient opérés. On sent quelle différence doit apporter l'âge dans le pronostic : la consolidation n'est quelquefois pas obtenue chez le vieillard lorsqu'elle est très-rapide chez l'enfant. Les fractures des membres supérieurs guérissent plus vite que celles des membres abdominaux.

Le pronostic varie même suivant que l'os est fracturé dans telle ou telle partie : ainsi, le fémur, fracturé au milieu de sa longueur, guérit plus facilement que lorsque c'est l'extrémité inférieure de cet os, près de l'articulation du genou ; car les fractures rapprochées des articulations entraînent souvent l'ankylose : celle-ci est moins longue et moins dangereuse que celle de la partie supérieure, que l'on appel le *col* ; et enfin, cette dernière, qui est fort grave, l'est encore davantage si elle occupe l'intérieur de la capsule articulaire, car dans ce cas la consolidation est tellement rare, qu'à une époque encore peu éloignée de nous on la révoquait en doute. Ai-je besoin de dire quel sera le pronostic des fractures du crâne, des vertèbres, du bassin, de celles dans lesquelles les fragments se font issue à travers les chairs, déchirant les vaisseaux, distendant les nerfs ; de celles dans lesquelles l'os, brisé en plusieurs esquilles, cause le tétanos? Ce serait peu, dans de telles circonstances, que la perte d'un membre, si la mort n'était souvent plus prompte que les décisions du chirurgien.

Pour qu'une fracture se consolide, il faut que les deux fragments soient également doués de vie, qu'ils correspondent ensemble à la surface de la fracture, et qu'ils soient dans une parfaite immobilité pour favoriser la formation du cal. Le premier soin du chirurgien est de réduire la fracture, c'est-à-dire de placer les fragments dans un rapport tel, qu'ils se réunissent sans occasionner de difformité. Pour opérer cette réduction, il faut qu'un aide tire directement sur l'extrémité inférieure du membre, sans occasionner de mouvements latéraux, qui causeraient de la douleur, pendant qu'un autre aide maintient fixement la partie supérieure du membre, ou le fragment supérieur de la fracture, et que le chirurgien placé entre eux cherche à remettre les fragments dans leurs rapports, en faisant la coaptation, qui est opérée lorsque toute difformité a disparu. Mais cette première opération, tout à fait indispensable, serait sans résultat si on abandonnait ensuite la fracture à elle-même : bientôt l'action musculaire rapprocherait les fragments, les ferait chevaucher l'un sur l'autre, et serait cause non-seulement du raccourcissement du membre, mais encore d'une déviation. Il faut donc aussitôt après entourer la fracture d'un appareil convenable, ou placer le membre dans une situation telle que l'action musculaire n'ait aucune prise sur les fragments. Quand on applique un appareil, il faut qu'il ne soit pas serré de telle sorte qu'il étrangle le membre, et en cause la gangrène, comme il y en a des exemples assez fréquents ; il ne faut pas non plus qu'il soit assez relâché pour laisser aux fragments la liberté de s'abandonner, ce qui occasionne alors un cal difforme ou une déviation de l'os. On doit voir chaque jour si l'appareil contient bien la fracture. Celui dont on se sert le plus fréquemment tient le membre dans une position droite ; il porte le nom d'*appareil de Scultet* ; il est ainsi composé : une pièce de toile carrée, nommée *drap-fanon*, assez grande pour envelopper le reste de l'appareil et les atelles appliquées sur le membre, qu'elles doivent dépasser un peu ; (le nombre et la position de ces atelles varie selon le lieu de la fracture) ; des coussins de paille d'avoine ; une quantité variable de bandelettes superposées, se recouvrant les unes les autres dans leur tiers inférieur : ces bandelettes, assez longues pour faire chacune le tour du membre, sont souvent remplacées par une seule longue bande ; des compresses imbibées de liqueurs émollientes et résolutives, ou bien enduites de cérat, s'il y a plaie. Tout l'appareil placé autour du membre est maintenu au moyen de plusieurs liens qui l'empêchent de remuer.

Il est plusieurs fractures dont la consolidation est difficile à obtenir, à cause du peu de prise que l'on a sur les fragments, et de la puissance musculaire qui agit sur eux. Les chirurgiens ont appelé depuis longtemps la mécanique au secours de l'art, dans ces cas où la guérison s'obtient difficilement sans une difformité plus ou moins manifeste. Il faudrait plusieurs volumes pour décrire les nombreux appareils inventés pour les fractures du col du fémur ; tendant tous au même but, ils guérissent rarement sans un raccourcissement plus ou moins marqué. Presque entièrement abandonnés de nos jours, Dupuytren les a remplacés par la position

demi-fléchie, dans laquelle tous les muscles se trouvent également dans le relâchement ; il faudrait faire l'histoire des fractures en particulier pour décrire ces appareils, qui, fort simples, varient cependant suivant chacune de ces fractures, ce qui nous entraînerait dans des détails que ne comporte pas le plan de cet ouvrage.

Un moyen connu des anciens et remis en usage par la chirurgie moderne est l'appareil inamovible : le membre fracturé est entouré de bandelettes ou d'une grande bande, trempée dans une dissolution agglutinative, telle que l'extrait de Saturne mélangé avec du blanc d'œuf ; il en résulte un appareil d'une seule pièce, qui ne peut se déranger, et qu'on ne peut enlever qu'en le coupant. Quelques chirurgiens vont même plus loin ; ils placent le membre dans une boîte où l'on fait couler du plâtre de statuaire, qui, se moulant sur le membre, s'oppose à tout mouvement. Dieffenbach m'a assuré que ce moyen lui réussissait presque constamment à Berlin, et que même les complications des plaies ne l'arrêtaient pas, car on fait alors une ouverture au plâtre au-devant de la plaie, pour y apporter les pansements convenables.

Il est des fractures dans lesquelles la consolidation ne se fait pas, soit que les fragments aigus comprennent entre eux des parties molles qu'ils irritent, soit que le cal se forme mal, se difforme et n'acquière pas assez de solidité, soit enfin, que la constitution individuelle s'oppose à la consolidation ; ainsi on a remarqué qu'elle se faisait longtemps attendre chez les femmes enceintes.

Je ne parlerai pas de la méthode barbare de rompre le cal lorsque la réunion s'opère avec quelque difformité ; cela ne peut être fait que dans les premiers temps d'une fracture, lorsque la consolidation est encore loin d'être complète. Le séton passé entre les deux fragments offre une méthode moins dangereuse, due à Physik, de Philadelphie, en 1802 : elle a réussi à plusieurs chirurgiens, soit pour stimuler, au moyen d'irritants, les fragments entre lesquels la sécrétion du cal ne s'opérait pas, soit pour réprimer ou faire supprimer un cal volumineux et difforme, comme dans un cas de ce genre, suivi de mort, où il avait acquis 0^m,48 de circonférence au col du fémur. Il sera toujours rationnel d'employer ces méthodes dont nous venons de parler, si même il ne vaut pas mieux s'en tenir là, le moyen indiqué par Hippocrate, consistant à frotter l'un contre l'autre les fragments qui s'irritent, et occasionnant la sécrétion du cal, qui s'est dans ce cas plus d'une fois consolidé.

Je terminerai ici l'histoire des fractures ; il me resterait à parler des fractures compliquées de plaies, d'hémorragie ; des soins que l'on doit prendre pour obtenir la consolidation avant de faire la réduction dans les complications de luxation, des esquilles, du tétanos, des anévrismes faux primitifs, causés par la piqûre d'un artère, par un des fragments, et de la méthode de Dupuytren, qui consiste à faire dans cette circonstance la ligature du vaisseau principal du membre. Enfin, il faudrait entreprendre l'histoire de chaque fracture en particulier ; le cadre serait alors aussi complet que possible, mais nous dépasserions de beaucoup les bornes qui nous sont prescrites.   BOYS DE LOURY.

FRA-DIAVOLO (c'est-à-dire *frère Diable*), fameux chef de brigands, né de parents pauvres, à Itri, en Calabre, vers 1760. Son véritable nom était Michel Pezza, et, selon les uns, il aurait d'abord été moine sous le nom de Fra-Angelo, tandis que, suivant d'autres, il aurait commencé par être ouvrier bonnetier. Entré plus tard dans une bande de brigands qui exploitait la Terre-de-Labour, il ne tarda pas à en devenir capitaine, enayant pour un crime tel fut condamné à mort par coutumace. Lors de l'invasion du royaume de Naples par les Français, il mit sa troupe au service du roi Ferdinand, et combattit bravement les étrangers. Ayant obtenu en 1799, du cardinal Ruffo, le pardon de tous ses crimes, il n'épargna rien pour seconder les projets du général napolitain. Investi des fonctions de *chef de masse* (colonel), il fit, à la tête de sa bande, la campagne de Rome, et s'y distingua par son intrépidité. Il obtint une pension de 3,000 ducats et une ferme qui avait appartenu aux chartreux. Le général Championnet s'étant rendu maître de Naples, Fra-Diavolo se retira avec ses compagnons à Gaëte; mais, par réminiscence de son premier métier, il commit dans cette ville des excès qui l'en firent chasser par le prince de Hesse-Philippstadt. Il passa dans la Calabre, de là à Palerme, où il prit part au soulèvement organisé par le commodore Sidney-Smith; puis, revenant en Calabre, il y fomenta l'esprit d'insurrection, délivra les détenus, dont il forma une troupe assez considérable, et se disposa à faire une vigoureuse résistance aux Français qui étaient à sa poursuite. Dans le combat qu'ils lui livrèrent, il se défendit jusqu'à la dernière extrémité, et parvint à s'échapper. Mais arrêté à San-Severino, par suite de la trahison d'un paysan, il fut conduit à Naples, et y fut pendu, le 10 novembre 1806. Grâce à la musique d'Auber, la mémoire de *Fra-Diavolo* vit encore.... à l'Opéra-Comique. CHAMPAGNAC.

FRÆHN (CHRISTIAN-MARTIN), savant orientaliste et numismate contemporain, né en 1782, à Rostock, mort à Saint-Pétersbourg, en 1851, fut appelé en 1806 à occuper la chaire des langues orientales à l'université de Kasan, où il écrivit en arabe, parce que les imprimeries de cette ville manquaient de caractères romains, sa dissertation *Sur quelques médailles relatives aux Samanides et aux Bouides, la plupart encore inconnues* (Kasan, 1808), que suivirent bientôt celles qui ont pour titres: *Numophylacium Potatianum; De tubus et cognominibus Chanorum Hordæ Aureæ* (1814); et *De arabicorum etiam auctorum libris vulgatis crisi poscentibus emaculari* (1815). En 1815, il fut nommé membre de l'Académie impériale des Sciences, directeur du Museum asiatique et conseiller d'État à Pétersbourg. Nous citerons parmi ses ouvrages de numismatique ceux qui ont pour titres: *De Numorum Bulgaricorum fonte antiquissimo* (1816); *Médailles khosroennes des premiers Arabes* (in-4°, Mittau, 1822); *Numi Cuficii selecti* (1823); *Musei Sprewitsiani Numi Oufici* (1825); et son *Aperçu topographique des fouilles opérées en Russie, qui ont eu pour résultat de déterrer des monnaies arabes* (Pétersbourg, 1841). Il a expliqué les inscriptions et figures de quelques anciens monuments mahométans dans ses *Antiquitatis muhammed. Monumenta varia* (1810-22). On a aussi de lui un *Essai sur les découvertes faites dans quelques fouilles opérées au midi de la Sibérie, avec des inscriptions de dates certaines* (1837, in-4°). L'histoire d'Orient l'a particulièrement occupé, en tant qu'elle offre de l'intérêt pour l'ancienne histoire de Russie. C'est à cet ordre d'idées que se rattachent ses essais intitulés: *De Boshkiris quæ memoriæ prodita sunt ab Ibn Foszlano et Iakuto* (1822); *Récits d'Ibn Foszlan et d'autres Arabes, relatifs aux Russes des temps anciens* (1823); enfin, *Les plus anciens documents arabes sur les Bulgares du Volga, d'après le voyage d'Ibn Foszlan* (1832). Les *Mémoires* et les *Bulletins* de l'Académie de Saint-Pétersbourg contiennent en outre de lui un grand nombre de dissertations.

FRAGILITÉ, qualité de ce qui se brise facilement, comme le verre, la porcelaine. Figurément, *fragilité* signifie l'instabilité des choses humaines : en morale, la fragilité est l'absence complète de la force en présence de telles ou telles tentations. Ces dernières exercent une influence si décisive et si générale, qu'écrits et paroles nous entretiennent sans cesse de la fragilité humaine : c'est par le récit des fautes où elle entraîne que l'on essaye de confondre la perfection que rêve notre orgueil. Il y a une fragilité qui vient des sens, et qui est une des maladies de la jeunesse : elle a droit à beaucoup de pardons. Il existe une espèce de fragilité beaucoup plus répréhensible, c'est celle qui tient à l'absence de principes : elle a pour origine une certaine mobilité de caractère qui perce dès l'enfance, et contre laquelle l'éducation doit lutter avec persévérance. On cite des femmes qui, dans les circonstances les plus difficiles comme les plus entraînantes, ont opposé une résistance invincible, et qui, devenues l'objet d'une admiration sans réserve, affligent ensuite le monde par une fragilité d'autant plus inattendue que ses séductions ne troubleraient pas même le commun du sexe.
SAINT-PROSPER.

FRAGMENT (en latin *fragmentum*). Ce mot vient évidemment de *frangere*, casser, briser. Quelques dictionnaires en ont restreint, assez à tort, l'acception à des débris de corps, plus ou moins précieux, comme des vases recherchés, des statues. Nous pensons qu'il doit désigner toute espèce de morceaux provenant d'un corps quelconque dont ils ont été séparés par fracture ou solution de continuité. Il y a cette différence entre *fragment* et *débris* que le dernier semble supposer une fracture beaucoup plus complète, ou plutôt la division d'un corps fracturé en un beaucoup plus grand nombre de parties, par suite d'une action plus brusque et plus forte du corps contondant. Quand il s'agit de fractures des os, les *fragments* qui ont pu en résulter prennent le nom d'*esquilles*.

Fragment s'emploie quelquefois aussi au figuré, en parlant d'un discours, d'un ouvrage quelconque, dont il ne nous reste qu'une partie : nous n'avons que des fragments de Musée, de Ménandre, de Sapho, etc. ; des historiens grecs Ctésias, Éphore, Xanthus de Lydie etc. ; d'Ennius, d'Accius, de Lucilius ; de la grande histoire latine de Trogue-Pompée, dans l'abrégé de Justin. Quant à d'autres auteurs anciens, tels que Cicéron, Phèdre, Salluste, etc., il ne nous manque que des fragments de leurs ouvrages. Robert et Henri Estienne ont publié des *Fragmenta Poetarum veterum latinorum* (1560, in-8°). Dans ces recherches se sont également illustrés Meittaire, Scriverius, Almenoween, Creuzer, etc. Une citation de quelque étendue empruntée à un livre qu'on possède en entier prend aussi le nom de *fragment*. Nos diverses rhétoriques et poétiques en font un fréquent emploi. On donne enfin, mais plus improprement, le nom de *fragment* aux parties d'un ouvrage qu'un auteur aura entrepris, sans avoir eu le temps de l'achever. BILLOT.

FRAGON, genre de plantes de la famille des smilacées, ayant pour caractères : Fleurs dioïques par avortement ; périanthe à six divisions, libres jusqu'à la base ; filets persistants ; fleurs mâles offrant trois étamines soudées en un tube qui porte les trois anthères ; fleurs femelles ayant un ovaire à trois loges biovulées, un style indivis, très-court, un stigmate capité ; baie monosperme par avortement. L'espèce la plus répandue, vulgairement nommée *petit houx, buis piquant, myrte épineux, épine toujours verte,* etc., est le *ruscus aculeatus* des botanistes. C'est un sous-arbrisseau qui croît partout dans les bois montueux des contrées tempérées de l'Europe, où il s'avance depuis le midi jusqu'aux environs de Paris. Il a l'aspect d'un petit myrte. Ses baies sont rouges, d'une saveur douceâtre, de la grosseur d'une petite cerise. Les habitants du midi de la France font de petits balais avec ses jeunes rameaux. On emploie sa racine comme diurétique. Ses graines torréfiées ont été proposées comme succédanées du café.

FRAGONARD (JEAN-HONORÉ), peintre, né à Grasse, en 1732, abandonna très-jeune la place qu'il occupait chez un notaire pour venir étudier sous la direction de Boucher. Poussé par ce dernier dans la nouvelle école, il y fit de rapides progrès, remporta le grand prix de peinture et partit pour Rome. A son retour en France, il entreprit son tableau de *Corésus et Callirrhoé*. Ce tableau, qui peut passer pour le meilleur qu'il ait exécuté, fut accueilli avec enthousiasme par les académiciens. On cite encore parmi ses nombreuses compositions : *La Visitation de la Vierge, La Fontaine d'Amour, L'Adoration des Bergers* et *Le Verrou*. Cette dernière peinture est tout à fait dans l'esprit de son talent. On s'étonnera sans doute de voir un artiste mêler aussi froidement le profane au sacré; de voir sortir du même pinceau *La Visitation de la Vierge* et *Le Verrou* ; mais ce singulier contraste tient à la nature de Fragonard, personnification palpitante de son époque, toute bariolée de libertinage et de dévotion.

Fragonard a mis encore au jour une foule de lavis au bistre. Il ne pouvait suffire à l'avidité des amateurs. Ses petites productions se vendaient à des prix fous; il amassa ainsi en peu de temps de quoi se faire une position indépendante; mais vint la Révolution, renversant les idées de bonheur de l'artiste, et soufflant avec brutalité sur son riant échafaudage de gloire et de fortune : il fallait aux vainqueurs de la Bastille autre chose que des peintures d'église ou de boudoir. Fragonard laissa tomber sa palette, et mourut dans la misère, en 1806. En définitive, il fut dessinateur agréable, mais maniéré; peintre ingénieux, mais monotone et sans variété ; compositeur gracieux, mais sans énergie : c'était bien l'élève de Boucher. V. DARROUX.

FRAGONARD (ALEXANDRE-EVARISTE), peintre d'histoire et statuaire, fils du précédent, naquit à Grasse en 1783. D'abord élève de son père, il entra cependant très-jeune dans l'atelier de David, ce qui modifia beaucoup sa manière primitive, sans retirer à son coloris quelque chose de léger et de souriant, résultat de ses premières études. Ses œuvres principales furent, comme peintre, *Marie-Thérèse présentant son fils aux Hongrois* (1822), deux plafonds du Louvre ayant pour sujet *François Ier* armé chevalier, puis ce même prince recevant des tableaux apportés d'Italie par le Primatice, etc.; comme statuaire, le fronton de la chambre des Députés (sous la Restauration); une statue colossale de Pichegru, etc. Cet artiste est mort en 1850.

FRAI, nom commun aux œufs de toutes espèces de poissons, lorsqu'ils ont été fécondés. Quelquefois on voit en mer des espaces immenses couverts de *frai*; le nombre de poissons qu'il doit produire effrayerait l'imagination, si les nombreux ennemis que tous les éléments lancent contre eux ne le diminuaient d'une manière proportionnelle.

Par extension, on s'est servi du même mot pour désigner l'action propre aux poissons pour la multiplication de leur espèce, et l'époque où cette action a lieu ; Les poissons sont malades durant le *frai*, et alors la pêche est sévèrement interdite; par extension encore, on a appelé *frai* le frétin, le menu poisson que l'on met dans les étangs pour les peupler, ou qu'on place au bout de l'hameçon pour servir d'appât.

Le mot *frai* s'emploie encore pour désigner l'altération et la diminution de poids que l'usage et le frottement font subir aux pièces de monnaies. Anciennement, une ordonnance royale avait déclaré qu'on ne pourrait refuser les pièces d'or qui auraient éprouvé par le *frai* un déchet de moins de six grains.

FRAICHEUR. Dans son sens littéral, la *fraîcheur* n'est autre chose qu'un froid doux et modéré, appelé à tempérer une chaleur trop vive : telle est cette *fraîcheur* qu'aux heures du crépuscule, après les ardeurs d'un soleil d'été, vient répandre une légère brise dans l'atmosphère encore brûlante. Qui ne s'est réjoui en aspirant cet air, purifié du feu qui l'a embrasé durant une journée entière? Qui n'a cherché à respirer le *frais* sur les bords ombragés d'une rivière, d'un ruisseau, sous le feuillage de bosquets touffus? Les poètes n'ont pas eu assez de vers pour chanter la fraîcheur et le sentiment de bonheur paresseux qui l'accompagne; les anciens l'avaient divinisée sous le nom de *Zéphyre*, dont les ailes légères l'apportaient à la terre languissante.

Comme les mêmes expressions doivent servir à désigner des impressions semblables, le mot *fraîcheur* ne s'est pas appliqué seulement à quelque chose d'éthéré; il a été en quelque sorte matérialisé, et ce n'est pas seulement à l'air que l'homme l'a demandée : il a dit la *fraîcheur* d'une boisson, d'une source, comme il avait dit la fraîcheur de l'atmosphère. Quelle douce sensation n'éprouve pas le chasseur lorsque, fatigué d'une longue course, il peut approcher ses lèvres brûlantes de l'eau fraîche d'une source!

Au figuré, le même expression change d'aspect, elle cesse de rappeler quelque chose de suave, de vaporeux : la *fraîcheur* de la beauté, du teint, des fleurs, résume tout ce qu'il peut y avoir de brillant, d'aimable, d'éclatant, de jeune dans cette beauté, ce teint, ces fleurs. La *fraîcheur* d'un tableau suffit quelquefois à la renommée d'un artiste. Il en est de même de la fraîcheur du style; mais c'est une qualité bien rare. Semée avec sobriété, elle donne de la grâce, de la douceur, à la verve de l'écrivain.

Pourquoi faut-il qu'un mot autour duquel se groupent tant de gracieuses significations serve en même temps à désigner une des plus grandes afflictions de notre pauvre humanité? Pourquoi appliquer cette délicieuse expression à un froid malfaisant? Pourquoi la faire servir, comme les médecins, à désigner d'atroces douleurs causées par un froid humide trop prolongé, par de trop fréquentes parties de chasse, par trop de nuits passées au bivouac?

Frais, fraîche, a bien d'autres acceptions encore. Il désigne tantôt ce qui est nouveau : œufs, beurre, pain *frais*; tantôt ce qui se conserve : Cette femme n'est plus jeune, mais son teint est encore *frais*, elle n'a rien perdu de sa *fraîcheur*. Il sert aussi à exprimer l'idée de vigueur : un cheval *frais*, des troupes *fraîches*. C'est à peu près dans le même sens qu'on dit : un homme *frais* et gaillard.

FRAI DE CHAMPIGNON. *Voyez* BLANC DE CHAMPIGNON.

FRAIS (*Économie politique*). On entend par *frais de production* la valeur échangeable des *services productifs* nécessaires pour qu'un produit ait l'existence. Toutes les fois qu'il y a des frais faits et point d'*utilité* produite, ces frais ne sont pas des frais de production; ce sont tout simplement des *frais inutiles*, dont la perte est supportée soit par le *producteur*, soit par le *consommateur* du produit pour lequel ils ont été faits : par le producteur quand ils n'élèvent pas la *valeur* du produit, par le consommateur quand ils s'élèvent cette valeur. Lorsque, par des causes accidentelles, telles que l'intervention importune de l'autorité, les frais de production montent au-dessus du taux auquel la libre concurrence les porterait, il y a spoliation du consommateur, en faveur soit du producteur, soit du gouvernement, en faveur de ceux en un mot qui profitent de cet excédant de prix. Lorsque le consommateur se prévaut de son côté des circonstances pour payer l'utilité dont il fait usage au-dessous du prix où la libre concurrence la porterait naturellement, c'est alors lui qui commet une spoliation aux dépens du producteur.

La production pouvant être considérée comme un *échange* où l'on donne les services productifs (dont les frais de production ne sont que l'évaluation) pour recevoir l'utilité produite, il en résulte que plus l'utilité produite est considérable par rapport aux services productifs, et plus l'échange est avantageux. Un meilleur emploi des *instruments naturels* procure plus d'utilité produite, relativement aux frais de production, et rend par conséquent plus avantageuse l'échange où l'homme reçoit des produits contre les frais de production. C'est l'espèce d'avantage qu'on trouve dans l'emploi des machines, dans un meilleur assolement des terres, etc. Quand, par le moyen d'une mull-jenny, on fait filer à la fois à une seule personne deux cents fils de coton ; quand, en alternant les cultures, on fait rapporter à un champ des fruits toutes les années, on emploie plus à profit les puissances de la mécanique qu'en filant à la quenouille, et les facultés productives du sol qu'en faisant des jachères. On tire plus d'utilité de ces instruments de production. Les fléaux naturels, comme la grêle, la gelée, et les fléaux humains, tels que la guerre, les déprédations, les impôts, en augmentant les frais de production, rendent l'échange moins avantageux. Les produits coûtent davantage sans que les *revenus* soient plus grands; car alors l'augmentation des frais de production ne va pas au producteur.

La production d'un produit peuvent aller au delà de la valeur que, dans l'état actuel de la société, on peut mettre à ce produit. La chose alors n'est point produite : le producteur y perdrait. Cette supposition peut successivement s'étendre à tous les produits; la production tout entière peut devenir si désavantageuse qu'elle cesse, d'abord en partie,

40.

ensuite tout-à-fait. Lorsqu'un pacha ne laisse à un paysan qu'une portion de sa récolte, insuffisante pour que la famille du paysan s'entretienne, cette famille décline; lorsqu'il ne laisse au *commerçant* qu'une partie des marchandises produites par son commerce, ce commerçant ne disposant plus du même revenu, sa famille décline également. Tous les moyens de production peuvent être simultanément désavantageux. Cela peut s'observer, quoiqu'à un moindre degré, dans nos pays, lorsque l'industrie, sans être dans un état désespéré, souffre néanmoins d'une manière analogue, parce qu'aucun produit n'y peut être payé ce qu'il coûte. Liberté, sûreté et charges légères sont des remèdes infaillibles contre ces maladies morales et politiques, qu'il dépend toujours de l'homme de faire cesser. J.-B. SAY.

FRAIS (*Jurisprudence*). On appelle ainsi les dépenses occasionnées par la poursuite d'un procès. C'est ce qu'on nomme autrement *dépens*. Cependant le nom de *dépens* s'applique plus particulièrement aux frais que la partie qui a succombé doit payer à celle qui a obtenu gain de cause.

Socrate, dit un jurisconsulte célèbre, désirait qu'on rendit les dépens des procès très-considérables, afin d'empêcher le peuple de plaider : ses vœux ont été remplis : les frais sont devenus tels qu'on les voit souvent excéder le principal, mais cela n'empêche pas qu'on plaide.

Bien que rien ne paraisse plus conforme aux règles de l'équité que de condamner aux frais de l'instance celui qui provoque ou soutient une contestation injuste, les anciennes lois romaines n'en font aucune mention. Théodose et Justinien en ont parlé. Théodoric, roi d'Italie, ordonna que celui qui succomberait serait condamné aux dépens à compter du jour de la demande, afin que personne ne fit impunément de mauvais procès. Mais parmi nous, il n'y avait anciennement que les juges d'église qui condamnassent aux dépens : il n'était pas d'usage d'en accorder dans la justice séculière. Ce ne fut qu'en 1324, sous Charles le Bel, qu'il fut enjoint aux juges séculiers de condamner aux dépens la partie qui succomberait. L'ordonnance de 1667 veut pareillement, titre 31, article 1er, que la partie qui perd son procès soit condamnée aux dépens, et l'article 130 du Code de Procédure civile dit en termes impératifs que *toute partie qui succombera sera condamnée aux dépens*. Il en est de même en matière criminelle : les accusés ou prévenus qui subissent quelque condamnation, soit devant une cour de justice criminelle, soit devant un tribunal correctionnel, soit devant un tribunal de police, doivent être condamnés aux dépens envers le trésor public. La condamnation de dépens est donc la peine de ceux qui succombent, et sous cette dénomination on comprend non-seulement les frais des contestations et des procédures qui ont lieu dans le cours d'une instance, mais encore tous les frais qui se font en vertu d'un titre exécutoire, avant même de procéder et de contester en justice, comme sont tous les frais de saisie, de vente, etc.

Les *frais d'actes* se divisent en déboursés et en émoluments ou honoraires. En cas de vente ces frais sont de droit à la charge de l'acquéreur.

Au nombre des créances auxquelles la loi accorde un privilége, il faut compter les *frais de dernière maladie*, c'est-à-dire les fournitures honoraires et salaires dus aux médecin, chirurgien, pharmacien et garde-malade; les *frais funéraires*, c'est-à-dire les dépenses de cercueil, billets de faire part, cérémonie religieuse, inhumation, etc, ainsi que les frais du deuil de la veuve; les *frais de labours et de semences*, c'est-à-dire de déboursés occasionnés par la culture et l'ensemencement de la récolte? sont une charge de la récolte, et se payent de préférence au propriétaire à qui les fermages sont dus.

FRAISE, FRAISIER. Le fraisier est si répandu en Europe, qu'on peut le regarder comme originaire de cette partie du monde. Tout tend à faire présumer qu'il naquit d'abord sur le versant méridional de la chaîne des Alpes, et que ce ne fut qu'accidentellement qu'il se propagea dans d'autres pays, porté par les vents ou par les torrents en semences, en coulants, en racines. Ce qui appuie cette opinion, c'est que nulle part le fraisier n'est plus vivace, plus vigoureux, nulle part son fruit n'est plus beau et meilleur que dans les bois et les vallées qui descendent vers les plaines immenses du Piémont, en deçà du Pô. Là souvent on parcourt des lieues entières couvertes de ce fruit délicieux, qui rafraîchit le voyageur quand le soleil dévore la plaine. Le fraisier est connu aussi en Amérique, dans le nord de l'Asie, et en Afrique sur les côtes qui font face à notre continent. On le nomme en latin *fragaria vulgaris* ou *fragaria vesca*, de *fragrare*, répandre une bonne odeur; le fruit est appelé *fraga*. On disait autrefois *fragier* pour fraisier, et *frage* pour fraise; ce qui confirme cette étymologie.

Le fraisier appartient à la famille des rosacées. C'est une plante vivace, qui croît par petites souches demi-ligneuses, d'où partent à la fois les racines et les feuilles. Celles-ci sur chaque souche sont ordinairement au nombre de 5 à 8, longuement pétiolées, composées de trois folioles ovales, fortement dentées, d'un vert gai en dessus, soyeuses en dessous et d'un blanc argentin, comme la feuille du saule ou du peuplier commun de Hollande, ainsi que leur pétiole; quant aux racines, elles sont d'un brun rougeâtre assez vif, et divisées intérieurement en fibres menues et très-nombreuses : c'est du collet de ces racines que partent ces jets grêles et rampants, longs souvent de plus d'un mètre, qui, prenant racine à leur tour de distance en distance, forment de nouvelles souches qui perpétuent l'espèce. Les fleurs du fraisier sont blanches, inodores, pédonculées et disposées en une sorte de petit corymbe; elles naissent à l'extrémité de petites tiges soyeuses, de 8 à 10 centimètres de hauteur, qui portent au nombre d'une à trois du milieu des feuilles. Ces fleurs sont hermaphrodites parfaites dans la plupart des espèces. Leur calice est formé d'une seule pièce; il est divisé sur les bords en dix échancrures longues et terminées en pointes, dont cinq extérieures et plus petites recouvrent les cinq grandes divisions. La corolle se compose de cinq pétales ronds ou ovoïdes, selon l'espèce du fruit, creusés en cuilleron, attachés par un onglet fort court sur les bords intérieurs du calice, aux points de division des grandes échancrures. Les étamines d'un jaune clair sur le sommet sont au nombre d'au moins vingt, de longueur et de direction différentes, les unes sur les pétales, les autres s'approchant des pistils. Après la floraison, le réceptacle grossit peu à peu, acquiert une consistance pulpeuse et devient une sorte de fruit ordinairement d'un rouge vermeil, d'un goût exquis. La graine se forme en points tangents ou dans de petites cavités à la surface extérieure du réceptacle, qui devient baceliforme quand il a atteint son accroissement.

Le fraisier, plante humble et rampante, ne s'élève qu'à quelques centimètres, et vit parmi les mousses, au milieu des violettes, du thym, du serpolet, sur les coteaux boisés, dans les forêts, les bois, les montagnes. C'est la seule plante peut-être qui n'ait rien gagné à vivre sous la main de l'homme; ce que son fruit acquiert en volume par la culture, il le perd en bonté, en parfum, en suavité. Le fraisier aime les bois, les jeunes taillis, le voisinage des buissons, l'ombre des grands arbres, et surtout un terrain sablonneux, une terre franche, un peu meuble, car la grande humidité nuit à son développement, et pourrit ses racines. Il fleurit en avril; ses fruits commencent à mûrir en mai, et se succèdent six semaines environ. Il n'est pas rare cependant en automne de découvrir çà et là dans les bois quelques pieds tout couverts de fruits, phénomène occasionné par la difficulté qu'ils ont eue à fleurir au printemps.

Le fraisier sauvage est partout le même, n'importe le climat. On ne doit attribuer ses variétés qu'à la culture. En le pliant à sa puissance, l'homme l'a fait dégénérer, mais il l'a rendu plus fécond en le cultivant dans des terres chaudes ou froides, exposées au nord ou au midi, à l'abri du vent ou en rase campagne. Cette seule espèce de fraisier bien constatée est cultivée dans nos jardins sous le nom du *fraisier des Alpes* ou *des quatre saisons*; nous en possédons une variété à fruits blancs et une autre sans filets. Les autres variétés répandues dans la culture sont : les *ananas*, au fruit volumineux, mais sans parfum; les *caprons*, au fruit rond et savoureux ; le *fraisier du Chili* ou *frutillier*, le plus gros de tous, à fleurs femelles, et qu'on ne fait fructifier qu'en le plantant près d'ananas ou de caprons ; le *fraisier de Montreuil*, à fruits très-gros et remarquables par leurs lobes nombreux, qui ont valu à cette variété le nom de *dent de cheval*; le *fraisier de Keen*, ou *Keen's seedling*, excellente variété, reçue d'Angleterre, à fruits ronds, volumineux, d'un rouge foncé, à chair rouge et parfumée, etc.

La culture du fraisier offre peu de difficultés ; cependant l'expérience a prouvé qu'elle exigeait certaines précautions pour le choix et la préparation du terrain et pour la surveillance du jeune plant dans sa croissance. Les mois d'octobre et de novembre sont les plus favorables à la plantation du fraisier ; les fraisiers plantés dans cette saison produisent presque toujours du fruit au printemps suivant, tandis que plantés au printemps ils n'en donnent au plus tôt qu'une année après. Les jardiniers, avant d'aligner leurs plants dans de petites fosses remplies de terreau, disposées en quinconce et espacées entre elles de 0^m,30 environ, ont soin de rendre leur terre le plus meuble possible, en y introduisant des parties de vieux décombres, en y mêlant de la cendre de charbon, du sable ou de la terre de bruyère; après quoi ils la relèvent en adossé le long des murs exposés au midi ou au levant. Ils mettent ordinairement dans chaque fosse, pour former une touffe, quatre jeunes souches au plus, débarrassées des montants les plus faibles, et réduites à trois ou quatre des plus vigoureux. Si l'automne est sec ou chaud, ils les arrosent fréquemment, les recouvrent de temps à autre de nouveau terreau, et répandent à l'entrée de l'hiver autour de chaque plante un peu de fumier long, afin de la garantir de la bise, qui la déchausserait. Ce fumier d'ailleurs sert d'engrais au printemps suivant. C'est le moment de donner le premier labour et de purger la terre des mauvaises herbes. Bientôt apparaissent les premières fleurs, celles qui produisent les plus belles fraises ; elles occupent ordinairement le bas des tiges, tandis que les dernières venues couvrent l'extrémité. Celles-ci avortent souvent, ou elles nuisent au développement des premières fraises ; aussi quelques jardiniers soigneux ont-ils la précaution de les pincer au fur et à mesure de leur apparition. Tandis que les fraises mûrissent, survient souvent un orage qui les affaisse, les couche par terre et les couvre de boue. On prévient ce désastre en entourant chaque fraisier de sable ou de paille hachée. On cueille les fraises soit avec leurs queues, soit en les détachant de leur calice, qu'elles quittent facilement à leur maturité : le premier moyen est le meilleur ; la fraise se conserve ainsi plus longtemps fraîche, et s'acidule moins vite. Aux environs de Paris, où choisit pour cette récolte l'heure de midi, quand le soleil a pompé la rosée du matin ; les fraises cueillies par un temps de pluie n'ont point de parfum, et moisissent dans vingt-quatre heures. Ce sont les femmes, les jeunes filles et les enfants auxquels revient cette tâche dans nos compagnes ; à eux appartient également le soin d'aller les vendre en ville, après les avoir artistement groupées en pyramide, au nombre de 250 à 300, sur de petits clayons ovales, dont l'axe principal a à peine 15 centimètres. Quand le fraisier cesse de donner du fruit, en juillet et en août, on lui arrache ses traînasses, épargnant celles qu'on destine à former de nouveaux plants ; on le dépouille des tiges qui ont produit et des montants qui ont dépéri ; on le bêche et on rompt avec la main la terre près des racines, lorsqu'elle est compacte et qu'elle peut les empêcher de s'étendre.

Les cultivateurs choisissent pour leurs plantations le versant d'une colline qui fait face au midi, et suppléent au défaut de murs pour concentrer la chaleur du soleil et éviter les mauvais vents, par des paillassons de deux à trois mètres de hauteur, qu'ils placent de distance en distance, formant ainsi de petits enclos dont ils divisent l'intérieur en plusieurs carrés plus longs que larges, afin de pouvoir soigner les fraisiers et cueillir les fraises sans les écraser. Quand on cultive le fraisier en bordure, dans les jardins, il convient de le tenir plus bas ou plus élevé que le sol, selon la nature du terrain, afin d'éviter la trop grande sécheresse ou la trop grande humidité. On ne plante ordinairement en bordure que le fraisier sans coulants, parce qu'il forme de plus belles touffes, et qu'il ne gêne pas les fleurs ou les arbrisseaux voisins par le chevelu de ses traînasses.

Le fraisier a joué autrefois un grand rôle dans la médecine. Ses racines et ses feuilles sont apéritives, diurétiques, désobstruantes, et ont une saveur légèrement amère et un peu astringente; on les emploie en décoction à la dose de 8 à 15 grammes pour un litre d'eau dans les engorgements des viscères de l'abdomen, dans la jaunisse et dans les maladies des voies urinaires. On prépare avec les baies, dont la pulpe, mucilagineuse, acide et sucrée, se dissout facilement dans l'eau, une sorte de boisson parfumée, qui est très-adoucissante et très-laxative, et qui convient généralement dans toutes les affections pathologiques accompagnées de chaleur, de soif, de sécheresse à la peau et de fréquence du pouls. Comme substance, ces baies consistent en des aliments médicamenteux les plus utiles : prises en grande quantité et pendant longtemps, elles ont souvent produit des révolutions favorables, inattendues, dans les maladies les plus graves et les plus tenaces. On pense que leur usage est aussi très-salutaire contre la pierre. Linné avoue s'être guéri des attaques douloureuses de l'arthritis par les fraises ; et on trouve consigné dans les *Annales de l'Académie de Médecine* que des pierres extraites de la vessie se sont dissoutes par une longue macération dans le suc de fraise.

On extrait de ce fruit des eaux distillées d'une odeur aromatique qu'on emploie comme gargarisme, et dont les dames se servent pour faire disparaître les taches de rousseur. Des expériences ont prouvé que passant de l'état de fermentation vineuse à une fermentation acéteuse, il pouvait servir à la fabrication du vin et de l'alcool.

J. SAINT-AMOUR.

FRAISE (*Costume*), sorte de collet de toile, plissé, empesé et godronné, formant trois ou quatre rangs disposés en tuyaux. Cette mode, qui régna dans presque toute l'Europe, à partir du seizième siècle, semble avoir été importée en France par les Italiens, à l'époque où Catherine de Médicis devint la femme de Henri II ; car les portraits de François Ier, père de Henri, ne donnent pas à ce prince cet ornement. Quoi qu'il en soit, après avoir régné sans partage sous les derniers Valois et sous Henri IV, la fraise disparut sous Louis XIII, mais se conserva longtemps encore en Espagne et en Allemagne. Les ministres luthériens, dans ce dernier pays, et notamment à Hambourg, la portaient encore au dix-huitième siècle. Certains érudits ont prétendu que le mot et la chose venaient du grec, d'autres du latin *fresia*, qui réclament les auteurs de la basse latinité ; mais ce mot signifie-t-il *fraise* ou *falbala* ? La question est restée indécise.

SAINT-PROSPER jeune.

FRAISE (*Fortification*), rangée de pieux épointés, consolidés par des poutrelles, et garnissant un ouvrage extérieur, une enceinte, une escarpe ou une contrescarpe de fossé. Des auteurs ont appelé *fraisement* une ligne de pieux inclinés ; mais vulgairement cela s'appelle *fraise*, par opposition aux *palissades*, ou *palissadements*, qui se composent de pieux plantés verticalement. L'usage de fraiser les ouvrages en terre est de toute antiquité : ainsi César se défendait dans ses circonvallations d'Alesia. L'architecture militaire du moyen âge n'eut pas recours aux fraises : l'exhaussement des pièces et leur construction en maçonnerie n'en demandaient pas. Le peu de hauteur de la fortification moderne et l'usage des massifs en terre ont fait revivre le fraisement. C'est depuis Henri II surtout qu'il a repris faveur. Si le moyen est vieux, le terme qui l'exprime est beaucoup moins. Les Italiens appellent les fraises *steccata* (estacade) et *freccia* : ce dernier mot, qu'ils ont emprunté du français, est improuvé par le savant Grassi, comme macaronique. Ce qu'il y a de certain, c'est que l'invention ou le renouvellement des fraises de fortification ayant eu lieu vers l'époque où les dames et les élégants de la cour commençaient à s'envelopper le cou d'une roide et large fraise plissée, la ressemblance de cette parure avec le paillassadement oblique a donné naissance à la synonymie. Gal BARDIN.

FRAISE (*Acceptions diverses*). On donne le nom de *fraise* ou mésentère de veau, d'agneau, à la peau ou membrane qui soutient et enveloppe leurs intestins, et même à toutes les entrailles d'un veau.

En termes de vénerie, *fraise* se dit de la forme des meules et des pierrures de la tête du cerf, du daim, du chevreuil.

En termes de jardinage, c'est un cordon de feuilles très-menues et fort courtes, qui se trouve entre la peluche et les grandes feuilles des fleurs des anémones doubles. On estime une anémone double qui a la *fraise*.

Fraise est encore un outil dont se servent les ouvriers qui travaillent en fer et en laiton : ils l'emploient pour élargir un trou à sa naissance. Cet outil est fait ordinairement en cône, et quelquefois il est émoussé et un peu arrondi vers la pointe. Il y a des *fraises* à pans, il y en a de cannelées : elles sont toutes d'acier trempé. On dit *fraiser*, pour élargir un trou d'un côté, afin de loger la tête d'une vis, d'un clou, d'un rivet.

FRAISIER. *Voyez* FRAISE.

FRAISIER EN ARBRE. *Voyez* ARBOUSIER.

FRAMBOISE, FRAMBOISIER. Pline a accrédité l'opinion que cet arbuste est originaire de l'île de Crète. On a admis sur son témoignage qu'il croissait spontanément dans les forêts de chênes, d'érables, de cyprès et d'andrachnés, dont sont ombragés le mont Ida et la chaîne des monts Blancs, couverte d'une neige aussi vieille que le globe; aussi lui a-t-on donné en latin le nom de *rubus idæus* (ronce du mont Ida). L'étymologie de son nom français a été plus contestée : les uns ont voulu qu'il vînt de *fragum bosci* (fraise de bois ou fraise boisée) ; d'autres de *francus rubus*, dont on aurait fait plus tard *francorubus*, *franvubus*, *franrubosius*, *franbosius*, enfin *framboisiarius*, *franc-bois*, plante qui produit naturellement de bons fruits.

Le framboisier est une espèce du genre ronce, de la famille des rosacées. Il croît par souches ligneuses, produisant plusieurs tiges droites, hautes de 1^m, 30 à 1^m, 60, et d'environ 3 à 4 centimètres de circonférence dans la partie près de terre, faibles et creuses en dedans comme le sureau, et d'une couleur blanchâtre au dehors, hérissées d'aiguillons menus, droits, assez courts et peu piquants. Ces tiges donnent naissance à des feuilles allongées, aiguës, dentées à leurs bords et ailées, vertes au-dessus, cotonneuses et blanchâtres comme la feuille du fraisier au-dessous, les unes inférieures, composées de cinq folioles ovales, les autres supérieures, ayant trois folioles seulement. Le framboisier fleurit ordinairement en mai et juin ; ses fleurs, blanches et inodores, sont disposées au nombre de trois à six sur des pédoncules velus, grêles et rameux, munis de petits aiguillons, et placés dans les aisselles des feuilles supérieures ou à l'extrémité des rameaux. Le fruit, mûr en juin ou juillet, est une sorte de baie de la forme à peu près de la grosseur d'une mûre sauvage, tantôt d'une couleur lie de vin foncé, grise ou rougeâtre, tantôt d'un jaune clair transparent, tirant sur l'orangé ou de blanc verdâtre, suivant les variétés. Il se compose, comme le fruit du figuier, de la réunion des graines dans un réceptacle commun, qui s'amollit par la maturité et devient une pulpe fondante, d'une saveur délicieuse et presque aussi estimée que la f r aise. Ce fruit est retenu au calice par un petit bouton ou pivot, qu'il quitte facilement quand on le cueille.

Le framboisier est répandu dans toutes les contrées de l'Europe, et paraît peu souffrir des diverses températures auxquelles on l'a exposé. Les jardiniers le cultivent ordinairement dans des terres meubles, légères et fraîches, exposées au levant ou au couchant. Ses racines sont vivaces ; il exige en général peu de soins. On prévient l'altération de la souche en la dépouillant à propos des tiges mortes ou sèches qui ont produit des fruits, et on fortifie ainsi les jeunes tiges destinées à les remplacer. Cette opération doit avoir lieu après l'hiver, au mois de février : c'est le moment aussi de soulager la souche, en arrachant avec précaution, sans la soulever de terre, la surabondance de racines chevelues qui pourrait la faire pourrir ; d'écourter les tiges faibles et frêles, pour faciliter leur accroissement, et enfin de lui donner un labour, en l'entourant de nouvelle terre ou de terreau. Il est bon encore de le bêcher en automne ; quelques personnes ont l'habitude avant l'hiver, surtout quand il menace d'être rigoureux, de faire relever la terre autour de chaque pied, et même de le faire garnir de longue paille. On a remarqué que cette méthode avait l'avantage de rendre les tiges plus vigoureuses au printemps et de leur faire porter plus de fruits.

Le framboisier effritant la terre et nuisant aux autres plantes par le chevelu de ses racines, on doit en isoler les plantations, laissant entre chaque souche un intervalle de 0^m, 60 environ, et les disposant en quinconce. Les cultivateurs soigneux fixent au centre de ces souches, sans blesser les racines, un pieu, autour duquel ils rassemblent en faisceau toutes les tiges, mais sans les serrer, pour ne pas nuire au développement des fleurs. On renouvelle en entier ces plantations tous les dix à douze ans, en arrachant toutes les vieilles souches, et on fume fortement le terrain. Le fumier doit être enterré à la profondeur d'un fer de bêche, pour éviter qu'il n'empâte les racines des nouvelles souches et ne les fasse pourrir.

On cultive ordinairement dans les jardins aux environs de Paris quatre variétés principales de framboisiers : le *framboisier à gros fruits rouges*, le *framboisier à gros fruits blancs*, le *framboisier à gros fruits blancs couleur de chair*, et le *framboisier des Alpes de tous les mois à fruits rouges*, qui rapporte depuis la fin de mai jusqu'aux premières gelées d'automne. Le fruit de la première variété est le plus estimé, et on le sert de préférence sur les plantations des tables, où il tient avec les fraises la première place. On cultive aussi comme plante de luxe et d'agrément, pour décorer les parcs et les jardins, anglais le *framboisier du Canada* ou ronce odorante (*rubus odoratus*, Linné), autre espèce dont les fleurs, d'un beau pourpre violet, sont odorantes et larges comme de petites roses. Elles se succèdent durant trois mois, et produisent un bel effet à travers des feuilles amples. L'arbuste, par la couleur de son bois, ressemble au cannellier.

Les framboises cueillies s'acidulant très-vite, on en peut retarder la fermentation en les enlevant de la tige avec leur queue. C'est ainsi qu'on nous les vend à Paris, arrangées, comme les fraises leurs sœurs, en pyramides solides, sur de petits clayons. La vente en est moins facile que celle des fraises, beaucoup de personnes les accusant, à tort sans doute, d'être sujettes aux vers, malsaines et nuisibles. Cependant on en fait d'excellentes liqueurs, des boissons délicieuses, recommandées dans la plupart des maladies inflammatoires, un rob exquis, qu'on a substitué souvent à l'oxymel ; des ratafias parfaits, des glaces, des compotes, des confitures très-recherchées et des sirops agréables. Elles entrent dans la composition d'un vinaigre parfumé. Les Russes en retirent du vin, et les Polonais un excellent hydromel.

Les framboises ont à peu près les mêmes propriétés médicales que les cerises, les groseilles et les fraises : elles sont nutritives, délayantes, adoucissantes, tempérantes et laxatives, et elles agissent, comme les fraises, par leur arôme, sur le système nerveux. Cependant, les médecins n'en conseillent que modérément l'usage : ce serait s'expo-

FRAMBOISE — FRANÇAIS

ser aux coliques, à la diarrhée, que d'enfreindre cet avis salutaire. On corrige le principe acide qu'elles contiennent par beaucoup de sucre ou par de la crème. Quant aux racines et aux feuilles du framboisier, elles sont détersives et astringentes ; on peut s'en servir en décoction comme de celles de la ronce, dans les maux de gorge et de gencives. Ses fleurs passent pour anodines et sudorifiques ; elles remplacent fort bien les fleurs de sureau.   J. SAINT-AMOUR.

FRAMÉE, mot qui paraît être d'origine celtique : c'est un de ces termes dont l'incurie des écrivains de l'antiquité a laissé à peu près le sens inexplicable. Tacite parle de la framée comme d'une arme familière aux Germains, et qu'une sorte d'initiation et de cérémonie militaire pouvait seule livrer au jeune guerrier : c'était, suivant les divers traducteurs, une espèce de francisque, une hallebarde, une lance, une haste, un javelot peu long, dont les Francs se servaient de la même manière que les Romains employaient le pilum. L'homme de cheval, disent plusieurs écrivains, n'était armé que d'une seule framée ; l'homme de pied en avait plusieurs à sa disposition. Isidore est persuadé que la framée était une épée à deux tranchants, participant des formes de celle qu'on appelait *spatha*. Sur les traces d'Isidore, Velly regarde la framée comme étant du genre des armes pourfendantes, tandis que Roquefort incline vers l'opinion que la framée était un maillet d'armes. Au milieu de ces dissidences, il est difficile d'éclaircir une question sur laquelle les monuments et la numismatique jettent peu de lumière.

FRANC, monnaie d'argent française, qui fut frappée sous Henri III, en remplacement du *teston*, qui valait vingt sous. A présent et depuis 1795 (époque où il fut substitué à la *livre tournois*, qui valait $^1/_{80}$ de moins et qui est au franc dans le rapport de 1 à 1,0125), c'est l'unité de tout le système monétaire français, que la Belgique, la Sardaigne, la Suisse, les Etats-Romains, etc., ont également adoptée. On frappe aujourd'hui en France des pièces d'argent de $^1/_5$, de $^1/_2$, de 1, de 2 et de 5 francs, et des pièces d'or de 5, de 10, de 20 et de 40 francs. La pièce de 1 franc, en argent au titre de 0,9, pèse 5 grammes ; son diamètre est de 24 millimètres.

Le franc est divisé en dix décimes ou en 100 centimes, il existe des pièces de cuivre valant 1, 2, 5 et 10 centimes, pesant dans la nouvelle monnaie 1 gramme par centime.

En Belgique on frappe des pièces d'argent de $^1/_4$, de $^1/_2$, de 1, de 2 et de 5 francs. Tout récemment encore on y frappait des pièces d'or de 10 et de 25 francs ; mais la fabrication des pièces d'or y a cessé depuis 1850, époque où une loi est venue ôter tout cours légal aux monnaies d'or.

En Suisse on frappe des pièces d'argent de $^1/_2$, de 1, de 2 et de 5 francs, et comme petite monnaie des pièces de $^1/_{20}$, $^1/_{10}$, et $^1/_5$ de franc en billon ou cuivre. Dans la Suisse allemande le *centime* porte le nom de *rappen*. On ne frappe pas de monnaie d'or dans ce pays.

L'ancien *franc* de Suisse, qui se frappait dans quelques cantons, était une meilleure monnaie d'argent de 1 $^1/_2$ franc de France ou franc actuel.

Dans le royaume de Sardaigne le franc porte le nom de *lira nuova*.

La *lira italiana*, frappée dans une grande partie de l'Italie à l'époque de la domination française, n'était également autre chose que le franc.

FRANC (*Culture*) se dit d'un arbre qui provient des semences (*pepin, noyau*, etc.) d'un arbre cultivé ; il diffère du *sauvageon* en ce que celui-ci naît d'un sujet que la culture n'a point amélioré. Les francs de l'espèce des pêchers, des abricotiers, semés dans les vignes de plusieurs départements, donnent des fruits savoureux et abondants ; ceux des autres espèces d'arbres fruitiers portent aussi de beaux produits, que la culture perfectionne. Mais en général les sujets francs ont cet inconvénient, que leur évolution lente fait attendre longtemps leurs produits ; en conséquence, ils servent à la greffe concurremment avec les sauvageons. Pour la greffe, le choix dépend entièrement de l'intention du jardinier : veut-il obtenir en peu de temps des fruits d'une belle qualité, il prend un franc vigoureux, à feuilles larges et peu épineux ; désire-t-il des arbres de longue durée, des produits abondants, mais d'une qualité ordinaire, il choisit le sauvageon. Trop d'activité dans la circulation pousse les francs, comme tous les autres arbres, à donner du bois, un feuillage bien fourni, et cela au détriment de la fructification ; la greffe tend à rétablir l'équilibre dans ce cas.   P. GAUBERT.

FRANÇAIS (Théâtre). *Voyez* THÉATRE-FRANÇAIS et FRANCE.

FRANÇAIS de *Nantes* (ANTOINE, comte), naquit le 17 janvier 1756, à Beaurepaire (Isère), à 16 kilomètres de Valence. Son père était notaire ; lui, avait d'abord voulu suivre la carrière du barreau ; mais les premiers jours de la révolution le trouvèrent directeur des douanes, à Nantes. Nommé d'abord officier municipal de cette ville, il fut, au mois de septembre 1791, élu à l'Assemblée législative par le collège de la Loire-Inférieure. Connaissant les rouages de la machine financière, il commença par demander la reddition de comptes des anciens fermiers généraux, s'éleva avec chaleur contre les désordres fomentés par le fanatisme, et dénonça les massacres d'Avignon, dont Vergniaud s'efforçait de faire amnistier les auteurs. Président de l'Assemblée, il prononça, le 18 juin 1792, l'éloge de Priestley, en présentant aux députés le fils de cet homme illustre. Lié avec quelques membres de la Gironde, porté, par l'élégance de son esprit, à partager quelques-unes de leurs opinions, il eut le bonheur d'échapper au triste sort de Vergniaud et de Condorcet. Sans cesser de faire des vœux pour le triomphe de la cause du peuple, il se tint loin du maniement des affaires, et alia, pendant que la Terreur sévissait à Paris, se reposer dans les Alpes françaises des fatigues de sa carrière politique. Durant cet exil volontaire, il observa la vie des habitants de ces montagnes, et publia, plus tard, sur ses notes, le *Manuscrit de feu Jérôme*, et le *Recueil des fadaises de M. Jérôme*, deux excellents ouvrages, écrits à la manière de Sterne, de Swift, de Voltaire et de Bernardin de Saint-Pierre, dans lesquels il parle en homme de bien, et avec une rare lucidité, de chimie, de botanique, d'agriculture, d'industrie, de morale, et même de métaphysique.

En 1798, élu par le département de l'Isère, il alla siéger au Conseil des Cinq-Cents, dont il devint un des secrétaires, y prit la défense de la liberté de la presse, proposa et fit adopter un décret mettant hors la loi quiconque oserait attenter à la sûreté du Corps-Législatif, et demanda que les veuves et les enfants des patriotes sacrifiés à la fureur des royalistes du midi fussent assimilés aux veuves et enfants des défenseurs de l'État. Lors de la chute du Directoire, qu'il n'aimait pas, ou le vit improviser les actes du 18 brumaire, qu'il n'aimait pas davantage, ce qui ne l'empêcha pas d'accepter les doubles fonctions de préfet de la Charente-Inférieure et de conseiller d'État. Placé plus tard à la tête de l'administration des communes, il la quitta bientôt pour la direction générale de l'administration des droits réunis, institution que le premier consul ne fit adopter que très-difficilement au conseil d'État. Il avait été presque seul de son avis. Pour organiser ce nouveau service, impopulaire dès son origine, il jeta les yeux sur Français de Nantes, comme sur l'homme le plus capable de concilier sa volonté avec les ménagements dus au peuple. C'est peut-être le plus bel éloge que l'on puisse faire du digne administrateur. Sa nouvelle position lui servit surtout à protéger les lettres, les sciences, les arts, et à faire du bien à ceux qui les cultivaient. Pour tous il y eut des places dans ses bureaux, et plus d'une famille de la vieille noblesse eut aussi à se louer de sa munificence. Napoléon récompensa son zèle, son esprit d'ordre, sa probité, en le nommant conseiller d'État à vie, comte de l'empire et grand-officier de la Légion-d'honneur. Quand vint la Restauration, Français de Nantes se vit expulsé de l'administration des droits réunis, dont Louis XVIII remit la direction générale à M. Béranger.

Cependant, le roi le maintint au conseil d'État, dans lequel il resta jusque après le second retour des Bourbons, époque où, rentrant dans la vie privée, il alla vivre à la campagne.

Élu, en 1819, député par le département de l'Isère, il parut à la chambre avec toutes ses vieilles opinions de 1789, son même amour pour le peuple et son esprit girondin. Ses discours furent peu nombreux, mais tous empreints de sagesse et de modération. Sa parole était facile, nombreuse, originale, vive comme une saillie, pleine de sens et malicieuse avec bonté. Son mandat expirant en 1822, il ne fut pas réélu; mais la révolution de Juillet le fit pair de France. Là il espérait pouvoir être longtemps encore utile à son pays. Adonné à des travaux nombreux sur la science agricole, il se faisait un bonheur et une douce gloire de publier de petits livres contenant une instruction substantielle, mise à la portée des intelligences les plus ordinaires. Il aimait à semer l'instruction parmi les petits et les faibles; le *Dictionnaire de la Conversation* lui doit d'excellents articles sur la science agricole; il lui doit aussi son épigraphe, empruntée à Montesquieu : *Celui qui voit tout abrège tout*. Ce fut en corrigeant une des épreuves de notre ouvrage qu'il se sentit atteint de la première attaque de la paralysie qui devait l'emporter. Depuis, il ne fit que languir, quoique sa constitution robuste lui permît encore de lutter contre le mal. Malheureusement, lorsqu'il se sentait un peu mieux, il se remettait au travail. Cette activité d'esprit ne pouvait manquer de lui être funeste : il mourut le 7-mars 1836.

FRANÇAISE (Académie). « Au seizième siècle, dit M. Sainte-Beuve, Jean-Antoine de Baïf établit dans sa maison de plaisance, au faubourg Saint-Marceau, une académie de beaux esprits et de musiciens, dont l'objet principal était de mesurer les sons élémentaires de la langue. A ce travail se rapportaient naturellement les plus intéressantes questions de grammaire et de poésie. Guy de Pilbrac, Pierre de Ronsard, Philippe Desportes, Jacques Davy, Duperron, et plusieurs autres éminents esprits de l'époque, en faisaient partie. En 1570, Charles IX lui octroya des lettres patentes, dans lesquelles il déclare que, pour que ladite académie soit suivie et honorée des plus grands, il accepte le surnom de protecteur et premier auditeur d'icelle. Ces lettres, envoyées au parlement pour y être enregistrées, y rencontrèrent les difficultés d'usage. L'université, par esprit de monopole, l'évêque de Paris, par scrupules religieux, intervinrent dans la querelle; pour en finir, il fallut presque un lit de justice. A la mort de Charles IX, la compagnie naissante se mit sous la protection de Henri III, qui, ainsi que les ducs de Joyeuse et de Guise, la plupart des seigneurs et dames de la cour, lui prodigua ses marques de faveur. » Rien nelui manqua, pas même les épigrammes : le spirituel et mordant Passerat en composa une, et le roi, courroucé, ayant mandé le poète, lui fit des reproches amers, voire, dit la chronique, *des menaces sanglantes*. Bientôt cependant les troubles civils et la mort du fondateur Baïf dispersèrent l'association. C'était une véritable tentative d'Académie Française, comme on le voit à l'importance qu'y attache Lacroix du Maine : « Lorsqu'il plaira au roi, écrivait-il en 1584, de favoriser cette sienne et louable entreprise, les étrangers n'auront point occasion de se vanter d'avoir en leur pays choses rares qui surpassent les nôtres (les académies d'Italie). »

Au siècle suivant, le projet d'une Académie Française fut repris. « Quelques gens de lettres, plus ou moins estimés de leur temps, dit Chamfort, s'assemblaient librement et par goût chez un de leurs amis. Cette société, composée d'abord de neuf à dix personnes, subsista inconnue pendant quatre ou cinq ans (de 1629 à 1634), et servit à faire naitre différents ouvrages que plusieurs d'entre eux donnèrent au public. Richelieu, alors tout-puissant, eut connaissance de cette association; il lui offrit sa protection, et lui proposa de la constituer en société publique. Ces offres, qui affligèrent les associés, étaient à peu près des ordres; il fallut fléchir. » On décida que Boisrobert, l'agent du cardinal, serait prié de remercier très-humblement son éminence de l'honneur qu'elle leur faisait, et de l'assurer qu'encore qu'ils n'eussent jamais eu une si haute pensée, ils étaient tous résolus à suivre ses volontés. Le cardinal leur fit répondre qu'ils s'assemblassent comme de coutume, et qu'augmentant leur compagnie, ainsi qu'ils le jugeraient à propos, ils avisassent entre eux quelle forme et quelles lois il serait bon de lui donner à l'avenir. Les statuts furent en effet bientôt dressés, mais, avant de les mettre sous les yeux du cardinal, l'Académie lui écrivit, le 22 mars 1634, « que, si Son Éminence avait publié ses œuvres, il ne manquerait rien à la perfection de la langue française, mais que sa modestie l'empêchant de les mettre au jour, l'Académie ne voulait recevoir l'âme que de lui... »

Richelieu daigna répondre qu'il accordait de bon cœur sa protection. Conrart, chez qui l'on se réunissait, et qui avait été nommé secrétaire perpétuel de la docte société, fut chargé de dresser le protocole des lettres patentes, qui furent signées le 2 janvier 1635. Pierre Seguier, alors garde des sceaux, et depuis chancelier de France, y apposa le grand sceau, en demandant à être inscrit sur le tableau des académiciens. C'est à son hôtel, rue du Bouloy, qu'ils siégèrent plus tard jusqu'à ce qu'ils y eussent été remplacés par la direction générale des fermes, qui donna dès lors son nom à l'édifice. D'autres personnages éminents dans la magistrature et le conseil d'État, Servien, de Montmort, du Châtelet, Bautru, sollicitèrent et obtinrent aussi de faire partie de la société. Quelque temps après, le cardinal, qui avait reçu par les lettres patentes tout pouvoir de l'organiser, signa les statuts, en effaçant toutefois l'article V, portant que « chacun des académiciens promettrait de révérer les vertus et la mémoire de Son Éminence. » Le bon sens du ministre avait fait taire la vanité du littérateur.

Mais tout n'était pas fini : le parlement, soupçonnant dans la fondation de l'Académie, l'établissement d'une censure à l'usage de Richelieu, s'opposa à l'enregistrement des lettres patentes, et ne céda qu'au bout de deux ans et demi, après trois lettres de jussion et de sérieuses menaces du ministre. Encore crut-il devoir y ajouter cette clause : « à la charge que ceux de ladite assemblée ne connaîtront que de l'ornement, embellissement et augmentation de la langue françoise et des livres qui seront par eux faits, et par autres personnes qui le désireront et voudront ». L'alarme alors fut grande parmi les gens de robe; et plus d'un procureur craignit d'être frappé d'une amende s'il commettait une faute contre les règles de la nouvelle Académie. A Paris, force jeux de mots furent lancés contre les membres que le cardinal allait, disait-on, doter de 2,000 livres de rente par tête avec les 80,000 livres destinées à l'enlèvement des boues de la capitale.

L'objet des travaux de l'Académie devait être de polir et d'améliorer la langue. Le nombre des membres fut fixé à quarante, et il n'a jamais été dépassé depuis. Il fallait et il faut encore dix-huit suffrages pour élire et autant pour exclure. La compagnie eut à sa tête un directeur et un chancelier temporaires et un secrétaire perpétuel, que les académiciens élisent toujours parmi eux. Conrart, dans cette fonction, eut pour successeurs Mézeray, Régnier-Desmarais, Dacier, Houteville, Mirabaud, Duclos, D'Alembert, Marmontel et, depuis la révolution, Suard, Auger, Raynouard, Arnault et M. Villemain. Chapelain, de Montmort, Régnier-Desmarais, Gomberville, chez qui se tinrent successivement les séances, en furent les premiers chanceliers; Richelieu, et après sa mort, le chancelier Seguier, les premiers protecteurs. Les académiciens jouissaient jadis de plusieurs prérogatives importantes; nul n'était et n'est censé devoir être reçu dans la compagnie que pour des titres littéraires, et les grands seigneurs eux-mêmes n'y sont réputés admissibles que comme littérateurs, sans qu'aucune distinction particulière les sépare jamais de leurs confrères; nul, enfin, ne peut être élu s'il ne se présente comme candidat.

Les premiers travaux des membres de l'Académie consisterent à prononcer chaque semaine, comme ils en avaient contracté l'obligation, un discours devant leurs collègues assemblés; mais bientôt à ces déclamations inutiles on voulut substituer des occupations sérieuses, et l'on songeait à composer un dictionnaire et une grammaire de la langue française, lorsque les caprices littéraires du cardinal vinrent donner une autre direction aux travaux des membres les plus actifs. Curieux de faire représenter devant lui des pièces de théâtre, Richelieu en commanda à plusieurs académiciens, à Régnier-Desmarais, à Chapelain, à qui il écrivit : « Prêtez-moi votre nom; je vous prêterai ma bourse; » à Boisrobert, à Colletet, à L'Estoile, à Rotrou et à Corneille lui-même (qui n'était pas encore de l'Académie), leur faisant faire à chacun tantôt une pièce entière, tantôt seulement un acte, et se réservant alors pour lui-même la tâche de lier toutes ces parties et d'y intercaler des vers de sa façon qui lui permissent de se croire l'auteur de l'œuvre. Leurs émoluments étaient généralement mesquins; quelquefois cependant il se montrait Mécène généreux, par exemple lorsqu'il gratifia Colletet de soixante pistoles pour avoir peint les amours de la cane et du canard dans la mare des Tuileries.

Cependant, le cardinal avait été blessé du succès du *Cid* de Corneille. Scudéry, pour lui plaire, écrivit de longues et lourdes invectives contre cette pièce, qu'il somma l'Académie de juger. Celle-ci voulut refuser cette charge, qui mettait ses membres dans une fausse position; mais Richelieu lui fit savoir qu'il voulait qu'elle l'acceptât, ajoutant : « J'aimerai les académiciens comme ils m'aimeront. » On comprit, et *Le Cid* fut condamné. Le cardinal avait désigné lui-même pour rédacteur de la sentence Chapelain, et annoté son jugement. L'Académie consacra dix mois à cet examen, espérant qu'en traînant les choses en longueur, Richelieu, « qui avait toutes les affaires du royaume sur les bras et toutes celles de l'Europe dans la tête, » oublierait son heureux rival; mais le cardinal tenait à sa réputation littéraire, et il fallut lui immoler Corneille.

Cette tâche pénible achevée, on reprit sérieusement, en 1638, l'idée du dictionnaire. Chapelain et Vaugelas présentèrent deux projets : celui de Chapelain l'emporta. Voici la liste curieuse de quelques-uns des bons auteurs auxquels on devait emprunter les exemples; c'était pour la prose : Du Vair, Desportes, Marion, de La Guesle, D'Espeisses, Coeffeteau, D'Urfé, Dammartin, D'Audiguier, etc., et deux académiciens, Bardin et Du Chastelet, qui morts depuis peu « devenaient pour la langue autorités souveraines, comme les empereurs romains devenaient dieux ». Quant à la poésie, on inscrivit au catalogue : Bertrand, Deslingendes, Motin, Tonvant, Monfuron, etc., etc. Cependant, les occupations multipliées de Chapelain et la spécialité de Vaugelas firent choisir ce dernier pour rédacteur du dictionnaire, et afin qu'il pût se livrer librement à ce travail, le cardinal lui fit une pension de 2,000 livres. Quand Vaugelas vint lui faire ses remercîments : « Vous n'oublierez pas, dit l'Éminence, le mot *pension*. — Ni le mot *reconnaissance*, » répliqua l'académicien. Malgré son zèle, Vaugelas ne put terminer l'œuvre qu'en 1694, et l'Académie en commença aussitôt une seconde édition, qui vit le jour en 1718; la troisième parut en 1740, la quatrième en 1762, la cinquième en 1813, et la sixième enfin a été livrée au public en 1835.

L'Académie, qui après le chancelier Séguier avait choisi Louis XIV lui-même pour son protecteur, était déjà établie au Louvre, où elle siégeait trois fois par semaine, quand le roi assigna quarante jetons de présence à ses quarante membres, et fonda sa bibliothèque en lui envoyant 600 volumes. Mais la compagnie dut lui prouver sa reconnaissance par ses flatteries. Ainsi, La Fontaine ayant été élu en 1683, ce choix déplut au monarque, et ce ne fut qu'au bout de six mois qu'il autorisa un second tour de scrutin pour valider l'élection. « Vous pouvez le recevoir, avait-il dit aux députés, il a promis d'être sage. » La complaisance pour l'autorité, les éloges emphatiques des rois et des ministres, qui revenaient incessamment dans les discours publics, le peu de mérite de quelques membres et l'apparente inutilité de beaucoup de leurs conférences, attirèrent sur l'Académie des critiques et des satires qui se succédèrent presque sans interruption, depuis la comédie des *Académiciens* de Saint-Évremond jusqu'aux satires de Gilbert.

Aujourd'hui, chaque académicien nouvellement élu prononce dans une séance publique et solennelle un discours dont le fond est l'éloge de son prédécesseur, et auquel répond ordinairement le directeur qui présidait la compagnie au moment de la mort du membre remplacé. C'est Patru qui le premier, en 1640, composa un discours de remercîment : la compagnie en fut tellement satisfaite, qu'elle fit depuis lors une loi à tout récipiendaire d'en prononcer un semblable; mais ce fut seulement en 1671 que les séances de réception commencèrent à devenir publiques. Balzac, le premier, institua un concours d'éloquence, dont les quarante devaient être les juges. C'est en 1671 qu'on décerna les premiers prix d'éloquence et de poésie ; ils furent remportés par Melle de Scudéry et La Monnoye. Le discours de la première avait pour titre : *De la louange et de la gloire; qu'elles appartiennent à Dieu en propriété, et que les hommes en sont ordinairement usurpateurs.* La pièce du second traitait *De l'Abolition du duel*. On ne compte, du reste, qu'un petit nombre d'écrivains et de poètes éminents parmi ceux qui sont descendus dans cette lice, et l'on ne citer que les morts, on ne trouve guère d'illustres parmi les concurrents que Fontenelle, Thomas, La Harpe, Chamfort, Necker, Marmontel et Millevoye.

Nous ne donnerons pas la liste des membres, même les plus célèbres, de cette Académie, qui a pris la devise, assez ambitieuse: *A l'immortalité!* Presque tous les grands écrivains des dix-septième et dix-huitième siècles en ont fait partie ; peu en ont été exclus. Il faut citer dans le nombre Granier, pour avoir nié un époux; Furetière, pour plagiat; et le respectable abbé de Saint-Pierre, rayé de la liste malgré la courageuse opposition de Fontenelle. Parmi ceux qui n'en ont pas fait partie, on cite Descartes, Rotrou, Pascal, Molière, Ménage, Regnard, La Rochefoucauld, Rousseau, Malebranche, Dufresny, Dancourt, Lesage, Dumarsais, Louis Racine, Vauvenargues, Piron, J.-J. Rousseau, Diderot, Beaumarchais, Mirabeau, c'est-à-dire nos premiers auteurs comiques et plusieurs de nos plus grands écrivains, de nos plus habiles grammairiens; et de nos jours, Millevoye, Courier, Benjamin Constant, le général Foy, Béranger, Lamennais, Balzac. En revanche, un grand nombre d'écrivains médiocres y ont été les confrères des illustrations de la littérature, et sont devenus les arbitres d'une langue que souvent le public sait mieux qu'eux, disparate qu'offrent, du reste, toutes les sociétés littéraires ; ce qui n'empêche pas l'Académie Française d'avoir illustré son nom et bien mérité de la patrie. Après avoir vécu cent cinquante-sept ans, elle fut entraînée dans la ruine de la monarchie; mais bientôt elle reparut sous le nom de sonde classe de l'Institut. La Restauration lui a rendu son ancien titre, qu'elle conserve encore, tout en continuant à faire partie de l'Institut.

[Chamfort pense, et beaucoup d'autres ont dit comme lui, que Richelieu, en créant l'Académie Française, n'avait eu en vue qu'un moyen d'étendre le despotisme. Nous n'adoptons pas cette accusation banale, qui tombe devant un fait tout naturel : Richelieu aimait les lettres; il a voulu en encourager la culture, et se faire un mérite d'avoir donné l'impulsion à des travaux qui avaient pour but de fixer notre langue dans un vocabulaire qui lui manquait, dans un inventaire complet de ses richesses. Nous ne voyons pas ce que la politique pouvait gagner à cette innocente institution, qui certes ne devint jamais un instrument de gouvernement, ni au temps de Richelieu ni depuis. On doit considérer comme un fait assez curieux que l'aristocratie parlementaire, moins libérale et plus exclusive que le ministre, si jaloux du pouvoir, voulut absolument borner la compétence académique à la définition et au classement des mots de la langue, et interdire le domaine de l'éloquence aux membres de la docte compagnie. Chamfort, que ses opinions politiques conduisaient naturellement à désirer l'abolition de tout ce qui semblait monopole ou privilège, avait composé pour Mirabeau un discours sur la destruction des académies. Il reproche avec justice, quoique avec un excès de dureté, à l'Académie Française ses adulations pour Louis XIV. Certes, nous ne voulons pas la défendre : nous sommes trop jaloux de l'honneur des lettres pour applaudir à ce qui peut en ravaler la noblesse ; mais Louis XIV n'avait-il pas fasciné tous les yeux ?

En 1792, elle tomba avec le trône, dont elle n'avait été ni l'appui ni la complice. On pourrait même dire qu'il s'était, au contraire, manifesté dans son sein depuis longtemps un penchant à l'opposition, un esprit philosophique, un amour du progrès, une harmonie avec les sentiments du public et un patriotisme français qui méritaient du moins un honorable souvenir. Elle avait substitué à l'éternel éloge de Louis XIV l'éloge des hommes illustres de notre pays dans tous les genres ; c'était changer de culte d'une manière aussi judicieuse qu'honorable. Ces considérations auraient pu défendre l'Académie dans un mouvement moins violent que celui où nous allions bientôt passer. La Convention expirante rétablit les académies sur un plan plus large et plus philosophique, en les rattachant à un Institut composé de quatre classes, et qui embrassait l'universalité des connaissances humaines. L'ancienne académie des Ptolémées et l'Institut de Bologne avaient servi de modèles à cette nouvelle organisation, dans laquelle l'Académie Française reparaissait sous le titre de *Classe de la langue et de la littérature françaises*. La Restauration, qui mit la main à tant de choses pour les gâter, souvent sans aucun profit pour elle-même, fit subir une nouvelle réforme à l'Institut, et acheva de le dénaturer. Le ministre Vaublanc, chargé de cette désorganisation, rendit aux quatre classes leur ancien nom d'*Académie*, les isola les unes des autres, et rompit le faible lien qui les unissait encore. A cette première faute il ajouta celle de renverser la loi fondamentale de l'établissement, l'inamovibilité des académiciens. Plusieurs d'entre eux furent arbitrairement exclus. Ce coup d'autorité, qu'il fallut désavouer plus tard en laissant à l'Académie la liberté de rappeler avec honneur quelques-uns de ceux qu'on avait frappés de proscription, fit beaucoup de tort à un prince qui avait la prétention d'être l'ami et le protecteur des lettres ; mais il était alors sous le joug d'un parti assez emporté pour vouloir dicter des lois à la royauté elle-même.

L'Académie Française a été regardée souvent comme une brillante inutilité. Il dépend d'elle de conquérir une meilleure place dans l'estime publique. Pourquoi ne s'emparait-elle pas parmi nous du ministère de la haute critique, en l'exerçant avec autant de décence que d'impartialité ? Quelle autorité n'obtiendrait-elle pas quand on verrait sortir de son sein les oracles de la raison et du goût ? Comme la justice rendue par elle aux ouvrages dignes de son examen aurait bientôt réduit à sa juste valeur la censure ardente, injuste et passionnée des journaux, qui porte dans ces luttes si funestes à la littérature ! Mais à la vérité, pour se charger d'un tel ministère, il faudrait un certain courage, et avant tout la résolution de mettre sous ses pieds ces petites considérations, les calculs personnels, l'esprit de parti, et, ce qui vaut moins encore, l'esprit de coterie.

Qu'elle profite de l'art de manier la plus claire des langues pour populariser une foule de vérités qui donneront une étonnante prospérité à notre pays, quand elles seront mises à la portée de tous et admises par l'usage. Voilà sans doute une riche mine à exploiter. Quel présent à faire au peuple que des livres élémentaires et des traités de morale publique ! qu'il serait digne d'une académie de former elle-même la bibliothèque du peuple, en veillant avec une attention extrême à ce qu'aucune erreur, aucun préjugé, aucun conseil dangereux ne pussent fausser les esprits ou gâter les cœurs ! Avec de tels travaux, on ne se verrait pas exposé à entendre dire : « A quoi sert l'Académie ? » Grâce à cette nouvelle direction, le nom d'académicien indiquerait toujours un homme de talent vraiment utile à son pays. Pour que tout ce qui émane de l'Académie fût empreint du même esprit et concourût au même but, il faudrait encore que, sans ôter aux vertus privées leur récompense, les vertus publiques eussent aussi leur part dans la distribution des prix fondés par le philanthrope Montyon.

P.-F. TISSOT, de l'Académie Française.]

FRANÇAISE (École). *Voyez* ÉCOLES DE PEINTURE.
FRANÇAISE (Église). *Voyez* CHATEL (L'abbé).
FRANC ALLEU. En droit féodal, l'*alleu* était la terre *franche, libre* par excellence. L'expression *franc alleu* n'était donc qu'un véritable pléonasme. Les biens de cette nature se distinguaient en *francs alleux nobles* et *francs alleux roturiers*, suivant l'état du possesseur.
FRANC ARBITRE. *Voyez* ARBITRE (Libre).
FRANC ARCHER. *Voyez* ARCHER.
FRANC BORD, synonyme de *berne*. C'est un chemin entre une levée et le bord d'un canal.
En fortification, c'est l'espace réservé entre le pied du talus extérieur du para et le sommet de l'escarpe.
FRANC BOURGEOIS. *Voyez* BOURGEOIS.
FRANC D'AVARIES. *Voyez* AVARIE.
FRANCE, *Franco-Gallia*, empire de l'Europe occidentale, que son histoire, sa langue, sa littérature, ses arts et son industrie ont placé au premier rang des peuples civilisés.

Géographie physique.

Située dans la zone tempérée de l'hémisphère septentrional, entre les 42° 19', et 51° 6' de latitude nord, et les 5° 56' de longitude est et 7° 9' de longitude ouest du méridien de Paris, la France est bornée au nord-ouest par la Manche ; au nord-est par le royaume de la Belgique, la province prussienne du Bas-Rhin (régence de Trèves), et le cercle bavarois du Rhin ; à l'est, par le grand-duché de Bade, la Suisse et le royaume de Sardaigne, avec lesquels ses limites sont déterminées en grande partie par le Rhin, le Jura, le Rhône et les Alpes ; au sud, par la Méditerranée et les Pyrénées, qui la séparent de l'Espagne ; et à l'ouest par l'océan Atlantique. La France a 977 kilomètres dans sa plus grande longueur du nord au sud, depuis Zuitcoote, près de Dunkerque, jusqu'au col de Falguère, au sud-sud-est de Prats-de-Mollo ; à peu près autant (959 kilomètres) dans sa plus grande largeur de l'ouest à l'est, du cap appelé bec de Landversenen (Finistère) au pont de Kehl, près de Strasbourg, et 54,009,560 hectares ou 540,085 kilomètres de superficie. Parmi les vraies divisions qu'offre sa surface, on distingue 22,818,000 hectares en terres arables ; 1,977,000 en vignes ; 2,034,000 en potagers, jardins, parcs, pépinières, vergers et cultures particulières ; 400,000 en châtaigneraies ; 7,013,000 en prés et pâturages, et 6,963,000 en étangs, marais, montagnes, roches, rivières, canaux.

La France participe aux avantages et aux inconvénients des contrées maritimes : plus de pluies et d'humidité, moins d'inégalité dans les saisons. Remarquons toutefois que cette observation n'est pas vérifiée partout, et qu'il y a des espaces assez étendus où son exactitude peut être méconnue. Telle est, par exemple, la partie du bassin du Rhône où domine le *mistral*, vent de nord-nord-ouest, dont les causes sont tout à fait locales.

Par rapport à la direction des vents et à leur influence sur la température et les propriétés hygrométriques du territoire, la France peut être divisée en deux parties à peu près égales : l'une au nord, où les variations atmosphériques sont moins brusques, et l'autre au sud, ou les causes locales ont plus de puissance, où les faits particuliers sont plus multipliés, plus divers. Comme cette distinction entre deux contrées voisines dépend surtout du relief du terrain et des courants d'eau qui les arrosent, jetons d'abord un coup d'œil sur les montagnes et l'hydrographie de la France.

Les Pyrénées sont encore aujourd'hui, comme au temps de l'Empire Romain, les limites naturelles entre l'Espagne et la France. Entre la Gaule cisalpine et la Germanie, des États nouveaux ont franchi les hautes sommités des Alpes, et le territoire français ne s'élève plus que sur des montagnes sous-alpines, ou sur leurs appendices, et en quelques lieux il n'atteint pas même le pied de la grande chaîne. Quoique le Jura ne soit que d'une hauteur médiocre, ses longues crêtes appartiennent à la Suisse, et c'est par leur pied que la France est prolongée jusqu'au Rhin. Ainsi, les montagnes de l'intérieur sont, au nord, les Vosges, qui se prolongent au delà de nos frontières actuelles : vers le milieu, les monts *Dore*, les monts *Dôme*, le *Cantal*; au sud les Cévennes, prolongées par la Lozère. Des groupes, plus remarquables par leur élévation que par l'espace qu'ils couvrent, méritent aussi une mention particulière : ce sont les monts *l'entoux*, sur les confins des départements de Vaucluse, des Hautes et des Basses-Alpes ; le *Mézin*, entre les départements de la Haute-Loire et de l'Ardèche, et le mont *Pilat*, entre ceux du Rhône et de la Haute-Loire. Les autres élévations du sol, telles que le *Morvan*, où se trouve la source de l'Yonne, la *Côte-d'Or*, renommée par ses bons vins, et qui verse des eaux dans l'Océan par les rivières tributaires de la Seine, et dans la Méditerranée par les affluents de la Saône ; le plateau de *Langres*, entre la Marne et la Meuse, et qui envoie aussi des eaux à la Saône, etc., sont toutes au-dessous de 1000 mètres de hauteur verticale depuis le niveau de la mer, et de 300 mètres depuis les plaines qui leur servent de base : ce sont des *coteaux*, et non des montagnes. Le terrain s'exhausse en apparence dans les Ardennes, mais seulement parce que le point de départ pour la mesure des hauteurs est placé plus bas. A l'ouest de la France, à tous les degrés de latitude, des coteaux encore plus bas, de moindres obstacles aux grands mouvements atmosphériques, et par conséquent plus de régularité dans les phénomènes météorologiques. Le Mézin, dont le versant oriental appartient au bassin du Rhône, se rattache aux Cévennes et à la Lozère; et quoique les plus hautes cimes de ces montagnes n'excèdent guère deux mille mètres, elles atteignent la région des nuages, qu'elles condensent ou qu'elles détournent; elles forcent les vents superficiels à suivre les sinuosités des vallées. Le vent du sud est assez régulier dans le nord de la France, quoique depuis les côtes de la Méditerranée et le sommet des Pyrénées il transporte trop souvent les tempêtes et leurs dévastations jusqu'au delà des montagnes de l'intérieur. Si les vents du Nord traitent moins défavorablement la partie méridionale de notre pays, c'est qu'ils n'ont pas l'impétuosité des vents du Sud, et qu'ils sont moins chargés d'eau.

Relativement à ses cours d'eau, on peut diviser la France en plusieurs bassins.

La Meuse, dont la source est dans le département de la Haute-Marne, sort du territoire français en quittant le département des Ardennes. Son cours, plus long et non moins sinueux que celui de la Seine, à travers des pays où il pleut encore plus qu'à Paris, apporterait à l'Océan un plus grand volume d'eau que celui de la Seine au Havre, si son bassin n'était pas très-resserré sur sa rive droite par le bassin du Rhin, et sur la gauche par ceux de la Seine et de l'Escaut. La Sambre est la plus considérable de ses affluents. Dans le court trajet de la Meuse dans le département des Vosges, près de Neufchâteau, elle disparaît à l'époque des basses eaux, et se montre de nouveau comme sortant d'une autre source, à peu de distance de l'entonnoir où ses eaux avaient été versées. On a comparé cette *perte* d'un fleuve qui n'est encore qu'un ruisseau à celle du Rhône. Le bassin de la Meuse est entièrement calcaire depuis la source de cette rivière jusqu'aux roches schisteuses des Ardennes.

La France n'a plus qu'une petite partie du bassin de l'Escaut rivière plus remarquable par les ressources qu'elle procure au commerce de la Belgique et de la France que par son influence sur le climat de nos provinces du nord. Depuis sa source, dans le département de l'Aisne, jusqu'à l'embouchure de sa branche occidentale, celle qui porte ses eaux le plus loin, l'Escaut reçoit un grand nombre de rivières navigables, quoique d'un cours peu étendu. Dans tous les pays compris dans ce bassin, le terrain a peu de relief, et peut être considéré comme une plaine légèrement ondulée.

C'est après avoir reçu l'Aar que le *Rhin* vient limiter le territoire français. L'*Ill*, nommée autrefois *Alsa*, et qui a donné son nom à la magnifique vallée de l'Alsace, rassemble les eaux qui tombent des Vosges dans le département du Haut-Rhin, et les porte au fleuve au-dessous de Strasbourg. Le versant opposé des mêmes montagnes renferme les sources de la Moselle, le plus grand des affluents de la rive gauche du Rhin, et même des deux rives.

Le bassin du Rhin comprend cinq départements à peu près en entier. On n'y remarque point dans la distribution des eaux les irrégularités que les terrains calcaires manifestent fréquemment; mais la navigation n'y a pas autant de ressources que sur la Meuse et sur l'Escaut, quoique le cours des rivières y ait beaucoup plus d'étendue. Le versant occidental des montagnes est moins fertile que l'opposé, ce qui ne tient qu'à la nature du sol et à l'exposition au levant, dont les Vosges alsaciennes sont favorisées.

Le Rhône appartient plus à la France qu'à la Suisse et à la Savoie : treize départements sont renfermés dans son bassin, et trois autres lui envoient aussi une partie de leurs eaux courantes. A 20 kilomètres au-dessous de Genève, il est encaissé dans une tranchée étroite et profonde, aboutissant au rocher sous lequel il passe tout entier, dans l'état ordinaire de ses eaux. A peu de distance au-dessous de ce rocher, qui forme ainsi un pont naturel, le fleuve reparaît en bouillonnant, et coule entre les rochers dont son lit est encombré. Devenu enfin libre et navigable, il va joindre la *Saône*, rivière qui ne lui est guère inférieure, quant au volume des eaux, et qui semble lui avoir tracé la route qu'il suit jusqu'à la Méditerranée. Les rivières qu'il reçoit sur ses deux rives sont très-rapides, surtout celles de la rive gauche, qui viennent des Hautes-Alpes. On connaît assez les fréquentes dévastations causées par l'impétueuse Durance. Les glaciers des Alpes exercent une puissante influence sur les mouvements de l'atmosphère dans toute cette partie de la France; on y reconnaît l'origine du *mistral*, qui se fait sentir jusqu'au département de l'Aude ; car depuis le Var jusqu'aux Pyrénées aucun fleuve un peu considérable ne modifie sensiblement les effets produits par l'étendue, la forme et les grands courants du bassin du Rhône.

Onze départements sont compris dans le bassin de la Garonne, et trois autres n'y sont compris qu'en partie. Le cours du fleuve et des rivières tributaires est assez régulier : point de passages souterrains ni de cascades remarquables; une pente assez roide dans les montagnes et très-adoucie dans les plaines, en sorte que les courants n'y sont pas aussi rapides que dans le bassin du Rhône. Les glaciers des Pyrénées, sans la continuité, ne peuvent être comparés à ceux des Alpes quant à leur action sur les mouvements atmosphériques. La chaleur y est plus modérée que dans le bassin du Rhône à la même latitude, les saisons y sont moins inégales, et la sécheresse n'y désole pas aussi souvent les cultivateurs ; mais les productions des contrées méridionales de la France lui sont refusées, et l'humidité y est souvent plus grande qu'il ne le faudrait pour perfectionner celles de la vigne. Les principaux affluents de la Garonne sont ceux de la rive droite. La Dordogne lui apporte les eaux du versant occidental des anciens volcans de l'intérieur ; le pays traversé par cette rivière se ressent encore de son origine et des bouleversements qui ont formé ses montagnes et ses vallées. Des pentes irrégulières, de brusques déviations, des roches qui divisent le courant, et d'autres, qui, tantôt apparentes et tantôt couvertes par les eaux, sont un obstacle ou un danger pour la navigation, opposent à l'art des ingénieurs des difficultés qui ne seront peut être pas surmontées dans la région volcanisée. A la rigueur, la Dordogne n'est pas un affluent de la Garonne, puisque le courant formé par la réunion du fleuve et de la rivière change de nom et prend celui de *Gironde* : aucune considération hydrographique ne justifie cette distinction. Le Lot vient de la Lozère; son cours est très-sinueux, et ses eaux, qui coulent en quelques lieux avec une grande vitesse, sont ailleurs d'une immobilité apparente. Le Tarn apporte à la Garonne le tribut des Cévennes, et continue à charrier quelques débris de ces montagnes, à former des atterrissements, qui à la longue feront changer en quelques lieux la pente et la direction de son lit.

En ce qui concerne la météorologie, les bassins de l'Adour et de la Charente peuvent être réunis à celui de la Garonne, sauf quelques modifications qui dépendent de la latitude et de la nature du sol. La quantité moyenne des eaux de pluie qui tombent dans cette partie de la France est un peu plus grande que dans les bassins de la Loire et de la Seine, est surtout dans celui du Rhône.

Le bassin de la *Loire* comprend à peu près le quart du territoire actuel de la France. Le fleuve qui lui donne son nom pouvait trouver dans l'*Allier* un compétiteur redoutable ; mais la géologie repousse les prétentions de ce rival, car en examinant, au-dessous du confluent de la Loire et de l'Allier, les dépôts formés à diverses profondeurs, on trouve qu'ils sont presque entièrement des alluvions du premier courant ; le second n'y a contribué que très-peu. Les principales rivières tributaires après l'Allier n'ont pas leurs sources à une grande hauteur au-dessus de l'Océan ; et comme leur cours est assez long, elles coulent avec lenteur sur un terrain d'une faible inclinaison. Les bateaux les remontent à la voile à l'aide d'un vent médiocre ; les pays qu'elles traversent paraissent mieux arrosés, et ils le sont réellement trop dans quelques lieux, où les eaux n'ont pas assez d'écoulement et forment des marais, au préjudice de la santé des habitants. C'est dans le bassin de la Loire que l'on trouve encore aujourd'hui la plus grande étendue de ces terrains marécageux qui pourraient être desséchés. Sans de grands travaux, assainis et cultivés. La surabondance des eaux se fait beaucoup moins sentir sur la rive droite que sur la gauche, excepté dans le département de la Loire-Inférieure, où cependant les marais sont plus desséchés, que ceux de la partie méridionale de ce bassin. L'origine des sables charriés par la Loire ne doit pas être cherchée sur une petite partie de son cours : chacun de ses affluents lui en apporte, et ils deviennent si abondants qu'il a fallu opposer des digues à leurs invasions, afin d'en préserver les belles plaines qui s'étendent sur les deux rives du fleuve jusqu'au pied des coteaux. Sans cette précaution, la Touraine n'eût pas mérité le nom de *jardin de la France*. Un dépôt de ces sables d'alluvion, communiquant encore avec les eaux du fleuve, quoiqu'il soit garanti de leurs érosions, enfoui sur tout le reste de son étendue et ouvert près d'Orléans en forme de puits à travers la couche superficielle qui le couvre, forme ce qui en lieu la source du *Loiret*, petite rivière de deux lieues de cours, navigable sur toute la longueur de ce trajet, d'une admirable limpidité, coulant avec plus ou moins d'abondance, selon que les eaux du fleuve dont elle est une dérivation sont plus ou moins hautes.

Le bassin de la *Seine* n'a pas tout à fait en étendue la septième de celle de la France : il n'occupe donc que le quatrième rang parmi les divisions hydrographiques de notre territoire ; mais comme la capitale se trouve sur le parcours de ce fleuve, l'attention spéciale que l'on a donnée aux besoins de Paris et aux moyens de les satisfaire a fait hâter le perfectionnement de la navigation de la Seine et de ses affluents ; de nouvelles voies navigables ont été ouvertes, et les eaux, mieux distribuées sur le sol, retirées de lieux où elles étaient inutiles ou nuisibles, ont alimenté ces rivières artificielles. Il y a maintenant beaucoup moins de marais dans le bassin de la Seine que dans celui de la Loire, en raison de la superficie de l'un et de l'autre : cependant il en reste encore, même assez près de la capitale. Le vent d'ouest est moins dominant dans le bassin de la Seine que dans celui de la Loire ; cela tient à ce que l'espace arrosé par le fleuve de la capitale est incliné vers le nord-ouest, au lieu que le cours entier de la Loire penche vers l'ouest ; Quoique le cours de la *Marne* soit aussi long que celui de la Seine à l'embouchure de la rivière dans le fleuve, on ne peut contester la supériorité de celui-ci, en raison du nombre et de la grandeur de ses affluents.

Nous n'avons plus maintenant à faire mention que de petits fleuves, dont l'influence sur le climat et la température ne peut être aperçue, sinon dans leur voisinage. Nous placerons sans difficulté la *Somme* au même rang que la Charente et l'Adour, et encore plus bas la *Vilaine* et les autres courants navigables de la Bretagne ; puis l'*Orne* et quelques autres fleuves encore plus petits dans la Normandie ; une ligne de coteaux se prolonge à l'ouest jusqu'au delà de Brest, et se rattache aux limites du bassin de la Seine ; c'est dans ces terrains, d'une hauteur médiocre, que sont les sources des rivières dont on vient de parler, au nord et au sud. Ces coteaux modèrent la vitesse des vents du nord pour les régions de leur versant méridional, et les rendent par conséquent moins froids et moins secs ; mais depuis les côtes de la Manche jusqu'à l'extrémité du versant septentrional, les fâcheux effets de ces vents deviennent plus sensibles.

Il n'y a presque point de terres infertiles dans toute la France : si l'on retranche de sa superficie les roches dépouillées, tout le reste peut être couvert de végétaux utiles, mis à profit par l'industrie agricole. Les landes de Bordeaux ne tarderont pas à devenir fécondes ; la Sologne s'améliore successivement, et les craies de la Champagne commencent à se couvrir d'arbres dont la multiplication est le meilleur moyen de donner ou de rendre au sol le degré d'humidité qui entretient la végétation dans toute sa vigueur. En France, la chaux domine à la surface et dans l'intérieur de la terre ; le sol calcaire surpasse en étendue ceux qui sont caractérisés par l'abondance de la silice ou de l'argile, mais les proportions entre les principes d'une terre végétale peuvent varier dans une assez grande latitude, pourvu que cette terre contienne une assez grande quantité de matières végétales en décomposition. Les produits de tous ces sols, entre lesquels l'analyse chimique établirait des différences essentielles, peuvent être confondus quant aux qualités qui les font rechercher ; le nombre des plantes qui ne réussissent que dans un sol qui leur soit approprié n'est que très-petit en comparaison de la prodigieuse multitude de celles qui s'accommodent de tous les terrains ; et celles que nous cultivons, les céréales, par exemple, font partie de cette foule complaisante.

En fait de minéraux, la France a été traitée par parcimonie : on ne trouverait peut-être en Europe aucune contrée de même étendue où l'énumération des substances minérales soit aussi restreinte. Cependant, tous les modes de formation ont eu part à l'état où nous la voyons aujourd'hui ; les feux souterrains, les eaux douces et celles de la mer y ont laissé des témoignages irrécusables de leur ancienne et puissante action : l'origine de quelques-unes de ses montagnes semble remonter jusqu'à l'époque de la consolidation de notre globe, et les débris de ces protubérances terrestres exposées depuis si longtemps à l'action de l'atmosphère ont été entraînés suivant des directions tracées d'avance par les irrégularités de la surface ; les Alpes ont fourni des matériaux pour des atterrissements en Italie, vers la mer Noire, l'Océan et la Méditerranée ; les Pyrénées, dont les pics atteignaient autrefois une hauteur qu'ils ont perdue, se sont écroulées vers le nord et encore plus vers le sud ; les Vosges, qui, dans leur structure primitive, n'étaient peut-être pas dominées par les Alpes, mais d'une structure moins solide et posées sur une base plus étroite, ne conservent plus que les ruines de leur ancienne grandeur ; les roches formées à leurs dépens occupent aujourd'hui tout le bassin de la Moselle et une partie de la vallée du Rhin, espace immense en comparaison de celui qu'elles couvriront aux temps plus rapprochés de leur formation. Dans l'intérieur de la France, les changements de forme et de grandeur n'ont pas été moins remarquables. Le Mézin et ses appendices, les chaînes de montagnes qui alors comme de nos jours envoyaient des eaux à la Loire et à la Garonne, n'étaient point déchus de leurs dimensions gigantesques ; tout ce que leurs cimes ont parsemé sur plusieurs milliers de kilomètres carrés devrait être évalué si l'on voulait avoir une notion exacte de ce qu'elles furent autrefois. Quelle que soit la cause de ces prodigieux éboulements, on ne peut se dispenser de reconnaître que son action n'a jamais été violente, que la grandeur de ses effets est seulement une preuve de sa longue durée, qui n'a pas encore atteint son terme ; on en est convaincu par l'inspection des matériaux provenant de ces ruines : ils ont été déposés avec ordre, à des époques indiquées par leur stratification, et les atterrissements n'ont pas cessé, quoique leurs progrès soient maintenant d'une extrême lenteur. Ainsi, dans l'intérieur de la France comme à l'est et au sud, les montagnes tendent à s'abaisser de plus en plus, tandis que les eaux courantes, continuant à exhausser le fond de leurs vallées, coopèrent au nivellement général de la surface du globe.

Mais ces montagnes de l'intérieur de la France ont été soumises à un autre agent, dont la violence est le caractère propre : des traces de volcans éteints, des roches basaltiques, des coulées de laves, des cratères bien caractérisés et très-reconnaissables, des terres volcaniques, etc., occupent un espace considérable dans les départements de la Haute-Loire, de l'Ardèche, de la Lozère, du Cantal et du Puy-de-Dôme, au delà du Rhône ; on en trouve aussi dans le département du Var, près de Brignoles, et sur les coteaux entre le bassin de l'Argens et celui du Verdon. Près des bords du Rhône, les basaltes de Rochemaure attirent l'attention de tous les voyageurs, et un peu plus loin la montagne de *Chenavary* est chargée d'un de ces assemblages de prismes basaltiques nommés vulgairement *pavé des géants*. Un cratère très-vaste, mais déchiré sur toute sa circonférence, environné des laves qui en sortirent à une époque dont rien n'indique la place dans l'ordre des temps au moyen d'autres événements contemporains. Une multitude d'autres *puys* (bouches volcaniques ou masse de basaltes) parsemés sur le versant oriental du Mézin, dans le bassin de l'Ardèche, conduit jusqu'à Pradelles, dans le bassin de l'Allier. C'est près de cette petite ville que l'on voit un ancien volcan remarquable par les boules de basalte qu'il contient en grande quantité. Ces pierres arrondies, de grandeur très-inégale, dont quelques-unes sont brisées en partie et laissent voir leur structure intérieure, sont formées par des couches concentriques, d'épaisseur variable, même dans la superficie de chacune, en sorte que très-peu de ces masses ont une figure passablement sphérique. On sait que l'antique ville du Puy, chef-lieu du département de la Haute-Loire, est construite sur un ancien volcan dont les débris, encore imposants, donnent à ses environs et même à son intérieur un aspect très-extraordinaire. Le bassin de l'Allier renferme un si grand nombre de ces anciennes bouches *ignivomes*, que les cendres lancées en l'air par leurs éruptions ont changé la nature du sol sur les deux rives de cette rivière et de ses affluents ; la culture y est extrêmement facile, et la terre beaucoup plus productive que dans la vallée de la Loire, où les volcans n'ont répandu qu'une très-mince couche de cendres. En arrivant au Cantal et sur les monts Dore et Dôme, on voit d'abord que les bouches de volcans y sont moins rapprochées, mais que les laves qu'elles ont fait couler autour d'elles n'occupent pas moins d'espace. Le Puy-de-Dôme termine vers le nord la région volcanisée de l'ancienne Auvergne. Il paraît que les roches de cette montagne ont éprouvé une très-forte chaleur,

mais que les feux souterrains ne les ont point traversées : ainsi, ce serait des monts Dore et du Cantal que proviendraient les coulées dirigées sur les deux versants, dans le bassin de la Loire et dans celui de la Garonne. Quelques-unes de ces coulées sont aujourd'hui dans des positions qui révèlent de grands changements éprouvés par les terrains qui les portent ; elles occupent tout le sommet de coteaux dirigés vers le cratère du volcan ; et des ravins très-profonds, des vallées arrosées par des ruisseaux, séparent ces productions des incendies souterrains. Il est évident que les ravins, les vallées n'existaient pas à l'époque des éruptions volcaniques ; que leur creusement ne peut être attribué qu'à des agents paisibles, et que par conséquent il est une œuvre du temps : mais en combien de siècles la faible action des eaux pluviales est-elle parvenue à faire ces déblais de plusieurs centaines de mètres de profondeur ?

Nous arriverons aux terrains d'alluvion en suivant le cours des eaux ; mais nous ne trouverions pas tout ce qui leur appartient si nous négligions de visiter en même temps des plateaux qui servent de limites entre les bassins des fleuves, et même des régions montagneuses. En effet, des coquilles marines sont empâtées dans les roches calcaires des hauts pics des Pyrénées ; d'autres dépouilles de mollusques abondent dans le calcaire du Jura, depuis la base jusqu'au sommet, et les analogues des animaux qui vécurent au fond de l'Océan, lorsqu'il couvrait presque toute l'Europe, ne se trouvent plus à l'ouest de l'ancien continent ; c'est entre l'Asie et l'Amérique, vers le détroit de Behring, que l'on a vu pour la première fois des *trilobites* semblables à ceux du calcaire *jurassique*. A l'exception des Alpes françaises, des montagnes de l'intérieur et de leurs ramifications jusque dans le département de Saône-et-Loire, d'une partie des Vosges et des Ardennes, à l'ouest de la Normandie et de la plus grande partie de la Bretagne, le calcaire coquillier domine partout, avec sa texture caverneuse, l'irrégularité qu'il introduit dans la distribution des eaux, les divers mélanges qu'il admet et les substances étrangères qu'il recèle souvent dans son intérieur ou dans ses cavités. C'est dans les terrains de cette nature que se trouvent les grottes les plus célèbres, les ossements de ces races d'animaux qui ont disparu et dont plusieurs ont souvent une sépulture commune. La littérature a illustré la caverne de *Vaucluse* et sa fontaine ; l'histoire naturelle recommande depuis longtemps les grottes *d'Arcy-sur-Cure* ; des objets beaucoup plus variés s'offrent aux yeux des naturalistes géologues dans les cavernes de *Lunel-le-Viel* (Hérault), de *Bise* (Aude), de *Miremont* (Dordogne) ; mais le spectacle le plus étrange et le plus instructif est celui de la montagne de Boulade, près d'Issoire, dans le département du Puy-de-Dôme : là se trouvent entassés et confondus les débris de races d'animaux des régions lointaines, des habitants de l'air et de ceux des eaux douces et salées ; et pour que rien ne manque à cette merveilleuse réunion, un examen attentif des matériaux de cette montagne et de leur superposition fait soupçonner qu'elle est le produit d'éruptions successives d'un *volcan boueux* formé par les mêmes feux qui s'ouvrirent plusieurs issues dans cette contrée et y répandirent les laves que l'on y voit encore, et dont la présence attestera dans tous les temps l'origine ignée de plusieurs substances minérales, mêlées dans cette montagne avec les produits des eaux.

Hors des régions volcanisées, on trouve d'autres preuves du séjour alternatif des eaux douces et salées sur le même terrain ; aux environs de Paris, des lits plus ou moins épais, contenant des coquilles d'eaux douces, des ossements de quadrupèdes, etc., supportent d'autres couches de calcaire marin, tantôt pur et tantôt pénétré de silice. On peut s'en convaincre à la butte de Roquencourt, près de Versailles, où est l'une de ces stratifications d'eaux douces à plus de cent mètres au-dessous du sommet, sous des grès calcaires marins, un banc d'huîtres et d'autres formations par les eaux de l'Océan. Il est donc certain qu'une portion très-considérable du territoire français fut abandonnée et reconquise tour à tour par la mer, non par des mouvements violents et de peu de durée, mais avec lenteur, et sans causer aucun désordre sensible, de même que l'on observe aujourd'hui la retraite des eaux de la Méditerranée ou leurs empiétements sur quelques points des côtes de France et d'Italie. Presque tout le bassin de la Garonne porte l'empreinte des formations d'eaux douces ; plus de la moitié du bassin de la Seine dénote aussi la même origine ; et si on en voit moins dans le bassin de la Loire, c'est peut-être seulement parce que les coquilles fluviatiles et terrestres, plus fragiles que celles des mollusques marins, ont été pulvérisées par les cailloux et les graviers charriés en même temps et sur un long trajet. La partie du bassin du Rhin qui appartient à la France est aussi de cette même formation ; et en s'avançant vers le nord, on la rencontre sur les bords de la Somme, des affluents de l'Escaut et de la Meuse. Dans les terrains de cette nature, la distribution des eaux est moins irrégulière que dans le calcaire marin, et plus que dans les terrains dits *primitifs*, parce que nul agent connu ne les a modifiés.

On peut actuellement rapporter à leur véritable cause certaines modifications du climat qui, dans l'étendue de la France, ne dépendent ni de la latitude ni des grands courants de l'atmosphère ; on voit qu'elles tiennent principalement aux circonstances hygrométriques des lieux, à leur distance des mers et à leur hauteur au-dessus du niveau de l'Océan. Aussi longtemps qu'un vent d'ouest persiste dans la direction d'un parallèle, il peut s'échauffer graduellement, à mesure que de hautes montagnes et des glaciers ne se trouvent sur sa route. Comme le vent d'est est moins dominant en France, il ne refroidit pas en raison de sa durée, mais par l'évaporation qui l'accompagne. Le vent d'ouest a cessé d'être pluvieux avant de quitter l'Europe, et par conséquent la quantité de pluies qu'il verse sur le territoire français décroît en avançant à l'est. Des observateurs dignes de confiance affirment qu'à la même latitude la température moyenne est plus élevée de deux degrés sur les bords du Rhin que sur les côtes de l'Océan. On n'a pas encore assez de mesures des quantités d'eaux pluviales tombées en des lieux connus, pour que l'on essaye d'établir leurs relations avec l'ensemble des faits météorologiques ; mais on sait déjà que ces quantités sont plus grandes près de la mer que dans l'intérieur des continents et même des grandes îles, sauf quelques exceptions, dont la France présente quelques exemples : il tombe annuellement à Paris près de 57 centimètres d'eau de pluie, et sur les côtes de l'ancienne Provence un peu moins de 53 centimètres. Ce dessèchement est un des effets du mistral dans la partie méridionale du bassin du Rhône.

Voyons maintenant ce que la minéralogie de la France fournit pour les travaux des arts. Nous y trouverons très-peu de métaux précieux, mais une grande abondance de fer ; quelques beaux marbres, des matériaux tels qu'il en faut aux architectes ; de la houille, trop inégalement répartie entre les provinces auxquelles elle rendrait de si grands services, etc. On trouve des marbres en plusieurs lieux, au nord, à l'est et au sud de la capitale, sans parler de ceux de la Corse ; mais ceux des Pyrénées l'emportent certainement sur tous les rivaux qu'on pourrait leur opposer. L'albâtre n'est pas rare non plus dans les coteaux de Corbières qui en sont voisins. En général, toutes les variétés de pierres calcaires employées dans les arts de luxe se trouvent dans les Pyrénées françaises ou dans les appendices de ces montagnes.

Parmi les pierres siliceuses qui concourent avec les marbres pour la décoration des édifices, la fabrication de quelques meubles, etc., le granit serait au premier rang s'il était moins difficile de le tailler et de le polir. Celui de la France n'a rien qui le recommande, surtout celui dont on fait l'usage à Paris : on le tire de la Normandie et de la Bretagne ; mais ceux des Vosges, des Alpes et des montagnes de l'intérieur sont d'une couleur plus agréable ; le porphyre et le jaspe, plus rares que le granit, manquent à l'ouest de la France ; l'est et l'intérieur en ont dans les hautes montagnes. Outre ces matériaux réservés pour la magnificence des constructions, la lithologie française pourvoit abondamment aux besoins plus vulgaires ; si l'architecture rurale n'a pas abandonné partout les constructions en pisé et autres équivalents, ce n'est pas la nécessité qui a fait conserver ces anciennes habitudes.

Les bassins de la Loire et de la Garonne possèdent plus que tout le reste de la France d'excellents matériaux pour l'art du potier. Les argiles à porcelaine de Saint-Yrieyx ont longtemps alimenté toutes les fabriques françaises ; dans le même département (Haute-Vienne) on trouve des émeraudes sans couleur, et dépourvues de ce que le luxe y recherche, sont employées, comme les matières les plus communes, à la réparation des routes. Plusieurs départements riverains de la Loire et de ses principaux affluents exploitent les bancs de pierres à fusil (silex pyromaque), qui y sont très-étendus ; la profession de *caillouteur*, qui fait subsister une partie de la population, fournit au commerce intérieur et même à une exportation assez considérable. Dans le bassin de la Seine les pierres meulières, exploitées en plusieurs lieux, alimentent aussi un commerce important. Peu de parties de la France sont dépourvues de grès, soit pour les constructions, soit pour le travail du remouleur, etc. Les *schistes tégulaires* (ardoises) sont moins répandus que les grès ; mais les inépuisables ardoisières de Maine-et-Loire et des Ardennes suffiraient seules pour nous mettre au niveau du besoin que l'on peut avoir des pierres de cette nature.

Les Pyrénées et les Cévennes fournissent le peu d'or que l'on recueille sur le territoire français, dans les sables de quelques courants. L'Ariège (*Aurigera*) et, plus à l'ouest, le Salat conservent encore quelque peu de leur ancienne renommée, quoique leur richesse s'épuise de plus en plus. L'Hérant, le Gard et la Cèse occupent aussi quelques *orpailleurs*, mais ne les tirent point de la pauvreté. Quelques mines de plomb argentifère furent exploitées autrefois dans les Vosges. Le cuivre est plus abondant : quelques mines dans les montagnes de l'intérieur et dans le département des Basses-Pyrénées diminuent quelque peu l'importation du cuivre étranger ; mais on ne peut guère espérer que de nouvelles découvertes et des exploitations plus actives puissent jamais nous affranchir de ce tribut que nous payons à des peuples mieux pourvus que nous de ce métal, dont les arts ne peuvent se passer. Quand à l'étain, il nous manque tout à fait, et les indices aperçus sur les côtes de la Manche, dans des riches mines de ce métal dans le pays de Galles, et dont les filons se prolongent, comme on sait, vers le sud au-dessous du fond de la mer et donnent lieu à des exploitations sous-marines, ne promettent pas non plus une nouvelle ressource qui puisse nous suffire. Peu s'en faut que le plomb n'ait été refusé à notre territoire ; les médiocres exploitations de ce métal dans l'ancienne Bretagne, les Vosges et les montagnes de l'intérieur, ne produisent qu'une très-faible partie de ce que nous consommons. Le zinc, dont on fait maintenant un si grand usage, est encore une production exotique, ainsi que le mercure. Quant aux métaux employés dans les arts chimiques sans les amener à l'état de *régule*, nous en avons ceux que nous fournissent les mines n'en demandent : le manganèse, par exemple, est en si grande quantité à Romanèche (Saône-et-Loire), qu'il entre comme un moellon dans la construction des murs. Celui des Vosges convient mieux pour les verreries, quoique ses mines soient moins abondantes que celles de *Romanèche*, comme plus propre à rendre le verre parfaitement incolore. Il n'y a pas plus d'un demi-siècle que la Saxe tirait des Basses-Pyrénées une partie du cobalt employé dans ses fabriques de bleu d'émail. Le Puy-de-Dôme fournit de l'antimoine, etc.

Mais ces richesses minérales n'appartiennent qu'à un petit nombre de lieux privilégiés, au lieu que les mines de ter, d'une abondance que des siècles d'exploitation ne feront pas décroître sensiblement, sont répandues assez également sur tout le territoire. Longtemps avant l'ère actuelle le Berry fabriquait, pour les Gaulois nos ancêtres, des épées qui se firent redouter au-delà des Alpes, quoiqu'elles ne fussent pas aussi bonnes que les armes modernes faites avec le fer du même pays. Cette industrie ne semble pas moins ancienne dans les Pyrénées que dans le milieu de la Gaule, quoique son antiquité ne soit pas attestée dans ces montagnes par des monuments contemporains, amas de scories provenant des exploitations abandonnées, comme on en rencontre dans les forêts du Berry, et jusque dans le bassin de la Garonne. Les mines de la *Voûte* (Ardèche) et celle de *Framont* (Vosges) peuvent être comparées à celles de l'Île d'Elbe, quant à la nature du minerai. Dans le bassin de la Saône, les mines du Jura et du versant méridional des Vosges donnent du fer excellent, tandis que celles de la rive droite de cette même rivière et de la Haute-Seine ne produisent que du fer cassant à froid, connu dans le commerce sous le nom de *fer de Bourgogne*. On en fabrique aussi de cette mauvaise qualité dans quelques usines des départements des Ardennes, de la Meuse et de la Moselle, où le minerai est *phosphaté* ; mais la Haute-Marne, la Meuse et les Ardennes, les départements de l'ancienne Normandie et de la Bretagne, presque tous ceux du bassin de la Loire, peuvent fournir de très-bon fer ; les mines de ce métal ne manquent à aucune des anciennes provinces, si ce n'est au nord de Paris, dans les bassins de la Somme et de l'Escaut.

Le charbon de terre et les autres combustibles fossiles ne sont pas répartis avec autant d'égalité que les mines de fer ; cependant, nous ne sommes pas moins bien traités à cet égard que le reste du continent européen. De très-grandes portions du territoire sont totalement privées de houille ; il n'y en a point dans le bassin de la Seine, très-peu dans ceux de la Meuse et du Rhin. Le bassin du Rhône, prolongé par la Saône jusqu'au pied des Vosges, est déjà mieux partagé ; mais si l'on franchit les montagnes qui le séparent du bassin de la Loire, on sera surpris de l'abondance du combustible fossile entassé dans cet espace, comme en un magasin central, où il est mis à la disposition de toutes les provinces, auxquelles il peut arriver par les rivières et canaux. La masse de houille qui a donné lieu à l'établissement de l'usine du *Creuzot* est un fait géologique auquel il est très-difficile d'assigner une cause probable. Comme on ne peut douter que cette masse énorme n'ait été formée par la réunion de corps anciennement organisés, on se demande quelle force a pu les moissonner sur l'immense surface qu'ils couvrirent durant leur vie, les rassembler en un même lieu, enfouir le tout dans l'intérieur de la terre pour les soumettre aux agents qui ont comprimé et consolidé cet assemblage de matériaux incohérents ; ou si une pareille agglomération est l'ouvrage du temps, on ne sera pas moins curieux de savoir en combien de siècles elle fut achevée, ni moins embarrassé de procéder à une recherche de cette nature. A mesure que l'on s'éloigne de cette région centrale du charbon de terre, ses mines deviennent plus rares ; il y en a cependant encore, assez loin des montagnes, dans les terrains schisteux du bassin de la Loire et de la Normandie, mais il faut aller jusqu'au département du Nord pour trouver une autre région houillère qui, traversant la Meuse et la Moselle, se prolonge jusque près des bords du Rhin. La rive gauche du Rhône a aussi quelques mines de houille dans des terrains calcaires ; mais la mauvaise odeur qu'elle répand en brûlant restreint beaucoup l'usage de ce combustible : il est exclu des habitations où l'aisance n'est pas inconnue, surtout dans les villes. Une autre sorte de charbon de terre serait une grande ressource pour les départements de l'Isère et de la Drôme, s'il était moins difficile de la brûler ; c'est l'*anthracite*, dont on fait usage depuis quelques années pour l'exploitation des mines de fer, très-abondantes dans ces mêmes départements. Des *lignites* (bois fossiles carbonisés), sont très-souvent pris pour de la houille et employés sous ce nom. A Soultz (Bas-Rhin), un dépôt très-considérable de ce combustible sert au chauffage des chaudières de la saline du même lieu. Les bitumes secs ou liquides ne manquent pas non plus en France. Les Cévennes et les montagnes adjacentes fournissent du jayet aux fabricants de chapelets, de boutons et autres petits ouvrages ; le pétroie de *Cabian* (Hérault) jouit d'une ancienne renommée, ainsi que celui du *Puits de la Poix* (Puy-de-Dôme). A *Lampersloch* (Bas-Rhin), on prépare avec le pétrole d'une source assez abondante une graisse pour les roues de voiture. Mentionnons encore l'a s p h a l t e de Seyssel, dans le département de l'Ain. Les tourbes sont intermédinaires entre les combustibles fossiles et ceux que nous trouvons hors du sol : formées principalement par des mousses et des plantes marécageuses, elles ne contiennent que très-rarement des débris de grands végétaux ; et comme elles n'ont pas été enfouies sous des terres d'une autre nature, leur altération a fait moins de progrès. Cependant, elles sont de natures très-diverses selon les lieux, et quelques-unes sont imprégnées d'une si grande quantité de fer sulfuré (pyrite), qu'elles s'enflamment spontanément lorsqu'on les laisse quelque temps exposées à l'air humide. Il se forme des tourbes ailleurs que dans les marais, et par la seule accumulation des mousses ; on a remarqué sur les flancs des Pyrénées une couche tourbeuse de peu d'épaisseur, mais assez dense. Les autres montagnes manifestent aussi cette formation de tourbes, quoiqu'elle y soit plus lente que sur les Pyrénées ; mais les tourbières des vallées doivent attirer plus spécialement l'attention des agronomes, des amis de l'industrie et des administrateurs. En les exploitant, on crée un sol fécond, on livre aux manufactures un combustible économique, et peu à peu le pays devient plus beau, plus sain, plus peuplé.

Quoique la France ne soit nullement dépourvue de soufre, on y conserve l'habitude de tirer du dehors celui que l'on y consomme. Ce n'est pas dans la région anciennement volcanisée que cette substance abonde le plus sur notre territoire ; on la trouve, au contraire, en plus grande quantité en des lieux où rien n'indique l'action des feux souterrains, comme au pied des Pyrénées, dans le Jura, etc. Les sulfures de fer sont répandus partout avec une profusion quelquefois incommode, plus souvent profitable : ce sont des terres pyriteuses, qui donnent par la combustion les *cendres* employées comme engrais dans quelques provinces du nord de la France (départements de l'Aisne, de l'Oise, de la Somme, etc.) ; on attribue à la combustion spontanée de grands amas de pyrites la chaleur de la plupart des eaux thermales, le dégagement du gaz hydrogène, qui opère les merveilles des fontaines brûlantes, ou du gaz acide carbonique provenant de la décomposition de *chaux carbonatée* par l'acide sulfurique. Ce fluide élastique est produit en si grande abondance dans quelques cavernes des anciens volcans du département de l'Ardèche, qu'il y produit les effets de la *Grotte du Chien* en Italie : on croit aussi qu'il est la cause des légères secousses de tremblements de terre que l'on éprouve de temps en temps dans les Pyrénées, au voisinage des eaux thermales.

Depuis la découverte des mines de sel gemme du département de la Meurthe, la France n'envie plus à l'Espagne, ni même à la Pologne, cette sorte de richesse minérale. Les sources d'eaux salées des frontières de l'est, des Pyrénées, et surtout les marais salants des côtes de l'Océan, suffiront longtemps pour fournir du sel à toute la France, et même à quelques cantons de la Suisse. Nous n'avons point de nitrières naturelles, comme l'Espagne et la Russie ; mais les pierres calcaires disposées à se *salpêtrer* sont assez communes sur presque tout notre territoire. Cette faculté est spécialement remarquable sur les coteaux qui bordent la vallée de la Loire, depuis le département du Loiret jusqu'à celui de la Loire-Inférieure. Aucun pays ne possède, en raison de son étendue, autant de sources d'e a u x m i n é r a l e s que la France, et la plupart sont accréditées ; l'espérance y conduit tous les ans une foule de malades. Le mont Dore et les Pyrénées offrent pour ces voyages d'agrément les grandes scènes des régions montagneuses; Vichy, Plombières et plusieurs autres eaux thermales sont plus accessibles.

La flore et la faune françaises sont à peu près les mêmes que celles du reste de l'Europe, aux mêmes latitudes; les distinctions très-légères que l'on assignerait entre des pays compris entre deux parallèles ne consisteraient qu'en un petit nombre de variétés, ou tout au plus d'espèces confinées dans quelques lieux. Bornons-nous donc à des observations générales. En commençant par nos animaux domestiques, on ne pourra se dispenser de reconnaître que nous sommes, sur cet objet important, au-dessous de la plupart de nos voisins; il faut s'en prendre soit à nos méthodes d'agriculture, soit à notre manière de gouverner ces esclaves. Parmi les animaux sauvages, il paraît que nous faisons plus de pertes que d'acquisitions; on a constaté depuis longtemps la disparition des rennes, des élans, des castors, anciens habitants des Gaules; les troupes de cygnes sauvages, dont nous recevions la visite annuelle, sont aujourd'hui plus rares et moins nombreuses; on ne voit plus dans les jardins publics de Paris la variété de moineaux noirs qui s'y était établie et propagée, etc. Le gros et le petit gibier décroît tous les ans. A mesure que l'état du sol changera, non-seulement chez nous, mais dans le reste de l'Europe, on doit s'attendre à d'autres déplacements parmi les espèces d'animaux ; elles reflueront vers les déserts, abandonnant à l'homme tout ce que ses cultures envahiront : nous ne conserverons que les espèces pillardes, accoutumées à vivre à nos dépens, et celles qui nous seront utiles et dévouées. Parmi celles qui échapperont à tous nos efforts pour les détruire, les insectes doivent être au premier rang, à cause de leur petitesse même et de leur prodigieuse fécondité. L'intérêt des vergers sollicite fortement, et depuis longtemps, la conservation de toutes les espèces de petits oiseaux dont les insectes sont la principale nourriture; quelques autres, plus recommandables par la beauté de leur plumage que par les services qu'ils peuvent nous rendre, ne sont pourtant pas indignes de nos soins. Si nous ne parvenons pas à changer quelques-unes de nos habitudes dissipatrices, il nous sera fort difficile de conserver notre ornithologie française telle qu'elle est, bien loin qu'elle puisse faire des acquisitions. Notre ichthyologie est pauvre: un très-grand nombre de poissons qui vivent dans les eaux douces des autres contrées européennes ne se trouvent point dans les nôtres, et parmi les espèces qui nous manquent, il en est plusieurs que les gourmets préfèrent à toutes celles que nous avons. Espérons que la pisciculture, qui nous a promis merveille sous ce rapport, tiendra parole.

La flore française n'a pas, à beaucoup près, autant à se plaindre de notre incurie : en botanique, nous ne faisons que des pertes volontaires, et les acquisitions se multiplient rapidement. Le catalogue des plantes exotiques naturalisées en France sera peut-être un jour aussi volumineux que celui des plantes indigènes. FERRY.

Géographie historique.

Cette belle et vaste région, dont on vient de décrire les limites, de faire connaître la géographie naturelle et les diverses productions, forme une portion de celle que les anciens désignaient sous le nom de *Gaule* : on sait que la Gaule se trouvait renfermée entre le Rhin, les Alpes, la mer Méditerranée, les Pyrénées et l'Océan Atlantique. La fertilité du sol, l'étendue des plaines, l'abondance des rivières navigables, favorables à la multiplication des bestiaux et à l'agriculture ainsi qu'à la facile communication des habitants entre eux, ont dans tous les temps secondé dans ce pays le développement rapide de la population ; et dès les premières époques de l'histoire nous voyons cette population étendre au loin ses dévastations et ses conquêtes, et transporter dans d'autres régions le nom de la contrée d'où elle était sortie. Les Gaulois ont anéanti l'empire des Étrusques et donné le nom de Gaule à la partie septentrionale de l'Italie; ils ont fondé des établissements durables dans une région de l'Asie Mineure qui a reçu d'eux le nom de Galatie. De même, lorsque le chef de la tribu germanique des Francs saliens, à la tête de cinq ou six mille guerriers, se fut emparé de la plus grande portion des Gaules, et que cette contrée eut reçu le nom de ses conquérants, ce nom ne tarda point à s'étendre avec les conquêtes de ce peuple, et tous les pays où il porta ses armes victorieuses, ou qui furent soumis à sa domination, quelque passagère qu'elle fût, le reçurent à leur tour. Ainsi, le nom de *France* ne fut pas seulement donné à la Gaule après Clovis, mais à la Germanie, d'où les Francs étaient sortis, à l'Italie, et même à la Sicile. Nous apprenons par les écrits de Constantin Porphyrogénète que les Grecs avaient changé le nom de la Lombardie en celui de France : cet usage se conserva si longtemps parmi eux, qu'on voit encore ce nom de France employé au quatorzième siècle pour désigner la Lombardie, dans une épître du cardinal Bessarion écrite en grec vulgaire. Après le partage des enfants de Charlemagne, l'antique Germanie reçut le nom de France orientale. L'empereur Constantin Porphyrogénète, parlant d'Othon le Grand, empereur d'Allemagne, l'appelle roi de la France qui est, dit-il, la Saxe; il donne presque toujours le nom de France à l'Allemagne, comme quand il dit que les Croates confinent à la France. La France proprement dite, ou l'ancienne Gaule, fut alors nommée *France occidentale*, par opposition à la France orientale. Le roi Charles le Chauve, dans le traité qu'il fit avec l'empereur Henri, se qualifie de roi des Français occidentaux. La France est encore nommée la *grande France*, la France par excellence, par l'empereur Constantin Porphyrogénète. Mais la dénomination la plus ordinaire qui lui est donnée dans Luitprand, dans Othon de Frising, dans Albert d'Aix et dans les auteurs germaniques, est celle de *France romaine*, parce qu'on y parlait une langue peu différente de la langue latine ou romaine, par opposition à la France teutone, où l'on parlait le dialecte germanique. Le nom moderne de Franconie est dû à l'ancienne dénomination de France orientale. Nombre de chroniques nous apprennent aussi que la France proprement dite fut souvent nommée la *France gallicane*. Elle est aussi quelquefois appelée la *France ancienne* dans le moine de Saint-Gall, quand il fait mention de la Nouvelle-France, qui pour lui est l'Allemagne.

Les Romains, en s'emparant de la Gaule, avaient laissé aux peuples qui l'habitaient leurs limites et leur administration particulière. Le christianisme trouva ces peuples encore idolâtres sous ce rapport; et les divisions ecclésiastiques s'établirent tout naturellement d'une manière conforme aux divisions civiles. Cette conformité subsista avec une constance et une régularité qu'on ne retrouve dans aucun autre pays de l'Europe, non-seulement pendant tout le temps de la puissance romaine, non-seulement pendant tout le moyen âge, mais pendant toute la durée des temps modernes, jusqu'à la révolution de 1789. Ce n'est pas que les papes n'aient à différentes époques autorisé ou approuvé quelques changements faits aux anciennes divisions, à la fois ecclésiastiques et civiles, qui portaient le nom de diocèses; mais ces changements sont en petit nombre. Tous se trouvent indiqués par l'histoire; quelques-uns même n'ont en rien altéré les limites des diocèses, et ne concernent que la hiérarchie établie entre eux; et cette hiérarchie, sauf ces modifications partielles, subsista toujours comme elle était du temps des Romains. Quelques-uns de ces changements sont d'une date très-récente. Ainsi, par exemple, ce ne fut que sous Louis XIII, en 1622, que Paris fut reconnu comme archevêché ; auparavant, l'évêque de Paris était suffragant de l'archevêque de Sens (*civitas Senonum*), chef-lieu de la quatrième Lyonnaise, ou de la Sénonie, l'une des plus grandes provinces de la Gaule. Avant cette époque, cette province comprenait sept cités ou peuples différents, parmi lesquels se trouvait Paris (*civitas Parisiorum*), la

FRANCE

plus petite, la plus pauvre et la plus insignifiante de toutes les cités de la Senonie et presque de toute la Gaule.

Mais si après l'invasion des Francs les divisions ecclésiastiques restèrent les mêmes, il n'en fut pas ainsi des divisions politiques, ni des divisions dynastiques, militaires, civiles, administratives. On distingua bientôt après la conquête des Francs sept principales divisions dans la France proprement dite, ou sur la superficie de l'ancienne Gaule : au nord de la Loire, dans l'ancienne Belgique, dans une partie de la Celtique ou Lyonnaise, dans l'Austrie et la Neustrie, la France proprement dite; la Bretagne et la Bourgogne, au centre; entre la Garonne, la Loire, les Cévennes et l'Océan, l'Aquitaine; au midi, entre la Garonne, les Pyrénées et l'Océan, la *Vasconia*, qui eut à peu près les mêmes limites que l'ancienne Aquitaine de César, bien différente sous ce rapport de l'Aquitaine d'Auguste. La *Vasconia* ou Gascogne dut son nom à l'invasion des Vasques, ou Basques, dans la Novempopulanie des Romains. La province romaine ou la Narbonnaise était partagée en deux grandes régions : l'une, à l'ouest du Rhin, dans l'ancienne province de la Narbonnaise première : c'était la *Septimanie-Gothie* (ce dernier nom dérivait de l'invasion des Goths, dont l'établissement dans les Gaules avait précédé celui des Francs); l'autre région, à l'est du Rhône, retenait l'ancien nom de *Provincia*, que lui avaient donné les Romains, d'où est venu celui de Provence. Au nord étaient la Neustrie et l'Austrasie, auxquelles on donna plus particulièrement le nom de *France*; mais l'Austrasie à l'est reçut souvent le nom de *France supérieure*, et la Neustrie à l'ouest celui de *France inférieure*.

Les enfants de Clovis et ensuite ceux de Charlemagne se partagèrent entre eux les Gaules, et y formèrent plusieurs royaumes, dont l'étendue et les limites ne peuvent être déterminées avec exactitude, parce que souvent une même cité appartenait à différents rois; mais pourtant le pays occupé par ces royaumes, tant que le grand corps de l'empire français fut en vigueur, fut divisé en trois parties principales, qui toutes conservèrent le nom de France, savoir: l'*ancienne France*, ou la *France primitive*, entre l'océan et la Meuse; la *nouvelle France*, qui comprenait la Germanie jusqu'au Rhin, l'Allemagne moderne; la *France moyenne*, qui contenait le pays entre le Rhône, la Saône, la Meuse et le Rhin. La première de ces trois divisions est ainsi appelée dans le partage qui fut fait peu après la bataille de Fontenai entre les enfants de Louis le Débonnaire et Charles le Chauve. Il est parlé de la France moyenne dans la division de l'empire français entre les enfants de Louis le Débonnaire; mais deux notices des Gaules écrites par un auteur de ce temps donnent le nom de Nouvelle France à la Neustrie. Le partage qui eut lieu après la bataille de Fontenai entre Louis le Débonnaire et Charles fit appeler l'ancienne France, entre la Meuse et l'océan, région ou *royaume de Charles* (regnum Caroli), dénomination qui subsista longtemps et qu'on retrouve dans quelques historiens allemands après le décès de Charles, mais qui disparut et n'a point laissé de traces; Il n'en est pas de même du nom de *regnum Lotharii* (royaume de Lothaire), que reçut alors l'Austrasie, lequel nom s'est conservé jusqu'à nos jours dans celui de la province de Lorraine. A la même époque, l'invasion et l'établissement des Normands introduisirent le nom de *Normania* ou *Normandie* dans une partie de la Neustrie, nom qui est aussi resté attaché à une de nos provinces, et que l'usage maintient encore.

Avant cette époque, dans le sixième et le septième siècle, l'émigration des habitants de la partie occidentale de l'île de Bretagne, ou de l'Angleterre, dans cette presqu'île de la Gaule que vers le déclin de la puissance romaine on nommait Armorique, donna le nom de Bretagne à ce territoire projeté dans la mer Atlantique, qui termine la France à l'ouest : ce nom lui est resté. Déjà Jornandès et Eginhard donnent aux habitants de cette portion des Gaules le nom de *Brittones*. Des historiens anciens ont appliqué au district qui reçut les premiers émigrants de l'île de Bretagne le nom de *Cornu Galliæ*, ou *Cornu Walliæ*, ou *Cornouailles*, du nom du pays d'où ils étaient venus, et ce nom même semble indiquer que le Cornouailles d'Angleterre avait reçu des habitants de l'Armorique avant de lui en envoyer. La langue très-particulière des deux pays, étant la même ou ayant une origine commune, justifie cette conjecture.

Une titre de Charles le Chauve, tiré du cartulaire de Saint-Germain-des-Prés, cité par Du Cange, divise la France en quatre parties : la France, la Bourgogne, la Neustrie et l'Aquitaine. Toutes les divisions politiques de la France sous les rois de la première race dont les historiens nous donnent connaissance sont les suivantes : 1. *Francia*, 2. *Ripuaria*, 3. *Austrasia*, 4. *Neustria*, 5. *Alamania*, 6. *Burgundia*, 7. *Gothia sive Septimania*, 8. *Vasconia*, 9. *Armorica*, 10. *Britannia*, 11. *Frisia*, 12. *Belgica*, 13. *Campania*, 14. *Alsatia*, 15. *Lotharingia*, 16. *Normania*, 17. *Aquitania*, 18. *Provincia*, celle-ci souvent avec les surnoms divers d'*Arelatensis*, de *Massiliensis*, de *Viennensis*, 19. *Provincia Ultra-Jurensis*. On voit que le plus petit nombre de ces dénominations proviennent des dénominations romaines; d'autres dérivent des noms des peuples qui ont conquis le territoire; d'autres sont dues à leur position géographique, telles que *Neustria*, *Austrasia*, *Ultra-Jurensis* : une, *Campania*, la Champagne, est dérivée de l'aspect du sol plat et dépourvu de bois. Le mot *Alsatia* provient d'un simple canton nommé Aussois par les Français et Elsaten par les Allemands. *Ripuaria* vient de la division militaire des Romains nommée *Gallia Ripuarensis*, qui s'étendait dans la Viennoise et la Séquanoise, et sur les bords du Rhin, et dont il est fait mention dans la notice des dignités de l'empire. Indépendamment de ces divisions politiques, les monuments historiques sous les deux premières races nous font connaître d'autres genres de divisions territoriales de moindre importance, classées par Guérard en divisions civiles, divisions dynastiques et divisions irrégulières. Du reste, les anciens noms romains des provinces ne tombèrent pas en désuétude, et on retrouve des applications nombreuses de ces noms, même pour les événements politiques ou civils, dans Grégoire de Tours et dans plusieurs auteurs anciens et modernes.

Les Romains ne se contentèrent pas d'assujettir les peuples qu'ils avaient conquis à leur joug, ce qui n'exige que l'usage ou l'abus de la force; mais ils les façonnèrent à leurs mœurs, à leurs habitudes, à leur forme de civilisation, et parvinrent à leur faire parler leur langue : de cette langue latine corrompue naquit dans les Gaules, en Espagne et en Italie, un autre dialecte, qu'on a nommé *langue romane*. Cette langue fut diversement altérée par les Bourguignons, les Goths et les Francs, qui envahirent la Gaule; de telle sorte qu'il se forma parmi les habitants du nord de la Loire un dialecte assez différent de celui qu'on parlait dans le midi, et que la France se trouva divisée en deux portions distinctes sous le rapport du langage. On nomma les habitants du sud de la Loire peuples de la *langue d'Oc*, parce que le mot *oc* était employé par eux pour affirmer, par opposition à ceux de la *langue d'Oui* ou d'*Oyle*, chez lesquels le *oui* avait la même signification que *oc*. Telle fut l'origine de la grande province nommée Languedoc, qui s'est substituée à la Viennoise seconde, à la Gothie, à la Septimanie. De la finale *oc*, on a créé le mot *Occitanie*, encore plus récent. Les autres noms de provinces qui s'établirent ensuite durent, quelques uns, leur origine aux dénominations que portaient dans le cinquième siècle, et avant la chute de la domination romaine, les villes capitales des diocèses, qui, comme on sait, avaient pris la plupart les noms des peuples : ainsi, Touraine de *Turones*, Limousin de *Lemovices*, Lyonnais de *Lugdunum*, Saintonge de *Santones*, Berry de *Bituriges*, Anjou d'*Andecavi*, Maine de *Cenomani*, Auvergne d'*Arverni*. Le nom de *Burgundia*, Bourgogne, est celui d'un royaume fondé par les peuples germains, les *Burgundiones*; et ce royaume donna son nom à deux provinces, l'une appelée duché de Bourgogne, l'autre comté de Bourgogne, ou Franche-Comté. Le Poitou vient de *Pictones*, la Marche d'une division irrégulière ou frontière de *Aquitania* ou Guienne. Il y a des provinces qui ont tiré leur nom d'une simple station ou d'un obscur village des Romains : tel est le Nivernais de *Noviodunum* ou *Nevirnum*; l'Angoumois d'*Eculisma*; le Béarn de *Beneharnum*; le Roussillon de *Ruscino*; le comté d'Avignon d'*Avenio*; mentionné par Ptolémée, sur le territoire des *Cavares*. Les noms de *Flandre*, de *Picardie*, de *Dauphiné*, de *Bourbonnais*, de *Foix*, ont une origine plus récente et une étymologie plus douteuse; cependant le district de Flandre, *Pagus Flandrensis*, était connu dès le neuvième siècle, et se trouve distingué des pays environnants dans un capitulaire de Charlemagne. Le Dauphiné, *Delfinatus*, ne paraît qu'au onzième siècle. Le nom de *Picardie* est plus récent encore, et se trouve pour la première fois au treizième siècle, dans les écrits de Matthieu Pâris, où des écoliers de l'université nés sur les limites de la Flandre sont nommés *Picardos*. La Picardie fut une province ou un gouvernement tout formé de cantons et de peuples divers, unis dans un but militaire et pour la défense commune; elle rentre dans les divisions irrégulières dont nous avons parlé. N'ayant point de rapport aux époques plus anciennes de l'histoire, elle peut être considérée en partie comme un démembrement de l'Ile-de-France, division dynastique, comté ou duché de France, domaine propre du roi de France, sous Hugues Capet, principalement renfermé entre les rivières d'Oise, de Seine, de Marne et d'Aisne.

Dans les divisions générales reconnues par les auteurs, comme dans les dénominations ou divisions passagères formées pour les besoins du moment, on aperçoit l'intention de se rapprocher des divisions qui avaient prévalu sous les Romains ou durant l'empire de Charlemagne. Du Cange remarque que Gervasius Tilebriensis, qui vivait sous l'empereur Othon IV, vers l'an 1210, après avoir fait un dénombrement des provinces des Gaules par diocèses, à la façon de l'Église romaine, *a more romano*, divise la France en trois grandes provinces, savoir : la France, la Bourgogne et la Gascogne. Dans la France, il comprend sept métropoles : Lyon, Reims, Sens, Tours, Rouen, Bourges, Bordeaux et les évêchés qui en dépendent; dans la Bourgogne, six métropoles : Besançon, Autun, Tarentaise, Embrun, Aix, Arles, et les évêchés qui en dépendent; dans la Gascogne, deux métropoles : Auch et Narbonne, et les évêchés qui en dépendent.

Aux états généraux de Tours, à la fin du quinzième siècle, en 1484, la France fut partagée en six nations, savoir : 1° la nation de Paris, qui comprenait l'Ile-de-France, la Picardie, la Champagne, y compris la Brie, l'Orléanais, le Nivernais, le Mâconnais et l'Auxerrois; 2° la nation de Bourgogne, c'est-à-dire la Franche-Comté, la Bourgogne et le Charolais; 3° la nation de Normandie, comprenant la Normandie, Alençon et le Perche; 4° la nation d'Aquitaine, qui comprenait l'Aquitaine avec l'Armagnac, le pays de Foix, l'Agénois, le Périgord, le Quercy et le Rouergue; 5° la nation de la langue d'Oc, qui comprenait le Languedoc, le Dauphiné et le Roussillon; 6° la nation de la langue d'Oïl, qui renfermait le Berry, le Poitou, l'Anjou, le Maine, la Touraine, le Limousin, l'Auvergne, le Bourbonnais, le Forez, le Beaujolais, l'Angoumois et la Saintonge.

Aux états généraux tenus à Orléans en 1560, au commencement du règne de Charles IX, comme on voulait que les votes fussent recueillis par provinces, on chercha à établir quelque égalité entre elles, et on forma une nouvelle division, qui fut suivie dans tous les états généraux subséquents, en 1576, 1588 et 1614. On s'en écarta seulement aux derniers états généraux, en 1789, où provinces, noblesse, clergé, tiers état, tout fut réuni dans une seule assemblée.

Dans la division de 1560 : 1° au gouvernement d'Orléans on joignit le Maine et le Perche, l'Anjou, la Touraine, le Berry, le Nivernais, le Poitou, l'Aunis, l'Angoumois; 2° la Guienne et la Gascogne furent réunies, et on y ajouta la Saintonge et le Limousin; 3° au Lyonnais on annexa l'Auvergne, le Bourbonnais et la Marche; 4° la Bretagne, 5° le Languedoc, 6° la Provence, 7° le Dauphiné, 8° la Bourgogne, composèrent cinq provinces séparées et distinctes : toutes étaient des pays d'états, jouissant de privilèges séparés et particuliers : elles n'auraient souffert aucun mélange; 9° il en fut de même de la Normandie, 10° de l'Ile de France, 11° de la Picardie et 12° de la Champagne : probablement ces provinces, par leur nombreuse population, ou peut-être par leur dévouement au pouvoir, ne parurent avoir besoin d'aucun complément. Ainsi, la France, du moins tout ce qui était soumis à l'administration de la couronne de France, fut divisée en douze grands gouvernements; car à cette époque la Flandre, l'Artois, la Lorraine, la Franche-Comté, le Béarn et le Roussillon ne faisaient point partie de la France, selon la définition que nous venons de donner. La France propre, qui ne se composait à l'avénement de Hugues Capet que du comté ou duché de ce nom (l'Ile de France), avait été successivement agrandie par des conquêtes, des cessions, des ventes, des mariages. On y adjoignit dans le treizième siècle la Touraine, le Limousin, une portion du Languedoc, le comté de Toulouse et le Lyonnais; dans le quatorzième, la Champagne, le reste du Languedoc et le Dauphiné; dans le quinzième siècle, la Normandie, la Saintonge et l'Aunis, la Picardie, le Berry, la Guienne, le Poitou, la Bourgogne, l'Artois, l'Anjou, le Maine, la Provence, et l'Orléanais pour la seconde fois; dans le seizième siècle, le Bourbonnais, la Marche, l'Auvergne, la Bretagne, le Béarn, le pays de Foix et la Gascogne; dans le dix-septième siècle, le Roussillon, le Nivernais, la Franche-Comté et la Flandre; dans le dix-huitième siècle, la Lorraine, la Corse et le Comtat d'Avignon. Mais au commencement du dix-neuvième siècle, cette même France, après avoir d'abord abusé de ses forces et étendu ses frontières depuis l'embouchure de l'Elbe jusqu'à l'extrémité des États de l'Église, n'a pu obtenir d'être réintégrée dans les limites qu'elle avait au début de cette longue lutte, qui lui a enlevé ses plus belles colonies.

En l'année 1789 eut lieu une nouvelle subdivision du sol de la France, qui coordonna d'une manière uniforme les divisions religieuses, militaires, judiciaires, administratives et financières, auparavant très-compliquées. La subdivision en départements nombreux et restreints, établit une grande inégalité de population, de richesses et d'influence entre chacune de ces parties et les autres unités du territoire français; par là elle fut favorable aux usurpations du pouvoir siégeant dans cette capitale, comme aussi elle laissa le pouvoir sans un soutien capable de le protéger quand il se trouva dépaysé dans une lutte avec cette capitale; c'est-à-dire que cette subdivision fut également propice à l'anarchie et au despotisme, qui s'enfantent mutuellement.

Les diverses provinces annexées à la couronne de France, les différents peuples agglomérés entre eux pour former un seul et même royaume, ne s'y trouvaient pas réunis par les mêmes moyens, n'y étaient pas attachés par des liens de même nature : la Bretagne, le Languedoc, le Dauphiné, la Provence, le Lyonnais, s'étaient réservé le droit de ne payer les impôts qu'après qu'ils avaient été consentis par les trois ordres, le clergé, la noblesse et le tiers état : c'était ce qu'on appelait les *pays d'états*, qui se regardaient avec raison comme des contrées à part et privilégiées dans la monarchie. La différence des lois, des coutumes, des juridictions, du mode d'administration, était encore un grand obstacle à la fusion des diverses parties du royaume en un seul tout; cependant, avant que la révolution de 1789 eût anéanti tous les droits, placé tout sous un seul et même code, la législation et la puissance toujours croissante de nos rois n'avaient cessé pendant plusieurs siècles de travailler à faire disparaître toutes les inégalités, à effacer toutes les différences. Mais les oppositions ou les dissemblances qui ne sont pas le résultat des lois ni des institutions résistent plus longtemps aux effets de celles-ci et aux efforts du gouvernement, et de ce genre sont les différences de race et de langage. Un grand nombre de nations diverses ont, dans le laps des siècles, pris racine sous ce beau climat de France et sur son sol si fertile; et elles nous font voir encore, après tant de siècles, leurs empreintes spéciales dans les populations existantes. Au midi, sur les côtes de la Méditerranée, entre les Pyrénées et les Alpes, les Ibères et les Ligures mêlés; dans le centre et à l'ouest, les Celtes; dans le nord, les Belges : telles sont les différentes races d'hommes que l'histoire nous fait apercevoir à la lueur des premiers rayons dont elle éclaire le sol que nous habitons. Bientôt après, les Grecs de l'Ionie viennent porter sur le rivage où est Marseille leurs arts, leurs sciences, leur luxe et leur corruption, et mêler le sang oriental aux races sauvages de ces contrées. Puis les Romains s'imposent à tous les peuples des Gaules, s'incorporent avec eux; et par les admirables constructions de leurs routes, par la diffusion de leur belle langue, ils établissent entre ces nations, souvent ennemies, des communications faciles et rapides; ils les unissent toutes entre elles par une même administration, une même loi et un même intérêt; et tant de races diverses composent enfin une grande nation et deviennent romaines. Mais bientôt les Bourguignons à l'est, les Goths et les Visigoths au sud, les Francs dans le nord, détruisent ce grand corps, et en forment plusieurs autres, différents d'origine, de coutumes, rivaux et ennemis. Puis plus tard les peuples septentrionaux, les hommes du Nord, grands et belliqueux, viennent prendre leur part de ce riche territoire, et s'emparent des plus riches campagnes de l'ouest, passent ensuite en Angleterre, dont ils font la conquête, versent de nouveau leurs troupes sur la France, et dominent longtemps dans toutes les provinces de l'Ouest. Ce sont les dernières races qui ont occupé la Gaule, et qui ont altéré les types de celles dont elle était peuplée avant leur venue. Maintenant encore elles se reconnaissent facilement dans les traits des races existantes. Quel est celui qui, parcourant la France, a été observateur assez superficiel pour n'être pas frappé des différences de taille, de couleur, de traits, d'allure des hommes du midi et de ceux du nord. Ces derniers, en général grands, blonds, aux yeux bleus, au teint frais, à la peau souvent un peu blafarde, à la démarche plus lente, plus empesée, plus grave; les méridionaux, petits, bruns, vifs, colorés, intelligents, passionnés. Quel contraste entre les Bretons, courts, trapus, au teint uniforme, aux cheveux durs, noirs et plats; et les Normands, leurs voisins, tels que nous venons de les décrire, à la taille élancée, à la chevelure ondulée! Et ces Béarnais, souvent clairs, à taille moyenne, mignards, affectueux, gracieux dans tous leurs mouvements, ne formentils pas un contraste complet avec les Basques, leurs voisins, à peau brune, aux traits mâles et prononcés, aux jarrets vigoureux, si lestes qu'ils daignent à peine poser le pied sur le sol qu'ils parcourent, et bondissent sur les rochers comme les isards de leurs montagnes? Les différences des langues établissent encore des oppositions plus prononcées entre ces diverses races, et les font distinguer entre elles d'une manière plus infaillible. Dans le siècle de Louis XIV, elle devait être encore bien en vigueur, cette langue d'Oc, lorsque Racine se plaignait au bon La Fontaine, son ami, de ne pouvoir se faire entendre aussitôt après avoir passé la Loire. Maintenant, seule cause de séparation et d'opposition à une fusion générale, à une même nationalité, s'affaiblit de jour en jour. Pourtant, 800,000 individus en Bretagne sont de la race des Brayzards, que nous nommons Bas-Bretons, et parlent l'ancien celtique, la même langue que celle du pays de Galles en Angleterre. Les Escualdunacs ou Basques, parlant l'*escuara*, qui n'a d'analogie avec aucune autre langue de l'Europe, sont en France au nombre de plus de cent mille. Ceux qui parlent le *deutsche*, ou qui sont de race allemande, forment la masse de la population de l'Alsace et d'une partie de la Lorraine; les *Deutsches* néerlandais, dans le département du Nord, parlent le flamand. Dans le midi, au-delà de la Loire, les différents dialectes de la langue romane, le gascon, le béarnais, le provençal, le languedocien, sont la langue usuelle du peuple et de la plus grande partie de la population : et si celle-ci n'a pas oublié la langue des troubadours, les Picards, presqu'aux portes de Paris, ne se ressouviennent que trop de celle des trouvères.

Le Bourguignon a son dialecte particulier et même, comme le midi, ses poésies et ses chansons nationales. Les Normands et les Champenois se font remarquer par un accent et des expressions étranges; de sorte qu'il n'y a réellement en France que l'Ile de France, l'Orléanais, le Blaisois, la Touraine, c'est-à-dire l'ancien domaine de Hugues Capet où l'on parle le français pur. Le peuple dans l'Orléanais, dans le Blaisois et dans la Touraine, parle cette langue avec moins d'incorrection que le peuple de la capitale, parce que la population y a été moins mélangée.

Bon WALCKENAER, de l'Institut.

Statistique.

Le gouvernement de la France est un empire tempéré, basé sur la souveraineté du peuple et sur les grands principes de 1789 (Préambule de la Constitution de 1852). Le titre du chef de l'État *est empereur des Français par la grâce de Dieu et la volonté nationale*. La couronne est héréditaire en ligne masculine seulement, et par ordre de primogéniture. Les membres de la famille impériale sont seuls aptes à succéder à la couronne. L'empereur exerce le pouvoir législatif conjointement avec le Sénat, le Corps législatif et le Conseil d'État. Il est seul investi du pouvoir exécutif, est complétement indépendant des grands corps de l'État, et jouit de toutes les prérogatives qui appartiennent ordinairement à la souveraineté. Les membres du Corps législatif, ainsi que ceux des conseils généraux et d'arrondissement, sont nommés par le suffrage universel et direct.

Les départements ministériels sont au nombre de neuf, savoir : le ministère d'État et de la maison de l'empereur, la justice, les affaires étrangères, les finances, l'intérieur, la guerre, la marine et les colonies, l'instruction publique et les cultes, l'agriculture, le commerce et les travaux publics.

Administrativement, la France est divisée en 86 départements, 363 arrondissements, 2,847 cantons, et 36,835 communes. Il y a pour chaque département un préfet, un conseil général, un conseil de préfecture. Il y a par arrondissement, excepté dans celui dont le chef-lieu est aussi le chef-lieu du département, un sous-préfet et un conseil d'arrondissement. Les cantons n'ont pas encore de personnel administratif, sauf le juge de paix et les employés du ministère des finances. Chaque commune a un maire et un ou plusieurs adjoints, suivant l'importance de la localité et un conseil municipal.

Le pouvoir judiciaire comprend une cour de cassation, des cours impériales ou d'appel, des cours d'assises, des tribunaux de première instance et de police correctionnelle, des tribunaux de commerce et des conseils de prud'hommes, des justices de paix et des tribunaux de simple police. Le conseil d'État juge en dernier ressort du contentieux administratif. Il a été établi depuis la guerre actuelle contre la Russie un conseil des prises. Autrefois il avait été créé un tribunal des conflits. Sous la monarchie constitutionnelle la chambre des pairs pouvait se former en cour criminelle pour juger certains attentats. Aujourd'hui il y a encore une haute cour de justice.

Toutes les religions sont librement professées en France; les cultes catholique, protestant, israélite et musulman sont reconnus et salariés par l'État. Sous le rapport du culte catholique, la France est divisée en 15 provinces archiépiscopales, subdivisées en 65 diocèses épiscopaux (*voyez* ARCHEVÊQUE, ÉVÊCHÉ). Ces 80 diocèses renferment 3,301 cures, 28 201 succursales et 6,486 vicariats. Les communions réformées et le culte israélite comptent un assez grand nombre de consistoires. Le personnel du clergé catholique de toute hiérarchie, de tout grade, est en France de 40,000 individus et de 50,000, si l'on y joint les élèves qui sont censés étudier la théologie dans 86 séminaires et 120 écoles secondaires; mais il s'en faut que tous se fassent ordonner prêtres. Quant aux cultes non catholiques, la religion protestante compte 388 ministres pour les luthériens, 387 pour les réformés de la confession d'Augsbourg : total, 775. Pour les israélites, le nombre des rabbins est de 111, dont un grand-rabbin.

L'instruction publique est placée sous la haute direction d'un conseil supérieur ou impérial de l'instruction publique. Le territoire est divisé, sous le rapport universitaire, en académies régies par un recteur assisté d'un conseil académique. L'enseignement supérieur comprend cinq facultés : théologie, droit, médecine, sciences et lettres. L'enseignement secondaire est exclusivement réservé aux lycées, aux collèges et à quelques institutions particulières spécialement autorisées. L'enseignement primaire est donné dans les écoles primaires. Il faut encore mentionner les écoles primaires supérieures, les écoles normales primaires, etc.

En dehors de l'université, et sous la direction spéciale du ministre de l'instruction publique, sont placés divers établissements d'enseignement supérieur, savoir le Collége de France, le Muséum d'Histoire Naturelle de Paris, l'École des Chartes, l'École des Langues orientales vivantes de la Bibliothèque impériale, le Bureau des Longitudes, etc.

L'Institut de France se divise en cinq académies : l'Académie Française, l'Académie des Inscriptions et belles-lettres, l'Académie des Sciences, l'Académie des Beaux-Arts, l'Académie des Sciences morales et politiques. L'Académie de Médecine remplace l'ancienne Société royale de Médecine et la ci-devant Académie de Chirurgie. Les bibliothèques publiques sont riches et nombreuses en France, ainsi que les musées.

L'armée se compose de la garde impériale, de la gendarmerie, de troupes d'infanterie, de cavalerie, d'artillerie, de génie et des troupes de l'administration. Toutes ces troupes se recrutent par engagement volontaire et par appel des jeunes gens de vingt ans (*voyez* RECRUTEMENT). La flotte se compose de vaisseaux de différentes grandeurs, montés par des marins recrutés au moyen de l'inscription maritime. La garde nationale ajoute à la puissance militaire de la France.

D'après le budget de 1854 les revenus de l'État s'élevaient à 1,520,288,098 fr.; et dans ce chiffre on évaluait le produit des contributions directes à 418,809,792 fr., des contributions indirectes à 343,310,000 fr., des douanes à 180,539,000 fr. Les dépenses générales montaient à 1,516,820,439 fr., savoir, 396,503,439 pour le service de la dette publique, 36,604,180 pour la dotation et les dépenses des pouvoirs législatifs, 756,073,254 pour les services généraux des ministères, 151,973,344 pour la régie, la perception et l'exploitation des impôts, 86,106,242 en non valeurs, et 89,560,000 pour dépenses extraordinaires.

L'agriculture est aussi avancée en France qu'en aucune autre contrée de l'Europe; mais ses progrès ne sont pas les mêmes partout, et elle est même demeurée fort arriérée dans quelques parties. Le froment et le méteil sont principalement cultivés au nord; mais la récolte du midi, quoique moins abondante, est généralement préférée; l'orge et l'avoine sont aussi plus répandues au nord; le seigle l'est à peu près également partout. Le maïs et le millet ne se rencontrent que dans l'est et le sud-est, le sarrasin dans les terres qui refusent toute autre culture, et principalement en Bretagne. La pomme de terre est plus répandue à l'est; le nord cultive deux fois plus de légumes, de colza et de betteraves que le midi. Le chanvre est cultivé partout, le lin surtout au nord-ouest. Le tabac ne l'est que dans certaines localités désignées par l'État, le houblon principalement dans les régions voisines de la Belgique, et les plantes tinctoriales dans le midi.

Le pommier et le poirier produisent du cidre pour les départements privés de vignes, les châtaigniers suppléent également en beaucoup d'endroits à l'insuffisance des céréales. L'olivier et le mûrier font la richesse du midi. Les prairies naturelles se trouvent principalement dans le nord, et ne forment avec les prairies artificielles qu'un quart des pâturages. La vigne couvre dans le midi une étendue double de celle qu'elle occupe dans le nord. Le sol est propre à la végétation de toutes les essences de bois de l'Europe et de beaucoup d'espèces exotiques. L'est et le centre offrent la majeure partie des forêts.

D'après M. Becquerel, il y a eu en France un accroissement annuel constant dans le nombre d'hectares ensemencés depuis 1814. Des améliorations continuelles ont eu lieu également dans toutes les régions, mais notamment dans celles de l'ouest et du sud-ouest. En faisant le résumé de ces progrès, on trouve que l'augmentation de production des grains de toutes espèces a été d'au moins 2,141,217 hectolitres.

L'industrie manufacturière française n'a de rivale que celle de la Grande-Bretagne : encore lui est-elle incontestablement égale pour les principaux produits et supérieure pour ceux dans lesquels l'art doit avoir une plus grande part de le métier.

Le commerce extérieur de la France a atteint en 1852 la valeur officielle de 3 milliards 119 millions 400,000 fr. L'importation entre dans ce chiffre pour 1 milliard 438 millions, l'exportation pour 1 milliard 681 millions. Mais il est toujours à regretter que le pavillon étranger ait la plus belle part du commerce maritime ; 2 milliards 235 millions d'échanges internationaux ont été faits en 1852 par la voie maritime; par la voie de terre ce n'est que 885 millions, soit 72 p. 100 pour la première, 28 p. 100 pour la seconde. Sur ce total maritime, les opérations transocéaniques ne figurent que pour 987 millions, dont 732 au seul continent américain. Les mers d'Europe ont pour leur part 1 milliard 248 millions. Voici comment se distribuaient en 1852 les principaux pays avec lesquels la France commerce : Angleterre, 485 millions; États-Unis, 462 mil.; Belgique, 356 mil.; Suisse, 269 mil.; États Sardes, 202 mil.; Espagne, 137 mil.; États du Zollverein, 120 mil.; Turquie, 84 mil.; Russie, 72 mil.; Brésil, 68 mil.; Inde anglaise, 45 mil.; Toscane, 40 mil.; Pays-Bas, 48 mil.; Deux-Siciles, 55 mil.; Cuba et Porto-Rico, 36 mil.; La Plata, 29 mil.; Égypte, 27 mil.; Mexique, 26 mil.; Pérou 25 mil.; Villes anséatiques, 24 mil.; Autriche, 24 mil.; côte d'Afrique, 21 mil.; Chili, 19 mil.; Uruguay, 19 mil.; Haïti, 18 mil.; comptoirs français de l'Inde, 13 mil. Quant au commerce colonial, il monte en bloc à 292 millions; les trois îles à culture (Martinique, Guadeloupe, Réunion) y comptent à peine pour 113, tandis que l'Algérie y figure pour 123. La navigation ou cabotage en 1852 a compté 76,051 traversées, ayant effectué un transport total de 2 millions 544,785 tonnes : l'Océan a envoyé à la Méditerranée 70,000 tonnes et en a reçu 214,000; ceci est le grand cabotage. Quant au mouvement propre à chacune des deux mers, un petit cabotage, l'Océan a expédié entre ses divers ports 1 million 766,000 tonnes, et la Méditerranée 495,000. De sorte qu'en réunissant toutes ces opérations, l'Océan a 72 pour 100 du mouvement général, et la Méditerranée 28.

Quant à l'ensemble du mouvement maritime de la France, il s'est ainsi composé pour 1852, entrée et sortie réunies :

Commerce avec l'étranger, avec nos colonies et nos pêcheries	Navires. (Traversées.)	Tonneaux.
Commerce avec l'étranger, avec nos colonies et nos pêcheries . .	35,098	4,301,609
Cabotage.	152,102	5,613,652
Total. . . .	187,200	9,915,261

Les voies de communication sont sous la direction du ministère des travaux publics. Une école spéciale destinée à former des ingénieurs des ponts et chaussées est établie à Paris. Le territoire est divisé en seize inspections des ponts et chaussées. Les routes sont réparties en trois catégories : les *routes impériales*, dont la largeur est d'environ 14 mètres ; les *routes départementales*, d'environ 11 mètres de large, et les *chemins vicinaux*. Les rivières navigables, les canaux, les rivières canalisées, les chemins de fer complètent admirablement le système des voies de communication en France.

Les communications télégraphiques se font surtout au moyen de la télégraphie électrique. Le gouvernement s'en est réservé le monopole ; mais les particuliers sont admis à en profiter.

D'après le recensement de 1851, la population de la France est de 35,781,628 habitants.

Histoire.

Les victoires de Toulun-Khan, au fond de l'Asie, avaient imprimé du levant au couchant un mouvement d'oscillation aux peuples, que l'épouvante rejetait les uns sur les autres. Ces nations à la fois expatriées et envahissantes, qui, au lieu d'employer leurs armes à la défense de leur territoire, les tournaient à la conquête du pays voisin, ces nations arrivées aux bords du Rhin, n'y trouvent que les Francs, établis sur la rive droite comme aux avant-postes des Romains. Stilicon en avait retiré les légions pour la défense de l'Italie. Deux combats sont livrés : vaincues dans l'un, victorieuses dans l'autre, déjà ces peuplades ont franchi le fleuve (406), et, se débordant sur la rive droite, ont bientôt inondé toute la Gaule. Dès lors on voit les Visigoths établis dans la Gaule narbonnaise ; les Bourguignons, du lac de Genève au confluent du Rhin avec la Moselle ; les Tayfales, à Poitiers ; les Alains, partie à Valence, partie à Orléans ; les Saxons, à Bayeux : et c'est du mélange de toutes ces diverses tribus avec la population gauloise, romaine et bretonne, que va se former un peuple nouveau, à qui la prédominance de la confédération franque doit prêter son nom.

Peut-être le premier roi de nos annales, Pharamond, est-il un personnage fabuleux : Grégoire de Tours n'en fait aucune mention. Une seule ligne dans la chronique de Prosper Tyro, mais qu'on peut supposer interpolée, relate l'époque de son avénement (420) ; une autre, dans un ancien manuscrit de la Loi salique, lui donne pour fils *Chlen* et *Chludion*. Celui-ci avait succédé à son père (428), et dans une des continuelles incursions des Francs il célébrait à *Helena* le mariage de sa sœur avec un de ses officiers, quand tout à coup la trompette des batailles se mêle aux chants de l'hyménée : c'est l'ennemi, c'est Aétius qui vient disperser les convives et interrompre la fête. L'épée remplace aussitôt la coupe du plaisir. Mais les Francs à moitié vaincus par surprise, sont taillés en pièces, et la nouvelle épouse tombe dans les mains du vainqueur. Mérovée donne son nom à la première dynastie (448). Déjà les Francs pouvaient considérer la Gaule comme une propriété, qu'ils partageaient avec les Romains, les Visigoths et les Bourguignons. Aussi l'intérêt commun les réunit contre le farouche Attila, sous les drapeaux d'Aétius, dans les plaines catalauniques, où le courage de Mérovée ne fut pas inutile aux succès de la mémorable journée de Châlons. Après lui (458), Childéric expie dans l'exil les erreurs de sa jeunesse et les efface par des combats heureux. Orléans le voit victorieux des Hérules. Allié des Romains, il triomphe des Goths à Bourges ; allié des Hérules, il bat les Romains près d'Angers, ou porte ses armes formidables chez les Allemands.

Clovis ou Clodovech lui succède (481). Favorisé par le Dieu de Clotilde, qu'il implore à Tolbiac (496), et chrétien à Reims par la victoire, il est, dit-on, le premier de nos rois qui ait orné son diadème d'une fleur de lys, symbole de la pureté que le nouveau converti avait recouvrée dans le baptême, symbole aussi de la Trinité, dogme que niaient les Ariens, et qu'il embrassait avec ardeur. Il eut quatre fils ; on fit quatre lots de ses États (511). Aucune loi politique ne réglait la succession à la couronne : le plus noble des biens était régi par la loi civile comme tous les autres.

Théodoric obtint Metz et l'Austrasie, Clotaire Soissons, Childebert Paris, et Clodomir Orléans : une portion de l'Aquitaine fut également donnée à chacun d'eux Vers ce temps, trois frères, Bertaire, Hermanfrid et Badéric se partageaient la couronne de Thuringe. L'ambitieux Hermanfrid, excité par son épouse, poignarde Bertaire, et, pour accabler ensuite Badéric, il achète l'alliance de Théodoric par la promesse d'un tribut et d'une province. Son dessein consommé, il refuse l'exécution du traité. L'Austrasien remporte sur lui deux victoires et désole la Saxe (528). Hermanfrid accepte une entrevue à Tolbiac ; mais, tandis qu'il admire la hauteur des remparts, un soldat aposté le pousse : une trahison a vengé les victimes de sa perfidie (530), et la Thuringe est soumise à la monarchie franque. Que se passe-t-il en Neustrie ? Les trois fils de Clotilde, enhardis par leur mère à punir sur le fils de Gondebaud le massacre de toute sa famille, entrent dans la Bourgogne : ils dispersent l'armée ennemie ; le roi vaincu se cache sous le costume et le toit d'un ermite. Clodomir dévaste la Bourgogne ; mais qu'on livre Sigismond, et le ravage cessera... Bientôt la province, mal contenue, se soulève ; avant de marcher pour étouffer la révolte, Clodomir arrache le Bourguignon de sa prison, et le jette dans un puits avec sa femme et ses deux enfants. Encore une fois vainqueur des Bourguignons à Véséronce (524), il périt victime de sa témérité à les poursuivre. On sait avec quelle atroce férocité ses frères égorgèrent ses fils et comment fut envahi son héritage. Était-ce avant ou après la réunion définitive de la Bourgogne à la monarchie franque (532-4) ? La question a peu d'importance.

Leur jeune sœur avait épousé le roi des Visigoths. Amalaric était arien, Clotilde était catholique. Ce dissentiment religieux jette le trouble dans la vie conjugale. L'époux ose lever la main sur l'épouse, qui recueille son sang sur un voile, et l'envoie à Childebert. Bientôt les Visigoths éprouvent une défaite sous les murs de Narbonne. La ville est emportée ; Amalaric tombe atteint par un soldat obscur (531). Théodoric avait succédé à Théodoric ; il passait pour le premier des capitaines francs : son alliance était recherchée à la fois par Bélisaire, au nom de Justinien, et par le roi des Ostrogoths, qui l'achetait au prix des États qu'il possédait en Provence. Théodebert passe les Alpes ; il fond sur l'armée des Goths, qui pensent recevoir un ami. Leur défaite inspire une confiance égale aux Grecs, qui, vaincus avec la même facilité, laissent l'Austrasien en paisible possession de l'Italie septentrionale (530). Mais l'intempérance, qui succède à la disette dans ce pays ravagé, et les chaleurs du climat, ont bientôt vengé les Goths et les Grecs : Théodebert rentre dans ses États, emportant les dépouilles de l'Italie à laquelle il laisse en échange le tiers de son armée détruite. Il méditait de conduire une expédition à Constantinople par la route du Danube, quand la mort le surprit au milieu de ses projets (547). Son fils Théodebald languit six années sur le trône, et pendant son règne continuèrent les émigrations des aventuriers francs en Italie, dont les bandes tantôt amies des Grecs, tantôt alliées des Goths, tantôt ennemies des uns et des autres, se fondent rapidement devant le fléau de la peste ou les batailles de l'eunuque Narsès.

Clotaire épouse la veuve de Théodebald, et se met en possession de l'Austrasie (553) ; mais la Saxe refuse l'obéissance : il la dévaste ; elle sollicite la paix : il veut l'accorder, son armée l'oblige à combattre une nation dangereuse par son désespoir ; il est vaincu (555). Pendant ce temps le jaloux Childebert avait saccagé la Champagne avec le fer et la flamme ; il avait encouragé l'ambition de Chramne, qui, chargé d'occuper l'Auvergne, demandait cette province en toute souveraineté. Childebert meurt (658). Chramne, abandonné, s'enfuit en Bretagne ; bientôt le fils et le père sont en présence, Clotaire à la tête d'une armée : Clotaire invoque le dieu vengeur du parricide ; sa prière est exaucée, Chramne est vaincu. On sait comment il périt, enfermé avec sa femme et ses filles dans une misérable chaumière, dont le courroux de Clotaire fit un bûcher pour la malheureuse famille. Ce père sans pitié ne tarda pas à sentir les remords; pour apaiser les tourments de sa conscience, il dépose des offrandes sur le tombeau de saint Martin, il visite les plus saintes basiliques; mais son terme est arrivé un an et un jour après le supplice de son fils Chramne. Il expire en rendant ce témoignage à la grandeur divine : « Quel est donc ce Dieu du ciel qui frappe ainsi les rois de la terre (561)! »

Tandis que ses fils étaient occupés à lui rendre les honneurs funèbres, un d'eux, Chilpéric, s'empara de Braine, où était le trésor de son père. Il aspirait à posséder tout le royaume; mais, sans lui donner le temps de se fortifier dans Paris, ses frères le contraignirent à se contenter du lot que le sort lui adjugea. Ce fut le royaume de Soissons; Sigebert eut l'Austrasie, Gontran la Bourgogne, et Charibert le royaume de Paris. Ce prince, après un règne de six années (561-7), n'a laissé dans l'histoire que le souvenir de son incestueuse polygamie. Il est inutile de raconter ici la querelle de Sigebert et de Chilpéric; les luttes acharnées de Brunehaut et Frédégonde : guerres sanglantes, causées autant par la jalousie des nations cis et trans-rhénanes que par l'antipathie des frères et la haine de leurs épouses. La mort de Sigebert (575) et de Chilpéric (584) transmit leurs couronnes à deux enfants mineurs, Childebert et Clotaire, sous la protection de leur oncle Gontran. Mais autant Frédégonde inspirait d'aversion au Bourguignon, autant il sentait d'affection pour le fils de Brunehaut : privé d'enfants, il s'accoutume à voir en lui son successeur. Cependant, comme Gontran est l'ennemi prononcé de cette haute aristocratie terrienne qu'il voyait déjà tendre à une entière indépendance, les barons d'Austrasie lui suscitent un rival : c'est Gondovald, fils naturel de Clotaire. Débarqué de Constantinople à Marseille, caché d'abord dans Avignon, ensuite annoncé ouvertement, il s'avance dans le midi, recueillant de nombreuses adhésions, et monte à Brives-la-Gaillarde sur le pavois de ses guerriers. Gontran renouvelle son alliance avec Childebert II. L'oncle présente son neveu aux comices de Bourgogne; il met sa lance dans les mains du jeune prince, et le proclame son successeur. Dès lors Gondovald voit son parti s'affaiblir; il se retire vers les Pyrénées, afin de s'appuyer sur l'Espagne; il se renferme dans Cominges, une trahison l'en arrache; tous les outrages sont épuisés sur son cadavre; la ville est incendiée, et le marteau renverse ce que la flamme a épargné (585).

Childebert croissait en âge, et ses hauts barons brûlaient de mettre à sa place un mandataire de l'aristocratie. L'Austrasien avait deux enfants, dont l'un était même au berceau. Voilà les rois que veut la noblesse : on partagera l'Austrasie en deux royaumes; chacun aura son roi mineur sous la tutelle d'un maire du palais. Mais Gontran évente ce dessein; il avertit Childebert, et les chefs du complot périssent. Il n'en fut pas moins réalisé peu de temps après que Childebert eut recueilli la Bourgogne, par la mort de Gontran (593). Childebert, empoisonné avec Faileuba, son épouse, laissa deux fils pour rois, Théodoric à la Bourgogne, et Theudebert à l'Austrasie (596). Pour éloigner celui-ci du gouvernement, Brunehaut ou Brunichilde enivra sa jeunesse de voluptés précoces. Mais Bilchilde, qui, entrée comme maîtresse dans la couche du royal adolescent, avait eu l'adresse de s'élever au titre d'épouse, se détourna peu à peu de la reine mère, et se laissa conduire vers ces grands, que Brunichilde combattait de tous ses efforts. Enlevée dans son palais, la veuve de Sigebert fut abandonnée sur la frontière d'Austrasie. Accueillie en Bourgogne, sa politique est la même. Elle dérobe Théodoric aux affaires pour le livrer aux plaisirs. Elle médite de venger son expulsion d'Austrasie; mais elle veut commencer par isoler Theudebert : il faut donc accabler Clotaire II, pourquoi lui prêter son appui. Elle réunit les deux frères contre le fils de Frédégonde, qui perd, avec une bataille à Dormeilles (600), toutes ses villes entre la Seine et la Loire, qui sont cédées au Bourguignon, comme tout le pays entre l'Oise et la Seine se voit abandonné à l'Austrasien. La conquête, où Clotaire II a conservé des intelligences, ne tarde point à s'agiter. Le maire du palais de Bourgogne, Berthoalde, est envoyé pour calmer ces symptômes inquiétants; il se trouve au milieu d'un embrasement général : il s'enferme dans Orléans, où Landry vient l'assiéger. Théodoric le délivre, et bat les Neustriens à Etampes (604).

Berthoalde était mort dans cette journée : Brunichilde donne la mairie du palais à Protadius, son favori. Dès ce moment elle domine dans les conseils du roi, et bientôt elle fait déclarer la guerre à l'Austrasie. Quel en est le motif? La vengeance d'une femme : oui, disent les soldats, c'est pour l'assouvir que le sang du frère va couler par la main du frère. Le camp murmure : on court vers la tente du roi, où Protadius jouait tranquillement aux *tables*. Théodoric envoie Oncelino commander aux mutins de s'éloigner en silence. Mais le traître a changé l'ordre : « Le roi, a-t-il dit, consent à la mort de Protadius. » Il parle encore, que déjà la foule s'est précipitée dans la tente royale; Protadius tombe aux pieds de son maître. L'expédition d'Austrasie aura plus tard une nouvelle cause. Le testament de Childebert avait joint l'Alsace à la Bourgogne; mais la province demandait sa réunion à l'Austrasie, à qui naturellement l'associaient sa position géographique, son langage et ses mœurs. Les deux frères conviennent, pour décider cette question, d'une entrevue à Seltz (610), où chacun devait se rendre avec 10,000 hommes seulement; mais Theudebert y vint avec une armée nombreuse, et, maître de son frère, il obtint la concession de l'Alsace. Théodoric arme pour se venger : il gagne à Toul et à Tolbiac (612) les deux plus sanglantes batailles que les Francs eussent jamais livrées. Theudebert disparut du monde, soit qu'il ait péri dans une abbaye par l'ordre de Brunichilde, soit que la ville de Cologne ait jeté sa tête au vainqueur pour éviter les horreurs d'une ville emportée d'assaut.

Déjà le victorieux se préparait à marcher contre Clotaire, qui s'était mis en possession du Dentelin, que Théodoric, pour le détacher de son frère, lui avait offert, non comme prix d'une timide neutralité, mais d'une active coopération. Au milieu d'un tel projet, Théodoric meurt, enlevé par une dyssenterie, et laissant quatre fils naturels en bas âge, sans autre appui que la vieillesse de leur bisaïeule, au sein d'une population irritée par deux défaites et le ravage du pays. Brunichilde sentit qu'il serait imprudent de partager le royaume dans une conjoncture si critique : elle essaya de faire reconnaître l'aîné Sigebert. Mais déjà le maire du palais de Bourgogne, Warnachaire, négociait avec Clotaire; déjà les grands d'Austrasie, à la tête desquels on voit apparaître les chefs de la seconde dynastie, Arnoul et Pepin, avaient embrassé la cause du Neustrien. Un simulacre de combat est livré vers les rivages de l'Aisne; Brunichilde périt avec les enfants de Théodoric, et le fils de Frédégonde réunit sur sa tête les trois couronnes de Neustrie, d'Austrasie et de Bourgogne (613). Clotaire distribue des récompenses aux artisans de sa fortune; il ajoute aux privilèges des grands et du clergé; il rend la mairie du palais viagère en faveur de Warnachaire; il investit Pepin de cette dignité en Austrasie. Plus tard, quand le peuple demandera un roi, il lui enverra son fils Dagobert à Metz, et confiera son enfance à la sagesse de Pepin et d'Arnoul (622). Après la mort de Warnachaire, Godinus, son propre fils, épouse sa veuve. Clotaire II ordonne qu'on lève une armée pour rompre ce mariage incestueux. Godinus s'enfuit. Dagobert intercède, et le roi consent à le pardonner; mais il exige que le coupable aille offrir des expiations dans les principales basiliques de la Gaule. Godinus obéit; il est isolé des siens, et, poignardé au milieu de son pèlerinage. Pourquoi ces timides précautions? Pourquoi cette armée? Est-ce une atteinte à la morale qu'on veut punir? ou plutôt ne serait-ce pas un attentat politique, un essai prématurément tenté par le fils d'un maire du palais, qui voulait étendre l'hérédité jusqu'à la dignité de son père (626)?

Le Saxon révolté avait insulté la frontière d'Austrasie. Dagobert l'arrête : son casque est brisé dans le combat, et la hache tranche une partie de sa chevelure avec un lambeau de sa chair. Le jeune prince commande à son écuyer de porter à son père cette marque sanglante de son courage et de ses dangers. Clotaire se hâte ; il franchit le Weser, tue de sa main le duc des Saxons, et, pour confirmer leur soumission, il fait couper la tête à tous ceux dont la taille dépasse la hauteur de son épée (627). Clotaire II avait épousé Sichilde en secondes noces ; il en avait un fils nommé Charibert. Pour assurer à cet enfant un protecteur dans son frère, il donne à Dagobert la main de Gomatrude, sœur de Sichilde. Il s'est trompé ; à peine mort (628), sa volonté est méconnue ; son fils aîné prétend posséder tout l'héritage paternel. Charibert se retire en Aquitaine, et se prépare à la guerre : Dagobert lui cède la province avec le titre de roi. Le courage du jeune prince saura donner les Pyrénées pour limites à ce petit État ; après une vie plus remplie de gloire que d'années, il meurt, l'an 631, laissant un fils orphelin. Cet enfant trouvera dans son oncle un bourreau, et sa dépouille sanglante sera de nouveau réunie à la monarchie.

Les premiers temps de Dagobert comblent ses peuples d'espérance : il visite son royaume ; il donne un tel soin à l'exercice de la justice qu'il se permet à peine de goûter les douceurs du sommeil ; mais bientôt l'amour du plaisir étouffe ce beau zèle : trois reines portent le titre de ses épouses, et il s'entoure d'un si grand nombre de concubines que son historien a craint la fatigue de transcrire leurs noms. Dagobert joint au goût des voluptés la dévotion, qui les condamne : il renferme le corps de saint Denis dans un tombeau d'or ; il couvre la chapelle d'un toit d'argent, et de riches domaines dans toutes les provinces sont accordés par sa munificence aux moines de l'abbaye. Les Vénèdes avaient dépouillé des Francs qui faisaient le négoce dans leur pays : Dagobert leur déclare la guerre à Samo, leur roi ; il est vaincu après trois jours de combat (631), mais il est plus heureux ailleurs. Il aide Sisenand à monter sur le trône d'Espagne ; il force le duc des Gascons, Amand, et Judicael, roi de la Bretagne, à venir dans Paris lui présenter leur soumission ; mais il fait massacrer sans pitié et sans cause 9,000 Bulgares, qui, chassés de la Pannonie, avaient reçu de lui en asile et l'hospitalité en Bavière. A sa mort, en 638, n'est-on pas étonné de trouver un si petit nombre de faits sous le règne d'un souverain qui eut un empire presque aussi vaste que celui de Charlemagne, qui, législateur comme lui, publia les anciennes lois des Saliens, des Bavarois, des Allemands, et dont les monuments religieux attestent un progrès incontestable dans les arts et l'opulence.

De ses fils, Sigebert eut l'Austrasie et Clovis la Neustrie. Le pieux et bon Sigebert est enlevé par une mort prématurée ; il laisse un fils que déjà s'apprête à dépouiller le maire du palais, l'ambitieux Grimoald, fils de Pepin et gendre d'Arnoul. L'enfant-roi est malade, commence-t-on à dire autour du palais... ; il est sans espérances... ; il n'est plus. Pendant ce temps, Didon, évêque de Poitiers et dévoué à Grimoald, dérobait le jeune prince à ses yeux, et le conduisait dans un couvent d'Écosse. Qui doit porter la couronne ? Childebert, fils de Grimoald. Qui l'autorise ? Un acte surpris à Sigebert, un testament fait avant la naissance de son fils et annulé par elle. Mais Clovis II a des droits sur l'héritage de son neveu, qu'il veut faire valoir : l'entreprise est prématurée ; les rois sont encore puissants et les maires du palais sont encore faibles. Grimoald, abandonné des siens, tombe aux mains de Clovis ; il est mis à mort, et son fils avec lui sans doute. L'Austrasie se trouve réunie à la France occidentale (656), et la maison de Pepin humiliée. Après la mort de Clovis II (656), sainte Bathilde, sa veuve, administra le royaume avec sagesse pendant la minorité de ses fils, Clotaire, Childéric et Thierry, jusqu'au moment où, forcée par les violences et les intrigues d'Ébroin, maire du palais, elle quitta le diadème et prit le voile à Chelles. Ébroin, qui disposait des rois à son gré, donna Clotaire III à la Neustrie, et Childéric II à l'Austrasie (660). Il parait qu'il fut le défenseur des hommes libres, contre la moyenne propriété, contre la haute aristocratie territoriale, dont l'évêque d'Autun, saint Léger, semble avoir été l'un des chefs.

Clotaire meurt (670) : un nouvel avénement exigeait une nouvelle élection du maire, et pour l'éviter Ébroin mit de son autorité seule Thierry sur le trône, sans consulter les grands, sans demander même leur approbation. On murmure, on traite avec l'Austrasien ; il arrive ; Ébroin et son roi, dépouillés de leur chevelure, sont enfermés dans un monastère, l'un à Saint-Denis, l'autre à Luxeuil. Mais Childéric II avait transporté ses vices et ses débauches d'Austrasie dans les palais de la Neustrie. L'évêque saint Léger adresse des réprimandes avec l'autorité de son ministère ; sa voix devient désagréable aux oreilles du prince. La haine éclate aux fêtes de Pâques, à Autun, où, dans la querelle d'Hector et de saint Prix, l'évêque et le roi soutiennent des intérêts opposés. Saint Léger est enlevé et jeté dans le monastère où l'ambition mondaine suit encore son rival aux pieds des autels. Ainsi, les passions de Childéric n'ont plus de frein ; il veut imposer un tribut sur les hommes libres. Bodilon porte les murmures du peuple jusqu'au trône : on l'attache à un poteau, il est battu de verges comme un esclave ; chaque coup déchire le cœur de l'aristocratie, insultée dans un de ses membres. Le roi est surpris à la chasse par les conjurés, et un même tombeau le reçoit au même jour avec sa femme et l'un de ses fils (673).

Cette catastrophe rend Ébroin et saint Léger à la liberté, jeune Thierry au trône, mais sous l'influence de la haute aristocratie. Le maire veut s'emparer de l'évêque ; il échoue, et se retire en Austrasie, où la chute de Grimoald avait mis au timon des affaires les hommes du système politique dont Ébroin est le symbole en Neustrie. Il obtient une armée ; il surprend les Neustriens à Pont-Saint-Maxence, tue Leudesius, nouveau maire du palais, dans une entrevue, poursuit Thierry à Baisieu, ensuite à Crécy, et se couvre enfin de son nom. Ayant ainsi reconquis l'autorité, il en use sans pitié contre ses ennemis. Bientôt le sang ruisselle sur les échafauds ; les routes se couvrent d'exilés. Il donne à ses partisans des monastères, dont la crainte a dispersé les habitants. Une révolution inverse avait donné le pouvoir en Austrasie aux mandataires de la haute aristocratie, Martin et Pepin, tous deux petits-fils d'Arnoul, et le dernier même issu du vieux Pepin. Ils se mettent en campagne pour relever leur principe abattu en Neustrie : Ébroin taille leur armée en pièces à Locofao, peut-être Loixi, au territoire de Laon (680). Une trahison le rend maître de Martin, qu'il immole au mépris de la foi jurée. Son successeur Warato, trop faible pour soutenir le fardeau, achète la paix en sacrifiant les droits de la couronne ; il reconnaît le mariage et l'indépendance de l'Austrasie, et pose le premier degré du trône des Pepin. Après lui, vient son gendre Berthaire mais, ne possédant aucun des avantages extérieurs qui attirent le respect à l'autorité, léger, vaniteux et imprudent, il irrite les grands, il indispose le clergé en mettant la main et sur les domaines de l'Église et sur les privilèges des barons ; il répond avec insolence à Pepin, qui demande le rappel des exilés et cherche un prétexte de guerre. Son armée est mise en déroute à Testry (687) ; il est immolé par les siens à la paix publique, et la Neustrie tombe sous la domination de l'Austrasie.

Pepin distribua aux grands qui avaient combattu à ses côtés des titres de duc, de patrice, de comte ; il rétablit les anciennes assemblées nationales, et donna aux évêques et abbés le droit d'y prendre place. Il retourne en Germanie, où s'appellent des victoires à remporter sur les Frisons, et laisse au roi Thierry son fils aîné Grimoald pour maire du palais. Il eut la douleur de survivre à ses deux fils légitimes.

Grimoald se rendait au château de Jupil sur la Meuse, où son père languissait, quand il fut tué, au tombeau de saint Lambert. Périt-il victime de la concubine Alpaïde, à qui le saint martyr avait reproché d'usurper la couche de Plectrude, épouse de Pepin, ou victime des grands, qui, effrayés, de l'extension que celui-ci avait donnée à la mairie, voulaient du moins en prévenir l'hérédité? Crime inutile! Grimoald avait laissé un fils naturel, Théodoald, que le testament de son aïeul institua pour successeur sous la tutelle de Plectrude. Mais la Neustrie, mécontente de n'être plus qu'une province annexée à l'Austrasie, refusa l'enfant-maire donné pour tuteur à l'enfant-roi Dagobert III, gagna sur lui une sanglante victoire dans la forêt de Cuise (715), et la mort, qui avait épargné Théodoald dans le combat, l'enleva quelques jours après obscurément. Raginfred, élu maire du palais, s'allie au duc des Frisons, Radbode, et l'Austrasie, envahie par les deux extrémités, voit bientôt le Frison et le Neustrien opérer leur jonction sous les murs de Cologne. Plectrude achète leur retraite par l'abandon de ses trésors. Le fils d'Alpaïde et de Pepin, Charles Martel, échappé aux prisons de Plectrude, apparaît comme un rayon de soleil au milieu de ces jours d'orage. Vaincu par les Frisons, seul échec qu'il doit subir dans son héroïque carrière, il est plus heureux contre l'armée neustrienne, qu'il surprend à Stavelo. Bientôt il présente la bataille à Chilpéric II dans les plaines de Cambrai (717). L'Austrasien demande qu'on lui rende les droits qui ont appartenu à Pepin; le Neustrien veut qu'on restitue l'Austrasie à sa couronne. Le fer tranche la question. Chilpéric fuit en Aquitaine; l'Austrasien presse Raginfred dans la ville d'Angers, et le force à la soumission; ses menaces intimident le duc Eudes, et Chilpéric avec ses trésors est remis aux mains du vainqueur.

Eudes avait conçu le projet d'appuyer son indépendance du roi sur l'alliance d'un émir qui aspirait lui-même à secouer sa dépendance du khalifat; mais sa base est renversée, la révolte du musulman son gendre étouffée, et sa fille envoyée dans le sérail du khalife. Les Sarrasins, vainqueurs de Munusa, franchissent les Pyrénées, inondent l'Aquitaine, passent la Dordogne, et massacrent l'armée chrétienne, retranchée sur le rivage. Eudes n'a plus d'espoir qu'en Charles Martel. Bientôt ils se déploient en face de lui dans les plaines de Poitiers; sept jours entiers les ennemis s'observent et manœuvrent pour s'emparer d'une position avantageuse. Enfin, la cavalerie arabe vient se briser contre l'infanterie franque, immobile comme un mur. Dieu a prononcé, on ne verra point le croissant flotter sur les tours de Saint-Hilaire et de Saint-Martin, ou la basilique de Saint-Denis transformée en mosquée (732). Dans les années suivantes, le même bonheur accompagne les armes du héros, soit contre les Saxons, soit contre les Sarrasins; il assiège Narbonne; il détruit sur la Berre, entre Ville-Salsa et Sigean, une armée débarquée pour ravitailler la place (737); il incendie les arènes de Nîmes; il renverse Agde, Béziers, Magnelonne; il prend deux fois Avignon. Mais l'honneur d'exterminer les Sarrasins dans la Gaule narbonnaise est réservé à son fils, qui doit aussi continuer les premières relations des Francs avec Rome, dont le pape, menacé par l'ambition des Lombards, envoya deux ambassades proposer à Charles Martel de renoncer à l'allégeance des empereurs, pour mettre ce duché sous la protection des Francs (741).

A peine est-il pourvu que son plus jeune fils, Griffon, né d'une seconde femme, est dépouillé par les deux aînés et renfermé au monastère de Pruim. Plus tard, rendu à la liberté, il attirera l'un de ses frères à sa poursuite dans la Saxe et la Bavière, où, chassé par le duc d'Aquitaine, dont il aura séduit l'épouse, il doit trouver la mort derrière les Alpes, tandis qu'il ira solliciter l'alliance du roi lombard. Ensuite Carloman et Pepin forcent l'Aquitain Hunold à la soumission. Au retour, ils se partagent le royaume: celui-ci prend la Neustrie, celui-là l'Austrasie. Le Saxon, l'Allemand et le Bavarois s'unissent contre les fils de Martel qui triomphent sur les bords du Lech (743); la Bavière subit cinquante-deux jours de ravage. Dans l'intervalle, Hunold a fait une tentative infructueuse de révolte; il s'empresse de la faire oublier par une prompte soumission. Son frère Hatton lui avait refusé son concours; il se venge et lui arrache les yeux. Mais cet acte de barbarie est suivi par les remords les plus cuisants: Hunold renonce au siècle, et va chercher dans un monastère la paix qu'il ne peut trouver dans sa conscience. Non loin de ce même temps, Carloman, au comble de la gloire et de la puissance, quittait le monde. Était-ce par un dégoût personnel pour les grandeurs? Alors pourquoi n'a-t-il pas laissé la couronne à ses fils? Se faisait-il un scrupule de porter le sceptre qui appartenait au sang de Mérovée? Animé de ce sentiment, il eût rendu le trône au maître légitime. Son abdication ne serait-elle pas un sacrifice à la grandeur de sa maison? Tous les obstacles étaient aplanis, le trône attendait les Pepin; mais pour assurer une dynastie nouvelle sur la ruine d'une dynastie déchue, il fallait que la force fût concentrée dans une seule main. Quoi qu'il en soit, le pape Zacharie a prononcé entre le roi par le nom et le roi par le fait. Pepin convoque les comices à Soissons: l'apôtre de la Germanie, saint Boniface, lui donne l'onction royale, et le stupide Childéric est relégué dans le monastère de Sithieu (752). Ainsi finit le dernier de ces rois *fainéants*, enfermés comme des femmes dans leur château de Maumague, ou promenés une fois l'année aux comices nationaux dans une molle basterne.

Cependant le roi des Lombards, Astolphe, continuait d'envahir les terres de l'Église; l'empereur, aux sollicitations du pape, négociait par des ambassadeurs une affaire qu'il eût fallu traiter avec l'épée. Le pape s'échappe de Rome et passe les Alpes; il vient avec son clergé en habit de deuil et la cendre sur le front se jeter aux genoux de Pepin; et s'il consent à se relever, ce n'est qu'après avoir obtenu du roi et de tous les leudes la promesse de l'assistance qu'il implore. Il donne une seconde fois l'onction sacrée à Pepin, à son épouse et à ses deux fils (754); il défend au peuple de choisir des rois dans une autre famille; il confère à Pepin le titre de *protecteur* de l'Église, et celui de *patrice* à ses fils, dignité que l'empereur avait seul le droit d'accorder, et qui donnait même autorité sur les papes. Dès que la saison des combats a reparu, Pepin force les *cluses* lombardes, assiège Astolphe dans Pavie, et le force à capituler; mais, au lieu de rendre à l'empereur les clés des villes enlevées à l'empire, il les dépose sur le tombeau de saint Pierre, et fonde ainsi la puissance temporelle des papes (755). Dans le même temps, la Septimanie mettait à profit l'anarchie qui régnait chez les Sarrasins d'Espagne et secouait le joug, aidée par les troupes de Pepin. Sept années entières, les Francs, unis aux chrétiens du pays, tinrent le siège devant Narbonne; enfin, la population chrétienne de la ville, plus nombreuse que la garnison musulmane, ayant obtenu du roi la confirmation de ses priviléges, ouvrit ses portes; toutes les cités imitèrent à l'envi cet exemple, et pour la première fois la Septimanie fut unie à la couronne (759). Bientôt ce fut le tour de l'Aquitaine (768). Waïfer ou Guaïfer refusait de reconnaître Pepin; et pendant l'espace de huit ans son duché fut en proie à tous les fléaux de la guerre. Guaïfer perdit enfin la vie, dans une embuscade dressée soit par les soldats francs, soit par les siens, qui voyaient dans sa ruine l'unique salut de leur patrie. Cent jours après, sans avoir confondalt le vainqueur avec le vaincu, et Pepin était inhumé dans la basilique de Saint-Denis, sur le seuil, et le front contre terre, par humilité. Plus tard, quand la gloire eut consacré son fils, on écrivit sur sa tombe: *Ci-gît Pepin qui fut père de Charlemagne.*

Une rivalité funeste commence avec le règne de ses fils: Hunold, sorti du monastère, soulève les Aquitains pour venger la mort de Waïfer; les deux rois assemblent leurs armées; ils s'en disputent le commandement suprême. Carloman se retire; Charles soumet la province; il en chasse Hunold, et force le duc des Gascons à livrer le fugitif. Carloman meurt en l'année 771. Son frère réduit les leudes d'Austrasie : la couronne lui est déférée; la veuve et les orphelins qu'il dépouille vont demander un asile à la cour de Didier. C'était le point de réunion de tous les mécontents, depuis que Charlemagne avait répudié honteusement la fille du roi lombard. Celui-ci envahit les terres de l'Église, et somme le pape de donner l'onction royale aux neveux du prince usurpateur. Charles franchit les Alpes, car la cause du pape est devenue la sienne; il assiège Didier dans Pavie et son fils Adelgise dans Vérone. Usant des loisirs que lui donne le blocus, il vient solenniser la pâque à Rome, où il est accueilli comme l'envoyé du Seigneur. Il renouvelle la donation de Pepin, y ajoute de nouveaux présents, et revient dans son camp recevoir les clefs de Pavie, où règnent la famine, les maladies et la mutinerie, inséparables d'une souffrance vive et prolongée. Didier est relégué dans un cloître; Adelgise se réfugie à Constantinople, où il sera nommé patrice et gouverneur de Sicile, sans réussir à relever ce trône des Lombards dont l'archevêque de Milan dépose la couronne sur le front du victorieux (774).

Avant ce temps, les Saxons, révoltés avaient envahi nos frontières. Charles avait rasé le temple d'Ermensul à Ehresburg, et commencé cette guerre sanglante (772) qui devait durer trente-trois ans. C'est en vain qu'il tient les comices nationaux, soit à Paderborn, soit à Lippebeim, pour intimider les esprits par le spectacle de sa puissance et soumettre les cœurs à la religion par la pompe de ses cérémonies; c'est en vain qu'à Verden, sur le fleuve Aller, il fait tomber quatre mille cinq cents têtes; c'est en vain qu'il se réserve les successions collatérales et le droit d'en disposer à son gré, afin d'exciter par cet appât les Saxons à cultiver ses bonnes grâces; ils n'en sont pas moins prompts à la révolte dès que Witikind reparaît au milieu d'eux, en s'écriant : « On vous traite comme le coursier à qui l'on fait une bride avec son crin. » Enfin, la religion dompta Witikind, et la Saxe parut elle-même domptée pendant huit ans. Elle avait été saccagée, incendiée, inondée de sang, et cependant Charles ne triompha du sol qu'en arrachant la population pour la disséminer dans la Gaule, l'Italie et la Belgique (804). Dans un des comices tenus à Paderborn, Ibn-Al-Arabi, gouverneur de Saragosse, vint solliciter Charles d'entrer en Catalogne, où il lui promettait la prompte soumission des émirs, impatients d'assurer leur indépendance à la faveur du schisme qui divisait Bagdad et Cordoue. Deux armées passent les Pyrénées, et se réunissent sous les murs de Pampelune; Saragosse, assiégée, ouvre ses portes. Charles étend sa domination jusqu'à l'Èbre, et place des comtes Francs dans toutes les villes de la marche espagnole. Il retournait dans l'Aquitaine par l'étroite et tortueuse vallée de Roncevaux, quand une poignée de Sarrasins, mêlés à des Navarrais, favorisés par l'escarpement, la connaissance des lieux et l'habitude de courir dans ces montagnes, fond sur l'arrière-garde et pille les bagages; échec obscur, si le paladin Roland ne fût tombé parmi les morts (778).

Léon III portait la tiare. Le neveu et le confident du pape Adrien 1er, que Charles avait aimé comme un frère, et dont il avait même composé l'épitaphe, déversent la calomnie sur le nouveau pontife, et dans une procession osent porter sur lui des mains violentes. Échappé de sa prison, le pape vient à Paderborn demander vengeance à Charles et montrer à l'Allemagne, sortie à peine de l'idolâtrie, ce qu'elle n'avait pas encore vu, le représentant du Christ sur la terre. L'année suivante, Léon, en présence du roi, dans la basilique de Saint-Pierre, se justifiait par le serment sur les Évangiles; et le jour de Noël, à l'instant où Charles fléchissait les genoux devant l'autel, le pape, qui avait conçu son dessein à l'insu du monarque franc, lui mettait sur la tête une couronne d'or, aux acclamations du peuple et du clergé. *Vie et victoire à l'auguste Charles couronné par Dieu, grand et pacifique empereur des Romains!* Ainsi, trois cent vingt-quatre ans après la déposition d'Augustule fut renouvelé l'empire d'Occident, pour un prince capable d'en ressusciter lui-même la majesté (800).

Tout venait se placer de soi-même sous sa domination ou recherchait son amitié; le dernier des Agilolfinges avait été déposé en Bavière; les Avares étaient détruits, les frontières reculées jusqu'à l'Oder, le duc de Bénévent soumis, deux fils de Charlemagne, Pepin et Louis, donnés pour rois, celui-ci à l'Aquitaine, l'autre à l'Italie. Cependant, on pouvait observer des symptômes de faiblesse dans cette puissance colossale : au nord, l'empereur se tenait sur la défensive contre les Danois; au midi, la flotte de Pepin éprouvait un échec dans l'Adriatique, dans une bataille contre l'amiral des Grecs; les Sarrasins saccageaient Populonia, emmenaient pour l'esclavage toute une ville de Corse, insultaient la frontière d'Aquitaine, assiégeaient Narbonne, et battaient au passage de l'Orbien Guillaume *au court nez*; les pirates normands infestaient les côtes de l'Océan, et à la vue de leurs barques Charles versait des pleurs prophétiques sur l'avenir. Des chagrins domestiques vinrent attrister sa vieillesse. Pepin le Bossu, un de ses fils naturels, conspira contre sa vie; la mort lui enleva deux fils légitimes, Pepin, roi d'Italie, Charles, qu'il destinait à l'empire; l'inconduite de ses filles couvrit de confusion sa tendresse paternelle. Arrivé au bout de sa carrière, il associa son fils Louis d'Aquitaine à l'empire, et, pour mieux imprimer dans son esprit l'idée de son indépendance, il voulut qu'il prît la couronne sur l'autel et se la mît lui-même sur la tête. Vaine précaution ! deux années s'étaient à peine écoulées, que déjà Louis soumettait son diadème à la tiare.

Le nouvel empereur, à son avénement (814), était dans la force de l'âge. Pieux et chaste, il avait réformé les mœurs et la discipline de son clergé; il avait combattu avec succès les Sarrasins, amélioré des finances et diminué les charges publiques. Mais un ordre cruel avait précédé son arrivée à Aix-la-Chapelle : il condamnait à mortels nombreux amants de ses sœurs. Bientôt on vit percer une secrète jalousie dans ses rigueurs contre les ministres de son père : Adélard est banni à Noirmoutiers, Bernard exilé à Lérins, Vala contraint à la vie monastique, et leur sœur éloignée de la cour. Cependant, le sceptre de Charlemagne était tombé dans une main trop faible : il consent à partager l'empire; il donne la Bavière à Lothaire et l'Aquitaine à Pepin. Tout à l'intérieur était calme; le roi d'Italie agissait comme son lieutenant; les tributaires demeuraient dans l'obéissance, ou ses généraux soumettaient les rebelles. Une disposition nouvelle interrompt cet ordre : il reprend la Bavière; Louis, son plus jeune fils, en est investi, et Lothaire associé à l'empire. Ce partage, et tous ceux qui vont suivre, est garanti par les serments les plus solennels du monarque, de ses fils et du peuple. Mais son neveu, le roi d'Italie, se trouve lésé dans ses droits; il n'a juré qu'une obéissance viagère à l'empereur : que Louis meure, il revendique l'empire, ou, comme une dette à lui due, ou comme fils d'un frère aîné du *Débonnaire*. Le respect environnait encore le nom de Charlemagne, à qui la tiare des papes était soumise. Déjà Etienne IV, Pascal 1er, Eugène II, s'étaient succédé dans la chaire apostolique, sans attendre même l'agrément du monarque. Le premier était venu s'excuser, l'empereur avait rendu au pape l'honneur que le pape devait à l'empereur; le second de ces pontifes s'était contenté d'écrire pour justifier sa conduite, et le troisième avait imité cet exemple. Bernard, à moitié vaincu par les hésitations de son parti, à moitié séduit par l'offre d'un pardon, dont Ermengarde sut le flatter, se livre sans défense aux mains de son oncle : il est accusé devant le *mallum*.... et sa dépouille sanglante est livrée à Lothaire (818). Quatre ans s'étaient à peine écoulés que les remords consumaient le cœur de Louis; et dans les comices d'Attigny (822), les yeux baignés de larmes, il demandait à ses peuples indulgence et pardon du scandale qu'avait dû causer le spectacle d'un oncle faisant arracher les yeux à son neveu.

Pendant ce règne, on convoque deux ou trois fois par an les comices; ils ont perdu le caractère militaire qu'ils avaient sous Charlemagne. L'usage du latin, qui est la langue de l'Église, comme le tudesque est celle de l'armée, les longs discours et les questions de discipline ecclésiastique, y donnent la prééminence aux évêques. Ermengarde n'était plus, et, libre de former un nouveau lien, Louis eut la pensée d'enchaîner sa vie sous la règle monastique; mais ce désir expira dans son cœur devant l'esprit et les grâces de Judith. L'éducation du jeune Charles, funeste fruit de ce mariage, est confiée au comte de Barcelone, Bernard, duc de Septimanie et chambellan de l'impératrice. Les entrées que ses fonctions lui donnent au palais, la légèreté de la reine, la galanterie de l'autre, la beauté de tous les deux, la faiblesse du *Débonnaire*, tout semble autoriser les soupçons d'un commerce adultère; mais Louis, qui ne voit que par les yeux et n'entend que par les oreilles de Judith, semble vouloir accumuler autant de grâces sur le favori que celui-ci répand de ridicule sur son maître. Aux comices de Nimègue, Aizon, gentilhomme de la Marche espagnole, et d'une famille en rivalité déclarée avec la maison de Barcelone, crut voir la haine que Bernard lui avait fait réfléchir dans le cœur du monarque. Inquiet sur sa sûreté, il quitte brusquement la cour, s'enfuit dans sa province, la soulève, introduit les Sarrasins dans ses fiefs, et passe les Pyrénées à leur tête. Une armée va marcher contre lui sous les ordres de Pepin, dont la jeunesse est confiée à l'expérience des comtes Hugues et Malfrid. Mais jaloux du favori, ceux-ci, ralentissant les préparatifs, donnent le temps aux Sarrasins de ravager la Septimanie et de sauver leur butin (827). Une clameur universelle les accuse devant le *mallum*: Louis adoucit la sentence qui les condamne à mort. Pepin est en dehors de l'arrêt; et néanmoins, comme il partage la solidarité attachée à la honte d'une telle condamnation, il menace l'indigne favori, qui, non content de soulever la couche impériale, jette encore ce nouvel opprobre aux fils de son maître. Ainsi, partout la tempête gronde. La fortune de Bernard allume l'envie des grands. Le clergé frémit des réformes dont l'austérité du monarque introduit dans la discipline; l'ambition de Judith alarme les deux fils aînés du *Débonnaire*, et le peuple, vexé de tous les côtés, accuse la faiblesse du souverain.

Pepin se met en campagne, et passe la Loire: il va, s'écrie-t-il, chasser les adultères. Il s'avance jusqu'à Verberie. Louis, abandonné des siens, est forcé de se livrer à la volonté de ses fils, et Judith de prendre le voile à Sainte-Radegonde de Poitiers (830). Quelques mois s'écoulent; un comice, grâce à l'habileté du moine Gombaut, est convoqué à Nimègue, où les souvenirs de Charlemagne intéressent davantage aux infortunes du père. Ici la scène change. Lothaire, qui n'a point rougi de s'établir en geôlier de son père, est effrayé par les dispositions de la Germanie; il sacrifie ses complices; il obtient son pardon. Judith se justifie par le serment à l'assemblée d'Aix-la-Chapelle, et reprend tous ses droits auprès de son époux. La faiblesse de Louis pour Judith menace encore ses fils d'un nouveau partage; car il faut une couronne au jeune Charles. Les fils d'Ermengarde se réunissent à Rothfeld, c'est-à-dire au *Champ-Rouge*, non loin de Colmar; mais une défection perfide va changer le nom du lieu, qui sera dit *Lugenfeld*, ou le *champ du mensonge*. Le pape même a passé les monts avec les bataillons de Lothaire. Les troupes du père campent déjà vis-à-vis l'armée des fils. Grégoire porte des deux côtés les paroles de la paix; mais tous les jours le *Débonnaire* voit diminuer le nombre de ses fidèles, et bientôt, à défaut d'énergie, il ne lui reste plus d'autre parti que celui de se résigner à rentrer sous la surveillance de Lothaire (833).

Ce n'est point assez pour ce fils ingrat: il faut qu'une cérémonie dégradante rende à jamais son père indigne de porter le diadème. L'église de Saint-Médard à Soissons se remplit d'une nombreuse assemblée, ahrimang et vassaux, barons et prélats. On y remarque Lothaire au milieu des leudes, et l'archevêque de Reims, Ebbon, environné des pontifes séditieux. Il oublie qu'il a été élevé d'une condition obscure aux honneurs de la mitre par la faveur du maître qu'il vient dépouiller de ses dignités héréditaires. Le *Débonnaire* est amené. Les discours des prélats ont troublé son esprit. Sa conscience est alarmée: il demande pardon à Dieu et aux hommes de ses péchés. Ebbon lui présente une liste où ses fautes sont détaillées en huit articles. Quels étaient les griefs? Il a fait marcher des armées ou convoqué des assemblées dans le carême. A la vérité, c'était un crime que d'avoir puni avec cruauté la rébellion de son neveu; mais n'avait-il pas expié ce crime aux comices d'Attigny? En revenant sur les partages confirmés par des serments, il a exposé son peuple au parjure, le pays aux ravages et les églises aux profanations, cortége accoutumé des guerres civiles. Mais sa faute la plus grande, et celle néanmoins dont les évêques n'avaient pas songé à l'accuser, était sans doute de laisser ainsi flétrir une noble nation dans son représentant naturel. Le *Débonnaire* prend la liste accusatrice, qu'il lit d'une voix gémissante, à genoux sur un cilice; ensuite il détache son ceinturon militaire, en signe de sa dégradation; il revêt un habit de suppliant; enfin, la porte d'une cellule se ferme sur lui.

L'injure retombe douloureusement sur le cœur de Pepin; il sent que la honte du père rejaillit au front des fils, et somme Lothaire de rendre au *Débonnaire* ses honneurs et sa liberté. Effrayé de sa marche, incertain du peuple, qui oublie les fautes du vieil empereur et ne voit plus que ses infortunes, Lothaire abandonne sa proie et se réfugie dans la Bourgogne, où il compte sur des esprits plus dévoués. Mais le *Débonnaire*, sorti de sa prison, n'ose pas toucher au sceptre avant que les cérémonies de l'Église l'aient affranchi de la pénitence et calmé sa conscience timorée. Une assemblée d'évêques à Saint-Denis condamne les actes de Soissons et suspend les prélats coupables: Ebbon se soumet à la censure, et dépose la mitre. Déjà Lothaire avait deux fois vaincu par les lieutenants; mais les rivaux n'avaient pas encore paru à la tête de leurs armées, quand la campagne de Blois les vit en deux camps opposés. Qui va décider entre le père et le fils? qui va donner la victoire à l'un et forcer l'autre à la soumission? Est-ce l'épée, est-ce encore l'opinion? Lothaire, abandonné des siens, se rend à la tente de Louis, et sollicite à ses pieds un pardon que la faiblesse de son père ne sait pas refuser (834). L'expérience l'aurait-elle instruit? Non: toujours aveuglé par sa prédilection pour l'enfant de sa vieillesse, toujours sans fermeté contre les obsessions de Judith, il reprend aux Bavarois l'Alsace, la Saxe, la Thuringe, l'Austrasie, l'Allemagne, et, joignant ces provinces à la Neustrie, il en dépose la couronne à la tête de son enfant le plus cher.

Bientôt la résistance de Louis et la mort de Pepin inspirent à Judith l'idée d'une nouvelle combinaison. Que Lothaire fasse deux portions égales de tout l'empire, la seule Bavière exceptée, l'une pour lui et l'autre pour l'enfant préféré. Après de vains efforts, Lothaire abandonne ce soin à son père, et celui-ci trace du nord au midi sur l'empire une ligne qui descend sur la Saône, suit le Rhône jusqu'à son embouchure, et coupe ces deux fleuves à leur source, en traversant le Jura. De ces deux parts, que l'ignorance de la géographie supposait d'une égalité parfaite, Lothaire choisit la droite, et cède l'occident au fils de Judith. Mais pour donner de la réalité au partage, il faut contraindre Louis à dépouiller des armes, il faut dépouiller Pepin II, que les Aquitains viennent d'élever sur le trône du feu roi. Le *Débonnaire* passe la Loire, et ravage cette contrée; mais une épidémie venge la province en décimant l'armée. De là il franchit le Rhin, portant déjà dans son sein le principe de sa mort: il marchait abattu par la maladie, le cœur consumé de chagrins, et la pensée occupée de pressentiments sinistres, que l'apparition d'une comète avait jetées dans son esprit. Enfin, l'épuisement le força de s'arrêter à Ingelheim, pour y rendre son dernier soupir (840).

A peine le *Débonnaire* eut-il fermé les yeux, que son fils aîné revendique les droits attachés à la dignité impériale;

il prétend convoquer ses frères au champ de mai, les présider, régler lui-même les opérations militaires ; en un mot, ils seront ses lieutenants avec le titre de rois. Comme il trouva Louis sur ses gardes, il signa un armistice avec l'un ; il consentit à un accord provisoire avec l'autre ; mais, au mépris de sa parole, il fit rompre les ponts, inquiéta les troupes de Charles, qui revenait d'une expédition en Bretagne, et réussit à séduire la plupart de ses leudes. La prudence défendait au Germanique de laisser affaiblir son jeune frère : il s'unit à Charles ; Lothaire s'allie à Pepin, et se met en marche pour opérer sa jonction avec les troupes d'Aquitaine. Ses deux frères l'atteignent près d'Auxerre, lui offrent le combat à Fontenai (841), ou, comme dit l'historien, le *jugement de Dieu*, et taillent son armée en pièces : 40,000 cadavres jonchent les plaines de la Puysaie. Épuisée de sang militaire en cette journée, la France se vit abandonnée sans défense aux incursions des Normands. Ce ne fut pas la seule conséquence de cette bataille ; elle fit encore prédominer la langue romane, qui se formait obscurément, et servit à la transmutation de la nation franque en peuple français. Un an après, les vainqueurs renouvelèrent leur alliance dans une entrevue à Strasbourg, et prennent à témoin leurs armées, en prononçant des serments que l'histoire a conservés, et qui sont des monuments curieux des langues romane et tudesque à cette époque. Cependant, les souffrances et les plaintes des peuples obtinrent enfin le retour de la paix : un traité de partage est signé à Verdun (843). La France occidentale jusqu'à la Meuse, la Saône et le Rhône, fut assignée à Charles ; la Germanie jusqu'au Rhin, à Louis ; l'Italie avec la Provence, à Lothaire, qui s'étendit jusqu'aux bouches de l'Escaut et du Rhin, à travers cette langue de terre qui, séparant Louis et Charles, fut appelée *Lotharingia*, c'est-à-dire la part de Lothaire, et plus tard, quand le nom se fut altéré, la *Lorraine*.

Tranquille de ce côté, Charles emploie tous ses efforts à la soumission de Pepin, et donne un de ses fils pour roi à l'Aquitaine, tandis que la couronne en est offerte à l'un des fils du Germanique par des barons aquitains ; et comme si c'était peu de trois rois pour se disputer les lambeaux de cette province, Pepin s'allie aux Sarrasins, et les introduit dans la France, trahison qu'il expiera dans une prison perpétuelle. Vers le même temps, Marseille était pillée par une poignée de pirates grecs. Les Normands remontaient toutes les embouchures de nos fleuves, d'où les guerres civiles avaient retiré les postes établis par Charlemagne : ils prennent, saccagent, incendient Bordeaux, Nantes, Tours, Amiens, Rouen, des villes même plus intérieures, Limoges, Clermont, Bourges. Ils trouvent Paris vide de ses habitants, et sept barques suffisent à peine au butin qu'ils chargent paisiblement. Séparé d'eux par deux lieues seulement, le petit-fils de Charlemagne croyait satisfaire à tous ses devoirs en gardant la basilique de Saint-Denis. Les pirates vinrent planter dans une île de la Seine cent onze solives de bâtiments abattus dans Paris, et y pendirent cent onze de ses sujets à la face de leur roi. Épée de Charlemagne, qu'étais-tu devenue ? Qu'étaient devenues ses invincibles phalanges ? Les hommes libres avaient seuls le droit de porter les armes ; mais la population libre diminuait tous les jours. A la faveur de l'anarchie, le fort réduisait le faible en servitude, et la grande propriété absorbait la petite. Dans son embarras, Charles le Chauve ne sait qu'opposer à l'ennemi, soudoie le Normand de la Somme contre le Normand de la Seine, et ne réussit qu'à exciter davantage la cupidité des barbares.

Un comte cependant, qui dut à son courage un surnom mérité, livrait aux pirates des combats journaliers ; c'était Robert le Fort, le premier des ancêtres connus de la troisième dynastie, car avant lui ce n'est qu'obscurité. Les prélats et les barons, indignés, offrent la couronne au Germanique. Les armées des deux frères se rencontrent à Brienne : trois jours sont employés à négocier. Charles, abandonné des siens, se réfugie en Bourgogne (858). Louis distribue les fiefs, les abbayes, toutes les faveurs aux grands qui l'ont appelé, et la France ne tarde pas à reconnaître qu'elle a changé de maître sans améliorer sa condition. L'exilé reparaît avec une armée : l'usurpateur se retire, et cède la couronne sans combat, comme il l'avait acquise. L'archevêque de Sens, Wenilon, avait adhéré au parti du Germanique, et cependant il devait au roi des Français l'honneur de la mitre. Charles demanda vengeance au concile de Savonnières : sa déposition, disait-il, n'avait pas été légale, car elle avait été prononcée sans le jugement des évêques : ils sont les trônes de Dieu, et nous nous sommes toujours fait gloire de leur être soumis. Voilà pourtant ce qu'était devenue la couronne de Charlemagne entre des mains incapables de la défendre ! A mesure que diminuait sa puissance, on voyait par un singulier contraste ses États grandir en étendue.

Lothaire avait quitté la condition royale pour la vie monastique, et partagé son trône en trois pour autant de fils. Louis obtint l'Italie et le titre d'empereur, Lothaire jeune le royaume de Lorraine, la Provence fut le partage du troisième. Ce dernier n'eut qu'une existence fort courte, et son héritage échut aux deux aînés. Peu d'années après mourut le roi de Lorraine, frappé, ont dit les uns, par le jugement de Dieu, empoisonné dans l'Eucharistie, suivant une opinion plus hardie. Charles le Chauve et Louis le Germanique se partagèrent sa dépouille : l'empereur Louis II, trop occupé de ses guerres contre les Sarrasins d'Italie, ne put mettre obstacle à cette violence, et d'ailleurs il suivit bientôt dans la tombe ses deux frères. Le pape Jean VIII, dont Charles avait su capter l'affection, s'empressa de lui donner la couronne impériale : « C'est ainsi, dit Sismondi, qu'il se substituait à toute cette *nation décorée de la toge*, dont il se disait le représentant, et au nom de laquelle il invoquait les anciennes coutumes pour donner un nouveau maître à la terre. » Sans doute Charles n'en fût pas resté maître paisible si le Germanique eût vécu plus longtemps. Son ambition n'est pas encore satisfaite ; il aspire à posséder tout le royaume de Charlemagne. Des trois fils que le Germanique avait laissés, Louis était le plus voisin : il campait à Andernach, d'où il avait envoyé trente chevaliers à son oncle pour lui prouver ses droits : comment ? Dix par l'eau froide, autant par l'eau bouillante, les dix autres par le fer incandescent ! Charles espère tromper son neveu par une marche secrète et forcée. Il est surpris lui-même de trouver en face de la sienne une armée avertie et rangée en bataille. Épuisés par la route dans une nuit obscure, enfoncant à chaque pas dans la boue, assaillis par la pluie, ses bataillons sont rompus au premier choc ; et ses chars embourbés, arrêtant les fuyards, livrent cette multitude en désordre au fer du soldat ennemi et à la hache des paysans (876). L'année suivante, Charles étalait son luxe impérial aux yeux des barons d'Italie, quand tout à coup, frappé de la nouvelle que le roi de Bavière, entré en Lombardie, s'avance à la tête d'une armée, il fuit, abandonné des Italiens. Mais la fièvre le contraint de s'arrêter à Brios, dans les montagnes de Savoie, où il meurt (877) empoisonné, sans qu'on sache le motif de ce crime, par son médecin, le juif Sédécias.

Le nouveau roi, Louis II, prodigue à son avènement les fiefs et les abbayes pour se concilier des amis ; mais il recueille encore plus d'inimitiés. Il a violé l'édit de Kiersy, qui consacre l'hérédité des bénéfices : tous ceux qui ont des fiefs à recueillir, et ceux qui en ont à transmettre, et ceux qu'il dépouille, prennent les armes d'un commun accord. L'archevêque de Reims, Hincmar, s'interpose entre les mécontents et le roi. Ils consentent à remettre l'épée dans le fourreau, et Louis à inscrire ces mots dans ses formules : *Roi par la grâce de Dieu et l'élection du peuple*. Le pape Jean VIII, fuyant les troubles de l'Italie et la captivité dans Rome, accorde à Louis, surnommé *le Bègue*, l'onction royale, et réunit un concile à Troyes (878). Bernard, duc de Gothie, n'a pas daigné y paraître. Cependant Louis et Jean l'ont également convoqué, celui-ci même par deux fois ; mais l'autorité du pape et du roi est foulée aux pieds avec la même dédain par d'orgueilleux feudataires, aujourd'hui plus puissants qu'un roi sans armée et qu'un pape fugitif. L'excommunication est fulminée, les États de Bernard donnés au premier occupant, et le comte d'Auvergne chargé d'exécuter la sentence. Le roi se rendait à cette guerre; mais il trouva en chemin une maladie qui le ramena à Compiègne, où il mourut (879).

A qui donnera-t-on la couronne? Aux fils d'Ansgarde ou à l'enfant d'Adélaïde? Le premier mariage du feu roi, lié sans le consentement de son père, avait été délié sans l'observation des formalités canoniques, et Charles aux yeux du clergé, juge souverain dans cette question, n'était pas né légitime. Le droit des fils d'Ansgarde, Louis et Carloman, n'est pas même incontestable; car Louis II a reconnu dans son titre que la couronne est élective. Deux assemblées se réunissent, l'une à Creil-sur-Oise, l'autre à Meaux. Celle-là, repoussant tous les fils du Bègue, défère la couronne à Louis de Saxe, qui s'avance, ravageant comme une conquête le pays qu'on lui donne. Mais des intérêts plus grands l'appellent dans l'Italie: l'assemblée de Meaux achète son désistement, et s'empresse de couronner Louis et Carloman; celui-ci aura l'Aquitaine, et l'autre la Neustrie.

Tandis que Sanche-Mitarra gouverne avec une entière indépendance le duché de Gascogne, et qu'Alain s'intitule roi de la Bretagne, un nouveau monarque s'élève dans les provinces méridionales (879). Le duc de Provence, Boson réunit à Mantaille 23 archevêques ou évêques, et accepte d'eux, car *il faut obéir aux prêtres inspirés par la Divinité*, le titre de roi d'un État qui n'a point de nom ni de limites dans les arrêtés de cette diète, mais qui fut le royaume d'Arles, et devint plus tard une annexe de l'empire. Bientôt les jeunes rois sont en marche pour abattre le nouveau trône: Boson se retire dans les montagnes; mais Vienne est défendue par Hermengarde, son épouse, avec le courage d'une héroïne. Louis, que les ravages des Normands rappellent en Neustrie, les taille en pièces à Saulcourt en Vimeu (881): une chanson tudesque conserve le souvenir de cette action. Louis se porte en Aquitaine, et force le pirate Hasting à signer un traité où il s'engage à quitter cette province. Germond avait une fille d'une remarquable beauté: le jeune roi la voit; il lui adresse des mots qui effarouchent sa timidité: elle fuit; il pique, pour la poursuivre, les flancs de son cheval, et se brise la tête au linteau d'une porte (882).

Deux ans après, Carloman, victorieux comme lui des Normands, au lieu nommé Avaux (882), subissait cette fatalité qui semble attachée à la race de Charlemagne, et mourait d'une blessure profonde, ouverte dans sa cuisse par la défense d'un sanglier (884). D'autres ont dit qu'il couvrit ainsi la faute involontaire d'un garde-chasse qui l'avait frappé d'un javelot destiné à l'animal. Ce trait suffit à son éloge. La légitimité de Charles le Simple étant contestée, la couronne est déférée à Charles le Chauve; mais elle ne put cacher une tache qu'il venait d'imprimer à son front. Sa faiblesse avait accordé à Godfrid, chef des pirates normands, un territoire dans la Frise; la cupidité du barbare, excitée par ce don, lui demanda des vignobles sur le Rhin. Charles crut qu'il était plus facile et moins dangereux de tuer son ennemi par trahison, dans une entrevue au Betaw, que d'accorder ou de refuser la demande. Ensuite il convoque l'armée pour chasser les Normands de Louvain (885). Elle se range en bataille; mais, dépourvue de conseil et de courage, elle tourne le dos avant de tirer l'épée, et les Danois, reconnaissant les bannières qu'ils ont vues fuir dans la Neustrie: « Pourquoi venir ici nous chercher? s'écrient-ils en se moquant. Nous vous connaissons assez pour aller de nous-mêmes vous trouver. » En effet, la France septentrionale, envahie, voit bientôt Paris cerné par ces hardis soldats. Mais la ville entier la ville soutint le siège, grâce à la fermeté et au courage d'Eudes et de Gauzelin, son oncle et son évêque, tandis que les pirates chassaient dans la campagne aussi tranquillement que dans leur pays natal (886). Enfin, l'empereur se met en campagne; il visite dans sa marche lente toutes les maisons royales voisines de son passage: l'arrivée du prince a ranimé le courage des assiégés. Mais il n'est pas venu pour combattre; il négocie et signe le plus lâche traité: il achète la levée du siège, et cède aux ravages des Normands les rives de la haute Seine et de l'Yonne. Une clameur d'indignation s'élève de toutes parts; mais il n'en saura pas mieux respecter en lui la dignité impériale. Aux comices de Kirkheim, il ne rougit pas d'accuser l'inconduite de son épouse et de révéler sa honte. Aussi, favorisé par le mépris public, Arnolphe, fils naturel de l'empereur Carloman, n'eut-il qu'à tendre la main pour prendre la couronne au front de Charles et la mettre sur le sien. L'empereur détrôné mourut la même année (888), et avec lui finit la branche cadette légitime de Charlemagne.

Il fallait, pour tenir le sceptre de Neustrie, une main plus ferme que celle d'un adolescent: aussi ne voit-on pas encore Charles le Simple parmi les compétiteurs. Ce sont Arnolphe, roi de Germanie; Guido, duc de Spolette; Eudes, comte de Paris. Une victoire que celui-ci remporta sur les Normands à Montfaucon, dans l'Argonne, détermina son élection. Sa faiblesse souvent l'oblige à rester sur la défensive dans la guerre contre les pirates; mais le courage revient à la nation: le terrain est disputé pied à pied aux barbares. Des châteaux forts s'élèvent partout sur le sol français; la force centrale, impuissante et démembrée, est remplacée par des pouvoirs locaux, intéressés chacun à défendre vigoureusement la province qui est devenue son domaine: dès ce moment l'histoire est remplie par les grandes maisons féodales de Flandre, de Vermandois, d'Anjou, d'Angoulême, de Périgord, d'Aquitaine, d'Auvergne et de Bourgogne. La guerre avait causé dans la Neustrie une extrême disette; Eudes, pour soulager le pays, conduit sa troupe au midi de la Loire, où son titre est méconnu. Il obtient des succès; mais pendant son absence Charles le Simple est consacré par l'archevêque de Reims (893). Une armée se rassemble autour de lui, armée timide, puisqu'il suffit pour la dissiper d'une sommation signifiée au nom de l'or Eudes par son héraut d'armes. Charles se réfugie à Reims, sous la protection de l'archevêque; Eudes l'y menace; le jeune prince se retire en Allemagne, où il intéresse l'empereur à son infortune. Ordre est donné aux seigneurs alsaciens et lorrains d'aider le prétendant à recouvrer son héritage; mais ces grands vassaux sont pour la plupart les amis du roi Eudes: ils trahissent la cause qu'ils sont chargés de soutenir, et Charles passe en Bourgogne. Il n'a point d'argent; ses fidèles sont forcés de vivre comme en pays ennemi. La province murmure; l'empereur somme les deux compétiteurs de comparaitre devant lui. Eudes ose le faire, et gagne l'affection d'Arnolphe, qui ordonne au nouveau roi de Lorraine, Zwentibold, son fils naturel, de soutenir le sceptre dans la main d'Eudes.

Zwentibold agit dans un sens tout contraire: il s'allie avec le prétendant; il assiège Laon avec lui. Mais Charles ne tarde pas à reconnaître que les motifs du Lorrain sont peu désintéressés: déjà celui-ci a reçu l'hommage des comtes de Hainaut, de Hollande, de Cambray; son allié craint qu'il ne veuille attenter à sa vie ou à sa liberté, après l'avoir dépouillé, et juge qu'il est plus sûr de se confier à la générosité de son rival. En effet, Eudes l'accueille à sa cour, lui donne un apanage, et lui cède à sa mort une couronne qui doit revenir à sa famille (898). Une obscurité assez profonde enveloppe les quatorze premières années du nouveau règne: l'établissement fixe et légal des pirates scandinaves dans la France est le trait le plus saillant de cette époque. En 911 Rollon avait ramené ses bandes de l'Angleterre: il désolait les rives de l'Yonne et de la Saône, tandis que d'autres flottilles, remontant la Loire et la Garonne, semblaient reconnaître ses ordres. Descendu vers Chartres, il investit cette ville; mais il est forcé d'en lever le siège par le duc de Bourgogne et le comte de Paris. Sa défaite enflamme sa colère: le pays en est plus durement traité, et la population implore un terme à à ses maux. Charles offre au Normand un territoire pour s'établir avec ses guerriers, depuis le confluent de l'Epte avec la Seine jusqu'à l'Océan : le Danois veut en outre la fille du roi, Gisèle, pour son épouse. Charles met pour condition à cet hymen la conversion de l'idolâtre au christianisme. Ce ne fut pas une difficulté : l'absence de leur pays avait affaibli dans ces barbares la croyance aux dieux nationaux, et les idées chrétiennes commençaient à pénétrer dans ces esprits grossiers. Sainte-Claire est le lieu choisi pour la cérémonie de l'hommage ; mais le fier Danois se refuse à le prêter selon la forme accoutumée : jamais son genou ne fléchira devant un autre homme. Cependant il dit à l'un de ses officiers de s'agenouiller sa place. Le barbare saisit brusquement le pied du roi, comme pour le porter à sa bouche ; le roi tombe, et sa faiblesse est contrainte à dévorer en silence cet affront.

Peut-être cette nouvelle faiblesse du prince fut-elle l'une des causes qui engagèrent les seigneurs de Lorraine à lui déférer leur hommage : l'autorité d'un tel roi devait moins peser que celle des empereurs. Charles prit possession de la province à la faveur des troubles qui agitaient l'Allemagne, et plus tard, dans le traité de Bonn, le roi et l'empereur se reconnurent mutuellement pour les souverains, celui-là des Francs occidentaux, celui-ci des Francs orientaux. Il pacifia la Saxe, soulevée contre son duc. Henri vint à Aix-la-Chapelle lui rendre grâce ; il attendait depuis longtemps une audience ; mais le roi, livré à l'empire d'un favori de basse naissance, Haganon, et renfermé avec lui dans son cabinet, laissait et le comte et le duc se morfondre dans l'anti-chambre, quand celui-ci, indigné, s'écria : « Au train des affaires, on verra bientôt Haganon monter sur le trône aux côtés de Charles, ou Charles descendre à côté d'Haganon dans une condition privée. » Ce fut comme une prédiction. Peu de temps après, les grands, assemblés à Soissons, rompaient chacun leur brin de paille à la face du roi, pour lui signifier qu'ils brisaient le lien d'obéissance qui les avait retenus jusque alors : usage qui a laissé dans la langue une expression proverbiale. L'archevêque de Reims, Hérivée, le déroba aux fureurs des mécontents, et le tint sept mois caché. En fut-il bien récompensé ? On lui retira les sceaux pour les donner à l'archevêque de Trèves ; en même temps Haganon obtenait l'abbaye de Chelles, enlevée à Rhotilde. Hugues le Blanc, fils de Robert, comte de Paris, s'arme pour soutenir les droits de sa belle-mère ; Charles s'enfuit derrière la Meuse : il en ramène une armée. Les deux partis restent campés trois semaines à Epernay, huit jours à La Fère : ils s'observent, demeurent dans cette immobilité ; mais cette inaction est pire qu'une bataille. Charles, abandonné, se réfugie en Lorraine. Hugues feint de regarder cette fuite comme une abdication, et fait couronner son père dans la basilique de Reims. L'exilé reparaît ; il demande un armistice, on l'accorde ; il viole cette trêve, surprend son rival dans le voisinage de Soissons, et l'usurpateur tombe sous l'épée du comte Fulbert, qui portait l'étendard du roi légitime. Il n'avait pas eu le temps de s'enivrer de sa victoire, que déjà, et dès le lendemain, Hugues, avec une armée plus nombreuse, fondait sur lui, vengeait Robert, ce roi d'un instant, et taillait en pièces les vainqueurs de la veille (923). Il aurait pris la couronne s'il n'eût craint d'exciter la jalousie en donnant la querelle d'un vassal avec son roi les apparences d'une ambition personnelle ; mais il fit élire et sacrer l'époux de sa sœur Emma, Rodolphe, duc de Bourgogne. Le monarque découronné errait sollicitant partout un appui ; le comte de Vermandois l'attira sous de beaux semblants d'amitié, et l'enferma dans une tour de Château-Thierry.

Ces guerres civiles n'étaient pas les seuls maux de la France. Les Sarrasins infestaient la Provence ; ils étaient parvenus jusqu'à Saint-Maurice en Valais, où ils se rencontrèrent avec les hordes sauvages des Hongrois, qui, chargés des dépouilles de Pavie, allaient descendre les Alpes, passer le Rhône, piller Nîmes et pénétrer jusqu'à Toulouse. Ici une maladie contagieuse et les armes du comte devaient anéantir cette multitude. Le Toulousain forçait aussi une nouvelle invasion de Normands à refluer vers les provinces de la Seine et de la Somme. Rodolphe était vaincu par eux vers Amiens ; mais la fortune lui promettait une victoire complète à Limoges (926). D'un roi il n'avait que le nom : son titre était méconnu au midi ; au nord il abandonnait les rênes aux comtes de Paris et de Vermandois. Le siège de Reims vint à vaquer ; Héribert fit élire Hugues, son jeune fils, et poser la mitre sur une tête de cinq ans. Il exige encore le comté de Laon, dont Rodolphe avait investi un fils de l'ancien feudataire, suivant la règle établie sur l'hérédité des fiefs. De là une guerre déplorable : le Vermandois, le comté de Paris et le Rémois sont en feu, les villes prises tour à tour et reprises. L'archevêque enfant est déposé, le siège donné au moine Artaud, qui réunissait la gravité de l'âge à l'autorité de la vertu. Enfin, la paix se rétablit par l'intermédiaire de l'empereur et du pape. Elle fut de courte durée : une querelle se ralluma entre les comtes de Vermandois et de Paris. Le roi et l'empereur prennent part à la guerre, comme alliés, celui-là de Hugues, celui ci d'Héribert, qui lui rend hommage. Quand la paix a de nouveau désarmé les partis, Rodolphe visite Toulouse ; son titre est reconnu au midi de la Loire, son nom placé à la tête de tous les actes. Son retour en Bourgogne arrêta une invasion des Hongrois, et fut le dernier exploit de sa vie, qu'il termina dans la ville de Sens (936).

Le trône était vacant ; Hugues ne voulut pas encore s'y asseoir. Il rappelle d'Angleterre le jeune Louis, qui s'était réfugié à la cour du roi Athelstan, son oncle, après la défaite et la captivité de son père. Rodolphe avait divisé son duché de Bourgogne entre son frère et son beau-frère ; Hugues, sans aucun droit, y prétendit une part. Il se met en campagne ; il mène Louis d'Outre mer dans son armée, comme pour donner à son entreprise la sanction royale, et signe avec ses deux compétiteurs un traité où tous les trois se reconnaissent pour ducs de Bourgogne. L'activité du jeune Louis, croissant avec l'âge, inquiète ses grands feudataires : tantôt il réduit un château dont le seigneur a fait un repaire de brigands, tantôt il reconquiert des fiefs donnés en douaire à sa mère ; tantôt il se rend aux vœux des seigneurs lorrains, qui profitent de leur position indécise pour transporter leur allégeance du roi à l'empereur et de l'empereur au roi. Mais Othon ne trouve pas les grands vassaux de la France moins empressés à lui déférer leur hommage. Il s'avance jusqu'à Attigny : Héribert, Hugues et Guillaume Longue Épée viennent à sa rencontre ; il reçoit leurs serments ; il est couronné et proclamé roi des Français. Son rival s'enfuit en Bourgogne, et, par une attaque feinte sur l'Alsace, il force l'empereur à quitter la Neustrie. Bientôt Louis reparaît accompagné d'une armée, mais, surpris et battu à Château-Porcien, il va demander un asile au midi de la Loire, où Guillaume Tête d'Étoupe lui recompose une armée d'Aquitains. Ses deux alliés, les ducs de Franconie et de Lorraine, avaient trouvé la mort dans une défaite à Andernach : Louis épousa la veuve du Lorrain ; elle était sœur d'Othon, belle sœur d'Hugues, et son influence rétablit la paix (942).

Peu de temps après, meurt Guillaume Longue Épée, assassiné en trahison : heureuse occasion de s'agrandir aux dépens d'un mineur. Louis vient à Rouen ; il réclame le jeune héritier du fief, afin de l'instruire dans toute l'élégance de sa cour ; mais déjà il pensait à se partager avec Hugues les dépouilles de l'orphelin : il y aura deux Normandies et deux capitales : Évreux pour la Normandie féodale ; Rouen pour la Normandie royale. Cependant le gouverneur du jeune duc, le brave et fidèle Osmond, le dérobe à son tyran, et l'emporte dans une botte d'herbages, tandis que Bernard le Danois, administrateur de la Normandie, travaille à détacher Louis de son ambitieux vassal. Pourquoi partager une province qui veut se donner à lui tout entière ?

Pourquoi cette guerre qui détruit une armée prête à passer sous son étendard? En même temps il appelle en secret une flotte danoise; elle arrive : ses chefs ont une entrevue avec le roi, sur les bords d'un gué, à la mort du comte Herlère va donner son nom. La conférence, d'abord amicale, dégénère en aigreur; les épées brillent, le sang coule; le roi s'enfuit à Rouen; mais il y trouve une prison (945). Gerberge, son épouse, intéresse à son infortune le pape, l'empereur et le comte de Paris; le captif renouvelle au jeune duc Richard tous les priviléges dont avaient joui son père et son aïeul : le donjon s'ouvre; il croit respirer l'air de la liberté; mais Hugues lui annonce qu'il a changé de prison seulement, et qu'il ne verra point tomber ses fers s'il n'abandonne pas le comté de Laon. C'était le seul domaine qui fût resté à la couronne : un an tout entier le prisonnier résista; enfin, voyant Othon s'approcher avec une armée, il fit au comte Hugues des serments qu'il croyait invalides par la contrainte.

Trois conciles, tenus à Verdun, Mousson et Ingelheim pour terminer la dispute relative au siége de Reims, ratifièrent l'élévation d'Artaud et la déposition de Hugues, à qui les triomphes d'Héribert sur la puissance royale avaient rendu la mitre. Au dernier de ces conciles, présidé par un légat du pape, Othon et Louis assistaient en personne. Celui-ci se lève; il expose les griefs du comte Hugues, et l'autorité souveraine est tellement déprimée, qu'on voit un suzerain obligé de recourir à un concile pour obtenir satisfaction de son vassal. Le timide clergé ose à peine une menace d'excommunication si Hugues ne vient à résipiscence. La menace, convertie en réalité au concile de Trèves, n'effraya point le fier vassal. Enfin, après une petite guerre, signalée plutôt par la valeur que par les succès du roi, Hugues consentit à renouveler son hommage au roi (950).

La mort de Louis fut aussi malheureuse que sa vie. Un jour, il se rendait à Reims, quand son cheval, effrayé par le passage d'un loup, jeta contre terre son cavalier, qui fut transporté, douloureusement meurtri, dans cette ville de Reims, où s'éteignit avec sa vie la dernière étincelle de l'activité de Charlemagne (954).

Hugues le Blanc aimait mieux faire servir à sa grandeur le nom de roi dans un autre qu'usurper un titre qui ne devait ajouter rien à sa puissance. Il fait sacrer Lothaire, et le conduit en Poitou. Il voulait enlever à Guillaume Tête d'Étoupe le duché d'Aquitaine, dont celui-ci avait dépouillé les enfants mineurs de Raimond Pons. On entrevoit un signe de la colère divine la force à lever le siége de Poitiers; mais il repousse au passage d'une rivière l'armée du Poitevin. Il mourut deux ans après cette expédition. Les deux sœurs veuves de Louis et de Hugues se réunirent pour élever ensemble leur jeune famille sous la protection de leurs frères, saint Bruno et l'empereur Othon.

Les conseils de Thibaud le Trichard eurent une funeste influence sur les premières actions de Lothaire, qui dressa deux fois une embuscade au duc de Normandie, et ne recueillit de cette entreprise que la honte d'une perfidie. Thibaud surprend Évreux; Richard se venge, et dévaste le pays Chartrain. Comme son rival avait pour auxiliaire un roi, il appelle ses alliés de Danemark. Ces barbares répandirent sur les domaines de Thibaud une désolation si complète, qu'il ne resta pas même, suivant l'expression de l'historien, un dogue pour aboyer à l'ennemi. Enfin, la vengeance satisfaite, les vainqueurs acceptèrent la paix (963). Non beaucoup de temps après, Charles, frère puîné de Lothaire, obtint le duché de basse Lorraine et devint ainsi vassal de l'empereur. Lothaire s'en offense; il rassemble ses chevaliers, et marche avec une telle promptitude, qu'il faillit surprendre Othon dans Aix-la-Chapelle. Mais au milieu des trois jours qu'il donnait à la joie d'habiter ce palais, un empereur avait déserté à son approche, un héraut vint lui annoncer qu'Othon lui rendrait sa visite au premier octobre.

En effet soixante mille hommes se rangent sous l'étendard impérial pour venger l'injure faite au territoire allemand, et bientôt Paris peut en voir flotter les bannières impériales sur les hauteurs de Montmartre. Là, Othon fait dire à Hugues Capet qu'il va lui chanter une hymne telle que ses oreilles n'ont jamais rien entendu de semblable. Aussitôt les prêtres s'avancent, et leurs voix, soutenues par les voix de toute l'armée, entonnent le cantique des martyrs : *Alleluia! Te martyrum candidatus laudat exercitus, Domine* (998)! Satisfait de cette bravade, il reprend la route de ses États. Lothaire le suit, et lui enlève ses bagages au passage de l'Aisne.

Plus nous avançons, plus les ténèbres s'épaississent autour de nous, plus les documents deviennent rares. Une nouvelle dynastie va succéder à une autre : a-t-elle intérêt à conserver les monuments qui pourraient ou retracer ses intrigues ou rappeler le souvenir de la race déchue? Assurément non : il en est d'elle, au contraire, comme des Romains, dont la politique anéantit tout ce qui aurait pu rappeler et illustrer le souvenir de Carthage, détruite par leurs armes. Blanche d'Aquitaine, épouse de Louis, héritier de la couronne, avait une telle aversion pour son mari, qu'elle profita d'un voyage en son pays natal pour l'abandonner. Le mariage de Lothaire n'avait pas été plus heureux; car à peine avait-il ramené son fils d'Aquitaine qu'il expirait lui-même, empoisonné par Emma, qui ounliait avec Adalbéron, évêque de Laon, la chasteté de l'épouse et la pureté imposée aux prêtres par la religion (986). D'abord la reine douairière partage l'hommage des Francs avec Louis V; mais bientôt sa conduite envers l'impératrice Théophanie, sa mère, prend un caractère nouveau. Elle se plaint : on a tourné contre elle le cœur de son fils; on déverse la calomnie sur l'évêque Adalbéron, afin que sa honte rejaillisse sur elle-même; elle demande une armée. Lothaire a le titre de roi, écrivait Gerbert sur la fin du règne précédent, mais Hugues en a toute la force et l'autorité. Cependant ses lettres, monument le moins incomplet de cette époque, deviennent plus énigmatiques de jour en jour et plus mystérieuses : des armées sont en mouvement sur toute la frontière du Rémois et du Laonnois : une *grande affaire*, écrivait à Gerbert cette occasion, *se traite sérieusement*. L'impératrice Théophanie lui ordonne de conduire en Allemagne tous les hommes qui doivent le service militaire à son abbaye de Rubbio. Les dirigerons-nous vers l'Italie, dit une autre de ses lettres, ou contre ce Louis, plus funeste à ses amis qu'il ne fait de mal à ses ennemis? La main qui remue les fils de toutes ces intrigues est habilement cachée; nulle part on ne voit paraître le nom de Hugues, et cependant c'était lui peut-être qui jetait la discorde entre la mère et le fils, entre le mari et son épouse. Enfin, l'*affaire sérieuse* annoncée avec tant de précaution, est parvenue à sa maturité, le fruit tombe : Louis meurt empoisonné (987); Blanche est coupable. Il faudrait accuser Hugues avec elle, si, comme l'a dit un ancien historien, elle convola avec lui en secondes noces. Cinq semaines seulement depuis la vacance du trône, Hugues, que les grands ont salué roi à Noyon, se fait sacrer dans la basilique de Reims; dix mois s'écoulent, et Charles de Lorraine commence à peine d'agir.

Si le titre d'Hugues Capet était reconnu au Nord, il n'en était pas ainsi au midi de la Loire, où les seigneurs employaient cette formule dans la date de tous les actes : *Rege terreno deficiente, Christo regnante, anno...* Le roi élu, laissant son rival maître de Laon et de Reims, investit Poitiers; il est forcé d'en lever le siége, mais, harcelé au passage d'une rivière, il fait sentir aux soldats du midi la supériorité des guerriers du nord. Le comte de Poitiers, attaqué par celui de Périgueux, se réconcilie avec Hugues : Tours et Poitiers lui sont enlevées, et déjà son ennemi s'intitule de lui-même comte de Poitiers et de Tours. Hugues lui adresse un héraut d'armes avec cette parole : *Qui t'a fait comte?* Et l'envoyé revient avec cette fière réponse : *Et toi, qui t'a fait roi?* En 990 seulement, Capet assiégea

Laon : une sortie des chevaliers lorrains incendia et détruisit son camp. Alors, posant l'épée, il met son espoir en des armes plus sûres : il corrompt l'évêque Adalbéron; une des portes est livrée; l'assiégeant est introduit au sein de la ville assiégée, et le prétendant va finir ses jours dans les prisons d'Orléans (992).

Ensuite, les deux rois (car Hugues, pour éviter à sa maison les chances d'un interrègne, a voulu que son fils Robert fût sacré et s'assît avec lui sur le trône), les deux rois, dis-je, président un concile réuni à Saint-Basile de Reims, pour juger l'archevêque et prononcer sa déposition. Ce prélat, fils naturel du roi Lothaire, avait joué l'indignation quand sa ville tomba dans les mains du Lorrain, son oncle, et fulminé même une excommunication; mais il fut accablé sous le témoignage du prêtre qu'il avait chargé de livrer cette place au prétendant. On lui présenta aussi un serment qu'il avait signé sous le roi Hugues quand il reçut la mitre de ses mains. Convaincu de forfaiture, il fut déposé. Ainsi, la féodalité, étreignant partout la société, envahissait même le clergé; mais, en subissant l'influence du système, le corps ecclésiastique perdait sa force. Le siège fut donné à Gerbert, ce pauvre moine d'Aurillac, devenu le plus vaste génie du siècle, le précepteur des empereurs et des rois, d'un Othon III et d'un Robert le Pieux. Le pape infirma les actes du concile de Bâle : Gerbert, intéressé à cette cause, la soutint au concile de Mousson (995), dans un discours où l'on trouve exposés déjà les principes qui ont servi de base aux libertés de l'Église gallicane. Mais enfin, las d'être vu comme un intrus, il abdiqua, et, favorisé par les grâces de l'empereur Othon III, son élève, il passa du siège de Ravenne à la chaire apostolique, où, sous le nom de Sylvestre II, il fut le premier des Français élevé à l'honneur de la tiare (999).

La France est morcelée en une foule de petites souverainetés; et c'est chez elles qu'il faut maintenant scruter son histoire. Richard sans Peur, duc de Normandie, et beau-frère de Capet, avait enlevé Arras et toutes les forteresses jusqu'à la Lys au comte de Flandre, Arnoul II. Le vaincu consent à reconnaître Hugues pour son roi, et ses places lui sont rendues. Dans la Bourgogne cis-jurane régnait obscurément Henri, frère puîné de Hugues. Dans l'autre, Berchtold et Guigne; celui-ci, comte d'Albon, celui-là de Maurienne, fondaient les maisons souveraines de Savoie et de Viennois, grâce à la mollesse du roi Rodolphe le Fainéant. Ailleurs, la comtesse de Poitiers livrait toute une nuit aux brutalités de ses chevaliers une de ses pages une maîtresse de son mari, la belle et noble vicomtesse de Thouars. La colère armait l'époux contre l'épouse, et cette querelle ensanglantait leurs domaines. A côté d'eux, le comte d'Anjou veut envahir une partie de la Bretagne. Conan le Bossu présente la bataille à Godefroi Grise-Gonelle, et son succès attacha un dicton populaire au lieu du combat, à Conchereux, *où le tort l'emporte sur le droit* (981). Plus tard, le fils du vaincu, Foulques Nerra, vengeait son père dans ce même lieu, et Conan trouvait la mort où il avait rencontré la victoire (992). Tel était l'état abrégé de la France quand mourut, en 996, Hugues Capet. Habile, mais superstitieux, il n'avait pas osé mettre sur son front la couronne qu'il n'avait pas craint d'usurper.

Robert, qui dut son surnom à sa piété, fut engagé dans une querelle avec Rome au début de son règne. Il aimait et épousa Berthe, veuve du comte de Blois, Eudes ou Odon. Elle était sa cousine au quatrième degré, et même il avait tenu un enfant de Berthe sur les fonts de baptême. Le pape ordonne la séparation des époux incestueux, suspend l'archevêque de Tours, qui a consacré ces nœuds, et soumet Robert à sept années de pénitence par tous les degrés canoniques. Combattu par son amour, il oppposa une longue résistance, et fut le premier de nos rois qu'atteignit la foudre romaine. Constance, fille de Guillaume, comte de Toulouse ou de Provence, succède au titre de reine et d'épouse : c'était une femme distinguée par sa beauté, mais dont l'esprit orgueilleux et jaloux devait péniblement exercer la patience d'un mari. En 1002 mourut, sans laisser d'enfants, Henri, duc de Bourgogne : son domaine faisait rechute à la couronne; cependant Otho-Guillaume, son beau-fils, se mit en possession du fief. Aidé par le duc de Normandie, Robert passe en Bourgogne. Il investit Auxerre (1003), et se prépare à donner l'assaut au monastère de Saint-Germain; mais il fuit, effrayé par un brouillard, où il voit un signe de la colère du saint armé contre lui. L'an 1005 il attaque sans plus de succès le couvent de Saint-Bénigne à Dijon; mais il eut la joie de voir, après un siège de trois mois, les vieux murs d'Avallon, tandis qu'il en faisait le tour, tomber d'eux-mêmes devant lui, événement que la flatterie ou la crédulité célébrèrent comme le miracle d'un nouveau Josué. Robert suspendit sa guerre en Bourgogne; et ce ne fut pas avant l'année 1015 que cette province se rangea sans combat sous son obéissance. Un prince de ce caractère devait aimer peu les entreprises hasardeuses; aussi n'eut-il aucune peine à refuser le royaume que l'Italie, au décès de Henri II, lui offrit pour son fils aîné, Hugues le Grand, qu'il avait associé à sa couronne, et qui partageait avec son père le titre de roi.

Celui-ci, peu satisfait d'un vain nom sans les revenus attachés à la dignité, se jette, avec ses jeunes courtisans, sur les domaines royaux; il exerce un déplorable brigandage, et tombe dans les mains de Guillaume, comte du Perche. Rendu aux instances du roi, le fils se réconcilie avec son père. Une noble conduite avait effacé déjà cette tache, quand il mourut dans sa dix-huitième année (1025). Après avoir donné les premières larmes à sa douleur, Robert fit sacrer non pas le second de ses fils, qu'une extrême simplicité rendait inhabile au sceptre, mais son puîné. Constance avait en vain essayé de fixer le choix du père sur le plus jeune de ses quatre fils : elle vantait son activité, elle exaltait son intelligence. Cette divergence d'idées sur le choix du successeur au trône avait partagé toute la cour. Le droit de primogéniture n'était donc pas encore incontestablement établi, soit dans une loi de l'État, soit dans l'opinion. On commence à découvrir le germe de l'hérésie qui donnera une triste célébrité au nom des Albigeois. Deux prêtres d'Orléans, convaincus dans l'église de Sainte-Croix, en face du roi et de la reine, sont condamnés au feu avec onze sectaires (1022). L'un d'eux était le confesseur même de Constance; mais l'hérésie avait brisé tout lien d'affection entre le directeur et la pénitente. Aussi, comme le malheureux passait devant elle pour aller au supplice, la reine, en le frappant au visage, lui arracha un œil avec sa baguette au pommeau sculpté en figure d'oiseau.

Vers la fin du onzième siècle, une immense terreur s'empara de la société. Le monde allait disparaître à la millième année de l'Incarnation du Christ, et les merveilles de la création s'évanouiraient devant les trompettes du jugement dernier. Les paroles mystérieuses de l'Apocalypse avaient accrédité cette opinion, et dans les premières années du dixième siècle, Odon de Cluni travaillait encore à l'arracher des esprits. On porta à l'envi ses trésors aux églises, on affranchit les esclaves, on donna ses biens aux monastères pour le rachat des péchés, *en ces jours*, disent les formules de quelques chartes que l'histoire a conservées, *où nous voyons approcher la fin du monde et les ruines s'agrandir*. Le clergé avait perdu ses richesses et son influence sous la seconde dynastie; l'Église reprit avec la troisième son influence et ses richesses, et ce temps fut pour elle une époque de réparation. La ferveur religieuse introduit le goût des longs pèlerinages : Foulques Nerra fait trois voyages à la Terre-Sainte; Guillaume, comte d'Angoulême, découvre cette route, par la Bavière et la Hongrie, sur laquelle la fin du siècle verra se succéder d'innombrables croisés. Hakem irrite les esprits, et les dispose à la guerre par la ruine du saint-sépulcre, outrage qui retentit dans tout l'Occident comme un coup de tonnerre. Il fallait des victimes à l'indignation universelle; on lui présenta les juifs : c'étaient eux, disait-on, qui avaient excité Hakem à cette profanation. On citait même le nom du juif qui avait porté dans une canne évidée cette funeste lettre que tel israélite d'Orléans avait écrite au khalife. Aussitôt leurs biens sont pillés, les bûchers s'allument, les gibets se dressent, et les routes de l'exil s'ouvrent pour eux (1009).

Voilà tous les grands traits de ce règne, sous lequel eurent encore lieu les petites guerres du comte de Blois avec Bouchard de Montmorency, pour la ville de Melun; ou avec le roi et l'archevêque de Sens, en faveur du comte Rainard, dépouillé de son fief; ou avec le Normand Richard II, qui rappelle à cette occasion les anciens Scandinaves dans la France; ou de l'empereur Henri II et du roi contre Baudouin *à la belle barbe*, comte de Flandre, pour la ville de Valenciennes, enlevée au comte de Hainault; ou du *Diable de Saumur* avec Foulques Nerra, qui veut brûler son ennemi dans l'église de Saint-Florent, et conjure le patron de permettre qu'on détruise son temple à Saumur, pourvu qu'on lui en bâtisse un plus beau dans la ville d'Angers.

Robert le Pieux décédé (1031), les premières années du nouveau règne sont loin d'être paisibles. Constance, toujours attachée au projet de mettre son plus jeune fils sur le trône, s'empare de quelques places, achète la neutralité du Champenois, s'appuie sur l'Angevin, et réduit le roi Henri à fuir, avec douze chevaliers seulement, à la cour de Robert le Magnifique. Le Magnifique reprend avec célérité les places tombées au pouvoir de Constance; il la force d'accepter la paix et le duché de Bourgogne pour son fils bien aimé (1031). La disette et bientôt la famine s'étendent sur le royaume (1030-1033). L'excès du malheur général ouvrit les cœurs au repentir. Les grands s'accusent : c'est la rage de leurs guerres privées qui avait allumé la colère céleste. Ils s'engagent, par les serments les plus solennels, à conserver la paix entre eux (1035). C'était trop : on substitue à cette paix *la trêve de Dieu*.

Les comtes de Champagne, Eudes et Foulques Nerra, étaient les deux plus grandes figures militaires de cette époque : l'un et l'autre avaient des biens enclavés dans les fiefs de leurs rival, des prétentions opposées, où les querelles de leurs vassaux leur mettaient souvent les armes à la main, et Pont-le-Voy vit dans un même jour (1016) deux combats où la fortune, d'abord favorable au Champenois, finit par couronner l'Angevin. Le roi de Bourgogne, Rodolphe III, ne laisse que des filles : Berthe, qui avait pour fils Eudes, comte de Champagne, et Gerberge, qui avait pour gendre l'empereur Conrad le Salique. C'est lui que le Bourguignon avait choisi pour l'héritier de sa couronne. Après une petite guerre, Eudes, intimidé par le nombre et la vaillance des ennemis, abandonne ses droits; il s'en repent, et fait invasion dans la Lorraine; mais, surpris aux environs de Bar-Duc, il perd la bataille. Le lendemain le Champenois est retrouvé parmi les morts. Son rival angevin, fatigué des affaires, avait depuis longtemps abandonné l'administration à Godefroy. Son fils Godefroy continua la querelle de Nerra avec la maison de Champagne, représentée par deux frères, Étienne et Thibault, qui avaient résolu de renverser du trône le faible Henri. Godefroi assiégea la ville de Tours, que le roi lui avait donnée en faveur de son assistance. Les ennemis s'avancent avec Eudes; ils ont prêté l'hommage à cet imbécile frère aîné de Henri, comme au roi légitime. Mais, loin d'avoir réussi à forcer l'Angevin de lever son camp, ils sont battus sous les murs de la ville assiégée; Thibault est prisonnier, et Tours livre ses clefs (1042).

La Normandie avait pour duc un enfant mineur, Guillaume, fils naturel de Robert le Magnifique. Le roi prit en mains les intérêts du jeune duc, à qui le comte de Mâcon, Guido, petit-fils de Richard II par sa mère, disputait l'héritage paternel. Le prétendant, vaincu au Val-des-Dunes (1047), abandonne le pays et se retire en Bourgogne. Mais à mesure que Guillaume croît en âge et en force, son courage et son activité augmentent les inquiétudes de Henri. Il a déjà repris les places dont l'Angevin s'était mis en possession ; il fait sentir à ses barons qu'ils ont un maître ; il enlève même le château d'Arques à son oncle, qui prétend lui ravir la couronne ducale. L'exilé se retire à la cour de France ; il revient en Normandie avec trois cents aventuriers et recouvre sa forteresse, où son neveu se hâte de l'assiéger. Henri envoie au secours de l'oncle ; mais Isambert de Ponthieu rencontre une embuscade et la mort. Pour venger sa défaite, le roi met deux armées sur pied ; il s'avance avec l'une, dont la marche est seulement observée par Guillaume : ce dernier évite le combat, parce qu'il sait que sa puissance repose sur la subordination féodale, et ne veut pas donner l'exemple d'un vassal qui croise l'épée avec son suzerain. Mais le comte d'Eu, son lieutenant, n'a point reçu l'ordre de ménager ainsi la division qui s'avance sur la rive opposée de la Seine. Elle est surprise à Mortimer (1054). La nouvelle en vient à Guillaume durant la nuit. Bientôt la voix d'un héraut d'armes retentit aux avant-postes français : « Réveillez-vous ; rassemblez vos chars, et conduisez-les à Mortimer, où sont étendus les cadavres de vos compagnons. C'est moi, Robert de Toënes, qui vous donne cet avis au nom de Guillaume, duc de Normandie. » L'épouvante se répand aussitôt dans l'armée, et le camp est levé.

En 1059, après la conquête du château de Tillières, et échec à son retour, le roi signa la paix avec le duc : il en avait besoin pour le sacre de son fils. Philippe Ier avait quatorze ans à la mort de son père (1060). Appelé par le testament du feu roi, le comte de Flandre, Baudouin V, prit en main la tutelle. L'héritage du comte d'Anjou était disputé par ses neveux, Geoffroi le Barbu et Fouques le Réchin : Baudouin fait payer à celui-ci la neutralité du roi. Le duc des Gascons refusait l'hommage ; Baudouin fond sur le pays à l'improviste, et force le rebelle à la soumission ; mais Baudouin ne lisait pas dans l'avenir, quand il favorisa l'entreprise du Normand sur l'Angleterre.

Vers le même temps, un autre aventurier, Robert, second fils de Baudouin V, comte de Flandre, tentait la fortune avec les vaisseaux que lui avait laissés son père en avancement d'hoirie, et la trouvait deux fois contraire. Jeté enfin par une tempête sur les côtes de la Frise, il vit un pays gouverné par une veuve, tutrice d'un jeune duc mineur ; il jugea l'occasion favorable ; il est encore vaincu, mais, supérieur à l'adversité, il fatigue par son opiniâtreté la patience de Gertrude, et son amour, et la scelle en lui donnant sa main. Baudouin meurt ; son fils, du même nom, le suit : le nouveau Frison revendique la garde noble de ses neveux, et la réclame à la tête d'une armée. La veuve se réfugie avec ses fils à la cour de Philippe. Celui-ci prend la cause de la famille opprimée ; il est battu à Cassel (1071) ; la Flandre se partage : Allemande, elle s'attache au Frison ; Française, elle adhère au jeune Baudouin. Philippe s'avance avec une nouvelle armée ; il s'empare de Saint-Omer. Là son ennemi lui oppose la ruse, et fait tomber entre ses mains une lettre supposée. A sa lecture, Philippe est rempli de soupçons ; il se défie de ses amis, se croit environné d'ennemis, et se retire avec son armée. Enfin, la Flandre est donnée : le jeune Baudouin reçoit le Hainault, héritage de sa mère, en attendant une couronne que l'avenir lui promet à Jérusalem, et Philippe s'unit à Berthe, fille de Gertrude et de son premier époux. Inquiet de la puissance de Guillaume le Conquérant, il soutient son fils Robert, révolté. Une plaisanterie fait marcher Guillaume contre le roi de France. Mantes est prise et livrée à l'incendie. La mort de Guillaume arrête l'orage (1089). L'esprit chevaleresque et religieux pousse la France dans les aventures. Pierre l'Ermite prêche la croisade ; Philippe ne prend part à ce mouvement qu'en achetant le comté de Bourges. Le pape l'excommunie : il résiste, puis se soumet, et meurt enfin en paix (1108), grâce à l'activité de son fils Louis le Gros, qu'il avait fait sacrer dès 1103.

Gisors amena la guerre entre le roi de France et le roi d'Angleterre. Louis, escorté par les comtes de Flandre, de

Nevers, de Blois et le duc de Bourgogne, vient examiner le procès sur les lieux mêmes. Henri est sur la rive opposée de l'Epte; des injures piquantes sont envoyées de l'un à l'autre bord : le Français défie l'Anglais au combat singulier sur le pont étroit et chancelant, qui semble à chaque instant prêt à s'écrouler. Ce serait folie, dit Henri, de soumettre aux hasards d'un duel une place dont il est en possession; et une petite guerre afflige pendant deux années la malheureuse contrée.

Plus tard, Thibault ralluma la guerre; le roi battit ses troupes à Pomponne et à Meaux, où il eut la douleur de perdre le comte de Flandre, son fidèle allié. Partout, cependant, les communes s'agitent : Laon propose au roi quatre mille livres s'il veut sanctionner la charte qu'elle a reçue de l'un de son évêque et des seigneurs. Louis reçoit la somme, et confirme la charte. Bientôt ce sont les seigneurs qui lui offrent sept mille livres s'il consent à révoquer son ordonnance; et le roi vient à Laon détruire son premier ouvrage. Il est à peine sorti que la bourgeoisie court aux armes, et se rallie au cri de *vive la commune!* L'évêque est égorgé; l'incendie s'attache aux édifices; le bourgeois ouvre les yeux, il entrevoit les conséquences de la révolte et se cache au fond des maisons; les campagnes montent à la ville, et pillent tous les quartiers. Cependant Amiens demande aussi une charte à son évêque et à son vicomte; mais cette charte ne sera qu'un inutile parchemin, si la concession n'est confirmée par le comte, qui, maître de la citadelle, tient la ville sous la verge. Une somme nouvelle dispose le roi en faveur de la bourgeoisie; Louis assiège Thomas de Marne, et protège dans Amiens le principe qu'il renverse à Laon. Durant deux années, Louis, blessé au siège, renouvela ses attaques contre cet aïeul des Coucy, brigand sous l'armure du chevalier. Au retour de cette expédition, Guillaume, comte d'Auxerre, est arrêté dans sa marche et jeté dans les prisons du comte Thibault. Neveu de Henri, dévoué à ses intérêts et dirigé par ses conseils, le Blaisois remuait ainsi les cendres encore chaudes de la guerre civile. Louis réclama en vain son fidèle compagnon; il présente à ses barons Guillaume Cliton, fils du malheureux Courte Heuse; il reçoit leurs hommages; de nobles Normands, et Robert de Belesme à leur tête, prennent les armes pour sa cause. Eustache de Breteuil joindra son épée aux leurs. Déjà les troupes des deux rois parcourent la Normandie; déjà Henri s'est emparé du fort Sainte-Claire, et Louis du monastère de Saint-Ouen. Il s'y présente vêtu en moine avec une poignée de chevaliers; mais à peine les portes sont ouvertes que l'épée brille dans la main des faux anachorètes et la cuirasse retentit sous le froc. Une surprise met aussi Les Andelys entre ses mains. Par un hasard inattendu, les deux rois se rencontrent à Brenneville, chacun à la tête de sa chevalerie, Henri avec ses fils, et Louis avec Cliton; mais la fortune ne voulut pas couronner dans cette journée la valeur des chevaliers français (1119).

Deux mois écoulés, Calixte II présidait un concile à Reims. Louis y vint, il se lève, il parle, car il est doué d'une éloquence naturelle; il retrace les infortunes de Courte Heuse et de Cliton; il dépeint la déloyauté du roi Henri et du comte Thibault; il réclame les foudres apostoliques. Le pape aima mieux s'interposer entre les esprits pour les réconcilier; sa médiation fut efficace, et la paix signée à Gisors.

Henri, plus jeune que Louis, mourut néanmoins avant lui, au château de Lihons (1135). L'année suivante, Guillaume, duc d'Aquitaine, fatigué d'une vie que son épouse infidèle remplissait d'amertume, quitte le monde, à son retour de Normandie; mais avant il offre au fils aîné du roi des Français la main d'Éléonore, sa fille, et pour dot la possession immédiate de l'Aquitaine. Louis le Jeune se rend à Bordeaux avec une cour brillante : il épouse Éléonore, et reçoit les hommages de ses nouveaux feudataires; les flambeaux du mariage n'étaient pas encore éteints, que ceux des funérailles s'allumaient autour de Louis le Gros (1137).

La jeune reine avait des droits sur le comté de Toulouse : Louis VII se prépare à les réclamer avec une armée; mais sa puissance, si considérablement accrue, inquiétait ses grands vassaux : aussi le comte Thibault ne comparut-il pas sous l'étendard royal. L'histoire n'a conservé aucun détail sur cette expédition infructueuse. Un nouvel évêque de Poitiers se met en possession du siège, sans attendre la confirmation du monarque; l'archevêché de Bourges est vacant : le candidat du roi est repoussé par le saint-père. Louis saisit le temporel de l'Église, et Pierre de La Châtre, élu du pape, se réfugie à la cour de Champagne. Mais Thibault avait une sœur mariée à Raoul de Vermandois, le plus fidèle serviteur du roi : la main de Pétronille, sœur de la reine, est offerte à Raoul, et trois évêques prononcent la nullité de son premier mariage. Cependant l'abbé de Clairvaux, saint Bernard, ami du Champenois, soulève les tempêtes apostoliques, et la foudre est lancée. Vitry était une des plus fortes places de Champagne : Louis en fait le siège. Le feu est mis à la principale tour; l'incendie se propage; il atteint l'Église : 1,300 malheureux s'y étaient renfermés, prêtres ou femmes, enfants ou vieillards. Nul moyen d'échapper : Louis entend les cris des victimes, et leur désespoir retentit jusqu'au plus profond de son cœur. Enfin, Célestin II ceignit la tiare. Ce pape était favorable à la cour de France; l'excommunication fut levée et la paix se rétablit (1144). Louis put songer à l'accomplissement d'un grand dessein. Deux poids oppressaient son cœur, les victimes de Vitry et le vœu de son frère aîné. Philippe s'était croisé avant de mourir, et l'inexécution de ce pieux engagement alarmait la conscience scrupuleuse du roi. Bientôt une immense multitude se déploie aux pieds d'une chaire sur la colline de Vezelay (1146); saint Bernard a parlé : l'Esprit-Saint a ranimé la vie dans ce corps languissant : on demande à l'envi des croix. Saint Bernard passe en Allemagne, et gagne partout des soldats au Christ. L'empereur Conrad lui-même jure de marcher à la délivrance des lieux saints. Suger et Raoul de Vermandois sont choisis à Étampes (1147) comme régents de France pendant l'absence de roi. Les solennités de Pâques célébrées, Conrad se met en campagne, et Louis après les fêtes de la Pentecôte : l'un et l'autre suivent la route du Danube. Mais dans cette croisade les attendent des exploits stériles, d'éclatantes victoires et des revers irréparables.

Tandis qu'Éléonore couvre son époux de confusion et livre sa couche adultère soit à son oncle Raimond, soit à un bel esclave sarrasin, Suger exhortait le roi à contenir sa colère jusqu'à l'instant où il aurait touché le sol de son royaume. Il le conjurait de hâter son retour d'autant plus nécessaire que son frère puîné, Robert de Dreux, paraissait vouloir profiter de son absence et de nos revers pour essayer la couronne. Un voyage en Aquitaine ajoute aux mécontentements du roi ; il brûle ses garnisons de la province. Un concile était assemblé à Beaugency : la famille d'Éléonore présente aux évêques une requête en divorce, fondée sur un motif de parenté éloigné : Guillaume Fier-à-Bras, aïeul d'Éléonore, et l'épouse de Hugues Capet, étaient l'un à l'autre frère et sœur. C'était le plus faible lien que l'on pût attaquer pour obtenir la rupture d'une union également sacrée aux yeux du ciel et de la terre. Mais Louis ne mit aucune opposition, et la séparation d'Éléonore fut prononcée (1152). Cette main devenue libre est demandée avec empressement : le comte Thibault à Blois, Geoffroi Plantagenet à Tours, tentent de l'obtenir par la violence : elle se donne volontairement au jeune Henri. Ainsi, le roi de France allait voir se relever à ses côtés l'empire du *Conquérant* augmenté de la Normandie, de l'Anjou et bientôt de la Bretagne. Il n'aurait à opposer devant la puissance démesurée de son vassal que le principe de la subordination féodale, profondément inculqué dans l'esprit de Henri, et les troubles que nourrissait l'avenir contre un roi qui, supérieur à Louis en forces, en caractère et en talent, menaçait de substituer sa race à la dynastie capétienne sur le trône des Français.

Louis mourut à Paris, le 18 septembre 1180. Philippe II, qu'il avait eu d'Alix, fille de Thibaut, comte de Champagne, sa troisième femme, lui succéda. Ce prince avait quinze ans. Il raffermit le trône, en butte aux attaques de la féodalité. Cette multitude de tyrans, qui jusque alors avaient exercé impunément leur cruelle autorité sur le peuple, commença à sentir la main d'un maître. Il sut, par des moyens quelquefois peu conformes à la loyauté chevaleresque, mais indispensables peut-être contre des perfides, abattre un grand nombre de ces orgueilleux seigneurs, dont la félonie menaçait la sûreté du royaume. On désirerait que son règne eût été aussi utile aux intérêts de la France qu'il le fut à l'agrandissement de l'autorité du trône. Auguste donna de mauvais exemples. On le vit tour à tour signer l'acte de bannissement des juifs et puis les rappeler. Il les avait chassés pour s'attribuer leurs biens, il les rappela pour les rançonner encore. Il eut aussi avec le comte de Flandre un différend, qui se termina heureusement en 1184. Quelque temps après, il fit la guerre à Henri, roi d'Angleterre, auquel il enleva Issoudun, Tours, le Mans, et d'autres places. Comme tous les rois de son siècle, il se laissa entraîner par la folie des croisades. La nouvelle expédition n'eut pas le succès qu'on en attendait; le roi prit, à la vérité, Saint-Jean-d'Acre et défit 17,000 Sarrasins, mais, surpris par une maladie cruelle, et mécontent d'ailleurs de Richard, roi d'Angleterre, il revint dans ses États en 1191. L'année suivante, il obligea Baudouin VIII, comte de Flandre, à lui laisser le comté d'Artois. Il tourna ensuite ses armes contre Richard d'Angleterre, auquel il prit Évreux et le Vexin, s'empara de la Normandie sur Jean sans Terre (1204), et remit sous son obéissance les comtés d'Anjou, du Maine, de la Touraine, du Poitou et du Berry.

Philippe avait imité ses prédécesseurs en se croisant, il imita également la conduite qu'ils avaient tenue envers leurs épouses. Le lendemain de son mariage avec Ingeburge, sœur du roi de Danemark, il forma le projet de la répudier. Les évêques, consultés, déclarèrent l'union illégale et nulle, et l'autorisèrent à prendre pour femme Agnès de Méranie. Mais le pape Innocent III lança l'anathème contre le roi, et mit le royaume en interdit. Philippe, furieux de voir les évêques qui avaient rompu sa première alliance et béni la seconde approuver et confirmer l'excommunication papale, en chassa plusieurs de leur siège, bannit une foule de chanoines, mit en fuite une multitude de curés, et confisca leurs biens et revenus au profit du trésor royal. L'évêque de Paris, cerné dans sa demeure, dut sortir à pied de la capitale. Huit mois après, l'excommunié paraissait se résoudre à reprendre sa première femme, l'interdiction fut levée; l'évêque revint, et le calme se rétablit. Mais le retour de Philippe à la modération ne fut ni sincère ni durable. Ayant projeté d'épouser la fille du landgrave de la Thuringe, il décida, pour se débarrasser d'Ingeburge, à l'enfermer dans le château d'Étampes. Pourtant cette affaire n'eut pas de suite, et la reine plus tard recouvra ses droits et sa dignité. La même année, Philippe marcha sur la Flandre, et il y conquit Tournay, Ypres, Cassel, Douay et Lille. Mais le plus remarquable de ses faits d'armes est la célèbre bataille de Bouvines, qu'il gagna contre l'empereur Othon IV, le comte de Flandre et plusieurs princes qui avaient levé contre lui une armée de 150 mille hommes. Il les battit le 27 juillet 1214, et fit prisonnier Ferrand, comte de Flandre, Renaud, comte de Boulogne, et quelques autres encore, tandis que Louis, l'héritier de sa couronne, remportait en Poitou une victoire sur les Anglais.

Philippe mourut à Mantes, neuf ans après, le 14 juillet 1223. Louis VIII monta sur le trône, et mérita par sa valeur d'être surnommé *le Lion*. Henri III, roi d'Angleterre, au lieu de se trouver à son sacre, lui envoya demander la restitution de la Normandie. Louis refuse, et part, à la tête d'une nombreuse armée, résolu de chasser les Anglais de la France. Il leur prend en effet Niort, Saint-Jean-d'Angély, le Limousin, le Périgord, le pays d'Aunis. Il ne lui restait plus que la Gascogne et Bordeaux à reconquérir. Le clergé le retint au milieu de ses brillants succès, et le contraignit d'abandonner cette cause nationale pour l'envoyer faire aux Albigeois une guerre fanatique et malheureuse. Il mit le siège devant Avignon, à la prière du pape Honoré III, et prit cette ville (1226). Mais la contagion se répandit dans son armée; lui-même tomba malade dans la ville de Montpensier, en Auvergne, et y mourut, à trente-neuf ans.

Son fils, Louis IX, lui succéda, sous la tutelle de sa mère, Blanche de Castille; il n'avait que douze ans. Cette princesse gouverna avec prudence et habileté, conservant l'autorité de son fils et la tranquillité du royaume au milieu des attaques incessantes de la noblesse. Louis, devenu majeur, marcha (1242) contre le comte de la Marche et contre Henri III d'Angleterre, qu'il défit à Taillebourg; puis, les poursuivant jusqu'à Saintes, il remporta sur eux une seconde victoire, quatre jours après la première, accorda la paix au comte de la Marche et une trêve de cinq ans à l'Anglais. Étant tombé dangereusement malade (1244), il fit vœu d'aller à la Terre Sainte, et s'embarqua (1248) avec son épouse, Marguerite de Provence. Damiette fut prise en 1239; le roi fit des prodiges de valeur à la bataille de Mansoure, mais la famine et les maladies avaient exténué l'armée: le roi fut pris avec ses deux frères, Alfonse et Charles. Il se racheta un mois après, en rendant Damiette pour sa rançon, et payant 400,000 livres pour celle des autres prisonniers. La reine Blanche, régente en son absence, pressait son fils de revenir; mais il passa en Palestine, où il séjourna quatre ans, prit Tyr et Césarée, et ne rentra en France qu'en 1254, après avoir visité le tombeau de Jésus-Christ. Son retour fut signalé par la punition d'Enguerrand de Couci et de plusieurs autres seigneurs révoltés. Il fit un traité avantageux avec Jacques 1er, roi d'Aragon; il en conclut un bien différent avec Henri III d'Angleterre, auquel il rendit, contre l'avis de son conseil, une partie de la Guienne, le Limousin, le Périgord, le Quercy et l'Agénois. Il s'appliqua ensuite à faire fleurir la justice : ses *établissements* ont immortalisé sa mémoire. Il fonda la Sainte-Chapelle de Paris, fit bâtir des hôpitaux, protégea les pauvres et les orphelins, soulagea le peuple en diminuant les impôts, et maintint les libertés de l'Église gallicane par la pragmatique-sanction (1268). Malheureusement pour la France et pour lui, une seconde croisade était résolue dans son cœur. Il s'embarque pour ne plus revenir (1270), et arrive à Tunis. La ville est prise; mais la maladie décime cette nouvelle armée comme elle avait décimé la première, et lui-même y succombe, un mois après son départ.

Philippe III, dit *le Hardi*, son fils, lui succéda. Incapable de gouverner par lui-même, il s'abandonna aux conseils de Pierre de la Brosse, barbier de son père, et quand les grands, jaloux de son pouvoir, demandèrent la mort du favori, il le laissa pendre au gibet de Montfaucon, qu'il avait fait rétablir quelques années auparavant. En 1282, les Siciliens, animés par Pierre, roi d'Aragon, massacrèrent tous les Français le jour de Pâques, à l'heure de vêpres. C'est ce massacre que l'histoire a enregistré sous le nom de *vêpres siciliennes*. Philippe, pour le venger, marche en personne contre le roi d'Aragon, et lui prend Girone. Au retour de cette conquête, il meurt d'une fièvre maligne, à Perpignan (1285).

Philippe IV, dit *le Bel*, son fils, lui succède, à l'âge de dix-sept ans; mais le courage et l'énergie avaient chez lui devancé les années. Les commencements de son règne sont signalés par de sévères ordonnances contre ces absurdes épreuves appelées *jugements de Dieu* et contre ces guerres à outrance que de nobles pillards entretenaient impunément dans le royaume. Ceux-ci voulurent résister; mais le roi tint bon, et se fit obéir. Si les moyens répressifs qu'il mit en usage affaiblirent la féodalité, on ne peut s'empêcher de reconnaître qu'ils furent trop souvent dictés par l'astuce et la fourberie. Il altéra aussi les monnaies, et mérita pour ce fait la qualification de *faux monnayeur*. Enfin il accabla le peuple d'impôts. Mais on le vit citer au parlement de Paris Édouard Ier d'Angleterre, pour des violences de ses sujets sur les côtes de Normandie, et Édouard ne se présentant pas, le faire déclarer félon, et envoyer Raoul de Nesle lui enlever la Guienne. Le roi gagna ensuite la bataille de Furnes (1297), et s'empara de plusieurs places; mais la jalousie de ses généraux lui fit perdre la bataille de Courtray (1302), où périt l'élite de la noblesse française. Cet échec est bientôt réparé; Philippe remporte la victoire de Mons, où 25,000 Flamands restent sur place, et en mémoire de ce triomphe sa statue équestre s'élève dans l'église de Notre-Dame de Paris.

Toujours affamé d'argent, Philippe pense qu'il n'y a rien de plus simple que de faire contribuer le clergé aux charges de l'État; le clergé en appelle au pape Boniface VIII, et celui-ci défend par une bulle de payer les nouvelles taxes : il cite le roi à comparaître à Rome pour entendre *le jugement de Dieu et le sien*, et le somme de reconnaître qu'il tient sa couronne du saint-siége. Des torrents d'injures, indignes de toute majesté, se croisent entre Rome et Paris. Là on assemble un concile, ici on convoque les états généraux. Le pape fulmine; le roi veut enlever le pape, qui se soustrait à ses poursuites et meurt d'une fièvre chaude. Le successeur du pontife revient à la modération; il casse tout ce qu'a fait Boniface, en sorte que la paix renait entre le saint-siége et la France. Philippe persécuta les juifs pour les rançonner. Convoitant les richesses des templiers, il les accusa d'impiété, de débauche, de cruautés inouïes. Les magistrats, les évêques, le pape, redoutant sa colère, devinrent les instruments de sa barbarie. Les templiers sont arrêtés dans toute la France; le roi s'empare du Temple, s'y établit, et nomme un jacobin inquisiteur pour instruire leur procès. La torture leur arrache des aveux qu'ils rétractent; cinquante-neuf sont brûlés; tous repoussent l'amnistie qu'on leur offre s'ils renoncent à leurs rétractations. Ils se déclarent tous innocents des crimes dont on les accuse et invoquent le nom de Dieu. Le drame n'est pas fini. Après deux ans de procédures, le grand-maître Jacques Molay et Guy, commandeur de Normandie, frère du dauphin d'Auvergne, sont brulés à petit feu, ne cessant de proclamer leur innocence dans les flammes, et appelant le pape et le roi de France à comparaître devant le tribunal de Dieu.

Les chagrins domestiques, les spoliations de ses ministres, les murmures du peuple, avaient altéré la santé de Philippe le Bel. Il mourut à Fontainebleau, l'an 1314. Il eut pour successeur son fils Louis X, surnommé *le Hutin*, c'est-à-dire *mutin, querelleur*. Un écrivain des temps dit « qu'il était violent, mais pas bien entendu en ce qu'au royaume il falloit ». Le nouveau règne commence avec un acte de cruauté pour augure. La femme adultère du roi, Marguerite de Bourgogne, expiait sa faute au château Gaillard; néanmoins, sa vie était un obstacle aux nouveaux liens que le Hutin voulait contracter. Des meurtriers entrent dans sa tour : ils portent un cercueil, c'est le sien; mais avant de couvrir la mort, le linceul doit la donner : on le jette autour du cou de la victime, qui est étranglée avec le drap qui doit l'ensevelir (1315). Déjà Clémence de Hongrie, embarquée à Naples, venait chercher la main toute sanglante de Louis; bientôt elle abordait Marseille, mais sans dot, ni bijoux, ni trousseau : une tempête avait tout englouti; on célébra sans aucune pompe la fête du mariage et du sacre. Qui avait donc épuisé les coffres de l'État? Charles de Valois en accuse Enguerrand de Marigny, qui rejette la faute sur Valois; mais la disgrâce avait écarté les hommes investis de la confiance de Philippe. On avait retiré les sceaux au chancelier de Latilly, qui attendait son jugement dans un cachot; on avait appliqué à la torture un des plus fameux jurisconsultes, Raoul de Préles; sa fermeté avait triomphé des douleurs, mais déjà les jeunes courtisans s'étaient partagé ses dépouilles; il est rendu à sa première liberté, non à sa première fortune. Enfin, Marigny, accusé de malversations dans les finances, l'est aussi d'avoir conseillé les variations dans le système monétaire, dont le peuple a gémi sous le dernier règne; il est condamné à mort et attaché au gibet de Montfaucon.

Les rênes de l'État n'étaient plus dans la main ferme de Philippe; on le sent aux premières ordonnances du nouveau règne : elles ont pour objet d'étendre la juridiction des seigneurs; elles restituent le droit féodal des guerres privées, et portent une funeste atteinte aux établissements de saint Louis. La trêve avec la Flandre expirait. Louis somme le comte de venir en personne lui rendre hommage. Le Flamand répond par des ravages sur nos terres, et le Hutin se prépare aux combats. Où trouver l'argent, si justement nommé le nerf de la guerre? Une nouvelle avanie est exercée sur les marchands lombards; on rouvre la France aux juifs, on vend la liberté aux serfs du roi. Le préambule de son ordonnance mérite attention : il observe que tous les hommes sont nés libres, mais que soit le malheur des temps, soit l'inconduite des pères, ont jeté leur postérité dans l'esclavage; il veut donner l'exemple à ses grands feudataires, afin que désormais dans le royaume des Francs la chose réponde au nom. Mais si la liberté est un droit de nature, la justice était de le restituer, non de le vendre. Le Hutin se met en campagne; les pluies successives détrempent le sol : le jour les fantassins marchent dans la boue jusqu'à mi-jambe, le soir pas un endroit sec où reposer leur tête; les convois, embourbés, n'arrivent pas à l'armée; Louis brûle ses équipages, et repasse ses frontières (1315). La disette a succédé aux pluies; des maladies l'accompagnent; la souffrance aigrit les âmes et excite des troubles dans Paris.

Les cardinaux, réunis d'abord à Carpentras, n'avaient pas encore donné un chef à l'Église; la division des maîtres s'étend jusqu'aux valets: les domestiques du parti italien attaquent ceux du parti français; le feu est mis à des boutiques, l'incendie se communique au conclave, et les cardinaux se dispersent. Cette longue vacance de la chaire apostolique mettait l'Église en péril. Philippe mande individuellement les cardinaux à Lyon, il veut converser avec eux; ensuite chacun pourra quitter librement la ville. Il en scelle l'engagement; mais les intérêts de l'Église sont plus forts que sa parole signée; il fait murer les portes du monastère de Saint-Dominique, où les cardinaux sont logés; il laisse le comte de Forez à la garde du conclave violenté, et court à Paris, où l'appellent de grands intérêts. Une imprudence vient enlever le Hutin, à la suite d'une partie de paume (1316); il laisse une fille de son premier mariage et sa seconde épouse enceinte. Philippe s'empare du Louvre; il convoque une assemblée : il est reconnu pour régent jusqu'à la majorité du prince à naître, si toutefois c'est un roi que Clémence porte dans son sein; autrement, Philippe aura le sceptre et la couronne. Clémence vivait dans les larmes depuis la mort de son époux; sa santé en fut altérée, et son enfant ne vécut que cinq jours. Philippe se rend donc à Reims, où la cérémonie du sacre se célèbre avec éclat : néanmoins, il fut obligé de fermer les portes de la ville au comte de Champagne. Charles le Bel, son frère, ne voulut pas même assister à la cérémonie, et le duc de Bourgogne protesta au nom de sa nièce et pupille, Jeanne, fille du roi. A son retour, Philippe convoque à Paris une réunion des prélats, des barons et des bourgeois; elle décrète que la couronne de France n'est pas héréditaire aux femmes, principe fondamental de notre droit monarchique, et nommé abusivement *loi salique*, parce qu'on étendit jusqu'à la couronne les conséquences de l'article 6, ainsi conçu, au paragraphe LXII : Quant à la terre salique, *aucune portion de l'héritage ne passe aux filles, mais la succession appartient aux mâles dans sa totalité.*

Des ordonnances, mais peu de faits, signalent ce règne; plusieurs de ces ordonnances caractérisent le prince et méritent l'attention. Dans l'une, il se prescrit d'assister à la messe tous les jours, de n'y point parler ni souffrir qu'on lui parle; dans l'autre, il se défend à lui-même d'accorder

42.

les coupes de ses forêts, soit une partie, soit la totalité; car son trésor en est considérablement appauvri et diminué; dans une troisième, il révoque toutes les donations immobilières faites par Philippe le Bel ou son fils le Hutin. De là vient le principe que les domaines de la couronne sont inaliénables (1318). Une autre, enfin, permet aux bourgeois d'acquérir des fiefs et d'en rester maîtres, s'ils ont satisfait avec le vendeur, ses trois seigneurs supérieurs de degré en degré. Avant cette décision, cela n'eût point suffi, et la terre noble vendue par le feudataire au bourgeois eût pu être confisquée en remontant la hiérarchie des suzerains jusqu'au roi.

Le temps voit les mêmes faits se renouveler, les circonstances seules varient. Une seconde fois, depuis saint Louis, on répète que ce n'est pas aux mains des barons et des prélats qu'est réservée la délivrance du tombeau de Jésus-Christ, mais aux mains innocentes des bergers. Ils quittent à l'envi leurs troupeaux; ils s'avancent deux à deux en silence; les croix marchent à leur tête, ils vivent du pain que leur donne la pitié publique. Mais bientôt la foule grossit, la charité se fatigue; elle devient même impuissante à nourrir cette immense multitude; la violence succède à la prière, et le désordre se jette dans les bandes. Ces pastoureaux entrent dans Paris; ils enfoncent les portes du Châtelet, ils mettent en liberté leurs compagnons emprisonnés, et se rangent en bataille sur le Pré aux Clercs, où l'on n'ose pas les affronter. 40,000 d'entre eux s'avancent dans l'Aquitaine; ils se dirigent vers Aigues-Mortes : c'est là qu'ils veulent s'embarquer. Le pape excommunie ces croisés sans mission; et le sénéchal de Carcassonne les cerne dans ces contrées fiévreuses, où ces malheureux sont abandonnés en proie à la faim et aux maladies; tout ce qui s'écarte est pendu sans pitié; déplorable fin d'un zèle irréfléchi (1320).

Philippe avait convoqué les états généraux à Poitiers (1321), quand tout à coup se répand une épouvantable nouvelle : les sources, les ruisseaux et les fleuves sont empoisonnés. Qui donc a commis une telle atrocité? Ce sont les lépreux. Ils veulent exterminer les chrétiens, s'ils ne peuvent les rendre compagnons de leurs misères. Il n'est tenu des assemblées où toutes les maladreries ont envoyé leurs députés; ils s'y sont partagé les prélatures, les abbayes, les bénéfices; on cite même un lépreux de Tours qui se dit abbé de Mont-Mayeur. Comment les malheureux ont-elles pu donner un esprit de corps à ces malheureux? Est-il probable que la partie malade de la société ait conspiré contre la partie saine? Peut-on empoisonner un fleuve ou même un ruisseau? A-t-on éprouvé ces poisons? Ce n'est pas encore tout : les lépreux sont mis en avant par les juifs, dit-on, et les juifs sont eux-mêmes les instruments du roi de Grenade, qui veut ainsi prévenir une invasion dans son royaume. Plus la fable est absurde, plus elle fait d'impression sur les peuples; les prisons s'ouvrent, les bûchers sont dressés, et les bûchers comme les prisons reçoivent indifféremment et juifs et lépreux. Déjà Philippe avait ressenti les atteintes d'une maladie qui le conduisait lentement au tombeau : ni la révocation d'un impôt onéreux, ni les reliques de saint Denis, qu'il se fit apporter processionnellement à l'abbaye de Long-Champ (1322), ne purent le préserver de la mort.

La loi salique excluait du trône les deux filles de Philippe, comme elle en avait écarté Jeanne, fille du roi le Hutin : la couronne passa donc à son frère Charles le Bel sans nulle opposition. Dès son avènement, une ordonnance prescrivit de consacrer les revenus des maladreries à la nourriture des lépreux qui restaient dans les prisons, et d'y suppléer par des quêtes publiques dans les bourgs où des léproseries n'étaient pas établies. Qu'on juge de l'affreuse situation de ces malheureux, par la nécessité d'une telle loi! Une seconde autorisa les juifs, leurs compagnons de supplice et de captivité, à quitter les prisons depuis le matin jusqu'au soir pour vaquer au recouvrement des sommes exigées pour leur délivrance. Après la cérémonie du sacre, le roi visita ses provinces du midi; mais il en était déjà sorti lorsque le 1er mai 1324, et sur le défi des sept trobadors de Tolosa, tous les poëtes de l'Occitanie se réunirent dans cette ville pour une joute en vers et un combat poétique. Une violette d'or et le titre de docteur en la gaie science étaient le prix du vainqueur. Telle fut l'origine de l'Académie des Jeux Floraux.

En Allemagne, Frédéric d'Autriche et Louis de Bavière se disputaient l'empire, quand la bataille de Mühldorf mit le premier dans les mains de son rival. Mais Louis chancelait frappé de la foudre apostolique; Léopold d'Autriche continua la guerre; et pour attacher la France à ses intérêts, il promit d'amener Frédéric à céder ses droits aux Capétiens. Charles se laissa séduire à l'espérance de remettre au front d'un roi des Français la couronne de Charlemagne; mais il n'avait de ce grand homme que le nom. Aussi ses ambassadeurs ne trouvent pas dans les électeurs, à la diète de Rancé, ces dispositions si favorables dont l'avait flatté Jean de Bohême, ce prince aimable, qui, plus chevalier que roi, préférait à ses États le séjour de la France, où les fêtes, les tournois et la courtoisie tenaient son cœur enchaîné. Charles envoya ses trésors à Léopold; mais il eut du moins la prudence de n'envoyer pas même un soldat, car ce désir passager de la couronne impériale était chez lui un mouvement de vanité, et non d'ambition (1325).

Des intérêts moins brillants, mais plus réels, appelaient son attention vers le midi. Ses sénéchaux saisissaient toutes les occasions d'étendre la juridiction royale; ils citaient à comparaître devant eux les sujets de l'Angleterre, et confisquaient leurs fiefs sur le moindre prétexte. Le sire de Montpezat avait bâti un château sur le territoire français; le sénéchal de Toulouse s'empare de la forteresse, et chasse Montpezat. Le sénéchal de Guienne reprend la place, et la garnison française est passée au fil de l'épée. Une prompte réparation est demandée au roi d'Angleterre. L'occasion se présentait favorable : son adversaire était tombé au dernier degré du mépris, et son peuple rougissait d'un prince, infâme amant d'un Spencer ou d'un Gaveston. Tandis que l'Anglais balance, le comte de Valois occupe l'Agénois. Le comte de Kent débarque en Aquitaine, mais sans armée; il se jette dans La Réole, et capitule (1324). Le profond dégoût qu'Édouard avait inspiré à son épouse Isabelle, s'accroissait à tous les instants, par l'amour adultère dont elle brûlait elle-même pour le beau Mortimer. Intrigante habile, elle amène Édouard à lui confier la commission de terminer sa querelle avec la France. Elle débarque sur le continent : tout s'arrange. Qu'Édouard renouvelle son hommage, et la province conquise est aussitôt restituée. Spencer osera-t-il montrer à la France son front souillé par l'infamie? Non sans doute. Il engage donc son maître à donner l'investiture de la Guienne au prince royal. C'est celui-ci dès lors, ce n'est plus son père, qui doit l'hommage. Mais envoyer l'héritier présomptif à Paris, c'était combler les vœux de Charles et d'Isabelle. En vain l'insulaire redemande son fils et son épouse; Charles affecte de craindre qu'ils ne soient plus en sûreté dans un pays où domine Spencer. Cependant, comme il ne peut favoriser ouvertement les complots de sa sœur, elle va quitter sa cour et passer dans le Hainaut, où elle cimentera son alliance avec le comte par le mariage de leurs enfants.... Tournez vos yeux vers l'Angleterre; et bientôt vous y verrez le gibet et la claie destinés aux Spencer, et le fer rougi au feu, que Mautravers s'apprête à plonger par un tube de corne dans les entrailles du vil et malheureux Édouard.

L'année suivante mourut Charles, en qui finit la branche aînée des Capets (1328). Ainsi, les trois fils de Philippe le Bel, tous grands, vigoureux et beaux comme lui, avaient terminé leur carrière avant que le plus âgé eût atteint sa trente-cinquième année; et leurs fils avaient expiré encore près du berceau. La mort de Charles IV, décédé sans enfants mâles, ramenait la question de la successibilité des femmes : en la rejetant, on repoussa les prétentions des sept filles et de la sœur des trois derniers rois, Isabelle, mère d'Édouard III d'Angleterre, au nom duquel elle protesta. Les barons appelèrent au trône, sous le nom de *Philippe VI*, Philippe de Valois, d'abord régent pendant deux mois. C'était le plus puissant, le plus actif, le plus riche de tous les prétendants à la couronne, et celui dont les inclinations convenaient le mieux à la noblesse. Philippe d'Évreux, époux de la fille de Louis X, reçut par compensation la royauté de Navarre, et Édouard III vint rendre hommage-lige au monarque français, rassuré ainsi sur les craintes que ces rivaux lui faisaient concevoir. Tout imbu d'idées belliqueuses et chevaleresques, Philippe VI commence par s'allier au comte de Flandre pour châtier les Flamands révoltés. Bientôt il projette une croisade, dont le pape Jean XIII approuve le dessein; mais ce dessein n'a pas de suite, car des hostilités contre les possessions anglaises en Aquitaine, des secours envoyés aux Écossais, en guerre avec l'Angleterre, lui font trouver dans Édouard un ennemi à repousser. Édouard, en qualité de *roi de France*, déclare la guerre à Philippe de Valois (1337); mais cette première guerre de deux années n'a pas de grands résultats; des dévastations inutiles en sont tout le fruit, et de 1340 à 1342 règne une paix bâtarde, durant laquelle les Français aident Charles de Blois, époux de la nièce du feu duc de Bretagne, à disputer, en vertu de contrats inconnus, la possession de cette province au frère du feu duc Jean, comte de Montfort, soutenu par des secours anglais.

Philippe avait profité de cette trêve pour se réconcilier avec l'empereur Louis de Bavière, alors favorable à Édouard, on lui faisant espérer de le réconcilier avec le saint-siège, qui l'avait excommunié. Grâce à cette politique habile, ou perfide, pour mieux la qualifier, le roi d'Angleterre se trouve privé d'un appui considérable. Cependant, à l'expiration de la trêve, Édouard se décide à entrer en Bretagne; il s'y fait précéder par Robert, comte d'Artois, dépossédé, persécuté et proscrit par le roi de France, et vient en personne assiéger Nantes, Rennes et Vannes; mais les maladies auxquelles les armées anglaise et française sont en proie font conclure la trêve de Malestroit (1343). La guerre et les prodigalités fastueuses de Philippe avaient mis les finances dans une situation déplorable; les mesures qu'il prend pour la rendre meilleure, en donnant aux monnaies une valeur toute factice, et la leur faisant perdre ensuite, produisent les plus fâcheux effets sur le peuple. Pour ranimer la prospérité commerciale, il rétablit alors les priviléges des foires de Champagne, où tous marchands étrangers pouvaient porter leurs marchandises, en franchise de droits. C'est vers cette époque qu'il acquiert le *Dauphiné*, du dauphin de Viennois, qui vendait follement toutes ses possessions; mais, pour faire de l'argent, il établit le monopole du sel et une taxe d'un vingtième sur le prix de chaque marchandise, à percevoir toutes les fois qu'elle passerait, par la vente, de main en main.

L'animosité des deux rois était loin d'être éteinte. Tous deux voulaient la guerre, Philippe par colère, Édouard par ambition : ce dernier déclare donc la trêve rompue, et son général, Derby, poursuit ses conquêtes dans le Périgord et le Languedoc. Le roi d'Angleterre, encouragé par l'hommage qu'il vient de recevoir de Jean de Montfort et de Godefroi de Harcourt, se rend lui-même en France, ravage la Normandie et s'avance jusqu'aux environs de Paris, pendant que le dauphin, duc de Normandie, occupe en Languedoc une armée de cent mille hommes au siège d'Aiguillon. Édouard se retire devant les forces supérieures de Philippe, et s'établit à Crécy en Ponthieu, déterminé à accepter la bataille. Elle ne tarda pas à se présenter à lui, et le nom de *Crécy* fut inscrit en caractères sanglants dans nos annales. Cette affaire, en tirant Édouard d'un mauvais pas, mit la France à sa discrétion. Le Poitou et la plupart des provinces furent livrés aux ravages des Anglais; mais le désir de conserver leurs biens porte les bourgeois à une résistance nationale, et ils se défendent partout où de solides remparts leur per-

mettent de le faire avec succès. Cependant, le roi d'Angleterre vient mettre le siége devant Calais. En proie à la disette, à la plus cruelle détresse, ne pouvant être secourus par Philippe, les habitants sont forcés de se rendre à merci : le dévouement de six de leurs concitoyens, à la tête desquels se trouve Eustache de Saint-Pierre, les sauve seul d'une mort certaine. Cette longue guerre ayant de nouveau épuisé les moyens des deux monarques ennemis, une trêve de dix mois est conclue, le 28 septembre 1347; mais si elle met fin aux calamités d'une guerre de dévastation, un fléau bien plus épouvantable, la peste, qui jusqu'en 1363 devait ravager l'Europe, lui succède immédiatement et enlève près du tiers de la population de la France. Les brigandages des soldats réunis en compagnies, et pillant tout sur leur passage, rendent encore plus déplorable la situation du royaume, et Philippe meurt peu après son second mariage, avec Blanche de Navarre, léguant à son successeur toutes les conséquences de ses fautes.

Les Français avaient pris en Italie le goût du luxe : Philippe le porta au plus haut degré; toutes les mesures propres à l'entretenir, en lui procurant de l'or, semblèrent bonnes à ce roi. Il établit la vénalité des charges, en faisant vendre aux enchères les prévôtés et les autres magistratures auxquelles était attaché le droit d'imposer des amendes; il autorisa ses commissaires en Languedoc à pardonner tous les crimes, sauf ceux de trahison et de lèse-majesté; à anoblir tous les vilains, à légitimer tous les bâtards, pourvu que ces grâces fissent rentrer de fortes sommes dans son trésor. Vers la fin de ses jours, il avait acheté Montpellier et traité de la cession définitive du Dauphiné à la France. Sous son règne apparaissent (1340) les premiers canons employés à la défense des villes; sa fin est encore marquée par l'apparition des *flagellants*.

Jean II avait quarante ans quand il monta sur le trône. Comme son père, il était passionné pour les idées de chevalerie; mais il avait de plus que lui du courage et de l'instruction. Philippe avait terni son règne par la mort de quinze chevaliers bretons et trois Normands, suspects, disait-il, de s'être vendus à l'Angleterre. Jean débute par un pareil supplice. Le comte de Guines, connétable de France, est mis à mort sur le même soupçon. Ayant convoqué à Paris des états généraux, en 1351, il se voit forcé, par le besoin d'argent, à traiter avec les députés de différentes provinces, qui achètent de lui certains priviléges ou certaines exemptions. Bientôt il recourut, comme son prédécesseur, à de continuelles altérations dans les monnaies; son peu d'économie, ses désordres, sont tels, qu'à la rupture de la trêve avec les Anglais (1355), il se trouve dans la plus affreuse pénurie, pouvant à peine subvenir aux frais de la guerre. Les états de la langue d'Oïl, qu'il convoque, lui votent un secours de 30,000 gendarmes, à solder sur la gabelle et sur une aide de 8 deniers par livre, applicable à toute marchandise vendue : les trois ordres et le roi lui-même furent soumis à ces deux impositions; mais en lui faisant ces concessions, les états réformèrent une multitude d'abus, et obtinrent d'être assemblés chaque année. Toutefois, le mécontentement excité dans tout le royaume par la gabelle et la taxe de 8 deniers force les états (1356) à les remplacer par une taxe de 5 pour 100 sur les revenus des plus pauvres, sur les fortunes médiocres, sur les riches. Ainsi, bourgeois et paysans supportent la majeure partie de cette charge; les bourgeois, grâce aux progrès qu'ils avaient faits, s'appuyaient sur de nombreuses associations de corps de métiers, et avaient ainsi leur cité pour patrie; mais les paysans, isolés, livrés sans défense à toutes les violences, n'étaient que des esclaves.

Jean II avait conçu une haine profonde pour le roi de Navarre, Charles le Mauvais, qui avait fait assassiner son favori, le connétable Jean de La Cerda. A deux reprises, Charles s'était humilié dans des lits de justice; mais il avait eu le tort de repousser la gabelle. Jean le surprend à table avec le dauphin, le fait arrêter, saisit ses fiefs en Normandie, et donne la mort à quatre gentilshommes de cette province. Pendant ce temps, le prince de Galles pénétrait avec ses Anglais en Rouergue, en Auvergne, en Limousin, et semblait destiné à piller toutes les provinces françaises au midi de la Loire. Jean assemble alors une armée considérable à Chartres ; arrivé près de Poitiers, il coupe la retraite au prince de Galles. Celui-ci n'a que 8,000 combattants sous ses ordres ; le Français en compte 50,000 ; mais le prince de Galles s'est placé dans une position naturellement défendue, où on ne peut l'attaquer sans un désavantage certain ; le roi Jean, qui a près de lui ses quatre fils, se décide pourtant à combattre ; les cardinaux de Périgord et de Saint-Vital essayent d'empêcher l'effusion du sang : ils se rendent médiateurs entre les deux armées. Le prince de Galles, qui sent le danger de sa position, est prêt à faire toutes les concessions qu'on désire ; mais il rejette, comme déshonorante, celle de se rendre lui-même prisonnier avec 100 de ses chevaliers. Sur ce refus, la bataille de Poitiers est livrée, le 19 septembre 1356. Le dauphin, deux de ses frères et une partie de leurs troupes, abandonnent lâchement la division du roi : celui-ci et Philippe, son fils, déploient en vain un grand courage ; leurs efforts héroïques ne sauraient réparer les fautes dans lesquelles leur impéritie les a jetés, et la bataille est perdue. Le roi Jean lui-même est fait prisonnier, et conduit en Angleterre.

Le dauphin, de retour à Paris, convoque les états ; mais bientôt il les congédie, redoutant leurs prétentions. Cependant, les ayant réunis de nouveau, il se soumet aux réformes qu'ils réclament ; l'influence d'Étienne Marcel, prévôt des marchands, et celle de Robert Le Coq, évêque de Laon, le dominent. Il est forcé de renvoyer les ministres, de s'interdire pour l'avenir toute falsification des monnaies, de renoncer à vendre tout office, toute judicature, et de cesser d'autoriser les juges à racheter les crimes pour l'argent, etc. Mais, pendant que les états s'occupent ainsi à obtenir pour la nation d'importantes améliorations, les paysans sont en proie à toutes sortes de maux ; les barons pris à la bataille de Poitiers, et relâchés sur parole, leur arrachent par tous les moyens, et même par la torture, l'argent nécessaire à leur rançon ; les soldats débandés, tombant en même temps sur les paysans, achèvent de les exaspérer ; l'anarchie est partout : les malheureux qui échappent aux barons et aux soldats sont réduits à mourir de faim. Une trêve de deux ans conclue avec l'Angleterre ne met pas un terme à ces malheurs ; les compagnies d'aventuriers ne cessent de porter en tous lieux la terreur et la désolation. La lutte entre le dauphin et les états continue : celui-ci déclare qu'il veut gouverner seul ; mais bientôt l'argent lui manque, et il est obligé de rappeler les états pour en avoir. Le joug de Marcel et de la bourgeoisie lui pèse chaque jour davantage ; et pour s'y soustraire il convoque à Compiègne d'autres états ; il veut affamer Paris, dont le prévôt des marchands fait donner le commandement à Charles le Mauvais, remis en liberté (1358).

Le désespoir pousse les paysans à se révolter contre les nobles ; la *jacquerie*, ou la révolte des Jacques (nom que leur donnaient ceux-ci, par dérision) commence par l'incendie, le pillage des châteaux et le meurtre de tous les barons et nobles qu'ils y trouvent. A leur tour, ceux-ci font un horrible massacre de ces malheureux, massacre auquel participe Charles le Mauvais, que Paris soupçonne de connivence avec le dauphin. Marcel, menacé d'être livré au régent, avec les douze principaux instigateurs de la révolte de Paris, veut mettre de nouveau le roi de Navarre dans les intérêts des Parisiens ; mais il est tué par Maillard, et le dauphin signale son retour dans la capitale par de nombreux supplices. Ainsi furent étouffées toutes les espérances d'amélioration que la résistance du prévôt des marchands voulait réaliser. Mais le roi de Navarre, indigné du supplice des principaux bourgeois, auxquels il devait sa liberté, fait pendant sept mois une guerre désastreuse au dauphin. Enfin,

le roi Jean, captif depuis deux ans, signe avec le roi d'Angleterre un traité par lequel il partage avec lui la France, et lui promet 4,000,000 d'écus d'or pour sa rançon : les états ayant rejeté ce traité, Édouard rentre en France, et ravage la Champagne et la Bourgogne. Le traité de Brétigny (1360) met fin à cette guerre, et rend la liberté à Jean II, moyennant une rançon de 3,000,000 d'écus d'or et l'abandon à Édouard de toute l'Aquitaine. Le reste du règne de Jean est signalé par tous les fléaux : la peste, la famine et les aventuriers, ou soldats licenciés des deux armées, réunis en *grandes compagnies*, ne cessent de dévaster le royaume ; les brigandages de ces derniers mettent la France à deux doigts de sa perte. Jean expire en Angleterre, où il s'était rendu (1364), on ne sait pour quel motif ; après avoir réuni la Bourgogne et la Champagne au domaine royal, il meurt au milieu des projets qu'il formait pour une nouvelle croisade.

Le dauphin, fils aîné du roi Jean, ne fut reconnu roi qu'après son sacre. L'incapacité, la pusillanimité, la mauvaise foi, qui formaient la base de son caractère, ne lui avaient attiré ni affection ni estime, et les circonstances dans lesquelles il arrivait au trône n'étaient pas propres à faire concevoir de grandes espérances de son avénement. Faible de constitution et maladif, il se renferma dans son palais, et de sa solitude il vit la prospérité renaître d'elle-même en France, sans y contribuer en rien. Charles V commence par donner l'investiture de la Bourgogne à son frère Philippe le Hardi ; il nomme Louis d'Anjou gouverneur du Languedoc, et conclut la paix avec Charles le Mauvais, qu'il haït de toute son âme. Les compagnies d'aventuriers, demeurées en France, étaient encore pour lui un objet de terreur. Une expédition contre Pierre le Cruel, roi de Castille, entreprise par son frère naturel, Henri de Transtamare, lui fournit l'occasion de s'en débarrasser. Mais elles ne tardent pas à revenir se mettre à la solde du prince de Galles, qui, après s'être épuisé pour les payer, les laisse sur la France, qu'elles mettent au pillage. Le luxe de la cour du prince de Galles l'avait contraint de demander à ses sujets d'Aquitaine de nouveaux impôts. Le mécontentement gagne la noblesse de cette province, irritée déjà de l'arrogance de l'étranger. Elle traite secrètement avec Charles V ; et celui-ci déclare la guerre à Édouard, qui reprend le titre de roi de France (1369). La pusillanimité avec laquelle Charles dirigeait cette guerre contribua à en assurer le succès. Encore plein du souvenir de nos deux désastres de Crécy et de Poitiers, et redoutant pour la France la perte d'une bataille, il interdit à ses généraux de combattre l'Anglais, leur recommandant de se contenter de le suivre, de jeter des garnisons dans les places menacées, et de lui soustraire sans violence et sans bruit les provinces dont il s'était emparé. Aussi, quand le duc de Lancastre traverse la France en la ravageant, il n'éprouve aucune résistance ; mais son armée, mal nourrie, fatiguée, malade, se trouve hors d'état de rien entreprendre à son arrivée à Bordeaux (1373).

Ce système eut les plus heureux résultats, et à la fin de 1373 la France avait reconquis sur ses ennemis le Querey, le Rouergue, la Saintonge, l'Angoumois et le Poitou ; les feudataires de la haute Gascogne s'étaient donnés à lui ; le duc de Bretagne avait été entièrement dépouillé de son duché par une armée que commandait Duguesclin ; enfin, les villes de Mantes et de Meulan avaient été enlevées, par trahison, au roi de Navarre. La France avait en même temps dans le nouveau roi de Castille, Henri de Transtamare, un allié sûr et fidèle. Une trêve de trois ans suspend momentanément la guerre, qui après la mort d'Édouard III (1377) recommence contre Richard II, son successeur ; les résultats en sont peu importants. Toutefois, Charles ayant voulu confisquer le duché de Bretagne, les habitants rappellent leur duc, qu'ils avaient chassé ; mais pendant que les états de la province cherchent à le réconcilier avec le roi, le duc de Buckingham débarque à la tête de troupes nombreuses, pour appuyer le duc, dont il doit être bientôt abandonné. Deux soulèvements considérables, l'un en Flandre, causé par le joug que la noblesse impose à la bourgeoisie, l'autre en Languedoc, dans plusieurs villes poussées à bout par les exactions du comte d'Anjou, signalent la fin du règne de Charles V, qui expire le 16 septembre 1380.

Peu de temps avant cette mort éclate le grand schisme d'Occident, qui ne devait finir qu'en 1416. Charles V avait rendu une loi par laquelle la majorité des rois était fixée à treize ans accomplis. Charles VI n'en ayant que onze, la question de la régence vint diviser ses oncles; mais, pour éviter d'en venir aux mains, ils conviennent d'émanciper le jeune prince, qui est sacré à Reims. Quoique Charles VI eût été émancipé, le pouvoir royal existait de fait entre les mains de ses oncles. Le duc d'Anjou excite un soulèvement dans Paris, en établissant de nouveaux impôts, qu'il est forcé de révoquer. Il tente de les rétablir encore, et Paris est en proie à la révolte que l'histoire appelle des *maillotins*. Quand tout est rentré dans l'ordre, et que Paris a chèrement acheté la paix, le roi prend possession de sa capitale, et y signale sa présence par des supplices et des confiscations. Rouen et les villes du Languedoc sont livrées aux mêmes vengeances. Le duc de Bretagne s'était soumis ; la Flandre, qui résistait toujours à sa noblesse, est vaincue et pacifiée par le duc de Bourgogne. La guerre continuait cependant avec les Anglais, et Charles projettait deux descentes ruineuses dans la Grande-Bretagne, mais sans succès. Une campagne contre le duc de Gueldre faisait encore éprouver des pertes considérables à notre armée ; enfin, le roi, pour calmer le mécontentement du peuple, renvoie ses oncles, et déclare que désormais il gouvernera seul. On s'attend à voir renaître la prospérité publique; une trêve est conclue avec l'Angleterre (1389). La réforme de quelques abus fait d'abord bien augurer de l'avenir; mais l'inconséquence du prince, conduite, aux excès, chassent bientôt tout espoir. Le duc de Bretagne refuse de livrer Pierre de Craon, qui a tenté d'assassiner le connétable de Clisson ; Charles VI marche contre le duc, et sa démence se déclare. Aussitôt ses oncles s'emparent de sa personne, et écartent ses conseillers ; le duc de Bourgogne se saisit du gouvernement.

Dès cette époque (5 août 1392), Charles n'a que peu d'intervalles lucides : dans ces courts instants, les personnes qui l'entourent exercent sur lui la plus grande influence ; il abandonne tour à tour son autorité à l'un des princes du sang ou à l'autre. Les ducs de Bourgogne et d'Orléans forment deux partis, qui s'arrachent mutuellement leur proie. Jean sans Peur, qui succède à son père Philippe le Hardi dans le duché de Bourgogne, enlève de vive force le roi et le dauphin au duc d'Orléans, qu'il fait assassiner plus tard (1407). Pendant ces luttes intestines, la trêve avec l'Angleterre avait été prorogée à plusieurs reprises, et Richard II se voyait détrôné par Derby, qui prenait le nom de Henri IV. L'usurpateur, assez occupé en Angleterre, demeure en paix avec la France, malgré quelques hostilités de part et d'autre, de notre côté surtout. Le schisme d'Occident durait toujours; la France, après avoir accepté et renié le pouvoir de Benoît XIII, finit par proclamer sa neutralité. Quant à Benoît, sa mauvaise foi et celle de Grégoire XII perpétuaient leurs interminables discussions, et partageaient l'Europe en deux camps. Gênes s'était donnée au roi, en 1396; le maréchal Boucicaut s'en fait expulser par sa conduite, et nous perdons ce précieux boulevard en Italie (1409).

Cependant les princes du sang se préparaient à briser le pouvoir du duc de Bourgogne, quand une victoire qu'il remporte à Hasbain sur les Liégeois, révoltés contre leur évêque, leur inspire une telle frayeur, qu'ils sortent de Paris, et en font sortir le roi et la reine. Bientôt la faction du duc de Bourgogne et celle d'Orléans, appelée d'*Armagnac* depuis que ce prince avait épousé la fille du comte de ce nom,

ensanglantent de nouveau la France ; la guerre civile éclate plus terrible. Les Bourguignons s'appuient à Paris sur la populace ; le gouverneur de la ville, qui leur est dévoué, fait distribuer des armes aux bouchers, et le duc Jean sans Peur entre dans la place pendant que les Armagnacs pillent les environs et cherchent à effrayer la ville. Les Bourguignons et les Armagnacs s'allient tour à tour aux Anglais pour démembrer la France. Paris est successivement à leur pouvoir, et de sanglantes réactions suivent de sanglants triomphes. Ces scènes de guerre civile se renouvellent chaque jour ; le roi marche lui-même à plusieurs reprises contre le duc de Bourgogne pour obtenir une paix éphémère. Aussi, quand Henri V d'Angleterre se jette sur la France, le duc de Bourgogne refuse son concours au roi, dont l'armée est défaite, le 25 octobre 1415, dans l'affreuse journée d'Azincourt. Après cette victoire, dont le roi d'Angleterre ne sait point profiter, tous les princes du sang entrent en négociations avec lui pour trahir la France. L'assassinat du duc de Bourgogne, dans son entrevue à Montereau avec le dauphin Charles, placé à la tête du parti d'Armagnac, achève de mettre le comble à l'exaspération des partis. Le roi d'Angleterre s'étant emparé de la Normandie (1418), le duc de Bourgogne, parvenu à dominer le roi, s'unit à lui contre le dauphin, et Charles VI déclare son fils indigne du trône. L'infâme traité de Troyes (1420) consacre cette odieuse spoliation en instituant l'étranger régent et héritier de la couronne de France. De là tous les maux qui vont affliger notre patrie après la mort de Charles VI et de Henri V, arrivées à peu d'intervalle l'une de l'autre (1452).

Les désastres de toutes espèces qui avaient signalé le règne des premiers Valois, la haine vouée généralement aux Armagnacs, dont le dauphin était le chef réel, semblaient devoir assurer à Henri VI, petit-fils de Charles VI, la possession de la France : Charles VII ne possédait plus que quelques provinces du centre de la France, le Poitou, le Berry, l'Anjou, etc., et son indolence semblait devoir lui interdire le chemin du trône usurpé. Le duc de Bedford, lord protecteur de France et d'Angleterre pendant la minorité de Henri VI, s'était allié contre lui aux ducs de Bretagne et de Bourgogne. Les forces de Charles, bien que grossies par des auxiliaires écossais et lombards, n'étaient pas en état de leur résister : elles sont défaites sur plusieurs points, à Crevaut-sur-Yonne, à Verneuil ; et l'Anglais s'empare du Maine (1425). Charles nomme connétable le comte de Richemont, espérant ainsi détacher des Anglais les ducs de Bourgogne et de Bretagne, dont il est parent ; mais il n'y parvient pas. Les Anglais font de nouveaux progrès, se rendent maîtres de plusieurs places des bords de la Loire, mettent le siège devant Orléans, qu'ils réduisent à la dernière extrémité, et battent de nouveau les Français à la journée des *harengs*. Ici (1429) apparaît Jeanne d'Arc, cette admirable figure toute resplendissante de patriotisme et de foi. C'est elle, c'est cette femme forte qui ramène la victoire sous les drapeaux du roi, et qui le fait sacrer à Reims ; mais le roi retombe dans son indolence, dès que ce puissant appui vient à lui manquer. Cependant la domination anglaise fatigue les Parisiens ; le duc de Bourgogne, courroucé contre le duc de Glocester, oncle du monarque étranger, oublie la haine qu'il a vouée au dauphin depuis le meurtre de son père, et ne songeant qu'à agrandir ses États du côté du duché de Brabant, dont il vient d'hériter, il conclut avec le roi Charles une trêve de deux années (1431-1437). Bientôt il lui accorde même la paix, par la médiation du pape, non sans lui avoir imposé de cruels sacrifices.

Privés ainsi d'un puissant allié, les Anglais évacuent Paris (1436), où le roi séjourne momentanément, le 13 novembre de l'année suivante, pour l'abandonner aussitôt à la peste et à la famine. Montereau, Meaux, tombent en son pouvoir, et la France se montre de nouveau dans sa capitale, y déployer une vigueur de caractère à laquelle il n'avait pas accoutumé les esprits. Les brigandages des *écorcheurs* et autres aventuriers attirent d'abord son attention ; il y met un terme en rendant les barons et les capitaines responsables des crimes de leurs soldats; ordonnance qui mécontente les princes, l'armée et ses chefs, et provoque la révolte connue sous le nom de *praguerie*, à la tête de laquelle apparaît le dauphin, qui plus tard sera Louis XI. Les états généraux, que le roi avait souvent convoqués, se réunissent à Orléans, et se prononcent pour la paix avec l'Angleterre, en même temps qu'ils accordent au roi une taille de 1,200,000 liv. pour réduire toute la gendarmerie à quinze compagnies, fortes chacune de six cents hommes. Charles VII, après avoir mis fin à la praguerie et pacifié la Champagne, le Poitou, la Saintonge, le Limousin, ravagés par les écorcheurs, s'empare de Pontoise, d'Évreux, et pour occuper les gens de guerre hors du royaume durant une trêve de vingt-deux mois, signée à Tours, entre l'Angleterre et la France, il envoie le dauphin guerroyer contre les Suisses, et marche lui-même contre Metz, dans l'intention de faire restituer la Lorraine à René d'Anjou, appelé au trône de Naples en 1435. Metz, effrayée, acheta la paix ; et les Allemands, attaqués sans provocation, la firent aussi.

Le concile de Bâle, d'après les décrets duquel avait été rendue, en 1431, la *pragmatique sanction*, avait servi de prétexte à l'expédition de Louis contre les Suisses : ce concile et les doctrines des hussites agitaient l'Église depuis longtemps ; les états généraux tenus à Bourges, en 1440, s'en étaient sérieusement occupés. Cependant l'ordre se rétablissait dans les provinces ; l'industrie, le commerce, l'agriculture, faisaient des progrès, et la prospérité de la France, dit Sismondi, semblait la réaction des adversités passées. Jacques Cœur, riche négociant de Bourges, qui avait acquis dans le commerce une fortune qui lui permettait de rendre des services à Charles VI, s'attachait à rétablir l'ordre dans les finances, et organisait le corps des *francs archers*, qui devait plus tard rendre d'importants services. Le roi prend en même temps plusieurs mesures décisives. Il soumet à une juridiction prévôtale tous les malvivants, cadre large, dans lequel le mendiant peut se trouver confondu avec le brigand et le voleur ; il abandonne aux dues, ou prud'hommes, nommés aux assemblées des communes, le droit de percevoir et d'asseoir la taille sur les roturiers, en proportion de leurs possessions et de leurs facultés; toute sa politique tend à centraliser et à renforcer l'autorité monarchique.

L'Angleterre, en proie à de cruelles divisions, n'était plus à craindre pour nous. Henri VI était en état d'imbécillité; Marguerite d'Anjou, sa femme, avait fait périr le duc de Glocester, oncle de son époux. Le mépris public réveillait le souvenir des droits de la maison d'York, dont le chef, le duc Richard, descendait du second fils d'Édouard III, tandis qu'Henri ne descendait que du troisième : les Français profitent de ces divisions pour reprendre le Mans et le Maine, Rouen, Harfleur, Honfleur, Cherbourg, Falaise, Caen, Bordeaux, Bayonne, la haute et basse Normandie, à la conquête desquelles contribue beaucoup le duc de Bretagne, François Ier. Charles, leur sage politique bien entendue, accorde des privilèges à toutes les provinces qu'il enlève aux Anglais, après leur possession séculaire. A l'extérieur, les troubles de l'Angleterre se changent en une cruelle révolution, et, après plusieurs batailles perdues ou gagnées contre la reine Marguerite, le fils de Richard, duc d'York, resté victorieux, se fait couronner sous le nom d'Édouard VI (1461).

Cependant des divisions intestines éclataient entre le roi de France et de puissants seigneurs. Offensé par le comte d'Armagnac, il le dépouille de son comté ; il fait aussi condamner à mort le duc d'Alençon, qu'il accuse de trahison. Enfin, il se brouille avec son fils, le dauphin Louis, qui, retiré d'abord en Dauphiné, où il épouse Charlotte de Savoie, occasionne une courte guerre au père de cette princesse, et se réfugie ensuite auprès du duc de Bourgogne, pendant que Charles VII, poussé par le comte de Dammartin, s'empare du Dauphiné et l'incorpore à la France. Le duc de Bourgogne, continuellement occupé à soumettre les Flamands, ou ne pouvant faire la guerre faute d'argent, était devenu en quelque sorte étranger à la France ; malgré sa haine contre le père, il accueille bien le fils, et l'établit au château de Genappe. La prise de Constantinople par les Turcs, des cruautés exercées par l'inquisition à Arras, des troubles dans l'université, toujours remuante et jalouse de ses privilèges, signalent la fin de ce règne de trente-neuf ans, pendant lequel tout le royaume fut reconquis sur les Anglais.

Le dauphin ressentit la plus grande joie de la mort de son père : rentré en France avec le duc de Bourgogne, il n'est pas plus tôt sacré qu'il change tous les ministres, rend au duc d'Alençon et à l'Armagnac les domaines dont son père les avait dépouillés, révoque la pragmatique sanction, règle l'organisation du parlement de Toulouse, s'attache les puissantes maisons de Foix et d'Anjou, et déploie une activité extraordinaire. Il se rend successivement à Amboise, à Bordeaux, à Chinon, à Chartres, en Normandie, dans le Béarn, dans la Navarre, etc., se fait engager le Roussillon et la Cerdagne par le roi Jean II d'Aragon, contre lequel ses sujets étaient révoltés, et manifeste déjà au dedans comme au dehors du royaume son caractère ombrageux et son intention de tout plier à sa volonté. Il avait fait à son avénement des promesses qu'il ne songeait nullement à remplir ; il avait fait croire à un dégrèvement d'impôts, qu'il se garda bien d'accorder ; loin de là, il en demanda de nouveaux, et aggrava entre autres celui sur les vins. Ces mesures font révolter Reims, Angers, Alençon, Aurillac et d'autres villes, qu'il punit cruellement. Il voulait ramener le duc de Bourgogne à la même dépendance que les feudataires, et établir la gabelle dans son duché. N'ayant pu y parvenir, il cherche à s'attacher le sire de Chimay, Jean de Croy et le comte d'Étampes, en les comblant de faveurs. Dans une entrevue qu'il a avec le duc de Bourgogne il en rachète les villes de la Somme que Charles VII lui avait laissées en gage, et recouvre ainsi des meilleures forteresses de France.

Le comte de Charolais, Charles le Téméraire, fils du duc de Bourgogne, forme une ligue contre Louis XI avec le duc de Bretagne, et ce dernier dénonce le roi aux princes du sang comme ayant conspiré contre eux avec les Anglais. Le roi en effet avait négocié avec Édouard IV, qu'ils voulaient entraîner dans leur ligue. Bientôt le comte de Charolais, réconcilié avec son père, se présente pour chef aux princes français : la ligue du bien public est formée, et les ducs de Berry, frère du roi, de Bourbon, de Bretagne, de Bourgogne, les comtes de Saint-Pol, d'Armagnac, Dunois, qui s'était illustré sous le règne de son père, le sire d'Albret, le vicomte de Polignac, etc., se déclarent contre le monarque. La bataille de Montlhéry (16 juillet 1465), dans laquelle le comte de Charolais demeure maître du champ de bataille, des défections dans l'armée du roi, obligent celui-ci à faire, par le traité de Conflans, d'immenses concessions aux princes coalisés. Des lettres de pardon sur son autorité, et le frère du roi, Charles, prête hommage à Louis XI pour le duché de Normandie, en faveur du même acte de soumission pour leurs fiefs dépendants de la couronne. Mais, Charles le Téméraire étant occupé à combattre les Liégeois, Louis XI profite des démêlés entre les ducs de Bretagne et de Normandie pour reprendre cette province. On le voit occupé sans relâche à s'attacher les ennemis : ainsi, il rappelle auprès de lui les comtes de Dammartin, de Saint-Pol et plusieurs autres seigneurs, pendant qu'il renvoie ses anciens favoris. Mais les ducs de Bretagne, d'Alençon et Charles de Normandie se révoltent de nouveau, pendant que les Liégeois, soulevés une seconde fois, empêchent Charles le Téméraire, devenu duc de Bourgogne par la mort de son père, de faire une diversion en faveur des princes : le duc de Bourgogne défait les Liégeois, alliés de Louis XI, et les soumet, pendant que le roi force le duc de Bretagne à la paix.

Louis XI désirait bien affermir son pouvoir par la soumission de la maison de Bourgogne : pressé de tous côtés de l'attaquer, il se décide, sur les instances du cardinal La Balue, à entrer en négociations. Il se rend donc à Péronne, pour avoir une entrevue avec Charles le Téméraire; mais celui-ci apprenant que Liége vient de se soulever encore, le retient prisonnier, lui fait confirmer, par le traité de Péronne, toutes les prétentions exagérées des ducs de Bourgogne, repoussées depuis trente ans, et le force à marcher en personne avec lui contre Liége, qui est prise, pillée et réduite en cendres. A son retour en France, Louis fait chasser le comte d'Armagnac par Dammartin; il donne ensuite le duché de Guienne à son frère Charles de France, institue l'ordre de Saint-Michel, dont il se fait le chef, dans le but de maintenir d'une manière plus étroite les seigneurs sous son obéissance, en exigeant que les chevaliers de cet ordre lui prêtent serment de fidélité. Mais les princes n'en continuent pas moins à être ses ennemis; alors, pour trouver un contre-poids à leurs mauvais desseins, il cherche un appui dans l'affection du peuple. Il discipline l'armée, arme les milices bourgeoises, et leur laisse le choix de leurs officiers; crée dans un grand nombre de villes des magistratures municipales, élues par les citoyens; établit l'inamovibilité des juges et des officiers royaux, et imprime un brillant essor à la prospérité commerciale de la France; puis il convoque une assemblée de notables, qui le dégage des obligations du traité de Péronne, s'empare de Saint-Quentin et d'Amiens, et soutient une courte guerre contre Charles le Téméraire en Picardie.

Charles espérait se faire du duc de Guienne un instrument contre Louis XI, et usurper l'autorité royale au profit des princes indépendants. Le duc de Guienne se flattait de l'espoir d'épouser la fille du duc de Bourgogne; mais le ciel on le poison l'en empêchèrent : il mourut (1472), laissant la guerre s'engager de nouveau entre Charles et le roi. Charles ravage la Normandie et attaque Beauvais, d'où il est repoussé par les citoyens et les femmes, commandées par Jeanne Hachette. Il va bientôt chercher des ennemis hors de France. Louis XI profite de son absence pour abaisser le duc d'Alençon, le comte d'Armagnac et la maison d'Anjou. Le Roussillon s'étant soulevé, il le ravage et le soumet de nouveau. Mais de redoutables ennemis allaient l'attaquer : Édouard IV, descendu en France, venait se coaliser contre lui avec le duc de Bourgogne, qui perdait son armée devant Neuss, après avoir voulu se faire couronner par l'empereur roi de la Gaule belgique. Toutefois, Louis XI écarte l'orage, et Édouard, mécontent de Charles le Téméraire, traite de la paix. Bientôt le roi de France, après avoir fait exécuter le connétable de Saint-Pol, qui le trahissait, apprend la mort de Charles le Téméraire. Défait à Grandson, à Morat, à Nancy, il avait laissé ses États à une fille de vingt ans. Louis XI se fait successivement rendre hommage par les deux Bourgognes, la Picardie, l'Artois, le Hainaut; mais il mécontente le prince d'Orange, à qui il doit la majeure partie de ses conquêtes, et celui-ci tourne contre lui; la Bourgogne se soulève. Marie de Bourgogne, fille de Charles le Téméraire, se marie à Maximilien d'Autriche, que les Bourguignons accueillent avec joie. Cependant, le traité d'Arras (1482) met fin à cette guerre, en assurant au dauphin la main de la fille de Marie et de Maximilien. En même temps la Provence est réunie à la France, par l'extinction de la maison d'Anjou, et Louis XI meurt au château de Plessis-lès-Tours, où il vivait au milieu des précautions les plus grandes pour sa sûreté, tant sa défiance avait cru avec l'âge.

Louis XI avait abaissé l'aristocratie; mais quelque populaires que fussent ses mesures et ses manières, il avait mécontenté tous les ordres : les princes du sang étaient tous soumis; la féodalité ne pouvait plus lutter contre l'autorité royale; les barons et les grands seigneurs ne pouvaient plus conduire leurs vassaux à la guerre, et leur droit de commander le guet et la garde dans leurs châtellenies était restreint; l'augmentation des soldats et des charges avait écrasé le peuple. Le roi savait la haine qu'on lui portait, et c'est à la connaissance de la vérité qu'on doit attribuer l'excès de sa défiance et de sa cruauté. Tristan l'Ermite, son prévôt, s'était fait le ministre de ses barbaries : des cages de fer de six à huit pieds de long servaient de prison aux ennemis de son maître; le cardinal La Balue, le duc d'Alençon et plusieurs autres furent enfermés dans ces cages.

Charles VIII était âgé de treize ans et deux mois à la mort de son père. Les princes du sang, réunis autour de lui, s'arrogeaient une autorité qui souleva bientôt de grandes divisions entre eux; les plaintes de la nation ajoutaient beaucoup aux difficultés de leur situation et aux embarras du gouvernement. Un recours aux états généraux semblait être le meilleur parti à prendre pour satisfaire à toutes les exigences. Les états sont convoqués à Tours : ils abandonnent le gouvernement à la fille de Louis XI, à la dame de Beaujeu, à qui les ducs d'Orléans et de Bourbon le disputaient. En même temps, ils signalent de nombreux abus à réformer. Les cahiers du tiers état représentent la misère excessive du *pauvre peuple jadis nommé françois, et ores de pire condition que le serf*. Ces états, qui occupent une place importante dans l'histoire, sont renvoyés, après avoir réduit les tailles. On leur promet de les assembler de nouveau tous les deux ans. Déjà le peuple et les grands s'adressaient à eux comme à une autorité souveraine; mais leur faiblesse les fit renoncer au rôle qu'ils auraient pu jouer, pour se contenter de celui de simples législateurs. Cependant, le duc d'Orléans (depuis Louis XII) et les princes, mécontents du pouvoir confié à la dame de Beaujeu, lèvent l'étendard de la révolte; mais le combat de Saint-Aubin-du-Cormier détruit cette ligue, et le duc d'Orléans est emprisonné. Après cette victoire, qui lui a enlevé ses principales villes, le duc de Bretagne demande la paix, et meurt, ne laissant que des filles (1488). Anne de Bretagne, l'aînée, était fiancée à Maximilien d'Autriche, dont Charles VIII devait épouser la fille, mais le roi de France renvoie à celui-ci Marguerite de Bourgogne, et épouse Anne de Bretagne, pour accroître ses États par la possession de cette grande province.

Peu de temps après cette union, le roi, persuadé qu'il remplira un jour l'univers de son nom, et qu'en sa qualité d'héritier des possessions et prétentions de la maison d'Anjou, il a des droits sur le royaume de Naples, s'empresse de conclure une paix désavantageuse avec Maximilien d'Autriche, Ferdinand d'Espagne et Henri VIII d'Angleterre, cédant au premier les comtés de Bourgogne, de Charolais et d'Artois, au second le Roussillon et la Cerdagne, s'engageant à payer à Henri 1,145,000 écus d'or. Après ces arrangements, il s'élance en Italie, et envahit le royaume de Naples, en quinze jours; mais cette conquête alarme les princes chrétiens. La ligue de Venise est formée entre les Vénitiens, le pape Alexandre VI, l'empereur Maximilien d'Autriche et Ludovic Sforce, duc de Milan. Quarante mille alliés attendent la descente des Apennins Charles, qui bat en retraite : ils sont complètement défaits par 9,000 Français à la bataille de Fornoue. Malgré les résultats de cette victoire et ceux de la bataille de Séminare en Calabre, gagnée par D'Aubigny contre Gonzalve de Cordoue et le roi Ferdinand de Naples, ce royaume est bientôt perdu pour la France, et Charles VIII meurt en songeant à ressaisir sa conquête.

Il n'avait pas d'enfants. Le duc d'Orléans, arrière-petit-fils de Charles V, lui succède sous le nom de *Louis XII*. Il épouse la veuve de Charles VIII, autant par inclination que pour assurer la possession de la Bretagne à la France. Louis XII débute par des actes qui doivent lui attirer la popularité; il diminue les impôts et régularise l'action de la justice. On peut s'attendre à ce que le duc d'Orléans, qui s'était opposé à la seconde entreprise sur Naples, dût reparaître sur le théâtre de nos revers aussitôt après son avènement au trône; mais bientôt, par cette fatalité qui coûta tant d'or et de sang à la France, il veut, lui aussi, faire valoir ses droits sur le Milanais, du chef de sa grand'-mère,

Valentine, et reconquérir Naples en même temps. Ses efforts sont d'abord couronnés de succès; mais, trompé par son allié Ferdinand le Catholique, avec lequel il doit partager le royaume de Naples, il éprouve à son tour de cruels revers : les Français sont battus à Séminare, sous les ordres du même D'Aubigny qui y avait été victorieux huit ans auparavant; à Cérignole, le duc de Nemours est tué, et à Carillan; par suite, le royaume de Naples est de nouveau perdu pour eux. Louis XII ressent un vif chagrin de ces échecs; cependant il châtie Gênes, qui s'était soulevée, et adhère à la fameuse ligue de Cambray, qui devait écraser Venise; il gagne sur les troupes de cette république la célèbre bataille d'Agnadel, s'empare de Vérone, Ferrare, Padoue, et fait son entrée triomphale dans Milan. Mais le pape Jules II, qui a toujours été l'ennemi de la France, forme contre cette puissance, de concert avec l'Espagne et l'Angleterre, la ligue de la sainte union (1510) : Bayard met leur armée en déroute à la Bastide de Genivole. Les Suisses viennent au secours du pape; Gaston de Foix, duc de Nemours, neveu de Louis XII, les empêche de faire une diversion favorable. Après de nombreux succès, ce jeune guerrier meurt à la bataille de Ravennes, où l'armée ennemie est taillée en pièces.

Mais la fortune avait cessé d'être favorable à nos armes : Louis XII ne conserve plus en Italie que quelques places. Les défaites de Novarre et de Guinegatte, où Bayard est fait prisonnier ; la conquête de la Navarre sur Jean d'Albret par l'Espagne; l'invasion de la Bourgogne, de la Normandie et de la Flandre par les Suisses; l'empereur Maximilien et Henri VIII, après lui avoir fait perdre entièrement le Milanais, le forcent à conclure la paix. Pour subvenir aux frais de la guerre, il avait rendu vénales les charges de judicature : c'était une faute grave et indigne de son caractère. On reproche à Louis XII ses mauvais succès dans la guerre et les fâcheuses conséquences qu'ils eurent pour les finances, les fautes et la duplicité de sa politique, quelquefois la dureté de sa conduite envers les vaincus.

Son successeur, François Ier (1515), préoccupé de recouvrer le Milanais, court porter la guerre en Italie. La bataille de Marignan, où les Suisses perdent 14,000 hommes, lui assure la conquête du Milanais. C'est vers cette époque que le pape Léon X et le roi signent le fameux *concordat* par lequel la pragmatique sanction était définitivement abolie, le droit d'*annates* donné au pape, et celui d'élection aux évêchés et abbayes au monarque français. Ferdinand le Catholique meurt sur ces entrefaites; son petit-fils, Charles Ier, lui succède, sous le nom de Charles-Quint. François conclut avec ce monarque le traité de Noyon, par lequel Charles devait restituer la Navarre et épouser Louise de France, fille de François Ier, conditions qui ne furent jamais exécutées; il conclut aussi celui de Fribourg avec les Suisses, qui s'engagèrent à une paix éternelle, qu'ils n'ont pas violée depuis. Mais Charles-Quint et François Ier ne devaient pas tarder à se rencontrer sur le champ de l'ambition; tous deux avaient brigué la couronne impériale; elle était échue à Charles-Quint. François Ier, dans une entrevue avec Henri VIII, inquiet aussi de l'accroissement de pouvoir de Charles-Quint, cherche à s'appuyer de l'Angleterre contre son heureux rival ; n'ayant pu y réussir, il supporte à lui seul tout le poids de la guerre, qui s'engage dans les Pays-Bas. Elle est à peu près sans grands avantages pour l'un et l'autre roi; mais le sort des armes devient défavorable à François Ier en Italie, où les affaires de la France se trouvaient déjà compromises par les fautes nombreuses de la cour et des généraux. La bataille de la Bicoque ouvre aux impériaux Lodi, Pizzighettone, Crémone et Gênes, qui est livrée au pillage. En même temps, Henri VIII déclare la guerre à la France, et d'un autre côté la défection du connétable de Bourbon prive ce royaume d'un puissant appui. Grâce à lui, les ennemis nous enlèvent derechef le Milanais. Nos troupes sont poursuivies et battues à Rebec; Bayard meurt de ses blessures. Enhardi par ses succès, le connétable entre en Provence, assiège Marseille; mais après quarante jours d'inutiles attaques, il est obligé de repasser en Italie, où François Ier perd la bataille de Pavie, et devient prisonnier de Charles-Quint.

Ce succès inattendu jette la désunion parmi les vainqueurs : le pape, les Vénitiens et le nouveau duc de Milan, François Sforce, s'unissent contre l'empereur, qui occupait toute l'Italie; Henri VIII lui-même se déclare contre lui. Cependant, François Ier n'obtient sa liberté (1526) qu'en cédant à Charles-Quint le duché de Bourgogne, le comté de Charolais, plusieurs places importantes du nord, et ses prétentions sur Naples, Milan, Gênes, etc. Mais à peine est-il libre qu'il proteste contre ce traité; les états de Bourgogne déclarent que cette contrée ne veut point passer sous une domination étrangère; et la guerre recommence en Italie entre l'empereur et François Ier, allié tour à tour à l'Angleterre, aux Suisses, aux Vénitiens, aux Florentins et aux Milanais. Le traité de Cambray procure à la France une paix de quelques années, pendant laquelle l'Auvergne, le Bourbonnais, le comté de la Marche et la Bretagne sont irrévocablement réunis à la couronne. François Ier occupe ses loisirs à protéger la galanterie et les beaux-arts, mais il fonde aussi une infanterie nationale.

Pendant la période que nous venons de parcourir, la religion subissait des modifications importantes, dont le clergé catholique s'alarmait avec raison. Luther et Calvin étaient venus, prêchant la réforme; les protestants s'étaient répandus et multipliés sur tous les points; on commençait à les persécuter en France; Henri VIII, en Angleterre, à la suite d'insignifiants démêlés avec le souverain pontife, protégea le protestantisme, et se déclara le chef de l'Église anglicane. François Ier, au contraire, grand persécuteur de la réforme, trouve pourtant le moyen de revenir à ses projets sur l'Italie : le duc de Milan, ayant violé envers lui le droit des gens en faisant trancher la tête à un de ses ambassadeurs, il profite de l'expédition de Charles-Quint contre Tunis pour s'emparer de la Savoie et du Piémont; Charles-Quint, de son côté, tente de s'emparer de la Provence, mais il échoue devant Marseille, et bat en retraite après avoir perdu, par les maladies et la disette, la majeure partie de sa belle armée de 60,000 hommes. Les hostilités changent alors (1537) de terrain : les Impériaux entrent en Picardie, tandis que le roi s'empare d'Hesdin, de Saint-Venant et de quelques autres places. Enfin, les deux rivaux, épuisés, signent une trêve de dix années. Charles-Quint en profite pour susciter de nouveaux ennemis à la France. Duguast, gouverneur du Milanais pour l'empereur, fait assassiner deux ambassadeurs que le roi envoyait à Venise. Il n'en fallait pas tant pour irriter François Ier, et la guerre éclate de toutes parts : en Picardie, en Brabant, dans le Luxembourg, où la ville de ce nom tombe au pouvoir de la France ainsi que Maubeuge, Tirlemont, Landrecies-sur-Sambre, que l'empereur vient assiéger en vain ; en Piémont, où le duc d'Enghien s'empare de Nice et défait Duguast à la bataille de Cérisoles; 13,000 Impériaux sont mis hors de combat. Mais bientôt l'empereur répare ces échecs en s'alliant à Henri VIII, qui s'empare de Boulogne, reprend Luxembourg, pénètre en Champagne et arrive à Soissons. L'alarme se répand dans Paris, elle dure peu : Charles, dont l'armée était en proie à la disette, et qui attendait vainement les troupes anglaises, occupées au siège de Boulogne, s'arrêta là. La paix de Crécy, paix à la fois honteuse et désavantageuse pour la France, mit fin à nos longues et funestes luttes contre l'empereur. Elle fut cimentée par la paix d'Ardres avec Henri VIII, qui s'engagea à restituer Boulogne dans huit ans, moyennant 800,000 écus.

« Le siècle de François Ier a été appelé *siècle de la renaissance* : les arts commençaient en effet à grandir parmi nous, et l'instruction, si rare sous les premiers Valois, s'était répandue. Le contact de l'Italie fut en grande partie la cause de ces progrès insensibles, qu'on voyait poindre déjà un siècle auparavant. Il est fâcheux que, pour faire ombre au tableau, l'histoire ait à enregistrer le massacre des habitants de Cabrières et de Mérindol, accusés d'être imbus des doctrines protestantes. Au reste, ces doctrines nouvelles furent toujours l'effroi du grand monarque, et dès 1535 il proscrivait l'imprimerie, comme suspecte de les propager.

Une révolution parmi les courtisans (1547) signala l'avénement de Henri II, fils de François Ier. Le nouveau monarque prend pour conseillers le duc de Guise, le cardinal de Lorraine, le connétable de Montmorency, le maréchal de Saint-André. La duchesse de Valentinois, Diane de Poitiers, et Catherine de Médicis, exercent successivement une grande influence sur les déterminations du gouvernement; les anciens conseillers de François Ier sont renvoyés. La nation gagne peu à ces révolutions de cour : de nouveaux impôts sur le sel agitent la Guienne, et pourtant Henri profite des troubles de l'Angleterre pour enlever à cette puissance toutes les places fortes qui avoisinent Boulogne. Cette ville lui est même remise, moyennant 400,000 écus. Il fait, sous d'adroits prétextes, conduire en France la jeune reine d'Écosse, Marie Stuart, âgée de six ans, qu'il se propose d'unir au dauphin son fils, puis il se ligue par le traité de Chambord, avec les princes protestants de l'Allemagne, qui rêvent le maintien de la constitution germanique. Charles-Quint croyait l'asservissement de l'Allemagne complet; il investissait Parme, qu'il avait à cœur de joindre au duché de Milan. Mais Henri II et les princes allemands lui déclarèrent la guerre. Le premier s'empare de la Lorraine et des trois places de Metz, Toul et Verdun, pendant que les ducs de Nevers et de Vendôme ravagent le Luxembourg et le Hainaut; mais abandonné par ses alliés, et apprenant l'entrée en Picardie et en Champagne des troupes de la gouvernante des Pays-Bas, Henri II revient en France. L'empereur assiège Metz, défendue par le duc de Guise, qui le force à battre en retraite (1553) après une perte de plus de 30,000 hommes. Dans cette retraite, Charles Quint détruisit de fond en comble Thérouane et Hesdin; cruauté inutile, dont le seul résultat fut d'irriter le roi, qui dévasta à son tour le Cambrésis, le Hainaut et le Brabant. Les Impériaux sont battus au combat de Renti; nos armées aussi éprouvent un échec en Italie. Henri conclut avec le pape Paul IV une ligue offensive et défensive, dont le but est la guerre contre Charles-Quint et la conquête du royaume de Naples. Mais une trêve de cinq ans ne tarde pas à succéder à cette prise d'armes inopinée (1556).

Charles-Quint venait d'abdiquer sa double couronne d'empereur et de roi, pour contempler du fond d'un cloître le néant des choses humaines. Le turbulent pontife crut le moment favorable pour tourmenter le fils comme il avait tourmenté le père. A son instigation, Henri II déclare la guerre à Philippe II. Mais c'était peu de choses que l'alliance de Rome; les Français échouent en Italie, et ont à résister à la fois aux Espagnols et aux Anglais, entrés en Picardie; la reine d'Angleterre, épouse de Philippe II, s'était réunie à lui contre Henri II : la bataille de Saint-Quentin voit tomber le duc d'Enghien, une multitude de seigneurs de grand courage, et beaucoup de braves soldats. La France est en grand danger. Heureusement pour elle, l'ennemi ne sait pas profiter de sa victoire; il s'endort sur ses lauriers, tandis que le duc de Guise, rappelé d'Italie, ranime nos troupes par la prise de Calais, que les Anglais possédaient depuis Philippe de Valois, et par celle de Thionville, un des meilleurs boulevards de la France du côté de l'Allemagne.

Les états généraux, convoqués à l'effet de voter des subsides pour la guerre, accordent trois millions, et la paix est conclue à Cateau-Cambrésis; Metz, Verdun, Toul, et Calais même, sont acquis à la France. Cette paix est pourtant appelée malheureuse; car les concessions de Henri sont encore bien plus grandes que ses acquisitions. Ce prince meurt sur ces entrefaites. Durant son règne, la vénalité des charges n'avait fait que s'accroître; il avait même créé de nouvelles, pour augmenter ses revenus. Il tenta d'établir l'inquisition à Paris : le parlement fit avorter ce projet. Pourquoi n'empêcha-t-il pas aussi l'édit d'Écouen, qui lançait la mort contre les protestants, sans autre résultat qu'un surcroît de haine et une augmentation de persécutés?

L'époux de Marie Stuart, François II, en arrivant au trône, y fait asseoir l'incapacité la plus grande, la faiblesse physique et morale la plus complète. Il reçoit tour à tour l'impulsion de la reine mère et des Guises, oncles de sa femme. De nouvelles disgrâces, de nouvelles faveurs, signalent son règne, tout parsemé de discordes civiles, occasionnées par les protestants. Les princes et seigneurs mécontents, à la tête desquels figuraient le prince de Condé, le roi de Navarre, chef de la maison de Bourbon, Coligny et quelques autres grands noms, avaient embrassé la réforme, plus peut-être comme moyen que par conviction. Leur première assemblée à Vendôme se dispersa sans avoir rien fait. La conjuration d'Amboise, dont le prince de Condé est le chef secret, alarme les Guises, qui ne voient d'autres moyens d'arrêter le torrent que d'attribuer aux évêques une juridiction exclusive sur tout ce qui a trait au protestantisme. Les mouvements des huguenots n'en continuent pas moins : ils demandent la tenue des états, qui sont convoqués. Cependant, le roi fait arrêter le roi de Navarre et le prince de Condé; une commission condamne le dernier à la peine capitale; il va être exécuté, quand la mort du roi, arrivée le 5 décembre 1560, lui rend la vie et la liberté : le parlement se hâte de proclamer son innocence.

Sous le règne de Charles IX tout est en feu; les divisions religieuses s'enveniment; la reine mère, Catherine de Médicis, les excite ou les apaise tour à tour, selon l'ascendant qu'exerce sur elle le parti des Guises, auquel s'allient le connétable de Montmorency et le maréchal de Saint-André. Le colloque de Poissy, où Théodore de Bèze vient défendre les doctrines des huguenots contre le cardinal de Lorraine, n'amène aucun résultat; mais le massacre des protestants à Vassy donne le signal de la première guerre de religion. Le prince de Condé se déclare chef du parti de la réforme, s'empare d'Orléans, dont il fait sa place d'armes, et marche sur Paris, en même temps que Blois, Tours, Angers, Poitiers, La Rochelle, Rouen, Dieppe, le Havre et Lyon, tombent au pouvoir des siens. Les princes allemands et la reine Élisabeth d'Angleterre applaudissent à ces succès : ils fournissent des secours aux insurgés, qui leur livrent le Havre en échange; mais les catholiques, qui voient l'orage grossir, s'emparent du roi à Fontainebleau, et appellent à leur aide les Espagnols et les Suisses. La prise de Rouen, la victoire de Dreux, où les chefs des deux armées, le prince de Condé et le connétable de Montmorency, sont faits prisonniers, encouragent les catholiques. Mais un nouvel échec les menace : le duc de Guise est assassiné au siège d'Orléans, par un gentilhomme nommé Poltrot de Méré, et il en résulte une première pacification conclue à Amboise, pacification la plus favorable qui ait été accordée aux protestants. Alors les deux armées se réunissent contre les Anglais, et les chassent du Havre. La paix est conclue avec l'Angleterre, à laquelle la France donne 120,000 écus en dédommagement de Calais. Durant cet intervalle de repos, Charles IX institue les tribunaux de commerce; il fixe, par une ordonnance, le commencement de l'année au premier janvier, et réforme quelques abus dans l'administration de la justice (1567).

La conduite tortueuse de Catherine de Médicis inspire des inquiétudes aux protestants : ils forment le projet de s'emparer du roi, alors à Meaux; ce projet est déjoué par la fuite de la cour. Une seconde guerre de religion commence; les protestants reprennent Orléans, s'approchent de Paris, et livrent à Saint-Denis une bataille dont l'issue est douteuse. C'est ici qu'il faut placer la paix de Longjumeau, appelée aussi paix fourrée ou petite paix, dont les conséquences leur furent si peu favorables. Le roi ayant déclaré ne vouloir qu'une religion en France, et persistant à expulser sans pitié les ministres protestants, une troisième guerre religieuse éclate. La perte de la bataille de Jarnac, où le prince de

Condé est lâchement assassiné, celle de la bataille de Montcontour, ne lassent pas la constance des huguenots. La paix de Saint-Germain-en-Laye leur accorde de grands avantages; mais ces concessions n'étaient qu'un piège de la reine mère : après bien des fluctuations, elle se décide à l'extermination du parti protestant, et la Saint-Barthélemy se cache hideuse derrière les apparences de paix. Cet affreux massacre, qui s'étend aux provinces, fait perdre à la France plus de 80,000 citoyens, égorgés ou émigrés.

Loin d'amener la paix par la terreur, la Saint-Barthélemy ne fait qu'imprimer à la guerre une nouvelle énergie : les protestants courent aux armes; les places fortes du Berry, de l'Aunis, du Poitou, du Vivarais, des Cévennes et du Languedoc tombent en leur pouvoir. Le siège de La Rochelle épuise longtemps les efforts de l'armée du duc d'Anjou, frère du roi; Sancerre refuse, ainsi que plusieurs villes protestantes, de se soumettre à un nouvel édit de pacification. Cet autre siège coûte près de 40,000 hommes à la France. Les excès auxquels s'étaient portés les deux partis donnent naissance à un tiers parti, celui des politiques ou des *malcontents*. Le duc d'Alençon, le plus jeune des frères du roi, et les Montmorency se placent à leur tête. Le prince Henri de Béarn, roi de Navarre, qui avait épousé en 1572 la sœur de Charles IX, se jette dans leurs rangs. L'effroi gagne les Guises : ils font arrêter le duc d'Alençon, le roi de Navarre, les maréchaux de Montmorency et de Cossé, sous prétexte que les malcontents doivent se joindre aux huguenots, et prendre pour chef le duc d'Alençon. Deux agents de ce prince sont condamnés à mort et exécutés. En 1574, la mort de Charles IX appelle un nouveau roi à gouverner la France.

Le duc d'Anjou, Henri III, élu depuis peu roi de Pologne, revient en hâte recueillir l'héritage de son frère, et se livrer aux plaisirs que lui offre la cour de France. Henri s'était fait une réputation de bravoure aux batailles de Jarnac et de Montcontour, dont le gain appartenait toutefois plutôt au maréchal de Tavanne qu'à lui; mais, homme de dissipation, dénué d'énergie et de jugement, il était incapable de mettre un terme aux discordes civiles de la France. Après avoir débuté par se dessaisir bénévolement des dernières possessions que la France conservât en Savoie, il continue la guerre contre les calvinistes. L'exécution de Montbrun met le comble à l'exaspération des protestants du Dauphiné, auxquels se réunissent les malcontents. Le duc d'Alençon, marche à la tête des réformés, auxquels le prince de Condé amène un renfort de 8,000 Allemands. Le roi de Navarre s'échappe de la cour, et abjurant le catholicisme qu'il a été forcé d'embrasser lors de la Saint-Barthélemy, se joint aux calvinistes, qui se félicitent de son retour. Henri III est forcé à conclure une paix par laquelle les protestants conservent des places de sûreté, le libre exercice de leur culte, et obtiennent beaucoup d'autres avantages. Ces concessions alarment et excitent les catholiques : la ligue se forme; les états de Blois, en qui les protestants avaient placé leurs espérances, l'autorisent formellement, et Henri III s'en déclare le chef, pour ne point laisser au duc de Guise la direction de cette redoutable association politico-religieuse, qui enveloppe le royaume de son vaste réseau. Le duc d'Alençon, réconcilié avec la cour et devenu duc d'Anjou, signe également la ligue; il s'oppose à une pacification que rend bientôt illusoire une nouvelle guerre, renouvelée et calmée presque immédiatement, la guerre des *amoureux*, dans laquelle le roi de Navarre se distingue à la prise de Cahors.

Le duc d'Anjou ne tarde pas à être appelé en Hollande, où les états l'investissent d'une souveraineté que son imprudence lui fait perdre. Sa mort (1584), en appelant le roi de Navarre à succéder à Henri III, incapable d'avoir des enfants, fait naître de nouvelles divisions. Les Ligueurs repoussent la légitimité du roi de Navarre. Le duc de Guise, qui aspirait secrètement au trône, n'osant afficher ses prétentions, pousse le vieux cardinal Charles, d'une branche cadette de la maison de Bourbon, à se déclarer prince du sang et héritier présomptif de la couronne. Les Ligueurs obtiennent du pape Sixte-Quint une bulle par laquelle il déclare le roi de Navarre et le prince de Condé *hérétiques*; et comme tels incapables de succéder à aucun prince, et le faible roi de France, ne songeant qu'à ses mignons et à des processions de pénitents, laisse tout faire. Poussé par la crainte, il révoque tous les avantages assurés aux calvinistes par la dernière pacification. La guerre *des trois Henri*, ainsi nommée parce que les chefs des trois armées, le roi de France, celui de Navarre et Guise portaient le même prénom, fournit au roi de Navarre une nouvelle occasion de se signaler en gagnant la bataille de Coutras, en Guienne, tandis que Guise et le roi forcent à une honteuse retraite une armée de Suisses et d'Allemands qui vient augmenter ses forces.

Cependant la ligue cherchait à se fortifier en se concentrant. Un conseil nommé des *Seize*, du nom des seize quartiers de Paris, appelés à en élire les membres, et composé des créatures des Guises, devient la tête de ce parti et le point d'où l'impression doit se communiquer aux extrémités. Le despotisme de cette assemblée pèse à Henri III. Irrité d'ailleurs par une requête dans laquelle les catholiques lui demandent la publication du concile de Trente, l'établissement de l'inquisition, et un changement notable dans le gouvernement, il dissimule son ressentiment, et veut maîtriser Paris à l'aide d'un corps de troupes; mais Guise organise la journée des *barricades*, et le roi se hâte de fuir sa capitale. Faible, toujours indécis, malgré sa haine contre Guise, il le déclare lieutenant général du royaume, reconnaît le cardinal de Bourbon pour son successeur, et s'engage par l'édit de réunion, signé à Rouen, à ne conclure aucune paix avec les huguenots; puis, les états généraux sont convoqués à Blois, et pendant leur tenue le roi fait assassiner Guise et son frère le cardinal. Ensuite, croyant avoir tout fait pour sa sûreté, il se rendort de nouveau. Mais le meurtre de leur chef a mis le comble à la rage des ligueurs. Ils revêtent le duc de Mayenne, frère puîné des Guises, du titre de lieutenant général de l'*État et couronne de France*. Maîtres de Paris, ils font enfermer le parlement à la Bastille. Les Seize, la Sorbonne, prononcent la déchéance du roi, qui de Blois arrive épouvanté à Tours, et s'alliant, dans sa mauvaise fortune, à ce roi de Navarre qu'il a déclaré inhabile à lui succéder, il enveloppe Paris d'une armée de 40,000 hommes, et meurt le 1er août 1589, sous le couteau de Jacques Clément, au moment où il allait étouffer l'insurrection des Seize. En lui finit la branche des Valois, qui avait donné treize rois à la France.

A peine, Henri III a-t-il fermé les yeux que le roi de Navarre est proclamé dans le camp sous le nom de Henri IV. Il s'était solennellement engagé à se faire instruire dans la religion catholique, à la maintenir et à n'accorder aux calvinistes l'exercice de leur culte que d'après les édits du feu roi, et pourtant c'est à peine s'il reçoit les serments d'une partie des seigneurs de l'armée royale, qui promettent de l'aider à conquérir son royaume. La lutte devait être longue encore ; maître plusieurs fois des faubourgs de Paris, et prêt à réduire cette ville par famine, il est plusieurs fois obligé de lever le siège devant les armées qui viennent secourir la capitale affamée. Le duc de Mayenne et le duc de Parme, Alexandre Farnèse, sont les généraux qui pendant cinq ans lui disputèrent avec le plus de succès la possession de la France. Henri est bien victorieux aux batailles d'Arques (1589), d'Ivry (1590), au combat d'Aumale (1592); mais, malgré ses succès, les Seize dominent encore Paris, et la plupart des provinces obéissent à leurs ordres. Les ligueurs ont proclamé roi, sous le nom de Charles X, le cardinal de Bourbon, prisonnier de Henri; la mort de ce monarque *in partibus* n'attiédit pas le zèle des ligueurs et ne ralentit pas leur courageuse défense.

La couronne devient parmi eux une source de divisions. Le duc de Mayenne y prétend; plusieurs partis veulent, la mettre sur la tête du jeune cardinal de Bourbon, fils de Louis, prince de Condé, ou sur celle du jeune duc de Guise, auquel on ferait épouser la fille de Philippe II, roi d'Espagne, qui attise la discorde. Le 5 janvier 1593, les états généraux sont convoqués à Paris pour l'élection d'un roi. Le légat du pape et l'ambassadeur d'Espagne essayent de faire abroger la loi salique, pour que le trône soit adjugé à la fille de Philippe II ; mais les états se séparent sans avoir rien décidé. Bientôt l'abjuration solennelle du roi, à Saint-Denis, change les dispositions des esprits, déjà fort adoucis depuis que Mayenne avait dissous les Seize pour les punir de l'exécution d'un président et de plusieurs membres du parlement. Durant cette période de cinq ans, l'anarchie la plus complète régnait aussi dans les provinces, tenant, les unes pour la ligue ou la sainte union, les autres pour le roi : Joyeuse en Languedoc, le duc de Mercœur en Bretagne appartenaient au premier parti ; Lesdiguières en Dauphiné, La Noue et le maréchal de Biron servaient dans l'autre. Les ducs de Savoie et de Lorraine profitèrent de cette longue guerre pour essayer de s'agrandir aux dépens de la France ; mais Lesdiguières et le duc de Bouillon les refoulèrent dans leurs territoires. Les conférences ouvertes à Surênes et à Saint-Denis par les ligueurs, la trève de trois mois conclue avec les ligueurs, et bien plus les efforts du duc de Brissac, gouverneur de Paris, préparèrent au roi la conquête de la capitale.

Henri IV y entra le 22 mars 1594, après avoir pris ou soumis Dreux, Chartres, Meaux, Lyon, Orléans, Bourges. Bientôt il ne resta plus à la ligue que le Languedoc et la Bretagne, où le duc d'Aumont pressait vivement le duc de Mercœur. Une trève conclue avec ce dernier et avec Mayenne donna un moment de repos aux parties belligérantes. L'attentat de Jean Châtel qu'avait déjà précédé un projet d'attenter à la vie du roi, conçu par un batelier, Pierre Barrière, manifeste la haine que les ligueurs vouent encore à Henri IV. Les jésuites sont chassés de France, comme excitateurs de cette tentative d'assassinat ; mais ils ne tardent pas à être rappelés. Cependant, la conduite tortueuse du roi d'Espagne depuis le principe des troubles religieux avait indigné le roi ; il ne balance plus à lui déclarer la guerre, et marche en Bourgogne, contre son général Fernand Velasco et contre Mayenne, qui s'est joint aux Espagnols ; il les bat à Fontaine-Française. Henri IV, ayant été relevé par le pape de son excommunication, traite avec les plus chauds ligueurs : Mayenne, Joyeuse, d'Épernon, se soumettent, sont comblés de faveurs ; Marseille secoue le joug des révoltés. Cependant les Espagnols nous avaient enlevé Calais et Ardres ; ils s'emparèrent même d'Amiens dans une trouée en Picardie qui leur réussit ; la paix de Vervins rendit à la France toutes les places que l'Espagne lui avait enlevées. La pacification de la Bretagne avait prélude à une tranquillité dont la France ne jouissait pas depuis longtemps ; le roi se reposait des fatigues de la guerre en prenant de sages mesures. Par l'édit de Nantes il accorda aux protestants la liberté de leur culte et les déclara admissibles à toutes les charges. Son ministre, le marquis de Rosny, duc de Sully, s'occupa à rétablir l'ordre dans les finances : la dette de la France était alors de 330 millions ; grâce au ministre, des économies considérables furent faites, et servirent à dégager une partie des domaines de l'État qui avaient été aliénés. La France s'accrut de la Bresse, du Bugey, et du Val-Romey, que le duc de Savoie échangea contre le marquisat de Saluces, dont il s'était emparé pendant la paix (1600-1).

C'est à peu près vers la même époque que Henri IV épousa Marie de Médicis, fille de François de Médicis, duc de Florence, après avoir fait annuler par le pape son mariage avec Marguerite de Valois, dont il n'avait pas eu d'enfant. Dix ans plus tard, le même jour où il faisait couronner à Saint-Denis la nouvelle reine, il fut assassiné par Ravaillac, et mourut sans proférer une parole, le 14 mai 1610. Plusieurs conjurations avaient été ourdies contre sa vie dans le cours de ces dix années : le maréchal de Biron et quelques seigneurs, qui se flattaient, disait-on, d'obtenir la souveraineté de certaines parties de la France et de rétablir le règne de la féodalité, avaient été accusés de conspirer contre le roi. Moins heureux qu'Henriette de Balzac d'Entragues, ancienne maîtresse de Henri IV, qui avait reçu une promesse écrite de mariage et qui conspira contre lui, le maréchal eut la tête tranchée. Sous Henri IV, la France s'accrut de la Navarre, du Béarn et du comté de Foix.

Plus nous avançons, plus l'unité se prononce, plus l'histoire se concentre ; elle se résume, il est vrai, tout entière en de misérables intrigues de cour, en des guerres plus ou moins opportunes et trop rarement nationales, mais le travail d'agglomération ne s'en opère pas moins. Telle est, à peu de chose près, la physionomie que présente le règne de Louis XIII. La reine mère, Marie de Médicis, nommée régente, se laisse dominer par Concini, Italien parvenu, qu'elle crée maréchal d'Ancre, et par Éléonore Galigaï, sa femme. Le maréchal inspire à la régente des mesures qui mécontentent les calvinistes et les grands, qu'il s'efforce d'abaisser pour conserver le pouvoir. Ceux-ci murmurent et menacent. Ils ont dans leurs rangs les ducs de Bouillon, de Vendôme, de Longueville, de Nevers, et le prince de Condé. Le traité de Sainte-Ménehould les apaise en leur promettant la convocation prochaine des états généraux à Paris (1614) ; mais ces états ne produisent que la division territoriale de la France en douze grands gouvernements. Les grands, irrités de voir qu'aucun changement ne s'est opéré dans le ministère, se liguent de nouveau contre le conseil ; Condé lève l'étendard de la révolte, il s'allie aux protestants. Cette levée de boucliers réussit. Un édit de pacification est signé à Loudun, favorable aux princes et aux calvinistes.

Louis XIII, déclaré majeur, avait continué au maréchal d'Ancre la faveur dont il jouissait sous la régente. Bientôt il se donne un nouveau favori, le duc de Luynes, et fait assassiner le maréchal d'Ancre. Le règne de ce nouveau favori dura cinq années ; il excita, lui aussi, de nouveaux mécontentements, qui n'étaient que trop favorisés par la reine mère. Cependant, les ducs de Longueville, de Mayenne et d'Épernon font leur paix avec la cour ; mais un édit ordonnant la restitution des biens ecclésiastiques saisis dans le Béarn, lors des guerres religieuses, devient un nouveau ferment de discorde : les protestants soumis, mais non terrassés, se soulèvent dans une assemblée tenue à La Rochelle. Partout ils sonnent le tocsin, ordonnent à leurs coreligionnaires de prendre les armes, mettent à leur tête les ducs de Bouillon, de Rohan et de Soubise, et commencent une guerre trois fois interrompue, qui n'est terminée par l'édit de Nîmes qu'en 1629, après la prise de La Rochelle, de Privas, et de la plupart des places en leur pouvoir. On a prétendu que leur projet était de faire de la France une république, qu'ils avaient déjà divisée en huit gouvernements.

Durant cette guerre, un nouvel homme surgit au pouvoir. Sa tête domine toute son époque. Cet homme est Richelieu. Son système inflexible, il le suit en brisant tout ce qui s'oppose à sa marche. Soumettre les grands au monarque, réduire les protestants à l'impuissance de l'attaquer de nouveau, humilier surtout la maison d'Autriche : voilà son triple but. La possession de la Valteline, vallée des Grisons, pouvait servir à la maison d'Autriche de communication entre ses États d'Allemagne et d'Italie : il attaque les Espagnols qui s'en sont emparés, les en chasse et restitue la Valteline aux Grisons. La succession au duché de Mantoue disputée à Charles de Gonzague par les ducs de Savoie et de Guastalla, appuyés par l'Autriche, met de nouveau les Français aux prises avec les Espagnols. La bataille de Veillane se tourne pour nous en une nouvelle victoire, et les traités de Ratisbonne et de Quiérasque assurent au duc de Nevers la possession de son héritage : Pignerol est pour la France le fruit de cette campagne. C'était encore trop peu pour Richelieu : persistant dans sa haine qu'il porte à l'empereur Ferdinand, il s'allie au roi de Suède, Gustave-Adolphe, et fait servir à ses desseins les vastes projets du conquérant suédois. En même temps, il fomentait d'une main entre le parlement d'Angleterre et Charles Ier des divisions auxquelles on ne pouvait assigner de terme, et il soutenait de l'autre, au sein des Pays-Bas, le prince d'Orange contre le roi d'Espagne. Tant de succès irritent de plus en plus les grands, qui épient le moment favorable pour renverser le pouvoir du premier ministre. Le duc d'Orléans, frère du roi, qui avait déjà pris part à plus d'une révolte contre les favoris de son frère, se met à la tête des mécontents; il s'allie aussi avec son beau-père, le duc de Lorraine, auquel il fait perdre le duché de Bar, Clermont et plusieurs autres fiefs. Arrivé dans le Languedoc, il y rejoint le maréchal de Montmorency; mais le sort cesse de lui être favorable : il perd le combat de Castelnaudari, où le maréchal est fait prisonnier. Celui-ci espère en vain que sa soumission désarmera le roi, ou plutôt Richelieu. Vain espoir; il est exécuté en 1635, et l'on respecte le duc d'Orléans, l'instigateur de sa révolte.

Cependant, la guerre extérieure s'allume de nouveau. La France signe une ligue offensive et défensive avec la Hollande, et peu après avec la Savoie et le duché de Parme, contre l'empereur et les Espagnols. Les Français gagnent la bataille d'Avein, et battent les Impériaux sur les bords de l'Adda, dans le val de Friot, à la journée de Morbeigne : ces nombreux succès n'empêchent point les Espagnols et les Impériaux d'envahir la Picardie et la Bourgogne; Corbie tombe même au pouvoir des premiers. Ces succès, toutefois, ne sont pas de longue durée : les Espagnols ne tardent pas à être chassés; les Impériaux évacuent également la Bourgogne, et perdent 8,000 hommes avant d'avoir atteint le Rhin. Les Espagnols sont encore battus à Vespala, sur les bords du lac de Côme, à la bataille de Buffarola, où le maréchal de Créquy commandait notre armée. Ils perdent les îles Sainte-Marguerite et Saint-Honorat, dont ils s'étaient rendus maîtres en 1635, Landrecies, La Capelle, le Catelet, Maubeuge, Bavay, Ypres, Damvilliers, Breda, que leur enlèvent les Hollandais, et sont repoussés de Leucate en Roussillon. La guerre continue avec acharnement. Les Français sont encore vainqueurs à Wolfenbuttel, à Kempen, à Vals, à Lérida; ils s'emparent de Bar-le-Duc, d'Épinal, d'Hesdin, d'Arras, de Bapaume, de Lens et de La Bassée; mais ils sont battus à Honnecourt (1642). Deux révolutions arrivées en Catalogne, et l'insurrection de cette province, au nom et avec l'appui de la France, d'un côté, et l'autre, le couronnement, par les cortès de Portugal, du duc de Bragance, qui s'allie à la France, favorisent de plus en plus les projets de Richelieu. Ce ministre, plus obstiné chaque jour au dessein d'abaisser les grands, en avait fait exécuter plusieurs qui conspiraient contre lui. Ses derniers jours sont marqués par la conspiration et la condamnation à mort de Cinq-Mars : il meurt en appelant le cardinal Mazarin à lui succéder au ministère. A quelques mois de distance, le roi suit dans la tombe le ministre qui l'avait, pour la gloire de la France, constamment dominé : il s'était réconcilié avec son frère, le duc d'Orléans, sans cesse en hostilité avec une cour dans laquelle Richelieu lui avait assigné un rôle et une position indignes de lui. A la mort de Louis XIII (1643), la France s'était agrandie du Roussillon, conquis sur les Espagnols, et de Monaco, qui se plaça sous sa protection.

Louis XIII avait, peu avant d'expirer, statué sur la régence, qu'il donnait à la reine, et sur le conseil de régence. Mais la reine se fit accorder la régence sans restriction, et prit le cardinal Mazarin pour son premier ministre. La France, durant un intervalle de cinq ans, demeura victorieuse au dehors; quelques échecs sans importance ne lui enlevèrent pas le fruit des batailles de Rocroi, de Fribourg, de Nordlingue, de Lens, gagnées par le grand Condé, alors duc d'Enghien; de Summershausen, gagnée par Turenne; de Crémone et de plusieurs autres combats moins importants. Cependant Mazarin avait de nombreux ennemis; quelques édits bursaux, onéreux au peuple, irritèrent les parlements; le parti de la *fronde*,

à la tête duquel se placèrent le duc de Beaufort, le coadjuteur de Paris, cardinal de Retz, le prince de Conti, etc., s'organisa et domina dans le parlement de Paris, qui invita tous les autres parlements et cours souveraines à faire cause commune avec lui; et le feu mal éteint des anciennes discordes se ralluma tout à coup. Après avoir vainement tenté d'apaiser le peuple par des concessions, Mazarin fit arrêter deux membres du parlement, le président Blanc-Ménil et le conseiller Broussel, dévoués à la fronde. A cette nouvelle, le peuple s'arma dans la nuit du 26 au 27 août (1648); des barricades s'élevèrent de tous côtés, et les frondeurs s'apprêtèrent à repousser la force par la force; mais la mise en liberté des magistrats, accordée au parlement, apaisa cette sédition.

La paix de Munster, assurant à la France la souveraineté de Toul, Metz, Verdun et Pignerol, ainsi que la possession de l'Alsace et de Brisach; un édit portant diminution de 10 millions sur les tailles, et de 2 millions sur les entrées de Paris, n'exercèrent aucune influence sur les mécontents. La cour s'enfuit à Saint-Germain-en-Laye, où elle fut réduite à la dernière misère; elle appela Condé contre les frondeurs. Les hostilités commencèrent, et, après une guerre dont les bons mots, les épigrammes et les chansons des deux partis semblaient faire une guerre pour rire, la cour rentra à Paris. Mais un nouveau parti ne tarda pas à se former : c'était celui des *petits-maîtres*, à la tête duquel se trouvaient Condé et le prince de Conti. La reine fit arrêter les princes; mais un an après (1651) les frondeurs la forcèrent à les délivrer et à chasser son premier ministre. Cependant Mazarin rentra en France l'année suivante, escorté par six mille hommes, et reprit sa place dans le conseil du roi. Condé se mit à la tête de ses ennemis, tandis que Turenne, un moment dans les rangs des Espagnols, qui essayaient de profiter des troubles de la France pour s'agrandir à ses dépens, commanda les troupes royales; les deux armées arrivèrent aux environs de Paris, et y livrèrent la bataille du faubourg Saint-Antoine, durant laquelle mademoiselle de Montpensier, fille du duc d'Orléans, fit tirer le canon de la Bastille sur les soldats du roi. Enfin, la cour accorda une amnistie générale, et rentra de nouveau à Paris. Cette amnistie n'empêcha point l'arrestation du cardinal de Retz et le retour de l'objet des haines populaires, de ce Mazarin, auquel la cour avait insensiblement préparé les esprits. Le parlement, oubliant les opinions qu'il avait professées, condamna à mort le prince de Condé, qui alla offrir son épée aux Espagnols.

Les troubles civils, entièrement apaisés en 1654, laissèrent le champ libre à la guerre contre l'Espagne, qui n'avait pas discontinué. Après de nombreux succès remportés de tous les côtés sur l'ennemi, les Français en viennent aux mains à la bataille des Dunes, où Condé et don Juan d'Autriche sont défaits par Turenne. Enfin, la paix des Pyrénées (1659) termine une guerre de vingt-cinq ans, dont les deux nations étaient également fatiguées. La France conserva par ce traité le comté d'Artois, moins Arras et Saint-Omer, une partie des comtés de Flandre et du Hainaut, du duché de Luxembourg, et au midi les comtés de Roussillon et de Conflans. Le mariage de Louis XIV avec la fille aînée de Philippe IV, roi d'Espagne, y fut également stipulé, ainsi que la réintégration du prince de Condé dans ses emplois et dignités.

Un événement qui semblait devoir entièrement changer la face de la France signala l'année 1661. Je veux parler de la mort de Mazarin. Jusqu'à cette époque le roi s'était constamment laissé guider par son premier ministre; et, y compris sans ne le soupçonnaient pas capable de gouverner lui-même, quand Louis déclara que c'était à lui seul qu'appartenait désormais l'administration des affaires. Il eut bien dans Louvois et de Colbert deux ministres qui contribuèrent beaucoup à sa gloire; mais jamais il ne se laissa dominer par eux. Dès ce moment où le vit faire respecter l'État, qu'il avait personnifié en lui, et accroître la prospérité de la France, tant par ses armes que par les progrès de l'industrie. Le canal du Languedoc fut commencé ; des colons français allèrent peupler Cayenne et le Canada. Le duc de Beaufort, chargé d'une expédition contre les corsaires barbaresques, les mit pour quelque temps dans l'impossibilité de tenir la mer, pendant que le pape était obligé de donner satisfaction à la France pour des insultes faites à Rome à l'ambassadeur français. Louis XIV acheta Dunkerque aux Anglais, auxquels Turenne l'avait remis après l'avoir enlevé aux Espagnols, quelques jours après la bataille des Dunes. Il fournissait des secours à l'empereur, attaqué par les Turcs, aux États-généraux contre l'Angleterre et au Portugal. Le château de Versailles, la colonnade du Louvre, l'établissement d'un grand nombre de manufactures attestèrent la sollicitude de Colbert pour les beaux-arts et le commerce (1667).

La mort de Philippe IV fournit à Louis XIV le prétexte de réclamer les droits acquis sur les Pays-Bas à Marie-Thérèse, fille de ce monarque, qu'il avait épousée : ces droits, auxquels elle avait renoncé, devenaient par la très-litigieux ; mais Louis, jugeant que la force était appelée à décider de leur justice, déclara la guerre à l'Espagne. La conquête de la Flandre, faite en trois mois, effraya l'Angleterre, la Suède et la Hollande, qui s'étaient liguées pour arrêter les progrès de Louis XIV ; la Franche-Comté n'en fut pas moins conquise en quinze jours, et la première paix d'Aix-la-Chapelle, en rendant cette province à l'Espagne, conserva à la France les nouvelles possessions qu'elle venait d'acquérir en Flandre. La Hollande avait joué le rôle d'arbitre dans cette pacification ; le roi se prépara en silence à la faire repentir de la coalition qu'elle avait formée pour le forcer à la paix : après s'être emparé des États du duc de Lorraine, dont toutes les actions étaient hostiles à la France, il s'occupa à détacher l'Angleterre et la Suède de la Hollande ; après avoir réussi à isoler cette puissance, il lui déclara la guerre (1672). Toute la Batavie est bientôt en son pouvoir. Le prince d'Orange (voyez Guillaume III), élu stathouder, s'oppose en vain à la marche des Français, et, hors Amsterdam, La Haye et quelques villes qui, pour ne point être prises, lâchent leurs écluses et inondent leur territoire, toute la Hollande se trouve entre nos mains. Mais la grandeur de ces revers des Hollandais, en faisant redouter la France, pousse l'empereur, l'électeur de Brandebourg, l'électeur palatin, l'Espagne et l'Angleterre à se liguer contre la France ; et la Hollande est sauvée.

Cependant la guerre continue avec succès. Le Palatinat est, par l'ordre formel du roi, mis inutilement à feu et à sang. Turenne remporte en Alsace les batailles de Sintzeim, d'Ensheim, de Turkheim, et profite des avantages qu'il a remportés. La mort qui l'enlève à ses soldats cause une consternation générale ; des revers la suivent. Mais bientôt les Français sont victorieux sur terre et sur mer ; la paix de Nimègue (1678) leur assure la Franche-Comté, Valenciennes, Bouchain, Condé, Cambray, Aire, Saint-Omer, Ypres, Warwick, Warneton, Poperingue, Bailleul, Cassel, Bavay et Maubeuge. La prise de Strasbourg, le bombardement d'Alger, la soumission de Gênes, qui avait offensé la France, l'impolitique révocation de l'édit de Nantes, qui force plus de 200,000 protestants à s'expatrier, sont les événements les plus remarquables de ce règne jusqu'à l'époque où la guerre recommence de nouveau (1688) en Allemagne contre l'empereur et les principaux États de l'Empire, l'Espagne, la Suède, la Hollande et la Savoie. Les maréchaux de Luxembourg et Catinat remportent de nombreux succès, et gagnent les batailles de Fleurus, de Staffarde, de Nerwinde et de Marsailles. La guerre était également allumée contre l'Angleterre : cette nation, après avoir classé Jacques II, avait appelé à la royauté le prince d'Orange. Louis XIV appuyait de tout son pouvoir le monarque fugitif, et lui avait fourni de grands mais inutiles secours. La marine française se distingue, et bien qu'elle perde la bataille de La Hogue, remporte de grands avantages sur les Anglais et sur les Hollandais. Enfin, la paix de Ryswick, en 1697, met un terme à cette guerre, dont le malheur universel est le résultat.

Cette paix se fit, non plus avec ces conditions avantageuses qu'exigeait la grandeur de Louis XIV, mais avec une facilité et des concessions qui auraient droit d'étonner, après dix ans de victoires, si cette conduite n'eût été motivée par un espoir d'agrandissement. Le roi d'Espagne, Charles II, s'éteignait lentement, à un âge peu avancé. Ce prince n'avait pas d'enfants, et sa succession était l'objet de la convoitise de tous les souverains. Déjà de son vivant, et à son insu, l'Angleterre, la Hollande et la France s'étaient, par un traité, partagé cette succession. Mais le testament de Charles II détruisit ce traité, en instituant Philippe, duc d'Anjou, second fils du dauphin, héritier de toute la monarchie espagnole. Louis XIV accepte ce testament en s'écriant : *Il n'y a plus de Pyrénées* ; et le duc d'Anjou est proclamé roi. Bientôt l'empereur, l'Angleterre, la Hollande et toutes les puissances, mécontentes de voir un Bourbon monter sur le trône d'Espagne, commencent cette guerre de la succession, si longue et si malheureuse pour la France (1702). Les ennemis opposent aux maréchaux de Villeroi, de Villars et au duc de Vendôme, nos généraux, des capitaines dignes de guider des armées : c'étaient le prince Eugène de Savoie et le fameux Churchill, plus connu chez nous sous le nom de Marlborough. Les Français avaient été assez heureux dans les deux premières campagnes ; ils ne tardent point à éprouver de grands revers, que ne peuvent compenser quelques victoires. La perte des batailles d'Hochstedt, de Ramillies, de Turin, de Malplaquet, vient humilier le monarque à qui l'on avait donné le nom de *Grand*.

Le trône du nouveau roi d'Espagne, compromis d'abord, est cependant relevé et soutenu par plusieurs avantages que remporte Vendôme. Louis XIV, accablé par les malheurs de nos armes, et poussé par la misère du peuple, que la disette avait réduit aux dernières extrémités, demande la paix ; mais le congrès de Gertruydenberg, en exigeant que ce monarque travaille seul à détrôner son petit-fils, lui offre des conditions si humiliantes qu'il se décide à continuer la guerre. Quelques succès en Espagne furent le résultat de la campagne de 1711. Enfin, la disgrâce de Marlborough, fruit de quelques intrigues de cour, et la mort de l'empereur Joseph, suivie de l'élection à l'Empire de l'archiduc Charles, qui disputait la couronne d'Espagne au petit-fils de Louis XIV, sont un acheminement à la paix : l'Angleterre donne la première l'exemple, en signant une trêve de deux mois, pendant laquelle un congrès s'ouvre à Utrecht pour traiter de la paix générale. La bataille de Denain, gagnée sur le prince Eugène par le maréchal de Villars, les avantages qui en sont le fruit, et qui font perdre aux alliés le résultat de six ans de succès, amènent la Hollande à désirer cette paix ; pour l'accélérer, Philippe V renonce à ses droits à la couronne de France, tandis que les princes du sang français font la même renonciation à l'égard de celle d'Espagne (1713). Différents traités proclament enfin cette union tant désirée. Par ces traités, Louis XIV reconnaissait Anne pour reine d'Angleterre ; il consentait à la démolition des fortifications de Dunkerque et à ce que la Grande-Bretagne conservât Gibraltar et les ports qu'elle avait pris dans la Méditerranée ; Louis XIV restituait au duc de Savoie Exilles, Fonestrelles et la vallée de Pragelas en échange de la vallée de Barcelonnette et de ses dépendances ; la Hollande obtenait plusieurs villes de Flandre pour lui servir de barrière, et restituait Lille, Aire, Béthune et Saint-Venant. Le nouvel empereur s'obstina cependant à continuer la guerre. Mais les succès remportés par le maréchal de Villars le forcèrent enfin à suivre l'exemple des autres puissances ; et par le traité de Rastadt les choses reprennent le même aspect qu'à la paix de Ryswick.

Après avoir vu le trône de son petit-fils affermi, Louis XIV mourut, à l'âge de soixante-dix-sept ans, après un règne de soixante-douze. Le peuple, oubliant les années de gloire et les grandes créations du superbe monarque, alluma des feux de joie sur le passage de son cercueil. Vers ses dernières années, il s'était montré favorable aux jésuites; il avait fait enregistrer par le parlement la fameuse bulle *Unigenitus*. En 1701 les protestants des Cévennes s'étaient soulevés, écrasés qu'ils étaient par le poids des impositions. Ils avaient pris pour devise : *Point d'impôts et liberté de conscience!* Louis XIV envoya contre eux des troupes; et la guerre des camisards devint une affreuse boucherie. Vingt-neuf années de guerres extérieures causées par l'orgueil ou l'ambition d'un homme signalèrent ce long règne, et coûtèrent à la France le sang de 1,200,000 soldats; les frais de ces guerres et le faste royal de la cour avaient coûté 15,000,000,000 de francs.

Par la mort du roi (1715), le duc d'Orléans était appelé à la régence. Cette régence, que le caractère de ce prince et le désordre des finances semblaient devoir rendre malheureuse, se présente d'abord sous l'aspect le plus paisible. Elle n'est troublée que par la conspiration de Cellamare, ambassadeur d'Espagne en France, déjouée aussitôt que formée, et qui fit déclarer la guerre à l'Espagne. Mais la disgrâce du ministre espagnol, le cardinal Alberoni, ne tarda pas à ramener la paix. Louis XIV avait laissé la France grevée d'une dette considérable ; le célèbre Law, d'origine écossaise, persuada au régent d'établir une compagnie chargée d'acquitter toutes les dettes de la monarchie au moyen d'un papier monnaie qu'on jettera dans la circulation. Les revenus de l'État étaient le revenu réel de cette banque; et le fonds accessoire consistait en un commerce actif avec quelques colonies, commerce qui ne rapporta jamais que de belles espérances. Le papier-monnaie de Law fut recherché avec fureur. Au bout de trois ans, la banque qu'il avait établie sous les auspices du régent avait fait des émissions de papier pour une somme qui dépassait quatre fois tout le numéraire du royaume. Le décri et la variation continuelle des monnaies prononcée par la loi venaient encore en aide à la circulation de cette espèce d'assignats ; une ordonnance alla jusqu'à défendre à tout individu, et même à toute communauté ou corporation, de garder en caisse plus de 500 livres en argent monnayé, les obligeant à porter le surplus pour l'échanger à la banque de Law. Cependant, cette grande abondance de valeurs fictives, et le peu de solidité des fonds qu'elles représentaient, ne tardèrent pas à avilir les actions de la banque; bientôt même les réclamations de ceux qui demandaient leur argent ne furent plus en rapport avec l'argent en caisse. Law se vit perdu, honni, exécré; le régent aussi l'abandonna, car il avait le tort, si grand aux yeux de tout pouvoir, de n'avoir pas réussi. Et pourtant son système n'était autre que celui sur lequel est basé aujourd'hui tout le système financier de l'Europe. Law était seulement coupable d'en avoir abusé; peut-être aussi était-il trop en avant de son siècle. Quoi qu'il en soit, la chute de son système fut le signal du bouleversement universel des fortunes.

Le roi, devenu majeur, était appelé à gouverner. Le désordre des finances commençait déjà à cesser, et le cardinal Fleury, que le roi appelait à la tête du ministère, malgré son âge avancé, faisait face aux nombreuses difficultés des affaires politiques. Malheureusement, la bulle *Unigenitus* et les discussions des jansénistes et des molinistes jetaient les esprits dans un état d'agitation dangereux pour la tranquillité publique : les miracles du diacre Pâris donnèrent lieu à des scandales auxquels le pouvoir mit un terme en faisant fermer les issues conduisant à son tombeau. Toutefois, la mort de Frédéric-Auguste, roi de Pologne (1733), vint donner naissance à de nouvelles guerres. Le roi Stanislas, beau-père de Louis XV, déjà élu roi de Pologne en 1704, est appelé de nouveau à la prendre en 1733. Mais la Russie appuie par une armée l'élection du fils du feu roi de Pologne, et Stanislas est forcé de prendre la fuite. L'empereur d'Allemagne s'était allié à la Russie. Louis XV, pour venger l'affront fait à son beau-père, envoie une armée en Italie et une autre en Allemagne. Nos troupes sont bientôt maîtresses du Rhin, et en Italie elles remportent de grands avantages. La médiation de l'Angleterre et de la Hollande amène le traité de Vienne, qui rétablit la paix. Par ce traité, Stanislas abdiquait ses droits au trône de Pologne : on lui accordait en dédommagement la Lorraine et le Barrois, pour être annexés à la France après sa mort; don Carlos d'Espagne était maintenu en possession du royaume de Naples et de Sicile, et l'empereur cédait le Novarrais et le Tortonais au roi de Sardaigne, notre allié.

La révolte de la Corse, que Louis XV voulut soumettre pour les Génois, occupa l'attention de l'Europe jusqu'à la mort de l'empereur Charles VI (1740). Ce prince avait publié, en 1713, une pragmatique sanction d'après laquelle la possession indivisible de ses États était assurée à sa fille, Marie-Thérèse : toutes les puissances avaient signé cette pragmatique sanction. Plusieurs souverains n'en prétendirent pas moins à cette succession, et la guerre se ralluma. Le duc électeur de Bavière, appuyé par la France, à laquelle se joignent l'Espagne, la Prusse, la Pologne et la Sardaigne, est couronné. On s'avance jusqu'aux portes de Vienne, tandis que le grand Frédéric, roi de Prusse, fait éprouver d'immenses pertes à la reine-impératrice Marie-Thérèse. Enfin, la paix de Breslau, en laissant la France supporter tout le poids de la guerre, donne à cette reine la Sardaigne, la Hollande, la Russie, l'Angleterre et la Saxe pour alliés. La France éprouve une suite de revers qui amènent l'ennemi sur nos frontières et mettent un moment nos provinces du Rhin en danger. Le roi (1743) prend en personne le commandement des armées, et s'efforce de réparer ces désastres. Il gagne la bataille de Fontenoi, pendant que le roi de Prusse, son allié, oblige l'électeur de Saxe et Marie-Thérèse à conclure une paix par laquelle il agrandit encore ses États. La bataille de Raucoux, où le maréchal de Saxe met 15,000 Autrichiens hors de combat, continue nos succès en Flandre; mais nos armées ne sont pas heureuses en Italie, où la guerre se poursuit activement : les Autrichiens entrent dans Gênes, et pénètrent jusqu'en Provence; heureusement, le maréchal de Belle-Isle vient les forcer bientôt à quitter notre territoire, pendant que de leur côté les Génois se révoltent en se chassent de leurs murs. D'autre part, toute la Flandre hollandaise tombe en notre pouvoir ; Berg-op-Zoom et Maëstricht se rendent à nos généraux ; les alliés, effrayés du péril où se trouve la Hollande, ouvrent des négociations, et la seconde paix d'Aix-la-Chapelle est signée (1748). On prend pour base de cette paix tous les traités antérieurs, et les conquêtes faites de part et d'autre sont restituées.

Nonobstant ces conventions, les Anglais ne cessaient d'inquiéter nos colonies de l'Amérique septentrionale et de s'agrandir à nos dépens du côté du Canada ; quoiqu'en pleine paix, ils avaient plusieurs fois attaqué notre pavillon. La guerre contre l'Angleterre fut déclarée en 1756. L'intervalle de repos qui l'avait précédée avait été signalé par des luttes du parlement contre l'autorité royale ; le scandale des lettres de cachet était parvenu à son comble, et le roi se plongeait dans les débauches les plus honteuses. La France s'était alliée à Marie-Thérèse, pendant que la Prusse se liguait avec l'Angleterre. Cette guerre ne se termina qu'en 1762, après avoir épuisé les puissances belligérantes : elle avait donné lieu au pacte de *famille*. La paix de Paris (1763), en renouvelant le deuxième traité d'Aix-la-Chapelle, accordait à l'Angleterre le Sénégal, et, en Amérique, l'Acadie, le cap Breton, le Canada, si glorieusement défendu par Montcalm, la Grenade et leurs dépendances, Saint-Vincent, la Dominique et Tabago, enfin Minorque, que la France lui avait enlevée au commencement de la campagne. Dès ce moment la tranquillité de la France, achetée au prix d'un traité humiliant, n'est plus troublée que par les querelles des parlements. L'expulsion des jésuites avait été décidée par le parlement de Paris : à cette occasion, le duc d'Aiguillon, accusé d'avoir bassement intrigué en Bretagne contre La Chalotais père et fils, avait été suspendu par ce corps de ses fonctions de pair. Louis XV, vivement irrité des obstacles que le parlement apportait à ses désirs, emploie des mesures violentes et arbitraires pour se faire obéir. Il exile d'abord le parlement, le casse, ainsi que la cour des aides, et lui en substitue un autre, qu'on appela le parlement Maupeou, du nom de ce chancelier; ceux des provinces sont aussi renouvelés. Louis XV mourut après un règne de cinquante-neuf ans (1774). Dans ses dernières années, la réunion de la Corse à la France avait été opérée, et les cabinets de Vienne, de Berlin et de Saint-Pétersbourg avaient procédé sans opposition au premier partage de la Pologne.

L'avénement de Louis XVI, petit-fils du feu roi, parut ramener la tranquillité et la prospérité dans le royaume. Les premières mesures du jeune monarque furent de rétablir les anciens parlements et de rendre plusieurs édits favorables au peuple. On le vit supprimer les corvées et chercher à s'entourer de bons ministres. La rareté des grains, dans l'année qui suivit son avénement, occasionna des troubles. Le ministre Turgot en profita pour faire proclamer la liberté du commerce des grains et farines dans l'intérieur de la France. Turgot ne tarda pas à être remplacé par Necker, qui le premier en France publia un compte-rendu des finances. Il donna sa démission quelques jours après cet acte important (1777). Le mont-de-piété et la loterie royale furent établis.

L'insurrection de l'Amérique, en occupant les forces anglaises, devait humilier l'orgueil de la Grande-Bretagne et abaisser sa puissance. Louis XVI, après avoir tacitement autorisé un grand nombre de jeunes nobles, au nombre desquels se trouvaient Lafayette et Rochambeau, à aller combattre pour l'indépendance des États anglo-américains du nouveau continent, conclut un traité d'alliance avec les États-Unis, et déclara la guerre à l'Angleterre. L'Espagne, en vertu du pacte de famille, suivit cet exemple. L'Amérique, les possessions françaises de l'Inde et les mers, où se distingua le bailli de Suffren, furent le théâtre de cette guerre. La Hollande et, Hyder-Ali-Khan, père de Tippou-Saeb, se déclarèrent également contre l'Angleterre; mais le renversement du ministère anglais par l'opposition whig fit conclure la paix. L'indépendance des États-Unis fut reconnue par le traité de Versailles; l'Espagne demeura en possession de Minorque et des deux Florides, qu'elle avait conquises; la Hollande fut la plus maltraitée par cette paix, dont la France ne retira d'autre fruit que d'effacer des traités de 1763 la honteuse condition qui ordonnait la démolition des fortifications de Dunkerque.

Cependant les embarras pécuniaires de la France s'accroissaient chaque jour. Une première assemblée des notables fut convoquée par le ministre des finances Calonne, et déclara que le seul remède à apporter au mal était la destruction des abus. C'était aussi ce que Necker avait demandé, et, comme ce dernier, Calonne échoua devant les notables quand il proposa, pour balancer les dépenses et les recettes, de créer un impôt sur le timbre et un impôt sur toutes les propriétés foncières sans distinction : les notables, composés de privilégiés, payant peu d'impôts ou n'en payant point, refusèrent de souscrire à ces conditions. Pourtant le successeur de Calonne, Loménie de Brienne, fut obligé d'en revenir à ces idées, et présenta au parlement deux édits portant création de l'impôt du timbre et d'une subvention territoriale de 80 millions, telle que la demandait aussi Calonne. Le parlement s'opposa à ces édits par des motifs d'intérêt personnel : il réclama une communication de l'état des finances, avant de les enregistrer, afin de justifier de la légitimité des besoins; et sur le refus du ministère, il déclara que les états généraux seuls étaient compétents dans cette matière, et refusa en conséquence l'enregistrement. Ce mot d'états généraux, prononcé après plus d'un siècle et demi d'oubli, agita vivement l'opinion publique, et le roi s'engagea à les convoquer pour le 5 juillet (1787). Mais le ministre ayant fait enregistrer les édits bursaux dans un lit de justice tenu en séance royale, l'opposition du parlement entraîna l'exil de plusieurs de ses membres.

Fatiguée de lutter contre ces corps, la cour forme le projet de borner leur compétence au jugement des affaires civiles, et de créer une cour plénière semblable à celle de Charlemagne, ainsi que des conseils appelés *grands bailliages*, auxquels serait attribué le droit d'enregistrer les lois de police générale et les édits, qui étaient auparavant du ressort des parlements. Ces dispositions équivalaient à leur cassation; le conseiller d'Éprémesnil en ayant eu connaissance, malgré le secret qui en couvrait l'exécution, s'opposa énergiquement à cette violation des privilèges parlementaires, et réclama les états généraux avec une énergie nouvelle. La cour plénière n'en fut pas moins établie; mais, poursuivi par l'opinion publique, qui se prononçait en faveur du parlement, Brienne fut contraint de donner sa démission, et fit rendre un arrêt du conseil qui retardait l'établissement de la cour plénière jusqu'à la convocation des états, fixée au 5 mai 1789. La nouvelle de cette retraite produisit à Paris des troubles dans lesquels le sang coula. Necker remplaça de Brienne. Le parlement enregistra l'édit de convocation ; mais, redoutant les réformes qui pourraient résulter de la prépondérance du tiers état, il décida que les états se réuniraient, comme en 1614, par ordre et en nombre égal dans trois chambres séparées : par là, les privilégiés seraient parvenus à annuler le vote du tiers état. Necker, qui voyait le piège, demanda une double représentation pour le tiers état ; et bien que repoussée par la seconde assemblée des notables, cette double représentation fut accordée. En attendant la réunion des états, la plus grande fermentation régnait dans toutes les provinces, et à Paris surtout, où le pillage des magasins du manufacturier Réveillon amena une intervention de la force armée et une déplorable effusion de sang. Enfin, le 5 mai 1789, les états, si impatiemment attendus, se réunissent à Versailles. Le clergé et la noblesse s'assemblent dans des chambres séparées, et vérifient isolément leurs pouvoirs. Le tiers état, au contraire, réclame la réunion des trois ordres et la vérification en commun. Renforcé par les minorités de la noblesse et du clergé, le tiers état, après avoir vainement attendu la majorité des deux ordres privilégiés pendant plus d'un mois, se constitue en *assemblée nationale*, et dès ce moment la révolution est commencée.

Je n'ai point à retracer ici la marche et les travaux de l'*Assemblée nationale constituante*; cette tâche a déjà été remplie. La séance et le serment du *Jeu de paume*, qui n'empêchent la cour d'annuler les premières délibérations de cette assemblée, témoignent de la détermination inflexible de ses membres. Après avoir essayé de la dissoudre et d'arrêter la révolution par la force, la cour est forcée de s'humilier après le 14 juillet, qui vit tomber la Bastille sous les coups du peuple parisien.

Le roi se rend à Paris, et reçoit à l'hôtel de ville la cocarde tricolore, devenue cocarde nationale. De Paris, la fermentation gagne les provinces ; les citoyens y prennent aussi les armes pour la défense de la liberté, en même temps que des bandes furieuses attaquent et brûlent les châteaux. Le 2 octobre les couleurs nationales sont foulées aux pieds à Versailles, en présence du roi, par les gardes du corps. Cette nouvelle, arrivée à Paris porte à son comble l'irritation des esprits : des rassemblements de femmes crient : *A Versailles !* Une multitude innombrable s'y présente; et là s'accomplissent les sanglantes journées des 5 et 6 octobre, après lesquelles le roi et la famille royale viennent habiter les Tuileries. La confiscation des biens du clergé, la division nouvelle du royaume en 83 départements, la création des assignats, la constitution civile du clergé et la discussion de la constitution, sont les actes les plus importants de l'assemblée. L'affaire du marquis de Favras n'attira qu'un instant l'attention hors de ses solennels travaux; elle s'y reporte bientôt après, car tous les pouvoirs, du moins dans la réalité de leur exercice, se concentrent entre ses mains.

Le 14 juillet 1790, l'anniversaire de la Bastille réunit les Français dans une *fédération* et dans des sentiments communs de patriotisme et de fraternité. La révolte de trois régiments à Nancy et le commencement de la longue et cruelle révolution de Saint-Domingue sont les événements les plus importants de la fin de l'année 1790. La mort de Mirabeau prive bientôt la tribune nationale du plus éloquent de ses orateurs et la cour de l'un de ses nouveaux appuis. L'émigration des nobles, qui a commencé avec la révolution, s'accroît chaque jour d'une manière alarmante. Bientôt le roi lui-même veut quitter la France; mais la fuite de Varennes n'a d'autre résultat que d'animer davantage contre lui les clubs et les révolutionnaires. La proclamation de la loi martiale au Champ-de-Mars et la dispersion par la force des citoyens qui demandaient la déchéance de Louis XVI seront plus tard durement reprochées au monarque.

La constitution de 1791 ne tarde pas à être acceptée par le roi, dont elle limitait le pouvoir héréditaire, et l'Assemblée législative succède à la Constituante. Les inquiétudes que donnait l'émigration et le refus d'un grand nombre de prêtres de prêter serment à la constitution civile du clergé nécessitent des mesures répressives. Plusieurs décrets sont portés contre les émigrés, déclarés passibles de la peine de mort; leurs biens, confisqués, sont affectés aux besoins de la nation. Les prêtres réfractaires accusés de troubler l'ordre public sont déportés. Sur ces entrefaites, la guerre avait été déclarée au roi de Bohême et de Hongrie, qui encourageait les espérances des émigrés; les débuts en furent des plus malheureux. L'Assemblée législative ayant mis les ministres en accusation, après avoir dissous la garde accordée au monarque par la constitution, le roi choisit un ministère girondin; mais sa résistance à sanctionner le décret de déportation contre les prêtres réfractaires et le décret dicté par les girondins qui établissait un camp de 20,000 hommes sous les murs de Paris, la destitution enfin du ministère girondin, donnent lieu à la journée du 20 juin, qui ne tarde pas à être suivie de celle du 10 août, où le peuple, secondé par des bataillons de fédérés marseillais et bretons, s'empare des Tuileries et renverse la monarchie des Bourbons.

Le pouvoir exécutif est suspendu, et l'Assemblée législative décrète la convocation d'une Convention nationale. Mais la faiblesse de cette assemblée se laisse bientôt dominer par la *commune de Paris*, où se trouvent tous les plus ardents révolutionnaires, tous les partisans des moyens les plus rigoureux. Les progrès de l'ennemi, qui, entré en France, s'empare de Longwy et de Verdun, répandent la terreur et l'exaspération; les massacres de *septembre* sont le fruit de cette exaspération et de la crainte que manifestent les volontaires qui partent pour l'armée d'abandonner leurs familles à la vengeance des ennemis de l'intérieur. Cette disposition des esprits avait été cruellement mise à profit par les plus redoutables des hommes. A ce douloureux tableau des fureurs du peuple, excité par eux, il est loisible qui déchire le cœur et révolte l'humanité, opposons les palmes de Valmy cueillies sur les Prussiens par le général Kellermann, qui les força à évacuer la Champagne et la France.

Le lendemain de cette bataille, 20 septembre, la Convention se réunit pour la première fois, et débute par abolir la royauté en France et par proclamer la république française une et indivisible. Tout le gouvernement était alors concentré dans la Convention, toutes les mesures venaient d'elle; à l'intérieur, la condamnation de Louis XVI, la déclaration de guerre à l'Angleterre, à la Hollande, à l'Espagne; la réunion à la France de la Savoie, du comté de Nice, de la principauté de Monaco, de l'évêché de Bâle (celle d'Avignon et du Comtat Venaissin avait eu lieu précédemment), la création du tribunal révolutionnaire, les journées des 31 mai, 1er et 2 juin, où les *girondins* sont expulsés de la représentation nationale; l'insurrection *fédéraliste*, les sièges de Lyon, Toulon, Marseille, la mise en réquisition des hommes et des choses pour la défense de la patrie, la loi des *suspects*, la mise sur pied de 1,200,000 hommes, nécessitée par les revers de la république, qui n'est qu'une grande place assiégée de toutes parts; la loi du *maximum*, le vote et l'acceptation de la constitution républicaine de 93, la condamnation par le tribunal révolutionnaire de la reine Marie-Antoinette, des girondins et d'un grand nombre de citoyens de toutes les classes, la terrible guerre de la Vendée, la création du gouvernement révolutionnaire, l'institution du *calendrier républicain*, la suppression des loteries de toutes natures, sont les faits les plus remarquables de cette année 1793, dont chaque journée était si pleine d'agitations et d'événements. A l'extérieur, la victoire de Jemmapes, gagnée par Dumouriez, nous avait rendus maîtres de la Belgique; mais une bataille perdue par le même général, à Nerwinde, nous fit perdre cette belle conquête. La bataille de Hondschoote avait mis en déroute les Anglais, tandis que nos généraux faisaient triompher les armes de la république sur les lignes du Rhin, de la Moselle et des frontières d'Italie. La France n'est pas moins heureuse dans ses expéditions militaires de l'année suivante (1794). Les Pays-Bas sont rapidement conquis, après les batailles de Hooglède, de Courtray et de Fleurus; les Autrichiens et les Prussiens sont repoussés jusqu'au delà du Rhin, et du côté des Pyrénées nos généraux, après avoir délivré notre territoire, envahissaient glorieusement celui de l'Espagne. L'armée d'Italie est la seule qui n'obtienne pas de grands avantages dans cette campagne. Nos soldats, étrangers aux querelles des partis dans l'intérieur de la France, ne songeaient qu'à la servir utilement. La terreur contre les ennemis de la patrie avait été mise à l'ordre du jour; en France, l'échafaud tranchait impitoyablement les têtes de tous ceux qui étaient suspects de royalisme, et même d'un grand nombre de républicains.

La jalousie s'était glissée parmi les membres de la Convention. Le comité de salut public, alors tout puissant, fit décréter la mise en accusation de Danton, de Camille Desmoulins et de leurs principaux amis, qui penchaient pour la modération; et bientôt après, Hébert et les ultra-révolutionnaires portèrent à leur tour leur tête sur l'échafaud; leur exécution signala l'apogée du gouvernement terroriste. Robespierre, à son tour, excite la crainte et la défiance de ses collègues, et le 9 thermidor son arrestation est prononcée. Le lendemain cet homme, dont l'influence était si grande et si redoutable peu de jours auparavant, n'est plus qu'un infâme scélérat, et l'échafaud fait justice de lui et de ses amis. Dès ce jour la Convention s'engage dans une voie de réaction qui encourage les espérances des royalistes: elle fait épurer les *Jacobins*, ce club si puissant depuis les premières années de la révolution et que dirigeaient les plus exaltés d'entre les *montagnards*; la jeunesse dorée de Fréron, qui se fait l'auxiliaire des royalistes, irrite le peuple contre la Convention. Les faubourgs envahissent la salle des séances dans les journées des 12 germinal et 1er et 2 prairial an III (1er avril et 20 et 21 mai 1795).

Après avoir repoussé toutes les attaques, la Convention s'occupe à préparer une constitution nouvelle et à résigner les pouvoirs qu'elle a si longtemps gardés. Mais au moment où elle fait adopter cette constitution et le principe des deux chambres (le Conseil des Cinq Cents et celui des Anciens), la crainte de voir les royalistes dominer dans ces conseils la porte à décréter le 13 fructidor que les deux tiers du nouveau corps législatif devront, pour la première session, être pris parmi les conventionnels. Et en effet le parti de l'émigration commençait à relever audacieusement la tête; la Convention avait composé avec les chefs de cette Vendée, longtemps encore si terrible pour nos armées; mais ces chefs n'attendaient qu'un moment favorable pour se lever de nouveau: le débarquement de plusieurs corps d'émigrés à Quiberon et le massacre qu'en font les troupes républicaines, commandées par Hoche, décident la Convention à prendre des mesures énergiques contre les émigrés. Mais l'influence des royalistes ne s'en faisait pas moins apercevoir dans Paris ; ils soulèvent adroitement les sections contre la Convention, à l'occasion du décret du 13 fructidor ; et le 13 vendémiaire la défaite des insurgés, trompés la plupart sur les intentions de leurs chefs, vient mettre un obstacle aux projets des réacteurs royalistes.

La Convention, en se retirant, choisit dans son sein les cinq Directeurs appelés par la constitution à exercer le pouvoir exécutif : puis, avant de se retirer, elle augmente ses immortels travaux en organisant les Écoles Polytechnique, d'artillerie, d'ingénieurs militaires, des Ponts et Chaussées, des Mines, de géographes, d'ingénieurs maritimes, de navigation et de marine (la Convention avait déjà institué l'École Normale, des écoles primaires centrales, le Bureau des Longitudes, et en même temps elle avait décrété le nouveau système métrique). Enfin, pour clore sa longue carrière gouvernementale, elle décrète une amnistie générale. Pendant que les intérêts politiques de la nation occupaient ainsi la Convention, nos troupes continuaient leurs succès. La campagne de Hollande, au milieu du plus rigoureux hiver, et sa conquête par des soldats dénués de tout, en rétablissant la république batave, qu'elle nous donne pour alliée, agrandit la France de toute la Flandre hollandaise et de toute la Belgique. Le Liégeois et le Luxembourg y étaient déjà annexés. Intimidés par d'autres succès, les rois de Prusse et d'Espagne concluaient également la paix avec la France : la Prusse nous abandonnait toutes ses possessions de la rive gauche du Rhin ; et l'Espagne, à laquelle la France restitua toutes ses conquêtes, nous cédait la partie de Saint-Domingue qu'elle possédait. Le grand-duc de Toscane avait suivi le même exemple. Mais cette prospérité de nos armes ne se maintint pas jusqu'à la fin du régime conventionnel.

En arrivant au pouvoir (26 oct. 1795), le Directoire trouva le trésor vide, et il avait de grands échecs à réparer ; la Vendée était de nouveau en feu, la Hollande menacée d'une descente, et l'armée d'Italie, découragée, se maintenait à peine au pied des Alpes. Nos soldats se trouvaient réduits à la dernière misère. Le Directoire remplace à l'armée du Rhin Pichegru, qui trahissait déjà, et nomma le jeune Bonaparte au commandement en chef de l'armée d'Italie. En même temps, le Directoire crée pour 2,400,000,000 fr. de *mandats territoriaux*, nouveau papier-monnaie qui est bientôt aussi discrédité que les assignats. La conspiration de Gracchus Babœuf vint à peine inquiéter le pouvoir. Les campagnes de 1796 couvrent nos armées de gloire : Moreau gagne sur les Autrichiens les batailles de Renchen, de Rastadt, d'Etlingen, de Heydenheim, de Friedberg, tandis que Jourdan, appelé à appuyer ses mouvements, remportait la victoire d'Altenkirchen. Mais la précipitation de Jourdan fait échouer un plan dont l'exécution eût rendu les Français maîtres de Vienne. Battu par l'archiduc Charles à la bataille de Wurtzbourg, il rétrograde, et Moreau est contraint d'opérer sa retraite, retraite à jamais célèbre dans nos fastes militaires, et durant laquelle il défait les Autrichiens dans les batailles de Biberach, de Villingen. Hoche avait pacifié de nouveau la Vendée. Mais les faits d'armes les plus glorieux se passaient à l'armée d'Italie, que Bonaparte conduisait à la victoire. Ce jeune général, après une série de victoires plus glorieuses les unes que les autres, avait envahi toute la péninsule, forcé à la paix le roi de Sardaigne, le pape, tous les princes entrés dans la coalition, détruit complètement les armées des généraux autrichiens Beaulieu, Wurmser, Alvinzi et du prince Charles, franchi les gorges du Tyrol, et porté ses drapeaux triomphants jusqu'à trente lieues de Vienne, en poursuivant les débris des troupes du prince Charles. Moreau et Hoche passent le Rhin pour appuyer l'armée d'Italie ; ils remportent de grands avantages à Altenkirchen ; mais l'armistice de Léoben, suivi de la paix de Campo-Formio, mettent fin à cette guerre brillante. De tant d'ennemis qui s'étaient coalisés contre elle, la France n'avait donc plus que l'Angleterre à combattre ; encore cette puissance faisait-elle alors des propositions de paix : elles ne furent point jugées sincères.

La nouvelle de tant de succès remplissait le peuple de joie et d'enthousiasme. Le Directoire sentait sa faiblesse se renforcer de la gloire des armées nationales : aussi se disposa-t-il à réduire violemment ses adversaires au silence. Les élections de l'an V avaient appelé dans les conseils une majorité contre-révolutionnaire qui devenait inquiétante pour le pouvoir. Deux des directeurs, dont l'un, Carnot, était trompé sur les vues ultérieures des royalistes, les appuyaient. La majorité du Directoire, dans de telles conjonctures, crut devoir recourir à un coup d'État, et elle fit le 18 fructidor, pour se débarrasser de ses ennemis. Les élections de l'an VI s'étant au contraire faites sous l'influence des républicains exaltés, seront cassées par le Directoire en vertu des pouvoirs qu'il se fait donner en ce jour.

Le traité de Campo-Formio ne met pas fin à la guerre en Italie. L'ambassadeur français à Rome ayant été tué dans une émeute, le pape est détrôné, et la république romaine proclamée de nouveau, après un intervalle de tant de siècles. En même temps, pour protéger le canton de Vaud contre l'aristocratie de Berne, le Directoire fait attaquer la Suisse et lui impose sa constitution. Le Directoire voulait encore mettre à exécution un projet de descente en Angleterre : 60,000 hommes étaient déjà rassemblés à cet effet, et Bonaparte était nommé général en chef de cette expédition. Mais une entreprise plus gigantesque, propre à occuper une partie des forces que la paix laisse à la charge de la France et attaquer la puissance anglaise en Asie, fait abandonner ce projet. Bonaparte s'embarque avec 40,000 hommes pour l'Égypte. Cependant, le traité de Campo-Formio avait laissé quelques points litigieux à décider ; un congrès avait été convoqué à cet effet : la France y envoya trois plénipotentiaires. Toutefois, l'Angleterre ne pouvait se résoudre à supporter seule tout le poids de la guerre : elle poussa les puissances à renouveler les hostilités. Le roi de Naples et celui de Sardaigne qui cèdent les premiers à ses insinuations, sont châtiés en peu de jours, et le royaume de Naples est constitué en république Parthénopéenne. Bientôt la Russie, l'Autriche, et toutes les puissances monarchiques, moins l'Espagne et la Prusse, se coalisent contre nous. L'assassinat de nos plénipotentiaires à Rastadt irrite la France : elle relève le gant à peine qu'on lui jette.

Cette campagne de 1799, à part les conquêtes et les victoires de l'armée d'Égypte, n'est qu'une série de revers pour nos troupes. L'Italie est presque abandonnée ; les Russes et les Autrichiens se disposent à envahir la France par la Suisse, tandis que 40,000 Anglais débarquent sur les côtes de Hollande. Le Directoire devait supporter la responsabilité de ces revers ; aussi, vivement attaqué par une majorité républicaine exaltée, dans les conseils, qui se constituent en permanence, il se reconstitua, et prend des mesures pour s'opposer aux mouvements royalistes dans le midi et combattre les Chouans, qui se soulèvent de nouveau. Par bonheur, Masséna arrête en Suisse les armées de la coalition, et met, après quinze jours de victoires consécutives, les Austro-Russes dans la plus complète désorganisation, tandis que les 40,000 Anglais du duc d'York sont battus et forcés de se rembarquer. Bonaparte, parti d'Égypte au bruit de nos revers, arrive sur ces entrefaites, escorté de sa gloire d'Égypte. Témoin du mécontentement qu'excite l'impéritie du Directoire, il conspire son renversement, de concert avec Sieyès, l'un des Directeurs, et après l'avoir en quelque sorte dissous et s'être emparé de la France, il tente le 18 brumaire, journée célèbre, qui clôt la période révolutionnaire de la France, en lui donnant un gouvernement où va se retrouver le despotisme de la monarchie.

La constitution de l'an VIII, élaborée après le 18 brumaire, confiait le gouvernement à trois consuls, Napoléon Bonaparte, Cambacérès et Lebrun ; mais les pouvoirs que la

43

constitution donnait au premier consul, qui nommait lui-même ses deux collègues, étaient bien autrement étendus que ceux que la constitution de 1791 accordait à Louis XVI. Le pouvoir législatif se composait, d'après cette constitution, du Tribunat, qui discutait les lois (le gouvernement en avait l'initiative); du Corps législatif, qui les décrétait, et d'un Sénat conservateur, chargé de veiller à leur maintien ; mais le Sénat ne tarda pas à usurper le pouvoir constituant. Cependant, tout espoir de paix étant évanoui , le premier consul se décide à se rendre lui-même en Italie. Le passage du mont Saint-Bernard, l'entrée en Italie, la reprise de toutes nos anciennes conquêtes, les mémorables batailles de Montebello et de Marengo remplissent la France d'enthousiasme; les Autrichiens sont défaits et dispersés complètement en Italie, tandis que Moreau les anéantit en Allemagne aux batailles d'Engern, de Mœskirch, de Biberach, d'Hochstedt et de Hohenlinden : l'empereur d'Autriche est obligé de demander la paix en cédant aux Français tous les pays de la rive gauche du Rhin, jusqu'à son embouchure (1801). La paix est conclue également avec le roi de Naples, avec la Bavière, avec le Portugal, avec la Russie, avec la Porte Ottomane. Le territoire français s'agrandit du duché de Parme, de la principauté de Piombino et de l'Ile d'Elbe. L'Angleterre elle-même signe la paix d'Amiens (27 mars 1802) et la France respire un moment après dix années de guerre.

En même temps, le concordat était conclu, la Légion d'Honneur instituée, Bonaparte enfin créé consul à vie. Mais, irrité par de continuelles conspirations contre ses jours, au nombre desquelles il faut placer en première ligne la machine infernale de la rue Saint-Nicaise et l'attentat de Georges Cadoudal, de Pichegru, etc., il fait enlever, condamner et exécuter le duc d'Enghien. L'établissement de la Banque de France, la pacification de la Vendée, la clôture des émigrés, la réorganisation de l'Institut, l'institution des préfets, l'extension donnée à la loterie, supprimée en 1793, mais rétablie par le Directoire, le rétablissement des droits réunis, la réunion de toutes les lois en un code, et de continuelles infractions à la constitution, signalent l'époque du consulat. Bientôt le titre de consul à vie ne suffit pas à l'ambition de Bonaparte; il lui faut la couronne impériale, et le sénat, obéissant, la lui apporte.

Dès ce moment Napoléon a une cour, de nombreux courtisans, et s'essaye sans cesse à attirer à lui les émigrés et la vieille noblesse. Il est bientôt couronné empereur des Français et roi d'Italie : son despotisme n'a plus de limites, et l'on peut dire que toute la France est concentrée dans Napoléon guerrier et dans Napoléon despote. L'Angleterre a la France avaient rompu la paix d'Amiens, et commencé sur mer les hostilités. Napoléon forme le dessein d'aller attaquer la puissance anglaise jusque dans son île ; le camp de Boulogne est formé, à l'effet de tenter une descente en Angleterre. Mais il apprend que l'Autriche vient d'envahir la Bavière, notre alliée, et que la Russie s'apprête à nous attaquer. Aussitôt Napoléon se met en campagne avec la grande armée. Arrivé à Strasbourg le 24 septembre, il signe la paix à Presbourg le 26 décembre, après avoir complètement détruit l'armée austro-russe, dans cette brillante série de victoires que clôt la bataille d'Austerlitz. Les conditions de la paix de Presbourg, en humiliant l'Autriche, qu'elle dépouillait de l'État de Venise, de la Dalmatie, de l'Albanie, etc., donnaient un nouvel accroissement au territoire de l'empire français. L'année 1807 n'est pas moins glorieuse pour nos armes. Le royaume de Naples est conquis ; la Prusse, entrée dans une nouvelle coalition malgré ses assurances de paix, est châtiée, et les batailles d'Iéna et d'Auerstaedt, la livrent à notre discrétion. Napoléon entre ensuite en Pologne pour y chercher les Russes. Partout la victoire accompagne ses pas : les batailles d'Eylau (9 février 1807) et de Friedland achèvent la destruction des troupes russes et amènent la paix de Tilsitt.

Napoléon avait donné des royautés à ses frères et des fiefs et des majorats à ses généraux. On l'a même accusé d'avoir voulu mettre sur tous les trônes des rois nouveaux, qui lui fussent dévoués corps et âme ; et sa conduite semblait assez le témoigner. Les guerres de Portugal et d'Espagne, la dernière surtout, si funeste à la France, paraîtraient être la conséquence de ce système ; le sénat, selon sa coutume, approuve servilement tous les projets de l'empereur et lui prodigue les hommes pour l'aider à ces expéditions. Mais l'Angleterre, bien qu'épuisée par les dépenses énormes qu'elle avait faites depuis la révolution, parvient à soulever de nouveau l'Autriche contre nous, tandis que nos troupes poursuivent en Espagne le cours de victoires et de conquêtes chèrement disputées. La guerre s'ouvre donc de nouveau en Allemagne, et les batailles d'Abensberg, d'Eckmühl, d'Ebersberg, d'Essling et de Wagram ont bientôt forcé l'empereur François à demander de nouveau une paix désavantageuse et humiliante. Cependant, Napoléon était sans postérité ; il eût vu avec peine la couronne passer sur la tête de son frère Joseph. Il divorce avec Joséphine Beauharnais, sa première femme, pour épouser l'archiduchesse Marie-Louise, fille de l'empereur d'Autriche ; mariage qui lui fut bien funeste.

Napoléon, pendant que ses généraux travaillaient à soumettre l'Espagne, se faisait le protecteur des arts ; sous lui furent commencés ou achevés un grand nombre de monuments dont la France est fière ; des routes nouvelles s'ouvraient de tous côtés par ses ordres, et le port d'Anvers était creusé. En même temps, il regardait comme un devoir de prendre part aux discussions sur le Code Civil, et de porter ses regards sur les plus petits détails de l'administration. La naissance d'un fils (20 mars 1811), appelé *roi de Rome*, vint combler ses vœux, et sembla lui offrir une nouvelle assurance de la durée de la paix. Mais la Russie, lasse de subir la contrainte du *blocus continental*, se dispose à nous attaquer ; Napoléon, dont l'ambition n'a fait que grandir, veut aller attaquer les Russes jusque dans leur patrie. La victoire accompagne nos aigles jusqu'à Moscou ; les batailles de Smolensk, de la Moskowa, viennent agrandir le livre de nos fastes militaires ; mais les éléments font plus contre la France que n'avaient pu toutes les armées des rois de l'Europe. L'incendie de Moscou et la retraite de nos soldats, par un froid rigoureux auquel succombent chaque jour des milliers d'hommes, entraînent la défection d'alliés qui ne désiraient que le moment de venger leurs défaites. La campagne de Saxe et les victoires de Lutzen, Bautzen et Wurtschen, les faisaient déjà repentir de leur levée de boucliers, quand le désastre des Français à Leipzig donne une nouvelle énergie à la coalition. La plupart des alliés dont les troupes grossissent encore nos armées se tournent contre nous dans les moments les plus critiques, et bientôt la France est envahie.

Cette admirable campagne de 1814, dans laquelle l'empereur, acculé sur ses foyers, défait l'ennemi partout où il se trouve en présence, ajoute encore à la gloire militaire de Napoléon. Effrayé de nos succès, l'étranger hésite ; mais il n'en continue pas moins sa marche sur Paris, où il entre, malgré la belle défense d'une partie de la garde nationale et des Écoles Polytechnique et d'Alfort. Tout n'était pas encore perdu pour Napoléon ; mais la trahison du duc de Raguse et le découragement que les maréchaux, fatigués de guerres et de combats, font passer dans son âme, le décident à abdiquer à Fontainebleau et à échanger le trône de France contre la souveraineté d'un îlot perdu dans les eaux de la Méditerranée.

Après l'abdication de Napoléon, le sénat et le corps législatif avaient préparé une constitution plus libérale que celle de l'empire. Dans cette constitution, le peuple français appelait au trône Louis-Stanislas-Xavier de France, qui ne devait y monter qu'après l'avoir jurée. Mais Louis XVIII, au lieu d'adopter ce pacte, présenta au sénat et au corps législatif une charte qui était son ouvrage, et à laquelle les esprits, fatigués de troubles, se montraient assez disposés à se rallier. Malheureusement cette charte fut présentée comme une ordonnance de réformation, et les actes ministériels ne justifièrent que trop l'espérance que nourrissaient les courtisans de la voir bientôt retirée. A propos de la restitution des biens nationaux non vendus, un ministre annonça hautement que la justice du roi ne s'arrêterait pas là, et que son intention était de rendre à la noblesse et au clergé tous les biens dont ils avaient été dépouillés à la révolution. Les souvenirs du drapeau tricolore, planant encore au-dessus de l'antique gloire des fleurs de lis, depuis si longtemps oubliée, ces traités de Paris si onéreux, si cruels pour un peuple qui avait parcouru en triomphe toutes les capitales de l'Europe, ce congrès de Vienne où les rois que nous avions tant de fois vaincus se disputaient nos dépouilles, la morgue hautaine que les émigrés rentrés mêlaient trop souvent à la joie de revoir la patrie, toutes ces circonstances se réunissaient pour préparer les esprits à un changement, quand on apprit le débarquement de Napoléon à Cannes.

Tous les efforts des Bourbons ne purent arrêter sa marche; l'aigle vola de clocher en clocher jusqu'aux tours de Notre-Dame, et le 20 mars le proscrit rentrait dans Paris. Waterloo mit fin aux Cent Jours. Les partisans de la Restauration, lors de cette deuxième visite des alliés à Paris, avaient encore moins caché leur joie qu'à l'époque de la première. Dieu, selon eux, se prononçait hautement pour la France, il y avait crime à tarder encore de se rallier; mais ce fut dans le midi du royaume surtout, dans ces provinces qu'un soleil ardent et l'opposition de deux croyances exaltent avec tant de facilité, que la joie passa bientôt au délire, et du délire à la plus déplorable des réactions. Des meurtres hideux furent commis sur des protestants, sur des libéraux ou bonapartistes, sur de pauvres militaires qui regagnaient paisiblement leurs foyers. Faut-il s'en étonner? Le gouvernement n'était-il pas, lui aussi, dans une voie réactionnaire, et le temps a-t-il pu encore effacer de nos souvenirs les douloureuses condamnations du maréchal Ney, de Mouton-Duvernet, des frères Faucher, de Labédoyère et de tant d'autres, la censure des journaux solennellement rétablie, le licenciement des débris de nos armées, si glorieuses, subtilement attirées loin de la capitale, et qualifiés publiquement de *brigands de la Loire;* le troisième traité de Paris, qui dépouillait la France de ses conquêtes et de pays qui lui appartenaient avant 1789; l'expulsion du sol de la patrie des Français qui, après avoir voté la mort de Louis XVI, avaient accepté des fonctions publiques durant les Cent Jours; la suspension de la liberté individuelle et l'établissement des cours prévôtales. N'était-ce pas là un triste début pour un gouvernement, quelque certain qu'il fût de l'appui des chambres? Pouvait-il conserver toujours cette ligne de conduite violente? Aussi l'ordonnance du 5 septembre 1816, en renvoyant la chambre qui l'avait favorisée, renouvela-t-elle complétement la face de l'État.

Les constitutionnels, les libéraux, le côté gauche, appuyèrent franchement le ministère qui avait provoqué cette ordonnance; mais la Restauration n'en était pas moins, au fond du cœur, hostile aux progrès de la liberté. Les lois répressives de la presse, de la censure, le double vote, établis après la mort du duc de Berry, et qui firent naître tant de troubles, le ministère Villèle, Corbière et Peyronnet, détruisent bientôt toutes les espérances des libéraux. De nouvelles lois contre les écrivains et la presse, les manœuvres d'un gouvernement occulte en faveur des ultraroyalistes, l'expulsion du député Manuel, les fraudes ministérielles dans les élections, la guerre entreprise par la France contre la révolution espagnole, tandis que la sainte-alliance étouffait de son côté les révolutions de Naples et du Piémont, augmentaient de jour en jour les ferments de haine et le nombre des ennemis du gouvernement. Quand Louis XVIII mourut, le parti libéral avait déjà jeté de profondes et vivaces racines dans la nation. Les conspirations avortées de Béfort, de Berton, de La Rochelle, étaient le retentissement lointain de l'opinion publique, auquel, comme il arrive presque toujours, le gouvernement eut le tort grave de ne point prêter l'oreille.

Charles X, malgré ses fâcheux antécédents contre-révolutionnaires, avait débuté par un acte qui était de nature à lui concilier les esprits, généralement si oublieux en France: il avait aboli la censure. Aussi la joie fut-elle grande à son entrée dans la capitale. Mais bientôt il s'abandonne à son tour aux mêmes ministres ennemis de toutes nos libertés. La loi d'indemnité, en accordant un milliard à l'émigration, encourage ses espérances, et ajoute aux charges du peuple. Une opposition consciencieuse combat, dans le sein des chambres, la marche rétrograde du pouvoir. Le clergé, protégé par la cour, abuse de son influence; des missionnaires se répandent sur la surface de la France, et partout des troubles éclatent à leur aspect; enfin, le ministère, pour achever de se démasquer, propose la loi d'aînesse et les substitutions, que la chambre des pairs a le bon sens de rejeter. Dès ce moment la défection pour le gouvernement devient de plus en plus sensible. Malgré ses efforts obstinés, malgré le rétablissement de la censure, malgré le licenciement de la garde nationale parisienne, malgré les fraudes électorales des nouvelles élections, malgré les troubles et les fusillades de la rue Saint-Denis (novembre 1827), le ministère Villèle ne peut plus se soutenir, et il est forcé de céder la place au ministère Martignac, plus en harmonie avec les opinions monarchiques constitutionnelles du grand nombre.

Mais ce ministère, en butte à la haine des courtisans, et envisagé par la cour comme une concession momentanée, arrachée par la force des choses, ne tarde pas à s'apercevoir que, malgré toute sa bonne volonté, la position n'est plus tenable, et qu'en dépit des plus consciencieux avertissements s'avance une administration ouvertement hostile à la nation, celle du prince de Polignac. La conquête d'Alger, si glorieusement entreprise et achevée sous ce ministère, n'était peut-être de sa part qu'une diversion adroitement tentée pour pouvoir, en occupant les esprits des prestiges d'une gloire extérieure, consommer plus facilement à l'intérieur la soumission de la France entière au joug du pouvoir absolu. C'est sur la lutte de ce ministère contre la chambre des 221, qui représentait le progrès, a conduit la monarchie de Charles X. Du moment que cette monarchie eut brisé la légalité qui la protégeait, elle tomba. La révolution de Juillet punit le manque de foi de la Restauration, et plaça sur le trône Louis-Philippe d'Orléans.

TISSOT, de l'Académie Française.

Quand Charles X, dans son aveuglement fatal, eut appelé le ministère Polignac pour reconquérir le droit divin de la royauté, lorsqu'il voulut supprimer par ordonnances les deux institutions pour lesquelles la France avait soutenu quinze années de luttes, la liberté de la presse et les élections, en trois jours la colère du peuple balaya la dynastie parjure. Et pourtant, il faut bien le dire, la France avait accepté les Bourbons; elle s'était attachée à la Charte comme à une ancre de salut; et sans la folie de ce coup d'État elle se fût contentée de faire triompher l'opinion par les seules voies légales. Mais il était dans l'ordre qu'au lendemain de la victoire la nation, si audacieusement provoquée et si promptement victorieuse, ne se contentât plus de ce qui lui aurait suffi la veille. En effet, ces trois journées avaient creusé un abîme entre le passé et l'avenir : une révolution profonde venait de s'improviser. Le vendredi 30 juillet les députés qui les jours précédents avaient eu des réunions particulières chez de Laborde, chez Casimir Périer, Audry de Puyraveau, et Laffitte, s'assemblèrent pour la première fois à la chambre, et en vue de pourvoir à la sûreté publique, déférèrent la lieutenance générale du royaume au duc d'Orléans. M. Villemain et deux autres députés avaient seuls voté contre cette résolution. Le prince, auquel on avait transmis l'acte de la chambre, arriva de Neuilly au Palais-Royal à onze heures et demie du soir.

La population qui avait élevé les barricades, et surtout les jeunes gens, étaient en proie à une vive exaltation. Une foule d'hommes, ardents, pleins d'énergie, s'agitaient autour de la commission municipale installée à l'hôtel de ville. Le samedi 31 on pouvait d'un moment à l'autre voir proclamer la république; déjà même la présidence d'un gouvernement provisoire avait été offerte à Lafayette, et Odilon Barrot avait obtenu de lui à grand'peine d'ajourner toute décision jusqu'au lendemain. Les circonstances étaient donc critiques le 31, lorsqu'à huit heures du matin la commission de la chambre des députés se présenta au Palais-Royal. Rien n'était plus urgent que de mettre fin à l'interrègne gouvernemental; il fallait au plus tôt proclamer un chef et le faire reconnaître. Le duc d'Orléans demandait le temps de réfléchir : Bérard seul lui représenta l'imminence du danger et la nécessité d'une résolution immédiate. Le duc d'Orléans céda à ces représentations, et la proclamation par laquelle il acceptait la lieutenance générale du royaume fut rédigée. Le prince y disait : « En rentrant dans la ville de Paris, je portais avec orgueil ces couleurs glorieuses que vous avez reprises, et que j'avais moi même longtemps portées..... Une charte sera désormais une vérité. » La proclamation de la chambre en réponse à celle du prince stipulait plusieurs garanties, entre autres le rétablissement de la garde nationale, le jury pour les délits de la presse, la réélection des députés promus à des fonctions publiques, etc. On remarqua le changement d'un mot dans la phrase qui la terminait comme celle du prince : « La Charte sera désormais une vérité. » On se rendit ensuite à l'hôtel de ville ; de vives acclamations s'élevèrent sur le passage du duc d'Orléans, qui donnait des poignées de main sur toute la route. Le général Lafayette l'accueillit avec cordialité. La proclamation de la chambre est lue par M. Viennet, et la réponse du prince est couverte d'applaudissements. Ce fut là qu'eut lieu l'incartade du général Dubourg.

Le 1er août la commission municipale nomme des commissaires provisoires près de chaque ministère, MM. Dupont (de l'Eure) à la justice, Louis aux finances, le général Gérard à la guerre, Bignon aux affaires étrangères, d'où il passa à l'instruction publique, Guizot à l'instruction publique, qu'il quitta pour l'intérieur; le général Sébastiani eut la marine. Elle nomme en même temps de Laborde à la préfecture de la Seine, Chardel aux postes, Bavoux à la préfecture de police, où il fut bientôt remplacé par Girod (de l'Ain). Lafayette eut le commandement général des gardes nationales du royaume. Une ordonnance déclare que la nation française reprend ses couleurs ; une autre convoque la chambre des pairs et la chambre des députés pour le 3 août.

Cependant Charles X, qui s'était replié avec sa maison sur Rambouillet, avait signé, ainsi que le dauphin, une abdication en faveur du duc de Bordeaux, et il avait fait tenir un acte comme lieutenant général du royaume. Dans la soirée du 2 août le bruit se répand dans Paris que Charles X refuse de quitter Rambouillet jusqu'à ce que son petit-fils ait été reconnu. Ce bruit exaspère la population parisienne. Par un mouvement spontané, des troupes de citoyens se réunissent le 3, dès le matin, aux Champs-Élysées, annonçant l'intention de se porter sur Rambouillet, pour en finir avec les Bourbons. Pour régulariser le mouvement, le général Pajol se mit à leur tête, avec le colonel Jacqueminot pour chef d'état-major. La troupe grossissant le long de la route, ils arrivèrent au nombre de plus de vingt mille à Rambouillet. Charles X, effrayé de cette démonstration, se décide à dix heures du soir à partir pour Cherbourg, accompagné de MM. Odilon Barrot, de Schonen et du maréchal Maison, commissaires désignés par le gouvernement provisoire.

Ce même jour eut lieu l'ouverture de la session. Le discours du lieutenant général du royaume annonçait que communication serait faite aux chambres de l'acte d'abdication de Charles X et du dauphin; mais cette abdication étant conditionnelle, quelle valeur pouvait-elle avoir? D'autres circonstances, futiles en apparence, semblaient indiquer un parti pris de se tenir le plus près possible de la Restauration. Ainsi, le *Moniteur* enregistrait son *erratum* substituant dans la première proclamation du duc d'Orléans *la* Charte à *une* charte ; les esprits prévoyants prétendaient deviner là tout un système. La nomination de M. Pasquier à la présidence de la chambre des pairs trouvait peu d'approbateurs, et semblait annoncer une tendance rétrograde. Enfin, on regardait comme des jouets tant soit peu puérils la grand'croix de la Légion-d'Honneur donnée au duc de Chartres et au duc de Nemours.

L'action du gouvernement provisoire ne se révélant que par ces mesures mesquines, un député, Bérard, prit l'initiative d'une démarche décisive, tendant à faire proclamer Louis-Philippe roi des Français, sous la condition qu'il consentirait préalablement accorder certaines garanties politiques, spécifiées dans une espèce de déclaration de droits, telles que l'abaissement de l'âge et du cens d'éligibilité, l'abolition de la censure, le jury pour les délits de la presse, etc. Ce projet, communiqué par Bérard à quelques amis qui l'encouragèrent fort à y donner suite, occupa plusieurs jours les délibérations des ministres provisoires : ce fut le duc d'Orléans qui conçut l'idée de convertir la proposition de Bérard en acte constitutionnel et sous la forme d'amendements à la Charte, et il chargea MM. de Broglie et Guizot de rédiger ces amendements. Le 6 août au matin M. de Broglie remit son travail à Bérard qui, trouvant son plan primitif grandement modifié, amenda à son tour l'œuvre de M. de Broglie, et en fit part à la chambre quelques heures après. Le projet fut renvoyé à une commission chargée d'en rendre compte le jour même, dans une séance du soir. En effet, M. Dupin aîné, rapporteur, lut à neuf heures son rapport sur les modifications à faire à la Charte. Son travail était conçu dans un sens tout favorable à la souveraineté nationale, étudiée dans le projet de M. de Broglie. L'intention du gouvernement était de faire délibérer immédiatement et d'emporter le vote d'assaut dans la nuit même. M. Guizot, commissaire au ministère de l'intérieur, avait donné le mot aux centres : M. de Rambuteau, qui s'était chargé d'attacher le grelot, monta à la tribune, et fit la proposition de voter sur-le-champ. Déjà l'on criait *Aux voix* ! lorsque Benjamin Constant, Mauguin, Salverte, Demarçay, représentent l'inconvenance et l'impossibilité de passer au scrutin sur des amendements si graves, avant même d'en avoir pris connaissance, ou du moins sans les avoir lus à tête reposée. Alors une extrême fluctuation se manifesta dans l'assemblée. M. Guizot, inquiet de cette attitude indécise, demande la parole; il ne voit plus d'inconvénient à ce que le rapport soit imprimé dans la nuit et distribué et à ce que la discussion commence le lendemain; ce qui tira tout le monde d'embarras. Mais M. de Rambuteau, très-humilité de s'être compromis en pure perte, vint dire à M. Guizot, après la séance levée, qu'il était bien aise d'avoir tiré les marrons du feu, pour que le gouvernement eût l'occasion de s'en faire honneur, À quoi M. Guizot repartit : « Je fais profession de changer d'avis toutes les cinq minutes ; dans une grande assemblée, il faut toujours consulter la disposition du moment. — Mais vous auriez bien pu me le dire d'avance, » répliqua M. de Rambuteau.

La séance fut donc renvoyée au lendemain matin à dix heures; mais dans la nuit une convocation à domicile indiqua la séance deux heures plus tôt. Le public et les journalistes n'ayant pas été prévenus, il n'en fallut pas moins attendre que les tribunes fussent remplies. Tous les amendements ont été votés sans désemparer, et le duc d'Orléans fut élu roi des Français, à la majorité de 219 voix contre 33. Aussitôt la chambre se rendit en corps au Palais-Royal, pour porter au prince élu l'acte qui lui donnait une couronne. Le duc d'Orléans parut avec Lafayette sur le balcon du Palais-Royal, et fut salué par les acclamations populaires. Le

9 août, dans une séance solennelle à la chambre des députés, le prince jura la charte nouvelle, et reçut en échange le titre de roi. Certes, cette journée du 7 août 1830, sous ses dehors modestes et dépouillés de tout prestige, avec son roi voté au scrutin, et ces trois cents bourgeois qui traversent Paris, le parapluie sous le bras, pour aller offrir une couronne, n'en fut pas moins une éclatante manifestation de la puissance démocratique et de la souveraineté nationale. Mais il faut avouer que toute cette œuvre portait la trace d'une excessive précipitation. Dans l'empressement qu'on avait d'en finir, on ne voulut pas même laisser relire la Charte article par article, et on y laissa passer d'étranges inadvertances. Voilà ce qui a pu valoir à l'œuvre du 7 août la qualification de *charte bâclée*. Ces torts réels avaient leur excuse dans la hâte qu'on avait de sortir du provisoire. On avait peur d'une Convention, on voulait éviter à tout prix les embarras et les délais d'une session constituante. Sur un sol qui tremblait, dans l'effervescence produite par des événements inouïs, chaque heure pouvait enfanter une crise, chaque jour valait un siècle. Sous le feu des passions populaires et en présence des partis armés, il fallait les gagner de vitesse, afin de rendre la révolution le moins révolutionnaire possible. Tel fut le plan suivi dès le premier jour par ceux qui mirent la main sur le pouvoir. Dès lors on peut suivre les deux directions, les deux systèmes qui pendant dix-huit ans partagèrent le gouvernement et l'opposition.

Dans tous ces préliminaires du nouveau règne, la chambre des pairs avait été bien effacée; elle n'avait joué aucun rôle dans les événements, sauf l'entremise officieuse et complétement avortée de quelques pairs entre Charles X et l'hôtel de ville. Il y a plus, son existence avait été sérieusement menacée : dans la soirée du 6 août, pendant que la commission des députés délibérait sur le rapport à faire touchant les amendements à la Charte, une troupe de jeunes gens s'était présentée aux portes de la Chambre, demandant hautement l'abolition de l'hérédité de la pairie. On craignait même que les exigences populaires n'allassent plus loin. Ces appréhensions ne furent pas étrangères à la résolution que prit la chambre de réserver pour un autre temps la question même de l'organisation de la pairie, en insérant dans l'acte constitutionnel la disposition suivante : « L'article 27 de la Charte sera soumis à un nouvel examen dans « la session de 1831. » Les ministres provisoires eux-mêmes, craignant que l'émeute ne devint une insurrection, et n'osant aborder de front la question formidable de la pairie, avaient tâché de l'éluder en substituant, comme toujours, à la question de principes une question de personnes. Sur le projet communiqué par M. le duc de Broglie à M. Bérard, M. Guizot avait écrit de sa main les lignes suivantes : « Toutes les nominations et créations nouvelles de pairs faites sous le règne du roi Charles X sont déclarées nulles et non avenues. » Cet article devint la première des *dispositions particulières* qui terminaient la charte nouvelle. Quoi qu'il en soit, la chambre des pairs, qu'on n'avait pas appelée à délibérer sur cette nouvelle charte, et à qui l'on n'avait fait en quelque sorte qu'une simple communication de politesse, mais qui, cependant, ne voulait pas rester étrangère à ce grand acte politique, vint à son tour au Palais-Royal, le 7 août, à dix heures du soir, apporter son adhésion. Dans la séance royale du 9 août, une partie de la salle fut réservée à la pairie.

Le 11 août, le roi composa son ministère ainsi qu'il suit : M. Dupont (de l'Eure) à la justice, le maréchal Gérard à la guerre, M. M o l é aux affaires étrangères, M. Guizot à l'intérieur, le duc de Broglie à l'instruction publique et aux cultes, le baron Louis aux finances, et le général Sébastiani à la marine. La tâche de chacun de ces ministres était immense, en même temps que les difficultés du pouvoir en général avaient de quoi effrayer. La révolution, en interrompant tous les travaux de l'industrie, avait propagé un malaise précurseur de la plus terrible crise commerciale et financière. Paris, déserté par les riches, par les grandes familles, par les étrangers opulents, que faisaient fuir les rugissements de l'émeute, vit en quelques mois sa population diminuer de cent cinquante mille âmes. Dans le seul mois d'août, sur treize millions que devaient produire les contributions indirectes, le trésor éprouva un déficit de deux millions. Les capitalistes demandant à la Banque le remboursement de leurs dépôts, l'argent se resserre, le trésor est réduit aux expédients, et du mois d'août au mois de novembre les fonds publics éprouvent une baisse de vingt francs. Les maisons de commerce les plus solides sont ébranlées. Par ces souffrances des hautes classes, on peut juger de la misère des classes inférieures. La suppression des travaux amenait la diminution des salaires, et les hommes qui avaient versé leur sang pour la liberté voyaient leurs familles en proie aux souffrances de la faim. M. Guizot, ministre de l'intérieur, demanda à la chambre un crédit de cinq millions applicables à des travaux publics. On fit quelques prêts au commerce; on fit quelques réimpressions d'anciens ouvrages pour donner du travail aux ouvriers imprimeurs. Mais ces faibles secours étaient insuffisants; et d'ailleurs l'État ne peut suppléer au mouvement social. Cette misère était prolongée par la continuité des émeutes, à peu près permanentes dans la capitale. A la faveur de l'effervescence générale, chaque jour des attroupements se rassemblaient sur la place du Palais-Royal. Pour prétexte, on avait tantôt les réclamations des ouvriers contre les machines, tantôt des secours à envoyer à la Belgique révoltée, tantôt la nouvelle de l'insurrection polonaise. Le gouvernement avait à lutter sans cesse contre l'esprit désorganisateur; les clubs, les sociétés populaires, travaillaient à faire descendre les affaires sur la place publique; la presse elle-même, dont les protestations avaient été le premier acte de résistance aux ordonnances de Juillet, exerça dès le début une influence démesurée, et contribuait pour sa part à entretenir l'agitation.

Tant d'existences déplacées par la secousse de Juillet, de folles ambitions déçues, des espérances exagérées non satisfaites, étaient autant d'éléments d'opposition qui se coalisaient contre le gouvernement et lui faisaient obstacle. Les partis, que la révolution avait pris au dépourvu, s'étaient reformés en présence d'un nouvel ordre de choses, et se prononçaient déjà avec plus d'énergie. Le parti bonapartiste, qui devait susciter plus tard quelques embarras à la nouvelle cour, vivait d'illusions, comme tous les partis, et, il faut bien le dire, il ne formait dans la nation qu'une imperceptible minorité, qui disparaissait tous les jours; ses vieux débris se rattachaient sans résistance à la nouvelle cour. Le duc de R e i c h s t a d t, dont la présence aurait pu seule lui rendre quelque vie, était trop loin, et sous la main de l'étranger. Que pouvait-il d'ailleurs? Nous rendre l'empire moins l'empereur, c'est-à-dire réveiller les passions guerrières, alarmer l'Europe, et ramener le despotisme pour accompagnement obligé. Avec les habitudes de vie publique et de liberté qui s'étaient fortifiées depuis quinze ans, c'était un véritable anachronisme. Quant au parti légitimiste, la stupeur qui l'avait frappé durait encore. Il devait se réveiller un peu plus tard ; mais pour le moment il se tenait coi, observant avec inquiétude les démarches du gouvernement. Ses vieux organes, la *Gazette* et *La Quotidienne*, par une curieuse palinodie, réclamaient hautement les garanties de la liberté. La république avait contre elle les républicains d'autrefois, et elle devait avoir bientôt contre elle les républicains d'aujourd'hui. Ce parti, composé surtout d'hommes énergiques, audacieux, se recrutait parmi les mécontents, parmi les ambitions subalternes non satisfaites ; il étendait aussi sa propagande dans les classes ouvrières ; le désœuvrement forcé d'un grand nombre d'artisans, la cherté du pain, les émeutes périodiques, tendaient à le grossir. Il faisait l'effroi de la bourgeoisie, c'est-à-dire des commerçants, des fabricants, des propriétaires, des rentiers, de la magistrature, enfin de tous les hommes qui possèdent, et dont les intérêts sont étroitement liés au maintien du bon ordre. Car les capitaux, les entreprises industrielles, la valeur des charges, le commerce, tout périclite dès que l'ordre est menacé. Cette classe est donc essentiellement conservatrice; aussi fit-elle une alliance intime avec le gouvernement, et l'on a pu dire avec vérité que Louis-Philippe était le roi de la bourgeoisie. A cette époque, le roi était entouré d'une grande popularité, et il a dû garder longtemps le souvenir de l'accueil que lui fit la population parisienne pendant la revue de la garde nationale au Champ-de-Mars, le 29 août 1830.

La situation financière de l'État appelait toute la sollicitude des hommes spéciaux, puisque, tandis que les besoins s'accroissaient dans une proportion effrayante, les ressources et les revenus publics ne faisaient que décroître. L'impôt sur les boissons soulevait depuis longtemps des cris de réprobation, et les chambres furent forcées d'adopter provisoirement un projet de loi qui laissait au débitant le choix entre l'*abonnement* et l'*exercice*. L'armée surtout attendait une prompte réorganisation. Les trois journées avaient entièrement disloqué certains régiments; la garde royale et la maison du roi avaient été dissoutes : tout était à refaire, un matériel considérable à remplacer, les cadres à compléter, la discipline à raffermir. La France ne pouvait rester désarmée en présence des chances de guerre possibles que le mauvais vouloir des puissances étrangères pouvait amener. Il restait à peine sous les drapeaux 80,000 hommes, y compris le corps d'armée d'Afrique. On ordonna une levée; les cadres de l'armée furent portés à 500,000 hommes. En cas de guerre, on avait une réserve de 1,500,000 gardes nationaux. On n'avait pas plus de 800,000 fusils dans les arsenaux, et il en aurait fallu trois millions. Telle fut l'origine des marchés devenus fameux sous le nom de fusils-Gisquet. Heureusement personne n'était prêt pour la guerre, et tout le monde avait besoin de la paix. Malgré la bonne envie que pouvaient avoir les cabinets étrangers d'écraser la révolution, ils devaient s'effrayer de la perspective d'une lutte nouvelle, dont il était impossible de prévoir le terme. Chacun d'eux avait d'ailleurs des populations inquiètes à surveiller. La sainte-alliance résolut donc de rester sur la défensive, mais en poursuivant ses armements sur tous les points.

La Grande-Bretagne fut la première à reconnaître le nouveau gouvernement de la France. On sait avec quel enthousiasme le peuple anglais avait accueilli la nouvelle des événements de Juillet. Le choix du prince de Talleyrand comme ambassadeur de France en Angleterre (5 septembre) fut pour les patriotes un sujet de vives réclamations. Sa nomination avait même rencontré de l'opposition dans le conseil des ministres. MM. Laffitte, Dupont (de l'Eure), Molé, Bignon, s'étaient, disait-on, prononcés contre lui. Signataire du traité de Vienne, son nom disait assez clairement qu'on voulait donner des gages à la sainte-alliance. Sans doute, c'était là une démarche essentiellement pacifique; mais elle enchaînait la diplomatie française aux traités de 1815. Le roi des Pays-Bas avait été le second à reconnaître le nouveau gouvernement de la France. La reconnaissance de l'Autriche arriva par Berlin avec celle de la Prusse. Celle de la Russie se fit plus attendre. Le 19 août, le roi avait écrit à l'empereur Nicolas pour lui notifier son avénement. Afin de rassurer l'Europe sur les suites de la révolution de Juillet, il ne la montrait que comme une résistance malheureuse, mais inévitable, à d'imprudentes agressions; il se présentait lui-même comme le modérateur des vainqueurs, et le protecteur des vaincus; de l'appui que la sainte-alliance lui prêterait dépendrait le maintien de la paix en Europe; il espérait même que la *catastrophe* arrivée à Paris n'aurait pas pour résultat de briser l'alliance projetée entre la France et la Russie. Nicolas accueillit avec hauteur le général Athalin, envoyé du Palais-Royal. Dans sa réponse à Louis-Philippe, il rappelle les traités existants et l'état de possession territoriale qu'ils ont consacré, et la révolution de Juillet d'*événement à jamais déplorable*. Le ton dédaigneux de cette lettre, des réticences pleines de menaces, et surtout l'omission insultante de ces mots, *monsieur mon frère*, consternèrent le Palais-Royal. Dès lors s'établit dans les relations des deux cabinets cette extrême froideur qui a duré jusqu'à la fin de la monarchie de Juillet.

Le nouveau gouvernement de la France prit pour base de sa politique extérieure le principe de non-intervention. M. Molé, alors ministre des affaires étrangères, fut le premier à le mettre en avant dans les transactions de la politique européenne. Toutefois, avec le bon sens pratique de l'homme d'État, il n'aurait pas voulu que la France s'enchaînât d'avance par la déclaration d'un principe inflexible. Ce principe ne tarda pas à être violé par l'Autriche, en Italie, et la France toute la première se rendit complice de cette violation, lorsqu'elle prit part aux actes de la conférence de Londres relatifs aux affaires de Belgique. La Belgique était en effet le premier embarras suscité aux cabinets par la situation nouvelle de l'Europe. L'union de la Belgique agricole et de la Hollande commerçante venait d'être violemment rompue; l'accouplement de ces deux nations entièrement distinctes de mœurs, de langage, de religion, d'intérêts, était désormais démontré impossible.

Un des embarras du gouvernement était le procès à faire aux anciens ministres de Charles X, dont quatre, le prince de Polignac, MM. de Peyronnet, Guernon-Ranville, et Chantelauze, avaient été arrêtés dans les départements, conduits à Paris, et mis au donjon de Vincennes. Dès lors l'issue possible de ce procès devint pour tous les partis, pour toutes les opinions, l'objet d'une attente immense : pour les uns, il s'agissait de savoir si les ministres de Charles X auraient le privilége de l'impunité; les autres se demandaient avec inquiétude si la révolution de Juillet démentirait sa modération presque sans exemple par une vengeance sanglante. Ce fut pour conjurer d'avance la possibilité d'un tel résultat qu'on se mit à faire de la philanthropie sur l'abolition de la peine de mort. M. de Tracy en fit la proposition le 17 août. On apprit bientôt que le jugement des ex-ministres était déféré à la chambre des pairs, toute peuplée de leurs amis, ou même de leurs complices. Ces tentatives, mal couvertes, pour soustraire de grands coupables à un châtiment mérité ne firent qu'exaspérer la multitude et provoquer des émeutes : des cris menaçants retentirent dans les ateliers, des placards séditieux furent affichés sur les murs du Luxembourg; on vit des bandes traverser Paris portant un drapeau avec ces mots inscrits : *Mort aux ministres!* elles se dirigeaient sur le Palais-Royal, et de là sur Vincennes, menaçant d'enlever les prisonniers, sans la courageuse résistance du général Daumesnil. Mais le moyen le plus sûr d'avoir raison de la fureur populaire était d'assurer le cours de la justice. Que le jugement, quel qu'il fût, reçût son exécution, tel était le mot d'ordre de Lafayette et de la garde nationale. Le 6 octobre, M. Bérenger lut à la chambre des députés son rapport sur la proposition de M. de Tracy : il concluait à l'ajournement. La discussion solennelle qui s'ouvrit quelques jours après aboutit à un projet d'adresse au roi, ayant pour objet la suppression de la peine de mort en matière politique. Pour calmer l'effervescence qui en résulta, le *Moniteur* dut annoncer que l'abolition immédiate de la peine de mort n'était pas possible, et que même pour la restreindre aux seuls cas où la nécessité la rendait légitime, il fallait du temps et un long travail. Le préfet de la Seine, Odilon Barrot, adressa une proclamation qui, tout en frappant d'un blâme énergique les fauteurs de troubles, qualifiait d'inopportune l'adresse présentée au roi par la chambre. Cet incident amena la dissolution du cabinet du 11 août. A cette censure dirigée contre lui-même et contre la chambre, le ministère voulait répondre par la destitution du préfet de la Seine; mais Dupont (de l'Eure) et Lafayette se montrant disposés à offrir leur démission si ce coup était frappé, on dut l'ajourner, car la présence de ces deux personnages autour du trône était nécessaire pour traverser l'époque orageuse du procès des ministres. En conséquence, la partie du ministère qu'on désignait par le nom de *doctrinaires* se retira. La retraite de MM. Guizot et de Broglie entraîna celle de M. Molé et des ministres sans portefeuille, Casimir Périer, Dupin et Bignon. Laffitte prit la présidence du conseil avec le portefeuille des finances; M. Dupont (de l'Eure) resta à la justice, et le maréchal Gérard à la guerre; M. de Montalivet remplaça M. Guizot à l'intérieur; M. Mérilhou succéda au duc de Broglie, à l'instruction publique; le maréchal Maison prit pour quelques jours l'*interim* des affaires étrangères, où il fut remplacé par le général Sébastiani, qui laissa, le 18 novembre, la marine à M. d'Argout. M. Thiers fut nommé sous-secrétaire d'État aux finances. Telle fut la composition du ministère du 2 novembre.

La situation était critique ; la détresse de l'industrie se révélait par une série de faillites; la suspension du travail menaçait les classes ouvrières d'une misère croissante. Le gouvernement, assailli par toutes les factions à la fois, semblait n'avoir qu'une existence précaire; elles profitaient de l'agitation extraordinaire que l'approche du procès des ministres avait répandue dans la population. Le parti carliste, après trois mois de silence, s'était réveillé de sa stupeur; il poussait au désordre, il soldait les émeutes, il s'unissait au parti républicain. Laffitte disait à la tribune, le 28 décembre 1830 : « Des documents écrits prouveront que les partisans de ce qui a péri en juillet sont mêlés aux troubles des journées de décembre, et que seuls ils ne peuvent pas alléguer pour excuse les emportements d'un amour exagéré de la liberté. Nous tenons ces mots écrits de leurs mains : *Il nous faut une république pour chasser la famille d'Orléans.* » On répandait le bruit que Louis-Philippe gardait le trône pour un autre. La bourgeoisie, alarmée de ces désordres, derrière lesquels elle voyait des bouleversements intérieurs et l'embrasement de l'Europe, prit les armes contre les agitateurs. Le dévouement de la garde nationale fut alors la seule sauve-garde de la patrie et de la France. Les clubs, les sociétés populaires, les foyers ardents où toutes les passions sans emploi venaient s'exhaler, excitaient un effroi général : l'autorité fit fermer le local où se réunissait la société des *Amis du Peuple*.

La chambre des pairs s'était constituée en cour de justice, et le 10 décembre les ex-ministres avaient été transférés de Vincennes à la prison du Petit-Luxembourg, autour duquel on avait établi un formidable appareil de défense. M. de Bastard, dans son rapport, le 29 novembre, attribuait à la cour des pairs l'omnipotence judiciaire, c'est-à-dire le double pouvoir de définir le crime et de statuer sur la peine. Les débats s'ouvrirent le 15 décembre. Les dépositions de nombreux témoins reproduisirent la vivante histoire des trois journées. Tout le système de l'accusation reposait sur la violation de la Charte; la révolution avait été faite uniquement pour la défense de la légalité, telle fut la thèse soutenue par M. Persil, procureur général, orateur à qui une certaine âpreté de passion tient lieu d'éloquence. Le prince de Polignac fut défendu par Martignac ; il étonna le public et ses juges par une imperturbable sécurité : il n'imaginait pas que sa condamnation fût possible, tant l'article 14 de la Charte, derrière lequel il s'abritait, lui semblait un rempart inexpugnable! Quant à M. de Peyronnet, qui pendant dix ans avait habitué les chambres à son ton hautain et à son langage plein de jactance, il surprit à son tour l'auditoire par le ton modeste de son allocution. Il avait pour avocat Hennequin. M. de Chantelauze fut défendu par M. Sauzet, jeune avocat du barreau de Lyon, qui séduisit par la fluidité de sa parole et par son extrême facilité d'élocution, dont l'éloquence devait se montrer si vide et si creuse lorsque, appelé au ministère quelques années plus tard, il aborda les questions politiques. Enfin, M. Crémieux, qui plaidait pour M. de Guernon-Ranville, fut interrompu au milieu de son plaidoyer par une indisposition subite. Les bruits du dehors arrivaient jusqu'au sein de l'assemblée, et jetaient le trouble dans les âmes; c'étaient les tambours qui battaient le rappel, des clameurs forcenées et les rumeurs lointaines de l'émeute. M. Béranger répliqua pour soutenir l'accusation. Mais l'assemblée était distraite. Tout à coup le bruit se répand que dix mille hommes vont escalader le palais de la chambre des pairs : une terreur panique s'empare des juges; le président, M. Pasquier, saisi de frayeur, lève subitement la séance.

La journée du lendemain, 21 décembre, devait être décisive. Aussi, dans l'appréhension des événements, des mesures formidables avaient été prises. Les rues de Tournon, de Seine, de M. le Prince, étaient remplies d'hommes armés, ainsi que les places de Saint-Michel, de l'Odéon et de Médecine. Six cents gardes nationaux de la banlieue et deux escadrons de lanciers avaient été postés à la grille du Luxembourg du côté de l'Observatoire; deux bataillons de ligne occupaient la grande avenue; le jardin était garni par la garde nationale; tous les abords du palais avaient été rendus inaccessibles. Plus de trente mille baïonnettes stationnaient sur la rive gauche de la Seine. Autour de cette armée bourdonnait une foule immense. Le jugement rendu, M. de Montalivet était à la porte de la prison, demandant au geôlier de lui livrer les prisonniers. Le geôlier refuse; il fallait un ordre du président de la cour des pairs, et M. de Montalivet avait oublié de le lui demander. Les moments étaient précieux ; il écrivit lui-même en qualité de ministre de l'intérieur l'ordre de livrer les prisonniers, prenant toute la responsabilité sur lui seul. Alors seulement la porte de la prison s'ouvrit. Une voiture attendait les ex-ministres au guichet du Petit-Luxembourg; tous quatre y montèrent. Elle s'avança d'abord lentement à travers les rangs de la garde nationale; mais parvenue à l'extrémité de la rue Madame, où l'attendait une escorte de deux cents chevaux, commandée par le général Fabvier, elle prit avec une extrême vitesse la route de Vincennes, en gagnant rapidement les boulevards extérieurs ; M. de Montalivet et le lieutenant-colonel de la douzième légion, Lavocat, chargé du commandement en second du Luxembourg, galopaient à la portière. Le ministre de l'intérieur écrivit sur un billet au crayon pour informer le roi du succès de son expédition.

La délibération de la cour des pairs s'était faite avec précipitation. Au moment où l'arrêt allait être prononcé, les juges s'élancèrent en tumulte vers la porte de la salle, cherchant à se dérober par des issues secrètes, et même sous divers déguisements. L'arrêt condamnait les quatre ministres à la prison perpétuelle; il leur fut lu à Vincennes. Le prince de Polignac était de plus frappé de mort civile. La nouvelle de cet arrêt produisit dans Paris des sensations très-diverses. Le gouvernement et tout ce qui s'y rattachait se sentit soulagé d'un grand poids; on se félicitait de n'avoir eu à verser de sang et de pouvoir louer la révolution de sa clémence. Mais l'impression fut loin d'être la même parmi les classes populaires et jusque dans les rangs de la garde nationale. Un vif sentiment d'irritation s'y manifesta; on entendait même les cris de *Mort aux ministres!* On s'indignait d'avoir été pris pour dupes, et, sous prétexte de protéger l'exécution des lois, d'avoir fourni à la pairie les moyens de condamner la révolution de Juillet, en épargnant ceux qui l'avaient provoquée.

Tant que la crise avait duré, on n'avait eu garde de manquer de ménagements envers les hommes dont la popularité servait de bouclier au nouveau régime. Mais le péril une fois passé, on ne perdit pas de temps; dès le 24 décembre la chambre des députés abolit le titre de commandant général des gardes nationales du royaume. C'était la destitution de Lafayette; aussi dès le lendemain donnait-il sa démission. Dupont de l'Eure donna également sa démission, et fut remplacé au ministère de la justice par M. Mérilhou, qui laissa le ministère de l'instruction à M. Barthe, avocat libéral sous la Restauration, et nommé depuis peu procureur du roi à Paris. Le préfet de police Treilhard fut remplacé par M. Baude.

Il est aisé de comprendre dès lors que l'impopularité de la chambre alla toujours croissant. Elle fut violemment attaquée; on lui reprochait son usurpation du pouvoir constituant, son égoïsme, son dédain pour les classes inférieures, et une répulsion mal dissimulée pour les auteurs de la révolution. Bientôt la dissolution de la chambre fut à l'ordre du jour; la grande affaire du moment fut la discussion d'une nouvelle loi électorale, ou du mode suivant lequel la nouvelle chambre serait élue. Tous les systèmes étaient en présence. Les légitimistes adoptèrent avec un enthousiasme de commande le suffrage universel, mais en le combinant avec l'élection à deux degrés, dans l'espoir qu'elle livrerait le gouvernement aux influences locales, bien convaincus que les fermiers et les habitants des campagnes resteraient toujours à la disposition du clergé et des grands propriétaires territoriaux. Ce système ne pouvait prévaloir; mais on comprit généralement qu'il était impossible de ne pas élargir grandement les limites imposées par les lois de la Restauration. Ainsi, la proposition du gouvernement fixait le chiffre de 500 francs au lieu de 1,000 pour le cens d'éligibilité; pour la capacité électorale, elle prenait les plus imposés, mais en nombre double du nombre actuel. La commission de la chambre se montra moins libérale que le ministère : elle ne faisait descendre le cens d'éligibilité qu'à 750 francs, au lieu de 500, et elle n'abaissait le cens électoral qu'à 240 francs. La majorité adopta la double base de 500 francs et de 200 francs. Quant à l'adjonction des capacités, elle fut à peu près dérisoire; les membres et correspondants de l'Institut furent reconnus électeurs s'ils payaient la moitié du cens, c'est-à-dire 100 francs. On admit aussi à voter les officiers jouissant d'une retraite de 1,200 francs. Cette loi électorale, adoptée par la chambre des députés le 9 mars 1831, le fut par la chambre des pairs le 15 avril; elle fut promulguée le 19 du même mois.

L'opposition alors, comme en bien d'autres occasions, fit preuve d'une extrême imprévoyance. Le côté gauche à la chambre, comme dans les journaux, discuta à fond la question du cens électoral ou d'éligibilité, l'âge des électeurs, le nombre des représentants; mais journaux et députés opposants laissèrent passer sans la plus légère observation la disposition, bien autrement grave, qui réglait la circonscription des collèges électoraux. Chaque département fut fractionné, selon les convenances de chaque député, en un certain nombre de fiefs électoraux, espèces de bourgs-pourris où régnaient les influences locales; on fonda ainsi la prédominance des intérêts de clocher, sous laquelle le gouvernement constitutionnel devait succomber.

Le jugement des ministres, en délivrant le ministère du 11 août d'un péril aussi menaçant pour la dynastie que pour lui-même, ne lui avait cependant pas donné plus de force. Le malaise social se perpétuait, le commerce et l'industrie ne voyaient pas de terme à leur détresse; même hésitation de la part de l'autorité; mêmes difficultés pour rétablir l'ordre en présence des passions anarchiques. Un événement inattendu vint mettre à nu l'impuissance du pouvoir. Nous voulons parler des journées des 13 et 14 février 1831, où l'on vit l'émeute, provoquée par le parti légitimiste, abattre librement les croix des églises et démolir l'archevêché.

Les incidents de la politique étrangère vinrent encore compliquer la situation. Le 1er décembre Laffitte avait dit, dans un discours à la chambre : « La France ne permettra pas que le principe de non-intervention soit violé. » Quelques jours après, M. Dupin avait commenté ces paroles à la tribune, pour glorifier la politique du gouvernement. Le maréchal Soult, ministre de la guerre, avait tenu le même langage à la chambre des pairs. Cependant M. d'Appony annonça au Palais-Royal une prochaine intervention de l'Autriche dans le duché de Modène, où venait d'éclater un complot révolutionnaire. Laffitte déclara dans le conseil qu'il n'y avait qu'une réponse possible : Si l'Autriche persistait, c'était la guerre. Tous les ministres se rangèrent à son avis, et le général Sébastiani lui-même s'engagea à répondre dans le même sens. Le maréchal Maison, ambassadeur à Vienne, fut chargé de présenter à l'Autriche une déclaration qui lui interdisait formellement l'entrée des États Romains. A cette espèce d'*ultimatum* au bout duquel était la guerre, l'Autriche répondit non-seulement avec fermeté, mais avec insulte. Le maréchal Maison transmit au gouvernement la réponse du ministre autrichien. Sa dépêche était ainsi conçue : « Jusque ici, m'a dit M. de Metternich, nous avons laissé la France mettre en avant le principe de non-intervention; mais il est temps qu'elle sache que nous n'entendons pas le reconnaître en ce qui concerne l'Italie. Nous porterons nos armes partout où s'étendra l'insurrection. Si cette intervention doit amener la guerre, eh bien ! vienne la guerre ! Nous aimons mieux en courir les chances que d'être exposés à périr au milieu des émeutes ! » Le maréchal Maison ajoutait que, pour prévenir les dangers dont la France était menacée, il fallait sans retard prendre l'initiative de la guerre et jeter une armée dans le Piémont. Cette dépêche avait été remise le 4 mars au général Sébastiani, ministre des affaires étrangères. Laffitte, président du conseil, ne la connut que le 8, en la lisant dans *Le National*. On la lui avait donc cachée quatre jours. Sa surprise fut grande; il demanda des explications. Le général Sébastiani ne put que balbutier des excuses sans valeur. Laffitte s'adressa au roi, qui l'engagea, comme s'il ignorait la question, à s'en expliquer avec ses collègues; ce qu'il fit le 9 mars. Mais déjà tout était prêt pour un changement de cabinet. Casimir Périer jugeait que son heure était venue. Laffitte, froidement accueilli de ses collègues, se retira des affaires, profondément blessé. La dépêche cachée au président du conseil fut l'occasion et non la cause de sa retraite. Laffitte tomba parce que les services qu'il pouvait rendre à la dynastie étaient épuisés.

Dès le lendemain des événements du 14 février, on avait reconnu le besoin de retremper le pouvoir affaibli, et d'essayer une nouvelle combinaison ministérielle. Casimir Périer, qui s'était réservé jusque alors, jugea enfin, d'accord avec ses amis, qu'il était temps de prendre le pouvoir. Dans les circonstances difficiles où l'on se trouvait, on s'accordait à le regarder comme l'homme nécessaire. L'ascendant qu'il prit alors s'explique par son caractère. Des hommes assurément bien supérieurs à lui pour l'intelligence, les *doctrinaires*, vinrent se ranger docilement sous ses ordres, et se résignèrent à l'humble rôle de satellites; tous s'effacèrent devant lui : pourquoi ? parce qu'il savait vouloir. Tel est le privilége de ceux qui ont le don du commandement. Sa nomination à la présidence du conseil annonçait un ministère de résistance; il arrivait avec l'intention hautement déclarée de comprimer l'anarchie et d'écraser les factions. Le maréchal Soult eut le portefeuille de la guerre, le général Sébastiani les affaires étrangères, le baron Louis les finances, M. Barthe la justice, M. de Montalivet l'instruction publique, l'amiral de Rigny la marine; le commerce et les travaux publics furent détachés de l'intérieur et donnés à M. d'Argout. Le 18 mars Casimir Périer vint lire son programme à la chambre. Le principe de la révolution de Juillet, ce n'est pas l'insurrection; c'est d'ordre et de pouvoir que la société a besoin. En conséquence, il annonce des lois propres à réprimer la violence et la sédition. Quant à la question extérieure, le gouvernement veut la paix, nécessaire à la liberté; il voudrait en faire la guerre si la sûreté ou l'honneur de la France était en péril. Quant aux peuples qui ont fait entendre vers nous des vœux d'émancipation ou fait des efforts pour les progrès de leur état social, leurs destinées sont dans leurs mains, et la liberté doit toujours être nationale. C'était dire clairement que les peuples insurgés à l'exemple de la France n'avaient aucun secours à attendre d'elle. Or, tel était le cas de la Belgique, de la Pologne et de l'Italie. Le général Lafayette protesta en faveur de la Pologne, « avant-garde qui s'est retournée contre le corps de bataille, » et lut des lettres trouvées à Varsovie, dans les papiers du grand-duc Constantin, qui prouvaient les desseins menaçants de la Russie contre l'Occident, lorsque la Pologne, prévenant les entreprises du czar, avait déconcerté ses plans hostiles. Puis il demanda si le gouvernement n'avait pas déclaré qu'il ne consentirait jamais à l'entrée des Autrichiens dans les États insurgés de l'Italie ? A cette interpellation terrible, le général Sébastiani, ministre des affaires étrangères, répond avec embarras : « Entre ne pas consentir et faire la guerre, il y a une grande différence. — Et moi, reprit Lafayette, je dis qu'après une déclaration officielle, laisser violer l'honneur de cette déclaration, en se contentant de dire, Je n'y consens pas, est incompatible avec la dignité, avec l'honneur du peuple français. »

Le ministère ayant présenté aussitôt une loi contre les attroupements, elle fut adoptée le 2 avril par la chambre des députés et le 9 par la chambre des pairs. Une association nationale s'était formée à Paris et à Metz pour rendre impossible le retour des Bourbons et pour tenir la contre-révolution en échec ; Casimir Périer la dénonça comme factieuse. « La défense de la révolution et du territoire, disait-il, est le premier des devoirs du gouvernement. Une fédération formée pour remplir ce devoir suppose que le gouvernement ne le remplit pas ; elle manifeste une défiance offensante pour les pouvoirs publics, pour les formes régulières de la société, et les accuse indistinctement de trahir le camp de la liberté et de l'indépendance. Le roi a ordonné, de l'avis de son conseil, que l'improbation de toute participation de fonctionnaires civils ou militaires aux associations nationales fût officiellement prononcée. » Quelques destitutions de fonctionnaires eurent même lieu à cette occasion.

La chambre des députés, qui avait été prorogée le 20 avril, fut dissoute le 3 mai. Une attente immense s'attachait à la convocation de la chambre nouvelle, qui avait de si graves questions à résoudre : au dehors, le sort de la Pologne, de la Belgique et de l'Italie ; au dedans, la constitution de la pairie. L'ouverture de la session eut lieu le 23 juillet. Le discours de la couronne avait un caractère de fermeté et de hauteur où l'on pouvait reconnaître l'empreinte du président du conseil. On remarqua que pendant la lecture du discours par le roi, Casimir Périer suivait des yeux cette lecture sur un manuscrit qu'il tenait lui-même. L'ambassadeur de Russie n'assistait pas à la séance. Le paragraphe relatif à la Pologne était ainsi conçu : « Après avoir offert ma médiation en faveur de la Pologne, j'ai provoqué celle des autres puissances. » Ce qui donnait à entendre que la médiation offerte n'avait pas été accueillie. L'opposition portait Laffitte à la présidence ; le ministère y portait Girod de l'Ain. Casimir Périer déclara que la nomination de Laffitte serait le signal de la retraite du ministère. Cependant Girod n'obtint qu'une majorité de quatre voix. Dupont de l'Eure fut nommé vice-président à une majorité de dix voix. Aussitôt Casimir Périer donne sa démission, ainsi que ses collègues, Sébastiani, Louis et Montalivet. Mais le 4 août, dans la journée, on annonça que le roi de Hollande avait repris les hostilités contre la Belgique. Cette circonstance parut assez grave aux ministres pour les décider à reprendre leur portefeuille. La discussion de l'adresse commença le 9 août. L'incident le plus remarquable de ces débats fut l'amendement proposé par M. Bignon, au sujet de la Pologne. Quelques semaines après, le bruit se répand dans Paris que les Russes sont entrés dans Varsovie. La consternation fut générale ; mais bientôt elle se traduisit en émeute populaire. Le général Sébastiani, en annonçant à la chambre le désastre de la Pologne, s'était avisé de dire : *L'ordre règne dans Varsovie*. Deux jours après, répondant aux interpellations de Mauguin, il eut un autre malheur d'expression, en disant que la coalition de 1815 ne revivrait pas *si la France était sage*. Ces propos n'étaient pas seulement des expressions malheureuses, c'était la traduction fidèle d'un système politique arrêté et suivi avec persévérance.

Une des discussions les plus solennelles de ces années oragueuses fut celle qui s'engagea sur la constitution de la pairie. Casimir Périer, malgré son opinion décidée en faveur de l'hérédité, ne proposa qu'une pairie viagère, cédant à l'opinion générale très-prononcée en France contre le principe de l'hérédité. Et en effet il y aurait eu danger réel à vouloir faire prévaloir ce principe ; il y avait dans la nation une répulsion presque unanime contre ce dernier privilège de la naissance. L'hérédité succomba malgré le talent de ses défenseurs, parmi lesquels on distingua MM. Royer-Collard, Guizot, Thiers et Rémusat.

Les partis étaient en état de conspiration permanente. Au 14 juillet 1831, le parti républicain avait résolu de solenniser l'anniversaire de la prise de la Bastille par la plantation de trois arbres de la liberté sur trois points de Paris. Vivien, qui avait remplacé M. Baude à la préfecture de police peu après la journée du 14 février, fit une proclamation par laquelle il prévenait les habitants de Paris contre ce projet. Néanmoins les républicains, au nombre d'environ quinze cents, se montrèrent sur les boulevards, à la place de la Bastille et aux Champs-Élysées. La troupe et une partie de la garde nationale étaient sous les armes, et suffirent à dissiper la plupart des rassemblements. Mais la scène fut plus vive sur la place de la Bastille. Quand les émeutiers arrivèrent à la place de la Bastille pour planter un arbre de la liberté, ils furent mis en déroute par des ouvriers armés de bâtons. Au mois de septembre, la nouvelle de la prise de Varsovie fut l'occasion de nouveaux troubles. Les tentatives du parti bonapartiste dans les départements de l'est s'adressaient surtout aux militaires. Mais il manquait de chef, le duc de Reichstadt étant gardé par l'Autriche. Le journal de ce parti, *La Révolution*, dévora la fortune de ceux qui l'avaient fondé. Tout se réduisait à de petites intrigues de la famille Bonaparte. Le gros du parti s'était rallié et peuplait les antichambres du Palais-Royal. Le parti légitimiste avait redressé la tête. Ses journaux prêchaient les doctrines démocratiques : dans l'espoir que la révolution s'userait par ses excès, ils favorisaient toutes les tentatives démagogiques, tout ce qui pouvait conduire à l'anarchie. Un comité de douze personnes, parmi lesquelles on désignait le duc de Bellune, s'organisa pour donner l'impulsion à Paris et correspondre avec les départements. Dans l'Ouest, et surtout dans la Vendée, des bandes de réfractaires et de chouans commettaient des attentats contre les personnes et les propriétés. C'est là que de longue main on préparait un soulèvement pour offrir une armée à la duchesse de Berry. A Paris, les menées de ce parti aboutirent au complot dit *de la rue des Prouvaires*, complot que la police arrêta dans la nuit du 2 février 1832.

En novembre 1831 éclata une crise bien autrement terrible, qui accusait un malaise social bien plus que des trames politiques : c'était la révolte de Lyon.

Le 17 septembre 1831, le colonel Briqueville, dans l'intention d'arrêter les démonstrations, de plus en plus audacieuses, du parti légitimiste, avait soumis à la chambre une proposition pour le bannissement de la branche aînée des Bourbons. La proposition primitive donnait pour sanction à la loi l'article 91 du Code Pénal, c'est-à-dire la peine de mort. La commission, par l'organe de son rapporteur, M. Amilhau, y substitua le simple bannissement. A cette occasion, la loi de 1816, relative à la famille Napoléon, fut modifiée dans le même sens, et la peine de mort supprimée. Le 3 octobre le ministre présenta le projet de loi sur la liste civile, qui devint l'occasion d'une polémique irritante et prolongée, ayant pour effet de désaffectionner la population, en représentant la couronne comme animée d'une avidité insatiable. Les lettres de M. Cormenin sont trop connues pour qu'il soit besoin de les rappeler. Ce fut au mois d'octobre 1831 que le roi quitta le Palais-Royal pour aller occuper les Tuileries, où l'on avait fait des travaux assez importants de réparations et d'embellissements. Le séjour des Tuileries était à l'abri d'un coup de main. Un changement avait été fait dans la distribution du jardin ; la terrasso du château avait été supprimée ; la circulation du public sous les croisées des appartements ne fut plus possible. Une tranchée fut ouverte et prolongée autour du du château dans toutes les parties d'un accès trop facile. Tel fut ce fossé des Tuileries, creusé dans un esprit de précaution prévoyante, et dont la première idée appartenait, dit-on, au roi lui-même. Ce changement matériel ne fut pas sans amener aussi quelque modification dans la tenue et les formes de la maison royale. Le roi lui-même en laissa percer quelque chose; peu à peu ses manières populaires devenaient plus réservées. Petit à petit l'étiquette gagna ; dans les réceptions au château, ceux qui voulaient se rendre agréables substituaient au simple frac l'habit à la française ; bientôt même les invitations rendirent l'habit de cour obligatoire pour tout ce qui n'était pas député.

La cour l ce fut alors que le *Journal des Débats* hasarda pour la première fois cette dénomination ; ce fut une innovation marquée, et l'on put pressentir dès lors où l'on voulait en venir. On était déjà loin du trône populaire édifié à l'hôtel de ville. Quant au système, il avait été inauguré par le roi dès 1830, dans sa réponse à la députation de Gaillac : « La révolution de Juillet doit porter ses fruits ; mais cette expression n'est que trop souvent employée dans un sens qui ne répond ni à l'esprit national, ni aux besoins du siècle, ni au maintien de l'ordre public. Nous chercherons à nous tenir dans un *juste milieu*, également éloigné des abus du pouvoir royal et des excès du pouvoir populaire. »

Tout en luttant avec vigueur contre les factions au dedans, Casimir Périer se montra plus d'une fois au dehors jaloux des intérêts et de la dignité de la France. Le gouvernement de dom Miguel ayant attenté à la liberté de deux Français à Lisbonne, nos vaisseaux en réparation de cet outrage allèrent forcer l'entrée du Tage, et capturèrent la flotte de dom Miguel, et le discours du roi à l'ouverture de la session annonça que le drapeau tricolore flottait sur les murs de Lisbonne. Le prince Léopold de Saxe-Cobourg, élu roi des Belges le 4 juin, avait épousé une fille du roi des Français. Tout à coup on apprend la reprise des hostilités par les Hollandais et leur irruption sur la Belgique, le 1er août. Léopold réclama aussitôt l'intervention de la France. Sa demande arriva à Paris le 4 août. Le même jour le maréchal Gérard part pour aller prendre le commandement de l'armée. Le 9 août il entre en Belgique à la tête de 50,000 hommes. Le duc de Saxe-Weimar menaçait Bruxelles avec 6,000 Hollandais : le duc d'Orléans et le duc de Nemours entrent dans cette ville à la tête de deux régiments et de deux batteries. Aussitôt la retraite des troupes hollandaises commence. L'effet moral de cette démonstration fut tout à l'avantage du gouvernement de Juillet. On se rappelle quelles réserves hautaines M. de Metternich avait faites contre le principe de non-intervention proclamé par la France. Laffitte avait dit que la guerre était *possible* si les Autrichiens entraient à Modène, *probable* s'ils entraient en Romagne, *certaine* s'ils entraient en Piémont. Sur ces entrefaites, l'insurrection italienne avait éclaté à Bologne ; aussitôt l'Autriche vient au secours du pape Grégoire XVI, et fait entrer ses soldats dans la Romagne. Quand la France demanda à l'Autriche l'exécution de sa promesse formelle d'évacuer la Romagne, l'absence de troupes pour soutenir nos négociations rendait naturellement l'Autriche moins pressée de tenir ses engagements. Par l'expédition d'Ancône, Casimir Périer s'assura un point en Italie pour garant de l'évacuation de Romagne par l'Autriche. Ces coups de vigueur, en fortifiant l'autorité à l'intérieur, imposaient en même temps à l'Europe, et conservaient à la France les avantages d'une paix honorable.

Cependant une série non interrompue de complots tenait le gouvernement en échec. Vers la fin de novembre 1831, le parti bonapartiste ourdissait dans les départements de l'est des trames dont les ramifications s'étendaient à Paris. A cette œuvre coopéraient des réfugiés polonais et italiens, des hommes de lettres, des négociants, des propriétaires de Paris et de l'Alsace et des officiers. On travaillait à gagner des régiments, et par là quelques places fortes. Lennox, propriétaire du journal *La Révolution*, était arrêté depuis cinq mois pour des intrigues de ce genre. Au nombre des plus ardents on comptait Zaba, réfugié polonais, et Mirandoli, émissaire du prince Louis-Napoléon et de la reine Hortense, qui leur avaient ouvert un crédit de 12,000 fr. sur une maison de banque. Zaba, Mirandoli et Léonard Chodzko furent arrêtés : des mandats de perquisition furent lancés contre MM. Belmontet, Lejour, Misley, Duclos, etc. Dans les papiers saisis chez Zaba, on trouva la clef de leur correspondance en chiffres, avec plusieurs mots de la main du prince Louis-Napoléon, et son adresse. Après quatre mois d'instruction, l'affaire arriva devant le jury, le 26 avril 1832. Zaba et Mirandoli furent acquittés. Chodzko et Lennox avaient été mis hors de cause pendant l'instruction. Quant aux conjurés appartenant à l'armée, la cour royale de Paris ne les mit pas en cause ; des considérations de prudence engagèrent le gouvernement à jeter un voile sur ce qui s'était passé.

La société des *Amis du Peuple* répandait des publications républicaines, rédigées avec une grande violence ; elles furent saisies et déférées à la cour d'assises le 12 janvier 1832. Le jury acquitta les accusés. Mais les plaidoyers prononcés dans cette affaire par les principaux membres de la société étaient encore plus violents et séditieux. La cour royale condamna pour délit d'audience Raspail et Bonnias à quinze mois de prison et 500. fr. d'amende, Blanqui jeune à un an de prison et 200 fr. d'amende, Gervais (de Caen) et Thouret à six mois de prison et 100 fr. d'amende. Dans les derniers jours de décembre, quelques fous formèrent le complot d'incendier les tours Notre-Dame, pour donner le signal d'un soulèvement dans Paris. L'exécution de ce projet extravagant devait avoir lieu le 2 janvier. Mais la police, informée du plan, disposa des forces aux abords de la cathédrale et le fit avorter. Le complot avorté le 2 janvier n'avait pas été abandonné. Le 4, vers quatre heures, le préfet de police est averti qu'une troupe se dirigeait vers les tours Notre-Dame dans l'intention de les incendier, et qu'elle comptait sur le soulèvement et la coopération de six régiments et de 1600 républicains. Ce qu'on put rassembler de sergents de ville et d'agents part à la hâte : en même temps on entend sonner le bourdon de Notre-Dame. A leur arrivée à l'Église, les agents s'aperçurent que déjà le gardien des tours était monté au premier coup de tocsin pour en connaître la cause ; les sergents de ville, accompagnés de gardes municipaux, se précipitent dans l'escalier. Avant d'arriver à la plate-forme, ils entendent la détonation d'une arme à feu, que les assassins venaient de tirer sur le gardien ; ils trouvent l'escalier barricadé. Après avoir franchi l'obstacle, ils furent eux-mêmes accueillis par plusieurs coups de pistolet. Déjà la charpente de la tour du midi était en feu. Une lutte s'engagea ; les agents arrêtèrent six des perturbateurs, et éteignirent l'incendie. On continua les recherches ; mais, protégé par l'obscurité, le septième n'avait pu être découvert, lorsqu'à huit heures et demie du soir, une poutre à une assez grande hauteur s'enflamma et indiqua sa retraite. On s'empara de lui, non sans peine. C'était Considère, le chef de la bande, homme des plus déterminés. Un huitième complice fut arrêté à son domicile. Considère, dans ses réponses au commissaire de police, prit la qualité d'*émeutier*, et déclara ne savoir signer. Avant que l'incendie des tours fût complètement éteint, on vit déboucher dans les rues de la Cité plusieurs groupes de républicains, se dirigeant vers le parvis Notre-Dame. Mais déjà la force armée occupait les points principaux du quartier, et le bruit de l'arrestation des coupables circulait dans le public. Les républicains furent dispersés par les sergents de ville, qui en arrêtèrent douze bien connus pour leurs opinions démagogiques. Les huit accusés furent jugés en cour d'assises, le 21 mars 1832. Considère et Brandt furent condamnés à cinq ans de prison, Degaune à trois ans. Considère, qui pendant les débats avait montré un caractère inflexible et tenu un langage brutalement injurieux, apostropha ainsi le président, après sa condamnation : « On t'en donnera, va ! des cinq années de prison et des frais! je te payerai sur la caisse de Louis-Philippe! »

Les légitimistes, de leur côté, provoquaient des rixes et des désordres, et travaillaient à susciter tous les obstacles possibles au gouvernement. Pendant les six derniers mois de 1831, Toulouse, Montpellier, Nîmes, Marseille, Avignon, furent le théâtre de collisions violentes. Le 17 août, à Marseille, le clergé avait provoqué une émeute à l'occasion de la procession du vœu de Louis XIII. Un certain nombre de feuilles légitimistes avaient été fondées dans les départements, et l'on prétendait que la duchesse de Berry avait contribué aux frais de leur fondation pour une somme de 300,000 fr. Ces journaux disputaient de violence avec les feuilles démagogiques. La Vendée se signalait par des actes de rébellion et de brigandage. Pendant que les *guerillas* de la Vendée chouannaient sur les grandes routes, les chefs s'efforçaient de réunir des Vendéens disciplinés assez nombreux pour livrer bataille aux soldats; mais leurs forces principales, commandées par Mme de La Rochejaquelein, furent anéanties ou dispersées à l'affaire de la Goblctière, le 19 novembre 1831. Mme de La Rochejaquelein y fut surprise, et parvint à s'échapper le même jour.

Aux tourments politiques vint se joindre l'invasion d'un fléau non moins redoutable. Le choléra, après avoir fait en 1830 sa première apparition à Moscou et à Saint-Pétersbourg, ravagea en 1831 la Pologne, la Hongrie et l'Allemagne. Le 20 février 1832 il envahissait l'Angleterre, et le 26 mars sa présence à Paris fut constatée par quatre cas suivis de mort; le 31 mars l'Hôtel-Dieu contenait 300 cholériques, sur lesquels on compta 86 décès; le 5 avril il y avait 300 morts par jour ; le 9 avril il en mourut 814 ; le 13 avril, dix huit jours après l'apparition, plus de 20,000 avaient été atteints et plus de 7,000 avaient succombé. La marche ascendante s'arrêta le 14, et le nombre des décès diminua journellement : le 15 on n'en comptait plus que 650 ; le 30, 174. La décroissance continua jusqu'au 17 juin, où l'extinction était à peu près entière. Le 9 juillet se déclara une recrudescence, qui fit 71 victimes; le 18 elle atteignit son *maximum*, 225. Pendant la première période, le choléra fit à Paris 13,901 victimes; pendant la seconde, 4,501, en tout 18,402. Les arrondissements de Sceaux et de Saint-Denis en comptèrent 3,336. Ce qu'on eut surtout à déplorer, ce furent les massacres auxquels se porta la fureur populaire, qui attribuait d'abord les ravages du fléau aux effets du poison. Le 2 avril le duc d'Orléans visita avec Casimir Périer les cholériques de l'Hôtel-Dieu. Quatre jours après, le ministre ressentit les premières atteintes du choléra. Sa santé, déjà minée par les soucis du pouvoir et par l'action dévorante de la tribune, n'avait plus assez de ressort pour résister à cette attaque terrible. Il succomba le 16 mai, laissant dans le gouvernement un vide impossible à remplir.

Pendant la maladie de Casimir Périer, M. de Montalivet avait pris l'intérim du ministère de l'intérieur : il conserva ce portefeuille après la mort du premier ministre, et il fut remplacé lui-même à l'instruction publique par M. Girod (de l'Ain). Ce ministère insignifiant, dont aucun membre n'avait assez de valeur personnelle pour lui donner son nom et lui imprimer son caractère, fut regardé comme un interrègne parlementaire. Les hommes marquants de la chambre n'étaient pas encore en position de manifester leurs prétentions à diriger les affaires. Ce fut là le premier essai du roi pour gouverner avec des hommes de paille. Mais la gravité des événements devait révéler bientôt l'insuffisance de ceux qu'il avait appelés à porter le fardeau du pouvoir. A Paris, l'anniversaire de la mort de Napoléon fut l'occasion d'une première démonstration hostile. La troupe fait évacuer la place Vendôme, et les républicains se dispersent.

Une levée de boucliers se préparait dans le midi et dans l'ouest de la France. Depuis plusieurs mois se pratiquaient des menées tendant à opérer à Marseille et sur la côte de Provence un mouvement légitimiste, avec lequel devaient coïncider d'autres mouvements à Toulon et à Nîmes. Une active correspondance s'échangeait entre Paris et l'Italie, où la duchesse de Berry, qui habitait les États du duc de Modène, préparait une expédition. Le 30 avril, à Marseille, une bande armée se fait livrer de force les clefs de l'église Saint-Laurent : le drapeau blanc est arboré sur le clocher, aux cris de *vive Henri V! vive la religion! vive le drapeau blanc!* Le drapeau tricolore est foulé aux pieds, le poste de la douane envahi, et une foule immense se dirige vers la mer, comme pour saluer un navire impatiemment attendu. Mais quand les bandes armées arrivèrent devant le poste du Palais de Justice, l'attitude résolue et le sang-froid du sous-lieutenant de service eut bientôt dissipé toute cette multitude ; et avant même que la garde nationale se fût rassemblée, il ne restait plus rien d'un complot sur lequel on avait fondé de si grandes espérances.

Cependant un navire avait paru en vue de Marseille, et semblait manœuvrer pour entrer dans le port; mais à la vue du drapeau tricolore substitué au drapeau blanc sur le clocher de Saint-Laurent, il changea de direction, et gagna le large. C'était un bateau à vapeur, le *Carlo-Alberto*, parti de Livourne, le 24 avril, sous pavillon sarde , après avoir embarqué secrètement, sur la place de Vico-Reggio, la duchesse de Berry avec le maréchal Bourmont et douze autres personnages marquants de l'ancienne cour, sous des noms supposés. En s'éloignant de Marseille, il alla débarquer à Roses, sur la côte d'Espagne, plusieurs partisans de la duchesse; puis il venait de mouiller sous l'île Verte, à la Ciotat, pour s'y ravitailler, lorsqu'il fut capturé par le *Sphinx*, bâtiment de l'État envoyé à sa poursuite, et remorqué en rade de Toulon, où ils arrivèrent ensemble le 4 mai. La duchesse de Berry ne se trouvait plus à bord du *Carlo-Alberto*; toutefois, il était certain qu'elle y avait été. Les passagers arrêtés à bord du bateau à vapeur, MM. de Saint-Priest, Ad. Bourmont fils, de Kergorlay fils, et Sala, ex-officier de la garde royale, furent traduits devant la cour d'assises de Montbrison ; après une année de débats judiciaires, ils furent tous acquittés.

Quant à la duchesse de Berry, s'étant éloignée de la côte méridionale de Marseille, elle débarqua , la nuit du 28 au 29 avril, avec six personnes de sa suite, sur la côte occidentale, à l'aide d'un bateau pêcheur qui guettait le passage du *Carlo-Alberto*, et où elle parvint à gagner les provinces de l'ouest, sans être reconnue. Charles X resta à peu près étranger aux événements. Les légitimistes étaient divisés en deux camps : les *carlistes*, hommes graves, circonspects, restés fidèles à Charles X, et qui regardaient son abdication comme nulle, et les *henriquinquistes*, plus nombreux, plus remuants, tous les hommes d'action et la plupart des écrivains du parti. Le vieux roi avait, dit-on , protesté contre le titre de régente que s'attribuait la duchesse de Berry. Le 2 août M. de Kergorlay protestait énergiquement contre la qualification de *carlistes*, déclarant ne vouloir que Henri V avec la régence de sa mère. Cette femme, jeune encore, douée d'un caractère actif et ardent, tourmentée par le besoin des émotions, bien aise peut-être d'échapper aux ennuis de l'exil et aux vieux préjugés de la cour de Prague et de Goritz, se laissa tenter surtout par le côté aventureux de l'expédition. D'ailleurs, un beau rôle s'offrait à elle, en réclamant les droits de son fils. Elle voulait amener les États manifester à les reconnaître au moins tacitement; elle encourageait leurs inimitiés mal déguisées envers la France de Juillet, et stimulant constamment leurs dispositions belliqueuses.

Les révélations de Deutz, dans son Mémoire justificatif, ne permettaient pas de mettre en doute l'assistance que l'Espagne, la Hollande, la Sardaigne, le pape, le Portugal et quelques princes d'Italie, étaient disposés à donner et donnaient déjà en secret à la mère de Henri V. Si elle était parvenue à se faire dans le midi ou dans l'ouest une position équivalente à celle de don Carlos en Espagne, nul doute qu'une partie de l'Europe ne l'eût secondée, d'abord timidement, puis ouvertement; et dans cette situation une guerre générale devenait possible. La duchesse de Berry pouvait donc compliquer la politique européenne et compromettre l'avenir de la France. Dès 1831 elle avait envoyé le comte de Choulot près de l'empereur Nicolas, pour l'engager à quelque démonstration contre le gouvernement de Juillet et pour obtenir en attendant un secours d'hommes et d'armes. Le czar répondit à l'envoyé « que marcher actuellement, et sans un motif même spécieux, contre la France, ce serait susciter une guerre nationale, à laquelle il ne voulait ni ne pouvait s'exposer; mais que si quelques départements venaient à s'insurger contre l'autorité de Louis-Philippe, si les partis qui divisaient la France recouraient aux armes, il interviendrait comme pacificateur, et que *Madame* pouvait alors compter sur son assistance ». Cette réponse, jointe aux illusions de sa petite cour sur les sentiments de la population, paraît avoir décidé la duchesse de Berry à tenter un mouvement dans le midi, et à venir ensuite se placer à la tête de ses partisans dans l'ouest.

La duchesse de Berry avant de quitter Massa crut devoir envoyer à dom Miguel, alors maître du Portugal, un homme de confiance chargé d'une mission délicate. Ce plénipotentiaire était Deutz, qui se vit initié ainsi aux intrigues du parti avec les cours étrangères. On voit par le Mémoire justificatif de Deutz que les légitimistes ne reculaient pas devant un mariage avec dom Miguel, et que cet exécrable tyran leur fit l'affront de refuser. Cependant, toutes les tentatives faites pour soulever les départements du midi échouèrent; partout la sédition fut réprimée. La princesse vit s'évanouir les espérances qu'elle fondait sur la révolte du midi. Elle resta cachée quelques jours, puis elle se dirigea vers les frontières du Piémont, revint ensuite dans l'intérieur, traversa la France, et se trouva, grâce à la fidélité et au dévouement de ses amis, transportée en Vendée, où elle apparut vers le 15 mai. M. de Bourmont vint l'y rejoindre peu de jours après. La conspiration étendait ses ramifications à Paris. Le 1er et 2 juin, lorsqu'ils furent assurés de l'arrivée de *Madame* en Vendée et du soulèvement excité par sa présence, les carlistes n'hésitèrent plus, et la révolte devint imminente. Mais dans une seule nuit quarante furent arrêtés. On saisit une fabrique clandestine de poudre et des dépôts de cartouches. Les conjurés n'osèrent plus mettre leur plan à exécution; ils se mêlèrent aux républicains, et devinrent leurs auxiliaires dans les journées des 5 et 6 juin. Tel fut le dénoûment des machinations légitimistes à Paris. M. Berryer, mis en cause à l'occasion de ces faits, comparut devant la cour d'assises de Blois, au mois d'octobre 1832, et fut acquitté.

Les républicains ne travaillaient pas moins activement contre l'ordre de choses établi. Un républicain exalté, nommé Gallois, ayant été tué en duel par un de ses amis, son convoi devait avoir lieu le 2 juin. On apprenait en même temps l'arrivée de la duchesse de Berry en Vendée, l'insurrection légitimiste dans quatre départements, les chouans aux prises avec les troupes, et l'imminence d'un mouvement carliste à Paris : le moment paraît décisif; l'enterrement de Gallois sert de prétexte pour convoquer le parti. Le 2 juin ce convoi réunit deux à trois mille républicains, prêts à commencer les barricades à leur retour. Mais on apprend que le général Lamarque est à toute extrémité; l'affluence qu'amènera son enterrement paraît devoir être plus favorable : le mouvement est ajourné. Sans parler des troubles de Grenoble, où l'on avait vu dans une mascarade républicaine l'image du roi traînée dans la boue, la gravité des circonstances semblait de nature à seconder les plans d'agression contre un système politique qui venait d'être attaqué par les organes mêmes de la représentation nationale dans le *compte-rendu* de l'opposition.

Jusque là le parti républicain n'avait pas osé descendre en armes sur la place publique. Les émeutes n'étaient pas encore allées jusques aux coups de fusil; la plupart s'étaient passées en rassemblements tumultueux, accompagnés de vociférations. Les funérailles du général Lamarque furent l'occasion d'une insurrection qui enfanta deux sanglantes journées de guerre civile, les 5 et 6 juin 1832. Après la victoire, restait à statuer sur le sort de 1,500 prisonniers. Une ordonnance, signée par M. Montalivet le soir même du 6 juin, mit Paris en état de siège, afin de faire juger par des conseils de guerre ceux qui avaient préparé ou exécuté le complot. L'état de siège pouvait se justifier pour la Vendée, où la présence de la duchesse de Berry suscitait une guerre prolongée et de cruels massacres; mais dans une ville de 900,000 âmes comme Paris, et pour deux jours de troubles, quelque déplorables qu'ils fussent, c'était une iniquité gratuite. D'ailleurs, changer par ordonnance la juridiction pour des faits accomplis, c'était lui donner un effet rétroactif. Enfin, si l'on n'avait pas l'intention d'exécuter les condamnations à mort, à quoi bon ces tribunaux exceptionnels? Les barreaux de Paris, de Rouen, de Rennes, donnèrent des consultations sur l'illégalité de l'état de siège. En quelques jours, 500 prisonniers furent élargis. Dix élèves de l'École Polytechnique se trouvaient au nombre des prisonniers : une ordonnance licencia l'École Polytechnique ainsi que celle d'Alfort. Une ordonnance de police sur les médecins leur enjoignit de faire la déclaration des blessés auxquels ils avaient donné des secours : cette ordonnance souleva une réprobation unanime. M. Gisquet, alors préfet de police, à qui elle fut reprochée, s'en justifia dans ses mémoires en déclarant qu'elle lui fut commandée par M. d'Argout, ministre du commerce. C'est donc à M. d'Argout qu'appartient la responsabilité de cette infamie.

Le 16 juin commencèrent les jugements de deux conseils de guerre. Pepin, arrêté dans sa boutique à l'entrée du faubourg Saint-Antoine, d'où on l'accusait d'avoir tiré sur les troupes, fut acquitté. Une condamnation capitale, rendue contre un jeune peintre nommé Geoffroi, amena un pourvoi en cassation. L'arrêt, rendu à sept voix contre cinq, cassa le jugement, « attendu que les tribunaux militaires, institués pour juger les crimes et les délits militaires seulement, ne pouvaient connaître des crimes et délits commis par des particuliers; que le texte et l'esprit de la Charte s'y opposent, etc. » Cet arrêt est du 29 juin. D'autres arrêts cassèrent toutes les condamnations des conseils de guerre. Dès le 1er juillet, une ordonnance royale rétablit les tribunaux ordinaires. Pendant un an se déroula une longue série de procès. 82 condamnations furent rendues, dont 7 capitales, qui furent toutes commuées.

Arrivée en Vendée, une grande déception attendait la duchesse de Berry. Au lieu de ces populations qui devaient se lever en masse à son approche, elle ne put rallier qu'un petit nombre de combattants, peu de chefs surtout. Quelques paysans compromis, des châteaux incendiés, des hommes inutilement sacrifiés, tel fut le résultat de ce coup de main aventureux. Les hommes les plus éclairés et les plus considérables de son parti se concertèrent pour lui adresser une note dans laquelle ils lui représentaient le peu de chances de succès qu'offrait une tentative insurrectionnelle, tant qu'elle n'aurait pas les étrangers pour auxiliaires : elle n'en persista pas moins dans sa résolution, et fixa le 24 mai pour la prise d'armes. Au jour dit les Vendéens se présentent en force pour s'emparer de Bressuire; la troupe de ligne les attaque, tue beaucoup de monde et les disperse. Du 24 au 31 les bandes se multiplient d'une manière inquiétante; elles se montrent presqu'à la fois sur plus de trente points différents, envahissent les campagnes, et couvrent une étendue de cinquante lieues, depuis Niort jusqu'aux Fougères. Elles se montrent à Parthenay, à Bourbon-Vendée, à Chollet, à Fontenay, à Château-Gontlier, jusqu'aux portes de Mayenne, de Laval, de Vitry, de Vannes, de Nantes. Mais partout elles sont poursuivies, attaquées, mises en déroute. Le gouvernement ne connut d'une manière certaine la présence de la duchesse de Berry dans l'ouest que le 3 juin; et déjà la faiblesse des rebelles, la vigoureuse poursuite des troupes et les sympathies des gardes nationales ne laissaient pas de doute sur le prochain anéantissement de l'insurrection. Cependant, sa présence dans l'ouest y entretenait toujours des ferments de guerre civile. Ses courses aventureuses sous tant de déguisements divers, ses proclamations pour recommencer une Vendée *patriotique*, l'impossibilité de découvrir sa retraite, jetaient le trouble et l'inquiétude dans les provinces; et le cabinet du 11 octobre, qui venait de se former, comprenait qu'il n'y avait pas de sécurité possible tant qu'on ne se serait pas emparé d'elle. Il mettait tout en œuvre pour la surprendre, et toujours elle échappait aux recherches les plus actives.

Un jour elle s'était réfugiée sous des habits de paysan dans une ferme de la Bretagne. L'autorité, instruite de sa présence en cet endroit, y fit faire des perquisitions, qui furent inutiles; elle parvint à s'évader, après avoir passé plusieurs heures sous un monceau de fumier, au milieu même des soldats qui la cherchaient et qui se trouvaient si près d'elle sans s'en douter. A Nantes, quelques semaines avant le jour où on la découvrit, l'autorité fut informée qu'elle était dans un couvent de la ville dirigé par la sœur de M. de La Ferronais. On visita le couvent avec le plus grand soin, et toujours sans résultat; elle s'échappa encore, après être restée blottie sous un escalier pendant plus de vingt-quatre heures. Enfin, sa retraite fut dévoilée par Deutz. Arrêtée à Nantes, elle fut conduite à Blaye.

Le ministère de transition qui avait succédé à Casimir Périer devait pourtant reconnaître son insuffisance. Pendant toute la session, M. Dupin avait prêté au gouvernement le secours de sa parole. Nul orateur n'agissait sur la majorité avec plus de puissance; nul n'excitait plus de sympathies par les formes vives et saillantes dont il savait revêtir les instincts conservateurs de la bourgeoisie. Nul n'avait donc alors plus de crédit; son nom était dans toutes les bouches, et c'était autour de lui que semblaient devoir se grouper les hommes appelés à composer un nouveau ministère. Mais dès lors des questions de relations personnelles le retirèrent en dehors de la combinaison qui se forma le 11 octobre 1832. MM. de Broglie et Guizot eurent les affaires étrangères et l'instruction publique; M. Thiers remplaça M. Montalivet à l'intérieur; M. Humann prit la direction des finances; le maréchal Soult garda le portefeuille de la guerre et y joignit la présidence du conseil; enfin, MM. Barthe, d'Argout, et de Rigny restèrent à la justice, aux travaux publics, et à la marine.

Dès le premier mois de son avénement ce ministère avait heureusement résolu une des difficultés les plus graves de la situation, par l'arrestation de la duchesse de Berry. Le 9 novembre parut une ordonnance déclarant qu'un projet de loi serait présenté aux chambres pour statuer sur le sort de cette princesse. Le gouvernement l'enlevait ainsi à la juridiction ordinaire, et donnait prise à l'opposition, qui aurait voulu la faire comparaître devant une cour d'assises. Cette prétention, mise en avant par le ministère, que les races princières ne sont pas justiciables du droit commun, donna lieu à une vive polémique dans la presse, et fut même attaquée avec force à la tribune. M. Thiers disait, le 6 janvier 1833 : « On ne juge pas les princes : dans les temps de barbarie ou de passions politiques, on les immole; dans les temps de générosité, de civilisation, comme le nôtre, on les réduit à l'impuissance de nuire. » Cette théorie excita de sérieuses réclamations de la part de M. Odilon Barrot et même de M. Dupin, qui crut devoir marquer son dissentiment en cette occasion. Malgré leurs efforts, la chambre adopta l'ordre du jour.

Depuis le commencement de la querelle entre la Belgique et la Hollande, la ville d'Anvers appartenait de fait aux Belges; mais la citadelle était restée au pouvoir des Hollandais. Au mois de novembre le général Gérard entrait en Belgique. Le 30 décembre le général Chassé rendait la citadelle, après une défense héroïque.

L'ouverture de la session de 1832 avait été indiquée pour le 19 novembre : la chambre, lorsqu'elle se réunit, était encore sous l'impression des journées de juin, qui, par l'effroi qu'elles causèrent dans le pays, rejetèrent du côté du pouvoir beaucoup d'amis sincères de la liberté ; un attentat commis le 19 novembre ne fit que grossir la majorité prononcée pour le système de résistance. Au moment où le roi descendait à cheval le Pont-Royal pour se rendre à la chambre des députés, un coup de pistolet fut tiré sur lui sans l'atteindre. Dans le tumulte et la surprise excités par l'explosion, le coupable avait disparu; seulement deux pistolets furent ramassés sur la place. Les témoins que l'on put réunir ne donnèrent que des indications confuses et insuffisantes. Une demoiselle Boury, qui se trouvait sur les lieux, qui prétendait avoir détourné l'arme de l'assassin, donna d'abord des détails circonstanciés qui la firent appeler aux Tuileries, où déjà on lui rendait grâces pour avoir sauvé le roi ; elle fut conduite ensuite au procureur du roi, puis au préfet de police. Mais on ne tarda pas à reconnaître qu'elle mêlait au vrai beaucoup de détails de son invention. Un intrigant de bas étage prétendit à son tour avoir ramassé deux autres pistolets. Un autre, nommé Courtois, se présenta comme l'auteur de l'attentat. Cependant, quelques jours avant le 19 novembre, le préfet de police avait reçu avis d'un complot tramé entre Billard, Benoît, Girou et Bergeron, pour tirer sur le roi le 19, dans le trajet des Tuileries à la Chambre des Députés. Les trois premiers ne furent pas arrêtés, leur domicile étant inconnu. Enfin, des témoignages plus positifs désignèrent Bergeron, qui fut traduit devant la cour d'assises, le 19 mars 1833, et acquitté par le jury.

Les premiers mois de 1833 annonçaient des temps plus calmes et plus paisibles. Cette session fut remplie par un certain nombre de lois d'intérêt général. Les travaux de la session commencèrent par une proposition relative au deuil anniversaire du 21 janvier. Une loi sur l'expropriation pour cause d'utilité publique était un préliminaire indispensable aux grands travaux d'industrie que les années ultérieures devaient entreprendre. Aucune entreprise de routes, de canaux, de chemins de fer, n'était plus possible en France, tant le droit de propriété avait pris une extension abusive. M. Thiers, qui avait échangé le ministère de l'intérieur, à peu près réduit à la police et à l'administration départementale, contre le ministère des travaux publics, présenta une loi pour l'achèvement des monuments commencés, et y fit joindre un crédit de 100 millions; c'est à lui que nous a valu l'achèvement de la Madeleine, de l'arc de triomphe de l'Étoile, du bâtiment du quai d'Orsay, des routes stratégiques de la Vendée, et tant d'autres routes qui sillonnent aujourd'hui des départements jusque alors dépourvus de moyens de communication. Une loi sur l'instruction primaire, présentée par M. Guizot, acquitta une dette de l'État envers les classes laborieuses, en offrant l'enseignement gratuit à tous ceux qui ne peuvent pas le payer. Depuis longtemps, l'organisation municipale et départementale était réclamée : une loi fut votée ayant pour objet de régler l'élection des conseils municipaux, d'arrondissement et de département, ainsi que leurs attributions.

La captivité de la duchesse de Berry à Blaye avait délivré le ministère des soucis d'une nouvelle Vendée; mais il restait à statuer sur son sort. Le parti révolutionnaire réclamait hautement le jugement de la princesse : or, dans un jugement on redoutait également l'acquittement ou la condamnation. Des pétitions à ce sujet étaient arrivées en foule à la chambre des députés. Le rapport de M. Sapey, lu à la séance du 5 janvier 1833, conclut à laisser le ministère prendre à l'égard de la prisonnière les mesures qu'il jugerait convenables. M. de Ludre demanda le renvoi des pétitions au garde des sceaux, pour faire exécuter les lois du royaume. M. de Broglie soutint que la branche aînée des Bourbons se trouvait placée en dehors du droit commun, et que le principe de l'égalité devant la loi n'était pas applicable dans la circonstance, la duchesse de Berry n'étant pas Française d'origine, et ne l'étant plus par alliance. M. Berryer appuya l'avis du ministre, se fondant sur ce que la duchesse de Berry était vis-à-vis de Louis-Philippe en état de guerre et non de révolte. M. Thiers s'attacha à détruire l'effet des paroles de M. Berryer, tout en effrayant l'Assemblée par le tableau des dangers d'un procès. Ainsi, la légalité s'effaça devant la raison d'État, et le principe de l'égalité fléchit devant une inviolabilité qu'on n'avait pas respectée lorsqu'il s'agissait de disposer d'une couronne. De ce moment l'arrogance des légitimistes redoubla. Les journalistes des deux partis extrêmes se provoquèrent, et des duels s'ensuivirent; enfin la police intervint. Mais un coup inattendu vint abattre sans retour l'exaltation des légitimistes. Dans la nuit du 16 au 17 janvier, la duchesse de Berry fut prise de vomissements, et sa santé parut dans une crise alarmante. Sur l'avis transmis par le télégraphe, MM. Orfila et Auvity reçurent l'ordre de partir immédiatement pour Blaye. À l'arrivée des médecins, la crise était passée; mais il fallait un rapport ostensible. C'est alors que M. Orfila disserta si doctement sur l'atmosphère de Blaye, sur la dimension des cours, du jardin, etc.

Toutes ces simagrées étaient bien superflues : la grossesse de la duchesse ne tarda pas à être divulguée; elle-même fut réduite, le 22 février 1833, à faire au général Bugeaud, gardien du château de Blaye, la déclaration d'un mariage secret. Ce dénoûment burlesque de la guerre civile était un coup de massue terrible pour le parti contre-révolutionnaire. Des journaux légitimistes prirent le parti de proclamer la déclaration une pièce fausse. Il y a plus : lorsqu'au 10 mai la princesse eut mis au monde une fille, et qu'elle eut déclaré être mariée au comte de Lucchesi-Palli, fils du prince de Campo-Franco, grand-chancelier du royaume de Sicile, les mêmes légitimistes protestèrent contre l'accouchement supposé. *La Quotidienne*, nonobstant tous procès-verbaux, pièces officielles, signatures et actes authentiques, persista à protester contre le *fabuleux* accouchement, et inséra dans ses colonnes la plainte adressée au procureur général de la cour royale de Paris et à celui de Bordeaux, « pour cause de présomption légale de supposition d'enfant commise par les ministres et agents du gouvernement envers S. A. R. *Madame*, duchesse de Berry ». Le 8 juin la princesse quitta Blaye, et s'embarqua sur *l'Agathe*, bâtiment de l'État, qui la conduisit à Palerme. Deux jours après, une discussion s'engagea dans la chambre des députés, à l'occasion de la mise en liberté de la duchesse. Garnier-Pagès interpella les ministres à ce sujet, et leur reprocha avec énergie certaines flagrante violation des lois. M. Barthe, garde des sceaux, et M. Thiers, ministre du commerce, loin de chercher à se justifier en invoquant la nécessité politique, vinrent soutenir hardiment à la tribune que le gouvernement pouvait, lorsqu'il le jugeait utile, se mettre au-dessus des lois.

D'autres débats caractéristiques de cette époque avaient suscité un violent démêlé entre la chambre des députés et la presse quotidienne. La discussion du budget de la guerre avait donné lieu à des observations très-sévères, même de la part des députés du centre. Un rapport de M. Camille Périer avait stigmatisé comme des dilapidations scandaleuses certains marchés qui grevaient l'État de 14 millions. Le maréchal Soult, en tacticien habile, se servit des fortifications de Paris pour masquer sa batterie des marchés. Alors en effet se présenta pour la première fois cette question devenue si fameuse : Adoptera-t-on le système d'enceinte continue ou le système des forts détachés? Toute la portion de la chambre qui portait épaulettes s'empressa d'étaler à ce propos ses connaissances spéciales; mais les députés qui n'appartenaient pas à l'armée comprirent que la question politique dominait ici la question militaire. C'est à l'occasion de ce débat sur les fortifications de Paris que *La Tribune* s'avisa d'appeler la chambre prostituée. M. Viennet quelques jours auparavant avait dit dans un discours : *C'est la légalité actuelle qui nous tue*. Il y avait là une sorte d'appel aux lois d'exception. On le crut soufflé par le ministère, bien aise de sonder la chambre sur des mesures de cette nature. D'autres supposaient qu'il s'était fait le bouc émissaire de la cour. Enfin, lui-même se donnait pour l'organe du tiers parti, qui le désavoua. Un second article de *La Tribune* accusait plusieurs députés de relations avec M. Gérin, caissier des fonds secrets. M. Viennet dénonça les deux articles à la chambre. Un rapport de M. Persil conclut à ce que les rédacteurs fussent traduits à la barre de l'assemblée. Cette chambre, si apathique depuis quelques mois, prit feu tout à coup pour entamer un duel politique avec un journal; et la discussion préliminaire sur la question de savoir si la chambre citerait le rédacteur à sa barre donna lieu au déchaînement des passions et aux provocations les plus irritantes : quarante-cinq membres, au nombre desquels était M. Viennet, se récusèrent ou s'abstinrent. Parmi les juges siégeait M. Barthe, ministre de la justice, qui sous la Restauration avait défendu le *Journal du Commerce* dans une cause semblable. 205 voix contre 92 décidèrent que le journal serait traduit devant la chambre. M. Lionne, gérant de *La Tribune*, comparut le 16 avril, assisté de MM. Marrast et Cavaignac, rédacteurs. Au lieu de se défendre, ils attaquèrent. M. Marrast fit l'histoire de la corruption sous le régime constitutionnel; il rappela les jeux de bourse de 1832 et les nouvelles de la veille publiées seulement le lendemain, pour favoriser la spéculation. « Vous êtes, leur dit-il parfaitement indifférents à la prime des sucres, et cependant cette prime s'est accrue depuis 1830 de sept millions à dix-neuf; et, chose étrange, le tiers à peu près de cette somme est partagé entre six grandes maisons, au nombre desquelles marchent en première ligne celles de certains membres que vous honorez de votre considération, notamment celle d'un ministre. En effet, dans les ordonnances de primes pour 1832 on voit figurer la maison Périer frères pour 900,000 fr., la maison Delessert pour 600,000 fr., la maison Humann pour 600,000 fr., la maison Fould pour 600,000 fr., la maison Santerro pour 800,000 fr., la maison Durand de Marseille pour 1 million. » Sur 305 votants, 204 membres condamnèrent le gérant de *La Tribune* à trois ans de prison et 10,000 fr. d'amende : 389 membres étaient présents. L'amende fut couverte aussitôt par des souscriptions.

La presse se vengea en faisant revivre le souvenir de toutes les affaires scandaleuses qui depuis 1830 avait trahi le progrès des passions cupides ou des manœuvres corruptrices. Il y avait à la chambre 122 députés fonctionnaires, qui touchaient annuellement en traitements plus de 2 millions pour les fonctions qu'ils ne pouvaient remplir. Le droit sur les fers, fontes et aciers provenant des pays étrangers, avait été pour l'année 1832 de 2,380,000 fr., impôt énorme prélevé sur l'agriculture et l'industrie, et maintenu parce qu'il profitait à vingt-six députés ministériels, sans compter des ministres associés de M. Decazes dans l'exploitation des forges de l'Aveyron. Le ministre des finances fut sommé de faire rentrer dans le trésor 3,503,607 francs dus par la liste civile. On rappela qu'au mépris des traditions les plus inviolables de la monarchie, Louis-Philippe, le 6 août 1830, avait fait donation de ses biens à ses enfants pour les soustraire au domaine de l'État, et l'on s'étonna que le droit d'enregistrement, payable d'avance, aux termes de la loi, ne fût pas, après trois ans, payé intégralement. On rappela le vol Kessner, qui avait laissé un vide de plusieurs millions dans le trésor, et le mystère dans lequel on avait permis que cette honteuse affaire restât ensevelie; son agiotage à la Bourse et ses relations affichées avec les agents de change n'avaient pu rester inconnues du baron Louis, alors ministre des finances. Le rapport insignifiant de M. Martin (du Nord) sur cette affaire avait été le premier échelon de sa fortune politique. Dans le même temps, une affiche placardée sur Paris annonçait la mise en vente de l'hôtel Lefitte, qui avait été le quartier général de la révolution de Juillet. Ce simple fait produisit un sentiment général de stupeur. Celui qui avait organisé la résistance légale aux ordonnances, celui qui avait disposé d'une couronne, était ruiné ! Il y avait là le sujet de mille réflexions pénibles. Laffitte ruiné représentait la révolution de Juillet trahie. L'hiver suivant, on jouait aux Français une comédie spirituelle, *Bertrand et Raton*, dont le succès était dû aux allusions autant qu'à l'esprit de l'auteur. Le public s'obstinait à voir dans les deux principaux personnages le loyal financier dupe de son patriotisme, et le vétéran le plus roué de la diplomatie exploitant à son profit le dévouement du patriote.

Le club des *Amis du Peuple*, rue de Grenelle-Saint-Honoré, avait été fermé. Dans la soirée du 1er juin 1832, les principaux membres du club voulurent s'assembler rue Saint-André-des-Arts, n° 20, dans un appartement loué au nom d'un sieur Denuand. La police avait fait apposer les scellés sur la porte; ils les brisent, et s'installent pour délibérer sur les mesures à prendre le lendemain. Le préfet de police ordonne l'arrestation des individus présents à la réunion; trente-et-un furent saisis; il en résulta un double procès pour bris de scellés et pour violation de l'article 291. Le 14 décembre, les meneurs du club des *Amis du Peuple* comparurent devant le jury : le chef du jury déclara que les accusés avaient réellement formé une société politique sans autorisation, mais que le jury les acquittait parce que ce fait ne constituait ni délit ni contravention. La cour royale, s'emparant de la déclaration affirmative sur l'existence de l'association des *Amis du Peuple*, rendit, pour la dissoudre, un arrêt qui fit revivre l'article 291, que l'on croyait abrogé de fait. La *Société des Droits de l'Homme*, qui hérita du club des *Amis du Peuple*, comptait en 1832 trois mille sectionnaires à Paris, et de nombreuses affiliations dans les départements. Elle avait son gouvernement, son administration, son armée, ses circonscriptions géographiques; elle mettait en œuvre tous les moyens : souscriptions en faveur des condamnés politiques ou des journaux frappés d'amendes, prédications populaires, publications, voyages, correspondances; enfin, elle avait une organisation complète. Deux députés, d'Argenson et Audry-Puyraveau, signataires du manifeste de cette société, furent dénoncés à la tribune; on avait le désir de les exclure comme indignes, mais on n'osa. Le général Bugeaud se chargea de les interpeller sur leur participation aux actes du comité; ils répondirent qu'ils s'honoraient de cette participation. Un autre député, M. de Ludre, fit connaître par les journaux son adhésion au manifeste. Le 10 avril 1833, le jury condamna une première fois la *Société des Droits de l'Homme*. La cour d'assises ordonna la dissolution de la société, dont l'existence illégale avait été reconnue. Déjà, du reste, se manifestaient des scissions parmi les meneurs du parti républicain. Lafayette et Carrel commençaient à devenir suspects aux plus ardents. La république du *National* était bien en arrière de celle des *Droits de l'Homme*. Ce club prépara une insurrection pour l'anniversaire du 28 juillet 1833. Dans la nuit du 27 au 28, on arrêta, rue des Trois-Couronnes, n° 30, six personnes occupées à fondre des balles; parmi ces six personnes étaient quatre élèves de l'École Polytechnique. On saisit une immense quantité de balles et de cartouches, et 162 fusils. L'insurrection fut ajournée. La revue se passa sans troubles; mais le gouvernement avait cru devoir déclarer officiellement dans le *Moniteur* qu'il ne serait donné aucune suite à la construction des forts détachés. Le lendemain la statue de Napoléon fut découverte sur la colonne de la place Vendôme, aux acclamations de la multitude. Les arrestations faites pendant les mois de juillet et août 1833 s'élevèrent à 150; 27 accusés furent traduits en cour d'assises, au mois de décembre; les plus marquants étaient Raspail, Kersausie, etc. Ils étaient prévenus d'avoir formé un complot contre la sûreté de l'État, au dernier anniversaire de Juillet. L'avocat général leur reprochait d'avoir demandé la loi agraire; Vignerte, appelé comme témoin à décharge, s'écria : « Tu en as menti, misérable ! » Il fut condamné, séance tenante, à trois ans de prison. Tous ces accusés furent acquittés par le jury. Mais les avocats Dupont, Michel (de Bourges) et Pinart furent suspendus de l'exercice de leur profession.

Au nombre des causes qui entretenaient l'agitation, et poussaient quelquefois au désordre, étaient les crieurs publics. Agents de publicité pour les feuilles démocratiques, ils entretenaient l'ardeur des passions populaires. Mais devant eux la loi était muette, et le pouvoir désarmé. La loi du 10 décembre 1830 rendait libre le colportage et la vente des écrits; la seule formalité exigée était le dépôt d'un exemplaire entre les mains du commissaire de police. Le préfet de police, M. Gisquet, voulut étendre aux brochures l'obligation du timbre; mais la loi n'exigeait le timbre que pour les journaux et les papiers-nouvelles. La police fut assignée devant les tribunaux, qui la condamnèrent : elle n'en continua pas moins les arrestations. Enfin, la cause vint en appel devant la cour royale, qui, par arrêt du 11 octobre, confirma la décision des premiers juges, et donna gain de cause aux crieurs publics. Rodde, gérant du *Bon Sens*, journal populaire, annonça que le dimanche 13 octobre il viendrait lui-même vendre ses écrits sur la place de la Bourse. Après l'arrêt de la cour royale, le gouvernement avait déclaré officiellement qu'il n'interviendrait pas. Un immense concours de curieux se rendit ce jour-là sur la place de la Bourse. Rodde distribua ses brochures sans nul obstacle. Au mois de février suivant, une nouvelle loi sur les crieurs publics fut présentée aux chambres; elle portait : « Nul ne pourra exercer la profession de crieur public qu'avec la permission de l'autorité municipale, qui pourra toujours la refuser ou la supprimer. » Quelques tentatives pour agiter Paris à l'occasion de cette loi avortèrent et se réduisirent aux démonstrations de quelques bandes de tapageurs nocturnes, et à des attroupements sur le boulevard Saint-Martin. Seulement sur la place de la Bourse, un certain nombre de perturbateurs furent maltraités par des agents armés de bâtons; ce qui donna lieu à de vives récriminations contre les *assommeurs* enrôlés, disait-on, par la police. M. de Salverte dénonça les faits à la tribune; une enquête fut faite par la magistrature, et le préfet de police fut contraint de révoquer un officier de paix et cinq inspecteurs. Mais en même temps soixante-treize membres de la *Société des Droits de l'Homme* étaient arrêtés.

Les réfugiés politiques n'étaient pas non plus un des moindres embarras du gouvernement. Les vaincus et les proscrits de tous les pays refluaient sur la France. Les désastres de la Pologne, les troubles des États de la confédération germanique, les proscriptions de Ferdinand VII et de dom Miguel, les persécutions de l'Autriche, avaient amené sur notre sol 6,000 réfugiés polonais, 4,000 allemands, italiens, espagnols, portugais, qui coûtaient 3 ou 4 millions par an à l'État, et cela dans des circonstances pénibles, où la cherté des subsistances et le manque d'ouvrage accroissaient de beaucoup le fardeau des charges publiques. La conduite de tous ces réfugiés était loin d'être également satisfaisante; un grand nombre d'entre eux se montraient peu reconnaissants de l'hospitalité qu'ils recevaient. Une loi de 1832 autorisa le gouvernement à leur assigner des résidences. En vertu de cette loi, on les interna dans une trentaine de villes, où ils pouvaient se procurer des vivres à bon marché et s'employer à divers travaux. Cependant deux mille, à raison de leur position sociale ou de leurs professions libérales, obtinrent la faculté de rester à Paris. Le 8 décembre 1831 un comité polonais s'était formé à Paris : il rédigeait des adresses, des proclamations aux peuples, des protestations contre les mesures des gouvernements. Le ministère ordonna, vers la fin de décembre 1835, l'expulsion des membres de ce comité, Lelewel, Léonard Chodzko, etc. Les conspirations de la *Jeune Italie* avaient amené en France de nombreux proscrits de Modène et de la Romagne. Le 20 octobre 1832, Emiliani, réfugié à Rodez, fut blessé de coups de poignard par une bande de ses compatriotes, en vertu d'un jugement émané d'un tribunal secret. Le 31 mai 1833, le tribunal de Rodez condamna à cinq ans de réclusion six auteurs ou complices de ce guet-apens. En sortant de l'audience, Emiliani et Lazzareschi sont poignardés par un nommé Gavioli. Le jugement du tribunal secret avait été publié avec la signature de Mazzini, chef principal de la *Jeune Italie*, caractère ardent et persévérant, qui dans l'exil exerçait une grande influence sur ses compatriotes. Il protesta contre sa signature, faussement apposée au bas du jugement du tribunal secret.

Dans ses relations avec l'Europe, le gouvernement français continuait la politique de condescendance qu'il avait adoptée depuis 1830. Le cabinet de Saint-James, le seul avec lequel il entretint des relations intimes, commençait déjà à se faire payer le prix de son alliance. A cette époque se rapporte la première apparition du *droit de visite*. Cette même année 1833 vit poindre les difficultés de la question d'Orient, c'est-à-dire les premiers symptômes de la dissolution imminente de l'empire turc et l'attitude menaçante de la Russie à Constantinople. Vers le même temps, don Pedro, à la tête d'une troupe d'aventuriers, allait rendre à sa fille donna Maria le trône de Portugal, usurpé par dom Miguel, et Ferdinand VII mourait laissant le trône d'Espagne à sa fille Isabelle II.

L'année 1834 s'ouvrait avec des apparences qui semblaient présager un calme profond : l'aspect général de la société annonçait une lassitude universelle; mais pour qui jetait un regard plus perçant sur la société, c'était là une trêve plutôt qu'une paix réelle : les républicains se préparaient en silence à engager une lutte nouvelle, et l'esprit révolutionnaire, réduit pour le moment à une espèce de sommeil agité, devait se réveiller un peu plus tard à Lyon et à Paris, par un éclat terrible. Le gouvernement lui-même sentait que, pour rentrer dans les conditions d'une société régulière, il fallait en finir avec le parti de la république, le combattre à outrance et lui enlever tous ses moyens d'action. Dans la discussion de l'adresse, l'opposition parlementaire mit dans son langage une modération nouvelle et abandonna certaines formes violentes et provocatrices à l'égard de l'Europe. Mais l'opposition du dehors ne gardait pas la même mesure : ses déclamations redoublaient d'audace et de violence; les caricatures, les pamphlets, lançaient leurs atteintes jusqu'au sommet de la hiérarchie sociale. Le gouvernement porta alors ses premiers coups contre la presse démocratique. Le 25 janvier il demanda à la chambre l'autorisation de poursuivre M. Cabet, député, à raison de deux articles publiés dans son journal *Le Populaire*, l'un intitulé *la République dans la Chambre*, l'autre *Crimes des rois contre l'humanité*. Dans la séance du lendemain, M. Larabit dénonça à la tribune la dictature du maréchal Soult, qui, dans un ordre du jour aux officiers d'artillerie de Strasbourg, avait prétendu interdire aux officiers toute réclamation, même légale. Des murmures s'élevèrent, et le général Bugeaud s'écria : « Il faut obéir d'abord. » M. Dulong répliqua : « Faut-il obéir jusqu'à se faire geôlier? » Il en résulta une explication entre ces deux députés; l'affaire fut envenimée d'abord par le *Journal des Débats*, qui avait ajouté : *jusqu'à l'ignominie*; puis par le journal du soir, et aussi par des députés attachés à la maison du roi. Un duel au pistolet s'ensuivit, et Dulong, atteint d'une balle dans la tête, succomba, le 29 janvier. Il y avait ce soir-là bal à la cour. Dupont de l'Eure, tendrement attaché à M. Dulong, adressa sa démission à la chambre. Vint enfin la loi contre les associations, qui aggravait le fameux article 291. Tout cet ensemble de mesures répressives était l'indice d'un nouveau système, ou plutôt d'une marche plus décidée dans le système du gouvernement. Le principal auteur de cette loi, un orateur qui remuait les centres par l'âpreté passionnée de sa parole, le procureur général Persil, vit grandir cette année son influence dans la chambre. Ce qui charmait la majorité dans la personne de M. Persil, « c'est qu'il avait l'air d'un planteur armé d'un bâton et parlant à ses nègres; c'est qu'il avait toujours le bras tendu en s'adressant à la gauche ». Tel est le singulier panégyrique que faisait sérieusement de lui un député sincère et homme d'esprit, qui appartenait alors au même parti. Déjà l'on désignait M. Persil pour remplacer M. Barthe au ministère de la justice. Dans cette croisade du gouvernement contre le droit d'association, il était singulier de voir à un banc des ministres trois hommes dont l'un, M. de Broglie, avait ouvert sous la Restauration son hôtel à la société des *Amis de la Presse*; l'autre, M. Guizot, avait dirigé la société *Aide-toi, le ciel t'aidera*; et le troisième, M. Barthe, avait marqué parmi les carbonari. Du reste, l'opposition ne se montrait pas moins ardente et moins passionnée que le ministère. Cette loi, promulguée le 10 avril, donna au gouvernement le pouvoir de fermer les clubs. La chambre avait accordé l'autorisation de poursuivre M. Cabet pour ses articles dans *Le Populaire*; il fut condamné le 28 février à deux ans de prison, deux ans d'interdiction des droits civils et quatre mille francs d'amende; il s'expatria.

Le vote de la loi contre les associations fut le signal d'une crise : le parti démocratique aux abois voulait du moins avant de céder la place tenter une dernière partie. La *Société des Droits de l'Homme* disposait de 163 sections dans Paris : on faisait des cartouches, on achetait des fusils, on se préparait à une résistance armée. Le procès des mutuellistes devint le prétexte de l'insurrection à Lyon. Plusieurs autres villes se soulevèrent en même temps, et les journées d'avril eurent leur contre-coup à Paris.

La victoire sur les factions armées semblait devoir donner une grande force au gouvernement. Mais le ministère était miné par des germes de dissensions intestines. Déjà le rejet d'un projet relatif au traité des 25 millions réclamés par l'Amérique avait amené la retraite du duc de Broglie. Aux termes d'un traité signé le 4 juillet 1831 par le général Sébastiani, ministre des affaires étrangères, le gouvernement français s'était reconnu débiteur de 25 millions envers les États-Unis. Cette créance avait été réclamée comme réparation des dommages que le commerce maritime des Américains avait soufferts en exécution des décrets de confiscation sur les marchandises anglaises rendus par Napoléon, à Berlin et à Milan, en 1806 et 1807. Le trésor public se trouvant engagé dans la question, la ratification des chambres était nécessaire pour que le traité du 4 juillet reçût son exécution. Le duc de Broglie, président du conseil, et le général Sébastiani, signataire du traité, soutinrent énergiquement la légitimité de la créance; ils rencontrèrent une vive opposition dans la chambre et hors de la chambre. Des bruits d'agiotage qui avaient couru au sujet de cette créance de 25 millions contribuèrent à indisposer l'opinion. Lafayette, alors malade, avait envoyé à la chambre des explications en faveur du projet. Il n'en fut pas moins rejeté. M. de Broglie en avait fait une question de cabinet : immédiatement après le vote de la chambre, il remit sa démission au roi. Sa retraite entraîna un remaniement ministériel. MM. Barthe et d'Argout, dont la position était menacée depuis longtemps, furent remplacés par MM. Persil et Duchâtel, qui prirent les portefeuilles de la justice et du commerce; M. Thiers rentra au ministère de l'intérieur; M. de Rigny passa de la marine aux affaires étrangères. La marine, offerte à l'amiral Roussin, ambassadeur à Constantinople, ayant été refusée par lui, fut donnée à l'amiral Jacob. Un peu plus tard, le 20 mai 1834, mourut le général Lafayette: l'ingratitude dont on avait payé ses services paraît avoir jeté de l'amertume sur ses derniers moments.

La mort de Ferdinand VII avait été le signal de la guerre civile en Espagne. Dès le 4 octobre don Carlos avait été proclamé roi à Talavera en Estramadure, puis à Bilbao et à Vittoria. L'insurrection carliste s'étendit rapidement dans la Navarre et dans les provinces basques. Zea-Bermudès, premier ministre, avait conseillé à la reine Marie-Christine, régente pendant la minorité de sa fille Isabelle, de continuer le système de gouvernement de Ferdinand VII, c'est-à-dire l'absolutisme. Mais il tomba bientôt sous l'impossibilité de maintenir ce système. Martinez de la Rosa, nommé, le 15 janvier 1834, président du conseil et ministre des affaires étrangères, donna, le 10 avril, une constitution nouvelle sous le nom d'*Estatuto real*, pâle copie de la charte française, mais où la liberté politique était dispensée avec une excessive parcimonie. Quelques jours après (22 avril), il signa le traité de la quadruple alliance avec la France, l'Angleterre et le Portugal. Néanmoins don Carlos, qui s'était embarqué le 1er juin pour l'Angleterre, y reçut à son arrivée les ouvertures du parti absolutiste, qui lui offrait des secours et de l'argent s'il voulait se rendre en Espagne. Il part furtivement de Londres le 1er juillet, arrive à Paris le 4, le 6 à Bordeaux, le 8 à Bayonne; et le 30 il se trouvait de l'autre côté des Pyrénées, sans que la police de France ou d'Angleterre eût soupçon de son voyage. Dans ce danger pressant, Martinez de la Rosa réclame les secours de l'Angleterre et de la France. L'Angleterre fournit des armes et des munitions. La France prêta au gouvernement de Christine la légion étrangère. L'armée d'observation, commandée par le général Harispe, sur la frontière des Pyrénées, reçut des renforts. A Paris, le banquier Jauge, ayant annoncé un emprunt au nom de don Carlos, fut arrêté le 15 juillet; mais il fut relâché le 29 novembre, en vertu d'un arrêt de non-lieu, attendu que le traité d'alliance avec l'Espagne n'avait pas encore été rendu public. Enfin, le refus décidé de l'intervention, au mois de juin 1835, détermina la chute de Martinez de la Rosa, qui fut remplacé par Toreno.

La chambre élue en 1831, quand durait encore l'ébranlement de Juillet, la chambre qui avait débuté par l'abolition de l'hérédité de la pairie, et qui avait témoigné une si vive sympathie pour la cause de la Pologne, s'était disciplinée peu à peu, et avait fini par recevoir docilement l'impulsion politique d'en haut. Cependant elle fut dissoute, et de nouvelles élections se firent au mois de juin 1834; la plupart des députés qui avaient professé des doctrines républicaines furent repoussés par les électeurs. Quelques légitimistes entrèrent dans la nouvelle chambre, et vinrent se grouper autour de Berryer. Ce fut alors qu'on s'avisa de demander l'abolition du serment politique, comme une formalité inutile : le cabinet était travaillé par de secrètes dissidences; une lutte sourde existait entre M. Guizot et le maréchal Soult, dont le budget avait d'ailleurs essuyé des attaques assez vives dans la chambre. Dans un voyage du roi au château d'Eu, on travailla contre le maréchal et contre les hésitations du roi. M. Thiers, mandé à Eu, se fit fort de faire entrer le maréchal Gérard dans le ministère, et le maréchal Soult se retirait. Celui-ci fut censé avoir donné sa démission, et le 18 juillet le maréchal Gérard prit le portefeuille de la guerre avec la présidence du conseil. Dès l'ouverture de la session, un esprit nouveau se manifesta dans la chambre. L'adresse, rédigée par Étienne, laissait percer quelques insinuations contre la politique du ministère, et particulièrement contre cette partie du cabinet qu'on désignait par le nom de *doctrinaires*. Les ministres n'osèrent pas demander d'explications à la majorité, et restèrent dans la situation fausse d'un concours équivoque. Étienne appartenait à cette fraction de la chambre où se formait le *tiers parti*. Ce tiers parti, composé de députés qui avaient soutenu le gouvernement de leurs votes et de leur parole dans les temps de crise, penchait pour une politique plus directe et plus libérale. Le *tiers parti* se montra tout d'abord favorable au maréchal Gérard, qui était entré dans le ministère avec une pensée d'amnistie, comme moyen de terminer les embarras inextricables dans lesquels le procès d'avril allait jeter le gouvernement. Il présenta donc dans le conseil une note sur l'amnistie, qui fut rejetée par ses collègues, sous le prétexte que le général Jacqueminot la repoussait au nom de la garde nationale; on ajoutait même que la démission du général Jacqueminot était à craindre si l'on donnait suite à cette proposition. Le maréchal Gérard donne alors sa démission, le 29 octobre, après un peu plus de trois mois de ministère. Les autres ministres se retirèrent également, à l'exception de M. Persil, qui se montra disposé à s'entendre avec le *tiers parti*, auquel la retraite du cabinet laissait le champ libre; car MM. de Broglie et Molé avaient renoncé à en composer un nouveau, après quelques tentatives infructueuses. M. Dupin, auprès duquel M. Persil était venu prendre conseil, refusa le pouvoir pour lui-même, et désigna les noms qui formèrent le ministère du 10 novembre, appelé *le ministère des trois jours*. C'était le duc de Bassano, président du conseil et ministre de l'intérieur; M. Charles Dupin à la marine, le général Bernard à la guerre, M. Passy aux finances, Teste aux travaux publics; M. Sauzet, qui avait fait son début à la tribune lors de l'ouverture de la session, au mois de juillet, était désigné, quoique absent, pour le portefeuille de l'instruction publique; enfin M. Bresson, ministre plénipotentiaire à Berlin, devait avoir les affaires étrangères. Bien que le roi s'applaudît en lui-même d'avoir édifié un cabinet si inoffensif, le public ne voulut jamais croire à sa réalité; et il paraît que ses membres eux-mêmes ne comptaient pas sur une longue durée, car un d'eux, M. Charles Dupin, avait demandé à conserver sa place de membre du conseil d'amirauté, aux appointements de 20,000 francs. Le duc de Bassano s'occupait d'une déclaration de principes, dans laquelle il annonçait l'intention de restaurer la révolution de Juillet : là-dessus, M. Persil déclara qu'il n'avait consenti à rester dans le ministère qu'à la condition que le système ne serait pas changé. Ce cabinet était usé avant d'avoir touché le pouvoir.

Le 13, les ministres dînaient chez M. Dupin, président de la chambre : dans la soirée, assez tard, MM. Teste et Passy envoyèrent leur démission au roi; elle fut annoncée le soir même dans *Le Messager*; mais le lendemain un journal du matin la démentit. Cependant le duc de Bassano avait pris seul son ministère au sérieux, et il travaillait gravement à sa déclaration de principes : le roi fut obligé de l'informer que tous ses collègues avaient donné leur démission. Le 16 tous les anciens ministres avaient repris leurs portefeuilles. Ainsi fut constaté l'avortement du *tiers parti*. M. Dupin fit une faute grave en déléguant ses lieutenants pour s'emparer du pouvoir, au lieu de leur donner un général en chef; c'était traiter la France un peu trop en partenaire de province que de leur envoyer des doublures. M. Dupin donna beau jeu à ses adversaires, qui le mirent au défi de prendre le pouvoir; ils tirèrent avantage de son refus, et en conclurent qu'il ne se sentait pas propre aux affaires. Ils alléguaient la mobilité de son caractère, son goût pour les boutades, et la difficulté qu'il aurait à vivre en bonne intelligence avec des collègues. Cependant un peu plus tard, lors de la discussion relative à l'ordre du jour motivé sur le sens de l'adresse de 1834, M. Dupin, à qui l'on reprochait d'avoir reculé devant le pouvoir, déclara solennellement à la tribune qu'il était prêt à entrer dans tel ministère donné, à la seule condition qu'il y aurait *une présidence réelle*.

Le cabinet doctrinaire s'était reconstitué sous la présidence du maréchal Mortier, nommé en même temps ministre de la guerre le 18 novembre. Le ministère, qui était resté sous le coup d'une phrase équivoque de l'adresse à l'ouverture de la session, comprit la faute qu'il avait faite, et demanda des explications sur le sens des passages ambigus qu'on avait tournés contre lui. Étienne accusait les doctrinaires d'intrigue, d'ambition et d'inconséquence. M. Guizot demanda à la chambre de résoudre la question, en répondant si elle prêtait son concours au système du ministère : M. Thiers présenta ses collègues et lui comme les ministres de la résistance. Après une longue et vive discussion, l'ordre du jour motivé fut adopté en ces termes : « La chambre, satisfaite des explications entendues sur la politique suivie par le gouvernement, et n'y trouvant rien que de conforme aux principes exprimés dans son adresse, passe à l'ordre du jour. » Certes, il n'y eut jamais de présidence moins réelle que celle du pauvre maréchal Mortier; la fiction était

44.

par trop transparente. Au bout de trois mois sa candeur s'en lassa, et il donna le 20 février 1835 sa démission de président du conseil; puis, le 30 avril, il céda le portefeuille de la guerre au maréchal Maison. L'amiral Duperré avait été précédemment appelé à la marine. MM. Thiers et Guizot avaient déjà l'un et l'autre dans la chambre une nombreuse clientèle, qui leur assurait une influence prépondérante : leur union, en faisant contre-poids à la volonté royale, était un obstacle au gouvernement personnel. Dès lors on travaillait à les diviser, afin de les dominer l'un par l'autre. Un ministère parlementaire, c'est-à-dire qui puisait sa force dans l'assentiment des chambres, ne pouvait avoir les sympathies du château. Sur ces entrefaites parut une brochure de M. Rœderer, ayant pour objet d'exalter la prérogative royale. Cette brochure, accueillie avec enthousiasme par la cour, produisit un effet tout contraire chez les hommes politiques. Déjà commençait à se former un parti parlementaire, réclamant la sincérité du gouvernement représentatif; on faisait revivre la maxime : *Le roi règne et ne gouverne pas*. Fonfrède, qui ne correspondait pas encore avec le roi, attaqua vigoureusement les prétentions mises en avant par M. Rœderer. Quelques députés, particulièrement affidés à M. Guizot, se montraient disposés à le combattre.

La vacance de la présidence du conseil, par suite de la démission du maréchal Mortier, avait amené une crise ministérielle, que le roi ne se pressait pas de finir. Des réclamations pécuniaires de la Russie, qui n'étaient nullement fondées, ayant été portées devant la chambre, M. de Rigny, chargé du portefeuille des affaires étrangères, s'était trouvé insuffisant pour traiter la question; M. Thiers l'avait étudiée et avait joué le rôle de son collègue. Mais, pressentant où était le danger réel pour le ministère, il se mit d'accord avec M. Guizot, et accepta la présidence du duc de Broglie, qui rentra comme chef du conseil et ministre des affaires étrangères, le 12 mars 1835. M. de Broglie, avec ses idées arrêtées, avec sa rectitude de raison aussi peu flexible que sa droiture de caractère, était peut-être l'homme que le roi redoutait le plus, et pour lequel il éprouvait le moins de sympathie. Sa rentrée fut la réponse de la chambre au manifeste de M. Rœderer. Une des conditions du retour de M. de Broglie était nécessairement la résurrection du traité des 25 millions réclamés par les États-Unis d'Amérique. Malgré les fanfaronnades du président Jackson et les tripotages de bourse dont la question s'était compliquée, la loi fut votée, le 18 avril 1835, par 289 voix contre 137.

La connaissance des événements d'avril avait été déférée à la cour des pairs. L'instruction dura plusieurs mois. L'opposition s'attachait à démontrer l'impossibilité du procès; et elle objectait l'illégalité du renvoi devant la chambre des pairs. Un article violent du *National* sur l'incompétence de la cour des pairs fit traduire le gérant de ce journal devant la chambre. Il comparut le 15 décembre 1834, et Carrel, alors en prison, vint le défendre. C'est là qu'il évoqua l'ombre du maréchal Ney d'une manière si terrible pour ses juges. Le gérant du *National* fut condamné à deux mois de prison et 10,000 francs d'amende. Girod de l'Ain présenta, au mois de novembre 1834, son rapport sur les événements d'avril. Les débats s'ouvrirent au Luxembourg le 5 mai 1835. Une nouvelle salle d'audience avait été construite pour les besoins du procès. Il restait encore 121 accusés. L'accusation était soutenue par M. Martin (du Nord), procureur général, assisté de MM. Plougoulm, Franck-Carré, Chégaray et Latournelle. Des 121 prévenus, 68 répondirent aux questions du président; les autres, notamment ceux de Paris et de Lunéville, déclinèrent la compétence de la cour des pairs, et demandèrent à être assistés de défenseurs de leur choix. La cour repoussa la demande des accusés. Il en résulta des scènes de violence et de tumulte indescriptibles. Le 12 juillet, vingt-huit des principaux accusés s'évadèrent de Sainte-Pélagie. La peine la plus sévère prononcée par la cour des pairs fut la déportation; elle atteignit dix-neuf accusés. Ce procès, poursuivi et achevé à travers tant d'obstacles, porta un coup décisif au parti républicain, et le décrédita moralement par les excès de quelques démagogies absurdes. *La Tribune*, suspendue le 13 avril 1834, avait reparu le 11 août; elle cessa définitivement de paraître le 12 mai 1835. C'était le drapeau de l'insurrection : sa chute annonçait l'épuisement du parti; elle avait subi cent onze poursuites, des amendes pour 157,000 francs et quarante-neuf années de prison.

Depuis cinq années, pendant lesquelles le nouveau régime travaillait à s'asseoir, l'esprit d'agitation et de turbulence, qui s'était d'abord exhalé en émeutes, s'était traduit ensuite en insurrections et en guerre civile ; il allait finir par des crimes isolés et par des tentatives d'assassinat. Dès les derniers mois de 1834 et les premiers mois de 1835, divers faits auxquels on ne donna pas de publicité révélaient des pensées de régicide. Un ancien soldat, pour avoir nourri de tels projets de meurtre, avait été envoyé au Sénégal; un autre militaire, nommé Jomard, traduit en cour d'assises le 21 septembre, fut acquitté, renvoyé à son corps, et jugé comme déserteur. Pendant tout le mois de juillet 1835, de sinistres rumeurs circulaient dans Paris; le complot de Neuilly, tramé pour faire périr le roi dans le trajet des Tuileries à la campagne, y donnait de la consistance. Une revue de la garde nationale devait avoir lieu le 28 juillet : la veille, dans la soirée, une révélation faite au commissaire de police Dyonnet donnait des détails assez circonstanciés, mais insuffisants et enveloppés d'obscurités, sur un projet d'attentat qui devait éclater sur les boulevards, à la hauteur de l'Ambigu : on supposait un souterrain creusé sur la route; des perquisitions faites sur le boulevard Saint-Martin d'après ces indications donnèrent le change à la police. Le 28, le roi, accompagné de ses fils, de plusieurs ministres et d'un nombreux état-major, avait franchi le boulevard Saint-Martin, et une moitié du boulevard du Temple, lorsque d'une fenêtre, restée jusque là couverte d'une jalousie, part une terrible détonation, accompagnée d'une grêle de mitraille, qui frappe mortellement à côté du roi de nombreuses victimes, dont la première était le maréchal Mortier. Aussitôt la maison est envahie par la force armée; on saisit sur le toit d'une maison voisine le meurtrier défiguré par des plaies sanglantes : c'était Fieschi. On arrêta peu après Boireau, ouvrier en bronze ; Morey, arrêté une première fois, fut d'abord relaxé. Un mandat fut lancé contre Pepin, qui tenait un magasin d'épiceries à l'entrée du faubourg Saint-Antoine, mais il avait disparu; ce fut plus tard qu'on mit la main sur lui. L'instruction et les débats établirent que Pepin avait eu des relations fréquentes avec Fieschi, qu'il lui avait fourni de l'argent pour construire sa machine infernale, et qu'il connaissait l'usage criminel auquel elle était destinée. Morey, ouvrier bourrelier, laborieux, d'une conduite sage, mais vieux républicain à convictions inflexibles, avait aussi pris part au complot; il avait chargé les canons de fusil et donné asile à la concubine de Fieschi. Enfin, Boirean avait eu connaissance du projet d'attentat, et la veille de la revue il était passé à cheval sur les boulevards, devant les fenêtres de Fieschi, pour lui donner les moyens d'ajuster sa machine et à y donner l'inclinaison la plus meurtrière.

Le 5 août eurent lieu aux Invalides les funérailles des victimes, au nombre de quatorze, parmi lesquelles on comptait une jeune fille et un maréchal de France. Ce qui frappa plus encore que la pompe de cette triste cérémonie, ce fut l'insolence du discours que l'archevêque de Paris, M. de Quélen, adressa au roi en cette occasion. Les débats du procès s'ouvrirent le 30 janvier 1836. Ce fut un affligeant spectacle de voir les complaisances de la pairie pour un misérable tel que Fieschi, dont la vanité n'apercevait dans les séances de la cour des pairs qu'une occasion de se donner de l'importance; ses lazzis impudents et ses rodomontades de saltimbanque excitaient des rires approbateurs dans l'auditoire. Par un triste contraste, Pepin, que les déclarations de Fieschi conduisaient à l'échafaud, montrait une pusillanimité difficile à concevoir ; il semblait parfois sortir de son accablement pour répondre aux attaques de son adversaire ; il commençait une phrase, sans pouvoir l'achever, et il retombait sur son banc, comme épuisé par ce seul effort. Morey seul gardait une attitude impassible, sans jamais récriminer, sans montrer un signe de faiblesse, sans prononcer une parole de colère. Le 15 février, un arrêt de la cour des pairs condamna Fieschi à la peine des parricides, Morey et Pepin à la peine de mort, Boireau à vingt ans de détention. L'exécution eut lieu le 19.

L'attentat de Fieschi avait soulevé un sentiment universel d'indignation. Des voix s'élevèrent pour demander des mesures législatives assez vigoureuses pour enchaîner les passions malfaisantes et pour réprimer les provocations de la presse. Les ministres s'empressèrent de profiter de la stupeur générale pour armer le pouvoir d'un ensemble de mesures exceptionnelles, connues depuis sous le nom de *lois de septembre*. On leur reprocha d'exploiter l'attentat de Fieschi contre les libertés publiques, comme les ultra, sous la Restauration, avaient exploité l'attentat de Louvel, en disant que le duc de Berry avait été poignardé par une idée libérale. L'intention avouée était de pourvoir à la sûreté du chef de l'État, de rendre la justice plus prompte dans son action et plus énergique dans ses vengeances, de museler la presse, de placer la personne du roi et la monarchie constitutionnelle au-dessus de toute discussion. Quelque nécessaires que fussent alors des mesures de répression, on ne peut nier que ces lois ne portent l'empreinte des passions du moment ; elles sont marquées d'un caractère de colère et de violence. A travers les dispositions les plus dures et les plus implacables du système d'intimidation exalté alors par M. Guizot, on sent une impuissance de répression morale, et c'est comme en désespoir d'agir sur les esprits que la loi recourt au frein matériel, par l'exagération des amendes et de la prison. Au reste, le ministère ne s'abusait pas sur l'impopularité que ces lois devaient faire rejaillir sur lui. Au moment de les présenter, M. le duc de Broglie dit au roi : « Sire, voilà l'ensemble des mesures que nous jugeons nécessaires au salut de la monarchie et à l'état actuel de la France. Mais nous ne devons pas vous dissimuler que des discussions de la nature de celles que ces lois vont soulever usent promptement un ministère. Nous devons donc conseiller à Votre Majesté de songer dès à présent au choix des hommes qui devront nous remplacer, et dans ce cas je ne vois pas d'autre ministère possible que celui de M. Dupin. » A quoi le roi répondit : « Aussi vous voyez que je reçois également bien tout le monde. »

Cependant, l'année 1836 s'ouvrit avec toutes les apparences d'un calme profond. Après le procès d'avril, après l'attentat de Fieschi et le vote des lois de septembre, toute agitation s'apaise, l'esprit révolutionnaire est dompté ; tout se tait autour du trône. L'impopularité prévue par les ministres ne leur avait pas manqué ; mais l'union qui régnait entre eux faisait leur force, et devant les chambres et vis-à-vis du roi. Quelle que fût la diversité des points de départ de MM. Thiers, de Broglie et Guizot, ils avaient lutté ensemble pour la consolidation d'un même système politique, ils s'étaient engagés sur les mêmes questions : il y avait solidarité entre eux. Une telle intimité laissait ne pouvait agréer au gouvernement personnel. M. de Broglie surtout, par sa manière péremptoire de poser les questions et de les trancher, était peu agréable au roi. Aussi les familiers de la cour se plaisaient-ils à faire meurtrière que sa maison devait à la diplomatie étrangère. En même temps on travaillait à circonvenir M. Thiers, à caresser son ambition, à lui suggérer des vues propres à le détacher peu à peu de triumvirat redoutable. On cultivait soigneusement tous les germes de rivalité entre lui et M. Guizot, on semait les défiances. Ayant voulu faire un voyage à Lille, aucun de ses collègues doctrinaires ne consentit à se charger de l'*intérim*.

Toutes ces petites intrigues minaient sourdement le cabinet du 11 octobre ; il ne fallait plus qu'une occasion pour le dissoudre. Ce fut M. Humann qui la fit naître. Le 14 janvier 1836, en présentant le budget à la chambre, le ministre des finances déclara que le moment était favorable pour réduire l'intérêt de la dette publique et opérer la conversion du cinq pour cent. M. de Broglie, président du conseil, ne put s'empêcher de témoigner sa surprise et son mécontentement de voir une question si grave mise en avant par M. Humann avant même d'en avoir conféré avec ses collègues. M. Augustin Giraud annonça des interpellations à ce sujet pour le 18 janvier : ce jour-là le *Moniteur* annonça le remplacement de M. Humann par M. d'Argout. M. Humann ne fit à la tribune qu'une réponse embarrassée. M. Augustin Giraud insistant, M. de Broglie répondit. « On nous demande si le ministère est dans l'intention de proposer la conversion : je réponds : Non. Est-ce clair ? » Là-dessus M. Gouin prit l'initiative d'une proposition formelle pour la réduction de la rente, et la développa le 4 février : elle fut appuyée par M. Passy, et combattue par M. Thiers. MM. Humann, Berryer, Sauzet, Dufaure, soutinrent la proposition, et le lendemain, 5, l'ajournement fut repoussé à deux voix de majorité. A l'issue de la séance, M. de Broglie donna sa démission, et tous ses collègues l'imitèrent. On remarqua que plusieurs familiers du château avaient voté en cette occasion contre le cabinet. On supposa que M. Humann, en jetant dans la chambre ce brandon de discorde, avait obéi à quelques suggestions secrètes. Il est certain que le roi se sentit soulagé lorsque l'accord des principaux personnages politiques qui composaient le ministère eut été rompu. Un premier sujet de désunion se manifesta entre MM. Thiers et Guizot à propos des prétentions du dernier à la présidence de la chambre, sans que son ancien collègue en eût été informé directement. On mit en jeu l'amour-propre de M. Thiers, en lui disant que l'opinion publique ne le jugeait pas de force à soutenir un ministère sans le concours des doctrinaires : son ambition était raillée par M. Piscatory, un des affidés de M. Guizot. Mis au défi de former un cabinet, il prit son parti, et le 22 février parut l'ordonnance qui nommait M. Thiers président du conseil et ministre des affaires étrangères, M. de Montalivet ministre de l'intérieur, M. Sauzet à la justice, M. Passy au ministère du commerce et des travaux publics, M. le maréchal Maison à la guerre, l'amiral Duperré à la marine, M. d'Argout aux finances, et M. Pelet (de la Lozère) à l'instruction publique.

Une première épreuve attendait la nouvelle administration devant la chambre : c'était la discussion de la proposition Gouin. Il était difficile que la chambre, qui l'avait prise en considération, consentît à se déjuger. M. Thiers, qui refusait de l'admettre, en obtint du moins l'ajournement, et s'engagea à présenter l'année suivante un projet de réduction à 4 p. 100. Une loi de douanes préparée depuis longtemps par M. Thiers fut présentée par M. Passy : elle apportait quelques légères modifications au principe de prohibition absolue, et fut défendue avec habileté par les deux ministres. La vieille majorité avait d'abord conçu quelques défiances à l'égard de M. Thiers, qui venait avec l'appui du tiers parti. Les inépuisables ressources d'esprit qu'il montra dans cette session lui rallièrent cette majorité.

Le 25 juin 1836 eut lieu une nouvelle tentative d'assassinat contre le roi. Le coupable était Alibaud. A cette occasion encore, l'archevêque de Paris, adressant au roi son langage mystique assaisonné d'insolence, appela la tentative meurtrière *une seconde visite de la Providence*. Le procès s'ouvrit le 8 juillet devant la cour des pairs. Condamné le 9 juillet à la peine des parricides, il fut exécuté le 11.

Le cabinet du 22 février n'était pas parfaitement homogène. M. Thiers, après une étroite union avec la politique et les hommes du 11 octobre, s'était séparé d'eux, et avait trouvé un point d'appui dans le centre gauche, auprès du tiers parti. A cette nuance appartenaient trois de ses collègues, MM. Passy, Sauzet et Pelet (de la Lozère). M. Pelet (de la Lozère), esprit calme, administrateur expérimenté et circonspect, prêtait au président du conseil un concours loyal et sans arrière-pensée. M. Passy, homme à convictions sincères, avait des idées arrêtées sur certaines questions d'où pouvaient naître des difficultés; il était contraire à la conservation d'Alger, et voulait la conversion des rentes, dont M. Thiers ne voulait pas. Quant à M. Sauzet, délaissant son point de départ légitimiste, il était devenu doctrinaire, en passant par le tiers parti. Après avoir parlé en faveur de l'amnistie, il avait conclu contre; après avoir attaqué le ministère du 11 octobre, il s'était fait le rapporteur complaisant des lois de septembre; on ne pouvait attendre de lui nulle consistance dans les vues : aussi le président du conseil le traitait-il sans conséquence; et informé un jour de quelques paroles indiscrètes qu'il avait lâchées sur l'intervention en Espagne, il disait : « Qu'on fasse venir le garde des sceaux ! » Sur quoi le garde des sceaux se rendit humblement à l'ordre. M. d'Argout, qui avait une certaine habileté pratique en administration, était tout prêt à remplir les grandes utilités dans tout cabinet qui voudrait bien l'engager. Le maréchal Maison et l'amiral Duperré avaient appartenu au précédent ministère. Enfin, M. de Montalivet, chargé du portefeuille de l'intérieur, avait la garantie du roi dans ce nouveau cabinet; lui seul avait la pensée secrète, et de là devait partir l'élément dissolvant.

C'est dans les questions extérieures que se rencontraient les principales difficultés. Cracovie, clef de la Gallicie et de la Silésie, déclarée ville neutre par les traités de 1815, avait été occupée en violation flagrante de ces traités par les Autrichiens, les Prussiens et les Russes, sous prétexte d'expulser tous les réfugiés du territoire de la république. Le projet d'occupation ayant été communiqué à M. de Broglie dans les premiers jours de février, lorsqu'il quittait le ministère, il dut se borner à recevoir la communication. Le 9 février le sénat de Cracovie reçut la sommation d'expulser les réfugiés dans le délai de huit jours; et le 17 les soldats autrichiens entrèrent dans Cracovie. Cette violation des traités était une insulte à la France et à l'Angleterre : cependant le gouvernement français ne fit aucune remontrance. M. Thiers, arrivé au ministère le 22, trouva chez le roi un parti pris de laisser faire sans s'émouvoir. Dans le parlement anglais, de vives interpellations furent adressées aux ministres; mais sans le concours de la France lord Palmerston ne se croyait pas en mesure de faire entendre un langage menaçant. Il déclara que l'entrée des Autrichiens, des Prussiens et des Russes à Cracovie lui paraissait une violation flagrante des traités; mais aucune mesure ne vint appuyer cette déclaration. Le moyen le plus efficace de contre-balancer le triomphe de la sainte-alliance à Cracovie eût été pour la France et l'Angleterre de resserrer leur alliance et d'intervenir en Espagne. Les progrès de l'insurrection carliste faisaient désirer à l'Angleterre l'intervention française dans la Péninsule. Mais le roi était encore moins disposé qu'en 1834 à y consentir. Lord Palmerston, à qui Talleyrand gardait rancune pour l'avoir fait attendre deux heures dans son antichambre, était représenté comme un dandy politique, qui portait dans les affaires un esprit brouillon et une activité tracassière. Il invita la France à coopérer avec l'Angleterre au salut de l'Espagne en occupant le port du Passage, Fontarabie et la vallée de Bastan. M. Thiers, pour sortir d'embarras, avait imaginé de substituer à l'intervention directe le principe de *coopération*, qui consistait à porter la *légion étrangère* à 12,000 hommes, et à la faire commander par un officier supérieur français. Cette légion, qui s'était recrutée principalement dans le corps d'observation du général Harispe, allait franchir les Pyrénées, lorsque éclatèrent en Espagne les événements de la Granja, où le *Statut royal* fut aboli et la constitution de 1812 proclamée. Le roi vit dans ces faits un motif suffisant pour retirer le consentement qu'il avait donné, avec quelque peine, à la *coopération*. M. Thiers pensait qu'ils pouvaient être une raison pour différer l'envoi des secours, mais non pour refuser toute assistance : il avait compté en cette occasion sur le concours de M. de Montalivet, qui dans le conseil se rangea à un avis contraire. M. Thiers, n'ayant pu faire prévaloir son opinion, donna sa démission avec ses collègues, le 25 août. Il fut remplacé par M. Molé, qui de concert avec M. Guizot forma le cabinet du 6 septembre.

M. de Montalivet ayant amené la chute du 22 février en se rangeant de l'avis du roi contre l'intervention en Espagne, question sur laquelle M. Molé avait constamment professé une opinion opposée à celle de M. Thiers, il paraissait naturel que le chef du nouveau cabinet offrît à M. de Montalivet de conserver le portefeuille de l'intérieur. Mais M. Guizot déclara sa prétention d'obtenir dans le cabinet une part d'influence qui pût balancer celle du président du conseil; et comme le portefeuille de l'intérieur est un des deux ministères politiques, il le réclamait pour lui-même ou pour un de ses amis, s'il se contentait de l'instruction publique. Après quinze jours de négociations, M. Molé céda; le portefeuille de l'intérieur fut donné à M. de Gasparin, qui sous M. de Montalivet avait rempli les fonctions de sous-secrétaire d'État, et ce dernier poste fut donné à M. de Rémusat. M. Duchâtel aux finances, M. Persil à la justice, le général Bernard à la guerre, l'amiral Rosamel à la marine, et M. Martin (du Nord) au commerce, complétaient le ministère. Aucune division ne se manifesta d'abord entre M. Molé et M. Guizot. Le premier avait apporté au pouvoir la résolution de proposer au roi l'amnistie, dès qu'il serait possible de la faire sans que ce grand acte pût se présenter aux esprits comme le désaveu du passé, comme une concession, une faiblesse envers aucun parti. La tentative faite à Strasbourg par le prince Louis-Napoléon et l'attentat de Meunier le forcèrent d'ajourner son projet : il proposa aux chambres de nouvelles lois répressives.

Charles X, qui avait transporté sa petite cour de Prague à Goritz en Styrie, mourut à la même époque (6 novembre 1836).

Déjà pendant la courte durée du ministère du 22 février avait commencé à s'opérer une transformation de la presse périodique, par la publication des *journaux à bon marché*. Un homme à qui l'on ne peut refuser du moins des conceptions hardies, un rare esprit de ressource, et beaucoup de persévérance, avait compris que l'abaissement des prix serait un moyen infaillible de multiplier les abonnés, et que le déficit produit par le bon marché pouvait être couvert par le produit des annonces. C'était une révolution dans le journalisme. Le bas prix devait nécessairement amener un plus grand nombre de lecteurs à la vie publique. Mais, d'un autre côté, dans cette alliance de l'industrie et de la politique, la seconde devait finir inévitablement par être subordonnée à la première; et quant à la littérature, il n'en pouvait plus être question dans les journaux, tout jugement de ses tarifs. Un autre résultat qu'on n'avait pas prévu d'abord a été l'invasion du roman-feuilleton, qui a pris une place démesurée dans les journaux, et qui a tué toute autre littérature, le point capital étant d'allécher la curiosité des lecteurs. M. Émile Girardin et son entreprise furent attaqués dans *Le Bon Sens*, par M. Capo de Feuillide, et dans *Le National*, par Armand Carrel. Ses articles avaient presque toujours le ton provocateur; celui qu'il avait publié contre M. Émile Girardin fut suivi d'une rencontre. Le duel eut lieu à Saint-Mandé, le 22 juillet 1836. Carrel fut blessé grièvement à l'aine, et il expira dans la nuit du 23 au 24 juillet.

Parmi les difficultés léguées au cabinet du 6 septembre par le ministère précédent, une des plus graves était la question suisse. Notre ambassadeur, M. de Montebello, avait demandé avec instance l'expulsion de quelques réfugiés italiens. L'espion Conseil avait été envoyé de Paris par notre police pour jouer au près d'eux le rôle d'agent provocateur. Un rapport fait à la diète par MM. Monnard et Keller sur Conseil dévoila le rôle odieux et méprisable que cet espion avait joué. M. Molé fut abusé sur le compte de Conseil, comme M. Thiers l'avait été avant lui; on lui fit croire que Conseil avait été calomnié, et que ces allégations couvraient une trame ourdie contre M. de Montebello. C'est plus tard seulement qu'il apprit la vérité; mais alors, à la fin de septembre 1836, il en résulta une rupture des relations diplomatiques entre la France et la Suisse. La Suisse se trouvait ainsi placée entre une rétractation honteuse et les désastres d'un blocus commercial. L'indignation y fut générale. La diète, ne voyant pour sauvegarde de l'honneur national que les chances d'une guerre impossible, fit une réponse pusillanime à la note du 7 septembre. Le gouvernement français fit savoir qu'il était satisfait; mais il en resta un amer ressentiment dans le cœur des Suisses. Au reste, les explications que cette affaire provoqua plus tard à la chambre des députés en dévoilèrent les sources ténébreuses. M. Thiers, auquel on reprochait d'avoir accrédité Conseil auprès de notre ambassadeur, *déclara qu'il n'avait pas tout su*, et renvoya la responsabilité à M. Gasparin, qui, en balbutiant, la rejeta sur M. de Montalivet. Ce dernier écrivit le lendemain une lettre arrogante dans laquelle il déclara, sans autre explication, qu'il était prêt à répondre de ses actes. M. Molé lut cette lettre à la chambre le 14 janvier 1837, et l'on n'osa pas pousser les investigations plus loin.

Une ordonnance royale du 6 octobre 1836 ouvrit les portes de Ham aux ministres de Charles X. MM. de Peyronnet et du Chantelauze furent autorisés à résider sur parole, l'un à Monferrand (Gironde), et l'autre dans le département de la Loire. Le 23 novembre la peine de M. de Polignac fut commuée en vingt années de bannissement. M. de Guernon-Ranville fut autorisé à résider sur parole dans le Calvados. M. Molé se séparait ainsi de la politique de ses prédécesseurs. Ces actes étaient un acheminement à l'amnistie.

A l'ouverture des chambres, le 27 décembre, eut lieu une quatrième tentative d'assassinat sur le roi. Le coupable s'appelait Meunier. Il fut condamné à la déportation, puis gracié plus tard, fin d'avril 1837. Précédemment, un ouvrier mécanicien, nommé Champion, avait été découvert tramant un régicide : on l'arrêta, et il s'étrangla dans sa prison. Une insurrection avait été tentée à Vendôme par le sous-officier Bruyant. Le ministère du 6 septembre se présentait donc aux chambres sous de tristes auspices. Deux tentatives d'assassinat sur la personne du roi dans l'intervalle d'une session à l'autre, l'imbroglio de la question suisse terminé à grand'peine, l'échauffourée de Strasbourg, le désastre du maréchal Clauzel et de notre armée devant Constantine, une crise commerciale, et les difficultés de la question espagnole : tel était l'ensemble assez fâcheux des circonstances politiques. Cependant le seul fait de l'ordre rétabli avait ranimé la prospérité matérielle. L'excédant des recettes avait été de 25 millions pour 1833, il était de 44 millions pour 1836. L'impôt indirect, qui rapportait 522 millions en 1830, en avait produit 612 en 1836. On avait ordonné pour 60 millions de travaux publics. Dans la discussion de l'adresse, le débat s'engagea principalement sur les affaires d'Espagne. M. Thiers, qui était tombé pour avoir voulu sauver l'Espagne de la guerre civile, s'établit sur le terrain de la quadruple alliance, et montra que soutenir l'Espagne, c'était défendre la cause des gouvernements constitutionnels. M. Molé l'opposa à lui-même en lisant sa dépêche du 18 mars, par laquelle il avait repoussé les propositions de lord Palmerston pour la coopération de la France en Espagne, et avait ainsi compromis l'alliance anglaise. Enfin, l'acquittement imprévu des accusés de Strasbourg vint compliquer encore la situation ministérielle. Le gouvernement, après avoir renvoyé le prince Louis Bonaparte sans jugement, traduisit ses complices en cour d'assises : c'étaient le colonel Vaudrey, le commandant Parquin, MM. de Bruc, Laity, de Querelles, de Gricourt et Mme Gordon, cantatrice, initiée à la conspiration. Les avocats étaient MM. Ferdinand Barrot, Parquin, frère de l'accusé, Thierret, Lichtemberger et Martin (de Strasbourg). L'impunité du chef du complot, élargi sans procès, fut un argument décisif pour le jury : les accusés avouaient la conspiration; c'était en plein jour que le colonel Vaudrey avait excité les soldats à la révolte, et la réponse du jury fut négative.

Ce fut pour éviter à l'avenir de si scandaleux acquittements que la loi de *disjonction* fut présentée. Dans les causes politiques où se trouvaient impliqués à la fois des militaires et des accusés de l'ordre civil, le projet de loi renvoyait les premiers devant les tribunaux militaires, et les seconds aux tribunaux ordinaires. Vivement attaqué, notamment par M. Dupin, qui descendit du fauteuil de la présidence pour ouvrir lui-même le débat, ce projet fut défendu avec véhémence par M. Jaubert, et avec plus de calme par M. de Lamartine, qui, en l'appuyant comme loi de circonstance, voulut protester contre le scandale du jury de Strasbourg. Il fut rejeté à la majorité d'une voix, 211 contre 209 (7 mars 1837). Ce fut le signal de la dissolution du ministère, déjà travaillé de dissensions intestines. Dès le principe régnait une sourde mésintelligence entre M. Molé et M. Guizot : ce dernier supportait avec peine la domination du président du conseil. L'incapacité de M. de Gasparin, au moins comme homme de tribune, son impuissance à donner devant les chambres une explication suivie, faisait de lui un auxiliaire très-gênant pour le cabinet dans lequel il était entré. Au premier mot de M. Molé sur la nécessité de se séparer de lui, M. Guizot fit revivre ses prétentions au portefeuille de l'intérieur, et M. Molé ne voulut jamais consentir à les satisfaire. De là une rupture ouverte. La crise ministérielle se prolongea longtemps. Bien des essais furent tentés sans résultat. Le maréchal Soult, pour entrer dans le ministère, exigeait le retrait de la loi d'apanage, qui avait soulevé la réprobation de l'opinion publique : M. Humann demandait le retrait des lois prohibitives pour M. Duchâtel. M. Guizot, chargé à son tour de former un cabinet, s'adressa au duc de Broglie, qui ne refusa pas, à condition que M. Thiers en ferait partie; il fallut donc faire des avances à ce dernier, qui refusa. M. Guizot fit alors des propositions à M. de Montalivet, qui, après vingt-quatre heures de réflexion, déclara ne pouvoir accepter la présidence de M. Guizot. A cette occasion, M. Duchâtel dit : « Le roi a deux manières de sonner M. de Montalivet : quand il le sonne d'une façon, il vient; quand il le sonne de l'autre, il s'en va. » Enfin, M. Molé parvint à former un cabinet (15 avril 1837), dans lequel M. de Montalivet reprit le portefeuille de l'intérieur, M. Barthe la justice, le général Bernard la guerre, M. Lacave-Laplagne les finances, M. de Salvandy l'instruction publique, M. Martin (du Nord) les travaux publics, et l'amiral Rosamel la marine. C'était en partie le ministère précédent, où l'on avait évincé le parti doctrinaire, MM. Guizot, Duchâtel et Gasparin.

Ce ministère de frêle complexion avait besoin de se concilier les suffrages, de rallier les esprits divisés et de les frapper par quelques mesures propres à lui donner du relief. C'est ce que comprit parfaitement le chef du cabinet. Aussi vint-il, dès le 18 avril, annoncer à la chambre le mariage du prince royal avec la princesse Hélène de Mecklembourg-Schwerin, personne d'un esprit très-cultivé, et qui avait déjà en Allemagne une réputation de mérite supérieur. Ce mariage, négocié depuis assez longtemps, ne s'était même pas conclu sans quelque difficulté. La Russie avait tout fait pour y susciter des obstacles, et le frère de la princesse avait manifesté une attitude injurieuse et obstinée. Le roi de Prusse s'entremit avec bienveillance pour amener une heureuse conclusion, et M. Bresson, ministre plénipotentiaire à Berlin, y travailla avec succès. On demanda à cette occasion un supplément de dotation pour le prince royal en annonçant que la demande d'apanage pour le duc de Nemours serait ajournée.

Au début du ministère, beaucoup de bons esprits crurent devoir lui tenir compte des difficultés qu'il avait à vaincre. On était las de l'état de guerre entretenu depuis plusieurs années entre le pouvoir et l'opinion publique. Il y eut comme une trève; les partis s'abstinrent de prendre l'offensive contre lui, sans cesser de se combattre entre eux, et, comme on le dit alors spirituellement, les coups qu'ils se portaient passaient par-dessus sa tête. L'appui bienveillant du tiers parti et la tolérance du côté gauche le protégèrent contre le mauvais vouloir du parti dont il avait recueilli l'héritage. Dans cette situation, il allégea sa marche en laissant choir en route le bagage de quelques projets de lois impopulaires que lui avait légués le passé. La *conciliation* fut son mot d'ordre, l'*amnistie* devint son drapeau; et il est juste de dire que cette mesure, résolue avec décision, fut exécutée avec à-propos. Aussi fut-elle reçue avec une approbation générale de toute la France; on y vit une politique moins violente, et la confiance commença à renaître. Le 8 mai parut donc l'ordonnance qui accordait amnistie à tous les individus détenus dans les prisons de l'État par suite de condamnations prononcées pour crimes et délits politiques. C'était la réponse de M. Molé à la discussion des fonds secrets, pendant laquelle les doctrinaires affectèrent de promettre au cabinet une protection hautaine, à la condition qu'il ne faiblirait pas et qu'il persévérerait dans la politique de rigueur. M. Molé s'effraya d'une alliance si chèrement achetée. En même temps M. Thiers, qui disposait des voix du centre gauche, prit la parole pour bien définir la position des partis : dans un discours mémorable, il assigna au nouveau ministère son caractère distinct, et le sépara nettement de ses devanciers, en lui ralliant toutes les opinions modérées; puis il s'attacha à constater la défaite de la politique des doctrinaires, leur déclarant qu'à l'avenir ils ne pouvaient reparaître au pouvoir qu'en se détachant de leur passé et à la condition de ramener *les hommes dans les choses*. L'effet de ce manifeste fut décisif. Les fonds secrets, avec une augmentation de 300,000 fr., motivée par les attentats répétés contre la personne du roi, furent votés à la majorité de 250 voix contre 112.

M. Molé avait présenté un ensemble de projets qui furent appelés *les lois de famille*. A l'occasion du mariage, la dotation du prince royal fut portée à deux millions; on y ajouta un million pour les dépenses du mariage, plus 300,000 fr. de douaire. La demande de Rambouillet pour apanage au duc de Nemours fut retirée; elle avait provoqué un pamphlet terrible de M. de Cormenin, qui eut un succès prodigieux, et qui indisposa même beaucoup d'amis de la monarchie contre ces demandes pécuniaires réitérées. Enfin, on sollicita des chambres un million pour la reine des Belges. M. de Montalivet défendit ce projet de loi à la tribune, et, en faisant l'apologie de la liste civile, il prononça le mot de *calomnie*. M. de Cormenin, écrivain habile, mais orateur peu exercé, qui n'affrontait jamais la tribune, sommé d'y monter pour répondre, laissa tomber ces paroles sans réplique : « Le domaine privé est de 74 millions : or, je demande si avec 74 millions vous ne pouvez pas payer un million de dot à la reine des Belges. »

M. le duc de Broglie avait été nommé ambassadeur extraordinaire pour conduire en France la princesse Hélène. Elle y entra le 24 mai, et arriva le 29 à Fontainebleau. Sa présence justifia tout d'abord ce qu'on avait avancé de son grand sens, des grâces de son esprit et de la douceur de son caractère. Elle était luthérienne, et l'on cherchait à alarmer à ce sujet la dévotion de la reine. Mais le roi n'était pas fâché d'avoir cette occasion de faire preuve de tolérance. Le mariage se fit le 30 mai, et la princesse entra à Paris le 4 juin. Quelques jours après, le 10, eut lieu l'ouverture du musée de Versailles, transformé en panthéon destiné à retracer le souvenir de toutes les gloires nationales.

Il était une mesure importante, que M. Molé voulut avec suite, avec persistance, la dissolution de la chambre. Il sentait le besoin de fonder une majorité nouvelle, libre d'anciens engagements. Il était naturel de supposer que le cabinet du 15 avril le dirigerait dans le sens indiqué par ses actes les plus significatifs ; en se donnant pour un ministère de conciliation, on devait penser qu'il chercherait à rallier à sa politique les hommes loyaux et indépendants que les allures trop illibérales du pouvoir avaient aliénés. Mais à cet égard il procéda avec une excessive timidité, et ceux qui avaient espéré de lui une marche plus décidée s'étonnèrent de voir dans les manœuvres électorales la préférence affichée de l'administration pour les candidats du centre droit. Cette tactique donna lieu de lui reprocher des penchants légitimistes sans légitimité. L'attitude prise par les doctrinaires dans la session nouvelle le mit à même de juger jusqu'à quel point il avait réussi à les rallier. Dès les premiers mois de 1838, on put voir poindre les germes de la *coalition*. Ce fut dans la discussion sur les fonds secrets, qui souleva une question de confiance, que M. Jaubert lança, le 12 mars, les premières attaques contre le ministère. M. Guizot devait soutenir M. Jaubert, mais son attitude fut indécise ; il n'avait pas encore pris son parti de rompre avec les centres, et M. Thiers, qui vit la partie si mollement engagée, s'abstint de monter à la tribune. Le reste de la session fut rempli par la discussion de diverses lois d'utilité publique ou d'organisation intérieure, qui prêtaient peu aux débats politiques. La chambre vota successivement une loi sur l'organisation départementale, sur les attributions des juges de paix, sur les aliénés, sur l'état-major de l'armée. La chambre des députés vota aussi le principe de la conversion des rentes ou le remboursement. Mais la chambre des pairs rejeta le projet le 26 juin. Alors aussi fut traité avec étendue la question des *chemins de fer*. Les autres pays avaient pris les devants sur nous; il était impossible de rester en arrière. Il s'agissait d'organiser sur toute la France un vaste réseau de communications nouvelles. La difficulté principale consistait à trouver les capitaux nécessaires pour l'exécuter. Les chemins de fer seraient-ils exécutés par l'État ou par les compagnies ? Telle fut la première question qui mit en jeu tous les intérêts. En Belgique, l'État seul avait tout fait, et l'on paraissait s'en trouver bien. Mais l'exécution par l'État enlevait une proie aux banquiers, aux capitalistes, aux gens d'affaires : le gouvernement, qui semblait d'abord pencher vers ce système, recula devant l'opposition de ses propres affidés, qui réclamaient des compagnies particulières. Un rapport de M. Arago conclut à l'ajournement, sous le prétexte de nous mettre à même de profiter des améliorations que l'expérience de quelques années de plus révélerait dans les pays étrangers. Mais la France avait déjà trop attendu, et l'ajournement ne pouvait se prolonger. M. Jaubert défendit seul le système de l'exécution par l'État ; MM. Berryer et Duvergier de Hauranne soutinrent le système des compagnies. Ainsi fut fondé le règne de cette oligarchie financière réunissant entre ses mains tout l'ensemble des voies de communications nouvelles qui doivent sillonner la France. Ce fut aussi l'époque où la passion de l'agiotage se déchaîna avec une ardeur effrénée : les sociétés en commandite par actions se multiplièrent avec une sorte de fureur et encombrèrent la Bourse; les aventuriers pullulèrent et annoncèrent pompeusement des entreprises industrielles sans autre but que de faire des dupes ; des mines imaginaires furent mises en actions, et le tout aboutit à des procès d'escroquerie. Cette fièvre, excitée par l'aspect de quelques fortunes improvisées, entretenait la passion de s'enrichir sans travail, et semait ainsi dans toutes les classes les germes d'une profonde démoralisation. Il est triste de penser que le culte hautement professé par le gouvernement pour les intérêts matériels a dû beaucoup contribuer à cette atteinte portée aux mœurs publiques.

Un procès qui s'ouvrit au mois de mai 1838 devant la cour d'assises de Paris, pour complot contre le gouvernement, montra le degré d'exaltation où étaient arrivées les passions politiques en France. Le principal accusé s'appelait Louis Hubert : entre autres pièces à conviction, l'on avait saisi le plan d'une machine supposée être l'instrument d'un attentat projeté contre le roi, et qui avait pour auteur un mécanicien suisse, nommé Steuble. Parmi les complices figurait Mᵐᵉ Grouvelle, âme dévouée jusqu'à s'être mise au service d'un hôpital pendant le choléra, mais animée d'un fanatisme républicain qui allait jusqu'à entourer d'ornements funéraires la tombe du régicide Alibaud, et à conserver des reliques de Pepin et de Morey. Les accusés gardèrent une attitude audacieuse pendant les débats, qui furent orageux. Hubert fut condamné à la déportation, Steuble et Mˡˡᵉ Grouvelle à cinq ans de prison : celle-ci devint folle pendant sa captivité, et Steuble se coupa la gorge avec un rasoir.

Le 28 juin 1838 eut lieu le couronnement de la reine Victoria à Londres. La France y fut représentée par le maréchal Soult. Cette ambassade extraordinaire fut un perpétuel triomphe pour le vieux guerrier, en qui le peuple anglais personnifiait la gloire des armes françaises. Partout où il paraissait, les plus vives acclamations s'élevaient sur son passage. Louis Bonaparte était revenu d'Amérique à Arenenberg. Le gouvernement français s'émut de ce voisinage, et la Suisse fut sommée de l'expulser. Le grand conseil de Thurgovie déclara qu'il était citoyen du canton. Cette résistance provoqua des menaces et la formation d'un corps de 20,000 hommes sur la frontière. Les Suisses naturalisés en France, MM. Delessert, Odier et quelques autres, s'entremirent pour conseiller la soumission. Louis Bonaparte, pour mettre fin à cette situation fausse, quitta Arenenberg, et partit pour Londres, le 20 septembre 1838. Le lieutenant Laity fut traduit devant la cour des pairs, et condamné à cinq ans de prison et 10,000 fr. d'amende pour avoir publié une relation de l'insurrection de Strasbourg qui ressemblait trop à une apologie de la révolte.

Le 24 août, la duchesse d'Orléans avait donné le jour à un jeune prince, qui reçut le nom de *comte de Paris*. Au milieu des discours officiels que fit éclore cet heureux événement, qui assurait l'avenir de la dynastie, on remarqua avec plaisir la réponse du duc d'Orléans au conseil municipal : « J'aime à vous assurer, disait le prince, que mon fils sera élevé non comme on élevait les enfants autrefois, mais avec les idées et les mœurs de notre époque. Je ferai en sorte qu'il apprenne de bonne heure que c'est par le mérite, par les talents, par le courage, par les vertus, que l'on gagne le cœur des Français; je m'efforcerai enfin de le rendre digne de ses concitoyens. » M. Molé profita de l'intervalle d'une session à l'autre pour terminer les deux affaires d'Ancône et de la Belgique. Mais par là même il fournit de nouvelles armes à la coalition. L'évacuation d'Ancône eut lieu le 15 octobre 1838. Le représentant de la cour de Rome à Paris vint un jour annoncer au président du conseil que l'Autriche se décidait enfin à évacuer les États du saint-siège, ne paraissant pas mettre en doute que les Français ne se retirassent sur-le-champ d'Ancône. M. Molé, trouvant la conséquence naturelle, se hâta bien d'y consentir, avant de connaître tous les antécédents de la question. L'occupation d'Ancône était une garantie non seulement contre l'occupation actuelle des Autrichiens, mais aussi contre la possibilité de leur retour, tant que, par une juste satisfaction donnée aux mécontentements de la Romagne, on n'aurait pas prévenu le retour des troubles qui serviraient de prétexte à l'Autriche. Telle avait été la politique de Casimir Périer ; M. de Broglie lui-même et M. Thiers l'avaient comprise ainsi. Quant à la question belge, les négociations avaient été reprises pour imposer aux deux parties, la Hollande et la Belgique, l'exécution des vingt-quatre articles. Longtemps le roi de Hollande avait résisté; mais le *statu quo* lui était tellement onéreux, l'état militaire qu'il était obligé de maintenir était pour lui si écrasant, qu'il finit par se résigner. Ce fut alors le tour de la Belgique à se récrier contre les conditions de ce traité, qui lui imposait l'abandon du Limbourg et du Luxembourg. L'entremise du gouvernement français dans cette affaire, toute bienveillante qu'elle fût pour la Belgique, aboutit à tâcher de faire passer les conditions territoriales, à la condition de quelques modifications dans les conditions financières, c'est-à-dire en obtenant que la dette, qui dans le principe avait été partagée également entre les deux États, subit quelque réduction pour la part afférente à la Belgique. Le Luxembourg et le Limbourg se sentaient belges et voulaient rester belges ; ils avaient des représentants dans les deux chambres et dans le conseil du roi Léopold. Il n'en fallut pas moins se soumettre. Le 18 février 1839, M. de Theux, ministre des affaires étrangères, proposa à la chambre des représentants l'acceptation du traité des vingt-quatre articles. Malgré l'explosion de colère qu'il excita, le traité adopté par 58 voix contre 42.

La session de 1839 s'ouvrit le 17 décembre 1838. Le discours du trône annonçait la reprise des conférences de Londres sur les affaires de la Belgique et de la Hollande, et l'évacuation d'Ancône, ainsi que le départ de nouvelles forces navales pour obtenir du gouvernement mexicain la justice et la protection que réclamait notre commerce. Il insistait sur l'état de plus en plus prospère de nos finances, et sur l'accroissement progressif du revenu public. La coalition, momentanément dissoute, s'était ranimée sous les efforts de M. Duvergier de Hauranne, qui, dans un article de la *Revue Française*, s'était attaché à prouver que les ministres étaient insuffisants, qu'ils avilissaient le pouvoir par un système de corruption et de bascule, et qu'ils compromettaient le gouvernement représentatif par une docilité sans mesure à l'égard de la couronne. La lutte s'engagea d'abord sur la présidence : M. Dupin l'emporta sur M. Passy, candidat de la coalition. Mais la commission de l'adresse ne compta que trois membres pour le ministère contre six pour la coalition. Ces derniers décidèrent d'abord entre eux toutes les questions qui devaient être traitées dans l'adresse. La rédaction en fut des plus agressives. Elle exprimait le regret que l'évacuation d'Ancône ne se fût pas effectuée avec les garanties qu'aurait dû stipuler une politique sage et prévoyante ; elle rappelait avec amertume les malheurs présents de l'Espagne et les malheurs passés de la Pologne; le dissentiment survenu entre la France et la Suisse y était sévèrement apprécié; le remboursement de la dette publique y était présenté comme une mesure commandée par l'opinion ; enfin, les empiétements de la couronne y étaient dénoncés en termes couverts, mais menaçants : « Une administration ferme, habile, s'appuyant sur les sentiments généreux, faisant respecter au dehors la dignité du trône, et le couvrant au dedans de sa responsabilité, est le gage du concours que nous avons tant à cœur de vous prêter. »

Dans le cours de la discussion, M. Molé, en relevant la témérité de l'adresse sur certaines questions, y opposa spirituellement sa prudence sur d'autres : on prodiguait le blâme au ministère sur toutes les questions consommées; mais sur les questions non terminées, on avait devant les yeux du lendemain, et on se gardait de se compromettre : ainsi, pour la Belgique on proposait à la chambre de déclarer « qu'elle attendrait le résultat de la négociation ». Sur ces entrefaites arrive la nouvelle que le drapeau tricolore flotte sur les murs de Saint-Jean-d'Ulloa. Le président Bustamante ayant rejeté l'*ultimatum* présenté par notre chargé d'affaires, M. Deffaudis, le blocus avait été mis sur les ports de la république mexicaine ; le 27 novembre 1838, le contre-amiral Baudin bombarde le fort de Saint-Jean-d'Ulloa avec cinq vaisseaux, et fait prévenir le général mexicain à Vera-Cruz que si le 28, à huit heures du matin, la capitulation n'était pas signée, il donnerait l'assaut. Le fort fut remis aux Français, la garnison de Vera-Cruz réduite de 4,000 hommes à 1,000, et une indemnité fut stipulée pour les Français qui avaient été forcés de quitter la ville. Le prince de Joinville avait pris part à ce brillant fait d'armes. La coalition, pour atténuer l'effet de la nouvelle, accusa le cabinet d'avoir retardé ce triomphe en vue d'influer sur la discussion de l'adresse.

Le 7 janvier 1839 la discussion s'ouvrit : elle fut vive, animée ; les plus habiles orateurs de la chambre attaquèrent tour à tour le ministère ; M. Molé put s'écrier avec vérité : « Quel cabinet, je vous le demande, a vu coalisées contre lui tant de puissances parlementaires? » Son talent grandit dans la lutte; il fit face à tous ses adversaires, et démolit pièce à pièce le projet de la commission par une suite d'amendements, violemment contestés et péniblement obtenus. L'adresse modifiée réunit 221 voix; 208 votèrent pour le projet de la commission. Une si faible majorité rendait la chute du ministère imminente; mais le roi soutint son ministère, et la dissolution de la chambre fut résolue. Jamais élections ne déchaînèrent des passions plus violentes : ministériels, opposition, chaque parti, chaque nuance d'opinion, avait ses comités électoraux, et travaillait par tous les moyens à décrier ses adversaires. La coalition donna alors un spectacle étrange, par l'alliance, momentanée qui rapprochait les partis les plus hostiles : M. Guizot gourmandait les scrupules de M. Odilon Barrot, alarmé du concours des légitimistes; il recommandait surtout de faire peur aux préfets : « Qu'ils sachent bien, disait-il, que demain nous serons vainqueurs et inflexibles! » Immédiatement après la dissolution, il adressait à ses commettants, datée du 6 février 1839, dans laquelle il rappelait tous ses griefs contre le ministère, qu'il accusait d'impuissance parlementaire. L'agitation ne permit à aucun point de la France de garder la neutralité. On réclamait la sincérité du gouvernement représentatif, et l'on attaquait le gouvernement personnel. M. Villemain, qui avait défini la marche du ministère un *abaissement continu*, prétendait que M. Molé n'avait plus rien à refuser au roi, depuis qu'il l'avait reçu à Champlâtreux. Le ministère, de son côté, n'épargnait tous ses griefs nœuvre électorale pour reconquérir la majorité : pamphlets, créations de nouveaux journaux, missives pour stimuler le zèle des préfets, tout était mis en œuvre; les fonds secrets de la police s'épuisèrent à cette destination. Toutes les divisions du ministère de l'intérieur, jusqu'au cabinet du ministre, étaient transformés en bureaux d'élection. Le résultat définitif ayant été favorable à la coalition, M. Molé donna sa démission le 8 mars 1839, avec tous ses collègues.

La coalition, maîtresse du terrain, n'avait plus qu'à se partager les fruits de la victoire. Il fallait satisfaire les chefs des trois grandes fractions de la chambre, dont l'alliance momentanée avait décidé le triomphe, savoir : la gauche, le centre gauche et les doctrinaires, représentés par MM. Odilon Barrot, Thiers et Guizot. M. Guizot prétendait au ministère de l'intérieur, on ne lui offrit que l'instruction publique; il déclara ne pouvoir accepter une position secondaire sans laisser amoindrir son parti dans sa personne. Les anciens alliés firent de bonne foi se diviser, malgré les observations de M. de Rémusat, qui démontrait le danger de rompre le faisceau de la coalition, pour contenir les empiétements de la prérogative royale : l'alliance une fois brisée, la chambre serait dominée ou asservie. M. Thiers, mandé par le roi, essaya une première combinaison, qui réunissait le maréchal Soult, MM. Dupin, Humann, Passy, Dufaure, Villemain et Dumon. Son programme portait : 1° que les ministres ne seraient pas gênés par le roi pour la distribution des emplois; 2° qu'il serait pris quelques mesures protectrices à l'égard de l'Espagne. Les premières objections du roi portèrent sur les personnes. M. Passy, un jour sur les marches de la tribune, avait laissé échapper ces mots : « Le roi est plus tant que les ministres. » M. Dufaure n'était pas connu du roi, qui ne l'avait jamais vu, mais qui lui supposait de la rudesse de caractère. Enfin, il avait dit de M. Villemain : « C'est un ennemi de ma maison, » en souvenir du vote négatif lorsqu'il s'était agi de nommer le duc d'Orléans lieutenant général du royaume. M. Thiers combattit les répugnances du roi. Cependant il comptait peu sur une conclusion, lorsqu'il reçut du maréchal Soult l'avis de se rendre au château avec tous ses collègues pour installer le nouveau ministère. M. Thiers voulut, avant tout, régler les conditions de l'intervention en Espagne, et proposa d'arrêter les secours en munitions portés à don Carlos par les vaisseaux russes ou hollandais; sur quoi M. Passy fit une première observation sur le droit

des neutres. Il demande la présidence de la chambre pour M. Odilon Barrot; aussitôt M. Humann proteste. Alors le roi dit : « Messieurs, tâchez de vous mettre d'accord. » Et il lève la séance.

Une nouvelle combinaison fut essayée, dans laquelle devaient entrer ensemble MM. Thiers, de Broglie et Guizot; mais le premier voulait faire de la présidence de M. Odilon Barrot une question de cabinet, ce qui ne fut point admis par ses futurs collègues. La crise se prolongeait. L'opinion se déchaîna contre l'influence de la cour : on supposait que le roi était bien aise de mettre aux prises les chefs de la coalition, de les convaincre l'un par l'autre d'impuissance, et de faire avorter la victoire qu'ils croyaient avoir remportée sur la prérogative royale. Rien ne faisant prévoir une solution prochaine, le *Moniteur* du 1er avril annonça un ministère provisoire, destiné à expédier les affaires, jusqu'à ce que les prétendants se fussent mis d'accord. Il était ainsi composé : le duc de Montebello aux affaires étrangères, M. Girod de l'Ain à la justice, M. de Gasparin à l'intérieur, le général Cubières à la guerre, M. Tupinier à la marine, M. Parent à l'instruction publique, et M. Gautier aux finances. Rien de plus pâle et de plus insignifiant que ce ministère. Tous les hommes qui prenaient au sérieux le gouvernement représentatif virent là une véritable mystification. Alors les centres offrirent la présidence de la chambre à M. Passy. M. Thiers insistait pour M. Odilon Barrot. Le 16 avril, M. Passy obtint 223 voix et M. Odilon Barrot 193. M. Passy fut chargé de former un cabinet; il voulait y faire entrer le maréchal Soult et M. Thiers, mais en lui refusant les affaires étrangères. Cette combinaison échoua encore, ainsi que d'autres. Il fallut une insurrection dans Paris pour mettre fin à la crise.

Le 12 mai était un dimanche; une grande partie de la population était aux courses du Champ-de-Mars, ainsi que la famille royale et la plupart des autorités. Ce même jour était indiquée une revue d'une société secrète organisée par Barbès, Auguste Blanqui et Martin Bernard, et dont les membres juraient de prendre les armes au premier signal de leurs chefs. Blanqui jugea l'occasion favorable pour une insurrection; aussitôt la boutique de l'armurier Lepage est pillée, des cartouches sont distribuées aux sectionnaires, qui s'emparent du poste du Palais de Justice; ils occupent l'hôtel de ville et le poste Saint-Jean; ils voulaient marcher sur la préfecture de police, mais on s'était mis en mesure de les repousser. Ils élèvent quelques barricades et échangent pendant quelques heures des coups de fusil avec la troupe, qui eut bientôt raison de ces deux ou trois cents insurgés. Cette tentative insensée n'excita que l'étonnement dans la population; mais dans les régions du pouvoir, elle mit fin aux hésitations qui arrêtaient la formation d'un ministère, et le soir même on sut qu'il était ainsi composé : le maréchal Soult, président du conseil et ministre des affaires étrangères; MM. Teste à la justice, M. Odilon Barrot à l'intérieur, Passy aux finances, le général Schneider à la guerre, l'amiral Duperré à la marine, Villemain à l'instruction publique, Dufaure aux travaux publics, et Cunin-Gridaine au commerce. Nulle fiction n'était plus transparente que celle qui remettait le portefeuille des affaires étrangères aux mains du maréchal Soult : le vieux guerrier, avec toute sa gloire militaire, avait une complète inexpérience des affaires européennes; il était trop clair qu'une autre main gardait la direction suprême; et M. Villemain était chargé de mettre là-dessus le vernis de sa rhétorique. On verra bientôt les fatales conséquences du système qui remettait la direction de notre diplomatie à des guides si inexpérimentés.

Le procès des insurgés du 12 mai s'ouvrit le 29 juin, devant la cour des pairs. Le lieutenant qui commandait le corps-de-garde du palais de justice avait été tué. Le 12 juillet fut rendu l'arrêt qui condamnait Barbès à la peine de mort; mais la peine fut commuée. Martin Bernard fut condamné à la déportation, Mialon aux travaux forcés à perpétuité. Blanqui s'était soustrait pendant six mois à toutes les recherches ; il fut arrêté le 14 octobre, et traduit devant la cour des pairs en janvier 1840 : condamné à mort, il obtint également une commutation.

Ce fut sous le ministère du 12 mai que s'engagea la question d'Orient, qui devait amener peu après une crise si menaçante pour toute l'Europe.

Au milieu des complications suscitées par les affaires d'Orient, le roi ne perdait toujours pas de vue la dotation du duc de Nemours. Il imposa à son ministère la présentation d'un projet de loi qui demandait pour ce prince 500,000 francs de rente annuelle, plus 500,000 fr. pour les dépenses de son mariage avec la princesse Victoire de Saxe-Cobourg. Toute la France s'émut à ces demandes pécuniaires sans cesse réitérées. Un assez grand nombre même de députés attachés à la dynastie s'y montrèrent contraires. M. de Cormenin, qui était en possession de traiter les questions de cette nature, publia un pamphlet sous ce titre : *Questions scandaleuses d'un Jacobin, au sujet d'une dotation*. Le 20 février 1840, la discussion s'ouvrit : un seul discours fut prononcé. Les ministres n'osant provoquer le débat, on alla immédiatement au scrutin : le projet fut rejeté par 226 voix. Ce rejet entraîna la chute du ministère, et M. Villemain dit à cette occasion « qu'il avait été étranglé entre deux portes par des muets ».

M. Molé, appelé par le roi, désigna M. Thiers comme l'homme de la situation. En effet, en prenant le cabinet du 12 mai comme un ministère intérimaire, on en revenait au point marqué par la victoire de la coalition, avec une difficulté de moins, M. Guizot étant pourvu de l'ambassade de Londres. M. Thiers réunit donc autour de lui les principaux membres du centre gauche et des doctrinaires, qui avaient combattu le ministère Molé, et, après avoir sollicité inutilement le concours de M. le duc de Broglie, il présenta au roi sa liste ainsi composée : MM. de Remusat à l'intérieur, Jaubert aux travaux publics, Vivien à la justice, Gouin aux finances, Cousin à l'instruction publique, Duperré à la marine, Cubières à la guerre. M. Thiers avait les affaires étrangères et la présidence du conseil. Une des premières victoires de ce ministère, et ce n'a pas été la moins curieuse, fut de faire voter les fonds secrets par l'opposition de gauche. Cette même session produisit plusieurs lois d'utilité publique, sur les sucres, les salines de l'est, le renouvellement du privilège de la Banque, les paquebots transatlantiques, et celle de la conversion des rentes votée par la chambre des députés, mais encore rejetée par la chambre des pairs. A l'avènement du 1er mars, l'alliance anglaise pouvait être considérée comme rompue ; le discours du 15 juillet manifesta un mauvais vouloir très-prononcé contre la France, et cela précisément lorsque M. Thiers venait de terminer, à la grande satisfaction de l'Angleterre, l'affaire des soufres de Sicile. Prétendre régler la question d'Orient sans le concours de la France, c'était une atteinte grave au système de la politique européenne ; c'était aussi une révélation des haines invétérées qui subsistaient au cœur des vieux gouvernements contre la France. A la nouvelle de ce traité, M. Thiers obtint du roi de porter l'armée à 500,000 hommes, et d'augmenter la flotte de dix vaisseaux. En même temps il rédigea la note du 5 septembre, par laquelle la France refusait de reconnaître le traité, mais en laissant entrevoir qu'elle ne s'opposerait pas à son exécution dans de certaines limites. L'Angleterre, sans perdre de temps, avait envoyé une flotte sur les côtes de Syrie. Le gouvernement français répondit au canon de Beyrouth et de Saint-Jean-d'Acre par l'ordonnance royale qui autorisait les fortifications de Paris, mesure qui eut un long retentissement en Europe. La loi des fortifications de Paris, quoique discutée et votée sous le ministère du 29 octobre, n'en est pas moins l'ouvrage de M. Thiers, qui a encore su amener la gauche à l'enceinte continue une approbation qu'elle avait refusée aux forts détachés. Le roi mit personnellement une insistance extraordinaire à obtenir cette loi ; il y employa toute son influence, celle même de la reine ; et M. Molé ayant cru devoir combattre le projet, cette opposition voila d'un nuage les sentiments que le roi conservait à l'ancien président du 15 avril. Une guerre européenne paraissait imminente : M. Thiers se montrait disposé à pousser la politique jusqu'au bout. Le roi, qui dans le principe avait approuvé les démonstrations énergiques, et qui semblait partager les dispositions belliqueuses de son conseil, jugea tout à coup que le moment était venu de s'arrêter. M. Thiers offrit alors sa démission, et ne consentit que sur de vives instances à garder encore quelque temps le pouvoir. C'est peu de jours après qu'il rédigea la note du 8 octobre, qui posait un cas de guerre. Les circonstances devenant de plus en plus graves, il proposa la convocation immédiate des chambres, pour qu'elles fussent à portée de prêter leur appui aux mesures du gouvernement. La couronne ayant marqué son dissentiment sur l'opportunité de cette convocation, le ministère tout entier crut devoir se retirer, et fit place au cabinet du 29 octobre.

M. Guizot, qui comme ambassadeur à Londres n'avait pas secondé avec une entière déférence les directions de M. Thiers, et qui s'était montré plus disposé à suivre les impulsions de la politique royale, devint le chef réel de ce nouveau cabinet, tout en laissant la présidence au maréchal Soult, chargé du portefeuille de la guerre ; il s'adjoignit MM. Duchâtel à l'intérieur, Martin (du Nord) à la justice, Humann aux finances, Teste aux travaux publics, Villemain à l'instruction publique, Cunin-Gridaine au commerce. Ce ministère, qui compta sept années et demie d'existence, durée la plus longue qu'ait eue aucun cabinet sous Louis-Philippe, n'a eu que des renouvellements partiels, savoir : M. Humann, et M. Martin (du Nord), remplacés par suite de décès, aux finances et à la justice, par MM. Lacave-Laplague et Hébert ; M. Teste, démissionnaire, remplacé par M. Dumon aux travaux publics ; M. Villemain, qui parut atteint momentanément d'aliénation mentale, remplacé à l'instruction publique par M. de Salvandy ; au commencement de 1845, le maréchal Soult déposa le portefeuille de la guerre, et le remit aux mains du général Moline de Saint-Yon, qui lui-même le céda au général Trezel, pendant que M. Jayr prenait les travaux publics quand M. Dumon passait aux finances et le duc de Montebello à la marine.

La situation du cabinet du 29 octobre était des plus difficiles. Il avait une double tâche à remplir : d'abord rassurer tous les intérêts alarmés sur les chances d'une guerre générale qu'on avait vue si imminente, et en même temps prendre soin de l'honneur de la France, si profondément blessé par le traité du 15 juillet 1840. Dans la première de ces deux tâches, il a complétement réussi, peut-être même pourrait-on dire au delà de ses espérances, et surtout au delà de ce que lui demandait l'opinion publique : car en proclamant si hautement *la paix partout*, *la paix toujours*, il ne fit qu'exalter les prétentions exigeantes de nos ennemis, et presque justifier ce mot insolent de lord Palmerston, disant qu'il ferait passer la politique française *par le trou d'une aiguille*. L'isolement et la paix armée, telle semblait être l'attitude commandée à la France par la situation. Loin de là, le cabinet du 29 octobre montra un empressement peu mesuré à rentrer dans le concert européen. Dès le mois de février 1841, M. Guizot se montrait disposé à prendre place dans les conférences diplomatiques et à reprendre à cinq le règlement des affaires orientales. Ces questions défrayèrent les discussions les plus importantes de la chambre pendant la session : on y vit aux prises deux adversaires, MM. Thiers et Guizot, qui défendaient chacun leur politique avec une vive chaleur, et presque avec animosité. Mais l'alarme avait été trop chaude, le péril s'était montré de trop près pour que l'opposition n'eût pas le dessous, et le système pacifique poussé à outrance profita de ses avantages. Pendant six mois tous les efforts de la diplomatie s'évertuèrent à trouver un biais qui permît à la France de rentrer décemment dans le concert européen, et le produit de ces efforts fut la convention du 13 juillet 1841. Elle avait pour objet la fermeture du Bosphore et du détroit des Dardanelles, sous la garantie des puissances de l'Europe. La Russie n'en garda pas moins son influence, et le produit net de la politique russe n'en subsistait pas moins à son profit : c'était la rupture de l'alliance anglo-française.

Une mesure juste en elle-même, le recensement, qui n'avait d'autre objet que l'égale répartition de l'impôt, devint une cause d'agitation sur plusieurs points de la France, et fit même éclater des troubles graves à Toulouse. Toute la question se réduisait à savoir si le recensement devait être fait par les agents du fisc assistés par les délégués du pouvoir municipal, ou par l'autorité municipale assistée des agents du fisc. A Toulouse, les contestations qui en résultèrent se réduisirent en manifestations violentes, brutales, en actes répréhensibles, et dégénérèrent même en révolte contre les autorités. Le préfet, M. Mahul, tout récemment arrivé dans la ville, et le procureur général, M. Plougoulm, se virent en butte à des menaces et à des démonstrations coupables, dont ils jugèrent prudent de ne pas attendre l'effet, et ils s'esquivèrent de la ville à la faveur de déguisements. Indépendamment des violences condamnables auxquelles se porta alors une partie de la population, il y avait là-dessous une réaction fâcheuse de l'esprit local contre notre puissante centralisation, un des ressorts de notre admirable unité nationale, œuvre et gloire de la révolution.

Le ministère whig, qui comptait s'affermir par le traité du 15 juillet 1840, s'était au contraire suicidé. Ce traité eut pour effet de déterminer la France à des armements qu'elle avait trop négligés : ces armements forcèrent l'Angleterre à augmenter les siens. Ces charges nouvelles, jointes à l'expédition de Syrie et à la guerre de Chine, produisirent le déficit que le cabinet cherchait à combler par des mesures qui le renversèrent. Le parlement ayant été dissous, les élections firent gagner aux tories vingt-cinq sièges dans la chambre des communes, ce qui leur donna une majorité de cinquante à soixante voix. Sir Robert Peel, comme chef de parti, avait été admirable de sagacité, d'habileté, de cette patience calme et prévoyante qui caractérise l'homme d'État. Son avènement pouvait exercer une action sérieuse sur la politique de notre gouvernement. Bien que le parti qu'il représentait fût celui des adversaires implacables de la cause libérale dans toute l'Europe, il ne se montra pas animé des mêmes passions que son prédécesseur contre la France. Le cabinet du 29 octobre voulait profiter de ces dispositions moins ouvertement hostiles pour poser devant les chambres la question de désarmement, qui, en allégeant les charges publiques, faciliterait l'exécution des grandes lignes de chemins de fer, dès lors on pensait à tourner les esprits vers le soin des intérêts matériels, dans l'espoir sans doute de les détourner ainsi des questions de principes. Mais on trouva qu'il s'était trop pressé de rentrer dans le concert européen, et qu'il eût été plus digne d'accepter l'isolement ; sa conduite parut empreinte d'un caractère de faiblesse. Les journaux anglais écrivaient : « Lord Palmerston a cru qu'il fallait prendre les Français par l'intimidation, et l'événement prouve qu'il a bien jugé. » On lisait dans la *Gazette d'Augsbourg* : « La France ne doit maintenant aspirer qu'à un rôle secondaire en ce qui touche le règlement des grandes affaires européennes. » Ces humiliations retombaient sur le ministère, et le frappaient d'impopularité. Il sentait sa faiblesse et le besoin de se rattacher par quelque concession l'opinion publique, qu'il s'était aliénée. C'est alors que dans la rédaction du discours de la couronne pour l'ouverture de la session il obtint du roi l'introduction de cette phrase. « L'Algérie est désormais et pour toujours française. » Jusque là le roi avait hésité à se prononcer si formellement sur la possession d'Alger. Les doutes qui en résultaient servaient de texte à des accusations de lâche condescendance pour l'Angleterre. Tous ceux qui avaient foi dans l'avenir de notre colonie nouvelle s'emparèrent de cette déclaration, et désormais la question fut tranchée.

La session s'était ouverte le 27 décembre 1841. L'élection du président fut la première difficulté que rencontra le ministère, et elle naquit du sein même du parti conservateur. *La Presse*, alliée incommode pour le cabinet, s'avisa un matin de l'insuffisance de M. Sauzet, et mit en avant la candidature de M. de Lamartine. Le ministère, indécis, ne sut d'abord quel parti prendre ; il fallut la démarche de quelques anciens meneurs des centres pour mettre fin à son hésitation et maintenir M. Sauzet comme candidat du gouvernement. Un des faits les plus importants de cette session fut la discussion relative au droit de visite. Le ministère subit un échec, par l'adoption de l'amendement de M. Lefebvre ; mais cet amendement, voté par les conservateurs, ne devait pas entraîner la chute du ministère. L'œuvre capitale de la session fut la loi sur les chemins de fer, promulguée le 11 juin 1842. Les projets de 1838 avaient avorté ; deux lignes seulement étaient en construction, celle de Paris à Rouen, et celle de Paris à Orléans. M. Teste, ministre des travaux publics, présenta, dans le mois de février, un projet de loi comprenant cinq grandes lignes de chemins de fer, qui devaient aboutir de Paris à la frontière de Belgique par Lille et Valenciennes, au littoral de la Manche vers l'Angleterre, à la frontière d'Allemagne par Strasbourg, à la Méditerranée par Marseille et par Cette, à l'Océan par Nantes et par Bordeaux. Il proposait l'exécution par l'État, en y faisant concourir dans une certaine mesure les localités intéressées et l'industrie privée. Le projet laissait de côté la question du tracé. La commission fit subir au projet du gouvernement d'importantes modifications. Le rapporteur, M. Dufaure, déposa son travail dans le courant d'avril, et la discussion s'ouvrit le 26 de ce mois. Aux cinq grandes lignes proposées par le ministre, la commission en ajoutait trois : 1° de Tours à la frontière d'Espagne, par Poitiers, Angoulême, Bordeaux et Bayonne ; 2° sur le centre, par Bourges, Nevers et Clermont ; 3° de la Méditerranée sur le Rhin, par Lyon, Dijon et Mulhouse. Le gouvernement accepta cette dernière ligne, ainsi que le tracé de Paris à Strasbourg par Nancy ; il consentit encore à modifier le tracé primitif de Paris sur l'Océan, d'une part, par Orléans, Tours et Bordeaux ; de l'autre, par Nantes. Le ministère ne demandait de crédits que pour quatre directions ; la commission en alloua pour six, et elle augmenta de 24 millions les crédits demandés. On voit que la commission avait songé surtout à faire de ce projet une question d'intérêt pour chaque localité, tandis que le ministère était plus occupé de la question stratégique, surtout pour l'est et le nord. L'esprit étroit de localité, qui était la plaie de notre système représentatif, se fit jour encore par l'adoption du système d'exécution simultanée de plusieurs lignes, au lieu de concentrer toutes les ressources d'abord sur un point unique. Ainsi M. Dufaure demandait pourquoi Lille et Marseille seraient réunis à Paris trois ans plus tôt que Strasbourg et Bordeaux ? Tout ce qui était intéressé à l'agiotage insista pour l'intervention des compagnies. M. Thiers soutint avec vigueur un amendement de M. de Mornay, qui proposait une ligne unique du nord au midi.

L'ordonnance de dissolution de la chambre parut le 13 juin. Les élections se firent le 9 juillet, et les chambres étaient convoquées pour le 3 août. Mais dans l'intervalle arriva un funeste événement, qui pouvait compromettre à la fois l'existence de la dynastie et l'avenir de la France. Le 13 juillet, le duc d'Orléans devait partir pour Saint-Omer, où il allait inspecter plusieurs régiments désignés pour le corps d'armée d'opérations sur la Marne, dont il avait reçu le commandement en chef. Il se rendait à Neuilly pour faire ses adieux à sa famille, lorsqu'en voulant sauter de sa calèche, dont les chevaux s'étaient emportés, il eut la tête écrasée sur le pavé, et il mourut quelques heures après sans avoir repris connaissance. Après les funérailles, qui se firent avec une pompe solennelle, une ordonnance avança de quelques jours la convocation des chambres, et la fixa au 27 juillet. Le discours du trône annonça la nécessité de faire une loi de régence. Le projet de loi présenté par le gouvernement déférait la régence par droit héréditaire au plus proche parent du roi, et en écartait à jamais les femmes. Le rapporteur fut M. Dupin. La majorité du roi fut fixée à dix-huit ans accomplis. La garde et la tutelle du roi appartiennent à la reine ou princesse sa mère, non remariée, et à son défaut à la reine ou princesse, son aïeule paternelle, également non remariée. Après le vote de cette loi, qui déférait ainsi la régence au duc de Nemours, la session fut ajournée au mois de janvier suivant.

Depuis lors, le ministère du 29 octobre chemina à travers l'impopularité, mais soutenu par une majorité suffisante. La condescendance de cette majorité, mise plus d'une fois à de rudes épreuves, ne s'est pourtant pas démentie. Il en est un exemple que nous ne pouvons omettre ici, à cause du retentissement prolongé qu'elle a eu ; c'est l'affaire de l'indemnité Pritchard, qui a révolté même les conservateurs les plus dévoués qui la votaient, en vue, disait-on, de ne pas rompre l'*entente cordiale*. Mais cette entente cordiale, qui nous a coûté si cher, que devint-elle? Inébranlable tant que l'Angleterre put compter sur la complaisance de notre cabinet, elle se tourna en aigreur et en hostilité ouverte le jour où elle rencontra quelque résistance aux intérêts de sa politique. Cette résistance, qui se manifestait pour la première fois, avait pour principe un intérêt dynastique. Tous les princes de la famille royale s'étaient successivement alliés à des maisons souveraines ; le prince de Joinville avait épousé une princesse du Brésil, le duc d'Aumale une princesse napolitaine. Restait à pourvoir le plus jeune, le duc de Montpensier. Une infante d'Espagne, la seconde fille de Marie-Christine, la sœur de la jeune reine Isabelle, devait avoir une riche dot, évaluée par quelques-uns à 20 ou 30 millions. Mais son rang, si rapproché du trône d'Espagne, soulevait de la part de l'Angleterre une opposition péremptoire au mariage de l'infante avec un prince français. En même temps le mariage de la reine Isabelle occupait toute la sollicitude de la diplomatie. L'Angleterre avait fortement appuyé une combinaison consistant à unir les deux fils de l'infant don François de Paule avec la jeune reine et sa sœur. Certaines difficultés, qui compliquèrent la négociation, ayant fourni l'occasion de mettre en avant un autre prétendant à la main d'Isabelle, un prince de Saxe-Cobourg, le cabinet français crut pouvoir se rétracter de la parole qu'il avait donnée au cabinet de Londres, et profita de l'instant favorable pour négocier le mariage du duc de Montpensier avec l'infante Luisa, en même temps que se concluait l'union d'Isabelle avec un de ses cousins. L'affaire, conduite avec une rare dextérité par notre ambassadeur à Madrid, fut enlevée prestement, à l'insu de la diplomatie anglaise. Cette nouvelle fut un coup de foudre pour lord Palmerston, récemment rentré aux affaires. De là un nouveau débordement de fureur contre la France, contre son gouvernement, contre la personne royale elle-même. De là des protestations en vertu du traité d'Utrecht : on prétendit exiger de l'infante une renonciation à ses droits éventuels à la couronne d'Espagne. Le parlement anglais et les chambres de France ayant été convoqués sur ces entrefaites, les récriminations furent portées aux deux tribunes. M. Guizot, accusé d'astuce et de mauvaise foi par lord Palmerston, se disculpa comme il put. L'entente cordiale fut plus compromise que jamais ; mais le double mariage était consommé (10 octobre 1846). L'Angleterre chercha alors à prendre sa revanche à Madrid, en y favorisant un revirement de système politique et en y détruisant l'influence française. Le gouvernement russe, voyant ces nuages amoncelés entre la France et l'Angleterre, saisit le moment pour conclure une opération financière consistant à acheter des rentes françaises pour un capital de 50 millions : c'était un soulagement pour la Banque de France, dans la crise monétaire déterminée par l'exportation de numéraire que nécessitait l'achat des céréales à l'étranger, et notamment dans les provinces méridionales de la Russie ; c'était aussi une marque prononcée de bon vouloir donnée par le tsar à la France, qui n'y était pas accoutumée de ce côté-là.

En 1846 la chambre des députés fut dissoute, et les électeurs furent en butte à plus d'une manœuvre corruptrice, ou, pour employer l'élégante périphrase d'un ministre, à *l'abus des influences*. Elles ramenèrent donc une majorité plus nombreuse, sinon compacte, car déjà quelques tirailleurs novices semblaient supporter impatiemment le joug de la discipline ministérielle. Louis-Philippe, que la coalition avait profondément blessé, prit habilement sa revanche en disloquant cette alliance redoutable et en mettant aux prises les unes avec les autres toutes les ambitions qui y avaient pris part : il les avait amorcées tour à tour par l'appât du pouvoir, il les avait usées l'une après l'autre, et sur les débris de la ligue parlementaire le gouvernement personnel s'était consolidé. Mais l'orage allait gronder ; les oppositions diverses s'étaient ralliées sous le drapeau de la réforme : l'alliance fut cimentée dans les banquets. Le gouvernement voulut arrêter le flot qui montait : la révolution de Février emporta le cabinet, le trône et la dynastie d'Orléans.

Quel rôle jouera dans l'histoire cette période de dix-huit années, dont nous avons été spectateur si attentif, et quelquefois si ému? Sans nous séparer de nos émotions personnelles, tâchons de devancer le jugement calme et impartial de la postérité. Son grand mérite, sa gloire incontestable, sera d'avoir maintenu la paix du monde. Grâce à la paix, la liberté s'affermit en France, et elle germa chez des nations voisines ; grâce à la paix, l'industrie put entreprendre d'immenses travaux, qui préparèrent le bien-être de toutes les classes sociales ; elle put organiser un vaste système de communications rapides, qui, en unissant les peuples par la communauté des intérêts et des idées, finira par n'en faire qu'une seule famille. En quelques occasions, la France put souhaiter plus de dignité dans ses rapports avec les cabinets étrangers. Cette politique timide à l'extérieur tenait à la position de la dynastie nouvelle et à l'étroite alliance qu'elle avait formée avec les classes moyennes. La bourgeoisie a des qualités, l'amour du travail, le respect de la loi, la haine du fanatisme, des mœurs douces, l'économie, tout ce qui fait le fonds des vertus domestiques ; mais elle manque d'élévation dans les sentiments, de profondeur dans les idées, et de généreuses croyances. Lors donc qu'un gouvernement prend chez elle son point d'appui, il devrait avoir garde de trop s'accommoder à son niveau ; il devrait travailler au contraire à l'élever, à lui inspirer de nobles instincts, à la faire luire au-dessus de ses utiles travaux une auréole de gloire. Loin de là, on flatta à l'excès son goût du bien-être, on exalta sa passion des jouissances matérielles, qu'on érigea presque en vertu ! Il semblait que le patriotisme consistât désormais à s'enrichir. Sur l'égoïsme on ne fonde, que la tyrannie ; la liberté vit de dévouement. A la fin, la petite bourgeoisie exigea elle-même l'extension du suffrage électoral : le gouvernement semblait pencher alors vers la reconstitution d'une aristocratie, il résista. La garde nationale l'abandonna, et sa chute surprit le monde.   ARTAUD.

Après la révolution de Février, un gouvernement provisoire prit la direction des affaires jusqu'à la réunion de l'assemblée constituante. Cette assemblée proclama la république, et délégua d'abord le pouvoir exécutif à une commission exécutive. Envahie le 15 mai, elle fut rétablie aussitôt. Lors des événements de juin, elle donna le pouvoir au général Cavaignac, qui prit le titre de chef du pouvoir exécutif. Par suite de la constitution votée par cette assemblée, le prince Louis-Napoléon fut élu président de la république, le 10 décembre 1848. L'assemblée constituante acheva bientôt sa carrière, et céda la place à une assemblée législative, qui, tiraillée par les partis, se laissa dissoudre par le coup d'État du 2 décembre 1851. Le nom de république fut encore conservé pendant une année ; au mois de décembre 1852, le rétablissement de l'empire, voté par le sénat, fut soumis au peuple français dans un plébiscite qui se trouva adopté à une grande majorité. Depuis, les travaux publics furent poussés avec une activité extrême ; mais la disette vint peser sur la France, qui, d'accord avec l'Angleterre pour soutenir l'Empire Ottoman, a dû déclarer la guerre à la Russie au commencement de 1854. Nos succès amèneront une prompte paix sans doute, car tout le monde la désire ; et l'empereur l'a dit : *L'Empire, c'est la paix !*

Langue.

Il n'y a point de peuple primaire, si petit qu'il ait été à son origine et si obscur qu'il soit resté dans l'histoire, qui n'ait eu d'abord sa langue *autochtone*, c'est-à-dire propre au sol même sur lequel il a pris naissance. La Gaule a donc possédé nécessairement une langue propre, subdivisée selon toute apparence en nombreux dialectes, et dont il ne reste point de monument écrit. On s'efforce bien d'établir, depuis plus d'un siècle, que cette langue *autochtone* était le celtique, vrai ou faux, que l'on parle encore en Basse-Bretagne, et cette opinion conserve de nos jours un grand nombre de partisans. Je n'ai, quant à moi, l'intention ni de l'appuyer ni de la combattre, parce qu'elle appartient tout entière au domaine de l'hypothèse, et qu'elle n'en sortira jamais. Je me bornerai à une seule observation ; c'est que pour tirer de cette conjecture des inductions absolues , il faudrait d'abord ramener le bas-breton à son état primitif et le dégager complétement de tous les mots acquis ou imposés qu'il a pliés depuis des siècles à ses formes lexiques. Or, c'est un point dont on ne s'est jamais avisé. L'isolement, plus moral que statistique, de la Basse-Bretagne, n'est pas tel qu'elle n'ait entretenu des relations très-habituelles avec ses voisins du continent , dont elle a reçu sa religion, ses lois, une partie de ses coutumes, et par conséquent une quantité innombrable de mots. C'est par conséquent une manière très-vicieuse de procéder que de conclure de l'analogie d'un mot français avec un mot bas-breton que celui-ci est radical, quand on peut rétorquer cet argument avec beaucoup plus de probabilité par la supposition contraire, puisque la langue française a des titres fort antérieurs à ceux du bas-breton, dont il n'existe peut-être pas d'actes écrits qui remontent plus loin que le quinzième siècle.

S'il y a eu un moyen certain de retrouver les vestiges de la langue *autochtone*, il faut le demander à la tradition, et le chercher dans les noms propres de personnes et de lieux auxquels on ne découvre pas d'analogues dans les langues intermédiaires. Cette considération n'a pas échappé à Bullet, à La Tour-d'Auvergne et aux étymologistes de leur école, qui se sont presque toujours appuyés sur les mots de cette espèce pour accréditer leur système, et on sait quelles incroyables licences ils se sont données souvent pour rapprocher de prétendus dérivés de leur prétendu radical. Je ne contesterai pas cependant le mérite de leurs aventureuses découvertes, car je suis aussi disposé qu'eux à penser qu'il n'est point de langue secondaire où il ne reste quelque vestige de la langue *autochtone ;* mais la langue française n'est point dans ces éléments épars et difficiles à saisir qui se dérobent à l'analyse ; elle a une forme générale, un caractère intrinsèque, des origines sensibles et incontestables, qui ne sont certainement point *autochtones*, et c'est là qu'il faut chercher les premières notions de son histoire.

Si l'on examine quel rôle la puissance romaine a joué sur la terre ; si on la voit s'étendre avec prédilection sur l'occident et le midi de l'Europe ; si on la suit en particulier dans les Gaules, où elle impose sa langue avec ses légions, ses préteurs, ses juges et ses écoles ; si on observe que la littérature gauloise, toute latine, s'illustre par les écrits d'Ausone, de Salvien, de Sulpice-Sévère, de Sidoine-Appollinaire, de Grégoire de Tours, de saint Bernard, d'Abélard ; si le latin est pendant huit cents ans la langue de l'enseignement , de l'autorité royale, de la loi, de la justice, de la prédication ; si on le retrouve enfin, mal déguisé, jusque dans les monuments les plus anciens de la langue intermédiaire, jusque dans le serment de Charles le Chauve, qui pourra douter que le français, comme l'italien, comme l'espagnol, comme le portugais, a procédé du latin à travers le roman des siècles moyens ? Nous n'ignorons point que des savants d'une grande autorité, Périon, Léon Trippaut et surtout Henri Estienne, ont tiré immédiatement le français du grec, comme si le latin lui-même n'était pas advenu ; mais c'est une fausse acception d'étymologie, dont l'erreur se révèle du premier examen aux esprits les plus prévenus. En portant cette méprise à sa dernière expression possible, on s'est efforcé de nos jours de faire remonter la langue française au sanscrit, et on y réussira probablement tout aussi bien, s'il est vrai que le sanscrit ait été à son tour la langue dominante de la civilisation, et qu'il ait produit le grec, comme le grec a produit le latin. La question n'est pas dans ces investigations hasardées de ténébreuse archéologie ; elle se réduit à savoir d'où vient le français, dans l'ordre naturel et immédiat de génération, et c'est ce qui ne fait pas de doute : le français est ce qu'on appelle maintenant, dans l'hybride jargon de certains philologues, une langue *néo-latine*. Il a été fait du latin, avec les éléments du latin, par appropriation au caractère et à l'esprit de notre langue *autochtone*, qui reste à retrouver, si l'on peut. Quant à moi, je n'en vois pas la nécessité, puisque cette langue n'a laissé de traces ni dans l'histoire ni dans les arts de la parole. Tout ce qu'il est possible d'en savoir positivement, c'est que les mots français qui n'ont point de radicaux certains, soit dans les langues anciennes, soit dans les langues congénères, soit dans les langues étrangères avec lesquelles le mouvement de la civilisation a mis la langue française en contact, appartiennent essentiellement à cette langue primaire, et ils sont en très-petit nombre.

Nos aïeux étaient si profondément pénétrés de cette filiation, qu'ils avaient judicieusement *postposé* les études littéraires de la langue française à celles de la langue latine ; il leur était démontré jusqu'à l'évidence qu'on ne parvenait à la connaissance approfondie de l'une que par l'investigation de l'autre, et je rends mille actions de grâces à l'université de n'avoir pas abdiqué cette opinion. La mienne sur ce point est inébranlable, et je ne crains pas de la formuler d'une manière plus exclusive qu'on ne l'a fait jusque ici. *Quiconque ne sait pas le latin est incapable d'écrire en français avec exactitude et pureté.*

Notre langue est très-jeune encore. On ne s'en douterait pas. Il y a mille ans entre Homère et Plutarque. Il y en a plus de quatre cents entre Ennius et Quintilien. Il n'y a pas dix ans entre Malherbe et la *Critique de Cid*. C'est en 1656 que Pascal écrivait le premier de l'excellente prose française dans ses admirables *Provinciales*. Trente-huit ans après, la prose et les vers et la langue étaient fixés en deux volumes *in-folio* avec privilége du roi. On a promis les siècles à cette langue, et elle a grandi comme une génération. On lui a dit : « Vous en savez assez pour votre âge, trop peut-être. Vous parlez d'idées nouvelles : toutes les idées sont dans les livres. Vous cherchez des mots pour les rendre : tous les mots sont dans les dictionnaires. Évitez le vieux langage, il est barbare. Criez anathème sur le nouveau, il est sacrilége. Les anciens obéissaient à l'usage. Bon pour les anciens ; ils n'avaient point d'académies. Obéissez à l'Académie. Hardiesse est témérité, liberté est originalité est délire. Imitez, imitez toujours, et quand tout sera imité, imitez les imitateurs. Copiez, copiez encore, et quand tout sera copié, copiez les copistes. Surtout, ne vous avisez pas de sentir, de concevoir, d'inventer. Tout ce qui pouvait s'inventer, on l'a inventé. On a inventé jusqu'à nous. Depuis qu'il y a des académies, on n'invente plus. » Mais qui a dit cela ? C'est Faret, c'est La Mesnardière, c'est Bois-Robert, c'est Cotin.

Il est résulté de là ce qui devait en résulter inévitablement. A force de remettre l'idée dans les mêmes plis, on en a coupé la trame. Le langage a ressemblé à ces vêtements pompeux de l'acteur tragique, dont le costumier a quelque droit de tirer vanité aux premières représentations, mais qui, à force d'être mis à tous les rôles, finissent par devenir tout au plus bons à servir de souquenilles aux goujats. Je fais grand cas d'un drame d'Euripide écrit par Racine. Je sais ce que vaut un dessin de Jules Romain traduit par le burin de Marc-Antoine ; mais quand la planche, rase, fatiguée, usée par le jeu de la presse, ou bien gauchement retaillée, fouillée sans adresse et sans goût par un ouvrier barbare, ne me donne plus qu'un barbouillage pâle et confus, je l'envoie au chaudronnier. Voyez ce qu'étaient devenus le mot, le vers, la phrase, la période, l'image, la pensée, le sentiment, à la fin du dix-huitième siècle ; voyez ce que la littérature des premières années du dix-neuvième siècle en avait fait. La parole de l'homme n'était plus qu'un bruit cadencé, qui retentissait plus ou moins agréablement dans votre oreille, mais qui ne passait jamais le tympan. Vous sortiez d'une lecture ou d'une représentation comme d'une ruche d'abeilles, l'attention étourdie de je ne sais quel bourdonnement monotone qui ne laissait rien à l'intelligence. C'étaient des figures sans relief et sans couleurs, sur un canevas rompu. Si ces gens-là parvenaient à emboîter dans deux hémistiches, sans égard à la situation, aux temps, aux lieux, aux personnes, quelque vieillerie poétique ou morale, leur public était si étonné de voir apparaître en cinq actes ou en dix chants l'embryon d'une idée intelligible qu'il criait à s'époumonner au beau vers, au vers à effet, au vers du siècle. Un lieu commun des poëtes gnomiques, un rébus ampoulé de Sénèque, deux grands niais de substantifs flanqués de deux épithètes turgescentes, balancés entre eux comme les termes d'une proposition arithmétique, c'était miracle. Et puis il y avait la périphrase, ou l'art de noyer dans un verbiage sonore le mot d'une énigme diffuse et embrouillée. Devinait qui pouvait. Et puis il y avait l'alliance ou la mésalliance de mots, qui passait encore pour une rare merveille ; mais comme à la fin les mots ne signifiaient plus rien, il importait assez peu comment ils fussent appareillés. Les expressions, la valeur convenue, le signe représentatif de la pensée, étaient, si l'on veut, polis et brillants, mais frustes et démonétisés, comme de vieilles médailles sans date, sans devise, sans exergue, sans légende, sans tête, sans revers. Elles attendaient le balancier et le coin.

Tout le monde sait que ce qui constitue principalement l'esprit et la physionomie d'une langue, ce sont les archaïsmes, les idiotismes, les vocables propres de cette langue, ces locutions qui semblent être simultanément engendrées de la substance intellectuelle du pays avec son génie et ses institutions, et qui lui sont naturelles comme son sol, comme sa végétation, comme son climat. Or, c'est là qu'on avait eu grand soin de repousser d'abord de cet euphuisme manière qu'on appelait le beau style, de sorte que dans cette langue gallique, perfectionnée par des puristes et des phrasiers privilégiés, il n'y avait rien de plus maussade et de plus inconvenant qu'un bon gallicisme. Il s'ensuivait nécessairement que les génies indépendants qui s'étaient emparés, avec une naïve audace, des véritables ressources de l'idiome national, que ces oseurs étranges qui s'étaient permis de dédaigner, pour les tours vifs et clairs de notre noble langage, la periodicité compassée et les froides bienséances d'un parlage de convention, avaient dû vieillir de quelques années. Ai-je besoin de nommer ces auteurs déjà surannés au temps de la régence, dont le mâle franc-parler, l'éloquence robuste, le style plein de nerf et de souplesse, de verve et de candeur, de majesté sans apprêts et de simplicité sans bassesse, effraya si vite de ses libres allures la délicatesse d'une littérature abâtardie ? C'était Molière, c'était La Fontaine, c'était Corneille. Le centième anniversaire de la mort de Corneille n'était pas sonné, qu'il fallait lui accorder, comme aux atellanes de Rome et aux sirventes du moyen âge, les honneur du glossaire et des scolies, et que la plume de Voltaire se jouait à révéler ses solécismes et ses barbarismes dans le commentaire le plus spirituel qui ait jamais été écrit. Les barbarismes de Corneille, grand Dieu !

Dans le style des jolis écrivains du dix-huitième siècle, au contraire, il n'y avait réellement rien à reprendre. Il était pour cela trop soigné, trop méticuleux, trop scrupuleusement grammatical, trop servilement soumis au despotisme pédantesque du dictionnaire et de la syntaxe. La manie du néologisme faisait bien quelques progrès, et il ne peut pas en être autrement quand les mots vides et usés ont perdu leur valeur primitive ; mais c'était un néologisme sans invention, prétentieux, affecté, dépourvu d'idées et d'analogies, comme ce jargon précieux dont la comédie avait fait justice un siècle auparavant. Depuis Fontenelle, depuis Marivaux, depuis Boissy, depuis Moncrif, jusqu'aux contes insipides de Marmontel, jusqu'à ses romans boursouflés, jusqu'au galimatias redondant de Thomas, jusqu'aux niaiseries musquées de ce troupeau de rimeurs de ruelles qu'on appelait encore des poètes en 1780, vous chercheriez inutilement dans la phrase creuse une pensée substantielle et vivante. C'est je ne sais quoi de ténu, de fugitif, d'insaisissable, qui échappe à l'analyse et même à la perception, une faconde inanimée, dont la cadence symétrique ne résonne pas dans une seule des fibres du cœur, le murmure monotone et vague de ces ventilateurs sonores qui bruissent à la merci de l'air, mais qui n'éveillent aucune émotion réfléchie, parce qu'ils n'expriment aucun langage. Soufflez sur le style le plus coloré, le plus éblouissant de cette période, il ne vous restera rien ou presque rien : la pâle membrane de l'aile du papillon quand vous avez fait voler la poussière diaprée qui la colore, la toile grossière et muette du peintre sous ses pastels effacés, le ventus textilis de Publius Syrus dans Pétrone. Je dirai plus, cette malheureuse hypocrisie de la parole, cette contagion pseudo-littéraire du petit, du faux, de l'affecté, a corrompu dans leur source jusqu'aux productions des plus beaux génies : dans Buffon, par l'excès de la magnificence, dans Montesquieu, par l'abus de l'esprit. Ces raffinements peuvent quelquefois tenir lieu de talent à la médiocrité ; ils font tache dans le talent.

Il survint dans ce temps-là un de ces phénomènes qui précèdent à peu de distance le renouvellement des peuples. Un esprit d'investigation curieuse jusqu'à l'audace s'introduisit dans la partie pensante de la société, s'accrut, déborda, envahit toutes les questions avec l'impétuosité d'un torrent, et souleva toutes les idées avec la puissance d'une tempête. Ce fut la philosophie du dix-huitième siècle, qui à force de tout remuer mit tout à découvert, jusqu'à la vérité, jusqu'aux pensées intimes de l'homme ; et quand la vérité fut à nu, quand la pensée revint à surgir au milieu de la confusion des mots, la parole se retrouva. Le chaos avait enfanté une seconde fois le monde. Alors il se forma un style qui n'était pas appris ni sur les bancs ni dans les livres ; qui n'était ni celui de la cour, ni celui des salons, ni celui de l'Académie ; qui se passait du suffrage de Fréron comme de l'aveu de Beauzée ; un style de l'âme, sobre d'ornements, plein de choses, valide, émancipé, viril. J.-J. Rousseau vint, et puis Diderot avec sa fougue mal ordonnée, mais entraînante, et puis Bernardin de Saint-Pierre dont chaque inspiration était un hymne à a nature, et puis Mirabeau, dont la voix impétueuse grondait sur la tête des grands comme la foudre de la liberté. Le théâtre, prostitué si long-temps des jeux efféminés, se réveilla de ses fades langueurs à ces traits acérés, à ces saillies mordantes de Beaumarchais, qui stimulaient dans notre civilisation avortée le sentiment d'une vie presque éteinte, qui cautérisaient avec du feu les vieilles plaies de notre imbécile politique. Apre, incorrect, inégal, mais véhément, passionné, profond, presque sublime, Fabre d'Églantine produisit la comédie du siècle, un chef-d'œuvre presque unique, presque isolé, mais immortel. La licence d'une polémique hardie, turbulente, effrénée si l'on veut, suscita le génie, alimenta la verve fantasque et originale de Courier. Avec lui la langue, rajeunie, ne se souvint pas seulement de Pascal ; elle retourna s'inspirer de la philosophie bouffonne et du sage délire de Rabelais. On a beaucoup écrit contre la langue *inepte et barbare* des temps révolutionnaires, et je n'ai pas été un des derniers à sauter après les moutons de M. La Harpe, lorsque cette question nous était jetée. La vérité du fait est que nous n'y entendions pas un mot. Il n'est pas difficile de prouver que ce langage était peu grammatical, peu littéraire, peu classique, même quand il était imposant et solennel. Les révolutionnaires n'avaient rien à démêler avec la grammaire et l'art oratoire; plus leur langage s'éloignait des formes arrêtées d'une langue stationnaire, d'une langue immobile, délicate jusqu'à la pusillanimité, soigneuse jusqu'à l'afféterie, cérémonieuse et servile jusqu'à la bassesse, plus il s'appropriait aux idées et aux choses du temps. Ce langage ne pouvait pas être autrement. Son agreste fierté, son incohérence tumultueuse et passionnée, son énergie sauvage et brutale, sont, quoi qu'on en dise, l'expression très-convenable du mouvement orageux des esprits dans ce grand cataclysme des institutions anciennes. On ne jette pas l'acte d'accusation d'une monarchie de quatorze siècles dans le moule pygmée d'un panégyrique ou d'un discours de réception. L'éruption d'un volcan ne ressemble pas au bouquet d'un feu d'artifice. Pour recommencer une nation, il faut tout recommencer. Quand les Péliades égorgèrent leur vieux père pour le rajeunir, et livrèrent ses lambeaux à l'action d'un feu magique, elles n'épargnèrent pas ses vêtements.

Ce phénomène de palingénésie est, au reste, un fait commun à toutes les révolutions. Le bouffon sublime de Rabelais est le premier-né de la réforme religieuse. Montaigne et de Thou écrivaient en présence de la Ligue. Il n'y a pas jusqu'à la Fronde, cette misérable révolte de corde et de paille, de couplets et de barricades, qui n'ait développé le profond esprit d'observation du cardinal de Retz et le scepticisme acrimonieux de Mézeray. L'auteur des *Provinciales* a pris un rang légitime parmi nos plus excellents écrivains. Sans les absurdes querelles du jansénisme, alors éminemment populaires, il n'aurait peut-être laissé que la réputation d'un fou mélancolique. Et l'on voudrait que l'événement le plus mémorable de tous les âges eût passé sur nos têtes sans léguer d'autres souvenirs aux générations consternées que des plaies qui saignent toujours; qu'il eût retourné notre sol jusque dans les fondements de la terre sans lui confier quelque racine vivace et féconde! En vérité, il faudrait être, pour croire cela, bien aveugle d'ignorance et bien entêté d'orgueil! La langue française, ravivée et assouplie par la forte trempe des passions politiques, avait donc retrouvé quelque chose de la verdeur et de l'âcreté de sa jeunesse. A un peuple pour qui Corneille était vieux, La Fontaine bas, et Molière grossier, il aurait fallu traduire Montaigne. L'abbé de Marsy avait déjà pris ce soin ridicule pour Rabelais. Ce peuple, à demi affranchi de ses pédagogues, osa tenter des études plus mâles. La vétusté de ce grave langage, qui rebutait nos pères, fut un attrait de plus pour la génération qui s'élevait avec une si rare aptitude et une si prodigieuse facilité d'investigation. Nous ne connaissons les chroniques, c'est-à-dire les titres sacramentales de notre famille politique, que par les rapsodies diffuses et insipides des historiographes royaux. Les femmes, les gens du monde et les neuf dixièmes des savants brevetés n'avaient pas goûté l'esprit de ces pages excellentes, imprégnées du plus pur parfum d'une antiquité poétique, que sous le bon plaisir du compilateur maussade qui les avait traîtreusement délayées *en bon français*; et *le bon français*, c'était le style languissant, pâle, décharné, presque sans corps et sans vie, d'un gazetier ennuyé. L'intempérie de mots d'un Daniel, d'un Velly, d'un Villaret, d'un Garnier, d'un Moreau; je ne sais quel cadavre d'histoire, lacéré, mutilé, livide, comme les lambeaux d'une étude d'anatomie, et sorti tout souillé, tout informe, tout méconnaissable, des amphithéâtres de la Sorbonne et de la morgue des jésuitières. Cependant, quelques citations des chroniqueurs inspirèrent le désir de les lire eux-mêmes, et l'on s'étonna de trouver cette langue morte, qui s'était appelée le *français*, plus claire, plus logique, plus expressive, plus *française* mille fois que les harmonieux non-sens, que les amplifications rien-disantes des périodistes. On s'avisa de l'existence d'un peuple qui avait tenu sa place sur la terre avec puissance quelques siècles avant les romans de Crébillon, l'opéracomique et l'*Encyclopédie*, et dont l'histoire contemporaine, animée, pittoresque, dramatique comme lui, parlait éloquemment à l'imagination et à la pensée. La France avait recommencé son éducation; elle savait lire.

Ce qui résultera de la révolution littéraire actuelle est un mystère pour les jours actuels. Ce qui n'est pas un mystère, c'est que cette révolution est faite. Elle a répondu à ceux qui ne l'avouent pas, comme Diogène au sophiste qui niait le mouvement; elle a changé de place, elle est entrée dans la politique, dans la philosophie, dans l'histoire, dans la vie privée, dans toutes les études, dans toutes les sympathies de l'homme. Si l'on croit qu'il est possible de l'arrêter, qu'on essaye! On n'a pas rapporté jusque ici le décret de l'inquisition qui déclare la terre immobile. Nous en serons quittes pour donner en épigraphe aux dictionnaires la fameuse réticence de Galilée : *Pur si muove!* Voyez la défense du paganisme de Julien, et dites-nous où est Jupiter. D'ailleurs, que vous regrettez aujourd'hui, dans quelques centaines d'années un nouvel ordre de choses le renouvellera peut-être. Liberté plénière à chacun de conserver, en attendant, son rituel et sa rhétorique, de s'imposer des règles, d'y croire et de les suivre. Ce qui n'est plus permis, c'est de les prescrire tyranniquement aux autres. On ne fera plus rien en France avec le régime du *bon plaisir*. Le réseau du père Bossu et de l'abbé d'Aubignac est devenu trop lâche et trop fragile pour emprisonner l'essor de nos écrivains, bons ou mauvais. Le génie arrêté dans les préceptes des pédants, c'est l'aigle des Alpes tombé du haut du ciel dans une toile d'araignée

Malheureusement, la contagion du *non-sens* gagna la langue oratoire, la langue littéraire, la langue poétique, d'où elle a gagné la langue usuelle, qui s'en ressent plus que de raison. Le jargon savant déborde sur le patois, il menace l'argot. *Delirant reges, plectuntur Achivi* : c'est une loi éternelle. Cependant, une langue peut hardiment se croire à son apogée quand elle a produit un Joinville, un Comines, un Froissart, un Villon, un Coquillart, un Marot, un Rabelais, un Henri Estienne, un Montaigne. Ne demandez pas davantage, s'il vous plaît : on ne vous donnerait pas. Survient en même temps l'impuissance ambitieuse, qui pourvoit à l'absence de la pensée, ou à la vieillesse d'un tour usé, par l'audace désordonnée de l'expression : une Hélisène de Crène, un Édouard du Monin, et d'un vol bien plus élevé, un Baïf et un Ronsard, grands hommes que nous plaignons d'être venus trop tôt, et qui ne sont probablement venus que trop tard pour leur gloire, parce qu'une langue jeune, et à la mesure de leur esprit, aurait pu leur épargner le fastidieux effort d'en faire une autre. La parole est aussi surannée. Il faut la renouveler par des formes extraordinaires, par des locutions inouïes, par des emprunts hybrides et hétéroclites, à certaines langues oubliées du vulgaire, et souvent assez mal comprises de ceux même qui les travestissent : absurdité immense, que les vieux poètes ont pris la peine d'enseigner aux savants. Ce n'est pas ce qu'il y a de mieux. Le burlesque, fertile en expressions replètes et hydropiques, ne nous avait guère laissé que *matagraboliser, incornifistibuler et superlicoquentieux*, dont je ne vois pas que le crédit se maintienne dans le style soutenu; je les tiendrais néanmoins pour aussi bon français que la question du français dans tout cela, une *transcendentalité, transsubstantionalité et inconstitutionnalité*. On pourrait se passer à toute force des uns et des autres dans une langue bien faite.

C'est cependant là un artifice de ce genre que nous avons dû notre seconde langue française; car il est essentiel de rappeler en passant que nous sommes à la troisième, qui promet d'être la dernière. L'habitude de recourir au grec et au latin, pour éviter en français le commun et le suranné, devint une seconde nature pour les écrivains d'un goût exquis et d'un merveilleux talent, qui faisaient la parole de tous, en épurant la leur aux vers d'Euripide et à la prose de Cicéron. Le vieux français se dépouilla de ce qu'il avait d'individuel pour se refaire antique; le dictionnaire se refondit tout entier dans le rudiment de Racine et de Fénelon, et la littérature, qui est toujours l'expression de la langue, retomba naturellement dans les voies de ses vieilles aïeules, les langues grecque et latine, à commencer au siége de Troie, et à finir cent ans après la bataille d'Actium. Cette langue française du dix-septième siècle est si belle qu'elle n'a rien à envier à la première, si ce n'est peut-être je ne sais quelle fraîcheur de naïveté, je ne sais quelle candeur originale, qui ne passent presque jamais à la seconde génération, mais dont nous pouvons heureusement nous faire une idée en lisant Corneille, Molière et La Fontaine, qui n'avaient pas répudié la langue proscrite en subissant la nouvelle.

La seconde langue vécut près de deux siècles, et ces deux siècles lui donnèrent l'immortalité; car c'est ce que nous appelons aujourd'hui notre langue classique. Elle fut durant ce temps-là tout ce que peut être une langue parvenue à son apogée, dans les limites infranchissables que lui prescrivait le goût sévère de ses maîtres, tout ce que qu'une langue n'est jamais deux fois, pleine de simplicité dans sa force et dans sa grandeur, de modération dans ses conquêtes et de prudence dans son audace. Pascal donna au français de son siècle une exactitude lumineuse et une élégante précision; Corneille, la majesté sévère des langues antiques; Racine, leur grâce, leur mollesse et leur harmonie; Molière y consacra le gallicisme énergique du peuple, La Bruyère celui de la ville, Sévigné celui de la cour; Bossuet lui fit parler la langue pompeuse des prophètes, La Fontaine et Perrault, la langue naïve des enfants; et tous ces admirables écrivains restèrent également fidèles au naturel, sans lequel il n'y a point de beautés parfaites. L'expression la plus hardie en apparence était alors la saillie d'un instinct et non pas la combinaison d'un artifice. L'effet des mots résultait de leur appropriation à la pensée, et non pas de la contexture mécanique d'une phrase industrieuse. Cette seconde langue française, qui a fixé la gloire de notre littérature, mais qui devait subir, hélas! la destinée de toutes les langues, et céder sa place à une autre, parce qu'il est de la nature de tout ce qui a commencé d'être condamné à finir, cette langue était belle encore, et grande, et florissante, à la fin du siècle dernier. Et cependant, Beaumarchais, Linguet, Mirabeau, lui avaient déjà porté de rudes atteintes. La langue essentielle et logique de la démagogie l'assaillait au nom de l'indépendance; la langue absurde et pédantesque de la nomenclature l'infestait au nom du progrès; la philosophie transrhénane, qui s'était admirablement *idiosyncratisé* cette crise *humanitaire*, bouleversait le dictionnaire de fond en comble, au nom de la vérité, pour multiplier les chances, déjà si sûres, de n'être pas comprise que lui garantit l'impénétrabilité de ses mystères. Quatre ou cinq écoles poétiques, dramatiques et romancières, terrestres, aériennes, ignées, maritimes, vinrent brocher sur le tout avec l'inexprimable puissance des éléments confondus qui cherchent à retrouver le chaos ; *et la lumière fut défaite.* La seconde langue disparut pour faire place à la troisième, que nous avons l'avantage de parler aujourd'hui, et qu'on parlera tant qu'on pourra.

Nous sommes bien jeunes encore dans celle-ci pour hasarder sa grammaire et sa syntaxe; mais on ne saurait s'y prendre trop tôt pour constater l'existence de ce qui ne durera pas longtemps. Les éléments de cette dernière transformation sont fort nombreux. Il y aurait moyen de les distribuer en bon ordre dans un livre à l'usage de la jeune France, où l'on enseignerait l'art de parler le français progressif sans dire un mot de français, et ce livre se compose peu à peu de tous ceux que l'on publie aujourd'hui; mais il faudrait d'abord les lire, et c'est un courage qui me manque. Tout ce que je puis, c'est d'indiquer à quelque nouveau Curtius la route qui mène à cet abîme, et de lui promettre que son dévouement sera du moins récompensé par de curieuses découvertes et des acquisitions singulières.

Une des premières règles de la nouvelle langue française, c'est le *solécisme*, c'est-à-dire l'emploi d'un mot des deux langues antérieures dans une acception inusitée de genre, de nombre ou de cas; d'un terme enlevé à son étymologie, d'une conjugaison brutalement déplacée de son temps, par je ne sais quel cataclysme logique, qui a subverti, de force ou de gré, l'opération naturelle de la pensée; et je ne dis pas, Dieu m'en garde, solécisme d'ignorant et d'écolier, mais solécisme oratoire, solécisme poétique, voire solécisme de pédant, solécisme intentionnel et *prémédité*, sans circonstances atténuantes. Il y a cependant quelque chose encore de plus beau que le solécisme : c'est le *barbarisme*. Le barbarisme se recommande par un avantage immense il n'appartient à aucune langue. S'il se rattache faiblement à nos deux langues mortes par un radical honteux, c'est tout au plus pour avoir l'apparence de signifier quelque chose, mais en réalité il ne signifie rien du tout, et c'est ce qui en fait le mérite. Règle générale : Il faut un génie inventif pour entreprendre par le barbarisme la destruction d'une langue accréditée ou pour tenter de mettre une langue nouvelle à sa place; c'est à cause de cela que les belles langues littéraires des anciens et des modernes se sont reposées quelquefois deux ou trois cents ans dans la conscience de leur éternité. Pour achever ce grand œuvre d'anéantissement, il ne faut que le *servum pecus* des écrivailleurs à la suite, qui ne manquent jamais à l'appel de leur maître. Ce sont là les fourches caudines de la parole, sous lesquelles toutes les nations passent à leur tour.

Une troisième manière de renouveler une langue, ou plutôt de composer une langue nouvelle, qui n'aura presque aucun rapport avec l'autre, c'est la naturalisation des mots exotiques, et surtout de ceux qui n'ont point d'analogues nationaux. Le moyen le plus général de renouvellement d'une langue, c'est la traduction, communément fort gauche, fort ignorante, fort hybride, fort dépourvue de sens, d'un mot grec ou latin dont les analogues nous manquent, parce que nous n'en avons jamais eu besoin, et qui tombe par conséquent au milieu de la langue avec tous les avantages de l'inintelligible et de l'inconnu. Celui-là est sûr de son succès, comme le Persan de Montesquieu, et c'est à qui lui fera fête. Ce n'est pas qu'on lui attache une acception nette et sensible; c'est au contraire parce qu'on ne lui en attache point. Ce qu'il y a de plus admirable dans ces mots naturalisés, c'est qu'ils se prêtent à toutes les acceptions, comme le chiffre convenu d'une langue occulte, parce que leur acception originelle est perdue. Les gens qui les emploient les emploient mal, à défaut de les entendre, et ceux qui les lisent les comprennent d'autant moins dans leur acception nouvelle qu'ils les comprennent mieux dans leur acception véritable. Pour eux, ce sont des *nonsens* à faire peur, ou des battologies à faire pitié.

Mais toutes ces parodies insensées de la langue humaine ne sont rien, encore une fois, auprès de la langue *babélique* des sciences, qui a tout subverti, tout changé, qui a pris l'exact contre-pied du procédé d'Adam, pour imposer aux êtres des noms qui ne sont pas leurs noms véritables, et qui a si parfaitement réussi dans ce dessein que l'être est devenu méconnaissable du moment où elle l'a baptisé. Nous en sommes à ce point qu'il ne reste plus une existence sensible, pas un phénomène du ciel et de la terre qui ne soit à jamais déguisé sous un sobriquet impénétrable pour quiconque répugne à ramasser dans la poussière de l'école la clé de ce mystérieux argot. Et cependant les vocables des langues qui sont à l'usage de tous devraient être intelligibles à tous. Les savants conserveraient pour texte de leurs interminables disputes les mots qu'ils ont faits sans nécessité, qu'ils modiffèrent sans règles, qu'ils renouvellent sans motif, et leur dictionnaire serait dix fois plus volumineux que le nôtre; mais nous ne leur envierions point ses richesses. Élisée savait se faire petit pour les petits; voilà ce que nous demandons à la parole. Qu'ils se fassent impénétrables pour les doctes, ils en ont le droit et le secret; mais qu'ils ne mêlent plus leurs langues aux langues que Dieu nous a données.   Charles NODIER, de l'Académie Française.

Littérature.

Dans le rapide aperçu général que nous allons tracer de la littérature française, nous laisserons de côté le cycle carlovingien, que quelques critiques spirituels veulent faire entrer dans l'histoire de la littérature française. Nous nous occuperons encore bien moins de l'époque latine, où quelques-uns voudraient voir déjà un commencement de littérature française, système qui a eu ses défenseurs et ses partisans, et dont les fanatiques ont été jusqu'à dire que Virgile était un poëte français, parce qu'il était né dans la Gaule cisalpine. Les troubadours et leur littérature, si savamment explorée par Raynouard, ne nous arrêteront pas davantage. La littérature française n'est pas plus là qu'elle n'est dans les poèmes de Virgile, quoiqu'il y ait des mots latins et des mots provençaux dans cette littérature. Soit insuffisance, soit défaut d'aptitude, nous n'avons pas cette curiosité, plus bibliographique que philosophique, qui consiste à rechercher dans des documents nombreux, incertains, d'une lecture matérielle très-difficile, les traces toujours confuses et douteuses de ce qui a, à notre sens, le hasard à tant de part, nous voulons dire la formation d'une langue et d'une littérature. Il importe bien plus, selon nous, de sentir les beautés d'une littérature que d'en savoir les origines contestables, et de comprendre la philosophie d'une langue que d'en connaître les sources ténébreuses et cachées.

Pour nous, la littérature française (si par littérature on doit entendre un art) ne commence qu'à l'époque de la renaissance en France, c'est-à-dire quand la chaîne des civilisations littéraires est renouée, que la tradition ancienne est retrouvée, et que le sentiment critique a pris naissance. Jusque là les grossiers ouvrages qu'on décore improprement du nom de *littérature* sont de la littérature *gauloise*, si l'on veut, mais non pas de la littérature *française*. Ainsi, à la différence de certains critiques, qui cessent d'appeler française notre littérature le jour où, disent-ils, elle imite les anciens et se fait grecque et romaine, nous, nous ne commençons à la reconnaître, à l'aimer, à l'admirer, que quand cette fusion s'est opérée, que quand notre littérature s'est replacée sous la tradition et comme sous le souffle des inspirations antiques ; que quand la fille commence à prendre les traits et le visage auguste de la mère. Pour nous, la prose sérieuse, littéraire, date seulement de Montaigne, la poésie légère de Marot, la poésie noble et éloquente de Malherbe. Avant ces trois noms, il y a une ébauche de littérature; il y a même un homme de génie, Rabelais; il y a des chroniqueurs intéressants, Froissart, Comines; il y a un poëte original, Villon; mais évidemment le sens littéraire n'est pas né encore, l'art n'est encore qu'un instinct confus et grossier, la littérature n'a pas conscience d'elle-même, et ne sait pas ce qu'elle fait. Nous tiendrons compte de ces monuments, nous les admirerons peut-être, mais nous n'y chercherons pas la langue française littéraire, sauf dans quelques pages, pourtant, où ces derniers des Gaulois commencent à balbutier la noble langue de la fin du seizième siècle. C'est dans le seizième siècle et pendant les premières années du dix-septième, que se développe la littérature française; c'est à la fin du dix-septième qu'il faut placer son entière maturité et sa perfection. Elle se modifie, sans trop s'altérer, au dix-huitième siècle; au dix-neuvième, elle subit de profondes altérations dans ses règles antiques et dans son génie; elle gagne, dit-on, par quelques points, mais on se demande si les acquisitions compensent les pertes. Nous tâcherons de caractériser ces trois grandes époques de développement, de perfection et de décadence.

Avant d'arriver à l'époque de développement, cherchons dans celle d'origine et de formation, qui semble comprendre le treizième, le quatorzième et le quinzième siècle, quels sont les monuments dont le caractère particulier, les sujets, la forme, ont eu de l'influence non-seulement sur les contemporains, mais sur les conditions ultérieures de la langue, de la littérature, de l'esprit français.

Parmi les ouvrages en vers, nous remarquons le fameux *Roman de la Rose*, étrange épopée, qui est de deux mains et qui a eu deux Homère, Guillaume de Lorris et Jean de Meung, écrite à deux époques différentes, la première partie vers le milieu du treizième siècle, la seconde au commencement du quatorzième, mais sans notable différence. La langue de Jean de Meung, le dernier des deux auteurs, est dans les mêmes langes que celle de Guillaume de Lorris; c'est la prolongation de l'enfance.

Par quelques détails sur les matières qui formaient l'enseignement d'un écolier de l'université à cette époque, on comprendra quelle sorte de littérature pouvait répondre aux goûts d'un public élevé de la sorte. A neuf ou dix ans, il a appris et sait par cœur le *Doctrinale puerorum* de Villedieu, espèce de grammaire latine élémentaire. Quand il possède ses conjugaisons et ses déclinaisons, le professeur ne lui parle plus qu'en latin, et quel latin ! afin qu'il apprenne la langue savante comme une langue maternelle. Dans les récréations, il chante les plus beaux psaumes et les plus belles hymnes de l'Église, toujours afin de se perfectionner dans le latin. Devenu un peu plus fort, on lui apprend à faire la construction dans les petits auteurs latins, arrangés et expurgés pour cet usage, ensuite dans le bréviaire, ensuite dans la légende sacrée (toujours la part de l'Église et du latin barbare qu'elle parlait); enfin, dans les historiens, et, en dernier lieu, dans les poètes. Les humanités achevées, il commence sa rhétorique ; il étudie l'éloquence profane, et surtout l'éloquence sacrée (l'Église ne s'oublie jamais); puis il entre en logique; et là, pour lui aiguiser l'esprit, et incidemment pour lui former le sens, on le tient longtemps sur les catégories, les analytiques, les topiques, les sophistiques, pour finir par les éthiques ou sciences morales. Le spectacle d'une classe de philosophie à cette époque est curieux. Il y a deux bancs, le banc des réalistes et le banc des nominaux : les uns accordent la *majeure* et les autres la *mineure*; les deux partis se menacent, s'injurient, et se jettent à la tête, faute de mieux, des syllogismes, des antécédents, des conséquents, des cercles vicieux. Hors de la salle, les arguments deviennent quelquefois plus personnels, et les coups succèdent aux raisons. D'après une nouvelle méthode, les généalogies des idées sont figurées sur un tableau par des lignes assez semblables à celles qui servent à figurer les généalogies des personnes. Notre jeune logicien excelle à montrer figurativement par des parallèles, des angles, des triangles, des losanges tracés sur le tableau, comment de la substance, par exemple, laquelle sert de souche à cette étrange généalogie, procède et s'engendre le corps; comment du corps s'engendre le corps vivant; comment du corps vivant, l'animal; comment de l'animal, l'animal raisonnable, qui est l'homme. Il excelle à railler les *réalistes*, entend nominal qu'il est. Il excelle à menacer ses adversaires de ce crayon qui lui sert à tracer les figures sur le tableau. Plus l'esprit au dehors était simple, grossier, illettré, plus dans l'intérieur des écoles il était subtil, métaphysique, raffiné et savant.

Quelle espèce de littérature peut répondre à des dispositions et à une éducation de ce genre, et plaire à ces écoliers devenus hommes faits? Pour les plus sérieux, pour ceux qui aiment la théologie, la dialectique stérile et inépuisable, la science raffinée et mal comprise; pour ceux-là les livres de prédilection, les livres à la mode, seront les *sommes* de théologie, les *miroirs du droit*, la *Bibliothèque du Monde* ou le *Quadruple Miroir, de la nature, de la doctrine, de* l'histoire, et de la morale. Pour les esprits légers, ou, si l'on veut, plus littéraires, ce seront les romans en vers, les *ballades et rondels*, les satires, les chansons, et ces livres mêlés de science indigeste et de railleries contre les abus du temps, d'alchimie, d'épisodes de chevalerie, de digressions théologiques, assaisonnées de traits satiriques contre les gens d'église, d'imitations ou de paraphrases des auteurs classiques, que sais-je! de ces mille choses contradictoires, dont le goût était presque une nécessité dans ce chaos, où l'esprit humain cherchait sa voie et devait essayer de toutes avant d'entrer dans la bonne, et dont le type est en poésie le *Roman de la Rose*.

Le monument le plus curieux de cette époque, celui qui en réfléchit le plus complétement et le plus naïvement les goûts, les mœurs, le côté sérieux et le côté romanesque, la politique, la vie sociale, la poésie, ce sont les chroniques de Froissart (1333-1419). L'histoire proprement dite commence à poindre cinquante ans plus tard, dans les chroniques de Philippe de Comines (1445-1509). Voilà enfin le chroniqueur payant de sa personne. Il n'assiste pas aux événements de son époque les yeux tout grands ouverts, l'oreille prête à tout entendre, l'esprit indifférent; il les juge, il les apprécie; il loue, il blâme; il est en action. Mais il n'y a pas plus d'histoire dans Comines que dans Froissart. Seulement, l'un commence l'art de peindre et l'autre l'art de raisonner.

La langue de Comines n'est encore qu'une ébauche de langue : admirons cependant quels progrès elle a faits depuis Froissart, progrès de clarté, de précision, de nationalité, si un tel mot peut se dire. Il y a moins de mots étrangers, moins de saxon, moins de vieux gaulois, moins de latinismes dans les mots, sinon dans les tours, et peut-être plus de variété dans la phrase. Mais voici la grande différence : la langue de Froissart est plus particulièrement descriptive, matérielle, et cela s'explique par la nature même des sujets qu'il traitait; celle de Comines est plus particulièrement métaphysique, abstraite, spirituelle, par opposition à la langue matérielle et concrète de Froissart. L'un emprunte ses images et ses couleurs aux spectacles extérieurs qu'il décrit, et là même où il parle de douleurs morales, il s'attache plus à en peindre la pantomime qu'à en analyser les effets intérieurs. L'autre tire les nuances délicates de sa langue des choses de l'intelligence et du raisonnement. La langue de Froissart est la langue des faits, celle de Comines est la langue des idées. Comines en cent endroits nous fait toucher à Montaigne.

Le quinzième siècle compte un grand nombre d'écrivains, poëtes, prosateurs, orateurs sacrés, historiens latins et français : c'est Martial d'Auvergne, en latin *Martialis Arvernus*, auteur des *Vigiles de la mort du roi Charles VII*, poëme en neuf psaumes et neuf leçons, où l'on trouve quelques sentiments de patriotisme et un attachement bourgeois à la royauté malheureuse; le tout dans un mauvais jargon rimé, mais nullement poétique. On appelait Martial d'Auvergne le *poëte le plus spirituel de son temps*. De même on qualifiait du titre de *père de l'éloquence française* Alain Chartier, clerc notaire et secrétaire de la maison de Charles VI et de Charles VII, poëte fade, écrivain latin-français, ayant trouvé pourtant quelques accents honnêtes et quelques paroles simples dans un poëme des *Quatre Dames*, où il est fait allusion aux malheurs d'Azincourt. C'est Charles d'Orléans, poëte exhumé dans le dix-huitième siècle, quelquefois spirituel et mignard, élevé pour sa mère, Valentine de Milan, dans l'admiration du *Roman de la Rose*, et qui s'est inspiré de ses personnages allégoriques, dernier poëte de la féodalité et de la chevalerie. Ce sont beaucoup de traducteurs qui mettent en rimes *batelées*, *fraternisées*, *rétrogradées*, *enchaînées*, *couronnées*, les auteurs grecs et latins, et qui font parler les héros d'Homère et de Virgile comme des sénéchaux et des baillis ou des troubadours.

La prose est plus avancée que la poésie, quoique celle-ci soit la langue privilégiée des beaux esprits, la langue des dames, la langue littéraire. Outre que les talents manquent, la poésie française, déjà sortie des époques primitives, n'a pas encore atteint les époques cultivées, et elle végète misérablement entre la naïveté, qui est la forme des premières, et l'art consommé, qui est le fruit des secondes. La prose, au contraire, reçoit toutes les idées pratiques, raisonnables, de ce siècle ; informe encore dans ses tours, elle est déjà mûre par le fond ; les bons esprits écrivent en prose, les beaux esprits en vers. Toutes les prétentions, toutes les frivolités du siècle sont le domaine de la poésie ; tout le bon sens, toute l'expérience politique et sociale se cache humblement dans la prose. Assurément il est plus resté, pour la langue et pour l'histoire, de M o n s t r e l e t, quoiqu'il ait renchéri sur la diffusion de Froissart, et qu'il n'ait ni sa naïveté ni son coloris ; de J u v é n a l des U r a i n s, quoique la gloire de l'homme politique ait effacé l'historien de Charles VI; du moine de Saint-Denis, de Jehan de Troyes, le chroniqueur de Louis XI, lequel parle pertinemment de finances, de commerce, d'agriculture, de fabriques; de Comines, enfin, que de tous ces poëtes savants que les princesses baisaient sur leur bouche pendant leur sommeil, disant qu'elles ne baisaient pas la personne, mais la bouche d'où étaient sortis tant de beaux discours, comme fit la femme du dauphin qui fut Louis XI, à Alain Chartier.

Un seul poëte de cet âge, Villon, élève la poésie au rang de la prose, et l'art des beaux esprits au niveau de l'instinct des bons esprits. M. Villemain a dit, dans une de ses admirables leçons, que si Boileau connut Charles d'Orléans, il lui eût appliqué l'éloge qu'il fait de Villon :

Villon sut le premier, dans ces siècles grossiers,
Débrouiller l'art confus de nos vieux romanciers.

Nous osons ne pas partager l'opinion de M. Villemain. Charles d'Orléans, quoique ne manquant pas de quelque grâce, se traîne encore sur les traces *des vieux romanciers*. Villon innove dans les idées et dans la forme. Ce n'est plus le *Roman de la Rose*; plus ou du moins très-peu d'allégories, point de métaphysique, point de fadeurs, mais des idées originales, personnelles, qui n'appartiennent qu'au poëte. Presque tous les vers de Villon roulent sur lui, sur sa vie, sur ses malheurs, sur ses amours, sur ses vices, il faut bien le dire; sur les châtiments auxquels ils s'est exposé, sur les dangers de mort qu'il a courus. Nous sortons de la poésie bel-esprit pour entrer dans la poésie de l'esprit français : Villon est du peuple. Voilà un poëte qui n'est à personne, qui ne fait pas de vers pour un prince lettré, qui n'a pas des amours imaginaires, qui n'aspire pas à des faveurs qu'il ne peut obtenir, qui ne parle pas une langue convenue; voilà un poëte qui prend ses images non dans les livres à la mode, mais dans les mœurs de Paris, dont il est un joyeux enfant, dans les échoppes, dans la rue ; voilà un amant qui n'a rien à démêler avec Dangier et Faux-Semblant, et qui sait se passer de Bel-Accueil ; ses maîtresses sont la *blanche savetière* et la *gente saulcissière du coin*, mais qui trouve dans ces inspirations de bas lieu, dans ces amours de coin de rue, des accents de gaieté franche, des instincts de mélancolie gracieuse et des traits de verve inconnus jusqu'à lui. Il ne faut pas rougir de cet aveu, puisque nous sommes nous-mêmes enfants d'un siècle et d'un pays de démocratie; la poésie française est fille du peuple, d'un enfant du peuple ; elle peut sentir le mauvais lieu, je le sais, j'en ai quelque honte, mais c'est là qu'elle a pris ce bon sens naïf, cette justesse pratique, cette fine raillerie qui la distinguent des autres poésies modernes, Voltaire, que Chaulieu appelait le *successeur de Villon*, tant la filiation de Voltaire à Villon est frappante. Novateur dans les idées, Villon ne l'est pas moins dans la forme, outre que l'un emporte l'autre, et que quiconque innove dans les idées innove nécessairement dans le style. On admire dans Villon des expressions vives, pit toresques, trouvées; un style en apparence plus difficile à comprendre, à une première lecture, que celui de Charles d'Orléans, parce qu'il est plus vrai, plus local, plus français. Charles d'Orléans écrit le français qui se parle dans tous les bons lieux, voire même à la cour du roi anglais Henri V, où les courtisans affectent de ne parler que français, par prétention de seigneurs et maîtres de la France. Villon écrit le français du peuple de Paris; il prend la langue des lieux où il prend ses idées Or, c'est cet élément-là qui donnera à notre langue son originalité. Ne nous effarouchons pas de l'étrange berceau d'où elle sort, d'autres l'ennobliront et assez tôt; l'important est qu'elle ait un caractère propre, qu'elle ne soit pas anglo-française, mais française seulement. Or, c'est à Villon le premier qu'elle devra ce caractère. Je crois donc, malgré quelques jolis vers d'une élégance précoce de Charles d'Orléans, qu'il faut maintenir à Villon la première place dans l'origine de notre poésie, et qu'il ne serait pas convenable d'amender les vers de Boileau pour si peu.

Charles d'Orléans, c'est le poëte féodal, le poëte de cour, des grandes maisons, des hautes baronnies; il clôt la féodalité. Villon, c'est le poëte bourgeois, c'est le poëte du peuple, qui commence sur les ruines de la féodalité qui finit. Encore une fois, notre poésie n'a pas une origine très-noble: soit qu'on la fasse remonter au *Roman de la Rose*, soit qu'on la fasse dater de Villon, notre poésie n'est pas de haute naissance; c'est une fille du peuple, admirablement douée, jolie et piquante plutôt que belle, mais à qui Louis XIV donnera des titres de noblesse, et dont les écrivains du dix-septième siècle feront une grande dame.

Je ne résiste pas à faire un rapprochement, dont je ne m'exagère pas d'ailleurs l'importance théorique, entre deux hommes qui ont travaillé en même temps, l'un à l'œuvre de l'unité de notre nation, l'autre à l'œuvre de l'unité de notre langue, entre Louis XI et Villon, le premier se faisant haïr comme homme et admirer comme ouvrier puissant de l'unité nationale; le second, méprisable, sinon haïssable par ses mœurs, et admirable comme ouvrier de l'unité de notre langue; tous deux négligés, sales, crapuleux, au chapeau gras; tous deux larrons de quelque chose, Louis XI de provinces et de morceaux de royaume, Villon de rôt et de fromage. Nous retrouverons des analogies du même genre entre Malherbe et Richelieu, Boileau et Louis XIV, quatre grands esprits également absolus, chacun pour son œuvre propre.

Nous entrons dans la période de développement de la littérature française, la plus intéressante peut-être historiquement, mais qu'on a eu grand tort de vouloir mettre, pour je ne sais quel prétendu mérite de naïveté, au-dessus de la période de perfection.

Dans la marche parallèle de la poésie et de la prose française, où la poésie a plus d'influence que de valeur solide, et la prose plus de valeur solide que d'influence, comme nous l'avons déjà remarqué dans la période de formation, cinq grands noms, autour desquels se viennent grouper beaucoup d'autres de moindre importance, marquent tout à la fois et résument les progrès simultanés de la langue et de la littérature françaises. En poésie, ce sont Marot, Ronsard, Malherbe: Marot, placé entre le commencement du seizième siècle et la fin du quinzième siècle, et servant de transition de l'un à l'autre; Malherbe, poëte de la seconde moitié du seizième et des premières années du dix-septième, comme Marot, fermant l'un et ouvrant l'autre; Ronsard, au milieu même du siècle, ayant perdu la route tracée au commencement par Marot, et ne pouvant pas deviner ni ouvrir celle qui allait l'être à la fin; qui servit pourtant à la réforme de Malherbe, mais sans le savoir, nous dirons pourquoi. En prose, c'est Rabelais et Montaigne. On compte beaucoup de noms intermédiaires : en poésie, ce sont Mellin de Saint-Gelais, Brodeau, Charles Fontaine, de l'école de Marot; c'est Du Bellay, co-rénovateur de la poésie avec Ronsard; c'est Du Bartas, la charge des défauts de Ronsard; c'est Desportes et Bertant, plus *retenus* que

lui, comme dit Boileau; c'est Passerat, l'un des auteurs de la satire *Ménippée*, qui ne suivait pas d'école, mais qui obéissait à une indépendance d'esprit particulière; c'est D'Aubigné, qui est Régnier sérieux; c'est Régnier, qui croyait être l'adversaire de Malherbe, et qui travaillait au même résultat que lui, avec cette différence qu'au lieu d'y mettre des intentions théoriques, un système, il y mettait un admirable talent. Les prosateurs sont très-nombreux: c'est Calvin, toujours jugé comme homme de secte, jamais comme écrivain, quoiqu'il ait écrit de belles pages, d'un style ferme, austère, et d'une correction précoce, un des *pères de notre idiome*, comme l'appelle Pasquier ; c'est Amyot, qui traduit Plutarque avec des concetti italiens et de la naïveté gauloise; c'est La Boétie, l'ami de Montaigne, dont le *Contre-un* ou la *Servitude volontaire*, est d'un noble jeune homme, qui serait devenu un excellent écrivain; c'est Charron, plus sec, plus aride que Montaigne, mais bon écrivain, le père de l'école de Port-Royal; c'est Pasquier, dont les lettres sont si curieuses, et d'un abandon si aimable; c'est D'Aubigné, le poëte de tout à l'heure, prosateur aussi énergique et aussi original ; c'est Brantôme, auquel il a fallu tout le scandale de son sujet pour intéresser à des mémoires écrits dans un style d'antichambre, faible et sans couleur; ce sont les auteurs de la *Ménippée*, ouvrage célèbre d'auteurs inconnus : Florent Chrétien, Pierre Leroy, Gilles Durand, Nicolas Rapin, Passerat. La plupart de ces prosateurs méritent d'être lus et étudiés ; mais l'histoire a plus à prendre que l'art dans les livres négligés pour les passions et les malheurs du temps, et qui sont pour la plupart des confessions, des mémoires. C'est de la littérature locale, personnelle, marquée de toutes les exagérations contemporaines, bien différente de la littérature universelle, contemporaine de tous les âges, où se reflèchit l'humanité reposée, impartiale, et non une société livrée à toutes les agitations, où la plume était une épée, et où la pièce ne se jouait que pour les acteurs. Cette littérature-là sera le fruit du dix-septième siècle.

On connaît ces vers de Boileau :

> Marot, bientôt après, fit fleurir les ballades,
> . . . .
> Et montra pour rimer des chemins tout nouveaux.

Ce dernier vers n'est peut-être pas tout à fait exact. Il semblerait annoncer une sorte de révolution dans la poésie française ; or, de Villon à Marot il n'y eut pas révolution, mais développement et progrès. Matériellement, Marot ne change que peu de chose aux règles de la poésie. Le vers de dix syllabes, qu'il manie avec tant de grâce et de facilité qu'on a dit que c'était comme sa langue naturelle, existait avant lui. Le mélange alternatif des rimes masculines et féminines, dont il se dispense trop souvent, jusqu'à terminer dix vers de suite par des rimes du même genre, ce mélange, qui n'était encore à cette époque qu'un ornement, et qui ne devint une règle de rigueur que cinquante ans après, sous Ronsard, était en usage avant Marot. Son père, Jean Marot, poëte estimable, en avait laissé des exemples. L'élision de l'*e* muet à la fin du premier hémistiche, dans le vers de dix syllabes, que Villon ne connaissait pas, n'est pas de l'invention de Clément Marot. Jean Lemaire lui en avait donné des modèles. Le *rondeau* et la *ballade* existaient avant lui, ainsi que toutes les autres formes de poésie légère qu'on peut trouver dans son recueil. Mais sa gloire fut de perfectionner ces formes, d'y rompre davantage le vers, de l'y assouplir, et surtout d'y faire entrer plus d'esprit, de grâce, de satire aimable et fine qu'on n'y en avait mis jusqu'à lui. La plupart de ces formes étaient des cadres qu'il eut la gloire de remplir.

Du reste, Marot est à tous égards le continuateur de Villon. Comme en Villon, ses vers ne sont que son histoire rimée. Sauf le tribut qu'il paye à l'allégorie dans son premier ouvrage, et encore en animant par de jolis détails ces formes surannées, ses vers coulent de sa veine, sa poésie est personnelle. Il chante, comme Villon, ses amours, sa prison. Seulement ses amours sont plus nobles que celles de Villon. Ce n'est plus la *gente saulcissière du coin*, ce sont des princesses ou des maîtresses de prince : Marguerite de Navarre, Diane de Poitiers. De même sa prison n'est plus celle de Villon, ramassé par les gens du guet et enfermé au Châtelet comme escroc. Deux fois Marot est emprisonné, une première fois comme suspect d'hérésie. Marot avait donné dans les nouvelles idées, par haine des dévots de la Sorbonne, par bon ton, et parce que les dames y donnaient. Enfermé au Châtelet, il y fait des vers contre ses juges, le front levé et du ton d'un honnête homme opprimé par les dévots. La seconde fois, ce fut pour s'être avisé d'arracher des mains des archers un homme qu'on menait en prison : la protection de François Ier l'en tira. De cette différence de situation entre Marot et Villon devait résulter une différence marquée dans le ton de leurs poésies, et surtout un progrès notable de la poésie française. Le langage de l'amour dans Marot est plein de grâce; la galanterie y remplace le libertinage, à quelques passages près, pourtant, où Marot fait le Villon. Les idées en sont fines, polies, délicates; les vers sentent la cour, sans être fades cependant, comme les galanteries allégoriques des prédécesseurs de Villon, ni libres comme ceux de ce naïf et rude génie des carrefours. Si la prison n'inspire pas mieux Marot que Villon, elle l'inspire autrement. Villon, faisant sa complainte funèbre, léguant à un ivrogne son muid, à un vicaire sa maîtresse, à un ami trop gras deux procès ; se moquant de sa mort, s'amusant à décrire son squelette, montre beaucoup de verve et d'originalité. Marot parlant fièrement à ses juges, raillant leurs procédures, leurs interrogatoires, leur avidité à trouver des coupables, les tortures de leurs questions insidieuses, pires que les tortures matérielles, montre, avec beaucoup de grâce et de malice honnête, beaucoup de noblesse et de dignité. Voilà donc tout un ordre d'idées, et, si je puis parler ainsi, tout un monde de nuances ajouté à la poésie française. Marot, c'est Villon arraché à la pauvreté :

Où ne loge pas grand'loyauté.

C'est Villon à la cour, devenu cavalier servant des belles dames et protégé du roi. Ce sont deux poètes de la même famille; mais le hasard a laissé l'aîné dans la fange de sa naissance et de la basoche, et a élevé le premier jusqu'à la domesticité de la cour. Le naturel est resté à tous deux, à tous deux la franchise, la naïveté, le ton vrai d'une poésie de veine, qui sort tout entière du poëte.

Marot est du petit nombre des poëtes privilégiés sur lesquels il n'y a qu'une voix, peut-être parce que la contestation ou l'envie ne commence qu'à une certaine hauteur, où Marot, poëte mondain, ne s'est pas élevé. On ne peut que répéter ce qui a été dit par tout le monde de la grâce de Marot, de la délicatesse enjouée de ses idées, de ce tour heureux qu'il sait donner à toute chose. La naïveté si admirée ou plutôt si aimée dans Marot est d'une autre sorte, ce semble, que celle des poëtes antérieurs. En ceux-ci elle paraîtrait plutôt une infirmité de la langue qu'une tournure particulière de leur esprit; en Marot elle est d'un naturel de l'homme. Marot est naïf alors même qu'il exprime les idées les plus fines, les plus déliées, là même où il semble qu'il ne doive être dupe de rien, pas même de ce qu'il dit. C'est une grâce particulière, c'est un ton naturel que prennent toutes ses idées à son insu. Et cela est d'autant plus sensible que la langue dès ce temps-là paraît très-avancée, qu'elle est riche, souple, abondante, si bien que La Bruyère a pu dire avec raison de Marot : « Il n'y a guère entre Marot et nous que la différence de quelques mots. » Je crois bien que c'est surtout par l'effet d'une illusion bien naturelle au milieu de tous les efforts de style et de toutes ces prétentions à l'extraordinaire que nous voyons autour de nous, que nous trouvons si naïfs la plupart des tours ébauchés et des bégayements du vieux langage; mais pour Marot, ce

n'est qu'un sentiment juste. La naïveté y est indépendante de l'état de la langue et des idées qu'elle veut exprimer ; elle est visiblement le génie même de l'homme. Que Marot fasse des élégies un peu subtiles ou traduise des psaumes, il est naïvement alambiqué dans les unes, naïvement mystique dans les autres. Il a cette ressemblance avec La Fontaine, que tous deux parlent avec la grâce des enfants une langue très-virile et très-avancée, quoique celle du siècle de Marot ne le soit que relativement, et que celle du siècle de La Fontaine le soit absolument. Jean-Baptiste Rousseau, dans sa maussade épître à Marot, caractérise assez spirituellement le génie de celui-ci :

Par vous, en France, épîtres, triolets,
Rondeaux, chansons, ballades, virelets,
Gente épigramme et plaisante satire
Ont pris naissance; en sorte qu'on peut dire,
De Prométhée hommes sont émanés,
Et de Marot joyeux contes sont nés.

On a compté les vers tendres de Marot : c'est une preuve qu'il en a peu ; la galanterie était la seule sensibilité de son temps.

Après la mort de Marot, Octavien Mellin de Saint-Gelais, autre fils d'un autre père poëte aussi, continue la manière de Marot; mais ses vers, plus prétentieux, mignards, infectés de tous ces concetti italiens venus à la suite des guerres d'Italie, n'ont plus ce caractère de simplicité qui fait aimer ceux de Marot. Ce n'est plus du français, mais de l'italien francisé. D'ailleurs, Saint-Gelais, prélat considérable, homme de cour, sachant à quelle cour ombrageuse il avait affaire, n'avait dû imiter que la partie galante de son modèle, et ne pouvait guère continuer ses satires contre les gens d'église (il en était), ni contre la Sorbonne (les évêques même en avaient peur). La poésie en était là sous Diane de Poitiers, laquelle avait mis sa bigoterie de maîtresse royale déchue et de femme sur le retour à la place de l'agréable effronterie de la cour de François Ier. C'était Marot affadi, italianisé, expurgé par un prélat bel esprit, Marot, moins ses charmantes satires, moins son enjouement, sa moquerie aimable, moins ses intarissables épigrammes contre les sots, les juges, les moines et les maris. Ce fut alors que de jeunes esprits, doués de talent, nourris dans les études de l'antiquité, levèrent l'étendard de la révolte, et attaquèrent la poésie abâtardie, constituée, rentée, que représentait l'évêque Octavien Mellin de Saint-Gelais. Jusque ici, l'érudition solide, dont nous verrons déjà d'heureuses applications dans Rabelais, cette érudition qui avait ranimé et renouvelé toute l'Italie, celle des Érasme, des Budé, des Thomas Morus, des Mélanchthon, n'était pas encore entrée dans l'éducation des poëtes. Enfants du sol, ignorants ou à peu près, les plus instruits, comme Marot, ayant lu l'*Art d'aimer*, les épigrammes de Martial, Catulle, Tibulle, empruntaient toute leur poésie, soit à un ordre d'idées banales et rebattues, comme Jean de Meung et Charles d'Orléans, soit aux divers accidents de leur vie agitée, comme Villon et Marot. L'érudition était dans les magistrats, dans les professeurs, dans les écrivains en latin, elle n'avait pas encore atteint les poëtes. Les premiers auxquels il allait être donné de puiser à cette source si féconde et si enivrante, les premiers qui allaient comprendre les chefs-d'œuvre des littératures antiques, devaient réagir avec mépris contre la poésie nationale, telle que l'avait déshonorée Saint-Gelais, telle même que Villon et Marot l'avaient créée, c'est-à-dire réduite à des jeux d'esprit, à des plaisanteries agréables, à des épigrammes, à des galanteries, en un mot à un ordre d'idées exclusivement joyeux et léger, sans profondeur et sans portée. C'est ce qui arriva aux poëtes de la *brigade de Ronsard*, dont un critique distingué, M. Sainte-Beuve, a spirituellement exhumé les titres oubliés, et dont le manifeste fut écrit et lancé dans le public par Joachim Du Bellay.

Le caractère de ce manifeste, remarquablement écrit, non-seulement pour l'époque, mais pour toute époque, et qui vint si rudement secouer sur son fauteuil de prélat opulent et de poète de cour l'heureux Saint-Gelais, perdu en ce moment-là dans les subtilités de quelque petit sonnet précieux à la manière italienne, c'est qu'en même temps qu'il défend l'idiome français, la langue nationale, il demande qu'elle aille s'enrichir et se féconder dans les langues de l'antiquité. En même temps qu'il se déclare partisan passionné de la langue indigène, de cette langue qu'on sacrifiait à l'Italie, il prêche l'imitation des Grecs et des Latins. L'idée était élevée et juste. Mais comme il s'y joignait un violent esprit de réaction, et qu'en toute réaction on va au delà de la pensée première, et comme en outre il n'y eut pas dans la *brigade* un homme d'assez de génie pour réaliser la théorie de Du Bellay et pour s'inspirer de l'antiquité sans cesser d'être français, il en résulta des poètes moins français que Marot leur devancier, et d'infidèles traducteurs de l'antiquité plutôt que d'intelligents imitateurs.

A leur tête fut un homme qui délivra un brevet d'immortalité commune et solidaire à tous les compagnons de son œuvre de réaction, et qui ne fit que les suivre ou les précéder dans cette chute *grotesque* dont parle Boileau. Cet homme, c'est Ronsard.

J'ai dit que la pensée de la révolution littéraire dont Joachim Du Bellay rédigea le manifeste, et dont Ronsard fut le héros, était à la fois l'imitation de la poésie antique et le perfectionnement bien ou mal entendu de l'idiome français. Un homme d'un véritable génie aurait peut-être suffi à réaliser cette tâche, qui devait remplir si glorieusement le dix-septième siècle; mais Ronsard, ni aucun poète de sa *brigade*, devenue plus tard la *pléiade*, n'avaient un véritable génie. Il arriva que l'imitation des anciens, dans leurs mains maladroites et avec leurs arrière-pensées de réaction littéraire, ne fut qu'un plagiat froid et mort. Ronsard, pour son compte, ne prit des poésies antiques que leur ordonnance, leur forme, leur dessin, leur mouvement métrique; il figura des odes pindariques, des chansons anacréontiques, des églogues virgiliennes, des élégies tibulliques. Il coupa *La Franciade* sur l'*Énéide*; il prit à l'un une ode, dont il traduisit le milieu et à laquelle il mit un commencement et une fin de sa façon, jurant selon le milieu; à l'autre, il prit une élégie dont il changea le dénoûment; à celui-ci une chanson où il mêla les mœurs modernes avec les mœurs antiques. Il *brouilla* tout, comme dit très-bien Boileau, faisant de belles femmes terminées en queue de poisson, amalgamant la subtilité de la poésie italienne avec la grâce naïve de la poésie grecque; faisant des odes, oui, mais des odes pindarisantes, et non pas françaises, et n'inventant en réalité que le nom. Ses satellites, comme il arrive, allèrent plus loin que lui : ils proposèrent sérieusement d'appliquer aux vers français les règles de la métrique grecque et latine; et lirent des hexamètres, des pentamètres et des asclépiades français.

Quant à l'idiome national, tout le perfectionnement qu'y introduisirent Ronsard et la pléiade se réduisit à un mélange ridicule de tous les patois provinciaux, d'une foule de termes empruntés à des professions spéciales, de vocables normands, wallons, picards, cousus à des formes pompeuses, à cette fausse noblesse, à ces tours ambitieux, misérable travestissement de la poésie antique. Tout cela forma une langue bariolée, pédante, inintelligible, à ce point que les maîtresses de Ronsard se faisaient expliquer par des commentateurs les madrigaux de leur amant ; langue vague, sans unité, sans analogie, pauvre et maigre par-dessous, par-dessus recouverte d'une façon de manteau antique; jargon mi-parti de patois vivants et de langues mortes, d'italien, de latin, de grec, chargé d'épithètes homériques, descriptif à l'excès, novateur sans nécessité, sans choix et sans goût; courtisanesque et populacier, érudit et sauvage; vrai pêle-mêle d'audace et d'impuissance, de stérilité et de facilité formidables, de puérilité et d'emphase, d'inexpérience grossière et de raffinement, de paresse et de labour; effet de ce vertige d'esprit qui ne manque

guère de saisir les hommes dont le rôle est au-dessus de leurs talents, et à qui l'ivresse de l'importance tourne la tête; poésie unique, comme la fortune du poète, et qui a donné à Ronsard une immortalité relative.

On peut d'ailleurs reconnaître dans Ronsard de l'imagination, des ébauches heureuses, une certaine élévation de ton, sinon d'idées, de la fécondité, quelque invention de style, et çà et là, dans ses poésies amoureuses particulièrement, de jolies pièces, fines, délicates, par où il ne surpasse point Marot, mais le continue; des épithètes et des tournures ingénieuses, et généralement une gravité et une pompe qui furent de bons germes pour l'avenir, et qui étaient un progrès sur Marot.

Dans toute réaction, il y a une bonne pensée et il y en a l'excès ; la réaction passée, l'excès disparaît, tombe dans l'oubli, entraînant quelques noms qui lui ont dû une réputation bruyante; le bon demeure. Il resta de beaux vers de Ronsard, une pensée féconde, la pensée que toutes les littératures sont solidaires ; qu'il fallait connaître l'antiquité ; que la poésie française ne pouvait pas rester isolée ; mais que si elle devait puiser au trésor des littératures étrangères pour le fond des idées, il fallait qu'elle restât exclusive et indigène dans la forme. Ce fut là le caractère de la poésie de Malherbe. Lui aussi eut de l'érudition, lui aussi fut initié à la pensée des anciens et à la littérature italienne; mais pour la langue, il la fit rentrer et la maintint despotiquement dans son caractère exclusif et local. Le vrai et le juste étaient dans une réaction nouvelle qui détruisit l'échafaudage de Ronsard, le grotesque appareil polyglotte de la pléiade, pour en revenir à la langue de Villon et de Marot, fécondée, ennoblie, agrandie par une intelligence vraie et un commencement d'assimilation du fonds antique. Cette réaction qui devait avoir un double effet, celui d'emporter les ridicules essais de poésie française scandée selon la métrique des anciens, l'amalgame de la naïveté antique avec la sentimentalité italienne, les épithètes homériques, la toux *ronge-poumon*, le soleil *brûle-champs*, la guerre *verse-sang*, Bacchus *aime-pampre*, le Pindare greffé sur le Pétrarque ; et en outre celui de nettoyer du mélange grossier des termes spéciaux et des patois de province la langue poétique, et de renvoyer dans leurs villages les mots wallons, picards et normands, avec leurs oripeaux grecs et latins. Malherbe fut le chef actif, militant, et le plus grand poète de cette double réaction.

D'abord, dans sa jeunesse, il paye tribut au pétrarchisme. Mais cela dure peu. Son bon sens, sa haute raison, son instinct français, le retirent de ces mignardises que Desportes et Bertaut continuaient d'aiguiser paisiblement dans leurs riches et oisives prélatures. Il s'affranchit du joug de l'imitation étrangère, et traite avec le plus profond mépris ceux qui s'y soumettent, joignant dès l'abord à son rôle de poète le rôle de réformateur, et, comme un général d'armée, donnant à tous les ordres et payant de sa personne. Il centralise la langue française. Paris, devenu sous Henri IV et Richelieu la capitale politique de la France, devient sous Malherbe et par Malherbe la capitale littéraire. Il proscrit, quoique Normand, les expressions du patois normand; et s'il ne crée pas à lui tout seul le français littéraire, il en tout seul il l'impose despotiquement à tous les écrivains.

Il est impossible qu'on ne remarque pas ici l'analogie existant entre le mouvement qui entraîne la France vers l'unité politique et celui qui entraîne la langue vers l'unité littéraire. Il est impossible qu'on ne compare pas involontairement les caractères des deux hommes qui sont les instruments les plus actifs, les plus puissants, les plus dévoués de ce double ouvrage : de Richelieu, l'homme de l'unité politique ; de Malherbe, l'homme de l'unité littéraire. Qui donnait à ce gentilhomme normand le droit de se proclamer infaillible, de mépriser tous ses devanciers, de biffer tout Ronsard, de ne laisser à Desportes que quelques vers par charité, de traiter de *sottises non pareilles*, de *bourres excellentes*, de *niaiseries*, de *pédanteries*, tout ce qu' blessait son bon sens, de ne pas aimer ses amis jusques et y compris leurs mauvais vers, et d'estimer le seul Régnier, par exemple, tout en ne l'aimant pas? Qui donnait à Richelieu le droit d'abattre les dernières têtes de la féodalité? La philosophie de l'histoire explique tout par ce mot : la Providence. Eh bien ; pourquoi n'y aurait-il pas eu la même Providence dans la tyrannie littéraire de l'un que dans la tyrannie politique de l'autre? Si le succès incontesté, paisible, durable, confirmé par tous les hommes de sens, est la marque d'un dessein de la Providence, comme ce succès n'a pas plus manqué à Malherbe qu'à Richelieu, pourquoi craindrais-je de dire que la France avait aussi besoin de l'un que de l'autre?

Deux résultats sont dus à Malherbe : l'un, décisif pour le ton et pour la matière même de la haute poésie française; l'autre, pour la forme et pour la grammairien. Par le premier, Malherbe établit et fait prévaloir la nécessité du choix et de la convenance des pensées ; par le second, il fait la théorie de la langue poétique ; il en reconnaît les caractères, grâce à son admirable bon sens, et sans doute après des études comparatives très-profondes : Il distingue ce qui est littéraire de ce qui ne l'est pas ; il fixe souverainement la langue; il dit : Ceci est bien, et cela est mal ; ceci est français, et cela ne l'est pas ; cette expression très-employée ne doit pas l'être; ce tour admiré ne vaut rien. Du reste, comme Villon, il fait sortir la langue du fond même du peuple de Paris, et quand on lui demande qui parle le bon français, il dit : Ce sont les crocheteurs du Port au Blé.

Sa nature d'esprit, son âge, convenaient admirablement à cette dictature. Malherbe est un homme plus que mûr; ses plus belles odes ont été écrites à soixante ans : à cet âge, l'imagination est réglée chez les hommes privilégiés où elle n'est pas éteinte ; le goût est infaillible, autant que peut l'être quelque chose qui est de l'homme ; la raison, mûrie par les comparaisons et les expériences, est assise ; c'est le bon temps pour savoir le *quid deceat*, *quid non*, dont parle Horace. En outre, Malherbe est peu fécond; et ce qui est un défaut dans un poète sera une qualité dans le poète théoricien. Trop de fécondité l'eût jeté dans des excès, et le législateur aurait pu être démenti par le poète. De ces deux rôles, celui du législateur allait mieux à ses goûts, à sa paresse; il hésitait devant les difficultés même qu'il avait créées, et il est très-certain qu'il avait plus le bon sens qui voit le bien que le génie qui l'exécute. Il préféra toujours aux labeurs de la composition les longs entretiens dans sa petite chambre à six chaises, entretiens qui devenaient au dehors des arrêts de langage et de goût pour la cour et la ville.

Voilà enfin des vers où la précision, la clarté, la logique, une noblesse sans enflure, ne sont plus des qualités de hasard, des dons de la fortune, mais des qualités de réflexion, des obligations théoriques. La haute poésie française est née. Les successeurs de Malherbe ôteront à sa longue et majestueuse période un peu de cette roideur et de ce pédantisme doctrinal qui la gênent ; ils feront entrer plus d'idées dans ce vêtement, peut-être un peu trop ample pour la pensée qu'il habille, et nous aurons une poésie à la fois sévère et riche, contenue et abondante, harmonieuse et pleine, douce, naïve, sensée, avec toutes les qualités de l'inspiration, et une sorte de solidité et de régularité algébriques.

Malherbe, après une vie assez monotone, après beaucoup de conversations, mourut en 1628), relevant, dit-on, tout mourant qu'il était, une faute de français que faisait sa garde-malade, et laissant un petit recueil et une influence immense. En vain fut-il attaqué sourdement par le bon Régnier, qui, sans s'en douter, avait le plus aidé à sa dictature, en faisant d'instinct et d'admirables vers les réformes que Malherbe faisait par ses théories; et par Mlle de Gournay, la fille adoptive de Montaigne, laquelle réclama vainement pour Ronsard et les *vieux de la pléiade* dans des pamphlets plus sensés et plus amusants que la cause qui les inspirait. Le caractère de la haute poésie française avait été irrévocablement fixé par Malherbe.

Moins estimée que la poésie, qui seule encore passait pour un art, au seizième siècle, la prose devait laisser des traces bien autrement profondes. Deux hommes que nous avons nommés, Rabelais et Montaigne, en créent pour ainsi dire toute la matière, et à la différence de la poésie, qui reçoit d'immenses accroissements au dix-septième siècle, la prose n'y reçoit guère que des modifications.

L'érudition de Rabelais ne ressemble en rien à celle du milieu du quinzième siècle, ni à celle de l'école poétique représentée par Ronsard : érudition toute de forme et d'écorce, si cela peut se dire. C'est l'érudition des idées. On voit que les anciens l'aident à penser, et ce qu'il leur doit est énorme. L'esprit de la sagesse antique vient s'ajouter au développement indigène et au progrès propre de l'esprit français ; les idées de l'antiquité mûrissent et fécondent les idées françaises. Ce mélange, et, qu'on me passe ce mot, cette fécondation, déjà bien frappante dans Rabelais, le sera bien plus encore dans Montaigne. Cependant, même encore en Montaigne, les idées anciennes et les idées françaises marcheront, pour ainsi dire, côte à côte, se mêlant quelquefois, restant plus souvent isolées les unes des autres. L'érudition paraîtra encore un ornement, une addition, un lieu commun d'emprunts littéraires, une glose. Attendez le dix-septième siècle, pour voir les idées anciennes et les idées françaises se fondre en un même tout, en un même ensemble, en une même littérature, que j'appelle que locale, que j'appellerai volontiers la troisième forme de la littérature universelle. L'érudition ne s'aperçoit plus, ne se montre plus du doigt, elle se sent. Il n'y a plus d'emprunts ni d'imitation ; il y a assimilation.

Au commencement du seizième siècle, l'érudition est en quelque sorte un avantage particulier de la personne, et non l'effet général d'une éducation commune, comme au dix-septième siècle ; aussi la voyons-nous étalée sans mesure et sans goût, exagérée, pédante; c'est le ridicule d'une qualité. Rabelais lui-même, quoique sachant bien la valeur vraie des emprunts qu'il faisait aux idées anciennes, n'échappa point à ce ridicule de l'érudition pédante. Il voulut importer non-seulement les idées, mais les mots, et fondre dans l'idiome français tout le vocabulaire des langues grecque et latine, soit, je le répète, qu'il eût été atteint de la pédanterie des érudits, soit qu'il eût besoin de trois langues à la fois pour l'incomparable richesse de ses idées, folles ou sensées, qui débordaient notre idiome, encore incertain et pauvre, en sorte que lui, qui raillait dans autrui l'érudition des mots, en était infecté lui-même.

Apprécier l'influence de Rabelais sur la langue et la littérature française n'est pas si difficile que deviner le sens de son ouvrage et en faire l'analyse. Rabelais est le premier écrivain en prose où l'on commence à se montrer l'esprit français, esprit libre et moqueur, ennemi des préjugés, tout en transigeant avec eux par prudence, ne se laissant pas prendre aux apparences, mais pénétrant au fond des choses et des hommes, aimant à narguer les puissances, les gens qui sont doubles, qui ont un caractère et un rôle, et le caractère abrité sous le rôle : les moines, les docteurs, et toute espèce qui profite de la simplicité populaire; ami des innovations praticables, du progrès, et point de ce qui n'en a que l'air; plus malin que méchant; quelque chose, enfin, qu'il est plus aisé de sentir que de résumer, et qui ressemble beaucoup à ce que Rabelais appelle le pantagruélisme : « Je suys, dit-il, au prologue du *quart livre* (l. IV), moyennant un peu de pantagruélisme (vous entendez que c'est certaine guayeté d'esperit conficte en mépris des choses fortuites), prest à boire, sy voulez. » C'est charmant, et c'est ce que nous cherchons. C'est une définition complète en quelques mots vagues, mais plutôt par trop d'extension que par manque de précision. Cet esprit français, libre jugeur et libre parleur, sceptique, moqueur, méprisant les *choses fortuites*, ne s'aperçoit pas encore dans Froissart ni dans Comines. Dans Froissart, il n'a qu'une seule de ses qualités, la naïveté; du reste, il s'abdique; il conte, mais ne juge pas; il ne raille jamais; il ouvre de grands yeux, il est ébahi, il est quelque peu badaud. Dans Comines, c'est l'esprit d'un homme plutôt que l'esprit national; c'est un sens particulier des affaires et des hommes publics; c'est une qualité de la condition et de l'individu plutôt qu'une qualité de la nation. L'esprit français ne serait pas si dévot que le bon Comines. Il apparaît dans les poëtes, dans Jean de Meung, dans Guillaume de Lorris; il est déjà tout entier dans Villon. En prose, il ne se montre que dans Rabelais.

Que respecte Rabelais des *choses fortuites?* L'ambition des princes, c'est l'insatiable faim de Grandgousier. Le parlement, c'est la taupinière des chats fourrés, où Panurge est obligé de laisser sa bourse. Les juges corrompus et ignorants, c'est Bridoye, qui décide tous les procès par le sort des dés, et n'en juge pas plus mal; Bridoye, aïeul de Brid'oison. L'abus de la dialectique aristotélique, c'est *Janotus a Gragmardo* redemandant en *baralipton* les cloches de Notre-Dame, dont Gargantua a fait des clochettes pour sa mule. La sensualité des moines, ou plutôt le monachisme tout entier, c'est frère Jean des Entommeures, qui pense qu'un moine savant serait un monstre inouï, et que pour vivre à son aise et faire son salut, il n'est rien de tel que bien manger, boire d'autant, et dire toujours du bien de M. le prieur. Rabelais ne ménage pas les médecins, quoi qu'il en soit. Quelle farce amusante que ces valets munis de lanternes que Gargantua, pris d'un violent mal d'estomac, avale avec des pilules où ils sont enfermés, et qui se mettent à sonder les lieux souterrains « dont la médecine ne s'embarrasse guère »! Rabelais est novateur, dans la mesure de l'esprit français, pour soutenir ce qui est bon, quoique nouveau. Ponocrates, le précepteur de Gargantua, veut lui apprendre à réfléchir. Il lui fait désapprendre d'abord les formules de l'école, et lui enseigne les sciences naturelles, l'arithmétique, l'art de la gymnastique; il le mène dans les ateliers, parmi les artisans et ouvriers, afin de lui faire voir les sources des richesses des nations. Maître Éditu proclame, dans l'île Sonnante, le partage égal des successions, comme étant de droit naturel. Il y a bien d'autres innovations et hardiesses de ce genre; mais prenons garde : en voulant élever Rabelais trop au-dessus de son siècle, ne tombons pas dans l'excès de ce critique qui y a trouvé la garde nationale de 89.

L'influence d'un tel esprit devait être grande sur les contemporains, quoique assurément moins grande que ne le fut celle de la poésie, si inférieure à la prose, surtout pour le fond. Rabelais fit deux écoles, l'une de bouffonnerie et l'autre d'esprit français. Les partisans de sa bouffonnerie, de son intarissable verve burlesque, se sont perdus en voulant l'imiter, sauf Béroalde de Verville, dont le *Moyen de parvenir* renferme de jolis contes; ceux de sa raison, de sa fine raillerie, de son mépris *des choses fortuites*, forment une chaîne de libres penseurs, parmi lesquels il faut compter en première ligne Montaigne, Voltaire et, de notre temps, Paul-Louis Courier. Quant à la langue, peu d'auteurs ont plus fait pour notre bel idiome que Rabelais : il y a versé une foule d'expressions et de mots qui sont restés; mais grand nombre de ses latinismes et de ses grécismes ne lui ont pas survécu. Montaigne le range parmi les auteurs simplement *plaisants* : voulait-il dissimuler sous ce jugement dédaigneux tout ce qu'il lui avait pris?

C'est ici le lieu de parler de cet homme qui, en dehors de toutes les querelles littéraires, du fracas des réputations, des discussions théoriques sur la langue, nourrissait dans la solitude, dans les voyages et les lectures, dans la méditation désintéressée, l'esprit le plus original du seizième siècle. Je veux parler de Montaigne, philosophe au milieu des guerres politiques et religieuses, écrivain admirable au milieu des contradictions et du choc des théories. En littérature, en politique, en religion, chacun disait : Je sais tout. Montaigne, lui, prend pour devise : *Que sais-je?* Ce

n'est pas le pyrrhonisme absolu, comme le lui reproche Pascal; c'est seulement la résistance d'une raison indépendante et supérieure à toutes ces opinions, à tous ces partis, qui croient tenir la vérité, et qui l'imposent tour à tour à leurs adversaires, selon les chances de la fortune, par l'épée, par la torture, par les supplices, par le fer et le feu. Le scepticisme de Montaigne proclame la liberté de la conscience, et conserve saine et sauve la moralité des nations.

Montaigne a eu la destinée d'un homme vraiment supérieur à son siècle : comparez-le à Ronsard, qui naît, vit et meurt dans l'applaudissement universel. Montaigne n'est point compris; quelques hommes seulement en font cas, mais sans trop s'en vanter. Juste-Lipse l'appelle le *Thalès français;* Pasquier le lit avec délices, mais l'admire moins que Ronsard; de Thou écrit de lui en latin : « C'est un homme d'une liberté naturelle, que ses *Essais* immortaliseront dans la postérité la plus reculée. » Le cardinal Du Perron appelle les *Essais le bréviaire des honnêtes gens.* Montaigne est lu et goûté; en secret il obtient des assentiments individuels et réservés; mais il n'a pas d'influence réelle. Ses ennemis, quoique plus nombreux que ses amis, ne le sont pas beaucoup. Les gens d'église qui le lisent le traitent de sophiste; Joseph Scaliger l'appelle *un ignorant hardi.* Au commencement du dix-septième siècle, ses admirateurs n'augmentent guère, malgré le zèle de la demoiselle de Gournay à chauffer par ses pieux libelles l'admiration pour son père d'adoption. Balzac, à côté d'éloges sincères, en fait des critiques assez vives; Port-Royal tout entier s'insurge contre son scepticisme; et le plus grand homme de cette pieuse compagnie, l'austère Pascal, se montre plus sévère pour Montaigne que pour les jésuites. Son livre, selon Pascal, est pernicieux, immoral, plein de mots sales et déshonnêtes; Montaigne ne songe dans tout son livre qu'à mourir mollement et lâchement. Dans la logique de Port-Royal, il n'est pas mieux traité : on ne lui rend même pas la justice littéraire, et on profite de lui sans l'en remercier. Vers la fin du siècle, on commence à le voir avec plus de désintéressement, on le juge mieux : La Bruyère imite visiblement son style; La Fontaine le médite; Bayle, esprit si judicieux, si sain, si facile, le continue et le commente. Mais c'est au dix-huitième siècle seulement que Montaigne est apprécié à sa juste valeur : il est reconnu et proclamé par tous les écrivains éminents comme leur prédécesseur et leur glorieux aïeul. Montaigne vit de sa véritable vie; il est à sa place, en pleine compagnie de sceptiques; il n'a plus affaire ni aux gens de religion ni aux jansénistes. Voltaire reprend toutes les idées de Montaigne, et, les transformant dans son style vif, précis, fait pour l'action et le combat, il donne le mouvement et l'allure polémiques à toutes ces opinions qui étaient enveloppées dans Montaigne, du langage abondant, curieux, pittoresque et légèrement diffus, de la spéculation oisive du seizième siècle. Rousseau le copie; Montesquieu, Diderot et tous les encyclopédistes l'étudient, lui font des emprunts, rhabillent ses ingénieuses rêveries. Il est dans la destinée de Montaigne que plus il va en avant dans les siècles, plus sa renommée augmente. Tour à tour tous les côtés de son admirable livre reçoivent une sorte de vie nouvelle. Dans le dix-huitième, ce sont les idées; dans le dix-neuvième, c'est le style de ce grand esprit qu'on étudie et qu'on remet en honneur. C'est dans Montaigne, dit-on, qu'il faut aller rajeunir la langue par des innovations ou plutôt par des résurrections de bon aloi.

Comme il a le mieux peint son humeur, Montaigne a le mieux défini son style : « C'est aux paroles, dit-il, à servir et à suivre, et que le gascon y arrive, si le français n'y peut aller. Je veux que les choses surmontent, et qu'elles remplissent de façon l'imagination de celui qui escoute qu'il n'aye aucune souvenance des mots. Le parler que j'ayme, c'est un parler simple et naïf, tel sur le papier qu'à la bouche; un parler succulent et nerveux, court et serré, non tant délicat et peigné que véhément et brusque :

Hæc demum sapiet dictio, quæ feriet

plutôt difficile qu'ennuyeux, esloigné d'affectation, desréglé, descousu et hardy ; chaque loppin y face son corps, non pédantesque, non fratesque, non plaideresque. » C'est là en effet le style de Montaigne. Doué d'une imagination vive et poétique, qui saisissait les choses par leur côté pittoresque et colorait les abstractions elles-mêmes ; plein de finesse et de raison, riche de son fonds et du fonds antique, il trouva la prose à peine sortie du berceau, sans précédents, hardie et aventureuse comme tout ce qui commence ; il la plia aux merveilleuses fantaisies de sa pensée ; il l'enrichit de tours originaux qui prirent cours en son nom, comme des pièces frappées à son coin. Derrière lui, pas de modèle qui lui imposât des règles de langage et des convenances de composition ; autour de lui, pas de critique qui l'accusât de violer la langue traditionnelle ; devant lui, un siècle qui se débrouillait à peine, et qui attendait sa langue de ses grands écrivains. Sans grammaire, sans théories stationnaires, sans règles, sans conditions, il se sentit plus hardi à créer, et il traita la langue non comme l'héritage de tous, mais comme sa propriété personnelle. Ainsi font les hommes de génie qui naissent dans l'enfance des langues : ils imitent les gens du peuple, toujours enfants même au sein des langues perfectionnées, lesquels, ayant beaucoup d'idées et peu de tours à leur service, courent aux équivalents, aux comparaisons, aux figures, s'aidant de tout pour parler comme ils sentent, rapprochant, combinant en toute licence, et se faisant, dans la chaleur du moment, une langue incorrecte, mais vive, expressive et colorée.

Toutefois, dès le temps de Montaigne on faisait des reproches à sa langue : « Tu es trop espais en figures, » lui disait l'un ; « Voilà un mot du crû de Gascogne, » lui disait l'autre. Cela n'était peut-être pas sans raison ; mais qui pourrait avoir le courage de critiquer Montaigne ? Esprit en dehors de toute théorie, de toute influence directe, côtoyant son siècle, mais ne s'y mêlant point, faut-il critiquer en vertu d'un système un homme qui n'eut de système sur rien ! Cependant la langue se règle, s'ordonne en dehors de lui, à son insu. C'est l'affaire de Malherbe, qui a écrit des pages de prose plus achevées et plus riches de pensée que ses vers ; c'est celle surtout de Balzac, à qui a été départi le soin de la langue théorique. Ici il ne faut penser qu'à son plaisir ; il faut avoir l'esprit de tout ce qui est critique, formes, théories, partis pris de toutes sortes pour s'abandonner naïvement à l'enchanteur Montaigne. C'est d'ailleurs à Montaigne que commence la longue et majestueuse époque de notre littérature classique ; et son livre est le premier, par rang d'ancienneté et de gloire, de tous ces chefs-d'œuvre qui sont la part du génie français dans le grand œuvre du perfectionnement de l'esprit humain.

Après avoir conduit la poésie française jusqu'à l'époque de sa constitution théorique, qui a été l'ouvrage et la gloire de Malherbe, je conduirai la prose jusqu'à Balzac, qui a fait pour elle ce que Malherbe avait fait pour la poésie. La prose française ne s'est point formée, comme la poésie, par action et création ; elle chemine sans bruit, sans être remarquée ; personne ne paraît croire qu'elle puisse jamais être une langue littéraire. Elle est reléguée au service des idées sociales, politiques ou proprement domestiques ; à la poésie seule échoit le service des nobles pensées, des créations littéraires de l'esprit. Cependant la prose marche, avance, d'autant plus sûrement qu'on s'occupe moins d'elle, et qu'elle n'est pas exposée aux retours et aux excès que les systèmes et le choc des influences font subir à la poésie. Dans Calvin, contemporain de Marot, elle est déjà au raisonnement dogmatique, et si elle a peu de variété, si elle n'est pas encore littéraire, elle prend de la gravité, de la précision, de la clarté, de la logique. Dans l'*Illustration de la langue française*, par Du Bellay, elle a de l'éclat, du mouvement, et elle s'enrichit de tours et de nuances appartenant à l'ordre des idées littéraires. Dans Ronsard, elle est meilleure que ses vers ; dans sa théorie sur le poëme épique, dont le fond est si parfaitement ridicule, et où il fait la recette de l'épopée comme on compose une recette d'apothicaire, *secundum formulam*, il y a de la finesse, de la vivacité, des tours heureux, de la variété. Dans Pasquier, elle est simple, coulante, raconteuse ; dans Malherbe, elle est nombreuse, cadencée, éloquente, si par éloquence on peut entendre un certain développement oratoire d'idées générales. Dans Montaigne, elle a toutes les qualités qu'il lui sera donné d'avoir, moins quelque chose qui s'appelle l'*art*. C'est pour constituer ce quelque chose qu'il faut une réforme, une théorie. Mais à quoi bon une théorie ? pourquoi ne pas laisser chaque écrivain libre de faire sa langue ? C'est qu'apparemment la prose française avait une destinée plus haute que celle d'être l'outil de chaque écrivain en particulier. Au reste, à l'époque où Balzac parut, tout le monde demandait vaguement une théorie, tout le monde appelait un Malherbe pour la prose ; et la preuve la plus forte de cette disposition des esprits, c'est que le premier qui fut jugé propre à remplir ce rôle et à réaliser cette théorie fut, à peine barbon, proclamé le plus grand écrivain de la nation.

S'il n'y a pas d'analogies entre le développement de la poésie française et celui de la prose, il y en a de singulières, j'oserais dire de fatales, entre les deux hommes auxquels il fut donné de constituer ces deux formes de la langue littéraire, entre Malherbe et Balzac. Tous deux sont ennemis de l'imitation étrangère, de l'enflure espagnole, des *concetti* italiens ; tous deux écrivent pour la cour, proscrivent les patois provinciaux, concentrent la langue à Paris, en placent le siége au palais du Louvre ; tous deux sont chauds partisans de l'unité de la monarchie, haïssent les factions qui la rompent ou la retardent, n'examinent pas la justice des causes devant la nécessité du résultat final, qui est l'unité monarchique de la France ; tous deux fort despotes, Malherbe avec plus de sécheresse, Balzac avec plus de tolérance pour les personnes ; tous deux fort vains, et avec de même bonne foi ; tous deux panégyristes outrés du cardinal de Richelieu, mais Balzac avec plus de candeur peut-être que Malherbe. Nous retrouvons des ressemblances aussi fortes entre leurs ouvrages : dans Malherbe et dans Balzac, même noblesse, même gravité, même précision, même nombre, même embellissement des plus petites choses. Les sujets se ressemblent comme les formes : dans Malherbe, on ne voit que louanges, poésies de cour, vers à la reine, vers au roi, vers au cardinal, vers au maître d'hôtel, vers au capitaine des gardes, épithalames, condoléances à l'occasion de morts, compliments à l'occasion de naissances. Dans Balzac, on ne voit non plus que lettres à la reine, lettres au roi, lettres au cardinal, lettres au prince, lettres au duc, au chancelier ; c'est de la prose panégyrique, c'est un panégyrique perpétuel. Pourquoi donc les destinées de ces deux hommes si ressemblants ont-elles été si différentes ? Malherbe est encore debout ; Balzac est à bas. Malherbe, assez peu lu, l'est pourtant quelquefois encore, et, au moins dans les collèges, on sait quelques-unes de ses strophes ; et on le réimprime. Balzac n'est point lu ; on l'a réimprimé dans ces dernières années, mais on a laissé le ressusciter. C'est que la poésie a le privilége de pouvoir se passer d'idées, et pourvu qu'elle ait des images et du nombre, on lui permet de ne rien dire plus : cela est vrai de l'ode surtout, qui vit de si peu et, qui est la plus extérieure de toutes les odes. Mais on est plus exigeant pour la prose : on lui demande des idées. La poésie parle à l'imagination, la prose à la raison ; la poésie distrait, la prose instruit ; le beau dans la poésie est l'agréable, le beau dans la prose est l'utile. Balzac manque-t-il donc d'idées ? Oui ; mais il ne manque pas de pensées, ce qui est bien autre chose. Il n'y a rien traité, rien résolu, et, comme on dit, rien coulé à fond, ce qui est le propre des idées ; mais il a semé hors de propos une foule de vues ingénieuses, d'aperçus fins, des demi-vérités qui aboutissent au oui comme au non, au pour comme au contre, et qu'on appelle plus particulièrement *pensées*. Les idées soutiennent un écrivain, et quand elles sont écrites dans un langage parfait, elles lui donnent la gloire : c'est que les idées sont la propriété de tous, étant tirées du fonds commun, qui est la raison. Les pensées, au contraire, même exprimées dans un beau style, ne sauvent pas l'écrivain de l'oubli, parce qu'elles sont trop personnelles et qu'elles résultent d'une excitation particulière de l'écrivain, et non de la contemplation calme et profonde de la vérité éternelle. C'est pour cela qu'avec beaucoup d'esprit et des pages admirables, Balzac n'est qu'un nom vide, auquel ne répond aucune sympathie, auquel ne se rattache aucune idée. L'éloquence de Balzac est une éloquence sans sujet : c'est un prêtre sans chaire ou un orateur sans tribune. On est choqué de cette chaleur oratoire appliquée à des pensées subtiles, qui ne touchent à aucun intérêt vraiment grand, ni de religion, ni de politique, ni de philosophie. Il semble que la plume de Balzac soit un instrument sans matériaux ; ce n'est pas pour lui qu'il l'a aiguisée, c'est pour les écrivains qui le suivent immédiatement, et qui n'ont avoir des idées à exprimer.

Ce qui sauvera de l'oubli le nom de Balzac, c'est son rôle comme théoricien, comme écrivain constituant. C'est lui qui le premier dégagea la phrase française de cet enchevêtrement et de ce défaut d'articulation qui en gênent l'allure même dans Montaigne ; c'est lui qui le premier y mit la proportion, le nombre, la convenance ; qui la coupa, qui la partagea par parties harmonieuses, qui la fit marcher : jusque là elle ne faisait que se traîner ; qui la rendit propre au mouvement précipité des idées, à l'action, à l'allure polémique. Quand Balzac mourut, le 18 février 1654, il y avait déjà quatre ans, que les *Lettres provinciales* avaient paru et que Descartes était mort ; Corneille avait donné tous ses chefs-d'œuvre. Tous les grands hommes de la seconde moitié du dix-septième siècle, presque tous nés dans un espace de dix ans, de 1615 à 1625, se formaient par l'étude des anciens et par la lecture de ces illustres pères de la poésie et de la prose françaises. La langue marchait à pas de géant, et l'époque de son plus haut développement touchait à l'époque de sa perfection. La prose arriva la première au but ; elle sortit toute parfaite de la grande imagination de Pascal. La poésie eut encore à faire après Corneille. Ce grand homme, placé entre l'époque de développement et de perfection, avec presque tous les défauts de la première et les plus nobles, sinon les plus exquises beautés de la seconde, n'est pas le plus grand de nos poètes ; mais nous n'avons pas de plus grand prosateur que Pascal.

Fontenelle, dans une *Vie de Pierre Corneille*, son oncle, dit : « Pour juger de la beauté d'un ouvrage, il suffit de le considérer en lui-même ; pour juger du mérite d'un auteur, il faut le comparer à son siècle. » Il aurait pu ajouter : et à ses devanciers. Pour apprécier un génie créateur, il faut le comparer au chaos d'où il est sorti : sous ce rapport, il n'y a pas de plus grand nom dans la littérature française que celui de Pierre Corneille. Mais si l'on juge les ouvrages en eux-mêmes, dans une vue absolue de l'art, et en les rapprochant du type que nous auraient à former les grands monuments des littératures anciennes et nos propres monuments, c'est alors que commencent les restrictions, et que l'on trouve des ouvrages supérieurs à ceux de Corneille. Il ne s'agit pas ici des règles et des conditions extérieures du théâtre, de l'arrangement, de la charpente, des unités, de tout ce qui peut être contestable et varie d'un pays et d'un temps à l'autre. Il ne sera parlé que des passions, des mœurs, de la vérité des sentiments, de l'unité des caractères, de l'intérêt qui en résulte, enfin de la langue, de la forme dernière et suprême de toutes ces convenances. Corneille a des pièces bien faites selon les règles qu'il déclare détestables, et des pièces mauvaises selon ces mêmes règles qui sont pleines de beautés supérieures. Parmi ses devanciers, Garnier taillait parfaitement une pièce sur un patron ancien, comme un tailleur coupe un habit ; Hardy était un Lope de Vega pour l'*imbroglio* et l'intrigue ; mais quant aux beautés morales, philosophiques, de passions, aux traits de caractères et à la vérité des mœurs, tout cela leur était inconnu. On peut dire, à la gloire éternelle de Corneille, qu'il eut tout à fonder, et qu'il fut tout à la fois un poëte constituant et un poëte modèle, donnant du même effort les meilleures théories et les meilleurs exemples.

Corneille a créé trois choses qui se peuvent distinguer et compter : il a créé les idées dramatiques : j'évite à dessein le mot *tragédie*, qui est trop absolu, puisqu'il comprend cette partie extérieure et matérielle que j'ai dû écarter ; il a créé la poésie qui répond à ces idées, la poésie dramatique ; il a créé, sinon la comédie, laissons cette gloire à Molière, mais du moins le vers de la comédie, le style comique, ce qui était assez beau, ce semble, surtout pour un homme qui avait déjà tant fait pour le théâtre en créant les idées et la poésie dramatiques. Molière disait de Corneille qu'il lui avait appris sa langue. C'est après les tragédies de collège de Jodelle, écolier de vingt ans, mort, en 1560, de faim, disent les uns, de douleur, disent les autres, de n'avoir pas réussi dans des mascarades que lui avait commandées Henri II pour une fête ; c'est après Robert Garnier, lequel copie Sénèque, fait des actes d'une scène suivie d'un chœur, comme l'auteur latin, et remplit ce maigre cadre de déclamations, de descriptions et de sentences ; c'est après Hardy et son universalité d'imitateur, Hardy, qui fit à la fois des pièces pastorales dans le goût italien, des pièces d'intrigues dans le goût espagnol, des contrefaçons de l'antiquité, le tout sans idées, sans caractère, sans langage, avec tous les défauts de chaque imitation particulière, des obscénités, des fanfaronnades, des pointes, des *concetti* ; c'est après la pâle *Sophonisbe* de Mairet, pièce construite dans toutes les règles, mais sans invention, sans verve, et tout au plus avec quelques intentions de style naturel ; c'est après la *Marianne* de Tristan, ouvrage de la même force, sans vice ni vertu, d'un style faible, quoique assez pur ; c'est après le Corneille de *Mélite* (1629), de *Clitandre* (1630), de *La Veuve* (1634), de *La Galerie du Palais* (1634), de *La Suivante* (1634), de *La Place Royale*, de *Médée* (1635), de *L'Illusion* (1636), comédies et tragédies, où, quoi qu'en dise Fontenelle, Pierre Corneille ne faisait pas la charge de Hardy, mais imitait naïvement et sincèrement ses devanciers ; c'est après toutes ces ébauches, qui avaient usurpé tour à tour l'autorité et la gloire d'un art, qu'apparut *Le Cid*, *Le Cid* ! qui causa une sorte de saisissement universel quand on l'entendit pour la première fois ; *Le Cid* ! pièce qui a aujourd'hui plus de deux cents ans, et qui est aussi neuve, aussi fraîche, aussi surprenante que si elle datait d'hier !

Voilà donc des caractères tracés de main de maître, et qui ont reçu une vie durable ; voilà une situation tragique, voilà des passions, non de tête, mais de cœur, non espagnoles, mais universelles ; voilà un langage divin ; voilà des sentences qui ne sont que des résumés de situation ; voilà enfin des idées dramatiques ! Et si nous parlons de la langue, quelle création que les vers du vieux don Diègue ! quel dialogue que celui de Rodrigue et du comte ! quelle éloquence que celle du père défendant son fils devant le roi, que celle de Chimène lui demandant vengeance, et désirant si peu du cœur de n'être pas écoutée ! Voilà aussi toutes les réformes de Malherbe introduites dans le langage du théâtre : la précision, la noblesse, le nombre, la clarté, la sobriété des épithètes, l'absence des images ridicules, la force, la netteté. Comparez cette poésie à celle de Garnier, à celle de *Sophonisbe* et de *Marianne*, à celle de Corneille écrivant *Clitandre* et même *Médée*, quoiqu'il y ait là déjà des vers où l'on sent que c'est un homme de génie qui débute ; encore une fois, quelle création ! Et enfin, qui ne reconnaît Molière dans les vers du *Menteur*, dans cette charmante narration du Menteur inventant, quoi ! non pas une aventure qu'il vient d'imaginer à l'instant, dans cette belle scène où le père, transporté de colère, maudit son fils, comme le vieux Chrêmés dans *Térence* : ici le Molière de Scapin, là le Molière du *Misanthrope*.

L'originalité propre du théâtre de Corneille, c'est la grandeur. Tous ses personnages sont élevés au-dessus du vulgaîre ; ils aiment mieux leur honneur, leur devoir, leur passion que leur vie; ils ne reculent pas devant le sacrifice. Ils n'ont pas de sentiments moyens, doux, voilés, découverts au plus profond du cœur, qui donnent tant de charme et de vie aux héros de Racine ; ils sont plus en dehors, et toujours hors des proportions communes, sans faiblesses et sans nuances, imperturbables, héroïques. Si Polyeucte, don Diègue, Rodrigue, Horace, Nicomède, Cornélie, Cléopâtre, pèchent par l'excès, c'est par l'excès de sentiments nobles ; il y a souvent de l'orgueil, mais c'est l'orgueil du devoir, de l'honneur, de la passion ; c'est un certain orgueil de l'âme qui sacrifie la nature. Les actions sont extraordinaires, les caractères exceptionnels; ils sont vrais pourtant, pour l'honneur de l'humanité. Corneille est le peintre de ces natures supérieures, et excelle à exprimer leurs sentiments et leurs idées. C'est pour elle qu'il a créé cet admirable vers cornélien, plus oratoire que poétique, plus énergique qu'harmonieux, plus ferme que profond, où il y a plus de mouvements que d'images; ce vers précis, serré, majestueux, dont les défauts mêmes ont toujours une certaine force. Dans cet ordre de pensées, le style de Corneille est plein d'abondance et d'effusion, et en même temps concis et laconique, ce qui se montre par des sentences ou générales ou individuelles, qui sont comme la devise du personnage ; par des contrastes, par des dialogues coupés, où le vers répond au vers, et l'hémistiche à l'hémistiche; par ces antithèses de deux caractères et de deux passions aux prises.

Corneille est le premier qui ait fait parler les passions avec abondance, avec force, avec élan ; le premier qui les ait fait raisonner, et qui ait mis de la logique et de l'ordre jusque dans les fureurs théâtrales ; le premier qui, mettant sur la scène des hommes historiques, de grands capitaines, des politiques, des ambassadeurs, ait créé pour eux un langage conforme à leur situation, nourri de pensées politiques, profond, grave, solennel ; le premier qui ait été éloquent sans déclamation, penseur sans être sentencieux, logicien sans sécheresse ; le premier, enfin, qui ait fixé la langue de la tragédie. Voilà la part de Corneille, comparé à ses devanciers et aux contemporains de sa jeunesse. Si maintenant nous voulions rapprocher ce grand esprit des types parfaits de l'art, et apprécier ses ouvrages, non d'après leur date, mais d'après leur valeur absolue, nous verrions que Corneille touchait à toutes ses qualités à l'exagération et à l'excès : par la grandeur, au ton de matamore et à l'emphase espagnole; par le sublime, au ridicule ; par l'éloquence, à la déclamation ; par la profondeur politique, à l'abus des sentences et aux imaginations de la politique de Balzac, si différente de la politique réelle et d'affaires ; par la vigueur du raisonnement, à la subtilité dialecticienne, au raffinement, à la barbarie des formes de l'école.

Laissant de côté ses bassesses de langage, ses trivialités, ses énigmes, et tous ceux de ses défauts dont conviennent ceux même qui préfèrent systématiquement les poètes imparfaits aux poètes parfaits, et ne parlant que de ces défauts empreints d'une certaine force, que Quintilien a appelés si ingénieusement des ordres d'idées qui s'excluent, nous dirions que sous le point de vue de l'enseignement la lecture de Corneille n'est pas sans danger, qu'elle peut lancer mal un jeune homme et donner une mauvaise direction à un écrivain ; qu'au contraire la lecture des poètes parfaits (et pourquoi ne nommerais-je pas dès à présent Racine, le plus parfait de tous?), en échauffant doucement l'imagination et en n'égarant jamais la raison, a sur les intelligences la même effet qu'une éducation morale et de bons exemples domestiques ont sur les cœurs; que si leurs beautés échappent quelquefois aux jeunes gens, à cause de leur extrême délicatesse, et parce que des traits de passion vraie peuvent n'être pas compris de ceux qui ne les ont pas sentis ou vu sentir autour d'eux, le temps viendra où ils les comprendront et y trouveront l'histoire de leur propre vie, et qu'en attendant elles ne gâtent point l'esprit; enfin, passant du fond à la forme,

nous oserions dire que si la poésie est à la fois un langage, une peinture, une musique, et si elle doit plaire à l'âme, à l'imagination et à l'oreille, le style de Corneille, plein de feu, de nerf, de vivacité, mais dur, heurté, inégal, semé de fautes contre le génie de la langue, obscur, embarrassé, sans harmonie, presque sans images, point varié, bizarre, n'a pas pu être comparé sérieusement au style de Racine, et n'a été préféré à cet inimitable style que par des personnes qui avaient quelque intérêt de vanité à rattacher les traditions du théâtre à un homme de génie incomplet et à des monuments imparfaits.

Pendant que la poésie, constituée par les théories de Malherbe, aidées de quelques belles strophes, par les admirables satires de Régnier, et par les premiers ouvrages du grand Corneille, cherchait encore son point de perfection, et attendait Racine, Boileau, Molière et La Fontaine, la prose, constituée par Balzac, trouvait son point de perfection dans les *Provinciales* et les *Pensées* de Pascal. Que reste-t-il des *Provinciales* de Pascal? qui les fait vivre? qui les fait admirer? Est-ce la forme ou le fond ? Le fond nous touche assez peu ; c'est d'ailleurs le sort commun de tous les livres de polémique : quand les intérêts et les passions qui les échauffaient sont mortes, ils ne nous disent plus rien. Qui les empêche donc de mourir tout à fait? La forme. Qu'est-ce pour nous aujourd'hui que l'histoire des lâches condescendances d'une secte qui n'a jamais gouverné qu'en flattant les passions des grands, et dominé la politique que comme les laquais dominent leurs maîtres, c'est-à-dire en se pliant à tous les genres de services? Toutes ces subtilités de casuistes, toute cette guerre d'équivoques, toutes ces antithèses de citations, toute cette érudition mordante, tout cela ne va guère au train de nos pensées, tout cela tombe dans notre esprit sans y remuer de sympathie ni même d'antipathie, tout cela nous laisse indifférents et froids. Qui donc nous soutient dans la lecture d'un livre où il y a tant de parties mortes et desséchées ? C'est l'art, c'est l'habileté de la composition, c'est l'enchaînement des idées, c'est l'instrument, pour tout dire ; c'est la forme, éternellement bonne, éternellement la meilleure, à quelque ordre d'idées, à quelque polémique qu'il vous soit donné de l'appliquer.

Je ne dirai pas la même chose des *Pensées* : là tout est neuf, tout est vivant, tout est d'hier, fond et forme. Il faudrait en excepter seulement pourtant une notable partie, la partie de démonstration de la vérité du christianisme, dont la forme seule a conservé de la vie, mais dont les idées, quoique merveilleusement déduites, feront toujours moins de conquêtes et retiendront moins de fidèles que les traditions de famille, les habitudes et le catéchisme. C'est peut-être cette partie des *Pensées* qui a tué la raison de Pascal; car, quoiqu'il n'ait pas été absolument fou, il est certain que ses facultés furent gravement altérées. Pascal appliquait à des idées de foi spontanée, à des faits impalpables, la même rigueur d'analyse qu'aux théorèmes d'algèbre et de géométrie, lesquels sont des faits positifs, réels, ayant un fond palpable et une fin. Il employait le même instrument à deux ordres d'idées qui s'excluent. Ainsi, arrivé en doute, en voulant trop creuser la foi, il se trouble, sa tête s'égare, et il se plie dans les yeux grands ouverts dans une croyance qui demande à l'homme de l'accepter les yeux fermés, et il se précipite dans la foi tout frémissant de scepticisme. La nature avait mis dans Pascal deux choses qui se combattent et s'entre-détruisent, au détriment de la raison, soit de la santé de l'homme qui en porte le double fardeau : le don des sciences exactes et les plus belles facultés de l'imagination. Entre ces deux nécessités de sa nature, dont l'une le poussait comme un enfant à la foi, et dont l'autre le rotepait, jusqu'à horreur du doute, dans le froid de la raison, Pascal fut brisé : Pascal alla jusqu'à se reprocher sa santé, jusqu'à prier Dieu qu'il aggravât ses maladies. Je ne sache rien de plus pénible que ce langage algébrique, infaillible en quelque manière comme les nombres appliqué à l'ordre de pensées le plus ardent et le plus spontané, à la prière.

Parmi ses pensées, beaucoup sont contestables, quelques-unes sont fausses, plusieurs absurdes; mais presque toutes sont écrites dans un style pittoresque, poétique, hardi, simple pourtant, comme celui des *Provinciales*, mais simple dans des sujets magnifiques, dans des vérités éternelles, dans des erreurs qui agiteront toujours l'homme. Celles même qui sont universellement reconnues pour fausses remuent l'esprit dans ses dernières profondeurs, et en inspirent soit de bonnes, soit de contradictoires, et toujours un grand nombre à la fois, ce qui rend la lecture des *Pensées* si intéressante et si féconde. L'influence des écrits de Pascal fut décisive pour la prose française. Dans les *Provinciales*, ouvrage fait quand il avait encore quelque santé, on admirait toutes les qualités du raisonnement, la clarté des expressions, la rigueur des déductions, la lumière du style : l'écrivain était plus près du mathématicien. Sa langue avait peut-être plus de force que de grandeur, plus de précision que d'éclat. J'ose dire cela, parce que je compare Pascal à lui-même, et les *Provinciales* aux *Pensées*. C'est dans les *Pensées*, écrites dans la maladie, avec la fièvre du corps et de l'âme, dans la lutte du doute et de la foi, dans l'exaltation religieuse qu'il se donnait lui-même malgré lui, qu'on put admirer cet éclat, cette grandeur naïve, cette magnificence simple et grave de langage, ce talent du relief et de l'effet, que Bossuet allait joindre à une abondance et à une fécondité merveilleuses. De ces deux ordres de beautés, dont les unes appartenaient plus proprement à la raison, les autres à l'imagination, devaient sortir deux ordres d'exemples et de traditions pour la prose française. La précision, la logique, l'enchaînement des idées, la propriété des expressions, ces qualités nécessaires et sans lesquelles il n'y a pas de langue, furent désormais les caractères immuables et indélébiles de la prose française appliquée aux choses de la raison ; l'éclat, les richesses des tours et des couleurs, la grandeur des images, l'art des grands effets par de petits moyens, ces qualités privilégiées, et qui ne sont données qu'aux écrivains de génie, une langue large, périodique, variée, qui recevait dans son sein toutes les beautés naturelles et toutes les hardiesses sensées des écrivains du seizième siècle, fixèrent les limites et la part de l'imagination dans la littérature française.

Pascal eut une immense autorité. Trente ans après sa mort, on le proclama un auteur parfait, l'écrivain français par excellence. Il avait la grandeur du style de Balzac, mais appliquée à des idées grandes, et non plus à des puérilités ; il était pittoresque avec mesure, avec choix, non à tout propos et hors de tout propos, comme Montaigne. Si la langue est autant un don naturel qu'une tradition et un exemple, je crois qu'il était plus difficile d'écrire comme Racine, après Corneille, que comme Bossuet après Pascal. Pascal avait trouvé le germe des beautés que Bossuet répandit dans ses *Oraisons funèbres*, et ces grandes idées sur la misère et le néant de l'homme ; dont Bossuet donna quelquefois le développement et la monnaie. Les *Pensées* préparèrent les *Oraisons funèbres*, les *Provinciales* préparèrent l'*Histoire des Variations*; mais il est très-vrai que rien n'avait pu préparer le *Discours sur l'histoire universelle*.

Il ne faut pas oublier, parmi les influences qui aidèrent à la maturité de la langue, des noms trop admirés au temps de ceux qui les illustraient, trop oubliés aujourd'hui, Voiture, Vaugelas, dont l'un donnait des modèles de langage vif, piquant, ingénieux, auxquels Mme de Sévigné ajouta le charme du naturel, et dont l'autre, par ses travaux sur la langue, en faisait comprendre le caractère et en fixait les conditions avec une grande supériorité de sens. Il ne faut pas oublier surtout René Descartes, et son *Discours sur la méthode*, chef-d'œuvre où la science donnait des exemples à l'art.

Toutes ces influences nationales, venant s'ajouter à un fonds d'étude profonde des anciens, et rencontrant toute une génération d'hommes supérieurs, amenèrent ces trente années de la seconde moitié du dix-septième siècle, si pleines, si glorieuses, où l'œuvre de l'unité de la langue et l'œuvre de l'unité nationale furent simultanément consommées. Tous les grands hommes que nous avons vus naître de 1615 à 1630 sont arrivés à la maturité de l'âge et à la virilité du talent. Toute réaction est finie. Boileau, dans la première partie de sa carrière littéraire, trop peu distinguée de la seconde, a détruit les restes de cette impuissante école qui voulait rattacher à Ronsard une tradition de poésie à la fois grecque, latine, espagnole, italienne, française, avec tous les patois des provinces. Tous les hommes éminents sont d'accord sur les principes et les conditions de l'art. On ne dispute plus sur les modèles, on les contemple : il y a les génies les plus divers, il n'y a qu'un art. Cet art consiste à exprimer dans le langage le plus parfait les idées les plus universellement vraies. La langue appartient au pays qui la parle, les idées appartiennent à l'humanité tout entière. La langue doit être exclusive, absolue, fidèle au génie de la nation, repoussant tout alliage étranger ; les idées doivent aller au plus grand nombre d'intelligences possible, n'importe les temps, les lieux, les civilisations.

Quand Boileau fait l'*Art poétique*, il n'imite pas Horace, qui lui-même n'a pas imité Aristote : ce sont trois grands esprits exprimant dans trois langues parfaites le même fonds d'idées raisonnables ; ils ne s'imitent pas, ils se rencontrent ; s'ils cherchaient à s'éviter, l'un serait vrai, l'autre serait faux. On n'imite que les choses de l'imagination, qui varie d'un individu à l'autre, mais on n'imite pas les choses de la raison, qui est le bien de tous, le don commun que Dieu a fait au genre humain, le soleil des esprits, unique comme celui des corps ; seulement on se les approprie plus ou moins par l'expression. Celui qui les exprime dans le plus beau langage, celui-là les découvre et fait du bien commun son bien propre.

Dans le cours des âges, les grandes littératures sont des expressions diverses du même fonds d'idées universelles, sauf quelques additions ou modifications, qui résultent de la diversité des temps, des pays, des religions, des sociétés, des climats, et qui en sont la partie contingente et locale. Les siècles d'or sont ceux où ce fonds d'idées universelles a été exprimé, pour le plus grand nombre des esprits cultivés, dans une langue particulière arrivée à sa plus grande perfection. Ce qui fait la gloire de ces siècles et l'inépuisable popularité de leurs grands hommes, c'est qu'ayant fondé ces monuments de raison, ils échappent aux caprices de l'imagination, qui détruit les réputations d'une époque à l'autre, et qui change de favoris comme de fantaisies. Ils sont immortels, parce qu'ils ont leur base dans la raison humaine, qui est immuable; ils sont obligatoires, parce qu'il n'y a pas plus d'ordre intellectuel hors de leurs exemples qu'il n'y a d'ordre matériel sans les lois.

Ce fut sous l'empire de ces idées, qui apparaissaient alors à tous les bons esprits comme des vérités évidentes, et qu'ils respiraient avec l'air, que se forma cette école de grands hommes dont Racine et Boileau, formés eux-mêmes par Pascal et Port-Royal, furent les théoriciens les plus exclusifs. C'est dans le cercle de ces idées que vinrent tour à tour se ranger et s'enfermer volontairement les esprits, même les plus indépendants, Molière, La Fontaine, plus portés d'abord vers les souvenirs de toutes les imitations étrangères, et qui rentrèrent dans le sein de l'école commune au moment le plus beau de leur génie, Molière pour écrire *Le Misanthrope*, *Le Tartufe*, *Les Femmes savantes*, qui sont écrits, dit Voltaire, comme les satires de Boileau ; La Fontaine pour composer ses plus belles fables, qui sont d'un style aussi pur que le style de Racine. La tradition antique et le pur français, le français central, le français de Paris, tel était là double but de cette école. On a voulu séparer Molière et La Fontaine de leurs illustres amis, en faire les continuateurs d'une école plus libre de la discipline antique, et des écrivains d'une langue prétendue plus large que celle de Racine et de Boileau. Pour moi, je sens que je n'admirerais pas moins Molière et La Fontaine quand même leur part dans la littérature française et dans la littérature universelle se bornerait à ce qu'ils ont fait dans ces glorieuses années où la double pensée de la tradition antique et de pur français avait prévalu ; où Molière, La Fontaine et Boileau avaient de longues conversations sur le sens d'un mot, sur la convenance d'une rime ; où La Fontaine, dans une lettre à Huet, évêque d'Avranches, envoyant à ce docte personnage une traduction italienne de Quintilien, lui disait, entre autres choses, que,

> . . . Faute d'admirer les Grecs et les Romains,
> On s'égare en voulant tenir d'autres chemins,

et plus loin :

> Térence est dans mes mains ; je m'instruis dans Horace.
> Homère et son rival sont mes dieux du Parnasse.
> Je le dis aux rochers. . . . .

et plus loin encore, rappelant son ancienne admiration pour Voiture :

> Je pris certain auteur autrefois pour mon maître :
> Il pensa me gâter. A la fin, grâce aux dieux,
> Horace, par bonheur, me dessilla les yeux.

C'est de 1665 à 1695, c'est-à-dire dans le temps que ces idées eurent l'empire, et que Boileau fut en quelque sorte chargé par tous les contemporains d'en donner, dans l'*Art poétique*, un code simple et sommaire, qui fût approuvé et contre-signé par les hommes les plus illustres, que furent écrits, pour la tragédie : *Andromaque*, *Iphigénie*, *Phèdre*, *Britannicus*, *Mithridate*, *Athalie* ; pour la comédie : *Le Misanthrope*, *Le Médecin malgré lui*, *Amphytrion*, le *Tartufe*, *L'Avare*, *Le Bourgeois gentilhomme*, *Les Femmes savantes*, *Le Malade imaginaire* ; dans d'autres genres : *Le Lutrin*, les épîtres, si supérieures aux satires, lesquelles ne sont que les dernières luttes de Boileau continuant le rôle de Malherbe, et ont le plus perdu, comme toutes les choses de polémique, à la différence des épîtres, qui vivent et vivront toujours de la vie des idées universelles qui les ont inspirées ; les livres VI, VII, VIII, IX, X et XI des Fables de La Fontaine, selon nous, les meilleurs ; dans la prose, l'*Oraison funèbre d'Henriette d'Angleterre*, une partie des sermons, la *Doctrine de l'Église catholique*, l'*Histoire universelle*, l'*Oraison funèbre du prince de Condé*, l'*Histoire des Variations* ; tous les sermons de Bourdaloue ; les deux petits volumes de La Bruyère ; les traités, trop peu lus, de Nicolle, *La Perpétuité de la Foi*, et les *Essais de Morale* ; la fameuse lettre de Mᵐᵉ de Sévigné *sur la mort de Turenne*, et plusieurs autres qui l'entourent, et sans lesquelles Mᵐᵉ de Sévigné ne serait peut-être qu'une charmante écolière de Voiture ; la *Recherche de la Vérité*, de Malebranche ; la seule bonne oraison funèbre de Fléchier, celle de Turenne ; enfin, le *Traité de l'Éducation des Filles*, le début d'un génie divin, Fénelon, qui outra peut-être les théories de cette période privilégiée dans ses *Dialogues sur l'Éloquence*, et dans sa *Lettre à l'Académie*, et en faisant trop de part à l'art, l'exposa à être pris pour un mécanisme. Ces trente années sont les plus belle période de l'esprit français, parce que c'est le moment-là que l'esprit français s'est assimilé le plus naturellement, et a exprimé dans le langage le plus pur le plus grand nombre de vérités universelles. Et s'il y avait des places à donner et des rangs à assigner entre ciel de grands esprits, il faudrait en effet proclamer les premiers Molière et La Fontaine, parce qu'ils ont réalisé le mieux la double pensée de cette époque glorieuse, et que dans ce grand corps de vérités universelles qu'elle a exprimées ils ont une part plus forte que leurs amis. Molière et La Fontaine ne sont les plus populaires des écrivains de notre langue que parce qu'ils ont tout à la fois le plus de ces choses qui sont propres à tous les temps, à tous les âges, à tous les pays, à toutes les conditions, et le moins de celles qui ne sont que de convention et de mode. Cette supériorité ne vient-elle pas d'abord de facultés plus vastes dans ces deux grands hommes, ensuite et peut-être de ce que la comédie vieillit moins que la tragédie, que le rire sérieux est plus près de la raison que les larmes, qui sèchent si vite ; et pour la fable, de ce que c'est de toutes les conventions la plus simple et la plus appropriée aux facultés élémentaires et aux goûts permanents de l'homme ?

Quinze ans plus tard, on en était venu à ce point que Fénelon, dans une correspondance pleine de courtoisie, consentait à défendre Homère contre son ridicule abréviateur Lamothe-Houdard, et demandait presque grâce pour l'antiquité à l'homme qui préférait à l'*Iliade* le *Saint Louis* du P. Lemoine. Au despotisme consenti, reconnu, aimé, de Louis XIV, despotisme bien différent de celui qui est arraché à une nation épuisée par une épée de fortune, et dont les effets dans la littérature avaient été de faire prédominer la raison sur l'imagination, et l'ordre, la régularité, la méthode, sur la fantaisie, succéda une détente générale et un relâchement de toutes choses, qui put paraître une fin à beaucoup de gens, qui n'était en réalité que le commencement peu glorieux d'une nouvelle et plus noble destinée de la France. La littérature du siècle de Louis XIV avait été presque exclusivement morale, religieuse et monarchique, sauf dans certains ouvrages, qui n'eurent ni les beautés supérieures ni l'influence des chefs-d'œuvre marqués de ces trois caractères. Au commencement du dix-huitième siècle, ces trois caractères disparaissent : la philosophie est substituée à la morale, la liberté religieuse à la religion ; l'esprit de flatterie à la personne royale succède à l'esprit de respect pour la royauté. De même que dans la morale on veut voir au delà des fautes et des devoirs, de même dans la religion, c'est-à-dire dans l'ensemble des rapports de l'homme avec Dieu, on veut voir au delà de l'établissement matériel religieux ; de même encore, dans la politique, on veut voir au delà de cette majesté royale qui cachait tant d'abus et de misères.

Sitôt que l'illustre vieillard qui avait couvert et protégé cette monarchie de l'autorité de ses dernières années, de ses malheurs, de ses soixante ans de règne absolu, fut descendu dans la tombe, on regarda de près cette monarchie, plus vieille et plus décrépite que lui, plus cadavéreuse que son cadavre, et qu'il avait usée tout le premier à force d'en trop tendre les ressorts. De là une poésie philosophique, et non plus simplement morale, analysant, discutant, subtilisant l'esprit, le cœur, le sentiment ; une poésie déiste, et non plus religieuse ; substituant la religion naturelle à la foi ; une poésie non plus monarchique, non plus marquée de ce ton noble, ni empreinte de cette foi dans la royauté, qui donnent je ne sais quelle dignité morale même aux flatteries des poëtes contemporains du grand roi, esprit beaucoup moins servile qu'on ne le dit, mais courtisanesque, si cela peut se dire, ménageant l'antichambre et méprisant le trône, flattant dans la royauté ou dans ses intermédiaires, qui n'étaient le plus souvent que des maîtresses parvenues, la source des grâces et des faveurs. Certes, si la poésie a besoin d'enthousiasme, non pas de cet enthousiasme échevelé qu'on a imaginé dans ces derniers temps, mais de cette foi vive à l'art, qui est le seul enthousiasme qui opère et produise ; si elle a besoin d'inspiration, d'idéal, il faut avouer que la philosophie, la liberté religieuse, c'est-à-dire le scepticisme, l'esprit de critique sociale et politique, la venue des sciences physiques et naturelles, le progrès des idées d'économie générale, la popularité des questions de finances, que ces choses réunies devaient sinon tuer la poésie, du moins l'affaiblir beaucoup et amener sa décadence.

Toutes les idées qui avaient été de l'opposition dans les dernières années du feu roi, et toutes celles que la réaction d'affranchissement qui suivit son règne répandait chaque jour dans les esprits, devaient se tourner contre la poésie, laquelle, au lieu d'être l'unique affaire d'un homme, n'allait plus être que le joyau d'une réputation dont les ouvrages en prose seraient le principal titre. Le dix-huitième siècle allait être le siècle de la prose : c'était la conséquence de l'affranchissement général. La pensée, qui avait été contenue au dix-septième siècle par des causes beaucoup plus élevées peut-être que la censure royale, allait déborder, et des deux formes générales du langage choisir la plus libre, la plus dégagée, la plus facile, c'est-à-dire la prose. Un grand caractère avait jusque ici marqué la poésie française, c'était la perfection de la forme. Or, les idées et tout ce qu'on appelait de ce nom prenant le dessus sur la forme, la poésie étant attaquée par de grands esprits, y compris Montesquieu, le soin donné à la forme allait paraître une puérilité indigne d'un homme, le travail de la perfection du temps perdu, et le mot de Boileau :

Cherchant au coin d'un bois le mot qui l'avait fui ,

plutôt que de laisser imparfaite l'expression de quelque pensée solide et durable, ce mot allait être tourné en ridicule; et c'était un grand malheur, car le sens du fini dans la poésie est un sens profond. C'est qu'en perfectionnant la forme, on perfectionne la pensée; c'est qu'en cherchant la rime, on trouve mieux qu'elle; c'est qu'à force de corriger le style, on finit par éclairer et fortifier le fond. Quoi qu'il en soit, cette partie de l'art allait donner à rire aux beaux esprits. Le temps d'ailleurs allait manquer. Le propre de la liberté, c'est de faire beaucoup écrire; la littérature devenait peu à peu une manière de presse anticipée; l'improvisation remplaçait déjà la réflexion, et le *petit bonheur*, comme on dit, l'art.

Naturellement, le premier, le plus petit, mais le plus scandaleux effet de ces grands changements, devait être de renverser les grandes renommées du siècle de Louis XIV, d'attaquer leurs procédés, de livrer au mépris le secret de leur art merveilleux, et de ravaler la grandeur de son résultat par les prétendues minuties qu'il leur en coûtait pour y atteindre. La réaction fut dirigée contre Racine et Boileau personnellement, parce qu'ils avaient posé et réalisé le plus rigoureusement les théories de l'art qu'il s'agissait de détruire, et parce que les deux hommes qui furent les chefs de cette réaction étaient ennemis personnels de ces deux grands poètes. C'étaient Fontenelle, qui haïssait Racine, comme rival de son oncle, et plus encore comme auteur d'épigrammes contre la tragédie d'*Aspar* ; et Lamothe-Houdard, ennemi de Boileau, comme auteur de l'*Art poétique*, et plus encore comme maître de J.-B. Rousseau, le rival de Lamothe-Houdard dans l'ode. Ces deux hommes, d'ailleurs éminents, donnèrent un exemple frappant de l'un des effets de ce relâchement général, qui était de s'ignorer eux-mêmes et de ne pas faire la chose à quoi ils étaient le plus propres. Fontenelle, étoffé de savant, sans enthousiasme, sans amour vif de rien, sans le moindre génie poétique, fit des tragédies, des pastorales et des églogues. Lamothe-Houdard, auquel un mathématicien trouvait une tête d'algébriste, composa des odes et des opéras. Peut-être eût-il fait de bonne critique et laissé un nom considérable dans la prose, si tout ce qu'il a écrit de prose n'avait pas été employé à justifier ses vers

Durs, d'accord , mais forts de choses ,

ou à attaquer la poésie comme inutile, tout en passant sa vie à faire laborieusement de médiocres vers.

Fontenelle, après avoir fait *Aspar*, *Thétis et Pélée*, et quelques églogues, accompagnées de théories sur la *bergerie*, où il proposait une sorte de transaction entre les bergers de Théocrite, qui sentent trop le fumier, et ceux de l'Astrée, qui sentent trop l'ambre, se retira de bonne heure de la bataille, et avec tact, après avoir pris part aux escarmouches. Lamothe-Houdard combattit jusqu'à la fin. Ses ouvrages, qui sont innombrables, et de toutes sortes, sont beaucoup moins piquants que ses opinions. Un coup d'éclat fit rentrer dans la nuit toutes ces subtilités, tout cet art bâtard et paradoxal : ce fut *Œdipe*. Voltaire, jeune homme plein de feu, de mouvement, de vie, au lieu d'imiter les plus proches de lui, comme c'est la marque d'un esprit faible et de peu de portée, avait imité les plus éloignés. *Œdipe* fut le fruit de bonnes études classiques, dans un adolescent de génie. Tout le bagage poétique de Fontenelle et de Lamothe-Houdard fut effacé par deux ou trois scènes d'un écolier.

J'essayerai de caractériser la poésie de Voltaire, qui est toute la poésie du dix-huitième siècle, où, sauf dans la comédie, où il fut le second dans un genre qui n'eut pas de premiers, et l'opéra, où il eut l'honneur de ne pas réussir, il a été le plus habile et le plus illustre en tout genre. J'apprécierai tour à tour cette poésie dans ses quatre grandes applications, le théâtre, l'épopée, les idées philosophiques, les sujets légers. Il y a un mot de Voltaire qui va me servir à caractériser son théâtre. C'est à propos de certaines fautes qu'on lui reprochait : « Critiques de cabinet, disait-il, qui ne font rien pour le théâtre. » Le théâtre, c'est-à-dire le théâtral, l'effet de scène, l'impression en quelque sorte physique sur le parterre, c'est là en effet le caractère le plus général des tragédies de Voltaire, car c'en était l'unique but. Voltaire écrivait ses pièces pour l'applaudissement. Je sais bien qu'il n'y a pas d'auteur dramatique qui ne pense à l'effet théâtral et n'y doive penser; et sous ce rapport le poète qui supporte le mieux la lecture, le poète qui a le plus travaillé pour être lu, Racine lui-même, en a été fort préoccupé. Mais il y a cette différence entre Voltaire et Racine, dans leurs rapports avec le parterre, qu'outre que Racine s'imposait au sien, puisqu'il aimait mieux être sifflé pour sa *Phèdre* qu'applaudi pour celle de Pradon, ce grand poète, tout entier à son art, consultait sa propre conscience, si délicate et si scrupuleuse, de préférence au goût du public ; au lieu que Voltaire, poète tragique par délassement, par caprice, pour avoir toutes les gloires bruyantes de son époque à la fois, subordonnait sa conscience et ses idées sévères sur l'art à la nécessité de plaire immédiatement, sans coup férir, et d'enlever d'assaut un succès. De là dans son théâtre tant de choses données à l'imagination, les grands effets de scène, les coups de théâtre, la décoration, le spectacle; et dans les caractères même, d'ailleurs toujours bien indiqués, sinon développés et approfondis, plus de place consacrée à la déclamation, aux sentiments exagérés, à la grandeur extérieure, qu'aux traits profonds, qu'aux études sérieuses du cœur, qu'aux idées durables.

C'est sous ce rapport qu'on a pu dire que Voltaire est plus dramatique que Corneille et que Racine : plus que le premier, qui est languissant, subtil, froid, et prodigue cette partie extérieure de la tragédie sans mesure et sans adresse, à la différence de Voltaire, qui ménage ce moyen d'action avec une grande habileté et une parfaite connaissance de son parterre ; plus que le second, où l'effet vient de la profondeur des idées, de l'éternelle vérité des sentiments, de l'étendue des caractères, et non des pensées de tête, de l'appareil, de la pompe théâtrale. Il faut attribuer à cette soumission presque servile aux goûts de son parterre la profusion de sentiments philosophiques que Voltaire prête à tous ses héros, dans quelque siècle qu'il les fasse vivre et en quelque pays qu'ils habitent. Mais s'il y a une preuve éclatante de la force que donne au talent la vérité avec soi-même et avec les autres, c'est que dans cet alliage philosophique, si choquant sous le point de vue de la vraisemblance locale, Voltaire est plus poète, et poète plus nouveau, que dans toutes les parties où il se conforme plus aux idées et au ton consacrés dans la tragédie. Le sentiment désagréable que nous cause cet alliage prouve une autre vérité, également incontestable, à savoir que c'est d'ordinaire par les choses qui ont le plus fait la vogue contemporaine d'un ouvrage que sa gloire est compromise dans les âges suivants, et que les parterres cassent successivement ce que leurs devanciers ont admiré.

Ce caractère général du théâtre de Voltaire explique l'infériorité de son style comparé à tout celui de Racine et aux beaux endroits de celui de Corneille, et cet affaiblissement général de la poésie dramatique, après l'ère à jamais glorieuse des Corneille, des Racine, des Molière. En effet, sauf ces morceaux de style philosophique que j'ai signalés plus haut où Voltaire me paraît parler une langue dont l'expression lui appartient en propre, et sauf une infinité d'aussi beaux vers que les beaux vers isolés de Corneille et de Racine, le tissu du style est moins serré, moins ferme, dans le théâtre de Voltaire que dans celui de ses devanciers. C'est l'inconvénient de toute poésie écrite pour l'effet de la déclamation théâtrale, et pour aller à l'âme par le chemin des nerfs, poésie imprégnée de toutes les locutions passionnées d'une époque, aspirant plus au succès immédiat qu'à la gloire lointaine et souvent posthume de l'art; donnant plus à l'imagination qu'à la raison dans les choses de cœur et d'esprit, et s'employant à peindre dans les personnages les emportements de leur situation particulière plutôt que les profondeurs et la naïveté de leur état habituel, et les sentiments éclatants que les traits sentis; c'est, dis-je, l'inconvénient d'une telle poésie, d'être plus brillante que ferme, plus spirituelle que naïve, plus animée que pénétrante, et d'avoir beaucoup de traits incisifs sur un fond pâle et lâche, plutôt qu'une suite et en quelque sorte un corps de style nerveux, précis, contenu et abondant, tel que nous paraît être le style poétique du dix-septième siècle, et en particulier l'incomparable poésie de Racine. Il y a un nombre immense de beaux vers dans le théâtre de Voltaire; il n'y a pas un style. Si l'on faisait l'addition des beaux vers, de ces vers cités ou à citer dans les prosodies, qu'offrent le théâtre de Racine et celui de Voltaire, le total serait peut-être à l'avantage de Voltaire. Et pourtant il ne faut pas comparer sérieusement le style de l'un au style de l'autre. Voltaire écrit, et Racine grave; celui-ci invente, celui-là se souvient.

Et c'est ici qu'il convient de tenir compte à Voltaire, comme circonstance atténuante, d'un désavantage qui n'a pas été suffisamment compensé, à ce que je crois, par une plus grande perfection des moyens de produire des effets au théâtre : ce désavantage, c'est que Voltaire venait après Corneille, Racine, même après Quinault, qui sut faire parler des amants dans des vers naturels, tendres, enflammés, et dans un style précis, auquel Boileau ne rendit pas toute justice, parce qu'à ses yeux austères le genre déshonorait les qualités de l'exécution. Il y avait bien d'autres causes encore d'infériorité et de décadence. Il y avait le manque de conscience, la facilité et la promptitude introduites dans l'art le plus difficile et dans la langue la plus rebelle aux choses ébauchées; mille affaires d'amour-propre, ou d'un ordre plus sérieux; la double plume de prosateur et de poète, dont l'une devait énerver l'autre, si même il n'arrivait pas que leur concurrence empêchât leur perfection réciproque; une sorte de prostitution de l'art en face des querelles de vanité littéraire, des pièces faites sans inspiration et sans choix spontané ni réfléchi, mais pour lutter contre Crébillon et désespérer ses admirateurs. La tragédie devenant un objet d'émulation de collège entre deux hommes mûrs, et plus tard entre ces deux mêmes hommes devenus des vieillards, voilà ce qui ruinait l'art de la tragédie dans des mains qui en le perfectionnant par le côté théâtral auraient pu le soutenir par le côté de la forme et de l'expression.

Quand on compare à Voltaire, à cet immense génie, touchant à la fois à tous les points de la pensée, organe de toutes les passions de son époque, de tous les intérêts, de toutes les affections, de toutes les haines, de toutes les tendances, de tous les penchants, bons et mauvais, de toutes les oppositions, de tous les perfectionnements, de toutes les imaginations, de tous les esprits à la fois, à Voltaire faisant une vingtaine de tragédies noyées dans quatre-vingts volumes de prose, Racine, lequel n'écrivit entre ses tragédies que quelques lettres ou de l'historiographie officielle et destinée à l'oubli, ou une petite histoire intérieure de Port-Royal; Racine mettant d'une pièce à l'autre des lacunes de silence, de réflexions, d'études ou de prières, respectant son art autant que sa conscience et, vers la fin de sa carrière, l'approchant de plus en plus de Dieu comme pour l'épurer et le sanctifier; quand on compare à l'activité, à la pétulance, à l'immense déploiement de l'un, la majestueuse gravité, le calme, la concentration intérieure de l'autre, on n'explique que trop bien la décadence du théâtre et de la poésie dramatique dans les mains de Voltaire; mais on ne s'en console pas, car c'est une preuve que l'art ne périt que par les siens.

Jetons un voile sur les comédies de Voltaire. Il était trop malin pour être gai. Il était trop superficiel pour développer et approfondir un caractère comique et faire de la haute comédie, laquelle doit se passer d'appareil et de spectacle; il était trop peu dupe de lui-même et d'autrui pour peindre des dupes.

On n'a jamais cherché sérieusement une épopée dans La Henriade, dans cette histoire rimée du genre de La Pharsale, où le merveilleux est mêlé aux mémoires, où il y a des saints (des saints dans un ouvrage de Voltaire!) amalgamés avec des divinités païennes; où le ciel de Milton est expliqué avec les idées de Newton; où les archanges coudoient les amours, et le catholicisme l'attraction; où les personnages sont sans vie et sans couleur, et les portraits aiguisés à la manière de La Bruyère. Nul ne peut savoir, quoique beaucoup le disent, quelle a été la pensée d'Homère, de Virgile, de Dante, de Camoëns, de Milton. Mais ce qu'on peut dire avec certitude, et sans craindre la contradiction, c'est que dans tous ces poëtes on trouve de l'enthousiasme, une foi vive du poëte aux choses qu'il crée, de l'instinct, de l'élan, une admirable imagination. Rien de tout cela dans La Henriade. C'est l'œuvre de l'esprit et du goût. Des pensées de critique, de la philosophie métaphysique, non morale, de la discussion, des allusions et des attaques au fanatisme, de puériles violations de la vérité historique, pour satisfaire de petits ressentiments personnels de l'auteur, voilà qui n'est guère propre à nous laisser les fortes impressions que nous causent les batailles d'Homère, et ses caractères si vastes et si simples, la sensibilité si profonde et si perfectionnée de Virgile, la fougue de Camoëns et du Tasse, la tristesse sombre et la métaphysique ardente du Dante et de Milton. Quand le morceau est bien fait et a le ton épique, il est froid. Ce n'est qu'une recette appliquée à propos; ce n'est pas un élan d'enthousiasme ni un passage travaillé avec la religion de l'art. L'imagination même y est cherchée, discutée, accommodée par l'esprit. Le style de La Henriade, qui en est la meilleure partie, se sent de la froideur et du calcul des idées. C'est encore le style des tragédies de Voltaire, moins la chaleur et le mouvement du dialogue; beaucoup de redites; les mêmes mots revenant sans cesse; les batailles apprêtées comme les odes de Lamothe-Houdard; des vers très-communs et des vers très-spirituels, le pire des mélanges, en ce qu'il montre l'absence d'enthousiasme et beaucoup de paresse; voilà, sauf quelques morceaux achevés, le style de cet ouvrage, éminent toutefois, quoique les défauts y passent de beaucoup les qualités.

Mais lisez dans La Henriade, au chant septième, ces admirables vers sur le système du monde. Ici Voltaire est noble, ferme, abondant, périodique, coloré, lui qui dans les choses de poésie générale, dont les modèles existent déjà, est si souvent pâle, inégal, sec, plein de chutes. Ici il peint comme il sent; il a de l'enthousiasme pour cette grande vérité de l'attraction, nouvellement donnée au monde par Newton, et qu'il va bientôt populariser en France et en Europe. C'est la poésie de cette philosophie qui pour des idées nouvelles trouvait dans la langue consacrée tous les mots dont elle avait besoin. Il n'y a rien dans ces vers si neufs qui ne soit conforme à la tradition. Pascal, Descartes, Malebranche, avaient créé le vocabulaire de la poésie philosophique de Voltaire. C'étaient les mêmes mots appliqués à d'autres idées : la langue des erreurs de Descartes servait à exprimer les vérités découvertes par Newton.

Il faut rapporter à ce genre de poésie tous les poëmes philosophiques de Voltaire, qui ont toutes les beautés que peuvent inspirer une morale sans religion et une métaphysique sans croyances; hantés d'un ordre inférieur, qui satisfont l'esprit, mais n'élèvent point l'âme; qui instruisent, mais ne remuent pas; qui vous rendent plus habile et plus assuré dans la vie, mais non meilleur. Le style de ces poëmes est ferme, précis, harmonieux; mais il y manque l'abondance et la tendresse, et la poésie ne colore pas toujours des idées qui sont en quelque manière la négation de la poésie. Le vers alexandrin était peut-être trop vaste pour ces idées; il a besoin de richesse, et la richesse n'est pas toujours compatible avec la clarté et la précision qui lui sont nécessaires. Voltaire devait donc être amené naturellement au vers de dix syllabes, plus court, plus vif, moins sévère pour la rime, plus facile, plus propre à rendre des idées spirituelles, et où la personnalité du poëte, qui éclate dans tous ses ouvrages, donne de choquer, loin de choquer, est un charme de plus. *Le Mondain*, *Le Pauvre diable*, sont un franc retour à l'esprit français, à Marot, à Villon, dont Voltaire était le successeur, selon le mot de Chaulieu. Mais ce n'était plus là de la haute poésie.

Le dix-huitième siècle n'en devait plus avoir. Tout autour de Voltaire, qui avait donné l'exemple de toutes les négligences, l'art des vers allait s'affaiblissant. Gresset, Destouches, Piron, dans des comédies où la nature est oubliée, où les caractères sont des abstractions personnifiées, soutenaient pourtant la poésie de la comédie, et y montraient toutes les beautés données au talent; mais ce n'était pas assez d'être de l'école des bonnes pièces de Regnard, dans un pays qui avait connu Molière. La langue de la tragédie périssait sans ressource dans les mains de Crébillon, de Guymond de La Touche, de Lagrange Chancel, de Du Belloy, de Lefranc de Pompignan, lequel ne relevait pas l'ode par quelques belles strophes sur la mort du seul lyrique du dix-septième siècle. La *Pétréide* de Thomas, les fadeurs de Dorat, quelques beaux vers du pauvre Gilbert, les pâles et correctes rimes de Malfilâtre, et plus tard la sauvage et inculte énergie de Ducis, ne ranimèrent pas la muse française, à laquelle Delille inocula vainement l'harmonie, les grâces, la sensibilité, l'inimitable perfection des *Géorgiques* de Virgile, qu'il se hâta d'ailleurs de désavouer par la faible et lâche paraphrase de l'*Énéide*. Delille, Gilbert, Ducis, Marie Chénier, qui a fait dans *Tibère* une belle imitation de Tacite; André Chénier, tout parfumé du miel de l'Hymette, jeune poëte auquel on a fait le tort de le mal admirer; Roucher, son ami, formaient, avec des pensées et des manières diverses, une sorte d'école de réaction contre la poésie dégénérée du dix-huitième siècle; ils révéraient la poésie du dix-septième siècle, mais ils ne purent s'élever jusqu'à elle.

Notre siècle a vu de belles facultés poétiques, de grandes imaginations, de merveilleux talents d'expression; plus de poëtes que de poëmes supérieurs, plus de talents que d'œuvres. Nous avons lu depuis vingt ans un nombre immense de beaux vers; mais avons-nous lu un bel ouvrage? S'il est vrai que les imperfections brillantes de la poésie du dix-neuvième siècle, ses hardiesses heureuses, ses grandes beautés descriptives, l'abondance infinie de ses nuances, et enfin quelques morceaux supérieurs dans l'ode, dans la chanson lyrique, dans l'élégie, qui a échangé son vieux nom contre celui de *méditation*, sont un réveil et même un progrès, au égard à la pâle et prosaïque versification du dix-huitième siècle, peut-on dire que, comparée aux monuments du dix-septième siècle, cette poésie ne soit pas un art dégénéré? Il n'y a pas de symptôme plus trompeur de la décadence que le nombre infini des beaux vers. Les poésies périssent par les beaux vers. Il y en a moins dans Virgile que dans Lucain et Stace réunis. Les décadences sont chargées de beautés de détail. C'est un édifice lézardé et tombant en ruines qui voile ses rides sous des guirlandes de fleurs.

L'histoire de la poésie au dix-huitième siècle, c'est l'histoire d'une longue décadence suspendue plutôt que terminée par une résurrection incomplète. L'histoire de la prose, au contraire, c'est l'histoire d'une nouvelle et glorieuse application des théories de langage du dix-septième siècle. Les idées ont changé, l'art s'est soutenu. Il y eut, à proprement parler, deux littératures en prose au dix-huitième siècle, l'une militante, polémique, passionnée; l'autre reposée, calme, spéculative, désintéressée. Dans la première, l'art dut se réduire souvent au choix, pour ainsi dire spontané, des moyens de communication et de propagation les plus actifs entre l'écrivain et le lecteur; dans la seconde, l'art conserva toute la grandeur qu'il avait eue au dix-septième siècle, et continua d'être la théorie des procédés de composition et de style les plus propres à donner une expression durable à des vérités de tous les temps. Quatre grands noms représentent cette double littérature, noms également quoique diversement immortels : Voltaire et Rousseau la prose polémique, Montesquieu et Buffon la prose spéculative.

Voltaire, c'est le dix-huitième siècle, franc, sincère, ardent, débordé; Rousseau, c'est un immense orgueil individuel combattant le siècle au nom des propres idées du siècle. Toutes les passions de l'époque, toutes ses idées, toutes ses haines, toutes ses espérances, le bien, le mal, le bien plus grand que le mal, tout cela eut un incomparable organe dans Voltaire. Sa prose est une épée; elle brille, elle siffle, elle pousse en avant, elle tue. Dans Voltaire, toutes les idées sont des impressions reçues de son époque qui tombent dans une imagination vive, qui s'y fécondent, s'y développent, s'y agrandissent et en sortent sous les formes les plus variées et les plus piquantes, éclaircies, popularisées, en sorte que ce grand homme paraît toujours donner ce qu'il ne fait que rendre. Son siècle et sa nation, qui paraissent menés par lui, le mènent en réalité, et il ne commande qu'à la condition de suivre. J.-J. Rousseau paraît regimber contre cette force qui entraîne Voltaire; mais il ne résiste au siècle qu'en exagérant toutes ses passions réformatrices. Rousseau veut imposer ses opinions à ses contemporains; mais ces opinions ne sont que la charge des leurs. Le dix-huitième siècle faisait la guerre aux institutions sociales; Rousseau n'en veut nulle part. Le dix-huitième siècle avait imaginé une religion sociale, noble, féconde en conséquences infinies, la religion de l'humanité; Rousseau nie l'humanité jusqu'à haïr l'homme, qu'il accuse de l'avoir pervertie, et ce que son siècle veut améliorer, il le veut approcher de Dieu. Le dix-huitième siècle demandait la participation des classes éclairées au gouvernement de la nation; J.-J. Rousseau demande le suffrage universel. Le dix-huitième siècle déclarait la guerre à la religion catholique, mais par des allusions, sous des noms étrangers comme avait fait Montesquieu dans les *Lettres persanes*, et Voltaire lui-même, dans le *Poëme de la loi naturelle*; J.-J. Rousseau se prend corps à corps avec elle, et sous des formes respectueuses, sans railleries, sans allusions, il nomme les gens qu'il attaque, et proclame dans la *Profession de foi du vicaire savoyard* l'utilité morale de la croyance en Dieu, et l'inutilité de la révélation. Toutes les querelles de Rousseau avec son siècle sont d'éclatants hommages rendus aux choses mêmes qu'il combat. Il est choqué de la puissance des écrivains, et il l'attaque avec l'art des grands écrivains, fortifiant par ses propres exemples ce qu'il veut détruire par ses idées. Il prend une passion de son époque pour en combattre une autre, et voilà pourquoi il est si populaire, tout en faisant la guerre à tout ce qui a de la popularité.

Sous le rapport de l'art, les ouvrages de Voltaire et de J.-J. Rousseau ont eu et partagent avoir la destinée de tout les livres où la part de la polémique, c'est-à-dire des idées contingentes, est plus forte que la part des vérités durables. La polémique, pour le dire à l'occasion, a enseveli de magnifiques monuments de langage. Une partie de Port-Royal, les plus beaux livres de Bossuet peut-être, ceux où Fénelon mêle à son inaltérable douceur, à l'harmonie antique de son style, la vigueur et le laconisme de son illustre rival, ont péri par le sujet, car j'appelle périr pour un livre, se retirer des mains de tout le monde pour ne rester que dans celles des érudits ; c'est de la langue sans emploi, qui attend de nouvelles idées ; c'est un magnifique garde-meubles de langage pour d'autres applications que réserve l'avenir. Au dix-huitième siècle, la destinée des livres de polémique est la même. Une partie de Voltaire, dont l'œuvre emplit une bibliothèque, une partie de Rousseau, presque tout Diderot et l'*Encyclopédie*, ne sont plus qu'un vaste matériel de formes refroidies et éteintes, d'où la vie s'est retirée, le jour où les idées qui faisaient cette vie ont péri, soit par leur propre victoire, soit par leur fausseté dissimulée d'abord sous leur éclat passager. Outre ces parties entièrement mortes dans Voltaire et Rousseau, beaucoup de choses même qui n'ont pas cessé d'être vraies ont vieilli par certains côtés, et par ce mélange de la passion polémique personnelle, qui se fait une petite place dans les pages même les plus désintéressées et en apparence les plus contemplatives. Ce sont comme des taches cadavéreuses sur un beau visage. Mais ce qui a survécu et ce qui vivra aussi longtemps que la langue française, ce sont, dans la polémique même, certaines vérités d'expérience et d'acquisition longue et insensible, qui ne pouvaient s'établir dans les esprits et passer dans l'application qu'après une certaine lutte ; ces idées de tolérance, de justice, d'égalité, de dignité humaine, dernières conséquences de la religion chrétienne amenées et précipitées par ceux même qui la niaient ; ce sont, dans la science, les théories de Newton, les grandes spéculations de Leibnitz ; dans la jurisprudence, les réformes de Beccaria ; toutes choses qui, traduites et propagées par la plume de Voltaire ou de Rousseau, de propres à un pays particulier et à un homme, devenaient européennes et formaient peu à peu l'esprit du monde moderne. Ce sont surtout, dans Rousseau plus que dans Voltaire, et plus spécialement dans le premier, plus indirectement dans le second, cette partie de vérités éternelles ou de spéculations supérieures sur Dieu et sur l'homme, sur les caractères, sur tout ce qui est de tous les temps et n'est pas plus particulier au monde moderne qu'au monde ancien, mais commun à tous deux ; ce sont ces notions sur la nature constante de l'homme, laquelle dans cette constance même offre tant de variétés et de nuances, et n'a encore été épuisée par tant de littératures et de grands hommes. Voilà ce qui vit, et d'une vie immortelle, dans Voltaire et dans Rousseau ; voilà d'où leur est venu, outre la source mystérieuse du génie, ce style très-différent de celui du dix-septième siècle, mais qui n'a pas dégénéré de ses belles traditions, cette richesse qui n'a pas encore passé de la pensée dans les mots, et cette vivacité, cette liberté, cette courte allure, inconnues au dix-septième siècle, fruits naturels d'un changement qui avait fait de l'écrivain un homme de polémique et de la plume un glaive.

Mais comme si, dans les langues arrivées à leur point de perfection, les acquisitions nouvelles ne se pouvaient faire qu'au prix de quelques pertes, la langue de ces grands hommes, en devenant un instrument d'action immédiate sur les esprits, en se dégageant, en s'accourcissant pour être plus propre à la lutte, ne perdait-elle pas un peu de cette ampleur, de cette majesté, de ces couleurs profondément empreintes comme celles des vieux tableaux, que Pascal, Bossuet, Fénelon, La Bruyère, Saint-Simon, là où Saint-Simon est assez correct pour être littéraire, avaient données à leur style ? La facilité, la pureté, le mouvement, l'incomparable élégance de Voltaire, nous dédommagent-elles toujours de la pâleur des expressions, lesquelles sont toujours justes, mais non pas toujours les plus fortes ? Rousseau, outre toutes les exagérations de la polémique, quoique plus coloré et plus périodique que Voltaire, n'est-il pas çà et là recherché et déclamatoire ? N'est-on pas fatigué dans l'un et dans l'autre de l'excès même de cette qualité en quoi consiste surtout la transformation du style du dix-septième siècle, c'est-à-dire de cette vivacité, de cette brièveté de la phrase, si mordantes par moment, si fatigantes à la longue, quand elles forment comme le corps du discours, et qu'elles donnent au style je ne sais quelle pétulance peu favorable au recueillement qui doit être l'état ordinaire du lecteur.

Je chercherais donc volontiers les plus grands exemples du style du dix-septième siècle, ceux où la nouveauté et la tradition se mêlent, se tempèrent et se fondent le plus complétement, dans deux écrivains qui nous ont peut-être moins remués, moins transportés, moins amusés que Voltaire et Rousseau, mais qui nous paraissent, sauf les défauts propres à tous les ouvrages de l'homme, avoir eu plus que ces deux écrivains le secret de la grande langue française. Nous voulons parler de Montesquieu et de Buffon, les deux hommes qui ont le plus pensé et le plus écrit dans le dix-huitième siècle pour augmenter la somme des vérités générales, nécessaires et éternelles. En dehors du mouvement et des passions de la littérature militante, ces deux grands représentants de l'art désintéressé semblent écrire, comme au dix-septième siècle, pour fonder dans leur pays d'impérissables monuments de beau langage. Tous deux sont préparés à ce rôle par toutes les convenances naturelles et sociales qui favorisent et soutiennent le génie dans cette direction privilégiée, par une imagination vive et sage, par une raison élevée et libre, par une position indépendante et sagement ménagée qui leur permet de compter avec le temps, de laisser venir l'expérience et d'attendre la renommée.

Président à mortier au parlement de Bordeaux, et quelque temps après académicien de la même ville ; Montesquieu partage son temps entre les devoirs de sa charge, ses travaux de cabinet et la société des beaux esprits de sa province, ne se pressant à rien, s'occupant un peu de tout, de droit, de littérature, de sciences et d'art, laissant sa belle intelligence s'agrandir et se développer sans effort dans la douce activité de la vie provinciale. En 1721 il fait paraître les *Lettres persanes* et *Le Temple de Gnide*, est reçu en 1728 membre de l'Académie Française ; et comme s'il eût attendu des marques d'intérêt que le public lui-même l'y eût poussé par ses suffrages, il se décide à vendre sa charge de président et à se donner l'indépendance entière, ayant déjà la richesse et la renommée. Maître de son temps et de sa personne, plein de son grand projet de l'*Esprit des Lois*, libre de tout engagement de parti et de coterie, Montesquieu quitte la France en 1729, passe quatre années, les plus belles et les plus profitables de sa vie, à voyager, visite les principaux États de l'Europe, en étudie les constitutions avec la curiosité et l'impartialité des législateurs anciens, et revient, l'esprit rempli de faits, d'observations positives et de vérités d'expérience, méditer dans sa terre de La Brède, sur le grand spectacle des sociétés humaines, imparfaites et ruineuses comme les individus dont elles se composent, mais assurées de vivre et de subsister par la force des rapports qui les unissent et les soutiennent. En 1734 il donne le petit livre *De la Grandeur et la décadence* ; enfin, encouragé par ses amis, *il ramasse ses forces*, comme dit D'Alembert, et donne l'*Esprit des Lois*.

Le style de l'*Esprit des Lois* répondait à la grandeur et à l'impartialité des idées. Outre les qualités supérieures qui lui sont communes avec celui des grands maîtres du dix-septième siècle, ce style a un caractère propre à l'homme, et peut-être aux esprits excellents du sud du pays de Montesquieu et de Montaigne : c'est qu'il est marqué partout de deux qualités qui semblent s'exclure, d'une imagination brillante, vive, poétique, amoureuse de l'emphase et de l'appareil oratoire, d'origine un peu *bordelaise*, et d'une raison dédaigneuse des accessoires, sévère, parfois sèche, plus occupée d'instruire que de plaire. La même imagination qui a peint les gracieux tableaux du *Temple de Gnide* a répandu de ses couleurs sur le style froid et rassis de l'*Esprit des Lois* : elles y sont moins apparentes, à cause de la solidité du fond, qui nous rend moins curieux des beautés de la forme; mais pour peu qu'on veuille s'arrêter à l'expression, on est frappé de tout ce qu'il y a d'audace et d'invention proprement dite dans ce style plein et serré, où les faits viennent se réduire en autant d'idées équivalentes, en autant de généralités et d'abstractions colorées. Entre ces deux qualités si supérieures, et qui cherchent d'ordinaire à empiéter l'une sur l'autre, la gloire de Montesquieu est de tenir d'une main toujours ferme l'équilibre. Au reste, même dans les choses de pure imagination, sous ces fleurs de poésie et de grâce antiques qui en recouvrent l'art fort et facile, il y a une raison consommée et comme un certain effort soutenu de cette raison pour empêcher l'imagination de déborder. De là peut-être quelque chose de roide et de tendu dans la manière de Montesquieu, comme s'il se fatiguait pour réduire son imagination au naturel et à la vraie grandeur. Montesquieu, homme du pays de Montaigne, est peut-être l'écrivain qui a été le plus et le plus longtemps tourmenté par son imagination, bien qu'il eût apaisé dès la jeunesse, par la méditation et les études profondes, cette première flamme qui dévore le génie impatient. Mais même dans l'âge mûr il n'avait pas tellement soumis au goût la muse bordelaise qu'il ne lui résistât quelquefois encore, aimant mieux se roidir que se relâcher. C'est ainsi qu'il put s'arrêter à cette belle et mâle éloquence de l'imagination et de la raison, sœur de celle de Bossuet, mais dans un ordre d'idées plus désintéressées et plus spéciales, et avec une physionomie très-distincte, quoique trahissant la même famille.

Buffon, avec une imagination aussi richement douée que celle de Montesquieu, et plus libre dans ses créations, dont l'inépuisable matière lui est fournie par Dieu lui-même et par la nature, avec une raison aussi élevée, et peut-être plus sûre encore, que le siècle n'a pas même touchée de son souffle et *détournée* un seul instant de la *contemplation*, avec un goût plein de force et de luxe, de pureté et d'abandon, qui est celui-là même que la nature a mis dans ses ouvrages, Buffon, tel que les traditions de Montbard nous le représentent, retiré dans sa belle terre, s'enfermant dans un petit pavillon de son château que le soleil inondait de lumière, et se parant avec recherche pour écrire les pages les plus éloquentes, les plus claires et les plus posées de la langue française, Buffon nous fait l'effet d'un saint prêtre de l'art qui en conserve et en continue les traditions immortelles, qui veille au dépôt des formes impérissables du langage, qui sauve de l'homme ce qui survit à l'homme, à sa science imparfaite ou paradoxale, à ses théories contestables, à ses opinions éternellement sujettes à revision, à savoir le *style*.

Le *style*, dans la plus large acception du mot, c'est-à-dire avec toutes les conditions qui en font un corps et un ensemble durable et indestructible, le style, considéré pardessus tout comme instrument de communication entre l'écrivain et la postérité, le style à son plus haut degré de force, de justesse, de magnificence et de lumière, ce fut là le principal objet des études et des méditations de Buffon et comme la religion de sa vie entière. Il fit porter tout l'effort de son génie sur cette partie de l'art, qu'il proclamait, dans son *Discours de réception à l'Académie*, la seule immortelle; et comme s'il eût été continuellement soutenu par cette sorte de préoccupation de sa propre immortalité, il n'abandonna jamais une pensée avant d'avoir trouvé pour la rendre l'expression la plus juste et la plus noble, le tour le plus naturel et le plus clair, la forme, ainsi qu'il disait des œuvres de Dieu, *la plus prononcée*. Buffon est parmi les prosateurs français le dernier de ces grands ouvriers de style qui firent la langue littéraire du dix-septième siècle, et qui en lui imprimant le caractère particulier de leur propre génie fixèrent en même temps, pour l'enseignement des écrivains à venir, ses caractères généraux, ses lois et ses convenances.

Le *Discours sur le style*, prononcé en 1753, et qui a servi depuis d'introduction aux œuvres de Buffon, n'est point un simple discours d'apparat et de séance académique; c'est tout l'exposé des principes, toute la théorie de l'art du dix-septième siècle, reprise et développée dans un magnifique langage, par le seul écrivain du dix-huitième siècle qui eût le temps, la capacité et la conscience de la mettre en pratique. Rapproché du style et de la manière des écrivains en vogue du dix-huitième siècle, le *Discours sur le style* a toute l'importance sinon d'un manifeste littéraire proprement dit, au moins d'une critique supérieure dirigée contre le relâchement général de la méthode. En effet, la langue, bien qu'elle fût maniée avec génie, souplesse et vigueur par les écrivains du premier ordre, avec talent et esprit par les écrivains secondaires, s'énervait en devenant un instrument de polémique presque quotidienne. Buffon vint, avec sa grande imagination, avec son religieux amour de l'art, avec sa méthode large et compréhensive, rendre au style du corps et de l'ampleur, aux idées de la marge et de l'espace, à la période du développement et de l'aisance, agrandit le champ de la démonstration, multiplia à l'infini les combinaisons et les artifices du langage, dépensa dans le même sujet tous les trésors de la langue, et produisit la clarté dans l'abondance et dans la profondeur.

Buffon s'était fait de l'importance du style en lui-même, de l'excellence de la forme, des difficultés sans nombre de la pratique, de la force et de l'efficacité de la méthode, une idée telle qu'il n'y avait qu'un esprit aussi puissant et aussi maître de lui qui pût n'être pas accablé par sa propre théorie. Son imagination et son sujet firent sa force et le soutinrent dans la tâche qu'il s'était imposée, à savoir d'atteindre au plus haut point de perfection idéale dans la description de la nature matérielle, de faire durer par le style et par la beauté de la forme des systèmes sujets à cassation et des théories changeantes et périssables, enfin de subordonner toutes les qualités du style à la plus grande de toutes en France, la clarté.

L'imagination de Buffon, opérant sur le fonds inépuisable de la nature, sur des faits toujours présents, sur des images toujours nettes et sensibles, et n'ayant à chercher l'idéal que dans l'imitation exacte et passionnée du réel, devait se créer un style aussi riche, aussi copieux, aussi varié que les faits, aussi coloré que les images, un style paré de ce *resplendissant manteau de gloire* dont il dit que le Créateur a revêtu la surface de la terre. L'éloge n'est pas exagéré. Il y a dans Buffon, aux endroits surtout où il parle en général et de l'homme, des pages écrites d'un ton si majestueux, avec une raison si élevée, si ferme, et pourtant si bienveillante pour l'homme, avec un si pompeux appareil de toutes les forces du discours, avec tant d'inspiration et de mesure, qu'elles nous donnent l'idée d'un rayon direct, d'un abrégé de la sagesse divine, laquelle a répandu à profusion sur des plans infinis, et dans des proportions que la pensée ne peut embrasser, cette magnificence et cet ordre que nous admirons dans l'historien de ses œuvres.

Buffon, par le *style* qu'il a pratiqué, l'on peut dire dans son universalité, et dont il a été le théoricien le plus habile et le plus profond, représente donc au dix-huitième siècle l'*art* dans ses résultats les plus élevés et dans ses procédés les plus parfaits. Buffon est, pour parler sa langue, l'*homme du style* au dix-huitième siècle, si le style est l'art d'exprimer de grandes pensées dans un langage original et traditionnel, propre à l'écrivain et fidèle au génie de la langue nationale; si c'est l'application à la fois la plus naïve et la plus savante des qualités de cette langue, qualités devant lesquelles l'écrivain abaisse ce qu'on a appelé de nos jours sa *spontanéité*, qualités qui demeurent en lui après lui et avec lui, quand il les a mêlées à sa propre substance, qui demeurent et durent après lui et sans lui, quand il a mieux aimé son génie que le génie de sa langue maternelle.

L'histoire de la littérature française n'est pas nécessairement l'histoire de toutes les idées qui ont été exprimées et répandues en France par tous les écrivains : ce doit être l'histoire de ce qui a survécu plutôt que de ce qui a péri. Parmi toutes les idées qui ont été remuées depuis trois siècles, un nombre immense, après avoir bouillonné à la surface de la société, est rentré dans l'oubli ; une portion seulement a conservé de la vie, et, par une harmonie qui se remarque invariablement à toutes les grandes époques de l'histoire de l'esprit, ces idées, durables par elles-mêmes, ont comme rencontré naturellement les formes de langage les plus parfaites, et leur ont communiqué la vie et la durée qu'elles avaient en elles. Au contraire, il semble que les idées qui devaient périr aient été habillées à la hâte de formes fragiles comme elles, et qui sont mortes le même jour. Cela est vrai d'un très-grand nombre d'écrivains et d'écrits du dix-huitième siècle ; cela est vrai de tous ces hommes de polémique et de combat, ouvriers secondaires dans le grand et fécond travail de destruction auquel présida Voltaire, écrivains qui n'avaient pas reçu du ciel cette portion supérieure du génie par laquelle on mêle à des choses de polémique passagère des vérités éternelles, et aux formes plus ou moins factices que revêtent les premières les formes immortelles qui fixent à jamais les secondes, hommes éminents toutefois, mais qui ont péri corps et biens le jour où les mille idées de détails qu'ils avaient jetées pêle-mêle dans la bataille, sans choix et sans art, se sont transformées en idées générales, en lois, en événements, qui ont illustré d'autres hommes, glorieux moissonneurs de ce qui avait été semé par leurs devanciers. Qu'est-ce que le travail de l'*Encyclopédie* auprès du travail de la Constituante, et qu'est-ce que Diderot ou D'Alembert auprès de Mirabeau ?

Ce n'étaient cependant pas des hommes médiocres que D'Alembert, Diderot, Mably, Condillac, Maupertuis et d'autres, qui ne sont plus lus aujourd'hui qu'à titre de documents, ou seulement pour la partie secrète et scandaleuse de leurs mémoires. Toutefois, le nom de leur ouvrage collectif est resté grand ; mais on l'admire comme un fait, non comme un livre ; on l'apprécie politiquement, non point littérairement : sa place est dans l'histoire de la société française plutôt que dans l'histoire de la littérature. C'est que tout y a été exagéré pour les besoins du moment ; c'est que toutes les opinions , toutes les vérités dès longtemps acquises au genre humain, toutes les idées éprouvées et toutes les idées à éprouver, le certain et l'incertain, ce qui sera toujours contestable et ce qui dès ce temps-là avait cessé de l'être ; toute chose, enfin, soit de l'homme pris isolément, soit de l'homme pris en société, y a été marquée de cet esprit particulier de destruction, grand et nécessaire, comme le seul instrument de principe de renouvellement, mais dont le propre est de ruiner le langage dont il s'aide dans la lutte. C'est ainsi que la métaphysique, pour éviter tout contact avec la religion, se réduisit à la sensation ; c'est ainsi que le sentiment religieux, pour ne point ressembler au culte constitué et dogmatique, recula jusqu'au déisme des païens qui avaient cessé de croire au paganisme ; c'est ainsi que le langage, pour s'approprier à l'homme ainsi matérialisé, dut être une sorte d'algèbre, sans couleur et sans nuances, où les signes n'étaient plus que des valeurs mathématiques ; c'est ainsi que la poésie fut niée ; c'est ainsi que, dans la morale, la raison dut entrer en composition avec le tempérament, et que le corps mena l'esprit où il voulut et comme il voulut. Toutes les idées de l'*Encyclopédie*, semblables à des leviers, qui ont d'autant plus de force qu'ils sont plus longs, se plaçaient, à l'égard des idées qu'elles voulaient détruire, au pôle opposé, afin de les soulever de plus loin et de les déraciner plus vite. Mais l'art ne pouvait pas être et n'est jamais dans l'exagéré et l'extrême.

Il semble qu'à cette époque l'affaiblissement de l'art ait été en raison directe de l'importance sociale des écrivains. Au dix-septième siècle les écrivains ne sont rien en dehors de leur art, si ce n'est peut-être courtisans assez maladroits, avec beaucoup moins de considération que les courtisans de naissance. S'il est vrai qu'ils dominent la société par l'esprit, cette domination, à peine sensible, qui ne se manifeste par aucun triomphe extérieur, que le public même qui la subit ne s'avoue peut-être pas, qui ne fait ni ne défait rien, qui cause moins de dérangement dans l'État que le regard d'une maîtresse royale, cette domination ne les enivre pas. Au dix-huitième siècle la condition des écrivains a changé : les rois, dont ils n'avaient que le dernier regard, après tous les courtisans, après les ducs, les pairs, les grands officiers, les dames du tabouret, les rois se font leurs flatteurs et leurs correspondants. Ils les appellent à leur cour pour fonder des académies ; la royauté matérielle semble reconnaître la royauté de l'esprit ; et comme on voit des princes puissants qui recherchent la gloire des vers, on voit des écrivains qui prétendent à diriger les princes. J'aime à voir ces grands esprits, si humbles au dix-septième siècle, lever la tête au dix-huitième, et avoir des rois pour courtisans ; mais l'intelligence de l'écrivain restera-t-elle assez libre, au milieu de ces fumées de gloire, pour la contemplation des vérités qui font durer les livres ? Outre la part de troubles intérieurs , de souffrances d'esprit et de corps, de misères inévitables, qui agitent l'homme dans le coin que lui a fait une société à classes et à compartiments, l'écrivain du dix-huitième siècle est travaillé d'une agitation inconnue ; il sent vaguement que l'esprit doit être le maître dans les faits, comme il l'est dans les idées, que c'est peut-être pour conjurer la puissance de l'esprit, qui approche, et dont l'heure va bientôt sonner, que les rois recherchent les écrivains et se font écrivains eux-mêmes, afin de protéger leur pouvoir par leur esprit ; il est exaspéré par le malaise de cette contradiction qui lui offre une société où la puissance morale est d'un côté et la puissance matérielle de l'autre. De là ce désordre, effet de l'ivresse, qui marque la plupart des écrits du dix-huitième siècle ; de là cette incroyable licence , je devrais dire ce libertinage des idées, se passant d'elles-mêmes au bruit des institutions qu'elles détruisent, ruinant tout, méprisant tout, doutant de tout, sauf de leur puissance ; de là tant de livres insensés, où la liberté de tout dire est poussée jusqu'au délire ; de là des ouvrages comme l'*Histoire philosophique des deux Indes*, de l'abbé Raynal, qui paraissait vers le même temps où se pâmait d'aise aux vers de Dorat et aux sales peintures allégoriques de Boucher.

Le type le plus original de cette ivresse d'idées, de cette puissance et, si je puis résumer ma pensée par un mot, de ce déclassement de l'écrivain, qui fut si utile et si nécessaire au point de vue social, mais si funeste à l'art, c'est Beaumarchais. Beaumarchais, c'est l'écrivain hors de sa condition, devenu homme d'affaires, commerçant, diplomate, fournisseur, faisant de cet art où se consumait la vie des écrivains du dix-septième siècle, tantôt un délassement, tantôt un moyen dans les affaires, et disant de son théâtre : « Après le travail forcé des affaires, chacun suit son attrait dans ses amusements : l'un chasse, l'autre boit, celui-là joue, et moi, qui n'ai aucun de ces goûts, je broche une pièce de théâtre. » Pour sa puissance, Voltaire eût pu la lui envier. Il fit jouer son *Figaro* malgré Louis XVI. Il y avait donc deux rois déjà en France, même avant Mirabeau. Beaumarchais rallia toute la bourgeoisie à sa querelle contre Goezman, ou plutôt contre le parlement Maupou, et des princes du sang se firent inscrire à sa porte quand il fut condamné. Il fut le premier qui osa substituer à la guerre par allusions générales, où s'étaient renfermés les encyclopédistes, que la prudence encore nécessaire, une guerre personnelle, une guerre ouverte à un corps puissant.

Quelle éloquence, quelle verve dans ces fameux mémoires où il fait la comédie de son aventure, où l'irritation du plaideur lésé dans sa fortune et son honneur n'ôte rien à la justesse de l'observateur ni à l'art du dramaturge ; où il peint ses adversaires avec l'impartialité de l'auteur comique, tout en les avilissant avec la colère de l'homme offensé ? Mais quand on lit ce chef-d'œuvre, on est inquiet pour la raison

46.

de l'homme auquel il est permis de triompher ainsi; on craint que la puissance ne le rende fou, et que Figaro, devenu maître, ne finisse en Almaviva. Il y a dans les *Mémoires* de Beaumarchais, et dans ce *Figaro*, joué malgré le roi, auquel applaudissaient tous les Almaviva du temps, à quelques années seulement de la nuit du 4 août, il y a je ne sais quelle fougue d'esprit et quelle fièvre d'idées qui présage une transformation prochaine de l'écrivain en homme d'action; l'État y gagnera sans doute, mais l'art n'y perdra-t-il pas? Tout cet esprit n'aura-t-il pas ses fumées? Cette langue de Figaro a-t-elle conservé le mâle enjouement et la sobriété de saillies de celle de Molière? Ces personnages-là n'ont-ils pas trop d'esprit, et ne vous semble-t-il pas entendre ces enfants de vieillards qui dès leur débile puberté ne disent rien d'ordinaire et n'ont que des mots précoces à la bouche? Est-ce donc une fatalité irrésistible, propre à notre société et à notre France, qu'au rebours des sociétés antiques, où l'écrivain supérieur n'est que l'homme d'action transmettant à la postérité ses expériences et ses combats, l'esprit n'ait chez nous de force et de grandeur durable que dans l'ordre, la discipline et la spécialité de l'écrivain? Les têtes françaises seraient-elles donc moins fortes que les têtes antiques, et serait-ce trop chez nous pour un seul homme de la réunion des deux puissances suprêmes, la puissance matérielle et la puissance morale?

Après l'*Encyclopédie*, après l'*Histoire philosophique des deux Indes*, même après les *Mémoires* de Beaumarchais, la prose française devait mourir de sécheresse philosophique. Deux sources d'idées et d'images, qui seules peuvent renouveler les littératures épuisées et remettre un peu de sang et de vie dans ces corps décharnés, Dieu et la nature, avaient disparu de ce monde, où régnait l'intelligence humaine, s'adorant elle-même, et réduisant tout son domaine aux seuls rapports de l'homme avec l'homme. Il semblait que toute la prose française se fît dans un salon éclairé aux flambeaux, dont aucune fenêtre ne regardait le ciel, et où une sorte de saison artificielle, uniforme et constante, remplaçait les saisons naturelles. Les hommes qui dissertaient sur les sources des richesses des nations, sur les importations et les exportations des grains, n'avaient jamais regardé ondoyer une moisson mûre ni *cheminer par les airs* la main qui répand les semences; ils n'avaient jamais rêvé à l'ombre des arbres, ni écouté les murmures du feuillage, ni senti ces douces émotions intérieures de la solitude, qui rafraîchissent l'âme fatiguée par les pensées du siècle. Ne dirait-on pas que toute cette prose, d'ailleurs si vive, si excitée, si fébrile, n'ait eu pour ciel que le plafond du baron d'Holbach et pour soleil que ses bougies? Sauf dans quelques pages majestueuses de Buffon et de Rousseau, Dieu et la nature avaient été exilés des livres : Dieu, c'était le philosophe émancipé; la nature, c'était l'esprit. Le sentiment, la beauté des formes, cette sorte de fleur de vie qui décore les pensées inspirées par la contemplation du monde extérieur, cette diversité des styles propres aux époques où les écrivains s'abreuvent aux trois grandes sources à la fois, Dieu, la nature, et l'homme, tout cela avait fait place à une métaphysique sans Dieu, au matérialisme sans la nature, à l'humanité sans la morale. Peut-être fallait-il qu'il en fût ainsi. Peut-être Dieu avait-il permis qu'on voilât un instant son image, si longtemps prostituée à défendre des abus et à consacrer des tyrannies. Mais ne nous faut pas que le côté social de l'œuvre de la philosophie nous trompe sur sa valeur littéraire; je dirais de cette prose qu'elle fut d'un grand hommes, mais qu'entre leurs mains l'utile tua le beau, et la polémique l'art.

Une réaction était imminente; elle devait faire rentrer dans la prose française Dieu et la nature. Quittant le terrain épuisé des rapports de l'homme en société à l'homme son associé, elle devait remonter à l'ordre supérieur des rapports de l'homme moral à l'homme son frère; elle devait nous rendre la description des grands phénomènes de la nature, remplacer la métaphysique par le sentiment religieux; et comme ce géant, fils de la terre, qui retrouvait des forces en touchant le sein de sa mère, transporter la littérature du sein des salons, où elle se desséchait de chaleur factice et d'ivresse de tête, au milieu des beaux paysages, sur le bord des mers, sur la lisière des grands bois, au sommet des montagnes, sur les eaux sans fond de l'Océan, pour lui rendre ses couleurs naturelles, son embonpoint et sa vie. Ce fut là la gloire d'un homme dont les événements ont emporté dans leur bruit la renommée modeste, mais profonde, et qui aujourd'hui reprend dans l'histoire de la prose française la place qu'il s'y était faite en silence, et par des influences secrètes et cachées. Cet homme, c'est Bernardin de Saint-Pierre.

Il avait trouvé dans la solitude le secret de cette direction nouvelle de la prose française. Enfant singulier par le besoin précoce d'être seul, par des fuites soudaines dans les bois, où les serviteurs de son père le trouvaient occupé à s'arranger une vie sauvage, plus tard voyageur, marin, naturaliste avec des goûts poétiques, botaniste avec la haine des herbiers, épris de Jean-Jacques Rousseau à cause de sa passion pour la solitude, écrivain tardif, à l'âge où les idées et l'expression appartiennent vraiment à l'homme, Bernardin de Saint-Pierre publiait en 1784, l'année où se jouait *Figaro*, les *Études de la Nature*, dont le titre seul donnait le sens de la réaction qu'il allait faire dans la littérature. Les savants se moquèrent de sa science; les philosophes lui en voulurent pour ses sentiments religieux; les beaux esprits bâillèrent à ses descriptions. Quatre ans après, le livre charmant de *Paul et Virginie*, lu dans un salon de Mme Necker, jetait dans la somnolence une partie de l'auditoire. Tel fut d'abord l'accueil que reçurent les livres de Bernardin de Saint-Pierre : c'était là leur gloire et la marque la plus éclatante de leur originalité; mais ce devait être aussi la cause de leurs défauts. Dans tout ce qu'il écrivit depuis, Bernardin de Saint-Pierre n'oublia ni les équivoques promesses de protection de D'Alembert, ni la lecture chez Mme Necker, ni Buffon faisant demander ses chevaux, et il exagéra ce qui avait déplu dans ses livres. Au lieu de rester religieux et naïf amant de la nature, il finit par s'en faire le philosophe.

En comparant ses idées sur Dieu et la nature avec celles de Buffon, on appréciera d'un même coup d'œil quelle en fut l'originalité et quel en fut l'excès. Buffon avait considéré la nature dans sa constitution et dans ses lois générales, dans les plus nécessaires de ses rapports et de ses convenances avec l'homme, dans ses effets sensibles et dans ses résultats patents plutôt que dans ses impénétrables mystères. La nature, qu'il a définie « le système des lois établies par le Créateur pour l'existence des choses et pour la succession des êtres, » lui paraissait se découvrir suffisamment à l'homme par les phénomènes sommaires de la vie, de la durée, de la destruction et de la reproduction; par les types primordiaux des êtres, par l'innombrable variété des formes, par les caprices infinis de la fécondité et par l'immortalité des principes organiques de la matière. Interprète hardi, mais nullement téméraire, des desseins de la Providence, il la trouvait suffisamment justifiée dans ses vues bienfaisantes par les deux lois qui perpétuent et renouvellent le monde, par les lois de la conservation et de la reproduction : remonter des effets apparents aux causes latentes, et se mêler d'entrevoir dans les opérations de l'agent subalterne, qui est la nature, l'opération elle-même du Créateur, qui est Dieu, lui paraissait une tentative insensée et puérile de la science, une sorte d'impiété du sentiment religieux.

Le même esprit qui retint Buffon dans le point de vue des lois universelles de la nature, et sur les degrés du *trône* de Dieu, le garda par cela même de l'erreur la plus grave dans laquelle le sentiment religieux puisse faire tomber la science, à savoir de l'*optimisme providentiel*. Réduisant à un petit nombre de lois générales et nécessaires les rapports de convenance et de dépendance qui unissent l'homme à Dieu, par l'intermédiaire de la nature, Buffon ne s'exagéra ni la providence du Créateur ni l'importance et le prix de la créature. Il laissa l'un et l'autre à sa place : Dieu sur les hauteurs invisibles de *l'empyrée*, « d'où il surveille, *du sein du repos*, l'ordre général des mondes, et *exerce les deux extrêmes de pouvoir, qui sont d'anéantir et de créer*; l'homme, sur la terre et sous la main de la nature, » *laquelle altère, change, détruit, développe, renouvelle et produit, seuls droits que Dieu lui a voulu céder*. Buffon ne s'est point passé de Dieu, comme c'était presque de bon goût au dix-huitième siècle; au contraire, il le nomme en se découvrant, comme Newton; mais il a reculé *le trône intérieur* de la majesté divine assez loin des regards de l'homme pour que celui-ci gardât la distance qui sépare l'infinie petitesse de l'infinie grandeur, et réglât sur cette distance ses prétentions à la sollicitude de l'être des êtres : il a vu dans la nature le bien, l'ordre et la convenance, mais à la condition pour l'homme d'y concourir et de s'y coordonner lui-même par la volonté, par le travail, par l'industrie, par la civilisation.

Ce système, religieux par son principe, laisse à chacun son rôle : à Dieu l'initiative de toute puissance créatrice, à la nature la mise en œuvre de la matière d'après les plans tracés et dans un but général de conservation, de destruction et de reproduction incessantes; à l'homme la part d'activité propre dans le cercle des lois de la Providence, et la part de réaction industrieuse contre l'excès des forces motrices du monde. Il y a loin de là à la félicité pastorale qu'il a perdue depuis qu'il a quitté les forêts pour les cités. De plus, la science n'était libre que dans ce système; elle ne s'interdisait pas, de peur de donner tort à Dieu et d'incliner vers l'athéisme, la recherche et l'examen critique des causes exceptionnelles de certains désordres qui bouleversent le séjour de l'homme. Elle admettait la règle, c'est à savoir l'ordre général, la durée et la perpétuité de la vie; mais elle ne niait pas l'exception, c'est à savoir le désordre dans les interruptions partielles et momentanées de la vie et de l'équilibre, produites par les forces excessives de la nature. Elle n'accusait pas Dieu, qui a bien fait tout ce qu'il a fait pour un être d'aussi peu de durée qu'est l'homme, mais elle ne se payait pas non plus de sophismes superstitieux pour changer le mal en bien, les perturbations du monde physique en d'utiles désordres, les malheurs présents du genre humain en autant de sources mystérieuses du bonheur à venir.

N'est-il pas plus sensé et plus religieux de penser avec Buffon qu'il y a dans l'univers autant de signes de la bonté que de la puissance du Créateur; que la première a ses effets permanents et nécessaires dans l'ordre, dans la beauté et dans la perpétuité de ce monde; la seconde ses effets contingents et passagers dans le jeu désordonné des forces *déléguées* de la nature; que Dieu n'a pas créé l'homme pour lui soumettre sans coup férir les éléments, mais pour qu'il luttât contre eux avec l'esprit, pour qu'il fût souvent vaincu avant de vaincre, pour qu'il apprît à remettre lui-même l'ordre, la convenance et l'harmonie dans l'œuvre de son Créateur, pour qu'il créât dans la nature sauvage *la nature civilisée*? La négation, ou, ce qui revient au même, l'absolution du mal dans la nature serait la fin de toute science et de toute civilisation. Il ne resterait plus alors à l'espèce humaine, absorbée dans l'admiration béate des causes finales, et paralysée par la contemplation stupide des forces de la nature, qu'à se laisser envahir et opprimer par elle, qu'à céder la place au tigre du désert et à la ronce impure des forêts. Telle serait pourtant la conséquence à déduire rigoureusement de *l'optimisme providentiel*, système dont Bernardin de Saint-Pierre se fit l'apôtre.

Venant après les athées spéculatifs du dix-huitième siècle, il donna dans le travers de tout écrivain de réaction, il crut la Providence plus menacée qu'elle ne l'était réellement par les athées, et il la prit sous sa protection. A l'admiration intelligente de la nature il substitua une sorte de contemplation oisive, espèce de quiétisme de l'histoire naturelle. Les athées argumentaient du désordre partiel de l'univers contre l'ordre général, et concluaient de tous ces phénomènes destructeurs le défaut de bonté dans la Providence et un défaut de bonté la non-existence de la Providence; ils en venaient à nier Dieu, à force de le trop estimer. Bernardin de Saint-Pierre les réfuta par un vaste mais minutieux système de causes finales. De là ce type divin de l'ordre, de la convenance, de la beauté et de la bonté absolues dans lequel il vit, aima, sentit et rêva le plus souvent la nature; de là ce plan d'un nouvel Eden, d'après le modèle perdu d'un monde primitif qui n'a jamais existé que dans les fables des poëtes ou dans la mystérieuse antiquité biblique; de là ces innombrables harmonies qui unissent le ciel et la terre, l'homme et la nature, l'animal et la plante, par des rapports si merveilleusement combinés dès l'origine des choses que l'homme n'a pu que perdre en dérangeant ce bel ordre providentiel, en s'émancipant par la civilisation de la tutelle de la nature, en quittant les grottes moussues des pasteurs, les *majestueuses et murmurantes forêts*, pour les cités infectes et encombrées. L'homme persuadé par Bernardin de Saint-Pierre n'a plus qu'à fouler les verts tapis des prairies, qu'à respirer le parfum des brises et des fleurs, et qu'à vouloir seulement se prêter aux mille commodités, aux mille aisances de son beau séjour. Hôtes passagers et mortels de cette demeure enchantée, qu'avons-nous fait jusqu'ici pour l'embellir? Des parcs, des jardins, des collections d'animaux morts, des serres, des herbiers!

Les Études et *les Harmonies*, *Paul et Virginie*, *La Chaumière indienne*, ouvrages charmants, écrits pour les cœurs bons, simples et pieux, pour les âmes mélancoliques et rêveuses qui ne peuvent s'accoutumer au spectacle de l'activité, de l'énergie et des misères humaines, livres admirables dans la partie descriptive, sont, chacun dans leur genre, les fruits de *l'optimisme providentiel*, ou, en d'autres termes, de l'étude de la nature par le sentiment religieux. Bernardin de Saint-Pierre, disciple et ami de Jean-Jacques, misanthrope tendre et sensible comme son illustre maître, prit plus au sérieux qu'on ne pense les paradoxes du *Discours sur l'inégalité* et de *l'Émile*. Que de fois, dans ses adorations pastorales de la nature, ne s'écria-t-il pas, comme Rousseau, que « l'homme a gâté l'ouvrage de Dieu ! » On avait tant agité, dans la polémique antireligieuse du dix-huitième siècle, les questions du bien et du mal physiques, de l'ordre préétabli; on avait fait à la Providence une part si mince dans le gouvernement de ce monde, que les déistes timorés s'en effrayèrent pour elle, et s'oublièrent dans la vivacité de la réplique et dans le zèle superstitieux de la défense, jusqu'à retourner la thèse contre l'homme, c'est-à-dire contre l'objet même de cette sollicitude providentielle qu'ils avaient à démontrer. C'est ainsi que les apologistes de la Providence, voulant sauver à tout prix son impeccabilité, firent retomber sur l'homme civilisé les reproches que les athées adressaient au Créateur des mondes : tout le bien vint de Dieu; tout le mal vint de l'homme, qui avait dérangé l'ordre primitif; et comme dans ce système l'ouvrage de Dieu et les premiers plans de la nature, il s'ensuivit que la nature l'emportait sur la nature cultivée de toute la supériorité de l'art divin sur l'art humain, et que l'homme civilisé n'était qu'un être dégénéré, près des simples et rustiques habitants des forêts. De là dans tous les romans de Bernardin de Saint-Pierre, sous le brillant vernis de la culture européenne, dont ses personnages ne pouvaient se passer, à moins d'être tout à fait des sauvages, cette idéalisation de l'homme et de la vie selon Dieu et la loi naturelle; de là cette petite Arcadie des tropiques où il plaça le monde de deux charmants enfants qui recommencèrent un moment l'âge d'or des pasteurs, et vécurent dans le sein de la nature, apprenant à connaître Dieu, la vertu et les devoirs.

Bernardin de Saint-Pierre, lu en son lieu, après *l'Encyclopédie*, même après *Figaro*, est un écrivain plein d'originalité, de fraîcheur, de vie. Quelle surprise pour l'esprit de tomber de l'exaltation encyclopédique dans ces belles et fraîches descriptions, plus panthéistiques que Bernardin de

Saint-Pierre ne se l'imaginait, où la Providence, à force d'être répandue sur toutes choses, devient la nature elle-même ! Quelle grâce dans ces paysages, quels parfums dans ces forêts, quelles terreurs secrètes et remuantes dans ces descriptions de tempêtes, quelles douceurs sensuelles dans toutes ces Arcadies ! Quel contraste entre ces pages de l'époque encyclopédique, si intellectuelles, si arides, qui sentent l'encre et le papier du laboratoire, où l'esprit se dessèche et se subtilise à force de tourner sur soi-même, et ces pages animées de la douce vie des sens, qu'on croirait écrites sur les feuilles d'un palmier avec de l'eau de rose, et où l'esprit semble n'être que le traducteur heureux et délicat des jouissances des sens ! Le contraste si frappant dans les idées l'est bien plus encore dans la langue. La langue de l'école encyclopédique, vive, précipitée, dont les images sont des traits d'esprit, des couleurs des mouvements, abstraite et métaphysique, comme celle du dix-septième siècle, mais moins la chaleur intérieure et profonde des idées morales, moins la majesté de l'ordre, moins la précision forte et pittoresque, moins le calme et la marche mesurée du discours, moins surtout la grandeur et le caractère de généralité des pensées, cette langue s'en allait se mourant de toutes ses qualités négatives. Bernardin de Saint-Pierre y versa des images empruntées à la nature extérieure et des couleurs de santé ; il corrigea tout cet esprit par du sentiment. Le style était tout de tête, en ce sens, que s'il y avait des écrivains de cœur, ils mettaient leur cœur au service des passions de leur tête. Bernardin de Saint-Pierre écrivait avec sa sensibilité naturelle, libre encore de toute pensée d'opposition et d'exclusion, sans engagement d'intérêt avec son amour-propre ; il habilla les idées de la ville du langage naïf et coloré de l'homme des champs. Son style, comme celui de Buffon, quoiqu'à un degré moins élevé, est marqué de deux qualités éminentes, l'exactitude et la richesse. Bernardin de Saint-Pierre observe en naturaliste, en géologue, en botaniste, qui, en savait plus que ses adversaires n'affectèrent de le dire, et il peint en poète.

Dans l'histoire des idées et des influences sociales, la place de Bernardin de Saint-Pierre fut glorieuse. Le premier de tous les écrivains de la fin du dix-huitième siècle, et avant que toutes les destructions demandées par l'*Encyclopédie* fussent consommées, il eut des doutes au sein de cette gloire de démolisseurs ; le premier il protesta en faveur de quelques principes sacrés, auxquels les philosophes voulaient faire porter la peine des scandales intolérables de la vieille monarchie. Que des ressentiments particuliers, des promesses ou des faveurs, l'aient fait persévérer dans cette direction d'esprit conservatrice, je ne le nie ni ne l'affirme ; mais que son premier penchant, que la nature particulière de son esprit, que sa vie solitaire de voyageur n'en ait pas été le premier mobile, c'est ce qu'il serait absurde de nier. D'abord, de son premier mouvement avec tout l'abandon de l'instinct, plus tard avec les exagérations de la lutte, mais toujours avec la même constance d'opinion, Bernardin de Saint-Pierre écrivit pour l'ordre, la tolérance, l'humanité, entendues dans leur vrai et durable sens, bien différent de celui qu'avait donné à ces idées l'esprit encyclopédique. Le premier il osa rester chrétien, et, ce qui était plus difficile, parce qu'il fallait pour cela un grand discernement social, il sut distinguer du sacerdoce opulent et corrompu, justement frappé par l'*Encyclopédie*, ce fonds de liberté et de fraternité chrétienne sur lequel se sont élevés et écroulés successivement tant de cultes, de sectes et de dogmatismes, dont les ruines ne l'ont pas atteint. C'est dans ce sens seulement qu'on peut rattacher à Bernardin de Saint-Pierre tous ceux des écrivains de ce siècle qui ont suivi une direction d'idées analogue à la sienne. Du reste, Bernardin de Saint-Pierre n'a pas fait d'école.

Mais il est très-vrai que les idées de réparation ou de conservation qui avaient inspiré Bernardin de Saint-Pierre ont fait le fond des écrits les plus originaux du commencement de ce siècle. Il est très-vrai, encore qu'on a suivi ses voies dans la description, et que les premiers ouvrages du plus illustre des écrivains contemporains, Châteaubriand, sont chrétiens et descriptifs. Mais il n'y a pas d'héritage d'un écrivain de talent à un écrivain de génie, et l'antériorité par ordre chronologique de l'écrivain de talent n'implique pas nécessairement entre lui et l'écrivain de génie qui vient après, des rapports de maître à disciple. Quand Châteaubriand écrivit le *Génie du Christianisme*, le siècle rentrait dans les idées chrétiennes par le souvenir douloureux d'une société qui avait marché un moment sans Dieu, et où l'homme avait disposé de l'homme comme de sa créature. La résurrection du christianisme n'était pas l'effet des protestations d'un écrivain qui avant le naufrage avait eu le courage et la prévoyance de montrer la planche de salut, ni le fruit de pacifiques influences littéraires. Ce fut un immense besoin de se réconcilier avec Dieu par l'antique religion des ancêtres, celle qui s'offrait la première à l'empressement religieux des peuples, celle qui convenait le mieux à cette renaissance de la famille, un moment assurée de garder tous ses membres qui lui restaient. La première gloire de Châteaubriand fut d'être l'organe de cette résurrection, et d'oser chercher une grande renommée littéraire dans le christianisme, encore sur le seuil du dix-huitième siècle, au sein d'une génération qui avait pu applaudir Voltaire venant mourir au théâtre dans son triomphe d'*Irène*. Ce qu'il y avait alors de littérature en France, ou se traitait stérilement sur l'imitation du dix-huitième siècle, ou se coulait déjà dans la flatterie, sous un homme qui paraissait promettre de l'emploi aux adulateurs et de l'enthousiasme aux poètes officiels. Ce fut donc tout à la fois une grande marque d'originalité, de talent et d'indépendance d'esprit, que d'aller s'inspirer dans le christianisme et de mettre la chose restaurée au-dessus du restaurateur, au moment où celui-ci croyait, en relevant le culte, ne rétablir qu'un moyen d'ordre et de discipline matérielle au profit de ses plans de despotisme.

Châteaubriand ne continua ni les théories providentielles de Bernardin de Saint-Pierre ni sa manière descriptive. Il pénétra au fond de son époque, par cette pénétration propre à l'homme de génie, lequel écoute la voix de son siècle dans son propre cœur, la grande idée de son premier livre ; et il inclina de la Providence de Bernardin de Saint-Pierre vers la religion des ancêtres, vers le christianisme constitué. Ces deux ordres d'idées devaient se suivre sans doute ; mais la première ne donnait pas nécessairement la sagacité supérieure qu'il fallait pour trouver la seconde. Il n'y a pas eu non plus de tradition directe de Bernardin de Saint-Pierre dans les descriptions de Châteaubriand, bien que tous deux aient pris le secret de leur art à la même source, la contemplation de la nature.

Entre la nature d'esprit de Bernardin de Saint-Pierre et celle de Châteaubriand, dans leurs relations avec le monde extérieur, les différences étaient profondes. Le premier y apportait plus d'observation, le second plus d'imagination. Le savant se fait toujours voir dans Bernardin de Saint-Pierre ; il ne point qu'à proportion qu'il voit, il ne se passionne qu'après vérification. Châteaubriand est l'écrivain qui réalise le mieux la belle définition qu'a donnée Buffon de l'imagination, cette faculté qui agrandit les sensations. Dans ses grandioses descriptions, c'est surtout l'écrivain qui intéresse, au lieu que c'est le sujet dans Bernardin de Saint-Pierre. Je ne veux point dire que Châteaubriand ne soit pas exact, ni qu'il colorie avant de dessiner, c'est particulièrement un de ses dons de ne répandre ses magnifiques couleurs que sur des contours précis et arrêtés. Mais aucun des détails dont se composent ses descriptions n'y figure pour sa valeur propre, ni pour la curiosité particulière dont il peut être l'objet, mais pour sa relation avec la grande pensée que l'écrivain a rattachée à l'ensemble. La différence la plus profonde entre Bernardin de Saint-Pierre et Châteaubriand, toujours en laissant chacun à son rang, ce fut pour l'un d'avoir écrit les premiers et les plus caractéristiques de ses ouvrages avant la révolution française, et pour l'autre d'avoir écrit les siens après. Le plus grand et le plus terrible événement des temps modernes s'était accompli dans l'intervalle. Une révolution qui couvrait l'Europe de ruines fécondes avait rompu toute tradition d'idées et de langage entre les esprits supérieurs placés audelà ou en-deçà de l'abîme. Pour les esprits communs, ils avaient bien su retrouver le fil du dix-huitième siècle, et tendre la main à Dorat pour les vers, à l'*Encyclopédie* pour la prose, par-dessus les dix années séculaires de la révolution française. Mais de cette petite école, héritière du dix-huitième siècle, il n'y a rien à dire ici. C'était seulement pour les hommes supérieurs que la révolution française avait renouvelé les idées littéraires, et rendu inévitable une nouvelle et forte application des formes de langage consacrées par les deux derniers siècles. Ce double renouvellement fut la gloire de Châteaubriand. C'étaient toujours le Dieu et la nature de Bernardin de Saint-Pierre, mais contemplés avec des vues bien différentes, et de hauteurs bien inégales, non plus par un homme de talent qui réagissait contre la sécheresse et la stérilité de cœur de la génération encyclopédique, mais par un homme de génie qui venait de voir s'abîmer une monarchie de huit siècles sur un million de cadavres.

Dans Châteaubriand, Dieu et la nature ne sont plus les deux sujets d'une thèse antiphilosophique, ni deux pièces d'échiquier qu'on pousse en avant contre des pièces rivales dans une sorte de jeu, dont aucun des joueurs ne prévoit la fin terrible. L'illustre écrivain, assistant à d'immenses ruines, dans l'âge où toutes les choses ont un air de jeunesse, et où il semble que rien autour de nous ne doive mourir, fut saisi d'un doute prématuré, et d'autant plus douloureux, sur tout ce qui est de l'homme, et il se retourna vers les deux pôles immuables, Dieu et la nature, pour y trouver un sol qui ne se dérobât pas sous ses pieds. Une tristesse solennelle, le découragement dans la fleur de la jeunesse, d'autant plus amer et plus profond qu'il avait pris avant le temps la place des espérances; une imagination qui ne se déployait à l'aise qu'au milieu des ruines ou dans les solitudes vierges des pas de l'homme, sur des tombeaux ou dans des forêts primitives, comme pour avoir moins d'intermédiaires entre Dieu et elle; nulle distraction, nulle curiosité d'amateur possédant à demi quelque science naturelle, rien de petit dans ces contemplations, tantôt ardentes et ironiques, tantôt calmes, mais jamais sans tristesse, et toujours avec le bruit, dans le lointain, des catastrophes de la patrie, de ces réparations sans la liberté que Châteaubriand fuyait dans les déserts du Nouveau Monde et sur les chemins de Jérusalem; des sentiments chrétiens quelquefois vifs et naïfs, comme ceux des âmes simples et des enfants, quelquefois exagérés, comme pour s'armer par un surcroît de foi légèrement factice contre le doute qui venait aussi de ce côté-là, quelquefois chancelants, comme s'il avait cru par moments que l'homme communique sa mortalité même à des institutions divines; plus de préoccupation de la misère de l'homme que de sa grandeur, comme dans Pascal et Bossuet, ses ancêtres directs, et un triste et amer plaisir à l'écraser sous ses propres ruines, à insulter de son néant; voilà ce qui fit que les premiers ouvrages de Châteaubriand n'affectèrent personne médiocrement. Idées, langage, tout y était nouveau.

Pour trouver la tradition des pensées et de la langue de Châteaubriand, il faut remonter à Pascal et à Bossuet. Malgré de profondes différences, et quoiqu'on sente bien qu'entre ces hommes illustres il a dû y avoir un grand intervalle, durant lequel la langue a souffert, le style de Châteaubriand est plus près du dix-septième siècle que du dix-huitième. On dirait que saisi, au sortir de l'enfance, par ces grands écrivains, dont les livres lui apprirent la langue des expériences et des tristesses, par où il devait passer lui-même au moment où, jeune homme, il allait ouvrir les livres du dix-huitième siècle, la révolution les lui ait fait tomber des mains, et que la violence ou l'atrocité des événements l'aient

détourné de lire des écrivains que la passion de toutes les classes écrasées en rendait responsables. Alors, commençant lui-même sa vie orageuse, et voyant de ses propres yeux toutes les misères de l'homme accumulées, et tant d'exemples de ce néant que Pascal et Bossuet ont craint d'autant moins d'approfondir qu'ils avaient plus de foi dans *celui* qui de ce néant même fait sortir l'immortalité, il serait entré naturellement dans les voies de ces grands hommes, et aurait parlé leur langue comme la seule qui lui fût connue et comme la seule éternelle, puisqu'elle tirait sa grandeur de l'éternité de la misère de l'homme. La corde des douleurs chrétiennes vibra de nouveau sous une main inspirée. Les mêmes tendances dans les pensées ramenèrent les mêmes images dans le style. La langue ne fut ni trop abstraite, comme dans les écrits des encyclopédistes, ni trop concrète, comme dans Bernardin de Saint-Pierre, ni écourtée, comme pour la polémique; elle offrit de nouveau un admirable mélange d'abstractions précises et d'images tirées des sens, ces deux éléments dont l'équilibre est la perfection même du style, étant l'image d'un autre équilibre entre les deux natures de l'homme, l'âme et le corps. Cette langue, en cessant d'être un instrument de polémique, reprit les formes amples et variées de l'art désintéressé, et, à la différence de celle du dix-huitième siècle, qui cherchait à s'étendre du côté de la foule, et à faire son chemin au milieu de toutes les inégalités d'intelligence et d'éducation, elle s'appropria au goût des esprits cultivés, et préféra la clarté à celle qui l'épargne. L'un des dédommagements du despotisme de Napoléon, c'est qu'il n'y eut d'abord aucune souffrance publique assez criante, aucune pensée nationale assez froissée, pour qu'un écrivain supérieur pût être tenté du périlleux honneur de s'en faire l'organe et de vouer son génie au bien public. Châteaubriand fut donc préservé de la polémique qui tue l'art, et il replia sur lui-même, au profit de ses méditations intérieures, cet esprit particulier d'indépendance qui à une autre époque, et quand sa gloire littéraire était faite, devait lui inspirer les plus belles pages de la presse du dix-neuvième siècle. C'est ainsi que toutes les causes à la fois concouraient à lancer et à soutenir ce beau génie dans sa vraie voie, et qu'il fut donné à Châteaubriand de renouveler au commencement du dix-neuvième siècle, avec des idées analogues, les merveilles de la langue de Pascal et de Bossuet.

Ici doit finir mon travail. La pensée qui me l'a fait écrire ayant été de rattacher à quelques noms incontestables la formation, le progrès, le point de perfection, et les dernières grandes modifications de la littérature française, j'ai dû le terminer de la liste de ces noms incontestables, par celui de Châteaubriand. Lui seul peut prétendre à personnifier une grande époque de la littérature française, et c'est pour cela que j'ai dû m'arrêter à lui. Au reste, si cet écrit demande une conclusion, cette conclusion ne pouvant être qu'un jugement très-court sur les contemporains, je la donnerai volontiers. Mais ce jugement ne peut être qu'une impression très-générale et très-sommaire, et par cela même très-controversable.

Sans m'arrêter à la littérature dite de l'Empire, dont les seuls bons ouvrages, ceux de Mme de Staël et de Benjamin Constant, furent des inspirations de liberté, je vois droit à la littérature proprement contemporaine, à celle qui est née, sous la Restauration, du double mouvement des idées libérales et de l'étude des littératures étrangères, venues, un peu en conquérantes, à la suite des baïonnettes étrangères. C'est peut-être à cette origine même que notre littérature doit quelques-unes de ses beautés et tous ses défauts. Au mouvement des idées libérales, elle a dû cette hauteur et cette impartialité jusque là inconnues qui marquent les bons ouvrages d'histoire, de philosophie et de critique dont s'honorera notre époque; à l'étude mal comprise des littératures étrangères, elle aura dû cette incroyable altération de l'esprit français, tout à coup détourné des idées pratiques vers je ne sais quel ordre de pensées d'exception et de menues rêveries transplantées de l'étranger sur un sol qui les repousse.

S'il est une vérité établie par ce travail, c'est que la langue française n'a jamais été mieux parlée ni mieux écrite qu'aux époques où elle a été le plus pure de toute imitation étrangère, et réciproquement jamais plus mal parlée ni plus mal écrite qu'aux époques où les guerres, les mélanges de peuples, la supériorité momentanée des civilisations étrangères y ont introduit des imitations, soit du génie particulier, soit de la langue des peuples dominants. Et pour ne parler que de deux époques où ce double fait se manifeste avec une évidence irrésistible, mettons les beaux temps de Louis XIV en regard des quinze années de la Restauration. Sous Louis XIV, toute influence étrangère a cessé. La littérature espagnole, qui a fait faire au grand Corneille tant de mauvais vers parmi tant d'admirables, a perdu tout crédit : que dis-je? la langue française s'est assise sur le trône de l'Espagne, dans la personne de Philippe V. L'influence de l'Italie est passée depuis longtemps, avec sa gloire. Sa longue décadence politique, sociale, littéraire, commence; les jours de grandeur orageuse, de poésie et de prose si sensées, dont on négligeait les chefs-d'œuvre pour les subtilités de Pétrarque et les concetti du Marini, sont évanouis; l'Italie au dix-septième siècle est descendue dans la tombe. En ce moment unique, notre langue s'épure de tout alliage étranger, se retire en elle-même, se donne une constitution, se distingue tout d'abord des langues étrangères, qui, pour ne pas embarrasser le plus mince talent de règles difficiles, se condamnent à être éternellement flottantes, éternellement recommencées. Regardons maintenant l'époque de la Restauration. Avec les étrangers, que le malheur de la guerre amène dans notre patrie, arrivent les littératures étrangères, lesquelles sont accueillies, vantées, recommandées par la critique, comme pouvant rompre utilement la roideur inflexible de la nôtre et la renouveler par des importations heureuses. Mais qu'avons-nous gagné à ces importations? Quel fruit nous est resté de cette insurrection, au nom de je ne sais quelles libertés de la pensée antérieures et préexistantes aux langues, contre l'utile despotisme de la nôtre, despotisme fondé ou subi par tous nos grands écrivains, et qui n'a pas empêché leurs différences? C'est de ce jour là que datent les langues individuelles et les publics particuliers pour les apprendre et les applaudir; c'est de là que nous sont venus tant de Byrons manqués, et tant de *lakistes* qui n'ont jamais vu de lacs, et tant de drames Shakspeariens, avec le *moi* littéraire, si superbe et si odieux, qui méprise les grands ancêtres et n'admire que ceux qu'on ne lit plus, afin de rester seul sur les ruines de toutes les vieilles gloires. Hélas! de même que la littérature monumentale du dix-septième siècle fut le noble ouvrage de la France de Louis XIV, un moment maîtresse de l'Europe, et s'y maintenant encore par la langue, alors même qu'elle y perdait du terrain par la guerre, faudra-t-il dire que ce grand désordre d'esprit des dernières années a été le triste ouvrage de la France qui rachetait l'Europe victorieuse au prix d'une rançon d'argent et de libertés!

Toute notre littérature d'imagination, poëmes, drames, romans, soit en vers, soit en prose, offre, à l'exception des chansons de Béranger, des marques de cette sujétion aux littératures étrangères. La langue française, dont la gloire est d'avoir produit la plus noble et la plus exacte idéalisation de la vie pratique, cette langue du sens commun et de la raison universelle, a été forcée de s'aiguiser ou de s'obscurcir pour rendre les excentriques rêveries de l'Angleterre et de l'Allemagne, et a passé sous le joug des nations que nous avions vaincues. Et on n'a pas senti l'absurdité d'enlever à leur vraie patrie des idées qui y trouvent, pour leurs nuages et leur pénombre, des langues non réglées absolues, ouvertes à tout venant, pour les transporter dans une langue constituée, exclusive, sacrée en quelque sorte, où l'originalité n'est possible que dans le cercle fatal des convenances reçues.

Certes, malgré mes réserves, il y a de quoi nous glorifier tous, admiratifs et critiques, de l'époque où nous vivons! Même dans la partie de notre littérature contemporaine où l'art nous paraît avoir souffert, et où les acquisitions ne compensent pas les pertes, même dans cette maladie d'exotisme et d'imitation qui nous travaille, il n'y a pas du moins la plaie de la médiocrité; et s'il est vrai que dans les ouvrages de littérature pratique nous soutenons notre grande langue dans les voies qui lui ont donné l'empire des esprits cultivés dans le monde moderne, il ne l'est pas moins que dans les ouvrages d'imagination et de poésie notre décadence même est encore la seule littérature de l'Europe contemporaine.

Désiré NISARD, de l'Académie Française.

En se reportant à la fin de la Restauration, on est frappé d'un spectacle magnifique : c'est l'instant le plus animé de la lutte entre deux principes, dont l'un se hâte pour saisir l'avenir, qu'il sent être à lui, dont l'autre redouble d'efforts pour prolonger son existence. Toutes les forces vives de la nation sont à l'œuvre, les esprits au travail. Chaque matin voit les orateurs des partis se rencontrer à la tribune, les journaux transmettre leurs pensées au bout de la France, les écrivains enfanter de nouveaux livres, donner naissance à de nouvelles idées; le commerce entasser les ballots sur les ports. Dans le monde matériel comme dans celui de l'intelligence, il y a enthousiasme, émulation, et, nous le craignons, surexcitation. La littérature depuis longtemps n'avait pas été agitée aussi profondément; les systèmes philosophiques renaissaient de leurs cendres, l'éclectisme se développait. La critique littéraire moderne faisait son avènement; les civilisations étaient étudiées, fouillées, creusées à fond et livraient leurs secrets aux auditeurs émerveillés. On se rappelle l'éclat alors jeté sur la Sorbonne par trois professeurs, MM. Guizot, Villemain, Cousin. Une nouvelle école littéraire, prêchant un nouveau symbole, apportait de nouveaux dieux et contestait bon nombre des dieux anciens; elle renouvelait l'ode, le roman, changeait les lois du rhythme et inaugurait au théâtre un système, sinon complètement neuf sous le soleil, du moins nouveau pour la France. Cette intention violente ne s'accomplissait pas sans résistance. Ceux qui se sentaient menacés dans leur position ou leur renommée combattaient vaillamment, mais ils avaient le tort d'avoir trop vécu et de défendre une tradition dont on était fatigué; ils voyaient autour d'eux le désert se faire peu à peu; bientôt ils allaient rester dans la solitude, quand 1830 vint mettre fin à la lutte en leur fournissant un prétexte pour se retirer du combat.

La révolution de 1830 eut pour effet immédiat de changer plusieurs carrières et de les tourner vers la politique. Quelques autres, sans entrer dans cette voie, se bornèrent volontairement. Parmi les hommes qui avaient tenu le premier rang sous la Restauration, plusieurs se turent complètement et cessèrent d'écrire ou de chanter. Les deux écrivains les plus illustres entre ceux qui dès lors s'abstinrent, Béranger et Châteaubriand, appartenaient à des partis différents, bien que personnellement unis par une sympathie plusieurs fois manifestée de part et d'autre. A part le *Congrès de Vérone*, protestation indirecte contre les ennemis de la Restauration, à part la traduction de Milton, œuvre secondaire, et la *Vie de Rancé*, livre plutôt pieux que littéraire, si la littérature pouvait être absente de ce qu'a écrit Châteaubriand, nulle œuvre signée de son nom n'a paru. Châteaubriand, écrivant ses *Mémoires*, s'est désintéressé de l'avenir; oubliant le présent, il s'est plu à revenir sur la trace des événements passés et à recommencer sa vie par le souvenir. Un Recueil de chansons nouvelles de Béranger a paru, mais la trace des derniers événements récents y était à peine indiquée. M. de Béranger passe toutefois pour avoir écrit de nombreuses chansons dans sa retraite; il se refuse obstinément à les publier. D'autres hommes illustres de la Restauration se turent après 1830; mais chez eux il n'y eut pas clôture. Il y eut simplement changement de direction, substitution d'une carrière à l'autre. Ils abandonnèrent les lettres pour la politique, la diplomatie, l'administration ; peut-être pour quelques-uns serait-il plus court de dire que la politique acheva de les absorber. MM. Thiers, Villemain, Cousin, de Barante, dès avant 1830, touchaient déjà aux affaires, soit par leurs fonctions, soit par la presse ou leurs écrits. La révolution de 1830 étant venue déblayer la voie, ils s'y jetèrent, et la supériorité de leur intelligence en fit vite des hommes éminents dans les assemblées politiques, comme ils l'étaient déjà dans les lettres, à notre grand regret toutefois ; car les plus éclatants discours ne valent pas les grandes œuvres, et se perdent bien vite dans les catacombes du *Moniteur*. Les livres vivent et dureront longtemps après que le retentissement des grands succès oratoires sera oublié.

Il faut que les séductions qui ont entraîné des esprits tels que ceux que nous venons de citer soient bien puissantes pour les avoir détournés des lettres. Nous devons en admirer davantage ceux qui ont résisté et n'ont pas quitté leurs études. C'est un bonheur que M. Augustin Thierry, dont les veilles ont usé la vue, partage avec MM. Ballanche, Béranger, Casimir Delavigne, et quelques autres, restés fidèles à leur passé. Ils n'ont pas voulu qu'on pût dire qu'ils étaient autre chose que des écrivains. Les applaudissements du public, l'attention prêtée à leurs œuvres, leur ont paru préférables aux obséquiosités des subordonnés ; et ils ont mieux aimé écrire des vers ou des pages de philosophie et d'histoire que des circulaires et des rapports. Parmi les écrivains qui ont fixé sur eux les regards du public pendant ces trente dernières années, soit par la valeur, soit par le nombre des œuvres, M. Victor Hugo occupe l'un des premiers rangs. Il a abordé bien des genres. Nous le retrouvons à la fois dans l'ode, le drame, le roman ; M. Victor Hugo est l'homme le plus important de la nouvelle école. Il en est le chef, et lui a donné sa poétique dans la *Préface de Cromwell*. Dans ses œuvres et dans ses drames, il s'est efforcé de suivre les lois qu'il a formulées. M. Hugo, comme principal caractère de ses ouvrages, offre une personnalité puissante, une individualité fortement tranchée. Ce qu'il a publié aurait pu ne pas être signé : ceux qui ont vécu dans la familiarité de ses œuvres ne s'y seraient pas trompés. Il a une manière à lui de sculpter la pensée et de fixer l'idée qui, en la mettant en relief, tend à lui donner forme et substance. Il éprouve un tel besoin de chercher l'image, que souvent son style arrive à se matérialiser ; la couleur et l'éclat l'attirent invinciblement, et les *Orientales* fournissent le développement le plus complet et le plus splendide de cette manière. Les événements de 1848 poussèrent M. V. Hugo dans la politique active ; lui, qui s'était laissé faire pair de France sous Louis-Philippe, il devint membre de l'Assemblée nationale, et, élu d'abord par les partis conservateurs, il se fit homme du peuple ; ses protestations contre les restaurations monarchiques l'ont condamné à l'exil.

De tous les poëtes admirés avant 1830, M. de Lamartine est peut-être celui qui s'est le plus modifié. M. de Lamartine, comme M. Hugo, a débuté par des poésies monarchiques et religieuses, avec cette différence que M. Hugo était plus monarchique, M. de Lamartine plus religieux. Nous n'avons pas à retracer le succès de l'auteur des *Méditations* ; constatons seulement que la révolution de 1830 le surprit au milieu de sa gloire après la publication des *Harmonies*. Bientôt il entra dans la politique, arriva à la chambre des députés malgré un premier échec ; puis, après de nouveaux poëmes, s'occupa d'histoire ; la révolution de Février, à laquelle il eut une si grande part, l'enleva aux lettres ; mais la politique est inconstante : le membre du gouvernement provisoire dut bientôt se faire journaliste, et aujourd'hui il poursuit son œuvre de propagation *civilisatrice* en couvrant de sa magnifique prose des biographies populaires.

Le mouvement romantique de la Restauration avait suscité un grand nombre de poëtes ; les plus remarquables d'entre eux, après MM. Victor Hugo et Lamartine, sont MM. Sainte-Beuve, Alfred de Vigny et Alfred de Musset. Nous ne parlons pas d'une foule d'autres sans caractères particuliers autres que ceux de l'école. Quelques morceaux même se distinguent par la beauté de l'idée et de l'expression ; mais cela ne suffit pas pour inspirer à leurs recueils de vers un cachet distinct, une individualité qui ressorte et ne permette pas de les confondre dans la foule. Il n'en est pas de même des trois poëtes dont nous avons cité les noms. Chacun d'eux se fait remarquer par un style à lui, un ordre de pensées dont il a fait son domaine. Tous ces poëtes ont débuté sous la Restauration, antérieurement à 1830. On aurait été porté à croire que le retentissement d'un tel événement, en remuant les esprits, aurait suscité des poëtes et des écrivains. Il n'en fut rien. Dix-huit ans s'écoulèrent, et, à part deux ou trois noms qui se sont révélés, nul poëte remarqué ne parut. Il est une exception cependant ; un poëte s'est élevé, et il semble si bien le produit de la révolution de 1830, qu'il est né avec elle, s'est éteint et a disparu presqu'en même temps qu'elle. Nous voulons parler de M. Auguste Barbier. La révolution de Février n'en produisit pas davantage, en tenant compte cependant des chansons de M. Pierre Dupont et des fables de M. Lachambeaudie.

Avant de terminer cette revue des poëtes, parlerons-nous de ces innombrables recueils de vers qu'après 1830 chaque année vit éclore. A quoi bon? excepté leurs auteurs, personne ne s'en est jamais occupé. Ce n'est pas à dire cependant que le talent manquât à ces tentatives : il n'a jamais été plus commun. Tout le monde est arrivé à un certain degré de perfection dans le vers, qui a pu tromper bien des gens sur leur vocation. Les procédés de facture ont été si vulgarisés, qu'ils sont à la portée de tous. Chacun s'est plus ou moins essayé ; les essais ont fait des volumes : qu'en faire, sinon les publier ? Mais c'était compter sans les lecteurs, qui, ne trouvant que des échos affaiblis de Lamartine et de Victor Hugo, retournaient aux véritables poëtes, et laissaient les imitateurs dans la solitude. De là tant d'accusations contre le siècle, hostile à la poésie. Le siècle a laissé dire et a bien fait. Il attend encore un vrai poëte, et lui réserve un accueil qui fera mentir toutes les invectives qu'on lui a prodiguées. Cette manie toutefois a eu des suites fâcheuses. Les procédés de facture ont été si vulgarisés, qu'ils sont à la portée de tous. Chacun s'est plus ou moins essayé ; les essais ont fait des volumes : qu'en faire, sinon les publier ? Mais c'était compter sans les lecteurs, qui, ne trouvant que des échos affaiblis de Lamartine et de Victor Hugo, retournaient aux véritables poëtes, et laissaient les imitateurs dans la solitude. De là tant d'accusations contre le siècle, hostile à la poésie. Le siècle a laissé dire et a bien fait. Il attend encore un vrai poëte, et lui réserve un accueil qui fera mentir toutes les invectives qu'on lui a prodiguées. Cette manie toutefois a eu des suites fâcheuses. Nombre de jeunes gens ont été de bonne foi se sont crus des génies incompris, et qui ont appelé le suicide au lieu de lutter par leurs œuvres. Le véritable génie a des défaillances ; mais pour prouver son excellence, il ne rejette pas la vie. Il tient davantage à prouver au monde qu'il a tort. On peut dire, sans insulter à l'infortune des victimes, que leur suicide prouve contre elles : Gilbert est mort à l'hôpital, mais ne s'est pas tué.

1830 et 1848 ont produit une poésie particulière, la poésie des ouvriers. On compte aujourd'hui en France une trentaine d'hommes appartenant aux classes laborieuses qui cultivent la versification. Nous nous servons de ce mot à dessein ; car leur poésie n'est pas autre chose. On a fait grand bruit de ces tentatives ; on nous promettait une foule de grands hommes ; au résumé, la France attend encore le messie qui devait la doter d'une nouvelle source de poésie. Les hommes dont nous parlons sont des artisans laborieux, qui ont développé leur intelligence par la lecture, et qui méritent nos égards ; mais parce qu'ils sont arrivés à comprendre les vers et à imiter plus ou moins bien ce qu'ils lisaient, ils doivent bien se garder de croire qu'ils possèdent la poésie elle-même. Tout au plus sont-ils maîtres de l'instrument ; dénués d'études premières, ils n'ont pas cette forte nourriture, cette discipline sévère qui crée le style ; ils l'ont prouvé de reste. Leurs vers jusque ici n'ont été que l'écho du poëte qu'ils préféraient. Le plus illustre d'entre eux est Reboul, le boulanger de Nîmes. Sans M. de Lamartine, que serait-il ? Nous laissons Jasmin en dehors, il appartient à une autre langue et à une autre littérature.

Nous venons de voir quelle influence la révolution de 1830 avait exercée sur la poésie et quel développement l'analyse avait pris. Une transformation plus marquée encore s'est accomplie au théâtre. La poésie nouvelle, par de certains côtés, tient encore à l'ancienne poésie. L'art théâtral de nos jours est un art nouveau, en France du moins; la forme actuelle est le contraire de l'ancienne forme; elle est même exclusive de cette dernière. Les deux arts sont les antipodes. Au lieu de se diriger du particulier au général, les écrivains modernes s'attachent aux individualités. Ils ne peignent plus l'homme sous l'influence d'une passion, mais se bornent à mettre en scène un être exceptionnel, le plus souvent créé par leur imagination, et placé dans la vie à peu près comme un sauvage initié tout à coup aux raffinements de la civilisation. Ce qu'ils cherchent, c'est l'effet produit par les institutions sociales sur un être ainsi placé. Ils le mettent aux prises avec les obstacles qu'apporte le monde aux passions impétueuses dont ils ne manquent pas de le douer. Dans une telle situation, il n'y a que deux alternatives : ou la passion est la plus forte, et parvient à dominer le monde et ses lois; ou elle succombe, après une lutte qui la brise. Dans l'un et l'autre cas, les situations étranges et anormales sont prodiguées, le drame est poussé jusqu'au paroxisme; les péripéties se succèdent avec rapidité et s'entassent les unes sur les autres; les conditions se mêlent; tous les états, toutes les classes, se heurtent pour produire de nouveaux effets; le bourgeois lutte avec le grand seigneur, l'artisan avec le prince. Le spectateur voit passer comme dans un rêve un monde vif, remuant, bruyant, tumultueux, où la vraisemblance n'est guère observée, il est vrai, mais amusant et en définitive intéressant pas à moitié. Il ne s'agit pas de vraisemblance, d'ailleurs, de vérité encore moins; le spectateur n'a pas le temps de s'en occuper, il a bien assez à faire de suivre le fil de l'intrigue à travers les travestissements et les changements de fortune des personnages. La vérité, après tout, est le moindre souci du spectateur de nos jours; ce qu'il cherche, c'est un plaisir, une distraction.

Une conséquence de la transformation de la société, ce fut la prédominance du mélodrame sur la tragédie, du vaudeville sur la comédie. La tragédie est une forme savante, un peu immobile, mais qui n'en fait que mieux briller les ressources d'invention et le style du poète; la comédie, de son côté, exige un soin, une culture assez raffinée. Napoléon, ayant replâtré l'ancienne société, voulut encourager les lettres : la tragédie et la comédie reparurent un moment; mais leur vie fut factice comme la société du temps. La démocratie, ayant définitivement pris possession du siècle, demandait des spectacles qui lui fussent appropriés. Le vaudeville est la vraie comédie, le mélodrame la vraie tragédie des gens illettrés et de culture grossière. Le vaudeville et le mélodrame absorbèrent donc naturellement les formes dramatiques plus savantes et plus raffinées qui avaient régné jusque là.

Ce n'est pas tout à coup que le théâtre est arrivé au degré d'abaissement où nous le voyons. La Restauration a été une époque de transition aussi bien en littérature qu'en politique. Les idées nouvelles qui s'agitaient dans le monde et cherchaient à se produire n'avaient pas encore acquis toute leur force d'expansion. D'ailleurs, les tentatives qui se produisaient étaient timides et comme honteuses d'elles-mêmes; d'un autre côté, de grands acteurs prolongeaient la vie de la tragédie et de la comédie anciennes, pendant que des hommes de talent, et au premier rang Casimir Delavigne, par quelques œuvres remarquables, faisaient illusion sur la vitalité de l'art théâtral. Peu à peu cependant la bourgeoisie gagnait du terrain dans le monde; en même temps, et par une conséquence naturelle, les sujets mis à la scène étaient pour la plupart empruntés à la vie familière. La société nouvelle tendait à se substituer même dans les jeux du théâtre à la société ancienne. Les marquis avaient, suivant elle, assez longtemps fait montre de leur esprit, les comtesses de leur grâce et de leur galanterie. L'ancien répertoire était pour cette société l'image d'un savoir-vivre et d'une élégance qu'elle ne pourrait atteindre, et dont les modèles lui devenaient antipathiques. La comédie ancienne tomba en discrédit, et M. Scribe devint l'auteur aimé et applaudi de l'époque. Les petits sentiments, les petites coquetteries, les petits manèges, si finement exploités par lui, convenaient merveilleusement à ce monde. Les femmes de banquiers sentimentales, les millionnaires, les colonels galants, qui remplissent ses pièces, charmèrent la foule, qui crut voir en eux la reproduction de la société de la Restauration. La comédie alors était dans les choses et dans les hommes plus qu'au théâtre.

Pendant que M. Scribe poursuivait le cours de ses succès, une révolution dramatique s'était préparée et s'accomplissait: 1830 lui donna une impulsion irrésistible. Le drame romantique fit son avènement. Le drame moderne peut se personnifier en deux hommes : MM. Hugo et Dumas. Chacun d'eux a eu sur la scène une influence particulière, mais également néfaste. M. Hugo a créé le drame splendide, devenu chez ses disciples une machine à décorations; M. Dumas, le drame brutal. M. Hugo a de beaux élans lyriques. M. Dumas fait combattre des instincts recherchant avidement la satisfaction de leurs appétits. Chez les élèves de M. Hugo, l'absence de vérité des personnages est évidente. Cela explique le peu d'intérêt qu'ont offert ses drames. Qu'on prenne leurs héros un à un, qu'on se demande si dans la situation donnée ils font ce qu'ils devraient faire, disent ce qu'ils devraient dire, l'on se convaincra bien vite que la fantaisie seule des poètes parle par leur bouche, et non le sentiment dont on les suppose animés. M. Hugo, admirable poète lyrique, a été maladroitement imité au théâtre. La richesse de son imagination l'entraîne à chaque instant et le détourne de la voie où il pose le pied. Vivement frappé d'une idée, il s'arrête pour la développer; il la pèse, l'enveloppe de broderies, et, sans s'en apercevoir, laisse son drame s'en aller à la dérive, aborder où il peut. Il s'ensuit que ses pièces sont splendides et puissantes plutôt que dramatiques. Nous ne sommes pas du même avis que les critiques sévères sur le peu de valeur de ses plans, sur l'inhabileté des gradations, la faiblesse des préparations, la disproportion des scènes; c'est souvent un mérite et une preuve de force que cette inexpérience à construire une fable dramatique. Les grandes qualités que possède incontestablement M. Hugo sont devenues défauts chez les disciples qui ont prétendu que le lyrisme doit occuper la première place dans le drame. La résolution de ce système est trop facile : qui dit drame dit action, et le lyrisme est ce qu'il y a de plus antipathique à l'action; il l'entrave, la fait languir, la met en déroute. Nous voyons d'ailleurs ce que produit ce système. On a tenté de suppléer à ce peu de mouvement matériel. Peu d'auteurs se sont contentés de peu de personnages; ils amènent sur la scène des masses populaires, de longs cortèges, sans autre but que d'occuper les yeux et de remplir la scène, par suite de leur impuissance à l'animer. Le penchant général à matérialiser la poésie se retrouve naturellement au théâtre. L'art dramatique, si on suivait cette route, ne deviendrait bientôt plus qu'une exhibition de velours et de bannières. M. Dumas cherche peu à éblouir le regard; il a pour principe qu'il faut frapper fort. L'ardeur de son tempérament méridional a passé dans ses pièces; il est toujours prêt à crier avec Démosthène : L'action, l'action, et encore l'action! Avec lui, pas de préparations, pas de lenteurs; ses personnages tendent droit au but. S'ils aiment, ce qu'ils veulent, c'est la possession de la femme aimée; s'ils sont ambitieux, c'est l'accomplissement de leurs désirs. M. Dumas connaît parfaitement le théâtre; ses plans sont toujours habilement combinés, ses effets ménagés avec art. La vraisemblance est souvent violée, il est vrai; mais le spectateur n'a pas le temps de s'en apercevoir; sa curiosité, vivement éveillée, est toujours sollicitée. Quant à la morale de l'œuvre, elle n'est ni au cœur ni à l'esprit qu'il s'adresse, c'est aux passions de la foule, aux sens des hommes assemblés. Il ne s'inquiète pas, et, à vrai dire, nous croyons qu'il n'y pense guère, des résultats possibles de ces appels à la sensualité et au matérialisme; s'il a ému, il a réussi et ne demande rien de plus. Ne craignons pas de le dire, de semblables spectacles sont dangereux; à la longue, ils font pénétrer dans les masses l'idée que la satisfaction des besoins matériels est légitime, et que les lois sociales ne sont faites que pour ceux qui ne savent pas s'en affranchir. Si nous imputons à M. Dumas plus qu'à tout autre le tort d'avoir développé ces penchants mauvais, c'est que son œuvre entière est empreinte d'un sensualisme sur lequel son talent peut donner le change, et que le critique doit signaler et combattre. Toutefois, il ne serait pas juste d'accuser le poète seul; il n'a fait que copier les hommes qui l'entourent. Si ses personnages se précipitent vers les jouissances matérielles, c'est qu'il a pris ses modèles dans le monde actuel. L'âpreté qu'ils montrent est celle de l'époque.

Un jeune homme inconnu, arrivant de la province, a cependant d'un seul coup conquis la renommée, avec une tragédie romaine; mais on y trouvait de beaux vers. La pièce, malgré ses défauts, offrait le langage de la passion. Si les personnages ne vivaient pas d'une vie réelle, ils vivaient à la rigueur. La surprise fut joyeuse. L'année suivante, une œuvre élégante et facile, de style harmonieux et fluide, jouée sans réclame, à l'improviste, vint faire pour la comédie ce que *Lucrèce* avait fait pour la tragédie. Mais les deux jeunes auteurs ont semblé faiblir à leur seconde tentative : *Agnès de Méranie* et *L'Homme de bien* n'ont pas tenu ce qu'avaient promis *Lucrèce* et *La Ciguë*. MM. Ponsard et Augier avaient profité de la réaction. Depuis, Mme Sand a introduit avec succès au théâtre les mœurs des champs; et M. Alfred de Musset a vu jouer ses proverbes au Théâtre-Français.

Le même caractère de matérialisme qui a pénétré le drame a également atteint le roman; c'est le même oubli de toute spiritualité, le même sensualisme; les auteurs, dans les livres, sont même allés plus loin qu'au théâtre. Les hommes assemblés sont plus rigides qu'ils ne le sont isolément. Dans le tête-à-tête, ils font souvent bon marché de certains principes dont ils ne permettent pas la violation publique. Si le théâtre, qui cependant n'a guère respecté de règles, en a conservé quelques-unes, c'est à cette disposition qu'il le doit. Le livre a osé davantage. Ne pouvant chercher l'effet des décorations, les romanciers se rejetèrent sur la pompe des images et des mots; le cliquetis des phrases et l'éclat des couleurs fausses et enluminées passèrent trop souvent pour du style. Un fait qui contribua à amener cette ressemblance, ce fut l'envahissement du roman par les dramaturges, qui y portèrent leurs habitudes violentes, leur brutalité de sentiments, leurs effets exagérés. Le roman ne tarda pas à négliger la peinture de caractère pour rechercher uniquement l'intérêt des complications; l'école de Lesage fut désertée. Vérité des passions, naturel des sentiments, correction et simplicité du langage, c'était là un attirail dont on se débarrassait au plus vite. Pour atteindre au vrai, il faut du temps et des efforts; et le lecteur en tenait peu de compte. L'auteur préféra bien vite servir le public selon son goût; il y avait économie de temps et augmentation de salaire. La création de la presse populaire porta en quelque sorte le coup mortel porté à la littérature romanesque; on s'ingéra de publier en feuilletons des nouvelles et des romans. Les auteurs s'en réjouirent; ils n'y virent d'abord qu'un débouché ouvert à leurs ouvrages, une communication plus directe et plus intime avec le public. Aujourd'hui, les suites de cette alliance de la presse et de l'imagination ne se font que trop sentir; tous ceux qui ont descendu les fourches caudines du feuilleton offrent le triste spectacle de riches facultés épuisées, de talents en ruines. Vers la fin de la Restauration, la nation commença à s'inquiéter du roman. Walter Scott, par ses succès et ses admirables peintures, avait mis ce goût à la mode. Aussitôt toute une armée se leva pour y répondre. 1830 donna une impulsion universelle; à ce mouvement. Le roman devint la forme universelle; chaque parti en fit une machine à son usage. En peu d'années on eut le roman intime, le roman descriptif, le roman physiologique, le roman philosophique, le roman politique, le roman humanitaire et le roman historique, le père moderne de tous les autres. Plus d'un auteur, populaire dans les cabinets de lecture, se crut assuré de la renommée; quelques noms seuls ont surnagé. Nous avons des romanciers remarquables : leurs talents sans doute ont bien des taches, mais plusieurs d'entre eux ont des qualités qui les feront durer. Nous ne citerons que cinq noms : Balzac, Eugène Sue, G. Sand, Alex. Dumas et F. Soulié, talents inégaux, sans doute, écrivains de mérites divers, mais aimés de la foule. Chez tous, l'influence du siècle se fait sentir. Le sensualisme domine en eux, et quelques-uns vont jusqu'au matérialisme. Tous produisent trop. Après avoir plus ou moins résisté, ils se sont laissé envahir par le journalisme. Forcés dès lors de fournir tant de volumes par an, à des époques déterminées, il ne leur a plus été possible de donner à leurs livres le temps nécessaire pour les mener à bien; il en est résulté l'affaiblissement dans le style, une conception mal venue et trop hâtive, la peinture de sentiments peu étudiés, et le vrai remplacé par l'emphase.

Des romanciers que nous avons cités, Balzac est le plus ancien et le moins populaire : ce n'est pas qu'il n'ait de nombreux lecteurs, et que ses ouvrages ne soient recherchés; mais il a moins de prise sur la foule, et aucune de ses productions n'a soulevé le bruit étourdissant de certains autres. La nature même de son talent donne la raison de ce fait. Balzac est avant tout un analyste patient, un investigateur moral, amoureux du détail. La masse est plus sensible au mouvement qu'au mérite d'une étude psychologique. Nonobstant cette résistance passive qu'il a eu à combattre, Balzac a su conquérir un public; l'éducation a été laborieuse, mais l'auteur l'a menée à bonne fin. Balzac s'est fait un style particulier, approprié à la nature de ses œuvres. Il s'en faut de beaucoup qu'il soit correct, et l'on ne peut dire cependant qu'il soit mauvais : c'est quelque chose de contourné et de pénible par moments; le précieux se fait sentir de temps à autre; la diffusion s'y montre, la phrase est entortillée, souvent obscure, chargée de parenthèses et de phrases incidentes; mais le talent, la vérité, la finesse sauvent Balzac; on s'est familiarisé avec lui, on finit par l'aimer et le suivre volontiers dans ses analyses infinies.

M. Sue est un talent d'une autre nature. Balzac accepte le monde, sinon tel qu'il est, du moins tel qu'il le voit. Il l'étudie et le peint; si les portraits sont laids, tant pis pour les originaux, il n'a fait que copier; il ne s'irrite pas, ne s'emporte pas contre les imperfections humaines; il est plus disposé à en rire qu'à s'en fâcher. M. Sue ne prend pas son parti si aisément. Il est misanthrope avant tout, ne voit rien de bien, et n'est pas disposé à faire bon marché de les invectives. Dans la première partie de ses romans, il peint le monde à sa façon, c'est-à-dire la vertu honnie et opprimée, le vice et le crime honorés et triomphants; c'est pour lui un thème invariable. Ensuite, un changement s'est opéré : Il poursuit la réforme des abus sociaux. Le monde n'est guère plus beau, mais la vertu respire davantage, le vice est quelquefois mis en déroute. Puis il est arrivé à mettre aux prises la fortune et la pauvreté, et à donner tous les vices à la première, toutes les qualités, toutes les vertus à la seconde. Quant au style, c'est à vrai dire la partie la plus faible de l'auteur. M. Sue n'a pas une langue à lui, une forme qui lui soit propre. L'incorrection, la mauvaise qualité de la phrase, compose une diction triviale et vulgaire. Sans la faculté d'invention, qu'il possède, et l'intérêt violent et hardi qu'il sait mettre dans ses compositions, jamais M. Sue n'aurait conquis la popularité.

Des romanciers populaires, le plus grand, le plus remarquable sans contredit est George Sand. Avec elle on se sent dans une région véritablement littéraire. George Sand parut presque avec la révolution de Juillet. Il est vraisemblable que la fermentation d'idées qui régnait alors a eu une grande influence sur l'auteur et l'a poussée sur la voie qu'elle a parcourue. Nous ne dirons rien de sa personnalité, bien qu'elle puisse en de certains points expliquer ses œuvres. La franchise de la passion est le caractère distinctif de son talent. Un sentiment une fois donné, George Sand ne marchande pas avec les conséquences. Sa logique impitoyable les mène jusqu'au bout, et ne connaît pas les transactions. George Sand a déjà beaucoup écrit, et toutes ses œuvres peuvent se diviser en deux parties. Dans la première, la meilleure sans contredit, elle semble s'être donné la mission d'attaquer le mariage et de prouver la supériorité intellectuelle et morale de la femme sur l'homme. Les sentiments de l'auteur se modifièrent; les doctrines démocratiques s'emparèrent de son esprit, se combinèrent avec ses anciennes idées. Puis, l'auteur s'enfonçant de plus en plus dans la démocratie, ses livres reproduisirent des doctrines philosophiques et religieuses qui s'accommodent mal de la forme du roman, et lui nuisent considérablement, tout en se montrant confuses et mal déduites. Enfin, George Sand sembla vouloir se défaire de ce bagage incommode, et revenir à son ancienne manière. Elle trouva des accents pleins de fraîcheur dans des romans champêtres, et porta les mœurs et le langage des paysans sur le théâtre. George Sand est un grand écrivain, le plus artiste sans contredit de tous ceux qui écrivent des romans. Son style est nerveux et limpide ; jamais des images outrées ou ambitieuses ne font tache sur la trame serrée de sa phrase. Le seul défaut qu'on lui puisse reprocher, c'est de temps à autre un peu de déclamation ; même à ces moments, l'emphase se trouve plus dans la pensée que dans les mots. Nous ne saurions trop conseiller à quelques rivaux de l'étudier, ils ne pourraient qu'y gagner.

M. Alexandre Dumas jouit d'une popularité plus étendue. A vrai dire, M. Dumas a plus de partisans dans les masses que parmi les esprits délicats. Cela vient de la position qu'il a prise. Balzac recherche l'exactitude de l'observation ; il s'efforce de reproduire avec vérité ce qu'il a étudié. M. Eugène Sue combat le mal social et en poursuit la réforme ; George Sand attaque le mariage et prend en main la cause de la femme et celle du peuple ; tous ont un but et veulent prouver quelque chose. M. Dumas ne veut être qu'un amuseur public ; il a pleinement réussi. Tout ce qu'il écrit est avidement recherché ; les journaux le miront à l'enchère, et deux des plus riches, dans l'impuissance de pouvoir ce l'approprier exclusivement, finirent par se le partager. M. Dumas, il faut le reconnaître, est tout à fait propre au rôle qu'il a choisi. Son imagination n'est jamais lasse ; incessamment sollicitée, elle est toujours prête. Les volumes publiés par l'inépuisable auteur composeraient une bibliothèque. Cependant, ses derniers écrits ont autant de verve et d'entrain que les premiers. La verve n'est pas toujours de bon aloi, la plaisanterie est souvent de mauvais goût ; mais elle a toujours une certaine vitalité qui la fait passer. M. Dumas a ressuscité le roman d'aventure, en le modifiant. Aucune leçon, aucune vérité ne ressort des situations. Ses héros courent les aventures pour les aventures elles-mêmes. Les duels, les courses nocturnes, les imbroglios, tout ce qui compose enfin ce genre d'ouvrages se mêle sous sa plume avec une vivacité charmante, une fougue qui entraîne ; parvenu au bout du livre, il ne faut pas se demander ce qu'on a retiré d'une semblable lecture : on a passé le temps. Nous disions que le roman avait tous les caractères du drame. M. Dumas, plus que tout autre, a contribué à ce résultat. Habitué à la forme théâtrale, peu à peu le récit sous sa plume a disparu pour faire place au dialogue ; les événements ont pris une tournure dramatique ; les situations se sont pressées ; enfin, moins la représentation, le roman est devenu un drame véritable. La sensualisme en outre a passé de la scène dans les compositions littéraires de l'auteur. Les héros de M. Dumas procèdent dans le livre de la même manière que sur le théâtre, et recherchent la satisfaction de leurs passions. C'est dans la nature humaine sans doute, mais toute la nature humaine n'est pas là, et nous ne voyons pas de motifs pour en négliger les côtés plus nobles et moins matériels. M. Dumas offre le spectacle de facultés littéraires remarquables déplorablement employées. Personne plus que lui n'a été doué de spontanéité et d'invention ; il n'a pas su les modérer pour en doubler la puissance. Pressé par les libraires avides d'exploiter ses succès, M. Dumas s'est laissé aller peu à peu au mercantilisme, et a fini par ouvrir un atelier de littérature. Malgré la facilité d'improvisation qui le caractérise, il ne pouvait suffire à toutes les demandes ; il a pris des collaborateurs, et s'est fait industriel. Quand son atelier a été organisé, ç'a été un débordement littéraire. Il y a eu un moment où nous avons compté jusqu'à cinq journaux qui tous les matins publiaient des feuilletons signés de son nom. De plus, en homme économe, il s'est mis à convertir ses drames en romans et ses romans en drames, tirant ainsi double profit de la même idée. Son exemple a été pernicieux, et s'est étendu. D'autres écrivains l'ont imité. La concurrence s'est établie, et le roman-feuilleton a continué à perdre de sa valeur.

Le dernier des romanciers populaires est Frédéric Soulié. Soulié est le romancier des passions violentes. Ses livres peuvent faire concurrence à la *Gazette des Tribunaux*. Les viols, les meurtres, les empoisonnements, y tiennent une longue place. On y respire une odeur de sang et de mort. A lire ses ouvrages, on dirait qu'il ne voit la société qu'à travers la cour d'assises. Nous reprochions à M. Dumas la brutalité sensuelle de ses personnages ; sur ce point Soulié le dépasse. Ses héros n'ont qu'un moyen d'atteindre à leurs désirs, la violence. Suivant leur énergie ou leur position, ils emploient le poignard ou le poison. Hommes, femmes, vieillards, jeunes gens, ont les mêmes instincts, les mêmes allures. L'âme n'a pas un instant de paix où se reposer des crimes qui la tiennent haletante. Le repos n'est qu'au bout de l'ouvrage, après le meurtre du dernier personnage.

Après ces romanciers, il serait injuste d'oublier M. Mérimée. Mais grâce à Dieu et à la révolution de Février le roman est à l'agonie.

Ce qui semble devoir dans l'avenir être le caractère honorable du dix-neuvième siècle, c'est le mouvement historique qui a porté les esprits vers l'étude des documents nationaux. Plusieurs causes ont déterminé ce mouvement ; mais la principale, celle qui à elle seule a plus influé que toutes les autres réunies, c'est la passion politique. Deux partis se trouvaient en présence et se disputaient le monde. Tous deux, à l'appui de leurs opinions, s'empressaient d'aller chercher dans le passé des exemples déjà consacrés. Libéraux et royalistes se mirent donc à l'envi à fouiller les chroniques et les bibliothèques, à déchiffrer les chartes, à compulser les parchemins. Les uns et les autres poursuivaient un double but. Ils voulaient convaincre leurs adversaires de mensonge ou tout au moins d'erreur, et appuyer leurs propres théories sur des faits déjà sanctionnés. Une partie des découvertes était employée dans la polémique journalière ; mais les résultats n'en demeuraient pas moins acquis à la science. L'étude des sources fit bien vite reconnaître que les histoires de France écrites jusqu'alors n'en avaient que le nom ; les faits et les personnages étaient défigurés, et ramenés dans un certain modèle aussi éloigné de la vérité que de la vraisemblance ; les deux premières races surtout étaient les plus maltraitées. Bien des esprits qui avaient commencé des recherches dans un sens politique les continuèrent dans un sens purement historique. Nous ne citerons parmi ceux-là que l'illustre auteur de l'*Histoire de la Conquête d'Angleterre par les Normands* et des *Lettres sur l'histoire de France*. Des œuvres remarquables parurent coup sur coup. Dans son *Histoire des Ducs de Bourgogne*, M. de Barante traça le tableau splendide et dramatique de la France pendant les deux siècles qui ferment le moyen âge. Pendant que M. Guizot retrouvait les origines de la civilisation moderne et expliquait la marche de l'esprit humain depuis la chute de l'Empire Romain, M. Augustin Thierry exposait le mouvement communal et le réveil de l'esprit démocratique. Son frère, M. Amédée Thierry, retrouvait les titres dispersés de la famille gauloise. Michaud racontait les croisades, cette période chevaleresque de nos annales. MM. Thiers et Mignet abordaient la période historique la plus récente, et pour la première fois élevaient à la dignité de l'histoire le récit de nos troubles révolutionnaires.

Comme mérite, les *Récits Mérovingiens* de M. Augustin Thierry sont au niveau de sa belle *Histoire de la Conquête de l'Angleterre*. M. Thierry s'est occupé longtemps de son *Histoire du Tiers État*, sujet entièrement neuf. M. Thiers dans l'*Histoire du Consulat et de l'Empire*, continue son *Histoire de la Révolution*. C'est le même système, le même style; M. Thiers a inventé une nouvelle espèce d'histoire, que l'on pourrait appeler l'histoire bulletin. Ses récits en effet sont d'un style aisé, facile, rapide même, mais qui semble plutôt celui d'un rapport que le style de l'histoire : la netteté de l'esprit de l'auteur s'y fait sentir. C'est ainsi que l'on traite les affaires; nous doutons que l'histoire puisse s'accommoder de cette manière. M. Michelet est bien l'écrivain dont le style est le plus opposé à celui de M. Thiers. Autant l'un fuit l'image et la couleur, autant l'autre les recherche. Les faits revêtent aux yeux de ce dernier des couleurs particulières ; les objets insensibles s'animent, et il va jusqu'à prêter du sentiment aux pierres des cathédrales. Poëte, M. Michelet est souvent neuf; il sait animer l'histoire et la rendre intéressante ; souvent dans l'histoire cet intérêt est celui du roman. M. Michelet est un chercheur infatigable, un investigateur patient, qui a mis beaucoup de faits et de détails en lumière, un vrai poète, qui met quelquefois son imagination à la place des choses. Tout compensé, l'histoire lui doit des idées nouvelles et des travaux utiles. M. Henri Martin a composé une bonne compilation sur l'histoire de France. N'oublions pas enfin de citer un essai de M. de Saint-Priest sur la chute des jésuites en Europe, une *Histoire de Louis XIII*, par Bazin, une *Histoire de la convention*, par M. de Barante, une *Histoire de Washington* et une *Histoire de Cromwell*, par M. Guizot.

Remarquons pour finir que les branches de la littérature qui se sont le mieux préservées de la décadence sont la poésie et l'histoire. Cela vient de ce que par leur nature elles exigent un certain travail de forme dont le théâtre et le roman peuvent se passer. La tyrannie de la rime et les difficultés de la mesure s'opposent à une composition trop hâtée. Le poëte est souvent obligé de tourner et retourner sa pensée avant de trouver la forme définitive qui doit la revêtir. Il se voit souvent contraint de l'abandonner complétement; l'œuvre en profite, et sort plus éclatante de ce travail. En histoire, les recherches, la comparaison des documents entre eux, la poursuite de la vérité à travers des témoignages souvent contradictoires donnent à l'esprit une maturité et une rectitude qui tournent au profit de la composition. Dans le roman, au théâtre, il en est tout différemment. L'auteur n'a de frein que les limites de son imagination. Si, au lieu de la régler et de faire un choix parmi les rêves qu'elle enfante, il se met à sa suite et laisse guider sa main par elle, les œuvres qu'il produira pourront être pleines de coloris et de fantaisie ; elles seront inégales, désordonnées, sans proportion, et soumises aux hasards bons ou mauvais de l'inspiration. C'est ce peu de frein dans la composition, amené par les besoins de l'improvisation et l'amour du lucre, qui a jeté les écrivains dans les excès que nous déplorons. Nous ne cesserons pourtant de le redire, si la littérature veut se relever, elle n'a que deux moyens : l'étude et le travail, et l'abandon des doctrines sensualistes. Tant que les œuvres des écrivains, au lieu de s'adresser à l'âme, s'adresseront aux instincts de l'homme, à ses passions ou à sa curiosité, l'abaissement actuel continuera. Une réaction semble se manifester à la fois au théâtre et dans le roman : fasse le ciel qu'elle ne soit pas trompeuse! La France seule a conservé une vitalité qui s'est retirée des autres nations; qu'elle n'oublie pas que l'esprit seul vivifie! N'a-t-elle pas devant elle les terribles et grands exemples de la langueur italienne et espagnole, par les mêmes abus?

Philarète Chasles.

Philosophie.

Une des plus grandes illustrations de la France, c'est sa philosophie. Produit éclatant d'un génie fort et net, elle a puissamment réagi sur ce génie, en a fécondé la lucidité, en a rehaussé la noblesse, et l'a dotée d'une langue admirable de clarté, qui a fait la conquête du monde. Par cette langue, notre philosophie a pénétré dans la pensée nationale, de la pensée dans les mœurs, et des mœurs dans les institutions. Par tous ses caractères, la philosophie française forme un ensemble distinct des autres philosophies, un tout varié, mais beau d'unité et fort de cohésion. Ce magnifique ensemble se divise en trois périodes. Dans la première, qui s'étend de son origine chez nous à la renaissance, la philosophie française est engagée à la religion ; dans la seconde, qui commence à la renaissance et finit avec le dix-septième siècle, elle cherche à s'en affranchir; dans la troisième enfin, qui embrasse le dernier siècle et le nôtre, elle devient indépendante et affecte bientôt la dictature.

Née du christianisme, la philosophie française lui demeure soumise pendant trois siècles, sinon d'une manière invariable, du moins sans murmure. C'est avec notre premier évêque savant, saint Irénée, Grec originaire de l'Asie Mineure, et chef du diocèse de Lyon sur la fin du deuxième siècle, qu'elle pénètre dans le pays, car les écoles païennes de Marseille, d'Arles, de Toulouse et de Bordeaux enseignaient la rhétorique plutôt que la philosophie ; mais après ce prélat elle dort dans la tombe qu'elle s'est creusée, et où la religion la laisse en paix. Sous Charlemagne elle ressuscite; et c'est la religion qui lui tend la main pour sortir du sépulcre. Puis, viennent en France Alcuin et Jean Scot, appelés d'Angleterre, le premier par le grand empereur, le second par Charles le Chauve. Aux éléments qu'ils apportent Gerbert d'Aurillac, élève des écoles arabes d'Espagne, ajoute un enseignement de plus ; ce n'est point une philosophie originale, c'est une interprétation nouvelle de la philosophie d'Aristote avec toute la liberté du mahométisme. Il en résulte une grande fermentation, qui se révèle dans la pensée de Béranger de Tours et dans celle d'Hildebert, évêque de cette ville. Cette tendance éclate plus complète encore dans le système du philosophe anglais saint Anselme, archevêque de Cantorbéry, créateur de cette scolastique qui doit revêtir en France, et surtout à Paris, ses formes les plus ingénieuses.

Quoiqu'elle ait été l'objet de bien des dédains, quoiqu'elle porte l'empreinte profonde de la théologie, sa mère, on y découvre néanmoins la future indépendance des philosophes, et elle est elle-même un des titres de gloire de la France. Bientôt, à l'aide de ce levier, un homme jette dans les croyantes écoles du moyen-âge cette thèse d'alarme renouvelée de Stilpon de Mégare, qu'il n'y a dans le monde rien qui réponde aux idées générales. C'est le chanoine Roscelin de Compiègne. On lui répond que si cela était, il y aurait bien encore trois personnes divines, mais plus de Trinité; et cette objection, dont se fait l'écho Anselme lui-même, le précurseur de Descartes dans la démonstration de Dieu, frappe de mort le système de Roscelin, qui, mandé à la barre du concile de Soissons, est condamné à rétracter sa doctrine. Cependant, la lutte du réalisme et du nominalisme se prolonge et s'envenime. Apparait bientôt un disciple de Roscelin, Guillaume de Champeaux, et puis un disciple de ce dernier, Abélard, qui met fin au débat qui a agité trois générations d'hommes. Mais ce n'est pas pour longtemps; car un disciple d'Abélard se lève à son tour et accuse son maître de sentir l'arien dans sa doctrine de la Trinité, le pélagien dans celle de la grâce, le nestorien dans celle du Christ. C'est saint Bernard. L'enseignement d'Abélard est condamné par deux conciles, et pourtant le brillant professeur a été pour ainsi dire le fondateur de l'université de Paris.

Se gardant de ses erreurs, ses disciples et successeurs, Hugues de Saint-Victor, Gilbert de la Porée, Robert de Melun et Pierre Lombard, s'appliquèrent, dans des voies diverses, à donner au dogme une valeur philosophique; mais la métaphysique d'Aristote, apportée de Constantinople par les croisés, étant venue se joindre à sa dialectique, qui faisait déjà tant de mal au dogme chrétien, deux docteurs célèbres, Amalric de Tournay et David de Dinant, à force de chercher la fusion impossible du sensualisme aristotélique et du spiritualisme chrétien, retombèrent dans le panthéisme, que l'Église avait déjà censuré dans Jean Scot; et pour couper le mal à la racine, un décret de l'autorité ecclésiastique, de 1209, ordonna de brûler les œuvres d'Aristote. Mais un des plus illustres évêques de Paris, Guillaume d'Auvergne, le grand encyclopédiste Vincent de Beauvais, le célèbre professeur Albert le Grand, lisaient le Stagyrite, et l'unique résultat de la proscription fut d'assurer au philosophe un empire plus absolu.

On ne se borna plus à de pures questions de dialectique et de logique; on aborda les plus hautes doctrines de la psychologie, de la métaphysique, de la théologie. Un élève de l'école de Paris, saint Thomas d'Aquin, et un professeur de Paris, Duns Scot, furent après Albert le Grand, que nous enleva l'Allemagne, les principaux champions de cette lutte qui franchit la Manche, le Rhin et les Alpes. Les cartésiens et les anti-cartésiens, les kantistes et les anti-kantistes sont demeurés depuis bien en deçà des antipathies des scotistes et des thomistes. Cependant, tous ces docteurs *subtils*, *angéliques*, et *séraphiques*, qui travaillaient au triomphe du réalisme et faillirent canoniser Aristote, échouèrent contre le nominalisme, ou plutôt contre l'idéalisme et le mysticisme, qui se cachaient sous ce nom. En vain on expulsa les nominalistes de leurs chaires, en vain on brûla leurs livres en 1339, 1341, 1409 et même en 1473; ils firent des progrès partout, et devinrent les libres penseurs du moyen âge. Dès lors la question de l'empire d'Aristote fut celle de l'autorité et de la liberté.

L'idéalisme pur et rationnel frappa ses premiers coups par l'organe de Durand de Saint-Pourçain, évêque de Meaux, qui montra, avec plus de clarté qu'Abélard lui-même, ce qui appartient au sujet et à l'objet. La liberté eut pour champion Guillaume Occam, le penseur le plus indépendant de l'époque, que Paris enleva à l'Angleterre, et la Bavière à Paris. Un autre ordre d'idées vint achever la défaite du réalisme et de la dialectique; ce fut le mysticisme, doctrine inséparable de toute religion qui repose sur les mystères, et dont l'avénement depuis Abélard était préparé dans l'école de Paris par Hugues, de l'abbaye de Saint-Victor, et surtout par Richard, son disciple. Au quatorzième siècle, Gerson l'enseigna en France, et il y avait dans son enseignement comme un reflet de l'*Imitation de Jésus-Christ*. Attaqué ainsi de tous côtés, même par la théologie naturelle de Raimond de Sebaude, professeur de Toulouse, le réalisme vit sa fin approcher et l'empire d'Aristote expirer en France; mais déjà il s'était opéré un changement bien plus radical: avec le règne du Stagyrite, celui de la scolastique elle-même arrivait à son terme, et un philosophe que ses contemporains ont surnommé l'*Aigle de la France*, le cardinal d'Ailly, demandait la séparation de la théologie et de la philosophie, dans l'intérêt de l'une et de l'autre.

Pour bien saisir le caractère de la renaissance, qui marque une nouvelle époque dans notre philosophie, il faut la considérer comme une immense réaction. Sous ce point de vue, on doit la diviser en trois phases, la première éclectique, la seconde sceptique, la troisième résumant la lutte du sensualisme et de l'idéalisme. Le premier philosophe de la renaissance, La Ramée, fut, au milieu de l'immense mouvement des idées platoniciennes opposées par les Grecs d'Italie aux études aristotéliques, préconisées par d'autres Grecs d'Italie, un sage éclectique, vrai père de la philosophie moderne, comme on l'a dit depuis de Bacon et de Descartes. Hardiment il démontra les erreurs d'Aristote et la supériorité de Platon, ne jurant toutefois ni par l'un ni par l'autre, et préférant puiser de nouvelles doctrines dans l'observation de la nature physique et de la nature morale. Il heurtait trop d'opinions pour passer impuni : plusieurs fois, il dut quitter le Collége de France; une sentence du conseil du roi lui interdit même un instant tout enseignement de philosophie, et l'université de Paris célébra le triomphe assuré au Stagyrite par la royauté. Il succomba sous sa tâche.

De tous ses disciples un seul lui succéda, ce fut un étranger, le célèbre chancelier d'Angleterre Bacon, qui enleva complétement au maître le titre de fondateur de sa philosophie et l'éclipsa même en France, où l'on passa peut-être trop rapidement de l'éclectisme au scepticisme. Deux contemporains, Sanchez et Montaigne, l'un professeur à Toulouse, l'autre gentilhomme périgourdin, furent les organes de cette tendance qui devait enrichir et égarer nos écoles. Les disciples les plus illustres du second, Charron, La Boétie, de Thou, hommes graves, remplissant des fonctions sérieuses, corrigèrent un peu l'influence des *Essais*; mais bientôt un autre philosophe méridional, Gassendi, ajouta à cette morale frivole, à côté d'épicuréisme, l'épicuréisme complet, et sans tuer le scepticisme, jeta le sensualisme dans le cœur et dans la raison.

Cependant, la philosophie française subissait, à son insu, une tendance nouvelle : Descartes venait opposer au réalisme d'Aristote et de Bacon, au scepticisme de Sanchez et de Montaigne, le perfectionnement des utiles indications de La Ramée, l'idéalisme le plus rationnel et le plus élevé ; il coordonnait si puissamment ses brillantes découvertes, que sa méthode et son système semblaient une seule et même chose. Son triomphe toutefois ne pouvait passer sans protestation : Gassendi fut le premier à le combattre; et il eut pour auxiliaires dans cette lutte les philosophes les plus éminents de la France et de l'étranger, l'évêque Huet, les pères Daniel et Valois, le Hollandais Voët et l'Anglais Hobbes; mais Descartes, de son côté, trouva aussi de vaillants défenseurs dans les pays comme à l'étranger ; et si la Hollande le posséda vingt ans, si la Suède garda ses cendres, Malebranche, Arnauld, Pascal et Nicole, lui payèrent, d'un commun accord, le tribut d'hommages de la patrie.

Son idéalisme pourtant s'égara bientôt après lui. Le plus illustre de ses disciples, Malebranche, développa, il est vrai, d'une manière admirable plusieurs de ses théories; mais dans d'autres il ouvrit la porte aux aberrations de mysticisme sans frein qui est la mort de la philosophie. Nicolle, Pascal, Arnauld et leurs disciples, grâce à la pureté de leur foi et à l'étendue de leur savoir, se préservèrent de ce mysticisme exagéré comme du spinosisme, et les volumineux écrits de Port-Royal ont fait plus que tous ceux du temps pour nourrir les études de la jeunesse de notions saines et fortes, pour doter la philosophie d'une langue riche et nette, pour enrichir la langue d'une précision et d'une régularité philosophiques. Cependant, le sensualisme, enseigné par Gassendi, continué par Bernier, son disciple, n'en persistait pas moins à faire irruption dans la morale, grâce à La Rochefoucauld. Boulainvilliers tentait même de l'introduire dans la religion à l'aide de sa *Réfutation de Spinosa*, qui n'en est qu'une maladroite apologie. Le scepticisme fut prêché avec des intentions diverses, mais avec un égal succès, par La Mothe Le Vayer, Sorbière, et Foucher; il le fut même par Pascal et Huet.

Sur ces entrefaites, Bayle se constituait, sur nos frontières, l'écho de tous les systèmes, bons ou mauvais, de l'Europe, brodant sur les uns et les autres avec le même esprit de critique, d'indifférence et de scepticisme. À cette époque, les systèmes de philosophie, à l'exception de ceux de Locke et de Leibnitz, étaient généralement passionnés, par suite de la longue lutte que depuis la renaissance les philosophes soutenaient pour l'indépendance de la pensée. Dès la seconde chute des Stuarts, plusieurs d'entre eux, Anglais d'origine, déistes pour la plupart, avaient conquis en France des amis et des échos, comme à la première révolution qui les précipita du trône les covenantaires y avaient eu les leurs auprès de Richelieu lui-même.

Ici commence une nouvelle période, divisée en trois phases, fortement nuancées : celle du développement complet des doctrines sensualistes et des doctrines sceptiques, celle d'une réaction rationaliste et idéaliste, celle, enfin, d'une réaction théologique et mystique, peu développée, mais ébauchée au moins d'une manière assez palpable. Le début de la première, la phase sensualiste et sceptique, coïncide avec la fin de la monarchie de Louis XIV. La régence et l'espèce de philosophie dont elle marque l'avénement ont été, par suite de leur simultanéité d'apparition, l'objet d'accusations semblables, les unes et les autres également véhémentes. Avouons toutefois que si cette philosophie a poussé jusqu'aux dernières hostilités l'indépendance de tous les pouvoirs, elle n'a pourtant pris les armes qu'après avoir sollicité sa liberté de tous et après avoir vu ses prières repoussées de tous. C'était, du reste, un mal nécessaire, une crise fatale, mais d'une admirable fécondité, que cette lutte entre le droit d'examen et l'autorité, entre la raison et la foi, entre l'individu et le pouvoir. Au fond, c'était moins une philosophie arrêtée au nom d'une raison calme et pure, qu'un *philosophisme* instinctif, tumultueux, un mouvement passionné vers tous les genres d'indépendance. Des philosophes étrangers, Locke seul avec son sensualisme triomphait chez nous ; Leibnitz ne fut jamais que médiocrement apprécié en France, quoiqu'il écrivît dans notre langue. Locke eut pour disciples Jean-Jacques Rousseau, Voltaire et Condillac, qui souvent, à leur insu, ne firent même que le traduire.

Dans cette voie, on alla jusqu'au bout : le matérialisme a deux conséquences nécessaires, l'athéisme et le fatalisme. On en tira ces conséquences. Le fastueux patronage du roi de Prusse fit presque un homme célèbre de Lamettrie, follement persécuté chez nous. Vint ensuite le *Système de la Nature* de La Grange ou de d'Holbach. Qu'on ne s'y trompe pas cependant, l'exagération de cette doctrine n'eut pas cours dans le pays, ses sommités intellectuelles la repoussèrent. Rousseau était spiritualiste, Voltaire déiste ; mais le spiritualisme de l'un était sceptique, le déisme de l'autre sensualiste. D'ailleurs, les doctrines contraires prévalaient parmi les esprits inférieurs. Ce fut alors que la philosophie du siècle dernier, réfléchissant à l'immense action qu'exerce chez nous toute doctrine complète, résolut de poser ses principes sur tout et de les imposer à tout, de refaire enfin à son point de vue, mélange de sensualisme, de déisme et de scepticisme, les mœurs, les croyances, l'instruction publique, la notion morale ; et elle entreprit l'*Encyclopédie*.

Deux hommes, dont l'un était supérieur à Voltaire dans les sciences, l'autre supérieur à Rousseau dans les lettres (pas n'est besoin de dire que le premier, comme critique, le second, comme moraliste, n'ont point d'égaux), D'Alembert et Diderot, dirigèrent cette œuvre magnifique sous le rapport du progrès, très-contestable sous le rapport de certaines doctrines qui devaient exercer une influence profonde sur les doctrines sociales. Montesquieu, si grand en politique, s'était mis en morale et en religion hors de toutes les croyances, quoiqu'en d'autres termes qu'eux. Ce que Voltaire et Montesquieu avaient fait pour tuer le despotisme, l'un l'ecclésiastique, l'autre le politique, et Rousseau dans son *Contrat Social* pour tuer la monarchie, Helvétius le fit pour tuer la morale sociale; mais après eux les philosophes disparaissent. Mirabeau, qui démolit la monarchie, après avoir flétri le despotisme, n'est point un philosophe ; Robespierre ni La Réveillère-Lepeaux non plus, avec leurs essais de religion. Bailly, Condorcet et tant d'autres, qui aimèrent mieux mourir que de renier leurs principes, pourraient au besoin passer pour des représentants de tendances philosophiques. Mais Bailly et Condorcet eux-mêmes n'étaient point des philosophes ; les Mounier, les Carnot, les Grégoire, les Thouret, les Pétion, les La-

fayette, malgré leurs discours et leurs écrits moraux, ne méritent pas davantage ce nom, ni Malesherbes, ni Turgot, ni Necker même, qui cependant se fit l'organe des plus fortes doctrines de religion. En somme, la vérité sur la philosophie du siècle dernier, abstraction faite des hommes, est qu'elle s'est précipitée au delà du terme qu'elle se proposait ; mais la vérité est aussi qu'elle ne s'est faite hostile, violente, anti-religieuse et anti-monarchique, que par voie de représailles et à son corps défendant.

Nous voici arrivés à la seconde phase de la spéculation moderne, phase qui ne compte encore que trop peu d'années pour être jugée à fond. C'est une phase, sinon de spiritualisme pur, au moins de spiritualisme luttant contre le sensualisme, une phase de paisible et impartiale critique de tous les systèmes, de parfaite tolérance pour toutes les doctrines, et de saine moralité dans toutes les écoles. Mais on y a vu à tort une phase de réaction brusque, d'apostasie hypocrite, d'abjuration de la raison ; car elle excelle surtout à respecter les doctrines de la religion, de la morale et de la politique, lors même qu'elles n'ont pas de sympathies. Cette nouvelle phase se présente sous deux aspects, l'un plus spiritualiste, l'autre plus sensualiste, rationalistes tous deux. La seconde n'est autre que l'école de Condillac, perfectionnée par Volney et Garat, et n'acceptant l'héritage d'Helvétius que sous bénéfice d'inventaire.

Un autre sénateur du premier empire, Cabanis, ami de Condillac, de Diderot, de D'Alembert, de Voltaire, de Mirabeau, de Franklin, de Jefferson, donna un instant au sensualisme du siècle dernier un développement qui eût surpris le maître ; mais en même temps il rendit aux questions morales un service incontestable en les classant en dehors des doctrines de son école. Idéologiste aussi brillant que Cabanis était physiologiste profond, un quatrième sénateur, Destutt de Tracy, eut malheureusement le temps à peine d'ébaucher une œuvre qu'il était digne d'achever. A côté de ces libres penseurs se groupent plusieurs hommes de science et d'observation, Lancelin, Gall, Virey, Broussais, tous également soigneux, en poussant l'étude de l'organisme jusqu'au bout, de maintenir l'abîme creusé par leurs prédécesseurs entre la bonne philosophie de notre siècle et la mauvaise doctrine du siècle dernier.

A côté de cette école, d'une réaction encore empreinte de sensualisme et d'organisme physique, s'en forma une autre, d'un spiritualisme de plus en plus prononcé. Ses premiers représentants, Maine de Biran, Laromiguière, Degérando, furent des élèves de Condillac ; et dans leur pensée il n'entra d'abord aucun projet de réaction. Mais leurs successeurs, entraînés malgré eux, fondèrent cette vaste école de science et de conquête où domine sans doute le spiritualisme, mais qui n'exclut ni le sensualisme, ni le scepticisme, ni le mysticisme, et justifie l'épithète d'*éclectique*. Ceux qui ont le moins dévié de Laromiguière, MM. de Cardaillac et Valette, commencent déjà à s'en éloigner visiblement. Royer-Collard, quelque courte qu'ait été la durée de son enseignement, dote la philosophie française d'un élément plus spécial, de cette sage psychologie d'Écosse, qui est devenue depuis si féconde. Successeur de Royer-Collard, M. Cousin est plus que son héritier ; à l'élément spécial de son maître il ajoute un autre élément spécial, le *kantisme* ; puis, approfondissant l'histoire de la philosophie, il publie Descartes et Proclus, une traduction de Platon, des fragments de la plus ancienne école d'Italie, des livres d'Aristote, le Manuel de Tennemann, et devient l'ami de Hegel et de Schelling.

Ses tendances éclectiques n'entraînent pas seulement ses disciples, mais les penseurs les plus indépendants et les plus éloignés les uns des autres, Jouffroy et Damiron chez nous, Ancillon et Bonstetten à l'étranger. Parmi les autres penseurs qui ont agité en France un grand nombre de questions de morale et de politique, n'oublions pas MM. de Kératry, Massias Benjamin Constant, Droz, Guizot,

Villemain, Tissot, Gérusez, Ozaneaux, Laroque, Garnier, Paffe, Franck, Guépin, Simon, Mallet, Charma, Servant, Beauvais, Hippeau, etc.

Ainsi s'est trouvé un instant rétabli, par l'autorité de la raison, l'accord proclamé par l'autorité de l'Église à l'origine de la philosophie française. Mais ne nous hâtons pas de conclure : toutes les phases de notre philosophie moderne ne sont pas épuisées. Il s'en est ébauché une de plus, une dernière, celle de toutes qui seule se prétend arrivée au but, c'est-à-dire revenue au point de départ, à l'union pure et simple de la religion et de la philosophie, à la soumission absolue de la raison à l'Église.

Cette école, qu'on appelle *théologique* ou *mystique*, n'eut d'abord ostensiblement pour adeptes que Saint-Martin et la duchesse de Bourbon. Châteaubriand, exerçant une action immense sur la pensée nationale, rendit le courage aux amis de la religion; et il se présenta à sa suite quelques défenseurs de la philosophie chrétienne. La Restauration ayant encore fortifié ces courages, il se forma une école. Ses premiers chefs furent de Maistre, Bonald et Lamennais. Cependant, ce n'est point par ses plus anciens et plus éloquents organes, ni par ses doctrines les plus systématiques qu'elle exerce le plus d'action sur les esprits et re prépare le plus de chances pour l'avenir, c'est par ses défenseurs nouveaux et par ses interprètes mieux inspirés. Au sentiment religieux, à la science, à l'enthousiasme, ces trois grands besoins de l'humanité, s'adressent surtout Ballanche, le baron d'Eckstein, M. Bordas-Demoulin et abbés Lacordaire, Bautain et Gerbet. En répondant à des tendances qui se révèlent d'ordinaire un peu vagues et maladives, mais quelquefois cependant jeunes et puissantes, l'École théologique se constitue légèrement mystique; et, cessant d'être réactionnaire contre la philosophie du siècle dernier, ne l'est plus que contre les doctrines du nôtre. Sur ce terrain, rompant en visière avec tous ceux qui prétendent que le christianisme ancien ou régénéré a fait son temps, elle proclame la foi non-seulement le moyen de connaître, mais l'intuition elle-même.

Toutefois, qu'on ne s'y trompe point, si le mysticisme rencontre en France des sympathies isolées, il est antipathique au génie de la nation. Une doctrine que le plus célèbre des chanceliers de l'université, Gerson, et le plus aimé des évêques de France, Fénelon, ont été impuissants à faire triompher, peut bien, dans des circonstances données et par voie de réaction, obtenir un moment de succès; elle n'a pas d'avenir; pas plus que le sensualisme, le mysticisme n'a de racines parmi nous. La nation a trop de spiritualité pour n'être pas spiritualiste, et trop de raison pour n'être pas rationaliste. Au spiritualisme rationnel appartient l'avenir. Mais, que l'on ne s'y trompe pas, il appartient pas à l'idéalisme; il n'est à aucune vaine théorie; et plus grande, plus pratique que jamais est la mission de la philosophie parmi nous. La philosophie a fait nos doctrines du siècle dernier, et par ces doctrines celles qui nous a donné des institutions représentatives; elle ne nous a pas encore fait les mœurs, elle ne nous a pas donné les vertus que demandent nos lois : la lacune qu'elle a faite et qu'elle doit combler est profonde. MATTER.

Sciences.

L'histoire du mouvement scientifique en France est un des chapitres les plus importants de l'histoire générale de la science moderne. Depuis quatre siècles, la France a toujours marché en avant dans la voie des découvertes utiles. Si nous ne remontons pas plus haut, c'est que pendant le moyen âge il n'existait à proprement parler aucune science en Europe : l'alchimie et l'astrologie usurpaient ce nom; quant aux sciences mathématiques et naturelles, l'école se contentait de commenter les écrits d'Euclide et de Ptolémée, d'Aristote et de Pline; la médecine en était restée à Hippocrate et à Galien; c'était là tout ce qu'avaient pu produire les tentatives de Charlemagne, tout ce qu'avait engendré l'u-

niversité de Paris, la première de toutes, puisqu'elle fut créée en 1200 et que celle d'Oxford ne date que de 1206; les disputes de la scolastique absorbaient les meilleurs esprits, et c'est à peine si depuis Clovis jusqu'au milieu du quinzième siècle, on peut citer le nom d'un seul véritable savant, qu'étaient en effet Gervais Chrétien, Albert le Grand, Nicolas Flamel, sinon des astrologues, des alchimistes? Gerbert, dont tout le moyen âge vante la profonde érudition, alla bien demander aux Arabes les trésors qu'ils nous avaient conservés; mais il ne créa rien par lui-même.

Tout à coup la scène change. L'empire d'Orient vient de s'écrouler; la chronologie rapporte à cet événement une de ses grandes divisions, que les lettres et les sciences datent de l'invention de l'imprimerie, de l'apparition de la Réforme : l'esprit d'examen s'est introduit dans l'école, et la science avec lui. Notre nation remporte ses premières palmes dans les mathématiques : Viète, s'il ne crée pas l'algèbre, lui donne une telle extension, qu'elle devient une science nouvelle; à lui seul il fait plus que les Grecs, les Arabes et l'Italie n'avaient pu faire depuis Diophante. Le traducteur de ce dernier, Bachet de Méziriac, résout aussitôt, d'une manière générale et complète, les équations indéterminées du premier degré. En même temps, Fermat traite en se jouant les questions les plus ardues de la théorie des nombres, et Roberval dispute à Cavalieri la découverte des indivisibles, heureuse transformation de la méthode d'Archimède, dont devait dériver le calcul différentiel. Alors apparaît un homme qui domine son époque de toute sa hauteur : c'est Descartes, apportant au monde une philosophie, flambeau de vérité qui doit éclairer toutes les branches des connaissances humaines. Pour ne voir en lui que le mathématicien, Descartes applique le premier d'une manière générale et féconde l'algèbre à la géométrie. Si l'Allemagne s'enorgueillit de Leibnitz, si l'Angleterre est fière de Newton, la France peut leur répondre en nommant Descartes, qui leur fraya le chemin.

Il n'existait pas encore d'académies savantes. Le père Mersenne servait en quelque sorte de lien scientifique à toutes les illustrations du continent. Le savant minime fit connaître en France les belles découvertes de Toricelli sur le vide, qui donnèrent lieu aux expériences de Pascal, auxquelles nous devons le baromètre. C'était peu pour ce puissant génie : Pascal, aidé de l'analyse cartésienne, reprenant l'étude des sections coniques au point où l'avait laissée Apollonius, avait déjà démontré de belles et neuves propriétés, lorsque la mort vint le surprendre. Après lui, la dispute de Leibnitz et de Newton occupe un instant tous les esprits. Cependant L'Hospital coordonne et vulgarise chez nous les nouveaux calculs; parmi ses contemporains, nous trouvons Maupertuis, La Condamine, et Bouguer, l'inventeur de l'héliomètre; Déparcieux applique à des questions pratiques le calcul des probabilités, dont l'*Ars conjecturandi* de Bernouilli vient de poser les bases; Clairault et D'Alembert résolvent simultanément le problème des trois corps, se rattachant à la théorie newtonienne de l'attraction; tous deux enrichissent la mécanique et le calcul intégral, dont l'encyclopédiste répand dans le monde entier les récentes conquêtes. Vandermonde et Lagrange avancent la théorie des équations, pendant que Condorcet ajoute de nouveaux chapitres au calcul des probabilités. En même temps Desargues laissait sans ordre quelques écrits, germe de la géométrie descriptive qu'il était réservé à Monge de développer. Legendre fait paraître sa *Théorie des Nombres* et perfectionne la théorie des transcendantes elliptiques; Carnot publie sa *Géométrie de position*. Cette époque féconde est encore illustrée par Prony, par Fourier, le savant auteur de la *Théorie de la Chaleur*, par Poisson, Hachette, Lacroix, dont les travaux ont pour continuateurs MM. Cauchy, Chasles, Charles Dupin, Poncelet, Lamé, Poinsot, Biot, Sturm, etc. Dans un tableau aussi rapide, nous n'avons pu que signaler les faits les plus marquants de l'histoire des mathématiques en France ; mais que l'on parcoure toutes les grandes collections scientifiques nationales et étrangères depuis les *Mémoires de l'Académie des Sciences* jusqu'aux *Annales* de Gergonne et au *Journal de Mathématiques* de M. Liouville, et on verra quelle large part revient encore aux géomètres et aux analystes français.

La physique et l'astronomie sont dans une telle dépendance des mathématiques qu'elles ne pouvaient que les suivre. Mariotte, dans la seconde moitié du dix-septième siècle, introduisit en France la physique expérimentale, et confirma les principes hydrostatiques qu'avait entrevus Galilée. Après lui vinrent Réaumur, qui se distingua aussi comme entomologiste, puis Borda, et enfin l'illustre Coulomb, mort en 1806. Pendant que Malus créait une théorie de la lumière, modifiée depuis par Fresnel et Arago, Ampère fondait celle de l'électro-magnétisme. C'est sur les traces de ce dernier que marche aujourd'hui M. Becquerel, à qui les arts sont encore redevables de tant d'applications utiles de l'électro-chimie. La France peut encore citer Savart, MM. Pouillet, Despretz, Babinet, etc.

L'astronomie française date de Gassendi ; elle s'illustre avec les Cassini, Lahire, Picard, Lacaille, Lalande, l'infortuné Bailly, Delambre, Messier, etc. Au-dessus de tous ces noms brille celui de Laplace, qui vivra autant que les lois immuables formulées dans la *Mécanique céleste*. Après lui, qui oserions-nous nommer si nous n'avions Arago, dont le vaste génie embrassait à la fois les questions les plus diverses ? Arago a laissé une trace ineffaçable dans l'optique, l'acoustique, le magnétisme, la météorologie, l'hydrographie ; pendant un demi-siècle il a constamment reculé les bornes de la science, tant par ses propres découvertes que par les encouragements qu'il accordait aux jeunes savants chez lesquels il croyait voir quelques heureuses dispositions : c'est ainsi qu'il accueillit M. Le verrier lorsque celui-ci déduisit du calcul l'existence de la planète *Neptune*. En vain, quelques hommes voudraient dénier à Arago tous ses titres de gloire : sa place, vide aujourd'hui dans l'astronomie française, ses travaux, que nul n'a pu encore continuer, sont d'éloquentes réponses aux vaines clameurs de la médiocrité haineuse.

La géographie et l'hydrographie ont marché de pair avec l'astronomie ; elles ont été cultivées avec succès par Bochart, Delisle, D'Anville, Bougainville, Fleurieu, Barbié du Bocage, Freycinet, Duperrey, Beautemps-Beaupré, etc.

Ambroise Paré est le père de la chirurgie française qui, ainsi que la médecine, brille ensuite d'un vif éclat avec Guy-Patin, Fagon, Petit, Quesnay, Lecat, le frère Cosme, Bouvard, Antoine Louis, Desault, Hallé, Corvisart, Baudelocque. Cabanis ouvre la carrière à la philosophie médicale. Il est suivi des physiologistes Pinel, Chaussier, Bichat, Broussais, MM. Serres, Flourens, à côté desquels se continue notre école d'opérateurs et de praticiens distingués par Boyer, Alibert, Dupuytren, Larrey, Magendie, Roux, Lisfranc, Lallemand, Pariset, MM. Velpeau, Piorry, etc. Rangeons aussi parmi les physiologistes de premier ordre Dutrochet, à qui revient la découverte de l'endosmose, Étienne et Isidore Geoffroy Saint-Hilaire, les créateurs de la tératologie.

C'est au règne de Henri IV qu'appartient Olivier de Serres, notre célèbre agronome, le précurseur de La Quintinie et de Duhamel du Monceau. Mais les sciences naturelles seraient sans doute restées stationnaires si la fondation du Jardin des Plantes, due à Guy de Labrosse (1626), ne fût venue leur donner un nouvel élan. Tournefort, nommé professeur de botanique à cet établissement, a publié sa méthode, antérieure de quarante ans au système linnéen. Un autre botaniste français, contemporain de Tournefort, Pierre Magnol, professeur à Montpellier, donne aussi les principes d'une classification. Tournefort est remplacé par Antoine de Jussieu, le premier qui se fit connaître dans cette famille vouée tout entière à la botanique, comme la famille Bernouilli aux mathématiques. En 1758 Bernard de Jussieu, frère d'Antoine, pose les premiers jalons de la méthode naturelle, qui, complétée par son neveu, Antoine-Laurent de Jussieu, se substitue enfin au système artificiel de Linné. Pendant ce temps, Poivre, Adanson, Commerson étudient les flores tropicales ; d'autres, comme Parmentier, acclimatent plusieurs plantes utiles ; Lamarck crée la méthode dichotomique. Dans cette dernière période, la physiologie végétale fait de précieuses découvertes avec Ventenat, Richard, Dupetit-Thouars, Desfontaines, Mirbel, Auguste Saint-Hilaire, Gaudichaud, MM. Adolphe Brongniart, Boussingault, Payen, etc.

Sous le rapport de la zoologie, la France n'a pas les honneurs de la première classification, car Buffon, en écrivant son *Histoire des Animaux*, ne s'occupa que de la description des espèces. Cette œuvre immense l'occupa plus de quarante ans, et, malgré l'aide de Daubenton et de Guéneau de Montbéliard, il ne put faire paraître que les quadrupèdes et les oiseaux. Lacépède décrivit les serpents, les poissons, les cétacés. Levaillant explora l'Afrique, l'Amérique et les Indes, dont il étudia l'ornithologie. La classification zoologique était donc à peu près restée ce que Linné l'avait faite, lorsque George Cuvier fit paraître le *Règne animal distribué d'après son organisation* (1816), avec le concours de son frère Frédéric Cuvier et de MM. Duméril et Duvernoy pour les animaux supérieurs, de M. Valenciennes pour les poissons, et de Latreille pour l'entomologie. Il y fit ressortir sa *loi de corrélation*, à l'aide de laquelle il rétablit des espèces disparues et créa la paléontologie. L'école de Blainville s'est depuis posée en antagonisme avec celle de Cuvier ; mais quelques victoires qu'elle ait remportées sur certains points de détail, la gloire de Cuvier n'en reste pas moins entière.

En découvrant les lois de la cristallographie, précédemment cherchées par Romé de l'Isle et Daubenton, Haüy fournit les moyens d'établir une bonne classification des minéraux, œuvre qu'accomplit Beudant. Substituant aux hypothèses hasardées de Buffon les conséquences déduites de l'observation de la nature, Cuvier, secondé par Alexandre Brongniart, donne à la géologie de nouvelles bases, d'où sont nés MM. Élie de Beaumont, Dufresnoy, Constant Prévost, etc.

La chimie est une science toute française. Elle ne pouvait naître qu'après l'établissement des vérités fondamentales de la physique : aussi la véritable chimie ne commence-t-elle qu'avec Guyton de Morveau, Lavoisier, Berthollet, Fourcroy, qui créent presque d'un seul jet et cette science et sa langue. Proust établit le premier que les corps se combinent en proportions fixes. Dulong, aussi grand chimiste que grand physicien, découvre le chlorure d'azote et les lois de la double décomposition. D'Arcet dote les arts d'une foule de procédés ingénieux. Il nous faudrait encore analyser les travaux de Vauquelin, de Gay-Lussac, d'Orfila, de MM. Thénard, Chevreul, Dumas, Pelouze, Balard, Raspail, Regnault, etc. ; mais ils ont leur place marquée dans ce livre. Rappelons seulement, parmi les découvertes les plus récentes, celle de la solidification de l'acide carbonique par Thilorier.

La France a donc tenu et tient encore le premier rang non-seulement dans le domaine de la science spéculative, mais encore dans celui des applications utiles. Elle peut réclamer la priorité dans la découverte de l'emploi de la vapeur comme force motrice, en Papin, et avant Papin, Salomon de Caus. Nul ne conteste, d'ailleurs, l'aérostat à Montgolfier, le parachute à Blanchard, rudiments d'où naîtra peut-être un jour la navigation aérienne. La mécanique a produit chez nous les chefs-d'œuvre de Vaucanson, de Jacquart, et dans l'horlogerie nous avons ceux de Berthoud et des Bréguet. Depuis Gambey nos instruments d'optique n'ont rien à envier à ceux de Fraunhofer. La télégraphie est une invention dont nous sommes redevables à Chappe; Ampère peut aussi réclamer sa part dans l'idée première de la télégraphie électrique. Faut-il encore citer la lithotritie, le daguerréotype, le fulmi-coton? L'industrie doit à la science les chaux hydrauliques de M. Vicat; l'application des hélices propulseurs aux bateaux à vapeur; le perfectionnement des chaudières à vapeur, des turbines, des barrages, des pierres artificielles, etc. Et quant aux découvertes qui semblent n'avoir jusqu'à présent aucun caractère d'utilité pratique, ne les jugeons pas avec trop de précipitation. La polarisation de la lumière peut-être prise pour exemple : n'est-ce pas aujourd'hui en vertu de ses lois que le *polarimètre* de Biot nous permet d'évaluer la richesse saccharine du vin, du lait on de tout autre liquide? Rappelons encore, pour nous en tenir à des découvertes entièrement françaises, que si l'iode n'eût pas été connu, la photographie n'existerait probablement pas.

Nous venons de faire en quelques lignes une sorte de table des illustrations nationales, table glorieuse, dans laquelle bien d'autres noms mériteraient une place honorable. Mais la science a ses historiens, et les titres de la France sont inscrits pour les mathématiques, dans l'ouvrage de Montucla et dans l'*Aperçu historique* de M. Chasles; pour l'astronomie, dans le livre de Delambre; pour la botanique, dans l'article *Taxonomie*, d'Adrien de Jussieu, inséré dans le *Dictionnaire universel d'histoire naturelle* de M. Ch. d'Orbigny. On consultera avec fruit le *Discours préliminaire* de ce même recueil, esquisse rapide des progrès de toutes les sciences. M. Hoefer a écrit une *Histoire de la Chimie*; etc.

E. MERLIEUX.

Beaux-arts.

L'architecture, la sculpture, la peinture, tous les beaux-arts, en un mot, ont été transmis à la Gaule par les Romains, qui les tenaient des Grecs. En sorte que dès les premiers siècles de notre ère nos aïeux les Gaulois reçurent sans s'en douter, et sous des formes bien altérées sans doute, la tradition des grands artistes d'Athènes. Toutes les constructions architectoniques du siècle de Charlemagne, bien que modifiées par les usages religieux et civils, se rattachent encore d'une manière évidente au système de l'architecture romaine. Les proportions sont changées, mais les formes sont les mêmes. Les voûtes et les arcs en particulier sont demi-circulaires. Le désir qu'avait Charlemagne de faire renaître les sciences et les arts joint à l'étendue de sa puissance et des relations qu'il avait avec les nations les plus éloignées de lui ont pu contribuer à préparer (la singulière révolution qui s'opéra deux siècles plus tard dans le goût des Européens pour tous les objets d'art.

Jusqu'au commencement du onzième siècle, et tant que l'art romain a été suivi en France, ce sont, en général, des architectes appelés du pays des vainqueurs, qui ont dirigé les travaux des édifices, tandis qu'à l'époque suivante, où le goût dit *gothique* est dans tout son éclat, l'art de l'architecture est particulièrement cultivé dans les cloîtres par des moines et des ecclésiastiques pleins de mérite, mais si religieusement humbles, qu'ils n'ont pas même laissé de trace de leurs noms. Cependant quelques-uns de ces artistes français du moyen âge sont connus : on a conservé le souvenir de Romuald, architecte du roi Louis le Pieux, qui commença en 840 la cathédrale de Reims, rebâtie plus tard dans le style dit *gothique*. On sait que Fulbert, évêque de Chartres, et savant dans l'art de l'architecture, donna les plans de la nouvelle cathédrale de cette ville, et en dirigea les premières constructions en 1020. Le ministre Suger passe encore pour avoir été un habile architecte. Ce fut lui qui fit rebâtir, d'après ses propres plans, l'église abbatiale de Saint-Denis. La cathédrale d'Amiens fut commencée en 1220 par Robert de Luzarche, continuée par Thomas de Cormont, et achevée par son fils Renaud, en 1269. Vers la moitié du treizième siècle, il y eut en France trois architectes célèbres : Jean de Chelles, qui fit le portique latéral du côté du midi de Notre-Dame de Paris; Pierre de Montereau, auteur de l'ancienne *Sainte Chapelle de Vincennes*, rebâtie telle qu'elle est aujourd'hui du temps de François 1er; et Eudes de Montreuil, qui construisit à Paris les églises de Sainte-Catherine-des-Écoliers, de l'Hôtel-Dieu, de Sainte-Croix de la Bretonnerie, des Blancs-Manteaux, des Cordeliers, des Mathurins et des Chartreux, tous édifices entièrement détruits de nos jours. Vers 1297, Robert de Covey fut chargé de réédifier l'ancienne cathédrale de Reims, qui avait été détruite par un incendie en 1210. Son successeur fut Hugues Le Bergier, dont le tombeau est dans l'édifice même. Enfin, on a conservé le nom de Jean Ravy, architecte et sculpteur, qui employa son double talent pendant vingt-six ans, à Paris, pour terminer l'église de Notre-Dame, qui ne fut entièrement achevée qu'en 1351.

C'est vers la fin du treizième siècle et pendant le quatorzième que se formèrent ces compagnies d'ouvriers sculpteurs, charpentiers et maçons, auxquelles les *francs-maçons*, à ce que l'on prétend, doivent leur origine. C'est alors que, dans le midi de la France, les *fratres pontifices* construisirent les ponts d'Avignon et du Saint-Esprit, ouvrages merveilleux pour ce temps. Cette école perdit son unité à partir des guerres de Charles VIII et de Louis XII en Italie.

Vers 1379, Charles V, le fondateur de la Bibliothèque impériale, établit aussi l'Académie de Saint-Luc, que Charles VI, son fils, organisa définitivement en 1390. Le style dit *gothique*, quoiqu'en s'affaiblissant, continue de fleurir jusqu'en 1480, bien qu'on l'ait encore affecté pendant plus d'un siècle après la construction des églises. Les expéditions successives de Charles VIII et de Louis XII en Italie font pénétrer en France la lumière jetée par la renaissance des lettres et des beaux-arts en Italie. Le goût arabe ou gothique est rejeté; Louis XII fait venir en France un architecte italien, le frère Joconde, qui bâtit deux ponts à Paris, Vers le même temps on bâtit pour le cardinal d'Amboise le château de Gaillon, et le palais de justice de Rouen.

Mais l'ère véritable de la renaissance des beaux-arts en France date du règne de François 1er. Alors le style gothique tombe et s'affaiblit en même temps que l'esprit chevaleresque et le zèle pour les croisades. Le roi fait des expéditions en Italie, y augmente son goût naturel pour les beaux-arts, et profite, en 1531, de quelques années de paix pour faire venir de ce pays Serlio, Primatice, il Rosso, P. Trebati et Benvenuto Cellini, auxquels il confie la décoration extérieure et intérieure du château de Fontainebleau. C'est alors qu'apparaissent les premiers artistes français: Jean Goujon, et Jean Cousin; puis bientôt après Paul Ponce, Bontemps, Germain Pilon, et le peintre Fréminet, élève du Primatice. Alors, l'art italien, greffé sur la France, commence à fleurir et à porter des fruits qui sentent le nouveau terroir. L'originalité française se fait sentir, surtout dans l'art de l'architecture, plus dépendant que tous les autres du climat, des usages, et par conséquent plus soumis aux goûts du pays où on l'exerce. Quant aux premiers grands architectes de la renaissance française, ce sont : Pierre Lescot, auteur de la fontaine des Innocents; Philibert Delorme, à qui l'on doit les plus belles parties du Louvre et le château d'Anet; Jean Bullant, par qui le connétable Anne de Montmorency fit bâtir le château d'Écouen. Le luxe et la recherche s'introduisent jusque dans les objets de l'usage le plus ordinaire et font perfectionner les poteries émaillées à Bernard Palissy.

A la régence de Marie de Médicis s'arrête l'essor brillant de la renaissance française. Les ouvrages des artistes italiens, mieux connus, sont plus analytiquement étudiés. Rubens, chargé de peindre la galerie du Luxembourg, modifie, par l'influence de son goût et de son talent, l'impulsion que les artistes italiens avaient jusque là donnée exclusivement aux artistes de la renaissance française. Jacques Desbrosses bâtit le palais du Luxembourg, en se guidant sur celui des Pitti à Florence. François Mansard, chargé par Anne d'Autriche, femme de Louis XIII, de construire l'église du Val-de-Grâce, prend modèle sur la fameuse basilique de de Saint-Pierre de Rome; il élève le premier dôme que l'on ait vu à Paris, et détermine le développement des beaux-arts particulier au règne de Louis XIV. Mais déjà avant la splendeur de cette époque avaient paru les deux plus grands peintres français, Nicolas Poussin, qui fit ses plus beaux ouvrages en Italie, et Eustache Lesueur, qui cultiva son art à l'abri des cloîtres. Parmi leurs contemporains, on remarque Claude Gelée et Sébastien Bourdon.

Il serait superflu de donner ici la nomenclature et la description de tous les ouvrages d'art qu'a fait élever et exécuter Louis XIV. Il suffit de rappeler la colonnade du Louvre, de Perrault, l'hôtel des Invalides, commencé par Libéral Bruant et terminé par Hardouin Mansard, et le château de Versailles, du même Mansard, pour réveiller le souvenir de ce que ce monarque a fait faire de plus grand en architecture, en sculpture et en peinture; pour faire redire les noms des Puget, des Desjardins, des Girardon, des Coysevox, des Coustou, des Lebrun, des Mignard et des Lenôtre. Les ouvrages de ces artistes, pris à part, ne pourraient pas sans doute supporter la comparaison avec ceux des grands hommes que l'Italie a produits dans le quinzième et le seizième siècle, ni même avec les productions des artistes français de la même époque. Mais lorsque l'on considère le résultat des efforts simultanés que Louis XIV les a mis à même de faire, on est émerveillé de ces énormes monuments, où l'on trouve tant d'unité, tant de grandeur et tant de charmes. Ce qui frappe et attache dans les ouvrages d'art du siècle de Louis XIV, c'est leur homogénéité, c'est leur harmonie, c'est la physionomie bien prononcée qu'ils ont tous. Dans l'ensemble et les détails des édifices, dans la décoration intérieure, dans la régularité élégante des parcs et des jardins qui les environnent, partout on retrouve cette majesté un peu sévère que le monarque portait lui-même sur son front.

Un genre de peinture qui n'avait jamais été négligé en France prit cependant un éclat nouveau du temps de Louis XIV : la peinture sur émail fut poussée à un degré incroyable de perfection par Jean Petitot, de Genève. Mais l'une des gloires des beaux-arts en France est la gravure en taille-douce, qui n'a jamais été mieux traitée qu'à cette époque. Les ouvrages des Callot, des Nanteuil, des Mellan, des Israel Sylvestre, des Masson, des Poilly, des Pesne, des Audran, des Edelinck et des Drevet, sont encore aujourd'hui des chefs-d'œuvre qui n'ont pas été surpassés par les meilleures gravures faites en Europe jusqu'à nos jours. La gravure en taille-douce de haut style est peut-être le seul art pour lequel la France n'ait point de rivale, même au moment où nous écrivons.

Comme toutes les autres branches des connaissances humaines, les beaux-arts se ressentirent du dévergondage des mœurs de la régence, et l'architecture même en parut assez souvent de sa haute destination. Une quantité immense de châteaux et d'hôtels, où l'on rechercha bien plutôt à prévoir tous les besoins de la vie privée, déjà fort recherchée à cette époque, qu'à satisfaire aux conditions sévères du goût et des lois de l'architecture, furent élevés en France. Aux peintures composées sur des sujets tirés de l'histoire, de la Bible ou de ce qu'il y a de plus sérieux dans la mythologie, on fit succéder des tableaux galants, obscènes même parfois, où les artistes, se débarrassant du costume antique, dont l'aspect majestueux semblait ôter de la vivacité à leurs compositions libertines, n'introduisirent que des personnages habillés à la mode du temps. Un homme doué par la nature du plus heureux talent, mais que son caractère bizarre et l'époque où il a vécu ont dominé, contribua singulièrement à faire prendre aux beaux-arts en France ce biais fâcheux. C'est Antoine Watteau, à qui succéda François Boucher, son élève, homme de talent, quoique bien inférieur à son maître. Bien qu'il soit certain que ces tristes productions ont été pendant les deux premiers tiers du dix-huitième siècle l'objet de l'admiration de presque toute la France, on doit dire aussi que les sages institutions de Louis XIV relatives aux arts furent cause que la tradition des ouvrages de haut style fut au moins théoriquement conservée. En architecture particulièrement, Louis XV fit exécuter des travaux dont les détails manquent de pureté, mais que leur masse au moins rend toujours majestueux. Ce fut sous le règne de ce prince que Robert de Cotta éleva les colonnades de Trianon, que Jacques Gabriel construisit l'École militaire et les deux bâtiments de la place Louis XV, que Germain de Beaufrand bâtit l'hôtel de Montmoreney et l'hôpital des Enfants-Trouvés, que Servandoni ajouta la façade de Saint-Sulpice, et que Blondel, outre les édifices remarquables qu'il acheva, écrivit de fort bons livres sur l'art de l'architecture.

Tandis que Watteau et après lui Boucher dirigeaient tyranniquement le goût de la peinture légère à la mode, s'il faut faire une exception honorable pour Jouvenet, on doit dire que tous les peintres dans le genre grave et élevé ne furent que de faibles imitateurs de la faible manière de Lebrun. Rigaud et Largillière firent de bons portraits ; mais à peine se souvient-on de Carle Vanloo, qui fut si célèbre de son temps. Parmi les statuaires du commencement du dix-huitième siècle, on ne peut citer que Bouchardon.

Depuis deux siècles, les artistes et les antiquaires avaient pris l'habitude d'aller étudier à Rome et en Italie. La vue des chefs-d'œuvre de Rome et de la Grèce et des maîtres modernes frappa de nouveau des hommes las des mesquines et faibles productions dont les artistes inondaient l'Europe à la fin du dix-septième siècle, et ils prirent la résolution de réformer le goût. Cette époque la plupart de ces hommes éclairés, ainsi que Mengs, le chevalier d'Azara et l'écrivain Milizia, se trouvèrent ensemble à Rome. Ce groupe de savants antiquaires, de critiques archéologues et d'artistes, ouvrit l'ère des arts où nous sommes encore, et que nous désignerons par le titre d'*archaïsme*.

David est l'artiste français qui contribua le plus puissamment à faire adopter et suivre en France la réformation et l'archaïsme dans tous les arts. Sous l'influence de son talent, tous les artistes en France furent soumis à l'archaïsme, depuis la statuaire et l'architecture jusqu'à l'orfévre et au lampiste. L'époque où cet accès devint le plus fort est comprise entre les années 1796 et 1801. Alors David finissait *Les Sabines*, commençait *Les Thermopyles* et ébauchait le portrait de Bonaparte revenant de Marengo. Vers le même temps, de 1801 à 1808, l'un de ses plus habiles élèves, Gros, traita plusieurs sujets de la vie de Bonaparte avec un éclat singulier. Le succès de *La Peste de Jaffa* contribua sans aucun doute à diminuer le goût excessif que l'on avait encore pour l'art traité à la manière antique et pour les sujets de la mythologie. On doit aussi faire observer qu'à partir des années 1805 à 1808 plusieurs artistes s'exercèrent sur des sujets anecdotiques tirés de l'histoire des temps du moyen âge et de la renaissance. Cette disposition des esprits, en reportant les études archaïques sur les ouvrages dits *gothiques*, a préparé la petite révolution *romantique*.

David a formé une grande quantité de bons élèves ; quelques-uns ont été et sont encore célèbres. Les principaux sont : Drouais, qui le suivit à son second voyage en Italie; Girodet, Gros, Gérard, Granet, Léopold Robert, MM. Schnetz et Ingres.

L'art de l'architecture subit aussi l'influence de la réformation archaïque, à compter de 1772. C'est alors que Soufflot élevait le Panthéon, que Gondouin construisit l'École de Médecine, et de Wailly la salle du Théâtre-Français ou l'Odéon. On construisit encore l'hôtel de la Légion-d'Honneur, sur les dessins de Rousseau ; puis les barrières de Paris, nombreux édifices où l'artiste Ledoux reproduisit l'architecture antique comme on la comprenait vers 1789 en France. On peut rapporter au même goût et à la même époque tous les hôtels de la Chaussée d'Antin, espèce de *petites maisons* bâties pour

47.

les derniers grands seigneurs et les dernières grandes courtisanes, par Boulanger. On appliqua aussi le système archaïque à l'architecture sacrée. Chalgrin fut le premier qui eut l'idée de reprendre le plan des basiliques constantines, et de le suivre en effet pour la construction de Saint-Philippe du Roule à Paris.

La statuaire et la sculpture ne pouvaient échapper à l'influence de la réforme archaïque. En effet, La Baigneuse de Julien, la Diane de Houdon, et toutes les sculptures d'ornement exécutées à Sainte-Geneviève, à l'École de Médecine, à l'hôtel de Salm, témoignent des efforts que les sculpteurs de cette époque firent pour abandonner le goût dit académique et suivre celui des anciens. Le statuaire Chaudet, auteur d'une belle statue de Napoléon, représenté nu, vint ensuite et tint le sceptre de son art, pendant que David exerçait une si grande influence sur le sien.

Pendant le cours de son règne d'empereur, Napoléon s'occupa beaucoup des arts, mais dans un but exclusivement politique et personnel. L'art pour lequel il paraît avoir un goût naturel, et qu'il a le plus heureusement favorisé, est celui de l'architecture. D'une part, son instinct le portait à suivre la marche grandiose qu'avait tracée Louis XIV; outre cela, il fut guidé et aidé dans les grands travaux qu'il fit entreprendre ou achever par deux hommes d'un mérite remarquable, Percier et Fontaine, à côté desquels on peut placer Brongniart, l'architecte de la Bourse de Paris.

La peinture ne fut pas également favorisée. A l'exception de Gros, qui ne fit connaître toute la force de son talent qu'à compter de 1801, tous les autres artistes fameux alors avaient fait leurs preuves depuis longtemps. David, Girodet et Gérard étaient des peintres très-célèbres à l'avénement de Napoléon au trône. On peut croire qu'un souverain naturellement doué d'un goût vif pour les arts aurait encore mieux employé le talent de ces artistes que ne le fit l'empereur. Toutefois, on aurait mauvaise grâce à le plaindre, après avoir vu les tableaux de La Peste de Jaffa, de la Bataille d'Austerlitz, du Couronnement et quelques compositions de ce genre de l'auteur du Déluge et de l'Enterrement d'Atala. Cependant, cette prodigieuse quantité de peintures officielles, espèce de Moniteur visible à l'usage de ceux qui n'avaient pas le temps de lire les bulletins, porta un coup funeste à l'art. Elle le transforma en métier et multiplia d'une manière exorbitante le nombre des peintres artisans. Quant aux graveurs en taille-douce, ils trouvèrent une belle occasion d'exercer leur talent. Parmi les nombreuses planches qui composent le musée Napoléon de Laurent, il y en a de fort bonnes et une excellente, celle du groupe du Laocoon, par Berwick.

David, condamné à l'exil, sortit de France en 1816. Tout à coup l'archaïsme grec fut rejeté par la nouvelle génération d'artistes qui se présentaient à l'entrée de la carrière. Un jeune homme d'un talent vif, naturel et tout instinctif, prépara et fit éclater cette révolution en quelques mois, par des productions brillantes d'esprit et d'originalité, et qui avaient en outre le mérite de représenter des actions et des hommes sur lesquels toute la France avait alors son attention dirigée. M. Horace Vernet rendit en dessins ou en tableaux les scènes de la vie militaire, depuis les plus graves, comme les batailles de Champ-Aubert et de Hanau, jusqu'aux grimaces des vieux grenadiers de la garde impériale jouant avec les bonnes et les petits enfants, à la guinguette. Ses compositions, étincelantes d'esprit et souvent pleines de pathétique et de grandeur, obtinrent un succès qui alla jusqu'à l'engouement. Bientôt après, M. H. Vernet avait plus de vingt imitateurs. La lithographie s'introduisit en France, et contribua au développement du talent d'un homme de mérite, Charlet, qui a si bien rendu par ce moyen tous les détails de la vie militaire. Il arriva encore qu'un jeune homme heureusement doué par la nature, Géricault, choisit pour diriger ses études ceux des grands maîtres en peinture qui se distinguent par le plus de fougue, de hardiesse et de facilité, tels que Tintoret, Jouvenet, et Gros parmi ceux de son temps. La manière de Géricault devint hardie, grande, mais incorrecte et heurtée, comme celle des peintres sur les ouvrages de qui il s'était formé. Enfin, en 1819, ce jeune artiste exposa au Louvre un très-grand tableau représentant le Radeau des naufragés de la Méduse. Cette production d'un si jeune homme était de nature à exciter l'attention des artistes ; mais elle fit plus, car elle contribua à modifier encore les doctrines des plus jeunes d'entre eux. Dès lors on rejeta entièrement l'étude de l'antiquité, celle même des maîtres des écoles florentine et romaine, pour se livrer à l'admiration des ouvrages des artistes flamands, des peintres français qui succédèrent à Lebrun.

Outre les peintres de ce temps que l'on a eu l'occasion de désigner déjà, on en citera encore quelques-uns, dont les noms, en rappelant le souvenir de leurs ouvrages, donneront une idée de l'état où est l'art aujourd'hui : pour l'histoire, MM. Hersent, Paul Delaroche, Scheffer, E. Deacroix, Ziegler, Alaux, Court, Monvoisin, Steuben, Champmartin, Heim, Flandin, H. Lehman, Léon Cogniet, Drolling, Bouchot, L. Boulanger, Michalon, Papety, Couture, etc.; pour le genre anecdotique, MM. Biard, Decamps, Diaz, Roqueplan, Duval-Lecamus, Destouches, Mme Haudebourg ; pour le portrait, Mme de Mirbel; pour le paysage, MM. V. Bertin, Corot, Dupré, Th. Rousseau, Cabat, Flers, Gudin, Brascassat, Édouard Bertin, Melle Rosa Bonheur; en sculpture, Pradier, Cortot, MM. David (d'Angers), Lemaire, Duret, Dumont, Etex, Barye, Dantan, Foyatier, Clésinger, Petitot. Au nombre des habiles graveurs en taille-douce sont MM. Desnoyers, Calamatta, Richomme, Forster, Henriquel Dupont, Muller et Mercuri ; à la manière noire, M. F. Girard ; à l'acquatinta, M. Jazet; en gravure sur bois, M. Porret; en lithographie, Gavarni, Grandville, Daumier, Grévedon, Em. Lasalle. Quant à notre école moderne d'architecture, elle est représentée par Huvé, Lepère, Visconti, Debret, MM. Hittorf, Duban, Lebas, Blouet, Violet-Leduc, Lassus, Baltard, Labrouste, etc. E.-J. DELÉCLUZE.

Musique.

Les chants de guerre, les ballades et chansons nationales étaient la seule musique des anciens Francs. Le plain-chant vint plus tard ajouter à la pompe des cérémonies de la religion chrétienne; ce genre de musique se répandit en France dans toutes les églises. On chantait dans les temples chrétiens, on chantait en marchant à l'ennemi, on chantait pour célébrer une victoire, un événement politique, et les Francs déployaient un grand nombre de voix et d'instruments dans leurs fêtes. Les chansons et le plain-chant, telle fut la musique française pendant six siècles environ ; nos voisins n'étaient pas plus riches que nous. Clovis voulut avoir un corps de musiciens attaché à son service pour l'exécution des chants sacrés dans les grandes solennités de l'église. Le nom de chapelle n'était pas encore connu, on ne le donna que plus tard à l'oratoire royal.

Au temps de Charlemagne, les jongleurs, les baladins et les musiciens ambulants abondaient en France. Ils récitaient dans leurs ballades les principaux événements de l'histoire du pays, et célébraient les faits et gestes des héros. Ces ballades militaires s'appelaient, à cause de cela, chansons de gestes; elles étaient en latin, et rimées dans le goût des proses de l'église. On pense que le peuple français ne chanta généralement en langue vulgaire que vers le dixième siècle. Les chansons d'amour devinrent alors très-communes; les prêtres même en écrivaient.

Rabanus, Haymar de Alberstadt, Héris, Remi d'Auxerre, Hucbald, moine de Saint-Amand, Héris, Remi d'Auxerre, en Bourgogne, se distinguèrent parmi les musiciens qui brillèrent en France depuis le temps de Charlemagne jusqu'à celui de Guido d'Arezzo. Jean de Muris, docteur de l'université de Paris, tient la première place parmi les auteurs français du moyen âge qui ont écrit sur la musique. Il a passé pour l'inventeur de la musique mesurée, qui est due à Francon, auteur d'un traité sur cette matière, traité dont la date est antérieure de deux siècles à celle où Jean de Muris écrivait.

Dans le douzième siècle parurent les trouvères, troubadours, ménestrels, qui, poëtes et musiciens, composaient les paroles et la musique de leurs chansons, lays, romances. Les plus fameux sont Thibault, comte de Champagne et roi de Navarre, Charles d'Anjou, Perrin d'Angecourt, Gautier de Coincy, Chrétien de Troyes, Auboin de Sézanne, Gaces-Brulez et le châtelain de Coucy. Les productions des trouvères et presque toutes les chansons françaises du douzième et du treizième siècle sont écrites pour une seule voix. Adam de La Hale, surnommé le Bossu d'Arras, se signala, vers 1280, en écrivant des chansons et des motets à trois parties. Ces ouvrages présentent sans doute des fautes contre l'harmonie; mais ce sont les plus anciennes compositions régulières à plusieurs parties que l'on connaisse aujourd'hui. Les motets de ce trouvère sont remarquables sous d'autres rapports. Ils se composent du plain-chant d'une antienne ou d'une hymne mis à la basse avec les paroles latines, sur lequel une ou deux autres voix forment une espèce de contre-point fleuri; et, ce qui peint bien le goût de ces temps barbares, ces voix supérieures ont des paroles françaises de chansons d'amour. Ces motets s'exécutaient dans les processions.

Guillaume de Machault, poëte et musicien, nous a laissé une collection de pièces fugitives, dont plusieurs sont écrites à trois et à quatre parties, plus une messe à quatre voix sur le plain-chant, qui parait avoir été exécutée en 1264, au sacre de Charles V. Ces compositions prouvent que l'art n'avait fait aucun progrès depuis Adam de La Hale. Vers le milieu du quinzième siècle, Giles ou Égide Binchois perfectionna la musique française d'une manière très-sensible. Antoine Busnois, maître de chapelle de Charles le Téméraire, duc de Bourgogne, florissait vers 1470, et ses contemporains Barbingant, Domart et Régis, travaillèrent aux progrès de l'art et jouirent d'une considération méritée. Ockeghem, savant compositeur de l'école flamande, fut appelé par Louis XI pour diriger sa chapelle; il eut pour élève Antoine Brumel, qui se plaça au premier rang parmi les musiciens français. Jean Mouton, maître de chapelle de Louis XII et de François 1er, fut son digne rival. Gléréan assure que le célèbre Josquin Desprès, la gloire des Pays-Bas, fut aussi maître de chapelle de Louis XII.

Les compositeurs les plus habiles de cette époque n'inventaient aucune mélodie; ils ne se donnaient pas la peine de chercher une idée, une phrase, un motif. Ils prenaient un thème dans le chant d'un air qui courait les rues, et formaient sur cette cantilène tous les dessins du contre-point dont ils l'accompagnaient. Trois ou quatre voix chantaient *Kyrie eleison* ou *Crucifixus etiam pro nobis*, tandis qu'une autre disait *Baisez-moi, ma mie*, ou *Quand Madelon va seulette*. Le génie était chose fort inutile pour une musique de ce genre; le talent de contre-pointiste ou d'arrangeur d'accords suffisait.

Le goût particulier que François 1er avait pour la musique fit prendre un grand essor à cet art sous le règne de ce prince. Il ne borna point sa sollicitude au choix de ses virtuoses, au recrutement de leur troupe, devenue plus nombreuse et plus habile; il voulut encore leur donner de bons instruments. Duiffoprugear, fameux luthier de Bologne, vint s'établir à Paris pour y fabriquer des violons, des violes et des basses destinées aux musiciens du roi de France, qui l'avait appelé à son service. Jusqu'en 1543 les virtuoses de la chapelle chantaient aux fêtes et divertissements de la cour. François 1er établit un corps de musiciens indépendants du service divin, et l'attacha spécialement à sa chambre; des joueurs d'épinette s'y font remarquer. Albert, fameux luthiste, célébré par Marot, y brillait au premier rang. Claude Sermisy, Aurant, figurent parmi les maîtres de chapelle de François 1er; ils succédèrent à Jean Mouton.

Clément Jannequin, le musicien le plus remarquable de ce temps, et le premier qui montra réellement du génie, publia, en 1544, ses *Inventions musicales à quatre ou cinq parties*. On trouve dans ce recueil la pièce si originale intitulée *La Bataille ou défaite des Suisses à la journée de Marignan*. Les musiciens qui se firent un nom et dont on peut citer l'habileté dans l'arrangement de l'harmonie sont Hesdin, Certon, Hottinet, Rousée, maître Gosse, Carpentras, A. Mornable, G. Le Roi, Vermont, Manchicourt, L'Héritier, Guillaume Le Heurteur et Philibert Jambe de Fer. Jannequin fut le seul inventeur; Claude le jeune, dit Claudin, de Valenciennes, et Claude Goudimel, de Besançon, ne signalèrent ensuite par cette même qualité; ils trouvèrent des mélodies qui sont restées. Goudimel périt en 1572; Mandelot, gouverneur de Lyon, le fit jeter dans le Rhône, comme huguenot, ayant mis en musique les psaumes traduits par Marot et Théodore de Bèze.

Du cauroy, que ses contemporains appelaient le prince des musiciens, quoiqu'il fût moins habile que plusieurs de ses prédécesseurs, avait commencé à diriger la musique des rois de France sous Charles IX; il continua ses fonctions sous Henri III et Henri IV, jusqu'en 1609, époque de sa mort. Il ne nous reste de ce maître qu'une messe de *requiem* à quatre voix, sans orchestre, ouvrage assez médiocre. La symphonie n'était pas encore en usage pour la musique d'église. On pense généralement que nos anciens noëls étaient des gavottes et des menuets d'un ballet que Ducauroy avait composé pour Charles IX. Quelques auteurs lui attribuent l'air *Vive Henri IV* et la jolie romance *Charmante Gabrielle*.

Ce ne fut qu'en 1645 que le cardinal Mazarin fit jouer, devant Louis XIV et la reine sa mère, une comédie lyrique, intitulée *Festa teatrale della finta Pazza*, de Giulio Strozzi. De là naquit l'opéra, qui ne tarda pas à être dirigé par Lulli.

Colasse, Teobaldo, Marin-Marais, Charpentier, Desmarets, Gervais, Destouches, Mlle de Laguerre, Bouvard, Bertin, Struck, plus connu sous le nom de Batistin; Salomon, Bourgeois, Matho, Colin de Blamont, Aubert, Campra, François Rebel, Quinault, acteur de la Comédie-Française; de Villeneuve, Royer; Lalande, que sa musique d'église avait illustré; Montéclair, qui le premier joua de la contre-basse à l'orchestre de l'Opéra, en 1700; Mouret d'Avignon, travaillèrent pour l'Académie royale de Musique, et se partagèrent la succession de Lulli. Tant que ce maître vécut, aucun autre musicien n'avait pu écrire la moindre chose pour le théâtre privilégié. Campra mérite d'être distingué parmi tous ces compositeurs. Les compositions de Rameau excitent des troubles violents dans le monde musical; ses succès sont contestés, et le parti de Lulli lui dispute longtemps le terrain. Enfin, la victoire reste à Rameau: comme Lulli, il régna en souverain sur la scène française. Mondonville, Rebel, Francœur, Mouret, Berton, etc., ses contemporains, ont laissé peu de souvenirs, et parmi les patriarches de l'Opéra français, Lull et Rameau ont seuls conservé leur célébrité.

Une guerre musicale s'était élevée entre les partisans de Lulli et ceux de Rameau; de nouveaux combats furent livrés entre ces deux camps réunis en 1752, qui prit fait et cause pour des chanteurs italiens qui donnèrent des représentations sur le théâtre de l'Opéra en 1752. La musique italienne fut accueillie avec enthousiasme; le coin du roi, le coin de la reine, se livrèrent de cruelles escarmouches en quolibets, en sarcasmes, lancés contre l'une et l'autre musique.

La vieille psalmodie s'était retranchée dans son fort, et tenait bon sur le théâtre de l'Opéra; la mélodie italienne se réfugia chez le gai vaudeville. Baurans traduisit la *Serva padrona*, qui devint *la Servante maîtresse*, et fit fureur à la Comédie-Italienne. Mme Favart et Rochard redirent aux Parisiens enchantés les accents de Pergolèse, que l'on avait ingénieusement naturalisés en France. Telle fut l'origine du théâtre de l'Opéra-Comique, ou bien tel fut l'événement qui causa la réforme de ce théâtre, et lui fit prendre sa direction vers la musique. En 1757 Duni commence à travailler pour l'Opéra-Comique; Philidor et Monsigny le suivent de près. Rodolphe, Gossec, donnèrent aussi des opéras, qui ont disparu ; les noms de ces musiciens seraient restés dans l'oubli, comme ceux de leurs nombreux contemporains, si de belles compositions religieuses et des ouvrages classiques estimés ne les avaient rendus célèbres. Rodolphe est le premier qui chez nous ait joué du cor avec habileté ; c'est lui qui apporta de l'Allemagne en France l'art de faire parler et moduler cet instrument sur tous les degrés de la gamme. Gossec fit faire de grands pas au style instrumental, et fit un heureux emploi des instruments de cuivre et des clarinettes.

En 1768 Grétry commence sa carrière par Le Huron, opéra médiocre, qui faisait espérer un grand talent. Gluck parut : en 1774, son Iphigénie en Aulide excitan un enthousiasme qu'il serait impossible de décrire. Il créa la musique dramatique en France, et marqua son début par un admirable chef-d'œuvre. Le dernier soupir des partisans de Rameau était à peine exhalé, que Gluck eut à combattre un nouveau rival, plus redoutable et plus digne de lui. Piccini, dont le nom était déjà fameux, vint débuter à notre Académie royale de Musique en 1778, par l'opéra de Roland. Le feu qui couvait sous la cendre se ralluma, et produisit bientôt le plus violent incendie. Nouvelle guerre musicale entre les gluckistes et les piccinistes.

La musique instrumentale du dix-huitième siècle fit quelques progrès sous le règne de Louis XIV. Parmi les organistes, après les trois Dournonville, on vit s'élever Dumont ; Monard, qui a laissé quelques pièces bien écrites ; Philidor, artiste d'un grand mérite ; Le Bègue, Michel, Tommelin, l'abbé de La Barre, et François Couperin, surnommé le Grand, parce qu'il était le plus habile de sa famille. Marchand fut après lui l'organiste le plus remarquable. Les clavecinistes célèbres de ce temps furent François Couperin, Hardelle, d'Anglebert et Buret. Nivers et Bernier se distinguèrent dans la composition de la musique d'église, dont Lalande tenait le sceptre. Marais et Fourqueray, violistes habiles, publièrent beaucoup de pièces pour leur instrument. Senaillé, né en 1668, fût le premier violoniste de France qui mérita d'être mis en parallèle avec les virtuoses de l'Italie : il écrivit de bonnes sonates, parmi lesquelles on remarque celle du coucou, morceau de prédilection des amateurs. Leclair montra plus de talent. Ces deux artistes sont les fondateurs de l'école française du violon, qui devint ensuite si brillante. L'art du chant vocal était parfaitement inconnu en France, il n'y eût des maîtres tels que Lambert, célébré par Boileau ; Camus, Dambray, Bacilly. Aucun d'eux ne connaissait la pose de la voix et la vocalisation. Sous la régence, la musique dramatique et religieuse resta stationnaire. Le régent, bon musicien, élève de Bernier, et compositeur, puisqu'il écrivit la musique de Panthée, opéra, ne prit aucun soin des progrès de son art favori. Philidor obtient le privilége de donner des concerts aux Tuileries pendant la quinzaine de Pâques et les fêtes dont la célébration interdisait les plaisirs du spectacle. On écrivit beaucoup de motets, de cantates, de symphonies, pour ces concerts, où les artistes nationaux et étrangers se signalaient tour à tour. Mozart, le divin Mozart, y fit exécuter une symphonie, et fut très-médiocrement satisfait de ses interprètes. Malgré les défauts de ses exécutants, le concert spirituel fut un établissement précieux pour l'art.

Rameau, dont les ouvrages dramatiques firent une révolution à l'Opéra, s'était déjà fait connaître par des ouvrages de théorie, très-défectueux sans doute, mais dans lesquels il y avait de bonnes choses, dont on a profité. Le système de la *basse fondamentale*, faux sur beaucoup de points, fit beaucoup de bruit en France : on l'attaqua ; un grand nombre l'adoptèrent, et cette doctrine vicieuse retarda chez nous le progrès de l'art de la composition. Les études d'harmonie et de contre-point étant faites d'après un mauvais système, la musique d'église était faible de style. Giroust, d'Haudimont et quelques autres passaient pour être fort habiles en ce genre ; Gossec mérite seul d'être distingué. Plus instruit dans l'art d'écrire, il a laissé plusieurs morceaux de musique sacrée qui méritent des éloges ; son Requiem tient le premier rang parmi ces compositions.

Avec de belles voix, Thévenard, Chassé, Jéliotte, Legros, Larrivée, Lays, Chardini, Rousseau, Mmes Lemaure, Pélissier, Fel, Arnould, Laguerre, Saint-Huberty, qui ont tenu les premiers emplois à l'Académie royale de Musique pendant le dix-huitième siècle, ignoraient l'art du chant, comme ceux qui les avaient précédés. On chantait encore moins à l'Opéra-Comique ; le sentiment dramatique, une sorte de déclamation mélodieuse ou criarde était tout ce que l'on exigeait des acteurs lyriques. Les instrumentistes se montrèrent plus habiles : Rameau, Daquin, Calvière, Séjan, étaient de bons organistes ; Guillemin, Gaviniès, Lahoussaie, Navoigile, se distinguèrent sur le violon. Vers la fin du siècle, Lebrun pour le cor, Michel pour la clarinette, Sallantin pour le hautbois, Ozy pour le basson, Hugo pour la flûte, Devienne pour la flûte et le basson, étaient des exécutants d'un mérite reconnu.

La révolution politique de l'année 1789 porta son influence sur la musique nationale ; elle en changea les formes. Méhul et Cherubini ouvrirent les voies à cette autre révolution. La liberté des théâtres la seconda merveilleusement. Notre école s'éleva comme par enchantement à son plus haut degré de gloire, d'où elle est descendue peu à peu à mesure que de nouvelles entraves se sont opposées aux progrès de l'art. Le joug du privilége a, comme autrefois, écrasé le génie français. On goûtait davantage l'opéra-comique, à mesure que l'exécution en était meilleure. À cette époque appartiennent Berton, Lesueur, Dalayrac, Catel, etc.

En 1794 on réunit tout ce que la France avait de plus illustre en compositeurs, chanteurs et instrumentistes, et le Conservatoire de Paris, ce monument de notre gloire musicale, s'éleva sur les fondements de l'École de Chant et de Déclamation, établie en 1784 par le baron de Breteuil. En peu d'années le Conservatoire produisit des symphonistes excellents, des violonistes surtout, les premiers de l'Europe, qui vinrent peupler nos orchestres ; et l'on vit débuter sur nos théâtres lyriques des chanteurs infiniment supérieurs à ceux qui les avaient précédés dans la même carrière. Nourrit, Dérivis, Roland, Despéramons, Batiste, Lecomte, Ponchard, Levasseur, Mmes Branchu, Duret, Boulanger, Rigaut, Cinti-Damoreau et beaucoup d'autres sont sortis de cette école.

Quelques instrumentistes ont obtenu de grands succès dans le solo. Kreutzer, Rode, Baillot, Lafont, A. Boucher, Mazas, Habeneck, se placèrent à la tête de notre école de violon ; Duport, Lamarre, Baudiot, Benazet, Norblin, Franchomme, se distinguèrent sur le violoncelle ; Vogt, Brod, Barré sur le hautbois ; Berr, Dacosta, Baneux, sur la clarinette ; Collin jeune, Mengal aîné, Mengal jeune, Dauprat, Meifred, Gallay surtout, sur le cor ; Gebauer, Henry, Villent, Barizel, Koken, sur le basson ; Tulou, Camus, Dorus, Coche, sur la flûte ; Berbiguier, flûtiste d'une belle exécution, c'est fait un nom en publiant une infinité de compositions estimées. Bochsa, Labarre et Mlle Aline Bertrand ont porté le jeu de la harpe à un degré de perfection très-éminent. Ces virtuoses ont été secondés par la harpe à double mouvement, invention merveilleuse de Sébastien Érard, prodige de mécanisme, que l'on doit regarder comme un des chefs-d'œuvre de l'esprit humain dans ce genre. Je garde pour la fin l'armée des pianistes : Adam père la commande. Après lui Zimmermann est le professeur qui a lancé dans le monde musical un plus grand nombre de maîtres. Boieldieu doit figurer parmi les pianistes français ; il était professeur de piano au Conservatoire de Paris. Citons encore : Rigel, Mozin, Desormery, Hyacinthe Jadin, Létendart, Gabriel Lemoine, Hermann, Kalkbrenner, J. Herz, H. Herz, Pradher, Zimmermann, Mansut, Bertini, Stammati, Rhein, Boely, Woetz, Dumonchel,

Alkan, Petit, E. Déjazet, J. Déjazet, Pleyel, H. Lambert, Fessy, Chollet, Billet, A. Méreaux, A. Montfort, Mmes de Mongeroult, Bigot, A. Molinos, C. Pleyel, Lambert, Mazel, Coche, Farrenc.

Depuis le commencement de ce siècle, la musique italienne est de plus en plus goûtée en France. La troupe qui jouait à Faydeau avait été dispersée en 1791. De 1800 à 1815, il en vint d'autres, qui interprétèrent à l'Odéon et à Louvois les chefs-d'œuvre de Mozart, Cimarosa, Paër, Paësiello; on remarqua parmi les virtuoses qui les composaient Crivelli, Tacchinardi, Garcia, ténors excellents; Mmes Bailli, Festa, Morandi, Mainvielle-Fodor, Catalani. En 1819, le Théâtre-Italien, fermé depuis quatre ans, fut rouvert à Louvois : Garcia, Pellegrini, Debegnis, Mmes Mainvielle-Fodor, Debegnis, Pasta, révélèrent aux *dilettanti* de notre capitale le génie si fécond, si original de Rossini, qui devait acquérir une si grande influence sur la musique française, avec une suite d'interprètes, tels que Rubini, le merveilleux ténor, David, Donzelli, Galli, Santini, Lablache, basse tonnante, comédien parfait ; Tamburini, baryton plein de charme et d'une agilité prodigieuse pour une voix grave; Mmes Sontag, Malibran, Grisi, etc.

La romance est un objet de première nécessité en France ; la romance peut faire pardonner au Français d'avoir *créé* le vaudeville, cette infamie musicale, cette lèpre sonore qui ronge nos oreilles toutes les fois que nous voulons entendre une jolie comédie du petit genre. Je citerai donc les noms les plus fameux parmi les faiseurs de romances. Celui de Boieldieu se rencontre de nouveau sous ma plume; j'ajouterai ceux de Garat, plus célèbre comme chanteur, Plantade, Pradher, Domnich, Dalvimare, Lafont, Paër, Blangini, A. Meissonnier, Roux-Martin, Léopold Aymon, Romagnesi, Panseron, Bruguière, A. de Beauplan, Labarre, E. Troupenas, Bérat, Henrion, Barateau, Scudo, Mmes L. Puget, etc.

Les hommes dont les travaux ont jeté un nouvel éclat sur notre scène lyrique sont Boieldieu, Hérold, Monpou, MM. Auber, Halévy, Onslow, Carafa, Adam, Berlioz, Ambroise Thomas, Félicien David, etc., sans compter Meyer Beer, qui doit à nos théâtres ses plus beaux succès. Outre le Conservatoire et ses succursales et les trois scènes lyriques de Paris, nous avons un Gymnase musical ; le chant est enseigné dans un grand nombre d'écoles.

CASTIL-BLAZE.

Agriculture et industrie.

L'agriculture, nous l'avons déjà dit, est en progrès en France, et ce progrès est dû en partie aux sociétés et aux comices agricoles. Les instruments de travail ont été perfectionnés ; des chaires d'agriculture ont été instituées , des écoles théoriques et pratiques ont été fondées, ainsi que des fermes modèles et des colonies d'enfants pauvres et de jeunes détenus, où le travail agricole est le plus sûr moyen de moralisation.

La France possède d'excellentes races de bestiaux, qui s'abâtardissent , faute de soins dans le choix des types générateurs et faute d'hygiène bien entendue. Cependant on a récemment établi des concours de bêtes grasses à Poissy, à Lyon, à Bordeaux, etc. ; un concours général a même eu lieu à Paris en 1854, et les expositions admettent à présent les produits de l'agriculture. Les étables et les bergeries d'élite améliorent les espèces par les croisements.

L'élève du cheval n'est pas en aussi bonne voie; les travaux excessifs auxquels on soumet ces nobles animaux dans leur jeune âge les ruinent et les déforment.

Nos races ovines ont beaucoup gagné pour la taille, le volume et la facilité de l'engraissement, par suite de croisements judicieux avec de belles races étrangères et d'une alimentation mieux entendue. Si nous produisons moins de laines fines, et ce n'est pas un mal, les laines longues, propres au peigne, prennent de jour en jour une place plus considérable et plus lucrative sur le marché.

L'emploi des engrais artificiels se propage ; les amendements seuls, substances géologiques si précieuses pour la transformation des sols peu productifs en terres de haute fertilité, n'attirent pas assez l'attention, et demeurent quasi-inconnus. Les irrigations et le drainage exigent d'immenses capitaux, que l'État seul est à même de fournir. Le reboisement du sol et une meilleure administration des forêts existantes préoccupent les esprits désireux d'épargner à l'agriculture les inondations et tous les affreux désastres qu'elle a subis. La question de la mise en culture des terres improductives et des biens communaux est encore à l'ordre du jour. On peut en dire autant du régime hypothécaire et des questions de crédit foncier agricole.

Trois branches considérables de la production rurale appellent encore une sérieuse attention : la viticulture, la sériciculture et l'horticulture. La vigne demeure stationnaire, si même l'*oidium tuckeri* n'a pas pour résultat de la faire périr. On croit généralement que les grands vins français s'en vont ; ne faudrait-il pas en accuser les quatorze impôts différents qui frappent la plus intéressante de nos richesses nationales, non compris les taxes qui les repoussent à l'étranger, régime qui conduit à l'abandon des qualités pour les quantités et entraîne des falsifications déplorables.

La sériciculture a fait de grands efforts pendant ces quinze dernières années ; le centre et le nord ont aujourd'hui de superbes magnaneries. De beaux perfectionnements ont été introduits dans le dévidage des cocons, qui constitue aujourd'hui à lui seul une grande industrie ; elle anéantira bientôt la filature domestique, nécessairement mauvaise.

L'horticulture a marché et fait de belles acquisitions en fleurs, arbustes, fruits et légumes. Le nombre des sociétés d'horticulture s'est accru ; les expositions florales se sont multipliées. La culture maraîchère a fait de grands progrès, et l'industrie des primeurs s'est beaucoup développée.

La mouture du blé a fait des progrès considérables. La composition des meules, leur taille, perfectionnée d'après le mode américain, le repiquage et le blutage plus soignés, ont perfectionné les produits des grands moulins. Les petits, égarés dans les campagnes, où ils travaillent à des conditions en général fort onéreuses, sont restés stationnaires.

Les pâtes dites d'Italie sont maintenant aussi parfaites qu'au delà des Alpes : c'est à l'Auvergne qu'est dû ce progrès; la première, elle a su tirer parti du riche gluten que contiennent ses blés, peu recherchés pour la belle panification. Quant aux nombreuses tentatives de pétrissage par la mécanique, elles n'ont pas été décisives. La mécanique a été plus heureuse en ce qui touche le nettoyage et le criblage des grains. La conservation seule est un problème encore insoluble dans notre climat; aussi une seule mauvaise récolte nous jette dans la misère et les douloureux embarras qu'elle traîne à sa suite.

La production du sucre extrait de la betterave a fait des pas de géant. La matière sucrée non cristallisable tirée des fécules a pris rang dans la haute industrie, et perfectionné ses procédés ; elle fournit des quantités énormes aux brasseries, et trop souvent aux vins. La betterave elle-même dédaigne aujourd'hui de se transformer en sucre ; elle produit de l'alcool.

A cause de la cherté de la houille et du fer, le progrès des mécanismes a été très-lent ; mais il est réel. Dans la filature du coton, de la laine, et surtout du lin, dans ces étranges machines qu'il n'est pas possible de contempler sans admiration , car on les dirait intelligentes , tant leurs doigts de fer travaillent avec délicatesse et précision, nous avons atteint ce que l'Angleterre elle-même peut faire de mieux. Le prix seul aujourd'hui constitue la différence. L'abaissement des tarifs donnera sans doute un grand élan à notre industrie. Le génie français a attaché à la machine à vapeur des perfectionnements de détail qui la rendent plus puissante, plus active, et donnent plus d'économie à son action. Nos machines à papier continu sont supérieures à tout ce qui se fait en ce genre ; mais notre progrès le plus notable et le plus brillant, ce sont les machines-outils. Depuis

1840, de grandes usines se sont montées qui préparent les plus énormes pièces des machines, tournent des masses de fer, le coupent, le percent, le rabotent avec autant d'aisance, et sans plus d'effort que si c'était du bois tendre. Les pièces acquièrent une justesse, une précision de forme et d'action que la main du plus habile ouvrier n'obtiendrait jamais.

C'est dans les machines à tisser surtout qu'on peut constater les progrès de la mécanique. Les tissus de toutes les espèces y ont gagné en perfection, quelquefois au point de vue du prix de vente, toujours en ce qui touche à la facilité du travail et à la diminution dans la dépense des forces humaines. Depuis quinze ans les tissus de coton et de laine ont gagné 50 pour 100 sur les frais de fabrication, et les soieries peut-être plus. On a multiplié les variétés qui naissent chaque jour. Aucune nation ne l'emporte sur nous pour la fabrication des étoffes en laine drapée, et nos draps noirs sont les premiers du monde : les usines du midi se sont avancées rapidement jusqu'à la perfection du nord, qu'elles suivent de près. La laine s'est mélangée à la soie, au coton, pour donner naissance à une foule de tissus variés, élégants, d'une légèreté extrême, que le costume masculin dispute aujourd'hui à celui de l'autre sexe, et que les fabriques étrangères n'imitent que maladroitement. La flanelle, étoffe si précieuse pour la santé, est devenue plus moelleuse et plus douce, sans rien perdre de sa force; et la mousseline de laine, qui ne remonte pas bien loin, a été mise à la portée de toutes les bourses.

Le châle cachemire français a surpassé pour la perfection du travail son rival des Indes. La fabrication des soieries, concentrée d'abord à Lyon, s'est étendue successivement à Avignon, Nimes, puis à Paris, dans la Picardie, la Moselle et le nord. Le tissage du lin, industrie très-ancienne, a depuis longtemps acquis une grande perfection en ce qui touche l'étoffe unie. Le linge damassé, par le goût des ornements, la pureté des contours, l'éclat du satiné, la blancheur éblouissante de la toile et l'étonnante finesse des réductions, atteint réellement aux domaines de l'art.

L'industrie des tissus imprimés a fait aussi les plus remarquables progrès. N'oublions pas surtout ces jolies étoffes aériennes dont la femme sait tirer un si habile parti. Nos fines mousselines, unies ou brochées, les tulles, les dentelles de fil, où une fraude coupable introduit trop souvent le coton, les dentelles de soie ou blondes, les coquettes et fines broderies qui ornent ces charmantes bagatelles, ont pris une part très-large dans le progrès industriel. Un art délicat et très-pur s'épanouit dans ce frivole domaine, dont les produits sont si recherchés par tout ce qui se pique de goût à l'étranger.

Notre serrurerie se maintient au premier rang en Europe. Le papier peint a suivi tous les perfectionnements de l'impression des tissus. Nous avons aussi de belles étoffes brochées, laine et soie, pour tentures et portières, imitant bien et avec goût ce que Venise elle-même avait à peu près imité de l'Orient. Quant aux tapis et tapisseries, ils sont devenus de véritables objets d'art entre les mains de quelques fabricants. Le malheur est que le prix des tapis vulgaires, mais commodes et hygiéniques, est toujours trop élevé, à cause de la cherté artificielle de la laine.

Nous n'avons point de rivaux dans la fabrication des meubles, et depuis un temps immémorial. Il faut avoir vu l'étranger, ses ateliers, ses appartements, ses expositions industrielles, pour bien apprécier notre supériorité dans tout ce qui tient à l'ameublement et aux progrès de ces vingt dernières années. L'importante fabrication des bronzes maintient sa supériorité incontestée. On peut en dire autant de l'orfévrerie, art italien autrefois, tout français aujourd'hui.

La fabrication du plaqué, ou plutôt du doublement d'or et d'argent, a reçu le coup de grâce de l'argenture et de la dorure galvaniques. Les arts céramiques et vitriques sont également en progrès; à la meurtrière céruse on substitue de plus en plus le blanc de zinc.

Partout se découvrent et s'emploient les argiles réfractaires, qui rendent plus régulier le travail de la métallurgie, soit dans la construction des hauts fourneaux, soit dans la pâte des creusets, tubes, cornues et autres instruments de laboratoire et de gazomètre. La faïence fine et la porcelaine tendre ont atteint la perfection anglaise; mais le prix en est toujours très-élevé. Les grès fins ou grès cérames prennent les plus belles formes imitées de l'antique; la porcelaine résiste mieux au feu. Le moulage élégant du verre en imitation de la taille a embelli jusqu'aux ustensiles les plus humbles. L'imitation des vieilles verrières a atteint le *nec plus ultra* de la perfection, et rien dans le monde entier n'est comparable à nos glaces.

Quant à l'élévation artificielle de la température, de belles tentatives ont été faites; nous citerons seulement le chauffage par circulation d'eau. Les calorifères se perfectionnent tous les jours.

La chimie, qui a fait de si grands progrès depuis quinze ans, est devenue l'agent actif de nombreuses améliorations.

La production des savons à base de graisse, d'huile de palme, et de résine, a pris d'immenses développements, et leur bas prix en introduit l'usage dans les habitudes populaires. Les savons mous n'ont pas moins gagné, ainsi que les colles et la gélatine.

Les couleurs, et surtout l'outre-mer, les jaunes de chrome, les carmins de safranum, d'indigo, de garance et d'orseille, les laques, les bleus de Prusse, s'améliorent et se broient par des procédés plus économiques. Nos noirs d'imprimerie et de gravure n'ont plus rien à envier à l'Angleterre, et nos pastels régénérés sont les plus parfaits du monde. Mais c'est surtout dans la teinture, dans les couleurs d'impression et l'apprêt des étoffes, que la chimie a rendu à notre époque d'immenses services.

L'injection des liquides dans le bois pour sa conservation, sa solidification ou sa coloration est l'un des miracles de la science appliquée à l'industrie de notre temps. L'utilisation du caoutchouc n'offre pas moins d'intérêt pour l'imperméabilité des tissus et leur élasticité.

L'industrie de l'éclairage a pris le plus brillant essor. Divers gaz et carbures d'hydrogène ont été successivement employés. Si les mélanges d'alcool et d'essence de térébenthine, si d'autres carbones liquides extraits des subistes, ne sont pas encore d'un usage répandu, bien qu'ils produisent une lumière blanche et éclatante, bien qu'ils puissent offrir une grande économie, cela tient encore à l'imperfection des appareils. Du reste, la France seule sait faire des lampes. L'industrie de la bougie stéarique est florissante; le malheur est qu'une fraude coupable altère trop souvent les produits de cette découverte, l'une des plus belles du dix-neuvième siècle.

La chaussure, la sellerie, la carrosserie, la reliure et une multitude d'industries très-intéressantes, donnent une grande importance à la préparation des peaux, dans toutes ses variétés. Déjà on est parvenu à abréger considérablement cette longue et dispendieuse opération du tannage. La préparation des cuirs vernis s'est de beaucoup améliorée. Nos gants seuls sont bien cousus et ont de la façon.

La fabrication des papiers mécaniques a fait des progrès satisfaisants. Nous voudrions en pouvoir dire autant de la typographie et de la librairie, que les crises politiques de ces dernières années ont singulièrement compromises. L'application de la vapeur au travail des presses remonte déjà à quelques années. La gravure semble au moment de faire un pas immense au point de vue du bon marché, par l'application de la photographie à cet art. On peut en dire autant de la lithographie, et déjà on a obtenu les plus magnifiques épreuves photolithographiques.

La réputation de l'horlogerie française dans les produits de haute précision n'a jamais failli; mais il faut constater une décadence déplorable dans la fabrication des montres et dans l'horlogerie usuelle.

Les instruments de musique se sont singulièrement perfectionnés, le piano, les instruments en cuivre et l'orgue surtout.

Les armes ont pris part aussi au mouvement de perfectibilité qui anime notre industrie. Nous ne dirons rien de la variété introduite dans les formes, des brisures ingénieuses et commodes, du luxe, de la perfection dans le style des ornements, qui placent aujourd'hui l'arquebuserie française au premier rang.

Notre coutellerie française est toujours cette industrie habile et économe dont Fox admirait tant les eustaches à un sou. Les prix de l'eustache ont encore baissé depuis Fox; mais les produits n'en sont pas meilleurs ni les ouvriers qui les fabriquent plus heureux. Qu'on donne à la coutellerie française l'acier à bon compte, et elle enfantera des chefs-d'œuvre. Quant aux formidables et bienfaisants outils de la chirurgie, ils ont fait d'admirables progrès; la fabrication française ne connaît point de rivale pour ces appareils.

Dans sa *Statistique générale de la France*, M. Schnitzler a donné le tableau approximatif suivant des valeurs créées par l'industrie française (la matière brute comprise):

Industrie du fer, y compris l'extraction et la préparation des minérais ainsi que la valeur des combustibles.	194,000,000 fr.
Élaboration du cuivre, du zinc et du plomb.	2,000,000
Exploitation des combustibles minéraux et de la tourbe.	49,000,000
Exploitation des métaux autres que le fer, des bitumes minéraux et des sels.	13,500,000
Exploitation des carrières.	40,000,000
Verreries, cristalleries, glaces.	47,500,000
Porcelaines, faïences et poteries.	27,500,000
Tuilerie, briqueterie, chaux et plâtre.	66,500,000
Fabrication de produits chimiques.	22,000,000
Industrie du chanvre et du lin.	360,000,000
Industrie du coton.	500,000,000
Industrie de la laine.	500,000,000
Industrie de la soie.	230,000,000
Industrie du cuir et des peaux.	300,000,000
Industrie du sucre.	45,000,000
Papeterie, impression sur papier.	25,000,000
Librairie, imprimerie.	25,000,000
Construction de machines.	15,000,000
Horlogerie.	30,000,000
Fabrication des bronzes.	25,000,000
Fabrication du plaqué.	6,000,000
Orfèvrerie et bijouterie.	50,000,000
Distilleries, brasseries.	206,000,000
Industries diverses.	135,000,000
Arts et métiers.	250,000,000
Total.	3,164,000,000

FRANCE (Collége de). *Voyez* COLLÉGE DE FRANCE.

FRANCE (Duché de). Le premier duc de France fut Robert le Fort, à qui Charles le Chauve en conféra le titre à l'assemblée de Compiègne, en 861. On ne sait pas exactement quelle était alors l'étendue de cette province, comprise entre la Seine et la Loire, qui devait être le point central autour duquel se reconstituerait la nationalité française, après le démembrement de l'empire carlovingien. Les successeurs de Robert le Fort furent ses fils Eudes, qui fut roi, Robert, qui essaya de renverser Charles le Simple et périt en 923, à la bataille de Soissons, Hugues le Grand, fils de ce dernier, et enfin Hugues Capet, qui fixa définitivement la couronne dans sa maison. A cette époque, le duché de France comprenait, outre les comtés de Paris et d'Orléans, le Gâtinais, le Chartrain, le Blaisois, le Perche, la Touraine, l'Anjou, le Maine, les terres de Sologne, le Beauvaisis et une partie de l'Amiénois.

Mais ce duché de France, réuni lui-même au domaine royal, était morcelé par la féodalité comme tout le reste la France, les premiers Capétiens eurent à lutter contre leurs nombreux et puissants vassaux immédiats, tels que les seigneurs de Montlhéry, du Puiset, de Montmorency, les comtes de Dammartin, de Montfort, de Meulan, de Mantes, de Clermont en Beauvaisis, de Ponthieu, d'Amiens, de Valois, de Vermandois, de Soissons et d'Anjou.

FRANCE (Ile de). *Voyez* MAURICE (Ile).

FRANCESCHINO (Le). *Voyez* CARRACHE.

FRANC ET QUITTE. C'est une clause par laquelle on déclare qu'une personne ou une propriété n'est grevée d'aucune dette ou charge. Le débiteur qui en hypothéquant un immeuble déjà grevé ferait une déclaration de franc et quitte serait passible des peines du stellionat. La clause de *franc et quitte* est surtout usitée dans les contrats de mariage. Par cette convention la femme stipule qu'en cas de renonciation à la communauté lors de sa dissolution, elle reprendra tout ou partie de ce qu'elle aura apporté franc et quitte de toutes dettes, charges et hypothèques.

FRANC-FIEF. *Voyez* FIEF.

FRANCFORT SUR LE MAIN, la première des quatre villes libres de la confédération germanique et siége de la diète, l'une des villes les plus importantes de l'Allemagne par sa position géographique, son commerce, son industrie et ses richesses, est située dans la spacieuse vallée du Main et dans une belle contrée, entrecoupée dans toutes les directions de chemins de fer et de routes ordinaires, ornée de nombreux parcs et jardins de plaisance, de vergers, de vignes et de champs de blé. Francfort proprement dit s'étend sur la rive droite du Main, et communique avec *Sachsenhausen*, son faubourg, situé sur la rive gauche, au moyen d'un pont en pierre de 310 mètres de long, appuyé sur quatorze arches, et dont la construction première remonte à l'année 1342. Les anciens ouvrages de fortification furent rasés de 1806 à 1812, époque où les remparts furent transformés en belles promenades, et les fossés en verdoyants jardins. Dans la partie vieille de la ville on trouve un grand nombre de rues sombres et étroites, avec d'antiques maisons, construites en bois et dont les pignons font saillie sur la voie publique. Mais dans les rues neuves, sur les principales places, sur le quai qui borde le Main, dans le *Zeil* et dans la rue Neuve-de-Mayence, s'élèvent un grand nombre de constructions semblables à des palais. La *Judengasse* (ruelle des Juifs), si fameuse par son obscurité et sa malpropreté, la seule que jusqu'en 1806 les juifs eussent le droit d'habiter et où ils se trouvaient renfermés la nuit, est devenue plus large et plus aisée, grâce aux nombreux abatis de maisons qu'on y a pratiqués. Les rues de Francfort sont bien pavées et éclairées au gaz. La plus célèbre église de la ville est Saint-Paul, édifice de forme ronde et dans le nouveau style romain, ouverte au culte en 1833, où le 31 mars 1848 le parlement préparatoire allemand tint sa première séance, et la diète de l'Empire sa dernière séance, le 31 mai 1849. Les autres églises luthériennes sont Saint-Nicolas, édifice du treizième siècle, auquel une tour pyramidale a été ajoutée en 1845; Sainte-Catherine, construite en 1686; Saint-Pierre, avec son vieux cimetière; et l'église des Trois-Rois, dans le faubourg de Sachsenhausen. La cathédrale catholique est Saint-Barthélemy, où avait lieu depuis 1711 le couronnement des empereurs d'Allemagne. La construction en fut commencée en 854, par l'empereur, Louis le Germanique; en 1239 elle fut livrée au culte; de 1315 à 1845, elle reçut d'importantes additions. On y voit le tombeau du roi Gunther de Schwartzbourg. Du haut de son clocher, construit de 1414 à 1512, et cependant resté inachevé, on découvre la vue la plus belle, sur toute la contrée environnante. On compte encore trois églises catholiques, dont deux dans la ville et la troisième dans le faubourg de Sachsenhausen. Le clergé catholique de Francfort relève de l'évêque de Limbourg. Les réformés ont à Francfort deux églises sans clocher, et les juifs deux synagogues. L'hôtel de ville, appelé *Roemer*, qui n'a pas eu d'autre destination depuis l'an 1403, et où l'on conserve la célèbre *bulle d'or* de l'empereur Charles IV, en date de 1356, contient entre autres la *Salle de l'Empereur*, utilisée depuis 1558 pour les fêtes et galas donnés à l'occasion du couronnement des empereurs, et qui depuis 1845 est ornée des portraits de tous les empereurs d'Allemagne depuis Conrad Ier jusqu'à François II, de même que de celui de l'archiduc Jean en sa qualité de vicaire de l'empire. C'est là que se réunit en avril et mai 1848 le fameux *comité des cinquante*. Le palais de la Tour et Taxis, autrefois résidence du prince primat, est depuis 1851 le local où la confédération germanique tient ses séances.

Parmi les autres édifices publics dignes de remarque, on peut encore citer : la tour d'Eschenheim, dont la construction remonte à l'année 1446 ; le théâtre, bâti en 1780 et agrandi en 1817 ; l'hospice des orphelins (1829) ; le Conservatoire (1834) ; la maison des fous, construite en 1788 et agrandie en 1819 ; l'hôpital du Saint-Esprit, pour les étrangers (1830) ; la Bourse (1843) ; l'édifice pour les malades, construit aux frais de la caisse de secours des israélites (1829) ; l'hospice des enfants malades (1845) ; l'hôtel des Postes (1843) ; l'embarcadère du chemin de fer du Main et du Necker. L'un des édifices les plus vastes est la maison de l'ordre Teutonique à Sachsenhausen, appartenant à la couronne d'Autriche, et servant aujourd'hui de caserne à un détachement de troupes bavaroises. Parmi les hôtels destinés aux voyageurs qui passent par Francfort, on doit surtout citer, à cause de l'ampleur de leurs proportions, *la Cour d'Angleterre*, *la Cour de Russie* et *l'Empereur Romain*. En fait d'hôtels particuliers, nous mentionnerons les hôtels Rothschild et Mumm sur le *Zeil*, celui de Muhlens, dans la rue d'Eschenheim (qu'habita le vicaire de l'empire, de 1848 à 1849, aujourd'hui propriété communale), en avant de la ville, sur la route de Bockenheim, les maisons de plaisance de MM. de Rothschild et Gontard, le *Grunsburg* et le *Gunthersburg*. En fait d'établissements scientifiques, il faut citer, en première ligne, la *Bibliothèque de la ville*, construite de 1820 à 1825, où l'on voit un riche cabinet de médailles et une belle statue de Goethe en marbre par Marchesi, et la *Fondation Senkenberg*, consistant en un hospice à l'usage des bourgeois malades, ouvert en 1779 ; la *Fondation du sénateur Brœnner* et l'*Institut médical*, contenant un amphithéâtre d'anatomie, un jardin botanique, auquel est attaché un professeur de botanique, et où se trouve aussi une riche collection de livres relatifs aux sciences naturelles et à la médecine. Tout près de là se trouve le grand musée, construit en 1821, 1827 et 1841, par la Société d'histoire naturelle de Senkenberg, fondée en 1817, établissement qui fut enrichi surtout par Ruppell ; enfin, les collections et le laboratoire de la Société de physiciens, fondée en 1824. Parmi les institutions artistiques, nous mentionnerons plus particulièrement l'Institut artistique de Strœdel, fondé en 1815, et ouvert en 1833, dans le beau local qu'il occupe aujourd'hui. En fait de monuments, on remarque surtout le monument de Gœthe par Schwanenthaler, érigé en 1844. N'oublions pas non plus dans notre énumération le nouveau cimetière, ouvert en 1827, et où l'on peut voir un grand nombre de tombeaux remarquables.

Francfort sur le Main possède un collége dont la fondation remonte à l'année 1530, une école supérieure industrielle, fondée en 1804 et agrandie en 1851, dite *école normale* ; une école industrielle juive, une école de sourds-muets, une institution de jeunes aveugles, et un grand nombre d'établissements particuliers d'éducation. La main d'œuvre est trop chère dans cette ville pour que l'industrie manufacturière y ait une grande activité. Le commerce en gros des produits de la France et de l'Angleterre y a beaucoup diminué aussi depuis que les communications intérieures avec les ports de mer sont devenues généralement plus faciles. Les deux foires annuelles de Francfort, jadis si célèbres, ont de même beaucoup perdu de leur importance. En revanche, cette ville est devenue l'un des grands marchés des valeurs et titres de rente créés par les divers gouvernements de l'Europe ; et sa situation centrale en fait le rendez-vous d'une foule de voyageurs et d'étrangers. Indépendamment de la navigation à vapeur jusqu'à Mayence et Wurtzbourg, le territoire de Francfort sur le Main est traversé par cinq chemins de fer présentant ensemble un développement total de 22,500 mètres, dont 6,400 pour le chemin du Main et du Weser, 6,000 pour celui du Main et du Necker, 4,800 pour celui d'Offenbach, 4,700 pour celui du Taunus, et 3,300 pour celui de Hanau, communiquant tous entre eux par 300 mètres d'embranchement.

Il ne se publie pas moins de vingt journaux à Francfort sur le Main : nous citerons entre autres le *Franckfurter Journal*, qui paraît depuis 1615 ; la *Postzeitung* (Gazette des Postes), qui se publie depuis 1616 ; enfin, le *Journal de Francfort*, rédigé en français, organe semi-officiel de la Confédération germanique, et qui paraît depuis 1798.

Francfort sur le Main est une ville fort ancienne, et reçut, dit-on, son nom (en allemand, *Frankfurt*, gué des Francs) de Charlemagne, qui y passa la rivière à gué avec son armée, et battit les Saxons campés sur l'autre rive. Il y réunit un concile en l'an 794, et y établit en 804 une colonie de Saxons prisonniers. En 843 Louis le Germanique en fit la capitale de l'empire oriental des Franks, dont Arnoulf transféra le siége à Ratisbonne, en 889. L'indépendance de la ville date de l'année 1257. Devenue depuis Frédéric Barberousse le lieu d'élection des empereurs, ce privilége lui fut confirmé en 1356, par la bulle d'or. En 1681 il s'y ouvrit un congrès, qui se continua à Ratisbonne, et amena en 1684 une trêve entre les puissances allemandes et la France. La ville souffrit beaucoup des suites des guerres de Schmalkade (1552), de trente ans (1635), de sept ans (1762), et de la révolution française (1792, 1796, 1799, 1800, 1806). En 1806 Napoléon lui enleva ses priviléges de ville libre, et constitua avec son territoire et ceux des villes de Hanau, de Fulda et d'Aschaffenbourg, le *grand-duché de Francfort*, en faveur du prince primat de la Confédération, Charles de Dalberg, qui devait avoir pour héritier le prince Eugène Beauharnais. Ce grand-duché avait une superficie de 68 myriamètres carrés, avec une population de 300,000 âmes. En 1815 Francfort redevint ville libre, et fut choisie en 1816 pour siége de la Confédération germanique. Le 18 octobre de la même année elle reçut sa nouvelle constitution municipale, basée sur ses anciens priviléges de ville hanséatique.

Aux termes de cette constitution, le pouvoir souverain y appartient au corps de la bourgeoisie, lequel ne peut compter parmi ses membres que des chrétiens. Le corps législatif se compose de vingt sénateurs, de vingt membres du comité de la bourgeoisie et de quarante-cinq membres élus dans le sein de la bourgeoisie chrétienne ; le pouvoir exécutif est délégué au sénat, composé de quarante-deux membres. Les deux bourgmestres sont élus tous les ans par le sénat. Comme les trois autres villes libres d'Allemagne, Francfort fait partie à ce titre de la Confédération germanique, dans les assemblées plénières de laquelle elle a une voix.

Le territoire de Francfort et de sa banlieue présente en longueur une étendue d'un peu plus d'un myriamètre carré. Au commencement de 1850 la population était de 69,354 habitants, dont 57,278 pour la ville même. On y compte 54,000 luthériens, 7,000 catholiques, 2,500 réformés, 5,000 juifs et 800 catholiques allemands. En 1851 les revenus de la ville s'élevaient à 1,499,000 florins, et ses dépenses à 1,613,000 florins. En 1849 sa dette publique était d'environ 6,922,000 florins.

De nos jours Francfort a subi de nombreuses crises politiques et commerciales. Comme événements qui ont fait époque dans son histoire, nous mentionnerons la tentative d'insurrection du 3 avril 1833, à laquelle nous consacrons un article particulier, sous le titre d'*Echauffourée de Francfort*, et son adhésion au *Zollverein*. A la suite de notre révolution de Février, Francfort devint le grand centre de la vie politique qui se développa alors tout à coup en Allemagne. Cette ville fut désignée pour servir de résidence au célèbre *comité des cinquante*, espèce de commission permanente et de surveillance de la diète germanique reformée et reconstituée d'après les bases de la constitution générale commune à toute l'Allemagne qui devait sortir des délibérations d'une diète constituante. Ce *comité des cinquante* y ouvrit ses séances le 4 avril 1848, et continua ses travaux jusqu'au 18 mai, époque de l'ouverture de l'assemblée nationale préparatoire, dite l'*orparlament*. Le 7 et le 8 juillet 1848 une grave émeute éclatait à Sachsenhausen; et du 18 au 20 septembre suivant la ville entière était la proie d'une insurrection, dont la répression ne put avoir lieu qu'avec effusion de sang. Les améliorations à la constitution particulière de la ville réclamées depuis longtemps par l'opinion devinrent alors l'objet des discussions les plus vives, sans qu'en définitive il en soit résulté aucune réforme utile et durable.

FRANCFORT (Échauffourée de). Sous l'influence encore vivace des événements qui avaient ébranlé l'Europe en 1830, et en haine des résolutions de la diète germanique du 28 juin 1833, considérées tout aussitôt comme les préliminaires d'une nouvelle réaction antilibérale, une partie notable de la jeunesse allemande nourrissait des idées et des espérances que quelques esprits aventureux résolurent de faire servir à une tentative de révolution. Un certain nombre de jeunes hommes appartenant aux classes instruites de la population de Francfort se mirent à la tête du complot. Des affiliations politiques se formèrent dans les villes et les États voisins, et il y eut aussi, en Wurtemberg notamment, quelques réunions, auxquelles n'assistèrent d'ailleurs qu'un fort petit nombre de personnes. Après de longues délibérations, les conspirateurs adoptèrent un plan définitif, pour l'exécution duquel un certain nombre d'étudiants, des dispositions desquels on s'était assuré d'avance, furent appelés à Francfort, où accoururent aussi de l'étranger quelques jeunes gens précédemment poursuivis pour causes politiques. Le village de Bonames, dans la banlieue de Francfort, fournit en outre quelques recrues au complot. Le 3 avril 1833, dans l'après-midi, une lettre anonyme prévint les conspirateurs que des révélations avaient mis l'autorité sur ses gardes; mais les choses parurent trop avancées pour qu'il fût désormais possible de reculer. Dans la soirée même, deux bandes, fortes chacune d'une trentaine d'individus armés, assaillirent la grand'garde et le poste des sergents de ville, et aussitôt après un petit détachement se porta vers le clocher de l'église cathédrale, située à quelque distance, à l'effet d'y sonner le tocsin. L'attaque du poste des sergents de ville amena des scènes de violence regrettables, encore bien que tout de suite un certain nombre d'individus se fussent interposés à l'effet d'arrêter les excès. A l'approche de la troupe de ligne, quittant ses casernes pour venir rétablir l'ordre, les conjurés évacuèrent en toute hâte la grand'garde, et se replièrent sur le poste des sergents de ville, où un engagement assez vif ne tarda pas à avoir lieu. Les premiers détachements de la ligne furent repoussés par les insurgés, qui bientôt après durent céder à des forces évidemment supérieures, et s'enfuirent dans toutes les directions. Pendant que ceci se passait dans la ville, soixante-dix à quatre-vingts paysans de Bonames, après avoir, chemin faisant, détruit le poste de la douane hessoise, s'étaient montrés devant la porte de Friedberg; mais cette bande, la trouvant fermée et bien gardée, se dispersa en quelques instants.

L'échauffourée, avec tous ses incidents, dura à peine une heure. Un grand nombre d'individus compromis dans cette bagarre se dérobèrent à la suite aux poursuites judiciaires qui les attendaient; quelques autres furent arrêtés tant à Francfort qu'aux environs. L'instruction qui s'ensuivit démontra que ce mouvement se rattachait bien aux menées révolutionnaires dont quelques universités allemandes étaient alors le foyer, mais qu'il n'avait pas les vastes proportions d'un complot politique, encore bien qu'il eût coïncidé avec le départ d'un certain nombre de réfugiés polonais des dépôts qui leur avaient été assignés tant en France qu'en Suisse. Les individus incarcérés à la suite de cette bagarre excitèrent les sympathies les plus vives dans la population de Francfort, qui, à diverses reprises, favorisa l'évasion de la plupart d'entre eux. Sur les détenus que le jugement du 20 octobre 1836 condamna à une prison perpétuelle, il n'en restait plus en octobre 1838 que sept entre les mains de la justice; et ces sept individus, qui étaient précisément ceux contre lesquels l'accusation avait élevé les charges les moins graves, obtinrent alors l'autorisation de s'expatrier et de passer en Amérique. Cette échauffourée provoqua de la part de la diète un redoublement de mesures illibérales; habilement exploitée dans l'intérêt du despotisme et de l'arbitraire par les ennemis du progrès, elle défraya longtemps, sous la dénomination, quelque peu ambitieuse d'*attentat de Francfort*, la polémique des feuilles à la solde des cabinets absolutistes.

Quand on place ces faits, auxquels nous hésiterions même à appliquer la fameuse comparaison de *la tempête dans un verre d'eau*, en regard des luttes, autrement graves, que depuis 1830 le nouvel ordre de choses créé en France à cette époque eut à soutenir sur divers points de notre territoire contre l'esprit révolutionnaire, ou des scènes terribles dont, à la suite de notre révolution de février 1848, les villes de Vienne et de Berlin, et Francfort elle-même, ont été le théâtre, on ne peut s'empêcher de sourire de la candeur avec laquelle certains publicistes d'outre Rhin s'efforcent d'assimiler de leur mieux l'Allemagne à la France, cet astre dont l'orbite duquel leur pays est à toujours condamné à graviter.

FRANCFORT SUR L'ODER, chef-lieu de l'arrondissement du même nom, province de Brandebourg, cercle de Lebus (Prusse), dans la ci-devant Marche centrale, est, à l'exception de l'un de ses trois faubourgs, situé sur la rive gauche de l'Oder, et a surtout de l'importance comme ville de commerce. Elle est le siège de la régence, et d'une cour d'appel.

De ses six églises, les plus remarquables sont Notre-Dame ou la cathédrale, qui contient de belles verrières et un orgue d'une dimension peu ordinaire, et Saint-Nicolas. On y trouve aussi une église catholique et une synagogue. L'université que l'électeur Joachim Ier y avait fondée, le 27 avril 1506, a été, en 1811, transférée à Breslau. Il n'y existe plus maintenant qu'un collège, pourvu d'une riche bibliothèque, et divers autres établissements d'instruction supérieure. La population, non compris la garnison, s'élève à 30,000 âmes.

Cette ville est le centre d'une assez importante fabrication en faïences, tabacs, sucres, articles de bonneterie, soieries et savons. On y voit aussi d'importantes brasseries et distilleries. Le commerce, qui dans ces dernières années y a pris une importance qu'il n'avait pas autrefois, est favorisé par la navigation de l'Oder, par le chemin de fer de Berlin à Francfort sur l'Oder, en activité depuis l'automne de 1842, et par trois grandes foires annuelles. Des monuments funèbres ont été élevés à Francfort sur l'Oder au poète Kleist, tué au voisinage de cette ville, en 1759, à la bataille de Kunersdorf, ainsi qu'au duc Léopold de Brunswick, qui, en 1785, périt noyé dans l'Oder.

Au moyen âge, Francfort sur l'Oder, dont les avantages tout particuliers de position avaient fait de bonne heure une place importante de transit et de commerce, fut reçue dans la Hanse. Elle fut vainement assiégée par les hussites en 1430, par les Polonais en 1450, et par le duc de Sagan en 1477. A l'époque de la guerre de trente ans, elle fut maintes fois prise et reprise par les parties belligérantes, notamment en 1631, 1634 et 1639, par les Suédois, qui en 1644 la cédèrent de nouveau à l'électeur de Brandebourg. Elle eut aussi beaucoup à souffrir pendant la guerre de sept ans, de même que lors de la campagne de 1806 et 1807.

L'*arrondissement de Francfort sur l'Oder* est divisé en 16 cercles, Kœnigsberg, Soldin, Arnswalde, Friedeberg,

Landsberg, Lebus, Sternberg, Zullichau, Krossen, Guben, Lubben, Luckau, Kottbus, Sorau et Spremberg. La population est évaluée à 880,000 âmes, réparties sur une superficie de 230 myriamètres carrés.

FRANCHE-COMTÉ, l'ancien comté libre de Bourgogne, autrement appelé *haute Bourgogne* ou encore *Bourgogne allemande*, comprenait, comme province de France, les départements actuels du Doubs, à l'exception du territoire de Montbéliard, qui alors relevait de l'électeur de Wurtemberg, du Jura et de la Haute-Saône, lesquels présentent ensemble une superficie de 196 ½ myriamètres carrés.

Cette contrée est traversée par la chaîne du Jura, qui s'abaisse sur le Doubs et la Saône, et au nord par les ramifications des Vosges, si riches en sources ; elle réunit par conséquent les avantages propres à un pays de montagnes avec ceux qui sont particuliers aux pays de plaines ; et dès les temps les plus reculés elle fut célèbre pour la richesse et la diversité de ses produits ; aussi, en dépit des nombreuses révolutions ethnographiques et politiques auxquelles elle fut en proie, forma-t-elle pendant longtemps un tout compacte et indépendant. Au temps de César ce territoire était habité par les Séquaniens, tribu celte, après la soumission de laquelle il fut incorporé à la province gallo-romaine appelée *Belgica prima*. Plus tard, cependant, avec la Suisse française, il forma une province particulière appelée *Maxima Sequanorum*, laquelle reçut aussi le nom de *Germania tertia*, quand un grand nombre de hordes germaines furent venues s'y établir. Au cinquième siècle de notre ère, les Bourguignons s'en étant rendus maîtres l'incorporèrent à leur royaume, sans pour cela modifier en rien ses délimitations. Les successeurs de Clovis réunirent ce pays, comme le reste de la Bourgogne, à la monarchie franque, dont il partagea dès lors les destinées, si diverses.

Une nouvelle ère d'indépendance nationale sembla commencer pour elle, lorsqu'en 887 le comte Rodolphe fonda le royaume appelé *Burgundia transjurana*. L'empereur Lothaire le Saxon en sépara le duché de la petite Bourgogne, la Suisse occidentale, et en conféra l'investiture à Conrad de Zœhringen, tandis que la Franche-Comté, ainsi désignée dès lors, à cause de ses nombreux et importants privilèges, fut apportée en dot par sa fille et héritière, Béatrice, à l'empereur Frédéric Barberousse, qui éleva Besançon au rang de ville libre impériale. En 1200 ce pays passa, par un nouveau mariage, sous la souveraineté d'Othon II de Méranie, qui eut à soutenir à ce sujet de longues querelles avec les comtes de Châlons, qui possédaient d'immenses propriétés, jusqu'à ce que ceux-ci, par suite de l'extinction de la ligne mâle de la maison de Méranie, arrivèrent à posséder le comté de Bourgogne. Dans ces temps de discordes et de confusion générale, et en raison de l'impuissance à laquelle se trouvaient réduits les souverains du pays, les petits dynastes qui s'y étaient constitués peu à peu, par exemple les comtes d'Auxonne, de Neufchâtel, de Montbéliard et beaucoup d'autres, moins puissants, acquirent une autorité de plus en plus indépendante de tout lien de suzeraineté. Tous se rattachèrent à l'Empire, tandis que la maison de Châlon continua à représenter l'intérêt et l'élément français. En 1316 le mariage de Philippe V réunit même la Franche-Comté à la couronne de France ; mais la mort de ce prince, arrivée en 1322, l'en détacha de nouveau, et la fit passer sous l'autorité de son gendre, le duc Othon IV de Bourgogne.

La Franche-Comté resta alors encore une fois réunie pendant longtemps avec la Bourgogne, jusqu'à ce que l'extinction de l'ancienne maison de Bourgogne, arrivée en 1361, l'en sépara momentanément de nouveau pour la donner à Marguerite de Flandre, dont la fille la rapporta en dot au fondateur de la nouvelle maison de Bourgogne, le prince français Philippe le Hardi. Celui-ci reconnut, suivant l'antique usage, la tenir à titre de fief mouvant de l'Empire. Aussi, lors de la mort de Charles le Téméraire (1477), échut-elle, par de doubles motifs de droit, à Maximilien d'Autriche, époux de l'héritière de Bourgogne, en dépit d'une part des prétentions élevées à sa possession par la France, qu'appuyait la noblesse, et de l'autre des efforts inutilement tentés par les populations pour se rattacher à la Confédération Suisse. A partir de ce moment la Franche-Comté fit partie du cercle de Bourgogne, avec lequel, à la mort de Charles-Quint, elle échut en partage à la ligne espagnole de la maison de Hapsbourg. A l'époque de la guerre de trente ans, elle servit longtemps de champ de bataille aux Français, qui dès lors ne négligèrent rien pour s'en emparer. Enfin, la paix de Nimègue (1678) la céda définitivement à la France (sauf le comté de Montbéliard, qui continua jusqu'en 1793 à faire partie de l'Empire) avec le comté de Charolais, qui en était séparé. Dôle et Besançon ont été successivement la capitale de la Franche-Comté.

FRANCHET (N.....), né vers 1775, dans une famille d'obscurs cultivateurs des environs de Lyon, l'un des grands *faiseurs* de la Restauration, et directeur général de la police du royaume sous le ministère *déplorable*, avait été admis, à l'âge de vingt ans, comme ouvrier et homme de peine dans l'administration militaire. Plus tard, il parvint à entrer dans l'octroi de Lyon, en qualité de commis ; puis, dans l'espoir de parvenir ainsi à une position plus lucrative, il s'était fait affilier à l'espèce de franc-maçonnerie catholique et romaine, dont le chef-lieu du département du Rhône n'a pas cessé d'être le centre depuis la fin du siècle dernier. Les meneurs ne tardèrent pas à discerner en lui un homme d'action, et un beau jour on le chargea d'aller colporter en France, sous le manteau, les bulles par lesquelles Pie VII essayait de lutter contre le dominateur de l'Europe. La police impériale, qui n'entendait pas raillerie sur ce sujet, le fit arrêter au milieu de ses pérambulations propagandistes, et jeter à Sainte-Pélagie avec le jeune comte Alexis de Noailles, autre agent de cette intrigue de sacristie. Il était naturel que, malgré les distances sociales qui les séparaient, une liaison assez étroite s'établît entre deux hommes jusque alors inconnus l'un à l'autre, mais souffrant pour la même cause et détenus pour le même délit. Cette liaison, dont Franchet ne manqua pas d'invoquer plus tard le souvenir, fut l'origine de sa fortune politique. Fouché rendit bientôt à la liberté le gentilhomme incorrigible, mais protégé par son nom, l'un des plus illustres de l'ancienne aristocratie. On eut moins de ménagements pour l'homme du commun, en qui on reconnut bien vite le zèle farouche et le fanatisme ardent qui en eussent fait, au seizième siècle, un ligueur redoutable, et, par mesure de haute police, on le laissa pourrir sous les verrous.

Les événements de 1814 purent seuls briser ses fers, et alors la protection du comte de Noailles lui eut bientôt fait obtenir la place de chef de bureau dans l'administration des postes ; position dans laquelle sa malfaisante activité put se donner libre carrière. Son premier soin en effet fut d'*épurer* cette administration et de la réorganiser monarchiquement, en peuplant ses rangs divers d'hommes dévoués aux idées, et surtout aux pratiques religieuses. A quelque temps de là, il épousa une petite-fille naturelle du fameux duc de Lauraguais. Ce mariage acheva de lancer Franchet et d'en faire une manière de personnage. L'avènement de Villèle au pouvoir (1821) l'appela à de plus hautes destinées. Il fut alors nommé d'emblée directeur général de la police du royaume, et conserva ces fonctions jusqu'à la chute du cabinet dont la politique rétrograde prépara le renversement de la branche aînée de la maison de Bourbon.

Sous la direction de Franchet, la police devint une véritable inquisition. Je vous laisse à penser les conversions subites qui s'opérèrent alors ! A Paris comme en province, aux abords des diverses administrations publiques, on ne rencontrait que des gens marmottant des prières, en roulant entre leurs mains un chapelet : c'étaient des employés allant à leurs bureaux..... Dans les églises, on n'apercevait qu'hommes dans la force de l'âge prosternés bénoîtement au pied de l'autel du *Sacré-Cœur*, poussant vers le ciel des aspirations qui troublaient le calme du saint lieu : c'étaient des solliciteurs.....

Destitué par M. de Martignac, Franchet n'en conserva pas moins la direction d'une police occulte faite au profit et aux frais de la liste civile. Polignac n'osa pas lui rendre sa position officielle ; mais une des fameuses ordonnances de Juillet le nommait membre du conseil privé. La tempête des trois journées fit rentrer à toujours Franchet dans son obscurité première. Il crut d'abord prudent d'émigrer en Prusse ; mais dès 1832 il était revenu habiter Paris, où jusqu'à sa mort, arrivée en 1841, il vécut dans un état voisin de la détresse ; car, il faut bien le dire à la décharge de leur mémoire, la plupart de ces enfants perdus de la Restauration songèrent peu, pendant leur passage aux affaires, à assurer leur avenir par quelques-uns de ces bons tripotages si fort à l'ordre du jour parmi leurs remplaçants, et qui vous les enrichissaient du jour au lendemain.

FRANCHIPANIER ou **FRANGIPANIER**, genre de plantes de la nombreuse famille des apocynées. Ses espèces, au nombre de onze, sont pour la plupart fort belles ; elles intéressent principalement l'amateur de plantes de serre. Toutes contiennent un suc laiteux, qui découle des feuilles et des rameaux à la moindre blessure. Ce suc est fort abondant, épais, d'une extrême causticité, qui doit le rendre très-suspect.

Le *franchipanier rouge* (*plumeria rubra*, Linn.) est un petit arbre importé aux Antilles de l'Amérique méridionale. Il atteint jusqu'à cinq et six mètres de hauteur. Sa tige, couverte d'une écorce d'un vert foncé, soutient une cime assez ample, formée de branches cylindriques et tortueuses, vers l'extrémité desquelles sont situées les feuilles et les fleurs. Les fleurs, d'un rouge clair, forment de beaux bouquets au haut des branches, et sont d'une grande suavité. Elles rappellent celles du laurier-rose, mais sont infiniment plus grandes et plus éclatantes : quoique beaucoup avortent, cependant le sommet de l'arbre durant plusieurs mois s'en couvre, et en est comme couronné.

Le *franchipanier blanc* (*plumeria alba*, Linn.) présente dans son port des différences assez essentielles avec le rouge. La plus remarquable est dans la couleur blanche des fleurs, d'ailleurs moins volumineuses, plus rares, moins odorantes et moins agréables. Le franchipanier blanc croît en abondance à Campêche ; on le trouve aussi à la Martinique, à Saint-Domingue, dans presque toutes les Antilles. Son suc laiteux, corrosif, est employé pour la guérison des dartres, des verrues et des ulcères ; sa racine, prise en tisane, est apéritive. Avec ses fleurs, et principalement avec celles du franchipanier rouge, on parfume dans nos colonies d'Amérique une espèce de confiture qui en a pris le nom de *franchipane*.

Dans l'île de Curaçao, on cultive le *franchipanier à fleurs closes* (*plumeria pudica*, Linn.), dont on fait grand cas. Celui-ci ne s'élève guère qu'à 1^m,60, et se couvre de charmantes fleurs, très-odorantes, dont la corolle a un limbe qui se ferme et est d'une couleur jaunâtre, terminée par un rouge vif. On remarque enfin le *franchipanier à panicule*, le *franchipanier à feuilles longues*, le *franchipanier pourpré*, le *franchipanier incarnat*, le *franchipanier tricolore*, le *franchipanier en carène*, le *franchipanier bicolore*, le *franchipanier jaune*, toutes espèces indigènes des contrées chaudes, dignes d'être citées pour l'agrément et pour la variété des effets pittoresques.

Quant à la plante qu'on a appelée *franchipanier à feuilles émoussées* (*plumeria retusa*), il y a tout lieu de croire qu'elle n'est pas du même genre. Lamarck a pensé que c'était l'*antafara* de Madagascar, connu à l'île de France sous le nom de *bois de lait*. Elle porte des fleurs nombreuses, à odeur de jasmin, disposées en corymbe. Le bois ressemble beaucoup pour le buis, tant par la couleur que par la finesse du tissu ; mais il est beaucoup plus léger. Il est utile dans l'ébénisterie et pour les ouvrages du tour.

Les franchipaniers, quelle qu'en soit l'espèce, sont trop délicats pour supporter le plein air en Europe, même en été.

FRANCHISE. Ce terme a signifié, à diverses époques, des choses bien différentes. Dans les actes qui se rapportent aux premiers temps de la monarchie française, une franchise était un domaine rural possédé par un Franc ou par tout autre personnage de condition libre : « Un domaine de cette espèce s'appelait *franchise*, dit Merlin, parce qu'il était possédé librement et sans aucune charge de servitude ni de devoirs personnels ou redevances, soit en argent, soit en grains ou tout autre objet. » Les *alleux* étaient aussi considérés comme des franchises, tellement qu'*allodii* et *franchisia* étaient deux expressions réputées synonymes. *Tenir en franchise*, c'était posséder un héritage sans aucune charge ni redevance ; c'est ce que la Coutume d'Herly appelait *tenir en franquiesme*.

On nommait aussi *franchise* certains districts ou territoires à qui des rois, des princes ou des grands seigneurs avaient accordé certains droits et certains privilèges particuliers. Ces franchises étaient ordinairement un espace limité de terrain autour des villes et des bourgs. A Paris, on en voyait de ce genre sous le nom de *banlieue* ; à Bourges on les appelait le *septonce*, à Angers la *quinte*, à Toulouse le *dex*. Tout le monde connaît ce hideux quartier de Londres fermé aux constables, qui a été si bien peint par Walter Scott dans son roman de *Nigel*, l'*Alsace* en un mot : ce repaire des filous et des banqueroutiers n'était pas autre chose qu'une *franchise*. Il y avait autrefois dans Paris plusieurs lieux de ce genre, où les débiteurs ne pouvaient être saisis pour leurs dettes par la justice ordinaire, et où les artisans pouvaient exercer leurs métiers sans être passés maîtres. Les ouvriers avaient ce privilège dans le faubourg Saint-Antoine ; mais cette localité, toute favorisée qu'elle était, n'était cependant pas un asile comme le Temple. Jusqu'à la seconde moitié du dix-septième siècle, les ambassadeurs jouissaient à Rome d'une faveur inouïe. Le quartier qu'ils habitaient était exclusivement soumis à leur juridiction. Leur influence s'étendait autour du palais, dans un rayon qu'ils pouvaient agrandir à volonté ; et cette enceinte exceptionnelle était un asile pour tous les criminels, qui venaient y vivre en sûreté. Innocent XI enleva cette franchise par une bulle, même à l'ambassadeur de France, excommuniant tous ceux qui voudraient la soutenir. Louis XIV fit d'énergiques réclamations. Son ambassadeur fut excommunié. L'affaire fut évoquée au parlement, et allait devenir grave ; mais des raisons politiques déterminèrent la cour de France à faire des concessions : la franchise fut restreinte à l'enceinte même du palais.

La ville d'Arras fut pendant quelque temps, sous Louis XI, appelée *Franchise*.

On désigna aussi par le mot de *franchise* l'état honorable de liberté, par opposition à l'état misérable des esclaves et des serfs ; il devint avec le temps synonyme d'*exemption*, d'*immunité*. Quand un prince ou un roi affranchissait les habitants d'une ville ou d'un bourg, les vassaux d'une abbaye, etc., de certains droits de servitude, tels que les mainmortes ou les formariages, cela s'appelait *donner une franchise*. L'histoire des communes au moyen âge n'est guère que l'histoire de la conquête, de l'accroissement et des vicissitudes des franchises municipales. Toutes les fois que la France s'agrandissait par l'adjonction volontaire de quelques provinces, nos rois acceptaient la condition de respecter les franchises locales.

Il y avait entre les franchises et les privilèges une différence qu'il n'est guère possible d'établir aujourd'hui. M. Dupin prétend que les franchises étaient des droits attribués à des personnes franches, outre ce qu'elles avaient de droit commun, comme le droit de commune et de banlieue, l'usage d'une forêt, l'attribution des causes à une certaine juridiction.

Les franchises de contributions étaient de trois sortes : quelques-unes étaient générales à des provinces, à des villes, à certains lieux déterminés; d'autres étaient particulières à de certaines personnes. Il y en avait aussi qui étaient limitées à certaines choses fixées par des règlements administratifs : ainsi, pour les exemptions générales, quelques provinces avaient la franchise des tailles personnelles, et la plupart avaient celle des tailles réelles, et même, dans les provinces sujettes aux tailles personnelles, il y avait des villes et d'autres localités qui en étaient déclarées franches. Il se trouvait aussi quelques villes qui avaient l'exemption des contributions sur les denrées et marchandises, ou sur quelques-unes seulement. Il y avait aussi certains objets qui en étaient exempts dans tout le royaume.

Les franchises des tailles personnelles étaient de deux sortes : elles appartenaient à certaines personnes, telles que les grands seigneurs, prélats, gentilshommes, en égard à leur naissance et à leur qualité, les autres s'accordaient par grâce spéciale du prince; les premières passaient à la famille, les autres restaient personnelles. Les marchands étrangers qui venaient chez nous à certaines foires, dites *foires franches*, étaient affranchis du droit d'aubaine. Cette franchise était établie en faveur du commerce; mais toutes les foires ne donnaient pas lieu à ces prérogatives de ce genre : il n'y avait que les *foires franches*. Les priviléges des foires de Lyon, de Paris, du Landit, de Saint-Denis, de Brie, de Champagne, contenaient franchise de tous aides, impôts, tailles, coutumes, maltôtes et autres impositions, tant ordinaires qu'extraordinaires. Louis XI accorda, par lettres patentes, le droit de naturalité à tous étrangers qui y viendraient, hormis les Anglais.

Il existait encore des *ports francs*, ou ports de mer jouissant de certaines immunités ou franchises.

Outre les franchises politiques, financières, commerciales, il y avait aussi des franchises judiciaires, qui consistaient à attribuer certaines causes à certaines juridictions, dont on ne pouvait les soustraire : c'est ainsi que les sujets justiciables des prélats, des barons et autres seigneurs ne devaient être *ouys* ni tirés par-devant les juges du roi, sinon en cas de pur ressort et autres cas royaux. C'était encore une singulière franchise que celle des bourgeois de Nevers, de Saint-Geniez en Languedoc, de Villefranche en Périgord, de Bois-Commun, de Chagny, qu'on ne pouvait en aucun cas appréhender au corps, s'ils avaient des biens suffisants pour payer ce à quoi ils pourraient être condamnés, et qui possédaient le droit exorbitant de se soustraire à la prison en donnant caution.

Aujourd'hui le mot franchise ne s'applique plus qu'aux exemptions de droits de *douane*, *d'octroi* ou de *poste*. La franchise en matière d'octroi est très-variable, parce que c'est une taxe municipale. Quant au service de la poste, la franchise est de deux sortes. Elle est absolue pour toutes les lettres et paquets adressés à l'empereur et à sa maison, aux ministres, aux présidents et aux bureaux des grands corps de l'État, au premier président et au procureur général près la cour de cassation. La *franchise limitée*, au contraire, n'a lieu que pour lettres et paquets adressés à certaines personnes et revêtus d'un contre-seing, suivant les états de fonctionnaires joints à l'ordonnance.

FRANCHISE (*Morale*). La franchise est une de ces qualités de l'homme qu'on ne saurait préconiser avec trop de mesure. Si l'on en exigeait une définition précise, nous serions presque tenté de l'appeler une *sincérité sauvage*, habituelle ou accidentelle. La franchise en effet garde d'ordinaire peu de ménagements; l'homme *franc* par caractère, ou celui qui ne l'est que fortuitement, peuvent n'obtenir de leurs paroles d'autre résultat que de blesser profondément l'homme à qui elles s'adressent; et cependant telle n'aura pas été certainement l'intention qui aura dicté leurs discours. Aussi, s'il est une vertu à laquelle il soit permis de tracer une ligne de conduite, c'est bien à celle-là. Nous ne concevons rien de plus délicat, plus digne d'être mûrement pesé, que l'exercice de la franchise ; il lui est rarement permis de se présenter nue, et pourtant, ce n'est qu'ainsi qu'elle est susceptible de produire de bons effets. Quels que soient leur position sociale, leur âge, leur sexe, bien peu de personnes ont le droit d'être franches sans avoir préalablement usé de certains artifices de langage pour préparer l'esprit au coup qui va lui être porté, et amortir d'avance l'impression désagréable ou pénible qui en sera le fruit; sans quoi, la franchise court grand risque d'être confondue avec l'envie et le ressentiment. Il y a beaucoup de gens en effet qui ne trouvent l'occasion d'être francs, une fois dans la vie, qu'alors qu'ils savent que leur franchise dégénérera en épigramme, en méchanceté, et qu'elle affligera la personne qui en est l'objet; mais peu leur importe! Ils sont sûrs d'avance qu'il se présentera toujours quelqu'un pour applaudir et répéter leur bon mot et leur méchanceté.

FRANCHISE D'AVARIES. *Voyez* AVARIE.

FRANCIA. (FRANCESCO RAIBOLINI, *dit*), peintre, né à Bologne, au milieu du quinzième siècle, était encore enfant lorsqu'il fut mis en apprentissage chez un orfèvre de sa ville natale, appelé *le Francia*, et dont il prit le nom. Il reçut les leçons de dessin de Marco Loppo, fit des progrès rapides dans l'art de manier le burin, exécuta sur argent des nielles d'un beau travail, grava des médailles d'un style fort élégant, et obtint la place des maître de coins de la monnaie de Bologne. Francesco n'était plus jeune lorsqu'il s'adonna à la peinture. Il exécuta beaucoup de travaux a fresque et à l'huile, et peignit avec un soin extrême un nombre considérable de portraits et de madones. En parlant de ces dernières dans une de ses lettres, Raphael, qui était lié avec Francesco, dit qu'il n'en existe pas *de plus belles*, *de plus dévotes*, *de mieux faites*. Le Francia, dont notre Musée du Louvre ne possède qu'un portrait, longtemps attribué à Raphael, mourut à Bologne, le 6 janvier 1517.

FRANCIA (JOSÉ-GASPAR-RODRIGUEZ), dictateur du Paraguay, né en 1763, à l'Assomption, capitale du Paraguay, fut destiné à l'état ecclésiastique, et alla suivre les cours de l'université de Cordova de Tucuman. Après avoir obtenu le titre de docteur en théologie, il se consacra à l'étude du droit, et s'établit plus tard comme avocat à l'Assomption. Quoique paraissant souffrir parfois d'un dérangement d'esprit, maladie héréditaire dans sa famille, il acquit bientôt par son désintéressement, son énergie et son savoir une si grande réputation, qu'il fut nommé alcade dans sa ville natale. De même, en 1811, quand le Paraguay rompit les liens qui le rattachaient à l'Espagne, il devint le secrétaire de la junte de gouvernement instituée par le congrès, position dans laquelle il ne tarda pas à exercer une influence considérable. Tous les partis étant tombés d'accord sur la nécessité de modifier la constitution ; Fulgencio Yegros et Francia furent élus *consuls* pour deux ans et investis à ce titre de la puissance suprême. Mais Francia ne pouvait rester le collègue d'un homme dont le séparaient de profondes divisions de parti; aussi, quand le congrès se réunit de nouveau en 1814, lui proposa-t-il la nomination d'un dictateur comme le seul moyen de salut qui restât à l'État. Il réussit par son éloquence et aussi par la voie de l'intimidation à ranger la majorité à son avis, et fut élu dictateur pour trois années. Dès qu'il se trouva seul au pouvoir, la rigidité de ses mœurs s'accrut encore, et il se livra avec ardeur à l'étude de l'histoire, de la géographie, des mathématiques et de la littérature française, mais surtout à celle de l'art militaire. En 1817 il se fit élire dictateur à vie; mais il n'eut pas plus tôt atteint le but de ses constants efforts, que son administration furent empreints de la plus dure tyrannie. Il débuta par faire arrêter tous ses adversaires et par se donner une garde particulière, composée de quelques centaines de coupe-jarrets. Des traces d'agitation s'étant produites, il décréta que le pays serait gouverné suivant les formes d'une démocratie pure, et qu'un congrès composé de 1,000 députés élus par toutes les classes de citoyens serait chargé de l'administration. Tous les individus nommés membres de ce congrès furent forcés de se rendre au chef-lieu; mais ils n'y eurent pas plus tôt passé quelques jours qu'ils supplièrent Francia de reprendre l'exercice du pouvoir suprême et de les renvoyer chez eux, ce à quoi celui-ci n'eut garde de ne pas consentir.

A partir de ce moment, le régime de terreur sur lequel il basait son pouvoir prit des formes de plus en plus révoltantes. Les Espagnols étaient plus particulièrement l'objet des rigueurs du dictateur, qui les faisait fusiller sans pitié. Il témoignait pour le clergé, et surtout pour les moines, une haine profonde, à laquelle se mêlait un mépris absolu de la religion catholique. Cela ne l'empêchait pourtant pas de chercher à favoriser les progrès de l'industrie et l'agriculture par des mesures quelquefois heureuses, mais le plus souvent marquées au coin de l'arbitraire le plus audacieux. Une conduite si tyrannique devait naturellement provoquer des conspirations. Celle qu'on découvrit en 1820 fut comprimée dans le sang. Soupçonneux et craintif comme tous les tyrans, Francia réfléchit un jour que les rues étroites, tortueuses de l'Assomption pourraient faciliter quelque guet-apens contre sa personne; en conséquence, il donna l'ordre d'abattre un grand nombre de maisons, et l'année d'après il fit démolir la plus grande partie de la ville pour la reconstruire sur un plan nouveau. Jamais il ne lui arrivait de passer deux fois de suite la nuit dans la même chambre. Il traitait bien les étrangers, tant qu'ils n'excitaient pas ses défiances en se livrant à la culture du thé du Paraguay, dont il avait fait un monopole au profit de l'État. La clôture hermétique du Paraguay, ordonnée par Francia, ne fut jamais exécutée avec plus de sévérité que lorsque les républiques de l'Amérique du Sud se furent donné des institutions fonctionnant régulièrement. La comparaison que les habitants du Paraguay pouvaient être amenés à faire entre leur état politique et celui de leurs voisins lui paraissait avoir autrement de dangers que les guerres que ces diverses républiques avaient pu lui faire antérieurement. Une fois son autorité reconnue sans conteste sur tous les points du pays, c'est-à-dire à partir de 1824, il parut revenir à des idées plus modérées; mais dès qu'il lui survenait un accès d'hypochondrie, il se permettait des actes qui rappelaient le temps où la terreur était son grand moyen de gouvernement. Il habitait un vaste édifice, originairement construit par les jésuites, où il vivait dans le plus grand isolement et avec une extrême simplicité, n'ayant d'autres domestiques que quatre esclaves qu'il traitait avec beaucoup de douceur. S'il était peu économe de sa propre fortune, en revanche il se montrait avare de celle de l'État. Jamais ses relations de famille n'exercèrent la moindre influence sur la direction des affaires publiques. Le Paraguay, qui peu à peu s'était relevé sous son administration et qui se trouvait dans une position bien plus favorable que les autres États de l'Amérique du Sud, avait fini par s'habituer à sa tyrannie; c'est ce qui explique comment il lui fut possible de maintenir son système jusqu'à sa mort, arrivée le 10 septembre 1840. A l'âge de soixante-dix ans, il s'était marié avec une jeune Française; mais ce mariage demeura stérile.

FRANCISATION. C'est le terme dont on se sert, en droit maritime, pour désigner l'acte qui prouve qu'un navire est français et par conséquent a le droit de naviguer sous la protection du pavillon national. Tout capitaine est tenu d'avoir constamment à bord l'acte de francisation du navire qu'il commande. Il n'est délivré qu'après s'être assuré qu'il appartient, au moins pour la moitié, à des nationaux et qu'un certaine partie de son équipage est française.

FRANCISCAINS ou MINORITES, FRÈRES MINEURS (*fratres minores*), ainsi qu'ils se qualifiaient originairement par humilité, est le nom commun donné à tous les membres de l'ordre religieux fondé en 1208 par saint François d'Assise. En racontant sa vie, nous dirons les commencements et les rapides progrès de cet ordre. Un des principaux points de la règle qu'il lui imposa recommandait la pauvreté absolue, ou le vœu de ne rien posséder ni en propre ni en commun, mais de vivre d'aumônes; de là le nom d'*ordre mendiant*. La sévérité que firent paraître

dans leur vie les premiers disciples de saint François frappa d'admiration et de respect, et raffermit l'édifice de l'Église orthodoxe. On ne doit donc pas s'étonner que déjà avant la mort du fondateur, arrivée en 1226, cinq mille députés de ses couvents aient assisté au chapitre général tenu près d'Assise. A la fin du siècle dernier, quoiqu'un grand nombre de communautés de cet ordre eussent été détruites en Angleterre, en Allemagne et dans le Nord par la réforme, il possédait encore sept mille maisons d'hommes et neuf cents couvents de filles, environ quarante-trois mille religieux ou religieuses. Tout l'ordre se divisait en plusieurs branches : les religieux de l'observance, déchaussés et réformés, récolets conventuels et capucins, formaient le premier ordre; le second comprenait les claristes, urbanistes et capucines, congrégations de femmes fondées par sainte Claire, Isabelle de France, fille de Louis VIII, et Marie-Laurence Longa; le troisième, destiné aux séculiers, renfermait cependant des religieux et des religieuses de diverses congrégations.

L'ordre se divisait en famille cismontaine (Italie, Allemagne supérieure, Hongrie, Pologne, Syrie, Palestine), en famille ultramontaine (France, Espagne, Allemagne inférieure, îles de la Méditerranée, Afrique, Asie et Indes). Chaque famille était divisée en provinces, vicaries et custodies; les préfectures se rapportaient aux missions étrangères chez les infidèles. Les cent quarante-sept provinces, six préfectures et quelques custodies de l'ordre étaient administrées par des vicaires provinciaux, sous l'autorité suprême du général de l'ordre, de qui relevaient aussi les claristes, les urbanistes et les religieux du tiers ordre. Le général était alternativement élu dans chacune des deux familles. Ses fonctions, concédées à vie dans les premiers siècles de l'institution, furent réduites à six ans par Jules II et par Sixte V. Un grand nombre de congrégations particulières sortirent de cet ordre, et le divisèrent, sans s'en séparer; mais, comme dans toutes les créations de ce genre, la ferveur des premiers fondateurs ne se soutint pas, et plusieurs réformes tâchèrent de rappeler l'ancienne pureté et les exemples sévères du fondateur. Toutefois ces réformes n'embrassèrent jamais l'ordre tout entier, et n'eurent pour objet que telle ou telle congrégation particulière. Les plus célèbres sont celle de Césaire, dirigée contre le général Hélie, déposé par Grégoire IX; celles de Pierre de Villacrezès, de Colette de Corbie, de Castel-Saint-Jean, de Jean de la Puella, au quinzième siècle; au dix-septième, celle d'Étienne Moliné, en Espagne et en Italie, et celle de Mathieu de Bassi et des deux Fessombrone, qui fit sortir, non sans beaucoup d'opposition, l'ordre des capucins de celui des cordeliers.

H. BOUCHITTÉ.

En 1852, les franciscains, rétablis en France, ont acheté la maison des missionnaires du Saint-Esprit à Noyon. Le cardinal Wiseman présida à l'inauguration de ce nouveau couvent.

FRANCISQUE, arme offensive qu'on nomma ainsi des Francs, qui s'en servirent les premiers. Quelle était cette arme? Les historiens sont peu d'accord entre eux : les uns la confondent avec l'*angon*; d'autres la considèrent comme un gros trait, qu'on lançait de près pour briser le bouclier de l'ennemi; d'autres, comme une hache à double taillant, une besaiguë. Ce dernier sentiment semble d'accord avec le récit qu'on nous fait du brutal châtiment infligé par Clovis, assassinant, en 487, le compagnon d'armes qui lui avait disputé une pièce du pillage. L'emploi de la francisque était tombé en oubli au temps où combattait l'armée de Philippe-auguste.

Gal BARDIN.

FRANC-JUGE. *Voyez* WEHME (Sainte).

FRANC-MAÇONNERIE. C'est le nom sous lequel on désigne une association plutôt philosophique que politique, d'ailleurs essentiellement cosmopolite, qui n'est question que depuis les premières années du siècle dernier, mais qui n'en fait pas moins remonter son origine jusqu'au déluge et même au delà, et qui a pour but d'inspirer aux hommes des sentiments de bienveillance et de fraternité universelles, sans acception de pays, de mœurs et de religion. Dans tout homme, quel qu'il soit, la franc-maçonnerie n'honore que l'homme, sans se soucier des lignes de démarcation plus ou moins profondes que la naissance, la condition sociale, les occupations, les nationalités et les religions diverses, les mœurs ou les usages ont pu établir entre les membres de la société humaine. Elle enseigne qu'une foi religieuse indépendante est nécessaire à l'homme et digne de lui, mais sans avoir la prétention d'enfermer son cœur et son esprit dans tel système de préférence à tel autre. Elle ne connaît qu'une religion, celle de tous les gens de bien, la religion des bonnes œuvres et de la reconnaissance. Elle combat avec énergie le fanatisme et la superstition; elle ne blâme ni ne combat aucune religion, elle respecte toutes les croyances. Réunis par les liens d'une amitié fraternelle, les francs-maçons s'avancent vers la sagesse en foulant aux pieds les préjugés de l'ignorance et des passions dégradantes du vulgaire. Parmi eux, l'homme vient chercher l'homme, laissant en dehors les opinions et les croyances. Le maçon ne demande à son frère que des vertus, l'humanité, la bienfaisance, la fidélité à tenir sa parole et ses serments.

Les membres de cette association se reconnaissent entre eux, au milieu des profanes, à certains signes et attouchements, et au moyen de quelques paroles symboliques. Ils appellent loge le lieu où ils tiennent leurs assemblées; chaque loge a ses dignitaires; mais toutes celles d'une même nation dépendent d'une loge principale, à la tête de laquelle se trouve un grand-maître de l'ordre. La réception d'un franc-maçon est accompagnée d'un appareil effrayant et d'épreuves ayant pour but de constater dans le récipiendaire la fermeté qui est nécessaire pour garder un secret; épreuves plutôt morales, d'ailleurs, que physiques. Parvenu au terme de ces épreuves, le serment qu'on exige du maçon est d'être fidèle à sa patrie, aux lois, et de ne trahir aucun des secrets de l'ordre : on lui recommande aussi d'être simple, modeste, désintéressé, humain, sociable, et s'il jure tout cela, il reçoit la qualité de frère.

Comme le but poursuivi par la franc-maçonnerie se rattache entièrement à l'essence même de l'humanité et au besoin de progrès, qui est une loi de sa nature, on retrouve des indices de l'existence de quelque chose d'analogue à cette institution partout où l'esprit de réflexion et de liberté a la conscience de lui-même. Aussi, quoique son histoire soit relativement toute moderne, ne manque-t-il pas d'auteurs qui vont en chercher les origines jusque dans la nuit des temps. Il en est qui veulent voir dans les mystères de la franc-maçonnerie une continuation de ceux de l'Égypte et de la Grèce, une continuation des associations constituées par les disciples de Pythagore, et plus tard encore par les Thérapeutes et les Esséniens. Mais les efforts qu'on tentera pour établir ici une connexité quelconque demeureront toujours vains, encore bien qu'on ne puisse se refuser à y reconnaître certaines analogies et de lointaines affinités. Il ne faut dès lors voir que des mythes dans les traditions maçonniques qui font remonter l'institution de l'ordre à Noé et même à Adam.

La symbolique maçonnique remonte évidemment à une haute antiquité; mais ce ne saurait être un motif suffisant pour la rattacher directement, comme le veut encore la tradition, à Salomon, qui l'aurait instituée lors de la construction de son célèbre temple, auquel travaillèrent cent treize mille compagnons ou maçons, tant nationaux qu'étrangers, et que le grand roi partagea en quatre classes, en y fondant des loges particulières.

On se rapprocherait davantage de l'histoire quelque peu authentique en recherchant dans les antiquités romaines l'origine de la franc-maçonnerie, c'est-à-dire d'une association particulière de membres, tout en s'occupant de travaux de construction, cultivaient déjà les germes d'une civilisation plus épurée et plus noble. Les collegia ou sodalia de maçons de l'empire romain ne seraient-ils pas, par hasard, le point de départ de la franc-maçonnerie? En termes de droit romain, le mot collegium désignait, comme on sait, toute association particulière qui se formait dans un but déterminé, sous l'approbation de l'État, et qui dès lors était reconnue en droit comme étant une personne. Ces colléges étaient autorisés à se donner des règlements intérieurs, à la condition qu'ils ne portassent point atteinte aux lois de l'État. Les membres de ces associations ou colléges décidaient, sur la proposition de leurs fonctionnaires, tout ce qui s'y rapportait; et il y avait à Rome des colléges de ce genre, composés tantôt de marchands, tantôt d'artisans, tantôt d'artistes, etc., lesquels, en vertu de l'organisation que leur avait donnée Numa lui-même, se réunissaient dans des édifices à eux appartenant, de même qu'ils observaient des pratiques et célébraient des fêtes religieuses particulières. Les colléges de maçons siégeaient souvent dans les salles latérales ou du moins près des temples, avec les prêtres desquels ils étaient en relation ou bien auxquels ils étaient attachés en qualité de maçons.

En Bretagne, le christianisme trouva de bonne heure accès et appui surtout parmi les corporations d'ouvriers de bâtiment établies dans cette île par les Romains. Les traditions de ce christianisme, tout apostolique et indépendant de Rome, furent fidèlement conservées par les cuildéens (ainsi appelés du mot celte ceile ou kele de, c'est-à-dire consacrés à Dieu, serviteurs de Dieu. Leur principale maxime était : « Ne résiste pas au méchant par le mal, mais par le bien. » Comme consacrés au bien et à Dieu, les cuildéens s'étaient éloignés de toute puissance, notamment devant l'invasion des Saxons et des moines romains, et s'étaient réfugiés en Écosse, dans le pays de Galles, en Irlande et dans les îles voisines. De là ils maintinrent toujours leur influence sur les corporations bretonnes de maçons, et leur inspirèrent un pur esprit chrétien, embrassant l'humanité tout entière; résultat qui s'explique parfaitement par les éléments mêmes de ces corporations. En effet les individus qui les composaient appartenaient presque toujours à des nationalités et à des religions diverses, et parfois à des partis opprimés; ils ne pouvaient donc travailler en paix les uns avec les autres au même ouvrage qu'à la condition de se considérer tous comme des frères, ayant les mêmes droits, quelque diversité qui existât dans leur origine et dans leurs mœurs. La puissance et la civilisation bretonnes jetèrent un vif éclat sous le règne d'Alfred le Grand; et à cette époque la construction d'un grand nombre de châteaux-forts, d'églises et de couvents occupa une foule d'artistes et d'ouvriers de bâtiment. Il en fut de même à l'époque du règne d'Athelstan, lequel, à l'exemple d'Alfred, appela en Bretagne des ouvriers français, italiens, espagnols et grecs, pour construire des édifices religieux et autres. C'est sous ce roi que fut fondée la confrérie des francs-maçons; c'est de cette époque seule qu'on peut faire dater la véritable histoire de la franc-maçonnerie.

Edwin, frère du roi Athelstan, aimait et connaissait les sciences qui ont trait à la construction des édifices; il se fit même admettre dans les corporations d'ouvriers de bâtiment. Par son intervention et son intercession, les maçons obtinrent du roi des lettres patentes en vertu desquelles ils avaient la liberté de se réglementer eux-mêmes et de se donner les institutions organiques propres à faire fleurir leur art. C'est en vertu de ces priviléges, et aussi parce qu'ils n'admettaient que des hommes libres à apprendre et à pratiquer leur art, qu'ils furent appelés francs-maçons. On leur donna aussi le nom de masones, c'est-à-dire de géométres ou d'ouvriers habiles et intelligents. C'est pourquoi l'on trouve dans leurs confréries jusqu'à des poètes, des musiciens, des mathématiciens, des astronomes, des peintres, des sculpteurs, etc. En sa qualité de grand-maître des francs-maçons institué par le roi, Edwin convoqua en l'an 926, une assemblée générale des frères, et fonda un règlement, dont une copie manuscrite, en langue anglo-saxonne, existe encore aujourd'hui dans les archives de la grande loge d'York. Elle contient seize commandements, ayant trait pour la plupart à la morale universelle, et dont les trois premiers sont ainsi conçus : « 1° Le premier de vos devoirs est d'honorer sincèrement Dieu et de suivre les lois des enfants de Noé, parce que ce sont des lois divines, auxquelles tout le monde doit obéir. Par conséquent vous devez vous préserver de toutes hérésies et ne pas pécher à l'égard de Dieu. 2° Vous devez être fidèles à votre roi, vous abstenir de toute trahison et obéir sans fausseté à l'autorité là où vous vous trouvez. Que la trahison soit loin de vous; et si quelque chose vient à votre connaissance, avertissez-en le roi. 3° Vous devez vous montrer serviables avec tous les hommes, tant que cela est en votre pouvoir; vous lier avec eux d'une fidèle amitié, sans vous soucier de savoir s'ils pensent autrement que vous! »

En 1277, époque de la construction de la magnifique cathédrale de Strasbourg, une société ou confrérie de maçons dirigeait cet immense travail ; ils avaient des lois, des règlements particuliers, probablement des grades, et correspondaient avec d'autres loges, qui existaient dans divers États. Ces maçons travailleurs se rendaient auprès des princes, qui les appelaient pour leur confier la direction des édifices les plus importants. Il est certain que la ressemblance que l'on remarque dans la forme, l'architecture et les dimensions de beaucoup de monuments des douzième, treizième et quatorzième siècles, annonce une unité de règles qui n'aurait pu avoir lieu sans une inspiration commune. Ces maçons, formant des élèves dans les lieux où ils travaillaient, y fondaient une loge ou association, chargée de la conservation des principes réguliers pour la construction des bâtiments. Nous n'avons aucun document positif sur leurs assemblées; on ne sait s'ils pratiquaient quelques cérémonies pour la réception des adeptes qu'ils formaient, et s'ils avaient quelques mots de ralliement, etc. Toutefois, les francs-maçons, comme on sait, se servent d'ornements et emploient des mots, surtout dans les trois premiers grades, qui tous sont empruntés à l'art de la construction et de la coupe des pierres, tels que l'équerre, le compas, la truelle, le marteau, le levier, la règle, le ciseau, etc.

En admettant pour parfaitement authentique et avérée l'histoire de la franc-maçonnerie telle que nous la racontent les livres écrits sur des francs-maçons , on voit qu'elle fut introduite en Angleterre en 287, en Écosse en 1150, en France en 1668, selon les uns, en 1721 ou 1725 selon les autres; en Espagne (à Madrid), en 1728. La grande loge d'Irlande fut fondée en 1729 ; en 1730 la maçonnerie fut introduite en Hollande ; en Russie en 1731 ; en Italie, à Florence, en 1733; en Prusse en 1737; à Vienne, un peu plus tard. La maçonnerie scandinave se glorifie d'une antiquité plus grande que les autres. En Suisse, des loges furent fondées à Genève en 1738 ; dans le courant de la même année, on en rencontre plusieurs en Turquie; en Pologne, même antiquité qu'en Suède; l'année 1741 vit fonder les loges d'Altembourg, de Nuremberg, de Hambourg. Rien de positif sur l'introduction de la maçonnerie en Portugal ; en 1741 on la trouve à Rome, mais elle y était, dit-on, secrètement pratiquée auparavant; elle s'introduisit en Asie dès 1728, dans l'Océanie depuis 1769, dans l'Afrique depuis 1736, en Amérique, enfin, depuis 1721.

Ainsi, comme on le voit, c'est en Angleterre que l'on retrouve les traces les plus anciennes de l'ordre maçonnique. Ce n'est qu'en 1720 que nous voyons la franc-maçonnerie introduite en France par lord Derwint-Water et des Anglais. Les grands-maîtres qui lui succédèrent furent lord d'Arnold-Esler, le duc d'Antin, le comte de Clermont-Tonnerre et le duc d'Orléans. En 1736 on ne comptait encore que quatre loges à Paris; en 1742 il y en avait 22, et 200 dans les provinces ; en 1777, 300 loges existaient en France : enfin, à l'époque de la révolution, au moment où toutes les loges furent obligées de cesser leurs travaux, il y en avait plus de 700 reconnues par le grand Orient. On évalue aujourd'hui à 3,000 le nombre de loges de la franc-maçonnerie sur la surface du globe. Quoique uniforme dans ses principes, ses dogmes et sa morale, la maçonnerie a néanmoins plu-

sieurs rits : on en compte trois principaux, le rit ancien ou écossais, pratiqué en Écosse, en Angleterre, en Amérique et dans une partie de l'Allemagne ; le rit moderne ou rit français, suivi de préférence par les loges de France; et, enfin, le rit de Misraim ou Misphraim, dit rit égyptien.

La franc-maçonnerie reconnaît beaucoup de grades différents ; on les distingue par des qualifications particulières : le plus élevé de tous est le trente-troisième, attribué, selon quelques-uns, à Frédéric II, roi de Prusse. Les trois premiers grades constituent ce que l'on appelle la maçonnerie bleue ou symbolique ; ils sont désignés par les mots d'apprenti, de compagnon et de maître ; ceux qui comprennent depuis le quatrième jusqu'au dix-huitième degré ont une couleur de chevalerie religieuse. Le trentième est, à ce qu'il paraît, celui qui offre au philosophe la solution du problème à peine indiqué dans les autres: c'est le grand Élie, chevalier kadosch. Chaque grade a des décorations et des signes particuliers. Les francs-maçons ont deux fêtes principales, la Saint-Jean d'été et la Saint-Jean d'hiver.

Au résumé, et quoi qu'il en puisse être de ces diverses traditions et opinions que nous venons de rapporter, aucune société n'a essuyé plus d'attaques, plus de persécutions que la franc-maçonnerie. Tolérée ou proscrite, suivant que les hommes qui se succédaient au pouvoir aimaient ou redoutaient la vérité, elle a subi bien des jugements contradictoires. De nos jours encore, bannie d'un côté, honorée et protégée de l'autre, tolérée à peine sur un troisième point, elle ne nous semble pas éloignée d'une époque où, usée et vieillie, sentant qu'elle n'est plus bonne à rien, que son règne est passé sans retour, que pour faire quelque bien en semble il n'est besoin ni d'épreuves, ni d'attouchements, ni de huis clos, que tout doit être public dans un siècle de publicité, elle ouvrira ses temples déserts, viendra au profit des pauvres ses derniers ornements et oripeaux emblématiques, et congédiera poliment les derniers sectaires de son philosophique enfantillage.

FRANÇOIS D'ASSISE (Saint), patriarche des frères mineurs ou franciscains, naquit en Ombrie, dans la ville d'Assise, en 1182, de parents adonnés au commerce. Il reçut le jour dans une étable, marqué sur l'épaule d'un signe naturel qui ressemblait à une croix. Ces deux circonstances, dues au hasard, n'eurent pas moins d'influence sur le caractère de sa piété. Après quelques études très-faibles, il resta jusqu'à l'âge de vingt-cinq ans occupé du négoce de son père, ne se fit remarquer que par sa charité envers les pauvres. Prisonnier dans une petite guerre entre Assise et Pérouse, il vit à sa captivité succéder une maladie, qui détermina sa vocation, après divers songes, dans lesquels lui fut révélé ce que la Providence attendait de lui. Persécuté par son père, qui se croyait déshonoré par un fils qu'il regardait comme un insensé, il renonça solennellement à sa succession en présence de l'évêque d'Assise, et se rangea parmi les pauvres de Jésus-Christ, bien résolu à ne plus vivre que d'aumônes. Retiré dans la solitude de la Portiuncule, à peu de distance d'Assise, d'où il faisait rebâtir les églises environnantes, il y posa les bases de son ordre, qui fut approuvé, après quelques difficultés, par le pape Innocent III , en 1209, et confirmé par Honoré III , son successeur. Cette sainte société, divisée dès son origine en frères mineurs, chargés de la prédication, pauvres dames, renfermant les veuves et les vierges, et frères de la pénitence, ou tiers ordre de saint François, auquel se rattachaient les laïques de l'un et l'autre sexe vivant dans l'état de mariage, comptait déjà plus de cinq mille membres lorsque saint François tint le premier chapitre de son ordre, en 1219, à Notre-Dame des Anges. Il continua de donner à ses disciples l'exemple de la plus grande austérité, et poussa l'humilité jusqu'à se dépouiller du généralat de son ordre pour en revêtir Pierre de Catane, et après lui le frère Élie.

Il avait longtemps désiré souffrir le martyre chez les infidèles, mais diverses circonstances s'étaient opposées à son départ ; et lorsqu'il put parvenir en Égypte, en 1219, l'admiration du sultan pour son courage et son désintéressement le força de renoncer à la gloire qu'il allait chercher si loin! Nous ne redirons pas tous les prodiges dont saint François d'Assise fut l'auteur ou l'objet; nous ne pouvons cependant passer sous silence celui des *stigmates*, qui lui fit donner le nom de *séraphique*. Pendant son sommeil, dans sa retraite au mont Alverne, il vit un ange crucifié qui fondait sur lui du haut des cieux, et en s'éveillant il trouva sur son corps des stigmates représentant les plaies faites par les clous et la lance au corps de Jésus-Christ. L'esprit de la multitude, toujours avide de merveilleux, a prétendu qu'on les vit longtemps encore sur son cadavre, miraculeusement conservé. Malgré l'affaiblissement croissant de sa santé, saint François continua de se livrer au ministère de la prédication jusqu'à sa mort, arrivée le samedi 4 octobre 1226, jour où l'Église célèbre sa fête. Il a été canonisé en 1228, sous le pontificat de Grégoire IX.   F. BOUCHITTÉ.

FRANÇOIS DE PAULE (Saint), fondateur de l'ordre des minimes, naquit vers 1416, à Paola, petite ville de la Calabre citérieure, au sud de Naples, de parents pauvres. Sa mère, longtemps stérile, avait supplié le ciel de lui donner un enfant, promettant de le lui consacrer si elle l'obtenait : François, fruit de cette ardente prière, n'hésita pas à remplir le vœu auquel il devait la naissance. Il entra dans un convent de franciscains, n'ayant encore que treize ans, et dès lors commencent les austérités qui durèrent toute sa vie. Il s'interdit l'usage de la viande et du linge; son lit est une pierre, sa nourriture du pain et de l'eau ; il entreprend plusieurs pèlerinages à Rome, à Assise, en d'autres lieux, et bientôt, fuyant le commerce des hommes, il se fait une solitude dans un lieu sauvage, près du rivage de la mer, se creuse une caverne dans le roc, et ne vit que d'herbes des bois. Il n'avait pas encore quinze ans. Quelques années après, deux ermites se réunissent à lui; ils se construisent deux cellules, une chapelle, et en 1454 on leur bâtit un monastère et une église. Tel fut le berceau de l'ordre des *minimes*, c'est-à-dire *des derniers entre tous*. François veut qu'à son exemple ils observent un carême perpétuel, si rigoureux que les œufs, le lait, le fromage, le beurre leur seront interdits. Son ordre commence à devenir célèbre. En vain le roi de Naples, Ferdinand, blessé de ses conseils apostoliques, veut arrêter l'essor de cet ordre sévère, que Sixte IV vient d'approuver; les prophéties et les miracles de François de Paule parlent plus haut que les rois de la terre. Sa douceur et son humilité dominent les haines envieuses; les peuples se redisent la vertu de ce saint; à la cour même du roi de France, on sait que l'ermite de Calabre a prédit la chute de Constantinople, la prise et la délivrance d'Otrante, confirmées depuis par les événements ; on sait qu'il a guéri d'incurables maladies, vaincu le feu et les flots, ressuscité des morts; et Louis XI, voulant mourir malgré les dix mille écus qu'il donne à son médecin pour chaque mois de sursis, Louis XI envoie prier François de lui venir rendre la santé. François a bien ressuscité un enfant, à cause des larmes de sa mère; mais que lui importent les lâches pleurs de Louis XI? Celui-ci insiste, et s'adresse au roi de Naples; le saint refuse. Enfin, le vieux monarque tourne ses regards vers le sacré pontife. Le pape ordonne, et François se soumet.

En Provence, la peste fuit à son approche. Il arrive à Amboise; il y trouve le dauphin et plusieurs grands de la cour, qui viennent le recevoir en pompe. On l'amène au château du Plessis, où il tombe à ses pieds. Le pauvre ermite est logé dans le palais du monarque, conférant fréquemment avec lui, et traité comme un envoyé de Dieu. Ce n'est pas pourtant qu'il flatte le prince : il ne lui cache pas que sa vie, désormais inutile au Seigneur, approche irrévocablement de son terme; et s'il essaye de le guérir, il n'est point de son mal, mais de sa crainte. Ses exhortations obtiennent cet heureux résultat, suivant Philippe de Comines, et Louis XI, réellement guéri de sa plaie la plus terrible, le désespoir, meurt entre les bras de François de Paule, en lui recommandant ses enfants. Charles VIII et Louis XII ne témoignent pas au pieux *minime* moins de respect et de considération. François néanmoins réclame de ce dernier la permission de retourner en Italie, et Louis XII la lui accorde d'abord, mais pour la révoquer ensuite, et rattacher à sa cour ce vénérable vieillard par plus de bienfaits et d'honneurs que jamais. Mais celui-ci sentait sa fin prochaine; et pour s'y préparer, il s'enferme dans sa cellule. Il n'y demeura que trois mois : le dimanche des Rameaux de 1508, la fièvre le prit, et le vendredi-saint, 2 avril suivant, il mourut, âgé de quatre-vingt-onze ans. En 1519 Léon X le canonisa. Son corps resta enseveli dans l'église du Plessis jusqu'en 1562, où les protestants essayèrent de le réduire en cendre avec le bois d'un grand crucifix ; mais les catholiques parvinrent à en sauver quelques reliques.
    G. OLIVIER.

FRANÇOIS DE SALES (Saint) naquit au château de Sales, près d'Annecy, en Savoie, le 21 août 1567. Il eut pour père François, comte de Sales, et pour mère Françoise de Sionnaz, tous deux de famille illustre. A six ans il fut envoyé au collége de La Roche, d'où il passa à celui d'Annecy, et alla achever ses études à Paris. Il avait alors onze ans. Il fit sa rhétorique et sa philosophie au collége des Jésuites, apprit ensuite le grec et l'hébreu sous Génébrard, bénédictin, qui fut depuis archevêque d'Aix, et fit plus tard sa théologie scolastique sous le P. Juan Maldonato, qui jouissait alors d'une immense réputation. Six années se passèrent ainsi, durant lesquelles il fortifiait aussi son cœur par la méditation de l'Écriture Sainte et des vérités religieuses. Henri de Joyeuse, qui venait de quitter les plus hautes dignités de la cour pour devenir capucin sous le nom de frère Ange, s'éprit d'une vive amitié pour lui. On raconte qu'à cette époque de sa vie François de Sales, scrupuleux comme toutes les âmes jeunes et ferventes, fut saisi d'une affreuse tentation de désespoir, et se persuada qu'il était inévitablement destiné aux supplices éternels des réprouvés. Cet horrible tourment d'esprit le jeta dans des terreurs inouïes, qui finirent par attaquer sa santé; il ne pouvait plus ni manger, ni boire, ni dormir. Enfin, un jour qu'il était prosterné aux pieds d'une statue de la Vierge, dans l'église de Saint-Étienne-des-Grés, il s'écria : « Mon Dieu, puisque je dois avoir le malheur de vous haïr éternellement, faites du moins que sur la terre je vous aime de tout mon cœur. » Il achevait à peine qu'il lui sembla sous que sa poitrine était dégagée d'un poids énorme : le trouble de son âme disparut, et ce genre de tentation ne lui revint jamais dans la suite.

En 1584, son père le rappela pour l'envoyer étudier le droit à Padoue, sous Guido Panciroli de Reggio ; il y reçut à l'âge de vingt-quatre ans le bonnet de docteur en droit civil et canonique. François était l'aîné de ses frères ; et son père, pensant à l'établir, obtint pour lui de Charles-Emmanuel I er, duc de Savoie, les provisions d'une charge de conseiller au sénat de Chambéry. Il voulait lui faire épouser M lle de Veigy, héritière d'un grand nom et d'une grande fortune. Mais François reçut ses propositions avec une extrême froideur, et s'adressa bientôt à Louis de Sales, son cousin, chanoine de Genève, pour le prier de disposer son père à approuver la résolution qu'il avait prise d'entrer dans l'état ecclésiastique. Louis de Sales sollicita du temps pour en parler au comte ; mais dans l'intervalle la prévôté de la cathédrale étant devenue vacante, il la demanda au pape pour son parent, et l'obtint. Alors, muni des bulles de collation, le chanoine alla trouver le comte de Sales, et lui fit connaître la détermination de son fils. Ce fut une vive douleur pour le vieillard : il avait fondé sur l'aîné de sa famille de hautes espérances ; mais il céda, et le jeune François prit possession de sa charge. Claude de Granier, son oncle, évêque de Genève, lui conféra bientôt les ordres sacrés, et lui confia le ministère de la parole. Les premiers discours du jeune prédicateur produisirent une grande impression. « Il possédait en effet, dit un auteur de sa vie, toutes les qualités nécessaires pour réussir. Il avait l'air grave et modeste, la voix forte et agréable, l'action vive et animée, mais sans faste et sans ostentation. » Il n'était encore que diacre ; il fut élevé au sacerdoce en 1593. L'année suivante, il établit à Annecy la confrérie des Frères de la Croix.

En 1534 Genève avait refusé d'obéir à son évêque et au duc de Savoie, qui, chacun de son côté, s'en prétendaient souverains; les Genevois, excités par leur ministre Guillaume Farel, avaient commencé par chasser leur évêque ; l'année suivante, ils expulsèrent les catholiques, abolirent la messe, et se constituèrent en république. Puis ils s'emparèrent du duché de Chablais et des bailliages de Gex, Terney et Gaillard, tandis que les protestants bernois se rendaient maîtres du pays de Vaud. Mais soixante ans plus tard, Charles-Emmanuel avait repris le Chablais et les trois bailliages : il s'empressa d'écrire aussitôt à l'évêque de Genève, qui résidait alors à Annecy, pour l'engager à envoyer des missionnaires dans les pays qu'il venait de soumettre. François et le chanoine Louis de Sales furent les seuls qui se présentèrent. Ils partirent ensemble le 9 septembre 1594, et allèrent s'établir au fort des Allinges, où ils furent accueillis par le baron d'Hermance, qui en était gouverneur, et qui seul était resté attaché à la foi catholique. François commença la mission par Thonon, capitale du Chablais. Il faisait tous les jours plus de neuf kilomètres pour s'y rendre, et en revenait chaque soir par des chemins presque impraticables, au milieu de dangers continuels, auxquels l'exposait la fureur des huguenots. Les soldats protestants de la garnison des Allinges furent les premiers qui ressentirent l'influence persuasive du prêtre : peu à peu les habitants du Chablais se déterminèrent à venir l'écouter; bientôt ils accoururent en foule à ses discours, et beaucoup d'entre eux revinrent à la croyance de leurs pères. Après un court voyage que François de Sales fut obligé de faire près du duc de Savoie, il fit réparer à Thonon l'église Saint-Hippolyte, et couronna sa mission la fête de Noël 1597, en célébrant la messe de minuit, où huit cents fidèles reçurent de sa main la communion.

Vers ce temps, une peste vint exercer d'affreux ravages à Thonon. Saint François de Sales se montra partout, soignant et consolant les malades, bravant la contagion, afin de porter les secours spirituels ou temporels à ceux qui en avaient besoin. Ce dévouement entraîna tous les calvinistes : en 1598 la religion catholique était devenue la religion dominante dans le Chablais et les bailliages de Terney et de Gaillard, et l'on en fit partout profession publique. Ce succès inespéré détermina Claude de Granier à le demander pour coadjuteur. Le prélat eut beaucoup de peine à lui faire accepter cette dignité; il fut obligé de s'aider du pape et du duc de Savoie pour vaincre la modestie du missionnaire; mais l'idée de l'immensité des devoirs et des périls de l'épiscopat le pénétra d'une terreur si grande qu'il en tomba dangereusement malade et faillit en mourir. Quand il fut rétabli, il alla chercher ses bulles à Rome. Le pape lui fit le plus bienveillant accueil, et lui donna le titre d'évêque de Nicopolis et de coadjuteur de Genève.

Le bailliage de Gex, qui appartenait autrefois au duc de Savoie, avait été cédé à Henri IV par le traité de Lyon. François se rendit à Paris pour obtenir du roi la permission de travailler à ramener ce pays sous l'autorité de l'Église. Il y fut reçu avec de grandes distinctions, et fut invité à prêcher le carême au Louvre. Son sermon sur la réforme ouvrit les yeux à un grand nombre de calvinistes, et il s'opéra parmi eux une multitude de conversions. Il prêcha ensuite devant le roi, qui fut fort touché de ses paroles, et qui le consulta dès lors très-souvent sur les affaires de conscience. Il voulut même l'attacher à la France, et lui fit offrir le premier évêché vacant, avec une pension de quatre mille livres, mais il ne put parvenir à lui faire rien accepter. Il échoua également plus tard dans l'offre qu'il lui fit du cardinalat, et Léon XI ne fut pas plus heureux quand il voulut l'agréger au sacré collège. « Ces dignités, disait-il, ne feraient qu'apporter de nouvelles difficultés à mon salut. » Malgré ses éminentes vertus, François fut accusé auprès d'Henri IV d'être l'espion du duc de Savoie et de vouloir renouveler la conspiration du maréchal de Biron ; mais le roi traita cette calomnie comme elle le méritait. Cependant sa présence n'étant plus nécessaire à la cour de France, il prit congé du monarque, et partit pour Annecy, neuf mois après son arrivée à Paris. Il reçut en chemin la nouvelle de la mort de Claude de Granier, son oncle, et apprit ainsi qu'il allait lui succéder.

Il se rendit alors au château de Sales, qu'il avait choisi pour la cérémonie de son sacre, et s'y prépara à sa dignité nouvelle par une retraite de vingt jours. Ce fut alors qu'il se dressa pour l'avenir le plan de conduite dont il ne devait jamais s'écarter. Il promit à Dieu de ne porter ni soie ni étoffes éclatantes, d'être toujours vêtu de laine comme avant son épiscopat; de n'avoir ni carrosse ni litière, de faire toujours à pied la visite de son diocèse ; de ne point rechercher dans sa maison la magnificence des meubles, ni sur sa table la délicatesse des mets, évitant avec le plus grand soin tout ce qui pouvait distraire son esprit de la pensée de Dieu ou des besoins du pauvre. Il reçut la consécration épiscopale, le 8 décembre 1602, des mains de l'archevêque de Vienne. Son zèle pour la conversion des protestants s'accrut encore de toute la grandeur de sa nouvelle position. Sa bulle de canonisation porte qu'il en ramena 72,000 à l'obéissance de l'Église depuis 1592. Quelques huguenots, furieux de ses succès, tentèrent de l'empoisonner ; les médecins s'en aperçurent à temps, et parvinrent à neutraliser l'effet du poison, mais sans rendre à son tempérament sa première vigueur. En 1603 il s'occupa avec ardeur de la réformation des monastères. Il commença par celui de Siz, dont les moines se livraient à tous les désordres. Ceux-ci en appelèrent au sénat de Chambéry ; mais ils furent déboutés de leurs prétentions. Pendant que le saint évêque s'occupait de cette affaire, il apprit que les sommets de deux montagnes, s'étant détachés, avaient écrasé plusieurs villages du Faucigny. Encore que les chemins fussent impraticables, il partit pour aller consoler ces pauvres gens, qui manquaient de tout : il mêla ses larmes aux leurs, et obtint pour eux du duc de Savoie l'exemption des taxes, après qu'il leur eut distribué tout l'argent qu'il possédait. Son intendant disait à ses autres serviteurs : « Notre maître est un saint, mais il nous mènera à l'hôpital et lui tout le premier. » On avait beau lui représenter le piteux état de ses finances, il répondait toujours : « Oui, vous avez raison, je suis un incorrigible, et, qui pis est, j'ai bien l'air de devoir l'être longtemps. » On sait l'histoire du diamant que lui avait donné la princesse Christine de France, et qui était, disait-on, moins à lui qu'à tous les yeux d'Annecy.

Il prêcha le carême de 1604 à Dijon ; et ce fut en cette circonstance que se forma sa liaison avec Mme de Chantal. Quatre ans après, il publia sa première œuvre importante, l'Introduction à la vie dévote, qui le fit accuser de relâchement dans la discipline, parce que, comme tous les grands génies, il devançait de beaucoup son époque, et voyait la religion de plus haut que ses contemporains. Du reste, dans tous les ouvrages qui nous sont restés de lui, on sent que le fond de sa doctrine était austère, malgré ses formes douces et indulgentes.

En 1609, il alla sacrer l'évêque de Belley, Pierre Camus, que son seul mérite élevait à l'épiscopat, et se lia d'amitié avec lui. Les deux prélats se voyaient tous les ans. Nous devons à l'évêque de Belley l'Esprit de saint François de Sales. En 1610, année de la mort d'Henri IV, il perdit aussi sa mère, et ces deux événements le plongèrent dans une douleur profonde. La même année, il fonda l'ordre de la Visitation, dont Mme de Chantal fut la première supérieure. Comme il voulait qu'on y admît les personnes au tempérament délicat, faibles, et même infirmes, à qui l'entrée des autres cloîtres était fermée, il choisit la règle de Saint-Augustin, comme celle qui prescrit le moins d'austérités. Paul V confirma le nouvel institut, et l'érigea en ordre religieux, sous le titre de Congrégation de la Visitation de sainte Marie.

Sa santé s'affaiblissant de jour en jour, le saint évêque se détermina à demander un coadjuteur. De l'avis du cardinal Frédéric Borromée, son choix se fixa sur Jean-François de Sales, son frère, qui, en 1618, fut sacré à Turin, évêque de Chalcédoine. L'année d'après, saint François fut obligé d'accompagner à la cour de France le cardinal de Savoie, qui allait demander en mariage, pour le prince de Piémont, Christine de France, sœur de Louis XIII. Son zèle ne le laissa pas oisif à Paris. Il prêcha le carême dans l'église Saint-André-des-Arcs. La foule courait à ses sermons, et souvent il prêchait deux fois par jour. Il refusa la coadjutorerie de Paris, que lui offrait le cardinal de Retz, et n'accepta la charge de premier aumônier de la princesse Christine qu'à deux conditions, l'une qu'il continuerait à résider dans son diocèse, l'autre que quand il n'exercerait point sa charge, il ne toucherait aucun des revenus qui y étaient attachés.

Au commencement de 1620 il confia à saint Vincent de Paul, avec qui il était lié depuis trois ans, le gouvernement du couvent de la Visitation, que Mme de Chantal venait de fonder dans la rue Saint-Antoine. Il redoublait en même temps de bonnes œuvres, et continuait d'écrire ces lettres délicieuses où se révèle cette vertu sanctifiante qui touchait irrésistiblement ses contemporains. Louis XIII étant allé faire un voyage à Avignon après la soumission des huguenots du Languedoc, le duc de Savoie envoya le cardinal de Savoie, son fils, le complimenter, avec saint François de Sales. Celui-ci tomba malade à Lyon, et y mourut d'apoplexie, le 28 décembre 1622, la même année où saint Vincent de Paul se chargeait des chaînes d'un galérien. Il fut béatifié en 1661, et canonisé le 19 avril 1665, par Alexandre VII. Outre l'*Introduction à la vie dévote*, on a de saint François de Sales *des Sermons*; un *Traité sur l'Amour de Dieu*, ouvrage fort remarquable, et qui témoigne une profonde connaissance du cœur; *des Lettres*; *des Controverses*; *des Entretiens spirituels*; *des Opuscules*.   Louis DE CARNÉ.

FRANÇOIS I et II, rois de France.

FRANÇOIS Ier. Né à Cognac, le 12 septembre 1494, ce roi descendait, par Louis Ier, duc d'Orléans, du roi Charles V. Jeune, brillant, instruit et brave, il avait eu pour ses premiers guides Boissy de Gouffier, esprit éclairé, auquel son éducation fut confiée, et Gaston de Foix, héros intrépide, qui lui fit trop aimer la gloire des armes.

A la mort de Louis XII, qui lui avait fait épouser sa fille, François monta sur le trône, le 1er janvier 1515 ; il avait vingt-un ans accomplis. Avec le titre de roi de France, il prit, comme petit-fils de Valentine de Milan, celui de duc du Milanais; bientôt il revendiqua ses États d'au-delà des monts. Il avait contre lui l'empereur d'Allemagne, les Suisses, soumis alors aveuglément au saint-siége, et l'astucieux Léon X : c'était une ligue formidable, dont étaient bien loin de balancer la puissance des républiques de Venise et de Gênes, qui prirent le parti de François Ier. Toutefois, l'Europe vit sur pied une armée de françois dont elle ne soupçonnait pas l'existence, et cette armée, commandée par le connétable de Bourbon, comptait parmi ses chefs Lautrec, Chabannes, Navarre, Louis de La Trémoille, Cossé, Montmorency, l'amiral Bonnivet, le comte Claude de Guise, Créquy, les maréchaux Trivulce et de La Palisse, et Bayard. Malgré les Suisses, maîtres des Alpes, on franchit les monts ; on enleva dans Villefranche le général ennemi Prosper Colonna, et en peu de temps la plus grande partie du Milanais est conquise.

Le roi, qui était à Lyon, ayant appris ces brillantes nouvelles, ne perdit pas de temps pour aller partager la gloire et les dangers de ses armées ; il traversa les Alpes, il déconcerta et força à la paix les Suisses, découragés par la rapidité de nos succès. Ceux-ci signent avec Lautrec un traité que, à la voix perfide du fanatique cardinal de Sion, ils se hâtent de rompre traîtreusement. La bataille de Marignan punit leur déloyauté. François y fit preuve d'une bravoure éclatante et courut même de grands dangers. C'est là qu'il voulut recevoir des mains de Bayard l'ordre de la chevalerie.

La soumission du Milanais entier suivit cette mémorable bataille; les Suisses, achetés à prix d'argent, devinrent les alliés de la France, et Léon X fit la paix moyennant un concordat qui rendait à Rome l'immense revenu des annates. L'Italie, toutefois, ne cessa pas d'être un théâtre de guerre. En 1516 l'empereur Maximilien attaqua le Milanais, que le connétable de Bourbon défendit vaillamment.

La mort de l'empereur d'Allemagne ouvrit la carrière aux grandes ambitions : Charles-Quint, roi d'Espagne, l'emporta sur François Ier et Henri VIII, ses compétiteurs. Il ne cherchait qu'un prétexte pour faire la guerre au jeune vainqueur de l'Italie et des Suisses : la jalousie et l'ambition l'animaient. Cette guerre était inévitable. Charles, seigneur des Pays-Bas, avait l'Artois et beaucoup de villes à revendiquer : roi de Naples et de Sicile, il voyait François Ier prêt à réclamer ses États au même titre que Louis XII ; roi d'Espagne, il avait à soutenir l'usurpation de la Navarre ; empereur, il devait défendre le grand fief du Milanais contre les prétentions de la France. Aussi en 1521 commença cette péripétie de luttes acharnées qui, favorables d'abord au roi, ne tardèrent pas à lui devenir si funestes.

Bayard força les Impériaux à lever le siége de Mézières, qu'il avait défendu avec la plus remarquable habileté, sauvant ainsi la France d'une invasion ; mais Lautrec, battu à la Bicoque, perdit le Milanais ; de fâcheuses prodigalités du roi et de sa famille empêchèrent d'envoyer des fonds suffisants à l'armée d'Italie. Alors de grands malheurs furent en suite de la faiblesse de François pour sa mère, de la maladresse et des injustices de ce prince à l'égard du connétable de Bourbon, et de ses amours, qui lui firent protéger mal à propos Lautrec, le frère de la comtesse de Châteaubriant. Un grand crime vint aussi ternir ce règne si brillamment commencé ; à l'instigation de Duprat, un vieillard intègre, le surintendant Semblançay, fut sacrifié et périt indignement à la potence, injustement accusé de n'avoir point, par sa faute, envoyé à l'armée les fonds qui l'eussent sauvée.

Charles-Quint et François se disputèrent aussitôt l'alliance d'Angleterre ; l'entrevue du Camp du Drap d'Or, sur laquelle le roi de France avait compté pour mettre Henri VIII dans ses intérêts, eut un résultat tout différent. Une ligue formidable s'organisa contre lui ; le pape, l'empereur, l'Angleterre, l'Italie étaient réunis ; il fallait défendre toutes les frontières à la fois. Bourbon était passé en Italie et commandait les armées impériales contre les Français, qui avaient alors à leur tête le présomptueux Bonnivet, auquel le roi avait eu le tort de subordonner Bayard. Bonnivet fut battu à Rebec, et Bayard y termina ses exploits et sa vie.

Il avait fallu repasser les Alpes, et l'ennemi s'était précipité sur la Provence ; Bourbon assiégeait même Marseille, après avoir soumis Aix et Toulon. Le roi accourut en toute hâte au secours de ses États envahis, força l'ennemi à la retraite, et reusa en Italie : il avait déjà reconquis la presque totalité du duché de Milan, et assiégeait Pavie, lorsque le connétable, qui avait reçu des renforts et récompose son armée, lui offrit la bataille le 24 février 1525. La fortune cette fois trahit cruellement François, qui fut battu et fait prisonnier.

Transféré à Madrid, il y fut traité et surveillé avec une rigueur telle, qu'il faillit y succomber de découragement et de chagrin ; vraisemblablement il y aurait succombé si sa spirituelle et courageuse sœur, Marguerite de Valois, ne fut accourue pour le consoler. Forcé de souscrire, le 14 janvier 1526, aux dures conditions que lui avait dictées Charles-Quint, et qu'il était bien décidé à ne pas tenir (car le *roi chevalier*, le frère d'armes de Bayard, était devenu un politique à l'école de son rival), François quitta sa prison et fut échangé avec ses deux fils (François et Henri), qu'il donna en otage jusqu'au payement de sa rançon. Bientôt le traité de Cognac lui fournit le moyen de ne pas tenir sa parole. Charles avait exigé la remise de la Bourgogne ; mais les états, convoqués à la fin de 1527, s'opposèrent à ce que le roi exécutât un traité arraché par la force et dans les fers. L'empereur dut se contenter de deux millions d'écus d'or : les enfants de France ne furent rendus à la liberté qu'en 1530, car il fallait du temps pour obtenir des peuples exténués cette somme considérable. En cette année 1530 François 1er épousa Éléonore d'Autriche.

La guerre ne tarda pas à se rallumer en Italie : Henri VIII, la république de Gênes et le pape Clément VII, firent alliance avec la France. A cette nouvelle, le connétable de Bourbon marche sur Rome, où, en montant à l'assaut, il trouve la mort, le 6 mai 1527. La capitale du monde chrétien n'en fut pas moins emportée, saccagée, inondée de sang, et soumise à toutes les horreurs de la plus effroyable guerre; le pape, prisonnier, fut bientôt après remis en liberté; une épouvantable épidémie fit justice des 30,000 brigands qui dans le sac de Rome avaient rappelé les atrocités des barbares. Les Français durent encore abandonner l'Italie. Enfin, entre les deux rivaux qui balançaient les destinées de l'Europe, la paix est conclue à Cambrai, en 1529, après quatorze années de désolation et de ruines. C'est cette paix qu'on appela *paix des Dames*.

Une circonstance qui parut favorable à François lui fit reprendre les armes : Charles-Quint était en Afrique. Le roi pénètre encore en Italie; mais l'empereur, de retour, se jette en 1536 sur la Provence, d'où la famine, plus encore que Montmorency, le chasse honteusement. Le duc de Guise en même temps sauvait la France au nord. On fait encore la paix : une trêve de dix ans est signée à Nice, en 1538 ; quelque temps après, Charles-Quint traverse la France, et François 1er épuise son trésor pour fêter son hôte. Mais bientôt la guerre recommence, et François renoue son alliance avec Soliman ; Barberousse bombarde Nice et ravage les côtes d'Italie; en 1544, les Impériaux sont forcés de lever le siège de Landrecies; en 1545, nos armes soumettent le Piémont, car c'est toujours vers son duché de Milan que François tourne ses vues, ses regrets et ses belliqueuses conceptions. La victoire de Cérisoles répare l'affront de Pavie. Cependant, ce Henri VIII, qui avait été longtemps l'allié du roi, envahit la Picardie en même temps que Charles-Quint pousse des coureurs jusqu'à Meaux et menace Paris, qu'il a donné rendez-vous aux Anglais. Enfin, la paix de Crespy, le 18 septembre 1544, termine la guerre avec les étrangers.

François 1er mourut à Rambouillet, le 31 mars 1547. Sous son règne on renouvela contre les réformés toutes les atrocités du moyen âge; le tableau tracé des persécutions, des tortures et des exécutions du seizième siècle ferait à la fois frémir d'horreur et d'indignation. Le monarque lui-même prit souvent plaisir à assister au supplice de plusieurs de ces infortunés. Le libertinage le soir dégradant se mêlait à la dévotion la plus superstitieuse. Cependant, les lettres et les arts, ces consolateurs qui réparent tant de désastres, avaient pris leur essor en France. La peinture, la sculpture, l'architecture, la poésie, unirent leurs merveilles, et tempérèrent autant qu'il était possible le spectacle atroce des persécutions religieuses et des fanatiques exécutions. La corruption de la cour, que les désordres du roi avaient fait naître, était extrême; on peut s'en convaincre en lisant *Les Dames galantes* de Brantôme. Dans ses débauches, le roi faisait succéder à la comtesse de Châteaubriant ou à la duchesse d'Étampes les femmes les plus méprisables. Sa liaison avec la belle Ferronnière fut, après neuf ans de souffrances, la cause de sa mort prématurée. Ainsi termina sa carrière, par un trépas ignoble, le prince qui né avec de brillantes qualités, même avec quelques vertus, ruina la France, fut la cause du ravage de plusieurs de ses provinces, aigrit par les supplices les querelles religieuses, protégea quelques hommes de lettres, mais étouffa toute liberté de discussion, et proscrivit même un moment l'imprimerie. L'inexorable histoire ne lui pardonnera jamais ses manques de foi, ses habitudes despotiques, son esprit persécuteur, sa cruauté dans la tyrannie, le mépris qu'il fit des lois de l'État, si bien prouvé par la dégradation des corps politiques et judiciaires; la vénalité des charges, ses entreprises sur la propriété par l'impôt arbitraire, par l'envahissement du trésor public ; l'oppression des consciences par les persécutions religieuses, par des condamnations capitales arbitrairement prononcées, par des violences directes personnellement exercées, par la férocité inouïe d'exécutions ordonnées contre des innocents. Il tenta, en 1540, d'établir en France des tribunaux de l'inquisition ; c'est lui qui ordonna les massacres de Cabrière et de Mérindol! Et les lettres de sauve-garde données aux épouses infidèles contre l'autorité maritale, et le concordat trafiqué indignement avec le pape pour sacrifier à la cupidité la dignité de l'État et de l'Église !

Toutefois, il serait injuste de ne pas reconnaître que François 1er fut souvent l'ami et le protecteur des lettres, de la poésie et des arts ; qu'il bâtit Fontainebleau et Chambord ; qu'il commença le Louvre ; qu'il encouragea le Primatice et Benvenuto Cellini ; qu'il aimait les écrits d'Érasme et de Rabelais, qui pourtant attaquaient, à la vérité en riant, les abus du catholicisme ; qu'il fonda le Collège de France ; qu'il protégea Marot, Du Bellay et Budé ; qu'il écouta quelquefois sa spirituelle et tolérante sœur, Marguerite de Valois, et que, sensible au charme des vers, il en composa parfois de très-jolis.

Louis Du Bois.

FRANÇOIS II, roi de France. Ce prince, fils de Henri II, né en 1544, n'avait pas encore seize ans lorsqu'il monta sur le trône, le 10 juillet 1559. Il était déjà marié à la reine d'Écosse Marie Stuart; et sa mauvaise santé faisait prévoir que son règne serait de courte durée. François II était dépourvu de toute énergie et de toute force de caractère. Le duc de Guise et son frère, le cardinal de Lorraine, tous deux oncles de la reine, se saisirent des rênes de l'État, et gouvernèrent sous son nom. Cependant, le parti des princes du sang, à la tête duquel se trouvaient le prince de Condé, Antoine de Bourbon, roi de Navarre, l'amiral de Coligny et ses deux frères, essaya d'arracher le pouvoir aux oncles de François II. Mais la conjuration d'Amboise, qu'ils avaient organisée, échoua. Les états généraux ayant été convoqués à Orléans, François II s'y rendit pour en faire l'ouverture, fixée au 10 décembre. Là, les Guise firent arrêter le prince de Condé, qui venait y assister, le firent juger par une commission tirée du parlement et condamner à mort : sa sentence allait être mise à exécution, le jour même de l'ouverture des états, quand la mort du roi arriva le 6 décembre. Depuis longtemps celui-ci souffrait d'un abcès dans l'oreille ; comme il se faisait faire la petite, par son chirurgien Ambroise Paré, il fut pris d'une défaillance, et succomba le soir même. Quelques-uns ont pensé qu'il avait été empoisonné.

FRANÇOIS. Trois empereurs de ce nom ont régné en Allemagne et en Autriche.

FRANÇOIS-ÉTIENNE, empereur d'Allemagne, qui régna sous le nom de François 1er, de 1745 à 1765, naquit en 1708. Il était le fils aîné du duc Léopold de Lorraine, et en 1723 quand il vint à Vienne, il y reçut à titre d'apanage le duché de Teschen, en Silésie. A la mort de son père (1729), il lui succéda en Lorraine, qu'en 1735 il céda, contre l'expectative du grand-duché de Toscane, au beau-père de Louis XV, Stanislas Leczinski, pour, à la mort de ce prince, être définitivement incorporée à la France. En 1736, il épousa Marie-Thérèse, fille de l'empereur Charles IV, et, fut à la suite de cette alliance nommé feld-maréchal général de l'Empire et généralissime de l'armée impériale. L'année suivante mourut Jean Gaston, le dernier grand-duc de Toscane, issu de la maison de Médicis ; et François-Étienne lui succéda. En 1738 il commanda en chef avec son frère l'armée impériale en Hongrie contre les Turcs. A la mort de Charles VI, en 1740, il fut déclaré, par la reine, co-régent de tous les États héréditaires autrichiens, sans toutefois participer au gouvernement. A la mort de Charles VII, il fut, en dépit des intrigues de la France et de la Prusse, élu empereur d'Allemagne et couronné en cette qualité, à Francfort-sur-le-Main, le 4 octobre 1745. Mais il n'en abandonna pas moins à sa femme la direction des affaires d'Allemagne, moins soucieux d'exercer le pouvoir que d'augmenter sans cesse sa fortune particulière, que des spéculations commerciales entreprises avec hardiesse et menées avec habileté portèrent, dit-on, au chiffre, énorme pour l'époque, de plus de 20 millions de florins. Frédéric le Grand, qui l'appelait ironiquement *le banquier de la cour*, assure qu'il lui arriva plus d'une fois de vendre à beaux deniers comptant des farines et des fourrages aux troupes prussiennes luttant contre les armées de Marie-Thérèse, sa femme. Il raconte qu'il ménageait chaque année de grosses sommes sur ses revenus de Toscane, et qu'il les faisait valoir dans le commerce, tantôt établissant des manufactures, tantôt faisant des avances sur consignations; il ajoute qu'associé à un comte Boltza et à un marchand nommé Schimmelmann, il avait même pris à ferme les douanes de la Saxe. Ses préoccupations commerciales ne l'empêchaient pas de consacrer quelques-unes de ses veilles à l'alchimie et de chercher la pierre philosophale avec une constance digne d'un meilleur sort. Au demeurant, c'était un prince très-bienfaisant, qui, grâce à son extrême simplicité de mœurs et de manières, devint très-populaire parmi ses sujets, et qui rendit de véritables services aux lettres, aux sciences, aux arts et à l'industrie. Vienne lui est redevable de la fondation d'un riche cabinet de médailles et d'histoire naturelle. Il mourut à Inspruck, le 18 août 1765, laissant à son fils aîné, Joseph II, la couronne impériale, et à son fils cadet, Léopold II, qui plus tard succéda à son frère sur le trône impérial, le grand-duché de Toscane.

FRANÇOIS Ier (Joseph-Charles) régna comme empereur d'Autriche de 1806 à 1835, et de 1792 à 1806 comme empereur d'Allemagne sous le nom de *François II*. Né en 1768, à Florence, il était fils de Léopold II et de Marie-Louise, fille du roi d'Espagne Charles III. Le premier mars 1792 il succéda à son père dans les États héréditaires autrichiens, et fut couronné le 6 juin suivant comme roi de Hongrie, le 14 juillet comme empereur d'Allemagne, et le 5 août comme roi de Bohême. Il reçut sa première éducation à Florence, sous la direction de son père; mais à partir de 1784 il vécut à Vienne, à l'effet de s'y préparer, sous la direction de son oncle, l'empereur Joseph II, à l'art de gouverner. A l'âge de vingt ans il avait accompagné ce prince dans sa campagne contre les Turcs; et en 1789 il prit le commandement en chef de l'armée, avec Loudon pour conseil. Quand l'empereur Joseph mourut, le 20 février 1790, il gouverna l'empire jusqu'à l'arrivée de son père à Vienne (12 mars), et l'accompagna ensuite aux conférences tenues, en 1791, à Pilnitz, avec le roi de Prusse et l'électeur de Saxe; et devenu sur ces entrefaites empereur, par suite de la mort de son père, il y signa, en 1792, avec la Prusse, un traité d'alliance offensive et défensive contre la France, qui dès le 20 avril 1792 lui avait déclaré la guerre, en sa qualité de roi de Bohême et de Hongrie. En 1794 il parut quelques instants à l'armée qui essaya d'entamer le sol français; mais les mauvaises dispositions de la population brabançonne et les nouveaux succès remportés par les armées françaises, grâce aux savantes combinaisons de Carnot, le forcèrent bientôt de s'en retourner à Vienne. La défection de ses alliés et la merveilleuse campagne de Bonaparte en Italie le contraignirent à signer, le 17 octobre 1797, le traité de paix de Campo-Formio, par lequel l'empire d'Allemagne perdit la plus grande partie de la rive gauche du Rhin, et l'Autriche les Pays-Bas et la Lombardie, sans obtenir d'autres équivalents que les ci-devant États vénitiens.

Dès 1799, François II, après avoir conclu un traité d'alliance avec l'Angleterre et la Russie, recommença contre la république française une nouvelle lutte, dont les débuts furent heureux; mais le retour si subit et si imprévu de Bonaparte, qu'on devait croire pour longtemps encore retenu en Égypte, et les nouvelles victoires remportées par celui-ci en Italie, le forcèrent à signer, le 9 février 1801, la paix de Lunéville, qui lui imposa les plus pénibles sacrifices et qui coûta à l'Empire d'Allemagne ce que le précédent traité lui avait conservé de la rive gauche du Rhin.

Les batailles d'Ulm et d'Austerlitz mirent fin à la lutte qu'en 1805 l'empereur François II, d'accord avec la Russie, tenta encore d'engager contre la France. Elles donnèrent lieu entre Napoléon et ce prince à une entrevue personnelle, où on convint d'une suspension d'armes et où on posa les bases de la paix signée la même année à Presbourg; paix qui eut des suites plus fatales encore que les précédentes, puisqu'elle coûta à l'Autriche 1,700 myriamètres carrés de territoire, avec une population de trois millions d'âmes.

Lors de la création de la Confédération du Rhin, François II, qui, par sa pragmatique du 11 août 1804, s'était déjà déclaré empereur héréditaire d'Autriche sous le nom de *François Ier*, renonça au titre d'empereur d'Allemagne.

Dans la guerre qui s'engagea bientôt après entre la Prusse d'un côté, et la France de l'autre, il observa une stricte neutralité, après avoir inutilement offert sa médiation aux parties belligérantes. En 1809, il reprit une quatrième fois les armes contre Napoléon, mais pour les déposer bientôt après. La paix signée à Vienne, le 14 octobre, coûta encore à l'Autriche 1,400 myriamètres carrés de territoire et quatre millions d'âmes, mais sembla du moins devoir amener une paix durable entre les deux États, par suite du consentement donné par l'empereur au mariage de sa fille, l'archiduchesse Marie-Louise, avec Napoléon. Au mois de mai 1812, après le congrès de Dresde, François Ier s'unit à l'empereur des Français pour déclarer la guerre à la Russie. Après l'issue fatale d'une campagne qui demeurera à jamais célèbre, quand la Russie, appuyée cette fois par la Prusse, put reprendre l'offensive, il observa d'abord une neutralité douteuse. Puis, le 12 août 1813, après avoir inutilement offert sa médiation, il accéda subitement à la coalition. Il assista alors en personne, et jusqu'au bout, à la lutte gigantesque qui s'ensuivit; et la paix de Paris ainsi que le traité séparé qu'il conclut le 14 avril 1816 avec la Bavière le mirent en possession d'une étendue de territoire telle que jamais ses ancêtres n'en avaient possédé de semblable.

A partir de 1816, et sauf un mouvement insurrectionnel en Lombardie, qui fut promptement réprimé, François Ier régna paisiblement jusqu'à sa mort, arrivée le 2 mars 1835. Une grande modération, l'amour de la justice, la bienveillance et l'affabilité envers les plus humbles de ses sujets, voilà les qualités qui le distinguaient comme souverain. Il adopta pour principe de sa politique, tant à l'intérieur qu'à l'extérieur, celui de son père, le maintien du *statu quo*. A l'extérieur, les scènes terribles qui signalèrent les débuts de la révolution française, et qui coïncidèrent avec son accession à la couronne; à l'intérieur, la nécessité de consolider l'agglomération des diverses parties de la monarchie, singulièrement compromise par les réformes trop hâtives de Joseph II, ne purent que le confirmer dans ses convictions. Aussi sa politique fut-elle, à l'intérieur, le respect le plus absolu pour tous les droits acquis, pour toutes les traditions du passé, et le maintien de l'organisation administrative des provinces, sauf à la modifier peu à peu conformément à l'esprit du temps. A cet égard l'Autriche lui doit de la reconnaissance pour les additions et les perfectionnements qu'il fit subir aux codes de Joseph II, pour la promulgation du nouveau Code Civil de 1819, pour celle du Code Pénal, en 1804, et pour la séparation qu'il établit entre les juridictions politique, civile et criminelle; enfin, pour la création du cadastre en 1792, et pour les nouvelles bases données en 1817 à la répartition de l'impôt foncier, etc.

Il avait été marié quatre fois : 1° en 1788, avec Élisa-Wilhelmine-Louise, princesse de Wurtemberg, morte sans enfants, le 18 février 1790; 2° le 15 août 1790, avec Marie-Thérèse, princesse des Deux-Siciles, morte le 13 avril 1807, et de laquelle il eut treize enfants, entre autres Marie-Louise, mariée à Napoléon, et Ferdinand Ier, oncle de l'empereur aujourd'hui régnant, et qui a abdiqué en décembre

1848 ; 3° avec *Marie-Louise-Béatrice*, princesse de Modène, morte le 17 avril 1816; 4° enfin, le 10 novembre 1816, avec *Caroline-Auguste*, fille du roi de Bavière Maximilien-Auguste, née le 8 février 1792, épouse divorcée en 1814 du prince royal de Wurtemberg, aujourd'hui roi sous le nom de Guillaume I*er*.

FRANÇOIS-JOSEPH I*er* (Charles), empereur d'Autriche actuellement régnant, né à Vienne, le 18 août 1830, est le fils aîné de l'archiduc *François-Charles* (fils de l'empereur François I*er*) et de son épouse, *Sophie*, née princesse de Bavière. Son éducation fut dirigée par le comte de Bombelles, avec le concours de maîtres instruits et éclairés; et sa mère, femme d'une haute intelligence, exerça naturellement une influence décisive sur la direction première donnée à ses idées. Le jeune archiduc, qui avant les événements de 1848, semblait encore fort éloigné du trône, était resté jusque alors tout à fait au second plan. Cependant on vantait les brillantes facultés, les heureux dons de son esprit, et surtout son remarquable talent pour les langues, qui lui permettait de s'entretenir dans leur langue nationale avec les populations les plus diverses d'un empire où règne une si grande diversité de langues et de dialectes.

C'est à la suite des troubles dont l'empire d'Autriche devint le théâtre en mars 1848, et qui n'étaient que le contrecoup de notre révolution de Février, que ce jeune prince fut appelé à jouer un rôle en politique. Dès le mois d'avril il avait été envoyé en Bohême avec le titre de gouverneur général; et bientôt la guerre d'Italie vint lui fournir l'occasion d'acquérir des notions pratiques dans tout ce qui a trait à l'art militaire. Pendant ce temps-là les choses prenaient une tournure telle en Autriche, notamment par suite des complications graves provoquées par les événements de la Hongrie et de la Croatie, qu'on dut craindre de voir la monarchie et le trône s'écrouler. Pour conserver toute liberté d'action à l'égard des Magyares, pour se dégager de précédentes concessions, un changement de souverain parut alors aux hommes qui exerçaient le plus d'influence à la cour impériale un moyen tout à la fois simple et efficace. On songea à la double abdication de l'empereur Ferdinand et de son frère l'archiduc François-Charles, père de François-Joseph. En conséquence, le 1*er* décembre 1848, le jeune archiduc fut déclaré majeur par une ordonnance rendue à Olmutz. Le lendemain l'empereur Ferdinand abdiquait la couronne en même temps que son frère Charles-François renonçait au trône en faveur de son fils, qui fut immédiatement proclamé empereur d'Autriche et roi de Hongrie et de Bohême. Mais ce n'était encore là qu'une vaine cérémonie; et en réalité il lui restait encore à reconquérir ses différentes couronnes. A Vienne on n'était parvenu qu'à museler fort incomplétement l'esprit révolutionnaire; l'Italie était à la veille de devenir le théâtre d'une guerre nouvelle; la Hongrie refusait de reconnaître le changement de souverain qui venait de s'opérer, et se disposait à opposer aux armées de l'Autriche une résistance désespérée. En présence de si graves et de si nombreuses difficultés, le gouvernement autrichien, il faut le reconnaître, fit preuve d'autant d'énergie que de rapidité d'action. Les vigoureuses mesures adoptées par le ministère Schwartzenberg-Bach, les victoires de Radetzki, et aussi l'assistance de la Russie, aidèrent à consolider la monarchie, que la révolution venait d'ébranler jusque dans ses fondements. Au mois de mai 1849, le jeune empereur François-Joseph se rendit en Hongrie, et contribua personnellement à la prise de Raab (28 juin). Une entrevue qu'il avait eue à Varsovie avec l'empereur Nicolas avait eu pour suite l'entrée d'une armée russe en Hongrie. Pendant ce temps-là la diète, transférée à Kremsier, avait été dissoute; et le 4 mars 1849 une seule et même constitution avait été octroyée aux diverses provinces de la monarchie, désormais réunies pour ne plus former qu'un même État compacte. Mais François-Joseph et ses conseillers ne se trouvèrent réellement investis d'une complète liberté d'action qu'après la soumission de la Hongrie (août 1849),

et que lorsque la paix fut rétablie en Italie. Le premier résultat de l'usage qu'ils en firent, ce fut l'insuccès complet des efforts tentés d'abord pour constituer les différents États de l'Allemagne, à l'exclusion de l'Autriche, en puissance fédérale sous la présidence de la Prusse, puis pour rattacher d'une manière plus étroite les différents petits princes de l'Allemagne à la Prusse; le rétablissement de la diète fédérale à Francfort; enfin, la restauration de l'influence de l'Autriche en Allemagne, au moyen des exécutions militaires dont ses troupes furent chargées dans le grand-duché de Hesse et dans le duché de Holstein, après que François-Joseph eut réuni autour de lui à Bregenz les différents souverains du sud de l'Allemagne et eut passé une revue générale de son armée, comme si on eût été à la veille d'une entrée en campagne (octobre 1850). On était ainsi parvenu à opérer l'amoindrissement de la Prusse (novembre 1850) et à exercer en fait sur l'Allemagne la suprématie que cette puissance avait naguère vainement essayé de se faire déférer. En même temps rien n'était négligé à l'intérieur pour mettre à exécution le vaste système de centralisation auquel on s'était définitivement arrêté pour toutes les parties de la monarchie. Toutes les anciennes constitutions et coutumes locales furent abolies. Le système de gouvernement devint essentiellement militaire, tout en s'imprégnant de principes et d'idées que la révolution seule avait pu mettre en circulation, tels, par exemple, que l'abolition du servage, et une meilleure organisation de la justice, de l'administration et de l'instruction publique. La constitution octroyée, mais toujours demeurée en réalité à l'état de projet, fut toujours supprimée le 20 août 1851 par l'empereur, qui déclara que désormais ses ministres n'auraient à répondre de leurs actes qu'à lui-même; enfin, en janvier 1852, la monarchie absolue pure et simple fut officiellement rétablie en Autriche. Depuis ce moment on a pu voir François-Joseph ne rien négliger pour se bien renseigner sur les besoins réels des populations soumises à ses lois. Des mesures de clémence indiquant de sa part l'intention manifeste de revenir bientôt au système de paternelle mansuétude qui toujours fut celui de ses prédécesseurs à l'égard de leurs sujets, et dont les événements de 1848 l'avaient forcé à se départir, ont signalé en avril 1854 la célébration du mariage que le jeune empereur a contracté alors avec la princesse *Élisabeth*, fille du duc Maximilien de Bavière, née le 26 décembre 1837. Le père de cette princesse appartient à une branche collatérale de la maison royale de Bavière, dite de *Deux-Ponts Birkenfeld*; et c'est sa grand'tante qu'avait épousée, en 1808, le maréchal Berthier, prince de Neufchâtel et de Wagram, dont le fils siége aujourd'hui au sénat. La fille du prince de Wagram, sénateur français, a récemment épousé le fils du prince Lucien Murat, fils de l'ancien roi de Naples. La princesse Murat est donc cousine au deuxième degré de l'impératrice Élisabeth d'Autriche.

Le jeune empereur, par l'attitude qu'il a prise lors du conflit provoqué en Orient par l'ambition russe, dans la présente année 1854, n'a pas seulement sauvegardé l'indépendance politique de l'Autriche; il a encore réussi à lui faire jouer un rôle tout à fait prépondérant en Europe. Quelle que soit l'issue de la lutte si résolument engagée par la France et l'Angleterre contre le colosse moscovite, il est difficile que l'Autriche n'y gagne pas en puissance territoriale et en influence politique.

FRANÇOIS I*er*, roi des Deux-Siciles, naquit le 19 janvier 1777, de Ferdinand IV et de Caroline d'Autriche, et porta avant son avénement au trône le titre de *duc de Calabre*. Sa première apparition sur la scène politique eut lieu en janvier 1812, moment où il prit le titre de lieutenant général du royaume, tandis que lord William Bentinck, commandant en chef des troupes auxiliaires anglaises, recevait celui de capitaine général. En 1820, lorsque le royaume se trouva bouleversé par une double révolution à Palerme et à Naples, produite par la formidable société secrète des carbonari, le duc de Calabre prit encore une fois les rênes du gouvernement en qualité d'*alter ego*. Ce prince se fit alors par politique, et peut-être par ambition, l'homme de la révolution qu'il détestait; il manifesta pour la constitution un vif enthousiasme. Mais quand l'Autriche eut réuni des troupes et décidé au congrès de Laybach que l'autorité du roi Ferdinand serait rétablie telle qu'elle était avant les événements de Juillet, il s'empressa de diriger un corps d'armée sur Palerme, et se déshonora en violant la capitulation qu'il avait accordée à cette malheureuse ville. Cependant, il répondait à son père, qui l'informait des volontés des puissances alliées, qu'il voulait partager le sort des patriotes napolitains. Mais lorsque les Autrichiens furent entrés à Naples, il n'en fut pas moins créé président de la junte provisoire. Jusqu'à la mort de son père, il affecta des tendances libérales, dont l'opinion publique, qui s'aveugle si facilement, lui tint grand compte. Il arriva au trône le 5 janvier 1825; et l'un de ses premiers actes fut la publication d'une amnistie générale, qui fut saluée par des transports de joie; mais il n'eut pas le courage de secouer le joug de l'Autriche, qui occupa une année de plus son territoire. Quelques troubles sévèrement réprimés en Sicile et une expédition contre Tripoli, qui ne fut pas des plus glorieuses pour la marine napolitaine, furent les seuls événements de son règne. Ce prince vint à Paris, au commencement de 1830, après un voyage à Madrid, et mourut à Naples, le 19 novembre de la même année.

En 1797, il avait épousé l'archiduchesse *Marie-Clémentine*, fille de Léopold II, qui mourut en 1802; et il eut d'elle *Caroline-Ferdinande-Louise*, duchesse de Berry. Il se remaria, le 6 octobre 1802, à *Marie-Isabelle*, fille de Charles IV d'Espagne. De ce mariage naquirent : *Louise-Charlotte*, morte en 1844, qui avait épousé l'infant François de Paule; *Marie-Christine*, reine douairière d'Espagne; Ferdinand II, actuellement roi des Deux-Siciles; *Charles*, prince de Capoue, qui épousa, en 1836, à Gretna-Green, une belle Irlandaise, miss *Pénélope* Smith; *Léopold*, prince de Syracuse, marié à la princesse Marie de Savoie-Carignan; *Antoinette*, grande-duchesse de Toscane; *Amélie*, mariée à l'infant Sébastien de Bourbon et Bragance; *Caroline*, mariée au comte de Montemolin, fils de don Carlos; *Thérèse*, impératrice du Brésil; *Louis*, comte d'Aquila, marié à la princesse Januaria du Brésil; *François de Paule*, comte de Trapani, marié à l'archiduchesse *Marie-Isabelle* de Toscane.

FRANÇOIS IV, duc de Modène, né le 6 octobre 1779, mort le 21 janvier 1846, était fils de l'archiduc Ferdinand d'Autriche (mort en 1806), frère des empereurs Joseph II et Léopold II, et de la fille unique du duc Hercule III, en qui s'est éteinte la descendance mâle de la maison d'*Esté*.

Ce ne fut qu'en 1814 qu'il put prendre possession du duché de Modène. Son premier soin alors fut de supprimer dans ses Etats toutes les institutions qui pouvaient rappeler aux populations la domination française, de rendre l'éducation de la jeunesse aux jésuites, de rétablir la censure et de donner pour base à son gouvernement une police tracassière, armée de pouvoirs illimités. Et cependant, on l'a généralement accusé d'avoir entretenu à ce même moment de secrets rapports avec les révolutionnaires qui de 1820 à 1830 agitèrent l'Italie. Si le fait est exact, François IV, en jouant ce jeu double, ne dut évidemment avoir d'autre but que de se mettre par là au courant des secrètes menées du parti patriote pour pouvoir mieux les déjouer, et non de réaliser d'ambitieuses prétentions personnelles; quoi qu'il en soit pourtant, une insurrection qui éclata en février 1831, à Modène même, qui le contraignit à s'enfuir de ses États, et dont il ne put triompher qu'avec l'assistance de l'Autriche, lui inspira de tout autres idées que celles qui permettraient de supposer ses relations indirectes et secrètes avec le parti révolutionnaire; A partir de ce moment il n'eut plus qu'une pensée : poursuivre sans pitié ni cesse les révolutionnaires; et Modène devint le théâtre de procès et de condamnations politiques qui ne firent que provoquer toujours de nouvelles conspirations. Sa sévérité à l'endroit des révolutionnaires devint alors de la cruauté et même de la démence; on peut dire à bon droit qu'il fit du duché de Modène la terre par excellence du despotisme imbécile et furieux. Seul de tous les souverains de l'Europe, il refusa opiniâtrement de reconnaître la révolution de Juillet; ainsi que le prince que la France se donna alors pour souverain; et ses menées de toutes espèces en faveur de dom Miguel finirent par lasser l'Angleterre, qui, pour y mettre un terme, fut obligée de lui faire de sérieuses menaces.

Il avait épousé, en 1812, la princesse Béatrice de Sardaigne, morte en 1840, après lui avoir donné plusieurs enfants. Il eut pour successeur son fils aîné, François V, né le 1er juin 1819, qui a épousé, en 1842, la princesse *Aldegonde* de Bavière, née en 1823. La sœur aînée du duc actuel, *Thérèse*, née le 14 juillet 1817, a épousé, en novembre 1846, le chef de la maison de Bourbon, le comte de Chambord, et la plus jeune, *Marie*, née en 1824, est mariée à l'infant don Juan Carlos, fils cadet du prétendant don Carlos.

FRANÇOIS I et II ducs de Bretagne. Voyez BRETAGNE.

FRANÇOIS DE NEUFCHATEAU (NICOLAS-LOUIS, comte), né le 17 avril 1750, à Saffais (Lorraine), d'un instituteur primaire, mort à Paris, le 10 janvier 1828. Adopté par la ville de Neufchâteau, où il avait fait de brillantes études, il lui paya son tribut de reconnaissance en joignant son nom au sien. La renommée pour lui fut précoce; on le compte parmi les enfants célèbres. Dès l'âge de neuf ans il composait des vers avec succès. Voltaire encouragea sa muse naissante. Bientôt l'*Almanach des Muses*, où les beaux esprits du temps déposaient leurs poésies légères, s'ouvrit au jeune adepte. Chaque année on y cherchait et l'on y remarquait ses essais. On y distingua *Anaximandre, ou le sacrifice aux Grâces*, qui fournit à Andrieux le sujet de sa première comédie. Le drame de *Paméla* est l'œuvre poétique la plus considérable qui nous reste de François de Neufchâteau : il en avait composé une autre, de beaucoup plus longue haleine : c'était une traduction en vers du *Roland furieux*; un naufrage lui ravit ce travail, dont il regretta toujours la perte. Un véritable intérêt, une versification toujours correcte et élégante avaient simplicité, décidèrent du succès de *Paméla*. Mais les terribles comités conventionnels jugèrent la pièce incivique, et firent emprisonner l'auteur. Il ne dut son salut qu'au 9 thermidor. Après ces poèmes, les compositions en vers les plus remarquables de François de Neufchâteau qui aient été publiées sont : 1° un *Discours sur la manière de lire les vers* (1775); 2° *Les Vosges*, poëme (1796 et 1797); 3° *Fables et Contes en vers*, avec la Lupiade et la Vulpéide (1814, 2 vol.); 4° *Les Tropes*, en quatre chants, avec des notes et des recherches sur les sources et l'influence du langage métaphysique (1817); 5° *Les Trois Nuits d'un Goutteux*, en trois chants (1819); 6° *Épîtres sur l'avenir de l'Agriculture en France* (1821). On lui doit, en outre, de bons travaux de critique littéraire, parmi lesquels on cite ses éditions de *Gil-Blas*, des *Provinciales* et des *Pensées de Pascal*, et les examens et dissertations dont ces éditions sont accompagnées. N'oublions pas non plus son intéressant recueil *Le Conservateur*, publié en 1820 (2 vol. in-8°).

Cependant, c'est surtout comme homme d'État et comme savant agronome que François de Neufchâteau a des titres solides à l'estime publique et à une renommée durable. Pendant la première époque de sa vie, il avait rempli d'honorables fonctions dans la magistrature en France et aux colonies. Ami éclairé des réformes, il fut nommé député suppléant à l'Assemblée constituante, sans y siéger; puis membre de l'Assemblée législative, où il signala son zèle patriotique. Mais, prévoyant les excès, auxquels il ne voulait pas participer, il s'éloigna de la candidature pour la Convention, refusa le ministère de la justice, et se retira dans les Vosges, où il fut élu président de l'administration du département, et ensuite, commissaire du directoire exécutif près de l'administration centrale. Nommé, en 1797, ministre de l'intérieur après

Bénézech, il fut bientôt appelé au Directoire. En 1798, il prit part, comme ministre plénipotentiaire de la France, aux conférences de Seltz, et ne tarda pas d'être rappelé au ministère dont il avait déjà été investi. Dans l'exercice de ces fonctions éminentes, il manifesta une activité, des lumières et un zèle pour le progrès des sciences, des beaux-arts et des arts utiles, dont le souvenir duré encore. C'est à lui que l'industrie française doit ses expositions publiques, devenues si célèbres, et que l'on s'est empressé d'imiter dans tous les pays. Le rétablissement de la Société centrale d'agriculture, la distribution des meilleurs ouvrages aux bibliothèques départementales, la réception solennelle des monuments d'art conquis en Italie, des circulaires instructives, qui peuvent encore servir de modèles sur les objets les plus importants de son administration, marquèrent avec autant d'utilité que d'éclat sa carrière ministérielle. Il n'y signala pas moins sa probité délicate, en versant au trésor 15,000 francs de fonds secrets, dont il pouvait disposer. Sénateur et président du sénat, il eut souvent l'occasion de haranguer l'empereur dans des circonstances solennelles. Ses discours se firent remarquer par le tact de l'orateur, par la convenance des éloges et par la sagesse de conseils habilement présentés. A partir de 1807 il ne s'occupa plus que de travaux agricoles. « Le héros a changé, disait-il : je me tais. » La goutte, dont il était à peu près perclus durant les dernières années de sa vie, ne put ralentir son ardeur pour le perfectionnement du plus utile des arts. Parmi ses écrits, il faut citer encore : 1° son *Voyage agronomique dans la sénatorerie de Dijon* (1806, in-4°) ; 2° *L'Art de multiplier les grains* (1810, in-8°) ; 3° l'Introduction au *Dictionnaire d'Agriculture pratique* (Paris, 1827, 2 vol. in-8°) ; 4° *Sur la manière d'étudier et d'enseigner l'agriculture* ; 5° une *Histoire de l'occupation de la Bavière par les Autrichiens*, en 1778 et 1779 (in-8°, 1806) ; etc., etc. AUBERT DE VITRY.

FRANÇOIS DE PAULE, infant d'Espagne, fils de Charles IV, roi d'Espagne et des Indes, naquit le 10 mars 1794, épousa, en 1819, l'infante *Luisa Carlotta*, fille de François Ier, roi des Deux-Siciles, qui mourut en 1844. De ce mariage sont nés, *Isabelle*, mariée au comte Ignace Gurowsky ; *François d'Assise*, marié à Isabelle II, reine d'Espagne ; *Henri*, duc de Séville, marié à dona Hélène de Castella ; *Louise*, mariée au duc de Sessa ; *Joséphine*, mariée à don José Guelly Renté ; *Ferdinand* ; *Marie-Christina* ; *Amélie*.

FRANÇOISE (Sainte), naquit à Rome, en 1384. A l'âge de douze ans, elle épousa un riche gentilhomme, du consentement de qui elle adopta la troisième règle de saint François, et gouverna sa maison comme un monastère. Éprouvée par la perte de plusieurs enfants et par l'exil passager de son mari et de son frère, elle recouvra ses biens en 1417, se réunit à son époux, rappelé, et devint en 1425 oblate au mont Olivet. Cette confrérie n'imposait d'autre engagement que celui de pratiquer les devoirs de chrétien, sans changer de condition. Bientôt elle résolut d'en faire une congrégation religieuse, et établit à Rome, en 1433, un certain nombre de filles et de veuves dans une maison spacieuse, dite *della Torre degli Specchi*, et leur donna la règle de Saint-Benoît. Cet ordre fut approuvé par le pape Eugène IV. Ayant perdu son mari en 1436, elle prit l'habit religieux en 1437. Ses sœurs la supplièrent de se charger du gouvernement de la communauté, qu'elle garda jusqu'à sa mort, arrivée le 9 mars 1440. Elle fut canonisée par Paul V, en 1608, et son culte fut étendu à toute l'Église par le pape Urbain VIII, en 1622. Sa fête se célèbre le 9 mars. H. BOUCHITTÉ.

FRANÇOISE DE FOIX. *Voyez* CHATEAUBRIANT (Comtesse de).

FRANÇOISE DE RIMINI, fille de Guido da Polenta, seigneur de Ravenne, vivait vers la fin du treizième siècle. C'était une femme d'une extrême beauté et aussi aimable que belle ; son père la maria à Lanciotto, fils de Malatesta, seigneur de Rimini, d'où elle prit son nom. Lanciotto, guerrier plein de valeur et de noblesse, était difforme ; son frère Paolo, au contraire, était un beau chevalier, plein de courtoisie. La belle Françoise ne tarda pas à délaisser son mari pour son beau-frère ; Lanciotto s'en aperçut, et les perça de son épée. Voilà ce que l'on sait généralement de cette histoire. Le souvenir de Françoise de Rimini serait perdu pour nous, comme celui de tant d'autres amours, s'il ne nous avait été conservé par les vers les plus harmonieux du Dante. Dans son cinquième chant de *l'Enfer*, le grand poëte arrive dans le lieu où sont les âmes que l'amour a perdues ; il y rencontre Sémiramis, Didon, Cléopâtre, etc. ; et tandis que Virgile les lui fait connaître, il aperçoit deux ombres qui marchent unies et semblent aussi légères que le vent : c'est Françoise, c'est Paolo. Ils lui racontent leurs amours. Cette histoire a inspiré une œuvre tragique, pleine de poésie et de sentiment, à Silvio Pellico, qui doit même en grande partie sa réputation littéraire en Italie à sa *Francesca de Rimini*. En 1835, elle fut encore pour le peintre Ary Scheffer l'occasion d'un succès.

FRANÇOIS RÉGIS (JEAN), né de parents nobles, dans le diocèse de Narbonne, le 31 janvier 1597, se fit remarquer dès sa plus tendre jeunesse par une piété aussi vive que sincère. Admis chez les jésuites, il professa pendant sept ans les humanités dans les maisons de leur ordre. La peste ayant éclaté à Toulouse, il se dévoua jour et nuit au service des malades, et ne fut pas atteint ; il alla ensuite comme missionnaire dans les villes et les campagnes du Languedoc, où il convertit un grand nombre de calvinistes. L'intempérie des saisons, le mauvais état des routes, ne pouvaient l'arrêter ; il traversait les torrents et les montagnes. Dans une de ces pieuses excursions, il se cassa la jambe, et se traîna comme il put à l'église voisine, où il se mit à prêcher et à confesser. Il ne dormait que trois heures par nuit, se couchait sur la terre, et ne mangeait que des légumes cuits à l'eau. Épuisé par tant de fatigues et d'abstinences, il mourut, en 1640, à la Louvesc, où il avait annoncé une mission : il fut canonisé sur la déclaration de vingt-deux évêques du Languedoc. SAINT-PROSPER.

FRANÇOIS-XAVIER (Saint), surnommé *l'apôtre des Indes*, le plus célèbre des compagnons d'Ignace de Loyola, naquit au château de Xavier, dans la Navarre, le 7 avril 1506, d'une des familles les plus nobles et les plus riches de cette contrée. Venu à Paris, dès l'âge de dix-huit ans, pour y continuer ses études, il y resta malgré le désir de son père, et enseigna bientôt la philosophie. Ce fut dans cette ville, au collège de Beauvais, qu'il connut Ignace de Loyola, et forma avec quelques autres la société dont cet homme célèbre fut le fondateur. Selon ce qui avait été solennellement convenu entre eux, ils se rendirent, au nombre de neuf, en 1537, à Venise, où François se dévoua au service des malades, sans que les infirmités les plus rebutantes pussent arrêter l'ardeur de ses soins. Ordonné prêtre, il parut successivement à Vicence, à Bologne et à Rome, jusqu'au moment où, sur la demande de Jean III, roi de Portugal, Ignace le désigna, de son propre consentement, pour propager l'Évangile dans les Indes.

Il partit de Lisbonne le 8 avril 1541, passa l'hiver à Mozambique, et arriva à Goa en 1542. Ses soins pour les malades et ses prédications infatigables assurèrent le succès de sa mission, qui s'étendit dans le royaume de Travancore, où il donna le baptême à dix mille idolâtres, et jusqu'à Méliapour, où il fit plusieurs conversions éclatantes. Sa prédication ne fut pas moins fructueuse à Malacca, où il était arrivé le 25 novembre 1545. Partout sa douceur et son dévouement lui conciliaient tous les esprits et touchaient tous les cœurs. Les îles de Benda, Amboine, Macassar, Ternate, More et Ceylan, recueillirent les fruits de sa charité dans l'intervalle des années 1546 à 1548. De retour à Goa, reconnu comme le père commun des fidèles de cette résidence, où la Société avait déjà un séminaire, il régularisa l'établissement religieux de la contrée, et partit l'année suivante pour le Japon ; mais, malgré les dispositions bienveillantes du roi de Saxuma, la résistance des bonzes le contraignit à la retraite. Il ne fut pas plus heureux dans le royaume de Nangara, dont il n'entendait pas la langue. Ce fut alors qu'il résolut de mettre à exécution son projet de mission en Chine. Il y persista, malgré les obstacles de tous genres qui lui furent opposés, et partit seul, contre l'avis d'Alvarez, gouverneur de Malacca, qu'il excommunia, ne pouvant le fléchir. Mais la mort l'attendait dans l'île de Sancian, vis-à-vis de Canton; ce fut là qu'il rendit le dernier soupir, le 2 décembre 1552. De grands honneurs furent rendus à ses restes mortels, qu'on déposa dans l'église de Saint-Paul à Goa. De nombreux miracles avaient signalé sa vie; et plusieurs, ajoute-t-on, attestèrent depuis sa mort la puissance de son intercession. Sa canonisation eut lieu en 1622, sous le pontificat de Grégoire XV. L'Église célèbre sa fête le 3 décembre. H. BOCQUILLY.

FRANCOLIN. Les *francolins* forment une section du genre *perdrix*. Ils ne diffèrent des perdrix proprement dites qu'en ce que le mâle a au pied un éperon ou ergot, tandis que celles-ci n'ont qu'une espèce de tubercule. Le plumage des francolins est de couleurs très-agréablement variées, bien que toutes foncées; leur bec est noir et proportionnellement plus long et plus fort que celui des perdrix; leurs pieds sont rouges.

La seule espèce européenne est le *francolin à collier roux* (*perdix francolinus*, Lath.), assez commun en Sicile, dans les îles de la Grèce, sur différents points des côtes de Barbarie. Les grands-ducs de Toscane ont essayé, il y a longtemps, de les naturaliser en Italie : aussi on en trouve quelques-uns dans ce pays; mais la chasse impitoyable qu'on ne cesse de leur faire, à cause de leur prix élevé et de la bonté exquise de leur chair, les empêche de s'y propager. On en trouve également en Espagne et en France, sur cette partie des Pyrénées qu'on appelle *montagnes de Foix* et aux environs de Bagnères et de Barèges. La femelle du francolin est un peu plus petite que le mâle; ses couleurs sont plus faibles, et elle n'est point comme lui marquetée de taches rondes ou ovales; elle n'a point non plus de collier : on serait tenté de la prendre pour une espèce différente.

FRANCONI, nom bien connu depuis longtemps des amateurs d'exercices équestres, et qui appartiendrait, selon certains biographes, à une famille noble d'Italie. Quoi qu'il en soit de cette origine fort contestable, ce qu'il y a de positif, c'est que le premier écuyer auquel il est redevable de la célébrité européenne dont il a joui, *Antoine Franconi*, était né à Venise, en 1738. A en croire les chroniqueurs en question, il aurait été obligé de fuir sa patrie par suite de la condamnation à mort de son père, qui avait tué en duel un sénateur. C'est à vingt ans qu'il apparaît pour la première fois en France. Comment y vivre? Il avait cultivé la physique dans sa jeunesse : il s'offre au public comme physicien, et joint bientôt à cette profession une nouvelle industrie : il montre des oiseaux savants, puis divers animaux, qu'il dresse avec un art merveilleux. Lyon, Bordeaux l'applaudissent, et c'est dans cette dernière ville qu'il a le bonheur de connaître le duc de Duras, qui le met à même d'introduire dans notre patrie les courses de taureaux, si chères aux Espagnols.

Après avoir exploité Lyon et Bordeaux, il arrive en 1753 à Paris, où il s'associe à l'Anglais Astley, qui depuis trois ans a ouvert un manège au faubourg du Temple; mais les Parisiens prennent moins de goût à ces animaux savants qu'aux exercices de son associé. Au bout de deux ans, il revient à Lyon, où l'écuyer Balpe, à qui il a loué son cirque, fascine tellement le public par ses manœuvres, que là encore la ménagerie du Vénitien *fait four* comme à Paris. Loin de perdre courage, Antoine déclare qu'il luttera contre son heureux compétiteur; il achète des chevaux, les dresse lui-même, et un mois après il recueille en abondance les bravos et l'argent des Lyonnais. La révolution y interrompit le cours de ses prospérités; plus tard son cirque fut détruit pendant le siége. Il revint à Paris vers la fin de 1792, et reparut au faubourg du Temple, entouré de sa famille, qui composait sa troupe d'écuyers et d'écuyères.

Le théâtre de la Montansier, rue Richelieu, vis-à-vis la Bibliothèque, et celui de la Cité se l'adjoignirent momentanément en 1793 et 1799, et il figura, ainsi que sa troupe, sur ces deux scènes, avec ses chevaux, dans plusieurs ballets et pantomimes. En 1802 il transporte son établissement dans l'ancien jardin des Capucines, entre le boulevard de ce nom et la place Vendôme. Devenu aveugle, il venait de le céder à ses deux fils, *Laurent* et *Minette*, lorsque le percement de la rue de la Paix les força, en 1806, à quitter la place. Ils firent une tournée en province, tandis qu'on leur bâtissait, rue du Mont-Thabor, le Cirque Olympique, dont l'ouverture eut lieu en décembre 1807. Les dimensions vastes de cette nouvelle enceinte leur permirent de varier leurs exercices d'équitation par des pantomimes, montées avec une pompe jusque là sans exemple. Laurent dressait non-seulement des chevaux, mais d'autres animaux, des cerfs, des éléphants, etc.; Minette mettait en scène les mimodrames, dont plusieurs étaient composés par lui. Leur sœur et leurs femmes se distinguaient comme écuyères et comme actrices. En 1816 ils abandonnèrent encore ce local pour retourner au faubourg du Temple. Chassés de là en 1826 par un incendie, Minette Franconi et son fils adoptif *Adolphe* réunirent, à l'aide de nombreuses souscriptions, les fonds nécessaires pour rebâtir leur cirque. Durant vingt-cinq ans, à Paris et dans leurs tournées annuelles en province et à l'étranger, ils attirèrent la foule par leurs exercices et surtout par leurs grands drames militaires. En 1833, la famille, à l'exception d'Adolphe, avait renoncé à l'exploitation du berceau de sa gloire. Puis le cirque lui-même avait disparu, pour faire place au *Théâtre National*, tandis que plusieurs cirques nouveaux s'élevaient sur divers points de la capitale.

Antoine Franconi, souche de cette intéressante famille, mourut à Paris, le 6 décembre 1836, à l'âge de quatre-vingt-dix-huit ans. Il avait recouvré la vue, et assistait presque tous les soirs aux représentations du Cirque, dans un fauteuil qu'on lui plaçait aux premières galeries, et d'où il s'essayait d'applaudir de ses débiles mains aux triomphes de ses successeurs. Le jour du convoi, d'après ses dernières volontés, son vieux cheval suivit son corbillard.

FRANCONIE (en allemand, *Franken*). Après la fondation du royaume frank des Mérovingiens, on appela aussi *Franken* (d'où nous avons fait en français *Franconie*) les territoires arrosés par le Rhin, le Neckar, le Main, etc., qui avaient été peuplés par les Franks et qui demeurèrent étroitement unis à la couronne, tant sous les rois mérovingiens que sous les rois carlovingiens; c'est en effet que s'y trouvaient situés les plus grands domaines et les palatinats des deux dynasties. Après le partage des diverses parties de l'empire carlovingien, ce territoire, désigné sous le nom de *Franken*, conserva pendant assez longtemps une espèce de suprématie. On le considérait comme le cœur de l'empire; pendant longtemps même il garda le nom de *Frankisches Reich* (royaume de Franconie), et c'est sur son sol qu'avaient lieu l'élection et le couronnement des rois. Lors de l'extinction de la ligne carlovingienne directe, on élut pour roi (en 911) un comte de Wettéravie, Conrad Ier, le seigneur le plus éminent de la Franconie, qui exerçait dans la Franconie rhénane et orientale la puissance des *missi dominici*.

Les limites du territoire franconien, dont dépendaient encore, sur la rive gauche du Rhin, du côté de la Lorraine, les territoires de Mayence, Spire et Worms, compris sur la rive droite du Rhin entre la Saxe, la Bavière et l'Alémanie, étaient marquées au nord à peu près par le cours de la Sieg, de l'Eder, de la Fulda et de la Werra et par le *Thuringerwald*; à l'est, il s'étendait jusqu'au *Fichtelgebirge* et au delà de la Rednitz; au sud, jusqu'à l'Altmühl, la Wernitz, le Köcher supérieur, l'Enz et la Murg. Il est assez vraisemblable que, comme en Saxe, en Souabe et en Bavière, il y exista sans interruption des ducs territoriaux (*Landesherzoge*); mais les familles auxquelles appartenaient Conrad Ier et plus tard Conrad II prirent, en raison de leur antienneté, de leur parenté et de leur antique possession allodiale, une position complètement analogue à celle des autres ducs. Le roi Henri II conféra la dignité de duc de Franconie à Conrad de Worms; et le duché ayant été affaibli par suite de son partage en Franconie rhénane et orientale, il resta immédiatement soumis à la puissance royale à partir de 1204, époque où une branche de la maison de Worms, représentée par Conrad II, parvint à la couronne royale d'Allemagne et déposséda les autres.

Sous les empereurs de la maison de Franconie, ce pays se trouva, comme à l'époque des Carlovingiens, plus étroitement rattaché à la couronne elle-même, tandis que les grands fiefs ecclésiastiques, tels que Mayence, Spire, Worms, Wurtzbourg, réussissaient à accroître notablement leurs territoires respectifs. La Franconie orientale, dans le territoire de Mayence, dépendait déjà au commencement du douzième siècle de l'évêque de Wurtzbourg, à qui l'empereur Henri V l'enleva pour en doter (1115) son neveu Conrad de Hohenstaufen (devenu roi plus tard). Frédéric, frère de Conrad, quand la maison impériale s'éteignit, en la personne de Henri V (1125), hérita des possessions de la Franconie rhénane. Les fils de ce duc Frédéric furent Frédéric Iᵉʳ (Barbe-Rousse), roi d'Allemagne à partir de 1152, et Conrad, qui hérita de son père des possessions de la Franconie orientale et reçut du roi son frère (1155) la dignité de comte palatin du Rhin : fait qui amena la fondation du palatinat du Rhin dans l'ancien territoire de la Franconie rhénane. Plus tard, on y adjoignit divers territoires d'étendue diverse, soit ecclésiastiques, comme Mayence, Worms et Spire, soit temporels, comme le Wildgraviat et le Rhingraviat, les comtés de Nassau, de Katzenellnbogen et de Hanau, et le landgraviat de Hesse. Par la suite la Franconie orientale, où se formèrent les territoires de Wurtzbourg, de Fulda, de Bamberg, de Nuremberg, de Henneberg, de Hohenlohe et beaucoup d'autres encore, conserva seule la dénomination de Franconie.

Quand plus tard l'empereur Maximilien procéda à la division de l'Empire en cercles, on vit reparaître un *cercle de Franconie*, dont dépendirent les évêques de Bamberg, de Wurtzbourg et d'Eichstædt, l'ordre Teutonique, Baireuth et Anspach, divers comtés et villes, notamment Nuremberg; tandis que la Franconie rhénane fut comprise dans les cercles du Rhin. Lors de la dissolution de l'Empire d'Allemagne, au commencement de ce siècle, la dénomination de Franconie disparut, officiellement du moins, jusqu'à ce que le roi Louis de Bavière la rétablit (1837) en remplaçant les dénominations de cercles du Haut-Main, de la Rezat et du Bas-Main par celles de *Haute-Franconie*, *Franconie-Centrale*, et *Basse-Franconie*.

FRANCONIE (Vins de). On désigne sous ce nom les produits des vignobles du territoire du Main dans le cercle bavarois de la Basse-Franconie, parmi lesquels les crûs de Leisten et de Stein occupent le premier rang. Dans les bonnes années, ils se distinguent par leur spirituosité, par leur bouquet et leur arome particuliers. Moins fins que les vins du Rhin, ils ont sur ceux-ci l'avantage de ne point aigrir en vieillissant. On *champagnise* de grandes quantités de vins de Franconie, et Wurtzbourg est le principal centre de cette industrie.

FRANC PARLER. Le *franc parler* est une nuance distincte de la franchise. Le *franc parler* n'est ni une qualité ni une vertu : c'est une habitude prise d'exprimer librement et sans détour ses pensées. Le *franc parler* ne devrait au moins exister que chez les personnes auxquelles leur âge, leur expérience, en rendent l'usage excusable. Si l'on peut être franc avec tout le monde, on n'a son *franc parler* qu'avec certaines personnes choisies, qui ne s'en formalisent pas : elles sont accoutumées à la brusquerie qui en est en quelque sorte l'essence, et pour elles cette brusquerie n'a rien de désagréable.

FRANC QUARTIER ou **CANTON D'HONNEUR**, terme de blason, par lequel on désigne le premier quartier de l'écusson, à droite du chef. Il offre ordinairement quelques autres armes que celles du reste de l'écu. Le franc quartier, que l'on nomme aussi *levure de quartier*, est un peu moindre qu'un vrai quartier d'écartelage.

FRANCS. On désigne sous ce nom les peuplades germaines qui, au troisième siècle de notre ère, vinrent d'abord s'établir dans les contrées riveraines du bas Rhin, et qui plus tard conquirent la partie de l'Empire Romain située au nord est de la Gaule. On s'accorde généralement aujourd'hui à rattacher l'étymologie de ce nom *Frank* ou *Franc* au mot allemand *frei*, qui signifie *libre*. On le faisait autrefois dériver de *framea* (framée, arme particulière aux anciens Germains, dont Tacite fait mention); mais J. Grimm pense que le nom de cette arme vint plutôt de celui du peuple qui s'en servait. D'anciens historiens voulaient tantôt que les Franks fussent originaires de la Pannonie, et tantôt qu'ils descendissent directement des Troyens. Aujourd'hui les investigateurs admettent généralement que la dénomination de *Franks* est seule nouvelle, et que les peuplades auxquelles on l'attribue existaient déjà sur les bords du Rhin au temps d'Auguste. Les Bructères, les Chamaves, les Ampsivariens, les Chattuaires, et surtout les Sicambres de la première période de l'Empire Romain, furent le noyau de la confédération franke, dont quelques tribus avaient déjà passé à cette époque sur la rive gauche du Rhin, et qui, sur la rive droite de ce fleuve, habitaient les contrées comprises entre l'embouchure de l'Ems, la Sieg et la Werra. A partir du troisième et du quatrième siècle, de nombreuses hordes, appartenant à cette confédération, se répandirent à travers les Pays-Bas jusqu'en Gaule, et finirent par subjuguer complètement cette contrée.

Au milieu du quatrième siècle les Franks Saliens et les Franks Ripuaires paraissent constituer les deux grands groupes de la ligue franke. Dès le règne de l'empereur Probus il est question, dans les basses terres, des Saliens (dont le nom est dérivé soit du vieux mot teuton *Sal*, soit du fleuve *Sala*, c'est-à-dire Yssel, ou encore du Gau appelé *Salo*) comme d'ennemis redoutables des Romains. Le Ménapien Carausius, chargé de protéger le territoire romain contre leurs invasions par terre et par mer, s'étant proclamé empereur de l'île des Bataves et de tout le territoire avoisinant jusqu'à l'Escaut, Constance et Constantin les repoussèrent, il est vrai; mais Julien les retrouva dans cette même contrée; et, après leur avoir fait la guerre avec succès, il finit par la leur abandonner, afin de pouvoir se servir d'eux comme de troupes auxiliaires. Pendant ce temps-la les Franks-Ripuaires (de *ripa*, rive) s'étaient étendus toujours de plus en plus en remontant le Rhin, et au commencement du cinquième siècle occupaient déjà, sur la rive gauche du Rhin, la contrée s'étendant à l'ouest jusqu'à la Meuse, au sud jusqu'aux Ardennes et au *Hundsruck*, et sur la rive droite le territoire compris entre le Main et la Ruhr et s'étendant à l'est jusqu'à la Werra. Plus tard, s'emparant de diverses portions de territoire appartenant aux *Alemani* et aux Bourguignons, ils pénétrèrent sur la rive gauche du Rhin, jusqu'au delà de la Lauter, et sur la rive droite jusqu'à la Murg, sur les bords du Neckar jusqu'à l'Enz et au Kocher, sur les bords du Main jusqu'à la Rednitz, et plus tard encore, en subjuguant des peuplades slaves, jusqu'aux sources du Main.

Pour chacun de ces deux principaux groupes existait une loi particulière, et qui par la suite fut consignée par écrit (*Lex salica* et *Lex Ripuariorum*). Ces deux lois, comme les peuplades auxquelles elles appartenaient, diffèrent d'ailleurs fort peu entre elles, même dans les détails. Race remuante et heureusement douée, formant en ce qui est de la langue et des mœurs le chaînon intermédiaire qui relie les populations de la basse Allemagne à celles de la haute Allemagne, les Franks Saliens et Ripuaires constituent encore de nos jours la base même des populations de l'Allemagne occidentale jusqu'au Neckar, au Main et à la Murg, et jusque dans la basse Alsace, de même qu'ils sont demeurés la principal élément germain de la population du nord de la France.

L'importance historique des Franks commence au moment où, par leurs progrès dans la Gaule romaine, les Francs Saliens préparèrent la fondation du royaume frank. Dès le milieu du cinquième siècle ils pénétrèrent dans le Hainaut et l'Artois jusqu'à la Somme, tandis que les Franks Ripuaires anéantissaient la domination romaine sur les bords du Rhin et de la Moselle. On cite comme ayant régné à cette époque sur les Franks Saliens Merwig (*Mérovée*), mort en 456, qui donna son nom à la maison royale des Mérovingiens, et son fils Childéric (mort en 481). Si sous ce dernier les progrès et les conquêtes subirent un temps d'arrêt, Chlodwig ou Clovis, son fils et successeur, n'en occupe qu'une place plus importante dans l'histoire. A la bataille de Soissons (486), il vainquit la puissance romaine, qui avait son centre d'action à Montpellier; après s'être débarrassé de tous ses rivaux, il réunit les Francs en un corps de nation, soumit à ses lois les Ripuaires eux-mêmes, vainquit les *Alemani* à Tolbiac (an 496), et par la victoire de Vonglé (an 507) mit fin à la domination des Visigoths dans la Gaule méridionale. L'histoire du nouveau royaume frank devient ensuite le point de départ tout à la fois de l'histoire de France et de l'histoire d'Allemagne.

FRANCS (Droit des). *Voyez* SALIQUE (LOI) et RIPUAIRES.

FRANCS (Corps). *Voyez* CORPS FRANCS.

FRANC SALÉ. On nommait ainsi autrefois le droit accordé à certaines personnes ou à certains officiers royaux de prendre à la gabelle certaine quantité de sel sans payer.

FRANCS D'ORIENT. Dans le Levant, dans toutes les parties de l'Orient, et même en Océanie, on désigne les Européens en général sous les noms de *Afrang*, *Farang*, *Frenk* et *Frangui*, qui au moyen âge servaient à distinguer les Latins, en général, des musulmans et même des Grecs, appelés *Roum* ou *Roumi*. Ebn al-Ouardi, dans sa géographie intitulée *Kheridat Ala Giaib*, comprend cependant sous la dénomination de *Roumi* à peu près tous les peuples de l'Europe.

Dans le principe, c'est-à-dire lors des guerres des croisades, les Arabes ne désignaient que la nation française sous le nom de *Franghia*; mais plus tard ils étendirent ce nom à toute l'Europe. *Frangui* signifie donc parmi eux non-seulement un Français, mais encore un Européen.

Depuis que les différents peuples chrétiens de l'Occident sont mieux connus des Orientaux, ils ont reçu d'eux chacun un nom particulier : ainsi, les Français ont été nommés *Fransaoui*, les Germains ou Allemands *Nemseh*, les Polonais *Leh*, les Espagnols *Andalous*, les Italiens *Talian*, et les Américains *Merican*.

On entend généralement par *langue franque* le jargon usité aux Échelles du Levant et à Tunis, dans les relations commerciales entre les Européens et les indigènes. C'est un composé de quelques mots arabes ou turcs et de mots grecs, espagnols, italiens et provençaux. Sur le littoral de l'Inde, le portugais corrompu, mêlé d'hindoustani et quelquefois de bengali, est la *langue franque* de ces contrées. On en peut dire autant du malayou pour la Malaisie, Madagascar, et *Thai-Ouan* ou Formose. G.-L.-D. DE RIENZI.

FRANCS-MAÇONS. *Voyez* FRANC-MAÇONNERIE.
FRANCS-TAUPINS. *Voyez* ARCHER.
FRANC TENANCIER. C'était autrefois celui qui tenait des terres en roture, mais qui en avait racheté les droits.

Pour les francs tenanciers d'Angleterre, *voyez* FREEHOLDERS.

FRANGE, nom donné aux filets qui pendent d'un tissu quelconque. Ainsi il y a des franges de fil, de lin, de coton, de soie, etc. Les franges ne sont pas toujours formées avec la matière même de ce tissu, et peuvent être appliquées. Elles servent à orner les habits, et surtout les meubles, tels que rideaux d'alcôves, de fenêtres, les couvertures de lit, les housses de fauteuil, les tapis de pieds, etc. On les teint quelquefois d'une couleur autre que le tissu dont elles font partie, pour mieux dessiner les contours.

Dans l'origine, les franges paraissent n'avoir été autre chose que les poils longs des peaux, qu'on laissait pendre, ou les fils qui dépassaient le bord du drap. Homère décrit l'égide de Minerve comme ornée d'une frange composée de cent touffes d'or bien tissues, dont chacune valait cent bœufs. L'usage de porter des habits ornés de franges a commencé dans l'Orient. Suétone remarque comme un signe de mollesse chez Jules César l'usage de porter une tunique à manches longues, garnies de franges. Casaubon observe à ce sujet que les manchettes et le collet de nos chemises ont, au fond, la même origine.

Frange, en termes de blason, se dit des gonfanons qui ont des franges d'un autre émail: *D'or au gonfanon de gueules, frangé de sinople.* Il se dit, en histoire naturelle, de ce qui a un bord découpé en manière de franges: *les ailes de ce papillon sont frangées; pétales frangés.*
V. DE MOLÉON.

FRANGIPANE. Par analogie avec les confitures parfumées à la fleur du franchipanier ou frangipanier, qu'on fabrique dans nos colonies, on a appelé en Europe du nom de *frangipane* une pièce de pâtisserie de *petit four*, contenant une crème, où il entre des amandes douces et amères et d'autres ingrédients.

On donne encore ce nom à une pommade suave, en usage pour les cheveux et les mains.

FRANGIPANI (Famille). Cette maison, qui joua un grand rôle en Italie aux onzième, douzième et treizième siècles, dut son nom, suivant quelques chroniqueurs, au reconnaissant souvenir que le peuple romain garda d'un de ses ancêtres, qui dans un temps de famine lui avait généreusement fait distribuer du pain (*frangere panem*).

Dans la lutte des guelfes et des gibelins, les Frangipani épousèrent chaudement les intérêts et les haines de ce dernier parti. Aussi, quand l'exaltation sur la chaire de saint Pierre de Jean de Gaète, cardinal-diacre proclamé, en 1118, pape sous le nom de Gélase II, vint surprendre à l'improviste les gibelins, *Cincio* FRANGIPANI se chargea de protester à sa façon, et au nom de son parti, contre cette élection inattendue. « Frangipani, raconte un historien contemporain, armé d'un glaive nu, brisa les portes du conclave, et pénétra furieux dans l'église. Saisissant alors le pape par la gorge, il l'arracha violemment de son siège, l'accabla de coups de pied et de coups de poing, le foula aux pieds sur le seuil de l'église, et le déchira à coups d'éperons comme un vil animal. Après cette scène, qui peut donner une idée des mœurs de cette époque, Frangipani emmenait le pape prisonnier et chargé de chaînes, lorsqu'une troupe de guelfes, ayant à leur tête un Leoni (famille ennemie de celle des Frangipani), survenant tout à coup, força le ravisseur à lâcher sa proie et même à faire amende honorable.

La maison de Frangipani a produit diverses branches, qui se sont établies sur différents points de l'Italie, dans le Frioul et jusqu'en Hongrie. Au dix-septième siècle, un membre de cette branche figura avec les Ragotzi, les Tekeli, dans la grande révolte des Hongrois contre l'empereur Léopold, qui commença en 1665 et ne fut complétement étouffée qu'en 1669. Frangipani était beau-frère du comte de Serin, vice-roi du ban de Croatie, des principaux chefs de ce mouvement national et anti-autrichien. Il trahit lâchement, pour s'assurer sa grâce, le comte de Serin, qui eut la tête tranchée, le 30 avril 1671, à Neustadt. La comtesse de Serin, sœur de Frangipani, l'eut deux ans après, le 18 novembre 1673.

Ce Frangipani-là était bien le digne descendant du *Jacques Frangipani*, qui, après la déroute de Tagliacozzo, trahit Conradin, l'illustre et dernier rejeton des Hohenstaufen. Conradin, déguisé en paysan, était parvenu à gagner la petite ville d'Astura, située sur la côte de la Campagne de Rome, d'où il espérait pouvoir passer en Sicile. Déjà il était en mer, à bord d'une petite barque, lorsque Jacques Frangipani, sachant maintenant en faveur de qui s'était déclarée la fortune, mit en mer un brigantin qui atteignit le fugitif. Fait prisonnier, le malheureux Conradin fut livré par lui à son impitoyable adversaire. Jacques Frangipani devint le chef de la branche des Frangipani de Naples.

FRANGIPANIER. Voyez FRANCHIPANIER.

FRANK (JEAN-PIERRE), célèbre médecin praticien, et l'un des créateurs de la médecine légale, naquit le 19 mars 1745, à Rotabein, dans le pays de Bade. Reçu docteur en médecine à Heidelberg, il se rendit à Baden, où, en 1769, il fut nommé médecin du margrave. Plus tard, il s'établit à Bruchsal, où il obtint tout aussitôt le titre de médecin ordinaire du prince-évêque de Spire. Nommé en 1784 professeur de physiologie et de médecine légale à Gœttingue, il accepta dès l'année suivante la chaire de clinique devenue vacante à l'université de Pavie par la mort de Tissot. En 1795 il fut appelé à la direction de l'hôpital général de Vienne; en 1804 il accepta une chaire à l'université de Wilna, et l'année suivante il vint s'établir à Saint-Pétersbourg, où l'empereur Alexandre le nomma son médecin particulier. Après avoir singulièrement contribué à l'amélioration de tout ce qui se rattachait en Russie à l'enseignement et à la pratique de la médecine, il revint en 1808 exercer son art à Vienne, où il mourut, en 1821. Napoléon lui avait fait en vain les offres les plus séduisantes pour l'attirer à Paris. Parmi ses nombreux ouvrages, on doit une mention toute spéciale à son *Système de Police médicale*, livre vraiment classique en son genre, et à son *Traité des Maladies de l'Homme*, écrit en latin et resté inachevé.

FRANK (JOSEPH), fils du précédent, et non moins célèbre comme médecin et comme écrivain, né le 23 décembre 1771, à Rastadt, fit ses études à Gœttingue, à Pavie et à Milan. En 1794 il fut adjoint à son père en qualité de professeur agrégé de clinique à l'université de Pavie, et en 1796 il le suivit à Vienne, pour y remplir les fonctions de médecin en chef de l'hôpital général. En 1804 il l'accompagna encore à Wilna, avec le titre de professeur de pathologie, et y fonda une société de médecine, de chirurgie et de pharmacie, une société de vaccine, une maison d'accouchement, etc.

En 1824 la perte de la vue l'obligea de renoncer à la pratique de la médecine, et en 1826 il se retira à Côme, où il mourut, le 14 décembre 1842. Joseph Frank a été l'un des partisans les plus importants de la fameuse doctrine de l'irritabilité de Brown, et il a formulé ses idées à cet égard dans son *Esquisse de la pathologie d'après les lois de l'irritabilité*. Parmi des ouvrages dont on lui est encore redevable , il faut citer : *Acta instituti clinici universitatis vilnensis* (Leipzig, 1808-1814), et ses *Praxeos medicæ universæ præcepta* (1826-1841).

FRANKLIN (BENJAMIN), l'un des hommes les plus remarquables de son siècle, naquit le 17 janvier 1706, à Governor's Eiland, près Boston, dans une famille peu aisée. Issu d'un second lit, il était le plus jeune de seize enfants, et de bonne heure il dut seconder son père, qui était fabricant de chandelles et de savon, dans les humbles travaux de sa profession. A l'âge de douze ans il fut mis en apprentissage chez son frère consanguin, James Franklin, imprimeur en lettres. Là il consacrait toutes ses heures de loisir et souvent même une partie de ses nuits à lire des livres utiles, mais sans ordre, pour ainsi dire au hasard, suivant l'espèce d'ouvrages qui tombait entre ses mains. De bonne heure aussi il s'essaya comme poète; et en 1720, son frère ayant fondé un journal, le jeune Benjamin Franklin y inséra une suite d'articles intéressants. Mais des mésintelligences qui éclatèrent entre lui et ce frère le déterminèrent à quitter Boston, sans l'agrément de sa famille, pour aller se fixer à Philadelphie. Encouragé alors par le gouverneur de la province, William Keith, à fonder une imprimerie à lui, il se rendit en 1724 à Londres, à l'effet d'y acheter le matériel nécessaire à un établissement de cette nature, et avant de quitter l'Amérique il se fiança avec miss Read, fille de son hôte. Trompé dans ses espérances par Keith, il travailla tour à tour chez divers imprimeurs de Londres et mena dans cette ville une conduite assez peu régulière. Pourquoi le dissimuler? Les fautes que son extrême jeunesse lui fit alors commettre, toute sa vie ne les a-t-elle pas bien rachetées !

A son retour à Philadelphie, en 1726, Franklin fit la connaissance d'un négociant du nom de Denham, dont il devint le teneur de livres. Celui-ci étant mort à quelque temps de là , Benjamin Franklin fut encore une fois réduit à demander au travail de la casse ses moyens de subsistance. Bientôt, cependant, avec l'aide de quelques amis , il réussit à établir une imprimerie à lui ; et on le vit débuter en même temps comme écrivain politique, carrière dans laquelle il obtint de grands succès. Pendant son séjour en Angleterre, sa fiancée, miss Read, n'avait pas eu la patience de l'attendre et avait contracté un mariage malheureux. Elle divorça, et Franklin l'épousa, en 1730. Ses affaires, dont il accrut le cercle en y joignant un commerce de papier, prospérèrent ; et la considération dont il jouissait parmi ses concitoyens alla dès lors toujours croissant. Dans le journal dont il se fit éditeur, de même que dans son almanach, l'*Almanach du bonhomme Richard*, qui parut pour la première fois en 1732, et dont plus de cent-vingt-ans de publication régulière n'ont point vu depuis lors diminuer le succès, on reconnut des idées neuves, et originales. Son esprit, plein de sagacité, envisageait avec une calme lucidité toutes les circonstances de la vie dans les grandes comme dans les petites choses, et son noble cœur embrassait le bonheur de l'humanité tout entière. Personne ne saurait rivaliser avec lui dans l'art de développer les préceptes de la morale et de lui donner pour bases les devoirs de l'amitié et de la charité universelles, l'utile emploi du temps, les joies dont l'exercice de la bienfaisance est la source, la nécessité de faire concorder l'intérêt privé avec l'intérêt général, les fruits légitimes du travail et les jouissances que procurent les vertus sociales. Sous ce rapport, on ne saurait rien d'aussi admirable que les *Proverbes du vieux Henri, ou la science du bonhomme Richard* (Philadelphie, 1757), restés pour le fond comme pour la forme le chef-d'œuvre des livres populaires.

Tandis que les œuvres morales de Franklin, recherchées partout avec empressement, exerçaient une heureuse influence sur leurs nombreux lecteurs, l'auteur s'occupait de physique, dévoilait le mystère de la foudre, inventait les paratonnerres et le cerf-volant électrique. En 1738 Franklin fit organiser à Philadelphie une compagnie de secours contre les ravages des incendies. Il fut le précurseur de R u m f o r d dans les recherches sur les moyens de chauffage économique ; il résolut même par la voie qui lui était familière, la voie des expériences , des questions d'hydrodynamique assez difficiles.

Comment la fortune de l'imprimeur pouvait-elle suffire aux dépenses que semblaient exiger les travaux du physicien et du mécanicien? C'est que ses dépenses étaient presque nulles, ses appareils d'une imperfection à laquelle il suppléait par une extrême dextérité. « Lorsqu'on ne sait pas percer avec une scie et avec une vrille, il ne faut pas se mêler de faire des expériences. » Voilà ce qu'il répondait à ceux qui pensaient qu'il n'avait employé que des instruments tirés à grands frais des meilleures fabriques de l'Europe. On a constaté qu'il n'avait pas même de pendule pour la mesure du temps, et qu'il y suppléait, à la manière des musiciens, en battant la mesure et en comptant. Lorsqu'il eut complété ses travaux et ses découvertes sur l'électricité, il en adressa le résumé à son ami Collinson à Londres ; et en 1747 le monde savant fut en possession de ces nouvelles et importantes connaissances. Depuis cette époque, le nom de Franklin ne se trouve plus attaché à de grands progrès dans les sciences, quoiqu'il soit inséré dans presque tous les recueils académiques : le savant Américain entretenait en effet une correspondance très-étendue, toujours intéressante et profitable pour ceux auxquels il écrivait. En 1762 l'université d'Oxford lui conféra le titre de docteur en droit.

Quand les patriotes américains et les partisans de l'administration anglaise se séparèrent en deux camps bien tranchés, chacun des deux partis s'efforça de rattacher à sa cause un homme dont il comprenait que l'influence ne pourrait que lui être extrêmement utile. Au retour d'un voyage à Londres, Benjamin Franklin fut donc appelé par le gouvernement anglais aux lucratives fonctions de directeur général des postes dans les colonies anglo-américaines ; mais les revenus considérables attachés à cet emploi ne lui firent pas oublier ce qu'il devait à ses concitoyens. Et lorsque, les troubles prenant de jour en jour plus de gravité, la chambre des communes manda à sa barre tous les agents des diverses colonies de l'Amérique du Nord, à l'effet de s'éclairer sur le véritable état des choses, Franklin se rendit à Londres en 1767 comme délégué de la Pensylvanie pour prendre part en cette qualité à l'enquête parlementaire : les questions qu'on lui fit et ses réponses sont un admirable plaidoyer en faveur des Américains, et feront blâmer dans tous les temps la guerre que la métropole leur déclara. Un mandat une fois expiré, en 1775, et non sans courir de grands risques d'être retenu prisonnier en Angleterre, il s'en revint à Philadelphie, où le congrès se trouvait alors réuni. A partir de ce moment nous n'aurons plus à parler du simple particulier, du savant, de l'imprimeur et de ses almanachs ; l'homme public absorbe tout, et l'importance des affaires dont il est chargé le fait aussi perdre de vue. Dans l'histoire de l'affranchissement des États-Unis, l'attention ne se détache point de l'ensemble des faits, les détails ne peuvent être remarqués ; et les regards, toujours fixés sur la scène tout entière, s'arrêtent à peine un moment sur les principaux acteurs.

En 1776 Franklin vint à Paris comme ambassadeur des ci-devant colonies anglaises, qui venaient de se déclarer indépendantes. Il ne fut d'abord reçu qu'en secret ; mais en 1778, Louis XVI s'étant décidé à reconnaître l'indépendance des treize États dont se composait alors l'union américaine, Franklin parut officiellement avec son titre d'ambassadeur à Versailles, où il devint l'objet du respect universel. Le 20 janvier 1782 il eut la joie d'y signer, avec les commissaires du gouvernement anglais, les préliminaires de la paix par laquelle l'Angleterre, elle aussi, reconnaissait l'indépendance des États-Unis. Ici on nous permettra sans doute bien de placer une observation qui ne s'accommoderait peut-être pas avec la gravité de l'histoire. En quittant l'Amérique en 1776 pour se rendre en France, Franklin avait eu soin de quitter la perruque dont sa tête était couverte depuis très-longtemps, et de la remplacer par ses cheveux blancs. Cet acte d'une exquise sagacité ne contribua pas médiocrement au succès de sa mission. Le nouvel agent diplomatique n'ignorait point on devina très-bien l'effet des premières impressions sur un peuple auquel on reprocha de tout temps un peu de frivolité, et le peuple de ce caractère était à la cour encore plus, en raison du nombre, que dans tout le reste de la nation. Franklin allait se présenter comme l'envoyé d'un nouveau monde, et sa haute renommée l'avait devancé ; il fallait que son extérieur n'eût rien de commun, et l'imitation imparfaite d'une coiffure française eût fait perdre à sa belle tête le caractère de dignité qui sied si bien à un vieillard. Le luxe des habits fut supprimé en même temps que la perruque ; des lunettes et un bâton blanc à la main complétèrent le costume de l'ambassadeur, soit dans l'exercice de ses fonctions, soit dans ses promenades et les visites qu'il rendait à des amis. Partout où il était remarqué sans être reconnu, une curiosité respectueuse dirigeait vers lui les regards : *Quel est*, se disait-on, *ce vieux paysan qui a l'air si noble*? Il sut être aimable sans démentir son extérieur imposant.

Son séjour à Paris comme ambassadeur des États-Unis fut prolongé jusqu'en 1785, et dès qu'il revint à Philadelphie, la reconnaissance et l'estime de ses concitoyens se manifestèrent par sa nomination aux fonctions de président du congrès particulier de la Pensylvanie. Il avait alors soixante-dix-huit ans ; et jusqu'à sa mort toutes ses pensées ne cessèrent pas un instant d'être dirigées sur les moyens d'être utile à ses concitoyens. Nous nous bornerons à citer ici, entre mille, un de ces faits qui montrent combien il était habile dans l'art de faire le bien. Il avait remarqué aux environs de Paris les bons effets du plâtre employé comme engrais sur les prairies. Cette méthode agricole était inconnue dans son pays ; en la décrivant et la recommandant avec l'autorité de son nom, il ne l'eût répandue que parmi les cultivateurs instruits ; il fallait s'adresser en même temps à la classe ignorante, en être compris et la convaincre. A son retour en Amérique, Franklin fit une provision de plâtre pulvérisé pour être répandu sur les prés ; et, choisissant aux environs de Philadelphie une prairie traversée par une route très-fréquentée, il y répandit en temps convenable la poussière fécondante, en traçant en grands et larges caractères, près de la route, la phrase que nous traduisons ainsi : *Ceci a été plâtré*. Les herbes crûrent, et la partie plâtrée s'élevant beaucoup plus haut que le reste, et montrant par sa belle verdure la vigueur que l'engrais lui avait donnée, la phrase fut lue, commentée par les passants ; on en fit mention dans toutes les gazettes ; des cultivateurs vinrent de loin pour la lire, sans qu'aucune affaire les attirât à Philadelphie ; l'année suivante les propriétés du plâtre comme engrais étaient généralement connues, et ne trouvaient point d'incrédules ; les recherches de cette substance étaient faites ; les exploitations commencées, et depuis lors cette pratique d'agriculture a pris beaucoup plus d'extension aux États-Unis que dans notre pays, d'où elle fut portée en Amérique.

La mort de Franklin fut un événement qui tiendra toujours une place remarquable dans l'histoire des peuples. Il avait sollicité et obtenu une convocation générale du congrès pour remédier à quelques vices de la constitution, qu'il signalait, ainsi que leurs pernicieux effets. Cette assemblée tenait ses séances à Philadelphie, et la province de Pensylvanie avait chargé son gouverneur de l'y représenter : il y parla avec tant de raison et de sagesse, que ses vues ne rencontrèrent presque point d'opposition. La session du congrès avait commencé en 1788. Le 17 avril 1790 fut le dernier jour de Franklin. Le congrès ordonna que le deuil serait porté pendant deux mois dans tous les États de l'Union : les citoyens le prolongèrent au delà de cette époque. L'Assemblée nationale de France rendit aussi un hommage public à la mémoire de l'illustre Américain : elle prit le deuil pour trois jours. FERRY]

Franklin avait composé lui-même l'épitaphe qu'on lit aujourd'hui sur son tombeau.

« Ci-gît, pâture des vers, le corps de Benjamin Franklin, imprimeur, semblable à la couverture d'un vieux livre dont on a arraché les feuillets, effacé le titre et la dorure. Mais l'ouvrage ne périra pas, et reparaîtra, comme il le croyait, dans une nouvelle et plus belle édition, revue et corrigée par l'auteur. »

A l'époque où Franklin et sa mission politique occupaient le plus l'attention publique à Paris, on vendit de tous côtés son portrait gravé, au bas duquel se trouvait ce vers :

Eripuit cœlo fulmen sceptrumque tyrannis,

qu'on attribua à Turgot, et qui obtint un grand succès, quoique énonçant une pensée fausse. Les paratonnerres, pas plus que les parapluies, n'opposent d'obstacle à l'accomplissement des lois générales de la nature.

A la vive douleur de Franklin, son fils unique, William Franklin, ne partagea point sa manière de voir dans la lutte engagée entre la métropole et ses colonies, et resta au service de l'Angleterre.

L'édition la plus complète des œuvres de B. Franklin est celle qu'a donnée l'un de ses petits-fils, *William Temple Franklin*, sous ce titre : *The complete Works of B. Franklin, with memoirs of his life* (Londres, 1817, 2 vol.).

FRANKLIN (Sir JOHN), navigateur anglais, né en 1786, à Spilsby, dans le Lincolnshire, fit de bonne heure preuve d'un esprit courageux et porté aux entreprises ainsi qu'aux aventures périlleuses. Son père, qui ne voyait pas sans un vif déplaisir se développer sa prédilection pour la vie de marin, espéra l'en guérir radicalement en l'envoyant faire un tour à Lisbonne à bord d'un vaisseau marchand. Mais le remède eut un effet tout contraire à celui qu'il en attendait, et le jeune John Franklin, alors âgé de quatorze ans, ne tarda pas à entrer dans la marine royale, en qualité de *midshipman*. Il assista, à bord du vaisseau de ligne le *Polyphemus*, au combat naval livré devant Copenhague en 1801. Deux ans après, en 1803, il accompagna l'un de ses parents, le capitaine Flinders, dans son voyage de découvertes aux mers Australes, et fit naufrage avec lui sur les côtes de la Nouvelle-Hollande. Plus tard on le voit à Trafalgar remplir les fonctions d'officier de manœuvres à bord du *Bellérophon*, et jusqu'en 1814 il servit comme lieutenant sur le *Bedford*, qui transporta alors les monarques alliés en Angleterre. En 1815 il se distingua d'une manière toute particulière à l'attaque de la Nouvelle-Orléans, où il enleva à l'abordage une chaloupe canonnière américaine. En 1818 il commanda le brick *The Trent*, adjoint à l'expédition du capitaine Buchan au pôle nord. Après l'insuccès des efforts tentés par Ross pour découvrir un passage au nord-ouest, il fut chargé en 1819 d'entreprendre, en compagnie de Richardson et de Back, un voyage par terre depuis la baie d'Hudson jusqu'à l'embouchure du fleuve des Mines-de-Cuivre, en même temps que le capitaine Parry recevait la mission de visiter les mêmes parages par mer. Dans ce voyage il suivit la côte jusqu'au cap *Turn-again* (68° 30' de latitude septentrionale), après avoir enduré d'incroyables souffrances et n'avoir échappé à la mort que grâce à l'assistance de quelques Indiens. Il était de retour en Angleterre en 1822. Promu alors au grade de *capitaine de marine*, il entreprit en 1825, avec les mêmes compagnons, un second voyage de découvertes à la mer Polaire, et releva les côtes qui s'étendent depuis le Mackenzie jusqu'au fleuve des Mines de Cuivre. Après avoir pénétré, le 18 août 1827, jusqu'au 70° 30' de latitude septentrionale et au 150° de longitude occidentale, force lui fut de rebrousser chemin à cause de l'époque avancée de la saison. En récompense des services qu'il avait rendus à la géographie et à la navigation, le roi George IV le créa *baronet*. En 1830 il fut chargé du commandement d'un vaisseau de ligne dans la Méditerranée, et alla ensuite remplir les fonctions de gouverneur à la terre de Van-Diémen, poste d'où on le rappela en mars 1843. Au commencement de 1845 il était de nouveau de retour en Angleterre, et y accepta tout aussitôt l'offre du commandement d'une nouvelle expédition au pôle Nord, dont on espérait tirer autant de profit pour les progrès de la géographie que pour la connaissance plus exacte du magnétisme terrestre. Les deux vaisseaux *Erebus* et *Terror*, avec lesquels le capitaine Ross avait déjà exécuté son voyage au pôle antarctique, furent armés rapidement; et Franklin choisit pour l'accompagner deux officiers de marine du plus grand mérite, les capitaines Crozier et Fitz-James. L'expédition, forte de 136 hommes d'équipage, mit à la voile le 19 mai 1845; le 4 juillet elle arriva aux îles des Baleines, et fut aperçue pour la dernière fois le 26 du même mois, par le capitaine Danner, commandant *Le Prince de Galles*, dans la baie de Melville, par 77° de latitude septentrionale et 66° 13' de longitude occidentale (méridien de Greenwich). Il était déjà pris dans les glaces. Six jours auparavant il avait encore été vu par le capitaine de *L'Entreprise*, à qui il avait dit avoir des vivres pour cinq ans, et même pour sept s'il était heureux dans les chasses qu'il comptait faire.

Depuis lors on n'a plus reçu aucune nouvelle des hardis navigateurs. On commença dès 1847 à s'inquiéter, en Angleterre, de ne recevoir aucune nouvelle des voyageurs. Tous ceux qui connaissaient cette navigation pensèrent que Franklin, s'il avait été forcé d'abandonner ses bâtiments, aurait cherché à revenir dans les pays inconnus qui séparent le point où il était du Mackenzie ou du fleuve des Mines-de-Cuivre. Cependant, on se fiait aux ordres de l'amirauté, qui enjoignaient au capitaine de chercher à franchir le détroit de Behring, et s'il ne le pouvait, de s'en revenir par le canal Wellington. A partir de 1848, des primes considérables furent offertes à ceux qui découvriraient Franklin et son équipage ou seulement des traces de leur passage. De même un grand nombre d'expéditions furent envoyées à la recherche des naufragés aux frais soit du gouvernement anglais, soit de lady Franklin, ou encore du négociant américain Grinnel, les unes à la baie de Baffin, les autres au détroit de Behring; mais toutes restèrent infructueuses. Ce n'est qu'au cap Riley, à l'entrée du canal Wellington, qu'on découvrit quelques traces d'un campement; et on en induisit que probablement Franklin et ses compagnons avaient passé là l'hiver de 1846. Longtemps aussi on pensa que le capitaine avait pu se trouver forcé d'abandonner ses vaisseaux et de se réfugier dans quelque terre ou île encore inconnue. Les recherches ont pour la plupart été faites en partant de cette idée; mais jusqu'à présent elles avaient toutes abouti à une absence absolue de renseignements ou même d'indices. Aussi le gouvernement anglais, considérant désormais les infortunés navigateurs comme perdus sans ressource, et depuis plusieurs années, venait-il (tout en maintenant les primes précédemment offertes aux navigateurs de tous pays) de décider qu'il ne serait plus entrepris de nouvelles expéditions pour son compte, quand, au mois d'octobre de la présente année 1854, l'amirauté reçut une communication datée de Repulse-Bay le 29 juillet, et par laquelle le docteur John Rae, commandant une expédition envoyée par la compagnie de la baie d'Hudson, portait à sa connaissance que pendant un voyage fait ce printemps sur la glace et les neiges, dans le but de compléter la reconnaissance de la terre de Boothia, il avait rencontré dans Pelly-Bay des Esquimaux qui lui avaient raconté qu'un détachement d'environ quarante hommes blancs avait été vu, il y a eu quatre hivers au printemps (1850), voyageant au sud sur la glace et traînant un bateau, près de la rivière de *King William's Land*; qu'ils avaient fait entendre que leur vaisseau avait péri dans les glaces, et qu'ils cherchaient des daims et du gibier : on suppose qu'ils étaient à court de vivres. Plus tard, mais avant la débâcle des glaces, les corps de trente individus avaient été découverts sur le continent et cinq dans une île voisine, à une longue distance d'une grande rivière (probablement *Back's great Fish River*). Quelques corps avaient été enterrés, sans doute ceux des premières victimes de la faim. Quelques-uns étaient sous une tente ou des tentes, d'autres sous le bateau, qui avait été retourné pour pouvoir former un abri. Parmi les corps trouvés dans l'île, il y en avait un qui semblait avoir été le corps d'un officier. Il avait son télescope suspendu à l'épaule, et son fusil à deux coups était couché auprès de lui. D'après l'état de mutilation des corps et ce qui se trouvait dans les chaudières, il est évident que les malheureux naufragés, pour prolonger quelques instants de plus leur existence, avaient été réduits à la plus horrible extrémité, le cannibalisme!...

Le docteur Rae ajoutait avoir vu entre les mains des Esquimaux de qui il tenait ces détails des fragments de divers objets trouvés sur les lieux par les indigènes qui leur avaient raconté ce qu'on vient de lire, tels que des fragments de compas, de télescopes, etc., des fourchettes, cuillères et diverses pièces d'argenterie marquées d'initiales se rapportant parfaitement aux noms et prénoms des divers officiers embarqués à bord de l'*Erebus* et du *Terror*, et un gobelet avec cette inscription gravée : *Sir John Franklin*.

Quand on se rappelle que déjà le 30 avril 1851 le brick *Renovation* avait rencontré par 45° de lat. nord, aux environs de Terre-Neuve, deux navires paraissant avoir été abandonnés, il semble qu'il n'y ait plus lieu maintenant de douter du sort de Franklin et de son équipage. Quoi qu'il en puisse être, on annonce que le gouvernement anglais a décidé qu'au printemps de 1855 une expédition partirait encore pour entreprendre de nouvelles explorations, et pour aller à la recherche des Esquimaux vus par le docteur Rae et de la trace des débris dont il est question dans leurs récits.

FRANKS. *Voyez* FRANCS.

FRANQUE (Langue). *Voyez* FRANCS D'ORIENT.

FRANQUETOT (Famille). *Voyez* COIGNY.

FRANZENSBAD ou **FRANZENSBRUNN**, l'un des plus célèbres établissements thermaux de la Bohême, situé à un myriamètre d'Éger, date de l'année 1793, et fut ainsi nommé en l'honneur de l'empereur François II, alors régnant. On y compte plus de cinquante maisons, dont quelques-unes ont été construites dans les proportions les plus grandioses à l'effet de recevoir des baigneurs. Les sources y sont nombreuses; leur température est de 9° Réaumur. Elles appartiennent aux eaux alcalines, salines et ferrugineuses. Les unes se prennent en boisson et en bains, les autres seulement en bains. Doucement résolvantes, purifiantes et fortifiantes, on les recommande pour les faiblesses générales et locales, pour les obstructions du bas-ventre, pour certaines maladies du système génital chez les deux sexes, etc., comme préparation à une médicamentation plus énergique, et aussi après l'emploi d'eaux minérales d'une nature plus affaiblissante. Les expéditions qui s'en font à l'étranger vont toujours croissant et en 1851 avaient dépassé 200,000 cruchons.

FRA PAOLO. *Voyez* SARPI.

FRASCATI, petite ville de l'État de l'Église, dans la *comarca di Roma*, sur le penchant d'une éminence, d'où se déroule le plus charmant tableau. C'est le siége d'un évêché. Elle est environnée d'un nombre infini de villas, parmi lesquelles on distingue surtout la villa Piccolomini ; la villa originairement construite pour la famille Aldobrandini, devenue par la suite la propriété de la famille Borghèse ; la villa Ruffinella, passée entre les mains de Lucien Bonaparte, puis entre celles du prince de Chablais, et appartenant aujourd'hui au roi de Sardaigne, célèbre par les fouilles que Lucien Bonaparte y fit exécuter; la villa Bracciano, ci-devant Montalto ; la villa Conti, ci-devant Ludovisi, aujourd'hui la propriété du duc Sforza-Cesarini ; la villa Mondragone, immense palais, où l'on ne compte pas moins de 374 fenêtres et qui tombe aujourd'hui en ruines, situé non loin du couvent des Camaldules, construit par le pape Paul V. Sur le sommet de la colline où est situé Frascati, s'élevait autrefois *Tusculum*, l'une des plus célèbres villes du Latium.

FRASCATI, ancien hôtel Lecouteulx, situé naguère à l'extrémité de la rue Richelieu à Paris. Il reçut ce nom lorsqu'une compagnie l'afferma et le convertit en lieu de bal et de plaisir. Sous le Directoire, c'était le rendez-vous de la bonne compagnie. On dansait dans les salons et dans le jardin, qui embrassait le boulevard : là se réunissaient chaque soir, ou plutôt chaque nuit, les plus belles femmes de Paris. « Quel bruit se fait entendre? disait Mercier dans son *Nouveau Paris*. Quelle est cette femme que les applaudissements précèdent?... Son léger pantalon très-serré, quoique de soie, est garni d'espèces de bracelets. Le justaucorps est savamment échancré, et sous une gaze artistement peinte, palpitent *les réservoirs de la maternité*. Une chemise de linon clair laisse apercevoir les jambes et les cuisses, qui sont embrassées par des cercles en or diamantés... Encore une hardiesse, et l'on pourrait contempler parmi nous les danses antiques des filles de la Laconie. » Oui, l'étoffe qui couvrait ou semblait couvrir ces femmes était si légère, si diaphane, que pour en donner une idée les auteurs du temps inventèrent l'expression d'*air tissu*. De riches bagues étincelaient à tous leurs doigts ; de précieux cothurnes laissaient à découvert l'extrémité de leurs pieds, dont chaque doigt était serré dans un brillant anneau. Elles cachaient leur brune chevelure sous une perruque blonde. Ainsi l'ordonnait la mode ; et cette mode était d'assez mauvais goût. L'opinion fit, du reste, bientôt justice de ces scandaleuses saturnales. On quitta Frascati pour les concerts et les illuminations de Tivoli ; et son vaste jardin fut transformé en un vulgaire café. L'hôtel devenu désert reçut de nouveaux hôtes. Il fut occupé par la ferme des jeux. Les salons se peuplèrent de joueurs et de joueuses de trente et quarante. C'était le seul des tripots privilégiés où le *beau sexe* fût admis. Il y resta jusqu'à la suppression des maisons de jeu, sous Louis-Philippe. A quelque temps de là, un vaste pâté de maisons nouvelles s'éleva sur l'emplacement de l'hôtel Lecouteulx.

Le succès du Frascati parisien avait été contagieux pour nos grandes cités ; Bordeaux eut aussi son Frascati. Des fêtes brillantes y réunirent une société nombreuse. C'était le même luxe, les mêmes enchantements qu'à Paris ; mais là au moins les toilettes étaient riches sans indécence. Le Frascati bordelais eut ses jours de vogue et de prospérité : ils passèrent rapidement ; et le magnifique hôtel qu'il occupait dans la belle rue du Chapeau-Rouge resta longtemps vide ; l'élégante rotonde que l'on y avait construite pour les bals était démolie quand on y établit la préfecture de la Gironde. DUFEY (de l'Yonne).

FRATERNEL (Amour). De tous les sentiments naturels au cœur de l'homme il n'en est point qui ait été jadis autant célébré que celui qui porte le nom d'*amour fraternel*. Les anciens en avaient placé les patrons, les Dioscures, au ciel et dans les enfers ; ils les prenaient à témoin de la sainteté des serments ; ils les invoquaient dans les infortunes domestiques, au milieu des dangers de la mer, ou dans ceux des batailles. Avant le combat, on chantait l'hymne de Castor et Pollux et aux funérailles on recommandait à ces divins frères les êtres chéris et trop tôt enlevés à l'amour de leurs proches. Les nombreuses familles étaient regardées comme une marque de la faveur du ciel, et la privation d'un frère comme une grande infortune. Plutarque a fait de l'amitié fraternelle l'objet d'un traité, dans lequel il n'a rien oublié de ce qui peut rendre cette affection aimable en même temps qu'utile au bonheur et à la vertu. De nos jours, Bernardin de Saint-Pierre a puisé dans l'étude approfondie du sentiment fraternel l'une de ses plus ravissantes *harmonies* : auteur ingénieux autant que vrai, il a trouvé le moyen de caractériser ce sentiment quand il s'applique aux femmes : il appelle l'amitié entre sœurs *sororale*, vieux mot employé dans la jurisprudence pour désigner ce qui est relatif aux sœurs, et qu'il serait bon de rajeunir par un plus fréquent usage. Personne, au reste, n'a peint d'une manière plus charmante que l'auteur de *Paul et Virginie* la puissance du lien fraternel et la douceur de l'union qui doit y présider. Empruntant cette idée à Plutarque, il la revêt du charme de son style imagé et gracieux. « Il en est d'une famille, dit-il, composée de frères inégaux en âge, en caractère, en talents, comme de la main, formée de doigts de diverses proportions, qui s'entr'aident beaucoup plus que s'ils étaient de force et de grandeur égales. Pour l'ordinaire, lorsqu'ils saisissent tous ensemble un objet, le pouce, comme le plus fort, serre à lui seul ce que les autres saisissent tous ensemble ; le plus petit, comme le plus faible, clôt la main, ce qu'il ne pourrait faire s'il était aussi long que les autres. Il n'y a point de jalousie entre les derniers, qui travaillent moins, mais qui supportent les autres, et les premiers, qui tiennent la plume, ou ceux qui sont décorés d'un anneau d'or. Quelque inégalité donc qu'il y ait entre les talents et les conditions des frères, il n'y a qu'une seule chose à leur inspirer, c'est la concorde, afin qu'ils puissent agir de concert, comme les doigts de la main. »

Mais si l'amitié fraternelle a ses douceurs, si elle enseigne aux divers membres de la famille la concorde, l'obligeance, la générosité et de aussi de sérieux devoirs, et elle impute à l'un de ses membres les plus sévères obligations, je veux parler des aînés de famille. Ces obligations étaient si bien senties par nos pères, qu'ils avaient attaché de grandes prérogatives à ce titre d'aîné, en raison des devoirs affectés à ceux auxquels la nature avait départi et des charges qui leur étaient imposées.

Me sera-t-il permis d'ajouter ici que ce sentiment, source de tant de joies pour l'enfant, mobile des plus saints devoirs pour l'homme fait, nous est même indiqué par le divin

législateur comme le véritable type de l'union qui doit régner entre nous : *Aimez-vous les uns les autres comme des frères*, répète en plus d'un endroit l'Évangile. Ah! si ce touchant précepte était mieux observé, la moitié des maux de la terre serait effacée, et les hommes, par le seul exercice de cette pure affection, devenus meilleurs, en seraient aussi plus heureux!
Élise VOÏART.

FRATERNISER, c'est, mot à mot, exercer la fraternité. L'Académie avait bourgeoisement défini ce terme : Vivre d'une manière fraternelle avec quelqu'un, ou se promettre mutuellement une amitié fraternelle. Elle n'avait entrevu là qu'un aspect fort secondaire de la question. Ce mot n'était pas encore trouvé, en 1789, que déjà les gardes nationaux parisiens *fraternisaient* avec les gardes françaises. Dès lors il devenait synonyme de « commencement expansif d'une liaison étroite entre deux ou plusieurs hommes; renouvellement solennel de ce sentiment, de sa nature fort enthousiaste; réconciliation de partis prêts à en venir aux mains; cessation absolue de combats, auxquels succèdent, de part et d'autre, d'ardents rapports d'humanité, de fraternité, et une effusion qu'on eût vainement cherchée quelques heures auparavant. ». Depuis, on abusa singulièrement du mot et de la chose. Souvent un orateur montait à la tribune pour annoncer qu'à la frontière les ennemis de la France avaient déposé les armes et *fraternisé* avec ses défenseurs, et le lendemain arrivait la nouvelle d'un combat meurtrier. Aux sanglantes journées de 1793, on vit, quelquefois des hommes et des femmes, altérés de carnage, *fraterniser* avec des aristocrates ou, comme on les appelait, des *ci-devant*, et les égorger ensuite.

Ce mot, oublié pendant l'Empire et la Restauration, avec tant d'autres termes du vieux vocabulaire républicain, reparut un instant en juillet 1830. Alors on entendit répéter de toutes parts que la garde nationale avait *fraternisé* avec la ligne, et les dépêches des départements, en apportant des adhésions lointaines, répétaient à l'envi cette expression qui sommeilla ensuite pendant le long règne de Louis-Philippe pour ressusciter dans les mêmes circonstances, à la remorque de la république de 1848. Seulement, cette dernière révolution n'emprunta point à sa grand'mère ses festins démocratiques en plein vent, dans les rues et sur les places publiques, ridicule contre-façon des repas des anciens Spartiates, des agapes des premiers chrétiens, où venaient *fraterniser* à la même table les patriotes du même quartier Certains meneurs du peuple souverain imaginèrent bien alors de *monter* un banquet monstre à 25 centimes par tête, pour lequel les fossés des fortifications de Paris devaient servir de salle à manger. Trois cent mille patriotes eussent pu *fraterniser* là tort à l'aise, en mangeant sur le pouce un cervelas avec ou sans ail, encadré dans une miche de pain de munition, et en arrosant le tout d'une verre de petite bière. Quel dommage qu'un si patriotique projet, au bout duquel était évidemment la république universelle, n'ait abouti qu'à un prosaïque procès en escroquerie ! Ô temps, ô mœurs!

FRATERNITAIRES. *Voyez* COMMUNISME.

FRATERNITÉ. C'est une belle et noble vertu, soit que, circonscrite et restreinte, elle lie seulement entre eux quelques hommes du même sang, soit que, ne connaissant pas de bornes, elle embrasse l'humanité entière. Dans ce dernier cas, elle n'est que la réalisation de cette sublime maxime de l'Évangile : « Fais à autrui ce que tu voudrais qu'il te fît ; ne lui fais pas ce que tu ne voudrais pas qu'il te fût fait. » Elle n'est qu'une aspiration vers le bonheur de tous. Aussi, lorsqu'en 1789 et en 1848 un cri subit d'émancipation retentit en France, les mots *liberté*, *égalité*, *fraternité* apparurent-ils tout à coup écrits sur tous les drapeaux et sur tous les édifices publics. A en croire certaines âmes candides, ils devaient constituer à jamais le nouveau symbole de la foi humanitaire des peuples. Malheureusement, à l'une comme à l'autre époque, la fraternité ne fut qu'une utopie inventée pour égarer les masses et les endormir. Seulement notre seconde république, plus bénigne que

son aînée, crut pouvoir se dispenser d'ajouter à la sainte formule cette terrible sanction : *ou la mort*. Comme son aîné, le nouvel empire s'est empressé de faire gratter et effacer ces trois mots sacramentels, mais depuis longtemps vides de sens, partout où on avait jugé à propos de les écrire, sans doute dans la *fraternelle* intention de fournir de la sorte du travail aux peintres de lettres.

FRATERNITÉ D'ARMES, association de deux ou de plusieurs guerriers au moyen âge. On a aussi appelé *adoption* cette union par serment, cette communauté de gloire et d'intérêts, qui obligeait chaque frère d'armes, chaque frère conjuré, comme disaient les Anglais, à être l'ennemi des ennemis de son compagnon. Une antiquité reculée fournit des exemples de ce genre de pacte, que les Scandinaves appelaient *fost-broedalag*, c'est-à-dire mélange du sang humain. L'histoire de la chevalerie retrace fréquemment les cérémonies par lesquelles s'associaient de valeureux personnages, nommés *fratres jurati* ; quelquefois ils appuyaient sur des actes contractuels cette compagnie d'armes; il s'en est retrouvé plus d'un titre authentique. Il y avait des fraternités à vie; il y en avait qui n'embrassaient qu'une expédition, ou même qu'un seul fait d'armes. Joinville nous montre, au milieu du treizième siècle, des chevaliers buvant, dans leurs orgies, du vin mêlé de leur sang, et s'écriant qu'ils étaient frères de sang. La raison, non moins que le patriotisme, réprouvait cette chevaleresque coutume, puisque le serment prononcé obligeait à épouser des haines souvent injustes, à s'engager dans les querelles, dans des combats souvent extravagants, et à sacrifier à un point d'honneur chimérique l'intérêt de sa famille, le service de son pays, ses propres affections. L'engagement souscrit par un frère le jetait quelquefois dans des embarras insolubles, s'il se trouvait, par vassalité, revêtu d'un pouvoir auquel l'autre frère d'armes avait juré foi et hommage. De nos jours, la conscription est forcément devenue la véritable fraternité d'armes nationale.
Gal BARDIN.

FRATRICELLES, de l'italien *fratricelli*, ou *petits frères*. C'étaient des religieux de l'ordre de Saint-François d'Assise, qui, désolés du dérèglement des monastères, obtinrent, vers 1294, du pape Célestin V la permission de quitter leurs couvents pour embrasser la vie des solitaires. Leur premier chef fut Hermann Pongilupo, de Ferrare. Cet exemple fut suivi par plusieurs moines d'autres ordres. Des laïques même quittèrent le monde pour se réfugier dans un ermitage. Ils se résignaient à une pauvreté absolue, vivaient d'aumônes, et passaient le temps à prier et à chanter des cantiques. Cette secte se multiplia si fort le point, que, vingt ans après, le pape Jean XXII sentit la nécessité de la détruire. Alors les *fraticelli*, qu'on nommait *frérots* en France, se crurent assez puissants pour braver les foudres du saint-siège ; ils prétendirent qu'ils formaient une Église à part, dont Jésus-Christ était l'unique chef, et que l'évêque de Rome n'avait aucune autorité sur eux. Jean XXII appela à son aide toutes les puissances de la chrétienté ; mais comme les *frérots* enseignaient en même temps que les papes n'avaient rien à commander aux princes séculiers, la plupart des souverains les laissèrent pulluler dans les États où l'inquisition n'avait point pénétré. Elle les poursuivit partout ailleurs, en fit brûler un grand nombre, et ces pauvres diables, qui méritaient tout au plus d'être enfermés dans des maisons de fous, furent forcés de chercher en Allemagne la paix et la tolérance, sous les auspices de l'empereur Louis de Bavière, que les papes avaient excommunié comme eux.
VIENNET, de l'Académie Française.

FRATRICIDE, meurtre commis par le frère ou la sœur sur un frère ou une sœur. Dans la cosmogonie chrétienne, l'histoire de l'homme commence par un fratricide, le meurtre commis par Caïn sur Abel, son frère. Dans l'antiquité païenne, Étéocle et Polynice sont encore deux célèbres fratricides. *Rara est concordia fratrum*, a dit le poète latin. Le fratricide, dans nos lois pénales, se confond avec le meurtre et l'assassinat.

FRAUDE. En style commercial et financier, ce mot est presque exclusivement employé aujourd'hui comme synonyme de *contrebande* : il désigne en conséquence l'action par laquelle on soustrait aux droits de douane et d'octroi les choses qui y sont sujettes; mais dans son acception générale, c'est une tromperie cachée, une action faite de mauvaise foi, quels que soient d'ailleurs son objet et ses moyens, car la fraude peut se trouver dans le discours, dans les actes et même dans le silence. Résultat de la corruption bien plus que de l'ignorance et de la misère, si la fraude vient à saisir un peuple et à pénétrer dans l'ensemble des relations sociales, elle est un signe infaillible de décadence. La soif des jouissances matérielles, qui distingue particulièrement notre époque et la signalera si tristement à la postérité, a élevé l'intrigue, la charlatanerie, la duplicité, tous les expédients frauduleux, au rang des obligations et des qualités du bon commerçant et de tout individu qui veut prospérer. Les marchands de vin, les marchands de lait, de miel, de beurre, etc.; les boulangers, les épiciers, les restaurateurs, presque toute la gent qui fabrique, qui achète et qui négocie, les industriels de toutes sortes, falsifient, empoisonnent leurs produits, ou les vendent en pourriture, ou trompent sciemment sur le poids, sur le prix, sur la qualité, et ne s'arrêtent que là où la loi interpose ses peines et les masses exploitées leur fureur. Personne n'ignore que les moyens frauduleux usités parmi les débiteurs et les vendeurs de mauvaise foi ont rendu complétement illusoires les précautions du Code en faveur des acquéreurs et des créanciers. La loi, malgré sa vigilance, n'atteint pas, il s'en faut, tous les banqueroutiers frauduleux. Faut-il, enfin, parler des fraudes usitées en matière de conscription? Nous pourrions encore raconter comment se trame la pensée, comment se manufacturent les livres, les journaux et les panacées. Mais le public, qui est juge et partie, est déjà assez amplement informé pour conclure avec nous qu'il y a surabondamment fraude dans la production. fraude dans la vente, fraude dans l'achat, fraude dans le but et fraude dans les moyens; fraude dans le langage et dans la pensée, fraude dans les choses intellectuelles, fraude dans les choses morales et sacrées, enfin fraude en tout et partout.   C. PECQUEUR.

FRAUDES PIEUSES. On a donné ce nom à tout moyen illégitime et coupable employé dans le but d'assurer l'empire de la religion. C'est ce qui explique le singulier accord de deux mots qui on s'étonne de voir accouplés. Quoi qu'il en soit de ces licences que prétend se donner un zèle inconsidéré ou hypocrite, la saine morale, la pure doctrine évangélique et la tradition de l'Église n'ont jamais autorisé à penser qu'on pût, par aucune raison, justifier un pareil procédé. Saint Augustin déclare formellement qu'il est défendu de faire le plus petit mal, dût-il en résulter le plus grand bien. Il est évident, au premier coup d'œil, que la doctrine des fraudes pieuses n'est autre chose, sous une expression moins choquante, que la doctrine qui justifie les moyens par la fin, en admettant les plus grands crimes même, à la condition que les suites en soient utiles à la foi. On sait de quelle école sont sortis ces principes favorables à toutes les ambitions et mis, dans tous les siècles, en pratique par l'aveuglement des partis. Les fraudes pieuses ont été surtout reprochées par les écrivains protestants aux Pères et aux docteurs catholiques. Ces accusations portent principalement sur des textes intelligibles de l'Écriture ou des Pères, sur l'emploi de livres reconnus apocryphes, sur la supposition même de semblables livres, etc.; mais cette accusation a été victorieusement réfutée par les écrivains catholiques, et Origène, Hesychius, saint Jérôme, saint Jean Chrysostome, Synésius, ont été facilement justifiés des attaques de leurs adversaires, Beausobre, Mosheim, Leclerc, etc. Avec un peu plus de bonne foi, ou un peu moins de passion, il était naturel d'attribuer à l'ignorance des copistes, aux ténèbres des premiers siècles du moyen âge, à la différente portée des intelligences, des altérations inévitables au milieu de la confusion et des disputes théologiques sans cesse renaissantes. Il est puéril d'avoir voulu établir sur ces données de l'histoire littéraire ecclésiastique un système de mensonge adopté à tout jamais par les chefs de l'Église. Mais, comme on sait, la passion exclut la réflexion, et nous ne prétendons pas faire ici aux écrivains réformés plus de reproches qu'ils n'en méritent.

On a donné aussi le nom de *fraudes pieuses* à certaines ruses très-innocentes, employées pour décider quelques personnes à des actions utiles ou vertueuses. On cite, entre autres, celle par laquelle saint Louis détermina un certain nombre de seigneurs de sa cour à partir pour la croisade, en leur donnant la nuit des *livrées* sur lesquelles il avait fait richement broder d'avance le signe par lequel on manifestait l'intention de se croiser.   H. BOUCHITTÉ.

FRAUDEUR, expression synonyme de *contrebandier*, comme *fraude* l'est de *contrebande*. Il faut pourtant distinguer : la fraude est sourde et cachée, elle se fait isolément et sans appareil offensif, tandis que la contrebande est ostensible et se fait avec attroupement et port d'armes. De la différence entre le *fraudeur* et le *contrebandier* est la plus grande culpabilité de ce dernier. Il ne faut pas confondre non plus le *contrevenant* avec le fraudeur ou le contrebandier. La *contravention* suppose bonne foi, mais ignorance des règlements fiscaux.

FRAUENLOB (HENRI), célèbre troubadour (*meistersænger*), dont le véritable nom était *Henri de Misnie*, et qui florissait vers la fin du treizième siècle à Mayence, où il mourut, en 1318. Le recueil de Manesse contient quelques-unes de ses productions poétiques, qui brillent par la grâce et par l'élévation de la pensée, mais qui souvent aussi pèchent par une trop grande recherche dans l'expression et dans la forme. Il cède d'ailleurs trop facilement au désir de faire preuve d'érudition, travers qui a donné lieu à l'opinion erronée qu'il avait été docteur en théologie. Le surnom de *Frauenlob*, qui signifie littéralement *panégyriste des dames*, provient, suivant les uns, de ce que Notre-Dame, mère du Sauveur, est le sujet d'un grand nombre de ses poèmes, et suivant les autres, des nombreuses pièces de vers qu'il composa en l'honneur des dames. La tradition porte que ce furent des femmes qui revendiquèrent l'honneur de l'ensevelir, et qu'elles couvrirent sa tombe de fleurs et de larmes. L. Ettmuller a publié, sous le titre de *Poèmes funéraires, Sentences et Chansons de Henri de Misnie, le panégyriste des dames* (Quedlinbourg, 1843), la collection la plus complète de ce qui nous reste des productions de ce *meistersænger*.

FRAUNHOFER (JOSEPH DE), opticien célèbre et inventeur d'un grand nombre d'instruments d'optique, né à Straubing (Bavière), le 6 mars 1787, était fils d'un pauvre vitrier, et exerça dans sa première jeunesse le métier de son père. A l'âge de douze ans il entra en apprentissage chez un miroitier, tailleur de verres. Pendant les six années consécutives qu'il resta chez ce patron, il ne lui fut donné que très-rarement de pouvoir fréquenter l'école du dimanche, circonstance fâcheuse, à laquelle il faut attribuer l'ignorance presque complète où il demeura toujours de l'écriture et du calcul. En 1801, la maison de son patron étant venue à s'écrouler subitement, il resta pendant quelque temps enseveli sous ses décombres. Ses gémissements excitèrent toute la sollicitude du roi Maximilien, dont les ordres, exécutés avec intelligence, l'arrachèrent à cette sépulture anticipée. Le roi prit soin de faire panser ses blessures, et après sa complète guérison, lui fit donner une gratification de dix-huit ducats, qui lui servit à se procurer les instruments les plus indispensables à ses travaux d'optique. Le conseiller Utzschneider lui procura les livres nécessaires pour qu'il pût entreprendre lui-même avec succès sa propre éducation. Pendant long-temps encore, obligé de travailler pour vivre, ce ne fut que les jours de fête qu'il put consacrer quelques heures à l'étude.

Ces obstacles ne l'empêchèrent pas de se rendre bientôt familières les lois de l'optique, et il employa le produit de son salaire ainsi que ce qui lui restait encore de la gratification royale à racheter de son patron les six derniers mois de son apprentissage et à se procurer une machine à polir les lentilles. En 1806 Utzschneider et Reichenbach le prirent auprès d'eux comme opticien, et ce fut plus tard, sous sa direction, qu'on fonda dans l'ancien couvent de Benedictbeurn l'établissement destiné à la fabrication des instruments dioptriques, transféré à Munich en 1819. A partir de 1811 Fraunhofer réussit à fondre le *flint-glass*, et, après une foule d'essais infructueux, parvint à en produire une masse complétement homogène. Il réussit également à fabriquer du *crown-glass* de beaucoup supérieur à celui des Anglais. Parmi les nombreux instruments d'optique qu'il inventa ou perfectionna, nous citerons le grand *télescope parallactique* ou *réfracteur géant* de l'observatoire de Dorpat, qui grossit en diamètre 2,500 fois ; un *héliomètre*, un *micromètre filaire répétiteur à lampe*, un *microscope achromatique*, un *micromètre annulaire* perfectionné, etc. Après la translation à Munich de l'établissement optique de Benedictbeurn, Fraunhofer fut nommé conservateur du cabinet de physique de l'académie de Bavière ; mais il ne fournit pas une longue carrière, et mourut le 7 juin 1826.

Les habitants de sa ville natale ont donné son nom à la rue où est située la maison où il vit le jour, et en face de laquelle on a placé son buste. Reichenbach, son maître, était mort quelque temps avant lui. Leurs deux tombes sont contiguës, et sur celle de Fraunhofer on lit cette courte épitaphe : *Approximavit sidera* (Il rapprocha de nous les astres).

FRAXINELLE, plante vivace herbacée, de la famille des rutacées, ainsi nommée à cause de la ressemblance de ses feuilles avec celles du frêne (en latin *fraxinus*), et que la beauté de ses fleurs a fait placer dans les jardins d'agrément. Quoique originaire de l'Europe méridionale, elle supporte assez bien les hivers des contrées au sud de la mer Baltique. Sa tige, assez grosse, creuse et pubescente, atteint quelquefois un mètre de hauteur. Ses fleurs, qui paraissent en été, sont rougeâtres, rayées de pourpre ; mais on en possède aussi une variété à fleurs blanches.

Lorsque la fraxinelle est en pleine végétation, elle exhale une odeur analogue à celle du citron, mais moins agréable ; on lui reproche même d'avoir quelque rapport avec l'odeur de bouc. Toutes ses parties sont couvertes de vésicules pleines d'une huile essentielle très-aromatique, et que l'on obtient par la distillation ; elle passe pour un bon cosmétique, dont l'usage est répandu depuis très-longtemps dans le midi de l'Europe. Durant les chaleurs de l'été, cette huile s'évapore en partie, et répand autour de la plante un fluide très-inflammable, que l'on peut enflammer sans le mêler à toute autre vapeur de même nature, et qui présente alors le singulier spectacle d'une plante environnée de feu sans en être endommagée. Ce phénomène n'était pas nécessaire pour faire attribuer d'éminentes propriétés médicinales à un végétal aussi remarquable ; mais la renommée dont la fraxinelle jouit longtemps dans les pharmacopées ne s'est pas soutenue. C'est pourtant cette renommée qui lui a fait donner le nom de *dictame blanc*, comme si elle avait quelque rapport avec la plante que Vénus cueillit elle-même sur le mont Ida pour panser la blessure de son fils Énée.

La fraxinelle constitue aussi un genre sous le nom scientifique de *dictamnus*, mais dont on ne connaît que deux espèces, l'une d'Europe et officinale (le *dictamnus fraxinella*, dont on vient de parler), et l'autre d'Amérique, plus rameuse et moins élevée que celle d'Europe. FERRY.

FRAYEUR. *Voyez* CRAINTE.

FRAYSSINOUS (DENIS, comte DE), évêque d'Hermopolis *in partibus*, naquit le 9 mai 1765, au village de Curières, dans l'Aveyron. Après avoir achevé à Toulouse ses études théologiques et reçu le sacerdoce, il desservit quelque temps une paroisse de village avec le titre de vicaire, et disparut ensuite dans la tourmente révolutionnaire. Mais lorsqu'en 1801 Napoléon rouvrit les temples, il sortit de sa retraite, et commença dans l'église des Carmes à Paris les conférences sur les preuves du christianisme qui ont fait sa réputation. Malheureusement pour lui, il s'était permis quelques excursions dans le domaine de la politique : le gouvernement consulaire s'en formalisa. Frayssinous, mandé à la police pour s'expliquer, répondit adroitement que la religion qu'il prêchait plaçait l'obéissance aux puissances au rang des plus impérieux devoirs, et n'oublia pas, dans son premier sermon, de préconiser *la main puissante qui avait miraculeusement restauré les autels*. Cet acte patent d'adhésion fait à propos lui valut une chaire de professeur à la faculté de théologie, et son protecteur Fontanes le nomma inspecteur de l'académie de Paris. Il reçut de plus un canonicat au chapitre de Notre-Dame, et transporta alors ses conférences de l'église des Carmes à celle de Saint-Sulpice. La foule l'y suivit. D'abord, il se contenta d'un rôle secondaire, posant des objections auxquelles l'abbé Boyer répondait. Mais bientôt il empiéta sur les attributions de son *partner*, s'empara du rôle principal, et le lendemain de chacune de ses prédications les journaux les commentèrent, en en citant à l'envi des passages. Tout ce bruit déplut au gouvernement impérial, qui pria l'orateur d'aller se reposer de ses fatigues au sein de son chapitre et de l'université.

A la première restauration, la carrière se rouvre plus brillante que jamais pour Frayssinous. Apôtre non moins fervent du royalisme que du catholicisme, il remonte dans sa chaire en 1814, et de là il foudroie l'incrédulité et le libéralisme. Une ordonnance du 24 octobre lui avait conservé sa place d'inspecteur de l'académie de Paris ; une autre, du 17 février 1815, le nomma censeur royal, et à ce titre il joignit bientôt celui de prédicateur du Roi. Cependant, Napoléon revient de l'Ile d'Elbe à Paris, et l'abbé Frayssinous court demander, pour la seconde fois, un asile aux montagnes de l'Aveyron ; puis une fois Louis XVIII rétabli sur son trône, son prédicateur vient reprendre le cours de ses conférences, et le 14 août 1815 il est appelé à faire partie du conseil royal d'instruction publique. On ignore pourquoi dès l'année suivante il se démit de cette dernière fonction, conservant toutes les autres, et recevant en échange une pension de 6,000 francs. En 1817 Frayssinous, qui venait d'être nommé premier aumônier du roi, fut choisi par l'Académie Française pour prononcer devant elle l'éloge de saint Louis. Ce fut le signal de sa fortune politique : en moins de deux ans, il se vit élevé aux plus hautes dignités de l'État. A défaut de siége vacant, on le nomme *in partibus* évêque d'Hermopolis, dans la haute Égypte ; on rétablit pour lui la dignité de grand-maître de l'université ; on le fait comte, grand-officier de la Légion d'Honneur et pair de France ; le 1ᵉʳ juin 1822 l'Académie Française lui ouvre ses portes, en remplacement de l'abbé Sicard, et le ministère des cultes ayant été uni à celui de l'instruction publique, c'est à lui qu'on en confie le portefeuille le 26 août 1824.

Chargé, le 25 octobre de la même année, de prononcer dans l'abbaye de Saint-Denis l'oraison funèbre de Louis XVIII, on observa que la charte jurée par ce monarque n'y fut pas même mentionnée, que l'orateur remarqua avec intention que le roi *avait dû souvent plier devant la force des choses*, que, dans une vigoureuse sortie contre la liberté de la presse, il prétendit *qu'on avait eu grand tort de laisser descendre l'instruction jusqu'aux dernières classes du peuple*, et qu'il ne fallait pas chercher ailleurs la cause de l'assassinat du duc de Berry. Sous l'administration de l'évêque d'Hermopolis, les jésuites, déguisés en Pères de la Foi, reparurent en France, s'emparèrent de l'enseignement, et envahirent les écoles, les églises et les chaires. Lors de la révolution ministérielle qui renversa Villèle, au commencement de 1828, Frayssinous conserva quelques jours la moitié de son portefeuille, le département des cultes, qui avait été séparé de l'instruction publique, dont on avait formé un ministère pour M. de Vatismesnil ; mais le 3 mars il fut remplacé définitivement par l'abbé Feutrier.

Après la révolution de Juillet, il vivait dans la retraite, lorsqu'en 1833 Charles X lui confia l'éducation du duc de

Bordeaux. Il ne revint en France qu'en 1838, après avoir accompli cette mission, et mourut dans la retraite, en 1842. Les conférences de l'abbé Frayssinous ont été publiées en 1825, sous le titre de *Défense du Christianisme* (3 volumes in-8°, auxquels on en a ajouté un quatrième, en 1843) ; mais elles n'ont point renouvelé, à la lecture, l'effet qu'elles avaient produit sur un auditoire entraîné par la facile élocution du controversiste. On a de lui, en outre, *Vrais Principes sur les Libertés de l'Église gallicane* (1818), *Oraisons funèbres du prince de Condé* (1818), *du cardinal Talleyrand de Périgord* (1821), *de Louis XVIII* (1824), et une édition du *Génie du Christianisme*, enrichie de notes et de commentaires.

FREDAINE, action qui sans nuire à autrui porte une atteinte à la morale. C'est assez dire que l'on ne tolère les fredaines que chez les jeunes gens, et encore pourvu qu'ils ne tombent pas trop souvent dans la récidive. Avant la révolution, dans la haute bourgeoisie, on passait à ce que l'on appelait les *enfants de famille* quelques fredaines : c'était là une sorte de gourme morale qu'on était convenu de leur laisser jeter, mais qu'ils devaient faire oublier par un travail opiniâtre et par une bonne conduite. SAINT-PROSPER.

FRÉDÉGAIRE, chroniqueur de l'époque mérovingienne, naquit vers la fin du sixième siècle, ou au commencement du septième, sous le règne de Clotaire II. Nous savons peu de choses sur son pays, rien sur sa personne et sur sa vie. Il est probable qu'il était originaire de Bourgogne ; l'histoire de ce pays le trouve plus instruit et plus exact ; pour lui, c'est toujours le roi de Bourgogne qui est le roi de France. On doit regretter qu'imitant Grégoire de Tours, il ait cru devoir partir de la création pour arriver à son époque. Une concision pénible, un défaut constant de liaison, un langage barbare, dur, incorrect, caractérisent Frédégaire. Son ouvrage est pour les pensées, pour la langue surtout, un monument précieux à consulter ; c'est un tableau qui reflète la couleur véritable du temps. Sa Chronique se divise en trois parties : la première contient un abrégé de l'histoire ancienne ; c'est une compilation, sans mérite et sans intérêt, de plusieurs auteurs connus ; la seconde renferme un résumé des six premiers livres de saint Grégoire de Tours ; il y a joint quelques faits qu'on ne trouve pas ailleurs ; la troisième présente une chronique pleine d'intérêt, parce que c'est le meilleur, on pourrait presque dire le seul monument historique de 581 à 641. Sans Frédégaire, on ne saurait presque rien de plusieurs règnes très-importants. Imprimé d'abord comme continuateur anonyme de Grégoire de Tours, puis repoussé par quelques savants, qui n'avaient pas trouvé son nom dans les manuscrits, Adrien de Valois et Vertot ont établi son existence par des preuves assez fortes. Les meilleures éditions de Frédégaire sont celles de D. Ruinard et de la collection des Historiens français. F. HATRY.

FRÉDÉGONDE naquit à Montdidier, d'une famille obscure (543). Attachée au service d'Audovère, épouse de Chilpéric Ier, on raconte qu'ayant séduit le roi elle parvint à éloigner Audovère en lui faisant tenir sur les fonts baptismaux son propre enfant, ce qui créait une affinité spirituelle entre Chilpéric et la reine et rompait leur mariage. Galswinthe succède à cette femme répudiée ; mais Frédégonde ressaisit bientôt les affections de son amant, et la nouvelle reine est trouvée morte un matin dans son lit. Chilpéric épouse sa rivale.

Alors commença cette longue et sanglante rivalité entre Frédégonde et Brunehaut, femme de Sigebert et sœur de Galswinthe, et les guerres qui désolèrent si longtemps l'Austrasie et la Neustrie. Sigebert, Mérovée, fils de Chilpéric et d'Audovère, qui avait épousé Brunehaut, Clovis, frère de ce jeune prince, tombent successivement sous les coups de cette femme implacable, sans parler de bien d'autres meurtres plus obscurs. Peu de temps après (584), Chilpéric périt assassiné. Quelques historiens attribuent ce nouveau crime à Frédégonde, qui aurait fait tuer son mari au moment où il aurait appris sa liaison adultère avec un de ses courtisans, Landeric.

Mais Frédégonde ne trouve plus que des ennemis autour d'elle. Gontran, roi de Bourgogne, tuteur de son fils Clotaire, l'exile au château de Rueil, d'où elle vient habiter Rouen. Là elle retrouve Prétextat, l'évêque qui avait béni l'union de Mérovée et de Brunehaut ; il ne peut échapper à sa vengeance et est poignardé au pied même de l'autel.

A la mort de Gontran, le fils de Brunehaut, Childebert, envahit les États du jeune Clotaire. Mais Frédégonde suppléa au nombre par la hardiesse et la promptitude ; elle attaque Childebert à Troncy (593), emporte ses retranchements et les défend contre lui dans un même jour. Inquiété par les Bretons, sans doute excités par elle, le roi d'Austrasie ne peut tirer vengeance de cette défaite ; et la veuve de Chilpéric gouverne sans guerre jusqu'à la mort de Childebert. Tirant habilement parti des circonstances, elle recouvre successivement Paris et les villes de la Seine tombées au pouvoir de l'Austrasien, rencontre l'armée de Brunehaut à Lotofas, la taille en pièces, et revient terminer paisiblement sa carrière à Paris (597), entre les bras de son fils, et, plus heureuse que sa rivale, par une mort naturelle. Elle fut inhumée dans l'église de Saint-Germain-des-Prés, à côté du roi Chilpéric.

Frédégonde dans ces temps de barbarie sauvage a laissé une réputation de férocité inouïe, alors que Brunehaut a presque trouvé grâce devant l'histoire ; il faut cependant reconnaître que la reine d'Austrasie n'avait pas en elle une indigne rivale, et sa régence doit être comptée dans nos annales au nombre des plus remarquables.

FRÉDÉRIC. Nom de cinq empereurs d'Allemagne.

FRÉDÉRIC Ier, surnommé *Barbe-Rousse*, second empereur de la maison des Hohenstaufen, l'un des souverains les plus remarquables et les plus puissants qu'ait eus l'Allemagne (1152-1190), né en 1121, était fils du duc de Souabe Frédéric le Borgne. Il succéda à son père, comme duc de Souabe, en 1147 ; et à la mort de son oncle l'empereur Conrad III (1152), il obtint la couronne impériale. Voulant rétablir l'Empire comme puissance indépendante à l'égard du saint-siége, ainsi qu'au temps de Charlemagne, il fixa tout de suite ses regards sur l'Italie, qu'il résolut de soumettre, afin de constituer de la sorte en faveur de sa maison une souveraineté absolue, qu'il était impossible alors de songer à fonder en Allemagne, en raison de l'état d'inextricable confusion où se trouvait ce pays. En conséquence, il mit promptement en ordre les affaires de l'Allemagne, termina le différend existant entre les fils du roi de Danemark, Canut, Waldemar et Suénon, en décernant au dernier de ces princes la couronne de Danemark, comme fief relevant de l'Empire, et gagna *Henri le Lion* à ses intérêts en reconnaissant de la manière la plus formelle, en 1154, la légitimité de ses droits à la souveraineté de la Bavière. En même temps il renvoya en Italie les légats du pape qui prétendaient intervenir dans l'élection des évêques ; puis il arma une formidable armée pour les suivre bientôt après de l'autre côté des Alpes, où peu à peu les villes lombardes s'étaient affranchies de la dépendance de l'Empire. Mais en proie à de sanglantes divisions, la plupart en étaient venues à penser que la sujétion à l'Empire était encore préférable à un état de liberté remplie de troubles et de périls ; il semblait dès lors que l'empereur dût rencontrer bien plus de facilité à les soumettre que s'il s'attaquait à l'orgueilleuse féodalité allemande.

Pendant que Frédéric se trouvait encore à Constance, occupé à réunir son armée, il y arriva des députés de la ville de Lodi en Lombardie venant se plaindre à lui que Milan, cité toute dévouée aux intérêts du saint-siége, eût imposé son joug à leurs concitoyens. Frédéric enjoignit aussitôt aux fiers Milanais d'avoir à renoncer à leur usurpation ; mais leurs consuls déchirèrent en mille morceaux la lettre impériale. En conséquence, en 1154 Frédéric Barbe-Rousse franchit les Alpes. A Roncaglia il tint une grande diète, où les députés de Milan vinrent humblement se soumettre à la peine prononcée par l'empereur contre leur ville ; ensuite

Il s'empara d'Asti et de Tortona ; et pour faire un exemple qui frappât de terreur ses ennemis, il réduisit en cendres la seconde de ces villes. A Pavie, il se fit couronner roi de Lombardie ; et à Rome, le 18 juin 1155, le pape lui-même plaça sur sa tête la couronne impériale. Revenu en Allemagne, il fit en 1157 avec succès la guerre au roi de Pologne Boleslas, et érigea la Bohême en royaume ; mais dès l'année suivante (1158) il était contraint d'entreprendre une autre expédition en Italie, parce que les villes de Lombardie, Milan notamment, s'étaient de nouveau révoltées. Cette fois encore il ne s'éloigna qu'après avoir tout mis en bon ordre en Allemagne, où, par exemple, il indemnisa Henri Jasormirgott, courroucé contre lui d'avoir perdu la Bavière, en érigeant la Marche d'Autriche, possession particulière de ce prince, en duché indépendant. Il partit alors pour l'Italie, où la lutte recommença aussitôt. Il s'empara d'abord de Brescia, puis il contraignit par la famine Milan à lui ouvrir ses portes, à s'engager à rendre aux villes de Cosme et de Lodi leur indépendance, à lui prêter serment comme empereur et à soumettre à son approbation l'élection de ses consuls. A la suite de ces succès, l'empereur tint encore une fois à Roncaglia une grande diète lombarde, à laquelle durent venir assister tous les grands feudataires de l'Italie et les consuls de toutes ses villes. Dans cette assemblée, uniquement composée d'indigènes, il fit examiner par quatre célèbres jurisconsultes, que désigna l'université de Bologne, les prérogatives impériales et les priviléges appartenant aux villes ainsi qu'aux vassaux de l'Empire ; puis, en vertu des principes du Code Justinien, nouvellement mis en vigueur, il décida qu'à l'avenir tous les droits de douane et tous les revenus publics appartiendraient à l'empereur, que les villes seraient administrées par un gouverneur (*podestà*) à la nomination de l'empereur, et qu'à l'avenir toute guerre privée serait interdite. Bon nombre de villes refusèrent de se soumettre à ces dures conditions, et y opposèrent la plus opiniâtre résistance ; mais on elles durent céder à la force, comme Crema, qui, à la suite d'un long siége, éprouva, en 1160, le sort de Tortona ; ou bien il se réserva de les châtier ultérieurement, par exemple Milan, dont la résistance à ses décrets fut couronnée du succès. Sur ces entrefaites le pape Adrien IV était mort. Les cardinaux ne purent s'entendre sur le choix de son successeur. Les uns élurent Alexandre III, les autres Victor IV. L'empereur remit à un concile le soin de décider lequel des deux avait été valablement élu. Victor comparut devant cette assemblée, tandis qu'Alexandre refusa de s'y rendre. Elie proclama la validité de l'élection de Victor, et l'empereur confirma cette déclaration. Alexandre, réduit à quitter Rome et même l'Italie, se réfugia en France, d'où, en 1168, il lança les foudres de l'excommunication contre Frédéric Ier et contre Victor IV. Pendant ce temps-là Frédéric Barbe-Rousse avait pour la troisième fois réuni en Allemagne une armée, qui, forte de 100,000 hommes, franchit les Alpes au printemps de 1161, et alla tout aussitôt mettre le siége devant Milan. Cette orgueilleuse cité, après avoir soutenu un siége de près deux ans, fut enfin réduite à se rendre, en 1162. L'empereur la détruisit de fond en comble. Il fit, à la vérité, grâce de la vie aux habitants ; mais il décida qu'ils iraient s'établir à leur choix dans quatre localités différentes de ses États, qu'il désigna.

Après un tel triomphe, Frédéric Ier dut penser qu'il ne lui restait plus rien à souhaiter. A son retour en Allemagne, il préposa au gouvernement supérieur de l'Italie l'archevêque Reinold, homme sévère, auquel il adjoignit des baillis, qui dans leur administration se montrèrent aussi durs qu'arbitraires, prélevèrent de lourdes taxes et vexèrent les populations de toutes les manières. Victor IV étant venu à mourir, l'empereur fit élire à sa place Pascal III, et confirma son élection, sans se soucier de l'anti-pape Alexandre. Impatientes d'un joug devenu intolérable, les villes d'Italie eurent de nouveau recours à la révolte. En 1167 elles conclurent pour la défense de leurs droits une ligue dite *Lombarde*, commencèrent à réédifier Milan, contraignirent Lodi à faire cause commune avec elles, rappelèrent Alexandre III, fondèrent en son honneur, en 1168, la ville d'Alexandrie, et s'allièrent avec l'empereur grec. Dès 1166 Frédéric Ier avait pour la quatrième fois envahi l'Italie. Avec l'armée considérable qu'il avait amenée, il triompha d'abord de toutes les résistances, et parvint même à réinstaller à Rome le pape Pascal III, qui en avait été chassé ; mais une effroyable épidémie qui vint à ce moment ravager son armée contraignit l'empereur à s'en retourner précipitamment en Allemagne, où il n'arriva pas sans peine. Il n'y eut pas plus tôt mis en ordre les affaires les plus urgentes, par exemple réconcilié le duc Henri le Lion avec ses ennemis, qu'en 1174 il entreprit sa cinquième expédition en Italie. Mais, abandonné au moment décisif, et malgré ses instantes supplications, par Henri le Lion et son armée ; il fut complétement battu, le 29 mai 1176, à Lignano, où les Lombards l'attaquèrent avec des forces supérieures ; et à la suite de cette défaite, il se vit contraint de reconnaître Alexandre III comme seul pape légitime, de conclure un armistice de six ans avec les villes lombardes et même de donner son approbation à leur fédération. Revenu en Allemagne, il traduisit immédiatement devant la diète de l'Empire Henri le Lion, à la défection duquel il attribuait à bon droit les désastres de sa dernière expédition ; et celui-ci, malgré trois sommations successives, s'étant abstenu de comparaître, fut mis au ban de l'Empire. Pour prêter main-forte à l'exécution de cette sentence, Frédéric Ier marcha avec une puissante armée contre Henri le Lion, qui, en 1180, fut réduit à faire sa soumission. En ne lui laissant que ses domaines héréditaires de Brunswick et de Lunebourg, et en le condamnant en outre à trois années de bannissement en Angleterre, Frédéric Ier anéantit pour toujours la puissance des guelfes en Allemagne. La Bavière, qu'avait jusque alors possédée Henri le Lion, fut attribuée, sauf la Styrie et le Tirol, qu'on en détacha, au fidèle comte palatin Othon de Wittelsbach. Déjà précédemment la Saxe, de beaucoup amoindrie d'ailleurs, avait reçu pour nouveau souverain Bernard d'Ascanie. C'est aussi vers cette époque que Frédéric Ier érigea Ratisbonne en ville libre impériale, comme l'étaient déjà Lubeck et Hambourg ; ce qui amena plus tard la fondation de la Hanse. A partir de ce moment, l'Italie demeura tranquille.

Le pape Alexandre III étant mort en 1181, l'empereur continua d'avoir de bons rapports avec son successeur, Urbain II ; et en 1183 il conclut, à Constance, avec les villes lombardes un nouveau traité de paix et d'amitié, aux termes duquel elles acquirent le droit de choisir elles-mêmes leurs magistrats et de conclure des alliances, en même temps qu'elles reconnaissaient le droit de suzeraineté de l'empereur, désormais autorisé à y prélever certains impôts. Au printemps de l'année 1184, Frédéric Ier se rendit pour la sixième fois en Italie, mais cette fois sans armée, sans aucun plan hostile, uniquement dans le but de faire couronner son fils Henri par le pape et en même temps de lui faire épouser Constance, fille unique et héritière du Normand Roger, roi de la Pouille et de la Sicile. Il échoua, à la vérité, dans ses efforts pour faire couronner son fils, attendu que le pape, se méfiant de ses intentions et irrité de ce mariage sicilien, s'y refusa ; mais le mariage fut célébré en 1188 au milieu des fêtes les plus brillantes. C'était là une alliance de laquelle Frédéric Ier attendait avec plus de confiance que jamais la réalisation du projet qu'il avait nourri toute sa vie, celui de devenir l'arbitre des destinées de l'Italie.

Sur ces entrefaites, on reçut en Europe la terrifiante nouvelle qu'à la suite de la perte de la bataille de Tibériade Jérusalem était tombée, en 1187, au pouvoir des infidèles. Dans ce moment critique, obéissant à l'esprit du siècle et aux exhortations du pape, Frédéric Ier, après avoir proclamé la paix universelle et pourvu au repos de l'Allemagne en contraignant le guelfe Henri à aller encore une fois passer trois années en Angleterre, se décida à prendre part à une croisade universelle. Il confia la régence à son fils Henri, adressa ensuite un défi solennel au sultan Saladin, puis partit en 1189 pour l'Asie Mineure, en passant par la Grèce, à la tête d'une armée de 100,000 hommes et en compagnie de son fils Frédéric de Souabe, de Louis de Thuringe et d'autres princes encore. Déjà il avait réussi à échapper aux traîtreuses embûches de l'empereur grec Isaac l'Ange; déjà il avait battu à deux reprises les Seldjoucides dans deux grandes batailles, d'abord à Philomelium (14 mai 1190) et bientôt après à Iconium, lorsqu'il périt inopinément, le 10 juin 1190, dans les eaux limpides et glaciales du Calycadnus, près de Séleucie en Syrie, qu'il voulait traverser à cheval. La plus grande partie de l'armée des croisés se débanda aussitôt; mais son fils Frédéric de Souabe, né en 1166, et fondateur de l'ordre Teutonique, en ramena encore les débris à Tyr, où il ensevelit la dépouille mortelle de son père. A peu de temps de là, en 1191, lui aussi mourut, de la peste, à Saint-Jean-d'Acre.

Frédéric Barbe-Rousse fut un prince noble, brave, généreux, constant dans la bonne comme dans la mauvaise fortune; ses grandes qualités doivent lui faire pardonner l'esprit d'orgueil et de domination qui trop souvent fut le mobile de ses actions. De taille moyenne et bien fait, il avait les cheveux blonds, la peau blanche et la barbe rousse; de là le surnom de *Barbe-Rousse* qu'il a dans l'histoire. Il était doué d'une admirable puissance de mémoire, et possédait des connaissances extraordinaires pour son siècle. Il prisait beaucoup les savants, et surtout les historiens. Les ruines de Gelnhausen en Vettéravie témoignent aujourd'hui encore de son goût pour les constructions. Charlemagne était en tout son modèle. Comme lui, il avait une haute idée de la dignité impériale, et pendant tout son règne, il s'efforça de la réaliser. Comme lui aussi, il était sincèrement religieux, l'ami des prêtres et de l'Église, dont il combattit cependant avec tant d'énergie les usurpations. Il n'est pas d'empereur dont il se soit longtemps gardé la mémoire; et de longues années s'écoulèrent avant que le peuple consentît à regarder sa mort, arrivée au loin à l'étranger, comme chose naturelle et comme fait avéré. Plus tard la légende fit sommeiller le vieil et puissant empereur dans les profondeurs des montagnes de la Bohême, d'où il se réveillera quelque jour pour ramener l'âge d'or en Allemagne.

FRÉDÉRIC II, dit *le Hohenstaufe*, empereur d'Allemagne, né le 26 décembre 1194, à Iesi, dans la Marche d'Ancône, était fils de l'empereur Henri VI et de la princesse normande Constance, héritière de la Sicile en deçà et au delà du Faro, et petit-fils de l'empereur Frédéric Ier. Jusqu'en 1209, époque où il prit lui-même les rênes de l'administration dans la basse Italie et en Sicile, il était resté sous la tutelle du pape Innocent III. Déjà l'impératrice Constance avait dû acheter l'investiture de Naples et de la Sicile en faveur de son fils, âgé de quatre ans seulement, et son couronnement, au prix de l'abandon à l'Église d'un grand nombre de droits importants. A la grande satisfaction du chef de l'Église, le pays était en proie aux dissensions des seigneurs; et Frédéric II n'avait ni troupes ni argent pour faire respecter son autorité. A la mort de son père, son oncle, le duc Philippe de Souabe, s'était emparé de la couronne royale d'Allemagne, que les princes allemands lui avaient pourtant accordée dès qu'il avait eu trois ans accomplis; et pour la conserver, ce prince avait inutilement soutenu, pendant huit années une guerre qui avait porté le fer et le feu dans toutes les parties de l'Allemagne et avait duré jusqu'en 1208, époque où Othon de Wittelsbach était mort, assassiné. L'empereur Othon IV, généralement reconnu alors, ayant encouru la disgrâce du pape, ce dernier appela lui-même Frédéric au trône d'Allemagne. Malgré toutes les embûches du parti guelfe, Frédéric arriva en 1212 dans ce pays, et y fut reçu à bras ouverts par tous les partisans de la maison de Hohenstaufen, car Othon s'était fait un grand nombre d'ennemis; une expédition malheureuse contre la France avait porté un coup fatal à sa puissance. Après avoir fait vœu de se croiser,

Frédéric fut couronné à Aix-la-Chapelle, en 1215; et en 1218 Othon mourut, dans ses anciens États héréditaires de la Saxe. La possession des couronnes de Sicile et d'Allemagne fit penser à Frédéric II que c'était à lui qu'il appartenait de réaliser les plans conçus par son grand-père, Frédéric Ier, pour se rendre maître de toute l'Italie, subjuguer les Lombards et réduire le prêtre investi de la monarchie spirituelle universelle à ne plus être que le premier évêque de la chrétienté. Ne perdant jamais de vue ce but, il fit, en 1220, couronner son fils Henri en qualité de roi des Romains et en même temps comme roi de Sicile, nomma l'archevêque de Cologne Engelbert Ier vicaire de l'Empire, et quitta l'Allemagne pour n'y plus revenir qu'au bout de quinze ans. Après avoir donné toute satisfaction au pape Honorius III, que ce couronnement avait fort courroucé, il se rendit à Rome, et sans autrement se soucier du refus des Milanais de lui livrer la couronne de fer, s'y fit couronner comme empereur; puis revint en toute hâte dans ses États héréditaires pour y rétablir l'ordre et la tranquillité. Dans le même but, il chargea son chancelier Pierre des Vignes (*Petrus de Vineis*) de rédiger un code général de lois; en 1224 il fonda aussi une université à Naples. Afin de déterminer les Lombards à le reconnaître en qualité d'empereur, il convoqua une grande diète à Crémone. Mais les Milanais tinrent aussi peu de compte de ses injonctions que par le passé : au lieu d'envoyer des députés à cette diète, ils renouvelèrent avec plus de quinze villes, en 1226, la ligue lombarde; et en occupant les points de passage de l'Adige, ils empêchèrent les députés allemands de rejoindre l'empereur, qui alors, pour les punir de leur désobéissance, les mit au ban de l'Empire. Déjà il se disposait à exécuter cette sentence, quand le pape Honorius III lui adressa de nouvelles et sévères admonestations pour le retard qu'il apportait à se croiser. Le nouveau pape Grégoire IX en fit autant, en y ajoutant une menace d'excommunication, et Frédéric II ne put pas différer plus longtemps d'obéir. En conséquence, il réunit une armée de croisés, et, de l'avis du grand-maître de l'ordre Teutonique, Hermann de Salza, se maria avec Iolande, fille de Jean de Brienne, roi titulaire de Jérusalem, titre que dès lors il prit lui-même; puis, en 1227, il alla s'embarquer à Brindes avec le landgrave Louis de Thuringe et une foule de chevaliers de distinction. Mais une maladie épidémique, dont il fut atteint avant même de s'embarquer, fit de tels progrès qu'elle le détermina à rentrer à Otrante au bout de trois jours de navigation. Le landgrave Louis était mort du même mal à bord; et alors la plus grande partie des pèlerins s'en retournèrent chez eux. En dépit de toutes les supplications qu'on put lui adresser, le pape persista à frapper l'empereur d'excommunication, et même, ce prince hésitant toujours à se rembarquer pour la croisade, à lancer contre lui l'interdit. En 1228 force fut donc à Frédéric II de s'exécuter et de partir. Mais au lieu de se laisser fléchir par cette marque d'obéissance, le pape ordonna au patriarche de Jérusalem de contrecarrer l'empereur en tout. Frédéric n'en réussit pas moins à arriver jusque sous les murs de Joppé, et à déterminer le sultan Malek-Kamel à conclure un armistice de dix ans, aux termes duquel non-seulement Jérusalem et les villes saintes, mais encore toute la contrée située entre Joppé, Bethléem, Jérusalem, Nazareth et Saint-Jean-d'Acre, ainsi que Tyr et Sidon, furent restituées aux chrétiens. Jérusalem, où, le 17 mars 1229, Frédéric II se couronna lui-même, parce qu'il ne s'y trouva pas de prêtre qui consentît à célébrer la messe en présence d'un excommunié comme l'était l'empereur, fut mise en interdit. Frédéric fut même trahi par les templiers; mais le sultan Saladin eut la générosité de l'en instruire.

Maintenant que Frédéric II avait rempli son vœu, il s'en retourna bien vite dans la basse Italie, que le pape, pendant son absence, avait laissé conquérir et dévaster par le perfide Jean de Brienne, reconquit ses États héréditaires, et obtint enfin du pape, en 1230, d'être relevé de son excommunication. Seules, les villes de Lombardie, notamment

Milan, Venise et Brescia, ne voulurent point entendre parler de paix, et refusèrent même le passage à son fils Henri, qui se rendait à la diète de Ravenne. En conséquence, l'empereur, en 1234, se prépara à leur faire la guerre ; mais ses armements n'étaient point encore terminés quand il apprit qu'à l'excitation du pape, son fils Henri, qu'il avait chargé de l'administration de l'Allemagne, s'était révolté contre lui, avait conclu un traité d'alliance avec les villes lombardes, en leur reconnaissant tous les droits qu'elles prétendaient avoir. Frédéric revint alors à l'improviste en Allemagne ; et Henri, abandonné par ses partisans, fut obligé de lui demander un pardon qu'il consentit généreusement à lui accorder. Mais ce jeune imprudent ayant de nouveau levé l'étendard de la révolte contre son père fut formellement déposé à la diète tenue à Mayence en 1235, et condamné à rester enfermé jusqu'à la fin de ses jours, avec sa femme et ses enfants, dans le château de San-Félice, dans la Pouille. Frédéric II fit alors élire son second fils, Conrad, roi des Romains, en remplacement de Henri ; en même temps il célébra avec une extrême magnificence, et au milieu de bruyantes réjouissances, son troisième mariage, avec Isabelle d'Angleterre. Ensuite il rassembla à Augsbourg, en 1236, contre les Lombards une armée formidable, qui, renforcée par les troupes auxiliaires d'E z z e l i n et par celles des villes de la haute Italie favorables à la cause des Gibelins, la même que celle de l'empereur, remporta dans les journées du 26 et du 27 novembre 1237, sur les bords de l'Oglio, la brillante victoire de Cortenova, à la suite de laquelle eut lieu la soumission de toutes les villes d'Italie, à l'exception de Milan, Bologne, Plaisance et Brescia. Non pas qu'elles ne fussent disposées à reconnaître, elles aussi, Frédéric II pour leur souverain ; mais l'empereur exigeait qu'elles se soumissent sans condition, et alors, poussées au désespoir, elles conclurent une alliance offensive et défensive, dont Frédéric eut beaucoup de peine à venir à bout. Jaloux du bonheur qui s'attachait à toutes les entreprises de Frédéric, et blessé de ce que ce prince eût nommé son fils E n z i o roi de la Sardaigne, île tout récemment enlevée aux Sarrasins et à la possession de laquelle il avait lui-même élevé des prétentions au nom du saint-siége, le pape crut devoir profiter de la mauvaise tournure que prenaient les affaires de l'empereur pour ruiner les projets de ce prince en Italie ; en conséquence, le dimanche des Rameaux 1239, il lança de nouveau contre lui les foudres de l'excommunication. Mais l'empereur n'en continua pas moins, avec résolution, sa lutte contre les villes lombardes ; il répondit aux outrageantes accusations du pape par des paroles tout aussi insultantes, et envahit même plus tard les États de l'Église. En 1241 il s'empara de Ravenne, et s'avança jusque sous les murs de Rome, qu'il n'osa pourtant point attaquer, à ce qu'il semble.

Il ne faut pas s'étonner que les préoccupations causées par cette lutte ardente pour la domination de l'Italie aient fait oublier au pape et à l'empereur les dangers dont l'invasion des Mongoles, peuple barbare de l'Asie centrale, menaça alors toute l'Europe et l'Allemagne plus particulièrement. Après la sanglante victoire qu'ils remportèrent à Wahlstatt, en 1241, les Mongoles furent plus tard complétement mis en déroute, sur les bords du Danube, par l'armée allemande, renforcée des troupes de l'empire, commandées par Enzio ; mais ce désastre aurait été impuissant à préserver l'Allemagne des ravages de ces hordes nomades, si des dissensions intestines qui éclatèrent parmi leurs chefs pour la succession au trône ne les avaient pas contraintes à un retour en Asie. Pendant ce temps-là Frédéric continuait à harceler le pape. Il fit arrêter par Enzio un certain nombre d'évêques qui se rendaient à Rome à bord de bâtiments génois pour assister à un concile. A la mort de Grégoire IX, il fit élire pape Célestin IV ; et celui-ci étant venu aussi à décéder peu de temps après son intronisation, il lui fit donner pour successeur, après dix-huit mois d'hésitations, Innocent IV.

Innocent, autrefois intime ami de l'empereur, ayant voulu assurer à tout prix la suprématie du saint-siége, devint dès lors l'ennemi le plus dangereux et le plus acharné de ce prince. Il confirma la sentence d'excommunication rendue contre lui par Grégoire IX, se réfugia à Lyon, où il convoqua un synode œcuménique, qui déposa l'empereur et lui enleva ses différentes couronnes, en même temps qu'il somma les princes allemands d'avoir à élire un nouvel empereur à sa place. La défense personnelle présentée par Frédéric II, pas plus que l'habile plaidoierie dans laquelle son chancelier, Thadœus de Suessa, réfuta devant le concile de Lyon les perfides et absurdes accusations élevées contre son maître, ne purent disposer plus favorablement pour lui le pape et l'Église. En 1246 les électeurs ecclésiastiques élurent roi des Allemands, en son lieu et place, à la suggestion du pape, le landgrave de Thuringe, Henri Raspe, qui obtint du saint-siége d'importants subsides. Mais Frédéric ne perdit pas courage pour cela ; et tandis que lui-même défendait avec son fils Enzio la Sicile et la Lombardie, son autre fils Conrad marchait à la rencontre de Henri Raspe, qui, battu en 1247, dans un combat livré sous les murs d'Ulm, mourut à quelque temps de là. Le parti pontifical élut alors pour roi d'Allemagne Guillaume, comte de Hollande ; mais celui-ci ne put pas défendre ses droits, et son élection n'eut d'autre résultat que d'aggraver encore l'état de trouble et de confusion générale auquel l'Allemagne se trouvait depuis si longtemps en proie. Toutefois, à partir de ce moment Frédéric II n'éprouva plus que revers sur revers. Une nouvelle tentative qu'il fit pour se réconcilier avec le pape, en faisant acte d'humble soumission au saint-siége, échoua contre l'opiniâtre inflexibilité d'Innocent. Les habitants de Parme, dont l'armée de l'empereur assiégeait la ville en se livrant contre eux à toutes sortes de cruautés, réussirent, dans une sortie, à battre complétement et à anéantir cette armée. Son fils Enzio, mis en déroute par les Bolonais, fut fait en outre prisonnier, sans espoir d'être quelque jour rendu à la liberté. Son chancelier Pierre des Vignes, dans la fidélité duquel il avait longtemps, tenta de l'empoisonner. Une fois seulement il arriva encore à Frédéric II de voir ses affaires prendre une tournure plus favorable dans la haute Italie, où à ce moment les gibelins regagnèrent la haute main ; et il eût peut-être fini par triompher du pape Innocent, si la mort n'était pas venue le surprendre lui-même, le 13 décembre 1250, à Fiorentino, dans les bras de son fils naturel Manfred. Il eut pour successeur son fils C o n r a d IV.

Frédéric II, dont la tête avait porté à la fois sept couronnes (la couronne d'empereur des Romains, celle de roi des Allemands, celle de roi de Lombardie, celles de Bourgogne, de Sicile, de Sardaigne et de Jérusalem), fut un prince courageux, généreux, éclairé et tolérant à l'égard de ceux qui ne pensaient pas comme lui ; à ces qualités, qui semblent avoir été héréditaires dans la maison de Hohenstaufen, il joignait encore d'heureuses dispositions naturelles, des connaissances extrêmement étendues, l'amour des arts et des sciences. Il comprenait toutes les langues, si diverses pourtant, parlées par ses sujets, le grec, le latin, l'allemand, l'italien et le français. En outre, il excellait dans tous les exercices chevaleresques, et était très-versé dans l'histoire naturelle, science sur laquelle il écrivit même plusieurs ouvrages ; enfin, il a composé de remarquables chants d'amour, dans la langue populaire italienne, que le premier il éleva au rang de langue écrite. Tantôt passionné, ardent et sévère, tantôt doux et généreux, d'ailleurs voluptueux et ami du plaisir, il était dans toute sa personne plus italien qu'allemand. A l'Italie, la terre qui l'avait vu naître, appartenaient son âme, ses pensées, tous ses projets. C'est là qu'il voulait fonder la puissance réelle de la dignité impériale ; c'est là qu'il avait l'ambition de fonder un État dont la législation et l'administration pussent servir de modèles aux autres peuples. L'Allemagne, où la constitution aristocratique, déjà si solidement assise, rendait impossible la fondation d'une royauté absolue, n'avait à ses yeux de valeur qu'en raison des ressources et des moyens d'action qu'elle mettait à sa disposition pour assujettir l'Italie. Aussi n'hésita-t-il point à faire abandon d'une partie importante de ses prérogatives impériales en accordant en 1220 aux princes ecclésiastiques, et en 1232 aux princes séculiers, divers priviléges notables, uniquement dans l'espoir d'acheter à ce prix leur concours pour la réalisation de ses plans à l'égard de l'Italie; priviléges devenus la base de l'organisation politique qui fit de l'ancien royaume des Allemands substitua une multitude d'États confédérés, placés sous la direction suprême d'un empereur élu. Le règne de Frédéric II est incontestablement l'époque la plus remarquable du moyen âge.

FRÉDÉRIC III, dit *le Beau*, roi d'Allemagne à partir de 1314, anti-roi ou compétiteur de Louis IV de Bavière, né en 1286, était fils du roi d'Allemagne Albert Ier. Son frère aîné, Rodolphe le Pacifique, étant mort en 1307, et son père ayant été assassiné en 1308, il prit, en qualité d'aîné des fils survivants, le gouvernement du duché d'Autriche, tant en son nom qu'au nom de ses frères puînés. Élevé à Vienne en même temps que son cousin Louis de Bavière, il s'était lié avec lui d'une étroite amitié, que pendant longtemps aucun nuage ne vint troubler. Mais la noblesse du pays lui ayant déféré, et non à Louis, la tutelle des ducs de la basse Bavière, la discorde survint entre les deux amis, et provoqua une guerre dans laquelle, en 1313, Frédéric fut battu à Gamelsdorf par Louis. L'élection de Henri VII de Luxembourg fit échouer le plan d'obtenir la couronne impériale que Frédéric avait conçu dès la mort de son père; mais son rival étant venu à mourir subitement, en 1313, il reprit l'exécution de ses premiers projets. Pour se réconcilier avec Louis, il renonça à la tutelle sur la basse Bavière, et regagna ainsi les affections de l'ami de sa jeunesse. Néanmoins, et quoiqu'il eût autrefois promis à Frédéric de ne point se mettre sur les rangs pour l'élection à la couronne impériale et au contraire de lui laisser le champ libre, Louis de Bavière oublia ses engagements quand il vit divers princes allemands disposés à l'élire. Il se rendit donc en toute hâte à Francfort avec ses partisans, se fit élire, et interdit l'entrée de la ville à Frédéric, qui y mit vainement le siège. Il gagna encore Frédéric de vitesse pour le couronnement à Aix-la-Chapelle, de sorte que son compétiteur fut réduit à se faire couronner en plein air à Bonn. L'épée seule pouvait désormais décider entre les deux rivaux, et bientôt éclata une guerre qui pendant plusieurs années porta le fer et le feu dans les diverses parties de l'Allemagne et les couvrit de ruines. Après une série de batailles sanglantes, et cependant demeurées indécises, la victoire finit par se prononcer de plus en plus en faveur de Frédéric, qui trouva dans son courageux frère Léopold le champion le plus zélé de ses droits. Déjà Louis de Bavière, réduit à toute extrémité, songeait à renoncer à l'Empire, lorsque le désastre que les Suisses firent éprouver, le 15 novembre 1315, à Léopold à Morgarten vint ranimer ses espérances; et ses partisans lui ayant amené de puissants renforts, il recommença la lutte de plus belle. Le 28 septembre 1322 les deux armées se rencontrèrent dans la lande d'Ampfing, près de Muhldorf; Frédéric, qui n'attendit pas l'arrivée des renforts que lui amenait son frère, fut complétement battu et fait prisonnier avec 1,300 gentilshommes, la fleur de la noblesse d'Autriche et de Salzbourg. Louis le retint captif pendant trois ans, au château de Trausnitz, près de Nabburg, dans la vallée de la Pfreimt; et ni les larmes de son épouse Élisabeth d'Aragon, l'une des plus belles et des plus spirituelles femmes de son siècle, ni une chevaleresque entreprise tentée par son frère Léopold pour le délivrer, ne purent faire cesser sa captivité. Mais Louis ayant enfin compris qu'il n'y avait pour lui d'autre moyen de s'assurer la paisible possession de la couronne impériale que de se réconcilier avec le parti de la maison de Hapsbourg, ouvrit à Frédéric les portes de sa prison, sous l'engagement de le reconnaître pour empereur, de s'employer pour déterminer ses partisans à en faire autant, ainsi qu'à lui restituer les domaines appartenant à l'Empire dont ils s'étaient emparés; comme aussi sous la promesse de lui restituer les documents et les titres relatifs à l'élection impériale et de revenir se constituer prisonnier s'il lui était impossible de remplir l'une ou l'autre de ces conditions. La ferme intention qu'avait Frédéric de se réconcilier avec son rival échoua contre l'opiniâtre inflexibilité de son frère Léopold, qui, à l'instigation du pape, ennemi déclaré de Louis, refusa de se prêter à l'accomplissement d'une seule des conditions posées. Fidèle à ses engagements, Frédéric, quoique le pape l'en eût délié, revint à Munich se mettre à la discrétion de Louis. Touché d'un tel acte de loyauté, celui-ci l'accueillit en ami, et, renouant alors la liaison si intime qui avait existé autrefois entre eux, partagea avec lui, comme aux jours heureux de leur jeunesse, son palais, sa table et jusqu'à son lit. En 1327 il lui confia même l'administration de la Bavière, pendant qu'il était obligé d'aller au secours de son fils Louis contre le roi de Pologne, qui, à l'instigation du pape, avait envahi le Brandebourg, où il commettait toutes sortes de brigandages; et il conclut avec lui un traité aux termes duquel ils convinrent de partager à l'avenir le gouvernement de l'Empire. Les princes de l'Empire s'y étant opposés, intervint entre les deux amis un second traité, en vertu duquel Louis devait avoir l'Italie et la couronne impériale de Rome, tandis que Frédéric régnerait en Allemagne avec le titre de roi des Romains; mais ce traité ne fut pas plus exécuté que le premier. En effet, à peu de temps de là, Frédéric ayant perdu avec son frère Léopold la pensée inspiratrice en même temps que la puissance d'exécution de ses projets d'ambition, préféra passer désormais le reste de sa vie dans le calme et la solitude, à Guttenstein, tout entier à la prière et à la méditation. Il y mourut, le 13 janvier 1330, et fut enterré dans l'abbaye de Mauerbach, qu'il avait fondée. Cette abbaye ayant été supprimée en 1783, ses restes mortels furent alors transférés à Vienne et déposés dans les caveaux de l'église de Saint-Étienne.

FRÉDÉRIC IV, roi d'Allemagne de 1440 à 1493, connu comme empereur romain sous la dénomination de *Frédéric III*, et comme archiduc d'Autriche sous celle de *Frédéric V*, fils du duc Ernest de Fer et de Cymburgis de Masovie, naquit le 21 septembre 1415, à Inspruck. Il était à peine majeur en 1435, lorsque, conjointement avec son turbulent frère, Albert le Dissipateur, et après un voyage à la Terre Sainte, il prit le gouvernement de ses États (Styrie, Carinthie et Carniole), dont le revenu total ne dépassait pas 16,000 marcs, et servit de tuteur à ses cousins Sigismond de Tirol, et Ladislas de la basse Autriche, de la Hongrie et de la Bohême. Élu à l'unanimité empereur, en 1439, à la mort d'Albert II, ce ne fut qu'après onze semaines d'irrésolution qu'il se décida à accepter la couronne impériale; et son couronnement n'eut lieu à Aix-la-Chapelle qu'en 1442. Tout au début de son règne, il eut à soutenir une guerre contre son frère Albert, qui régnait dans la haute Autriche; et ce ne fut qu'en lui payant une somme considérable, qu'il put le déterminer à restituer les territoires dont il s'était emparé. A peu de temps de là, en 1445, les Hongrois, commandés par Jean Hunyade Corvin, envahirent l'Autriche, où ils portèrent partout le fer et le feu, à l'effet de contraindre Frédéric à leur rendre le prince Ladislas, qu'ils avaient élu roi. Renouvelant leur invasion en 1452, ils vinrent encore une fois mettre le siége devant Vienne, sous les ordres d'Ulrich Eyzinger, sans que Frédéric osât jamais tenter de mettre le moindre obstacle à leurs entreprises; et ils le contraignirent de la sorte à leur rendre leur roi. Il ne tenta non plus rien de sérieux contre Milan, lorsque en 1447, à l'extinction de la ligne mâle des Visconti, l'usurpateur Sforza se fut emparé du Milanais, fief relevant de l'Empire d'Allemagne. Dans l'espoir de récupérer les domaines autrefois perdus par la maison d'Autriche, il intervint dans les dissensions intestines des cantons suisses; mais, abandonné dans cette lutte par l'Empire, obligé de s'avouer lui-même sa faiblesse et son impuissance, il appela à son secours des bandes étrangères (*voyez* ARMAGNACS), recrutées en France et commandées par le dauphin, lesquelles, en 1444, après avoir appris à leurs dépens à Saint-Jacques de la Birs, à apprécier la valeur des Suisses, tournèrent en partie leurs armes contre l'Allemagne et contre l'Autriche elle-même, tandis que Frédéric se voyait, en 1449, contraint de confirmer solennellement aux confédérés leurs différentes conquêtes. La même année (1449), à propos de la succession dans le Palatinat, il se mit sur les bras *Frédéric le Victorieux*, frère du feu palatin Louis, qui prétendait hériter du Palatinat, au mépris des droits de son neveu Philippe, et qui, sur le refus de Frédéric d'y consentir, fit déclarer en sa faveur les électeurs de Mayence et de Trèves, et plusieurs autres princes allemands, lesquels prirent alors le parti de déposer l'incapable empereur, et d'élire à sa place Georges Podiebrad de Bohême.

Par sa lâche servilité à l'égard du saint-siège, Frédéric fut cause que le concile de Bâle, appelé, suivant toute apparence, à complètement émanciper l'Église d'Allemagne, n'amena aucun des utiles résultats qu'on était en droit d'en attendre. Les électeurs insistaient vivement sur le maintien des décisions des anciens conciles, en même temps qu'ils combattaient résolûment les nouvelles usurpations du saint-siège, qui ne craignit pas de prononcer la déposition de deux électeurs ecclésiastiques. Mais alors, par l'entremise de son rusé chancelier Æneas Sylvius, devenu plus tard pape sous le nom de Pie II, et qui servit de médiateur entre les électeurs et le saint-siège, Frédéric parvint si bien à jeter la division parmi les princes, qu'ils se soumirent l'un après l'autre au pape Eugène, par le concordat dit *des princes*, et qu'ensuite ils accédèrent au concordat de 1448, dit *de Vienne*, qui d'abord n'avait été conclu qu'entre l'empereur et le pape, mais dans lequel ils se firent ensuite comprendre, et qui annulait toutes les décisions du concile de Bâle, ayant pour but de mettre un terme aux abus du pouvoir des papes. Profitant des favorables dispositions du saint-siège à son égard, Frédéric se rendit, en 1452, en Italie pour se faire couronner empereur par le pape en personne. Ce fut la dernière fois qu'un roi des Allemands fut à Rome l'objet d'une cérémonie de ce genre. Si par ce couronnement, il obtint, en accordant, à peu près vers la même époque (1453), aux princes de la maison d'Autriche, le privilége de prendre le titre d'*archiducs*, il réussit à donner un certain éclat extérieur à sa maison, en revanche il se laissa enlever de solides et réels avantages, quand Ladislas vint à mourir, en 1457, sans laisser de postérité. Tandis que par suite de ce décès la haute Autriche passait à Albert, et une partie de la Carinthie à Sigismond de Tyrol, il obtint bien lui-même le reste des États de Ladislas; mais il lui fallut subir l'humiliation de voir, en dépit de ses droits très-légitimes, la couronne de Hongrie échoir à Mathias Corvin, et celle de Bohême à Georges Podiebrad. Quelque temps après, en 1462, son frère Albert souleva contre lui Vienne, sa capitale; et ce ne fut que l'année suivante, par suite de la mort de ce frère, qu'il se vit débarrassé de tout souci de ce côté, et qu'il se trouva en possession de la haute Autriche même. Il n'opposa presque aucune résistance aux Turcs, qu'il eût d'abord été facile d'expulser complètement d'Europe, et les laissa s'avancer en 1456 jusqu'en Hongrie, en 1469 jusqu'en Carinthie, et en 1475 jusqu'à Salzbourg. Lors de la diète tenue en 1471 à Ratisbonne afin d'aviser aux mesures à prendre pour protéger l'Allemagne contre le péril qui la menaçait de ce côté, il fut de tous les princes qui y assistèrent celui qui fit preuve de plus d'indifférence. Dans l'Allemagne même, le droit du plus fort reprit sous son règne la plus déplorable extension. Sa politique perfide, qui s'attacha à rendre les rois de Hongrie et de Bohême ennemis l'un de l'autre, eut pour résultat que ces deux princes finirent par tourner leurs armes contre lui-même, et que Mathias Corvin, en particulier, le réduisit à une extrémité telle qu'il ne lui restait plus une seule ville dans ses États héréditaires, quand son fils Maximilien réussit enfin à enlever aux Hongrois leurs conquêtes. Il trompa également Charles le Téméraire, dont il recherchait la riche fille et héritière Marie pour son fils Maximilien, dans les négociations ouvertes en 1473, à Trèves, à l'effet d'ériger la Bourgogne en royaume, et qu'il rompit par son brusque départ; manque de foi qui lui valut avec Charles une guerre à laquelle il ne mit fin qu'en sacrifiant ses alliés. Son fils Maximilien, qui à la mort de Charles le Téméraire, en 1477, avait obtenu la main de Marie, et avec elle les Pays-Bas, ayant été réduit à faire la guerre contre les populations de ces riches provinces, et ayant même été fait prisonnier en 1488, Frédéric se décida à venir à son secours et à le délivrer. Mais à la mort de Mathias Corvin, en 1490, il échoua dans ses efforts pour se faire déférer la couronne de Hongrie, et eut la mortification de voir les Hongrois élire roi à sa place le prince polonais Ladislas. Son activité à la diète de l'Empire se borna à faire rendre pour l'observation de la paix publique quelques lois demeurées inexécutées, à publier un édit insignifiant pour l'amélioration du système monétaire de l'Empire, à limiter la puissance de la Sainte-Vehme de Westphalie, qui un jour avait eu l'audace de l'ajourner lui-même devant son mystérieux tribunal, enfin à proposer un plan nouveau pour la levée des subsides de l'Empire, mais qui rencontra les plus grandes difficultés quand il s'agit de le mettre à exécution, ainsi que l'établissement d'une chambre impériale de justice; projet dont la réalisation n'eut lieu qu'en 1495, sous le règne de Maximilien, son fils, lequel avait été élu roi des Romains en 1486, et à qui dès 1490 il avait abondonné les rênes du gouvernement pour pouvoir vivre désormais tranquille et suivant ses goûts, à Linz, où il mourut, le 19 août 1493.

Frédéric avait régné cinquante-cinq ans. De tous les empereurs d'Allemagne, c'est celui dont le règne dura le plus longtemps. Doué de beaucoup de vertus privées, Frédéric, en raison de la médiocrité de ses facultés intellectuelles, de son goût excessif pour le repos, et de son aversion dominante pour toute entreprise ayant un caractère grandiose, notamment pour les entreprises militaires, n'était pas fait pour être souverain et encore moins pour être roi des Romains, dans un siècle en proie aux plus terribles agitations politiques et morales, qui portait en lui les germes d'une large transformation des sociétés et était gros d'une immense révolution. Encore plus indifférent peut-être en ce qui était des soucis de l'empire que ne l'avait été autrefois l'empereur Wenceslas, il ne s'inquiétait nullement du bien-être ou de la prospérité de ses États héréditaires; et lorsque des dangers imminents venaient l'arracher à son apathie, au lieu de tirer l'épée, il aimait mieux avoir recours à d'ennuyeuses et fatigantes négociations, dans lesquelles son esprit de ruse et de perfidie lui permettait souvent de jouer le rôle principal. Au lieu d'accorder à l'Église, comme il l'eût pu facilement, la réforme après laquelle elle soupirait, au lieu de guerroyer contre les Turcs et contre les brigands de toutes espèces qui infestaient l'Empire, d'apporter des restrictions à l'exercice du droit du plus fort et à l'usage des guerres privées; enfin, au lieu de venir assister aux diètes de l'Empire, il préférait s'occuper d'astrologie, d'alchimie et de botanique. On n'en doit pas moins considérer Frédéric comme ayant été le second fondateur de sa maison, dont il ne perdit jamais de vue la puissance et les intérêts particuliers. C'est depuis son règne que la dignité impériale demeura héréditaire dans la famille de Hapsbourg, circonstance dans laquelle il faut voir l'explication des rapides progrès de puissance faits par la maison d'Autriche.

FRÉDÉRIC V, électeur palatin, roi de Bohême de 1619 à 1620, né à Amberg, en 1596, était fils de l'électeur palatin Frédéric IV, à qui il succéda en 1610, sous la tutelle du comte palatin de Deux-Ponts, Jean IV, et de Louise-Juliane, fille du grand Guillaume d'Orange. Il reçut une éducation des plus distinguées, tant dans la maison de son père que plus tard à Sedan, chez le duc de Bouillon, son oncle, et acquit des connaissances fort étendues pour son époque, non-seulement dans les langues latine et française, mais encore en histoire générale. Dès 1613 il épousa la fille du roi d'Angleterre Jacques 1er; et deux ans après il prit les rênes du gouvernement. Placé à la tête de l'Union protestante en sa qualité de réformé, il attira de plus en plus sur lui l'attention des princes protestants d'Allemagne. Ferdinand II, élu empereur d'Allemagne, à Francfort, le 28 août 1619, ayant été déclaré déchu de la couronne de Bohème par les états de ce royaume, une élection faite à l'unanimité appela au trône, proclamé vacant, Frédéric, qui, sur les instances de sa femme, et dans l'espoir d'être secouru par l'Union ainsi que par son beau-père, l'accepta après quelque hésitation, et fut effectivement couronné le 2 novembre suivant. La bataille du *Weissen-Berg*, livrée près de Prague, le 8 novembre 1620, mit fin à son éphémère royauté. Vaincu, il se réfugia en Hollande, en traversant la Silésie et le Brandebourg, et devint à cette occasion l'objet de railleries de toutes espèces. C'est ainsi que, par allusion à la courte durée de son règne, on l'appela le *roi d'hiver* (*voyez* GUERRE DE TRENTE ANS), et qu'un placard affiché à Vienne, à la porte du résident d'Angleterre, le désignait comme ayant perdu une couronne, et offrait une bonne récompense à qui de la lui rapporterait. Mis au ban de l'Empire en 1621, son électorat fut occupé par le duc Maximilien de Bavière et des troupes espagnoles ; et en 1623 il fut déclaré déchu du sa dignité d'électeur. Il mourut à Mayence, le 19 novembre 1632, sans avoir été réintégré dans ses droits.

FRÉDÉRIC. Deux rois de Prusse ont porté ce nom, qu'illustra Frédéric le Grand, sans compter les Frédéric-Guillaume, qui forment une autre série.

FRÉDÉRIC Ier, qui en qualité de premier roi de Prusse régna de 1711 à 1713, et qui comme *électeur de Brandebourg et duc souverain de la Prusse* régna dès 1688 sous le nom de *Frédéric III*, né le 22 juillet 1657, à Kœnigsberg, était fils cadet du *grand-électeur* Frédéric-Guillaume et de la première femme de ce prince, et hérita des droits de son frère aîné, *Charles-Émile*, décédé à Strasbourg, en 1674. Dans sa jeunesse, la mésintelligence qui éclata entre lui et sa belle-mère influa sur ses relations avec son père, qui d'abord songea à le déshériter, mais qui ensuite consentit à modifier l'acte de ses dernières volontés, en ce sens que Frédéric lui succéderait dans l'Électorat et les territoires qui en dépendaient, tandis que ses frères consanguins auraient en partage les territoires qui ne faisaient pas partie de l'Électorat. Mais aussitôt après s'être assuré des dispositions favorables de l'empereur en lui rendant le cercle de Schwiebus, Frédéric cassa le testament de son père, prit possession de tous les États qui avaient appartenu au *grand-électeur*, et se borna à donner à ses frères des charges et des apanages.

Dès qu'il fut à la tête des affaires, Frédéric Ier fit preuve d'autant de sollicitude que son père pour accroître la puissance de sa maison ; et les ressources que la prudence paternelle avait su accumuler le mirent à même d'atteindre son but. Il s'entoura d'une cour cérémonieuse, modelée sur celle de Louis XIV, et s'allia avec les principales puissances de l'Europe, à la disposition desquelles il mit souvent ses troupes comme auxiliaires. Ainsi, il seconda le prince Guillaume d'Orange dans son entreprise contre Jacques II, en lui envoyant 6,000 hommes, qui prirent une part décisive à la bataille de la Boyne. Il fournit contre la France 30,000 hommes à l'armée des Impériaux qui, en 1689, ravagea le palatinat du Rhin, et se mit lui-même à la tête de ce corps, lequel il s'empara de Kaiserswerth et de Bonn. Il prit également part, en 1690, à la campagne du Rhin, quoique sans résultat notable ; et en 1691, moyennant 150,000 thalers de subsides, il envoya au secours de l'empereur, alors fort embarrassé par les Turcs en Hongrie, 6,000 hommes de ses meilleures troupes. Frédéric Ier ne gagna pourtant à la paix de Ryswick que la confirmation des avantages précédemment assurés à son père par la paix de Westphalie et par le traité de Saint-Germain-en-Laye. Il n'en réussit pas moins à agrandir d'une autre manière ses États. Ainsi, pour prix de la cession du cercle de Schwiebus, qu'il fit à l'empereur moyennant une indemnité de 250,000 thalers, ce prince le reconnut formellement comme duc souverain de la Prusse. En 1698, il acheta de l'électeur de Saxe, Frédéric-Auguste Ier, moyennant 340,000 thalers, la charge héréditaire de vidame du chapitre de Quedlinbourg, la prévôté impériale de Nordhausen et le bailliage de Pétersberg, près de Halle ; et du comte de Solms-Braunfeld, moyennant 300,000 thalers, le comté de Teklenbourg. En 1703 il prit possession de la ville d'Elbing, qui déjà avait été engagée au *grand-électeur*, mais dont remise n'avait point encore été faite. A l'extinction de la maison de Longueville, il obtint la principauté de Neufchâtel et le comté de Valengin, tant pour prix des services qu'il avait rendus à Guillaume III, qu'en raison des prétentions de sa mère à cet héritage. Il acheta du margrave de Kulmbach, moyennant une rente viagère, ses prétentions sur Bayreuth ; et comme duc de Clèves, il prit aussi possession de la Gueldre, que Charles-Quint avait autrefois enlevée au duc Guillaume de Clèves.

L'élévation au trône de Pologne de l'électeur de Saxe et celle du prince d'Orange au trône d'Angleterre étaient de nature à faire naître dans un esprit si épris de l'éclat extérieur de la puissance, le désir de ceindre à son tour une couronne royale. Après des négociations suivies pendant plusieurs années, les manœuvres mises en usage par son envoyé à Vienne réussirent enfin à rendre l'empereur favorable à ses vues. Le 16 novembre 1700 intervint un traité par lequel Léopold promettait de le reconnaître en qualité de roi de Prusse, et où, de son côté, Frédéric s'engageait à mettre en campagne, pour aider l'empereur dans la guerre de la succession d'Espagne, qui allait commencer, un corps auxiliaire de 10,000 hommes, à entretenir une garnison dans la forteresse impériale de Philippsbourg, à renoncer au payement du reliquat dont l'empereur se trouvait encore débiteur à son égard, à voter à la diète de l'Empire comme l'empereur sur toutes les questions relatives aux affaires intérieures de l'Empire, à donner toujours dans les élections futures sa voix à un prince autrichien, enfin à ne jamais se soustraire à aucune des obligations imposées aux autres membres de l'Empire. A peine apprit-il que ce traité était signé, qu'il partit au milieu de l'hiver, avec sa famille et toute sa cour, pour Kœnigsberg, où, le 18 janvier 1701, il se fit couronner roi avec toute la pompe imaginable, après avoir, la veille, créé l'ordre de l'Aigle-Noir. L'exemple de l'empereur, qui le reconnut immédiatement comme roi, fut d'abord suivi par les électeurs, puis successivement par toutes les autres puissances de l'Europe, à l'exception de l'Espagne et de la France, qui ne lui accordèrent ce titre qu'en vertu du traité d'Utrecht, les états de Pologne, froissés dans certains intérêts particuliers, et du grand-maître de l'ordre Teutonique.

Frédéric Ier ne prit aucune part à la guerre du Nord ; mais quand éclata la guerre de la succession d'Espagne, il mit à la disposition de l'armée impériale sur les bords du Rhin 20,000 hommes, et plus tard en Italie 6,000 hommes qui, sous les ordres du prince Eugène, ne contribuèrent pas peu au succès de la journée de Turin. Frédéric Ier ne vit toutefois ni la fin de cette guerre ni la conclusion de la paix d'Utrecht. Depuis longtemps valétudinaire, il mourut le 25 février 1713, des suites de l'impression de frayeur que produisit dit-on, sur lui la vue inattendue de sa troisième femme, Louise de Mecklembourg, qui était affectée d'une maladie mentale, et qui s'était momentanément soustraite à la surveillance de ses gardiens. Une immense vanité, une irrésistible propension pour les exagérations de la magnificence, une prodigalité extrême à l'endroit d'indignes favoris, et une froide ingratitude à l'égard d'hommes de vrai mérite, une facilité égoïste à accabler ses sujets d'impôts et de charges de toutes espèces, tels étaient les défauts qui faisaient oublier sa bonté naturelle, sa bienveillance pour ses sujets et sa fidélité à tenir ses engagements.

Il avait été trois fois marié : 1° avec *Élisabeth-Henriette*, de Hesse-Cassel ; 2° en 1684, avec *Sophie-Charlotte*, de Ha novre, fille du prince devenu plus tard roi d'Angleterre sous le nom de Georges I*er*, femme aussi distinguée par les qualités de l'esprit que par les grâces de la figure, qui s'honorait d'être l'amie de Leibnitz, et qui fut la mère de son successeur, Frédéric-Guillaume I*er*; 3° et enfin avec *Sophie-Louise*, fille du duc de Mecklembourg-Grabow.

[FRÉDÉRIC II. Ce roi, à qui la reconnaissance de son pays et l'admiration de l'Europe ont donné le nom de *Grand*, fut sans contredit le prince le plus remarquable de son siècle. Guerrier, homme d'État, philosophe, pendant un règne de quarante-six années (1740-1786), il renouvela l'art de la guerre, il recula les frontières de ses États, il créa l'influence politique de la Prusse, et fit de sa cour le quartier général de la philosophie.

Monté sur le trône à vingt-huit ans, voyons d'abord comment il s'était préparé à régner, quelle éducation il avait reçue, quel avait été l'emploi de cette première époque de sa vie.

Il naquit à Berlin, le 24 janvier 1712. Son père Frédéric-Guillaume I*er*, homme brutal et d'un caractère intraitable, pour qui l'idéal de la royauté consistait à commander l'exercice à des grenadiers de six pieds de haut, le fit élever avec toute la rigueur de la discipline qui régnait sur ses régiments, et ne songea qu'aux moyens de le rendre habile dans les exercices militaires. Mais sa mère, aidée de sa gouvernante et de son précepteur, formait une opposition secrète contre le système d'éducation paternel; tous trois contrebalancèrent les effets de ce régime sévère, en lui inspirant l'amour de l'étude, le goût des arts et de la littérature. Telle fut la double influence qui s'exerça sur ses jeunes années; sa propre volonté fit le reste.

A sa naissance, le jeune Frédéric fut mis entre les mains d'une Française réfugiée, M*me* Duval de Rocoulle, qui avait été gouvernante de son père. Elle avait de l'esprit et des connaissances; elle le familiarisa avec la langue française, qu'il a parlée et écrite toute sa vie. M*me* de Rocoulle ne mourut qu'en 1741, et jusqu'à ses derniers moments, Frédéric l'entoura d'égards respectueux; il la visitait toutes les semaines, et rencontrait chez elle une société choisie et spirituelle. Plusieurs causes favorisaient cet ascendant de la langue et des mœurs françaises au delà du Rhin. Outre les guerres fréquentes dont l'Allemagne avait été le théâtre, l'éclat de la cour de Louis XIV avait excité une curiosité générale, et, plus tard, la révocation de l'édit de Nantes amena jusqu'en Prusse un grand nombre de réfugiés. Le *grand-électeur* avait reçu dans ses États plus de 20,000 Français, qu'il distribua dans les villes et villages pour réparer le vide que la guerre de trente ans avait laissé dans la population. Les réfugiés apportèrent en Prusse la langue, les mœurs, les arts et les manufactures de leur pays. Enfin, les ouvrages de nos grands écrivains étaient goûtés des esprits cultivés, tandis que nos modes se propageaient dans le monde frivole. Frédéric naquit au milieu de cette société à moitié française : il plut peu d'ouvrages allemands, car alors il était difficile d'en trouver de supportables; et il conserva toute sa vie contre la langue allemande une prévention que ses compatriotes lui ont reprochée.

A sept ans il sortit des mains des femmes. Son père, qui voulait en faire un bon soldat, lui donna pour gouverneur le général Finkenstein, et le major Kalkstein pour sous-gouverneur. En même temps, un Français, nommé Duhan, lui donnait quelques leçons. Il était encore enfant lorsque son père le nomma capitaine du corps des cadets. Avec le goût de la poésie et de la musique, il s'ennuyait dans les exercices militaires, dont on l'excédait. Aussi, dès qu'il pouvait s'échapper, il allait s'enfermer pour lire des livres français ou jouer de la flûte. Son père, lorsqu'il le surprenait, cassait la flûte et jetait les livres au feu. Frédéric demanda vainement la permission de voyager en Allemagne, en France ou en Angleterre. Son père lui permit seulement de l'accompagner dans les petits voyages qu'il faisait lui-même. En 1728 il l'emmena à Dresde, voir le roi de Pologne. Cette visite,

que le jeune prince fit à l'âge de seize ans, à une cour élégante, lui dévoila un monde nouveau, où l'on appréciait les plaisirs de l'esprit et la politesse des mœurs. Quel triste retour sur lui-même quand il revenait dans la tabagie de son père! Celui-ci le traitait toujours avec la même brutalité, le mettant aux arrêts, et lui prodiguant les coups de canne sur le moindre prétexte. Las d'un joug insupportable, contrarié dans tous ses goûts, Frédéric résolut de se soustraire à cette tyrannie et de passer secrètement en Angleterre, auprès de Georges II, son oncle maternel. C'était en 1730, il avait alors dix-huit ans; il devait s'échapper de Wesel, où il accompagnait son père. Sa sœur, Frédérica, qui partageait ses sentiments, et deux amis, les lieutenants Katt et Keith; étaient seuls dans la confidence. Mais quelques paroles imprudentes de Katt avaient trahi le secret du prince. Le roi fit enfermer son fils à la forteresse de Custrin, et résolut de lui faire trancher la tête, comme coupable de désertion. Déjà l'on instruisait son procès : Frédéric-Guillaume, qui battait les juges lorsqu'ils n'étaient pas de son avis, l'aurait infailliblement fait condamner; mais l'empereur Charles VI ordonna à son envoyé, le comte de Seckendorf, d'intervenir. Katt fut décapité sous les fenêtres du prince royal, auquel quatre grenadiers tenaient la tête tournée vers l'échafaud. Le roi assista lui-même à l'exécution. De là date l'horreur que Frédéric conçut désormais pour la peine de mort. Keith s'était échappé de Wesel; il passa en Hollande, puis en Angleterre et en Portugal. Il ne revint à Berlin qu'en 1741, après l'avènement de Frédéric; il fut alors nommé curateur de l'Académie des Sciences.

Le prince royal resta un an à Custrin. Pendant qu'il était dans cette étroite captivité, et qu'il subissait des interrogatoires, le roi lui fit proposer de renoncer à ses droits au trône, moyennant quoi il obtiendrait une entière liberté pour ses études et ses voyages. « J'accepte la proposition, répondit le prince, si mon père déclare que je ne suis pas son fils. » Depuis cette réponse, le roi, qui professait un respect religieux pour la foi conjugale, renonça pour toujours à cette idée. Ce fut alors qu'il le fit travailler à la chambre des domaines, pour l'instruire des détails de la police et des finances, sous les ordres de M. de Munchow, président, qui lui fournissait des livres, malgré la défense de son père. C'était risquer beaucoup; car celui-ci faisait pendre un homme comme il fumait une pipe.

Frédéric fut rappelé à Berlin, à l'occasion du mariage de sa sœur aînée, la princesse Frédéric, avec le prince héréditaire Frédéric de Bayreuth. L'année suivante, le 12 juin 1732, à l'âge de vingt ans et demi, il épousa *par ordre* la princesse Élisabeth-Christine de Brunswick, nièce de l'impératrice. Il avait voulu faire quelques représentations à son père, qui y répondit par des coups de canne et des coups de pied dans le derrière. Déjà Frédéric avait conçu tant d'éloignement qu'il eut tout le reste de sa vie pour les femmes. La première nuit de son mariage, à peine venait-il de se coucher que le cri *au feu!* se fit entendre dans le château : il se leva à la hâte, et ne revint plus jamais partager le lit de sa femme. Là se bornèrent tous les rapports d'intimité qu'il eut avec elle; seulement, il lui marqua toujours les égards les plus respectueux, mais sans vouloir s'assujettir à la vie commune; et quand, devenu roi, il fixa son séjour habituel à Potsdam, il fallut l'occasion extraordinaire de la présence d'un prince étranger, parent de la reine, pour qu'elle pût visiter une fois par hasard la résidence de son époux.

Aussitôt après son mariage, Frédéric s'établit au château de Rheinsberg, sur la frontière du Mecklembourg. En 1733, lors de la guerre allumée par la succession au trône de Pologne, Frédéric conduisit avec le roi son père un corps de 10,000 hommes sur le Rhin à l'armée impériale, commandée par le prince Eugène; mais il ne vit là, comme il le dit lui-même dans ses *Mémoires de Brandebourg*, que l'ombre du grand Eugène. Il alla ensuite visiter Stanislas, réfugié à Kœnigsberg, puis il revint dans sa retraite du Rheinsberg, qu'il habita jusqu'à la mort de son père. Là il se livrait à son goût pour la philosophie, la littérature et les beaux-arts : ses heures se passaient dans sa bibliothèque ou dans la société de quelques hommes d'esprit. Ce fut une époque décisive dans sa vie : c'est dans ces loisirs studieux que se formait le philosophe et que se préparait le grand roi. La discipline rigide sous laquelle l'avait ployé son père, en le détournant des plaisirs, lui avait fait un besoin de l'étude, sa seule ressource et son unique asile. La contrainte dans laquelle il vivait réagit intérieurement sur lui, et tendit tous les ressorts de son âme. Il passait toutes les matinées seul jusqu'à midi; il lisait assidûment les historiens anciens; il entretenait une correspondance active avec un certain nombre de gens de lettres, Wolf, Rollin, S'Gravesande, Maupertuis, Algarotti, et particulièrement avec Voltaire. Ce fut le 8 août 1736 qu'il écrivit pour la première fois à Voltaire : il se répand en éloges sur *La Henriade*, *La mort de César*, *Alzire*, *Le Temple du Goût*, les *Épîtres philosophiques*, et il met les avantages de l'esprit bien au-dessus de ceux de la naissance. On venait d'imprimer *La Henriade* à Londres : Frédéric chargea Algarotti, qui était alors dans cette ville, d'en faire faire une édition magnifique, gravée sur cuivre, et il composa pour cette édition une préface, où il appelait Voltaire *le prince de la poésie française, un génie vaste, un esprit sublime*. C'est dans ce temps-là qu'il composait son *Anti-Machiavel*. Le vieux roi, dans ses accès de goutte et de mauvaise humeur, menaçait parfois de faire enlever toute la petite cour de beaux esprits qui entourait son fils; mais sa mort, arrivée le 31 mai 1740, ouvrit à l'activité de Frédéric une nouvelle carrière.

La royauté offrit un digne emploi à ses facultés puissantes, si durement refoulées pendant vingt-huit ans. Une fois sur le trône, il se montra laborieux, assidu aux affaires : toutes ses heures étaient invariablement fixées pour chacune de ses occupations. Pour vaincre son penchant extrême au sommeil, il ordonna à un valet de chambre de l'éveiller tous les matins à cinq heures, et, au besoin, de lui appliquer sur la figure un linge trempé dans l'eau froide. Cette force de volonté, qu'il appliqua à toutes ses entreprises, fut le principe de ses succès. Il comprit d'abord que rien ne valait la gloire militaire pour servir de piédestal à la puissance d'un prince. Son ambition, loin de le lancer en aventurier téméraire dans des conquêtes hasardeuses, ne marcha qu'à pas assurés, et en s'appuyant sur les mûres combinaisons d'une politique profonde. Il s'attacha tout à donner à ses États, épars et *découpés comme une paire de jarretières*, un corps plus solide et un ensemble plus compacte. Pressé du désir d'élever la Prusse au rang des premières puissances continentales, il crut devoir agrandir son territoire. Quant au droit, il s'occupa peu de justifier ses prétentions; mais il sut se distinguer des conquérants ordinaires en posant lui-même les limites à son ambition, et en se bornant à ce qui lui était nécessaire. Pour parvenir à son but, la conquête de la Silésie lui parut suffisante. La mort de l'empereur Charles VI était une occasion favorable: Quelques réclamations que la maison de Brandebourg avait à faire valoir sur les principautés de la Silésie lui servirent de prétexte : au mois de décembre 1740, il entra dans la Silésie, dégarnie de troupes et privée de tout moyen de défense. En partant pour cette expédition, il dit au marquis de Beauvau, envoyé de France : « Je vais jouer votre jeu : si les as me viennent, nous partagerons. » Le 2 janvier 1741, il entra à Breslau. Son armée, sous les ordres du feld-maréchal Schwerin, s'empara de toute la province, et le 10 avril, la victoire de Molwitz, remportée sur les Autrichiens, commandés par Neipperg, lui livra toute la province. L'issue de cette bataille suscita à Marie Thérèse de nouveaux ennemis : la France et la Bavière se liguèrent avec la Prusse, et la guerre de la succession d'Autriche commença. Vers la fin de 1741, Schwerin s'empara de la Moravie. Les principales forces de l'Autriche étaient en Bohême, où elles tenaient tête aux troupes combinées de la France et de la Bavière. Frédéric va les joindre; le 17 mai 1742 il livre la bataille de Chotusitz, et bat le prince Charles de Lorraine. Le fruit de cette victoire fut la paix de Breslau. Dès l'année précédente, le roi d'Angleterre Georges II, unique allié de la reine de Hongrie, lui avait conseillé de sacrifier une partie de la Silésie pour obtenir la paix du roi de Prusse. Mais la cour de Vienne avait rejeté ces conseils; l'issue de la bataille de Chotusitz la décida. Le 11 juin 1742 les préliminaires furent signés à Breslau, et la paix fut ratifiée à Berlin le 28 juillet. Par ce traité, Marie-Thérèse cédait au roi de Prusse la haute et la basse Silésie et le comté de Glatz, avec indépendance qu'une très-petite partie de la couronne de Bohême : il ne restait à la reine de la haute Silésie. Frédéric promit de rembourser les capitaux que quelques Anglais et Hollandais avaient prêtés à la maison d'Autriche sur la Silésie, de laisser pendant cinq ans les habitants libres de passer dans les pays autrichiens sans payer aucun droit à la Prusse, et de maintenir la religion catholique sur l'ancien pied. La Saxe accéda à cette paix, l'Angleterre et la Russie la garantirent. Frédéric II en profita pour bien organiser sa province conquise, et pour mettre son armée sur un pied redoutable.

En signant la paix à Breslau, il avait laissé les Français se morfondre en Bohême. Les maréchaux de Broglie et de Belle-Isle, affamés dans Prague par l'armée autrichienne, avaient dû évacuer la ville, et une armée de 30,000 hommes était réduite à 10,000. Charles-Albert, électeur de Bavière, avait été élu empereur, en 1742, sous le nom de Charles VII. Au mois d'avril 1743 Marie-Thérèse était couronnée à Prague.

Les Anglais, descendus sur le continent, se mettent à Dettingen entre les mains de l'armée française, qui les laisse échapper et se fait battre (26 juillet 1743). Elle est rejetée au delà du Rhin, et l'empereur Charles VII, forcé de fuir de ses États héréditaires, est abandonné à la vengeance de l'Autriche. Frédéric conçut alors des craintes pour ses propres conquêtes, si Marie-Thérèse obtenait des avantages trop marqués. Il forma donc une alliance secrète avec la France (avril 1744), et une ligue avec l'électeur de Bavière, le Palatinat et la Hesse, à Francfort (mai 1744). Il fond à l'improviste sur la Bohême, le 10 août, s'empare de Prague; mais, pressé par les Autrichiens, sous les ordres du prince Charles de Lorraine, et par les Saxons, leurs alliés, il dut abandonner la Bohême avant la fin de l'année.

L'empereur étant mort le 18 janvier 1745, le jeune électeur de Bavière, Maximilien-Joseph, se réconcilia avec Marie-Thérèse, et l'union de Francfort fut dissoute. La Saxe s'allie avec l'Autriche contre la Prusse. Frédéric, seul, bat les Autrichiens et les Saxons à Hohen-Friedberg, en Silésie, le 4 juin 1745 ; du champ de bataille, il écrit à Louis XV : « Je viens d'acquitter à Friedberg la lettre de change que votre majesté a tirée sur moi à Fontenoi. » Enfin, la victoire de Kesselsdorf, remportée par les Prussiens (25 décembre 1745) amena la paix, qui fut signée à Dresde, le 25 du même mois, par l'entremise de l'Angleterre, sur les bases de la paix de Berlin. Frédéric garda la Silésie, reconnut François 1er, époux de Marie-Thérèse, comme empereur, et la Saxe s'engagea à payer à la Prusse un million d'écus. Ainsi finit la seconde guerre de Silésie. La France continua les hostilités jusqu'à la paix d'Aix-la-Chapelle, en 1748. La conséquence la plus importante de cette guerre fut l'élévation de la Prusse au rang des puissances de premier ordre.

Pendant les onze années de paix qui s'écoulèrent depuis le traité de Dresde (25 décembre 1745) jusqu'au commencement de la guerre de sept ans (août 1756), Frédéric donna les soins les plus actifs à l'administration intérieure de ses États : il s'attacha à faire fleurir l'agriculture et l'industrie, à ranimer le commerce, à réformer la législation et à accroître les revenus publics. En même temps il exerçait et fortifiait son armée, qui fut portée jusqu'à 100,000 hommes. Ce n'était pas sans un sentiment d'amertume et de secrète jalousie que plus d'un cabinet voyait le roi de Prusse devenu l'arbitre de l'Europe. La perte de la Silésie était un sujet d'humiliation pour l'Autriche. Elle méditait la vengeance de cet affront, et l'on vit par la suite qu'elle n'avait consenti à déposer les armes que pour se préparer à de nouveaux combats. Cette paix fut donc précaire; la Prusse et les autres puissances continentales conservèrent toutes leurs troupes sur pied : la Silésie était toujours la pomme de discorde. La Prusse et l'Autriche gardèrent leur attitude hostile, et l'Europe demeura en suspens, partagée entre l'une et l'autre puissance.

Cependant le cabinet de Vienne reconnut l'impossibilité d'abattre la Prusse sans s'être d'abord assuré du concours de quelques puissants alliés. Il entretenait des relations intimes avec la Russie et la Saxe, et cultivait avec soin le ressentiment de l'impératrice Élisabeth et du comte de Bruhl, premier ministre de Saxe, contre quelques sanglantes épigrammes de Frédéric. Mais ces alliés ne suffisaient pas pour le succès d'une telle entreprise. La France pouvait prendre parti pour la Prusse et lui assurer la victoire : c'était donc la France qu'il importait surtout de détacher de cette alliance; et malgré les difficultés de l'entreprise, l'Autriche essaya d'en venir à bout. Il y avait alors à Vienne un homme qui s'empara de ce projet avec ardeur, et le poursuivit avec persévérance. Le prince de Kaunitz était depuis longtemps à la tête du cabinet autrichien. Adversaire naturel de Frédéric, il était toujours disposé à agir contre lui. Il se fit d'abord nommer ambassadeur extraordinaire en France (décembre 1750). Il avait pour principe de tenter toujours tout ce qu'il était humainement possible de faire; aussi le voyait-on rarement s'arrêter dans la poursuite d'une entreprise. Puis, quand il eut dressé ses batteries, il se fit remplacer par le comte de Stahremberg. Il fit proposer à la cour de France de concourir au renversement du roi de Prusse, et de partager entre les deux monarchies la domination de l'Europe. Le premier traité d'alliance défensive entre la France et l'Autriche fut conclu le 1er mai 1756, par les soins de l'abbé de Bernis. Ici encore le roi de Prusse avait contre lui les ressentiments du poète diplomate et de la favorite Mme de Pompadour : ses épigrammes contre les petits vers de l'un et contre le gouvernement de Cotillon II, Cotillon III, ne pouvaient lui être pardonnées. De son côté, Frédéric, prévenu par des renseignements secrets, qu'il dut à la trahison de Menzel, sur l'alliance secrète entre l'Autriche, la Russie et la Saxe, conçut des inquiétudes au sujet de la Silésie. Il se hâta de prévenir ses ennemis par une irruption en Saxe (24 août 1756), qui commença la guerre de sept ans. Il s'empare de Dresde, et il trouve dans les archives les preuves des projets de ses ennemis; il investit l'armée saxonne dans le camp de Pirna, et la réduit à se rendre à discrétion. Une attaque aussi brusque ameuta contre lui la moitié de l'Europe. L'influence de l'Autriche dans l'Empire Germanique, et celle de la France en Suède déterminèrent ces deux puissances à entrer dans la confédération. Le roi de Prusse n'avait d'autre allié que l'Angleterre. Heureusement pour lui, la France attaqua l'Angleterre dans le Hanovre. Les habitants de ce petit royaume, ceux des duchés de Hesse et de Brunswick, devinrent les zélés partisans de Frédéric. Le duc de Cumberland se fit battre à Hastenbeck, le 26 juillet 1757, par le comte d'Estrées, qui commandait l'armée française. Mais, plus tard, le prince de Soubise essuie la honteuse défaite de Rosbach (5 novembre). Nous ne suivrons pas Frédéric dans les opérations multipliées de cette guerre, qui marque une époque nouvelle pour l'art militaire, et dans laquelle il faisait la navette avec son armée, selon l'expression du maréchal de Belle-Isle. Les détails stratégiques en sont d'ailleurs exposés dans un autre article (voyez GUERRE DE SEPT ANS). Il fit des prodiges d'activité et de constance. Après son revers de Kollin, où il fut vaincu par Daun, il écrivait à mylord Maréchal : « Que dites-vous de cette ligue, qui n'a pour objet que le marquis de Brandebourg ?

Le grand-électeur serait bien étonné de voir son petit-fils aux prises avec les Russes, les Autrichiens, presque toute l'Allemagne et cent mille Français auxiliaires ? Je ne sais s'il y aura de la honte à moi de succomber, mais je sais bien qu'il y aura peu de gloire à me vaincre. » Dans une situation désespérée, résolu à périr, il veut encore faire des vers, et il écrit à Voltaire l'épître qui se termine par ces mots :

Pour moi, menacé du naufrage,
Je dois, en affrontant l'orage,
Penser, vivre et mourir en roi.

L'épître faite, il battit l'ennemi.

Dans une autre occasion, on lui ramenait un de ses grenadiers qui avait déserté : « Pourquoi m'as-tu quitté ? lui dit le roi. — Ma foi, sire, répond le grenadier, qui était Français, les affaires vont trop mal. — Eh bien, reprit le roi, battons-nous encore aujourd'hui; et si je suis vaincu, nous déserterons ensemble demain. »

Mais son énergique volonté triompha de tous les obstacles. Le 6 janvier 1762, la mort de l'impératrice Élisabeth délivra Frédéric de son ennemie la plus acharnée. Pierre III, son successeur, admirateur passionné du roi de Prusse, conclut d'abord avec lui un traité de paix qui força la Suède à poser les armes. A la mort de Pierre III, étranglé le 9 juillet de la même année, Catherine conserva la neutralité. Frédéric, ayant affaire à moins d'ennemis, remporta des succès plus faciles contre l'Autriche, qui, forcée de renoncer à ses prétentions sur la Silésie, se décida enfin à négocier. La paix fut signée au château d'Hubertsbourg, près de Dresde, le 15 février 1763. Frédéric n'abandonna rien de ses premières conquêtes; les traités de Breslau et de Dresde furent confirmés, et les deux puissances renoncèrent réciproquement à toute nouvelle prétention sur leurs États.

L'unité de volonté qui régnait dans les mesures de Frédéric, les ressources que l'occupation de la Saxe lui fournit en argent et en hommes, son génie prompt, les généraux habiles qui le secondaient, le courage et le dévouement de ses soldats, lui donnèrent un grand avantage sur ses ennemis, et amenèrent l'heureuse issue d'une guerre qui avait plus d'une fois mis la Prusse à deux doigts de sa perte. Cette guerre mémorable a coûté à l'Europe plus d'un million d'hommes, et tous les États qui y prirent part furent épuisés pour longtemps. Frédéric sortit avec l'admiration générale de cette lutte de sept années, qui lui assura pour l'avenir une influence décisive sur la politique européenne. Celui que les plus grandes puissances de l'Europe réunies n'avaient pu vaincre fut salué comme un homme extraordinaire. De là date son ascendant en Europe, et la Prusse compta dès lors parmi les États de premier ordre.

Rendu à la paix, Frédéric consacra tous ses soins à réparer les maux de la guerre. Il ouvrit ses magasins, et fournit à ses sujets du blé pour leur nourriture, des semences pour leurs champs; il distribua des terres aux paysans; il fit rebâtir de son argent les maisons réduites en cendres; il fonda des colonies agricoles et des manufactures dans les cantons dépeuplés. Pendant toute la guerre, il n'avait mis aucun nouvel impôt, fait aucun emprunt, exigé aucune avance de ses sujets, et jamais la solde de l'armée n'éprouva de retard. Cependant, aussitôt après la paix, il remit à la Silésie six mois d'impôts, il distribua dans les campagnes 1,700 chevaux pour l'agriculture, et fit travailler par la reconstruction des villes et villages. Pour favoriser la noblesse de Silésie, de la Poméranie et des Marches, on institua un système de crédit qui accrut le prix des terres. En 1764, il fonda la banque de Berlin, et lui donna une première mise de fonds de plusieurs millions. En 1776, convertit l'accise ou l'impôt sur les consommations en régie française ne rencontra pas la même approbation dans le pays. On prétend qu'Helvétius, étant venu à Potsdam, fit au roi un tableau si avantageux de l'administration des finances de la France, qu'il résolut aussitôt de faire venir des financiers et des commis de ce royaume. Pourtant, des clameurs bien légitimes s'élevaient alors contre l'administration financière de la France. En Silésie, les frais de recouvrement de tous les impôts et revenus publics s'élevaient à 150,000 écus, c'est-à-dire au tiers de la recette; en France, les fermiers généraux et les commis en absorbaient deux cinquièmes. On prétendit que l'armée de financiers qui composait la nouvelle régie était venue venger la France de Rosbach.

Frédéric travailla aussi à la réforme de la législation : il chargea le chancelier Coccéi de rédiger un nouveau code. Mais il crut trop avoir tout fait en abrégeant les procédures. Au reste, le nouveau code ne fut achevé et mis en vigueur que sous le règne de son successeur.

Il fonda des écoles pour le peuple, avec un séminaire pour former des maîtres, ce que nous appelons aujourd'hui une *école normale*. Chose admirable! ce grand monarque rédigea lui-même et fit imprimer un règlement où il entre dans les plus grands détails sur la manière d'instruire les enfants. C'est là l'origine de cette instruction maintenant si généralement répandue en Prusse.

Les admirateurs les plus bienveillants de Frédéric n'ont pu justifier la part qu'il prit au démembrement de la Pologne. Toutes leurs apologies se sont réduites à montrer l'intérêt qu'il avait à arrondir ses États et à unir la Prusse avec la Poméranie et les Marches. Il y a un triste mécompte pour la morale à voir l'auteur de l'*Anti-Machiavel* en connivence avec la Russie pour consommer cette indigne spoliation, à suivre sa marche insidieuse depuis le commencement des troubles jusqu'au partage, ses empiétements successifs dans la grande Pologne et la Prusse polonaise, sous le prétexte de la peste. Frédéric n'était roi que de la *Prusse ducale*; il devait avec peine la *Prusse royale* faire partie de la Pologne : le moment lui parut favorable pour réunir les deux Prusses. L'ascendant qu'il avait pris depuis la guerre de sept ans devait faire redouter aux autres puissances une nouvelle lutte en faveur d'un peuple réduit à ne pouvoir s'aider lui-même. La France n'avait pu que une assistance timide et inefficace aux confédérés; la Saxe s'était bornée à leur fournir très-peu d'argent, l'Autriche à laisser leur état-major dépenser une partie de cet argent dans ses villes. Frédéric jugea que la France, engourdie sous un gouvernement corrompu, n'oserait pas davantage, et qu'avec l'Autriche il y avait des accommodements. On lui proposa, pour compensation de l'agrandissement qui résulterait de l'acquisition de la Prusse royale, trois belles provinces polonaises, et les riches salines de Vielicza. Cette augmentation de territoire, obtenue sans coup férir, parut à la cour de Vienne préférable au danger d'avoir à combattre à la fois les Prussiens et les Russes. La dévote Marie-Thérèse fit taire ses scrupules, en rejetant sans doute le péché sur un roi hérétique et philosophe. Ce fut là le grand scandale politique du dix-huitième siècle; il faut voir l'impudence des manifestes par lesquels les trois puissances prirent possession des provinces démembrées. La malheureuse Pologne, qui n'eut jamais de gouvernement ni de pouvoirs publics, est livrée à la merci des spoliateurs; et la France laisse consommer l'iniquité sans mot dire!

Le 30 décembre 1777, par la mort de Maximilien-Joseph, s'éteignit la branche électorale de Bavière. Dès le 3 janvier 1778 un traité de partage de la Bavière était conclu entre l'électeur palatin et l'Autriche ; mais la Prusse s'y opposa. Le partage de l'électorat de Bavière entraînait le renversement du système politique que Frédéric avait élevé à grands frais, et détruisait la constitution de l'Empire. Frédéric prit les armes pour défendre la Bavière en son propre ouvrage. En cette occasion, il fit preuve de désintéressement. La guerre fut bientôt terminée par la paix de Teschen, 13 mai 1779.

Ainsi, dans les dernières années de sa vie, le grand Frédéric eut une dernière occasion de craindre le renversement de son système. Ce qu'il déploya de talent et d'énergie pour plaider la cause de l'Allemagne répandit un nouvel éclat sur la fin de sa carrière. Rassuré sur le sort du royaume qu'il avait en quelque sorte créé, il mourut, le 17 août 1786.

Si l'on veut avoir une idée de ce que le génie et le caractère de Frédéric ont fait pour la Prusse, que l'on considère ce qu'elle était à son avènement, en 1740, et le rôle qu'elle jouait dans le système politique de l'Europe à sa mort, en 1786. La monarchie prussienne était presque doublée en étendue et en population; même après lui, le prestige de son nom et de son armée imposaient encore. La Prusse resta sur le continent le pivot de la paix ou de la guerre, jusqu'à ce que la révolution française vint déplacer tout, changer toutes les combinaisons et bouleverser tout le système de l'équilibre européen. Frédéric est un exemple éclatant de ce que peut la volonté. Il parvint à se donner jusqu'à du courage. On a dit qu'il était né avec un tempérament faible et timide; il prit la fuite à la première bataille à laquelle il assista ; mais il prit la ferme résolution de se roidir contre les dangers, et, de timide qu'il l'avait créé la nature, il devint un héros. Il a écrit lui-même : « *Mollwitz* fut l'école du roi et de l'armée. » Il voulut faire de la Prusse un des premiers États de l'Europe, il voulut être législateur, il voulut que les sables de la Prusse se peuplassent : il vint à bout de tout. Il a fondé un État en dehors de toutes conditions historiques et géographiques, composé d'éléments étrangers les uns aux autres, sans affinités naturelles, arbitrairement agglomérés par la politique et par la guerre : cet État, pauvre et sans barrières naturelles, n'en a pas moins grandi, pure création de la liberté humaine triomphant de la nature.

En lui l'amour de la gloire suppléa aux croyances. Alliant le scepticisme et l'ironie de son époque avec l'héroïsme des temps antiques, il fut le héros d'un siècle dont Voltaire était le poète. Tout Français par l'esprit et par l'éducation, c'est à Paris qu'était son public. Courtisan assidu de l'opinion, il entretenait un commerce intime avec les écrivains qui en étaient les organes. Sa cour et son académie étaient des asiles ouverts à ceux que des témérités philosophiques forçaient à s'expatrier ; en sorte qu'une partie de l'histoire littéraire du dix-huitième siècle doit être cherchée à Berlin. Les seuls rapports de Voltaire avec Frédéric, leurs coquetteries mutuelles, leurs brouilles et leurs raccommodements, feraient la matière d'un volume. La langue française régnait sans partage à Potsdam. Pendant le séjour qu'y fit Voltaire, de 1750 à 1753, les frères et sœurs du roi jouaient les tragédies du poète chambellan, *La Mort de César*, *Brutus*, *Mahomet*, *Catilina*. Les fameux soupers philosophiques étaient des tournois d'esprit, où l'on se moquait de l'univers, et quelquefois des choses les plus saintes. Frédéric voulait être poète en tout ; et les éloges donnés au *philosophe de Sans-Souci* étaient plus flatteurs pour son amour-propre que ceux qui s'adressaient au conquérant de la Silésie. Quelle glorieuse association pour les gens de lettres ses confrères! Aussi dut-il sa popularité aux écrivains français. Chose étrange! pendant qu'il battait nos généraux ineptes de la guerre de sept ans, son nom retentissait avec éloge dans les salons de Paris : alors le patriotisme national était absorbé par une sorte de patriotisme intellectuel; en sa qualité de philosophe, le roi de Prusse était en communauté d'idées avec les grands écrivains de la France, et l'opinion avait pour lui des sympathies bien autrement vives que pour les ministres d'un gouvernement déconsidéré.

Nous n'insisterons pas ici sur la passion malheureuse de Frédéric pour la poésie. Cependant, les lettres qu'il cultivait, au milieu même des hasards de la guerre, le consolaient dans ses adversités : ses meilleurs vers, ou plutôt les seuls bons, parmi tant d'insipides qu'il a faits, lui ont échappé dans une nuit d'angoisses, où, entouré de quatre armées ennemies, et dans une position presque désespérée, il pensait à se donner la mort. C'est dans sa correspondance, et dans ses ouvrages historiques surtout, qu'on retrouve l'homme supérieur. Les *Mémoires pour servir à l'histoire* de la maison de Brandebourg, l'*Histoire de mon temps*, les *Mémoires sur la guerre de sept ans*, retracent des événements contemporains de l'auteur, et auxquels il avait pris une part très-active ; les causes en sont habilement retracées, les faits bien exposés, et la politique décrite de main de maître. ARTAUD.]

FRÉDÉRIC, rois de Danemark.

FRÉDÉRIC Ier, fils cadet de Christian Ier, né en 1471, était âgé de cinquante-deux ans lorsqu'il fut appelé, en 1523, par les états du royaume, à remplacer sur le trône Christian II, fils de son frère aîné, Jean, que cette assemblée avait déclaré déchu désormais de tous droits à la couronne. Le nouveau roi s'attacha avant tout à se concilier les nobles, dont il confirma et accrut encore les privilèges. C'est ainsi qu'il leur accorda le droit de vie et de mort sur leurs paysans, avec celui de confisquer leurs biens meubles et de les condamner à des amendes de quarante marcs d'argent. S'il protégea le luthéranisme, qui envahissait alors ses États, ce fut plutôt par politique que par dévouement aux doctrines de Luther. Christian II en effet comptait parmi ses partisans tous ceux qui demeuraient attachés aux dogmes du catholicisme et aux formes de sa liturgie. Favoriser la Réforme, c'était se défendre contre les éventualités qui pouvaient survenir, et dont le résultat eût pu être de tirer Christian II de l'étroite captivité où, au mépris de la foi jurée, il resta detenu par ordre de son oncle jusque dans les dernières années de son existence. Frédéric Ier mourut en 1533, et eut pour successeur son fils Christian III.

FRÉDÉRIC II, né en 1534, était fils de Christian III, à qui il succéda, en 1559, et mourut en 1588. Prince ami des sciences et des lettres, il protégea spécialement le célèbre Tycho-Brahé, à qu'il fit don de l'île de Hven pour y construire un observatoire, qui reçut le nom d'*Uranienborg* (château d'Uranie). Porté par son caractère vers la paix, dans le maintien de laquelle il voyait à bon droit une source de richesse et de prospérité pour ses États, il fut entrainé pourtant à faire à la Suède, sous le plus futile prétexte, une guerre qui dura sept ans, et pendant laquelle des dévastations sans nombre furent commises par les troupes des deux nations. Or, quelle était la cause de ces sanglants débats ? Le roi de Danemark portait sur son écusson les armes des trois nations anciennement unies ; le roi de Suède fit à ce sujet des représentations, qui ne furent point écoutées ; alors, par représailles, il plaça sur son écusson les armes du Danemark et de la Norwège à côté de celles de la Suède. *Inde iræ et bellum !* La paix de Stettin (1570) mit fin à cette guerre. L'année même de son avénement au trône, il avait entrepris contre les Dithmarses une expédition qui s'était terminée par l'adjonction du territoire de ces populations à celui de la monarchie danoise. Ce prince eut pour successeur son fils Christian IV.

FRÉDÉRIC III, né en 1609, succéda en 1648 à son père, Christian IV, et pendant les premières années de son règne ne fut guère, comme ses prédécesseurs, qu'un instrument aux mains de l'aristocratie, qui ne consentait à reconnaître la suprématie du pouvoir royal qu'à la condition que ce pouvoir lui aidât à tenir les populations des campagnes dans le joug dégradant des servages. Frédéric III crut qu'une guerre avec l'étranger lui fournirait les moyens de secouer le joug de la noblesse ; mais cette guerre fut malheureuse, et lui fit perdre la partie méridionale de la presqu'île scandinave, à savoir les provinces de Scanie, de Blekingen, de Bahus et de Halland, qui jusque alors avaient appartenu au Danemark. Le roi ne manqua pas de rejeter sur les incessantes usurpations de la noblesse la responsabilité de ces désastres, et rencontra alors en 1660 dans l'ordre du clergé et dans celui de la bourgeoisie l'appui nécessaire pour tenter un coup d'État, dont le résultat fut d'investir désormais la royauté danoise de la toute-puissance la plus illimitée et la plus absolue. La *loi du roi* consacra cette révolution, et devint la *loi fondamentale* du Danemark. Frédéric III n'eut garde de ne pas faire usage du pouvoir que cette constitution nouvelle lui donnait ; et on le vit dès lors se livrer à des actes d'un arbitraire inouï. C'est ainsi qu'il proscrivit un gentilhomme et confisqua ses biens, sous le prétexte que celui-ci s'était vanté de pouvoir triompher de toutes les femmes sans en excepter même la reine. Dans les derniers temps de son règne, il s'abandonna à deux charlatans qui exploitèrent sa crédulité, et endetta le Danemark de plusieurs millions pour chercher la pierre philosophale.

FRÉDÉRIC IV, né en 1671, mort en 1730, succéda en 1699 à son père Christian V, qui l'avait fait élever loin de sa cour ; et peut-être est-ce à cette circonstance qu'on doit attribuer l'habileté de son administration. Les arts, les sciences, le commerce et l'industrie furent de sa part l'objet d'une protection toute spéciale, car il avait compris que c'est peuvent seuls donner aux souverains une gloire solide et durable. Il fonda la grande maison des orphelins et l'école militaire de Copenhague, et 240 écoles pour l'instruction des paysans du domaine de la couronne ; il établit la Compagnie asiatique, une compagnie d'assurances maritimes, des missions au Groënland, en Laponie, à Tranquebar, etc. Une autre mesure qui recommande sa mémoire, c'est un essai tenté pour abolir la servitude personnelle (1702), à laquelle les paysans étaient soumis depuis des siècles ; malheureusement, dès qu'il jugea que leur concours ne pouvait plus lui être utile il commit la faute de revenir sur cette détermination si politique. Au reste, l'ambition d'agrandir son royaume le dévora toujours, et ce fut ce sentiment qui le porta à déclarer la guerre à la Suède. Mais Charles XII ne tarda pas à lui imposer une paix aussi humiliante qu'onéreuse : il eût pu lui enlever sa couronne. Après le désastre de Pultawa, Frédéric IV chercha à prendre sa revanche, et enleva aux Suédois diverses places fortes. La mort du roi de Suède amena entre les deux pays la conclusion d'une paix définitive. Frédéric en mourant laissa le Danemark dans un état très-florissant, et fut regretté de ses peuples.

FRÉDÉRIC V, né en 1723, succéda en 1746 à son père, Christian VI, et, comme ses prédécesseurs, se montra le protecteur éclairé des sciences et des lettres. Après un règne pacifique, signalé par la création de diverses institutions utiles, il mourut en 1766, laissant la couronne à son fils aîné, qui fut Christian VII. Devenu veuf, Frédéric V avait épousé, en secondes noces, une princesse de Mecklembourg, *Juliane-Marie*, dont il eut également un fils. Cette artificieuse princesse ne souhaitait rien si ardemment que de voir la couronne passer à sa propre descendance ; devenue veuve, elle n'en continua pas moins à exercer une décisive influence sur les affaires pendant la plus grande partie du règne de Christian VII, et fut pour beaucoup dans les malheurs de la jeune reine Caroline-Mathilde, de même que dans la catastrophe de Brandt et de Struensée.

FRÉDÉRIC VI, né le 28 janvier 1768, était le fils de Christian VII et de *Caroline-Mathilde*. Le 14 avril 1784 il fut déclaré majeur et co-régent de son père, affecté depuis longtemps d'aliénation mentale, et à qui il succéda le 13 mars 1808. Animé des meilleures intentions, il reconnut que dans l'état où se trouvait le pays au moment où il prenait le pouvoir, il n'y avait de salut que dans le prompt redressement de tous les abus. Aussi, par une suite de mesures bienfaisantes, eut-il bientôt régénéré les branches les plus importantes de l'administration. Malgré les calamités qu'attira plus tard sur le Danemark une fausse politique adoptée dans ses relations avec les puissances étrangères, la reconnaissance et l'amour de son peuple lui furent constamment acquis. Son peuple lui savait gré d'avoir complété l'émancipation civile des paysans, amélioré la situation des juifs, aboli longtemps avant l'Angleterre, et sans hâblerie philantropique, l'infâme traite des nègres, d'avoir introduit une suite d'améliorations réelles dans l'ordre judiciaire et la jurisprudence, dans l'armée et l'instruction publique, favorisé les développements de l'agriculture et du commerce ; enfin, d'avoir appelé ses sujets à jouir de la liberté de la presse, à laquelle par la suite, il est vrai, des restrictions de plus en plus gênantes finirent par être mises. Que si pourtant, sous son règne, la monarchie danoise déchut du rang qu'elle occupait auparavant en Europe, et si ses finances allèrent de plus en plus en s'oblitérant, la faute en doit être attribuée bien moins encore à de fausses mesures financières et à la politique extérieure adoptée par son gouvernement, qu'aux circonstances calamiteuses dans lesquelles le pays se trouva fatalement placé par les événements. Jusqu'en 1801, en effet, le Danemark avait su faire respecter sa neutralité maritime ; mais l'attaque contre Copenhague tentée le 2 avril de cette même année par les Anglais, et surtout l'effroyable bombardement que cette capitale eut à subir dans l'été de 1807 de la part de la même puissance, ouvrirent une période de calamités que ne purent détourner ni le patriotisme ni les bonnes intentions du roi.

Malgré tout le respect que la nation éprouvait pour la personne de Frédéric VI, si cruellement éprouvé dans sa vieillesse par l'adversité, elle ne pouvait se dissimuler que la politique intérieure adoptée par ce prince, et qui différait tant de celle qui avait inspiré les premières années de son gouvernement, ne pouvait avoir d'autre résultat qu'une décadence de plus en plus accélérée. Il était dès lors naturel que la révolution de juillet 1830 produisît en Danemark une sensation profonde ; aussi est-ce uniquement à l'agitation qu'elle provoqua dans les esprits qu'il faut attribuer l'octroi fait en 1833 à ses sujets par Frédéric VI d'assemblées d'états provinciaux (*voyez* DANEMARK).

Cette tardive concession n'avait pas encore eu le temps de produire le bien qu'on en attendait, lorsque Frédéric VI mourut, le 3 décembre 1839, laissant la couronne, faute de descendance mâle, à son cousin germain, au petit-fils de Frédéric V et de *Juliane-Marie*, lequel régna sous le nom de Christian VIII.

FRÉDÉRIC VII, qui règne aujourd'hui en Danemark, est né le 6 octobre 1808, et est monté sur le trône le 20 janvier 1848. Il est l'unique fruit d'un premier mariage contracté par feu Christian VIII, son père, avec une princesse *Charlotte* de Mecklembourg-Schwerin ; union malheureuse, que rompit en 1812 un divorce provoqué par la conduite, assez peu exemplaire, de la princesse, morte vingt-trois ans plus tard, quasi en odeur de sainteté à Rome, où elle avait fini par embrasser le catholicisme.

Frédéric VII, il faut le reconnaître, s'est trouvé appelé à recueillir la couronne de Danemark dans des circonstances critiques, et qu'évidemment il n'était point de taille à dominer. Héritier présomptif d'un trône qui, faute de descendance mâle directe de Frédéric VI, devait à la mort de ce prince passer à son père, comme représentant la ligne cadette mâle de la maison royale, ligne issue du mariage de Frédéric V avec Juliane-Marie, il avait épousé, en 1828, la princesse *Wilhelmine*, fille cadette de Frédéric VI. Ce mariage mal assorti demeura stérile. En 1837 la surprise fut grande à Copenhague quand, un matin, on y apprit que le gendre du roi venait d'être mystérieusement exilé à Frédéricia ; nous nous abstiendrons de rapporter les étranges rumeurs auxquelles donna lieu ce véritable coup d'État. Quelques jours après, un divorce juridique affranchissait la princesse des liens qui l'attachaient à son époux ; et jusqu'à la mort de Frédéric VI (1839), l'héritier présomptif du trône demeura confiné dans un coin du Jutland, où son beau-père l'avait relégué. Un des premiers actes de Christian VIII, en montant sur le trône, fut de rappeler son fils auprès de lui. Le prince royal fut en même temps nommé gouverneur de la Fionie. En 1841 on le vit, à l'instar de sa première femme, qui s'était remariée avec le duc de Holstein-Glucksbourg, convoler en secondes noces avec la princesse *Caroline* de Mecklembourg-Strelitz ; mais ce second mariage ne fut pas plus heureux que le premier, et un nouveau divorce, prononcé en 1846, éloigna indéfiniment la réalisation de l'espoir que Christian VIII aimait à conserver de voir sa race se continuer en ligne directe. Des négociations furent, à la vérité, entamées alors avec la Suède pour faire obtenir au prince Frédéric la main d'une des filles du roi Oscar ; mais la jeune princesse ne se laissa point tenter par la couronne qu'on lui montrait en perspective.

Christian VIII légua à son fils la difficile tâche de régler la grave question de succession que soulevait dans les duchés de Schleswig-Holstein, provinces allemandes de la monarchie, la possibilité de l'extinction plus ou moins prochaine de la ligne mâle et directe de la maison royale. Si cette éventualité devait se réaliser, la loi salique, seule en vigueur dans les duchés, voulait que la souveraineté de ces provinces passât à une maison d'agnats ; celle des princes de Holstein-Augustenburg, représentant une branche collatérale *mâle* de la maison régnante ; tandis que la couronne de Danemark, privée désormais de son plus beau fleuron, serait, aux termes de la fameuse *loi du roi*, rendue en 1660 par Frédéric III, recueillie par un prince de Hesse, fils de la sœur de Christian VIII, représentant par conséquent la branche *aînée*, mais désormais *féminine* de la maison d'Oldenbourg. Le récit des faits qui se rattachent à la solution qu'a reçue cette question se trouve déjà à l'article DANEMARK de ce dictionnaire ; et nous aurons à y revenir à l'article SCHLESWIG-HOLSTEIN. Ils occupent naturellement une grande place dans l'histoire du règne de Frédéric VII ; et pour les juger avec impartialité, il faut savoir tenir compte de la patriotique douleur que devait naturellement éprouver le peuple danois en voyant le moment où le Danemark, auquel les événements de 1814 avaient déjà enlevé la Norvège, se trouverait encore réduit de moitié. Mais il faut regretter aussi que la politique égoïstement dynastique adoptée et suivie par Christian VIII, ait malheureusement fait dégénérer en question de *nationalité* une question qui aurait singulièrement pu se simplifier le jour où une constitution libre remplacerait *la loi royale* de Frédéric III, ce honteux monument du despotisme le plus ingénu, qui seule avait introduit en Danemark un ordre de succession contraire aux prescriptions de la loi salique.

En 1850, Frédéric VII a contracté un troisième mariage, dit cette fois *morganatique*, et qui, s'il devait jamais être fécond, laisserait sans aucun droit à la couronne les enfants à qui il donnerait le jour. Cette fois ce n'est point sur les degrés d'un trône étranger que le roi de Danemark est allé chercher celle dont il voulait faire la compagne de sa vie ; c'est tout vulgairement dans un magasin de modes de sa bonne ville de Copenhague qu'il a rencontré la femme qui, après tant de traverses conjugales, devait enfin lui faire goûter les joies du bonheur domestique. En épousant Mlle Rasmussen de la *main gauche*, comme on dit dans le monde princier, Frédéric VII l'a créée *comtesse de Danner* ; et comme ce mariage était une déclaration de guerre à la noblesse, il faut dire que les classes populaires le virent assez généralement de bon œil. La comtesse est devenue ainsi le représentant de l'élément libéral et démocratique dans une cour où domine toujours une aristocratie aussi gourmée que peu éclairée.

En 1848, à la suite de la crise à laquelle fut alors en proie toute l'Europe, Frédéric VII avait accepté et juré une constitution très-libérale, discutée et votée par l'assemblée des états réunis à Roeskilde, constitution qui devait régir aussi bien les provinces danoises que les provinces allemandes de la monarchie, où s'était constitué un gouvernement national, mais insurrectionnel, dans le but d'empêcher l'incorporation pure et simple du Schleswig-Holstein au Danemark, et d'obtenir que le cabinet de Copenhague et l'assemblée nationale danoise laissassent à ces pays la jouissance de leurs anciens droits et ne cherchassent point à absorber leur nationalité. C'est en vertu de cette constitution de 1848 que la question de succession avait été tranchée, du consentement des grandes puissances, et au mépris des droits bien formels de la maison de Holstein-Augustenburg, par la substitution d'un cadet de la maison de Holstein-Glucksbourg à son beau-frère, le prince de Hesse comme héritier du trône tant en Danemark que dans les duchés. Mais en même temps

ered grandes puissances avaient exigé que le gouvernement danois conservât et respectât jusqu'à un certain point les droits et la nationalité des duchés allemands. De là, même après la pacification, des conflits incessants, résultat inévitable des intérêts en présence. En janvier 1852, encouragé par ce qui venait de se passer ailleurs à se jeter dans la voie des réactions, le gouvernement de Frédéric VII crut le moment venu d'en finir avec une constitution entachée de libéralisme. En conséquence, dès le 20 janvier un manifeste royal annonça la prochaine publication d'une constitution nouvelle, émanant du trône et ayant pour objet de régler les affaires communes aux différentes parties de la monarchie. L'opinion publique accueillit assez bien en Danemark ce manifeste, parce qu'elle y vit le gage de la fusion définitive des diverses parties de la monarchie, en un mot la complète *danisation* des duchés. Après deux années et demie d'attente, la nouvelle constitution fut enfin publiée, le 31 juillet de la présente année (1854); mais alors la partie libérale de la nation vit qu'elle avait été jouée, et que la charte nouvelle rétablissait en réalité le gouvernement du bon plaisir auquel avait mis fin la constitution de 1848. Le premier acte de la diète, à l'acceptation de laquelle le gouvernement soumit la constitution du 31 juillet 1854, fut de décréter d'accusation les conseillers de la couronne, et de protester énergiquement contre toute atteinte directe ou indirecte que les ministres oseraient porter à la charte de 1848. Tout aussitôt un ordre royal prononça la dissolution de la diète, en appela à de nouvelles élections, pour que la nation eût à se prononcer dans le grave conflit survenu entre les grands pouvoirs de l'État.

Au moment où nous imprimons, les électeurs se prononcent partout à la presque unanimité contre cette révolution tentée de haut en bas, et réélisent tous les membres de la diète dissoute. On ne saurait se dissimuler que, quelle que soit l'issue de cette lutte, elle devra peu contribuer à consolider l'ordre de choses actuel.

FRÉDÉRIC Ier, roi de Suède, né à Cassel en 1676, était un cadet de la maison de Hesse, qui épousa, en 1715, la princesse Ulrique-Éléonore, sœur de Charles XII, que la mort de ce prince appela à lui succéder sur le trône en vertu de la loi d'hérédité, quoique le roi eût désigné pour héritier le duc de Holstein. En même temps son époux prenait le commandement de l'armée suédoise, avec le titre de généralissime. L'année suivante (1720), au milieu des dangers que faisait naître la crise où se trouvait la Suède, Ulrique-Éléonore réunit les états, et leur fit déclarer toi son mari, qui prit le nom de *Frédéric Ier*. Il jura obéissance à la constitution, et s'obligea à ne rien faire sans l'avis et le consentement d'un sénat composé de douze membres, en qui résidait réellement l'autorité souveraine. Les premiers soins du nouveau roi furent de conclure avec le Danemark et la Russie une paix qui enlevait à la Suède plusieurs parties de son territoire, mais qui lui assurait du moins le calme et le repos dont elle avait tant besoin. Frédéric, pacifique par caractère, se montra toujours avare du sang de ses sujets, et, quand, en 1740, les états déclarèrent la guerre à la Russie, il céda au désir de la nation, mais en déplora d'avance les suites. Elles furent en effet funestes à la Suède, qui dut encore acheter la paix, en 1743, par des sacrifices plus considérables. C'est lorsque la Finlande était encore au pouvoir des Russes que la diète désigna Adolphe-Frédéric de Holstein pour succéder à Frédéric, lequel mourut sans laisser de postérité, en 1751. Frédéric Ier, prince actif, laborieux, éclairé, protégea les beaux-arts et encouragea le commerce et l'agriculture. La Suède lui doit le canal qui va de Stockholm à Gothenbourg, évitant ainsi à ses vaisseaux le passage du Sund. Il fit publier un nouveau code civil et criminel, ouvrit des établissements d'éducation, et sanctionna le rétablissement de l'Académie des Sciences de Stockholm. La population de ses États s'accrut de près d'un million d'habitants pendant la durée de son règne : c'est là le plus bel éloge qu'on puisse faire de son administration.

FRÉDÉRIC le *Mordu* ou le *Joyeux*, margrave de Mis-

nie, landgrave de Thuringe (1291 à 1324), né vers 1256 était fils du landgrave Albert et de Marguerite, fille de l'empereur Frédéric II. Cette princesse ayant appris qu'Albert, entraîné par sa passion pour Cunégonde d'Eisenach, avait conçu le projet de se défaire d'elle secrètement, se déroba par une prompte fuite à la mort qui lui était réservée. On raconte qu'en proie à la plus vive douleur, au moment de se séparer de son fils, encore tout jeune enfant, elle le mordit de désespoir à la joue, et que c'est cette morsure, dont il conserva toujours la cicatrice, qui lui valut son surnom. Albert, entraîné par sa passion et par sa haine, voulut exclure ses deux fils légitimes de sa succession, au profit d'un bâtard qu'il avait eu de Cunégonde. Il s'ensuivit une guerre sanglante, dans laquelle Albert finit par avoir le dessous. Pour se venger de ses fils, Albert vendit toute la Thuringe à Adolphe de Nassau. Frédéric le Mordu et son frère Diezmann attaquèrent ce prince, et à sa mort, arrivée en 1298, continuèrent leurs hostilités contre son successeur, Albert Ier d'Autriche. Celui-ci ayant été assassiné par son neveu, Jean de Souabe (1308), les territoires dont s'était emparé l'empereur reconnurent de nouveau l'autorité de Frédéric; et Diezmann, son frère, ayant pareillement succombé sous le fer d'un assassin, à Leipzig (vers la fin de 1307), Frédéric se trouva seul margrave de Misnie et de Lusace, et landgrave de Thuringe. En 1312 il déclara la guerre au marquis Othon de Brandebourg, qui le fit prisonnier à la bataille de Grossenhain; et il le racheta sa liberté qu'au prix de 32,000 marcs d'argent et de la cession de la basse Lusace. En 1322 il fut frappé d'aliénation mentale, par suite, dit-on, de la vive impression que produisit sur lui la représentation d'un mystère intitulé : *Les cinq Vierges sages et les cinq Vierges folles*, et mourut à Eisenach, le 17 novembre 1324. Il eut pour successeur *Frédéric le Sérieux*, son fils, né en 1309 et mort en 1349. Celui-ci, à son tour, eut pour successeurs ses fils *Frédéric le Sévère* ou *le Bon*, né en 1331, mort en 1380; *Balthazar*, né en 1336, mort en 1406; et *Guillaume*, né en 1343, mort en 1407. Après ce dernier, régna *Frédéric Ier*, dit *le Belliqueux*, qui devint duc de Saxe.

FRÉDÉRIC. — La Saxe a eu trois ducs de ce nom.

FRÉDÉRIC Ier, dit *le Belliqueux*, premier duc de Saxe de la maison de Wettin ou de Misnie, et électeur (1423 à 1428), né à Altenbourg, le 29 mars 1369, était l'aîné des trois fils du landgrave et margrave Frédéric II, dit *le Sévère*, et de Catherine, comtesse de Henneberg, qui apporta en dot à son époux Cobourg et son territoire. Dès l'âge de quatre ans, Frédéric Ier avait été fiancé à *Anne*, fille de l'empereur Charles IV, ce qui, lorsque plus tard le roi Wenceslas disposa de sa fiancée en faveur d'un autre, l'engagea avec ce prince dans une suite de différends auxquels put seule mettre un terme, en 1397, une indemnité pécuniaire, consentie par Wenceslas. Armé chevalier lors de l'expédition qu'il entreprit de concert avec l'ordre Teutonique contre les Lithuaniens, il fit preuve d'une extrême énergie dans sa lutte contre un ennemi personnel, le roi Wenceslas, après que celui-ci eut été déposé. Il épousa, en 1402, Catherine de Brunswick. L'événement le plus remarquable de son règne est la fondation de l'université de Leipzig (1409). Dans la guerre contre les hussites, il prêta à l'empereur Sigismond, abandonné de l'envi par ses confédérés, un appui si utile, que ce prince, en reconnaissance de ses bons services, éleva, en 1423, en faveur du duché de Saxe au rang d'électorat. Mais Frédéric Ier ne devait pas jouir en paix de cet accroissement de puissance; car à partir de ce moment l'empereur lui laissa sur les bras tout le poids de cette guerre. Les autres princes de l'Empire ayant manqué à l'engagement qu'ils avaient pris de lui envoyer des secours, Frédéric Ier perdit une grande partie de son armée dans la bataille de Brux (1425), et fut tout aussi malheureux l'année suivante, à l'affaire d'Aussig, où périt la fleur de la noblesse et de la chevalerie saxonnes. La douleur que lui fit éprouver cette série de désastres fut très-vraisemblablement la cause de sa mort. Il mourut le 4 janvier 1428, et eut pour successeur Frédéric le Pacifique.

FRÉDÉRIC II, dit *le Pacifique*, électeur et duc de Saxe (1428 à 1464), souche des lignes *Ernestine* et *Albertine*, naquit en 1412. Il succéda, très-jeune encore, en 1428, à son père, Frédéric le Belliqueux, comme aîné, dans le duché de Saxe, et dans le reste du pays, au nom de ses frères et cohéritiers, *Sigismond*, *Henri* et *Guillaume*. Le nouvel électeur prenait là une lourde charge. Il ceignait une couronne que le temps n'avait pas encore pu affermir dans sa maison, et contractait l'obligation de défendre un pays exposé aux irruptions dévastatrices des hussites. A peine eut-il détourné ces périls, qu'une mésintelligence profonde éclata entre lui et ses frères, parvenus à leur âge de majorité. *Sigismond* ayant levé l'étendard de la révolte fut fait prisonnier en 1337; sa captivité ne cessa qu'en 1340, quand il se décida à embrasser l'état ecclésiastique, et alors il fut promu à l'évêché de Wurtzbourg. Les troubles causés par cette lutte ne furent pas plus tôt terminés, qu'il s'en éleva d'autres, par suite d'une question de partage soulevée dans un héritage commun échu aux trois frères (1445), dont l'un, *Guillaume*, se crut lésé au profit de son frère *Henri*. La guerre éclata entre ces deux frères, et tous les efforts de Frédéric pour les concilier furent inutiles. Il fallut une exhortation formelle de l'empereur pour amener, en 1451, la cessation des hostilités. L'événement connu dans l'histoire d'Allemagne sous le nom d'*enlèvement des princes* est l'un des plus curieux incidents de ces luttes intestines.

Frédéric II, qui eut huit enfants de sa femme *Marguerite*, sœur de l'empereur Frédéric III, mena, du reste, dans son intérieur la vie la plus tranquille et la plus heureuse; il mourut en 1464, laissant deux fils, Ernest et Albert, desquels sont issues les lignes *Ernestine* et *Albertine* de la maison de Saxe.

FRÉDÉRIC III, dit *le Sage*, électeur et duc de Saxe (1486 à 1525), né à Torgau, en 1463, succéda en 1486 à son père, l'électeur *Ernest*, dans l'électorat et le duché de Saxe comme seul souverain, et gouverna les autres possessions de la ligne Albertine en commun avec son frère Jean le Constant. Ami des sciences, il fonda, en 1502, l'université de Wittemberg. Quoique n'ayant jamais fait ouvertement profession des doctrines de Luther, il rendit cependant des services signalés à la Réformation. Ainsi, il prit la défense de Luther contre le pape, lui fit obtenir en 1522 un sauf-conduit pour Worms, et le fit ensuite ramener en sûreté au château de Wartburg. Chargé à trois reprises du vicariat de l'Empire, il refusa la couronne impériale à la mort de Maximilien Ier. Après avoir été, vers la fin de sa vie, douloureusement affecté des désastres qu'entraîna la *guerre des Paysans*, il mourut, le 5 mai 1525.

FRÉDÉRIC Ier (GUILLAUME-CHARLES), roi de Wurtemberg (de 1806 à 1816), né le 6 novembre 1754, à Treptow en Poméranie, était fils du duc Frédéric-Eugène de Wurtemberg. Les idées françaises furent celles qui dominèrent dans le développement à sa jeune intelligence, et un séjour de quatre années à Lausanne ne put que contribuer à en affermir l'influence. Le Grand Frédéric devint bientôt le modèle de ce prince, qui, comme ses sept frères, entra au service de Prusse et prit part à la guerre de succession de Bavière parvint au grade de général-major. Au retour d'un voyage en Italie, où il avait accompagné le grand-duc Paul de Russie, mari de sa sœur, il fut nommé gouverneur général de la Finlande russe. Mais en 1787 il renonça à cette position, et s'en alla vivre à Monrepos, près de Lausanne, puis à Rodenheim, dans les environs de Mayence. En 1780, il avait épousé la princesse Auguste-Caroline-Louise de Brunswick-Wolfenbüttel, qui mourut en 1787, et de laquelle il eut deux fils, son successeur au trône, *Guillaume* Ier, et le prince *Paul*, né en 1785, et mort à Paris, en 1852, après s'être converti au catholicisme, ainsi qu'une fille, *Catherine*, mariée plus tard à Jérôme Bonaparte. Son père ayant été appelé, en 1795, au gouvernement du duché de Wurtemberg, par suite de la mort de deux frères aînés, décédés sans laisser de descendance mâle, il prit le titre de prince héréditaire, et deux ans plus tard, le 23 décembre 1797, il succéda à son père en qualité de duc de Wurtemberg; titre qu'en 1803 il échangea contre celui d'*électeur*, créé en sa faveur par la cour de Vienne. Sa politique tendit d'abord à la conservation, puis à l'accroissement de ses États. C'est ainsi que l'alliance qu'il contracta avec Napoléon et son accession à la Confédération du Rhin, par suite de laquelle il prit, le 1er janvier 1806, le titre de *roi*, lui valurent la possession d'un royaume indépendant, présentant une superficie d'environ 868 myriamètres carrés, avec une population de 1,400,000 âmes. Dans le sentiment exagéré qu'a sa puissance, il voulut se placer sur la même ligne que les autres souverains de l'Europe; en conséquence, il entoura son trône de tout le faste possible, et porta l'effectif de son armée à un chiffre de beaucoup supérieur aux ressources du pays. A l'instar de Frédéric le Grand et de Napoléon, il prétendait exercer une complete autocratie, et faire marcher le gouvernement de son peuple comme une machine. L'éducation à *la française* qu'il avait reçue, le point de vue sous lequel il lui avait fait envisager et l'humanité et les joies de ce monde, s'opposaient à ce qu'il eût une idée bien claire du caractère moral de la politique, ce grand art de gouverner les hommes, devrait toujours conserver. Jamais d'ailleurs son esprit ne conçut le plus léger doute que le droit pût ne pas être de son côté. Ce ne fut qu'après la bataille de Leipzig qu'il se rapprocha des puissances coalisées. Le ministre qu'il envoya au grand quartier général des alliés négocier l'arrangement par lequel il était d'abandonner la cause de Napoléon avait ordre de tout faire pour qu'on adjugeât à son maître quelque bon lopin de terre pour prix de sa défection, et fut disgracié pour n'avoir réussi qu'à lui obtenir la garantie de ses diverses possessions avec la confirmation du titre de roi que Napoléon lui avait donné.

Le Wurtemberg, plus peut-être que toute autre contrée de l'Allemagne, subit l'influence des idées de régénération sociale et de liberté politique qui firent la force des nations germaniques en 1813; et Frédéric Ier eut le bon esprit de comprendre que le temps était venu de faire des concessions à l'esprit du siècle. Il prévint donc les vœux de ses sujets en leur octroyant par ordonnance une constitution politique; mais, à la grande surprise d'un prince habitué par tout son passé à voir dominer le principe de l'obéissance aveugle, les états réunis rejetèrent à l'*unanimité* son projet de constitution, et il venait d'en soumettre un autre à cette assemblée, lorsque la mort le frappa, le 30 octobre 1816.

FRÉDÉRIC (GUILLAUME-CHARLES), prince des Pays-Bas, fils cadet du roi Guillaume Ier, est né le 28 février 1797, alors que déjà la famille d'Orange avait été forcée de fuir de la Hollande. Les temps difficiles au milieu desquels s'écoula sa première jeunesse ne furent pas sans influence sur la direction de son esprit, et lui firent de bonne heure apprécier le charme d'une vie tranquille et retirée, consacrée à l'étude des lettres et des arts. Pendant le séjour de sa famille à Berlin, il reçut des leçons d'histoire du célèbre Niebuhr. Revenu dans les Pays-Bas, vers la fin de 1813, le pacte de famille en date du 4 avril 1815 lui assura le droit de succession, à titre de prince souverain indépendant, dans les possessions héréditaires de la maison d'Orange en Allemagne. Mais, par suite de l'adjonction de la Belgique aux Pays-Bas, ces possessions héréditaires furent échangées contre le Luxembourg; et la loi du 25 mai 1816, par laquelle le prince renonça, pour lui et ses descendants, à ce droit d'hérédité moyennant l'abandon qui lui fut fait d'un certain nombre de domaines dans le Brabant septentrional, à titre d'indemnité, déclara ce pays à jamais uni au royaume des Pays-Bas. En 1825 le prince Frédéric des Pays-Bas épousa la princesse *Louise* de Prusse. Quelque temps après son mariage, il fut nommé commissaire général au département de la guerre, et plus tard amiral du royaume. Dans l'exercice de ces fonctions, il fit constamment preuve d'une extrême activité, jointe à une minutieuse exactitude. Quand les loges de francs-maçons prirent une grande influence dans le pays, on jugea convenable d'appeler ce prince à les présider, sous le titre de *grand-maître*. La révolution qui a arraché la Belgique aux Pays-Bas, pour en constituer un État indépendant, ouvrit un nouveau champ à l'activité du prince Frédéric, qui fut alors chargé de l'organisation de l'armée hollandaise, ainsi que de tous les détails d'exécution des diverses mesures militaires prises contre la Belgique. Depuis l'abdication de son père, le prince Frédéric a, comme lui, renoncé à la vie politique pour se renfermer dans le cercle de sa famille et s'y consacrer à la culture des arts de la paix.

FRÉDÉRIC-AUGUSTE, noms sous lesquels ont régné deux rois de Saxe.

FRÉDÉRIC-AUGUSTE Ier, surnommé *le Juste*, roi de Saxe (1806 à 1827), fils aîné de l'électeur Frédéric-Christian, né à Dresde, le 23 décembre 1750, succéda à son père, le 17 décembre 1763, sous la tutelle de son oncle, le prince Xavier, administrateur de l'électorat. Déclaré majeur le 15 septembre 1768, il épousa l'année suivante la princesse *Marie-Amélie* de Deux-Ponts, née en 1751, morte en 1828, dont il n'eut qu'une fille, la princesse *Augusta*, née le 21 juin 1782. Représentant des droits de sa mère à l'héritage de son frère, l'électeur de Bavière, il fit cause commune avec Frédéric le Grand contre l'Autriche dans la guerre de la succession de Bavière. Des considérations tirées de l'intérêt et de la situation géographique de ses États l'engagèrent à refuser la couronne de Pologne, en 1791, comme aussi à accéder à la coalition contre la France, sortie des fameuses conférences de Pillnitz. Pour lui fournir son contingent comme membre de l'Empire, il attendit que la guerre eût été déclarée à cette puissance au nom de l'Empire; et dès 1793 il accéda à l'armistice et au traité de neutralité signés avec la France au nom du cercle de la Haute-Saxe. Après s'être efforcé au congrès de Radstadt de maintenir l'indépendance et l'intégralité de l'Empire, il resta étranger à la guerre faite en 1805 par la France à l'Autriche; et, après la dissolution de l'Empire d'Allemagne, il fit cause commune avec la Prusse jusqu'au moment où le désastre d'Iéna le força d'entrer en négociations avec Napoléon. A la suite de la paix conclue à Posen (11 décembre 1806), il prit le titre de *roi*, et accéda alors comme prince souverain à la *Confédération du Rhin*. A la paix de Tilsitt, il reçut le duché de Varsovie. Comme roi de Saxe et duc de Varsovie, il avait pris l'engagement de seconder Napoléon dans toutes les guerres que celui-ci entreprendrait; cependant il n'envoya point de troupes en Espagne, et dans la guerre de 1809 contre l'Autriche il ne mit à la disposition du dominateur de l'Europe que tout juste son contingent. Lorsqu'en 1813 la Saxe devint le théâtre des grandes opérations de la guerre, il se rendit d'abord à Plauen, puis à Ratisbonne, et enfin à Prague. Après la bataille de Lutzen, force lui fut d'obéir aux injonctions de Napoléon et de s'en revenir à Dresde. Plus tard il suivit Napoléon à Leipzig. Quand cette ville tomba au pouvoir des alliés, l'empereur Alexandre fit savoir au roi de Saxe qu'il le considérait comme son prisonnier; et on ne voulut tenir aucun compte d'un acte par lequel il se déclara alors prêt à faire cause commune avec la coalition. Il dut se rendre à Berlin, puis aller résider au château de Friedrichsfeld jusqu'au moment où on lui accorda la permission de fixer sa résidence à Presbourg. Après avoir consenti dans cette ville à céder à la Prusse, conformément aux décisions du congrès de Vienne, la moitié de la Saxe, il put enfin rentrer, le 7 juin 1815, dans sa capitale, et depuis lors il consacra tous ses efforts à cicatriser les blessures faites à ses États par la guerre. Il mourut à Dresde, le 5 mai 1827, et eut pour successeur son frère Antoine.

FRÉDÉRIC-AUGUSTE II, roi de Saxe (1836 à 1854), né le 18 mai 1797, était le fils aîné du prince *Maximilien* de Saxe, mort le 3 janvier 1838. Il reçut conjointement avec ses frères, le prince *Clément*, mort à Pise, le 4 janvier 1822, et le prince *Jean*, l'instruction la plus variée. Les malheurs du temps attristèrent d'ailleurs les premières années de sa vie, et on peut dire de lui avec raison qu'il fut élevé à la rude école de l'adversité. Après un court séjour à Presbourg, en 1815, il se rendit avec son frère *Clément* au quartier général autrichien à Dijon, où l'archiduc Ferdinand d'Este fit l'accueil le plus bienveillant aux deux jeunes princes. Après avoir visité Paris, ils revinrent à Dresde, où ils continuèrent leurs études avec leur frère Jean. Frédéric-Auguste voulut acquérir des connaissances étendues en administration, en jurisprudence et dans tout ce qui concerne l'art militaire. Le roi Frédéric-Auguste Ier l'initia de bonne heure aux affaires. A partir de 1819 il assista aussi aux séances du conseil intime, où depuis 1822 il eut voix délibérative. Dans l'été de 1824 il visita la Hollande, et vint l'année suivante à Paris. En 1828 il parcourut l'Italie. Parmi les collections qu'il avait réunies avec une sûreté de goût à laquelle tous les juges compétents rendaient hommage, on cite surtout sa riche collection de gravures. Il avait hérité du goût du roi Frédéric-Auguste Ier, son oncle, pour la botanique, et en a donné une preuve remarquable dans sa *Flora Marienbadensis, ou plantes de montagnes rassemblées et décrites par le prince Frédéric, co-régent de Saxe, et par J.-W. de Gœthe* (Prague, 1837).

Quand le contre-coup des événements de 1830 se fit sentir en Saxe, et lorsque éclatèrent les troubles de Dresde, dont la différence de religion existant entre le peuple et la famille régnante fut un des motifs déterminants, ce fut lui qu'on plaça à la tête de la commission chargée du maintien de l'ordre dans la capitale. Le roi Antoine, monté sur le trône à l'âge de soixante-quinze ans, était devenu de plus en plus impropre au gouvernement. Il sentit alors le pouvoir s'échapper de ses débiles mains; et pour apaiser le mouvement populaire, il rendit un édit par lequel il s'adjoignit en qualité de co-régent son neveu Frédéric-Auguste, qui jouissait alors de la faveur publique. Cet arrangement fut favorisé par le père du jeune prince, le prince *Maximilien*, lequel devait succéder au roi Antoine et renonça à tous ses droits à la couronne. Le mouvement populaire qui appelait le prince Frédéric-Auguste à l'exercice du pouvoir eut encore d'autres conséquences; il amena la réforme de la constitution de la Saxe, où le gouvernement représentatif fut enfin établi. Mais en réalité ce ne fut guère là qu'une parodie du système constitutionnel, et le gouvernement de la Saxe demeura aussi despotique que peuvent l'être ceux du reste d'Allemagne. Plus propre à être préposé à la direction d'un musée qu'au gouvernement d'un peuple, Frédéric-Auguste II abandonna à peu près complétement le soin des affaires à son ministre principal, M. de Beust. Le roi *botanisait* pendant que son ministre *gouvernait*. Sa popularité ne tarda donc pas à disparaître; et ce revirement de l'opinion fut dû aussi aux grande partie aux légitimes appréhensions que fit naître dans la population protestante de la Saxe l'ardeur de prosélytisme que ne cessa pas de montrer le clergé catholique, instrument aux mains de la cour. Il était tout naturel dès lors que le contre-coup des événements de 1848 se fit ressentir en Saxe aussi autant d'intensité que partout ailleurs; et au mois de mai 1849 le radicalisme provoqua même dans les rues de Dresde une sanglante insurrection, qui ne put être comprimée que par la force des armes.

Frédéric-Auguste, afin de satisfaire sa passion pour la botanique, entreprenait souvent de grands et lointains voyages; nous citerons, entre autres, celui qu'il fit en Istrie, en Dalmatie et dans le pays des Monténégrins pendant l'été de 1838. Le 9 août 1854, après s'être rendu à Munich pour y visiter son neveu le roi de Bavière, il s'en revenait à Dresde par le Tirol, lorsque sa voiture ayant versé près de Brennbeuchl, il tomba sous les pieds de ses chevaux et expira presque aussitôt, sur la grande route même, par suite des graves blessures qui furent pour lui le résultat de cet accident.

Frédéric-Auguste II avait épousé, en 1819, l'archidu-

50.

chesse Caroline d'Autriche, morte sans enfants, le 22 mai 1832, après avoir constamment souffert d'un état de maladie. Le 24 avril suivant, il épousa en secondes noces la princesse Marie de Bavière, née le 27 janvier 1805; mais, comme la première, cette seconde union étant demeurée stérile, son frère *Jean* lui a succédé sur le trône de Saxe.

FRÉDÉRIC D'OR, monnaie d'or prussienne de la valeur de 5 thalers; (21 fr. 25 c.). Il y a aussi des *doubles frédérics d'or*.

FRÉDÉRIC-GUILLAUME, électeur de Brandebourg (1640 à 1688), appelé d'ordinaire *le grand-électeur*, né à Berlin, en 1620, avait vingt ans, lorsque la mort de son père, Georges-Guillaume, l'appela à régner. Il adopta tout aussitôt un système de politique autre que celui qu'avait suivi son père dans la guerre de trente ans, et conclut avec les Suédois un armistice dont l'effet devait être de mettre enfin un terme aux dévastations, dont ses États avaient à souffrir de la part du plus dangereux de ses voisins. En 1647, il épousa la princesse Louise-Henriette d'Orange, femme aussi distinguée par son esprit ferme et éclairé que par ses sentiments profondément religieux, et auteur du cantique : *Jesus, meine Zuversicht* (O Jésus! mon espérance), qui est demeuré dans la liturgie de l'Allemagne protestante. La paix une fois conclue, sa grande affaire fut de se créer une armée permanente, afin de ne plus se retrouver, si de nouvelles guerres venaient à éclater, sans défense, comme dans la guerre de trente ans, et à la merci des irruptions de l'ennemi. Dix années lui suffirent pour porter à 25,000 hommes l'effectif de cette armée, pour l'organisation de laquelle l'armée suédoise lui servit de modèle; et en 1655 il se trouva contraint de prendre part à la guerre que fit au roi de Pologne, Jean-Casimir, le roi de Suède Charles-Gustave; et ce prince, après la conquête d'une grande partie de la Pologne, lui donna à titre de duché de Prusse. L'année suivante, pour prix de son utile coopération, l'électeur obtint, en vertu du traité signé à Labiau, la renonciation de la Suède à ses droits de suzeraineté sur le duché de Prusse. Puis, quand l'empereur vint au secours de la Pologne, menacée dans son existence (1657), et lorsque le roi de Danemark, profitant de la circonstance pour se récupérer de ses pertes, déclara la guerre à la Suède, Frédéric-Guillaume abandonna le parti de cette puissance, et s'allia au roi de Pologne, qui lui garantit la souveraineté de la Prusse. À peu de temps de là, redoutant la vengeance que Charles-Gustave ne pouvait manquer de chercher à tirer de sa défection, il s'unit encore plus étroitement à la Pologne, au Danemark et à la Hollande, par un traité d'alliance offensive et défensive. La mort subite de Charles-Gustave éloigna les dangers qu'il avait dû prévoir, et par la paix signée en 1660, entre les puissances belligérantes, l'électeur obtint la confirmation et la garantie de ses droits de pleine et entière souveraineté sur le duché de Prusse. Mais les états de cette province, mécontents de la cessation de leurs rapports féodaux avec la Pologne, se refusèrent à lui prêter le serment de fidélité et à lui rendre hommage. La ville de Kœnigsberg et son bourgmestre se distinguèrent surtout dans cette opposition significative; et il fallut recourir à l'emploi de mesures sévères, par exemple la construction de la forteresse de Friedrichsburg, dont les feux dominent la ville de Kœnigsberg, pour triompher de ces résistances. En 1666 Frédéric-Guillaume dut agir de même à l'égard de Magdebourg, en passant de l'autorité de son archevêque sous la puissance de l'électeur de Brandebourg, prétendait conserver ses privilèges de ville libre impériale. En 1672, comprenant quels dangers entraînerait pour l'indépendance du corps germanique l'anéantissement de la république des Pays-Bas, il s'allia à cette puissance, que Louis XIV venait d'attaquer. L'invasion de ses possessions de Westphalie par les troupes françaises le contraignit à accéder, en 1673, à une convention. Il renonça à l'alliance de la Hollande, et s'engagea à ne prêter aux ennemis de la France aucune assistance, directe ou indirecte, sous la réserve toutefois de pouvoir secourir l'Empire s'il était attaqué. Le *casus fœderis* se réalisa dès 1674, l'Empire ayant à ce moment déclaré la guerre à la France. Les Pays-Bas et le pays du haut Rhin devinrent aussitôt le théâtre des hostilités. Après que beaucoup de sang eut été inutilement versé dans les batailles de Sierzheim (16 juin) et de Senef en Brabant (11 août), l'armée impériale, que l'arrivée des troupes de l'électeur avait portée à un effectif de 60,000 hommes, franchit le Rhin, et prit ses quartiers d'hiver en Alsace, pendant que Turenne se retirait en Lorraine. Mais dans les derniers jours de cette même année 1674, Turenne attaqua à l'improviste les confédérés, qui durent repasser le Rhin au mois de janvier 1675, et l'électeur s'en alla alors prendre ses quartiers en Franconie. Pendant ce temps-là, le roi de Suède, Charles IX, allié de la France, dans le but d'opérer une diversion utile aux intérêts de cette puissance, fit envahir le comté de la Marche par une armée partie de la Poméranie, aux ordres du maréchal Wrangel, qui s'empara de cette province, restée sans défense. Rassurée par l'éloignement où se trouvait Frédéric-Guillaume, l'armée suédoise continua à marcher en avant, commettant dans le pays des dévastations qui rappelaient les atrocités de la guerre de trente ans. Tout à coup l'électeur accourt à marches forcées du fond de la Franconie avec ses troupes, enlève, le 15 juin, Rathenau d'assaut et le 18, à *Fehrbellin*, bat si complètement l'ennemi, que l'armée suédoise est obligée d'évacuer en toute hâte ses États, dans un état de désorganisation et de démoralisation équivalant à une entière dissolution. Poursuivant sans désemparer le cours de ses succès, Frédéric-Guillaume se rendit maître de toute la Poméranie, et expulsa encore les Suédois de la Prusse, lorsqu'en janvier 1679 ils envahirent cette province avec une armée formée en Livonie.

Pendant ce temps-là, les diverses défaites essuyées par les confédérés sur les bords du Rhin, et surtout l'habileté diplomatique de Louis XIV, les déterminaient à traiter de la paix, chacun isolément : la Hollande, dès le 11 août; l'Espagne, le 17 septembre; et l'empereur, le 5 février 1679, à Nimègue. L'électeur, abandonné par l'empereur, essaya de défendre opiniâtrement la Poméranie; mais les Français ayant envahi le duché de Clèves au nombre de 30,000 hommes, force lui fut designer, le 29 juin 1679, le traité de Saint-Germain-en-Laye, par lequel il dut restituer à la Suède ses conquêtes, ne recevant seulement de la France, à titre d'indemnité, une somme de 300,000 écus, ainsi que les quelques villages que les Suédois avaient conservés dans la basse Poméranie depuis le traité de Westphalie.

Lorsque, par la suite, Louis XIV, s'autorisant des arrêts rendus par sa fameuse *chambre des réunions*, qui siégea en 1680 à Metz, à Brisach, à Besançon et à Tournay, s'adjugea la propriété d'un grand nombre de villes et de territoires dépendant de l'Empire, et s'en empara à main armée, en juillet, le prince d'Orange fit conclure entre les États-généraux et la Suède un traité auquel accédèrent plus tard l'empereur et les princes les plus importants de l'Empire. Seul, l'électeur de Brandebourg non seulement refusa d'accéder à cette coalition, mais fit encore tout ce qui dépendait de lui pour amener la solution pacifique du différend entre l'Empire et la France. Les puissances coalisées repoussèrent d'abord les ouvertures d'arrangement amiable que leur fit Frédéric-Guillaume; mais, engagées qu'elles étaient, pour la plupart, dans une guerre contre les Turcs, et dès lors hors d'état de repousser efficacement les envahissements de la France, l'intervention de l'électeur amena enfin, le 15 août 1684, la conclusion d'une trêve de vingt ans, en vertu de laquelle le roi de France resta en possession de tout ce qu'il s'était approprié au 1er août 1681, y compris Strasbourg et le port de Kehl.

L'alliance de l'électeur et de la France fut brisée par la révocation de l'édit de Nantes. Protestant zélé, Frédéric-Guillaume s'empressa d'offrir un asile dans ses États à ceux de ses coreligionnaires qu'on persécutait si cruellement en France, et renouvela son alliance avec la Hollande, en même temps qu'il se rapprochait de nouveau de l'Autriche, dans l'espoir d'être indemnisé par l'empereur de la perte des trois principautés de Liegnitz, de Brieg et de Wolau, situées en Silésie, et qui, à l'extinction de la maison de Piast (1675), eussent dû, en vertu d'anciens pactes de famille, faire retour au Brandebourg, mais dont l'Autriche s'était emparée. Pour mieux disposer l'empereur à faire droit à ses réclamations, il lui envoya pour la guerre de Hongrie un corps auxiliaire de 8,000 hommes. Satisfait de la cession qu'on lui fut consentie du cercle de Schwiebus, en Silésie, et d'une indemnité pécuniaire primitivement élevée par lui à un million, puis réduite à 240,000 thalers, il renonça à toutes autres prétentions et réclamations sur les trois duchés.

Frédéric-Guillaume mourut à Potsdam, le 29 avril 1688, des suites d'une hydropisie. Frédéric II, son arrière-petit-fils, dit de lui, dans ses Mémoires, qu'il fut le défenseur et le restaurateur de ses États, le créateur de l'illustration et de la puissance de sa maison ; et c'est avec raison qu'on a coutume de faire dater de son règne l'origine de la grandeur et de l'importance politiques de la Prusse. La superficie totale de l'électorat, augmentée par Frédéric-Guillaume d'environ 402 myriamètres carrés, comprenait à sa mort 11,430 myriamètres carrés ; et la population, si cruellement diminuée par les calamités de la guerre de trente ans, n'avait pas augmenté dans une proportion moindre, grâce à l'immigration d'abord de colons hollandais, puis de réfugiés français, qui vinrent au nombre de plus de 20,000 s'établir dans l'électorat. Ces étrangers défrichèrent de vastes parties du sol restées jusque alors incultes, et enrichirent le pays en y introduisant de nouvelles méthodes de culture. Berlin doit à ce prince de notables embellissements et la création de divers établissements d'utilité publique. Le canal *Frédéric-Guillaume*, qui unit la Sprée à l'Havel, creusé par ses ordres en 1662, favorisa singulièrement les développements du commerce de la Marche avec Berlin. Ce fut aussi sous son règne, en 1650, que l'institution des postes fut pour la première fois introduite dans l'électorat ; en 1661 parut la première gazette qui y ait été imprimée ; enfin, en 1650 s'établit à Berlin le premier libraire qu'on eût encore vu dans cette capitale : il s'appelait Rupert Vœlker.

Frédéric-Guillaume, qui avait épousé en secondes noces une princesse de Holstein-Glucksbourg, eut pour successeur son fils du premier lit, Frédéric III, désigné comme roi de Prusse sous le nom de *Frédéric Ier*.

FRÉDÉRIC-GUILLAUME. Quatre rois de Prusse ont régné sous ces deux noms unis, outre le *grand-électeur*, à qui nous venons de donner un article particulier.

FRÉDÉRIC-GUILLAUME Ier, *roi de Prusse* (1713-1740), fils de Frédéric Ier, né en 1688, reçut sa première éducation sous la direction éclairée de sa mère, la princesse Sophie-Charlotte de Hanovre, par les soins d'une Française de distinction, la spirituelle Mme de Rocoulle, devenue célèbre plus tard sous le nom de Marthe Duval. Les généraux de son père, le margrave Philippe, et le prince d'Anhalt, éveillèrent les premiers chez lui une passion qu'il conserva toute sa vie, la passion pour tout ce qui était militaire ; et ses rapports avec deux des plus illustres capitaines de son siècle, Eugène et Marlborough, lors du siège de Tournay, auquel il assista, paraissent l'avoir encore développée davantage, sans toutefois qu'elle ait pu faire de lui un capitaine.

Aussitôt après son avénement au trône (25 février 1713), Frédéric-Guillaume mit des bornes au luxe qui jusque alors avait régné à la cour de son père. C'est ainsi, par exemple, qu'au lieu de cent chambellans qu'on y comptait, il n'en voulut plus avoir que huit. Jamais sans doute sa politique ne fut empreinte d'un cachet de grande profondeur, mais elle n'en contribua pas moins à accroître l'importance de la Prusse à l'étranger ; et lui valut de notables agrandissements de territoire. Pendant la guerre du Nord, les Russes et les Saxons voulurent, après la capitulation du général Steenbock à Tœnningen, occuper la Poméranie. Pour les en empêcher, l'administrateur de Holstein-Gottorp et le comte Welling, gouverneur général de la Poméranie pour le roi de Suède, conclurent avec Frédéric-Guillaume Ier un traité de séquestre relatif à Stettin et à Wismar. Ce prince, qui personnellement avait Charles XII en grande estime et était porté à prendre ses intérêts, espérait pacifier le Nord par cet acte de médiation. Mais quand Charles XII, s'échappant de la Turquie, arriva à Stralsund, loin de sanctionner ce traité, il somma la Prusse d'avoir à lui restituer Stettin, refusant d'ailleurs de rembourser les 400,000 thalers que le roi avait payés, pour les indemniser des frais de la guerre, aux Russes et aux Saxons. Ce différend engagea Frédéric-Guillaume à déclarer la guerre à la Suède et à conclure une alliance offensive et défensive avec la Russie, la Saxe et le Danemark. Après la mort de Charles XII, le traité de paix signé à Stockholm, le 1er février 1720, abandonna au roi de Prusse les îles Wollin et Usedom, Stettin et la plus grande partie de la Poméranie, sous la condition de payer à la Suède une indemnité de deux millions de thalers. Plus tard l'envoyé de l'empereur à Berlin mit habilement à profit les répugnances personnelles de Frédéric-Guillaume à l'endroit de George II, pour le détacher de l'alliance de l'Angleterre et de la Hollande et amener entre l'Autriche et la Prusse la conclusion du traité de Wusterhausen, par lequel le roi de Prusse s'engagea alors vis-à-vis de l'empereur à reconnaître la *pragmatique-sanction* et à lui fournir, en cas d'attaque extérieure, un corps auxiliaire, à la condition que l'Autriche appuierait les prétentions de la Prusse à recueillir l'héritage des duchés de Juliers et de Berg lors de l'extinction de la ligne de la maison palatine de Neubourg.

Frédéric-Guillaume Ier prit aussi part à la guerre pour la succession au trône de Pologne (1733-1735). Quand, à la suite des complications qu'elle amena, la France déclara la guerre à l'Autriche, il mit à la disposition de cette dernière un corps auxiliaire de 10,000 hommes, qu'il alla rejoindre les Impériaux sur les rives du Rhin. A quelque temps de là, le roi se transporta en personne avec le prince royal sur le théâtre de la guerre ; mais les lenteurs et la circonspection apportées dans la direction des opérations par le prince Eugène, jaloux avant tout de ne point compromettre sa vieille réputation, irritèrent tellement Frédéric-Guillaume, que de dépit il ne tarda pas à quitter l'armée. Piqué de l'ingratitude dont l'Autriche avait fait preuve à son égard dans le traité préliminaire, ainsi que dans l'affaire de l'héritage du duché de Juliers, il avait pris le parti de rester désormais étranger à cette guerre. Son intention bien arrêtée était de ne plus se préoccuper que des affaires de son royaume, lorsque la mort le surprit, le 31 mai 1740. Son esprit était à la vérité peu cultivé, mais en revanche exempt de préjugés, et cet avantage il joignait une volonté forte et presque irrésistible. Si le *grand-électeur* fut le fondateur de l'indépendance de sa maison, et Frédéric Ier celui de son illustration, on peut dire que c'est à Frédéric-Guillaume Ier qu'elle doit sa puissance et sa force intérieures. Quoiqu'il n'attachât aucune importance à la gloire militaire et qu'il la méprisât même, il regardait une armée nombreuse et bien exercée comme la meilleure garantie de l'indépendance et de la sécurité d'un État. Dès 1718 il était parvenu à porter l'effectif de la sienne à 60,000 hommes, et à sa mort il dépassait le chiffre de 70,000, dont 26,000 hommes, il est vrai, avaient été recrutés à l'étranger. Il avait une prédilection toute particulière pour les soldats de grande taille, et il en formait sa garde particulière. Non-seulement il faisait enrôler pour son compte dans les différents États de l'Allemagne des individus réunissant les conditions voulues, mais ses pourvoyeurs allaient encore lui en chercher en Hollande, en Angleterre et en Suède. Malgré l'économie sévère qu'il apportait dans toutes ses dépenses, cette invincible manie pour les hommes grands lui coûtait gros. Elle ne l'empêchait pas au reste de songer à défendre ses États par un système bien entendu de places fortes. C'est ainsi que Magdebourg, Stettin, Wesel et Memel furent par ses soins entourés de fortifications. La plus grande simplicité, l'économie la plus rigide, régnaient dans son intérieur ; aussi eut-il bientôt rétabli les finances de l'État dans un si bon ordre, que non-seulement il put acquitter toutes les dettes laissées par son père, mais encore élever le revenu de l'État à 7,400,000 thalers et laisser en mourant une réserve de 9 millions de thalers. Malgré toute l'économie dont il se piquait, la dépense n'était rien à ses yeux dès qu'il s'agissait des intérêts matériels de l'État. Il ne négligea donc rien pour favoriser en Prusse les progrès de l'agriculture, du commerce et de l'industrie, notamment ceux de la fabrication des étoffes de laine. En revanche, il supprima comme inutile l'Académie des beaux-arts, fondée à Berlin par son père; et l'Académie des sciences ne trouva grâce à ses yeux que parce qu'on lui représenta qu'elle contribuait à former de bons chirurgiens pour son armée. Il améliora le système judiciaire, défendit qu'on instruisît à l'avenir des procès contre les prétendus sorciers, et prit des mesures pour accélérer l'action générale de la justice. Malgré sa vive irascibilité, malgré ses habitudes arbitraires et violentes, dont eurent surtout à souffrir son épouse, Sophie-Dorothée, née princesse de Hanovre, et l'aîné de ses fils, il lui arriva souvent de donner d'admirables preuves du bon sens le plus pratique et de son respect pour la justice. Républicain au fond du cœur, il voulut plus d'une fois abdiquer pour aller terminer ses jours comme simple particulier en Hollande. Il détestait les petites roueries de la diplomatie, et manifestait une antipathie toute particulière pour la France et les Français. D'une orthodoxie rigoureuse en fait de protestantisme, il était l'ennemi des libres penseurs. Les revues de troupes, la chasse, la comédie de marionnettes, constituaient ses plus grands plaisirs, avec la société du soir, qu'il nommait son *Académie de la pipe*, espèce de club de fumeurs, dont les séances commençaient à cinq heures de l'après-midi, pour se prolonger jusqu'à minuit, où il admettait indifféremment grands et petits, du moment où ils savaient apprécier les charmes d'un verre de bière et d'une pipe de tabac, et contribuer, par leurs plaisants propos, aux agréments de la compagnie.

Outre *Frédéric II*, il laissa trois autres fils : Auguste-Guillaume, père de *Frédéric-Guillaume II*, né en 1722, mort en 1758; Henri, né en 1726, mort en 1802 ; Ferdinand, né en 1730, mort en 1813.

FRÉDÉRIC-GUILLAUME II, roi de Prusse (1786 à 1797), né en 1744, était le neveu de Frédéric II, et lui succéda sur le trône. Son père, fils cadet de Frédéric-Guillaume Ier, mourut en 1758, après avoir fait preuve d'assez peu de capacité comme commandant d'un corps d'armée prussien dans la retraite qui suivit la bataille de Collin (1757), et Frédéric II déclara alors son fils prince royal de Prusse. Vigoureusement constitué et doué d'un extérieur avantageux, le jeune prince s'abandonna bientôt à un genre de vie qui mécontenta le roi son oncle, et qui amena entre eux une mésintelligence profonde. Son avénement au trône eut lieu au milieu de circonstances favorables. La Prusse n'était embarrassée dans aucune guerre, et même, grâce à la politique suivie par Frédéric II, elle était arrivée à exercer comme une espèce de juridiction arbitrale sur les affaires générales de l'Europe; le trésor public était plein et l'armée sur un pied respectable. Les fautes du nouveau règne eurent bientôt détruit cette influence sur les cabinets étrangers, en même temps que des guerres inutiles et les dissipations des favoris mettaient le trésor à sec.

La première fois que Frédéric-Guillaume II fut appelé à intervenir dans les relations de peuple à peuple, ce fut en 1787, lorsqu'il envoya une armée en Hollande, d'où le parti patriote avait chassé le stathouder. La femme de ce prince, sœur du roi de Prusse, avait en outre été l'objet de démonstrations offensantes à La Haye, et le nouveau gouvernement batave refusait de donner satisfaction pour ce fait. Les Prussiens pénétrèrent sans résistance jusqu'à Amsterdam, et l'ancien ordre de choses ne tarda pas à être rétabli. Dans la guerre qui éclata la même année entre la Suède et la Russie, Frédéric-Guillaume II fit cause commune avec le cabinet de Londres pour empêcher le Danemark d'opérer une diversion favorable à la Russie en attaquant la Suède. Jaloux des succès obtenus par la Russie et l'Autriche sur les Turcs, il garantit, en 1790, à la Porte Ottomane toutes ses possessions, et irrita par là tellement le cabinet de Vienne, que de part et d'autre on réunit une armée, la Prusse en Silésie, et l'Autriche en Bohême. Mais grâce aux dispositions conciliantes de Léopold II, qui à ce moment monta sur le trône, un traité de paix put être signé entre les deux puissances à Reichenbach. Cette même année l'Autriche, renonçant à son alliance avec la Russie, s'engageait à rendre à la Turquie tout le territoire qu'elle lui avait enlevé jusqu'au cercle d'Alouta ; et la paix conclue peu de temps après à Szistowo entre l'Autriche et la Porte fut effectivement négociée sur ces bases. L'interprétation et l'exécution de plusieurs articles de la convention de Reichenbach ayant donné lieu à des difficultés, Léopold II et Frédéric-Guillaume II les aplanirent dans la réunion qu'ils eurent ensemble, au mois d'août 1791, à Pilnitz, où ils conclurent en outre une autre convention, ayant pour but le maintien de la constitution de l'Empire et la compression de l'esprit révolutionnaire en France. Ce fut en vertu de cette convention que le roi de Prusse fit, en juin 1792, envahir le sol français par un corps d'armée de 50,000 hommes, aux ordres du duc de Brunswick. L'irrésolution et les lenteurs du duc, l'absence d'un plan d'ensemble dans les opérations stratégiques, la désunion des coalisés, mais surtout l'admirable élan patriotique qui fit courir toute la France à la défense de sa nationalité, firent bientôt perdre les avantages qu'on avait obtenus en commençant, et le cabinet de Berlin, ne songeant plus qu'à ses intérêts particuliers, se décida à signer séparément à Bâle, le 4 août 1795, un traité de paix avec la république française.

La politique de Frédéric-Guillaume II à l'égard de la Pologne fut sinon plus loyale, du moins plus avantageuse à la Prusse. Elle lui valut un accroissement de territoire d'environ 605 myriamètres carrés, comprenant, avec Thorn et Dantzig, une population de 1,201,000 âmes. Ce territoire fut incorporé, sous le nom de *Prusse méridionale*, à la Prusse occidentale. Quoique la diète siégeant à Grodno se fût vue contrainte de consentir à cette cession ainsi qu'à la perte de la Lithuanie, de la Podolie et de l'Ukraine, sur lesquelles la Russie avait à la même époque jeté son dévolu, une formidable insurrection éclata au mois d'avril 1794 en Pologne, sous la direction de Kosciuszko et de Madalinski, dans le but de rétablir l'indépendance nationale. La suite de cette levée de boucliers fut un troisième partage de la Pologne, ou pour mieux dire la radiation complète de cette nation de la carte de l'Europe. La Prusse y gagna tout le territoire qui s'étend à l'ouest du Niémen avec Varsovie, formant un total de 544 myriamètres, carrés avec une population d'un million d'habitants, qu'on incorpora en partie dans les provinces limitrophes, et en partie dans la province de la nouvelle Prusse orientale. La vente des principautés d'Anspach et de Baireuth consentie à la Prusse le 2 décembre 1791, moyennant une rente annuelle et viagère d'un million de florins, par le margrave Alexandre, qui n'avait point d'enfants, et qu'une liaison de cœur portait à désirer de se fixer désormais en Angleterre, accrut encore le territoire de la Prusse de 88 myriamètres carrés, avec une population de 385,000 âmes; et à cette occasion le roi rétablit l'ordre de l'*Aigle-Rouge*. Frédéric-Guillaume II mourut le 16 novembre 1797, laissant, il est vrai, la Prusse accrue de 1,237 myriamètres carrés et de 2,500 000 âmes, mais singulièrement déchue aux yeux de l'étranger sous le rapport de la considération et de la dignité, et ayant perdu beaucoup de cette sage et forte organisation qui faisait sa force à l'intérieur; enfin, au lieu des 72 millions de florins en espèces qu'il avait trouvés dans le trésor du Grand Frédéric, il léguait à son successeur 22 millions de dettes à acquitter. Ignorant les affaires, par la raison que Frédéric II l'en avait toujours tenu éloigné, abandonné à ses faiblesses et séduit par des conseillers incapables ou perfides, tels que Bischofswerder, Wœllner et Luchesini, il fit bientôt regretter cette lucidité de conception, cette rapidité d'action, cette sollicitude pour le bien public, et surtout cette haute sagesse politique qui formaient les traits les plus saillants du caractère de son illustre prédécesseur. Les mesures qui contribuèrent le plus à lui aliéner l'opinion furent l'édit du 19 décembre 1788, par lequel étaient soumis à l'approbation préalable de censeurs spéciaux tous les ouvrages publiés soit en Prusse, soit à l'étranger, et l'édit de religion en date du 9 juillet de la même année, qu'avait rédigé le piétiste Wœllner, et qui interdisait à tout ecclésiastique, sous peine de destitution, de différer d'opinion avec l'Eglise officielle, faisant, en outre, dépendre l'admission et l'avancement des membres du clergé, de l'attachement dont ils feraient preuve pour les antiques et pures doctrines de l'Église protestante.

Frédéric-Guillaume II avait épousé en premières noces *Elisabeth-Christine-Ulrique* de Brunswick; un divorce prononcé en 1769 ayant séparé les deux époux, il se remaria à *Louise* de Hesse-Darmstadt, morte en 1805, et de laquelle il eut : 1° Frédéric-Guillaume III, qui lui succéda; 2° le prince Louis, mort en 1796; 3° le prince *Henri*, né en 1781, mort en 1846; 4° le prince *Guillaume*.

FRÉDÉRIC-GUILLAUME III, *roi de Prusse* (1797 à 1840), fils aîné de Frédéric-Guillaume II et de *Louise* de Hesse-Darmstadt, naquit le 3 août 1770. Sa mère et son grand-oncle Frédéric II prirent soin de sa première éducation, et plus tard il eut pour gouverneur le comte de Brühl. En 1791 il accompagna son père aux conférences de Dresde, et quand la Prusse et l'Autriche déclarèrent la guerre à la France, il le suivit encore à l'armée du Rhin (juin 1792). Le 24 décembre 1793, il épousa *Louise*, fille du duc Charles de Mecklembourg-Strélitz, qu'il avait eu occasion de connaître à Francfort pendant la campagne du Rhin. Ce ne furent point des considérations politiques ou des relations de famille qui formèrent cette alliance, mariage tout à l'allemande, œuvre de l'amour et d'une parfaite harmonie de caractères et de sentiments.

Frédéric-Guillaume III succéda à son père, le 16 novembre 1797. Un de ses premiers actes fut de rapporter l'odieux édit de religion ainsi que l'ordonnance de censure. Une surveillance de la presse plus en rapport avec l'esprit du temps fut organisée, et le cours de la justice cessa d'être entravé par des ordres de cabinet arbitraires. Le nouveau monarque s'empressa, en outre, d'éloigner de sa cour plusieurs individus qui sous le règne précédent avaient soulevé contre eux le juste mécontentement de la nation. Une sage économie, rendue nécessaire par le délabrement des finances, fut introduite dans les divers départements ministériels, et le roi, tout le premier, en donna l'exemple dans son intérieur. Le couple royal était le modèle le plus accompli du bonheur domestique et de l'amour conjugal, lorsque, en 1801, il persista à garder la neutralité à l'époque de la troisième coalition (1805); des mouvements hostiles faits contre la Prusse par la Russie l'engagèrent même à concentrer des troupes en Silésie et sur la Vistule; mais la marche inattendue d'une armée franco-bavaroise à travers le territoire neutre d'Anspach et l'arrivée de l'empereur Alexandre à Berlin changèrent ses dispositions. Le 3 novembre 1805 il accéda à la coalition contre la France, et fit aussitôt marcher une armée sur la Franconie, tout en offrant sa médiation aux parties belligérantes. A la suite de la bataille d'Austerlitz, le 15 décembre 1805, une convention provisoire fut signée à Vienne entre la Prusse et la France. Aux termes de cette convention, la Prusse céda Baireuth à la Bavière, Clèves et Neufchâtel à la France, et reçut en échange le Hanovre. Cette acquisition nouvelle, dont la Prusse prit possession le 1er avril 1806, provoqua contre elle, le 20 avril, un manifeste, et le 11 juin une déclaration formelle de guerre de la part de l'Angleterre. Des hostilités éclatèrent pareillement avec la Suède, mais dès le 11 août elles cessaient; par suite d'une réconciliation opérée entre l'Angleterre, la Suède et la Prusse.

De nouvelles négociations entamées par la France avec l'Angleterre et la Russie éveillèrent les défiances de la Prusse, et la création de la Confédération du Rhin, qui eut lieu sur ces entrefaites, amena entre elle et la France de nouvelles difficultés. A l'instar de celle que Napoléon venait de former au sud et à l'ouest, la Prusse entendait constituer une *confédération germanique du Nord*, dans laquelle seraient entrés tous les États qui n'avaient pas été compris dans la création de la Confédération du Rhin. Pour que la France ne pût pas la contrarier dans l'exécution de ce projet, elle exigea que cette puissance retirât ses troupes de l'Allemagne et évacuât certaines places dont elle avait illégitimement pris possession; en même temps, pour donner plus de poids à ses demandes, elle fit, de concert avec la Saxe, tous les préparatifs nécessaires pour entrer en campagne. De son côté, l'armée française se mit en mouvement, et les hostilités commencèrent sur la Saale, le 9 octobre 1806. Le combat de Saalfeld, la mort du brave prince Louis de Prusse, la bataille d'Iéna, la perte de tout le territoire qui s'étend entre le Weser et l'Elbe, se succédèrent rapidement, et dès le 27 octobre Napoléon entrait à Berlin. Frédéric-Guillaume III choisit provisoirement pour résidence la ville de Memel, située à l'extrême frontière de son royaume, rallia les débris de son armée, et, avec l'assistance de la Russie, chercha à mettre la Prusse orientale à l'abri de l'invasion de l'ennemi; mais les batailles d'Eylau et de Friedland eurent pour résultat forcé la conclusion du traité de Tilsitt (9 juillet 1807), qui coûta au roi de Prusse plus de la moitié de ses États et des provinces qui depuis plusieurs siècles faisaient partie du patrimoine de sa maison. Pour comble d'humiliation, il dut encore consentir à voir des troupes françaises occuper militairement la partie de ses États que le vainqueur voulait bien ne pas lui prendre. Sa capitale même, Berlin, garda une garnison française jusqu'en décembre 1808, et Frédéric-Guillaume ne put y rentrer qu'à la fin de 1809. A partir de ce moment il s'appliqua à cicatriser les plaies du pays, puissamment secondé dans cette œuvre de réparation par ses ministres Stein et Hardenberg. Un nouveau règlement pour le civil détermina les conditions exigées pour être admis aux fonctions publiques, abolit à cet égard tout privilège de naissance, enfin proclama et consacra la liberté de l'industrie. Dès le 9 octobre 1807 avait paru un édit mémorable abolissant le servage héréditaire. Cette bienfaisante mesure eut pour corollaire une ordonnance publiée sous le nom de *règlement municipal*, et portant qu'à l'avenir les villes seraient représentées par des députés de leur choix dans les affaires intéressant la commune. L'aliénation des domaines de la couronne, ordonnée le 6 novembre 1809, fut une mesure aussi importante et non moins féconde en bons et utiles résultats. L'instruction publique, en dépit des circonstances critiques où l'on se trouvait, reçut une nouvelle organisation, sur des bases aussi larges que libérales; une nouvelle université fut fondée à Berlin, tandis que celle de Francfort-sur-l'Oder était transférée à Breslau. En décembre 1808 le roi se rendit avec la reine à Pétersbourg, pour resserrer encore davantage, par des relations personnelles, les liens d'amitié qui l'attachaient à l'empereur Alexandre. Le 23 décembre 1809 il fit son entrée à Berlin; mais la joie qu'il éprouvait de se retrouver au milieu de ses sujets fut cruellement troublée par la mort inopinée de la reine Louise (19 juillet 1810), princesse adorée par la nation. Tendre époux, mais chrétien résigné, Frédéric-Guillaume ne se laissa point abattre par ce coup terrible, et persista dans ses efforts pour cicatriser les plaies de la guerre. Nous citerons plus particulièrement les modifications qu'il fit subir à l'administration civile, à l'administration judiciaire, au système monétaire et aux lois relatives à l'agriculture. Deux édits de 1810 et 1811 supprimèrent le bailliage de Brandebourg, l'ordre de Saint-Jean de Jérusalem, et la grande-maîtrise de l'ordre Teutonique, dont les commanderies, dont tous les biens furent réunis au domaine public. Quand, en juin 1812, éclata la guerre entre la France et la Russie, Frédéric-Guillaume, aux termes d'une convention signée à Paris dès le mois de février précédent, mit à la disposition de Napoléon un corps auxiliaire de 30,000 hommes qui, avec le 10e corps de l'armée française, aux ordres du maréchal Macdonald, forma l'aile gauche de la grande armée, et fut chargé du siège de Riga. Lors de la retraite de Russie, ce corps auxiliaire prussien dut aussi reculer devant l'armée russe, mais le général Yorck, qui le commandait, le sauva en vertu d'une capitulation signée le 30 décembre 1812, avec le général Diebitsch. Frédéric-Guillaume fut d'abord forcé de blâmer la conduite de ce chef de corps, qui avait agi sans ordre, mais lorsque, le 22 janvier 1813, le roi eût transféré sa résidence à Breslau, il rendit toute justice au général Yorck, et lui confia le commandement d'un autre corps d'armée.

Les proclamations du roi, en date des 3 et 10 février et 17 mars 1813, enflammèrent toutes les classes de la population pour la lutte nouvelle qui allait s'engager dans l'intérêt de l'indépendance nationale, et le patriotisme enfanta en quelques jours une armée brillante d'enthousiasme. Les troupes françaises n'avaient évacué Berlin que dans la nuit du 3 au 4 mars, et les Russes y étaient entrés bientôt après. Le 15 mars l'empereur Alexandre arriva à Breslau, où le roi se trouvait encore. Un traité d'alliance offensive et défensive, signé le 28 février à Kalisch, mais qui ne fut rendu public que le 20 mars, unissait ces deux monarques de la manière la plus intime, et le 27 mars le général Krusemark remit officiellement au cabinet des Tuileries la déclaration de guerre du gouvernement prussien. Deux armées prussiennes envahirent immédiatement la Saxe. Frédéric-Guillaume III rentra le 24 mars à Berlin, où il fonda en faveur de ceux qui se distingueraient dans cette guerre l'ordre de la Croix de fer. Indépendamment des armées régulières, on organisa en toute hâte la landwehr et le landsturm, espèces de levées en masse, qui rendirent d'importants services, quand plus tard les Français pénétrèrent en Silésie et dans le Brandebourg. Les journées de Lutzen, de Bautzen, de Haguenau, de Kulm, de Grossbeeren, de Dennewitz, de la Katzbach, de Wartenburg, la prise de Leipzig, le passage du Rhin effectué le 1er janvier 1814, la prise de Paris, le 30 mars suivant, résument brillamment l'histoire d'une lutte glorieuse pour les vainqueurs comme pour les vaincus.

Après les malheureuses journées de Montmirail (14 février) et de Montereau (18 février), dans lesquelles Napoléon avait fait des prodiges de stratégie, déjà les coalisés avaient décidé qu'on battrait en retraite sur Chaumont : mouvement qui se serait infailliblement continué jusqu'au Rhin et qui aurait raffermi la puissance de Napoléon. Mais le roi de Prusse parvint à faire partager sa confiance aux généraux, et au lieu de continuer leur mouvement de retraite, les armées alliées marchèrent droit sur Paris, qui dut capituler le 30 mars.

Après être resté à Paris jusqu'à la conclusion de la paix générale, Frédéric-Guillaume III se rendit, en juin 1814, à Londres, avec l'empereur Alexandre. Le 7 août suivant il fit son entrée dans sa capitale, puis il partit bientôt après pour Vienne, où il séjourna pendant toute la durée du congrès. Les traités de Vienne et quelques conventions particulières rendirent à la Prusse à peu près tout ce qu'elle avait perdu par la paix de Tilsitt.

Lorsqu'au mois de mars 1815 Napoléon quitta inopinément l'île d'Elbe pour rentrer en France, Frédéric-Guillaume, par un acte en date du 25 mars, se coalisa avec l'Autriche, la Russie et l'Angleterre, contre lui et ses partisans. On sait ce qu'il en advint, et comment le merveilleux épisode de l'histoire contemporaine connu sous le nom de Cent Jours, se termina par les funérailles de Waterloo.

Après cette courte campagne, Frédéric-Guillaume rentra, le 19 octobre, à Berlin, où trois jours après il célébra le 400e anniversaire de l'avénement au trône de la famille de Hohenzollern, souche de sa maison. A partir de ce moment les efforts constants de ce prince eurent pour objet d'accroître le bien-être et la prospérité de ses sujets, de faire fleurir les sciences, les arts et l'industrie, et de témoigner son zèle pour l'Église protestante et l'instruction publique. Les heureux résultats qu'il obtint dans cette voie doivent en grande partie être attribués à l'appui des hommes d'État et des ministres distingués dont il sut s'entourer, et parmi lesquels nous nous contenterons de nommer ici Guillaume et Alexandre de Humboldt, Altenstein, Beyme, Boyen, Hardenberg, Scharnhorst, Stein, Blücher, Gneisenau, etc., etc.

Le 22 mai 1815 Frédéric-Guillaume III avait solennellement promis à la Prusse une constitution avec une représentation nationale conforme à l'esprit du temps. Cet engagement ne fut pas tenu. Toutefois, l'organisation des états provinciaux, décrétée le 5 juin 1823, eut tout au moins l'avantage de créer provisoirement un organe pour les besoins et les vœux des populations. Par la création du zollverein, Frédéric-Guillaume imprima au commerce national une heureuse direction et en favorisa singulièrement l'essor. Grâce à la modération qui formait le fond de son caractère, il exerça dans plus d'une circonstance une influence prépondérante et décisive sur les affaires de l'Europe; et au moyen de l'Union qu'il proclama en 1817, après la fête de la Réformation, il s'efforça d'opérer un rapprochement entre les deux partis qui divisent l'Église protestante. Il s'occupait de l'armée avec une constante sollicitude; sa discipline, son organisation étaient l'objet de ses études de chaque jour. On peut lui reprocher toutefois d'avoir toujours été trop enclin à suivre en politique les conseils et les errements du cabinet de Saint-Pétersbourg. Après la révolution de Juillet, il concentra une armée sur les bords de la Meuse; et quand éclata l'insurrection polonaise, il contribua puissamment au triomphe définitif des Russes, par le système de neutralité armée qu'il adopta tout aussitôt. Ce prince mourut le 7 juin 1840; en 1824, il avait épousé morganatiquement la comtesse Augusta de Harrach, dont le père exerçait à Vienne en Autriche la profession de médecin; union demeurée stérile. Les enfants issus de son premier mariage, qui vivent encore aujourd'hui, sont : *Frédéric-Guillaume IV*, son successeur; *Guillaume*, prince de Prusse, né le 22 mars 1797; *Charlotte-Louise*, née le 13 juillet 1798, aujourd'hui femme de l'empereur de Russie, Nicolas, et qui depuis son mariage a pris le nom d'*Alexandra*; *Charles*, né en 1801; *Alexandrine*, née en 1803, veuve en 1842 du grand-duc Paul-Frédéric de Mecklembourg-Schwerin; *Louise*, née en 1808, mariée au prince Frédéric des Pays-Bas; *Albert*, né en 1809, marié en 1830 à la princesse Marianne des Pays-Bas.

FRÉDÉRIC-GUILLAUME IV, *roi de Prusse*, depuis le 7 juin 1840, né le 15 octobre 1795, est le fils du roi Frédéric-Guillaume III et de la reine Louise. Élevé sous la direction éclairée de sa mère, initié à la connaissance des lettres par Delbrück et par Ancillon, à celle des sciences militaires par Scharnhost, il étudia plus tard le droit et les sciences politiques sous Savigny, Ritter et Lancizolle, pendant que Schinkel et Rauch développaient son talent pour les arts du dessin. Si son enfance fut attristée par les douloureuses suites de la catastrophe d'Iéna, en revanche sa jeunesse fut témoin du merveilleux enthousiasme qu'excita en Allemagne la guerre de l'Indépendance. Il assista aux principales affaires des campagnes de 1813 et 1814; mais il était alors encore trop jeune pour pouvoir être chargé d'un commandement.

La ville des chefs-d'œuvre de l'art réunis à Paris donna une direction plus arrêtée à son goût pour le beau, et un voyage qu'il fit en Italie en 1828 contribua à le rendre plus sûr et plus éclairé.

Un des premiers actes de son règne fut de rendre une amnistie partielle en faveur des condamnés politiques, et de réintégrer dans leurs chaires des professeurs que leurs opinions libérales en avaient fait écarter. Il appela au ministère Boyen et Eichorn, et s'entoura des premières notabilités littéraires et artistiques, comme Schlegel, Tieck, Ruckert, Cornélius, Mendelsohn-Bartholdy, etc. Il crut aussi que le temps était venu de donner à la presse plus de liberté qu'elle n'en avait encore eu jusque alors; mais il ne réussit par là qu'à raviver le mécontentement de l'opinion, qui plus que jamais réclamait du trône l'accomplissement des promesses si solennelles de 1815 relatives à l'octroi d'une constitution représentative, et qui bientôt eut le droit de reprocher à Frédéric-Guillaume IV ses tendances avouées à favoriser un esprit de mysticisme aussi étroit qu'intolérant, dont on ne saurait mieux comparer l'action dans l'Église réformée qu'à celle qu'exercent encore aujourd'hui dans l'Église romaine la Société de Jésus et ses affiliés laïcs.

La nation ne voyait pas non plus sans un vif mécontentement la prédilection qu'en toute occurrence son roi manifestait pour la noblesse et pour une aristocratie héréditaire. A l'extérieur, la position de la Prusse restait toujours la même; cependant, on put à un moment remarquer dans la direction générale de ses relations avec l'étranger une certaine tendance à se rapprocher des principes et des intérêts des gouvernements libres. Les liens qui rattachaient le gouvernement prussien au système de la sainte alliance s'affaiblissaient toujours davantage, en même temps que le cabinet de Berlin faisait preuve de sympathies évidentes pour l'Angleterre. En ce qui est des affaires intérieures de l'Allemagne, Frédéric-Guillaume IV poursuivit la réalisation d'un plan de réforme nationale de la Confédération germanique, réforme répondant assez mal aux traditions de la politique fédérale. Les lettres patentes constitutives du 3 février 1847 de même que le discours qui ouvrit la première diète réunie du royaume peuvent être considérés comme des actes dans lesquels se reflétait de la manière la plus prononcée l'individualité du monarque, mais, comme bien d'autres mesures analogues qui les avaient précédés, plus propres à exciter qu'à calmer la fermentation des esprits. C'est dans cette situation que les événements de 1848 vinrent surprendre le roi de Prusse. Ici se placent les premières concessions faites par ce prince à l'opinion; concessions suivies d'une lutte à main armée dans Berlin, de l'éloignement des troupes de la capitale, dont le roi parcourt solennellement les rues à cheval, en tenant à la main le drapeau national allemand; en même temps, par une déclaration célèbre (voyez CHRISTIAN-AUGUSTE), Frédéric-Guillaume excite le plus vif enthousiasme en Allemagne en annonçant que la Prusse va prendre fait et cause pour les populations allemandes des duchés de Schleswig-Holstein, dont le Danemark s'apprêtait en ce moment à anéantir les droits. Dans cette promenade solennelle à travers les rues de Berlin, le 21 mars 1848, bien des gens voulurent alors voir l'acte d'une ambition impatiente, tandis que le caprice et l'imagination y avaient la plus grande part, et qu'en réalité personne moins que Frédéric-Guillaume ne songeait alors à conquérir et à subjuguer l'Allemagne. Une pensée qui le domina toujours, c'est qu'à l'Autriche appartenait en droit la prédominance sur l'Allemagne, de même que ce fut constamment chez lui une affaire de conscience que de ne point porter atteinte aux prérogatives monarchiques du moindre prince allemand. Le roi supporta la révolution avec une espèce de patiente résignation, jusqu'au jour où les fautes commises par les représentants du peuple jointes à la réaction, de plus en plus forte, qui s'opérait dans l'opinion, lui donnèrent les moyens de rétablir d'un seul coup, le 28 novembre, son autorité, si fort ébranlée (voyez PRUSSE).

Pendant ce temps-là l'Allemagne subissait la crise la plus violente; et dans l'assemblée nationale allemande réunie à Francfort, la majorité se prononçait en faveur d'une constitution nouvelle qui plaçait désormais la Confédération germanique sous la direction de la Prusse, à l'exclusion de l'Autriche. Le 28 mars 1849 eut lieu, en conséquence, à Francfort l'élection de Frédéric-Guillaume en qualité d'*empereur d'Allemagne*; le 3 avril suivant le roi répondit à cet acte par un refus encore à certaines restrictions, mais que suivit à quelques semaines de là un refus absolu. Ce fut d'ailleurs bien moins l'esprit démocratique de la constitution nouvelle qui venait d'être donnée à l'Allemagne qui inspira au roi cette résolution, que sa répugnance à recevoir une couronne des mains de la révolution, et la crainte de passer aux yeux des autres princes allemands pour un usurpateur.

Frédéric-Guillaume, entreprenant alors lui-même l'œuvre de l'Union de l'Allemagne en corps de nation, conclut à cet effet, d'après les conseils de Radowitz, l'alliance du 26 mai, et convoqua un nouveau parlement allemand à Francfort. Mais les liens de cette Union allaient se rompant les uns après les autres, si bien que la question de la constitution commune à donner à l'Allemagne eût pu finir par amener une guerre avec l'Autriche, si l'esprit de conciliation du roi de Prusse n'était pas parvenu à éloigner ce péril (novembre 1850). En ce qui est de la Prusse en particulier, la question de constitution ne fut résolue (31 janvier 1850) que par la révision du projet de constitution octroyé le 5 décembre 1848. Le roi Frédéric-Guillaume IV prêta alors serment à la constitution remaniée, mais sans dissimuler son intention de la soumettre encore ultérieurement à une autre révision. Les chambres y consentirent, et il fut ainsi donné à Frédéric-Guillaume de rétablir son gouvernement personnel fonctionnant par l'intermédiaire de ministres, organes de ses volontés. Depuis, la direction des affaires, tant intérieures qu'extérieures, de la Prusse a de plus en plus porté l'empreinte de l'individualité de son roi, dont les sympathies, essentiellement russes, menacent en ce moment même, à propos du différend qui a surgi au commencement de la présente année 1854, en Orient, entre la Russie d'une part et l'Angleterre et la France de l'autre, d'entraîner le pays à contracter avec le colosse moscovite une alliance offensive et défensive qui aurait infailliblement pour résultat d'allumer une guerre générale en Europe.

Frédéric-Guillaume IV a épousé le 29 novembre 1823 la princesse Élisabeth de Bavière, née le 13 novembre 1801; mais ce mariage est demeuré stérile. L'héritier présomptif du trône est le prince de Prusse, Frédéric-Guillaume-Louis, né le 22 mars 1797, qu'on s'accorde généralement à représenter comme antipathique à la politique et aux intérêts russes.

FRÉDÉRIC-GUILLAUME Ier, *électeur de Hesse*, né le 20 août 1802, à Hanau, est le fils unique de l'électeur *Guillaume II* de Hesse et de *Auguste Frédéricke-Christiane*, sœur du roi de Prusse Frédéric-Guillaume II. Après avoir résidé pendant longtemps auprès de sa mère, tantôt à Bonn, tantôt à Fulda, il fut rappelé à Cassel par les événements de 1830. Le 30 septembre 1831, l'électeur son père, qui vivait en concubinage avec une certaine comtesse de Reichenbach et s'était vu forcé de transférer sa résidence à Hanau, lui confia la régence pour l'exercer avec tous les pouvoirs de la souveraineté, jusqu'à ce qu'il revînt se fixer de nouveau à Cassel. Il la conserva jusqu'à la mort de ce prince, et non sans avoir à lutter contre des difficultés de plus d'un genre, provenant surtout de ses efforts pour annuler la constitution octroyée lors des événements révolutionnaires dont la ville de Cassel avait été le théâtre en 1831.

A la mort de son père (20 novembre 1847), Frédéric-Guillaume essaya de nouveau de détruire cette malencontreuse constitution, qui avait, à ses yeux, le tort irrémissible de reconnaître et consacrer quelques-uns des droits du peuple; mais il ne fut pas plus heureux cette fois encore que précédemment. Lors des événements de 1848, il n'eut garde de ne pas céder bien vite à toutes les exigences de l'opinion.

Un ministère pris dans les rangs de l'opposition constitutionnelle dirigea donc les affaires jusqu'au moment où la réaction universelle amena aussi dans l'électorat de Hesse le rétablissement de l'ancien régime. Le 23 février 1850 l'électeur congédia son ministère libéral, et le remplaça par une administration nouvelle, à la tête de laquelle il plaça M. Hassenpflug, réactionnaire violent, dont les faits et gestes seront racontés à l'article Hesse-Cassel.

Depuis 1831 Frédéric-Guillaume est marié morganatiquement avec une certaine madame Lehmann, épouse divorcée d'un lieutenant prussien, qu'il a créée *comtesse de Schaumbourg*. Sept enfants sont issus de ce mariage; mais l'infériorité de condition de leur mère les a exclus de tous droits de succession au trône électoral, qui passera au représentant d'une ligne collatérale établie en Danemark.

FRÉDÉRIC-GUILLAUME, duc de Brunswick. *Voyez* Brunswick.

FRÉDÉRICK-LEMAITRE. *Voyez* Lemaitre.

FREDERIKSHAMN (c'est-à-dire *Port-Frédéric*, en finnois *Hamina*), place forte et port de mer de Finlande, dans le gouvernement de Wiborg, sur un promontoire du golfe de Finlande, siège d'un consistoire protestant, avec des casernes pouvant contenir 14,000 hommes, une école militaire et plus de 4,000 habitants, fut fondée en 1727, par les Suédois, lesquels l'incendièrent eux-mêmes en 1742, puis l'abandonnèrent l'année suivante aux Russes, qui en relevèrent les ruines. Le 15 mai 1790 la flottille suédoise, commandée par le roi Gustave III, remporta dans les eaux de Frederikshamn une victoire signalée sur la flottille russe aux ordres du duc de Nassau-Siegen. En vertu du traité signé, en 1809, dans ses murs, la Suède dut abandonner complètement la Finlande à la Russie.

FREDERIKSOORD, colonie de bienfaisance fondée en 1818 dans la province de la Drenthe (royaume des Pays-Bas), sur les confins de l'Overyssel et de la Frise, d'après les plans du général comte Van den Busch, par une société patriotique, à la tête de laquelle s'était placé le prince Frédéric des Pays-Bas, à l'effet de contribuer à l'amélioration morale et civile des indigents, au moyen de la création dans ces contrées incultes d'un établissement agricole. Avec les divers établissements qui en dépendent dans un rayon fort rapproché, Frederiksoord compte aujourd'hui une population totale de près de 10,000 âmes.

FREDON, FREDONNER. *Fredon* est un vieux mot, qui signifie une espèce de roulement et de tremblement de voix dans le chant. *Fredonner*, c'est faire des *fredons*, chanter entre ses dents, sans articuler d'une façon distincte.

Fredon était encore autrefois un terme du *hoc* et de la *prime*, jeux de cartes aujourd'hui oubliés. Il signifiait trois ou quatre cartes semblables, en rois, dames, valets, ou dix.

FREDUM, mot de la basse latinité, dérivé du saxon *Frede*, paix, et signifiant *gage de paix*, qu'on trouve employé dans les lois barbares pour désigner l'amende qui devait être payée au juge indépendamment de la *compositio* ou *wehrgeld*, qui appartenait à l'offensé ou à sa famille. Les codes des lois barbares nous donnent les cas où les *freda* pouvaient être exigés. Dans ceux où les parents ne pouvaient pas prendre de vengeance, ils ne donnaient point de *fredum*; en effet, là où il n'y avait point de vengeance, il ne pouvait y avoir de droit de protection contre la vengeance. Ainsi, dans la loi des Lombards, si quelqu'un tuait par hasard un homme libre, il payait la valeur de l'homme mort, sans le *fredum*, parce que l'ayant tué involontairement, ce n'était pas le cas où les parents eussent un droit de vengeance. Ainsi, dans la loi des Ripuaires, quand un homme était tué par un morceau de bois ou un ouvrage fait de main d'homme, l'ouvrage ou le bois était censé coupable, et les parents les prenaient pour leur usage, sans pouvoir exiger de *fredum*. De même, quand une bête avait tué un homme, la même loi établissait une composition sans le *fredum*, parce que les parents du mort n'étaient pas offensés. Le *fredum* constituait le principal revenu des possesseurs de bénéfices, qui, chacun dans l'étendue de ses domaines, représentaient le pouvoir social chargé de protéger les intérêts individuels et de réprimer ceux qui leur portaient atteinte. Le barbare système des *compositions* ayant disparu devant les progrès de la civilisation, le droit qu'avaient en jusque alors les seigneurs féodaux de faire payer leur protection sous le nom de *fredum* se transforma en un impôt qu'ils perçurent à titre de droits de justice. Aujourd'hui encore en Allemagne la nomination des baillis ou juges de paix cantonnaux appartient aux propriétaires de terres nobles, et la justice continue à être rendue aux paysans en vertu de la délégation d'un privilège qui n'est qu'une usurpation de l'autorité souveraine.

FREEHOLDERS, expression particulière au droit civil et politique de nos voisins de la Grande-Bretagne, et que nous rendons par les mots *francs tenanciers*, qui en sont la traduction littérale. Les *freeholders* sont les propriétaires de terres libres et non sujettes à des charges féodales.

FREESOILERS ou *Nationalreformers*, et encore *Landreformers*. C'est ainsi qu'aux États-Unis l'on appelle les adhérents du parti socialiste, qui, faible et peu nombreux à l'origine, en est arrivé de nos jours, par une tactique aussi habile que conséquente, à exercer une influence réelle et considérable. Tout homme, disent-ils, doit avoir sur cette terre une demeure assurée, que ne puissent jamais lui rendre plus onéreuse soit des dettes contractées pour l'acquérir, soit des spéculations étrangères ayant pour but de la lui vendre, de même que chacun doit pouvoir, au moyen d'écoles gratuites, se donner un degré plus ou moins élevé d'instruction. Ils résument et formulent le droit de chacun à une propriété bien assise, dans les trois propositions suivantes : 1° Il faut concéder gratuitement à quiconque *veut* et *peut* réellement la cultiver une étendue suffisante de terrain, cent-soixante acres au plus, à prendre sur les terres encore invendues appartenant à l'Union ; 2° la possession du sol doit être limitée à un certain nombre d'acres ; 3° la propriété territoriale d'un citoyen ne peut être saisie pour payement de dettes contractées, que jusqu'à concurrence de moitié de sa valeur.

Les deux premières de ces propositions ont surtout en vue de combattre un mode de s'enrichir aux dépens du véritable cultivateur du sol, fort en usage aux Etats-Unis. Quant à la troisième, elle a déjà été plus ou moins admise en principe par la législature de divers États, tels que ceux de Jowa, Wisconsin, Ohio et New-York. La première est celle qui rencontre encore le plus de contradicteurs. Des hommes d'État éminents, tels que Douglas, Webster, Houston, etc., ont déjà présenté des motions formelles dans le sens de la seconde, dont il a bien fallu saisir le congrès, puisque les terres non encore vendues et situées à l'ouest sont la propriété de l'Union ; et le temps n'est pas éloigné sans doute où une loi obligatoire pour tous, de même qu'admise et reconnue dans tous les États dont se compose l'Union américaine, réglementera ces matières. Il y a déjà longtemps du reste que la première de ces propositions est entrée dans le domaine des faits et constitue un droit traditionnel. Le *squatter* ou *hocker* qui s'est établi sur une terre encore inoccupée et invendue en a acquis la propriété par cela même qu'il l'a mise en culture, et l'individu à qui l'Etat vend ensuite cette même terre ne saurait l'en déposséder sans au préalable lui payer une indemnité. Quand les agioteurs en terres se précipitèrent sur les fertiles contrées de la Californie, les *squatters* qui s'y étaient déjà fixés se réunirent en bandes armées qui portèrent le fer et le feu dans toutes les parties du pays ; et on a vu tout récemment encore éclater dans l'État de New-York même des insurrections provenant de causes analogues. Dans cet État, il y a cent-cinquante ans, les grands propriétaires de biens-fonds vendirent des terres aux colons et émigrés moyennant le payement d'une rente annuelle et perpétuelle. Or dans ces derniers temps le recouvrement de ces rentes a rencontré des résistances qui en 1847 ont dégénéré en révoltes à main armée. Les récalcitrants ayant incendié un certain nombre de granges, on leur donna le surnom de *Barnburners* (brûleurs de granges), qui dans l'État de New-York est demeuré généralement en usage pour désigner les *Freesoilers*.

Les *nationalreformers* ne bornent pas d'ailleurs leurs vœux et leurs prétentions à la consécration légale des trois propositions rapportées plus haut ; ils veulent encore l'instruction gratuite donnée par l'État, l'abolition des banques et de tous les monopoles analogues, la substitution d'un impôt direct à toutes les taxes et contributions indirectes, la suppression des droits protecteurs en matière de douanes, et la mise en pratique des principes de la liberté commerciale absolue. Quoiqu'ils n'aient pas réussi jusqu'à présent à faire beaucoup d'adhérents à leurs doctrines, on n'en a pas moins vu sortir de leurs rangs mêmes un troisième parti, bien distinct et organisé de la manière la plus indépendante ; un parti dont les doctrines sont encore autrement *avancées* et les prétentions plus grandes : le parti des *socialreformers*, recruté surtout dans la jeunesse des ateliers, des fabriques et des comptoirs et où l'on compte aussi un grand nombre d'Allemands. Complétement d'accord avec les *nationalreformers* sur les questions relatives à la propriété du sol et à la gratuité de l'instruction, ils réclament l'organisation du travail et la fondation de banques d'échange, comme autrement efficaces que les deux dernières propositions ci-dessus mentionnées, et dont ils ne croient pas possibles l'application et la mise en pratique. Déjà dans un grand nombre de villes de l'Union les *socialreformers* ont fondé des ateliers régis par la loi de communauté et se sont associés pour la vente à frais communs de leurs produits respectifs ; mais jusqu'à ce jour ces tentatives, si nombreuses et si diverses qu'elles aient été, n'ont jamais eu que des résultats négatifs ; et on peut dire que la grande masse de la population des États-Unis n'a aucune sympathie pour les doctrines préconisées par les *socialreformers*.

FRÉGATE (*Marine*), nom d'un navire de guerre inférieur au vaisseau de ligne, mais cependant grand, fort et bien armé, puisqu'il porte jusqu'à 60 canons, quoiqu'il n'ait qu'un seul pont, une seule batterie. Il est bien difficile d'expliquer autrement à ceux qui n'ont jamais vu un port de guerre ce que c'est qu'une frégate, et de leur peindre sa mâture effilée, qui porte si haut dans les airs ses girouettes et ses flammes, sa pose légère sur l'eau, qui ressemble à celle du cygne se jouant dans un bassin, et cet ensemble d'élégance et de force dont le sentiment remplit l'âme du marin quand il confie son sort à ce beau navire ; car le matelot l'aime, il apprécie sa grâce et ses qualités, et dans son affection expansive il l'appelle la *reine de la mer*. Le vaisseau de ligne frappe par son caractère imposant ; la frégate charme : son air est si gracieux, ses mouvements sont si doux, sa marche est si rapide, toutes ses parties sont en si parfaite harmonie ! Aucune dimension n'est exagérée aux dépens de l'autre : son équipage est à l'aise, le commandant et l'état-major sont bien logés ; on y respire sans effort, et quand la pluie chasse les promeneurs du pont, la batterie, bien couverte et bien sèche, offre un abri contre les envahissements de l'eau, contre les éclaboussures de la vague qui brise sur l'avant et enveloppe le gaillard d'une brume étincelante. Les fumeurs et les causeurs savent la valeur de ce confortable ; là du moins ils ne sont pas réduits, comme à bord de petits navires, à se tenir hermétiquement enfermés dans une atmosphère humide et moite, qui accélère la marche de la vie. La mâture, la carène, la voilure de la frégate sont semblables à celles du vaisseau de ligne, mais dans des proportions réduites. Ce n'est point simplement une citadelle flottante, destinée à figurer en ligne de bataille ou à battre en brèche les forts qui protégent l'entrée des rades ; c'est un navire de guerre et de course : dans un jour de bataille, son poste est sur les ailes ; elle doit transmettre les ordres du général, répéter les signaux, porter secours aux vaisseaux désemparés ou mal engagés, leur donner la remorque dans un danger pressant, recueillir les débris du courage malheureux, et, s'il est nécessaire, même jeter dans la balance le poids de ses boulets. Mieux que tout autre navire, elle peut parcourir une vaste étendue de côtes, protéger le commerce maritime, chasser les corsaires, tenter un coup de main hasardeux, et souvent, corsaire à son tour, porter le ravage au milieu des navires marchands de l'ennemi.

Une frégate est bien construite lorsqu'elle a une marche rapide, que sa ligne de batterie, suffisamment élevée au-dessus de la flottaison, lui permet d'engager le combat par tous les temps, lorsqu'elle est douée d'une forte stabilité, lorsque sa mâture n'est pas démesurément haute, qu'elle manœuvre bien, gouverne bien et fait rapidement ses évolutions.

Il serait assez difficile de déterminer l'origine du mot *frégate* ; on le retrouve presque identique chez toutes les nations maritimes, mais avec plus d'extension ; elles l'appliquent non point à un navire particulier, mais à un genre de navires dont le caractère est le nombre des mâts. Il n'est pas nécessaire d'en demander l'étymologie aux Grecs et aux Romains : la frégate n'est pas de construction antique.

Théogène PAGE, capitaine de vaisseau.

FRÉGATE (*Ornithologie*), oiseau de l'ordre des palmipèdes totipalmes, se rapprochant assez du fou. Il est tout au plus de la grosseur d'une poule, mais il a près de quatre mètres d'envergure. Tout son plumage est brun noirâtre, avec des reflets d'un rougeâtre et d'un violet sombres. Sa queue est fourchue. Son bec, d'un gris brun, est robuste, long de 0^m,13 à 0^m,16, et terminé par un croc aigu. La frégate a sous ce bec une peau nue, formant quelquefois un sac de la capacité d'un gros œuf de poule ; ses pieds sont rougeâtres, membraneux. D'autres espèces de frégates sont plus grandes que celle-ci : elles en différent en ce qu'elles ont la tête, le cou, la poitrine blancs, et le reste du plumage d'un brun ferrugineux sans reflets ; elles sont dépourvues de membranes sous le bec. Les frégates perchent sur les arbres, elles y font même leur nid : la ponte n'est que d'un à deux œufs. Elles vivent de poissons qu'elles enlèvent de la surface de l'eau, et se retirent sur les flots et sur les rochers de l'Océan. On ne trouve ces oiseaux qu'entre les tropiques ; jamais ils ne s'avancent au delà. L'intrépidité de la frégate est telle, qu'elle arrache sa proie au fou, qui est bien plus fort qu'elle ; aussi des voyageurs lui ont-ils donné le nom de *guerrier* ; la vue de l'homme ne l'effraye point. Elle doit à la longueur de ses ailes un vol facile, rapide, soutenu, qui lui permet de s'éloigner des terres à des distances très-considérables ; il n'est pas rare d'en rencontrer à trois ou quatre cents lieues en pleine mer. La disposition de leurs pieds les empêchant de nager aisément, le duvet de leur ventre ne leur permettant pas de rester longtemps dans l'eau, et la longueur de leurs ailes s'opposant d'ailleurs à ce qu'elles puissent reprendre aisément leur vol, il n'est probable qu'elles regagnent tous les jours la terre, ou du moins quelque rocher où elles vont se poser.

FRÉGOSE. *Voyez* FULGOSO.

FREIBERG, ville de Saxe (cercle de Dresde), baignée par la Mulde, doit son origine à la découverte qu'on y fit, vers l'an 1190, des mines d'argent dont l'exploitation continue encore de nos jours, et compte une population de 12,000 âmes. Sa cathédrale est un monument qui mérite d'être visité par l'étranger. Il y remarquera, dans le chœur, le caveau sépulcral qu'y fit construire Henri le Pieux, l'un des anciens électeurs de Saxe, où reposent tous ses descendants jusqu'à Jean-Georges IV, mort en 1694, le dernier souverain protestant qu'ait eu la Saxe. Le plus beau des tombeaux que renferme ce caveau est celui de l'électeur Maurice ; il est surmonté de sa statue en pied, en marbre blanc et de grandeur naturelle, et l'œuvre de Floris. Un autre monument d'art, bien curieux, est la chaire de cette église, ouvrage d'un maître dont le nom s'est perdu. L'artiste lui a donné la forme d'une tulipe colossale, dont le calice, orné des portraits des différents pères de l'Église et du calice du pape Sixte IV, forme la chaire proprement dite. Ce tour de force de l'art est exécuté partie en stuc, partie en pierre sculptée. Nous mentionnerons encore les églises Saint-Pierre, bâtie en forme de croix, sur le point le plus élevé de la ville, et Saint-Jacques, dont la fondation remonte à l'origine même de Freiberg; enfin, l'hôtel de ville, édifice bâti dans le style gothique, contenant une belle collection de vieilles armures.

Il y a à Freiberg un gymnase pourvu d'une riche bibliothèque; mais le plus important de ses établissements d'instruction publique est sans contredit l'école des mines, qui y a été fondée en 1765 et qui est restée la première de l'Europe. Elle est installée depuis 1791 dans un local construit spécialement à son usage, et qui a reçu d'importantes augmentations en 1837. On y trouve, indépendamment des salles de cours, une riche bibliothèque, l'établissement pour la vente des produits des mines, les collections minéralogiques, géologiques et d'histoire naturelle, ainsi que le musée Werner. Trois laboratoires pour la chimie, la minéralogie et les essais occupent des bâtiments distincts.

Quoique Freiberg soit un centre d'activité manufacturière fort actif et qu'on y compte de nombreuses fabriques de draps, de dentelles, de tissus de coton, de blanc de céruse et de quincaillerie, ainsi que d'autres grands établissements industriels, l'exploitation des mines, qui s'y fait sur la plus large échelle depuis plusieurs siècles, continue à être la principale source de sa prospérité. Cette ville est, en effet, restée le centre de l'exploitation des mines de la Saxe, comme elle en fut autrefois le berceau. L'administration supérieure des mines et celle des fonderies, auxquelles ressortissent les diverses exploitations minières du royaume, qui toutes relèvent de la couronne, encore bien que la plupart soient des propriétés particulières, y ont leur siège. La première de ces administrations dirige l'exploitation proprement dite, la seconde surveille la fonte des métaux et l'amalgamation. Depuis le commencement du siècle dernier tout le minerai d'argent, de plomb et de cuivre, tiré des différentes mines de la Saxe, doit être livré à l'administration générale des fonderies; tandis qu'auparavant l'opération de la fonte pouvait avoir lieu dans les usines mêmes des propriétaires de mines. C'est à Freiberg que se trouvent les plus riches mines d'argent que possède la Saxe. On doit surtout mentionner celle de *Himmelsfürst*, la première de l'Europe, tant pour l'abondance du minerai que pour la régularité de l'exploitation et la perfection de son outillage. Elle est ouverte depuis plus de quatre cents ans, et depuis plus de deux cents ans l'exploitation n'en a pas un seul instant discontinué. Près de Freiberg on voit, entre autres établissements remarquables, les grandes fonderies avec leurs huit hauts fourneaux et leurs quatorze fourneaux à réverbère, ainsi que la grande usine pour l'amalgamation des métaux, fondée en 1787, reconstruite sur un plan meilleur après le terrible incendie qui la détruisit en 1795, et qui depuis n'a cessé d'être l'objet d'améliorations importantes. C'est le point central où arrive, par le canal dit du *Prince électoral*, creusé en 1788, et aussi par la Mulde, le minerai des mines éloignées. Une machine saisit des bateaux, chargés de 60 à 90 quintaux de minerai, les soulève à sept mètres d'élévation et les transporte de la Mulde dans le canal. Breithaupt a calculé que depuis six cent quarante ans les mines de Freiberg ont jeté dans la circulation 240 millions de thalers ou 82,000 quintaux d'argent fin. A partir de 1524, sauf quelques fluctuations, le produit des mines d'argent de Freiberg a toujours été croissant. Sur 97,375 marcs d'argent fin produits en 1850 par les différentes mines de la Saxe, 92,860 marcs (valant 4,082,003 francs 25 centimes) provenaient des mines du district de Freiberg. Le 24 septembre 1850 la ville de Freiberg célébrait le centième anniversaire de la naissance de Werner; et l'année d'après le buste de l'illustre géologue a été placé au-dessus d'une des portes de la ville.

FREIN, mors, pièce qui se place dans la bouche du cheval pour le gouverner. Ce mot, au propre, n'est pas usité que *mors*. En termes de manège, on l'appelle aussi *embouchure*. Pline attribue à un certain Pelethronius l'invention du *frein* et de la selle. Virgile dit que ce furent les Lapithes, auxquels il donne l'épithète de *pelethronii*,

d'une montagne de Thessalie nommée *Pelethronius*, où l'on commença à dompter les chevaux.

Le nom de *frein* se donne aussi à un appareil propre à enrayer des roues de voiture. Ces freins se manœuvrent de l'impériale de la voiture, en tournant une manivelle faisant agir des leviers qui serrent ou desserrent le frein contre la roue ou l'essieu. Cette disposition a l'inconvénient de tendre à écarter les essieux. Aussi, dans les voitures de chemins de fer, où les freins sont surtout d'un fréquent emploi, préfère-t-on généralement d'autres systèmes. Nous citerons seulement celui de M. Laignel. Ces freins consistent en des espèces de sabots, armés d'une pièce de fer, dont la section est pareille à celle d'un bandage de roue, et qui sont placés entre les roues des wagons; des manivelles à vis permettent de presser fortement les sabots sur les rails et de transformer le mouvement de roulement des wagons en mouvement de glissement sans endommager les roues. On peut avec ces freins graduer le frottement à tous les degrés nécessaires et même soulever les roues au-dessus des rails.

Frein, se dit d'un grand cerceau de châtaignier garni de son écorce, lequel environne le rouet d'un moulin, et sert à l'arrêter subitement, quoique le vent donne en plein dans les ailes.

En termes de marine, on désigne par le mot *freins* les houles ou vagues qui frappent rudement contre les rochers et bondissent au loin.

Frein, au figuré, s'applique à tout ce qui arrête et retient dans le devoir. La loi est un *frein* qui retient les hommes dans le devoir. *Ronger son frein*, c'est dissimuler son dépit, sa colère.

FREIN DE LA LANGUE. *Voyez* FILET.

FREINSHEM ou FREINSHEMIUS (JEAN), suivant la coutume des savants, qui, fidèles imitateurs des Mélanchthon et des Meursius, grécisaient ou latinisaient leur nom, s'est illustré dans la littérature classique. Il n'essaya pas, comme l'Anglais Thomas May, d'allonger *la Pharsale*, ou, comme l'Italien Maffei, d'ajouter un treizième livre à *l'Enéide*. Aussi audacieux, mais se dirigeant vers un but plus utile, il voulut réparer les pertes irréparables que le temps et les barbares avaient fait éprouver à Quinte-Curce, à Tite-Live et à Tacite. Réunir à la fois l'abondance et la recherche du premier, la noblesse et l'harmonie du second, la concision et la profondeur du troisième, c'était une tâche au-dessus des forces d'un seul homme, quel que fût son talent. Si Freinshem ne fut pas assez rhéteur pour Quinte-Curce, assez éloquent pour Tite-Live, assez énergique pour Tacite, s'il ne put entrer dans le génie de trois historiens si différents, s'il s'éloigna de leurs plans, s'il parut avoir manqué de sagacité dans le choix et dans l'emploi des matériaux; si, enfin, il ne put égaler ses modèles, du moins son érudition immense a rassemblé des documents précieux; aujourd'hui même, il est toujours consulté avec fruit. Son supplément de Tacite ne peut être considéré que comme des notes; celui de Tite-Live est de beaucoup préférable; il a été imprimé et traduit dans les meilleures éditions. Enfin, le supplément de Quinte-Curce est resté classique, et le nom de Freinshemius vivra joint à celui de l'historien d'Alexandre.

Ce ne fut pas sans de vastes et de profondes études que Freinshemius acquit tant de connaissances et parvint à manier la langue latine avec tant d'habileté. Ses veilles furent noblement récompensées. Nommé en 1642 professeur d'éloquence et de politique à l'université d'Upsal, bibliothécaire de Christine, reine de Suède, il devint ensuite l'historiographe officiel du royaume. Mais le climat rigoureux de la Suède et un travail trop opiniâtre avaient altéré sa santé. Né à Ulm, en 1608, il mourut à Heidelberg, en 1660, âgé seulement de cinquante-deux ans. Cette courte carrière fut constamment remplie d'utiles et d'importants travaux. Possédant à fond l'hébreu, le grec, le latin et la plupart des langues vivantes, il put consulter tous les ouvrages publiés sur les classiques; beaucoup de pénétration et de goût se réunissaient en lui à une érudition variée et à une patience laborieuse : aussi les éditions qu'il enrichit de notes, de commentaires, de tables et d'index, sont-elles très-recherchées. On a en outre de lui quelques dissertations et plusieurs harangues latines qui ne sont pas sans mérite.

F. HATRY.

FREISCHUTZ. Une tradition populaire de l'Allemagne donne le nom de *Freischütz* (franc archer) à un archer qui, s'étant lié par un pacte avec le démon, avait obtenu de l'esprit malfaisant sept balles enchantées. Sur ce nombre, il en avait six avec lesquelles il était toujours sûr de frapper le but, à quelque distance qu'il se trouvât ; mais la septième appartenait au démon, qui la faisait aller où bon lui semblait.

Apel est le premier qui, dans son *Gespensterbuch* (*Livre des revenants*), ait mis en œuvre cette légende dont F. Kind s'est emparé à son tour pour un opéra que l'admirable partition de Charles-Maria de Weber a immortalisé.

FRÉJUS, ville de France, chef-lieu de canton dans le département du Var, à l'embouchure de l'Argens, siège d'un évêché suffragant d'Aix. Cette ville possède un tribunal de commerce, des fabriques de rots en canne et une scierie hydraulique ; sa population est de 2,665 habitants. On y fait un commerce d'écorce de chêne-liège propre à la bouchonnerie. On y voit des ruines romaines assez remarquables, parmi lesquelles nous citerons : l'*amphithéâtre*, encore assez bien conservé et dont le pourtour extérieur est de 200 mètres ; la tour carrée, qu'on appelle le Phare ; la porte Dorée, dont les montants sont tellement dégradés, que sa ruine paraît imminente ; l'aqueduc, qui, sur une étendue de 68 kilomètres, conduisait à la cité des eaux de la Siagne ; un petit temple antique faisant aujourd'hui partie d'une église et désigné sous le nom de Baptistère.

Fondé à une époque inconnue, par les Massiliens, Fréjus devint plus tard la capitale des Oxibiens, un des peuples les plus puissants de la Celto-Ligurie. Érigée en colonie romaine par Jules César, qui lui donna son nom (*Forum Julii*) et y fit creuser un port terminé sous Auguste, cette ville porta également sous ce prince le nom de *Colonia Octavianorum*, parce qu'on y avait placé une cohorte de vétérans. Pline l'appelle aussi *Classica*, parce que c'était dans son port que stationnait la flotte destinée à la défense du nord de la Méditerranée. Aujourd'hui la mer s'est retirée à 2 kilomètres de la ville ; et l'immense bassin qui renfermait jadis des centaines de navires n'est plus qu'une vaste plaine marécageuse, où l'on découvre encore çà et là d'énormes anneaux de bronze et d'autres débris du môle. Fréjus devait avoir alors au moins 40,000 habitants.

A la chute de l'Empire Romain, Fréjus fut saccagé à plusieurs reprises par les barbares et les pirates. Les Sarrasins le brûlèrent en 940. En 1475 des corsaires s'en emparèrent par surprise, et achevèrent d'effacer les derniers vestiges de sa splendeur. Le golfe de Fréjus présente cependant encore un bon mouillage, où débarqua, le 9 octobre 1799, Bonaparte à son retour d'Égypte. Il s'y embarqua aussi en 1814, à son départ pour l'île d'Elbe.

FRELATAGE ou **FRELATERIE**, altération dans les liqueurs ou dans les drogues. *Frelater* se dit surtout en parlant du vin, et se prend toujours en mauvaise part pour désigner un mélange nuisible à la santé (*voyez* FALSIFICATION).

FRÉLIN. *Voyez* FERLIN.

FRELON, espèce du genre *guêpe*. Le frelon (*vespa crabro*, Linné) dévore les autres insectes, particulièrement les abeilles, dont il vole aussi le miel. Il est long de $0^m,03$; sa tête est fauve, avec le devant jaune ; son thorax noir, tacheté de fauve ; les anneaux de l'abdomen sont d'un brun noirâtre, avec une bande jaune, marquée de deux ou trois points noirs au bord postérieur. Cet insecte fait son nid, à la manière de ses congénères, dans les lieux abrités, comme d'ins les greniers, les trous de mur, les troncs d'arbre.

On donne l'épithète de *frelon* à celui qui s'empare du travail d'autrui ; c'est peut-être seulement depuis que notre bon La Fontaine a dit :

Quelques rayons de miel, sans maître se trouvèrent :
Des frelons les réclamèrent.

Heureusement il commence par cette morale :

A l'œuvre on connaît l'artisan.

N. CLERMONT.

FRÉMINET (MARTIN), surnommé jadis le *Michel-Ange français*, né à Paris, en 1564, fut d'abord élevé de son père, artiste médiocre, qu'on n'occupait guère que pour composer des canevas de tapisseries, et qui, cependant, forma quelques bons élèves, entre autres Toussaint Dubreuil. Il passa ensuite sous la direction de Jean Coquin, et alla se perfectionner en Italie. Après sept ans de séjour à Rome, et être resté autant et même plus d'années encore dans d'autres villes d'Italie, à Venise notamment, il revint en France, où l'on apprécia bientôt son talent. A la mort de Dubreuil, Henri IV le nomma son premier peintre, et le chargea de l'exécution de toutes les peintures dont il voulait orner la chapelle de Fontainebleau ; ce travail ne fut terminé que sous Louis XIII, qui, en 1615, lui donna comme récompense la croix de l'ordre de Saint-Michel ; mais il ne jouit pas longtemps de ces honneurs, car il mourut en 1619.

Pendant son long séjour en Italie, Fréminet avait fait une étude spéciale des ouvrages de Michel-Ange, dont le style fier et sublime, l'avait frappé d'admiration. Il devint bon dessinateur, habile anatomiste ; mais peut-être voulut-il trop à cet égard faire preuve de l'étendue de ses connaissances, et abusa-t-il de sa science en faisant trop sentir les muscles et en se complaisant à des attitudes forcées.

FRÉMISSEMENT. C'est une sorte d'émotion, de tremblement, qui s'empare de l'homme en certaines circonstances. La fureur, la terreur, produisent des frémissements, de même que le plaisir et la douleur. Nous ne sommes point les seuls à éprouver des frémissements dans des moments de volupté : les oiseaux, au temps de leurs amours, en ressentent de véritables, qui se décèlent par le mouvement remarquable de leurs ailes. Les frémissements sont encore les symptômes ou le caractère de certaines maladies ; aussi les médecins se sont-ils appliqués patiemment à en étudier la cause et à en donner l'explication. D'après eux, ils seraient produits par la suspension de l'action nerveuse centrale, qui laisse aux fibres musculaires et aux filets nerveux une liberté funeste. Les circonstances dans lesquelles ils se font sentir viennent en effet à l'appui de ce système ; car les frémissements ne se manifestent avec énergie que dans de violentes agitations physiques ou morales et dans des circonstances où la force vitale se concentre.

On emploie aussi ce mot pour désigner une agitation naissante : c'est ainsi que l'on a dit : le *frémissement* de l'air, de l'eau.

FRÊNE, genre d'arbres de la famille des jasminées, propres aux pays tempérés des deux continents. Il est caractérisé par des fleurs en grappes ou en panicules, les unes hermaphrodites, d'autres dioïques ou polygames, tantôt sans corolle et presque sans calice, tantôt offrant un calice fort petit et une corolle à quatre pétales, contenant de deux à cinq étamines et un ovaire supérieur, avec un ou deux stigmates. Le fruit est une capsule plane, allongée, indéhiscente, surmontée d'une aile membraneuse, en forme de langue, ne renfermant ordinairement qu'une semence, par l'avortement d'une des deux loges. Les feuilles sont opposées, amples, ailées. On connaît une soixantaine d'espèces de frênes, dont quarante environ ont été introduites dans les grands jardins pour l'ornement des parcs, des avenues, etc. Cependant les frênes sont sujets à un grave inconvénient, qui les fait souvent repousser des lieux d'agrément : les mouches cantharides, qui s'engendrent particulièrement sur ces arbres, les dépouillent presque tous les ans de leur verdure, dans la belle saison, et causent une puanteur insupportable.

L'espèce la plus commune est le *frêne élevé* (*fraxinus*

excelsior, Linné), indigène de nos climats. Ce bel arbre s'élève à une grande hauteur : il est peu fourni de branches ; ses feuilles se composent de folioles disposées sur deux rangs, formant comme une sorte de râteau ; ses bourgeons sont noirs ; la couleur de ces jeunes branches est d'un vert noirâtre ; son écorce est lisse. Le terrain qui convient le mieux à cet arbre est une terre légère et limonneuse, mêlée de sable et traversée par des eaux courantes. Il peut croître dans la plupart des situations, depuis le fond des vallées jusqu'au sommet des montagnes, pourvu qu'il y ait de l'humidité et de l'écoulement ; il se plaît surtout dans les gorges sombres des collines exposées au nord : on le voit pourtant réussir quelquefois dans la glaise, dans la marne, si le sol a de la pente, et dans les terres caillouteuses et graveleuses, même dans les joints des rochers, si dans tous ces cas il y a de l'humidité. Cet arbre se contente de peu de profondeur, parce que ses racines cherchent à s'étendre à fleur de terre ; mais il craint les terres fortes et la glaise dure et sèche ; il se refuse absolument aux terrains secs, légers, sablonneux, superficiels, trop pauvres, surtout sur les coteaux exposés au midi.

Le bois de frêne a quelque ressemblance avec celui de l'orme ; il se compose de fibres parallèles de diverses nuances. Ce bois joint la force à la souplesse tant qu'il n'a pas perdu toute sa sève. Aussi, les carrossiers le recherchent-ils pour en faire des brancards de cabriolet, etc. Les tonneliers en font des cerceaux, les tourneurs des manches de chaises grossières. Quoique cet arbre soit susceptible d'acquérir un grand développement, on n'est pas dans l'usage de l'employer dans les charpentes, attendu que les vers le criblent de trous lorsqu'il a perdu toute sa sève. Quand les frênes sont élagués, souvent il se forme sur leur tronc de gros nœuds informes, dont les fibres entrelacées et diversement colorées présentent, quand on les divise avec la scie, des surfaces marbrées d'un aspect fort agréable. On fait donc de ces loupes des tabatières et autres ouvrages de tabletterie. Divisées en feuillets très-minces, les ébénistes emploient aussi ces loupes comme placage ; le bois de frêne, ayant, comme nous l'avons dit, beaucoup de souplesse et de ressort, est excellent pour faire des arcs. Ce bois brûle aussi bien vert que sec, et donne beaucoup de chaleur ; son charbon est fort estimé. Son écorce est regardée comme apéritive, diurétique et fébrifuge : on l'a même proposée comme succédanée du quinquina. Les feuilles fournissent aux teinturiers une belle couleur bleue, et servent en hiver à la nourriture des bœufs, des chèvres et des moutons.

Il découle naturellement de la plupart des frênes un suc particulier, connu sous le nom de *manne* ; mais on le récolte principalement sur le *frêne à fleurs* (*fraxinus ornus*, Linné) et sur le *frêne à feuilles rondes* (*fraxinus rotundifolia*). Le *frêne à fleurs*, ainsi nommé parce que ses fleurs, disposées en panicules très-rameuses, sont presque toutes hermaphrodites, d'une odeur suave et pourvues d'un petit calice et d'une corolle à quatre pétales très-étroits et blanchâtres, croît dans les contrées méridionales de l'Europe, en Provence, en Alsace, dans l'Italie, le Piémont, etc., sur les collines et dans les forêts. Le *frêne à feuilles rondes* est propre à l'Italie, la Sicile, et particulièrement la Calabre.

On ignore à quelle espèce appartenait le fameux *frêne de Birse*, connu sous la dénomination de *la Vierge de Midstrath*, dans la paroisse de Birse, comté d'Aberdeen. Ce frêne, qui avait dû être planté à la fin du quatorzième siècle, fut déraciné en 1833 par un violent ouragan. Sa circonférence au ras du sol était de près de 7 mètres ; elle atteignait encore 6 mètres à une hauteur de 3 mètres ; là l'arbre se divisait en quatre branches ; il représentait au moins 18 mètres cubes.

FRÉNÉSIE. C'est le nom qu'on donne à un délire aigu, auquel se joignent des manifestations furibondes ou d'effrayantes convulsions. Cette sorte de folie, presque toujours fébrile, est ordinairement symptomatique d'une inflammation cérébrale notamment de l'arachnoïde, d'une fièvre maligne ou ataxique, et quelquefois d'une altération profonde des intestins (*voyez* DIAPHRAGMITE).

FRÉNÉTIQUE (Genre). On a appelé ainsi cette littérature à qui la nature, telle qu'elle est, paraît prosaïque et vulgaire ; qui se crée un monde fantastique, n'aime que les passions forcenées, les sentiments convulsifs, les sujets monstrueux ; littérature où l'imagination est une orgie, la sensibilité un délire, l'enthousiasme une fureur. Les écrivains qui la cultivent prétendent avoir un large front, sous lequel fermentent de puissantes pensées ; une large poitrine, où bat un cœur d'homme. Leur sang ne coule pas, il bouillonne ; leur phrase ne se contente point des règles du bon sens et de la grammaire : elle est brûlante, échevelée..... Les méchants s'en vont débitant qu'ils prennent un levier pour soulever une paille ; que rien n'est plus servile que leur originalité ; que *souvent pour ne dire que des pauvretés ils ouvrent une bouche immense* ; que leur semblant de sérieux et de profondeur cache une ignorance frivole et gourmée ; mais ce sont de mauvaises langues qui s'expriment ainsi, et pour nous, nous croyons fermement qu'avant ces êtres de choix, l'humanité était au maillot. Eux seuls ont inventé le génie : M. Racine peut passer au plus pour un écolier qui faisait proprement des vers froids et décolorés ; M. de Voltaire n'était qu'un railleur impie, sans pensée sociale, sans intelligence des grandes synthèses que réalisent nos romans, nos odes et nos drames. Il ignorait surtout les procédés de la haute poésie ; il n'avait pas deviné, par exemple, que le sublime de toute poésie lyrique est de débuter par *oh !* que le plus beau des tropes est l'énumération, et qu'en conséquence on écrit d'une haleine cent pages admirables, en disant d'abord tout ce qu'une chose n'est pas et ensuite tout ce qu'elle est, tout ce qu'elle peut être. Walter Scott, dans un morceau de critique consacré à Hoffmann, a fait quelques réflexions sur la littérature frénétique. Il fait remarquer qu'en Allemagne l'apparition des premiers ouvrages de Schiller, surtout des *Brigands*, donna naissance à une foule d'écrivains qui, comme aujourd'hui en France, couraient après la force, et qu'on appelait *kraftschreibers*. On disait d'un Allemand qu'il se faisait léger : ceux-là de gaîté de cœur se faisaient lourds et ridicules, de peur d'être accusés de légèreté. Ainsi en est-il de nos jours.
DE REIFFENBERG.

FRÈRES (du latin *frater*), ceux qui sont nés d'un même père ou d'une même mère. C'est le second degré de la parenté civile. Les frères sont *légitimes* ou *naturels*, suivant qu'ils appartiennent ou n'appartiennent pas au mariage ; ils sont *adoptifs* lorsque l'un d'eux se trouve agrégé à la famille par l'adoption, ou lorsque plusieurs sont adoptés par une même personne. Les frères se divisent encore en *frères germains*, *consanguins* ou *utérins*, suivant qu'ils sont des mêmes parents ou qu'ils sont seulement du même père ou de la même mère. On désigne aussi ces derniers sous le nom de *demi-frères*. On nomme *frères jumeaux* les enfants qui sont nés ensemble d'une même couche ; *frère aîné*, le premier né des garçons d'une même famille ; *frère puîné* ou *frère cadet*, celui qui est né le second ; on nomme *beau-frère* par rapport à l'épouse le frère du mari, et par rapport à l'époux le frère de la femme.

Les mariages entre frères et sœurs, qui sont proscrits aujourd'hui presque partout avec la dernière rigueur, furent cependant les premiers mariages indiqués par la nature, et il y avait tel peuple antérieur chez qui il n'était permis d'aller prendre femme ailleurs que lorsqu'il ne se trouvait plus personne dans la famille. Mais bientôt la civilisation a imposé au législateur, comme règle de morale universelle, un principe entièrement nouveau. Ce qui jusque alors avait été jugé naturel, et même obligatoire, a été signalé désormais comme odieux, contraire à la nature, immoral et sacrilège. On désigne sous le nom de *frères de lait* l'enfant de la nourrice et le nourrisson qui ont sucé le même lait. Les *frères d'armes* étaient ceux qui s'étaient voué amitié sur les champs de bataille. Le mot *frère* s'emploie encore dans le langage d'étiquette ; les familles régnantes ont la prétention, dans le monde européen, de ne former qu'une seule famille, qui exerce la puissance de droit divin ; et tous les rois et empereurs se traitent de frères, mais ce sont bien là les *frères ennemis*. La philosophie et le christianisme enseignent à tous les hommes à se considérer comme *frères*. La religion a même trouvé cette belle expression de *frères en Jésus-Christ*.

Le mot *frère* est aussi synonyme de *moine* ou *religieux*. Ainsi l'on dit : *les frères prêcheurs, les frères mineurs, les frères de la miséricorde, de la charité*, etc. ; *les frères quêteurs, les frères servants, les frères lais, les frères convers*, etc. Des sectes plutôt philosophiques encore que religieuses ont suivi le même exemple, et les néophytes se réunissant dans une vie commune se sont honorés du titre de frères, comme les *quakers*, les *frères herrnhutes* ou les *frères moraves*.

La révolution avait imaginé l'expression de *frères et amis*, que 1830 et 1848 plus tard ont remise en honneur. Combien de *faux-frères* y eut-il toujours parmi eux !

FRÈRES BOHÈMES ou **FRÈRES MORAVES**. *Voyez* Bohèmes (Frères).

FRÈRES DE LA CHARITÉ. *Voyez* Charité (Frères de la).

FRÈRES DE LA CÔTE. *Voyez* Flibustiers.

FRÈRES DE LA CROIX. Sous ce nom saint François de Sales établit une congrégation dont les membres s'engageaient à instruire les ignorants, à soulager les pauvres, à visiter les malades et les prisonniers, à secourir les indigents et à prévenir ou arranger les procès que les limites encore incertaines du droit rendaient alors très-fréquents, souvent interminables, et toujours ruineux. Sous les dernières années de la Restauration, on essaya d'établir sous le même nom une congrégation dont le but était de fournir des maîtres d'école aux campagnes. Cette insuffisante ébauche d'écoles normales religieuses, déjà tentée plusieurs fois par l'abbé J.-B. de La Salle, fondateur des écoles chrétiennes, se traînait à peine quand la révolution de Juillet vint l'anéantir. Louis de Carné.

FRÈRES DE LA MORT, ordre religieux de la règle de saint Paul l'Ermite, introduit en France dans le dix-septième siècle. On les appelait ainsi parce qu'ils portaient une tête de mort, et qu'ils devaient toujours avoir le souvenir de la mort présent à la pensée. Leur origine n'est pas bien constatée. L'historien des ordres monastiques, le père Héliyot, n'offre à cet égard aucun document précis. Leurs constitutions connues datent de 1620 : ils étaient alors établis en France depuis peu. Paul V approuva ces constitutions le 18 décembre de la même année. Louis XIII autorisa leur congrégation en France par lettres patentes datées de Saumur, en mai 1621. Cet ordre des Frères de la mort ne survécut pas longtemps à son établissement en France. Il paraît qu'il fut définitivement supprimé par le pape Urbain XIII. Dufey (de l'Yonne).

FRÈRES DE LA PÉNITENCE. *Voyez* François d'Assise (Saint) et Franciscains.

FRÈRES DES ÉCOLES CHRÉTIENNES. Les *frères des écoles*, ou *frères de la doctrine chrétienne*, jadis appelés abusivement *frères ignorantins*, destinés à répandre l'instruction dans la classe ouvrière et pauvre, furent fondés à Reims, en 1679, par l'abbé J.-B. de La Salle, chanoine de cette ville. On les appelle aussi quelquefois *frères de Saint-Yon*, à cause d'une maison de son situé à Rouen, dans le faubourg Saint-Sever, et que l'abbé de La Salle acheta pour en faire la maison centrale de son institut. Cette confrérie fut érigée en ordre religieux par le pape Benoît XIII. Les bulles d'approbation furent délivrées vers la fin du mois de janvier 1725, six ans après la mort du fondateur. Les frères des écoles chrétiennes font les trois vœux de chasteté, de pauvreté et d'obéissance. A leur prière, l'abbé de La Salle rendit perpétuels ces vœux, qu'il ne voulait d'abord leur faire prononcer que pour trois ans. Il ordonna en même temps qu'aucun prêtre ne fût jamais reçu parmi eux. On ne saurait croire aujourd'hui tout ce qu'il a fallu de peines, de travaux et de persévérance pour fonder cette congrégation, l'une des plus belles et des plus utiles inventions de la charité. Mais une fois solidement établie, elle s'étendit et se développa considérablement, malgré les obstacles sans nombre qui entravaient sa marche, semant partout le bien. A l'époque de la première révolution française, leur refus de serment à la constitution civile du clergé fit chasser de toutes les maisons qu'ils occupaient encore en France ces hommes dévoués à l'enfance, et qui durant le cours du dix-huitième siècle avaient puissamment contribué à l'émancipation intellectuelle. Lors du concordat de 1801, les frères s'empressèrent de revenir offrir leur temps et leurs soins à la jeunesse pauvre. L'un d'eux organisa une école à Lyon, et en fit l'ouverture le 3 mai 1802. Dans le même temps, d'autres se réunissaient à Saint-Germain-en-Laye, au Gros-Caillou (à Paris) et à Toulouse. Le gouvernement autorisa bientôt les villes à permettre l'ouverture des écoles des frères, et à faire supporter par l'administration des hospices les dépenses nécessaires à leur entretien. Trois ans après, de nouvelles maisons se fondaient dans les principales villes de France, à Ajaccio (Corse), à Saint-Étienne (Loire), à Trévoux, à Besançon, etc. L'institution de l'abbé de La Salle, qui avant 1790 avait 121 maisons habitées par 1,000 frères, se relevait de ses ruines et se multipliait de tous côtés.

Le 8 septembre 1805 les frères reprirent leur habit d'ordre, épreuve perpétuelle d'humilité, à laquelle leurs statuts les soumettent. Il se compose d'une robe noire, à peu près semblable pour la forme à la soutane des prêtres, d'un *petit collet*, ou rabat de toile blanche, et de souliers grossiers ; pour sortir hors de leur maison, ils ont un chapeau à bords très-larges et relevés en triangle, et un manteau à manches pendantes, de grosse bure noire, comme la robe. C'est une espèce de *capote* comme on en portait à Reims à l'époque où l'abbé de La Salle régla le vêtement des frères. L'archevêque de Lyon obtint ensuite pour les frères des écoles l'exemption du service militaire. Lors de l'organisation de l'université, en 1808, leur ordre fut légalement reconnu et approuvé comme *corps enseignant*; et le décret du 17 mars en fit mention d'une manière fort avantageuse. Sous la Restauration, les frères continuèrent à être soutenus par le gouvernement, qui leur accorda, en 1819, une grande maison au faubourg Saint-Martin, à Paris. Rien ne s'opposant plus à leur développement, et forts de la faveur d'un pouvoir qui comprenait leur importance sociale, ils s'augmentèrent de plus en plus ; et en 1824 l'institution de l'abbé de La Salle comptait déjà 210 maisons : 197 en France, en y comprenant les 5 de la Corse, 2 à l'île Bourbon, 1 à Cayenne, 5 en Italie, 1 en Savoie et 4 en Belgique. Ces maisons contenaient près de 1800 frères; 250 n'étaient encore que novices, 8 ou 900 donnaient l'instruction à environ 52,000 écoliers, et les autres étaient employés aux divers soins de l'administration. Cet état de choses dura, en s'améliorant encore, jusqu'à la révolution de juillet 1830. A cette époque, les pauvres frères de la doctrine chrétienne, malgré *leur admirable insouciance des choses de la politique*, selon l'expression de M. Laurentie, furent enveloppés dans la réprobation qui frappa les jésuites, qu'on accusait de conspirer contre l'État. Presque partout on leur retrancha les secours du gouvernement ; mais leur zèle ne fit que s'accroître, et de cette époque datent leurs écoles du soir pour les adultes, au moyen desquelles ils donnent l'instruction à un si grand nombre d'ouvriers.

Pour les frères de la doctrine chrétienne l'enseignement n'est pas un *pis aller*, comme pour la plupart des autres instituteurs publics; c'est une vocation. Ils enseignent *con amore*; ils comprennent merveilleusement, par la pieuse droiture de leur esprit, la puissance de l'instruction et l'influence incontestée qu'elle a sur la carrière de l'homme. A voir l'activité de leur surveillance, on devine aisément qu'aucun soin matériel de la vie domestique ne préoccupe leur pensée ; et au calme, à la mansuétude de leur autorité, on sent qu'aucun chagrin extérieur ne vient aigrir le reproche qu'ils adressent à la distraction ou à la paresse de l'écolier ; que pour eux l'univers est tout entier sur les bancs de leur école ; qu'ils ne désirent rien au delà de là ; et l'on comprend alors quelle naïve sympathie attache de plus en plus fortement à ce petit troupeau toujours jeune, toujours impatient de l'avenir, toutes ces existences ignorées qui ne savent plus espérer que le ciel. La méthode que leur prescrit leur règle, c'est la méthode *simultanée*. Ils apprennent aux enfants à lire le français et le latin, les livres imprimés et les manuscrits, l'histoire sainte, les éléments de la langue française et de l'arithmétique. Mais ils ont suivi les progrès de l'instruction, et depuis 1831 la géométrie appliquée au dessin linéaire a été introduite dans les classes, et avec elle la géographie et l'histoire. Tous les ouvrages à l'usage des écoles sont revus et mis plus à la portée des élèves ; et comme ils l'ont toujours fait, ils consacrent chaque jour, à la fin de la classe du soir, une demi-heure à l'explication de la doctrine chrétienne. Tel est leur enseignement, que les statuts de l'ordre défendent de changer, mais permettent de modifier et d'améliorer selon les lieux et les temps.

Louis DE CARNÉ.

La maison principale des frères, située rue du Faubourg-Saint-Martin, ayant été expropriée, pour faire place à la gare du chemin de fer de Strasbourg, ils allèrent s'établir rue Plumet, faubourg Saint-Germain. Ils possèdent aussi diverses écoles secondaires. Celle de Passy est surtout remarquable par sa parfaite organisation.

Au 1er mars 1854, l'institut des frères comptait plus de sept mille membres occupés la plupart en France et quelques-uns en Algérie, aux États-Unis d'Amérique, en Italie, etc. Pour faciliter l'administration d'un corps aussi nombreux, l'institut est divisé en huit districts, à chacun desquels est préposé un frère assistant. Le supérieur général a donc pour conseil permanent et ordinaire huit assistants, outre son secrétaire général et le procureur général.

FRÈRES LAIS. *Voyez* CONVERS.

FRÈRES MINEURS. *Voyez* FRANCISCAINS, CORDELIERS.

FRÈRES MORAVES. *Voyez* BOHÊMES (Frères).

FRÈRES PLYMOUTH. On désigne sous cette dénomination les membres d'une secte rigoureusement dogmatique, qui depuis 1850 s'est surtout propagée dans le canton de Vaud, très-rapprochée de celle des herrnhutes en ce qui est de l'idée que l'une et l'autre se font de la divinité, mais différant de l'herrnhutisme, pour lequel elle fait d'ailleurs profession d'un grand respect, par le plus important de ses dogmes, qui enseigne que le sacerdoce universel des chrétiens rend superflue l'existence d'une Église. Les *frères Plymouth* n'ont en effet ni prêtres ni église, mais seulement un culte domestique, dans lequel fonctionne comme pasteur quiconque y est poussé par l'Esprit saint en vertu de la grâce qui lui vient de Dieu. Ils s'administrent eux-mêmes la communion avec du vin rouge et du pain coupé en morceaux carrés. Il n'admettent point la confirmation ; mais à un jour donné, et après préparation préalable, les enfants sont déclarés *mûrs* par leurs parents ou leurs maîtres, et en conséquence appelés à faire leur première communion. Leur doctrine a pour bases le calvinisme le plus sévère, avec le dogme du péché originel et celui de la prédestination en première ligne ; elle exalte d'une manière toute particulière les mérites du sang et des blessures de Jésus-Christ à l'égard de l'action de Dieu. A leurs yeux le Christ est le fiancé de l'âme, avec lequel ils s'unissent, et dont ils doivent attendre avec persévérance le retour. Se considérant comme des élus du seigneur, ils voient dans l'existence de leur communauté religieuse à l'état de secte une nécessité naturelle, répondant de tous points à la volonté du Christ.

La grande majorité des *frères Plymouth* se distinguent par une extrême pureté de mœurs et par un christianisme dont une fervente charité est l'expression. Le fondateur de cette secte, qui comprend des individus des deux sexes appartenant aussi bien aux classes élevées qu'aux basses classes de la société, est un certain Darby, né à Plymouth. Après avoir parcouru le midi de la France comme évangéliste nomade, il arriva à Genève, d'où il propagea ses doctrines tant par ses prédications que par ses écrits, mais surtout par la puissance de fascination personnelle dont il est doué, et fonda ainsi de proche en proche sa secte, dont il visite de temps à autre les diverses communautés.

FRÈRES PRÊCHEURS. *Voyez* DOMINICAINS.

FIN DU NEUVIÈME VOLUME.

www.ingramcontent.com/pod-product-compliance
Lightning Source LLC
Chambersburg PA
CBHW061730300426
44115CB00009B/1159